Köhler/Zimmer

Grenzen des Normalen und Anfänge des Pathologischen im Röntgenbild des Skeletts

13. Auflage

Alban Köhler
1874–1947

1.–8. Auflage

Emil-Alfred Zimmer
1908–1981

9.–12. Auflage

Köhler/Zimmer

Grenzen des Normalen und Anfänge des Pathologischen im Röntgenbild des Skeletts

13., neubearbeitete Auflage

Von Hermann Schmidt und Jürgen Freyschmidt
unter Mitarbeit von Wilhelm Holthusen

2816 Abbildungen, 16 Tabellen

1989
Georg Thieme Verlag Stuttgart · New York

Freyschmidt, Jürgen, Prof. Dr.
Direktor des Medizinischen Bereichs
Röntgendiagnostik und Nuklearmedizin
Radiologische Klinik des Zentralkrankenhauses
St.-Jürgen-Straße, 2800 Bremen 1

Holthusen, Wilhelm, Dr.
Bebelallee 61, 2000 Hamburg 60

Köhler, Alban, Prof. Dr. †

Schmidt, Hermann, Prof. Dr.
Bohnenbergerstraße 10, 7400 Tübingen

Zimmer, Emil Alfred, Prof. Dr. †

1. Auflage 1910
2. Auflage 1915
3. Auflage 1920
4. Auflage 1924
5. Auflage 1928
6. Auflage 1931
7. Auflage 1939
8. Auflage 1943
9. Auflage 1953
10. Auflage 1956
11. Auflage 1967
12. Auflage 1982

1. französische Auflage 1930
1. spanische Auflage 1933
2. französische Auflage 1936
1. italienische Auflage 1955
1. englische Auflage 1956
3. französische Auflage 1956
2. spanische Auflage 1959
2. englische Auflage 1961
2. italienische Auflage 1967
3. englische Auflage 1968
3. italienische Auflage 1986

CIP-Titelaufnahme der Deutschen Bibliothek

Köhler, Alban:
Grenzen des Normalen und Anfänge des Pathologischen im Röntgenbild des Skeletts / Köhler ; Zimmer. – 13., neubearb. / von Hermann Schmidt u. Jürgen Freyschmidt unter Mitarb. von Wilhelm Holthusen. – Stuttgart ; New York : Thieme, 1989
NE: Zimmer, Emil A.:; Schmidt, Hermann [Bearb.]

Umschlaggestaltung: Renate Stockinger

Rüdigerstraße 14, D-7000 Stuttgart 30
Printed in Germany
Satz: R. Hurler GmbH, D-7311 Notzingen,
gesetzt auf Linotronic 300
Druck: Karl Grammlich, D-7401 Pliezhausen

ISBN 3-13-362213-7 1 2 3 4 5 6

Wichtiger Hinweis: Medizin als Wissenschaft ist ständig im Fluß. Forschung und klinische Erfahrung erweitern unsere Kenntnisse, insbesondere was Behandlung und medikamentöse Therapie anbelangt. Soweit in diesem Werk eine Dosierung oder eine Applikation erwähnt wird, darf der Leser zwar darauf vertrauen, daß Autoren, Herausgeber und Verlag größte Mühe darauf verwandt haben, daß diese Angabe genau dem **Wissensstand bei Fertigstellung des Werkes** entspricht. Dennoch ist jeder Benutzer aufgefordert, die Beipackzettel der verwendeten Präparate zu prüfen, um in eigener Verantwortung festzustellen, ob die dort gegebene Empfehlung für Dosierung oder die Beachtung von Kontraindikationen gegenüber der Angabe in diesem Buch abweicht. Das gilt besonders bei selten verwendeten oder neu auf den Markt gebrachten Präparaten und bei denjenigen, die vom Bundesgesundheitsamt (BGA) in ihrer Anwendbarkeit eingeschränkt worden sind. Benutzer außerhalb der Bundesrepublik Deutschland müssen sich nach den Vorschriften der für sie zuständigen Behörde richten.

Vorwort zur 13. Auflage

Grenzen oder Grenzbereiche vom Gesunden zum Pathologischen stellen die medizinische Wissenschaft und Publizistik vor eine außerordentlich schwierige und verantwortliche Aufgabe, nicht zuletzt auch aus forensischer Sicht. Das gilt besonders für die radiologische Diagnostik des Skeletts, die vielfach den Schlüssel zur klinischen Einordnung von bestimmten Symptomen darstellt. Das Röntgenbild eines bestimmten Skelettabschnittes ist zwar prinzipiell objektiver als die anamnestischen Angaben eines Kranken und der klinische Untersuchungsbefund, im Grenzbereich zum Pathologischen ist diese stärkere Objektivität aber nur dann von Nutzen, wenn röntgenologischer und klinischer Befund synoptisch, machmal auch unter Zuhilfenahme zusätzlicher radiologischer Untersuchungsverfahren (z. B. Szintigraphie, Computertomographie, heute auch Kernspintomographie) ausgedeutet werden. Nur so sind auch anatomische Meßdaten wie Form und Größe vom Prinzip her zu bewerten, aber nicht pedantisch überzubewerten, wenn man sich vergegenwärtigt, wie groß ihre physiologische Schwankungsbreite (z. B. Sellagröße, Schädelbasis, Spinalkanal, kindliche Hüfte usw.) ist.

Die Grenze vom Gesunden zum Pathologischen ist nicht abzubilden, man kann sie praktisch nur negativ definieren und daher ist dieses Buch weder ein Atlas der normalen Röntgenanatomie noch eine Differentialdiagnose pathologischer Röntgenbefunde des Skeletts. Den praktischen Bedürfnissen folgend und den wertvollen Bildbestand der vorherigen Auflage respektierend, haben wir die Grenzen zum Pathologischen hier und dort sehr weit in das Pathologische vorgeschoben. Damit sollte nicht zuletzt auch der schon von früheren Auflagen her bekannte Ruf des Buches erhalten bleiben, in ihm manche Seltenheit zu finden. Die ursprünglich gestellte Aufgabe, den Umfang des Buches der letzten Auflage auf ein handliches Maß zu reduzieren, konnten wir daher nur unvollständig erfüllen.

Eine in den meisten Kapiteln durchgeführte, sich an modernen didaktischen Gesichtspunkten orientierende Gliederung hat das Ziel, das Wissenswerte dem Leser schneller und leichter zugänglich zu machen.

Zwei Kapitel früherer Auflagen haben wir nicht wieder gesondert aufgenommen. Statt des Kapitels „Normale Entwicklung und Fehlentwicklung des Skeletts“ wurde ein abbildungsloser Textteil „Wachstum und Reifung des Skeletts“ eingefügt, während wir bei den Fehlentwicklungen auf inzwischen erschienene einschlägige Monographie-, Lehr- und Handbuchartikel verweisen. Für die vorliegende 13. Auflage unseres Buches konnten wir in Dr. Holthusen einen wertvollen, erfahrenen Helfer gewinnen, der nicht nur das erste Kapitel verfaßt, sondern uns bei allen Kapiteln mit seiner konstruktiven Kritik unterstützend zur Seite stand. Auf den Rat und mit Hilfe von Herrn Holthusen wurde die „Internationale Nomenklatur für Konstitutionskrankheiten (Paris 1983)“ in diesem Buch verwendet und der Kinderradiologie ein noch größerer Anteil eingeräumt als bisher.

Mit dieser neuen (13.!) Auflage hoffen wir, der thematisch schwierigen und von der Tradition her verpflichtenden Aufgabe in Form und Inhalt gerecht geworden zu sein.

Tübingen/Bremen, im Frühjahr 1989

Hermann Schmidt
Jürgen Freyschmidt

Dank

Herzlichen Dank sagen wir folgenden Damen und Herren, die uns bei den Abbildungen geholfen haben:

Frau Aenne Freythaler, ehem. leitende med.-techn. Assistentin und Fotografin, Röntgenabteilung des Medizinischen Strahleninstituts an der Chirurgischen Universitätsklinik Tübingen;

Frau Astrid Bohlen und Frau A. Sonntag, Fotomeisterinnen und Leiterinnen des Fotolabors des Allgemeinen Krankenhauses Hamburg-Altona;

Herr Wolfgang Grzybowski, Fotomeister und Leiter des Fotolabors des Astronomischen Instituts der Universität Tübingen.

Dank sagen wir auch Frau Jutta Droop, Hamburg, die uns zügig und zuverlässig das gesamte Manuskript geschrieben hat. Bei der Erstellung des Literaturverzeichnisses war uns Claudia Helms, Dettenhausen/Tübingen, eine große Hilfe.

Von den Mitarbeitern des Verlages danken wir Frau Renate Goschin für die gründliche Durchsicht und redaktionelle Revision des Manuskriptes und Herrn Rolf Zeller für seine tatkräftige Unterstützung und sorgsame Überwachung in der Produktion des Buches. Beide Mitarbeiter waren schon mit denselben Aufgaben bei der vorigen Auflage des Buches betraut.

Ein sehr gewichtiger Dank gilt auch dem Verleger, Herrn Dr. med. h.c. Günther Hauff. Seiner Initiative und seiner Hilfe während der Durchführung verdankt die 13. Auflage des „Köhler/Zimmer" ihre Entstehung, wie dies schon bei der Anfertigung der 12. Auflage erfolgt war. Herr Dr. Hauff setzt damit eine Tradition fort, die von seinem Vater, Dr. med. h.c. Bruno Hauff, in freundschaftlicher Zusammenarbeit mit Professor Alban Köhler und dann mit Professor Zimmer begonnen war.

Inhaltsverzeichnis

6. Becken ... 623

7. Bein ... 669

1

Wachstum und Reifung des Skeletts

von W. Holthusen, Hamburg

Der normale Ablauf und seine Störungen

Einführung

Viele der in diesem Buch abgehandelten Veränderungen, vor allem diejenigen des Kindesalters, sind Folgen einer Störung des lokalen oder allgemeinen Knochen-(und Bänder-)wachstums. Für die Beurteilung der Grenzen des Normalen und der Anfänge des Pathologischen in der radiologischen Abbildung des Skeletts ist daher die Kenntnis der normalen Entwicklung und ihrer möglichen Störungen unerläßlich.

Dieses Buch kann und will jedoch in seiner vorliegenden Gestalt weder ein Atlas der normalen Skelettentwicklung sein noch ein Lehrbuch oder einen Atlas der radiologischen Diagnostik ossärer Dysplasien ersetzen.

Viele der lokalen Auswirkungen einer gestörten Skelettentwicklung sind in den nach Regionen geordneten Einzelkapiteln zu finden. In diesem Einleitungskapitel können nur die *Prinzipien* abgehandelt werden. Auf eine tabellarische oder graphische Darstellung der normalen Skelettentwicklung, wie sie in früheren Auflagen dieses Buches zu finden war, wird bewußt verzichtet; statt dessen wird im Text auf die heute allgemein gebräuchlichen „Standardwerke" verwiesen.

Embryonale Entwicklung

Bis auf Teile des Schädelskeletts (Desmokranium = Kalotte) und den mittleren Abschnitt des Klavikulaschaftes, der ebenfalls durch *endostale Osteogenese* entsteht, wird das Rumpf- und Extremitätenskelett in der Embryonalzeit, gesteuert durch den genetischen Code, knorpelig vorgebildet (*enchondrale Osteogenese*). Die Ausformung des knorpeligen Skeletts ist eng mit der Ausbildung der Weichteile (vor allem Muskeln, Sehnen und Bänder) gekoppelt. Beweglichkeit und axiale Gliederung erhält der Knorpel durch die von mesodermalem Gewebe ausgekleideten, flüssigkeitsgefüllten Spalträume, aus denen sich die mit Synovia ausgekleideten Gelenke entwickeln.

Diese Entwicklung ist etwa in der 7. Embryonalwoche abgeschlossen, d. h., zu diesem Zeitpunkt sind bereits die Extremitätenknochen als hyalin-knorpelige „Modelle" angelegt.

Bald danach beginnt in der Schaftmitte der Röhrenknochen die enchondrale Osteogenese. Diese schreitet proximal- und distalwärts fort. An den verknöcherten Partien der Diaphysen erfolgt jetzt ein Dickenwachstum durch *periostale Osteogenese*.

Die proximalen und distalen Enden der Röhrenknochen bleiben noch lange Zeit unverknöchert (*Epiphysen*). Diese wachsen durch Proliferation von Knorpelzellen und Grundsubstanz, wobei das Längenwachstum vorzugsweise an der Grenze zur bereits verknöcherten *Diaphyse* stattfindet. Die Gelenkspalten sind jetzt jeweils von zwei Epiphysen begrenzt, deren Knorpel sich gelenkseitig den schon in utero wirksamen mechanischen Belastungen anpaßt (*Gelenkknorpel*). Schon beim Fetus von 14 Wochen zeigt sich eine fortgeschrittene Verknöcherung der Schädelbasis, aller Röhrenknochen und Rippen sowie eine beginnende Verknöcherung der Wirbel. An der Grenze zwischen dem Gelenkknorpel und dem in Zukunft scheibenförmigen *Wachstumsknorpel (Physis)* erscheinen zur Zeit des normalen Geburtstermins (38.–40. Schwangerschaftswoche) in den Epiphysen die ersten Knochenkerne. Auch in den bis dahin rein knorpeligen Tarsalia, die ebenso wie die Karpalia als *„Epiphysen-Äquivalente"* aufzufassen sind, zeigen sich erste Knochenkerne. Das Vorhandensein bestimmter Knochenkerne ist ein wichtiges Indiz für die Reife des Feten. Nach der Geburt sind ihr Auftreten, ihre Größe und ihre Gestalt ein Maßstab für die Skelettreife (das Knochenalter) eines Kindes (s. unten).

Entwicklung im Kindesalter

Skelettwachstum und Ausformung der knöchernen Skelettelemente setzen sich nach der Geburt kontinuierlich fort; allerdings fällt die Kurve der **Wachstumsgeschwindigkeit**, die beim Fetus am größten ist, während der drei ersten Lebensjahre steil ab. Die bei Wachstum und Reifung des Skeletts wirksamen – zum Teil einander überlappenden – Vorgänge sind im wesentlichen folgende (6):

1. Proliferation der epiphysären Chondroblasten an der Grenze zwischen Knochenkern und Epiphysenknorpel, um eine gleichbleibende Dicke der Wachstumsplatte (Physis) aufrechtzuerhalten.
2. Ausbildung von interzellulärem Chondroid.
3. Reifung der Chondroblasten, verbunden mit dem Auftreten von Glykogen und enzymatischer Aktivität; Vergrößerung der Zellen, die sich in „Säulen" anordnen.
4. Mineralisation der Chondroidpalisaden zwischen den Zellsäulen (präparatorische Verkalkung).
5. Invasion der Basen der Knorpelzellsäulen durch von der Metaphyse ausgehender Gefäßproliferation.
6. Metaplasie von Gefäßendothelzellen zu Osteoblasten.
7. Produktion der organischen Knochenmatrix (Osteoid).
8. Deposition von Mineralsalzen im Osteoid.
9. Auflösung der Reste des verkalkten Chondroids in den Spikulae der Primärspongiosa.
10. Umwandlung des groben präliminären Faserknochens in reifen Knochen, aus dem sich die sekundäre Spongiosa zusammensetzt.
11. Modellage des jugendlichen Knochens durch Ab- und Umbau, der so allmählich seine bleibende Erwachsenenform erhält.
12. Erhaltung des Knochens = Ersatz von Knochen, der durch normale katabole Aktivität abgebaut wird.

Entsprechende Wachstumsvorgänge spielen sich auch an den **Apophysen** und an den **Synchondrosen** ab. Die an Apophysenknorpel und Knorpelfugen angrenzenden Knochenflächen sind als **Metaphysen-Äquivalente** aufzufassen.

An jedem Knochen haben die Wachstumsvorgänge ihren individuellen Ablauf mit eigenem Zeitschema („individuelles Knochenalter"), insgesamt gesteuert durch wachstumswirksame Hormone (STH, Schilddrüsenhormon, Sexualhormone). Auf die individuelle Knochenentwicklung wird jeweils am Anfang der Spezialkapitel detailliert eingegangen. Informative Darstellungen der individuellen Entwicklung der wichtigsten Skelettregionen finden sich bei den Literaturzitaten 9–21.

Radiologische Bestimmung des normalen Knochenalters

Die Kenntnis des normalen Zeitpunktes und der normalen Reihenfolge des Auftretens der Epiphysenkerne sowie ihrer Fusion mit der Diaphyse (die das Ende des Längenwachstums des entsprechenden Knochens anzeigt) und ebenso die Vertrautheit mit den physiologischen Formveränderungen, die jeder Knochen bis zu seiner endgültigen Ausformung durchmacht, sind Voraussetzung zur Abgrenzung gegen Wachstumsstörungen.

Die Interpretation des normalen Skelettbefundes im Wachstumsalter stößt häufig auf Schwierigkeiten. Durch die zahlreichen Epiphysen- und Apophysenkerne ergeben sich oft eigenartige Bilder, die als Folge eines Traumas oder als Anomalie fehlinterpretiert werden können.

Auf der anderen Seite gibt es pathologische Veränderungen (z. B. schwerwiegende Verletzungen des Wachstumsknorpels oder eine vorauseilende Epiphysenverknöcherung mit vorzeitiger Fusion bei hormonellen Störungen, entzündlichen Prozessen oder aus anderen Gründen gesteigerter Durchblutung), die nur der Untersucher erkennt, der mit dem alterstypischen Bild der betreffenden Skelettregion vertraut ist.

Diese Kenntnis des Normalen muß durch Erfahrung erworben werden. Die Voraussetzung hierfür ist die permanente Schulung in der Radiologie des kindlichen Skeletts.

Der weniger Erfahrene wird häufiger zum Hilfsmittel der Aufnahme der gesunden Seite greifen, einer im Interesse des Strahlenschutzes gerade beim Kind nicht wünschenswerten Maßnahme.

Besser ist es, einen Atlas der normalen Skelettentwicklung zu Rate zu ziehen.

Seit Beginn der radiologischen Ära wurde versucht, die normale Skelettentwicklung und insbesondere das Auftreten und die Entwicklung der Knochenkerne, vom Neugeborenenalter bis zum Ende des 2. Lebensjahrzehnts, in leicht überschaubarer, mehr oder weniger abstrahierender Form bildlich oder graphisch darzustellen. Bekannt ist das Schema von Schmid-Halden (das u. a. auch in der vorigen Auflage dieses Lehrbuches abgebildet ist); ebenso bekannt sind die Tafeln und Tabellen von Schinz (25). Beide Darstellungsweisen haben ihre Vor- und Nachteile. Das Schmid-Haldensche Schema zeigt den Zeitpunkt des *Auftretens* der Knochenkerne mit seiner physiologischen Variationsbreite. Schinz gibt für den Zeitpunkt des Auftretens nur Mittelwerte an; man kann jedoch aus seinem Schema auch den Zeitpunkt des *Epiphysenfugenschlusses* mit seiner Variationsbreite ablesen. Alle diese Schemata berücksichtigen nicht oder doch nur sehr pauschal den *Unterschied zwischen den Geschlechtern*. Die genaue Unterscheidung zwischen den Verhältnissen beim männlichen Geschlecht und der vorauseilenden Entwicklung beim weiblichen ist heute unerläßlich.

Einen Standard für die Normalentwicklung des Skeletts gibt heute am besten ein Atlas, der lückenlos, von der Geburt bis zum 25. Lebensjahr, gesondert für beide Geschlechter, radiologische Abbildungen sämtlicher Skelettregionen in zwei Ebenen darbietet (5). Für jede Altersstufe ist allerdings nur der statistisch häufigste Entwicklungsgrad – ohne Angabe der Variationsbreite – abgebildet. Der Atlas reicht daher nicht für eine exakte Skelettalterbestimmung, dagegen ist er hervorragend brauchbar für den Vergleich fraglich pathologischer Veränderungen mit dem altersentsprechenden Normalbefund. Auf diese Weise erspart er viele unnötige Vergleichsaufnahmen.

Skelettreife (Skelettalter)

Bei einer Vielzahl von Störungen des kindlichen Wachstums sind in typischer Weise Veränderungen der Skelettreifung zu beobachten.

Das möglichst exakt ermittelte **Skelettalter** ist eine wichtige Information für den Pädiater und für den Endokrinologen, nicht nur bei den verschiedenen Formen des Mangels an Wachstumshormon und der konstitutionellen Reifungs- und Entwicklungsverzögerung, sondern auch bei der frühnormalen Geschlechtsreifung, der Pubertas praecox, und bei der Therapie zahlreicher kindlicher Endokrinopathien.

Hinzu kommt heute die Hormonbehandlung hochwüchsiger Mädchen, die nicht nur die Bestimmung der aktuellen Skelettreife, sondern auch die Stellung einer *Wachstumsprognose* (Bestimmung der Endgröße) erforderlich macht.

Die altersspezifische Differenzierung des Skeletts betrifft die Zahl, die Größe und die Gestalt der Knochenelemente, insbesondere der Epiphysen- und Apophysenkerne. Hierüber existieren entsprechende numerische, metrische und morphologische Methoden der Skelettaltersbestimmung (2).

Für praktische Belange haben sich heute die morphologischen Verfahren, bei denen die (linke) Hand mit ihren zahlreichen Epiphysen und Epiphysen-Äquivalenten als Referenzorgan benutzt wird, durchgesetzt. Entweder vergleicht man das *Gesamtbild* aller Knochen der linken Hand mit Standardaufnahmen aus einem Atlas, oder man bestimmt das individuelle Knochenalter *ausgewählter repräsentativer Knochenelemente* der Hand aufgrund charakteristischer altersabhängiger Merkmale. Auch hierbei benutzt man radiologische Abbildungen oder Zeichnungen aus einem Atlas. Aus dem individuellen Knochenalter einer Anzahl von Einzelelementen läßt sich dann annäherungsweise das Gesamt-Skelettalter ermitteln.

Für die erste Methode bietet sich vor allem der Atlas von Greulich u. Pyle (4) (nicht in seiner Kurzausgabe) an. Dieser Atlas enthält auch Tafeln zur Bestimmung des individuellen Knochenalters, mit deren Hilfe sich die Methode noch verfeinern läßt.

Ganz auf der Feststellung des individuellen Knochenalters bestimmter Handknochen aufgrund von Formkriterien basiert der Atlas von Tanner u. Whitehouse (26), der eine sehr exakte, wenn auch zeitlich aufwendigere, Bestimmung des Skelettalters erlaubt. In beiden Atlanten werden die Reifemerkmale für Mädchen und Jungen getrennt aufgeführt.

Jede dieser Methoden hat ihre eigenen Standardwerte, die natürlich nur die Normverteilung des verwendeten – durchaus nicht einheitlichen und homogenen – Untersuchungsmaterials widerspiegeln. Man muß daher bei jeder Skelettaltersbestimmung – die, genaugenommen, nur eine Schätzung ist – die Methode angeben, nach der sie durchgeführt wurde. „Das" Skelettalter gibt es nicht (2). Schwierigkeiten bereiten Fälle, in denen das Skelettalter der Phalangen und der Karpalknochen stark divergiert, wobei meist die Phalangen „reifer" erscheinen. Man spricht dann von einer „Dissoziation" der Entwicklung, die im Befund vermerkt werden muß. Als Faustregel gilt, daß distalen Elementen der Hand bei der Schätzung des Knochenalters der größere Wert zuerkannt wird.

Im ersten Lebensjahr sind an der Hand erst wenige Knochenkerne vorhanden. Der Zeitpunkt ihres Auftretens variiert überdies außerordentlich stark. In diesem Alter sind Schätzungen des Knochenalters auf der Basis der seitlichen Aufnahme eines Fußes (Beurteilung der Knochenkerne von Talus und Kalkaneus [1]) oder der Aufnahme eines Knies in zwei Ebenen (distale Femurepiphyse und proximale Tibiaepiphyse [24]) genauer und zuverlässiger.

Bevor man eine „Verzögerung" oder „Beschleunigung" der Skelettentwicklung diagnostiziert, ist es notwendig, sich über die Variationsbreite der Norm auf der entsprechenden Altersstufe (gemäß den bei den genannten Autoren aufgeführten Werten) zu orientieren.

Wachstums-(Größen-)Prognose

Immer häufiger wird an den Radiologen der Wunsch herangetragen, eine Wachstums-(= Größen-)Prognose zu stellen. Durch eine rechtzeitig einsetzende Hormontherapie kann nämlich (insbesondere bei Mädchen) ein übermäßiger Hochwuchs verhindert werden. Andererseits gibt es Minderwuchsformen – auch abgesehen vom echten STH-Mangel –, die einer Hormontherapie zugänglich sind.

Nach sorgfältiger Ermittlung des Skelettalters erlauben die *Tabellen von Bayley u. Pinneau* (s. bei 4) eine Stellung der Wachstumsprognose. Hier muß aber darauf hingewiesen werden, daß der Wachstumsprognose nach Bayley u. Pinneau immer eine Skelettaltersbestimmung nach Greulich u. Pyle zugrundegelegt werden muß.

Die zu erwartende Endgröße läßt sich aber auch nach der *Methode von Tanner u. Whitehouse* (26) bestimmen. Diese Methode ist – wie schon erwähnt – etwas zeitaufwendiger, aber auch genauer. Trotzdem ist die Sicherheit der Prognose nach beiden Methoden mit Zurückhaltung zu kommentieren. Bei der Methode von Tanner u. Whitehouse beträgt die Ungenauigkeit im Alter von 10 Jahren bis zu ± 6–7 cm (zweifacher Sigmawert). Bei Anwendung der Methode von Bayley u. Pinneau ist sie noch größer (23). Zudem wird die Prognose um so unsicherer, je jünger das Kind ist.

Ein anderes Problem, mit dem der Radiologe gelegentlich konfrontiert wird, ist die **Reifebestimmung beim Neugeborenen**.

Die Knochenkerne, die beim reifen Neugeborenen um die Zeit der Geburt zu erwarten sind, seien hier in der Reihenfolge, in der sie in der Regel vor oder kurz nach der normal terminierten Geburt auftreten, genannt: Kalkaneus – Talus – distale Femurepiphyse – proximale Tibiaepiphyse – Humeruskopfepiphyse – Kuboid; doch ist auch hier die Variationsbreite sehr groß. Nur eine sehr grobe Schätzung des Gestationsalters bei der Geburt ist möglich (8). Als Faustregel hat immer noch Gültigkeit, daß die Knochenentwicklung eines termingerecht geborenen Kindes *ohne* distale Femurepiphysenkerne verzögert ist. Das gleiche gilt für Kinder, die vor dem Termin geboren sind und bei denen die Knochenkerne von Kalkaneus und Talus fehlen, die normalerweise auch in diesem Gestationsalter schon vorhanden sein sollten (Kalkaneus: 22. Woche, Talus: 25. Woche).

Schließlich bieten sich beim Neu- und Frühgeborenen noch die Zahnanlagen (die nicht selten auf einem seitlichen Thoraxbild mit abgebildet werden) als Reifezeichen an (7).

Pathologische Wachstumsvorgänge

Zahlreich und vielfältig sind die Folgen lokaler und generalisierter *Wachstumsstörungen*. Sie bilden einen erheblichen Teil der in diesem Buch abzuhandelnden radiologischen Befunde. Besonders in ihren Anfängen sind sie oft nicht leicht nachzuweisen. Voraussetzung ihrer Diagnose ist die genaue Kenntnis der normalen Entwicklung und ihrer Varianten. Diese kann nur durch Erfahrung und ständiges Vergleichen erworben werden (s. vorigen Abschnitt).

Verursacht werden solche Wachstumsstörungen (6)

- genetisch-konstitutionell,
- metabolisch,
- traumatisch,
- entzündlich.

Störungen des Wachstums können in der Embryonal- und Fetalperiode beginnen. Sie sind dann bei der Geburt erkennbar. Oft treten sie aber erst während der postnatalen Entwicklung auf.

Allen generalisierten Wachstumsstörungen ist gemeinsam, daß sie sich vor allem an den Stellen lebhaften Wachstums manifestieren. Dies sind vorzugsweise die **Metaphysen** der Röhrenknochen. Hier bewirken sie ein vermindertes Längenwachstum, meist kombiniert mit abnormem Dickenwachstum und mangelhafter ungleichmäßiger Verkalkung der Grundsubstanz, die oft nur ungenügend abgebaut wird. Die normalerweise als glatt imponierende Grenzfläche des metaphysären Knochens wird rauh und unregelmäßig, manchmal geradezu chaotisch zerklüftet. Durch vorwiegend *zentrale* Wachstumsstörung der Wachstumsknorpelscheibe (**Physis**) entstehen die sog. „Zapfenepiphysen". Bei einer Anzahl konstitutioneller Skeletterkrankungen sind diese besonders in den Phalangen der Finger zu beobachten. Sie treten hier in vielfältiger Gestalt auf, charakteristisch jeweils für bestimmte Krankheitsbilder, deren Differentialdiagnose sie ermöglichen (3). Zapfenepiphysen können aber an allen Röhrenknochen auch durch äußere Einwirkungen (Entzündung, Trauma) entstehen.

Distales Femurende, proximales Tibiaende, proximales Humerusende und distales Radiusende wachsen am schnellsten. Diesen Stellen hat das Augenmerk besonders zu gelten, wenn Verdacht auf eine generalisierte Skeletterkrankung besteht.

Das distale Radiusende ist ein integrierender Bestandteil einer Ganzaufnahme der Hand, die wegen der großen Zahl von Epi- und Metaphysen sowie Epiphysen-Äquivalenten auf engem Raum jede generalisierte Wachstumsstörung besonders gut widerspiegelt. Dem Handskelett als Spiegel der Skeletterkrankungen ist ein Buch gewidmet (22).

Generell manifestieren sich Wachstumsstörungen an den **Epiphysen** als verspätetes Auftreten der Knochenkerne, die im Größenwachstum zurückbleiben und mehr oder weniger deformiert erscheinen. Eine typische Erscheinung der Stigmatisierung epiphysärer Wachstumsstörungen besteht in einem Auftreten multipler Knochenkerne oder einer scheinbaren Fragmentierung der Epiphyse. Dieses Phänomen kann allerdings zu Beginn der Epiphysenverknöcherung vorübergehend an fast allen Epiphysen auch als Normvariante auftreten. Es muß daher kritisch beurteilt werden.

Bei vorübergehend oder periodisch gestörtem Wachstum können infolge ungenügender Resorption verkalkter Knorpelgrundsubstanz oder primordialen Knochens oder durch vorübergehende Desorientierung der Spongiosaarchitektur während oder unmittelbar nach einem Wachstumsstillstand Zonen vermehrter Knochendichte entstehen, die lange bestehen bleiben und durch das Wachstum scheinbar schaftwärts wandern. Es handelt sich um die sog. **Wachstumsstillstandslinien** oder **„Growth recovery lines"** (6). Im Extremfall entspricht das Aufeinanderfolgen von Perioden unterschiedlicher Dichte und wechselnden Kalksalzgehaltes dem Phänomen des „Knochens im Knochen", nicht nur an den Röhrenknochen, sondern auch an den platten Knochen und Wirbeln.

Lebhafte *periostale* Wachstumsvorgänge führen zu deutlich lamellärer Knochenneubildung an den Schäften der langen Röhrenknochen. An den Schäften von Femur und Humerus ist dies beim jungen Säugling physiologisch; eine ausgeprägt lamelläre Struktur der gesamten Kortikalis kennzeichnet allerdings eine ungenügende Matrixverkalkung bei Störungen des Kalzium- und Phosphatstoffwechsels.

Genetisch-konstitutionell bedingte Störungen

Zahlreich und mannigfaltig sind die genetisch bedingten konstitutionellen Skeletterkrankungen, die sich im Wachstumsalter viel deutlicher und charakteristischer manifestieren als nach Abschluß des Wachstums.

Fast alle generalisierten Skelettdysplasien gehen mit Minderwuchs einher. Dieser ist meist dysproportioniert. Die Wachstumszonen der verschiedenen Skelettregionen sind in unterschiedlichem Grad von der Störung betroffen. Auf der Kenntnis der unterschiedlichen „Verteilungsmuster" beruht zu einem wesentlichen Teil die Diagnose.

Dem unterschiedlichen Sitz der Wachstumsstörung trägt die – vorwiegend deskriptive – Internationale Nomenklatur der konstitutionellen Knochenkrankheiten (Pariser Nomenklatur [3]) Rechnung. Sie unterscheidet Krankheitsbilder (Dysplasien) mit **Wachstums- und Entwicklungsstörungen** der Röhrenknochen und/oder der Wirbelsäule von solchen mit einer **„anarchischen" (tumorähnlichen) Entwicklung** von Knorpel- und Fasergewebe und solchen mit Anomalien der **Struktur** und der **Modellage** des Knochens. Zur letzteren Gruppe gehören auch einige Speicherkrankheiten (z. B. Morbus Gaucher) und andere Markhyperplasien (z. B. Beta-Thalassämie), Krankheiten mit „bekannter Pathogenese", die in der „Pariser Nomenklatur" in einer eigenen Rubrik stehen.

Auch die generalisierten Skelettdysplasien manifestieren sich meist besonders deutlich an den großen Gelenken und am Handskelett. Wichtige Referenzregionen sind aber auch die Wirbelsäule (besonders im Seitenbild erkennbar), das Becken, der knöcherne Thorax und der Schädel. Die Aufnahme dieser Regionen gehört zum Standardprogramm bei der Diagnostik von generalisierten Skelettdysplasien.

Die *lokalen* Fehlbildungen *einzelner* Skelettabschnitte (isolierte oder kombinierte) werden als **„Dysostosen"** bezeichnet. Diese bilden eine weitere Hauptgruppe in der Pariser Nomenklatur.

In Einzelfällen kann der Skelettbefund so charakteristisch sein, daß eine Diagnose allein *radiographisch* gestellt werden kann. Meist sind aber weitere klinische Parameter und die Kenntnis eventueller weiterer Krankheitsfälle in der Familie für die Diagnosestellung notwendig. Diese erfolgt deshalb in der Regel in Zusammenarbeit mit dem Pädiater und dem Humangenetiker. Für eine ganze Zahl in diesem Buche erwähnter einzelner Krankheitsbilder kann nur auf die Spezialliteratur verwiesen werden. Literaturangaben finden sich in den Spezialkapiteln dieses Buches. Erwähnt und empfohlen sei besonders das Kapitel über „Konstitutionelle Skeletterkrankungen" von A. Giedion u. Mitarb. (3) im Lehrbuch der Röntgendiagnostik von H.R. Schinz u.a.

Da sie die Basis für die in diesem Buch angewandte Nomenklatur darstellt, sei hier die Internationale („Pariser") Nomenklatur in der Fassung von 1977 wiedergegeben, Tab. 1.**1**.

Tabelle 1.**1** Pariser Nomenklatur der konstitutionellen Knochenkrankheiten (Revision 1977) (nach Dorst u. Mitarb.; aus Giedion, A., u. Mitarb.: Konstitutionelle Skeletterkrankungen. In Schinz, H. R., u. a.: Lehrbuch der Röntgendiagnostik, Bd. II/2, 6. Aufl. Thieme, Stuttgart 1981)

I. Osteochondrodysplasien

(Wachstums- und Entwicklungsanomalien von Knorpel und/oder Knochen)

A. Wachstums- und Entwicklungsstörungen von Röhrenknochen und/oder Wirbelsäule

a) Bei der Geburt manifest

Die obligat oder häufig letalen Formen sind im Verzeichnis + oder (+) (= fakultativ letal) markiert.

1. Achondrogenesis Typ I (Parenti-Fraccaro) +
2. Achondrogenesis Typ II (Langer-Saldino) +
3. Thanatophore Dysplasie +
4. Thanatophore Dysplasie mit Kleeblattschädel +
5. Syndrome der kurzen Rippen mit Polydaktylie +
   Typ I Saldino-Noonan
   Typ II Majewski
   Typ III Verma-Naumoff
   sowie weitere Formen
6. Chondrodysplasia punctata
   a) rhizomeler Typ (+)
   b) dominanter Typ
   c) andere Typen
   d) auszuschließen „symptomatische" punktförmige Verkalkungen beim Zellweger-Syndrom, Warfarin-Embryopathie u.a.
7. Kampomele Dysplasie
8. Andere Dysplasien mit angeborener Verbiegung der langen Röhrenknochen
   (verschiedene Typen)
9. Achondroplasie
10. Diastrophische Dysplasie
11. Metatropische Dysplasie
12. Chondroektodermale Dysplasie (Ellis van Creveld) (+)
13. Asphyxierende Thoraxdysplasie (Jeune) (+)
14. Dysplasia spondyloepiphysaria congenita (Spranger-Wiedemann)
15. Andere bei der Geburt erkennbare Formen der spondyloepiphysären Dysplasie
16. Kniestsche Dysplasie
17. Mesomele Dysplasien
    a) Typ Nievergelt
    b) Typ Langer (wahrscheinlich homozygote Dyschondroosteose)
    c) Typ Robinow
    d) Typ Reinhardt
    e) andere
18. Akromesomele Dysplasie
19. Kleidokraniale Dysplasie
20. Larsen-Syndrom
21. Otopalatodigitales Syndrom

b) Im späteren Leben manifest

1. Hypochondroplasie
2. Dyschondroosteose
3. Metaphysäre Chondrodysplasie Typ Jansen
4. Metaphysäre Chondrodysplasie Typ Schmid
5. Metaphysäre Chondrodysplasie Typ McKusick
6. Metaphysäre Chondrodysplasie mit exokriner Pankreasinsuffizienz und zyklischer Neutropenie
7. Spondylometaphysäre Dysplasie
   a) Typ Kozlowski
   b) andere Formen
8. Multiple epiphysäre Dysplasie
   a) Typ Fairbanks
   b) andere Formen
9. Arthroophthalmopathie (Stickler)
10. Pseudo-Achondroplasie
    a) dominant
    b) rezessiv
11. Dysplasia spondyloepiphysaria tarda
12. Andere Typen von spondyloepiphysärer Dysplasie
13. Dysplasie von Dyggvie-Melchior-Clausen
14. Spondyloepimetaphysäre Dysplasie (mehrere Formen)
15. Myotone Chondrodysplasie (Schwartz-Jampel)
16. Parastremmatische Dysplasie
17. Trichorhinophalangeales Syndrom
18. Akrodysplasie mit Retinitis pigmentosa und Nephropathie (Saldino-Mainzer)

B. Anarchische Entwicklung von Knorpel und Fasergewebe

1. Dysplasia epiphysealis hemimelica
2. Multiple kartilaginäre Exostosen
3. Akrodysplasie mit Exostosen (Giedion)
4. Enchondromatose (Ollier)
5. Enchondromatose mit Hämangiomen (Maffucci)
6. Metachondromatose
7. Fibröse Dysplasie (Jaffé-Lichtenstein)
8. Fibröse Dysplasie mit Hautpigmentierung und Pubertas praecox (McCune-Albright)
9. Cherubismus
10. Neurofibromatose

C. Anomalien von Knochendichte, kortikaler Struktur und/oder metaphysären Modellierungsdefekten

1. Osteogenesis imperfecta congenita (mehrere Formen)
2. Osteogenesis imperfecta tarda (mehrere Formen)
3. Juvenile idiopathische Osteoporose
4. Osteoporose mit Pseudogliom
5. Osteopetrose, frühmanifest

Tabelle 1.**1** Fortsetzung

6. Osteopetrose, spätmanifest (mehrere Formen)
7. Pyknodysostose
8. Osteopoikilose (punctata und striata)
9. Melorheostose
10. Diaphysäre Dysplasie
11. Kraniodiaphysäre Dysplasie
12. Endostale Hyperostose
    a) autosomal-dominant (Worth)
    b) autosomal-rezessiv (van Buchem)
13. Tubuläre Stenose
14. Pachydermoperiostose
15. Osteodysplasie (Melnick-Needles)
16. Frontometaphysäre Dysplasie
17. Kraniometaphysäre Dysplasie (mehrere Formen)
18. Metaphysäre Dysplasie (Pyle)
19. Sklerosteose
20. Dysosteosklerose
21. Osteoektasie mit Hyperphosphatasie

II. Dysostosen

(Fehlbildungen einzelner Knochen – isoliert oder kombiniert)

A. Kraniofaziale Dysostosen

1. Kraniosynostose (mehrere Formen)
2. Kraniofaziale Dysostose (Crouzon)
3. Akrozephalosyndaktylie (Apert)
4. Akrozephalopolysyndaktylie (Carpenter u. a.)
5. Mandibulofaziale Dysostose
    a) Typ Treacher-Collins, Franceschetti
    b) andere Typen
6. Okulomandibulofaziales Syndrom (Hallermann-Streiff-François)
7. Nevoides Basalzellkarzinom

B. Dysostosen mit vorwiegendem Befall des Achsenskeletts

1. Vertebrale Segmentationsdefekte (einschließlich Klippel-Feil-Syndrom)
2. Zerviko-okulo-akustikus-Syndrom (Wildervanck)
3. Sprengelsche Deformität
4. Spondylokostale Dysostose
    a) dominante Formen
    b) rezessive Formen
5. Okulovertebrales Syndrom (Weyers)
6. Osteo-onycho-Dysostose (früher Nagel-Patella-Syndrom)
7. Zerebrokostomandibuläres Syndrom

C. Dysostosen mit vorwiegendem Befall der Extremitäten

1. Acheirie
2. Apodie
3. Ektrodaktylie-Syndrom
4. Aglossie-Adaktylie-Syndrom
5. Congenital-bowing-Syndrom (mehrere Formen)
6. Familiäre radioulnare Synostose
7. Brachydaktylie (mehrere Formen)
8. Symphalangie
9. Polydaktylie (mehrere Formen)
10. Syndaktylie (mehrere Formen)
11. Polysyndaktylie (mehrere Formen)
12. Kamptodaktylie
13. Pektoralisaplasie-Dysdaktylie-Syndrom (Poland)
14. Rubinstein-Taybi-Syndrom
15. Panzytopenie-Dysmelie-Syndrom (Fanconi)
16. Thrombozytopenie-Radiusaplasie-Syndrom
17. Orodigitofaziales Syndrom
    a) Typ Papillon-Leage
    b) Typ Mohr
18. Kardiomeles Syndrom (Holt-Oram u. a.)
19. Femoral-Fazial-Syndrom
20. Syndrom der multiplen Synostosen (einschließlich gewisse Formen von Symphalangismus)
21. Skapuloiliakale Dysostose (Kosenow-Sinios)
22. Hand-Fuß-Genital-Syndrom
23. Fokale dermale Hypoplasie (Goltz)

III. Idiopathische Osteolysen

1. Phalangeal (verschiedene Formen)
2. Tarsokarpal
    a) einschließlich Typ François u. a.
    b) mit Nephropathie
3. Multizentrisch
    a) verschiedene Typen einschließlich Typ Winchester
    b) Typ Hajdu-Cheney

IV. Konstitutionelle Knochenkrankheiten mit bekannter Pathogenese

1. Chromosomale Aberrationen
2. Primäre Stoffwechselstörungen
    a) Kalzium-Phosphor
    b) komplexe Glukide
    c) Lipide
    d) Aminosäuren
    e) Metalle

Metabolisch bedingte Störungen

Metabolische Skelettwachstumsstörungen manifestieren sich in erster Linie an den Wachstumszonen. Deshalb sind sie beim Kind wesentlich leichter zu erkennen als beim Erwachsenen.

Hierher gehören vor allem die Störungen des Mineralstoffwechsels. Als Beispiele seien die Rachitis (Osteomalazie), der Vitamin-C-Mangel (Skorbut, Möller-Barlowsche Krankheit), der primäre und sekundäre Hyperparathyreoidismus und die medikamentös induzierten Störungen des Kalzium-Phosphat-Stoffwechsels genannt. Auch unter den konstitutionellen Skeletterkrankungen finden sich immer mehr, deren Ursache eine inzwischen aufgeklärte Stoffwechselstörung ist: Die Mukopolysaccharidosen und -lipidosen, Aminosäurenstoffwechselstörungen (Zystinurie, Homozystinurie u. a.), Störungen des Spurenmetall-Haushalts (Menke-Syndrom als Beispiel einer Cu-Stoffwechselstörung).

Bei allen konstitutionellen Skeletterkrankungen sind die Zellproliferation und/oder der Aufbau der Grundsubstanz gestört. Ursache davon sind letztlich Zellstoffwechselstörungen und Enzymdefekte, deren Aufklärung noch nicht abgeschlossen ist.

Traumatisch bedingte Störungen

Der wachsende Knochen reagiert auf Traumen anders als der ausgewachsene. Seine geringere Sprödigkeit und die stärkere Verformbarkeit führen zu speziellen Frakturformen: Grünholzbruch, Wulstungsbruch, traumatische Verbiegung. Wegen der lockeren Anheftung des knochenbildenden Periosts besteht eine erhöhte Neigung zu subperiostalen Blutungen. Frühe und intensive Kallusbildung begünstigt die Bruchheilung, läßt aber den Unerfahrenen gelegentlich an pathologische Frakturen denken. Fehlstellungen und Verkürzungen werden durch ausgleichendes Wachstum und lebhafte Modellagevorgänge rasch spontan korrigiert. Aus der induzierten Wachstumsbeschleunigung resultiert manchmal eine unerwünschte Verlängerung des betroffenen Knochens.

Eine Besonderheit des Wachstumsalters bilden ferner die Verletzungen des Wachstumsknorpels bei den Epiphysenfrakturen und -abrissen. Falls die Fraktur hier nicht optimal reponiert wird, besteht die Gefahr des vorzeitigen Epiphysenfugenschlusses mit Störung des Längenwachstums.

Multiple Epiphysenlösungen kommen praktisch nur als Geburtstrauma oder als Folge der Mißhandlung eines jungen Kindes vor. Im letzteren Fall bestehen in der Regel nebeneinander multiple Frakturen und Epiphysenlösungen verschiedenen Alters- und Heilungszustandes. Dies ist das Bild des **„wiederholten okkulten Skeletttraumas"**, das immer auf ein **„Battered Child Syndrome"** verdächtig ist.

Beim älteren Kind und bei Adoleszenten stellen die noch nicht geschlossenen Apophysenfugen und Synchondrosen an den Röhrenknochen und am Stammskelett einen „locus minoris resistentiae" dar. Durch Muskelzug oder statische Überlastung kommt es zu Abrissen oder Distraktionen mit Kallusbildung. Eine ganze Reihe sog. „juveniler Osteochondrosen" findet hierdurch ihre Erklärung und wird im folgenden regional gesondert behandelt.

Entzündungsbedingte Störungen

Wegen ihrer ausgiebigen Gefäßversorgung ist die Wachstumszone auch ein bevorzugter Sitz hämatogener Infektionen (Osteomyelitis). Beim Säugling mit noch gemeinsamer Blutversorgung von Epiphyse und Metaphyse ist eine Mitbeteiligung der Epiphyse und des Gelenks ein typisches Ereignis. Die Zerstörung der Physis kann dann unter Umständen zu einer schweren Störung des Längenwachstums führen.

Vom 2. Lebensjahr an sind vorwiegend die Metaphysen und die „Metaphysenäquivalente" befallen. Auch hier dominieren verständlicherweise die „großen Gelenke": Kniegelenk, Sprunggelenk, Schultergelenk und die großen Metaphysenäquivalente des Beckens.

Entzündungsvorgänge in der Nähe von Wachstumsknorpel können zu beschleunigtem Knochenwachstum und vorzeitiger Skelettreifung führen, z. B. beim kindlichen Gelenkrheumatismus. Das gleiche gilt für eine vermehrte Durchblutung aus anderer Ursache (arteriovenöse Kurzschlüsse bei Gefäßdysplasien und Angiomen).

Literatur

1 Erasmie, U., H. Ringertz: A method for assessment of skeletal maturity in children below one year of age. Pediat. Radiol. 9 (1980) 225–228

2 Fendel, H.: Die Methodik der radiologischen Skelettalterbestimmung. Radiologe 16 (1976) 370–380

3 Giedion, A., M. R. Francillon, W. Lenz, F. Majewski, S. Rampini: Konstitutionelle Skeletterkrankungen. In Schinz, H. R., W. E. Baensch, W. Frommhold, R. Glauner, E. Uehlinger, J. Wellauer: Lehrbuch der Röntgendiagnostik, 6. Aufl., Bd. II/2. Thieme, Stuttgart 1981 (S. 1–350)

4 Greulich, W. W., S. I. Pyle: Radiographic Atlas of Skeletal Development of the Hand and Wrist, 2nd ed. Stanford University Press, Stanford 1970

5 Keats, Th. E., Th. H. Smith: An Atlas of Normal Developmental Roentgen Anatomy. Year Book Medical Publishers, Chicago 1977

6 Kirkpatrick jr., J. A.: Bone and joint growth – normal and in disease. Clin. Rheum. Dis. 7 (1981) 671–688

7 Kuhns, L. R., M. P. Sherman, A. K. Poznanski: Determination of neonate maturation on the chest radiograph. Radiology 102 (1972) 597–603

8 Kuhns, L. R., O. Finnstroem: New standards of ossification of the newborn. Radiology 119 (1976) 655–660

9 McCarthy, S. M., J. A. Ogden: Radiology of postnatal skeletal development V: Distal humerus. Skeletal Radiol. 7 (1982) 239–249

10 McCarthy, S. M., J. A. Ogden: Radiology of postnatal skeletal development VI: Elbow joint, proximal radius, and ulna. Skeletal Radiol. 9 (1982) 17–26

11 Ogden, J. A., G. J. Conlogue, P. Jensen: Radiology of postnatal skeletal development I: The proximal humerus. Skeletal Radiol. 2 (1978) 153–160

12 Ogden, J. A., G. J. Conlogue, M. L. Bronson: Radiology of postnatal skeletal development II: The manubrium and sternum. Skeletal Radiol. 4 (1979) 189–195
13 Ogden, J. A., G. J. Conlogue, M. L. Bronson: Radiology of postnatal skeletal development III: The clavicle. Skeletal Radiol. 4 (1979) 196–203
14 Ogden, J. A., J. K. Beall, G. J. Conlogue, T. R. Light: Radiology of postnatal skeletal development IV: Distal radius and ulna. Skeletal Radiol. 6 (1981) 255–266
15 Ogden, J. A., St. B. Philipps: Radiology of postnatal skeletal development VII: The scapula. Skeletal Radiol. 9 (1983) 157–169
16 Ogden, J. A., S. M. McCarthy: Radiology of postnatal skeletal development VIII: Distal tibia and fibula. Skeletal Radiol. 10 (1983) 209–220
17 Ogden, J. A.: Radiology of postnatal skeletal development IX: Proximal tibia and fibula. Skeletal Radiol. 11 (1984) 169–177
18 Ogden, J. A.: Radiology of postnatal skeletal development X: Patella and tibial tuberosity. Skeletal Radiol. 11 (1984) 246–257
19 Ogden, J. A.: Radiology of postnatal skeletal development XI: The fist cervical vertebra. Skeletal Radiol. 12 (1984) 12–20
20 Ogden, J. A.: Radiology of postnatal skeletal development XII: The second cervical vertebra. Skeletal Radiol. 12 (1984) 169–177
21 Ogden, J. A., M. J. Murphy, W. O. Southwick, D. A. Ogden: Radiology of postnatal skeletal development XIII: C1–C2 interrelationships. Skeletal Radiol. 15 (1986) 433–438
22 Poznanski, A. K.: The Hand in Radiologic Diagnosis. Saunders, Philadelphia 1974
23 Poznanski, A. K., L. R. Kuhn, St. M. Garn: Radiologic evaluation of maturation. In: Poznanski, A. K.: Practical Approaches to Pediatric Radiology. Year Book Medical Publishers, Chicago 1976 (p. 291–310)
24 Pyle, S. I., N. L. Hoerr: Radiographic Atlas of Skeletal Development of the Knee. Thomas, Springfield/Ill. 1955
25 Schinz, H. R.: Knochenwachstum und Skelettreife. In Schinz, H. R., W. E. Baensch, E. Friedl, E. Uehlinger: Lehrbuch der Röntgendiagnostik, 5. Aufl., Bd. I. Thieme, Stuttgart 1952 (S. 118–145)
26 Tanner, J. M., R. H. Whitehouse, W. A. Marshall, M. J. R. Healy, H. Goldstein: Assessment of Skeletal Maturity and Prediction of Adult Height (TW2 Method). Academic Press, London 1975

2

Arm

Vor- und Mittelhand

Allgemeiner Teil

Einführung

An den langen Handknochen gibt es Veränderungen, die allgemein, aber auch bevorzugt in bestimmten Regionen (z. B. Mittelhandknochen, Fingerendgelenken) auftreten und dort jeweils charakteristische Symptome hervorrufen. Deshalb ließ sich die Trennung des Kapitels in einen „Allgemeinen Teil" und in einen „Speziellen Teil" nicht vermeiden. Überschneidungen sind bei diesem Vorgehen nicht zu umgehen, doch wird durch die Teilung der Zugriff nach bestimmten Befunden für den Benutzer erleichtert; auch wird in dieser Form die Tradition der früheren Auflagen fortgesetzt.

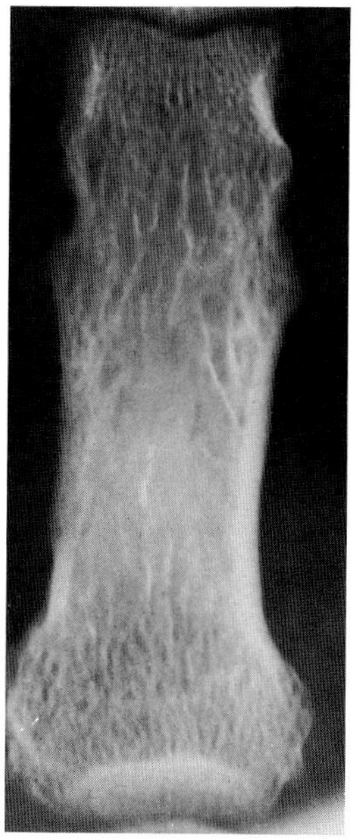

Abb. 2.**1** Grundphalangen mit normaler Schaftverdickung

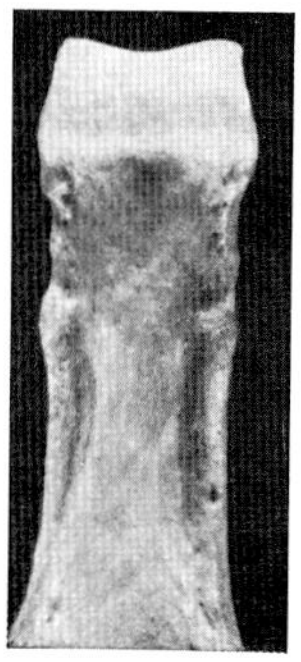

Abb. 2.**2** Volaransicht. Knöcherne Wülste. Ansatzfläche des Sehnenfaches

Norm

(samt Pathologie der Gefäßkanäle und Sesambeine)

Im Wachstum

Die Angaben über die radiologische Nachweisbarkeit der Ossifikationsvorgänge post partum im Karpal-, Metakarpal- und Phalangealbereich schwanken in der Literatur zum Teil erheblich und werden im „Speziellen Teil" gesondert besprochen.

Beim Erwachsenen

Die Größe der Handknochen (Länge und Breite) hängt weitgehend von konstitutionellen Momenten ab.

Die Form wird im wesentlichen von der Art und vom Ausmaß der mechanischen Beanspruchung geprägt. Man erkennt dies besonders im Bereich der Muskelsehnenansätze (Abb. 2.**1** und 2.**2**). Diese erscheinen um so größer und wulstiger, je stärker und dauernder der muskuläre Zug auf sie einwirkt. Das Handskelett eines überwiegend manuell arbeitenden Menschen wirkt immer „plumper und gröber" als das eines sich überwiegend geistig betätigenden Menschen.

Der **Metakarpalindex** = Summe der maximalen Längen der Metakarpalia II–V zur Summe der Schaftbreiten der Mitte dieser Knochen, ursprünglich als Maß zum Erfassen der Arachnodaktylie verwendet, läßt normalerweise regionale Unterschiede erkennen. Der Metakarpalindex von Kindern aus Jamaika wie aus Nigeria ist z. B. von Geburt an bis zum 16. Lebensjahr größer als bei Vergleichsmaßen am weißen (kaukasischen) Bevölkerungsteil (46).

Die **radiologische Dichte** der Handknochen hängt von der Dicke der Kompakta und der Dicke und Dichte der Spongiosabälkchen ab. Als Richtwert für eine normale Kompaktadicke kann der im Zusammenhang mit der Osteoporose-Diagnostik angegebene **Index von Barnett-Nordin** angesehen werden: Quotient von Kompaktabreite zum gesamten Querdurchmesser in der Mitte des Os metacarpale II. Bei relativ großer individueller Schwankungsbreite gibt dieser Index also die Kompaktadicke in Prozent des Gesamtdurchmessers an und beträgt beim gesunden Jugendlichen und beim Erwachsenen im Durchschnitt mindestens 43–44%. Im Alter, bei Frauen früher als bei Männern, nimmt die Kompaktadicke aller Metakarpalia und Phalangen langsam und kontinuierlich ab; gleichzeitig rarefiziert sich vor allem die gelenknahe Spongiosa. Der Knochen nimmt an Transparenz zu.

Die Kompakta der Metakarpalien und Phalangen ist im jugendlichen und mittleren Lebensalter äußerlich bis auf die oben beschriebenen Wülste glatt begrenzt, vom Knocheninneren her gelegentlich leicht gewölbt. Insgesamt erscheint die Kompakta gleichmäßig dicht; in ihrer Längsrichtung auftretende Aufhellungslinien und stärkere enostale Dellen sprechen für Resorptionen.

Linienförmige Aufhellungen in den langen Handknochen werden physiologischerweise beobachtet:

a) Die **Gefäß-(Nutritia-)Kanäle** (Abb. 2.**3** und 2.**4**) ziehen im Schaft der basalen Hälfte nach proximal, peripher nach distal. Die Richtung eines Gefäßkanals ist somit der Hauptrichtung des Längenwachstums häufig entgegengesetzt. Sein Verlauf ist die Resultante aus Längenwachstum des Knochens und Längenwachstum der Gefäße. Bei unterschiedlicher Richtung des Längenwachstums der diaphysären und epiphysären Knochenabschnitte ist zusätzlich zu berücksichtigen, daß das Wachstum der Gefäße im allgemeinen langsamer vor sich geht als das des Knochens.

Nutritiakanäle dürfen in der radiologischen Wiedergabe der Hand mit Fissuren und feinen Bruchspalten nicht verwechselt werden. Schwierigkeiten können sich in dieser Hinsicht besonders auf Schrägaufnahmen ergeben, wenn der Eintritt des Gefäßkanales in den Knochen frei projiziert ist (Abb. 2.**5**). Eine besondere Gefahr bildet die Fehldeutung des angrenzenden Sehnenansatzwulstes als Kallus (Abb. 2.**6**). Eine Erweiterung der Foramina nutritia an den Grund-, Mittel- und Endphalangen wird bei Markhyperplasie (vor allem an den Mittelphalangen) beobachtet. Dies ist eine typische Skelettveränderung bei Beta-Thalassämie, Sichelzellanämie, Morbus Gaucher und Markhyperplasien anderer Ursachen (12, 48).

b) **Projektionsbedingte linienförmige Aufhellungen** an den Metakarpalien und Phalangen treten besonders im Bereich der schon zuvor erwähnten, durch Sehnenansatz bedingten Wülste auf, wenn deren rinnenförmige Übergänge zur angrenzenden Kompakta „durchschimmern" (Abb. 2.**6**).

Recht häufig werden an den gelenknahen Enden der Metakarpalia und Phalangen *feine, umschriebene, bizarr* anmutende Verdichtungsfiguren (sog. „tüpfchenförmige Kalkspritzer") beobachtet. Sie entsprechen einer Summation von sich hier überlagernden („überkreuzenden") Spongiosabälkchen (Abb. 2.**7**).

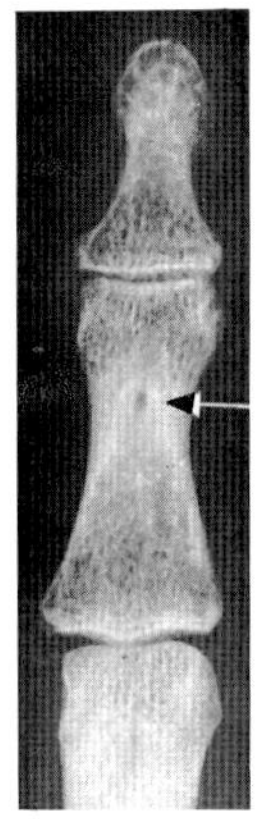

2.**3**

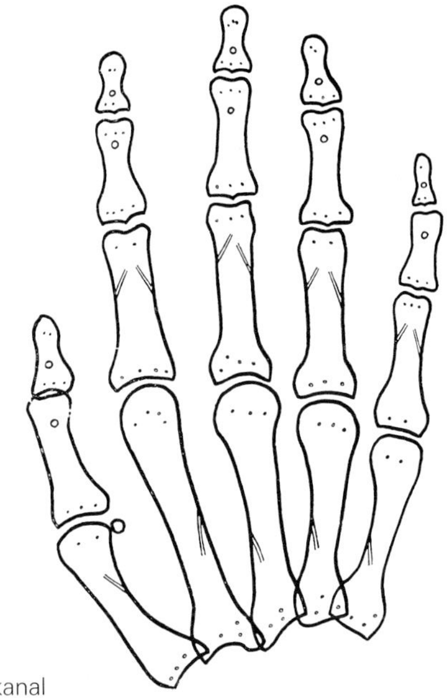

Abb. 2.**3** Nutritiakanal

Abb. 2.**4** Verlauf der Nutritiakanäle

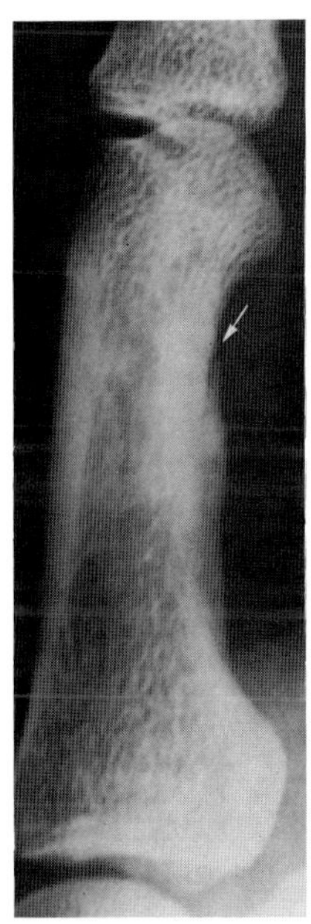

2.**5**

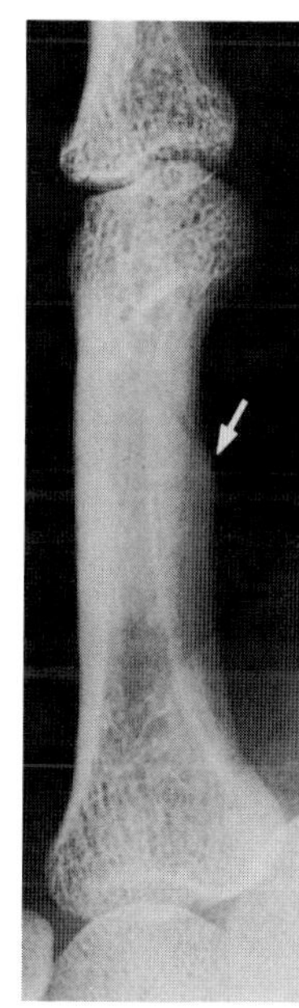

2.**6**

Abb. 2.**5** Normaler Befund: Nutritiakanal

Abb. 2.**6** Wulst, durchschimmernder Rinnenboden und Nutritiakanal

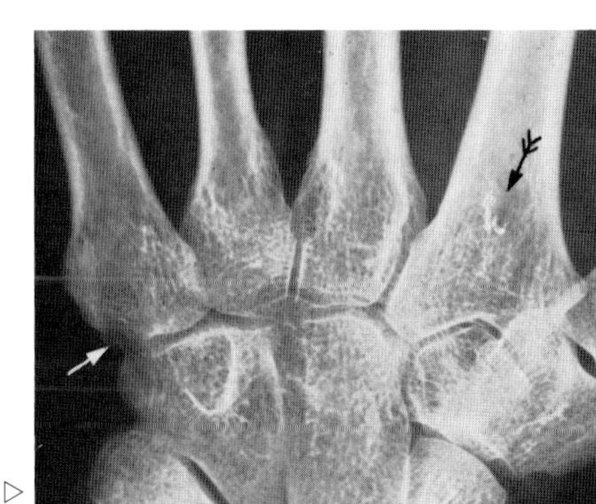

Abb. 2.**7** Vorgetäuschte Kalkarmut (→), normale Tüpfelung ▷ (↣)

Sesambeine (normale und pathologische Befunde)

Normalerweise kommen die beiden Sesambeine an der Grundphalanx des Daumens in 100%, kommt ein Sesambein am Daumenendgelenk in 72,9%, ein Sesambein an der Basis des Kleinfingergrundgelenkes in 82,5% vor (7) (Abb. 2.**8**). Zweite Sesambeine am Daumen, je zwei am Zeigefingerendgelenk und an jenem des 4. und 5. Fingers werden nur vereinzelt beobachtet. Wie aus weiteren Einzelbeobachtungen (65) hervorgeht, können Sesambeine grundsätzlich einzeln oder vielfach an den verschiedensten Metakarpophalangeal- und Interphalangealgelenken, sogar dorsal des Daumenendgelenkes (53) auftreten (Abb. 2.**9** und 2.**10**). Radiologisch sichtbar werden die Sesambeine am Daumen zwischen dem 12. und 14. Lebensjahr.

Bei ungewöhnlicher Lokalisation ist die Differenzierung gegenüber einem Fragment aus dem benachbarten Knochen oder auch gegen heterotope Verknöcherungen zu treffen. Für das Vorliegen eines Sesambeines spricht das Vorhandensein einer Spongiosa, die zirkulär von einer Kompakta umgeben ist.

An den größeren Sesambeinen ist die Spongiosastruktur gut zu erkennen. Bei den kleineren mit beginnender Verkalkung sieht man häufig nur einen rundlichen, kleinen homogenen Kalkschatten, der auch als Kompaktainsel fehlgedeutet werden kann, wenn er sich in ein Metakarpalköpfchen projiziert.

Bei **Zweiteilungen** (Abb. 2.**11**) sieht die Struktur der Sesambeine oft krümelig und irregulär aus.

Frakturen der Sesambeine, selten auftretend und dann meist durch extreme Abspreizung des Daumens (z. B. zum Abstützen beim Fall) entstanden, sind in der Regel Sichelfrakturen (Abb. 2.**12**). Darüber hinaus werden auch Zertrümmerungsbrüche und einfache Ausrisse (Abb. 2.**13a** u. **b**) beobachtet, s. auch „Daumen", S. 71. Außer den an sich

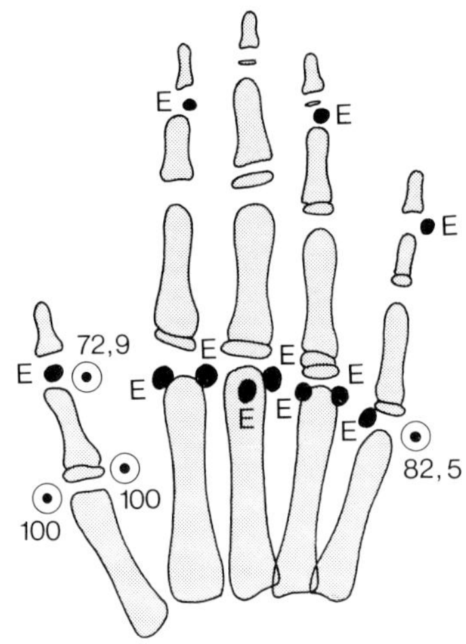

Abb. 2.**8** Bisher beobachtete Sesambeine der erwachsenen menschlichen Hand (Schema von Degen). Die Sesambeine am Metakarpophalangealgelenk des Daumens sind stets anzutreffen. Bei den häufiger vorkommenden ist die Prozentzahl des Auftretens angegeben. Die weniger oft zu beobachtenden Sesambeine sind mit E (Einzelfälle) bezeichnet. Die Sesambeine an den Endphalangen wurden bisher nur je einmal beobachtet und beschrieben

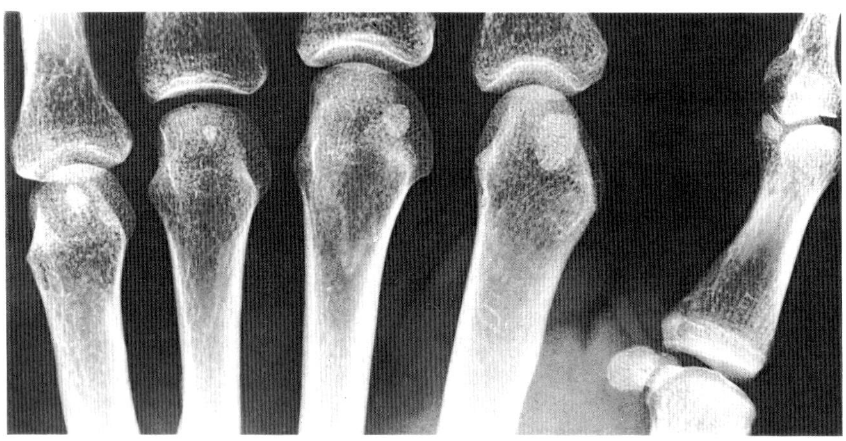

Abb. 2.**9** Sesambeine in großer Anzahl

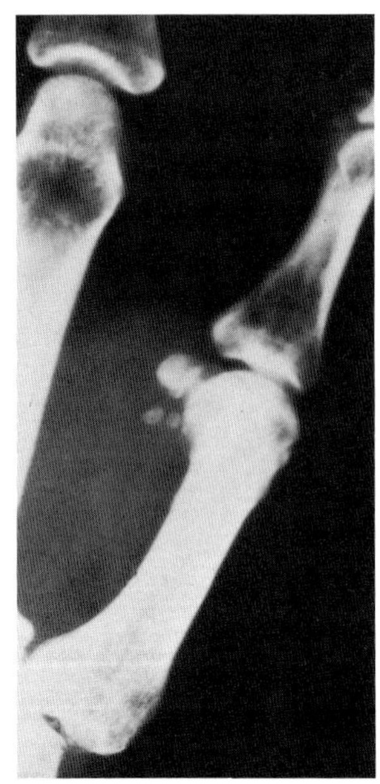

Abb. 2.**10** Daumengrundgelenk mit zwei normalen und zwei rudimentären Sesambeinen

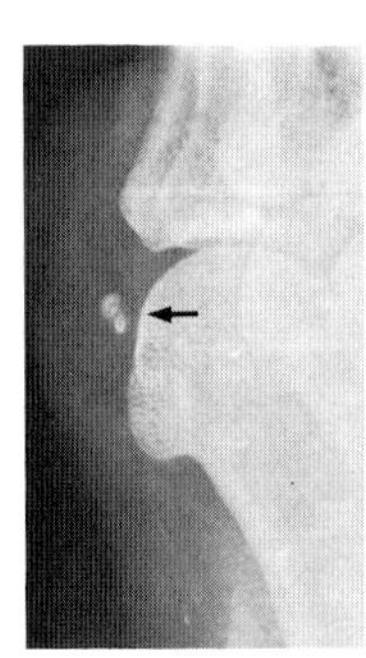

Abb. 2.**11** Geteiltes Sesambein

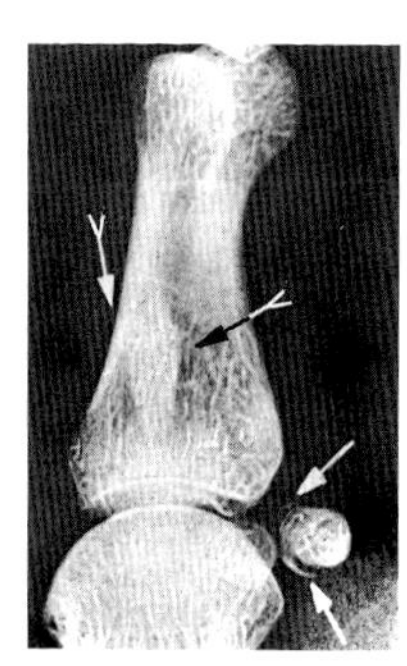

Abb. 2.**12** Sichelfraktur am Sesambein (↓), Verdickungszone im Schaft (↓)

schon sehr seltenen Sesambrüchen am Daumen (5) sind als extreme Raritäten auch Frakturen von Sesambeinen des Zeige- und des Kleinfingers beschrieben (65). Die gezähnelt konturierte Frakturfläche ohne Kortikalis ist für Brüche typisch, wobei eine eventuelle Verlagerung der Fragmente (vor allem durch posttraumatische Weichteilschwellungen) als zusätzlicher Frakturhinweis zu werten ist. Nicht selten – besonders bei Luxationen – kommt es zur Interposition des Sesambeines in das Metakarpophalangealgelenk (59).

Auch pathologische Struktur- und Formveränderungen der Sesambeine gehören zu den sehr seltenen Befunden. Bei auffallender Dichte und unregelmäßiger Kontur der Knöchelchen ist an einen osteonekrotischen Prozeß (Abb. 2.**14a** u. **b**) zu denken. Kalkarme neben kalkreichen Sesambeinen (Abb. 2.**15**) am Daumen wurden bei einem Patienten beobachtet, der kein traumatisches Ereignis angeben konnte. Die Frage bleibt offen, ob das eine Sesambein von der Anlage her weniger dicht oder das andere pathologisch verdichtet ist.

Größenzunahmen der Sesambeine werden bei der Akromegalie beobachtet. Weiterhin wurden periostale Reaktionen beim Reiter-Syndrom beschrieben (65).

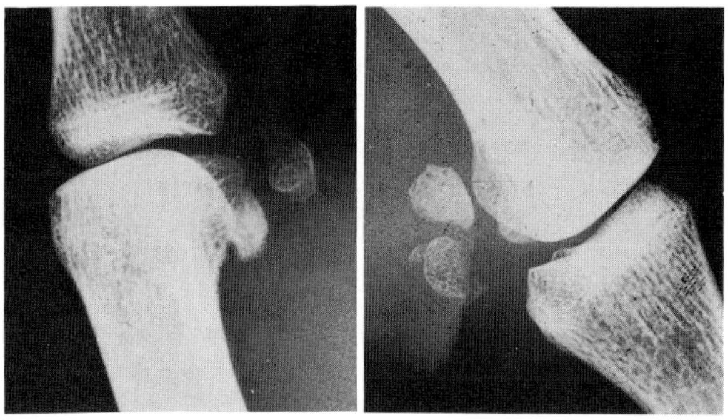

a b

Abb. 2.**13a** u. **b** Fraktur des Sesambeins

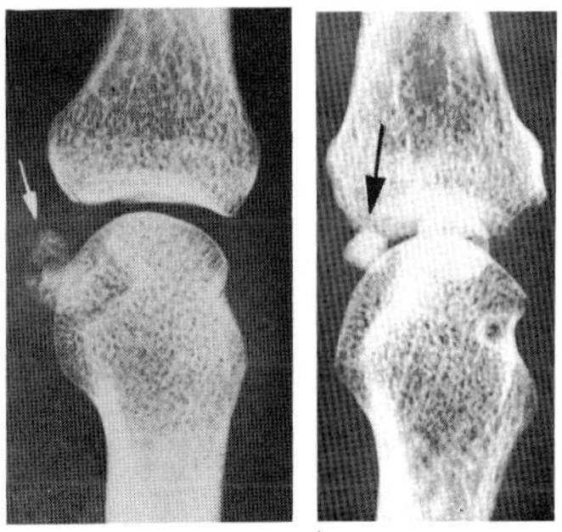

a b

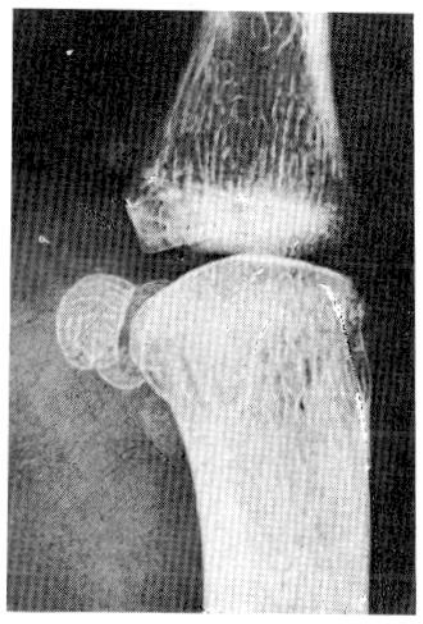

2.**15**

Abb. 2.**14a** u. **b** Osteonekrosen

Abb. 2.**15** Kalkarme und kalkreiche Sesambeine

Abweichungen von der Norm

Die große Zahl von Formvarianten und Anomalien sowie die mögliche Manifestation aller systematisierter angeborener und erworbener Skelettveränderungen und -erkrankungen an den Knochen der Hand führen dazu, daß hier von der Nosologie her eine erschöpfende Abhandlung mit Abbildung von Grenzbefunden unmöglich ist. Auf entsprechende Monographien (56) sowie Lehr- und Handbuchartikel ist zu verweisen.

Die folgende Abhandlung wurde deshalb vorwiegend nach der radiologischen Symptomatik gegliedert. Nosologische Gesichtspunkte ließen sich allerdings in der Abgrenzung der beiden Hauptabsätze und manchmal im Detail nicht ganz vermeiden.

Größenänderungen

Längenverhältnisse Phalangen/Metakarpalia s. Abschnitt „Mittelhandknochen".

Proportioniert zu lange Hände werden bei der Arachnodaktylie (Marfan-Syndrom) beobachtet. Das Handskelett, auffallend gestreckt, zeichnet sich durch eine abnorme Länge der besonders dünnen Finger aus. Die Ossifikation setzt frühzeitig ein. Mehr ein klinisches Symptom, das sich aber auch radiologisch nachweisen läßt (49[5]), ist die Besonderheit des langen Daumens beim Marfan-Syndrom, die daran erkennbar wird, daß seine Spitze nach Beugung des Daumens und Faustschluß der Hand die Finger außen überragt, nach seinem Erstbeschreiber (57) „**Zeichen von Steinberg**" genannt.

Eine Arachnodaktylie ist beim Marfan-Syndrom nicht obligat; sie unterstützt jedoch zusammen mit weiteren Symptomen (s. nächster Absatz) die Diagnose dieser Mesenchymerkrankung. Andererseits kommen derartige „Spinnenfinger" (samt positivem Index und Steinberg-Zeichen) auch als Normvariante vor. Eine Phänokopie des Marfan-Syndroms findet sich übrigens auch bei der Homozystinurie, einer angeborenen Stoffwechselanomalie.

Häufig treten andere Mißbildungen wie hoher Gaumen, Sellaveränderungen, Teilaplasie der Stirn-, Dilatation der Kieferhöhle, Hypoplasie des Ober- und Unterkiefers, Augenstörungen (Linsenektopie), Retinitis und kardiale Störungen sowie auffallend häufige Aortendissektionen mit dem Symptom der zu langen Hände gemeinsam auf.

Eine **einseitige proportionierte Vergrößerung** des Handskeletts kommt bei der *Angiodysplasie, Typ Weber,* vor. Durch arteriovenöse Gefäßmißbildungen mit Ausbildung von a.-v. Shunts werden dabei gleichzeitig eine lakunäre Spongiosastruktur und lakunäre Kortikalisdefekte beobachtet (Abb. 2.**16a–c**).

Die mehr **dysproportionierte einseitige Vergrößerung** (Verriesung) des Handskeletts findet sich bei der *Angiodysplasie, Typ Klippel-Trénaunay.* Die maximale Längendifferenz einzelner Strahlen kann dabei bis zu 3,5 cm (33–35) betragen. Spongiosa- und Kompaktaveränderungen werden seltener gesehen. Die Nutritiakanäle können erweitert sein. Dem Krankheitsbild liegen vorwiegend venöse Mißbildungen (Ektasien, Dislokationen, Klappenlosigkeit, Venenkonvolute, Hämangiome der Haut) der oberen (und unteren) Exetremität in einseitiger Anordnung zugrunde.

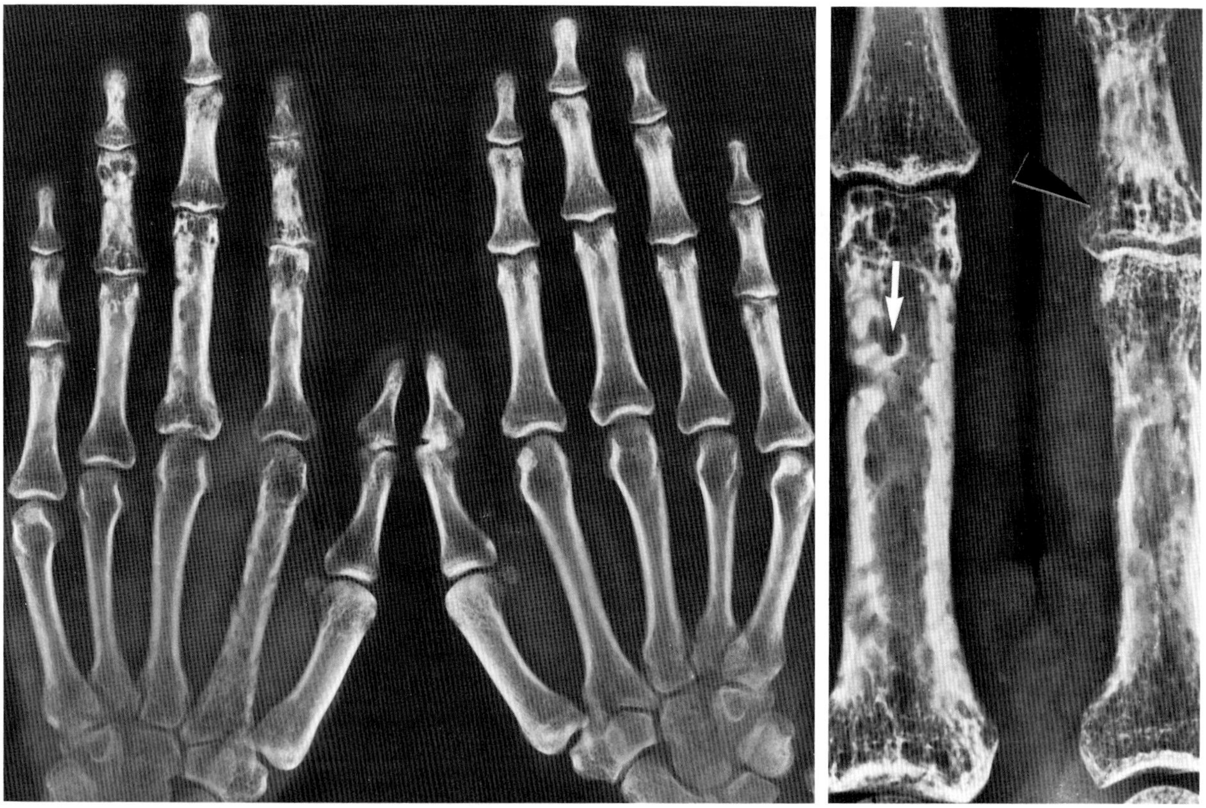

a b

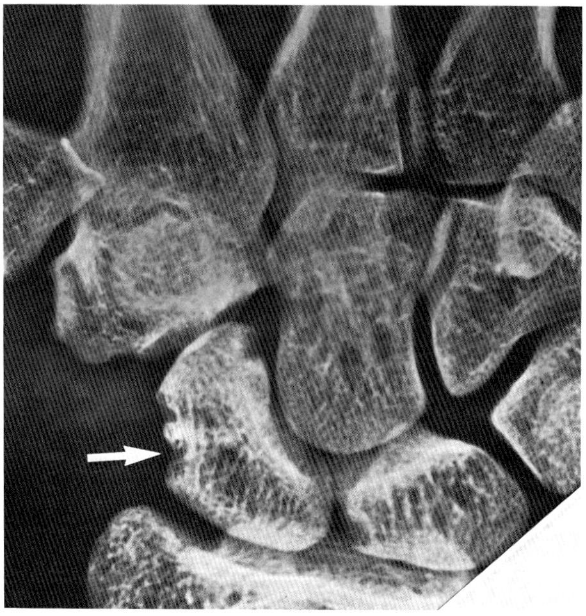

c

Abb. 2.**16 a–c** Angiodysplasien
a Längenzunahme des 3. Fingers. Schwerste strukturelle Veränderungen am gesamten 2. Strahl sowie an allen Knochen der 3. und 4. Phalanx
b u. **c** Vergrößerungsaufnahme der Phalangen und Karpalia: Lakunäre, wabige Spongiosastruktur, erweiterter Gefäßkanal (→), teilweise beginnende Kortikalislamellierung und lakunäre Kortikalisdefekte, zystenähnliche Aufhellungen an den Karpalia, Kompaktadefekt am Skaphoid (→)
(Beobachtung von Bargon, Ulm)

Ein **proportioniert kurzes Handskelett** (Brachydaktylie) findet sich *vor allem bei endokrinen Störungen hypophysär* mit unzureichender Hormonproduktion (STH, TSH, sog. hypophysärer Minderwuchs, hier in jeder Hinsicht, also auch zur Körpergröße, proportioniert), *thyreoidal* mit verminderter oder fehlender Hormonproduktion (von T3 und T4, Kretinismus – die Proportionen der Finger zueinander sind regelrecht, die Beziehung zur Breite der Hand und zur Größe der Handwurzelknochen ist nicht normal) und *parathyreoidal* mit verminderter oder fehlender Produktion von Parathormon oder fehlender bzw. unzureichender Reaktion der ossären und renalen Rezeptoren (Pseudohypoparathyreoidismus und Pseudopseudohypoparathyreoidismus), häufig mit dysproportionierter Brachymetakarpie (z. B. bei I, IV und V [3]), die allerdings wohl mehr als Begleitmerkmal, nicht als Folge der Stoffwechselstörung aufzufassen ist.

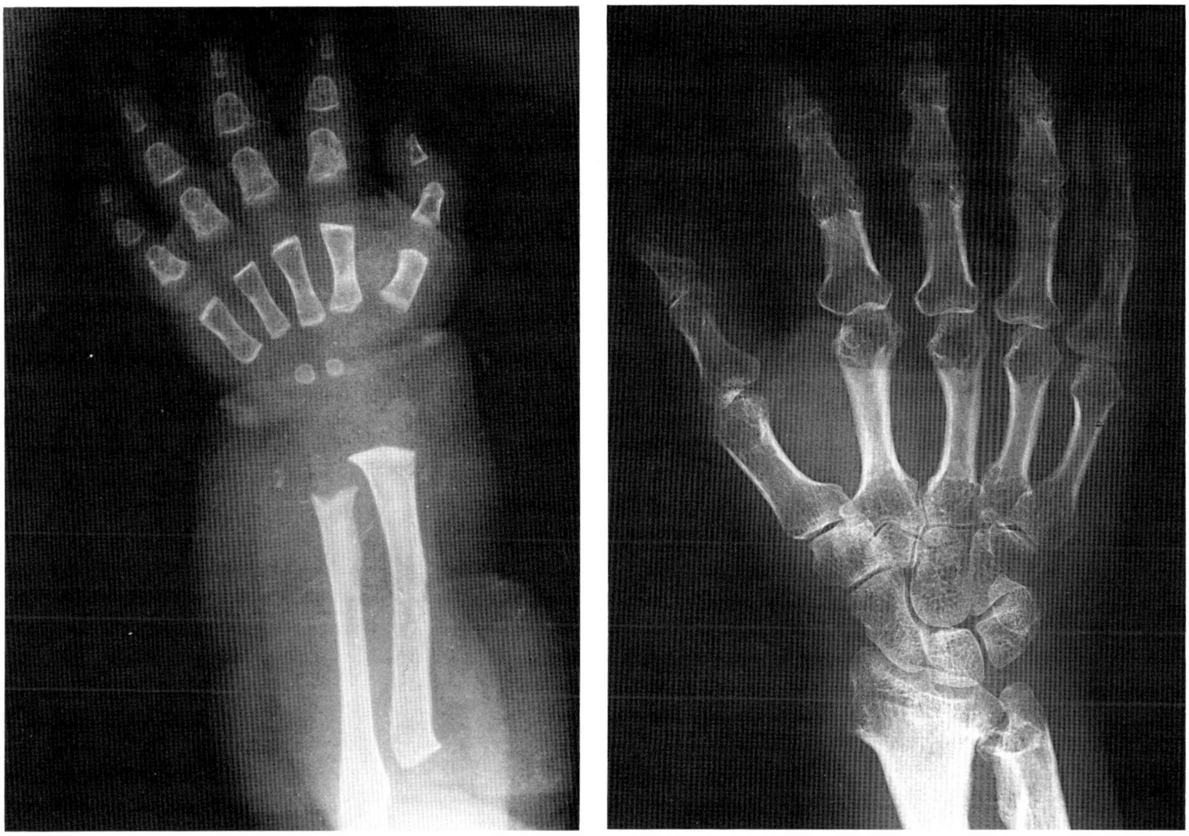

a b

Abb. 2.**17a** u. **b** Achondroplasie. Typisch kurze und plumpe Phalangen. Atypische Metaphysen an Radius und Ulna **a** bei 4 Monate altem Kind **b** bei 53jähriger Frau (mit Dysplasie im distalen Radio-Ulnar-Gelenk)

Das proportioniert kurze Handskelett mit kurzen und plumpen Fingern wird auch bei der *Achondroplasie* gefunden (Abb. 2.**17a** u. **b**). Beim Hypertrophietyp der *Akromegalie* sind die Metakarpalia und Phalangen verbreitert, die Gelenkspalten trotz oft sehr kräftiger Osteophyten an den Gelenkrändern erweitert (11, 20).

Ein **unproportioniert kurzes Handskelett,** meist einseitig, kommt bei der *Angiodysplasie, Typ Servelle-Martorell,* vor. Die maximale Längendifferenz kann bis zu 2,5 cm betragen (33–35). Dieser Erkrankung liegen Mißbildungen der Arterien *und* Venen zugrunde (Abb. 2.**18a** u. **b**), die am Handskelett zu einer wabig-„zystischen" Spongiosadestruktion und „lamellären" Fehlstrukturierung der Kompakta führen. Bei parartikulärer Lokalisation können die Gelenke höchstgradig deformiert werden. In der Nativdiagnostik lassen sich eventuell multiple Phlebolithen in den Hämangiomen erkennen (Abb. 2.**18a**, Tab. 2.**1**).

Eine allgemeine Aufweitung der Markräume mit Verdünnung der Kompakta, Verplumpung der Handknochenschäfte und einer zum Teil wabigen Umwandlung der Spongiosa kommt bei *Hämoglobinopathien,* wie z. B. der *Sichelzellanämie* (Abb. 2.**19**), vor.

Tabelle 2.**1** Befund-Konstellationen bei kongenitalen Angiodysplasien (aus Langer, M., R. Langer: Fortschr. Röntgenstr. 136 [1982] 577)

	Typ F. P. Weber	Typ Klippel-Trénaunay	Typ Servelle-Martorell
Riesenwuchs	proportioniert	dysproportioniert	–
Minderwuchs	–	–	dysproportioniert
Hämangiome	–	häufig	häufig
a.-v. Shunts	regelmäßig	keine (Ausnahme: inaktive Mikroshunts)	keine
Anomalien der tiefen Venen	–	gelegentlich	häufig
Veränderungen der Spongiosa und Kortikalis	lakunäre Spongiosastruktur, lakunäre Kortikalisdefekte	–	Destruktionen der Spongiosastruktur, Destruktionen und Lamellierung der Kortikalis, Gelenkdestruktion
Prognose	unklar	günstig	ungünstig

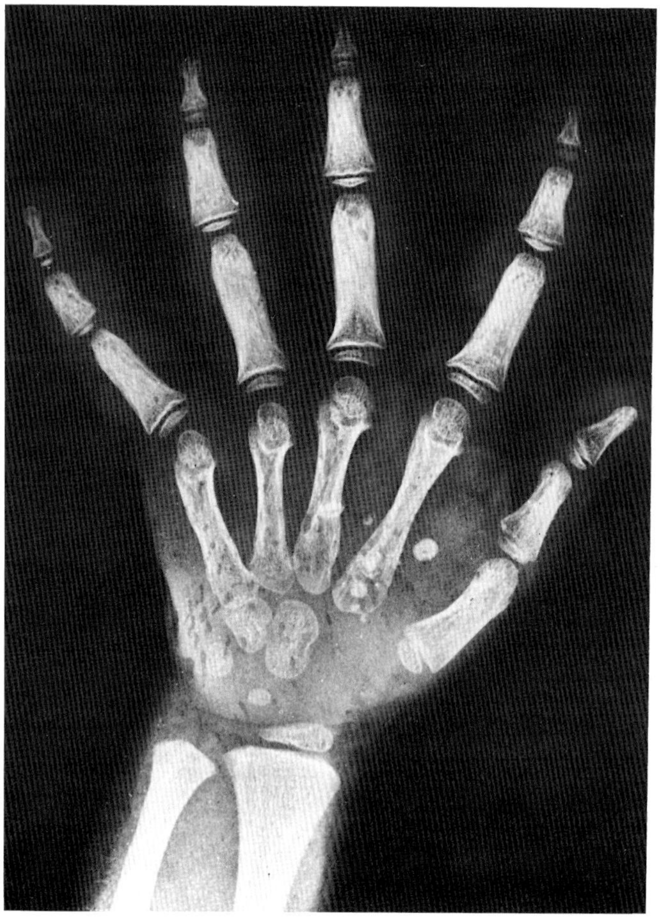
a

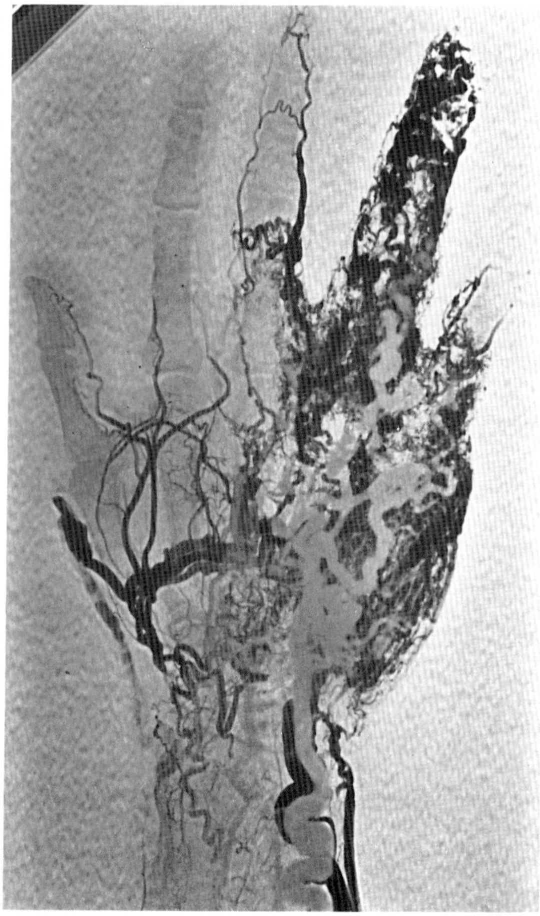
b

Abb. 2.**18 a** u. **b**
a Angiodysplasie, Typ Servelle-Martorell: Multiple zystenartige Aufhellungen, lamellärer Kompaktaaufbau und zahlreiche Phlebolithen. **b** Angiogramm bei einer Angiodysplasie (Subtraktionsaufnahme), Typ Servelle-Martorell mit schwersten arteriellen und venösen Gefäßmißbildungen am 1., 2. und teilweise am 3. Strahl sowie im Metakarpalbereich (Beobachtung von Bargon, Ulm)

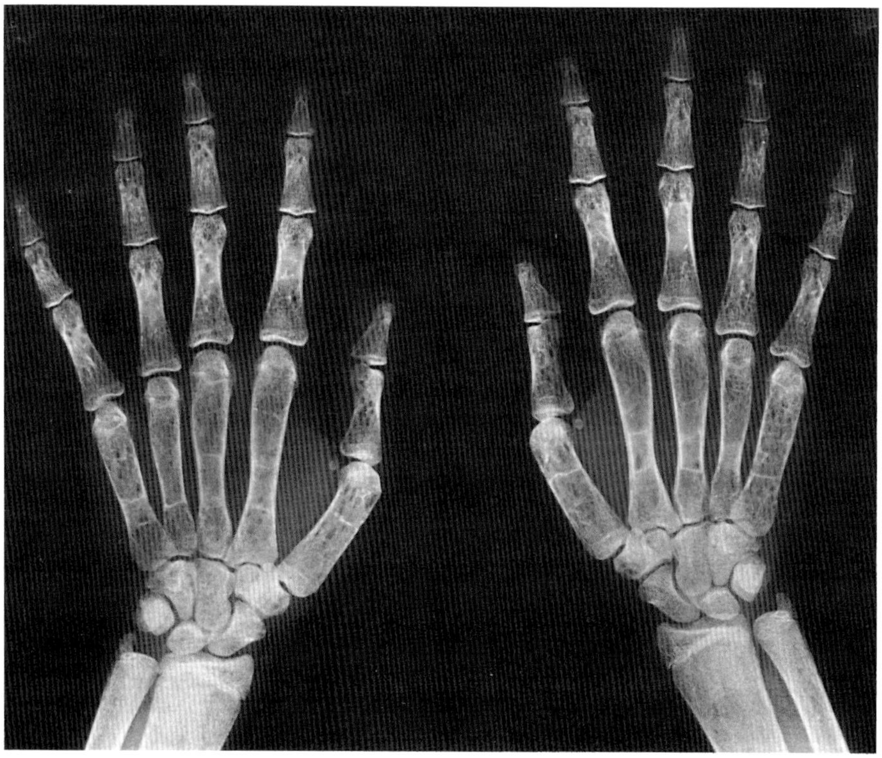

Abb. 2.**19** Typische Veränderungen bei Sichelzellanämie mit erheblicher Markraumaufweitung und wabiger Umwandlung der Spongiosastrukturen. Die fleckigen Verdichtungen in einigen Phalangealschäften können dystrophen Verkalkungen in umschriebenen infarzierten Markregionen entsprechen

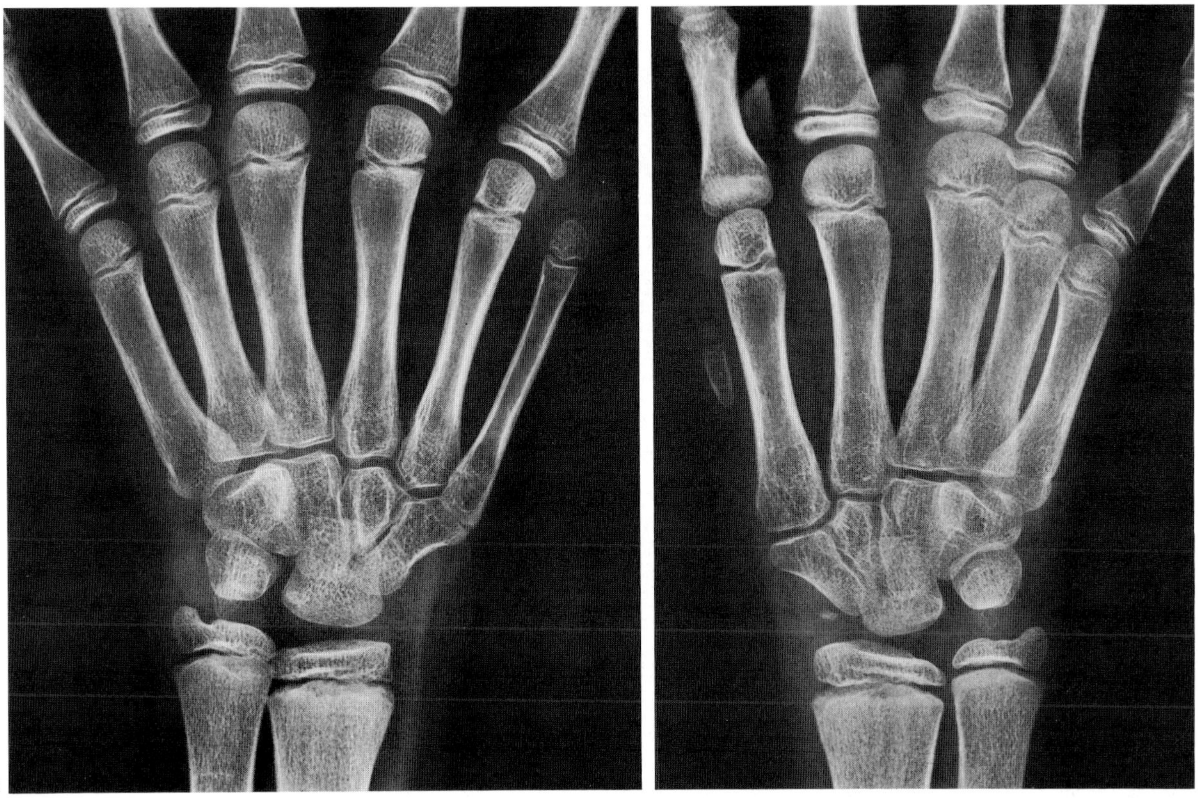

a b

Abb. 2.**20** Polydaktylie, doppelseitig und asymmetrisch, wobei ein überzähliger Fingerstrahl kombiniert ist mit proximaler Unterentwicklung im Bereich der Karpalknochen. Aplasie bzw. hochgradige Unterentwicklung des Skaphoids und des Radius

Unter den Mehrfachbildungen der Extremitäten ist die **Polydaktylie,** sei es als Verdopplung und Dreifachbildung des Daumens, als Verdopplung des Kleinfingerstrahls, als gleichzeitige Vielfingerigkeit an Daumen und Kleinfinger oder Verdopplung der Mittelstrahlen anzuführen (Abb. 2.**20a** u. **b**).

Verwachsungen, Fehlstellungen

Als **Symphalangismus** wird das Fehlen der Interphalangealgelenke und die dadurch bedingte Fusion der Fingerglieder bezeichnet (1). Die Fehlbildung ist erblich, s. auch Abb. 2.**21a** u. **b**.

So wurde in einem Fall vollständiger Synostosierung der Mittelgelenke des 3., 4. und 5. Fingers beider Hände bei gleichzeitiger distaler Symphalangie der 3., 4. und 5. Zehe eine Synostosierung auch zwischen Talus und Navikulare einerseits sowie zwischen Kalkaneus und Kuboid andererseits beschrieben. Der Onkel mütterlicherseits und der Großvater des beschriebenen Falles hatten ähnliche Mißbildungen (1). Auch ein bilateraler Symphalangismus der Zeigefinger ohne Alteration der übrigen Finger wurde jüngst mit dem Stammbaum der Merkmalsträger unter Hinweis auf die Dominanz der Vererbung publiziert (39).

Fingerspreizungen bzw. **Achsenabweichungen** können für bestimmte Formen skelettärer Fehlentwicklungen charakteristisch sein.

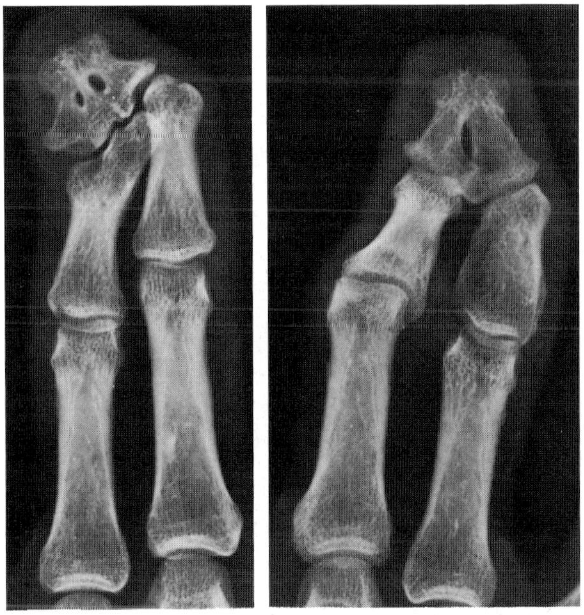

a b

Abb. 2.**21a** u. **b** Syndaktylie am 3. und 4. Finger, doppelseitig, vergesellschaftet mit Polydaktylie, die bei diesem 42jährigen aber nur an der 5. Zehe beiderseits in grotesker Form vorkamen (Beobachtungen von Zillinger, Buching)

Sie werden z. B. beobachtet bei:
- *Achondroplasie* (Spreizung zwischen dem 3. und 4. Strahl, sog. *„Dreizackhand"*).
- *Trisomie 17/18* (Spreizung zwischen 2. und 3. Finger).
- *Chondroektodermale Dysplasie* Ellis-van-Crefeld (meist in Kombination mit Polydaktylie, Polykarpie, häufig mit Spreizung zwischen 5. und 6. Strahl, aber auch zwischen anderen Strahlen).
- *Metaphysäre Dysplasie Pyle* (Spreizung aller Metakarpalien und Finger).

Mißbildungen werden besonders häufig **an Daumen und Kleinfinger** gefunden. Auf die Dreigliedrigkeit des Daumens wurde zuvor schon hingewiesen, s. auch ausführlicher Absatz „Daumen", S. 69.

Über **komplexe Mißbildungen der Hand,** wie z. B. Pektoralis-Handdefekte (30) u. v. a., und Dysplasien, die besonders in Kombination mit Fehlbildungen am Schädel vorkommen, hier zu berichten, würde den Rahmen des Buches sprengen.

Einzig der eigentümliche Befund einer **Querteilung** der End- und Mittelphalangen bei der *kleidokranialen Dysplasie* soll wegen ihrer Eigentümlichkeit und (krankheitsspezifischen?) Einzigartigkeit hier abgebildet werden (s. Abb. 2.**22**). Konischer Verlauf der terminalen Phalangen, Pseudoepiphyse am Metakarpale II und Unregelmäßigkeiten der Epiphysenkonturen sind als Begleitsymptome auffällig.

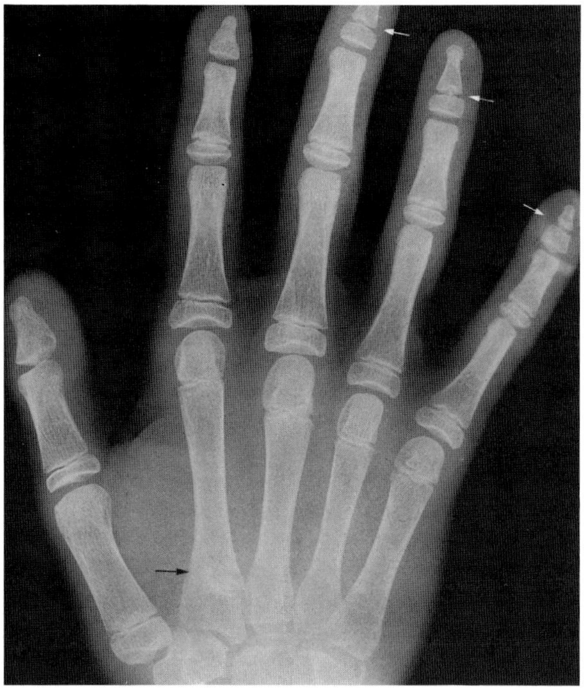

Abb. 2.**22** Veränderungen an der Hand bei Dysplasia cleidocranialis

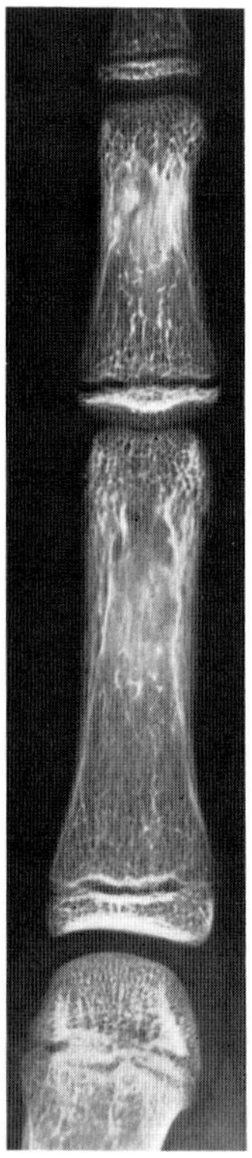

Abb. 2.**23** Breite Epiphysen eines 13- bis 15jährigen

Wachstumszonen

Die langen Handknochen sind monoepiphysäre Röhrenknochen. Über Einzelheiten des Wachstums der einzelnen Phalangen ist im „Speziellen Teil" nachzulesen. Hier ist nur darauf hinzuweisen, daß die Epiphysen in der Adoleszenz relativ breit erscheinen können (Abb. 2.**23**), der Verlauf der Epiphysenfugen charakteristisch ist (Abb. 2.**24a** u. **b**). Relativ selten werden an den Metakarpalia, besonders I distal und II proximal (Abb. 2.**25** bis 2.**27**), **zusätzliche Epiphysen** beobachtet, die man fälschlicherweise auch **„Pseudoepiphysen"** nennt. Sie können sowohl bei normal entwickelten wie kranken Kindern (z. B. Athyreose) vorkommen und treten früher als die normalen Epiphysenkerne auf, nehmen rasch an Größe zu und verschmelzen früh mit dem Schaft, oft schon im Alter von 6–7 Jahren statt erst im 17. Lebensjahr.

Formvarianten der Epiphysen der Hand können vielgestaltig sein. Kubische Formen (Abb. 2.**28**) und klumpige Verdickungen sind meist mit anderen Epiphysenstörungen vergesellschaftet. Gewöhnlich entsprechen diese Veränderungen einer der vielen Varianten der (enchondralen) epiphysären Ossifikationsstörungen.

Eine besondere morphologische Variante stellt die sog. **Zapfenepiphyse** an Phalangealknochen dar (Abb. 2.**29a–c**). Häufiger wird allerdings ein solcher Befund bei sonst völlig Gesunden im Bereich des Fußskeletts beobachtet (Übersichten bei 22).

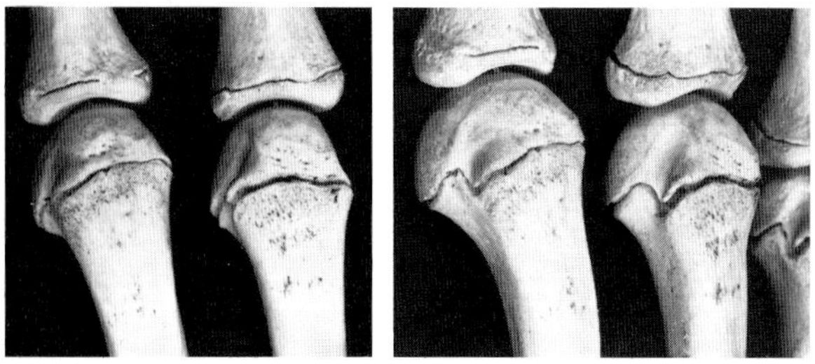

Abb. 2.**24a** u. **b** Verlauf der Epiphysenfugen

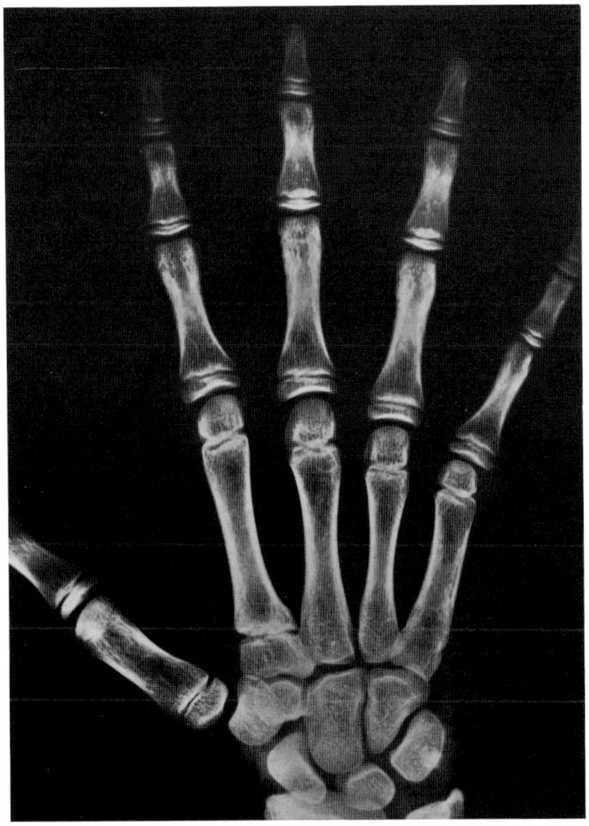

Abb. 2.**25** Verlängerung des II. Metakarpalknochens mit „Pseudoepiphyse" basal. Hypoplasie des Trapezoids und des Skaphoids, auch des 1. Strahles, d. h. im Trapezoideum und im Skaphoid sowie in der Radiusepiphyse (Beobachtung von Fuhrmann, Bad Harzburg)

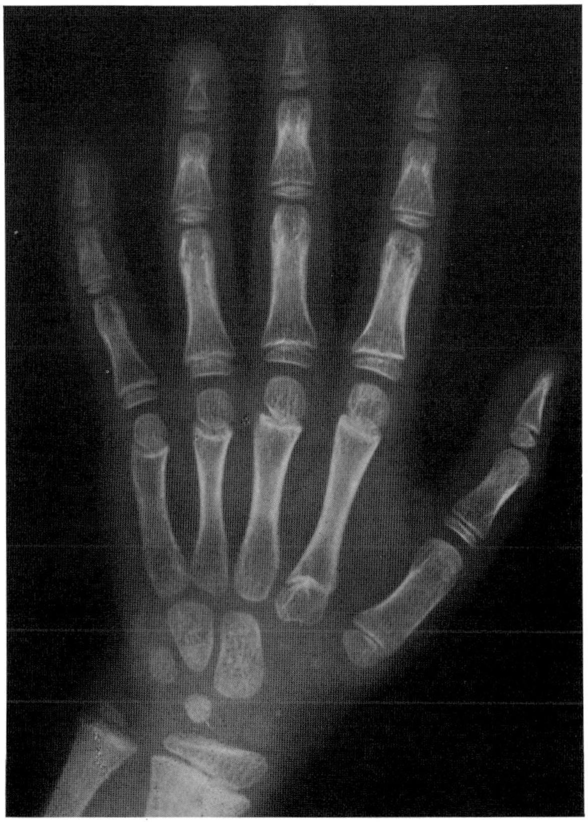

Abb. 2.**27** Zusätzliche Epiphyse proximal am Metakarpale II bei einem 10jährigen Jungen. Erste (vorzeitige) Verschmelzungszeichen an dieser Epiphyse

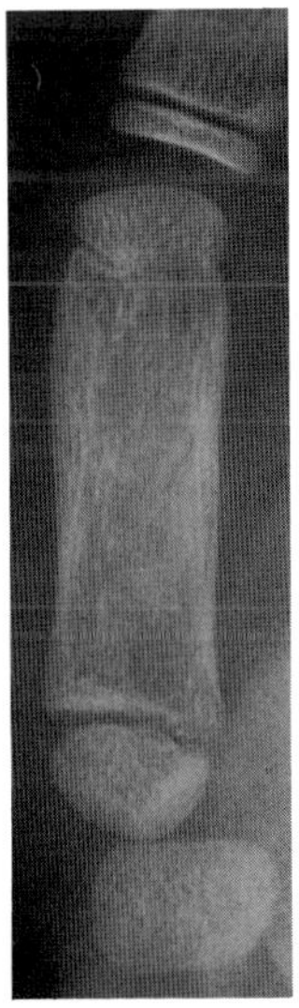

Abb. 2.**26** Zusätzliche Epiphyse („Pseudoepiphyse") distal vom Metakarpale I

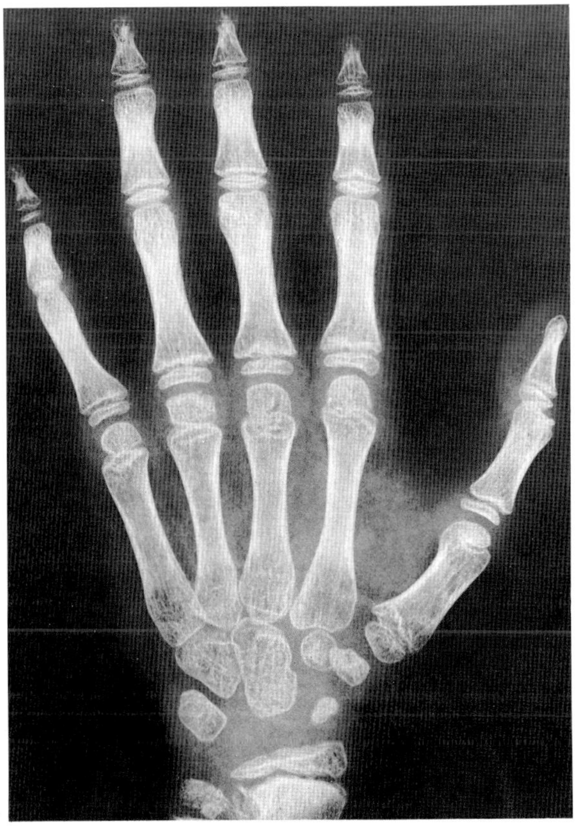

Abb. 2.**28** Kubisch geformte Epiphysen ▷

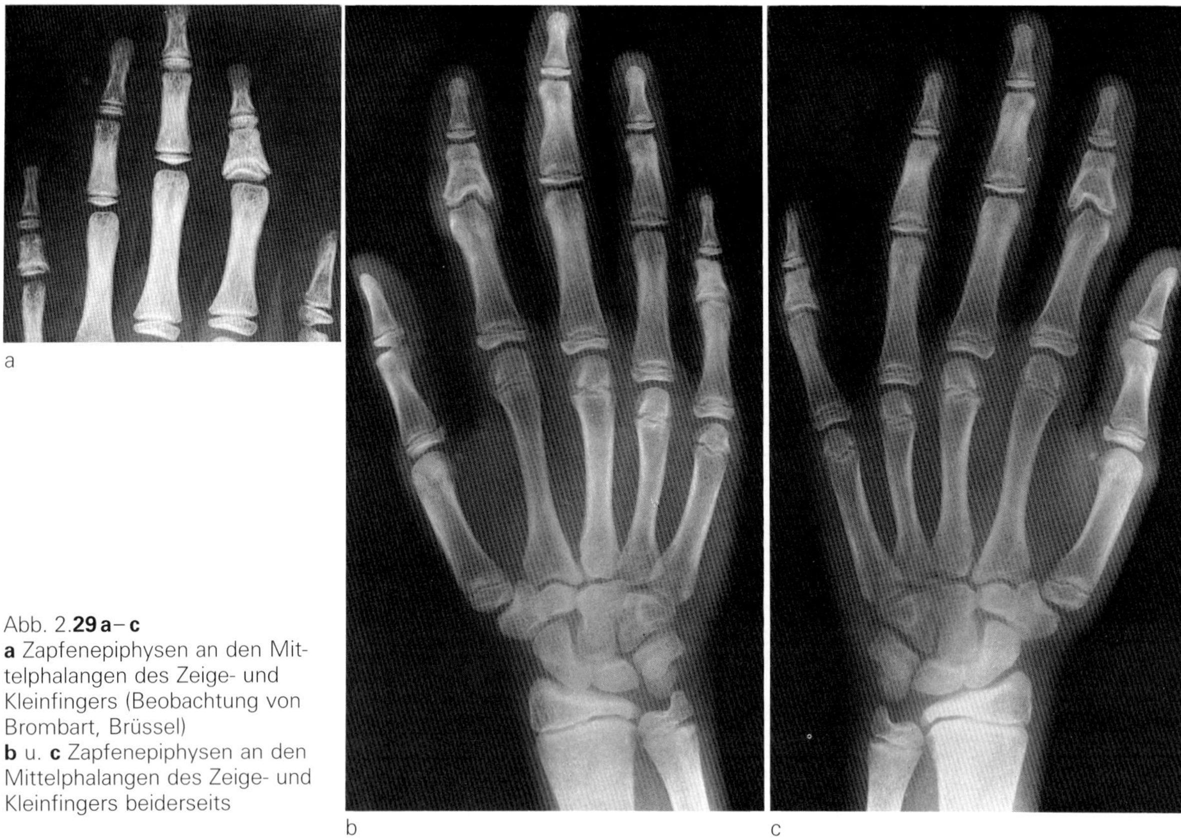

Abb. 2.**29 a–c**
a Zapfenepiphysen an den Mittelphalangen des Zeige- und Kleinfingers (Beobachtung von Brombart, Brüssel)
b u. **c** Zapfenepiphysen an den Mittelphalangen des Zeige- und Kleinfingers beiderseits

Wahrscheinlich liegt dem Befund eine Störung im zeitlichen Ablauf der Entwicklung zugrunde: Während die zentralen Abschnitte zumindest vorübergehend im Wachstum stehen bleiben bzw. blockiert sind, wachsen die peripheren Abschnitte weiter.

Im Gegensatz zur Zapfenepiphyse bedeutet das Auftreten einer „**longitudinally bracketed diaphysis**" (auf deutsch etwa „von den Epiphysen umklammerte Diaphyse", frühere Bezeichnung „Deltaphalanx") (Abb. 2.**30 a–c**) einen pathologischen Befund an den Metakarpalien (und -tarsalien) sowie an den (meist Grund-)Phalangen der Hände und Füße (47, 61, 62). Derartige Fehlbildungen wurden bisher bei folgenden Skelettdysplasien und Syndromen beobachtet (Aufstellung von Holthusen):

- Bei allen Formen der Mikrophalangie, Poly- und Syndaktylie,
- Trisomie 21 (Mittelphalanx 5),
- Akrozephalosyndaktylie (Typ Apert und Pfeiffer),
- Rubinstein-Taiby-Syndrom (Daumen),
- Catel-Manzke-Syndrom (Strahl II und III),
- Holt-Oram-Syndrom,
- otopalatodigitales Syndrom,
- otofaziogenitales Syndrom (?),
- diastrophischer Zwergwuchs,
- Nievergelt-Syndrom,
- Hand-foot-genital-Syndrome (Giedion).

Die Genese und Wertung **isolierter Verdichtungen** in den Epiphysen der Phalangen, multipel und symmetrisch auftretend, ist heute noch unklar. Bezeichnet als „dense" oder „ivory epiphyses" ist ihre Definition und damit die Häufigkeitsangabe (0,35% auf 8536 Kinder zwischen 2½ und 13 Jahren) etwas willkürlich und wohl in erster Linie abhängig von der mangelnden Differenzierung einer Spongiosazeichnung in den Epiphysenkernen. Ohne klinischen Befund können diese verdichteten Epiphysen als harmlose Nebenbefunde gewertet werden, auch wenn ihre Reste nach vollzogener Ossifikation beim Erwachsenen noch nachweisbar sind, doch kommen sie ebenso dominant vererblich (49[6]) und in Begleitung von Retardation der Skelettentwicklung (Hypothyreose), beim trichorhinophalangealen und beim Cockaynesyndrom und schließlich bei der renalen Osteodystrophie vor. Als normale Varianten finden sich Ivory epiphyses nur an den distalen Phalangen und an der 5. Mittelphalanx (31). Die Beurteilung, ob sich eine Spongiosa differenzieren läßt oder nicht, wird durch eine unterschiedliche Größe der Epiphysenknochen erschwert. Bei einem kleinen Knochen läßt sich eine Spongiosa oft allein deshalb nicht feststellen, und er erscheint aus diesem Grunde dicht; außerdem werden teilweise graduell weniger dichte (dense) von dichteren (ivory) Epiphysen unterschieden.

Weiterhin kommt erschwerend hinzu, daß diese dichten Epiphysen mit der **„Thiemannschen Erkrankung"** gleichgesetzt werden. Auch diese Erkrankung, die allerdings mehr im älteren Kindesalter und in der Adoleszenz beobachtet wird, gilt als dominant vererbliche Entwicklungsstörung mit Verdichtung, Verbreiterung und Aufbröckelung der Epiphysen, die beschwerdelos und folgenlos verheilen kann, jedoch auch als Präarthrose gewertet wird (Abb. 2.**30** und 2.**31**). Klinisch kann die Erkrankung mit einer spindelförmigen Gelenkschwellung vor allem der proximalen Interphalangealgelenke einhergehen, die langsam schmerzhaft wird und zur Einschränkung der Streckfähigkeit führt. Radiologisch sehen die Epiphysen, speziell an der Streckseite, eigenartig zusammengepreßt aus. Sie quellen nach den Rändern hin vor. Schnabelartige Vorsprünge können die seitliche Kortikalis überragen. In den zentralen Partien sind oft nur noch Fragmente vorhanden (Abb. 2.**32** und 2.**33a–c**). Gelegentlich tritt das Krankheitsbild mit epiphysären Wachstumsstörungen auch an anderen Regionen, z.B. am Hüftgelenk, auf.

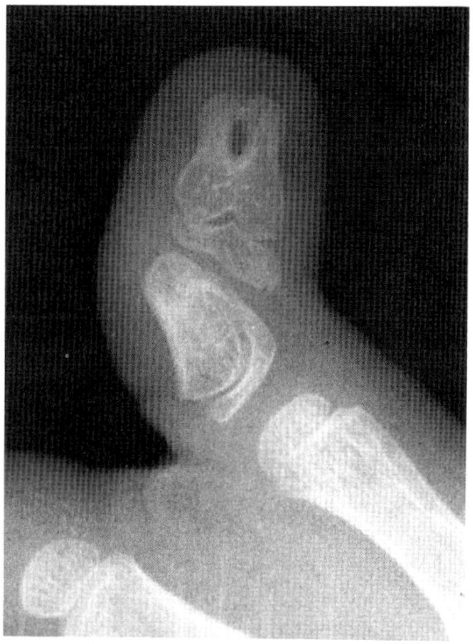
a

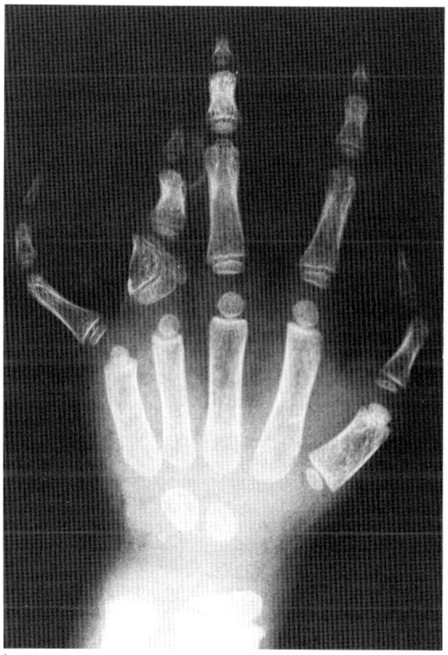
b

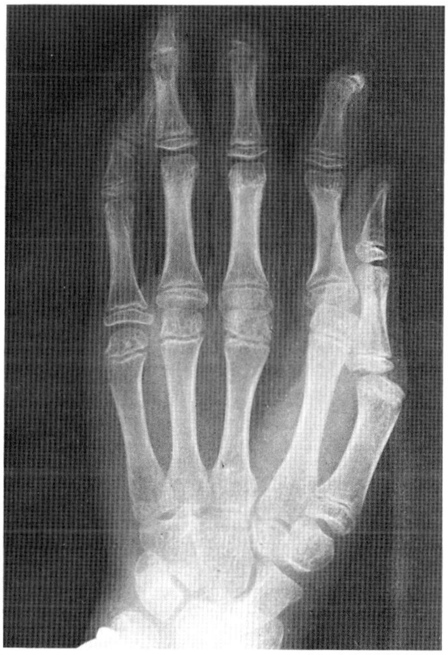
c

Abb. 2.**30a–c**
a 3jähriges Mädchen. Doppelung der Endglieder von Daumen und Großzehen (präaxiale Polydaktylie). Longitudinally bracketed diaphysis an der Daumengrundphalanx
b 3jähriger Junge. Oligosyndaktylie Longitudinally bracketed diaphysis an der Grundphalanx des 4. Strahles
c 12jähriger Junge. Longitudinally bracketed diaphysis am Metakarpale des 4. Strahles (Beobachtungen von Holthusen, Hamburg)

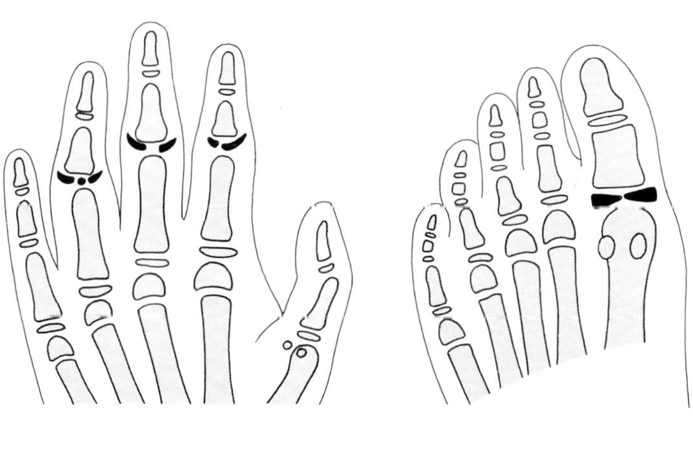

Abb. 2.**31** 16jähriger. Juvenile Epiphysenstörungen an Fingern und Zehen (nach Thiemann)

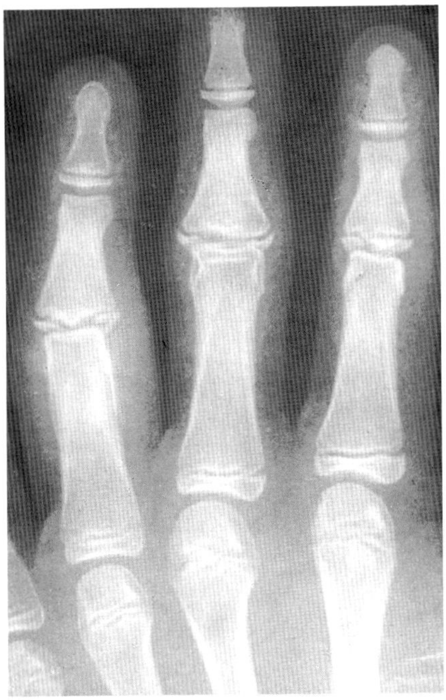

Abb. 2.**32** Thiemannsche Erkrankung

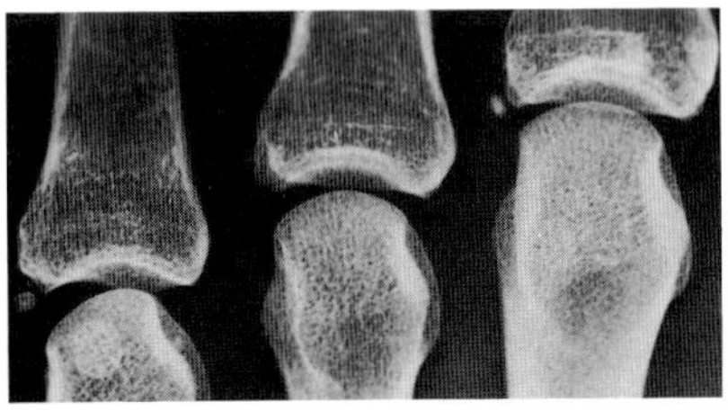

Abb. 2.**33** Spätzustand nach Thiemannscher Erkrankung

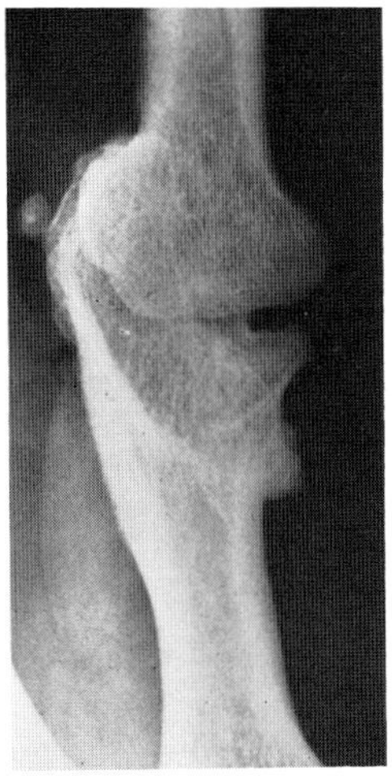

Abb. 2.**34** Dieterichsche Epiphysennekrose

Eine Erkrankung mit der gleichen radiologischen Symptomatik an den Metakarpalien wird als **Dieterichsche Krankheit** bezeichnet (Abb. 2.**34**). Falls klinische Erscheinungen (Schmerzen, Schwellung, Bewegungseinschränkung) bestehen, treten die radiologisch nachweisbaren Veränderungen später auf. Die Ossifikationsstörungen an den Phalangen (Dieterichsche) und den Metakarpalia (Thiemannsche Erkrankung) lassen sich auch bei den epiphysären Chondrodysplasien feststellen. Unter diesen Umständen wird verständlich, daß nicht nur zwischen Dieterichscher und Thiemannscher Erkrankung unterschieden wird (31), sondern daß auch die Abgrenzung einer Thiemannschen (und damit Dieterichschen) Erkrankung unter den epiphysären Ossifikationsstörungen an der Hand in Frage gestellt wird (49^2).

Eine ätiologisch nicht klar einzuordnende epiphysäre Wachstumsstörung ist in Abb. 2.**35** wiedergegeben: Man sieht eine kolbige Auftreibung am Metakarpale III und eine Doppelkopfbildung am Metakarpale V. Während die Epiphysenfugen am 2. und 4. Strahl sichtbar sind, ist jene des 3. bereits geschlossen, und am 5. läßt sich an dem einen Fortsatz eine Fugenverschmelzung, an dem anderen noch eine Fuge erkennen. Bei diesem eigentümlichen ra-

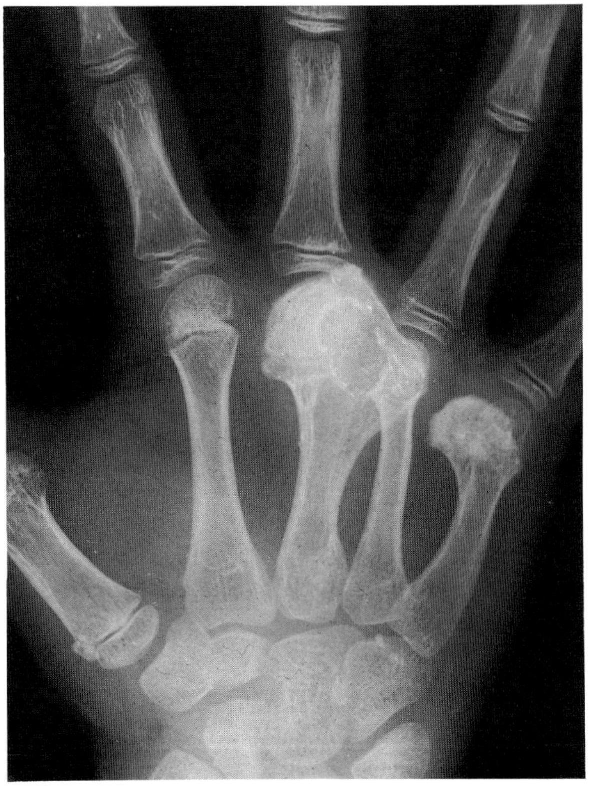

Abb. 2.**35** Schwere Wachstumsstörung der Mittelhandköpfchen des 3. und 5. Strahls, möglicherweise bedingt durch Osteochondrome

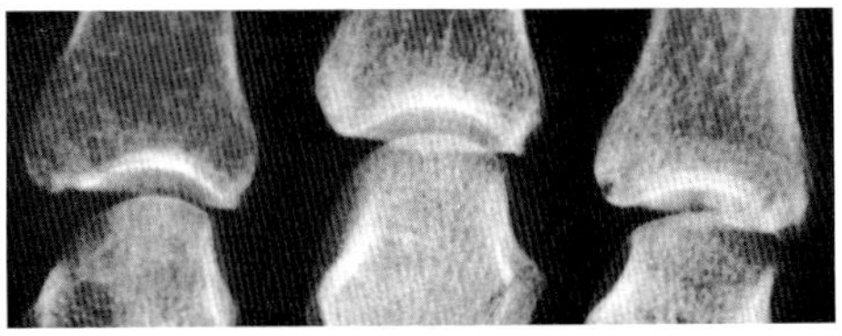

Abb. 2.**36** Gelenkveränderungen an den Fingergrundgelenken bei einem Mann, der seit frühester Jugend ein forciertes Boxtraining durchgeführt hat (Beobachtung von Cornelsen, Hamburg)

diologischen Befund lassen sich ätiologisch ungewöhnliche Formen von Osteochondromen (besonders am Metakarpale V) durchaus diskutieren.

Eine offensichtlich durch eine chronische Traumatisierung der Wachstumszone bedingte Veränderung findet sich in der Abb. 2.**36**. Dabei handelt es sich um Konturunregelmäßigkeiten der Gelenkenden an den Fingergrundgelenken eines Mannes, der sich schon seit frühester Jugend einem sehr harten Boxtraining unterzogen hatte.

In den Rahmen **komplexer epiphysärer Dysplasien** ist das Handgelenk häufig einbezogen. Bei der Chondrodysplasia punctata (Conradi-Hünermannsche Erkrankung) finden sich multiple punktförmige Ossifikationen anstelle normaler Epiphysen (stippled epiphyses), in der Hand allerdings wohl nur im Handwurzelbereich und nicht in den Epiphysen von Fingern und Metakarpalia (Abb. 2.**37**). Die **Fairbanksche Erkrankung** (multiple epiphyseal dysplasia) entspricht wahrscheinlich einer tardierten Verlaufsform der Conradi-Hünermannschen Erkrankung. Bei verzögertem Skelettwachstum finden sich unregelmäßig fleckige Ossifikationen der Epiphysen ohne Dichtezunahme. Die Veränderungen treten am Handskelett relativ selten und dann nur im Karpal- und Metakarpalbereich auf.

Nicht zu den angeborenen Veränderungen gehörend, werden trotzdem aus didaktischen Gründen Osteodystrophien wie der *Morbus Paget* oder die *fibröse Dysplasie,* die nur selten am Handskelett gefunden werden, hier aufgeführt. Beim Morbus Paget (Abb. 2.**38**) besitzt der befallene Knochen ein vermehrtes Volumen. Die Strukturen muten strähnig an. Die fibröse Dysplasie geht mit Verformungen und Strukturveränderungen, überwiegend ebenfalls mit Volumen- und irregulärer Dichtezunahme, einher (Abb. 2.**39**).

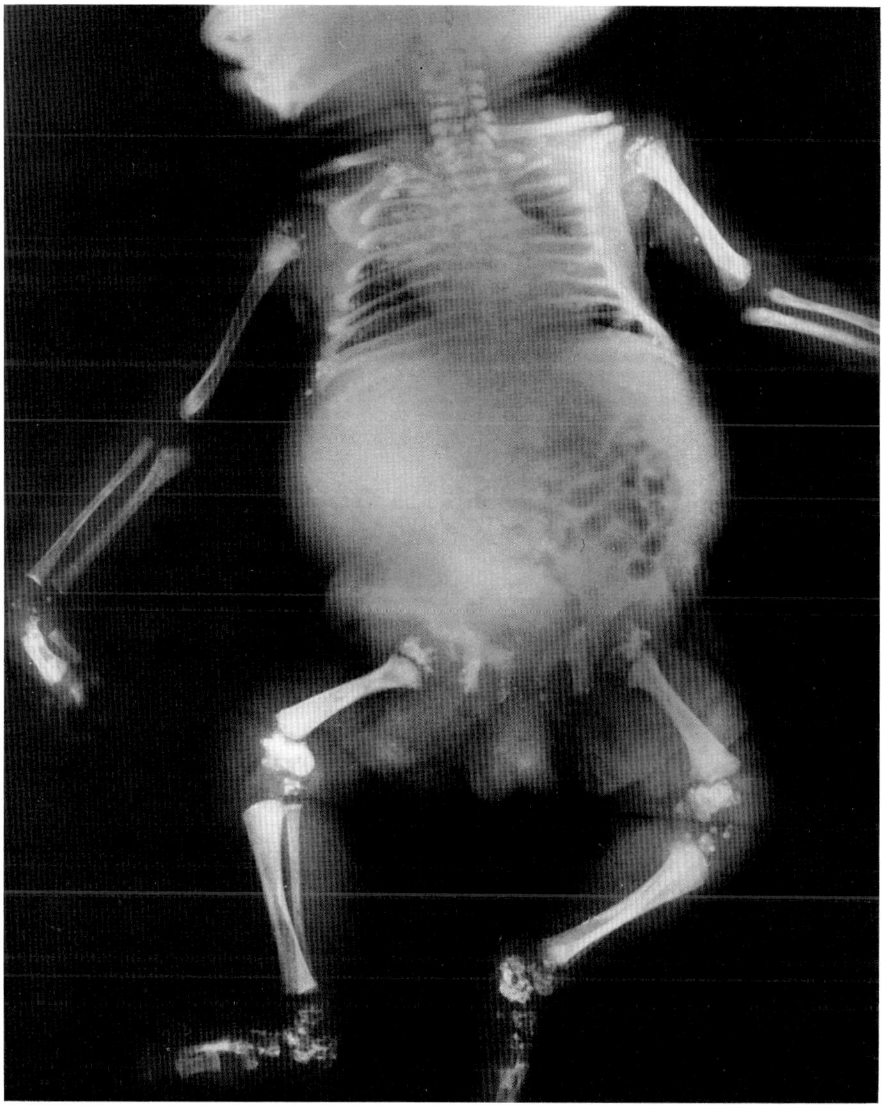

Abb. 2.**37** Chondrodysplasia punctata („stippled epiphyses")

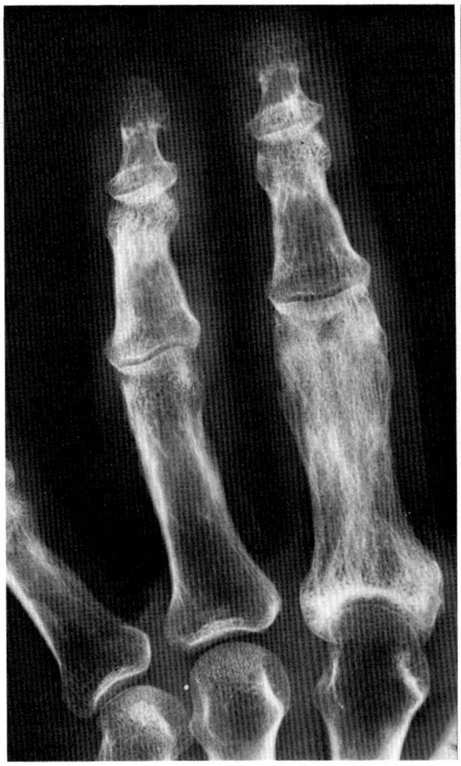

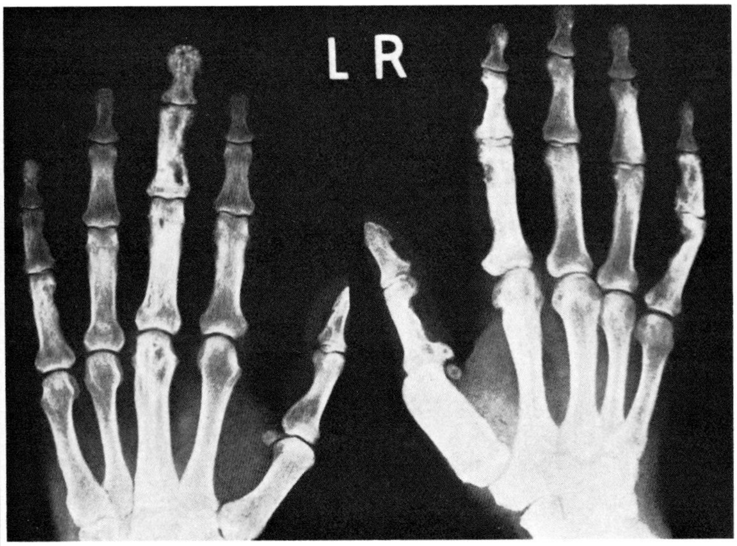

Abb. 2.**39** Miterkrankung der Phalangen und einzelner Handwurzelknochen bei fibröser Dysplasie (aus Lick, R. F., G. Viehweger: Fortschr. Röntgenstr. 97 [1962] 33)

◁ Abb. 2.**38** 58jähriger Mann. Ostitits deformans Paget an der III. Grundphalanx

Formänderungen

Die Möglichkeiten erworbener Form- (und damit Kontur-)veränderungen des Handskeletts sind vielseitig. Sie reichen von traumatischen Läsionen über entzündliche und tumoröse Destruktionen, primären Gelenkprozessen bis hin zu trophischen Veränderungen. Beim **Akroosteolysesyndrom** (Tab. 2.**2**, 2.**3** und Abb. 2.**40a** u. **b**, 2.**41**) verschwindet allmählich der Nagelkranz, die Reste der Phalangen muten schließlich wie abgelutscht an. Diese pathologische Veränderung darf nicht mit einer traumatischen Absprengung verwechselt werden. Auch Lysen der Grund- und Mittelphalangen mit wie abgelutschten Endphalangen werden zum Akroosteolysesyndrom gezählt.

Tabelle 2.**2** Wesentliche Ursachen des Akroosteolysesyndroms (aus Freyschmidt, J.: Knochenerkrankungen im Erwachsenenalter, 2. Aufl. Springer, Berlin 1987)

1. *Trophisch* (vaskulär/neurogen)
   Raynaud-Syndrom
   Sklerodermie
   Epidermolysis bullosa
   Acrodermatitis chronica Pick-Herxheimer
   Neurolues, Syringomyelie, Lepra
   Hyperostose mit Pachydermie (Uehlinger-Syndrom)
2. *Traumatisch*
   Hitze- und Frosteinwirkung, elektrische Unfälle, chronische Expositionen gegenüber ionisierenden Strahlen, chronische mechanische Überbeanspruchung, z. B. bei Violinisten
3. *Hormonell*
   Primärer und sekundärer Hyperparathyreoidismus
4. *Toxisch*
   Chronische Polyvinylchloridintoxikation
5. *Familiäre (Akro-)Osteolyse*
6. *Gorham's disease* (vanishing bone disease)
7. *Ainhum-Syndrom* (Dactylosis spontanea)
8. *Idiopathische oder kryptogenetische Akroosteolyseerkrankung*

Tabelle 2.**3** Differentialdiagnose des Akroosteolysesyndroms an Händen und Füßen (aus Freyschmidt, J.: Knochenerkrankungen im Erwachsenenalter, 2. Aufl. Springer, Berlin 1987)

1. *Entzündlich*
   Panaritium ossale (Klinik!), Gicht, Psoriasis
2. *Tumorös*
   Glomustumor (Schmerzen! primär Ballonierung)
   Osteolytische Metastasen (Anamnese! Weichteilverschattung!)
   Epithelzyste (primär Ballonierung mit Kortikalisverdünnung)

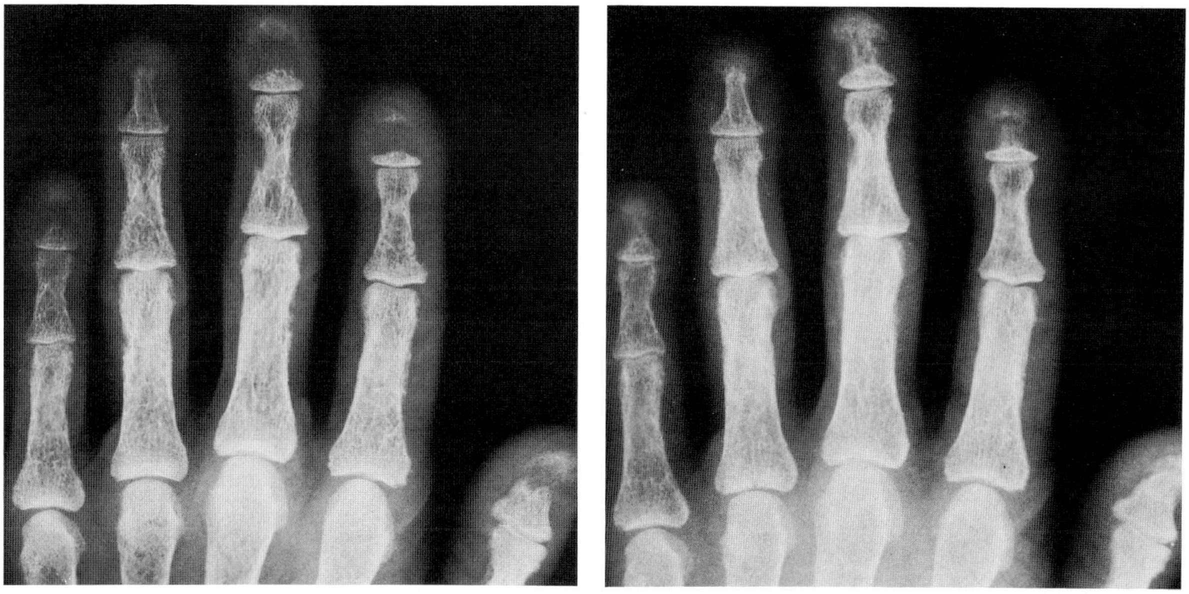

a b

Abb. 2.**40** **a** u. **b** Akroosteolysen und schwerste Kortikalis- und Spongiosaveränderungen bei renaler Osteopathie vor (**a**) und nach (**b**) Vitamin-D-Behandlung

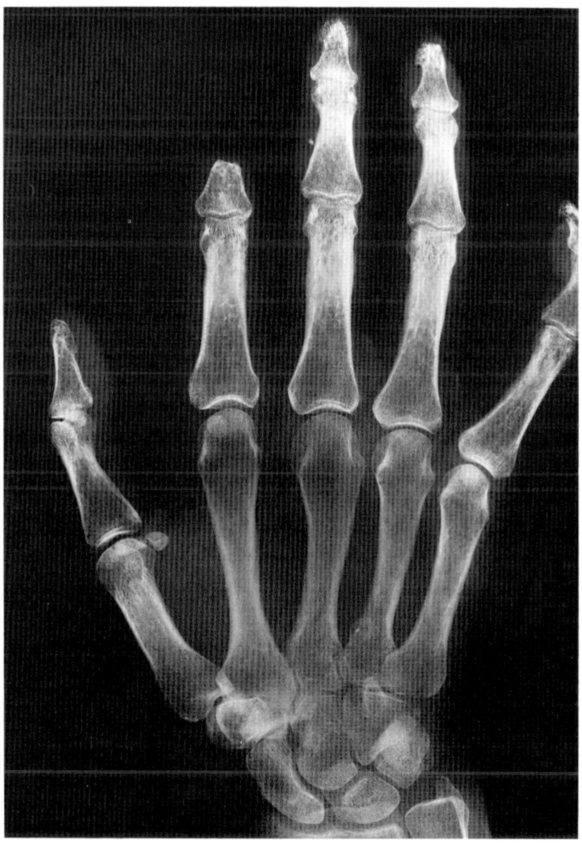

Abb. 2.**41** Akroosteolysen bei Sklerodermie. Man beachte die wie „abgenagten" Unguikularfortsätze 3 und 4 mit dem extrem dünnen umgebenden Weichteilmantel

Marginale Konturdefekte an den gelenktragenden Abschnitten der langen Handknochen sind immer verdächtig auf einen synovialen Prozeß im Sinne einer erosiven Arthritis (z. B. chronische Polyarthritis [Abb. 2.**42** und 2.**43**], Psoriasisarthritis).

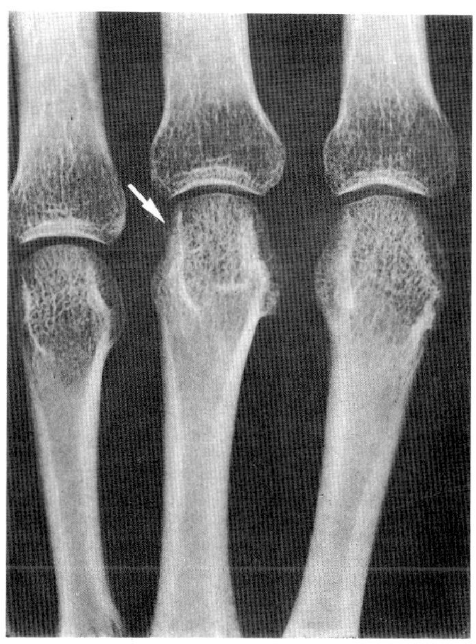

Abb. 2.**42** Rheumatoide Arthritis mit Erosionen an den Metakarpalköpfen II und III, partieller Schwund der subchondralen Grenzlamelle am Köpfchen IV. Gelenknahe Osteoporose

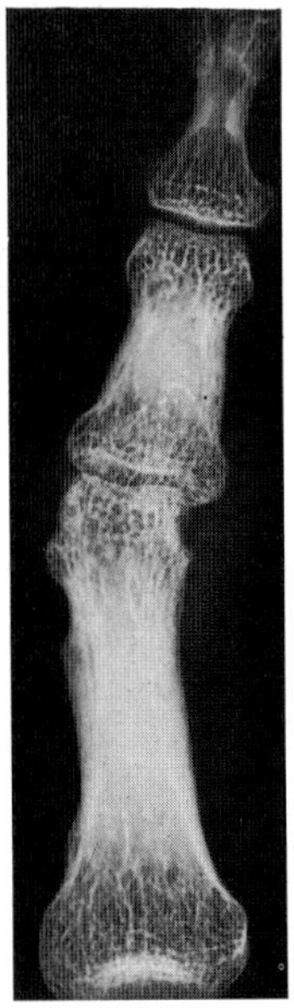

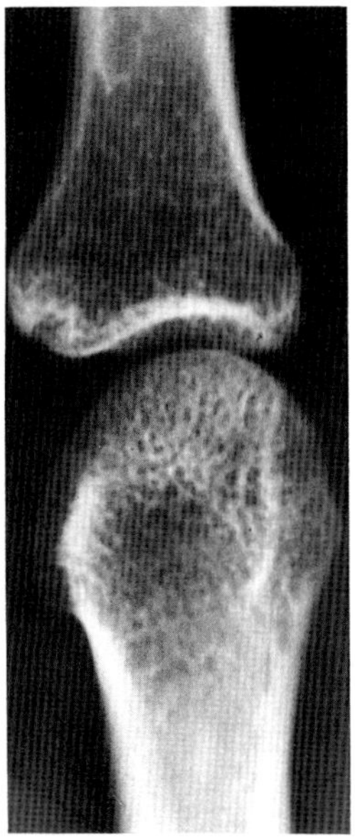

2.**43** 2.**44**

Abb. 2.**43** Rheumatoide Arthritis mit Erosionen an den seitlichen gelenkbildenden Partien der dargestellten Grundphalanx. Gelenknahe Osteoporose

Abb. 2.**44** Traumatische Absprengung von der medialen Basis einer Grundphalanx, nicht mit einer arthritischen Erosion oder einer arthrotischen Geröllzyste zu verwechseln

Auch sie sind zu unterscheiden von feineren knöchernen Kapsel- und Bandausrissen, wie sie bei Kindern an den Vorder- und Rückseiten der Phalanxbasen öfter vorkommen, aber schwer nachzuweisen sind, sowie Absprengungen durch direkte Gewalteinwirkung (Abb. 2.**44**); hierbei fehlt in der Regel allerdings die gelenknahe Osteoporose.

Produktive Knochenveränderungen an den Gelenkrändern und in ihrer näheren Umgebung finden sich bei der Akromegalie (Abb. 2.**45a** u. **b**), bei Arthrosis deformans (Abb. 2.**46** bis 2.**48a–f**), bei der Psoriasisarthritis (Abb. 2.**49a–d** und 2.**50a, b**) sowie bei der Arthritis des Morbus Reiter.

Im anglo-amerikanischen Schrifttum wird die Bezeichnung „Osteoarthritis" dem Ausdruck „Osteoarthrose" vorgezogen (58). Nähere Begriffserläuterungen und pathoanatomische Erklärungen auch der radiologischen Frühsymptomatik der verschiedenen rheumatoiden und degenerativen Erkrankungen, unter denen die destruierende Arthrose einen Grenz- (54) bzw. Sonderfall (24) bildet, finden sich bei Dihlmann (8[1]), Nørgaard (43–45) und Schilling (54).

Auf eine Besonderheit ist im Gebiet der Muskel- und Sehnenansätze hinzuweisen. Fehlendes Periost und hier eingeschaltete Knorpelzellen zwischen Sehnen und Knochen bedingen eine besondere Reaktion, die häufig als *Enthesopathie* (von griech. „Enthesis" = Ansatz) bezeichnet wird. Die produktive Form bedingt osteophytäre Anlagerungen, wie sie schon bei starker Beanspruchung normalerweise entstehen, bei konstitutionell bedingten endokrinen Störungen wie Akromegalie, idiopathischem Hypoparathyreoidismus, Hyperphosphatase, familiär tubulär-renaler Hyperphosphaturie und Ochronose oder erworbener (z. B. Fluorose) *osteoplastischer Diathese* hervorgerufen werden. Es entsteht eine *Fibroostose* (8[2]). Umgekehrt können bei überwiegendem Knochenabbau im Bereich dieser Sehnenansätze als Ausdruck einer *Fibroostitis* muldenförmige, unscharf oder auch sklerotisch begrenzte Defekte auftreten. Ihr radiologisch schwieriger Nachweis sollte Anlaß geben, vor allem bei bilateral-symmetrischem Befall, an das Initialstadium einer rheumatoiden Arthritis (13), aber auch einer psoriatischen Arthritis, eines Reiter-Syndroms, einer ankylosierenden oder Jaccoud-Arthritis zu denken, bei einseitigem Nachweis bakterielle oder andere Infektionen zu erwägen (8[3]). Die diffuse idiopathische Skelettyperostose kann phasenweise im Laufe des Lebens zu An- und Abbau des Knochens an den Sehnenansätzen der Hand führen (14, 38). Der Übergang zur Normalität dieser Symptomatik wird durch die normalen Wülste einerseits, Rinnen, Gruben und Furchen an Bandansätzen (z. B. Sulcus paraglenoidalis am Sakroiliakalgelenk, „Defekte" und Wülste im Bereich der Facies poplitea femoris, Insertionsfurche für das Lig. costoclaviculare am Schlüsselbein u. v. a. – 8[3]) andererseits hergestellt.

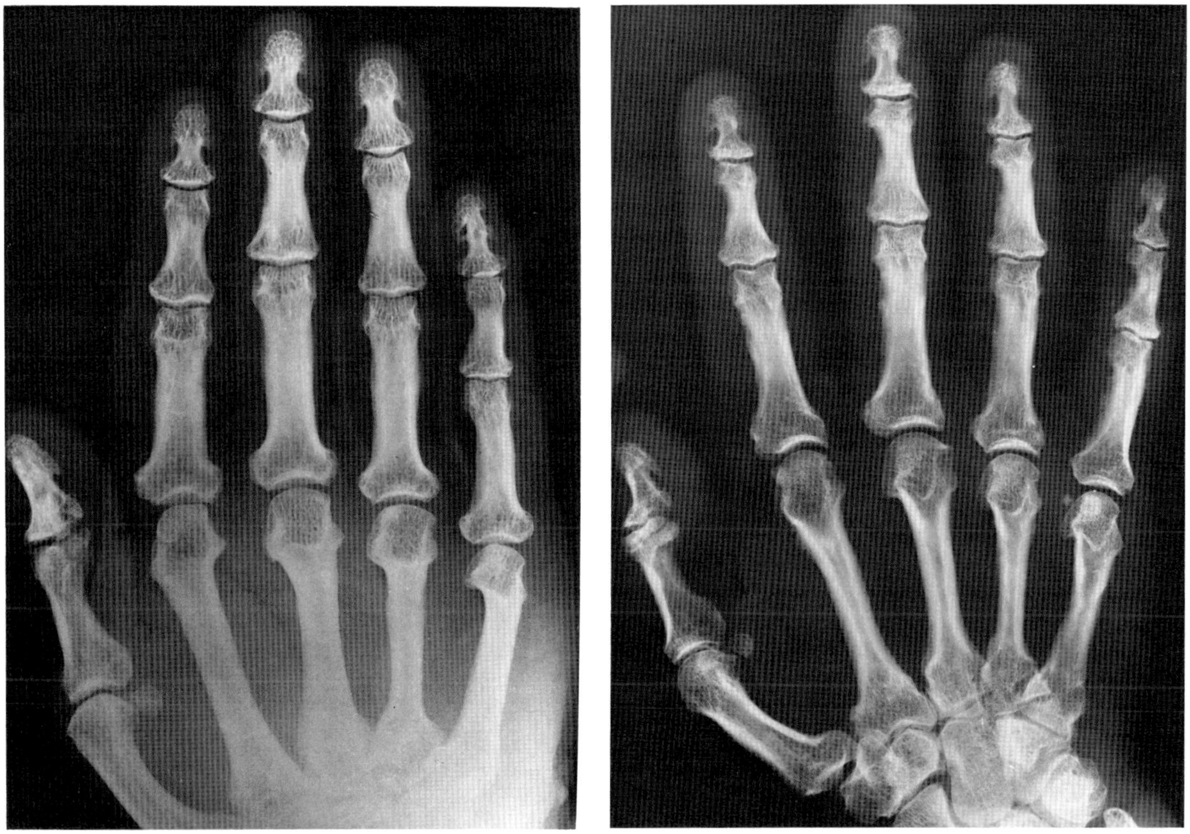

Abb. 2.**45a** u. **b** Verschieden ausgeprägte akromegale Veränderungen am Handskelett: **a** 44jährige Frau, **b** 34jähriger Mann. Man beachte die ausgeprägten Ankerformen der Endphalangen und die sehr deutlichen Osteophyten, vor allem an den proximalen Interkarpalgelenken und den Metakarpokarpalgelenken bei **a**. Normal weite oder zum Teil leicht erweiterte Gelenkspalten. Kräftige Wülste an den Sehnenansätzen

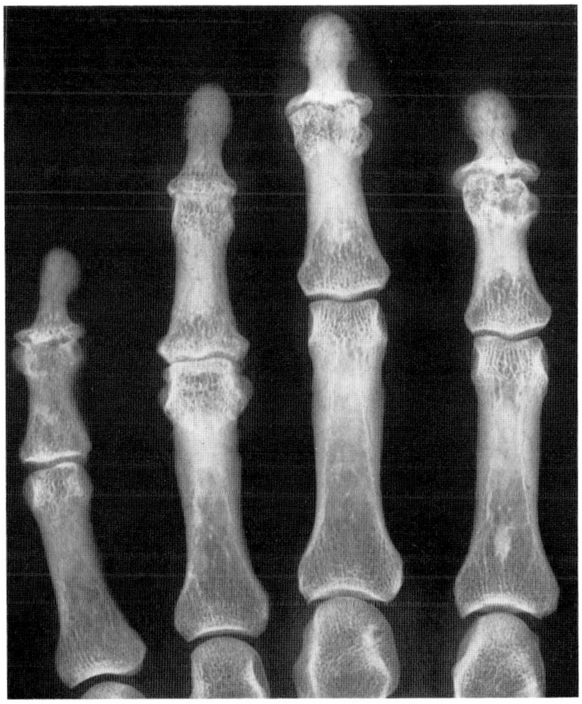

Abb. 2.**46** Typische Osteophyten an den Gelenkrändern ▷ (Vogelschwingenform) bei Polyarthrose

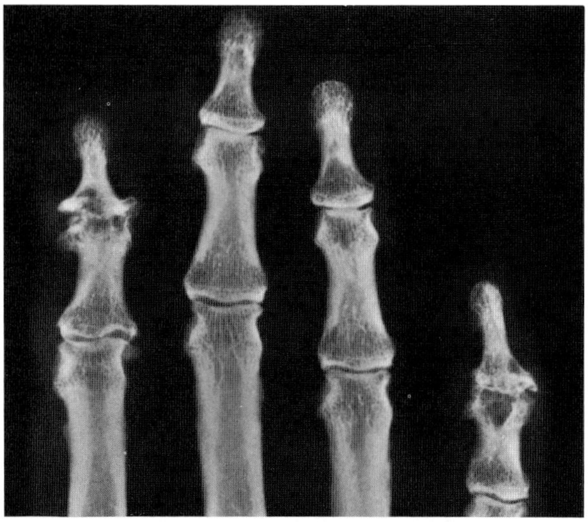
a

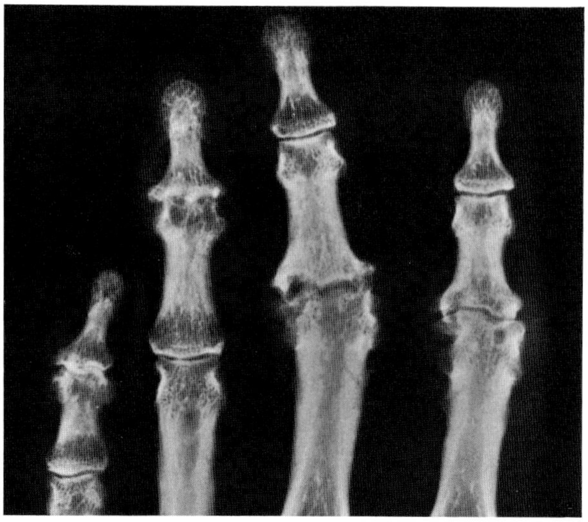
b

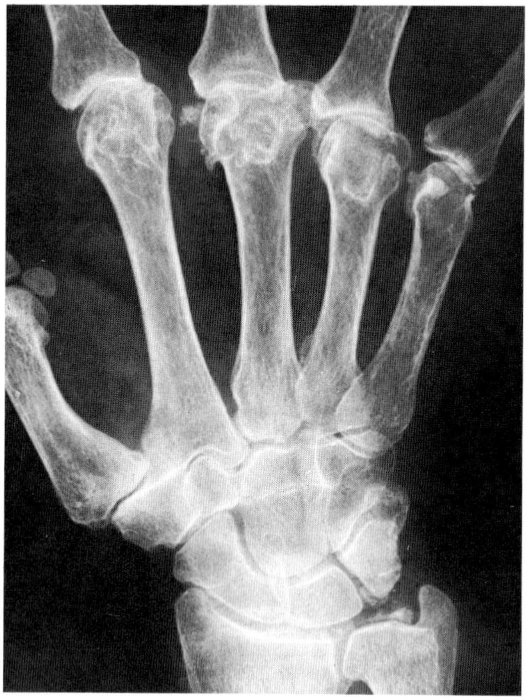
c

Abb. 2.**47 a–c**
a u. **b** Ausgeprägte destruierende Polyarthrose mit Osteophyten und subchondralen Geröllzysten
c Chondrokalzinose mit erheblichen Randanbauten, besonders am Metakarpuskopf III, als Ausdruck der arthrotischen Komponente des Krankheitsbildes

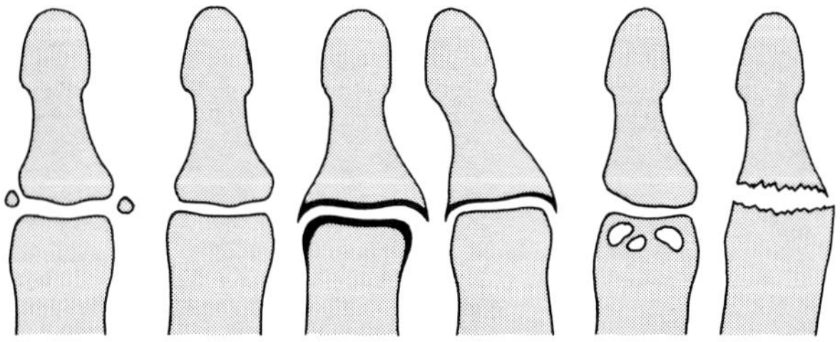
a b c d e f

Abb. 2.**48 a–f** Schema der radiologischen Symptome der Fingerendgelenkarthrose, geordnet nach der häufigsten Reihenfolge der Entwicklung (nach Schacherl u. Schilling)
a Kleine Ossikel parartikulär, **b** Gelenkspaltverschmälerung, **c** subchondrale Sklerosierung und Osteophytenbildung, **d** Deviation der Endphalanx, **e** Geröllzysten, **f** destruktive Arthrose

Abb. 2.**49 a–d** Die radiologischen Symptome der Polyarthritis psoriatica (nach Schacherl u. Schilling)
a Knochenbau von rundlicher Form und unscharfer Kontur an den Fingerendgelenken
b Arthritis mutilans, oft mit Synostosierungen anderer Gelenke
c Defekte an der Tuberositas unguicularis
d Ossifizierende periostitische Auflagerungen. Typisches Nebeneinander von destruktiven und proliferativen Prozessen

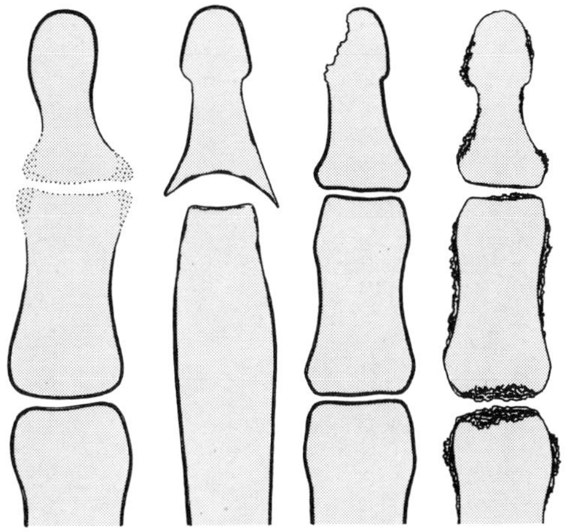

a b c d

a 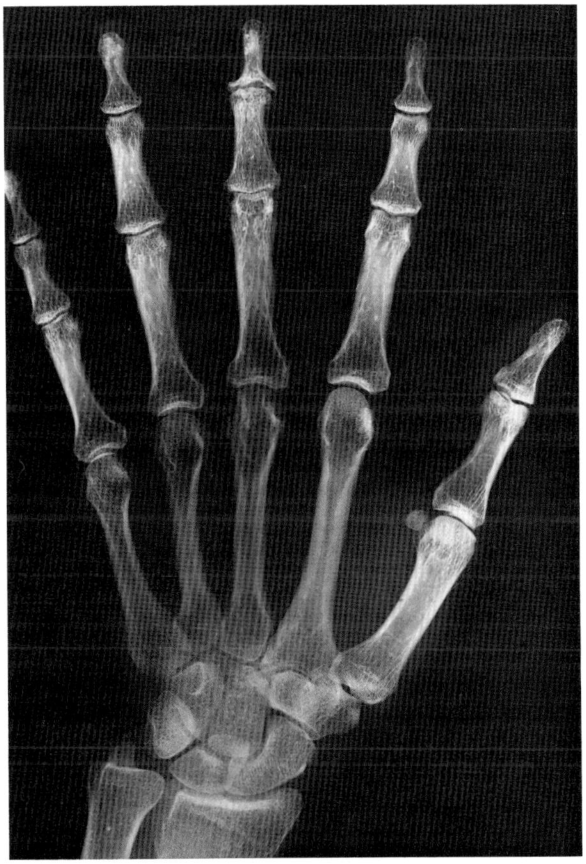 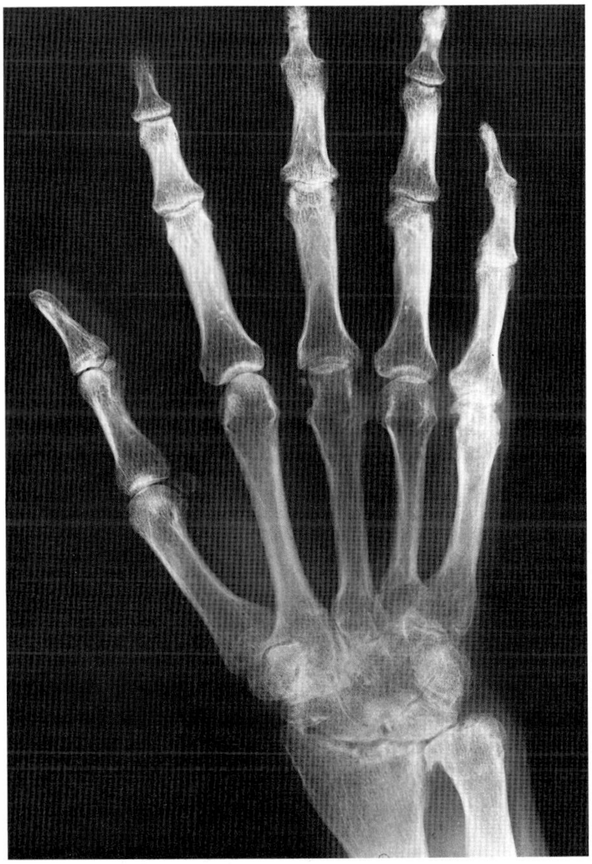 b

Abb. 2.**50 a** u. **b** Typische Psoriasisarthritis vom axialen Befallstyp (III und V rechts, III links). Starke Destruktionen auch im Karpalbereich rechts. Man beachte die Proliferationen an der Basis der Mittelphalanx rechts und der Endphalanx III links. Ankylosierungen im distalen Interphalangealgelenk III und V rechts

Strukturänderungen

Allgemeine Dichteminderung (und Konturänderungen)

Eine gleichmäßig verminderte Knochendichte mit verdünnter Kompakta und Rarefizierung besonders der metaphysär gelegenen Spongiosa findet sich bei allen generalisierten **Osteoporoseformen** (Abb. 2.**51**). Die Konturen und Strukturen sind scharf gezeichnet.

Bei der **Osteomalazie** (Abb. 2.**52**) hingegen ist die Spongiosazeichnung verwaschen, mattglasartig, wie mit dem Radiergummi behandelt anmutend. In der tunnelierten Kompakta finden sich gelegentlich Längsstreifen (Aufweitung der Haverschen Kanäle).

Der **Hyperparathyreoidismus** (Abb. 2.**53a–c**), ob primär oder regulativ, geht typischerweise mit rauher und unscharfer Außenkontur einher; besonders an der Radialseite der Mittelphalangen erscheinen die Knochenbegrenzungen infolge subperiosta-

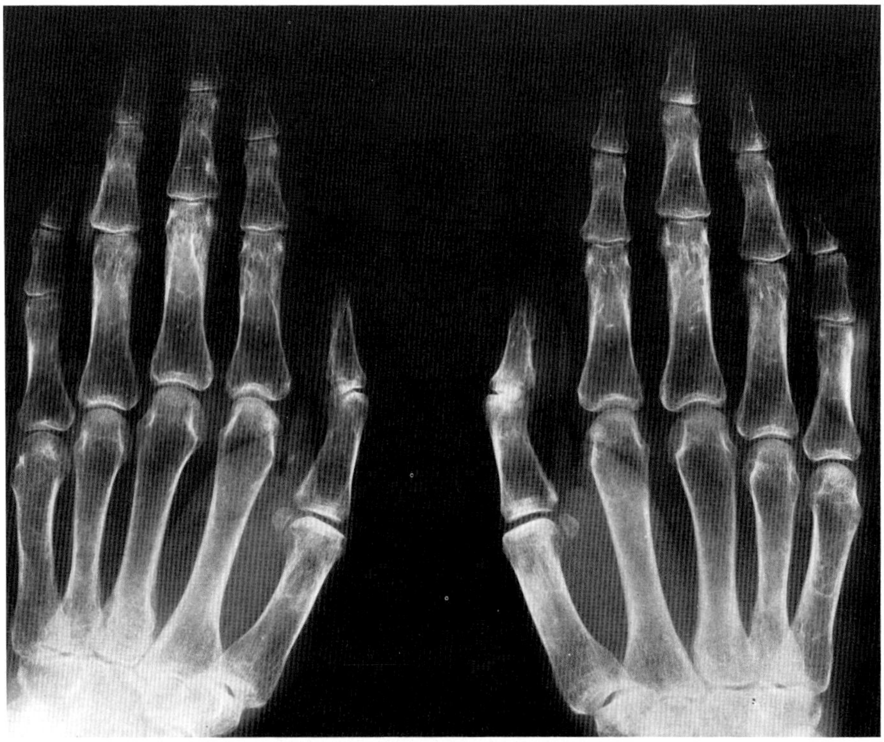

Abb. 2.**51** 55jähriger Mann. Ausgeprägte Osteoporose bei einem Klinefelter-Syndrom. Starke Verdünnung der Schaftkompakta, besonders im Metakarpalbereich mit einem peripheren Barnett-Nordin-Index (Summe der Kompaktadicke: Gesamtquerschnitt in der Mitte der 2. oder 3. Metakarpalknochen) unter 20% (Norm: 43–44%, s. Text). Die Knochenstrukturen sind sehr scharf, wie „mit dem Bleistift nachgezogen"

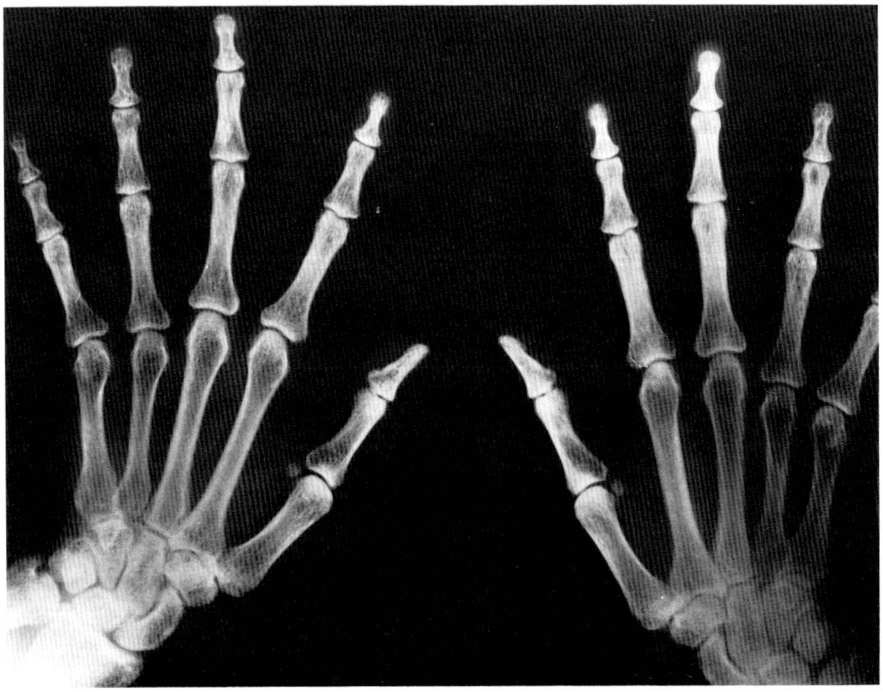

Abb. 2.**52** Osteomalazie bei Sprue. 28jährige Patientin. Verwaschene Spongiosastrukturen, die wie „mit dem Radiergummi behandelt" aussehen (Aufnahmespannung 45 kV)

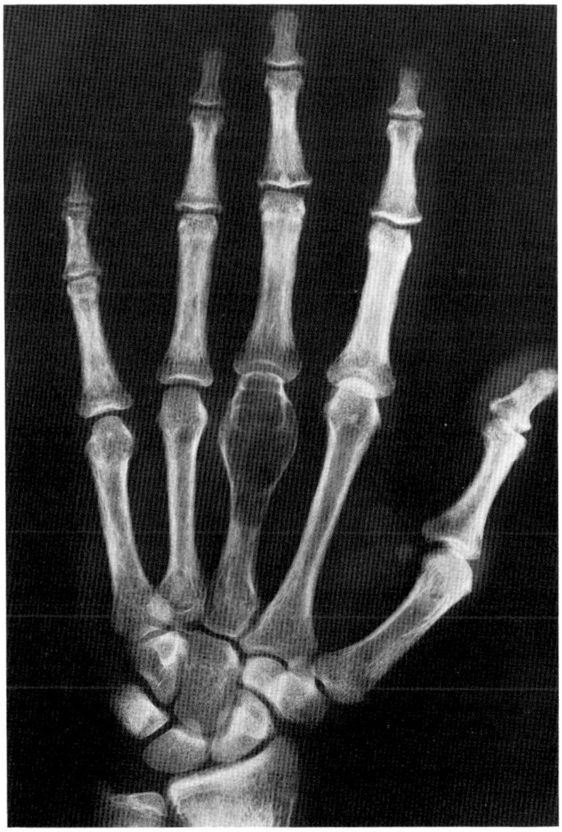
a

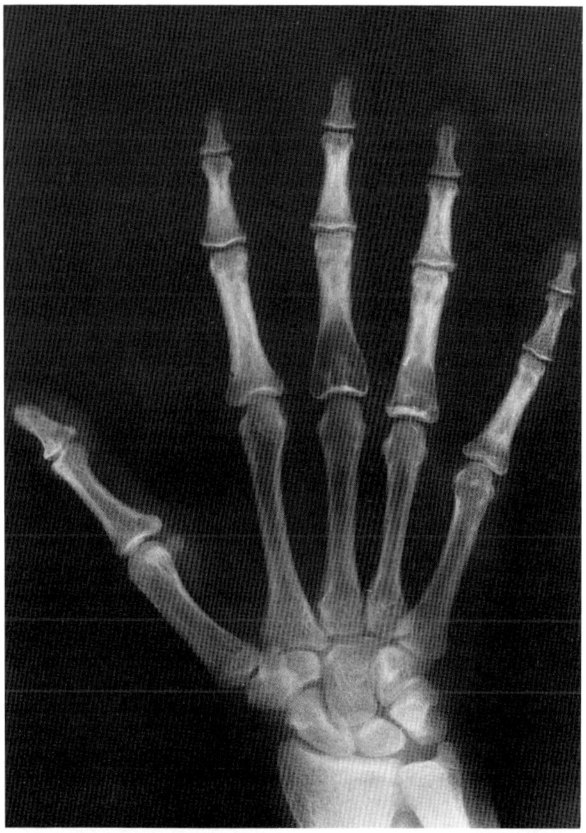
b

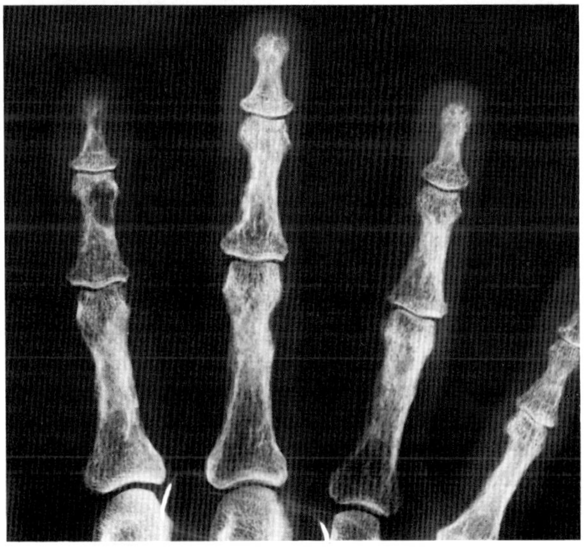
c

Abb. 2.**53 a–c** Primärer Hyperparathyreoidismus: **a** 16jähriges Mädchen, **b** 46jährige Frau. Deutliche Akroosteolysen, Verschmächtigung der Phalanxschäfte, insbesondere in **c** durch subperiostale Kompaktaresorptionen. Erhebliche Spongiosierung der verbliebenen Kompakta in beiden Fällen, wabig-netzige Spongiosastrukturen. Braune Tumoren in Metakarpale III (**a**), in den proximalen Grundphalangen III und IV (**b**) und in der Mittel- und Endphalanx II (**c**)

ler Resorptionen lamelliert und/oder bürstenartig verändert. Diese Unregelmäßigkeit der Außenkontur darf nicht mit den Wellungen und Wulstungen der Sehnenansätze, die auch an der radialen Seite betont sein können, verwechselt werden. Die Spongiosazeichnung erscheint beim Hyperparathyreoidismus grobwabig; auch größere Hohlräume („braune Tumoren") werden gefunden (Literatur bei 18, 20).

Eine leicht wabig-netzig anmutende Spongiosazeichnung am Handskelett beobachtet man oft bei älteren Menschen im Rahmen der **Involutionsosteoporose**. Die knöchernen Konturen und Strukturen sind hierbei wieder sehr scharf gezeichnet.

Ungleichmäßige Dichteminderung

Die Entkalkung der **akuten Inaktivitätsatrophie bzw. -osteoporose** ist entsprechend der altersabhängigen Blutversorgung des Knochens unterschiedlich verteilt: Bis zum 20. Lebensjahr homogene Dichteminderung mit verwaschener Spongiosazeichnung in Gelenknähe (Abb. 2.**54**), zwischen dem 20. und 40. Lebensjahr mehr bandförmige metaphysäre Dichteminderung (Abb. 2.**55**), im späteren Lebensal-

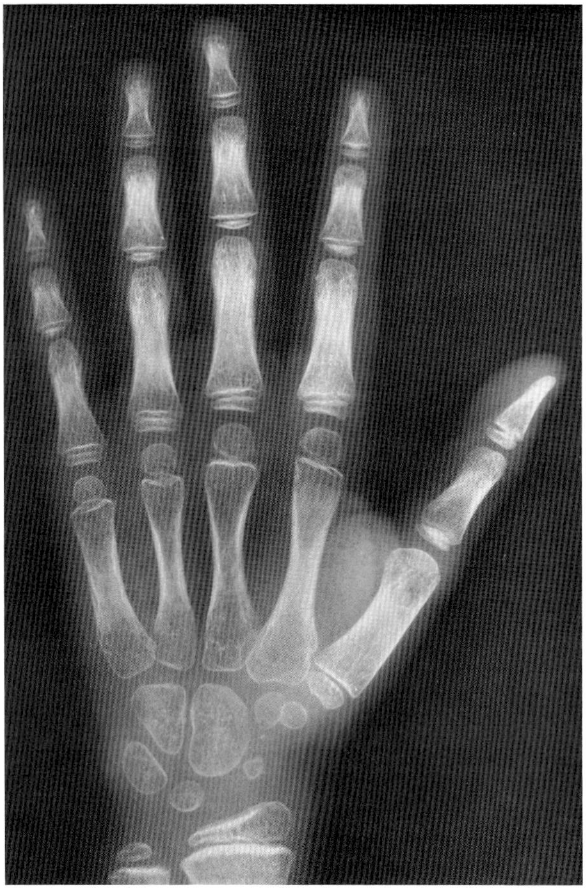

Abb. 2.**54** 7jähriges Kind mit Inaktivitätsosteoporose nach Unfall und Ruhigstellung durch Gipsverband

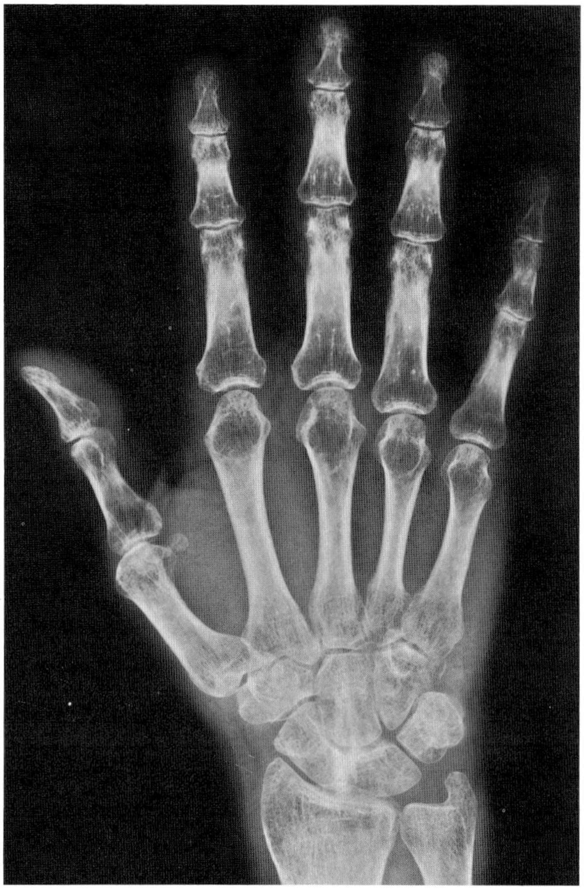

Abb. 2.**55** Bandförmige, gelenknahe Inaktivitätsosteoporose bei einem 36jährigen Mann nach 5 Wochen Ruhigstellung wegen einer Ellenbogengelenkverletzung. Klinisch keine Sudeck-Symptomatik!

ter wieder mehr gleichmäßige oder auch grobfleckige und vor allem auch die Diaphyse betreffende Osteoporose.

Im Erwachsenenalter bleiben die Zeichen der abgelaufenen Inaktivitätsosteoporose insbesondere bei langdauernder Inaktivität bzw. Immobilisation in der Regel lebenslang nachweisbar; dabei können sich die verbliebenen Spongiosabälkchen im Sinne einer hypertrophischen Atrophie verdicken.

Die **Sudecksche Knochenatrophie** (auch als Reflexdystrophie bezeichnet) imponiert als eine mehr fleckförmige gelenknahe Osteoporose mit verwaschener Spongiosazeichnung und unscharfer Kortikalis (Abb. 2.**56**). Das Röntgenbild kann je nach Ausprägung einer stärkeren Inaktivitätsosteoporose gleichen. Die Diagnose einer Sudeckschen Knochenatrophie sollte deshalb vor allem im Initialstadium nur gestellt werden, wenn folgende sechs Kriterien erfüllt sind (21):

1. Schmerzen und Hypersensibilität der Hand,
2. Schwellung des Weichgewebes,
3. vasomotorische Instabilität,
4. fleckige Osteoporose,
5. reduzierte motorische Funktion,
6. trophische Hautveränderungen (livide Verfärbung usw.).

Bei **systemischen entzündlichen Gelenkprozessen** wie der chronischen Polyarthritis (s. Abb. 2.**42**) treten mit als erste radiologisch nachweisbare Handskelettveränderungen gelenknahe Entkalkungen auf. Der Knochen verliert an Struktur, insbesondere im Metakarpophalangealbereich. Vergesellschaftet sind diese Veränderungen in der Regel mit deutlichen Weichteilschwellungen in Gelenknähe und um die Gelenke herum (Abb. 2.**57**) sowie mit Unschärfen und partiellem Schwund der subchondralen Grenzlamelle. Durch Weichteilaufnahmen in drei Ebenen sind bei der **Reflexdystrophie** neben einer synovitischen Reaktion auch Erosionen an den Ansätzen fibröser Strukturen als Manifestationen einer enthesitischen Komponente nachzuweisen (12[5]).

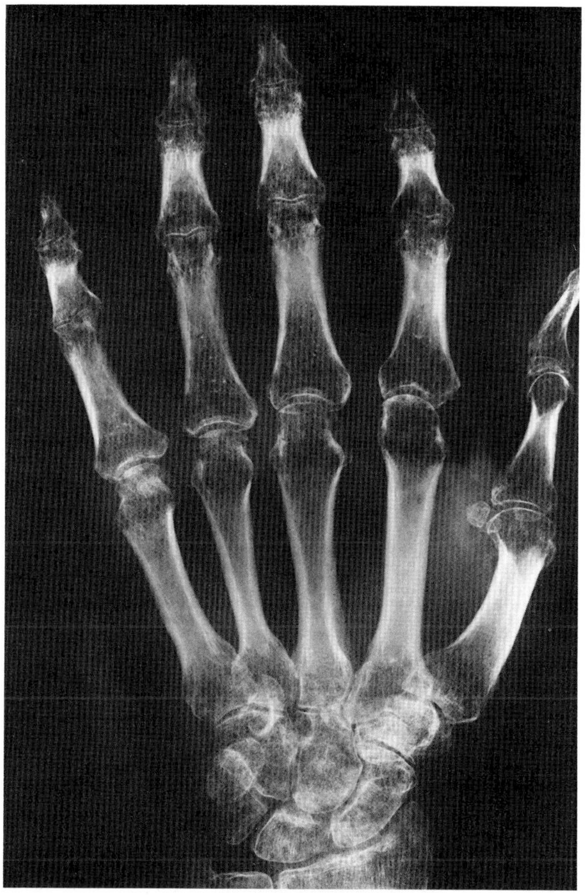

Abb. 2.**56** Typische Sudeck-Veränderungen an der Hand mit fleckiger gelenknaher Entkalkung an allen Handskelettabschnitten. In den Entkalkungsarealen verwaschene restliche Spongiosastrukturen. Charakteristische klinische Symptomatik (s. S. 34)

Herdförmige, multilokuläre Dichteminderungen und Konturänderungen

In diese Gruppe sollen all die Veränderungen einbezogen werden, die mit mehreren oder vielen umschriebenen Spongiosa- und Kompaktadefekten einhergehen.

Bei *„zystischen" Aufhellungen in Gelenknähe* (besonders in den Metakarpalköpfchen) muß durch eine zusätzliche Projektion geklärt werden, ob es sich dabei um intraspongiöse Defekte handelt oder um Randusuren bei synovialen Gelenkerkrankungen, die sich „en face" in den Knochen projizieren.

Vor allem bei älteren Menschen, die keine Beschwerden verspüren, werden nicht selten glatt begrenzte Spongiosadefekte von Reiskorn- bis Linsengröße im Handwurzelbereich, aber auch in den Metakarpalbasen und -köpfchen sowie in den Phalangen beobachtet. Sie entsprechen **idiopathischen Knochenzysten** (Abb. 2.**58**).

Wenige intra- und extraartikuläre Erosionen (neben zahlreichen enthesopathischen Verknöcherungen an Ansätzen fibröser Strukturen) sowie nur durch Weichstrahldiagnostik nachweisbare ubiquitäre Ceramid- und Lipoidablagerungen in der Haut und in der Synovialis der Gleitgewebe werden beim *Morbus Fabry*, einer hereditären Speicherkrankheit, beobachtet, der die klinische Symptomatik eines entzündlichen Rheumatismus vortäuschen kann (16).

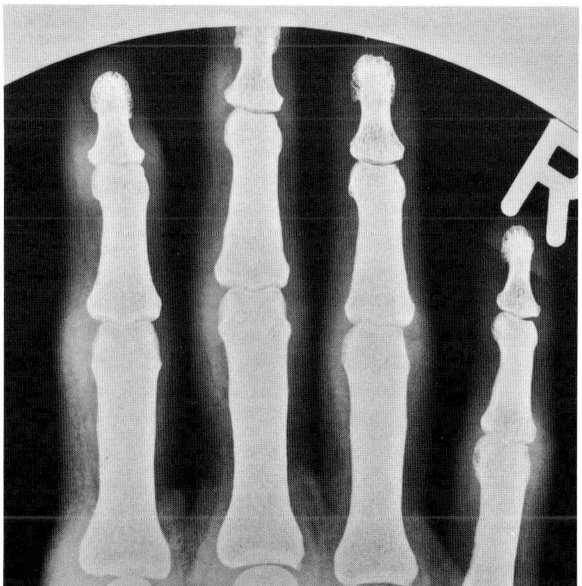

Abb. 2.**57** 25jährige Frau mit rheumatoider Arthritis. „Spindelfinger" mit Weichteilschwellung im Gebiet der Mittel- und Endgelenke. Knochenprozeß nicht nachweisbar (Frühstadium)

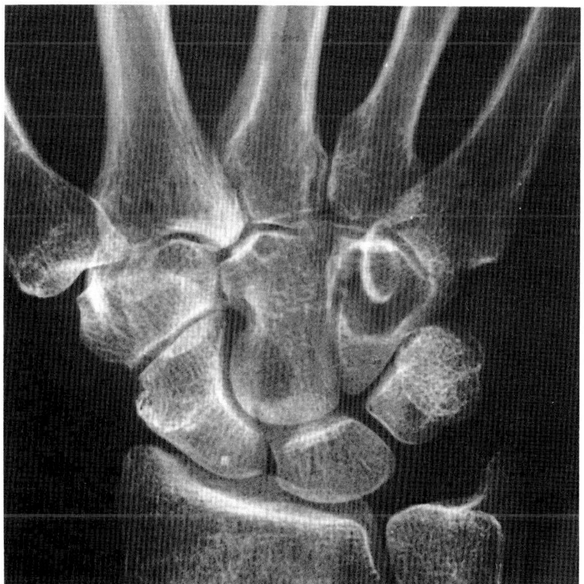

Abb. 2.**58** 62jährige Frau. Idiopathische Knochenzysten im Os capitum, hamatum und triquetrum

Bei **Skelettsarkoidose**, deren Häufigkeit mit 5,3–26%, im Mittel um 14%, angegeben wird (63), können sich am Handskelett folgende Veränderungen ergeben (s. auch Abb. 2.**59** bis 2.**62**):

a) *Multiple zystenähnliche Aufhellungen* bis zu Erbsgröße. Sie muten wie ausgestanzte Lochdefekte an und finden sich vorwiegend in den epimetaphysären Abschnitten der Phalangen und gelegentlich in den Metakarpalia (Ostitis cystoides multiplex Jüngling).

b) *Netzig-wabige Strukturveränderungen* zunächst der epimetaphysären Abschnitte, später auch des ganzen Knochens; dabei ist die Kortikalis verschmälert und unregelmäßig begrenzt, die Spongiosa weist eine netzige Transformation auf mit erheblicher Reduktion der Zahl der Spongiosatrabekel bei Verdikkungen und Umlagerungen der restlichen Trabekel. Diese Manifestationsform läßt differentialdiagnostisch an die Folgen einer Inaktivitätsatrophie und auch an einen Hyperparathyreoidismus denken.

c) *Größere, scharf begrenzte Defekte* in den Phalangen und Metakarpalien, eventuell mit Auftreibung des Knochens und zarten Verkalkungen. Diese Herde sind von multiplen Enchondromen abzugrenzen.

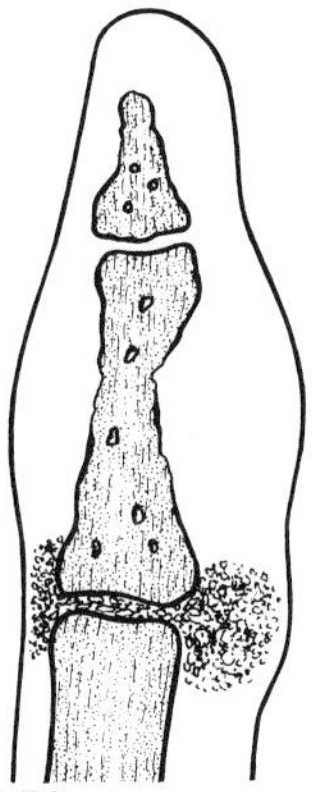
2.**59**

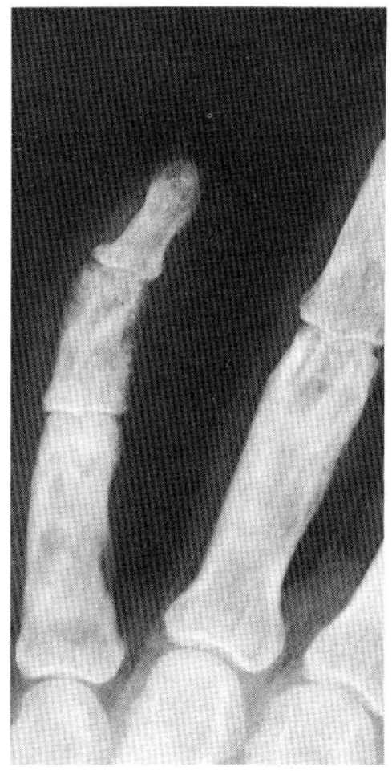
2.**60**

Abb. 2.**59** Sarkoidose mit Akroosteolyse, Druckusur einer Mittelphalanx im Bereich der entzündlich veränderten Weichteile des Mittelgliedes. Zystischer Aspekt der Spongiosa, parartikuläre Verkalkungen infolge der vorhandenen Hyperkalzämie

Abb. 2.**60** Sarkoidose

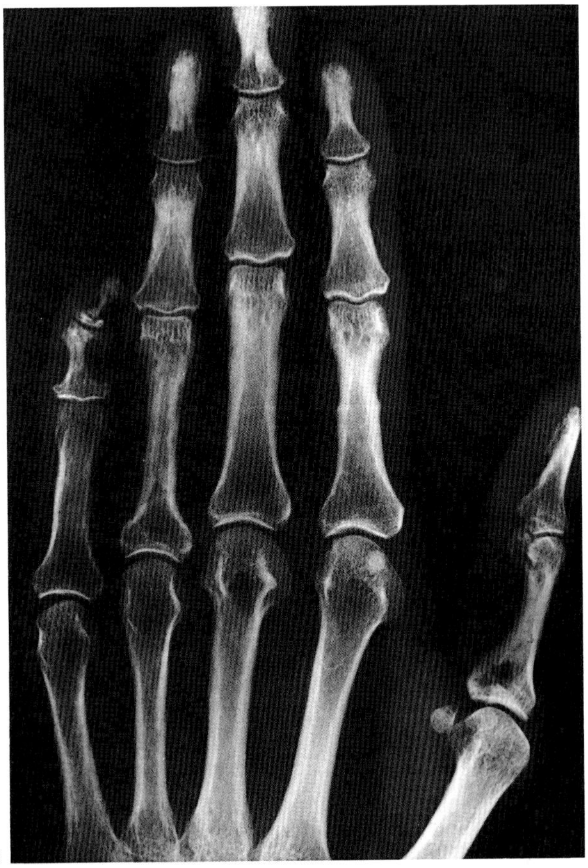
a

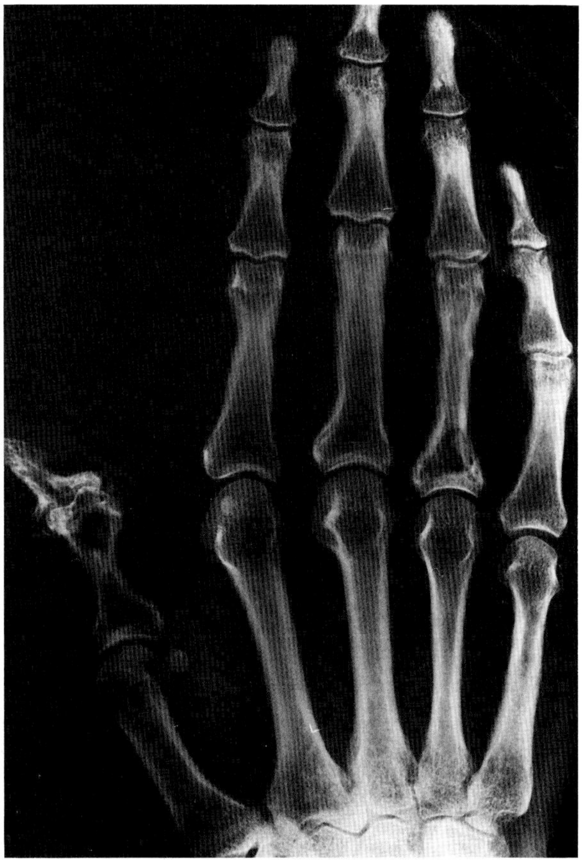
b

Abb. 2.**61 a** u. **b** Skelettsarkoidose mit typischen Manifestationen am Handskelett (z. B. Spongiosklerose der Akren, Mutilationen an der Endphalanx V links, zystenähnliche Aufhellungen in den proximalen Grundphalangen IV beidseits, in den Grundphalangen I beidseits, subperiostaler Kompaktaabbau mit Verschmächtigung der Grundphalanxschäfte IV beidseits)

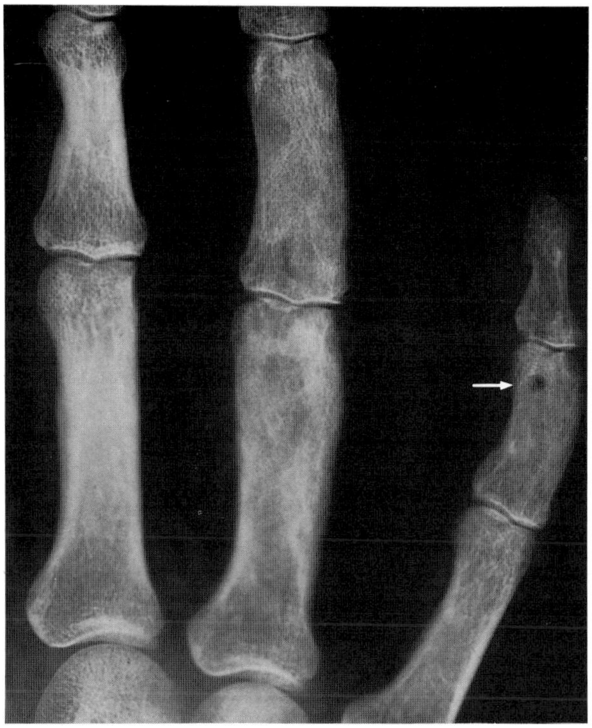

Abb. 2.**62** Sarkoidose an Fingerphalangen. Verwaschene Struktur und zystoide Aufhellung (→) im Mittelglied des Kleinfingers

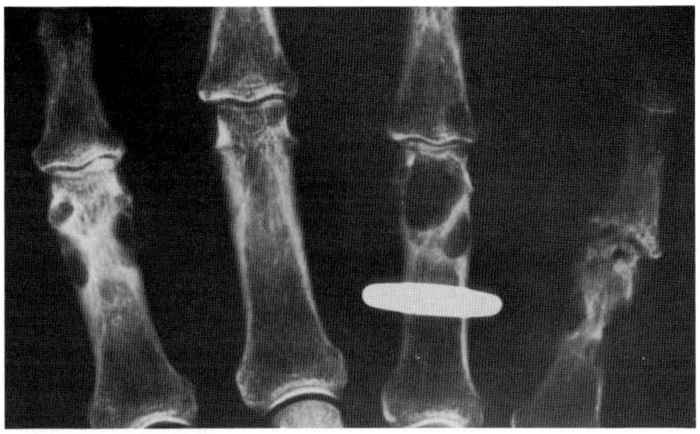

a

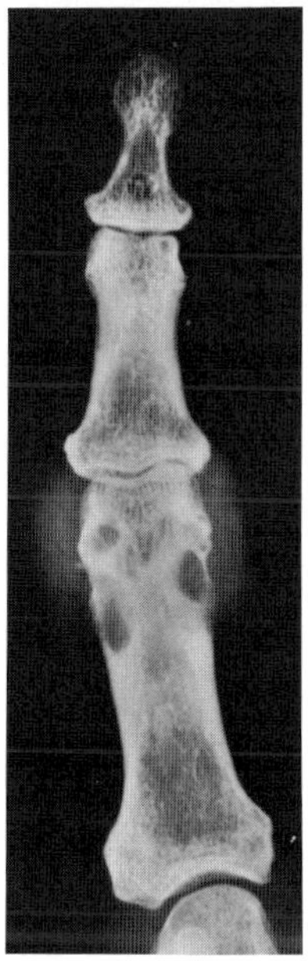

b

Abb. 2.**63 a** u. **b** Bioptisch bestätigte Gicht mit typischen Veränderungen bei einem 67jährigen Mann (Beobachtung von Ganzoni, Zernez, bzw. Wieser, Chur)

d) Bei der *mutilierenden Spätform* mit groben Zerstörungen besonders der Endphalangen ist differentialdiagnostisch an neuropathische Osteolysen, z. B. bei Sklerodermie oder Lepra, zu denken.

e) Fleckige Spongiosasklerose besonders der Processus unguiculares der Endphalangen.

f) *Subperiostale Erosionen* mit fransenartiger Außenkontur der Kortikalis. Auch hier ist differentialdiagnostisch ein Hyperparathyreoidismus in Betracht zu ziehen.

g) *Periostale Verknöcherungen* mit rechtwinklig zum Schaft angeordneten Spikulae. Diese Manifestationsform ist ungewöhnlich selten (Abb. 2.**60**).

h) *Periartikuläre Ossifikationen* infolge eines symptomatischen Hyperkalzämiesyndroms.

Lochförmige Defekte in den Meta- und Diaphysen kommen bei der **Gicht** vor. Sie entsprechen sog. Marktophi (Abb. 2.**63 a** u. **b**). Bei randständiger Position dieser Tophi kann es zu Kompakta- oder Kortikaliseinbrüchen kommen, wobei kortikospongiöse Defekte meist mit einem „überhängenden Knochenrand" entstehen bzw. der Gelenkspalt durch Einbruch des Gelenkknorpels verschmälert wird. Bei Uratablagerungen in den Weichteilen entstehen Druckusuren und später grobe randständige Defekte am benachbarten Knochen, besonders in Gelenknähe (Abb. 2.**63 b**). Klinisch und radiologisch finden sich Weichteilschwellungen, in denen sich manchmal amorphe Kalzifikationen nachweisen lassen. Bei dieser Art von Gichtmanifestation kann eine – eher auf das Krankheitsbild einer Gicht hinweisende – primäre Gelenkbeteiligung fehlen (51).

Zystenähnliche Aufhellungen, besonders in den distalen Enden der Endphalangen, werden häufig bei der **tuberösen Sklerose** (Bourneville-Pringle-Syndrom) gefunden (Abb. 2.**64** und 2.**65 a–e**). Daneben bestehen Konturdefekte in der Kompakta (cortical pitting) sowie Protuberanzen der Kompakta durch produktive Knochenveränderungen, insbesondere an den Muskelansätzen (Abb. 2.**65 a–e**). Die Kompakta kann verdickt und verdichtet sein, sowohl subperiostal wie endostal. Ähnliche Verände-

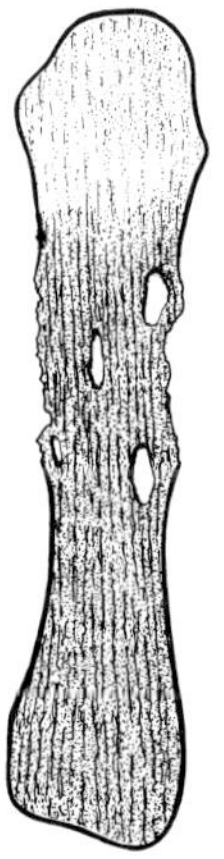

Abb. 2.**64** Tuberöse Sklerose (Bourneville-Pringle) im Röhrenknochen. Periostale Verdickung, teils auch Arrosion der Kortikalis. Zystoider Aspekt der Spongiosa

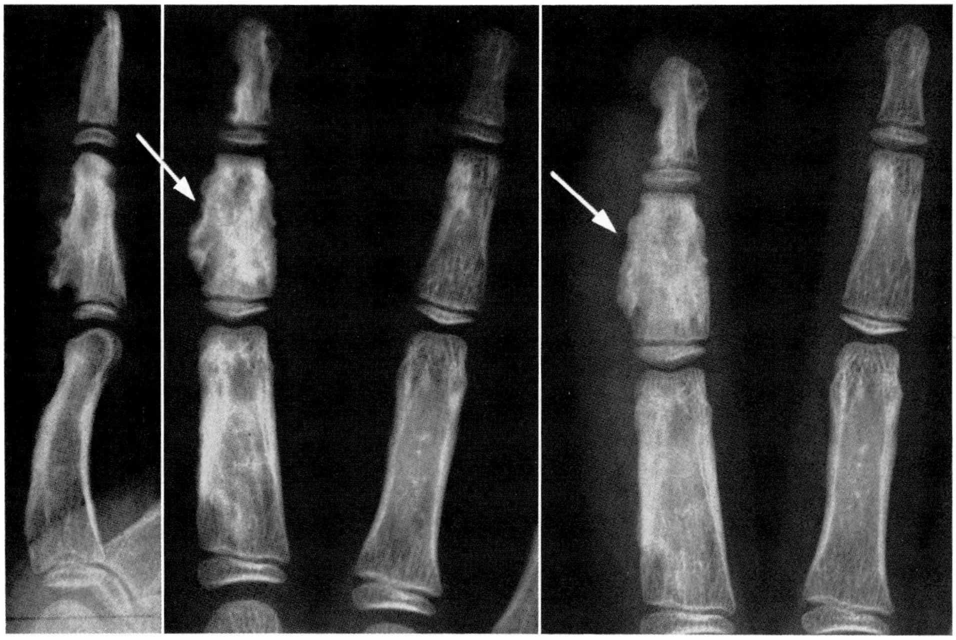

a b c d e

Abb. 2.**65 a–e** Verlaufsbeobachtung der Veränderungen am Zeige- und Mittelfinger bei tuberöser Sklerose
a Grundphalanx des Zeigefingers: Verbreiterung der Diaphysenkortikalis (radial ausgeprägter als ulnar) durch periostale und endostale Knochenneubildungen
b Mittelphalanx des Zeigefingers: Erhebliche Deformierung durch überwiegend periostale unregelmäßige Knochenauflagerungen, klein- bis grobwabige Gitterstruktur auf der Dorsopalmaraufnahme, während des Verlaufs Zunahme der periostalen Knochenneubildung (→)
c Endphalanx des Zeigefingers: Endostale und periostale Knochenneubildung. Zystisch imponierende Aufhellung im Nagelfortsatz
d u. **e** Mittelfingergrund- und -mittelphalanx: Zarte, vorwiegend endostale Kortikalisverdickung. An der Grundphalanx leicht wellenförmige Kontur
(aus Kämmerer, K., W. Dihlmann, D. Dorstelmann: Fortschr. Röntgenstr. 115 [1971] 306)

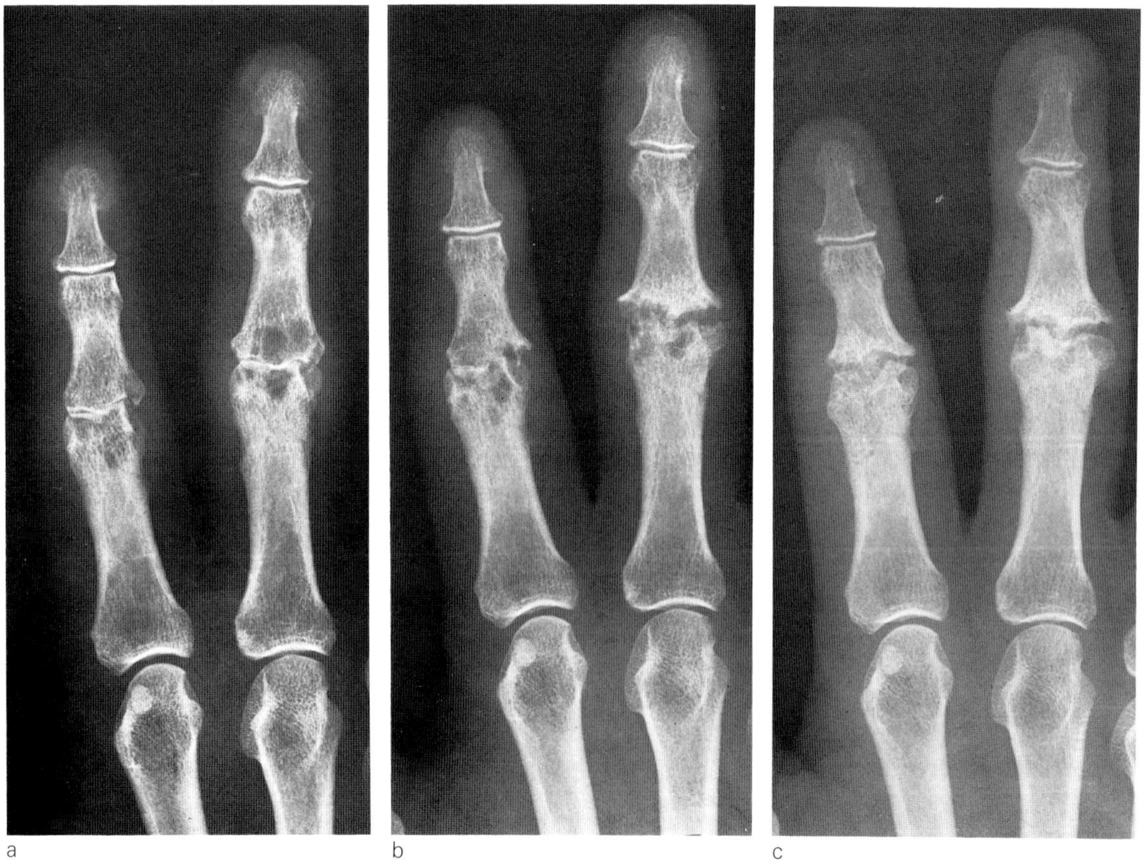

2.**66**

a b c

rungen lassen sich an den langen Röhrenknochen nachweisen. Am Schädel, am Beckenskelett und an der Wirbelsäule finden sich fleck- und flächenförmige Sklerosen, die wie Metastasen aussehen können.

Die häufigste Ursache zystenartiger Aufhellungen in Gelenknähe, insbesondere der proximalen Interphalangealgelenke, ist die destruktive Polyarthrose vor (Abb. 2.**66a–c**).

Die polyostische fibröse Dysplasie, Typ McCune-Albright, äußert sich an den kurzen Röhrenknochen der Hände und Füße in einer Ausweitung des Schaftes in ganzer Länge, Verdünnung der Kortikalis und milchglasartiger Trübung des Markraumes (64).

Multiple herdförmige Osteolysen finden sich schließlich bei der **Enchondromatose** (Abb. 2.**67a–c**). Dabei sieht man sowohl in den Metakarpalien wie auch in den Phalangen, vor allem diametaphysär, Auftreibungen des Knochens mit hochgradiger Verdünnung, zum Teil mit vollständiger Zerstörung der darübergelegenen Kompakta. Die äußeren Konturen der Herde sind meist wellig und weisen eine Binnenstruktur mit zum Teil bizarren Verkalkungen auf.

◁ Abb. 2.**66a–c** Verlaufsbeobachtung einer destruktiven Polyarthrose mit groben Gelenkzerstörungen der proximalen Interphalangealgelenke und gelenknahen Geröllzysten. **b** ein Jahr nach **a**, **c** 2 Jahre nach **b**. Beginnende Glättung der Gelenkkonturen (**c**)

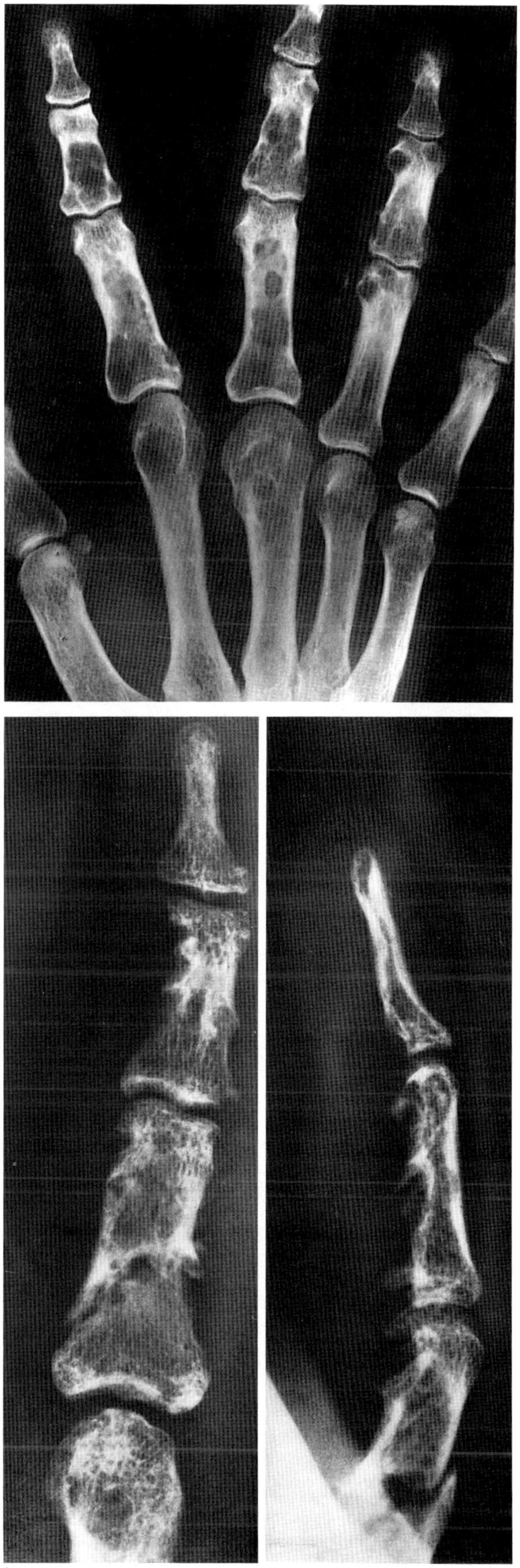

Abb. 2.**67a–c** Verschiedene Formen einer Enchondromatose
a Multiple Enchondrome in fast allen dargestellten Phalangen sowie auch im Köpfchen von Os metacarpale III. Bei dieser Patientin waren auch an der anderen Hand multiple Enchondrome erkennbar. Klinisch asymptomatisch
b u. **c** 20jähriger Mann mit ungewöhnlicher Kombination von periostalen und Enchondromen an beiden Fingern und Spontanfraktur der Grundphalanx

Herdförmig-monolokuläre Dichteminderungen und Konturveränderungen

Idiopathische Knochenzysten können singulär in den Metakarpalien oder Phalangen als umschriebene, stecknadelkopf- bis erbsgroße, glatt begrenzte Aufhellungen imponieren.

Auch das **Enchondrom** kann als monolokuläre Aufhellung auftreten. **Riesenzelltumoren** finden sich besonders im Metakarpalbereich. Sie verursachen eine Osteolyse mit breitem Übergang zum gesunden Knochen (Abb. 2.**68 a, b** und 2.**70 a**). Über ein **eosinophiles Granulom** mit Osteolyse und Auftreibung eines Mittelhandknochens auf mehr als das Doppelte seines normalen Umfangs wurde berichtet (29).

Die im Handskelett seltenen **Knochenmetastasen** (Abb. 2.**70 b**) oder ähnliche Veränderungen wie z. B. das **maligne Lymphom** (Abb. 2.**69 a** u. **b**) und **Plasmozytomherde** führen in der Regel zu unscharf begrenzten Aufhellungen mit Strukturauflösung. Umgebungssklerosen werden selten beim malignen Lymphom gesehen.

In einer neueren Übersicht über das Vorkommen von Geschwulstprozessen am Handskelett wurde ein Anteil von 7,8% an insgesamt 6464 primären Knochengeschwulstprozessen errechnet (19).

Bezogen auf die jeweiligen Primärtumoren ergeben sich folgende prozentuale Häufigkeiten am Handskelett: Chondrom ca. 56%, Osteoidosteom ca. 9%, Osteochondrom ca. 5%, Osteoblastom ca. 3%, Chondroblastom, Chondromyxoidfibrom, Riesenzelltumor und Hämangioendotheliom je etwas unter 3%. Von 3271 benignen Tumoren kamen 14,5% und von 3193 malignen Tumoren 0,8% am Handskelett vor. Der häufigste Tumor am Handskelett ist das Chondrom, an Häufigkeit folgen das Osteochondrom und das Osteoidosteom. Vom Chondrom waren am meisten die Phalangen, weniger häufig der Metakarpalbereich und extrem selten der Karpus befallen, vom Osteoidosteom die Metakarpalien und Phalangen in etwa gleicher Frequenz. Beim Osteochondrom dominiert der phalangeale Befall.

Bei der **zystischen Knochentuberkulose** läßt sich neben Herden, z. B. am Becken und an den langen Röhrenknochen, am Handskelett oft nur ein reaktionsloser lochförmiger Defekt, der später von einer Sklerose umgeben wird, nachweisen.

Das **Panaritium ossale** (Abb. 2.**71 a**) tritt sowohl an den End- wie auch an den Mittelphalangen und den Metakarpalien auf. Dabei handelt es sich um einen umschriebenen osteomyelitischen Prozeß, der in der Regel durch Fremdkörpereinwirkung entsteht. Radiologisch beginnt der Prozeß mit subperiostalen Strukturaufhellungen und Unschärfen der Kortikalis. Später kann es zu mehr oder weniger ausgedehnten Osteolysen mit Beteiligung des Gelenkes (**Panaritium articulare**) (Abb. 2.**71 b**) kommen. Bei Verletzungen durch Menschenbiß, zunächst klinisch harmlos anmutend, bedarf es einer besonders gründlichen radiologischen Untersuchung auf eine in rund 20%iger Häufigkeit (10) vorliegende Knochenbeteiligung, weil die daraufhin sofort (6–8 Stunden spätestens nach der Verletzung) einsetzende Behandlung eine septische Arthritis verhindern kann (2, 60) (Abb. 2.**71 c** u. **d**).

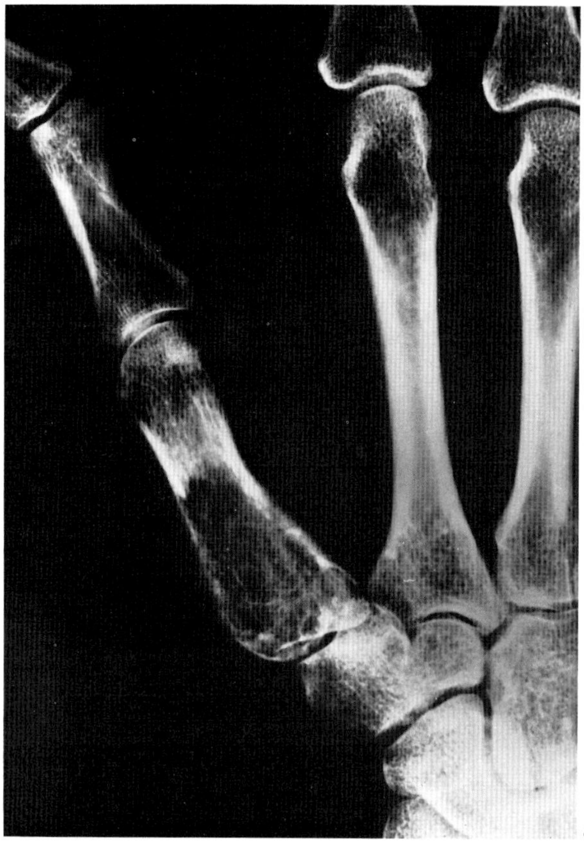

a

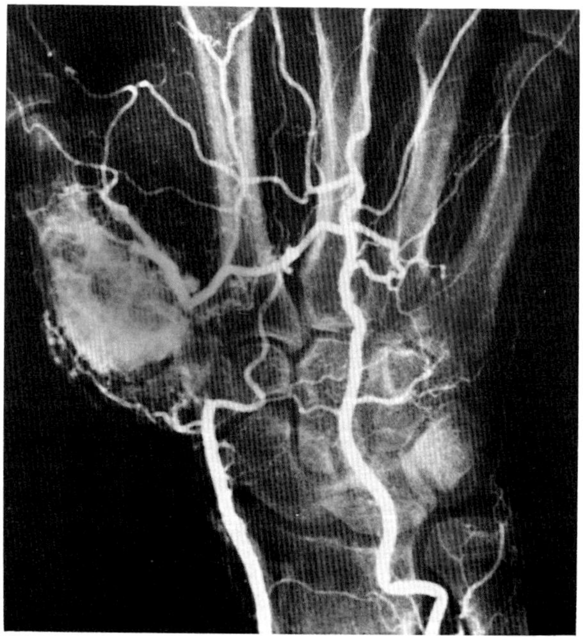

b

Abb. 2.**68 a** u. **b** Riesenzelltumor in der proximalen Hälfte des Os metacarpale I
a Nativaufnahme: Die befallenen Knochenabschnitte sind aufgetrieben. Die Kompakta ist hochgradig verdünnt und teilweise zerstört
b Das wabige Muster resultiert zum Teil aus den Durchlaßstellen für die üppigen, den Tumor versorgenden Gefäße

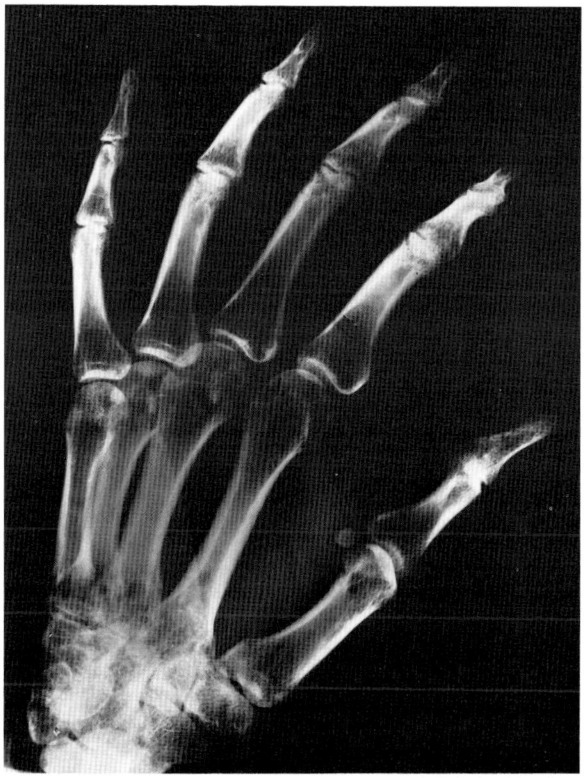
a

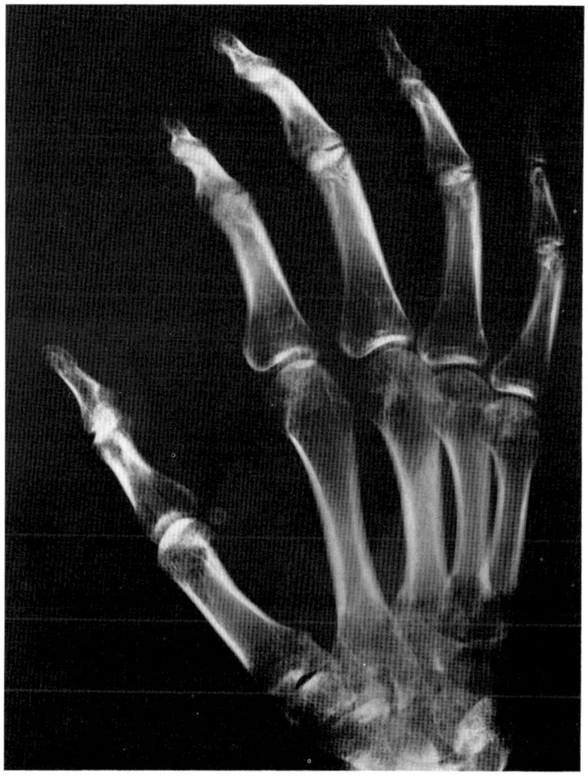
b

Abb. 2.**69a** u. **b** 35jähriger Patient mit multiplen, unscharf begrenzten gelenknahen Osteolysen, teilweise mit Kompaktazerstörung (z. B. Metakarpalköpfchen III, Basen der Grundphalangen, besonders III und IV beidseits) bei einem malignen Non-Hodgkin-Lymphom (Lymphoplasmozytoid mit plasmoblastischer Enddifferenz)

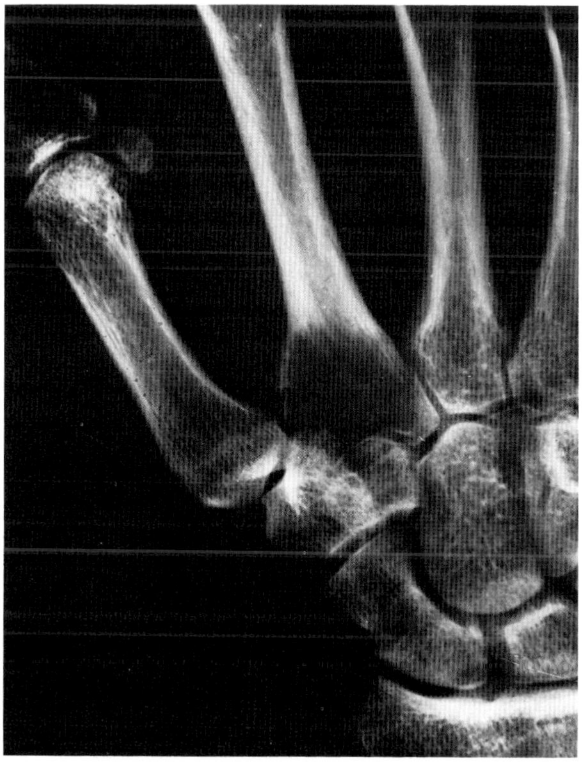
a

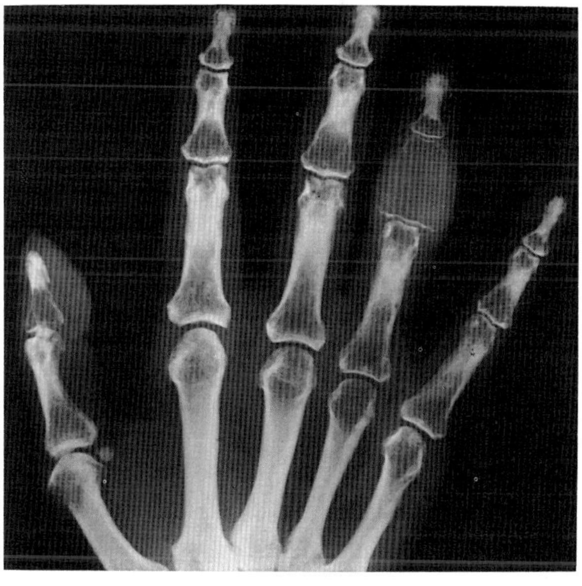
b

Abb. 2.**70a** u. **b**
a Riesenzelltumor an der Basis vom Metakarpale II
b Metastasen eines Mammakarzinoms mit grotesker Auftreibung und Zerstörung der IV. Mittelphalanx rechts sowie der Endphalanx I. Trophische gelenknahe Entkalkungen um das Karpometakarpalgelenk I und IV

Abb. 2.**71 a–d**
a Panaritium ossale mit Zerstörung der lateralen Partien des Nagelkranzes und Umgebungssklerose. Radiologisch kommt differentialdiagnostisch auch ein Osteoidosteom in Frage
b Panaritium articulare mit Usur am Capitulum metacarpi III volar und Verschmälerung des „knöchernen Gelenkspaltes"
c Feiner Frakturspalt in der Basis der Kleinfingergrundphalanx nach Schlag mit der Handaußenkante in den offenen Mund eines Gegners
d 4 Wochen später: Osteoarthritis

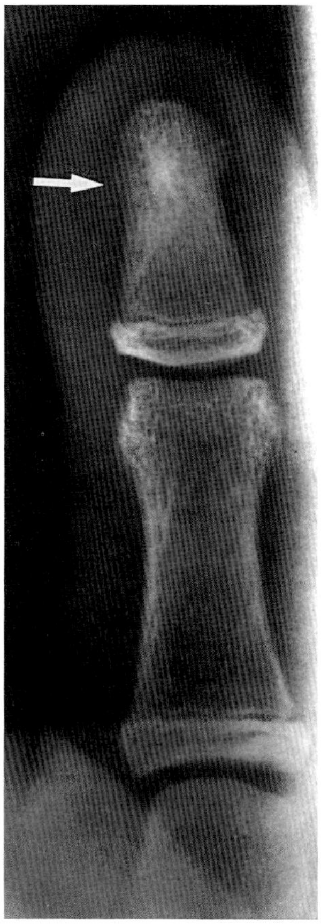
a

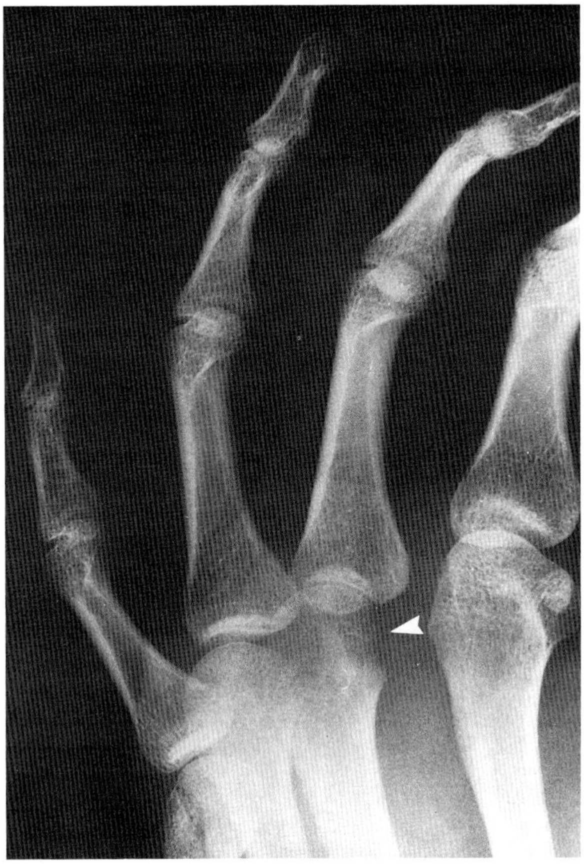
b

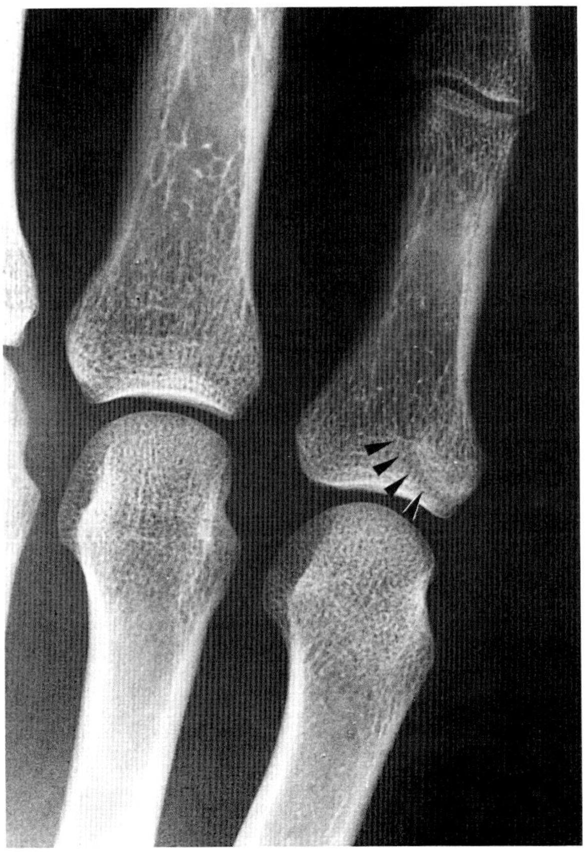
c

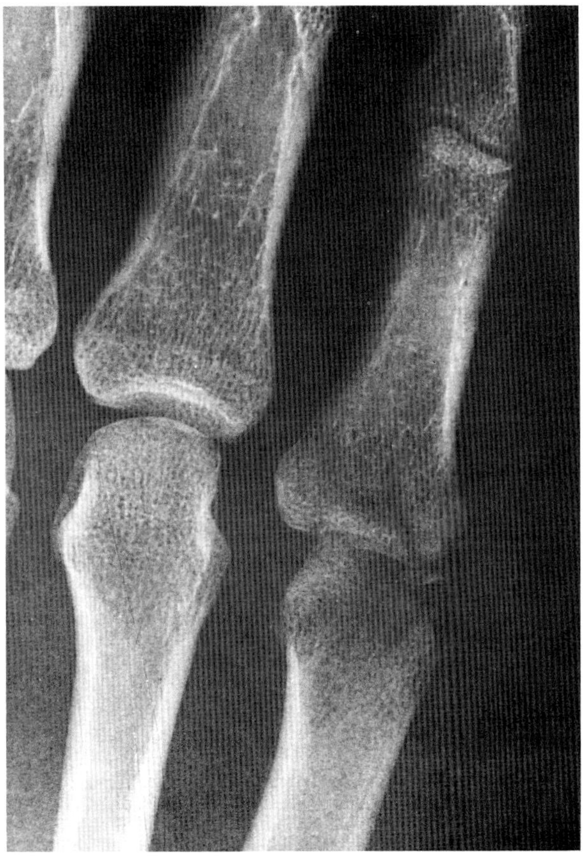
d

Epidermoidzysten (Abb. 2.**72 a** u. **b**) zeigen sich radiologisch in der Regel als glatt begrenzte Osteolysen, gelegentlich mit blasenartiger Auftreibung des befallenen Knochens; eine Binnenstruktur läßt sich dabei nicht erkennen. Vielfach bestehen Zusammenhänge mit einer Dauertraumatisierung der Weichgewebe und des Periostes wie auch des Knochens, z. B. bei Näherinnen.

Man nimmt an, daß dabei Epidermisanteile, insbesondere das Stratum germinativum mit Hyper-, Para- oder auch Dyskeratose, in den Knochen verschleppt werden. Eine gewisse Aktivität mit lymphoplasmozytärer Entzündung an den Finger- (im Gegensatz zu den Schädeldach-) manifestationen kann zur Kortikalisunterbrechung durch die im allgemeinen subkutan gelegenen Herde führen (28).

Scharf begrenzte Randdefekte, meist an Mittel- und Grundphalangen, verursacht der an der Hand zweithäufigste Tumor (49[6]), die **Riesenzellgeschwulst der Sehnenscheide** (Fibrooxanthom [4]).

In diesem Zusammenhang sind auch die scharf und glatt, manchmal sklerotisch gesäumten Knochendefekte aufzuführen, wie sie nach penetrierenden Dornverletzungen (Rosen, Palmen, Stechdorn) und nach Mückenstichen entstehen und sogar einen Knochentumor vortäuschen können (*thorn pseudotumor* [66, 49[3]]). Reparative (Riesenzell-)Granulome, auch diese vorwiegend an den basalen Phalangen und den Metakarpalia beobachtet, können ähnliche Befunde hervorrufen (25, 28, 37).

Eine radiologisch-symptomatische Ähnlichkeit damit haben die sog. **Glomustumoren**, die umschriebenen, hoch vaskularisierten Prozessen nicht geklärter Genese entsprechen. Sie sitzen am häufigsten zwischen einer Endphalanx und dem zugehörigen Nagel. Durch Druck kommt es zu einer Arrodierung und später zu einem Defekt der am Nagel gelegenen Knochenabschnitte. Angiographisch imponieren sie als stark vaskularisierte Tumoren. Klinisch besteht eine auffallend starke Druckschmerzhaftigkeit.

Osteoidosteome am Handskelett verursachen ebenfalls lochförmige Defekte. Der bevorzugte Sitz ist allerdings der Karpus. Sie können aber auch an den Metakarpalien und Phalangen auftreten. In der Regel findet sich eine Umgebungssklerose. Im Zentrum können irreguläre Ossifikationen nachzuweisen sein. Manchmal ist der umgebende Knochen aufgetrieben. Bei gelenknahem Sitz kommt es offensichtlich infolge einer sympathischen Arthritis zu erheblichen gelenknahen Entkalkungen. Die Differenzierung gegenüber einem entzündlichen Destruktionsprozeß im Sinne eines Panaritium ossale gelingt durch die Angiographie, wobei sich der Nidus als extrem stark vaskularisierter Prozeß darstellt.

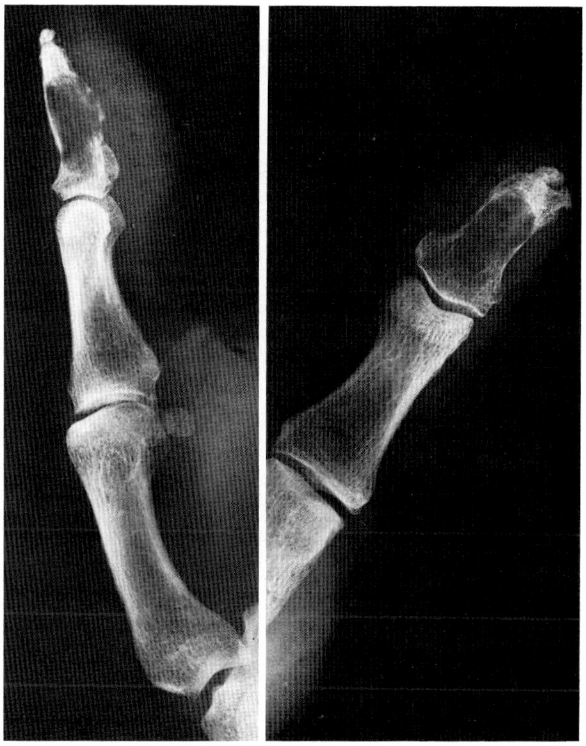

a b

Abb. 2.**72 a** u. **b** 48jähriger Schneider mit typischer Epidermoidzyste (Epithelzyste) an der Endphalanx des Daumens

Allgemeine Dichtezunahme (und Verplumpungen)

Die zahlreichen erblich bedingten Knochenerkrankungen, die mit einer generalisierten Dichtezunahme einhergehen, können hier nur stichwortartig besprochen werden:

Die **Osteopetrose** (Marmorknochenkrankheit Albers-Schönberg) geht mit in Phasen ablaufendem Ab- und Umbau dichter und intensiv verkalkter Spongiosa, in dessen Wechsel das typische Bild des „Knochens im Knochen" entstehen kann (55), einher. Die Metaphysen am Handskelett (besonders der Metakarpalia) können im Verlaufe des Krankheitsbildes noch relativ lange normal aussehen (Abb. 2.**73 a–c**).

Die **Pyknodysostosis** führt am Handskelett zu einer relativ gleichmäßigen Dichtezunahme. Die terminalen Phalangen werden im Laufe des Wachstums zunehmend dysplastisch und erinnern an das Akroosteolysesyndrom.

Bei der **metaphysären Dysplasie** (Morbus Pyle) findet sich neben einer *leichten Dichtezunahme der Diaphysen,* vor allem an den Metakarpalia, eine plumpe Metaphysenregion infolge mangelhafter Ummodellierung des Knochens (*Kolbenform*). Die Schädelknochen sind vermehrt sklerosiert.

Die **kraniometaphysäre Dysplasie** weist am Handskelett kortikale Verdickungen auf. Die Metaphysen sind verplumpt und verbreitert. Am Schädel

2.**73 a, b, c**

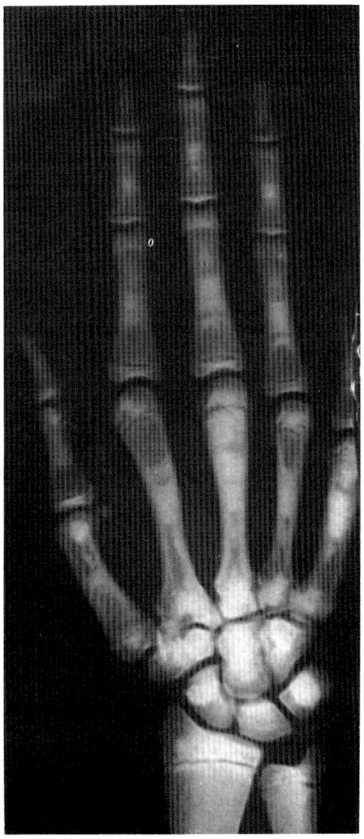

a

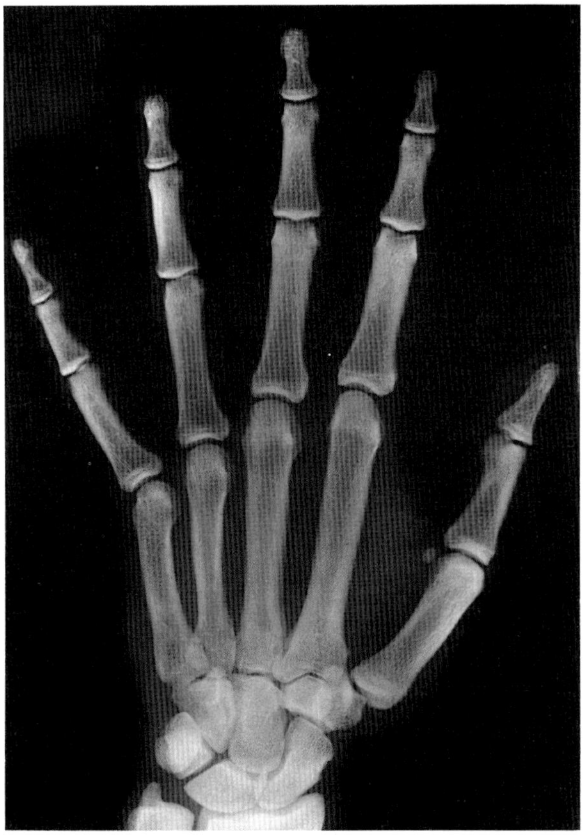

b

finden sich besonders im Bereich der Basis Sklerosierungen. Bei der **kraniodiaphysären Dysplasie** (am Schädel grobe Hyperostose und Sklerose) sind die Diaphysen der Röhrenknochen (am Handskelett besonders der Metakarpalia) durch enostale Dickenzunahme der Kompakta, die auch zunehmend dichter wird, verplumpt und verbreitert.

Die **endostale Hpyerostose** (Typ Worth, Typ v. Buchem) (Abb. 2.**73d** u. **e**) läßt bei generalisierter kortikaler Hyperostose am Handskelett eine zum Markraum fortschreitende Kompaktaverdickung erkennen. Die äußere Form ist erhalten.

Über diese genetisch, klinisch und radiologisch unterscheidbaren Krankheiten hinaus gibt es gemischtförmige Bilder, die jeweils nur partiell den oben genannten Entitäten zugeordnet werden können (mixed sclerosing bone dysplasia) und die am Handskelett entsprechend unterschiedliche Veränderungen mit mehr oder weniger sklerotischen Prozessen und Formveränderungen hervorrufen.

Bei erworbener generalisierter Dichtezunahme des Handskeletts ist vor allem an **toxische Osteopathien** (Blei, Fluor usw.) zu denken. Die **Osteomyelosklerose** verursacht am Handskelett nur sehr selten Dichtezunahmen.

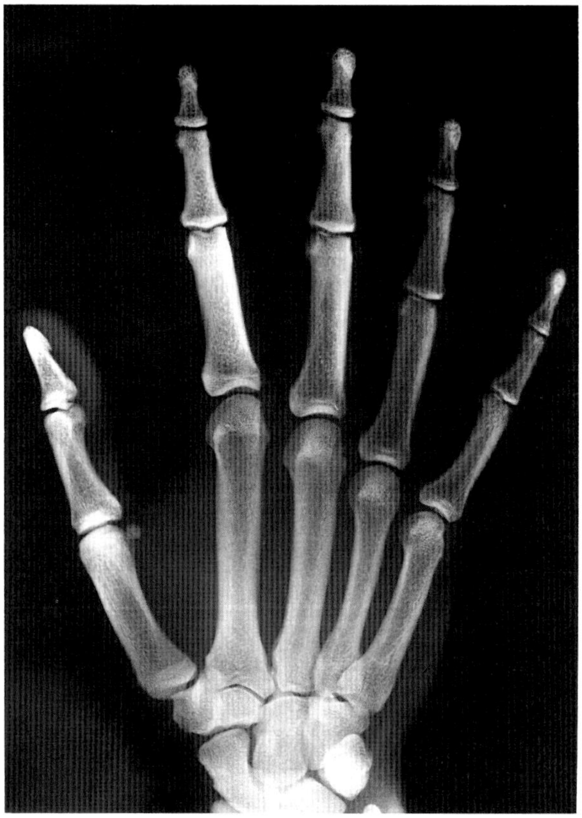

c

◁ Abb. 2.**73a–e** Verschiedene Ausdrucksformen der Marmorknochenkrankheit (Albers-Schönberg, Osteopetrose)
a Typisches Bild des „Knochens im Knochen" bei einem Kind
b u. **c** Gleichmäßige Dichtezunahme aller Knochen bei einem Erwachsenen mit Verplumpung, vor allem der Metakarpalschäfte
d u. **e** Endostale Hyperostose, Typ v. Buchem
a Vater 49 Jahre
b Tochter 22 Jahre
Im übrigen Skelett zum Teil groteske Auftreibungen der Knochen, starke streifenförmige Spongiosasklerosen. Klinisch bei beiden Patienten diffuse ziehende Skelettschmerzen, Schwerhörigkeit durch Hyperostose des inneren Gehörapparates (aus Freyschmidt, J.: Knochenerkrankungen im Erwachsenenalter. Springer, Berlin 1987)

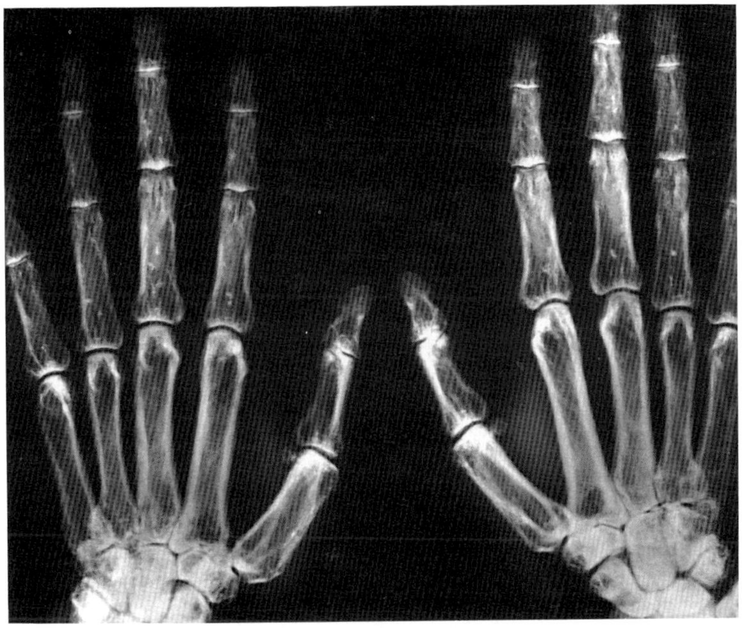
d

Ungleichmäßige Dichtezunahme

Unregelmäßige und strähnige Dichtezunahmen neben fleckförmigen Verdichtungen an den langen Handknochen finden sich bei der **tuberösen Sklerose** (s. Abb. 2.**64** und 2.**65a–e**). Daneben werden auch periostale Verkalkungen und zystenähnliche Aufhellungen beobachtet (s. oben). Bei der **Mastozytose** kann sich ein ähnliches Röntgenbild zeigen. Im Rahmen einer **renalen Osteopathie** werden gelegentlich strähnige Spongiosaveränderungen beobachtet, die insgesamt zu einer Dichtezunahme führen. Es handelt sich um eine ungleichmäßige Kalkeinlagerung bzw. Ossifikation im Rahmen einer betonten Osteoidose. Zahlreiche **Speicherkrankheiten,** wie z. B. Lipoidgranulomatose, die Amyloidose, der Morbus Gaucher, können – allerdings selten – Struktur- und Dichteveränderungen im Handskelett verursachen, wobei sich neben einer aufgelockerten und unregelmäßigen Spongiosastruktur fleckige und flächige Sklerosezonen als Ausdruck einer reaktiven Spongiosklerose nachweisen lassen.

Bei allen Krankheitsbildern, die zu **Knocheninfarzierungen** führen können (Hämoglobinopathien, Leukämien usw.), werden sehr selten unregelmäßige Verdichtungen, vor allem in den Metakarpalia, beobachtet (s. Abb. 2.**19a** u. **b**).

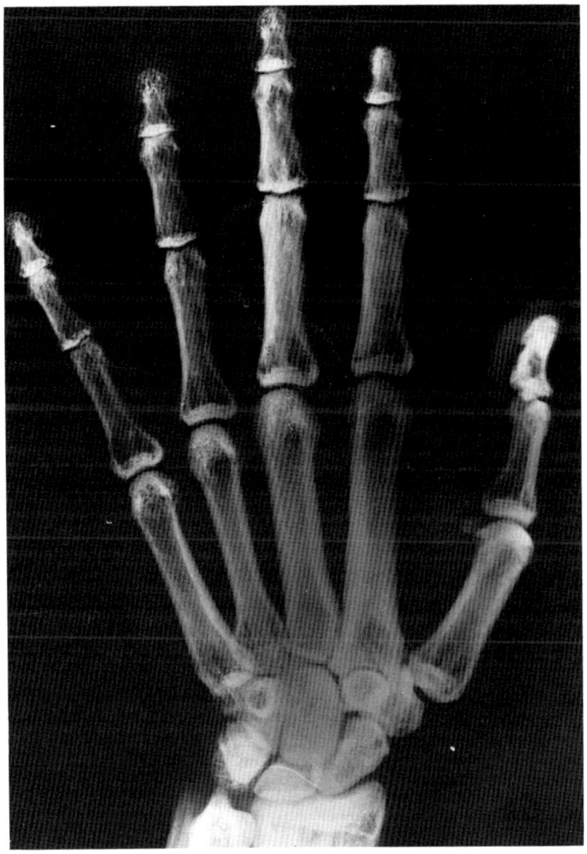
e

Herdförmige, multilokuläre Dichtezunahmen

Vor allem bei der **Osteopoikilie** (Abb. 2.**74a** u. **b**) finden sich gelenknahe rundliche Spongiosaverdichtungen.

Die **Melorheostose** ist eine regionale, oft streifenförmige Kortikalisverdickung mit gerade an den Phalangen oft intakter Oberfläche und kerzentropfenartiger Verdickung auf der Markseite der Knochenrinde (Abb. 2.**76a**). Sie geht – und dies kann zu Interpretationsschwierigkeiten führen – an den befallenen Strahlen der Hand häufig mit Beugesehnenkontrakturen und Ankylosen einher (23). Die nach Abb. 2.**76b** u. **c** auffallende Ausbreitung entsprechend einem Sklerotom (hier C_8) ist in der Literatur bekannt (42).

Monolokuläre Dichtezunahme

Hier ist in erster Linie das **Enostom** zu nennen, das einer umschriebenen Spongiosaverdichtung entspricht (Abb. 2.**77**).

Periostale Verknöcherungen

Besonders an den Metakarpalia können periostale Verknöcherungen verschiedenster Ursache (Tab. 2.**4**) auftreten.

Tabelle 2.**4** Differentialdiagnose von oligo- und polyostotischen Periostverknöcherungen (aus Freyschmidt, J.: Knochenerkrankungen im Erwachsenenalter, 2. Aufl. Springer, Berlin 1987)

Angeboren: Melorheostose, Osteopathia hyperostotica (Camurati-Engelmann), generalisierte Hyperostose mit Pachydermie (Uehlinger-Syndrom)
(Pulmonale) *hypertrophische Osteoarthropathie*
Diabetes mellitus (überwiegend distal der Knieregion)
Lues, Psoriasis
Kollagenosen, Hyperparathyreoidismus
Toxisch: z. B. Fluor

Bei der **erworbenen hypertrophen Osteoarthropathie** grenzen sich diese Verknöcherungen zumeist durch eine feine lineare Aufhellung von der darunter gelegenen Kompakta ab (Abb. 2.**78**), während z. B. bei der **kongenitalen Pachydermoperiostose** (Touraine-Solent-Golé-Syndrom) (Abb. 2.**79a** u. **b**) diese Verknöcherungen in die Kompakta übergehen, wodurch der betreffende Knochen an Volumen zunimmt und verplumpt (67).

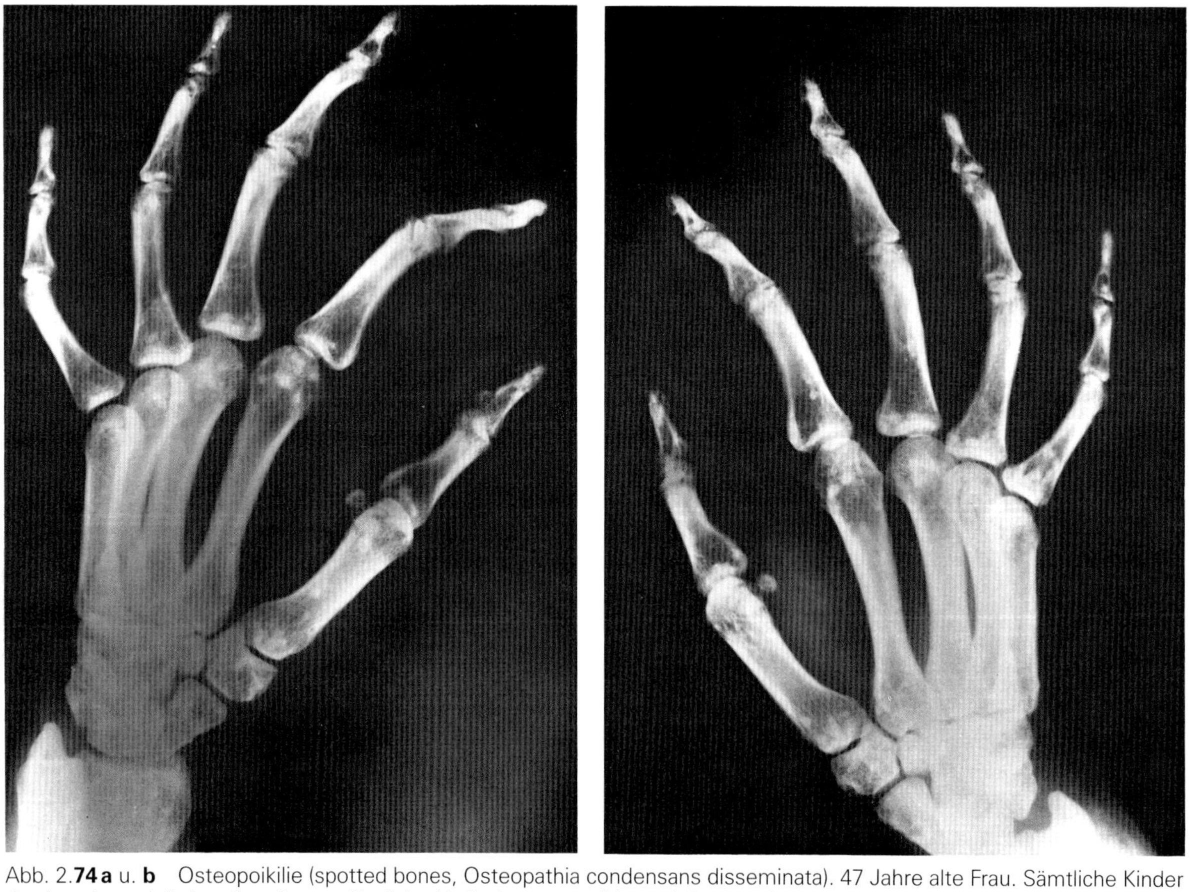

a b

Abb. 2.**74a** u. **b** Osteopoikilie (spotted bones, Osteopathia condensans disseminata). 47 Jahre alte Frau. Sämtliche Kinder der beschwerdefreien Frau hatten ähnliche Veränderungen: Disseminierte, gelenknahe rundliche Knochenverdichtungen (aus Freyschmidt, J.: Knochenerkrankungen im Erwachsenenalter, 2. Aufl. Springer, Berlin 1987)

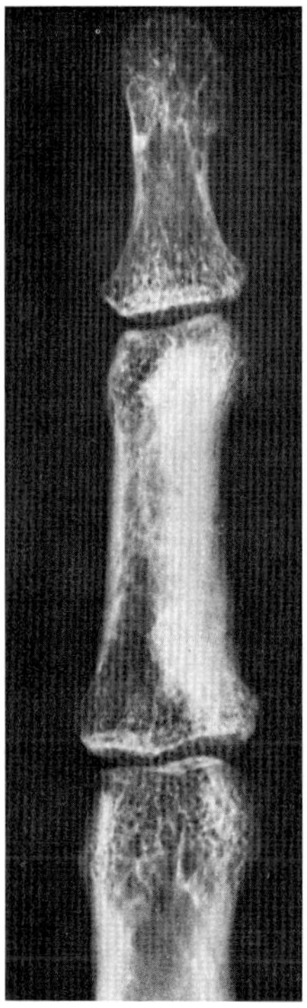

Abb. 2.**75** 41 Jahre alte Frau. Zufallsbeobachtung: Massive, mit der Kompakta verschmolzene Hyperostose in einer Zeigefingermittelphalanx. Wahrscheinlich handelt es sich um ein besonders großes Exemplar eines Osteoms bzw. Enostoms; differentialdiagnostisch käme auch die seltene Fingermanifestation einer Melorheostose in Frage

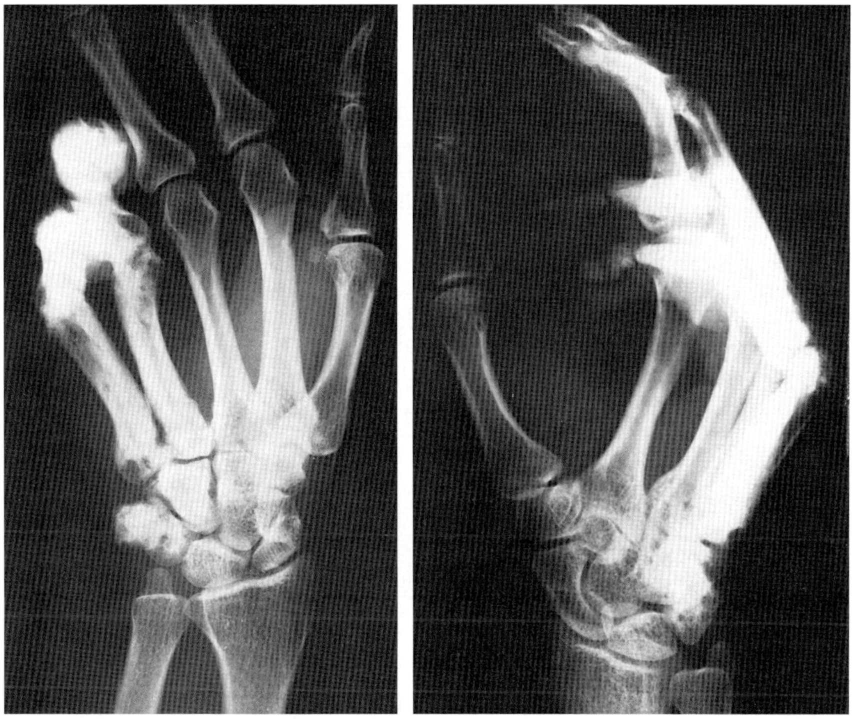

Abb. 2.**76a** u. **b** 44jährige Frau. Melorheostose des 4. und 5. Fingers. Auffallend die Ausbreitung entsprechend dem Sklerotom C_8 (Beobachtung von Holthusen, Hamburg)

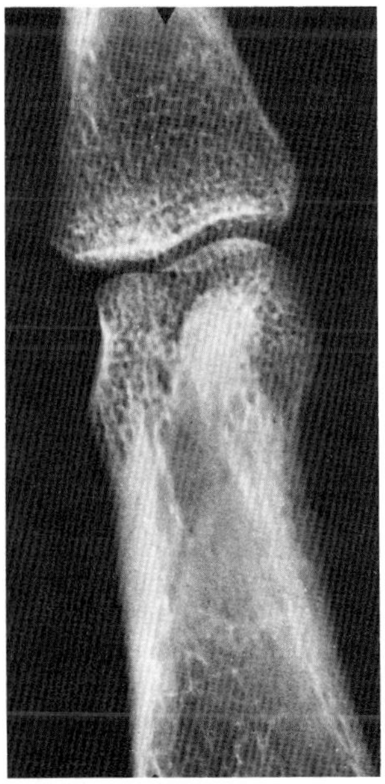

Abb. 2.**77** Enostom in der distalen Mittelphalanx eines Fingers

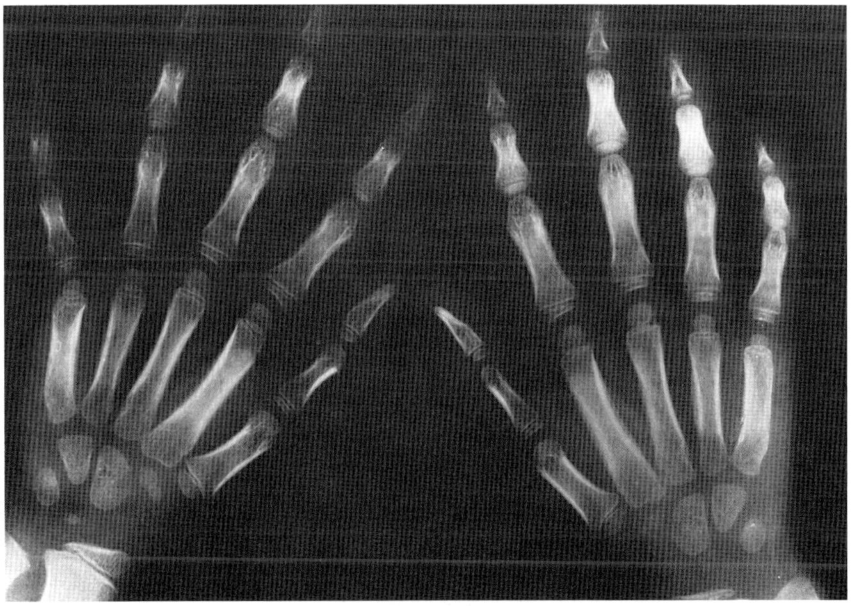

Abb. 2.**78** 6jähriges Kind mit ungewöhnlichen Manifestationsformen einer hypertrophen Osteoarthropathie, Neurodermitis und schweren Asthmazuständen. Auffallend die soliden Periostverknöcherungen an Os metacarpale II und IV rechts. An einigen Phalangen ist die Periostverknöcherung bereits in die Kompakta übergegangen, wodurch diese verbreitert erscheint. An der rechten Ulna Periostverknöcherungen. Desgleichen fanden sich ausgeprägte Periostverknöcherungen an den Unterschenkeln

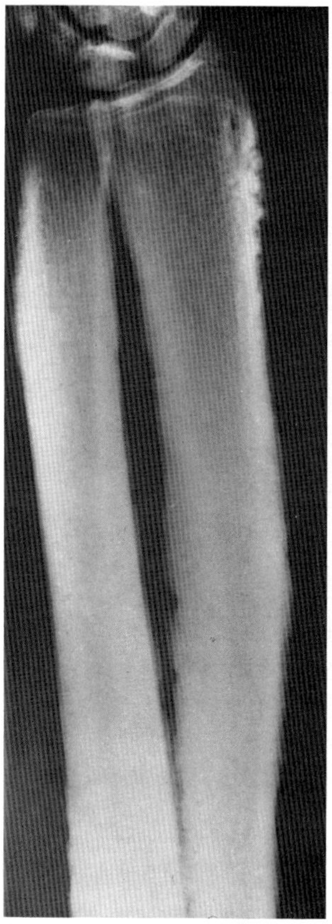

a

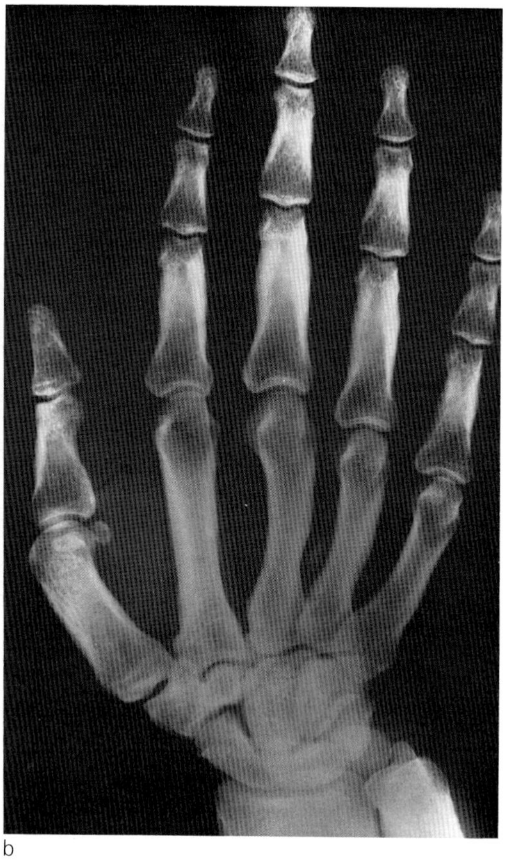

b

Abb. 2.**79a** u. **b** Pachydermoperiostose mit ausgeprägten Periostverknöcherungen, die an den Metakarpalia, Grundphalangen, an Radius und Ulna bereits in die Kompakta übergegangen sind und insbesondere an Radius und Ulna eine wellige Außenkonturierung hinterlassen haben. Die befallenen Knochenabschnitte sind deutlich verplumpt und verbreitert. Klinisch Trommelschlegelfinger, Cutis verticis gyrata an Stirn und Nacken. Oberlidverdickung, verdickte Handtellerhaut

Weichteilverkalkungen

Weichteilverkalkungen im Sinne einer **Calcinosis interstitialis localisata,** seltener universalis (Thibièrge-Weissenbach-Syndrom), werden besonders bei Kollagenosen (z.B. progressive Sklerodermie, Sharp-Syndrom) am Handskelett beobachtet. Sie entstehen auf dem Boden umschriebener subkutaner Nekrosen mit anschließender Verseifung und Kalziumeinlagerungen und werden besonders im Bereich der Akren und Fingerbeeren, über Knochenvorsprüngen (z.B. den Processus styloidei und periartikulär) beobachtet (Abb. 2.**80a–d** bis 2.**81a–d**).

Eine akut nach einem Trauma mit Zeichen der Allgemeininfektion auftretende *kalzifizierende Periarthritis* wurde in der Sehnenscheide des M. flexor pollicis longus bei einem sieben Jahre alten Jungen beobachtet. Sie klang nach wenigen Tagen klinischen Aufenthaltes unter konservativer Therapie und Auflösung des Kalkdepots wieder ab. Nur der radiologisch geführte Kalknachweis unterscheidet diese Erkrankung von einer Infektion, die im Gegensatz zur kalzifizierenden Periarthritis des chirurgischen Eingriffes bedarf (41). Über die mehr chronische Form s. S.59 und Abb. 2.**101**.

Gelegentlich kommt es auch bei sonst völlig gesunden Menschen zu **idiopathischen Kalkablagerungen** im Subkutanbereich, wahrscheinlich auf dem Boden von spontanen Nekrosen. Diese Kalkdepots können sich auf Druck nach außen entleeren.

Bei der **renalen Osteopathie** sind Weichgewebsverkalkungen besonders parartikulär, zumeist amorph, zu beobachten. Sie entsprechen Kalziumhydrogenphosphatablagerungen.

An den Fingerbeeren sieht man subkutane Verkalkungen auch gelegentlich als Ausdruck einer **Myositis ossificans** (s. Abb. 2.**80c** u. **d**) traumatica. Die angeborene Myositis ossificans (Münchmeiersche Krankheit) kann ebenfalls gelegentlich am Handskelett beobachtet werden. Bei umschriebenen, gut abgrenzbaren Verkalkungen bis zu Stecknadelkopfgröße muß man auch an das Vorliegen von **Phlebolithen,** insbesondere bei hämangiomatösen Veränderungen, denken. Mehr kommaförmig gestaltete oder feine, schalige Verkalkungen mit parartikulärer Lage entsprechen häufig dem Zustand nach **traumatischen Ausrissen** von Sehnen und Kapseln.

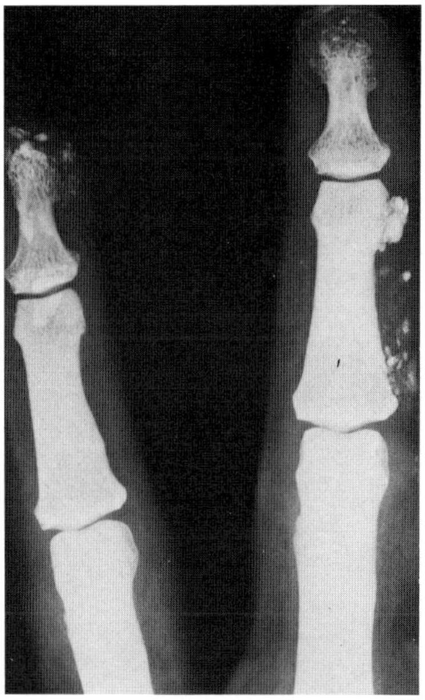

a

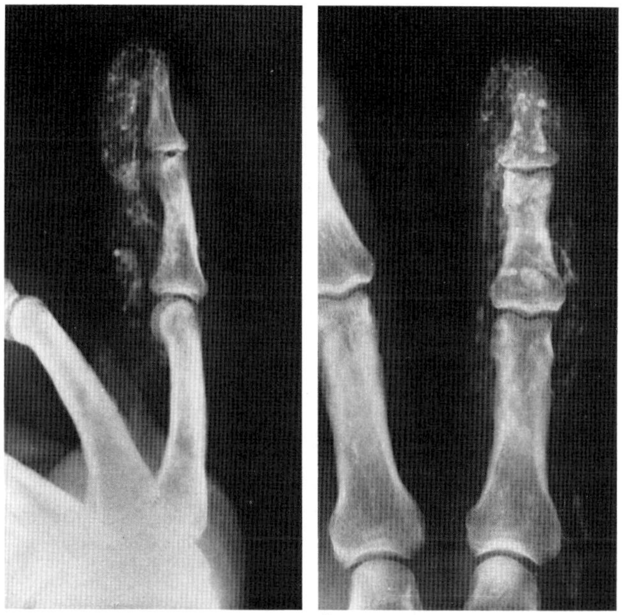

c d

Abb. 2.**80 a–d** Verschiedene Formen der Calcinosis interstitialis localisata

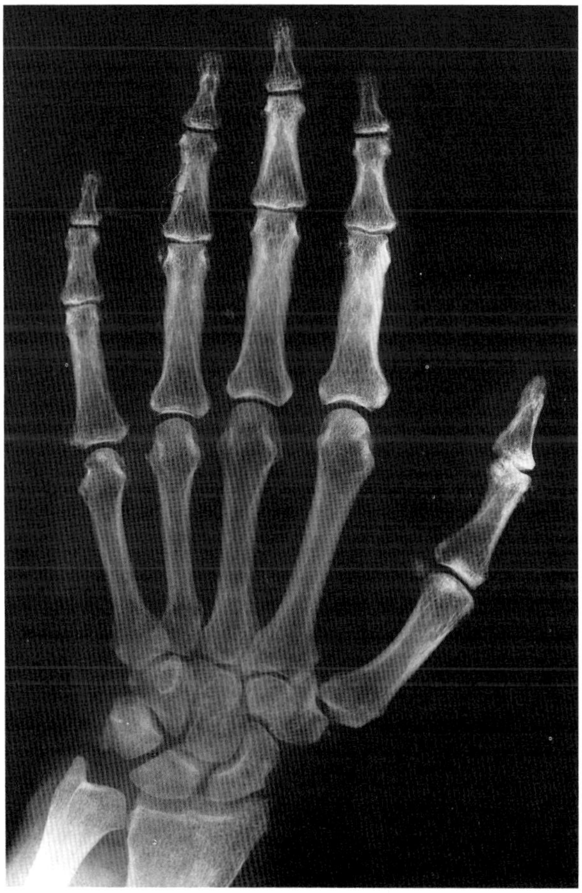

b

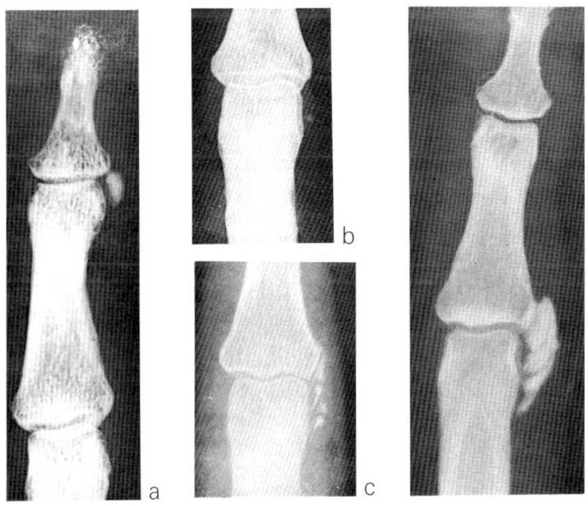

a b c d

Abb. 2.**81 a–d**
a–c Verschiedene Ausdrucksformen interstitieller, lokalisierter Kalzinosen, **d** Kontrollaufnahme des Befundes nach 8 Jahren

Literatur

1 Austin, F. H.: Symphalangism and related fusions of tarsal bones. Radiology 56 (1951) 882–885

2 Bite, U.: Human bite injuries of the hand. Canad. J. Surg. 27 (1984) 616–618

3 Brecht, Gisela, H. U. Schweikert: Röntgenbefunde beim Pseudohypoparathyreoidismus. Fortschr. Röntgenstr. 136 (1982) 737–740

4 Cavanagh, R. C., H. A. Schwamm: R. P. C. of the month from the AFID. Radiology 100 (1971) 409–414

5 Clarke, P., E. Braunstein, Barbara N. Weissman, J. L. Sosman: Sesamoid fracture of the thumb. Case report. Brit. J. Radiol. 56 (1983) 485

6 Cushing, H.: Hereditary anchylosis of the proximal phalangeal joints (symphalangism). Genetics 1 (1916) 90–106

7 Degen, St.: Über das Auftreten der Knochenkerne am Handskelett von der Geburt bis zur Reife. Med. Klin. 46 (1951) 1330–1332

8 Dihlmann, W.: Gelenke-Wirbelverbindungen, 2. Aufl. Thieme, Stuttgart 1982 ([1]S. 110 ff.; [2]S. 101 f.; [3]S. 102 f.)

9 Dijkstra, P. F.: Analysis of metacarpophalangeal pattern profiles. Fortschr. Röntgenstr. 139 (1983) 158–159

10 Dreyfuss, U. Y., M. Singer: Human bites of the hand: a study of one hundred six patients. J. Hand Surg. 10-A (1985) 884–889

11 Erbe, W., G. Stephan, H. Böttcher: Das Muster der Skelettveränderungen bei der Akromegalie. Fortschr. Röntgenstr. 122 (1975) 317–322

12 Fink, Ira, J., B. Pastakia, J. Barranger: Enlarged phalangeal nutrient foramina in Gaucher disease and β-Thalassaemia major. Amer. J. Roentgenol. 143 (1984) 647–649

13 Fischer, E.: Fibroostotische Erosionen am Fingerskelett bei der chronischen Polyarthritis. Akt. Rheumatol. 9 (1984) 135–140

14 Fischer, E.: Exo- und endomarginale Reaktionen an der Hand bei der diffusen Skeletthyperostose, ihre Quantifizierung und Altersabhängigkeit. Fortschr. Röntgenstr. 142 (1985) 447–454

15 Fischer, E.: Synovitische und enthesitische Veränderungen an der Hand bei der Reflexdystrophie. Radiologe 25 (1985) 554–561

16 Fischer, E.: Morbus Fabry, eine Erkrankung mit Rheumaaspekten: Radiologie der Weichteil- und Knochenveränderungen der Hand. Z. Rheumatol. 45 (1986) 36–41

17 Fischer, E.: Enthesitische Reaktionen an der Hand bei der progressiven Sklerodermie. Z. Rheumatol. 45 (1986) 255–259

18 Freyschmidt, J.: Gelenkerkrankungen. Springer, Berlin 1985

19 Freyschmidt, J.: Fréquence et diagnostic des tumeurs osseuses promitives et des lésions pseudotumorales du squelette de la main. J. Radiologie CEPUR 5 (1985) 265–275

20 Freyschmidt, J.: Knochenerkrankungen im Erwachsenenalter, 2. Aufl. Springer, Berlin 1987

21 Genant, H. K., F. Kozin, C. Bekerman, D. McCarthy, J. Sims: The reflex sympathetic dystrophy syndrome. A comprehensive analysis using fine-detail radiography, photon absorptiometry, and bone and joint scintigraphy. Radiology 117 (1975) 21–32

22 Giedion, A.: Zapfenepiphysen. Naturgeschichte und diagnostische Bedeutung einer Störung des enchondralen Wachstums. In: Glauner, R., A. Rüttimann, P. Thurn, E. Vogler: Ergebnisse der medizinischen Radiologie. Thieme, Stuttgart 1968

23 Gold, R. H., J. M. Mirra: Melorheostosis (Case report 35). Skeletal Radiol. 2 (1977) 57–58

24 Gold, R. H., L. W. Bassett, E. G. Theros: Radiologic comparison of erosive polyarthritis with prominent interphalangeal involvement. Skeletal Radiol. 8 (1982) 89–97

25 Glass, Th., St. E. Mills, R. E. Fechner, R. Dyer, W. Martin, P. Armstrong: Giant cell reparative granuloma of the hands and feet. Radiology 149 (1983) 65–68

26 Hall, J. G.: Klinische Genetik in der Pädiatrie. Thieme, Stuttgart 1980 (S. 105–121)

27 Hertzog, K. P., St. M. Garn, S. F. Church: Cone-shaped epiphyses in the hand. Population frequences, anatomic distribution, and developmental stages. Invest. Radiol. 3 (1968) 433–441

28 Hoessly, M., R. Lagier: Anatomico-radiological study of intraosseous epidermoid cysts. Fortschr. Röntgenstr. 137 (1982) 48–54

29 Jennings, C. D., Carol B. Stelling, Deborah E. Powell: Eosinophilic granuloma of the right third metacarpal. Skeletal Radiol. 8 (1982) 229–231 (Case report 199)

30 König, R., W. Lenz: Pektoralis-Handdefekte (Poland-Syndaktylie). Z. Orthop. 121 (1983) 244–254

31 v. d. Laan, J. G., C. J. P. Thijn: Ivory and dense epiphyses of the hand: Thiemann disease in three sisters. Skeletal Radiol. 15 (1986) 117–122

32 Lagier, R.: Chondroma of soft tissues with dystrophic calcification. Skeletal Radiol. 15 (1986) 179–183 (Case report 354)

33 Langer, M., R. Langer, H. v. Dewitz: Methodik des radiologischen Vorgehens bei klinischem Verdacht einer kongenitalen Angiodysplasie. Radiologe 21 (1981) 431–436

34 Langer, M., R. Langer: Radiologisch erfaßbare Veränderungen der Angiodysplasie, Typ Klippel-Trénaunay und Typ Servelle-Martorell. Fortschr. Röntgenstr. 136 (1982) 577–582

35 Langer, M., R. Langer: Radiologic analysis of bone structure in congenital angiodysplasia. Europ. J. Radiol. 1 (1985) 195–199

36 Lawson, J. P., R. C. Ablow, H. A. Pearson: Calvarial and phalangeal vascular impressions in thalassemia. Amer. J. Roentgenol. 143 (1984) 641–645

37 Lingg, G., A. Roessner, V. Fiedler, H. J. Lübbesmeyer, P. E. Peters, E. Grundmann: Das reparative Riesenzellgranulom der Extremitäten. Fortschr. Röntgenstr. 142 (1985) 185–188

38 Littlejohn, G. O., M. B. Urowitz, H. A. Smythe, E. C. Keystone: Radiographic features of the hand in diffuse idiopathic skeletal hyperostosis (DISH). Comparison with normal subjects and acromegalic patients. Radiology 140 (1981) 623–629

39 Lubach, D., J. Freyschmidt, D. Bolten: Pachydermoperiostose. Z. Hautkr. 56 (1980) 175–186

40 Manzke, H.: Symmetrische Hyperphalangie des zweiten Fingers durch ein akzessorisches Metacarpale. Fortschr. Röntgenstr. 105 (1966) 425–427

41 Mercer, N. S. G., J. H. Newman, I. Watt: Acute calcific periarthritis in a child. J. Hand Surg. 9 B (1983) 351–352

42 Murry, R. O., J. McCredy: Melorheostosis and the sclerotomes: a radiological correlation. Skeletal Radiol. 4 (1979) 57–71

43 Nørgaard, F.: Earliest roentgenological changes in polyarthritis of the rheumatoid type: rheumatoid arthritis. Radiology 85 (1965) 325–329

44 Nørgaard, F.: Earliest roentgen changes in polyarthritis of the rheumatoid type. Continued investigations. Radiology 92 (1969) 299–303.

45 Nørgaard, F.: A follow-up study of the earliest radiological changes in rheumatoid polyarthritis. Brit. J. Radiol. 53 (1980) 63–73

46 Odita, J. C., C. I. Ughadaga: The metacarpal index of normal Nigerian children. Pediatr. Radiol. 13 (1983) 33–34

47 Ogden, J. A., T. R. Light, G. J. Conlogue: Correlative roentgenography and morphology of the longitudinal epiphyseal bracket. Skeletal Radiol. 6 (1981) 109–117

48 Pastakia, B., Ira J. Fink, K. Morrish: Nutrient foramina of the hands. J. Canad. Ass. Radiol. 35 (1984) 369–371

49 Poznanski, A. K.: The Hand in Radiologic Diagnosis, 2nd ed. Saunders, Philadelphia 1984 ([1]S. 147–152; [2]S. 586–587; [3]S. 661–662; [4]S. 662–665; [5]Abb. 13–78; [6]S.663–665)

50 Poznanski, A. K., J. F. Holt: The carpals in congenital malformation syndromes. Amer. J. Roentgenol. 112 (1971) 443–459
51 Prager, W., W. Taubert: Ein röntgenologischer Beitrag zur Ostitis multiplex cystoides. Beitr. Orthop. Traumatol. 16 (1969) 385–389
52 Pritchett, J. W.: Bilateral symphalangism of the index fingers. J. Hand Surg. 10-A (1985) 619–620
53 Ruckensteiner, E.: Ein Sesambein an der Dorsalseite des Daumengelenkes („Patella pollicis"). Radiol. Austriaca 9 (1956) 101–102
54 Schilling, F.: Röntgendiagnostik. In Mathies, H.: Handbuch der Inneren Medizin, Bd. VI/28: Rheumatologie B: Chronische Polyarthritis. Springer, Berlin 1984 (S. 128–176)
55 Spranger, J. W., M. Langer, H. R. Wiedemann: Bone Dysplasias. Thieme, Stuttgart 1974 (S. 291–294)
56 Steinbach, H. L., R. H. Gold, L. Preger: The Hand in Diffuse Disease. Year Book Medical Publishers, Chicago 1975
57 Steinberg, I.: A simple screening test for the Marfan syndrome. J. Amer. med. Ass. 187 (1964) 118-124
58 Swanson, A. B.: Osteoarthritis in the hand. Clin. Rheumatol. Dis. 11 (1985) 393–420
59 Sweterlitsch, P. R., J. S. Torg, H. Pollack: Entrapment of a sesamoid in the index metacarpophalangeal joint. J. Bone Jt Surg. 51-A (1959) 995–998
60 Taylor, G. A.: Management of human bite injuries of the hand. Canad. Med. Ass. J. 133 (1985) 191–192
61 Theander, G., N. Carstam: Longitudinally bracketed diaphyses. Ann. Radiol. (Paris) 17 (1974) 355–360
62 Theander, G., N. Carstam, A. Rausing: Longitudinally bracketed diaphyses in young children. Acta Radiol. (Diagn.) 23 (1982) 293–299
63 Uehlinger, E., K. Wurm: Skelettsarkoidose (Literaturübersicht und Fallbericht). Fortschr. Röntgenstr. 125 (1976) 111–122
64 Uehlinger, E.: Fibröse Dysplasie (Jaffé-Lichtenstein), Osteofibrosis deformans (Uehlinger), Albrightsches Syndrom. In Schinz, H. R., W. E. Baensch, W. Frommhold, R. Glauner, E. Uehlinger, J. Wellauer: Lehrbuch der Röntgendiagnostik, Bd. II/1. Thieme, Stuttgart 1979
65 Wood, V. C.: The sesamoid bones of the hand and their pathology. J. Hand Surg. 9-B (1984) 261–264
66 Yousefzadeh, D. K., J. H. Jackson: Organic foreign body reaction. Report of two cases of thorn induced „granuloma" and a review of the literature. Skeletal Radiol. 3 (1978) 167–176
67 Zhuhan-quing: Pachydermoperiostosis. Clin. Med. J. 96 (1983) 395–400

Spezieller Teil

Fingerendglieder

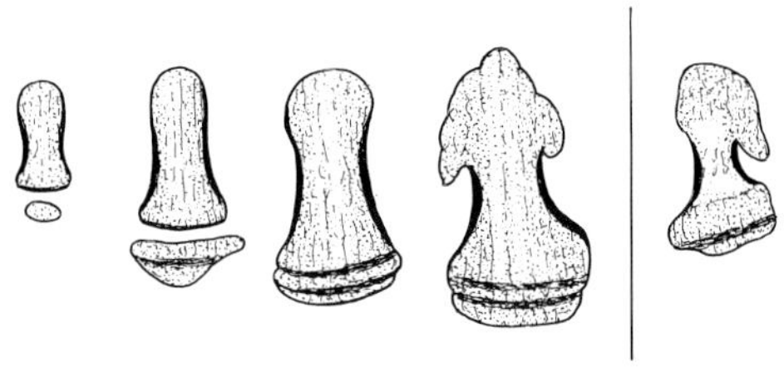

a b c d e

Abb. 2.**82 a–e** Entwicklung der Endglieder und Formen der Tuberositas unguicularis

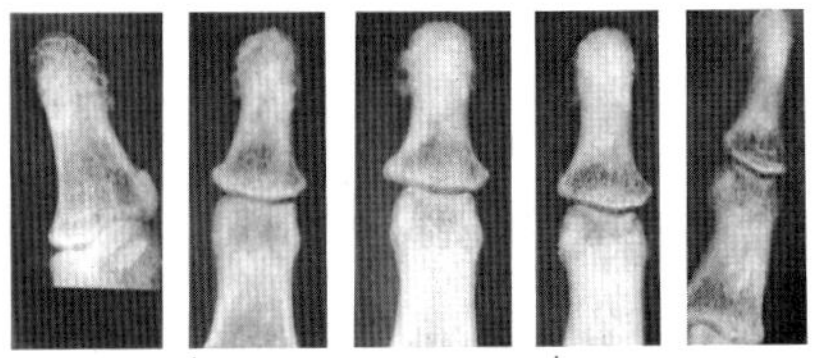

a b c d e

Abb. 2.**83 a–e** Akroosteosklerosen

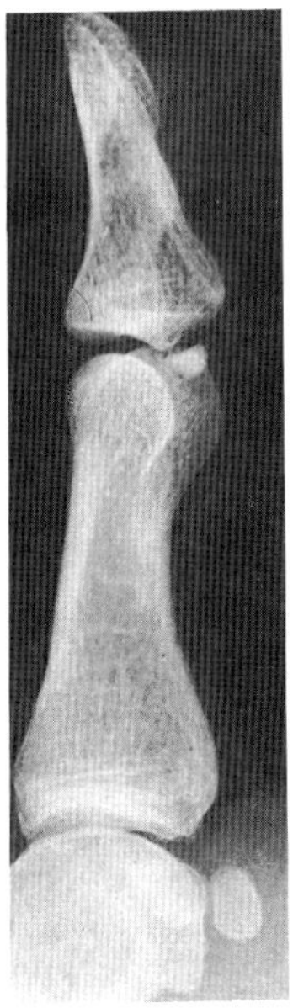

Abb. 2.**84** Sesambein am Daumenend-(und -grund-)gelenk

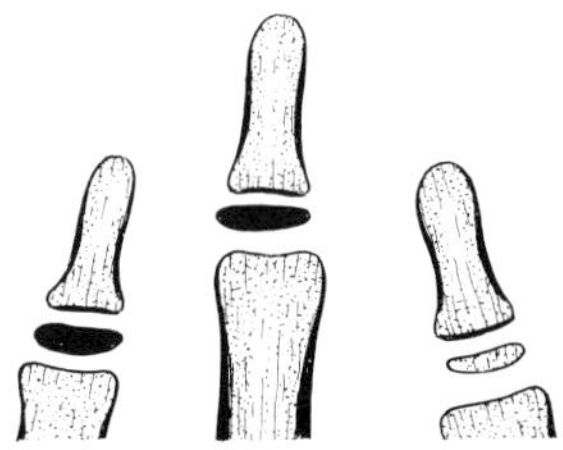

Abb. 2.**85** „Dichte Epiphysen" (nach Brailsford)

Norm

Im Wachstum

Die **Diaphyse** der terminalen Phalangen ist zum Zeitpunkt der Geburt beim normal ausgetragenen Kind ossifiziert. Die **Epiphysen** sind im Alter von fünf Monaten bis zwei Jahren erstmals radiologisch nachzuweisen und verschmelzen im 17. Lebensjahr mit dem Schaft. Wenn die Epiphyse voll entwickelt ist, übertrifft sie den Schaftknochen an Breite. Beim Kind und beim Jugendlichen besitzt die Endphalanx eine beinahe konische Form (Abb. 2.**82 a** u. **b**).

Beim Erwachsenen

Der Mittelfinger ist normalerweise länger als der Zeigefinger. Die Endphalanx des Ringfingers erweist sich als länger und dicker als diejenige des Zeigefingers. Erhebliche Unterschiede brauchen nicht pathologisch zu sein. Die Endglieder können sehr kurz sein.

Die Größe (Länge und Breite) der Endphalangen hängt – wie bei sämtlichen Skeletteilen – weitgehend von konstitutionellen Gegebenheiten ab. Die Form, besonders der Tuberositas unguicularis, wird auch vom Ausmaß der mechanischen Beanspruchung geprägt. Mit zunehmendem Alter geht die Endphalanx aus der beim Jugendlichen konischen mehr in eine abgerundete Spatelform über (Abb. 2.**82 c**). Dornförmige Auswüchse an der Tuberositas werden im Alter häufiger (Abb. 2.**82 d**), sind volar am stärksten ausgeprägt (Abb. 2.**82 e**) und besitzen keine pathologische Bedeutung. Der zackenförmige Vorsprung an der Tuberositas des Kleinfingers markiert ihren radialen Rand (44).

In den Endphalangen sieht man von den **Gefäßkanälen** (Nutritiakanäle) höchstens die orthograd projizierten Eintrittslöcher (s. Abb. 2.**3**).

Selbst erhebliche **Sklerosen** in der normal geformten Endphalanx treten als endostale Strukturveränderungen im frühen Erwachsenenalter hauptsächlich bei Frauen auf (besonders bei endokrinen Störungen mit Hyperostosis frontalis interna, Morgagni-Syndrom) und bilden sich zum Senium hin zurück (18) (Abb. 2.**83 a–e**).

Sesambeine sind am Endgelenk des 2., 4. und 5. Fingers jeweils in einem Einzelfall beschrieben (11) (Abb. 2.**84**). Sie kommen am Zeigefinger gelegentlich, am Daumen regelmäßig vor (Abb. 2.**84**) (s. „Allgemeiner Teil").

Varianten

Auf die „Dense"- oder „Ivory"-Epiphysen ist im „Allgemeinen Teil" eingegangen. An dieser Stelle ist lediglich darauf hinzuweisen, daß diese „Elfenbein-Epiphysen" normalerweise fast ausschließlich an den Endphalangen und an der Mittelphalanx V vorkommen (Abb. 2.**85**). Nach normaler Synostosierung bleibt die Verdichtung eventuell bestehen.

Anomalien

Die auszugsweise dem Lehrbuch von Poznanski entnommene Tab. 2.**5** gibt eine Aufstellung über **Verkürzungen** der Endphalangen bei Dysplasien und krankhaften Schädigungen wieder.

Verkrümmungen der Finger gibt es öfter. Zwei Formen betreffen vorwiegend oder ganz die Endphalangen.

Bei der **Klinodaktylie** sind die Endphalangen nach radial und ulnar abgewinkelt. Prinzipiell sieht man diese Dislokation zwar an sämtlichen Fingern und deren Phalangen, doch ist die radiale Deviation der Endphalanx V besonders häufig (43). Die Klinodaktylie V kommt auch als charakteristisches Symptom bei Trisomie 21 (Mongolismus) vor.

Die **Kirnersche Deformität** (Dystelephalangie) mit dorsal konvexer Krümmung (krallenartiger Verformung) an den Endphalangen beider Kleinfinger tritt sporadisch auf und wird autosomal dominant vererbt (50[1]) (Abb. 2.**86** und 2.**87a–c**).

Tabelle 2.**5** Entwicklungsstörungen (Disorders) bei kurzen Endphalangen der ganzen Hand (nach Poznanski)

Kleine, breite Phalangen	
begrenzt auf Phalangen	
Hände und Füße primär betroffen	Bilginturan-Brachydaktylie
begleitende Syndrome	Akrodysostose asphyxierende thorakale Dysplasie Bilginturan cheirolumbale Dysostose kleidokraniale Dysplasie Coffin-Lowry* diastrophische Dysplasie DOOR (Deafnes-Onychodystrophy-Osteodystrophie-Retardation) Fetal warfarin Hall Keutel Larsen Liebenberg metaphysäre Chondrodysplasie (Jansen) Pachydermoperiostose Pseudoachondroplasie Pseudo- und Pseudopseudohypoparathyreoidismus Robinow Kopfhautdefekte Sensenbrenner
weniger gut definierte und hier zu diskutierende Syndrome	Berk und Tabatznik Saldino u. Mitarb.
erworben	Erfrierung Trauma
Dünne, schmale Phalangen	
begrenzt auf Phalangen	mit hypoplastischen Nägeln
Hände und Füße primär betroffen	Symphalangismus
begleitende Syndrome	Akrozephalosyndaktylie (Carpenter) asphyxierende thorakale Dysplasie chondroektodermale Dysplasie Christian Coffin-Siris fetale Alkoholschädigung fetale Dilantinschädigung Fetal warfarin Hunter-Fraser Marshall Mukolipidosis II Osteodysplasie Pseudohypoparathyreoidismus Rüdiger Schinzel-Giedion Trisomie 9p Trisomie 13 Trisomie 18 Zimmerman-Laband
weniger gut definierte und hier zu diskutierende Syndrome	Krause Mollica u. Mitarb. Van der Horst und Holscher
erworben	Erfrierung
Nagelkranzerosionen oder Hypoplasie	
begrenzt auf Phalangen	
Hände und Füße primär betroffen	Brachydaktylie B Osteolyse (phalangeal) (Hajdu-Cheney)
begleitende Syndrome	kranioektodermale Dysplasie Epidermolysis bullosa Lesch-Nyhan mandibulo-akral Pachydermoperiostose Porphyrie Progerie Pseudoxanthoma elasticum Pyknodysostose Rothmund-Thomson Kopfhautdefekte Werner
nicht so gut definierte und hier durch den Autor zu diskutierende Syndrome	Krause u. Mitarb* Schlansky u. Mitarb.
Erworben	Buergers Erkrankung Verbrennungen chemische Akroosteolyse kongenitale Unempfindlichkeit gegen Schmerz Erfrierung Hyperparathyreoidismus juvenile hyaline Fibromatose Lepra neurotrophische Störungen Psoriasis Radiatio Raynauds Erkrankung Sklerodermie

* breite Nagelkränze

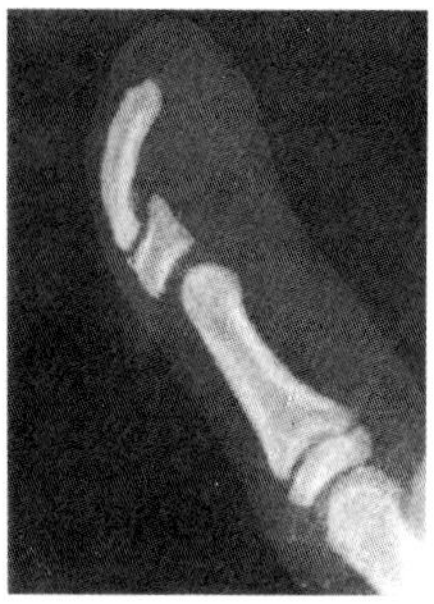

Abb. 2.**86** Krallenförmig gekrümmte Endphalanx (Kirnersche Deformität)

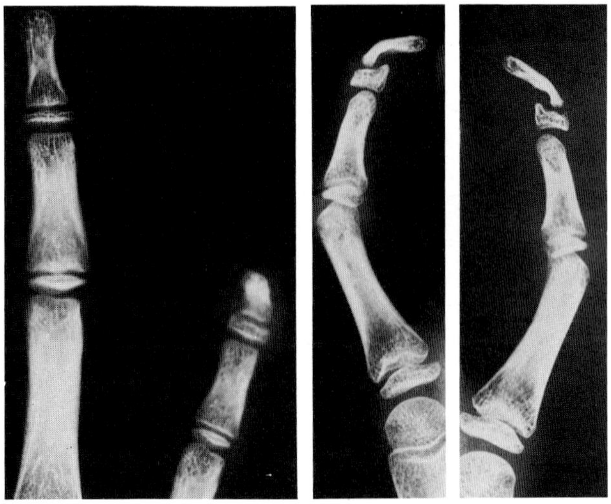

a b c

Abb. 2.**87 a–c** Kirnersche Anomalie des Kleinfingers bei ▷ 11jährigem Mädchen

Eine Reihe der in der vorigen Auflage dieses Buches meist anhand von Einzelbeispielen beschriebenen Anomalien gehört inzwischen zu definierten Formen von Dysostosen und Dysplasien, die zum Teil in der Tab. 2.**5**, sonst aber in den entsprechenden Lehrbuchkapiteln (z. B. 26,43) zu finden sind.

Dysplasia cleidocranialis s. „Allgemeiner Teil", Abb. 2.**22**.

Osteokartilaginäre Schäden (lesions) bilden einen der häufigsten Knochentumoren im Sinne von Osteochondromen, selten gefunden an den Fingerendphalangen (40). Sie sind dort zu unterscheiden von subungualen Exostosen (43[1]).

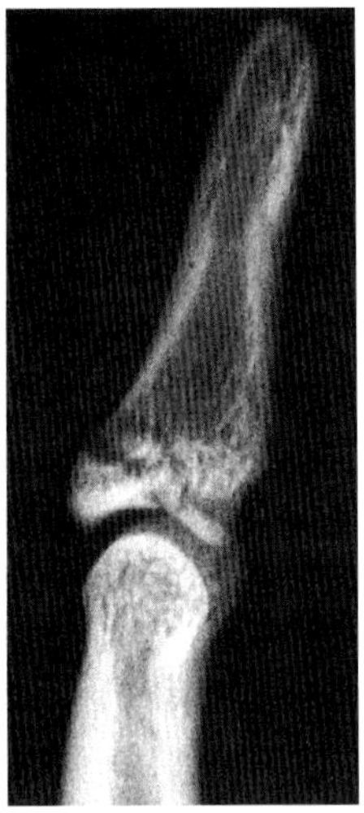

Abb. 2.**88** Strecksehnenausriß (sog. Mallet-Finger)

Verletzungsfolgen und Nekrosen

Abscherungsfrakturen der Tuberositas sind bei Quetschungen häufig. Man spricht dabei von **Nagelkranzfrakturen.**

Luxationen der Fingerendgelenke ereignen sich besonders bei Baseballspielern und führen dann oft zu feinen Ausrissen an der Basis der End- (und Grund-)Phalangen mit Verletzungen der betroffenen Ligamente. Ein **Ausriß** der Ansatzstelle der Strecksehne an der Endphalanxbasis ist Folge einer Hyperextension. Die charakteristische Fehlstellung wird als **Mallet- oder Hammerfinger** (s. u. a. 34) (Abb. 2.**88**) bezeichnet. Ähnliche Befunde gibt es volar durch Ausriß des Ansatzes der Sehne des M. flexor profundus.

Bei normaler Streckstellung im Fingermittel- und -grundgelenk ist eine isolierte Beugestellung im Endgelenk immer als pathologisch, z. B. im Sinne eines Strecksehnenausrisses, anzusehen. Eine physiologische Beugung im Endgelenk ist nur bei gleichzeitiger Beugung im Mittelgelenk möglich. Eine Studie befaßt sich mit den normalen Bewegungsmöglichkeiten der interphalangealen Gelenke und den Folgen von Gefügestörungen (13), s. „Mittelhandknochen".

Auch **traumatische Epiphysenlösungen** kommen an den Phalangen vor.

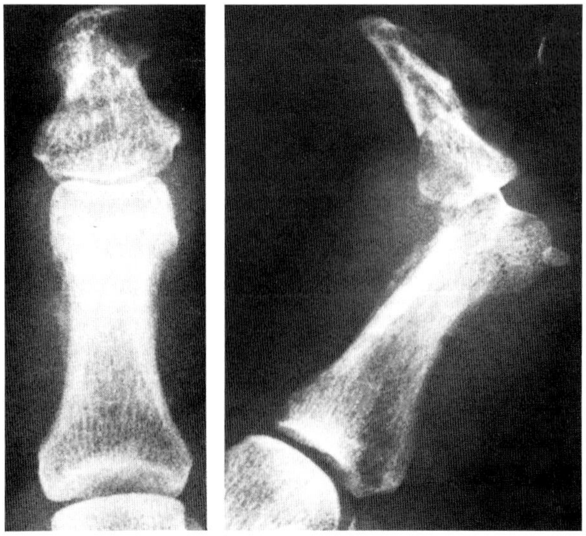

a b

Abb. 2.**89 a** u. **b** Folgen einer Starkstromverletzung (Beobachtung von Freyer, Berlin)

Starkstromverletzungen verursachen zuerst eine Nekrose, dann eine Atrophie und schließlich eine Periostsklerose (Abb. 2.**89a** u. **b**). Kontraktionen durch elektrische Verbrennungen können zur Klinodaktylie führen (17). Bei den **Erfrierungen** können Knochenzerstörungen die Endphalanx überschreiten, die Epiphysen ergreifen und mit Verschmälerung der End- und Mittelgelenke einhergehen.

Pathogenetisch spielt bei Akroosteolysen durch Hitze- und Frosteinwirkung neben den direkten thermischen Schädigungen sicherlich auch eine trophische Komponente eine Rolle, da Gefäße und Nerven immer mitbeteiligt werden. Ursächlich werden direkte Chondrozytenschädigungen und mikrovaskuläre Störungen diskutiert (8).

Druckresorptionen am 2. und 3. Finger der linken Hand gibt es bei *Violinspielern* (47).

Ein 18jähriger, der seit 8 Jahren engagiert vor allem auf stahlbesaiteten *Gitarren* spielt, klagte über Schwellungen in den Fingerendgliedern links. Radiologisch fanden sich transversale bandartige Osteolysen an der 2. bis 5. Fingerendphalanx. Die distalen Endgliedphalanxabschnitte waren abgetrennt. Am Zeige- und Mittelfinger lagen die Osteolysezonen deutlich weiter proximal als am Ring- und Kleinfinger. Die Veränderungen wurden mit einer mechanischen Kompression der Gefäße durch Druck auf die Stahlsaiten mit späterer trophischer Nekrose erklärt (12).

Als Sonderform einer Akroosteolyse muß ein solches Symptom aufgefaßt werden, wenn es nach einer **Pankreasverletzung** durch die metastatische Fettnekrose der Röhrenknochen an der Hand (und vielleicht an den Füßen) festzustellen ist (46).

Über die Nekrosen bei **Thiemannscher Erkrankung** s. Abschnitt „Mittelglieder" und S. 23f. im „Allgemeinen Teil".

Mechanische Verletzungen des Endgliedes mit und ohne Knochenbeteiligung können als *Spätreaktion* eine spongiöse Hyperostose und eine Hypertrophie von Knochen und Weichteilen (Extrem: „Trommelschlegelfinger") nach sich ziehen (20).

Erworbene Erkrankungen

Vergrößerungen

Bei der **Agromegalie** kommt es neben der Vergrößerung zu einer typischen Verformung der Nagelfortsätze (sog. Spaten- oder Ankerform [15]). Die Basis der Endphalangen weist dann oft distal gerichtete, zackenförmige stachelige Vorsprünge auf (Abb. 2.**90** und 2.**45a, b**). Je nach der Verbreiterung der Metakarpalia und Phalangen bzw. der Auftreibung in den Metakarpophalangeal- bzw. den Interphalangealgelenken wird ein Hypertrophie- von einem wulstigen Typ unterschieden (15).

Vergrößerungen der Endphalangen finden sich außer bei der Akromegalie auch bei der **Hyperthyreose,** sehr selten beim Symptom des *„Trommelschlegelfingers"*. Bei dieser Deformation fallen die Weichgewebsauftreibungen und die Nagelverformungen besonders auf; gelegentlich kann die Außenkontur angenagt erscheinen (Abb. 2.**91a–d**). Eine Atrophie kann manchmal hinzutreten. Derartig büschelförmig ausgefranste Konturen sieht man auch beim **Hyperparathyreoidismus**.

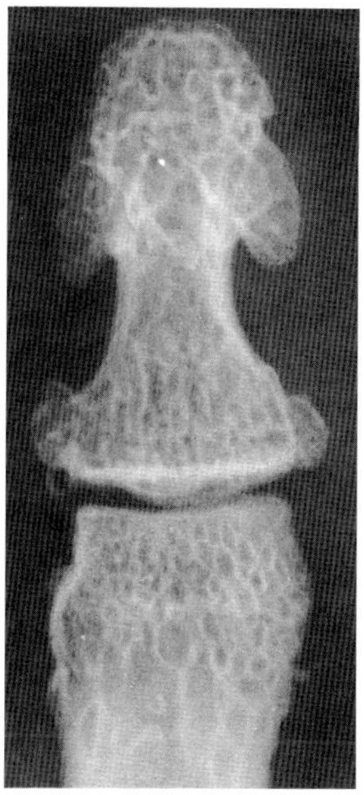

Abb. 2.**90** Akromegalie

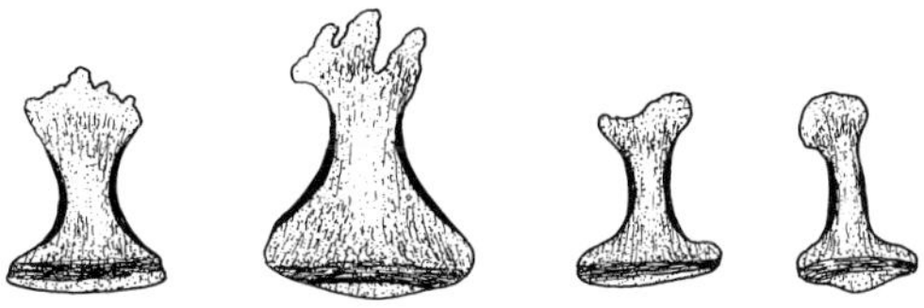

Abb. 2.**91a–d** Trommelschlegelfinger (Digiti hippocratici)

Formänderungen

Osteo- und Akroosteolysen

Die wesentlichen Ursachen der erworbenen Akroosteolysen sind bereits in Tab. 2.**2** aufgeführt. Die Osteolysen beschränken sich nicht immer auf die Akren. Die Tabelle bedarf an dieser Stelle noch einiger spezieller Erläuterungen.

Unter der Gruppe der trophisch (vaskulär) neurogen entstandenen Osteolysen sind die Besonderheiten der **Sklerodermie** hervorzuheben. Außer den Osteolysen findet man stippchenförmige, in Gruppen angeordnete, subkutan gelegene Weichteilverkalkungen im Sinne einer Calcinosis interstitialis localisata (Abb. 2.**92a** u. **b**). Hinzu kommen eine starke Osteoporose und eine Hautatrophie. Die Sklerodaktylie führt nicht nur zu einem Verstreichen der Hautfalten, sondern auch zur Versteifung der Finger in Beugestellung (Abb. 2.**93**). Ihr „Weichteilmantel wird zu eng" (13[1]). Diese Relationen erfaßt der *Yune-Weichteilindex* (52) (Abb. 2.**94**).

Die lytischen Defekte bei der **Lepra** (Abb. 2.**95a–c**) sind für diese Krankheit nicht pathognomonisch und sekundärer Natur (39).

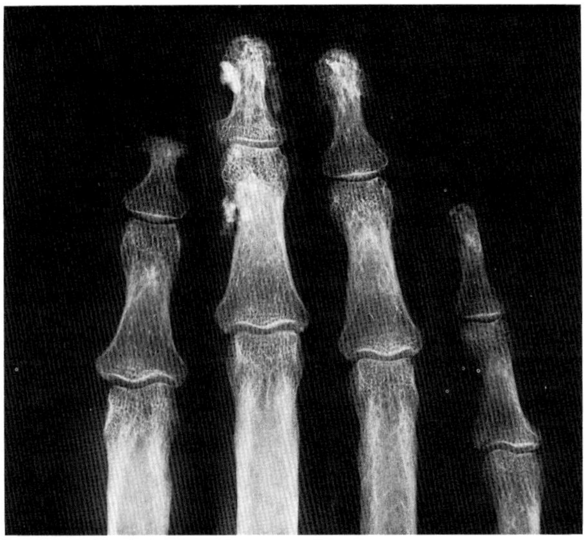

a

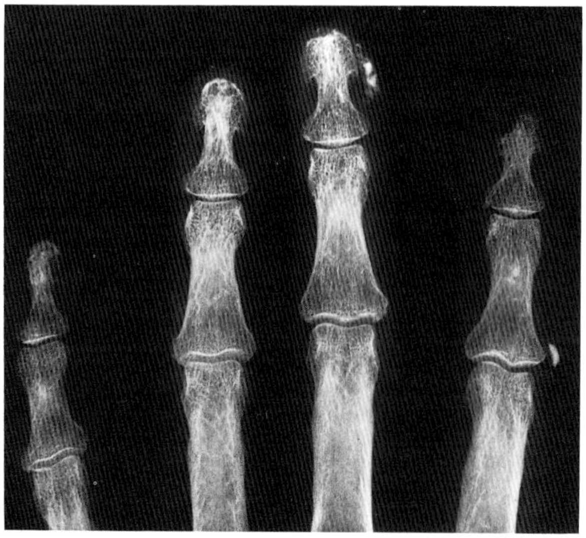

b

Abb. 2.**92a** u. **b** Sklerodermie mit Nagelkranzdefekten und Weichteilverkalkungen

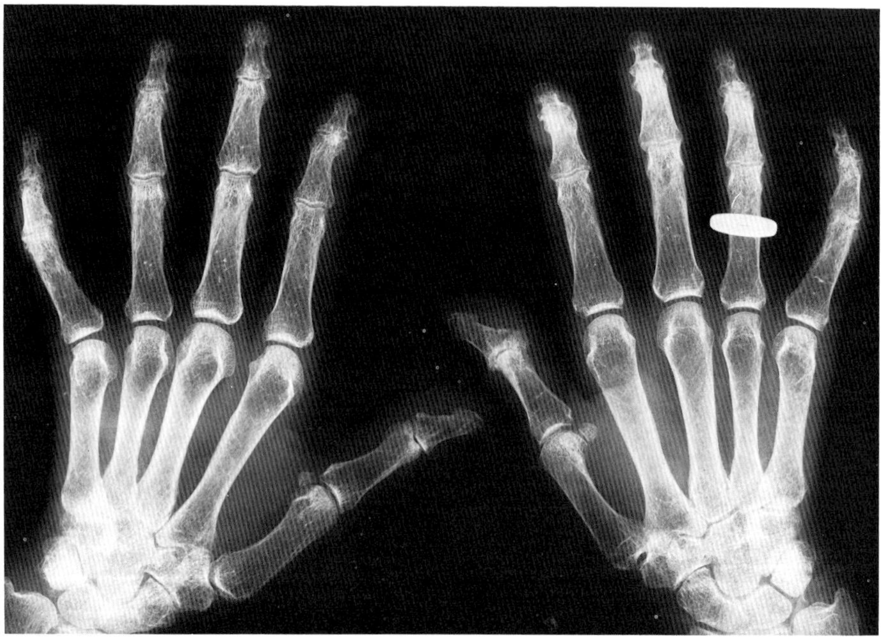

Abb. 2.**93** Sklerodermie mit Osteoporose, Hautatrophie und leichter Fingerversteifung in Beugestellung

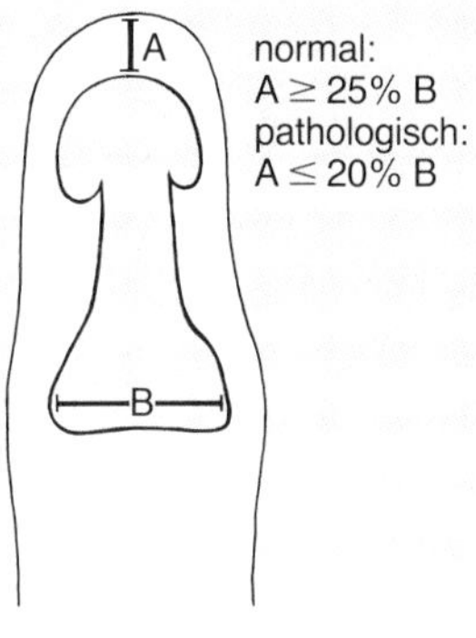

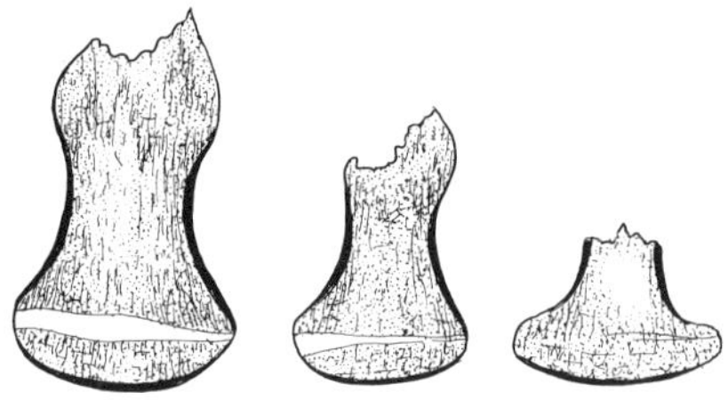

a b c

Abb. 2.**95a–c** Lepra

Abb. 2.**94** Meßweise beim Yune-Weichteilindex

Die zystische Durchsetzung der Struktur, die destruierend durch granulomatöse Prozesse von Lepraerregern im Knochen direkt verursacht sind, die Ostitis leprosa multiplex cystica, bedarf der Abgrenzung gegenüber der Tuberkulose, doch würde eine nähere Behandlung dieser Probleme über den Rahmen dieses Buches hinausgehen.

Allen durch Verletzungen und Krankheiten erworbenen Osteo- und Akroosteolysen ist das Mißverhältnis zwischen dem großen Ausmaß der Knochenveränderungen und den oft spät einsetzenden klinischen Beschwerden eigentümlich.

In jüngerer Zeit häufen sich Akroosteolysen infolge der sog. **Vinylchlorid-Krankheit** nach Autoklavenreinigung in PVC-Betrieben (10, 41). Das Krankheitsbild soll reversibel sein.

Die **Dactylosis spontanea Ainhum** kommt vorwiegend bei Farbigen vor und führt durch eine die Weichteile strangulierende Hautverdickung zum nachfolgenden Knochenabbau mit Mutilation, vorwiegend an den Zehen (3), doch auch an den Fingern.

Bei der **Psoriasis** können auch Akroosteolysen ohne Gelenkbeteiligung (Dactylitis psoriatica) auftreten (9, 42, 45).

Anderweitige Formänderungen

Als Frühsymptom der renalen Osteopathie werden zunächst Unschärfen und später ein vollständiges Verschwinden der Nagelkranzkontur durch subperiostale Resorption beschrieben (49).

Abgesehen von dem in der Tab. 2.**2** genannten Nagelkranzpanaritium gibt es auch das **Panaritium ossale** am seitlichen Rand der Endphalanx. Es beginnt mit subperiostalen Strukturaufhellungen und Kortikalisunschärfen (Abb. 2.**96a** u. **b**).

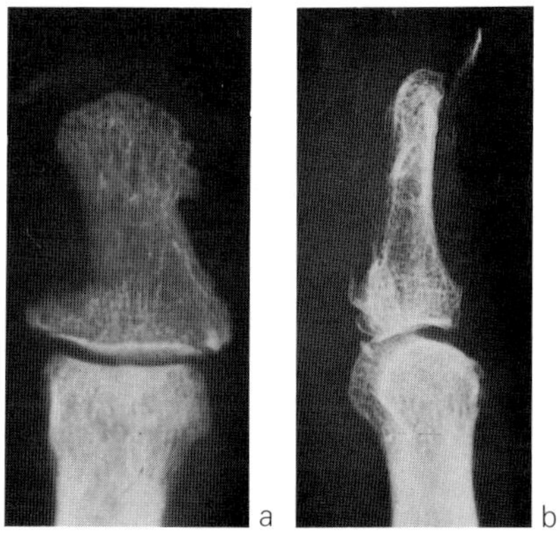

Abb. 2.**96a** u. **b** Panaritum ossale am Endglied

Die mutilierende Form der **Sarkoidose** manifestiert sich vornehmlich an der Endphalanx (weiteres zur Sarkoidose s. S. 36f. im „Allgemeinen Teil").

Produktive Knochenveränderungen an den Rändern der Fingerendgelenke und ihrer näheren Umgebung finden sich vor allem bei der **Arthrosis deformans** (s. Abb. 2.**46** bis 2.**48a–f**). Die überwiegend erbliche, häufiger bei Frauen im Klimakterium und danach auftretende Polyarthrose, oft typisch kombiniert mit Befall des Karpometakarpalgelenkes I (Rhizarthrose), führt zur Entwicklung der „Heberden-Knoten" und wird auch **Heberden-Polyarthrose** genannt.

Bei etwa 4–5% der Patienten, bei Männern mehr als bei Frauen, treten Erosionen an den Gelenkflächen, verbunden mit großen, subchondralen zystischen Osteolysen auf. Im Endstadium kann es zu Ankylosen kommen; eine gelenknahe Demineralisation – wie bei Arthritiden – entsteht bei dieser **destruktiven (erosiven) Arthrose** jedoch nicht (13[4]) (s. Abb. 2.**66a–c** und 2.**97**).

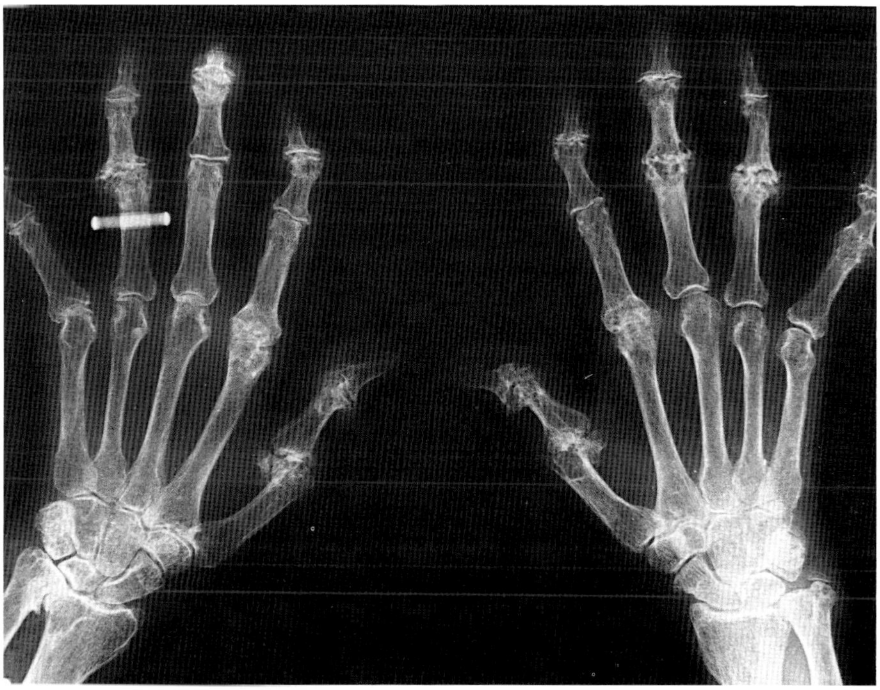

Abb. 2.**97** Destruktive Polyarthrose an den Interphalangealgelenken. Deutliche – ungewöhnliche – arthrotische Veränderungen auch an den Metakarpophalangealgelenken II beiderseits, weniger an den Metakarpophalangealgelenken III bis V links

Andererseits muß man degenerative Veränderungen an den Endgelenken bei Untersuchten jenseits des 60. Lebensjahres als normal und auch in Abhängigkeit von schwerer manueller Arbeit betrachten, eine Selbstverständlichkeit, die aber bedeutungsvoll wird, weil derartige Veränderungen bei jüngeren Menschen Krankheitswert bekommen können (s. Abschnitt „Grundglieder") (37) und z. B. bei Pianisten als typische Erkrankung u. a. an den Fingerendgelenken beschrieben sind (2).

Auf *proliferative Veränderungen,* insbesondere an den Basen der Endphalangen bei der **Psoriasisarthritis,** wurde bereits im „Allgemeinen Teil" hingewiesen (s. Abb. 2.**49a–d** und 2.**50a, b**).

Strukturänderungen

Verdichtungen

Auf fleckige und allgemeine Dichtezunahme in den Endphalangen bei Frauen mittleren Alters wurde oben bereits hingewiesen. Solche Verdichtungen finden sich auch bei pathologischen Zuständen – allerdings nicht pathognomonisch – im Rahmen polyartikulärer Handgelenkserkrankungen, bei der Sklerodermie, beim Hyperparathyreoidismus und bei der renalen Osteopathie.

Aufhellungen

Zystenähnliche Aufhellungen, besonders in den distalen Enden der Endphalangen, werden häufig bei der tuberösen Sklerose (Bourneville-Pringle-Syndrom) gefunden (s. Abb. 2.**64** und 2.**65a–e**). Multiple, herdförmige Osteolysen mit Befall mehrerer Fingerknochen liegen bei der Enchondromatose (s. Abb. 2.**67a–c**) vor, sehr selten auch Usuren des Nagelkranzes bei Metastasen von Karzinomen (32), bei malignem Lymphom und beim Plasmozytom.

Die letztgenannten Tumoren: Enchondrom, malignes Lymphom und Plasmozytom können auch als *solitäre, herdförmige Osteolysen* auftreten. Die gleiche Symptomatik besitzt das **Plattenepithelkarzinom des Fingernagelbettes** (1).

Epidermoidzysten s. „Allgemeiner Teil", S. 43 (s. Abb. 2.**72a, b** und 2.**98a, b**). **Blutungszysten** und auch das subunguale **Keratoakanthom** rufen mehr randständige Usuren und Defekte hervor, während der sehr schmerzhafte **Glomustumor**, aus dem subkutanen neuromyoarteriellen Plexus entstehend, zwischen Endphalanx und Nagel lokalisiert, auch lochförmige Defekte verursachen kann (5, 48). Auch das **Osteoidosteom** mit seinem typischen Nidus in einer exzentrischen Kortikalisverdickung ist distal an einer Fingerendphalanx beobachtet worden (30).

Als sehr seltene Befunde sind ein Defekt im Zentrum der Daumenkuppe durch ein Hämangioendotheliom (35) und eine die gesamte Endphalanx aufweitende, aneurysmatische Knochenzyste (43[8]) beschrieben.

Diese hier erwähnten Veränderungen der Größe, Form und Struktur des Knochens bei erworbenen Erkrankungen (wie z. B. Akromegalie, Panaritien, Sarkoidosen, Arthrose, Zysten und Osteolysen verschiedenster Art) sind mit anderer Akzentuierung auch im „Allgemeinen Teil" des Abschnittes „Vor- und Mittelhand" besprochen. Weitere Einzelheiten können dort nachgelesen werden. Die gleiche Bemerkung gilt für den folgenden Abschnitt „Verkalkungen".

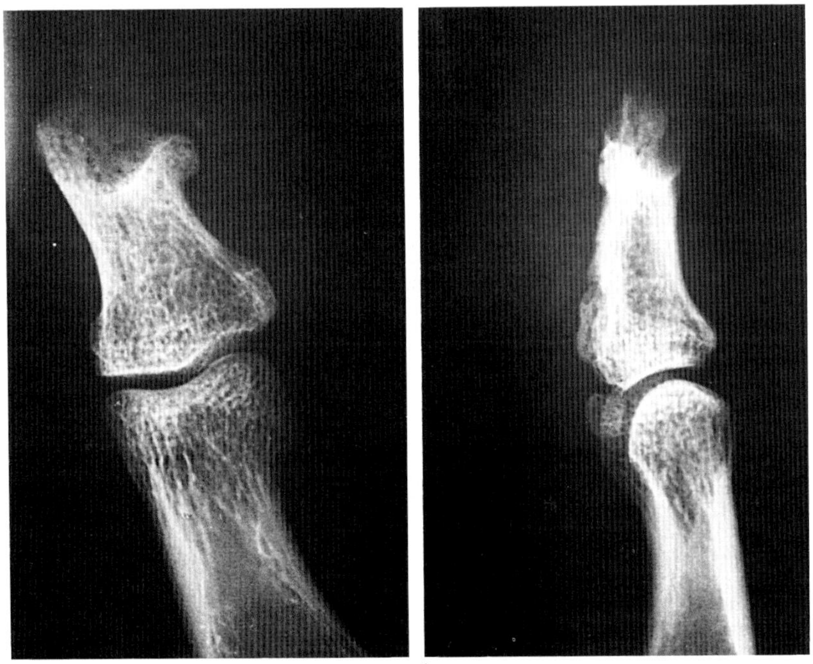

a b

Abb. 2.**98a** u. **b** Epithelzyste mit Zerstörung der Tuberositas unguicularis

Verkalkungen

Außer den schon an den Fingerkuppen abgebildeten Kalkablagerungen kann es bei der Sklerodermie zu parartikulären Verkalkungen kommen (s. Abb. 2.**79 a–c** bis 2.**81 a–d** sowie 2.**92 a** u. **b**).

Subunguale Verkalkungen können gelegentlich bei älteren Frauen ohne klinische Symptome gefunden werden. Sie kommen auch vereinzelt nach Trauma und bei der Psoriasis vor (19). Weichteilverkalkungen am Rand der Tuberositas phalangis distalis, *perituberositäre Verkalkungen,* wurden beim Erwachsenen in durchschnittlicher Häufung von 7%, abhängig von Lebensalter und Geschlecht, gefunden. Eine besondere Grundkrankheit lag nicht vor. Als Ursache wird eine mechanische Schädigung des kollagenen Faserbündels vor der Verankerung am Rand der Tuberositas angenommen. Die Veränderungen nehmen unter Kortikosteroidbehandlung an Häufigkeit zu (24), sind jedoch auch spontan rückbildungsfähig (22).

Eine **tumoröse Kalzinose** (Teutschländer-Syndrom) an Hand und Fuß mit Einlagerung erheblicher Kalkmassen in den Weichteilen von Finger- und Zehenspitzen (auch an Hüfte, Ellbogen, Brustwand) bei sonst klinisch unauffälligem Befund ohne Nachweis familiär gehäuften Vorkommens scheint in den ersten Lebensjahrzehnten gehäuft aufzutreten. Die Ätiologie ist unbekannt (4, 7). Die wichtigste Abgrenzung hat gegen das Weichteilchondrom zu erfolgen (51).

Darüber hinaus gibt es in der Nähe des Fingerendgelenkes Verkalkungen, wie sie im periartikulären Gewebe des ganzen Körpers bekannt sind.

An den Fingern als „akute Kalzifikation" bezeichnet, werden wolkig-strukturlose Kalkeinlagerungen an der Beugeseite parartikulär beschrieben, die unter den Zeichen der Entzündung (Schwellung, Rötung, Druckschmerzhaftigkeit) auftreten. Der klinische Befund bildet sich unter gleichzeitigem Verschwinden der Verkalkung nach Ruhigstellung des betroffenen Fingers in einigen Wochen zurück (Abb. 2.**99** bis 2.**101**) (51).

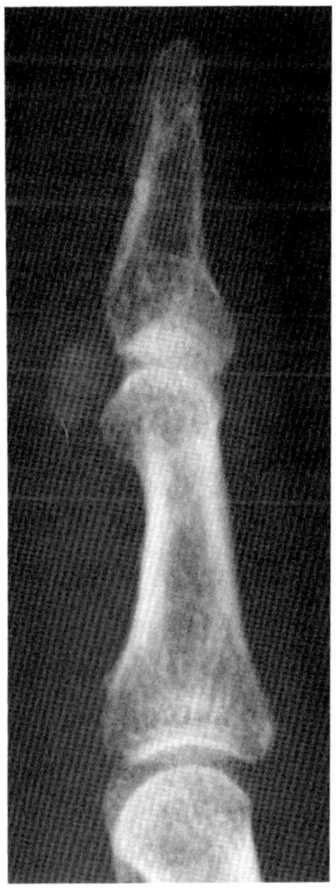

Abb. 2.**99** 65jähriger Arzt. Periartikuläre (Bursa?-)Verkalkung volar am Zeigefingerendgelenk. Rötung, Schwellung, Druckschmerz

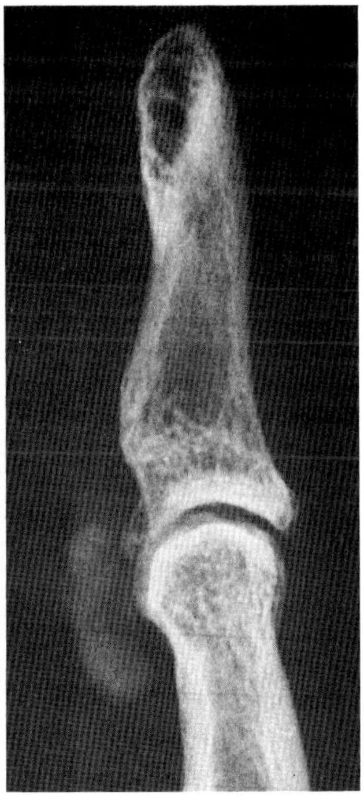

Abb. 2.**100** 80jährige Kunstmalerin. Periartikuläre (Bursa?-) Verkalkung volar am Kleinfingerendgelenk. Rötung, Schwellung, Druckschmerz. Rückgang von klinischen Symptomen und der Verkalkung spontan in 2 bis 3 Wochen

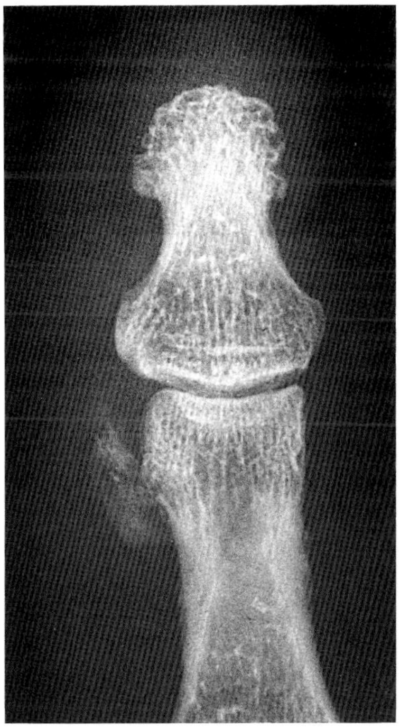

Abb. 2.**101** 52jährige Frau. Periartikuläre (Bursa?-)Verkalkung neben dem Daumenendgelenk. Rötung, Schwellung, Druckschmerz. 4 Wochen zuvor Wespenstich an dieser Stelle

Literatur

1 Albers, W., E. Schirner, H. Giedl: Das Plattenkarzinom des Fingernagelbettes. Med. Welt 34 (1983) 1032–1033

2 Bard, Céline, J. J. Sylvestre, R. G. Dussault: Hand osteomyelitis in pianists. J. Ass. Canad. Radiol. 35 (1984) 154–158

3 Bertoli, G. L.: Ainhum – an unusual presentation involving the second toe in a white male. Skeletal Radiol. 11 (1984) 133–135

4 Black, J. R., G. D. Sladeck: Tumoral calcinosis in the foot and hand. J. Amer. Podiatr. Ass. 73 (1983) 153–155

5 Bog, J., W. Lessel, G. W. Dominok: Intraossärer Glomustumor (Der interessante Fall). Zbl. Chir. 108 (1983) 1155–1157

6 Brailsford, J. F.: The Radiology of Bones and Joints, 5th ed. Churchill, London 1953

7 Brown, M. L., J. H. Thrall, R. A. Cooper, Y. C. Kim: Radiography and scintigraphy in tumoral calcinosis. Radiology 124 (1977) 757–758

8 Carrera, G. F.: Radiographic changes in the hands, following childhood frostbite injury. Skeletal Radiol. 6 (1981) 33–37

9 Cazalis, P.: Acro-ostéolyse de la main. Ann. Radiol. (Paris) 25 (1982) 337–340

10 Chatelain, A., P. Motillon: Un syndrom d'acroostéolyse d'origine professionelle et de constatation nouvelle en France. J. Radiol. Électrol. 48 (1967) 277–280

11 Degen, St.: Über das Auftreten der Knochenkerne am Handskelett von der Geburt bis zur Reife. Med. Klin. 46 (1951) 1330–1332

12 Destouet, J. M., W. A. Murphy: Guitar player acro-ostoelysis. Skeletal Radiol. 6 (1981) 275–277

13 Dihlmann, W.: Gelenke – Wirbelverbindungen, 2. Aufl. Thieme, Stuttgart 1982 ([1]S. 135; [2]S. 168; [3]Abb. 161; [4]Abb. 46)

14 Dihlmann, W.: Zur Differentialdiagnose der Gelenkerkrankungen bei Psoriatikern. Dtsch. med. Wschr. 96 (1971) 557

15 Erbe, W., G. Stephan, H. Böttcher: Das Muster der Skelettveränderungen bei der Akromegalie. Fortschr. Röntgenstr. 122 (1975) 317–322

16 Fenster, E., W. Tschackert: Zur Kenntnis der Knochenveränderungen bei Psoriasis. Röntgenpraxis 16 (1944) 24–30

17 Fingerhut, A., M. Brocard, R. Ronat: Clinodactylie par brûlure électrique. Quelques réflexions à propos de deux cas. Ann. Chir. Main 1 (1982) 347–350

18 Fischer, E.: Akroosteosklerose der Finger, eine normale geschlechts- und altersabhängige endostale Reaktion. Fortschr. Röntgenstr. 137 (1982) 284–287

19 Fischer, E.: Subunguale Verkalkungen. Fortschr. Röntgenstr. 137 (1982) 580–584

20 Fischer, E.: Späte Knochen- und Weichteilveränderungen am Fingerendgelenk nach banalem Trauma. Fortschr. Röntgenstr. 138 (1983) 219–224

21 Fischer, E.: Subunguale Verkalkungen im normalen Nagelbett der Finger. Hautarzt 34 (1983) 625–527

22 Fischer, E.: Weichteilverkalkungen am Rand der Tuberositas phalangis distalis der Finger. Fortschr. Röntgenstr. 139 (1983) 150–157

23 Fischer, E.: Fibroostotische Erosionen am Fingerskelett bei der chronischen Polyarthritis. Acta Rheumatol. 9 (1984) 135–140

24 Fischer, E.: Steroideinfluß auf die Entstehung von Weichteilverkalkungen am Rand der Tuberositas phalangis distalis der Finger. Radiologe 25 (1985) 93–94

25 Fisher, M. S.: An unusual change in acromegaly. Skeletal Radiol. 3 (1978) 177–178

26 Giedion, A.: Konstitutionelle Skeletterkrankungen. In Schinz, H. R., W. Baensch, W. Frommhold, R. Glauner, E. Uehlinger, J. Wellauer: Lehrbuch der Röntgendiagnostik, 6. Aufl., Bd. II/2. Thieme, Stuttgart 1981

27 Harnasch, H.: Die Akroosteolysis, ein neues Krankheitsbild. Fortschr. Röntgenstr. 72 (1949) 352–359

28 Heidenblut, A.: Traumatische Epithelveränderungen im Bereich einer Fingerendphalanx mit Druckatrophie des Knochens. Fortschr. Röntgenstr. 84 (1956) 496, 497

29 Hoessly, M., R. Lagier: Anatomico-radiological study of intraossear epidermoid cysts. Fortschr. Röntgenstr. 137 (1982) 48–54

30 Jacobs, Ph.: Röntgenatlas der Hand. Springer, Berlin 1975

31 Kénési, C.: The interphalangeal joints of the fingers. Anat. clin. 3 (1981) 41–48

32 Khokhar, N., J. D. Lee: Phalangeal metastasis: first clinical sign of bronchogenic carcinoma. S. Med. J. 76 (1983) 927

33 Knickerbocker, T. W., R. Reilly: Traumatic epidermoid cyst of the terminal phalanx. Radiology 63 (1954) 550

34 Lange, R. H., W. D. Engber: Hyperextension Mallet Finger. Orthopedic 6 (1983) 1426–1431

35 Ledoux-Lebard, G. R., B. Duperrat, G. Guyard: Hémangio-Endothéliome pseudo-kystique de la phalangette. J. Radiol. Électrol. 32 (1951) 27–28

36 Lüdin, M.: Zur Differentialdiagnose seltener Skeletterkrankungen. Schwabe, Basel 1939

37 Mäkelä, P., P. Virtama, P. B. Dean: Finger joint swelling correlation with age, gender and manual labor. Amer. J. Roentgenol. 132 (1979) 939–943

38 Martel, W., K. J. Stuck, A. M. Dworin, R. G. Hylland: A radiologic comparison in the hand, wrist, and foot. Amer. J. Roentgenol. 134 (1980) 125–135

39 Mende, B., G. Stein, H. W. Kreysel: Knochenveränderungen bei Morbus Hansen. Fortschr. Röntgenstr. 142 (1985) 189–192

40 Moore, R., R. M. Curtis, E. F. S. Wilgis: Osteocartilagineous lesions of the digits in children: an experience with 10 cases. J. Hand Surg. 8 (1983) 309–315

41 Müller, K. T., A. Buchter, R. Gross, W. Bolt: Ergebnisse einer Studie an 17 Fällen von Langzeitexposition gegenüber Vinylchlorid. Med. Welt 27 (1976) 21–24

42 Pohl, R.: Arthropathia psoriatica. Röntgenpraxis 9 (1937) 825–828

43 Poznanski, A. K.: The Hand in Radiologic Diagnosis, 2nd ed. W. B. Saunders, Philadelphia 1984 ([1]fig. 15–16; [2]table 9–2 A; [3]fig. 13.27–13.29; [4]fig. 17.10; [5]fig. 19.22; [6]fig. 15.63; [7]fig. 15.25; [8]fig. 17.10)

44 Ravelli, A.: Ein Orientierungszeichen am Röntgenbild des Kleinfingerendgliedes. Röntgen-Bl. 7 (1954) 58–61

45 Roberts, M. E. T., V. Wright, A. G. S. Hill, A. C. Mehra: Psoriatic arthritis, follow-up study. Ann. rheum. Dis. 35 (1976) 206–212

46 Schutte, H. E., J. D. Wackwitz: Metastatic fat necrosis involving the tubular bones of the hands (and probably the feet) secondary to traumatic pancreatitis (case Report 171). Skeletal Radiol. 7 (1981) 147–149

47 Stecken, A.: Akroosteolysis bei einem Geiger. Fortschr. Röntgenstr. 80 (1954) 405–407

48 Stotz, R., K. Kläy, J. Müller: Glomus-Tumoren der Hand. Helv. chir. acta 50 (1983) 339–342

49 Sundaram, P. F. J., J. B. Shields, M. A. Riaz, S. Sagar: Terminal phalangeal tufts: earliest site of renal osteodystrophic finding in hemodialysis patients. Amer. J. Roentgenol. 133 (1979) 25–31

50 Taybi, H.: Radiologie der Syndrome. Thieme, Stuttgart 1982 ([1]Kap. 249; [2]Kap. 499)

51 Trail, I. A.: Acute calcification in the fingers. J. Brit. Soc. Surg. Hand 10-B (1985) 263–266

52 Yune, H. Y., A. Vix, E. C. Klatte: Early fingertip changes in skleroderma. J. Amer. med. Ass. 215 (1971) 1113–1116

53 Zlatkin, Ph., H. Lander, L. R. Gebin, A. Hadjiparlou: Soft tissue chondromas. Amer. J. Roentgenol. 144 (1985) 1263–1267

Fingermittelglieder

Norm

Im Wachstum

Ebenso wie an den terminalen sind auch bei den mittleren Phalangen die **Diaphysen** zum Zeitpunkt der Geburt beim normalen Kind verknöchert. Die **Epiphysen** werden später als bei den Endphalangen erst im 2. bis 3. Lebensjahr radiologisch sichtbar und verschmelzen im 17. bis 18. Lebensjahr. Die Epiphysen des 13- bis 15jährigen erscheinen breiter als die basalen Schaftpartien und sind in der Struktur dichter (s. Abb. 2.**1**).

Beim Erwachsenen

Eine Trochlea mit symmetrisch geformten Kondylen, anatomisch Caput phalangis genannt, bildet entsprechend ihrer Funktion das distale Ende der Mittelphalanx. Proximal hiervon liegt die schmalste Stelle des Schaftes. Abgesehen von der auch bei den Mittelphalangen natürlich bestehenden Abhängigkeit der Größe (Länge und Breite) von der Konstitution ergibt sich eine Formveränderung durch mechanische Beanspruchung jenseits des 30. Lebensjahres, vorwiegend durch unregelmäßige, spitze oder rundliche Vorsprünge am radialen und ulnaren Rand in geringem Abstand zu den Gelenken, den Kapsel- und Bandansätzen entsprechend (Abb. 2.**102a–c**). An der Volarseite stellt sich darüber hinaus ein mehr flacher Wulst, vorwiegend proximal diametaphysär gelegen, normalerweise dar, der anatomisch dem Sehnenscheidenansatz entspricht.

Diese normalen Unregelmäßigkeiten und Wülste dürfen nicht mit pathologischen Periostverknöcherungen (Periostitis, Periostose) oder mit Kallus verwechselt werden.

Neben den beschriebenen Irregularitäten und Wülsten kann man gelegentlich kleinere isolierte Knochenpartikel erkennen. Diese Verknöcherungen liegen im Ansatz der auch mit Quer- und Schrägbändern verstärkten *Sehnen der Beugemuskeln*.

Die Gefäßkanäle ziehen in den distalen Schaftabschnitten von radial nach distal und können bei orthograder Darstellung der Foramina nutritia (Eintrittsstelle der Gefäße) als kleine lochförmige Aufhellungen in der Struktur erscheinen (3, 32). Sie ähneln den an der Endphalanx beschriebenen, kommen aber häufiger als dort vor.

Eine besondere morphologische Variante stellt die **Zapfenepiphyse** an Phalangealknochen (Cone-shaped-epiphysis, Glockenepiphyse, Epiphyse en cone, „en bouchon de carafe") dar (Abb. 2.**29a–c**).

Häufiger am Fuß und dann oft als Befund bei sonst Gesunden, kann sie auch als Begleitsymptom schwerster Formen peripherer Dysostosen, besonders beim **trichorhinophalangealen Syndrom** (Giedion), auftreten (9, 14, 33). Auch bei der Akromegalie sind Zapfenepiphysen beschrieben. Tabellarische Übersicht bei Giedion (12[1,2], topo- und typographische Übersicht 12[3]), s. auch „Allgemeiner Teil", S. 20ff.

Anomalien

Unter den Anomalien ist als häufigste die **Brachymesophalangie** eine kongenital vererbte Verkürzung der Mittelphalanx, zu nennen.

Als Normvariante kommt die Brachymesophalangie am 5. Strahl besonders häufig bei der mongolischen Rasse vor (bei Japanern in 20%, im Vergleich dazu bei Europäern in 0,6–1%). Zapfenepiphysen sind dabei nicht selten.

Beim **Mongolismus** (Trisomie 21, Down-Syndrom) findet man die Brachymesophalangie in 62%;

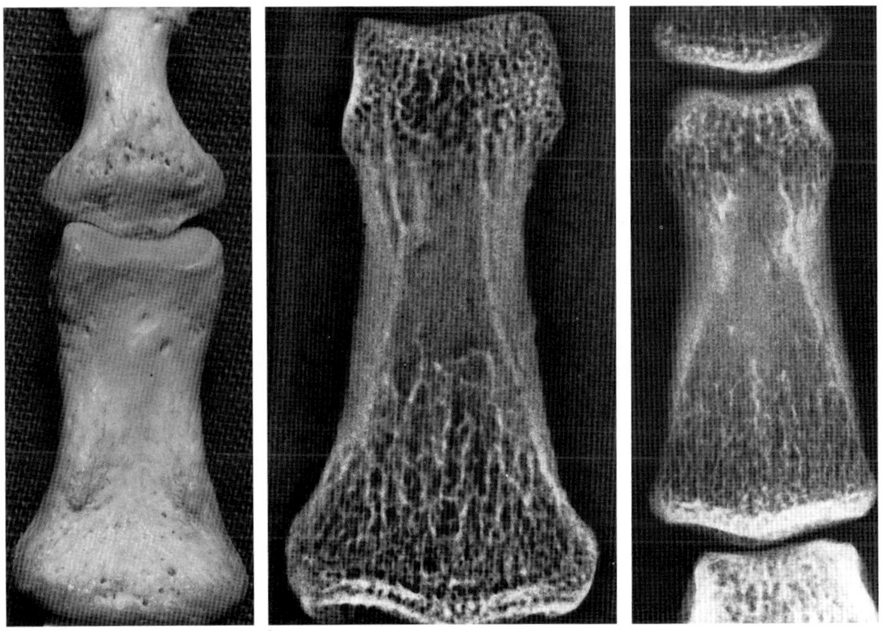

Abb. 2.**102 a–c** Normale Vorsprünge und Leisten an den Mittelgliedern (in **c** auch am Grundglied dargestellt) a b c

sie wird aber auch als Kennzeichen unter vielen anderen systemischen Fehlbildungen aufgeführt (25) (Tab. 2.**6**). Ist die hypoplastische Mittelphalanx keilförmig, sitzt die Endphalanx schief, resultiert eine **Klinodaktylie** (s. oben).

Es gibt die **Aplasie** mit Brachytelehypophalangie, kompensiert durch eine extrem lange Grundphalanx (5). „**Deltaphalanx**" s. „Allgemeiner Teil"; longitudinally brackeled diaphysis s. Abb. 2.**30 a–c**.

Merkwürdige Formveränderungen an den Mittel- und Endphalangen wurden von Köhler in einer Sippe über drei Generationen hin beobachtet.

Es traten – im 7. bis 10. Lebensjahr mit Verbreiterung und Deformitäten der Mittelphalangen beginnend – eigenartige Abschrägungen der distalen Enden der Mittelphalangen des 2. und 4. Fingers auf, so daß die Endphalangen schief den Mittelphalangen aufsaßen. Die distalen Enden der Grundglieder waren auffallend eckig. Betroffen waren die Mutter, von ihren acht Kindern fünf Jungen und Mädchen und auch fünf von acht Enkeln. Sonst ergab sich bei den Patienten kein pathologischer Befund (Abb. 2.**103**).

Gleichartige Veränderungen sind von Poznanski mit Hinweis auf die Ähnlichkeit mit Frostschädigung der Mittel- und Endphalangen in seinem Lehrbuch abgebildet (29[2]).

Tabelle 2.**6** Entwicklungsstörungen (Disorders) bei kurzen Mittelphalangen (nach Poznanski)

An der V. Mittelphalanx	
begrenzt auf Mittelphalangen	Brachydaktylie A-3
auch andere Handpartien betroffen	Brachydaktylie A-1 Kamtobrachydaktylie Symphalangismus Syndaktylie Typ 3
begleitende chromosomale Syndrome	4p-Trisomie Trisomie 9p Trisomie 18 Trisomie 21 XXXXX XXXXY
begleitende kraniofaziale Syndrome	Ankyloglossia superior okulodentodigital orofaziodigital I und II otopalatodigital
andere begleitende Syndrome	Aarskog Bloom Christian Coffin-Siris Fibrodysplasia ossificans progressiva Goltz Hand-Fuß-Genital-Syndrom Holt-Oram Laurence-Moon-Biedel Noonan Poland popliteales Pterygium Pseudothalidomide Seckel Shwachman Silver Thrombocytopenia – fehlender Radius Williams
erworben	Arthritis Infektion Neoplasma Trauma
An der II. Phalanx	
begrenzt auf Mittelphalangen	Brachydaktylie A-2
auch andere Handpartien betroffen	Brachydaktylie A-3
begleitende chromosomale Syndrome	
begleitende kraniofaziale Syndrome	
andere begleitende Syndrome	Pseudohypoparathyreoidismus Pseudopseudohypoparathyreoidismus Sklerosteosis
erworben	
An anderen Mittelphalangen	
begrenzt auf Mittelphalangen	Brachydaktylie A-4
auch andere Handpartien betroffen	Brachydaktylie A-1 Brachydaktylie B Brachydaktylie C Symphalangismus
begleitende chromosomale Syndrome	
begleitende kraniofaziale Syndrome	Akrozephalosyndaktylie (Apert) Akrozephalosyndaktylie (Carpenter)
andere begleitende Syndrome	Aarskog Christian Kleeblattschädel Frias Hull Herrmann-Opitz Hollister-Hollister Hunter-Frazer Poland Saldino-Mainzer Trichorhinophalangeal Symphalangismus – Brachydaktylie
erworben	Arthritis Infektion Neoplasma Sichelzellanämie Trauma

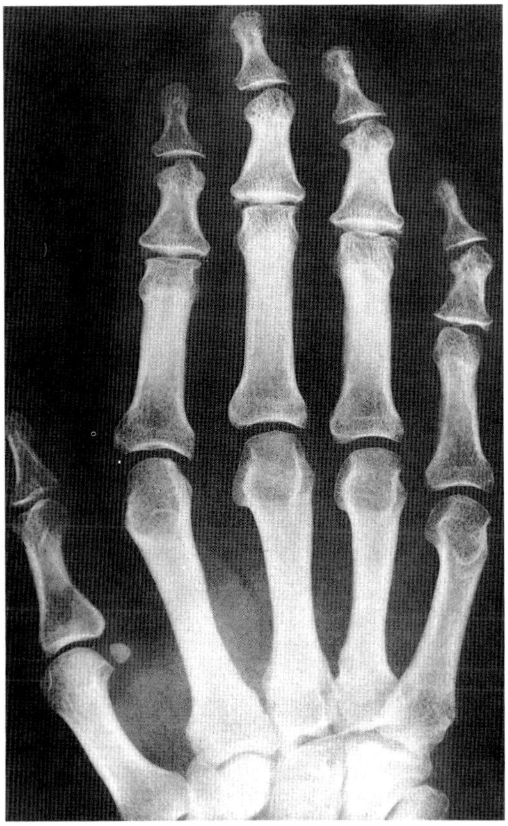

Abb. 2.**103** Eigenartige Deformierung der distalen Enden der Mittelphalangen mit sekundärer Osteoarthrosis deformans (dominanter Erbgang)

Verletzungsfolgen und Nekrosen

Wie im distalen gibt es auch im proximalen Interphalangealgelenk **Luxationen bei Ballspielern.** Es wurden auch Doppelluxationen beschrieben (17, 30).

Im vorigen Absatz über die Endphalangen erwähnte sog. Mallet-Finger durch Strecksehnenausriß können in typischer, wenn auch an einem einzigen Finger in ungewöhnlicher Weise mit Luxationen im proximalen Interphalangealgelenk vorkommen, werden aber auch isoliert beobachtet (20).

Oft schwer erkennbare Ausrisse an der Dorsal- und Ventralseite der Phalanxbasen (durch Sehnenabriß), bei Kindern an den basalen Epiphysen, sind zu beachten.

Die **Thiemannsche Erkrankung** an den Epiphysen (28, 31) wurde bereits im „Allgemeinen Teil" (S. 23f.) beschrieben (s. auch Abb. 2.**31** bis 2.**34**).

Als sehr seltene Knochennekrose unbekannter Ätiologie gilt das **„phalangeale Mikrogeoden-Syndrom (des Kleinkindalters)"** (22). Es handelt sich um ein plötzliches Anschwellen mit Rötung, Schmerz und Erwärmung der Haut einiger Phalangen, meist der Mittelphalangen, ein- oder beidseitig. Die meisten Berichte stammen aus Japan (24). Radiologisch findet man *klein-zystisch-wabige* Spongiosaauflockerungen und wenige Kortikalisläsionen. Das Leiden ist kälteabhängig und bildet sich spontan zurück.

Erworbene Erkrankungen

Subperiostale Resorptionen beim primären und sekundären Hyperparathyreoidismus treten besonders an den Mittelphalangen II und III an der radialen Seite auf. Sie sind ziemlich pathognomonisch für den **Hyperparathyreoidismus.** Radiologisch sieht man Unschärfen und Aufrauhungen der Kompakta an der Periostseite, die darüber hinaus durch eine periostale Reaktion nach außen zu auch bürstenartig und lamelliert begrenzt erscheinen kann (10, 11). In ausgeprägten Fällen sind sämtliche anderen langen Handknochen mitbetroffen; in der Regel finden sich dann auch die sog. braunen Tumoren (s. Abb. 2.**53a–c**).

In Abb. 2.**104a–f** sind Veränderungen bei einem Hyperparathyreoidismus, auch im Zusammenhang mit einer renalen Osteopathie dargestellt. Sie lassen sich auf diesen direkten Vergrößerungsaufnahmen besonders eindrucksvoll nachweisen. Eine heute gebräuchlichere Darstellungsmöglichkeit besteht in der Verwendung von Mammographiefilmen ohne Film-Folien-Kombination mit anschließender Lupenbetrachtung.

Konturdefekte in der Kompakta (cortical pitting) sowie *Protuberanzen der Kompakta* durch produktive Knochenveränderungen, insbesondere an den Muskelansätzen (s. Abb. 2.**64** und 2.**65a–e**), werden bei der **tuberösen Sklerose** (Bourneville-Pringle-Syndrom) häufig gefunden. Die Kompakta kann verdickt und verdichtet sein, sowohl subperiostal wie endostal. Ähnliche Veränderungen können an den langen Röhrenknochen nachgewiesen werden. Die Struktur zeichnet sich bei dieser Erkrankung an den langen Handknochen durch unregelmäßige und strähnige Dichtezunahme neben fleckförmigen Verdichtungen wie auch durch zystenähnliche Aufhellungen aus. Bei **Mastozytose** kann sich eine ähnliche radiologische Symptomatik zeigen.

Die bei der **Skelettsarkoidose** vorkommenden Struktur-, Form- und Konturveränderungen wurden bereits im „Allgemeinen Teil", S. 36f., ausführlich dargestellt (s. auch Abb. 2.**59** bis 2.**62**).

Marginale Defekte an den gelenktragenden Abschnitten der langen Handknochen sind immer suspekt auf das Vorliegen einer erosiven Arthritis. Am proximalen Interphalangealgelenk kommt wegen der Prädilektion neben der Psoriasisarthritis und der Polyarthrosis Bouchard der **Polyarthritis chronica** (rheumatoide Arthritis) eine besondere Bedeutung zu. Das Mißverhältnis zwischen zarten Erosionen und geringer Gelenkspaltverschmälerung einerseits, ausgeprägte Fehlhaltungen (ulnare Deviation, selbst Luxation II bis V, „Schwanenhals"-Stellungen) kennzeichnen andererseits die **Jaccoud-Arthritis** (4[2]).

Fibroostotische Erosionen finden sich periartikulär an den Ansatzflächen der Seitenbänder, aber

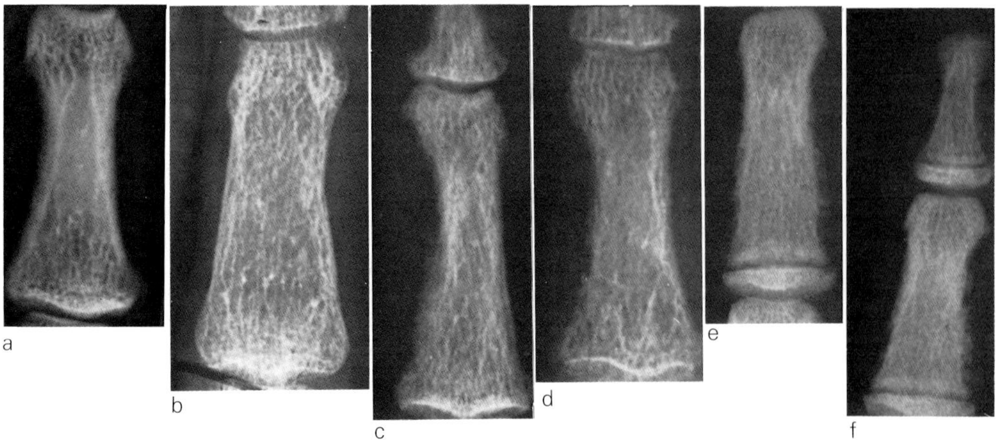

Abb. 2.**104 a–f** Direkte Vergrößerungsaufnahmen bei Osteopathien
a Normalbefund
b Osteoporose: Kompakta von innen verdünnt, dementsprechend vergrößerter Markraum. Äußere Konturen glatt. Auflokkerung der Spongiosa mit relativer Verdickung einiger Bälkchen. Strukturen wie mit dem Bleistift nachgezogen
c u. **d** Primärer Hyperparathyreoidismus: Kortikalis an der Radialseite subperiostal resorbiert, Konturen unscharf, zum Teil fransig, durch zusätzliche Resorption von innen kaum noch erkennbar. An der Ulnarseite Kompakta ebenfalls verdünnt, angedeutet längsgestreift, tunneliert. Auch hier netzförmige Auflockerung der Spongiosa im proximalen Schaftdrittel (**d**)
e u. **f** Renale Osteopathie: Subperiostale Resorptionen, fransen-, bürstensaum-, aber spikulaartige Außenkontur der Kortikalis. Kompakta innen und außen kaum abzugrenzen, Spongiosa verwaschen und unscharf. Am Proceccus unguicularis der Endphalanx resorptionsbedingte Konturdefekte
(aus Fritsch, R., J. Freyschmidt, W. Lustenberger: Röntgen-Bl. 33 [1980] 173)

auch an den meisten fibroostotischen Ossifikationen der Ansätze weiterer Ligamente und lassen sich gelegentlich erst in der Weichstrahlradiographie in drei Ebenen nachweisen (6, 7). Differentialdiagnostisch ist bei Randanlagerungen (wie auch bei endomarginalen Sklerosen) an die **idiopathische Skeletthyperostose** zu denken, die das Maximum ihrer Symptome im mittleren Erwachsenenalter erreicht, sich also – wenigstens zum Teil – zurückbildet (8).

Eine **isolierte Sudecksche Dystrophie** (sog. „parcellar algodystrophy") wurde an einem einzelnen Finger, *begleitet von einer Osteoarthritis* des Endgelenkes (verschmälerter Gelenkspalt und begrenzte Aufhellung im ulnaren Kondylus der Mittelphalanx) beobachtet (19).

Beim Hyperparathyreoidismus mit ähnlicher radiologischer Symptomatik wie bei der Polyarthritis ist außer dem proximalen meist auch das distale Interphalangealgelenk befallen.

Unter 17 in der Weltliteratur in Fingerphalangen beschriebenen **Osteoidosteomen** waren drei Fälle bei Kindern bzw. Jugendlichen aufgeführt, die ohne die typischen starken Schmerzen einhergingen; zwei dieser Krankheitsherde hatten jeweils eine Mittelphalanx befallen (34).

Eigenartige **Fingeraffektionen,** u. a. bei 171 Männern beobachtet, gibt es bei *Seehundfängern* (2). Die Erkrankung tritt im Frühjahr im Anschluß an eine Verletzung beim Einfangen von Seehunden auf. Der erkrankte Finger schwillt nach einer Inkubationszeit von 1 Tag bis 5 Wochen schmerzhaft an. Ohne Eiterung sind die Interphalangealgelenke infiziert und leicht ankylosiert. Diese spezifische Monarthritis der Finger wird als „Tschinga", „Speek-Finger", „Seal-Finger" bezeichnet (26, 27).

Literatur

1 Blundell-Jones, G.: Delta-Phalanx. J. Bone Jt Surg. 46-B (1964) 226–228
2 Candolin, Y.: Seal finger and its occurence in the gulfs of the Baltic Sea. Acta Chir. Scand. (Stockh.), Suppl. 1977 (1953) 7–51
3 Cocchi, U.: Vergleichend-anatomische Studie zur Frage der Skelettreifung. Fortschr. Röntgenstr. 72 (1949) 32–47
4 Dihlmann, W.: Gelenke – Wirbelverbindungen, 2. Aufl. Thieme, Stuttgart 1982 ([1]S. 97–98, [2]S. 132)
5 Dubost, E., J. M. Picard, B. Écarlat, C. Hernandez: Trois formes d'anomalies congénitales des membres. J. Radiol. Électrol. 41 (1960) 579–583
6 Fischer, E.: Die Leistungsfähigkeit der 3-Ebenen-Weichstrahlradiographie an den Fingern bei der chronischen Polyarthritis. Akt. Rheumatol. 8 (1983) 200–206
7 Fischer, E.: Fibroostotische Erosionen am Fingerskelett bei der chronischen Polyarthritis. Akt. Rheumatol. 9 (1984) 135–140
8 Fischer, E.: Exo- und endomarginale Reaktionen an der Hand bei der diffusen idiopathischen Skeletthyperostose, ihre Quantifizierung und Altersabhängigkeit. Fortschr. Röntgenstr. 142 (1985) 447–454
9 Fontaine, G., P. Maroteaux, J. P. Farriaux, J. Richard, B. Rodnes: Le Syndrome Tricho-Rhino-Phalangien. Arch. Fr. Pédiatr. 27 (1970) 635–647
10 Freyschmidt, J.: Röntendiagnostik der Osteopathien. Röntgen-Bl. 33 (1980) 173–176
11 Fritsch, R., J. Freyschmidt, W. Lüstenberger: Zum klinischen Wert radiologischer Verlaufsbeobachtungen bei renaler Osteopathie. Röntgen-Bl. 33 (1980) 207–216
12 Giedion, A.: Zapfenepiphysen. Naturgeschichte und diagnostische Bedeutung einer Störung des enchondralen Wachstums. In Glauner, R., A. Rüttimann, P. Thurn, E. Vogler: Ergebnisse der Medizinischen Radiologie, Bd. I. Thieme, Stuttgart 1968 (S. 59–124; [1]Tab. 10; [2]Tab. 11; [3]Abb. 53)
13 Giedion, A.: Cone-shaped epiphyses (CSE). Ann. Radiol. 8 (1965) 135–145
14 Goardsted, Ch., E. H. Madsen, U. Friedrich: A danish kindred with tricho-rhino-phalangeal syndrome, Type I. Eur. J. Pediatr. 139 (1982) 84–87
15 Greulich, W. W.: A comparison of the dysplastic middlephalanx of the fifth finger in mentally normal Caucasiens, Mongoloids and Negroes with that of the same racial groupes with Down's Syndrome. Amer. J. Roentgenol. 118 (1973) 517–527
16 Hertzog, K. P., St. M. Garn, S. F. Chruch: Cone-shaped epiphyses in the hand. Population frequences, anatomic distribution and developmental stages. Invest. Radiol. 3 (1968) 433–441
17 Kraus: Zwei Luxationen an einem 5. Finger. Röntgenpraxis 16 (1944) 188
18 Kricun, E., J. Edeiken: Roentgenologic Atlas of the Hand and Wrist and Systemic Diseases. Williams & Wilkins, Baltimore 1973 (Fig. 1.5, 1.16)
19 Lagier, R., A. Chamais: Localized dystrophy in distal interphalangeal osteoarthritis of the finger: anatomical-radiological study. J. Hand Surg. 9-A (1984) 328–332
20 Lange, R., W. D. Engler: Proximal interphalangeal joint: fracture-dislocations associated with Mallet-finger. Orthoped 6 (1983) 571–575
21 Liess, G.: D-förmige Epiphysen an Händen und Füßen (periphere Dysostosen). Fortschr. Röntgenstr. 81 (1954) 173–181
22 Maroteaux, P.: Cinq observations d'une affection microgéodic des phalanges du nourisson d'étiologie inconnue. Ann. Radiol. (Paris) 13 (1970) 229–236
23 Meema, H. E., D. G. Oreopoulos, T. M. Murry: Periostal resorption and periostal neostosis: a comparison of normal subjects and renal-failure patients on chronic ambulatory peritoneal dialyses using MOP-3 image analysis system and a grading method. Skeletal Radiol. 15 (1986) 14–20
24 Meller, Y., J. Bar-Ziv, J. Goldstein, G. Torok: Phalangeal microgeodic syndrome in childhood. Acta orthop. scand. 53 (1982) 553–556
25 Miura, T., S. H. Torii: Congenital anomalies of the little finger. J. Hand Surg. 10-B (1985) 245–248
26 Orlow, G.: Spezifische Monarthritis der Finger. „Tschinga", „Speek-Finger", „Seal-Finger". Zbl. Chir. 86 (1961) 2235–2242
27 Pass, D., W. L. Newmeyer, E. S. Kilgore: „Seal-Finger". J. Hand Surg. 6 (1981) 610–612
28 Pöschl, M.: Juvenile Osteo-Chondro-Nekrosen. In Diethelm, L.: Handbuch der Medizinischen Radiologie, Bd. V/4. Springer, Berlin 1971 (S. 71–81)
29 Poznanski, A. K.: The Hand in Radiologic Diagnosis, 2nd ed. Saunders, Philadelphia 1984 ([1]Table 9-3A-C; [2] fig. 9–46)
30 Selig, S., A. J. Schien: Irreducible button-holedislocation of the fingers. J. Bone Jt Surg. 22 (1940) 436–441
31 Thiemann, H.: Juvenile Epiphysenstörungen. Fortschr. Röntgenstr. 14 (1909/10) 79–87
32 Tilling, G.: The vascular anatomy of long bones. A radiological and histological study. Acta radiol. (Stockh.), Suppl. 161 (1958) 5–107
33 Wiedemann, H.-R., H. Dibbern: Trichorhinophalangeal-Syndrom Typus I. Med. Welt 33 (1982) 2–3
34 Wiss, D. A., Barbara S. Reid: Painless osteoid osteoma of the fingers – Report of three cases. J. Hand Surg. 8 (1983) 914–917

Fingergrundglieder

Norm

Im Wachstum

Wie bei der terminalen und mittleren ist auch die **Diaphyse der proximalen Phalanx** zum Zeitpunkt der Geburt beim ausgetragenen Kind ossifiziert. Sie verknöchert schon in der 11. Fetalwoche. Die **Epiphysen** werden etwa zum gleichen Zeitpunkt wie bei den Mittelgliedern, also später als die der Endglieder, mit 2¼–2½ Jahren radiologisch sichtbar. Die Verschmelzung der Epiphysen mit dem Schaft erfolgt wie die der End- und Mittelphalangen im 17.–18. Lebensjahr.

Infolge asymmetrischer Entwicklung der Grundphalanxepiphysen sieht man auf Schrägaufnahmen ihren volaren Abschnitt verdickt. Dieser Knochenabschnitt kann den angrenzenden Schaft etwas umgreifen. Es entsteht eine Art von Stufe (Abb. 2.**105**).

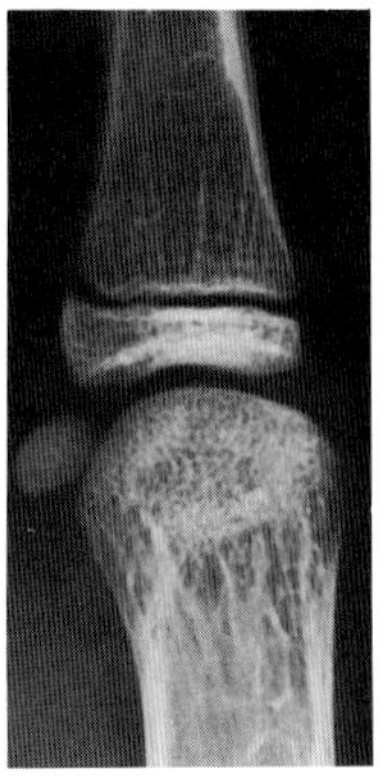

Abb. 2.**105** Form der basalen Epiphyse an der Grundphalanx

Beim Erwachsenen

Verdickungen des Knochenschaftes, vor allem in seinen distalen Abschnitten (s. Abb. 2.**1** und 2.**102c**), entsprechen knöchernen Wülsten für Sehnenansätze (s. Abb. 2.**2**), die je nach mechanischer Belastung der Hand sehr unterschiedlich ausgeprägt sein können. Die rinnenförmigen Übergänge dieser Wülste zur angrenzenden Kompakta verursachen gelegentlich projektionsbedingte, linienförmige Aufhellungen (s. Abb. 2.**6**).

Die **Gefäß-(Nutria-)kanäle** ziehen im Schaft der basalen Hälfte nach proximal, in der distalen Hälfte nach distal. Wenn das Eintrittsloch der Gefäße in den Knochen orthograd getroffen wird, entstehen lochförmige Strukturaufhellungen (s. Abb. 2.**3**). Sieht man den Kanal längs, wird dieser auch als solcher sichtbar (s. Abb. 2.**5** und 2.**6**).

Nutritiakanäle sind von Fissuren und feinen Bruchspalten abzugrenzen. Schwierigkeiten können sich auf Schrägaufnahme ergeben, wenn der Eintritt des Gefäßes in den Knochen frei projiziert ist und ein angrenzender Knochenwulst auch noch als Kallus fehlgedeutet wird.

Anomalien

In den Grundphalangen tritt die Knochenstruktur besonders deutlich hervor. Dadurch werden verschiedene, bereits im „Allgemeinen Teil" besprochene, systemische angeborene Knochenerkrankungen, wie z. B. die Osteopetrose, die Pyknodysostose, die Osteopathia condensans disseminata, die Pachydermoperiostose usw., gerade hier radiologisch früh und besonders deutlich sichtbar.

Eine Brachyphalangie ist an den Grundgliedern wohl nur bei Verkürzung auch der anderen Handknochen zu finden (Tab. 2.**7**).

Tabelle 2.**7** Entwicklungsstörungen (Disorders) bei kurzen Grundphalangen (nach Poznanski)

	Daumen allein	Andere oder alle Finger
andere Handpartien betroffen	Brachydaktylie A-1	Brachydaktylie C Brachydaktylie A-1 (manchmal) Brachydaktylie A-2 (manchmal)
begleitende Symptome	Akrozephalopolysyndaktylie (Carpenter) Akrozephalosyndaktylie (Apert) Akrozephalosyndaktylie (Pfeiffer) Rubinstein-Taybi (gelegentlich) diastrophischer Zwergwuchs Fibrodysplasia ossificans progressiva Nävoid-Basalzellkarzinom Trisomie 18	diastrophischer Zwergwuchs
erworben		Arthritis Infektion Neoplasma Sichelzellanämie Trauma

Verletzungsfolgen und Nekrosen

Frakturen kommen vorwiegend in den proximalen Abschnitten der Grundphalangen vor. Frische Ausrisse sind manchmal schwer zu erkennen (Abb. 2.**106a**). Die abgerissenen Fragmente können isoliert bleiben (Abb. 2.**106b**).

Luxationen erfolgen in den Metakarpophalangealgelenken nach hinten durch Riß der dorsalen Kapsel, eventuell auch nach radial oder ulnar mit Riß eines der Kollateralbänder, am seltensten – und am schwersten radiologisch festzustellen – nach volar unter Abriß der Palma manus (13).

Eine gleichzeitige Luxation des Zeige-, Mittel- und Ringfingers nach dorsal (mit Radiusfraktur, Abriß des Processus styloideus ulnae und Einklemmung des Sesambeins durch das Metakarpalköpfchen II sowie dorsaler Luxation der Ulna) mit ausgestreckten Fingern ist nach Fall auf die Hand beschrieben (6).

Eine offensichtlich durch eine chronische Traumatisierung der Wachstumszone bedingte Veränderung findet sich in Abb. 2.**36**. Dabei handelt es sich um Konturunregelmäßigkeiten der Gelenkenden an den Fingergrundgelenken eines Mannes, der sich seit frühester Jugend einem harten Boxtraining unterzogen hatte, wie im „Allgemeinen Teil" bereits beschrieben.

Unweit des Köpfchens der Grundphalanx des Zeigefingers wurde eine Zone mit aufgelockerter Struktur und breiter, muldenförmiger Aufhellung beschrieben (Abb. 2.**107**). Bei genauer Untersuchung fand sich eine aseptische Nekrose mit postnekrotischer Rarefizierung des Knochens (10).

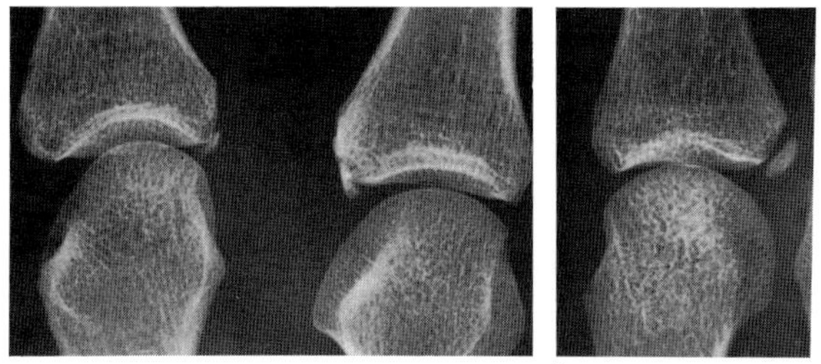

a b
Abb. 2.**106a** u. **b** Kleine Ausrisse

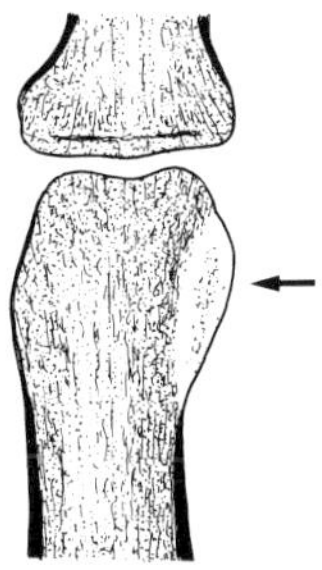

Abb. 2.**107** Aseptische Nekrose (nach Horwitz)

Erworbene Erkrankungen

Erworbene Erkrankungen, die mit einer *generalisierten Dichtezunahme* des Handskeletts einhergehen können und sich besonders deutlich an den Grundphalangen manifestieren (s. oben), wurden überwiegend bereits im „Allgemeinen Teil" besprochen. Hier sei nur noch auf die **toxischen Osteopathien** durch Blei oder Fluor verwiesen, die besonders deutlich in den Grundphalangen sichtbar werden. Die **Osteomyelosklerose** kommt am Handskelett nur selten vor.

Umschriebene Dichtezunahme, z. B. durch ein **Enostom**, ist ebenfalls schon im „Allgemeinen Teil" besprochen worden (s. Abb. 2.**76**).

Auf die Struktur- und Formveränderungen bei der **Ostitis deformans Paget** an der Grundphalanx wurde im „Allgemeinen Teil" mit der Abb. 2.**38** hingewiesen.

Konturunregelmäßigkeiten an der Basis der proximalen Phalangen wurden von dem dänischen Radiologen Nørgaard nebst Erosionen als Frühzeichen der rheumatoiden Arthritis beschrieben.

Diese Veränderungen sind manchmal erst in schräger Projektion, z. B. auf Röntgenaufnahmen der Hände in 45-Grad-Halbsupination, in der Projektion nach Brewerton (2) oder auf Vergrößerungsaufnahmen (8) zu erkennen. Folienlose, insbesondere Mammographiefilme erhöhen die Detailerkennbarkeit (4) und die Dosis. Die mangelnde diagnostische Übereinstimmung bei Betrachtung von Radiogrammen in sämtlichen erwähnten Strahlenrichtungen relativiert deren propagierten Wert auf die Beobachtungsgabe des Untersuchers (12).

Die Anfertigung von Aufnahmen in zusätzlichen Strahlengängen, von Vergrößerungsaufnahmen und von Abbildungen auf folienlosen Filmen ist aus den verschiedensten Gründen nicht ohne Kritik geblieben. Hinzu kommt ein prinzipieller Zweifel am Wert der Diagnose der beschriebenen Konturunregelmäßigkeiten, die in 10% bei Patienten ohne klinische Symptome gefunden wurden (17). Die Konturunregelmäßigkeiten hätten für sich allein keinen Krankheitswert. Zarte Erosionen an den Grundphalanxbasen seien nur dann als pathologisch anzusehen, wenn lokale Beschwerden und eine gelenknahe Demineralisation gleichzeitig vorhanden sind.

Systemische Gelenkerkrankungen, oft mit *generalisierter Dichteabnahme* einhergehend, wie z. B. die **rheumatoide Arthritis,** manifestieren sich überhäufig an den Metakarpophalangealgelenken. An der gegenüberliegenden Gelenkfläche der Grundphalanx sind deshalb auch subchondrale Signalzysten und Erosionen zu erwarten. Die Gelenkveränderungen der rheumatoiden Arthritis ähneln stark den diesen gegenüber allerdings sehr selten beobachteten **tuberkulösen Arthritiden** (1:100 bei Skelettbefall). Die Erkrankung ist bilateral am 3. Strahl im Metakarpophalangealgelenk beschrieben (11). Der in Abb. 2.**108** dargestellte Defekt an der lateralen Gelenkkontur entspricht trotz seiner scharfrandigen Begrenzung einer Usur bei einem entzündlichen Gelenkprozeß im Rahmen einer rheumatoiden Arthritis; denn an der Gegenseite finden sich deutliche erosive Veränderungen, und es besteht eine umgebende Weichteilschwellung.

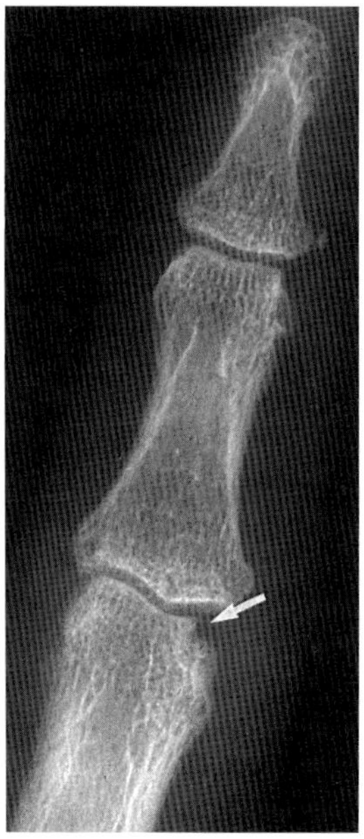

Abb. 2.**108** Arthritischer Defekt am Gelenkrand (sog. Usur). Keine traumatische Absprengung

Subchondrale zystenähnliche Aufhellungen an den Grundphalangen und den gegenüberliegenden Köpfchen der Metakarpophalangealgelenke II und III sind bei gleichzeitiger Gelenkspaltverschmälerung und eventuell nachweisbaren diskreten Knorpelverkalkungen symptomatisch für die **Hämochromatose** (3, 5). Weiteres dazu s. im folgenden Abschnitt „Metakarpalknochen".

Auflockerungen der Spongiosa durch **Destruktionen** (ohne periostale Reaktion) wurden *isoliert in der Grundphalanx* des 5. Fingers bei einem 13 Monate alten Kind mit einer **Sarkoidose** beschrieben (1).

Die **Fibrodysplasia ossificans progressiva,** früher Myositis ossificans progressiva, ist als hereditäre, mesodermale Störung zwar selten, aber typisch und kann an der Basis der Grundphalangen zu eigenartigen, aber auch wohl charakteristischen hakenförmigen Verknöcherungen führen (15).

Literatur

1 Adler, Dorit D., Caroline E. Blane, J. F. Holt: Osseous sarcoidosis of left fifth digit in a young child with systemic sarcoidosis. Skeletal Radiol. 9 (1983) 205–207 (Case Report 220)

2 Brewerton, D. A.: Instrumental and technical notes. A tangential radiographic projection for demonstrating involvement of the metacarpal heads in r. a. Brit. J. Radiol. 40 (1967) 233–234

3 Dymok, I. B., E. B. D. Hamilton, J. W. Laws, R. Williams: Arthropathy of hemochromatosis. Clinical and radiological analysis of 63 patients with iron overload. Ann. rheum. Dis. 29 (1970) 469–476

4 Fischer, E.: Die Leistungsfähigkeit der Drei-Ebenen-Weichstrahlradiographie an den Fingern bei der chronischen Polyarthritis. Akt. Rheumatol. 8 (1983) 200–206

5 Freyschmidt, J.: Gelenkerkrankungen. Springer, Berlin 1985

6 Hall jr., R. F., Th. F. Gleason, R. F. Kasa: Simultaneous closed dislocations of the metacarpophalangeal joints of the index, long, and ring fingers: A case report. J. Hand Surg. 10-A (1985) 81–85

7 Hamza, M., R. Hamza, M. Moalla, H. Ben Ayed: Les calcifications métacarpophalangiennes dans la chondrocalcinose articulaire diffuse. Sem. Hôp. (Paris) 58 (1982) 923–925

8 Hartley, R. M.: The value of conventional views and radiographic magnification in evaluating early rheumatoid arthritis. Arthritis Rheum. 27 (1984) 744–751

9 Hirsch, J. H., C. Killian, R. H. Trouper: The arthropathy of hemochromatosis. Radiology 118 (1976) 591–596

10 Kierulf, E.: Radiologic findings in injuries of the fingers. Acta radiol. (Stockh.) 44 (1954) 163–168

11 Latorre, F.: Artritis tuberculosa metacarpofalángica bilateral. Radiologia 24 (1982) 403–404

12 Mewa, A. A. M., Margaret Puci, P. Cookshott, W. W. Buchanan: Observer differences in detecting erosions in radiographs of rheumatoid arthritis. A comparison of postero-anterior, Nørgaard and Brewerton views. J. Rheumatol. 12 (1983) 216–221

13 Moneim, M.: Volar dislocation of the metacarpophalangeal joint. Clin. Orthop. 176 (1983) 186–189

14 Nørgaard, F.: A follow-up study of the earliest radiological changes in rheumatoid polyarthritis. Brit. J. Radiol. 53 (1983) 63–73

15 Resnick, D.: Fibrodysplasia ossificans progressiva. Skeletal Radiol. 10 (1983) 131–136

16 Schilling, F.: Chronische Polyarthritis, Röntgendiagnostik. In Matthies, H.: Handbuch der Inneren Medizin, Bd. VI/2B: Rheumatol. B. Springer, Berlin 1984 (128–176)

17 Stelling, C. B., M. M. Keats, Th. E. Keats: Irregularities at the base of the proximal phalanges: false indicator of early rheumatoid arthritis. Amer. J. Roentgenol. 138 (1982) 695–698

Daumen

Norm

Anlage und *Ossifikation* der **Dia- und Epiphysenkerne** für die Daumenphalangen erfolgen in der gleichen Periode wie die entsprechenden Ossifikationsvorgänge an den Mittel- und Grundphalangen der Finger.

Beim *Erwachsenen* ist am Daumenendgelenk im Gegensatz zu den Interphalangealgelenken der Finger in der Regel (73% [5]) ein **Sesambein** zu finden, s. „Allgemeiner Teil", S. 52.

Die Form der beiden Daumenphalangen hängt, abgesehen von den konstitutionellen Gegebenheiten, mindestens so stark wie bei den Fingerphalangen von der manuellen Beanspruchung ab.

Varianten

Der kurze, breite Daumen kann einerseits, ähnlich einem Schönheitsfehler, fast noch zum Spielbereich der Norm gezählt werden, wird andererseits mit ein- und doppelseitigem Auftreten familiär beobachtet und gewinnt dann schon die Bedeutung einer Anomalie, auch **Kolbendaumen**, Murderer's thumb genannt (Abb. 2.**109**), eine Sonderform der Brachytelephalangie am Daumen, eventuell verbunden mit partieller Verdoppelung der Endphalanx.

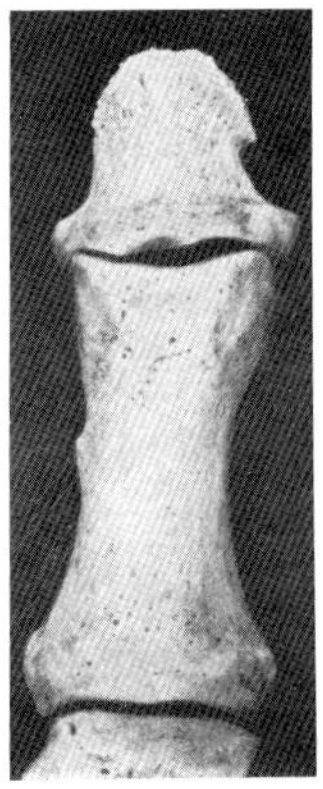

Abb. 2.**109** Kolbendaumen

Anomalien

Die vorwiegend die Verkürzung der primär die distalen Daumenphalangen betreffenden Entwicklungsstörungen sind in Tab. 2.**8** zusammengefaßt. Der zuvor wiedergegebenen Tab. 2.**7** sind die Dysplasien zu entnehmen, die den Daumen allein oder im Rahmen anderer Syndrome betreffen und in gleicher Form auch an den übrigen Fingern auftreten können.

Tabelle 2.**8** Entwicklungsstörungen mit kurzen distalen Phalangen, die primär den Daumen betreffen (nach Poznanski)

Kurz und breit	Dünn und schmal
Akrozephalosyndaktylie (Carpenter)	Cornelia-de-Lange-Syndrom
Akrozephalosyndaktylie (Apert)	kryptogenetische Brachymetakarpie
Akrozephalosyndaktylie (Pfeiffer)	Fanconi-Syndrom
Brachydaktylie D*	Fibrodysplasia ossificans congenita
Brachydaktylie A-4*	Holt-Oram-Syndrom
cheirolumbale Dysostose	radiale Hypoplasie
Christian-Brachydaktylie	Trisomie 18
kryptodontische Metakarpalien	
diastrophische Dysplasie	
Fibrodysplasia ossificans congenita	
Hand-Fuß-Genital-Syndrom	
Osteodysplastie	
otopalatodigitales Syndrom	
Pseudohypoparathyreoidismus	
Pseudopseudohypoparathyreoidismus	
Robinow-Syndrom	
Rubinstein-Taybi-Syndrom	
Tabatznik-Syndrom	

* Mögliche longitudinale Aufsplitterung

Bei öfter zu beobachtender Unterentwicklung kommt es zur Deviation des Endgliedes (Pollex varus sive valgus). Die Grundphalanx ist in solchen Fällen häufig im Sinne einer „longitudinally bracketed diaphysis" verändert (Abb. 2.**110a**, s. auch Abschnitt „Zehen", Abb. 7.**425a–c**), z. B. Rubinstein-Taiby-Syndrom und der Akrozephalosyndaktylie. Diese Hypoplasie kann mit fehlender Thenar-Muskulatur, Teilung (und nicht normalen Insertionen [15]) des M. flexor pollicis longus (23) und lateralen Subluxation der Daumengrundphalanx (12) einhergehen. Die Fehlbildungen können vererbt werden. Der M. flexor pollicis longus kann fehlen (14).

Der Daumen kann **dreigliedrig** sein (6 u. a.). Die Anomalie kommt etwa in der Häufigkeit von 1 : 25000 bei manchmal familiärem Auftreten vor. Eine Doppelung des Daumens ist dabei möglich, ebenso eine Doppelseitigkeit der Anomalie wie auch eine Kombination mit Daumenaplasie der Gegenseite. Die nahen Beziehungen zwischen Hypoplasie und Dreigliedrigkeit des Daumens werden bei der Betrachtung der Tab. 2.**9** deutlich. In dieser Aufstellung, die zur (mit chirurgisch unterschiedlichen Konsequenzen führenden) Abgrenzung eines triphalangealen Daumens und einer „Fünf-Finger-Hand" (mit möglicher und nicht möglicher Opposition des Daumens) führt, werden auch Hypoplasiemerkmale aufgeführt, und zwar nur bei der „Fünf-Finger-Hand" (4). Hypoplasie und Dreigliedrigkeit des Daumens sind oft Ausdruck oder Teilsymptom einer übergeordneten Fehlbildung, der **radialen Dysplasie**.

Zu der Vielzahl und Vielfalt der Varianten und Anomalien dieser Art am Daumen gehören so unterschiedliche Formen wie der „trigger thumb" (7) wie auch die rudimentäre Polydaktylie, über die jüngst anhand von fünf Beobachtungen berichtet wurde (9).

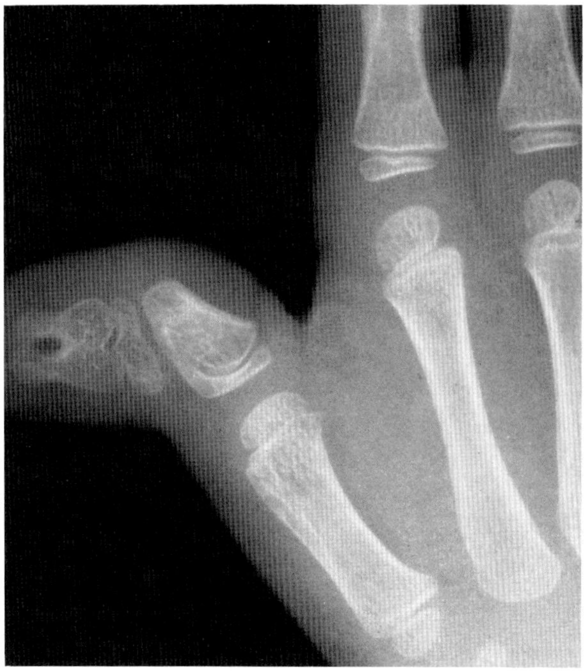

a

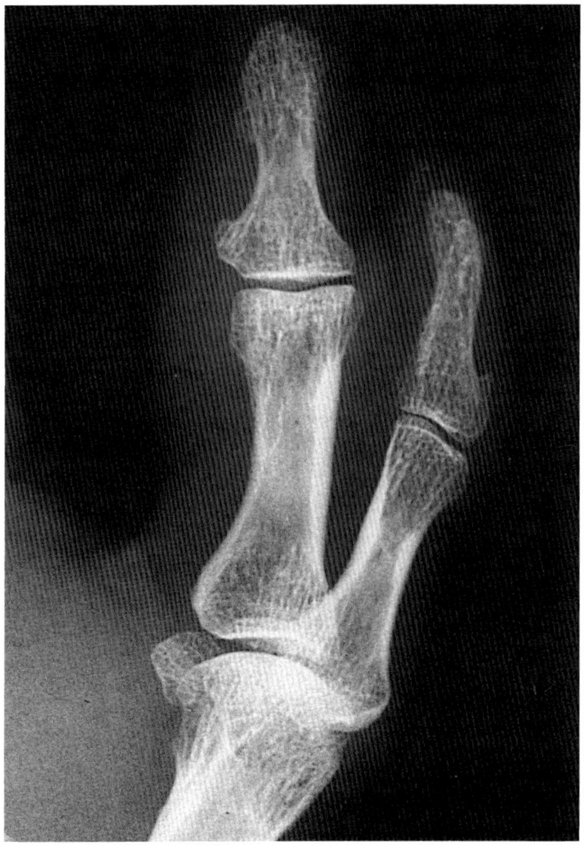

b

Abb. 2.**110a** u. **b**
a 3jähriges Mädchen. Beiderseits nach außen abgewinkelter Daumen mit Longitudinally bracketed diaphyses in den Daumengrundphalangen (auch an den Grundphalangen der Großzehen) (Beobachtung von Holthusen, Hamburg)
b Doppelanlage des Daumens

Die Doppelanlage eines Daumens ist in Abb. 2.**110b** dargestellt. Bei diesem Patienten mußte der rudimentäre Teil entfernt werden, weil er bei der Arbeit störte.

Folgende Syndrome und Kombinationen mit Anomalien sind bei triphalangealem Daumen bekannt (21):

Syndrome:
- Blackfan–Diamond-Anämie,
- Kardiomelie (Holt-Oram),
- Duane,
- Juberg-Hayward,
- LADD (Lacrima-auriculo-dento-digital-syndrome),
- Thalidomide,
- Goodman,
- Trisomie 13–15 (gelegentlich),
- IVIC-Syndrom,
- Aase-Syndrom (konnatal insuffiziente Erythropoese) (118),
- Nager's dysostosis acrofacialis (26),
- Townes.

Andere begleitende Anomalien:
- fehlender Pektoralismuskel (11),
- fehlende Tibia (21),
- Duplikationen der Großzehe (10),
- Anusobliteration und Taubheit,
- kongenitaler Spaltfuß (lobster claw) (19),
- präaxiale Polydaktylie (19),

Tabelle 2.**9** Triphalangealer Daumen (nach Chan u. Lamb)

Merkmale (Features)	Triphalangealer Daumen	Fünf-Finger-Hand
Extraphalanx	kann von normaler Größe oder kleiner als normal, von delta- oder rechtwinkliger Form sein, häufig mit ulnarer Deviation des Daumens verbunden	voll entwickelte Mittelphalanx ähnlich den anderen Fingern
volle Länge des 1. Fingers	leicht länger als ein normaler Daumen	erreicht gewöhnlich die volle Länge eines normalen Zeigefingers
1. Metakarpalknochen	kürzer und breiter als normal	ähnlich den anderen Metakarpalia
Epyphyse des 1. Metakarpale	am proximalen Ende	am distalen Ende
Thenarmuskeln	sie sind vorhanden und gewöhnlich normal	völliges oder teilweises Fehlen
Funktion	volle Opposition ist möglich	volle Opposition ist nicht möglich

– Polydaktylie der Kleinzehe (2),
– Spalthand,
– Onychodystrophie.

Gleichzeitig kann eine Megadaktylie (keine Erblichkeit) bei **Hämangiomatose** oder **Neurofibromatose** auftreten.

Verkürzungen der proximalen Daumengrundphalanx sind beim kongenitalen Dysplasiesyndrom des **Basalzellnävus** als typisch beschrieben und abgebildet (20[1]).

Verletzungsfolgen und Nekrosen

Bei der Diagnose einer **Subluxation** oder **Luxation** des Daumens im Grundgelenk ist Vorsicht geboten, weil nach den üblichen Aufnahmen schon scheinbare Subluxationen vorliegen können. Vergleichsaufnahmen der anderen Seite sind im Zweifelsfall empfehlenswert.

Beim „gamekeepers' thumb" reißt das Lig. ulnare im Grundgelenk, eventuell unter Ausriß eines Knochenteilchens seines Ansatzes (20[3]). Ähnliche Verletzungen kommen bei Reitübungen auf dem *„mechanical bull"* (8) oder beim Skilaufen (27) vor, wenn sich jeweils der Daumen in der Schlaufe des Übungsgerätes, des Skistocks, aber auch des schlaufenlosen Skistocks (22) verfängt. Diese Schäden beim *Skilaufen* wurden bisher nur bei zwei Kindern beschrieben (Abb. 2.**111a**). Das Ausmaß der stets vorhandenen Bandschädigung ist nur durch *gehaltene Aufnahmen* zu ermessen.

Eine **Doppelausrenkung** ist schon an den übrigen Fingern selten und wurde am Daumen von den beschreibenden Autoren in der Weltliteratur sonst nicht gefunden (17).

Erworbene Erkrankungen

Brüche des Sesambeines wurden schon im „Allgemeinen Teil" besprochen und abgebildet. An dieser Stelle sollen dann zwei weitere Beispiele der oft schwer nachweisbaren Frakturen (20[4]) gezeigt werden (Abb. 2.**111b** u. **c**).

Als häufigste Erkrankung am Daumengrundgelenk finden wir die **Arthrose. Hämophile Pseudotumoren** mit zystisch-trabekulärer Struktur als Folge koagulopathischer Osteoarthropatien kommen besonders am Daumen und an den Metakarpalia vor (3).

Die **Gichtarthritis** (Osteoarthropathia urica) befällt am Handskelett vor allem das Daumengrundgelenk (s. Abb. 2.**63a** u. **b**). Die bei dieser Erkrankung typischen lochförmigen Defekte in Meta- und Diaphysen entsprechen sog. Marktophi. Bei randständiger Position dieser Tophi kann es zu Kompakta- oder Kortikaliseinbrüchen kommen, wobei kortikospongiöse Defekte meist mit einem „überhängenden Knochenrand" entstehen bzw. der Gelenkspalt durch Einbruch des Gelenkknorpels verschmälert wird. (Weitere Symptomatik s. S. 37.)

Eine arthrotische Reaktion anderer Ursache findet sich beim sog. **„pipetter's thumb"**, einer typischen Erkrankung von Laborangestellten nach Überlastung des (bei Rechtshändern meist rechten) Daumenendgelenkes durch dauerndes Strecken und Beugen im Interphalangealgelenk beim Pipettieren (13). Radiologisch bestehen Gelenkspaltverschmälerung und andere osteoarthrotische Zeichen des Daumenendgelenkes.

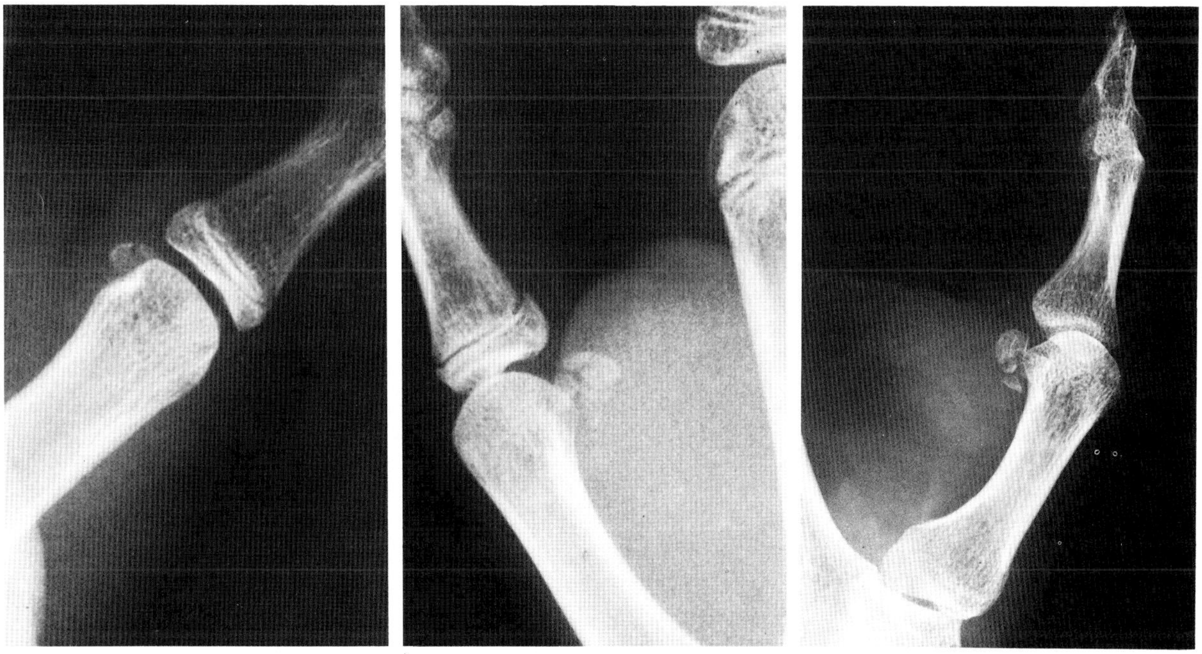

a b c

Abb. 2.**111 a–c**
a u. **b** 14jähriges Kind. Aufnahme des Daumens in zwei Ebenen. Trümmerbruch des Sesambeins nach direkter Verletzung der Hand durch einen Skistock (Beobachtung von Holthusen, Hamburg) **c** 54jährige Frau. Gesplitterte Sesambeinfraktur

Eine als „pipetter's thumb, type II" beschriebene Symptomatik ohne radiologische Symptome, aber mit Tremor und hoher Quecksilberausscheidung im Urin nach 30jähriger Beschäftigung mit Quecksilber-Pipettierungen (24) wird wohl mehr durch das Quecksilber, das der Angestellte abzulecken pflegte, bedingt gewesen sein als durch die Tätigkeit des Pipettierens.

Literatur

1 Aase, J. M., D. W. Smith: Congenital anemia and triphalangeal thumb. J. Pediatr. 74 (1969) 471–474
2 Abramowitz, M. B.: Triphalangeal thumb. A case report and evaluation of its importance in the morphology and function of the thumb. S. Afr. med. J. 41 (1967) 104–106
3 Brant, E. E., H. H. Jordan: Radiological aspects of hemophilic pseudo-tumors in bone. Amer. J. Roentgenol. 115 (1972) 525–539
4 Chan, K. M., D. W. Lamb: Triphalangeal thumb and five-fingered hand. Hand 15 (1983) 330–334
5 Degen, St.: Über das Auftreten der Knochenkerne am Handskelett von der Geburt bis zur Reife. Med. Klin. 46 (1951) 1330–1332
6 Ferber, Ch.: Ein Beitrag zur Dreigliedrigkeit des Daumens. Z. Orthop. 83 (1953) 55–64
7 van Genechten, N.: Familial trigger thumb in children. Hand 14 (1982) 56–58
8 Ginthner, T. P., St. I. Schabel: The „mechanical bull" thumb. Skeletal Radiol. 7 (1981) 131–133
9 Kitayama, Y., S. Tsukada, N. Ishibura, Y. Ide, M. Kojima: Rudimentary polydactyly. Report of 5 cases. J. Hand Surg. 10-A (1985) 382–385
10 Komai, T., Y. Ozaki, W. Inokuma: A japanese kindred of hyperphalangism of thumbs and duplication of thumbs and big-toes. Folia hered. Path. 2 (1953) 307–312
11 Lapidus, P. W., F. P. Guidotti, C. J. Coletti: Triphalangeal Thumb. Report of six cases. Surg. Gynec. Obstet. 77 (1943) 178–186
12 Martinez, R., G. E. Ohmer: Bilateral subluxation of the base of the thumb secondary to an unusual abductor pollicis longus insertion: a case report. J. Hand Surg. 10-A (1985) 396–399
13 Minuk, G. Y., Jeanne G. Waggoner, Jay H. Hufnagle, R. G. Hanson, S. Ch. Pappas: Pipetters thumb. New Engl. J. Med. 306 (1982) 751
14 Miura, T.: Congenital absence of the flexor pollicis longus – a case report. Hand 9 (1977) 272–274
15 Miura, T.: Congenital anomaly of the thumb – unusual bifurcation of the flexor pollicis longus and its unusual insertion. J. Hand Surg. 6 (1981) 613–615
16 Nakamura, J., K. Kanahara, Y. Endo: Familial congenital hypoplasia of the thumb – Report on a family. J. Hand Surg. 9-B (1984) 145–148
17 Pestessy, J. L.: Doppelausrenkung des Daumens. Unfallheilkd. 86 (1983) 323–324
18 Pfeiffer, R. A., E. Ambs: Das Aase-Syndrom: autosomalrezessiv vererbte, konnatal insuffiziente Erythropoese und Triphalangie der Daumen. Mschr. Kinderheilkd. 131 (1983) 235–237
19 Phillips, R. S.: Congenital split-foot (lobster claw) and triphalangeal thumb. J. Bone Jt Surg. 53-B (1971) 247–257
20 Poznanski, A. K.: The Hand in Radiologic Diagnosis, 2nd ed. Saunders, Philadelphia 1984 ([1]S. 264–266; [2]S. 519; [3]S. 684)
21 Poznanski, A. K., St. M. Garn, J. F. Holt: The thumb in the congenital malformation syndroms. Radiology 100 (1971) 115–129
22 Primiano, G. A.: Skeer's thumb injuries associated with flared skipole handles. Amer. J. Sports Med. 13 (1985) 425–427
23 Rayan, Gh. M.: Congenital hypoplastic thumb with absent thenar muscles: anomalous digital neurovascular bundle. J. Hand Surg. 9-A (1984) 665–668
24 Roullet, E., P. Castaigne: Pipetters thumb, type II. New Engl. J. Med. 307 (1982) 503
25 Vlastou, Catherine, A. S. Earle: Avulsion injuries of the thumb. J. Hand Surg. 11-A (1986) 51–56
26 Wiedemann, H.-R., H. Dibbern: Nager's Dysostosis acrofacialis. Med. Welt 33 (1982) 1052–1053
27 Wilhelm, K., Ch. Feldmeier, W. Bracker: Der kindliche Skidaumen. Münch. med. Wschr. 124 (1982) 73/74

Mittelhand

Norm

Im Wachstum

Das **Auftreten von Ossifikationskernen in den Metakarpalknochen** fällt in den 2. bis 4. Fetalmonat. Im Alter von zehn Monaten bis zwei Jahren werden die **Epiphysenkerne der Metakarpalia** radiologisch sichtbar. Am 2. bis 5. Strahl liegen sie distal, der Kern des 1. Strahls befindet sich proximal. Im Gegensatz zu den flacher anmutenden Ossifikationszentren der Phalangen sind die der Mittelhandknochen I–V mehr halbkugelig gestaltet. Mit zunehmendem Wachstum (etwa im Alter von 12 Jahren) werden die Epiphysen gleich breit wie der jeweils daran angrenzende Schaft.

Die Abb. 2.**24a** u. **b** demonstrieren den typischen Verlauf der distalen Epiphysenfugen zweier Metakarpalia. Sie lassen erkennen, daß im Alter von 12–15 Jahren die Epiphysenkerne einen zunehmend schnabelförmigen exostosenähnlichen Vorsprung an der radialen Kontur bekommen. Der Schluß der Epiphysenfugen erfolgt bei Jungen im allgemeinen im 17., bei Mädchen früher, im 15. Lebensjahr.

Beim Erwachsenen

Der erste Mittelhandknochen ist oft der kürzeste und dickste. Das II. Metakarpale ist am längsten, das IV. am schmalsten.

Die *Stellung der proximalen Gelenkfläche des Metakarpale I gegenüber dem Trapezium* wurde schon wiederholt unrichtig gedeutet. Subluxationen und Luxationen wurden angenommen, lediglich, weil sich diese beiden Knochen in eigenartiger Weise gegenüberstehen, z. B. Abb. 2.**112** und 2.**121a**. In der englischen Literatur spricht man vom „step sign", im französischen Schrifttum vom „signe de la marche d'escalier".

Die klobig breite Basis des Metakarpale II umschließt oft gabelförmig das Os trapezoideum. Engen des Markraums kommen normalerweise vor. Wie an den Mittel- und Grundphalangen findet man an den Sehnenansätzen der Mittelhandknochen *Appositionen,* besonders deutlich am Metakarpale III und IV. Das Ausmaß der manchmal gekerbt konturierten Sehnenansätze hängt meist von der manuellen Belastung ab. So können die Konturen des ersten Mittelhandknochens, meist dorsoradial, etwas geriffelt sein, während man bei Arbeitern in der volaren Mulde des normalerweise leicht gebogenen Metakarpale V stärkere, kleinkerbig konturierte Anlagerungen bemerkt.

Kleine, lochförmige Defekte sind an der Basis des Metakarpale II nicht selten und entsprechen Gefäßkanälen (Abb. 2.**113**). Im Köpfchen des II. Mittelhandknochens zeigt sich oft eine Kompaktainsel, nicht zu verwechseln mit einem Sesambein. An der Basis des V. Mittelhandknochens kommt ulnar normalerweise eine kalkarme Zone vor (s. Abb. 2.**7**). Ein pathologischer Prozeß ist nur anzunehmen, wenn periostale Reaktionen oder kortikale Erosionen auftreten.

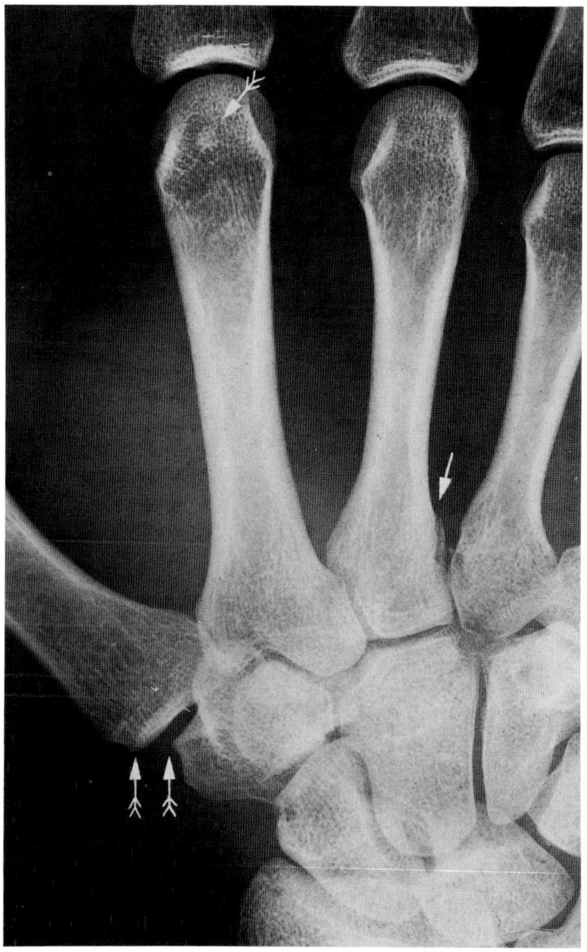

Abb. 2.**112** Schalenförmige Fissur an der Basis von Metakarpale III (→ nach proximal), Sesambein (↣ in schräger Richtung) am Köpfchen vom Metakarpale II. Vorgetäuschte Verschiebung der benachbarten „Ecken" vom Metakarpale I und Trapezium (↣ mit Richtung nach distal), das sog. „step sign"

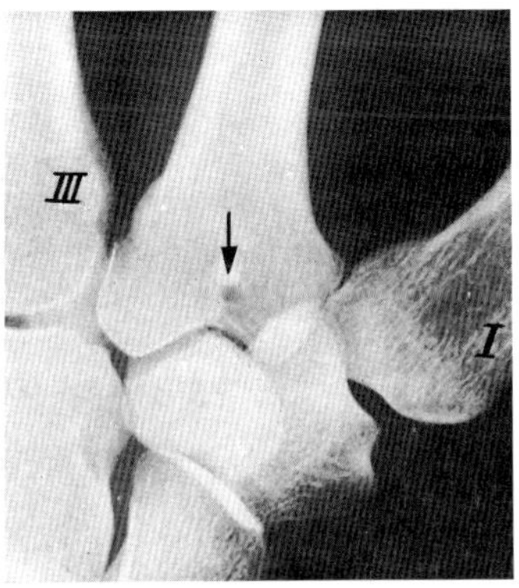

Abb. 2.**113** Lochförmiger Defekt (Nutritiakanal) an der Basis des Metakarpale II

Mit Ausnahme der oben beschriebenen Insertionswülste ist die Kompakta der Metakarpalia im jugendlichen und mittleren Lebensalter glatt begrenzt, vom Knocheninnern her gelegentlich leicht gewölbt und erscheint insgesamt gleichmäßig dick. In der Längsrichtung der Kompakta auftretende Aufhellungslinien sprechen für resorptive Vorgänge. Im Alter nimmt die Kompaktadicke physiologischerweise ab, der Barnett-Nordin-Index (s. S. 12) fällt auf unter 43–44%. Recht häufig werden an den gelenknahen Enden der Metakarpalia (und Phalangen) feine, umschriebene, bizarr anmutende Strukturverdichtungen (sog. „tüpfchenförmige Kalkspritzer") beobachtet. Sie entsprechen einer Summation sich überlagernder Spongiosabälkchen (s. Abb. 2.**7**).

Strich- und bandförmige Verdichtungen in Projektion auf das Os metacarpale I können durch Überlagerung einer verkalkten A. metacarpea palmaris I vorgetäuscht werden, da diese parallel zur Vorderfläche dieses Knochens verläuft.

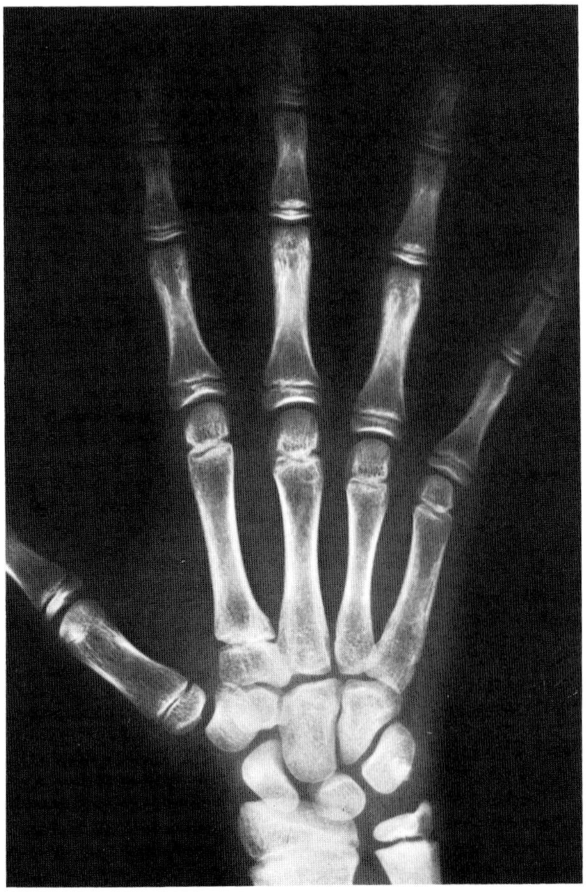

Abb. 2.**114** Große zusätzliche Epiphyse („Pseudoepiphyse") im Metakarpale II (Beobachtung von Fuhrmann, Bad Harzburg)

Varianten

Relativ selten werden an den Metakarpalia, besonders I distal und II proximal (s. Abb. 2.**25**; 2.**26**; 2.**27** und 2.**114**), **zusätzliche Epiphysen** beobachtet, die man fälschlicherweise auch **„Pseudoepiphysen"** nennt. Sie können sowohl bei normal entwickelten wie kranken Kindern (z. B. bei Athyreose), auch kombiniert mit Fehlbildungen (s. Abb. 2.**25**) vorkommen, treten früher als die normalen Epiphysenkerne auf, wachsen rasch und verschmelzen früh, oft schon im Alter von 6–7 Jahren statt normalerweise im 17. Lebensjahr (s. Abb. 2.**27**).

Exostosenartige Vorsprünge am Metakarpale-I-Köpfchen (Abb. 2.**115a**) oder an allen Metakarpalköpfchen (Abb. 2.**115b**) entsprechen Formvarianten ohne Krankheitswert bzw. -potential. Ein gelegentlich zu beobachtender Befund, nicht näher erklärt (rudimentäre Polydaktylie?), ist in Abb. 2.**116** wiedergegeben.

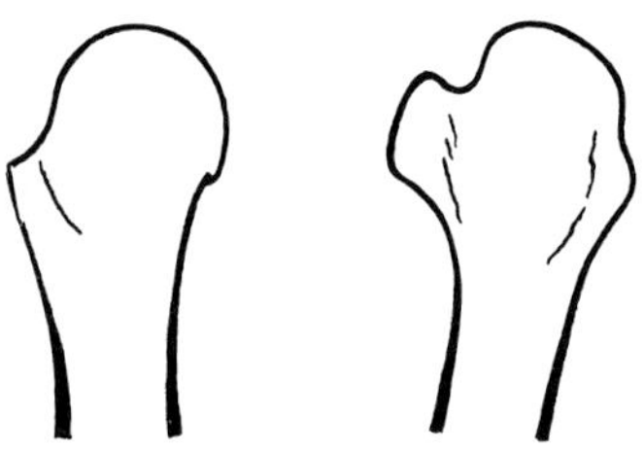

a

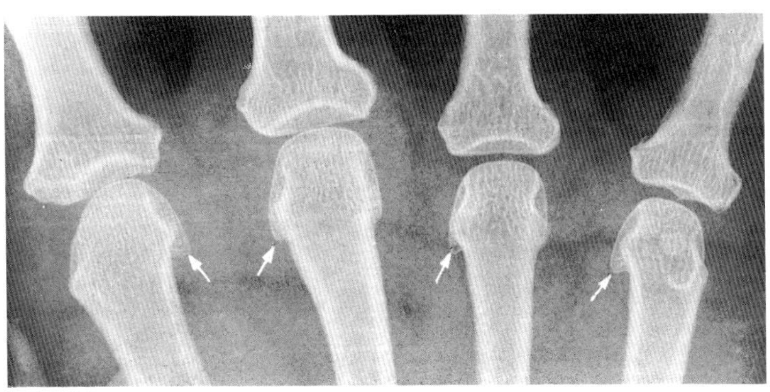

b

Abb. 2.**115a** u. **b**
a Typischer exostosenförmiger Vorsprung am Metakarpale I
b Formvarianten exostosenähnlicher Vorsprünge an den Metakarpalköpfchen

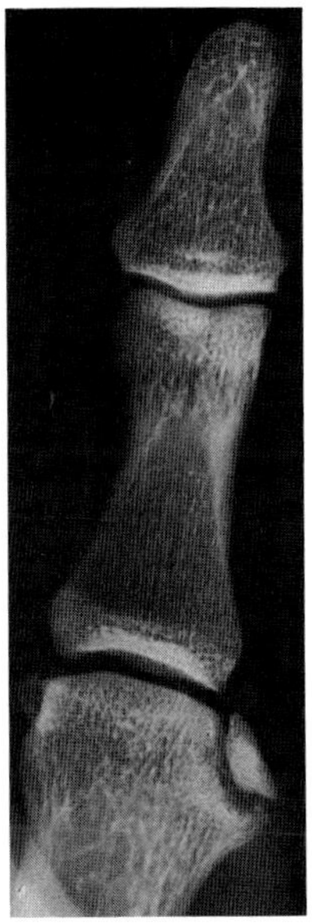

Abb. 2.**116** Isolierter Knochen am Metakarpale I. Rudimentäre Polydaktylie?

Anomalien

Unproportionierte Verkürzungen einzelner oder mehrerer Metakarpalia und Phalangen, gelegentlich mit Verplumpung vergesellschaftet, können spontan oder auch familiär auftreten. Die Tab. 2.**10** gibt hierüber einen Überblick.

Außer diesen tabellarisch aufgeführten Dysplasien ist die Brachymetakarpie beim **Larsen-Syndrom**, bei der **Fanconischen Anämie** und beim **Rothmunds-Syndrom** beschrieben.

Verkürzungen einzelner Metakarpalia betreffen besonders häufig den 3. Strahl. Abb. 2.**117a** läßt eine kompensatorische Verlängerung der Grundphalanx bei Brachymetakarpie III erkennen.

Erwähnenswert sind hier die *Phalangen- und Metakarpalzeichen.* Nach dem *Phalangenzeichen von Kosowicz* (16) soll in der Norm die Summe der Längen von Grund- und Endphalanx eines Strahles der Metakarpallänge gleich sein. Nach Erweiterung der

Tabelle 2.**10** Entwicklungsstörungen (Disorders) bei kurzen Metakarpalien (nach Poznanski)

a) Bei kurzem erstem Metakarpale

	Dünn	Normale Weite
auf Metakarpalia begrenzt	isoliert	
auch andere Handpartien betroffen	radiale Hypoplasiesyndrome	Brachydaktylie C
begleitende Syndrome	Fanconi (panzytopenische Dysmelie) Newberg-Hayward radiale Hypoplasie Taybi-Linde 18q-Trisomie	André Christian-Brachydaktylie Belange diastrophische Dysplasie Dyggve-Melchior-Clausen dyssegmentaler Zwergwuchs Fibrodysplasia ossificans progressiva Hand-Fuß-Genital-Syndrom Schinzel-Giedion Trisomie 9p Symphalangismus – Brachydaktylie
erworben		Arthritis Infektion Neoplasma Sichelzellanämie Trauma

b) Bei anderen Metakarpalien

	Metakarpalia III, IV, V	Alle oder einige Metakarpalia
begrenzt auf Metakarpalia	Brachydaktylie E	Brachydaktylie E
andere Handpartien betroffen	Brachydaktylie A-1 (manchmal) Brachydaktylie C	
begleitende Syndrome	Beckwith-Wiedemann Biemond I Kampto-Brachydaktylie cheirolumbal kryptodontische Metakarpalia Mseleni-Gelenkerkrankung multiple epiphyseale Dysplasie multiple Exostosen nävoides basales Zellkarzinom Pseudo- und Pseudopseudohypoparathyreoidismus Ruvalcaba Tabatznik Turner (XO) 5p (crie du chat)	Akrodysostose Bilginturan-Brachydaktylie Kampto-Brachydaktylie Chondrodysplasia punctata Larsen Manzke (II. Metakarpale) megaepiphysealer Zwergwuchs Pseudo- und Pseudopseudohypoparathyreoidismus Taybi-Lindner Trichorhinophalangeal I und II

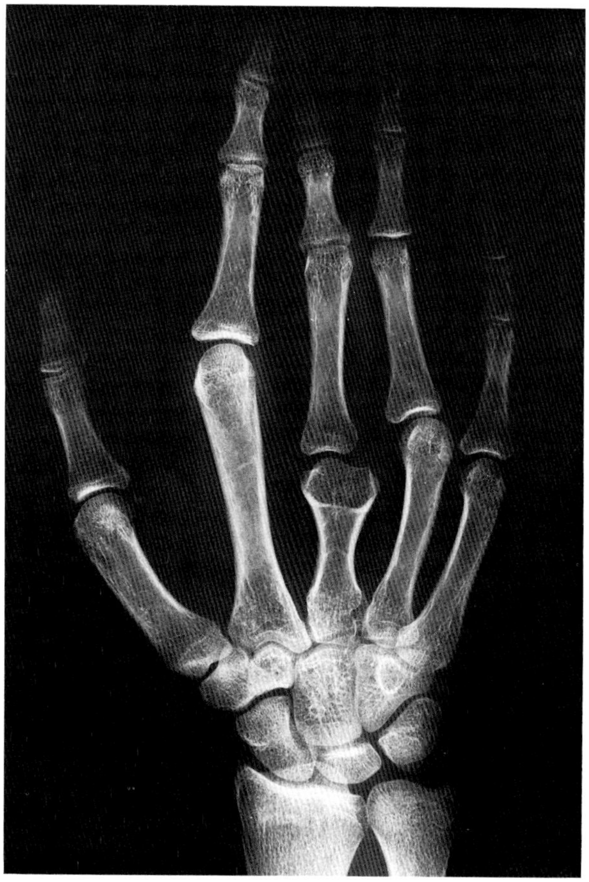

a

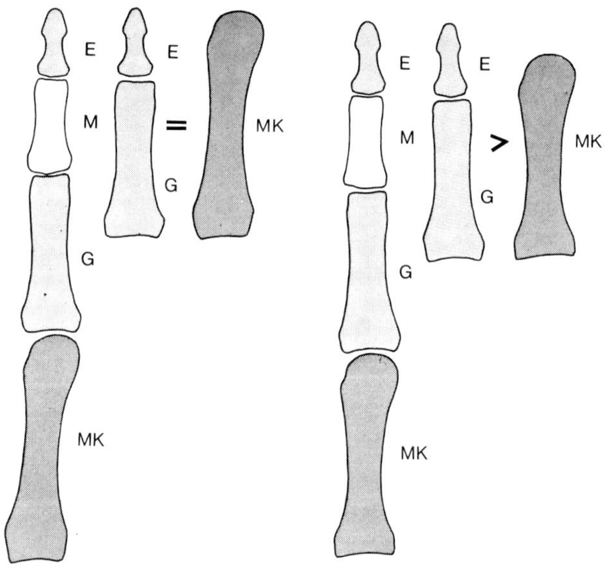

b

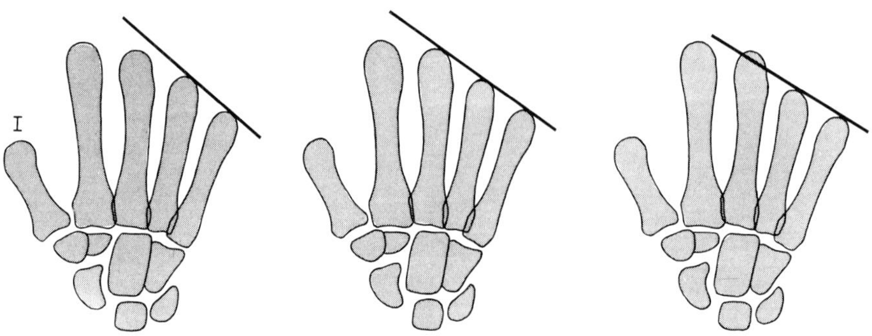

c

Abb. 2.**117 a–c**
a Brachymetakarpie III mit kompensatorischer Verlängerung der Grundphalanx
b Phalangenzeichen von Kosowicz
c Metakarpal-(Archibaldsches)Zeichen

E = Endglied, M = Mittelglied, G = Grundglied, MK = Metakarpale

Analyse von Messungen der Fingergliedlängen mit Hilfe der metakarpophalangealen Profilmuster (23) durch Korrelation mit der Gesamtlänge der Fingerglieder wurde eine einzige Tabelle der Mittelwerte und Standardabweichungen für alle Lebensalter vom 3. Lebensjahr an erstellt. Hierdurch ist es möglich, Maße nach publizierten Aufnahmen mit denen von Röntgenbildern zu vergleichen (7). Ist das Os metacarpale kürzer, liegt eine Anomalie vor (Abb. 2.**117c**). Das Metakarpalzeichen (3) besagt, daß eine an die Köpfchen der Metakarpalia V und IV gelegte Tangente distal der Spitze des Köpfchens des Metakarpale III vorbeigehen soll. Wenn die Tangente das Capitulum metacarpi III berührt, liegt ein Grenzbefund vor, wenn sie das Köpfchen des III. Mittelhandknochens schneidet, ist das Metakarpale IV verkürzt (Abb. 2.**117b**).

Eine sekundäre Verkürzung der Metakarpalia kann nach entzündlicher Erkrankung vor abgeschlossener Ossifikation, aber auch bei der an ein X-Chromosom gebundenen **chronischen Granulomatose** der Kinder (neutrophil dysfunction syndrome, 21[2]) beobachtet werden.

Charakteristisch deformiert sind die Metakarpalia bei den verschiedenen Formen der Mukopolysaccharidosen und -lipidosen. Die proximalen Enden erweisen sich als konisch zugespitzt („abgelutschte Zuckerstangen") (Abb. 2.**118**).

Diese Verunstaltungen der Mittelhandknochen gibt es auch bei der seltenen **Karpal-Tarsal-Osteolyse,** deren Kombination mit Nephropathien offenbar mehr als zufällig ist (25, 30).

Von den *komplexen Mißbildungen* sei hier noch erwähnt, daß beim **Freeman-Sheldon-Syndrom** (Kranio-karpo-tarsaldystrophie) über das Fehlen von Knochen in Mittelhand und Fuß berichtet wurde (20), während beim **Otopalatodigitalsyndrom** multiple Mißbildungen verschiedenster Art auch am Handskelett festgestellt wurden (24).

Im Gefolge der **Neurofibromatose** kann es außer der Verlängerung und Sklerosierung des betroffenen Strahles zu einer Verschmächtigung der lateral gelegenen Metakarpalia kommen (21[4]).

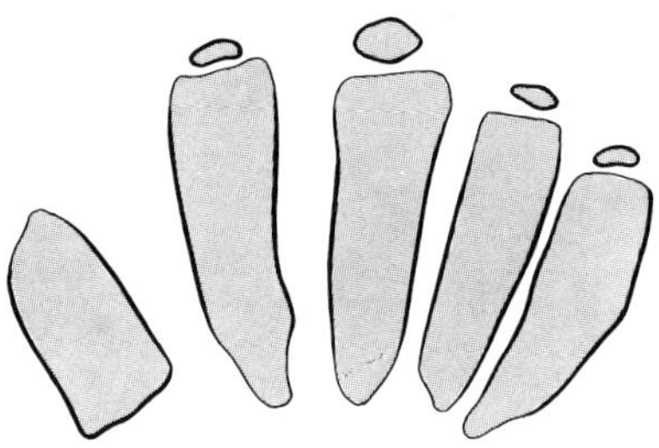

Abb. 2.**118** Deformierte Metakarpalia bei Mukopolysaccharidose

Verletzungsfolgen und Nekrosen

Bei den **Frakturen** der Metakarpalia ist von distal her zunächst die Boxer's fracture anzuführen. Sie kommt selten bei professionellen Boxern, sondern gewöhnlich beim Hieb ohne Handschuh vor, meistens am Klein- und Ringfinger. Es kommt zur Volarabwinkelung des Köpfchens um etwa 40 Grad (13).

Vorwiegend ist sonst das Capitulum metacarpi II betroffen, wahrscheinlich wegen seiner Randlage und mangelnder Flexibilität – im Gegensatz zum Capitulum metacarpi V, an dem trotz Randlage infolge stärkerer Flexibilität des Kleinfingers Frakturen eher am Collum metacarpi oder als Boxer's fracture weiter proximal auftreten (s. oben). Der 3. und 4. Strahl sind zwischen den übrigen am besten geschützt. Am beweglichen Daumen kommen vorwiegend Luxationen und/oder Bänderrisse nahe dem Metakarpophalangealgelenk I vor. Intraartikuläre Brüche der Metakarpalköpfchen – osteochondrale und Ausrißfrakturen – sind oft schwierig zu diagnostizieren (18). Die Frakturen des V. Mittelhandknochens – und mit Ausnahme am 1. Strahl auch der übrigen Metakarpalia – erfolgen vorwiegend im Bereich des Halses. Unter 355 Frakturen des V. Metakarpale lagen 57,5% im Kollum, 24% an der Basis, 17% in der Diaphyse und 1,5% im Kapitulum (31).

Unter den Frakturen im proximalen Bereich der Metakarpalia ist der nach Bennett bezeichnete intraartikuläre Bruch an der ulnaren Gelenkfläche am Metakarpale I wohl der bekannteste (Abb. 2.**119a–c**), auftretend ohne (**Bennett I**) und mit Lu-

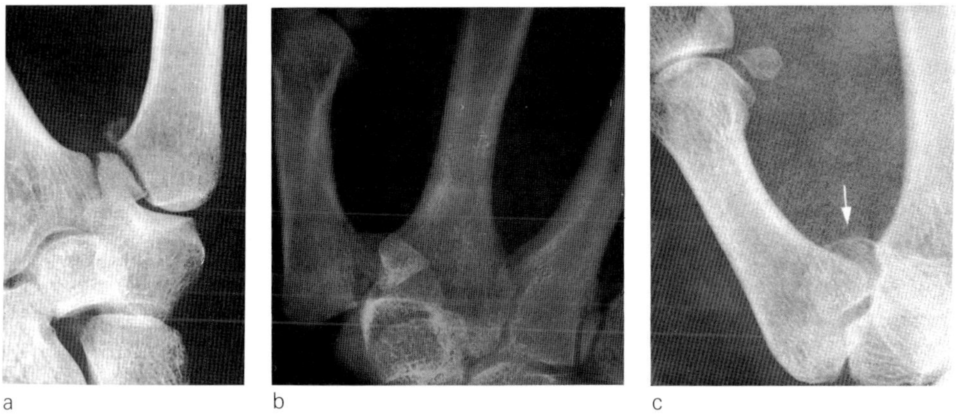

Abb. 2.**119a–c**
a u. **b** Bennettsche Frakturen
c Alte Bennettsche Fraktur

a b c

xation (**Bennett II**), doch ereignen sich auch, ebenfalls am proximalen Ende, extraartikuläre Brüche des I. Mittelhandknochens.

Luxationen in den Karpometakarpalgelenken sind selten. 116 Schrifttumserwähnungen wurden 1984 aufgeführt (9). Die Verrenkung sämtlicher Metakarpalia gegen die Handwurzelknochen, also eine totale *karpometakarpale Luxation,* wie aber auch an den vier ulnaren Metakarpalia ist in Einzelfällen publiziert (4, 5) und erfolgt in der Regel nach dorsal. Öfter am IV. und V. Metakarpale beschrieben (2, 4, 5, 8, 27), bedürfen diese Traumen einer sehr gründlichen radiologischen Untersuchung in mehreren Projektionen, da sie häufig mit Verletzungen der Metakarpalia wie der artikulierenden Handwurzelknochen einhergehen, deren Nichtbeachtung später zu Funktionsbeeinträchtigungen führen kann. Auch die Luxation nach volar ist am Metakarpale V beschrieben (29). Schalenförmige Frakturen erfolgen an der Basis des Metakarpale III ulnar (Abb. 2.**120**). Vorsicht ist geboten vor der Verwechslung mit (evtl. auch durch Osteophyten markierten) Rändern der Intermetakarpalgelenke.

Eine aseptische Knochennekrose an den Metakarpalia wird als **„Dieterichsche Krankheit“** bezeichnet (s. „Hand, Allgemeiner Teil“ und Abb. 2.**34**).

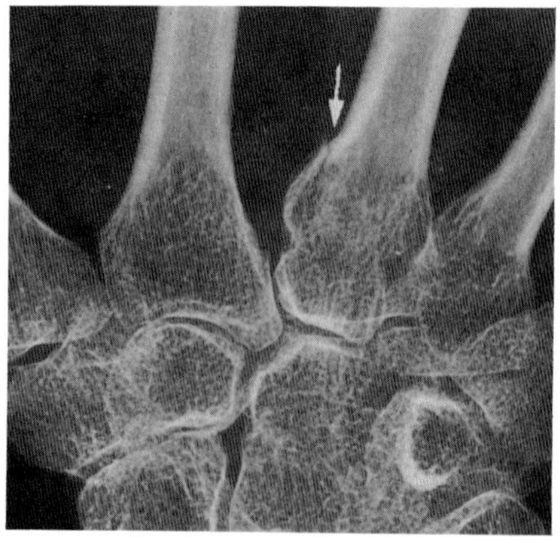

Abb. 2.**120** Fissur an typischer Stelle des Metakarpale III

Erworbene Erkrankungen

Hier ist auf die entsprechenden Ausführungen im vorangehenden Absatz „Allgemeiner Teil der Vor- und Mittelhandknochen“ hinzuweisen.

Hervorzuheben ist an dieser Stelle eine auf den 4. und 5. Strahl beiderseits begrenzte Osteoporose bei einer Patientin mit Diabetes und (bei entsprechendem EMG-Befund) einer *diabetischen peripheren Neuropathie* des N. ulnaris beiderseits (14).

Über eine auf den 2. und 3. Strahl begrenzte *Algodystrophie,* kombiniert mit *Gicht,* wurde berichtet (17).

„Zystische“ Aufhellungen in den Metakarpalköpfchen lassen sich vor allem bei der rheumatoiden Arthritis sehr häufig neben einer gelenknahen Osteoporose und einem Schwund der subchondralen Grenzlamelle darstellen, da die Metakarpophalangealgelenke als Prädilektionsorte für diese Erkrankung gelten. Symptomatisch sind solche „zystischen“ Aufhellungen bei gleichzeitiger Gelenkspaltverschmälerung, sonstigen Zeichen der Arthrose und einer erosiven Arthropathie ohne Begleitosteoporose an den Metakarpophalangealgelenken II und III für die **Hämochromatose** (Abb. 2.**121 a** u. **b**).

Nach Nierentransplantationen wurde bei guter Nierenfunktion eine *Abnahme der metakarpalen Knochenmasse, des Mineralgehaltes* im Knochen *und der Knochenmineralkonzentration* gefunden. Die Minderung der knöchernen Substanz und der Konzentration von Mineralien, statistisch hoch signifikant korrelierend, spricht vielleicht für den gleichzeitigen Schwund von Kortikalis und Mineralsalzgehalt des Knochens nach Nierentransplantation (1).

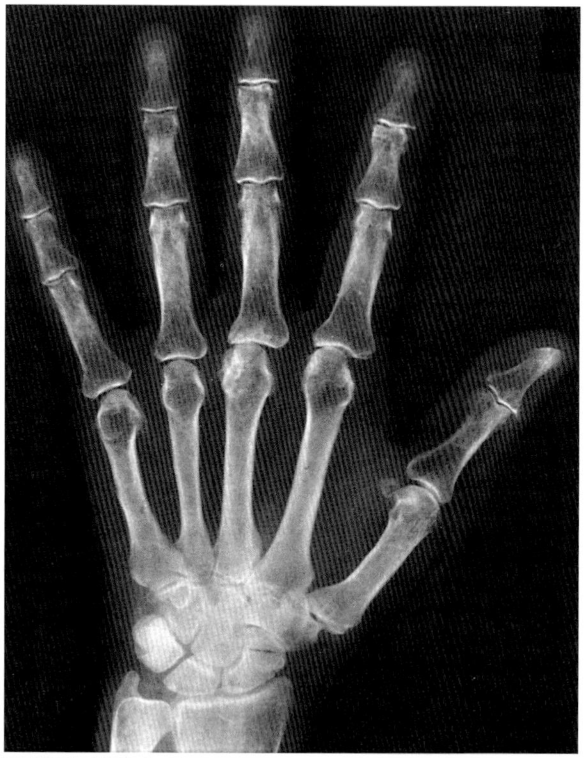

a

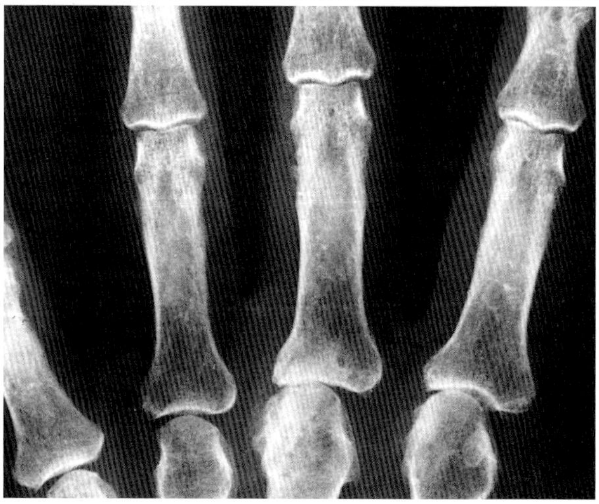

b

Abb. 2.**121 a** u. **b** Typisches Bild einer Arthropathie bei Hämochromatose mit feinen gelenknahen Aufhellungen, besonders im Metakarpalköpfchen III
a Übersichtsaufnahme, **b** Ausschnittsvergrößerung

Literatur

1 Andresen, J., H. E. Nielsen: Interrelationship between metacarpal bone mass and bone mineral content in renal transplant recipients. Acta radiol. Diagn. 23 (1982) 513–516
2 Arama, T., M. Postel, G. Martin, C. Msika, P. Hourtoulle: La luxation carpo-métacarpienne du Ve doigt avec fracture de l'os crochu. Mise au point à propos d'un cas récent. Rev. Chir. Orthopéd. 71 (1985) 339–342
3 Archibald, R. M., N. Finby, F. De Vito: Endocrine significance of short metacarpals. J. clin. Endocr. 19 (1959) 1312–1322
4 Bergfield, T. G., T. E. Du Puy, P. L. Aulicino: Fracturedislocations of all five carpometacarpal joints: a case report. J. Hand Surg. 10-A (1985) 76–78
5 Breiting, Vibeke: Simultaneous dislocation of the bases of the four ulnar metacarpals upon the last row of carpals. Hand 15 (1983) 287–289
6 Deutschländer, K.: Die isolierte Luxation des V. Mittelhandknochens. Zbl. Chir. 67 (1940) 1393–1399
7 Dijkstra, R. F.: Analysis of metacarpophalangeal pattern profiles. Fortschr. Röntgenstr. 139 (1983) 158–159
8 Fisher, Madeleine, R., L. F. Rogers, R. W. Hendrix: Systemic approach to identifying fourth and fifth carpometacarpal joint dislocations. Amer. J. Roentgenol. 140 (1983) 319–324
9 Fisher, Madeleine, R., L. F. Rogers, R. W. Hendrix, L. A. Gilula: Carpometacarpal dislocations. CRC Crit. Rev. Diagn. Imag. 22 (1984) 95–126
10 Giedion, A.: Osteochondrodysplasien. In Schinz, H. R., W. Baensch, H. Frommhold, R. Glauner, E. Uehlinger, J. Wellauer: Lehrbuch der Medizinischen Radiologie, 6. Aufl., Bd. II/2. Thieme, Stuttgart 1981 (S. 53–56)
11 Hirst, A. E.: Marfans Syndrome. Progr. cardiovasc. Dis. 16 (1973) 187–195
12 Hopf, A.: Die angeborenen Veränderungen des Unterarmes und der Hand. In Hohmann, G., M. Hackenbroch, K. Lindemann: Handbuch der Orthopädie, Bd. III. Thieme, Stuttgart 1959 (S. 419–506)
13 Hunter, J. M., N. J. Owen: Fifth metacarpal fractures in a compensation clinic population. J. Bone Jt Surg. 52-A (1970) 1159–1165
14 Karasick, St., D. Karasick: Case Report 193. Skeletal Radiol. 8 (1982) 151–152
15 Ker, H. R.: Dislocation of the fifth carpo-metacarpal joint. J. Bone Jt Surg. 37-B (1954) 254–256
16 Kosowicz, J.: The roentgen appearance of the hand and wrist in gonadal dysgenesis. Amer. J. Roentgenol. 93 (1965) 354–361
17 Lagier, R., J. C. Gerster, X. Favre, G. Saudan: Post-traumatic algodystrophy localized in a metacarpal head near synovial gouty microtophi. Fortschr. Röntgenstr. 141 (1984) 594–597
18 McElfresh, E. C., J. H. Dobyns: Intraarticular metacarpal head fractures. J. Hand Surg. 8 (1983) 383–393
19 Merker, N. S. G., J. H. Newman, J. Watt: Acute calcific periarthritis in a child. J. Hand Surg. 9-B (1984) 351–352
20 Omer jr., G. E., D. L. Mossman: Bone agenesis (a case involving the carpus and tarsus). J. Bone Jt Surg. 40-A (1958) 917–920
21 Poznanski, A. K.: The Hand in Radiologic Diagnosis, 2nd ed. Saunders, Philadelphia 1984 ([1]table 9–5; [2]p. 615; [3]fig. 13–314; [4]p. 517–519)
22 Poznanski, A. K., J. F. Holt: The carpals in congenital malformation syndromes. Amer. J. Roentgenol. 112 (1971) 443–459
23 Poznanski, A. K., S. M. Garn, J. M. Nagy, J. C. Gall jr.: Metacarpophalangeal pattern profiles in the evaluation of skeletal malformation. Radiology 104 (1972) 1–11
24 Poznanski, A. K., I. MacPherson, R. J. Gorlin, S. M. Garn, J. M. Nagy, J. C. Gall jr., A. M. Stern, D. J. Dijkman: The hand in the otopalatodigital syndrom. Ann. Radiol. (Paris) 16 (1973) 203–209
25 Di Rocco, M., P. Tomà: L'acroosteolisi essenziale carpo-tarsale associata a nefropatia. Una rara affezione. Riv. Ital. Ped. 9 (1983) 275–278
26 Spranger, J. W., L. O. Langer, H.-R. Wiedemann: Bone Dysplasias. Thieme, Stuttgart 1974 (S. 211)
27 Stevanovic, M. V., H. H. Stark: Dorsal dislocation of the fourth and fifth carpometacarpal joints and simultaneous dislocation of the metacarpophalangeal joint of the small finger. A case report. J. Hand Surg. 9-A (1984) 714–716
28 Thomine, J.-P.: Les fractures du métacarpe. Rev. prat. 35 (1983) 403–410
29 Tountas, A. A., J. M. K. Kwok: Isolated volar dislocation of the fifth carpometacarpal joint. Case report. Clin. Orthop. Relat. Res. 187 (1984) 172–175
30 Tuncbilek, E., A. Besim, A. Bakkaloglu, E. Tuncer, G. Secme: Carpal-tarsal osteolysis. Pediatr. Radiol. 15 (1985) 255–258
31 Vichard, Ph., Y. Tropet, F. Nicolet: À propos des fractures du col du 5e métacarpien. Ann. Chir. 35 (1981) 783–787
32 Willich, E., M. Englert: Das Metakarpalzeichen. Fortschr. Röntgenstr. 119 (1973) 443–450

Handwurzel

Allgemeiner Teil

Norm

Abb. 2.**122** stellt die Entwicklung der Handknochen schematisch dar (56). Die Autoren geben *drei Stadien der Kernentwicklung* an:

1. Etwa ein Jahr lang besteht ein rundliches Ossifikationszentrum bis zu einem Durchmesser von 5 mm.
2. Unter Größenzunahme entwickeln sich Struktur und spezifische Form.
3. Ohne wesentliche Größenzunahme werden bestehende Zwischenräume ausgefüllt, die Knochen ineinander verschachtelt.

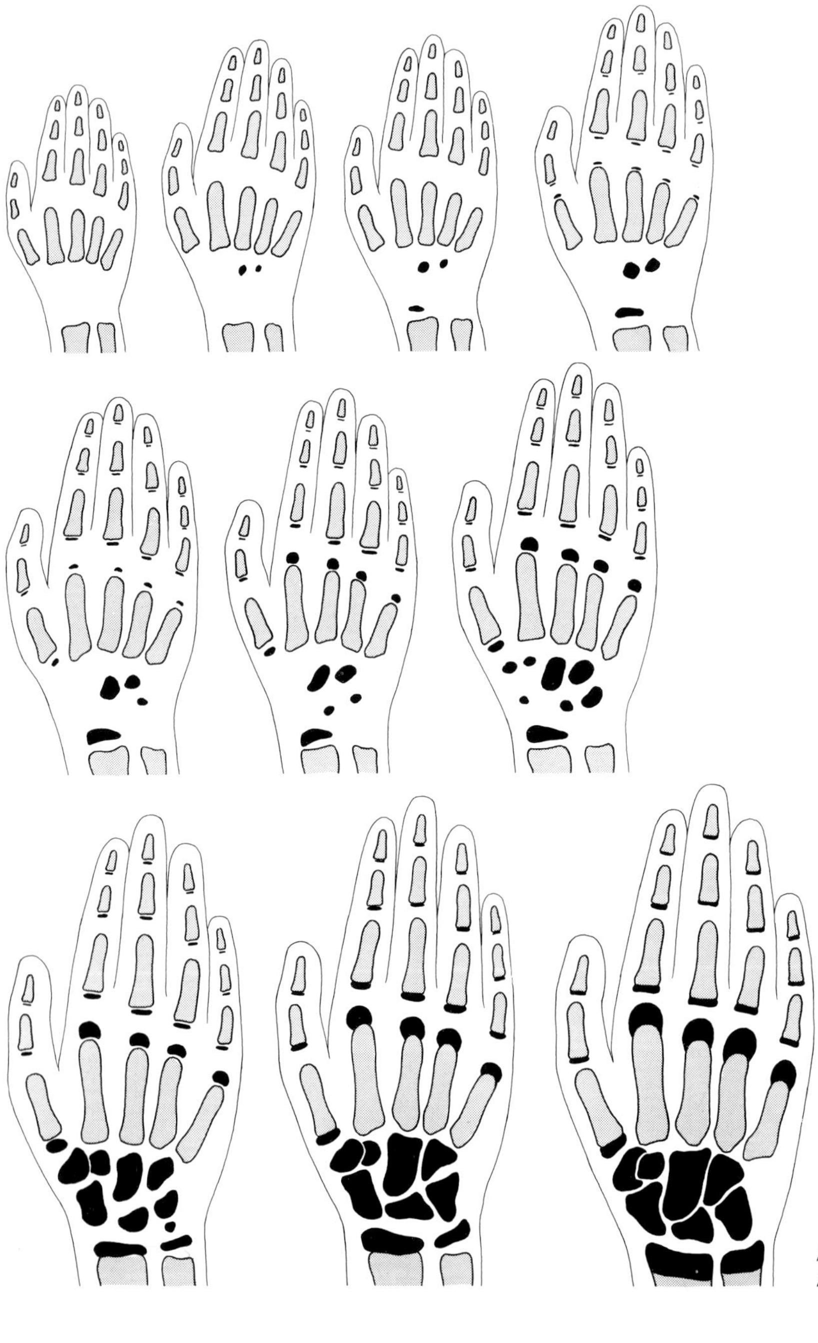

Abb. 2.**122** Reihenfolge des Auftretens der Handwurzelkerne

Die *Entwicklung der Handwurzelkerne* erfolgt im Zusammenhang mit der *Körperlänge* des Menschen (13, 57).

Mehrere kleine zystenförmige Aufhellungen, dem Eintritt der **Nutritiagefäße** entsprechend, sieht man in Abb. 2.**123a** u. **b** (52). Häufig befinden sich **Kompaktinseln** in mehreren Handwurzelknochen, wie in Abb. 2.**123c**. Die Verdichtung in Projektion auf das Skaphoid täuscht allerdings eine Kompaktainsel vor, denn sie liegt im hier nicht dargestellten Seitenbild vor dem Knochen und entspricht einer Bursaverkalkung oder einem ossifizierten Hygrom.

Akzessoria

Über die akzessorischen Skelettelemente besteht ein sehr großes Schrifttum, das fast ausnahmslos auf den Untersuchungen basiert, die Pfitzner (1894) an 419 Handgelenken durchgeführt und ausführlich geschildert hat. Sicher wird dem Radiologen ein Teil dieser Skelettelemente aus Projektionsgründen entgehen; andererseits werden radiologisch Akzessoria gesehen und beschrieben, die bei Pfitzner nicht erwähnt sind. Das Wort „Akzessorium" ist dem Begriff „akzessorisches Skelettelement" vorzuziehen (42), da das Wort „Skelettelement" auf eine kongenitale Entstehung hindeutet und vom möglichen Erwerb im Laufe des Lebens ablenkt.

Ein großer Teil der radiologisch nachzuweisenden Akzessoria ist nicht auf angeborene Varietäten, sondern auf erworbene Verknöcherungen posttraumatischer oder degenerativer Ätiologie zurückzuführen (s. Abb. 2.**156a**). Hierauf wird im einzelnen bei Besprechung einiger Akzessoria, auch im Handwurzelknochenverband (s. auch 9), eingegangen. Als sicher angeboren sind nur das Os centrale carpi und das Os triangulare bekannt (50[1]).

Pfitzners Originalschemata (Abb. 2.**124a–d**) (49) werden Zimmers radiologische Beobachtungen bei Darstellung in zwei Ebenen (Abb. 2.**125a–d**) gegenübergestellt. Möglicherweise muß dem Schema ein kleines Skelettelement zugefügt werden, das an der dorsalen Radiusgelenkkante in der Höhe des Skaphoid an der Leiste zwischen M. extensor carpi brevis und M. extensor pollicis longus gefunden wurde (21). Minimale Projektionsänderungen können radiologisch zur Darstellung (wie auch zur Nichtnachweisbarkeit) der isolierten Skelettelemente führen. Die Häufigkeit der Akzessoria beträgt 0,3–1,6% (6, 46).

Der *klinische Wert* der Akzessoria ist unterschiedlich groß: Wenn die Untersuchten keine Symptome angeben, sollte man es mit der Beschreibung eines überzähligen Knochenelementes als Akzessorium belassen. Liegt jedoch ein frisches Trauma vor und ist man sich der radiologischen Diagnose nicht ganz sicher (z. B. durch eine nicht ganz vollständig umgebende Kortikalis), sollte man mindestens aus forensischen Gründen eine Kontrolluntersuchung in 14 bis 21 Tagen durchführen, um eventuelle resorptive Vorgänge zu erkennen. Manchmal erleichtert der Nachweis des gleichen Befundes auf der gesunden Gegenseite die Diagnose.

Das *Skelettszintigramm* kann – je nach Lage des Falles – zusätzliche Informationen bringen: Ist es bei einer Kontrolle nach 8 bis 14 Tagen positiv, dann läßt sich mit größerer Wahrscheinlichkeit auf eine knöcherne Absprengung schließen. Liegt keine Traumaanamnese vor und gibt der Untersuchte in der Region eines überzähligen Knochenelementes Schmerzen an, kann ein positives Szintigramm auf die Ursache (z. B. Nearthrose, beginnende Nekrose usw.) hinweisen. Hieraus können therapeutische Konsequenzen gezogen werden.

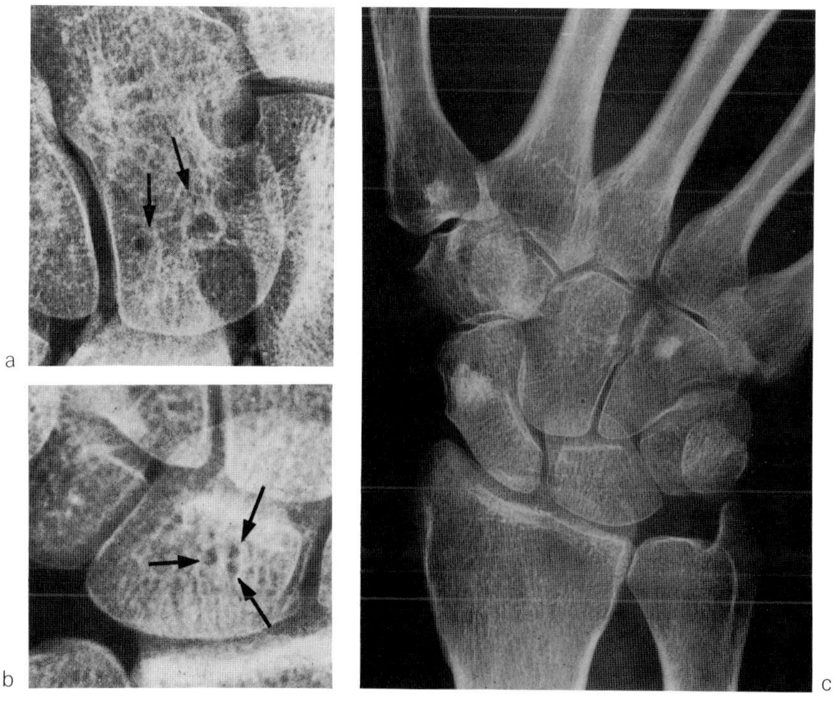

Abb. 2.**123a–c**
a u. **b** Nutritiakanäle (Beobachtung von Ravelli, Innsbruck)
c Kompaktainseln

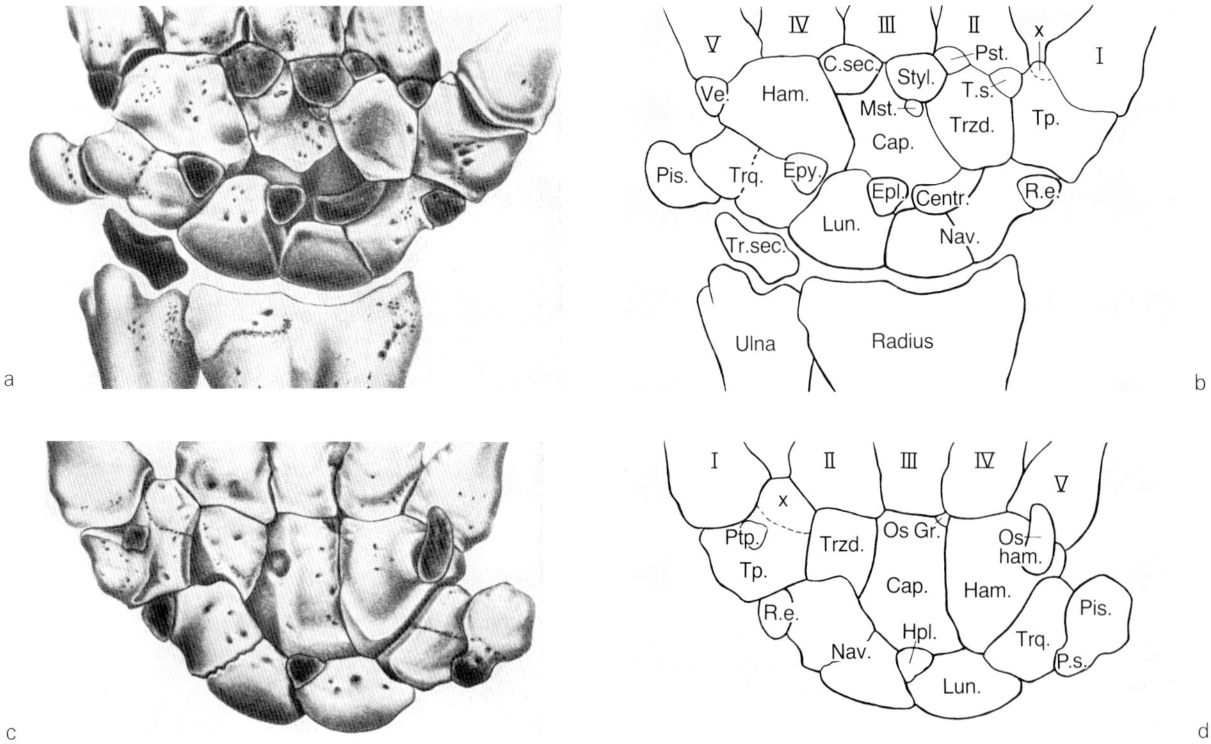

Abb. 2.**124 a–d**

a u. **b** Dorsalansicht der linken Hand mit Akzessoria (nach Pfitzner)

c u. **d** Volaransicht der linken Hand mit Akzessoria (nach Pfitzner)

Abkürzungen in **b** u. **d**:

Tr. sec.	= Triquetrum secundarium
R.e.	= Radiale externum
Nav.	= Naviculare
Centr.	= Centrale
Lun.	= Lunatum
Epl.	= Epilunatum
Hpl.	= Hypolunatum
Epy.	= Epipyramis
Ham.	= Hamatum
Trq.	= Triquetrum
Pis.	= Pisiforme
P. s.	= Pisiforme secundarium
Tp.	= Trapezium
Ptp.	= Prätrapezium
Trzd.	= Trapezoides
T. s.	= Trapezoides secundarium
Styl.	= Styloides
Pst.	= Parastyloides
Mst.	= Metastyloides
Cap.	= Kapitatum
C. sec.	= Capitatum secundarium
Os. Gr.	= Ossiculum Gruberi
Ve.	= Os Vesalianum
Os ham.	= Os hamuli proprium
X	= Trapezium secundarium (?)

Abb. 2.**125 a–d**
a u. **b** Auf dorsoventraler Röntgenaufnahme der Hand evtl. sichtbare Akzessoria
1 = Epitrapezium, s. S. 94
2 = Verkalkung (Bursa bzw. Flexor carpi radialis), s. S. 94
3 = Paratrapezium (Prätrapezium?), s. S. 95
4 = Trapezium secundarium, s. S. 93
5 = Trapezoides secundarium, s. S. 99
6 = Os styloideum, s. S. 98
7 = Ossiculum Gruberi, s. S. 102
8 = Capitatum secundarium, s. S. 102
9 = Os hamuli proprium, s. S. 104
10 = Os Vesalianum, s. S. 105
11 = Os ulnare externum (Verkalkungen in Bursa oder Sehne), s. S. 105
12 = Os radiale externum, s. S. 110
13 = traumatisch bedingte Ausrisse, s. S. 110
14 = persistierender Kern des Processus styloideus radii, s. S. 111
15 = Schaltknochen zwischen Navikulare und Radius (Paranavikulare), s. S. 111
16 = Os centrale carpi, s. S. 108 und 109
17 = Hypolunatum, s. S. 124
18 = Epilunatum, s. S. 125
19 = akzessorische Knochen zwischen Lunatum und Triquetrum, s. S. 133
20 = Epipyramis, s. S. 133
21 = sog. „Triangulare", s. S. 135
22 = persistierender Kern am Processus styloideus ulnae, s. S. 146
23 = kleines Skelettelement am Radioulnargelenk, s. S. 146

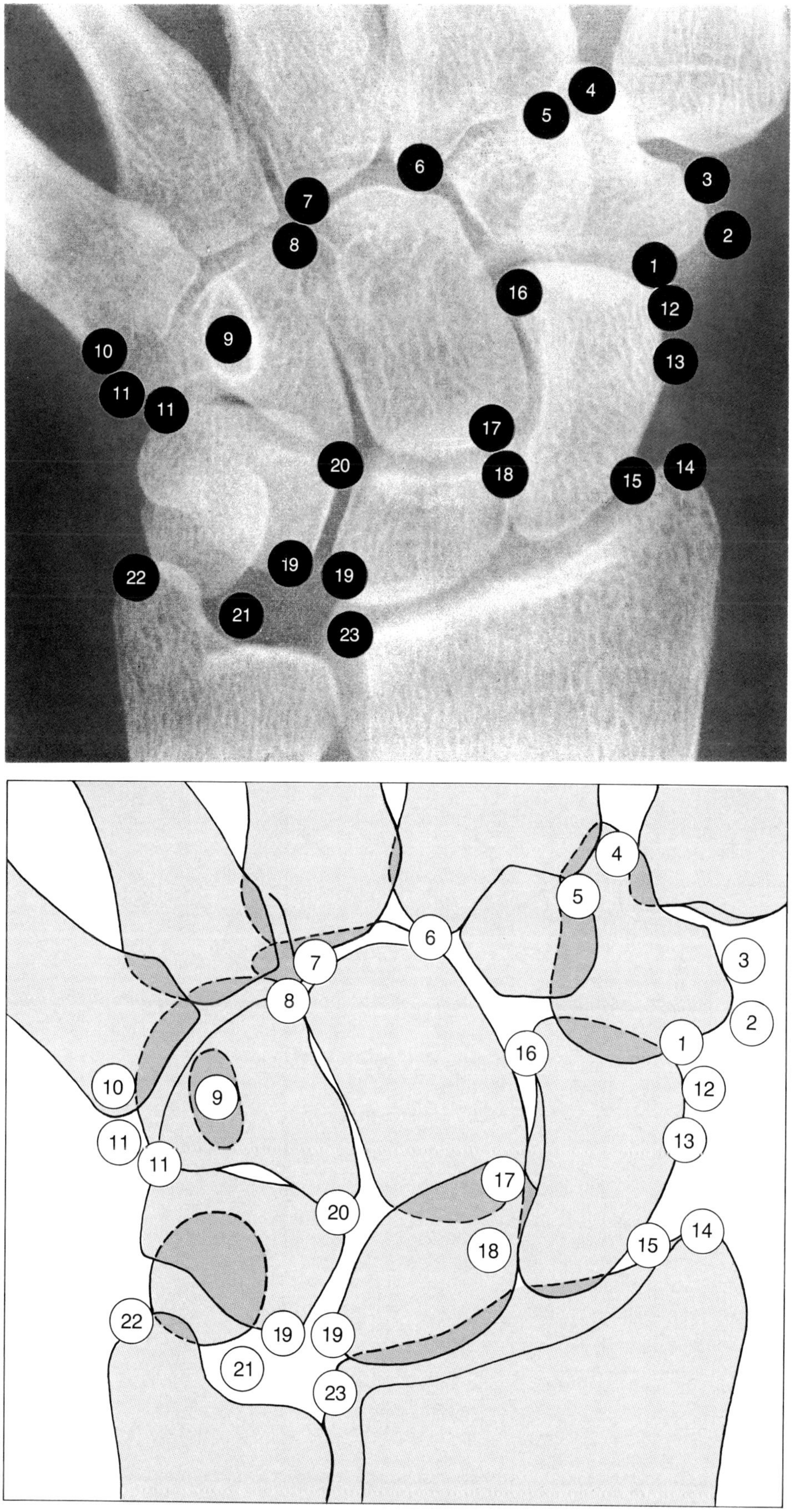

a

b

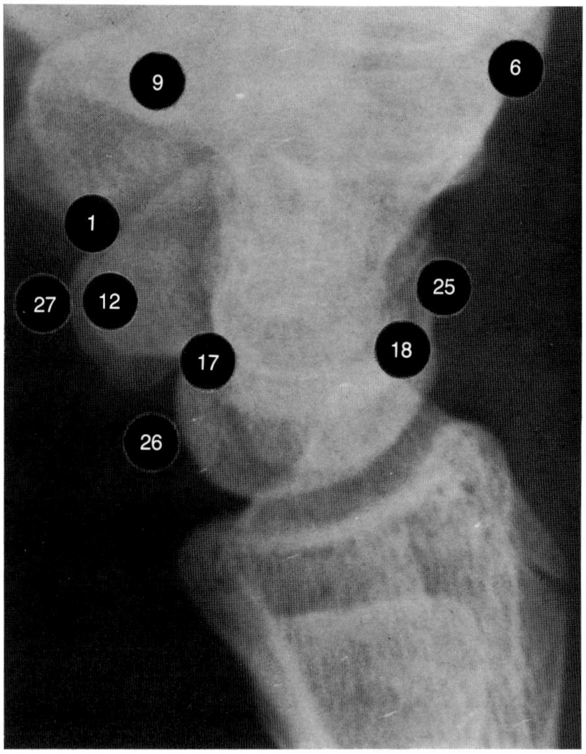

c

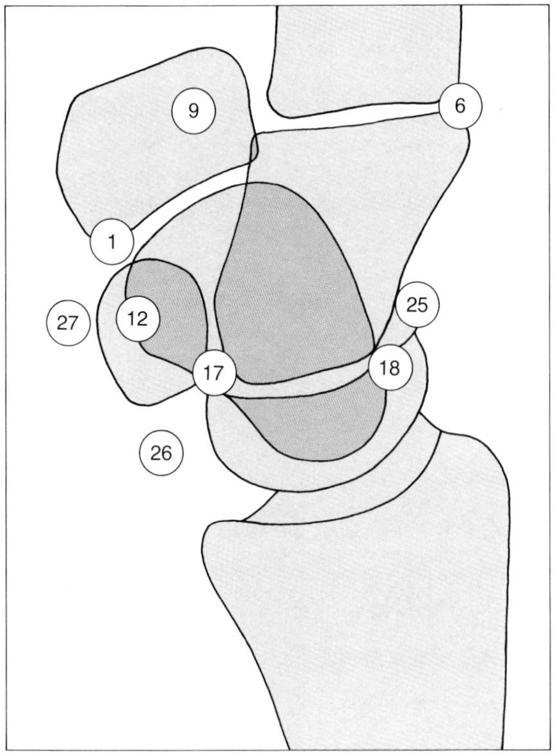

d

Abb. 2.**125 c** u. **d** Profilaufnahme
1 = Epitrapezium, s. S. 94
6 = Os styloideum, s. S. 98
9 = Os hamuli proprium, s. S. 104
12 = Os radiale externum, s. S. 110
17 = Hypolunatum, s. S. 124
18 = Epilunatum, s. S. 125
25 = Triquetrumausriß, kein akzessorischer Knochen
26 = Sehnen- bzw. Bursaverkalkung
27 = Verkalkungen am Pisiforme

Anomalien

Über eine **abnorm große Zahl** von Handwurzelknochen gibt es Berichte (51) (Abb. 2.**126**). Sie wird auch bei **polytoper enchondraler Dysostose** familiär gesehen (39, 55, 67). Multiplizität von Handwurzelknochen ist gehäuft mit Mißbildungen kombiniert (Tab. 2.**11**, Abb. 2.**127** und 2.**128 a, b**).

Multiple, fast punktförmige Handwurzelknochen, aber auch eine Aufsplitterung an den Epiphysen am Ellbogen findet man bei der dominant vererbten **Chondrodysplasia punctata Conradi-Hünermann.** Die Fehlbildung tritt in abortiven Formen, aber auch mit hochgradigen, begleitenden Mißbildungen auf (4, 16). Strukturveränderungen und multiple Handwurzelknochen gibt es auch beim **Larsen-Syndrom** sowie bei der **Dysplasia epiphysealis multiplex, Typ Fairbank.** Die **Dysplasia epiphysealis**

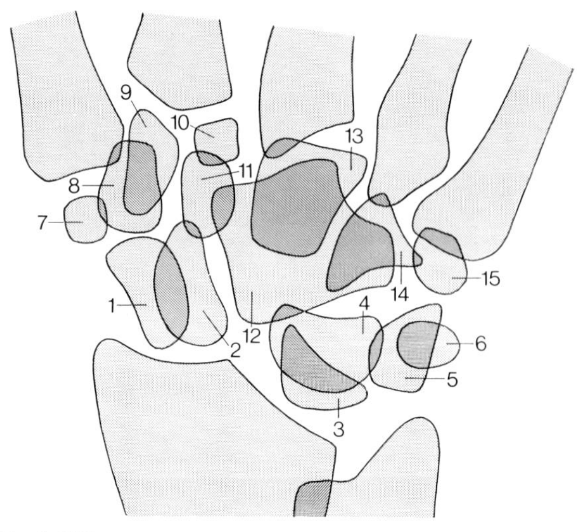

Abb. 2.**126**

Abb. 2.**126** 8jähriges Kind. Nahezu symmetrisches Auftreten einer abnorm großen Zahl von Handwurzelknochen. Jeder Karpus enthält in diesem Alter 14 Knochenkerne und eine regelrecht gestaltete Epiphyse am 2. Mittelhandknochen. Im Raum des Skaphoids sind zwei längliche, einander ähnliche Kerne vorhanden, einer radiovolar (1), der andere dorsal und etwas ulnar (2). In gleicher Weise sind zwei Lunatumkerne angeordnet (3 und 4). Triquetrum (5) und Pisiforme (6) erscheinen normal angelegt. Zwischen den Kernen im Skaphoid und dem Mittelhandknochen des Daumens, also im Raum des Trapeziums, liegt vorläufig ein einzelner Kern (8). Proximal vom 2. Mittelhandknochen sind zwei Kerne vorhanden, davon der radiale (9) etwas größer als der ulnar und leicht dorsal von ihm gelegene (10). Proximal von diesen beiden liegt ein Kern (11). Das Kapitatum (12) hat ein schmales Kaput und eine breite Basis. Auf diese projiziert sich ein kleinerer Kern (13), der in schräger und seitlicher Projektion nicht isoliert werden kann. Der Hamatumkern (14) ist relativ klein, sein Hakenansatz ist angedeutet. Am ulnaren Rand der distalen Reihe liegt dorsal, nahe der Basis des Metakarpus, noch ein letzter überzähliger Kern (15) (Beschreibung von Ruckensteiner, Innsbruck)

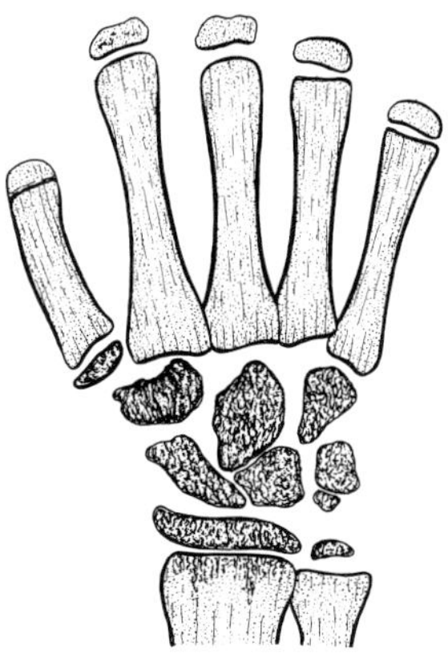

Abb. 2.**127** Dysostosis multiplex

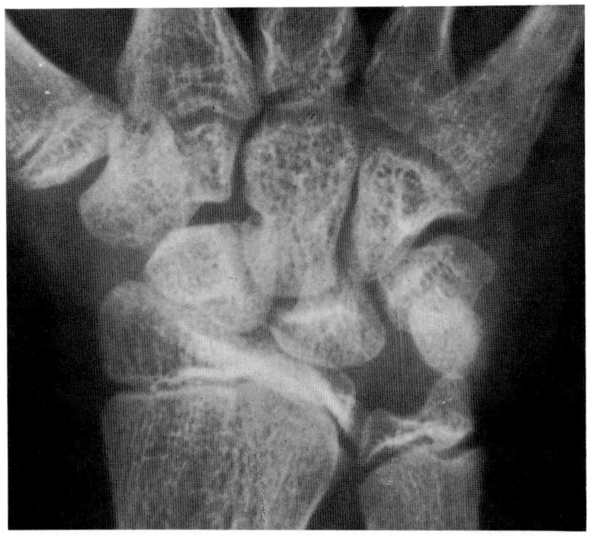

a

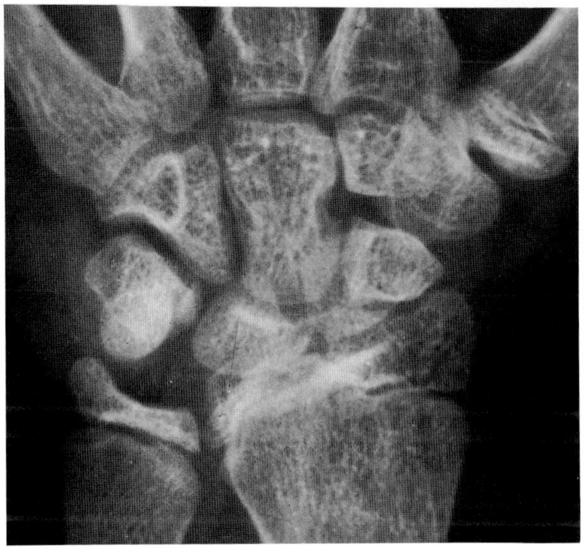

b

Abb. 2.**128 a** u. **b** 13jähriges Mädchen. Atypische Kernanlage der Handwurzelknochen

hemimelica (Fairbank's oder Trevor's disease [23, 64]) ist durch eine asymmetrische, einseitige abnorme Knorpelproliferation an einer Epiphyse oder einem Tarsal-, ausnahmsweise einem Karpalknochen, gekennzeichnet. Unter den Handwurzelknochen ist meist das Kahnbein betroffen (Abb. 2.**129 a** u. **b**) (s. z. B. auch 37).

Das *Fehlen der Knochenkerne der Handwurzel* wurde in einem Einzelfall (41) bei einem Jungen bis zum Alter von 4 Jahren beobachtet. Gleichzeitig bestanden eine Dysplasie des Ringknorpels mit Stridor, Unterentwicklung der distalen Femurepiphyse und verbreiterte, spornartige Beckenschaufeln.

Eine *Minderzahl von Karpalknochen* kommt u. a. bei *Polydaktylie* vor (s. Abb. 2.**20**).

Eckig verplumpte Handwurzelknochen gibt es bei zahlreichen Affektionen, so bei **epiphysären Dysostosen, Dysostosis enchondralis metaphysaria, Dysostosis multiplex, Achondroplasie** und beim **Kretinismus.** Eine Abortivform gibt Abb. 2.**130** wieder.

Karpotarsale und multizentrische Osteolysen s. 58, 60, 65.

Der Einzelfall einer Verlaufsuntersuchung über 19 Jahre mit Karpalosteolyse sowie Epiphysenwachstumsstörungen der Großzehe bzw. beider Füße bei einem Patienten mit Hypercholesterin- und Hypertriglyzerinämie ist beschrieben (58).

Eine ungewöhnliche Stellung der Handwurzelknochen zueinander wird durch den **Karpalwinkel** erfaßt. Tangenten an Skaphoid und Lunatum einerseits, Lunatum und Triquetrum andererseits bilden einen Winkel, der normalerweise 131,5 ± 7,2 Grad (36) bzw. 130,9 im Mittel bei einem Sigma von rund 15 Grad (27) beträgt, Krankheitsbilder mit Abweichungen von den normalen Werten nach oben und unten sind in Tab. 2.**12** angegeben (50^3).

Im Schema der Abb. 2.**131** sind die verschiedenen **Synostosen** im Gebiet der Handwurzel eingezeichnet (in Anlehnung an 40, s. auch 46). Sie kommen bei Weißen in 0,11%, bei Amerikanern afrikanischer Herkunft in einer Häufigkeit von 1,6% und bei Nigerianern in bis zu 8%iger Häufigkeit vor (19).

Tabelle 2.**11** Mißbildungssyndrome bei begleitenden akzessorischen Karpalknöchelchen (nach Poznanski)

In der distalen Reihe
Arthroophthalmopathie
Brachydaktylie A-1
diastrophische Dysplasie
Ellis-van-Creveld-Syndrom
Larsen-Syndrom
otopalatodigitales Syndrom
Os centrale – Reste einer zentralen Reihe
Gorlin-Schlorf-Paparella
Hand-Fuß-Genital-Syndrom
Hollister-Hollister
Holt-Oram
Larsen
otopalatodigitales Syndrom
Andere
Grebe
Larsen
otospondylomegaepiphyseales Syndrom
ulnare Dimelie

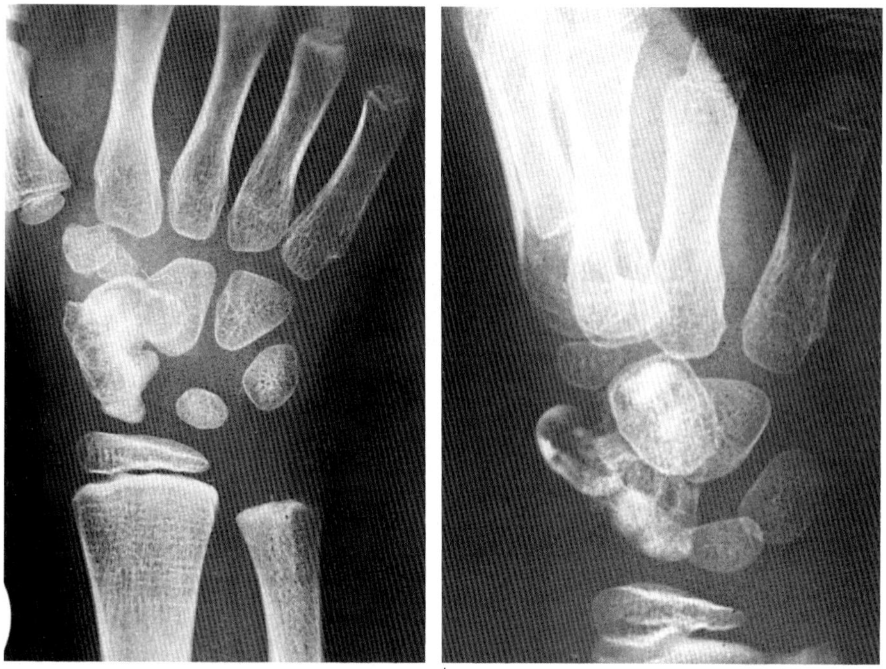

a b

Abb. 2.**129 a** u. **b** 6jähriger Junge. Dysplasia epiphysealis hemimelica (Trevor's disease) des Kahnbeins. Aufnahmen in zwei Ebenen (Beobachtung von Holthusen, Hamburg)

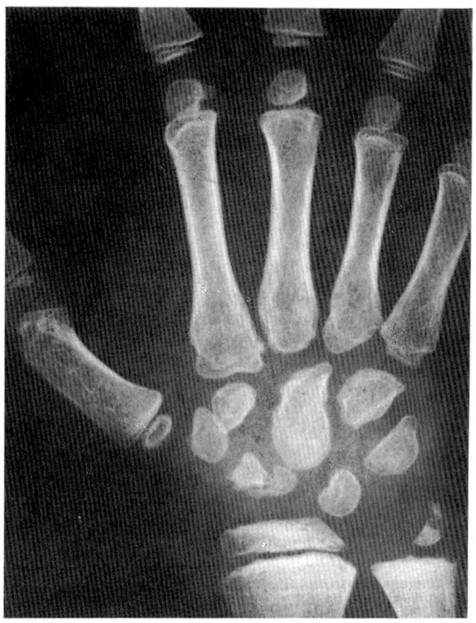

Abb. 2.**130** Chondrodystrophie (Aufnahme von Köhler)

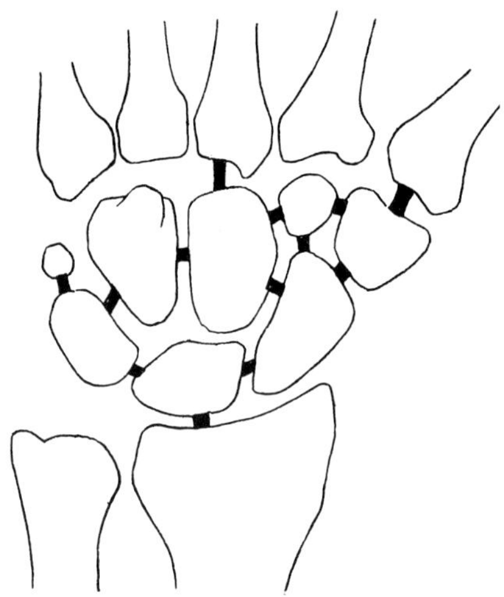

Abb. 2.**131** Synostosen im Gebiet der Handwurzel (nach Mestern)

In einer Literaturzusammenstellung von 127 Fällen von Synostosen zwischen zwei Karpalia kamen 88 zwischen Os lunatum und Os triquetrum, 16 zwischen Os capitatum und Os hamatum, alle anderen Kombinationen fünfmal oder weniger vor (19). Synostosen zwischen drei und mehr Karpalia sind als Raritäten zu betrachten (z. B. zwischen Kapitatum und Hamatum bzw. zwischen Trapezoid und Trapezium, Einzelheiten bei 50[2]).

Es gibt Kombinationen mit Konkreszenzen und Dysplasien der Wirbel (63). Fehlbildungen der verschiedensten Art und Dysplasiesyndrome werden oft von Karpalfusionen begleitet.

Verletzungsfolgen und Nekrosen

Beim Kind sind **Brüche** der Handwurzelknochen sehr selten (0,4% aller Frakturen im Finger- und Handbereich). Anders als im Erwachsenenalter spielt das direkte Trauma eine starke Rolle (12).

Im Schrifttum über Frakturen in jeder Altersstufe liegen Übersichten vor (209 mit Kahnbeinbrüchen [7], 71 Fälle ohne Kahnbeinbrüche [24]), und es gibt Schemata über die vielen Möglichkeiten von „kleinen Frakturen" der Handwurzelknochen in der Differentialdiagnose zu den Akzessoria (69) (Abb.

Tabelle 2.**12** Fehlbildungen mit stumpfem und spitzem Karpalwinkel (nach Poznanski)

Syndrome	N	Mittlerer Winkelwert
Stumpfer Karpalwinkel		
Arthrogryposis	2	159
Arthroophthalmopathie (Stickler-Syndrom)	1	149
zerebraler Gigantismus	5	140
chondroektodermale Dysplasie	4	149
kleidokraniale Dysplasie	13	143
frontometaphyseale Dysplasie	3	147
Larsen	1	146
Marfan	16	143
multiple epiphyseale Dysplasie	17	148
Pfeiffer-ähnliche Syndrome	17	145
trichorhinophalangeales Syndrom	7	146
Spitzer Karpalwinkel		
Achondroplasie	34	134
basales Zellnävussyndrom	8	139
Cockayne-Syndrom	6	140
diastrophischer Zwergwuchs	11	135
Hand-Fuß-Genital-Syndrom	7	129
Holt-Oram	10	128
Hypochondrodysplasie	13	136
metaphyseale Chondrodysplasie (Typ Schmidt)	5	135
otopalatodigitales Syndrom	18	137
Pseudoachondroplasie	13	124
Pseudohypoparathyreoidismus	7	138
Trisomie 21	187	136
Turner	28	128

2.**132a** u. **b**). Vorträge über die **Frakturen, Luxationen und Dissoziationen** der Karpalknochen sind in einem Bericht über eine handchirurgische Arbeitstagung zusammengefaßt (43).

Die Kenntnis der biomechanischen Besonderheiten der Handwurzel erleichtert den Zugang zu den hier typischen, traumatisch bedingten Luxationen, frakturbedingten Dislokationen und Instabilitätsmustern. Die Einteilung der Karpalknochen in eine proximale und eine distale Reihe (43) ist zwar morphologisch korrekt, gibt jedoch nicht die funktionellen Gegebenheiten und deren Veränderungen als Traumafolge wieder. Unter Berücksichtigung der für die Stabilität und Funktion entscheidenden radiokarpalen sowie interkarpalen (intrakapsulären) Bandverbindungen erscheint daher die Betrachtung des Karpus als ein zusammengesetztes Gelenk, bestehend aus drei unabhängigen longitudinalen Artikulationsketten mit dem Os lunatum als proximal eingeschaltetem Knochen, unter traumatologischen Aspekten günstiger (25, 34, 62).

Die meisten Verletzungen spielen sich am Handgelenk in einer „vulnerablen Zone" ab (Abb. 2.**133**), wobei die Verletzungen des kleinen Bogens als reine Luxationen auftreten und die Verletzungen des großen Bogens immer auch die Fraktur eines bis aller perilunärer Karpalknochen, in der Regel mit konsekutiver Luxation, einschließen. Somit fallen die perilunären Luxationen unter die Verletzungen des kleinen Bogens, wobei die eigentliche Lunatumluxation als deren Maximalvariante aufzufassen ist (34). Abb. 2.**134** gibt die schematische Übersicht

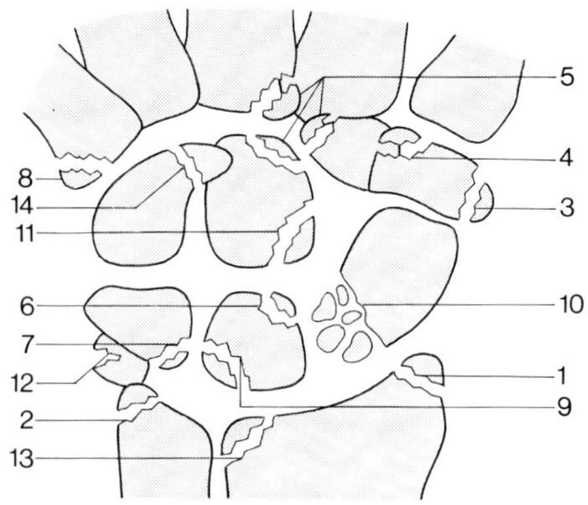

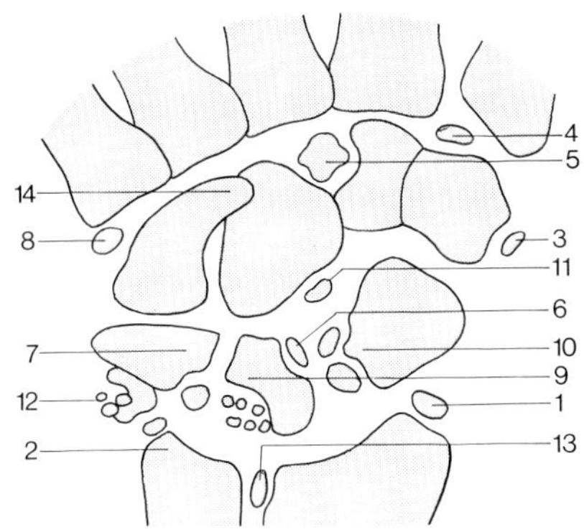

Abb. 2.**132a** u. **b** Häufig vorkommende Frakturen der Handwurzel und ihre Differentialdiagnose gegenüber akzessorischen Skelettelementen (Schema nach Zatzkin)

a Häufige Handgelenkfrakturen
1 = Processus styloideus radii
2 = Processus styloideus ulnae
3 = Os trapezium
4 = Os trapezium
5 = Os trapezoideum, os capitatum und Basis des Os metacarpale III
6 = Os lunatum
7 = Os triquetrum
8 = Basis des Os metacarpale V
9 = Os lunatum
10 = Os scaphoideum
11 = Os capitatum
12 = Os pisiforme
13 = Radius
14 = Os hamatum

b Differentialdiagnose
1 = persistierender Ossifikationskern: Processus styloideus radii
2 = persistierender Ossifikationskern: Processus styloideus ulnae
3 = Os paratrapezoideum
4 = sekundäres Os trapezoideum
5 = Os styloideum
6 = Os hypolunatum
7 = akzessorischer Knochen zwischen Os lunatum und Os triquetrum
8 = Os Vesalianum
9 = osteomalazische Veränderungen im Os lunatum
10 = Os scaphoideum multipartitum
11 = Os centrale carpi
12 = multiple Ossifikationskerne: Os pisiforme
13 = Ossifikationskerne am ulnaren Rand des Radius
14 = Hamulus ossis hamati

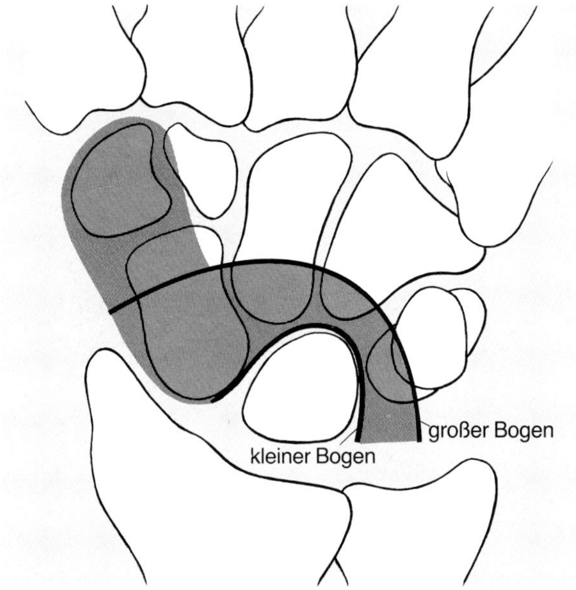

Abb. 2.**133** Die häufigsten Frakturen, Frakturdislokationen und Dislokationen der Karpalknochen, die traumatisch eintreten.
Die schraffierten Bezirke stellen die „vulnerablen Zonen" dar. Die meisten Frakturen, Luxationsfrakturen und Dislokationen des Karpus spielen sich hier ab. Verletzungen am „kleinen Bogen" sind wie Dislokationen, während Verletzungen am „großen Bogen" Luxationsfrakturen entsprechen

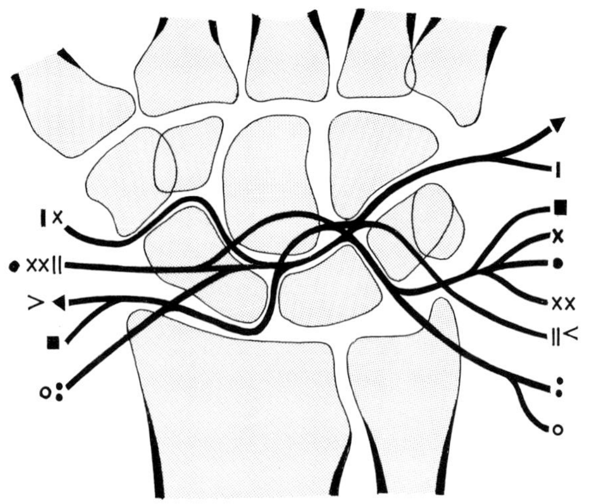

> — <	transtriquetro-perilunär
■ — ■	transkapitato-perilunär
◀ — ▶	peritriquetro-lunär
I — I	periskaphoido-triquetro-lunär
x — x	periskaphoido-lunär
• — •	transskaphoido-perilunär (de Quervain)
xx—xx	transskaphoido-kapitato-perilunär
ll — ll	transskaphoido-kapitato-triquetro-perilunär
: — :	transstylo-perilunär
o — o	transstylo-skaphoido-perilunär

Abb. 2.**134** Interkarpale Luxationen und Luxationsfrakturen (aus Dihlmann, W.: Gelenke-Wirbelverbindungen, 3. Aufl. Thieme, Stuttgart 1987)

möglicher interkarpaler Luxationen und Luxationsfrakturen wieder.

Der Anteil der Skaphoidfrakturen bei Verletzungen der Handwurzelknochen beträgt 60–70% (2). Hierbei ist die **transskaphoidoperilunäre Luxation de Quervain** die häufigste Kombinationsverletzung (44). Eine weitere typische Kombinationsverletzung bildet die **perilunäre, transskaphoidale, transkapitale Luxationsfraktur** (naviculo-capitate fracture syndrome), ausführlich beschrieben bei Pfeifer (48) und Resnick u. Mitarb. (53).

Folgezustände dieser karpalen Gefügestörungen können die posttraumatische karpale dorsale und palmare Instabilität (11) mit späterem karpalem Kollaps sowie die schwere posttraumatische Arthrose sein (68); andererseits ist es auch möglich, daß die karpale Bandinstabilität, z. B. im Rahmen eines Marfan-Syndroms, mit konsekutiver perilunärer Dislokation beiderseits ohne Trauma besteht. Über eine beidseitige radiokarpale Dislokation wurde jüngst in einem Einzelfall berichtet (8).

Nekrosen finden sich vor allem am Mondbein, weit weniger am Skaphoid. Sie gehören an den übrigen Karpalknochen zu den Seltenheiten, über die in der Literatur seit Jahrzehnten wenige Einzelberichte vorliegen (45).

Ätiologisch steht heute nur noch die Annahme von Folgeerscheinungen eines akuten Einzeltraumas oder einer chronischen Traumatisierung zur Diskussion. Eine verkürzte Ulna („Minusvariante") liegt bei den Lunatumnekrosen prozentual signifikant häufiger vor als beim normalen Handgelenk (45).

Anhand von **Zysten** als Folgen von Vibrationsschäden wurde in postmortalen Studien an 67 Fällen radiologisch und histologisch die Mikro- und Makrostruktur der Handwurzelknochen untersucht (29). Neuere Untersuchungen, u. a. mit einer Verlaufsbeobachtung über 27 Jahre, haben die Ansicht bestärkt, daß diese intraossären Höhlen, vielleicht durch Gefäßschäden bedingt, durch mechanische Einwirkungen und wiederholte Traumen hervorgerufen sind (33).

Erworbene Erkrankungen

Bei der **Osteopetrose** oder **Marmorknochenkrankheit** (Albers-Schönberg) (Abb. 2.**135** und 2.**76a** u. **b**) wird an Hand- und Fußwurzelknochen häufig ein sklerotischer Ring von einer Aufhellungszone umgeben – „bone in bone" (31). Im Gegensatz dazu findet sich bei **Skorbut** eine ausgeprägte **Osteoporose** mit dünner Kortikalis, die nur an den Handwurzelknochen ringartig sklerosiert erscheinen kann (50^4).

Die **rheumatoide Arthritis** kann bis zur Verschmelzung aller Handwurzelknochen, dem „Os carpale", führen. Die **erosive Osteoarthropathie** ist zwar eine sehr seltene Erkrankung, doch ähnelt der histologische Befund einer entzündlichen Synovitis dem der rheumatoiden Arthritis. Die erosive Osteoarthropathie kommt schon bei jungen Menschen vor, verläuft langsam und führt radiologisch durch relative mechanische Überbeanspruchung zu erheblichen Sklerosierungen (3).

Die **Osteomyelitis** ist zwar selten, wird jedoch sowohl nach hämatogener Aussaat wie auch nach perkutaner direkter Infektion beobachtet.

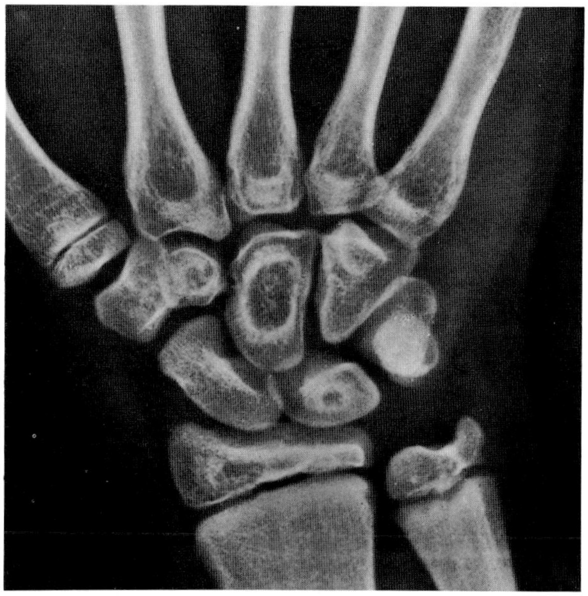

Abb. 2.**135** Marmorknochenkrankheit (Beobachtung von Bremm, Viersen)

Abb. 2.**136a** läßt die Aufnahme der rechten Handwurzel im dorsovolaren Strahlengang erkennen. Bei dem Patienten bestanden Schwellung und Rötung im Handwurzelbereich mit starken Schmerzen und einem allgemein-septischen Erscheinungsbild. Die Gelenkspalten im Karpometakarpalbereich II und III sind nicht mehr abgrenzbar.

Nach Punktion von Pus ohne möglichen Erregernachweis (der Patient stand unter Antibiotika) ergab sich 3 Wochen später das Bild der Abb. 2.**136b** mit weitgehender Zerstörung sämtlicher Interkarpalgelenke der rechten Hand. Als Ausgangspunkt der hämatogenen Karpalarthritis ist bei dem Patienten mit Wahrscheinlichkeit eine sehr ausgeprägte Bronchiektasie zu sehen.

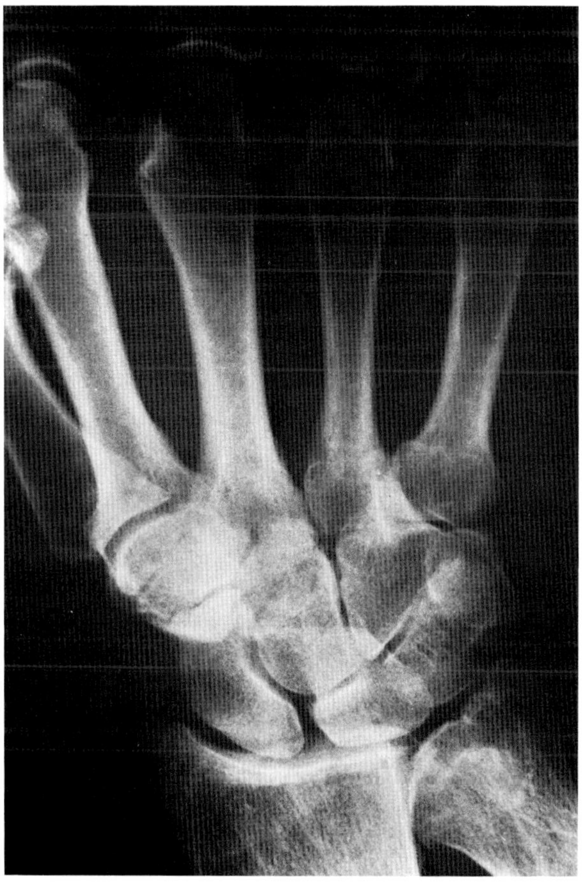

a

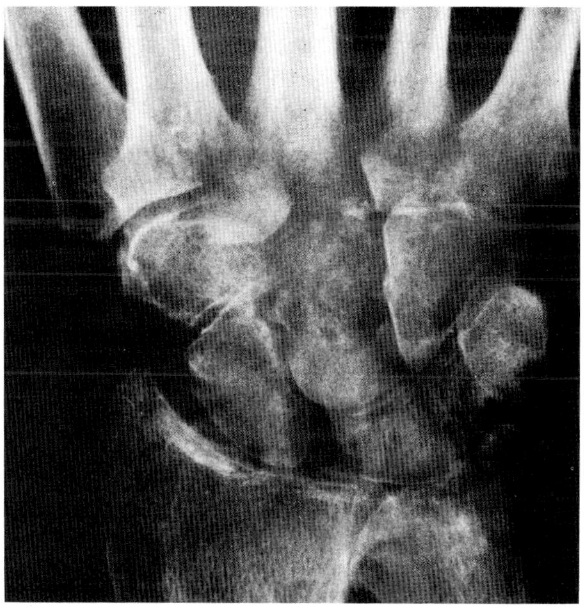

b

Abb. 2.**136a** u. **b** Verlauf einer hämatogenen bakteriellen Karpalarthritis über 3 Wochen bei einem Patienten mit Bronchiektasie

Symptomatisch sehr ähnliche, ausgedehnte Osteomyelitiden waren an sämtlichen Karpalknochen auch nach der **Infektion durch Katzenbiß** eingetreten (20).

Zu welch erheblichen Destruktionen am Radiokarpalgelenk die **Chondrocalcinosis articularis** (Pseudogicht) führen kann, wurde jüngst berichtet (59).

Die **Skelettuberkulose**, beobachtet an 27 Patienten mit Befall der Hand und des Handgelenkes, trat in 6,9% dieser Knochenerkrankung auf. Während das klinische Bild den Symptomen anderer Infektionen gleicht, bestehen die radiologisch nachweisbaren Skelettsymptome in 86%iger Häufigkeit in Knochenatrophie, Knochen- oder Gelenkdestruktionen mit diskreter Periostitis (5).

Der symmetrische Befall der Handwurzelknochen durch **Brucellose** ist beschrieben (10). In diesem Zusammenhang mit arthritischen Prozessen sei darauf verwiesen, daß die Handwurzelgelenke untereinander kommunizieren. Deshalb befallen arthritische Prozesse zumeist alle Gelenke dieser Region.

Einen Sonderfall bilden die Veränderungen bei **Diabetes.** Es handelt sich um die gleichen Knochenveränderungen, wie man sie am Fuß häufiger findet und wie sie im entsprechenden Kapitel („Fuß – Allgemeiner Teil") beschrieben sind. Geringe Traumen und Infektionen können zur sehr plötzlichen Progredienz der Veränderungen führen (1).

Im Schrifttum gibt es eine kurze Zusammenstellung aller Formen der Monarthritis verschiedenster Genese (38).

Primär **maligne Tumoren** werden an der Hand nur in 10% aller Geschwülste gefunden (35). Die Symptomatik eines metastatischen Prozesses mit schnell fortschreitenden Destruktionen der Handwurzelknochen (26) ist derjenigen der entzündlichen Prozesse, aber auch des malignen Synovialtumors oder anderen malignen Prozessen, die Weichteile und Knochen ergreifen (aprimäres Lymphom, Plasmozytom, fibröses Histiozytom) ähnlich.

Hochgradige Osteolysen kommen auch bei der **Syringomyelie** vor (70).

Das **Karpaltunnelsyndrom** mit typischen, nächtlichen Brachyalgien wird durch Verdrängungen des N. medianus und der Fingerbeugesehnen, die im gleichen Kanal liegen, hervorgerufen. Als vorwiegende Ursache wurde eine idiopathische hypertrophische Tenosynovitis gefunden (14), doch können auch Akzessoria volar oder vor dem Os capitatum die sympathische Nervenversorgung der Hand irritieren (18), so daß es nicht verwunderlich erscheint, wenn eine familiäre Häufung dieses Syndroms beschrieben ist (66). Ein maskiertes Karpaltunnelsyndrom wurde bei der diabetischen Neuropathie erwähnt (66).

Literatur

1 Akintewe, T. A., O. Odusan, O. Akanji: The diabetic hand – 5 illustrative case reports. Brit. J. Chir. Pract., October (1984) 368–371

2 Alexander, D. I.: Wrist injuries. Can. Fam. Physic. 28 (1982) 1169–1171

3 Balague, F., I. Radi: Unusual erosive osteoarthropathy of a single midcarpal joint. Clin. Experim. Rheumatol. 3 (1985) 89–90 (Letter to the editor)

4 Beckmann, D., P. Strobach, E. Metge: Chondrodysplasia punctata Typ Conradi-Hünermann. Dtsch. Gesundh.-Wes. 37 (1982) 377–380

5 Benkeddache, Yamina, H. Gottesmann: Skeletal tuberculosis of the wrist and hand: A study of 27 cases. J. Hand Surg. 7 (1982) 593–600

6 Bogart, F. B.: Variations of bones of wrist. Amer. J. Roentgenol. 28 (1932) 638–646

7 Boudieux, P.: Fractures des os su carpe. Ann. Radiol. (Paris) 25 (1982) 400–404

8 Bounds, T. B.: Bilateral radiocarpal dislocation: a case report. Orthoped. 5 (1982) 42–45

9 Brauer, W.: Zur posttraumatischen Ossifikation akzessorischer Ossa. Fortschr. Röntgenstr. 90 (1959) 713–716

10 Braun, H., K. Ammon: Über eine seltene Skelettmanifestation der menschlichen Bruzellose. Fortschr. Röntgenstr. 98 (1963) 107–109

11 Buck-Gramko, D.: Instabilität des Handgelenkes. In Nigst, H.: Frakturen, Luxationen und Dissoziationen der Karpalknochen. Hippokrates, Stuttgart 1982 (S. 175–183)

12 Bühlingen, U., E. Hermann: Beitrag zu Handwurzelfrakturen im Kindesalter. Zbl. Chir. 110 (1985) 375–377

13 Bugyi, B.: Über die Entwickelung der Handwurzelknochenkerne bei gesunden Schulkindern. Kinderärztl. Prax. 26 (1958) 218–221

14 Bureau, H., G. Magalon, J. L. Roffe: Le syndrome du canal carpien. J. Chir. (Paris) 119 (1982) 739–747

15 Carlson, D. H.: Coalition of the carpal bones. Skeletal Radiol. 7 (1981) 125–127

16 Conradi, E.: Vorzeitiges Auftreten von Knochen und eigenartigen Verkalkungszonen bei Chondrodystrophia foetalis hypoplastica. Histologische und Röntgenuntersuchungen. Jb. Kinderheilkd. 80 (1914) 86–91

17 de Cuveland, E.: Os radiale externum. Fortschr. Röntgenstr. 97 (1962) 392

18 Diller, W., G. Lamoth: Karpaltunnelsyndrom durch atypisches Knochenelement. Fortschr. Röntgenstr. 105 (1966) 123–124

19 Drewes, J., D. Günther: Über angeborene Synostosen im Handwurzelbereich. Radiologe 6 (1966) 64–68

20 Fechter, E. A., T. A. Miller: Severe osteomyelitis of the wrist following a cat bite. Hand 15 (1983) 242–245

21 Fischer, E.: Neues Skelettelement dorsal am Radio-Carpalgelenk. Fortschr. Röntgenstr. 91 (1959) 530–531

22 Franck, J. L., M. Boussaton, B. Mazières, J. M. Bachaud, J. Arlet: Syndrome du canal carpien familial. La Nouvelle Presse Médicale, 13. Februar 1982

23 Fairbank, T. J.: Atlas of General Affection of the Skeleton. Williams & Wilkins, Baltimore 1951

24 Fröhling, D. K., J. Löhnert, H.-Br. Makosi, E. Löhr: Beitrag zu Brüchen des Handwurzelskeletts. Fortschr. Röntgenstr. 117 (1972) 658–663

25 Gilford, W. W., R. H. Bolton, C. Lambrinudi: The mechanism of the wrist joint with special reference to fractures of the scaphoid. Guy's Hosp. Rep. 92 (1943) 52–61

26 Gottlieb, Ph. D., Sh. J. Parikh, J. K. Singh: Metastatic disease of the carpus (Primary site: bronchogenic carcinoma). Skeletal Radiol. 13 (1985) 154–158 (Case report 295)

27 Harper, H. A. C., A. K. Poznanski, S. M. Garn: The carpal angle. Effects of age, race, and sex in American population. Invest. Radiol. 9 (1974) 217–221

28 Hastings, H., B. P. Simmons: Hand fractures in children. Clin. Orthop. 188 (1984) 120–130
29 Horváth, F., J. Juhász, J. Szeböck: Angabe zur Makro- und Mikrostruktur des Handwurzelknochens. Fortschr. Röntgenstr. 115 (1971) 325–332
30 Hünermann, C.: Chondrodystrophia calcificans congenita als abortive Form der Chondrodystrophie. Z. Kinderheilk. 51 (1931) 1–19
31 Jacobs, Ph.: Röntgenatlas der Hand. Springer, Berlin 1975 (Abb. 39)
32 Johnson, R. P.: The acutely injured wrist and its residual. Clin. Orthop. 149 (1980) 33–44
33 Jonsson, K., O. Eiken: Development of carpal bone cysts as revealed by radiography. Acta Radiol. Diagn. 24 (1983) 231–233
34 Kauer, J. M. G.: Functional anatomy of the wrist. Clin. Orthop. 149 (1980) 9–20
35 Klaes, W., H. Towfigh: Seltene gutartige Tumoren der Hand. Chirurg 54 (1983) 420–422
36 Kosowicz, J.: Carpal sign in gonadal dysgenesis. J. clin. Endocr. 22 (1962) 949–952
37 Lamesch, A. J.: Dysplasia epiphysealis hemimelica of the carpal bones. J. Bone Jt Surg. 65-A (1983) 398–400
38 Levernieux, J.: Monarthritis. Documenta Geigy, Basel 1978
39 Mau, H.: Die enchondral dysostotische Hand im Röntgenbild. Arch. orthop. Unfall-Chir. 52 (1960) 125–147
40 Mestern, J.: Erbliche Synostosen der Hand- und Fußwurzelknochen (erbliches Os tibiale externum). Röntgenpraxis 6 (1934) 594–600
41 Murken, J. D.: Fehlen von Handwurzel-Knochenkernen, Ringknorpeldysplasie und Veränderungen von Femurepiphyse und Becken – ein eigenes Krankheitsbild? Radiologe 9 (1969) 227–229
42 Neiss, A.: Doppelseitige Synostose zwischen dem Os multangulum minus und dem Os capitatum. Fortschr. Röntgenstr. 82 (1955) 925
43 Nigst, H.: Frakturen, Luxationen und Dissoziationen der Karpalknochen. Bericht der Basler Handchirurgischen Arbeitstagung. Hippokrates, Stuttgart 1982
44 Nigst, H.: de Quervainsche, transskaphoidale, perilunäre Luxationsfraktur. In Nigst, H.: Frakturen, Luxationen und Dissoziationen der Karpalknochen. Hippokrates, Stuttgart 1982 (S. 153–156)
45 Nigst, H.: Aseptische Nekrosen der Karpalknochen. In Nigst, H.: Frakturen, Luxationen und Dissoziationen der Karpalknochen. Hippokrates, Stuttgart 1982 (S. 133–145)
46 O'Rahilly, R. J.: Survey of carpal and tarsal anomalies. J. Bone Jt Surg. 35-A (1953) 626–642
47 Pennes, D. R., E. M. Braunstein, K. K. Shirazi: Carpal ligamentous laxity with bilateral perilunate dislocation in Marfan syndrome. Skeletal Radiol. 13 (1985) 62–64
48 Pfeifer, K. M.: Perilunäre, transskaphoidale, transkapitale Luxationsfrakturen (Naviculo-capitate fracture syndrome). In Nigst, H.: Frakturen, Luxationen und Dissoziationen der Karpalknochen. Hippokrates, Stuttgart 1982 (S. 163–167)
49 Pfitzner, W.: Beiträge zur Kenntnis des menschlichen Extremitätenskeletts. VIII. Die morphologischen Elemente des menschlichen Handskeletts. Abschnitt I: Allgemeiner Teil. Z. Morphol. Anthropol. 2 (1900) 77–157; Schwalbes morph. Arb. 6 (1894) 95–116
50 Poznanski, A. K.: The Hand in Radiologic Diagnosis, 2nd ed. Saunders, Philadelphia 1984 ([1]p. 197; [2]p. 201–207; [3]p. 193–195; [4]fig. 21–3; [5]table 8–3)
51 Poznanski, A. K., J. F. Holt: The carpals in congenital malformation syndroms. Amer. J. Roentgenol. 112 (1971) 443–459
52 Ravelli, A.: Gefäßkanäle in den Fingergliedern. Radiol. clin. (Basel) 22 (1953) 465–469
53 Resnick, Ch. S., R. H. Gelberman, D. Resnick: Transscaphoid, transcapitate, perilunate fracture dislocation (Scaphocapitate syndrome). Skeletal Radiol. 9 (1983) 192–194
54 Ruckensteiner, E.: Ein Sesambein an der Dorsalseite des Daumenendgelenkes („Patella pollicis"). Radiol. Austriaca 9 (1956) 101–102
55 Schaaf, J., A. Wagner: Multiplizität von Handwurzelknochen bei drei Geschwistern mit polytoper enchondraler Dysostose. Fortschr. Röntgenstr. 97 (1962) 497–505
56 Schmid, F., L. Halden: Die postfetale Differenzierung und Größenentwicklung der Extremitätenknochenkerne. Fortschr. Röntgenstr. 71 (1949) 975–984
57 Schmid, F., H. Moll: Atlas der normalen und pathologischen Handskeletentwicklung. Springer, Berlin 1960
58 Schwarzweller, F.: Verlaufsuntersuchungen bei einem osteolytischen Krankheitsbild. Z. Orthop. 88 (1957) 404–413
59 Smathers, R. L., C. B. Stelling, Th. E. Keats: The destructive wrist arthropathy of pseudogout. Skeletal Radiol. 7 (1982) 255–258
60 de Smet, A. A.: Acro-osteolysis occurring in a patient with idiopathic multicentric osteolysis. Skeletal Radiol. 5 (1980) 29–34
61 Spranger, J. W., L. O. Langer, H.-R. Wiedemann: Bone Dysplasias. Fischer, Stuttgart 1974 (S. 211)
62 Taleisnik, J.: Wrist: Anatomy, function and injuries. AAOS Instructional Course Lectures. Mosby, St. Louis 1975 (Chap. 3, p. 61)
63 Thakkar, D. H.: Lunato-triquetral fusion and associated spinal abnormality. Hand 1 (1982) 89–92
64 Trevor, D.: Tarso-epiphyseal aclasis. A congenital error of the epiphyseal development. J. Bone Jt Surg. 32-B (1950) 204–213
65 Tuncbilek, E., A. Besim, A. Bakkaloglu, E. Tuncer, G. Secmeer: Carpal-tarsal osteolysis. Skeletal Radiol. 15 (1985) 255–258
66 Walter-Sack, I., N. Zollner: Karpaltunnelsyndrom. Dtsch. med. Wschr. 105 (1980) 19–21
67 Wiedemann, H.-R.: Die großen Konstitutionskrankheiten des Skelets. Fischer, Stuttgart 1960
68 Yeager, B. A., M. K. Dalinka: Radiology of trauma to the wrist: dislocations, fracture dislocations and instability patterns. Skeletal Radiol. 13 (1985) 120–127
69 Zatzkin, R.: Schema von Zatzkin, New York. Folia traumatologica. Geigy, Basel 1976
70 Zimmer, E. A. Die Syringomyelie unter Berücksichtigung ihrer röntgenologischen Diagnostik. Fortschr. Röntgenstr. 51 (1935) 247–260

Spezieller Teil

Os trapezium

Norm

Das *große Vieleckbein, Os trapezium* (französisch „trapèze", englisch „greater multangular"), wurde früher als *Os multangulum maius* bezeichnet.

Im 5. Lebensjahr, manchmal etwas früher, erscheint der erste **Ossifikationskern** des Trapezium (17). Doppelkernanlage kommt vor.

Der voll entwickelte Knochen hat die *Form* eines Pentagons. Seine distale Gelenkfläche ist sattelförmig, das Metakarpale I „reitet" darauf. Giebelförmig ragt es zwischen die Basen von Metakarpale I und II vor. Proximal besitzt das Trapezium Gelenkflächen zum Skaphoid und zum Trapezoid.

Volar findet sich an der Radialseite des Trapeziums ein **Tuberculum ossis trapezii,** abgetrennt von der Hauptmasse des großen Vieleckbeins durch eine Rinne (für die Sehne des M. flexor carpi radialis) (Abb. 2.**137**). Auf Abb. 2.**138** liegt der Spitze des Tuberkulum eine kleine Verknöcherung an, die bei einem 23jährigen nach einer vor Jahren erlittenen Skaphoidfraktur auf die Persistenz einer Apophyse bezogen wurde.

Radiologisch stellt sich das große Vieleckbein gut dar, wenn die Dorsalseite des Daumens dem Film aufliegt.

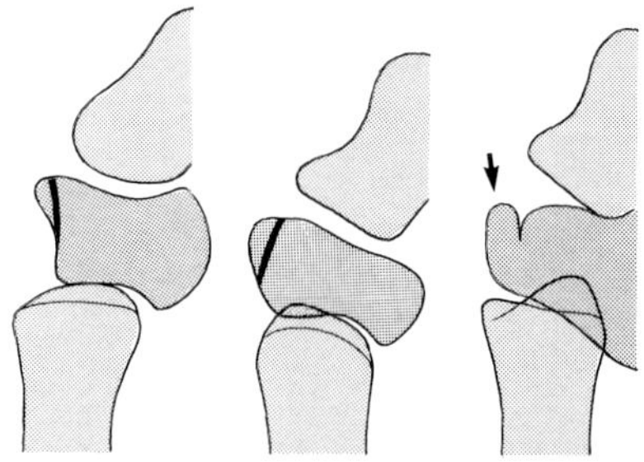

Abb. 2.**137** Tuberculum ossi trapezii

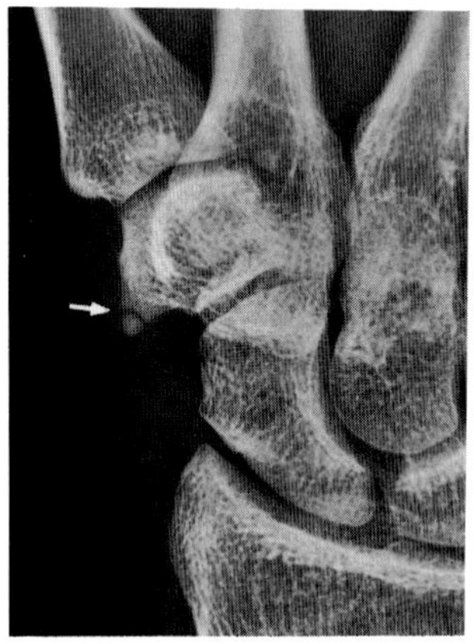

Abb. 2.**138** Isoliertes Verknöcherungszentrum am Tuberkulum (Beobachtung von Koecher, Glückstadt)

Akzessoria

Die Differentialdiagnose zwischen Akzessoria, isoliert gebliebenen Ausrissen und sekundären Verknöcherungen muß auf Vermutungen beschränkt bleiben. Bei Befunden, wie denen der Abb. 2.**139** und 2.**140**, ist an das **Paratrapezium** oder auch an das **Prätrapezium** Pfitzners zu denken.

Das Spekulative in der Deutung dieser dem Trapezium anliegenden Akzessoria wird noch deutlicher beim Versuch der Abgrenzung eines **Trapezium secundarium** von einem **Trapezoides secundarium.** Beide Ossikula wurden von Pfitzner fast an der gleichen Stelle eingezeichnet (s. Abb. 2.**124a–d**) und demgemäß in das Schema entsprechender radiologisch erhobener Befunde von Zimmer (s. Abb. 2.**125a**) aufgenommen.

Die Abb. 2.**141** stellt wegen der proximalen Lage wohl eher ein Trapezoideum secundarium dar. Der im sagittalen Strahlengang tomographisch abgebildete Knochen (Abb. 2.**142a** u. **b**), als Trapezium secundarium gedeutet, läßt sich vom Trapezoides secundarium (s. folgenden Abschnitt) nicht mehr eindeutig trennen. An der Stelle des Trapezium secundarium wird auch ein **Fortsatz des Trapezium** beobachtet (10).

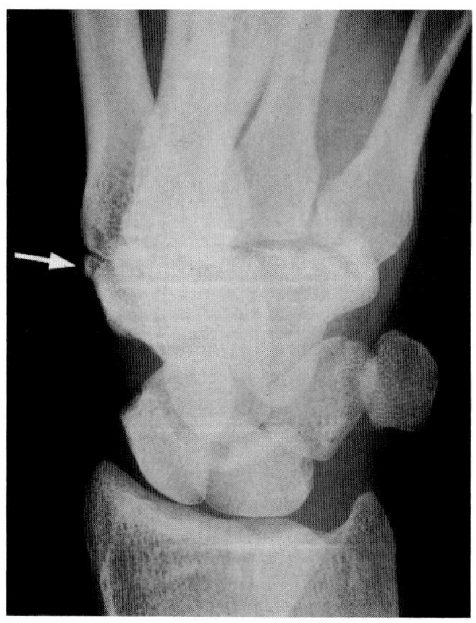

Abb. 2.**139** Para- oder Prätrapezium?

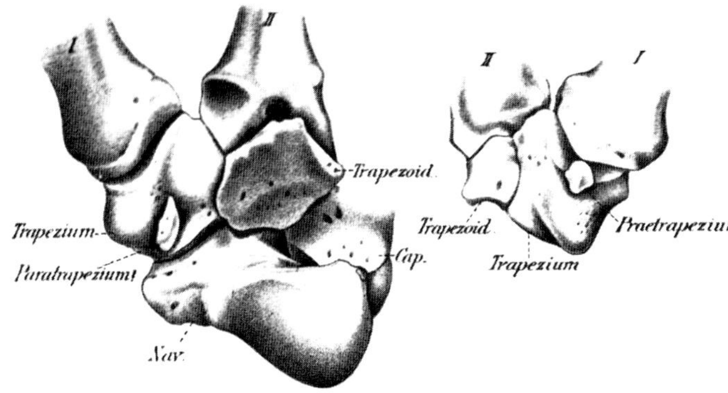

Abb. 2.**140** Schema von Pfitzner

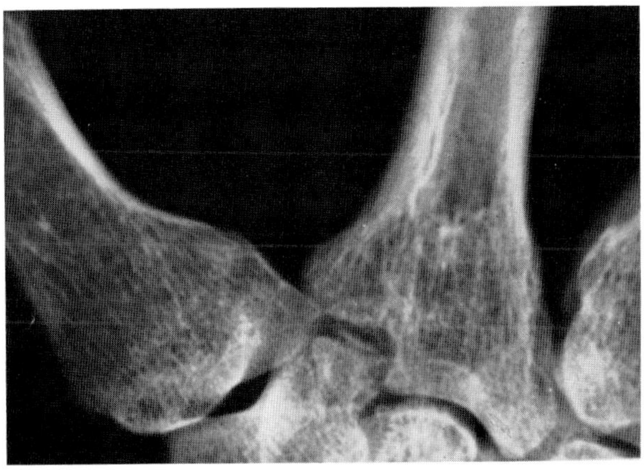

Abb. 2.**141** Trapezium secundarium?

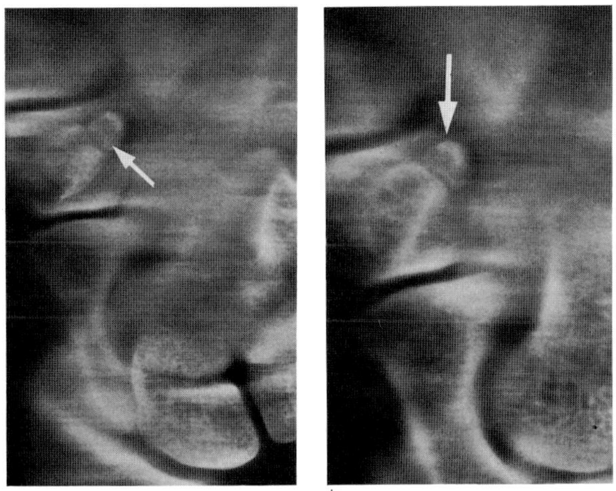

a b

Abb. 2.**142 a** u. **b** Dem Trapezium angelagertes Akzessorium (Trapezium secundarium?) (Beobachtung von Rohden, Oberhausen)

Ein Ossikulum, wie in Abb. 2.**143 a** u. **b** dargestellt, dürfte wohl eher einer Kapselverknöcherung im Rahmen degenerativer Veränderungen als einer Anomalie entsprechen. Möglicherweise isoliert gebliebene Knochenausrisse oder Randwulstabsprengungen (Abb. 2.**144**) beweisen nicht nur die Schwierigkeit der Differentialdiagnose gegenüber den Akzessoria, sondern andererseits auch ihre Wichtigkeit für die Begutachtung.

Im Pfitznerschen Schema (15) nicht aufgeführte, radiologisch aber öfter zu beobachtende Akzessoria finden sich am radialen Rand des Trapezium. Abb. 2.**145 a** u. **b** gibt nicht, wie man annehmen könnte, ein Os radiale externum, sondern bei seiner Darstellung auf dem d.-v. Bild neben dem großen Vieleckbein wohl ein *Epitrapezium* wieder.

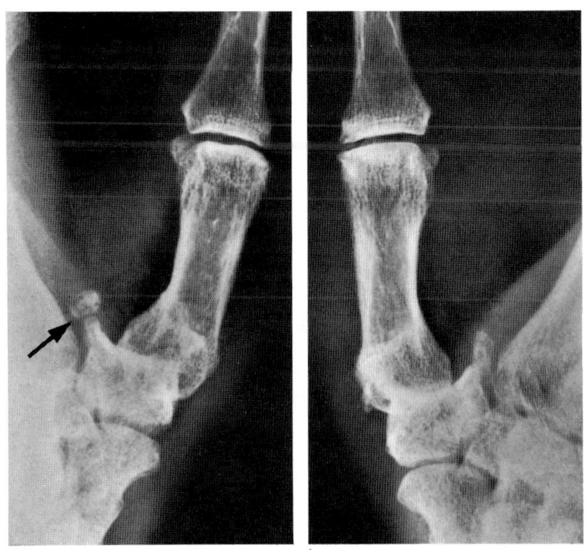

a b

Abb. 2.**143 a** u. **b** Isolierte (sekundäre?) Verknöcherung am spitzen Ausläufer des arthrotisch veränderten Trapezium

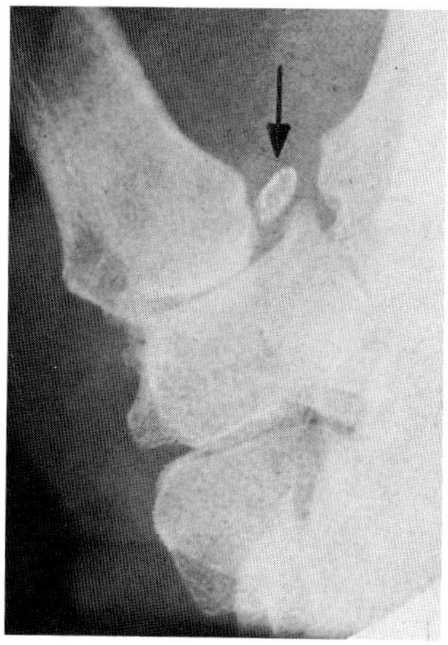

Abb. 2.**144** Alte Absprengung? (Beobachtung von Wieser, Chur-Bad Ragaz)

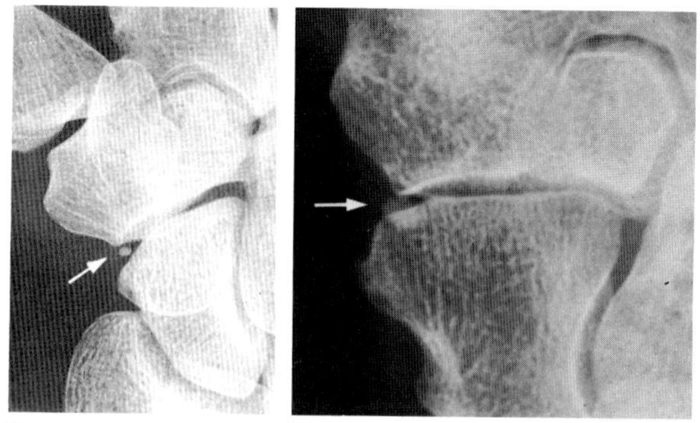

a b

Abb. 2.**145 a** u. **b** Epitrapezium?

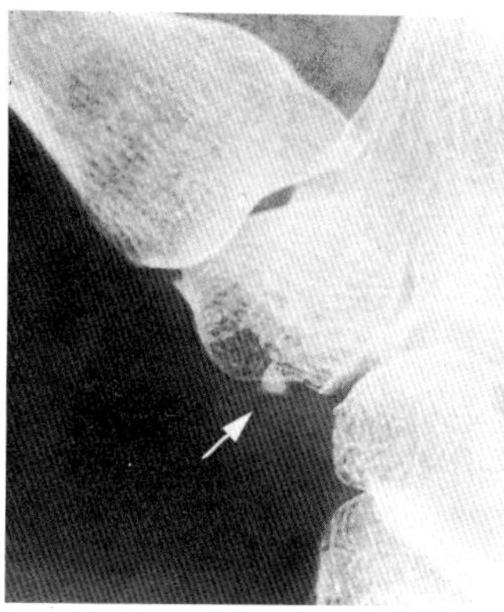

2.**146**

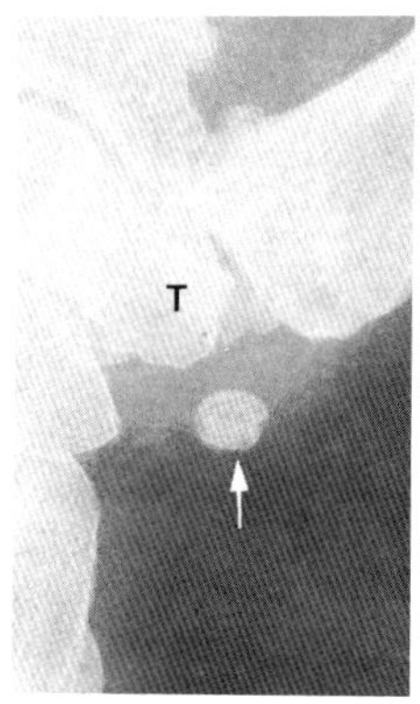

2.**147**

Abb. 2.**146** Bursaverkalkung?

Abb. 2.**147** Verknöcherung (in der Sehne des M. flexor carpi radialis?). T = Trapezium

Kleine **Verkalkungen** (Abb. 2.**146**) **und Verknöcherungen** (Abb. 2.**147**) können auf Bursaverkalkungen oder Ossifikationen in der *Sehne des M. flexor carpi radialis* zurückzuführen sein. Zwei kleine Knöchelchen, Epitrapezia gleichend (Abb. 2.**148 a** u. **b**), dürften erworben, nicht angeboren sein, da sie bei früherer Untersuchung kleiner waren. Ossikula an der radialen, distalen Kante des Trapezium werden in Abb. 2.**149** bis 2.**151** dargestellt.

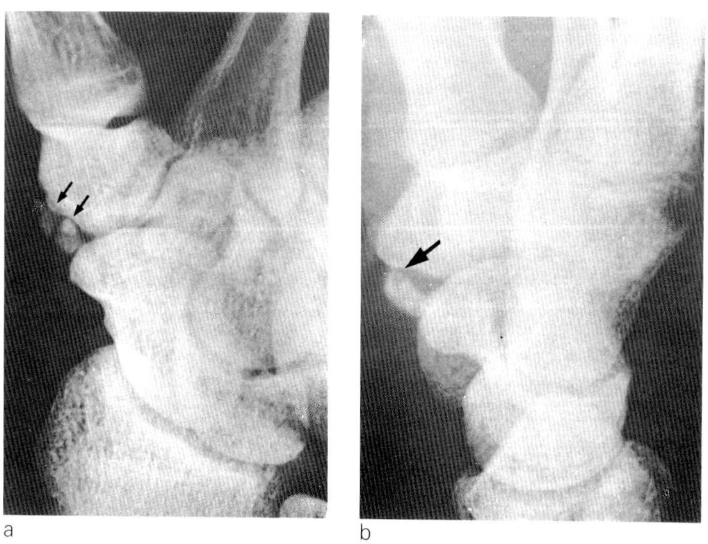

a b

Abb. 2.**148 a** u. **b** Epitrapezia ähnelnde, isolierte Ossifikationen

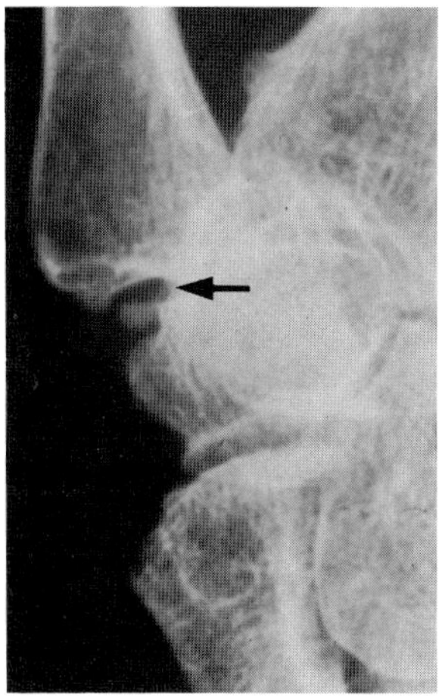

Abb. 2.**149** Para- oder Prätrapezium?

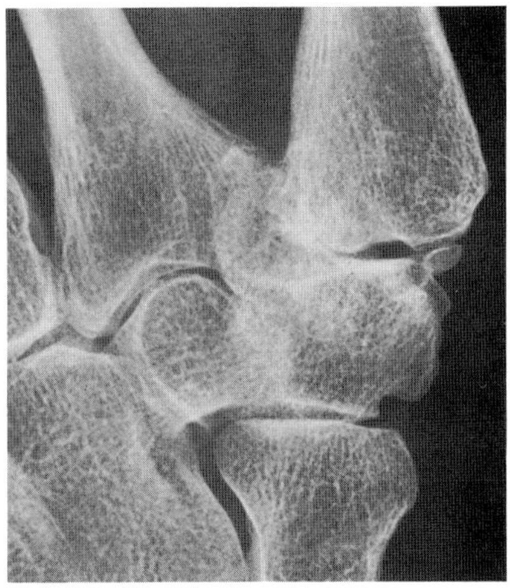

Abb. 2.**150** Paratrapezium?

Anomalien

Verlängerungen und Verbreiterung mit Abwinkelung wie auch andere Verformungen kommen als *kongenitale Anomalien* vor.

Synostosen mit dem Daumenstrahl, mit Skaphoid, Trapezium und Trapezoid (Abb. 2.**152a, b** und 2.**132a, b**) sind beobachtet. Familiäres Auftreten ist bekannt (11). Die späte Ossifikation des Skaphoids und des Trapezium im 5. bis 6. Lebensjahr soll ein Vorstadium der Synostose bilden. Durch Summation können **knöcherne Brücken** zwischen Trapezium, Trapezoid und Kapitatum *vorgetäuscht* werden (Abb. 2.**153**); Synostosen sind aber eher strahlgebunden.

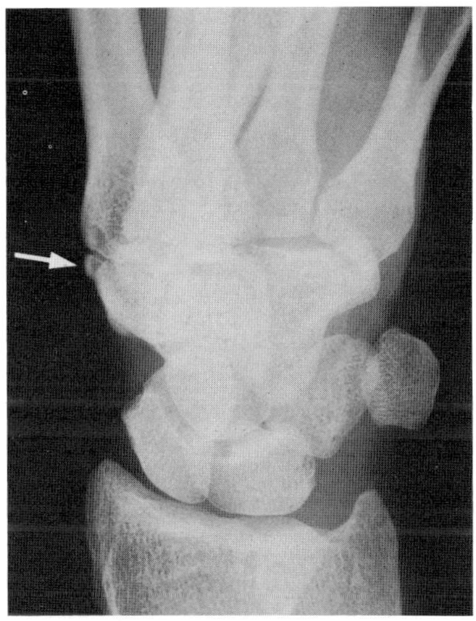

Abb. 2.**151** Paratrapezium?

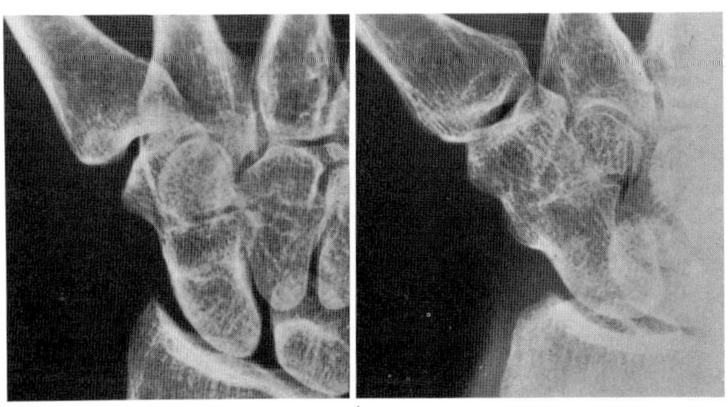

a b

Abb. 2.**152 a** u. **b** Synostose im Mittelgebiet des 1. Strahls zwischen Trapezium, Trapezoid und Skaphoid (Beobachtung von Rohden, Oberhausen)

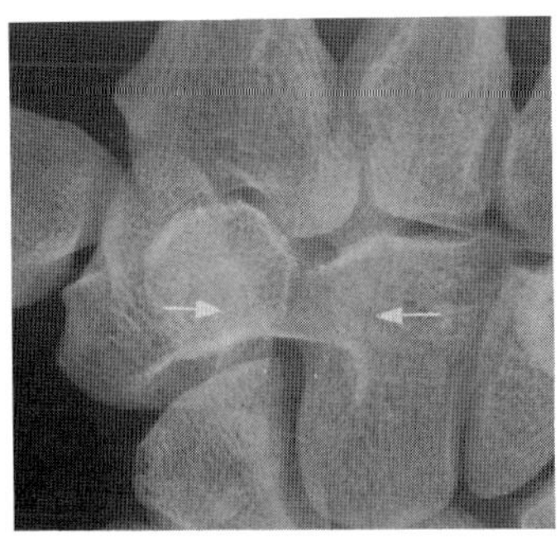

Abb. 2.**153** Keine Synostose, Summationseffekt

Verletzungsfolgen und Nekrosen

Frakturen lassen sich manchmal trotz starkem klinischen Verdacht hierauf radiologisch schwer nachweisen (Abb. 2.**154**). Sie erfolgen meist durch eine komprimierende Gewalteinwirkung bei Sturz auf die Hand, mit adduziertem Daumen. Es entsteht dann eine Längsspaltung des Trapezium. Die isolierte vertikale Fraktur des Trapezium läßt sich am besten im axialen (Tunnel-)Strahlengang nachweisen (20). Als sehr seltenes Ereignis wurde die gleichzeitige Fraktur des Trapezium und des Skaphoid beschrieben (9).

Hierbei kann es auch zur typischen **Luxationsfraktur** kommen: Längsspaltung des Trapezium und Dislokation eines mehr oder minder großen radialen

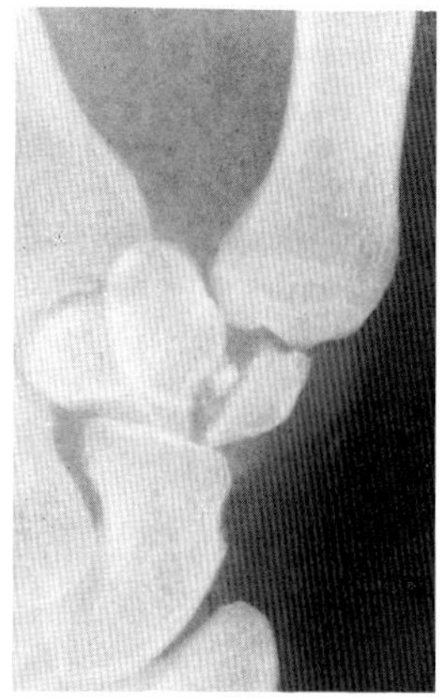

Abb. 2.**154** Fraktur im Trapezium

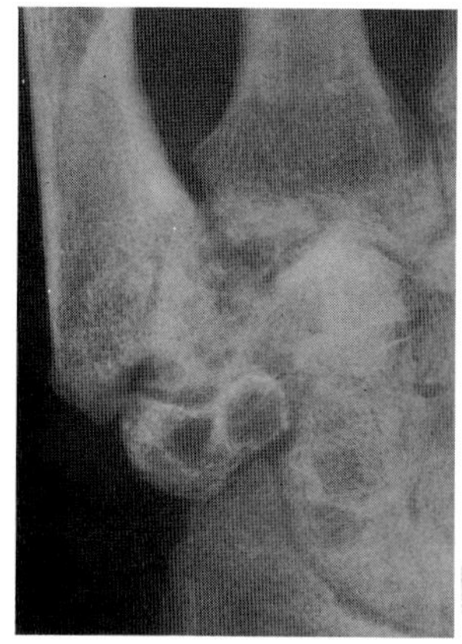

Abb. 2.**155** Posttraumatische Nekrose

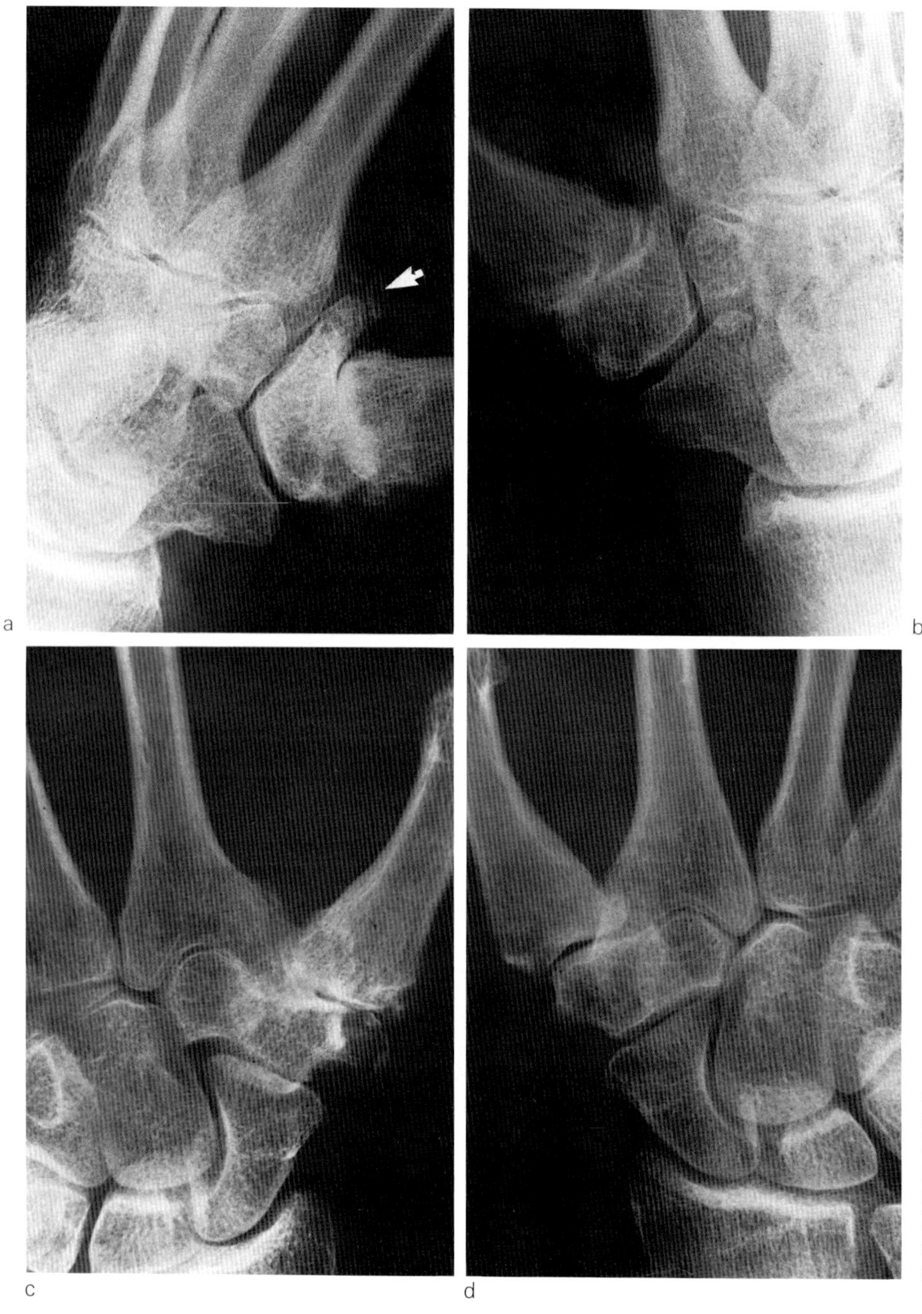

Abb. 2.**156 a–d**
a u. **b** Rhizarthrose und Kapselosteom (?) am Trapezium links
c u. **d** Rhizarthrose und Nekrose (?) am Trapezium der rechten Hand bei derselben Patientin

Anteiles zusammen mit dem ersten Mittelhandknochen nach radial-dorsal (1, 4, 13, 16). Alleinige Luxationen sind nicht selten (19 u. a.) und kommen auch in Kombination mit der Ausrenkung weiterer Handwurzelknochen, z. B. des Skaphoid und des Trapezoid, vor (5).

Außer **symmetrischen idiopathischen Zysten** gibt es **posttraumatische Nekrosen** („Malazien") (Abb. 2.**155**), sehr selten auch symmetrische, **aseptische Nekrosen** (6).

Abb. 2.**156 a–d** – als Zufallsbefund erhoben – macht die Problematik spekulativer diagnostischer Erwägungen in der Bewertung (Nekrosen? Akzessoria? degenerativ bedingte Kapselverknöcherungen?) deutlich.

Horizontale Rotationsluxationen seien der Vollständigkeit halber erwähnt, gehören jedoch wegen der Eindeutigkeit des pathologischen Befundes nicht in den Themenkreis dieses Buches.

Erworbene Erkrankungen

Arthrosen am Daumen-Handwurzel-Gelenk, sog. **Rhizarthrosen** (3), kommen speziell bei Frauen über 50 Jahren vor (12). Die Voraussetzung zur Deformität ist wohl ein bei Frauen flacherer Sattel im Sattelgelenk (14). Weniger die Randwülste, sondern vor allem die Schliffflächen mit Sklerosierung der angrenzenden Ränder sind typische Kennzeichen der Arthrose. Diese Befunde können eine erhebliche klinische Bedeutung besitzen und zu operativen Eingriffen führen (2).

Entsprechende Befunde sieht man auch an den Gelenkflächen zum Skaphoid und zum Trapezoid (Abb. 2.**157**). Isolierte Verknöcherungen finden sich neben den Randwülsten (Abb. 2.**158** und 2.**159 a, b**). Über bilaterale Arthrosen s. bei Schneider (18) und Trübestein (22).

Das Bild eines **Chondroms** des Trapeziums gibt Abb. 2.**160** wieder. Nach dem heutigen Kenntnisstand wäre auch an die sehr seltene Manifestation einer Dysostosis epiphysarea hemimelica (Trevor's disease) am Trapezium zu denken.

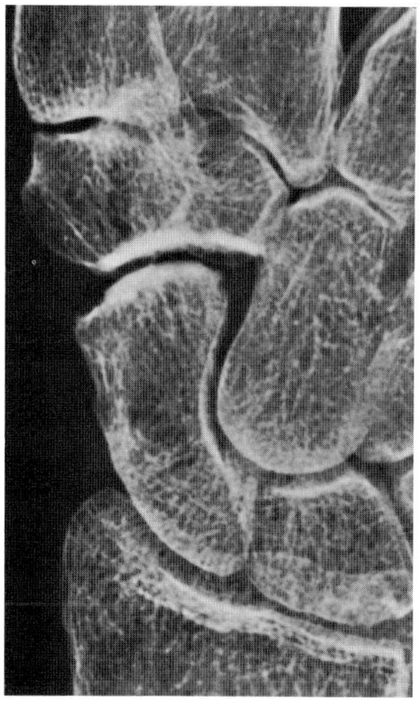

Abb. 2.**157** Sklerosierung der Gelenkflächen zwischen Trapezium und Skaphoid

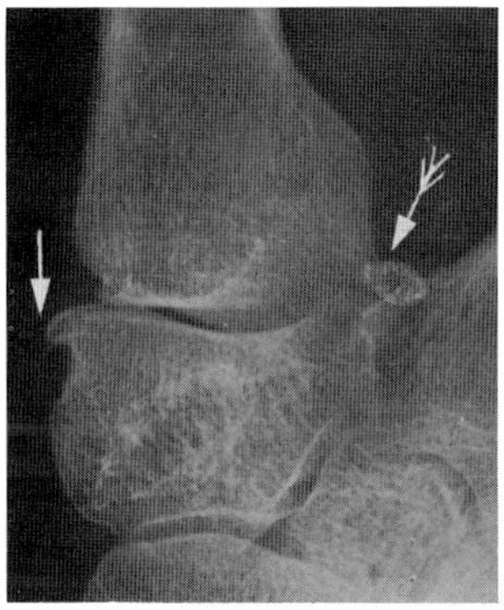

Abb. 2.**158** Isolierte Verknöcherung bei Rhizarthrose

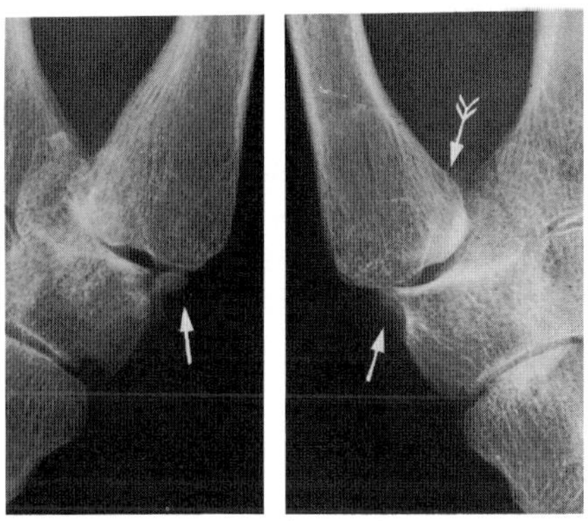

a b

Abb. 2.**159 a** u. **b** Rhizarthrose mit Verknöcherung

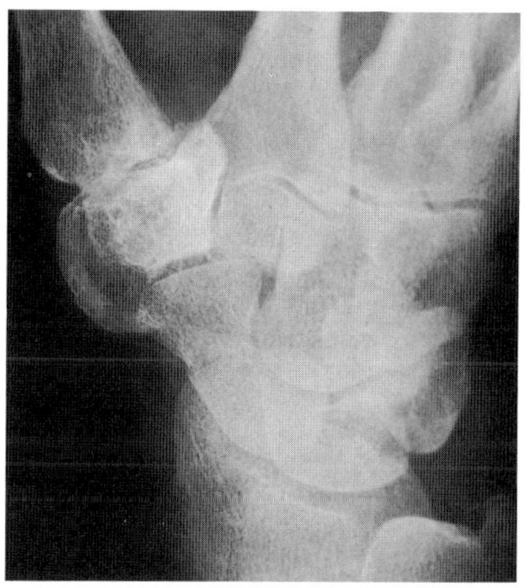

Abb. 2.**160** Chondrom im Trapezium

Literatur

1 Böhler, J., H. Kuderna: Frakturen und Luxationen der peripheren Handwurzelreihe. In Nigst, H.: Frakturen, Luxationen und Dissoziationen der Karpalknochen. Hippokrates, Stuttgart 1983
2 Engel, J., A. Ganel, H. Patish, M. Kamhin: Osteoarthritis of the trapezio-metacarpal joint. Acta orthop. scand. 53 (1982) 219–233
3 Forestier u. Jaqueline; zit. nach Köhler/Zimmer, 12. Aufl., 1982 (S. 155)
4 Freeland, A. E., J. S. Finley: Displaced vertical fracture of the trapezium treated with a small cancellous lag screw. J. Hand Surg. 9-A (1984) 843–845
5 Gibson, P. H.: Scaphoid-trapezium-trapezoid dislocation. J. Hand 15 (1983) 267–269
6 Goecke, H.: Symmetrische aseptische Knochennekrose im Bereich des 1. Karpo-Metakarpalgelenkes. Fortschr. Röntgenstr. 81 (1954) 372–375
7 Harms, C.: Ausgedehnte symmetrische Malazie im Gebiete der Handwurzel. Fortschr. Röntgenstr. 36 (1927) 1051–1053
8 Hodgkinson, J. P., W. Parkinson, D. R. A. Davies: Simultaneous fracture of the carpal scaphoid and trapezium – a very unusual combination of fractures. J. Hand Surg. 10-B (1985) 393–394
9 Jones, W. A., M. S. Ghorbal: Fractures of the trapezium. A report of three cases. J. Hand Surg. 10-B (1985) 227–230
10 Keats, Th. E.: An Atlas of Normal Roentgen Variants that May Simulate Disease, 3rd ed. Year Book Medical Publishers, Chicago 1984 (fig. 6–153)
11 Kewesch, E. L.: Über hereditäre Verschmelzung der Hand- und Fußwurzelknochen. Röntgenuntersuchungen. Fortschr. Röntgenstr. 50 (1934) 550–556
12 Menon, J.: The problem of trapeziometacarpal degenerative arthritis. Clin. Orthopaed. 175 (1983) 155–165
13 Nigst, H., M. Rosetti: Isolierte Luxationsfraktur des Multangulum majus, eine seltene Carpalverletzung. Mschr. Unfallheilkd. 59 (1956) 83–86
14 North, E. R., W. M. Rutledge: The trapezium-thumb metacarpal joint: the relationship of joint-shape and degenerative joint disease. J. Hand 15 (1983) 201–206
15 Pfitzner, E.: Beiträge zur Kenntnis des menschlichen Extremitätenskeletts. Dritte Abteilung: Die Varietäten. VI. Die Variationen im Aufbau des Handskelets. Morphol. Arb., hrsg. von G. Schwalbe. Bd. IV (1895) 347–570
16 Rado, K.: Über zwei Fälle der Multangulum-majus-Verrenkung. Fortschr. Röntgenstr. 83 (1955) 850–852
17 Ravelli, A.: Zur Ossifikation der Vieleckbeine. Fortschr. Röntgenstr. 83 (1955) 852–854
18 Schneider, P. W.: Bilaterale Arthrose der radialen Handwurzelknochen. Arch. orthop. Unfall-Chir. 51 (1959) 283–285
19 Schwädt, K.: Über die Verrenkung des Multangulum majus und ihre Behandlung. Mschr. Unfallheilkd. 50 (1943) 372–276
20 Shirazi, Kh. K., F. P. Agha, M. A. Amendola: Isolated fracture of greater multangular. Brit. J. Radiol. 35 (1982) 923
21 Smith-Hoefer, Elise: Isolated carpal synchondrosis of the scaphoid and trapezium. J. Bone Jt Surg. 67-A (1985) 317–320
22 Trübestein, H.: Beitrag zur partiellen, lokalisierten, doppelseitigen Arthrosis deformans im Interkarpalgelenk. Fortschr. Röntgenstr. 81 (1954) 828

Os trapezoideum

Norm

Das *kleine Vieleckbein, Os trapezoideum,* wurde früher *Os multangulum minus* genannt („trapézoïde", „lesser multangular").

Sein **Ossifikationskern** erscheint fast gleichzeitig mit jenem des Trapeziums, also auch im 5. Lebensjahr.

Radiologisch ist das keilförmige, mit volar gerichteter Spitze im Handgelenk liegende Trapezoid am besten auf volodorsalen Schrägaufnahmen zu beurteilen.

Akzessoria

Als schon den Anatomen bekanntes Akzessorium liegt zwischen Os trapezoideum, Os capitatum und den Metakarpalia II und III das **Os styloideum,** auch als neunter Karpalknochen bezeichnet. Abb 2.**161 a** u. **b** lassen am anatomischen Präparat zwei Ausbildungsstufen dieses Knochens erkennen. Koaleszenzen, besonders zu den Metakarpalia II und III, sind bei vorhandenem Os styloideum nicht selten. Im sagittalen Strahlengang ist dieses Akzessorium schwieriger nachzuweisen (Abb. 2.**162**). Im Profilbild bei 30 Grad Supination und ulnarer Deviation des Handgelenkes (3) hat man radiologisch die beste Übersicht über den äußerlich an der Dorsalseite in Höhe der Basis des II. und III. Metakarpale im Anschluß an Kapitatum und Trapezoid tastbaren Knochenvorsprung, der allerdings nicht immer auf ein Os styloideum zu beziehen ist, sondern auch sekun-

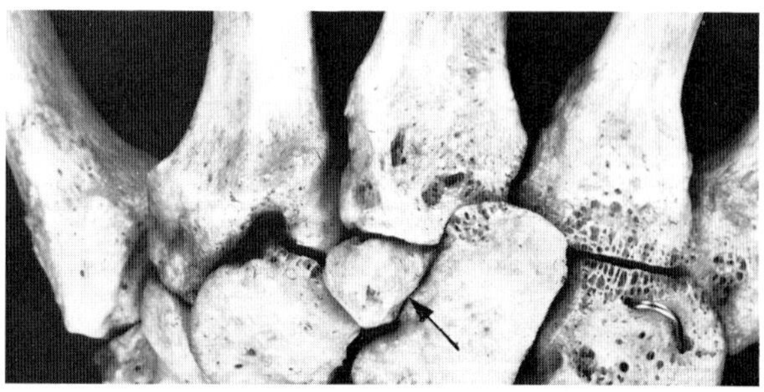
a

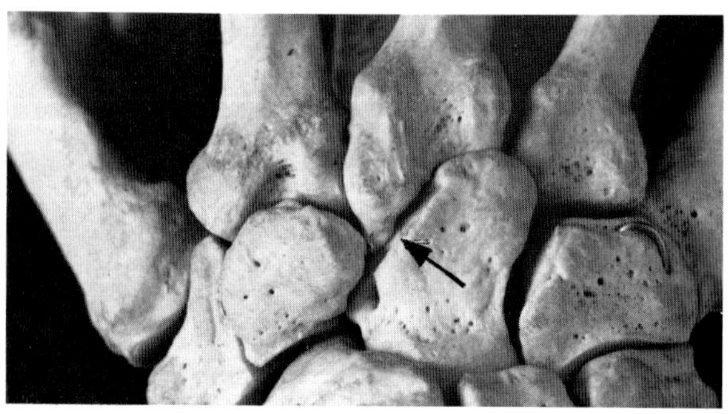
b

Abb. 2.**161 a** u. **b** Anatomische Präparate
a Isoliertes
b unterentwickeltes Os styloideum

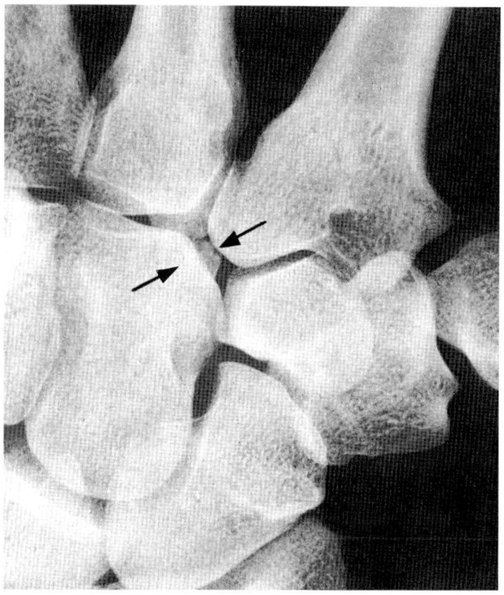

Abb. 2.**162** Os styloideum

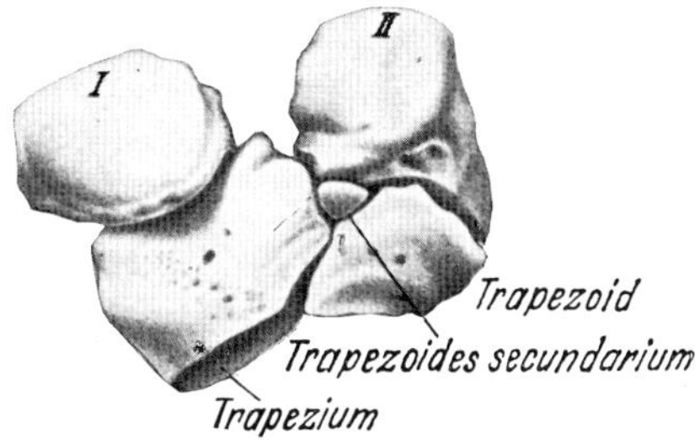

Abb. 2.**163** Schema von Pfitzner

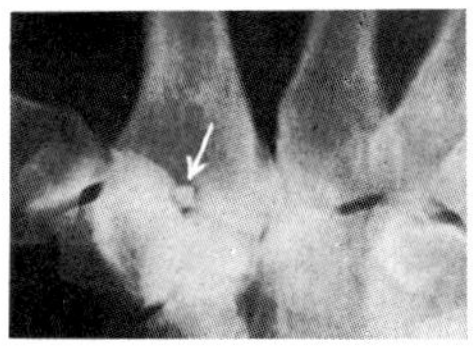

Abb. 2.**164** Trapezoides secundarium?

där gebildeten Ossifikationen seinen Ursprung verdanken kann – s. „Erworbene Erkrankungen": „Carpe bochu" oder „Carpal boss". Kleine *Zysten* kommen im Styloid wie im angrenzenden Metakarpale III vor (16). Weitere Berichte über das Os styloideum s. u. a. bei Schröder (13).

Radiologisch ist eine Unterscheidung des Styloid mit dem im Pfitzner-Schema aufgeführten **Os meta-** und **Os parastyloideum** wohl nicht möglich.

Auf die Schwierigkeit, das **Os trapezoides secundarium** vom Trapezium secundarium abzugrenzen, wurde im vorigen Kapitel hingewiesen.

Auch Pfitzner (10) hat in seinen Skizzen (Abb. 2.**124b** u. **d**) das Trapezium secundarium nur gestrichelt abgegrenzt, mit einem x bezeichnet und im erklärenden Text geschrieben: „x = Trapezium secundarium." Dieses Trapezium secundarium zeichnet Pfitzner weit distal, bis zwischen die Basen des I. und II. Metakarpale ein.

Das Trapezoides secundarium ist nach Pfitzner etwas proximal und in der Höhe der distalen Handwurzelknochen zwischen Trapezium und Trapezoid zu finden (Abb. 2.**163**). Ohne Überlagerung ist es im Röntgenbild kaum freizuprojizieren. Das Schichtbild (Abb. 2.**142a** u. **b**) läßt ein Akzessorium zwischen diesen beiden Handwurzelknochen erkennen, dessen Lage eine Zuordnung zu einer der beiden genannten Varietäten kaum zuläßt, wie schon im Kapitel über das Os trapezium betont wurde. Befunde wie in Abb. 2.**164** und 2.**165** lassen am ehesten an ein Trapezoides secundarium denken, während das Akzessorium der Abb. 2.**166** mit seiner distalen Lage und anscheinend einer Verbindung zur intermetakarpalen Gelenkfläche an der Basis des Metakarpale II wieder eher auf ein Trapezium secundarium bezogen werden könnte. Dies trifft erst recht auf den Befund der Abb. 2.**167** zu.

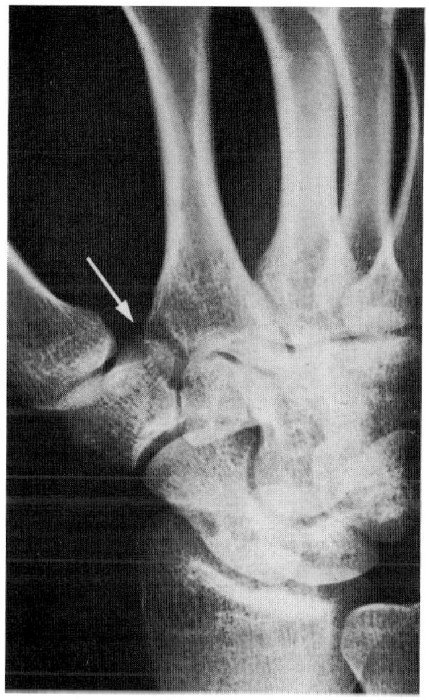

Abb. 2.**165** Trapezoides secundarium?

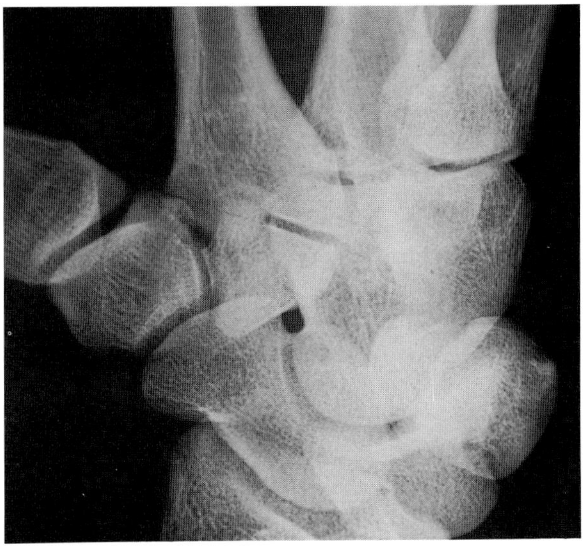

Abb. 2.**166** Trapezoides secundarium oder Trapezium secundarium?

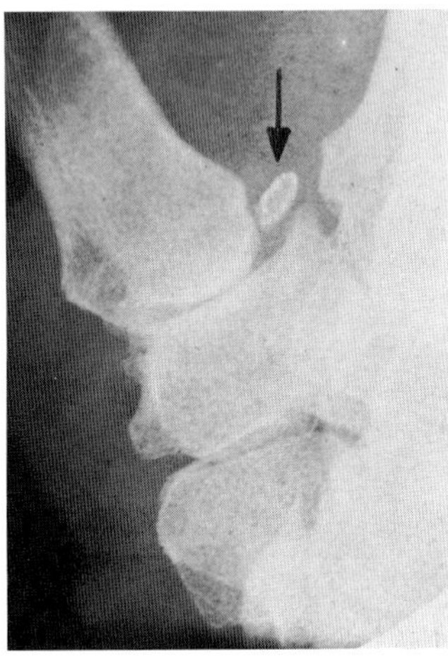

Abb. 2.**167** Wohl Trapezium secundarium

Die Autoren der 13. Auflage dieses Buches sehen in der Ausdeutung all dieser Befunde viel Spekulatives und warnen eher vor einer sich festlegenden Befundung, die klinisch selten Relevanz besitzt.

Anomalien

Synostosen zwischen dem Os trapezoideum und dem Os capitatum sind sehr selten, aber ebenso beschrieben (2) wie zwischen dem kleinen Vieleckbein und dem Metakarpale II (8, 12). Bei solchen Diagnosen können projektionsbedingte Überlagerungen täuschen.

Auch eine **Teilung** des Trapezoideum in eine volare und dorsale Hälfte soll vorkommen (10).

Verletzungsfolgen

Verletzungen des Trapezoid sind in der distalen Handwurzelreihe am seltensten, da es von den umgebenden Knochen geschützt ist. Außer durch direktes Trauma erfolgen **Brüche** oder **Luxationen** durch eine über den II. Mittelhandknochen einwirkende Gewalt (1).

Luxationen von etwa 20 Patienten sind in der Weltliteratur bekannt. Sie ereignen sich meist nach Rupturen des dorsalen Bandapparates mit Verlagerung des Trapezoid nach dorsal (14, 15), seltener nach palmar (5, 6, 7, 11), und können im Ausnahmefall mit Dislokationen des Zeigefingers einhergehen (4).

Erworbene Erkrankungen

Die schon vorne bei der Besprechung des Os styloides erwähnte harte, unverschiebliche, palpable Vorwölbung am Handrücken in der Höhe der Basen der Mittelhandknochen II und III, des Kapitatum und des Trapezoid, „carpe bochu" bzw. „carpal boss" genannt, kann auch ohne Os styloideum vor-

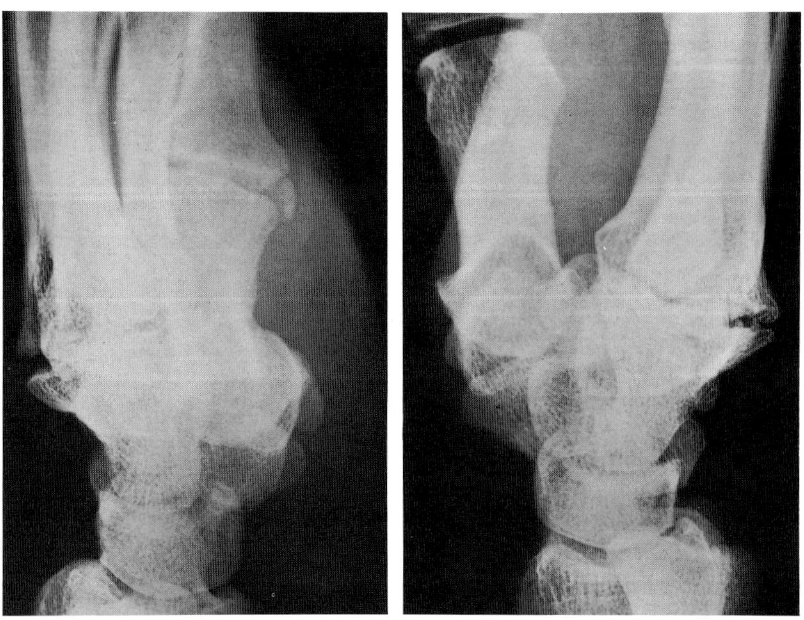

a b

Abb. 2.**168 a** u. **b** Knochenwülste an den Rändern der Karpometakarpalgelenke II/III (mit Os styloideum?) = „carpe bochu" bzw. „carpal boss" kommen, Beschwerden verursachen und die Beweglichkeit der Hand beeinträchtigen. Die Ursachen mögen überlagernde Ganglien oder Bursitiden mit Druck auf die äußeren Sehnenscheiden sein, die über diese Knochenprominenz hinweggleiten. Auch Knochenwülste als Folge degenerativer Prozesse lassen sich beobachten (3) (Abb. 2.**168a** u. **b**).

Literatur

1 Böhler, J., H. Kuderna: Frakturen und Luxationen der peripheren Handwurzelreihe. In Nigst, H.: Frakturen, Luxationen und Dissoziationen der Karpalknochen. Hippokrates, Stuttgart 1982 (S. 33–35)

2 Buysch, K. H., J. Drewes, D. Günther: Synostosen zwischen Multangulum minus und Capitatum. Fortschr. Röntgenstr. 115 (1971) 267/268

3 Conway, W. F., Judy M. Destouet, L. A. Gilula, H. W. Bellinghausen, P. M. Weeks: The carpal boss: an overview of radiographic evaluation. Radiology 156 (1985) 29–31

4 Dunkerton, M., M. Singer: Dislocation of the index metacarpal and trapezoid bones. J. Hand Surg. 10-B (1985) 377–378

5 Goodman, M. L., G. B. Shankman: Palmar dislocation of the trapezoid. A case report. J. Hand Surg. 8 (1983) 606–609

6 Kopari, J.: Die Volar-Luxation des Os multangulum minus carpi. Röntgenpraxis 15 (1953) 351–352

7 Kopp, J. R.: Isolated palmar dislocation of the trapezoid bone. J. Hand Surg. 10-A (1985) 91–93

8 Leger, Z.: Beobachtung einer angeborenen Synostose zwischen Multangulum minus und Metakarpale 2. Z. Orthop. 87 (1955) 70–76

9 Neiss, A.: Doppelseitige Synostose zwischen dem Os multangulum minus und dem Os capitatum. Fortschr. Röntgenstr. 82 (1955) 825

10 Pfitzner, W.: Beiträge zur Kenntnis des menschlichen Extremitätenskeletts. VIII. Die morphologischen Elemente des menschlichen Handskeletts. Abschnitt I: Allgemeiner Theil. Z. Morphol. Anthropol. 1900, Bd. I, S. 77–157; Abschnitt II: Specieller Theil. Z. Morphol. Anthropol. 1900, Bd. II, S. 365–678

11 Rhoades, Ch. F., F. W. Reckling: Palmar dislocation of the trapezoid. Case report. J. Hand Surg. 8 (1983) 85–88

12 Seibert-Daiker, F. M.: Anlage eines Os hypolunatum beiderseits bei kongenitaler Konkreszenz des Scaphoideum und Trapezium. Fortschr. Röntgenstr. 122 (1975) 463–465

13 Schröder, W.: Über die überzähligen Handwurzelknochen, insbesondere das Os styloideum. Röntgenpraxis 14 (1942) 190–196

14 Sheldon, J. G.: Dorsal dislocation of the trapezoid. Amer. J. med. Sci. 121 (1901) 85–89

15 Wahlers, H.: Luxation des Multangulum minus. Zbl. Chir. 58 (1931) 2626–2629

16 Zimmer, E. A.: Eine krankhafte Veränderung am Os styloideum. Fortschr. Röntgenstr. 61 (1940) 187–192

Os capitatum

Norm

Das *Kopfbein, Os capitatum* (französisch „grand os", englisch „capitate" oder „os magnum"), ist der größte der Karpalknochen. Sein **Ossifikationskern** tritt in den ersten Lebensmonaten auf.

Wegen keilförmiger Zuspitzung nach volar läßt sich das Os capitatum *radiologisch* am übersichtlichsten im volodorsalen Strahlengang abbilden. Das Kopfbein erscheint zentral etwas eingeschnürt, so daß eine Lücke zwischen dem Kapitatum, dem Skaphoid und dem Trapezoid entstehen kann (s. unten bei „Os centrale carpi"). Hier kommt es zu Spongiosa- und Konturverdichtungen, besonders radial. Auf der ulnaren Seite befindet sich in gleicher Höhe nicht selten eine kleine, höckerförmige Exostose, angelagert eine entsprechende Kerbe des Hamatums (Abb. 2.**169**).

Die manchmal zu beobachtenden, in der Regel asymptomatischen **„zystoiden" Aufhellungen** in den Handwurzelknochen, stecknadel- bis zündholzkopfgroß, umgeben von einem Sklerosasaum, kommen vorwiegend in den proximalen Abschnitten des Kapitatum und Hamatum (Abb. 2.**170**) vor. Pathoanatomisch kann es sich um eine umschriebene Knochenresorption mit Bindegewebsersatz (z. B. nach Herniation der Synovialmembran in das Knochengewebe) im Sinne von Ganglien oder juxtaartikulären Knochenzysten handeln. Auch nekrotische Pseudozysten infolge von Durchblutungsstörungen, z. B. nach Trauma oder bei Kollagenosen, schließlich auch im Rahmen arthrotischer Vorgänge (sog. Geröllzysten), können zugrunde liegen. Die Aufhellungen in der beschriebenen Art sind nicht mit orthograd getroffenen Gefäßkanälen zu verwechseln (Abb. 2.**171**) (12).

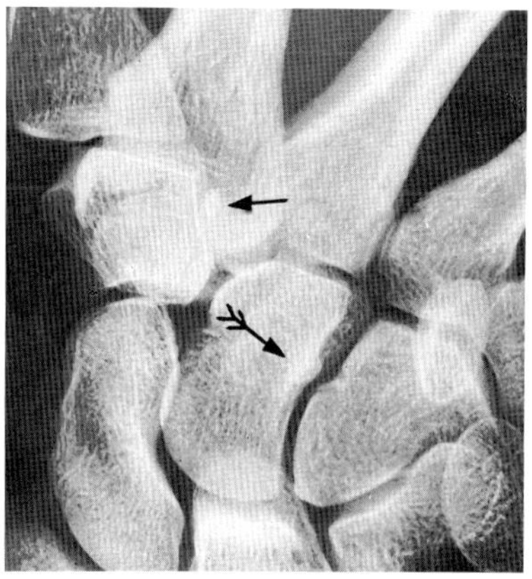

Abb. 2.**169** Typische Höcker am Kapitatum (→). Trapezoides secundarium oder Kompaktainsel (↣)

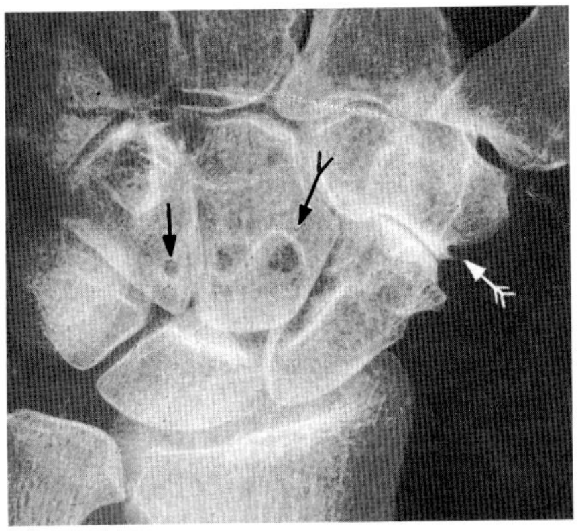

Abb. 2.**170** Idiopathische, kleine Zysten (→), große Zysten (↣), Arthrosis deformans (»→)

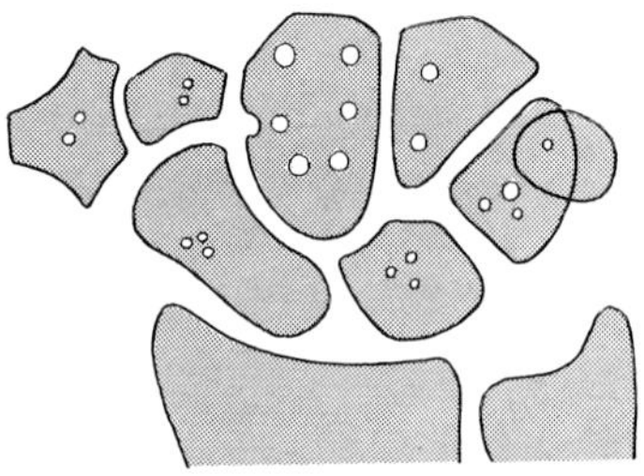

Abb. 2.**171** Schematische Skizze der Handwurzelknochen mit eingezeichneten Gefäßlöchern (nach Ravelli)

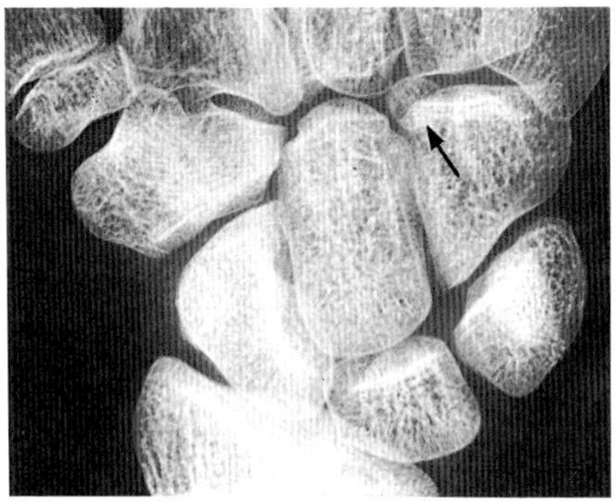

Abb. 2.**172** Capitatum secundarium im Schrägdurchmesser

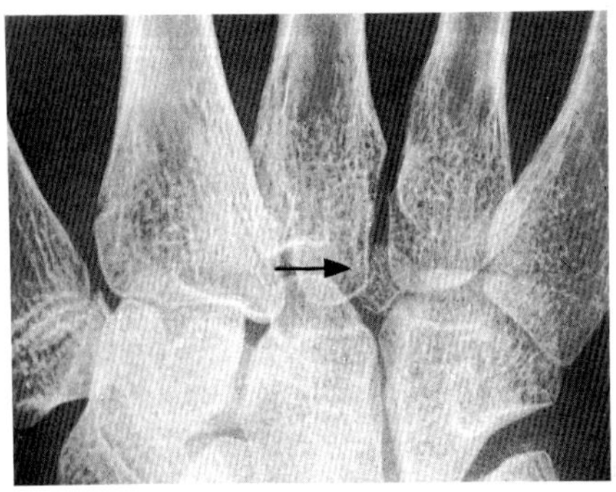

Abb. 2.**173** Capitatum secundarium

Akzessoria

Ein kleines Akzessorium zwischen Metakarpale III und IV, Hamatum und Kapitatum wird als **Capitatum secundarium** bezeichnet (Abb. 2.**172** und 2.**173**). Bei einem winzigen Knöchelchen in dieser Zone ist auch an ein **Ossiculum Gruberi** zu denken (Abb. 2.**174a** u. **b**).

Anomalien

Gegenüber der Diagnose von Synostosen ist wegen der Überlagerung Vorsicht angezeigt, doch gehören knöcherne Verbindungen zwischen **Hamatum und Kapitatum** nächst den Triquetrum-Lunatum-Synostosen zu den häufigsten Karpalfusionen, dies ganz besonders bei Afrikanern (6).

Eine **Zweiteilung** bzw. ein Spalt im Os capitatum sind im Einzelfall beschrieben (13, 15).

Verletzungsfolgen und Nekrosen

Die Beteiligung des Kapitatums durch Abriß eines proximalen Drittels im Rahmen perilunärer Luxationsfrakturen der Hand wird als die wichtigste Verletzung des Kapitatums überhaupt beschrieben (1); dabei kann es zu einer Umdrehung des abgerissenen Kapitatumfragmentes um 180 Grad kommen (3). Die Luxation des Kapitatum erfolgt sonst nach ventral.

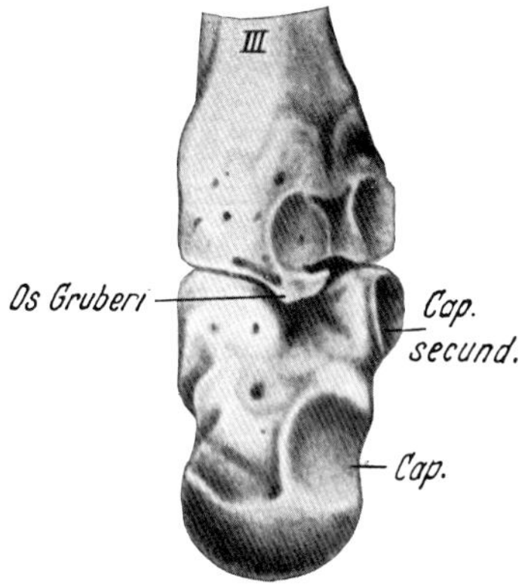

a

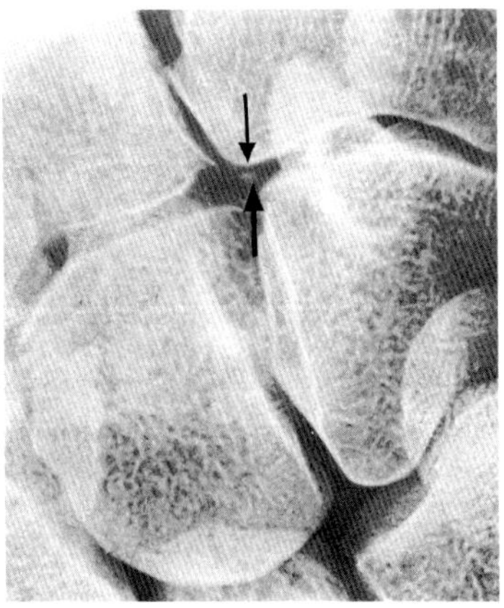

b

Abb. 2.**174a** u. **b**
a Ossiculum Gruberi (nach Pfitzner)
b Ossiculum Gruberi?

Langzeitbeobachtungen bereits behandelter Verletzter unter 978 Patienten mit Karpalfrakturen (11) lassen die Häufigkeit solcher Brüche erkennen. Eine gleichzeitige Fraktur von Kapitatum und Triquetrum ist beschrieben (9).

Über die wegen ihrer Häufigkeit und Asymptomatik im Abschnitt „Norm“ beschriebenen „zystoiden Aufhellungen“ im Os capitatum gibt es Übergangsformen zu den **aseptischen Nekrosen** in der Art der Lunatum-„Malazie“ im Kopfbein (7). Mangelnde Kollateralgefäße haben offenbar durch Unterbrechung der Blutzufuhr avaskuläre Nekrosen im „Kopfteil“ des Kapitatum zur Folge (2). Eine idiopathische Entstehung dieser Nekrosen (10), die auch beiderseits beobachtet sind (2), sind schon früh beschrieben (8) und haben wegen der konsekutiven Instabilität der Handwurzel erneute Beachtung gefunden (16).

Die beste Darstellung dieser Instabilität erfolgt unter Durchleuchtung mit Bandspeicherung und Anfertigung von Zielaufnahmen (16).

Erworbene Erkrankungen

Über **Tumoren** mit vollständiger Osteolyse bei einem Adamantinom (4) und über die Beobachtung eines Chondroms wurde berichtet. Ein Osteoidosteom ist in Abb. 2.**175** dargestellt.

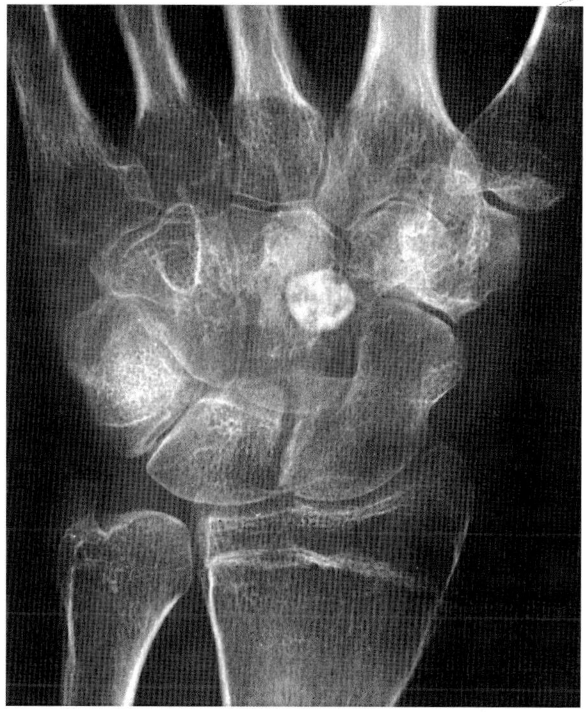

Abb. 2.**175** Osteoidosteom im Os capitatum. Der Nidus ist fast vollständig ossifiziert. Erhebliche Entkalkung aller den Karpus umgebenden gelenknahen Knochenabschnitte und aller Karpalia, wohl durch sympathische Arthritis. Klinisch Schwellung und Schmerzen im Karpalbereich

Literatur

1 Boehler, J., H. Kuderna: Frakturen und Luxationen der peripheren Handwurzelreihe. In Nigst, H.: Frakturen, Luxationen und Dissoziationen der Karpalknochen. Hippokrates, Stuttgart 1982 (S. 32–33)

2 Bolton-Maggs, B. G., B. H. Helal, P. A. Revell: Bilateral avascular necrosis of the capitate. J. Bone Jt Surg. 66-B (1984) 557–559

3 Brekkan, A., J. Karlsson, T. Thorsteinsson: Scaphocapitate fracture of the right wrist with dislocation and rotation of the proximal fragment of the capitate. Skeletal Radiol. 10 (1983) 291–293

4 Diepeveen, W. P., C. H. Hjort, O. Ch. Pock-Steen: Adamantinom of the capitate bone. Acta radiol. (Stockh.) 53 (1960) 377–384

5 Frech, K.: Fraktur des Os capitatum. Fortschr. Röntgenstr. 77 (1952) 622–623

6 Garn, S. M: Unpublished data – carpals, zit. nach Poznanski, A. K.: The Hand in Radiologic Diagnosis. Saunders, Philadelphia 1974 (p. 146)

7 James, E. T. R., F. D. Burke: Vibration disease of the capitate. J. Hand Surg. 9-B (1984) 169–170

8 Jönsson, G.: Aseptic bone necrosis of the os capitatum (os magnum). Acta radiol. (Stockh.) 23 (1942) 562–564

9 Marsh, A. P., P. J. Lampros: The naviculo-capitate fracture-syndrome. Amer. J. Roentgenol. 82 (1959) 255–256

10 Rahme, H.: Idiopathic avascular necrosis of the capitate bone – case report. Hand 15 (1983) 274–275

11 Rand, J. A., R. L. Linscheid, J. H. Dobyns: Capitate fractures. Clin. Orthop. 165 (1982) 209–216

12 Ravelli, A.: Anatomisch-röntgenologische Handgelenksstudien. Z. Orthop. 86 (1955) 70–89

13 Ross, E.: Os capitatum bipartitum. Fortschr. Röntgenstr. 81 (1954) 224–225

14 Tschebull; zit. nach Köhler/Zimmer, 12. Aufl. 1982 (S. 163)

15 Viehweger, G.: Beitrag zur Spaltbildung an den Handwurzelknochen. Fortschr. Röntgenstr. (1956) 376–377

16 White, Susan, J., D. S. Louis, E. M. Braunstein, F. M. Hankin, Th. L. Greene: Capitate-lunate instability. Amer. J. Roentgenol. 143 (1984) 361–364

Os hamatum

Norm

Das *Hakenbein, Os hamatum* (französisch „os crochu", englisch „hamate" oder unciform"), wird im ersten Lebensjahr ossifiziert. Der Kern tritt oft schon in den ersten Monaten auf.

Hinsichtlich seiner *Form* wurde auf die Kerbe in der Mitte der Radialkante gegenüber dem exostosenartigen Vorsprung beim Kapitatum schon hingewiesen (s. Abb. 2.**169**).

Der **Hakenfortsatz** (Hamulus) ruft in orthograder Projektion bei dorsovolarem Strahlengang mit seiner Kortikalis in der radiologischen Wiedergabe, eine ringförmige Verdichtung hervor (Abb. 2.**176**). Mit den Karpaltunnel begrenzend, läßt sich der Hamulus längs in ganzer Ausdehnung in fast frontalem Strahlengang, die Ulnarseite der Hand dem Film anliegend und leicht schräg nach volar geschoben, am besten darstellen. Im Zentrum des Hamatum liegt oft eine stecknadel- bis zündholzkopfgroße **Kompaktainsel** (Abb. 2.**176** und 2.**177**).

Eine *entkalkt erscheinende Zone,* wie sie in Abb. 2.**7** an der Basis des Metakarpale V gezeigt wurde, kann auch an den diesem Bereich gegenüberliegenden Knochenpartien des Hamatum vorkommen und besitzt keine klinische Bedeutung. Dieser Befund ist abzugrenzen gegen polyarthritische Usuren mit Lieblingslokalisation an den gegenüberliegenden Gelenkkanten des Hamatum und des V. Mittelhandknochens (Abb. 2.**178**).

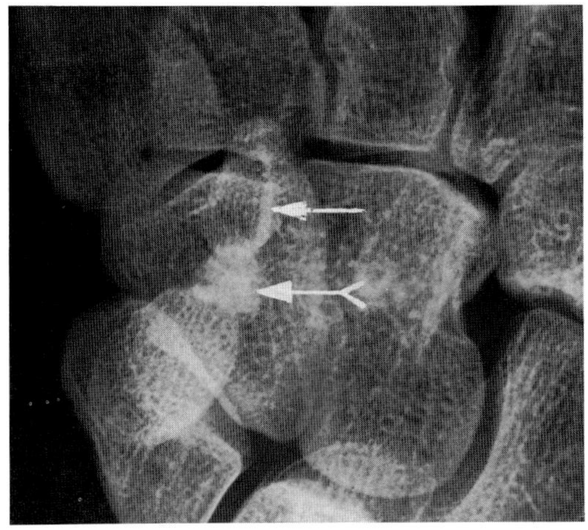
Abb. 2.**176** Kortikalisbegrenzung des Hamulus (←), Kompaktainsel (←<)

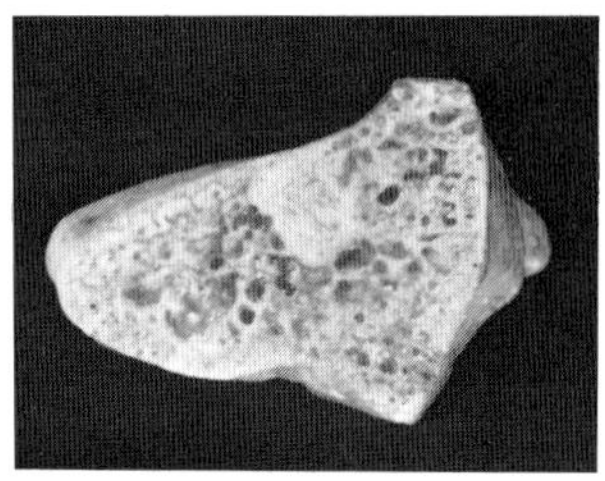
Abb. 2.**177** Kompaktainsel

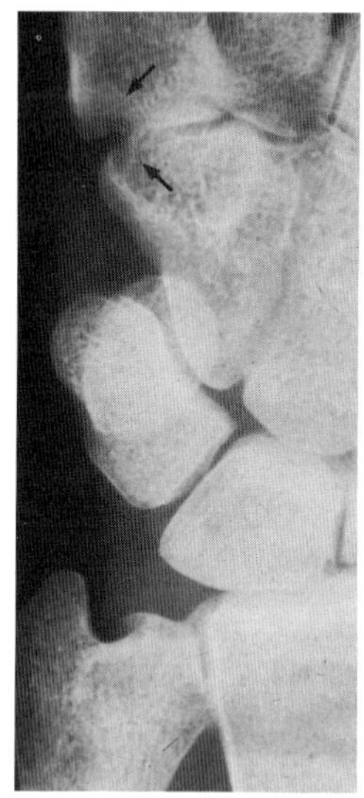
Abb. 2.**178** Typische Usuren an der Basis des Metakarpale V und der gegenüberliegenden Kante des Hamatums bei chronischer Polyarthritis (rheumatoider Arthritis)

Akzessoria

Der **hakenförmige Fortsatz** verknöchert selbständig. Wenn er nicht verschmilzt und isoliert bleibt, imponiert er als akzessorischer Knochen, **Os hamuli proprium** (Abb. 2.**179**), auf seitlichen Aufnahmen radiologisch gut darstellbar (Abb. 2.**180**). Bei mangelnder

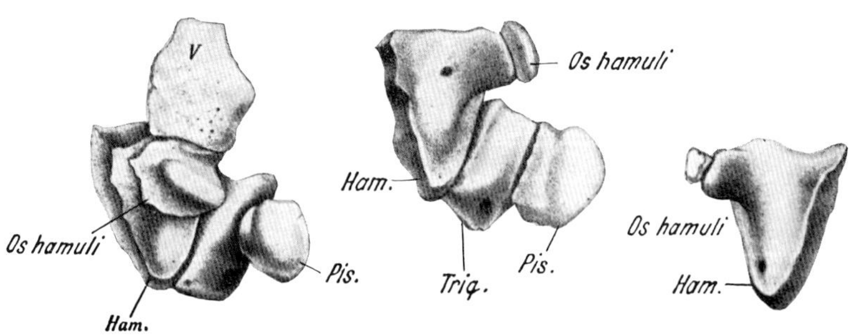

Abb. 2.**179** Os hamuli proprium (nach Pfitzner)

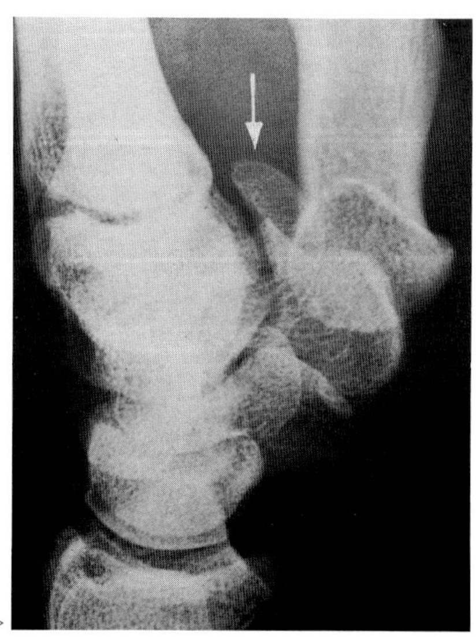
Abb. 2.**180** Os hamuli proprium ▷

Kenntnis dieses Befundes kann eine Fraktur vorgetäuscht werden.

Akzessorium nennt Pfitzner das **Os Vesalianum** in der Kerbe zwischen Metakarpale V und Hamatum, wobei eine isoliert gebliebene Absprengung auszuschließen ist (Abb. 2.**181** und 2.**182**).

Während die auf Abb. 2.**182** wiedergegebene Beobachtung diesem Befund gleicht, sind in Abb. 2.**183a–d**, 2.**184a–c** und 2.**185** (letztere doppelseitig beobachtet) isolierte Knochenschatten abgebildet, die sich teilweise in eine entsprechende Lücke der ulnaren Basiskante des Metakarpale V einfügen oder auch, zum Teil sehr klein, Abb. 2.**183c** und 2.**184b**, dieser Basiskante des Metakarpale V bzw. dem ulnaren Rand des Hamatum anliegen. Differentialdiagnostisch ist hier neben dem **Os ulnare externum** auch eine erworbene Verknöcherung oder Verkalkung zu berücksichtigen.

Die tangentiale Aufnahme des Karpaltunnels mit Darstellung eines ulnar-volar in den Weichteilen gelegenen, isolierten Knochenschattens erlaubt keine Lokalisation dieses Akzessorium in der Längsrichtung des Armes (Abb. 2.**186**).

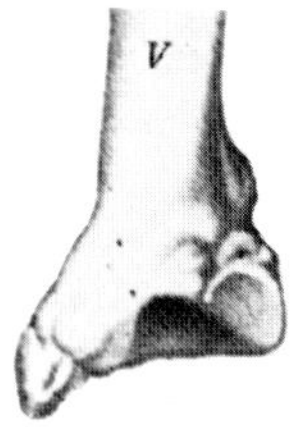

Abb. 2.**181**
Os Vesalianum
(nach Pfitzner)

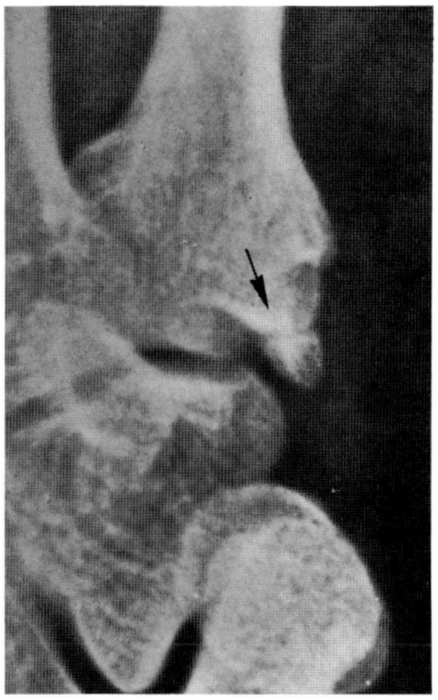

Abb. 2.**182** Os Vesalianum

Abb. 2.**183a–d** Akzessoria neben der Basis des Metakarpale V

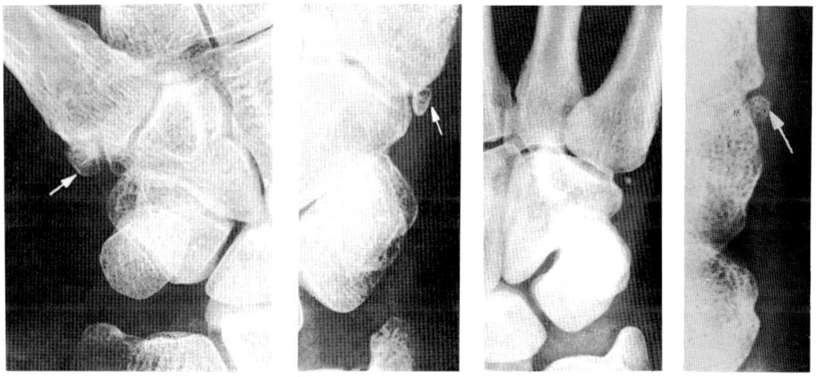

a b c d

Abb. 2.**184a–c** Akzessoria neben und in Projektion mit dem Hamatum

Abb. 2.**185** Ähnliches Akzessorium, beiderseits nachgewiesen (Beobachtung von Ribbing)

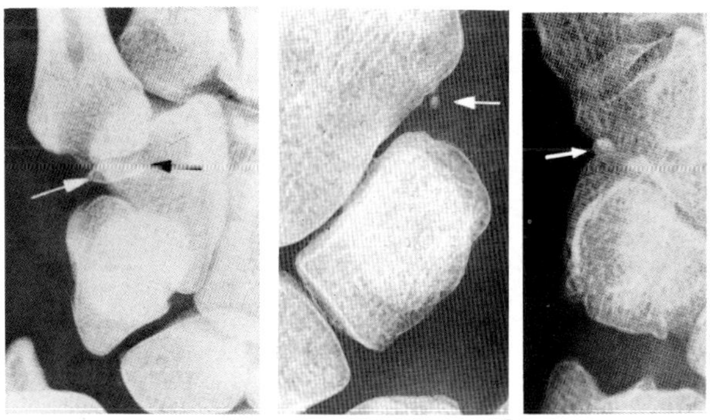

2.**184a** b c

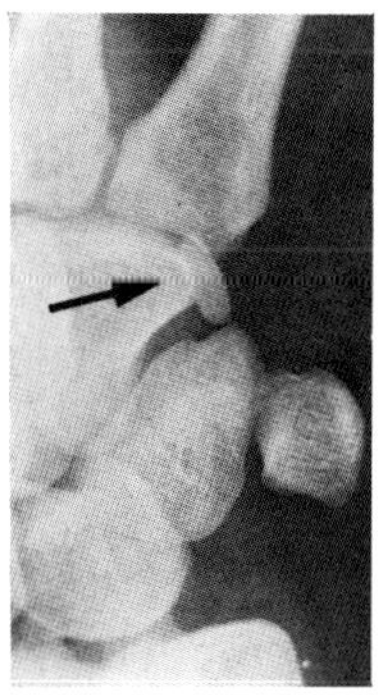

2.**185**

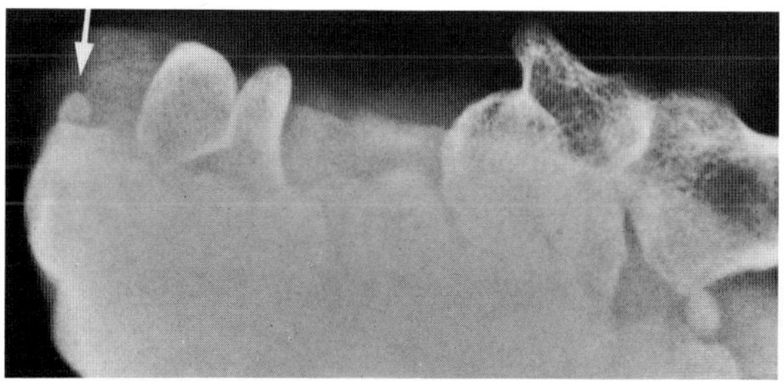

Abb. 2.**186** Karpaltunnelaufnahme. Akzessorium ulna-volar. Os ulnare externum? Os Vesalianum?

Anomalien

Ein atypisch verbreitertes Hamatum findet man bei ulnarem Doppelstrahl (5. und 6. Fingerstrahl), bei Verbreiterung und Gabelung des zugehörigen Metakarpale, besonders bei der **chondroektodermalen Dysplasie Ellis-van-Crefeld.**

Die Hyperplasie von Hamulus und Pisiforme ist in einem Einzelfall publiziert (14).

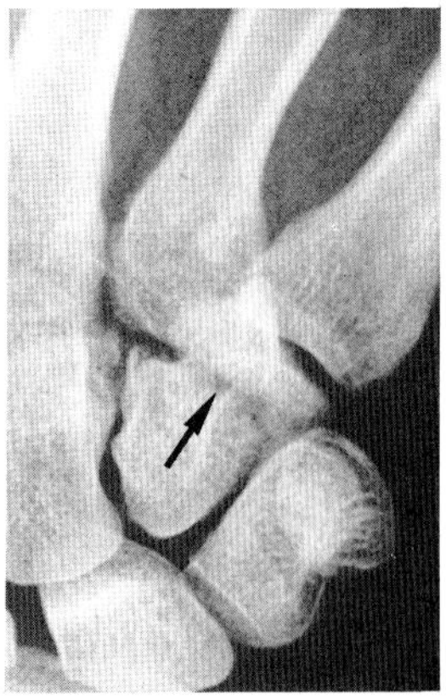

Abb. 2.**187** Querfraktur des Hamatum mit Hamulusabbruch und Nekrose

Verletzungsfolgen und Nekrosen

Verletzungsfolgen am Hamatum sind seit Albers-Schönberg (1909 [1]) beschrieben, so auch u. a. (sehr seltene) **Luxationen** nach volar (7) und dorsal (17), eventuell auch verbunden mit Dislokationen des Os pisiforme (6).

Frakturen können am proximalen Ende des Hamatum auftreten oder auch in Form von kleinen Absprengungen aus der distalen, ulnaren Kante entstehen (16). Eine Querfraktur ist in Abb. 2.**187** wiedergegeben.

Die *Fraktur des Hamulus ossis hamati* ist bei Sportlern bekannt, als Folge eines Stoßes durch einen Schlagstock, ein Racket oder auch durch die Faust (2, 10); auch ein beiderseitiger Hamulusabbruch kommt öfter vor, wenn der beidhändig geführte Golfstock z. B. in den Boden gehauen wird (3). Der verzögerte Heilungsverlauf eines Hakenbeinbruches besitzt Analogien zur Skaphoidfraktur (10). Aus diesem Grund wird auch die Exstirpation des Hamulusfragmentes bei der chirurgischen Erstversorgung in den meisten Fällen empfohlen (3, 10). Die Hamulusfraktur kann zu einem *Karpaltunnelsyndrom* führen (11, 12).

Radiologisch ist bei entsprechender Verletzung die *fehlende ringförmige Verdichtung,* wie sie im Abschnitt „Norm" als typisch für den Hamulus beschrieben wurde, für dessen Fraktur verdächtig. Der Hamulus wird bei seiner Lageveränderung nicht mehr orthograd getroffen (9). Direkt darstellbar werden Abbruch und Dislokation des Hamulus eventuell in der Karpaltunnelprojektion oder im Computertomogramm (4). Der übersehene Abbruch führt meist zur mangelnden knöchernen Anheilung des Fragments (10 u. a).

Sieht man statt der normalen ringförmigen Verdichtung *sklerotische Strukturen* des in die Quere verlagerten Hamulus, dann kann dies auf eine Nekrose bezogen werden. Im allgemeinen dürfte es sich um die Folge eines Traumas handeln, doch sind auch derartige Befunde ohne aus der Anamnese bekannte Verletzungen als aseptische Nekrose beschrieben worden (15). Eine „malazische" Deformierung gibt Abb. 2.**188** wieder. Anamnestisch war auch hier ein Trauma unbekannt. Es bestanden lediglich leichte Schmerzen. Nach einem Trauma können Usuren am Rande des Hamatum auftreten (5).

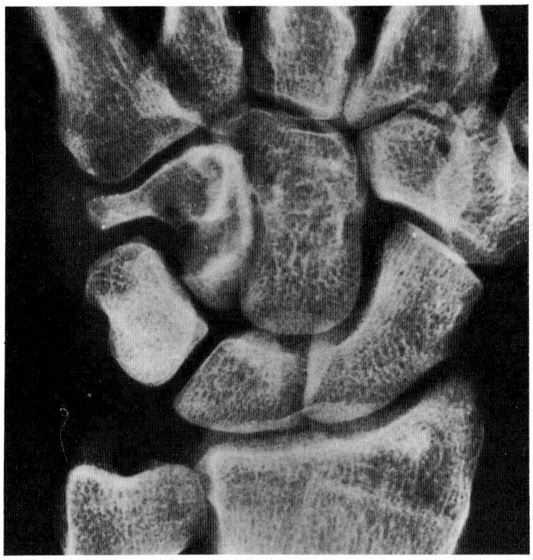

Abb. 2.**188** „Malazie"-artige Deformierung des Hamatum mit rotatorischer Fehlstellung (Beobachtung von De Chiera, Mailand)

Erworbene Erkrankungen

Unter sicherlich vielen verschiedenen Erkrankungen, in die das Hamatum einbezogen werden kann, wie z. B. entzündliche oder degenerative Gelenkerkrankungen mehrerer oder aller Handwurzelknochen, gibt es wohl wenige, typisch auf das Kopfbein beschränkte Affektionen. Das können in erster Linie Tumoren sein.

Uns ist in dieser Hinsicht nur der Nachweis einer **aneurysmatischen Knochenzyste** bekannt (8).

Literatur

1 Albers-Schönberg, H. E.: Isolierte Fraktur (Fissur) des Os hamatum. Fortschr. Röntgenstr. 13 (1909) 323–324
2 Blair, W. F., W. C. Kilpatrick, G. E. Omer: Open fracture of the hook of the hamate. Clin. Orthop. 163 (1982) 180–184
3 Bray, T., A. R. Swafford, R. L. Brown: Bilateral fracture of the hook of the hamate. J. Trauma 25 (1985) 174–175
4 Egawa, M., T. Asai: Fracture of the hook of the hamate: report of six cases and the suitability of computerized tomography. J. Hand Surg. 8 (1983) 393–398
5 Fischer, E.: Posttraumatische karpale Osteolysen nach isolierter Fraktur am distalen Radius. Fortschr. Röntgenstr. 111 (1969) 687; 112 (1970) 541–542
6 Gainor, B.: Simultaneous dislocation of the hamate and pisiforme: a case report: J. Hand Surg. 10-A (1985) 88–90
7 Gunn, R. S.: Dislocation of the hamate bone. J. Hand Surg. 10-B (1985) 107–108
8 Lin, E., J. Engel, J. J. Bubis, O. Herman: Aneurysmal bonecyst of the hamate bone. J. Hand Surg. 9-A (1984) 847–850
9 Norman, A., J. Nelson, St. Green: Fractures of the hook of hamate: radiographic signs. Radiology 154 (1985) 49–53
10 Schlosser, H., J. F. Murray: Fracture of the hook of the hamate. Canad. J. Surg. 27 (1984) 587–589
11 Schober, R., C. A. Bayard: Hamulus und Karpaltunnelsyndrom. Fortschr. Röntgenstr. 90 (1959) 266–268
12 Tänzer, A.: Hamulusfraktur und Karpaltunnelsyndrom. Fortschr. Röntgenstr. 91 (1959) 283–284
13 Titze, A.: Ein ungewöhnlicher Heilungsverlauf eines Hakenbeinbruches. Fortschr. Röntgenstr. 77 (1952) 456–458
14 Viehweger, G.: Doppelseitige Hyperplasie des Os pisiforme und des Hamulus ossis hamati. Fortschr. Röntgenstr. 86 (1957) 407
15 Vogel, K. H.: Aseptische Nekrose am Os hamatum. Fortschr. Röntgenstr. 99 (1963) 112–113
16 Volkmann, J.: Über Hakenbeinbrüche. Arch. Orthop. Unfall-Chir. 37 (1936) 179–182
17 Wentzlik, G.: Luxation des Hamatums nach dorsal in Darstellung mit der üblichen Technik und im Tomogramm. Fortschr. Röntgenstr. 78 (1953) 482–483

Os scaphoideum

Norm

Das *Kahnbein, Os scaphoideum*, wurde früher als Os naviculare bezeichnet (französisch „scaphoïde", englisch „navicular" genannt).

Sein **Ossifikationskern** wird uni-, aber auch multizentrisch im 5. bis 6. Lebensjahr sichtbar. Eine doppelte Kernanlage ist bekannt (53, 63) (Abb. 2.**189**).

Beim *Kind* ist das Kahnbein im allgemeinen kurz und an seiner distalen radialen Seite abgeschrägt. Man hat den Eindruck, wie das erste Bild der Skizze Abb. 2.**190** wiedergibt, als ob das Tuberculum ossis scaphoidei fehlen würde.

Die möglichen starken Formvarianten des Kahnbeins gehen aus Abb. 2.**190** hervor, wiedergegeben in stets ungefähr gleicher Projektion. Am Tuberkulum kann ein eigener Ossifikationskern auftreten (Abb. 2.**191 a** u. **b**). Durch Verschmelzungen dieses Kerns können Vorsprünge am Tuberkulum entstehen (Abb. 2.**192** und 2.**193**), manchmal wie bandähnliche Verdichtungen wirkend; doch kommt ein isolierter Kern auch am proximalen Navikularepol vor (Abb. 2.**194**).

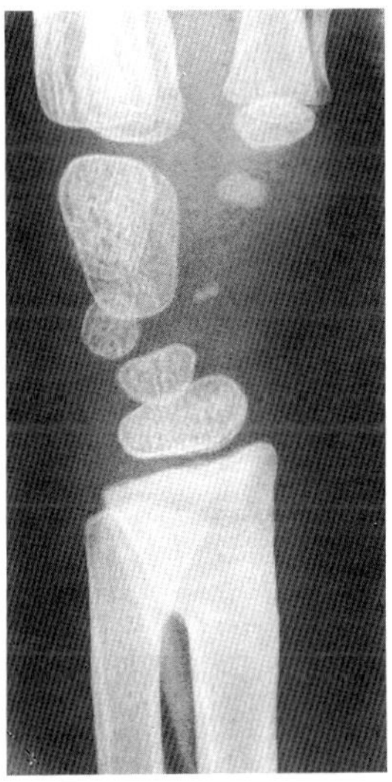

Abb. 2.**189** Doppelte Kernanlage im Skaphoid (Radiusfraktur)

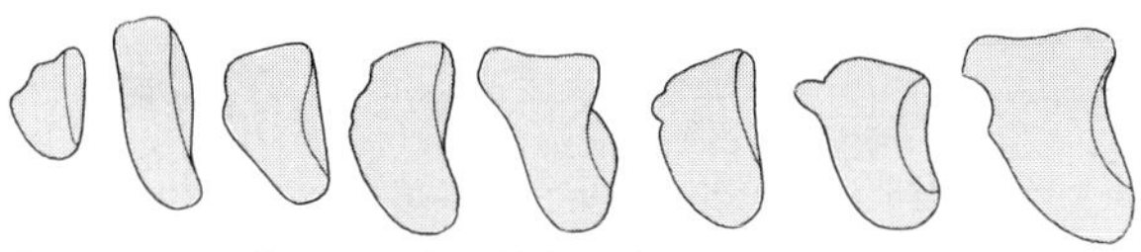

Abb. 2.**190** Formen des Kahnbeins

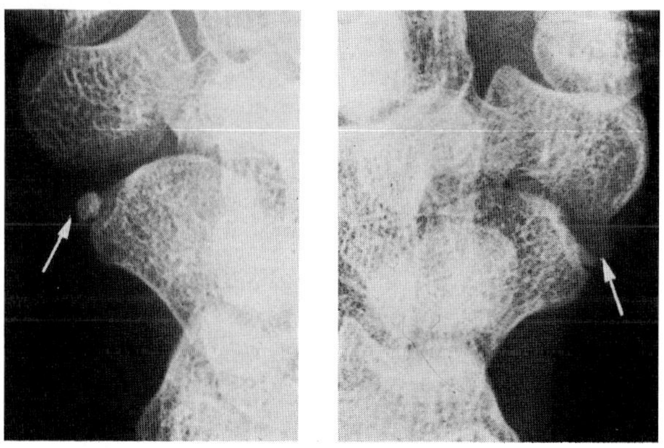

a b

Abb. 2.**191 a** u. **b** Kern im Tuberkulum des Skaphoid beiderseits

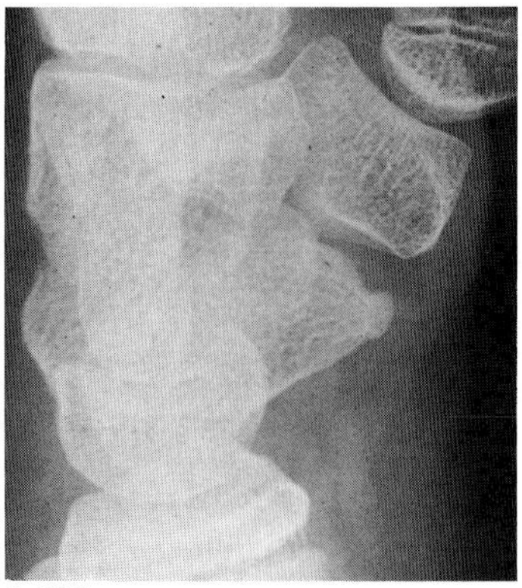

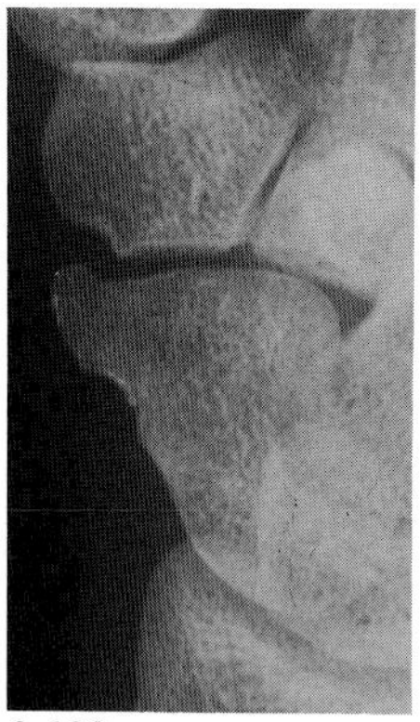

2.**192** 2.**193**

Abb. 2.**192** Beginnende Verschmelzung des Tuberkulumkerns
Abb. 2.**193** Verschmelzung des Tuberkulumkerns am Skaphoid

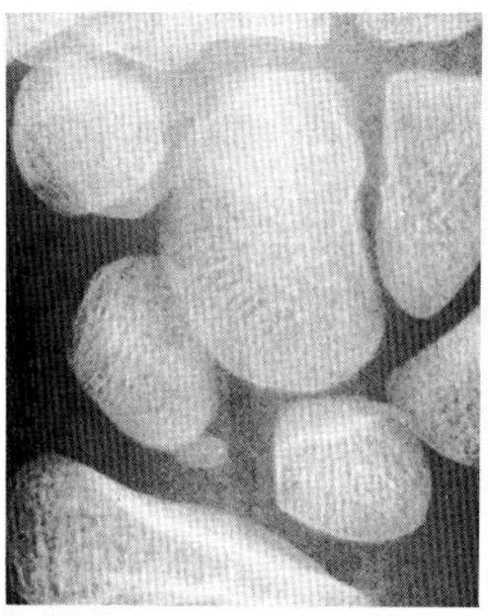

2.**194**

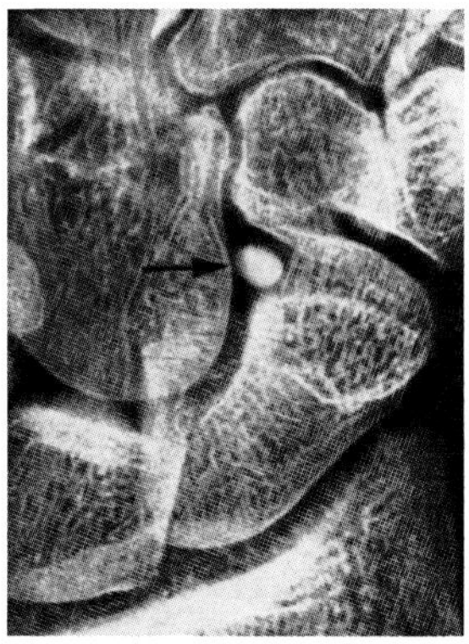

2.**195**

Abb. 2.**194** 10jähriger Junge. Ossifikationskern am proximalen Navikularepol (Beobachtung von Sverdrup)
Abb. 2.**195** Os centrale carpi

Akzessoria

Inkonstante Skelettelemente gibt es rund um das Skaphoid herum.

Das **os centrale carpi**, von Pfitzner (48) in etwa 1%iger Häufigkeit bei Sektionen gefunden, in einer normalen Klientel von 26000 Fällen (radiologisch? [50]) nachgewiesen, liegt in einer Lücke zwischen Skaphoid, Trapezium und Kapitatum. Die unterschiedliche Häufigkeit kann dadurch bedingt sein, daß der Anteil konstitutioneller Dysplasien bei den Sektionen größer war, während radiologisch das Os centrale vielleicht häufiger dem Nachweis entging (s. unten). Das Knöchelchen ist meist rund, verdichtet und strukturarm (Abb. 2.**195** und 2.**196**, vgl. mit der anatomischen Abbildung von Pfitzner, 2.**197**). Auf der Profilaufnahme der Abb. 2.**198** sieht man einen weiteren kleinen Kern volar, der besonders gut zu erkennen ist, weil die distale Skaphoidhälfte fehlt (s. unten). Manches Os centrale carpi kann übersehen werden, wenn es vom Kapitatum ganz oder teilweise überdeckt wird (Abb. 2.**199**) mit doppeltem Os centrale carpi. Die Doppelung ist nicht selten und wird auch von Pfitzner im Präparat abgebildet (Abb. 2.**200**) (48). Bei kongenitalen Mißbildungssyndromen nimmt die Frequenz des Os centrale stark zu (50). Es sei auf das Bild der Knochenanlage beim Kretin (Abb. 2.**201**) hingewiesen. Das Os centrale carpi kann mit dem Skaphoid, dem Kapitatum und dem Trapezium knöchern verbunden sein. Derartige Fusionen finden sich z. B. bei fünf von 23 Patienten mit einem Holt-Oram-Syndrom (50).

Die Unterscheidung zwischen Os centrale carpi und zweigeteiltem Os scaphoideum bzw. Os scaphoideum mit Nebenkern ist problematisch, wie in Abb. 2.**202** im Vergleich zu den Abb. 2.**195** und 2.**196** demonstriert. In der Abb. 2.**194** ist ein solcher Nebenkern auf dem Boden einer rudimentären Zweiteilung am proximalen Rand des Skaphoid dargestellt und läßt von der Morphologie her keine Un-

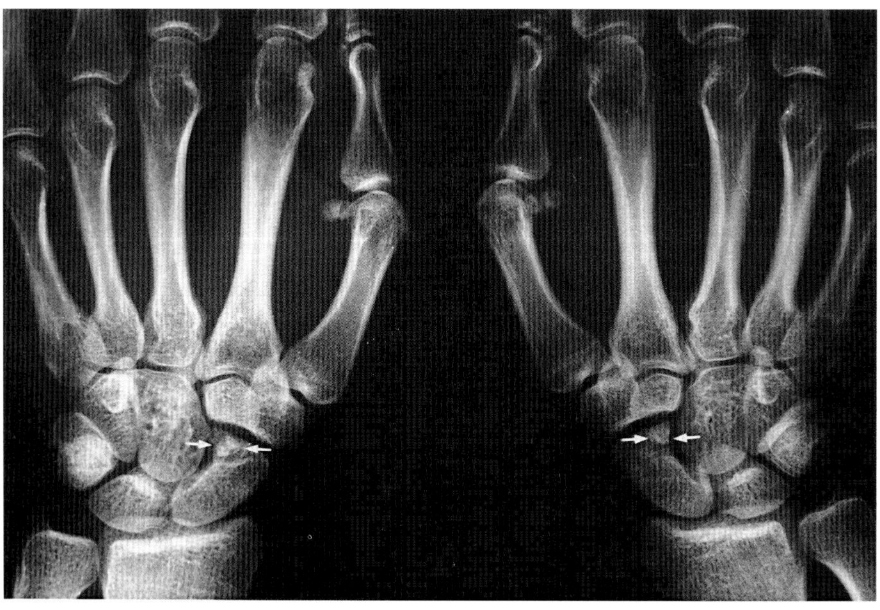

Abb. 2.**196** Doppelseitiges Os centrale carpi

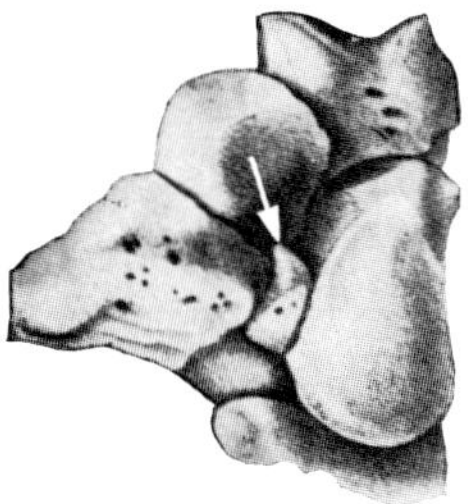

2.197

Abb. 2.**197** Os centrale carpi

Abb. 2.**198** Os centrale carpi auf einer Profilaufnahme

Abb. 2.**199** Doppelt angelegtes Os centrale carpi

Abb. 2.**200** Doppelt angelegtes Os centrale carpi

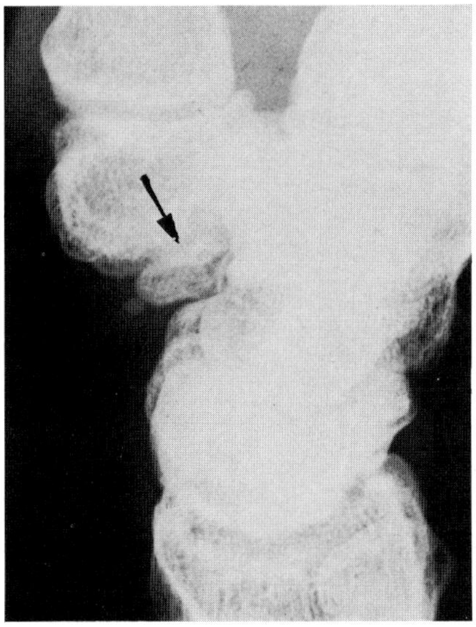

2.198

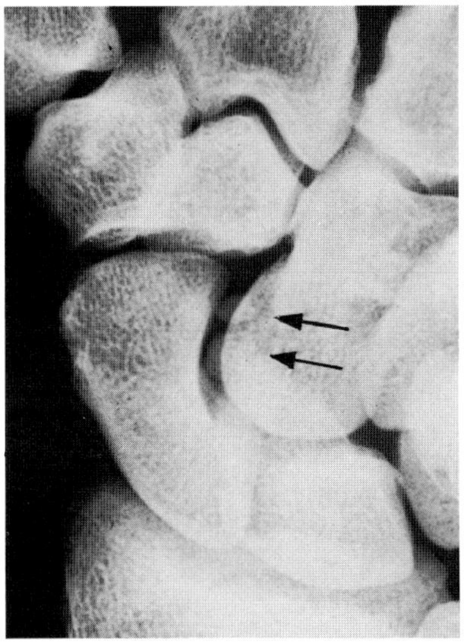

2.199

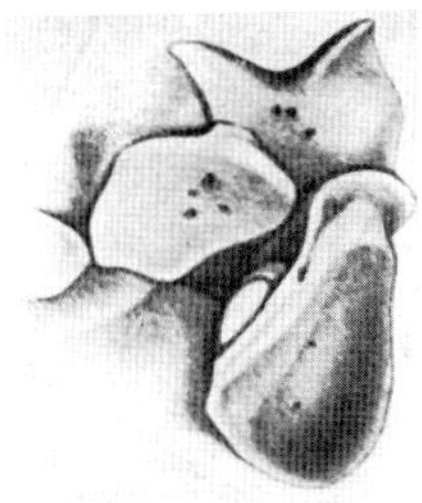

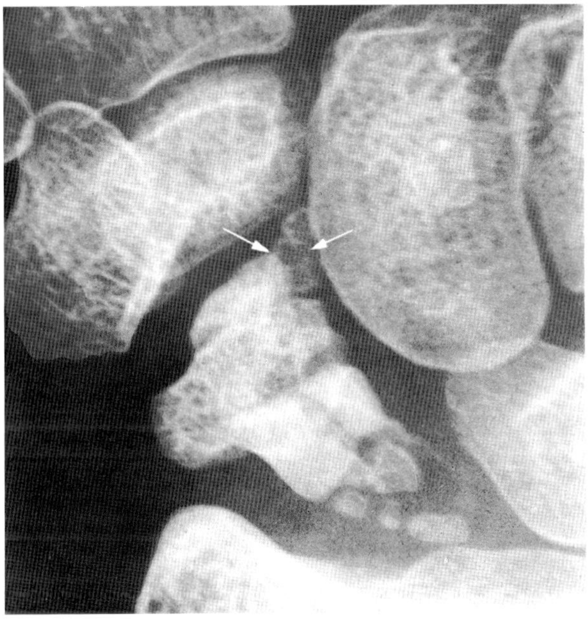

Abb. 2.**201** Atypische Kernanlage des Skaphoid beim Kretin

terscheidung zu den Knochenelementen der Abb. 2.**195**, 2.**196** und 2.**202** zu.

Eine rundliche Lücke im Projektionsbereich des Os centrale carpi (Abb. 2.**203**) soll zwar nach Meinung mehrerer Autoren stets einem präformierten Os centrale carpi entsprechen, doch wies Köhler schon unter Berufung auf Pfitzner, Hasselwander und Virchow darauf hin, daß dies nicht obligat sein müsse. Bei chirurgischer Intervention in einem Fall wurde kein Knorpel, sondern synoviale Membran („frange synoviale") gefunden.

Isoliert bleibende Knochenabsprengungen nach **Frakturen des Tuberkulum** (s. unten) imponieren als **Os radiale externum** (Abb. 2.**204** und 2.**205**). Mehrfach erwähnt (u. a. 9, 24), sind solche Knochen, selbst bis zu Kirschgröße beschrieben (15), nicht sehr selten. Es ergeben sich sehr verschiedenartige Bilder

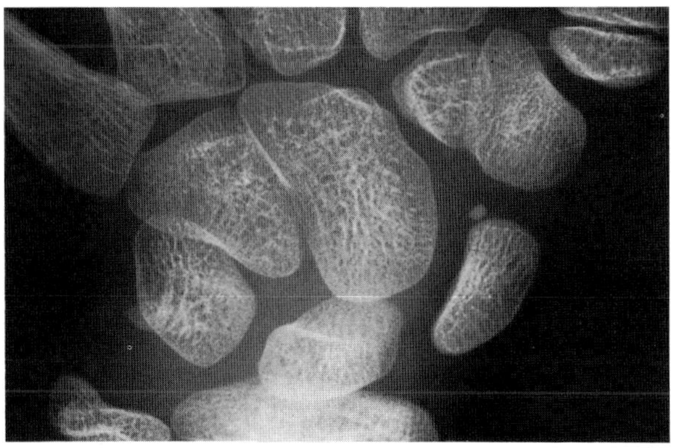

Abb. 2.**202** Atypische Kernanlage des Skaphoid proximal?

(Abb. 2.**206a–d**). Ein Befund, wie in der Abb. 2.**207** nach knöchern verheilter Kahnbeinfraktur beobachtet, ähnelt schon fast einem Epitrapezium. Nicht alle dort gelegenen isolierten Ossikula sind nach einem Trauma entstanden. Im Wachstumsalter ist auch an Apophysen zu denken, die später noch ossifiziert werden (23).

Daß sich ein isoliertes Knochenelement, das wie ein Akzessorium aussieht, nach (infolge?) einer traumatischen Schädigung bilden kann, beweist Abb. 2.**108a** u. **b**.

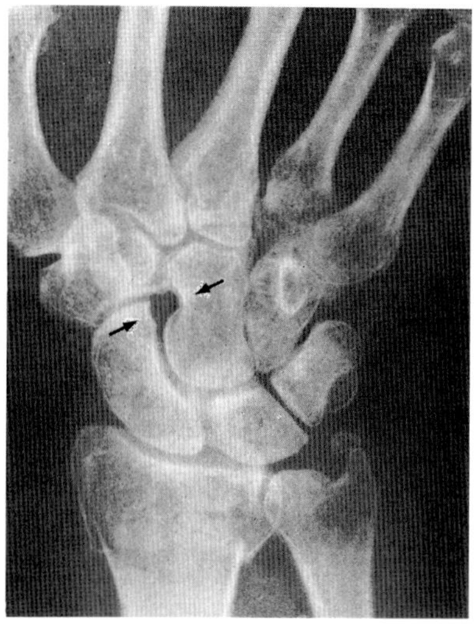

Abb. 2.**203** Lücke oder Kanal zwischen Skaphoid, Kapitatum und Trapezoid, nur in einem Teil der Fälle als knorpeliges Os centrale carpi zu werten

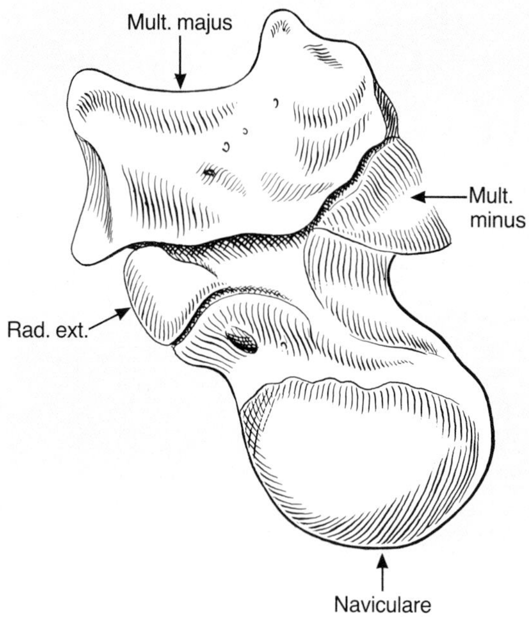

Abb. 2.**204** Os radiale externum (nach Pfitzner)

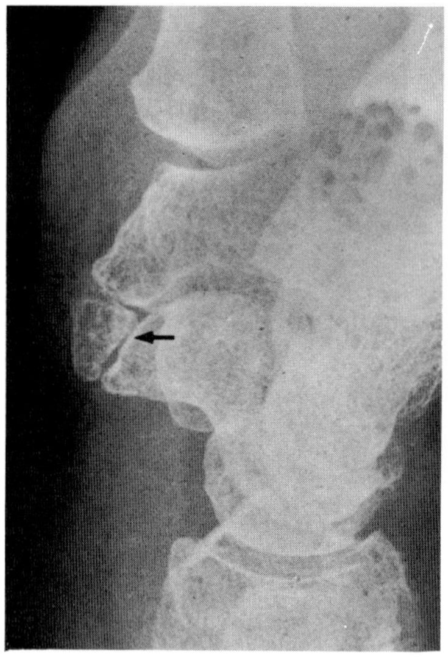

Abb. 2.**205** Großes Epitrapezium oder Radiale externum

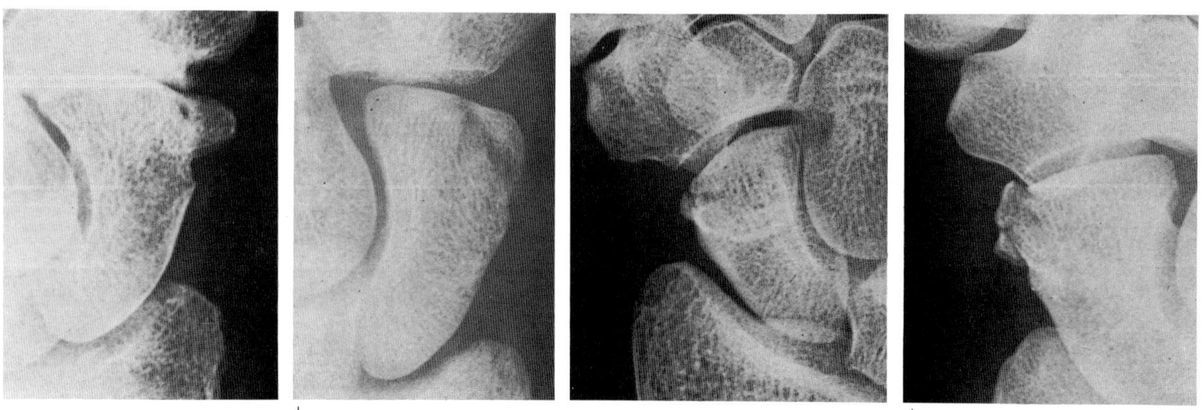

Abb. 2.**206a–d** Ausrisse aus dem Skaphoid

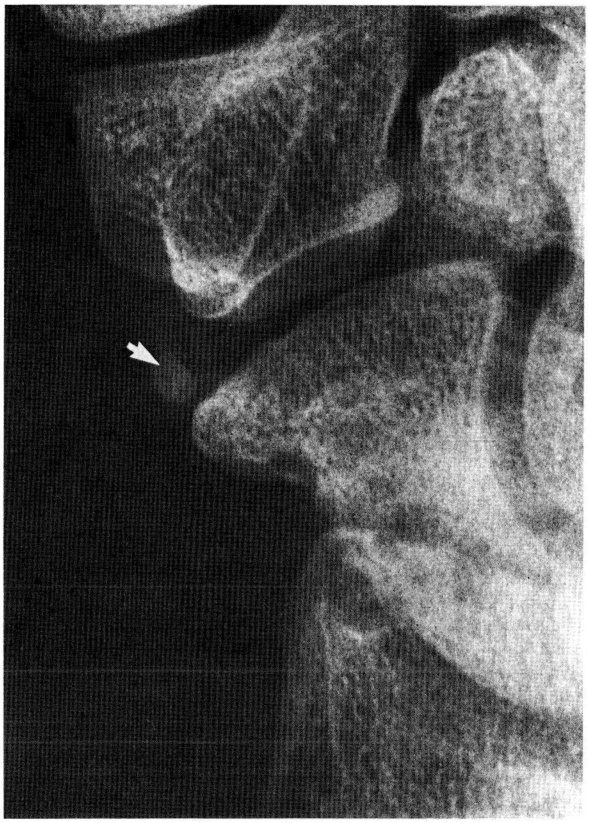

Abb. 2.**207** Isolierter Knochen distal des Tuberkulum, nach verheilter Skaphoidfraktur beobachtet

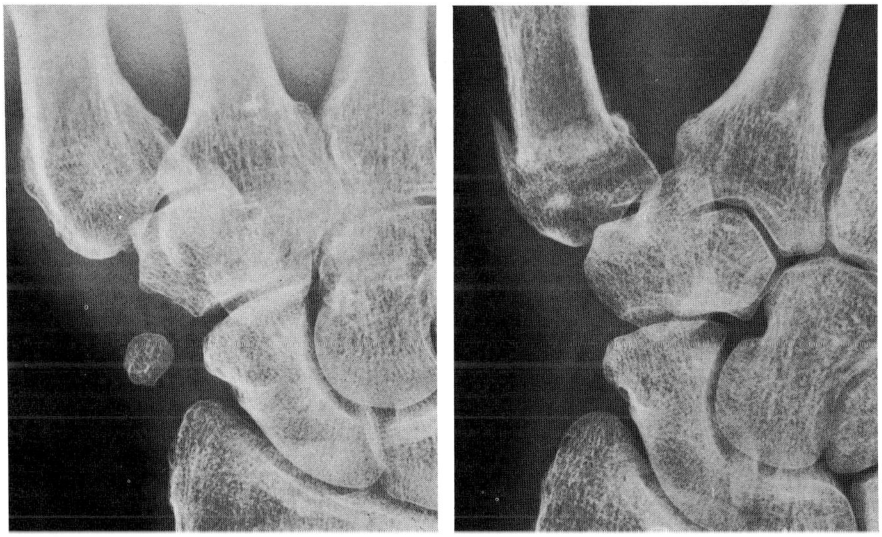

a b

Abb. 2.**208 a** u. **b**
a Großer, runder Knochen, weit medial des Skaphoids und distal des Processus styloides radii
b 17 Jahre zuvor noch nicht vorhanden. Damals Fraktur des Metakarpus I (Beobachtung von Mettler, St. Gallen)

Es gibt auch echte **Exostosen** am Kahnbein (Abb. 2.**209 a–c**), deren ganzes Ausmaß erst auf gedrehten Aufnahmen deutlich wird. Die kleine Exostose an der Gegenseite (Abb. 2.**209 d**) mutet wie ein Gelenkrand an und leitet schon zu den Normalbefunden über.

Stippchenförmige Kalkschatten, weit lateral und relativ entfernt vom Kahnbein, entsprechen Befunden, wie sie bei **Sehnenverkalkungen** vorkommen.

Distal des Processus styloides radii und radial der Mitte des Kahnbeins sieht man nach Skaphoidfrakturen häufig kleine, eckige oder runde Knochenschatten, offenbar isoliert gebliebene **Absprengungen** (Abb. 2.**210 a** u. **b**) oder – nach Anheilung – **exostosenhafte Vorsprünge** (Abb. 2.**211**). Es handelt sich nicht um das weiter distal liegende Tuberkulum.

Ein am **Processus styloides radii** auftretender **isolierter Kern** kann persistieren und ein überzähliges Skelettelement vortäuschen. Ulnar des Griffelfortsatzes findet sich sehr selten ein kleines Knöchelchen, wie es in Abb. 2.**212 a** u. **b** zwischen Kahnbeinkörper und Gelenkfläche des Processus styloides radii abgebildet ist. Ob es sich um Alterationen in den Sehnen oder Sehnenscheiden handelt, ist nicht bewiesen.

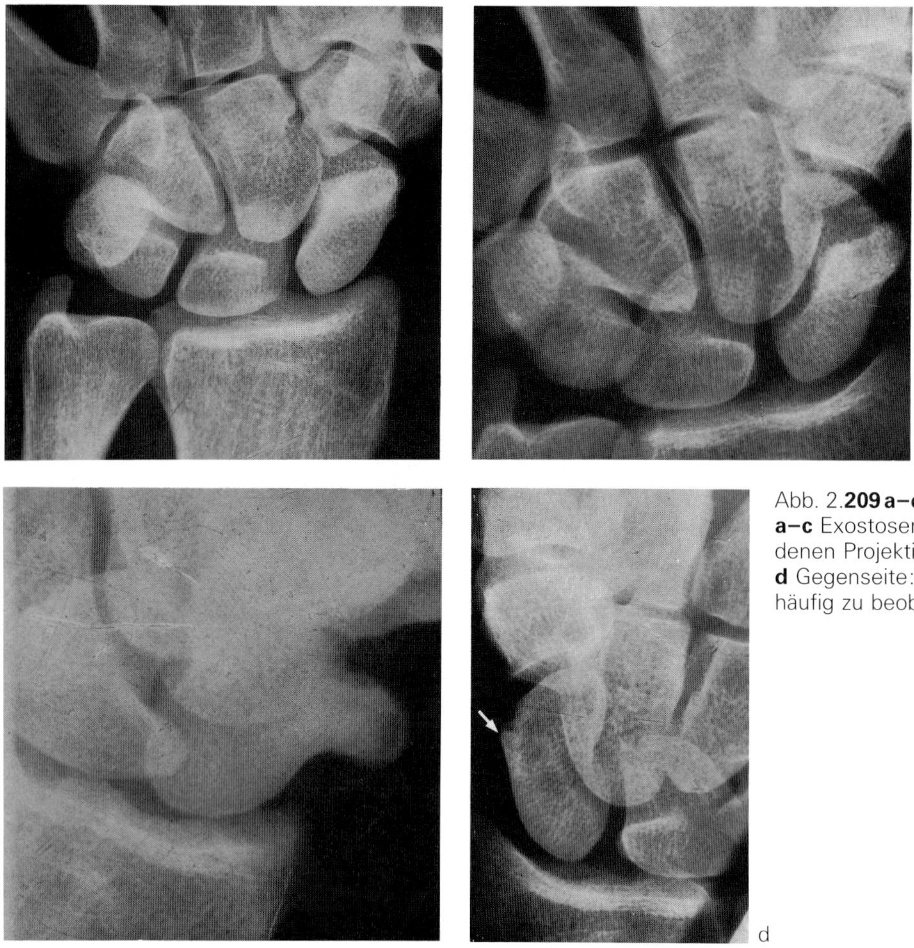

a b c d

Abb. 2.**209 a–d**
a–c Exostosen am Skaphoid in verschiedenen Projektionen
d Gegenseite: Kleine Gelenkrandzacke, häufig zu beobachten

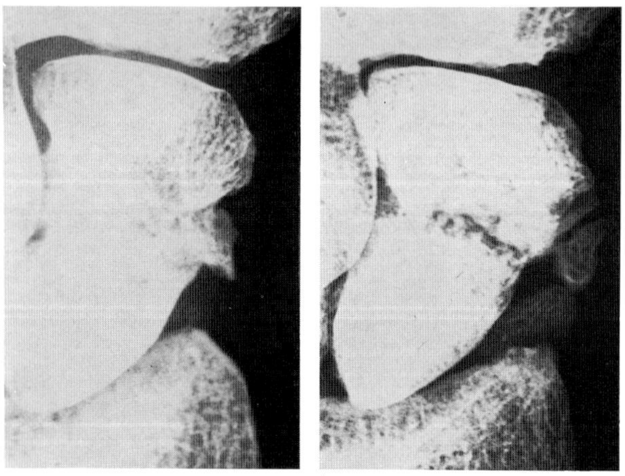

a b

Abb. 2.**210 a** u. **b** Typische Skaphoidfraktur mit zusätzlicher Absprengung
a Unfallaufnahme
b Nach 3 Jahren

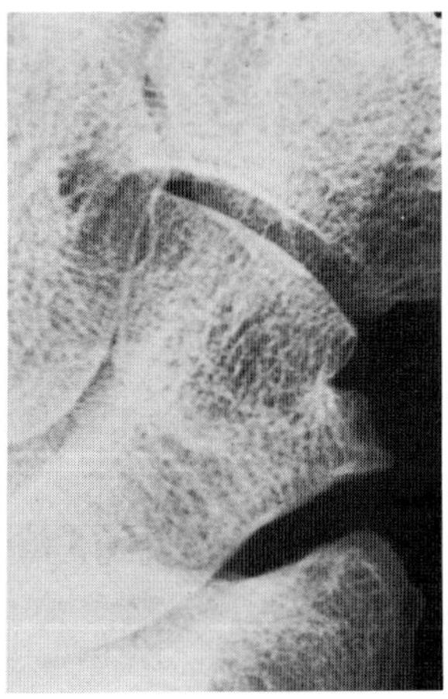

Abb. 2.**211** Knöchern angeheilte Absprengung aus dem Kahnbein?

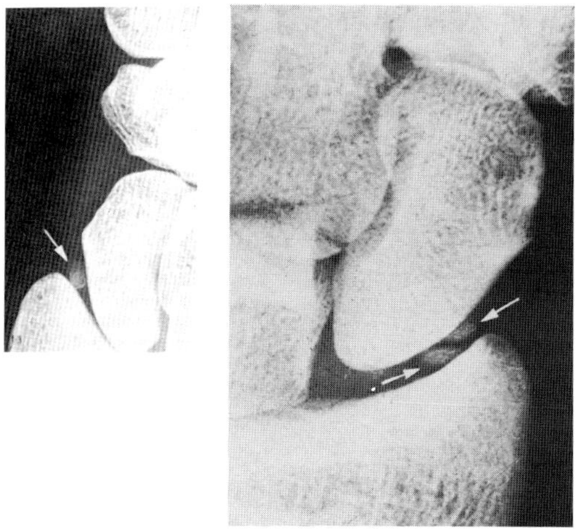

a b

Abb. 2.**212 a** u. **b** Kleine, wiederholt beobachtete, isolierte Skelettelemente

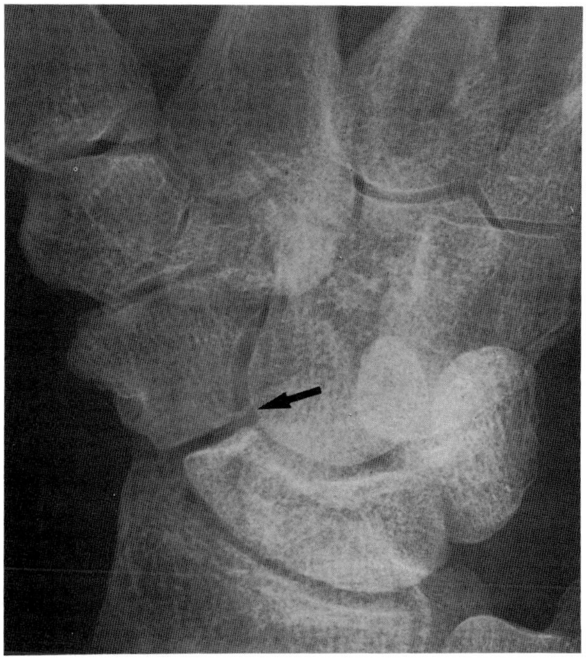

Abb. 2.**213** Alte, in Pseudarthrose verheilte Skaphoidfraktur bei Synostose zwischen Kahn- und Mondbein

Anomalien

Bei Hypothyreoidismus und Kretins sind mehrfache Kernanlagen beobachtet worden. Im Beispiel der Abb. 2.**201**, bei einem 42jährigen Kretin aufgenommen, ist ein schmaler Fortsatz in die Richtung des Kapitatum – beiderseits in vollständig gleicher Ausbildung – zu sehen, der vermutlich einem Os centrale carpi entspricht (s. dort).

Synostosen zwischen Skaphoid und Lunatum, vorwiegend aber mit dem Trapezium, sind relativ häufig, zwischen Skaphoid und Lunatum mit der Radiusepiphyse im Einzelfall bekannt (19) (s. auch Abb. 2.**213**).

Das Fehlen des Kahnbeins kann eine Folge **einseitiger Skaphoidaplasie** sein (35), wird jedoch auch als mögliche Folge einer **traumatischen Schädigung** eines knorpelig präformierten Kahnbeins diskutiert (64). Die einseitige Aplasie eines distalen und die Verschmelzung eines proximalen Skaphoidkerns mit dem distalen Radiusende gibt Abb. 2.**214**, die Unterentwicklung einseitig Abb. 2.**215** und beiderseits 2.**216 a** u. **b** wieder. Im letztgenannten Fall ist das Lunatum nach lateral verlagert, der gesamte erste Strahl hypoplastisch (Unterentwicklung des Radius, des Trapezium und des Daumenstrahles bei Hyperplasie des Trapezoid).

Einige verschiedene **Dysplasien** seien hier beschrieben: Fehlen von Skaphoid und Lunatum beiderseits (36), komplette Skaphoidaplasie links, partielle rechts mit Verlagerung des Lunatums nach lateral bei doppelseitiger Synostose zwischen Lunatum und Kapitatum. Dieser Autor ordnet einen zweiten Fall mit doppelseitiger Teilaplasie dem Formenkreis **enchondraler Dysostosen** zu. Doppelseitige Kahnbeinaplasien in Kombination mit anormaler Lage der proximalen Handwurzelreihe und atypischen Artikulationen wurden ebenso beobachtet (28) wie Unterentwicklung des Kahnbeins mit Verlagerung des Lunatum – ein offenbar häufiges Begleitsymptom – nach lateral beiderseits sowie mit einem Schaltknochen lateral an der Epiphyse des Radius beiderseits nahe der Ulnaepiphyse (6). Einseitige Hypoplasien des Skaphoids (10, 43) sowie deren Kombination mit Synostosen von Radius und Lunatum (Abb. 2.**255**) kommen vor. Bei solchen Dysplasien des Skaphoids ist an eine Manifestation des Holt-Oram-Syndromes zu denken (s. auch vorigen Abschnitt über Akzessoria des Kahnbeins).

Im Einzelfall wurde nach dem Profilbild bei einem 60jährigen Mann volar ein großer, hornförmiger Auswuchs gesehen, der nach volar proximal umbog (20).

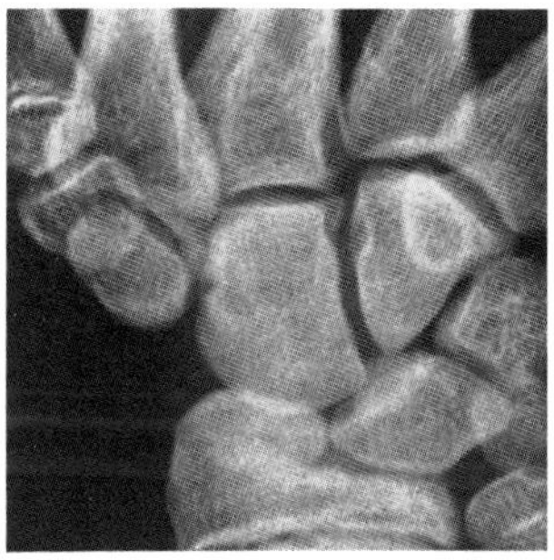

2.**214**

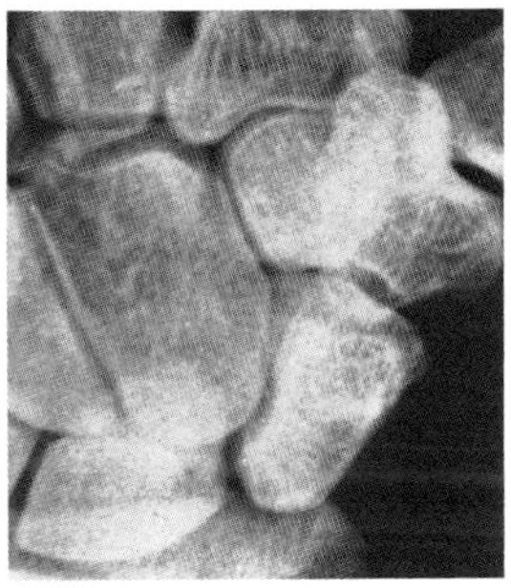

2.**215**

Abb. 2.**214** Einseitige Aplasie bzw. teilweise Verschmelzung des Skaphoidkerns mit dem Radius (Beobachtung von Kauw, Düren)

Abb. 2.**215** Unterentwicklung des Skaphoid (Beobachtung von Kauw, Düren)

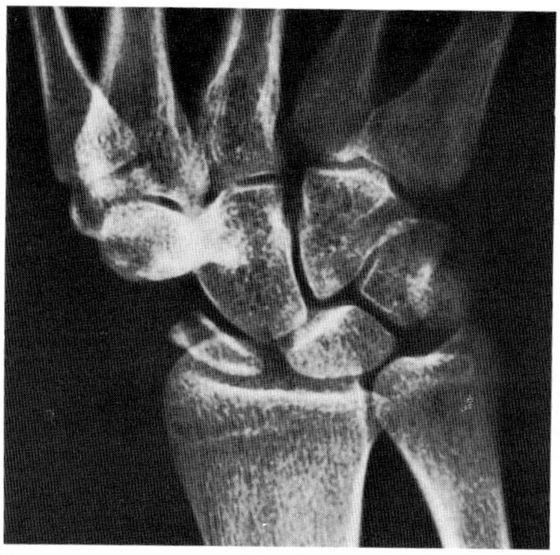

a

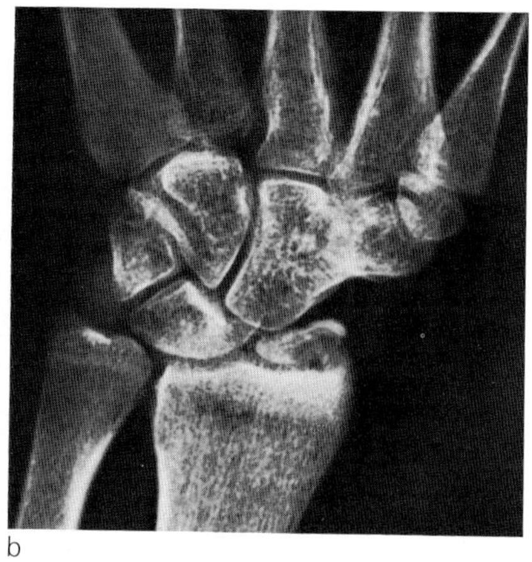

b

Abb. 2.**216a** u. **b** Unterentwicklung des Skaphoids beiderseits (Beobachtung von Spanke, Bochum)

Verletzungsfolgen und Nekrosen

Wegen teilweiser orthograder Projektion des Kahnbeins auf der Handgelenkaufnahme im dorsovolaren Strahlengang bei Neutralstellung im Handgelenk ist es zur übersichtlicheren *radiologischen Darstellung* des Skaphoid notwendig, die Mittelhand anzuheben und die Hand nach ulnar zu abduzieren. Dabei ist der Zentralstrahl von distal um 25 Grad aus der Senkrechten zu neigen (65). Heute wird allerdings allgemein die sog. „Viererserie" für notwendig gehalten. Hierbei werden im dorsovolaren Strahlengang unter starker Ulnarabduktion der Hand Mittelhand und Handwurzel in drei Projektionen zunehmend angehoben. Die vierte Aufnahme wird volodorsal angefertigt. Unter enger Ausblendung erfolgt in allen Projektionen eine genaue Zentrierung auf das Kahnbein.

Die Problematik der **Kahnbeinbrüche** erfordert allein schon aus forensischer Sicht eine eingehendere Behandlung. Durch Kompression kommt es bei der frischen Skaphoidfraktur wie bei jedem Stauchungsbruch im Bruchspalt zur quer verlaufenden Verdichtungszone, die nach einigen Wochen einer bandförmigen Aufhellung infolge der Resorption im Bruchgebiet weicht. Auch Bruchlinien nach üblichem Frakturmechanismus können primär in bis zu 15% der Fälle übersehen werden oder lassen sich radiologisch nicht darstellen (33).

Besonders in diesen Fällen ist die Beachtung des **Navikulare-Fettstreifens** (Abb. 2.**217a** u. **b**) hilfreich. Durch Begleitödem oder Hämatom kann er teilweise oder vollständig ausgelöscht werden, unscharf oder verbreitert sowie auch verlagert sein. Dieses indirekte radiologische Zeichen ist allerdings nicht spezifisch für Navikularefrakturen, sondern wird auch bei Brüchen des Processus styloideus radii, des Os trapezium und der Basis des Os metacarpale I beobachtet (33). Bei Kindern unter 12 Jahren kann es physiologischerweise fehlen.

Der radiologische Nachweis von **Kahnbeinbrüchen bei Kindern** ist wegen des relativ späten Auftretens des Knochenkerns entsprechend spät erst möglich und erfolgt selten vor dem 9. (13, 21), ausnahmsweise auch einmal im 8. (64) Lebensjahr.

Über typische **quere,** seltener **schräg vertikale Bruchlinien** im Skaphoid (Abb. 2.**218**) sowie **Ab-**

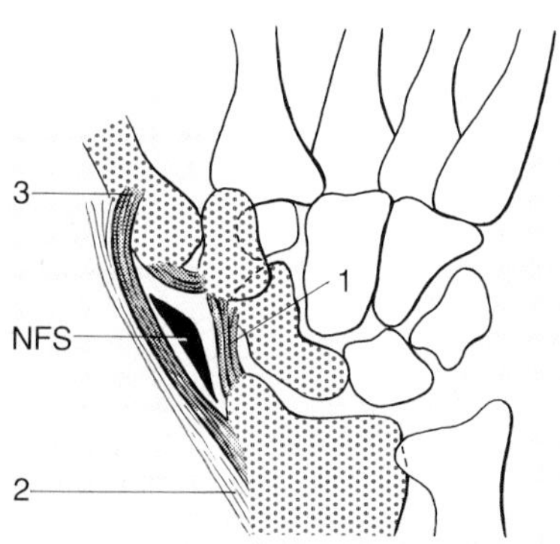

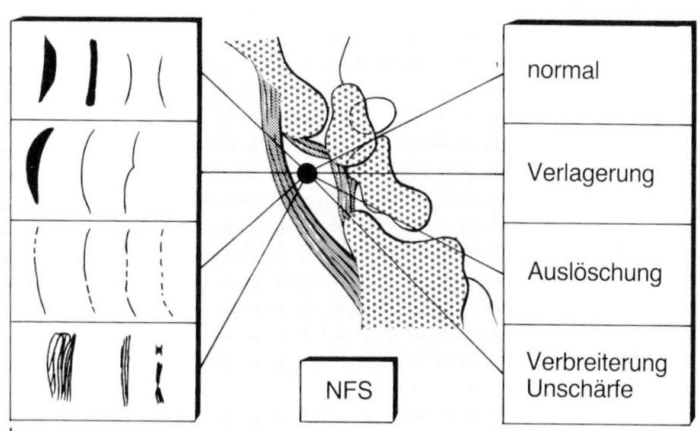

a

b

Abb. 2.**217a** u. **b**
a Anatomie der Region des NFS = Navikularefettstreifens. 1 = Lig. collaterale carpi radiale, 2 = Sehne des M. abductor pollicis longus, 3 = Sehne des M. extensor pollicis brevis
b Normale und pathologische Anatomie des NFS
(nach Lorenz)

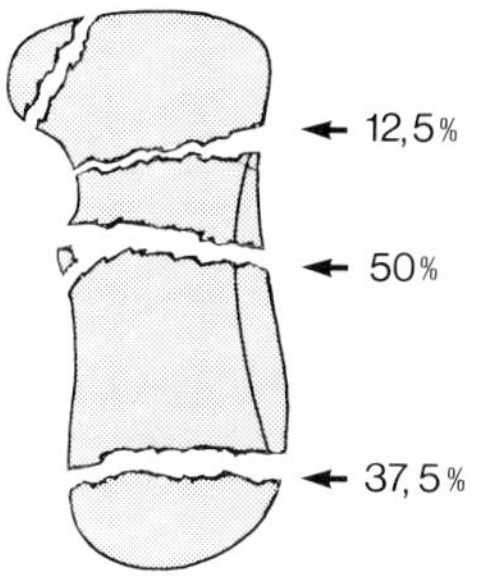

Abb. 2.**218** Typische Bruchlinien im Skaphoid

sprengungen des Tuberkulum gibt es ein reichhaltiges Schrifttum. Auf wenige Arbeiten sei hier hingewiesen (45, 60). Die Ausheilung unter Bildung einer **Pseudarthrose** gehört zu den häufigsten und gefürchteten Komplikationen. Abgesehen von der Zweckmäßigkeit der Behandlung und des Ausmaßes der Dislokation der Fragmente gegeneinander hängt die Häufigkeit der posttraumatischen Pseudarthrose vom Sitz des Bruches im Navikulare ab. Je weiter proximal der Bruchspalt liegt, desto schlechter sind die Heilungsaussichten. Bei den selteneren Brüchen nahe dem proximalen, aber auch distalen Pol werden auch heute noch jeweils 50% Pseudarthrosen als Heilungsausgang verzeichnet (55), bei den übrigen Lokalisationen etwa 10–20% (38, 60). Die Zahl klingt hoch, ist jedoch in Beziehung zu setzen zu den fast regelmäßig verbleibenden Pseudarthrosen jeder Navikularefraktur vor Einsatz der Langzeitfixierung (Destot, zit. nach 38).

Den Radiologen trifft in jedem Stadium der Verletzung eine besondere Verantwortung. Bei frischem Unfallereignis und entsprechendem klinischen Befund empfiehlt es sich, die Untersuchung dann in Abständen von einer bis zu vier Wochen zu wiederholen, wenn ein Bruchspalt radiologisch nicht zu erkennen ist, der klinische Befund aber bestehen bleibt. In den Spätstadien verursacht bei mangelnder Fragmentverschiebung die Differenzierung einer fibrösen Heilung, die sich immer noch durch einen Aufhellungsspalt darstellt (Abb. 2.**219 a–c**), von der dauernden Kontinuitätsunterbrechung Schwierigkeiten. In diesem Spalt des „cal fibreux", gesäumt zunächst mit kalkdichten Streifen und gering dichter als Granulationsgewebe, entwikkelt sich unter Einlagerung von Kalksalzen Faserknochen. Dabei wird vorübergehend der ehemalige Frakturspalt dichter. Diese Symptomatik muß der Radiologe kennen, eventuell durch Vergrößerungsaufnahmen (anderen) und per Lupe (sich selbst) verdeutlichen, um der Fehldiagnose „knöcherne Pseudarthrose" zu entgehen (39) (Abb. 2.**219 a–c**). Im Gegensatz zu den Skaphoidfrakturen verheilen die Abrisse des Tuberkulum fast sämtlich innerhalb weniger Wochen. Die Ausnahmen sind zuvor beim „Os radiale externum" besprochen und abgebildet worden (s. Abb. 2.**206 a–d**).

Wenn Kahnbeinbrüche im Stadium der Atrophie radiologisch untersucht werden (Abb. 2.**220**), kontrastiert oft das minderdurchblutete und infolge-

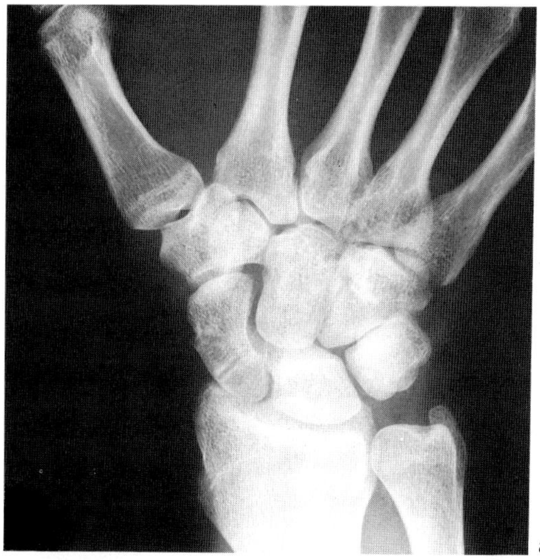

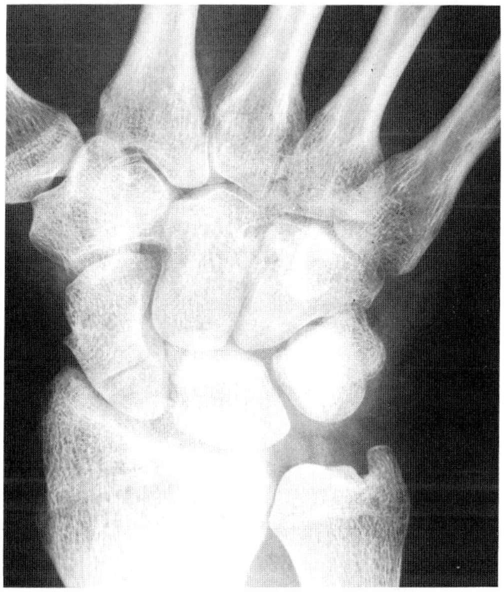

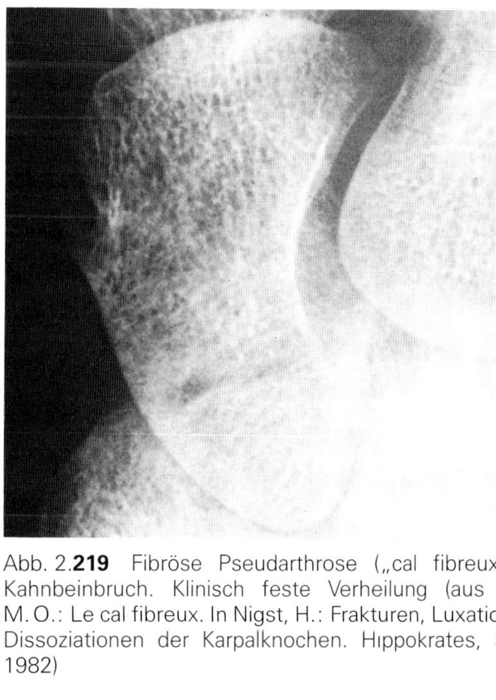

Abb. 2.**219** Fibröse Pseudarthrose („cal fibreux") nach Kahnbeinbruch. Klinisch feste Verheilung (aus Mettler, M. O.: Le cal fibreux. In Nigst, H.: Frakturen, Luxationen und Dissoziationen der Karpalknochen. Hippokrates, Stuttgart 1982)

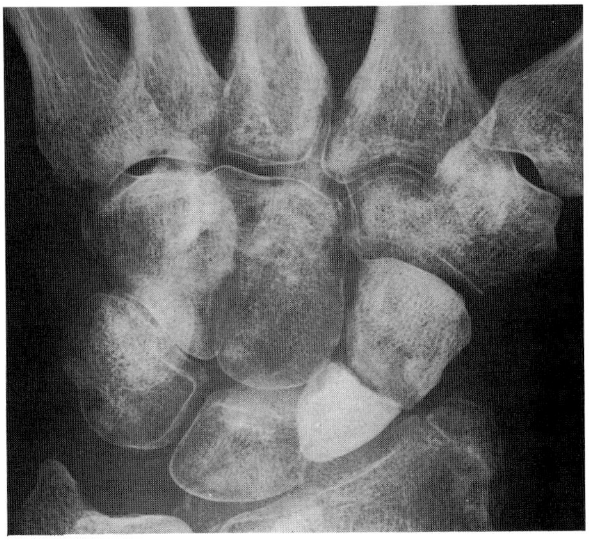

Abb. 2.**220** Relative Sklerose des proximalen Fragmentes nach Kahnbeinbruch und konsekutiver Sudeckscher Atrophie

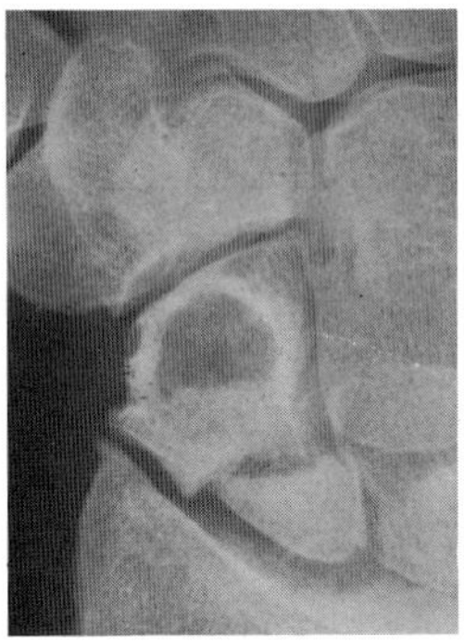

Abb. 2.**221** Posttraumatische Zyste im Skaphoid

dessen *„sklerosierte"* distale Fragment besonders gegen die sonst insgesamt *entkalkten* Handknochen.

Zystisch anmutende Aufhellungen (Abb. 2.**221**) sieht man hauptsächlich *posttraumatisch* im distalen Fragment des Skaphoid. Sie dürften trophischer Natur sein. Ob ein Befund, wie in Abb. 2.**222** dargestellt, auf ein in der Anamnese geringfügiges Trauma zurückgeführt werden kann, bleibt offen. Solche Zysten können auf Summationsaufnahmen dem Nachweis entgehen und werden erst im Tomogramm deutlich (Abb. 2.**223a** u. **b**).

Im Rahmen der Ausbildung von **Pseudarthrosen** (11) können sich zystisch anmutende Strukturveränderungen einstellen (Abb. 2.**224a–c**), obwohl zum Ausschluß einer kongenitalen Zweiteilung als beweisend erst das Ergebnis der feingeweblichen Untersuchung einer Knochenentnahme durch Bohrung gefordert wird (18).

Nicht selten kommt es im Anschluß an traumatische Ereignisse und beim Auftreten von Pseudarthrosen zu nekrotischen Zerstörungen eines Kahnbeinfragmentes, hauptsächlich des proximalen Anteils (Abb. 2.**225**), wenngleich auch Osteonekrosen des distalen Fragmentes als seltene Komplikationen beschrieben sind (57). Die Differentialdiagnose zwischen einem isolierten Kern (Abb. 2.**202**) und einer isoliert gebliebenen Absprengung (52) kann ohne Kenntnis des Traumas in der Vorgeschichte schwierig werden, zumal da immer wieder einmal Folgen von Kahnbeinfrakturen, meist Pseudarthrosen, als Zufallsbefund bei Aufnahmen der Handwurzel erhoben werden.

Gleichzeitige Frakturen des Kahnbeins und umgebender Handwurzelknochen kommen vor (42), ebenso **Brüche bei Verschmelzungen** des Ska-

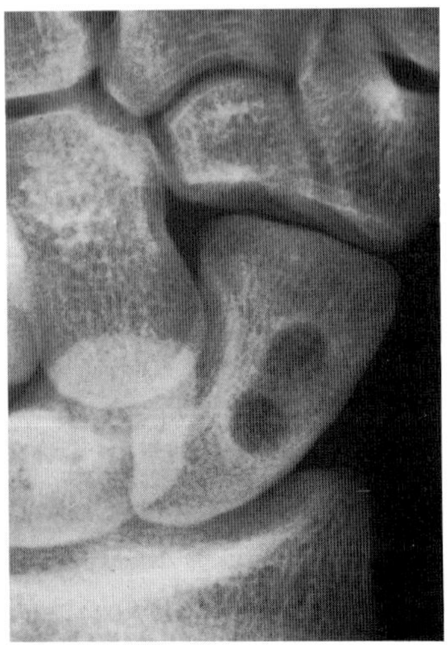

Abb. 2.**222** Große Zysten im Skaphoid nach geringem Trauma (Beobachtung von Müller, Ahrweiler)

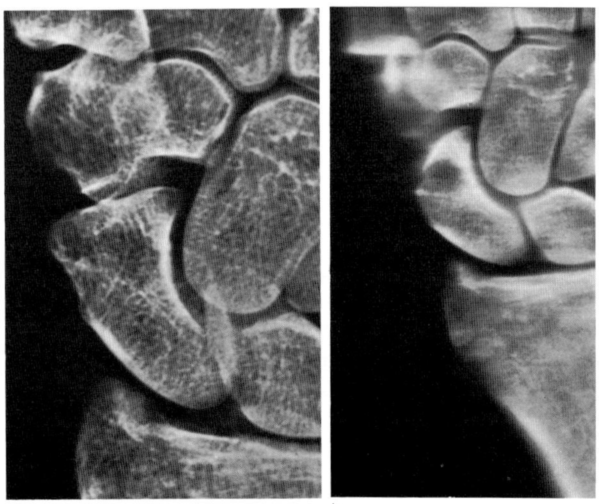

a b

Abb. 2.**223a** u. **b** Zyste im Skaphoid
a Auf der Summationsaufnahme schwer erkennbar
b Im Tomogramm deutlich

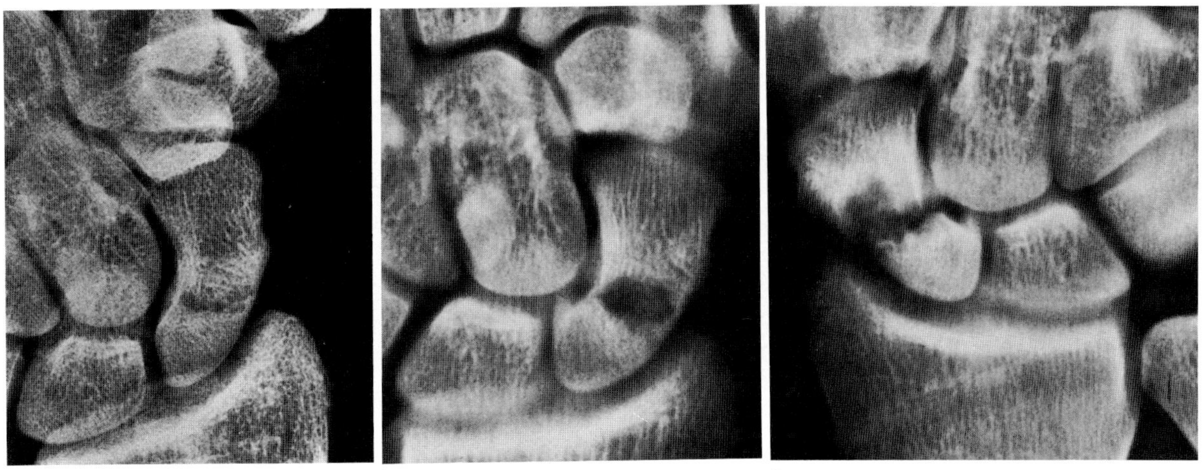

a b c

Abb. 2.**224 a–c**
a 24.4.: Feiner Frakturspalt durch das Kahnbein, **b** 2.6.: Große Zyste im Frakturbereich, **c** Skaphoid-Pseudarthrose mit Verschiebung der Fragmente gegeneinander, Sklerosierung der Fragmente und Zähnelung der Bruchränder nach Kahnbeinbruch, der am Unfalltag nicht zu erkennen war. (Beobachtung von Diethelm-Thenisch, Altdorf)

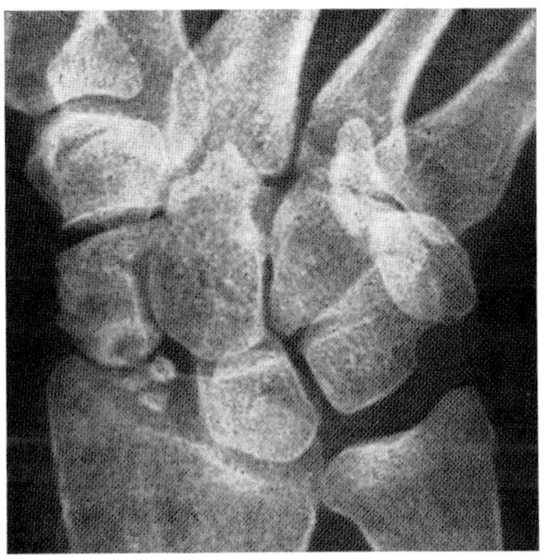

Abb. 2.**225** Posttraumatische Sequestration des proximalen Kahnbeinfragmentes

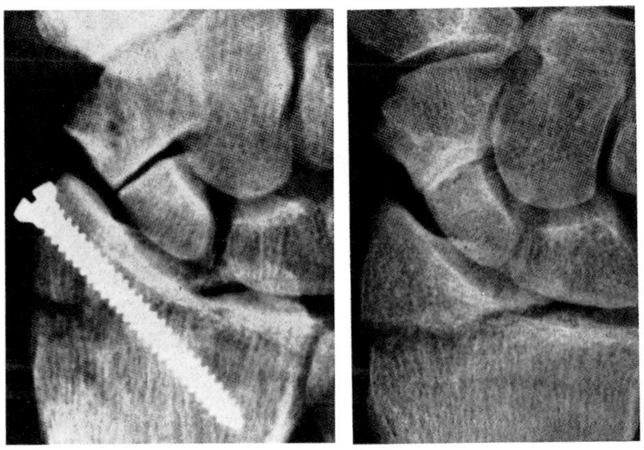

a b

Abb. 2.**226 a** u. **b** Einseitige Skaphoidzweiteilung (Beobachtung von Arquint, Uznach)

phoids mit dem Trapezium bzw. beim sog. Os lunatotriquetrum. In Abb. 2.**213** ist eine Pseudarthrose nach anamnestisch bekannter Synostosenfraktur zwischen Kahn- und Mondbein dargestellt.

Schwierigkeiten in der Differentialdiagnose zu Frakturfolgen kann es bei der angeborenen **Zweiteilung des Skaphoids** geben. Über doppelseitiges Auftreten solcher Teilungen liegen mehrere Berichte vor (17, 29, 63). Zweiteilungen bleiben jahrelang unverändert. Abb. 2.**226 a** u. **b** läßt einen solchen Befund erkennen, der zufällig bei einer Radiusfraktur erhoben wurde. Operativ ergab sich kein Anhalt für eine Fraktur oder Pseudarthrose des Skaphoids. Beidseitigkeit ist kein Beweis gegen Trauma; so ist eine Trümmerfraktur des Os scaphoideum bei anlagebedingter Zweiteilung auf der Gegenseite beschrieben (14). Eine wahrscheinlich angeborene Zweiteilung, jedenfalls ohne vorheriges bekanntes Trauma, läßt Abb. 2.**227** erkennen, während es sich bei dem Befund in Abb. 2.**228** eher um eine atrophische Pseudarthrose handelt. Die Situation in Abb. 2.**229** ist als

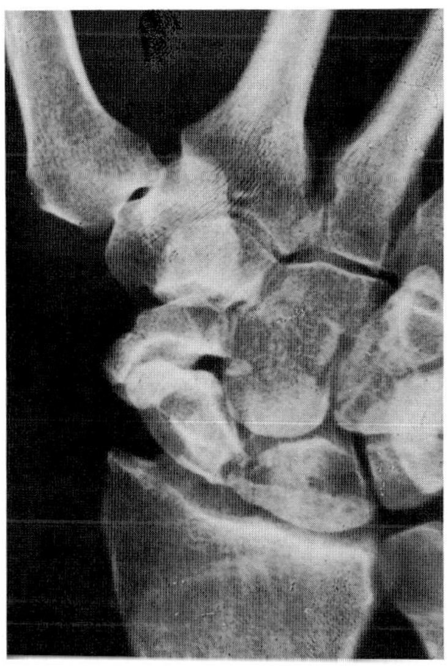

Abb. 2.**227** Einseitige Skaphoidzweiteilung? (Trauma in der Anamnese nicht bekannt) (Beobachtung von Arquint, Uznach)

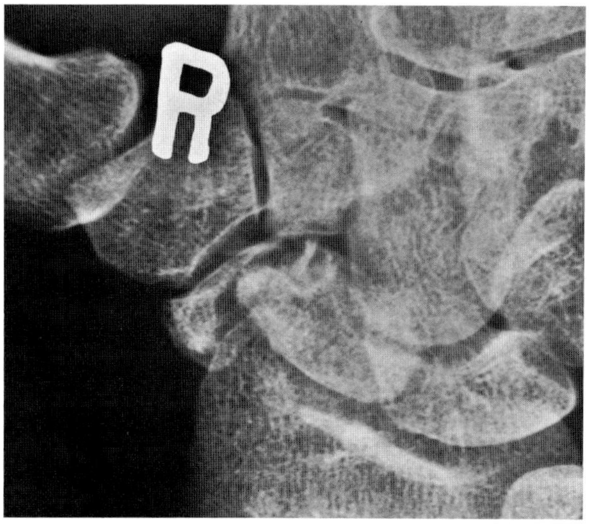

Abb. 2.**228** Alte pseudarthrotische Skaphoidfraktur mit Abkippen des distalen Fragmentes. Im Vergleich zur Abb. 2.**226 a** u. **b** ist die Begrenzung des proximalen Fragmentes gezähnelt!

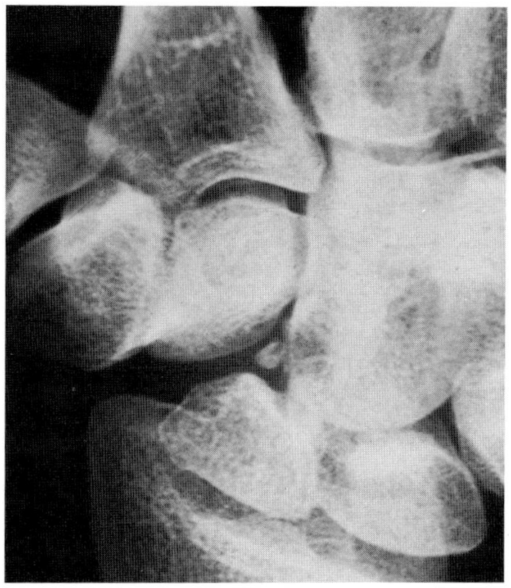

Abb. 2.**229** Unterentwicklung des Skaphoid mit fehlendem distalen Teil und Bildung eines Os centrale carpi

eine **Zweiteilung bei Nichtossifikation** des distalen Teils, besser noch als **hypoplastisches Skaphoid,** kombiniert mit einem Os centrale carpi, zu deuten. Teilossifikationen im abgespaltenen distalen Ossifikationszentrum finden sich in Abb. 2.**230 a** u. **b**. Partielle Teilungen sind häufiger als oft angenommen wird, meist ulnar gelegen (Abb. 2.**231**).

Bei der Annahme einer Fissur muß man selbst dann noch vorsichtig sein, wenn eine spaltförmige Aufhellung radial erkennbar wird (Abb. 2.**232**), die sich dann tomographisch möglicherweise als „Kerbe" oder als „Rinne" ausweist (Abb. 2.**233 a** u. **b**) und der wahrscheinlich eine partielle Teilung schräg durch das Skaphoid zugrunde liegt. Eine ähnliche spaltförmige Aufhellung, hier allerdings parallel zur Radialkante des Kahnbeins (Abb. 2.**234**), entspricht wahrscheinlich einer ungewöhnlichen Resorptionszone.

Luxationen des Kahnbeins erfolgen häufig kombiniert mit Verrenkungen des Lunatum. Der Einzelfall der Dislokation des luxierten Skaphoid völlig nach radial ist ebenso beschrieben (37, 62) wie die isolierte Luxationsfraktur dieses Handwurzelknochens (16). Zu den kombinierten Verletzungen

a

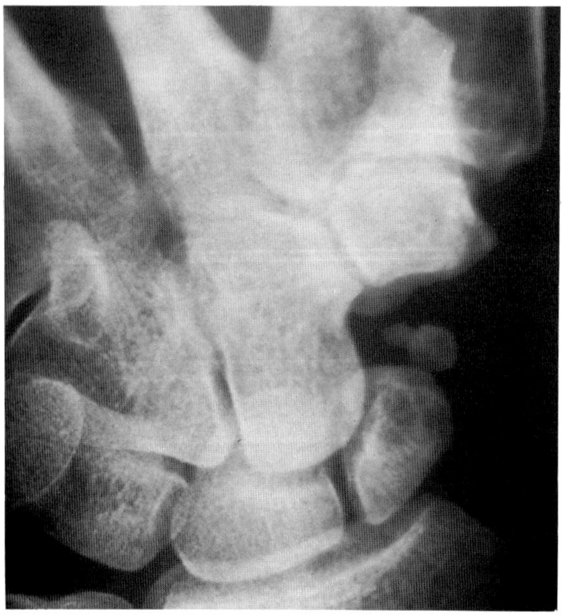

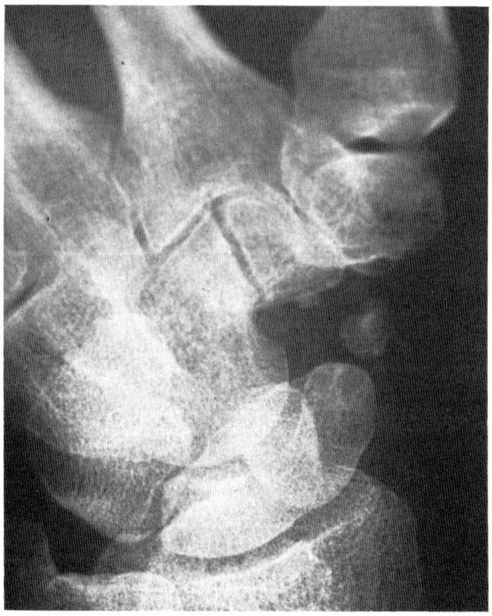

b

Abb. 2.**230 a** u. **b** Doppelseitige Skaphoidzweiteilung. Proximaler Teil beiderseits gleich groß, distaler Teil rechts doppelt angelegt. Trapezium beiderseits unterentwickelt (Beobachtung von Rohner und Meier, Winterthur)

Abb. 2.**231** Partielle Zweiteilung des Skaphoid

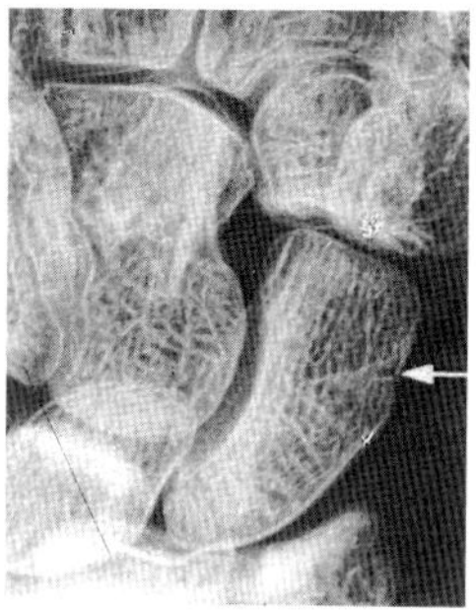

Abb. 2.**232** Partielle Zweiteilung des Skaphoid

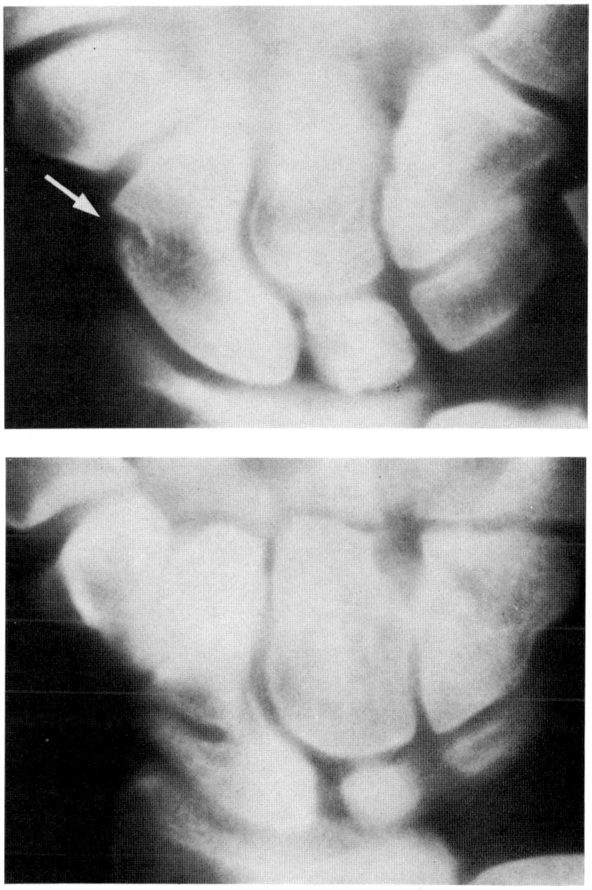

a

b

Abb. 2.**233 a** u. **b** Rinne in der distalen, radialen Kante des Kahnbeins. Wahrscheinlich entspricht der Befund einer partiellen Zweiteilung (Beobachtung von Etter, Luzern)

mehrerer Handwurzelknochen gehört auch die komplette volare Subluxation des Navikulare bei Fraktur des Os capitatum (12).

Als Folge der Kahnbeinverletzung, besonders der Rotationsluxation (8), kommt es häufig zur Dissoziation zwischen Kahn- und Mondbein, ein radiologisches Symptom, das bei unklaren Handgelenksbeschwerden die Aufmerksamkeit des Radiologen auf sich ziehen muß und das im angelsächsischen Schrifttum nach dem dort bekannten dentalen Diastema des Schauspielers Terry-Thomas und der Behandlung unter Fixierung der Hand in der Haltung eines die Flasche haltenden Weinkellners als „the Terry-Thomas-sign and the wine waiter" publik gemacht wurde (27).

Als äußerst ungewöhnliche Sonderform einer Skaphoidfraktur ist der Ausriß des proximalen Endes, wahrscheinlich bei einem Unfall, nicht in der gewöhnlichen Dorsalflexion, sondern in palmarer Hyperflexion beschrieben, wonach das Fragment isoliert dorsal des distalen Radiusendes disloziert verblieb (58).

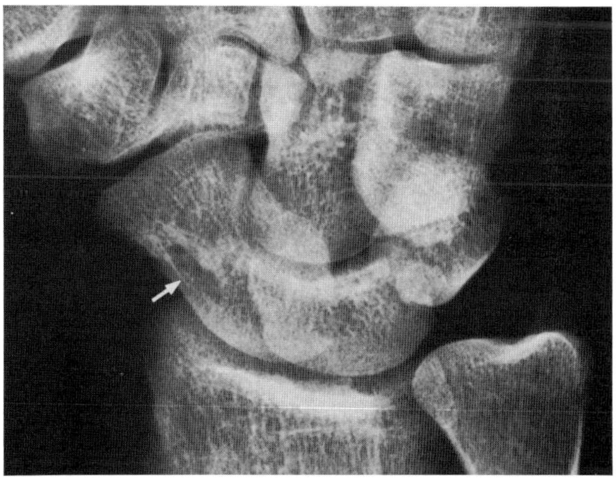

Abb. 2.**234** Ungewöhnliche Resorptionszone längs der Radialkante des Skaphoids, wahrscheinlich im Sinne einer idiopathischen Zyste

Über **aseptische Nekrosen** des Kahnbeins wurde 1911 erstmals (51) berichtet (s. auch 2, 26, 54). Vom **Morbus Köhler-Mouchet** spricht man, wenn auch andere Handwurzelknochen „malazisch" erscheinen.

Über **Epiphysennekrosen aller Karpalknochen** s. im Lehrbuch von Caffey, 6. Aufl. (4).

Skaphoidschäden wurden bei *Preßluftarbeitern* beobachtet (1), ebenso Kahnbeinarthrose und Mondbeinnekrose (32), doch ist vor Überbewertungen zu warnen, kommen doch mitunter zum Teil sehr große Zysten im Skaphoid ohne Trauma und berufliche Schäden vor.

Die **Osteochondrosis dissecans** im proximalen Anteil des Kahnbeins ist öfter beschrieben (49, 52), einschließlich der Abgrenzung gegenüber Aussprengungen an dieser Stelle. Über ein gleichzeitiges Vorkommen mit einer Osteochondrosis dissecans auch beider Kniegelenke und am Metakarpale IV wurde berichtet (66).

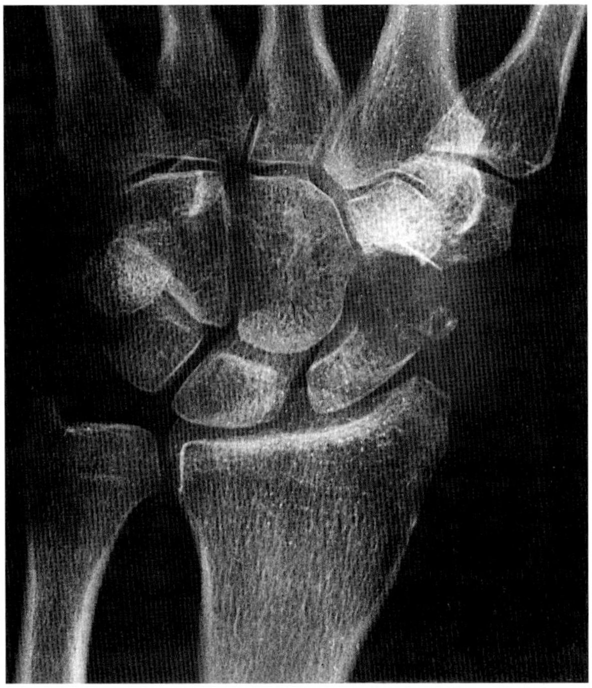

Abb. 2.**235** Osteolytische (Hypernephrom-)Metastase im Skaphoid

Erworbene Erkrankungen

Über den isolierten Befall des Os naviculare durch eine **Staphylokokken-Osteomyelitis** ohne aus der Vorgeschichte bekanntes vorhergehendes Trauma oder nachweisbaren weiteren Knochenherd bei einem 11jährigen Jungen liegt ein entsprechender Bericht im Schrifttum vor (56).

Das **Osteoidosteom** ist bei rund 30 Fällen an den Karpalien, bei 11 Patienten am Skaphoid beobachtet (5). Die Symptomatik ist typisch: Sklerose im befallenen Handwurzelknochen, dem in der Regel verkalkten Nidus entsprechend, überhäufig deutliche Entkalkungen der übrigen Handwurzelknochen, bedingt durch eine begleitende („sympathische") Arthritis.

In einer Zusammenstellung über die **Knochenmetastasen** in der oberen Extremität fällt die Beteiligung der Hand an den Metastasen von Lungentumoren auf; allerdings bezieht sie sich mehr auf Metakarpalien und Phalangen als auf die Karpalien (3). Den isolierten Befall des Skaphoids durch eine (Hypernephrom-)Metastase läßt Abb. 2.**235** erkennen.

Schließlich gibt es einzelne Berichte über das Auftreten eines **Karpaltunnelsyndroms,** das sowohl nach Fraktur des Kahnbeins und des fünften Metakarpale (47) wie aber auch durch eine aseptische Nekrose des Kahnbeins im Sinne der vorerwähnten Preiser-Krankheit bzw. des Morbus Köhler-Mouchet ausgelöst wurde (30).

Literatur

1 Andreesen, R.: Ermüdungserscheinungen (Nekrose und Pseudarthrose) des Kahnbeins durch chronisches Trauma (Preßluftwerkzeugarbeiten). Fortschr. Röntgenstr. 60 (1939) 253–263

2 Bade, H.: Traumatische aseptische Nekrose des Os naviculare der rechten Hand. Röntgenpraxis 11 (1939) 573–574

3 Bouvier, M., E. Lejeune, B. Bonvoisin, P. Biron: Les métastases osseuses distales du membre supérieur. Ann. Radiol. 25 (1982) 359–362

4 Caffey, J.: Pediatric X-Ray Diagnosis, 6. ed. Year Book Medical Publishers, Chicago 1973

5 Cetti, R., St.-E. Christensen: Osteoid osteoma in the scaphoid bone. Scand. J. Plast. Reconstr. Surg. 16 (1982) 207–209

6 de Chiari; zit. nach Köhler/Zimmer, 12. Aufl. 1982

7 Christodoulou, A. G., C. L. Colton: Scaphoid fractures in children. J. Pediatr. Orthoped. 6 (1986) 37–39

8 Cope, J. R.: Rotary subluxation of the scaphoid. Clin. Radiol. 35 (1984) 495–501

9 de Cuveland, E.: Os radiale externum. Fortschr. Röntgenstr. 97 (1962) 392

10 Davison, E. P.: Congenital hypoplasia of the carpal scaphoid bone. J. Bone Jt Surg. 44-B (1962) 816–827

11 Dubois, M.: Der Mechanismus der Fraktur des Navikulare und die Pseudarthrosenbildung. Schweiz. med. Wschr. 11 (1930) 1074–1076

12 Fishman, M. C., M. K. Dalinka, L. Osterman: Complete volar subluxation of the right scaphoid bone and fracture of the right capitate bone (Case report 309). Skeletal Radiol. 13 (1985) 245–247

13 Gambel, J. G., S. C. Simmons III.: Bilateral scaphoid fracture in a child. Clin. Orthopaed. Relat. Res. 125 (1982) 125–128

14 Gaul, M.: Trümmerfrakturen des Os naviculare bei anlagebedingter Zweiteilung. Fortschr. Röntgenstr. 90 (1959) 644–645

15 Georgy, H.-U., H. Hilger: Beobachtung eines ungewöhnlich großen Os radiale externum. Fortschr. Röntgenstr. 111 (1969) 715–716

16 Gergely, M., G. Kondrai: Isolierte Verrenkung des frakturierten Os naviculare. Magy. Radiol. 24 (1972) 249–251

17 Geyer, E.: Kritische Betrachtung zur Differentialdiagnose Naviculare bipartitum – Naviculare-Pseudarthrose. Mschr. Unfallheilkd. 65 (1962) 149–160

18 Gieseking, H.: Die Spaltbildung im Kahnbein als posttraumatische Pseudarthrose. Fortschr. Röntgenstr. 74 (1951) 596–597
19 Gombert, H. J.: Rechtsseitige kongenitale Verschmelzung des Os naviculare und lunatum mit der Radiusepiphyse. Fortschr. Röntgenstr. 91 (1959) 527–528
20 Grashey, R.: a) Hornförmiger Auswuchs am Os naviculare manus. b) Abbruch der oberen Gelenkkante des Os naviculare manus: Lücke im Karpus. Röntgenpraxis 7 (1935) 275
21 Greene, M. H., A. M. Hadied, R. L. Lamont: Scaphoid fractures in children. J. Hand Surg. 9-A (1984) 536–541
22 Hall jr., R. F., D. Keuhn jr., J. Pietro: Congenital hypoplasia of the thumb ray with absent carpal navicular and hypertrophic styloid process of the radius: a case report. J. Hand Surg. 11-A (1986) 32–35
23 Heimsöth, G.: Os radiale externum. Fortschr. Röntgenstr. 96 (1962) 306–307
24 Hennecke, U.: Os radiale externum. Fortschr. Röntgenstr. 78 (1953) 362
25 Hudson, T. M., W. J. Caragoi, J. J. Kaie: Isolated rotary subluxation of the carpal navicular. Amer. J. Roentgenol. 126 (1976) 601–611
26 Kawai, H., Y. Tsuyugushi, K. Yonenobu, A. Ynuhe, K. Tada: Avascular necrosis of the carpal scaphoid associated with progressive systemic sclerosis. Hand 15 (1983) 270–273
27 King, R. J.: Scapholunate diastasis associated with a Barton fracture treated by manipulation, or Terry-Thomas and the wine-waiter. J. Royal Soc. Med. 76 (1983) 421–423
28 Knákal, St., J. Chvojka: Doppelseitige Kahnbeinaplasie. Fortschr. Röntgenstr. 112 (1970) 837–838
29 Krause, G. P.: Os naviculare bipartitum beider Hände. Fortschr. Röntgenstr. 71 (1949) 359
30 Kretschmer, F.: Durch aseptische Nekrose des Os scaphoideum bedingtes Karpaltunnelsyndrom. Zbl. Chir. 110 (1985) 623–625
31 Küpfer, K.: Palmar dislocation of scaphoid and lunate as a unit: case report with special reference to carpal instability and treatment. J. Hand Surg. 11-A (1986) 130–134
32 Laarmann, A.: Kahnbeinpseudarthrose und Mondbeinnekrose als Preßluftschaden. Dtsch. med. J. 12 (1961) 189–197
33 Lorenz, R., V. Fiedler: Der Navikularefettstreifen (NFS). Fortschr. Röntgenstr. 137 (1982) 286–290
34 Machan, F. G.: Die traumatische Kahnbeinfehlstellung der Hand. Zbl. Chir. 110 (1985) 626–627
35 Maes, H. J.: Einseitige vollständige Aplasie des Os scaphoideum. Fortschr. Röntgenstr. 109 (1968) 397–398
36 Maier, K.: Gibt es eine Navikulare-Aplasie an der Hand? Fortschr. Röntgenstr. 97 (1962) 52–56
37 Maki, N. J., R. G. Chuinard, R. d'Ambrosia: Isolated, complete radial dislocation of the scaphoid. J. Bone Jt Surg. 64-A (1982) 615–616
38 Mettler, M. O.: Bericht über 357 Skaphoidfrakturen von 1971 bis 1977. Ergänzung und Vergleich zur Studie über 669 Fälle bis 1970. In Nigst, H.: Frakturen, Luxationen und Dissoziationen der Karpalknochen. Hippokrates, Stuttgart 1982 (S. 77–83)
39 Mettler, M. O.: Le cal fibreux. In Nigst, H.: Frakturen, Luxationen und Dissoziationen der Karpalknochen. Hippokrates, Stuttgart 1982 (S. 85–88)
40 Mettler, M. O.: Probleme der vertikal-schrägen Skaphoidfraktur. In Nigst, H.: Frakturen, Luxationen und Dissoziationen der Karpalknochen. Hippokrates, Stuttgart 1982 (S. 89–90)
41 Mettler, M. O.: Die Frakturen des Tuberculum ossis scaphoidei. In Nigst, H.: Frakturen, Luxationen und Dissoziationen der Karpalknochen. Hippokrates, Stuttgart 1982 (S. 91–92)
42 Møller, B. N.: Simultaneous fracture of the carpal scaphoid and adjacent bones. Hand 15 (1983) 258–261
43 Neumann, Chr.: Starke einseitige Hypoplasie eines Os naviculare. Fortschr. Röntgenstr. 91 (1959) 529
44 Nielsen, P. T., J. Hederboe, P. Thommessen: Bone scintigraphy in the evaluation of the carpal scaphoid bone. Acta orthop. scand. 54 (1983) 303–306
45 Nigst, H.: Frakturen des Skaphoids. In Nigst, H.: Frakturen, Luxationen und Dissoziationen der Karpalknochen. Hippokrates, Stuttgart 1982 (S. 49–52)
46 Nigst, H.: Pseudarthrosen des Skaphoids. In Nigst, H.: Frakturen, Luxationen und Dissoziationen der Karpalknochen. Hippokrates, Stuttgart 1982 (S. 53–62)
47 Olerud, C., L. Lönnquist: Acute carpal tunnel syndrome by fracture of the scaphoid and the 5th metacarpal bones. Injury 16 (1984) 198–199
48 Pfitzner, W.: Beiträge zur Kenntnis des menschlichen Extremitätenskeletts. Dritte Abteilung. Die Varietäten VI. Die Variationen im Aufbau des Handskeletts. Morph. Arb., hrsg. von G. Schwalbe IV (1895) 347–570
49 Phillips, M. N., R. F. Stark: Osteochondrosis dissecans of the carpal scaphoid. Brit. J. Radiol. 38 (1965) 633
50 Poznanski, A. K.: The Hand in Radiologic Diagnosis, 2nd ed. Saunders, Philadelphia 1984 (p. 198)
51 Preiser, G.: Zur Frage der typischen traumatischen Ernährungsstörungen der kurzen Hand- und Fußknochen. Fortschr. Röntgenstr. 17 (1911) 360–362
52 Ravelli, A.: Radiol. clin. (Basel) 24 (1955) 97; zit. nach Köhler/Zimmer, 12. Aufl. 1982 (S. 173)
53 Reckling, F.: Eine anlagemäßig bedingte Zweiteilung des Handwurzelkahnbeins beiderseits. Mschr. Unfallheilkd. 46 (1939) 146–149
54 Rettig, H.: Ein Beitrag zur Ätiologie und Differentialdiagnose von Navicularenekrosen (Naviculare partitum und Navicularepseudarthrose). Arch. orthop. Unfallchir. 54 (1962) 263–278
55 Schernberg, F.: F. Elzein, Y. Gérard: Étude anatomoradiologique des fractures du scaphoïde carpien. Réunion annuelle de la So.F.C.O.T., novembre 1983. Rev. Chir. Orthop. 70, Suppl. II (1984) 55–63
56 Simon, L. P., R. A. Stram: Staphylococcal osteomyelitis of the carpal scaphoid. J. Pediatr. Orthoped. 4 (1984) 123–125
57 Sherman, S. B., A. Greenspan, A. Norman: Osteonecrosis of the distal pole of the carpal scaphoid following fracture – a rare complication. Skeletal Radiol. 9 (1983) 189–191
58 Shestak, K., L. K. Ruby: An unusual fracture of the scaphoid. J. Hand Surg. 8 (1983) 925–928
59 Stordahl, A., A. Schjøth, G. Woxholt, H. Fjermeros: Bone scanning of fractures of the scaphoid. J. Hand Surg. 9-B (1984) 189–190
60 Thorleifson, R., J. Karlsson, K. Sigurjonsson: Fractures of the scaphoid bone. Arch. Orthop. Traumat. Surg. 103 (1984) 96–99
61 Vieten, H.: Naviculare bipartitum oder alte, nicht erkannte, pseudarthrotisch verheilte Navicularefraktur. Fortschr. Röntgenstr. 71 (1949) 358
62 Wack, B., G. Grosdidier, P. Martinot: Un cas de luxation radiale et palmaire du scaphoïde carpien. Lyon chirurgical 79/2 (1983) 122–123
63 Waugh, R. L., R. F. Sullivan: Anomalies of the carpus with particular reference to the bipartite scaphoid (navicular). J. Bone Jt Surg. 32-A (1950) 682–686
64 Weigel, W., H. Poppe: Traumatisch bedingter Defekt des Os naviculare der Hand beim Kind. Fortschr. Röntgenstr. 118 (1973) 306–309
65 Zimmer, E. A., M. Brossy: Lehrbuch der roentgenologischen Technik. Springer, Berlin 1980
66 Zobel, K.: Osteochondritis dissecans beider Kniegelenke und von dem 4. Metakarpale. Z. Orthop. 94 (1961) 321

Os lunatum

Norm

Das *Mondbein* (französisch „semi-lunaire", englisch „lunate" oder „semi-lunar") wird im 4. bis 5. Lebensjahr *ossifiziert* und kann mit zwei Kernanlagen erscheinen (6), fallweise beiderseits bei einem 7jährigen Mädchen mit fraglicher Hypothyreose sowie bei ihrem 9jährigen Bruder beobachtet (9). Auch bei monozygoten Zwillingen gibt es eine Mitteilung über unilateral auftretende Doppelanlagen des Mondbeins, beim einen links, beim anderen rechts („jumeaux en miroir").

Das **Lunatum partitum** ist also entwicklungsgeschichtlich bedingt. Bei Fortgang der Ossifikation konnte nach 15 Monaten eine Verschmelzung mit Sklerosestreifen an der Synostose nachgewiesen werden (27) (Beobachtungen von Zimmer s. Abb. 2.**236 a–d**). Das Lunatum bipartitum kann mit einer *multizentrischen Kernanlage des Os pisiforme* kombiniert sein (22). Eine *zentrale Verdichtung* entspricht einer Projektionserscheinung und ist nicht das radiologische Phänomen einer Zweiteilung (Abb. 2.**237**), während eine zündholzkopfgroße Aufhellung im Zentrum des Mondbeines auf die Eintrittstelle eines Gefäßkanals bezogen werden kann (Abb. 2.**238**). Auf Profilaufnahmen darf der Kahnbeinkern nicht mit einem Akzessorium am Lunatum verwechselt werden (Abb. 2.**239**, gleiche Hand wie auf Abb. 2.**237**).

Zimmer sah bei einem 12- und einem 14jährigen Jungen dorsal am Lunatum eine Konturkerbe (Abb. 2.**240**). Das Lunatum kann normalerweise sehr klein sein. Es kann in seiner Lage wechseln.

Kompaktainseln und kleine Zysten kommen gelegentlich vor. Eine große Zyste ist in Abb. 2.**241** wiedergegeben.

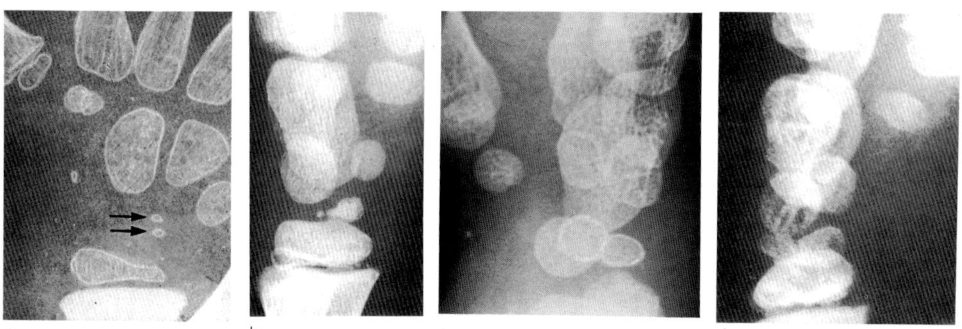

a b c d

Abb. 2.**236 a–d** Doppelkernanlage des Mondbeins

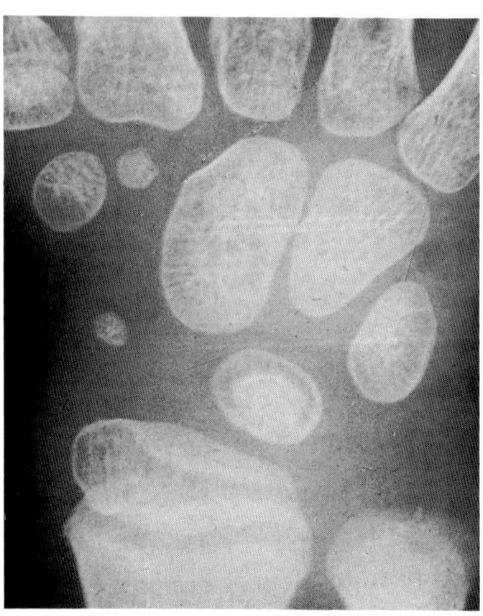

Abb. 2.**237** Vorgetäuschte Verdichtung im Lunatum

Abb. 2.**238** Nutritiakanal im Lunatum

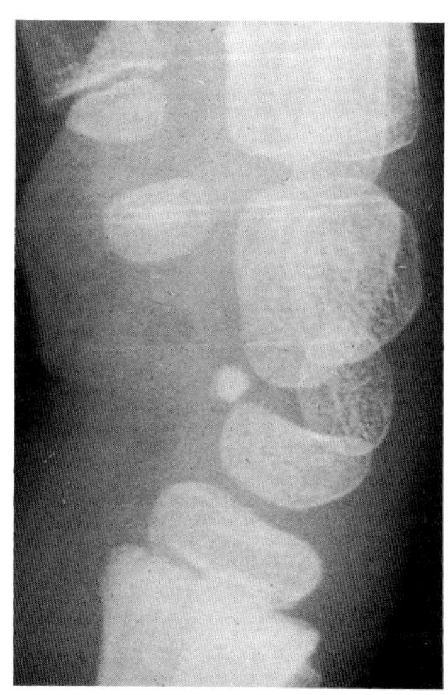

Abb. 2.**239** Kein akzessorischer Knochen am Lunatum, sondern Skaphoidkern

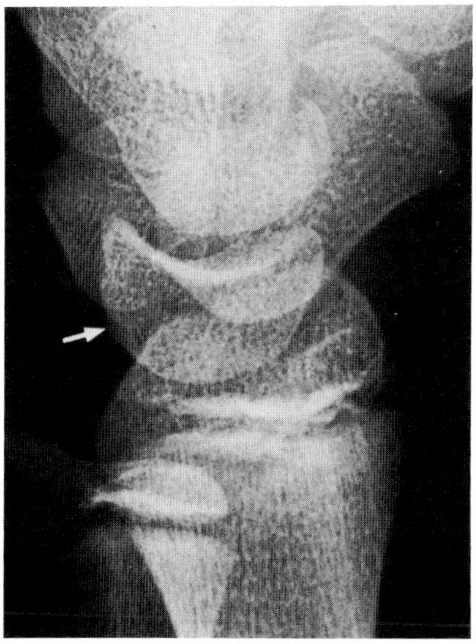

Abb. 2.**240** Kerbe im Lunatum dorsal

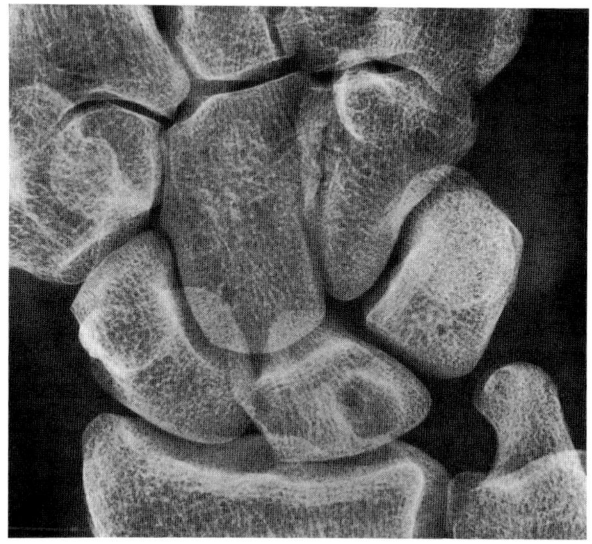

Abb. 2.**241** Große, isolierte Zyste im Lunatum

Akzessoria

Akzessorische Knochen kommen in der Umgebung des Lunatum an verschiedenen Stellen vor. So projiziert sich volar vom Mondbein auf der Profilaufnahme zwischen Radius und Pisiforme ab und zu ein schaliger Knochenschatten (Sehnenverkalkung?). Abb. 2.**242** läßt in der Seitenansicht der Handwurzel (leicht supiniert überdreht bei Dorsalflexion der Hand) ein Knöchelchen ventral des Lunatum und zusätzlich einen winzigen Knochenschatten distal der arthrotisch veränderten Gelenkfläche des Pisiforme erkennen. Bei körnig strukturierten, amorphen Kalkschatten dorsal des Mondbeins sind *Bursaverkalkungen* möglich (Abb. 2.**243** und 2.**244**).

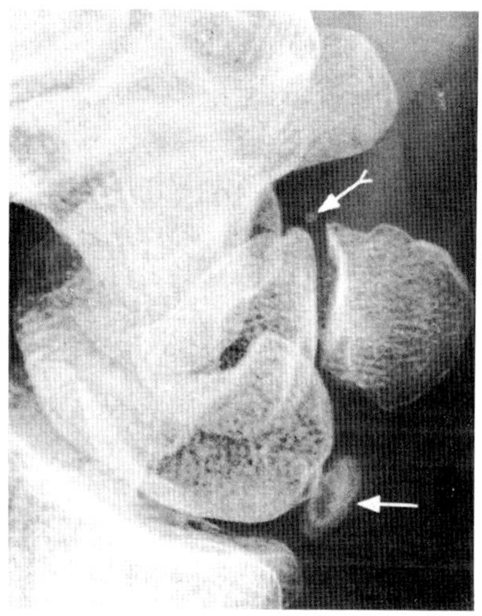

Abb. 2.**242** Isolierter Knochen volar des Lunatum (<–), winziges Knöchelchen distal des Pisiforme (⟵)

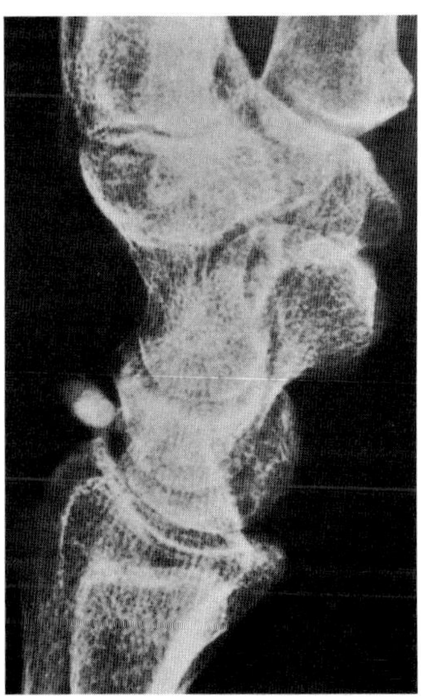

Abb. 2.**243** Verkalkung in den Weichteilen dorsal des Lunatum (Bursa?)

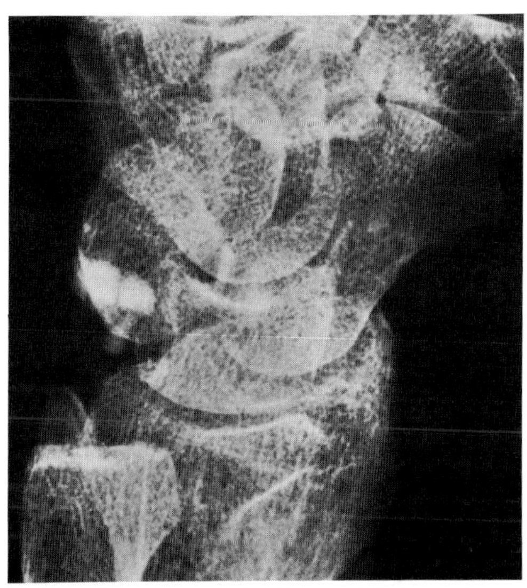

Abb. 2.**244** Amorphe Verkalkungen (Bursa?) dorsal des Lunatum (Beobachtung von Rohden, Oberhausen)

Ein kleiner Knochenschatten, dem Lunatum an seiner radialdistalen „Kante" anliegend und von diesem durch einen schmalen, gleichmäßig weiten und scharf begrenzten Spalt getrennt, besitzt bei Dreieckform eine normale Struktur und abgerundete Kanten (Abb. 2.**245a** u. **b**) und liegt etwas volar. Von Zimmer (37) erstmals beobachtet, könnte es dem **Hypolunatum** Pfitzners (Abb. 2.**246**) entsprechen. Dieses Akzessorium kann beiderseits vorkommen. In einem derartigen Fall wurde auf der einen Seite eine Konkreszenz mit Skaphoid und Trapezium bei malazieähnlichen Verdichtungen des Hypolunatum festgestellt (Abb. 2.**247a–c**).

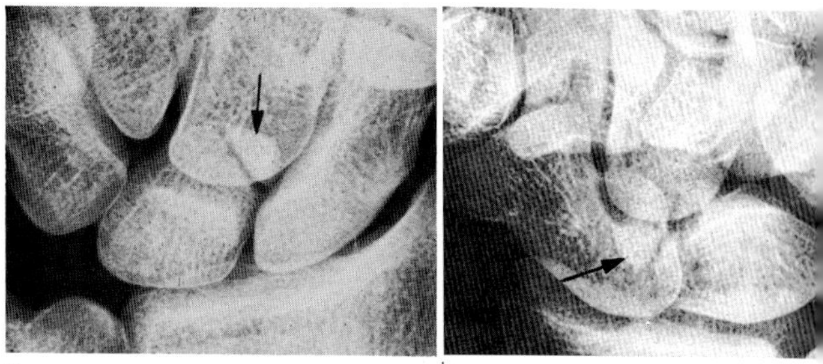

a b

Abb. 2.**245a** u. **b** Hypolunatum

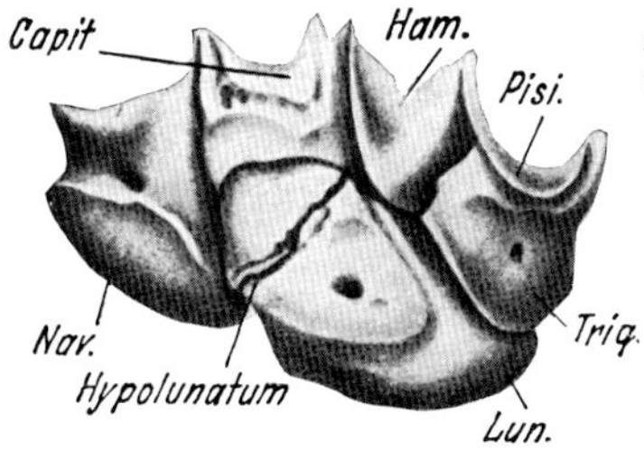

Abb. 2.**246** Hypolunatum (nach Pfitzner)

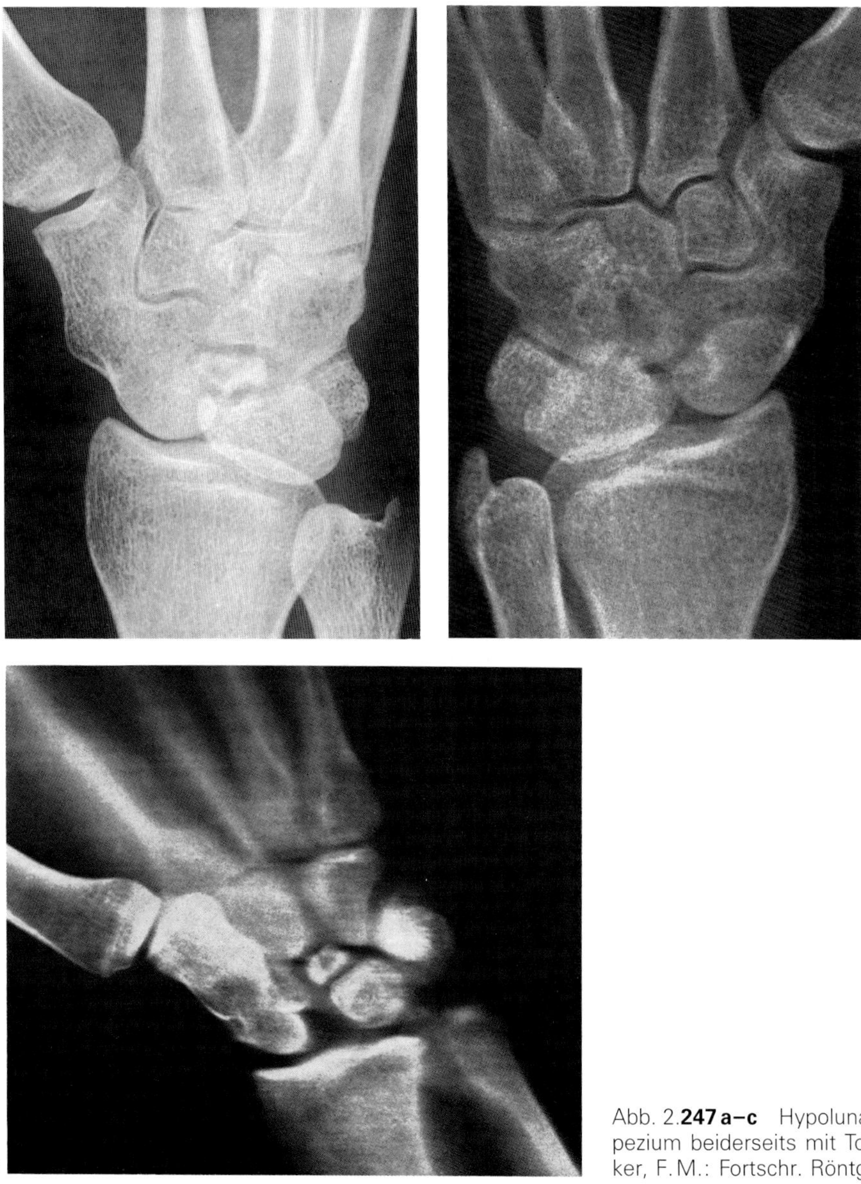

a b c

Abb. 2.**247a–c** Hypolunatum bei Synostose Skaphoid/Trapezium beiderseits mit Tomogramm links (aus Seibert-Daiker, F.M.: Fortschr. Röntgenstr. 122 [1975] 463)

Rundliche Knochenschatten am Dorsalhorn des Lunatum mit Abflachung der einander zugekehrten Begrenzungslinien müssen von Ausrissen aus dem Triquetrum durch Schrägaufnahmen abgegrenzt werden. Das Knöchelchen am Mondbein (Abb. 2.**248a** u. **b**) kann dem Epilunatum Pfitzners entsprechen (Abb. 2.**249**).

In ähnlicher Lage wie das noch zu beschreibende, getrennt erscheinende Ossikulum der Abb. 2.**264** bei Mondbeinnekrose findet man auch nahe der ulnaren, proximalen Kante des normal strukturierten Lunatum einen kleinen Knochen, der sich nie, auch nicht in schräger Projektion, vom Lunatum isolieren läßt (Abb. 2.**251a** u. **b**). Derartige Befunde beweisen die Richtigkeit der Ansicht von Zimmer, daß man oft viele verschiedene Projektionen braucht, um derartige Befunde als isolierte Akzessoria radiologisch darzustellen.

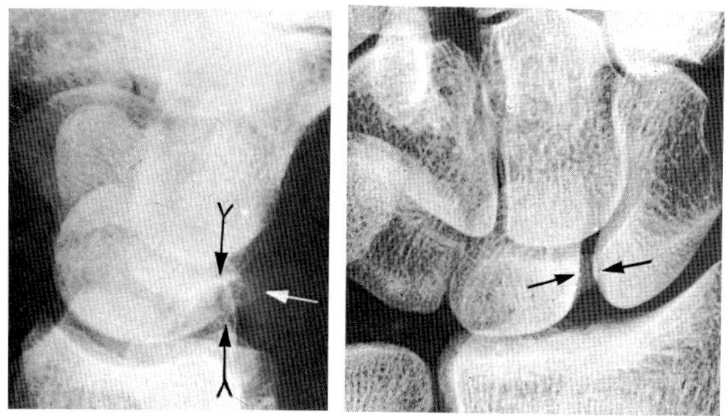

a b

Abb. 2.**248a** u. **b** Epilunatum (→), Verlaufsrichtung der Spalte (↣)

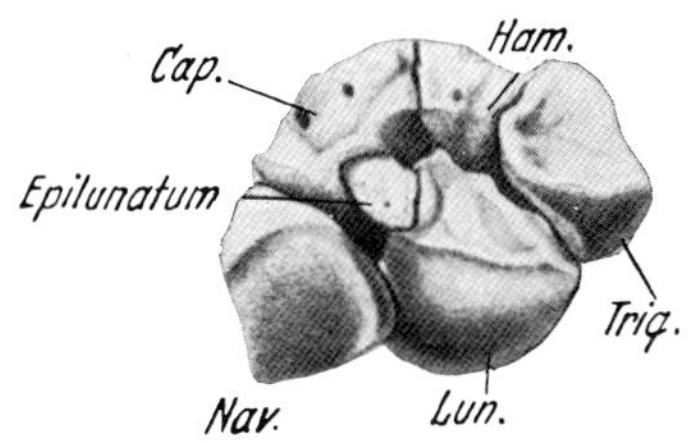

Abb. 2.**249** Epilunatum (nach Pfitzner)

Anomalien

Über inkomplette und völlige **Synostosen zwischen Lunatum und Triquetrum** (Abb. 2.**252**) liegen viele Berichte im Schrifttum vor (12, 15). Die Verschmelzung von Mond- und Dreieckbein wird als Entwicklungshemmung in der Differenzierung der Handwurzelknochen aufgefaßt und wurde unter 5000

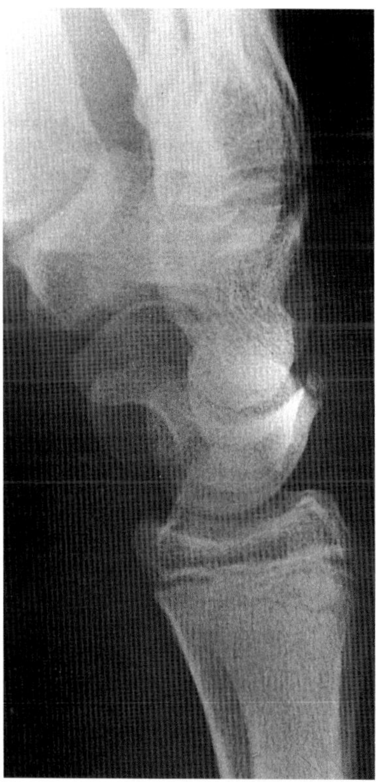

Abb. 2.**250** Ossikulum im Projektionsbereich des Epilunatum. Noch nicht ossifizierter Kern?

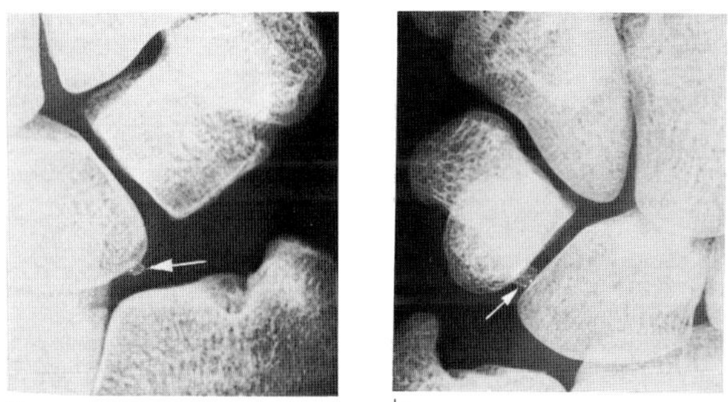

a b

Abb. 2.**251a** u. **b** Noch nicht bekanntes Ossikulum

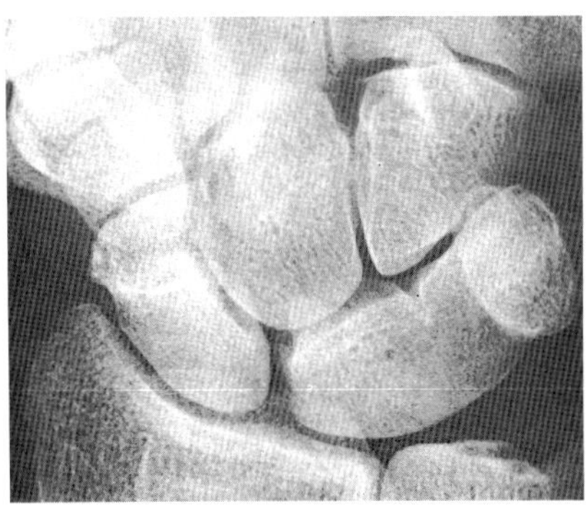

Abb. 2.**252** Synostose zwischen Lunatum und Triquetrum

Röntgenaufnahmen bei vier Patienten gefunden (2). Eine Häufung in Kombination mit der **Madelung-Deformität** ist auffallend (10, 18, 33). Die inkomplette Synostose kann als Koaleszenz oder als Pseudarthrose fehlgedeutet und bei Beschwerden nach Überbelastung in Gutachten zu entsprechender falscher Einschätzung führen (30). Eine traumatisch bedingte Entstehung ist nicht ganz von der Hand zu weisen (31), wenngleich sie andernorts unter allerdings auch anderen Umständen abgelehnt wurde (28).

Eine zystische Aufhellung an der Verschmelzungsstelle gibt das Tomogramm Abb. 2.**253** wieder, einen ähnlichen Befund in geringer fortgeschrittenem Stadium der Synostose Abb. 2.**254**.

Über **Radius-Lunatum-Synostosen** s. bei Becker (3) und Girod (13). Abb. 2.**255** läßt eine Synostose bei Unterentwicklung des Kahnbeins erkennen.

Verletzungsfolgen und Nekrosen

Die **perilunären dorsalen Verrenkungen** der Handwurzel (8, 11, 25), früher nach ihrer Folge, der palmaren Dislokation des Mondbeins, als „palmare Mondbeinverrenkungen" bezeichnet, besitzen eine besondere Bedeutung, vor allem bei *beidseitigem Auftreten,* weil sie leicht übersehen werden. Das gilt nicht nur für die Zeit vor 1941 (35), als ein Gutachter feststellte, daß trotz technisch einwandfreier Röntgenaufnahmen von zehn Fällen bilateraler perilunärer Luxation des Karpus neun nicht erkannt wurden. Auch heute werden diese Befunde oft nicht diagnostiziert. Das Lunatum kann allein, zusammen mit dem Skaphoid oder einem Kahnbeinfragment luxieren (Abb. 2.**256a** u. **b**). Es können umgekehrt alle anderen Handwurzelknochen ohne Lunatum und Skaphoid disloziert sein. Die reine Luxation des Mondbeins nach palmar mit Riß der dorsalen Bandverbindungen durch Überstreckung im Radiokarpalgelenk kann radiologisch gegen die dorsale perilunäre Luxation mit primärer Verrenkung des Kapitatums und der anderen Karpalia nicht unterschieden, sondern nur aus der gegenläufigen Drehung des Mondbeins bei Reposition im Zug erkannt werden (30). Die radiologische Darstellung im dorsovolaren Strahlengang bildet ein disloziertes Lunatum trapezförmig ab. Während im allgemeinen bei derartigen Luxationen das Mondbein entweder nicht luxiert ist – bei Luxation der übrigen Handwurzelknochen – oder luxiert ist gegenüber den normal positionierten Handwurzelknochen, steht es auf jeden Fall *volar* der übrigen Handwurzelknochen. Nach zwei Beobachtungen wurde auch die *dorsale* Luxation des Lunatums beschrieben (5).

Als Folge der nicht rechtzeitig erkannten, perilunären Luxation des Karpus kann es zu Medianusschäden und zum *Karpaltunnelsyndrom* kommen (4).

Die **Lunatumnekrose,** 1911 von Kienböck erstmals beschrieben und heute als Krankheit nach diesem Autor benannt, tritt im Alter von 20–30 Jahren auf und gehört zu den **aseptischen Knochennekrosen.**

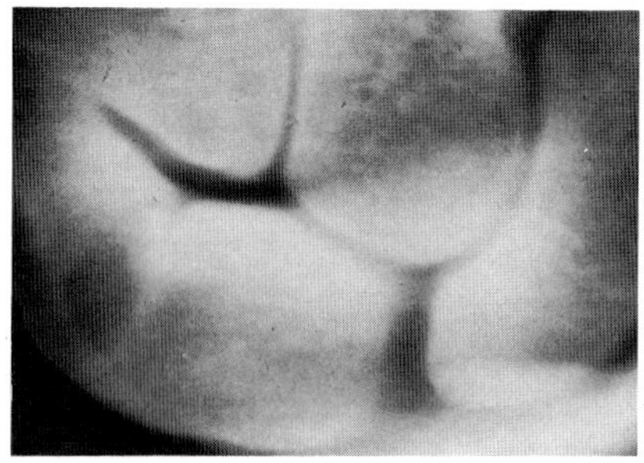

Abb. 2.**253** Synostose zwischen Mond- und Dreieckbein mit Zyste in der Nähe der Verschmelzungszone (Tomogramm)

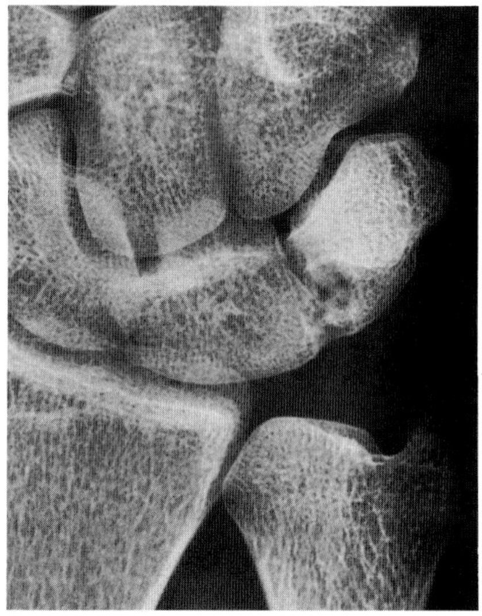

Abb. 2.**254** Triquetrumnekrose (Stadium vor Synostosierung mit dem Lunatum?) (Beobachtung von Pohl, Ludwigshafen)

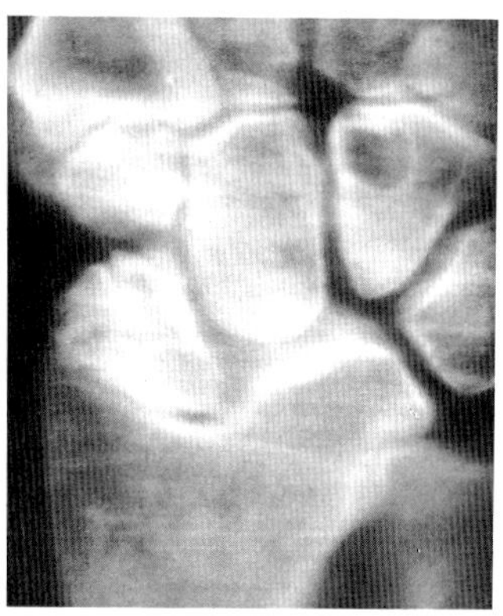

Abb. 2.**255** Radius-Lunatum-Synostose und atypische Entwicklung des Skaphoid

Abb. 2.**256 a** u. **b** Lunatumluxation

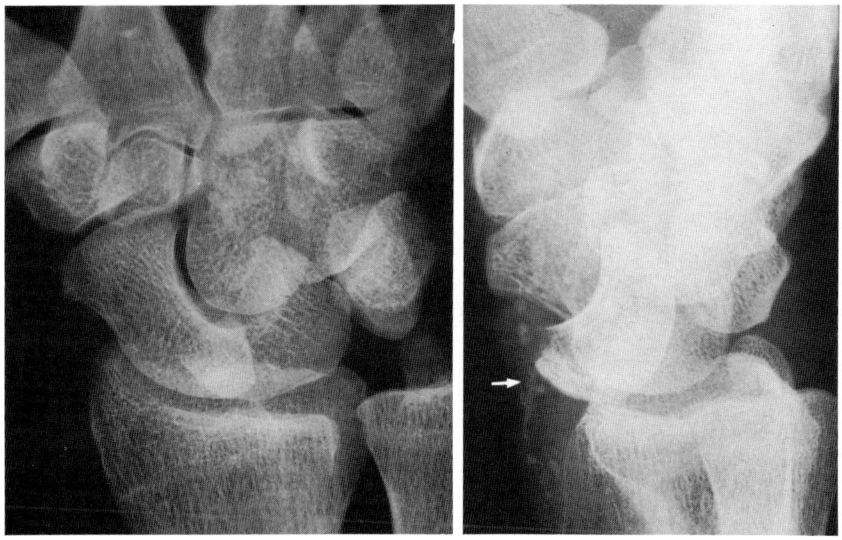

a b

Die Hauptbelastung der Flexion-Extension und der radioulnaren Bewegungen der Hand gegen den Unterarm trifft das Os lunatum (21). Deshalb spielt ätiologisch bei der Lunatumnekrose neben einer Durchblutungsstörung sicherlich auch ein Mißverhältnis zwischen (Über-)Belastung und Belastbarkeit eine Rolle. Das wird am ehesten deutlich, wenn man die bei **Preßluftarbeitern** gehäuft auftretende Lunatummalazien berücksichtigt. In der Literatur werden weitere Faktoren erwähnt, die zum Entstehen einer Lunatummalazie beitragen können: So wird z. B. der Elastizitätsverlust des Knorpelgewebes vom Discus triangularis erwähnt (32). Die zu kurze Ulna (Hulténsche Minusvariante) wird als mögliche konstitutionelle Prädisposition (18) angesehen.

Ein **doppelseitiges Vorkommen** der Lunatumnekrose ist selten (23, 32) und findet sich z. B. bei stärkeren, dauerhaften mechanischen Vibrationen (Preßluftarbeiten, s. oben).

Radiologisch können subchondrale Aufhellungen, zumeist bandartig und unscharf, als relative Frühzeichen angesehen werden. In der Regel nimmt die Dichte des malazischen Os lunatum im Laufe von Wochen und Monaten absolut oder relativ zu. Schließlich kommt es zur Fragmentierung des dadurch zusammensinternden Knochens. Eine entsprechende Einteilung in vier Stadien (28) gilt heute als allgemein gültig (26). In Abb. 2.**257 a–f** und 2.**258 a–c** sind typische Verläufe von Lunatummalazien dargestellt. In den Abb. 2.**259** bis 2.**263** finden sich verschiedene Varianten der Erscheinungsform der Lunatummalazie mit stärkeren „zystischen" Aufhellungen als Ausdruck umschriebener Resorptionen bzw. mit ulnaren Randausziehungen, die partiellen Fragmentierungen entsprechen dürften.

Im Zusammenhang mit den exostosenartigen Konturvorsprüngen an der Ulnarseite des Os lunatum sei auf die Abb. 2.**264** verwiesen. Hier findet sich ein feines akzessorisches Knöchelchen an der Ulnaecke des nicht nekrotisch veränderten Lunatums. Ob es sich um die Rudimentärform einer Zweiteilung oder um einen älteren, feineren Ausriß handelt, muß offenbleiben.

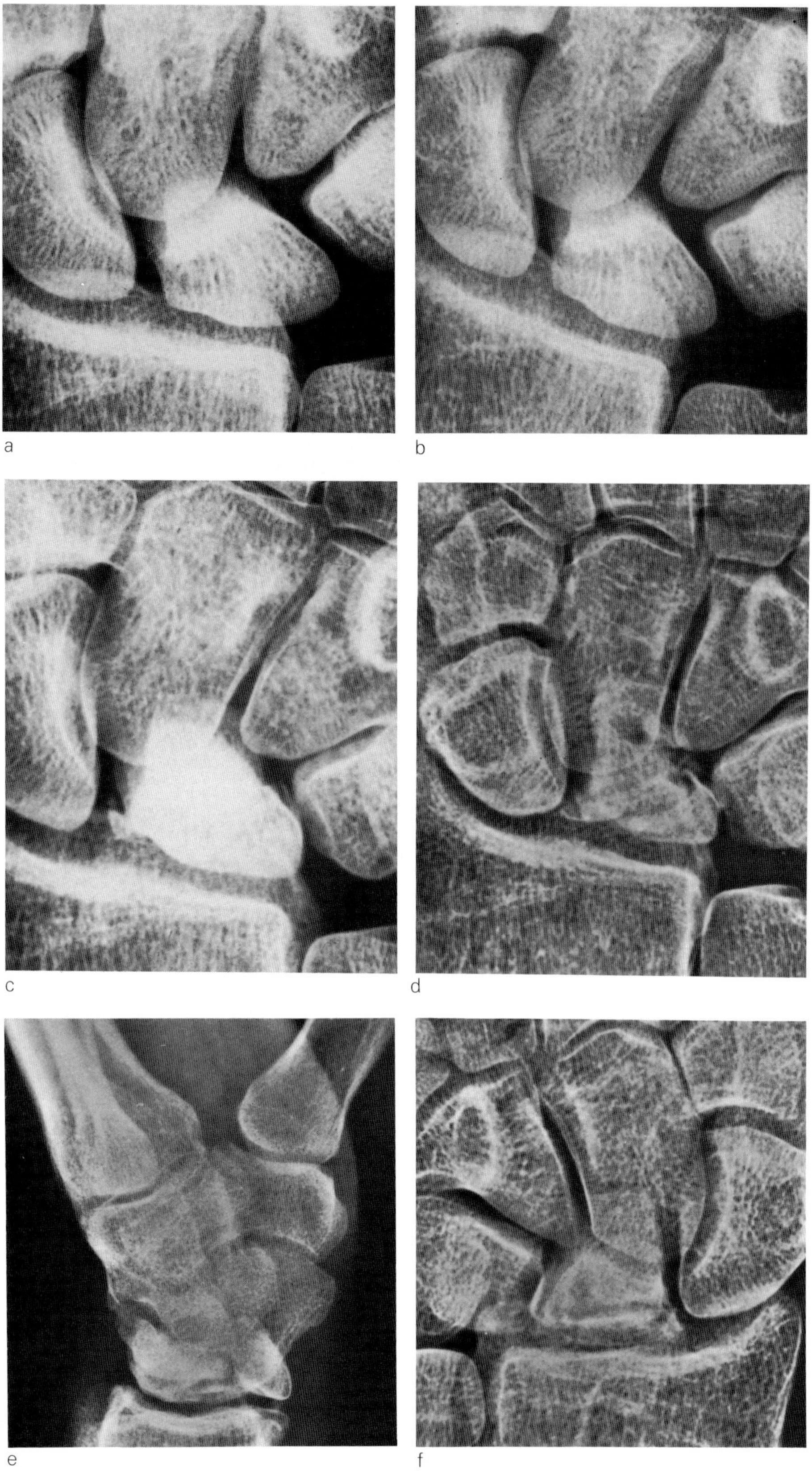

Abb. 2.**257 a–f** Verlaufsbeobachtung einer Lunatummalazie links (**a–e**) bei gleichzeitig bestehender Lunatummalazie rechts (**f**). Die Aufnahme **a** wurde eine Stunde nach einem Bagatelltrauma angefertigt. Man erkennt höchstens in den zum Os capitatum hin gelegenen Partien leichte Strukturunschärfen und eine verwaschene Verdichtung. In **b** einen Monat später keine Änderung. Eine deutliche Dichtezunahme des gesamten Mondbeines mit einer zunehmenden Volumenminderung in den distalen Partien findet sich dann ein halbes Jahr später in **c**. Ein Jahr später (**d** u. **e**) erhebliche Fragmentierung des Mondbeines, das Os capitatum ist zunehmend an den Radius herangerutscht

Abb. 2.**258 a–c** Verlaufsbeobachtung einer Lunatummalazie in der rechten Handwurzel bei einem 45jährigen Mann. Nach einem Bagatelltrauma findet sich auf der Aufnahme **a** kein Frakturhinweis, mäßige Radio-Karpal-Arthrose. Vier Wochen später zunehmende Schmerzen und eine Schwellung im rechten Karpus. Das Röntgenbild zeigt eine massive trophische Entkalkung sämtlicher Karpalia und der angrenzenden Knochenabschnitte bis auf das Os lunatum, das relativ dichter erscheint. Die Dichte des Os lunatum entspricht derjenigen im Bereich der distalen Radiusdiaphyse. Die fehlende Dichteabnahme des Lunatum im Vergleich zu den anderen Karpalia beweist das Vorliegen einer Durchblutungsstörung und signalisiert damit das erste Glied in der Kette der ablaufenden Nekrose, die in **c** acht Wochen später bereits zu einer erheblichen Fragmentierung geführt hat

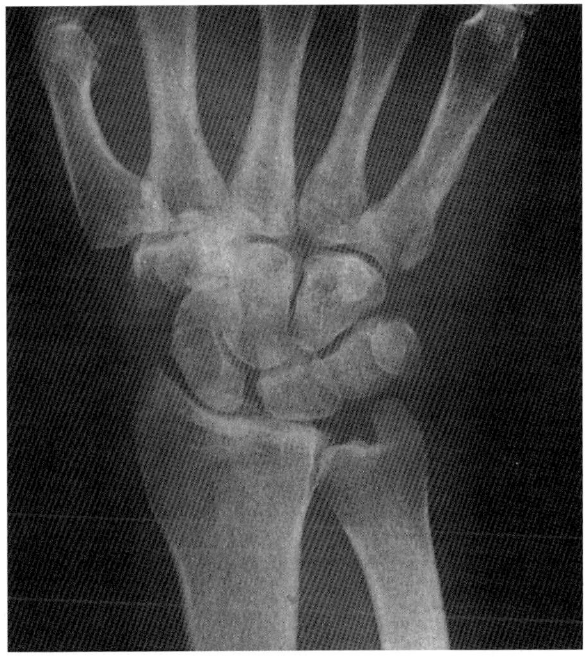

a

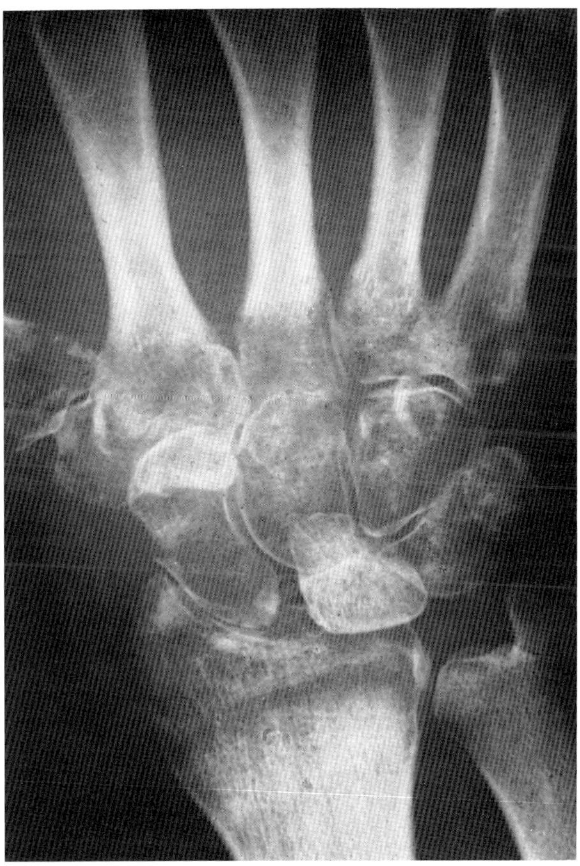

b

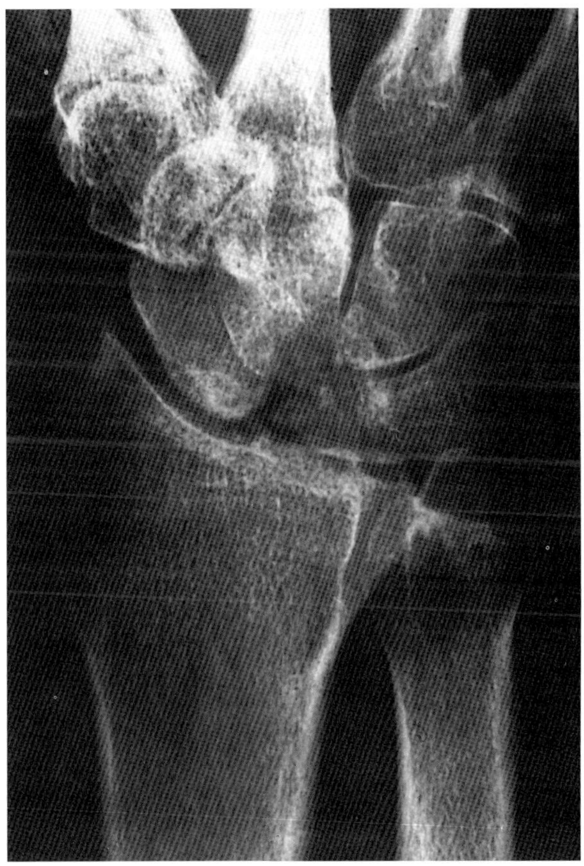

c

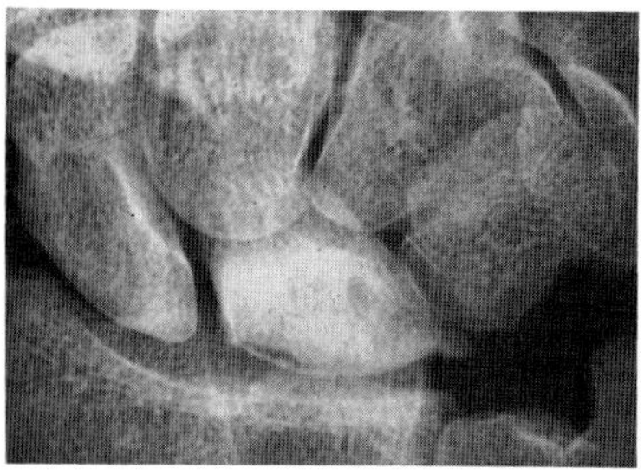

Abb. 2.**259** Lunatummalazie mit deutlicher Dichtezunahme des Knochens und fleckenförmigen Aufhellungen. Der ulnarseitige Konturvorsprung entspricht einem kleinen Fragment. Beachte die subchondrale Aufhellung radialseitig, die offensichtlich nicht einem Mach-Phänomen entspricht

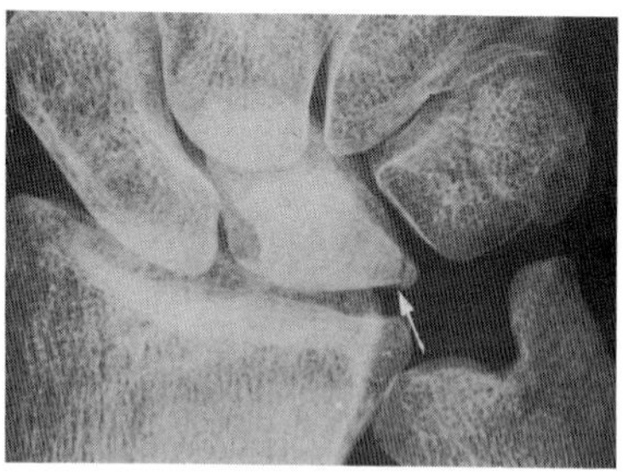

Abb. 2.**260** Lunatummalazie. Ähnlich wie in Abb. 2.**259** exostosenartiger Vorsprung im ulnaren Bereich des veränderten Os lunatum, ebenfalls offensichtlich einem kleinen nekrotischen Fragment entsprechend

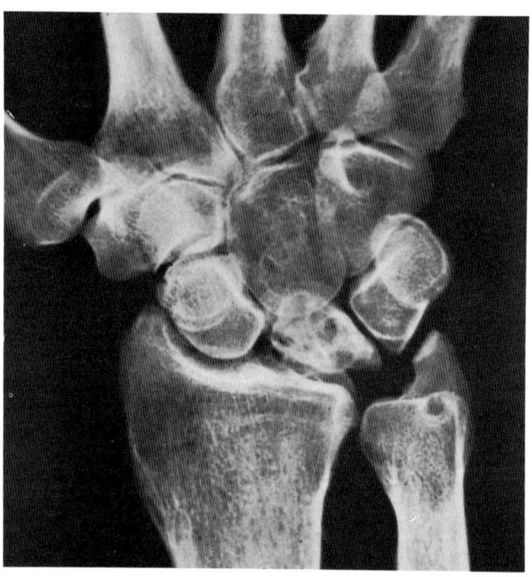

Abb. 2.**261** Lunatummalazie mit allgemeiner Dichtezunahme und Verformung des Os lunatum. „Zystische" Aufhellung im nekrotischen Knochen, umschriebenen Resorptionszonen entsprechend. Beachte die Schliffflàche am Processus styloideus ulnae und am Triquetrum sowie den muldenförmigen Zuschliff an der Gelenkfläche des Radius durch das Skaphoid (Beobachtung von Arquint, Uznach)

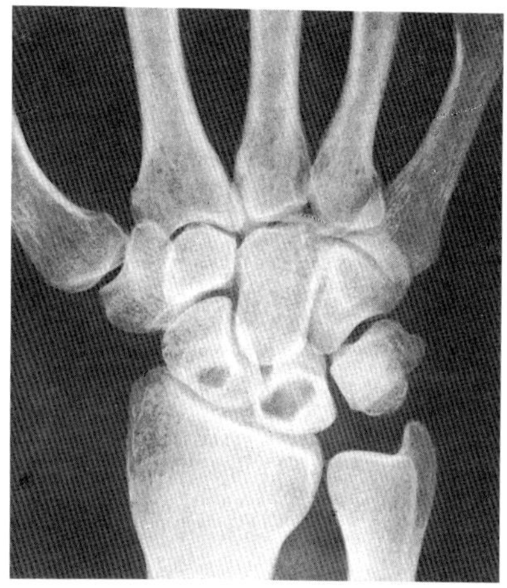

Abb. 2.**262** Lunatummalazie mit Dichtezunahme des Knochens und zentraler grober Aufhellung, wahrscheinlich einer größeren Resorptionszone entsprechend. „Zystische" Aufhellung auch im Os naviculare, deren Ätiologie unklar ist

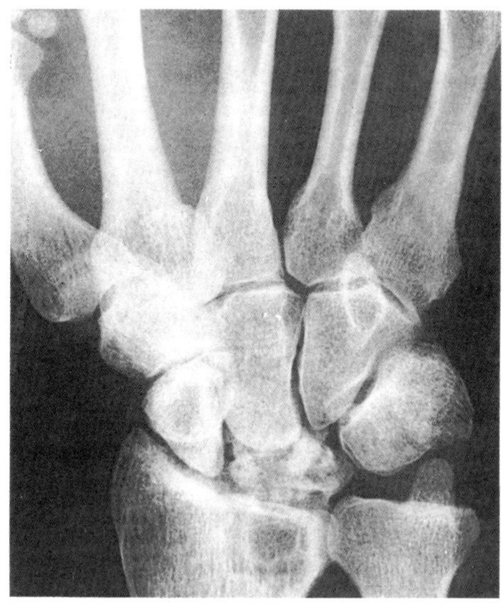

Abb. 2.**263** Lunatummalazie mit erheblicher Fragmentierung und Abflachung des Knochens. Die Aufhellung gegenüber im Radius entspricht wahrscheinlich einer großen Geröllzyste bei schon deutlich nachweisbarer Radiokarpalarthrose

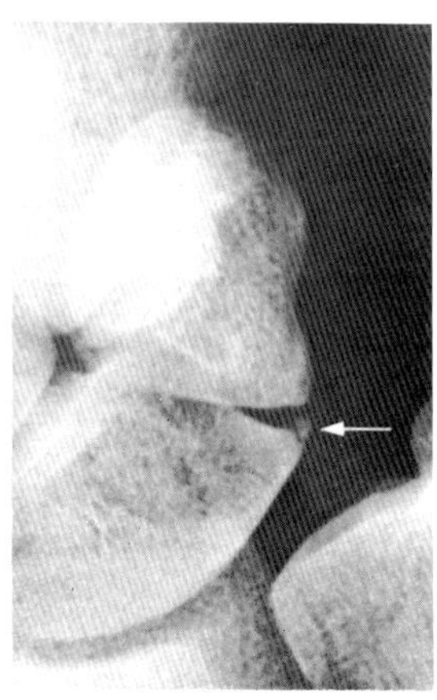

Abb. 2.**264** Akzessorium an der ulnaren Kante des Lunatums (Beobachtung von Knecht)

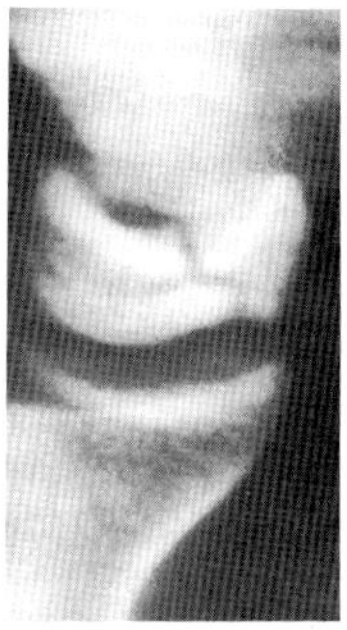

Abb. 2.**265** Spalt im Os lunatum. Von der radiologischen Symptomatik her wäre durchaus eine Fraktur anzunehmen, nur wurde ein Unfallereignis bei dem Patienten vermißt

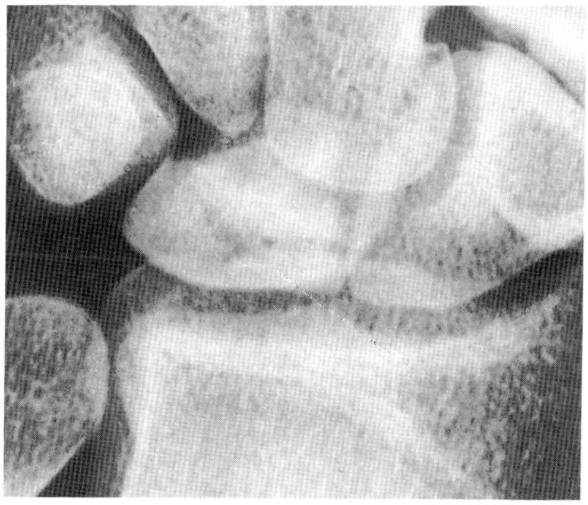

Abb. 2.**266** Schräg verlaufende Fraktur des Os lunatum nach einem groben Schlag auf den Karpus

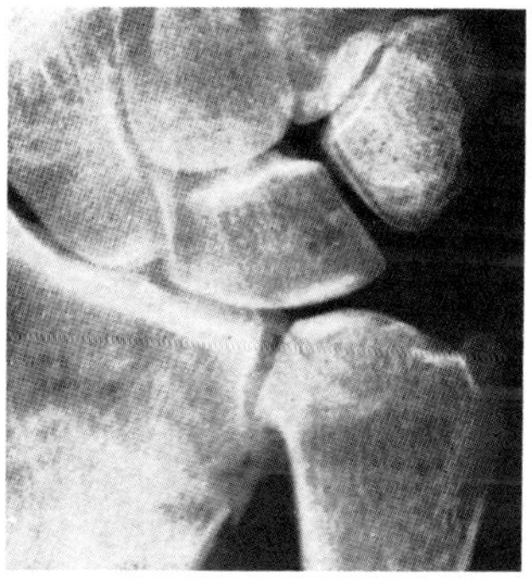

Abb. 2.**267** Sklerose an den Berührungsflächen von Lunatum und Ulna (Radiusfraktur)

Vertikale Spalten im Os lunatum sind bekannt, wobei es fraglich bleibt, ob es sich um einen echten Spalt oder um ein Os lunatum bipartitum handelt. In Abb. 2.**265** und 2.**266** sind ein vertikaler Spalt bzw. eine der sehr seltenen (30) Frakturen dargestellt. Abrisse des dorsalen (häufiger) und des palmaren (selten) Poles können bei interkarpalen Verrenkungen auftreten und müssen dorsal gegen das Epi-, palmar gegen das Hypolunatum abgegrenzt werden (30). Schließlich sei noch auf die sog. Reibungssklerose zwischen Os lunatum und Ulna bei der Plusvariante der Ulna hingewiesen (Abb. 2.**267**).

Erworbene Erkrankungen

Die **Sichelzellanämie** kann – wie auch an anderen Prädilektionsstellen avaskulär bedingter Nekrosen – auch am Mondbein zu entsprechenden Veränderungen führen, die hier dem Morbus Kienböck gleichen (20).

Wie eine große Zyste imponiert das **intraossäre Ganglion,** als solches wohl nur zu definieren, wenn es nicht intraossär entsteht, sondern aus der Umgebung in den Knochen einbricht (Tomographie), wie dies in knapp der Hälfte solcher Befunde am Mondbein erfolgt (17).

Literatur

1 Almquist, E. E.: Kienböck's disease. Clin. Orthop. 202 (1986) 68–78

2 Arens, W.: Über die angeborene Synostose zwischen dem Os lunatum und dem Os triquetrum. Fortschr. Röntgenstr. 73 (1950) 772–774

3 Becker, F.: Über eine ungewöhnliche Handgelenksverbindung (angeborene Radius-Lunatum-Synostose). Fortschr. Röntgenstr. 52 (1935) 245–249

4 Benini, A.: Das Karpaltunnelsyndrom. Thieme, Stuttgart 1975

5 Bilos, Z. J., P. W. T. Hui: Dorsal dislocation of the lunate with carpal collapse. J. Bone Jt Surg. 63-A (1981) 1484–1486

6 Buschke, F.: Doppelte Kernanlage des Lunatum carpi im Kindesalter. Röntgenpraxis 6 (1934) 385–386

7 Cave, E. F.: Kienböck's disease of the lunate. J. Bone Jt Surg. 21-A (1939) 858–866

8 Dihlmann, W.: Gelenke Wirbelverbindungen, 2. Aufl. Thieme, Stuttgart 1982 (S. 164–165)

9 Eggimann, P.: Radiol. clin. (Basel) 20 (1951) 65; zit. nach Köhler/Zimmer, 12. Aufl., 1982 (S. 181)

10 Esau, P.: Angeborene Synostosen im Bereich des Carpus und Tarsus. Röntgenpraxis 5 (1933) 235–237

11 Fietz, H.: Seltene Luxationen und Luxationsfrakturen. Fortschr. Röntgenstr. 78 (1953) 594–600

12 Frick, W.: Die Synostose zwischen Os lunatum und Os triquetrum. Fortschr. Röntgenstr. 72 (1949/50) 242–243

13 Girod, E.: Beitrag zur Radius-Lunatum-Synostose. Fortschr. Röntgenstr. 100 (1964) 282–283

14 Giuntoli, L., C. Palmia. Die gerichtsärztlichen röntgenologischen Probleme der aseptischen Knochennekrose. Radiographia Ferrania, H. 18 (1968)

15 Goldstein, R.: Radiol. clin. (Basel) 17 (1948) 66; zit. nach Köhler/Zimmer, 12. Aufl., 1982 (S. 188)

16 Haslhofer, L.: Luxation und Nekrose des Os lunatum in pathologisch-anatomischer Sicht. Radiol. austriaca 7 (1954) 15–49

17 Iwahara, T., T. Hirayama, Y. Takemitu: Intraosseous ganglion of the lunate. Hand 15 (1983) 297–299
18 Kremser, K.: Kurzer Beitrag zur Bildungsanomalie der Handwurzel. Röntgenpraxis 6 (1934) 243–244
19 Liszka, G., J. Sik: Der Fall einer radio-lunarischen Synostose. Fortschr. Röntgenstr. 90 (1959) 771
20 Lanzer, W., R. Szabo, R. Gilberman: Avascular necrosis of the lunate and sickle cell anemia. Chir. Orthopaed. 187 (1984) 168–171
21 Legrand, J. J.: The lunate bone: a weak line in the articular column of the wrist. Anat. Clin. 5 (1983) 57–64
22 Mordeja, J.: Das Lunatum bipartitum und die multizentrische Kernanlage des Os pisiforme. Z. Orthop. 95 (1962) 492–500
23 Morgan, R. F., F. C. McCue III.: Bilateral Kienböck's disease. J. Hand Surg. 8 (1983) 928–932
24 Palmer, A. K.: Sterling Bunnell travelling fellowship report 1984. J. Hand Surg. 11-A (1986) 94–95
25 Perschl, A.: Behandlung und Behandlungsergebnisse perilunärer dorsaler Verrenkungen und der Verrenkungen des Mondbeins nach volar. In Bauer, K. H.: Ergebnisse der Chirurgie und Orthopädie. Springer, Berlin 1949
26 Poglayen, C., H.-B. Nevinny-Stickl: Die Nekrose des Os lunatum (Kienböck'sche Krankheit). Z. Orthop. 83 (1953) 45–55
27 Ravelli, A.: Zur Mondbeinossifikation. Fortschr. Röntgenstr. 76 (1952) 265–266
28 Razemon, J. P.: La radiologie de la maladie de Kienböck. Ann. Radiol. 25 (1982), 353–358
29 Renner, E.: Entwicklung einer Synostose zwischen Lunatum und Triquetrum der rechten Hand. Fortschr. Röntgenstr. 102 (1965) 716–719
30 Scharizer, E.: Verletzungen des Os lunatum. In Nigst, H.: Frakturen, Luxationen und Dissoziationen der Karpalknochen. Hippokrates, Stuttgart 1982 (S. 99–104)
31 Scharizer, E., D. Schamberger: Pathologie des Os lunatotriquetrum. In Nigst, H.: Frakturen, Luxationen und Dissoziationen der Karpalknochen. Hippokrates, Stuttgart 1982 (S. 107–115)
32 Sobel, S., P. Sobel: Un cas de maladie de Kienböck bilaterale. J. Radiol. Électrol. 31 (1950) 13–14
33 Sömmering und Smith (1901); zit. nach Köhler/Zimmer, 12. Aufl., 1982 (S. 188)
34 Stahl, F.: On lunatomalacia (Kienböck's disease). Acta Chir. Scand. 95 (1947) 126 (Suppl.)
35 Wette, W.: Das Schicksal nicht erkannter „Mondbeinluxationen". Mschr. Unfallheilkd. 48 (1941) 289–296
36 Wuensch, K.: Ein 3. Fall einer angeborenen Radius-Lunatum-Fusion; zugleich Versuch einer Analyse der Bewegungsausmaße beider Handgelenkskammern. Arch. orthop. Unfall-Chir. 48 (1956) 180–187
37 Zimmer, E. A.: Hypolunatum? Röntgenpraxis 9 (1937) 570–571
38 Zimmer, E. A.: Über Verschmelzung von Handwurzelknochen. Radiol. Rundschau 5 (1936) 244–252

Os triquetrum

Norm

Im *Dreieckbein* (französisch „pyramidal", englisch „triangular", auch „cuneiforme") erscheint ein **Ossifikationskern** – gelegentlich sind es zwei Kerne – im 2., meist erst im 3. Lebensjahr.

Eine *tiefe Rinne an der Dorsalseite,* die weit nach lateral reicht, kann so stark markiert sein, daß der proximale Teil des Triquetrums als *exostoseähnlicher Vorsprung* erscheint (Abb. 2.**268a** u. **b**). Natürlich gibt es auch im Triquetrum Kompaktainseln.

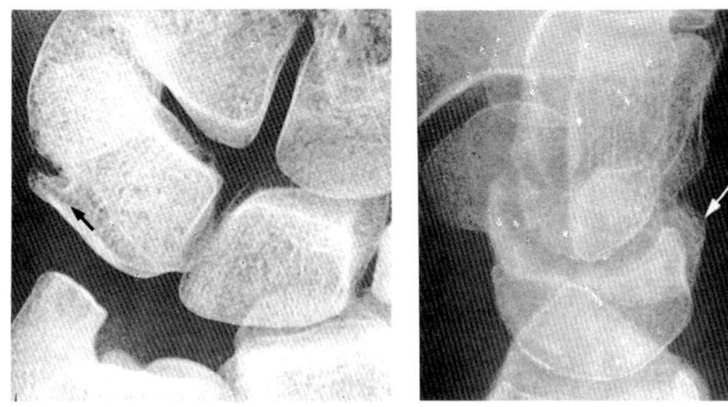

Abb. 2.**268a** u. **b** Triquetrum mit typischem exostosenähnlichen Vorsprung

Akzessoria

Ein kleines Knöchelchen zwischen Triquetrum, Hamatum und Kapitatum, stippchenförmig (Abb. 2.**269a**) bis stecknadelkopfgroß (Abb. 2.**269b**), ist bei volarer Lage auf die **Epipyramis** in dorsaler Position auf das **Os epitriquetrum** zu beziehen (4, 7, 11, 17).

Das **Os triangulare** zählt mit dem Os centrale carpi zu den beiden einzigen Akzessoria der Handwurzelknochen, die auf kongenitaler Basis entstehen. Es kann beim Embryo nachgewiesen werden und eventuell auch um die Geburt herum verschwinden, tritt häufig als Begleitsymptom weiterer Anomalien und Syndrome auf (s. Tab. 2.**13**) (7, 12, 13, 14[1], 15) und wird doppelseitig ohne Trauma beobachtet (8, 16). Seine Häufigkeit wird mit zwei Beobachtungen unter 1425 Untersuchten angegeben (3).

Die Lage dieses Knöchelchens im freien Raum zwischen Processus styloideus ulnae, diesem oft stark benachbart, und der proximalen Handwurzelreihe macht seine ätiologische Bestimmung deshalb so schwierig, weil es radiologisch nach Topographie, Form, Struktur und Kalkgehalt von der hier vorkommenden Vielfalt posttraumatisch entstandener isolierter Knochen, die aus dem Processus styloideus ulnae stammen, nicht zu unterscheiden ist (s. Absatz „Verletzungsfolgen und Nekrosen"). Aus die-

Abb. 2.**269 a** u. **b** Epipyramis

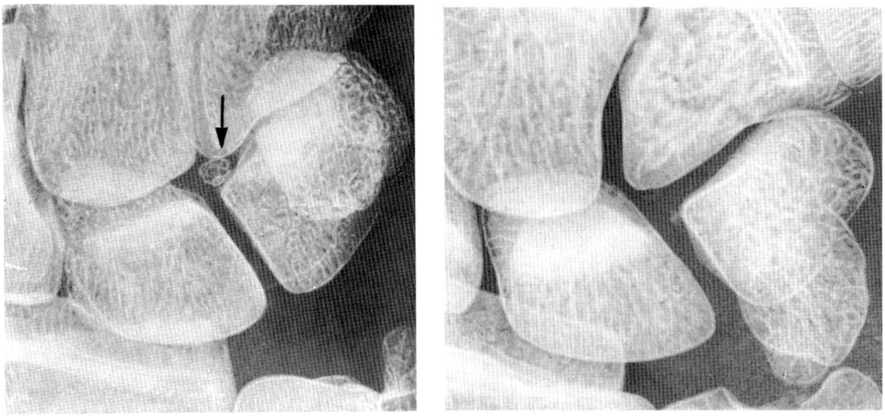

a b

sem Grund wird hier auch kein Bildbeispiel des Os triangulare wiedergegeben. Die vielen isoliert gebliebenen Styloidabsprengungen lassen sich als solche beweisen; die Annahme eines nicht traumatisch entstandenen Os triangulare beruht jedoch auf Spekulation. Das Os triangulare steht in Verbindung mit dem karpoulnaren Meniskus und teilt diese Eigenschaft mit dem **„Os daubentonii"** (Abb. 2.**270**), einem sehr selten beim Menschen auftretenden Atavismus (der Knochen kommt beim Gibbon und anderen Affenarten vor [14²]).

Kleine, strukturlose, dichte Verkalkungen (Abb. 2.**271 a–c**) bildete Zimmer ebenso ab wie einen erbsgroßen, unilateralen Knochen an der ulnaren Radiuskante (Abb. 2.**272**), ohne einem dieser Gebilde einen Namen zu geben.

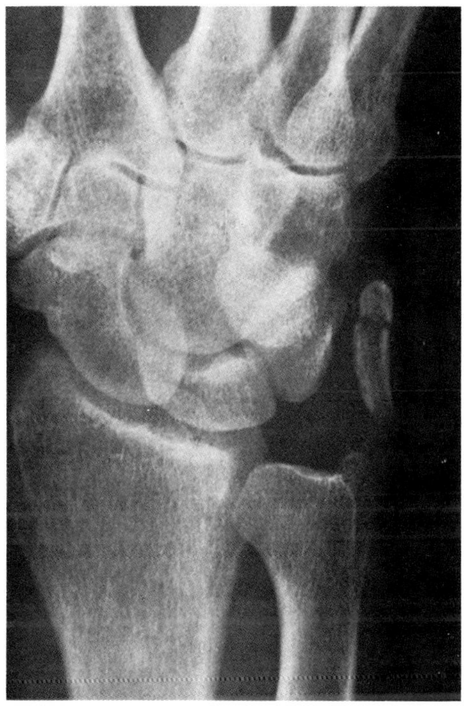

Abb. 2.**270** Fraktur eines Os daubentonii (aus Poznanski, A. K.: The Hand in Radiologic Diagnosis, 2nd ed. Saunders, Philadelphia 1984) ▷

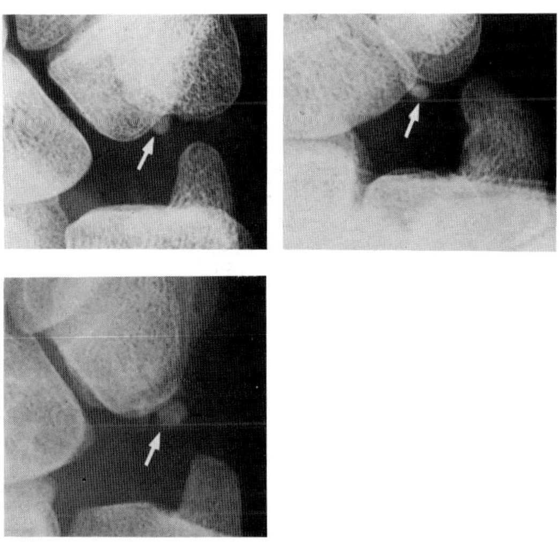

a b c

Abb. 2.**271 a–c** Kleine Verkalkungen nahe dem proximalen Rand des Os triquetrum

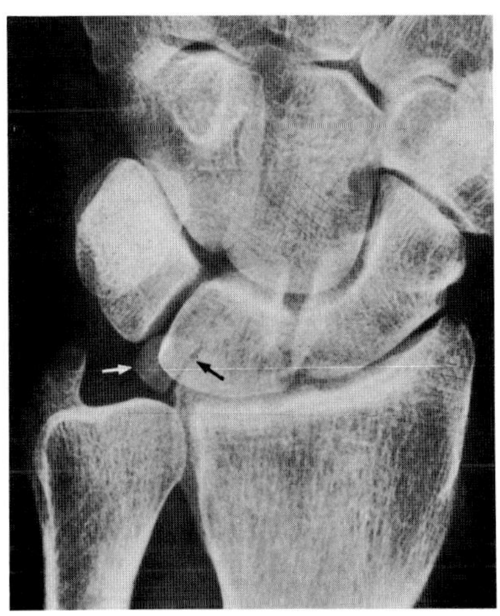

Abb. 2.**272** Einseitig ausgebildeter, erbsgroßer isolierter Knochen, scharf abgegrenzt, der ulnaren und wahrscheinlich dorsalen Ecke des Radius anliegend

Anomalien

Synostosen, s. Abschnitt „Lunatum", Abb. 2.**252.** Das Triquetrum kann anlagemäßig *fehlen*. Bei einer entsprechenden Beobachtung wurde gleichzeitig eine Dissoziation zwischen Lunatum und Skaphoid sowie auf der Gegenseite eine Hypoplasie des Dreieckbeines beschrieben und abgebildet (1).

Verletzungsfolgen und Nekrosen

Man unterscheidet bei der seltenen **Kompressionsfraktur** drei Formen (17):
- isoliert, sternförmig oder quer verlaufende Bruchspalten (Abb. 2.**273a–c**),
- mit Bruch des Processus styloideus ulnae,
- mit Bruch des Processus styloideus ulnae und des Radius.

Häufiger als Stauchungsbrüche sind **Abrißfrakturen,** die an der Dorsalseite (Seitenaufnahme, am besten in leichter Pronation erforderlich) mehr proximal durch Zug des Lig. radiocarpeum dorsale (zwischen Dorsalkante des Radius und Triquetrum) und mehr distal durch Zug eines Bandes vom Triquetrum zum Hamatum bewirkt werden. Von den ausgerissenen flachen Kortikalisfragmenten heilt nur ein Viertel knöchern, die übrigen bleiben isoliert und sind allenfalls gegen das Epitriquetrum abzugrenzen, wenn auch lange anhaltende Beschwerden für eine traumatische Entstehung sprechen (Abb. 2.**274a–f**). Die Vermutung, daß in Abb. 2.**275** ein Triquetrumausriß und ein Epilunatum gemeinsam wiedergegeben sind, ist nicht von der Hand zu weisen. Ein großer, alter Ausriß aus der proximalen Fläche (Abb. 2.**276**) ist selten, während die Beteiligung des Triquetrums bei Frakturen anderer Handwurzelknochen (Abb. 2.**277a** u. **b**) nach schweren Quetschungen mit multiplen, vielfach offenen Knochenverletzungen durch Einbruch seiner lateralen Wand bei perilunärer Luxation als typisch gilt.

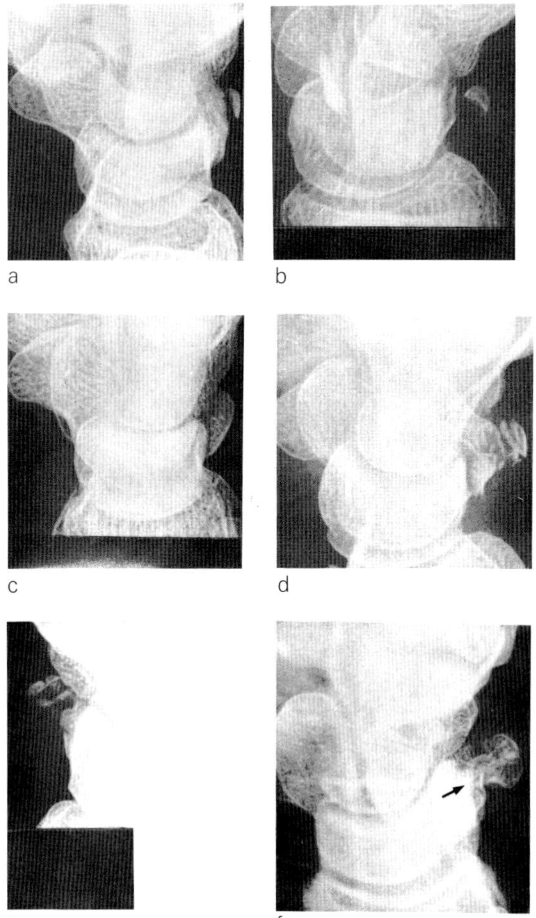

Abb. 2.**274a–f** Frische und alte Triquetrumausrisse, teils isoliert (**d**), teils mit Knochenbrücke (**f**) verheilt

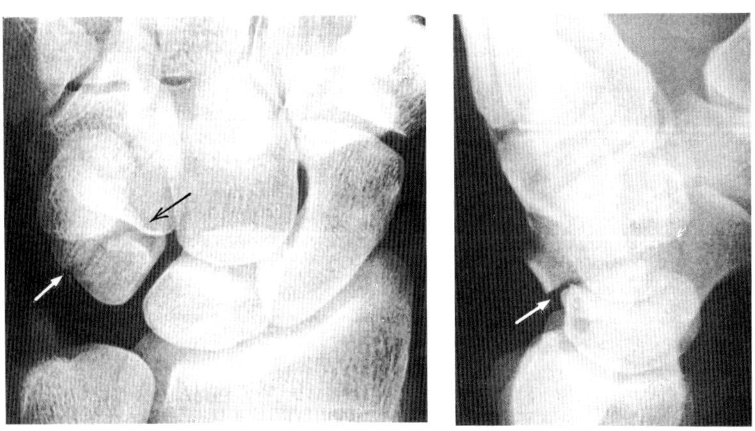

a b

Abb. 2.**273a–c** Triquetrumfrakturen. **a** u. **b** Querfraktur, **c** Impressionsfraktur

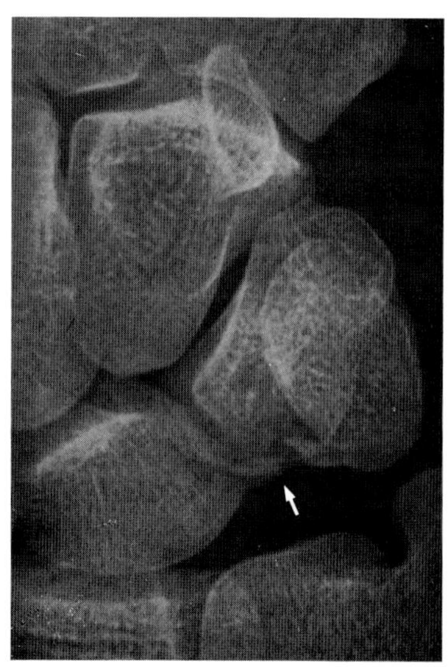

c

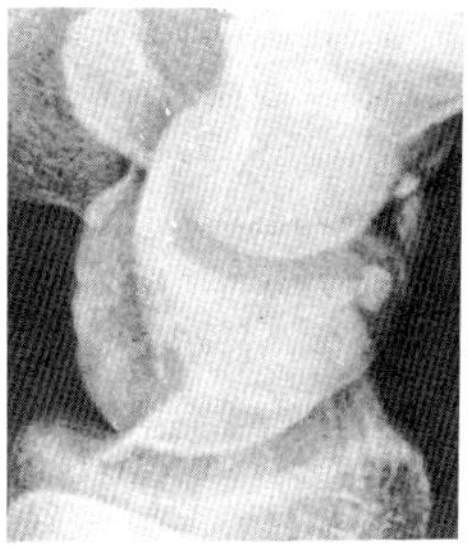

Abb. 2.**275** Triquetrumausriß und Epilunatum

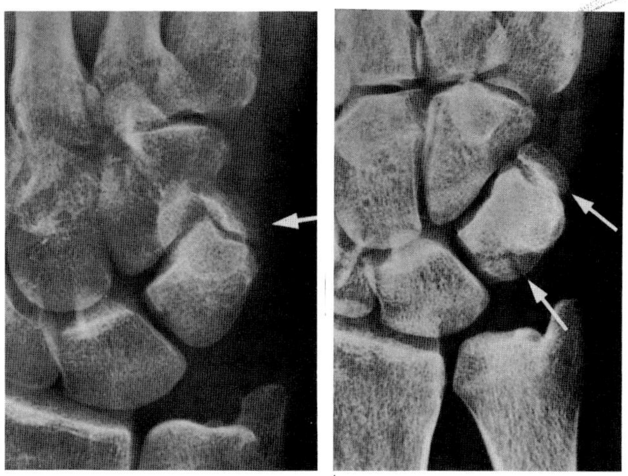

a b

Abb. 2.**277 a** u. **b** 34jähriger Mann. Isolierter Knochen mit sklerotischer Kontur am Oberrand von Pisiforme und Triquetrum. Zustand nach Pisiformefraktur (?) bei gleichzeitigem Kahnbeinbruch (auf der Aufnahme nicht dargestellt). Splitterung im Triquetrum

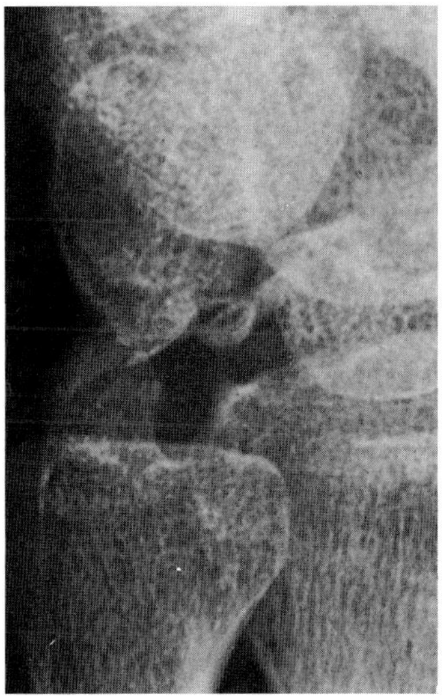

Abb. 2.**276** Aussprengung am Triquetrum

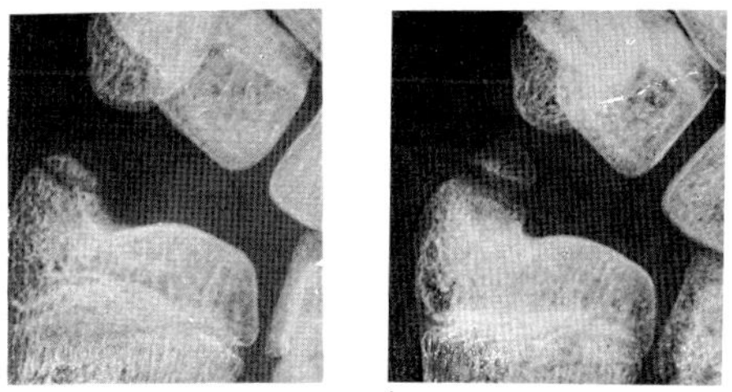

a b

Abb. 2.**278 a** u. **b** Ausriß eines Processus styloideus ulnae und Kontrolle nach einem Jahr

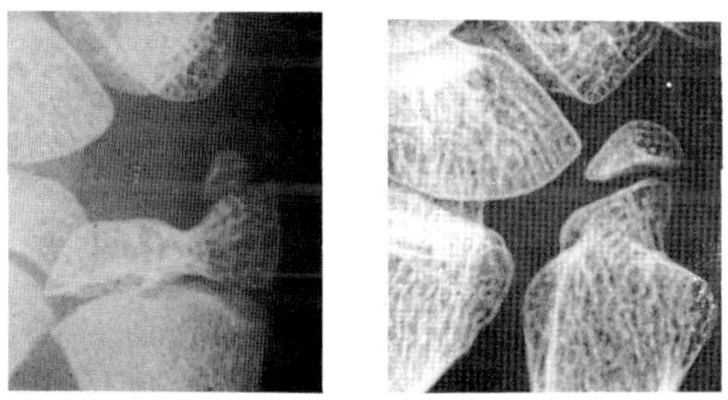

a b

Abb. 2.**279 a** u. **b** Ausriß aus dem Processus styloideus ulnae und Kontrolle nach einem Jahr

Weil häufig bei **Brüchen des Griffelfortsatzes der Elle** oder Abbruch des ganzen Processus styloideus *zurückbleibende isolierte Fragmente* (Abb. 2.**278 a, b** und 2.**279 a, b**) so häufig mit einem Os triangulare verwechselt werden, daß man – in irreführender Weise – sogar von posttraumatischen Triangularia (18) spricht, wird die Differentialdiagnose der in dieser Region auftretenden Knochen- und auch Kalkschatten hier abgehandelt. Die Vielfalt der Formen isolierter Knochen, sämtlich posttraumatisch entstanden, mit und ohne Arthrosis deformans und hierdurch bedingten Vergrößerungen der abgesprengten Knochen, wird in Abb. 2.**280 a–o** ebenso deutlich wie die vorhandene oder nicht bestehende Deformierung des Processus styloideus ulnae. Die Knöchelchen können durch das Trauma zweigeteilt sein, wirken wie gespalten (Abb. 2.**281**) und können auch wieder zusammenwachsen (Abb. 2.**282 a** u. **b**).

Bei doppelt und dreifach auftretenden Knochen und Knöchelchen (Abb. 2.**283 a–f**) ist ohne Deformierung des Griffelfortsatzes (Abb. 2.**283 d**) und in Unkenntnis der Vorgeschichte ihre Definition als Verletzungsfolge schwieriger, besonders, wenn Dichteunterschiede bestehen (Abb. 2.**283 f**). Die spekulative Bedeutung solcher Diagnosen wird bei mangelnder Knochenstruktur, nicht ganz harmonischer Form und unregelmäßigen Konturen (Abb. 2.**284 a–c**), aber auch bei vermehrter Dichte sowie regelmäßigen Formen und Konturen der nur noch topographisch gleich liegenden Gebilde (Abb. 2.**285**) noch problematischer. Den möglichen Übergang von der posttraumatischen Schädigung zu Kalkablagerungen im umgebenden Gewebe läßt Abb. 2.**286 a** u. **b** erkennen. Dort hat der palmar gelegene Kalkschatten formell außer den Knöchelchen radial der (nicht deformierten!) Griffelfortsatzspitze solche

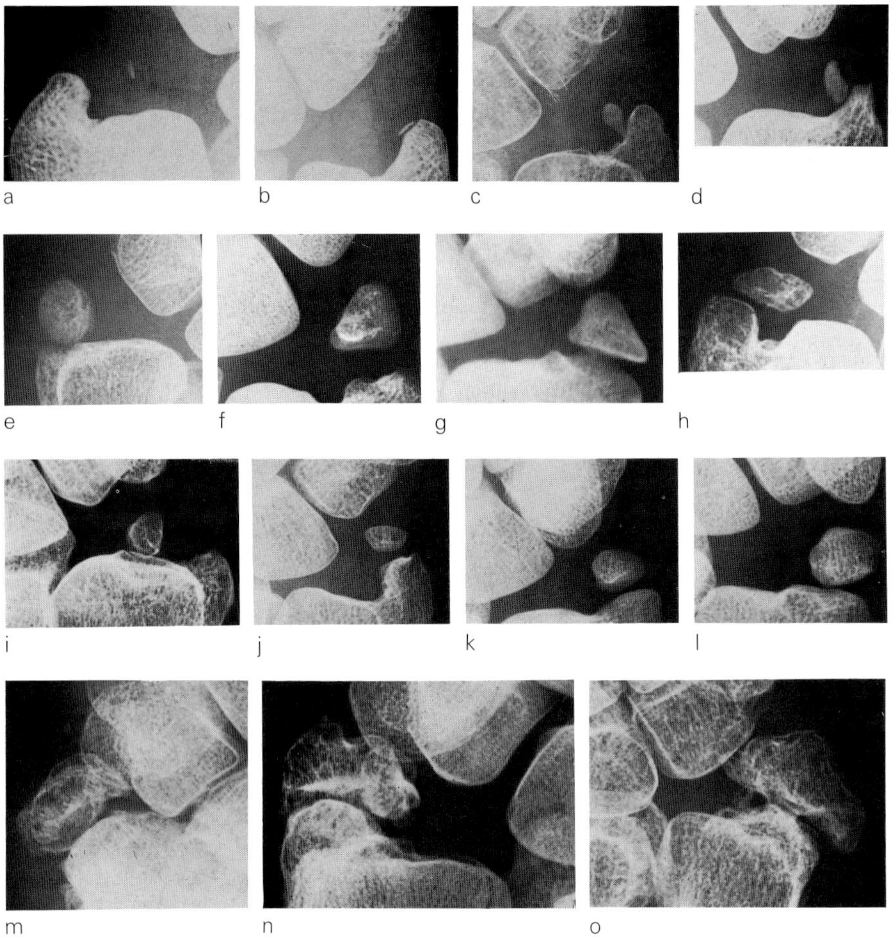

Abb. 2.**280 a–o** Isolierte Knochenelemente nach Verletzungen des Processus styloideus ulnae, von **i–o** mit arthrotischen Veränderungen

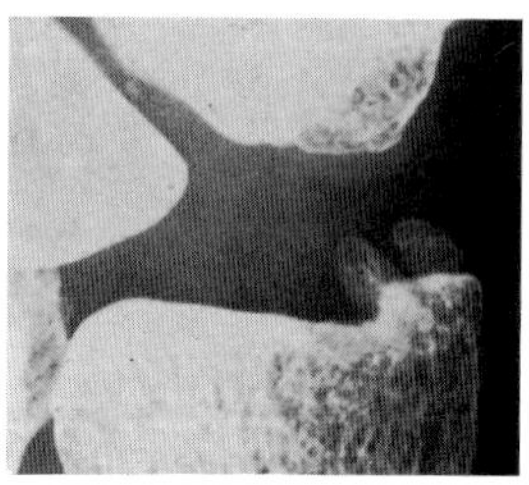

Abb. 2.**281** Spaltbildung in einem isolierten Knöchelchen über dem deformierten Processus styloideus ulnae

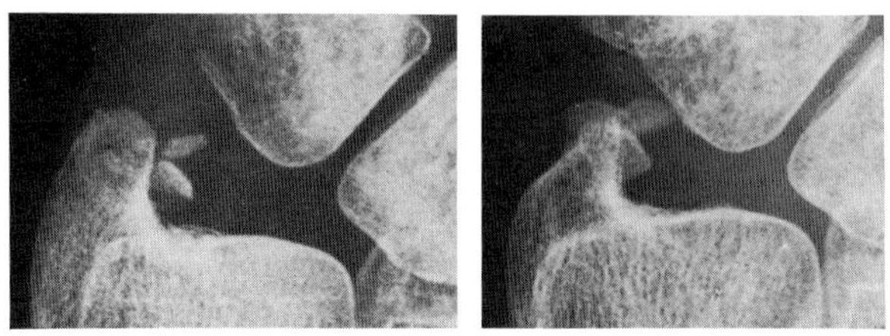

Abb. 2.**282 a** u. **b**
a Isolierte Knochenfragmente radial des Processus styloideus ulnae. **b** Kontrolle nach einem Jahr: Vergrößerung der an den inzwischen deformierten Processus styloideus ulnae angeheilten Fragmente

Ähnlichkeiten mit einem Kalkschatten (Abb. 2.**287 a** u. **b**), der als *Bursaverkalkung* bezeichnet wurde, daß rein aus der radiologischen Wiedergabe ohne Kenntnis von Anamnese und klinischem Befund die ätiologische Unterscheidung unmöglich wird. Erst eine pathologische Verdichtung bei unregelmäßiger Form (wenn auch gleicher Lage) (Abb. 2.**288 a** u. **b**) spricht für die Bursaverkalkung. Verkalkungen und Verknöcherungen anderer umgebender Weichteile wie Bänder, Gelenkkapsel und Sehnen sind möglich. Eine charakteristische Form besitzen die **Arterienverkalkungen,** auch wenn ein ringförmiger, kleiner Kalkschatten einem Akzessorium sehr ähnlich sein kann (Abb. 2.**289 a–c**). Der Kreis differentialdiagnostischer Erwägungen schließt sich hier zu den Gebilden, die im Absatz „Akzessoria" in Abb. 2.**271 a–c** und 2.**272** wiedergegeben wurden.

Luxationen des Triquetrum sind extrem selten. In einer einzigen Beobachtung wird die Verrenkung des Dreieckbeines (bei gleichzeitigem Ulnabruch sowie Frakturen der Metakarpalia IV und V) durch Verkehrsunfall beschrieben (2). In dieser Publikation

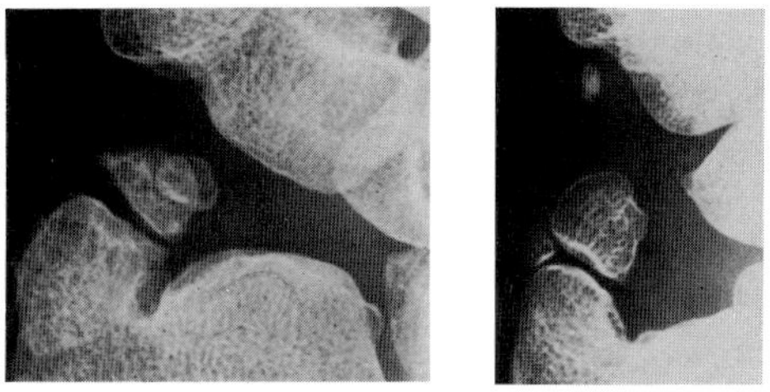

a b

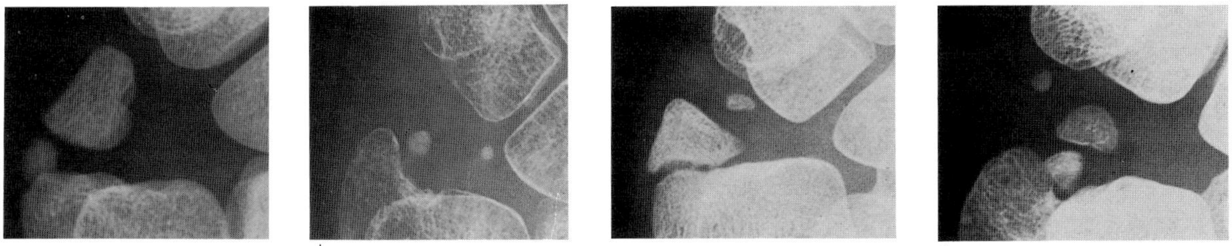

c d e f

Abb. 2.**283 a–f** Doppelt und dreifach bestehende Knochen und Knöchelchen in der Gegend und Umgebung des Processus styloideus ulnae

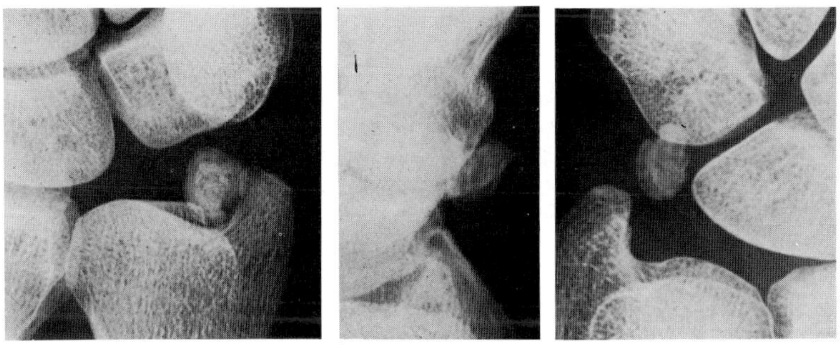

a b c

Abb. 2.**284 a–c** Verkalkungen in der Region zwischen Processus styloideus ulnae und proximaler Handwurzelreihe

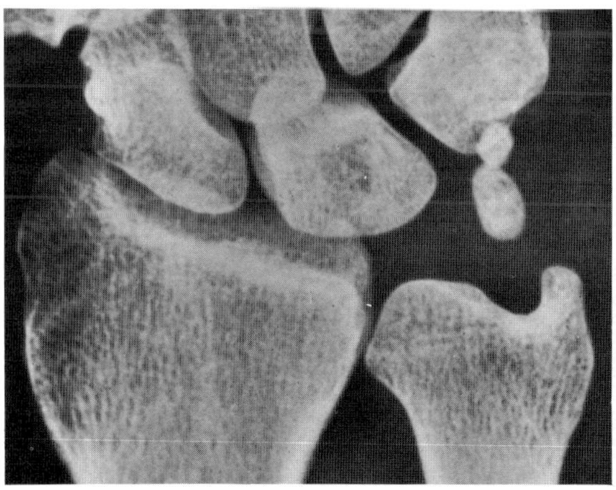

Abb. 2.**285** Zwei Verkalkungen im Projektionsbereich zwischen Processus styloideus ulnae und Triquetrum

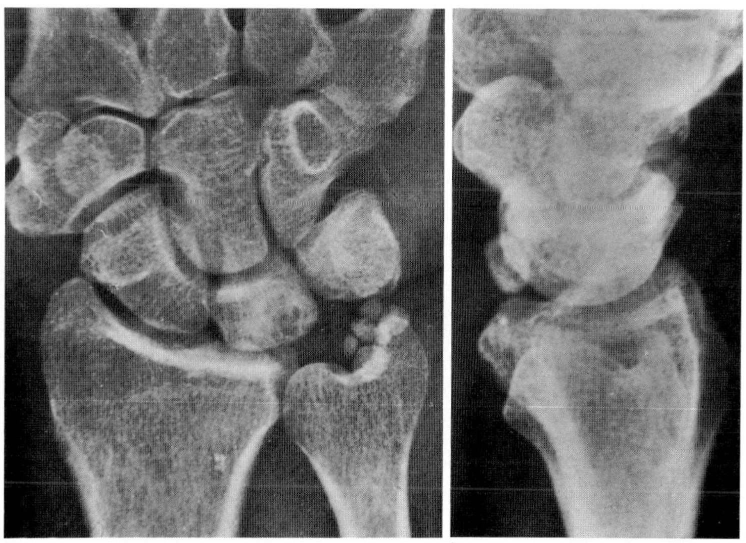

a b

Abb. 2.**286 a** u. **b** Posttraumatische Verknöcherungen neben dem Processus styloideus ulnae und palmar gelegener großer Kalkschatten

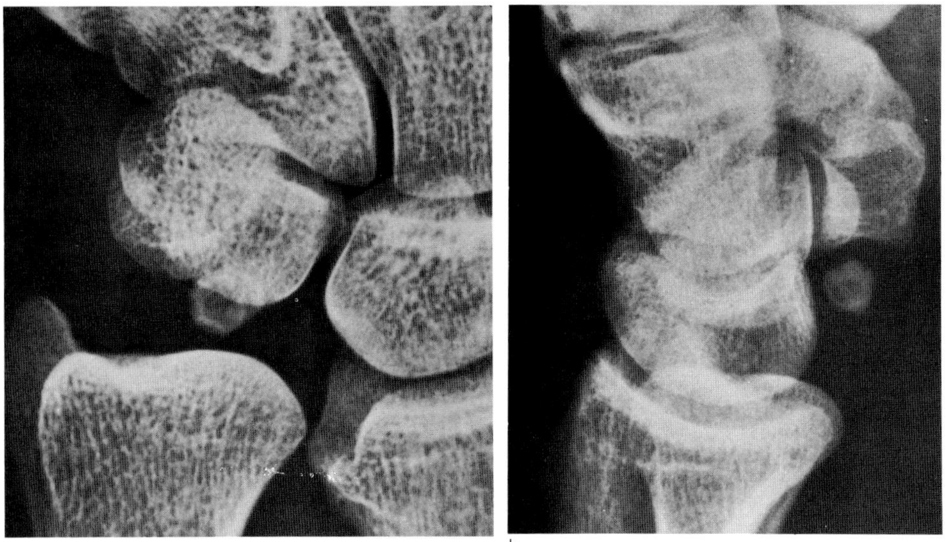

a b

Abb. 2.**287 a** u. **b** Bursaverkalkung? Zwischen distalem Ulnaende und proximaler Handwurzelreihe, palmar gelegen

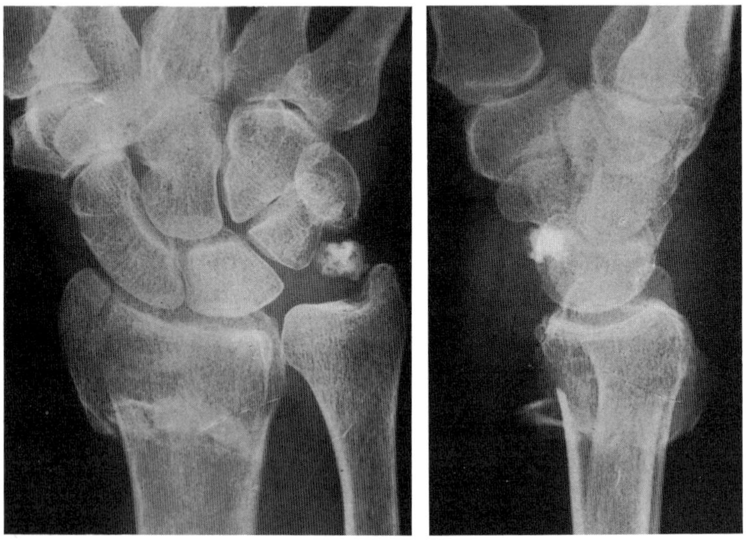

a b

Abb. 2.**288 a** u. **b** Zwischen Processus styloideus ulnae und Triquetrum gelegene Kalkschatten mit intensiver Verdichtung (Bursaverkalkung?)

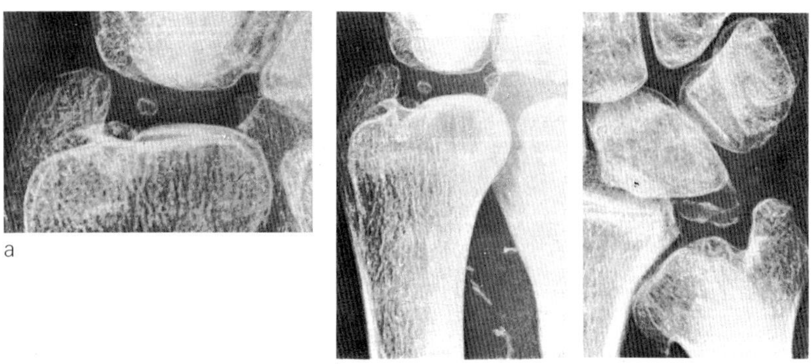

a b c

Abb. 2.**289 a–c** Gefäßverkalkungen

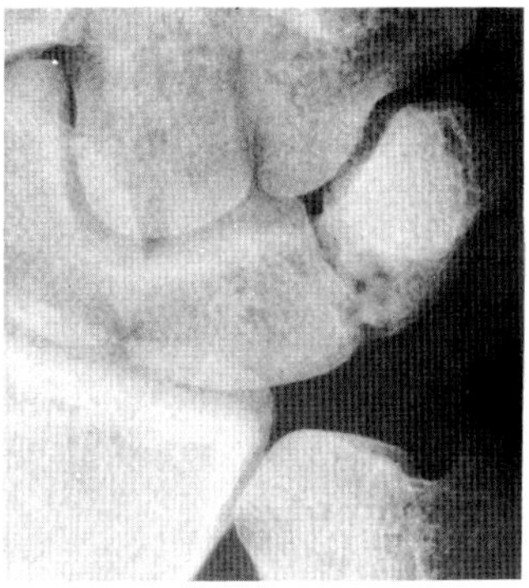

Abb. 2.**290** Deformierung und Sklerosierung des Triquetrums wie bei aseptischer Nekrose (Beobachtung von Pohl, Ludwigshafen)

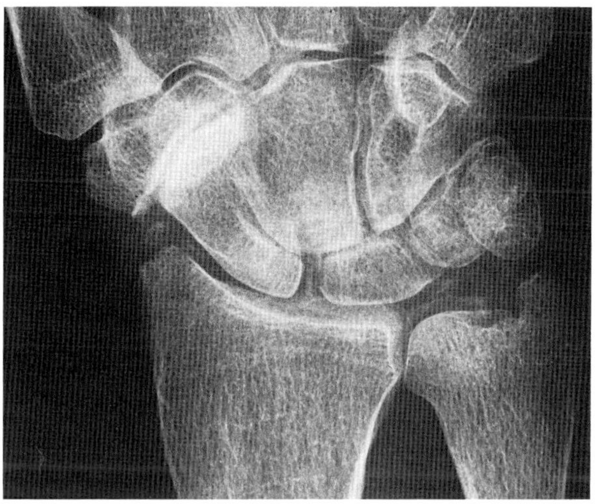

Abb. 2.**291** Verkalkung des Gelenkknorpels an Karpus und Ulna mit Darstellung des Discus interarticularis durch dessen Aussparung zwischen den Verkalkungen

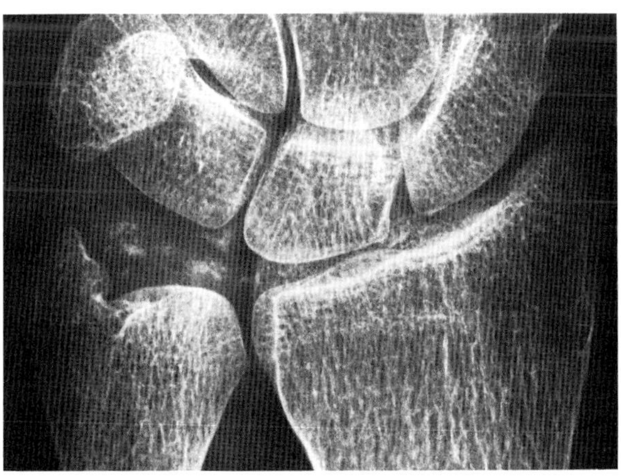

Abb. 2.**292** Chondrokalzinose des Discus interarticularis bei Hyperparathyreoidismus

werden auch zwei Einzelbeobachtungen jeweils einer Verlagerung des Triquetrums nach palmar aus dem Schrifttum angeführt.

Selten kommen auch **aseptische Nekrosen,** die zu Deformierungen und Struktursklerosen führen können, vor (Abb. 2.**290**).

Erworbene Erkrankungen

Ein auf das Triquetrum und das Pisiforme lokalisierter **Morbus Paget** ist beschrieben (9).

Gelenkknorpelverkalkungen sind dann als solche besonders gut zu erkennen, wenn sie den Diskus umsäumen und diesen damit darstellen (Abb. 2.**291**). Die **Chondrokalzinose** des Diskus findet man als typisches Symptom des **Hyperparathyreoidismus** bzw. der **renalen Osteopathie** (5) (Abb. 2.**292**).

Literatur

1 Anderson, W. J., W. H. Bowers: Congenital absence of the triquetrum: a case report. J. Hand Surg. 10-A (1985) 620–622
2 Bieber, E. J., A. J. Weiland: Traumatic dorsal dislocation of the triquetrum: a case report. J. Hand Surg. 9-A (1984) 840–842
3 Bogart, F. B.: Variations of bones in wrist. Amer. J. Roentgenol. 28 (1932) 638–646
4 de Cuveland, E.: Als Epipyramis bzw. Epitriquetrum bezeichnete Skeletstücke und -abschnitte im und um den medialen (ulnaren) Interkarpalraum. Fortschr. Röntgenstr. 97 (1962) 507–510
5 Dihlmann, W.: Gelenke-Wirbelverbindungen. Thieme, Stuttgart 1982 (S. 161)
6 Fischer, E.: Über eine traumatisch entstandene Zweiteilung eines sogenannten Os triangulare. Fortschr. Röntgenstr. 83 (1955) 122–123
7 Grepl, J.: Notes on the differential diagnosis of types of wrist joints. Čs. Rentgenol. 10 (1956) 53–57; Ref. Zbl. Radiol. 52 (1956/57) 46
8 Hartwig, H.: Zur Frage des Os triangulare carpi. Zbl. Chir. 90 (1965) 122
9 Jacobs, Ph.: Röntgenatlas der Hand. Springer, Berlin (Abb. 180)
10 Mark, L. K.: Fractures of the triquetrum. Amer. J. Roentgenol. 83 (1960) 676–679
11 O'Rahilly, R.: Epitriquetrum, hypotriquetrum, and lunatotriquetrum. Acta radiol. (Stockh.) 39 (1953) 401–411
12 O'Rahilly, R.: Survey of carpal and tarsal anomalies. J. Bone Jt Surg. 35-A (1953) 626–642
13 O'Rahilly, R.: Developmental deviations in carpus and tarsus. Clin. Orthop. 10 (1957) 9–18
14 Poznanski, A. K.: The Hand in Radiologic Diagnosis, 2nd ed. Saunders, Philadelphia 1984 ([1]p. 200; [2]fig. 8–28)
15 Ravelli, A.: Zur Deutung und Bedeutung überzähliger Karpalelemente. Fortschr. Röntgenstr. 84 (1956) 630–632
16 Riva, G.: Ein Fall von doppelseitigem Os triangulare carpi. Radiol. clin. (Basel) 18 (1949) 78–82
17 Scharizer, E.: Die Verletzung des Os triquetrum. In Nigst, H.: Frakturen, Luxationen und Dissoziationen der Handwurzelknochen. Hippokrates, Stuttgart 1982 (S. 105–106)
18 Schinz, H. R.; zit. nach Köhler/Zimmer, 12. Aufl., 1982
19 Zehnder: Isolierte Fraktur des Os triquetrum. Diss., Zürich 1924

Os pisiforme

Norm

Das *Pisiforme* (im Französischen und im Englischen ebenso genannt) beginnt im 9. bis 10. Lebensjahr, also spät, zu verknöchern.

Die **Ossifikation** geht von vielen, verschieden großen Zentren aus. Diese krümelige Formation kann zu Mißdeutungen Anlaß geben, besonders, wenn man aus diesem Befund eine Osteochondrose des Pisiforme diagnostiziert (8).

Die Kernanlage liegt im dorsovolaren Strahlengang neben oder in Teilprojektion mit dem Triquetrum (Abb. 2.**293a**) und läßt sich auf Schrägaufnahmen sowohl frei in die Weichteile (Abb. 2.**293b**) wie auch in eine Lücke zwischen Hamatum, Lunatum und Triquetrum (Abb. 2.**293c**) projizieren. Das verknöchernde Erbsenbein kann sich in typischer Weise mit einem schalenförmigen Hauptkörper, der zur Handwurzel hin von zahlreichen, splitterförmigen Ossifikationszentren begleitet ist, darstellen (Abb. 2.**294a, b** und 2.**295**).

Das Pisiforme dient als Insertionsstelle für die Mm. flexor carpi ulnaris et abductor V. Auch das transversale Karpalband ist am Erbsenbein befestigt.

Zur *radiologischen Darstellung* des Pisiforme sind Schrägaufnahmen des Handgelenks, wobei der Kleinfinger mit der lateralen, dorsalen Kante aufliegen soll (also Profilaufnahmen in leichter Supinationsstellung), empfehlenswert (6).

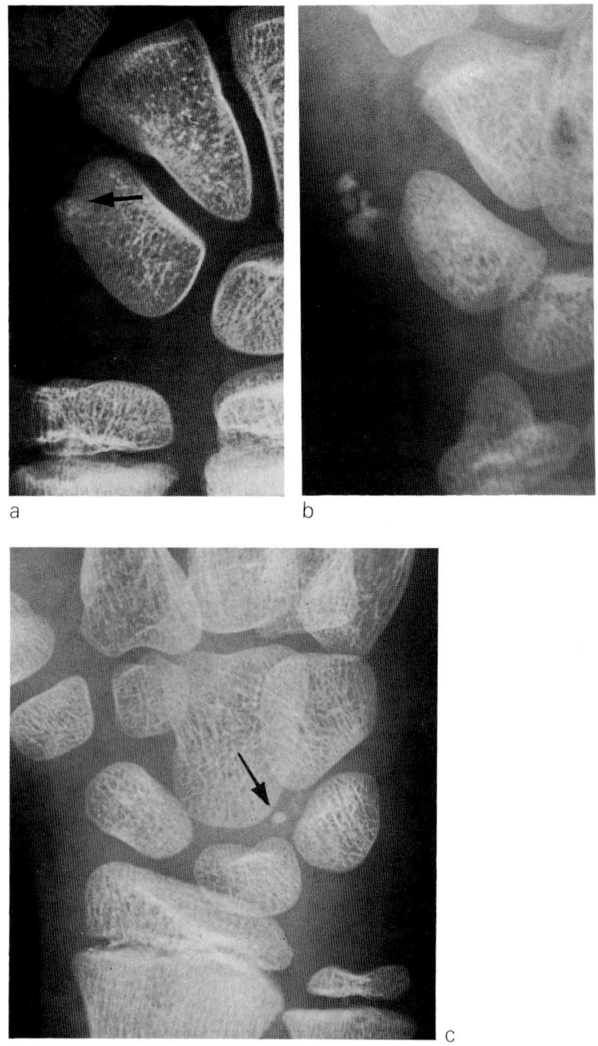

a b c

Abb. 2.**293a–c** Ossifikationsstadien des Pisiforme in verschiedenen Projektionen

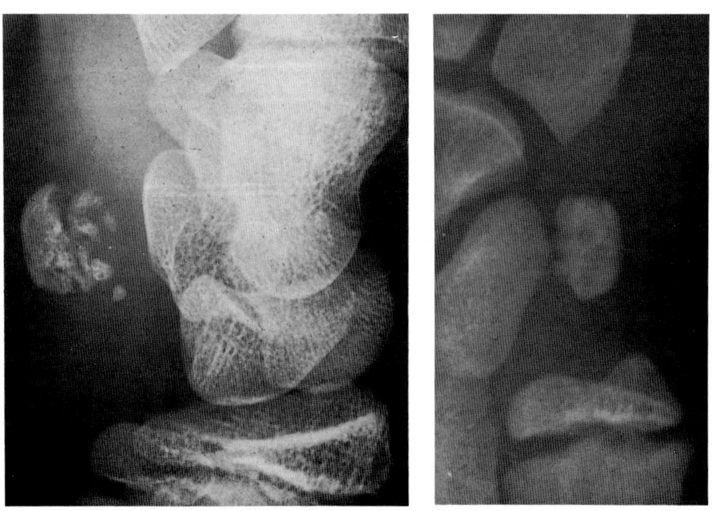

a b

Abb. 2.**294a** u. **b** Ossifikationsstadien des Pisiforme

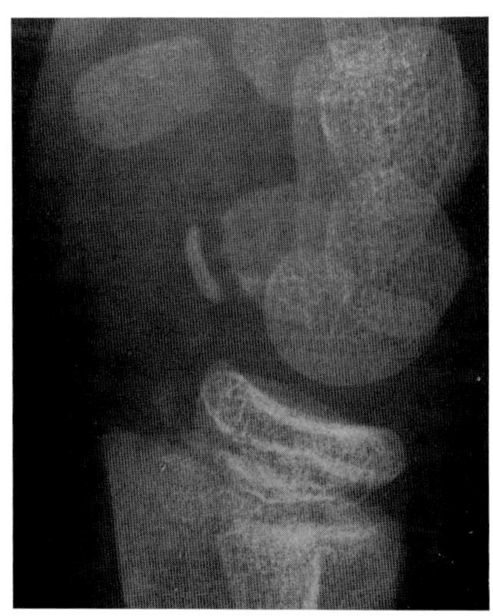

Abb. 2.**295** Schalenförmiger Knochenkern. Keine Absprengung trotz Epiphyseolyse des Radius

Akzessoria

Abb 2.**296** gibt ein unbenanntes, **akzessorisches Skelettelement** wieder, das *distal vom Pisiforme* liegt. Es ähnelt dem ebenfalls nicht zuzuordnenden Knöchelchen zwischen Pisiforme und Triquetrum, das auf Abb. 2.**242** abgebildet ist. Schließlich sei darauf hingewiesen, daß fast im Projektionsbereich des Os triangulare (s. unter Os triquetrum) ein „Os ulnostyloideum" und ein „Os pisiforme secundarium" beschrieben werden (7).

Vorsprünge an der distalen wie an der proximalen Kante (Abb. 2.**297a** u. **b**) wurden von Zimmer dargestellt. Der Autor wirft die Frage auf, ob es sich bei dem Befund der Abb. 2.**297b** um ein **assimiliertes Pisiforme secundarium** handelt.

Anomalien

Es gibt eine **doppelseitige Hyperplasie** von **Os pisiforme** und **Hamulus ossis hamati** (11), den ulnaren Begrenzungen des Karpaltunnels.

Nach distal gerichtete, lange Exostosen beiderseits, einseitig mit gelenkiger Verbindung, sind in Abb. 2.**298a–d** wiedergegeben, in ähnlicher Form abgebildet bei Keats (5[1]). Hier finden sich auch Aufnahmen eines **Os pisiforme bipartitum** (5[2]).

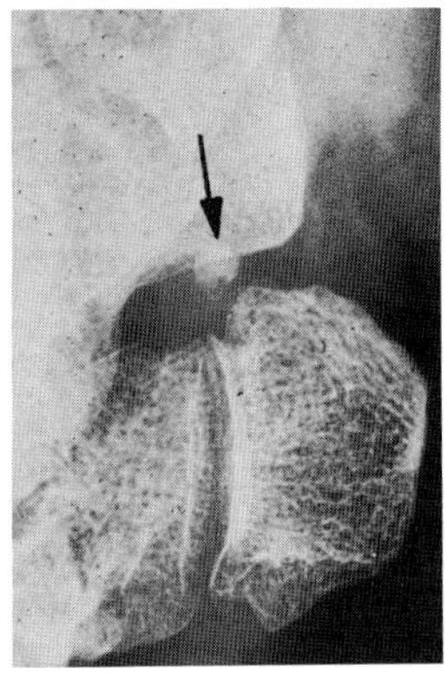

Abb. 2.**296** Akzessorium distal des Pisiforme

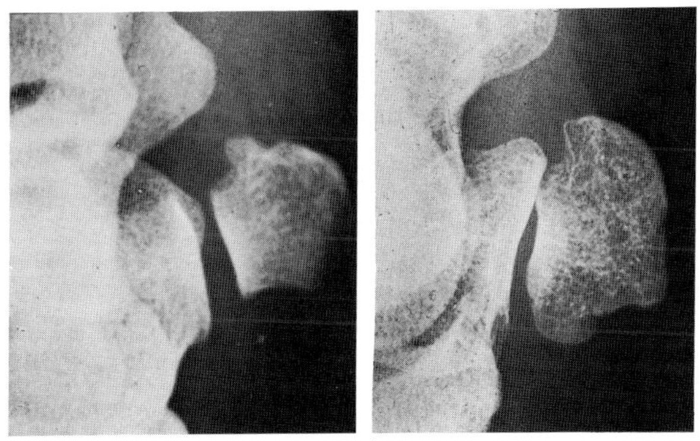

a b

Abb. 2.**297a** u. **b**
a Pisiforme mit exostoseähnlichen Vorsprüngen
b Assimiliertes Pisiforme secundarium?

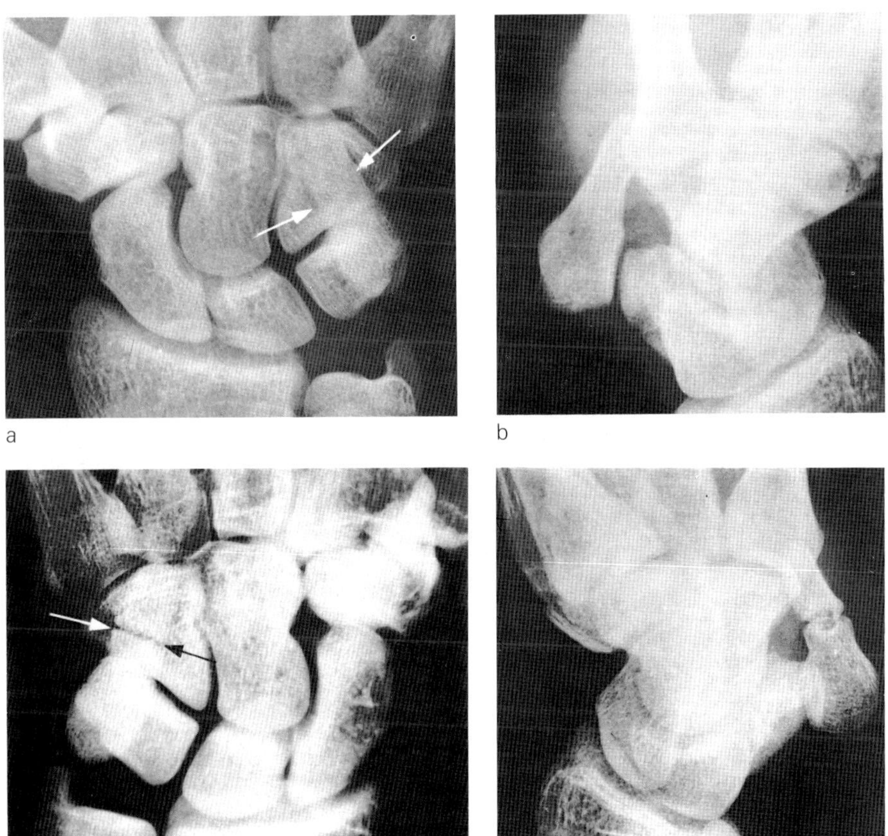

a b c d

Abb. 2.**298a–d** Pisiforme mit exostoseähnlichem Fortsatz (Beobachtung von Marbet)

Verletzungsfolgen

Bei forcierter Hyperflexion kann es zu **transversaler Fraktur** des Knochens kommen, wie sie vielfach beschrieben ist (Abb. 2.**299**). Literatur über andere traumatische Schäden des Erbsenbeins s. bei Jacobs (3). Erhebliche Dislokationen der Fragmente (durch Muskelzug) sind bekannt. Über Röntgenuntersuchungen der Verletzungen des Os pisiforme und des Pisotriquetrumgelenkes gibt es einen zusammenfassenden Bericht (10).

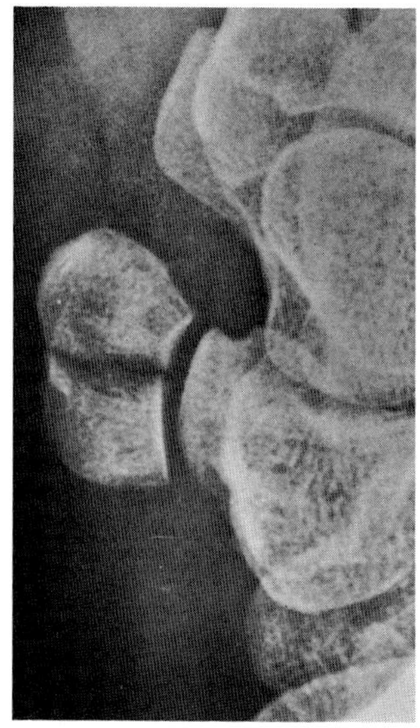

Abb. 2.**299** Querfraktur des Pisiforme (Beobachtung von Thiemann, Rheinhausen)

Erworbene Erkrankungen

Eine **Arthrosis deformans** im Gelenk zwischen Triquetrum und Pisiforme kann an den Sklerosen der knöchernen Gelenkflächen festgestellt werden (4).

An der **Volarseite** kommen **multiple Verkalkungen** in den Weichteilen vor dem Pisiforme vor (Abb. 2.**300**), die als Folgen einer Tendinitis des M. flexor carpi ulnaris aufgefaßt werden können. **Kalkschalen** in dieser Region werden auch posttraumatisch beobachtet (2 Monate nach Sturz mit der Volarhand auf eine Steintreppe; seither dort Schmerzen (Abb. 2.**301**). Die **Periarthritis calcarea** kann zu Schmerzen in und Kalkablagerungen vor der Handwurzel führen (1).

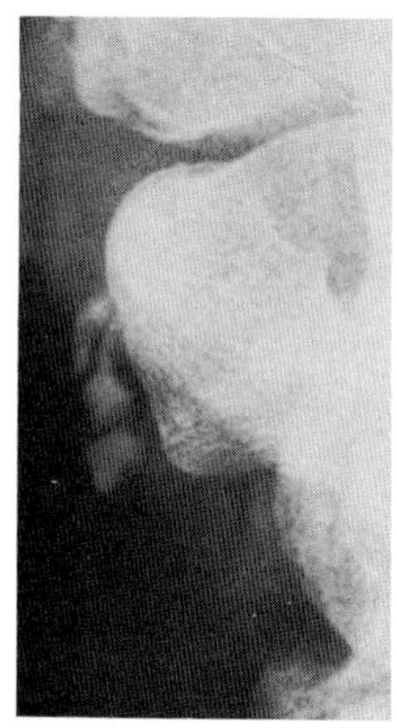

Abb. 2.**300** Weichteilverkalkungen vor dem Pisiforme

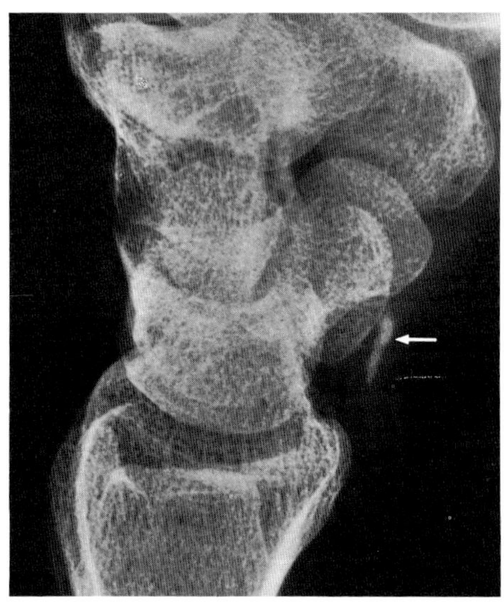

Abb. 2.**301** Verdacht auf schalenförmige Absprengung volar aus dem Pisiforme. Posttraumatische Verkalkung? (Beobachtung von Molineus u. Genters, Hamburg)

Literatur

1 Gondos, B.: Calcification about the wrist associated with acute pain (periarthritis calcarea). A clinical and roentgenological study. Radiology 62 (1954) 244–251

2 Guly, H. R., M. A. Azam: Pisotriquetral arthritis: a case report. Hand 15 (1983) 294–296

3 Jacobs, L. G.: Isolated fracture of the pisiform bone. Radiology 50 (1948) 529–531

4 Jenkins, S. A.: Osteoarthritis of the pisiform-triquetral joint. Report of three cases. J. Bone Jt Surg. 33-B (1951) 532–534

5 Keats, Th. E.: An Atlas of Normal Roentgen Variants that May Simulate Disease, 3rd ed. Year Book Medical Publishers, Chicago 1979 ([1]fig. 6–138; [2]fig. 6–137)

6 Lewis, R. W.: Oblique views in roentgenography of the wrist. Amer. J. Roentgenol. 50 (1943) 119–121

7 Poznanski, A. K.: The Hand in Radiologic Diagnosis, 2nd ed. Saunders, Philadelphia 1984 (p. 197)

8 Schmier, A. A., M. P. Meyer: Bilateral osteochondritis of the pisiform. Report of a case. J. Bone Jt Surg. 21 (1939) 789–791

9 Szántó, D.: Die kortikale Hyperostose des Erbsenbeins im I. Stadium der Dupuytrenschen Kontraktur bei chronischen Alkoholikern. Z. Orthop. 123 (1985) 947–950

10 Vasilas, A., R. V. Grieco, N. F. Bartone: Roentgen aspects of injuries to the pisiform bone and pisotriquetral joint. J. Bone Jt Surg. 42-A (1960) 1317–1328

11 Viehweger, G.: Doppelseitige Hyperplasie des Os pisiforme und des Hamulus ossis hamati. Fortschr. Röntgenstr. 86 (1957) 407

Unterarm

Distaler Teil

Norm

Im Wachstum

Die **Knochenkerne** im Schaft von Radius und Ulna treten in der 6. bis 8. Fetalwoche auf, in der distalen Radiusepiphyse zwischen dem 8. bis 18. Lebensmonat und in der distalen Ulnaepiphyse im 6. bis 7. Lebensjahr. Die zeitliche Variationsbreite kann normalerweise über diese Angaben hinausgehen.

Der Kern der Radiusepiphyse ist bei einem 5jährigen im Verhältnis zur angrenzenden Metaphyse außerordentlich klein. Dies fällt vor allem auf der Profilaufnahme auf. Die unregelmäßige Weite der Epiphysenfuge darf nicht auf eine Epiphysenlockerung schließen lassen. Dieses normale Mißverhältnis ist beim 10jährigen unverändert zu beobachten. Der Epiphysenkern wird von der Metaphyse teilweise becherförmig umschlossen (Abb. 2.**302a**). Im Alter von 14 Jahren ist die Epiphyse fast so breit wie die Metaphyse. Die bis zu diesem Alter normal breite Kerbe des Epiphysenspaltes darf nicht zu Fehldeutungen führen (vgl. auch Abb. 2.**303**). Beim 18jährigen hat die Radiusepiphyse ihre endgültige Größe erreicht, ist breiter als der Schaft und besitzt kurz vor dem Verschmelzungszeitpunkt einen typischen Sporn an der radialen Kontur (Abb. 2.**302b** und 2.**304a, b**).

Ein eigenes Verknöcherungszentrum an der Spitze des Processus styloides radii kommt vor (Abb. 2.**305**) und ist radiologisch nur kurzfristig nachweisbar (Abb. 2.**306a** u. **b**).

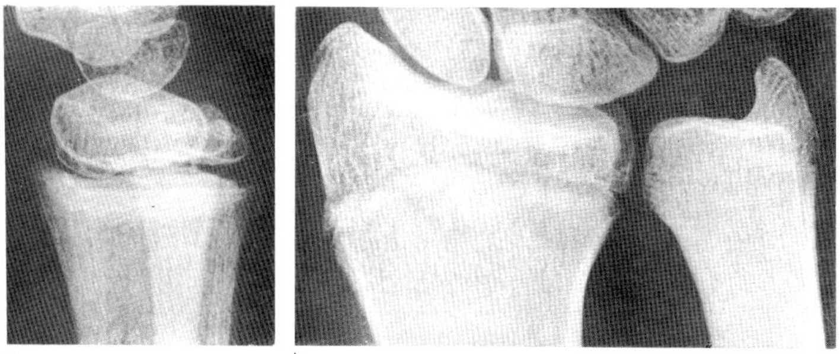

a b

Abb. 2.**302a** u. **b** Typische Aspekte der Knorpelfugen

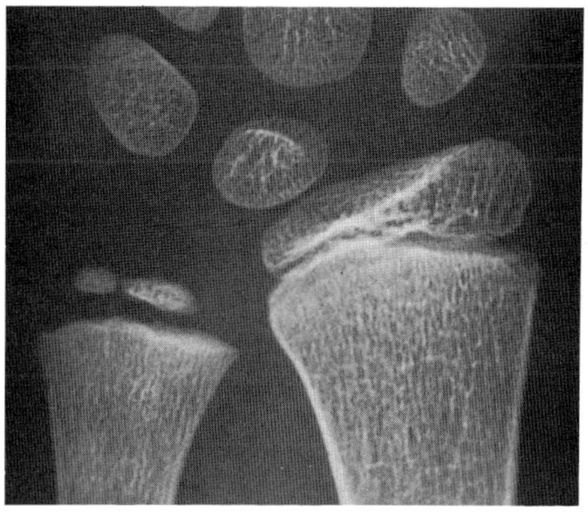

Abb. 2.**303** Doppelte Kernanlage in der distalen Ulnaepiphyse

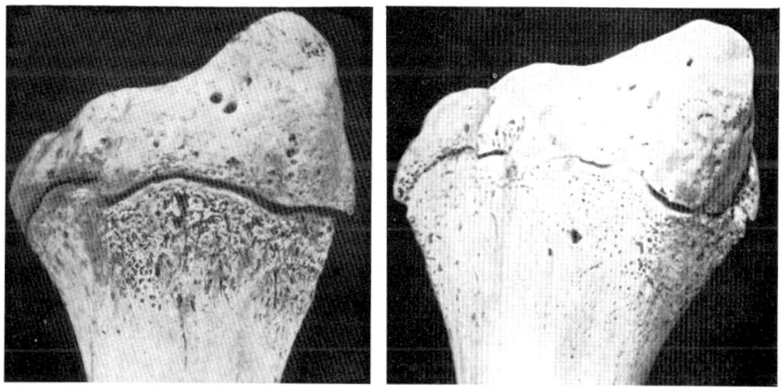

a b

Abb. 2.**304a** u. **b** Typische Aspekte der Knorpelfugen (anatomische Präparate)

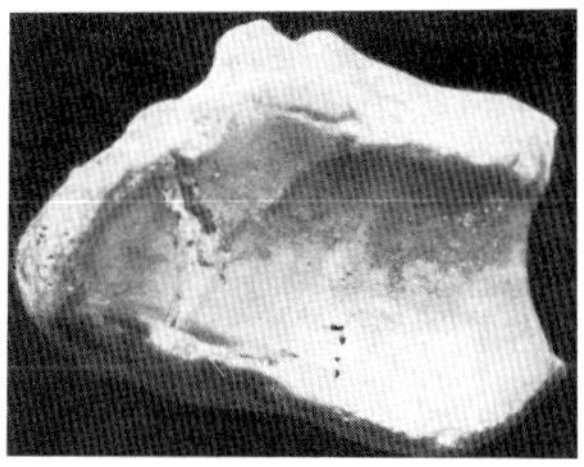

Abb. 2.**305** Isolierter Kern im Processus styloideus radii

Abb. 2.**306a** u. **b** Isolierte Kerne an der Spitze des Processus styloideus radii ▷

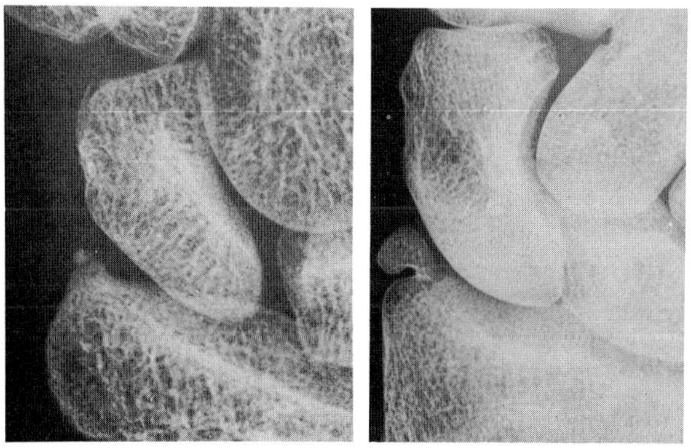

a b

Der **Epiphysenspalt der Ulna** erscheint radiologisch meist breiter als der Spalt des Radius, oft projektionsbedingt, wenn im seitlichen Strahlengang die Knorpelfugen nicht parallel zueinander stehen. Das Zentrum des Ulnaepiphysenspaltes wird fast regelmäßig von feinen Knochenbälkchen (Abb. 2.**307a**) überbrückt, die gelegentlich eine kleine Säule bilden können (Abb. 2.**307b**). Der gleiche Befund ist im Radius auf Abb. 2.**308** zu erkennen.

Über **Größe und Länge** des Schaftes von Radius und Ulna während der ersten 2 Lebensjahre gibt es einen Bericht im Schrifttum (22), ebenso wie über mögliche, projektionsbedingte Täuschungen (34).

Prinzipiell an sämtlichen wachsenden Metaphysen, am deutlichsten am distalen Radiusende nachweisbar, findet sich bei Säuglingen im ersten Lebensmonat bis zum zweijährigen Kleinkind eine aus dem Perichondrium hervorgehende Manschette, der *metaphysäre Ring* (anneau métaphysaire), an der Knorpel-Knochen-Grenze, der in etwas stärkerer Breite und Dichte unter der Radiusmetaphyse wie ein Sockel wirkt. Eine sehr perfekte Technik mit genauer Zentrierung und einem Film mit maximaler Zeichenschärfe ist Voraussetzung des Nachweises dieser *„Virole"* (Abb. 2.**309a** u. **b**). Diese Forderung ist erfüllt, wenn der Zentralstrahl parallel zur Abschlußebene der Radiusmetaphyse einfällt (34, 55). Weil das dicke Ärmchen des kleinen Kindes an Umfang zum Ellenbogen hin zunimmt, ist die Röhre um 5 Grad nach proximal zu kippen; andernfalls entstehen Befunde, die zu Fehlinterpretationen wie „Polsterepiphysen" führen (8) (Abb. 2.**310a** u. **b**).

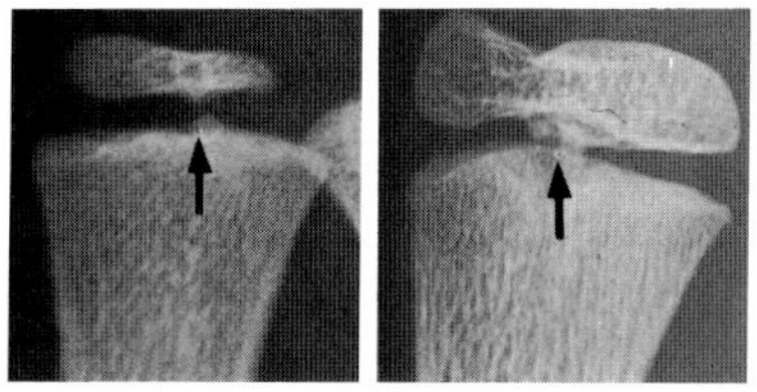
a b

Abb. 2.**307a** u. **b** Knochensäule in der Knorpelfuge der Ulna

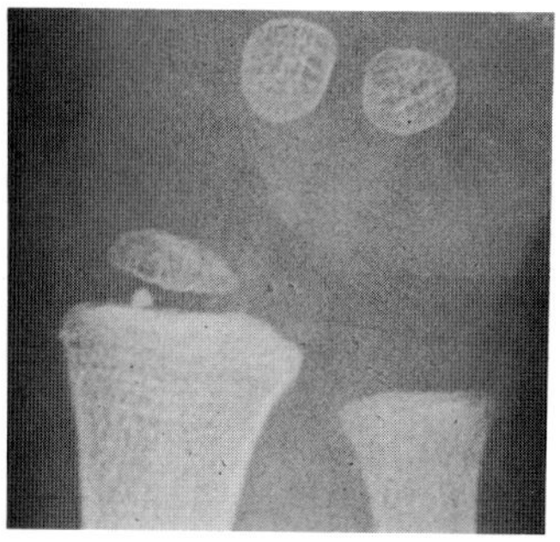

Abb. 2.**308** Knochensäule in der Knorpelfuge des Radius

Die beiden distalen Epiphysenkerne des Unterarms verschmelzen mit den Schäften ungefähr im 18. Lebensjahr. Es ist anzunehmen, daß der ulnare Teil der Radiusepiphyse schneller ossifiziert wird als der andere. Dies steht wohl im Zusammenhang mit einer gewissen Abbiegung des Radius an dieser Stelle nach ulnar.

a
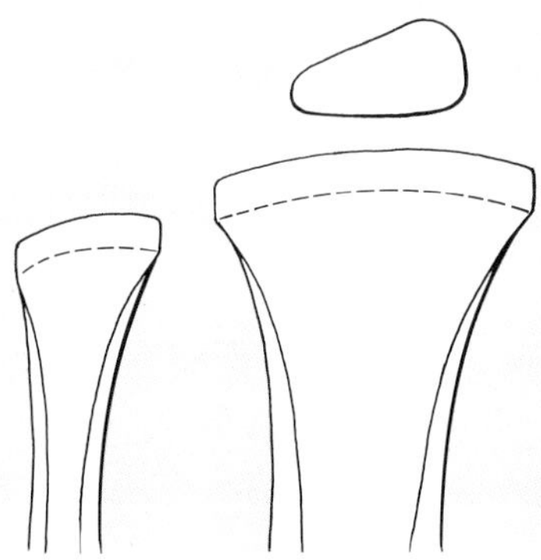

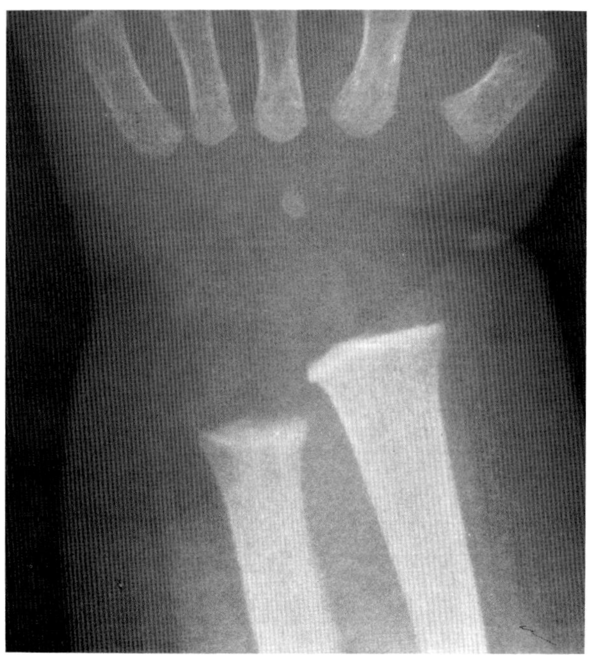
b

Abb. 2.**309a** u. **b**
a Schema der radiologischen Wiedergabe des Handgelenkes von einem zweijährigen Kind. Der „metaphysäre Ring" bildet einen zylindrischen Sockel, dem die Metaphyse in ganzer Ausdehnung aufsitzt
b Handgelenksaufnahme eines 10 Monate alten Kindes. Der metaphysäre Ring ist an Radius und Ulna zu erkennen. Die metaphysäre Ausmuldung beginnt proximal des Ringes (aus Laval-Jeantet, M., N. Balmain, M. Juster, J. Bernard: Ann. Radiol. 11 [1968] 327)

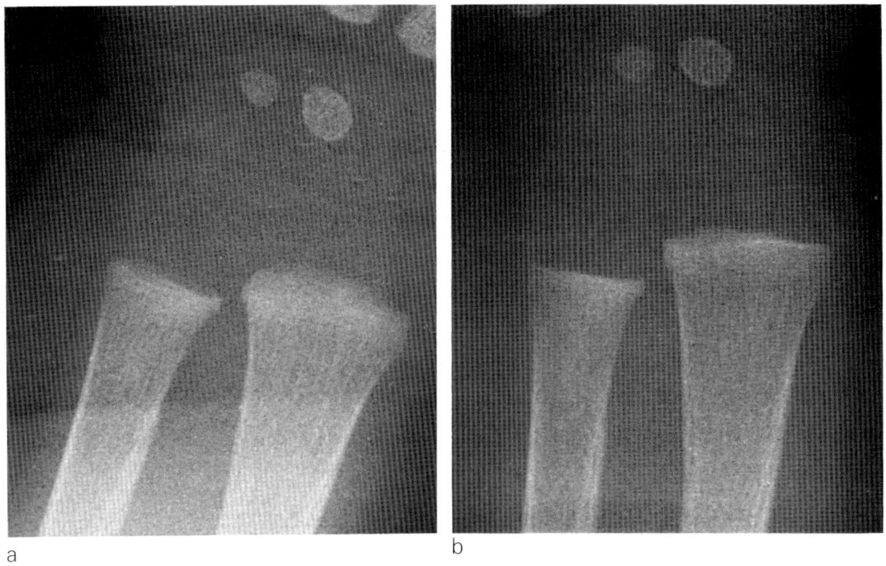

Abb. 2.**310 a** u. **b** 2 Monate alter Säugling **a** Handgelenkaufnahme mit senkrechtem Strahlengang. „Polsterepiphyse" des Radius. Normales Projektionsphänomen **b** Bei 5 Grad proximal gekippter Röhre: glatte distale Radiuskontur (Beobachtung von Holthusen, Hamburg)

Beim Erwachsenen

In Kenntnis des vor Abschluß des Wachstums auftretenden Sporns radial an der Radiusepiphyse nahe dem Epiphysenspalt (s. Abb. 2.**302 b**) lassen sich kleine Vorsprünge des Radius beim Erwachsenen an dieser Stelle wohl als normal erklären (Abb. 2.**311** und 2.**312**). An der ulnaren Radiuskontur springt etwas proximal des distalen Radiusendes oft eine schmale Leiste vor, die nicht mit einer periostalen Reaktion verwechselt werden darf (36[1]) (Abb. 2.**313**).

Die volare Neigung der Radiusgelenkfläche im seitlichen Strahlengang, gemessen durch den Winkel, den eine Verbindungslinie zwischen vorderer und hinterer Gelenkkante der Speiche mit der Senkrechten zur Radiusachse bildet, beträgt normalerweise 12 ± 3,3 Grad mit einer Variationsbreite zwi-

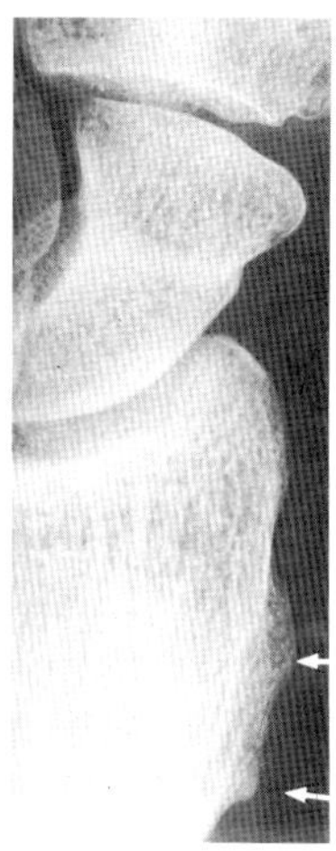

Abb. 2.**311** Verdickungen im Gebiet der alten Knorpelfuge

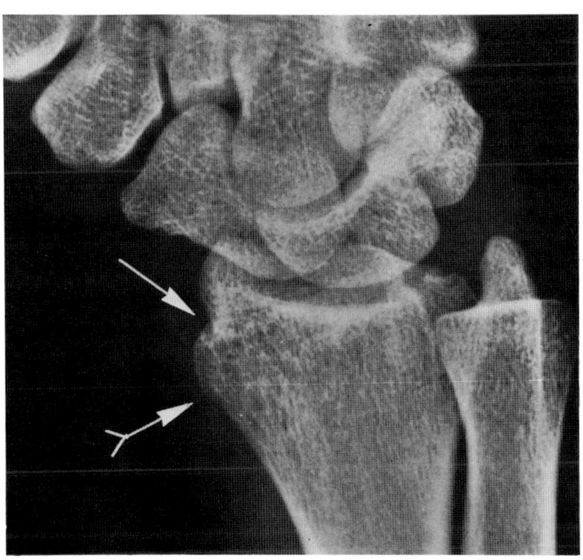

Abb. 2.**312** Kleiner Knochenvorsprung in Höhe der früheren Knorpelfuge

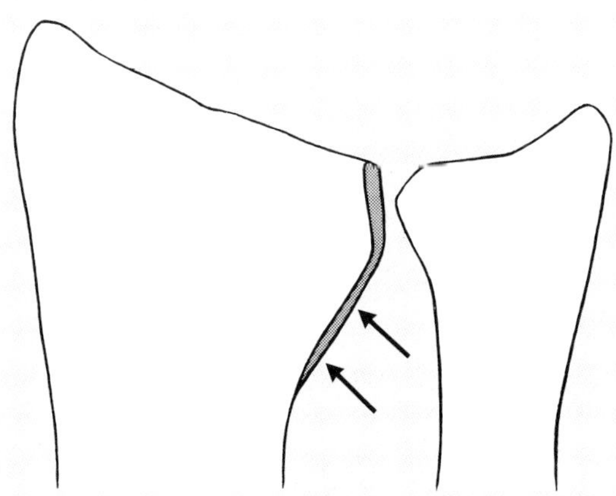

Abb. 2.**313** Dünner Knochensaum

schen 4 bis 23 Grad. Im sagittalen Strahlengang fällt die Radiusgelenkfläche, gemessen durch Winkel zwischen der Verbindungslinie ihrer radialen und ulnaren Kante zur Achse des distalen Radiusdrittels, um 23 ± 23,7 Grad mit einer Varianz zwischen 16 und 36 Grad nach ulnar ab. Wesentliche Geschlechtsunterschiede sind nicht nachgewiesen (54).

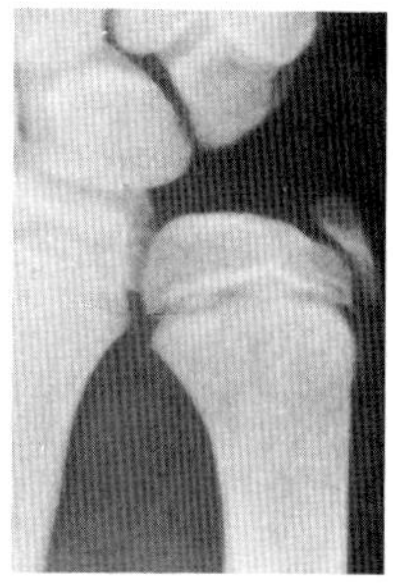

Abb. 2.**314** Kern des Processus styloides ulnae (Beobachtung von Beck, Heilbronn)

Varianten und Akzessoria

In der distalen Ulnaepiphyse kommen auch zwei selbständige Knochenkerne (s. Abb. 2.**303**) vor, wovon der laterale oft dem Processus styloides ulnae zugeordnet wird (60) (Abb. 2.**314**).

Als **persistierende Epiphyse** an der Spitze des Processus styloides radii ist wohl der in Abb. 2.**315a** u. **b** wiedergegebene Befund zu erklären. Bei beiden Beispielen ist ein Zustand nach Verletzung möglich, da eine starke (Abb. 2.**315a**) bzw. leichte (Abb. 2.**315b**) Deformität des Kahnbeins besteht, die jeweils posttraumatischer Natur sein kann. Eine Persistenz von Verknöcherungszentren kommt auch an der Ulna vor (s. Os triquetrum). Abb. 2.**316** gibt einen Befund bei einem 18jährigen wieder, dessen Epiphysenspalt noch an einer Kerbe sichtbar ist. Außer einer zarten Aufhellungslinie im kräftig entwikkelten Processus styloides ulnae ist an der Spitze ein kleiner, rundlicher Knochenkern zu sehen. Ob es sich bei allen diesen Kernen um eigene Verknöcherungszentren handelt, ist fraglich.

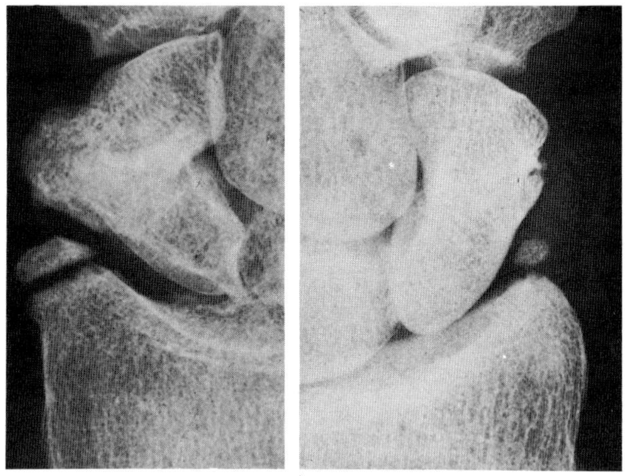

a b

Abb. 2.**315a** u. **b** Persistierende Epiphyse oder Zustand nach Abriß der Spitze des Processus styloideus radii

Im Atlas von Birkner (5) und auf der großen Skelettafel desselben Autors werden isolierte Verknöcherungen, die den Griffelfortsätzen von Elle und Speiche anliegen, als „Os styloides ulnae" bzw. „Os styloides radii" bezeichnet.

Eine Doppelkonturierung der langen Schaftknochen, vor allem des Radius, ist bei 6 Monate alten Säuglingen, zum Teil auch bei Frühgeborenen, beschrieben (9, 36[1]). Es besteht bei diesem Befund keine Beziehung zu Skorbut oder Rachitis. Kleine, von der Metaphyse der Ulna ausgehende Spikulae, die in den Epiphysenknorpel hineinziehen, sind bei Kindern normal (36[2]).

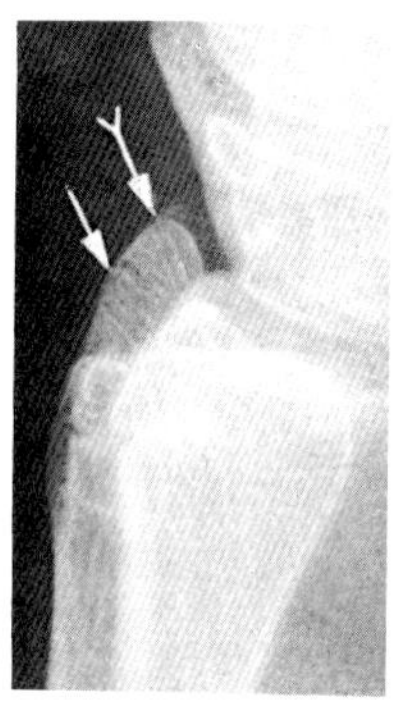

Abb. 2.**316** Persistenz von Verknöcherungszentren an der Ulna

Im distalen Teil des Radius und an der Basis des Processus styloides ulnae findet man häufig eine Kompaktinsel.

Anomalien

Die Ulna kann *länger oder kürzer* sein als der Radius. Hultén ist hierauf bei der Besprechung der Lunatumnekrose (s. dort) eingegangen und sprach bei zu langer Ulna von **„Plusvariante"** (Abb. 2.**317**), bei zu kurzer von **„Minusvariante"** (Abb. 2.**318**). Die Minusvariante findet man gehäuft bei generalisierten Dysostosen (43).

Nach Madelung (42) wird seit 1879 ein charakteristisches, klinisches Bild benannt: Defekt der distalen, ulnaren, volaren Radiusgelenkfläche (Abb. 2.**319a–c** und Abb. 2.**320a–c**), in den der Karpus,

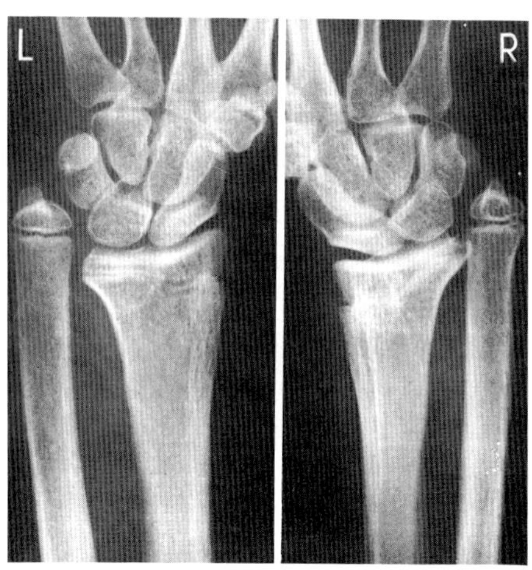

Abb. 2.**317** Ulna, Plusvariante (nach Hultén)

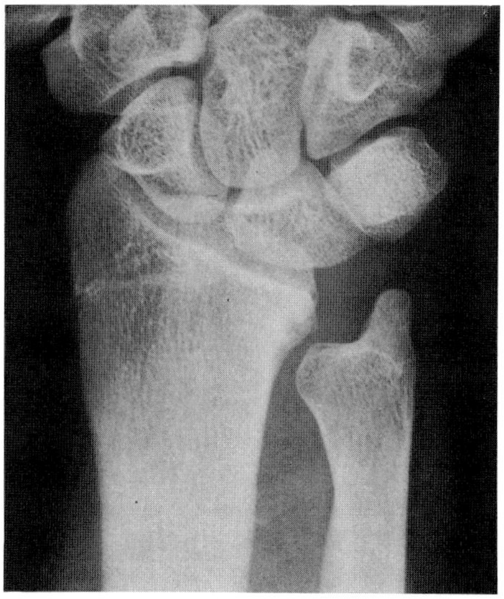

Abb. 2.**318** Ulna, Minusvariante (nach Hultén)

das Mondbein voran, nach voloproximal mehr oder minder abgleitet, so daß eine bajonettartige Verschiebung der Hand gegenüber dem Unterarm nach volar mit starkem Vorspringen des Ulnaköpfchens zur Streckseite resultiert. Zum Bild der **Madelungschen Handdeformität** gehört die Verbiegung des Radius (nach volar) und der Elle (nach dorsal) mit Subluxation im distalen Radio-Ulnar-Gelenk (Abb. 2.**319** bis 2.**321**). Die Deformität wird vom 9. Lebensjahr an, meist im Alter von 13 bis 14 Jahren, meistens bei Mädchen, in einem Drittel der Fälle einseitig, beobachtet. Familiäre Häufung kommt vor (46). Das führende Kennzeichen dieser Dysplasie bildet, wie im Abschnitt „Handwurzel – Allgemeiner Teil" näher ausgeführt ist, die Größe des Karpalwinkels. Eine Entwicklungsstörung in den ulnaren Abschnitten der Radiusepiphyse wird als Ursache angenommen.

a

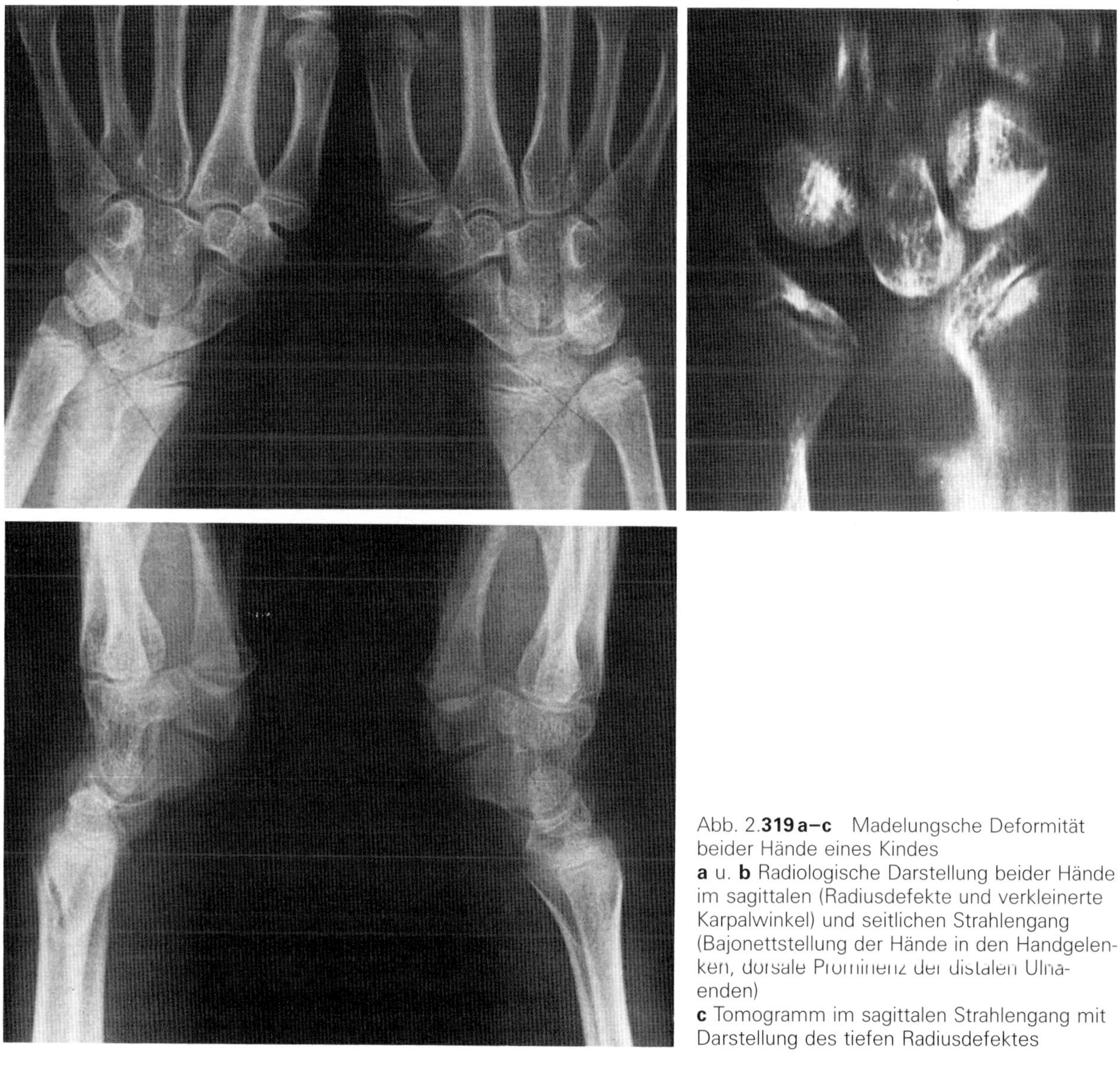

c

b

Abb. 2.**319 a–c** Madelungsche Deformität beider Hände eines Kindes
a u. **b** Radiologische Darstellung beider Hände im sagittalen (Radiusdefekte und verkleinerte Karpalwinkel) und seitlichen Strahlengang (Bajonettstellung der Hände in den Handgelenken, dorsale Prominenz der distalen Ulnaenden)
c Tomogramm im sagittalen Strahlengang mit Darstellung des tiefen Radiusdefektes

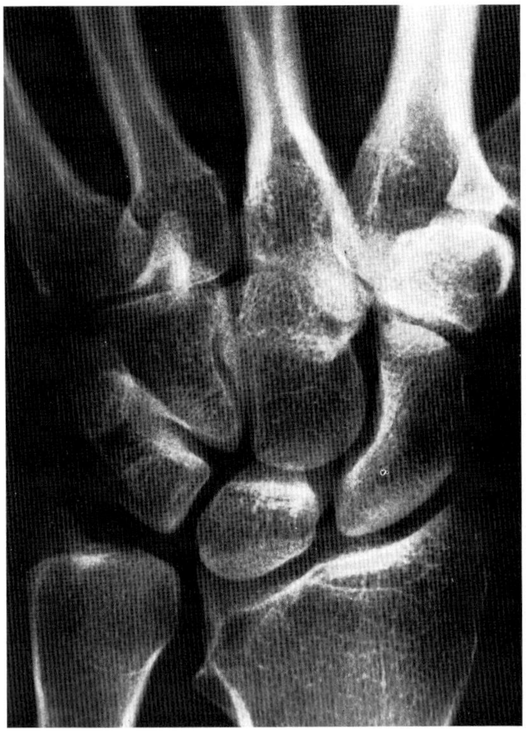

a

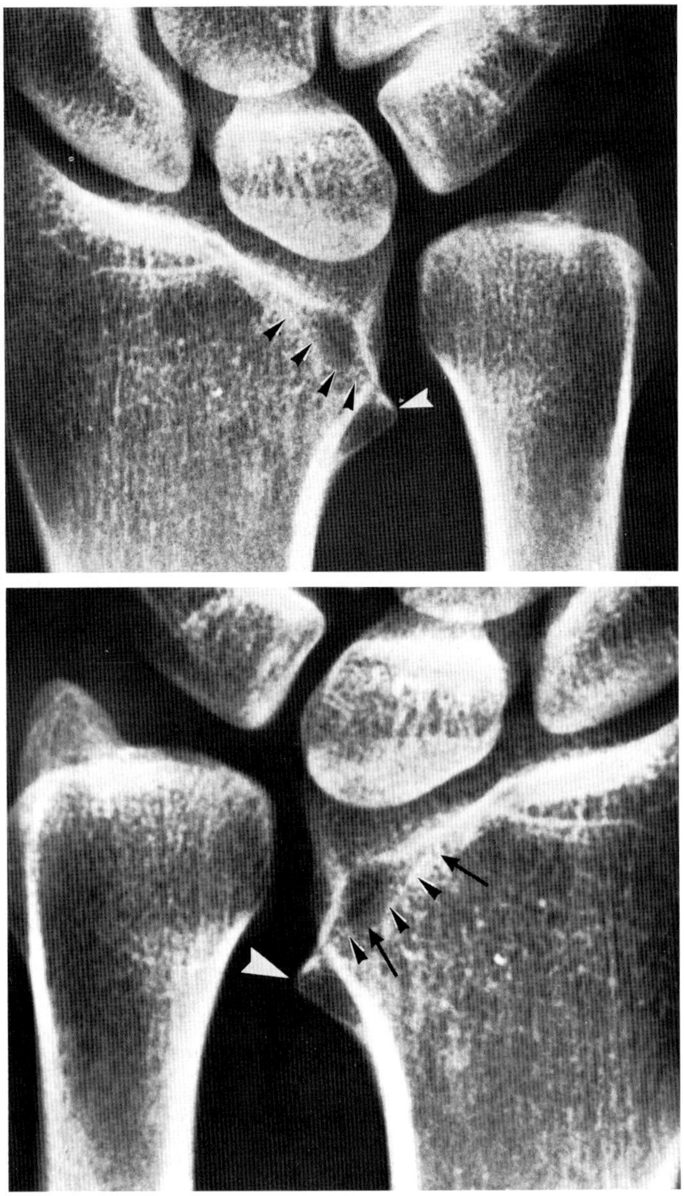

b

c

Abb. 2.**320 a–c** Madelungsche Deformität beider Hände
a Übersichtsaufnahme der Handwurzel links im sagittalen Strahlengang
b u. **c** Ausschnittaufnahmen beiderseits in gleicher Strahlenrichtung: Die Handwurzelknochen gleiten, das Mondbein voran, in den entsprechenden Defekt beider Radii, dessen jeweiliger Kortikalisrand mit weißen Pfeilspitzen und schwarzen Pfeilen, die ulnar vorspringenden Sporne mit großer weißer Pfeilspitze gekennzeichnet sind

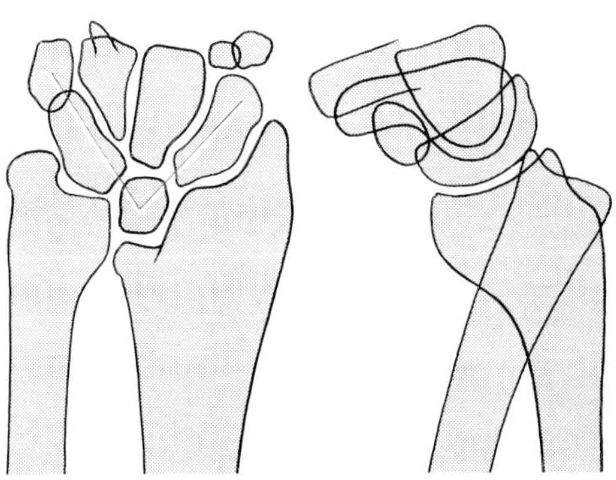

Abb. 2.**321** Schema der Madelungschen Deformität

Nach Kompression des distalen Radiusendes durch Radiusfraktur mit Sprengung des Radio-Ulnar-Gelenkes kann ein Ellenvorschub bestehenbleiben (4) (Abb. 2.**322**). Dieser Zustand wird auch als „Pseudo-Madelung" bezeichnet (Abb. 2.**323 d**).

Der Madelungschen Deformität ähnliche Bilder sind vereinzelt beschrieben, so auch ohne Schiefstellung der Radiusgelenkfläche. Entwicklungsstörungen wie die Dyschondrosteose Léri-Weill (6, 37; mit zu kurzer Tibia) ist durch die Madelung-Deformität in Kombination mit Minderwuchs gekennzeichnet. Die Mukopolysaccharidose I (Hurler) geht mit solchen Dysplasien an Radius und Ulna, wie sie Madelung beschrieben hat, einher. Bei den übrigen Formen der Dysostosis multiplex beschränkt sich die Ähnlichkeit mit der Madelung-Deformität auf die Verformung der Ulna.

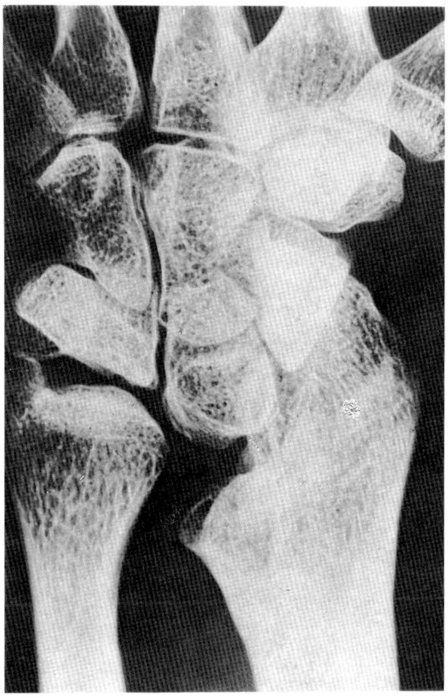

Abb. 2.**322** „Pseudo-Madelung"

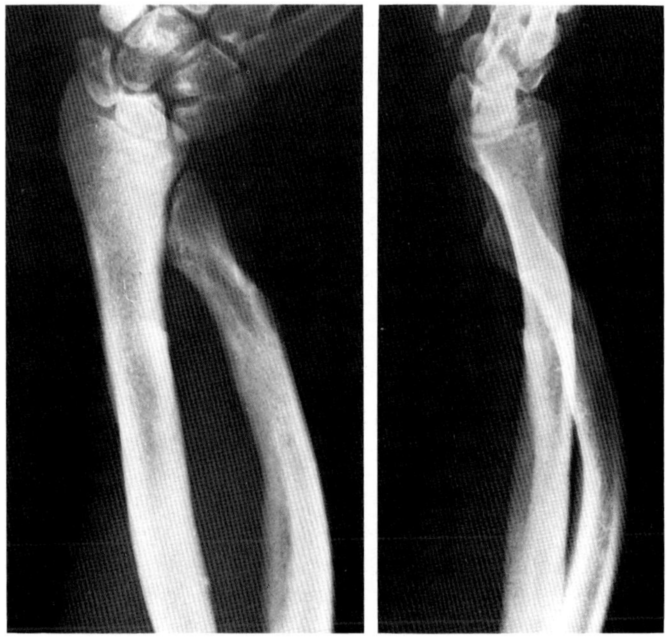

Abb. 2.**324** Teildefekt der Elle

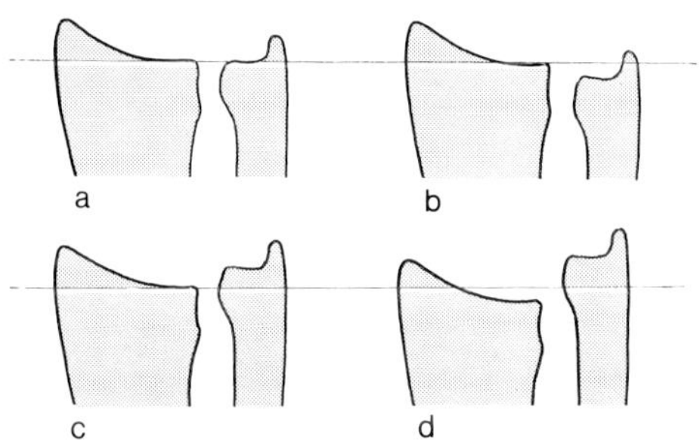

Abb. 2.**323 a–d** Schema der Handgelenksveränderungen nach Rauber: **a** Normal, **b** Minusvariante, **c** Plusvariante, **d** Luxation des Radioulnargelenkes mit Proximalverschiebung des Radius als Folge einer Radiusschaftfraktur

Kräftige Spikulae in der Physis von Ulna und Radius, die sich als grobe Spongiosabalken in die Metaphyse fortsetzen, erwecken den Verdacht auf das Vorliegen einer Phenylketonurie (Fölling-Syndrom). Im fortschreitenden Knochenwachstum wird verkalkter Knorpel in die Metaphyse eingebaut (9, 56[1]).

Eine etwas **kurze Elle** artikuliert in der Regel ungewöhnlich proximal am Radius. Der Rest des Gelenklagers an der Speiche kann dann wie eine Erosion aussehen (3). Eine Dysplasie des distalen Ulnaendes bei einer Reihe von Skelettdysplasien (z. B. Achondroplasie, diastrophischer Zwergwuchs, Mukopolysaccharidose IV – Morquio) kann vorkommen, doch findet man auch den angeborenen Teildefekt der Elle mit normaler Ausbildung des Handgelenkes (61) (Abb. 2.**324**). Es gibt die **partielle Wachstumshemmung der Ulnadiaphyse** (59). Die seltenen **kongenitalen Ulnadefekte** müssen von der **Ulnadysplasie,** die mit kartilaginären Exostosen einhergeht, getrennt werden (1).

In einer Einzelbeobachtung ist bei einem 11jährigen Mädchen eine Hypoplasie der Ulna mit exostoseähnlicher Auftreibung der distalen Metaphyse beschrieben, wobei Mutter und Großmutter ebenfalls eine einseitige Ulnaverkürzung hatten (48).

Verkürzungen, Verbiegungen, Verplumpungen, Deformierungen, Subluxationen und Verdoppelungen der beiden Unterarmknochen, an denen deren distale Enden teilnehmen, s. nächsten Abschnitt „Mittlere Unterarmabschnitte".

Als wohl geringste Fehlbildung an der Elle erwähnt Zimmer in der vorigen Auflage dieses Buches eine von ihm gesehene Aplasie des Processus styloides ulnae.

Verletzungsfolgen und Nekrosen

Epiphysenlockerungen erkennt man oft nur nach dem Profilbild (Abb. 2.**325 a** u. **b**) und manchmal erst im Vergleich mit Aufnahmen der anderen Seite (Abb. 2.**326 b**).

Radiusfrakturen sind als Stauchungsbrüche ohne Fragmentverschiebung eventuell anfangs nicht zu erkennen. Bei anhaltenden klinischen Erscheinungen ist eine radiologische Kontrolluntersuchung notwendig (Abb. 2.**327 a** u. **b**). Speichenbrüche bei Kindern, die nur mit einer leichten Wulstung der Kortikalis einhergehen (**Grünholzbrüche**), lassen sich am leichtesten noch auf dem Seitenbild nachweisen

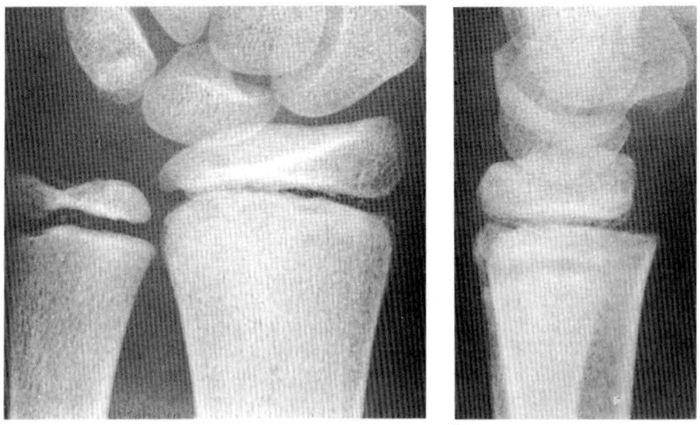

a b

Abb. 2.**325 a** u. **b** Epiphysenlockerung **a** Auf dem d.-v. Bild nicht sichtbar **b** Nur auf dem Profilbild zu erkennen

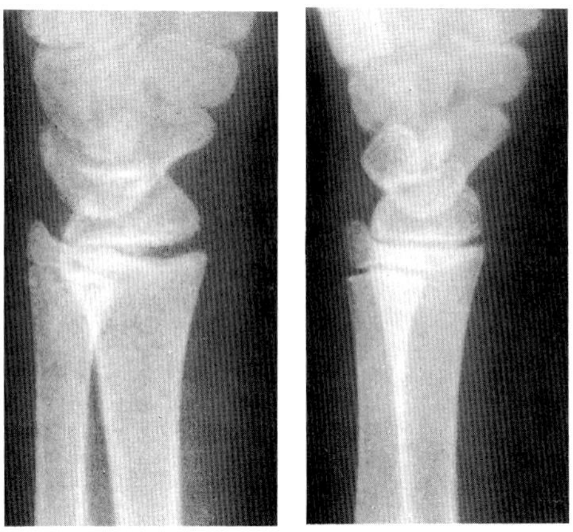

a b

Abb. 2.**326 a** u. **b** Epiphysenlockerung. Aufnahmen in zwei Ebenen. Vergleichsaufnahme

(Abb. 2.**328**). Hier kann nicht der Ort sein, auf die Problematik der häufigen Radiusfrakturen loco typico einzugehen.

Nach isoliertem Speichenbruch kann es nicht nur am Processus styloides ulnae, sondern auch am Hamatum zu umschriebenen Osteolysen kommen, die fortschreiten und am Ellengriffelfortsatz bis 10 Monate nach dem Unfallereignis beobachtet werden (16).

So schwierig es werden kann, **Subluxationen des distalen Radio-Ulnar-Gelenkes** mit konventionellen Methoden nachzuweisen, lassen sich Dislokationen in dieser Region durch die Computertomographie, ungeachtet der bei der konventionellen Darstellung leicht möglichen Täuschungen durch geringe Supinationen und Pronationen, eventuell mit einem einzigen Scan feststellen (44).

Wenn es auch hier wiederum nicht möglich ist, auf alle Knochenverletzungen in dieser Region einzugehen, soll doch ein eben sichtbarer Einriß in der Ulna als Zeichen einer Verletzung im Radio-Ulnar-Gelenk abgebildet werden (Abb. 2.**329**). Es handelt sich nicht um den Osteophyten einer Arthrosis deformans.

Brüche des Radius mit Beteiligung der distalen Epiphyse, jeweils kombiniert mit Grünholzbrüchen der Elle, sind in zwei Fällen nach *Gewichtshebertraining* bei je einem 12- und 14jährigen Jungen aufgetreten (25).

Eine Kraftlosigkeit der Hand wird gelegentlich bei Frauen mit posttraumatischen Subluxationen oder auch infolge angeborener Entwicklungsstörungen – „federnde Elle" (29, 40; weiteres Schrifttum s. 12. Auflage dieses Buches) – festgestellt. Abb. 2.**330** mit Darstellung einer Lockerung im distalen Radio-

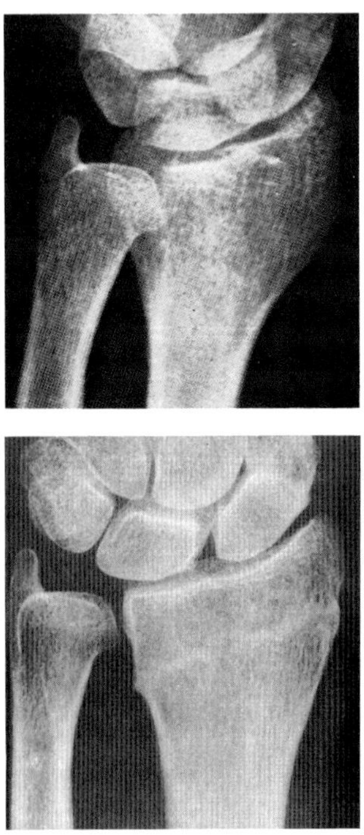

a

b

Abb. 2.**327 a** u. **b**
a Frische Radiusfraktur, radiologisch nicht sichtbar
b Gleicher Fall 3 Wochen später

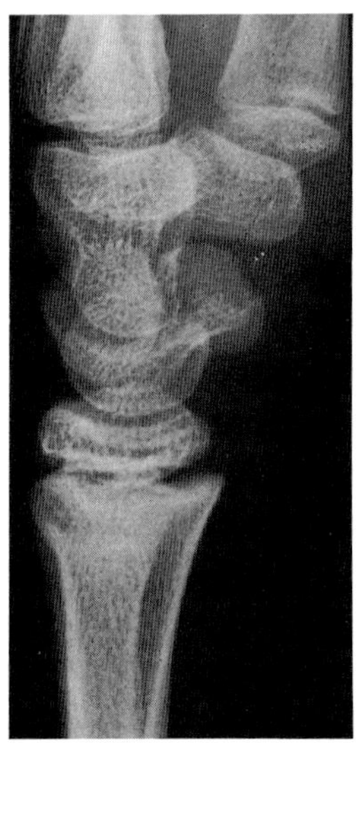

Abb. 2.**328** Radiusfraktur. Stauchung der Dorsalkante

Ulnar-Gelenk stammt aus einer Monographie über dieses Thema. Einen ähnlichen Befund beobachtete Zimmer (Abb. 2.**331**). Vielleicht traumatisch bedingt ist auch ein kleiner, isolierter Knochen an der Gelenkfläche des Radius gegenüber der Ulna (Abb. 2.**332**), zumal hier auch ein Längsspalt im Lunatum besteht, der im entsprechenden Kapitel dieses Buches als Anfangssymptom der Lunatumnekrose diskutiert wurde. Bei ähnlichen Befunden (Abb. 2.**333** und 2.**334**) stellt sich die differentialdiagnostische Frage nach einem eventuell hier typischen Akzessorium, da ein solcher Befund auch beidseits beobachtet wurde (49).

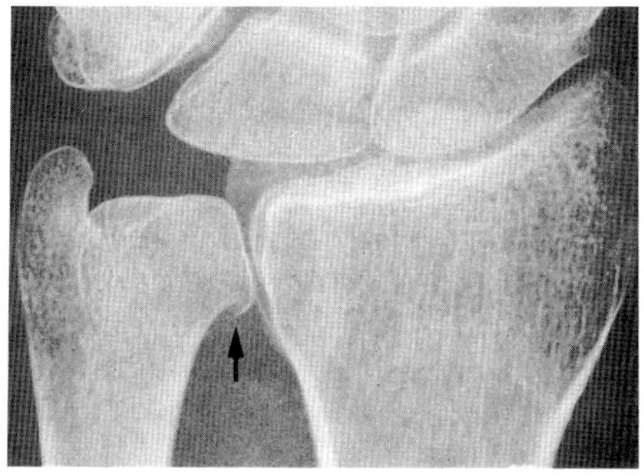

Abb. 2.**329** Frakturbedingte Konturunterbrechung an der proximalen, gelenknahen Ecke der Ulna zum Radius

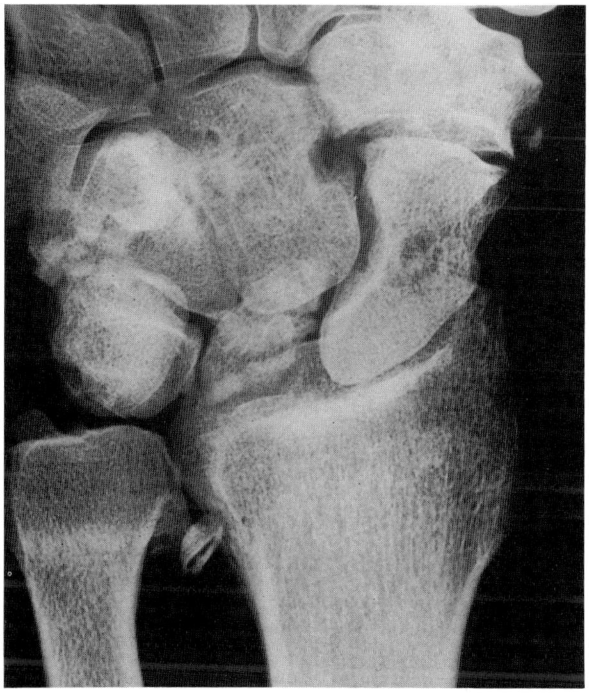

Abb. 2.**330** Lockerung im Radio-Ulnar-Gelenk mit eigenartigem isoliertem Ossikulum. Lunatummalazie

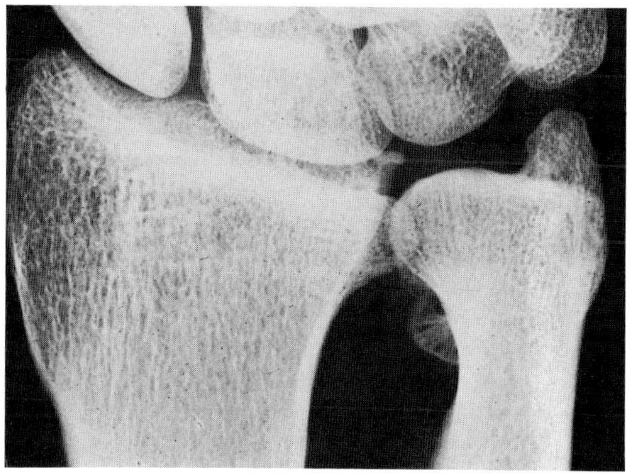

Abb. 2.**331** Klinisch Lockerung im Radio-Ulnar-Gelenk

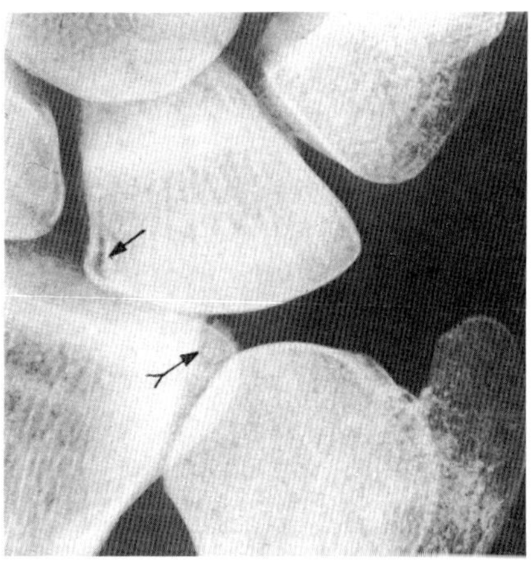

Abb. 2.**332** Knochenkern am Ulnarrand des Radius (↣). Nebenbefund: Subchondrale Spalte im Lunatum (←) = Anfangszeichen einer Lunatumnekrose?

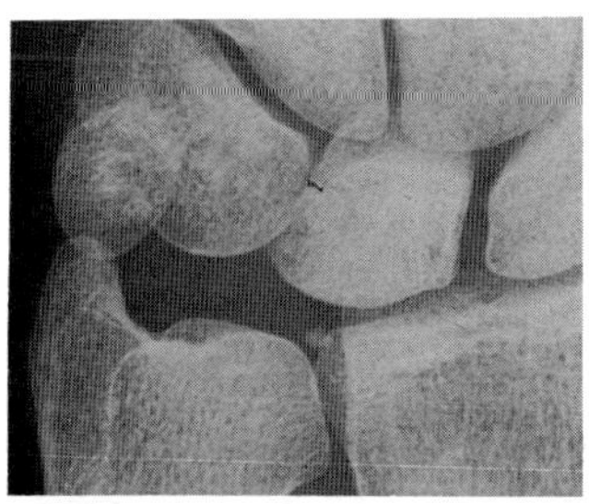

Abb. 2.**333** Knochenkern am Ulnarand des Radius

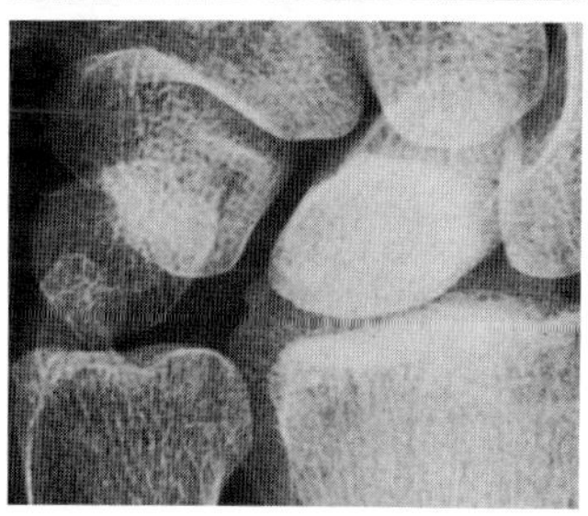

Abb. 2.**334** Gleicher Knochenkern wie in Abb. 2.**333** in Koaleszenz mit dem Radius

Die Absprengung der kleinen Trennleiste in der Radiusgelenkfläche zum Lunatum und Skaphoid wird als **Bartonsche Fraktur** bezeichnet (Abb. 2.**335a** u. **b**). Das isolierte Fragment liegt an der dorsalen Gelenkkante des Radius. Hier ist auch eine Epiphysennekrose beschrieben (10) (Abb. 2.**336a** u. **b**). In diese Gegend projiziert sich eine Absprengung aus der Muskelleiste zwischen M. extensor carpi radialis brevis und M. extensor pollicis longus (15) (Abb. 2.**337** bis 2.**339**). Die Bartonsche Fraktur entsteht nach *Hyperextension* und Stauchung. Durch Hyperflexion und Stauchung kommt es zur „umgekehrten" Barton-Fraktur mit Abriß des volaren Radiusrandes (12[2]).

Im Gegensatz zum häufig unter der Radiusfraktur kombiniert auftretenden Abriß des Processus styloides ulnae ist die **isolierte Epiphysenlockerung** der Ulna selten. Wenn sie auftritt, kann das Ulnawachstum gestört bleiben (28).

Nicht seltene Pseudarthrosen nach Ellenfraktur ähneln kongenitalen Pseudarthrosen; auch Ermüdungsfrakturen der Elle sind hier beschrieben (24).

Unter Dauerbelastung, z. B. bei *Preßluftarbeitern,* bilden sich an den distalen Epiphysen beider Unterarmknochen Nekrosen, die besonders am Processus styloides ulnae nach anfänglichen Zysten und Nekrosen des Ellen-Griffel-Fortsatzes zum Abriß und zur Ankylose führen (7), während sich am Radius pathologische Veränderungen bei diesen Patienten nicht nachweisen lassen.

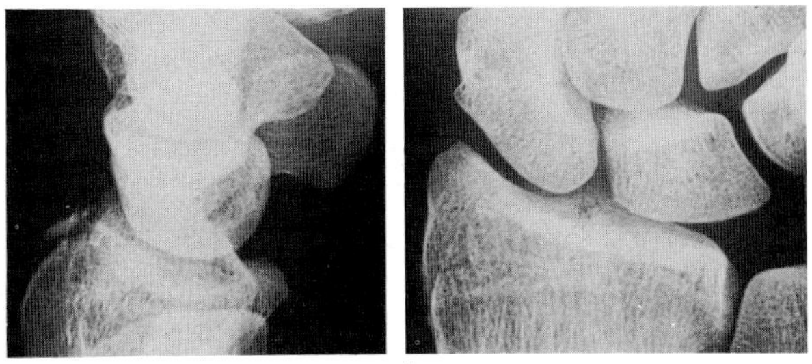

a b

Abb. 2.**335a** u. **b** Bartonsche Fraktur

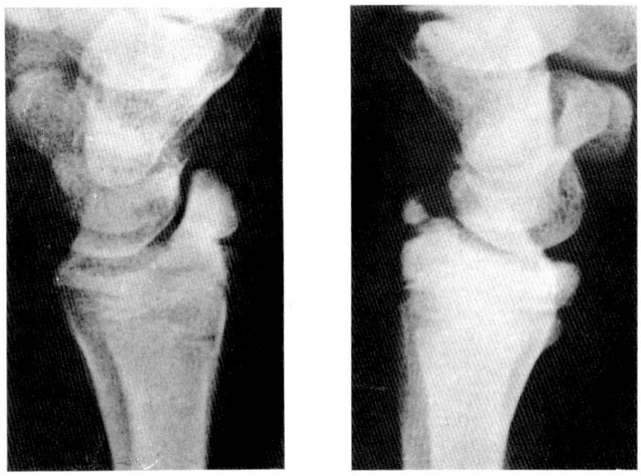

a b

Abb. 2.**336a** u. **b** Epiphysennekrose des Radius

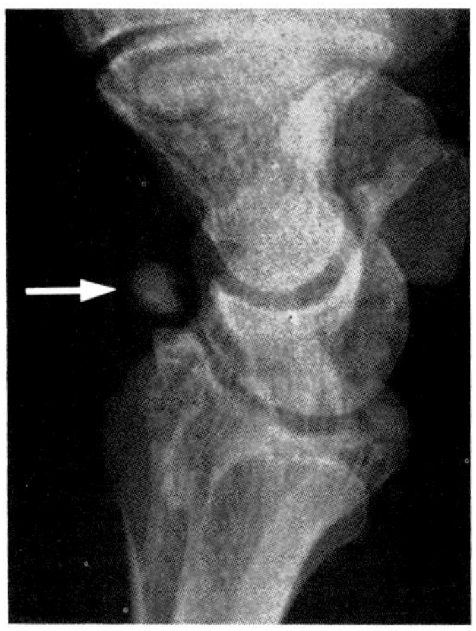

Abb. 2.**337** Absprengung aus der Muskelleiste. Fragliche Subluxation des Mondbeins

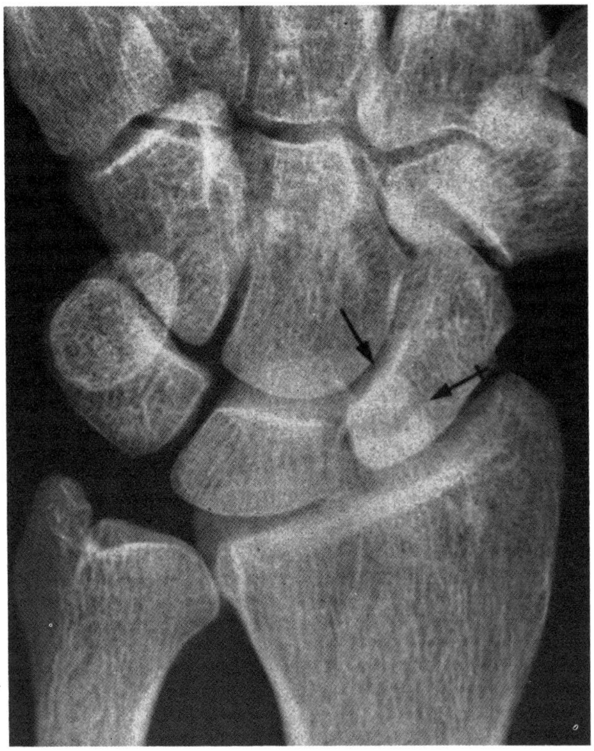

Abb. 2.**338** Isoliertes Knochenelement (⟵) in Deckung mit ▷ dem Kahnbein, durch einen Spalt (⟷) von der übrigen, hypertrophen, intertendinären Leiste abgetrennt

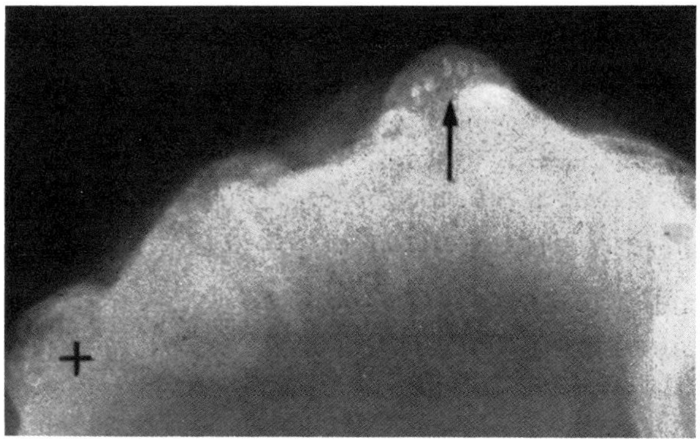

Abb. 2.**339** Tangentialaufnahme der dorsalen Radiusseite mit hypertropher intertendinärer Leiste (→), Ulnaköpfchen (+) (aus: Fischer, E.: Fortschr. Röntgenstr. 91 [1959] 530)

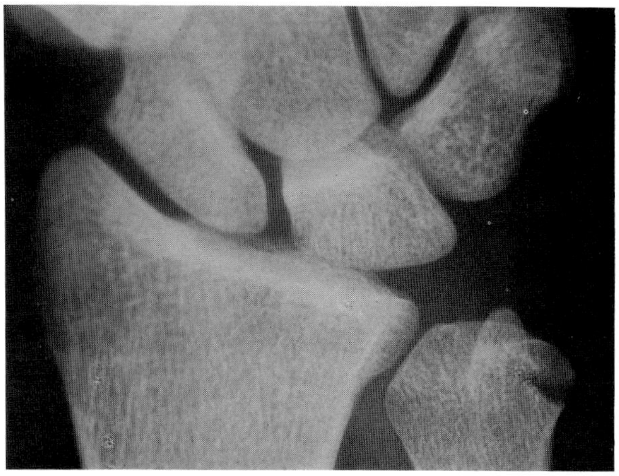

Abb. 2.**340** Osteonekrose am Processus styloideus ulnae

Als *Styloidosis ulnae aseptica necroticans* (Abb. 2.**340** bis 3.**342**) wurde ein Krankheitsbild beschrieben (45), das den aseptischen Nekrosen zugeordnet wird und mit Schmerzen einhergeht. Diese Styloidose soll bei Störung des Zentralnervensystems beobachtet werden; sie kommt andererseits bei *beruflicher Exposition,* u. a. auch bei Angehörigen schlagender Verbindungen, vor (66).

Durch Dauerstreß (Leistungssport) kann die Epiphysenfuge des Radius, unter Umständen auch der Ulna, erweitert werden, die Metaphysenränder zur Wachstumsfuge hin werden zystisch verändert, die Konturen der Metaphysen unregelmäßig (Abb. 2.**243a–c**) (18, 50). Ähnliche Veränderungen an der Wachstumsfuge der Ulna mit Strukturunregelmäßigkeiten fanden sich bei einem 14jährigen nach Breakdance (21).

a

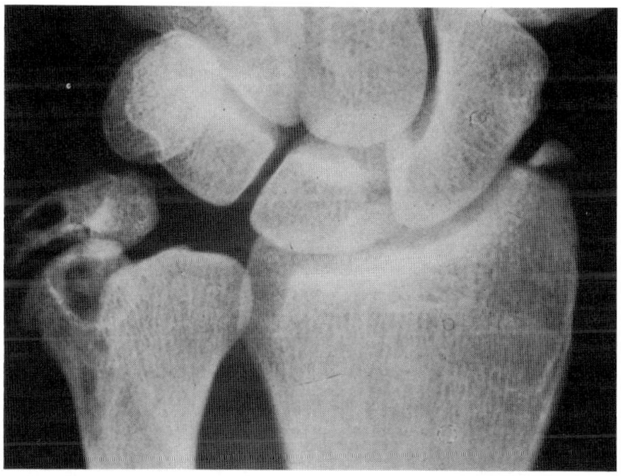

b

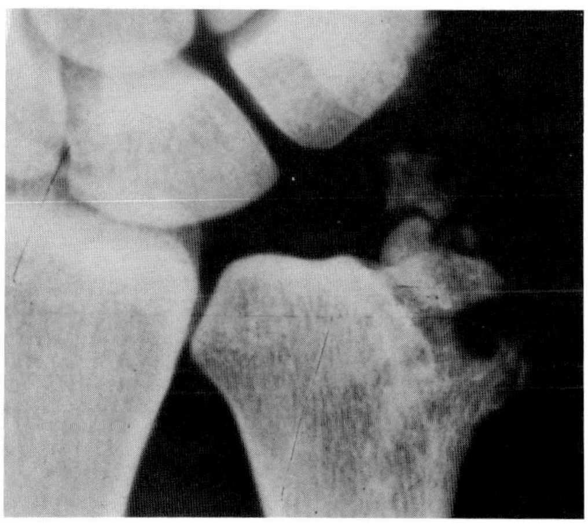

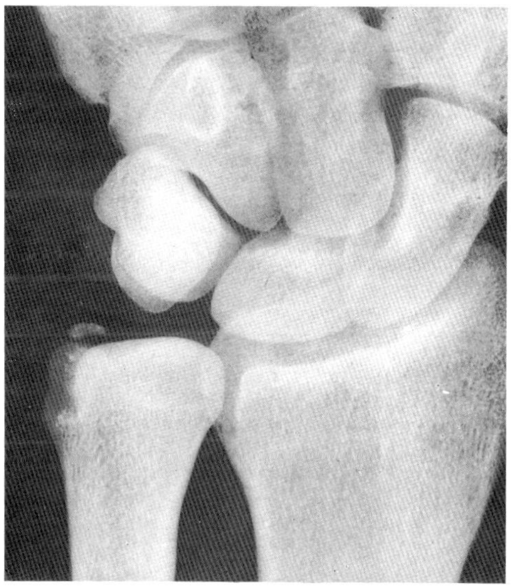

Abb. 2.**342** Styloidosis ulnae

◁ Abb. 2.**341 a** u. **b** Nekrotische Epiphysenstörung am Processus styloideus ulnae beiderseits und am Processus styloideus radii links (Beobachtung von Alsos, Porsgrum/Norwegen)

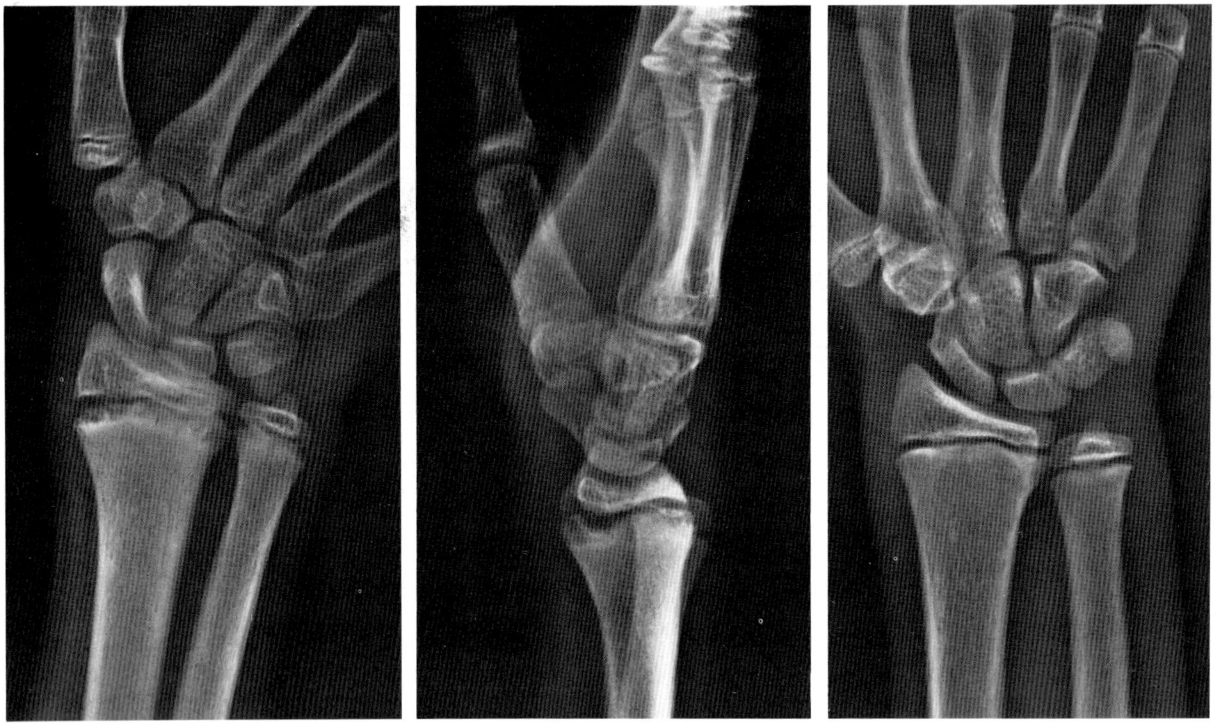

a b c

Abb. 2.**343 a–c** Epiphysenfugen bei Dauerstreß. **a** u. **b** Aufnahmen in zwei Ebenen. **c** Normalisierung nach Ausschaltung der Dauerstreßsituation (Beobachtung von Fliegel, Basel)

Über eine **Osteochondrosis dissecans** am Ulnaköpfchen liegen Berichte vor (2, 51). Im Rahmen einer ähnlichen Beobachtung bei einem 18jährigen Mädchen war radiologisch ein linsengroßer, osteochondrotischer Herd in der Nähe des Processus styloides ulnae nachzuweisen (23).

Erworbene Erkrankungen

Beim Kind besitzt die radiologische Darstellung der distalen Enden von Radius und Ulna für die Diagnose ätiologisch sehr unterschiedlicher Erkrankungen eine besondere Rolle. Es würde hier zu weit führen, alle Möglichkeiten aufzuzählen. Ein kurzes Schema zur Abgrenzung der Veränderungen bei **Rachitis, Skorbut (Morbus Möller-Barlow)** und **Lues** sowie bei **Bleiintoxikation** (Abb. 2.**344** bis 2.**347**) nebst einigen Aufnahmen bei frischer (Abb. 2.**348**), später (Abb. 2.**349**) und renaler Rachitis (Abb. 2.**350 a–c**) sowie bei Lues (Abb. 2.**351**), erläutert durch Tab. 2.**13**, muß hier genügen.

Als Frühzeichen der Rachitis in der radiologischen Darstellung ist noch vor dem Auftreten einer Becherung der Metaphysen und einer lamellären Entkalkung der Kortikalis die Resorption und damit das *Verschwinden des metaphysären Ringes, der „Virole"* (41), sorgfältig zu beachten und entsprechend zu bewerten. Im neuen Schrifttum liegt ein zusammenfassender Beitrag über die rachitischen und osteomalazischen Syndrome vor (47).

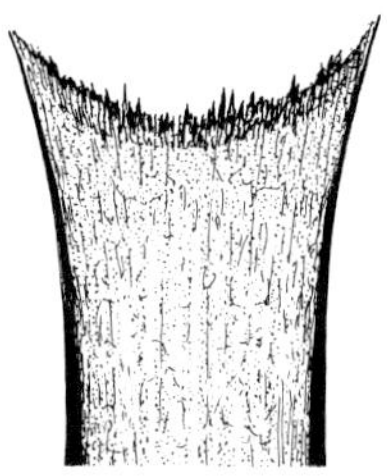

Abb. 2.**344** Rachitis

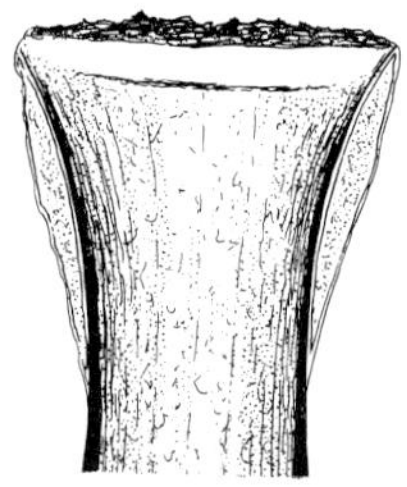

Abb. 2.**345** Skorbut

Abb. 2.**346** Lues

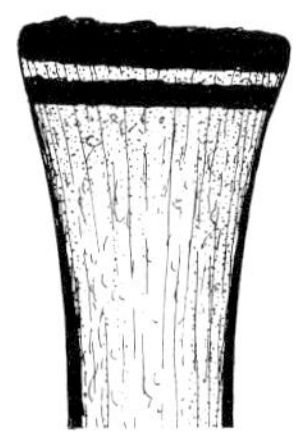

Abb. 2.**347** Bleiintoxikation

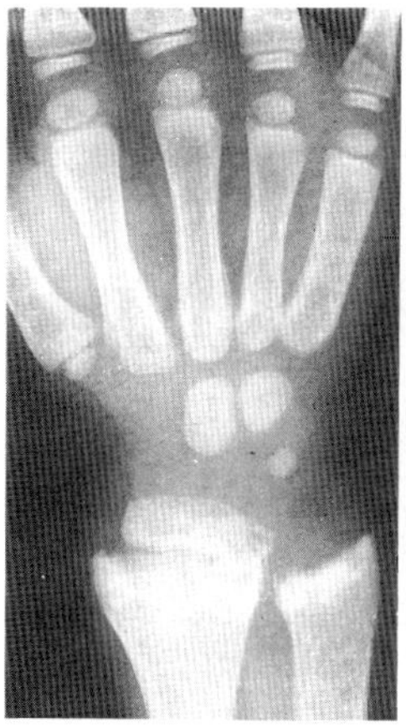

2.**348**

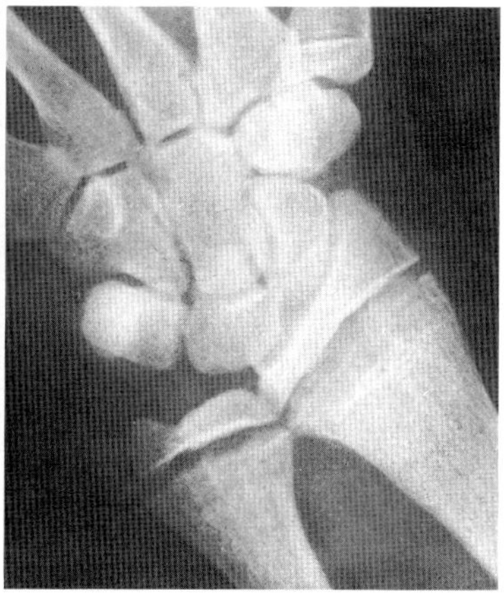

2.**349**

Abb. 2.**348** Rachitis (Beobachtung von Kaufmann, Basel)
Abb. 2.**349** Spätrachitis

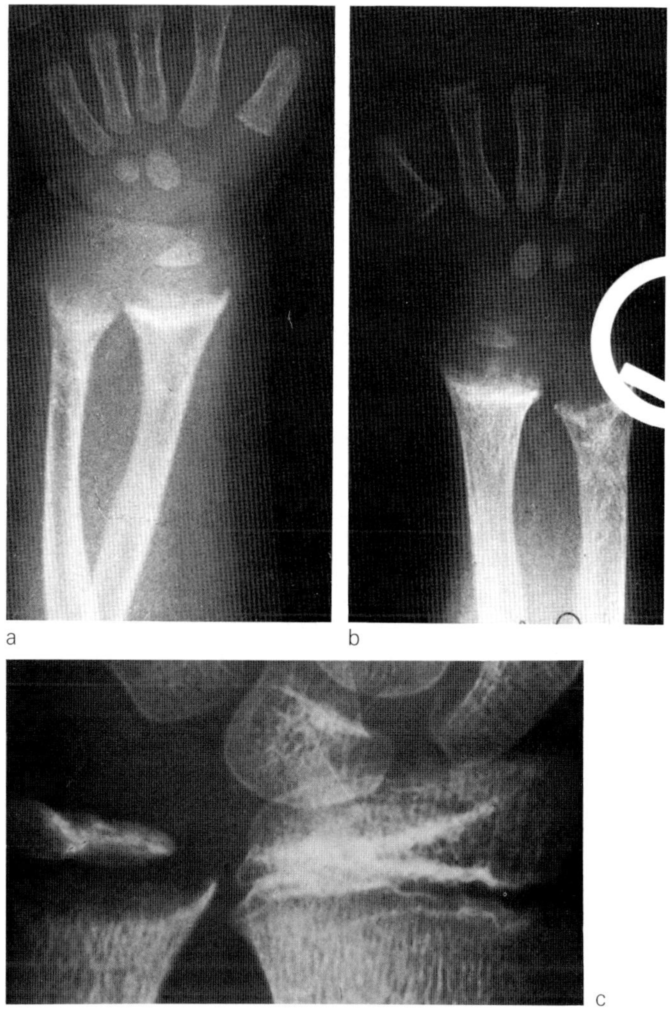

a b c

Abb. 2.**350 a–c**
a u. **b** Beide Handgelenke eines 2jährigen Mädchens mit Zystinurie. **c** Rachitis (renale?) bei 11jährigem

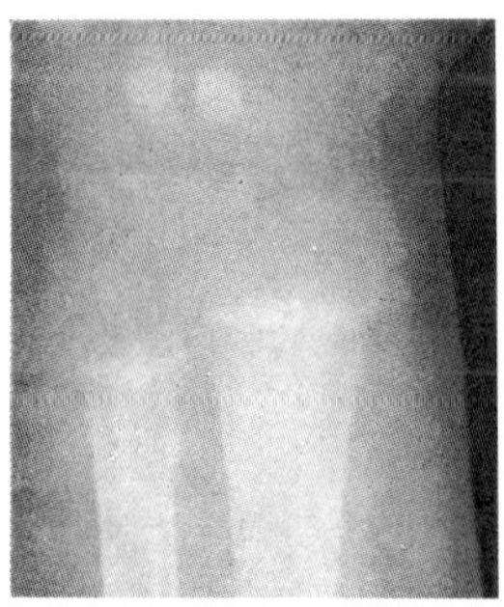

Abb. 2.**351** Lues

Metaphysäre Aufhellungslinien beim Säugling findet man außer an flachen vor allem typischerweise an den Röhrenknochen. Es handelt sich um trophische Störungen der enchondralen Ossifikation – ähnlich den unspezifischen Periostosen – bei den verschiedensten Noxen wie Avitaminose, anderen Ernährungs- und Stoffwechselstörungen, auch kongenitaler Herkunft, nach Kortisonbehandlung, Blutkrankheiten, Leberkrankheiten, Vitium cordis und Infektionen (5, 35, 63).

Streifenförmige Verdichtungen im Gebiet der alten Knorpelfugen treten nach Wachstumsstillstand verschiedenster Ursachen (Erkrankungen, Traumen, Entwicklungsstörungen), nach einer Vitaminstoßtherapie, bei in Schüben verlaufenden Allgemeinerkrankungen sowie nach Bluttransfusionen als Zeichen wiedereinsetzender Mineralisation mit plötzlicher Überschwemmung des Körpers durch Mineral-, besonders Kalziumsalze, auf und werden als **„Wachstumsstillstandslinien"** bezeichnet (20).

Unter die **Kontur- und Formveränderungen** im Wachstumsalter und danach sind die Defekte (von der Usur an) wie auch die Anlagerungen (bis zur Exostose) einzuordnen.

Während an der Stelle des anfangs erwähnten, eigenartigen Sporns, der normalerweise (s. Abb. 2.**304a** u. **b**) an der radialen Kontur der Radiusepiphyse auftritt, beim Erwachsenen Knochenanlagerungen entstehen können, die Zimmer für Verdickungen des Sehnenansatzes (s. Abb. 2.**312** und 2.**313**) hielt, sieht man meistens in dieser Zone leichte Aufrauhungen bzw. sogar leichte Arrosionen, die im Rahmen der **de Quervainschen Tendinitis stenosans** („Styloiditis radialis") den M. abductor pollicis longus und M. extensor pollicis brevis betreffen.

Ausgedehnte, flachere, **periostale Verdickungen** und Spongiosaverdichtungen beobachtet man bei der **Osteopathia hypertrophicans toxica,** z. B. bei Schädigungen mit Phosphor, Strontium, Blei, Wismut, ferner bei der **Osteomyelitis,** dagegen im allgemeinen nicht bei dem häufig im Radius lokalisierten

Tabelle 2.**13** Differentialdiagnose zwischen Rachitis, Skorbut und Syphilis (nach Holthusen)

Rachitis	Skorbut	Syphilis
im 1. Trimenon selten, (Ausnahme: Früh- und Mangelgeburt)	selten vor dem 6. Monat (Ausnahme: Frühgeborene)	schon im 1. Trimenon ausgeprägt
Epiphysenkerne kalkarm, „verzögerte Reifung"	Epiphysenkerne isoliert entkalkt	Epiphysen unbeteiligt
Metaphyse becherförmig, unscharf begrenzt, aufgefasert, „Virole" fehlt	Metaphysenplatte dicht, irregulär, schaftseitig begleitet von einer breiten Aufhellungszone (Scurvy line, Trümmerfeldzone)	Metaphysenplatte dicht, irregulär, u. U. mit Spikulae. Schaftwärts Aufhellungszone mit Konturdefekten (Wimberger-Zeichen)
generalisierte Entkalkung	–	–
Knochenverbiegung	–	–
häufig Frakturen (ohne periostale Blutung)	metaphysäre Frakturen und Epiphyseolysen häufig	seltene Frakturen
Aufblätterung der Kortikalis, Periostreaktion erst in der Heilungsphase	ausgedehnte Periostabhebung durch Blutung. Verkalkung der Hämatome	immer entzündliche Periostreaktion am Schaft

Brodie-Abszeß. Bei **Sichelzellanämie** findet man ebenfalls periostale Verdickungen an Radius und Ulna, wobei zentral sklerotische Zonen auftreten können.

Solitäre Exostosen im distalen Teil werden am Radius wie an der Ulna beobachtet.

Randdefekte an den Unterarmknochen entstehen bei fortgeschrittener Sehnenscheidentuberkulose und anderen **tuberkulösen Prozessen** und sämtlichen **entzündlichen Herden,** selbst beim **Granuloma inguinale** (33), weiterhin bei Osteodystrophien und **Riesenzelltumoren,** aber auch bei der *Neurofibromatose* (32). Schmale Druckusuren und Osteolysen am Radio-Ulnar-Gelenk wurden als seltene Lokalisation der Knochenveränderungen bei **progressiver Sklerodermie** beschrieben (65).

Schnell fortschreitende Osteolysen fanden sich an den distalen Unterarm- und den Handwurzelknochen bei **Sarkoidose.** Das Anfangsstadium der Erkrankung ließ sich am Skelettbild des 80jährigen, der zufällig wegen eines Traumas 3 Jahre zuvor radiologisch untersucht worden war, nicht erkennen (67).

Usuren und Deformierungen des Processus styloides ulnae besitzen eine besondere Bedeutung als Frühsymptom der chronischen Polyarthritis (rheumatoiden Arthritis) und entstehen hier infolge einer Tendovaginitis rheumatica der über dieses Gebiet hinwegziehenden Sehne des M. extensor carpi ulnaris (Abb. 2.**352 a–d**). Auch ballonartige Auftreibungen des Griffelfortsatzes kommen in diesem Rahmen vor (13). An den durch die Basis des Griffelfortsatzes verdeckten ulnovolaren Rand des Ulnakopfes, dessen Kontur deshalb hier unsichtbar bleibt, treten Verdünnungen, Erosionen und reaktive Verdickungen so häufig auf wie am Processus styloides ulnae (17).

Ausgedehnte Destruktionen der Gelenkflächen unter Beteiligung der Handwurzelknochen und anscheinend typischer Eindellung der sklerosierten Radiusgelenkflächen zum Skaphoid – das Kahnbein erscheint wie eingebettet – samt großen Zysten im gelenknahen Schaftanteil des Radius wurden außer den hierfür typischen Knorpelverkalkungen bei der **destruierenden Pseudogicht** – Chondrokalzinose – beschrieben (53).

Zu den Prädilektionsstellen der Manifestation einer **Riesenzellgeschwulst** (Osteoklastom) gehört der distale Radiusabschnitt. Differentialdiagnostisch spielt die Abgrenzung zur **polyostischen fibrösen Dysplasie Jaffé-Lichtenstein** eine Rolle. Auch ein **Chondromyxoidfibrom** wurde hier bei einem 15 Tage alten Mädchen erwähnt (14). Der Bericht über einen ausgedehnten Ulnadefekt durch ein desmoplastisches Fibrom (57) gehört an sich ebensowenig in den Rahmen der Grenzbefunde wie die Aufzählung einiger der vorerwähnten Krankheiten, die jedoch sämtlich aufgeführt wurden, um an ihr Vorkommen denken zu lassen, wenn sie noch ohne ausgedehnte Zerstörungen Schwierigkeiten für die ätiologische Deutung verursachen.

Ein Bericht befaßt sich mit der **Arthrosis deformans** am Radio-Ulnar-Gelenk bei Motorsägenbetreibern (31) (Abb. 2.**353**). Ob ein exostoseähnlicher Wulst des Radius im Gelenk zur Ulna (Abb. 2.**354**) bei sonst fehlenden Symptomen als Folge einer Arthrosis deformans aufzufassen ist, muß fraglich bleiben. Es wäre auch an eine Variante wie bei dem auf Abb. 2.**320 b** u. **c** wiedergegebenen Radiussporn (dort bei Madelungscher Deformität) zu denken.

Verkalkungen

Nach Bruch des Processus styloides radii wurde eine Verkalkung am Processus styloides ulnae abgebildet, die arthrographisch in eine *Bursa* lokalisiert wurde (58).

Volar vom Handgelenk können Verkalkungen als *Sehneneinlagerungen* vorkommen. Außer in den Arterienwänden – nach Beobachtung Köhlers selbst bei einem einjährigen Kind mit **Mongolismus,** sonst bei **Progerie** – kommen anderweitige Kalkablagerungen in den Weichteilen vor, so z. B. Phlebolithen in Angiomen oder dystrophe Verkalkungen in Lipomen.

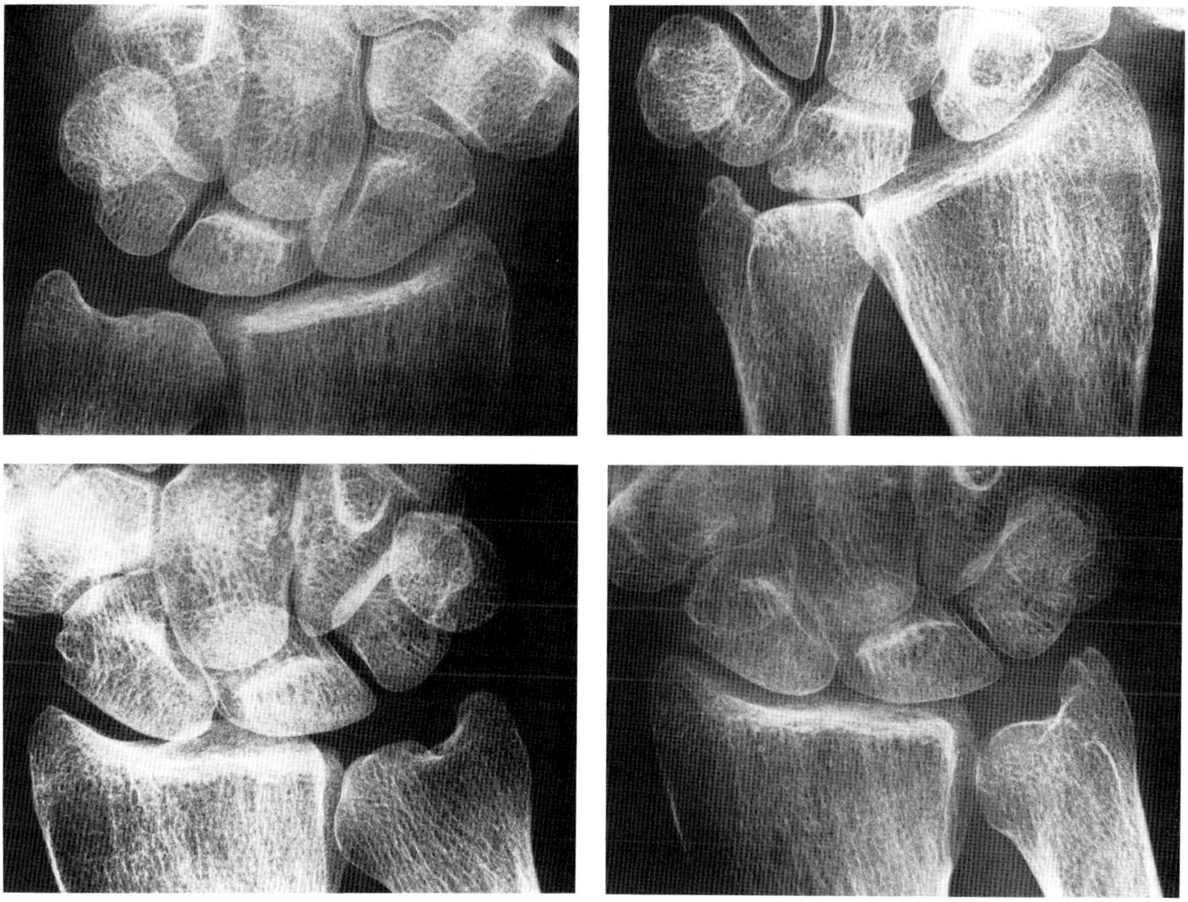

a b c d

Abb. 2.**352 a–d** Chronische Polyarthritis (rheumatoide Arthritis)
a u. **b** Normaler Processus styloideus ulnae beiderseits, Weichteilschwellung links
c u. **d** Arrosionen des Processus styloideus ulnae beiderseits ein Jahr später

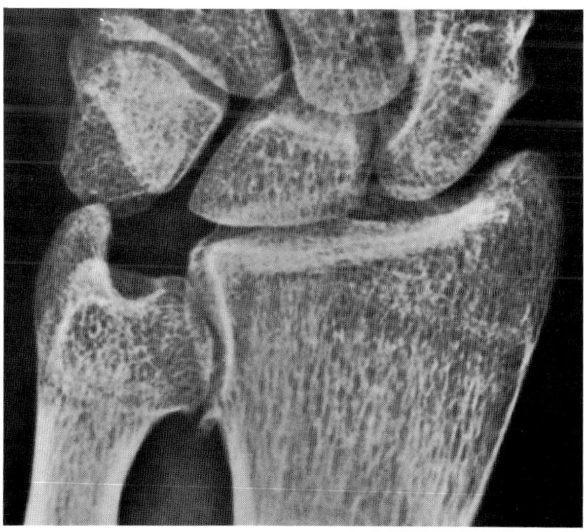

Abb. 2.**353** Schwere Arthrose am Radio-Ulnar-Gelenk nach berufsbedingter, stets gleichbleibender Drehbewegung der linken Hand

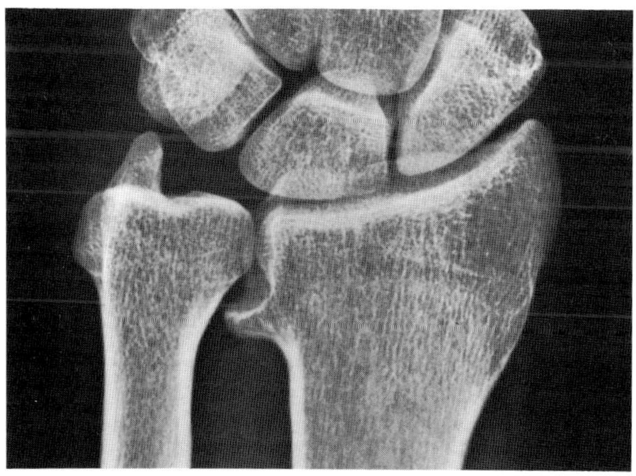

Abb. 2.**354** Grober Sporn des Radius am Gelenkrand zur Ulna. Osteophyt? Variante? (Beobachtung von Molineus, Hamburg)

Auch das distale Radio-Ulnar-Gelenk kann zum ungewöhnlichen Sitz einer **Synovialchondromatose** werden (3).

Literatur

1 Ackermann, H. J., H. Nuschenpickel: Hypoplasie der Ulna. Beitr. Orthop. 17 (1970) 367–372
2 Axhausen, G.: Entstehung der freien Gelenkkörper und ihre Beziehungen zur Arthritis deformans. Arch. klin. Chir. 104 (1914) 581–679
3 Ballet, F. L., H. K. Watson, J. Ryu: Synovial chondromatosis of the distal radioulnar joint. J. Hand Surg. 9-A (1984) 590–592
4 Beck, W.: Beitrag zur Entwicklungsstörung des Handgelenkes. Fortschr. Röntgenstr. 83 (1955) 496–502
5 Birkner, R.: Das typische Röntgenbild des Skeletts. Urban und Schwarzenberg, München 1977
6 Brocher, J. E. W., D. Klein: Die Dyschondrosteose. Fortschr. Röntgenstr. 96 (1962) 496–502
7 Bugyi, B.: Atypische Veränderungen der Handgelenkknochen bei Preßluftwerkzeugarbeitern. Fortschr. Röntgenstr. 117 (1972) 346–349
8 Buttenberg, H.: Zur Bedeutung von Polsterepiphysen bei entwicklungsgestörten Kindern. Fortschr. Röntgenstr. 107 (1967) 786–790
9 Caffey's Pediatric X-Ray Diagnosis, 8. ed., ed. by F. N. Silverman. Year Book Medical Publishers, Chicago 1984 (fig. 4–843, p. 912)
10 de Cuveland, E.: Epiphysennekrose des Radius. Z. Orthop. 83 (1953) 279–283
11 Dell, P. C., J. E. Sheppard: Thrombocytopenia, absent radius syndrome. Clin. Orthop. Relat. Res. 182 (1982) 129–134
12 Dihlmann, W.: Gelenke–Wirbelverbindungen, 2. Aufl. Thieme, Stuttgart 1982 ([1]S. 187; [2]S. 188)
13 Dihlmann, W.: Der Processus styloides ulnae – ein röntgenologischer Indikator für chronische rheumatische Polyarthritiden. Fortschr. Röntgenstr. 109 (1968) 199–202
14 Dihlmann, W., G. Müller: Konnatales Chondromyxoidfibrom des Radius. Fortschr. Röntgenstr. 110 (1969) 759–761
15 Fischer, E.: Neues Skeletelement dorsal am Radio-Carpalgelenk. Fortschr. Röntgenstr. 91 (1959) 530–531
16 Fischer, E.: Posttraumatische Defekte am Processus styloides ulnae nach isolierter Fraktur am distalen Radius. Fortschr. Röntgenstr. 111 (1969) 687–692
17 Fischer, E.: Reaktionen am überlagerten volo-ulnaren Rand des Ulnakopfes bei der chronischen Polyarthritis – ein bisher unbeobachtet gebliebenes Zeichen. Z. Rheumatol. 44 (1985) 162–166
18 Fliegel, C. P.: Stress related widening of the radial growth plate in adolescents. Ann. Radiol. (Paris) 29 (1986) 374–376
19 Follis, R. H., E. A. Park: Some observations in bone growth, with particular respect to zones and transverse lines of increased density. Amer. J. Roentgenol. 68 (1952) 709–724
20 Garn, St. M., F. N. Silverman, Ch. G. Rohman: Knochenlinien und bandartige Verdichtungen – ihre Beziehung zu Wachstum und Entwicklung. Med. Radiographie und Photographie (Kodak) Jan. 1972 (S. 2–33)
21 Gerber, S. D., P. P. Griffin, B. P. Simmons: Break dancer's wrist. Case report. J. Pediatr. Orthoped. 6 (1986) 98–99
22 Ghantus, M. K.: Growth of the shaft of the human radius and ulna during the first two years of life. Amer. J. Roentgenol. 65 (1951) 784–786
23 Gollasch, W.: Osteochondritis dissecans des Handgelenks. Röntgenpraxis 14 (1942) 468–469
24 Grasser, C. H.: Spontanfraktur bei isolierter Schafttuberkulose der Ulna. Schweizer. med. Wschr. 19 (1938) 533–535
25 Gumbs, V. L., D. Segal, J. B. Halligan, G. Lower: Bilateral distal radius and ulnar fractures in adolescent weight lifters. Amer. J. Sports Med. 10 (1982) 375–379
26 Harrison, R. G., E. N. Wardle: An unusual malformation of the radius and ulna. J. Bone Jt Surg. 40-B (1958) 82-85
27 Harrison, R. G., M. A. Pearson, R. Roaf: Ulnar dimelia. J. Bone Jt Surg. 42-B (1960) 549–555
28 Heidenhoffer, J.: Epiphysenfraktur der Ulna mit nachfolgender Wachstumshemmung. Röntgenpraxis 16 (1944) 225–228
29 Henschen, C.: Die Operation der Luxatio ulnae im unteren Radio-Ulnargelenk. Schweizer. med. Wschr. 68 (1938) 466–472
30 Hinkel, C. L.: Fractures of the distal radius and ulna and dislocation of the proximal carpals. Radiology 69 (1957) 809–814
31 Horváth, F., T. Kákosy: Arthrose des distalen radioulnaren Gelenkes bei Motorsägenbetreibern. Fortschr. Röntgenstr. 131 (1979) 54–59
32 Hülshoff, Th.: Neurofibromatose Recklinghausen und Knochenveränderungen. Fortschr. Röntgenstr. 92 (1960) 174–178
33 Jacobs, Ph.: Röntgenatlas der Hand. Springer, Berlin 1975 (Abb. 106 a, b)
34 Jung, W.: Röntgenstudien zur Frage der angeborenen Rachitis. Fortschr. Röntgenstr. 80 (1954) 181–185
35 Katayama, H., K. Suruga, T. Kurashige, T. Kimoto: Bone changes in biliary atresia. Amer. J. Roentgenol. 124 (1975) 107–112
36 Keats, Th. E.: An Atlas of Normal Roentgen Variants that May Simulate Disease, 3rd ed. Year Book Medical Publishers, Chicago 1984 ([1]fig. 6–78; [2]fig. 6–85; [3]fig. 6–61)
37 Koch, H. L.: Die Dyschondrosteose Léri-Weill. Fortschr. Röntgenstr. 138 (1983) 603–606
38 Krickun, E. M., J. Edeiken: Roentgenologic Atlas of the Hand and Wrist in Systemic Disease. Williams & Wilkins, Baltimore 1973 (fig. 3.22)
39 Kriener, H.: Muskelangiom mit Phlebolithen. Röntgenpraxis 13 (1941) 146
40 Küttner, H.: Tennisbein. Zbl. Chir. 50 (1923) 1216
41 Laval-Jeantet, M., N. Balmain, M. Juster, J. Bernard: Les rapports de la virole perichondrale et du cartilage en croissance normale et pathologique. Ann. Radiol. (Paris) 11 (1968) 327–335
42 Madelung, O.: Die spontane Subluxation der Hand. Langenbecks Arch. klin. Chir. 23 (1879) 395–411
43 Mau, H.: Dysostotische Minusvarianten der Elle und Speiche. (Abortive Madelungsche Deformität – Subluxation der Elle – Lunatummalazie). Z. Orthop. 89 (1957) 17–29
44 Mino, D. E., A. K. Palmer, E. M. Levinsohn: The role of radiography and computerized tomography in the diagnosis of subluxation and dislocation of the distal radioulnar joint. J. Hand Surg. 8 (1983) 23–31
45 Müller, J. H.: Die Styloidosis ulnae aseptica necroticans. Röntgenpraxis 13 (1941) 419–420
46 Nixon, J. E.: Bilateral Madelung's disease of the wrist: a family condition. J. Royal Soc. Med. 76 (1983) 313–315
47 Pitt, M. J.: Rachitic and osteomalacic syndromes. Radiol. Clin. North Amer. 19 (1981) 581–599
48 Prinz, P.: Hypoplasie der Ulna. Beitr. Orthop. 16 (1969) 23–29
49 Reinhardt, K., R. A. Pfeiffer: Ulno-fibulare Dysplasie. Eine autosomal-dominant vererbte Mikromesomelie ähnlich dem Nievergelt-Syndrom. Fortschr. Röntgenstr. 107 (1967) 379–391
50 Roy, St. R., D. Caine, K. M. Singer: Stress changes of the distal radial epiphysis in young gymnasts. Amer. J. Sports. Med. 13 (1985) 301–308
51 Schöneich, R.: Osteochondritis dissecans am Ulnaköpfchen. Fortschr. Röntgenstr. 76 (1952) 268–269
52 Seyss, R.: Zur Röntgenologie der Dysostosis multiplex Pfaundler-Hurler. Fortschr. Röntgenstr. 73 (1950) 749–753
53 Smathers, R. L., C. B. Stelling, Th. E. Keats: The destructive wrist arthropathy of pseudogout. Skeletal Radiol. 7 (1982) 255–258
54 Solgaard, S.: Angle of inclination of the articular surface of the distal radius. Radiologe 24 (1984) 346–348

55 Swoboda, W.: Das Skelett des Kindes, 2. Aufl. Thieme, Stuttgart 1969 (S. 9)
56 Taybi, H.: Radiologie der Syndrome. Thieme, Stuttgart 1982 ([1]S. 283; [2]Kap. 153)
57 Thirupathi, R. G., J. C. Vuletin, R. Wadwa, S. Ballah: Desmoplastic fibroma of the ulna. A case report. Clin. Orthopaed. Relat. Res. 179 (1983) 231–238
58 Thoms, J.: Calcification in the distal-ulnar joint. Acta radiol. (Stockh.) 55 (1961) 446–448
59 Viehweger, G.: Partielle Wachstumshemmung der Ulnadiaphyse. Fortschr. Röntgenstr. 84 (1956) 377–378
60 Viehweger, G.: Zur Frage der Entwicklung des Proc. styl. uln. Fortschr. Röntgenstr. 86 (1957) 408
61 Vitale, C. C.: Reconstructiv surgery for defects in the shafts of the ulna in children. J. Bone Jt Surg. 34-A (1952) 804–810
62 Werthemann, A.: Die Entwicklungsstörungen der Extremitäten. In Lubarsch, O., F. Henke, H. Rössle, E. Uehlinger: Handbuch der speziellen pathologischen Anatomie, Bd. IX/6. Springer, Berlin 1952
63 Willich, E.: Das Röntgensymptom der metaphysären Aufhellungslinien im Säuglingsalter. Fortschr. Röntgenstr. 88 (1958) 635–649
64 Wiedemann, H.-R., H. Dibbern: Thrombozytopenie-Radiusaplasie-Syndrom. Med. Welt 33 (1982) 1130–1131
65 Winter, H., F. Kammerhuber: Seltene Lokalisation von Knochenveränderungen bei progressiver (diffuser) Sklerodermie. Fortschr. Röntgenstr. 122 (1975) 364–366
66 Wuensch, K.: Styloidosis ulnae aseptica necroticans nach Schlägerfechten. Z. Orthop. 89 (1957) 506–511
67 Yasui, M., Y. Tsuyuguchi: Sarkoid disease of the wrist joint. Hand 15 (1983) 246–248

Mittlerer Teil

Norm

Eine kleine Unebenheit am radialen Ende der **Ulna,** 4–5 cm entfernt von ihrem distalen Ende, entspricht wahrscheinlich dem Ansatz des M. extensor indicis proprius. In dieser Höhe findet sich nicht selten ein **Gefäßkanal** in typischer Verlaufsrichtung (Abb. 2.**355**). In Abb. 2.**356** ist der Nutritiakanal bei einem 6 Wochen alten Säugling lochförmig dargestellt. Die im mittleren Teil der Elle scheinbar aus der Kortikalis vorspringenden Säume werden durch eine normale Drehung der Ulnakanten augenfällig.

In der Mitte des **Radiusschaftes** springt die **Crista interossea** an der ulnaren Kortikalis vor, um so stärker, je mehr der Schaft gekrümmt ist (Abb. 2.**357a** u. **b**).

Im Seitenbild kann die Überschneidung von Radius und Ulna zu einer Aufhellungslinie (Mach-Effekt) führen, die nicht mit einer Fraktur verwechselt werden sollte.

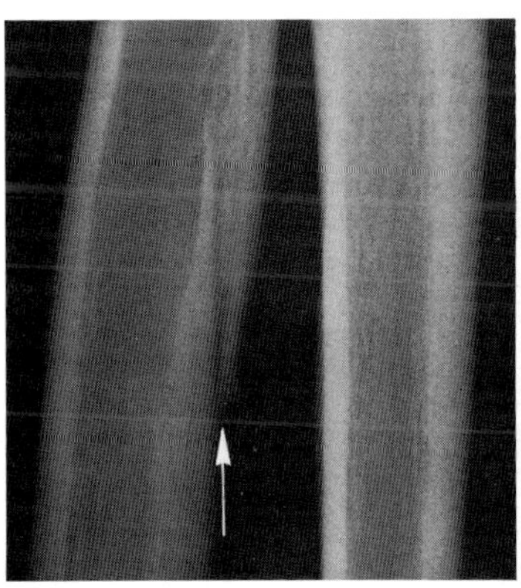

Abb. 2.**355** Nutritiakanal in der Mitte des Radius

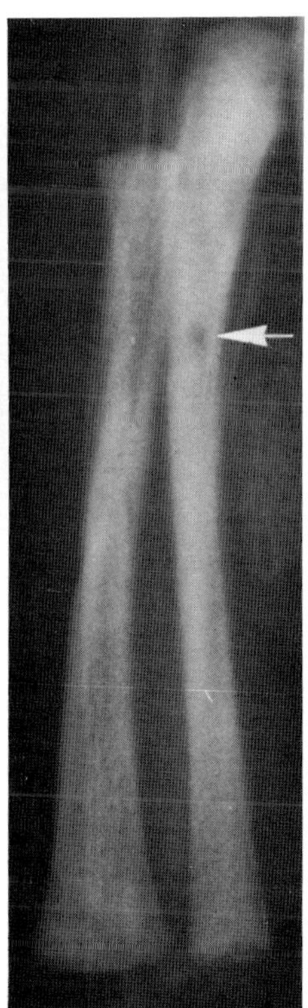

Abb. 2.**356** Nutritiakanal, lochförmig, bei 6 Tage altem Säugling ▷

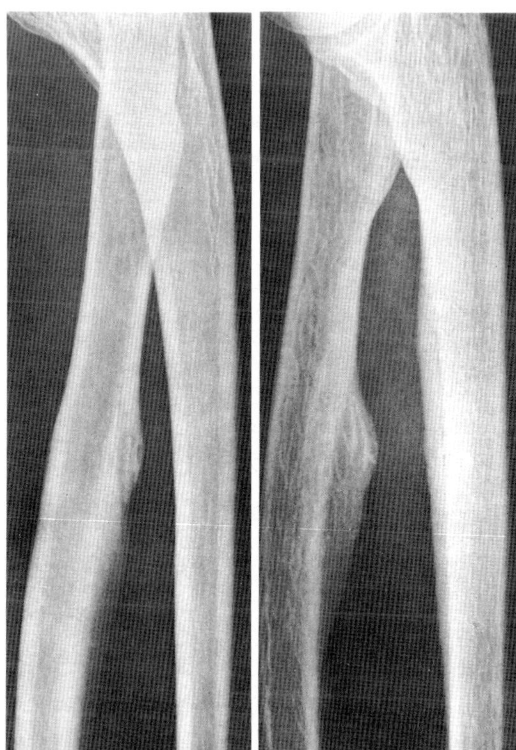

a b

Abb. 2.**357a** u. **b** Crista interossea

Anomalien

Die folgende Aufstellung richtet sich auszugsweise nach dem „Gamut Index" der Skelettdysplasien (14).

Unter den **mesomelen Syndromen** sind die Dyschondrosteose und der Zwergwuchs vom Typ Langer bei Besprechung der Mittelabschnitte beider Unterarmknochen wesentlich. Die Dyschondrosteose ist schon bei den Ausführungen über die Madelung-Deformität im Abschnitt über den distalen Unterarm besprochen. Der mesomele Zwergwuchs vom Typ Langer wird als homozygote Form der Dyschondrosteose aufgefaßt (13).

Die **Hypoplasie oder Aplasie** eines der beiden Unterarmknochen (meist Radius, selten Ulna) findet sich bei der Fanconi-Anämie, beim thrombozytopenie-fehlenden Radiussyndrom, bei der Vater-Assoziation und bei den Syndromen der Reduktion des radialen Strahls, die mit Hypoplasien bzw. Aplasien radialer Handwurzelknochen und des Daumens einhergehen können, zu deren bedeutendsten Formen jedoch das **Holt-Oram-Syndrom** gehört, das sich auch an anderen langen Röhrenknochen, u. a. auch an der Ulna (23) manifestieren kann, vorwiegend jedoch den Radius und den radialen Strahl betrifft (17).

Die **Madelungsche Deformität** wurde im vorigen Absatz über den distalen Unterarmabschnitt besprochen. Im nächsten Abschnitt über die proximalen Unterarmabschnitte ergibt sich die Gelegenheit, auf die **Hypoplasie des Ellenbogengelenkes oder Radiusköpfchens** wie auch auf die radioulnare Synostose – beide Anomalien gehören zu den Abnormalitäten der langen Knochen – einzugehen.

Die **kongenitale Pseudarthrose der Ulna** bei Neurofibromatose wurde unter Angabe der Literatur besprochen (21). Auf früheres Schrifttum über Osteolysen und Pseudarthrosen der Ulna wird verwiesen (23).

Zu einer ungewöhnlichen hyperostotischen Destruktion an beiden Unterarmknochen beiderseits wurde im Rahmen einer **infantilen kortikalen Hyperostose** anhand eines Einzelfalles berichtet (1). Anfänge des Pathologischen: Periostale Reaktionen und späte Schaftsklerose (Abb. 2.**358**). Die Affektion bildet sich spontan zurück.

Abb. 2.**358** Infantile kortikale Hyperostosis Caffey-Silverman mit periostaler Reaktion und Schaftsklerose

Gründlichere Ausführungen über die hier besprochenen, relativ seltenen Anomalien, von denen man die andererseits extrem seltene Form der **Mesomelie vom Typ Nievergelt** (Abb. 2.**359a** u. **b**) wegen ihres bizarren Aussehens am leichtesten diagnostizieren kann, sind in detaillierten und gründlichen Schilderungen wie im Buche über die „Radiologie der Syndrome" (25) oder in entsprechenden Lehrbuchkapiteln (u. a. 8) nachzulesen.

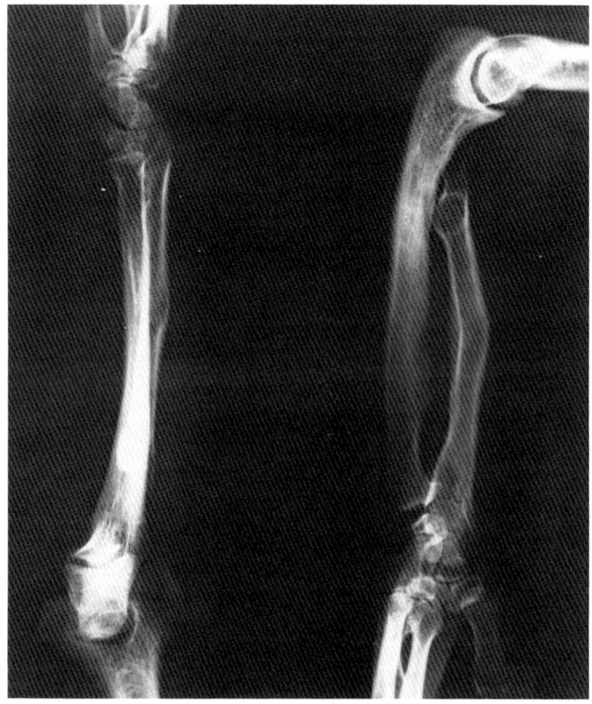

a

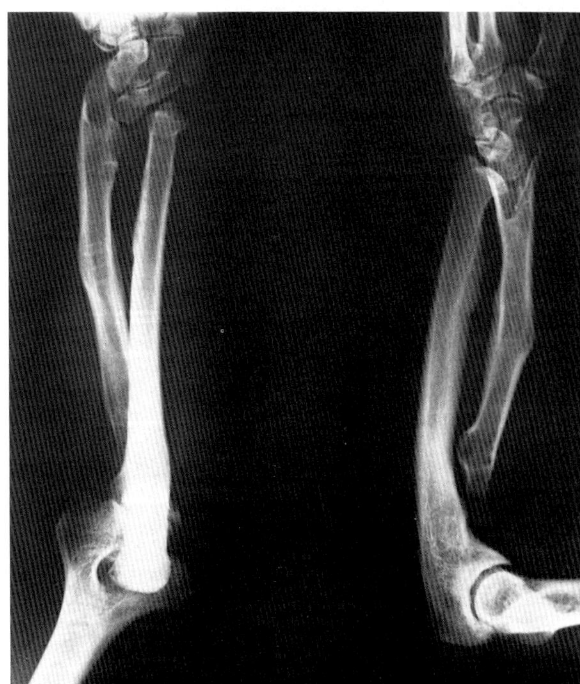

b

Abb. 2.**359a** u. **b** Nievergelt-Syndrom beider Unterarme (Beobachtung von Grüber, Hamburg-Altona)

Verletzungsfolgen und Nekrosen

Querfrakturen der Ulna, oft von Ulna und Radius, ohne erhebliche Dislokationen, sog. **Parierfrakturen,** kommen im mittleren Unterarmabschnitt vor. Bei glatten Querfrakturen sind Syringomyelien, Tabes und Osteoporose o. ä. auszuschließen, besonders, wenn kein entsprechendes Trauma vorliegt. Die Kombination einer Radiusschaftfraktur zwischen distalem und mittlerem Drittel mit einer Luxation im distalen Radioulnargelenk, eventuell mit Abriß des Processus styloideus ulnae, wird *Galeazzi-Fraktur* genannt.

Im Einzelfall wurde über eine lamellenförmige *Längsablösung der gesamten Crista interossea der Ulna* berichtet (12).

Bei **Kindern** nimmt die Häufigkeit der Frakturen nach Fall auf den ausgestreckten Arm mit zunehmendem Alter von proximal nach distal zu (26). Als besondere, aber typische Form kindlicher Unterarmbrüche ist die **akute plastische Verbiegung** aufzuführen. Es handelt sich um multiple Mikroläsionen, die sich makroskopisch zu einer mehr oder weniger gleichmäßigen Verbiegung addieren. Nicht selten ist die reine Verbiegung eines Unterarmknochens mit einer Grünholzfraktur des anderen kombiniert (4, 6). Bei Unsicherheit in der Diagnose hilft ein Knochenszintigramm. Im Falle einer traumatischen Verbiegung kommt es zu einer langstreckigen Aktivitätsanreicherung im betroffenen Schaft (18).

Die **Ermüdungsfraktur,** früher eine Seltenheit, wird bei zunehmender Beteiligung am Hochleistungssport nicht nur an den unteren, sondern auch an den oberen Extremitäten häufiger. Meist an der Elle auftretend, finden sich derartige Brüche sowohl bei Frauen, die Soft- oder Volleyball spielen (19), wie auch bei Männern, die sich einem Bodybuilding unterziehen (9). Sowohl bei den Ballspielen wurde mit Schlägen unter den Ball eine Stellung eingenommen, die wie beim Gewichtstraining mit bei im Ellenbogengelenk in über 90 Grad gebeugtem Unterarm eine bei den verschiedenen Sportarten gleiche Überbeanspruchung in einer Position verursacht, die Anlaß gab, den Bruch als „Lifting-fracture" (Evans; zit. nach 19) zu bezeichnen.

Daß nicht nur bei außergewöhnlicher Beanspruchung des normalen Knochens, sondern normaler Belastung eines veränderten Knochens **Umbauzonen** auftreten können, beweist Abb. 2.**360**. In gleicher Weise ist wohl das Auftreten einer Ermüdungsfraktur des Radius nach einer Fraktur der Ulnadiaphyse bei einer 70jährigen Frau mit Osteomalazie nach Billroth-II-Resektion des Magens aufzufassen (22).

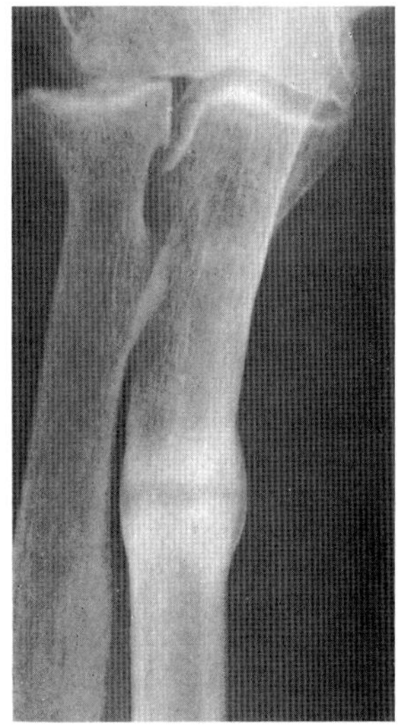

Abb. 2.**360** Loosersche Umbauzone

Erworbene Erkrankungen

Die **Ostitis deformans Paget** kann an der Speiche vorkommen (16).

In Abb. 2.**361 a** sind die zystisch anmutenden Strukturauflockerungen mit Arrosion der Kortikalis, vorwiegend der Speiche, vom Markraum her nachzuweisen, die bei einem 37jährigen Patienten mit fortgeschrittenem **primären Hyperparathyreoidismus** und entsprechender Osteoporose nachzuweisen war. Es war zu mehrfachen, verheilten Spontanfrakturen gekommen (Abb. 2.**361 b**). Diskretere Spongiolysen bei einem **sekundären Hyperparathyreoidismus** finden sich in Abb. 2.**362** dargestellt.

Die **renale Osteodystrophie** bei Kindern mit chronischer Niereninsuffizienz führt bei den Jüngeren (bis zum 3. Lebensjahr) mehr zu Veränderungen an den Wachstumszonen, bei den Älteren eher zu kortikalen (subperiostalen) Erosionen.

Knochenresorption, Weichteilatrophie und Verkalkungen sind die radiographischen Kennzeichen einer muskuloskeletalen Manifestation der **Sklerodermie,** wie sie an den Phalangen beschrieben wurde. Die Beteiligung der distalen Unterarmenden ist sehr selten. Daß die Erkrankung auch die mittleren Abschnitte der Unterarmknochen befällt, war bis 1985 nur in drei Mitteilungen erwähnt (20).

Während sich das verkalkte **Hämangiom** der Muskulatur des Unterarmes lediglich auf die Knochen projizieren kann (27), sind auch grobe Knochenveränderungen beim ausgedehnten Weichteilhämangiom beschrieben. **Adamantinome,** sonst meist in der Tibia gelegen, werden auch vereinzelt in der Elle gefunden (7).

Die **Calcinosis interstitialis** wurde sowohl in ihrer typischen Form bei der Dermatomyositis (3) wie auch als erbliche Form bei fünf Mitgliedern einer Familie in einer Langzeitstudie über 20 Jahre in den Weichteilen des Unterarms beobachtet (10).

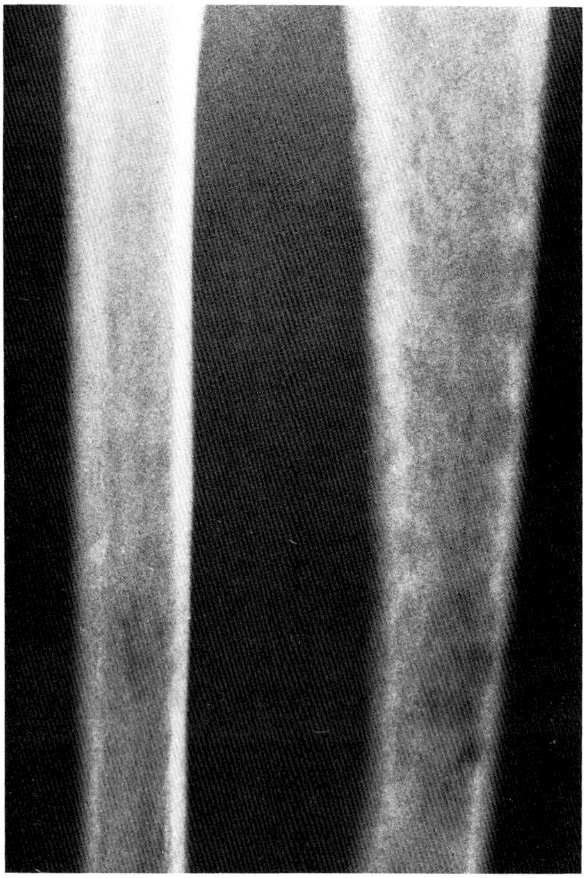

a

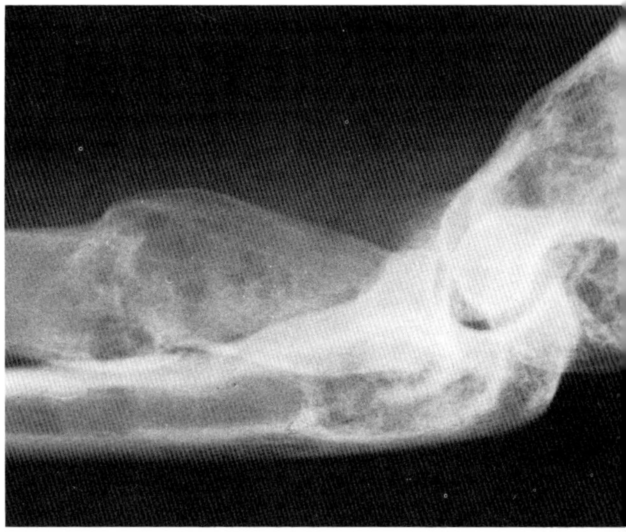

b

Abb. 2.**361 a** u. **b** Struktur- und Formveränderungen bei primärem Hyperparathyreoidismus

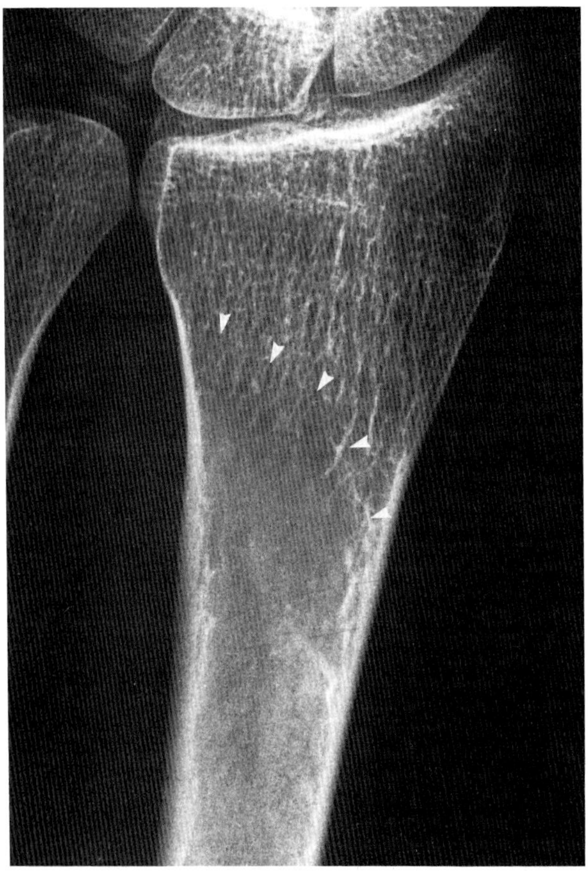

◁ Abb. 2.**362** Rarefizierung der Spongiosa bei sekundärem Hyperparathyreoidismus

Literatur

1 Abel, H. T., H. St. Braun, W. Lamme: Infantile kortikale Hyperostose. Dt. Gesundh.-Wes. 37 (1982) 1185–1188
2 Azouz, E. M.: Longitudinal CT of the forearm in children. J. l'assoc. canad. radiol. 35 (1984) 388–389
3 Ames, E. L., J. L. Posch: Calcinosis of the flexor and extensor tendons in dermatomyositis – case report. J. Hand Surg. 9-A (1984) 876–879
4 Borden, S.: Roentgen recognition of acute plastic bowing of the forearm in children. Amer. J. Roentgenol. 125 (1975) 524–530
5 Braune, M.: Maskierte Frakturen im Säuglings- und Kindesalter. Radiologe 25 (1985) 97–103
6 Crowe, J. E., L. E. Swischuk: Acute bowing fractures of the forearm in children. A frequently missed injury. Amer. J. Roentgenol. 128 (1977) 981–984
7 Etchart, M., G. Viviani, R. Behn: Adamantinom der Ulna. Fortschr. Röntgenstr. 95 (1961) 415–418
8 Giedion, A.: Konstitutionelle Skeletterkrankungen. In Schinz, H. R., W. E. Baensch, W. Frommhold, R. Glauner, E. Uehlinger, J. Wellauer: Lehrbuch der Röntgendiagnostik, 6. Aufl., Bd. II/2. Thieme, Stuttgart 1981 (S. 1–350)
9 Hamilton, H. K.: Stress fracture of the diaphysis of the ulna in a body builder. Amer. J. Sports Med. 12 (1984) 405–406
10 Homma, W., A. Rütt: Die familiäre Calcinosis interstitialis. Z. Orthop. 119 (1981) 774–779
11 Hsu, A. C., S. W. Kooh, D. Fraser, W. A. Cumming, V. L. Fornasier: Renal osteodystrophy in children with chronic renal failure: an unexpectedly common and incapacitating complication. Pediatrics 70 (1982) 742–750
12 Kácl, J., J. Kolár: Eine ungewöhnliche Form der Ulnafraktur. Fortschr. Röntgenstr. 88 (1958) 244–245
13 Kemperdick, H., F. Majewski: Mesomeler Zwergwuchs vom Typ Langer als homozygote Form der Dyschondrosteose. Fortschr. Röntgenstr. 136 (1982) 583–587
14 Kozlowski, K., P. Beighton: Gamut Index of Skeletal Dysplasias. An Aid to Radiodiagnosis. Springer, Berlin 1984
15 Kühne, D., W. Lenz, D. Petersen, H. Schönenberg: Defect von Femur und Fibula mit Amelie, Peromelie oder ulnaren Strahldefekten der Arme. Ein Syndrom. Humangenetik 3 (1967) 244–263
16 Kurai, J., L. Csink: Ein Fall von auf die Speiche beschränkter Pagetscher Krankheit. Z. Orthop. 95 (1962) 362–365
17 Lenz, W.: Genetic counseling in defects of the long bones. Hum. Genet., Part B: Medical Aspects (1982) 497-506
18 Miller, J. H., J. A. Osterkamp: Scintigraphy in acute plastic bowing of the forearm. Radiology 142 (1982) 742
19 Mutoh, Y., T. Mori, Y. Suzuki, Y. Sugiura: Stress fractures of the ulna in athletes. Amer. J. Sports Med. 10 (1982) 365–367
20 Olutola, P. S., F. Adelowo: Osteolysis of the shaft of tubular bones in systemic scleroderma. Dign. Imag. clin. Med. 54 (1985) 322–325
21 Ostrowski, D. M., R. E. Eilert, G. Waldstein: Congenital pseudarthrosis of the ulna: a report of two cases and a review of the literature. J. Pediatr. Orthoped. 5 (1985) 463–467
22 Perry, C. R., H. M. Perry III, R. E. Burdge: Stress fracture of the radius following a fracture of the ulna diaphysis. Clin. Orthopaed. 187 (1984) 193–198
23 Rütt, A.: Die Osteolyse und Pseudarthrose der Ulna. Z. Orthop. 97 (1963) 83–88
24 Tändler, P., D. Träger, C. P. Adler: Spontane idiopathische Osteolyse („Gorham-Syndrom"). Z. Orthop. 122 (1984) 635–638
25 Taybi, H.: Radiologie der Syndrome. Thieme, Stuttgart 1982
26 Tredwell, S. J., K. van Peteghem, M. Clough: Pattern of forearm fractures in children. J. Pediatr. Orthoped. 4 (1984) 604–608
27 Wachtler, E.: Zur Röntgensymptomatologie der Hämangiome der quergestreiften Muskulatur. Fortschr. Röntgenstr. 81 (1954) 508–513

Proximaler Teil

Norm

Im Wachstum

Eine **Kerbe im Radiusköpfchen** bei Kindern im Alter von 2 bis 6 Jahren (Abb. 2.**363a** u. **b**) verschwindet etwa im 10. Lebensjahr. In diesem Alter können am Capitulum radii atypische Epiphysenkerne auftreten (Abb. 2.**364a** u. **b**).

Bis zum Alter von 10 bis 13 Jahren wird im Olekranon kein Knochenkern beobachtet. Zu diesem Zeitpunkt endet der proximale Abschnitt der **Ulna** plump. Mit dem Auftreten des Olekranonkerns sieht man in der v.-d. Aufnahme einen kleinen, rundlichen Schatten im Zentrum des Olekranons. In seitlicher Projektion (Abb. 2.**365**) ist der Kern, der auch gedoppelt angelegt sein kann – Olekranonspitzenkern s. Abb. 2.**405b** deutlicher zu erkennen. Das Zentrum ist ziemlich weit vom Hauptknochen entfernt. Der Spitzenkern kann seinerseits unterteilt sein (Abb. 2.**366**). Die Knorpelfuge ist bis zu 5 mm weit. Bei Verschmelzung beider Kerne (Abb. 2.**367**) wird zunächst der Spalt zum Schaftknochen durch feine Knochenbälkchen strangförmig überbrückt (Abb. 2.**368**). Die Verschmelzung beginnt volar. Dorsal bleibt lange eine tiefe Rinne erhalten (Abb. 2.**369**). Im Alter von 16 bis 20 Jahren verschmelzen die Olekranonkerne mit dem Schaft. Im Processus coronoideus der Ulna tritt, für sehr kurze Zeit sichtbar, ein kleines Verknöcherungszentrum auf. Der Kronenfortsatz springt im v.-d. Strahlengang exostosenähnlich nach lateral oder medial vor (Abb. 2.**370**), ein Befund, der auch beim Erwachsenen noch beobachtet werden kann.

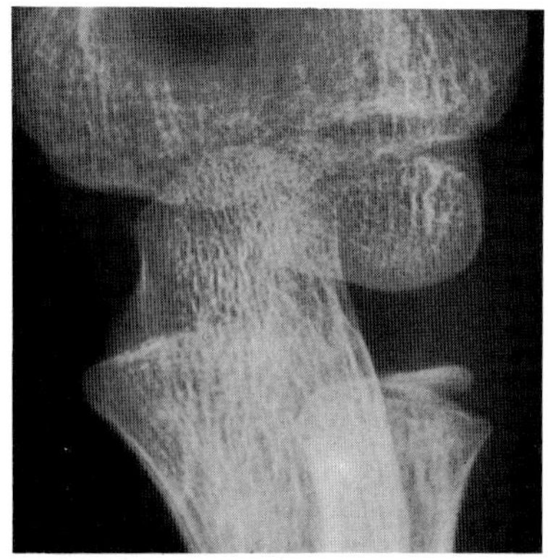
a

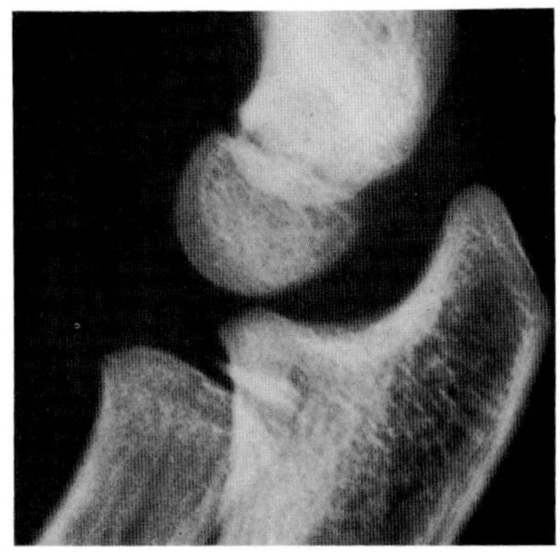
b

Abb. 2.**364a** u. **b** 10jähriger Junge. Atypische Anlage der Epiphyse des Radiusköpfchens

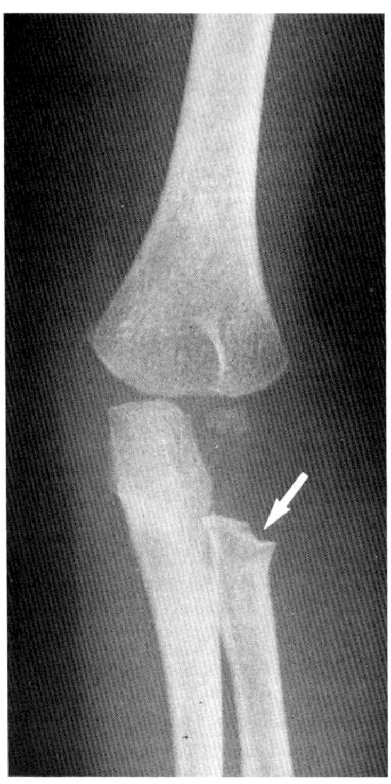
a

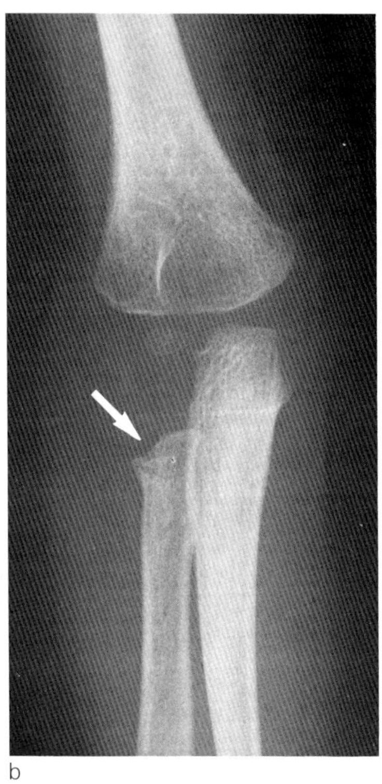
b

Abb. 2.**363a** u. **b** 2jähriges Mädchen. Vorübergehend im Wachstum bestehende Ossifikationslücke am Capitulum radii

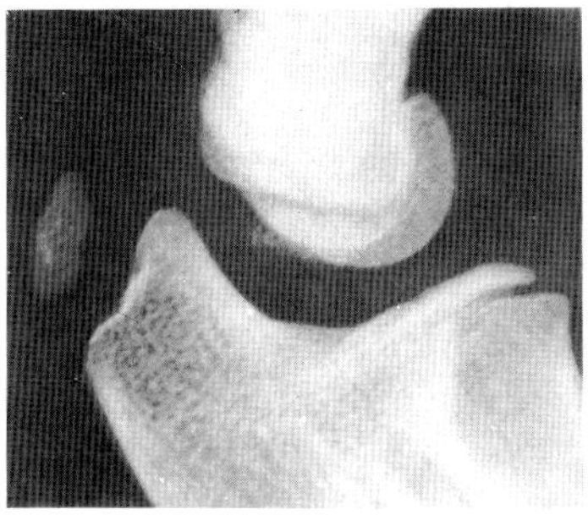

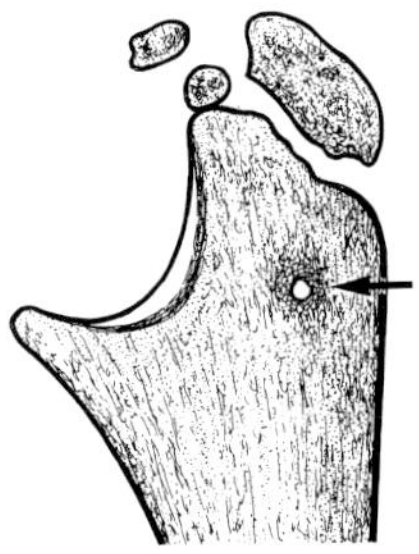

Abb. 2.**365** Olekranonkern

Abb. 2.**366** Unterteilung des Spitzenkerns. Nutritiakanal (←)

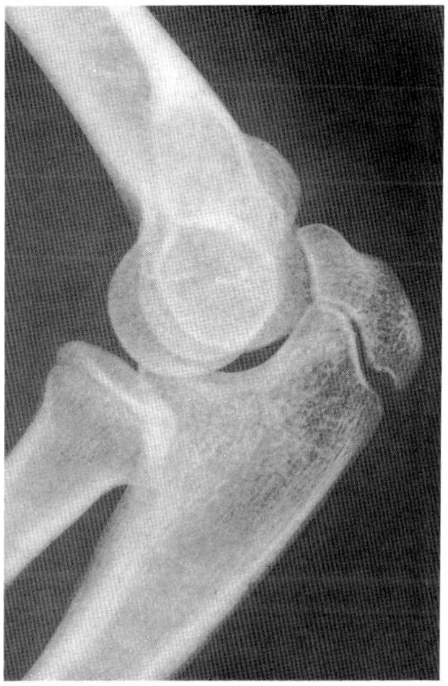

Abb. 2.**367** Verschmelzung beider Kerne des Olekranons

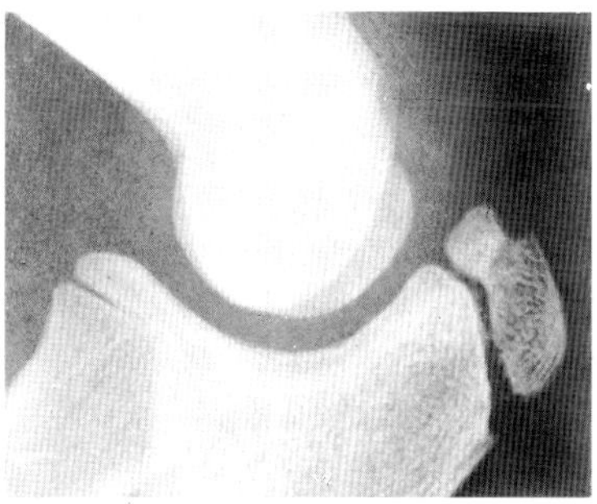

2.**368**

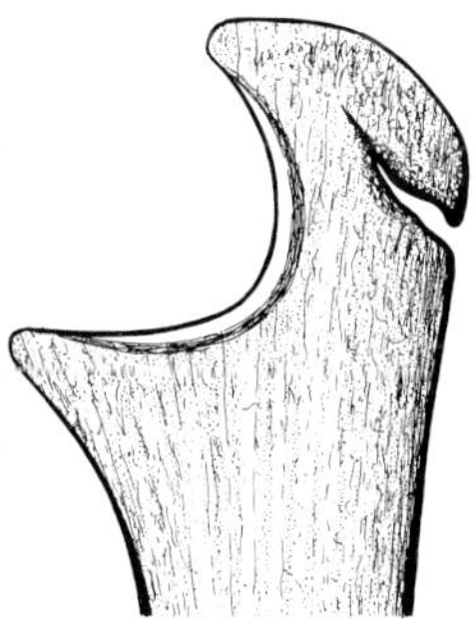

2.**369**

Abb. 2.**368** Beginnende Verschmelzung des Spitzenkerns
Abb. 2.**369** Dorsale Spalte

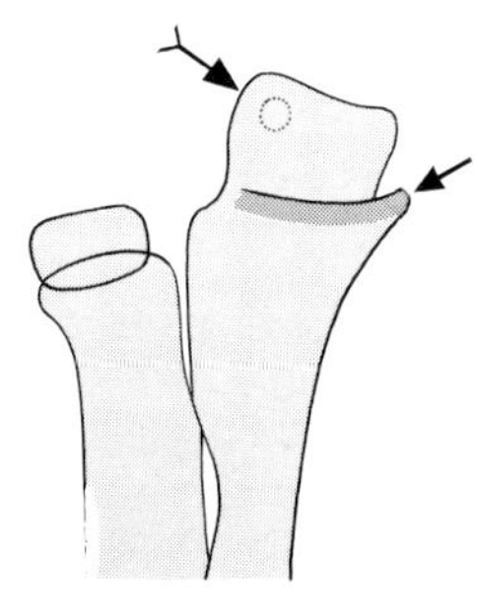

Abb. 2.**370** Normaler Vorsprung des Knochenfortsatzes ulnar (⟶). Kleine Kompaktainsel und Zyste (↣) im Olekranon

Beim Erwachsenen

Die **Tuberositas radii** stellt sich auf Profilaufnahmen als breitbasig aufsitzender, scharf begrenzter Höcker an der volaren Radiuskontur dar und ist auf der d.-v. Aufnahme etwas ulnarwärts gerichtet. Anstelle des Höckers kann eine Grube bestehen (Abb. 2.**371 a**), in deren Bereich die Knochenbälkchenstruktur weitmaschiger erscheint. Es kann sogar ein begrenzter Aufhellungsbezirk durch die normale Fovea eine Osteolyse vortäuschen (Abb. 2.**371 b**), solange keine sklerotische Begrenzung besteht (Abb. 2.**372 a–e**).

Im **proximalen Ulnaabschnitt** zeigt sich auf Profilaufnahmen normalerweise an der Gabelung von Kronenfortsatz und Olekranon eine Strukturauflockerung bzw. strukturarme Zone (Abb. 2.**373**). An dieser Stelle sieht man auch gelegentlich in Zündholzkopfgröße einen orthograd getroffenen **Gefäßkanal** (s. Abb. 2.**366**).

In der Mitte der Gelenkkontur der Ulna erkennt man gelegentlich eine Kerbe (Abb. 2.**374**), die in Abb. 2.**414 b** (volar einer „Gelenkmaus") durch das sich hineinprojizierende Radiusköpfchen besonders markiert wird. Eine öfter in dieser Incisura trochlearis befindliche Leiste (Abb. 2.**375**) (zwischen den Gelenkflächen für beide Walzen der Trochlea humeri?) entspricht einem normalen Befund, gibt aber immer wieder einmal den Anlaß zur Frage des Klinikers, ob nicht ein freier Körper vorliege.

Eine umschriebene, rundliche Aufhellung distal der Incisura radialis *ulnae* entspricht der Ansatzstelle des Lig. anulare radii, die grubenförmig sein kann und bei Patienten mit der Fähigkeit zu extremer Supination des Unterarmes beobachtet wurde (36).

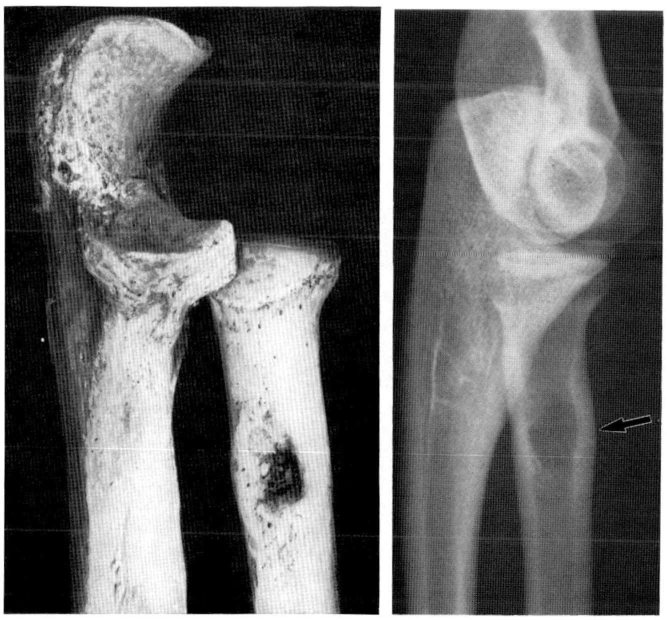

a b

Abb. 2.**371 a** u. **b** Bandgrube proximal an typischer Stelle des Radius
a Präparaphotographie
b Bei gleicher Projektion in radiologischer Darstellung

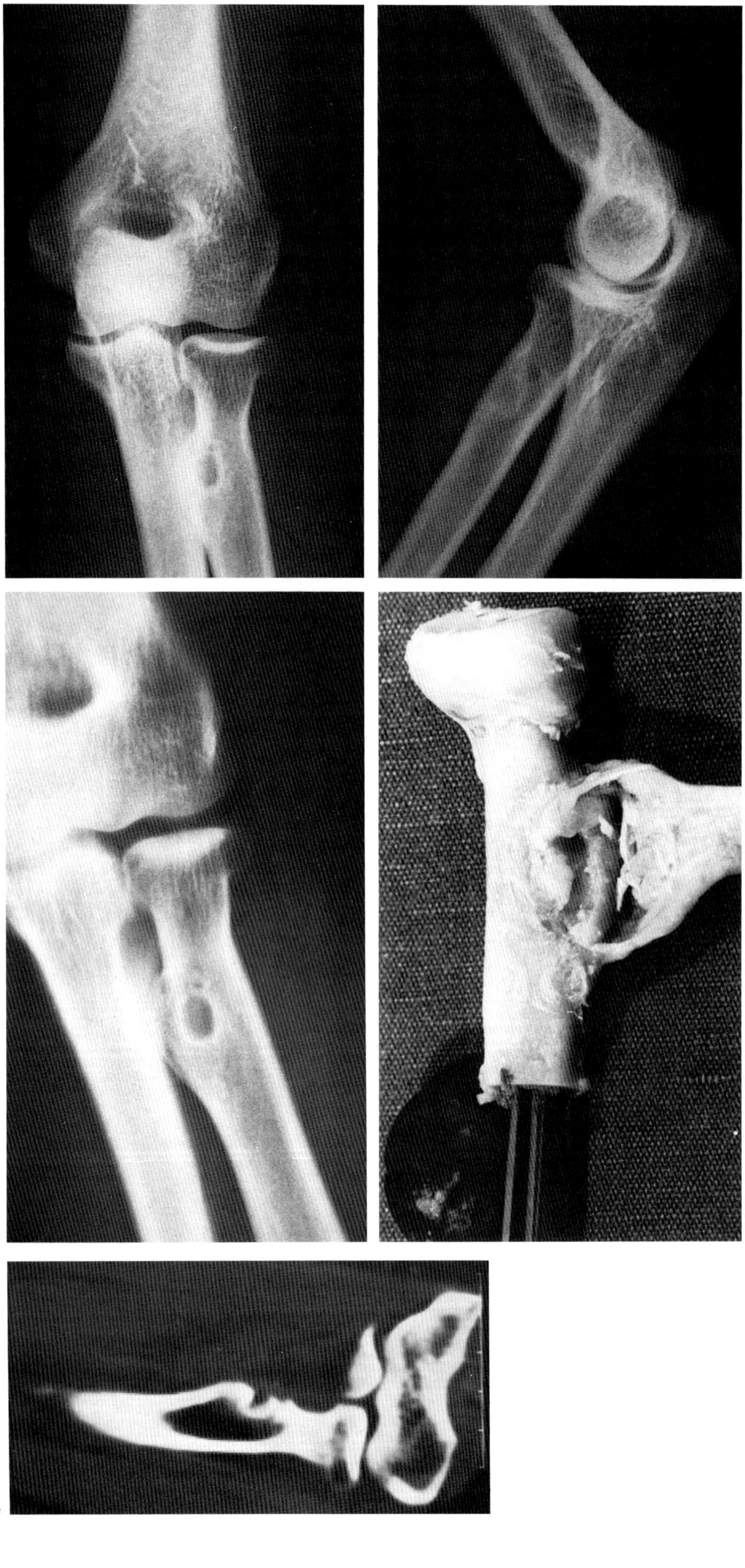

a b c d e

Abb. 2.**372 a–d** Grube proximal an typischer Stelle des Radius
a Summationsaufnahme im volodorsalen Strahlengang
b Summationsaufnahme im seitlichen Strahlengang
c Tomogramm im volodorsalen Strahlengang
d Präparatphotographie mit Bizepsansatz, der die Grube umgreift (aufgeschnitten)
e Computertomogramm (Beobachtung von Schöneich, Cottbus/DDR)

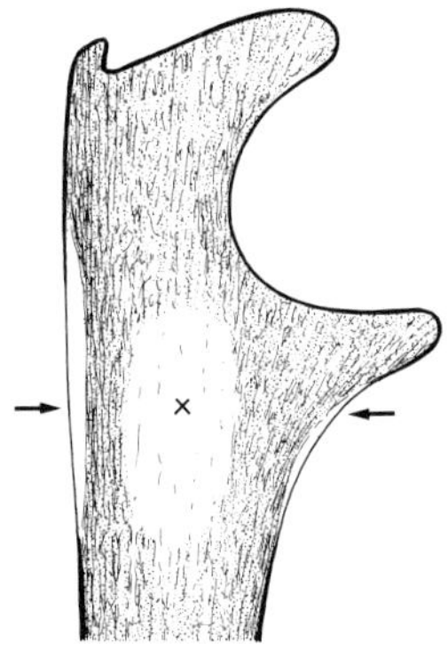

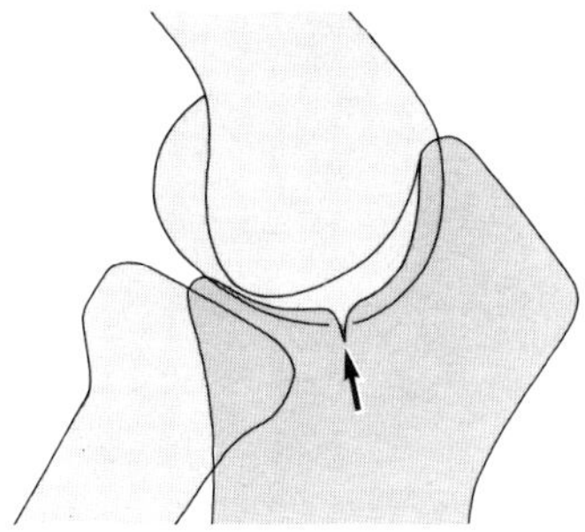

2.374

2.373

Abb. 2.**373** Normale Strukturauflockerung (x)

Abb. 2.**374** Kerbe in der Incisura semilunaris (bzw. trochlearis)

Varianten

Persistierende Epiphysen im Olekranon kommen vor. Zur streßbedingten **verzögerten Verschmelzung des Olekranon** s. S. 171. Bei einem vergrößerten persistierenden Olekranonkern ist differentialdiagnostisch an ein der Patella gleichendes Sesambein in der Trizepssehne, „Patella cubiti" (7, 48, 50), oder an den Zustand noch nicht verheilter Olekranonfraktur zu denken (7).

Gelegentlich bleibt der Olekranonspitzenkern isoliert (Abb. 2.**376**). Am Ansatz der Trizepssehne, an der Dorsalseite des Olekranons, erscheint eine kleine Knochenzacke (Abb. 2.**377**). Analog den Verhältnissen am Tuber ossis calcanei spricht man vom **Olekranonsporn,** der meist fest mit dem Ellenhaken verbunden ist, jedoch auch isoliert vorkommt (Abb. 2.**378**). Von diesem Befund ist die „Patella cubiti" (s. oben) differentialdiagnostisch abzugrenzen. Beim Olekranonsporn dürfte es sich um eine sekundär entstandene, bei der Patella cubiti um eine anlagebedingte Variante handeln.

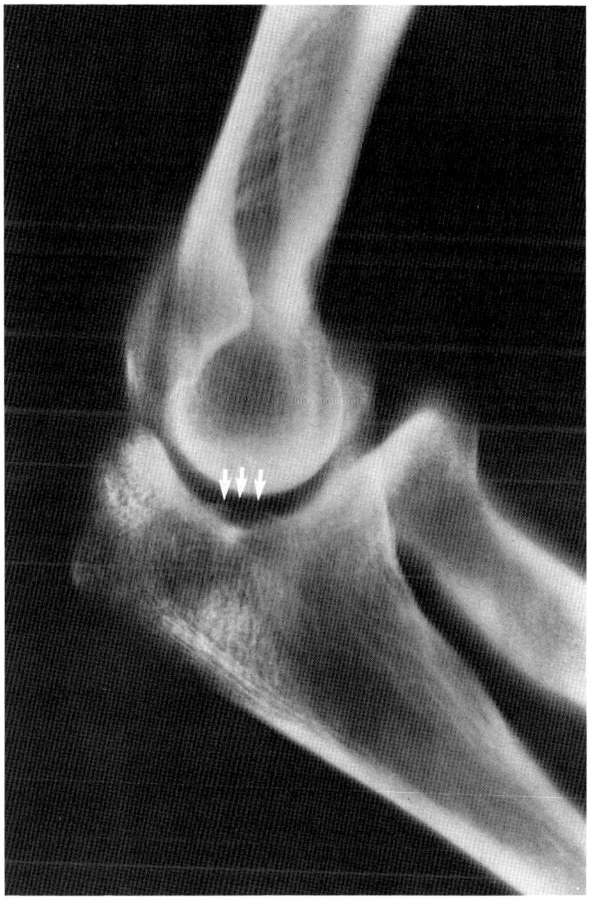

Abb. 2.**375** Normale Knochenleiste in der Incisura trochlearis (Tomogramm)

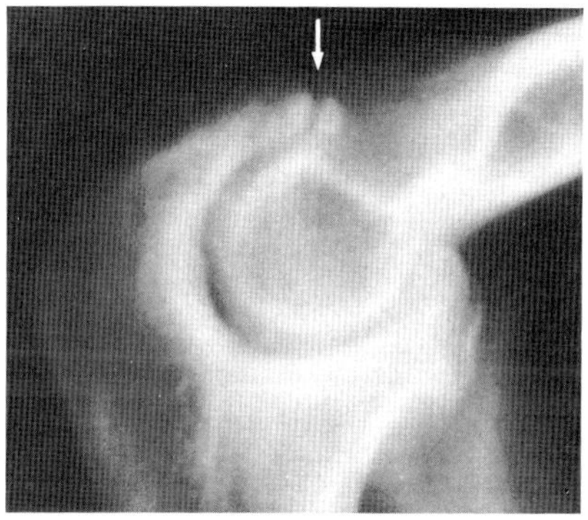

Abb. 2.**376** Isolierte Ossifikation (persistierender Spitzenkern?) des Olekranons

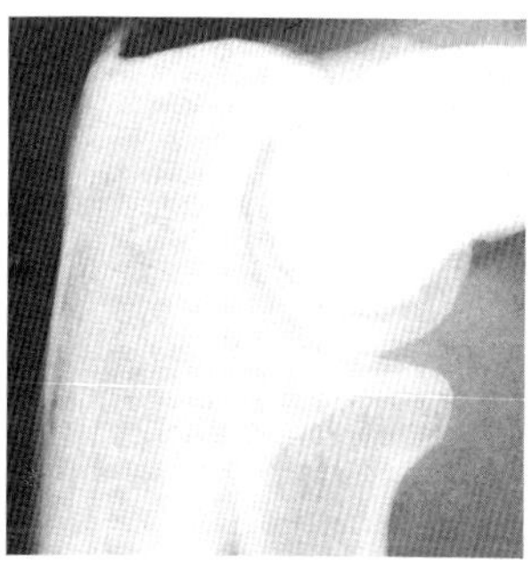

Abb. 2.**377** Olekranonsporn

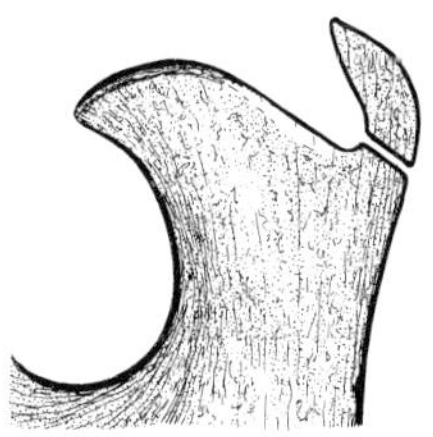

Abb. 2.**378** Spalte an der Basis des Olekranonsporns

Die *Persistenz eines Verknöcherungszentrums des Processus coronoideus der Ulna* ist, wie erwähnt, möglich (65). Das „Os cubiti anterius" (12, 75, 76) kann, allerdings im Rahmen einer Arthrosis deformans – s. dort –, einem solchen Befund entsprechen.

Eine Stufe, die durch die Prominenz der Gelenkfläche des Olekranon gegenüber der des Processus coronoideus ulnae entsteht, ist beschrieben (64).

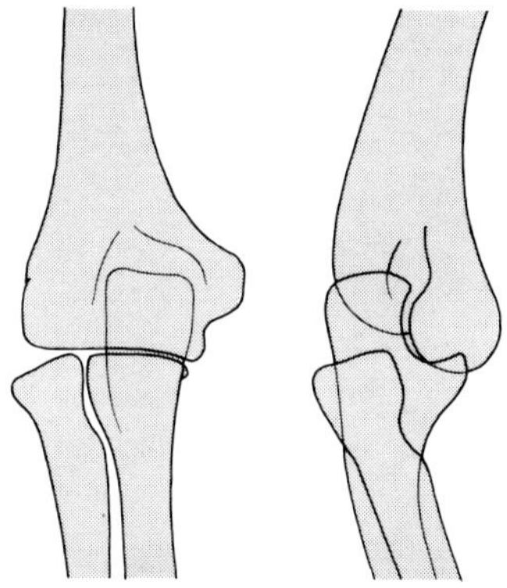

Abb. 2.**379** Radiusluxation

Anomalien

Wie vorn erwähnt, kommen sowohl totale und partielle **Aplasien** wie auch **Verdoppelungen** von Elle und Speiche vor.

Bei der **epiphysären Dysostose** gibt es grobe Gelenkdeformierungen, speziell auch am Ellenbogengelenk, und insbesondere eine Dysplasie des Speichenköpfchens mit Luxation zur Gegenseite. Der Schaft im proximalen Vorderarm erscheint gabelförmig gespreizt.

Die **angeborene Radiusluxation** ist im allgemeinen doppelseitig. Das Köpfchen kann nach vorn wie nach hinten luxieren (Abb. 2.**379**). Es handelt sich wie bei der Madelung-Deformität am distalen Unterarm und wie bei den mesomelen Veränderungen der Schaftmitte beider Unterarm- (und Unterschenkel-) abschnitte hier um eine Anomalie am proximalen Ende des Unterarms. Sie tritt z. B. bei der Osteoonychodysostose (nail-patella-syndrome), beim otopalatodigitalen Syndrom, beim Cornelia-de-Lange-Syndrom, bei chromosomalen Abnormitäten (Klinefelter und anderen überzähligen X-Syndromen) u. a. auf (47).

Krümmungen des Radius hemmen die Drehbewegung des Unterarms (5) ebenso wie die zuvor besprochenen Fehlbildungen und ein Teil der im folgenden noch zu nennenden knöchernen Deformitäten am proximalen Unterarm. Die Supination wird auch durch die angeborene Valgusstellung des Radius im Rahmen einer familiären Mißbildung behindert (60).

Zu den Anomalien der Unterarmknochen zählen die **Synostosen** in der Gegend der Ellenbogengelenke (Abb. 2.**380**). Am häufigsten ist die proximale **Radioulnarsynostose** als isolierte Anomalie beschrieben, oft familiär gehäuft auftretend (57) – eventuell im Gefolge multipler kartilaginärer Exostosen, multipler karpaler (und tarsaler) Synostosen, eines mesomelen Zwergwuchses, Typ Nievergelt, mit Subluxation des Radiusköpfchens oder – dies selten – der proximalen Elle (s. u. a. 47).

Etwa die Hälfte der Patienten ist beiderseits betroffen. Die Anomalie kann eventuell zu Behinderungen in der Supination und damit auch der Nahrungsaufnahme führen, die dann durch eine Überpronation kompensiert wird (71). Als Kuriosum sei die Prädestination einer solchen Anomalie zum Taschendiebstahl (26) erwähnt. In der Regel wird die funktionelle Einschränkung nicht empfunden und verursacht keine berufliche Beeinträchtigung (9).

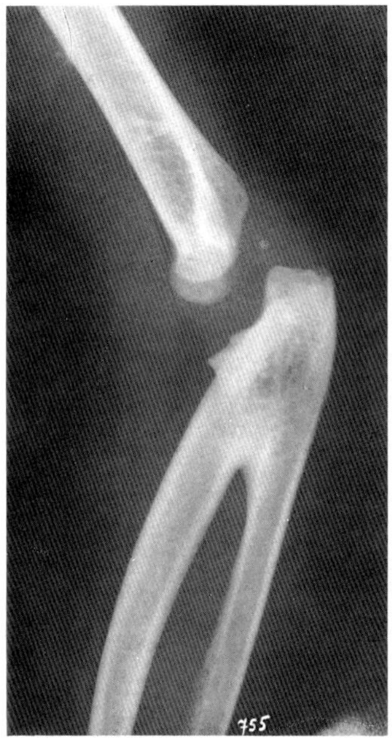

Abb. 2.**380** Radio-Ulnar-Synostose

Bis 1976 wurde über mehr als 300 Synostosen im Schrifttum berichtet (9), wenngleich diese Zahl mit Sicherheit weit unter der Mindestzahl der betroffenen Patienten liegt.

Außer dieser typischen Radioulnarsynostose ist über anderweitige ossäre Verschmelzungen in der Gegend des Ellenbogengelenkes berichtet. Es gibt *komplette Blöcke zwischen Humerus, Radius und Ulna,* eventuell verbunden mit anderen Ankylosen (22). **Humeroradiale Synostosen** können mit Mißbildungen an Hand und Fingern kombiniert sein (40, 56). Eine einseitige Aplasie des Ellenbogengelenkes mit **humeroradialer Versteifung** ohne nachgewiesene Erblichkeit ist beschrieben (18).

Verletzungsfolgen und Nekrosen

Beim Kind ist die Betrachtung des *vorderen und hinteren Fettstreifens* nach dem (exakt unter Flexion des Unterarmes von 90 Grad einzustellenden) Seitenbild wichtig. Der vordere Fettstreifen ist in der Fossa coronoidea sichtbar. Der hintere Fettstreifen, in der Fossa olecrani gelegen, ist nur dann zu erkennen, wenn er durch Flüssigkeit im Gelenk nach dorsal verlagert ist (73).

Beim Kleinkind besteht durch ein relativ schwaches Lig. anulare eine Prädisposition zum Herausschlüpfen des Capitulum radii aus diesem Band. Die **Subluxatio radii** nach volar („nurse maid's elbow" [15, 21], „Chassaignacsche Armlähmung", „pronation douloureuse") erfolgt, wenn ein Kind, eventuell neben einem Erwachsenen gehend und stolpernd, an der Hand hochgerissen wird. Die Subluxation des Radiusköpfchens kann eine schmerzhafte Armlähmung hervorrufen und radiologisch entweder gar nicht (73) oder höchstens dann zu erkennen sein, wenn die Achse des Radius nicht wie normalerweise genau in die Mitte der Trochlea trifft (14, 69). Eine eingehende Studie aus dem Jahre 1976 nach Untersuchung und Behandlung von 194 Kindern, fast alle zwischen 1 und 4 Jahren alt, befaßt sich mit dieser Art der Subluxation des Radiusköpfchens (61).

Die allgemeine traumatologische radiologische Symptomatik bei Verletzungen der Ellenbogengelenke ist den entsprechenden Lehrbüchern zu entnehmen. Dem Anliegen dieses Buches obliegt es, Befunde wiederzugeben, die schwer zu erkennen sind und aus diesem Grunde in den Grenzbereich zwischen Norm und pathologischen Befund gezählt werden. Hierzu gehören besonders die Ellenbogengelenksverletzungen bei Kindern, nicht zuletzt, weil Frakturen im Ellenbogenbereich des Kindes zehnmal häufiger vorkommen als beim Erwachsenen (4), während allerdings Luxationen mit 0,5–1% der kindlichen Verletzungen als relativ seltene Ereignisse anzusehen sind (28).

Aufnahmetechnisch ergeben sich besonders am Radiusköpfchen diagnostische Schwierigkeiten. Die Radiuskopf-Kapitellum-Projektion mit im seitlichen Strahlengang um 45 Grad nach proximal geneigter Röhre (Unterarm in 90 Grad im Ellenbogengelenk gebeugt) läßt den Radiuskopf frei und nicht mit der Elle überlagert erscheinen (30) und hat sich in der traumatologischen Diagnostik zur Feststellung nicht nur von Brüchen des Capitulum radii, sondern auch von Verletzungen des Capitulum humeri („Kapitellum") und des Processus coronoideus ulnae bewährt (31–33). Bei erheblichem klinischen Verdacht und mangelndem Nachweis einer Radiusköpfchenfraktur auf den Aufnahmen in den Standardprojektionen ist die gezielte Untersuchung in verschiedenen Drehstellungen zunehmender Pronation erforderlich (Abb. 2.**381a–f**). Durch die Computertomographie sind konventionell nicht zu erkennende Knorpeldissekate darzustellen (6). Die einfachste Methode ist bei unklaren Befunden bei Kindern der Vergleich mit der gesunden Seite. Eine besondere Beachtung erfordert die regelrechte Stellung des Ra-

Abb. 2.**381a–f**
a u. **b** Ellenbogengelenk in zwei Ebenen: Eine Knochenverletzung ist nicht direkt zu erkennen oder zu beweisen
c–f Vier Zielaufnahmen in verschiedenen Projektionsstellungen. Meißelfraktur des Capitulum radii ist in **c** eindeutig abgebildet (→)

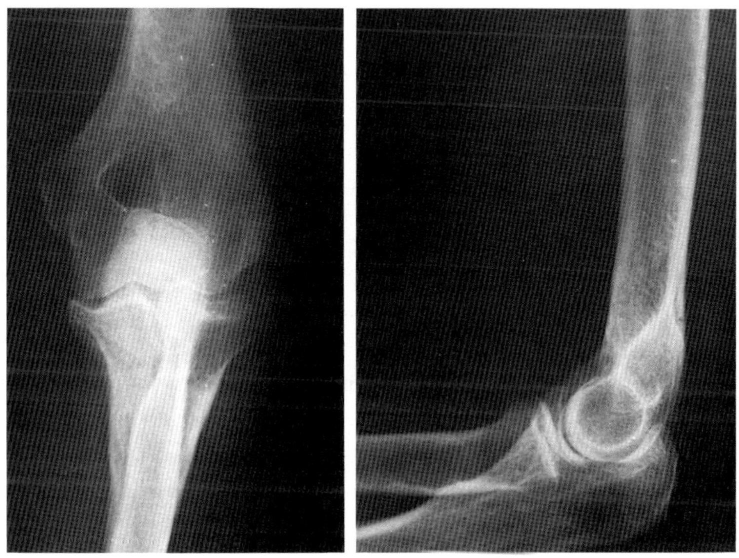

a b

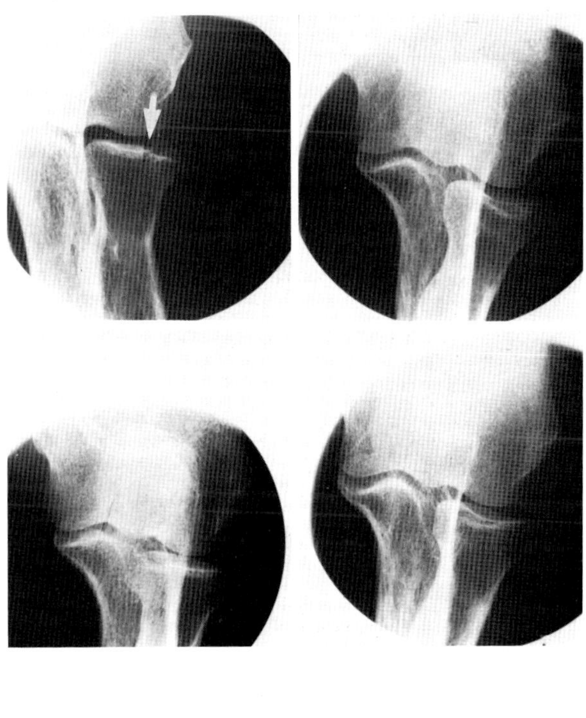

c, d

e, f

diusköpfchens zum Capitulum humeri („Kapitellum"), um eine Luxation des Caput radii nicht zu übersehen (73).

Die **traumatische Luxation des Radiusköpfchens, kombiniert mit der Fraktur des Ulnaschaftes,** seit Hippokrates in dieser Kombination als typisch bekannt, wurde in ihrer Mechanik von *Monteggia* richtig erkannt und nach diesem Autor benannt (Abb. 2.**382**). Aus der letzten Zeit liegen mehrfache Erfahrungsberichte, die jeweils an einer größeren Anzahl derart verletzter Kinder gewonnen wurden, vor (1, 20, 23, 24, 54, 74).

Die **Fraktur des Radiusschaftes,** kombiniert mit teilweiser oder völliger Luxation der Ulna, wird als „umgekehrte Monteggia-Fraktur" bezeichnet (27, 62).

Am **Radiusköpfchen** kommen **Brüche** mit den verschiedensten Richtungen der Bruchlinien vor; am häufigsten jedoch verlaufen sie in der Längsachse der Speiche und können nur bei orthograder Projektion dargestellt werden (s. Abb. 2.**381a–f**).

Gelegentlich ereignen sich auch **Frakturen des Collum radii** oder bei Kindern **Epiphyseolysen** des Kapitulumkernes. Die Dislokation des proximalen Fragmentes erfolgt meist nach vorn, ausnahmsweise nach medial (19), beim Erwachsenen auch nach hinten (43). Eine besondere Sorgfalt ist bei **Frakturen und Ausrissen** notwendig, wenn dies im Gebiet der Ansatzstelle des Lig. anulare radii an der Ulna erfolgt (Abb. 2.**383a**). Daß der Olekranonsporn abreißen kann, beweist Abb. 2.**383b**. Eine Luxationsfraktur bei **kongenitaler radioulnarer Synostose** ist beschrieben (77). Die Luxation bei multiplen kartilaginären Exostosen (70), auch mit Nearthrose (59), gehört eher in das Kapitel der Anomalien. **Posttraumatisch entstandene Ankylosen** sind im Schrifttum bekannt, darunter eine im Zusammenhang mit Exostosen an Radius und Ulna, die zur Pseudarthrose führten. Die radiokubitale Synostose wird bei Kindern zwar häufiger als bei Erwachsenen, relativ jedoch immer noch selten (3%) nach Radiushalsbrüchen gesehen.

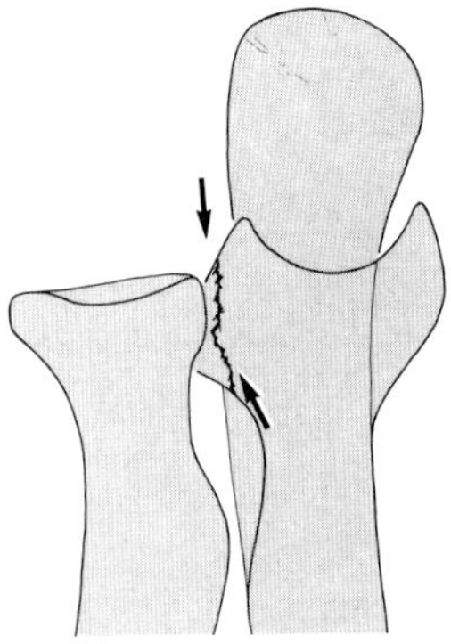
a

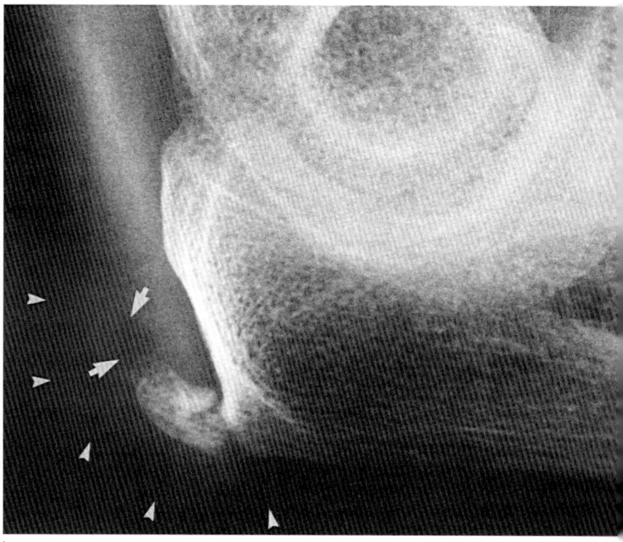
b

Abb. 2.**383a** u. **b**
a Typische Olekranonfraktur
b Abbruch des Olekranonsporns mit Weichteilschwellung (▶) und Gas im Gewebe (→)

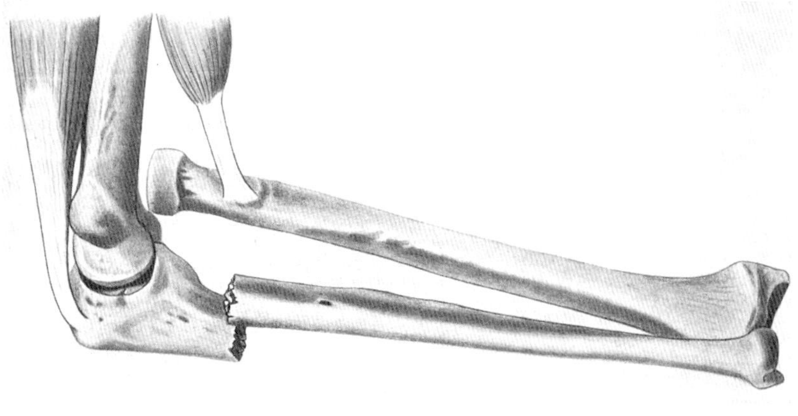

Abb. 2.**382** Monteggia-Fraktur

Spezielle Beiträge befassen sich gründlich mit den Frakturen am Ellenbogen beim Erwachsenen (51) sowie mit Frakturen und Luxationen am kindlichen Ellenbogen (58). **Olekranonfrakturen des Kindes** sind nicht selten (Abb. 2.**384**) und müssen gegen dorsale Spalten nach inkompletter Ossifikation von Olekranonkernen (s. Abb. 2.**367**) abgegrenzt werden. Olekranonkerne sind in der Regel allseits von einer Kompakta umgeben.

Außer der noch im anschließenden Absatz „Oberarm – Distaler Teil" zu beschreibenden, bekannten aseptischen Nekrose der distalen Humerusepiphyse (Morbus Panner) sind Befunde an weiteren Epiphysen des Ellenbogengelenkes in das Schrifttum aufgenommen, die auch als **aseptische Nekrose** gedeutet wurden und radiologisch Ähnlichkeiten mit derartig zu erklärenden Knochenbefunden aufweisen (Abb. 2.**385**). Die Differentialdiagnose zwischen Normalbefunden und pathologischen Verdichtungen, eventuell Fragmentationen, ist in Kenntnis der normalerweiser oft multizentrischen Entstehung der Trochleaepiphyse und einer ebenfalls möglichen primären Zweiteilung der Epiphyse des Radiusköpfchens ohne Kenntnis der Klinik unmöglich (Abb. 2.**386** und 2.**387a, b**). Die Ätiologie der sog. Nekrosen unterliegt heute in Kenntnis normaler Wachstumsvorgänge und in Analogie zu ähnlich belasteten Apophysen, z. B. am Kalkaneus, an der Tuberositas tibiae, der Patella u. a., nach durch Leistungssport hervorgerufenen extremen mechanischen Belastungen einer anderen Betrachtungsweise als früher. Eine durch eine zu starke mechanische Überlastung bedingte **Verzögerung der Epiphysenverschmelzung am Olekranon** bei zwei 15-, respektive 16jährigen Tennis-Turnierspielern wurde jüngst beobachtet (63). Die beiden Brüder hatten erhebliche Symptome (Schmerzen, Bewegungseinschränkung). Die Fusion erfolgte spontan nach Aussetzen des Trainings. Eine „Nekrose" an der proximalen Ulna ist im Einzelfall aufgeführt (66). Ein schon früher beobachteter, beiderseits vorkommender, isolierter, dreieckiger Knochen (Abb. 2.**388a** u. **b**), der dem Processus styloideus ulnae jeweils medial anliegt, kann prinzipiell auf gleiche Überlastungsschäden zurückgeführt werden.

Eine **Osteochondrosis dissecans** wurde am Radiusköpfchen wie auch nahe der Incisura trochlearis beschrieben. Feine Spalten im Radiusköpfchen lassen an diese Affektion denken.

Differentialdiagnostisch sind in der Fossa olecrani liegende freie Körper einer Osteochondrosis dissecans von den Knochengebilden dorsal des Olekranon abzugrenzen, die sich bei der v.-d. Aufnahme in die Fossa projizieren. Das Profilbild entscheidet. Ob auch Ossifikationen dorsal des Olekranons durch eine Osteochondrosis entstehen können, ist umstritten. In einem Bericht über einen appositionellen Knochenschatten am Olekranon wird ebenfalls an eine aseptische Nekrose gedacht (46).

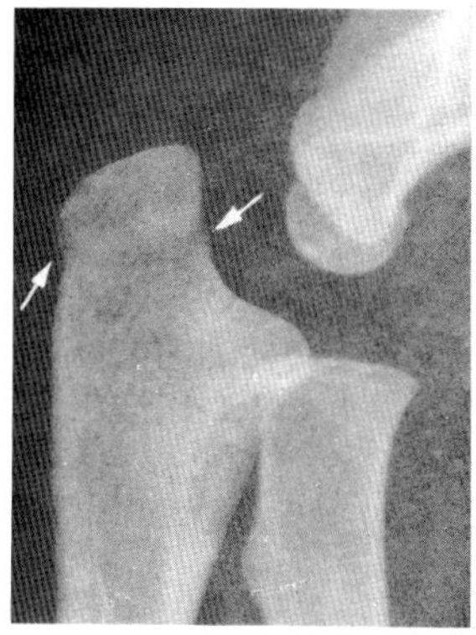

Abb. 2.**384** Kindliche Olekranonfraktur

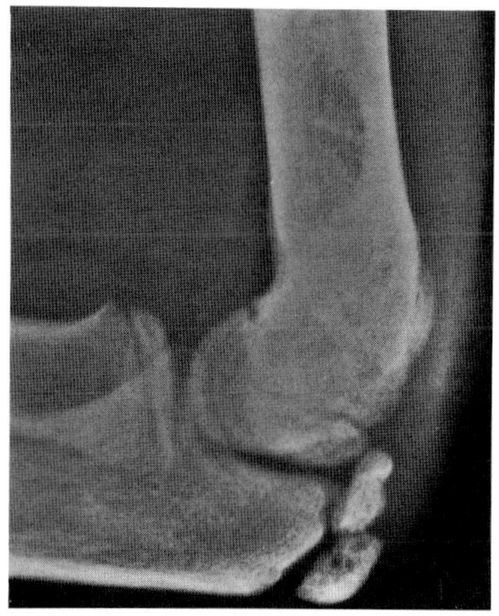

Abb. 2.**385** 15jähriger Junge. Zweigeteilte Olekranonapophyse mit verdichteten Strukturen und aufgelockert-unregelmäßiger Struktur

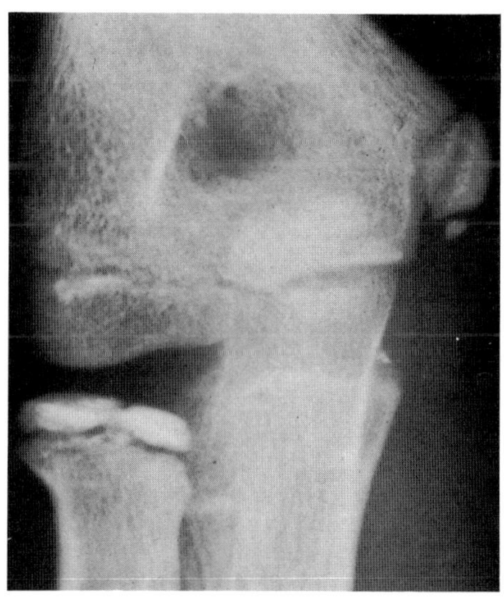

Abb. 2.**386** Unterteilte Radiuskopfepiphypse mit verdichteter Struktur (Beobachtung von Lehner, Solothurn)

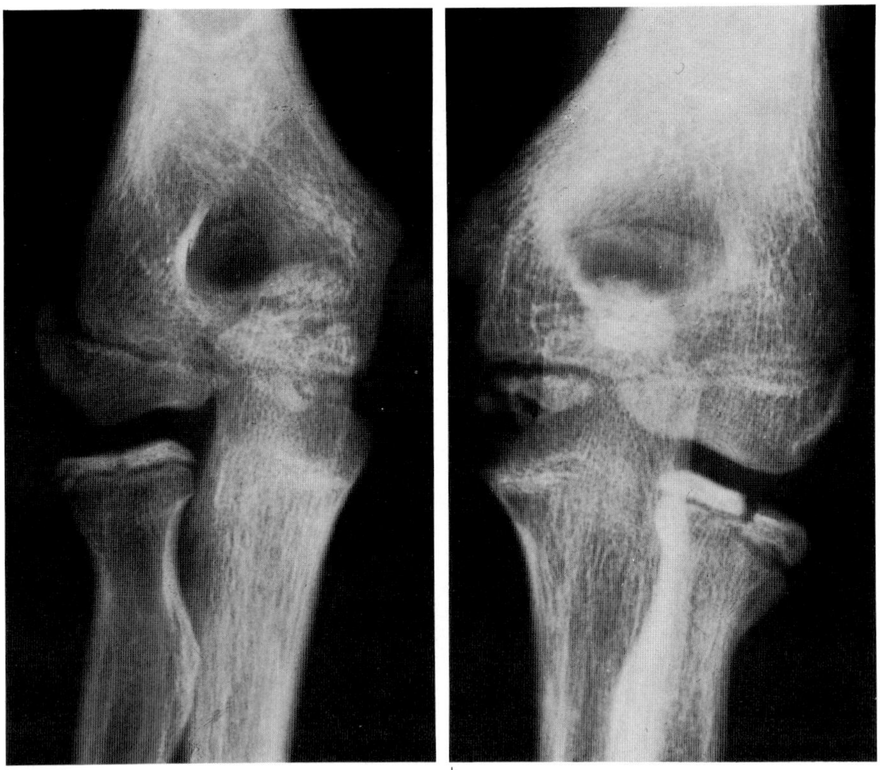

a b

Abb. 2.**387 a** u. **b** Beiderseits verdichtete und unterteilte Radiuskopfepiphysen. Multizentrisch angelegte Trochleaepiphyse beiderseits (Beobachtung von Lehner, Solothurn)

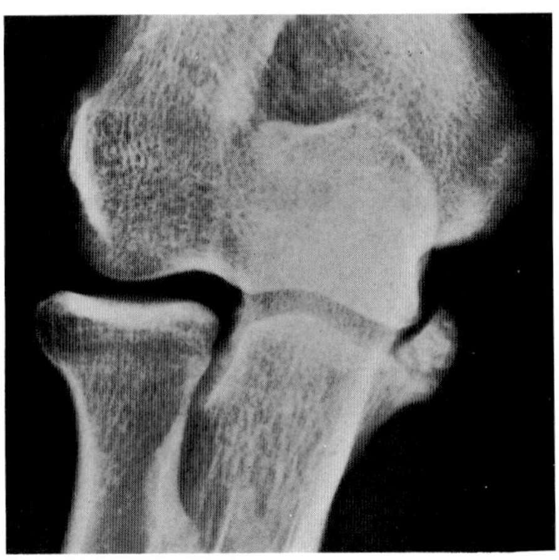

a

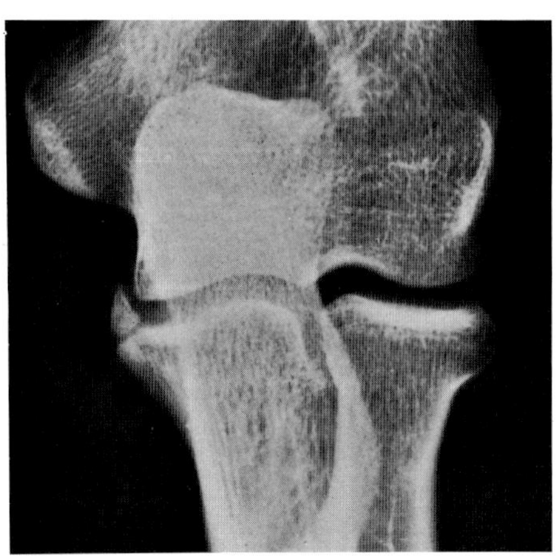

b

Abb. 2.**388 a** u. **b** 45jähriger Mann mit erheblichen Beschwerden im Ellenbogengelenk ohne irgendeinen Unfall. Zustand nach Wachstumsstörung am Processus Coronoides ulnae?

Erworbene Erkrankungen

Statt einer glatten Begrenzung des Radius beobachtet man auch wellige Konturen, mitunter sogar spornartige Vorsprünge. Reizzustände der benachbarten Bursa werden diskutiert (39).

Die **Hyperostose des Radiusköpfchens** – eine Analogie zur Rippenköpfchenhyperostose bei Spondylose – ist beschrieben. Sie wird ursächlich auch auf eine übermäßige Belastung, z. B. bei *Preßluftarbeitern,* bezogen. Unter 290 Kohlebergarbeitern wurde diese Hyperostose bei 6 Männern gefunden, auch in Kombination mit Chondromatosen (52, s. auch 3). **Arthrotische Randwülste am Capitulum radii** springen hauptsächlich gegen die Ulna vor. Die nach distal gerichtete Zacke kann exostosenähnlich vorspringen (Abb. 2.**389**). Auf Abb. 2.**390 a** u. **b** sind eine Arthrosis deformans, eine Chondromatose und eine Aufhellung („Geröllzyste"?) in der Ulna zu erkennen. Beschränkungen der Supination können die Folge sein.

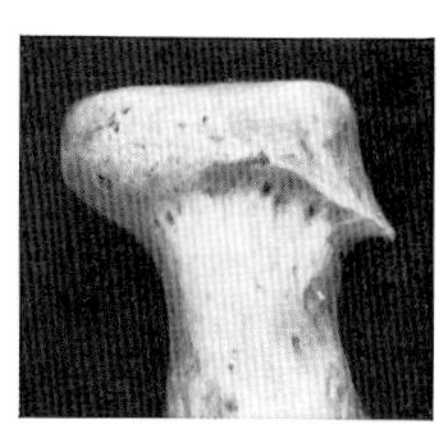

Abb. 2.**389** Randwulst am Capitulum radii

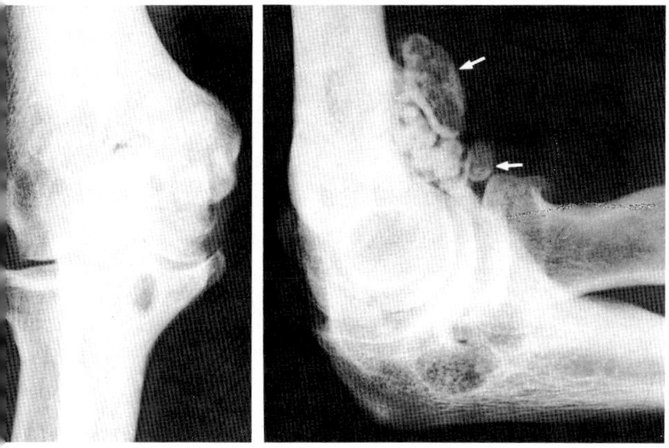

a b

Abb. 2.**390 a** u. **b** Arthrose und Chondromatose im Ellenbogengelenk. Aufhellungen in der Ulna

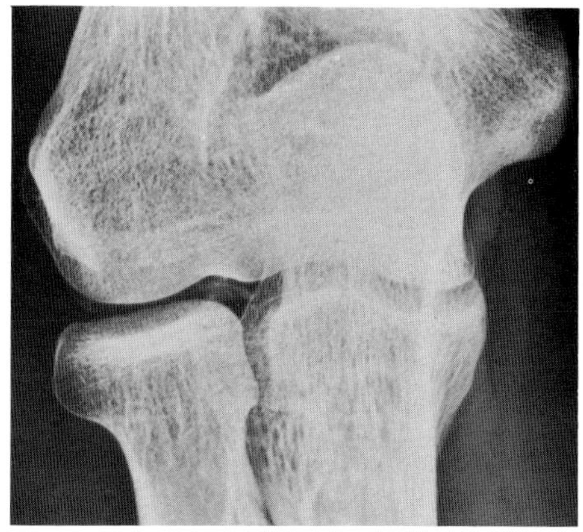

Abb. 2.**391** Calcinosis articularis

Die Tuberkulose geht entweder mit einer starken *periostalen Reaktion* einher oder kann auch durch *subchondrale Erosionen* der Ulna und einen *zystenähnlichen Herd* im Capitulum humeri („Kapitellum“) als Folgen einer tuberkulösen Bursitis gekennzeichnet sein (37). Über ein **Osteoidosteom** am Radiusköpfchen wurde berichtet (11).

Zystenartige Gebilde im proximalen Ulnateil können die verschiedensten Ursachen haben (41). Zystoide Aufhellungen und Deformitäten sowie Kalkanreicherungen lassen an **Hämophilie** denken (42). Hochgradige Deformierungen mit einem Bild, das man auch in seinen Anfängen kennen muß, werden bei Syringomyelie und ähnlich bedingten Affektionen gesehen.

Weichteilverknöcherungen und -verkalkungen

Verkalkungen des Radiusgelenkknorpels werden bei der Chondrokalzinose beobachtet (Abb. 2.**391**).

Häufig treten im Anschluß an Traumen *Verknöcherungen im Kapsel-Band-Apparat und in der gelenknahen Muskulatur* des Ellenbogens im Sinne einer Myositis ossificans traumatica oder neuroplegica (Abb. 2.**392 a** u. **b**) auf. Auch die bei *Fechtern* im

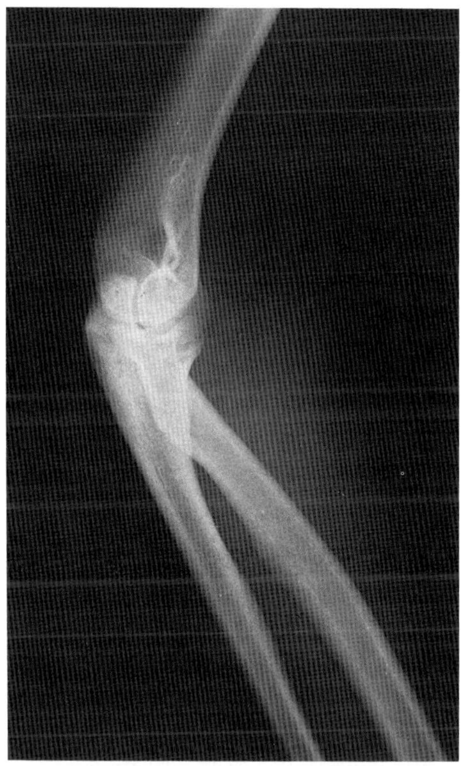

a

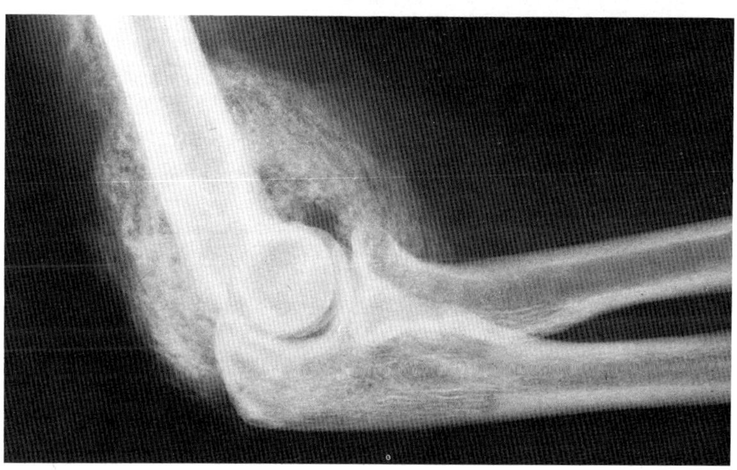

b

Abb. 2.**392 a** u. **b** Polytrauma mit Schädelhirnverletzung
a Ellenbogengelenk am Unfalltag radiologisch unauffällig
b 19 Tage später massive periartikuläre Verknöcherung

M. brachialis gefundenen Verkalkungen entsprechen einer Myositis ossificans traumatica. Periartikuläre Verkalkungen nach Verbrennungen gibt es bei Kindern vorzugsweise am Ellenbogengelenk, und zwar auch dann, wenn diese Gegend von der Verbrennung oder – häufiger – Verbrühung gar nicht betroffen war (17, 67).

Mit der beschriebenen „Patella cubiti" darf eine **verkalkende Bursitis** mit scholligen, nicht strukturierten Verkalkungen dorsal des Trizepsansatzes nicht verwechselt werden. Auf ähnliche Befunde im Gefolge einer (fraglichen!) Osteochondrosis wurde samt dem eingehenden Schrifttum schon verwiesen. Bei den differentialdiagnostischen Erwägungen über die Osteochondrosis dissecans oder die Chondromatose ist außer an freie Körper auch an parartikuläre Verkalkungen, wie sie bei einer D-Hypervitaminose auftreten können (10), zu denken. Knochen- und kalkdichte Verschattungen an der Spitze des Processus coronoides ulnae sind als Arthrosezeichen bei Bauarbeitern erwähnt. Auch eine Tendinitis ossificans der Trizepssehne des Olekranons ist beschrieben.

Literatur

1 Bardier, M., E. Horváth, D. Esquerre, J. Gaubert: Les fractures de Monteggia chez l'enfant. Rev. Med. Toulouse 19 (1983) 13–20

2 Baumann, E.: Schwierigkeiten bei der Behandlung des Verstauchungsbruches nach Monteggia. Schweiz. med. Wschr. 84 (1954) 1409–1411

3 Bittersohl, G.: Ergebnisse von Röntgenuntersuchungen an Knochen und Gelenken bei Preßluftwerkzeugarbeitern. Arch. Gewerbepath. Gewerbehyg. 17 (1960) 597–617

4 Brülhart, K., P. Hofmann, A. F. Schärli: Frakturen des Ellenbogenbereichs im Kindesalter. Ther. Umschau/Rev. thér. 40 (1983) 943–950

5 Burman, M.: Paradoxical crossing of the radius in anteromedial dislocation of the head of the radius to give supination contracture of the forearm. Amer. J. Roentgenol. 70 (1953) 422–424

6 Burmester, E., A. S. Mendoza, E. Gmelin: Computertomographie des Ellenbogengelenkes. Fortschr. Röntgenstr. 143 (1985) 671–676

7 Buse, H.: Beitrag zur Persistenz der Olekranonapophyse. Fortschr. Röntgenstr. 104 (1966) 867–868

8 Carlioz, H., Y. Abols: Posterior dislocation of the elbow in children. J. Pediatr. Orthoped. 4 (1984) 8–11

9 Cleary, J. E., G. E. Omer: Congenital proximal radioulnar synostosis. J. Bone Jt Surg. 67-A (1985) 539–545

10 Christensen, W. R., C. Liebman, M. C. Sosman: Skeletal and perarticular manifestations of hypervitaminosis D. Amer. J. Roentgenol. 65 (1951) 27–41

11 Cohen, L. J., D. van Braun: Osteoid Osteoma. A case report. Surg. 28 (1950) 751–754

12 Comroe, B. I.: Arthritis and Allied Conditions, 3rd ed. Lea & Febiger, Philadelphia 1944

13 de Cuveland, E.: Zur Epiphysennekrose des Capitulum radii. Fortschr. Röntgenstr. 81 (1954) 535–538

14 Dahm, M.: Das Röntgenbild bei Luxation des Radius im Kindesalter. Fortschr. Röntgenstr. 79 (1953) 224–226

15 D'Ambrosia, R., W. Zink: Fractures of the elbow in children. Pediatr. Ann. 11 (1982) 541–553

16 Eitel, F., L. Schweiberer: Olekranonfrakturen. Unfallheilkunde 86 (1983) 143–151

17 Fauré, C., C. Vital, J. C. Gueriot: Pararticular calcifications in children with burns. Ann. Radiol. (Paris) 15 (1972) 733–738

18 Feldmüller, M.: Ein Beitrag zur kongenitalen Aplasie des Humeroradialgelenkes. Fortschr. Röntgenstr. 117 (1972) 69–71

19 Fogarty, E. E., N. S. Blake, B. F. Regan: Fracture of the radial neck with medial displacement of the radius. Brit. J. Radiol. 56 (1983) 486–487

20 Fowles, J. V., Noureddine Sliman, M. T. Kassab: The Monteggia-lesion in children. J. Bone Jt Surg. 65-A (1983) 1276–1283

21 Frumkin, K.: Nursemaid's elbow: a radiographic demonstration. Ann. Emerg. Med. 14 (1985) 690–693

22 Frank, Y.: Humero-Radialsynostose. Ein Beitrag zur Kenntnis der Mikromelie des Menschen. Beitr. path. Anat. 99 (1937) 242–250

23 Fux, C.: Die Monteggia-Fraktur (Behandlung der Monteggia-Schädigung bei Kindern). Z. Unfallmed. Berufskr. 44 (1951) 108, 174–183

24 Curry, G. J.: Die Monteggia-Fraktur (Monteggiasche Krankheit, Monteggia-Schädigung, Monteggia-Läsion). Amer. J. Surg. 73 (1947) 613–620

25 Gaston, S. R., F. M. Smith, O. D. Baab: Epiphyseal injuries of the radial head and neck. Amer. J. Surg. 85 (1953) 266–276

26 Gayral, Bru: Une synostose radiocubitale congenitale. J. Radiol. Électrol. 31 (1950) 99–100

27 Giustra, P. E., J. Killoran, R. S. Furmann, J. A. Root: The missed Monteggia-fracture. Radiology 110 (1974) 45–48

28 Gradinger, R., Th. Biehl: Ellenbogengelenksluxationen beim Kind. Fortschr. Med. 101 (1983) 221–225

29 Gradinger, R., Th. Biehl: Ellenbogengelenksnahe Frakturen beim Kind. 2. Mitteilung: Transkondyläre Frakturen, Olekranonfrakturen, Fraktur des Collum radii und Epiphyseolysis capitis radii. Fortschr. Med. 101 (1983) 226–229

30 Greenspan, A., A. Norman: The radial head, capitellum view: useful technique in elbow trauma. Amer. J. Roentgenol. 138 (1982) 1186–1188

31 Greenspan, A., A. Norman: Reply to R. W. Head. Amer. J. Roentgenol. 140 (1983) 1273–1275

32 Greenspan, A., A. Norman, H. Rosen: Radial headcapitellum view in elbow trauma. Amer. J. Roentgenol. 143 (1984) 355–359

33 Grundy, A., G. Murphy, A. Barker, P. Guest, L. Jack: The value of the radial-head-capitellum view in radial head trauma. Brit. J. Radiol. 58 (1985) 965–967

34 Head, R. W.: Radial head-capitellum view in elbow trauma. Letter. Amer. J. Roentgenol. 140 (1983) 1273

35 Hegemann, G.: Die „spontanen" aseptischen Knochennekrosen des Ellebenbogengelenkes. Fortschr. Röntgenstr. 75 (1951) 89–92

36 Höffken, W.: Eine Varietät der Ulna und ihre Täuschungsmöglichkeit. Fortschr. Röntgenstr. 76 (1952) 259–260

37 Holder, S. F., C. N. Hopson, L. C. Vonkuster: Tuberculous arthritis of the elbow presenting as chronic bursitis of the olecranon. J. Bone Jt Surg. 67-A (1985) 1127–1129

38 Horsch, K.: Beitrag zur isolierten, angeborenen Radiusköpfchenluxation. Zbl. Chir. 61 (1934) 993–995

39 Hughes, E. S. R.: Acute deposition of calcium near the elbow. J. Bone Jt Surg. 32-B (1950) 30–34

40 Ingelmark, B. E.: Ein Fall von doppelseitiger angeborener Ankylose zwischen Humerus und Radius. Acta anat. (Basel) 3 (1947) 331–343

41 Jannaccone, G., M. Barillà: Die zystenartigen Gebilde am Proximalende der Ulna: Anatomisch-röntgenologisches Bild und dessen Auslegung. Fortschr. Röntgenstr. 84 (1956) 598-603

42 Johnson, J. B., T. W. Davis, W. H. Bullock: Bone and joint changes in hemophilia (a long term study in twelve Negro subjects). Radiology 63 (1954) 64–71

43 Jones, J. R., S. G. T. Smith: Isolated traumatic posterior dislocation of the radial head – a case report. Injury 16 (1985) 307-308
44 Keats, Th. E.: Atlas of Normal Roentgen Variants that may Simulate Disease, 3rd ed. Year Book Medical Publishers, Chicago 1984 (fig. 6–61/62)
45 Kienböck, R.: Ellenbogenscheibe (Patella cubiti) und Olekranonfraktur. Fortschr. Röntgenstr. 22 (1914) 89–94
46 Kleinsorge, H.: Akroosteolytische Erscheinungen der Osteomalacie. Fortschr. Röntgenstr. 73 (1950) 471–475
47 Kozlowski, K., P. Brighton: Gamut Index of Skeletal Dysplasias. Springer, Berlin 1984
48 Kremser, K.: Ein Beitrag zur Kasuistik der Skelettanomalie (Ellenbogenscheibe). Röntgenpraxis 10 (1938) 26–28
49 Kremser, K.: Gemeine Phlebektasie am Unterarm mit Phlebolithenbildung. Röntgenpraxis 10 (1938) 116–118
50 Kremser, K.: Ein weiterer Beitrag zum Kapitel Ellenbogenscheibe. Röntgenpraxis 10 (1938) 841–844
51 Kulowski, J.: Fractures of the elbow joint. New classification and roentgenologic guide to major pitfalls of diagnosis and treatment. Amer. J. Roentgenol. 79 (1958) 692–696
52 Laczay, A.: Die Hyperostose des Radiusköpfchens – eine Analogie zur Rippenköpfchenhyperostose. Fortschr. Röntgenstr. 120 (1974) 474–476
53 Lefort, J., J. Lechevallier, B. Bachy: Synostose radiocubitale supérieure après fracture du col du radius. Rev. Chir. orthop. 70 (1984) 105–109
54 Letts, M., R. Locht, J. Wiens: Monteggia fracture dislocation in children. J. Bone Jt Surg. 67-B (1985) 724–727
55 Marti, Th.: Epicondylite traumatique accidentelle ou professionelle? Unfallmed. Berufskrankh. 45 (1952) 32–39
56 Mead, Ch. A., Mildred Martin: Aplasia of the trochlea. An original mutation. J. Bone Jt Surg. 45-A (1963) 379
57 Miura, T., R. Nakamura, M. Suzuki, J. Kanie: Congenital radio-ulnar synostosis. J. Hand Surg. 9-B (1984) 153–155
58 Morger, R.: Frakturen und Luxationen am kindlichen Ellenbogen. Karger, Basel 1965
59 Müller, B. W.: Beiderseitige Radiusluxation mit Nearthrosenbildung. Fortschr. Röntgenstr. 79 (1953) 660–661
60 v. Muralt, R. H.: Supinationsbehinderung des Vorderarms. Fortschr. Röntgenstr. 81 (1954) 497–503
61 Piroth, P., M. Gharib: Die traumatische Subluxation des Radiusköpfchens. Dtsch. med. Wschr. 101 (1976) 1520–1523
62 Ravelli, A.: Die Fraktur nach Monteggia und ihr Gegenüber. Z. Orthop. 84 (1954) 660–661
63 Retrum, R. K.: Case report 355. Skeletal Radiol. 15 (1986) 185
64 Rossmann, B., W. Roloff: Stufenbildung der Gelenkfläche der Incisura semiulnaris ulnae als Entwicklungsanomalie. Fortschr. Röntgenstr. 98 (1963) 236–238
65 Rumpold, H.-J.: Die Persistenz des Verknöcherungszentrums im proximalen Gelenkabschnitt der Ulna. Fortschr. Röntgenstr. 100 (1964) 651–654
66 San Nicolo, M. R.: Eine seltene Veränderung am Ellenbogengelenk. Fortschr. Röntgenstr. 84 (1956) 378–379
67 Schiele, H. P., R. B. Hubbard, H. M. Bruck: Radiographic changes in burns of the upper extremity. Radiology 104 (1972) 13–17
68 Schmitt, H. G.: Persistierende Apophyse des Olecranons. Fortschr. Röntgenstr. 74 (1951) 241
69 Schmitt, H.: Über die durch Zug bedingte schmerzhafte Armlähmung bei Kleinkindern. Med. Klin. 47 (1952) 867–868
70 Schoen, H.: Luxation des Radius bei multiplen kartilaginären Exostosen. Röntgenpraxis 14 (1942) 276–277
71 Simmons, B. P., W. W. Southmaid, E. J. Riseborough: Congenital radioulnar synostosis. J. Hand Surg. 8 (1983) 829–838
72 Strauch, W.: Knochen- und kalkdichte Verschattungen an der Spitze des Processus coronoides ulnae bei Bauarbeitern. Radiol. diagn. (Berlin) 7 (1966) 323–326
73 Swischuk, L. E.: Emergency Radiology of the Acutely Ill of Injured Child. Williams & Wilkins, Baltimore 1979 (p. 288)
74 Wiley, J. J., J. P. Galey: Monteggia injuries in children. J. Bone Jt Surg. 67-B (1985) 728–731
75 Wulfing, M.: Über akzessorische Knochen des Ellenbogens. Fortschr. Röntgenstr. 34 (1926) 684–688
76 Zeitlin, A.: The traumatic origin of accessory bones of the elbow. J. Bone Jt Surg. 17-A (1935) 933–938
77 Zöllner, W.: Luxationsfraktur in einem Ellenbogengelenk bei kongenitaler radio-ulnarer Synostose. Mschr. Unfallheilkd. 52 (1949) 232–239

Oberarm

Distaler Teil

Norm

Im Wachstum

Ossifikationszentren erscheinen im Humerusschaft bereits in der 6. bis 7. Fetalwoche.

Zeitliches Auftreten der distalen Kerne:

Kapitulum:	etwa 2. Lebensjahr,
Epicondylus ulnaris (evtl. zweigeteilt – s. Abb. 2.**386**):	6.–9. Lebensjahr,
Trochlea (multizentrisch):	8.–10. Lebensjahr,
Epicondylus radialis:	13. Lebensjahr.

Bei Mädchen und bei kräftigeren Jugendlichen treten die Kerne früher auf. Ausnahmsweise kann der Kern der Trochlea zeitlich auch einmal vor dem der medialen Apophyse erscheinen (53).

Abb. 2.**393a–f** stellen *radiologisch* die Kernentwicklung am Ellenbogengelenk zwischen dem 5. und 11. Lebensjahr dar. Ossifikationsindex der Epiphysen des distalen Humerus s. bei Bánki (5).

Der Kern des **Capitulum humeri** (im angelsächsischen Schrifttum oft „Capitellum" genannt) liegt nach der Profilaufnahme relativ weit vorne in der Mitte zwischen Oberarm und Processus coronoideus (Abb. 2.**394a**) bei einem 3jährigen, volar der Verlängerung einer Längsachse durch den Schaft des Humerus, die durch die sich fast berührenden Kortikaliskonturen der Fossa olecrani dorsal und der Fossa coronoidea ventral gezogen werden kann (Abb. 2.**393b**). Normalerweise klafft der Epiphysenspalt bei voll entwickeltem Kern etwas an der Streckseite (Abb. 2.**394b**) bei einem 8jährigen Kind.

Aus dem **Epicondylus ulnaris** kann ein Fortsatz in Richtung der Trochlea vorspringen (Abb. 2.**395**) (7). Der Kern des **Epicondylus radialis** liegt relativ weit vom Humerus entfernt.

Beim Erwachsenen

Die Form des distalen Humerus ist asymmetrisch: Der mediale Epikondylus springt vor, der laterale erscheint wie abgeschnitten. Im Röntgenbild wird durch die Projektion des lateralen Randes des Capitulum humeri auf den Epikondylus eine Doppelkontur hervorgerufen.

Anatomisch läuft vom Schaft her das distale Humerusende in zwei divergierende Pfeiler verschiedener Form aus. Dem lateralen Pfeiler, dick, viereckig, dorsal konvex, breit, längs verlaufend, sitzt volar der Kondylus auf, während eine laterale Gelenkfläche in Richtung des Daumens mit dem Capitulum radii artikuliert. Die mediale Säule ist schmal, in jeder Ebene oval, dorsal konkav, verläuft mehr quer und dient vorwiegend als Muskelansatzstelle (41).

Die Gelenkrollen des Humerus sind entsprechend der Breite der Gelenkflächen von Radius und Ulna asymmetrisch breit: Die Facies articularis des Condylus ulnaris humeri ist im Humeroulnargelenk breiter als die Facies articularis des Condylus radialis humeri im Humeroradialgelenk. Ein Wulst trennt die Gelenkflächen der beiden Kondylen des Humerus. Er kann flach oder zackenförmig sein und imponiert in der Zackenform als kleiner Fortsatz (Abb. 2.**396**). Im Profilbild kann sich der mediale Condylus humeri in den Processus coronoideus ulnae projizieren, so daß eine sichelförmige Verdichtung vorgetäuscht wird (Abb. 2.**397**). Über die Gelenkkinematik s. bei Knese (36).

Eine verdichtete, scharfkantige Humerusbegrenzung, die vom Epicondylus radialis in einer Länge von 8–10 cm nach proximal zu verfolgen ist (Abb. 2.**398**), entspricht der dünnen Margo lateralis humeri und darf nicht mit einer Periostitis verwechselt werden. Eine oft zu beobachtende *Kerbe* proximal des Epicondylus radialis ist ätiologisch unklar (Abb. 2.**399**), dürfte jedoch auf eine Aussparung im Margo lateralis humeri, an der die Ansätze des M. pronator teres und des M. brachialis zusammentreffen, bezogen werden.

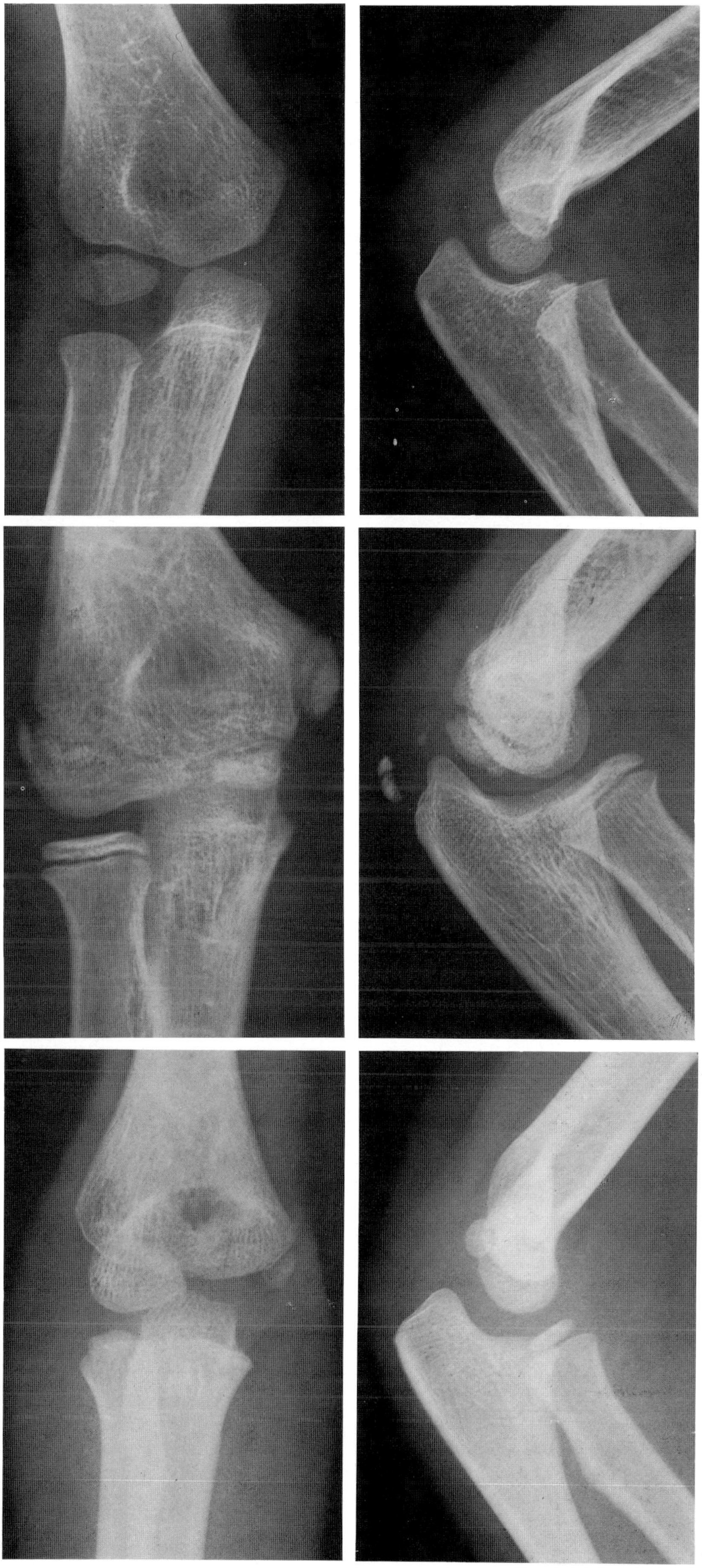

Abb. 2.**393 a–f** Ellenbogenossifikation in den verschiedenen Altersstufen
a u. **b** 5jähriger Junge
c u. **d** 7jähriges Mädchen
e u. **f** 11jähriger Junge

a b c d e f

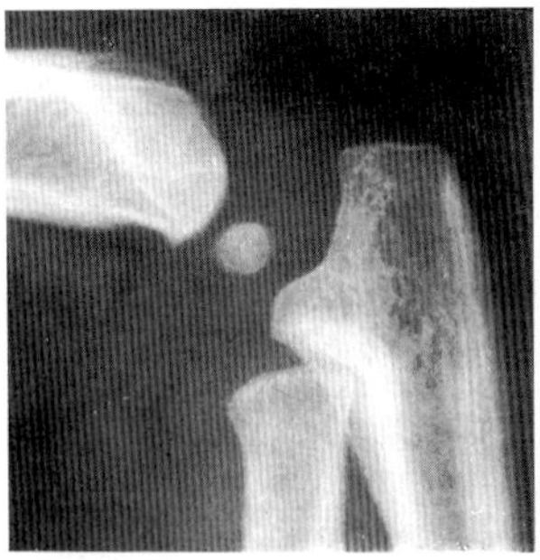

a

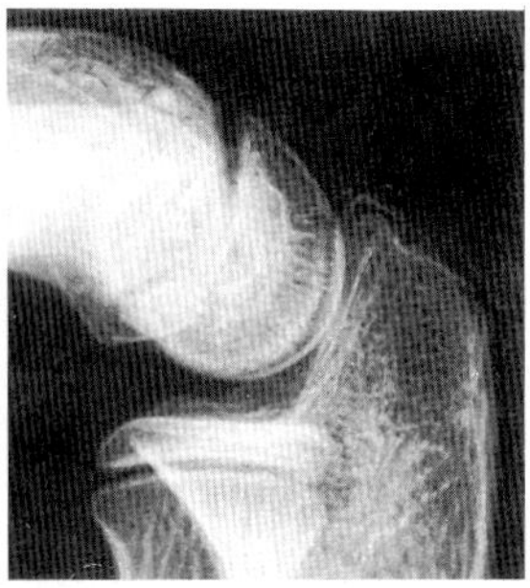

b

◁ Abb. 2.**394 a** u. **b** Kern des Capitulum humeri
a Bei einem 3jährigen
b Bei einem 8jährigen Kind

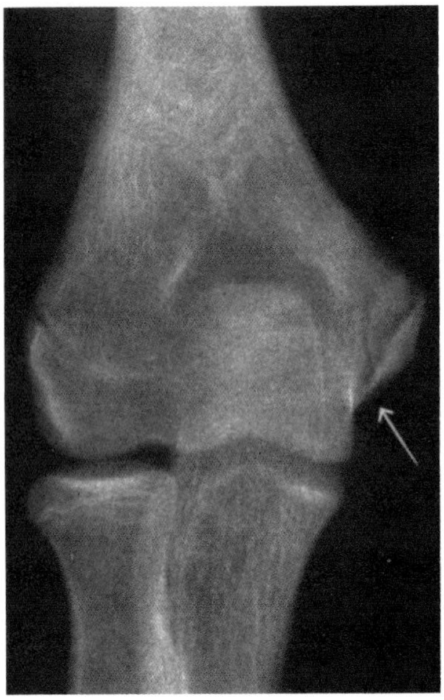

Abb. 2.**395** Distaler Fortsatz der Epikondylusepiphyse (aus Bánki, Z.: Fortschr. Röntgenstr. 107 [1967] 815)

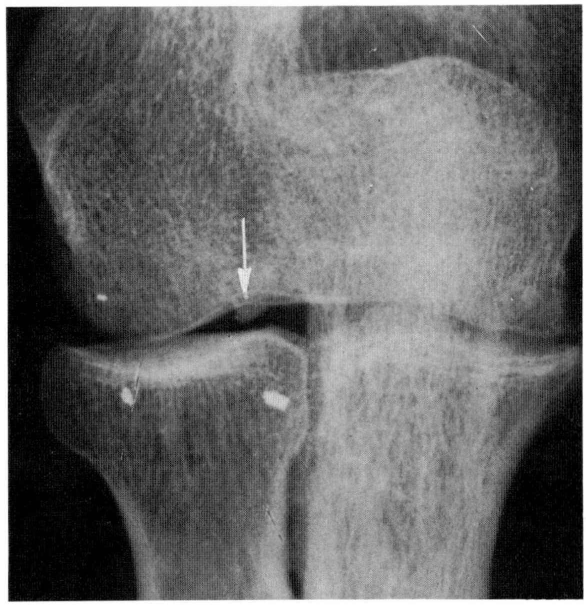

Abb. 2.**396** Intrakondylärer Wulst in der Gelenkfläche des Humerus

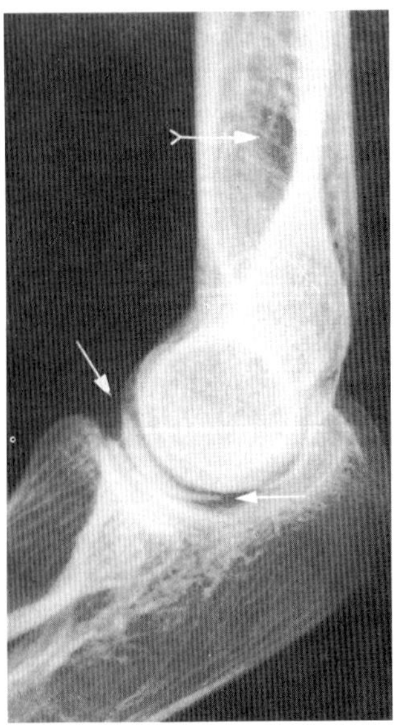

Abb. 2.**397** Mondsichelförmige „Verdichtung" (→), normale Strukturaufhellung (↣)

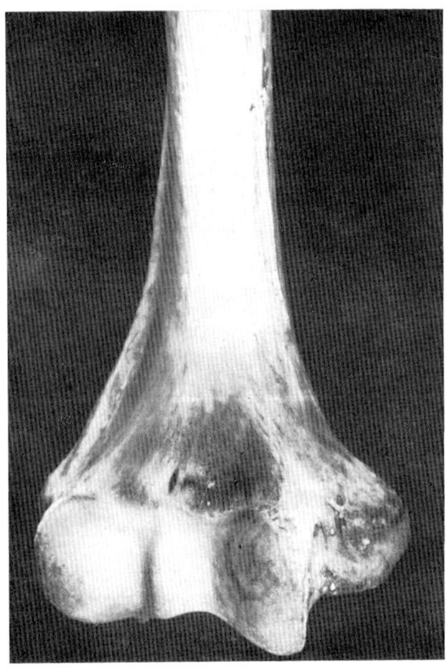

Abb. 2.**398** Verknöchertes Septum intermusculare brachii laterale

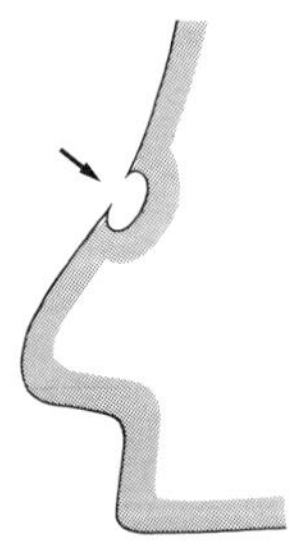

2.**399**

Abb. 2.**399** Typische Kerbe in der Kontur proximal des Epicondylus radialis

Varianten

Störungen der Ellenbogenossifikation s. bei Porstmann (52).

Von der Art der Verknöcherung hängt zum Teil die Stellung der Humerusachse zur Achse des Unterarmes ab. Bei gestrecktem Arm beträgt der nach außen offene Winkel normalerweise bei Männern 170 Grad, bei Frauen 160 Grad (Relationen auch zu Körperform und Hüftbreite [1]). Bei Entwicklungsstörungen der Metaphyse des Humerus und/oder der Ausbildung der Knochenkerne kann es zu einem **Cubitus varus** oder **valgus** kommen (Abb. 2.**400**). Der Cubitus valgus ist typisch z. B. beim Turner-Syndrom (XO-Konstellation) und Noonan-Syndrom (Turner-Phänotyp bei normalem Chromosomensatz).

Es gibt **persistierende Knochenkerne** am Epicondylus humeri ulnaris und radialis. Diese sind mehrfach beschrieben (17, 25, 31, 63, 64, 66, 70) und öfter zu beobachten (Abb. 2.**401** und 2.**402**). Über ihre Entwicklung, ob aus knorpelig vorgebildetem Skelettelement, abgelöst in früheren Entwicklungsstadien (Köhler) oder Folge traumatischer Schädigung (Zimmer), herrscht keine einhellige Ansicht.

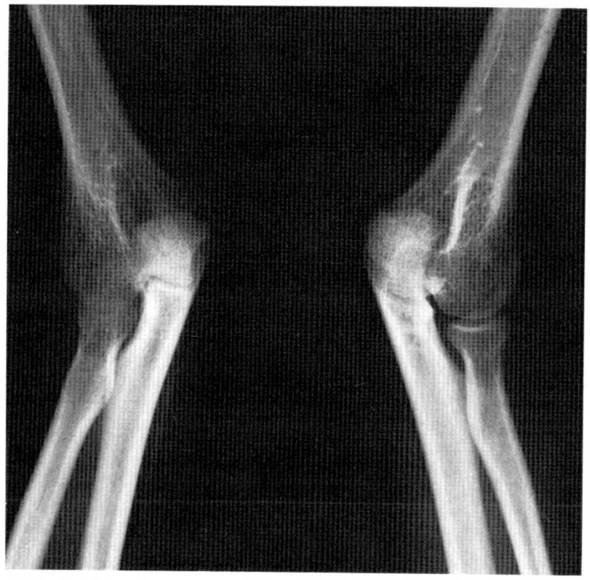

Abb. 2.**400** Cubitus valgus beiderseits

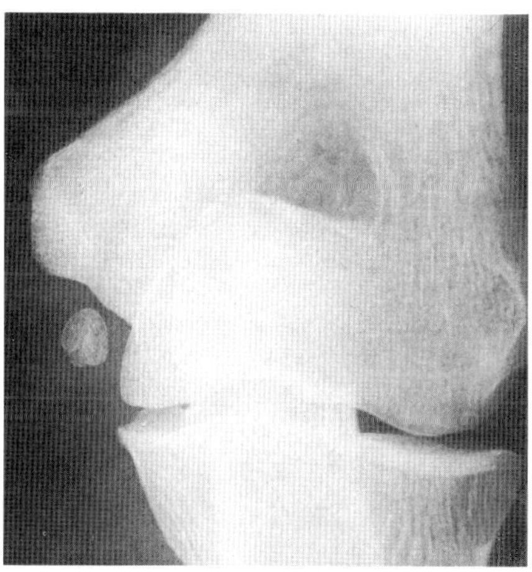

Abb. 2.**401** Ossikulum an typischer Stelle distal des Epicondylus ulnaris

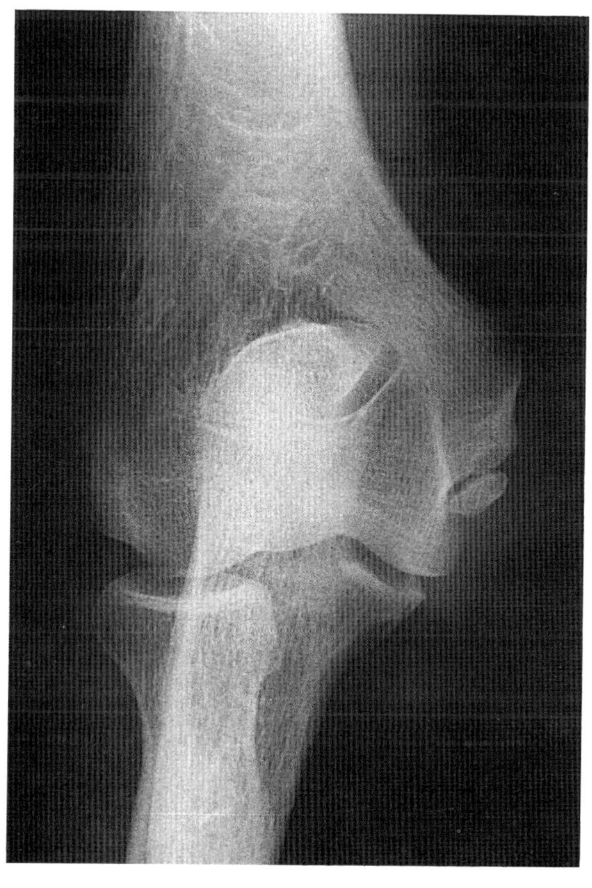

Abb. 2.**402** Ossikulum an typischer Stelle distal des Epicondylus ulnaris ▷

Abb. 2.**403** gibt den Befund am Ellenbogengelenk eines 33jährigen nach Sturz auf den rechten Ellenbogen wieder. Kein Anhalt für frische ossäre Traumafolgen, doch isoliertes, großes Knochenstück im Bereich des Epicondylus ulnaris. Angeblich schon ein Jahr zuvor Sturz auf denselben Ellenbogen. Isoliertes Ossikulum auch am Epicondylus radialis.

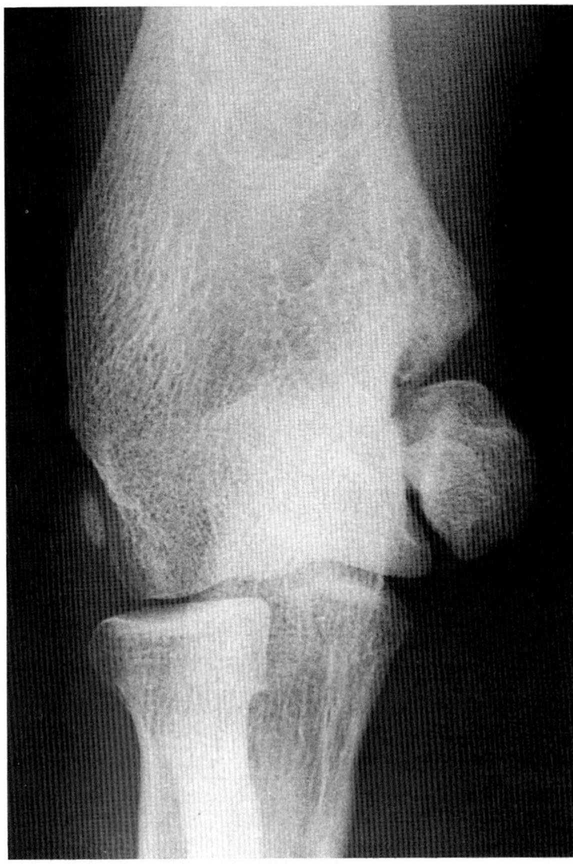

Abb. 2.**403** Großer, isolierter Knochen in einer Lücke des Epicondylus ulnaris (nicht ausgeheiltes Fragment?). Ossikulum distal des Epicondylus radialis

Die Knochenscheide zwischen den beiden Gruben im distalen Humerus, der Fossa coronoidea und der Fossa olecrani, kann dünn wie eine Membran werden oder fehlen. Es entsteht ein Loch, das **Foramen supratrochleare** (Abb. 2.**404** bis 2.**406**), meist doppelseitig, bei Negern wohl häufiger als bei Weißen. Da das Foramen bei manchen Säugetieren regelmäßig aufgefunden wird, kann es als Atavismus aufgefaßt werden (60, 61). Die Träger können ihren Arm überstrecken. Familiäre Häufung ist nachgewiesen. Ein kleines Loch im proximalen Teil der Fossa kann beobachtet werden und entspricht wohl einem Gefäßkanal.

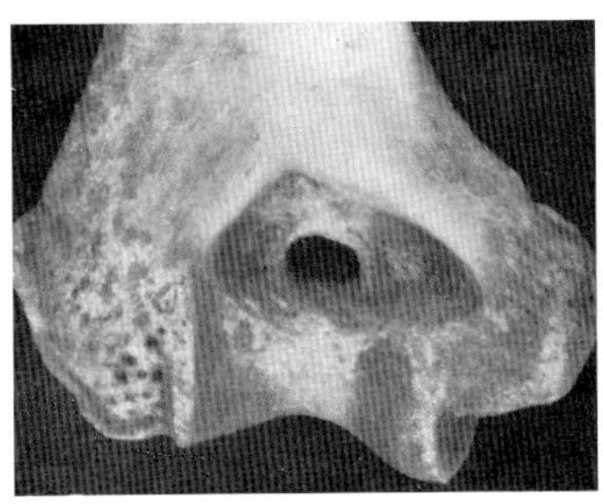

Abb. 2.**404** Foramen supratrochleare (Skelettpräparat)

Ein in der Fossa coronoidea oder in der Fossa olecrani vorkommendes, isoliertes Ossikulum wird auch als **Os supratrochleare** bezeichnet (14). Auf die Differentialdiagnose dieses Knöchelchens wird im folgenden (unter „Osteochondrosis dissecans") eingegangen.

Nicht allzu selten findet sich handbreit proximal der distalen Humerusgelenkkontur ein nach volar und ulnar gerichteter, kleiner bis mäßig großer, dornförmiger **Processus supracondylaris** (s. trochlearis) **humeri** (Abb. 2.**407** und 2.**408**) (19, 75). Auch bei diesem Knochenvorsprung handelt es sich wohl um einen Atavismus, der bei verschiedenen Säugern, so z.B. beim Affen (nicht aber bei Anthropoiden), regelmäßig vorkommt, mit dem Epicondylus ulnaris humeri durch ein Band (Struthers band) verbunden ist und mit diesem Band einer überzähligen Portion des M. pronator teres als Ursprung dient. Häufiger als bei der Normalbevölkerung (1%) tritt der Processus supracondylaris im Zusammenhang mit Dysmelien der oberen Extremität auf (Abb. 2.**409**) (9).

Die Variante kann klinische Symptome verursachen: Unangenehme Sensationen, später Parästhesien und Zuckungen in der Hohlhand und am 4. Finger, periphere Medianusschädigung (22), auch im Sinne des Karpaltunnelsyndroms.

In dieser Höhe ist auch eine Foveola beschrieben (54), die nach einem 8 Jahre zurückliegenden Trauma entstanden war und Teile des N. medianus umschloß. Distal davon hatte sich ein Neurinom gebildet. Das Operationsfoto und die Röntgenaufnahmen sind in den Atlas von Birkner (12[1]) aufgenommen.

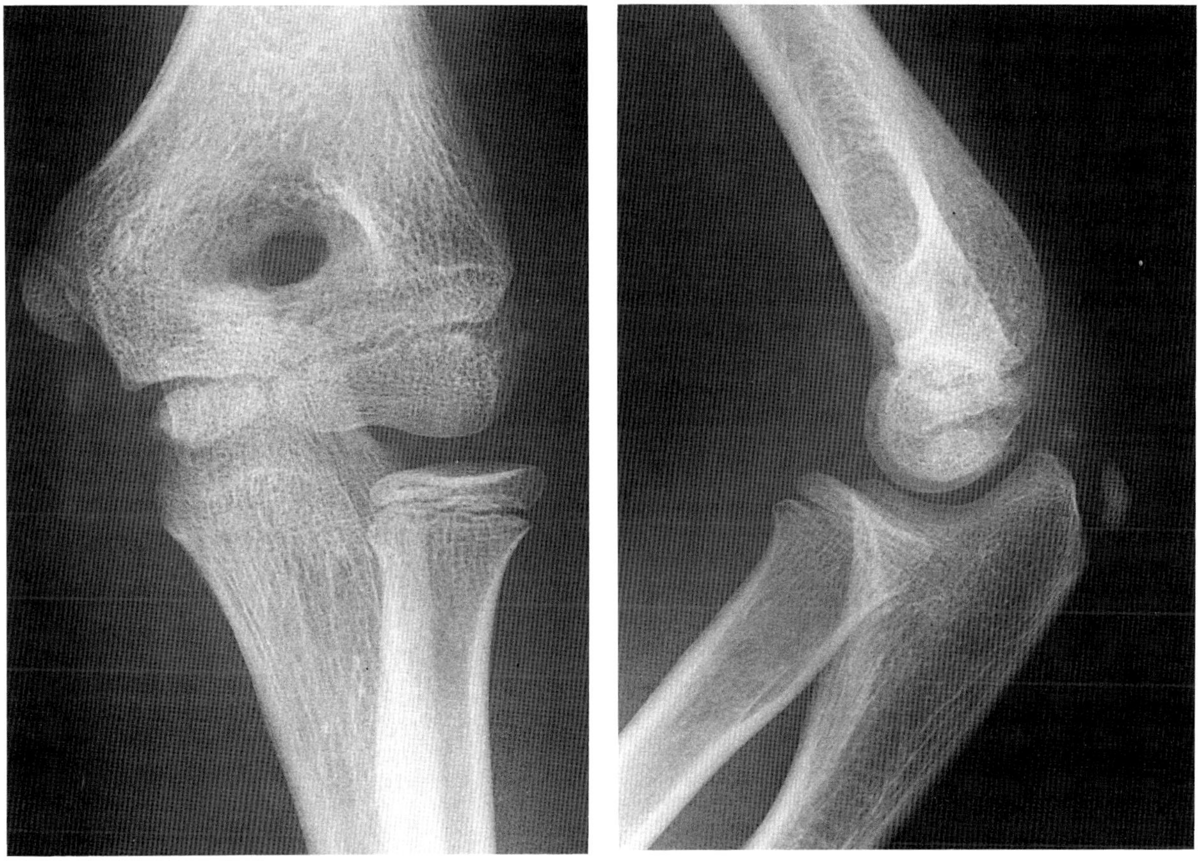

a b

Abb. 2.**405 a** u. **b** Foramen supratrochleare bei 10jährigem Jungen. Olekranonspitzenkern

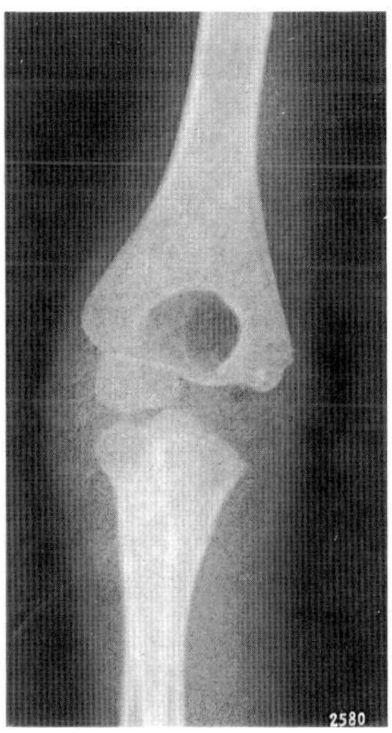

Abb. 2.**406** Großes Foramen supratrochleare bei jungem Kind

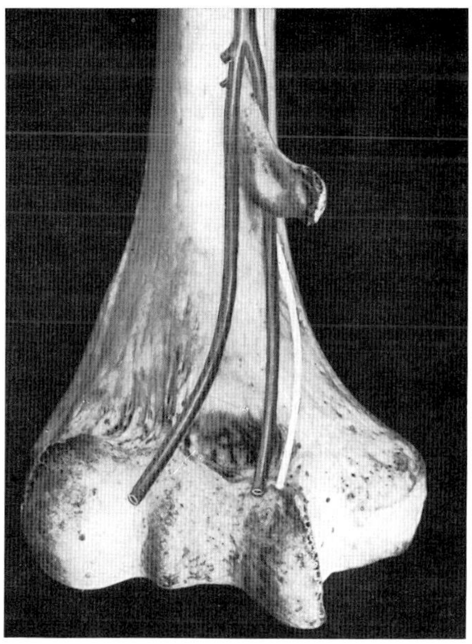

Abb. 2.**407** Processus supracondylaris mit Gefäß und Nerv

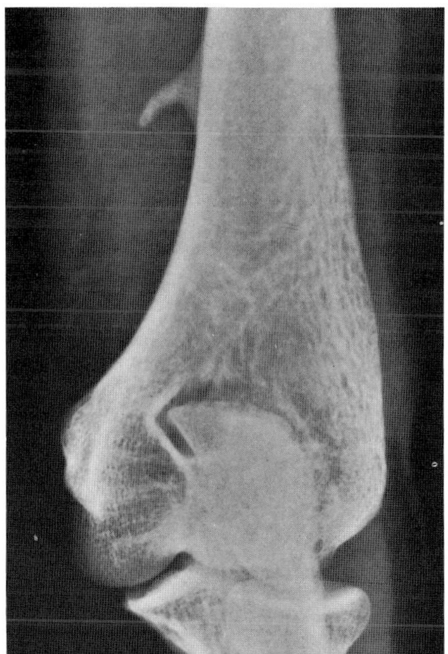

Abb. 2.**408** Processus supracondylaris bei einem 29jährigen

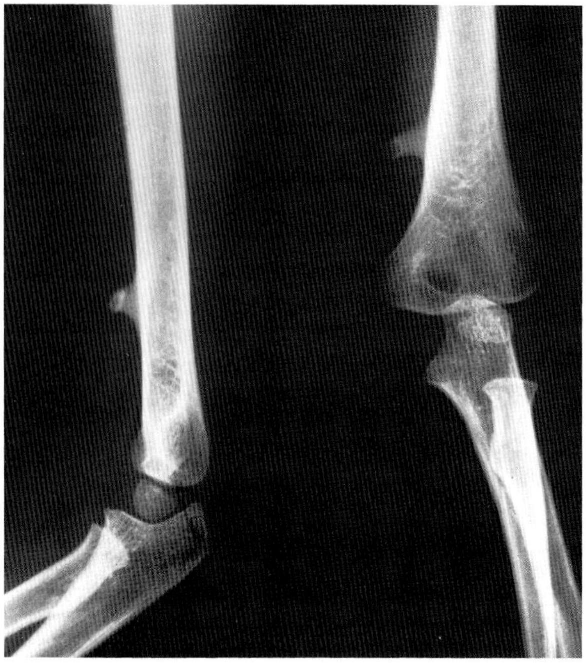

Abb. 2.**409** Processus supracondylaris bei Dysmelie

Anomalien

Eine aus dem Jahre 1949 stammende Monographie über kongenitale Deformitäten (11) der oberen Extremität sei erwähnt, dürfte jedoch dem Stand der heutigen Kenntnisse, besonders bei den großen Konstitutionskrankheiten, nicht mehr entsprechen. Mit der Unterentwicklung der Unterarmknochen sind meist auch Defekte am Humerus kombiniert. Bei einem Fehlen beider spricht man von **brachialer Phokomelie**; dabei grenzen dann die Hände unmittelbar an die Schultern an (72).

Die **Aplasie des Humerus** ist außerordentlich selten und stets mit anderen, schweren Mißbildungen verbunden. Eine **Hypoplasie der Trochlea humeri**, bisher nur bei japanischen Patienten in 27 Fällen beschrieben, kommt oft beidseits und mit einer meist nur einseitigen Ulnarislähmung vor (69).

Schwere **Hemmungsmißbildungen** sind häufig zu beobachten. Man findet sie am Ellenbogengelenk oft in Kombination mit solchen am Knie, z. B. bei der Arthroosteoonychodysplasie. Auch multizentrische idiopathische Osteolysen können erhebliche Veränderungen verursachen, die vor allem mit einer Auflösung des Knochens am distalen Humerus (nebst vielen weiteren Lokalisationen [2]), eventuell auch mit einer beidseitigen Patella cubiti – bei vier Wochen altem Säugling (34) – einhergehen können.

Exostosen beträchtlicher Größen können am Humerus an verschiedenen Stellen vorkommen. Sie sind bedeutend breitbasiger als die vorerwähnten Processus supracondylares. Ihre Spitze kann sogar die Haut perforieren. Die Rückbildungsmöglichkeit von Exostosen bei Kindern ist bekannt.

Verletzungsfolgen und Nekrosen

Besondere diagnostische Schwierigkeiten verursachen Epiphysenfrakturen durch **Geburtstraumen.** Bei einer solchen, sehr seltenen Verletzung im Knorpelstadium der gesamten distalen Humerusepiphyse konnte man die Verschiebung der Unterarmknochen gegen das distale Humerusende zur Streckseite und nach medial radiologisch beweisen (47).

Bei begleitenden Kapselextensionen sind Lage und Form der extrakapsulären Fettstreifen zu beachten (Abb. 2.**410a** u. **b**) (13, 47, 74). Auf Abb. 2.**411a–c** ist die Periostabhebung nach Trauma mit Bluterguß dorsal am Humerus nachzuweisen.

Sämtliche Formen der **Frakturen** im distalen Humerus zu beschreiben, ist hier nicht der Ort; einige Besonderheiten bei den Verletzungsfolgen dieser Region, besonders bei Kindern, sind jedoch im Rahmen dieses Buches bemerkenswert:

Man unterscheidet bei den kindlichen Frakturen des distalen Humerusendes suprakondyläre (57% Häufigkeit), transkondyläre (14%) Humerusbrüche und epikondyläre, meist radiale, selten ulnare Ausrisse (6%). Die angegebenen Prozentzahlen beziehen sich auf eine Gesamtzahl von ellenbogengelenksnahen Brüchen, von denen 33% Unterarmknochen betrafen (10, 24). Transkondyläre Frakturen bei Kindern sind dann besonders schwierig zu er-

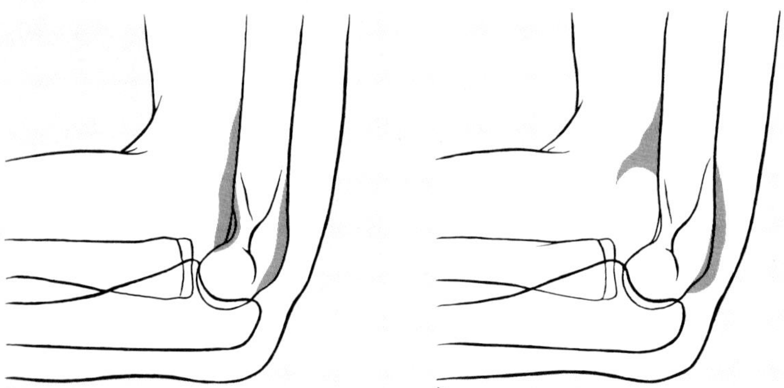

a b

Abb. 2.**410a** u. **b** Skizze der Weichteilstrukturen
a Norm
b Posttraumatisch vorderes, kubitales Fettpolster abgehoben

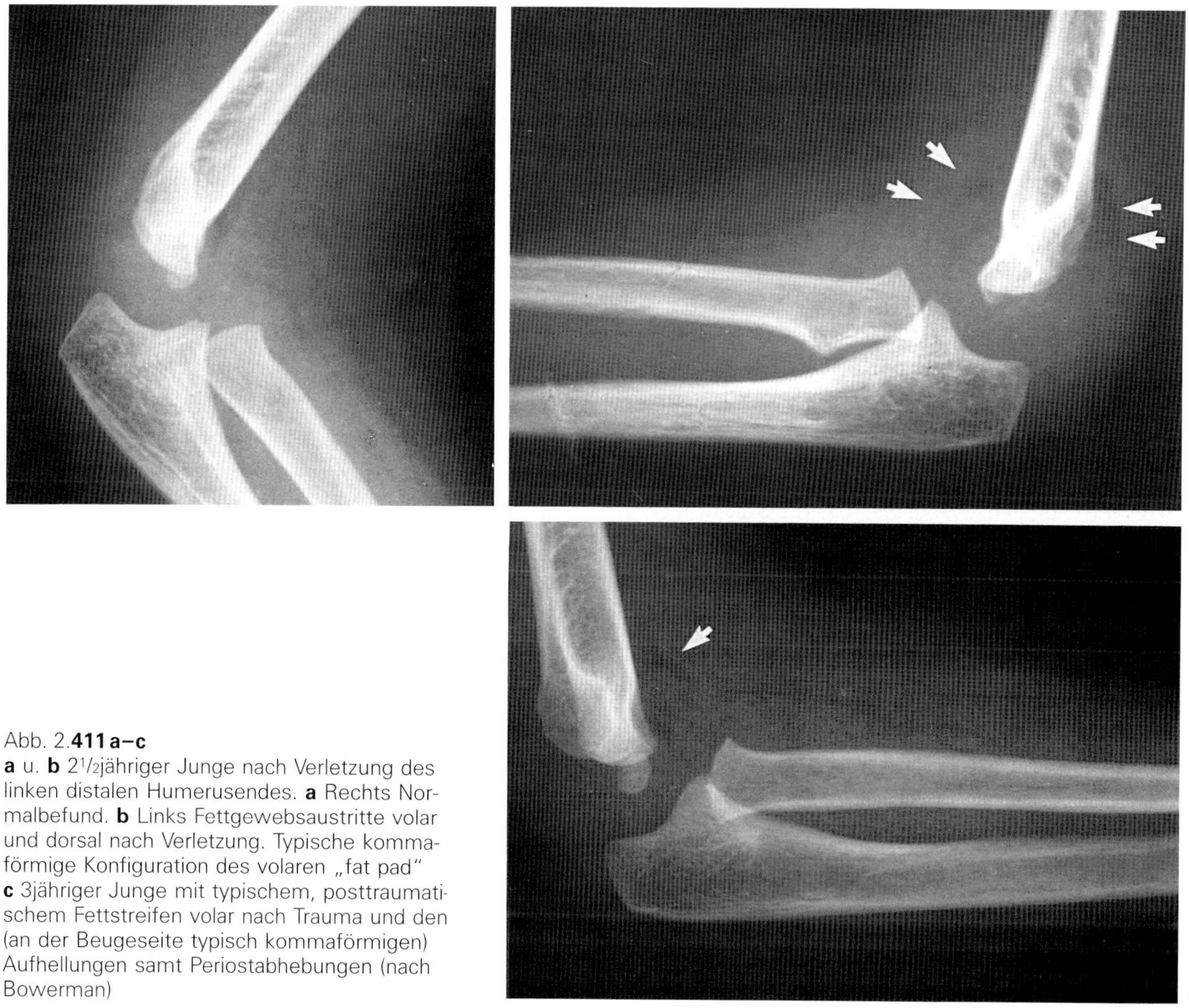

a b c

Abb. 2.**411 a–c**
a u. **b** 2 1/2jähriger Junge nach Verletzung des linken distalen Humerusendes. **a** Rechts Normalbefund. **b** Links Fettgewebsaustritte volar und dorsal nach Verletzung. Typische kommaförmige Konfiguration des volaren „fat pad"
c 3jähriger Junge mit typischem, posttraumatischem Fettstreifen volar nach Trauma und den (an der Beugeseite typisch kommaförmigen) Aufhellungen samt Periostabhebungen (nach Bowerman)

kennen, wenn sie durch die Fossae supracondylares (coronoidea et olecrani) und damit immer durch den Wachstumsknorpel (meist zwischen den Knochenkernen von Trochlea und Capitulum humeri) ziehen. Sie sind als Epiphysenläsionen vom Typ Aitken III bzw. Salter-Harris IV (s. Abb. 7.**192a** u. **b**) zu betrachten und dementsprechend zu behandeln („wasserdichte Reposition" in anatomisch korrekter Stellung, meist mit metallischer Fixation).

Sorgfalt ist bei der Diagnostik des verletzten Ellenbogens älterer Kinder geboten, wobei speziell das zeitlich unterschiedliche Auftreten der einzelnen Epiphysenkerne zu beachten ist.

Ein Beispiel: Luxiert bei einem 9jährigen der Kern des Epicondylus ulnaris in die Region der noch gar nicht ossifizierten Trochlea humeri, dann kann ein normaler radiologischer Befund vorgetäuscht werden. Eine Vergleichsaufnahme der Gegenseite erhöht die diagnostische Sicherheit.

Bei den häufigen suprakondylären Bruchformen und den Abrissen der lateralen Kondylen (21, 42, 51, 55, 57) sowie dem seltenen Abbruch des medialen Kondylus (50) – Behandlung beider Bruchformen gemeinsam bei Bánki (4) – gilt das Augenmerk des Radiologen dem Grad der Fragmentverschiebung, weil nur bei mangelnder Dislokation eine konservative Behandlung gerechtfertigt ist. Frakturen des Radiusköpfchens und des Capitulum humeri bei Ruptur des medialen Kollateralbandes gelten als äußerst selten (30).

Für die T-, V- oder Y-förmigen interkondylären Frakturen der Erwachsenen hängt die Art der Behandlung ebenfalls von der jeweiligen Entfernung der drei Fragmente voneinander ab (15).

Luxationen kann man daran erkennen, daß der distale Humeruskern volar der (verlängerten) Linie liegt, die man in der Humerusachse durch die Kortikaliskonturen beider Fossae zieht (s. Abb. 2.**393b**).

Auch die an die volare Humeruskontur gelegte Linie wird zur Diagnostik der sonst schwer zu erkennenden Dislokation des Kapitulumkernes genannt. Normalerweise soll ihre Verlängerung nach distal den Kapitulumkern in seinem hinteren Drittel schneiden. Bei Dislokationen trifft sie ihn weiter volar (27).

Kleinwellige Konturen volar am Humerus in Höhe des distalen und mittleren Drittels hat man als Ossifikationen nach Ausriß am Ansatz des M. brachialis gedeutet.

Auch der Processus supracondylaris kann abbrechen, entweder durch direkte Gewalteinwirkung oder beim angestrengten Heben (Abb. 2.**412a** u. **b**) (45).

Aseptische Epiphysennekrosen sind von Panner (48, 49) am Capitulum humeri beschrieben worden. Neuere Mitteilungen s. bei Clarke u. Mitarb. (16). Man spricht deshalb von der **Pannerschen Krankheit** (Abb. 2.**413**).

Derartige Nekrosen werden auch an den anderen Epiphysen im Bereich des Ellenbogengelenkes beschrieben; radiologisch sieht man dann eine fehlende Spongiosastruktur, wolkige Verdichtungen mit hellem Hof durch subkortikale Aufhellungen sowie unregelmäßige Konturen. Diese Befunde sind insgesamt auf die wie schollig strukturiert anmutende Epiphyse begrenzt. Nach neueren Erkenntnissen dürfte es sich hierbei insgesamt um Normvarianten (multizentrische Verknöcherung, die an jeder Epiphyse auftritt), um Traumafolgen (73) oder auch um Überlastungsschäden (67) handeln.

Totalnekrosen (37, 49) lassen sich von generalisierter Osteochondrosis dissecans am Ellenbogen abgrenzen (32). Eine zweifache Manifestation aseptischer Nekrosen, nämlich im Capitulum humeri und im oberen Patellarpol, wird im Abschnitt über die Patella besprochen.

Die **Osteochondrosis dissecans,** am Ellenbogengelenk häufig auftretend, wird ein- und doppelseitig beobachtet. Auslösend sollen bei konstitutionellem Faktor einmalige oder wiederholte Schädigungen sein. Demgemäß tritt diese Erkrankung als Berufsschaden bei Schwer- und Preßluftarbeitern gehäuft auf (29). Auf Abb. 2.**414a** u. **b** ist eine Osteochondrosis dissecans im Capitulum humeri nachweisbar,

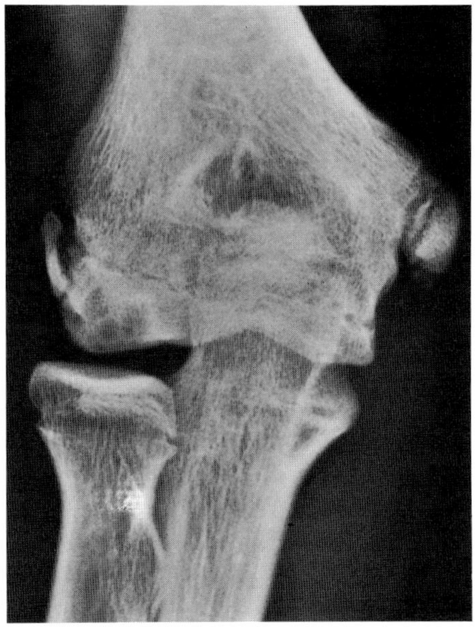

Abb. 2.**413** Nekrose am Kern des Capitulum humeri, fraglich zweigeteilter Kern des Epicondylus ulnaris humeri

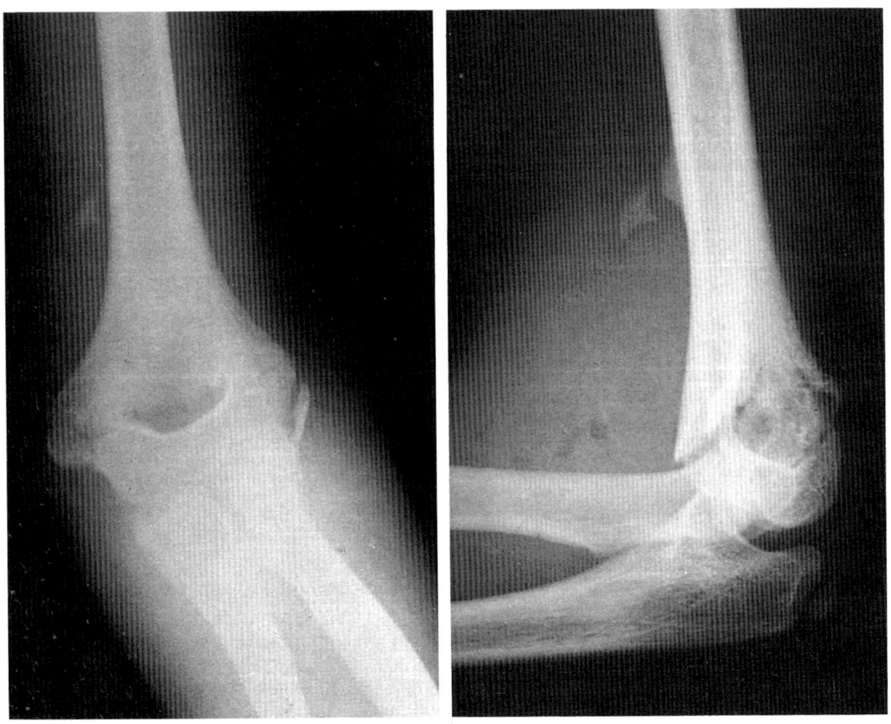

a b

Abb. 2.**412a** u. **b** 9jähriges Mädchen mit transkondylärer Humerusfraktur. Abriß des Processus supracondylaris

Abb. 2.**414a** u. **b** Osteochondrosis dissecans (→). Normale Kerbe an der Gelenkfläche der Ulna (↣)

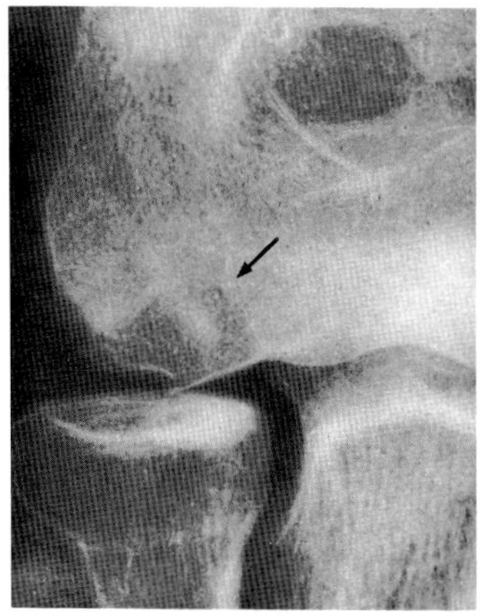

a

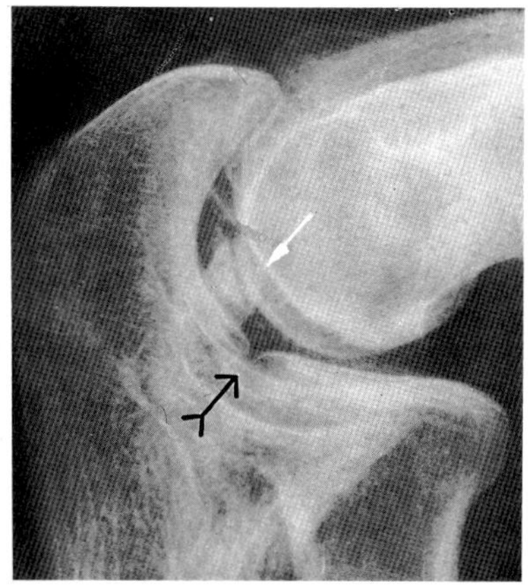

b

Abb. 2.**415a** u. **b** Os supratrochleare in der Fossa olecrani

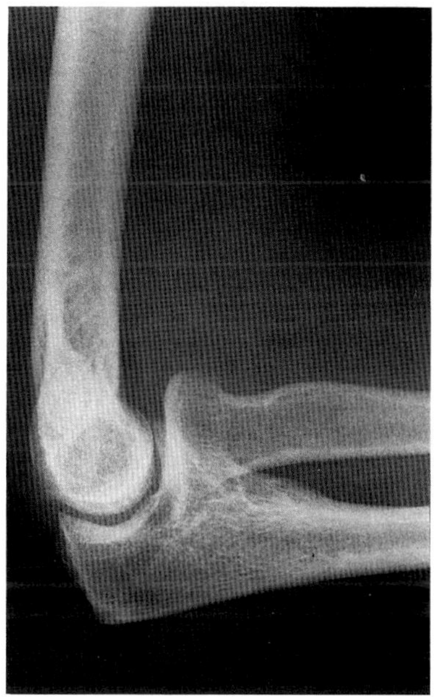

a

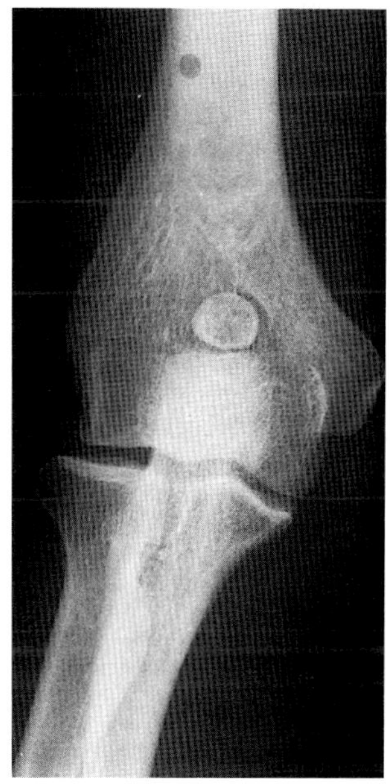

b

wobei sich der freie Körper auf der Seitenaufnahme in den Gelenkspalt projiziert.

Besonders häufig wird ein „freier" Körper in der Fossa olecrani beobachtet, ein Befund, der wenig treffend als *Osteochondrosis dissecans des supratrochlearen Septums* (wie soll eine „Chondrosis" aus einem ossären „Septum" entstehen?) oder – genausowenig treffend – als „Fabella cubiti" (die Fabella ist im Gegensatz zu diesem Ossikulum ein Sesambein) bezeichnet wird (65 u. v. a.). Die rein lokalisatorische Bezeichnung **„Os supratrochleare"** (14) wird diesem Befund gerechter (Abb. 2.**415a** u. **b**). Er ist meist als Normvariante zu deuten (40, 46), kommt jedoch auch posttraumatisch als „freier Körper" vor, der auf osteochondrotischer Basis entstanden ist und sich in der Fossa olecrani gefangen hat (8). Im Wachstum kann ein sich in die Fossa projizierender Olekranonspitzenkern im v.-d. Strahlengang ein Os supratrochleare vortäuschen (35).

Auf Abb. 2.**416a** u. **b** befindet sich nicht nur ein Knöchelchen in der Fossa coronoidea; ein weiteres, drüber liegend, spricht im Zusammenhang mit einem Defekt am Capitulum humeri für eine Osteochondrosis dissecans.

Durch Kortisonschädigung während der Ossifikation kann es zur Vergrößerung der entsprechenden Epiphysen kommen. Dies trifft besonders die Epikondylen (6).

Am Epicondylus radialis lassen sich gelegentlich produktive, aber auch rarefizierende Konturveränderungen beobachten, die pathologisch-anatomisch einer erfolgten Fibroostitis entsprechen und im speziellen Fall als Epikondylitis bezeichnet werden. Sie werden überwiegend bei Frauen und bei Tennisspielern beobachtet. Im letztgenannten Fall spricht man auch vom Tennisellenbogen (3, 18, 23, 33). Ähnliche Veränderungen können auch am Epicondylus ulnaris auftreten.

Eine metaplastische Verknöcherung am Epicondylus lateralis stellt die Abb. 2.**417** dar. Sie ist offensichtlich traumatischer Natur und war drei Monate zuvor auf einer Röntgenaufnahme wegen einer Radiusfraktur nicht erkennbar. Im Prinzip ist sie mit Seitenbandverkalkungen am Condylus femoris (Köhler-Pellegrini-Stieda-Schatten) zu vergleichen. Ähnliche Weichgewebsossifikationen werden insbesondere bei Speerwerfern (Abb. 2.**418**) im Bereiche der Beuger- und Pronatorenmuskulatur gefunden;

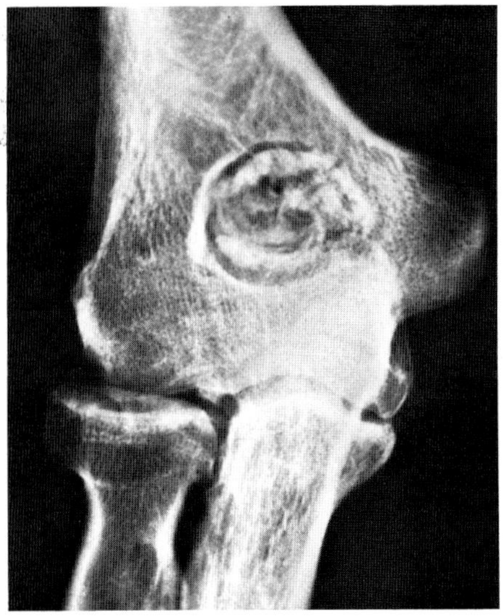

a

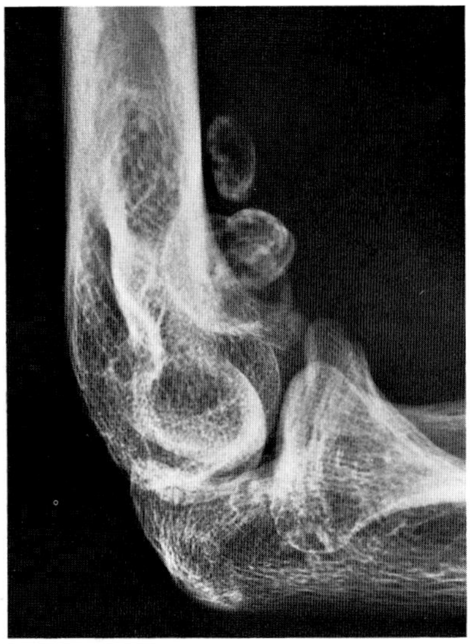

b

Abb. 2.**416a** u. **b** Ossikulum in der Fossa coronoides bei Chondromatose und Defekt am Capitulum humeri. Arthrosis deformans

bei Tennisspielern treten sie überwiegend in den Streck- und Supinatormuskeln auf. Schließlich sind solche Verknöcherungen auch bei Stenotypistinnen und Zahnärzten beobachtet worden (12). Über Epikondylitiden und Tenosynovitiden wurde auch als Berufskrankheiten bei Meatcuttern im skandinavischen Schrifttum berichtet (56). Befunde wie in Abb. 2.**419a** u. **b** können durch eine Bursitis calcarea hervorgerufen werden.

Multiple, kleine Skelettelemente, teils mit Schliffflächen, wurden bei einem Sportler laterodorsal am Gelenk beobachtet. Ob auch ein kleiner paratrochlearer Knochenschatten als Traumafolge anzusehen ist, bleibt fraglich, da über paraepikondyläre Verkalkungen auch ohne Bezug zu Verletzungen berichtet wird (5). Außerdem dürfte die Abgrenzung verletzungsbedingter Verkalkungen gegen persistierende Epiphysenkerne ab und zu schwierig sein.

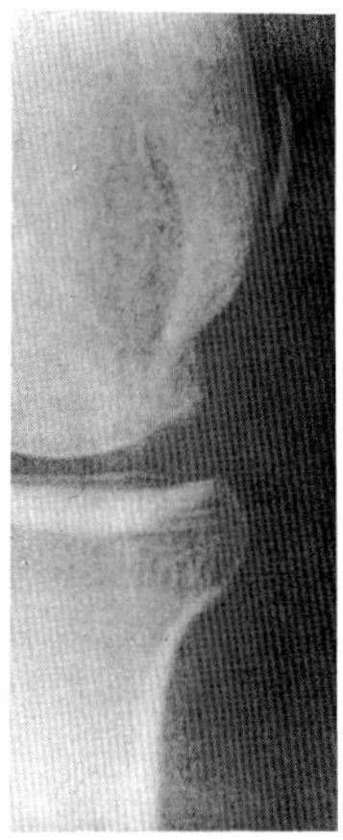

Abb. 2.**417** Schalenförmige Verkalkung am Epicondylus radialis

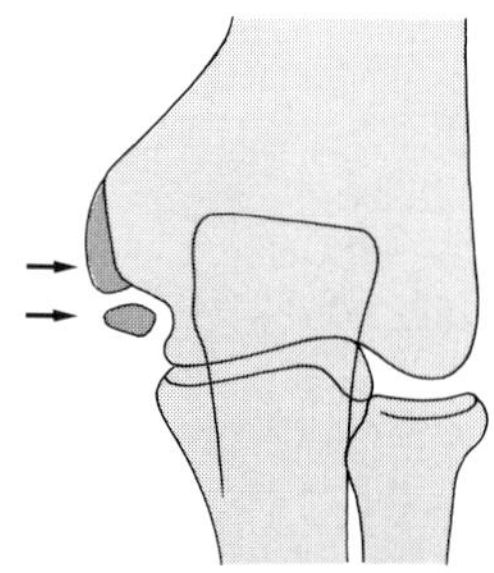

Abb. 2.**418** Speerwerferellenbogen. Periostose an der ulnaren Gelenkseite und Ossifikation (schraffiert)

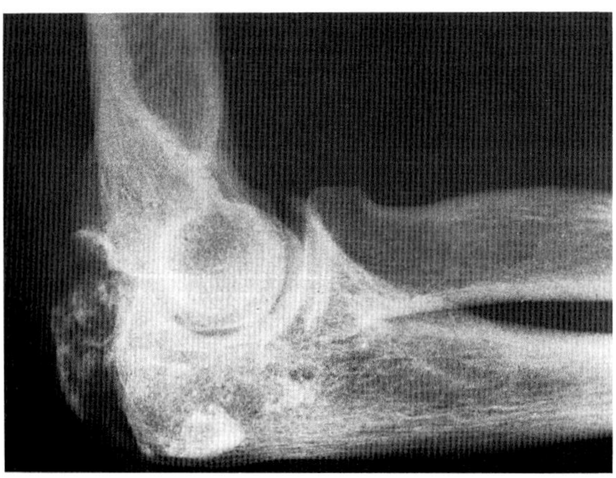

a

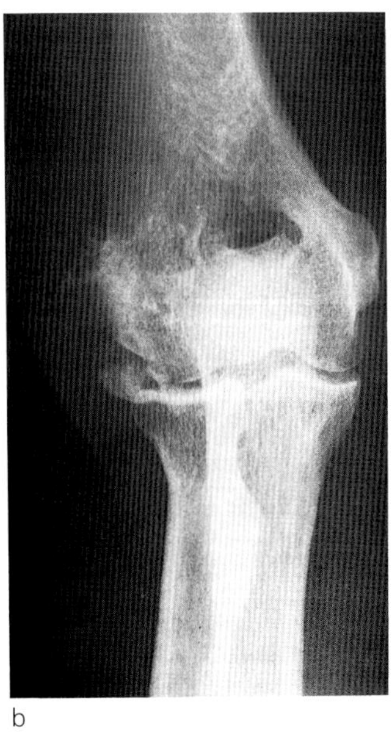

b

Abb. 2.**419a** u. **b** 64jährige Frau. Diffuse und schollenförmige Verkalkungen parartikulär dorsal und radial gelegen. Ursache unbekannt. Kalzifizierende Bursitis?

Erworbene Erkrankungen

Bei der schon anläßlich der Besprechung der proximalen Anteile von Radius und Ulna erwähnten starken Verkalkungstendenz des Kapsel-Band-Apparates am Ellenbogengelenk wird es oft schwer sein, posttraumatische von rein degenerativ induzierten Ossifikationen zu unterscheiden, besonders, wenn arthrotische und vielleicht auch noch chondromatöse Affektionen hinzukommen.

Zacken an der Beugeseite der Kondylen und starke Randwülste an allen Gelenkrändern sind typisch für eine **chronisch deformierende Arthrosis.** Schwere deformierende Prozesse im Ellenbogengelenk werden beobachtet bei der Polyarthritis, beim „Blutergelenk" und bei der Syringomyelie.

Die **Chondromatose** ist schon in Abb. 2.**390a** u. **b** wiedergegeben. Kombinationen mit der Arthrosis deformans sind bei der als Präarthrose geltenden Chondromatose häufig (s. Abb. 2.**416a** u. **b**).

Abgesehen von den bereits erwähnten Verkalkungen am Ellenbogengelenk bei degenerativen Erkrankungen treten **diffuse Verkalkungen** im Sinne einer Myositis ossificans nicht nur ganz allgemein bei Affektionen von Rückenmark und Gehirn (s. Abb. 2.**392a** u. **b**) auf, sondern in 23%iger Häufigkeit auch nach **Verbrennungen** der oberen Extremität (59). Durch **zentralnervöse Störungen** bedingt, sind auch Osteolysen beschrieben (20).

Strukturveränderungen im distalen Humerus lassen sich entsprechend der radiologischen Symptomatik der Einfachheit halber in zwei Gruppen einteilen: Veränderungen mit vermehrter und verminderter Strahlendurchlässigkeit.

Zu **Aufhellungen** und Strukturauflösungen, eventuell mit periostaler Reaktion, führen entzündliche Prozesse wie Osteomyelitis, Tuberkulose und Lues (insgesamt selten geworden), Tumoren, Metastasen und Dystrophien. Die ungewöhnliche Lokalisation eines intraossären Ganglion im distalen Humerus wurde beschrieben (62).

Schollenförmige oder popcornartige **Kalkanreicherungen** in der Markhöhle können das Zeichen eines Knocheninfarktes oder eines Enchondroms sein.

Literatur

1 Aebi, H.: Der Ellenbogenwinkel in seiner Beziehung zu Geschlecht, Körper und Hüftbreite des Menschen. Diss., Basel 1947

2 Andrén, L., G. Theander: Tarsoid and gonoid malformations of the upper limbs. Radiologe 15 (1975) 53–58

3 Avouac, B.: Épicondylite et épicondylalgie. Rev. Pratic. 33 (1983) 51–54

4 Bánki, Z.: Über die Apophysenverletzungen des Epicondylus ulnaris et lateralis humeri. Fortschr. Röntgenstr. 99 (1963) 220–227

5 Bánki, Z.: Über die paraepikondylären Gebilde am Ellenbogengelenk. Fortschr. Röntgenstr. 101 (1964) 501–511

6 Bánki, Z.: Kortison-Schädigung zur Zeit der Ossifikation. Fortschr. Röntgenstr. 107 (1967) 809–810

7 Bánki, Z.: Die Apophyse mit Fortsatzbildung des Epicondylus medialis humeri. Fortschr. Röntgenstr. 107 (1967) 815–816

8 Bassett, L. W., J. M. Mirra, M. Forrester, R. H. Gold, M. L. Bernstein, J. S. Rollins: Posttraumatic osteochondral „loose body" of the olecranon fossa. Radiology 141 (1981) 635–638

9 Bernbeck, R., G. Dahmen: Kinderorthopädie, 3. Aufl. Thieme, Stuttgart 1983 (S. 385, Abb. 290a–c)

10 Biehl, Th., R. Gradinger: Ellenbogengelenksnahe Frakturen beim Kind. 2. Mitteilung. Transkondyläre Frakturen, Olekranonfrakturen, Fraktur des Collum radii und Epiphysiolysis capitis radii. Fortschr. Med. 101 (1983) 226–229

11 Birch-Jensen, A.: Congenital Deformities of the Upper Extremities. Munksgard, Kopenhagen 1949

12 Birkner, R.: Das typische Röntgenbild des Skeletts. Urban und Schwarzenberg, München 1977 ([1]Abb. 606, 607a, b; [2]Abb. 592)

13 Bohrer, St. P.: The fat pad sign following elbow trauma. Its usefulness and reliability in suspecting „invisible" fractures. Clin. Radiol. 21 (1970) 90–94

14 Canigiani, G., J. Wickenhauser, W. Czesch: Beitrag zur Osteochondrosis dissecans im Foramen supratrochleare. Fortschr. Röntgenstr. 117 (1972) 66–68

15 Claisse, R.-R., Ph. Loock, J. Letendart: Les fractures sus et intercondyliennes de l'humérus de l'adulte. Lille chirurg. 36 (1981) 32–40

16 Clarke, N. M. P., M. E. Blakemore, A. G. Thompson: Osteochondritis of the trochlear epiphysis. J. Ped. Orthoped. 3 (1983) 601–604

17 de Cuveland, E.: Persistierende Knochenkerne des Epicondylus ulnaris und radialis. Fortschr. Röntgenstr. 82 (1955) 125

18 Daubinet, G.: Le tennis elbow. Rev. Pratic. 34 (1984) 2786

19 Delahaye, R. P., P. J. Metges, R. Lomazzi, F. Capeau: Apophyse sus-épitrochlienne. J. Radiol. Électrol. 57 (1976) 341–345

20 Fiedler, J.: Beitrag zur Frage des Krankheitsbildes der Acroosteolysis. Fortschr. Röntgenstr. 74 (1951) 239–241

21 Foster, D. E., J. A. Sullivan, R. H. Gross: Lateral humeral condylar fractures in children. J. Pediat. Orthoped. 5 (1985) 16–22

22 Gantert, F., Ch. Alzheimer: Der Processus supracondylicus humeri und Foramen supracondyloideum. Nervenarzt 27 (1956) 349–353

23 Gondos, B.: Tennis-elbow: a re-evaluation. Amer. J. Roentgenol. 79 (1958) 684–691

24 Gradinger, R., Th. Biehl: Ellenbogengelenksnahe Fraktur beim Kind. 1. Mitteilung: Einteilung, suprakondyläre Humerusfraktur, epikondyläre Abrißfraktur. Fortschr. Med. 101 (1983) 165–169

25 Günsel, E.: Persistierende Apophyse des Epicondylus medialis humeri. Fortschr. Röntgenstr. 76 (1952) 660–661

26 Guibert, L., M. Allouis, D. Bourdelat, P. Catier, H. Bracq, J. M. Babut: Fractures et décollements épiphysaires de l'extrémité de l'humérus chez l'enfant. Chir. Pédiatr. 24 (1983) 197–200

27 Haage, H.: Röntgendiagnostik der Gelenkschwellung des Ellenbogens. Fortschr. Röntgenstr. 118 (1973) 45–51

28 Hanspal, R. S.: Injury of the medial humeral condyle in a child reviewed after 18 years. J. Bone Jt Surg. 67-B (1985) 638–639

29 Hegemann, G.: Die „spontanen" aseptischen Knochennekrosen des Ellenbogengelenkes. Fortschr. Röntgenstr. 75 (1951) 89–92

30 Hendel, D., N. Halperin: Fracture of the radial head and capitulum humeri with rupture of the medial collateral ligament of the elbow. Injury 14 (1983) 98–99

31 Hillger, H., H. Hamm: Persistierende Knochenkerne des Epicondylus ulnaris und radialis. Fortschr. Röntgenstr. 84 (1956) 650–651

32 Hipp, E., G. Thiemel: Zur Diagnose und Differentialdiagnose der aseptischen Epiphysennekrose, der Osteochondritis dissecans und der Chondromatose am Ellenbogen. Fortschr. Med. 86 (1968) 6–10
33 Hohmann, G.: Das Wesen und die Behandlung des sogenannten Tennisellenbogens. Münch. med. Wschr. 80 (1933) 250–252
34 Kattan, K. R., D. S. Babcock: Bilateral patella cubiti. Case report 105. Skeletal Radiol. 4 (1979) 249–250
35 Keats, E. Th.: Normal Roentgen Variants That May Simulate Disease, 3rd ed. Year Book Medical Publishers, Chicago 1984 (Fig. 6–32)
36 Knese, K.-H.: Kinematik der Gliedbewegungen, dargestellt am Hüft- und Ellenbogengelenk. Z. Anat. Entw.-Gesch. 115 (1950) 162–223
37 Kohlbach, W.: Das Röntgenbild der aseptischen Epiphysionekrose bei Erhaltung des Gelenkknorpels. Fortschr. Röntgenstr. 61 (1940) 310–317
38 Kohn, A. M.: Soft tissue alterations in elbow trauma. Amer. J. Roentgenol. 82 (1959) 867–874
39 Kozloswki, K., R. Middleton: Familial osteochondritis dissecans: „dysplasia" of articular cartilage? Skeletal Radiol. 13 (1985) 207–210
40 Lawson, J. P.: Symptomatic radiographic variants in extremities. Radiology 157 (1985) 613–625
41 Le Floch, P.: The distal humerus: a structure with two pillars. Anat. Clin. 4 (1982) 235–244
42 Mac Learie, M., R. D. Merson: Injuries to the lateral condyle epiphysis of the humerus in children. J. Bone Jt Surg. 36-B (1954) 84–89
43 McIntyre, W. M., J. J. Wiley, R. J. Charette: Fractureseparation of the distal humeral epiphysis. Clin. Orthopaed. Relat. Res. 188 (1984) 98–102
44 Menon, T. J.: Fracture separation of the lower humeral epiphysis due to birth injury: a case report. Injury 14 (1982) 168–169
45 Neiss, A.: Abrißfraktur eines Processus supracondylicus humeri. Fortschr. Röntgenstr. 83 (1955) 120
46 Obermann, R. W., H. W. C. Loose: The os supratrochleare dorsale: a normal variant that may cause symptoms. Amer. J. Roentgenol. 141 (1983) 123–127
47 Paige, M. L.: Separation of the distal humeral epiphysis in the neonate. Amer. J. Dis. Child. 139 (1985) 1203–1205
48 Panner, H. J.: An affection of the capitulum humeri resembling Calvé-Perthes disease of the hip. Acta radiol. (Stockh.) 8 (1927) 617-618
49 Panner, H. J.: Peculiar affection of capitulum humeri resembling Calvé-Perthes disease of the hip. Acta radiol. (Stockh.) 10 (1929) 234–237
50 Papavasiliou, V. A: Fracture-separation of the medial epicondylar epiphysis of the elbow joint. Clin. Orthop. 171 (1982) 172–174
51 Papavasiliou, V. A., Th. A. Beslikas: Fractures of the lateral humeral condyle in children – an analysis of 39 cases. Injury 16 (1985) 364–366
52 Porstmann, W.: Zur Differentialdiagnose lokalisierter Störungen der enchondralen Ossifikation. Fortschr. Röntgenstr. 82 (1955) 364–369
53 Resnik, C. S., M. A. Hartenberg: Ossification centres of the pediatric elbow: a rare normal variant. Pediatr. Radiol. 16 (1986) 254–256
54 Roaf, R.: Foramen in the humerus caused by the median nerve. J. Bone Jt Surg. 39-B (1957) 748–749
55 Robert, M., B. Longis, D. Moulies, J. L. Alain: Les fractures du condyle externe chez l'enfant. Ann. Chir. 38 (1984) 621–626
56 Roto, P., P. Kivi: Prevalence of epicondylitis and tenosynovitis among meatcutters. Scand. J. Work Environ. Health 10 (1984) 203–205
57 Rutherford, A.: Fractures of the lateral humeral condyle in children. J. Bone Jt Surg. 67-A (1985) 851–856
58 Sauvegrain, J., G. Gaussin, P. Blondet, H. Legendre, J. Y. Challe, M. d'Aboville: Ostéolyse multicentrique à transmission récessive. Ann. Radiol. (Paris) 24 (1981) 638–642
59 Schiele, H. P., R. B. Hubbard, H. M. Bruck: Radiographic changes in burns of the upper extremity. Radiology 104 (1972) 13–17
60 Schinz, H. R.: Das Foramen supratrochleare humeri. Fortschr. Röntgenstr. 29 (1922) 193–200
61 Schinz, H. R.: Vergleichende Anatomie und Phylogenie des Skelettes in ihrer Bedeutung für den Röntgenologen. Radiol. clin. (Basel) 14 (1945) 19–35
62 Schneider, E. A.: Ungewöhnliche Lokalisation eines intraossären Ganglions. Fortschr. Röntgenstr. 128 (1978) 628–629
63 Schröder, G.: Persistierende Apophyse des Epicondylus medialis humeri. Fortschr. Röntgenstr. 84 (1956) 262–263
64 Schröder, G.: Zum Problem der persistierenden Knochenkerne des Epicondylus humeri ulnaris et radialis. Fortschr. Röntgenstr. 85 (1956) 716–719
65 Schwarz, G. S.: Bilateral antecubital ossicles (fabellae cubiti) and other rare accessory bones of the elbow. With a case report. Radiology 69 (1957) 730–734
66 Sieckel, L.: Über die persistierenden Knochenkerne am Ellenbogengelenk. Fortschr. Röntgenstr. 85 (1956) 709–716
67 Singer, K. M., St. P. Roy: Osteochondrosis of the humeral capitellum. Amer. J. Sports Med. 12 (1984) 351–360
68 Swischuk, L. E.: Emergency Radiology of the Acutely Ill of Injured Child. Williams & Wilkins, Baltimore 1979 (p. 268–269)
69 Tanabu, F., Y. Yamanuchi, M. Tukushima: Hypoplasia of the trochlea of the humerus as a cause of ulnar nerve palsy. J. Bone Jt Surg. 67-A (1985) 151–154
70 Viehweger, G.: Zum Problem der Deutung der knöchernen Gebilde distal des Epicondylus medialis humeri. Fortschr. Röntgenstr. 86 (1957) 643–652
71 Walker, R. H., J. B. Tanner: Fracture of the proximal shaft of the radius associated with posterior dislocation of the elbow. Clin. Orthoped. Relat. Res. 168 (1982) 35–37
72 Werthemann, A.: Die Entwicklungsstörungen der Extremitäten. In Lubarsch, O., F. Henke, R. Rössle, E. Uehlinger: Handbuch der speziellen pathologischen Anatomie und Histologie, Bd. IX/6. Springer, Berlin 1952
73 Wieser, R., H. Scheier, R. P. Meyer: Knochennekrosen am Ellenbogen. Orthopäde 10 (1981) 68–71
74 Zimmers, T. E.: Fat plane radiological signs in wrist and elbow trauma. Amer. J. Emerg. Med. 2 (1984) 526–532
75 Zukschwerdt, L.: Processus supracondyloideus humeri. Fortschr. Röntgenstr. 40 (1929) 79

Mitte

Norm

Im Wachstum

Eine *Doppelkontur* an der lateralen oder medialen **Metaphyse** gehört bei Kleinkindern oder Jugendlichen zu den normalen Befunden (Abb. 2.**420**).
Bei Neugeborenen findet man normalerweise auf Aufnahmen in extremer Außenrotation oder Anhebung periostale Säume in der „bicipital groove" (4). Zwischen dem 10. und 16. Lebensjahr sind *Dellen in der medialen Humeruskontur* distal des Caput humeri normal. Sie können mit einer derart starken Konturunschärfe einhergehen, daß Verwechslungen mit malignen Prozessen möglich werden (5).

Fibröse kortikale Defekte mit Randsklerosen, einzeln oder mehrfach auftretend, sind bei Kindern im proximalen Humerusschaft selten und ohne klinische Bedeutung (2).

Beim Erwachsenen

Ein vertikal verlaufender Aufhellungsstreifen im Schaft des Humerus kann einem **Gefäßkanal** entsprechen (Abb. 2.**421**).

Auf die mittleren Abschnitte des Humerusschaftes projiziert sich oft eine *Aufhellungszone,* die durch Überkreuzungen von Muskelgruppen und durch Weichteilüberlagerungen der lateralen Brustwand sowie auch durch eine voluminöse Mamma bedingt sein kann (Abb. 2.**422**).

Proximal hiervon erkennt man manchmal eine Konturunregelmäßigkeit in einer Form, die einer periostalen Verdickung ähnelt, aber der **Tuberositas deltoidea des Humerus** entspricht. Eigentümliche Befunde entstehen hier, wenn die darunterliegende Zone blasig, sogar zystisch aussieht, sei sie nun sehr umschrieben und klein (Abb. 2.**423a**) oder flächenhaft mit Strukturvergröberung und -auflockerung (Abb. 2.**423b**). Bei sehr kräftiger Ausprägung des M. deltoideus (Abb. 2.**424a**) erscheint der Humerus im Bereich des Deltoideusansatzes mehr aufgetrieben. Darunter sieht man häufig ein eigenartiges wabiges Muster sklerotischer Strukturverdichtungen. Im axialen Strahlengang (Abb. 2.**424b**) kann man gelegentlich distal des kräftigen Deltoideusansatzes leistenartige Verdichtungen sehen, die von der volaren Kompakta in den Markraum vorspringen.

Ähnliche Veränderungen finden sich am Ansatz des M. pectoralis major an der **Crista tuberculi majoris,** also etwas weiter proximal der Tuberositas deltoidea (Abb. 2.**425** und 2.**426**).

Von der Norm abweichende Veränderungen

Beispielhaft wird hier lediglich die Symptomatik einer **Osteomyelitis** im Anfangsstadium an einem Fall gezeigt; anschließend wird eine begrenzte Differentialdiagnose der Osteomyelitis an langen Röhrenknochen abgehandelt.

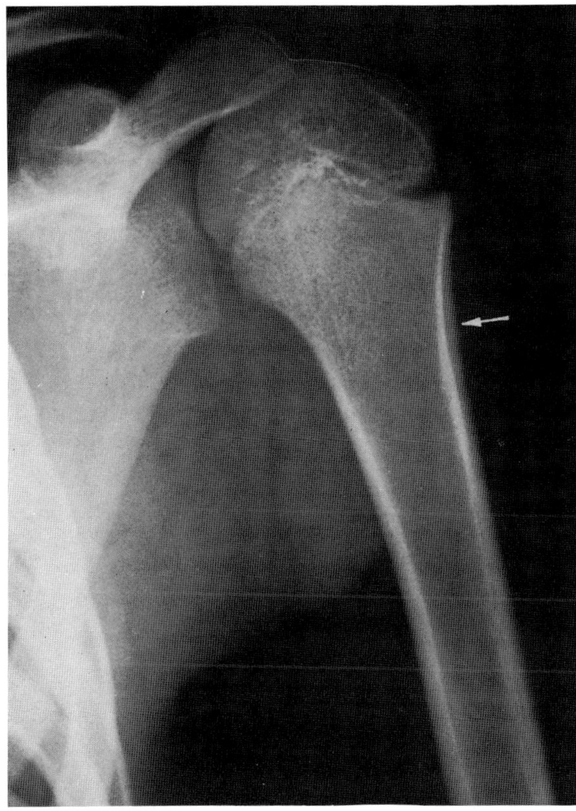

Abb. 2.**420** Doppelkontur am Oberarm bei Kindern und Jugendlichen

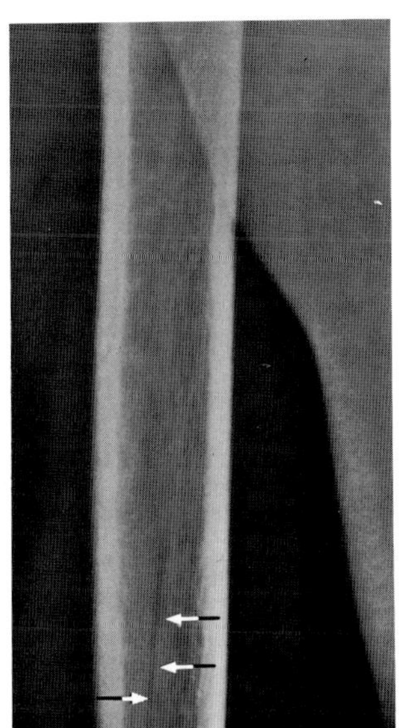

Abb. 2.**421** Gefäßkanal in der Mitte des Humerusschaftes bei einem 11jährigen Mädchen

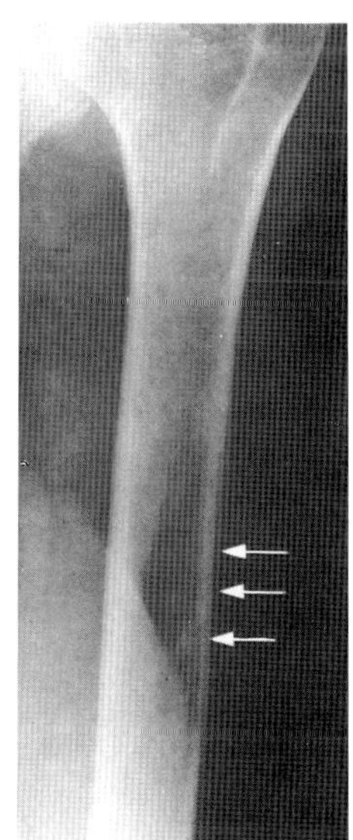

Abb. 2.**422** Relative Aufhellung im Humerusschaft, durch Weichteile vorgetäuscht

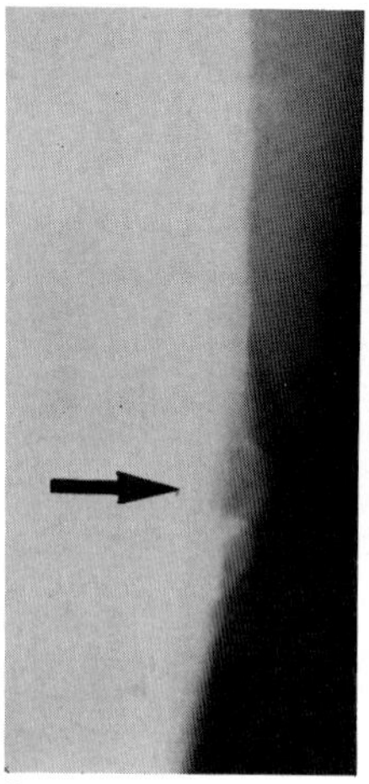

a

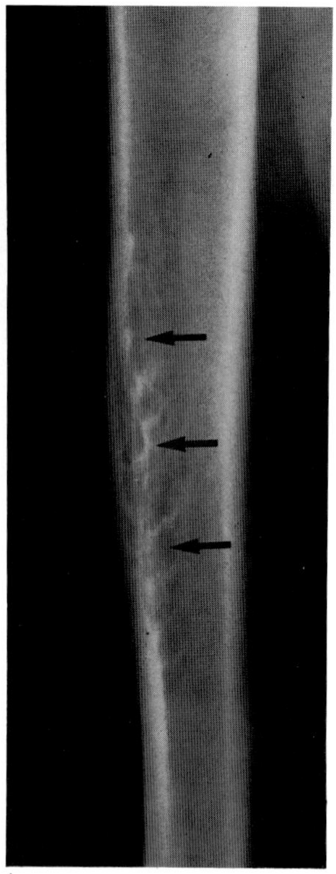

b

Abb. 2.**423 a** u. **b** Struktur- und Konturunregelmäßigkeiten am Deltoideusansatz, umschrieben (**a**) und flächenhaft (**b**)

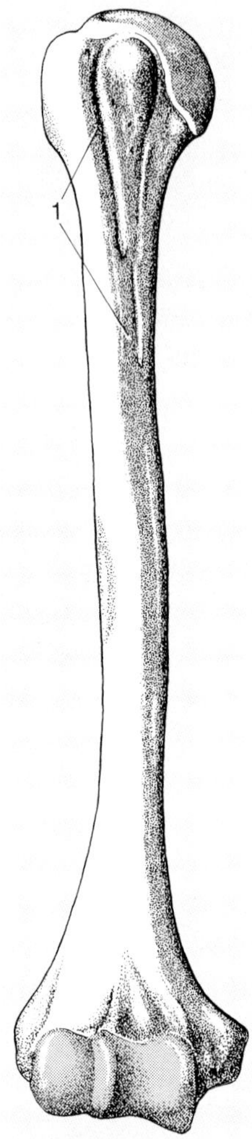

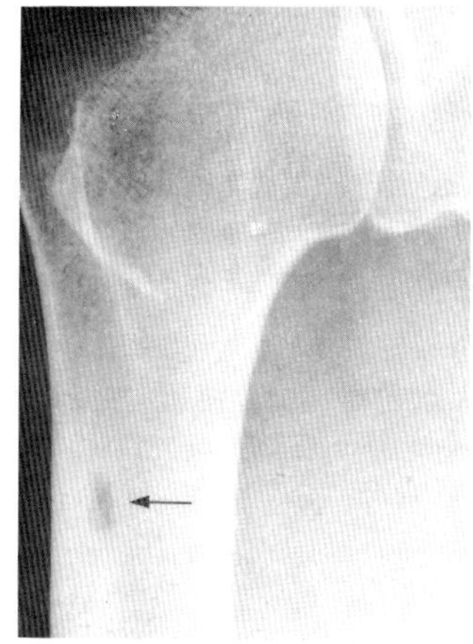

Abb. 2.**426** Zystoide Aufhellung im Humerusschaft am Ansatz des M. pectoralis (Crista tuberculi minoris)

Abb. 2.**425** Rechter Humerus von vorn
1 = Crista tuberculi majoris
◁ (nach Feneis)

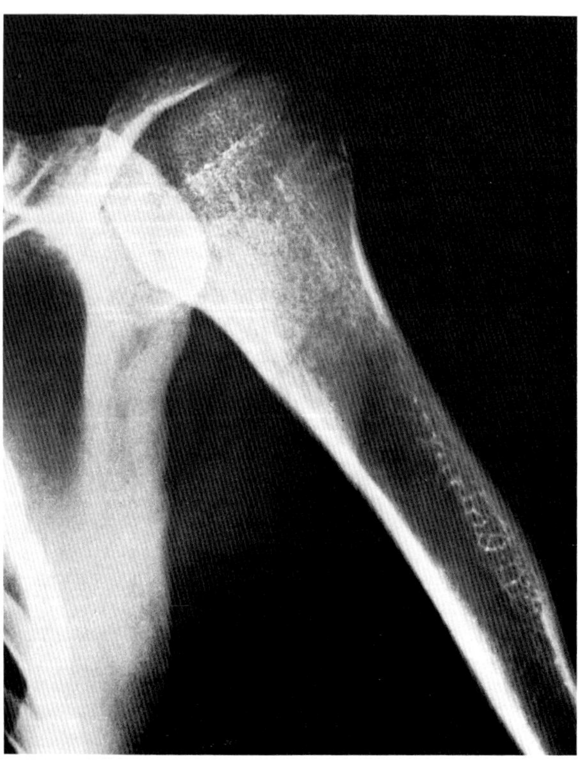

a

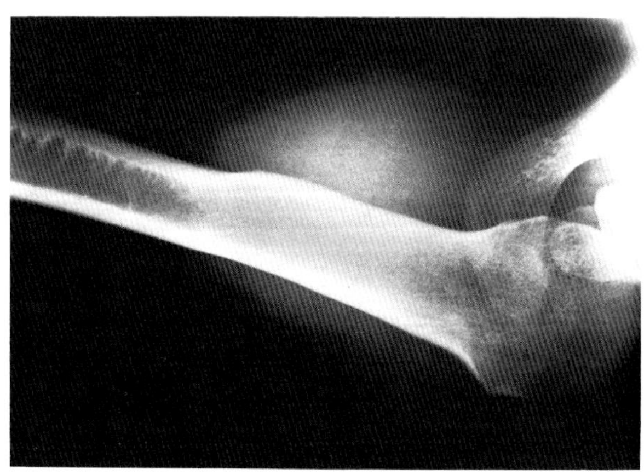

b

Abb. 2.**424 a** u. **b** Kräftig ausgeprägter M. deltoideus (**a**) mit Auftreibung des Humerusschaftes in seinem Ansatzgebiet und eigentümlicher Struktur an der volaren und lateralen inneren Begrenzung der Markhöhle

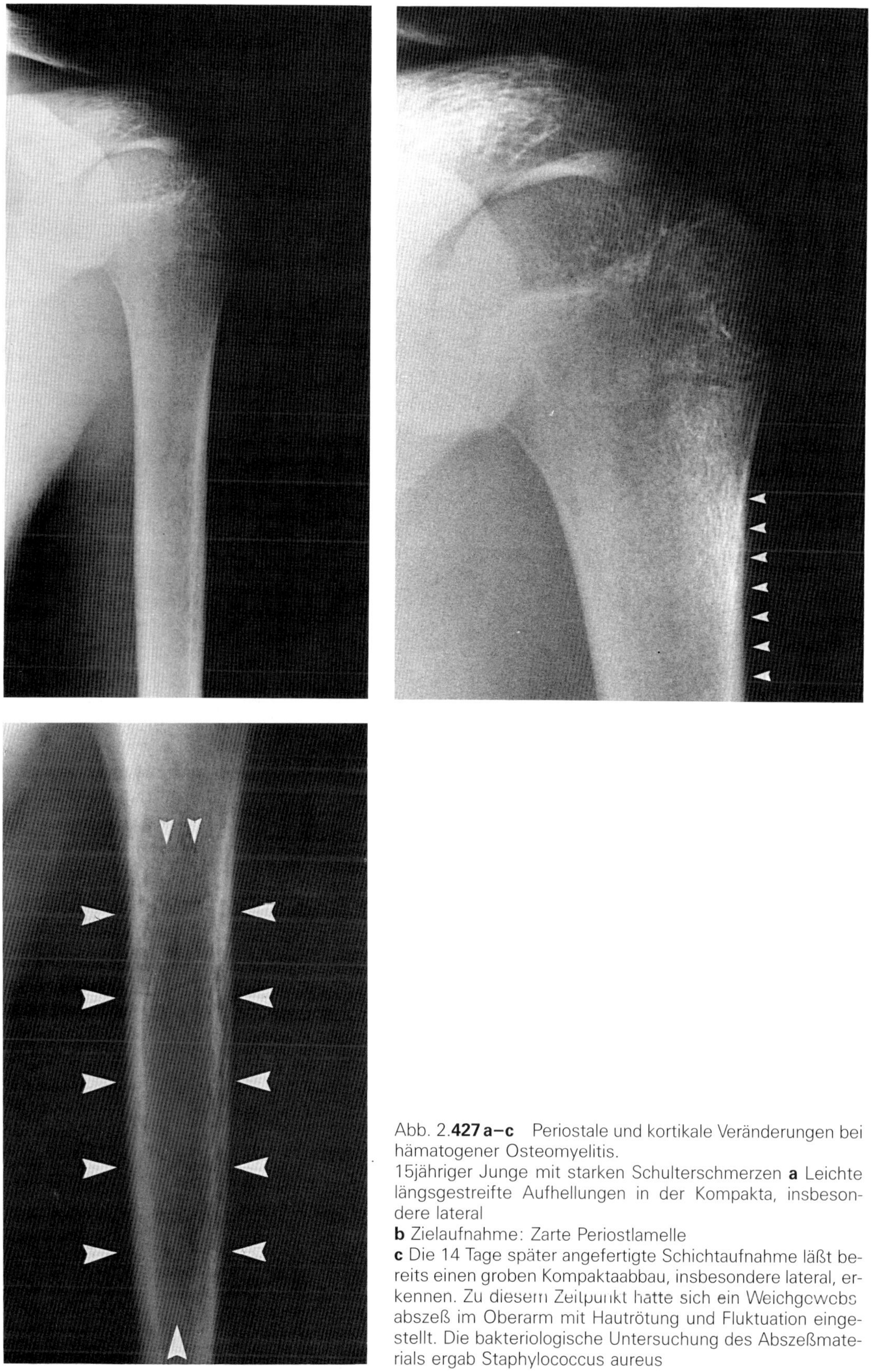

a b c

Abb. 2.**427a–c** Periostale und kortikale Veränderungen bei hämatogener Osteomyelitis.
15jähriger Junge mit starken Schulterschmerzen **a** Leichte längsgestreifte Aufhellungen in der Kompakta, insbesondere lateral
b Zielaufnahme: Zarte Periostlamelle
c Die 14 Tage später angefertigte Schichtaufnahme läßt bereits einen groben Kompaktaabbau, insbesondere lateral, erkennen. Zu diesem Zeitpunkt hatte sich ein Weichgewebsabszeß im Oberarm mit Hautrötung und Fluktuation eingestellt. Die bakteriologische Untersuchung des Abszeßmaterials ergab Staphylococcus aureus

In Abb. 2.**427a** u. **b** sind kortikale und periostale Veränderungen dargestellt, die im Gegensatz zu natürlichen Varianten einem Krankheitsbild, nämlich einer hämatogenen Osteomyelitis, zuzuordnen sind. Die Diagnose wird besonders durch die klinische Symptomatik mit Schmerzen im Schulterbereich und einer Erhöhung der Blutkörperchensenkungsgeschwindigkeit erleichtert. Auf den Übersichtsaufnahmen sieht man neben der zarten, kontinuierlichen, lamellenartigen Periostverknöcherung als relatives Frühzeichen eine leichte streifenförmige Auflockerung, vor allem der lateralen Kompakta, bedingt durch resorptive Veränderungen um die erweiterten Nutritiagefäße. Erst das Tomogramm läßt 14 Tage später das ganze Ausmaß der Spongiosadestruktionen und Kortikaliszerstörungen erkennen (Abb. 2.**427c**).

Derartige Befunde lassen sich auch mit der Computertomographie besonders dann nachweisen, wenn periostitische Veränderungen vorhanden sind, die einer Myositis ossificans ähneln können (3).

Schwierig wird die Differentialdiagnose zur Osteomyelitis beim Vorliegen einer **infantilen kortikalen Hyperostose (Morbus Caffey-Silverman)**. Diese Krankheit tritt familiär auf, doch wird ein Erbleiden nicht als Ätiologie anerkannt. Ihre klinischen Symptome ähneln denen der Osteomyelitis: Fieber, blasses Aussehen, Weichteilschwellung im Bereich des befallenen Knochens, erhöhte Blutsenkungsgeschwindigkeit. Auch die radiologische Symptomatik mit subperiostaler kortikaler Hyperostose ist gegenüber den radiologischen Zeichen der Osteomyelitis manchmal schwer zu differenzieren, wenn allerdings auch bei der kortikalen Hyperostose Mandibula, Klavikula und Rippen oft beteiligt sind. Kommt es aber zur Osteomyelitis bei infantiler kortikaler Hyperostose, wie dies bei einem zwei Monate alten Kind beschrieben ist (1), läßt sich die Diagnose der Osteomyelitis wohl nur in ganz kurzfristigen radiologischen Verlaufsdiagnosen stellen; dies ist jedoch wesentlich, da eine rechtzeitig einsetzende gezielte Therapie der Osteomyelitis schwere Schäden verhindern kann.

Schließlich ist hervorzuheben, daß es in der Adoleszenz bei Tennisspielern nicht nur in der Nähe des Ellenbogengelenkes, sondern auch am Oberarmschaft zu Ermüdungserscheinungen kommen kann, die dort den Symptomen einer **Streßfraktur** mit positivem Befund im Szintigramm ähneln. Im Computertomogramm kann auch die Kontinuitätsunterbrechung des Schaftknochens nachgewiesen werden (6).

Literatur

1 Blasier, R. B., D. D. Aronson: Infantile cortical hyperostosis with osteomyelitis of the humerus. J. Pediatr. Orthoped. 5 (1985) 222–224
2 Caffey, J.: Pediatr. X-Ray Diagnosis, 8th ed., ed. by F. Silverman. Year Book Medical Publishers, Chicago 1984 (p. 433)
3 Donoghue, Veronica, A. Daneman, K. Mencer, I. Krajlich: CT Features of reactive periostitis in the humerus: a lesion of resembling myositis ossificans. Case report. J. Comput. Assist. Tomogr. 9 (1985) 401–403
4 Keats, Th. E.: An Atlas of Normal Roentgen Variants that may Simulate Diseases; 3rd ed. Year Book Medical Publishers, Chicago 1984 (Fig. 6–2)
5 Ozonoff, M. B., F. M. H. Ziter jr.: The upper humeral notch: A normal variant in children. Radiology 113 (1974) 699–701
6 Rettig, A. C., H. F. Beltz: Stress fracture in the humerus in an adolescent tennis-tournament player. Amer. J. Sports Med. 13 (1985) 55–58

Proximaler Teil

Norm

Im Wachstum

Beim Neugeborenen selten vorhanden, tritt der **Humeruskopfkern** in der Regel zwischen dem 4. und 8. Lebensmonat auf, und zwar in seiner der Pfanne des Schulterblattes zugekehrten Hälfte. Gelegentlich findet man beim Neugeborenen im Knorpel der Kaputepiphyse eine kleine Kalkschale (Abb. 2.**428**). Der im 1. bis 2. Lebensjahr erscheinende laterale Kern gehört zum **Tuberculum majus,** ein im 3. bis 4. Lebensjahr entstehendes Knochenzentrum zum **Tuberculum minus,** der sich allerdings bis zur Unkenntlichkeit auf den Tuberkulum-majus-Kern projizieren kann, so daß seine Existenz bestritten wurde. Erst bei besonders günstiger Projektion (9) lassen sich die beiden Nuklei gesondert darstellen.

Die Kerne der Tuberkula *verschmelzen* zwischen dem 5. und 8. Lebensjahr miteinander und ihrerseits mit der Kopfepiphyse im 13. bis 14. Lebensjahr (Abb. 2.**429a–c**). Die **Epiphysenfuge** verläuft nicht quer zum Schaft, da der Kern der Tuberkula

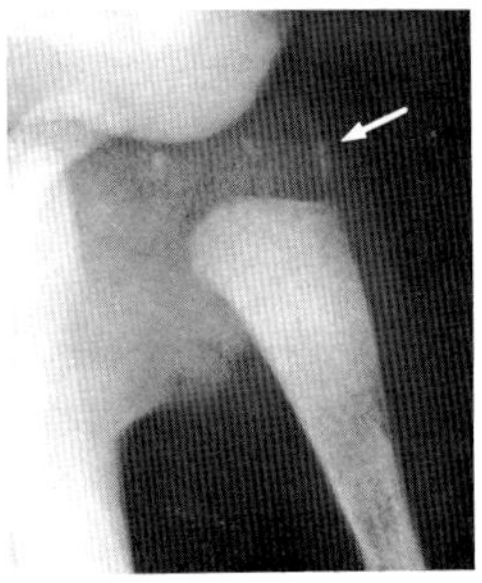

Abb. 2.**428** 6 Tage altes Kind. Kalkschatten im knorpeligen Humeruskopf

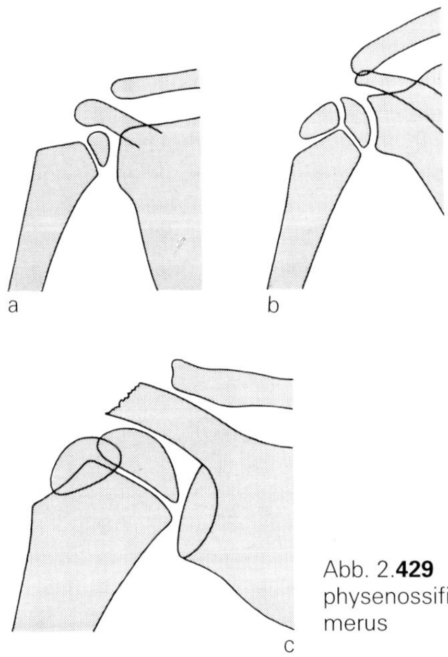

Abb. 2.**429** Normale Epiphysenossifikation des Humerus

durch ihre jeweils tief nach distal reichenden Cristae tuberculares lateral zu einem Knick der Fuge führt. Die Metaphyse bekommt ein giebelförmiges Aussehen (Abb. 2.**430**). Das aus diesen drei Kernen verschmolzene Konglomerat der gesamten proximalen Humerusepiphyse wird mit der Diaphyse etwa im 20. Lebensjahr knöchern verbunden.

Beim Erwachsenen

Die *radiologische Darstellung* des Schultergelenkes und damit des Humeruskopfes erfolgt in den einzelnen radiologischen Abteilungen unterschiedlich. Das betrifft vor allem die Drehstellung (Abb. 2.**431 a–c**), die nicht allein an der Lage der Hand zu beurteilen ist. Diese wird vorwiegend durch Pronation oder Supination im Ellenbogengelenk und weniger durch Drehung des Humerus bestimmt. Auch werden in den Lehrbüchern der radiologischen Technik verschiedene Richtungen des Zentralstrahles bei der a.-p. Aufnahme angegeben: senkrecht zur Tischplatte (31) oder auch in 15–25 Grad proximaler Neigung in der Longitudinalen (52; 69). Bei dieser Neigung des Zentralstrahles wird der Raum zwischen Humeruskopf und Akromion breiter sichtbar. Wegen der schrägen Lage der Gelenkpfanne zur Senkrechten in der a.-p. Projektion wird das Anheben der nicht aufgenommenen Schulter um 25 Grad zusätzlich gefordert (Tangentialprojektion der Pfanne).

Auch für die zweite Ebene werden sehr verschiedene Techniken verwandt. Bei der „axialen" Strahlenrichtung (Abb. 2.**432**) verläuft der Zentralstrahl koaxial zur Körperlängsachse von kaudal nach kranial. Die Kassette wird senkrecht zum Strahlengang auf die Schulter gelegt oder bei liegendem Patienten dort gehalten. Weitere Projektionen in transthorakaler Strahlenrichtung oder mit verschiedenen Schrägstellungen der Röhre und/oder Drehungen des Oberarmes bzw. des ganzen Körpers, z. B. die apikal-schräge Projektion (apical-oblique projection), werden im Schrifttum empfohlen, besonders bei der Instabilität des Schultergelenkes zum Nachweis von Impressionsfrakturen (19, 21, 37, 49).

Wie die Aufnahmen nun auch angefertigt sein mögen – es ist zu fordern, daß die Standardeinstellungen immer (von Notfällen abgesehen) in gleicher Form erfolgen: Das Tuberculum majus muß in der a.-p. Projektion immer lateral liegen (Abb. 2.**433**), das Tuberculum minus, anatomisch vorn gelegen, sollte in der seitlichen Projektion des Humerus an der beugeseitigen Kontur randständig sichtbar werden (Abb. 2.**434**), während die Crista tuberculi minoris (Ansatzsstelle für die Mm. teres major und latissimus dorsi) bei Innenrotation medial vorspringen muß (Abb. 2.**435**). Die Computertomographie ist als den Untersuchten nicht belästigendes Verfahren anzusehen (15, 18, 63) und kann, besonders in der Kombination mit einer Arthrographie, auch die Weichteile darstellen, wenngleich durch die Sonographie bei zunehmender Anwendung und Erfahrung Kontinuitätsunterbrechungen der Supraspina-

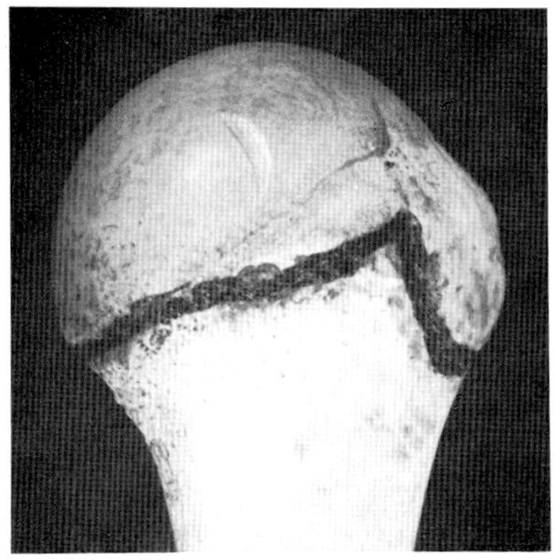

Abb. 2.**430** Verlauf der Knorpelfuge

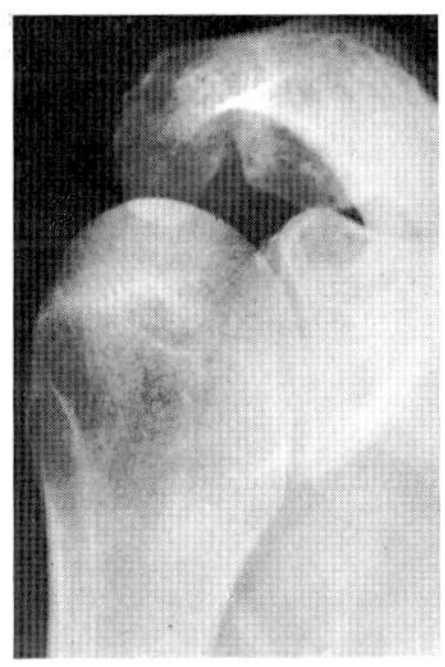

a

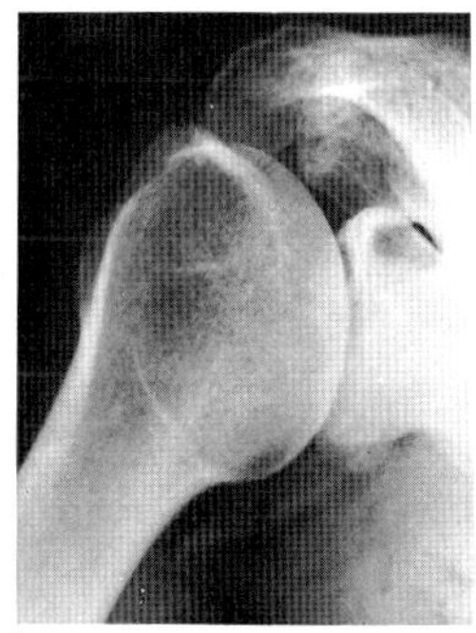

b

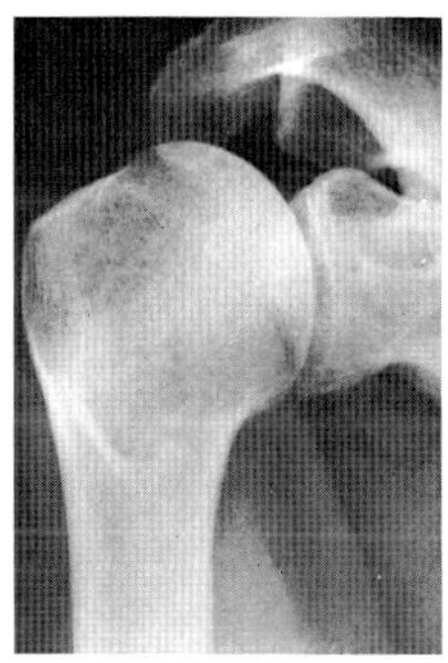

c

Abb. 2.**431 a–c** Aufnahmen des Humeruskopfes
a Innenrotation
b Normalstellung
c Außenrotation

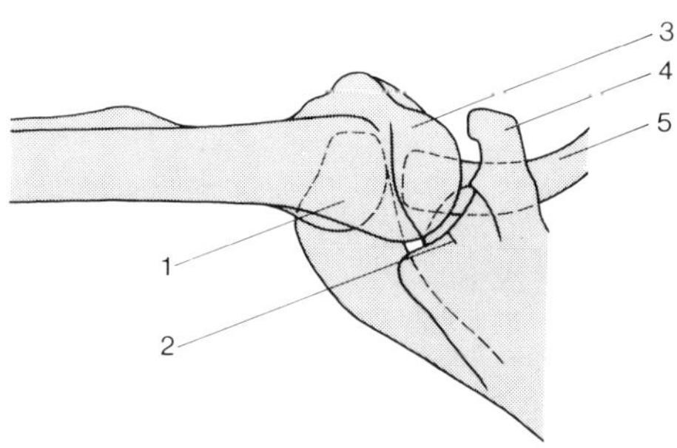

Abb. 2.**432** Projektionsverhältnisse auf einer Aufnahme im axialen Strahlengang. 1 = Akromion, 2 = Skapulapfanne, 3 = Humeruskopf, 4 = Processus coracoides, 5 = Klavikula

tus-, etwas schwieriger der Infraspinatussehne, problemlos jedoch des Subskapularis-Sehnenansatzes nachzuweisen sind (42, 43). Eine spezielle Einstellung ist zur Abbildung des Sulcus intertubercularis (bicipital groove) nicht unbedingt erforderlich (s. unten) (11).

Die *Struktur* des normalen Humeruskopfes ist relativ gleichmäßig. Im Gebiet der Tuberkula findet sich normalerweise eine strahlendurchlässige Zone (Abb. 2.**436a** u. **b**), auch als Pseudozyste bezeichnet (57). Sie wird vielfach als pathologische Osteolyse fehlgedeutet. Eine mehr oder weniger ausgeprägte, grobe Tüpfelung ist normalerweise mitten im Schaft und lateral zu beobachten (s. Abb. 2.**433**). Hiergegen abzugrenzen sind Ballungen gröberer Kalkherde, die hier an typischer Stelle bei einem alten **Knocheninfarkt** oder bei Enchondromen entstehen können (Abb. 2.**437**).

Eine kleine *Mulde am Rand des Humeruskopfes* zwischen Gelenkfläche und den Tuberkula (Abb. 2.**438**) entspricht dem hier tangential getroffenen Sulcus intertubercularis (bicipital groove [11]).

Die Stellung des Oberarmkopfes zur Pfanne kann derart variieren, daß subluxationsähnliche Bilder entstehen, besonders bei älteren Menschen, vielleicht bedingt durch eine erschlaffende Muskulatur. Unter 300 Untersuchten wurde eine solche Dislokation bei 21 geriatrischen Patienten gefunden, bei 4 Untersuchten beiderseits. Bei 13 Beobachtungen bestand eine Verlagerung nach oben, bei 12 nach unten (8).

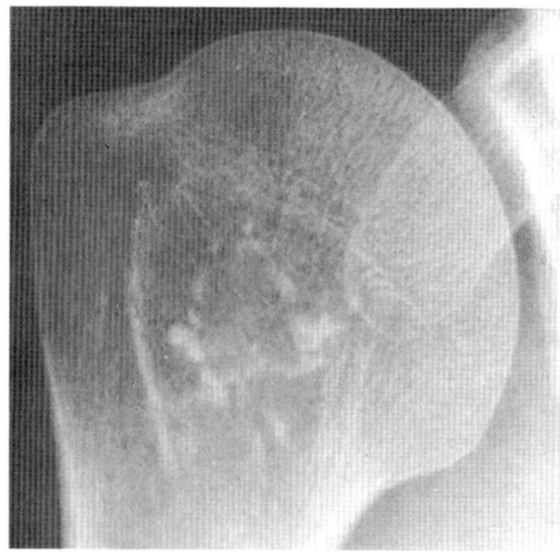

Abb. 2.**433** Normale Tüpfelung

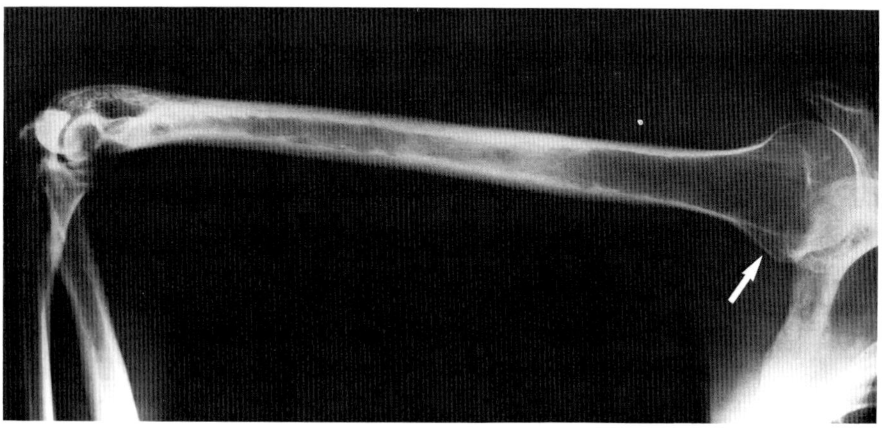

Abb. 2.**434** Tuberculum minus an der Beugeseite

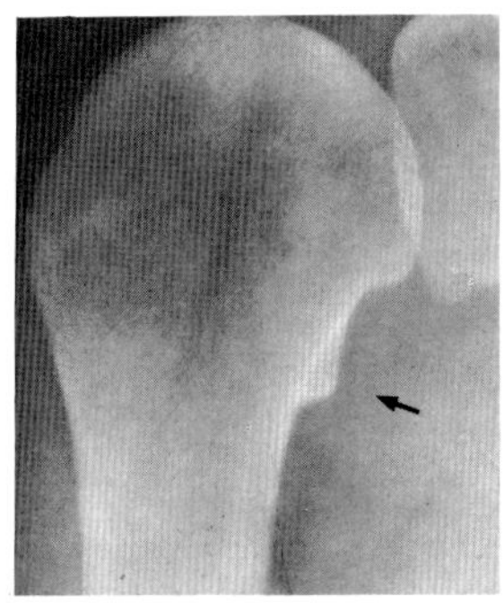

Abb. 2.**435** Humerus bei Innenrotation mit sichtbarer Vorwölbung der Crista tuberculi minoris (Ansatz der Mm. teres major und latissimus dorsi)

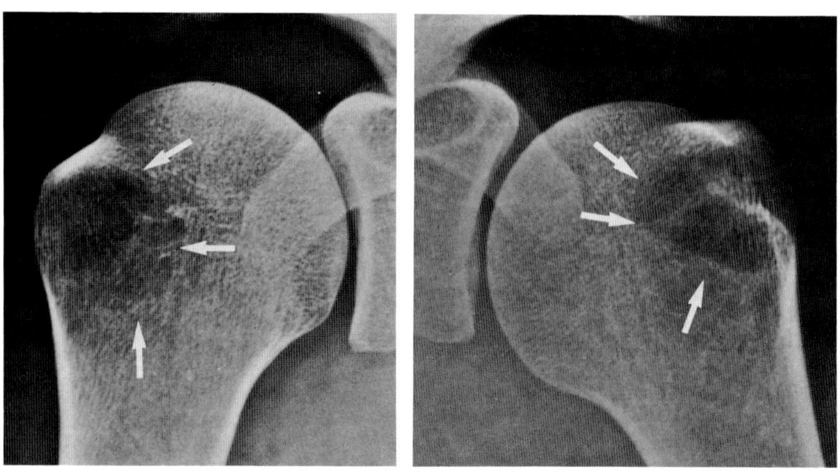

a b

Abb. 2.**436a** u. **b** Aufhellung nahe den Tuberkula, auch als Pseudozyste bezeichnet

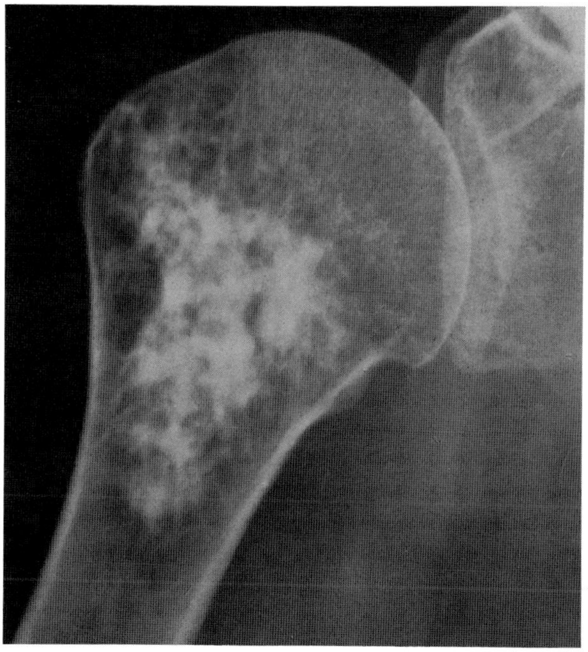

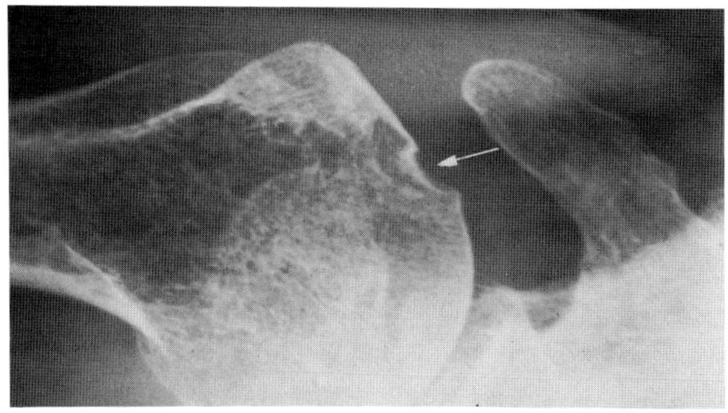

Abb. 2.**438** Sulcus intertubercularis in einem tangential getroffenen Abschnitt

◁ Abb. 2.**437** Alter Knocheninfarkt? Kalzifizierendes Enchondrom? Eine Unterscheidung ist radiologisch verbindlich nicht immer möglich

a

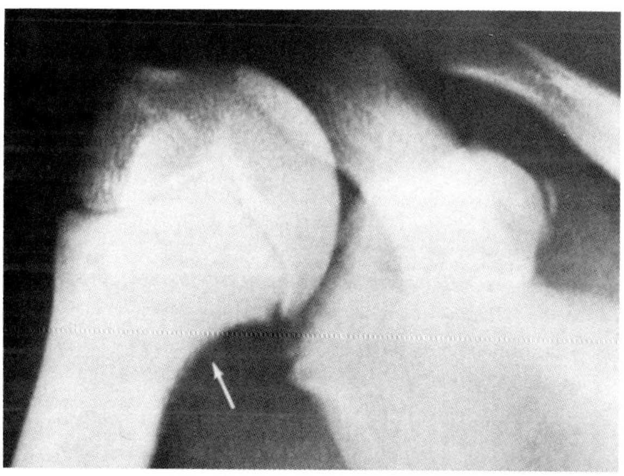

b

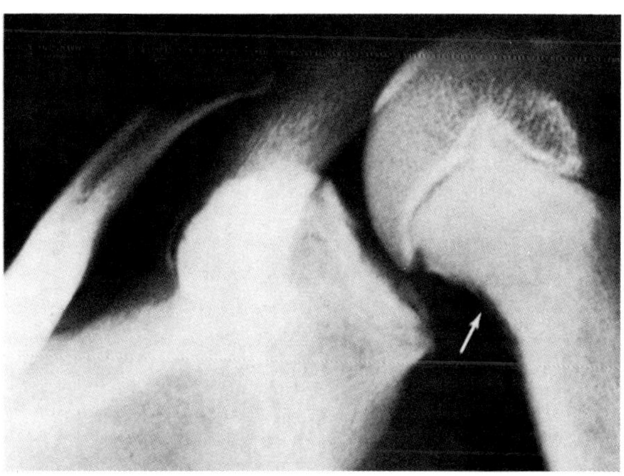

Abb. 2.**439 a** u. **b** 14jähriges Mädchen mit kortikalen Unregelmäßigkeiten in der medialen Humerusmetaphyse, die nicht mit destruktiven Veränderungen verwechselt werden sollten (aus Keats, Th. E.: Atlas of Normal Roentgen Variants, 3rd ed. Year Book Medical Publishers, Chicago 1984)

Varianten

Metaphysär gelegene kortikale Konturunregelmäßigkeiten finden sich medial am kindlichen Oberarmknochen als Normvarianten und dürfen nur ausnahmsweise als Symptom einer Streßschädigung aufgefaßt werden (35) (Abb. 2.**439 a** u. **b**).

Anomalien

Störungen in den Ossifikationsvorgängen am Schultergelenk kommen oft in Kombination mit kongenitaler Hüftdysplasie vor.

Kongenitale Schulterluxationen sind selten – dann meist doppelseitig – und beruhen wahrscheinlich auf einer fehlerhaften Keimanlage. Deshalb ist es besser, statt der Bezeichnung „angeborene Schulterluxation" von „angeborener Schultermißbildung" zu sprechen (s. Abschnitt „Schulterblatt").

Der Winkel zwischen Humerusschaft- und -kopfachse beträgt normalerweise 135 Grad (Abb. 2.**440 a**), beim **Humerus varus** (Abb. 2.**440 b**) nähert er sich 90 Grad (41). Als Ursache des Humerus varus werden außer Geburtstraumen (s. Abschnitt „Verletzungsfolgen") Wachstums- und innersekretorische Störungen wie Kretinismus, aber auch Rachitis, Osteomalazie und Hemiplegie angegeben.

Eine vermehrte **Retrotorsion des Humeruskopfes** mit vermindertem Kontakt zur Gelenkfläche des Schulterblattes korreliert mit rezidivierenden Luxationen des Oberarmkopfes nach vorn (13, 65).

Den typischen Sitz einer **kartilaginären Exostose** läßt Abb. 2.**441** erkennen.

Zwischen der Humerusinnenkante distal des Kollums und dem Schulterblatthals wurde eine Brücke beobachtet (61).

Verletzungsfolgen und Nekrosen

Die **Duchenne-Erbsche Geburtslähmung** ist Folge einer durch Zerrung entstandenen Plexusläsion. Die Diagnose ist nur bei kongruent eingestellten Vergleichsaufnahmen möglich. Infolge der Erschlaffung des M. deltoideus vergrößert sich die Distanz zwischen proximaler Humerusdiaphyse und Skapulapfanne auf der betroffenen Seite.

Die **Epiphyseolyse** ist ein eigenständiges Geburtstrauma, das auch einmal mit einer Plexuslähmung kombiniert sein kann. Die geburtstraumatische wie auch die nach Kindsmißhandlungen häufig gerade hier auftretende Epiphysenlösung erkennt man an der Kallusbildung.

Daß eine später nicht mehr zu behebende traumatische Dislokation der Schulter eines Neugeborenen ohne Knochenverletzungs- und Lähmungszeichen auftreten kann, wurde beschrieben (38).

Brüche in der Epiphysenfuge kommen verhältnismäßig selten vor. Sie verlaufen meist eine Strecke der Fuge entlang und gehen dann distal in den Knochen über. Wenn sie bei sehr jungen Kindern beobachtet werden, ist an Mißhandlungen zu denken (46).

Bei *Baseballspielern* sind Erweiterungen des Epiphysenspaltes (mit starken Schmerzen) als Überlastungsschaden am Wurfarm beschrieben (26).

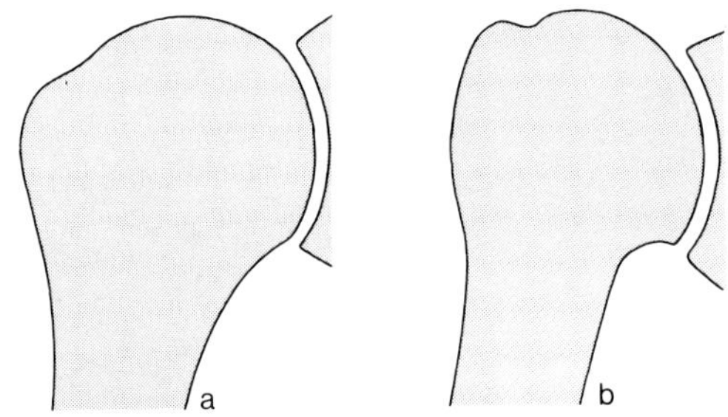

Abb. 2.**440a** u. **b**
a Normaler Humerus
b Humerus varus

Beim Erwachsenen können **Frakturen** zu ähnlichen Befunden wie beim Humerus varus führen. Die Diagnose kann durch Aufnahmen mit maximaler Innen- und Außenrotation des Humerus – soweit möglich – erleichtert werden. Außer den subkapitalen Querfrakturen sieht man häufig Abrisse des Tuberculum majus, diese besonders gut bei tangentialer Darstellung von Tuberkulum und Bruchspalt (Abb. 2.**442**). Ein Abriß des Tuberculum minus erfolgt nur bei einer raschen Bewegung in vollständiger Abduktion des Humerus und bei fixierter Hand. Der radiologische Nachweis gelingt am besten bei maximaler Außenrotation des Armes oder im axialen (tangentialen) Strahlengang. Übersicht über Bruchformen s. außer in entsprechenden Lehrbüchern u.a. bei Bombart u. Mitarb. (2).

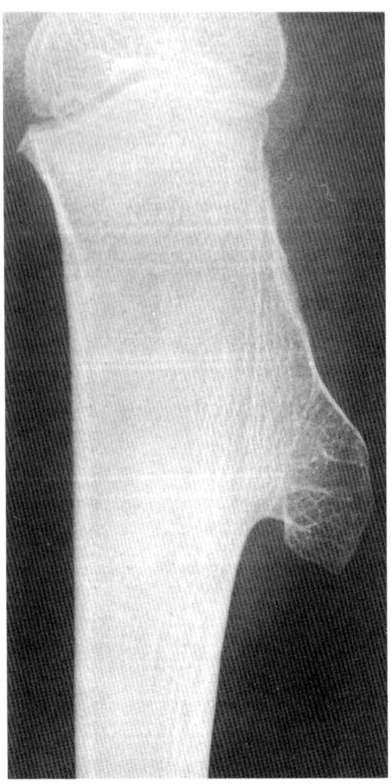

Abb. 2.**441** Exostose dorsal am Humerus

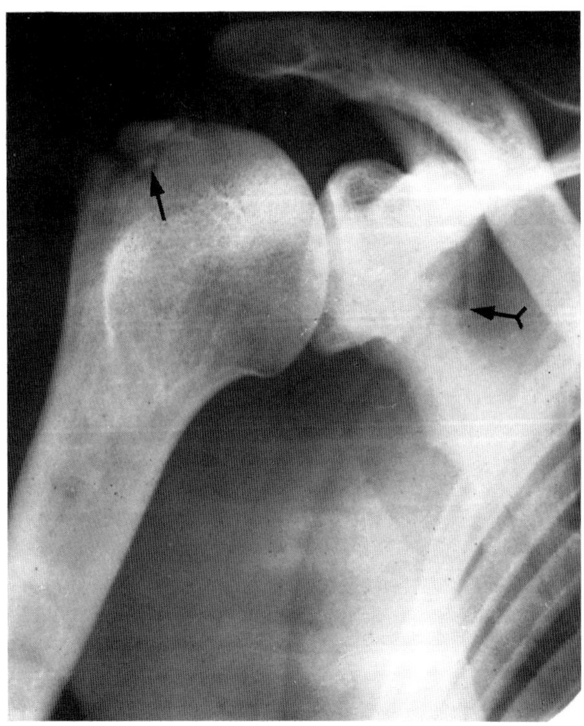

Abb. 2.**442** Tuberkulumausriß (→). Der Pfeil in der Skapula weist auf einen Gefäßkanal hin

Über **Luxationen** des Oberarmkopfes muß in der traumatologischen Literatur nachgelesen werden. Die seltene Luxation nach hinten ist bei Brown u. Mitarb. (5) abgehandelt. Eine einfache Methode, um die Dislokation nach vorn oder hinten festzustellen, besteht in der Tangentialaufnahme der Brustwand unter 60 Grad Drehung des Patienten: Die Skapula bildet sich mit Korakoid und Akromion wie den schrägen Streben eines Y, dem Körperteil als Längsstrebe, ab. Normalerweise soll das Caput humeri im Zentrum liegen. Vor- und Rückwärtsverlagerungen des Oberarmkopfes werden durch entsprechende Dezentralisierung deutlich (39).

Nach **Impression des Humeruskopfes** durch den unteren Gelenkrand der Skapula bei Luxation (Abb. 2.**443a**) bleibt dieser „Defekt" nach Einrenkung im Caput humeri zurück (Abb. 2.**443b**). Man bezeichnet sie nach ihrem Erstbeschreiber als **Hermodssonsche Furche.** Im angloamerikanischen Schrifttum ist sie als „Hill-Sachs-Defekt" bekannt (49, 63). Sie wird bei 95% der sog. **habituellen Schulterluxationen** gefunden (22). Man unterscheidet radiologisch einen Kerben-, einen Mulden- und einen Abflachungstyp. Zum Nachweis empfiehlt sich bei mangelnder Darstellung in den konventionellen zwei Ebenen außer den vorne erwähnten speziellen Projektionen die Anfertigung gezielter Aufnahmen bei Durchleuchtung unter Drehung des Humerus nach innen sowie die Computertomographie (14, 56).

Nach Einrenkung des luxierten Oberarmkopfes können Knochenaussprengungen zurückbleiben, die eventuell auch bei der Reposition in der Pfanne eingeklemmt werden (55).

Zum Nachweis einer **Ruptur der Rotatorenmuskulatur** s. Abschnitt „Norm – Aufnahmetechnik". Auch ohne Computer- und Sonographie sind indirekte Hinweise durch die folgende Untersuchung radiologisch gegeben: Zwei Aufnahmen des Schultergelenkes werden im sagittalen Strahlengang angefertigt, die erste mit herunterhängendem, die zweite mit 45 Grad abduziertem Arm. Wenn der Humeruskopf auf der zweiten Aufnahme in der Skapulapfanne eindeutig höher als auf der ersten Aufnahme steht, kann dies auf eine Ruptur der Supraspinatussehne hinweisen (16[1]).

Humeruskopfnekrosen treten in erster Linie posttraumatisch auf, nicht nur nach Stauchung des Caput humeri, sondern auch nach langdauernden Mikrotraumen (z. B. bei Preßluftarbeitern und ständig gleicher Arbeit mit Belastung des Oberarmes). Barotraumen mit gasbedingten Gefäßverschlüssen und konsekutiver avaskulärer Knochennekrose (Caisson-Osteoarthropathie) können im Humeruskopf zu valgusähnlichen Deformierungen führen.

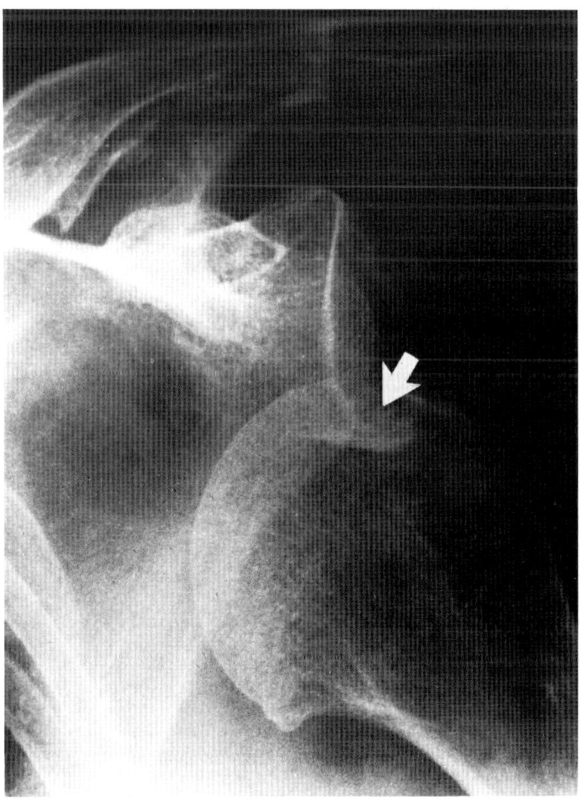
a

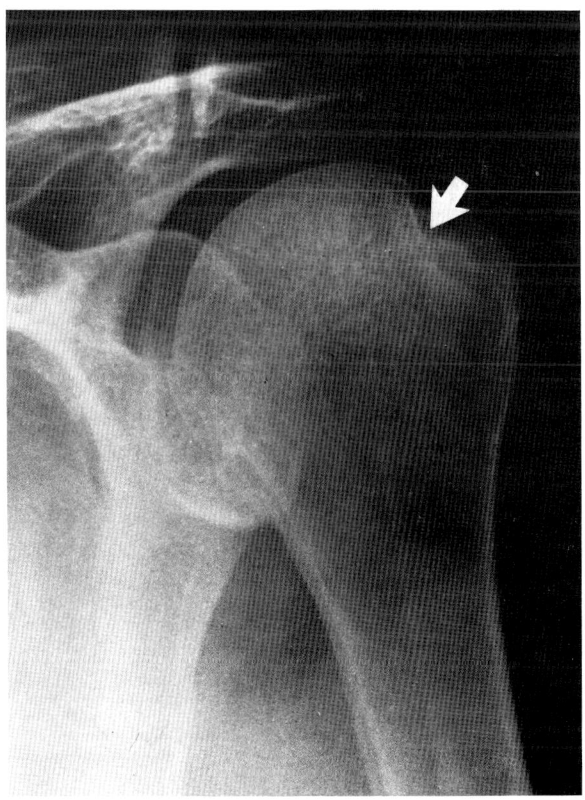
b

Abb. 2.**443a** u. **b**
a Schulterluxation mit Impressionsfraktur des Humeruskopfes durch den unteren Pfannenrand
b Zustand nach Reposition

Durch tomographische und Serienuntersuchungen bei 123 Caissonarbeitern (30) werden als typische radiologische Primärsymptome angegeben: subchondrale Sklerosen, Höhlen mit sklerosierten Wänden, dementsprechend polyzystischen Strukturen, oft auch Solitärzysten und Sklerosen am Übergang zum Schaft. Diese Veränderungen sind zum Teil reversibel (29). Man sieht solche Befunde auch bei Sporttauchern.

Abb. 2.**444a** u. **b** und 2.**445** geben Beispiele der posttraumatischen Nekrose des Oberarmkopfes wieder.

Bei Abb. 2.**444a** u. **b** sieht man nach subkapitaler Humerusfraktur mit Ausriß des Tuberculum majus 16 Monate später den Schwund der Kopfkalotte als Folge der posttraumatischen Nekrose. Bei Abb. 2.**445**, zehn Jahre nach Stauchung und Abriß des Tuberkulums, ist der Kopf – wie bei der Perthesschen Nekrose am Hüftkopf als bekanntem Vergleichsvorgang – abgeflacht und außerdem in seiner Struktur grobwabig aufgelockert und entkalkt. Die mit Pfeilen bezeichnete Knochenmasse dürfte einem Teil des Oberarmkopfes entsprechen. Die Schultergelenkspfanne ist ausgeweitet.

Daß Geburtstraumen und Lähmungen zu derartigen Deformitäten führen können, wurde eingangs erwähnt (Abb. 2.**446** gibt das „perthesähnliche" Bild des Humeruskopfes einer 72jährigen Frau mit fehlender Anamnese wieder). Noch jüngst wurde über die seltene Beobachtung einer Humeruskopfnekrose bei einer ebenfalls 72jährigen Frau, die keine Beschwerden hatte, berichtet (51).

Weiterhin ist das Auftreten von Nekrosen bei endokrinen Störungen, z. B. bei Hypothyreosen (s. unter „Anomalien" bei Humerus varus), beschrieben, außerdem im Einzelfall an beiden Hüft- und Oberarmköpfen nach Schwangerschaft erwähnt (50).

In neuerer Zeit sind Fälle von Steroidnekrosen (12), z. B. auch nach Behandlung eines Hautleidens (70), beobachtet, die ebenfalls an beiden Hüft- und Oberarmköpfen auftreten können (7).

Abb. 2.**447a–e** lassen eine Ausweitung der Schultergelenkspfanne „malazischer Art" mit Abflachung und Deformierung des Humeruskopfes, die ohne Trauma seit 3 Jahren entstanden ist, bei einer 68jährigen Patientin erkennen.

Unterschiedliche Bilder von Nekrosen (Abb. 2.**448**) bei einem **Hyperkortizismus** und Humeruskopfdeformitäten bei zwei Familienmitgliedern mit **Eisenmangelanämien** (Abb. 2.**449a–d**) sind als Beispiel für das breite Spektrum der verschiedenen Stoffwechselerkrankungen aufzufassen, die zu Form- und Strukturveränderungen am Oberarmkopf führen können.

Außer den auch an anderen Stellen des Körpers vorkommenden Nekrosen durch z. B. Sichelzellanämien oder Fettstoffwechselstörungen wird eine wohl nur bei Adoleszenten und Erwachsenen auftretende *„idiopathische"* (also ätiologisch unklare) **aseptische Humeruskopfnekrose** erwähnt, die auch als Hasssche Nekrose bezeichnet wird. Hierbei ist die Epiphyse, falls vorhanden, derart verformt, daß sie wie der Puffer eines Eisenbahnwagens anmutet. In Abb. 2.**450a–d** ist ein Fall dargestellt, der große Ähnlichkeiten mit der Hassschen Beschreibung besitzt.

a 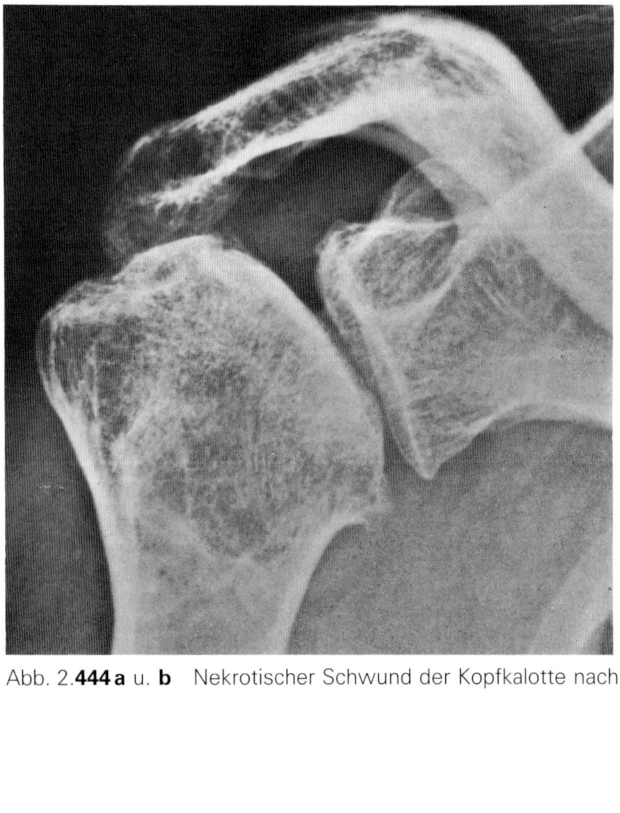

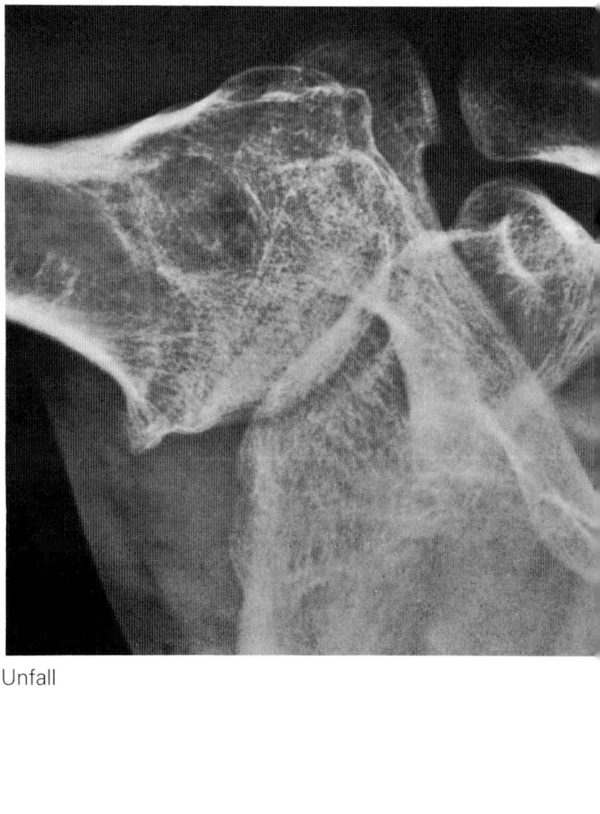

Abb. 2.**444a** u. **b** Nekrotischer Schwund der Kopfkalotte nach Unfall

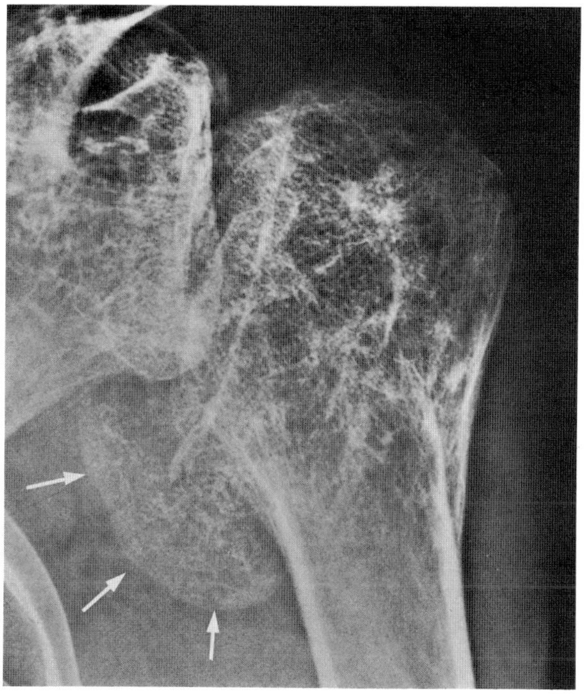

Abb. 2.**445** Posttraumatische Deformierung des Humeruskopfes. Isoliertes Kopffragment (Pfeile)?

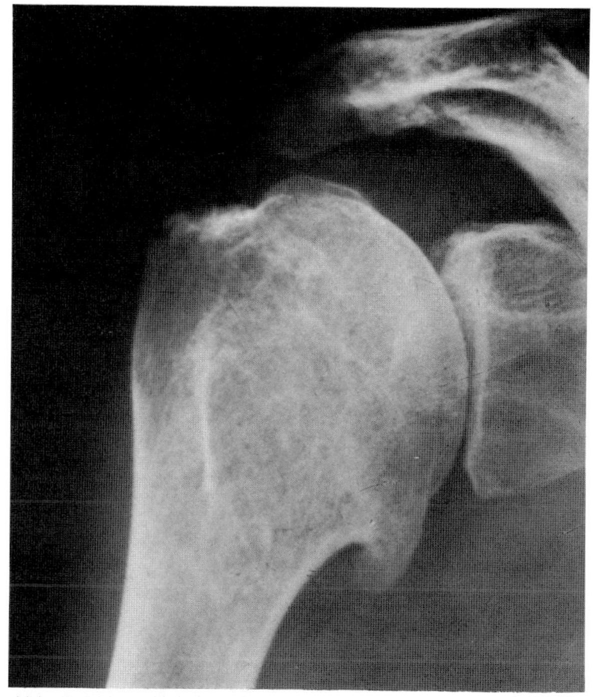

Abb. 2.**446** 72jährige Frau. Kein Trauma in der Vorgeschichte bekannt. Keine Kortisonbehandlung

a

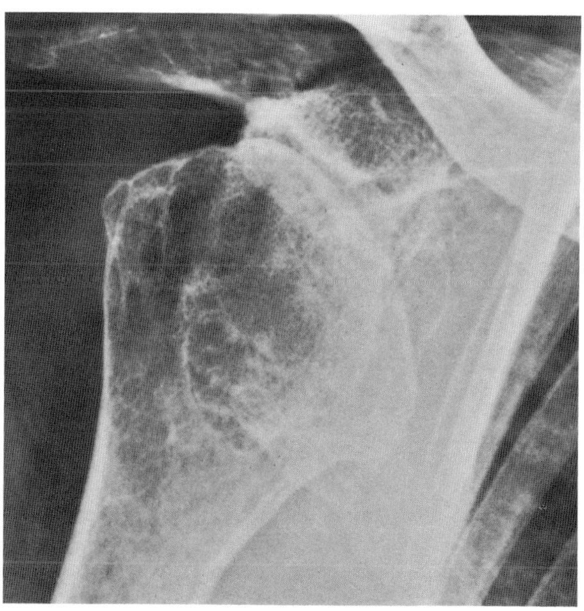

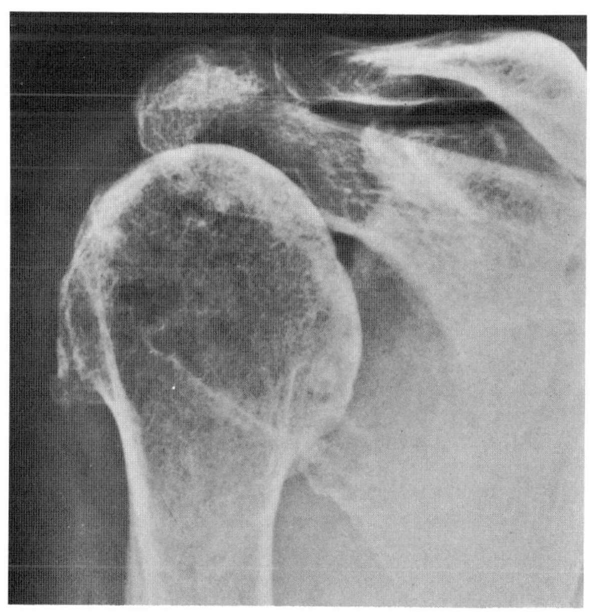

b

Abb. 2.**447 a–e** (Nekrotische?) Ausweitung der Schulterblattpfanne und Deformierung des Humeruskopfes bei 68jähriger Patientin, innerhalb 3 Jahren spontan entstanden
a Humeruskopf in Außenrotation
b Humeruskopf in Innenrotation

Abb. 2.**447 c–e** ▷

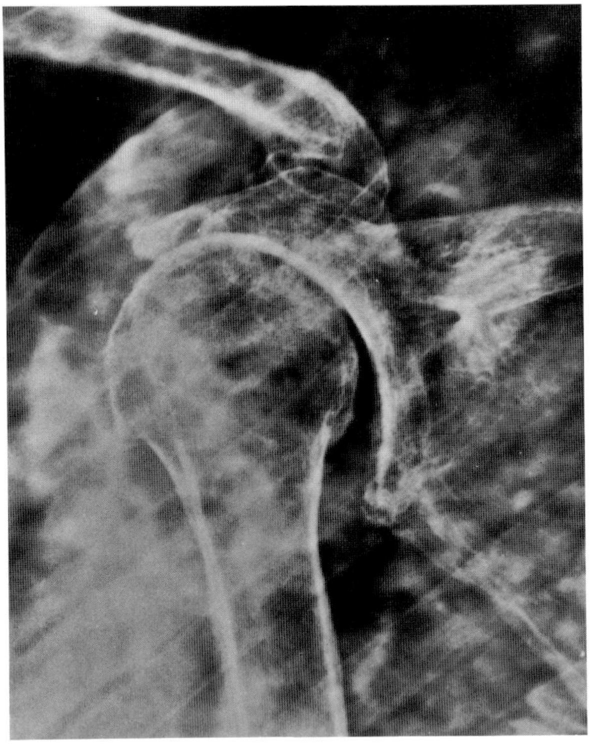
c

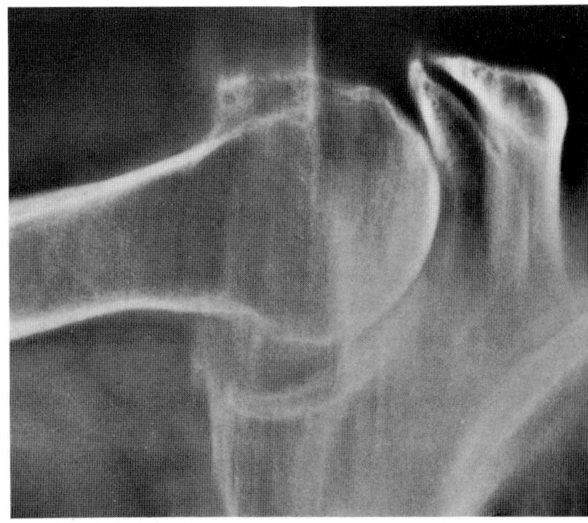
d

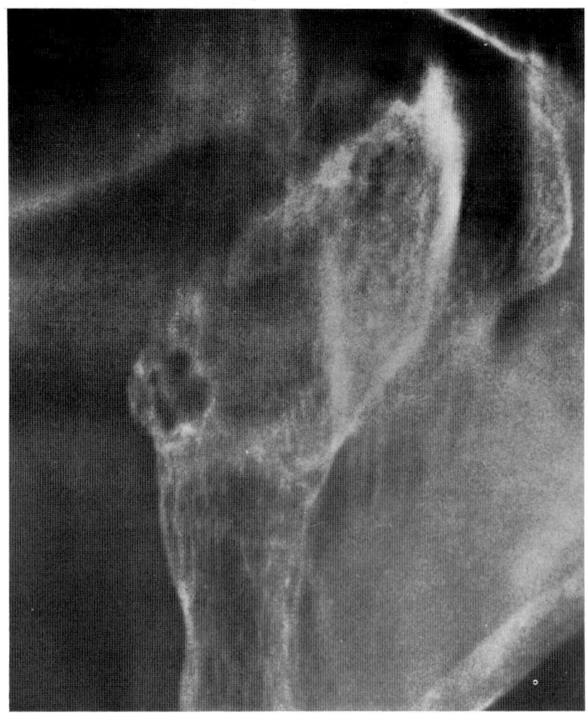
e

Abb. 2.**447**
c Transthorakale Aufnahme
d Tomogramm: Schüsselförmige Pfannenausweitung
e Tomogramm: Nekrosen in der Pfanne

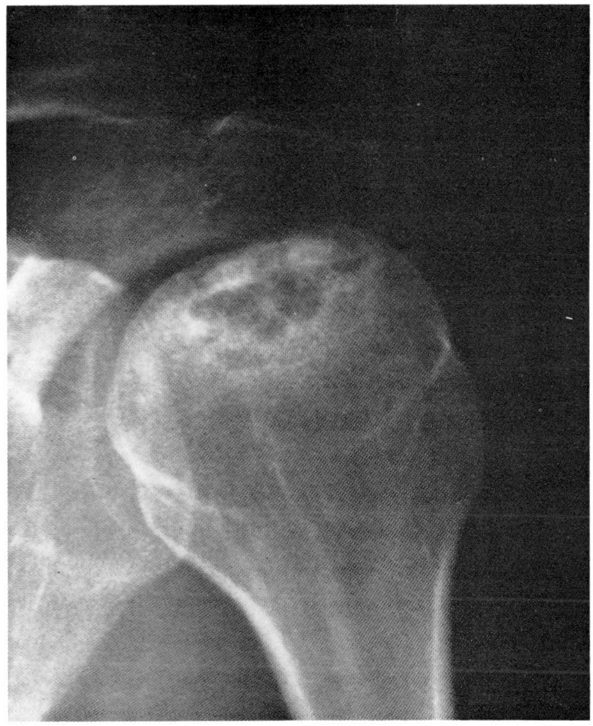

Abb. 2.**448** 32jährige Frau. Humeruskopfnekrose bei Morbus Cushing (Beobachtung von McAlister)

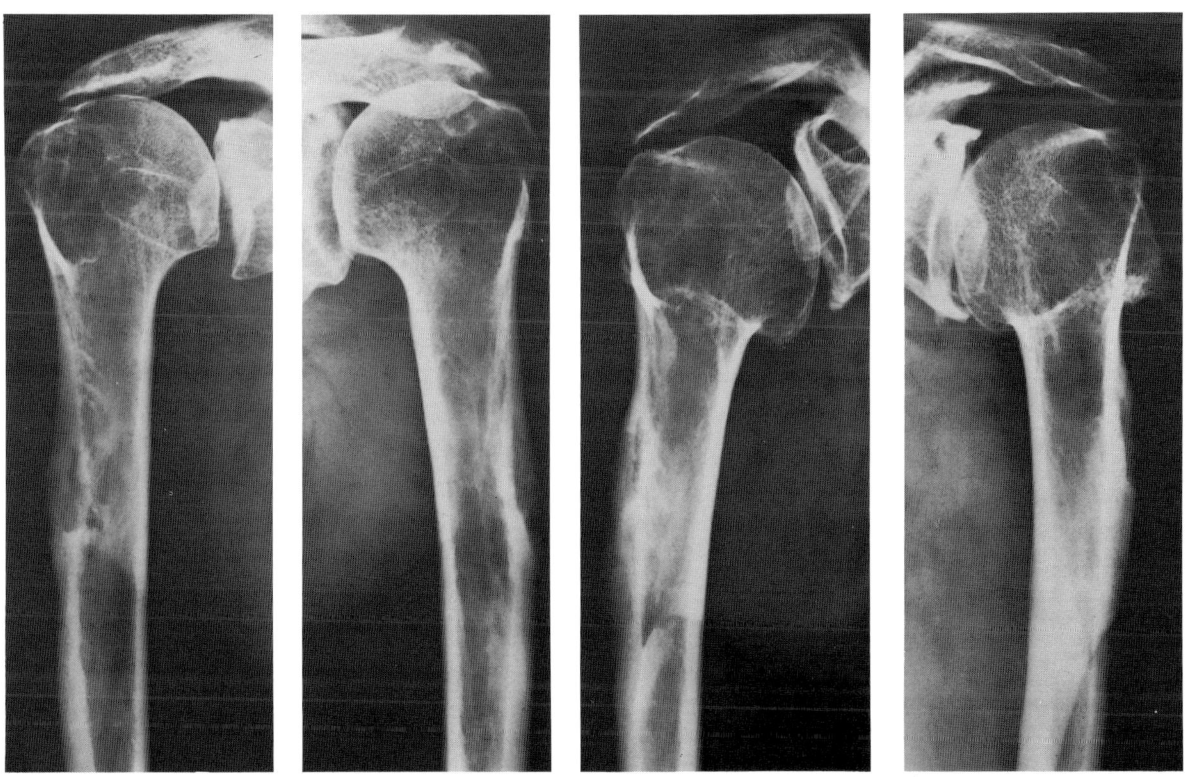

a b c d

Abb. 2.**449 a–d** Deformierungen der Humerusköpfe beiderseits bei zwei Familienmitgliedern mit „Eisenmangelanämie" (Beobachtung von Casparis)

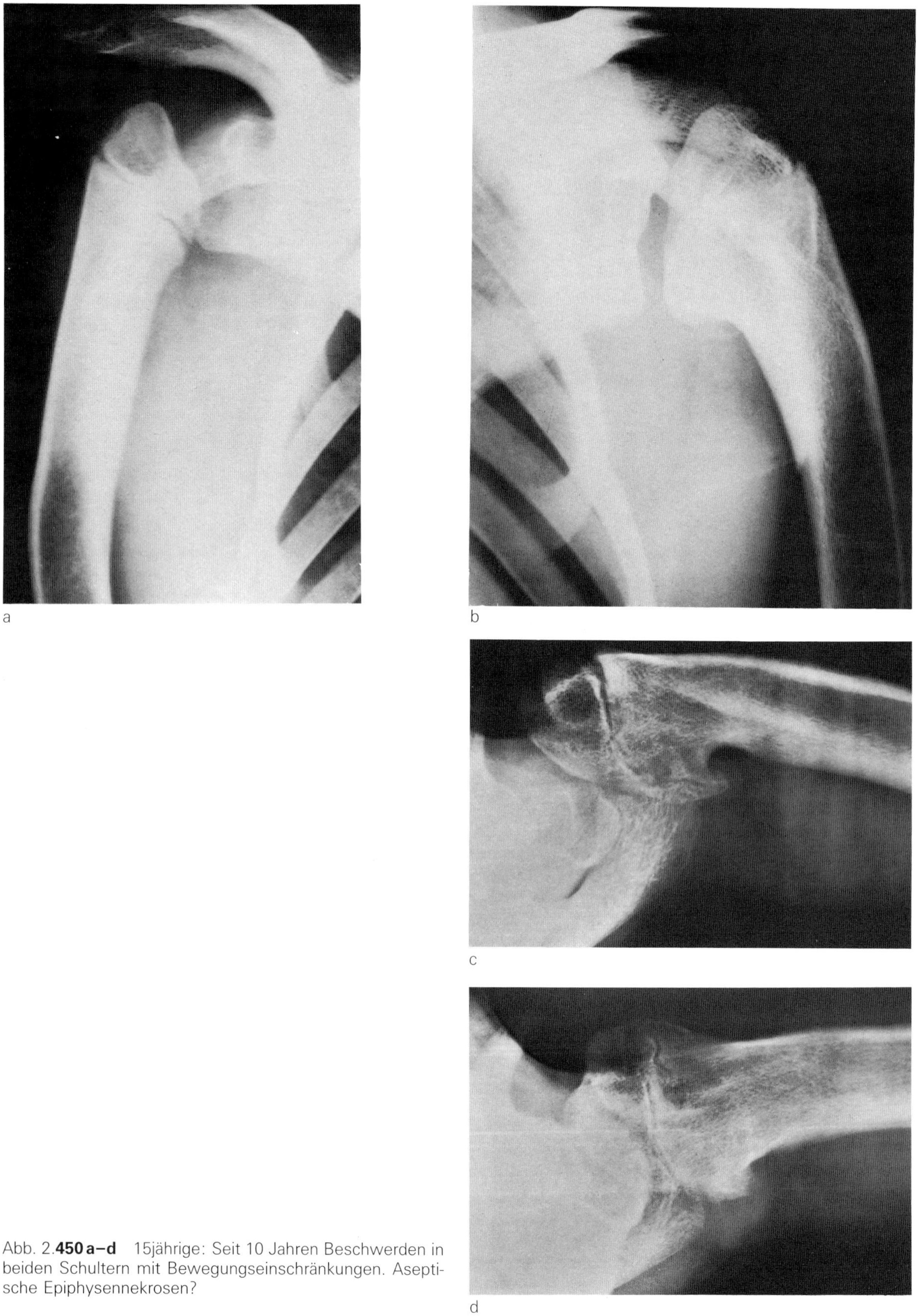

Abb. 2.**450 a–d** 15jährige: Seit 10 Jahren Beschwerden in beiden Schultern mit Bewegungseinschränkungen. Aseptische Epiphysennekrosen?

Nerval und infektiös bedingte (s. „Erworbene Erkrankungen") sowie die „idiopathischen" aseptischen Nekrosen können rasch fortschreiten (48).

Abortivformen von Abflachungen des Humeruskopfes dürfen nicht mit projektionsbedingten, scheinbar gleichen Deformierungen dieser Region bei Aufnahmen, die bei nach innen rotiertem Oberarm angefertigt sind, verwechselt werden.

Grobe Deformierungen und Nekrosen beobachtet man auch **nach Radiatio,** wie z. B. in Abb. 2.**451**, einem Zustand nach einer Jahre zurückliegenden Hämangiombestrahlung, selten 5 bis 10 Jahre nach Brustkrebsbestrahlungen herkömmlicher Art, nur zweimal nach postoperativer Hochvolttherapie, davon einmal kombiniert mit Chemotherapie (4), jedoch auch nach alleiniger Chemotherapie (Obrist, zit. nach 4).

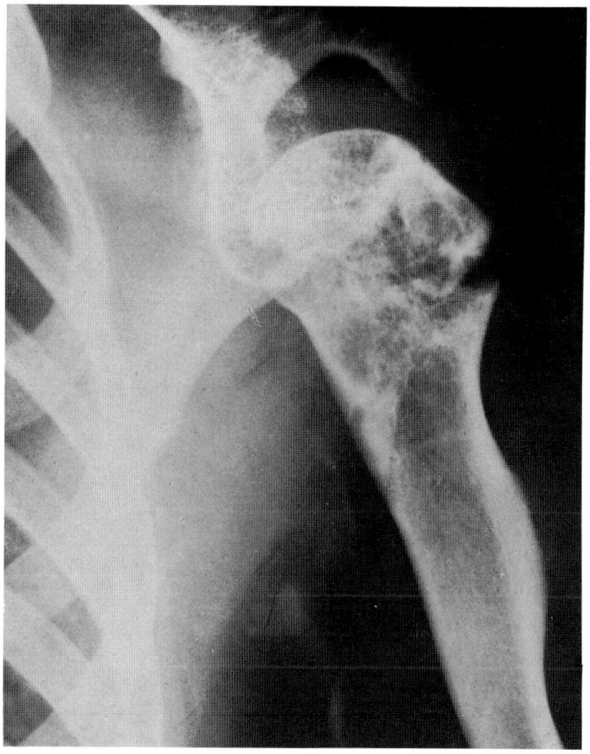

Abb. 2.**451** Strahlennekrose nach Hämangiombehandlung

Erworbene Erkrankungen

Die **Osteopathia syringomyelica** (Abb. 2.**452**) zeichnet sich durch das bei Neuropathien des Skeletts bekannte Mißverhältnis zwischen dem erheblichen Ausmaß der Knochenveränderungen und den hiergegen geringen Beschwerden der Betroffenen aus. Die Erkrankung führt zu Knochenappositionen bei der hypertrophen, zum Abschliff des Humeruskopfes bis zum Schaft bei der atrophen Form. Über Verlaufsserien der Entwicklung des Krankheitsbildes liegen Berichte vor (28, 62).

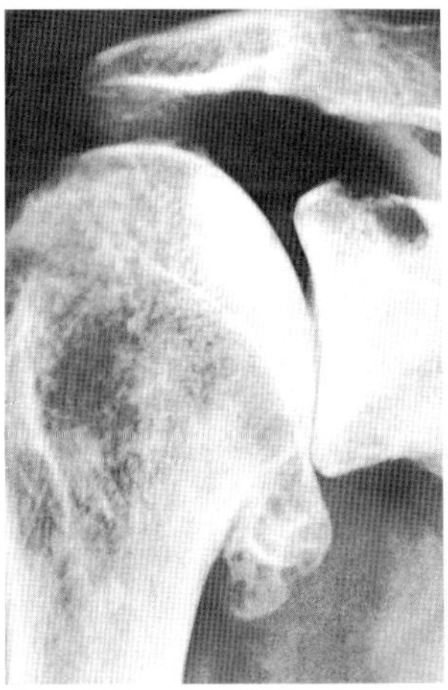

Abb. 2.**452** Kopfdeformierung bei Syringomelie

Die **Arthrosis deformans** führt am Schultergelenk selten zu starken Veränderungen. Marginale Osteophyten, Verschmälerung des radiologischen Gelenkspaltes, subchondrale Verdichtungen, „zystische" Aufhellungen der Knochenstruktur und deformierender Umbau der gelenkbildenden Knochen sind die typischen Symptome (16[2]). Enge Beziehungen bestehen zwischen dem Auftreten degenerativer Veränderungen am Schultergelenk und Schäden an der Rotatorenmuskulatur (36). So findet man auch die fortgeschrittenen Stadien am ehesten als Sekundärarthrose (z. B. Abb. 2.**446** und 2.**452**) oft nach Luxation des Oberarmkopfes mit konsekutiver Gelenkflächeninkongruenz (11), bei Dislokation nach dorsal (wahrscheinlich wegen verspäteter Diagnose) häufiger als nach ventraler Verlagerung (59). Von der **idiopathischen Skeletthyperostose** wird das Schultergelenk öfter betroffen. Mischformen mit Deformierungen nach Verletzungen der Rotatorenmanschette kommen vor (20). Randsklerosen an der Unterfläche des Akromion mit Verschmälerung der Distanz zwischen Akromion und Oberarmkopf sowie Osteophyten und Sklerosen am Tuberculum majus sind weitere Kennzeichen ossärer Degenerationen (11).

Zerstörungen des Humeruskopfes finden sich bei der Lues (34) und bei der Osteomyelitis (47). Große Destruktionsherde sind bei der rheumatoiden Arthritis (chronische Polyarthritis) seltener als kleinzystische Strukturzersetzungen (18). Diese Ausführungen überschneiden sich teilweise mit den Angaben über die Humeruskopfnekrose im vorigen Abschnitt.

Die **Osteochondrosis dissecans** kommt auch am Schultergelenk vor (45). Der Humeruskopf ist dabei gelegentlich abgeflacht und läßt Verdichtungszonen erkennen. Eine „Gelenkmaus" ist auf Abb. 2.**453 a** u. **b** mitten im Gelenkspalt nachweisbar. Das „Mausbett" liegt ausnahmsweise in der Schulterblattpfanne.

Eine **Chondromatose** der Schulter ist vielfach beschrieben (z. B. 27, 44) und in Abb. 2.**454 a** u. **b** wie auch in Abb. 2.**455** wiedergegeben.

Unter den **Einschmelzungen,** die zu Deformitäten führen, ist neben der sogenannten Caries sicca die granulierende Form der **Tuberkulose** zu erwäh-

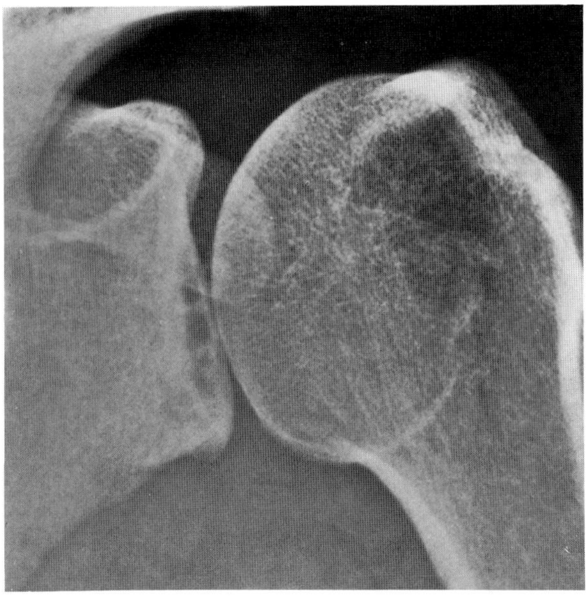
a

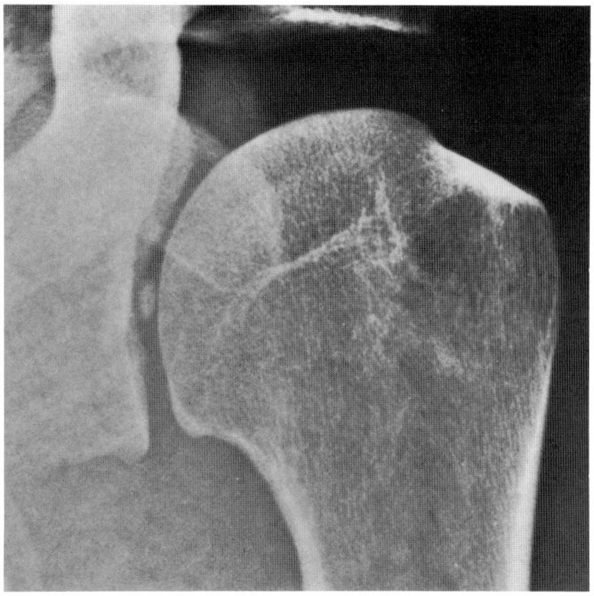
b

Abb. 2.**453 a** u. **b** Osteochondrosis dissecans der Schulterblattpfanne mit „Mausbett" und „Gelenkmaus"

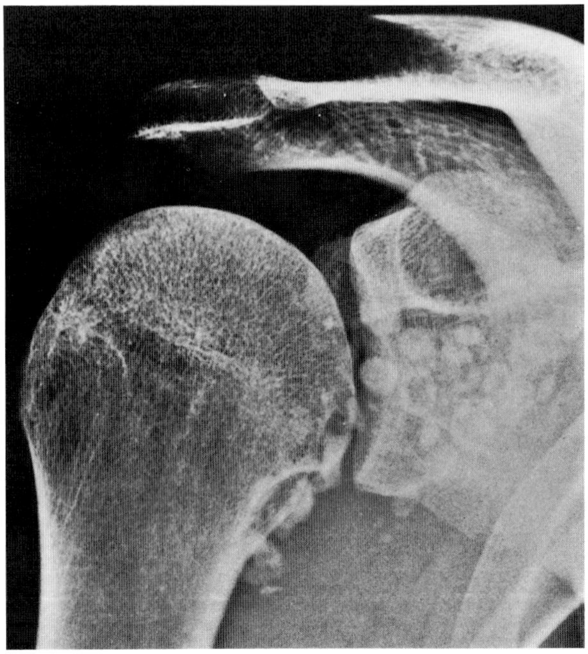
a

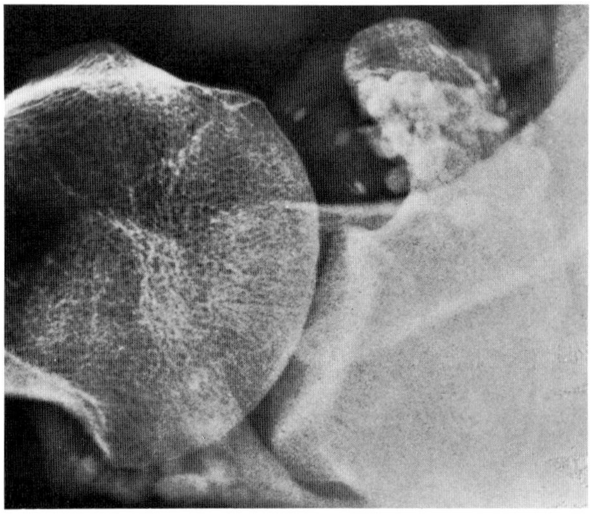
b

Abb. 2.**454 a** u. **b** Chondromatose der Schulter

nen. Ihr Ausgangspunkt ist häufig die Bizepssehnenscheide. Unter Gewebeschrumpfung geht der Prozeß auf den Knochen über. Im Vordergrund stehen klinisch nicht („sicca") die Eiterungen, sondern die Knochenzerstörungen. Die Zeitspanne vom Beginn der Beschwerden bis zur Diagnosestellung betrug im Durchschnitt 1,4 Jahre (58).

Weichteilverkalkungen

Die sog. **Periarthritis humeroscapularis** (Peritendinitis calcarea, „frozen shoulder", „painful shoulder", Duplaysche Erkrankung), eine schmerzhafte Bewegungseinschränkung des Schultergelenkes, wird durch krankhafte Veränderungen im Bereich des Schultergewölbes ausgelöst. Nähere Ausführungen s. bei Dihlmann (16[1]). Kalkablagerungen in den Sehnen der Mm. supra- et infraspinatus, teres minor, biceps (Caput longum), meist in Strichform, krümeligschollig strukturiert nach Durchbruch in die Bursa subdeltoidea sowie eine Fibroostose (67) am Tuberculum majus sind radiologisch erfaßbare Befunde bei derartigen Erkrankungen (Abb. 2.**456 a–c**). Bei nachgewiesenen Verkalkungen dieser Art brauchen keine Schmerzen oder Bewegungseinschränkungen zu bestehen; ihr Nachweis hat demnach nur beschränkten Krankheitswert (66). Andererseits schließt der normale radiologische Befund die sog. Periarthritis humeroscapularis nicht aus. Bei den Verkalkungen handelt es sich um Hydroxylapatit (3, 64).

Abb. 2.**455** Chondromatose der Schulter (Beobachtung ▷ von Grasser, Basel)

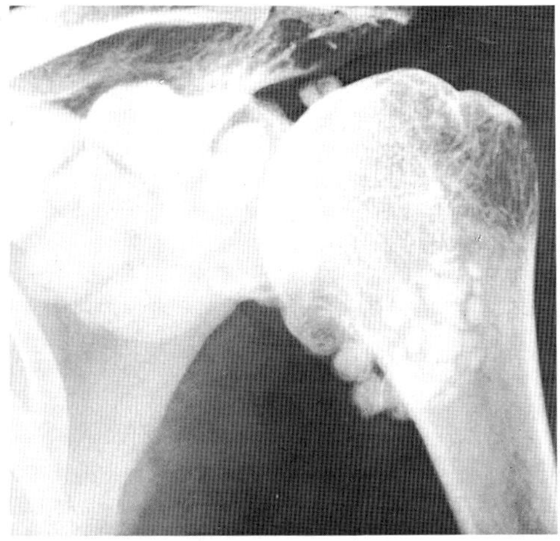

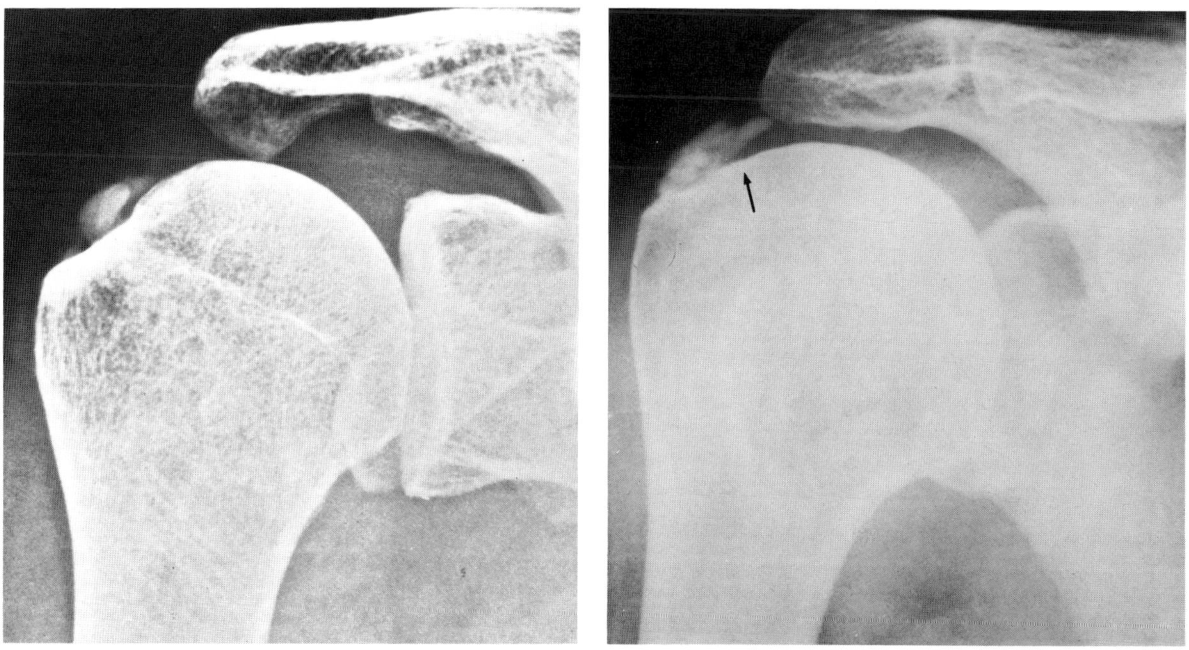

a b

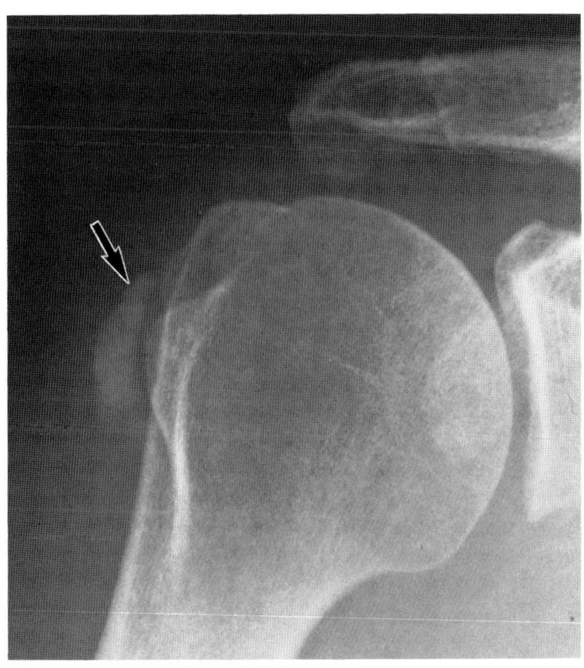

c

Abb. 2.**456 a–c** Schollenförmige Kalkeinlagerung bei sog. Periarthritis humeroscapularis

Bei den Befallenen soll, abgesehen von eventuellen endokrinen Störungen, eine besondere Disposition (Fibroplastikertyp) vorliegen. Akute oder chronische, unbewußte Traumata (Schlafstellung) sollen als auslösende Faktoren verantwortlich sein. Unter den Zeichen einer sog. Periostitis humeroscapularis sind auch die vorn schon erwähnten kleinen und größeren Usuren am Rande des Tuberculum majus zu erwähnen, die oft sklerotisch begrenzt sind. Als weiteres, wesentliches Symptom wird die Verschmälerung des Raumes zwischen Humeruskopf und Akromion angesehen (68).

Drei verschiedene, weitere Verkalkungsformen und -ursachen (16[3]) sind: Typ der pseudotumorösen Kalzinose mit homogenen, größeren Kalkablagerungen bei Patienten unter **Dauerdialyse,** lokalisierte, interstitielle Kalzinose bei **Dermatomyositis** (in der Subkutis gelegen, sich netzförmig darstellend) und bei **Sklerodermie**.

Ein sehr großes Kalkdepot ist typisch für die **Milchtrinkerkrankheit** (53).

Als **Milwaukee shoulder syndrome,** vorwiegend bei älteren Frauen auftretend, wird eine Schultergelenkdegeneration bezeichnet, die mit Defekten an der Rotatorenmanschette, mit vermehrter seröser Flüssigkeit, fast ohne Leukozyten, basischen Kalziumphosphatkristallen, Kollagenen Typ I, II und III, Kollagenasen und neutralen Protease-Aktivitäten auftritt und häufig mit ähnlichen Veränderungen am Kniegelenk einhergeht (25).

Literatur

1 Anderson, W. J., W. Bonner-Guilford: Osteochondritis dissecans of the humeral head. Clin. Orthop. Relat. Res. 173 (1983) 166–171

2 Bombart, M., D. Canevet, A. Camilleri: Fractures de l'extrémité supérieure de l'humerus. Rev. Prat. 34 (1984) 2987–2995

3 Brandenberger, E., H. R. Schinz: Über die Natur der Verkalkung bei Mensch und Tier und das Verhalten der „anorganischen Knochensubstanz" im Falle der hauptsächlichen menschlichen Knochenerkrankungen. Schwabe, Basel 1945

4 Bricout, P. B., M. Simanovsky, M. I. Feldman, R. Mattii: Necrosis of the humeral head following postoperative supervoltage irradiation and chemotherapy in carcinoma of the breast. Brit. J. Radiol. 58 (1985) 562–563

5 Brown, W. H., J. M. Dennis, C. N. Davidson, P. S. Rubin, H. Fulton: Posterior dislocation of the shoulder. Radiology 69 (1957) 815–822

6 Caffey, J.: Pediatr. X-Ray Diagnosis, 7th ed. Year Book Medical Publishers, Chicago 1978

7 Canigiani, G., G. Pusch: Radiologischer Beitrag zur aseptischen Kopfnekrose im Humerus- und Femurbereiche. Radiologe 9 (1969) 222–226

8 Carpenter, G. I., P. H. Millard: Shoulder Subluxation in Elderly Inpatients. J. Amer. Geriatr. Soc. 30 (1982) 441–446

9 Cocchi, U.: Zur Frage der Epiphysenossifikation des Humeruskopfes. Das Tuberculum minus. Radiol. clin. (Basel) 19 (1950) 18–23

10 Cone, R. O., L. Danzig, D. Resnick, Amy Beth Goldman: The bicipital groove. Amer. J. Roentgenol. 141 (1983) 781–788

11 Cone, R. O., D. Resnick: Degenerative disease of the shoulder. Australas. Radiol. 28 (1984) 233–239

12 Cruess, R. L.: Corticosteroid-induced osteonecrosis of the humeral head. Orthoped. Clin. North Amer. 16 (1985) 789–796

13 Cyprien, J. M., H. M. Vasey, A. Burdet, J. C. Bonvin, N. Kritsikis, P. Vuagnat: Humeral retrotorsion and glenohumeral relationship in the normal shoulder and in recurrent anterior dislocation (Scapulometry). Clin. Orthop. 175 (1983) 8–17

14 Danzig, L., D. Resnick; G. Greenway: Evaluation of unstable shoulders by computed tomography. Amer. J. Sports Med. 10 (1982) 138–141

15 Deutsch, A. L., D. Resnick, J. H. Mink: Computed tomography of the glenohumeral and sternoclavicular joints. Orthoped. Clin. North Amer. 16 (1985) 497–511

16 Dihlmann, W.: Gelenke-Wirbelverbindungen, 2. Aufl. Thieme, Stuttgart 1982 ([1]S. 243; [2]S. 228; [3]S. 240 ff.)

17 Dihlmann, W.: Fibroostose und Fibroostitis (Terminologie, Röntgenmorphologie, Tracer-Untersuchungen). Z. Orthop. 112 (1974) 1242–1248

18 Fery, A., G. Delgoffe, P. Regent, A. Treheux, J. Sommelet: La scanographie de l'épaule. S.O.F.C.O.T., Réunion annuelle, nov. 1984; Suppl. II, Rev. Chir. Orthop. 71 (1985) 25–28

19 Flinn, R. M., C. L. Mac Millan jr., D. R. Campbell, D. B. Fraser: Optimal radiography of the acutely injured shoulder. J. l'Assoc. Canad. Radiol. 34 (1983) 128–132

20 Fournié, B., J. J. Railhac, Ch. Ayrolles, A. Fournié: L'épaule hyperostosique. Rev. Rhumat. 51 (1984) 389–392

21 Garth, W. P., C. E. Slappy, Ch. W. Ochs: Roentgenographic demonstration of instability of the shoulder: The apical oblique projection. J. Bone Jt Surg. 66-A (1984) 1450–1453

22 Gauwerky, F.: Traumatische Deformierungen am Humeruskopf als Folge von Schulterluxationen. Fortschr. Röntgenstr. 75 (1951) 607–627

23 Gould, R., A. T. Rosenfield, G. E. Friedlaender: Loose body within the glenohumeral joint in recurrent anterior dislocation: CT Demonstration. Case Report. J. Comp. Assist. Tomogr. 9 (1985) 404–406

24 Gurewitsch, E. B., G. B. Fomin, P. B. Sklovsaja: Roentgendiagnosis and therapy of syringomyelia. Amer. J. Roentgenol. 38 (1937) 415–426

25 Halverson, P. B., D. J. McCarty, H. S. Chung, L. M. Ryan: Milwaukee shoulder syndrome: eleven additional cases with involvement of the knee in seven (basic calcium phosphate crystal deposition disease). Semin. Arthrit. Rheumatol. 14 (1984) 36–44

26 Hansen jr., N. M.: Epiphyseal changes in the proximal humerus of an adolescent baseball pitcher. Amer. J. Sports Med. 10 (1982) 380–384

27 v. Hecker, H., E. Schrader: Gelenkchondrom (Chondromatose) der Schulter. Röntgenpraxis 12 (1940) 111–114

28 Heyser, K., E. Günther, B. Rumpf: Progrediente Nekrose am Humeruskopf bei Syringomyelie. Fortschr. Röntgenstr. 123 (1975) 280–281

29 Horváth, F., I. Rózsahegyi: Evolution de l'ostéoarthropathie chronique des caissons. J. Radiol. Électrol. 52 (1971) 805–808

30 Horváth, F., I. Rózsahegyi: Bedeutung der Tomographie für die Diagnose der chronischen Caisson-Arthropathie. Fortschr. Röntgenstr. 119 (1973) 610–618

31 Janker, R.: Röntgenaufnahmetechnik. I. Teil. Einstellungen, 7. Aufl. Barth, München 1971

32 Jobe, F. W., Ch. M. Job: Painful athletic injuries of the shoulder. Clin. Orthop. 173 (1983) 117-124

33 Kallmeyer, J. C., M. R. Funston: The milk-alkali-syndrome. S. Afr. med. J. 64 (1983) 278–288

34 Kargl, O. L.: Knochenlues in beiden Oberarmköpfen. Fortschr. Röntgenstr. 80 (1954) 275–276

35 Keats, Th. E., Judith M. Joyce: Metaphyseal cortical irregularities in children: a new perspective on a multifocal growth variant. Skeletal Radiol. 12 (1984) 112–118

36 Kerr, R., D. Resnick, C. Pineda, P. Haghighi: Osteoarthritis of the glenohumeral joint: a radiologic-pathologic study. Amer. J. Roentgenol. 144 (1985) 967–972
37 Kinnard, P., J. L. Tricoire, Rejean-Yves Levesque, D. Bergeron: Assessment of the unstable shoulder by computed arthrography. Amer. J. Sports Med. 11 (1983) 157–159
38 Kuhn, D., M. Rosman: Traumatic, nonparalytic dislocation of the shoulder in a newborn infant. Ped. Orthop. 4 (1984) 121–122
39 Levy, J. M., J. K. Crowe, C. J. Stegman: Anterior subcoracoid dislocation of the humerus. Y-view of the shoulder. Arizona Med. Radiol. 39 (1982) 455–456
40 Lischi, G.: La radiodiagnostica della scapola. Stabilimento tipolitografico. I. N. Ai L., Milano 1964
41 Lloyd-Roberts, G. C.: Humerus varus. Report of a case treated by excision of the acromion. J. Bone Jt Surg. 35-B (1953) 268–269
42 Middleton, W. D., G. Edelstein, W. R. Reinus, G. L. Melson, W. A. Murphy: Ultrasonography of the rotator cuff. Technique and normal anatomy. J. Ultrasound Med. 3 (1984) 549–551
43 Middleton, W. D., W. R. Reinus, W. G. Totty, G. L. Melson, W. A. Murphy: Sonographic detection of rotator cuff tears. Amer. J. Roentgenol. 144 (1985) 349–353
44 Morczek, A.: Aus konzentrischen Schichten bestehende freie Gelenkkörper bei einer Chondromatose des rechten Schultergelenkes. Fortschr. Röntgenstr. 79 (1953) 251
45 Miller, M. F., A. Hilkevitch: Osteochondritis dissecans of the shoulder. Amer. J. Roentgenol. 63 (1950) 223–227
46 Nicastro, J. F., D. M. Adair: Fracture dislocation of the shoulder in a 32-month-old child. J. Pediatr. Orthop. 2 (1982) 427–429
47 Ott, A.: Zur „Omarthritis osteomyelitica" beim Kleinkind. Fortschr. Röntgenstr. 98 (1963) 507–508
48 Paolaggi, J.-B., J.-M. Le Parc: Arthropathies destructives rapides de l'épaule. Rev. prat. 32 (1982) 59–60
49 Pavlov, Helene, R. F. Warken, C. B. Weiss, D. M. Dines: The roentgenologic evaluation of anterior shoulder instability. Clin. Orthop. 194 (1985) 153–158
50 Pfeifer, W.: Eine ungewöhnliche Form und Genese von symmetrischen Osteonekrosen beider Femur- und Humeruskopfkappen. Fortschr. Röntgenstr. 86 (1957) 346–349
51 Podesva, K., H. Ritter: Seltene Beobachtung einer Humeruskopfnekrose. Unfallheilkunde 85 (1982) 120–122
52 Poppe, H., Ph. Lauwers, I. Lohstöter: Technik der Röntgendiagnostik, 3. Aufl. Thieme, Stuttgart 1976
53 Poppel, M. H., B. E. Zeitel: Roentgen manifestation of milk-drinker's syndrome. Radiology 67 (1956) 195–199
54 Poser, H., P. Gabriel-Jürgens: Knochen- und Gelenkveränderungen durch Druckluft bei Tauchern und Caissonarbeitern. Fortschr. Röntgenstr. 126 (1977) 156–160
55 Reinhardt, K.: Isolierte Knochenstückchen in einem typischen Defekt nach Schulterluxation. Fortschr. Röntgenstr. 89 (1958) 75–80
56 Resch, H., K. P. Benedetto, D. Zur Nedden: Computertomographische Diagnostik bei habitueller Schulterluxation. Unfallchirurg 88 (1985) 204–207
57 Resnick, D., R. O. Cone: The nature of humeral pseudocysts. Radiology 150 (1984) 27–28
58 Richter, R., H. Hahn, W. Nübling, G. Köhler: Die Schultergürtel- und Schultergelenktuberkulose. Z. Rheumatol. 44 (1985) 87–92
59 Samilson, R. L., V. Prieto: Dislocation arthropathy of the shoulder. J. Bone Jt Surg. 65-A (1983) 456–459
60 Sattler, H.: Sonographie der großen Gelenke – Vergleich mit Röntgenuntersuchungen. Vortrag, gehalten auf dem 4. Kölner Symposion 86 für bildgebende Verfahren, 30.X.–1.XI. 1986
61 Schulte, E.: Seltene Skelettanomalie am Schultergürtel. Fortschr. Röntgenstr. 92 (1960) 226–227
62 Seibert-Daiker, F. M.: Die Osteoarthritis syringomyeloica und ihre Fehldeutungen. Fortschr. Röntgenstr. 128 (1978) 79–81
63 Seltzer, St. E., Barbara N. Weissman: CT findings in normal and dislocating shoulders. J. Canad. Ass. Radiol. 36 (1985) 41–46
64 Swannel, A. J., F. A. Underwood, A. St. J. Dickson: Periarticular calcific deposits mimicking acute arthritis. Ann. rheumatol. Dis. 29 (1970) 380–385
65 Vasey, H., J. M. Cyprien, A. Burdet, J.-C. Bonvin, N. Kritsiki, P. Vuagnat: La rétrotorsion humérale et la relation gléno-humérale dans l'épaule normale et les luxations récidivantes. S.O.F.C.O.T. Réunion annuelle, nov. 1983; Suppl. II, Rev. Chir. Orthop. 70 (1984) 38–40
66 Weber, J., S. Kecskés: Arthrographie bei Periarthritis humeroscapularis. Fortschr. Röntgenstr. 124 (1976) 573–580
67 Welfling, J.: La périarthrite calcificante de l'épaule. Gaz. med. Fr. 90 (1983) 265–266
68 Wojty, H., F. Hilgert: Weite und Enge des subakromialen Raumes, röntgenologische Zeichen beim Sehnenschaden des Schultergelenkes. Chirurg 24 (1953) 195–197
69 Zimmer, E. A., M. Brosy: Lehrbuch der röntgenologischen Technik. Springer, Berlin 1981
70 Zvetina, J. R., T. C. Demos, H. Rubinstein: Mycobacterium intracellulare infection of the shoulder and spine in a patient with steroid-treated systemic lupus erythematosus. Skeletal Radiol. 8 (1982) 111–113

3

Schultergürtel und Brustkorb

Schulterblatt

Norm

Im Wachstum

Der *erste Knochenkern im Schulterblatt* erscheint in der 7. bis 8. Fetalwoche in der Gegend des Kollum. Zum Zeitpunkt der Geburt ist der zentrale Abschnitt der Skapula samt einem Akromionanteil verknöchert. Beträchtliche Teile der Gelenkpfanne, des Margo medialis, der Anguli scapulae, des Processus coracoideus und des Akromion sind noch knorpelig (7[1]). Über die postnatale Entwicklung des Schulterblattes s. bei Ogden u. Phillips (57). Bei Säuglingen sieht man *Doppelkonturen des lateralen Schulterblattrandes.*

Die **Schultergelenkpfanne** ist bei Säuglingen kaum differenziert und springt gering vor (Abb. 3.**1**). Der wahre Gelenkspalt läßt sich bei Kindern besonders häufig erkennen, weil diese für Röntgenaufnahmen oft an den Armen hochgehalten werden (z. B. bei Lungenaufnahmen), wodurch ein Vakuumphänomen entsteht.

Im Alter von 8 bis 13 Jahren erweist sich die subchondrale knöcherne Fläche der Schultergelenkpfanne (wie zur gleichen Zeit auch an der Hüftgelenkpfanne) als geriffelt (Abb. 3.**2**). Es bildet sich ein Epiphysenring, sehr ähnlich wie bei den Wirbelkörperrandleisten. Dieser läßt sich bei seiner Ossifikation nur kurzfristig und nur bei entsprechender Projektion nachweisen (Abb. 3.**3** und 3.**4**), da er bald mit dem Schulterblattkörper verschmilzt. Über die Ossifikation der knorpeligen Gelenklippe gibt es einen ausführlichen Bericht (90). Die Ossifikation der Cavitas glenoidalis ist mit dem 18. Lebensjahr abgeschlossen.

An dieser Stelle wird es notwendig, die Bezeichnungen „Epi- und Apophyse" gegeneinander abzugrenzen:

Es gibt die lehrbuchmäßig vertretene Ansicht, wonach die fetal und in den ersten Lebensjahren auftretenden Knochenzentren als Epiphysen, die während der Pubertät entstehenden Kerne hingegen als Apophysen bezeichnet werden (28). Diese Bezeichnung kann nicht befriedigen, wenn man z. B. an die in Anlage und Funktion gleichwertigen Wachstumszentren am Ellenbogengelenk denkt: Der Kern des Capitulum humeri bildet sich z. B. im 2., die multizentrische Kernanlage der Trochlea im 8. bis 10. Lebensjahr, ganz abgesehen von dem Erscheinen des Kernes für den Epicondylus lateralis im 13. Lebensjahr.

Nach einer anderen Definition unterliegen Epiphysen dem Wachstum, während Apophysen nur der lokalen Formausbildung dienen (7[2]); auch diese Unterscheidung ist nicht zwingend, weil auch im Wachstum eine lokale Formausbildung erfolgt.

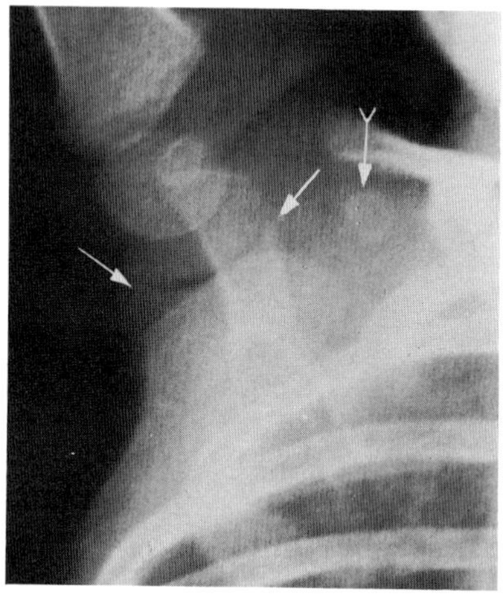

Abb. 3.**1** Schulter eines 3 Monate alten Kindes. Wahrer Gelenkspalt (→), Korakoidkern (⤞)

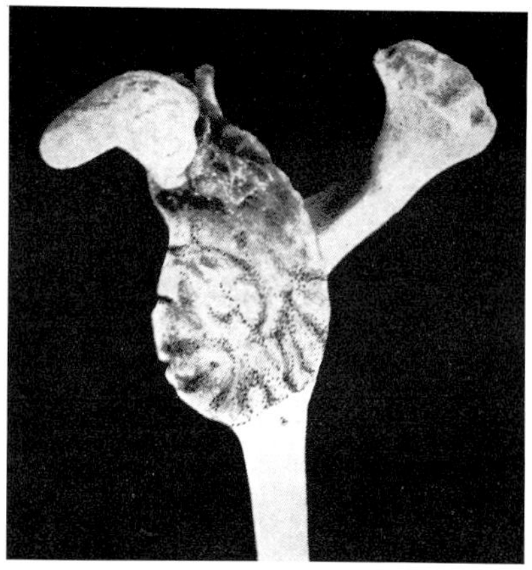

Abb. 3.**2** Ansicht der Schultergelenkpfanne bei einem Jugendlichen

Wir werden im folgenden die innerhalb eines Gelenkes liegenden Wachstumszonen als „Epiphysen" bezeichnen und sie den extraartikulären Knochenkernen, die meist als Bandansätze dienen und hier und im folgenden als „Apophysen" bezeichnet werden, gegenüberstellen.

Die Epiphyse erscheint in der Regel im Kindesalter, die Apophyse später.

Apophysenkerne, die bald verschmelzen, treten an den Anguli scapulae (inferior und superior) im 16. bis 18. Lebensjahr auf. Die regelmäßig in Erscheinung tretende Apophyse am Angulus inferior, früher als Os suprascapulare bekannt, kann infolge ihrer Lage nur als **„Os infrascapulare"** bezeichnet

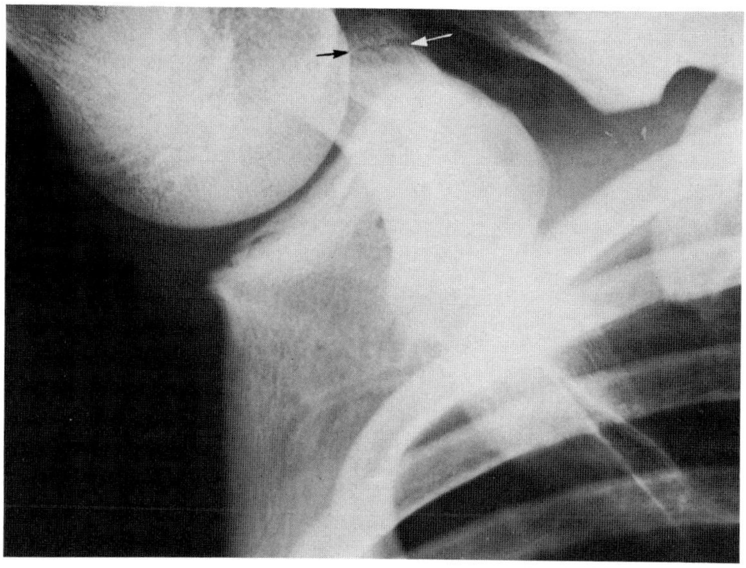

Abb. 3.**3** Unregelmäßig wellige Pfannenkontur. Korakoidspitzenkern

werden (Abb. 3.**5**). Man darf sie bei entsprechender Projektion nicht mit einem Rundschatten in der Lunge verwechseln. Gelegentlich tritt ein Knochenkern am Angulus medialis superior auf (Abb. 3.**6**). Eine kammartige Apophyse am medialen Schulterblatt ist beschrieben (48), wenn auch der radiologische Nachweis nicht gelungen ist, ihre Existenz schließlich sogar bezweifelt wird (1, 53); jedenfalls erscheint der mediale Schulterblattrand meist grob gewellt.

Der **Processus coracoideus** bildet sich aus einem im 1. Lebensjahr auftretenden Kern, der bis zum 15. bis 20. Lebensjahr isoliert bleibt. Dieser Knochenfortsatz entspricht einem bei Reptilien und Vögeln selbständigen Rabenschnabelbein. Die lange Persistenz beim Menschen wird als phylogenetisch bedingte Besonderheit aufgefaßt (7[1]). Der isolierte Knochen ist nur bei geeigneter Strahlenrichtung nachweisbar (39).

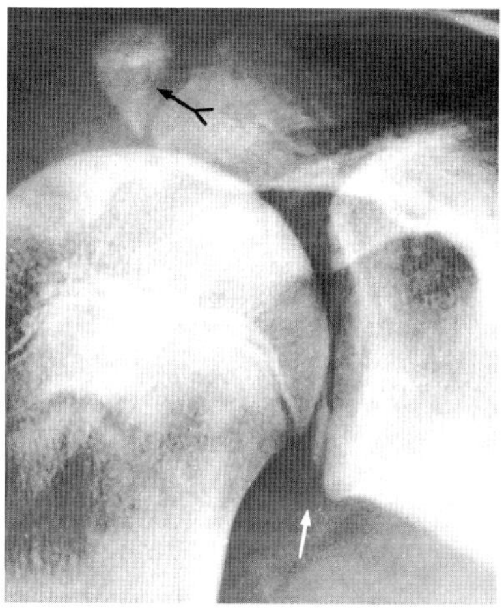

Abb. 3.**4** Epiphysenkern im unteren Drittel der Schultergelenkpfanne (↑) und isolierter Kern an der Akromionspitze (←)

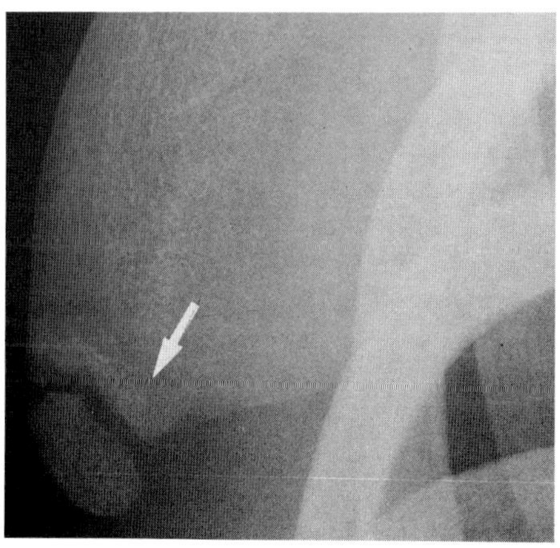

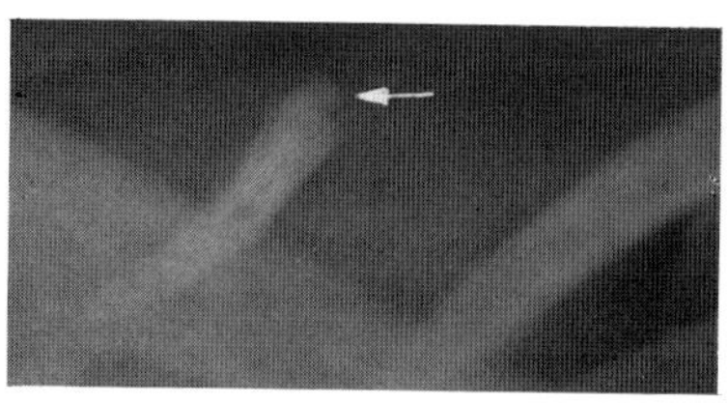

Abb. 3.**6** Knochenkern am Angulus medialis superior

◁ Abb. 3.**5** Os infrascapulare

Die Verhältnisse bei einem 14jährigen sind in Abb. 3.**7** dargestellt. An der Basis des Rabenschnabelfortsatzes sieht man später eine zackenförmige Fuge (Abb. 3.**8**). Gelegentlich tritt an dieser Stelle ein isolierter Kern auf (Abb. 3.**9**). Ein an gleichem Ort eingezeichneter, isolierter Kern wird auch als **Os infracoracoideum** bezeichnet (7[2]). Er tritt zwischen dem 10. und 14. Lebensjahr auf und verschwindet unter Anschluß an die Skapula oder das Korakoid zwei Jahre nach seinem Erscheinen (47). Auch ein **Korakoidspitzenkern** ist beobachtet (7[3]) (Abb. 3.**10**).

Am lateralen Ende des **Akromion** treten im 15. bis 18. Lebensjahr zwei bis drei, manchmal auch weitere Kerne auf (Abb. 3.**11**), die zuerst miteinander (Abb. 3.**12**) und erst im 20. Lebensjahr mit der Spina verschmelzen. Das Gelenkende des Akromion kann somit von einer großen Ossifikationszone umrandet sein, die durch einen mehr oder weniger breiten Spalt von ihm getrennt ist (Abb. 3.**13**). Beim Kind klafft die Fuge erheblich. Die Kernplatte des Akromion gleicht im axialen Strahlengang dem Bild des Skelettpräparates (Abb. 3.**14**). Eine Apophyse am Tuber spinae scapulae läßt sich im tangentialen Strahlengang (s. unten) nachweisen (74).

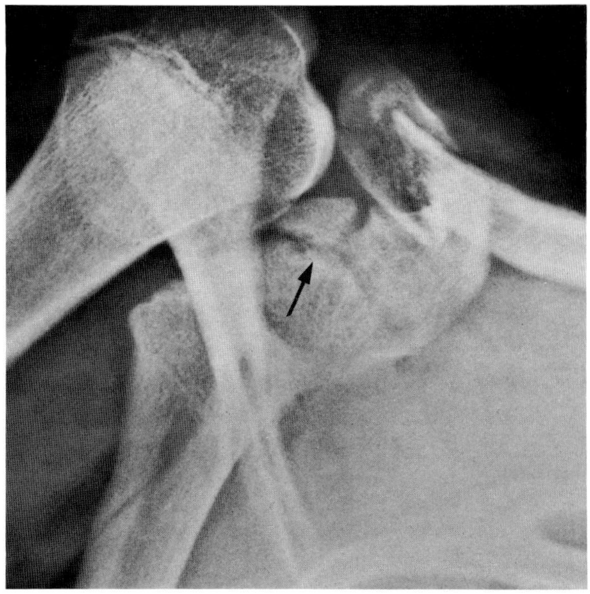

Abb. 3.**7** Dreieckiger Epiphysenkern des Korakoid bei einem 14jährigen Jungen. Fraktur am akromialen Ende der Klavikula

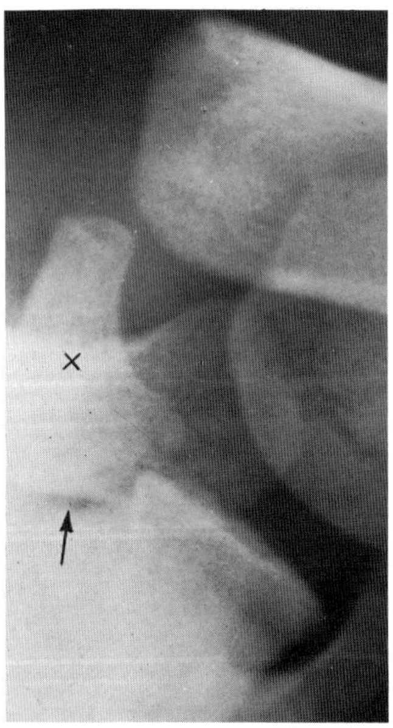

Abb. 3.**8** Knorpelfuge an der Basis des Rabenschnabelfortsatzes (×)

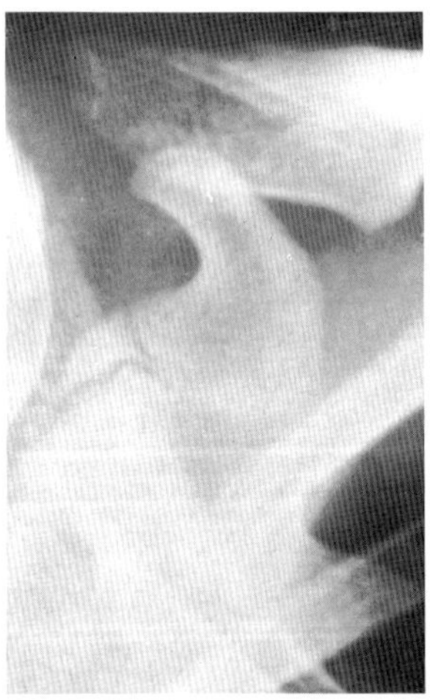

Abb. 3.**9** Isolierter Kern in der Korakoidknorpelfuge

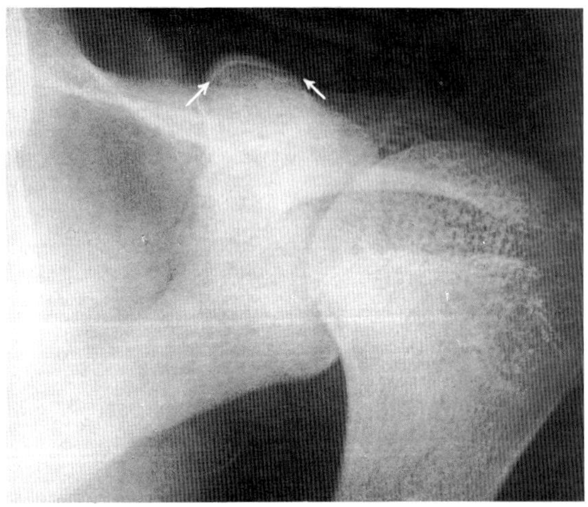

Abb. 3.**10** Spitzenkern am Processus coracoideus

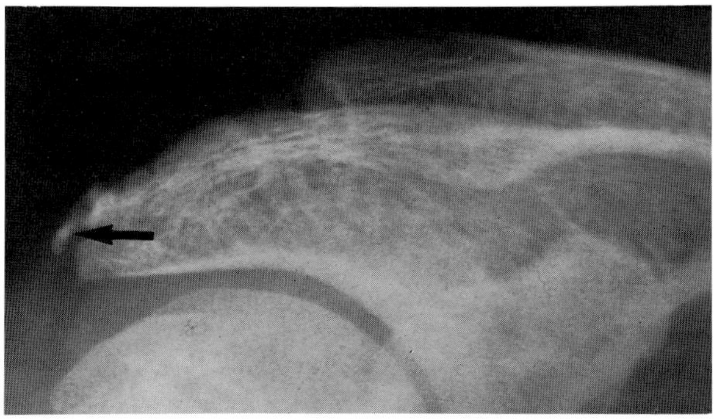

Abb. 3.**11** Akromionkerne

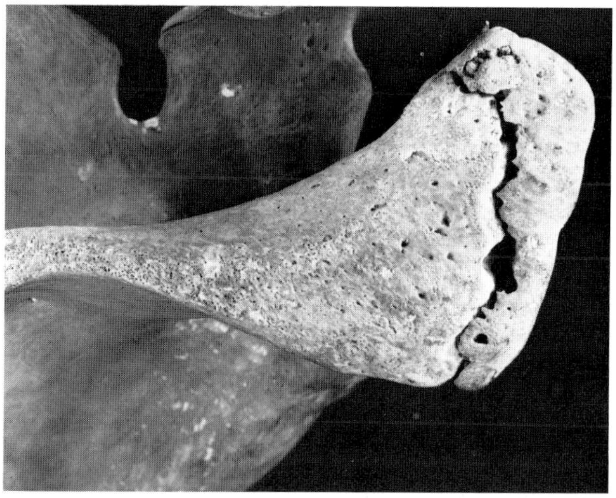

Abb. 3.**12** Akromionkernplatte

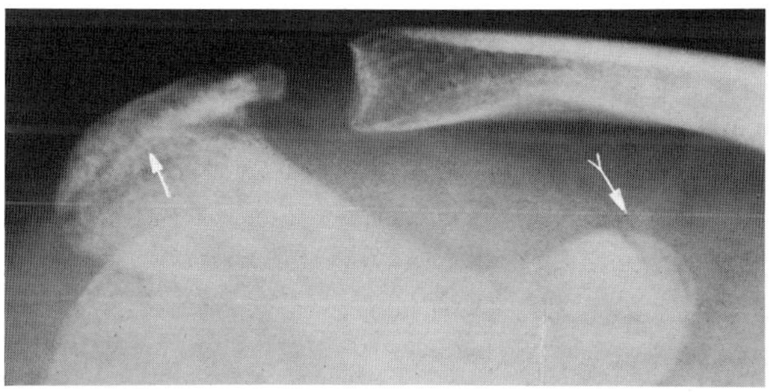

Abb. 3.**13** Flaches Akromionende mit schalenförmigem Kern

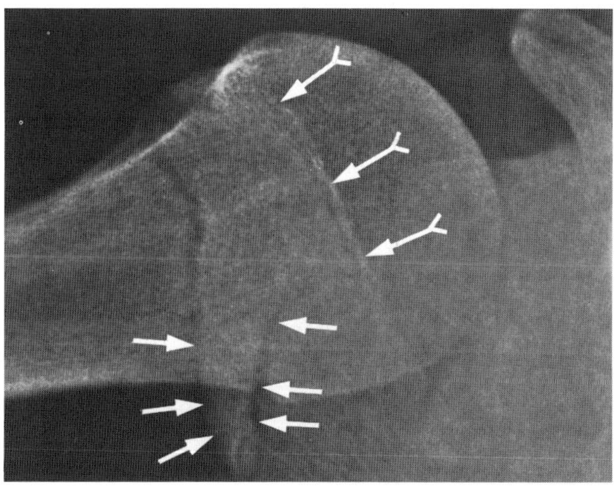

Abb. 3.**14** Akromionepiphyse im axialen Strahlengang

Beim Erwachsenen

In der *radiologischen Darstellung* differiert die Form der Skapula sehr in Abhängigkeit von unterschiedlichen Projektionsverhältnissen. Zweckmäßig eingestellt ist das Schulterblatt im *a.-p. Strahlengang*, wenn sich die Gelenkpfanne in Form einer Linie oder eines schmalen Ovals darstellt.

Bei der tangential an die Rundung des Brustkorbes gelegten, schrägen Strahlenrichtung, auch *axiale Schulterblattaufnahme* genannt, lassen sich vor allem die Spina scapulae und das Akromion gut erkennen. Diese Aufnahme ist zur Frakturdiagnostik und für Strukturstudien (Muskelleisten, Gefäßkanäle) geeignet.

Im *zephaloskapularen Strahlengang* bei 45 Grad nach vorn geneigtem Rumpf, Hals und Körper leicht zur Gegenseite gedreht, verletzte Schulter leicht angehoben und Kassette im rechten Winkel zum Strahlengang in einem Halter fixiert, werden sämtliche Anteile des Schulterblattes frei projiziert (59).

Bei Verletzungen des Processus coracoideus empfiehlt es sich, die verletzte Schulter um 20 Grad schräg nach hinten zu lagern und den Strahlengang um 20 Grad nach kranial zu richten (24).

Über die Röntgendiagnostik der Skapula s. bei Lischi (46). Die übersichtlichste Darstellung des Schulterblattes erfolgt heute wohl durch die Computertomographie (11, 13).

In der Gegend des Überganges vom Collum zum Corpus scapulae und des Abganges des Processus coracoideus sind fast regelmäßig Foramina als Gefäßeintrittslöcher zu erkennen, wie sie in Abb. 3.**15** am Skelettpräparat, in Abb. 3.**16** bei annähernd gleicher Projektion in der radiologischen Wiedergabe sichtbar werden. Bei entsprechender Projektion kann sich der Gefäßkanal auch als längliches Aufhellungsband darstellen, sollte dabei aber nicht mit einem Projektionsphänomen verwechselt werden, das durch den Unterrand des Processus coracoideus im Sinne eines Mach-Effektes hervorgerufen wird (Abb. 3.**17**).

Die in Abb. 3.**18** durch einen Pfeil bezeichnete, helle Stelle ist nicht als pathologisch anzusehen. Die Dicke des durchstrahlten Knochens ist gegenüber der Umgebung (Pfannenrand, Processus coracoideus und Spina scapulae) vermindert.

Aufhellungszonen durch dünnen Knochen können an verschiedenen Stellen der Skapula auftreten. Selbst Löcher zählen hier bei jungen Menschen zu den Normalbefunden (21). Löcher entstehen in der Skapula am Margo superior bei Verknöcherung des Lig. coracoacromiale (s. dort), in der Fossa infraspinata durch Ossifikationsstörungen, eventuell mit schwalbenschwanzförmigem Angulus inferior scapulae (19), durch Knochenspangen in der Fossa supraspinata oder am oberen medialen Rand über der Spina. In einer Häufigkeit von 29% bei 89 rezenten und vier prähistorischen oder historischen Skelettfunden, durch radiologische und pathologische Untersuchungsmethoden festgestellt, zählen solche Löcher und Ringe zu den Normvarianten (62). Im fort-

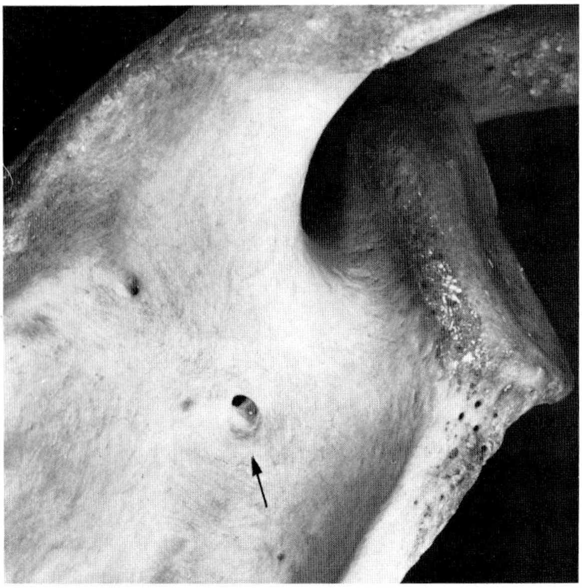

Abb. 3.**15** Gefäßkanäle (Eintrittsstellen) an typischer Lokalisation

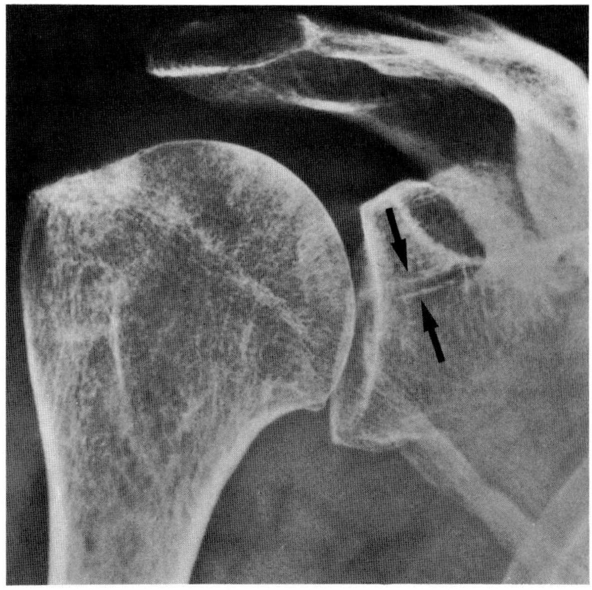

Abb. 3.**17** Kein Gefäßkanal im Collum scapulae, sondern Projektionsphänomen mit Mach-Effekt durch den Processus coracoideus

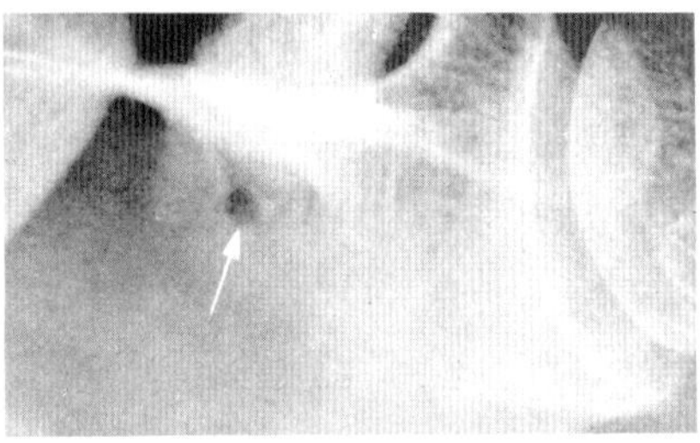

Abb. 3.**16** Radiologische Wiedergabe der Eintrittsstelle für einen Nutritiakanal am Schulterblatthals bzw. Korakoidansatz

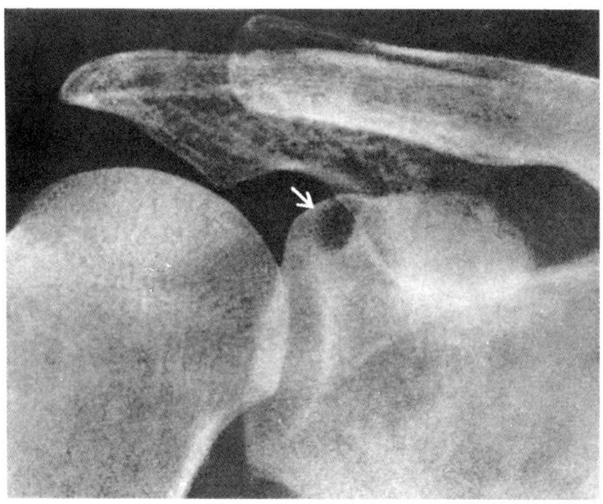

Abb. 3.**18** Normale Aufhellung

geschrittenen Lebensalter kommt es zur senilen Atrophie. Schultergelenk im Senium s. bei de Sèze u. Mitarb. (77).

Eine summationsbedingte, relative und wie ein Defekt wirkende Aufhellung findet man auch normalerweise auf der im axialen Strahlengang angefertigten Schultergelenkaufnahme in der Nähe des Schulterblatthalses (Abb. 3.**19**).

Der **Margo axillaris** zwischen Gelenkpfanne und Angulus inferior ist auffallend wellig konturiert. 1/2 bis 1 cm kaudal der Cavitas glenoidalis sieht man häufig einen exostosenhaften Vorsprung, die **Tuberositas infraglenoidalis**, an der das Caput longum des M. triceps brachii ansetzt.

Der **mediale, obere Schulterblattwinkel** ist oft etwas stumpf und häufig asymmetrisch geformt. Eine Doppelkuppe ist nicht selten (Abb. 3.**20**).

Die radiologische Darstellung des **Korakoidansatzes** ergibt durch die orthograde Projektion einen ovalen Kortikalisring (Abb. 3.**21**).

Das Akromion gehört zu den Skeletteilen, die die größten Mannigfaltigkeiten der Form aufweisen. Die laterale Begrenzung kann einen glatten, konvexen Bogen bilden, sie kann aus vielfachen Buckeln bestehen, kann zackig wie auch unscharf zerklüftet sein, ja sogar eine große, flache Eindellung besitzen.

Das **Akromioklavikulargelenk** läßt sich radiologisch oft auf der Aufnahme des Schultergelenkes im axialen Strahlengang gut beurteilen. Die Weite des Gelenkspaltes ist bei Männern größer als bei Frauen und nimmt bei beiden Geschlechtern im Alter ab. Eine Distanz der Knorpel-Knochen-Grenzen der gelenkbildenden Skelettelemente von mehr als 7 mm bei Männern und 6 mm bei Frauen ist als patholo-

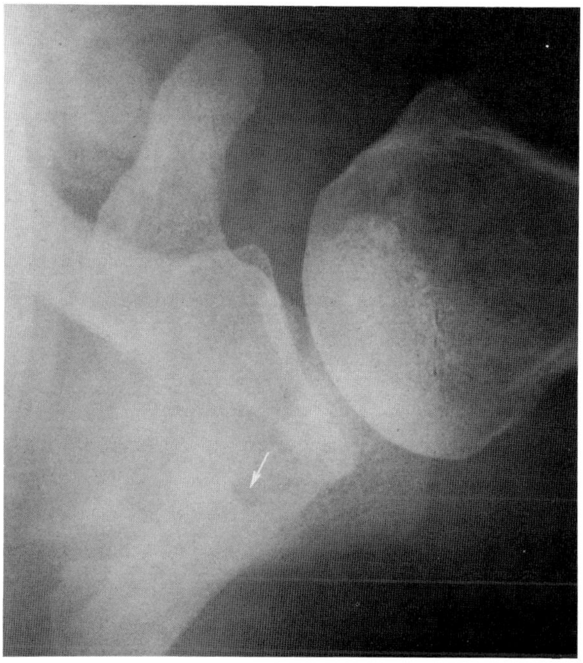

Abb. 3.**19** Normale Aufhellung

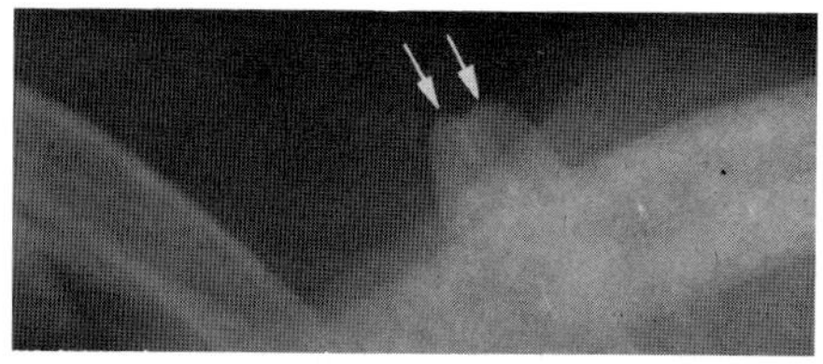

Abb. 3.**20** Doppelkuppe am Angulus medialis superior

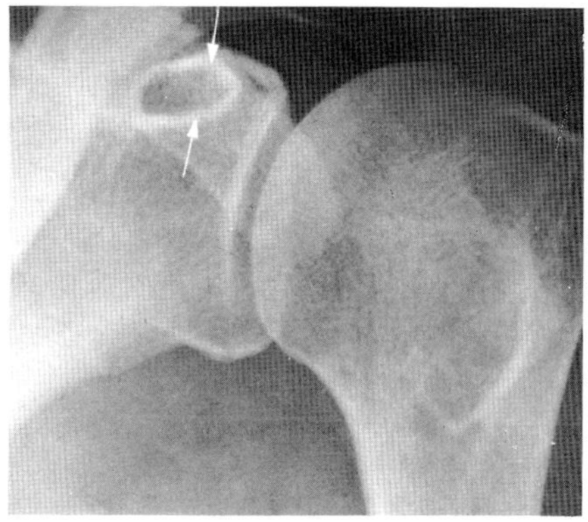

Abb. 3.**21** Orthograd getroffener Korakoidansatz

gisch zu betrachten (64). Dies betrifft nicht die Luxationen (s. unten). Gelegentlich erkennt man in der axialen Abbildung des freien Akromionendes eine umschriebene, strahlendurchlässige Zone, die nicht mit einem osteolytischen Herd verwechselt werden darf.

Radiologisch lassen sich am akromioklavikularen Gelenk im Alter (58) folgende Veränderungen – in der Regel ohne Krankheitswert – finden: Sklerose der Gelenkfläche, ossale Appositionen, Hypertrophie des akromialen Endteils der Klavikula, eine unebene obere Kontur des Akromion und eine kaudale Dislokation des Klavikulaendes (s. auch entsprechende Bemerkungen in den folgenden Abschnitten).

Varianten

Persistierende Kerne

Der Bezeichnung einer **persistierenden Epiphyse** am Rand der Schulterblattpfanne in der Region des ehemaligen knorpeligen Epiphysenringes wird man ebenso kritisch distanziert gegenüberstehen müssen wie der Deutung der neben dem Azetabulum gelegenen Knochen als „Os acetabuli persistens". Die in Abb. 3.**22**–3.**24** abgebildeten isolierten Knochenelemente liegen sämtlich beziehungslos zur Form des Pfannenknochens neben dem Pfannenrand. Wie beim Hüftgelenk kann es sich um sekundär – z. B. auf traumatischen Reiz oder auf degenerativer Grundlage – entstandene **Pfannenrandknochen** handeln. Zur Verdeutlichung dieser Auffassung diene der in Abb. 3.**25a** u. **b** abgebildete Befund einer Knochenspange unter dem unteren Gelenkpfannenrand bei schräger Abbildung der Schultergelenkfläche. Wäre sie orthograd getroffen, wie dies bei Schultergelenkaufnahmen im a.-p. Strahlengang gefordert wird, wäre wohl auch die Spangenform der ossären Anlagerung zu einem Gebilde verkürzt, das einem Pfannenrandknochen ähnlicher wird. Bei einem isoliert erscheinenden Knochenschatten im unteren Pfannenrand handelt es sich nicht um ein separates Ossikulum, sondern um eine durch Überlagerung und Mach-Effekt vorgetäuschte Abtrennung im normalen Pfannenrand (Abb. 3.**26**).

Anders sind die **persistierenden Apophysenkerne** (sensu strictori) zu werten. Abb. 3.**27** läßt einen persistierenden Korakoidkern bei einem 69jährigen erkennen. Ohne dieses isolierte Knochengebilde wäre der Processus coracoideus zu kurz und disharmonisch verplumpt. Über persistierende Korakoidkerne s. auch bei Ravelli (67). Im Einzelfall ist ein Os supracoracoideum erwähnt und als atavistisches Residuum eines Prokorakoid gedeutet (45).

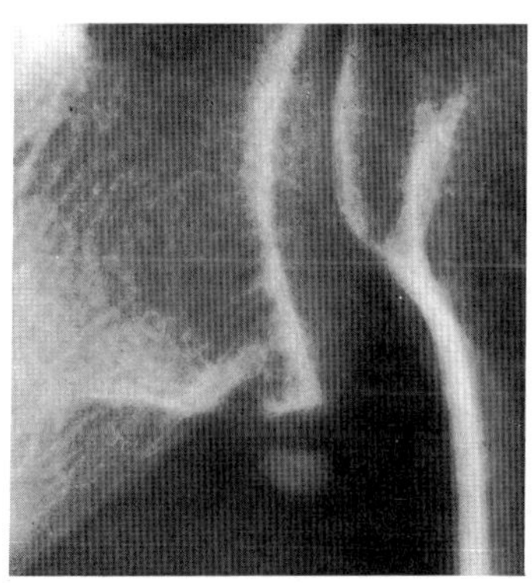

Abb. 3.**22** Akzessorium am unteren Pfannenrand

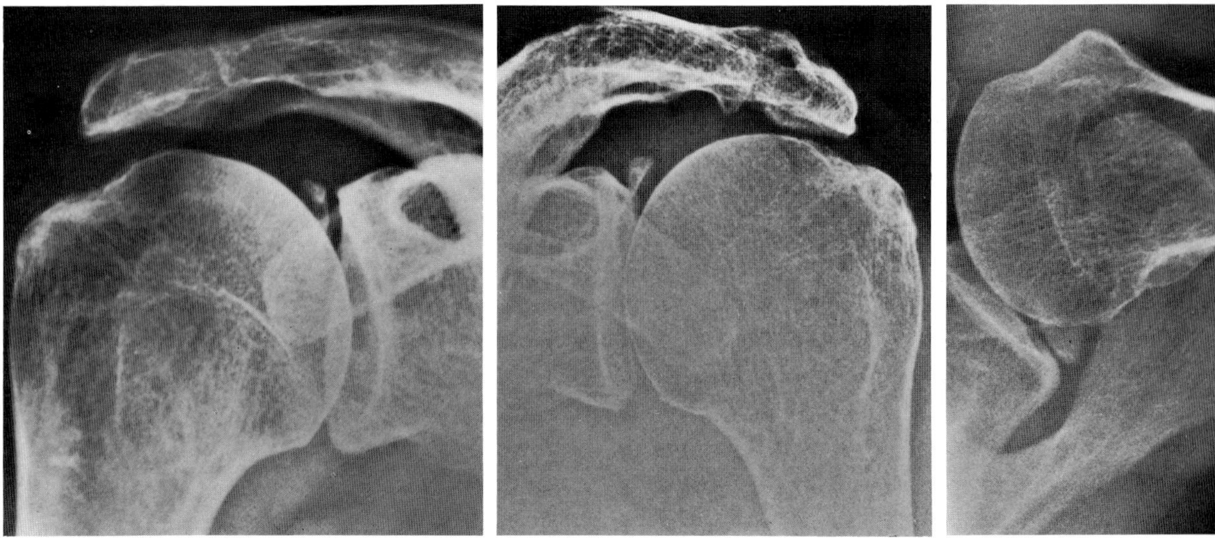

a b c

Abb. 3.**23 a–c** Akzessorium am oberen und vorderen Pfannenrand (Beobachtung von Stecher, Schwäbisch Hall)

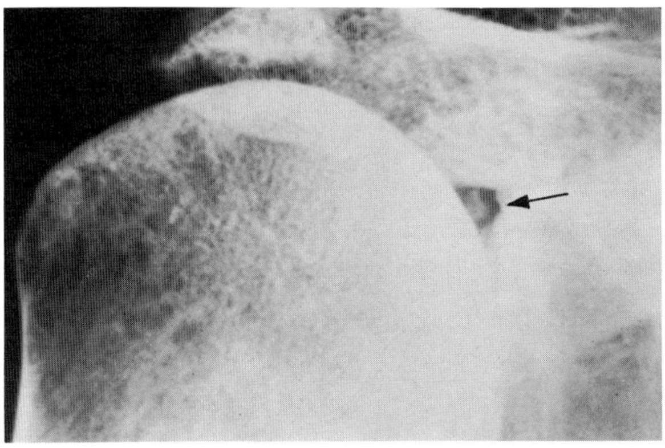

Abb. 3.**24** Akzessorium am oberen Pfannenrand

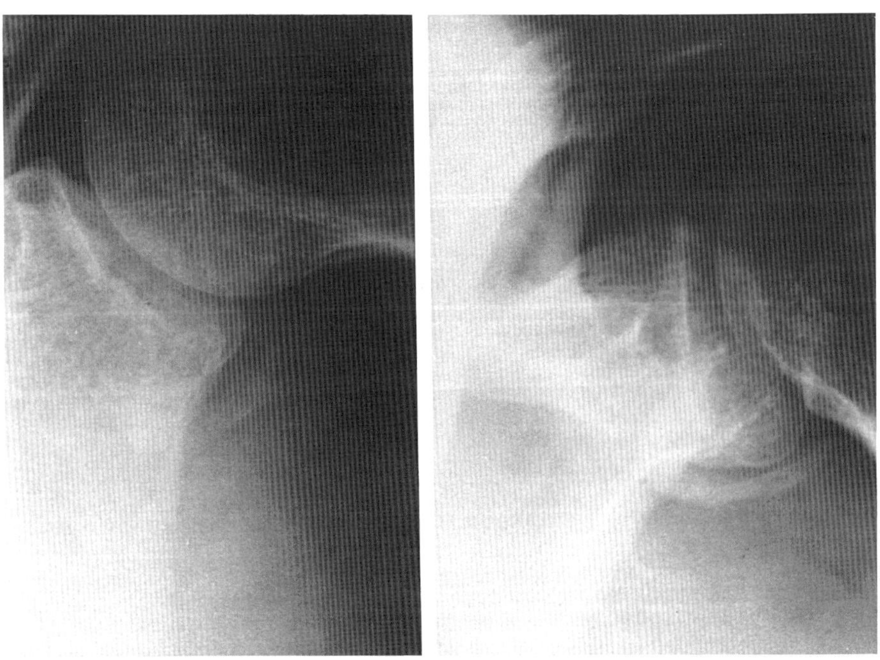

a b

Abb. 3.**25 a** u. **b** Knochenspange unter dem unteren Pfannenrand

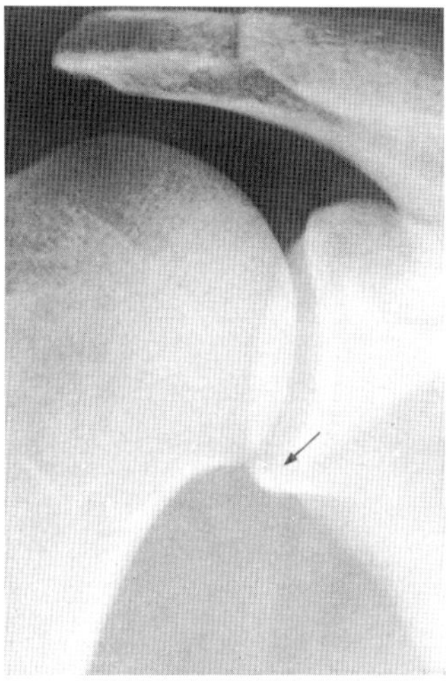

Abb. 3.**26** Kein isoliertes Akzessorium, sondern scheinbare Separation, vorgetäuscht durch Mach-Effekt

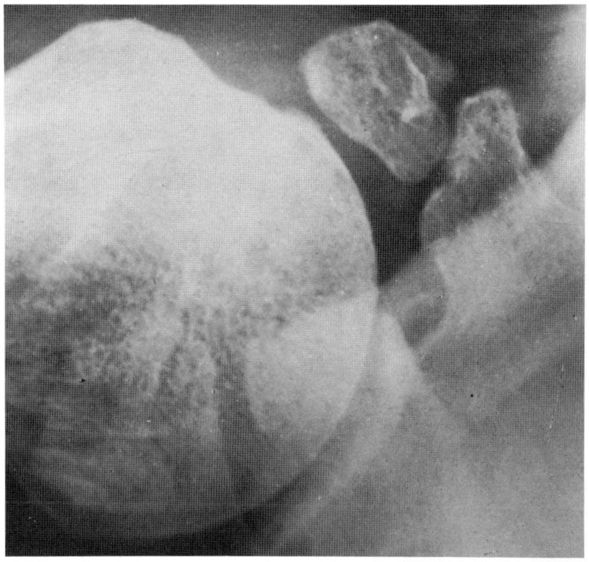

Abb. 3.**27** Persistierender Korakoidkern

Ob es sich bei dem in der Skizze Abb. 3.**28** dargestellten Knochenelement um ein Os infracoracoideum handelt, das, zwischen Processus coracoideus und Gelenkpfanne gelegen, an der Bildung der Gelenkpfanne beteiligt sein soll, war (73) und bleibt spekulativ, zumal Zimmer mit der Wiedergabe eines solchen Knöchelchens in der radiologischen Darstellung (Abb. 3.**29**) nur „zur Forschung anregen" wollte. Mit Sicherheit gehört dieses Akzessorium weder zur Formergänzung umgebender Knochenstrukturen, noch entspricht es dem regelmäßig vorübergehend auftretenden Knochenkern, der in Abb. 3.**9** abgebildet ist und auch als Os infracoracoideum bezeichnet wird. Obere Pfannenrandknochen werden von manchen Autoren (36, 83) allgemein – unseres Erachtens unkorrekt – als „Os infracoracoideum" bezeichnet.

Über eine Persistenz der Apophyse am Angulus medialis superior (s. Abb. 3.**6**) wird berichtet (55).

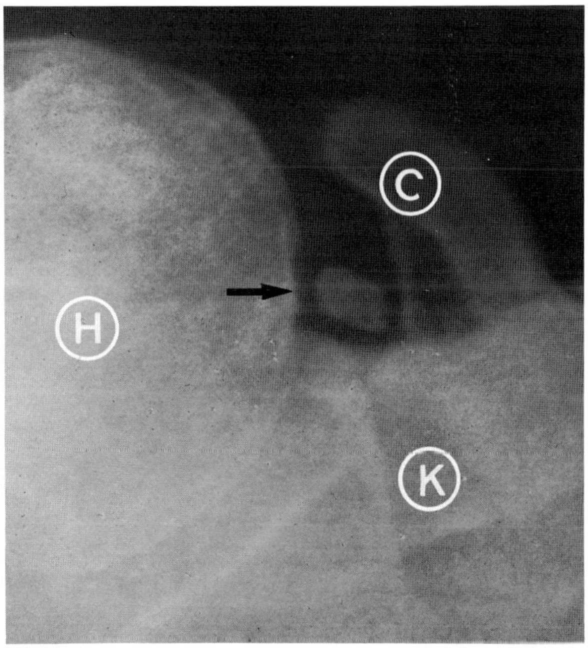

Abb. 3.**28** Radiologische Darstellung eines Akzessorium bei einer 70jährigen Frau. Es liegt vor der Klavikula (K) zwischen Humeruskopf (H) und Korakoid (C)

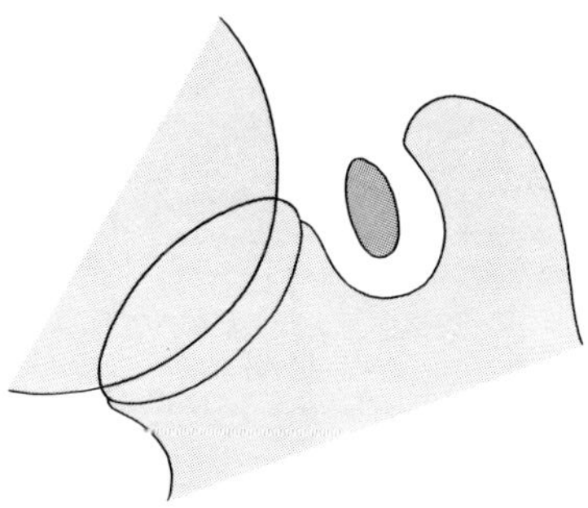

Abb. 3.**29** Akzessorium zwischen Korakoid und Pfannenrand bei Darstellung des Schultergelenkes im axialen Strahlengang in der Skizze

Der Persistenz der Kernanlage am freien Ende des Akromion kommt wegen ihres häufigen Auftretens (7–15%) eine besondere Bedeutung zu. Bleibt diese Epiphyse bis über das 25. Lebensjahr hinaus isoliert, bezeichnet man sie als **Os acromiale** (Abb. 3.**30**). Bei unterschiedlicher Größe – klein bis mächtig – und recht verschiedener Form (dreieckig) kann es eine gelenkähnliche Verbindung mit der Klavikula besitzen, wobei es mit der Basis des Akromion eine Synchondrose eingeht. Möglich ist auch eine Diarthrose, also ein echtes Gelenk.

Zur radiologischen Darstellung des Os acromiale eignet sich am besten die axiale Richtung des Zentralstrahls mit leichter Abschrägung, so daß das freie Akromionende nicht vom Humeruskopf überlagert ist.

Die klinische Bedeutung des Os acromiale (s. auch bei 43 und 72) liegt in der Differentialdiagnose gegen eine Fraktur oder eine posttraumatische Pseudarthrose sowie im Wissen um ein „schmerzfreies Os acromiale", wahrscheinlich auf arthrotischer Basis.

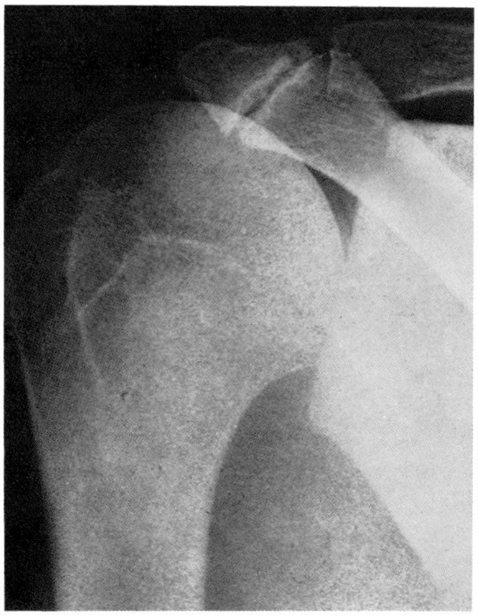

Abb. 3.**30** Os acromiale

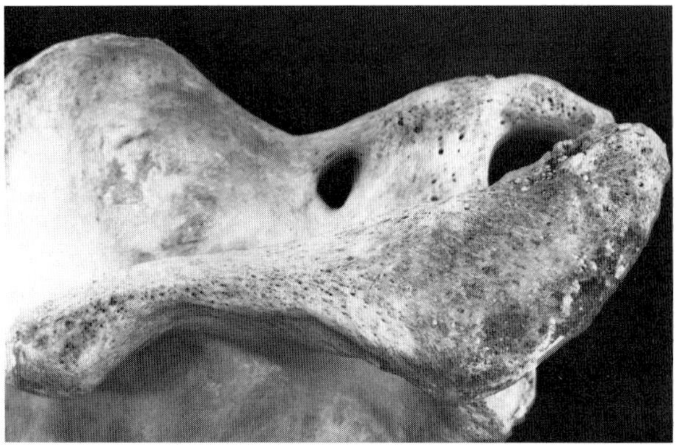

Abb. 3.**31** Verknöcherung des Lig. transversum scapulae superius im Präparat

Andere Varianten

Als **Scapula scaphoides** wird ein Schulterblatt mit Einbuchtung des medialen Randes zwischen Spina und Angulus inferior bezeichnet.

Die **Incisura scapulae** zwischen Margo superior und Processus coracoideus, also die sattelförmige Einbuchtung, erscheint bei einer *Verknöcherung des Lig. transversum scapulae superius* lochförmig (Abb. 3.**31**). Diese Ossifikation wurde familiär gehäuft vorkommend beschrieben (23). Ein spangenartiger Margo superior scapulae ist bei Birkner (7^4) abgebildet und in Abb. 3.**32a** u. **b** wiedergegeben.

Das **Lig. coracoclaviculare** besteht lateral aus dem Lig. trapezoideum und medial aus dem Lig. conoideum. Beide Bänder können ganz oder teilweise *verkalken* (86).

Posttraumatische Bandosssifikationen treten eventuell schon 3 bis 5 Wochen nach einem Unfall auf, kommen aber auch nach multiplen Mikrotraumen vor. Verkalkungen im Lig. conoideum nach einem Trauma läßt die Abb. 3.**33** erkennen. Eine Skapula mit knöcherner Brücke am lateralen Rand wurde beschrieben (65).

Gelenkige Verbindungen zwischen Rabenschnabelfortsatz und Schlüsselbein werden als **Korakoklavikulargelenk** (Abb. 3.**34**) bezeichnet (75).

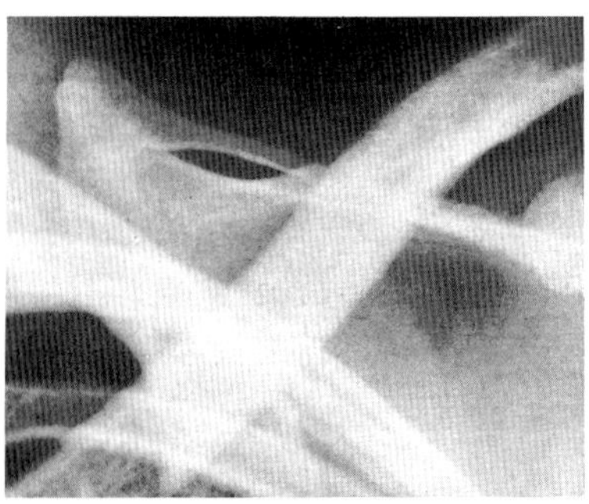

a

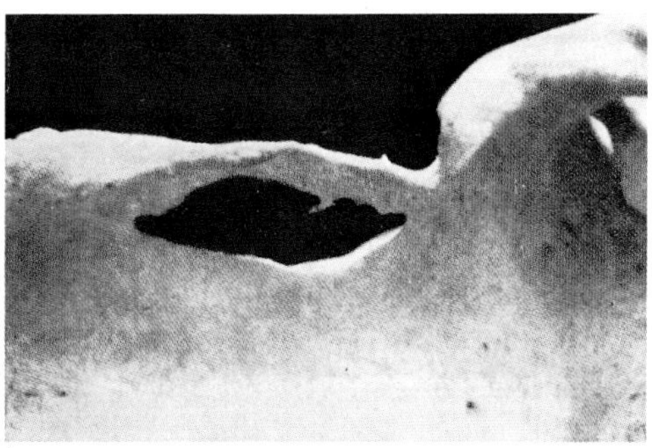

b

Abb. 3.**32a** u. **b** Röntgenbild und anatomisches Präparat eines spangenartigen Margo superior scapulae

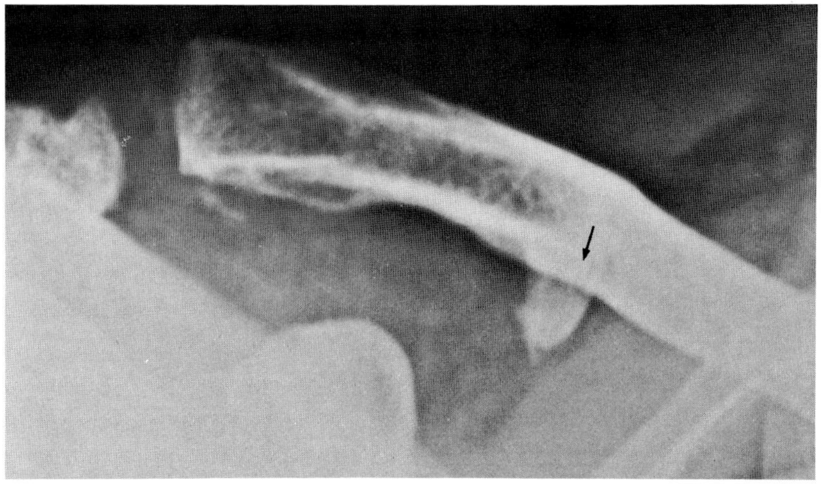

Abb. 3.**33** Verkalkung im Lig. conoideum des Lig. coracoclaviculare. Sprengung des Schultereckgelenkes mit alten Ausrissen bzw. Periostabhebungen, verkalkt (Beobachtung von Wolfers, Köln-Deutz)

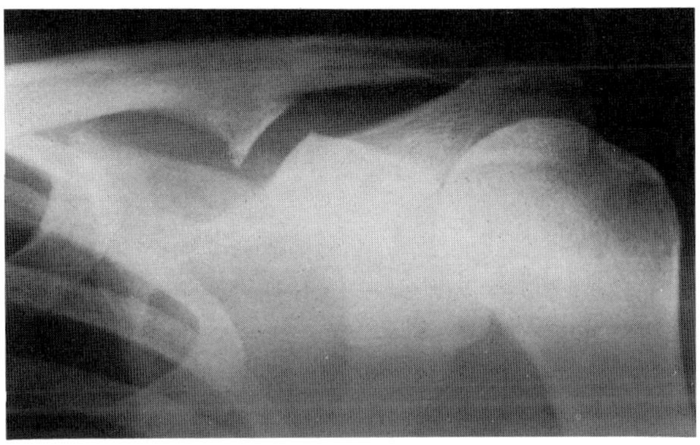

Abb. 3.**34** Korakoklavikulargelenk

Anomalien

Eine der bekanntesten Anomalien ist der angeborene **Hochstand des Schulterblattes,** eine Mißbildung, die nach ihrem Beschreiber den Namen **Sprengelsche Deformität** erhalten hat (79), auch wenn Eulenburg (17) den ersten Hinweis auf sie gegeben habe. Über die Deformität ist vielfach berichtet (einige Zitate finden sich in der vorigen [12.] Auflage dieses Buches, neuere Schrifttumsangaben s. bei 41, 56). Das Schulterblatt ist in seiner embryonalen urspünglichen Lage liegengeblieben und dem normalen Deszensus nicht gefolgt. Es ist breit und gegenüber der Norm verkürzt, sein Angulus medialis superior besitzt eine hakenförmige Krümmung. Die Anomalie kommt ein- und beidseitig vor.

Kombinationen mit Muskelanomalien sowie auch mit Deformitäten der Brustwirbelsäule und der Rippen samt Kyphoskoliose und Knochenspangen mit Rippen und Wirbelfortsätzen sind bekannt.

Schwerste Veränderungen der Wirbelsäule mit Verblockung sämtlicher Halswirbel, nach ihren Erstbeschreibern **Klippel-Feilsches Syndrom** benannt, sind ebenso mit dem angeborenen Schulterblatthochstand kombiniert wie weniger ausgeprägte Wirbeldysplasien (Spalten, Hemmungsmißbildungen), die häufig nicht ganz korrekterweise in den Sammeltopf „Klippel-Feil" geworfen werden.

Charakteristisch ist beim kongenitalen Schulterhochstand das Auftreten einer auf der Frontalaufnahme am besten nachweisbaren, isolierten Knochenspange in Höhe C5–C7, die als **Os omovertebrale** bezeichnet wird.

Der angeborene ist gegen den erworbenen Schulterblatthochstand *infolge* von Skoliosen oder Lähmungen abzugrenzen.

Eine extreme Schulterblatt-, Schlüsselbein- und Beckenschaufeldysplasie mit Lordose der lumbosakralen Wirbelsäule, Halsrippen und Wirbelbogenspalten (klinisch auch mit Augenmißbildungen) wurde im Schrifttum schon nach einer einzigen Beschreibung (37) unter den typischen Syndromen aufgeführt (81). Die Richtigkeit einer solchen Bewertung hat sich nach Beschreibung bei weiteren vier Kindern (29, 82) bestätigt.

Die **kongenitalen Schulterdysplasien** können durch Konkavität des Humeruskopfes und Konvexität der Cavitas glenoidalis scapulae (9) ebenso ausgezeichnet sein wie durch Abflachung des unteren Gelenkpfannenrandes mit Humerus varus (42, 61). Hinzukommen können Unterentwicklung des Collum scapulae (70), gelegentlich auch Deformitäten

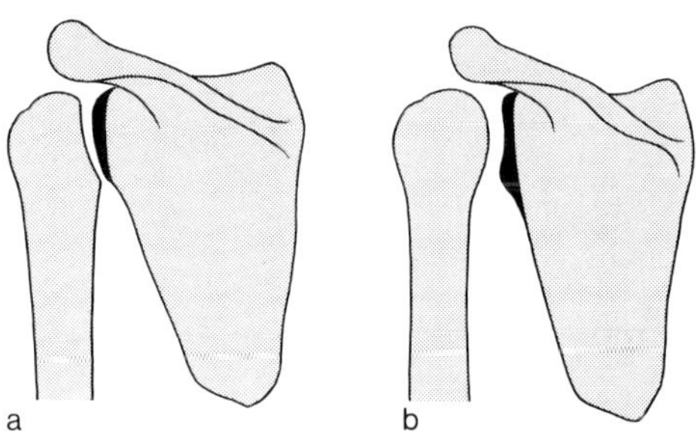

Abb. 3.**35 a** u. **b** Deformierung am Schultergelenk (nach Brailsford)

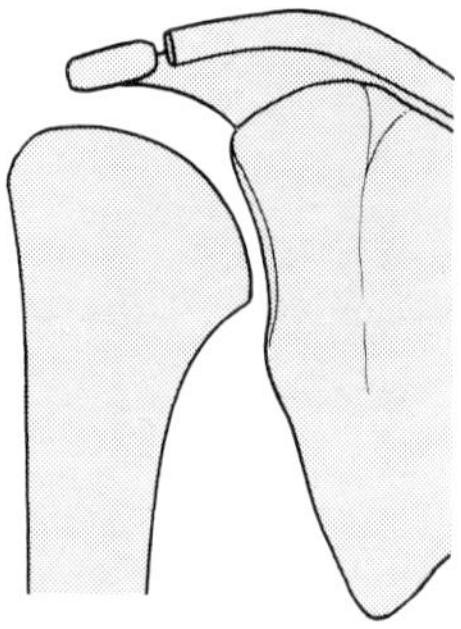

Abb. 3.**36** Humerus varus und Aplasie des Schulterblatthalses

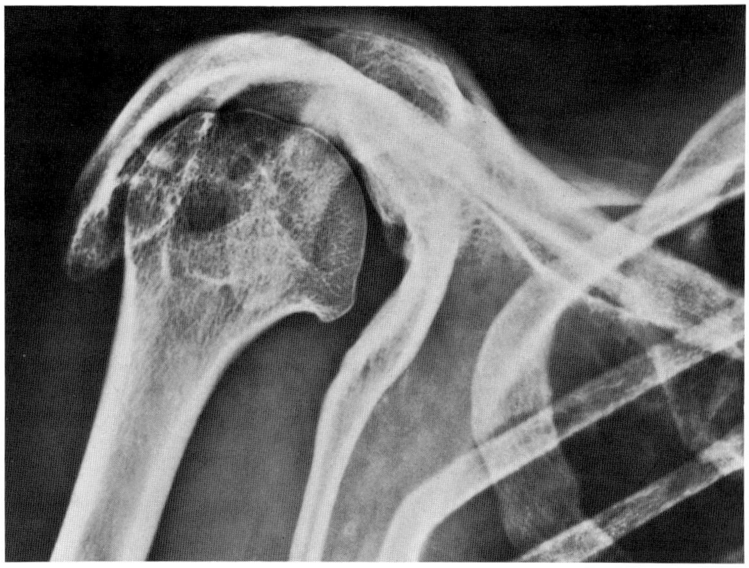

Abb. 3.**37** Pfannendysplasie beiderseits. Persistierende Korakoidapophyse links

von Klavikula und Korakoid (51, 88) (Abb. 3.**35a, b**–3.**37**). Beidseitigkeit ist beobachtet (35, 42). Eine kurze, umfassende neue Zusammenstellung der Beschreibungen aus dem Schrifttum anhand acht eigener Beobachtungen findet man bei Kozlowski u. Mitarb. (38).

Die *fehlende Verbindung von Akromion und Klavikula* gab Anlaß zu einer anatomisch-physiologischen und radiologischen Untersuchung (12).

Ein *rippenwärts gerichteter Höcker der unteren Skapulaspitze,* kombiniert mit einer Wachstumsstörung des Schulterblattes, wurde beobachtet, wobei die Möglichkeit, es handele sich um die Folge einer 10 Jahre zuvor durchgeführten Röntgenbestrahlung, abgelehnt wurde (8).

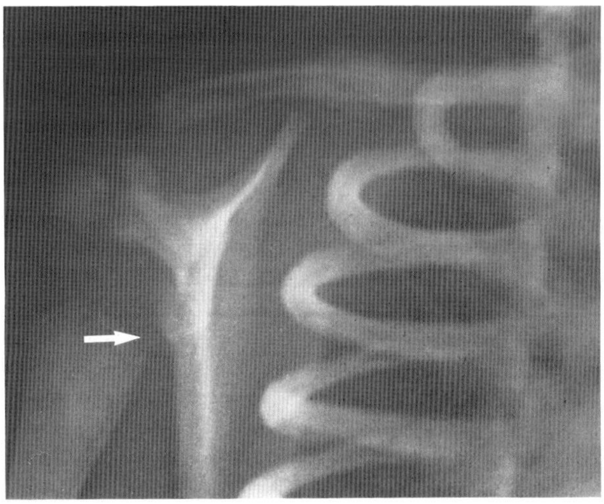

Abb. 3.**38** 15 Tage altes Kind. Fraktur der Skapula, sichtbar an der Margo lateralis (→), gleichzeitig Schlüsselbeinbruch an der gleichen Seite mit jeweils deutlichem Kallus (Geburtstraumen?) (Beobachtung von R. Schulz, Stuttgart)

Verletzungsfolgen und Nekrosen

Frakturen kommen im allgemeinen im Gebiet des Kollum vor. Gelegentlich sind gleichzeitig Rippenbrüche vorhanden. Bei Untersuchungen wegen Frakturverdachtes müssen Aufnahmen in verschiedenen Projektionen angefertigt werden, da sich die Frakturen in der oft extrem dünnen Skapulaschale gelegentlich nur durch Stufen, manchmal auch nur durch Verdichtungszonen markieren.

Akromionbrüche findet man auch als *Geburtstraumen* und bei *Kindsmißhandlung* (80) (Abb. 3.**38**). Die Befunde sind identisch mit den Bildern, wie sie in Lehrbüchern (10) und Atlanten (33) als unregelmäßige Knochenentwicklung bzw. separate Zentren beschrieben sind.

Nach **Elektroschockbehandlung** kann es auch zu Infraktionen der Pfannenpartien mit Deformationen als Spätfolge kommen.

Typische Verletzungen der Gelenkpfanne sind bei *Baseballspielern* beschrieben.

Bei **Luxation des Humerus nach vorn** kann auch der vordere Gelenkrand der Skapula verletzt sein. Es kann ein Defekt entstehen, der im angloamerikanischen Schrifttum nach seinem Erstbeschreiber „Bankart oder Bankartarian lesion" genannt wird. Dies erfordert eine spezielle Beobachtung und eventuell gezielte radiologische Einstellung.

Eine **leistenförmige Absprengung des Margo superior** wurde in Einzelfällen beobachtet und abgebildet (6, 85). Die Abgrenzung des in Abb. 3.**27** beschriebenen persistierenden Korakoidkernes gegen **traumatische Abrisse des Rabenschnabelfortsatzes** (eventuell infolge reinen Muskelzuges) kann sehr schwierig sein (Abb. 3.**39**). Referate und Angaben über geeignete Aufnahmetechnik, soweit vorn noch nicht beschrieben, s. bei Schäfer (71) und Trempenau u. Kunith (84).

Spalten an der Spina und am Processus coracoideus kommen auch als Folgen von **Überlastungsschäden** vor (30).

Akromionbrüche sind selten und verlaufen meist in den mittleren Abschnitten (Abb. 3.**40**).

Die bisher wohl einzigartige **Ausrißfraktur eines großen zentralen Fragmentes aus der Fossa infraspinata** nach übermäßigem Zug beim Wasserskisport ist beschrieben (2).

Die relativ häufigen Luxationen im **Akromioklavikulargelenk**, sehr selten und nur in den ersten 3 Lebensjahrzehnten kombiniert mit einem Abbruch des Processus coracoideus (4), lassens sich bei erhobenem Arm, in ihrem Ausmaß am besten jedoch bei hängendem Arm mit Gewichtsbelastung (5–7,5 kg in der Hand) und unter Vergleich mit der gesunden Seite im a.-p. Strahlengang feststellen. Ausführliche Literaturübersichten über vollständige Dislokationen findet man bei Ehlert (15).

Auch bei Jugendlichen und Kindern gibt es Befunde, die wie Luxationen anmuten, wobei es sich jedoch um Epiphysenlösungen mit Aufreißen des Periostschlauches handelt (Abb. 3.**41**) (54). Die notwendige Differentialdiagnose gegen Luxation ist nur inter operationem, aber nicht radiologisch möglich (18).

Ob Verdichtungen, krümelige Strukturen und unregelmäßige Konturen, wie sie am Processus coracoideus und am Akromion beschrieben (25) und vor 30 Jahren als aseptische Nekrosen (68) bzw. als Apophysitis (40) gedeutet wurden, nicht normalen Ossifikationsvorgängen entsprochen haben, ist beim Stande der heutigen Kenntnis über die „aseptischen Nekrosen von Wachstumszonen" mindestens zu erwägen.

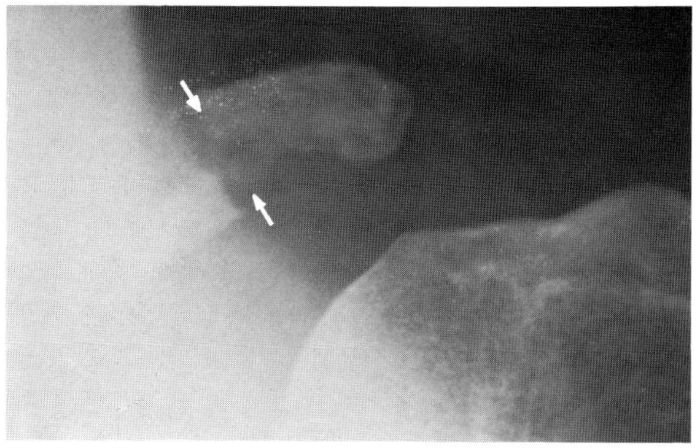

Abb. 3.**39** Fraktur des Processus coracoideus

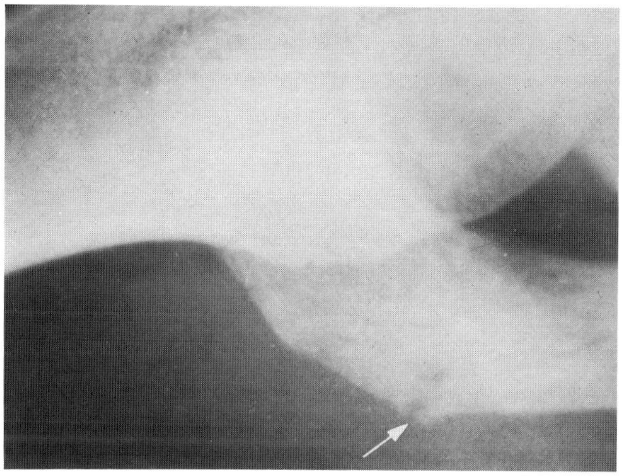

Abb. 3.**40** Akromionfraktur

Erworbene Erkrankungen

Die *konkavbogige Konfiguration des Angulus scapulae* ist eines der typischen Zeichen eines Vitamin-D-Mangels auf dem Bild der Brustorgane (87). Sein Vorhandensein auf Lungenaufnahmen genügt zur Rachitisdiagnose.

Selten verformt sich die Skapula bei **Osteoporose** durch Vorbuchtung des lateralen Schulterblattrandes (60). Quer in der unteren Skapulahälfte von lateral nach medial verlaufende Umbauzonen kommen typischerweise bei der Rachitis und renalen Osteopathie vor. Grobe Defekte in der Schultergelenkspfanne sind typisch für syringomyeloische Prozesse.

Entzündliche Veränderungen sind kaum bekannt. Bei einer Brückenbildung zwischen Skapula und Thorax (Abb. 3.**42**) wurde an die Folge eines alten osteomyelitischen Prozesses gedacht.

Die **Arthrosis deformans** verändert die Schultergelenkpfanne durch Randwülste an der oberen, vorwiegend aber an der unteren Begrenzung der Gelenkpfanne. Am Akromioklavikulargelenk kommt es zu zystischen Veränderungen mit etwas verwaschenen Strukturen (Abb. 3.**43**), aber auch zu mäch-

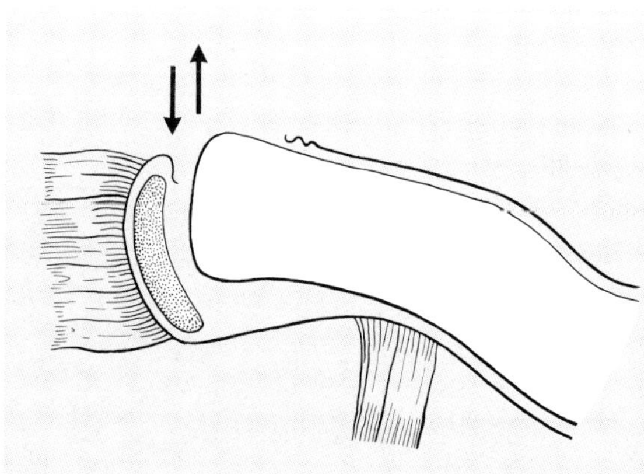

Abb. 3.**41** Pseudoluxation der Klavikula durch Epiphyseolysen. Die nicht dislozierte, radiotransparente Epiphyse bleibt in ihrer normalen Position (nach Neu u. Krämer)

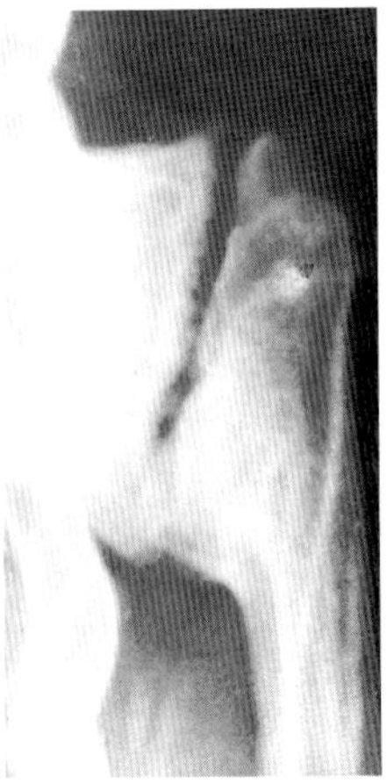

Abb. 3.**42** Brückenbildung mit Nearthrose zwischen Skapula und Rippen

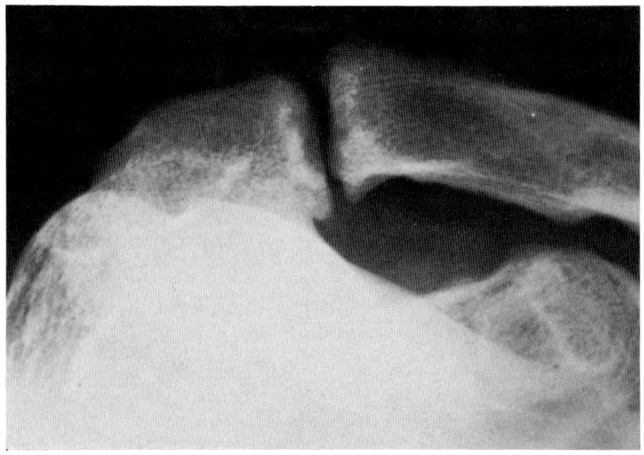

Abb. 3.**43** Arthrosis deformans zystischer Art in der Umgebung des Akromioklavikulargelenkes

tigen Randwülsten (Abb. 3.**44**). Radiologische Untersuchungen bei 1000 Patienten mit Schulterschmerzen (fast nur Männer) ergaben bei 12,7% nachweisbare Alterationen an den Schultereckgelenken (89). Eine chronische Caisson-Osteoarthropathie manifestiert sich in Form von subchondral gelegenen, inhomogenen Sklerosen (31). Nach einer Ruptur der Sehnen des M. supraspinatus kommt es in 51% zur Bildung nach distal gerichteter Osteophyten am Schultereckgelenk (gegenüber 14% einer Vergleichsreihe Unverletzter [63]).

Beim **Hyperparathyreoidismus** wurden scheinbare Erweiterungen des Gelenkspaltes durch subchondrale Knochenresorption beobachtet (52).

Tumoröse Prozesse verschiedenster Art sind in allen Abschnitten der Skapula gefunden worden. Ihr klinisches Hauptsymptom ist vielfach das *schmerzhafte Schulterkrachen* („Rattling shoulder", „Snapping scapula" [5, 22, 49 u.v.a.]). Nicht bei jedem knakkenden Geräusch im Gebiet des Schulterblattes ist radiologisch allerdings ein Befund zu erheben. Als Ursache kommen die verschiedensten Möglichkeiten in Betracht, so Stufen am medialen Schulterblattrand, Höcker am oberen medialen Schulterblattwinkel, ein Tuberkulum Luschka, kartilaginäre Exostosen bzw. Osteochondrome, letztere beschrieben von Dobelle (14) und Harjola (27).

Im Rahmen der **Akroosteolyse** (s. Abschnitt „Fingerendglieder") kann es zu symmetrischen Auflösungserscheinungen am freien Akromionende und an der Klavikula kommen, sowohl posttraumatisch wie aber auch z.B. im Rahmen eines primären oder sekundären Hyperparathyreoidismus. Weitere Ursachen von Akroosteolysen an Akromion und Klavikula können Syringomyelie, andere neurogene Störungen und Verbrennungen sein (20, 34, 52).

Ein Syndrom des N. suprascapularis kann u.a. auch durch eine posttraumatisch bedingte **Einengung** der neben dem Processus coracoideus liegenden *Incisura n. suprascapularis* erfolgen (50).

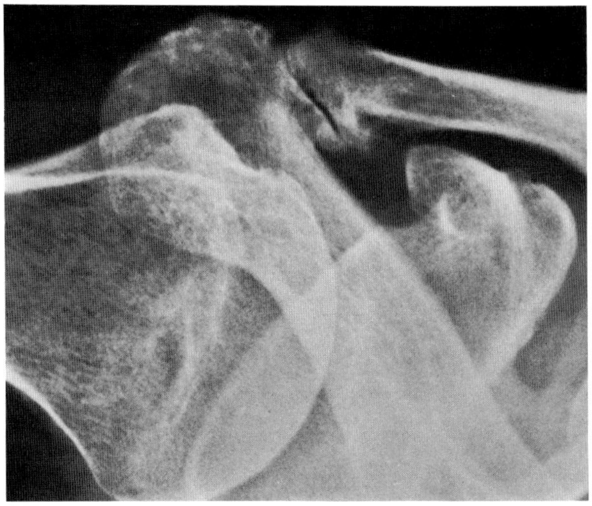

Abb. 3.**44** Schwere Arthrose des Akromioklavikulargelenkes bei einem 60jährigen Patienten

Ein interessanter Beitrag zu den solitären Exostosen betrifft weniger die Skelett- als die Lungendiagnostik (69). Sie soll jedoch interessehalber hier angeführt werden. Um eine Exostose der Skapula, zur Brustwand gerichtet, wie sie an dieser Stelle häufiger zu beobachten ist, bildete sich eine sehr ausgedehnte, zystisch erweiterte Bursa, deren Inhalt zur *Trübung einer breiten Thoraxzone auf der Lungenaufnahme* führte. Einen analogen Fall konnten auch wir beobachten (Abb. 3. **45a–c**).

Ein **Hämangiom** im Processus coracoideus ist zwar beschrieben (16), doch wird betont, daß es nur wenige benigne Tumoren im Bereich von Klavikula und Skapula gibt, die nach Altersverteilung, Lokalisation und Ausdehnung radiologisch Besonderheiten aufweisen (78).

Mit besonderer Häufigkeit tritt unter den *malignen Tumoren* das Chondrosarkom auf. Über ein Ewing-Sarkom ist berichtet (32).

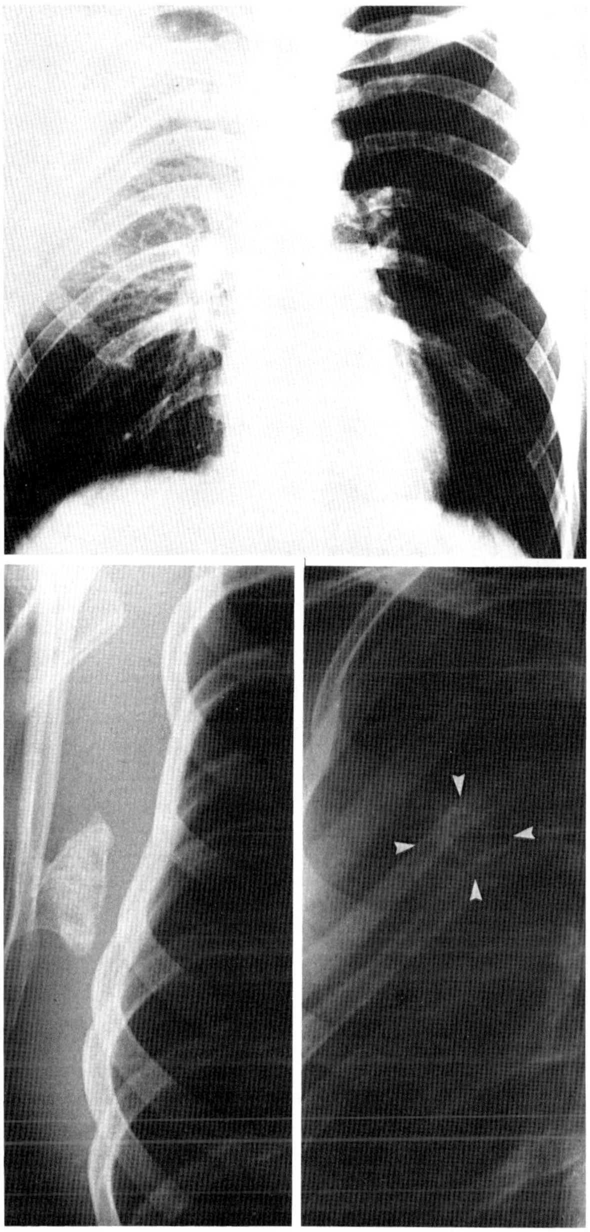

a

b c

Abb. 3.**45 a–c** Exostosis bursata scapulae. **a** Lungenübersichtsaufnahme, **b** u. **c** Zielaufnahmen p.-a. und seitlich

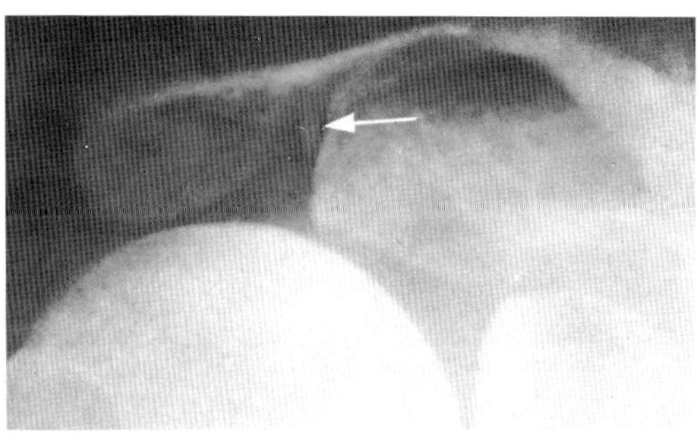

Abb. 3.**46** Diskusverkalkung im Akromioklavikulargelenk

Weichteile und Verkalkungen

Nur wenige Berichte über Weichteilverkalkungen im Gebiet der Skapula sind im Schrifttum zu finden. Ein *Muskelknochen im M. supraspinatus* wurde erwähnt (44).

Verkalkungen im Gelenkdiskus kommen isoliert und kombiniert mit generalisierten Meniskusverkalkungen vor (76) (Abb. 3.**46**). Über eine **Meniskuszyste** s. bei Grisolia u. Campbell (26).

Literatur

1 Aumann, U.: Apophyse am Margo vertebralis scapulae? Fortschr. Röntgenstr. 110 (1969) 409

2 Banerjee, A. K., B. S. and S. Field: An unusual scapular fracture caused by water skiing accident. Brit. J. Radiol. 58 (1985) 465–467

3 Bartsch, J.: Ostitis fibrosa localisata einer Scapula. Röntgenpraxis 15 (1943) 30–32

4 Bernard, Th. N., M. E. Brunet, R. J. Haddad jr.: Fractured coracoid process in acromioclavicular dislocation. Clin. Orthop. 175 (1983) 227–232

5 Betke: Skapularkrachen. Bruns' Beitr. klin. Chir. 88 (1914) 31–55

6 Bezold, K.: Die Abrißfraktur der Margo cranialis scapulae. Fortschr. Röntgenstr. 85 (1956) 423–426

7 Birkner, R.: Das typische Röntgenbild des Skeletts. Urban und Schwarzenberg, München 1977 ([1]S. 438; [2]S. 444; [3]S. 439; [4]S. 244)

8 Bonse, G.: Über eine angebliche Wachstumsstörung der linken Skapula als Folge der Röntgennahbestrahlung eines Haemangioms. Fortschr. Röntgenstr. 75 (1951) 93–95

9 Brailsford, J. F.: The Radiology of Bones and Joints. 5th ed. Churchill, London 1953

10 Caffey's Pediatric X-Ray Diagnosis, 8th ed., ed. by F. N. Silverman. Year Book Medical Publishers, Chicago 1984 (Fig. 6–44)

11 Crone-Münzebrock, W., M. Heller, R. Kölbel, H. Schöttle, H. Knoll: CT-Diagnostik bei Tumoren und Frakturen der Skapula. Unfallheilkunde 86 (1983) 515–518

12 Decoulx, P., G. Bonte, M. Ducloux: Les disjonctions acromio-claviculaires. Étude anatomo-physiologique, radiologique et thérapeutique. Ann. Radiol. 15 (1972) 609–621

13 Deutsch, A. L., D. Resnick, J. H. Mink: Computed tomography of the glenohumeral and sternoclavicular joints. Orthop. Clin. North Amer. 16 (1985) 497–511

14 Dobelle, M.: An unusual location of an osteochondroma. Report of a case. J. Bone Jt Surg. 21 (1939) 781–784

15 Ehlert, H.: Die Luxation im Akromio-Claviculargelenk. Zbl. Chir. 66 (1939) 1895–1898

16 D'Eshugues, J. R., J. Ferrand, A. Smadja, J. Bensaid: Hémangiome capillaire de l'apophyse coracoide. Presse méd. 69 (1961) 2264–2265

17 Eulenburg; zit. nach Köhler/Zimmer, 12. Aufl., 1982 (S. 258)

18 Falstie-Jensen, S., P. Mikkelsen: Pseudodislocation of the acromioclavicular joint. J. Bone Jt. Surg. 64-B (1982) 368–369

19 Fazekas, P., M. Ferjentsik: Lochförmiger Defekt des Schulterblattes mit einer schwalbenschwanzähnlichen Deformität des unteren Abschnitts. Fortschr. Röntgenstr. 121 (1974) 657–658

20 Fiedler, J.: Beitrag zur Frage der Akroosteolysis. Fortschr. Röntgenstr. 74 (1951) 239–241

21 Fischer, E.: Lochförmiger Defekt im Schulterblatt. Fortschr. Röntgenstr. 86 (1957) 530–531

22 Ghormley, R. K.: Chondromas and Chondrosarcomas of the scapula and the innominate bone. Arch. Surg. 63 (1951) 48–52

23 Giordano, A.: Zwei familiäre Fälle von Ossifikation des „Ligamentum transversum scapulae superius". Fortschr. Röntgenstr. 96 (1962) 834–835

24 Goldberg, R. P., Betsy Vicks: Oblique angled view for coracoid fractures. Skeletal Radiol. 9 (1983) 195–197

25 Grashey, R.: Ossifikationskerne der Schultergelenksgegend. Röntgenpraxis 7 (1935) 852

26 Grisolia, A., J. R. Campbell: Cyste of the meniscus of the acromioclavicular joint. J. Bone Jt. Surg. 44-A (1962) 383–386

27 Harjola, P.: An unusual osteochondroma of the scapula. Ann. Chir. Gynaec. Fenn. 47 (1958) 331–334

28 Heuck, F.: Radiologie des gesunden Skelettes. In Schinz, H. R., W. E. Baensch, W. Frommhold, R. Glauner, E. Uehlinger, J. Wellauer: Lehrbuch der Röntgendiagnostik, Bd. II/1. Thieme, Stuttgart 1979 (S. 49–53)

29 Holthusen, W., A. Sinios: Familiäres Auftreten einer Becken-Schulter-Dysplasie (mit autosomal-dominantem Erbgang). In Spranger, J., M. Tolksdorf: Klinische Genetik in der Pädiatrie, 2. Symposion in Mainz. Thieme, Stuttgart 1980 (S. 90–92)

30 Horn, K.: Beobachtung eines Überlastungsschadens der Schulterblattgräte und des Proc. coracoideus. Mschr. Unfallheilkd. 49 (1942) 53–59

31 Horváth, F., J. Rozsahegyi: Chronische Caisson-Osteoarthropathie in der Gelenkpfanne des Schulterblatts. Fortschr. Röntgenstr. 117 (1972) 733–734

32 Huston, J., E. A. Pohle: Ewing's sarcoma of the scapula. Indian. J. Radiol., Souvenir-Nr. (1956) 372–374

33 Keats, Th. E.: An Atlas of Normal Roentgen Variants That May Simulate Diseases, 3rd ed. Year Book Medical Publishers, Chicago 1984 (Fig. 5–12)

34 Kleinsorge, H.: Osteolytische Erscheinungen der Osteomalazie. Fortschr. Röntgenstr. 73 (1950) 4

35 Klemm, F. W.: Beidseitige Aplasie der Schultergelenkpfanne. Fortschr. Röntgenstr. 85 (1956) 113

36 Klever, H.: Apophysenpersistenz im Bereich beider Schultergelenkspfannen. Fortschr. Röntgenstr. 95 (1961) 419–421

37 Kosenow, W., J. Niederle, A. Sinios: Becken-Schulter-Dysplasie.Fortschr. Röntgenstr. 113 (1970) 39–48

38 Kozlowski, K., N. Colavita. L. Morris, K. E. T. Little: Bilateral glenoid dysplasia. Australas. Radiol. 29 (1985) 174–177

39 Kuhk, R.: Spezialaufnahme des Processus coracoides. Röntgen- u. Lab.-Prax. 13 (1960) R6–7

40 Landgraf, F. J.: Die Apophysitis acromialis, eine Osteochondropathie seltener Lokalisation. Fortschr. Röntgenstr. 81 (1954) 797–800

41 Laumann, U., B. Ciré: Der angeborene Schulterblatthochstand. Z. Orthop. 123 (1985) 380–387

42 Laurent, Y.: Aplasie bilatérale du col et de l'omoplate. Humerus varus. J. Radiol. Électrol. 39 (1958) 508

43 Liberson, F.: Os acromiale – a contested anomaly. J. Bone Jt Surg. 19 (1937) 683–689

44 Lischi, G.: Traumatischer Muskelknochen im Supraspinatus. Fortschr. Röntgenstr. 94 (1961) 279–280

45 Lischi, G.: Über das seltene „Os supracoracoideum". Radiol. clin. (Basel) 29 (1960) 71–74

46 Lischi, G.: La radiodiagnostica della scápola. Riv. degli infortuni et malattie professionali. Steb. Tipolitografico, Milano 1964

47 Lossen, H., R. N. Wegner: Die Knochenkerne der Skapula, röntgenologisch und vergleichend-anatomisch betrachtet. Fortschr. Röntgenstr. 53 (1936) 443

48 Maassen, G.: Persistierende Apophyse im Bereich des Margo vertebralis scapulae. Fortschr. Röntgenstr. 108 (1968) 406–407

49 Milch, H.: Partial scapulectomy for snapping of the scapula. J. Bone Jt. Surg. 32-A (1950) 561–566

50 Mestdagh, H., A. Drizenko, Ph. Ghestem: Anatomical bases of suprascapular nerve syndrom. Anat. Clin. (1961) 67–71.

51 Moser, F.: Beitrag zur kongenitalen Schulterdysplasie. Fortschr. Röntgenstr. 97 (1962) 661–663

52 Nathanson, L., M. Slobodkin: Acromioclavicular changes in primary and secondary hyperparathyreoidism. Radiology 55 (1950) 30–35

53 Neiss, A.: Gibt es wirklich eine Apophyse am Margo vertebralis scapulae? Fortschr. Röntgenstr. 82 (1955) 825

54 Neu, K., H. Krämer: Die Pseudoluxation des Akromioklavikulargelenkes – eine Sonderform der Epiphyseolysis. Z. Kinderchir. 34 (1981) 80–82

55 Ochs, E.: Einseitig persistierende Apophyse am Angulus scapulae superior. Fortschr.Röntgenstr. 78 (1953) 486

56 Ogden, J. A., G. J. Conlogue. St. B. Phillips, M. L. Bronson: Sprengels deformity. Radiology of the pathologic deformation. Skeletal Radiol. 4 (1979) 204–211

57 Ogden, J. A., St. B. Phillips: Radiology of postnatal development. VII. The scapula. Skeletal Radiol. 9 (1983) 157–169

58 Oláh, J.: Das Röntgenbild des akromioklavikulären Gelenkes im Alter. Fortschr. Röntgenstr. 127 (1977) 334–337

59 Oppenheim, W. L., E. G. Dawson, Ch. Quirlain, S. A. Graham: The cephalo-scapular projection. Clin. Orthop. 195 (1985) 191–193

60 Ott, A.: Seltene Skapulabefunde bei porotisch-malazischen Osteopathien. Fortschr. Röntgenstr. 97 (1962) 494–496

61 Owen, R.: Bilateral glenoid hypoplasia. J. Bone Jt Surg. 35-B (1953) 262–267

62 Pate, Deborah, S. Kursunoglu, D. Resnick, Ch. S. Resnick: Scapular foramina. Skeletal Radiol. 14 (1985) 270–275

63 Petersson, C. J., C. F. Gentz: Ruptures of the supraspinatus tendon. Clin. Orthop. 174 (1983) 143–148

64 Petersson, C. J., Inga Redlund-Johnell: Radiographic joint space in normal acromioclavicular joints. Acta orthop. scand. 54 (1983) 431–433.

65 Pratesi, A. C.: Ein Fall von bilateraler Dysmorphie der Scapula. Fortschr. Röntgenstr. 99 (1963) 571–572

66 Pritchett, J. W.: Ossification of the coracoclavicular ligaments in ankylosing spondylitis. J. Bone Jt Surg. 65-A (1983) 1017–1018

67 Ravelli, A.: Persistierende Apophyse am Proc. coracoides. Fortschr. Röntgenstr. 84 (1956) 500–502

68 Ravelli, A.: Zur aseptischen Knochennekrose der Akromionepiphyse. Fortschr. Röntgenstr. 85 (1956) 88–92

69 Reinhardt, K., H. W. Angel: Exostosis bursata scapulae. Radiologe 14 (1974) 142–145

70 Resnick, D., R. D. Walter, A. S. Crudale: Bilateral dysplasia of the scapular neck. Amer. J. Roentgenol. 139 (1982) 387–389

71 Schäfer, H. G.: Zur Klinik der Brüche des Rabenschnabelfortsatzes. Chirurg 22 (1951) 172–173

72 Schär, W., K. Zweifel: Das Os acromiale – a contested anomaly. Bruns' Beitr. klin. Chir. 164 (1936) 101–124

73 Schinz, H. R.: Die Schulter, eine anatomische und röntgenologische Studie. Arch. orthop. Unfall-Chir. 22 (1924) 352–386

74 Schoen, D.: Apophyse am Tuber spinae scapulae. Fortschr. Röntgenstr. 85 (1956) 355–356

75 Schulte, E.: Beitrag zum Korakoklavikulargelenk. Fortschr. Röntgenstr. 92 (1960) 463–464

76 Schulte, K.-J.: Einige seltene Knochenbefunde im Bereich des Schultergürtels. Fortschr. Röntgenstr. 86 (1957) 231–235

77 de Sèze, S., A. Ryckewaert, M. Maitre: L'épaule en pratique rhumatologique. Masson, Paris 1959

78 Smith, J., D. McLachlan, A. G. Huvos, N. L. Higinbotham: Primary tumors of the clavicle and scapula. Amer. J. Roentgenol. 124 (1975) 113–123

79 Sprengel, O.: Die angeborene Verschiebung des Schulterblattes nach oben. Langenbecks Arch. klin. Chir. 42 (1891) 545–549
80 Swischuk, L. E.: Radiology of the Newborn and Young Infant, 2nd ed. Williams & Wilkins, Baltimore 1980
81 Taybi, H.: Röntgenologie der Syndrome. Thieme, Stuttgart 1982 (Kap. 56)
82 Thomas, P. S., M. McC. Reid, A. M. McCurdy: Pelvis-shoulder dysplasia. Pediatr. Radiol. 5 (1977) 219–223
83 Teichert, G.: Persistierende Apophyse der Schultergelenkspfanne oder Pfannenrandbruch? Fortschr. Röntgenstr. 85 (1956) 357–358
84 Trempenau, B., W. Kunith: Seltene Form einer isolierten Korakoidfraktur und ihre radiologische Darstellung. Fortschr. Röntgenstr. 130 (1979) 116–117
85 Viehweger, G.: Röntgenologische Beobachtungen und Untersuchungen bei Scapularverletzungen im Bereich des Margo cranialis. Fortschr. Röntgenstr. 86 (1957) 226–230
86 Villanyi, G.: Seltener Fall der Verkalkung des Ligamentum coraco-claviculare. Fortschr. Röntgenstr. 112 (1970) 695–696
87 Weiss, A.: The scapular sign in rickets. Radiology 98 (1971) 633–636
88 Wörth, D.: Über seltene Schultergelenksdysplasien. Bericht über drei Beobachtungen von Fehlbildungen des Schultergelenkes. Z. Orthop. 92 (1959) 224–233
89 Zanca. P.: Shoulder pain, involvement of the acromioclavicular joint. Analysis of 1.000 cases. Amer. J. Roentgenol. 112 (1971) 493–506
90 Ziegler, G.: Ossifikation im Bereich der knorpeligen Gelenklippe der Schultergelenkpfanne. Fortschr. Röntgenstr. 86 (1957) 270–271

Schlüsselbein

Norm

Im Wachstum

Im Schlüsselbein treten beim Menschen die *ersten Ossifikationskerne* auf. Im Zentrum entstehen in der 5. bis 6. Fetalwoche zwei primäre Kerne, die in der 7. Woche zum **Schlüsselbeinkörper** verschmelzen.

Sonographische Messungen der fetalen Klavikulalänge haben eine lineare Korrelation zum Gestationsalter ergeben. Als annähernde Regel wurde gefunden, daß das Gestationsalter in Wochen ungefähr der Länge der Klavikel, gemessen in Millimeter, entspricht (90).

Schon beim Fetus bestehen sehr individuelle Unterschiede in der Krümmung der Klavikula. Allein hierdurch bedingt sind Verdichtungen und Verdickungen in Klavikulamitte nur projektionsbedingte Folgen der normalen Biegung (Abb. 3.**47** und 3.**48**). Vor Irrtümern schützt bei seitengleicher Projektion der Vergleich mit der Gegenseite.

Die Ausformung des **sternalen Endes des Schlüsselbeins** ist in Zusammenhang mit der Entwicklung des oberen Abschnittes des Manubrium sterni zu sehen. Kinder im 1. Dezennium besitzen ein pilzförmiges sternales Klavikulaende mit manchmal glatten, manchmal wie zerrissen aussehenden Konturen (Abb. 3. **49**). Im 2. Dezennium findet man eine Becherform, eventuell ebenfalls mit unregelmäßiger Begrenzung (Abb. 3.**50**). Zur Radiologie der Entwicklung des Schlüsselbeins s. bei Ogden u. Mitarb. (58).

Im Alter von 13 bis 14 Jahren tritt medial eine Epiphyse auf, die am Ende des 2. Dezenniums mit dem Schaftknochen verschmilzt (Abb. 3.**51**).

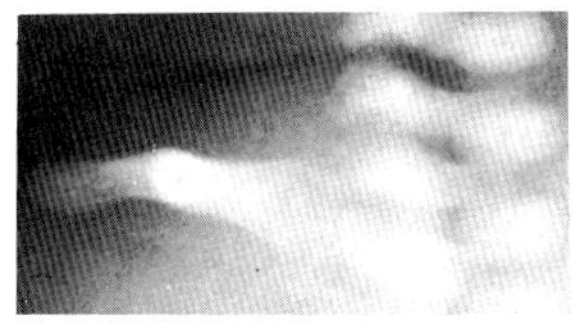

Abb. 3.**47** Säugling. Projektionsbedingte Verdichtung in Klavikulamitte

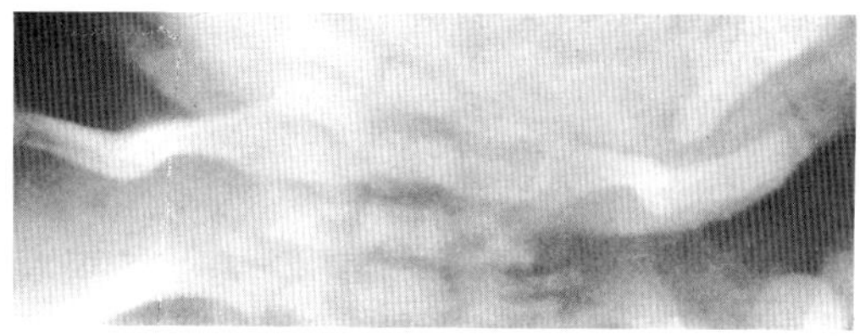

Abb. 3.**48** Normale Krümmung der kindlichen Klavikula

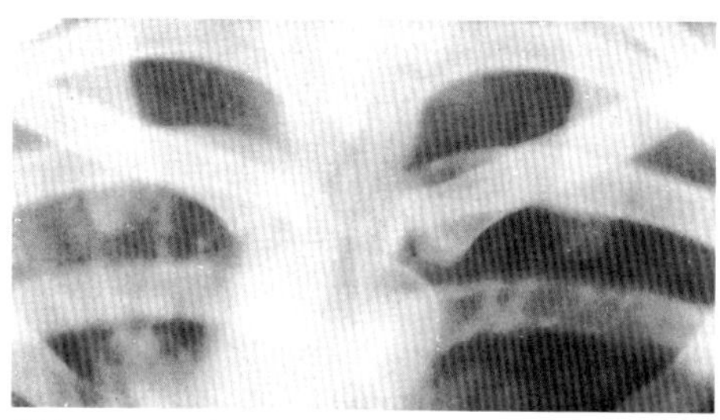

Abb. 3.**49** 9jähriger Junge. „Pilzförmiges" mediales Klavikulaende im 1. Dezennium

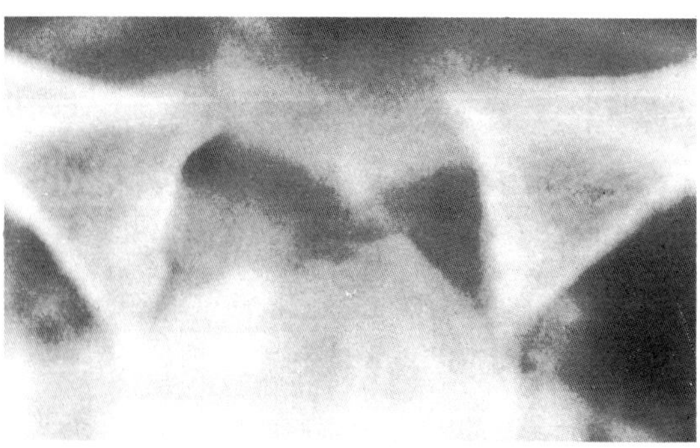

Abb. 3.**50** 12jähriges Mädchen. „Becherform" im 2. Dezennium

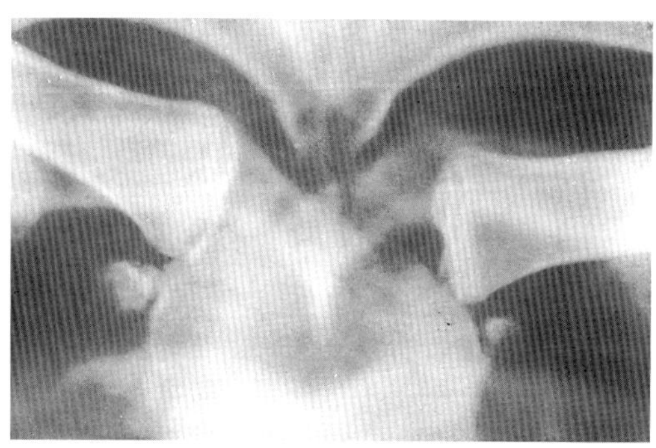

Abb. 3.**51** 21jähriger Mann. Verknöcherung des medialen Klavikulaepiphysenkernes am Ende des 2. bis Mitte des 3. Dezenniums

Beim Erwachsenen

Von der Mitte des 3. Dezenniums besitzt das sternale Schlüsselbeinende eine Stempelform (Abb. 3.**52**), oft mit zentraler Einkerbung der Gelenkfläche (62).

Wie beim Fetus und Kleinkind treten erst recht beim Erwachsenen sehr unterschiedliche *Krümmungen* im Verlauf des Schlüsselbeins auf, deren normale, rein projektionsbedingte Besonderheiten bekannt sein müssen (66).

Parallel zum Oberrand der Klavikula zieht ein etwa 4 mm breiter weichteildichter Begleitschatten, gebildet von der über dem Schlüsselbein orthograd getroffenen Haut, ein jedem Radiologen von Lungenaufnahmen her geläufiger Normalbefund.

Bei atypischen Projektionen können Skapulaüberlagerungen zu eigenartigen Befunden führen (Abb. 3.**53**; s. auch 41[1]).

Ein kleines Loch an der Oberkante der Klavikulamitte, im Strahlengang der normal eingestellten Lungenaufnahme meist nicht zu sehen, dient dem Durchtritt des Fasciculus medialis nervi supraclavicularis (Abb. 3.**54a** u. **b**). Seine Häufigkeit wird von Anatomen mit 2 bis 6% angegeben. Eine Doppelung des Kanals ist beschrieben (60) (Abb. 3.**55**).

An der Stelle des Ansatzes des Lig. coracoclaviculare am Schlüsselbein (s. Abschnitt „Skapula", S. 218) finden sich sowohl Gruben (41[2]) wie auch Rauhigkeiten und selbst ein **Tuberculum coracoideum** (s. conoideum). In dieser Gegend ist auch ein der Grube sehr ähnlicher Befund abgebildet, der auf einen Gefäßkanal bezogen wird (41[3]); allerdings können Mach-Effekte hier auch zu Täuschungen führen.

Eine weitere *Grube am unteren Rand des medialen Schlüsselbeinabschnittes* hat eine größere Beachtung im Schrifttum gefunden (21, 34, 67 u. v. a.). In dieser Grube (Abb. 3.**56**) setzt das Lig. costoclaviculare oder Rhomboidligament – deshalb auch die Bezeichnung „fossa rhomboidea" – an, das die Verbindung mit der 1. Rippe herstellt. Es handelt sich um eine normale Bandgrube (43), wie sie im anatomischen Präparat (Abb. 3.**57**) abgebildet ist.

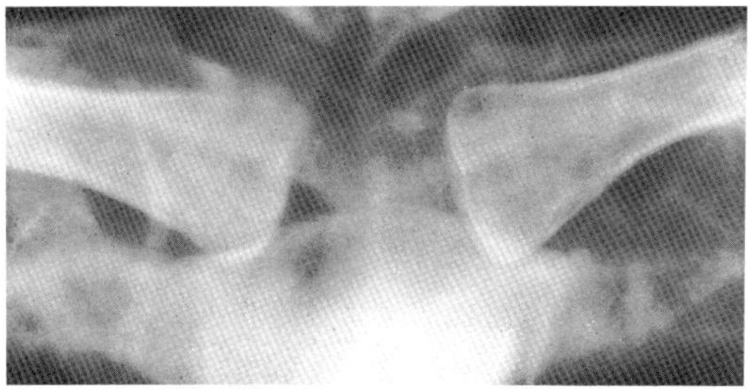

Abb. 3.**52** 27jähriger Mann. „Stempelform" der Schlüsselbeinköpfe von der Mitte des 3. Dezenniums an

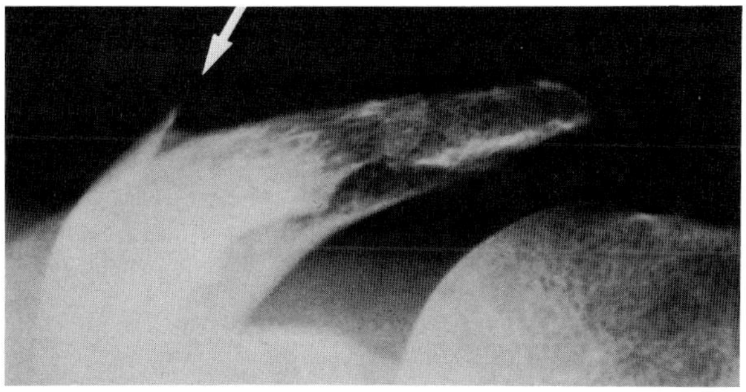

Abb. 3.**53** Projektionsbedingte, scheinbare Exostose am Oberrand des Schlüsselbeins

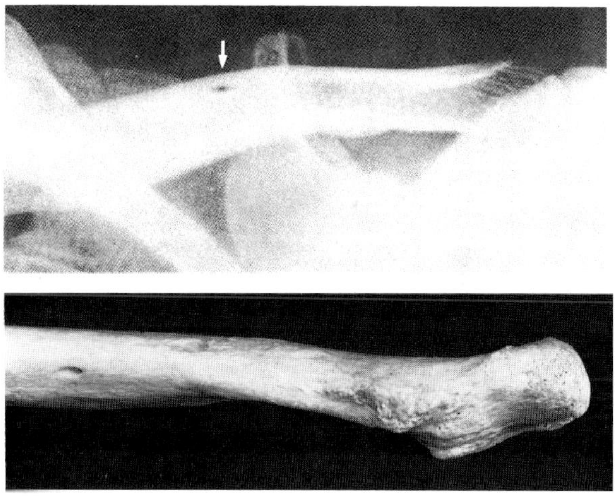

a

b

Abb. 3.**54a** u. **b** Kanal für den Fasciculus medialis n. supraclavicularis

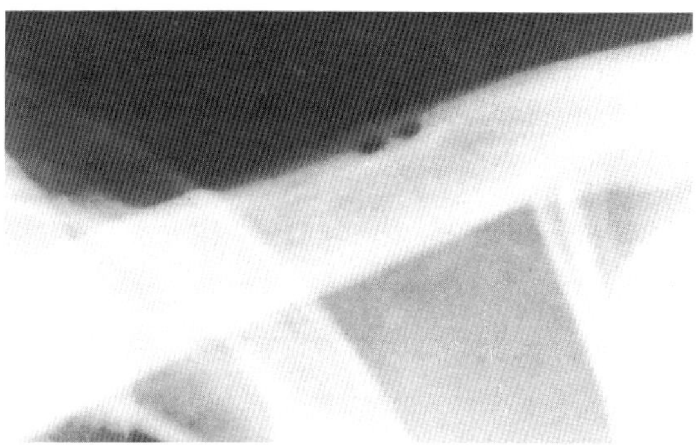

Abb. 3.**55** Doppeltes Foramen für den Fasciculus n. supraclavicularis (Beobachtung von Pahl)

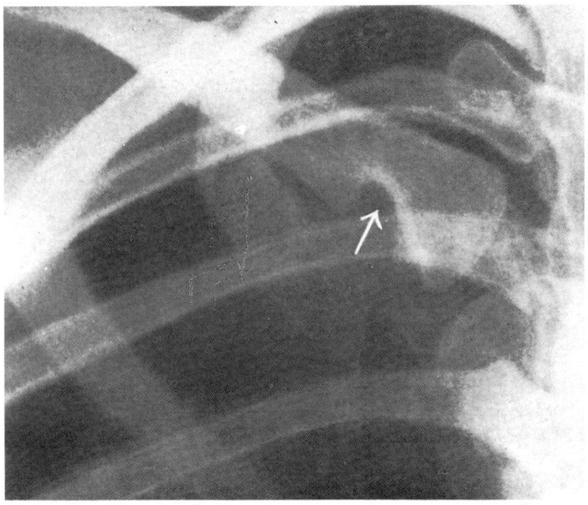

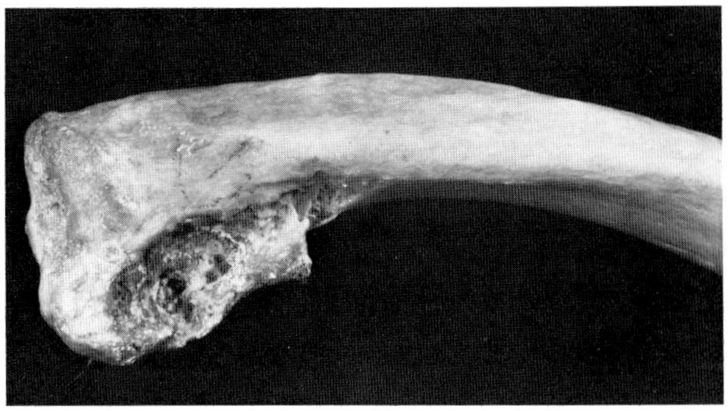

Abb. 3.**57** Bandgrube

◁ Abb. 3.**56** Normale Bandgrube im medialen Teil des Schlüsselbeins

Varianten

Unregelmäßigkeiten im Wachstum können am medialen Schlüsselbeinende auftreten und auch mit Bildung eines Kernes einhergehen (Abb. 3.**58a**). Manchmal kommt es zur *Persistenz dieses Kernes* (19) (Abb. 3.**58b**).

Der Befund einer *gabelförmigen Deformierung am medialen Ende* wurde ebenso beschrieben wie eine wohl gleiche Beobachtung, die als „Fischmaulform" bezeichnet wurde (68).

Anstelle der normalen ligamentösen Verbindung der Klavikula mit der 1. Rippe kann sich auch ein **kostoklavikulares Gelenk** ausbilden (70).

Anomalien

Am häufigsten wird über das vollständige Fehlen des Schlüsselbeins oder über große Defekte, vor allem an seinem akromialen Ende, verbunden mit Mißbildungen des Schädels und der Hände, im Rahmen einer **Dysplasia cleidocranialis,** berichtet (84). Es gibt auch eine isolierte, angeborene, meist einseitige (überwiegend rechte) Hypoplasie der Klavikula mit **Pseudarthrosenbildung** zwischen den hypoplastischen Teilanlagen („kongenitale Klavikulapseudarthrose"); wahrscheinlich liegt dabei, wenn es sich nicht um sporadische Fälle handelt, ein autosomalrezessiver Erbgang vor (33, 54).

Als Anomalie ist auch die hakenförmige Verstärkung der lateralen Klavikulakrümmung, „the lateral clavicle hook", zu betrachten. Diese augenfällige, aber auch meßtechnisch zu objektivierende (36) Schlüsselbeindeformierung ist vor allem bei Patienten mit Holt-Oram-Syndrom charakteristisch, kennzeichnet das Radiusaplasie-Thrombozytopenie-Syndrom, kommt beim diastrophischen Zwergwuchs und bei der Trisomie 8 (36), aber auch bei anderen Dysmeliesyndromen vor, z. B. beim de Lange-Syndrom, bei der Schulter-Becken-Dysplasie u. a.

Kurze, schematische Zusammenfassung über **Klavikulaveränderungen bei Fehlentwicklungen**:

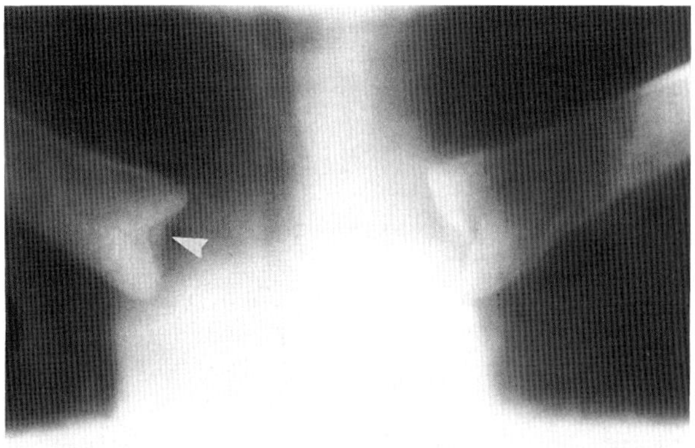

a

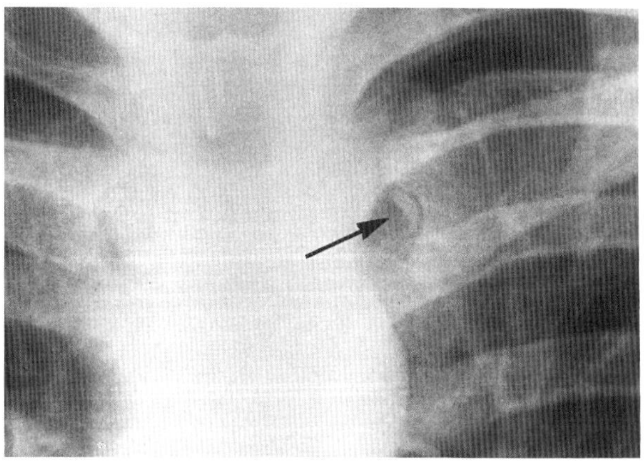

b

Abb. 3.**58 a** u. **b**
a 16jähriger Junge. Isolierter Kern im medialen Klavikulaende
b Erwachsener. Persistierender Kern im medialen Klavikulaende

Aplasie oder Hypoplasie des Schlüsselbeins:
- kleidokraniale Dysplasie,
- Pyknodysostose,
- kongenitale Pseudarthrose der Klavikula;

Verbreiterung und Verdickung des Schlüsselbeins:
- verschiedene Mukopolysaccharidosen,
- Pyle-Syndrom (metaphysäre Dysplasie),
- okulodentodigitales Syndrom;

multizentrische Osteolyse,
lateraler Klavikulahaken.

Die **infantile, kortikale Hyperostose (Caffey)** manifestiert sich u. a. auch besonders in der Klavikula (53).

Über eine echte **Duplikation der Klavikula** wurde berichtet (85). Als rudimentär angelegte Doppelung der Klavikula wurde eine Knochenanlagerung unterhalb des akromialen Schlüsselbeinendes angesehen (28).

Eine eigentümliche, in der Literatur beschriebene doppelseitige Anomalie am akromialen Ende der Klavikula bestand in einer einseitigen, 5 cm langen *Knochenspange* unter der kaudalen Kontur, ein isoliertes Ossikulum von knapp Fingerkuppengröße umschließend, während auf der anderen Seite ein Befund nachweisbar war, der als rudimentäre Ausbildung dieser Deformität aufgefaßt wurde (71).

Verletzungsfolgen und Nekrosen

Klavikulafrakturen gibt es als **Geburtsverletzungen** (16, 46). Kallus ist nach 8 bis 9 Tagen zu erkennen (74).

Unter den Schulterknochen ist die Klavikula bei *Kindern* am häufigsten Verletzungen ausgesetzt. 50% betreffen Kinder unter 10 Jahren (74). Die Fraktur, durch Fall auf die ausgestreckte Extremität, direkt auf die Schulter oder durch direkten Schlag auf das Schlüsselbein entstanden, befindet sich meist in der Schlüsselbeinmitte und ist oft schwer zu erkennen, da es sich um Grünholzfrakturen oder um Brüche mit kaum sichtbaren Spalten ohne Fragmentverlagerungen handelt. Eine Abwinkelung oder Krümmung ist unter Berücksichtigung der Ausführungen über die schwierig zu deutenden Projektionsphänomene infolge der normalen Krümmungen oft nur im Seitenvergleich, in Beachtung der Klinik und schließlich auch radiologisch nachzuweisender Weichteilzeichen durch Ödem und Blutung mit Verbreiterung der Weichteilbegleitschatten sowie Auslöschung der intermuskulären Fettstreifen als pathologisch zu werten. Wie im Kapitel über das Schulterblatt angeführt, können *Verletzungen der lateralen Epiphysen* den Fehleindruck einer Sprengung des akromioklavikularen Gelenkes hervorrufen (s. Abb. 3.**41**). Bei starker Verknöcherungsneigung des Periostmantels kommt es hier zur sekundären Knochenbildung, so daß es nach wenigen Monaten so aussehen kann, als bestünde hier eine Doppelung der Klavikula (59). Derselbe Vorgang wurde auch bei einem 15jährigen beiderseits an der sternoklavikularen Epiphyse beobachtet: **sternoklavikulare Epiphysenlösung** (49).

Beim *Erwachsenen* liegt die Schlüsselbeinfraktur in 80% der Fälle im mittleren, nur in 15% im äußeren Drittel, dort mit oder ohne Riß des Lig. coracoclaviculare. Der Bruchspalt kann bis in das Akromioklavikulargelenk ziehen. Vor der Fehldiagnose einer Klavikulafraktur bei Superposition von Akromion und Klavikula mit Mach-Effekt ist zu warnen (Abb. 3.**59**). Die mit 5%iger Häufigkeit auftretenden Frakturen in der Extremitas sternalis sind, oft wegen der mangelnden Fragmentverschiebung, radiologisch schwer nachzuweisen. Beiderseitige Frakturen sind ebenso bekannt wie Pseudarthrosen nach Schlüsselbeinbruch. In diesem Zusammenhang sind die Komplikationen nach Fixation von Klavikulafragmenten durch Kirschner-Drähte erwähnenswert. Die Drähte können sich verschieben („wandern"), (30). In 1 bis 2% verbleibt nach Schlüsselbeinfraktur eine Pseudarthrose (57, 89).

Luxationen im Akromioklavikulargelenk wurden schon im Abschnitt über das Schulterblatt erwähnt. Da die Klavikula im Zusammenhang mit einer Luxationsfraktur häufiger hieran beteiligt ist als die Skapula, soll das Thema an dieser Stelle noch einmal aufgenommen und ergänzt werden. Drei Schweregrade der Luxation werden unterschieden (74):
- *Leicht:* Geringe Banddehnung ohne radiologisch nachweisbare Symptome.
- *Mittel:* Riß des Lig. acromioclaviculare. Verlagerung der Klavikula nach hinten mit leichter Erweiterung des Gelenkspaltes. Minimale, vertikale

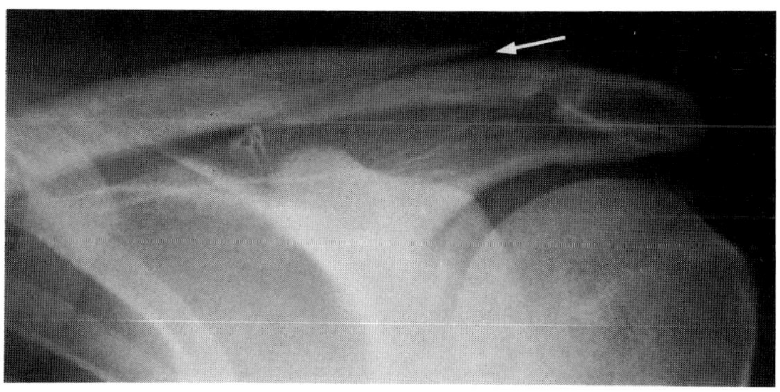

Abb. 3.**59** Mach-Effekt durch Überschneidung der Klavikula mit dem Akromion

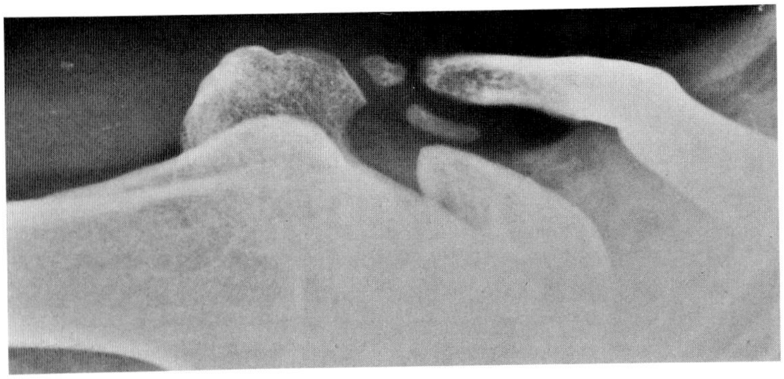

Abb. 3.**60** Osteolyse am lateralen Klavikulaende mit isolierten Verknöcherungen

Dislokation und normale Distanz zwischen Klavikula und Akromion.

– *Schwer:* Riß des akromioklavikularen und korakoklavikularen Bandes. Vertikale Verlagerung der Klavikula. Distanzerweiterung zwischen Rabenschnabelfortsatz und Unterfläche des Schlüsselbeins (Norm 1,1–1,3 cm) auf 5 cm und mehr im Vergleich beider Seiten.

Die **posttraumatische Osteolyse** gilt als seltene Komplikation, die gelegentlich nach Luxationen leichten bis mittleren Grades beobachtet wird. 2–3 cm der Klavikula sind betroffen. Die Schädigung macht sich im Beginn durch eine Weichteilschwellung etwa 2 Monate nach dem Verletzungsereignis bemerkbar und ist radiologisch gekennzeichnet durch eine Demineralisation und Minderung der Kortikalisdicke am Unterrand der Klavikula, später durch Resorption des Schlüsselbeinendes und Erweiterung des Akromioklavikular-Gelenkspaltes (2, 50, 65, 88) (Abb. 3.**60**).

Bei abnormer Dauerbelastung können **Streßfrakturen** der Klavikula mit unter Umständen erheblicher Kallusbildung und Sklerosierung auftreten, z. B. bei Torticollis spasticus (Schulter-Tic [56]); auch kann es zur Osteolyse am distalen Schlüsselbeinende mit Vergrößerung des Spaltes zwischen Akromion und Klavikula bei Patienten kommen, die einer dauernden Überbelastung des Schultergürtels unterliegen (39).

Die **aseptische Nekrose** an der medialen Klavikulaepiphyse, nach ihrem Erstbeschreiber als **Friedrichsche Krankheit** bezeichnet (24), geht klinisch mit weichen bis derben Schwellungen in der Umgebung des Brustbein-Schlüsselbein-Gelenkes einher. Radiologisch findet sich initial eine Sklerose im medialen Klavikulaende (Stadium I, Abb. 3.**61a**). Später kommt es zur Fragmentation am medialen unteren Klavikulaende (Stadium II, Abb. 3.**61b**, 31, 52). Es ist darauf hinzuweisen, daß die Osteonekrose nur den kaudalen Abschnitt des sternalen Klavikulaendes betrifft. Zweifel an der Selbständigkeit dieses Krankheitsbildes bestanden früher (69) und sind auch heute nicht beseitigt, seitdem von einer „Ostitis condensans claviculae“ als neuer nosologischer Entität berichtet wird (9).

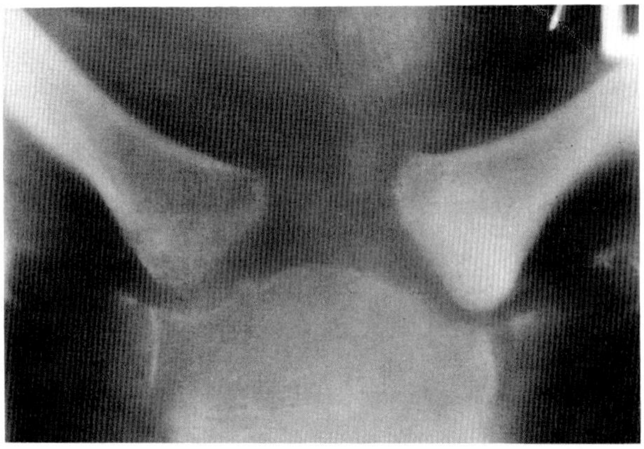

a

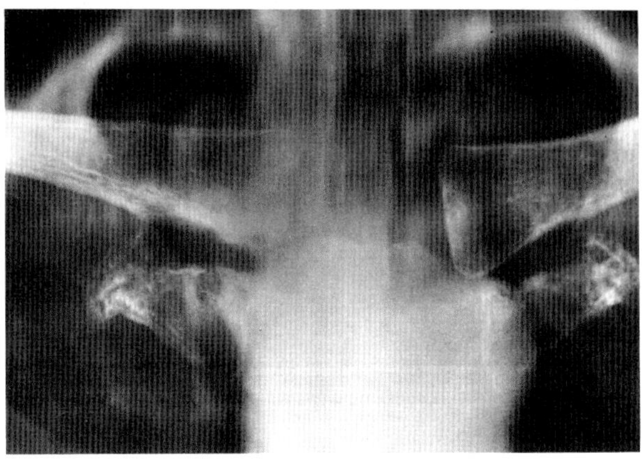

b

Abb. 3.**61 a** u. **b** Morbus Friedrich (aseptische Knochennekrose des sternalen Klavikulaendes)
a 25jährige Patientin. Sklerose des medialen, vorwiegend kaudalen Klavikulaendes. Druckschmerzhafte Schwellung im linken Manubrioklavikularbereich. Man beachte den nach lateral gerichteten Osteophyten am kaudolateralen Klavikularand als Ausdruck der beginnenden Arthrose
b Stadium II. 59jährige Patientin. Beginnende Demarkierung des Nekroseareals rechts

Zwischen beiden Krankheitsbildern gibt es weder klinisch, radiologisch und szintigraphisch noch histologisch (bei beiden Erkrankungsformen werden herdförmige Nekrosen beschrieben) Unterschiede. Beide Affektionen betreffen hauptsächlich das weibliche Geschlecht. Bei beiden betrifft die im Vordergrund stehende Sklerosierung die kaudalen Partien des Klavikulaköpfchens. Beide reichern im Szintigramm Aktivität an. Ebenso finden sich bei beiden Nekrosen, und es wird bei beiden ein Überlastungsschaden als Ursache angenommen (13, 31, 51, 52). Es erhebt sich die Frage, ob es sich nicht um zwei Schweregrade oder Stadien der im Prinzip gleichen Läsion handelt.

Differentialdiagnostisch sind die sternoklavikulare Hyperostose und der Befall des sternalen Klavikulaendes bei der multifokalen primären chronischen Osteomyelitis des Kindes- und Jugendalters abzugrenzen. Die sternoklavikulare Hyperostose befällt im Gegensatz zu den Nekrosen beide Gelenkanteile; die Osteomyelitis geht jedoch regelmäßig mit einer oft erheblichen Periostreaktion einher – s. folgenden Absatz „Erworbene Erkrankungen".

Weiterhin können aseptische Nekrosen der Klavikula nach Neck-Dissection-Operationen (86) und nach Strahlentherapie (47) entstehen.

Erworbene Erkrankungen

Bei den **entzündlichen Erkrankungen** verursachen die gewöhnliche **Osteomyelitis** (Abb. 3.**62**) wie auch die **Tuberkulose** neben periostalen Verdickungen Destruktionen und reaktiv-reparative Sklerosen. Die gleichen Symptome verursacht auch die zuvor erwähnte primär chronische Osteomyelitis des Kindes- und Jugendalters (Abb. 3.**63**). Eine Osteomyelitis des Schlüsselbeins im mittleren Drittel und mehr noch des Sternoklavikulargelenkes und der 1. Rippe nach Einführung eines *Swan-Ganz-Katheters* ist bei vier Beobachtungen beschrieben (35).

Nicht nur bei der genannten Form der kindlichen und jugendlichen Osteomyelitis, sondern auch bei der im folgenden zu besprechenden sternoklavikulären Hyperostose bestehen Beziehungen: Bei beiden Erkrankungen kommt eine Pustulosis palmoplantaris vor.

Der mögliche zusammenhängende Befall von Sternum, Klavikula und über das Lig. costoclavicu-

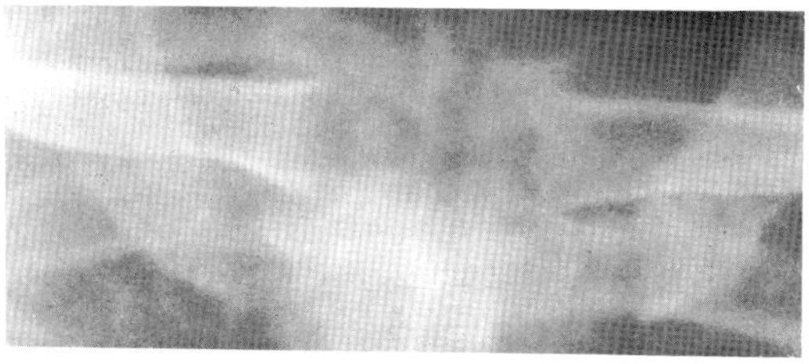

Abb. 3.**62** 27jähriger Mann. Osteomyelitische Einschmelzung am rechten Sternoklavikulargelenk

lare der 1. und dann auch der 2. bis 4. Rippe wird bei der **sternoklavikulären Hyperostose** deutlich (Abb. 3.**64a** u. **b**). Dieses zuerst 1974 an Einzelfällen (81) und bald darauf in größeren Serien (82, 83, 11) bei Japanern erwähnte Krankheitsbild wird auch mehr in Einzelfällen als in Serien, in Europa (6, 7, 17, 29, 44, 45, 48, 76) und in Nordamerika (37, 38, 72, 73, 77) beschrieben. Verlaufskontrollen von über 30 Jahren sind publiziert (17, 40).

Die Krankheit wird von einigen Autoren als Enthesopathie mit fortschreitender Entzündung aus zahlreichen Entzündungsherden in der Verankerung von Sehnen und Bändern im Knochen – den Enthesen – aufgefaßt, wobei die Kortikalis arrodiert wird. Es kommt zu Ossifikationen an ligamentären, zu Osteophyten an tendinösen und muskulären Insertionen wie bei der ankylosierenden Spondylitis Bechterew (14). In etwa einem Drittel der Fälle geht die sternoklavikuläre Hyperostose mit einer Spondylosis hyperostotica einher. Die Patienten klagen über ziehende Schmerzen im befallenen Bereich. Äußerlich palpiert man die aufgetriebene Klavikula als derbe Schwellung. IgM-Rheumafaktoren fehlen meist. In der Regel ist das Histokompatibilitätsantigen HLA–B27 negativ. Wie einleitend erwähnt, besteht eine auffällige Beziehung der Erkrankung zur Pustulosis palmaris et plantaris, so daß die Frage aufgeworfen ist, ob es sich bei der sternoklavikulären Hyperostose, der pustulotischen Arthroosteitis und der Pustulosis palmaris et plantaris um eine enthesopathische Extremform der psoriatischen Spondylarthritis handelt (78). Ähnliche Erscheinungen sind allerdings drei Wochen nach einer operativen Revaskularisierung der A. interventricularis anterior cordis über die A. mammaria interna am Brustbein, am medialen Klavikulaende und dem Vorderende der ersten Rippe links aufgetreten (27).

Die Problematik wurde hier deshalb über das radiologische Anliegen hinaus so eingehend dargestellt, weil offenbar noch keine einhellige Ansicht besteht.

Radiologisch äußert sich das Krankheitsbild in Auftreibungen und Sklerosen des Sternums, der sternalen Klavikulaenden, Ankylosierung der Sternoklavikulargelenke, Verknöcherung des Lig. co-

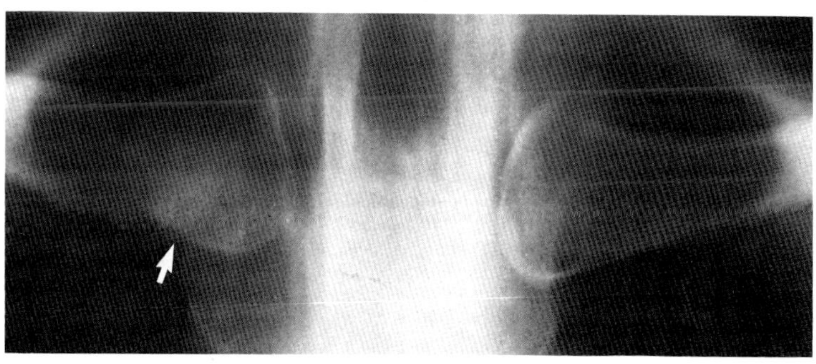

Abb. 3.**63** Befall des sternalen Klavikulaendes bei der multifokalen, primär-chronischen Osteomyelitis des Kindes- und Jugendalters (Beobachtung von Holthusen, Hamburg)

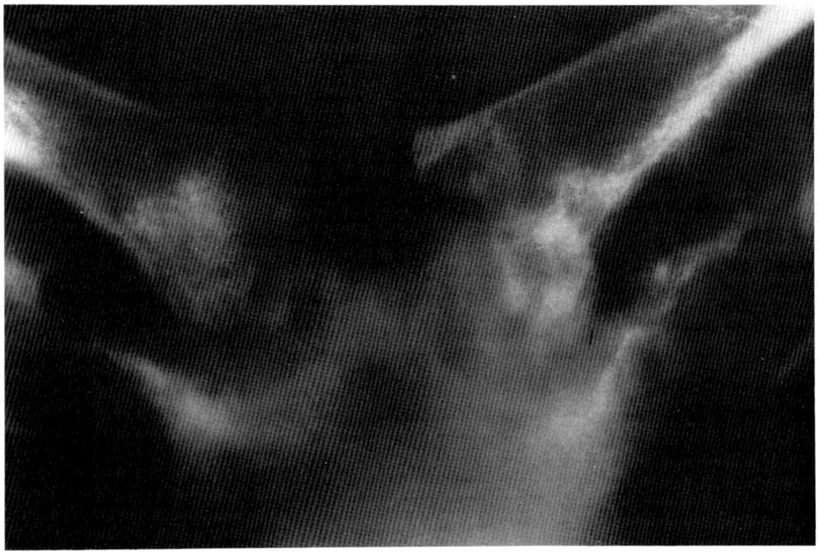

a

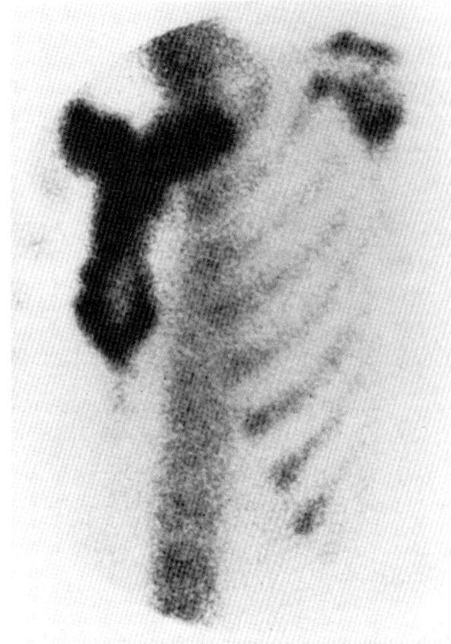

b

Abb. 3.**64a** u. **b** 42jähriger Mann. Sternokostoklavikuläre Hyperostose (Histologie: E. Uehlinger, Zürich, 1977)

stoclaviculare sowie Hyperostosen der 1., aber auch der 2. bis 4. Rippe. Die Blutkörperchensenkungsgeschwindigkeit bleibt bei der über einen Zeitraum von 30 Jahren beobachteten Krankheit erhöht (40).

Bei der ankylosierenden Spondylitis kann es auch zur Verknöcherung des Lig. coracoclaviculare kommen (64).

Beim Erwachsenen können periostale Verdikkungen ein Zeichen der **Pierre-Marie-Bambergerschen Krankheit** sein (79), werden jedoch auch bei **Vitamin-A-Hypervitaminosen** festgestellt (75). Bei Kindern kommt es zu den gleichen periostalen Reaktionen (an den Röhrenknochen, besonders aber auch an der Klavikula) neuerdings bei der Langzeitbehandlung mit *Prostaglandinen* (61, 63). Weiterhin sind bei der ulzerativen **Kolitis** periostale Reaktionen beschrieben (87).

Die **Sternoklavikulararthrose** kommt relativ häufig vor und geht mit Gelenkspaltverschmälerung, subchondralen Verdichtungen, Geröllzysten und Verplumpungen der Extremitas sternalis einher (Abb. 3.**65**). Eine Zackenbildung als einziges Symptom ist bei normaler Spaltbreite nicht pathognomonisch (Abb. 3.**66**).

Tumoröse Auftreibungen sind bei **Riesenzelltumoren** (4, 15), bei **juvenilen einkammerigen Knochenzysten** (1) und auch bei **Ewing-Tumoren** bekannt. **Hämangiome** sind am akromialen Ende der Klavikula beschrieben (42, 91). Ein eigenartig stachelförmiges Haemangioma cavernosum ließ an ein Osteosarkom denken, erwies sich jedoch histologisch als benignes Hämangiom. Derselbe Patient erkrankte 4 Monate später an einem retroperitonealen Fibrosarkom (23).

Bei einigen **Kollagenosen**, speziell der Sklerodermie, sieht man an den gelenknahen Abschnitten Osteoporosen sowie parartikuläre Weichteilverkalkungen.

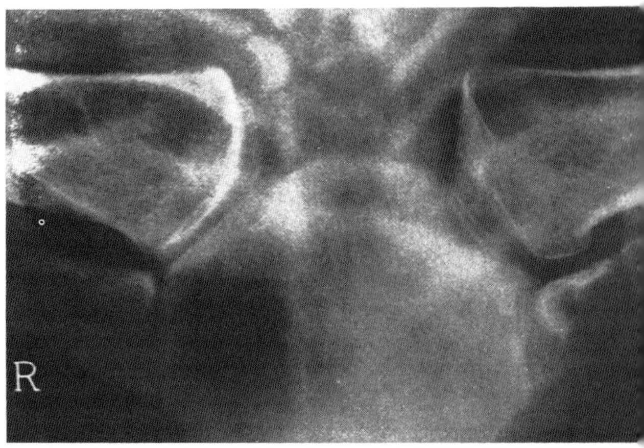

Abb. 3.**65** 63jähriger Mann. Schmerzhafte Arthrosis deformans. Gelenkspalt verschmälert, Gelenkfläche sklerosiert

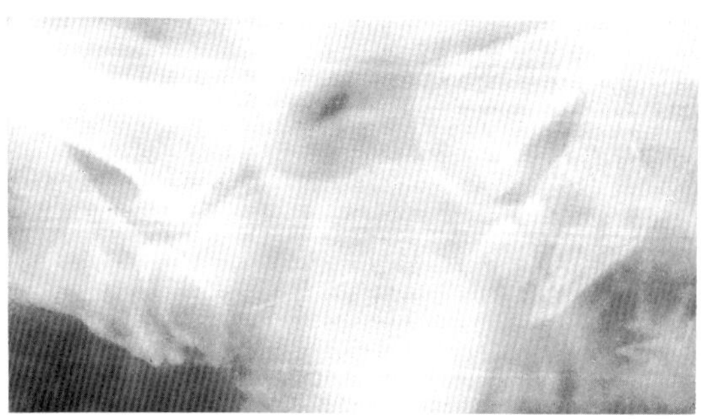

Abb. 3.**66** 22jährige Frau. Knochenzacken an der Extremitas sternalis claviculae ohne Gelenkspaltverschmälerung

Als Indikator zum Feststellen einer – allerdings meist schon fortgeschrittenen – **Osteoporose** dient besonders die Kortikalisdicke an der Klavikula, leicht an Lungenaufnahmen zu messen. Sie ist im Wert dem Barnett-Nordin-Index gleichzusetzen (32).

Über den subchondralen Schwund der akromioklavikulären Knochenstrukturen beim Hyperparathyreoidismus wurde bereits berichtet.

Schließlich ist die mögliche Osteolyse des akromialen Klavikulaendes bei rheumatoider Arthritis erwähnenswert (3).

Isolierte Ossifikationen, wie sie auf Abb. 3.**67a** u. **b** zu erkennen sind, sind als Verknöcherungen im Kapsel-Band-Apparat zu bezeichnen. An dieser Stelle gibt es nur Gelenkknorpel, aber keine Knochenkerne.

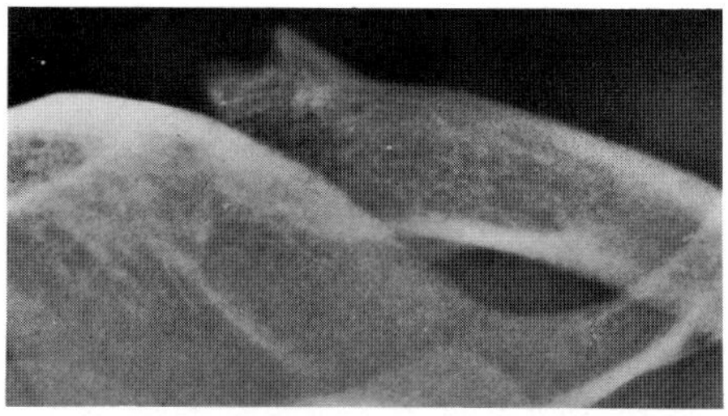

a

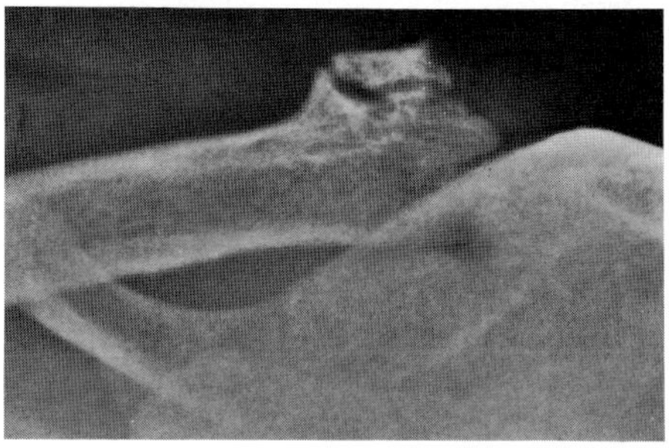

b

Abb. 3.**67a** u. **b** Isolierte Ossifikationen beiderseits am akromialen Ende der Klavikula (Beobachtung von Schmitt, Worms)

Literatur

1 Agati, D.: Cisti giovanili essenziali delle clavicola. Arch. Radiol. (Napoli) 15 (1939) 5–16

2 Alnor, P.: Die posttraumatische Osteolyse des Claviculaendes. Fortschr. Röntgenstr. 75 (1951) 364–365

3 Alpert, M., M. Meyers: Osteolysis of the acromial end of the clavicle in rheumatoid arthritis. Amer. J. Roentgenol. 86 (1961) 251–259

4 Anderson, M. S.: Lesions of the clavicle. Radiology 16 (1931) 181–186

5 Appell, R. G., H. C. Oppermann, W. Becker, R. Kratzat, W. E. Brandeis, E. Willich. Condensing osteitis of the clavicle in childhood: a rare sclerotic bone lesion. Pediatr. Radiol. 13 (1983) 301–306

6 Beranek, L., J. Crouzet: Hyperostose sterno-costo-claviculaire. A propos d'un cas. Revue de la Littérature. Sem. Hôp. Paris 59 (1983) 3443–3445

7 Beranek, L., G. Kaplan, M. Benoist, J. P. Bouchon, A. Prost, J. P. Vassal, M. F. Kahn: Hyperostose multiple avec sacroiliite unilatérale. Une nouvelle spondylarthropathie. Presse méd. (1984) 2001–2004

8 Björksten, B.: Chronic recurrent multifocal osteomyelitis and pustulosis palmoplantaris. J. Pediatr. 93 (1978) 227–232

9 Brower, Anne C., D. E. Sweet, T. E. Keats: Condensing Osteitis of the Clavicle: a new entity. Amer. J. Roentgenol. 121 (1974) 17–21

10 Chatton, P., M. Pélissier: Malformations congénitales méniscales par arthropneumographie. J. Radiol. Élektrol. 40 (1959) 5

11 Chigira, M., S. Machara, M. Nagase, T. Ogimi, E. Udagawa: Sternoclavicular hyperostosis. J. Bone Jt Surg. 68-A (1986) 103–112

12 Cone, R. O., D. Resnick, Th. G. Goergen, Ch. Robinson, V. Vint, P. Haghighi: Condensing osteitis of the clavicle. Amer. J. Roentgenol. 141 (1983) 387–388

13 Dihlmann, W.: Gelenke – Wirbelverbindungen, 2. Aufl. Thieme, Stuttgart 1982 (S. 227f.)

14 Döhler, R., J. D. Herrlinger: Hyperostose der Sternoklavikulargelenke – eine Enthesopathie? Z. Orthop. 121 (1983) 92–97

15 Doub, H. P.: Osteogenic sarcoma of the clavicle treated with radiation and fever therapy. Radiology 25 (1935) 355–356

16 Enzler, A.: Die Claviculafraktur als Geburtsverletzung des Neugeborenen. Schweiz. med. Wschr. 80 (1950) 1280–1283

17 Fallet, G. H., J. Arroyo, Th. L. Vischer: Sternocostoclavicular hyperostosis: Case report with a 31-year followup. Arthr. and Rheum. 26 (1983) 784–790

18 Fini-Storchi, O., D. Lo Rússo, V. Agostini: „Pseudotumors" of the clavicle subsequent to radical neck dissection. J. Laryngol. Otol. 99 (1985) 73–83

19 Fischer, E.: Persistierende Klavikulaapophyse. Fortschr. Röntgenstr. 86 (1957) 532

20 Fischer, E.: Tubercula für Band- und Muskelansätze am Schlüsselbein. Fortschr. Neurol. 88 (1957) 71–75

21 Fischer, E.: Tubercula für Muskel- und Bandansätze am Schlüsselbein. Fortschr. Röntgenstr. 88 (1958) 71–75

22 Franquet, T., F. Lecumberry, A. Rivas, L. Inaraja, M. A. Idoate: Condensing osteitis of the clavicle. Report of two new cases. Skeletal Radiol. 14 (1985) 184–187

23 Fràter, L., Z. Czipott, L. Fodor: Hämangiom des Schlüsselbeines. Fortschr. Röntgenstr. 115 (1971) 686–688

24 Friedrich, H.: Über ein noch nicht beschriebenes, der Perthesschen Erkrankung analoges Krankheitsbild des sternalen Claviculaendes. Dtsch. Z. Chir. 187 (1924) 385–398

25 Gaucher, A., P. Pere, B. Bannwarth: Hyperostose sterno-costo-claviculaire et spondylarthrite ankylosante. Presse méd. 13 (1984) 2469

26 Gaucher, A., G. Weryha, B. Bannwarth, P. Pese: Ostéonécrose aseptique sterno-costo-claviculaire après révascularisation coronarienne par l'artère mammaire interne. Presse méd. 14 (1985) 22. 6. 85

27 Giedion, A., W. Holthusen, L. F. Masel, D. Vischer: Subacute and chronic „symmetrical" osteomyelitis. Ann. Radiol. 15 (1972) 329–342

28 Golthamer, C. R.: Duplication of the clavicule („Os subclaviculare"). Radiology 68 (1957) 576–578

29 Goossens, M., C. Vanderstraeten, H. Classens: Sternoclavicular hyperostosis. Clin. Orthop. 194 (1985) 164–168

30 Grauthoff, H., H.-L. Klammer: Komplikationen durch Drahtwanderungen nach Kirschner-Draht-Spickungen an der Klavikula. Fortschr. Röntgenstr. 128 (1978) 591–594

31 Heinemeier, G., G. Delling, D. v. Torklus: Osteonekrose des sternalen Klavikulaendes – Morbus Friedrich. Orthop. Prax. 15 (1979) 278–281

32 Hermanutz, K. D., P. Ehlenz, B. Verburg: Morphometrie und Bestimmung kortikodiaphysärer Indices der Klavikula im konventionellen Thoraxröntgenbild bei Gesunden und Knochenerkrankungen. Fortschr. Röntgenstr. 137 (1982) 281–286
33 Höcht, B., B. Gay, R. Arbogast: Die Behandlung der kongenitalen Claviculapseudarthrose durch Plattenosteosynthese. Z. Kinderchir. 28 (1979) 158–163
34 Horváth; F.: Über die auf dem sternalen Drittel und kaudal befindlichen „Usuration" der Klavikula. Fortschr. Röntgenstr. (1972) 836–837
35 Hunter, D., J. F. Moran, F. R. Venezio: Osteomyelitis of the clavicle after Swan-Ganz-Catherization. Arch. intern. Med. 143 (1983) 154–156
36 Igual, M., A. Giedion: The lateral clavicle hook. Ann. Radiol. 22 (1979) 136–141
37 Jurik, A. G., H. Graudahl, A. de Carvalho: Monarticular involvement of the manubrio-sternal joint. Skeletal Radiol. 14 (1985) 99–103
38 Jurik, A. G., A. de Carvalho, H. Graudahl: Sclerotic changes of the sternal end of the clavicle. Clin. Radiol. 36 (1985) 23–25
39 Kaplan, Phoebe, A., D. Resnick: Stress-induced osteolysis of the clavicle. Case report. Radiology 158 (1986) 139–140
40 Karasick, St., D. Karasick: Case report 188. Skeletal Radiol. 8 (1982) 74–76
41 Keats, Th. E.: Normal Roentgen Variants that may Simulate Disease, 2nd ed. Year Book Medical Publishers, Chicago 1980 ([1]fig. 5–40; [2]fig. 5–38; [3]fig. 5–37; [4]fig. 5–33)
42 Khanna, S. D., G. Singh, H. L. Chopra: Haemangioma of the clavicle. Indian J. Surg. 24 (1962) 179–181
43 Khazhinskaya, V. A., M. Ginsburg: Roentgeno-anatomical variants of the rhomboid fossa of the clavicle. Vestn. Rentgenol. (Mosk.) (1975) 32–35
44 Köhler, H., E. Uehlinger, J. Kutzner, T. R. Weihrauch, L. Wilbert, R. Schuster: Sterno-kosto-klavikuläre Hyperostose – ein bisher nicht beschriebenes Krankheitsbild. Dtsch. med. Wschr. 100 (1975) 1519–1523
45 Köhler, H., E. Uehlinger, J. Kutzner, T. B. West: Sternocostoclavicular hyperostosis: Painful swelling of the sternum, clavicles and upper ribs. Report of two new cases. Ann. intern. Med. 87 (1977) 192–194
46 Köster. H. J.: Die Claviculafraktur des Neugeborenen. Röntgen-Bl. 10 (1957) 117–119
47 Kolár, J.: Schlüsselbeinosteolyse nach einer radiogen bedingten Fraktur der Klavikula. Fortschr. Röntgenstr. 94 (1961) 486–489
48 Kutzner, J., H. Köhler, E. Uehlinger: Sterno-kosto-klavikuläre Hyperostosis. Fortschr. Röntgenstr. 123 (1975) 446–449
49 Lemire, L., M. Rosmann: Sternoclavicular epiphyseal separation with adjacement clavicular fracture. J. Pediatr. Orthoped. 4 (1984) 118–120
50 Levine, A. H., M. J. Pais, E. E. Schwartz: Posttraumatic osteolysis of the outer end of the clavicle. Amer. J. Roentgenol. 127 (1976) 781–784
51 Levy, M., J. Goldberg, R. E. Fischel, E. Frisch, P. Maor: Friedrich's Disease. Aseptic necrosis of the sternal end of the clavicula. J. Bone Jt Surg. 63-B (1981) 539-541
52 Lingg, G., G. Heinemeier: Morbus Friedrich – Aseptische Knochennekrose des sternalen Klavikulaendes. Beobachtung von 6 Fällen. Fortschr. Röntgenstr. 134 (1981) 74–77
53 Magnus, L., H. U. Sauerbrei: Bericht über 2 Fälle infantiler kortikaler Hyperostose (monostische Form). Fortschr. Röntgenstr. 128 (1978) 530–533
54 March, H. C.: Congenital pseudarthrosis of the clavicle. J. Canad. A. Radiol. 19 (1968) 167–169
55 Marsh, H. O., E. Hazarian: Pseudarthrosis of the clavicle. J. Bone Jt Surg. 52-B (1970) 793
56 Murray, R. O., H. G. Jacobsen: The Radiology of Skeletal Disorders, Exercises in Diagnosis, vol. I and II. Churchill Livingstone, Edinburgh 1972 (fig. 1, 7; p. 133)
57 Neer, C. S., II.: Nonunion of the clavicle. J. Amer. med. Ass. 172 (1960) 1006–1011
58 Ogden, J. A., G. J. Conlogue, M. L. Bronson: Radiology of postnatal skeletal development. III. The clavicle. Skeletal Radiol. 4 (1979) 196–203
59 Ogden, J. A.: Distal clavicular physeal injury. Clin. Orthop. 188 (1984) 68–73
60 Pahl, R.: Doppelter Nervenkanal der Klavikula als diagnostische Fehlerquelle. Fortschr. Röntgenstr. 82 (1955) 487–491
61 Persigehl, M., H. Hövels-Gürich, G. v. Beermuth: Nebenwirkungen am Skelettsystem bei Behandlung mit Prostaglandine E. Fortschr. Röntgenstr. 141 (1984) 427–430
62 Pfeiffer, K.: Variationen und Anomalien des Brustbeines sowie Hinweise zu deren Entstehung. Fortschr. Röntgenstr. 85 (1956) 663–671
63 Poznanski, A. K., S. K. Fernbach, T. E. Berry: Bone changes from prostaglandin therapy. Skeletal Radiol. 14 (1985) 20–25
64 Pritchett, J. W.: Ossification of the coracoclavicular ligaments in ankylosing spondylitis. J. Bone Jt Surg. 65-A (1983) 1017–1018
65 Puranen, J., I. Sarmo: Traumatische Osteolyse der lateralen Clavicula. Fortschr. Röntgenstr. 119 (1973) 490–491
66 Ravelli, A.: Über die Torsion und Frontalkrümmung des Schlüsselbeines. Anat. Anz. 101 (1955) 306–310
67 Ravelli, A.: Über den Bereich des Ansatzes des Lig. costoclaviculare am Schlüsselbein. Anat. Anz. 101 (1955) 310–314
68 Ravelli, A.: Über die eigenartige Form des sternalen Schlüsselbeinendes („Fischmaulform"). Fortschr. Röntgenstr. 82 (1955) 827-828
69 Ravelli, A.: Zur Frage der sogenannten Friedrichschen Krankheit. Z. Orthop. 86 (1955) 397–409
70 Redlund-Johnell, Inga: The costoclavicular joint. Skeletal Radiol. 15 (1986) 25–26
71 Reinhardt, K.: Eine doppelseitige Anomalie am lateralen Klavikuladrittel, bestehend aus einer bogenförmigen Duplikation des Knochens in Richtung auf das Coracoid und aus akzessorischen Knochenelementen. Fortschr. Röntgenstr. 113 (1970) 527–530
72 Resnick, D.: Sternoclavicular hyperostosis. Amer. J. Roentgenol. 135 (1980) 1278–1280
73 Resnick; D., V. Vint, N. L. Poteshman: Sternocostoclavicular hyperostosis. J. Bone Jt Surg. 63-A (1981) 1329–1331
74 Rogers, L. F.: Radiology of Skeletal Trauma. Churchill Livingstone, New York 1982 (p. 381)
75 Rothmann, P. E., E. E. Leon: Hypervitaminosis A. Report of 4000 cases in infants. Radiology 51 (1948) 368–374
76 Sanmartî Sala, R. J. Muñoz Gómez: Hiperostosis esternocostoclavicular: presentación de un caso y revisión de la literatura. Rev. Med. Clin. 84 (1985) 483–486
77 Sartoris, D. J., J. L. Schreiman, R. Kerr, Ch. S. Resnick, D. Resnick: Sternoclavicular hyperostosis: A review and report of eleven cases. Radiology 158 (1986) 125–128
78 Schilling, F., H. G. Fassbender: Sterno-kosto-klavikuläre Hyperostose – pustulotische Arthro-Osteitis – Pustulosis palmaris et plantaris: eine enthesiopathische Extremform der psoriatischen Spondarthritis? Z. Rheumatol. 44 (1985) 483
79 Solovay, J., C. Gardner: Involvement of the manubriosternal joint in Marie-Strümpel disease. Amer. J. Roentgenol. 65 (1951) 749-759
80 Solovjev, M.: Ostitis condensans claviculae. Fortschr. Röntgenstr. 125 (1976) 375–376
81 Sonozaki, H., S. Furusawa, H. Seki, T. Kurokawa, A. Tateishi, K. Kabata: Four cases with symmetrical ossifications between the clavicles and the first ribs of both sides. Kanso J. Orthop. Trauma 5 (1974) 244–247

82 Sonozaki, H., A. Azuma, K. Oka, N. Nakamura, S. Fukuoka, A. Tateishi, H. Kurosawa, T. Mannoji, K. Kabata, H. Mitsui, H. Seki, I. Abe, S. Furusawa, M. Matsuura, A. Kudo, T. Hoshino: Clinical features of 22 cases with „Intersterno-costo-clavicular ossification" – A new rheumatic syndrome. Arch. Orthop. Traumat. Surg. 95 (1979) 13–22

83 Sonozaki, H., H. Mitsui, Y. Miyanaga, K. Okitsu, M. Igarashi, Y. Hayashi, M. Matsuura, A. Azuma, K. Okai, M. Kawashima: Clinical features of 53 cases with pustulic arthro-osteitis. Ann. rhum. Dis. 40 (1981) 547–553

84 Taiby, H.: Radiologie der Syndrome. Thieme, Stuttgart 1982 (Kap. 251)

85 Twigg, H. L.: Duplication of the clavicle. Skeletal Radiol. 6 (1981) 281

86 Vándor, F.: Aseptische Nekrose der Clavicula nach Dissektionsoperationen des Halses. Fortschr. Röntgenstr. 94 (1961) 656–661

87 Verbruggen, L. A., R. Buyck, F. Handelberg: Clavicular periosteal new bone formation in ulcerative colitis. Case report. Clin. Experim. Rheumatol. 3 (1985) 153–166

88 Wender, H.: Posttraumatische Osteolyse des Schlüsselbeinendes. Schweiz. med. Wschr. 80 (1950) 912–913

89 Wilkins, R. M., R. M. Johnston: Ununited fractures of the clavicle. J. Bone Jt Surg. 65-A (1983) 773–778

90 Yarkoni, Sh., W. Schmidt, Ph. Jeanty, E. A. Reece, J. C. Hobbins: Clavicular measurement: a new biometric parameter for fetal evaluation. J. Ultrasound Med. 4 (1985) 467–470

91 Zseböck, Z.: Klavikulahämangiom. Fortschr. Röntgenstr. 87 (1957) 131–132

Brustbein

Norm

Im Wachstum

Zahl, Form, Lage und Zeitpunkt des Auftretens wie des Verschmelzens der **Knochenkerne des Sternums** sind außergewöhnlich mannigfaltig. In Abb. 3.**68a** u. **b** ist das typische Bild des Brustbeins eines Kindes dargestellt.

Unabhängig vom Alter ist das Sternum während der Wachstumsperiode bald in größere, bald in kleinere, manchmal nur erbsengroße Knochenpartikel unterteilt. Eine Ausnahme bildet das Manubrium, in welchem überwiegend nur ein Kern vorkommt; gelegentlich treten auch mehrere Zentren auf (s. unten).

Die weitere Darstellung gründet auf einer gekürzten, teilweise auch wörtlich übernommenen Handbuchbehandlung über dieses Thema (24).

Zum Verständnis der Form des oberen *Manubriumrandes* ist ein kurzer, ontogenetischer Rückblick erforderlich: Aus den vorderen Enden der noch mesenchymal angelegten 1. bis 7. Rippe bildet sich durch ein leichtes Umbiegen eine beiderseitige Sternalleiste (62, 77, 79). Das Manubrium entsteht nicht nur aus den oberen Teilen beider Sternalleisten, sondern auch aus einem sich trichterförmig mitten zwischen beide Leisten hineinsenkenden, interklavikularen Blastem (62). Aus dem interklavikulären Blastem entwickeln sich der kraniale und mittlere Teil, beide Sternoklavikulargelenke mit Diskus und Knorpelüberzug des medialen Klavikulaköpfchens sowie die Suprasternalgebilde (Abb. 3.**69**).

Die Segmentierung des Sternum erfolgt im knorpeligen Stadium (17). Die Synchondrosen sind die Wege für die einsprossenden Gefäße. Die ersten Knochenkerne erscheinen in der Fetalphase, zum Teil auch im Säuglingsalter (Abb. 3.**70**). Die Zeitspanne für die Verschmelzung ist derselben Abbildung zu entnehmen. Die schematische Darstellung der normalen Brustbeinossifikation gibt Abb. 3.**71** wieder (36).

Doppelte Knochenkerne sollen bei Jungen häufiger sein als bei Mädchen (68). Dabei beginnt die **Ossifikation** in der Regel auf der rechten Seite (53). Paarige Knochenkerne sind nur kaudal, nie kranial von unpaaren Kernen beobachtet (54). Beim Neugeborenen wurden in 21% mehrere Kerne im Manubrium, in 50% im 1. und 2. Korpussegment, im 3. Korpussegment in 74%, nie jedoch im Processus xiphoideus festgestellt (67). Die paarigen Kerne liegen meistens neben-, selten untereinander. Der Manubriumkern, unter dem manchmal ein bis zwei kleine Kerne liegen, bildet sich öfters multizentrisch (56).

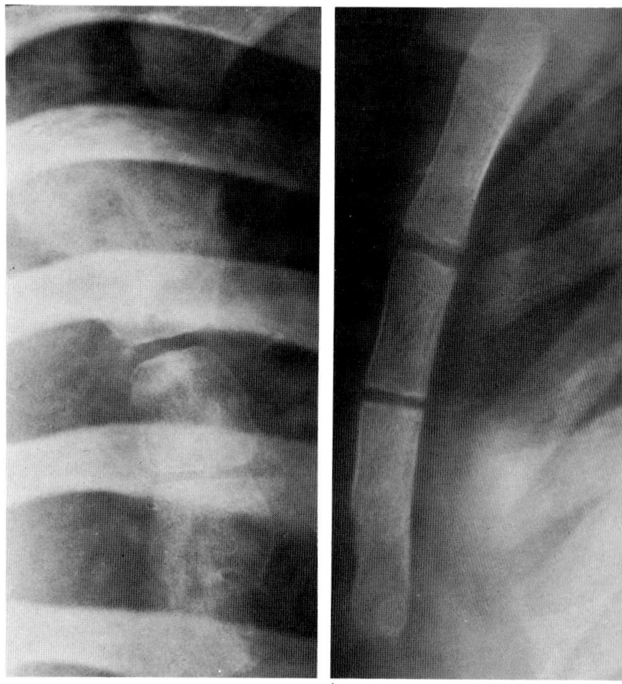

a b

Abb. 3.**68a** u. **b** Typisches Bild des Brustbeins eines Kindes

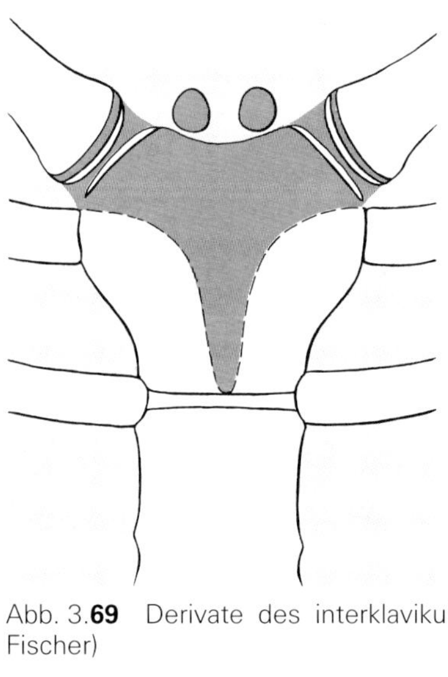

Abb. 3.**69** Derivate des interklavikulären Blastems (nach Fischer)

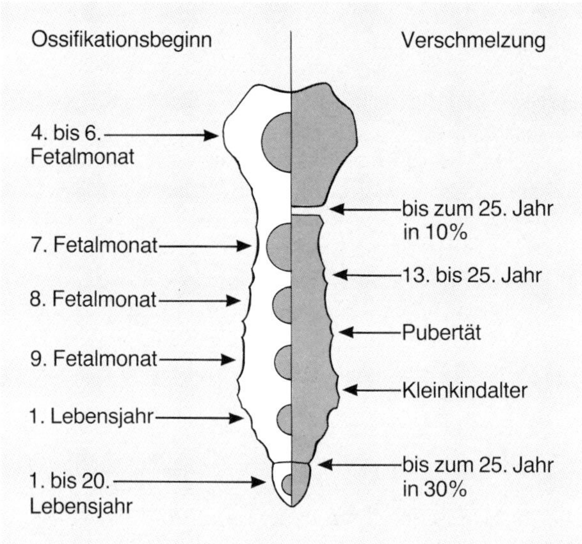

Abb. 3.**70** Schematische Darstellung der Ossifikation und Verschmelzung der einzelnen Sternalabschnitte (nach Fischer)

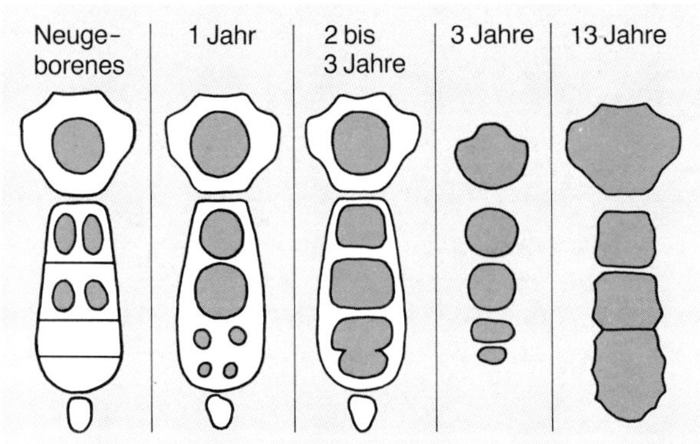

Abb. 3.**71** Schematische Darstellung der nomalen Brustbeinossifikation (nach Herdner)

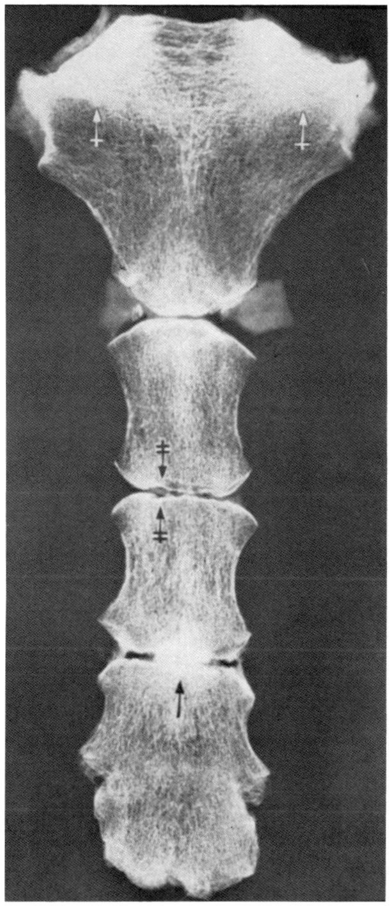

Abb. 3.**72** Sternum multipartitum eines Erwachsenen. Subchondrale Sklerosierung im Bereich der Incisurae claviculares (↦). In der Medianebene vorauseilende Ossifikation der kaudalen Korpussynchondrose (→). Wellige Konturen am oberen bzw. unteren Rand der Korpussegmente (⊩→) (aus Fischer, E.: Sternum und Sterno-Claviculargelenke, Handbuch der Medizinischen Radiologie, Bd. IV/2. Springer, Berlin 1968)

Gelegentlich tritt im Manubrium unter dem Hauptkern ein weiterer, großer Kern auf. Ein solches Manubrium wird dann sehr lang.

Bei nigerianischen Neugeborenen ist die Verknöcherung weiter fortgeschritten, die Zahl der Sternalsegmente größer als bei der weißen Bevölkerung. Nach den Untersuchungen der nigerianischen Autoren bedeutet das Auftreten des Manubriumkernes und erster mesosternaler Zentren, daß der Säugling mindestens 30 Wochen alt ist. Das Vorhandensein von 3 bis 4 sternalen Segmenten läßt ein Alter von 34 bis 37 Wochen annehmen (62).

Die Knorpelfugen im Korpus sind schmaler als diejenigen zum Manubrium und Schwertfortsatz. Vom 5. Lebensjahr an schreitet die Ossifikation in der Mitte des unteren Randes des Manubriums an der gegenüberliegenden Stelle im oberen Korpussegment mit einem zapfenförmigen Vorsprung fort (64). Der Zapfen ist von Knorpel umgeben, in dem später – ähnlich wie in den Randleisten der Wirbelkörper – kleine Knochenkerne auftreten können. Auch an den Korpussegmenten findet sich eine knorpelige Randleiste, deren Ossifikation unregelmäßig sein kann und dann zu wellig konturierten Grenzflächen führt (Abb. 3.**72**). Die Verknöcherung geht mit median vorauseilender und vorübergehend stark sklerotischer Komponente weiter. Diese Sklerose zeigt sich auch noch beim Schluß der Knorpelfugen des Korpus (Abb. 3.**72**) und bei relativ spät beginnender Synostosierung der Synchondrosis (Symphysis) manubriosternalis. Gedoppelte Manubriumzentren sind bei einer Häufigkeit von 20% (11) als Normvarianten anzusehen.

Die **Ossifikation des Schwertfortsatzes** erfolgt unabhängig von Körpergewicht, Lebensalter und der Verknöcherung der übrigen Sternalsegmente und ähnelt vielleicht der Kalzifikation und Ossifikation des Rippenknorpels (63).

Die **Verschmelzung** der Korpuskerne erfolgt von unten nach oben, umgekehrt wie das Auftreten der Knochenkerne. Die beiden unteren Korpussegmente verschmelzen zwischen dem Kleinkindalter und der Pubertät, dann folgt während der Pubertät die Fuge zwischen dem 2. und 3. Segment und zwischen dem 13. und 28. Lebensjahr (3) die Fuge zwischen dem 1. und 2. Segment. Als Reste der Kern- und Segmentgrenzen finden sich im Korpus Erwachsener nicht selten Ossifikationsnarben (Abb. 3.**57**).

Form und Zahl der Knochenkerne sowie Verschmelzungszeiten variieren im Sternum stärker als an sämtlichen übrigen Teilen des Skeletts.

Beim Erwachsenen

Der obere Rand des Manubrium ist als Folge der individuell unterschiedlich starken Reduktion des interklavikulären Blastems sehr verschieden gestaltet (Abb. 3.**73 a–p**).

Die **Synchondrosis manubriosternalis** (s. sternalis superior) verläuft recht unterschiedlich, manchmal mit kranial-konvexer Tendenz. Sie hat Ähnlichkeiten mit den Zwischenwirbelscheiben. In ihrer Höhe setzt das zweite Rippenpaar an.

Der **Brustbeinkörper** ist beim Mann im allgemeinen etwas länger und schmaler.

Die „149-Regel" besagt, daß bei Männern die Gesamtlänge des Brustbeins ohne Schwertfortsatz 149 mm in 80% der Fälle überschreitet; hingegen liegt die Brustbeinlänge der Frau meist unter 149 mm (1). Die Bestimmung der Körpergröße aus den radiographisch festgestellten Maßen des menschlichen Brustbeins ist unter Angabe einer breiten Streuung möglich (84).

Die breiteste Stelle des Sternum befindet sich in der unteren Hälfte. Die Kürze des Sternum beeinflußt den Ansatz der 6. und 7. Rippe. Bei langem Brustbein setzen diese beiden Rippen seitlich, bei kurzem Sternum an dessen unterem Ende an. Seitlich ansetzende Rippen mit freiem Processus xiphoideus wurden in 65% (Männer/Frauen ≈ 3 : 1), am Unterrand ansetzende Rippen in 35% (Männer/Frauen ≈ 4 : 7) gefunden (87). Gewöhnlich sind die Rippen in Einschnitten am Brustbein befestigt; manchmal sitzen sie jedoch auf Vorsprüngen, **Processus costales.**

Die **Synchondrosis xiphosternalis** (s. sternalis inferior) ist so mannigfaltig geformt wie der Schwertfortsatz. Sie ist in 50% koaliert oder knöchern verschmolzen und, wenn vorhanden, niedriger als die manubriosternale Synchondrose.

Die außerordentliche Vielgestaltigkeit des **Processus xiphoideus** geht aus Abb. 3.**74** hervor. Hier wird die Varianz – jedenfalls ohne Angabe prozentualer Häufigkeiten – zur Norm.

Betrachtet man das *Brustbein als Ganzes*, ist auch hier die ungewöhnliche Vielfalt seiner Form normal; weder Gesamtform noch Einzelheiten stimmen bei den nächsten Verwandten überein. Die Knochendicke beträgt durchschnittlich im Korpus 6 mm, in der Mitte des Manubrium 7 mm und nimmt sowohl nach kranial (bis 15 mm) wie nach kaudal (bis 12 mm) zu (34).

Mit dem Alter verstärkt sich in Abhängigkeit zum Emphysem und der Kyphose der Brustwirbelsäule die Krümmung zwischen Manubrium und Korpus, der sog. Angulus Ludovici. Die ventralkonvexe Wölbung des Korpus mit Höhepunkt am Ansatz der 3. und 4. Rippe findet sich dagegen im Alter (29).

Die Variabilität des normalen Brustbeins findet sich auch am Sternoklavikulargelenk, das als das meistvariable Gelenk des menschlichen Körpers gilt (23). Der Kopf überragt die Pfanne. Ein Ausgleich der Inkongruenzen erfolgt durch das als Diskus wirkende, intraartikuläre Lig. sternoclaviculare (58), das

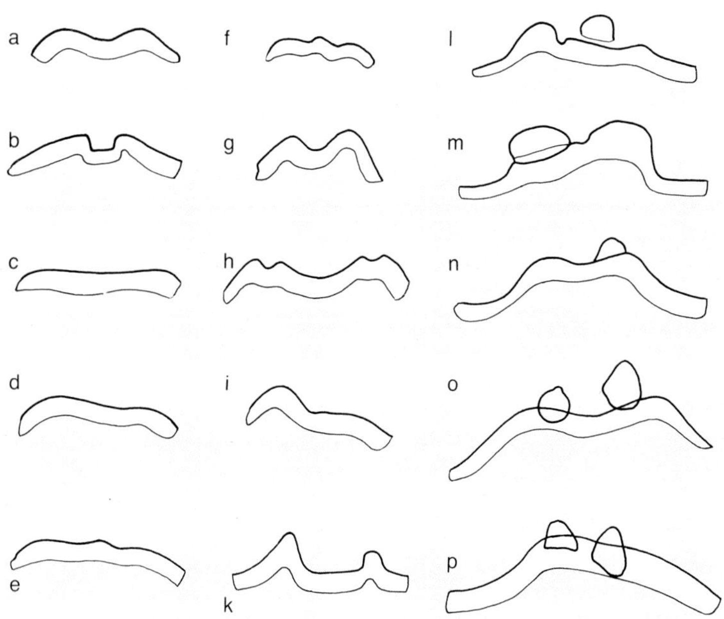

Abb. 3.**73 a–p** Formen des Episternalabschnittes des Manubriums: Die von Zimmer beobachteten Episternalknochen

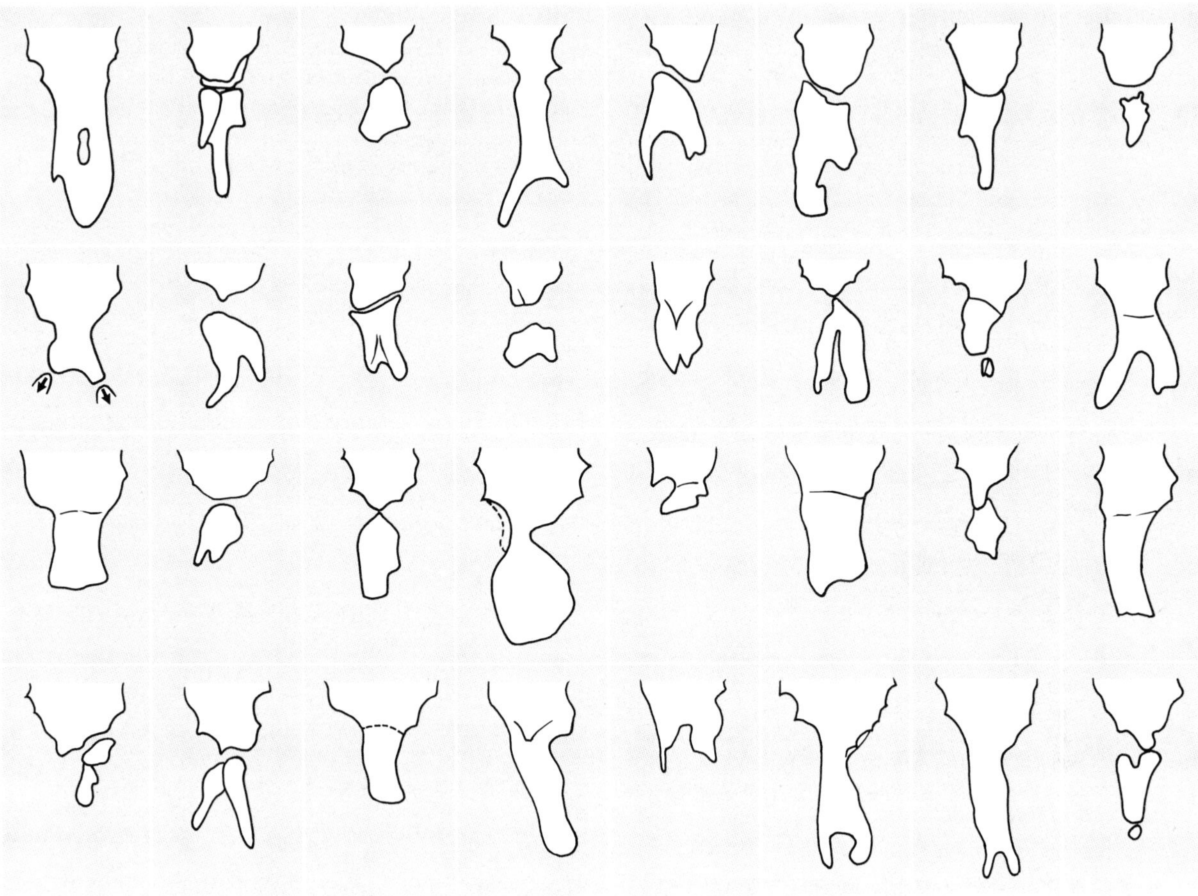

Abb. 3.**74** Der Formenreichtum des Processus xiphoideus. Die erste Skizze läßt eine Lochbildung erkennen

die Gelenkhöhle in zwei Kammern unterteilt. Die Form der Incisura clavicularis steht in Beziehung zur Konfiguration des oberen Manubriumrandes. Die Gelenkfläche kann flach oder ausgehöhlt sein. Bei Erwachsenen und bei der Altersosteoporose tritt die subchondrale Grenzlamelle besonders markant hervor (24).

Die *radiologische Darstellung* des Brustbeins durch Nativaufnahmen ist infolge von Überlagerungen schwierig. Auch bei der Schichtuntersuchung, die im sagittalen Strahlengang zudem bei gewölbtem Sternum nur Teilabschnitte wiedergibt, können weniger ausgeprägte Befunde dem Nachweis entgehen. Die Computertomographie bietet sich nach Übersichtsaufnahmen in mehreren Projektionen und Schichtaufnahmen im sagittalen und im transversalen Strahlengang als sehr wertvolle Methode an, um normale und pathologische Befunde am Brustbein nachzuweisen (88). Da bei normaler Einstellung die Kortikalis des Manubrium normalerweise fast immer, die vordere Kortikalis sehr häufig, unscharf und unregelmäßig erscheint, empfiehlt es sich, die CT-Gantry mehr senkrecht zur Ebene des Manubrium einzustellen (31).

Varianten

Entsprechend den Ausführungen im Abschnitt über die Form gibt es wohl kein Skeletteil im menschlichen Körper, in dem sich die Begriffskreise der Norm und der Varianz so stark überschneiden. So sind z. B. ausgeprägte, asymmetrische Querrillen und -furchen, wie sie auf Abb. 3.**75** zu erkennen sind, bei einem 14jährigen noch als normal zu bezeichnen.

Apophysen an der Incisura clavicularis des Manubrium sterni sowie an den Incisurae costales wie auch Ossifikationsdefekte am Seitenrand des Manubriums sind bekannt (25).

Über die entwicklungsgeschichtliche Besonderheit, die sich bei der Entstehung des oberen Brustbeinrandes aus zwei verschiedenen Blastemen ergibt, wurde anfangs hingewiesen. Die resultierende, sehr unterschiedliche Form dieses Abschnittes geben die Skizzen der Abb. 3.**73** wieder. Dort können auch kleine, isolierte oder koaleszierende Skelettelemente auftreten, die sog. **Ossa epi- (bzw. supra-)sternalia,** ein auch bei Erwachsenen in 0,7 (9) bis 4% (19) noch zu beobachtender Befund (Abb.

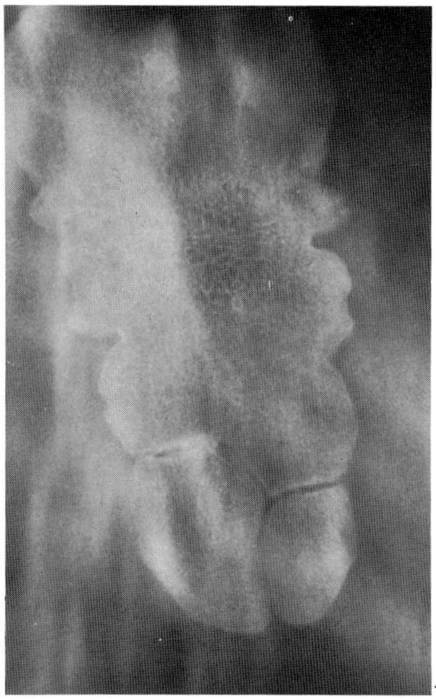

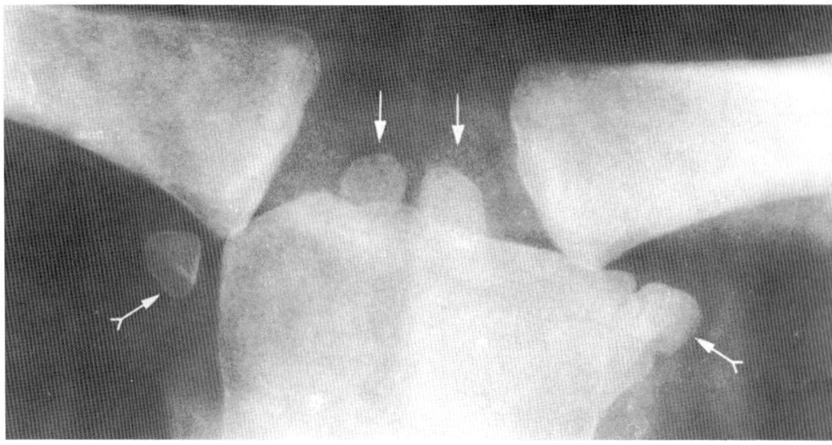

Abb. 3.**76** Epi-(→) und Para-(↣)sternalknochen

◁ Abb. 3.**75** 14jähriger. Sternum multipartitum, nicht pathologisch

3.**76** und 3.**77**). Als Zwischenstufen sind das Tuber jugulare und das Tuberculum suprasternale aufzufassen. Über das Erscheinungsbild „episternale Ossikel" im Computertomogramm wurde 1985 berichtet (20).

Die neben dem Manubrium im Knorpel der ersten Rippen liegenden, dreieckigen **Ossa parasternalia** (Abb. 3.**76** und 3.**78**) werden zum Teil auch als persistierende Kerne einer Varietät des Brustbeins, des Processus costalis sterni, aufgefaßt (70).

Isolierte Knochenkerne in der Synchondrosis manubriosternalis (57) bzw. an der superoposterioren Kante des Manubrium (24) sind bei Erwachsenen erwähnt. Auch im Ansatz der 2. Rippe in Höhe der Synchondrosis superior können gelegentlich kleine Knochenkerne vorkommen.

Eine gewisse **Sternumasymmetrie** ist normaler als das selten anzutreffende, vollständig symmetrische Brustbein.

Andererseits gehen auch die Begriffskreise der Varianten und der Anomalien weit ineinander über. So gilt das Sternum als geeignetes Testobjekt zum Aufdecken von Skelettentwicklungsstörungen (36). Vier Schweregrade der **verzögerten medianen Kernverschmelzung** werden bei weitergehender, vertikaler Ossifikation unterschieden (Abb. 3.**79**). Erst der 3. Grad wird bei dystrophischen Kindern beobachtet, der 4. Grad leitet zur Fissura sterni über.

Die **Asymmetrie der Knochenkernentwicklung** mit *Asymmetrie und Irregularität der Konturen,* im Kleinkindesalter oft mit dem Auftreten von Nebenkernen verbunden – bis zu 12 Kerne sind beobachtet (79, 90) –, führt von den leichten Graden der Norm über Varianten bis zur eindeutigen Anomalie (Abb. 3.**80a–e**). Eine scharfe, begriffliche Abgrenzung ist nicht möglich. Irgendwo in den Varianten liegt die Grenze zwischen Norm und Anomalie.

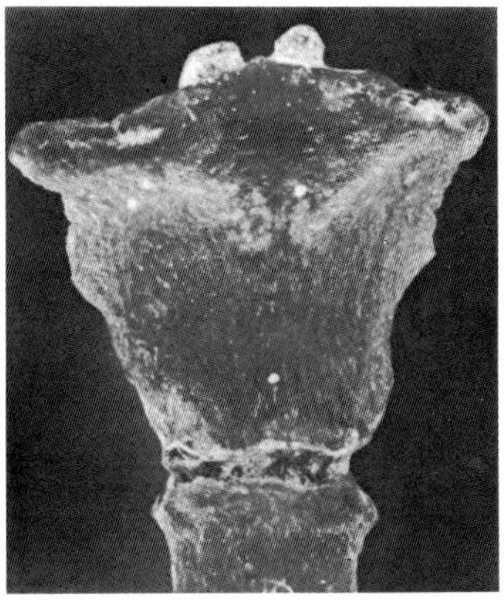

Abb. 3.**77** Manubrium mit zwei Episternalknochen (bemalt)

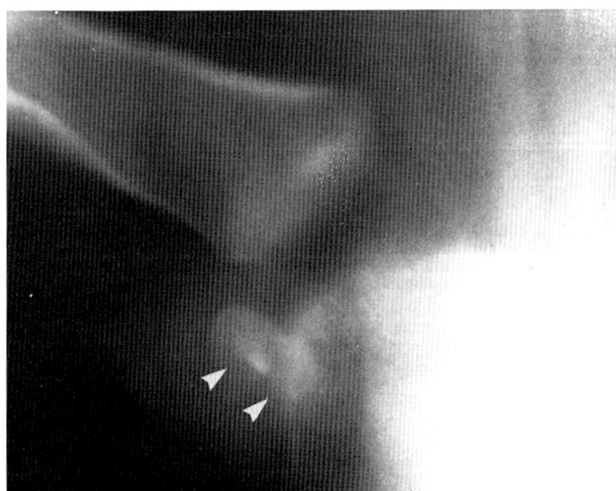

Abb. 3.**78** Os parasternale im Tomogramm

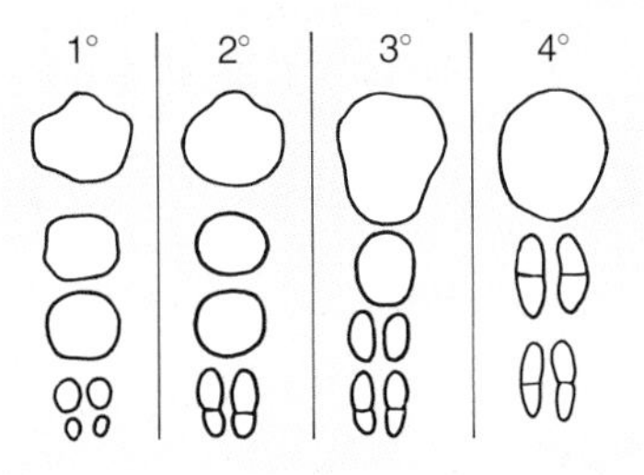

◁ Abb. 3.**79** Schematische Darstellung der medianen Kernverschmelzung (nach Herdner)

Abb. 3.**80 a–l** Anomalien der Knochenkernentwicklung (zusammengestellt nach Zimmer, Herdner, Pfeiffer, Schmid und Weber). Asymmetrie der Knochenkernentwicklung (a u. g). Irreguläre Konturen der Knochenkerne (b, e, i, k). Stufenförmiger Verlauf der Zwischenräume (a u. g). Mehrfache Manubriumkerne (c bis l) (nach Fischer)
▽

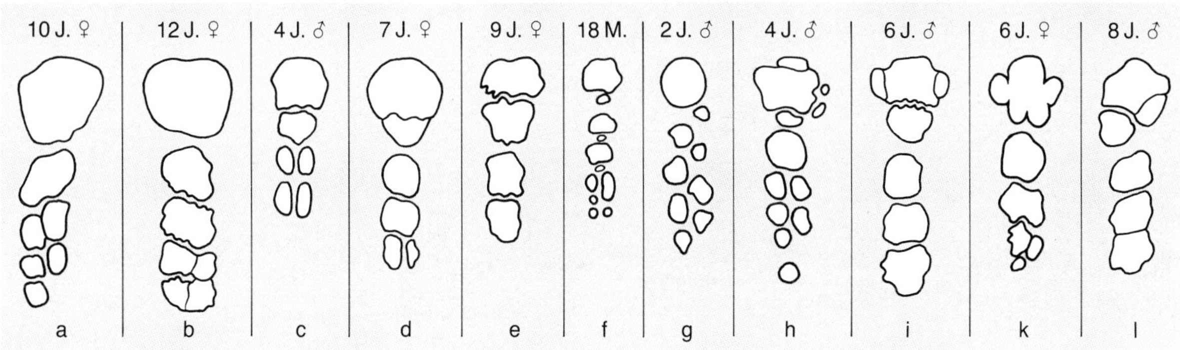

Die Seitenverbiegung des gesamten Brustbeins oder des Korpus allein, einseitige Verbreiterungen von Manubrium und Korpus, ungleich hoher Rippenansatz und Verlaufsabweichungen der Synchondrosis superior sind Folgen der abnormalen Kernentwicklung.

Die Segmentierung ist nicht Folge der metameren Kernanlage, sondern erfolgt vor der Ossifikation im Knorpelstadium (17). Die Synchondrosis manubriosternalis bleibt nach dem 3. Dezennium in 90% erhalten. Sie synostosiert also nur bei 10% der Menschen, in 5–8% sind alle Synchondrosen verknöchert, während in 2–4% **Knorpelfugen** im Korpus *persistieren* (64). Das **Sternum multipartitum** bzw. eine persistierende Knorpelfuge darf erst nach dem 30. Lebensjahr diagnostiziert werden. Die Kombination einer Synostose der Synchondrosis superior und Knorpelfugenpersistenz zwischen dem 1. und 2. Korpussegment wird **Segmentverschiebung** genannt. Sie kommt bei Menschenaffen häufig vor (90). Beim Menschen kann sie auch mit Schmerzen einhergehen (72).

Löcher (für den Durchtritt auch kaliberstarker Gefäße [63, 67]), öfter in Kombination mit Segmentierungsstörungen (Abb. 3.**81**), werden im unteren Korpus in einer Häufigkeit zwischen 6,9% (55) bis 20% (64) angegeben. Im Manubrium wurde ein solches Foramen einmal unter 205 Brustbeinen beobachtet (87). Dieser Autor fand im Corpus sterni in 3%, im Processus xiphoideus in 5% Lochbildungen. Auch zwei untereinander liegende Foramina sind erwähnt (38). Im Computertomogramm lassen sich Foramina in der Mittellinie des Sternum in 4,3% von Patienten nachweisen, die sich einer solchen Untersuchung unterzogen (82). Inwieweit derartige Befunde als Übergänge zur inkompletten Sternumfissur aufzufassen sind, ist schwer zu entscheiden.

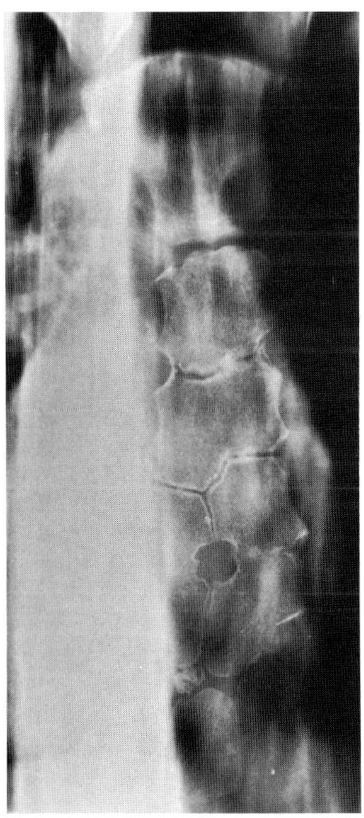

Abb. 3.**81** Lochsternum mit persistierender Segmentierung bei einem 22jährigen Mann

Das **Fehlen des Processus xiphoideus** kann man fast zur Norm zählen, wenigstens bei Frauen, bei denen der Schwertfortsatz in 47% fehlt, während die 9%ige Absenz bei Männern (86) den Defekt schon in die Kategorie der Varianten hebt. Eine **abnorme Länge des Schwertfortsatzes** ist beschrieben (11, 15).

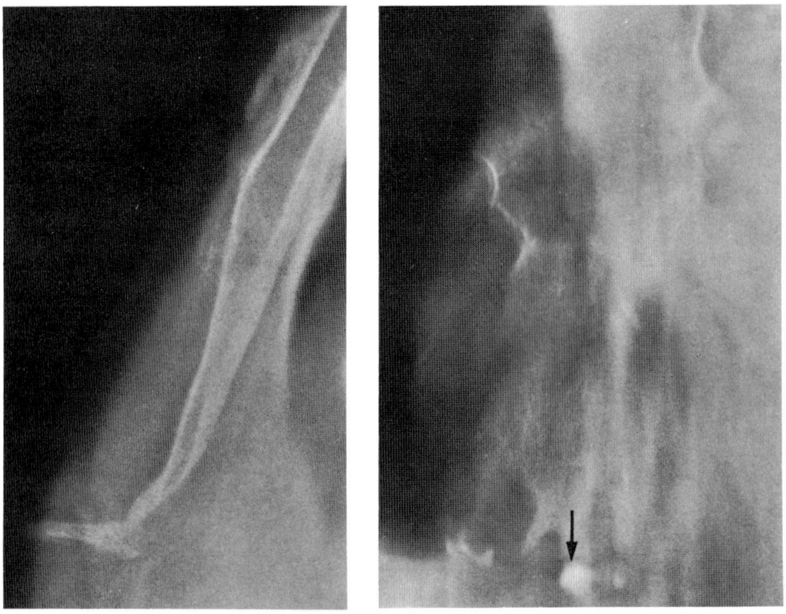

a b

Abb. 3.**82a** u. **b** Verschmelzung der unteren Synchondrosis des Brustbeins und zackenförmiges Ende des Processus xiphoideus mit scharfer Abwinkelung nach vorn (**a**), so daß es auf dem p.-a. Bild (**b**) orthograd getroffen ist und als Rundschatten imponiert

Bei Pyknikern und bei vergrößertem Bauchinhalt ist der Processus xiphoideus zuweilen stärker nach ventral abgewinkelt (Abb. 3.**82a** u. **b**). Speziell bei Berufen mit Arbeit im Sitzen kann es hierdurch zu Hautnekrosen, aber auch zu Peritoneal- und Magenreizungen kommen.

Im Sternoklavikulargelenk kann der Diskus fehlen (64).

Anomalien

Die **prämature Synostose** und **fehlende Segmentierung** führen zum außerordentlich kleinen, plumpen Brustbein mit Abwinkelung nach ventral („Taubenbrust"). Hierüber gibt es nur wenige Mitteilungen im Schrifttum (13, 36, 59), in denen auch über Kombinationen mit kongenitalen Herzfehlern und weiteren Mißbildungen berichtet wird. Eine eigenartige, kurzbogige Kyphose der oberen Brustwirbelsäule wird als Folge des kurzen Sternum diskutiert (25). Die Verschmelzung der Sternalleisten (s. einführenden Hinweis) kann vollständig ausbleiben, **Fissura sterni completa.** Dieses Vorkommnis wird nach zwei jüngst berichteten Fällen (30, 78) als extrem selten und kombiniert mit einer Serie anderer Anomalien des Zwerchfells, des Abdomens, des Herzens oder anderer Organe beschrieben. Die Teilspaltung, **Fissura sterni incompleta,** (Abb. 3.**83** u. 3.**84**) gilt ebenfalls als eine seltene Mißbildung, die meist den oberen Brustbeinanteil betrifft (fissure sternale supérieure isolée) und wird mit und ohne begleitende andere Organanomalien gefunden. Bis 1926 wurden 58 Beobachtungen aus der Weltliteratur zusammengestellt (32). Abgesehen von der möglichen Herzektopie (8) sind begleitende Hautmißbildungen wie Kutisfissur und Wammenbildung als klinische Leitsymptome aufzufassen. Auch hier ist jüngst ein typischer Einzelfall beschrieben (30).

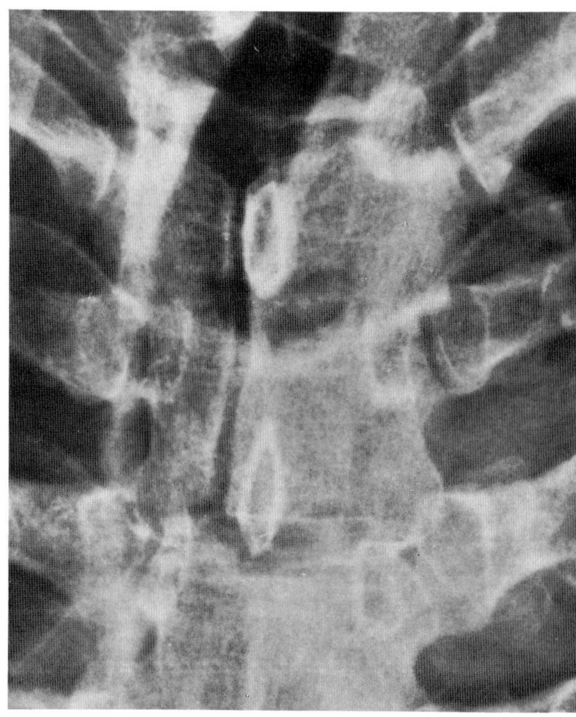

Abb. 3.**83** Bei flüchtiger Betrachtung der Röntgenaufnahme könnte man an eine Spina bifida zweier oberer Brustwirbel denken, muß aber sofort feststellen, daß die Dornfortsätze dieses Wirbels normale Form haben; auch für einen Mach-Effekt, durch die Überlagerung der Trachea, ist das Bild zu massiv

Bei der Fissura sterni werden an den nicht verschmolzenen Sternalleisten fast konstant persistierende Segmentfugen, Segmentverschiebungen und Segmentdeformierungen gefunden (1,43, 52, 71).

Die tiefste Stelle der angeborenen Einziehung der vorderen Brustwand, der Trichter der **Trichterbrust,** liegt in der Höhe der Synchondrosis xipho-

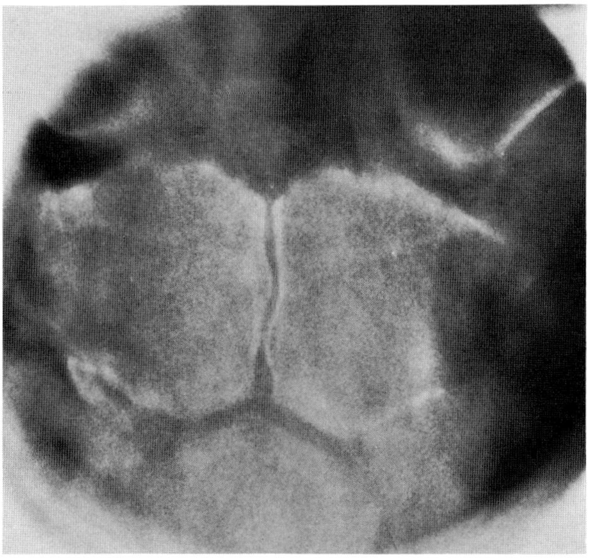

Abb. 3.**84** Tomogramm der Beobachtung der Abb. 3.**83**: Fissura sterni incompleta im Manubrium

sternalis, selten in der Mittellinie und meist (86%, 37) paramedian. Die Brusteinziehung kann auch in Form einer breiten Mulde auftreten (35). Mit dieser Anomalie ist oft ein totaler oder partieller Defekt des M. pectoralis verbunden. Paramediane Lungenverschattungen auf der Übersichtsaufnahme des Thorax werden durch die beiderseits steil abfallende, orthograd getroffene Brustwand hervorgerufen (18). Die vordere Brustwand nähert sich im Extrem bis auf wenige Zentimeter der Wirbelsäule. Das plattgedrückte Herz (sog. Pfannkuchenherz) und manchmal auch der Ösophagus werden nach links verlagert. Der Querdurchmesser des Thorax nimmt zu.

Die Trichterbrust wurde in 0,059% an einer Chirurgischen Klinik beobachtet. In 79% war das männliche, in 22% das weibliche Geschlecht betroffen (61). Die kongenitale Trichterbrust als endogene Entwicklungsstörung wird häufig in Kombination mit anderen Fehlbildungen angetroffen und findet sich z. B. beim Marfan-Syndrom (83). Sternum und Halswirbelsäule entstammen phylogenetisch der gleichen Matrix. Von 42 untersuchten Patienten wurde bei 30 eine Fehlhaltung festgestellt, bei 13 fanden sich Block- und/oder hypoplastische Wirbel, Fehlanlagen des Dens axis und kraniovertebrale, ossäre Dysplasien (81).

Zu den erworbenen Formen der Trichterbrust zählt man den Zustand nach Impressionsbrüchen des Sternum (21) und Deformierungen im Gefolge der Alterskyphose (50, 51).

Gespaltene Processus xiphoidei können mit Rektusdiastasen sowie mit Herz-, Zwerchfell- und Perikardmißbildungen kombiniert sein (6).

Sie unterscheiden sich hiermit nicht von den kompletten Brustbeinspalten.

Das **Pectus excavatum** kann mit einer Polydaktylie kombiniert sein und besitzt sonst keine wesentliche klinische Bedeutung (42).

Hypo- und Aplasien des Sternoklavikulargelenkes finden sich in Kombination mit der kleidokranialen Dysplasie. Bei Agenesie des Brustbeins wurde statt des Sternoklavikulargelenkes ein Gelenk zwischen Klavikula und 1. Rippe gefunden. An der Hinterfläche des Manubrium, beginnend am Rand des Gelenkes zur Klavikula, ist eine walnußgroße Exostose beschrieben (41).

Verletzungsfolgen

Sternumfrakturen ereignen sich nach großen Unfallstatistiken in einer Häufigkeit von 0,5% bzw. 0,2% (22, 24). Bei Autounfällen kann sich das Sternum gegen das Steuerrad drücken – „Steering-wheel"-Verletzungen. Dabei wird das Sternum von Rippenknorpeln und Rippen gelöst. Allerdings kommen im Verhältnis 65 : 35% gegenüber direkten auch indirekte Frakturen des Brustbeins vor, entstanden bei Hyperflexionsbrüchen der Wirbelsäule und übermäßiger Anspannung der am Sternum ansetzenden Muskulatur (Heben schwerer Lasten, Geburtsakt, Turnübungen).

Typisch ist die Quer- oder Schrägfraktur nahe der Synchondrosis manubriosternalis. Ein Doppelbruch des Korpus ist möglich (90), ebenso eine Fraktur des Schwertfortsatzes (4).

Zerreißungen im Bereich der Knorpelfugen gelten als selten (54, 80).

Ein Mediastinalhämatom erzeugt paramediastinale Verschattungen, die dann als indirekter Hinweis für einen Brustbeinbruch zu werten sind. Die Sternumfraktur *im Kindesalter* ist ungemein selten, nur wenige Berichte hierüber sind in der englischen Literatur bekannt. Das jüngste Kind betrifft einen Jungen im Alter von 7 Jahren. Hier erfolgte die Remodellierung der vorherigen Fragmentdislokation spontan und bedurfte nicht eines chirurgischen Eingriffs (69).

Luxationen in den Synchondrosen unterliegen in Entstehung und Folgen den gleichen mechanischen Gesetzen wie das Sternum bei Frakturen. Die Verrenkungen in der unteren Fuge sind noch seltener als die Luxationen in der Synchondrosis manubriosternalis (46). Auch in den noch nicht verschlossenen Knorpelfugen des Korpus kann es zu Dislokationen kommen (47, 54).

Der radiologische Nachweis der unter allen Luxationen in 4%iger Häufigkeit (15) auftretenden **Luxation der Klavikula gegenüber dem Sternum** kann selbst tomographisch erhebliche Schwierigkeiten machen, besonders, wenn die Luxation nach hinten erfolgt, eventuell beide Schlüsselbeine betroffen sind (2) und dazu noch eine Brustkyphose oder ein Faßthorax, z. B. bei Emphysem, vorliegt, da bei diesen Brustkorbdeformitäten schon normalerweise die Gelenkpfanne nach vorn verschoben ist (51). Dabei wird das Schlüsselbein – durch direkte oder auch indirekte Gewalteinwirkung – meist nach retrosternal verlagert (90, weiteres Schrifttum s. bei 24). Am einfachsten wird sich in Zukunft der Nachweis im Computertomogramm führen lassen, wenn der Befund nicht schon klinisch eindeutig zu erheben ist.

Eine habituelle Subluxation und auch Luxation kommt familiär gehäuft bei Gelenkschlaffheit vor (10).

Erworbene Erkrankungen

Grundsätzlich kann sich jede **systemische Knochenerkrankung** auch am Sternum manifestieren, nur ist der radiologische Nachweis wegen der starken Überlagerung durch Wirbelsäule oder Rippen oft viel schwieriger. *Solitäre, oligo- oder polytop auftretende Knochenerkrankungen* wie die Tuberkulose (75), die – vor allem posttraumatische und postoperative – Osteomyelitis (76), die Ostitis deformas (Paget), die Lymphogranulomatose, das Plasmozytom, Metastasen und primäre Knochentumoren, wie z. B. Osteo- und Chondrosarkome, werden am Sternum ebenfalls beobachtet, kommen aber – mit Ausnahme des Chondrosarkoms, des Plasmozytoms und von Metastasen – hier wesentlich seltener als in anderen Lokalisationen vor. Über eine solitäre Manifestation der Histiozytose X am Sternum wurde 1982 berichtet (33). Um das Ausmaß der Knochenherde, vor allem aber der Weichteilinfiltrationen, festzustellen, ist die Computertomographie eine wertvolle Methode (12). Einige der allgemeinen Knochenerkrankungen können am Sternum durchaus eine eigentümliche radiologische Symptomatik hervorrufen, wie das aus den Abb. 3.**85** und 3.**86** bei einer Osteopetrose hervorgeht.

Systemische Wirbelsäulen- und Gelenkerkrankungen wie z. B. die **ankylosierende Spondylitis** (Morbus Bechterew) oder andere seronegative Spondylarthritiden können sich im Bereich der Synchondrosis manubriosternalis manifestieren. Das Manubriosternalgelenk ist beim Morbus Bechterew mit über 50% beteiligt (5). Man erkennt dabei (im wesentlichen auf dem Schichtbild) subchondrale Sklerosen und irreguläre Destruktionen mit hierdurch bedingter scheinbarer Erweiterung des Spaltes (Abb. 3.**87**)

Sklerosen im Manubrium, Befall der Schlüsselbeine, Ossifikationen der kostoklavikulären Bänder und die bei sämtlichen sechs Frauen beobachtete Kombination mit Pustulosis palmoplantaris legen eine Beziehung zur ätiologisch noch ungeklärten sternokostoklavikulären Hyperostose nahe (40) (Abb. 3.**88**), s. Abschnitt „Klavikula".

Da diese Veränderungen, besonders im Anfangsstadium, oft konventionell-radiographisch nur schwer darzustellen sind, sollte bei nicht ganz eindeutiger klinischer Symptomatik – mit lokalen Schmerzen und einer Schwellung – die Szintigraphie eingesetzt werden, die dann in diesem Bereich Aktivitätsanreicherungen erkennen läßt, s. auch Abb. 3.**64 b**.

Selten kann einmal die Manubriosternalregion klinisch und radiologisch am Anfang eines Morbus Bechterew vorherrschen. Dann treten erhebliche differentialdiagnostische Probleme auf. Die HLA-B27-

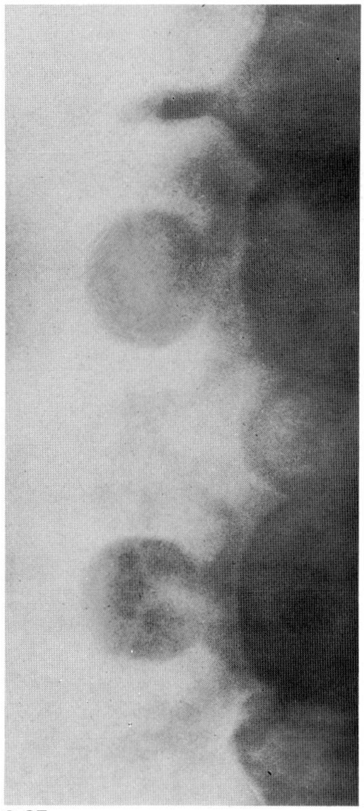

3.**85**

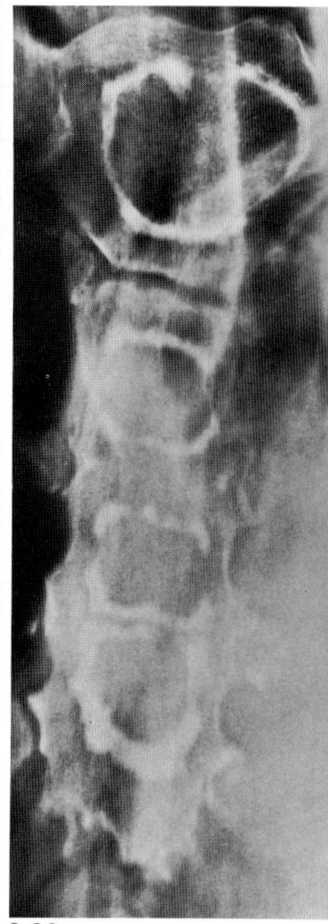

3.**86**

Abb. 3.**85** Sternum bei Marmorknochenkrankheit

Abb. 3.**86** Schichtbild mit charakteristischem Aspekt einer Marmorknochenkrankheit

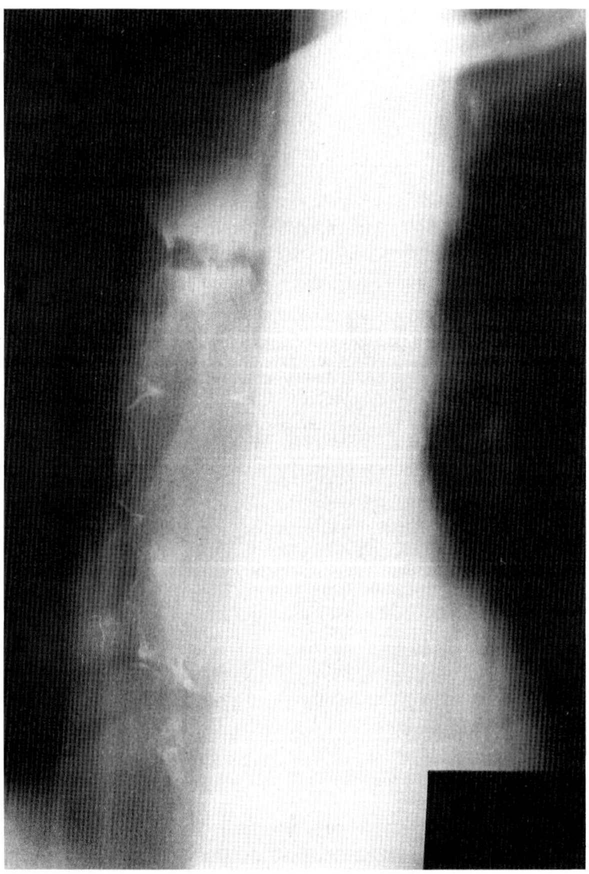

Abb. 3.**87** 34jähriger Mann. Manubriosternaler Befall bei Morbus Bechterew

Typisierung erleichert in solchen Fällen die diagnostische Zuordnung. Destruktive Vorgänge bei seronegativen Spondylarthritiden kommen auch an den Manubrioklavikulargelenken und an den Sternokostalverbindungen vor; wohl als einzigartiger Befund ist die Monarthritis einer persistierenden transversalen Spalte im Brustbeinkörper beschrieben (39).

Mit Osteophyten, Spaltverschmälerung und subchondraler Sklerose gehen **degenerative Veränderungen**, z. B. nach dauerhafter Überlastung, einher (16, 28, 49) (Abb. 3.**89**).

Degenerative Veränderungen werden nicht nur an der Synchondrosis manubriosternalis, sondern auch an der **Synchondrosis xiphosternalis** beobachtet, insbesondere bei Berufen, in denen Arbeitsmaterial gegen die Brust gepreßt wird (früher Schlosser und Schuster). Radiologisch lassen sich dann ähnliche Symptome wie bei den oben beschriebenen degenerativen Veränderungen in der Synchondrosis manubriosternalis erkennen. Keine radiologische Symptomatik verursachen hingegen sog. Xiphodynien, die besonders bei Büroangestellten mit langem Brustbein vorkommen können.

Wie zuvor erwähnt, sind degenerative Veränderungen in den **Sternoklavikulargelenken** keine Seltenheit. Das wird verständlich, wenn man die relativ starke mechanische Beanspruchung in diesen Gelenken berücksichtigt. Schon im Alter zwischen 25 und 30 Jahren können hier die Symptome einer Arthrosis deformans auftreten. Nach dem 50. Lebensjahr sind grundsätzlich bei allen Menschen deutliche oder auch schwere Abnutzungserscheinungen nachweisbar, rechts häufiger als links. Die klinische Symptomatik kann dabei, wie oben bereits erwähnt, fehlen, und es liegt nur ein abnormer radiologischer Befund vor. Dabei finden sich Verschmälerungen der Gelenkspalten, Abflachungen besonders des kaudalen Teiles des Schlüsselbeinköpfchens, Randzacken an seinem Unterrand, subchondrale Sklerosen und Geröllzysten. Durch Knochenanbau kann die Extremitas sternalis claviculae den doppelten Umfang der ursprünglichen Größe erreichen, ein Vorgang, der im Rahmen der Arthrose am Skelett des Körpers einmalig ist. Klinisch imponieren dann deutlich vorspringende mediale Schlüsselbeinabschnitte.

Bei Jugendlichen vorübergehend auftretende Weichteilschwellungen sind ätiologisch ungeklärt und vom Tietze-Syndrom (s. folgenden Absatz „Rippen“) kaum zu trennen.

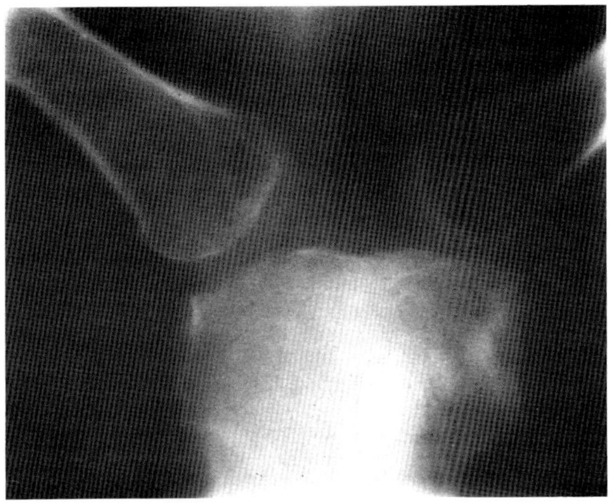

Abb. 3.**88** 59jährige Frau. Seit vier Jahren Pustulosis palmaris et plantaris. Seit vier Jahren Schmerzen im Bereich des Manubrium sterni links, seit drei Jahren Schmerzen in beiden Oberschenkeln, links Brodie-Abszeß. Tomogramm des Manubrium sterni: Sklerosen, Destruktionen und Deformierungen im Manubrium sterni links nahe dem Sternoklavikulargelenk. Sternokostoklavikuläre Hyperostose? (Beobachtung von Holthusen, Hamburg)

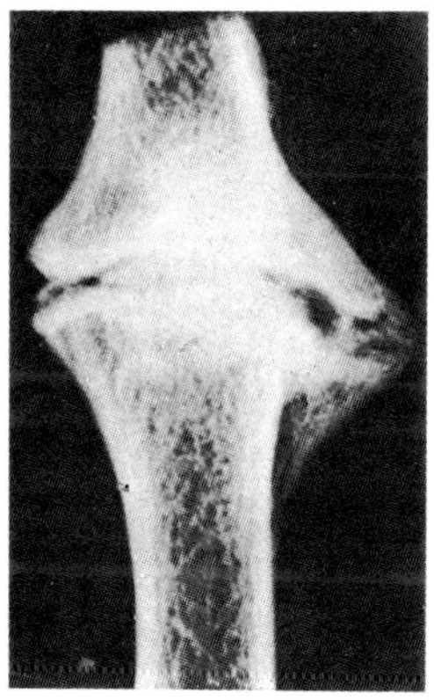

Abb. 3.**89** Röntgenbild eines Präparates mit Osteophyten an den Synchondrosenrändern

Literatur

1 Ashley, G. T.: The human sternum. J. forens. Med. 3 (1956) 27–43
2 Beckman, T.: A case of simultaneous luxation of both ends of the clavicle. Acta chir. scand. 56 (1923) 156–163
3 Brailsford, J. F.: The Radiology of Bones and Joints, 3rd ed. Churchill, London 1945
4 Burmann, M., S. E. Sinberg: Injury of the Xiphoid. Columbia University Press, New York 1952
5 Candardjis, G., Y. Saudan, P. de Bosset: Étude radiologique de l'articulation manubrio-sternale dans la pelvis spondylite rhumatismale et le syndrome de Reiter. J. Radiol. 59 (1978) 93–101
6 Cantrell, J. R., J. A. Haller, M. M. Ravitch: A syndrome of congenital defects involving the abdominal wall, sternum, diaphragm, pericardium and heart. Surg. Gynec. Obstet. 107 (1958) 602–614
7 Carter, F. R. N.: Congenital absence of the os sternum J. Indian med. Ass. 18 (1925) 57–59
8 Chang, C. H., W. C. Davis: Congenital bifid sternum with partial ectopia cordis. Amer. J. Roentgenol. 86 (1961) 513–516

9 Chappuis, J.-P., P. Tarvorian, M. Philibert, H. Dodat, G. Clarisse, J.-C. Kossmann: A propos de deux cas de fissure sternale congénitals. Pédiatr. 39 (1984) 195–202
10 Chrysaffis, M.: Luxation asquise sterno-claviculaire gauche, observé sur plusieurs membres de la même famille. Grèce med. J. 26 (1924) 83–84
11 Colosimo, C.: Xiphosterno biforcato e abnormente lungo. Radiol. med. (Torino) 26 (1939) 42–43
12 Crone-Münzebrock, W., M. Heller, H. Vogel: Computertomographische Befunde bei Brustbeindestruktionen. Fortschr. Röntgenstr. 138 (1983) 703–707
13 Currarino, G., F. N. Silverman: Premature obliteration of the sternal sutures and pigeon-breast deformity. Radiology 70 (1958) 532–540
14 Daubenspeck, K.: Der Schultergürtel. In Hohmann, G., M. Hackenbroch, K. Lindemann: Handbuch der Orthopädie, Bd. II. Thieme, Stuttgart 1958 (S. 936–996)
15 Desault. In Garré, C., H. Küttner, E. Lexner: Handbuch der praktischen Chirugie. Enke, Stuttgart 1924
16 Dihlmann, W.: Gelenke – Wirbelverbindungen, 2. Aufl. Thieme, Stuttgart 1982 (S. 592)
17 Dziallas, P.: Zur Entwicklung und Histogenese der Sternocostalverbindungen und Sternalfugen. Z. Zellforsch. 37 (1952) 127–143
18 Edling, N. P. G.: The radiologic appearance of the heart, oesophagus and lungs in funnel chest deformities. Acta radiol. (Stockh.) 39 (1953) 273–280
19 Eggeling, H.: Clavicula, Praeclavium, Halsrippen und Manubrium sterni. Anat. Anz. 29 (1906) 99–110
20 Elster, A. D., P. Stark: Episternal ossicles: a normal CT variant. Fortschr. Röntgenstr. 143 (1985) 246
21 Eichhorst, H.: Erworbene Trichterbrust. Dtsch. Arch. klin. Med. 48 (1890) 613–618
22 Emmett und Breek (1958); zit. nach 24
23 Fick; zit. nach 24
24 Fischer, E.: Sternum und Calvicułargelenke. In Diethelm, L., O. Olsson, F. Strnad, H. Vieten: Handbuch der Medizinischen Radiologie, Bd. IV/2. Springer, Berlin 1968 (S. 481–504)
25 Fischer, E.: Besonderheiten zur Ossifikation des Brustbeins. Fortschr. Röntgenstr. 98 (1963) 151–157
26 Förster, A.: Neonatal metaphyseal injuries: typical changes and unusual site. Ann. Radiol. 14 (1971) 315–320
27 Françon, F., P. Faidherbe, G. du Lac, G. Leblanc: Le comportement de l'articulation manubrio-sternale dans la spondylarthrite ancylosante (Ex-Spondylose Rhizomélique). Presse méd. 61 (1953) 109–111
28 Gassmann, W.: Ungewöhnlich große Osteophytenbildung an der Synchondrosis sterni. Fortschr. Röntgenstr. 86 (1957) 406
29 Gelderen, Chr. van: Zur Anatomie und Mechanik der Symphysis sternalis. Z. menschl. Vererb- u. Konstit.-Lehre 10 (1925) 367–380
30 Gomez, A. N., L. G. M. Padilla, F. S. Diaz, G. A. L. Perez: Fissure sternale complète. Chir. Pédiatr. 26 (1985) 44–45
31 Goodman, L. R., St. K. Teplick, H. Kay: Computed tomography of the normal sternum. Amer. J. Radiol. 141 (1983) 219–223
32 Greig, D. M.: Cleft sternum and ectopia cordis. Edinb. med. J. 33 (1928) 480–511
33 Gugliantini, P., D. Barbuti, D. Rosatti, A. Donfrancesco, C. Miano: Histiocytosis X: Solitary localization in the sternum of a 2-year-old child. Pediatr. Radiol. 12 (1982) 102–104
34 v. Hayek, H.: Normale Anatomie. In: Handbuch der Thoraxchirurgie, Bd. I. Springer, Heidelberg 1958
35 Hegemann, G., H. Schubert: Die operative Behandlung der Trichterbrust. Dtsch. med. Wschr. 83 (1958) 277–282
36 Herdner, M.: Le sternum de l'enfant. Étude radiologique des anomalies de son dévelopement. Rev. Orthop. 33 (1947) 475–493
37 Hümmer, H. P., H. Rupprecht: Die Asymmetrie der Trichterbrust: Beurteilung, Häufigkeit, Konsequenzen. Z. Orthop. 123 (1985) 218–222
38 Hyrtl, J.: Lehrbuch der Anatomie. Braunmüller, Wien 1881
39 Jurik, Anne G., Else F. Larsen: Persistent transverse articulation of the sternal body with monarthritis. Diagn. Imag. clin. Med. 54 (1985) 318–321
40 Jurik, Anne G., H. Graudahl, A. de Carvalho: Sclerotic changes of the manubrium sterni. Skeletal Radiol. 13 (1985) 196–201
41 Katrakis, K. G.: Exostose des linken Sternoklaviculargelenkes, ein Aneurysma der Aorta vortäuschend. Zbl. Chir. 62 (1935) 2956–2957
42 Kennedy, J. H.: Pecus excavatum and polydactyly; an innocent syndrome. Hand 15 (1983) 22–24
43 Kewesch, E.: Ein Fall von kongenitaler Brustbeinspalte. Röntgenpraxis 8 (1936) 100–101
44 Kormano, M., J. Karvonen, A. Lassus: Psoriatic lesion of the sternal synchondrosis. Acta radiol. Diagn. 16 (1975) 463–468
45 Kowallik, B.: Die Arthrosis deformans des Brustbein-Schlüsselbeingelenkes. Zbl. Chir. 76 (1951) 672–675
46 Kremser, K.: Eine seltene Verletzung am Brustbein. Röntgenpraxis 6 (1934) 298-300
47 Lambrecht, R.: Eine seltene Brustbeinanomalie mit Verrenkung. Zbl. Chir. 78 (1953) 1495–1498
48 Langen, P.: Untersuchungen über die Altersveränderungen und Abnützungserscheinungen am Sterno-clavicular-Gelenk. Virchows Arch. path. Anat. 293 (1934) 381–408
49 Lièvre, J.-A., J. Baumann: L'arthrose sternale supérieure. Presse méd. 60 (1952) 918–920
50 Loeschcke, H.: Über Wechselbeziehungen zwischen Lunge und Thorax bei Emphysem. Dtsch. med. Wschr. 37 (1911) 916–921
51 Loeschcke, H.: Thoraxformen bei Kyphose und Skoliose der Wirbelsäule. Z. orthop. Chir. 58, Beil.-H. (1933) 108–124
52 Lucchese, G.: Contributo alla conoscenza della fessura semplice dello sterno o sterno-schisi. Ann. ital. Chir. 11 (1932) 679–687
53 Markowski, J.: Sollte der Verknöcherungsprozeß des Brustbeines von keiner morphologischen Bedeutung sein? Anat. Anz. 26 (1905) 248–269
54 Martella, A., F. Milone: Delle fratture-lussazioni dello sterno con un osservazione personale. Rif. med. (1939) 1446–1449
55 Martin, R., K. Saller: Lehrbuch der Anthropologie, 3. Aufl. Gustav Fischer, Stuttgart 1957
56 Mayet, M.: Recherches sur l'ossification du sternum chez les sujets normaux et les rachitiques. Bull. Soc. Anat. Paris 70 (1895) 381–384
57 Mauch, D. v.: Isolierter Knochenkern in der Synchondrosis superior des Sternums. Fortschr. Röntgenstr. 85 (1956) 359
58 Mörike, K. D.: Zur Funktion und Herkunft des sogenannten Discus im Sternoclaviculargelenk. Morph. Jb. 108 (1965) 212–236
59 Monnet, P., J. Gravier, J. Ganthier, R. Verney: Association d'une transposition vasculaire partielle (dextroposition aortique) avec retour veinaux anormal et d'une malformation thoracique par ossification prématurée du sternum. Pédiatrie 11 (1956) 95–98
60 Müller, Charlotte: Zur Entwicklung des menschlichen Brustkorbs. Morph. Jb. 35 (1906) 591–696
61 Ochsner, A., M. de Bakey: Chone-Chondrosternon. J. thorac. Surg. 8 (1939) 469–506
62 Odita, J. C., A. A. Okolo, J. A. Omene: Sternal ossification in normal newborn infants. Pediatr. Radiol. 15 (1985) 165–167
63 Ogden, J. A., G. J. Conlogue, M. L. Bronson, P. S. Jensen: Radiology of postnatal skeletal development. II. The manubrium and sternum. Skeletal Radiol. 4 (1979) 189-195

64 Pässler, H. W.: Zur normalen und pathologischen Anatomie und zur Pathologie des Brustbeins. Beitr. path. Anat. 87 (1931) 659–680
65 Pässler, H. W.: Zur Pathologie des Brustbeins mit besonderer Berücksichtigung des Röntgenbildes. Klin. Wschr. 10 (1931) 618
66 Pässler, H. W.: Zur Röntgendiagnostik des Brustbeins. Röntgenpraxis 4 (1932) 250–254
67 Paterson, A. M.: The Human Sternum. Williams & Norgate, Liverpool 1904
68 Paturet, G., P. Brun: Apparition et évolution des centres d'ossifications du sternum. C. R. Ass. Anat. 69 (1952) 801–802
69 Perez, F. L., R. C. Coddington: A fracture of the sternum in a child. J. Pediatr. Orthoped. 3 (1983) 513–515
70 Polgar, F.: Radiol. clin. (Basel) 28 (1959) 313; zit. nach Köhler/Zimmer, 12. Aufl., 1982
71 Polvar, G.: Due casi di malformazione sternale. Min. chir. (Torino) (1951) 197-199
72 Reinhardt, K.: Segmentverschiebung der Synchondrosis sternalis superior als Ursache bewegungsabhängiger pektoraler Schmerzzustände. Fortschr. Röntgenstr. 97 (1962) 534–535
73 Ratcke, C.: Beitrag zur normalen und pathologischen Anatomie des Sternoclaviculargelenkes. Dtsch. Z. Chir. 249 (1938) 162–169
74 Reiter, R.: Zur Kenntnis der sogenannten Chondritis und Perichondritis der oberen Synchondrose des Sternums. Z. Orthop. 87 (1956) 436–446
75 Richter, R., W. Nübling, Fr.-J. Krause: Die isolierte Brustbeintuberkulose. Fortschr. Röntgenstr. 139 (1983) 132–135
76 Rosenthal, D. I., R. D. Johnson, R. F. Oot: Evaluation of postoperative osteomyelitis of the sternum using tomography and computerized tomography. J. Ass. Canad. Radiol. 35 (1984) 24–27
77 Ruge, G.: Untersuchungen über Entwicklungsvorgänge am Brustbein und an der Sternoclavicularverbindung des Menschen. Morph. Jb. 6 (1880) 362–414
78 Sammarai, A. W. F., A. R., H. A. M. Charmockly, A. A. Attra: Complete cleft sternum: classification and surgical repair. Int. Surg. 70 (1985) 71–73
79 Schmid, F., G. Weber: Röntgendiagnostik im Kindesalter. Bergmann, München 1955
80 Schmitt, H.: Jugendliche Sternumfraktur, durch Muskelzug bedingt. Röntgenpraxis 15 (1943) 395
81 Seling, A., H. J. Maurer: Deformitäten der HWS bei Trichterbrustpatienten. Zbl. Chir. 92 (1967) 2303–2310
82 Stark, P.: Midline sternal foramen: CT demonstration. J. Comp. Assist. Tomogr. 9 (1985) 489–490
83 Taybi, H.: Radiologie der Syndrome. Thieme, Stuttgart 1982 (Kap. 296)
84 Teige, K.: Morphometrische Untersuchungen am Röntgenbild des Brustbeins. Z. Rechtsmed. 90 (1983) 199–204
85 Tischer, W., K. Jährig: Perinatale Verletzungen des Skelettsystems. Zbl. Gynäkol. 104 (1982) 1169–1181
86 Vague, J.: Un symptome trop méconnu: Le dévelopement de l'appendice xiphoïde. La différenciation sexuelle dans l'ulcére gastroduodenale et l' entérocholecystite primitive. Arch. Mal. Appar. digest. 39 (1950) 1189-1191; Sem. Hôp. (Paris) 27 (1951) 285–287
87 Versé, M.: Über die kongenitale Trichterbrust mit besonderer Berücksichtigung der normal-anatomischen Verhältnisse. Beitr. path. Anat. 48 (1910) 311–342
88 Vogel, H., B. Nägele, M. Heller: Röntgenbefunde des Sternum. Z. Orthop. 123 (1985) 213–217
89 Westermann, H. H.: Die Erkrankung der Sternoklavikulargelenke mit besonderer Berücksichtigung der Arthrosis deformans. Langenbecks Arch. klin. Chir. 203 (1942) 19–42
90 Zimmer, A. E.: Das Brustbein und seine Gelenke. Fortschr. Röntgenstr., Erg.-Bd. 58 (1939)

Rippen

Norm

Im Wachstum

Gegen Ende des 2. Fetalmonats, ab der 9. Woche, treten zuerst an der 6. und 7., dann in rascher Folge auch an den anderen Rippen **Knochenkerne** am Angulus costae auf. Die Verknöcherung erfolgt schnell, doch bleibt der knorpelige Anteil bei Neugeborenen und Säuglingen noch relativ groß. Die sternalen Rippenenden sind Metaphysen (79). An der Knorpel-Knochen-Grenze beginnt die Ossifikation der 1. bis 10. Rippe mit einem schmalen, dichten Schattenoval. Daran anschließend verknöchert zunächst streifenförmig breiter der obere, danach schmaler der untere Rand und zuletzt die Zwischenpartie von unten nach oben und von lateral nach sternal.

In der Pubertät auftretende **Epiphysenkerne,** einer am Köpfchen, zwei am Tuberculum costae, verschmelzen mit der Rippe gewöhnlich zwischen dem 20. bis 25. Lebensjahr. Den Kern an der 12. Rippe sieht man auf Abb. 3.**90**.

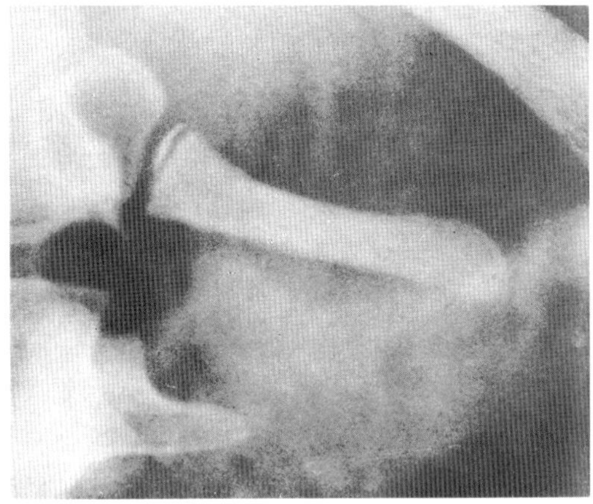

Abb. 3.**90** Epiphysenkern an der 12. Rippe

Wenn die *Rippenknorpel an der Knorpel-Knochen-Grenze* vor Abschluß des Skelettwachstums *verkalken,* bleiben die Zonen des Proliferationsknorpels frei, erkennbar an einer unverkalkten Zone, die parallel zur Knochen-Knorpel-Zunge verläuft. Erst mit Abschluß des Skelettwachstums verkalkt der Proliferationsknorpel (19). Ein die normale Breite der Knochen-Knorpel-Zunge überschreitender Kalkstreifen oder eine bis zu dieser heranreichende Rippenknorpelverkalkung sind sichere Zeichen des abgeschlossenen Skelettwachstums.

Die Verkalkung des Rippenknorpels beginnt nicht perichondral, ist also eine regelrechte Verknöcherung. Sie erfolgt unabhängig vom Lebensalter – es gibt 22jährige mit Verknöcherungen höchsten Grades und 100jährige ohne Knorpelverkalkung. Die Verkalkung ist als physiologische Reaktion durch Muskelarbeit und beim Menschen vermutlich auch eine Folge der relativ ausgeprägten Brustwandstarrheit.

Geschlechtsunterschiede in der Art der Verkalkung der Rippenknorpel sind beschrieben (21). Aus einer persönlichen Mitteilung von Pohle (Isny-Neutrauchburg) an Zimmer geht hervor, daß die Verkalkung bei Männern gabelförmig entlang der Ober- und Unterkante, bei Frauen kerzendochtförmig zentral erfolgt. An den unteren Rippen setzt die Kalkeinlagerung frühzeitig ein; auch nimmt das Ausmaß der Verknöcherung von oben nach unten zu.

Zwischen Verkalkung und Verknöcherung wird nicht immer unterschieden. Zusammenhänge zwischen der *Verknöcherung der Tracheal- und der Rippenknorpel* scheinen zu bestehen.

Das **1. Rippenpaar** nimmt eine *Sonderstellung* ein. Es unterliegt nicht den zuvor aufgeführten Regeln für die übrigen Rippen. Ihr Knorpelanteil wird eventuell vor allen anderen ossifiziert, anscheinend unter Bildung von Lamellen, die senkrecht zum Rippenverlauf stehen.

Beim Erwachsenen

Der untere Rand eines **verknöcherten, obersten Rippenknorpels** ist gewöhnlich eigenartig gezackt oder gezähnelt. Hier kommen ausgeprägte, **osteophytär anmutende Wucherungen** vor (Abb. 3.**91**). Während die 1. Rippe häufig ein verknöchertes „Intermediärstück" läßt, ist dies an der 2. Rippe nur von einem einzigen Autor beschrieben (84).

Die 1. Rippe ist meist nur mit dem ersten Brustwirbel, gelegentlich auch noch mit dem 7. Halswirbel *gelenkig* verbunden. Die 2. bis 9./10. Rippe schiebt sich jeweils mit ihrer Gelenkfläche zwischen je zwei Wirbelkörper und erhält die *Segmentnummer* desjenigen Wirbels, an dessen oberer Kante sie ansetzt.

In der Höhe des unteren Skapulawinkels befindet sich der dorsale Teil der 7., selten der 8. Rippe. Die 10. Rippe artikuliert meist noch mit dem 9., manchmal *nur* mit dem 10. Brustwirbel. Die 11. und 12. Rippe sind ausschließlich mit dem zugehörigen Wirbel verbunden.

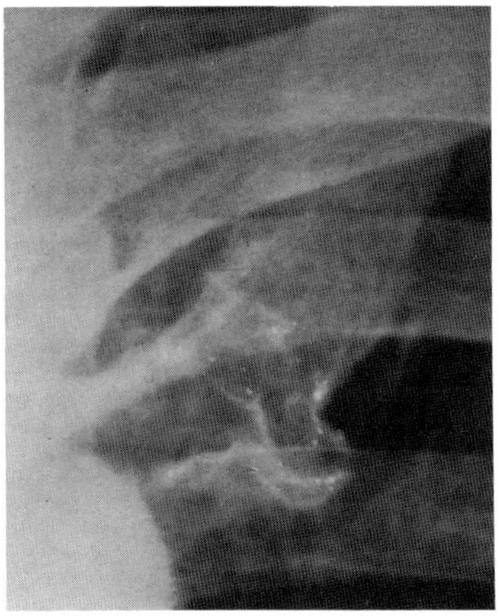

Abb. 3.**91** Typische Form des verknöcherten Knorpels der 1. Rippe

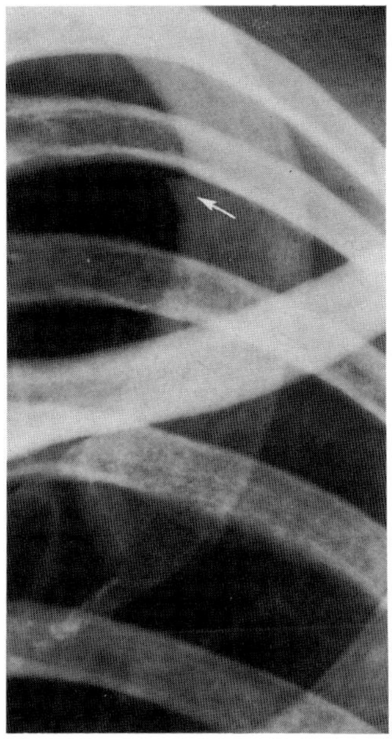

Abb. 3.**92** Skalenuszacke

Über die Besonderheiten der **1. Rippe** wurde schon im Abschnitt über das Wachstum berichtet. Auch beim Erwachsenen liegen hier Besonderheiten vor (42), und zwar offensichtlich deshalb, weil ihr eine Trägerfunktion zukommt. Sie ist kräftig entwikkelt; im Knorpel sind regelmäßig lamellenförmige Querschichten von Kalksalzen eingelagert, auch wenn die übrigen Rippenknorpel kalklos erscheinen.

Im mittleren Abschnitt dieser Rippe liegt das **Tuberculum m. scaleni anterioris,** auch Skalenuszacke genannt (Abb. 3.**92**), vertebral hiervon die Rinne für die Arterie, sternal die Furche für die V. subclavia. Am Ende des knöchernen Teiles der 1. Rippe zeigt sich gelegentlich eine umschriebene Aufhellungszone als normaler Befund.

Derartige Löcher kommen auch im analogen Bereich der *übrigen Rippen* vor. Die Folgen einer früher ausgeführten Bülau-Drainage sind auszuschließen. Ein feiner, senkrechter Spalt findet sich sowohl am Ansatz des früheren Knorpels am Rippenknochen bei Verkalkung des knorpeligen Anteils wie auch am Manubrium sterni.

Entlang der Unterkante der 1., manchmal auch der 2. Rippe zeigen sich millimeterbreite *Begleitschatten* durch orthograd getroffene, intrathorakale Rippenweichteile.

In der Mitte des Bogenabschnittes der 2. Rippe findet man die **Tuberositas m. serrati anterioris** als Zacke (Abb. 3.**93**) oder gezähnelte Grenzlinie.

Bei den übrigen Rippen verläuft in einer Länge von 6–10 cm entlang ihrem Unterrand dorsal der **Sulcus costalis** in seiner radiologischen Darstellung als breitbasig aufsitzender, flach gewölbter, transparenter Knochenvorsprung mit oft unregelmäßiger und auch unscharf erscheinender Kontur.

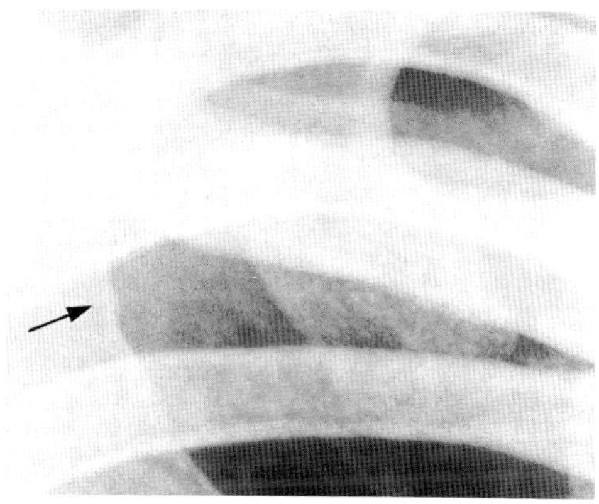

Abb. 3.**93** Tuberositas costae II

Varianten

Eine **Asymmetrie in der Ausbildung der 1. Rippe** kommt häufig vor, meist bedingt durch einseitige Unterentwicklung. Verschiedene Grade der Hypoplasie sind durch Formen gekennzeichnet, bei denen die Rippe nur bis zum Tuberculum m. scaleni anterioris reicht, nur 6 cm lang und abnorm schmal ist und weder knorpelige noch ligamentäre Verbindungen zum Sternum besitzt (33). Das komplette Fehlen der 1. Rippe beiderseits führt schon in den Bereich der Anomalien.

Halsrippen liegen ein- oder doppelseitig den Querfortsätzen des letzten Halswirbels an (eventuell im Gefolge der kranialen Variante in der Segmentverschiebung der Wirbelsäule). Sie können mit der ersten Rippe ganz oder teilweise verschmelzen. Auch gelenkige Verbindungen kommen vor (Abb. 3.**94**). Manchmal bekommt auch ein verlängerter,

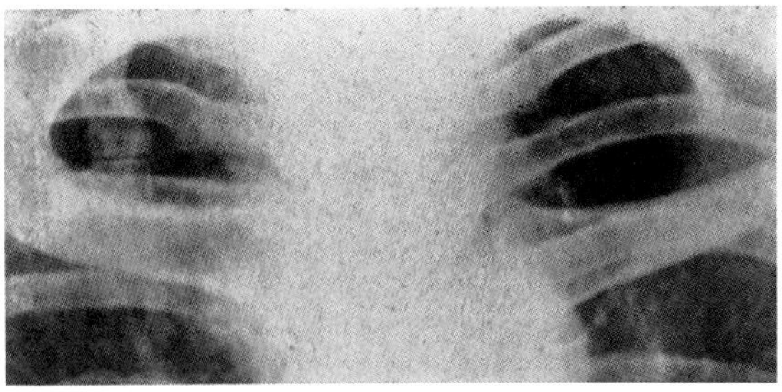

Abb. 3.**94** Einseitige Artikulation einer Halsrippe mit einer Rippe

oftmals plumper Querfortsatz des 7. Halswirbels die Deutung und auch die klinische Bedeutung einer Halsrippe, können doch sowohl unterentwickelte 1. Rippen wie Halsrippen zu Erscheinungen führen, die unter dem Begriff des **Skalenussyndroms** zusammengefaßt sind.

Auch die Vorderenden der Rippen 2 bis 4 können mangelhaft ausgebildet sein (85). Längsspaltungen kommen in diesem Gebiet relativ selten vor.

Kontinuitätsunterbrechungen im Verlauf der 1. Rippe (Abb. 3.**95**) können sehr unterschiedliche Ursachen haben (s. auch Abschnitt über Verletzungsfolgen). Bei einem über 21 Jahre hin beobachteten Fall kann die kongenitale Herkunft kaum bezweifelt werden (Aspin; zit. nach 89). Ebenso kann man bei der entsprechenden Beobachtung an einer Halsrippe eines 15jährigen Mädchens (Abb. 3.**96a**) mit noch isoliert nachzuweisendem Schaltknochen, der bei erneuter Untersuchung 5 Jahre später assimiliert ist (Abb. 3.**96b**), die primäre Dysplasie kaum bezweifeln. Auch an der 2. Rippe konnte eine nichttraumatische Kontinuitätsunterbrechung beobachtet werden (89).

Die unterschiedliche **Ausbildung der 12. Rippe** wird in den anatomischen Werken ausführlich beschrieben. Eine erhebliche Asymmetrie ist häufig. Die 12. Rippe kann auf der einen Seite fehlen, auf der anderen hypoplastisch sein. An der *Spitze der 12. Rippe* kann ein selbständiger *Kalkschatten* vorkommen, der nicht mit einem Nierenstein verwechselt werden darf, auch wenn er gedoppelt auftritt.

Die **intrathorakale Rippe,** eine überzählige Rippenanlage, die extra- oder intrapleural – dennoch von Pleura umgeben – liegt und die anderen Rippen überkeuzt, ist in einigen Fällen beobachtet worden (10, 29, 82).

Anomalien

In der großen Gruppe verschiedenster Fehlbildungen der Rippen kann man keine scharfe Grenze zwischen Varianten und Anomalien setzen.

Große Lungen-Schirmbildserien (40000 – 19,6 Millionen [5]) sind auf das Vorhandensein von Rippenanomalien untersucht. Häufigkeiten zwischen 0,15 und 0,31% (5) sind angegeben, bei Frauen häufiger als bei Männern, rechts öfter vorkommend als links. Die schematische Übersicht möglicher Rippenanomalien gibt Abb. 3.**97**. **(Luschkasche) Gabelrippen** treten für sich, aber auch in durch Anomalien entstandenen Lücken auf. Zwischen der 4. und 5., gelegentlich zwischen der 1. und 2. Rippe, findet man häufig intermediäre Knochenspangen. Auch die intrapulmonale Lage einer verlängerten „Gabelzinke" ist beschrieben (86).

Kombinationen von Gabelrippen mit vollständigen oder teilweisen Synostosen sind häufig, mit gleichzeitigem Schulterblatthochstand möglich. Eine Sonderform nimmt die **Srbsche Anomalie** ein. Zimmer schlug hierfür folgende Definition vor: „Rückbildung der ersten oder der zwei ersten Rippen so-

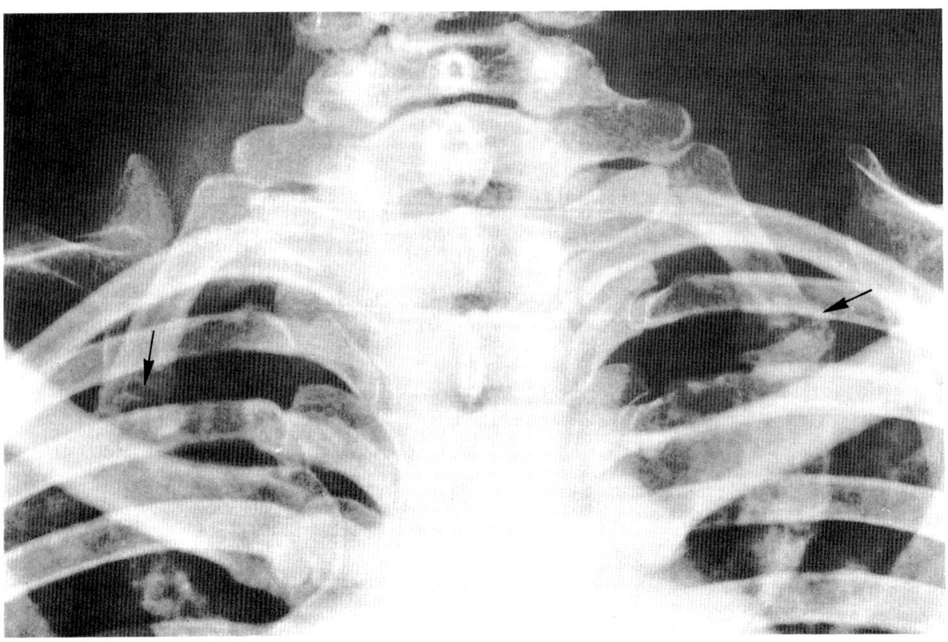

Abb. 3.**95** Doppelseitige Diskontinuität der 1. Rippe

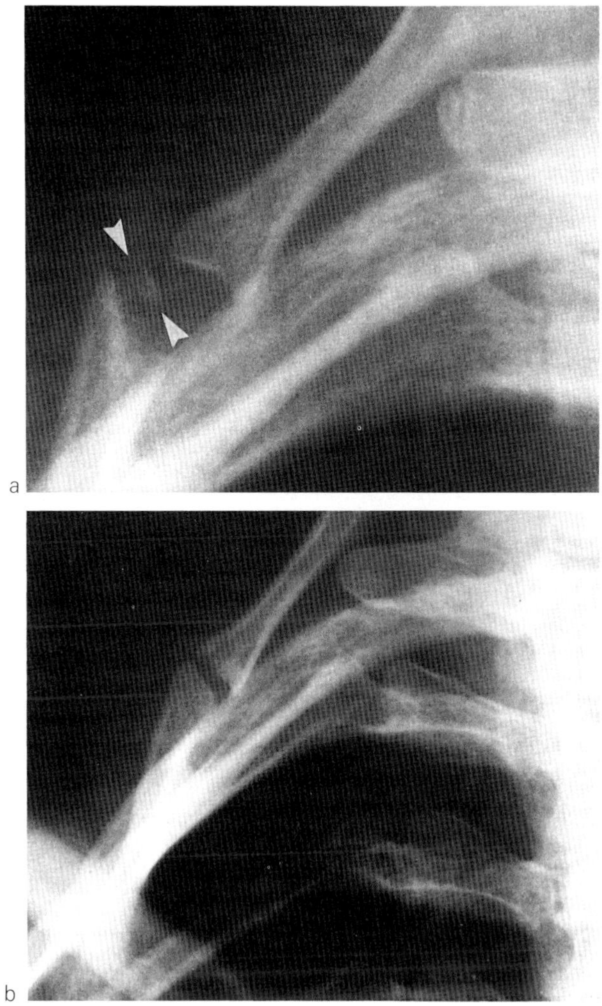

Abb. 3.**96 a** u. **b**
a 15jährige. Kontinuitätsunterbrechung mit Schaltknochen (Pfeil) im Spalt
b Der Schaltknochen ist vier Jahre später assimiliert

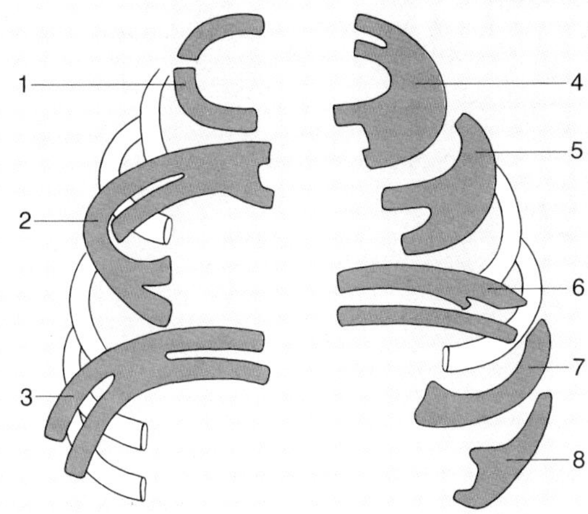

Abb. 3.**97** Einige Rippenanomalien
1 = Diskontinuität der 1. Rippe
2 = Brückenbildung dorsal, Gabelrippe ventral
3 = kleine Rippenbrücke
4 = brückenförmige Verschmelzung ventral
5 = Verschmelzung dorsal
6 = angedeutete Rippenbrücke
7 = angedeutete Gabelrippe
8 = Luschkasche Gabelrippe

wohl durch Längenreduktion als auch durch teilweise Verschmelzung der beiden Rippen zu einer Knochenplatte." Ein hornförmiger Knochenvorsprung am Manubrium gegen die oberste Rippe und Segmentverschiebung der Synchondrosis superior sind häufig damit kombiniert (Abb. 3.**98 a–c**).

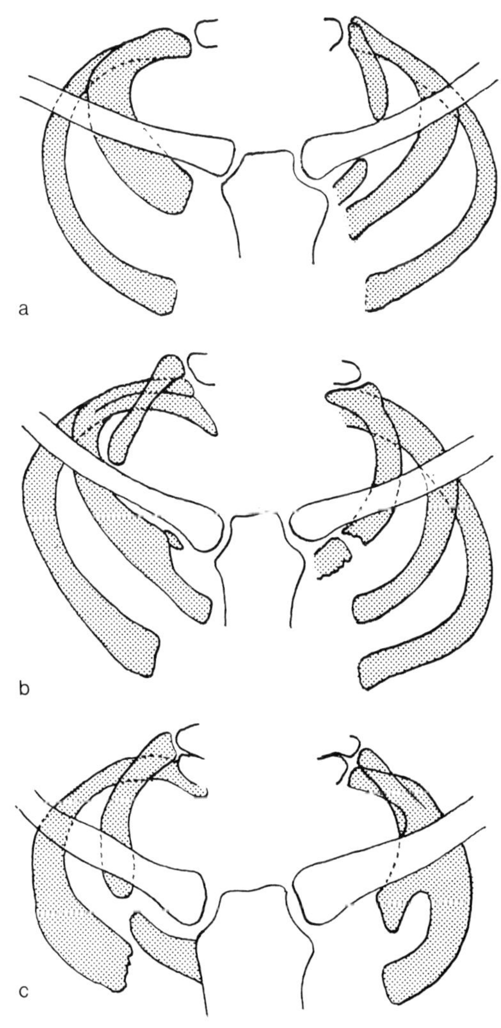

Abb. 3.**98 a–c** Srbsche Sternum-Rippen-Anomalie in verschiedener Ausbildung

Über kostoklavikuläre Gelenkbildungen wurde bereits auf S. 228 berichtet.

Gelenk- und Brückenbildungen sind zwischen den Vorderenden (Abb. 3.**99**) wie auch in den hinteren Abschnitten der Rippen (Abb. 3.**100**) möglich. Zu den atypischen paravertebralen Knochenelementen gehört die **brückenförmige Verbindung** zwischen Kostotransversalgelenken. Auch eine Gabelung am Capitulum costae kommt vor (Abb. 3.**101**).

Die Spangen und Brücken dürfen nicht mit den Vorgängen bei **progressiver Myositis ossificans** verwechselt werden (80).

Die große Zahl von Skelettdysplasien mit Rippenanomalien hier detailliert darzustellen, würde im Rahmen des Buches zu weit führen. Wir müssen auf die entsprechende Literatur verweisen (48). Auf eine Auswahl einzugehen, würde immer willkürlich bleiben. Die **spondylokostale Dysplasie,** bei Zwillingen beobachtet (27), ist im allgemeinen sowohl rezessiv wie auch dominant vererblich (10). Auch sie gehört mit ihren schweren Formen weiter nicht zum Themenkreis dieses Buches. Kostale Osteolysen (Abb. 3.**102**) gibt es bei der **progressiven, systemischen Sklerose** (Sklerodermie) (7), bei Osteogenesis imperfecta, beim Marfan-Syndrom und bei der Progerie (13).

Als *isolierte thorakale Dysostose* wurde ein autosomal dominant vererbbares Syndrom bei sechs Merkmalsträgern einer siebenköpfigen Familie (Vater und fünf Kinder) beschrieben (63). Hierbei verlaufen die Rippen mit verkürzten Vorderenden bei Trichterbrust steil nach kaudal.

Im Rahmen des **Gardner-Syndroms** (Osteome, Sebozysten und Polyposis intestinalis) wurden am Thorax multiple, symmetrische Rippenexostosen beobachtet (40).

Auch an den knorpeligen Rippenanteilen sind Fehlbildungen beschrieben (22). **Gelenkähnliche Spalten** in der Mitte der **verkalkten Rippenknorpel** kommen beim **adrenogenitalen Syndrom** vor (20). Zusammenstellung über die **Anomalie der kostovertebralen Gelenke** s. bei Ghirardi u. Pessagno (32).

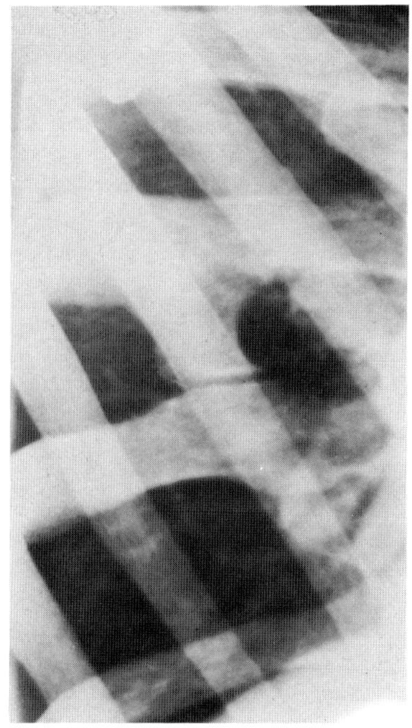

Abb. 3.**99** Anomalie mit Brücken- und Gelenkbildung vorn

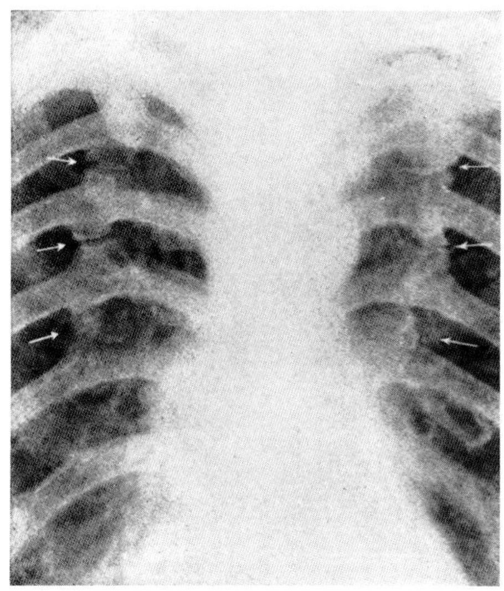

Abb. 3.**100** Anomalie mit Brücken- und Gelenkbildung hinten

Verletzungsfolgen und Kontinuitätsunterbrechungen

Da **Rippenfrakturen** oft unentdeckt bleiben, sind hier einige Hinweise zu geben. Vor jeder Röntgenuntersuchung steht der klinische Befund! Nach Auffinden eines Schmerzpunktes (mit evtl. Nachweis der Krepitation) ist hier eine kleine Bleimarke anzubringen. Bei Frakturen mit Fragmentverschiebung nach oben und unten ist der Nachweis an den hinteren Partien und den Vorderenden problemlos. Seitliche Frakturlokalisationen machen eine Schrägaufnahme erforderlich. Die Rippen 1 bis 9 sind mit Thorax-, die 10. bis 12. Rippe nur mit Bauchorganbelichtungen darzustellen (für alle Rippenabbildungen ca. 75–85 kV, kleiner Fokus). Bei fehlender Höhendislokation ist auf vertikale oder schräge Spalten, eventuell auch auf Verdichtungsbänder infolge Übereinanderschiebens der Fragmente zu achten.

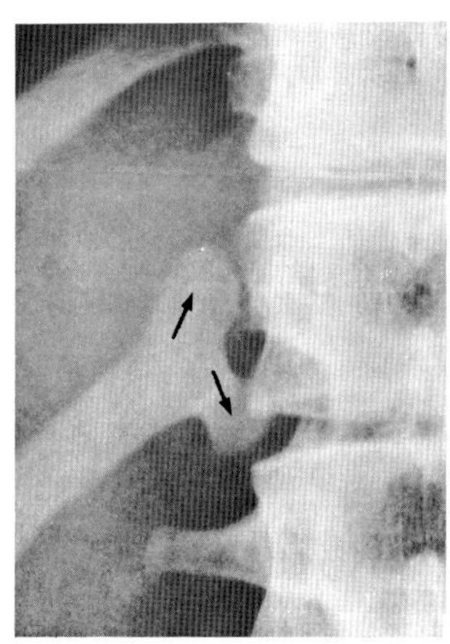

Abb. 3.**101** Gabelung am Capitulum costae XII

Als **Weichteilzeichen** finden sich Gewebsverdichtungen durch Hämatome, extrapleural oder/und auch mit Verschiebung der Pleura lungenwärts (Durchleuchtung mit Zielaufnahme im tangentialen Strahlengang, Abb. 3.**103**). Pneumo-, Hämato- und Hämatopneumothorax können als Folge der Rippenfraktur(en) auftreten. Auch der Nachweis von Luft in den Weichteilen der Brustwand ist aufschlußreich (68[1]).

Rippenbrüche können durch Heftpflasterverbände und Mach-Phänomene vorgetäuscht werden (Abb. 3.**104**).

Die Frakturen entstehen durch direkte Gewalteinwirkung, aber auch durch Muskelzug, besonders beim Fall.

Ermüdungsbrüche sind bei Golfern (66), Surfern (2), Ruderinnen (38) und auch bei Patienten nach koronarer Bypaßoperation, hier nur durch Radionuklidnachweis (34), beschrieben worden. **Hustenfrakturen** ohne oder bei Osteoporose sind Biegungs- und vielfach Ermüdungsbrüche (Abb. 3.**105** und 3.**106c**). In diesem Zusammenhang sind wohl auch Rippenfrakturen bei Pneumonien und nicht tumoröse Brüche bei Struma maligna und beim Bronchialkarzinom zu sehen. Sie liegen überwiegend in der Axillarlinie. **Querbrüche** innerhalb einer dichten Rippenspongiosa, oft nach geringfügigem Trauma, erfolgen bei der Osteopetrose (Albers-Schönberg) (Abb. 3.**106b**).

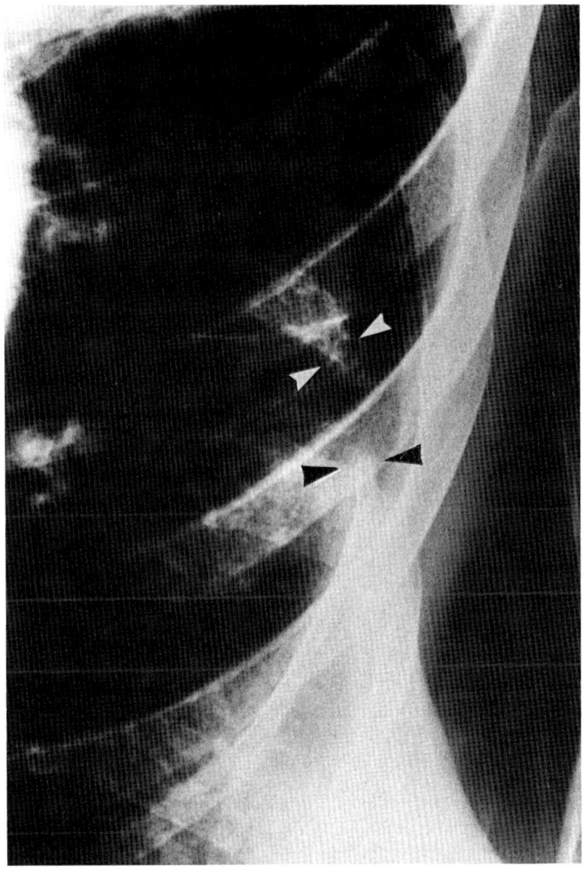

Abb. 3.**102** Kostale Osteolyse am Vorderende der 4. Rippe rechts. Pfeile auf Defektränder gerichtet

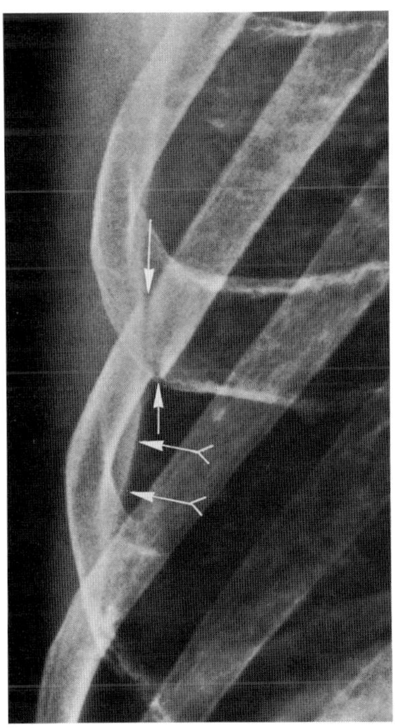

Abb. 3.**103** Pleuraverdickung (↦), ödematös bzw. pleuritisch, als Begleiterscheinung bei Rippenfraktur (→)

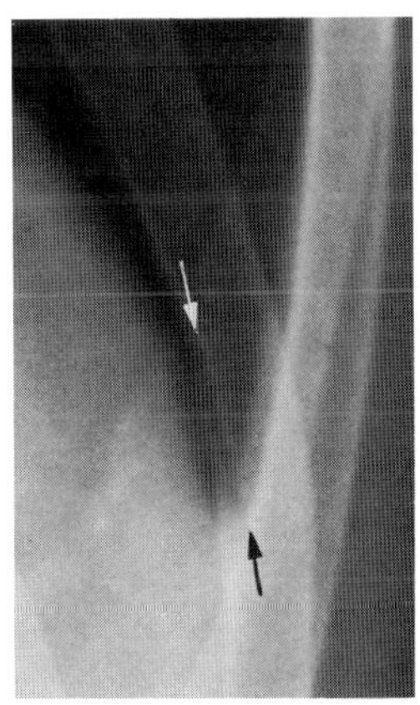

Abb. 3.**104** Mach-Effekt

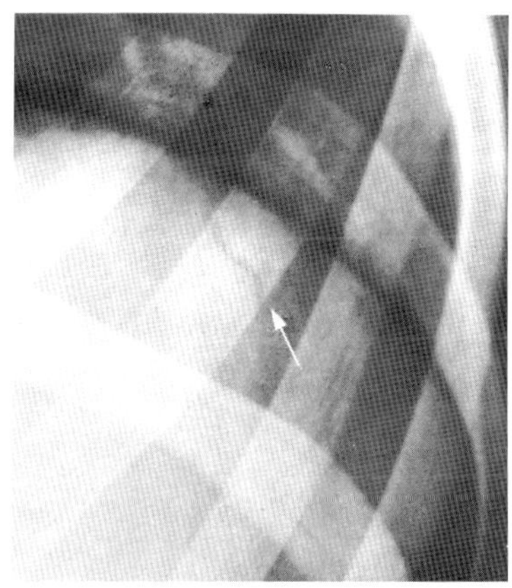

Abb. 3.**105** Ermüdungsbruch einer Rippe

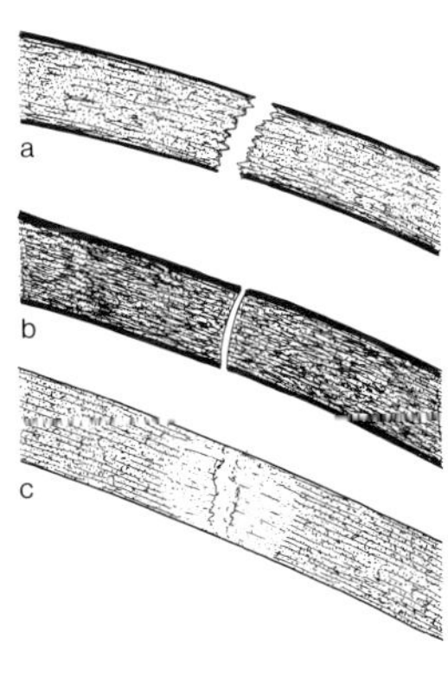

Abb. 3.**106a–c** Kontinuitätstrennung der Rippen
a Übliche Rippenfraktur
b Querspaltung bei Marmorknochenkrankheit
c Hustenfraktur

Eine besondere Bedeutung kommt den **Frakturen und Überlastungsschäden der 1. Rippe** zu. Die Differentialdiagnose gegen kongenitale Spalten kann dabei Schwierigkeiten machen.

Der direkten Gewalteinwirkung ist dieser Skeletteil in seiner geschützten Lage schwer zugänglich, am leichtesten noch von dorsal. Daß echte Frakturen vorkommen, steht außer Zweifel, da Kallus- und Heilungsvorgänge – z. B. nach Sprung in ein Wasserbecken mit Aufschlag (45) wie auch durch den bei Sturz vornüber vom Motorrad durch den Helm fortgeleiteten Druck auf den Thorax (36). Die Brüche der 1. Rippe mögen auch nach starkem Druck durch die Klavikulae entstehen. So kommen isolierte Brüche der 1. Rippe einerseits selten vor, andererseits sind sie häufiger mit Schlüsselbeinbrüchen kombiniert. Auch durch das Brustbein kann der zur Fraktur der ersten Rippe führende Gewalteinfluß übertragen werden. Als weichste Punkte der ersten Rippe gegenüber Gewalteinwirkungen werden ihre Anteile in der Fossa subclavia und das Collum costae angesehen (68[2]). Angeheftet durch Bänder am Manubrium sterni und am Querfortsatz bricht die erste Rippe durch überstarken Zug des am Tuberculum costae I ansetzenden M. scalenus anterior, besonders wenn dieser Muskel plötzlich durch eine rasche Kopfwendung zur Seite kontrahiert wird, z. B. bei besonders starkem Husten und Niesen. Die direkte Nachbarschaft der A. subclavia bedingt Verletzungen dieses Gefäßes, sei es im direkten Gefolge des Traumas oder später infolge der atmungsbedingten dauernden Reibung des Fragmentendes an der Arterienwand. Auch ein thrombotischer Verschluß der Arterie kann eintreten.

Als **Überlastungsschaden** durch Streß ist die Hustenfraktur allgemein an den Rippen schon genannt. Diese Brüche kommen auch an der ersten Rippe bei Heben schwerer Lasten (12) oder beim Tragen schweren Gepäcks vor, seltener durch Werfen, besonders allerdings bei Baseball- (68[3]) und bei Basketballspielern (70).

Rippenluxationen sind außerordentlich selten und bisher nur an der 11. (44, 73) und der 12. Rippe (50) beschrieben.

Die Artikulation der 12. Rippe mit dem Wirbel kann so locker sein, daß es zur Verschiebung der Rippe bei Beugung des Patienten nach vorn kommt. Dieses „slipping rib syndrome“ (50, 51, 75) kann Schmerzen verursachen. Die Diagnosestellung ist nur klinisch möglich. Wenn man bei Beugung und Streckung mit dem Finger auf diese Rippe drückt, fühlt man ein Reiben.

Erworbene Erkrankungen

Die Grenzen zwischen normalen und pathologischen Veränderungen, die im Laufe des Lebens erworben werden, sind so fließend, daß einige der hier aufgeführten Symptome sicher noch zur Norm gehören. So ist die **Kompaktahyperthropie** einzelner Rippen eine Folge vermehrter Biegebelastung (25). Die normale Variationsbreite der radiologischen Aspekte des knöchernen Thorax sind beschrieben (74).

Armverlust oder Armlähmung führen zum **Thoraxumbau** über die Veränderung der Brustmuskulatur (23). Die einseitig vermehrte Aktivität mindert den Thoraxumfang der gleichen Seite und erweitert die Gegenseite.

Muldenförmige Eindellungen am oberen Rippenrand (Abb. 3.**107**), oft symmetrisch, sind bei **rheumatoider Arthritis** an den Rippen 2 bis 5 (71), bei **Lupus erythematodes disseminatus**, beim **Sjögren-Syndrom, Hyperparathyreoidismus, poliomyelitischer und posttraumatischer Parese** (13[1], 87) sowie als Folge von Druckerosionen bei der **Neurofibromatose** und beim thorakalen **Neuroblastom** (17, 18) bekannt.

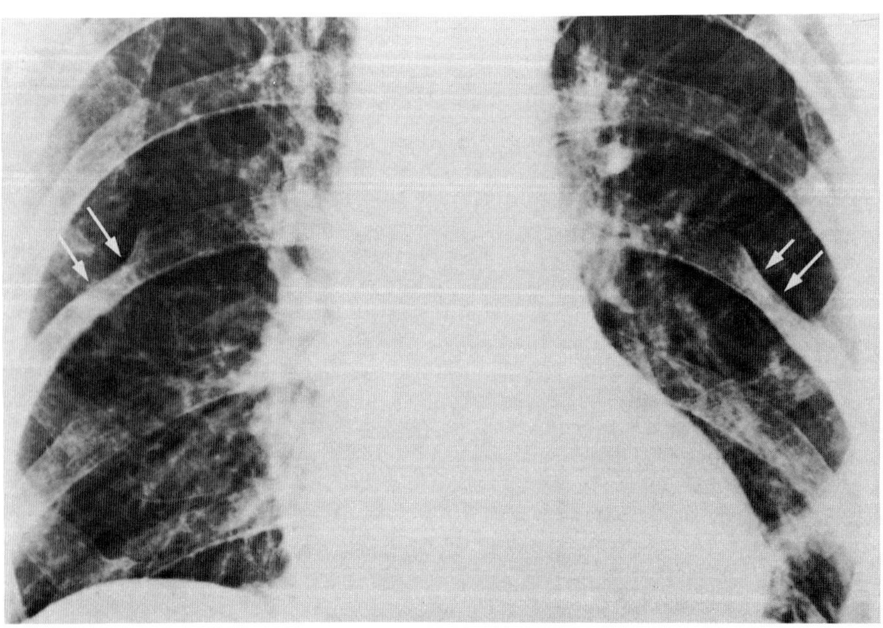

Abb. 3.**107** Symmetrische Einbuchtung des 7. Rippenpaares an dessen Oberrand

Druckusuren am unteren Rippenrand (Abb. 3.**108** und 3.**109**) infolge starken Kollateralkreislaufes bei **Koarktation der Aorta** werden als **Röslersches Zeichen** bezeichnet. Sie wurden unter verschiedenen Aspekten beschrieben (41) und sind auch am oberen Rippenrand erwähnt (13[1]). Auch bei **venöser Dilatation** (54, 78) und **Fallotscher Tetralogie** (64) sind derartige Usuren erwähnt. Sie wurden in ihrer Entwicklung im *Anschluß an Operationen* verfolgt (43). Zimmer sah sie bei einer **arteriovenösen Fistel** des rechten Unterlappens.

Bei der **Akromegalie** kann es zur Verlängerung des Unterrandes des Corpus costae mit Randsklerosen, Verbreiterung des vorderen Rippenendes, stark verzahnter Knorpel-Knochen-Grenze und getüpfelten Längsverkalkungen im Rippenknorpel kommen (24).

Zystenähnliche und zystische Veränderungen sind an fünf Fällen in ihrer radiologischen Differentialdiagnose besprochen (55). In dieser Hinsicht sind auch Strukturveränderungen durch Knochennekrosen im Verlauf einer **Periarteriitis nodosa** erwähnenswert, wie sie bei einem 62jährigen Patienten gezeigt wurden (30).

Die „Ostéopathie condensante et hypertrophiante" ähnelt einer **Osteomyelitis,** wobei auffallenderweise die 4. Rippe links besonders oft befallen ist (39) (Abb. 3.**110**).

Verschiedene Formen von Rippenveränderungen bei abszedierender **Pneumonie** mit eitrigem Pleuraerguß sind bei *Kindern* beschrieben (4, 81). Das Spektrum der Symptomatik reicht von Osteolysen bis zu Hyperostosen. Die tertiäre Frambösie ist mit Herden an Wirbelsäule und Rippen erwähnt (65).

Die *lamellös verkalkte, abgehobene Knochenhaut* am Rippenunterrand gehört zu den Rippenveränderungen bei **Leukämie,** in ihrer Differentialdiagnose besprochen von Müller u. Dihlmann (57).

Beim **primären infantilen Hyperparathyreoidismus** kann die Osteoporose des Säuglings in den ersten Lebenswochen (u. a. auch) zu Rippenfrakturen führen. Osteoporose und Frakturen verheilen nach operativer Entfernung der Nebenschilddrüsen (16).

Während zum Teil konfluierende **Spongiosasklerosen** der Rippen durch endostale Knochenneubildung ohne Kortikalisreaktion sowie ein Neben-

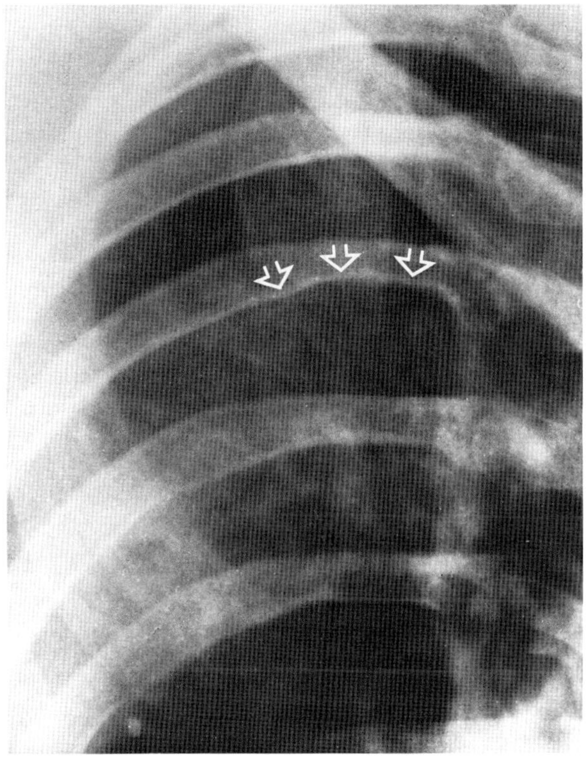

Abb. 3.**108** Erhebliche Verschmächtigung der dorsalen köpfchennahen Rippenpartien bei Aortenisthmusstenose

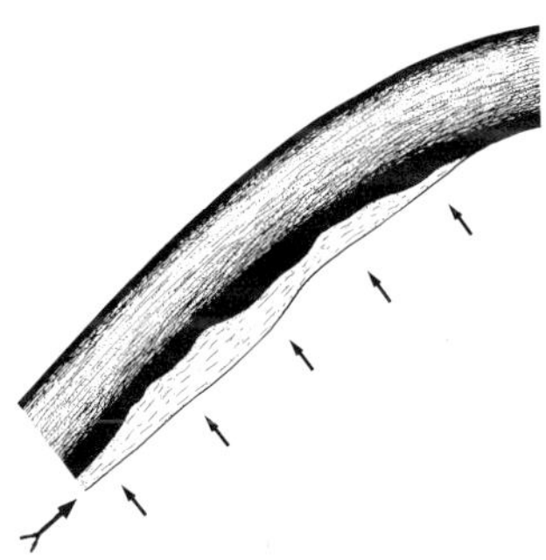

Abb. 3.**109** Rippenusuren (←) bei Isthmusstenose der Aorta. Sulcus costalis (↣)

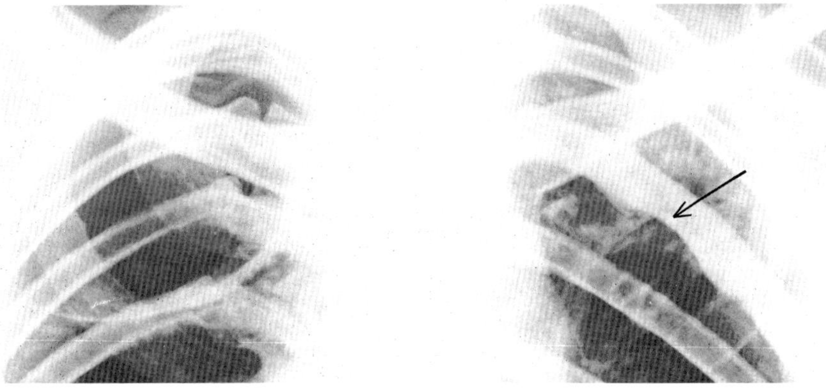

Abb. 3.**110** Strukturverdichtung und -auflockerung, häufig in der 4. Rippe links. Abgekapselter Pneumothorax rechts

einander von Spongiosaauflockerung, Osteoporose und -sklerose für den Skelettbefall bei **Mastozytose** charakteristisch sind (8), findet man eine herdförmige Sklerose bei schmerzlosen fibroossären Herden der Rippen, die den Osteoidosteomen ähneln; dies wurde bei sechs Patienten beobachtet (53). Auch die **Melorheostose** kann zu herdförmigen Sklerosen in der Struktur einzelner Rippen führen (Abb. 3.**111**).

Die primär-chronische **Rippenosteomyelitis** (Brodie-Abszeß bzw. plasmazelluläre Osteomyelitis) führt in der Nachbarschaft der Knorpel-Knochen-Grenze zur isolierten Verbreiterung und Verdichtung einer Rippe. Gleichzeitig sieht man Destruktionen im Sinne eines zur Knorpel-Knochen-Grenze ziehenden serpiginösen Ganges (Abb. 3.**112**).

Echte Knochengeschwülste und geschwulstähnliche Läsionen kommen an den Rippen verhältnismäßig selten vor. Der häufigste solitäre primäre Knochentumor an den Rippen ist das **Chondrosarkom** (Abb. 3.**113a** u. **b**), das bei allen primären Knochentumoren in 35%iger Häufigkeit auftritt. In 10 bis 14% folgen in der Frequenz des Auftretens das **Ewing-Sarkom,** das **maligne Lymphom,** das **Chondrom** (Abb. 3.**114c**) und das **Osteochondrom** (28 s. auch 3).

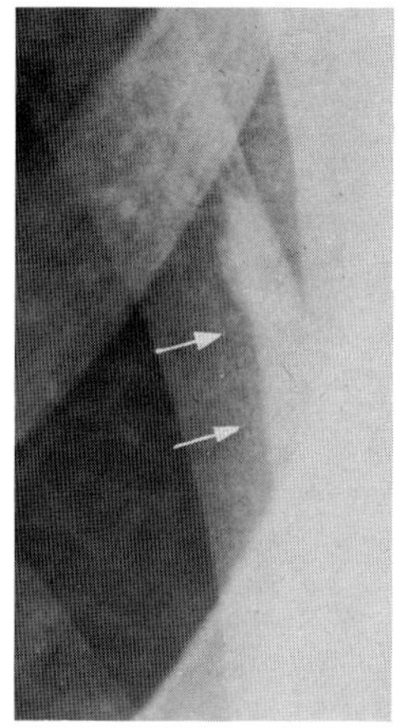

Abb. 3.**111** Melorheostose? Länglich gestaltetes Osteom? Eine Entscheidung ist nicht möglich, da weitere Skelettaufnahmen nicht vorliegen

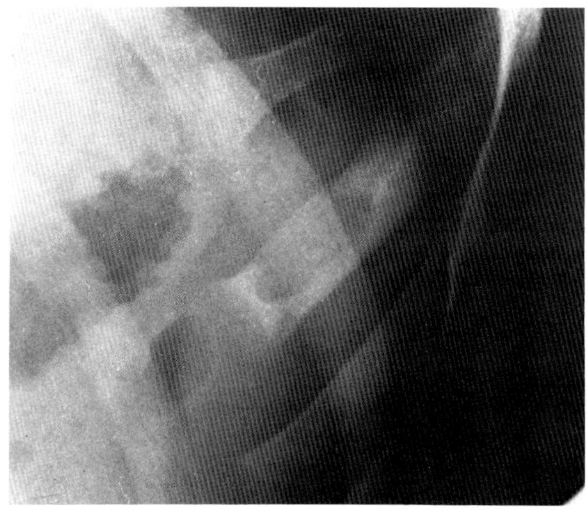

Abb. 3.**112** Vierjähriger türkischer Junge. Primär chronische Osteomyelitis der an der Knochen-Knorpel-Grenze verplumpten, verdickten und destruierten (serpiginöser Gang) Rippe (Beobachtung von Holthusen, Hamburg)

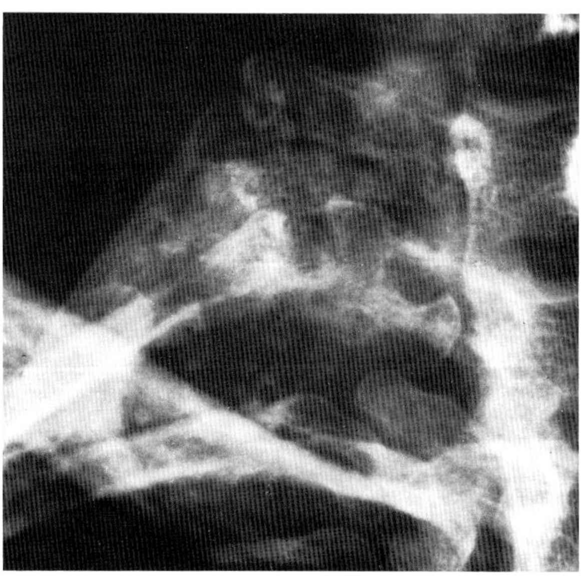

a

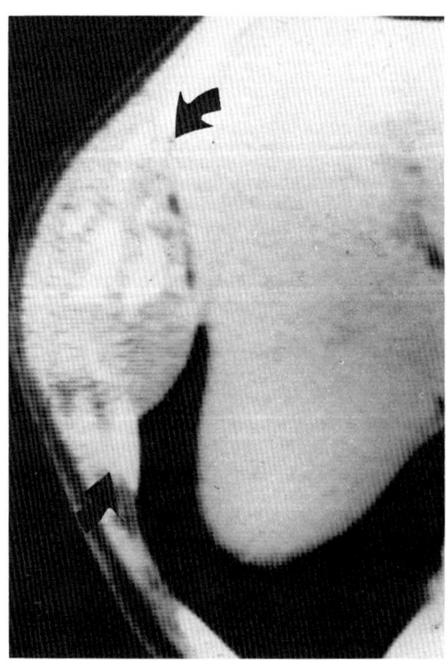

b

Abb. 3.**113a** u. **b** 20jähriger Patient mit ausgeprägtem Chondrosarkom
a Summationsaufnahme: Der Tumor geht offenbar von der 1. Rippe rechts aus und breitet sich nach allen Richtungen, insbesondere nach kaudal bis zur 3. Rippe, aus. Struktur: Überwiegend amorphe, aber auch tüpfelige und wattebauschähnliche Kalzifikationen. 1 Jahr nach Tumorresektion ausgedehntes Rezidiv, hier nicht dargestellt
b Computertomogramm: Irreguläre und amorphe endotumorale Kalzifikationen
(aus Freyschmidt, J., T. Spiro: Fortschr. Röntgenstr. 142 [1985] 1)

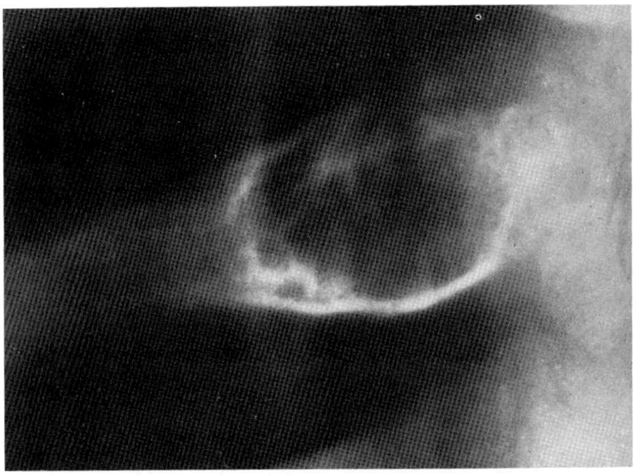

a

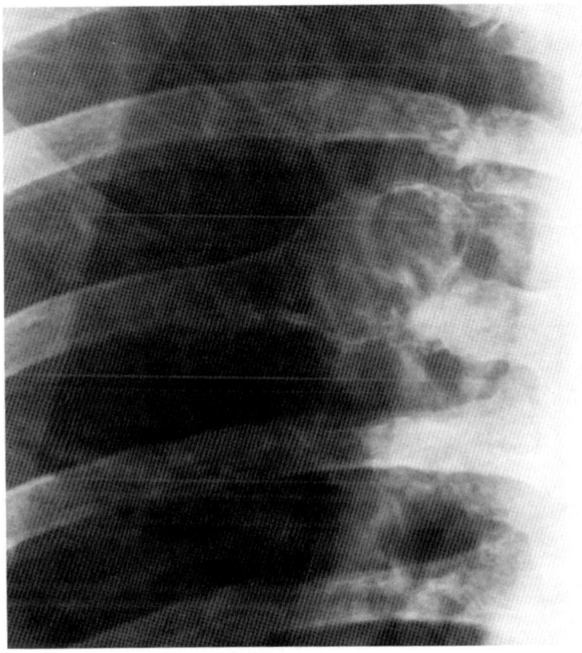

b

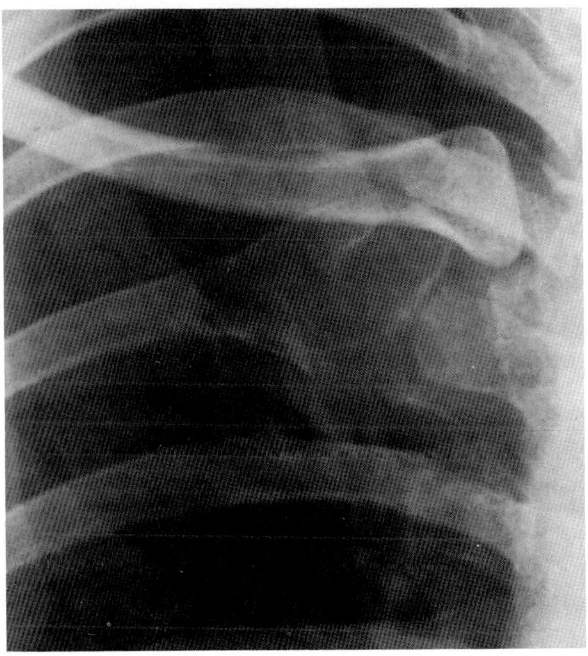

c

Diagnose und Differentialdiagnose dieser Geschwülste sind in einer neueren Übersicht (28) dargestellt. In dieser Arbeit wird auch darauf verwiesen, daß **tumorähnliche Läsionen,** wie die fibröse Dysplasie (Abb. 3.**115a, b;** 3.**118a, b**) und das eosinophile Granulom (Abb. 3.**119** und 3.**120a, b**) als asymptomatische Beobachtung erfahrungsgemäß relativ häufig vorkommen. Da vielfach Probeexzisionen von solchen Läsionen nicht entnommen werden, ist eine exakte statistische Analyse über ihre relative oder absolute Häufigkeit nicht möglich.

Einzelfallbeschreibungen und Übersichtsarbeiten über primäre Geschwülste und geschwulstähnliche Läsionen an den Rippen sowie deren Zitierung besitzen einen begrenzten Wert, da z. B. ein **„giant chondromatous hamartoma"** (9) oft eine ganze Anzahl von Rippen und die dazwischenliegenden Weichteile gleichzeitig betrifft, früher unter Bezeichnungen wie „Chondrom", Chondrosarkom und multiple aneurysmale Knochenzysten (47, 52, 58) lief. Dieser Befund ist erst in jüngster Zeit als ein für den jungen Säugling typisches **Hamartom** eingestuft (s. auch 47, 49, 59).

Osteome finden sich im Rippenbereich verhältnismäßig häufig als asymptomatische Veränderungen. Bei der in Abb. 3.**111** dargestellten Beobachtung muß man differentialdiagnostisch außer – wie schon erwähnt – an eine Melorheostose auch an ein ausgesprochen längliches Osteom mit subkortikaler Lage denken.

Nicht tumorbedingte Osteolysen von Rippen treten bei der Poliomyelitis auf (1).

Als ungewöhnliche Ursache einer umschriebenen Auftreibung einer Rippe im Sinne eines **Pseudotumors** ist die **fokale hämatopoetische Hyperplasie** mit regressiven Veränderungen in den zentralen Abschnitten im Sinne von Infarzierungen zu nennen (s. Abb. 3.**114a**).

◁ Abb. 3.**114a–c** Rein morphologisch ähnliche Rippenköpfchenläsionen mit unterschiedlicher Ätiologie
a 11jähriges Mädchen. Herdförmige hämatopoetische Hyperplasie mit regressiven Knochenveränderungen (Infarzierungen), insbesondere in den zentralen Knochenabschnitten. Das Mädchen ist sonst völlig gesund
b 33jährige Patientin. Riesenzelltumor mit relativ breitem Übergang der Osteolyse zum gesunden Knochen. Auf dem Schichtbild waren keine endotumoralen Kalzifikationen erkennbar
c 25jährige Patientin. Chondrom mit endotumoralen Kalzifikationen, die im Schichtbild zum Teil stern- und halbmondförmig, zum Teil auch tüpfelig anmuten. Dieser Befund bewies nahezu das Vorliegen eines Chondroms oder eines Chondrosarkoms Grad I (aus Freyschmidt, J., T. Spiro: Fortschr. Röntgenstr. 142 [1985] 1)

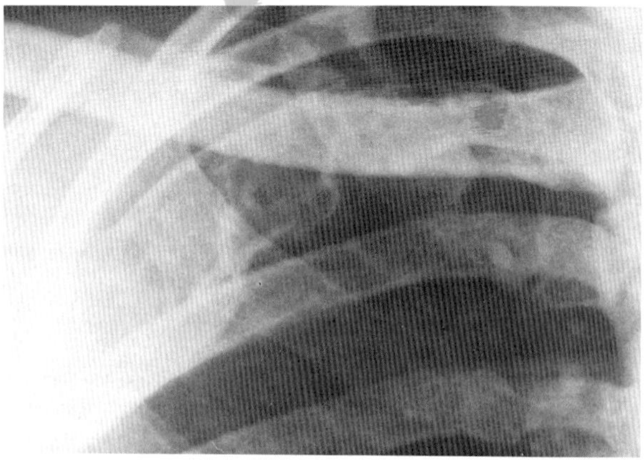

a

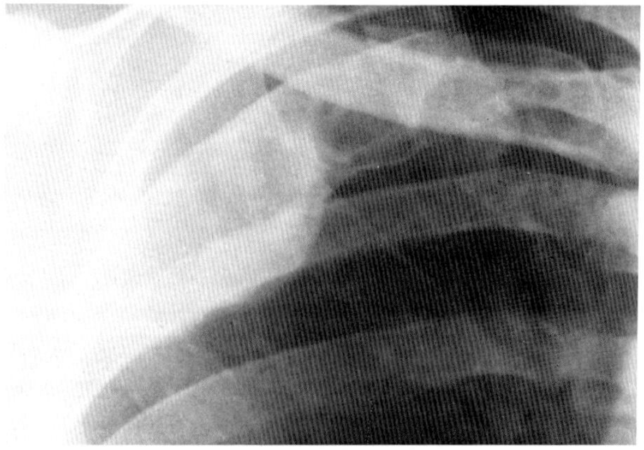

b

Abb. 3.**115 a** u. **b** 26 Jahre alte Patientin mit Klagen über gelegentliche, besonders beim Husten auftretende ziehende Schmerzen. **a** Blasige Auftreibung der 4. Rippe rechts in den dorsalen und dorsolateralen Abschnitten. Ein parossaler Prozeß, den man bei einem malignen Tumor in dieser Größenordnung erwarten müßte, fehlt. **b** 3 Jahre später wird eine knöcherne Komponente mit mattglasartiger und zum Teil schlieriger Dichtezunahme bei unveränderter Auftreibung der befallenen Rippenabschnitte deutlicher (aus Freyschmidt, J., T. Spiro: Fortschr. Röntgenstr. 142 [1985] 1)

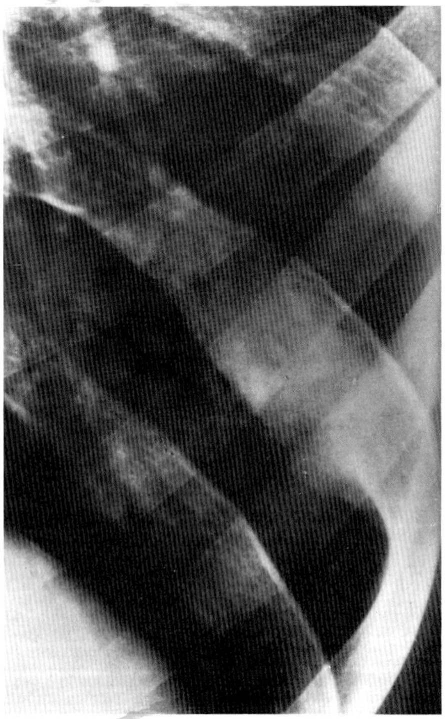

Abb. 3.**116** 25jähriger Patient. Monostische fibröse Dysplasie. Die knöcherne Komponente mit mattglasartiger und zum Teil auch schlieriger Dichtezunahme überwiegt bei Auftreibung des befallenen Rippenabschnittes (aus Freyschmidt, J., T. Spiro: Fortschr. Röntgenstr. 142 [1985] 1)

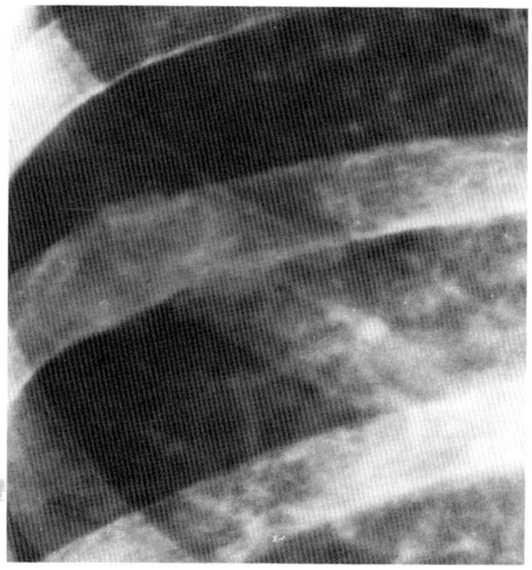

Abb. 3.**117** 45jähriger Patient. Fibröse Dysplasie mit überwiegend bindegewebiger Komponente, von einem Sklerosesaum umgeben. Anläßlich einer stärkeren Hustenattacke bei einer Grippe kam es zu einer Spontanfraktur, durch die der Tumor überhaupt erst entdeckt wurde. Im vorliegenden Fall ist die Fraktur – einige Wochen später – knöchern konsolidiert (aus Freyschmidt, J., T. Spiro: Fortschr. Röntgenstr. 142 [1985] 1)

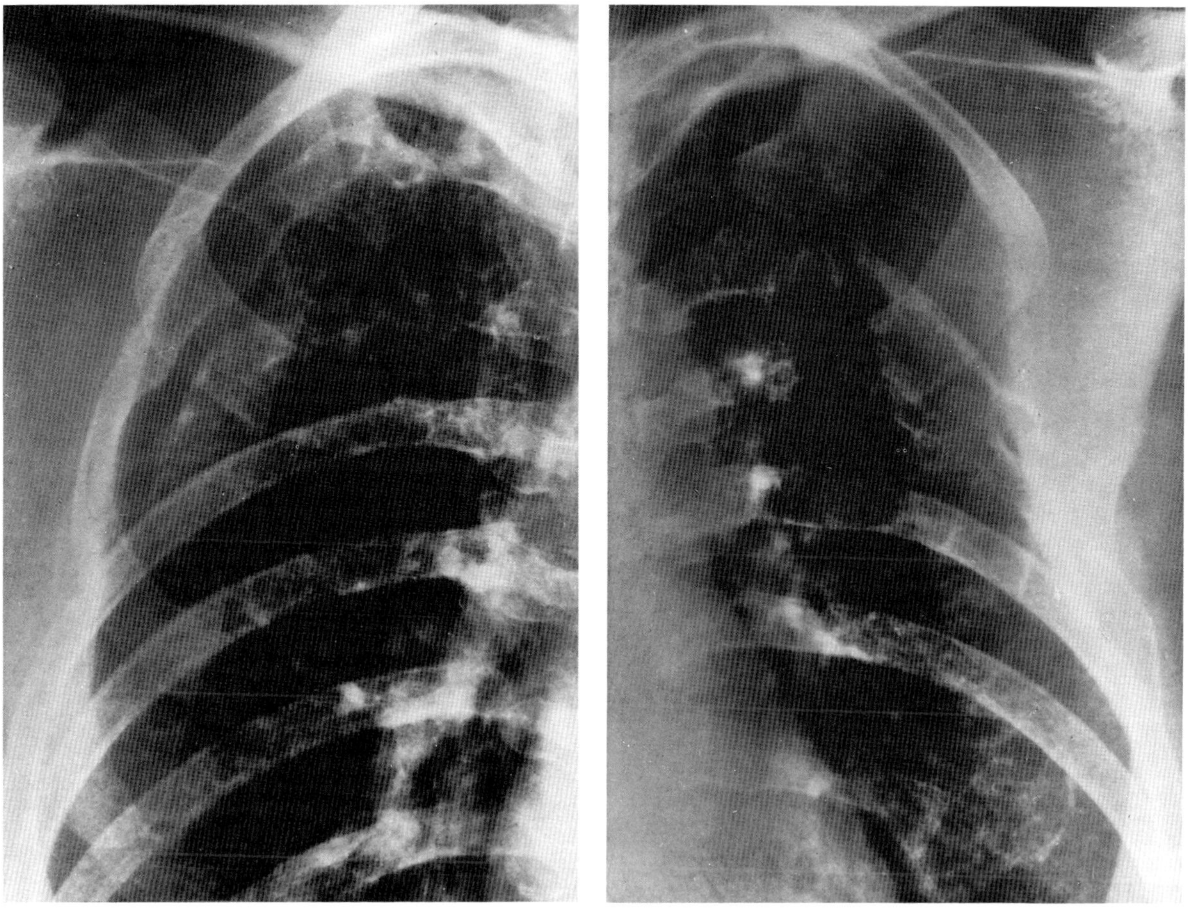

a b

Abb. 3.**118 a** u. **b** Polyostische Form der fibrösen Dysplasie mit grotesken Transformationen der 3. und 4. Rippe rechts dorsal und lateral sowie der 3., 4. und 5. Rippe links dorsolateral und ventral. Insbesondere von der 3. Rippe links und von den dorsalen Abschnitten der 4. Rippe rechts sind bei extrem überwiegender bindegewebiger Komponente knöcherne Strukturen nur noch zu erahnen. Differentialdiagnostisch käme im vorliegenden Fall eine Knochenhämangiomatose in Frage (aus Freyschmidt, J., T. Spiro: Fortschr. Röntgenstr. 142 [1985] 1)

An den gelenkigen Verbindungen zwischen Wirbelsäule und Rippen kommen im fortgeschrittenen Alter sehr häufig **degenerative Veränderungen** im Sinne einer **Kostotransversalarthrose** (Abb. 3.**121**) vor (37). Dabei finden sich die Gelenkflächen begradigt mit Konturrandausziehungen. Fernerhin sieht man subchondrale Verdichtungen. *Entzündlich destruktive Veränderungen im Bereich der Kostotransversalgelenke* im unteren Thorax kommen sehr häufig bei der ankylosierenden Spondylitis vor. Im Laufe der Erkrankung gehen diese Destruktionen meistens in metaplastische Verknöcherungen über.

An den **Sternokostalverbindungen** können sich bakterielle Osteochondritiden abspielen, die wenigstens mit der konventionellen Technik radiologisch nicht erkannt werden können. In einer neueren Publikation wird eine Infektion durch Candida bei Toxikomanen beschrieben (67).

Degenerative Veränderungen an den Sternokostalverbindungen sind radiologisch durchaus nachweisbar (Abb. 3.**122**).

Die **Hyperostose der Rippenköpfchen** stellt eine seltenere Form und Lokalisation der Spondylosis hyperostotica dar. Sie wird von asymmetrischen Kon-

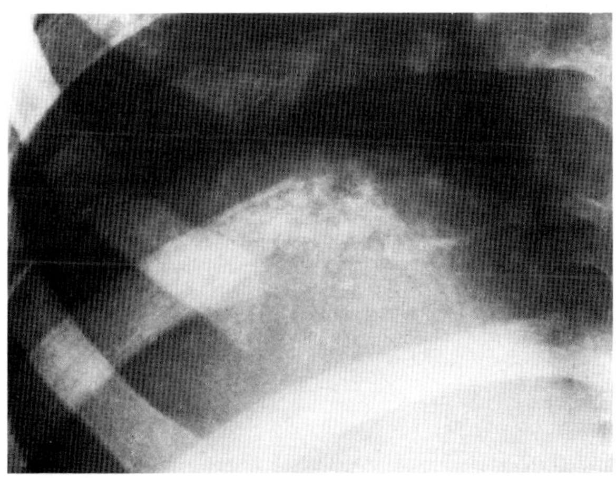

Abb. 3.**119** 3jähriger Junge. Eosinophiles Granulom an der 9. Rippe rechts dorsal. Mottenfraßähnliche Struktur (aus Freyschmidt, J., T. Spiro: Fortschr. Röntgenstr. 142 [1985] 1)

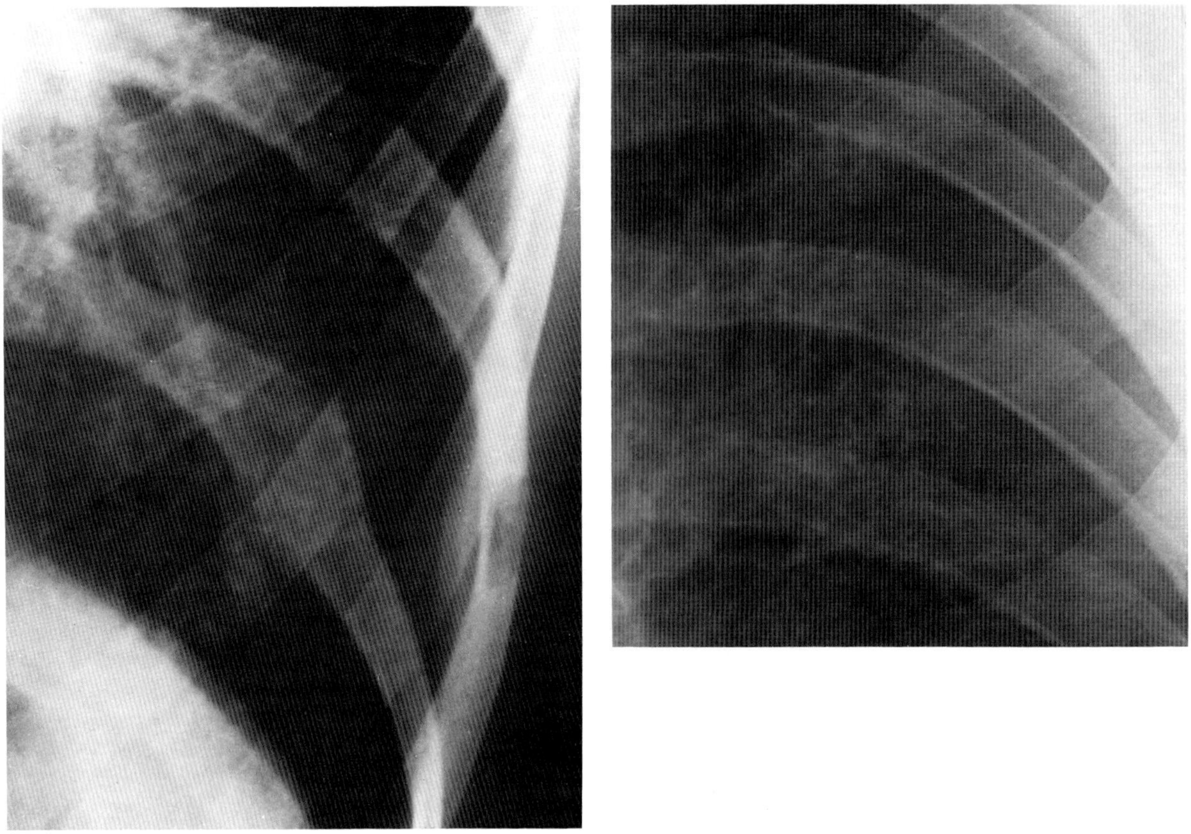

a

b

Abb. 3.**120 a** u. **b** 27jährige Patientin. Eosinophiles Granulom bzw. Histiozytose X. **a** Randständige Osteolyse in der 9. Rippe mit unscharfer Begrenzung. Offensichtlich ist es infolge einer Spontanfraktur zur Ausbildung eines geringfügigen parossalen Schattens gekommen, der pathologisch-anatomisch überwiegend einem Hämatom zuzuschreiben ist. Die Auftreibung und Strukturunregelmäßigkeiten der folgenden Rippe dorsolateral entsprechen einem älteren Herd, der spontan knöchern weitgehend durchgebaut ist. **b** Typische Lungenmanifestationen einer Histiozytose bei derselben Patientin mit feinen, irregulären interstitiellen Verdichtungen und multiplen, feinsten, fokalen, gitterartig anmutenden Überblähungen (aus Freyschmidt, J., T. Spiro: Fortschr. Röntgenstr. 142 [1985] 1)

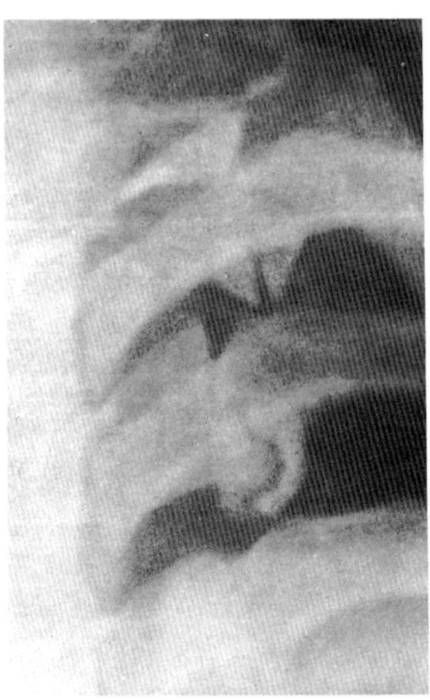

Abb. 3.**121** Kostotransversale Arthrose

turausziehungen der kostovertebralen Gelenkflächen begleitet, die sich von einem arthrotischen Umbau unterscheiden (56).

Über den knorpeligen Rippenanteilen auftretende, druckschmerzhafte Schwellungen, die meist die 2. bis 4. Rippe befallen und jahrelang bestehen können, werden nach ihrem Erstbeschreiber **Tietze-Syndrom** genannt. Die Ursache ist bisher nicht geklärt. Mikrotraumatische Einwirkungen werden in erster Linie diskutiert (61). Radiologisch ist bei tangentialer Darstellung der vorderen Rippenenden subkostal eine 2 mm bis 2,5 cm dicke Weichteilschwellung zu beobachten. Im Computertomogramm findet man eventuell eine Verbreiterung oder ventrale Abwinkelung des Rippenkörpers auf der Seite der Beschwerden, manchmal auch keinerlei pathologische Veränderungen. Auch unregelmäßige Sklerosierungen und Kalkablagerungen sind festzustellen. Meist aber ist der radiologische Befund negativ und dient mehr dem Ausschluß einer anderweitigen Knochenerkrankung. Das Gleiche gilt für das **Da-Costa-Syndrom.** Dieses kostochondrale Präkordialsyndrom geht auch ohne Schwellung einher und

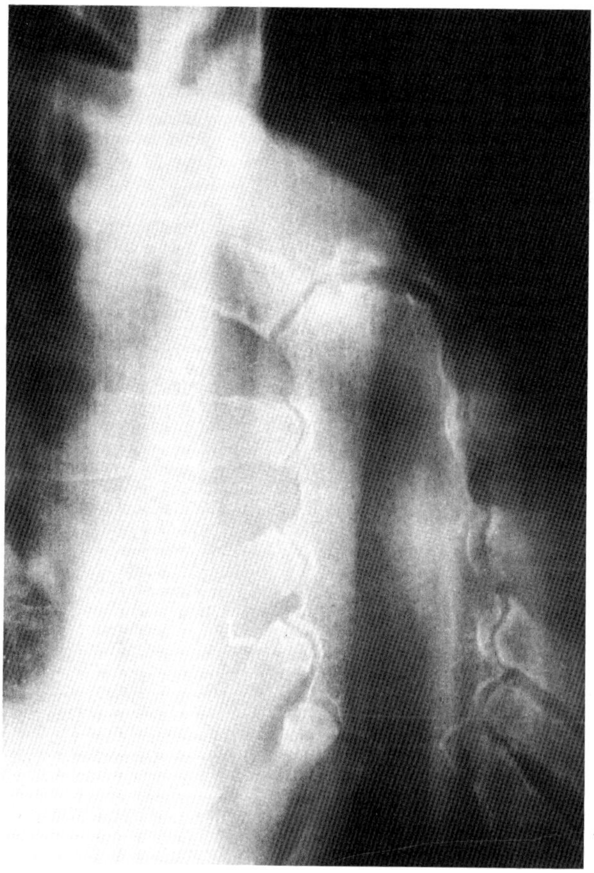

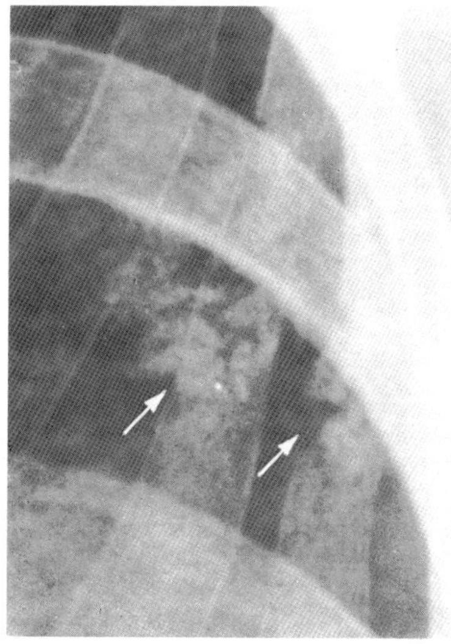

Abb. 3.**123** Strahlennekrosen der Rippen

◁ Abb. 3.**122** Degenerative Veränderungen an den Sternokostalgelenken

ist durch präkordiale Schmerzzustände charakterisiert, die auf eine perichondrale Affektion zurückgeführt werden und Angina-pectoris-ähnliche Zustände verursachen können. Häufig nach handwerklich-monotoner Arbeit beobachtet, treten die Schmerzen bei Linkshändern rechts auf. **Gelenkbildungen im Rippenknorpel** können das gleiche klinische Bild hervorrufen.

Zuletzt sei noch auf das Bild der **Osteoradiodystrophie und -nekrose** verwiesen (Abb. 3.**123**), das an den Rippen früher vor allem nach Bestrahlungen des Mammakarzinoms häufiger beobachtet wurde.

Literatur

1 Augustin, V.: Eigenartige Osteolysen der Rippen bei durch Poliomyelitis schwer gelähmten Kindern. Fortschr. Röntgenstr. 97 (1962) 771–774

2 Bailey, Patricia: Surfer's rib: isolated first rib fracture secondary to indirect trauma. Ann. Emerg. Med. 14 (1985) 346–349

3 Barone, L., P. de Albertis: Il quadro radiologico dei condromi e condrosarcomi costali e scapolari e dei neurinomi intratoracici ed i loro problemi di diagnosi differenziale. Minerva med. 51 (1960) 2689–2697

4 Bar-Ziv, J., Y. Barki, A. Maroko, J. Mares: Rib osteomyelitis in children. Early radiologic and ultrasonic findings. Pediatr. Radiol. 15 (1985) 315–318

5 Berner, F.: Über Rippenanomalien auf Grund von 6 Millionen Reihenbildern. Fortschr. Röntgenstr. 69 (1944) 202–221

6 Bernstein, R., J. Isdale, M. Pinto, J. Du Toit Zaaijman, T. Jenkins: Short rib – polydaktyly syndrome: a single or heterogeneous entity? A re-evaluation prompted by four new cases. J. Med. Genet. 22 (1985) 46–53

7 Bertouch, J. V., T. P. Gordon, D. Henderson, P. M. Brooks: Asymptomatic osteolysis of ribs and clavicles in progressive systemic sclerosis. Aust. N.Z.J. Med. 12 (1982) 627–629

8 Brecht, Gisela, G. Kanzow: Klinisch stumme Mastozytose – Haut und isolierter Rippenbefall. Fortschr. Röntgenstr. 139 (1983) 99–101

9 Coulau, A. A., S. S. Hurwitz, M. C. D. Gritzman: Giant chondromatous hamartoma of the first rib. S. Afr. Med. J. 62 (1982) 703–704

10 David, T. J., A. Glass: Hereditary costovertebral dysplasia with malignant cerebral tumour. J. Med. Genet. 20 (1983) 441–444

11 Derbekyan, Vilma, E. M. Azouz, L. W. Young: Solitary costal eosinophilic granuloma. Amer. J. Dis. Child. 136 (1984) 885–886

12 Dietzel, F., H. F. Schirmer: Doppelseitige Ermüdungsfraktur der ersten Rippe. Entstehung unter typischer Belastung. Fortschr. Röntgenstr. 117 (1972) 228–229

13 Dihlmann, W.: Gelenke – Wirbelverbindungen, 2. Aufl. Thieme, Stuttgart 1982 ([1]Abb. 247; [2]S. 592)

14 Edelstein, G., R. G. Levitt, D. P. Slaker, W. A. Murphy: Computed tomography of Tietze syndrome. J. Comp. Ass. Tomogr. 8 (1984) 21–23

15 Edelstein, G., M. Kyriakos: Focal hematopoetic hyperplasia of the rib – a form of pseudotumor. Skeletal Radiol. 11 (1984) 108

16 Eftekhari, F., D. K. Yousefzadeh: Primary infantile hyperparathyreoidism: clinical, laboratory, and radiographic features in 21 cases. Skeletal Radiol. 8 (1982) 201–208

17 Elke, M.: Dystrophische Rippenveränderungen bei Sklerodermie. Fortschr. Röntgenstr. 99 (1963) 717–719

18 Elke, M., W. Meier-Ruge: Histologische Befunde an um-

schriebenen Rippen im Verlauf von Sklerodermie. Arch. klin. Med. 212 (1966) 73–83
19 Fischer, E.: Verkalkungsformen der Rippenknorpel. Fortschr. Röntgenstr. 82 (1955) 474–481
20 Fischer, E., H. Nowakowski: Gelenkähnliche Spaltbildungen in verkalkten Rippenknorpeln bei adrogenitalem Syndrom. Fortschr. Röntgenstr. 84 (1956) 57–61
21 Fischer, E.: Eine einfache Bestimmung des Wachstumsabschlusses an der Knorpelknochengrenze der Rippen. Fortschr. Röntgenstr. 86 (1957) 505–508
22 Fischer, E.: Fehlbildung der knorpeligen Rippen. Fortschr. Röntgenstr. 88 (1958) 687-690
23 Fischer, E.: Der Thoraxumbau nach Armverlust oder Armlähmung und der Einfluß der Schulter-Brust-Muskulatur auf die Form der oberen Thoraxhälfte. Arch. orthop. Unfall-Chir. 67 (1970) 217
24 Fischer, E.: Rippenveränderungen bei der Akromegalie. Fortschr. Röntgenstr. 112 (1970) 789–792
25 Fischer, E.: Funktionell bedingte Kompaktahypertrophie einzelner Rippen. Fortschr. Röntgenstr. 117 (1972) 342–346
26 Flori, D.: Un cas d'ostéome costal. J. Radiol. Électrol. 31 (1950) 549–550
27 Fogarty, E. E., T. Beatty, F. Dowling: Spondylocostal dysplasia in identical twins. J. Pediatr. Orthoped. 5 (1985) 720–721
28 Freyschmidt, J. T. Spiro: Zur Differentialdiagnose von primären Knochengeschwülsten und geschwulstähnlichen Läsionen an den Rippen. Fortschr. Röntgenstr. 142 (1985) 1–10
29 Friedrich, M., E. Gerstenberg, W. Goy: Die intrathorakale Rippe. Fortschr. Röntgenstr. 122 (1975) 438-442
30 Gaucher, A., P. Wiederkehr, P. Raoul, P. Pere, A. Duprez: Nécrose osseuse au cours d'une périartérite noueuse. Nouv. Presse Méd. (20.2. 1982) 604–605
31 Gersten, A., S. Lecomte-Ramioul: Étude radiologique des jonctions chondrocostales dans le rachitisme. J. belge Radiol. 37 (1954) 454–463
32 Ghirardi, L., A. Pessagno: Sulle articolazioni intercostali. Radiol. med. (Torino) 44 (1958) 878–882
33 Ginader, R.: Frei endigende, unterentwickelte 1. Rippe ohne Verbindung mit dem Brustbein. Fortschr. Röntgenstr. 72 (1959/50) 114
34 Greenwald, L. V., E. B. Clinton, N. I. Panygiotis: Rib fractures in coronary bypass patients: radionucleide detection. Radiology 148 (1983) 553–554
35 Hoeffel, J. C., P. Juncker, C. Delgoffe, C. Pernot: Manifestations radiologiques du syndrom de Noonan. Ann. Pédiat. 28 (1981) 649–652
36 Hoekstra, H. J., L. M. Kingma: Bilateral first rib fractures induced by integral crash helmets. J. Trauma 25 (1985) 566–567
37 Hohmann, D.: Die degenerativen Veränderungen der Costotransversalgelenke. Ein Beitrag zur Diagnostik, Pathogenese und Klinik der Arthrosen und Insertionsligamentosen der Costo-transversalgelenke im Rahmen vertebragener Krankheitsbilder. Springer, Berlin 1969
38 Holden, D. L., D. W. Jackson: Stress fracture of the ribs in female rowers. Amer. J. Sports Med.13 (1985) 342–348
39 Humbert, R.: Radiol. clin. (Basel) 16 (1947) 383; zit. nach Köhler/Zimmer, 12. Aufl., 1982 (S. 297)
40 Kärcher, K. H.: Die Röntgen-Symptomatologie des Gardner-Syndroms. Fortschr. Röntgenstr. 107 (1967) 90–95
41 Kartagener, M., E. A. Zimmer: Schweiz. med. Wschr. 70 (1940) 1146; zit. nach Köhler/Zimmer, 12. Aufl., 1982 (S. 296)
42 Keller, H. L., O. Wiedemann: Knochen- und Gelenkverletzungen der oberen Thoraxapertur. Fortschr. Röntgenstr. 95 (1961) 375–380
43 Kent, J. V.: The development of rib notching after surgical intervention in congenital heart disease with a description of two cases. Brit. J. Radiol. 26 (1953) 346–351
44 Key, J. A., H. A. Conwell: Management of Fractures, Dislocations and Sprains. Mosby, St. Louis 1934
45 Kipshoven, H. J.: Diskontinuitäten im Verlauf der ersten Rippen. Fortschr. Röntgenstr. 74 (1951) 555–561
46 Kipshoven, H. J.: Über eine traumatische isolierte Fraktur der ersten Rippe. Fortschr. Röntgenstr. 76 (1952) 264–265
47 Knitelius, H., R. Kunz: Chondrosarkom der Thoraxwand. Fortschr. Röntgenstr. 136 (1982) 597–598
48 Kozlowski, K., P. Beigthon: Gamut Index of Skeletal Dysplasias, An Add to Radiodiagnosis. Springer, Berlin 1984 (S. 50–53)
49 Lackner, K., G. Weiand, O. Köster: Erweiterung der Röntgendiagnostik raumfordernder Prozesse der Thoraxwand durch die Computertomographie. Fortschr. Röntgenstr. 134 (1981) 607–613
50 Langeland, P.: Luxation der 12. Rippe im Costo-Vertebral-Gelenk. Fortschr. Röntgenstr. 84 (1956) 645–646
51 Machin, D. G., J. M. Shennan: Twelfth rib syndrome: a differential diagnosis of loin pain. Brit. med. J. 1983/III, 287
52 Mayo, P., S. P. Saha: Aneurysmal bone cyst of rib. J. Kentucky Med. Ass. 80 (1982) 395–397
53 McCarthy, E. F., D. C. Moses, J. W. Zibreg, H. D. Dorfman: Painless fibroosseous lesion of the rib resembling osteoid osteoma: a report of six cases. Skeletal Radiol. 13 (1985) 263–266
54 MacLord, M. C., F. A. Barendam: Unusual causes of rib notching. Amer. J. Roentgenol. 67 (1952) 405–409
55 Mendl, K., C. J. Evans: Cyst-like and cystic lesions of the rib with special reference to their radiological differential diagnosis based on the discussion of five cases. Brit. J. Radiol. 31 (1958) 146–155
56 Mironov, A., F. Ziegler: Unterschiedliche Stadien von Hyperostose der Rippenköpfchen bei Spondylosis hyperostotica. Fortschr. Röntgenstr. 139 (1983) 416–420
57 Müller, G., W. Dihlmann: Rippenveränderungen bei Leukämie im Kindesalter und ihre Differentialdiagnose. Fortschr. Röntgenstr. 115 (1971) 263–264
58 Ochsner, A., G. Lucas, G. B. McFarland: Tumors of the thoracic skeleton. J. thorac. cardiovasc. Surg. 52 (1966) 311–321
59 Olive, D., J. Prevot, B. Coupe, J. F. Plenat, M. C. Bretagne, M. Schmitt: Hamartome bilatéral de la paroi thoracique. Chir. pédiatr. 23 (1982) 287-289
60 Pawlowski, A., J. Malejczyk, T. Kziazek, S. Moskalewski: Resorption of calcified and decalcified costal cartilage. Chir. plastica 7 (1982) 59–66
61 Peyron, R., D. Sereni, G.-A. Cremer: Le point sur le syndrome de Tietze. Gaz. Méd. 90 (1983) 1593–1594
62 Pionnier, R., S. Depraz: Les anomalies costales d'origine congénitale (Étude statistique d'après 10000 radiographies). Radiol. clin. (Basel) 25 (1956) 170–186
63 Rabushka, S. E., L. Love, H. J. Kadison: Isolated thoracic dysostosis. Radiology 106 (1973) 161–165
64 Railshack, O. C., W. Dock: Erosion of the ribs due to stenosis of the isthmus (coarctation) of the aorta. Radiology 12 (1929) 58–61
65 Ramin, D., v.: Tertiäre Frambösie. Skelettmanifestation an Wirbelsäule und Rippen. Fortschr. Röntgenstr. 125 (1976) 185–187
66 Rasad, S.: Golfer's fractures of the ribs. Report of 3 cases. Amer. J. Roentgenol. 120 (1974) 901–903
67 Riou, B., M. Bentata–Pessayre, A. Kravitzky, G. Delzant: Arthrite sternocostale à candida chez un toxikomane. Presse Méd. (12. Febr. 1983) 364
68 Rogers, L. F.: Radiology of Sceletal Trauma. Churchill Livingstone, New York 1982 ([1]S. 341–342; [2]S. 343, [3]S. 345)
69 Rupprecht, E., A. Gurski: Kurzrippen-Polydaktylie-Syndrom Typ Saldino-Noonan bei zwei Geschwistern. Helv. paediat. Acta 37 (1982) 161–169
70 Sacchetti, A. D., D. R. Beswick, St. D. Morse: Rebound rib: stress-induced first rib fracture. Ann. Emerg. Med. (March 1983) 179

71 Sargent, E. N., A. F. Turner, G. Jacobson: Superior marginal rib defects. An etiologic classification. Amer. J. Roentgenol. 106 (1969) 491–505
72 Scheff, P., E. G. Laforet: The internal thoracic muscle and the lateral chest roentgenogram. Radiology 86 (1966) 27–30
73 Schertlein, A.: Rudimentäre Rippen. Fortschr. Röntgenstr. 38 (1929) 478–482
74 Sierra Manzano, C., V. Miledi Dau: Aspectos radiologicos del torax oseo. Rev. mex. Radiol. 26 (1972) 5–18
75 Spence, E. K., E. F. Rosato: The slipping rib syndrome. Arch. Surg. 118 (1983) 1330–1332
76 Stark, P., D. D. Lawerence: Intrathoracic rib – CT features of a rare chest wall anomaly. Comput. Radiol. 6 (1984) 365–367
77 Steinberg, I: Un cas d'ostéome costal. J. Amer. med. Ass. 170 (1959) 1921
78 Sturm jr., A., F. Logan. Rippenusuren ohne Aortenisthmusstenose. Fortschr. Röntgenstr. 97 (1962) 464–475
79 Swoboda, W.: Das Skelet des Kindes, 2. Aufl. Thieme, Stuttgart 1959 (S. 26)
80 Taybi, H.: Radiologie der Syndrome. Thieme, Stuttgart 1982 (Kap. 346)
81 Thiemann, H. Rippenveränderungen bei abszedierender Pneumonie mit eitrigem Pleuraerguß im Kindesalter. Fortschr. Röntgenstr. 105 (1966) 703–710
82 Weinstein, A. J., C. F. Müller: Intrathoracic ribs. Amer. J. Roentgenol. 94 (1965) 587–590
83 Wenz, W., G. Geipert: Röntgenologie und Klinik der Srbschen Rippen-Sternum-Anomalie. Radiologe 7 (1967) 53–58
84 Wilhelm, G.: Knöchernes „Intermediärstück" an der 2. Rippe. Fortschr. Röntgenstr. 86 (1957) 531
85 Williams, A. F.: The role of the first rib in the scalenous anterior syndrome. J. Bone Jt Surg. 34-B (1952) 200–203
86 Wilk, E., Th. Hülshoff: Über eine seltene Rippenanomalie. Fortschr. Röntgenstr. 86 (1957) 531–532
87 Woodlief, R. M.: Superior marginal rib defects in traumatic quadriplegia. Radiology 126 (1978) 673–674
88 Zeller, Ch., E. Babin, J. O. Dietemann, A. Wackenheim: Dysostose spondylocostale avec polydactylie. J. Radiol. (Paris) 63 (1982) 355–357
89 Zimmer, E. A · 12. Aufl. dieses Buches 1982

4

Schädel

Intrauteriner Fruchttod

Während die normale Entwicklung im nachfolgenden Absatz über den Schädel „Allgemeiner Teil" behandelt wird, soll die Diagnostik des embryonalen Fruchttodes am Beginn der Ausführungen über den Schädel stehen, wird doch heute noch diese Frage an den Radiologen gestellt, auch wenn andere diagnostische Methoden hier zur Verfügung stehen.

Das Thema greift nur scheinbar über das Anliegen dieses Buches hinaus, wenn man argumentieren wollte, daß die Diagnose des Todes eindeutig jenseits der Grenzen zum Pathologischen stehe. Radiologisch handelt es sich um die Feststellung von Millimeterabständen, also um geringe metrische Grenzen mit allerdings vitalen Konsequenzen.

Physiologische Stufen zwischen den fetalen Schädelknochen kommen in den letzten Tagen und Wochen der Schwangerschaft häufig vor, zum Teil infolge von Wehen, aber auch durch den Druck der Umgebung, vor allem bei Schädeltieflage vor Beginn der Wehen, vor dem Blasensprung und vor Eintritt des Schädels in das kleine Becken (Abb. 4.**1** und 4.**2**).

Meistens springen die Scheitelbeine im Gebiet der großen und kleinen Fontanelle nach außen vor. Daraus kann sich eine geringe, dachziegelartige Verschiebung der Schädelknochen im 10. Lunarmonat ergeben. In diesem Zeitraum ist deshalb die Diagnose des intrauterinen Fruchttodes erschwert (2).

Vor der 34. Schwangerschaftswoche ist bei fehlenden Wehen und ohne Blasensprung jede Stufe zwischen den Schädelknochen, abgesehen bei Mehrlingsschwangerschaften, als Beweis für den Fruchttod anzusehen. Dies gilt auch für eine stark markiert überstehende Okzipitalschuppe.

Nach der 36. Schwangerschaftswoche sind bei nun häufigen, physiologischen Stufen (s. oben) diese erst ab einer Höhe ab 4 mm als pathologisch anzusehen, und dies nur, wenn noch keine Wehen bestanden und die Blase nicht gesprungen ist, (Abb. 4.**3** und 4.**4**). Die Überlappung der Schädelknochen in der Naht kann postnatal persistieren (1).

Eine pathologische Stufe tritt früher auf als eine Verschiebung der Schädelknochen gegeneinan-

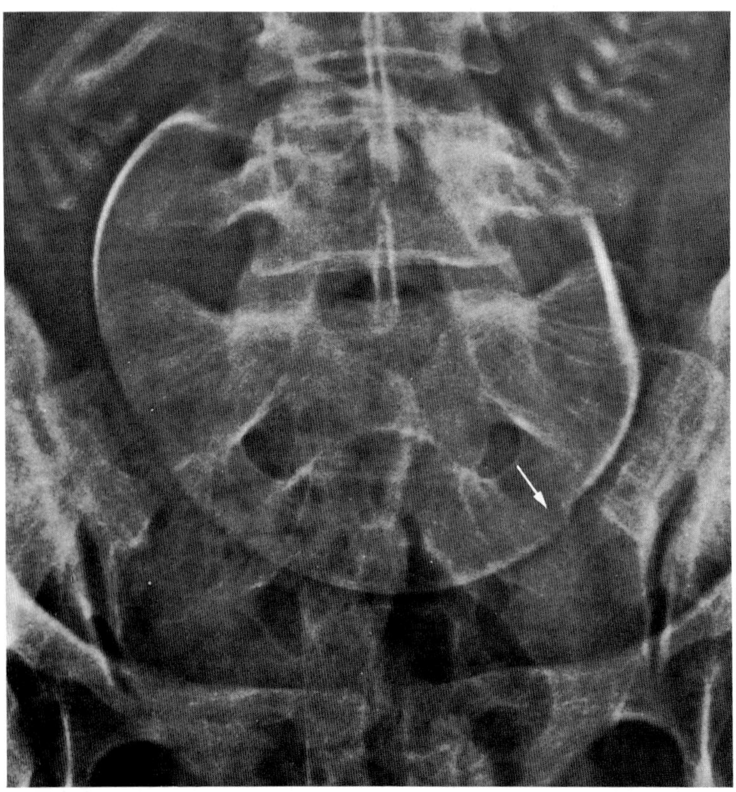

Abb. 4.**1** Physiologische Stufe (1 mm) an der kleinen Fontanelle 8 Tage vor Spontangeburt. Mädchen 50 cm, 3550 g. Aufnahme in Bauchlage (Beobachtung von Wichtl, Wien)

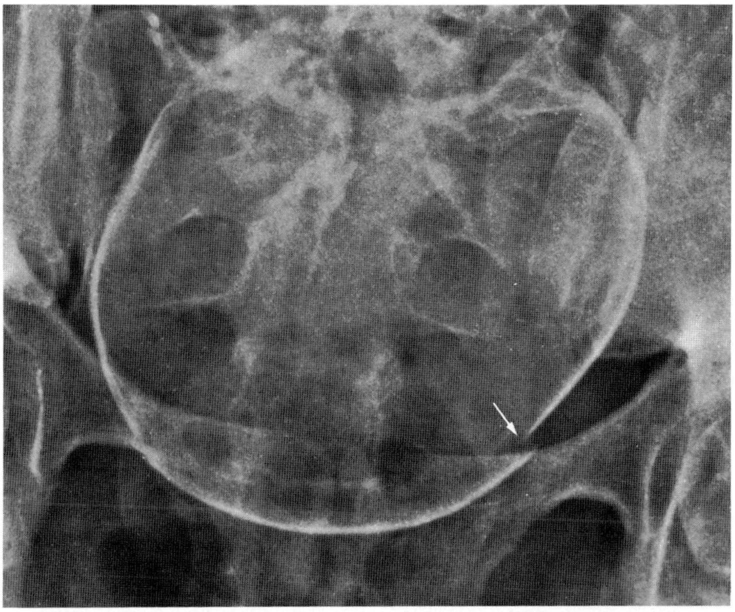

Abb. 4.**2** Physiologische Stufe an den Fontanellen 4 Tage vor Spontangeburt und vor Wehenbeginn und Blasensprung. Knabe 49 cm, 3250 g. Aufnahme in Bauchlage (Beobachtung von Wichtl, Wien)

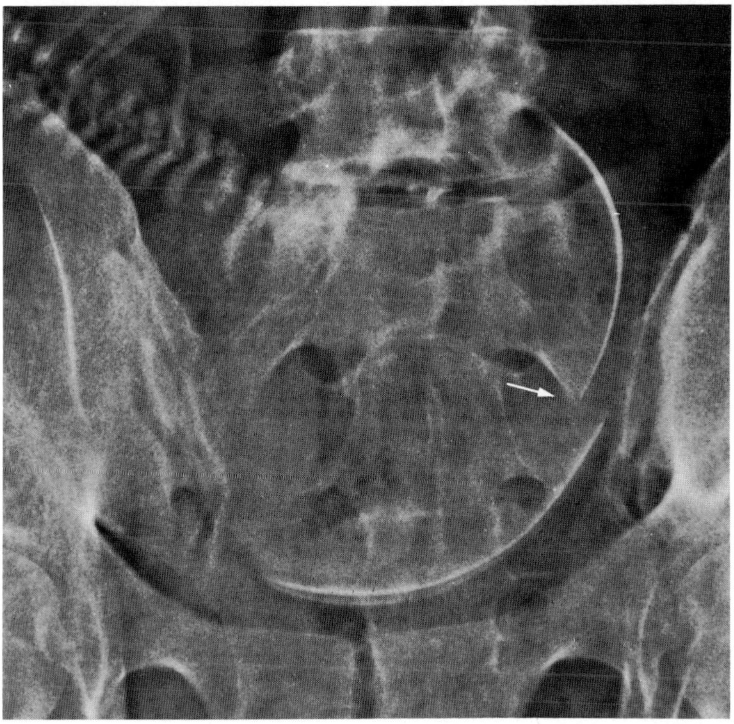

Abb. 4.**3** Pathologische Stufe (8 mm) bei intrauterinem Fruchttod im 10. Lunarmonat vor Wehenbeginn und Blasensprung, echter Knoten in der Nabelschnur. Mädchen 54 cm, 3000 g, drittgradige Mazeration. Aufnahme in Bauchlage (Beobachtung von Wichtl, Wien)

der vor der 34. Schwangerschaftswoche (Spalding-Hornersches Syndrom). Nach diesem Zeitpunkt kann nur eine Überdachung von 2–3 cm als **Spaldingsches Zeichen** gelten und den Fruchttod beweisen.

Zu den Zeichen des intrauterinen Fruchttodes gehören die Abflachung des Gewölbes mit starker Deformierung des Schädels und das sog. Dauelsche Zeichen des „Heiligenscheines" („halo signe"), das offenbar selten zu beobachten ist.

Wenn nicht zum Schädelkapitel, wohl aber zum Absatz über den intrauterinen Fruchttod gehörend, ist als Zeichen für diesen auch eine abnorme Abknickung der Wirbelsäule, besonders deutlich auf Aufnahmen der stehenden Patienten zu erkennen, ebenso anzusehen wie atypische Gasansammlungen im Embryo als Hinweis für eine abgestorbene, eventuell mazerierte Frucht (Abb. 4.**5**).

Literatur

1 Cavaluzzi, J. A., K. S. Oh, S. M. Goldman: Prenatal and post-natal persistent overriding cranial structures. Ann. Radiol. (Paris) 27 (1984) 664–666
2 Wichtl, O.: Über die Bedeutung von Stufenbildungen am fötalen Schädel. Radiol. Austriaca 11 (1961) 115–120

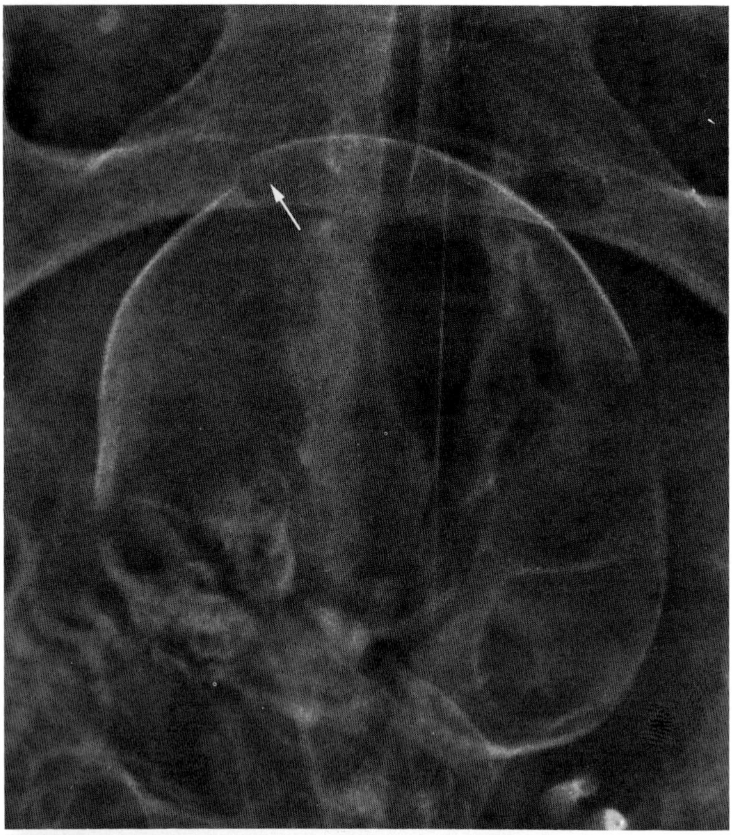

Abb. 4.**4** Pathologische Stufe (3–4 mm) an der kleinen Fontanelle bei Fruchttod im 8. Lunarmonat. Strangulation durch die Nabelschnur. Knabe 40 cm, 1750 g, drittgradige Mazeration. Aufnahme in Bauchlage (Beobachtung von Wichtl, Wien)

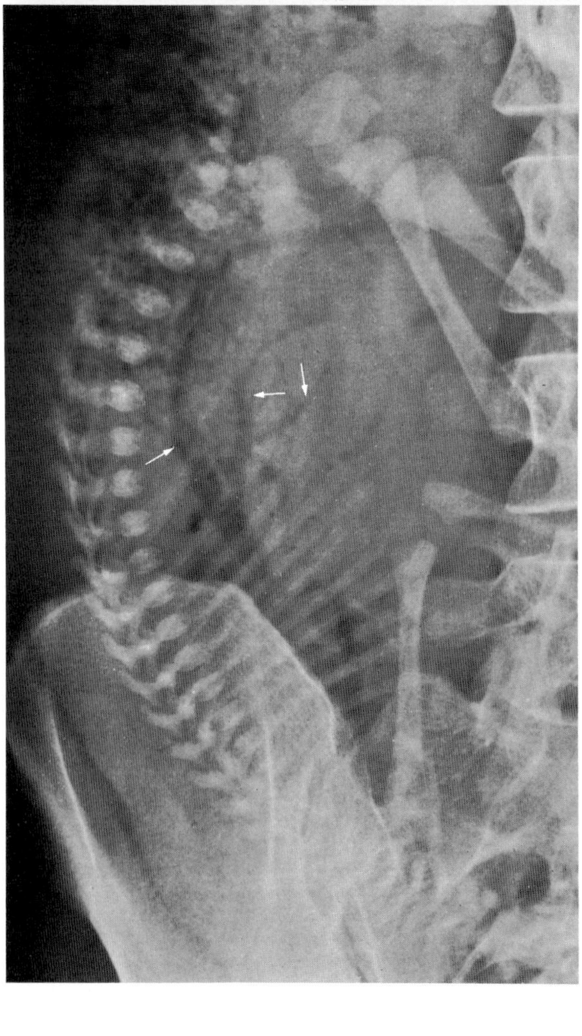

Abb. 4.**5** Intrauteriner Fruchttod im 9. Lunarmonat bei Schwangerschaftsoxikose. Fäulnisgase im Fetus (Beobachtung von Wichtl, Wien)

Schädeldach

Allgemeiner Teil

Norm

Im Wachstum

Die Entwicklung von Form und Größe der mit Ausnahme der okzipitalen Unterschuppe häutig entstandenen Schädelkalotte gibt im allgemeinen Ausmaß und Art der Entwicklung des Gehirns wieder.

Zur *Röntgenanatomie des Schädels von Neugeborenen* s. bei Henderson u. Sherman (75).

Während im 1. Lebensmonat der Hirnschädel nur wenig größer wird, erfolgt im 2. Monat ein kräftiger Wachstumsschub, danach wieder eine langsamere Volumenvergrößerung. Die Schärfe des Nahtrandes ist ein Symptom des zunehmenden oder stillstehenden Wachstums. Je schärfer eine Naht begrenzt ist, desto geringer ist derzeit die Wachstumstendenz dieses Knochens (25). Auch die weitere Entwicklung verläuft bis zum Erreichen der Endgröße *schubweise* (114, 199) (Abb. 4.**6** und 4.**7**).

Der erste, relativ größte Wachstumsschub erfolgt bis zum Alter von 15 Monaten. Danach tritt bis zum 21. Monat eine kurze Pause ein. Es folgt im 2. und 3. Lebensjahr ein zweiter, geringerer Wachstumsschub. Danach sind 75% des Längenwachstums erreicht. Nach einer Pause bis zum 7. Lebensjahr kommt es zu einer 3., schubweisen Schädelvergrößerung, die im Breitendurchmesser im 9. (195), im Längendurchmesser im 12. Lebensjahr (114) beendet, bei den Mädchen als Endphase des Wachstums zu bezeichnen ist, während bei jugendlichen Männern im Alter von 15–20 Jahren noch ein deutlicher letzter Wachstumsschub gemessen wurde (67).

Geschlechtsunterschiede am wachsenden Schädel sind zunächst nach dem Schädelumfang (21, 73) festgestellt worden. Radiologische kraniometrische Untersuchungen (14, 16) wiesen sexuelle Differenzen der Schädelmaße mindestens ab dem 6. Lebensmonat nach (102, 122, 157). Der Schädel des Jungen ist durchweg größer als der des Mädchens (86). Proportionsunterschiede waren am Hirnschädel nicht nachweisbar.

Rassenunterschiede (zwischen Indern und Norwegern) wurden bei Kindern bis zum 5. Lebensjahr (ältere nicht untersucht) festgestellt (169).

Geschlechtsunterschiede sind aus der Anthropologie mindestens seit 1788 (1) bekannt, grundlegende Übersicht bei Jansen (87). Die radiologische Kraniometrie erlaubt die Festlegung nach intrakraniellen Meßpunkten, in denen die Zufälligkeiten der unregelmäßigen Kalottendicke, die bei Umfangmessungen stören, keine Rolle spie-

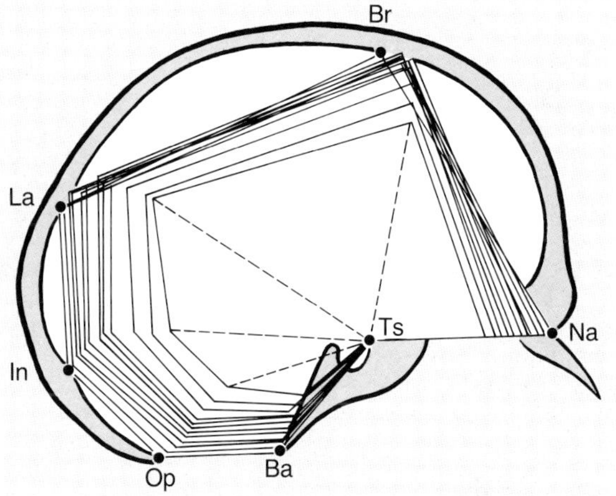

Abb. 4.**6** Schematische Darstellung des Schädelwachstums bei 14 Altersklassen zwischen 0 und 14 Jahren. Die Altersklassen entsprechen nicht jeweils einem Lebensjahr (nach Ousterhout u. Melsen)
Na = Nasion
Br = Endobregma
La = Endolambda
In = Endinion
Op = Opisthion
Ba = Basion
Ts = Tuberculum sellae

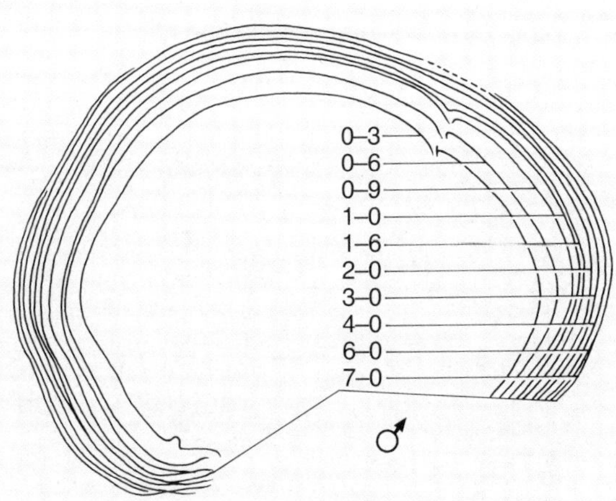

Abb. 4.**7** Schematische Darstellung des Schädelwachstums eines Kindes zwischen 3 und 7 Jahren mit Umrißskizzen (nach Weinmann u. Sicher)

len (153). Außerdem sind Innenmaße, z. B. vom zentral gelegenen Tuberculum sellae möglich. Deren Lage ist zur Erkenntnis der Gehirnentwicklung – und damit der Kalottenform – wesentlich, kann von Anthropologen aber höchstens am aufgesägten Schädelpräparat, nicht aber am Lebenden erhoben werden (vgl. Abb. 4.**6** und 4.**7** mit 4.**8**). Zudem stehen dem Radiologen leichter große Zahlen für eine Statistik zur Verfügung. Mit der Einführung der Computertomographie in die Kraniometrie haben Genauigkeit und leichte Durchführbarkeit durch radiographische Verfahren in starkem Maße gewonnen (70).

Zur Kraniometrie: Wenn jüngst wieder der Standpunkt vertreten wird, daß Umfangmaße einfacher und genauer seien als die radiologische Kraniometrie, ist dieser Ansicht aus vorher erwähntem Grunde nicht stattzugeben, sondern entschieden entgegenzutreten. Es wäre damit ein Niveau erreicht, das vor Einführung der radiologischen Kraniometrie bestanden hatte. Daß klinische Umfangsmessungen am Schädel leichter sind, ist ebenso wenig je bestritten worden, wie es andererseits nicht ersichtlich ist, warum diese Umfangsmaße genauer sein sollen als die Ergebnisse kraniometrischer Messungen. Es ist nur vor der falschen Überbewertung radiologischer Meßergebnisse auf den *Einzelfall* zu warnen, da hierbei die immer vorhandene Standardabweichung einen weiten Spielraum von Meßergebnissen zuläßt, deren Extreme leicht als pathologisch erscheinen; andererseits ist eine wissenschaftliche Auswertung möglichst exakter Meßdaten an einem *Klientel* die einzige Methode, den Vergleich zum Mittelwert einer anderen Gruppe festzustellen. Der Wert von Trend- und Hochrechnungen ist heute jedem Laien geläufig. Sie geben Tendenzen mit mehr oder weniger großer Wahrscheinlichkeit wieder. Die Beurteilung der Schädelübersichtsaufnahmen „ganz allgemein auf die Abschätzung der Proportionen", wie sie im Lehrbuch empfohlen wird, führt je nach der Erfahrung des Beurteilenden zur mehr oder weniger richtigen Diagnose im Einzelfall und ersetzt bei wissenschaftlichen Untersuchungen ebenso wenig die Statistik, wie diese gegenüber der Erfahrung eines Klinikers gegenüber einem einzelnen Patienten einen beweisenden Wert zu haben vermag:

Ratio und Empirik sind inkommensurable Diameter, auch wenn die fruchtlose Diskussion hierüber den Weg menschlichen Denkens seit der Genesis begleitet.

Zwischen der *Form* der Schädelbasis und der Kalotte finden sich Beziehungen: Es besteht ein konstantes Verhältnis zwischen dem Längenwachstum der vorderen und hinteren Schädelbasis sowie zwischen der vorderen Schädel*dach*höhe und der Schädelbasislänge (169).

Das Wachstum des Binde- und Stützgewebes hängt von der mechanischen Beanspruchung ab (183). Am Schädel verteilt sich die Spannungserhöhung des Gehirnwachstums an der Basis auf einen mehr kompakten Gewebebezirk als an der Kalotte. Die Fläche dehnt sich basal (ventral) langsamer aus als dorsal. An der Basis kommt es zum Knick, gegenüber zur Wölbung. Dem Grad des Knicks entspricht das Ausmaß der Wölbung.

Mit zunehmender Größe des Gehirns werden die mechanischen Wandspannungen stärker. Überschreitet der Druck die Grenze der Materialspannung, an der Bindegewebe in Knochen übergeht, beginnt die *Ossifikation.*

Die **fünf Punkte** größter Materialspannung liegen **beiderseits frontal, parietal** und **(unpaar) okzipital** (191) (Abb. 4.**9a** u. **b**). Zwischen diesen Ossifikationskernen befinden sich die Zonen geringsten Druckes, die an der Basis durch Streben, Pyramiden

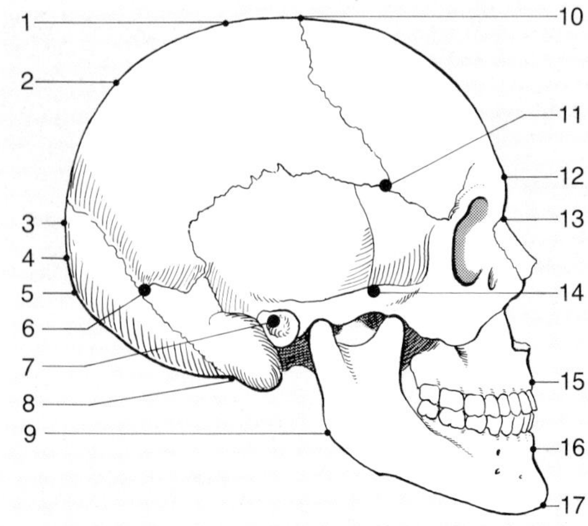

Abb. 4.**8** Meßpunkte an der Außenseite des Schädels
1 = Vertex: höchste Aufwölbung des Scheitelbeins
2 = Obelion: Stelle der Fontanella obelia am Scheitelbein
3 = Lambda: Scheitelpunkt des Winkels der Lambdanähte
4 = Opisthokranium: am weitesten nach hinten vorspringender Punkt in Profilansicht des Schädels
5 = Inion: Protuberantia occipitalis externa
6 = Asterion: Treffpunkt von Warzenfortsatz, Scheitelbein und Hinterhauptschuppe
7 = Porion: höchster Punkt des äußeren Gehörganges
8 = Basion: vorderster Punkt des Hinterhauptloches
9 = Gonion: äußerster Punkt des Kieferwinkels
10 = Bregma: Scheitelpunkt des stumpfen Winkels der Kranznaht
11 = Pterion: Nahtstück an der Stelle der vorderen Seitenfontanelle
12 = Glabella: Einsenkung des Stirnbeins zwischen den Tubera supraorbitalia
13 = Nasion: Punkt an der Nasenwurzel
14 = Zygoma: Punkt über der Mitte des Jochbeinbogens
15 = Prosthion: Punkt am Alveolarfortsatz des Oberkiefers zwischen den medianen Schneidezähnen
16 = Infradentale: Spitze der Protuberantia mentalis zwischen den medianen Schneidezähnen des Unterkiefers
17 = Gnathion: Punkt an der Basis des vorderen Kinnwulstes

und große Keilbeinflügel, intrakranial durch die Falx cerebri und das Tentorium cerebelli, aufgehalten werden.

Das Wachstum der Knochenkerne erfolgt längs den Blutgefäßen (68). Die entstehenden Knochenbälkchen erreichen zuletzt die Zone des geringsten Wachstumsdrukkes des Gehirns und stoßen hier aneinander.

So bilden sich in der Fortsetzung der queren Strebepfeiler der Basis, in Verlängerung der Pyramiden und Keilbeinflügel, die *Lambda- und die Kranznaht,* über der Falx **Pfeil- und Stirnnaht** und über dem Tentorium die Lambdanaht.

Beim Neugeborenen sind radiologisch die einzelnen Knochenschuppen des Hirnschädels durch Spalten, die überraschend weit erscheinen können („pseudo-spread sutures" [177]), voneinander getrennt. Die zukünftige Sutura sagittalis ist

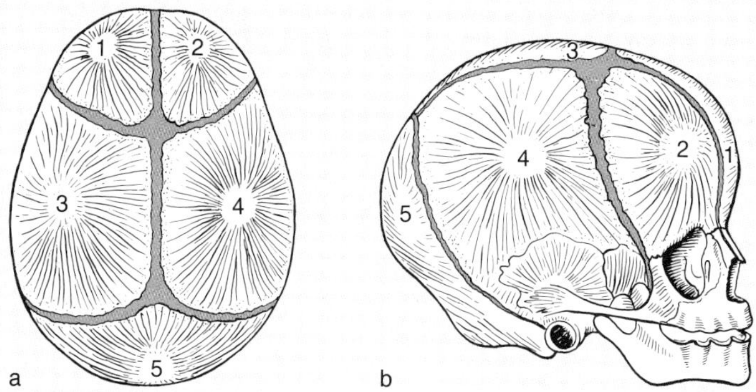

Abb. 4.**9a** u. **b** Lage der Suturen entsprechend Falx, Tentorium und Fortsetzung der Basisstreben mit den Schädelknochenzentren
a Von oben, **b** von der Seite
1 und 2 = frontale Zentren
3 und 4 = parietale Zentren
5 = okzipitales Zentrum

3–17 mm, die Sutura coronalis und Sutura lambdoidea sind 1,5–11 mm weit (75). Diese radiologisch scheinbar varianten Breiten wurden von Anatomen auch nicht bestätigt. Mikroradiographisch findet man jedoch auch hier dünne Knochenlamellen, die auf dem Nativbild nicht mehr nachweisbar sind und in ihrer Mitte an eine normale breite „echte" Naht grenzen. Die Weite sämtlicher Hauptnähte wird so mit 1 mm angegeben (163). Im 1. Lebensmonat (mit einem Gipfel im Alter von 2 Wochen) nimmt oft die Nahtweite noch zu. Aufgrund des normalen Hirnwachstums gibt es im Alter von 1–3 Jahren noch einmal eine Periode auffallend weiter und oft verwaschen konturierter Nähte, die nicht als „pathologisch erweitert" angesprochen werden dürfen (177). Im Laufe des 1. Lebensjahres wird auch makroradiologisch durch Näherung der Knochenränder aneinander die Distanz von 0,5–1 mm erreicht. Normalwerte der Nahtweite bei Kindern s. bei Erasmic u. Ringertz (44) sowie Schuster u. Tamacha (163).

Die Nahtspalten sind in den ersten Monaten gerade und glatt oder leicht wellig konturiert. Mit Ausbildung der Diploë gegen Ende des 1. Lebensjahres werden die Tabulae (interna et externa) getrennt. Beide Tabulae behalten ihre Naht, die an der Tabula interna glatt begrenzt bleibt, an der Tabula externa gezähnelt wird (Abb. 4.**10**, s. auch Abb. 4.**56a**), ein Vorgang, der bis zum 3. Lebensjahr spätestens abgeschlossen ist (51). Der Nahtspalt der Tabula interna liegt nicht immer genau unter und in der Mitte der Tabula externa. So können gelegentlich Fissuren vorgetäuscht werden.

Die große vordere **Fontanelle** (Fonticulus anterior) ist in der ersten Hälfte des 2. Jahres fingerkuppengroß (Normalmaße s. bei Brandt u. Mitarb. [22]) und kann bei normalen Kindern schon bei der Geburt verschlossen sein (106). Die Hinterhauptfontanelle (Fonticulus posterior) erweist sich bei Geburt schon als sehr eng. Die seitlichen Fontanellen (Fonticulus sphenoidalis und Fonticulus mastoideus) verschwinden bis zum 2. Lebensjahr (9). Obwohl heute Naht- und Fontanellenweite bei der Beurteilung des Gehirns Neugeborener (Frage der Blutung, Hydrozephalus, Mikrozephalie) nur noch die sekundäre Rolle indirekter Hinweise spielen, während Computertomo- und Sonographie als direkte Nachweis- bzw. Ausschlußmöglichkeiten dienen, werden die Fragen nach Naht- und Fontanellenweiten auch dem heutigen Radiologen weiterhin gestellt.

Eine **Bathrozephalie**, wie sie beim Erwachsenen (s. dort) als Stufe zwischen Hinterhauptschuppe und Scheitelbein permanent beobachtet und als Normalbefund angesehen wird, kann im Neugeborenenalter und beim jungen Kind an der Grenze zwischen dem knorpelig und membranös vorgebildeten Teil der Hinterhauptschuppe auftreten. Die Stufe verschwindet meist im Wachstum (26[1], 175, 193).

Beim Erwachsenen

Das normale Schädeldach besitzt etwa eine *Länge* von 18 cm, eine *Breite* von 16 cm und eine *Höhe* von 13 cm (Außenmaße). Ein solcher Schädel ist mesozephal. Bei größerer Länge im Variationsbereich der

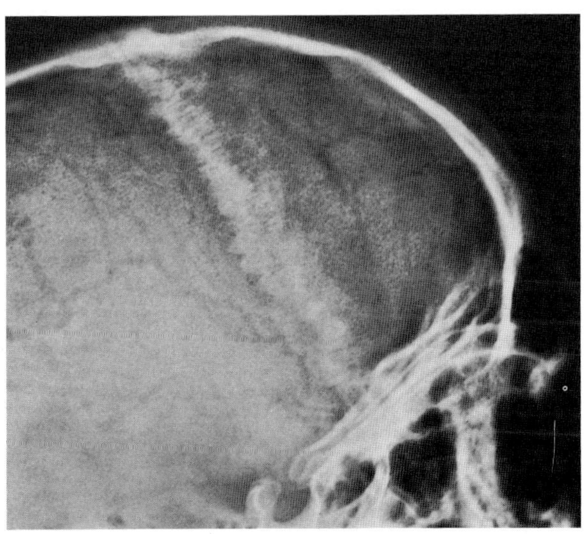

Abb. 4.**10** Kräftige Sklerosierung der Sutura coronalis

Norm wird von Dolicho-, bei geringerer Länge von Brachyzephalie gesprochen. Abgesehen von vielfachen anthropologischen Umfangsmessungen (Übersicht bei 86) sind auch umfangreiche radiologische Messungen am Hirnschädel des Erwachsenen vorgenommen worden (13, 15, 42, 99), die normale Proportionen und Konstanten im Gefüge des Schädels, auch zur Berechnung der Schädelkapazität (19), aufzeigten.

Früh radiologisch erfaßte **Geschlechtsunterschiede** (161) wurden präzisiert (67, 100). Der Schädel der Frau ist kleiner und regelmäßiger geformt (67). Er besitzt flachere Wölbungen der Kalotte (69).

Während des Lebens ändern sich die Proportionen des Hirnschädels zum Teil noch deutlich. Die Höhe des Schädels nimmt ab, bei der Frau signifikant stärker als beim Mann (um 8 bzw. 5%), die Breite nimmt ohne Geschlechtsunterschied zu (67). Vor allem flacht die Frontalwölbung nach dem 70. Lebensjahr ab (99), die Länge nimmt zu (104).

Senile Atrophie s. „Os parietale".

Der **Nahtschluß** kann, wie zuvor erwähnt, im Kindes- und Jugendalter beginnen, aber erst im 6. bis 7. Lebensjahrzehnt beendet sein. Die Obliteration beginnt vorn in der Sutura sphenofrontalis, coronaria und sagittalis. Es folgen die Sutura lambdoidea und parietomastoidea. Grob gesehen, besteht in der Verknöcherung der Hauptnähte eine Reihenfolge von vorn nach hinten: Sutura sagittalis, Sutura coronalis, Sutura lambdoidea. Diese Beobachtungen beziehen sich allein auf die Tabula externa. Die Obliteration der Nähte an der Tabula interna fängt 7 bis 8 Jahre früher an, läßt sich radiologisch aber schwieriger feststellen und ist im 2. Dezennium noch in 16, im 3. Dezennium nur noch in 7% zu sehen (51).

Ziemlich regelmäßig und auch schon bei Jugendlichen besteht in der Umgebung der Naht eine sog. **Nahtsklerose,** die besonders in der Kranznaht auffällt (Abb. 4.**10**, s. auch Abb. 4.**13**). Die Hinterhauptschuppe kann im Profilbild normalerweise permanent gegen das Scheitelbein in der Lambdanaht um eine ganze Kalottenbreite vorspringen **(Bathrozephalie)** (Abb. 4.**11**), s. Differentialdiagnose zum vorübergehenden Bathrozephalus im Säuglings- und Kleinkindalter (193). Auch gibt es Dellen in den Ossa parietalia am Bregma (Abb. 4.**12**).

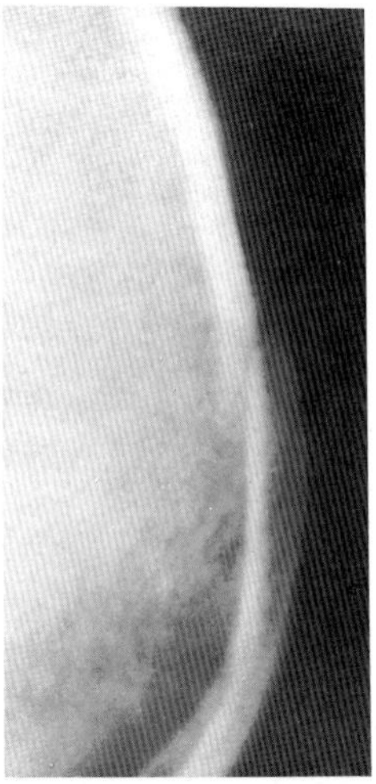

Abb. 4.**11** Überstehende Okzipitalschuppe (Bathrozephalie)

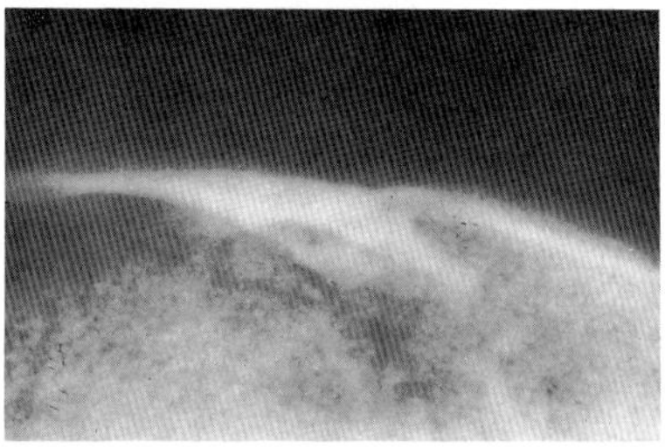

Abb. 4.**12** Abnorme Konturdelle, keine traumatische Impression hinter der Koronarnaht

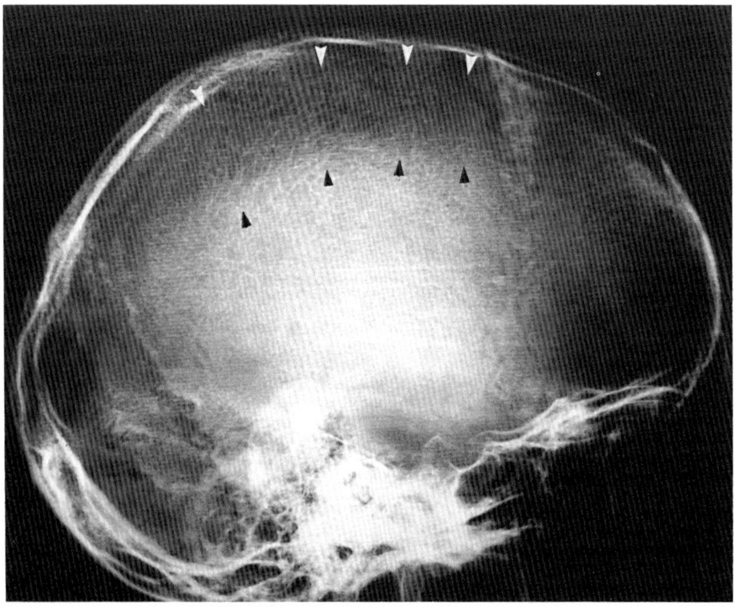

Abb. 4.**13** Grobwabig-poröse Struktur bei 31jährigem Mann

Abb. 4.**14** Typische Altersveränderungen am Schädel einer 81jährigen Frau

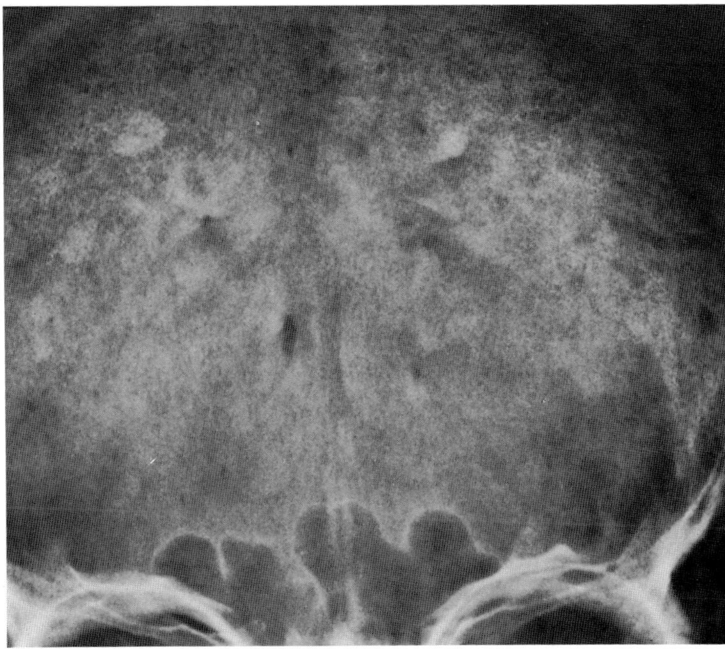

Die individuellen Besonderheiten der normalen Nähte sind derart vielgestaltig, daß allein hieraus *Identifikationen zur Person* möglich sind (166).

Der Markraum der Schädelkalotte, die **Diploë,** wird durchsetzt von kleinsten, radiologisch nicht nachweisbaren bis großen, innen, an der Tabula interna und manchmal auch an der Tabula externa Furchen bildender Arterien und Venen. Die Spongiosastruktur variiert von feinnetzigen bis grobwabig-porösen Mustern (Abb. 4.**13**). Sie erscheint im Alter weitermaschig. Es kommt zu osteolytisch und osteoplastisch anmutenden Strukturveränderungen, meist Mischformen, die sich vorwiegend im Stirnbein befinden (Abb. 4.**14**).

Nachdem die **A. meningea media** durch das Foramen spinosum in die mittlere Schädelgrube eingetreten ist, bildet sie mit ihren Begleitvenen meist einen auch radiologisch deutlichen, schmalen Sulkus in der Tabula interna und verzweigt sich, oft an den schmalen, streifenförmigen, glatt und regelmäßig begrenzten Furchen erkennbar, in typischer Weise nach frontal und okzipital (s. auch Abb. 4.**46**). Eine feine, ähnlich aussehende Aufhellungslinie, im Seitenbild mit senkrechtem oder schrägem Verlauf, eben über der Sella oder etwas dorsal davon zu sehen, kann der in der Tabula externa gelegenen Knochenfurche der **A. temporalis media** entsprechen (60, 175) (s. Abb. 4.**55a** u. **b**).

Intraossär unterscheidet man seit Brechet (23) auf jeder Seite vier Hauptabflußstämme von **Diploëvenen:** die Vv. diploica frontalis, temporalis anterior et posterior wie occipitalis. Diese Venen und ihre Zuflüsse werden auch als Gefäßstrukturen am Schädelknochen sichtbar. Außer gelegentlich einem zarten Venenstern im Tuber parietale sieht man beim Kleinkind manchmal die zur oberen Kante der Orbita ziehende frontale (Abb. 4.**15**), sonst keine Diploëvene. Beim Erwachsenen sind die Venenareale oft nur auf kurze Strecken zu erkennen oder wenig markant gegen eine umschriebene Zone weitmaschiger Diploë abzugrenzen. Ihre Deutlichkeit korreliert mit dem Auf-, Aus- und Abbau des Knochens. Mit zunehmender Ausbildung der Schädelknochen werden die anderen Venen nach dem dritten bis fünften Lebensjahr nachweisbar (Abb. 4.**16**). Auf dem Höhepunkt der Entwicklung, im 15.–20. Lebensjahr sieht man sie am häufigsten und in 10% auffallend stark

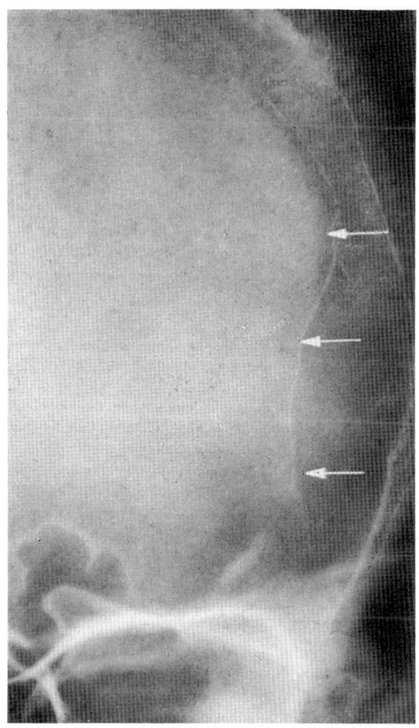

Abb. 4.**15** V. frontoorbitalis

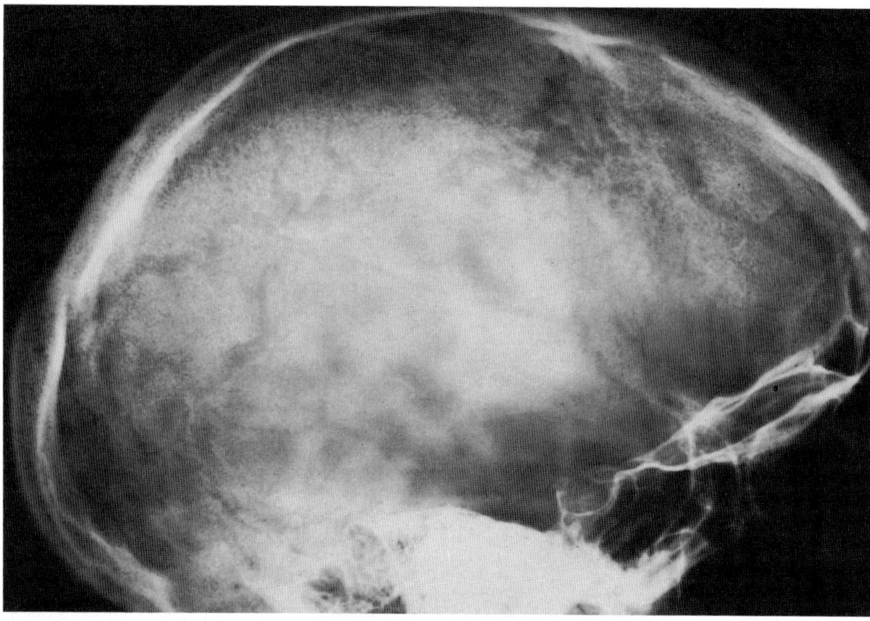

Abb. 4.**16** Venenzeichnung am Schädel und deutliche Impressiones digitatae

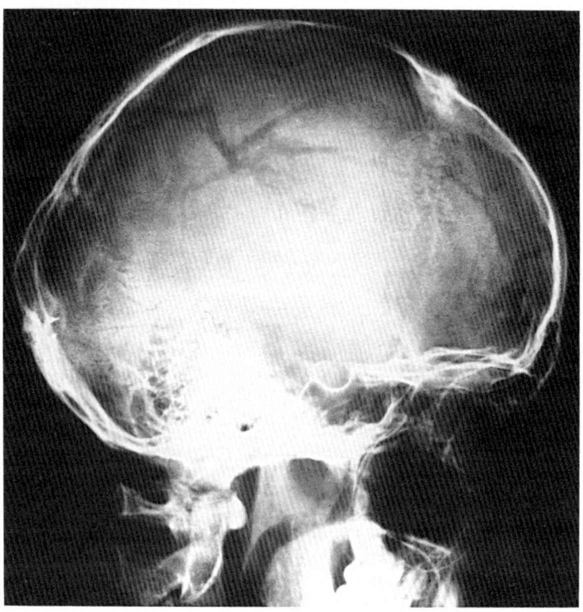

ausgebildet, wobei eine sternförmige Anordnung so typisch ausgeprägt sein kann, daß sie wie eine Sternfraktur aussieht (Abb. 4.**17**). Mit der Involution des Schädelknochens nehmen ihre Deutlichkeit und die Häufigkeit ihres Nachweises ab (175). Orthograd getroffene Venenkanäle stellen sich als kleine, lochartige Aufhellungen in der Diploë dar (Abb. 4.**18**).

Ein durchgehender Venenkanal ist auf Abb. 4.**19** getroffen. Bei varikösen Erweiterungen wird die Differentialdiagnose zur Pacchionischen Granulation unmöglich (Abb. 4.**20**).

Über Sinus und Emissarien s. „Spezieller Teil".

◁ Abb. 4.**17** Venen-„Stern" parietal bei einem 18jährigen Mann

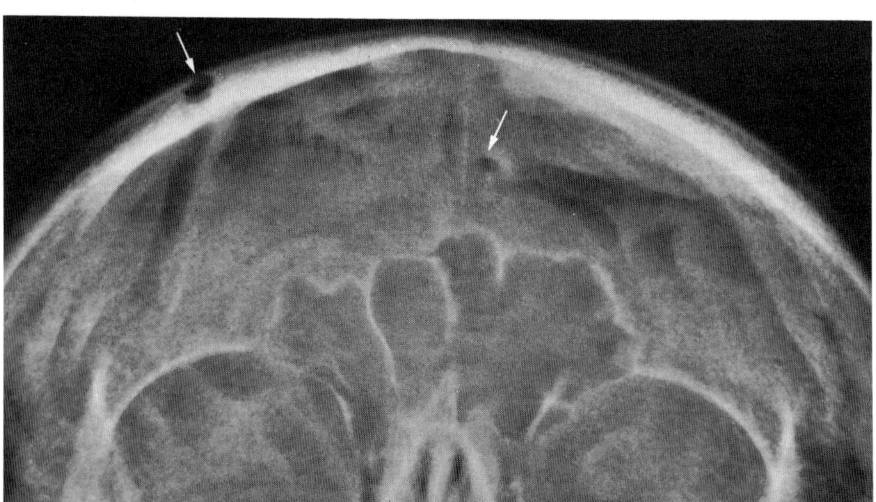

Abb. 4.**18** Stirnbein: Venenkanäle und deren „Löcher" in der Diploë

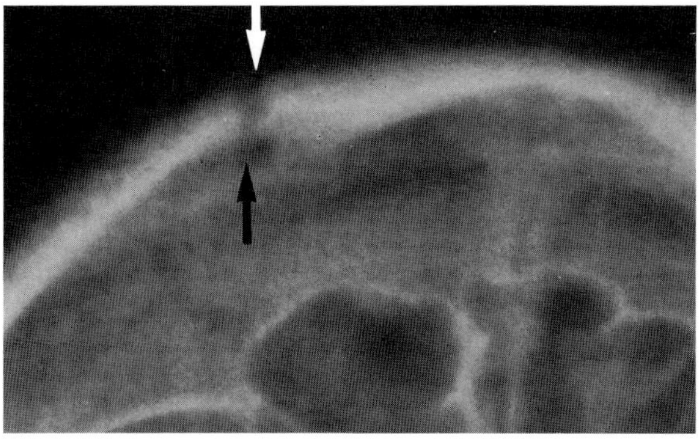

Abb. 4.**19** Venenkanal

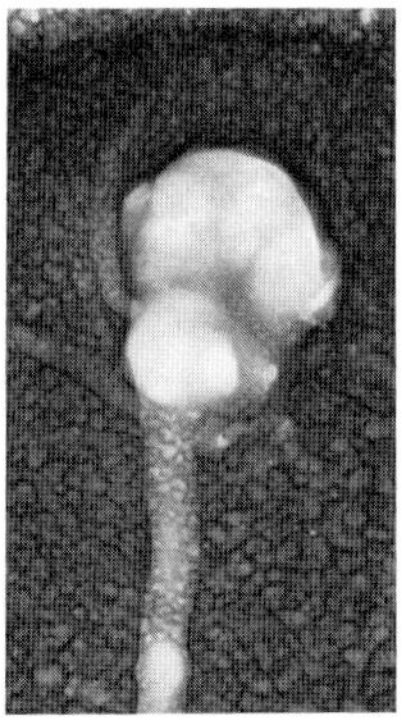

Abb. 4.**20** Röntgenbild einer mit Kontrastmittel dargestellten varikösen Erweiterung einer Diploëvene bzw. mit Foveola Pacchionii

Pacchionische Granulationen verursachen **Foveolae granulares,** radiologisch nicht vor dem 7. Lebensjahr, also auch bei Kindern (65), nachweisbare, reiskorn- bis kleinbohnengroße – Mittelwerte des Durchmessers bei Kindern 11,7 bis 14,3 mm (65) –, meist nicht ganz kreisrunde, manchmal septierte Aufhellungen, oft unregelmäßiger Konfiguration, scharf und auch sklerosiert umrandet, von der Mittellinie nach außen an Zahl abnehmend. Frontal am häufigsten beobachtet (Abb. 4.**21**), gewinnen sie parietal an Größe und kommen – selten! – sehr ausgedehnt okzipital in der Gegend der Protuberantia occipitalis interna vor. Die Foveolae granulares besitzen oft einen nachweisbaren Zufluß von Diploëvenen (Abb. 4.**22**), usurieren die benachbarte Knochenwand, sind bei tangentialer Darstellung immer von der verdünnten, uhrglasförmig vorgewölbten Lamina externa gedeckt (Abb. 4.**23**) und können zentral Verkalkungen enthalten (Abb. 4.**24a** u. **b**). *Varizen der Diploëvenen mit Phlebolithen* kommen zwar häufiger am Hinterhaupt vor (93[1], 135), doch kann ihre Symptomatik im Röntgenbild von den Foveolae

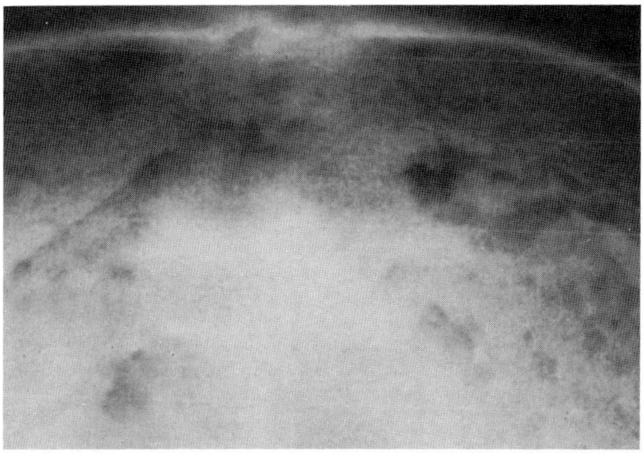

Abb. 4.**21** Große Pacchionische Gruben, teilweise mit Verkalkungen

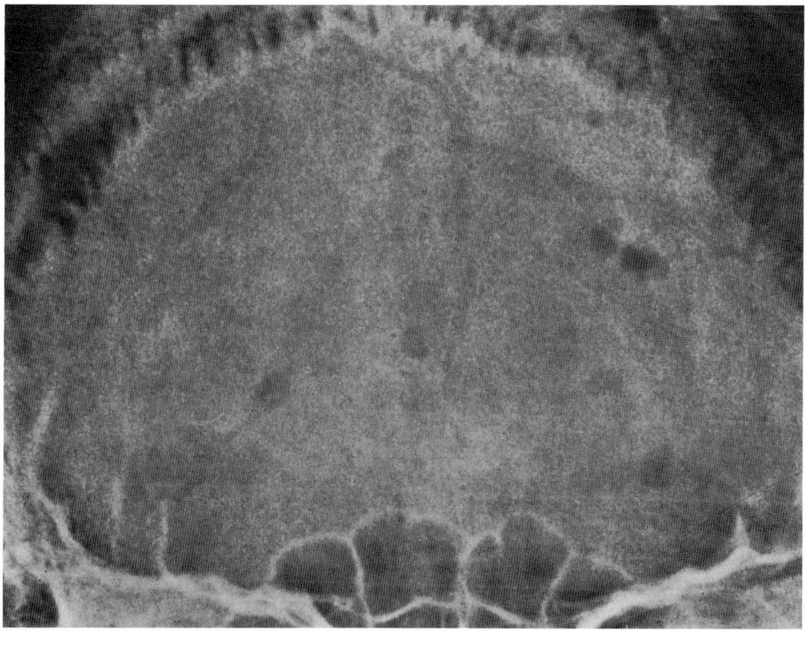

Abb. 4.**22** Pacchionische Granulationen mit typisch ab- oder zuführender Vene, ohne scharfe Begrenzung. Häufigste Lokalisation im Stirnbein

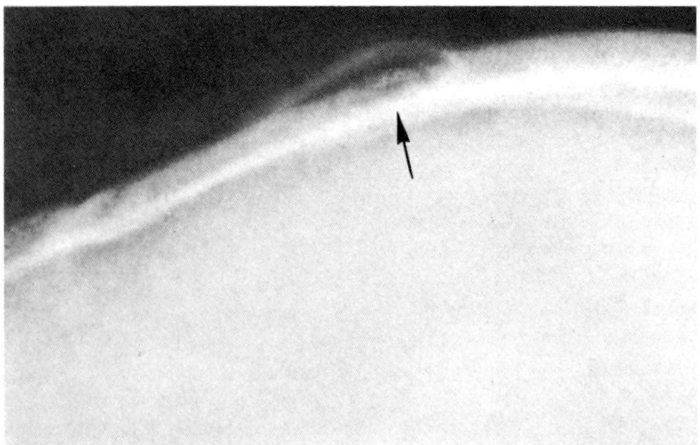

◁ Abb. 4.**23** Uhrglasförmige Vorwölbung der Lamina externa, tiefe Pacchionische Granulation

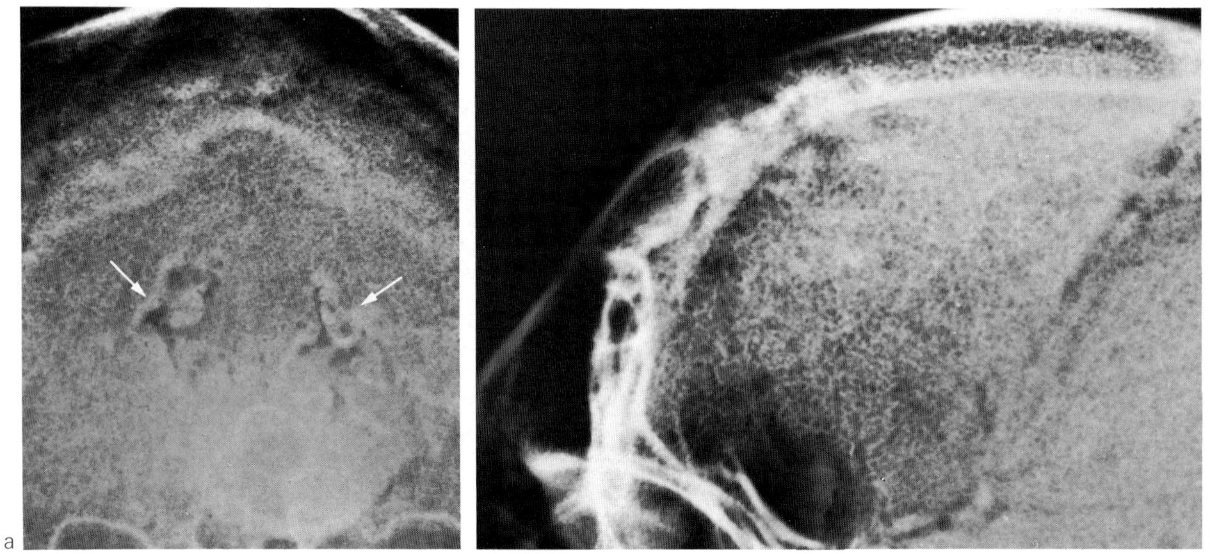

Abb. 4.**24 a** u. **b** Ausgebuchtete, sklerotisch scharf begrenzte Aufhellungen mit zentraler, isolierter Verkalkung (Venenstein und in Verbindung mit Venenkanälen bei Hyperostosis frontalis interna) sprechen für Varixknoten, lassen jedoch auch an Pacchionische Granulationen denken. Die Abgrenzung kann mehr als schwierig sein

granulares mit Verkalkungen kaum unterschieden werden. Auch lokalisierte Verdünnungen der Okzipitalschuppe, eine normale anatomische Variante (69, 93[2]), muß in den Umkreis differentialdiagnostischer Erwägungen bezogen werden (Abb. 4.**25**). (Weitere Ausführungen s. „Spezieller Teil – Oberschuppe des Os occipitale").

Sowohl bei vermehrter Diploëvenenzeichnung (169) wie bei vorwiegend einseitig ausgebildeten Pacchionischen Granulationen (175) werden vasomotorisch-vegetative Symptome (Kopfschmerzen) gehäuft angegeben. Auf die mögliche pathognomonische Bedeutung wird im Absatz über „Erworbene Erkrankungen" eingegangen. *Beiderseits* symme-

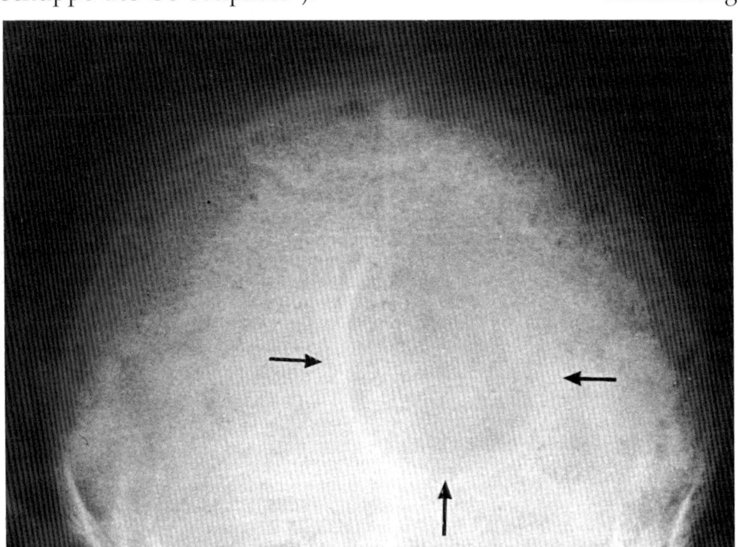

Abb. 4.**25** Lokalisierte Verdünnung des Os occipitale

trisch angeordnete Befunde geben weder bei starker Venenzeichnung noch bei Pacchionischen Granulationen Anlaß zur Annahme eines krankhaften Geschehens.

Die **Kalottendicke** variiert erheblich. Als mit wenigen Millimetern am dünnsten erweist sich meist die Mitte der Schläfenbeinschuppe. Die dickste Stelle liegt im Tuber parietale und kann in der Norm 8 mm überschreiten. Die Dicke des Schädeldaches nimmt im Laufe des Lebens in 71%iger Häufigkeit zu (48, s. auch 104). Ausnahmen s. „Spezieller Teil – Os parietale".

Die **Impressiones digitatae** imponieren auf der Röntgenaufnahme zwar als Strukturveränderungen, doch handelt es sich in Wirklichkeit, wie die Bezeichnung besagt, um Konturveränderungen an der Tabula interna. Sie fehlen normalerweise im 1. Lebensjahr. Mit der Ausbildung der Diploë im 2. Lebensjahr erhält nach dem 18. Lebensmonat (9) die anfangs glatte Innenfläche des Schädels den Abdruck der Hirnwindungen, die Impressiones digitatae und die Juga cerebralia (182). Sie sind zwischen dem 2. und 8. bis 12. Lebensjahr mehr oder weniger deutlich ausgeprägt, d. h. bis zu dem Zeitpunkt, an dem das Schädelwachstum im wesentlichen abgeschlossen ist. Sie sind im 4. bis 10. Lebensjahr am deutlichsten, werden bei Kindern meist im Scheitelbein, bei Erwachsenen mehr in der Pars squamosa ossis temporalis beobachtet und bieten an sich einen Normalbefund (s. Abb. 4.**16**).

Bei den Impressiones digitatae handelt es sich um den normalen Ausdruck des Wachstums und der Modellage der membranösen Deckknochen, die außerhalb und neben dem Wachstum an den Nähten stattfindet. Hört das Wachstum an den Nähten oder auch nur an einer Naht auf, müssen bei normalem Hirnwachstum notwendig die modellierenden Vorgänge an den Deckknochen gesteigert sein. Dies bedingt eine Vermehrung der Impressiones digitatae (Abb. 4.**26**) s. Absatz „Anomalien" und „Erworbene Erkrankungen".

Diese Vorgänge führen nur bei *langdauerndem* erhöhtem Hirndruck, wenn das Nachgeben der Nähte und das gesteigerte Wachstum an den Nähten allein nicht mehr ausreichen, zu einer gesteigerten Modellage mit entsprechender Verstärkung der Impressiones digitatae. Ihr radiologischer Nachweis bedeutet lediglich gesteigerte Wachstums- und Umbauvorgänge, aus welchem Grunde diese auch immer entstehen.

Pathologisch ist das **Fehlen der Impressiones digitatae** bei Kindern, die älter als ein Jahr sind. Hierbei besteht immer der Verdacht auf ein vermindertes Hirnwachstum (Mikrenzephalie, Shunt bei Hydrozephalus) (167).

Der **Kalkgehalt** der Schädelknochen läßt sich computertomographisch quantifizieren. Er erreicht bei beiden Geschlechtern in der 3. Lebensdekade die höchsten Werte, die bei Frauen signifikant höher liegen als bei Männern.

Nach dem 30. Lebensjahr läßt der Kalkgehalt weiblicher Schädelknochen von 1164 im Histogramm auf Werte um 629 Hounsfield-Einheiten im Beginn der 8. Lebensdekade ab, während bei Männern (in größerer Streuung) die entsprechenden Werte bei 30jährigen 916 betragen, im 7. Jahrzehnt auf 815 zurückgehen, in der 8. Dekade jedoch auf 881 wieder ansteigen (196).

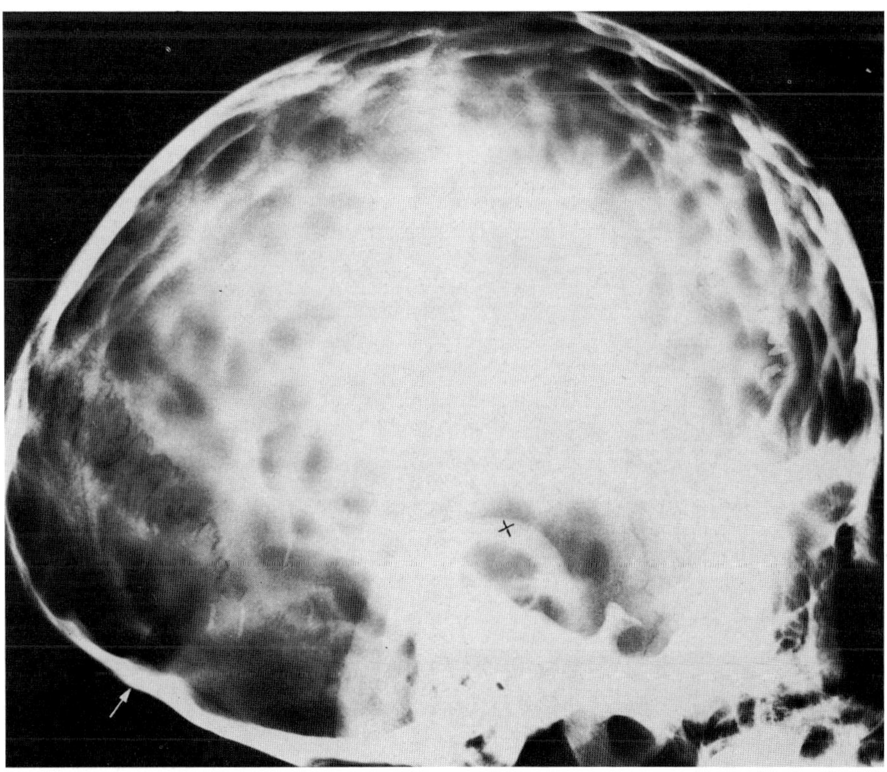

Abb. 4.**26** Prämature Synostose der Kranz-, teilweise auch der Lambdanaht mit verstärkten Impressiones digitatae bei 9jährigem Jungen mit starken Kopfschmerzen. In Pfeilrichtung Sulcus transversus; X = Ohrmuschel

Varianten

Als Zufallsbefund wird die **„Doughnut lesion"**, ein symptomlos auftretender, mit fibrösem Gewebe ausgefüllter Defekt, in der Schädelkalotte mit breiter Randzone sklerotischen Knochens aufgefaßt. Innerhalb der Zone kommen gelegentlich kleine, unregelmäßig konfigurierte Verdichtungen vor (92). Als deutschsprachige Bezeichnung wurde wegen des aufgeworfenen Randes mit zentraler Einbuchtung der wie „Daughnut" aus der Gastronomie entnommene Ausdruck **„Egerländer-Läsion"** vorgeschlagen (29).

Anomalien (und Deformitäten)

Nahtknochen (Ossa suturarum Wormi[us]i) treten meist in der Nähe der hinteren Fontanelle in der Lambdanaht auf und werden im Rahmen des Abschnittes „Oberschuppe des Os occipitale" im „Speziellen Teil" besprochen. Auch im Gebiet der vorderen Fontanelle wurde ein Nahtknochen gefunden (148).

Meningo- bzw. Enzephalomeningozelen können nicht nur unter der Lambdanaht (Abb. 4.**27**), sondern auch direkt über dieser Struktur durch die Sagittalnaht (83) austreten. Man spricht dabei auch von einem *„Cranium bifidum occultum"*. Ein solcher Befund wird auch in der Sutura frontalis beschrieben (93[3]). Mehr detailliertere Schilderungen finden sich im Absatz „Spezieller Teil". Das Cranium bifidum sei in 50%iger Häufigkeit mit einem Lückenschädel verbunden.

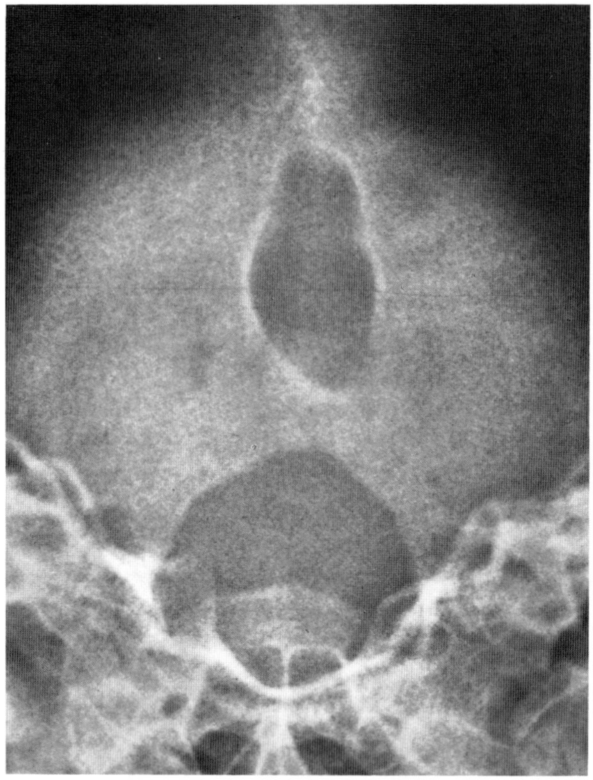

Abb. 4.**27** Meningoenzephalozele im Hinterhaupt bei einem 24jährigen Mann (Beobachtung von Gaerttler, Singen)

Beim Lückenschädel liegen (im Gegensatz zum Wolkenschädel) echte Defekte der Tabula interna bei (meist!) erhaltener Tabula externa vor. Dura und Periost sind immer erhalten (166). Die Lücken liegen meistens parietal oder auch frontal, selten okzipital und bilden sich in der Regel innerhalb von 3 Monaten spontan zurück (163, 175).

Schädelnahtstörungen unterschiedlicher Art (verzögerter oder beschleunigter Nahtschluß, Nahtknochen u. a.) beruhen auf sehr verschiedenen Ursachen, meist allerdings auf dysplastischer Grundlage, induziert durch Knochenwachstums- und Gehirnwachstumsstörungen, aber auch als Begleiterscheinungen konstitutioneller Stigmata angeborener Systemerkrankungen des Knochens wie aber auch konstitutionell bedingter Stoffwechselerkrankungen. Am Rande der Thematik dieses Buches können hier nur kurze Hinweise gegeben werden:

Nahtstörungen sind am Beispiel des Down-Syndroms beschrieben (152). Offene Nähte und das Auftreten vielfacher Nahtknochen charakterisieren am verbreiterten Schädel mit basilarer Impression die *Dysplasia cleidocranialis* (Abb. 4.**28a** u. **b**); andererseits finden sich Nahtdefekte z. B. auch bei der familiären idiopathischen hypertrophischen Osteoarthropathie (140). Für die Hypophosphatasie ist die Verknöcherungsstörung der Kalvaria eines der Kardinalsymptome.

Der *verzögerte Nahtschluß* erfolgt außer bei den vorgenannten hormonellen und dysplastischen Störungen sonst meist infolge raumverdrängender intrakranieller Prozesse (s. Abschnitt „Erworbene Erkrankungen").

Der **vorzeitige Nahtschluß**, in 0,6% unter lebenden Neugeburten beobachtet (168), meist als Zeichen einer gestörten Konstitution (mit Tendenz zur Trigonozephalie [167]), kann weiterhin auch durch eine heilende (Vitamin-D-behandelte) Rachitis, eine idiopathische Hyperkalzämie sowie durch eine Osteopetrose bedingt sein; auch die angeborene Hyperthyreose und die Überdosierung von Thyroxin bzw. dessen Derivaten bei angeborener Hypo- oder Athyreose vermag nicht nur zu einer Akzeleration der Knochenkernentwicklung, sondern auch zu prämaturer Nahtsynostose führen (120). Die Dysplasie betrifft im allgemeinen die Nähte mehr lokalisiert. Der Schädel ist meistens, aber nicht immer, defiguriert.

So z. B. wurde bei vier Zwillingspaaren im Säuglings- und Kindesalter eine kraniale Asymmetrie bei vorzeitigen Synostosen der Lambdanaht (nebst zum Teil ausgeprägten weiteren Körpermißbildungen) beobachtet (109).

Eine Schädelfehlform ist andererseits nicht immer mit einer prämaturen Synostose kombiniert.

„Eine Verwechslung des Erkenntnisgrundes mit dem Realgrund ist es, wenn man annimmt, daß ein Schädel die und die Form hat, *weil* sich die Naht frühzeitig geschlossen hat" (115).

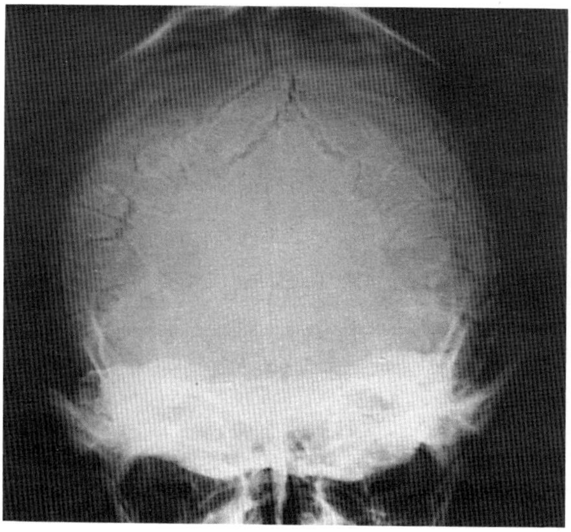
a
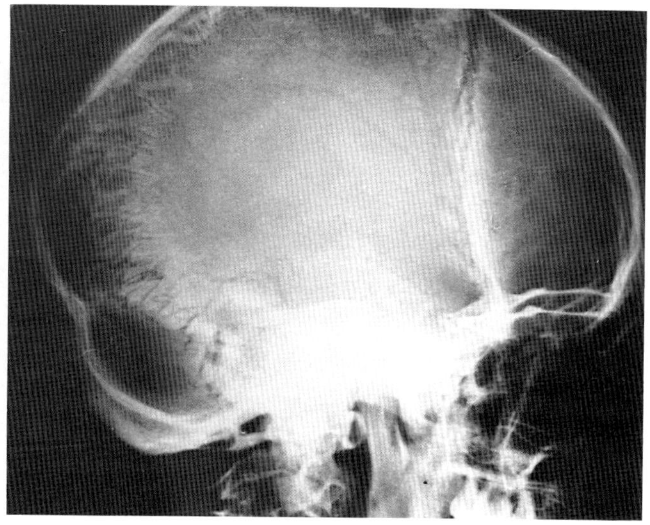
b

Abb. 4.**28a** u. **b** Dysplasia cleidocranialis mit überdeutlichen Nähten, langen Nahtzacken und basilarer Impression

Die häufigste Kombination von Schädeldeformität und vorzeitiger Nahtsynostose erfolgt beim **Turmschädel** (Abb. 4.**29a**) mit Verschluß zunächst wohl der Kranznaht sowie der Verbindung zwischen Keil- und Stirnbein, anschließend manchmal auch der Lambdanaht (51). Der Beginn der prämaturen Synostosierung liegt wohl in der Suturna sphenofrontalis (34). Die Kranznaht kann von vornherein fehlen (64, 145) (Abb. 4.**30c** u. **d**). Bleiben die bregmanahen Abschnitte der Kranz- und Pfeilnaht noch für eine Zeit hin offen, so entwickelt sich durch die Ausdehnungsmöglichkeit des Gehirns nach oben ein **Spitzschädel** oder **Oxyzephalus.**

Der Turmschädel geht mit deutlicher Verkürzung der vorderen Schädelbasis (40, 154) sowie mit Steilstellung der die vordere Schädelgrube bildenden Konturen der Orbitadächer einher.

Die Verkürzung der vorderen Schädelgrube kann nur durch vermehrte Querstellung der großen Keilbeinflügel erfolgen. Der von ihnen eingeschlossene Gesichtswinkel beträgt normalerweise 95,0 Grad (18). Beim Turmschädel wurden Mittelwerte von 115 Grad gemessen (Abb. 4.**31a** u. **b**).

Dementsprechend können die Sehachsen bis zu 18 Grad (143) zum *Strabismus divergens* auseinanderweichen. „He looks like a hare" (62, 63). Durch die mehr transversale Stellung der großen Keilbeinflügel kommt es zum Hypertelorismus und damit zur raumauffüllenden Dilatation der Siebbeinzellen (40, 134) (Abb. 4.**32a** u. **b**). Die flachen Augenhöhlen führen zum Exophthalmus.

Ohne Entstehen einer unphysiologischen Stufe kann das Obergesicht nicht unbetroffen bleiben. Der harte Gaumen wird mit der frontalen Schädelbasis kürzer (121). Bei normaler Unterkieferentwicklung entsteht eine *Progenie*.

Die Kombination mit der Gesichtsdeformität beim Turmschädel führte zur Bezeichnung **„kraniofaziale Dysostose"** (32), deren Erbgang autosomal oder in 25% sporadisch ist (181[1]). Kommen Mißbildungen an Fingern und Zehen hinzu, handelt es

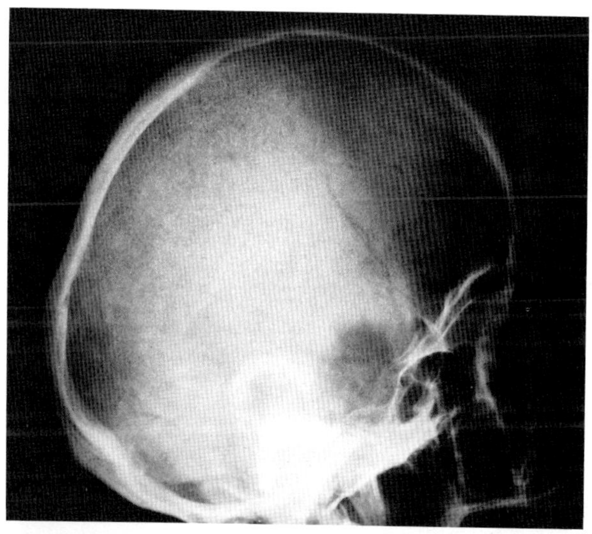
a
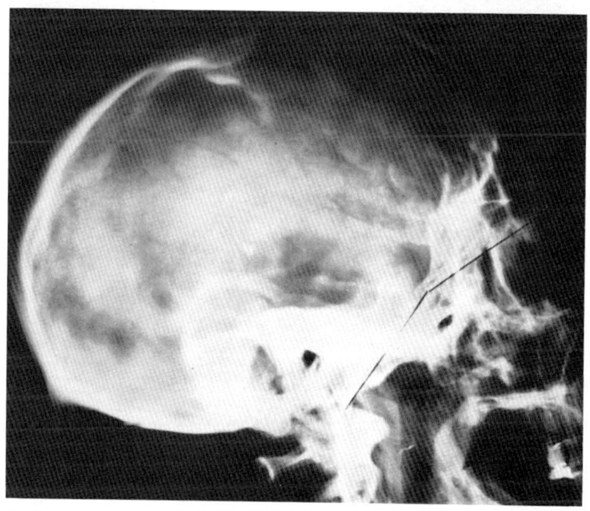
b

Abb. 4.**29a** u. **b** Frontale Dysplasien: **a** Turmschädel bei prämaturem Kranznahtverschluß, **b** Kahnschädel bei prämaturem Kranz- und Pfeilnahtverschluß

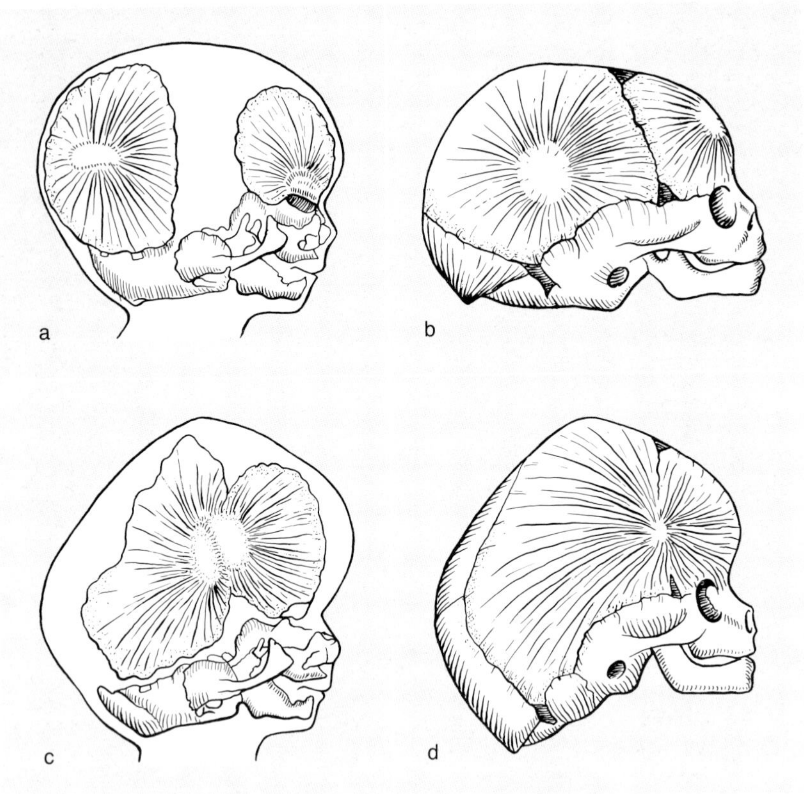

Abb. 4.**30 a–d**
a u. **b** Getrennte Zentren (normal) für den Parietal- und Frontalkern beim Neugeborenen
c u. **d** Gemeinsames Zentrum für den Parietal- und Frontalkern beim Neugeborenen. Fehlende Anlage der Kranznaht (nach Rieping)

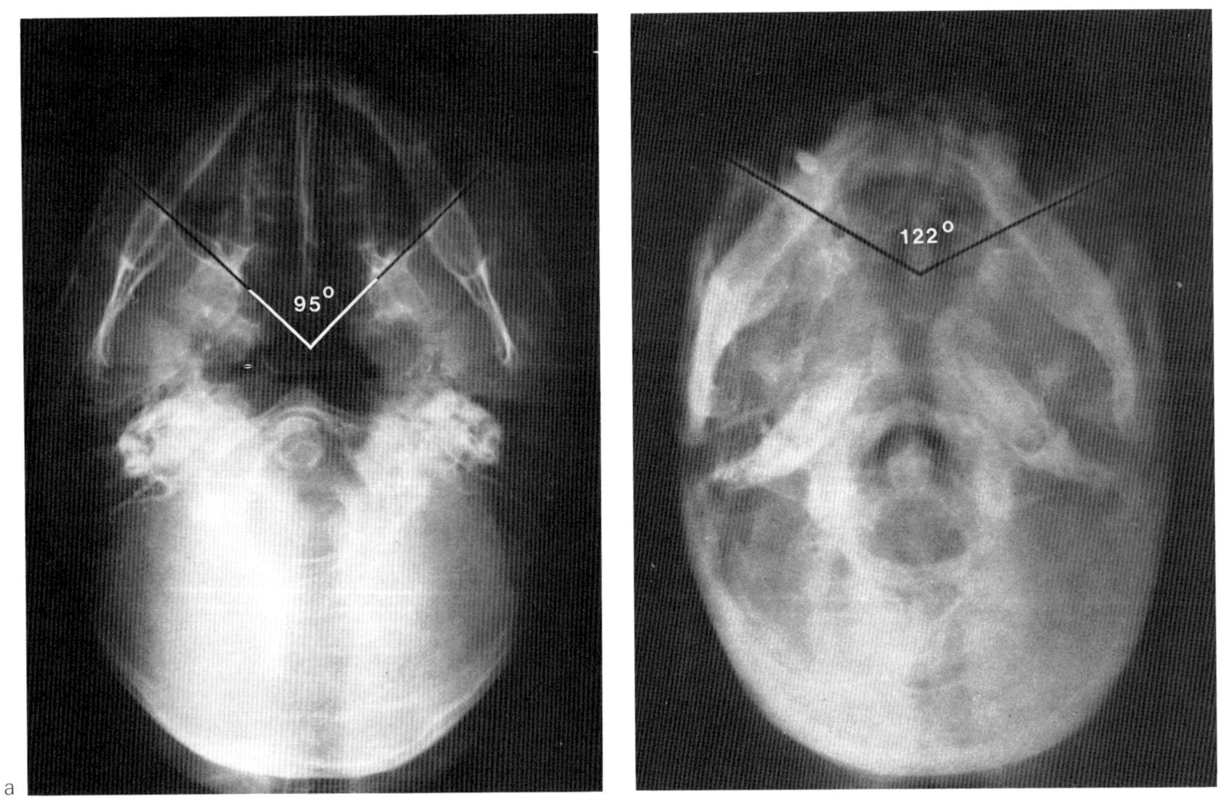

Abb. 4.**31 a** u. **b** Gesichtswinkel: **a** Norm (ca. 95 Grad), **b** bei frontofazialer Dysplasie (122 Grad)

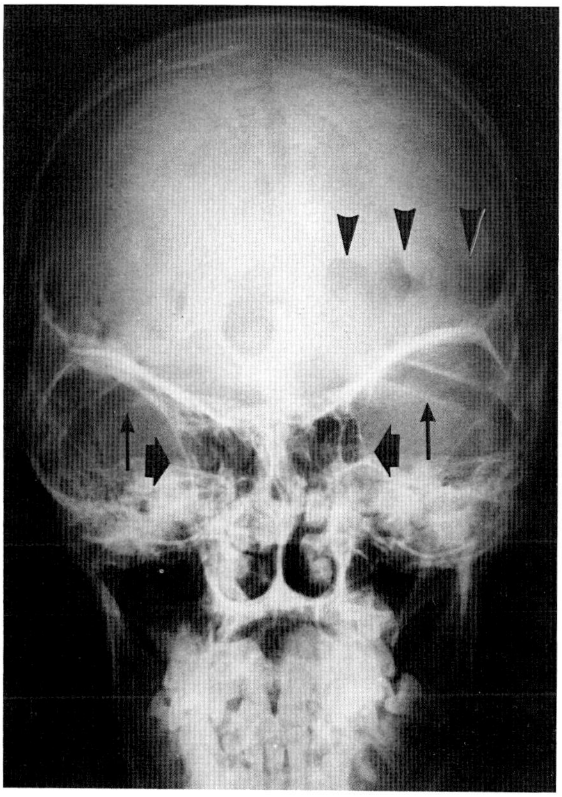

a

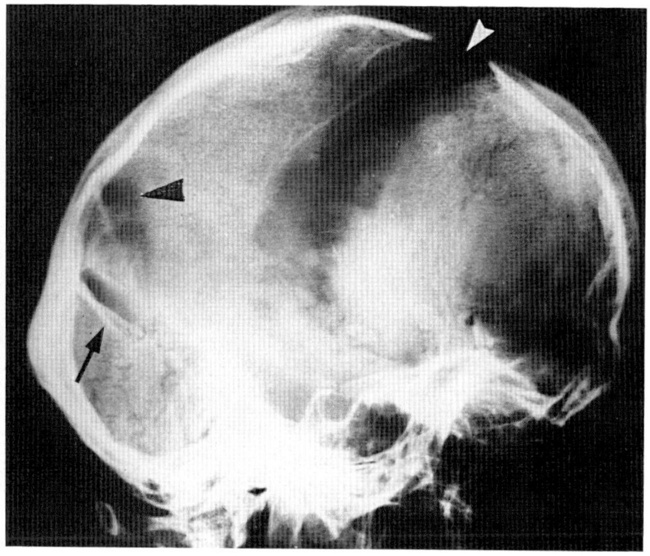

b

Abb. 4.**32a** u. **b** Vorzeitige Nahtsynostosen (nach Suturotomie) mit frontaler Dysplasie
a In p.-a. Projektion deutlicher Hypertelorismus mit Dilatation der raumausfüllenden Siebbeinzellen (breite ➧). N.B.: Okzipitale Pacchionische Granulationen (schmalere ▶). Sinus transversus beiderseits (→). Operationsdefekt (weiße ▷)
b Seitliche Projektion

sich um einen der verschiedenen Typen der **Akrozephalosyndaktylie** (3). Ähnlich den noch zu besprechenden Veränderungen an der Schädel-Wirbelsäulen-Grenze, die – auf den Schädel bezogen – als „okzipitale Dysplasie" bezeichnet werden, wurde hier im vorderen Grenzbereich des Schädels wie im Übergang zum Gesicht eine **„frontale Dysplasie"** gesehen. Die Beziehungen der okzipitalen zur frontalen Dysplasie wurden bei einem 38 Monate alten Kind mit Apert-Syndrom nach histologischer Untersuchung deutlich: Unter Einschluß von *Veränderungen an der Sphenookzipitalfuge* bestanden die Zeichen einer extrem ausgeprägten Hypoplasie des Mittelgesichtes, basierend auf einer Entwicklungsstörung des gesamten Schädelbasisknochens und seiner Synchondrosen. Die Autoren berichten über weitere gleiche Beobachtungen aus dem Schrifttum (124). An dieser Deformität nimmt bei Besprechung des Schädeldaches das Stirnbein eine äußerlich so dominierende Form an, daß das entsprechende Kennzeichen ohne Hinweis auf Schädelbasis und Gesichtsschädel als „Turmschädel" ins Auge fällt.

Auch 1931 wurde dem intuitiven Erfassen vor der Methode des Messens der Vorzug gegeben, wenn argumentiert wurde: „Der Turmschädel ist eine intuitiv erfaßbare Formvariante des Hirnschädels, dessen anormale Gipfelbildung nach oben unmittelbar ins Bewußtsein tritt" (Günther; zit. nach 153). Wir sind der Ansicht, daß die Ergebnisse einer der Statistik dienenden Kraniometrie wissenschaftlich mit der Intuition in der Beurteilung des Einzelfalles nicht zu vergleichen ist.

Jedenfalls ist kraniometrisch die Mitbeteiligung von Schädelbasis und Gesichtsschädel beim Turmschädel zu beweisen. Sämtliche Deformitäten lassen sich unter dem Oberbegriff einer „frontalen Dysplasie" zwanglos einordnen.

Bei der Vielzahl der betroffenen Skelettelemente ist die Annahme einer übergeordneten, früh-embryonal manifestierten Störung naheliegend, die sich im prächordalen Abschnitt, also schon im Kopforganisator des Gastrulastadiums (182) auswirkt.

Dem vorzeitigen Verschluß der Pfeilnaht entspricht eine offenbar geänderte Wachstumsrichtung des Gehirns mit einer Deformierung des Schädeldaches im Sinne eines **Kahnschädels.** Der Kahnschädel verdankt seine Bezeichnung dem Bild in der sagittalen Projektion. Im Seitenbild ist er meist durch eine mehr als physiologische Dolichozephalie gekennzeichnet. Wenn – in der Regel – dabei auch die Kranznaht vorzeitig verschlossen ist, geht auch der Kahnschädel mit einer frontalen Dysplasie einher (s. Abb. 4.**29b**). Bei der prämaturen Nahtsynostose kommt es oft zur erheblichen *Vermehrung der Impressiones digitatae* (s. Abb. 4.**26**), bei Kranznahtsynostosen vorwiegend im Os frontale. Hierauf wurde bei Besprechung der Impressiones digitatae schon hingewiesen.

Zusammenfassende Übersicht über die Kraniosynostosen s. bei Galli (53).

Im Rahmen des autosomal-dominant vererbten *Gardner-Syndroms* sollten multiple Osteome am Schädel, aber auch an Unterkiefer, Rumpf und Gliedmaßen auch dazu führen, daß wegen der häufig zu diesem Syndrom gehörenden Dickdarmpolypen Kolon und terminales Ileum untersucht werden, weil bei zwei Dritteln der Fälle die Darmtumoren maligne entarten (56, 91, 181[2]).

Verkalkungen

Die Vielzahl möglicher Verkalkungen, die man auf Röntgenbildern des Schädels sehen kann, zu beschreiben, würde den Rahmen dieses Buches sprengen. Den Versuch zu machen, eine Übersicht in wenigen Skizzen zu geben, wie es in der vorigen Auflage geschah, erscheint uns deshalb didaktisch von fraglichem Wert, weil der Vergleich etwa vorliegender Röntgenaufnahmen mit den skizzierten Befunden wenig aufschlußreich ist. Wir jedenfalls haben manchen der skizzierten Befunde in anderer Symptomatik beobachtet.

Wir sehen hier insofern auch eine Grenze zum Pathologischen, die dann überschritten wird, wenn der in Frage stehende Befund zu selten vorkommt, und halten uns zunächst deshalb an die Beschreibung von Verkalkungen, die lehrbuchmäßig als „physiologische" bezeichnet werden (9), um dann kursorisch typische, weitere intrakranielle Verkalkungen zu besprechen und zu beschreiben, auch wenn sie sensu strictori nicht zum Skelett und auch oft nicht zu den Grenzen des Pathologischen gehören, wir damit aber in der Tradition der früheren Auflagen dieses Buches bleiben.

Über intrakranielle Verkalkungen bei Kindern s. bei Ozonoff u. Gooding (125).

Corpus pineale

Schon beim Neugeborenen beobachtet (128), bei Kleinkindern selten (74, 108), kommt die Verkalkung vom 2. Lebensjahrzehnt an in 25% – Häufigkeitsverteilung bei Kindern und Jugendlichen s. Tab. 4.**1** –,

Tabelle 4.**1** Altersverteilung verkalkter Zirbeln von 80 Untersuchten nach Durchsicht von Schädelaufnahmen bei 1044 Patienten (aus Helenke, K., P. Winkler: Fortschr. Röntgenstr. 144 [1986] 221)

Altersgruppe	n = Zahl der Kinder	n = Zahl der Zirbelverkalkungen	% Pinealisverkalkungen
0–1	162	5	3,1
1–2	105	3	2,9
2–3	69	2	2,9
3–4	58	2	3,4
4–5	48	2	4,2
5–6	56	2	3,6
6–7	63	3	4,8
7–8	55	3	5,5
8–9	65	3	4,6
9–10	42	3	7,1
10–11	54	5	9,3
11–12	52	5	9,6
12–13	45	5	11,1
13–14	48	8	16,7
14–15	43	8	18,6
15–16	41	9	22,0
16–17	23	7	30,4
17–18	15	5	33,3
total	1044	80	

im 6. Lebensjahrzehnt in 60–70% Häufigkeit vor (Abb. 4.**33a** u. **b**), bei schwangeren Frauen öfter (40%) als bei Frauen, die nie geboren haben (15%) (50). Durch den (leichteren) Nachweis im Computertomogramm wird eine Häufigkeit von über 80% entdeckt. Biopathologische Untersuchungen haben unter 233 schwarzhäutigen Patienten in 70% mikroskopisch nachweisbare Kalzifikationen im Parenchym der Zirbeldrüse aufgedeckt (45).

a
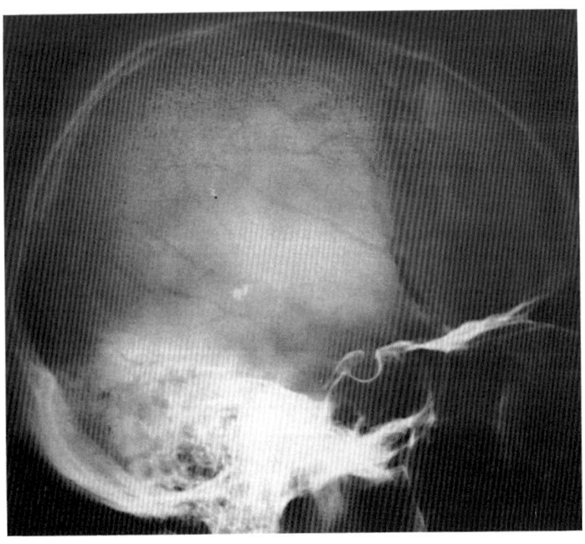

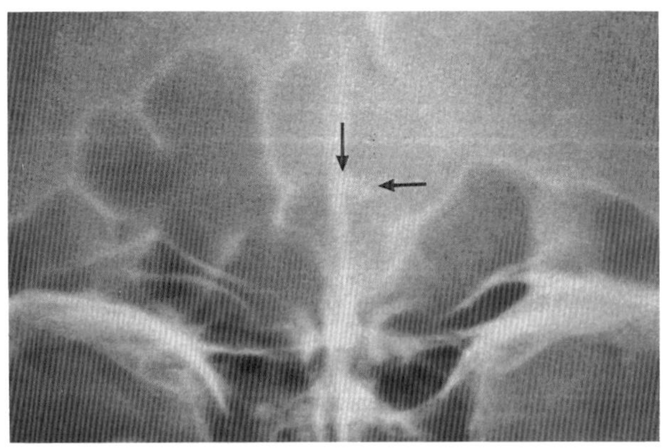
b

Abb. 4.**33a** u. **b** Verkalkung des Corpus pineale
a Seitlicher Strahlengang, **b** sagittaler Strahlengang

Bei Kindern unter 10 Jahren ist eine sehr große Pinealisverkalkung verdächtig für ein **Pinealom** (28). Eine instruktive Tabelle über die Häufigkeit der Pinealisverkalkung in den ersten 18 Lebensjahren und deren Dignität findet sich bei Helmke u. Winkler (74) (Tab. 4.**1**).

Verlagerungen des verkalkten Corpus pineale aus der Medianebene sprechen für einen raumfordernden oder schrumpfenden Prozeß einer Hirnhälfte.

Habenulae

Zarte, kommaförmige Kalkschatten 4 bis 5 mm ventral der Zirbel entsprechen Verkalkungen der Habenulae (172).

Plexus choroidei

Verkalkungen der Plexus choroidei der Seitenventrikel werden mit Ausnahme der Verkalkungen durch Toxoplasmose (112, 158) radiologisch bei normalen Kindern auch schon im 3. Lebensjahr gefunden (158, 184), im allgemeinen jedoch erst nach dem 20. Lebensjahr sichtbar. Die Häufigkeit schwankt nach den Angaben im Schrifttum zwischen 1,5 (125) und 28% (6). Symmetrische Lage, im Sagittalbild über der Mitte der Orbitabögen (seitlich 10 mm hinter und 5 mm über der Höhe des Corpus pineale) ist die Regel, Asymmetrie kommt vor (Abb. 4.**34** und 4.**35**). Höhenunterschiede von mehr als 10 mm im Vergleich beider Seiten besitzen keine Bedeutung. Die Kalkstruktur ist maulbeerförmig. Die Verkalkungen in den Plexus nehmen im Alter an Häufigkeit zu und sind öfter bei Männern aufzufinden als bei Frauen. Ein Nachweis der Verkalkungen bei Kindern unter 15 Jahren erweckt den Verdacht auf das Vorliegen endokriner Störungen (128).

Sonographisch erweist sich der Plexus choroideus wegen seiner Schallhypersensivität als besonders auffallende Gewebestruktur (187).

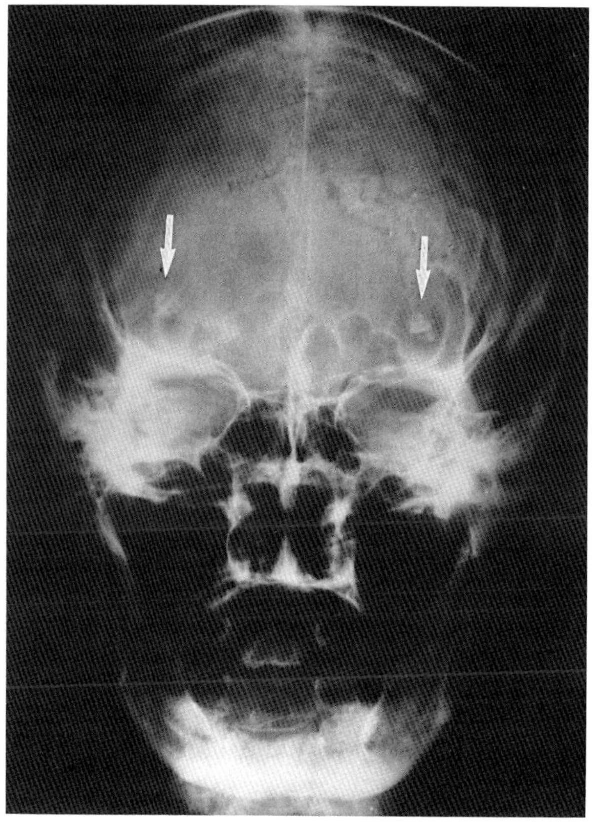

Abb. 4.**34** Verkalkungen im Plexus choroideus beider Seitenventrikel, p.-a. Projektion (Plexusverkalkungen in unterschiedlicher Höhe, Normalbefund)

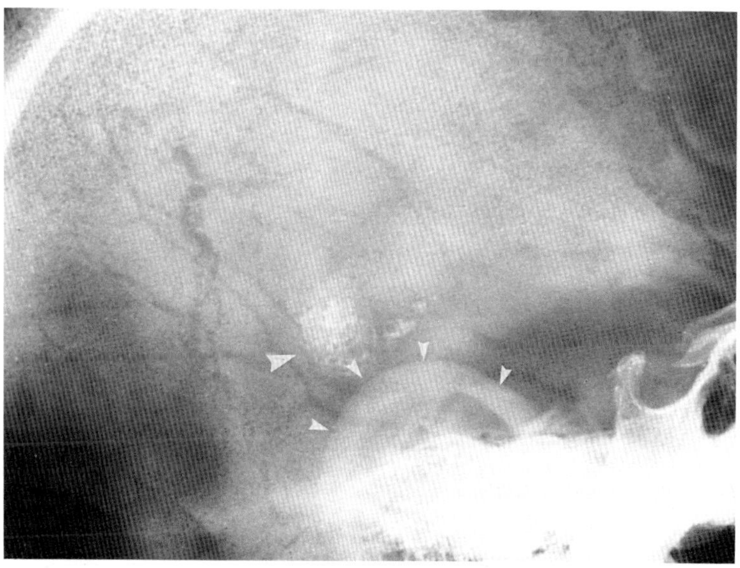

Abb. 4.**35** Seitliche Projektion. Verkalkungen im Plexus choroideus (große ▶). Ohrmuschel (kleine ▶)

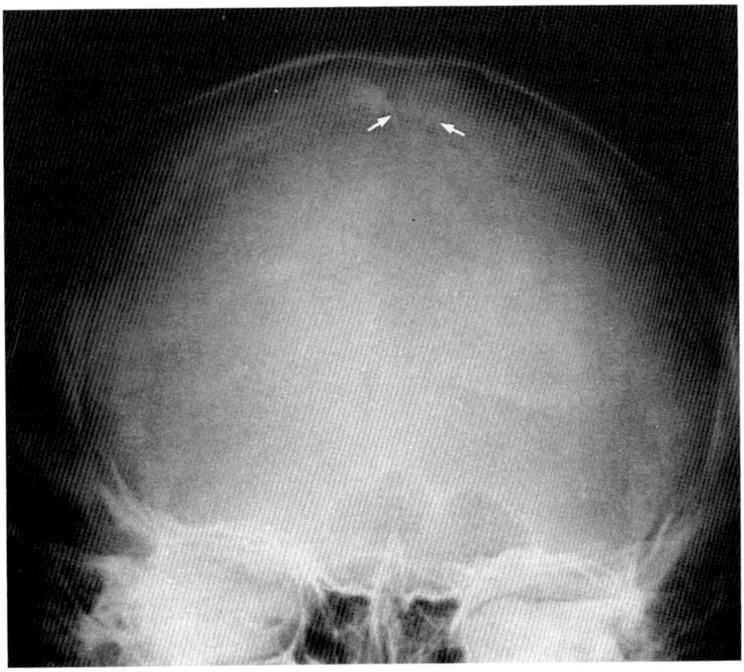

Abb. 4.**36** Duraverkalkungen des Sinus sagittalis

Sinus sagittalis

Konvergierende, streifige, schmale Kalkschatten unter der Tabula interna, im Sagittalbild unter der Kalottenhöhe gelegen, entsprechen Duraverkalkungen des Sinus sagittalis (Abb. 4.**36**).

Falx cerebri

Bei den schon im frühen Kindesalter nachgewiesenen (26[2]) Verknöcherungen in der Falx cerebri ist die Unterscheidung zwischen frontal gelegenen **Ossifikationen,** die vom **Stirnbein auf die Falx** übergehen und sich weit ausdehnen können (Abb. 4.**37** und 4.**38**), einer Crista frontalis (Abb. 4.**39**), aber auch isolierter Falxknochen oder Osteomen in der Falx schwierig. Die isolierten Falxknochen sind in der Medianebene scharf und gradlinig begrenzt, erweisen sich nach lateral jedoch als unschärfer konturiert und mehr ausgebuchtet (Abb. 4.**40**).

Als Ursachen werden einerseits fortgeleitete Entzündungen aus dem Nasenrachenraum, posttraumatische Verkalkungen (194) und Alterserscheinungen angegeben; andererseits wird bei den schildförmigen Osteomen darauf hingewiesen, daß ein Analogon regelmäßig bei Beuteltieren vorkommt und somit ein Atavismus vorliegen könne (85). Zimmer weist darauf hin, daß er häufig bei dem Vorliegen von Falxknochen unterentwickelte Stirnhöhlen sah.

Tentorium cerebelli

Verkalkungen des Tentorium – mit Ausnahme der Befunde in Sellanähe (s. Abschnitt „Sella turcica") – sind selten, aber in ihrer Anordnung typisch (Abb. 4.**41** und 4.**42**).

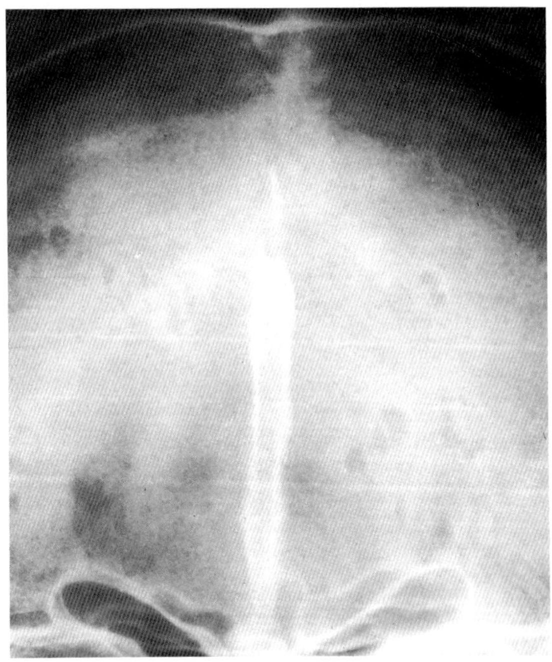

Abb. 4.**37** Stark ausgeprägte Crista frontalis (Beobachtung von Niemann)

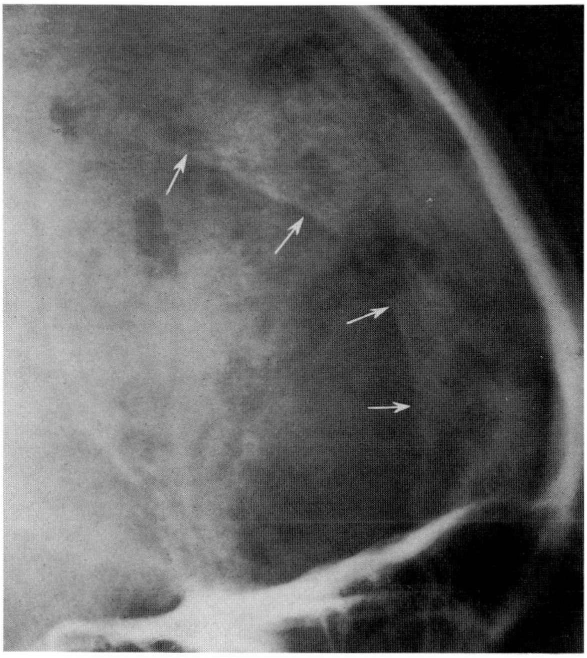

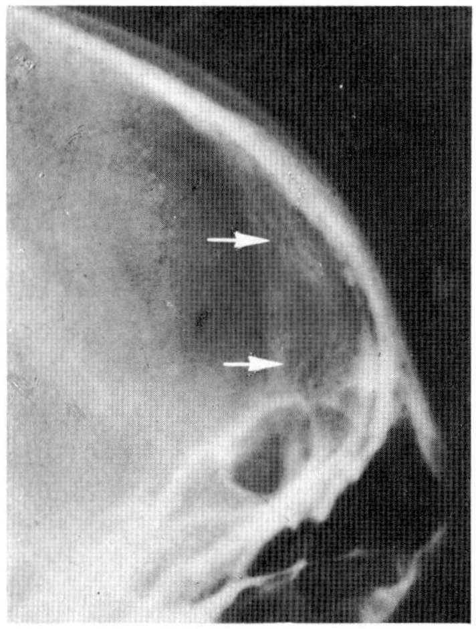

Abb. 4.**39** Crista frontalis

◁ Abb. 4.**38** Seitliche Aufnahme mit stark ausgeprägter Crista frontalis (Beobachtung von Niemann)

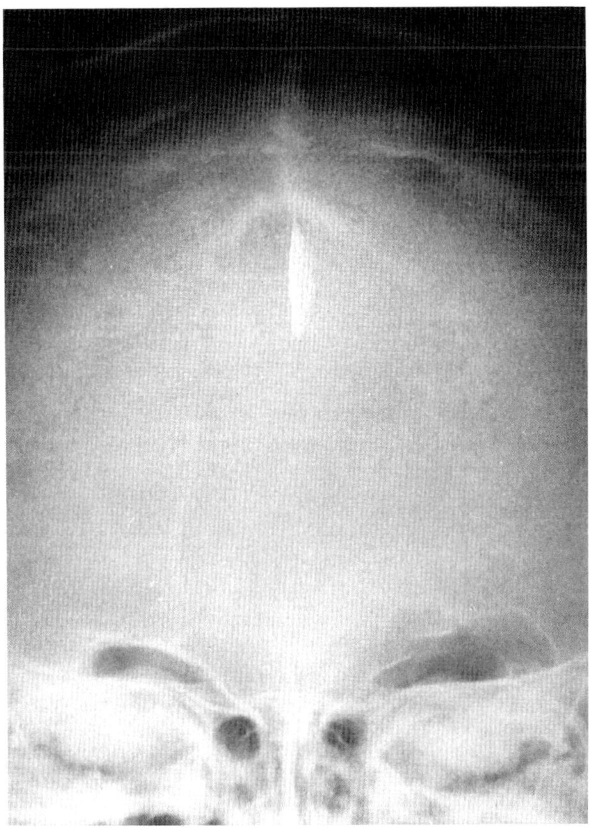

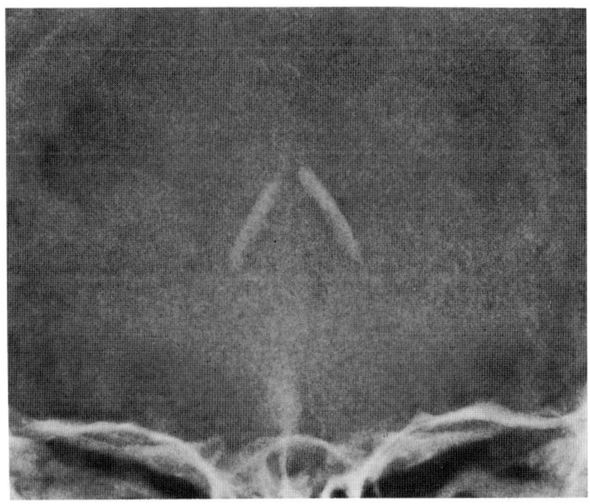

Abb. 4.**41** Kalkschatten in typischer Anordnung entsprechend dem Verlauf der Dura mater am Tentorium cerebelli im p.-a. Strahlengang

◁ Abb. 4.**40** Falxknochen

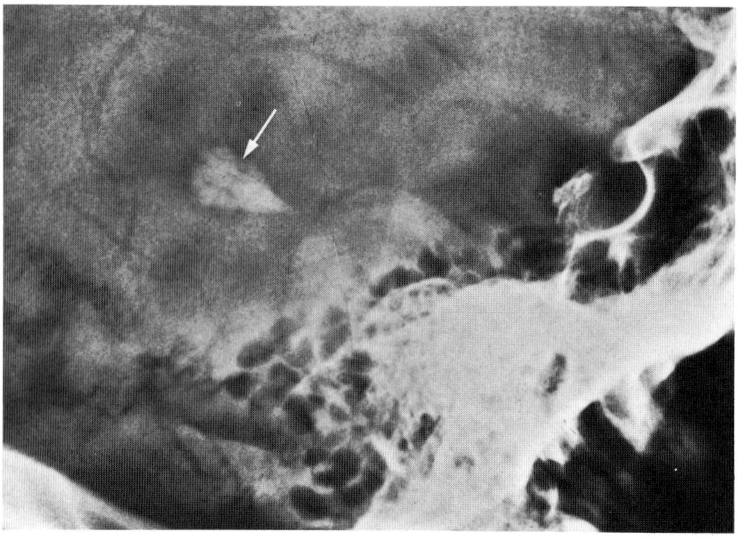

Abb. 4.**42** Verkalkung im Dach des Tentorium cerebelli in der seitlichen Projektion

Hyperostosis cranialis interna

Diese hauptsächlich bei Frauen im und nach dem Klimakterium zu findende Affektion tritt nach der radiologischen Symptomatik in vier Formen auf, als

- höckerige Hyperostose im Stirnbein (Abb. 4.**43a** u. **b**),
- fleckige Hyperostose in dessen oberem Teil (Nebula frontalis) (Abb. 4.**44**),
- frontoparietale Hyperostose mit Verdickung des betroffenen Schädelabschnittes,
- Hyperostosis calcarea diffusa.

Es ist anzunehmen, daß die Hyperostosis frontalis interna als Sonderform unter den allgemeinen Hyperostosen anzusehen ist (76). Bei Frauen über 50 Jahren kommt sie fast in 40% Häufigkeit vor. Als **Morgagni-Stewart-Morel-Syndrom** kann die Hyperostose auch mit Obesitas, Virilitas, Kopfschmerzen und psychisch-neurologischen Störungen verbunden sein (181[3]).

Verkalkungen anderer Ätiologie

Bei folgendem **Parasitenbefall** kann es zu intrakraniellen Verkalkungen kommen: *Toxoplasmose* (Abb. 4.**45**), *Zytomegalie, Torulose, Zystizerken* (Abb. 4.**46**), *Kokzidiose* und *Echinokokkus* (11).

Verkalkungen durch Entzündungen treten nach *Tuberkulose* in Form der seltenen, dichten, gut abzugrenzenden, rundlichen, getüpfelt strukturierten *Tuberkulome* mit zackigen, gekerbten oder auch bogigen

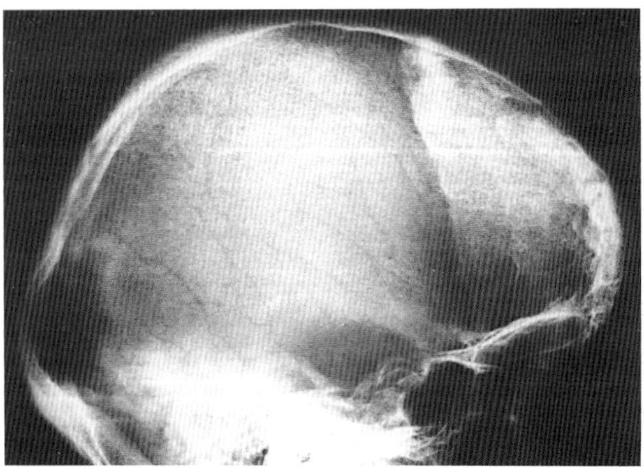

a

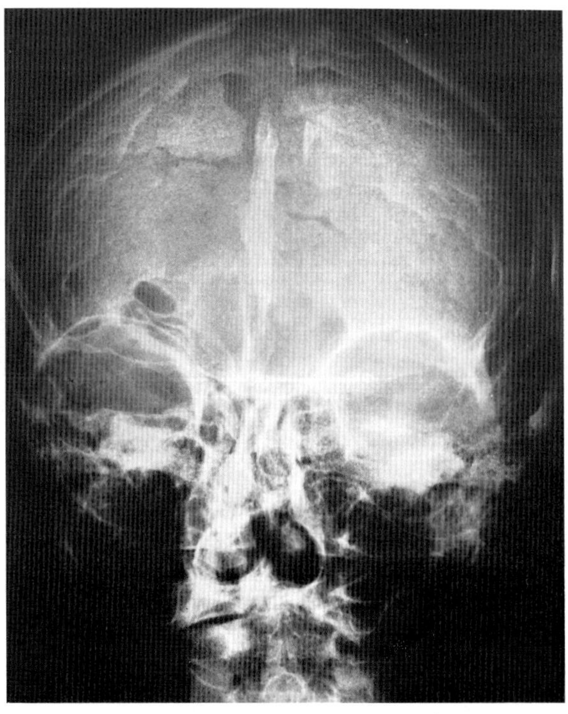

Abb. 4.**43a** u. **b** Höckerige Hyperostosis calvariae interna im Stirnbein
a p.-a. Projektion: Zusätzliche Falxverkalkung
b Seitliche Projektion: Genaue Begrenzung auf das Os frontale

Abb. 4.**44** Nebula frontalis

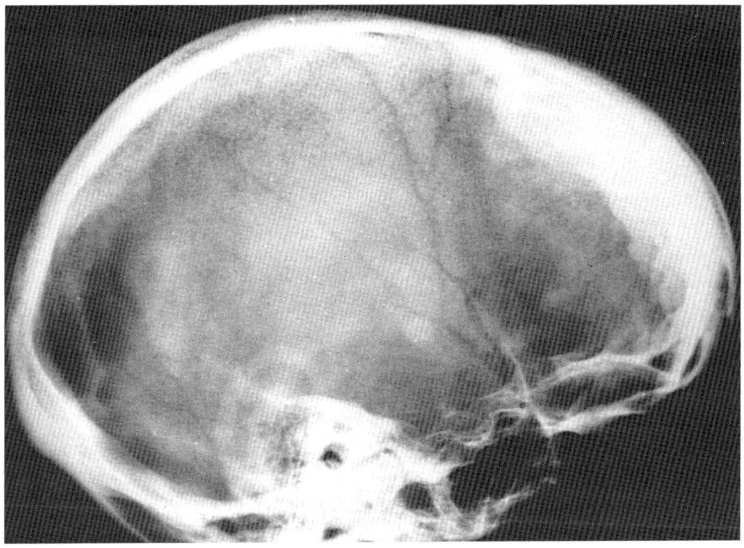

Konturen auf. Unter 815 Tuberkulomen wurden nur elf verkalkte gefunden (165). Verkalkungen sieht man auch nach einer Meningitis tuberculosa (111, 132), im allgemeinen ab 3 Monaten (55), nach anderen Schrifttumsmitteilungen 18 Monate nach Einsetzen der Erkrankung und Behandlung mit Antibiotika. Sie liegen vorwiegend in der Gegend der Zisternen, besonders der Cisterna interpeduncularis (132) (Abb. 4.**47**). Auch in den Meningen können zusammenhängende Kalkablagerungen einzelne Hirnwindungen markieren und einen Morbus Sturge-Weber vortäuschen.

Die Diagnose verkalkter Abszesse ist bei Ähnlichkeit mit Meningiomen und Astrozytomen (118) nur in Verbindung mit Anamnese und klinischem Befund zu stellen.

Verkalkungen in **intrakraniellen Tumoren** mit differentialdiagnostischen Tumorhinweisen zu geben, erscheint uns in diesem Buch über Skelettveränderungen zu weit zu führen (Literaturhinweis: 28, 137).

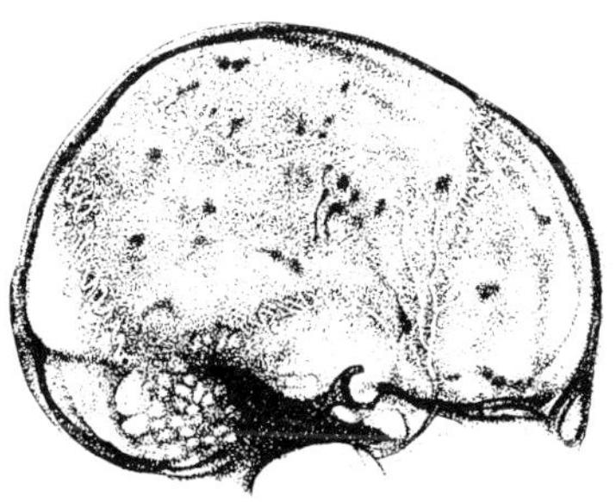

Abb. 4.**45** Typischer Aspekt einer Toxoplasmose

Blutungen hinterlassen nach *subduraler Ausdehnung* eventuell Kalkschatten in breiter, scholliger Form oder en plaque (110; weitere Literatur bei 11). Sichelförmige Kalkstreifen bilden sich nach *epiduralen* Hämatomen (Abb. 4.**48**). Flächenhafte Verkalkungen der Hirnhäute, die **Pachymeningosis haemorrhagica,** bieten einen typischen Befund (20) (Abb.

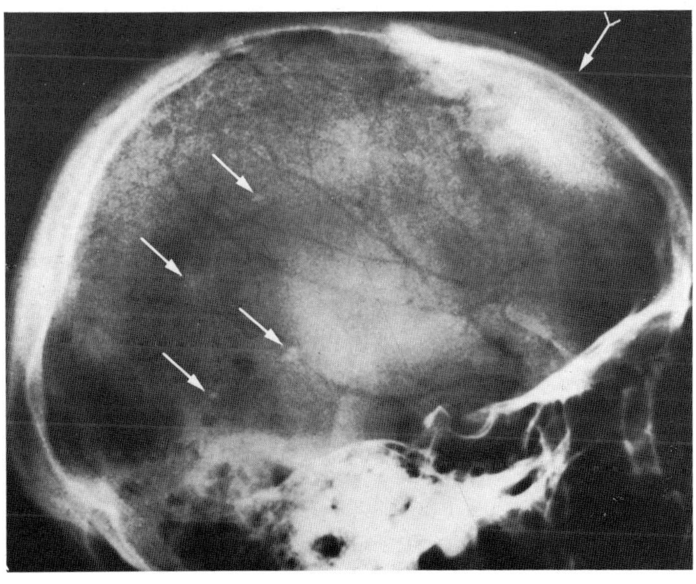

Abb. 4.**46** Zystizerken im Hirn (←) und außerdem eventuell Osteom des Stirnbeins (↣)

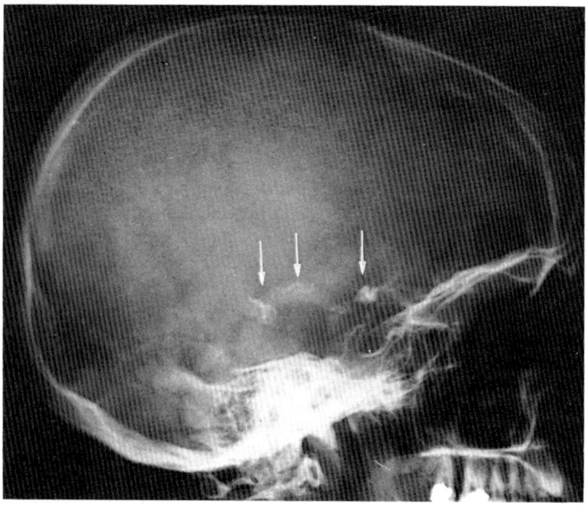

Abb. 4.**47** Endokranielle Verkalkungen nach Tuberkulose

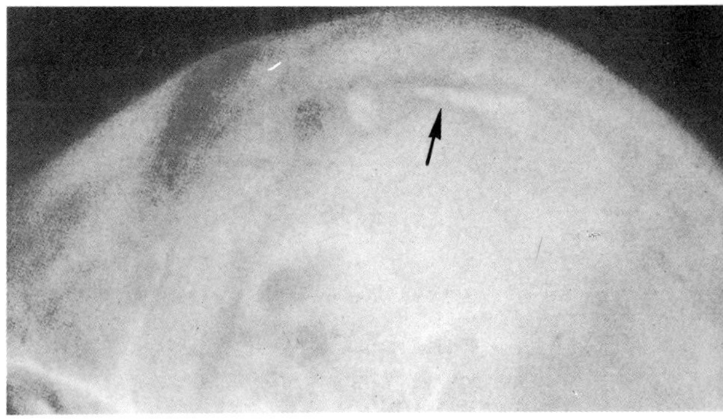

Abb. 4.**48** Verkalkter Bluterguß zwischen Dura mater und Tabula interna

4.**49 a** u. **b**). Sie betreffen meistens die Dura. Intrazerebrale Blutungen durch Geburtstraumen nach Zangengeburt, frühkindlichen Traumen, auch nach Massen- und Tumorblutungen, sind beschrieben (Literaur bei 11). Nach Ventrikelpunktionen sind in 13,3% Verkalkungen der Stichkanäle nachgewiesen, wie sie in Unkenntnis der Ursache zunächst von 4 und 59 beschrieben wurden (Abb. 4.**50 a** u. **b**).

Bei **Gefäßverkalkungen** handelt es sich meist um Intimaverkalkungen der A. carotis interior, die sich im sagittalen Strahlengang parasellär abbilden, in der Seitenansicht sich auf die Sella projizieren (Abb. 4.**51 a–d**). Die **Endarteriitis calcificans** verursacht Kalkablagerungen in Arteriolen und Kapillaren tief in den Sulci und ist erblich (58). Das **Sturge-Weber-Syndrom**, eine *enzephalofaziale Angiomatose* auf dysplastischer Grundlage, geht mit einer kleineren Hemisphäre der betroffenen Seite, entsprechender Kalottenasymmetrie und schienenartig parallel verlaufenden „gyriformen" Kalkstreifen in subkortikal verlaufenden Gefäßen anfangs parietal, dann auch okzipital, einher (130, 174, 189).

Als **„Hirnsteine"** werden konkrementähnliche Verkalkungen beschrieben, die nach Ausheilung von Blutungen, Erweichungen, Tuberkeln oder Gummen entstanden sind und radiologisch als dichte, homogene, scharf konturierte Schatten kugeliger, sternförmiger oder polyedrischer Gestalt imponieren (160). Sie liegen in den Hemisphären und im Hirnstamm (Schrifttum bei 11).

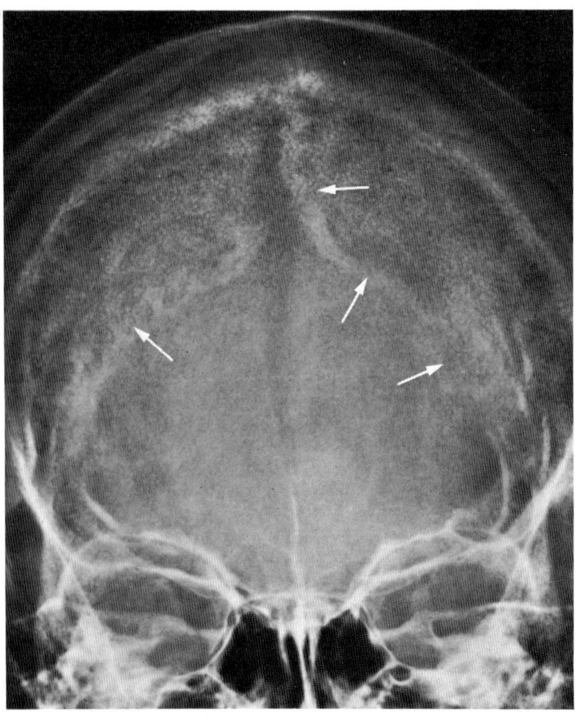

a

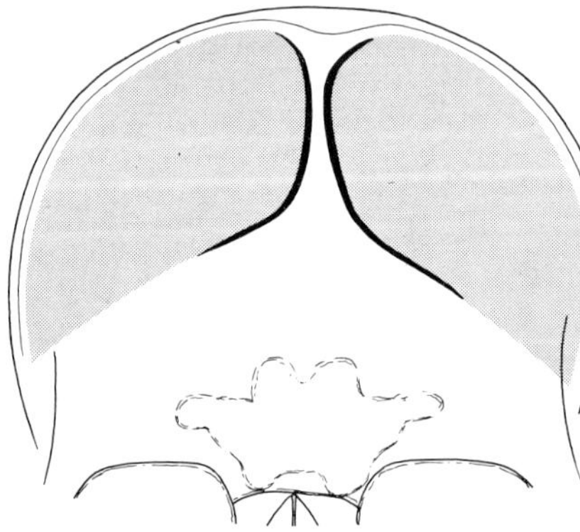

b

Abb. 4.**49 a** u. **b**
a Typisches Röntgenbild einer Pachymeningosis nach Schädeltrauma vor 4 Jahren bei zehnjährigem Kind
b Pachymeningosis haemorrhagica interna, „Panzerhirn" (aus Birkner, R., K. Lagemann: Fortschr. Röntgenstr. 105 [1966] 377–381)

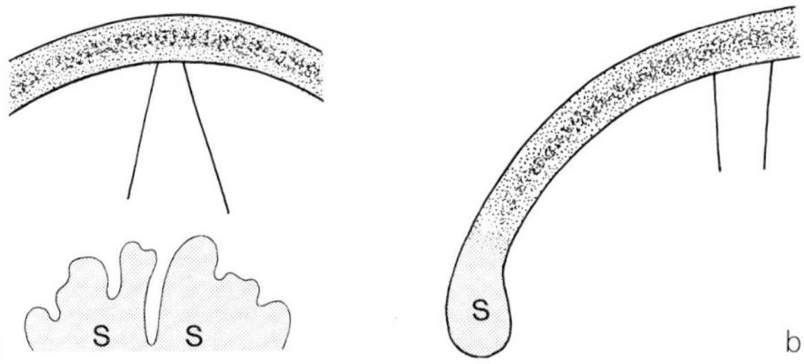

a b

Abb. 4.**50 a** u. **b** Schematische Skizzen: Nadelartig aussehende Kalkschatten nach Fontanellenstichen; S = Stirnhöhle (nach Baensch)

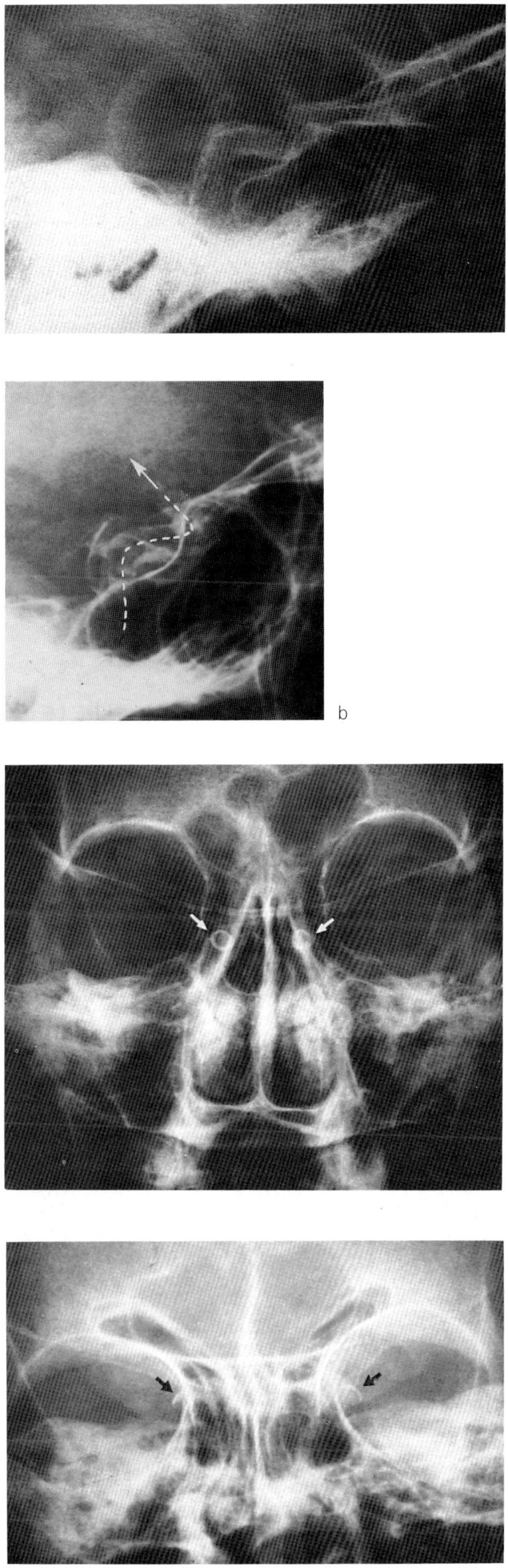

a b c d

Abb. 4.**51 a–d** Intimaverkalkungen der A. carotis interna ▷
a Seitlich in Projektion auf die Sella turcica
b Seitlich mit skizziertem Karotisverlauf
c Beiderseits ringförmig im sagittalen Strahlengang
d Beiderseits schalenförmig im sagittalen Strahlengang (Pfeile)

Im Rahmen der **tuberösen Sklerose** kommt es zur Bildung vielfacher, erbsgroßer Herde (Abb. 4.**52**) – neben der Verdünnung von Tabula interna und Diploë –, die kortikal und subkortikal, paraventrikulär, in den basalen Ganglien gelegen, aber auch der Tabula interna anliegen können (5). Ausgedehnteren Verkalkungen liegt ein Hamartom mit potentieller Malignität zugrunde (136).

Intrazerebrale und -zerebellare Verkalkungen wurden computertomographisch auch bei Erwachsenen nachgewiesen, die jahrzehntelang einer erhöhten **Bleibelastung** ausgesetzt waren und deren Serum-Blei-Werte auf 54 bis 72 µg/dl (normal 0 bis 30 µg/dl) erhöht waren. Die Verkalkungen stellten sich radiologisch punkt-, bogenlinien-, fleckförmig und diffus dar und wurden subkortikal, in den Basalganglien, der Vermis und im Kleinhirn gefunden (144).

Symmetrische Verkalkungen des Hirnstammes in radiologischer Darstellung sind seit 1935 (52) bekannt. Sie kommen in den zentralen grauen Kernen vor und geben, klein beginnend, bald darauf in streifenförmigen und amorphen Massen, ein anatomisches Bild des Nucleus caudatus, lentiformis und dentatus cerebelli wieder (35). Ein gleichzeitiges oder alleiniges Auftreten im Kleinhirn ist möglich (95). Die Verkalkungen wurden vorwiegend beim Pseudo- und Hypoparathyreoidismus sowie bei Anfallsleiden beobachtet, kommen aber auch bei Untersuchten ohne klinische Symptomatik vor (36). Die Abb. 4.**53a** u. **b** entsprechen Abzügen der Originalaufnahmen von Dinkel (35). Über die Differentialdiagnose der (auch einseitigen) Stammhirnverkalkungen prinzipiell s. bei Voigt u. Mitarb. (188).

Über die **Häufigkeit** des Vorkommens intrakranieller Verkalkungen bei radiologischen Untersuchungen von Kindern ist interessant, daß unter 35 000 in 0,83% derartige Kalzifikationen gesehen wurden, 22% bei Toxoplasmosen, 16% bei infektiös-entzündlichen Prozessen und je 7% bei Morbus Sturge-Weber nach intrakraniellen Blutungen und bei Tumoren, 4% bei tuberöser Sklerose (192).

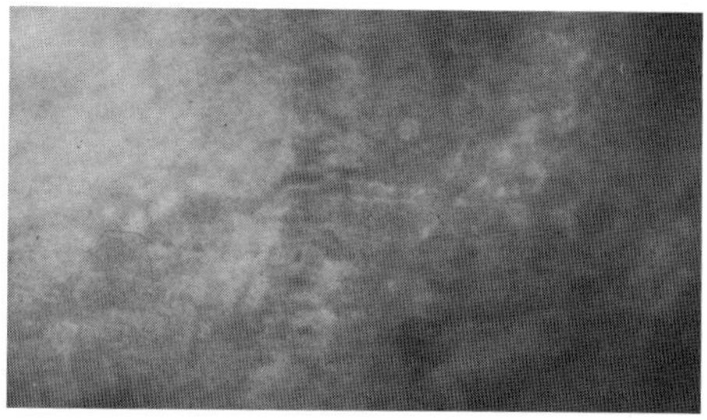

Abb. 4.**52** Feine Verkalkungen vor und hinter der Koronarnaht (tuberöse Sklerose, Toxoplasmose)

Verletzungsfolgen

Vor die Besprechung des Frakturnachweises ist darauf hinzuweisen, daß der am Schädel Verletzte, ob Kind oder Erwachsener, vernünftigerweise zunächst ins Bett, in die klinische Beobachtung und später auf den Röntgentisch gehört, nicht umgekehrt.

Mit wenigen Ausnahmen sind Depressionen des Schädeldaches beim *Neugeborenen* auf ein Trauma während der Geburt zurückzuführen und gehen oft mit Frakturen einher. Es gibt jedoch auch lokalisierte Mulden stärkeren Ausmaßes beim Neugeborenen ohne traumatischen Ursprung, die sich in den ersten 6 Lebensmonaten spontan völlig zurückbilden (43). Als Rarität ist die **isolierte Läsion der Tabula externa** der Schädelkalotte zu betrachten (171).

a 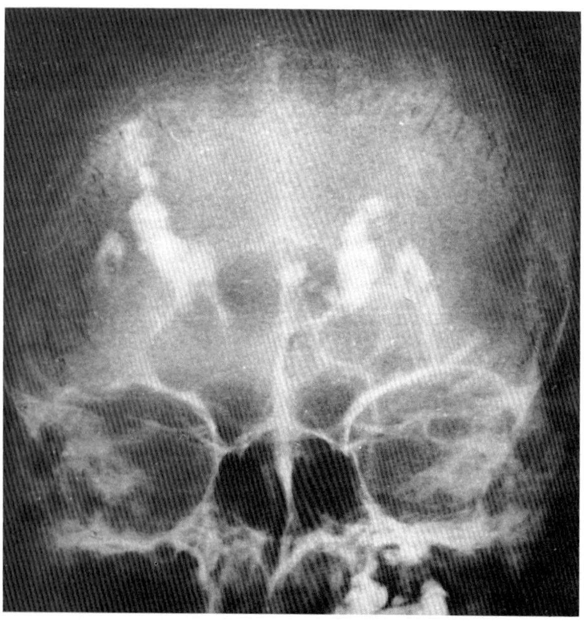

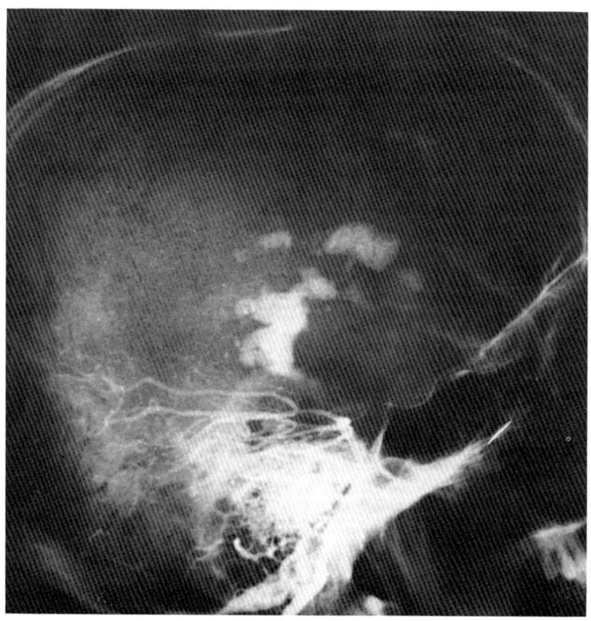 b

Abb. 4.**53a** u. **b** Stammhirnverkalkungen: **a** In der p.-a. Projektion, **b** in seitlicher Projektion

Schwierigkeiten der Abgrenzung normaler von traumatisch entstandenen Veränderungen am Schädel bereitet in starkem Maße die Unterscheidung normaler **Nähte** und **Gefäßfurchen,** die Nahtweite um so mehr, je jünger das Kind und um so weiter normalerweise die Schädelknochen voneinander entfernt sind. Seltenere Nahtvarianten (s. auch die Besprechung der einzelnen Deckknochen) sind manchmal schwer von Frakturen abzugrenzen (164).

Natürlich bedeutet auch hier die Kenntnis des klinischen Befundes und der (bei Kindesmißhandlungen oft verschwiegenen) Vorgeschichte in Zweifelsfällen eine unbedingte Voraussetzung. Ein typisches Beispiel bietet die Abb. 4.**54.** Bei meist senkrecht verlaufenden Spalten kann es in der unteren Schläfenbeinschuppe zu differentialdiagnostischen Zweifeln kommen, ob es sich um eine oft in die Basis einstrahlende Fraktur oder um eine Arterienfurche (meist immer der A. meningea media und ihrer Verzweigungen, aber auch außen der A. temporalis media) handelt. Geglättete, harmonische, vielleicht sogar etwas verdichtete Konturen sprechen für den Gefäßsulkus (Abb. 4.**55a** u. **b**), der unregelmäßig gezackte (nicht gezähnelte) Rand für die Fraktur.

Lineare Frakturen sind wegen der Enge der Bruchspalten manchmal nur in einer ganz bestimmten Projektion, in einer um wenige Grade geänderten Strahlenrichtung, nicht mehr nachzuweisen. Wenn es notwendig ist, im Profilbild die Seite der Fraktur festzustellen, bedeutet der in den meisten Lehrbüchern erteilte Rat, bei Seitenaufnahmen den Schädel links und rechts anzulegen, um die projektivisch bedingte vermehrte Schärfe und verminderte Breite des Bruchspaltes auf der anliegenden Seite zur Feststellung der Frakturseite einen unsicheren *Hinweis.* Bei Neigung der Röhre um 30 Grad fußwärts wie bei den Felsenbeinaufnahmen nach Schüller (s. Absatz „Felsenbein") besitzt die Darstellung des Bruchspaltes auf einer der beiden Seiten bei rechts und links angelegtem Kopf im seitlichen Strahlengang *Beweiskraft.*

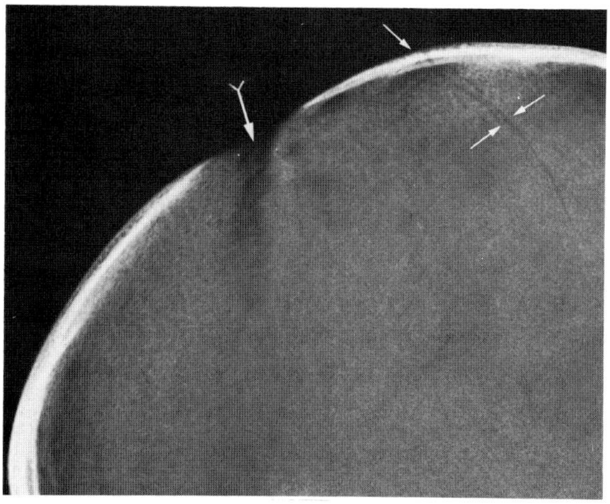

Abb. 4.**54** Einjähriges Kind. Typisches Bild einer Schädelfissur (→) mit Spaltung der Tabula interna und externa, klaffend, geradliniger Verlauf, unweit der großen Fontanelle (↣)

Die Suturae squamosa, sphenosquamosa (und parietomastoidea), manchmal erst im 5. bis 7. Lebensjahrzehnt verschlossen (s. vorn) werden gelegentlich im sagittalen Strahlengang vor allem bei nicht ganz korrekter Schädeleinstellung, orthograd getroffen und imponieren dann leicht wie Frakturspalten oder **Nahtsprengungen** (s. auch Abb. 4.**84a, b** und 4.**85**). Die bei der Bathrozephalie auftretende Stufe, die die vorgewölbte Okzipitalschuppe gegen das Scheitelbein in die Lambdanaht im Seitenbild kennzeichnet, kann normalerweise erheblich sein. Die Diagnose einer **Sprengung der Lambdanaht** wird durch das Auftreten zusätzlicher Frakturspalten erleichtert (Abb. 4.**56a.** u. **b** und 4.**57**). Sutura squa-

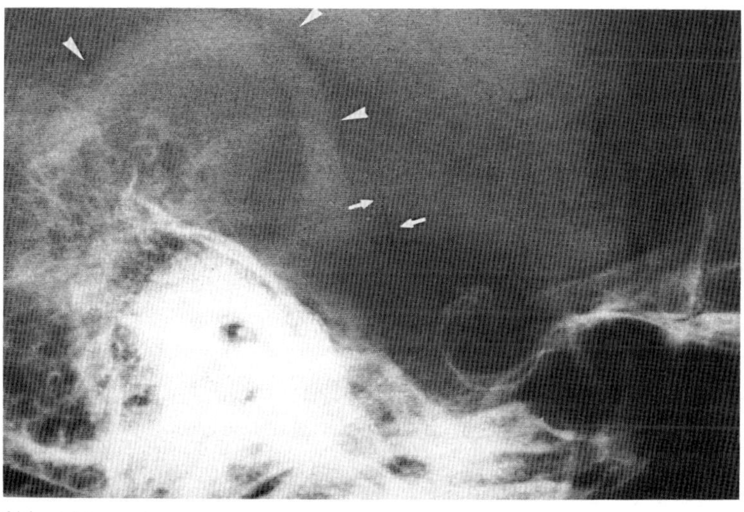

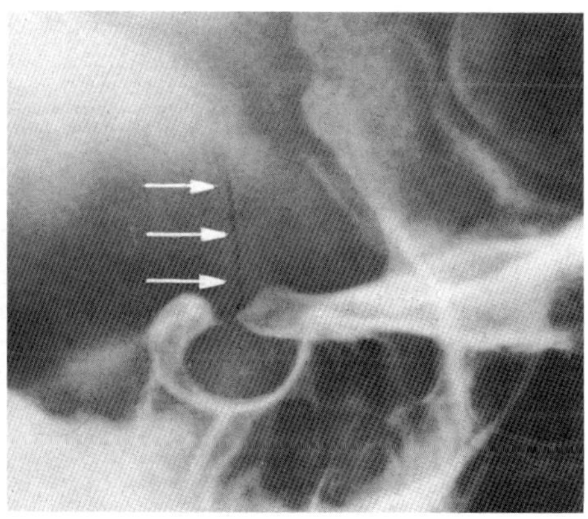

b

Abb. 4.**55a** u. **b**

a Gefäßkanal im Os temporale, sich hinter die Sella projizierend. **b** Gefäßkanal im Os temporale in Projektion über der Sella

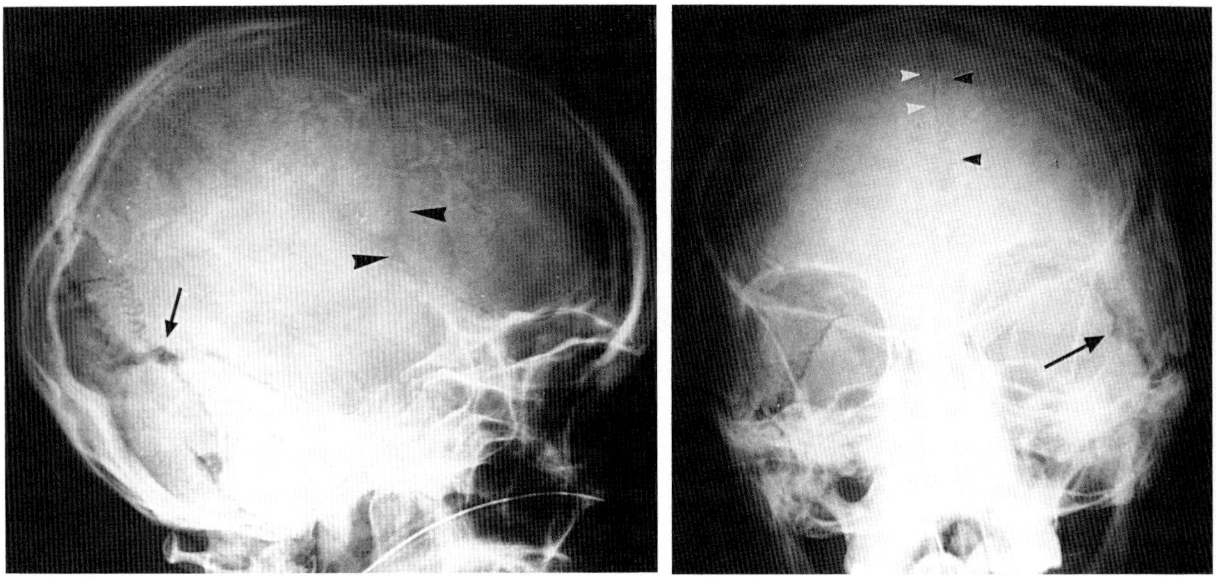

a

Abb. 4.**56a** u. **b** 23jährige Frau. Berstungsfraktur mit Sprengung der Lambdanaht (→), Sagittalnaht der Tabula externa (schwarze ▶), Sagittalnaht der Tabula interna (weiße ▷)

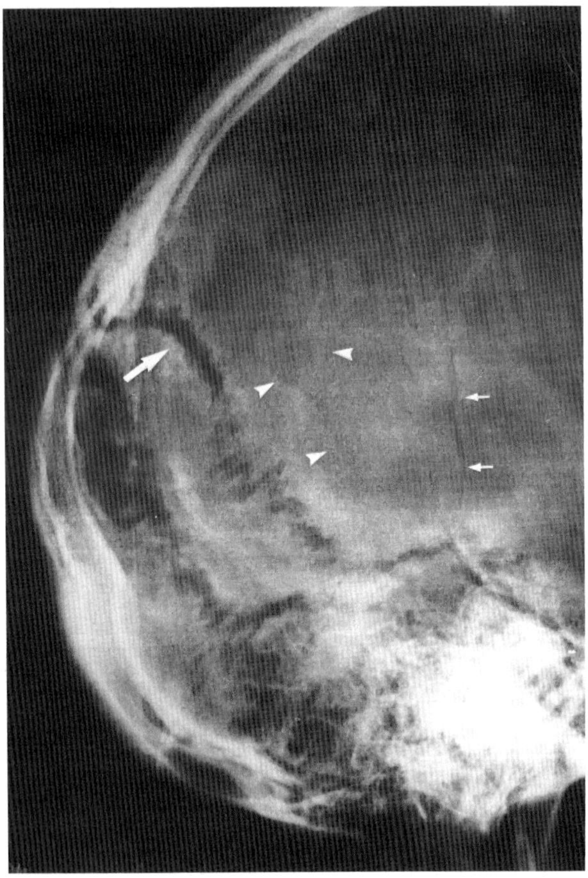

Abb. 4.**57** 17jährige Frau. Sprengung der Lambdanaht (großer ⟶), vertikaler Frakturspalt (kleine →), Arterienfurchen (▶)

mosa s. „Spezieller Teil – Pars squamosa ossis temporalis". Asymmetrien und eine Breite des Spaltes über mehr als 2 mm erwecken den starken Verdacht auf Nahtsprengungen (176), vor allem aber auch posttraumatisch auf mangelnde Heilung bzw. Zunahme der ursprünglichen Dehiszenz im Sinne sog. „wachsender Frakturen", wie sie auch nach Linearbrüchen eintreten können. Auf dieser Grundlage entstandene expansive Osteolysen werden gelegentlich zu Durchgangspforten für leptomeningeale Hernien, die computertomographisch nachzuweisen sind (127). Als seltene Komplikationen nach Vakuumextraktion wurde ebenfalls ein solcher „wachsender Schädelbruch" beobachtet (94). Nahtsprengungen sind dann schwer zu erkennen, wenn infolge eines Traumas durch das entstandene intrakranielle Hämatom ohne direkte Knochenverletzung wie bei einem druckerhöhenden Tumor *sämtliche Nähte erweitert werden.*

Bei linien- oder flächenförmigen Verdichtungen auf Schädelübersichtsaufnahmen nach Traumen mit meist begrenzt lokalisierter Gewalteinwirkung (Sternfraktur und „egg-shell-fracture") muß an ein Übereinanderschieben der Fragmente und an eine **Impression** gedacht werden, deren Ausmaß durch Tangentialaufnahmen festzustellen ist (Abb. 4.**58**).

Der Nachweis von Lufteinschlüssen im Schädel (**Pneumozephalus**) ist als indirektes sicheres Frakturzeichen zu werten.

Durch die Einführung der Computertomographie hat sich der Wert der bisherigen radiologischen Feststellung von Schädeldachbrüchen einschließlich der therapeutischen Konsequenzen relativiert bzw. auch erweitert, so ist, um nur ein Beispiel zu nennen, eine posttraumatische Hernie, wie schon zuvor ausgeführt, samt Inhalt nachweisbar (57).

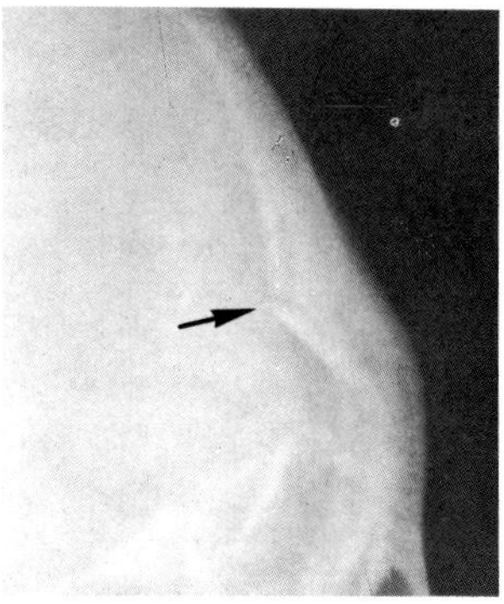

Abb. 4.**58** Bruch der Tabula interna

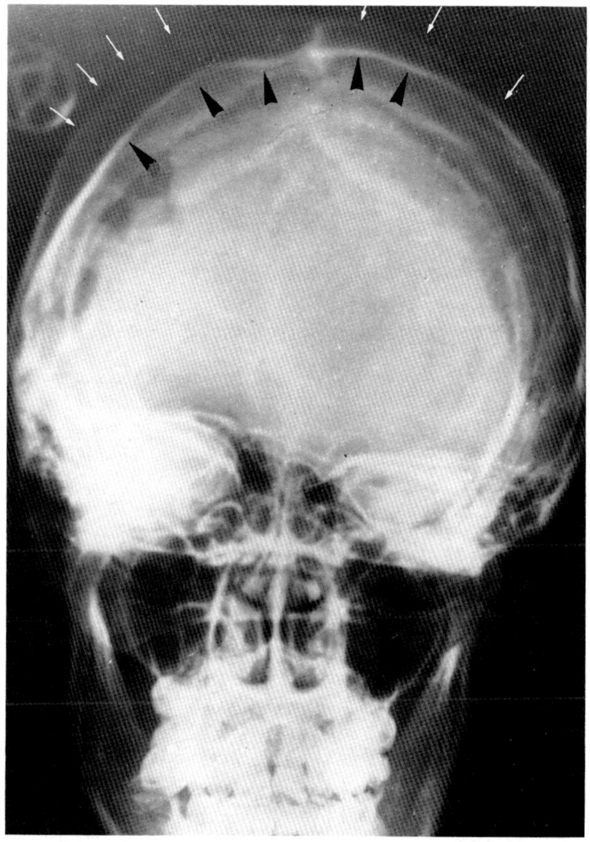

Abb. 4.**59** Asymmetrie des Schädels bei rechtsseitiger zerebraler Hemiatrophie mit verdickter Kalotte rechts (Pfeile), Hochstand der rechten Pyramide und des Orbitadaches und rechtsseitiger Stirnhöhlendilatation

Erworbene Erkrankungen

Die Vielfalt der radiologisch sichtbaren Veränderungen am Schädel erfordert eine Gliederung nach der Symptomatik.

Größe

Sie hängt in erster Linie von der Dimension des Gehirns ab. Die **Mikrozephalie** mit insgesamt offenen Nähten ist als Fehlbildung aufgrund mangelnder neuraler Induktion aufzufassen (66, 185). CT-Maße bei Mikrozephalie wurden im Vergleich zu Messungen an normalen Schädeln von Kindern mitgeteilt (70, 71).

Eine **Schädelvergrößerung** bei allgemeiner Nahtverbreiterung gilt beim Kleinkind als Zeichen erhöhten inneren Druckes und bleibt auch nach Druckentlastung trotz sich normalisierender Nahtbreite erhalten (12). Bei relativ und absolut großem Schädel durch kongenitalen Hypothyroidismus kann nach Einsetzen einer geeigneten Substitutionstherapie eine Normalisierung erreicht werden, wenn die Behandlung vor Vollendung des 1. Lebensjahres beginnt (24).

Häufiger noch als zur Schädelasymmetrie (s. unten) führt in der Kindheit die Neurofibromatose zu einem Makrozephalus. In vielen dieser Fälle liegt weder ein Hydrozephalus noch eine Raumforderung vor. Die Ursache ist unbekannt (190, 197).

Form

Über Deformitäten, meist mit vorzeitigem Nahtschluß einhergehend, ist vorn bei den Anomalien (Turm-, Kahnschädel, Oxyzephalie, frontofazialer Dysplasie und Akrozephalosyndaktylie) berichtet, ebenso über die Lambdanahtstufe mit Skaphozephalie.

Im Kindesalter sind die Hauptursachen einer **Schädelasymmetrie:**

1. Lagebedingte Deformierung bei Schräglage des Säuglings unter Bevorzugung einer bestimmten Seite (meist kombiniert mit Säuglingsskoliose und „Schräglagehüfte") sowie Schädelasymmetrie bei Schiefhals.
2. Plagiozephalus bei einseitiger prämaturer Nahtsynostose (s. vorn Abschnitt „Anomalien").
3. Einseitige Hirnatrophie (39, 102) (Abb. 4.**59**).
4. Einseitige chronische Raumforderung (meist Arachnoidalzyste).
5. Neurofibromatose (meist verbunden mit Makrozephalus und Hemihypertrophie) (41).

Asymmetrien können aber auch durch Vorwölbung der Schädelkalotte, z. B. beim **Kephalhämatom** durch Geburtsschädigung, beim **flächenhaften Osteom** (Abb. 4.**60a** u. **b**) und **Meningeom** eintreten. Über weitere deformierende Hyperostosen s. „Spezieller Teil – „Os frontale" und „Os parietale".

Kontur

An der **Tabula externa** gibt es außer den eben erwähnten flächenhaften Osteomen und abgesehen von der beim Gardner-Syndrom unter den bei den Dysplasien besprochenen Osteomatosen auch **gestielte (parossale) Osteome,** die in Übersichtsaufnahmen kaum sichtbar werden und, da gut palpabel, sich im tangenitalen Strahlengang an der Wölbung der Schädelkalotte darstellen lassen (Abb. 4.**61a** u. **b**).

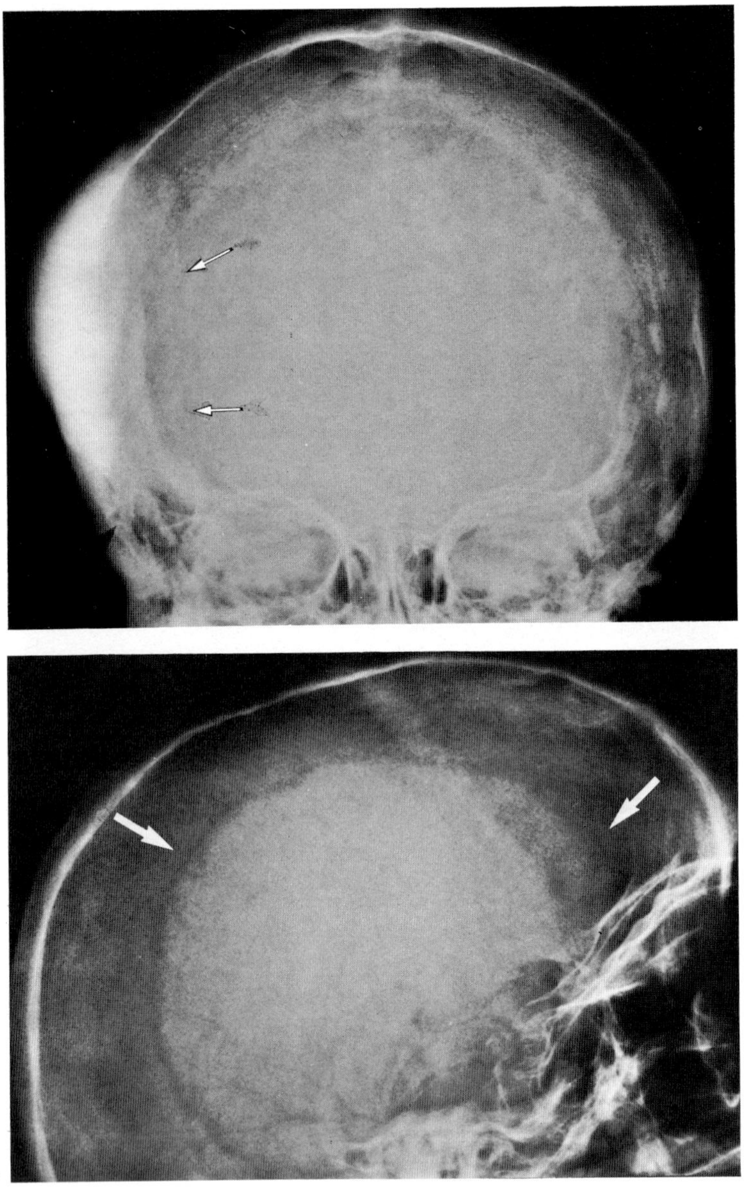

a

b

Abb. 4.**60 a** u. **b** 82jährige Frau. Osteom am Übergang vom Schädel- zum Felsenbein, scharf begrenzt

Gleichmäßig dem stark verdickten Stirn-, etwas weniger dem Scheitel- und selten dem Hinterhauptbein außen aufgelagert, findet sich beim **„Bürstenschädel“** („craâne en brosse“) ein breiter Besatz dicht aneinander liegender, feiner Knochennadeln, die senkrecht auf das Kranium gerichtet sind und von der äußeren Begrenzung des Schädeldaches bis tief in das Innere der Schädelknochen reichen (4.**62**). Das Symptom findet sich in 25%iger Häufigkeit bei der **Thalassaemia major,** seltener bei weniger schweren **Blutkrankheiten** (Thalassaemia minor, Sichelzell-, kongenital hämolytischer und Eisenmangelanämie, Erythrämie und Polyglobulie) (141, 142).

Die Impressiones digitatae an der **Tabula interna** wurden zwar unter der „Norm“ schon besprochen, müssen jedoch in ungewöhnlich starker Ausprägung auch als typisch pathologischer Befund beim erhöhten Hirndruck angeführt werden. Die mögliche Rückbildung von Impressiones digitatae nach operativer Beseitigung der den erhöhten Druck verursachenden Tumoren, ihre erneute Bildung bei Rezidiven und bei Tbc-Meningitis belegen zwar insgesamt, daß diese Impressionen pathologisch waren, doch gilt bei der Bewertung dieses Symptoms größte Zurückhaltung, vor allem vor dem 15. Lebensjahr (90). Pathologisch ist die einseitige Ausbildung oder ein übermäßig starkes Hervortreten an umschriebener Stelle. Sonst können sie nur bei Vorhandensein anderer Zeichen intrakranieller Drucksteigerung an den Suturen und der Sella diagnostisch als (Mit-)Symptome überhöhten intrakraniellen Druckes bewertet werden.

Verstärkte Gefäßimpressionen wurden in der (verdickten) Kalotte bei Thalassämie festgestellt (101).

Dicke

Verdünnungen des Schädels treten – außer durch Destruktionen und Usuren – bei **seniler Atrophie** („Spezieller Teil – Os parietale“) auf.

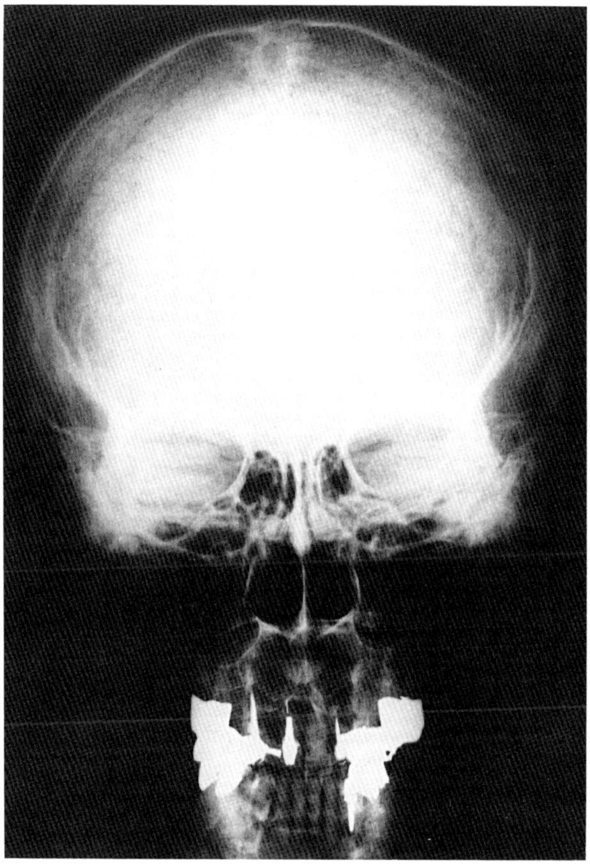
a

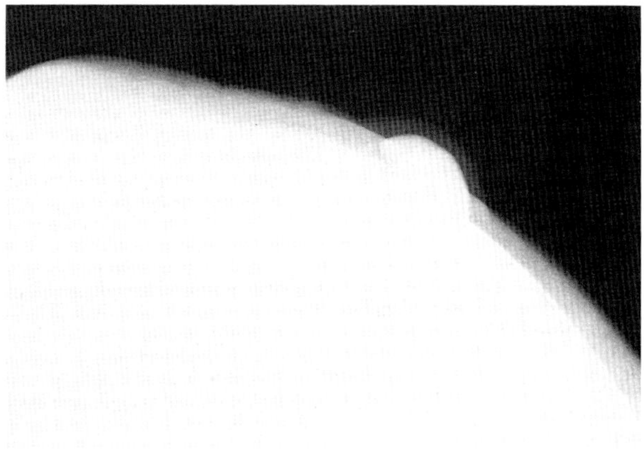
b

Abb. 4.**61 a** u. **b** Gestieltes Osteom an der Tabula externa der Stirnschuppe
b Summationsbild im p.-a. Strahlengang, in der Reproduktion nicht zu erkennen
b Tangentialaufnahme

Verdickungen, die nicht durch Anlagerungen an den Tabulae bedingt sind, werden in extremer Form bei den Mittelmeeranämien gefunden (Abb. 4.**62**), weiterhin als **kraniale Hyperostosen** kongenitaler, kompensatorischer (s. Abb. 4.**60**), endokriner, dyskratischer, dystrophischer, entzündlicher, posttraumatischer und tumoröser Knochenerkrankungen ätiologisch differenziert. Die idiopathische, symmetrische Hyperostose des Schädeldaches mit toxischer Struma und Diabetes mellitus wird als **Troell-Junetsches Syndrom** bezeichnet und auf eine Störung im Hypophysen-Zwischenhirn-System bezogen (88, 89, 181[3]). Die mit Verdickungen des Schädeldaches manchmal verbundenen Systemerkrankungen, **Ostitis deformans** (Paget) und **fibröse Dysplasie** (Jaffé-Lichtenstein), werden bei den Strukturveränderungen besprochen. Lokalisierte und generelle Verdickungen der Kalotte lassen sich ebenso wie die noch zu besprechenden Strukturveränderungen auch im Computertomogramm nachweisen, wie am Beispiel der Osteopetrose (61), der aneurysmatischen Knochenzyste (2) sowie der verschiedensten Schädeldachläsionen (82) gezeigt wurde.

Struktur

Aufhellungen

Epidermoidzysten entstehen als Mißbildung durch versprengte Epidermiskeime in der 3. bis 5. Embryonalwoche, kommen zwar in einer Häufigkeit

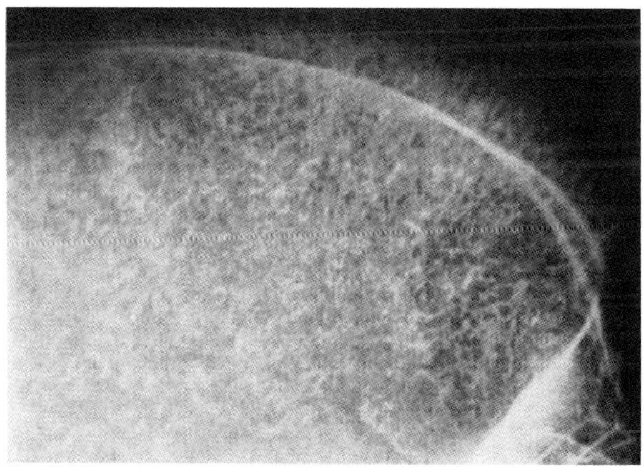

Abb. 4.**62** „Bürstensymptom" an der Stirnschuppe bei Thalassaemia major (aus Reimann, F., E. Gökmen: Blut 19 [1969] 423)

von 0,9 bis 2% vor (47, 200), finden sich jedoch nur selten im Knochen, dort parossär inner- und außerhalb der Kalotte, intraossär und sanduhrförmig an Tabula externa und interna mit transossärer Verbindung (96). Eine schematische Darstellung (139) ist in Abb. 4.**63** wiedergegeben. Ihr auffallendes radiologisches Kennzeichen bei meist durch Usur zerstörten Tabulae ist der deutliche Randwall der ubiquitär am Schädeldach in wechselnder Größe auftretenden, selten auch gekammerten Aufhellungen (Abb. 4.**64** und 4.**65**).

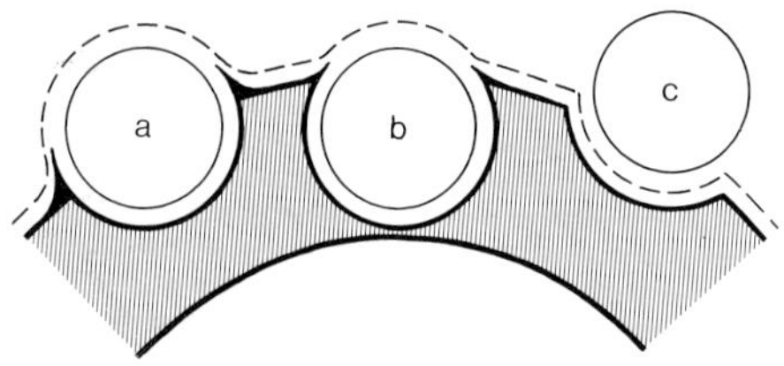

◁ Abb. 4.**63** Grobschematische Darstellung von Epidermoidzysten im Bereich des Schädeldaches, schraffiert die Diploë, gestrichelt das Periost: a) extrakranielle subperiostale Epidermoidzyste mit charakteristischem Randsporn, b) intradiploische Epidermoidzyste, nach außen durchgebrochen, kleiner Randsporn, c) epiperiostale Epidermoidzyste mit Eindellung der Außentafel, ohne Randsporn (nach Ravelli und Winkler)

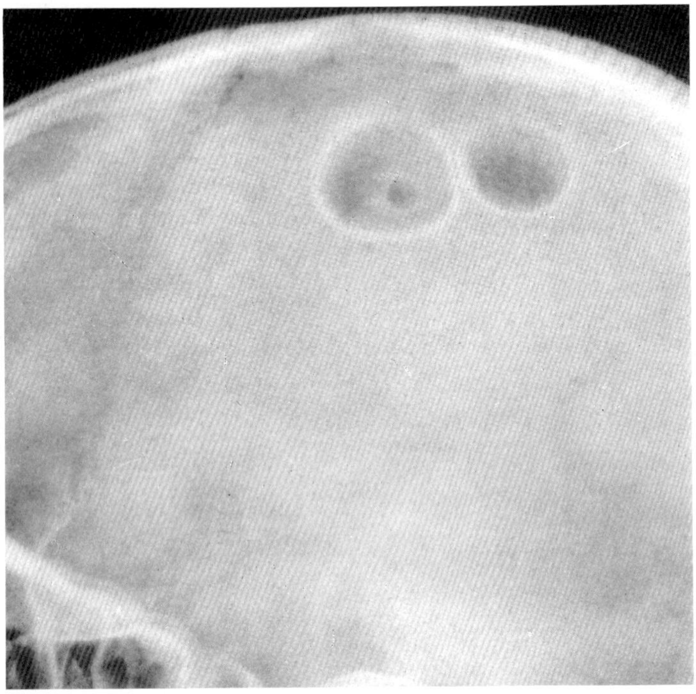

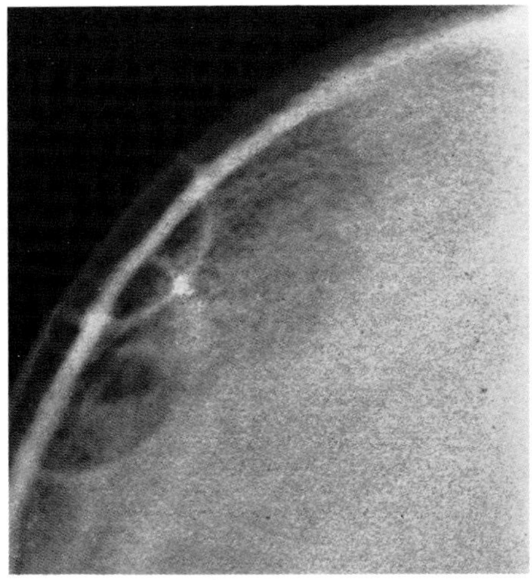

Abb. 4.**65** Tangentiales Bild der Dermoidzysten

◁ Abb. 4.**64** Dermoidzysten im Os parietale

Von diesen Mißbildungen lassen sich die **Dermoidzysten,** entstanden aus Abkömmlingen aller drei Keimblätter, in der radiologischen Symptomatik kaum unterscheiden (81). Gewisse Prädilektionsorte sind (außer an der Basis und am Gesichtsschädel) Stirnbein, das Gebiet beider Fontanellen (46) und Warzenfortsätze (96).

In früher Kindheit aufgetretene Epidermoid- wie Dermoidzysten nehmen höchstens bis zum 3. Lebensjahr an Größe zu und verschwinden danach meist spontan (81) (Abb. 4.**66a** u. **b**).

Knochengummata und Dermoidzysten können ähnlich aussehen; allerdings bilden sich die luischen, manchmal auch disseminierten Kalottenveränderungen (133) unter der Behandlung zurück. Auch **Tuberkuloseherde** im Schädeldach – vorwiegend in Afrika und Indien und in über 80% bei jungen Menschen unter 20 Jahren beobachtet – kommen nicht nur in der Art ausgestanzter Löcher mit geringer, sondern auch mit stark ausgeprägter Randsklerose vor (138). Sie können bei gleichzeitiger Beteiligung von Lunge, Leber, Milz und Nieren an der tuberkulösen Grundkrankheit Anlaß zu Verwechslung mit der Letterer-Siwe-Form der Histiocytosis X (s. unten) geben (162). Die **Osteomyelitis** führt zu unscharf begrenzten flächenhaften Defekten, die allmählich von wurmstichartig anmutenden Löchern durchsetzt werden (113). Heute beobachtet man nur noch sehr selten entzündliche Schädeldachveränderungen, am ehesten noch Osteomyelitiden **im Anschluß an Trepanationen,** eventuell im oder in der Nähe des wieder eingesetzten Kalottendeckels.

Die vorwiegend solitär, gelegentlich multipel auftretenden **Hämangiome,** oft im Zusammenhang mit Angiomatosen (in verschiedenen Knochen, Haut und inneren Organen) auftretend (84, 131, 198), bilden in der sehr seltenen kavernösen Form umschriebene Defekte von Bohnen- bis Erdnußgröße, die größeren eventuell mit Zwischenwänden, oder in der kapillären Form einen flächenhaften, umgrenzten Bezirk diffus verteilter, fleckförmiger Aufhellungen von Hirsekorn- bis Linsengröße mit sehr typischer, strahlig angeordneter Trabekelzeichnung (113). Kennzeichnend für Hämangiome sind erweiterte Diploëvenenkanäle und Emissarien in der Umgebung.

Große flächenhafte Defekte finden sich nicht nur beim **eosinophilen Granulom** mit dem sog. „Landkartenschädel" (meist im ersten Lebensdezennium auftretend) bzw. der **Histiocytosis X,** sondern als typischer Frühbefund auch bei der **Ostitis deformans** (Paget) (Abb. 4.**67a** u. **b**). Außer den sehr unterschiedlichen Altersklassen, in denen diese Verän-

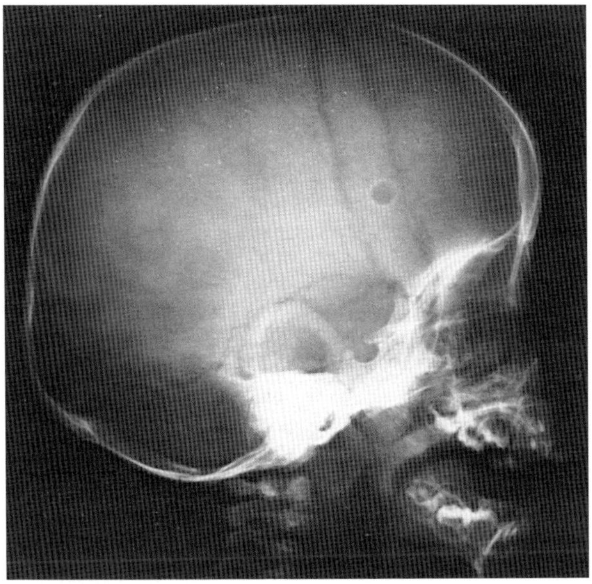
a

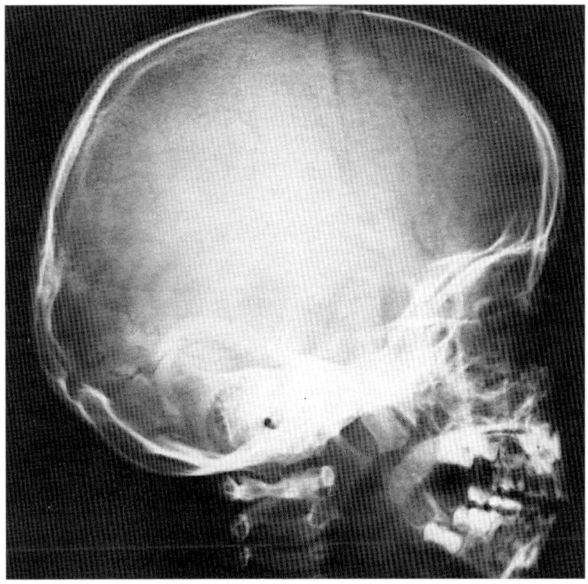
b

△
Abb. 4.**66 a** u. **b**
a 15 Monate alter Junge. Im Durchmesser 8 mm große, gleichmäßig runde Aufhellung mit sklerosiertem Rand in Projektion mit dem hinteren Stirnbein (Dermoid-, Epidermoidzyste?)
b 2 Jahre später hat sich der Befund spontan zurückgebildet (Beobachtung von Holthusen, Hamburg)

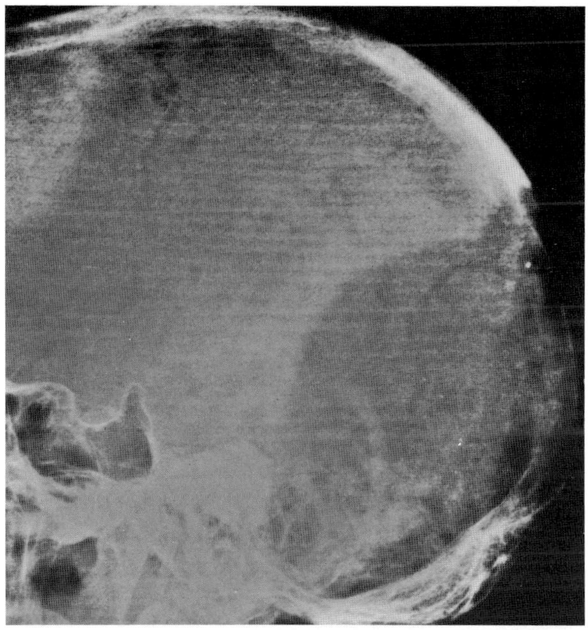
a

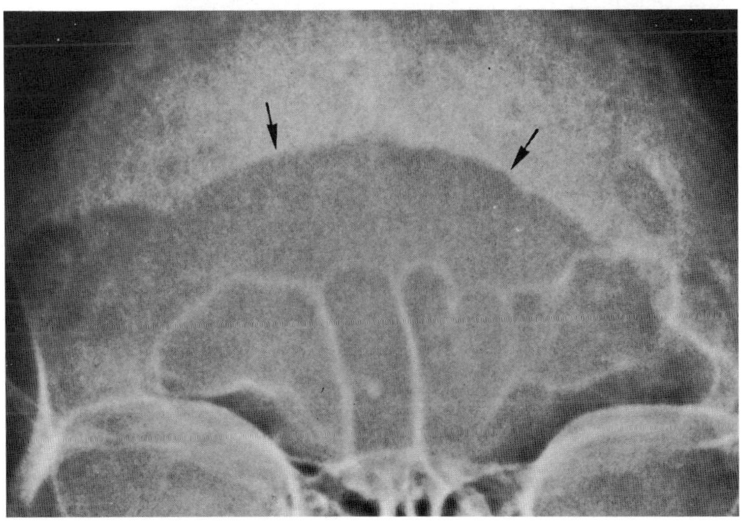
b

Abb. 4.**67 a** u. **b** Frühform einer Ostitis deformans (Paget)
a Umbauzone im Okziput im seitlichen Strahlengang
b Umbauzone im Okziput im p.-a. Strahlengang

derungen auftreten, ist auch radiologisch die Symptomatik anders und ist den entsprechenden Hand- und Lehrbuchartikeln zu entnehmen.

Wenn überhaupt im Rahmen dieses Buches auf radiologisch weit jenseits der Grenze im Pathologischen stehende Befunde eingegangen wurde, dann deshalb, weil Ausdehnung der Kalottendefekte und klinische Symptomarmut in auffallendem Mißverhältnis zueinander stehen.

Die **Riesenzellgeschwulst** (Osteoklastom) wird am Schädeldach sehr selten beobachtet, tritt vorwiegend im Alter zwischen 20 und 40 Jahren auf und verursacht wabige Aufhellungen im aufgetriebenen Schädeldach (Abb. 4.**68**) (s. auch 113).

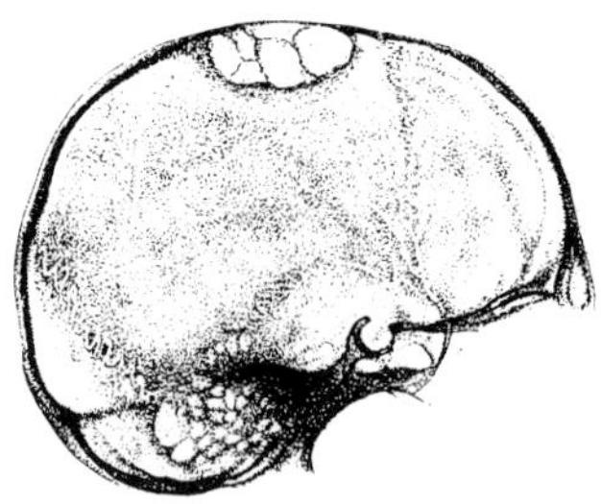

Abb. 4.**68** Osteoklastom im Schädeldach

Die Abgrenzung kleiner Aufhellungsbezirke, wie sie normalerweise durch weite Diploëvenen vorkommen (s. Abschnitt „Norm") gegen **osteolytische Metastasen** kann schwierig sein, wenn die Herde das Kaliber weiter Venen nicht überschreiten. Bei Metastasen sind die Ränder der Aufhellungen meist unscharf. Auch kann in Zweifelsfällen eventuell die Szintigraphie bei nachweisbaren Anreicherungen die Diagnose erleichtern. Dem radiologischen Bild der **Sarkoidose** entsprechen 0,2 bis 3,2 cm große, rundliche und glatt begrenzte Aufhellungen ohne wesentliche Randreaktion. Die Schädelbeteiligung wird bei dieser Erkrankung oft nur beiläufig entdeckt. Die richtige Deutung bereitet dann Schwierigkeiten, wenn sonst keine Organmanifestation vorliegt (97).

Gemischt aufgehellt-verdichtetes Muster

In den späteren Stadien der **Ostitis deformans (Paget)** finden sich außer einer allgemeinen Schädeldachhyperostose charakteristische Kalkherde unterschiedlicher Größe, die ein grobfleckiges Bild der Schädelstruktur hervorrufen und wegen ihres Auftretens meist erst 8 Jahre nach Beginn der zunächst osteoporotischen Anfangsphase höchstens rein symptomatisch in wenig ausgeprägter Form, nicht aber nosologisch als Grenzbefunde, aufzufassen sind.

Eine der Ostitis deformas prinzipiell ähnliche Veränderung erfährt die Schädelkalotte bei der **fibrösen Dysplasie (Jaffé-Lichtenstein)**, da auch hier strahlentransparente Zonen neben fleckförmigen Verdichtungen auftreten (zur Differentialdiagnose s. auch 122). Das hohe Lebensalter bei der Ostitis deformans, das jugendliche Alter bei Patienten mit fibröser Dysplasie bedeuten zwar keine absolute Differenzierung beider Krankheiten voneinander, wohl aber eine relative Unterscheidungsmöglichkeit sehr großer Bedeutung, sieht man von sämtlichen übrigen, radiologisch nachweisbaren Begleitsymptomen und dem klinischen Befund ab (s. auch 180).

Dieselben differentialdiagnostischen Überlegungen gelten im Grunde noch mehr für die Kalottenstrukturveränderungen bei der **tuberösen Sklerose.** Herdförmige Sklerosierungen im Frontoparietalbereich, fleckige Hyper- und Hypoostosen verleihen dem Schädeldach in der radiologischen Wiedergabe ein gesprenkeltes, wölkchenförmiges Aussehen (113), wobei die in 80% auftretenden intrakraniellen Verkalkungen (s. dort), Pigmentflecken der Haut, subunguale Nävi und Fibrome sowie Zysten der inneren Organe die Diagnose entscheidender sichern als die Strukturveränderungen des Schädeldaches.

Meningeome können in der osteoplastischen und/oder osteolytischen Form auftreten. Die entsprechenden Veränderungen bestehen aus lokalisierten Hyperostosen und/oder Usuren am Schädeldach, eventuell verbunden mit abnormen Gefäßen und Verkalkungen. Für die **Neurofibromatose Recklinghausen** ist das gleichzeitige Vorkommen von Neurinomen mit Druckusuren am Schädel und Meningeomen kennzeichnend (179).

Andere Strukturveränderungen

Primär maligne Knochentumoren am Schädel sollen wegen ihrer Seltenheit (1,8 bis 2,5% der Knochentumoren sind angegeben [30, 33]), hier nicht weiter besprochen werden.

Eine rarefizierte, oft fleckige Zeichnung ohne deutliche Trabekel und mit mangelnder Differenzierungsmöglichkeit der Tabulae von der Diploë, oft begleitet von kleinen sklerotischen Zonen, kennzeichnet den Hyperparathyreoidismus. Die statische Minderwertigkeit des Knochens kann sich in einer sekundären basilaren Impression äußern (Abb. 4.**69a** u. **b**).

Osteolysen mit zentral knopfförmigem Knochenstück werden als **„button sequestrum"** bezeichnet und sind bislang bei eosinophilem Granulom, tuberkulösen, Epi- und Dermoiden sowie tumorösen Prozessen beobachtet (81, 147).

Einen ungewöhnlichen Befund kann ein **verkalktes Atherom** auf der Schädelaufnahme hervorrufen (Abb. 4.**70**).

Pathologische Nahtveränderungen

Prämaturer Nahtverschluß und klaffende Nähte wurden schon bei den „Anomalien" und den „Verletzungsfolgen" besprochen.

Die Nahtverbreiterung durch Nahtosteomyelitis (170) gehört seit Einführung der Antibiotika der Historie an. Metastasen von Sympathikogoniomen (26, 78, 116, 170) sind als seltene Ursachen von Naht-

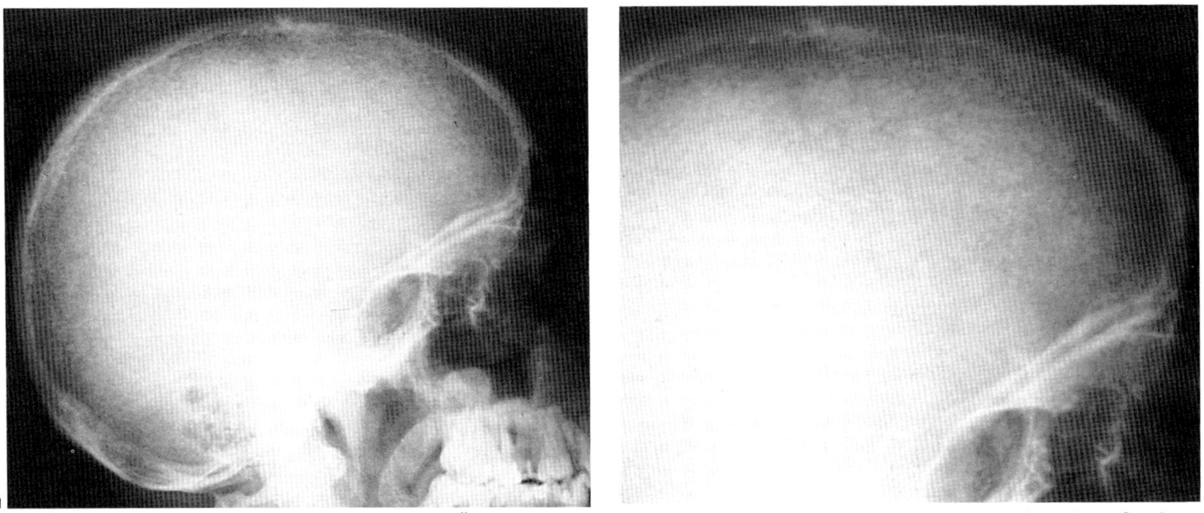

a b

Abb. 4.**69 a** u. **b** Hyperparathyreoidismus. **a** Übersichtsaufnahme: Basilare Impression, **b** Ausschnitt: Granuläre Strukturauflockerung. Mangelnde Differenzierung zwischen Tabula interna und externa

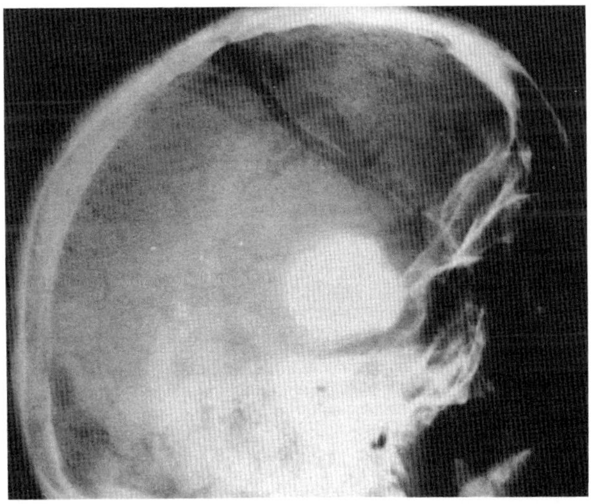

Abb. 4.**70** 87jährige Frau. Der große Kalkschatten entspricht einem verkalkten Atherom und ist im sagittalen Strahlengang im Druck, d. h. völlig „überstrahlt", nicht wiederzugeben

dehiszenzen ebenso aufzuführen wie die sog. Leukämien im Kleinkindalter (26, 78, 116, 170). Säuglinge mit kongenitalen Herzfehlern, über knapp 100 Tage mit Prostaglandin E_2 behandelt, wiesen erhebliche Nahtverbreiterungen auf (7, 80).

Literatur

1 Ackermann 1788; zit. nach Voigt, K.: Geschlechtsunterschiede am menschlichen Schädel. Eine Nachprüfung ihrer Verwendungsfähigkeit für die Diagnose unbekannter Schädel. Phil. Diss., Kiel 1941

2 Ameli, N. O., K. Abassioun, A. Azod, H. Saleh: Aneurysmal bone cyst of the skull. Canad. J. Neurol. Sci. 11 (1984) 466–471

3 Apert, M. E.: De l'acrocéphalosyndaktylie. Bull. Mém. Soc. Méd. Hôp. (Paris) 23 (1906) 1310

4 Baensch, W.: Abnorme endokranielle Verkalkungen (Nadelförmige Schatten im Gehirnmantel). Röntgenpraxis 16 (1943) 151–153

5 Baldini, G., L. Roncorini: Radiologica clinica delle calzificazioni endocraniche. Ambrosiana, Milano 1959

6 Beals, J. A. An intercranial calcification, probably of chorioid plexus. Radiology 15 (1930) 268–273

7 Beitzke, A., J. Stein: Pseudo-widening of cranial sutures as a feature of long-term prostaglandin E_1 therapy. Pediatr. Radiol. 16 (1986) 57–58

8 Bellini, M. A., J. Noves: The skull in childhood myxedema: its roentgen appearance: Amer. J. Roentgenol. 76 (1956) 495–498

9 Bergerhoff, W.: Normale Röntgenanatomie des Schädels. In: Röntgendiagnostik des Schädels, Teil 1, red. von L. Diethelm, F. Strnad. In Olsson, O., F. Strnad, H. Vieten, A. Zuppinger: Handbuch der Medizinischen Radiologie, Bd. VII. Springer, Berlin 1963 (S. 61–97)

10 Bergerhoff, W.: Röntgenologische Schädelmessung. In: Röntgendiagnostik des Schädels, Teil 1, red. von L. Diethelm, F. Strnad. In Olsson, O., F. Strnad, H. Vieten, A. Zuppinger: Handbuch der Medizinischen Radiologie, Bd. VII. Springer, Berlin 1963 (S. 102–121).

11 Bergerhoff, W.: Intrakranielle Verkalkungen. In. Röntgendiagnostik des Schädels, Teil 1, red. von L. Diethelm, F. Strnad. In Olsson, O., F. Strnad, H. Vieten, A. Zuppin-

ger: Handbuch der Medizinischen Radiologie, Bd. VII. Springer, Berlin 1963 (S. 226–276)
12 Bergerhoff, W.: Allgemeine Intrakranielle Drucksteigerung. In: Röntgendiagnostik des Schädels, Teil 1, red. von L. Diethelm, F. Strnad. In Olsson, O., F. Strnad, H. Vieten, A. Zuppinger: Handbuch der Medizinischen Radiologie, Bd. VII. Springer, Berlin 1963 (S. 277–302)
13 Bergerhoff, W.: Messungen von Winkeln und Strecken an Röntgenbildern des Schädels. Fortschr. Röntgenstr. 77 (1952) 62–73
14 Bergerhoff, W., W. Höbler: Messungen von Winkeln und Strecken am Röntgenbild des Schädels von Jugendlichen. Fortschr. Röntgenstr. 78 (1953) 190–195
15 Bergerhoff, W.: Wachstum und Bauplan des Schädels im Röntgenbild. Fortschr. Röntgenstr. 79 (1953) 745–760
16 Bergerhoff, W., M. Martin: Messungen von Winkeln und Strecken am Röntgenbild des Schädels von Säuglingen und Kleinkindern. Fortschr. Röntgenstr. 80 (1954) 742–749
17 Bergerhoff, W.: Beurteilung von Form und Größe des Hirnschädels im Röntgenbild auf mathematisch-statistischer Grundlage. Homo 5 (1954) 90–93
18 Bergerhoff, W.: Metrische Untersuchungen an der Basis des Skelettschädels. Fortschr. Röntgenstr. 82 (1955) 505–509
19 Bergerhoff, W.: Über die Bestimmung der Schädelkapazität aus dem Röntgenbild. Fortschr. Röntgenstr. 87 (1957) 176–184
20 Birkner, R., K. Lagemann: Ausgedehnte Verkalkungen mit Pachymeningitis haemorrhagica interna und Haematoma subdurale. Fortschr. Röntgenstr. 105 (1966) 377-381
21 Boyd, E.: Growth including reproduction and morphological development. In Altman u. Dittmer: Biological Handbooks, Federation of American Societies for Experimental Biology, Washington 1962 (p. 346)
22 Brandt, I., D. T. Hodes, P. Reimitz: Die große Fontanelle: Normalgröße und Verschlußzeichen. Klin. Pädiat. 198 (1986) 330-336
23 Brechet, M. G.: Recherches anatomiques, physiologiques et pathologiques sur le système veineux. Villeret, Paris 1829
24 Bucher, H., A. Prader, R. Illig: Head circumference, height, bone age and weight in 103 children with congenital hypothyroidism before and during thyroid hormone replacement. Helv. paediat. Acta 40 (1985) 305–316
25 Bützler, H.-O., R. Gawlich, G. Friedmann: Das normale Schädelübersichtsbild im ersten Trimenon. Fortschr. Röntgenstr. 117 (1972) 397–403
26 Caffey's Pediatric X-Ray Diagnosis, 8th ed., ed. by F. N. Silverman. Year Book Publishers, Chicago 1985 ([1]fig. 1–13; [2]fig. 2–4)
27 Camp, J. D.: Roentgenological manifestations of intracranial disease. Radiology 13 (1929) 484–493
28 Camp, J. D.: Significance of intracranial calcification in roentgenologic diagnosis of intracranial neoplasms. Radiology 55 (1950) 659–668
29 Canigiani, G., E. Salomonowitz: Die „Doughnut-Lesion" im Schädeldach. Fortschr. Röntgenstr. 140 (1984) 738–740
30 Christensen, F. C.: Bone tumors. Analysis of one thousand cases with special reference to location, age and sex. Ann. Surg. 81 (1925) 1074–1092
31 Coleman, E. N., J. B. Foote: Craniostenosis with familial Vitamin D-resistant rickets. Brit. med. J. 1954/I, 561–562
32 Crouzon, M. O.: Dysostose cranio-faciale héréditaire. Bull. Soc. méd. Hôp. (Paris) 33 (1912) 545–555
33 Dahlin, D. C.: Bone Tumors. Thomas, Springfield/Ill. 1957
34 Diethelm, L.; zit. nach 12
35 Dinkel, L.: Symmetrische Verkalkungen des Hirnstammes und ihre Differentialdiagnose. Fortschr. Röntgenstr. 106 (1967) 407–421
36 Dinkel, L.: Die zerebrale Kernkalzinose. Med. Klin. 62 (1967) 897–901
37 Doerr, W.: Über die geburtstraumatische Nahtsynostose des kindlichen Schädeldaches. Z. Kinderheilkd. 67 (1949) 96–122
38 Drey, L.: Roentgenographic study of the growth of the skull. Ann. paediat. (Basel) 188 (1957) 182–199
39 Driesen, W., R. Lempp, H. Schmidt: Klinik, Radiologie und chirurgische Behandlung der kindlichen Hemiplegie. Dtsch. med. Wschr. 87 (1962) 1094–1100
40 Dürr, Eva-Maria: Messungen an Röntgenaufnahmen des Schädels bei der frontalen Dysplasie. Z. menschl. Vererb.- u. Konstit.-Lehre 37 (1963) 45–59
41 Ebel, Kl.-D.: Asymmetry of the skull during childhood. Progr. pediat. Radiol. 6 (1978) 39–54
42 Eckstein, K. L.: Wachstum und Umbau des menschlichen Schädels im Alter von 12 Jahren bis zum Greisenalter. Med. Diss., Tübingen 1967
43 Eisenberg, D., S. G. Kirchner, E. C. Perrin: Neonatal skull depression unassociated with birth trauma. Amer. J. Roentgenol. 143 (1984) 1063–1064
44 Erasmic, U., H. Ringertz: The width of cranial sutures in the neonate: an objective method of assessment. Acta Radiol. diagn. 17 (1976) 565–571
45 Fan, K.-J.: Pineal clacification among black patients. J. nat. med. Ass. 75 (1983) 765–768
46 Fehleisen, K.: Zur Diagnostik der Dermoide des Schädels. Z. Chir. 14 (1880) 5–14
47 Findeisen, L., W. Tönnis: Über intrakranielle Epidermoide. Zbl. Neurochir. 2 (1937) 301–315
48 Finby, N., E. Kraft: The aging skull: comparative roentgen study. 25 to 34 years interval. Clin. Radiol. (Edinb.) 23 (1972) 410–414
49 Fischer, E.: Radiologisch-kraniometrische Untersuchungen zur Frage der Geschlechtsunterschiede am Erwachsenenschädel. Fortschr. Röntgenstr. 106 (1967) 145–148
50 Fradà, G., G. Micale: Studio clinico-radiologico sulle calzificazioni pineali in gravidanza. Ormoni 3 (1941) 111–112
51 Friedmann, G.: Die Schädelnähte und ihre Pathologie. In: Röntgendiagnostik des Schädels, Teil 1, red. von L. Diethelm, F. Strnad. In. Olsson, O., F. Strnad, H. Vieten, A. Zuppinger: Handbuch der Medizinischen Radiologie, Bd. VII. Springer, Berlin 1963 (S. 122–149)
52 Fritzsche, R.: Eine familiär auftretende Form von Oligophrenie mit röntgenologisch nachweisbaren symmetrischen Kalkablagerungen im Gehirn, besonders in den Stammganglien. Schweiz. Arch. Neurol. Psych. 35 (1935) 1–29
53 Galli, G.: Craniosynostosis. CRC Press, Boca Raton/Fla. 1984
54 Garche, R.: Intrakranielle Verkalkungen als Spätfolge der Meningitis tuberculosa nach Streptomycinbehandlung. Fortschr. Röntgenstr. 78 (1953) 391–396
55 Garcia, J., R. Lagier, M. Hoessly: Computed tomography-pathology correlation in skull epidermoid cyst. J. Comp. Assist. Tomogr. 6 (1982) 818–820
56 Gardner, E. J., R. C. Richards: Multiple cutaneous and subcutaneous lesions occurring simultaneously with hereditary polyposis and osteomatosis. Amer. J. Human Genet. 5 (1953) 139-147
57 Gardeur, D., J. Metzger: Tomo-Densito-Métrie intracrânienne. Livre IV: Pathologie traumatique crânio-cérébrale. Ellipse édition Marketing, Paris 1982 (p. 116f.)
58 Geyelin, H. R., W. Penfield: Cerebral calcification epilepsy: endarteriitis calcificans cerebri. Arch. Neurol. Psychiatr. (Chir.) 21 (1929) 1020–1043
59 Gloebl, H. J., M. A. Capitanio, J. A. Kirkpatrick: Radiographic findings in children with psychosocial dwarfism. Pediatr. Radiol. 4 (1976) 83–86
60 Grashey, R.: Vorgetäuschte Schädelfraktur. Röntgenpraxis 8 (1936) 247–251

61 Green, G. S., A. Bonakdarpur, W. Levy: Osteopetrosis (tarda type) with hemorrhagic cyst of the right sixth rib (proved) and the left second rib (presumption). Case report 278. Skeletal Radiol. 12 (1984) 59–62
62 Greig, D. M.: Hypertelorismus. Edinb. med. J. 31 (1924) 560–572
63 Greig, D. M.: Oxycephaly. Edinb. med. J. 35 (1926) 189, 280, 357
64 Gross, H.: Zur Morphologie des Schädeldaches bei der Akrozephalosyndaktylie. Gegenbauers morph. Jb. 92 (1952) 350–372
65 Grossman, Ch. B., B. G. Potts: Arachnoid granulations: radiology and anatomy. Radiology 113 (1974) 95–100
66 v. Gruber, J.: Versuch einer entwicklungsmechanischen Analyse menschlicher Kopfmißbildungen. Arch. Klaus Stift. Vererb.-Forsch. 23 (1948) 233–265
67 Gruner, Krista: Über Geschlechtsunterschiede des menschlichen Schädels vom 13. Lebensjahr bis zum Greisenalter. Med. Diss., Tübingen 1968
68 v. Gudden, B.: Experimentaluntersuchungen über das Schädelwachstum. Oldenburg, München 1874
69 Haden, Mary Ann, Th. E. Keats: The anatomic basis for localized occipital thinning. A normal anatomic variant. Skeletal Radiol. 8 (1982) 221–222
70 Hahn, F. J., W. K. Chu, J. Y. Cheung: CT measurement of cranial growth: normal subjects. Amer. J. Neuroradiol. 5 (1984) 155–157
71 Hahn, F. J., W. K. Chu, R. D. Torkelson: CT measurement of cranial growth: mikrocephaly. Amer. J. Neuroradiol. 5 (1984) 159–160
72 Heep, W.: Fremdkörper im Gehirn mit Abbauveränderungen. Röntgenpraxis 15 (1943) 151–153
73 Heimendinger, J.: Gemischt longitudinale Messungen von Körperlänge, Gewicht, oberem Segment, Thoraxumfang und Kopfumfang bei 1–24 Monate alten Säuglingen. Helv. Paediatr. Acta 19 (1964) 406–436
74 Helmke, K., P. Winkler: Die Häufigkeit von Pinealisverkalkungen in den ersten 18 Lebensjahren. Fortschr. Röntgenstr. 144 (1986) 221–226
75 Henderson, S. G., L. S. Sherman: Roentgen anatomy of the skull in the new born infant. Radiology 46 (1946) 107-118
76 Henschen, F.: Konstitution und Wehrpathologie. Fischer, Jena 1937
77 Heuck, F.: Radiologie des gesunden Skeletts. In Schinz, H. R., W. E. Baensch, W. Frommhold, R. Glauner, E. Uehlinger, J. Wellauer: Lehrbuch der Röntgendiagnostik, 6. Aufl., Bd. II/1. Thieme, Stuttgart 1979 (Abb. 63).
78 Hitzig, W. H., R. E. Siegenmann: Scheinbare Schädelnahtsprengung bei Leukämie. Helv. Paediatr. Acta 5 (1955) 590–601
79 Höger, P. H., E. Boltshauser, W. H. Hitzig: Cranio-synostosis in hyper-IgE-syndrome. Eur. J. Pediatr. 144 (1985) 414–417
80 Hoevels-Guerlich, Hedwig, Lucie Haferkorn, M. Persigehl, R. Hofstetter, G. v. Bermuth: Widening of cranial sutures after long-term prostaglandin E_2 therapy in two newborn infants. J. Pediat. 105 (1984) 72–74
81 Holthusen, W., M. A. Lassrich, C. Steiner: Epidermoids and dermoids of the calvarean bones in early childhood: their behavior in the growing skull. Pediat. Radiol. 13 (1983) 189–194
82 Iko, B. O., J. S. Teal: Computed tomography of the calvarium: a prospective study. Comput. Radiol. 7 (1983) 323–334
83 Inone, Y., A. Hakula, K. Fujitari, Y. Nemoto, T. Umekawa, Y. Kobayshi, H. Kitano, Y. Onoyama: Occult cranium bifidum. Neuroradiology 25 (1983) 217–223
84 Jacobs, J. E., P. Kimmelstiel: Cystic angiomatosis of the skeletal system. J. Bone Jt Surg. A-35 (1953) 409–420
85 Janker, R.: Der Falxknochen. Fortschr. Röntgenstr. 71 (1949) 114–118
86 Jansen, A. A.: Skull growth from birth to adulthood in Wakanban, Kenya. East Afr. med. J. 61 (1984) 420-426
87 Jansen, Jette: Head Circumference in Danish Children. Allometric Growth. J. Med. Dent. Pharmac. Danish Med. Bull. 29 , Suppl. 1 (1982) 1–96
88 Junet, R. M.: Histopathologique du squelette acromégelique et ses modifications sous l'influence de l'hyperthyreodisme. Thèse, No. 1681, Genève 1938
89 Junet, R. M.: Une forme rare d'hyperthyréose: L'hyperostose de la voûte cranienne des acromégaliques hyperthyréoidiens (syndrome de Troell-Junet). Helv. med. Acta 22 (1955) 167–183
90 Jupe, M. H.: The reaction of the bones of the skull to intracranial lesions. Brit. J. Radiol. 11 (1938) 146–164
91 Kärcher, K. H.: Die Röntgensymptomatologie des Gardner-Syndroms. Fortschr. Röntgenstr. 107 (1967) 90–95
92 Keats, Th. E., J. F. Holt: The calvarial, „Doughnut lesion" a previously undescribed entity. Amer. J. Roentgenol. 105 (1969) 314–318
93 Keats, Th. E.: Atlas of Normal Variants that May Simulate Disease, 3rd ed. Year Book Medical Publishers, Chicago 1984 ([1]fig. 1–173 bis 1–181; [2]fig. 1–189 bis 1–196; [3]fig. 1–91 bis 1–93)
94 Kemperdick, H., R. D. Schulz, M. Baumgarten, W. Krenkel: Wachsende Schädelfraktur bei Vakuumextraktion. Fortschr. Röntgenstr. 114 (1971) 820–823
95 King, A. B., D. M. Gould: Symmetrical calcification in the cerebellum. A report of two cases. Amer. J. Roentgenol. 67 (1952) 562–568
96 Kleinsasser, O., H. Albrecht: Die Epidermoide der Schädelknochen. Langenbecks Arch. klin. Chir. 285 (1957) 498–515
97 Koeger, A. C., B. Milleron, A. Prier, C. Lebreton: Sarcoïdose de la voûte crânienne. Sem. Hôp. Paris 61 (1985) 1577–1599
98 Koischwitz, D., A. Sobbe: Dysplasia cleido-cranialis. Fortschr. Röntgenstr. 119 (1973) 438–442
99 Laux, U.: Über physiologische Veränderungen im Schädelbau des Menschen nach dem 13. Lebensjahr. Med. Diss., Tübingen 1967
100 Laux, Dagmar: Über einige Geschlechtsdifferenzen am menschlichen Schädel. Med. Diss., Tübingen 1967
101 Lawson, J. P., R. C. Ablow, H. A. Pearson: Calvarial and phalangeal impressions in thalassaemia. Amer. J. Roentgenol. 143 (1984) 641–645
102 Lefèvre, J., E. Guy, J. Metzger: Évolution des signes radiographiques des atrophies cérébrales unilatérales. Acta radiol. (Stockh.) 40 (1953) 314–324
103 Lehmann, Christtraut: Über Geschlechtsunterschiede am kindlichen Schädel nach Messungen an Röntgenaufnahmen im a.-p. Strahlengang. Med. Diss., Tübingen 1971
104 LeMay, Marjorie: Radiologic changes of the aging brain and skull. Amer. J. Neuroradiol. 5 (1984) 269–274
105 Lenhóssek, N., v.: Über Nahtverknöcherungen im Kindesalter. Arch. Anthropol. 43 (1917) 164–180
106 Lloyd, F. A., S. I. Finkelstein: Normal head growth in infant with nonidentifiable anterior fontanel. J. Pediatr. 87 (1975) 490–491
107 Lo, W. W. M., E. Zapanta: Pneumatization of the occipital bone as a cause radiolucent skull lesions. Amer. J. Neuroradiol. 4 (1983) 1249–1250
108 Loepp, W., R. Lorenz: Röntgendiagnostik des Schädels, 2. Aufl. Thieme, Stuttgart 1971
109 Lohse, D. C., Ch. C. Duncan, Laura R. Ment: Cranial asymmetry and lambdoid synostosis in a sibship. Neurosurg. 16 (1985) 836–838
110 Lombardi, G.: L'ematoma subdural calcificato. Nunt. radiol. (Roma) 22 (1956) 727–733
111 Lorber, J.: Intracranial calcifications following tuberculous meningitis in children. Acta radiol. (Stockh.) 50 (1958) 204–210

112 Lorenz, K.: Verkalkungen des Plexus chorioideus der Seitenventrikel als Folge kongenitaler Toxoplasmose. Fortschr. Röntgenstr. 73 (1950) 735–740
113 Lorenz, R.: Röntgendiagnostik des Schädeldaches. In: Röntgendiagnostik des Schädels, Teil 1, red. v. L. Diethelm, F. Strnad. In Olsson, O., F. Strnad, H. Vieten, A. Zuppinger: Handbuch der Medizinischen Radiologie, Bd. VII. Springer, Berlin 1963 (S. 340–429)
114 Lutz, A.: Über das Wachstum des Schädels nach Messungen an Röntgenaufnahmen des Schädels im seitlichen Strahlengang. Med. Diss., Tübingen 1965
115 Mair, R.: Untersuchungen über das Wachstum der Schädelknochen. Z. Anat. Entw. Gesch. 90 (1929) 293–342
116 Malaguzzi-Valeri, O.: Sul trattamento delle leucemie infantili con antifolici, ACTH e cortisone. Pediatr. int. (Roma) 4 (1954) 95-187
117 Martinez-Lage, J. F., J. A. Esteban, M. M. Perez, M. P. Poza: Craniostenosis secondary to calcified subperosteal teratoma: Case report. Neurosurgery 15 (1984) 703–704
118 Mascherpa, F., V. Valentino: Intracranial Calcification. Thomas, Springfield/Ill. 1959
119 Materna, A. Zur Symptomatik und Bedeutung vorzeitiger Nahtverknöcherung des Schädels. Brun's Beitr. klin. Chir. 140 (1927) 358–365
120 Menking, F. W. M., W. U. Schmid, K.-D. Ebel, W. H. Holthusen, W. W. T. Schmidt: Premature craniosyntosis associated with hyperthyreoidism. Ann. Radiol. (Paris) 15 (1972) 279–284
121 Möller, D.: Röntgenologische kraniometrische Untersuchungen am Gesichtsschädel bei der frontalen Dysplasie. Z. menschl. Vererb.- u. Konstit.-Lehre 37 (1963) 60–68
122 Oesterreich, J. J.: Geschlechtsdifferenzen am kindlichen Schädel nach Röntgenaufnahmen im seitlichen Strahlengang. Med. Diss., Hamburg 1971
123 Olmsted, W. W.: Some skeletogenic lesions with common calvarial manifestations. Radiol. Clin. North Amer. 19 (1981) 703–713
124 Ousterhout, D., K. Birte Melsen: Cranial base deformity in Apert's syndrome. Plast. Reconstr. Surg. 69 (1982) 254–263
125 Ozonoff, M. B., C. A. Gooding: Intracranial calcification in children. Prog. Pediatr. Radiol. 6 (1978) 84–111
126 Parnitzke, K. H.: Verkalkungsbefunde der Toxoplasmose-Encephalitis. Ärztl. Wschr. (1954) 1167–1172
127 Pascaud, J. L., D. Ronayette, J. Bokor, E. Pascaud-Ged: Kyste leptoméningé et ostéolyse expansive. Ann. Radiol. (Paris) 27 (1984) 659–663
129 Peters, P. E.: Hirnschädel. In Schinz: Radiologische Diagnostik, 7. Aufl., hrsg. v. W. Frommhold, W. Dihlmann, H.-St. Stender, P. Thurn, Bd. V/1: Schädel-Gehirn, red. v. W. Dihlmann, H.-St. Stender. Thieme, Stuttgart 1986 (S. 90)
130 Piepgras, U., V. Kammerer, U. Reinicke, J. Habel: Das innere Hirnnervensystem beim neurocutanen Syndrom. Radiol. 11 (1971) 457–461
131 Pierson, J. W., G. Farber, J. E. Howard: Multiple haemangiomas of bone probably congenital. J. Amer. med. Ass. 116 (1941) 2145–2148
132 Plettenberg, W.: Intrakranielle Verkalkungen als Restbefund nach Meningitis tuberculosa. Med. Klin. 50 (1953) 1616–1617
133 Podzamczer Palter, D., S. Villá Freixa, M. Ribera Pibernat, J. Comellas Alabern, A. Vidaller Palacin: Lesiones osteoliticas en cráneo como forma de presentación de la sifilis secundaria. Med. clin. 81 (1983) 457–461
134 Pruznansky, S., Maria Costares, B. R. Rolinick: Radiocephalometric findings in a family with craniofrontonasal dysplasia. Birth Defects 18 (1982) 121–138
135 Psenner, L.: Die anatomischen Varianten des Hirnschädels. Fortschr. Röntgenstr. 57 (1951) 197–214
136 Psenner, L., E. Schönbauer: Das Krankheitsbild der tuberösen Sklerose mit besonderer Berücksichtigung der röntgenologischen Symptomatik. Fortschr. Röntgenstr. 89 (1958) 301–318
137 Rausch, F.: Die Bedeutung von Verkalkungen für die Artdiagnose intrakranieller raumbeengender Prozesse. Fortschr. Röntgenstr. 81 (1954) 768–778
138 Ravelli, A.: Tuberkulöser Herd im Schädeldach. Radiol. clin. (Basel) 22 (1953) 51–52
139 Ravelli, A., L. Winkler: Extrakranielle subperiostale Epidermoidzyste am Stirnbein. Radiol. clin. (Basel) 26 (1957) 13–20
140 Reginato, A. J., V. Schiapachasse, R. Guerrero: Familial idiopathic hypertrophic osteoarthropathy and cranial suture defects in children. Skeletal Radiol. 8 (1982) 105–109
141 Reimann, F., E. Gökmen: Der Bürstenschädel. Eine Übersicht über Vorkommen, Röntgenologie, Anatomie, Verlauf und Bedeutung dieses Symptoms. Blut 19 (1969) 423–427
142 Reimann, F., S. Kuran: Ursache, Entstehung und Wesen des „Bürstensymptoms" am Schädel bei schweren Erkrankungen des Blutes. Virchows Arch. pathol. Anat. 358 (1973) 173–191
143 Reiser, E.: Dysostosis cranio-facialis hereditaria und Turmschädel. Med. Klin. 33 (1937) 1229–1233
144 Reyes, P., C. F. Gonzales, M. K. Zalewsky, A. Besarab: Intracranial calcification in adults with chronic lead exposure. Amer. J. Neuroradiol. 6 (1985) 905–908
145 Rieping, A.: Zur Pathogenese des Turmschädels. Dtsch. Z. Chir. 148 (1919) 1–51
146 Rogers, L. E.: Radiology of Skeletal Trauma. Churchill Livingstone, New York 1982 (p. 203)
147 Rosen, I. W., H. I. Nadel: Button sequestrum of the skull. Radiology 92 (1969) 969–971
148 Rosteck, K.: Seltene Lokalisation eines Nahtknochens im Bereich des Schädels. Fortschr. Röntgenstr. 90 (1959) 521
149 Santagati, F.: Anatomia radiografica della volta del cranio. Radiol. med. 26 (1939) 317–330
150 Schäfer, H.: Ein Beitrag zur Schädelossifikation bei der Dysostosis cleidocranialis. Fortschr. Röntgenstr. 85 (1956) 309–316
151 Schiffer, K. H.: Schädelnahtstörungen als Konstitutionsstigmen am Beispiel des Down-Syndroms. Radiologe 6 (1966) 248–250
152 Schiffer, K. H., H. Strubel: Über Störungen der Entwicklungsmechanik des Gesichtsschädels beim Mongolismus und anderen Konstitutionsanomalien. Nervenarzt 31 (1960) 240–351
153 Schmid, F., I. Filthut: Grundlagen einer radiologischen Schädelmetrik. Mschr. Kinderheilk. 109 (1961) 293–296
154 Schmidt, H.: Die frontale Dysplasie. Fortschr. Röntgenstr. 99 (1963) 87–94, 179-190, 191–196
155 Schmidt, H.: Main principles in disturbed development of the skull. Acta radiol. Diagn. 5 (1966) 68–72
156 Schmidt, H., E. Fischer, H. Fendel: Geschlechtsunterschiede des Schädels während des Wachstums. Röntgen-Bl. 24 (1971) 169–173
157 Schmidt, H., E. Fischer, H. Fendel: Kraniometrische Untersuchungen über das Wachstum des Schädels. Fortschr. Röntgenstr. 117 (1972) 404–408
158 Schmidt-Wittkamp, E.: Zur diagnostischen Bedeutung der Verkalkungen der Plexus choreoidei cerebrales. Radiologe 8 (1968) 396–397
159 Schoeps, J.: Die Röntgendiagnose der toxoplasmogenen Defekterkrankungen. Fortschr. Röntgenstr. 72 (1949/50) 577–586
160 Schüller, A.: Über intrakranielle Verkalkungsherde. Wien. klin. Wschr. 26 (1913) 642
161 Schüller, A.: Alters- und Geschlechtsbestimmung auf Grund von Kopfröntgenogrammen. Röntgenpraxis 7 (1935) 518–520

162 Schuster, J. D., A. Tamara, Q. T. Box: Tuberculous osteitis of the skull mimicking histiocytosis X. J. Pediatr. 105 (1984) 269–271
163 Schuster, W., L. A. Tamacha: Das Verhalten der Schädelnähte beim Neugeborenen und Säugling unter physiologischen und pathologischen Bedingungen. Ann. Radiol. (Paris) 9 (1966) 232–238
164 Schwörer, I.: Nahtvarianten am Schädelskelett des Kindes. (Deutscher Röntgen-Kongreß 1972) Thieme, Stuttgart 1973 (S. 153 ff.)
165 Scott, E., G. O. Grayes: Tuberculoma of the brain with report of four cases. Amer. Rev. Tuberc. 27 (1933) 171–192
166 Sekharan, P. Ch.: Identification of skull from its suture pattern. Forensic Sci. Internat. 27 (1985) 205–214
167 Shopfner, C., E. J. T. Jarboner, R. M. Vallion: Craniolacunia. Amer. J. Roentgenol. 93 (1965) 343–349
168 Shuper, A., P. Merlob, M. Grunebaum, H. Reisner: The incidence of isolated craniosynostosis in a newborn infant. Amer. J. Dis. Child. 139 (1985) 85–86
169 Singhi, S., F. Fernandez, N. Moule, P. Singhi: Roentgenographic cranial-base and calvarial measurements of Jamaican children between one month and five years. Development. Med. Child Neuro. 26 (1984) 293–298
170 Sitsen, A. E.: Zur Entwicklung der Nähte des Schädeldaches. Z. Anat. Entw.-Gesch. 101 (1933) 121–152
171 Starke, W., J. Straube: Isolierte traumatische Läsionen der Tabula externa der Schädelkalotte – eine Rarität. Unfallheilkunde 85 (1984) 30–32
172 Stauffer, H., L. B. Snow, A. B. Adams: Roentgenologic recognition of habenular calcification as distinct from calcification in the pineal body. Its application in cerebral localisation. Amer. J. Roentgenol. 70 (1953) 83–92
173 Stenzel, E.: Bedeutung und Verwertung: Diploëvenen im Röntgenbild des Schädels. Nervenarzt 25 (1954) 11–20
174 Sturge, W. A.: A case of partial epilepsy apparently due to lesion of one of the vasomotor centers of the brain. Trans. Clin. Soc. (Lond.) 12 (1879) 162; Brit. med. J. 1879/I, 704
175 Süsse, H. J.: Die Gefäßstrukturen der Schädelknochen, ihre Anomalien und ihre Röntgenpathologie. In Röntgendiagnostik des Schädels, Teil 1, red. v. L. Diethelm, F. Strnad. In Olsson, O., F. Strnad, H. Vieten, A. Zuppinger: Handbuch der Medizinischen Radiologie, Bd. VII. Springer, Berlin 1963 (S. 153–225)
176 Swischuk, L. E.: Emergency Radiology of the Acutely Ill of Injured Child. Williams & Wilkins, Baltimore 1979
177 Swischuk, L. E.: The normal pediatric skull. Variations and artefacts. Radiol. Clin. North Amer. 10 (1972) [1]277-290; [2]352–354
178 Swoboda, W.: Das Skelet des Kindes, 2. Aufl. Thieme, Stuttgart 1969 (S. 99)
179 Tänzer, A.: Die Veränderungen des Schädels bei der Neurofibromatose Recklinghausen. Fortschr. Röntgenstr. 105 (1966) 50–62
180 Taenzer, V., M. Härtel: Die fibröse Dysplasie des Schädels. Fortschr. Röntgenstr. 113 (1970) 207-211
181 Taybi, H.: Radiologie der Syndrome. Thieme, Stuttgart 1982 ([1]Kap. 260; [2]Kap. 162; [3]Kap. 460; [4]Kap. 497)
182 Theiler, K.: Embryonale und postnatale Entwicklung des Schädels. In: Röntgendiagnostik des Schädels, Teil 1, red. v. L. Diethelm, F. Strnad. In Olsson, O., F. Strnad, H. Vieten, A. Zuppinger: Handbuch der Medizinischen Radiologie, Bd. VII. Springer, Berlin 1963 (S. 61–97)
183 Thoma, R.: Untersuchungen über das Schädelwachstum und seine Störungen. Virchows Arch. path. Anat. 225 (1918) 97–114
184 Thompson, J. R., D. C. Harwood-Nash, Ch. R. Fitz: The neuroradiology of childhood choroid plexus neoplasms. Amer. J. Roentgenol. 118 (1973) 116–133
185 Töndury, G.: Über experimentell erzeugte Microcephalie bei Urodelen. Wilhelm Roux' Archiv. Entw.-Mech. Org. 136 (1937) 529–562
186 Tönnis, W., O. Kleinsasser: Über die röntgenologischen Zeichen erhöhten Schädelinnendruckes im Kindes- und Jugendalter. Z. Kinderheilk. 82 (1959) 387-411
187 Veyrak, C., A. Couture: Échographie du plexus choroïde normal et phatologique. Ann. Radiol. (Paris) 28 (1985) 215–223
188 Voigt, K., M. Schumacher, C. Ostertag, B. Kraft: Röntgenologische Diagnose und Differentialdiagnose der Stammganglienverkalkungen. Radiologe 18 (1978) 113–128
189 Weber, F. P.: Right-sided hemithypothrophy resulting from right-sided congenital spastic hemiplegia, with a morbid condition of the left side of the brain, revealed by radiograms. J. Neurol. Psychopath. (Lond.) 3 (1922) 134–139
190 Weichert, K. A., M. S. Dine, C. Benton, F. N. Silverman: Macrocranium and Neurofibromatosis. Radiology 107 (1973) 163–166
191 Weinholdt, Hedda: Untersuchungen über das Wachstum des Schädels unter physiologischen und pathologischen Verhältnissen. Beitr. path. Anat. 70 (1922) 311, 345
192 Willich, E., W. Sellier, W. Weigel: Die intrakraniellen Verkalkungen des Kindesalters. Fortschr. Röntgenstr. 116 (1972) 735–750
193 Wickenhauser, J. O. Hochberg: Developmental anomalies of the occiput. Pediat. Radiol. 2 (1974) 217-220
194 Wrangel, K., v., C. W. Fassbender: Zur Verkalkung bzw. Verknöcherung der Falx cerebri. Fortschr. Röntgenstr. 121 (1974) 550–555
195 Yadegardjam, P.: Zur Frage einer Formveränderung des Schädeldaches beim alten Menschen. Med. Dis., Tübingen 1964
196 Yamada, K., E. Satoschi, S. Yoshioka, J. Hatazawa, H. Yamanura, T. Matsuzawa: Age related changes of the cranial bone mineral. J. Amer. Geriat. Soc. 30 (1982) 756–763
197 Zanella, F. E., U. Mödder, G. Benz-Bohm, F. Thun: Die Neurofibromatose im Kindesalter. Computertomographische Befunde im Schädel- und Halsbereich. Fortschr. Röntgenstr. 141 (1984) 498-504
198 Zdanski, E.: Zwei weitere Fälle von Knochenhaemangiomen. Fortschr. Röntgenstr. 54 (1936) 263–269
199 Ziegler, Dorothea: Über das Wachstum des Schädels. Nach Messungen an Röntgenaufnahmen des Schädels im a.-p. Strahlengang. Med. Diss., Tübingen 1967
200 Zülch, K. J.: Biologie und Pathologie der Hirngeschwülste. In: Handbuch der Neurochirurgie, Bd. III. Springer, Berlin 1956

Spezieller Teil

Das Wesentliche über das Schädeldach ist im „Allgemeinen Teil“ ausgeführt. Der „Spezielle Teil“ über das Schädeldach führt lediglich einige wenige Besonderheiten auf, die nur regional in dieser Form vorkommen, vorwiegend die Nähte betreffen und meist eine geringe klinische Bedeutung besitzen.

Os frontale

Das Stirnbein ist zweiteilig symmetrisch angelegt, kann auch bisweilen aus vier Kernen mit jeweils zusätzlicher, quer verlaufender Naht gebildet werden (8). Die Synostosierung der **Sutura frontalis** (Abb. 4.**71**) beginnt im 2. Lebensjahr. Bis zum 10. Lebensjahr wurde sie noch in 10%, bis zum 30. in 6% Häufigkeit gefunden (40). Jenseits des 3. Lebensjahres wird schon bei offener Stirnnaht von einer Persistenz der auch **Sutura metopica** genannten Naht gesprochen. Der Nachweis einer dominanten Vererblichkeit (38, 42 u. a.), die – allerdings angezweifelte (29) – Kombination mit unterentwickelten Stirnhöhlen (6, 13, 23) und das Auftreten von Interparietalknochen bei persistierender Stirnnaht sprechen für eine konstitutionelle Komponente bei der Entstehung dieser Variante, die auch beim Kretinismus und in Kombination mit der Dysostosis cleidocranialis (20) gehäuft beobachtet wurde.

Der mittlere Teil des vordersten Nahtabschnittes (**Fonticulus metopicus**) oder der Abschnitt über der Glabella (**Fonticulus glabellaris**) können erweitert sein (36). Der Fonticulus metopicus wird zuweilen durch einen Nahtknochen, **Os metopicum,** verschlossen. Bei erweitertem Abstand der Frontalkerne voneinander, der auch bei Erwachsenen noch erhalten sein kann, wird von einem **Cranium bifidum occultum** gesprochen (18[1]). Eine überdeutlich vorspringende und **persistierende Sutura nasofrontalis** wurde beobachtet (18[2]).

Im Gebiet der normalen Eindellung des Stirn- bzw. Scheitelbeins nahe dem Bregma (s. Abb. 4.**12**) kommen normalerweise **leistenförmige Kalkanreicherungen,** in den Partien nahe der Naht wie kammförmige Erhebungen imponierend, vor.

Die im Laufe des Schädelwachstums erfolgende Verlängerung der Nahtzacken an der Tabula externa mit der ab dem 7. Lebensjahr beginnenden Nahtzackensklerose ist an der Kranznaht besonders deutlich ausgeprägt.

Die **Impressiones digitatae** sind im Stirnbein schwach, die **Vv. diploicae frontales** (Abb. 4.**72**) oft mit großen Pacchionischen Gruben, Varizen und Venensteinen, sehr stark ausgeprägt. Typisch ist bei Kindern das Vorkommen des **Emissarium frontale,** das querfingerbreit über der Orbita als bandförmige Aufhellung mit sklerosierter Begrenzung häufiger einseitig (Abb. 4.**73**) als beiderseits (Abb. 4.**74**) und in 0,2 bis 0,3% aller Schädelaufnahmen (20) gefunden wird. Es verbindet den Sinus sagittalis mit Orbitavenen (1).

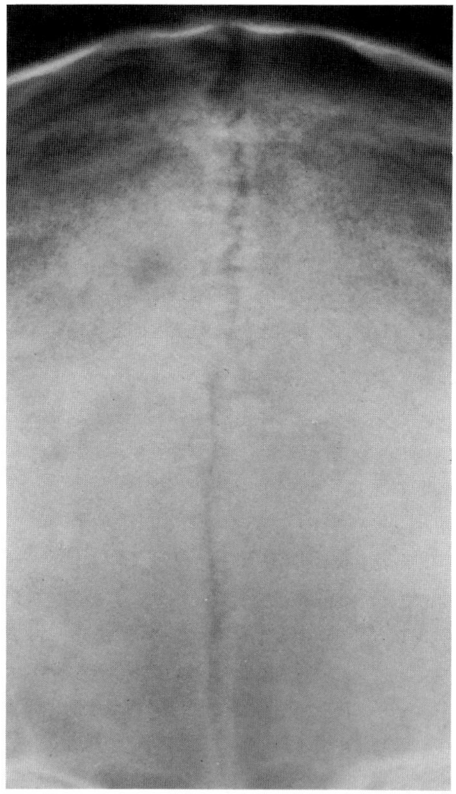

Abb. 4.**71** Sutura frontalis oder metopica. Die parasagittalen Dellen der Tabula interna sind normal

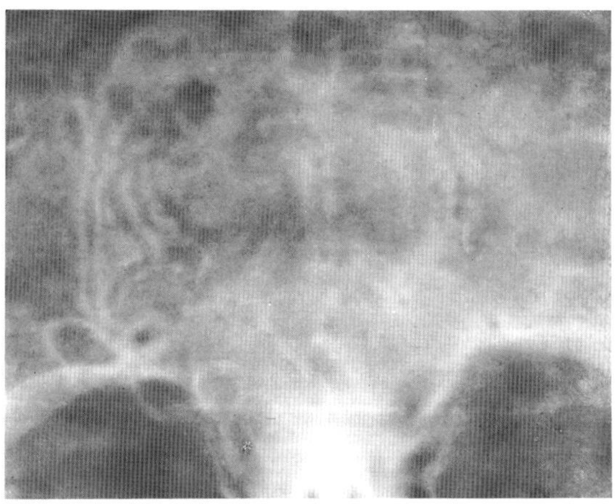

Abb. 4.**72** Sehr deutliche Gefäßkanäle im Os frontale

Gefäßkanäle in der Umgebung der Stirnhöhlen s. Abschnitt „Nasennebenhöhlen“.

Auch der **Sulcus sphenoparietalis** kann als tiefe Furche, radiologisch als breite Aufhellung imponierend, besonders deutlich hervortreten und in bregmanahe Venenlakunen einmünden.

Die Pars orbitalis und die Pars nasalis ossis frontalis werden im Abschnitt über den Gesichtsschädel besprochen.

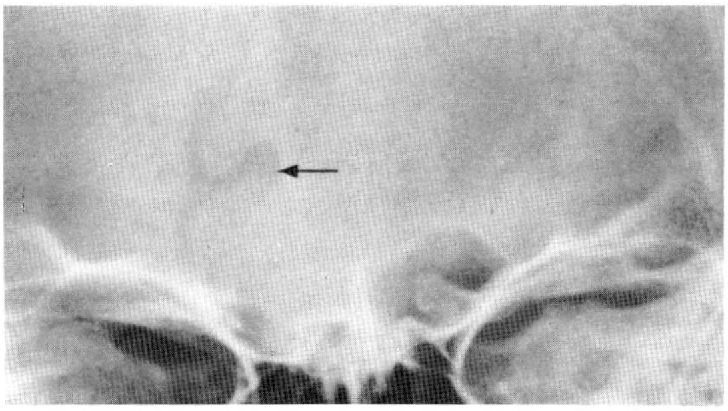

Abb. 4.**73** Emissarium frontale rechts mit sackförmiger Ausbuchtung

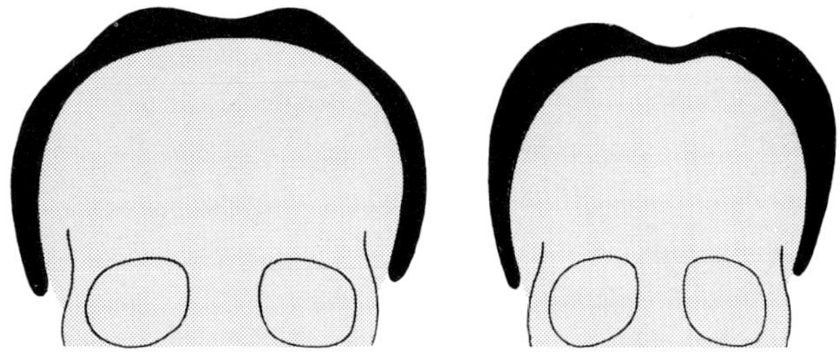

Abb. 4.**75a** u. **b** Natiformer Schädel (nach Babaiantz u. Jequier)

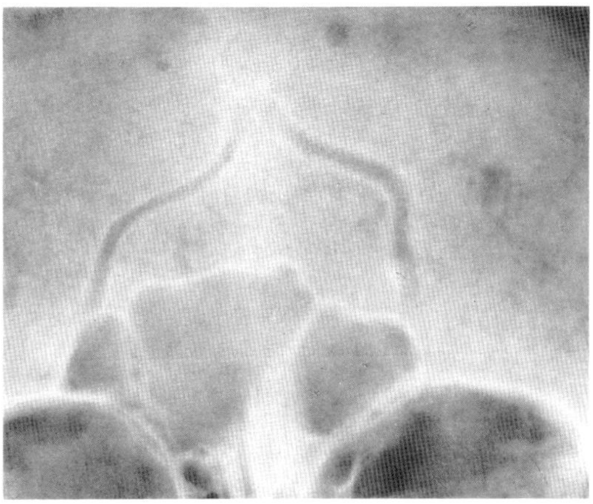

Abb. 4.**74** Emissarium frontale

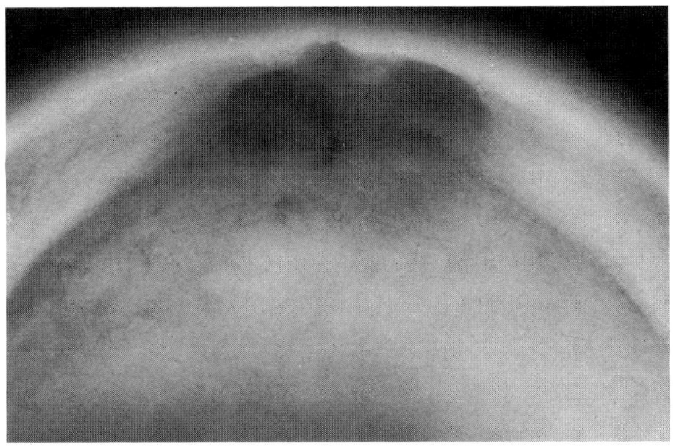

Abb. 4.**76** Normale parasagittale Aufhellung

Altersbedingte Schädeldachverdünnungen und -abflachungen, auf die am Scheitelbein breiter eingegangen wird, konnten auch am Stirnbein nachgewiesen werden (18[3]).

Os parietale

Das Scheitelbein kann, allerdings sehr selten, durch eine **horizontal verlaufende Naht** unterteilt sein (18[4], 35, 44). Derartige, manchmal nicht durchgehende Suturen können beim Kleinkind mit traumatisch entstandenen Fissuren verwechselt werden. Sie verschwinden im Laufe der Entwicklung.

In der großen Fontanelle bildet sich manchmal schon früh ein Deckknochen (**Nahtknochen**), der sie wie ein „Operkulum" vollständig ausfüllt (2[1]). Er kann eine erhebliche Größe besitzen, persistieren und dann unter Umständen Frakturen im Scheitelbereich vortäuschen („Nahtknochen", s. S. 313).

Wie im „Allgemeinen Teil" erwähnt, besitzt das Schädeldach an den Tubera parietalia die größte Dicke. Am *Ansatz der Temporalmuskulatur* finden sich Knochenverdichtungen.

Verdickungen im Sinne der Hyperostosen gibt es nicht nur durch Knochenanlagerungen an der Tabula interna im Rahmen der bereits besprochenen Hyperostosis calvariae interna, sondern – allerdings sehr selten – durch ossäre Auflagerungen an der Tabula externa der Parietalia. Im sagittalen Strahlengang wird hierdurch eine typische Schädelformierung hervorgerufen, die als **„crâne natiforme"** bezeichnet ist (Abb. 4.**75a** u. **b**).

Ein **Processus asteriacus** liegt hinter dem Mastoid und imponiert nach Aufnahmen im tangentialen Strahlengang als Exostose (7).

Verdünnungen der Schädelkalotte erfolgen gleichfalls von innen und von außen.

Von innen sind es vor allem mit den Blutleitern, vorwiegend dem Sinus sagittalis superior und dem Sinus sphenoparietalis in Verbindung stehende Diploëvenen, Venenlakunen bzw. Pacchionische Granulationen, ein- und beidseits, meist in Bregmanähe paramedian gelegen, die radiologisch charakteristische Befunde auf Schädelaufnahmen im sagittalen Strahlengang hervorrufen (Abb. 4.**76**).

Als **Lacunae laterales** werden spezielle Formen Pacchionischer Gruben, paramedian ein- und beidseits als Nebenräume des Sinus sagittalis bezeichnet (29). Diese sackartig mit venösem Blut gefüllten, subperiostal sich ausdehnenden **Sinus pericranii** zeigen sich im tangentialen Strahlengang als irregulär begrenzte, parasagittale Aufhellungen mit uhrglasförmig verdunnter und vorgewölbter Tabula externa (Abb. 4.**77**, s. auch Abb. 4.**23**). Klinisch läßt sich eventuell in dieser Region ein „Pergamentknittern" ertasten. Außer der kongenitalen Ätiologie werden – teilweise auch ausschließlich – ursächlich Folgen bemerkter und auch nicht bemerkter Traumen für die Entstehung dieser Sinus angenommen (21).

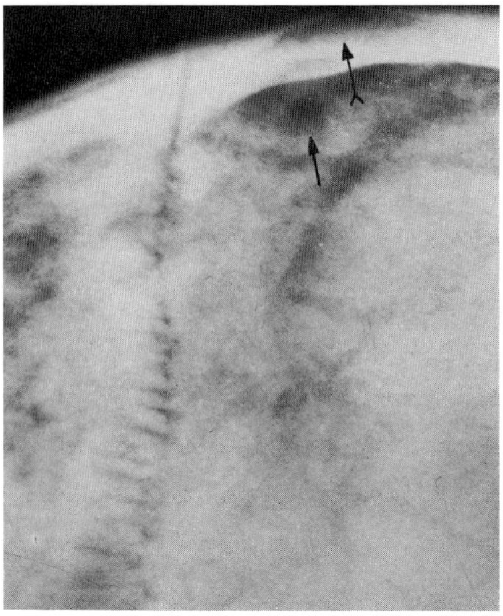

Abb. 4.**77** Parasagittale Aufhellung mit verdünnter, uhrglasförmig vorgewölbter Tabula externa (→). Starke Venengeflechte, teilweise in orthograder Projektion lochförmig getroffen (→). Sutura coronalis: Im oberen Abschnitt sieht man im Zentrum der Zackenlinie der Tabula externa die geradlinig verlaufende Naht der Tabula interna

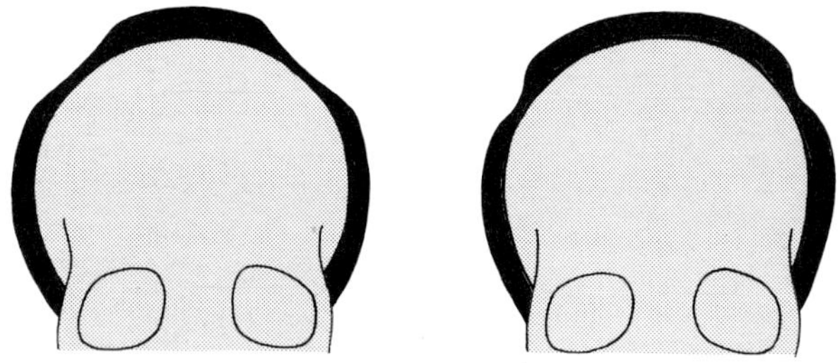

Abb. 4.**78a** u. **b** Verdünnung des Os parietale (nach Camp u. Nash)

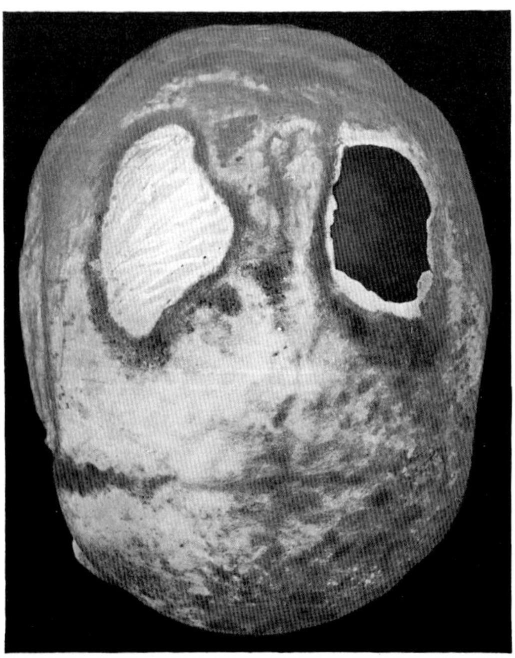

Abb. 4.**79** Senile Atrophie (Präparat)

Ähnliche Befunde können bei posttraumatischem Durahygrom und durch Liquor- bzw. Leptomeningealzysten entstehen.

Verdünnungen des Scheitelbeines von außen erfolgen durch einen normalen, altersbedingten Knochenumbau bei der **senilen Osteoporose** mit Entrundungen des Schädels, die in zwei Typen, den abgeflachten und den muldenförmigen (Abb. 4.**78a** u. **b**) eingeteilt wurden (3). Die altersbedingte Verdünnung des Schädeldaches – „parietale Knochenabsumption" (30, 31) – erfolgt meist im hinteren Teil des Parietale, führt radiologisch zu erheblich vermehrter Strahlendurchlässigkeit des Knochens, oft verbunden mit aufgelockerter Diploëvenenzeichnung und feinflockigen Strukturaufhellungen. Die Zone des Knochenschwundes ist geradlinig begrenzt. Auf der Seitenaufnahme sieht man als Grenze zum normal kalkhaltigen Schädelknochen eine Linie, manchmal zwei untereinander liegende, lineare Grenzzonen. Tabula externa und Diploë können auch fehlen.

Eine eigenartige, doppelseitig symmetrische Verdünnung des hinteren Parietalabschnittes, die sich im sagittalen Strahlengang in ähnlicher Art darstellt wie nach Abb. 4.**78a** u. **b**, wird als **senile Knochenatrophie** vielfach in radiologischen, anatomischen und anthropologischen Arbeiten erwähnt (5, 12 u. a.) und bietet einen sehr charakteristischen Befund (Abb. 4.**79**–4.**81**). Die Einsenkung der äußeren Scheitelbeinschale ist zu tasten.

Durch das gesamte Schädeldach im Scheitelbein hindurchgehende **Löcher** finden sich bei Meningoenzephalozelen in der Mitte der Pfeilnaht (**Cranium bifidum occultum** [18[7]]).

Emissaria parietalia sind Verbindungen zwischen dem Sinus sagittalis superior und äußeren Weichteilvenen. Die entsprechenden Foramina liegen 1 bis 2 cm über der Lambdanaht und 1 cm rechts und links der Pfeilnaht. Sie sind in rund zwei Dritteln aller Aufnahmen punktförmig im sagittalen Strahlengang zu erkennen (22) (Abb. 4.**82**).

In jüngster Zeit sind sog. „radiolucent zones" auf der Höhe des Scheitelbeins in den obersten com-

Abb. 4.**80 a** u. **b** Skelettschädel mit seniler Atrophie

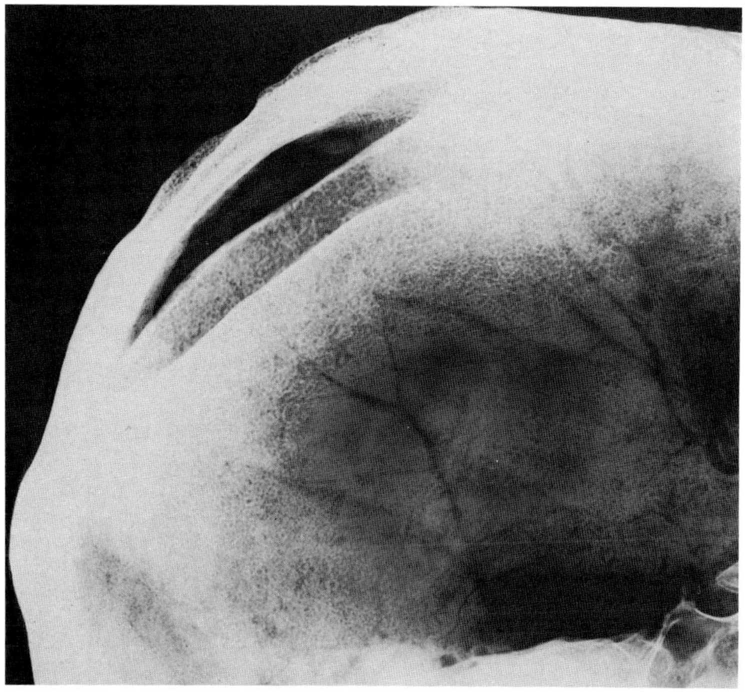

a

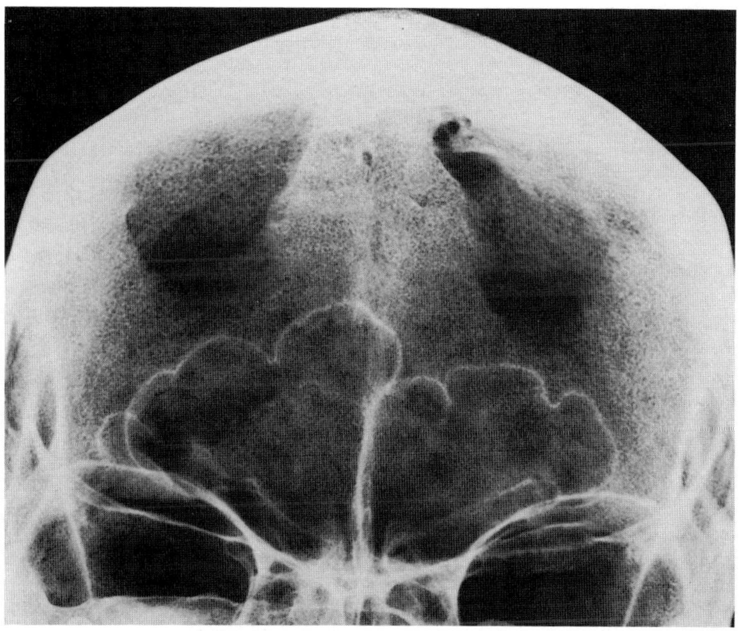

b

Abb. 4.**81** Senile Atrophie vom Muldentyp

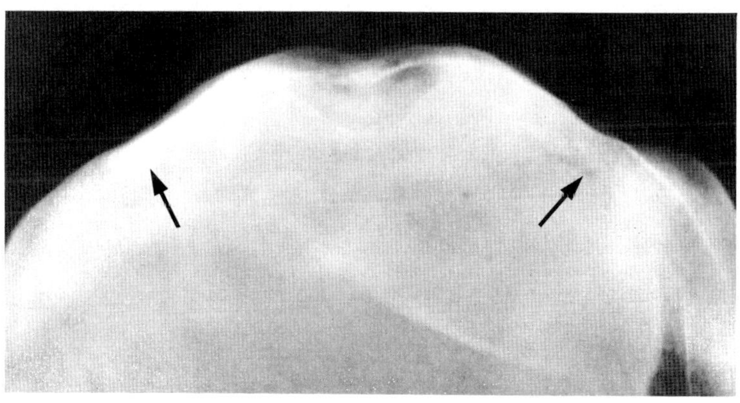

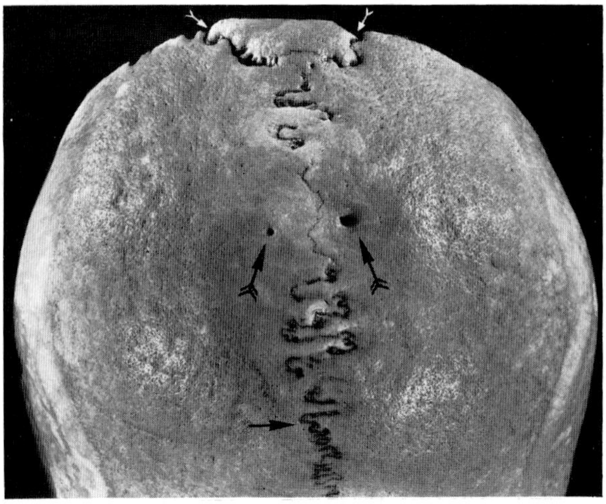

Abb. 4.**82** Foramina parietalia (•→), Lambdanaht (→), Sagittalnaht (→), in Höhe der Löcher geringer gezackt

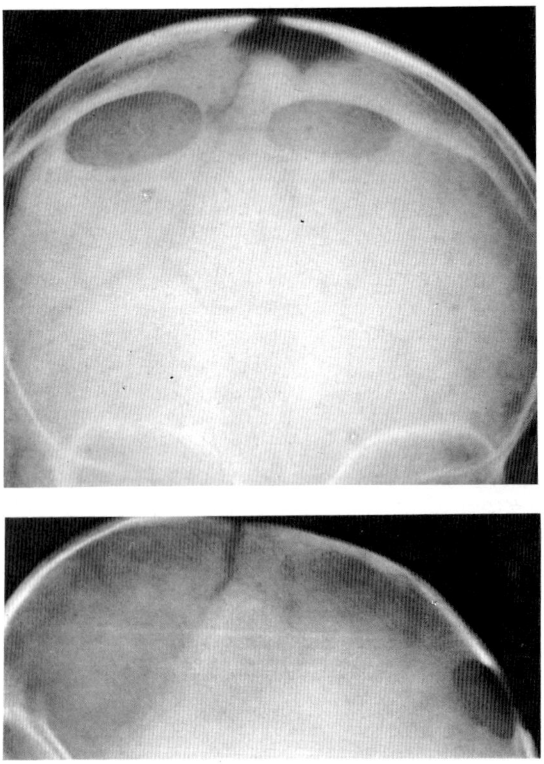

a

b

Abb. 4.**83 a** u. **b** Foramina parietalia permagna bei 14monatigem Kind und Defekt in der Sagittalnaht

putertomographischen Schichten innerhalb der Diploë gefunden worden, deren klinische Bedeutung wohl zu vernachlässigen, deren Herkunft jedoch bislang unklar ist (28).

Angeborene Verknöcherungsstörungen und Defekte parasagittal im hinteren Bereich der Scheitelbeine in Gestalt einer **„interparietalen Fontanelle"**, von **akzessorischen Nähten,** die weit in das Scheitelbein hineinziehen und Frakturen vortäuschen können, und von Defekten, die sich später zu **Foramina parietalia** entwickeln und als solche persistieren, sind beim Neugeborenen nicht selten. Alle diese Strukturen entstehen wahrscheinlich auf ähnlicher Grundlage. Sie sind meistens klinisch belanglose Normvarianten, wenn sie nicht mit Anomalien am Schlüsselbein, einem Cavum septi pellucidi, bei Meningozele und beim Mongolismus auftreten (4). Das Foramen parietale kommt familiär gehäuft vor (2[2], 15, 32) (Abb. 4.**83 a, b** und 4.**84 a, b**). Eine phylogenetische Erklärbarkeit wird diskutiert (26).

Bei Neugeborenen finden sich breitflächige Impressionen des Parietale beiderseits, die auf falsche fetale Lage bezogen werden, andeutungsweise noch im Alter von 18 Monaten nachweisbar sind und sich gewöhnlich spontan zurückbilden (18[6]).

Pars squamosa ossis temporalis

Vom Os temporale nimmt nur die Pars squamosa an der Bildung des Schädeldaches teil. Dieser Deckknochen legt sich in der Entwicklung von außen auf das Petrosum auf, mit dem er erst nach der Geburt verschmilzt.

Zwischen Stirnbein- und Hinterhauptschuppe unter dem Scheitelbein gelegen, bestehen *bei Geburt* ventral und dorsal je eine seitliche Fontanelle des Schädels, die **Fontanella sphenoidalis** (anterolateralis) und **mastoidea** (posterolateralis) als Schaltstellen der Verbindung mit dem jeweiligen Basisersatzknochen, dem großen Keilbeinflügel und der Pars petrosa ossis temporalis. Zu diesen Ersatzknochen gehört der Processus mastoideus.

Auch in der Schläfenbeinschuppe können atypische Nähte vorkommen (s. „Allgemeiner Teil").

Die Schläfenbeinschuppe jeder Seite läßt sich jeweils einzeln bei um 30 Grad kraniokaudal geneigter Röhre, seitlich angelegtem Schädel, also gleich der Röhreneinstellung bei der Felsenbeinaufnahme nach Schüller (s. Absatz „Felsenbein"), darstellen.

Im seitlichen Strahlengang erscheint die Schläfenbeinschuppe im Verhältnis zu den übrigen Schädelknochen oft strahlendurchlässiger. Die Verdünnung des Knochens läßt sich leicht demonstrieren, wenn man die eröffnete Kalotte eines Präparatschädels gegen das Licht hält. Die Schläfenbeinschuppe ist der dünnste Teil der seitlichen Schädelwand – abgesehen vom Dach der Fossa mandibularis.

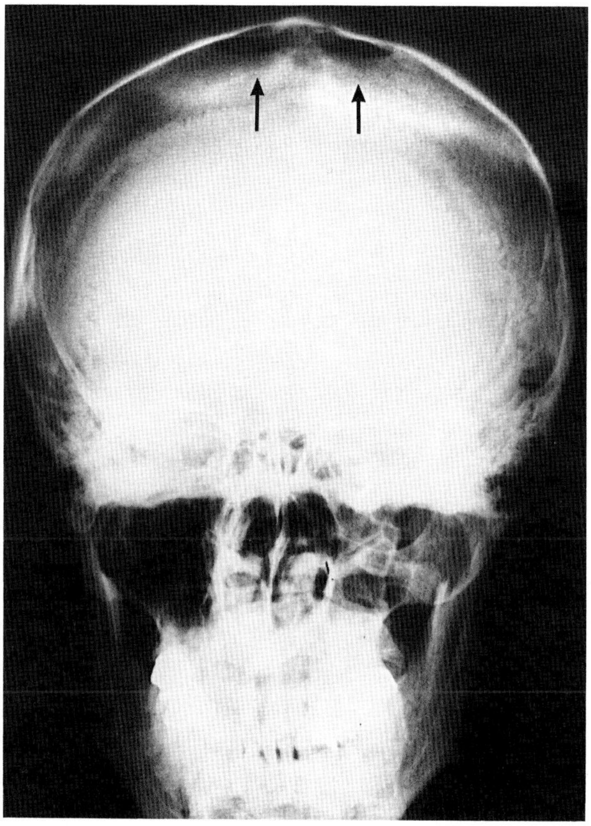

a

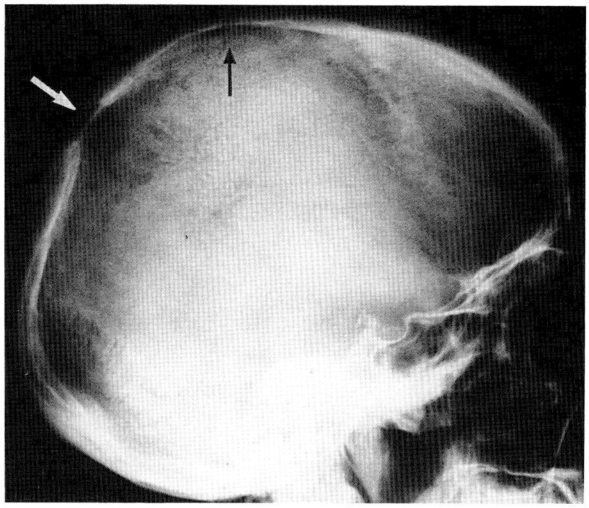

b

Abb. 4.**84a** u. **b** 58jähriger Mann
a Im sagittalen Strahlengang normale parasagittale Aufhellungen beiderseits (schwarze Pfeile)
b Im seitlichen Strahlengang typische Verdünnung der Schädelkalotte hinter der Kranznaht (schwarzer →), darunter Foramen parietale permagnum (weißer →)

Die im Absatz über das Os parietale erwähnte **senile Atrophie** kann sich auch auf die Pars squamosa des Schläfenbeins erstrecken (5). Dabei können sich die temporalen Muskelansätze durch einen typischen, sklerotischen **„Schuppenwall"** markieren (34[1]) (Abb. 4.**85**).

Zur Differentialdiagnose der Frakturspalten gegen Sulci arteriosi im Seitenbild und gegen die Sutura squamosa im sagittalen Strahlengang s. „Schädeldach – Allgemeiner Teil" sowie Abb. 4.**86** und 4.**87**.

Varianten und Gabelungen der Sutura squamosa s. Absatz „Oberschuppe des Os occipitale" (s. Abb. 4.**95a** u. **b**).

Im vorderen Abschnitt des Porus acusticus externus projiziert sich die **Fissura petrotympanica** (Glasersche Spalte), ein dorsomedial von der Kiefergelenkgrube zwischen Pars tympanica und dem sichtbaren Felsenbeinstreifen gelegener Spalt, auf den hinteren Kiefergelenkrand (Abb. 4.**88** und 4.**89**).

Bei Aufnahmen im axialen Strahlengang erkennt man zwischen dem Tegmen tympani und der Felsenbeinpyramide die **Fissura petrosquamosa** (Abb. 4.**90**).

Knöcherne Formationen in Projektion mit dem Tegmen, besonders der orthograd getroffene Processus styloideus, rufen in Projektion mit dem Tegmen scheinbar perlschnurförmig angeordnete Verdichtungen hervor (Abb. 4.**91**).

Die **Sutura sphenosquamosa** projiziert sich bei der Felsenbeinaufnahme in der Projektion nach Stenvers auf die Felsenbeinspitze. Sie zieht normalerweise über diese hinweg (Abb. 4.**92**). Bei teilweiser Synostosierung dieser Naht, aber offener Sutur in Projektion mit der Felsenbeinspitze kann – besonders bei sehr geradlinigem Verlauf – ein Abbruch der Felsenbeinspitze vorgetäuscht werden.

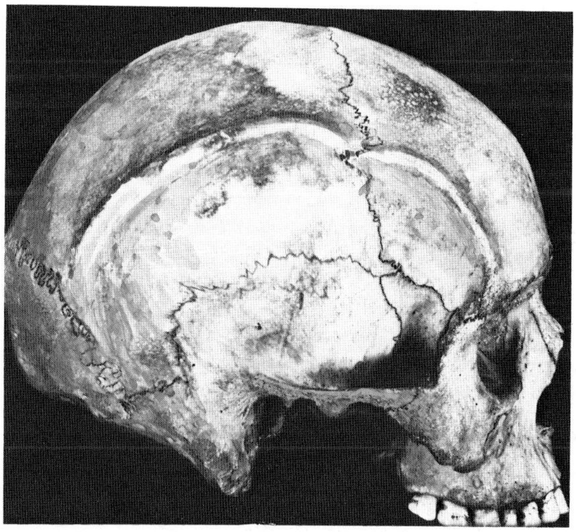

Abb. 4.**85** Rinne und Wulst am Ansatz des Temporalmuskels

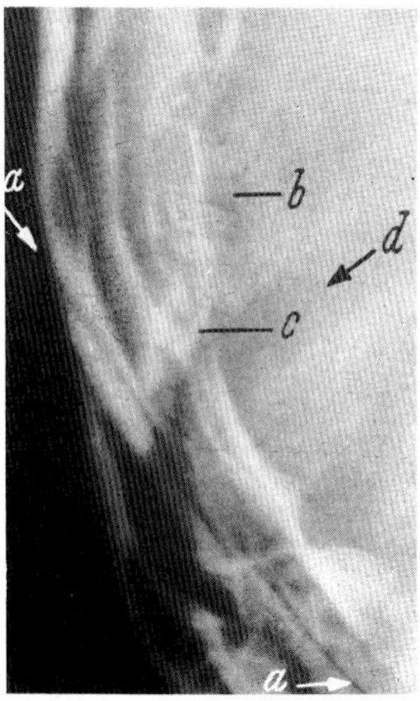

Abb. 4.**86** Laterale Schädelwand im sagittalen Strahlengang: a) in Richtung des Pfeiles: Sutura squamosa, b) Sutura coronalis der Tabula externa, c) Sutura coronalis der Tabula interna, d) Sulcus transversus für den Sinus transversus

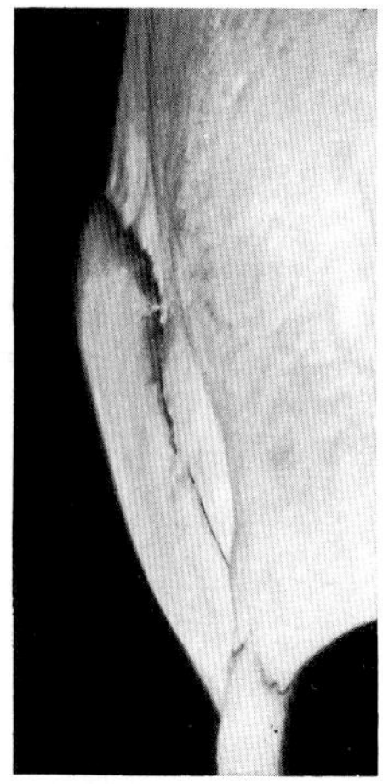

Abb. 4.**87** Temporalschuppe mit der typischen, schräg einschneidenden Naht

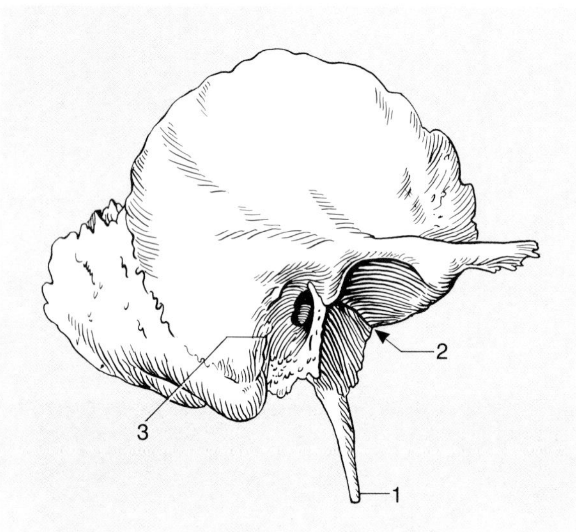

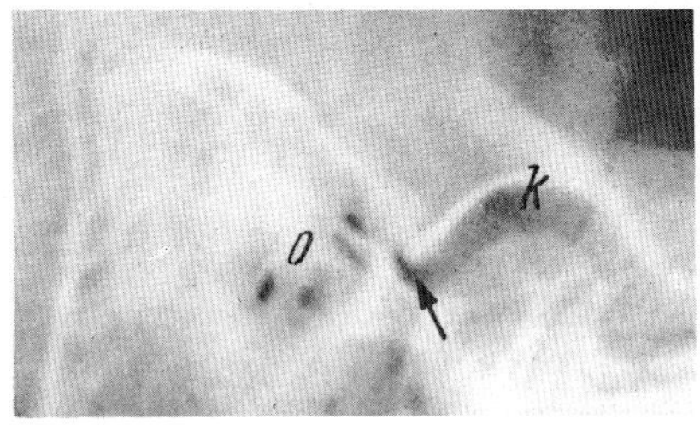

Abb. 4.**89** Aufnahme in der Projektionsrichtung nach Schüller: Fissura petrotympanica (Glaseri), Pfeil in Projektion zwischen Vorderwand des Gehörganges (O) und Fossa glenoidalis des Kiefergelenkes (K)

◁ Abb. 4.**88** Rechtes Os temporale von lateral (nach Feneis)
1 = Processus styloideus
2 = Fissura petrotympanica
3 = Fissura tympanosquamosa

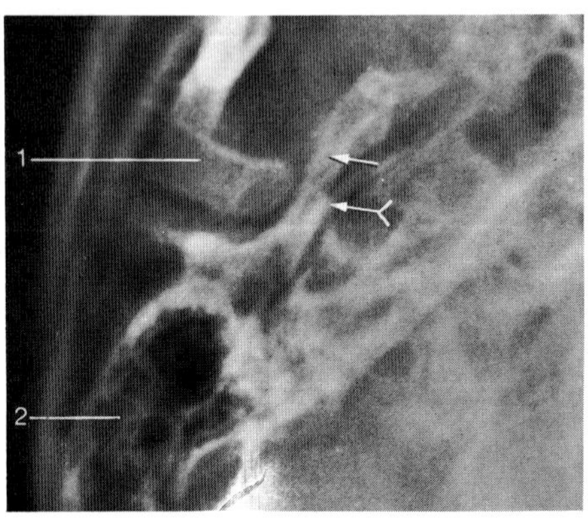

Abb. 4.**90** Fissura petrosquamosa (⟵) und orthograd getroffenes Tegmen („Crista tegmentalis" ⟵) auf axialem Bild
1 = Kieferköpfchen
2 = Mastoid

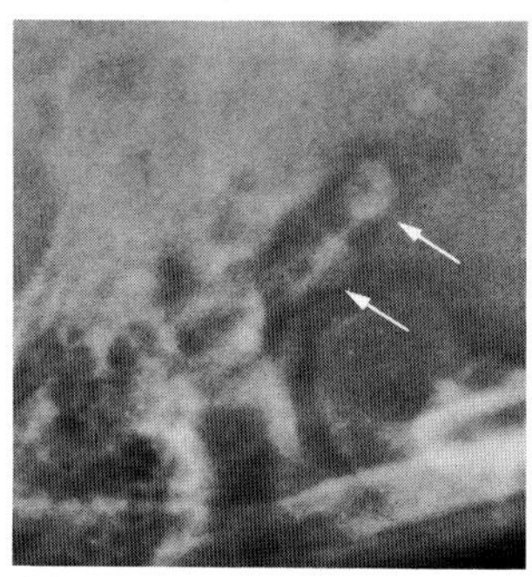

4.**91**

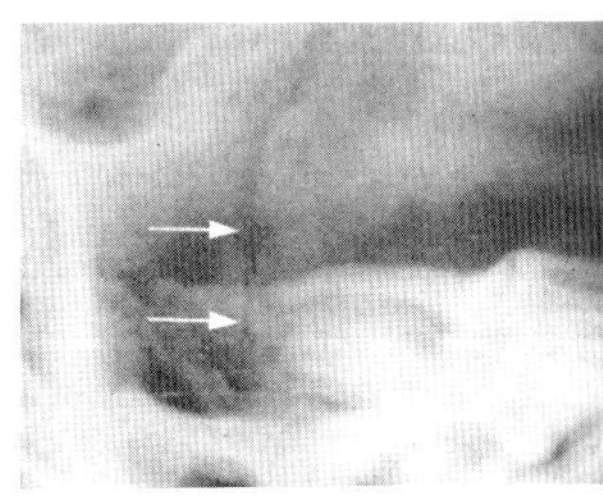

4.**92**

Abb. 4.**91** Perlschnurartiges Bild des orthograd getroffenen Tegmen im axialen Strahlengang, hervorgerufen durch Knochenvorsprünge, vor allem durch den Processus styloideus

Abb. 4.**92** Sutura sphenosquamosa auf Felsenbeinaufnahme nach Stenvers

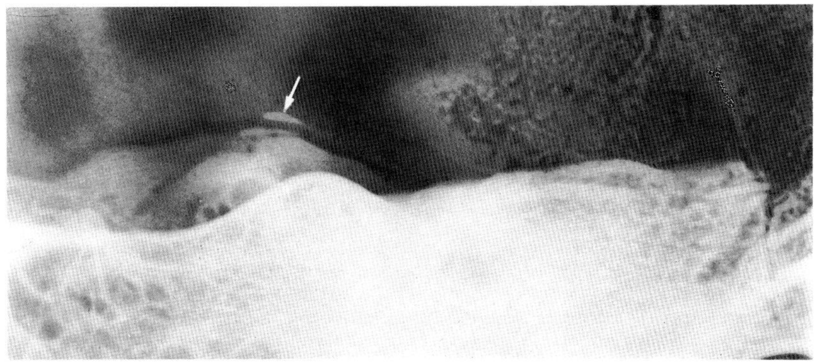

Abb. 4.**93** Felsenbeinaufnahme in der Projektion nach Stenvers mit Darstellung eines Sulcus a. meningere mediae über der oberen Felsenbeinkante (→)

Der **Sulcus arteriae meningeae mediae** verläuft in der Innenwand der Pars squamosa ossis temporalis und kann sich bei der Stenvers-Projektion über die obere Felsenbeinkante projizieren (Abb. 4.**93**). Der Kanal kann durch knöcherne Überbrückung tunnelförmig werden.

Im seitlichen Strahlengang (auch in der Projektion nach Schüller) bildet sich über dem Felsenbeinmassiv der halbkreisförmige, knorpelig verdichtete Weichteilschatten der **Ohrmuschel** ab. In ihr kommen mit zunehmendem Lebensalter gehäuft **Verkalkungen** vor; die Angabe einer 20%igen Häufigkeit bei Menschen im Lebensalter über 60 Jahren wurde allerdings von Zimmer bezweifelt. Frühere Erfrierungen, verkalkte Hämatome bei Boxern und Ringern, aber auch eine partielle Hypophyseninsuffizienz mit selektivem ACTH- und STH-Mangel spielen ätiologisch eine Rolle (27, 43).

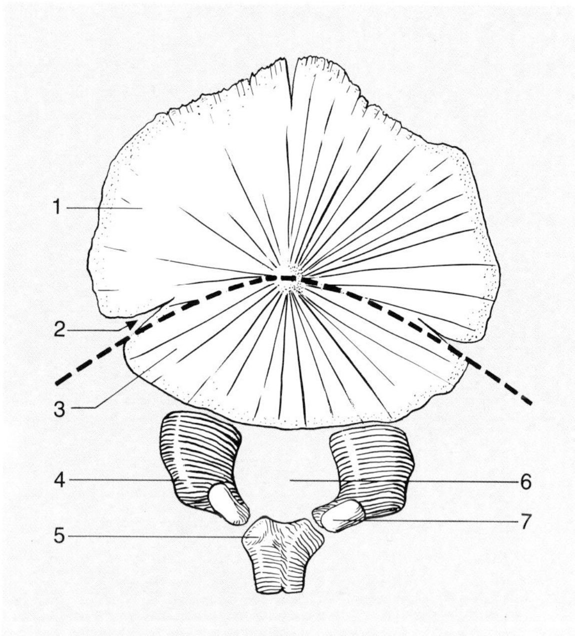

Abb. 4.**94** Ossifikation des Os occipitale beim Neugeborenen. Die Grenze von Deck- und Ersatzknochen ist durch die gestrichelte Linie wiedergegeben. Ansicht von hinten (nach Theiler)
1 = Oberschuppe (Interparietale)
2 = Incisura lateralis
3 = Unterschuppe (Supraokzipitale)
4 = Exokzipitale
5 = Basiokzipitale
6 = Foramen occipitale magnum
7 = Condylus occipitale

Oberschuppe des Os occipitale

Die Squama occipitalis gehört nur im Anteil, der über dem Sinus transversus liegt, der Oberschuppe (Interparietale), zum Schädeldach. Bis hierher reicht der paarig angelegte Deckknochen.

Diese Zentren erscheinen kurz nach Bildung des beim 30-mm-Embryo ersten unpaarigen Ersatzknochenzentrums der Unterschuppe (Supraokzipitale). Unter- und Oberschuppe verbinden sich früh über die sie trennende Spalte, zunächst durch Überbrückung an Außen- und Innenkontur mit periostalen Bälkchen, danach durch direkte Verschmelzung (37). Als Reste der Spalte bleibt beim Neugeborenen beiderseits seitlich eine 1 bis 3 cm lange, 0,5 bis 1 mm breite **Incisura lateralis („Sutura mendosa")** bestehen. Sie liegt noch ganz innerhalb des Deckknochens (Abb. 4.**94** und 4.**95a**, **b**). Man sieht sie im 5. bis 8. Lebensjahr noch in 10%, im 9. und 10. Lebensjahr in 4% und im 15. Lebensjahr in 1% noch offen (11).

Die Spalte selbst kann als **Sutura transversa persistieren** und (etwas über der Höhe des Sinus transversus beiderseits [34[2]]) die beiden Schuppenanteile getrennt lassen. Der bis zur Lambdanaht reichende Teil der Oberschuppe wird **Os interparietale** oder, weil häufig bei Inkas gefunden, **Inkabein** genannt (Abb. 4.**96**). Einen daumendicken Verdichtungsstreifen in dieser Höhe läßt Abb. 4.**97** erkennen. Klinisch imponierte in dieser Gegend eine breite Stufe. Bei Teilung des Inkabeins durch zusätzliche, sagittal verlaufende Nähte spricht man von **Os incae bi- oder multipartitum,** die Naht median heißt **Sutura biinterparietalis,** die seitlichen Nähte werden **Suturae interparietales laterales** genannt (Abb. 4.**95a** u. **b**).

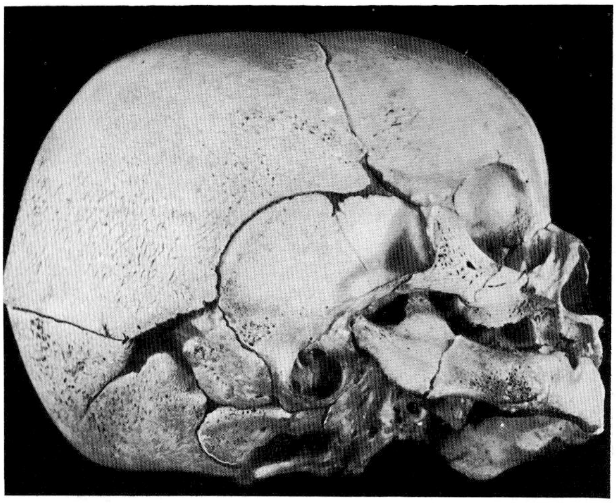

a

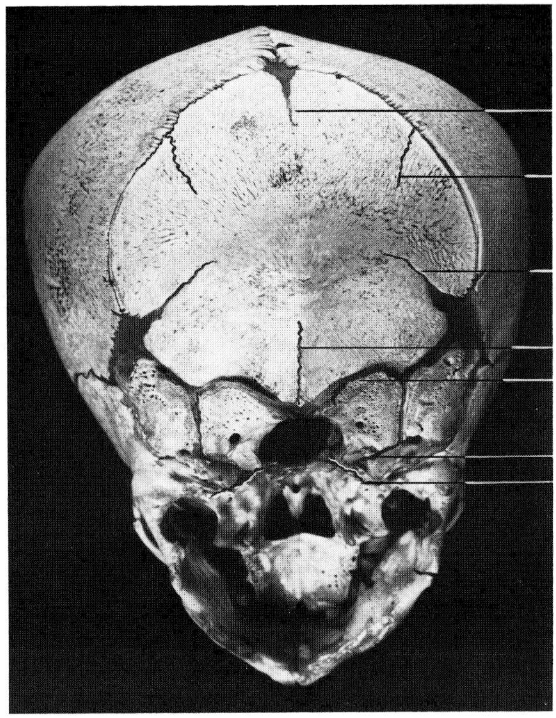

b

Abb. 4.**95 a** u. **b** Schädelnähte am Präparatschädel
a Von der Seite. Schaltknochen an der Fontanella posterolateralis (mastoidea), zwischen Squama occipitalis, Squama parietalis, Pars squamosa und Pars mastoidea ossis temporalis
b Nähte an und in der Squama occipitalis
1 = Sutura biinterparietalis
2 = Sutura interparietalis lateralis
3 = Sutura mendosa
4 = Synchondrosis cerebellaris mediana
5 = Synchondrosis interoccipitalis posterior
6 = Synchondrosis basioccipitalis
7 = Synchondrosis interoccipitalis anterior

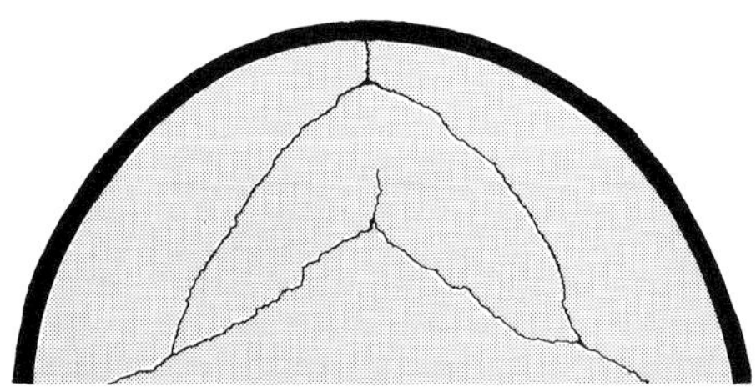

Abb. 4.**96** Lambdanaht mit Inkabein und Sutura transversa (Persistenz)

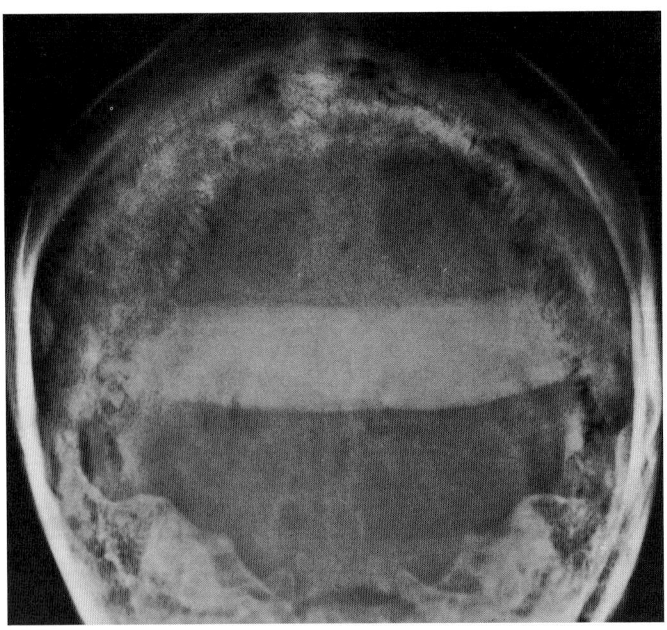

◁ Abb. 4.**97** Quer verlaufender, scharf markierter Verdichtungsstreifen im Okziput, dessen Bezirk sich bei klinischer Untersuchung wallartig anfühlt

Über der Lambdanaht bzw. im Bereich der kleinen Fontanelle liegt ein mit dem Inkabein nicht zu verwechselndes **Os praeinterparietale** bzw. **Os apicis** (11, 29), das ebenfalls in sich wieder geteilt sein kann (Abb. 4.**98**), Schaltknochen, die gewöhnlich bis zum 10. Lebensjahr nachweisbar bleiben und danach verschwinden. Das Auftreten von Nahtknochen unterschiedlicher Größe in Pfeilnaht und Lambdanaht (Abb. 4.**98** und 4.,**99**) ist gelegentlich zu beobachten.

Diese Befunde geben zu einer grundsätzlichen Betrachtung Anlaß: Naht- und Schaltknochen sind zu unterscheiden: Als **Schaltknochen** (Ossa intercalaria) werden aus einem selbständigen Knochenzentrum mit eigenen Nähten umgebene Knochenteile verstanden. Sie liegen allerdings meistens in der Nähe der Nahtvereinigungsstelle zwischen Hinterhauptbein, Mastoid und Parietalschuppe (9). Vereinzelt sind Schädel gefunden, die fast ausschließlich aus Schaltknochen bestanden (Jung; zit. nach 32). **Nahtknochen** (Ossa suturarum, Wormii) sind kleine bis mittelgroße Knochengebilde, die von den Nähten inselförmig umschlossen werden. Im Bereich der Fontanellen werden sie **Fontanellenknochen** genannt (32). Das Os interparietale (Inkabein) ist ein Schaltknochen, das Os praeinterparietale entspricht wohl meist der Sonderform eines Nahtknochens im Sinne eines Fontanellenknochens. Isolierte Nahtknochen gibt es sowohl in der Tabula interna wie in der Tabula externa (34[3]).

Bei *lochförmigen Aufhellungen,* die oft bienenwabenförmig meist *in der Gegend der Sinus transversi,* manchmal recht ausgedehnt, vorhanden sind, läßt sich die Differentialdiagnose zwischen Venenlakunen („venous lakes" [18[7]]) oder **Varixknoten** (29) und **Pacchionischen Granulationen,** die in den Sinus transversus drainieren (14, 45) im sagittalen Strahlengang (Abb. 4.**100**) schwer treffen (s. auch Abb. 4.**31a** u. **b**). Man braucht dann die Darstellung im seitlichen oder tangentialen Strahlengang, um festzustellen, ob die Tabula externa wie bei Pacchionischen Granulationen verdünnt und prominent ist oder nicht.

„Verdünnungen des Okzipitale" und Enzephalomeningozelen s. „Allgemeiner Teil". Hier ist nur hinzuzufügen, daß neben der möglichen Meningoenzephalozele in der Lambdanaht (24) rein radiologisch auch an lochförmige Lambdanahtdefekte durch eine **Neurofibromatose** (25, 41) zu denken ist, wenn der klinische Befund nicht schon eindeutig für die Neurofibromatose spricht.

Die **Sulcus sinus transversi** lassen sich im allgemeinen auf Hinterhauptaufnahmen (Towne-Projektion) gut erkennen (Abb. 4.**101a**). Abflußstörungen sollen häufiger rechts vorkommen. Andererseits wird dem eindeutigen Fehlen des Sinus transversus im Anfangsteil auch die Bedeutung einer Aplasie beigemessen (17) (Abb. 4.**102**). Der rechte Sinus soll in der Regel etwas weiter sein als der linke. In orthograder Projektion kann der Sinus transversus lateral getroffen werden und imponiert beiderseits wie ein

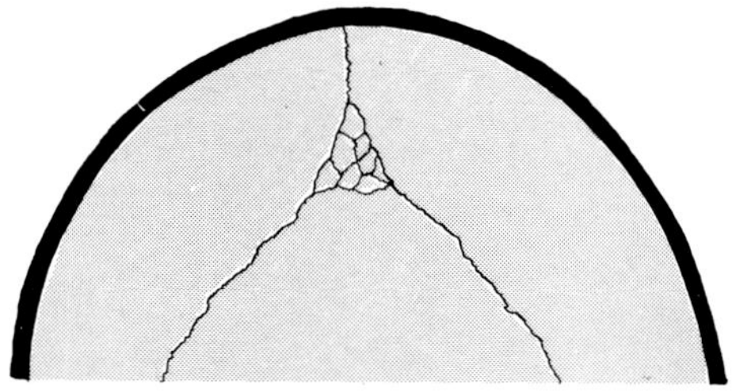

Abb. 4.**98** Lambdanaht mit unterteiltem Os praeinterparietale (Os apicis). Fontanellenknochen?

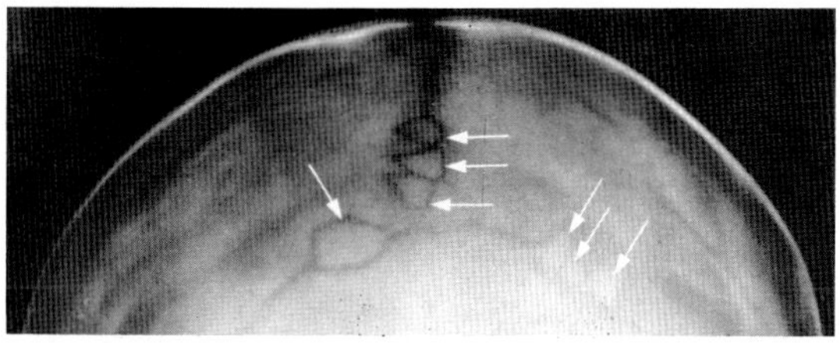

Abb. 4.**99** Nahtknochen in Sagittal- und Lambdanaht

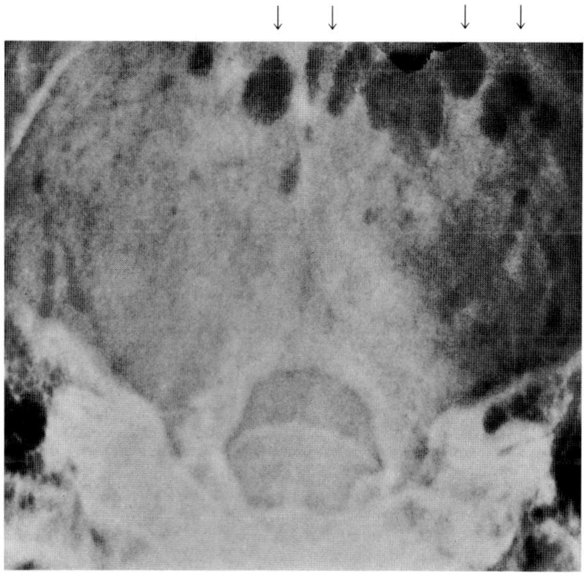

Abb. 4.**100** Pacchionische Granulationen (oder Venenlakunen) in der Nähe der Sinus transversi beiderseits

Loch (18[8]). Bei Vergrößerung der Cisterna cerebellomedullaris kann die Furche des Sinus transversus beiderseits glockenförmig im Bereich des Confluens sinuum nach oben ziehen und die vergrößerte Zysterne umfassen (39). In der axialen Projektion können sich über den oberen Pyramidenkanten die Fossae condylares abzeichnen (Abb. 4.**101b**).

Die Hinterhauptschuppe ist im Gebiet der Protuberantia interna und externa besonders dick (Abb. 4.**103**). Häufig kommt ein spornförmiger Knochenfortsatz an der äußeren Protuberanz, mitunter beträchtlichen Ausmaßes, vor, der **Okziputsporn** am Ansatz des Lig. nuchae (Abb. 4.**104a**). Statt dessen können sich hier auch kugelförmige, vom Schädel isolierte Verknöcherungen bilden, eventuell in gelenkähnlicher Verbindung mit dem Okziput (10) (Abb. 4.**104b**).

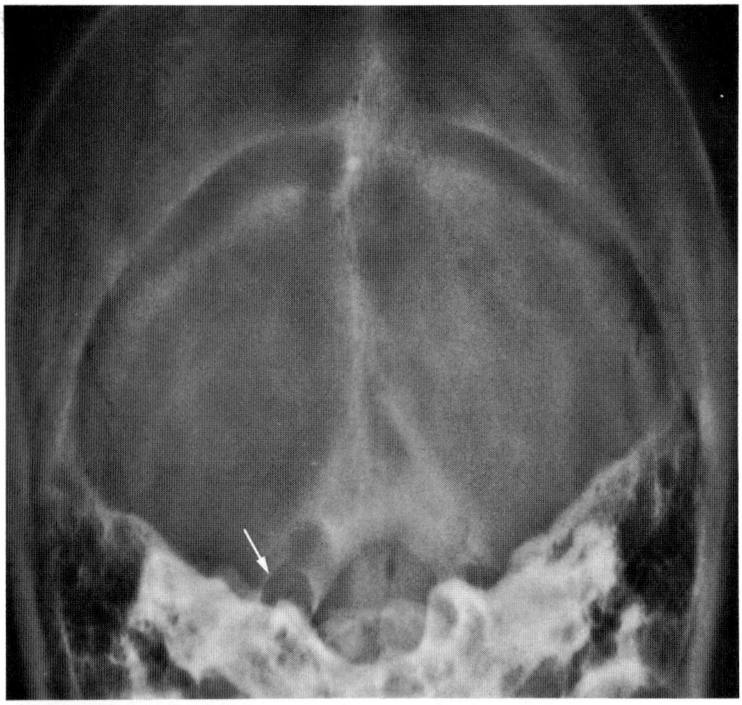

a

Abb. 4.**101 a** Stark entwickelter Sinus transversus, rechts breiter als links. Großes Foramen jugulare rechts

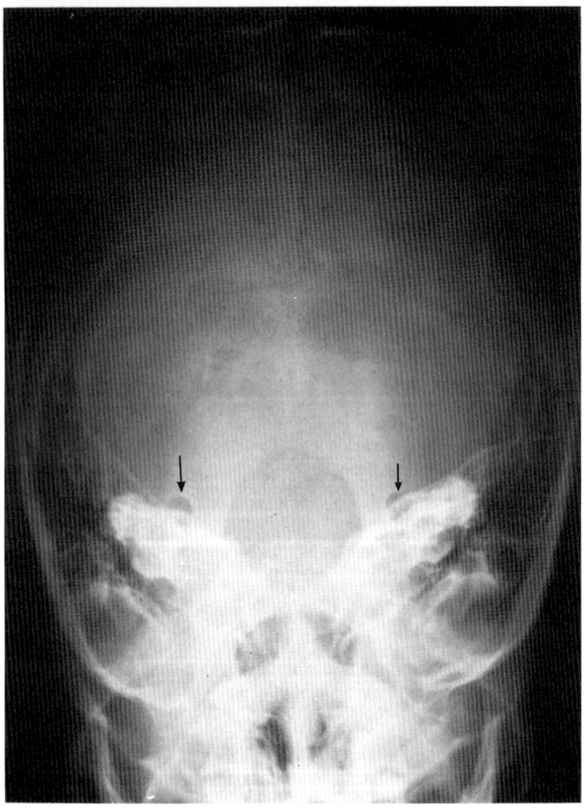

b

Abb. 4.**101 b** Weite Canales condylares beiderseits (→)

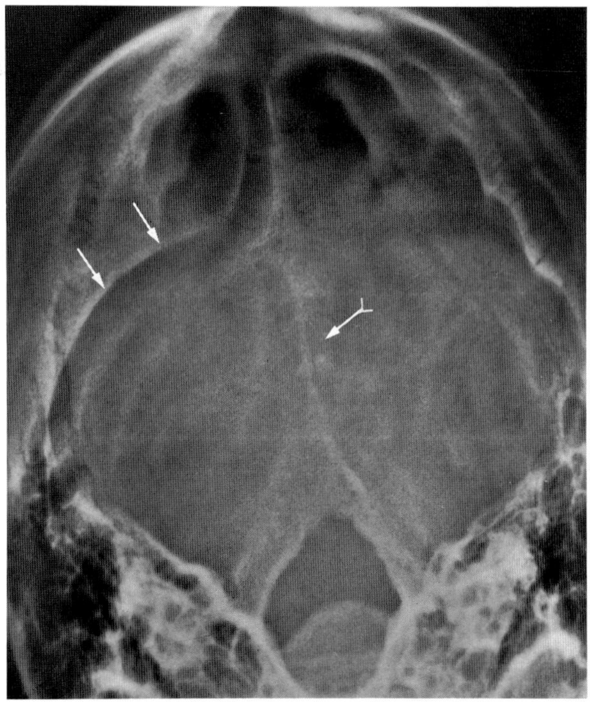

Abb. 4.**102** Sulcus sinus transversi rechts (↘), übergehend in Sulcus sinus sagittalis superior, Crista occipitalis (↙)

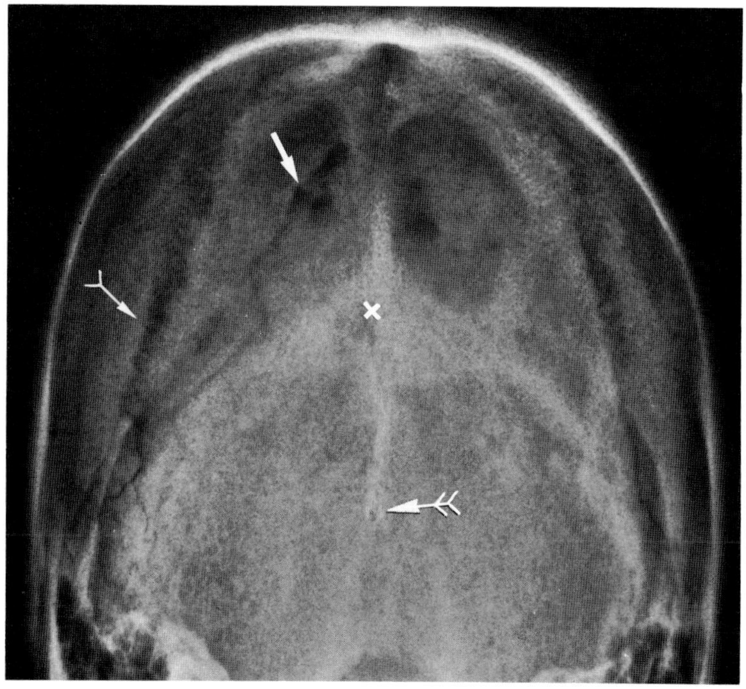

Abb. 4.**103** Verdichtung des Knochens durch die Protuberantia occipitalis externa und interna (x). Pacchionische Granulation (→), Lambdanaht (⤚)

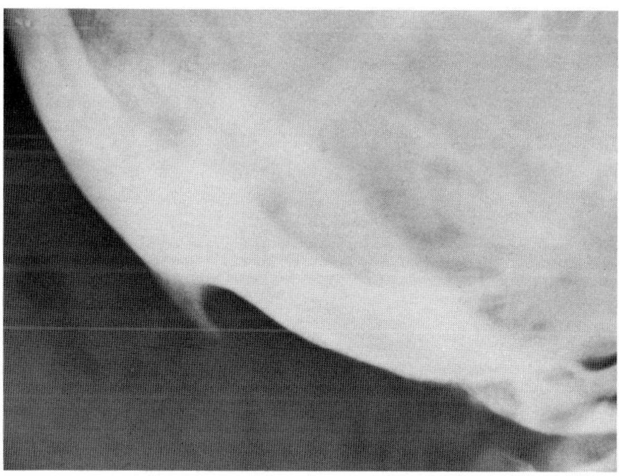

a

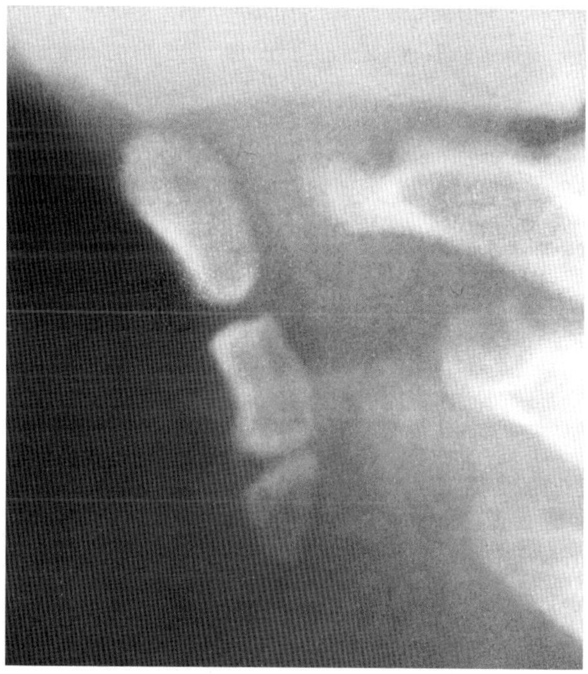

b

Abb. 4.**104 a** u. **b**
a Okziputsporn, **b** Verknöcherungen im Lig. nuchae

Literatur

1 Bergerhoff, W.: Normale Röntgenanatomie des Schädels. In: Röntgendiagnostik des Schädels, Teil 1, red. v. L. Diethelm, F. Strnad. In Olsson, O., F. Strnad, H. Vieten, A. Zuppinger: Handbuch der Medizinischen Radiologie, Bd. VII. Springer, Berlin 1963 (S. 61–101)

2 Caffey's Pediatric X-Ray Diagnosis, 8th ed., ed. by F. N. Silverman. Year Book Medical Publishers, Chicago 1985 ([4]fig. 1–25, 1–16; [2]p. 35–36)

3 Camp, J. D., L. A. Nash: Developmental thinness of parietal bones. Radiology 42 (1944) 42–47

4 Eckstein, H. B., R. D. Hoare: Congenital parietal „foramina" associated with faulty ossification of the clavicles. Brit. J. Radiol. 36 (1963) 220–221

5 Epstein, B. S.: The occurance of parietal thinness with postmenopausal, senile of idiopathic osteoporisis. Radiology 60 (1953) 29–35

6 Felsch, K.: Röntgenologie der Schädelnähte. Biss., Breslau 1936

7 Fischer, E.: Processus asteriacus des Scheitelbeins. Fortschr. Röntgenstr. 88 (1958) 69–71

8 Friedmann, G.: Die Schädelnähte und ihre Pathologie. In: Röntgendiagnostik des Schädels, Teil 1, red. v. L. Diethelm, F. Strnad. In Olsson, O., F. Strnad, H. Vieten, A. Zuppinger: Handbuch der Medizinischen Radiologie, Bd. VII. Springer, Berlin 1963 (S. 131)

9 Goldhamer, K., A. Schüller: Varietäten im Bereich der hinteren Schädelgrube. Fortschr. Röntgenstr. 35 (1927) 1163–1190

10 Greineder, H. W.: Artikulierender Okziputsporn. Fortschr. Röntgenstr. 85 (1956) 252–253

11 Grob, M.: Über die röntgenologischen Nahtverhältnisse der hinteren Schädelgrube beim Kinde mit spezieller Berücksichtigung der Sutura mendosa. Fortschr. Röntgenstr. 57 (1938) 265–275

12 Gros, J.: Über die grubige Atrophie des Scheitelbeins. Fortschr. Röntgenstr. 85 (1956) 154–158

13 Haas, L.: Über die Sutura frontalis persistens. Fortschr. Röntgenstr. 48 (1933) 708–716

14 Hahn, B.: Pacchionische Granulationen im Os occipitale. Fortschr. Röntgenstr. 106 (1967) 839–843

15 Hauck, H.: Fenestrae parietales symmetricae in einer Sippe. Z. menschl. Vererb.- u. Konstit.-Lehre 26 (1942) 376–385

16 Kaposi, P. N.: Seltene kongenitale Entwicklungsanomalie des Schädels: Foramina parietalia permagna. Fortschr. Röntgenstr. 137 (1982) 229–230

17 Kautzky, R., K. J. Zülch, S. Wende, A. Tänzer: Neuroradiologie auf neuropathologischer Grundlage. Springer, Berlin 1976

18 Keats, Th. E.: An Atlas of Normal Roentgen Variants that May Simulate Disease, 3rd. ed. Year Book Medical Publishers, Chicago 1984 ([1]fig. 1–89 – 1–92; [2]fig. 1–94; [3]fig. 1–114; [4]fig. 1–117 – 1–119; [5]fig. 1–55; [6]fig. 1–56, 57; [7]fig. 1–176 – 1–180; [3]fig. 1–183)

19 Knetsch, A.: Beitrag zum Emissarium frontale. Fortschr. Röntgenstr. 73 (1950) 503–504

20 Knetsch, A.: Zur Röntgendiagnostik einiger seltener Schädelfehlbildungen. Fortschr. Röntgenstr. 85 (1956) 687–695

21 Kotscher, E.: Folgezustände nach traumatischen Veränderungen. In: Röntgendiagnostik des Schädels, Teil 1, red. v. L. Diethelm, F. Strnad. In Olsson, O., F. Strnad, H. Vieten, A. Zuppinger: Handbuch der Medizinischen Radiologie, Bd. VII. Springer, Berlin 1963 (S. 65–110)

22 Loepp, W., R. Lorenz: Röntgendiagnostik des Schädels. 2. Aufl. Thieme, Stuttgart 1971

23 Marciniak, R., C. Nizankowski: Metopism and its correlation with the development of the frontal sinuses. Acta radiol. (Stockh.) 51 (1959) 343–352

24 Martinez-Lage, J. F., J. Gonzales-Tortosa, M. Poza: Meningocele of the Asterion. Child's Brain (1982) 53–59

25 Mann, H. Z. Kozic, O. R. Medinilla: Computed tomography of lamboid calvarial defect in neurofibromatosis. Neuroradiology 2 (1983) 175–176

26 Mükke, G.-Chr., W. Poppe: Fenestrae parietales symmetricae unter phylogenetischem Aspekt. Fortschr. Röntgenstr. 111 (1969) 300–303

27 Nathanson, L., S. Losner: Ossification of auricles of external ears associated with acromegaly. Radiology 48 (1947) 66–68

28 Pastakia, B., J. R. Herdt: Radiolucent „zones" in parietal bones seen on computed tomography. A normal anatomic variant. J. Comp. Assist. Tomogr. 8 (1984) 108-109

29 Psenner, L.: Die anatomischen Varianten des Hirnschädels. Fortschr. Röntgenstr. 75 (1951) 197-214

30 Psenner, L.: Schädel. In Schinz, H. R., W. E. Baensch, W. Frommhold, R. Glauner, E. Uehlinger, J. Wellauer: Lehrbuch der Röntgendiagnostik, Bd. III. Thieme, Stuttgart 1966 (S. 119 ff.)

31 Psenner, L.: Differentialdiagnose der Erkrankungen des Schädels. Thieme, Stuttgart 1973

32 Rauber-Kopsch, Fr.: Lehrbuch und Atlas der Anatomie des Menschen. Thieme, Leipzig 1940

33 Schmidt-Wittkamp, E., H. Christians: Die Lückenbildung der Scheitelbeine. Beobachtung an 75 Mitgliedern einer Sippe mit gehäuftem Vorkommen von Foramina parietalia permagna. Fortschr. Röntgenstr. 113 (1970) 29–38

34 Schwarz, G. S., Ch. R. Golthamer: Radiographic Atlas of the Human Skull. Hafner Publishers, New York 1965 ([1]Tafel I, D 144; [2]Tafel VIII, 37; [3]Tafel c 42, VIII D 43)

35 Shapiro, R.: Anomalous parietal sutures and the bipartite parietal bone. Amer. J. Roentgenol. 115 (1972) 569–577

36 Swischuk, L. E.: The normal pediatric skull. Variations and artefacts. Radiol. clin. North Amer. 10 (1972) 277-290

37 Theiler, K.: Embryonale und postnatale Entwicklung des Schädels. In: Röntgendiagnostik des Schädels, Teil 1, red. v. L. Diethelm, F. Strnad. In Olsson, O., F. Strnad, H. Vieten, A. Zuppinger: Handbuch der Medizinischen Radiologie, Bd. VII. Springer, Berlin 1963 (S. 39–41)

38 Torgersen, J.: Roentgenological study of metopic suture. Acta radiol. (Stockh.) 33 (1950) 1–11

39 Trzebicki, J., T. Kryst-Widzgowska: Das Röntgenbild der Furche des Sinus transversus bei Vergrößerung der Cisterna cerebello-medullaris. Fortschr. Röntgenstr. 115 (1971) 393–395

40 Wanke, R., L. Diethelm: Klinische und operative Bedeutung der Schädelnähte. Langenbecks Arch. klin. Chir. 289 (1958) 435–442

41 Weber, K., H. J. Grauthoff: Lambdanaht-Defekt: Typische Veränderung der Neurofibromatosis (Recklinghausen). Fortschr. Röntgenstr. 118 (1973) 230–231

42 Weinnoldt, Hedda: Untersuchungen über das Wachstum des Schädels unter pathologischen und physiologischen Verhältnissen. Beitr. pathol. Anat. 70 (1922) 311–391

43 Zillessen, E., K. H. Gless, G. Baldauf: Verknöcherung der Ohrmuschel bei partieller Hypophyseninsuffizienz mit selektivem ACTH- und STH-Mangel. Dtsch. med. Wschr. 103 (1978) 698

44 Zimmer, E. A.: 12. Aufl. dieses Buches 1982 (S. 338)

45 Zülch; zit. nach Hahn (13)

Schädelbasis

Allgemeiner Teil

Norm

Im Wachstum

Drei mesenchymale Abschnitte sind bei der embryonalen Schädelentwicklung voneinander abzugrenzen:

- Gehirn mit Hirnhäuten, Kalvaria und Kopfhaut,
- Gesicht und
- Neurokranium oder Schädelbasis als Boden für das Gehirn und Dach für den Gesichtsschädel.

Dieser dritte Anteil wird während des zweiten Fetalmontas verknorpelt. Die **Verknöcherung** erfolgt enchondral aus sieben Knochen, den drei unpaaren Knochen: Sieb-, Keil- und Hinterhauptsbein, sowie den paarigen Schläfenbeinanteilen und den Nasenmuscheln (30[1]).

Bei der Geburt sind noch die Synchondrosen zwischen Os occipitale und Sphenoid, die interokzipitalen und die intersphenoidalen Knorpelfugen offen. Bis auf die **Synchondrosis sphenooccipitalis**, die sich erst im 16. bis 20. Lebensjahr schließt, sich radiologisch in der Höhe der Felsenbeinspitzen als queres Aufhellungsband im Klivus erkennen läßt (Abb. 4.**105**) und die in dieser Zeit hauptsächlich zum Längenwachstum der Schädelbasis beiträgt, schließen sich sämtliche übrigen Knorpelfugen in den ersten Lebensjahren. Der vordere Anteil der Schädelbasis hat schon im 3. Lebensjahr seine fast größte Länge erreicht und wird im weiteren Leben nicht mehr länger (4, 5). Die Länge des Klivus besitzt im 3. Lebensjahr etwa die Hälfte der Längenzunahme vom Neugeborenen bis zum Erwachsenen (19).

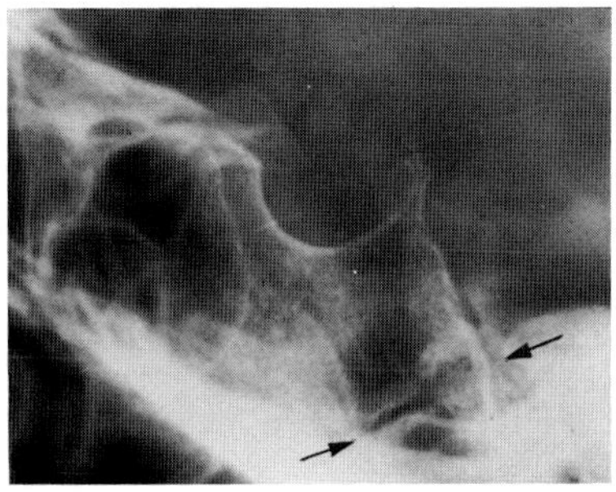

Abb. 4.**105** Synchondrosis sphenooccipitalis

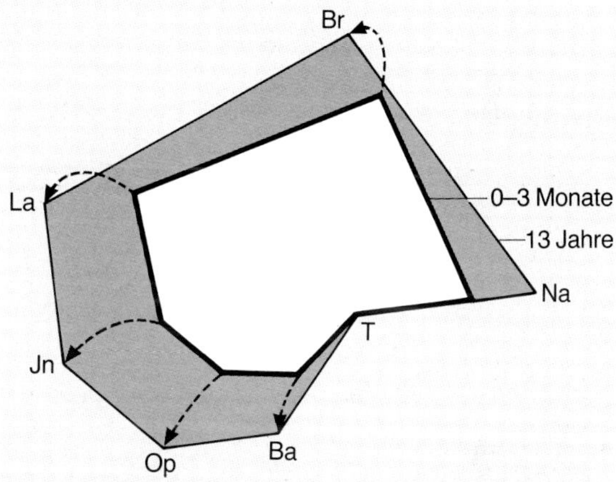

Abb. 4.**106** Verlagerung der Schädelmeßpunkte im Laufe des Wachstums. Die stärkste Größenzunahme erfolgt okzipital (nach Lutz). Die Meßpunkte sind Innenmaße der Kalotte
Br = Endobregma, La = Endolambda, Jn = Endinion, Op = Opisthion, Ba = Basion, T = Tuberculum sellae, Na = Nasion

Beim Erwachsenen

Im Gegensatz zum Hirnschädel lassen sich beim Erwachsenen **Geschlechtsunterschiede** an der Basis nicht feststellen. Mit *zunehmendem Lebensalter* wird die Fortsetzung der beim Kind beobachteten Ausdehnungstendenzen des Gehirns von frontal nach okzipital nicht nur, wie beim Schädeldach schon erwähnt, die frontale Wölbung geringer, sondern die Tiefe der hinteren Schädelgrube größer (19) (Abb. 4.**106**). Auch die Basisbreite wird wie die Schädeldachbreite größer.

Über *formelle Abhängigkeiten zwischen der Schädelbasis und der Kalotte* gibt es Arbeiten im anthropologischen Schrifttum (7, 22, 25), phylogenetisch vergleichende (9, 13–16, 28) und gründliche radiologisch-kraniometrische Untersuchungen (11). Dabei zeichnen sich, unabhängig von der Form des Schädeldaches, drei wesentliche **Konstanten** im Bauplan der Schädelbasis ab:

1. die schon erwähnte, relativ gleichmäßige Innenlänge der frontalen Schädelbasis (rund 60 mm),
2. die völlige Unabhängigkeit in der Lage der Basisstreben von der Form des Schädeldaches,
3. der relativ gleichmäßige Wert des Sphenoidalwinkels (Nasion – Tuberculum sellae – Basion) von 132–134 Grad als Maß der Knickung der Schädelbasis beim Erwachsenen.

Zu 2: Nach statistischen Untersuchungen am submentovertikalen Röntgenbild des Schädels beträgt der von den Pyramiden okzipital eingeschlossene Winkel rund 120 Grad, der von den großen Keilbeinflügeln (und radiologisch in der Summationsaufnahme durch die lateralen Kieferhöhlenwände verstärkt schattierten Pfeilern) gesichtswärts gebildete Winkel rund 90 Grad (1, 2) (Abb. 4.**107**). Untersuchungen an Schädeln völlig verschiedener Konfiguration bis hin zu den als hyperbrachyzephal einzustufenden, eigentümlichen Schädeln, wie sie Ravelli bei Tirolern beschrieben hatte, ließen keine signifikanten Unterschiede in der Lage der Basisstreben erkennen (24, 27).

Diese Konstanz ist wesentlich, weil sie die Abgrenzung von Anomalien erlaubt (s. Abb. 4.**31a** u. **b**).

Außer der **radiologischen Darstellung** der Schädelbasis in der submentovertikalen Projektion lassen sich die relativ dünnen Knochen der Schädelgruben am deutlichsten mit der Computer- (17) und der Kernspintomographie (MR-Imaging) erfassen. Durch die letztgenannte Methode werden vor allem – außer natürlich pathologischen Befunden des Schädelinhaltes – Geschwülste und deren Knochenerosionen der hinteren Schädelgrube am Klivus, in der Sella turcica und an den Wänden der Nasennebenhöhlen am einfachsten erkannt (1).

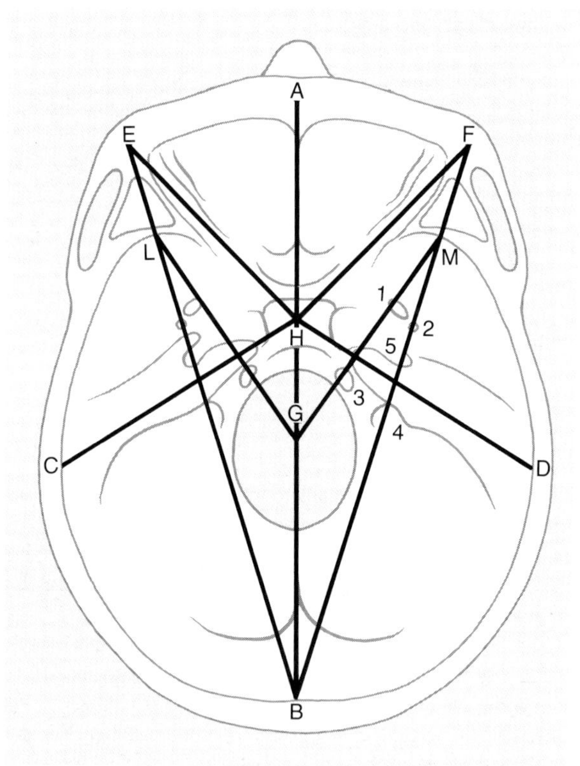

Abb. 4.**107** Skizze der von den Basisstreben gebildeten Winkel (nach Bergerhoff)

EHF = 90 Grad	1 = Foramen ovale
CHD = 119 Grad	2 = Foramen spinosum
LGM = 70 Grad	3 = Canalis condyloideus
EBF = 36 Grad	4 = Foramen jugulare
	5 = Canalis caroticus

Varianten

Ein **unterschiedlicher Pyramidenhochstand** (Abb. 4.**108**) läßt sich bei Durchsicht von Schädelaufnahmen in 2% Häufigkeit nachweisen. Bei keinem der Untersuchten wurden mit diesem radiologischen Befund klinisch krankhafte Symptome entdeckt (26).

Anomalien

Meningoenzephalozelen treten nicht nur, wie dort mehrfach beschrieben, an verschiedensten Stellen des Schädeldaches auf, sondern auch in der Basis. 12 bis 25% aller Hernien dieser Art liegen in der Mittellinie der vorderen Schädelgrube, wirken sich am Siebbein aus (10, 23) und reichen bis in den nasopharyngealen Raum. Konventionelle und vor allem

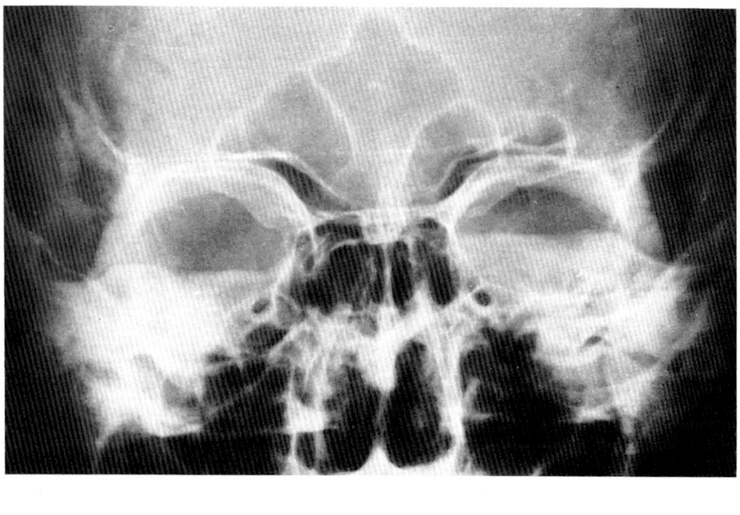

Abb. 4.**108** Pyramidenhochstand links. Klinisch bedeutungslose Variante (aus Schmidt, H.: Zbl. Neurochir. 22 [1961] 81)

Computertomogramme geben über die Ausdehnung Aufschluß (30[2]).

Angeborene Arachnoidalzysten liegen zu 80% in der mittleren Schädelgrube (zwei Drittel in der Fossa Sylvii), können bei oft erheblicher Ausdehnung, doch relativ geringen klinischen Symptomen, zu *grotesken Schädelasymmetrien mit Verdünnungen* des komprimierten *Basis- und Kalottenanteils* führen, da sie in frühesten Lebensabschnitten vorhanden sind und das Wachstum beeinflussen (8). Im Profilbild kann die Ausweitung der mittleren in die vordere Schädelgrube durch eine unregelmäßig sklerosiert markierte Grenzlinie sichtbar werden. Die Abbildung im Computertomogramm gibt die eindrucksvollsten Informationen über die Ausdehnung derartiger Prozesse.

Im Gegensatz zur kompressionsbedingten Verdünnung und Ausbeulung des Knochens durch frühkindlich bestehende oder entstandene intrazerebrale Prozesse gibt es kompensatorisch *raumausfüllende Reaktionen in Form von Verdickungen* des umgebenden Knochens bei ausbleibendem Wachstumsdruck des Gehirns, am deutlichsten infolge der kongenitalen oder frühkindlich erworbenen **zerebralen Hemiatrophie.** Hierauf wurde schon kurz bei Besprechung des Schädeldaches (Allgemeiner Teil, s. Abb. 4.**59**) eingegangen. Zur Auffüllung des Raumes dient auch die einseitig starke **Verdickung des Basisknochens** (Abb. 4.**109 a–c**), der **Hochstand der Basiskonturen** einschließlich der Pyramide, die Dilatation der Nasennebenhöhlen (Abb. 4.**110**) und auch die **vermehrte Ausdehnung der pneumatischen Zellen des Ohres.** Das Pneumenzephalogramm der Abb. 4.**111** mit Darstellung des linksseitig erweiterten Seitenventrikels dient vor allem der Demonstration des Ausmaßes, in dem die gesunde den Raum der atrophischen Hirnhälfte einnimmt.

Eine Asymmetrie der Schädelbasis erfolgt auch durch die schon bei der Asymmetrie in der Ausbildung der Schädelkalotte besprochene Schräglage des Säuglings und des Kleinkindes mit angeborenem Schiefhals. Es handelt sich um eine reine Knochenfehlentwicklung ohne neurale Dysplasie. Auch hier kommt es zu einer gewissen Verschmälerung der Schädelgrube (Abb. 4.**112**), doch besteht im Gegensatz zum Schädelaufbau bei Hemiatrophie (Abb. 4.**113**) eine infolge der völlig anderen fehlerhaften Wachstumseinflüsse durch den Schiefhals hervorgerufene Skoliose des gesamten Schädels (Abb. 4.**114**), die auch im axialen Strahlengang das Bild der Basis prägt (26). Bei Schädelasymmetrien ist immer auch an die Folgen eines Morbus Recklinghausen zu denken.

Diffuse Osteosklerosen der Schädelbasis werden bei dem Engelmann-Syndrom und bei der Osteopetrose gefunden (Abb. 4.**115**). Sie kommen außerdem bei der ganzen Gruppe der kraniometaphysären und -diaphysären Dysplasien, der metaphysären Dysplasie, Typ Jansen, sowie bei einigen seltenen Syndromen vor, s. auch „Erworbene Erkrankungen: Fibröse Dysplasie und Ostitis deformans".

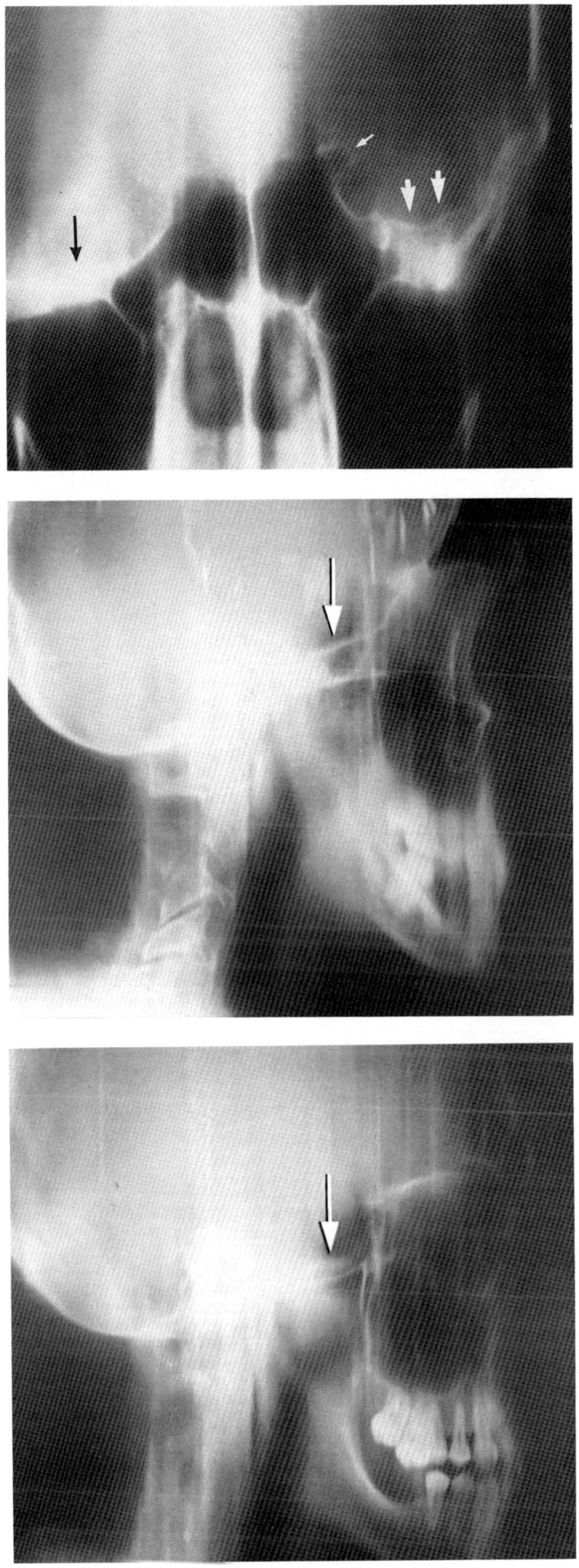

a

b

c

Abb. 4.**109 a–c** Verdickter Knochen (weiße →) des Grundes der linken mittleren Schädelgrube bei Hemiatrophia cerebri (Zustand nach Hemisphärektomie) im Vergleich mit der gesunden Seite desselben Patienten im Tomogramm in zwei Ebenen. Pneumatisation des Processus clinoideus anterior links (→) (aus Schmidt, H.: Zbl. Neurochir. 22 [1961] 81)

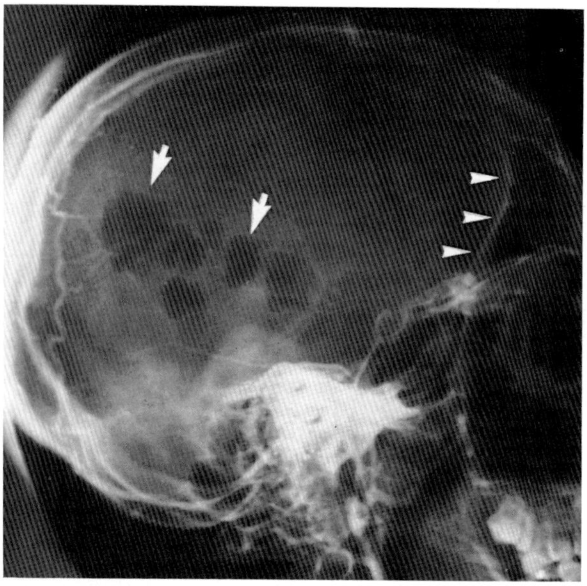

Abb. 4.**110** Dilatation der Stirnhöhle auf der Seite der Hemiatrophia cerebri (◀). Luftblasen nach Pneumenzephalographie (→) (aus Schmidt, H.: Zbl. Neurochir. 22 [1961] 81)

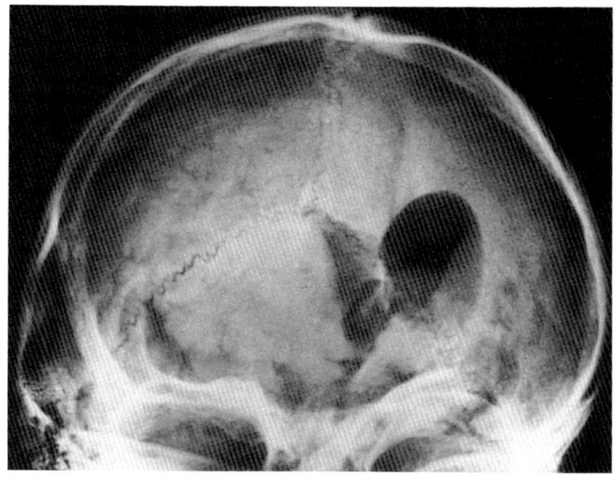

Abb. 4.**111** Im Pneumenzephalogramm sieht man außer dem erweiterten Ventrikel auf der Seite der Hemiatrophie (links) die kompensatorisch raumauffüllende Verlagerung der normalen rechten Gehirnhälfte (aus Schmidt, H.: Zbl. Neurochir. 22 [1961] 81)

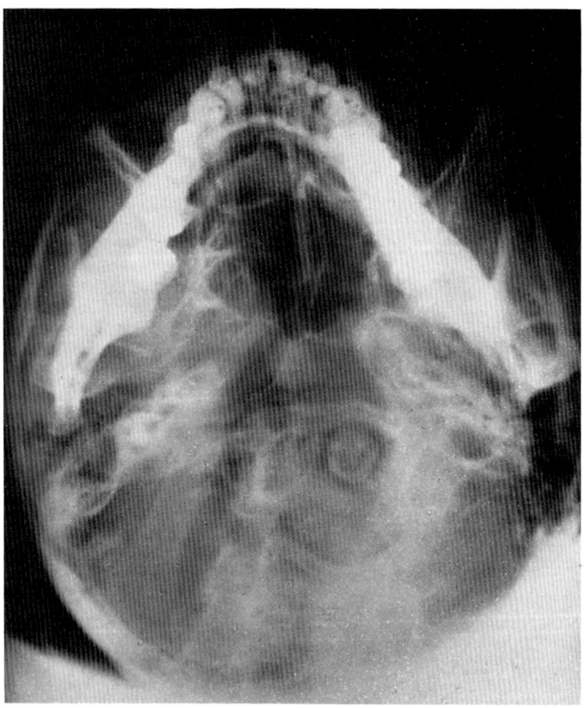

Abb. 4.**112** Asymmetrisch ausgeprägte Schädelgrube, dargestellt im axialen Strahlengang. Linkskonvexe Basisskoliose (aus Schmidt, H.: Zbl. Neurochir. 22 [1961] 81)

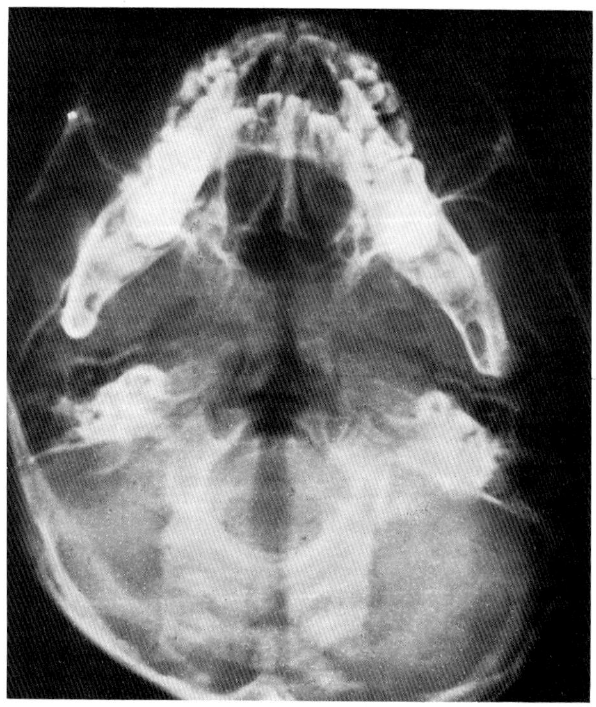

Abb. 4.**113** Hemiatrophia cerebri rechts. Axiale Schädelaufnahme. Keine Basisskoliose (aus Schmidt, H.: Zbl. Neurochir. 22 [1961] 81)

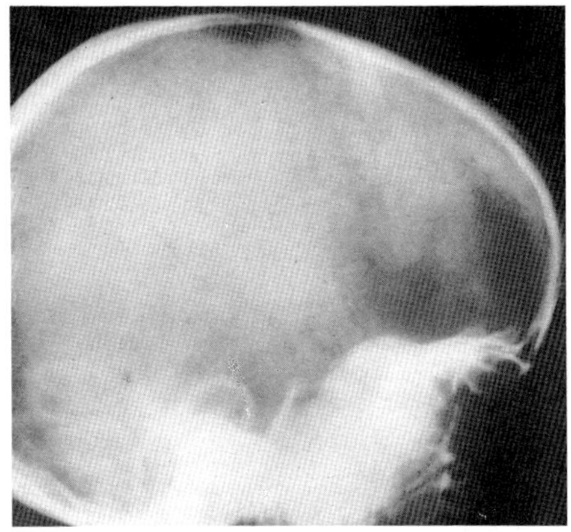

Abb. 4.115 Engelmann-Syndrom mit Sklerose der Schädelbasis

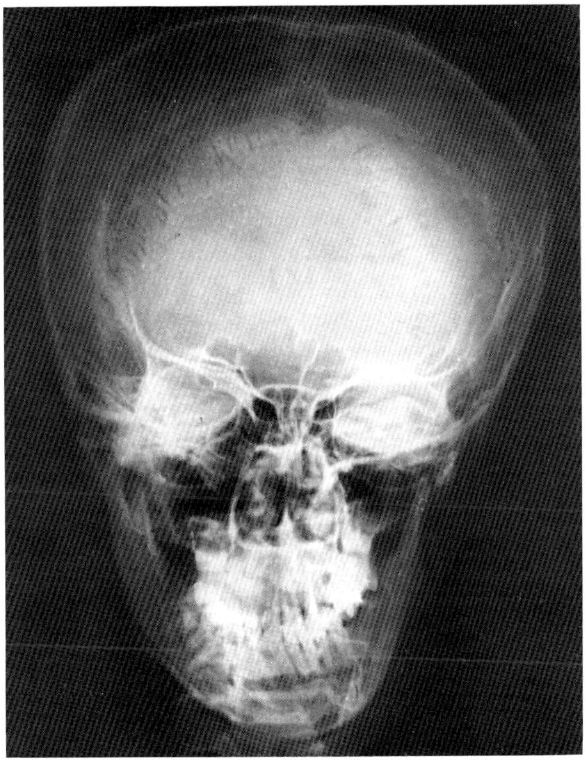

◁ Abb. 4.114 Asymmetrisch entwickelter Schädel bei kongenitalem Schiefhals in der p.-a. Projektion (aus Schmidt, H.: Zbl. Neurochir. 22 [1961] 81)

Verletzungsfolgen

Abgesehen von den Standardprojektionen bei radiographischen Untersuchungen des Schädels empfiehlt sich zur Darstellung von Verletzungen am Hinterhauptbein die Abbildung der Squama occipitalis und des Foramen occipitale magnum im sagittalen Strahlengang unter Neigung der Röhre um 45 Grad nach kaudal (Projektion nach Towne).

Die bei Biegungs- und Berstungsfrakturen der Schädelkalotte auftretenden **Frakturspalten** strahlen öfter in die Basis ein und verlaufen längs den Strebepfeilern (Pyramiden oder Keilbeinflügeln) durch die Basis, öfter in den Foramina der mittleren Schädelgrube endend. Die Brüche können auch von der Basis ausgehen und an der Kalotte aufhören.

Ihr *Nachweis* ist an der Basis radiologisch ungleich *schwerer* als an der Kalotte, da die Dehiszenz der Fragmente gering zu sein pflegt, der betroffene Knochen äußerst dünn ist und die Fraktur in den üblichen Projektionen entweder von den Knochenstrukturen der Gesichtsschädel- und übrigen Basisknochen im sagittalen Strahlengang oder von den Strukturen der nicht betroffenen Schädelbasis im Profilbild überlagert werden. Daran hat auch die Computertomographie wenig geändert. Erst wenn es bis zum **Bruch auch der Basisstreben** gekommen ist, werden diese – wohl fast nur *computertomographisch* – erfaßbar. Über fünf Beobachtungen von Frakturen des vorderen, sphenotemporalen Pfeilers ist berichtet (17), über Pyramidenfrakturen s. „Spezieller Teil – Schläfenbein". Der **Bruch in der vorderen Schädelgrube,** also der Pars orbitalis ossis frontalis, kann auch in der seitlichen Summationsaufnahme sichtbar werden (18). Das gleiche Symptom der Konturunterbrechung im Profilbild gilt für **Frakturen der mittleren Schädelgrube,** die Keilbeinkörper oder Sella erreichen. Differentialdiagnostisch ist Vorsicht geboten bei Kindern, deren Keilbeinzentren noch nicht vollkommen verknöchert sind (29).

Frakturen der hinteren Schädelgrube s. „Spezieller Teil – Hinterhauptbein".

Als indirekte Hinweise auf Schädelbasisverletzungen sind **Verschattungen der Nasennebenhöhlen** (evtl. **Spiegel** in der Keilbeinhöhle) und des **pneumatischen Systems** der Ohren wie auch **intrakranielle Luftansammlungen** aufzufassen.

Während der Leckage einer **Liquorfistel** kann nach Konstrastmittelgabe die Computertomographie zur Seitenbestimmung führen, wenn sie ausgeführt wird, bevor eine allgemeine Kontrastmittelanreicherung der Nasenhöhle erfolgt ist (30^2).

Erworbene Erkrankungen

Osteomyelitiden an der Schädelbasis entstehen meistens in der Umgebung infizierter Nebenhöhlen und pneumatischer Zellen und werden an entsprechender Stelle („Basis – Spezieller Teil – Mastoid" bzw. „Nasennebenhöhlen") besprochen. Die **Tuberkulose** kommt an der Schädelbasis isoliert extrem selten vor (21) und befällt ebenso wie die Lues in erster Linie Keilbeinkörper, Keilbeinhöhle und Sella, die Tuberkulose mit hochgradiger Osteoporose und Destruktion – nicht abzugrenzen vom Sarkom (20). Die **Lues** ist gekennzeichnet durch Hyperostosen des Keilbeinkörpers und Verödung der Keilbeinhöhle, ähnlich der Meningeomhyperostose.

Verstärkter endokranieller Druck kann – abgesehen von der Symptomatik an der Sella (s. „Basis, Spezieller Teil – Sella turcica") – zu Erweiterungen der inneren Gehörgänge, zu Usuren an den Pyramidenspitzen, zur Vergrößerung der Foramina in der mittleren Schädelgrube, zur zunehmenden Kontrastarmut bis zum Schwinden der dorsalen Anteile des kleinen Keilbeinflügels (unterbrochene Kontur zwischen Processus clinoideus anterior und Orbitadachbegrenzung) führen (21).

Fibröse Dysplasie (Jaffé-Lichtenstein) und **Ostitis deformans (Paget)** verursachen an der Schädelbasis Sklerosierungen und Knochenverplumpungen, die eine Unterscheidung beider Affektionen nach der lokalen Röntgensymptomatik wie auch eine Abgrenzung gegen **Meningeome** zwar prinzipiell unmöglich machen können, doch werden Klinik und weitere radiologische Symptomatik die Differentialdiagnose fast immer erlauben.

Auf die **Tumoren der Schädelbasis** wird an entsprechender Stelle im „Speziellen Teil" eingegangen.

Literatur

1 Bergerhoff, W.: Metrische Untersuchungen an der Basis des Skelettschädels. Fortschr. Röntgenstr. 82 (1955) 505–509
2 Bergerhoff, W.: Messungen von Winkeln und Strecken am submento-vertikalen Röntgenbild der Schädelbasis. Fortschr. Röntgenstr. 82 (1955) 509–513
3 Bergerhoff, W.: Statistische Untersuchungen der Schädelbasis am submento-vertikalen Röntgenbild. Acta neurochir. Suppl. 3 (1955) 67–71
4 Bergerhoff, W., W. Höbler: Messungen von Winkeln und Strecken am Röntgenbild von Kindern und Jugendlichen. Fortschr. Röntgenstr. 78 (1953) 190–195
5 Bergerhoff, W., R. Martin: Messungen von Winkeln und Strecken am Röntgenbild des Schädels von Säuglingen und Kleinkindern. Fortschr. Röntgenstr. 80 (1954) 742–749
6 Bergerhoff, W., W. Ernst: Messungen von Winkeln und Strecken am submento-vertikalen Röntgenbild der Schädelbasis. Fortschr. Röntgenstr. 82 (1955) 509-513
7 Busanny-Caspari, W.: Die Schädelbasis in ihren Korrelationen zu Gesichts- und Hirnschädel. Beitr. Anthropol. H. 1 (1953) 1–42
8 Campana, L., G. C. Schubert: Ausgedehnte Schädeldeformitäten bei den subarachnoidalen und porencephalen Zysten. Fortschr. Röntgenstr. 117 (1972) 165–173
9 Dabelow, A.: Über Korrelationen in der physiologischen Entwicklung der Schädelform. II. Beziehungen zwischen Gehirn und Schädelbasisform bei den Mammaliern. Morph. Jb. 67 (1931) 84–133
10 Fargueta, J. S., J. L. Menezo, M. Bordes: Posterior orbital encephalocele with anophthalmus and other brain malformations. J. Neurosurg. 38 (1973) 215–217
11 Fischer, E.: Zusammenhänge zwischen der Form der Schädelkalotte und der Schädelbasis. Morphol. Jb. 112 (1968) 82–112
12 Han, J. S., R. G. Huss, Jane E. Beson, B. Kaufman, Y. S. Yoon, St. C. Morrison, J. Alfidi, H. L. Rekate, R. A. Ratcheson: MR Imaging of the skull base. J. Computer Assist. Tomogr. 8 (1984) 944–952
13 Hofer, H.: Der Gestaltwandel des Schädels der Säugetiere und Vögel mit besonderer Berücksichtigung der Knikkungstypen und der Schädelbasis. Anat. Anz. Erg. zu H. 99 (1952) 102–131
14 Hofer, H.: Die cranio-cerebrale Topographie bei den Affen und ihre Bedeutung für die menschliche Schädelform. Homo 5 (1954) 52–72
15 Hofer, H.: Zur Kenntnis der Kyphosen des Primatenschädels. Anat. Anz. 104, Erg.-H. 54–76 (1957)
16 Hofer, H.: Studien zum Problem des Gestaltwandels des Schädels der Säugetiere, insbesondere der Primaten. Z. Morphol. Anthropol. 50 (1960) 299–316
17 Jend, H. H., J. Jend-Rossmann: Sphenotemporal buttress fracture. Neuroradiology 26 (1984) 411–413
18 Kotscher, E.: Traumatische Veränderungen. In: Röntgendiagnostik des Schädels, Teil 2, red. v. L. Diethelm, F. Strnad. In Olsson, O., F. Strnad, H. Vieten, A. Zuppinger: Handbuch der Medizinischen Radiologie, Bd. VII. Springer, Berlin 1963 (S. 1–62)
19 Lutz, A.: Über das Wachstum des Schädels. Med. Diss., Tübingen 1965
20 Mayer, E. G.: Zur Röntgenuntersuchung der Schädelbasis bei basalen Tumoren. Fortschr. Röntgenstr. 35 (1927) 187-204
21 Muntean, E.: Die Röntgendiagnostik der Schädelbasis. In: Röntgendiagnostik des Schädels, Teil 1, red. v. L. Diethelm, F. Strnad. In Olsson, O., F. Strnad, H. Vieten, A. Zuppinger: Handbuch der Medizinischen Radiologie, Bd. VII. Springer, Berlin 1963 (S. 430–500)
22 Pickering, S. P.: Correlations of brain and head measurements, and relation of brains shape and size of the head. Amer. J. physiol. Anthropol. 15 (1930) 1–52
23 Pinto, R. S., A. E. George, M. Koslow, G. Barasch: Neuroradiology of basal anterior fossa (transethmoidal) encephaloceles. Radiology 117 (1975) 79–85
24 Putz: persönl. Mitteilung von A. Ravelli
25 Ranke, J.: Über einige gesetzmäßige Beziehungen zwischen Schädelgrund, Gehirn und Gesichtsschädel. Beitr. Anthrop. zur Urgeschichte Bayerns. 10 (1892) 3–132
26 Schmidt, H.: Röntgenologische Differentialdiagnose von Schädelbasisasymmetrien. Zbl. Neurochir. 22 (1961) 81–93
27 Schröder, Christa: Lassen sich Zusammenhänge zwischen der Lage der Basisstreben und der Form der Schädelkalotte nachweisen? Med. Diss., Hamburg 1974
28 Schuchardt, E.: Über Wachstumsrelationen am Schädel und Gehirn von Säugetieren in Ontogenese und Phyologenese. J. Morphol. Anthropol. 45 (1953) 73–134
29 Swischuk, L. E.: Emergency Radiology of the Acutely Ill or Injured Child. Williams & Wilkins, Baltimore 1979 (p. 399–402)
30 Whelan, Margaret A., Deborah L. Reede, J. P. Lin, J. H. Edwards: The base of the skull. In Bergeron, R. Th., Anne G. Osborn, P. M. Som: Head and Neck Imaging. Mosby, St. Louis 1984 ([1]p. 531; [2]p. 540; [3]p. 540; [4]p. 572)

Spezieller Teil

Sella turcica

Vorbemerkung zur Definition

Mit der Besprechung der Sella turcica wird erstmals in diesem Buch nicht ein Knochen oder ein Knochenteil, sondern die Umrandung und auch Umgebung einer *Grube,* der Einsenkung für die Hypophyse in die Schädelbasis, beschrieben. Aufzuführen sind also Normalbefunde und Abweichungen hiervon, die nicht nur die Fossa hypophysialis, sondern in gleichem Maße ihre Umrandung und auch nach bisher in der Literatur üblicher Gebietsabgrenzung die etwas fernere Umgebung betreffen.

Die Sella liegt im Keilbein. Zu ihrer Umrandung gehören das **Dorsum sellae** mit **Processus clinoidei posteriores,** der **Sellaboden,** das **Tuberculum sellae** des Keilbeinkörpers und die **Processus clinoidei anteriores** der kleinen Keilbeinflügel. Die entferntere Region erstreckt sich auf die vor der Sella liegenden Partien des Jugum sphenoidale, im radiologischen Schrifttum und auch weiterhin hier als **Planum sphenoidale** bezeichnet, das nach hinten zum genannten Tuberculum sellae ausläuft. Über das Planum verläuft vor dem Tuberkulum die Rinne zwischen dem rechten und linken Canalis opticus, der **Sulcus chiasmatis** (nach internationaler anatomischer Nomenklatur Sulcus praechiasmatis), vom Planum durch den **Limbus sphenoidalis** (27; nicht offizielle anatomische Nomenklatur) getrennt. In mehr oder weniger starker Ausdehnung beteiligt sich die **Keilbeinhöhle** entweder mit ihrem Dach an der direkten Umrandung der Sella, oder sie gehört zur entfernteren Region der Sella bzw. des Planum sphenoidale (Abb. 4.**116a** u.**b**).

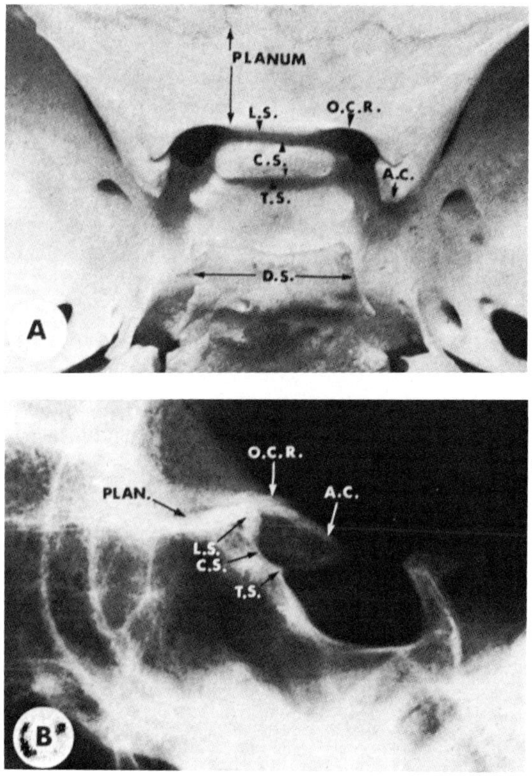

a

b

Abb. 4.**116a** u. **b** Normale Sellaregion **a** Aufsicht von oben (Präparat) **b** Radiographische Darstellung im seitlichen Strahlengang
Es ist bemerkenswert, daß das Dach des Optikuskanals (optic canal roof = O.C.R.) keine prominente Struktur auf der Seitenaufnahme hervorruft
A.C. = anterior clinoid process
C.S. = chiasmatic sulcus
D.S. = dorsum sellae
L.S. = limbus sphenoidalis
Plan. = planum sphenoidale
T.S. = tuberculum sellae
(aus Kier, E. L.: Amer. J. Roentgenol. 102 [1968] 747)

Norm

Im Wachstum

Durch embryonales Wachstum je eines jeweils doppelkernig angelegten (55) prä- und basisphenoidalen Knochenzentrums im Keilbeinknorpel und davon unabhängig verknöcherndem Dorsum sellae ist *bei Neugeborenen* ein Stadium eingetreten, in dem als vorderer, oberer Rand der Sella das Tuberculum sellae in 98% sichtbar (und radiologisch nachweisbar) ist. Dorsum sellae und Planum sphenoidale sind noch nicht verknöchert, während sich die Rinne für den Optikuskanal als höchste Formation des Keilbeins abzeichnet. In 15% Häufigkeit findet man normalerweise – bei Hydrozephalus wie bei Frühgeburten öfter – die **Synchondrosis intersphenoidalis** (Abb. 4.**117**), nicht zu verwechseln mit dem **Canalis craniopharyngeus,** der von der tiefsten Stelle des Sellabodens ausgeht, schräg nach unten zieht und normalerweise beim Neugeborenen nicht mehr beobachtet wird (27, 55). Der Knochenkern des Dorsum erscheint kurz nach der Geburt. Das Planum sphe-

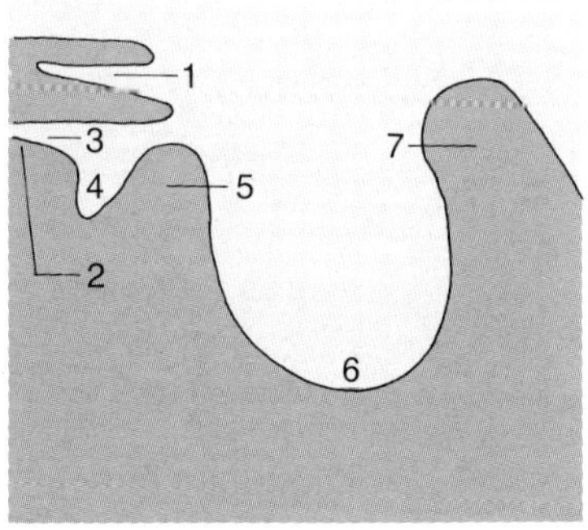

Abb. 4.**117** Persistierende Synchondrosis intersphenoidalis (nach Mayer)
1 = Processus clinoideus anterior
2 = Planum sphenoidale
3 = Limbus sphenoidalis
4 = persistierende Synchondrosis intersphenoidalis
5 = Tuberculum sellae
6 = Sellaboden
7 = Dorsum sellae (kindliche Form)

noidale wird in den beiden ersten Lebensjahren entwickelt. Dabei kann der Sulcus chiasmatis bis zur Unnachweisbarkeit abgeflacht werden, und das Tuberculum sellae wird der höchste Punkt der präsellaren Region. Im 3. bis 8. Lebensjahr kann auch die Ausdehnung der Keilbeinhöhle, wenn sie an das Planum sphenoidale und den Sulcus chiasmatis angrenzt, zur Einebnung der präsellaren Region beitragen und sogar bei sehr starker Ausdehnung die Neigung des Planum mit Anstieg nach vorn oder auch hügeliger Erhebung ändern.

Aus der infantilen ist die Sellaform des Erwachsenen entstanden. Die unterschiedlich markante Abgrenzung des vor dem Tuberkulum liegenden Sulcus chiasmatis führt zu sehr verschiedenen „Sellaformen", bei denen die sog. **„J-förmige Sella"** (12 – s. „Erworbene Krankheiten") einer mangelnden, die **„omegaförmige Sella"** (19) einer deutlichen Abgrenzung (gleichgültig, ob durch normale Entwicklung oder pathologischen Prozeß entstanden) ihre wenig informative Bezeichnung verdanken, ist doch immerhin zu bedenken, daß der Sulcus chiasmatis sensu strictori nicht zur Sella turcica gehört. Auch der Bezeichnung „Rucksacksella" bei Dilatation der Keilbeinhöhle unter dem hochstehenden Planum sphenoidale und Vorwölbung des Sulcus chiasmatis als Konstitutionsvariante (48) kommt eine mehr beschreibende als definierende Bedeutung zu.

Der beim Neugeborenen kleine Knochenkern (in einer im wesentlichen knorpeligen) Sella (Abb. 4.**118a** u. **b**) wächst im 1. Lebensjahr rasch, das Sellaprofil vergrößert sich unter Bevorzugung der Sellalänge bis zum 3. Lebensjahr langsamer und von da ab bis zum Alter von 11 Jahren kontinuierlich (2, 34). Zwischen dem 12. und 15. Lebensjahr vergrößert sich die Sella bei Mädchen schneller als bei Jungen (25), Meßweisen s. bei Bergerhoff (2), Chilton (9) und Silverman (52).

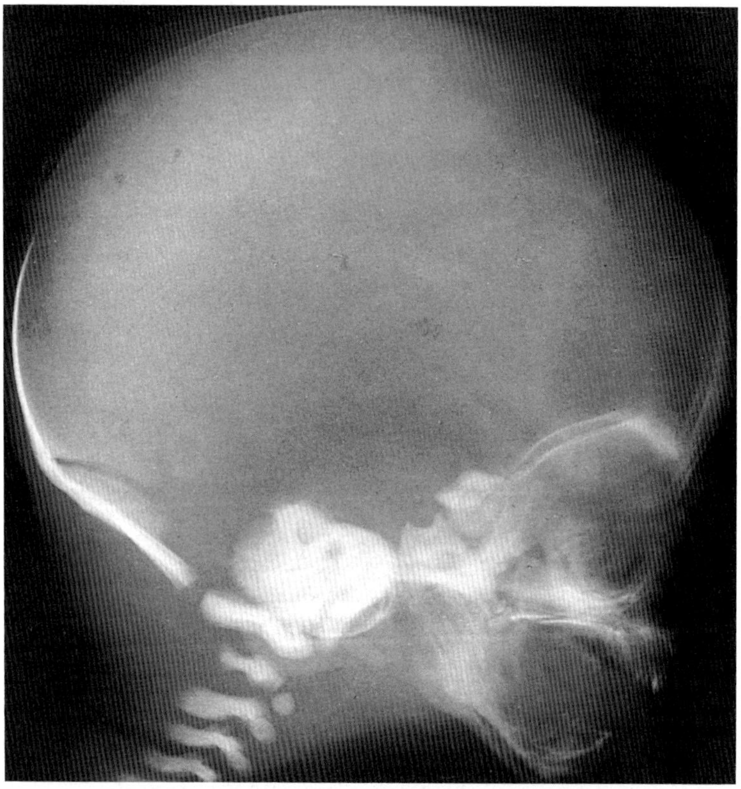

a

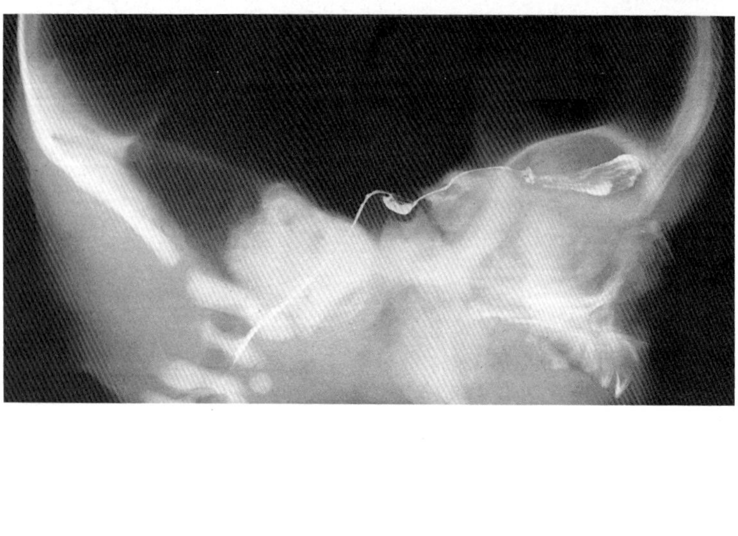

b

Abb. 4.**118a** u. **b** Präparataufnahme eines reifen Neugeborenen (Beobachtung von Richter, Hamburg)
a Seitliche Schädelaufnahme ohne Kontrastmittelinjektion
b Nach Öffnung des Schädels und Entfernung des Gehirns Darstellung der Endokranialfläche. Man sieht die relativ dicke Knorpelschicht zwischen Kontrastmittel und der relativ kleinen knöchernen Sella turcica. Sella teilweise mit Kontrastmittel gefüllt

Beim Erwachsenen

Die *Form der Sella turcica* ist in fast zwei Drittel der Fälle längsoval und in einem Drittel rund. Eine Übersicht verschiedener Sellaformen gibt Abb. 4.**119** wieder. Die Untersuchung der Sella wurde auch als Identifikationsmethode angegeben (63).

Messungen über die Sellagröße sind vielfach vorgenommen, meist direkt nach Länge und Tiefe, am genauesten planimetrisch (23, 24), in Winkeln (2) und der Länge in Relation zur gesamten Schädellänge bzw. -höhe (32). Die Länge beträgt 12 bis 17 mm, die Tiefe 9 bis 13 mm, die Profilfläche 90 bis 120 mm². Die Maße variieren also erheblich.

Auch beim Erwachsenen kommt ein Sulcus chiasmatis vor (Abb. 4.**120**).

Die beiden **vorderen Klinoidfortsätze** überragen vorn die Sella turcica und projizieren sich mit ihren Ansätzen als Teile des kleinen Keilbeinflügels auf das diese verbindende Planum (Jugum) sphenoidale (Abb. 4.**121**). Bei Hyperpneumatisation der Nasennebenhöhlen können die Processus clinoidei anteriores **lufthaltig** sein (s. Abb. 4.**109 a**), sie können sich jedoch auch trotz starker Entwicklung der Keilbeinhöhle als **sklerosiert,** Abb. 4.**122 a,** und **verplumpt** erweisen, Abb. 4.**122 b**. Das normalerweise 7 mm lange und 2 mm dicke **Dorsum sellae** variiert in seiner Länge und Dicke sowie in seiner Stellung erheblich. Auch die von den Rändern seiner Spitze ausgehenden beiden **Processus clinoidei posteriores** können grazil, aber auch grob ausgebildet sein und einen hyperostotischen Aspekt bekommen (51 b). Im sagittalen Strahlengang läßt sich das Dorsum sellae auf einer Hinterhauptaufnahme mit etwa 35° fußwärts geneigter Röhre in die Aufhellung des Foramen occipitale magnum projizieren und deutlich darstellen (Abb. 4.**123**).

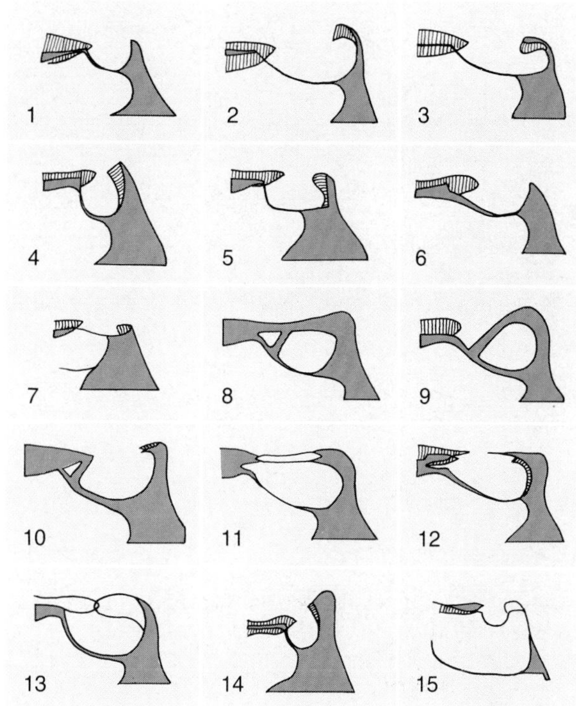

Abb. 4.**119** Sellaformen (nach Carstens). 1–6 stellen die von Martin beschriebenen Hauptformen dar: 1 = rund, 2 = oval, 3 = flach, 4 = tief, 5 = viereckig, 6 = verzogen.
7 ist die von Carstens benannte „Sellamißbildung". Es fehlen dabei ein ordentliches Kavum und Dorsum, d. h., der Selaraum ist stets sehr klein, mit entsprechender insuffizienter Hypophyse.
8–12 sind Brücken verschiedener Ausbildung, von denen die letzte (12) ein unvollständiges Gebilde darstellt. Von ihr ist die „Pseudobrücke" (13) Schneiders zu unterscheiden, bei der die Enden der Processus clinoidei anteriores und posteriores lediglich aufeinanderprojiziert sind.
Die Raabsche Variante (14) fällt durch das hohe, klobige Dorsum auf. Charakteristisch ist die letzte Form (15): niedriges, breites Dorsum, häufig pneumatisiert. Processus clinoidei posteriores können vorhanden sein oder fehlen. Das Kavum ist rund und klein.
Die Sellae 7–15 bedürfen einer sehr kritischen Bewertung

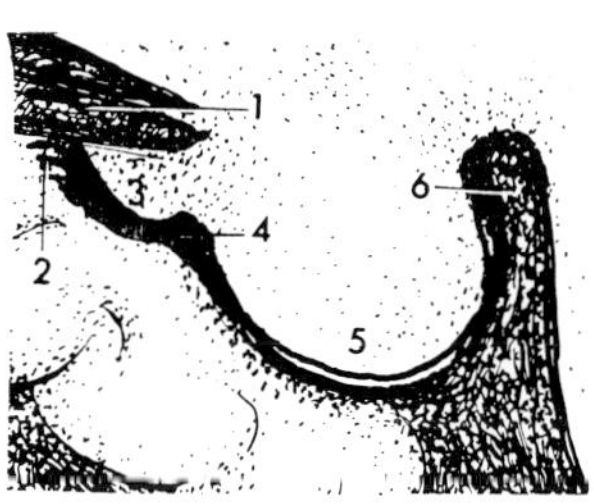

Abb. 4.**120** Sella turcica mit ausgeprägtem Sulcus chiasmatis
1 = Processus clinoideus anterior
2 = Planum sphenoidale
3 = Sulcus chiasmatis
4 = Tuberculum sellae
5 = Sellaboden
6 = Dorsum sellae

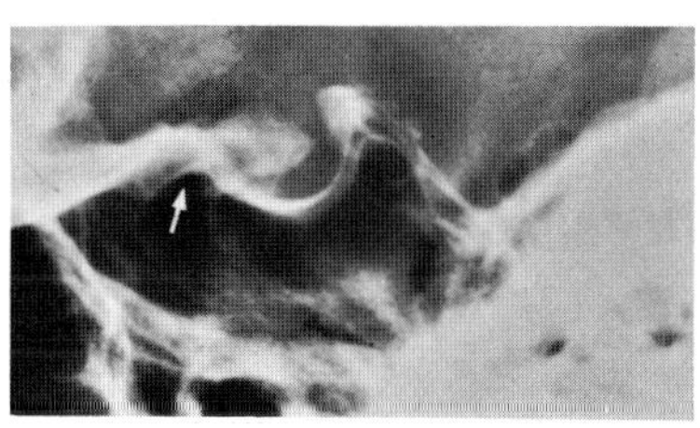

Abb. 4.**121** Klobige vordere Klinoidfortsätze und kleine Sella bei starker Entwicklung der Keilbeinhöhle. Der Pfeil bezeichnet die Furche an der Unterfläche des Processus anterior für die A. carotis

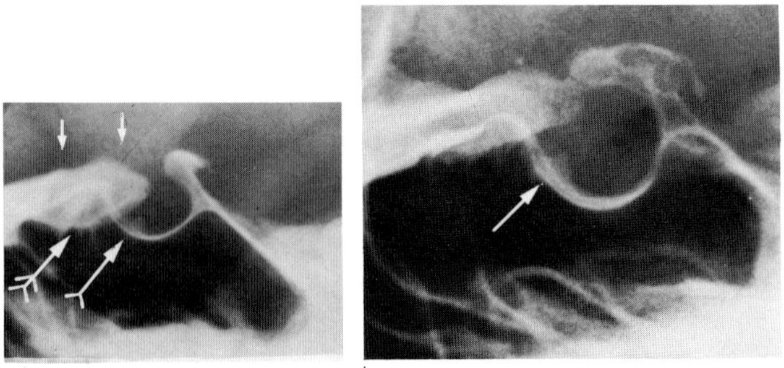

a b

Abb. 4.**122 a** u. **b**
a Massive Verplumpung der vorderen Klinoidfortsätze (→)
b Massive vordere Klinoidfortsätze. Processus clinoideus medialis

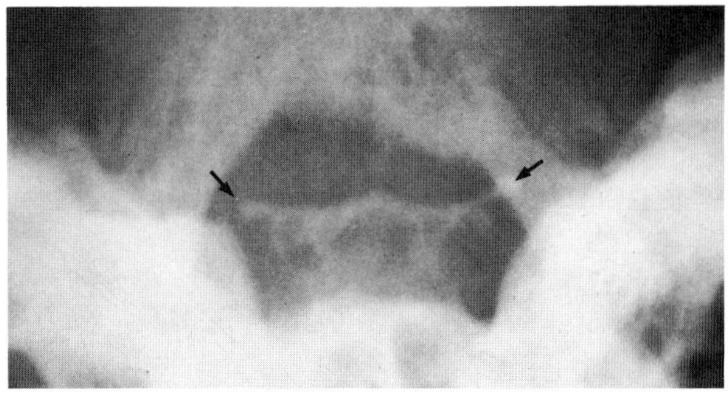

Abb. 4.**123** Am Dorsum sellae sichtbare Osteophyten auf einer Hinterhauptsaufnahme

Varianten

Eine **Kerbe an der Unterfläche der vorderen Klinoidfortsätze** kennzeichnet einen unvollständigen Knochenkanal für die A. carotis interna (Abb. 4.**124**).

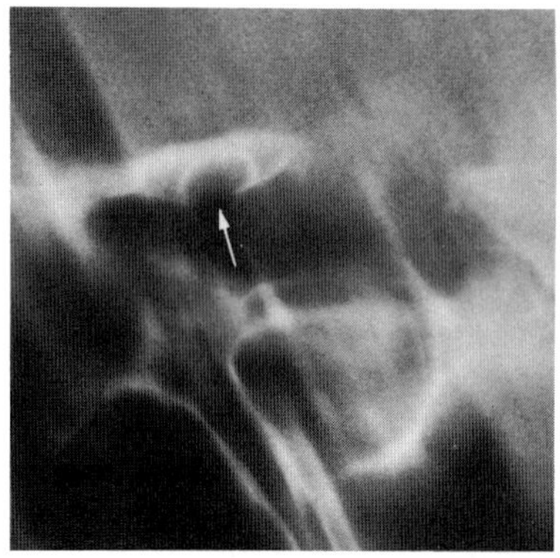

Abb. 4.**124** Tomogramm eines Processus clinoideus anterior mit Vertiefung an der Unterkante (→) für die A. carotis. Basal dilatierter Sinus sphenoidalis

An der Stelle, an der die Synchondrosis intersphenoidalis in der Höhe der Processus clinoidei anteriores vor der Sellamulde die Keilbeinkontur erreicht, kann ein Einschnitt zurückbleiben (Abb. 4.**125**). Hier treten Verdichtungen und Verdickungen des Knochens auf, die zu Verwechslungen mit Meningeomen führen können (43).

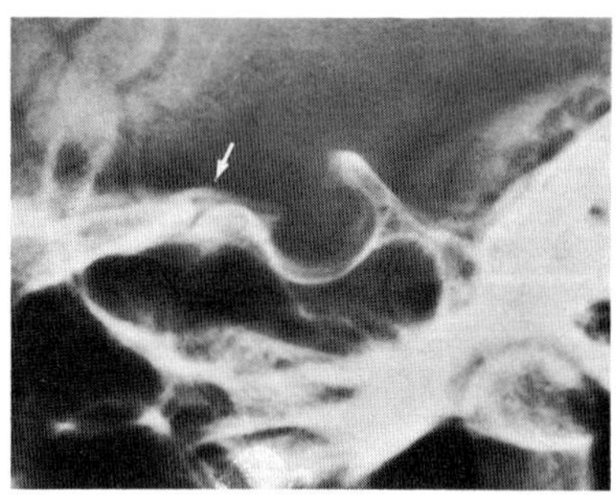

Abb. 4.**125** Persistierende Synchondrosis intersphenoidalis bei einer 36jährigen Frau

Nicht selten sieht man unterhalb des Tuberculum sellae, des „Sattelknopfes", einen kleinen **Processus clinoideus medialis (Processus clinoideus tertius** [51[1]]) (Abb. 4.**126**), der auch einseitig entwickelt sein kann (Abb. 4.**127**).

Der **Canalis craniopharyngeus,** die ursprünglich bestehende Verbindung der Hypophyse mit dem Rachendach, embryonal in 9%iger Häufigkeit im Gebiet der Rathkeschen Tasche nachgewiesen (59), geht von der tiefsten Stelle des Sellabodens aus und kann bei 0,5% der Untersuchten persistieren (28, 47). Der Abgangspunkt am Grunde des Sellabodens kann hier durch einen kleinen **Knochenhöcker** gekennzeichnet sein (Abb. 4.**128** und 4.**129**). Es besteht eine enge Beziehung zwischen diesem Kanal und transspenoidalen Meningoenzephalozelen. Als **„sellar spine"** wird ein Knochenvorsprung bezeichnet, der in der Mediaebene vom Vorderrand des Dorsum sellae gegen das Sellainnere schräg aufwärts vorspringt (15, 29). Eine klinische Bedeutung ist nicht bekannt.

Eine auffallend hoch aufragende Sattellehne wird **Dorsum elongatum** genannt. Turmartige Knochenfortsätze werden als Reste eines embryonal gebildeten Stranges der Hirnhäute, besonders der Dura mater, aufgefaßt (6, 21). Der **persistierende Chordakanal, Canalis basilaris medianus** (Abb. 4.**130**) zieht intraossär entlang der Dorsalkante des Dorsum sellae schräg nach kaudal (37, 38, 45). Bei orthograder Projektion kann der Eingang zu diesem Kanal lochförmig in der Dorsalkontur der Sattellehne abge-

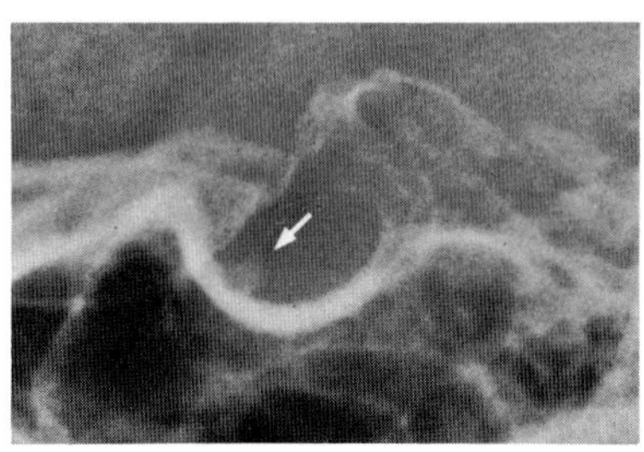

Abb. 4.**126** Großer Processus clinoideus medialis (tertius)

bildet sein (Abb. 4.**131**–4.**133a** u. **b**). Der Befund ist recht typisch, kann allerdings bei vorgewölbter, verdünnter dorsaler Begrenzung und gleichzeitig bestehender großer Keilbeinhöhle wie eine isolierte Luftzelle in der Spongiosa des Dorsum wirken (Abb. 4.**134**).

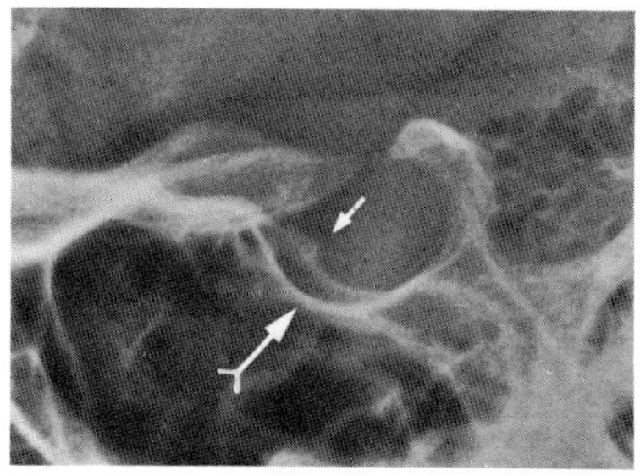

Abb. 4.**127** Einseitige Ausbuchtung des Sellabodens (↣). Einseitiger Processus clinoideus medialis (tertius) (→). Kräftige Entwicklung der Processus clinoideus anterior

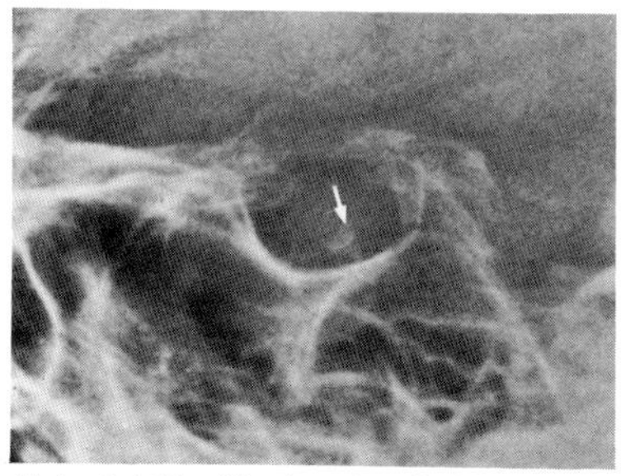

Abb. 4.**128** Höcker im Gebiet des Abganges des Canalis craniopharyngeus (Tuberculum pharyngeum)

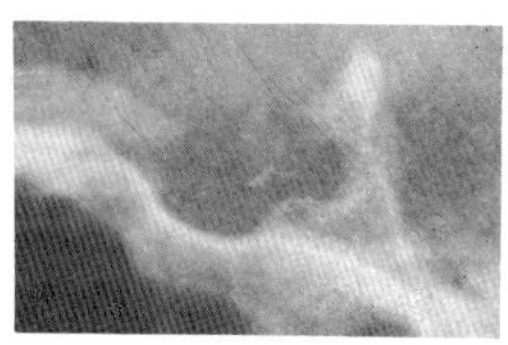

Abb. 4.**129** Tuberculum pharyngeum

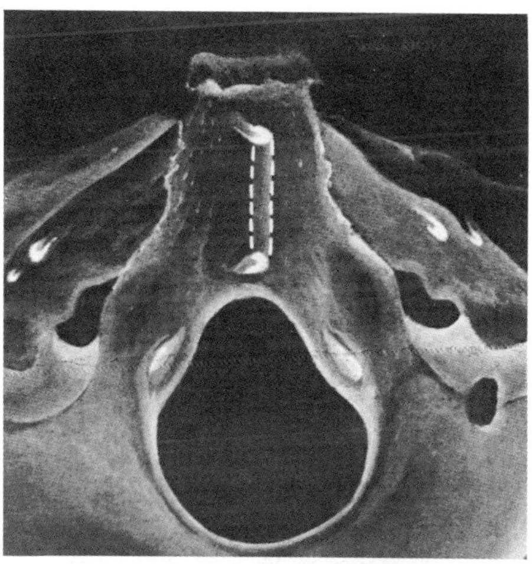

◁ Abb. 4.**130** Chordakanal (Canalis basilaris medianus), auf der Dorsalseite des Klivus (aus Neiss, A.: Morphol. Jb. 106 [1964] 541)

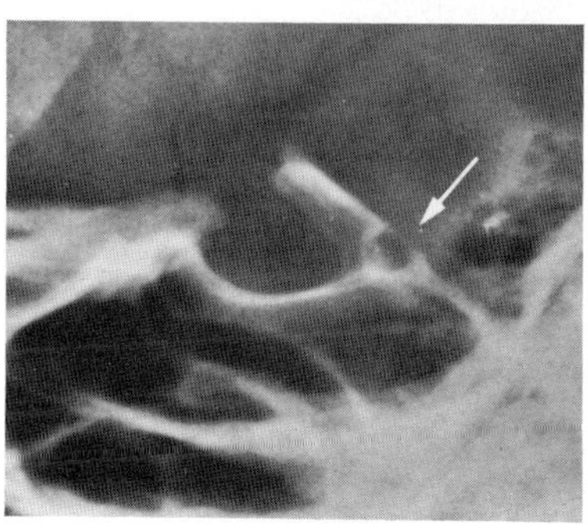

Abb. 4.**131** Lochförmige Aussparung in der Struktur der Hinterkante des Dorsum sellae: Eintrittsstelle des Canalis basilaris medianus

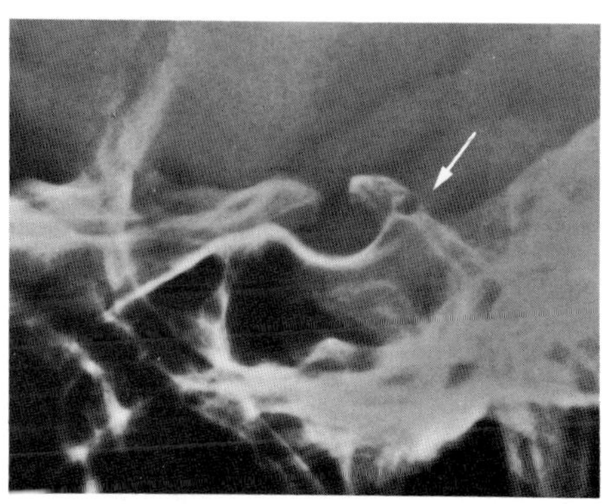

Abb. 4.**132** Typisches Loch für den Canalis basilaris medianus

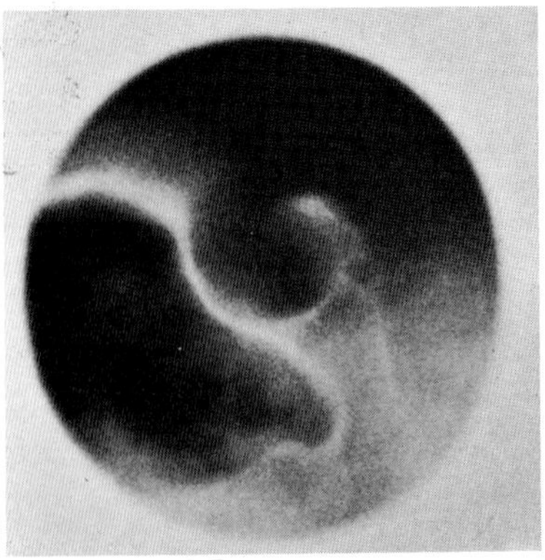
a

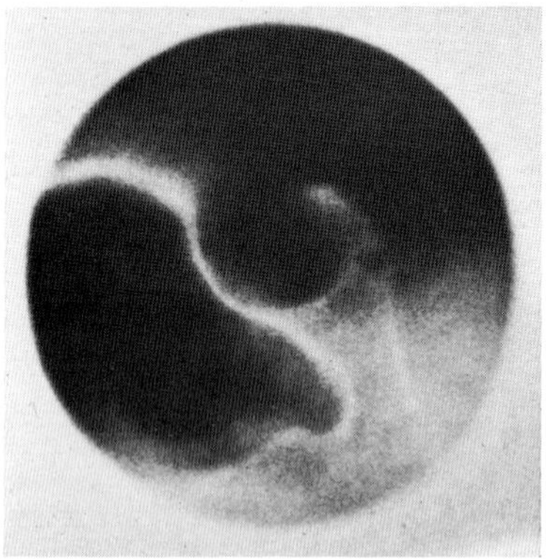
b

Abb. 4.**133 a** u. **b** Loch für den Canalis basilaris medianus im Tomogramm

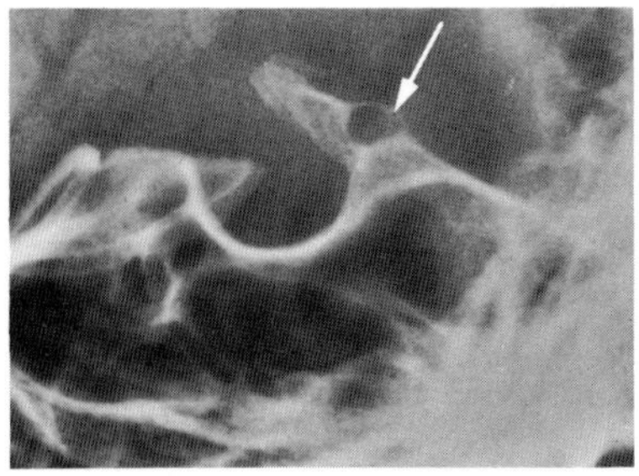

Abb. 4.**134** Blasig aufgetriebener Anfangsteil des Canalis basilaris medianus. Große Keilbeinhöhle

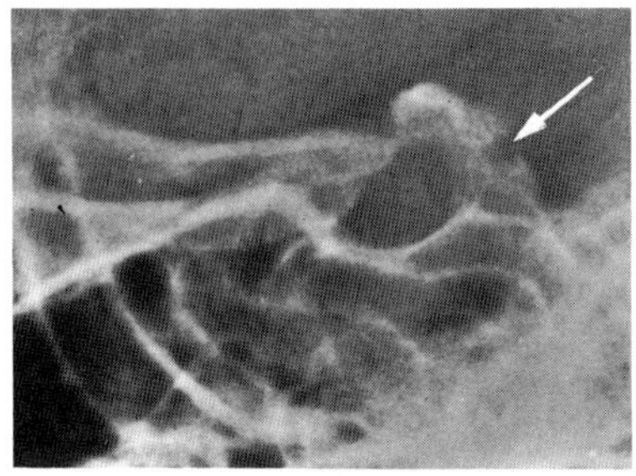

Abb. 4.**135** Konturunterbrechung im breiten, unregelmäßig und unscharf nach hinten begrenzten Dorsum sellae. Canalis basilaris medianus?

Verkalkungen und Verknöcherungen

Bei der Beschreibung von Verkalkungen und Verknöcherungen um die Sellaregion herum erscheint es zweckmäßig, im Anschluß an die vorherigen Ausführungen mit den entsprechenden Veränderungen an der Sattellehne zu beginnen, gibt es doch Befunde mit Knochenbildungen, bei denen die Differentialdiagnose zwischen sekundär entstandenen Ossifikationen und Befunden wie bei sichtbarem Chordakanal schwerfällt (Abb. 4.**135** und 4.**136**). Klinisch wird die mangelnde Unterscheidungsmöglichkeit bedeutungslos sein.

Eine im Profilbild knopfförmig anmutende Dorsumspitze wird meist durch **Osteophyten** an den Processus clinoidei posteriores (s. Abb. 4.**123**) hervorgerufen (s. auch Abb. 4.**126**).

Vom Dorsum sellae nach hinten ziehende, strangartige (Abb. 4.**137**) oder auch einmal pferdeschwanzähnliche (Abb. 4.**138**) Verkalkungen kommen öfter vor und können in unterschiedlichen Gewebsformationen liegen.

Verkalkungen im *Tentoriumansatz* ziehen horizontal nach hinten, im *Lig. petrosellare* (Lig. petroclinoideum mediale), beiderseits schräg nach unten lateral zu den Felsenbeinspitzen und liegen im *Lig. sphenopetrosum* zwischen dem lateralen Rand des Dorsum sellae und der vorderen, medialen Spitze des Felsenbeines. Dieses letztgenannte Band überbrückt den N. abducens („Abduzensbrücke" [62]) und den Sinus petrosus beiderseits und bildet einen Kanal („Dorello-canal") oder aber, von der Impressio trigemini ausgehend, den N. trigeminus („Trigeminusbrücke") und inseriert bei horizontalem bzw. medial leicht anstei-

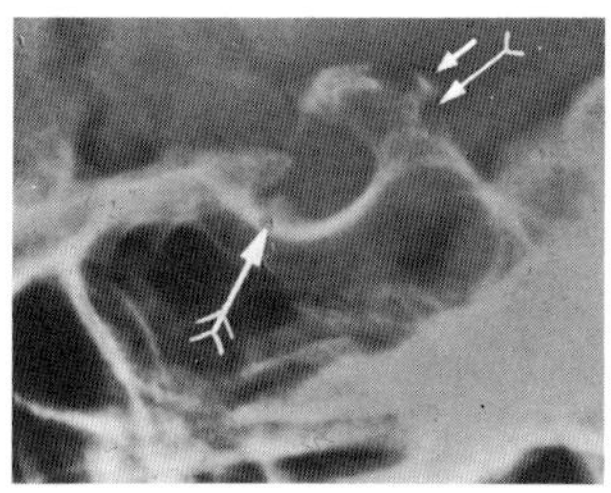

Abb. 4.**136** Dorsum sellae mit kleiner Exostose (→), darunter Canalis basilaris medianus (↣)? Processus clinoideus medialis (⇻)

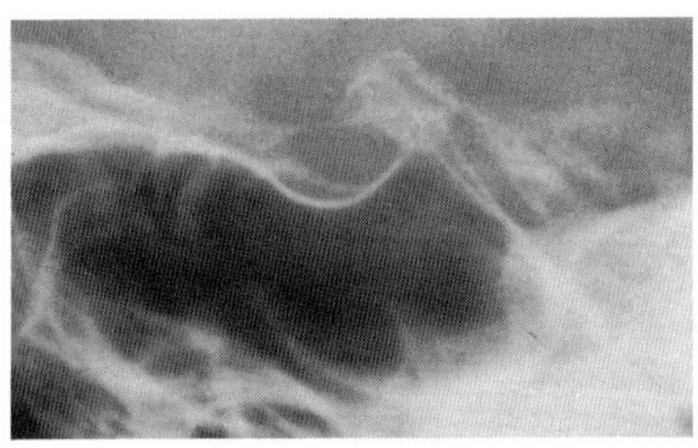

Abb. 4.**137** Strähnige Verkalkungen hinter dem Dorsum sellae

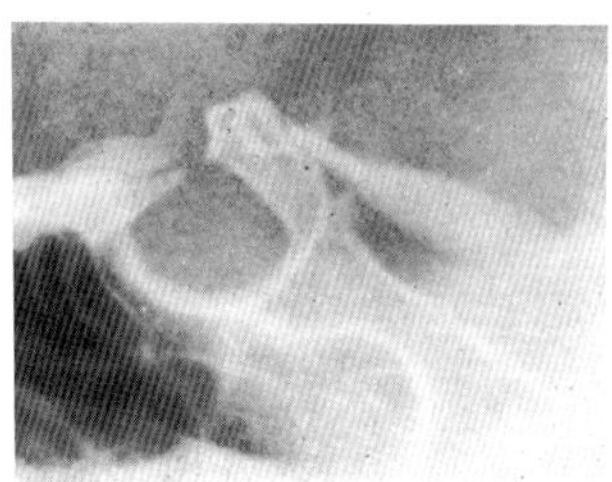

Abb. 4.**138** Pferdeschwanzähnliche Verkalkungen hinter dem Dorsum sellae

gendem Verlauf entweder am Seitenrand des Klivus am Processus clinoideus posterior inferior (64, zit. nach 17) bzw. sogar als Lig. petroclinoideum laterale am Processus alae parvae (14). Die Herkunft dieser Gewebsformationen ist phylogenetisch erklärbar, doch klinisch ohne Belang.

Auch dorsal der Dorsumbasis wurde ein exostosenähnlicher Knochenwulst beobachtet (26) (Abb. 4.**139**).

Verknöcherungen des Sellaeinganges werden als Sellabrücke bezeichnet. Sie bilden sich zwischen dem Dorsum sellae und vorderem (Abb. 4.**140**) sowie medianem Klinoidfortsatz (Abb. 4.**141** und 4.**142**). Auch eine Verknöcherung zwischen Processus clinoideus medialis und vorderen Klinoidfortsätzen ist möglich (Abb. 4.**143**). Der Brückenbogen braucht nicht geschlossen zu sein (Abb. 4.**144**). Kreuzungen zwischen den Brückenbögen zu dem vorderen und medianen Klinoidfortsatz kommen vor (Abb. 4.**145** und 4.**146**). In einer breiten Sellabrücke kann auch ein Loch bleiben (Abb. 4.**147**). Die Kombination mit Sellabrücken und weiteren Duraverkalkungen (Abb. 4.**148**) ist verständlich.

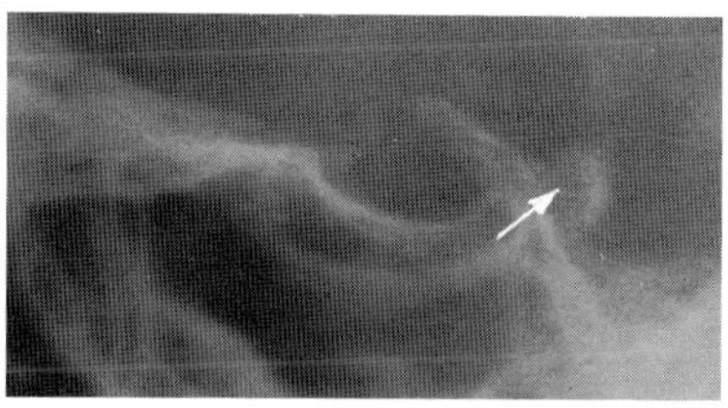

Abb. 4.**139** Sella mit abgewinkeltem Dorsum, hinter dessen Basis sich eine Knochenformation projiziert

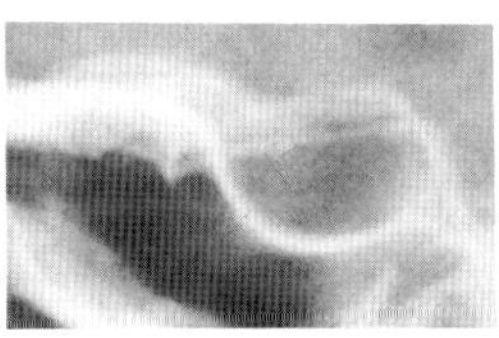

Abb. 4.**140** Doppelschienig angelegte „Sellabrücke"

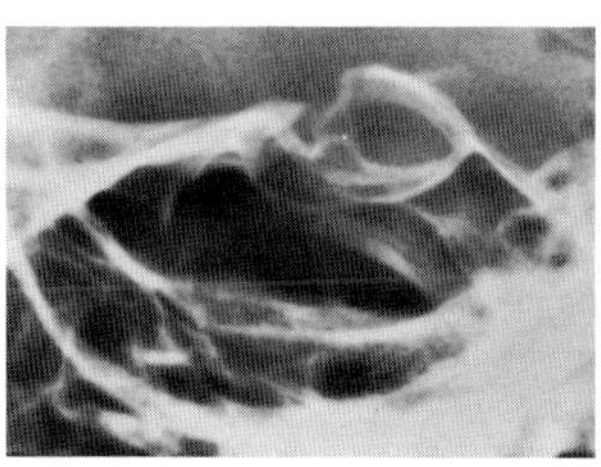

Abb. 4.**141** Brücke zwischen Processus clinoideus posterior und Processus clinoideus medialis

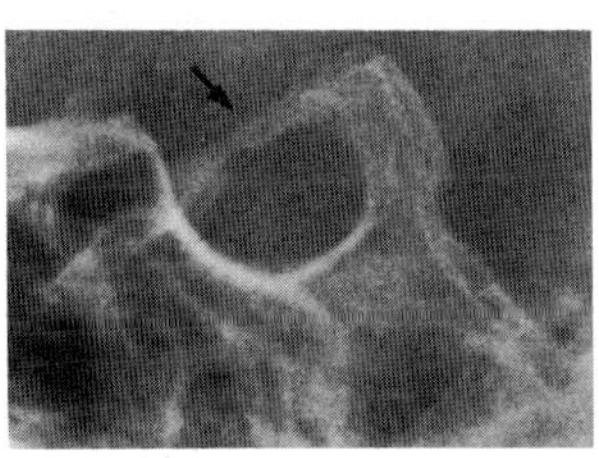

Abb. 4.**142** Mittlere Sellabrücke. Hochstand des Planum sphenoidale

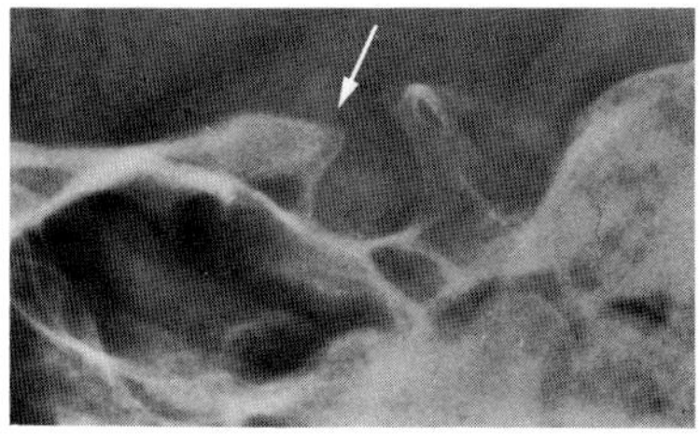

Abb. 4.**143** Verkalkung zwischen Processus clinoideus anterior und Processus clinoideus medialis

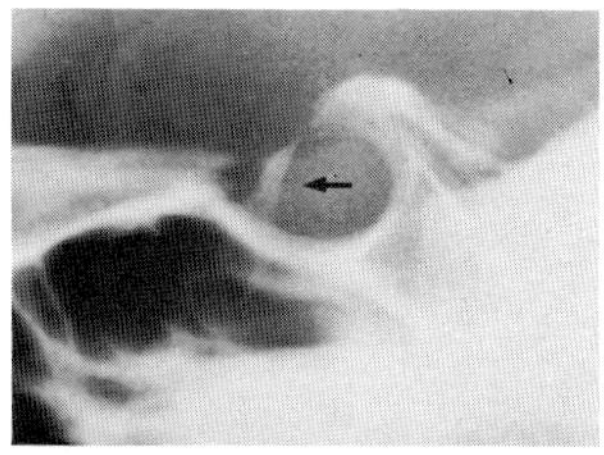

Abb. 4.**144** Vom Processus clinoideus medialis ausgehende Knochenspange. Strangförmige Verkalkung hinter dem Dorsum sellae

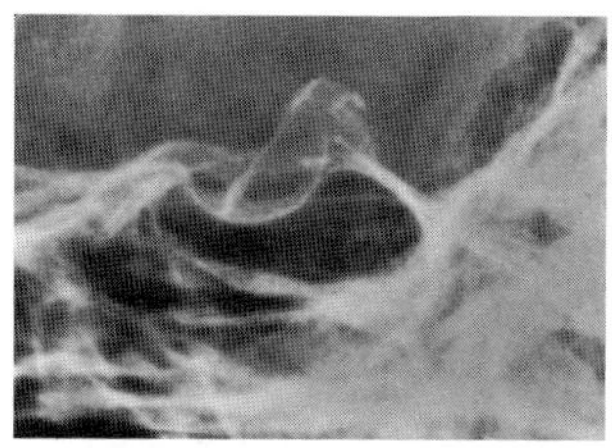

Abb. 4.**145** Kreuzförmige Überlagerung einer oberen und mittleren „Sellabrücke"

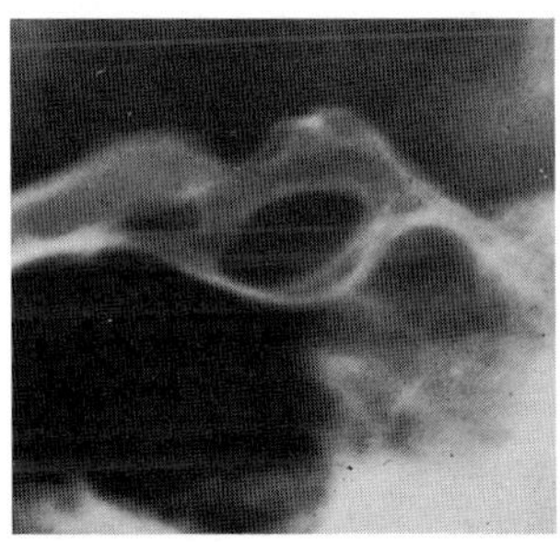

Abb. 4.**146** Obere und mittlere „Sellabrücke". Geräumige Keilbeinhöhle

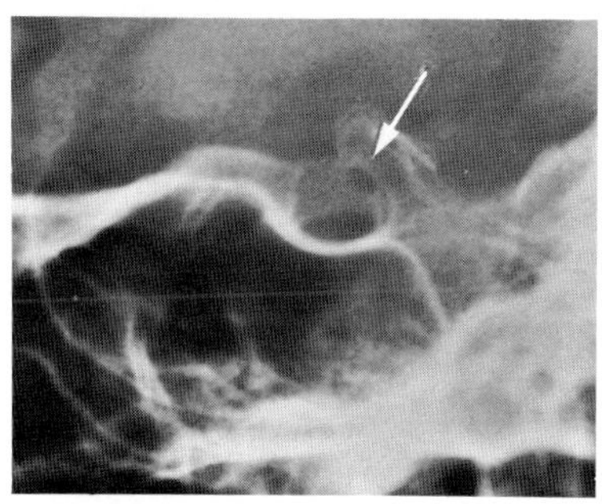

Abb. 4.**147** Breite „Sellabrücke" mit Loch

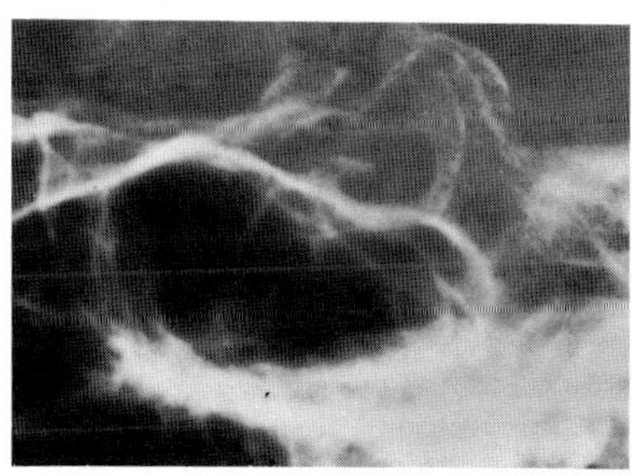

Abb. 4.**148** „Sellabrücken" und unregelmäßige Duraverkalkungen ▷

Der Ausdruck „Sellabrücke“ kann irreführend sein. Im engeren Sinne handelt es sich um Klinoidbögen, die beiderseits an der Sella vorbeiziehen und bis in 8% Häufigkeit vorkommen. Ein zarter, vertikaler Kalkstreifen wurde im Sellalumen gefunden und als „Verkalkung“ bzw. „Knochenblättchen“ im Bindegewebe zwischen Adeno- und Neurohypophyse gedeutet.

Die klinische Bedeutung von Sellabrücken, die auch bei naher Nachbarschaft zur A. carotis interna (40) als Erscheinungsform des Foramen caroticoclinoideum angesehen wurden, ist strittig. Annahmen, sie träten gehäuft mit vegetativen Störungen kombiniert auf (8) oder seien Stigmata eines schwachen Hypophysen-Zwischenhirn-Systems (49), steht die Ansicht, sie seien ohne klinische pathologische Bedeutung (26), gegenüber; jedenfalls kommen sie schon bei jungen Kindern vor.

Anderweitige Verkalkungen s. „Erworbene Erkrankungen“.

Anomalien

Wie zuvor erwähnt, wird – nicht unwidersprochen – die „Brückensella“ als Merkmal der Konstitutionsstörung aufgefaßt. Beim hypophysären Zwergwuchs kann eine primäre Aplasie oder Hypoplasie der Hypophyse vorliegen und eine **sehr kleine Sella** gefunden werden („Mikrosella“) (36), andererseits kann eine **extrem kleine Sella** mit mächtiger Brückenbildung klinisch vor allem endokrinologisch bedeutungslos sein. Bei unbehandelter Hypo- und Athyreose im Kindesalter wird häufig eine große, rundliche **„ballonierte“ Sella** gefunden. Ihr Größenrückgang gibt ein Maß für den Therapieerfolg (56).

Die Processus clinoidei anteriores können unterentwickelt sein bzw. fehlen.

Verletzungsfolgen

Siehe Abschnitt „Gesichtsschädel – Keilbeinhöhle“

Erworbene Erkrankungen

Die Unterscheidung von direkten Druckauswirkungen durch intrasellare, raumfordernde Prozesse von den indirekten, durch erhöhten intrakraniellen Druck bedingten („Drucksella“) Veränderungen an Kavum und Wänden der Sella ist oft schwierig.

Hypophysenadenome (chromophobe, gemischte, eosino- und basophile) verursachen wohl Sellaveränderungen, nicht aber andere Symptome erhöhten Drucks am Schädel. Wenn diese zu erkennen sind, handelt es sich nicht um einen intrasellaren Prozeß (50, 53). Asymmetrische Erosionen bzw. Usuren der hinteren und vorderen Processus clinoidei wie auch des Sellabodens sprechen nicht nur für einen intrasellaren Tumor, sondern ermöglichen auch die Seitenangabe; allerdings können einseitige Vertiefungen der Sellagrube auch bis zu einem gewissen Grade normalerweise vorkommen (Abb. 4.**149**). Bei intrasellaren Tumoren ist der vom Planum sphenoidale und der Vorderwand der Sella gebildete Winkel oft spitz, bei suprasellaren Geschwülsten stumpf (30, 35).

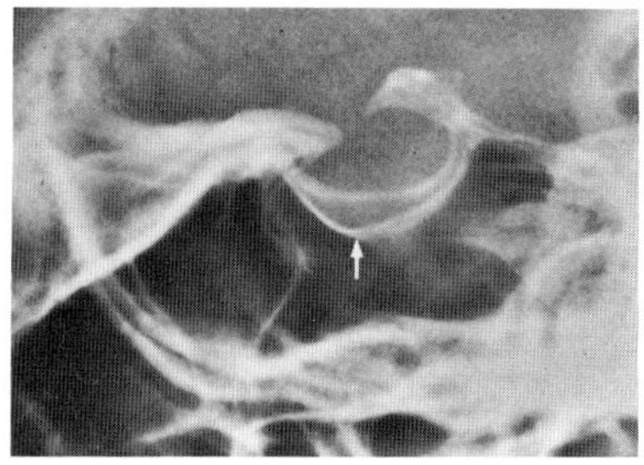

Abb. 4.**149** Einseitige Vertiefung des Sellabodens

Die *Unsicherheit in der Beurteilung* weniger ausgeprägter Symptome wie leichte Konturunregelmäßigkeiten, Asymmetrien des Sellabodens oder sehr dünnem Dorsum sellae wurden durch vergleichende Studien zwischen radiologischem und histologischem Befund verdeutlicht. Ein pathologischer Knochenbefund konnte selbst bei intrasellaren Zysten bis 10,1 mm Durchmesser nicht gefunden werden (1).

Einen besonderen Befund sieht man, wenn das Tuberculum sellae, z. B. durch ein **Optikusgliom,** erodiert ist und sich die Sellagrube in den Sulcus chiasmatis bzw. dessen Erweiterung scheinbar nach vorn verlängert (*„anterior extension of the pituitary fossa“*). Die gesamte Höhle nimmt dann die Form eines liegenden J an (*„J-shaped sella“*) (12).

Die **„Drucksella“** entsteht durch die Druckzunahme im dritten Ventrikel und umgebender basaler Zysternen. Der Ventrikel braucht nicht erweitert zu sein. Die Knochenarrosion erfolgt dann durch Pulsation (5, 12). Unter Usur der Spitze des Dorsum sellae (mit den Processus clinoidei anteriores) und seiner Wände, vor allem auch an der Rückseite, vertieft sich die Sella und wird größer (Abb. 4.**150**), wobei durch Erosion eventuell auch die vorderen Klinoidfortsätze zugespitzt erscheinen. Die Sattellehne kann wie aufgerichtet, aber auch wie vorgebeugt wirken. Glioblastome verursachen in wenigen Fällen, langsam wachsende Meningeome fast in der Hälfte, Großhirntumoren bei frontalem, parietalem und okzipitalem Sitz in 38–45%, bei temporaler Lokalisation in 53% und Tumoren im dritten Ventrikel in 70–75% der Fälle Sellaveränderungen (33). Die Erweiterung ist bei frontal gelegenen Tumoren mehr flach, bei okzipitalen tiefer (60, 61). Bei Kleinhirntumoren ist die Exkavation stets durch einen Hydrocephalus internus bedingt.

Eine Erweiterung der Sella turcica nicht tumorösen Ursprungs wurde wiederholt bei **Psoriatikern** beschrieben (46).

Von extrasellar die Sellawände **zerstörenden Knochen- und Keilbeinhöhlenprozessen** sind vorwiegend die Chordome des Dorsum sellae, die Rachen-

Abb. 4.**150** Vergrößerte Sella mit Zerstörungen am Dorsum und den Processus clinoidei posteriores. Breite Diploëvenen

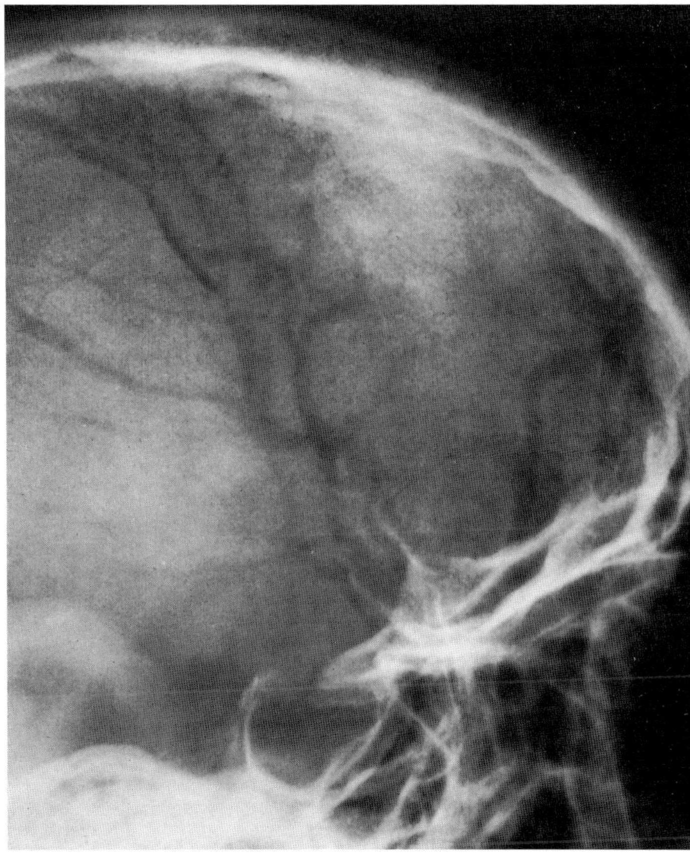

dachtumoren und die seltenen Mukozelen der Keilbeinhöhle aufzuführen.

Einen direkten Hinweis auf den Sitz eines intrasellaren oder sellanahen Tumors geben **intratumoröse Verkalkungen,** wie sie besonders in **Kraniopharyngeomen** (54 bis 58% [31 u. a]) auftreten, meist in Konglomeraten von Knötchen und Körnchen bzw. zystenförmig vorwiegend suprasellar in der Medianebene, manchmal supra- (Abb. 4.**151**) und intra-, selten nur intra-sellar gelegen, ganz vorwiegend bei Kindern beobachtet. Kleine, körnchen- oder linienförmige Kalkschatten wurden in 1, 2 bis 6,3% Häufigkeit am Rande von **Hypophysenadenomen** beschrieben (7, 13, 31, 44). **Suprasellare Gliome des N. opticus** und des **Hypothalamus** verkalken mehr nodulär. Die Art der Verkalkung von **Meningeomen** mit suprasellarem Sitz sind von den einzelnen Autoren so unterschiedlich beschrieben, daß bei ebenfalls stark schwankenden Häufigkeitsangaben des Kalkvorkommens in suprasellaren Meningeomen (bis zu 60% werden genannt [20]) eine Artdiagnose als nicht möglich erscheint. Auch **Dermoide** sind nach der Art ihrer Verkalkungen z. B. von Kraniopharyngeomen nicht zu unterscheiden (s. bei 3).

Aneurysmen der A. carotis ergeben bei Verkalkungen einen typischen, kreisförmigen Schatten supra- und parasellar (z. B. bei 58). Auf Verkalkungen der A. carotis wurde schon im Kapitel „Schädeldach – Allgemeiner Teil" (s. Abb. 4.**51a** u. **b**) eingegangen. Hier ist auf zusätzliche **Arterienwandverkalkungen** der A. basilaris hinter dem Klivus wie Verkalkungen der A. ophtalmica im Sulcus chiasmatis hinzuweisen.

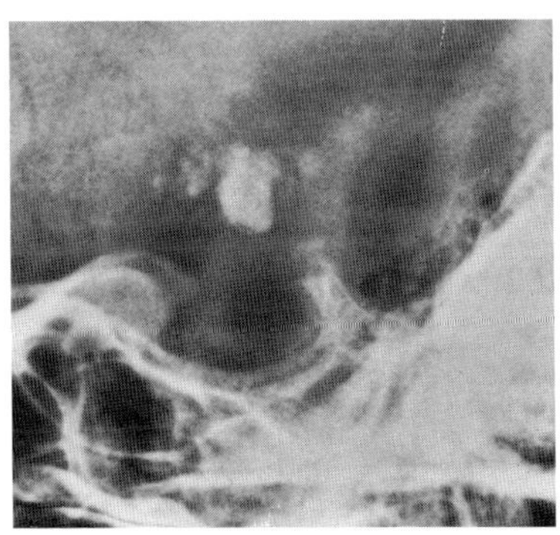

Abb. 4.**151** Kraniopharyngeom (pathologisch-anatomisch gesichert). Adamantinomähnliche Anteile, hämosiderinhaltige Makrophagen, Cholesteringranulom, Blutung und Hämosiderose suprasellär im Bereich des Bodens des 3. Ventrikels (Beobachtung von Cottier, Bern)

Charakteristisch symmetrisch im Gyrus parahippocampalis gelegene Verkalkungen treten bei der **Lipoidproteinose** (Urbach-Wiethe-Syndrom) auf. Auch wenn es sich um eine selten beobachtete autosomal-rezessiv vererbte Stoffwechsel- und nicht um eine im Laufe des Lebens erworbene Erkrankung handelt, ist ihre Erwähnung bei der differentialdiagnostischen Erörterung suprasellarer Verkalkungen erforderlich, projizieren sie sich doch im seitlichen

a
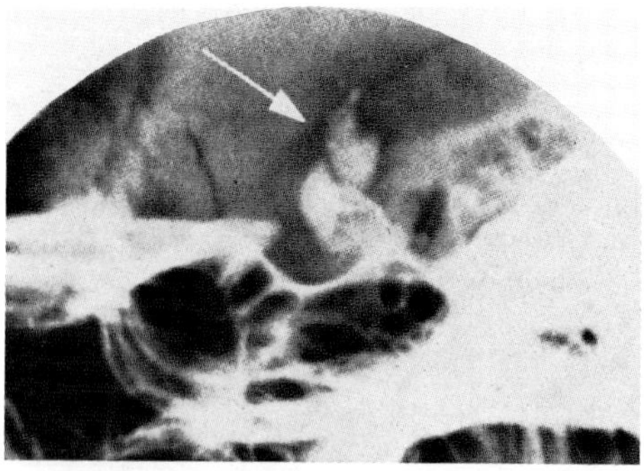

b
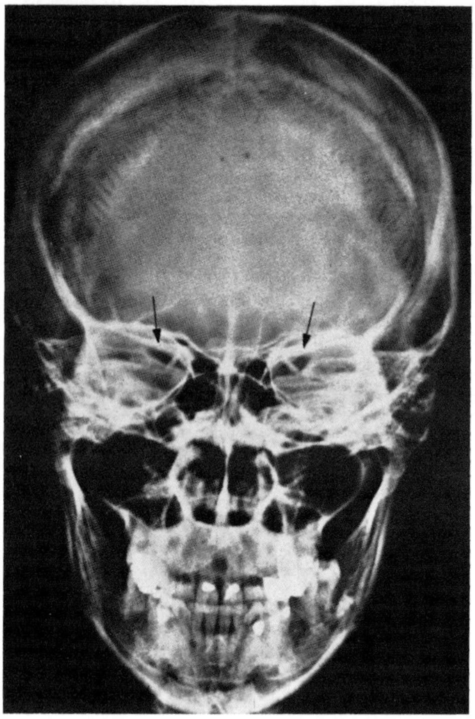

Abb. 4.**152a** u. **b**
a Sellaspezialaufnahme: Engelflügelförmige Verkalkung in Projektion auf und über den hinteren Klinoidfortsätzen der Sella turcica **b** Schädelübersichtsaufnahme im sagittalen Strahlengang: Typische, symmetrische, weizenkorngroße ringförmige Verkalkungen in Projektion auf die Orbitae (aus Neutsch, W. D., H. J. Cramer: Fortschr. Röntgenstr. 107 [1967] 131)

Strahlengang über das Dorsum sellae (Abb. 4.**152a**) in der sagittalen Projektion (Engelsflügel-Syndrom) in die Gegend, in der auch Karotisverkalkungen liegen (18, 22, 39, 54, 57, 65, 66) (Abb. 4.**152b**).

Der **Kalkgehalt des Dorsum sellae** nimmt nach dem 45. Lebensjahr ab (4), und zwar nach computertomographischen, densitrometrischen Untersuchungen ab dem 50. Lebensjahr bei beiden Geschlechtern sprunghaft und steht in Relation zur Stammskelettosteoporose (16).

Literatur

1 Banna, M., J. A. J. Ferris, L. McLean, P. Thomson: Anatomico-radiological study of the borderline sella. Brit. J. Radiol. 56 (1983) 1–5
2 Bergerhoff, W.: Röntgenologische Schädelmessung. In. Röntgendiagnostik des Schädels, Teil 1, red. v. L. Diethelm, F. Strnad. In Olsson, O., F. Strnad, H. Vieten, A. Zuppinger: Handbuch der Medizinischen Radiologie, Bd. VII. Springer, Berlin 1963 (S. 102–121)
3 Bergerhoff, W.: Intrakranielle Verkalkungen. In: Röntgendiagnostik des Schädels, Teil 1, red. v. L. Diethelm, F. Strnad. In Olsson, O., F. Strnad, H. Vieten, A. Zuppinger: Handbuch der Medizinischen Radiologie, Bd. VII. Springer, Berlin 1963 (S. 226–276)
4 Bonneville, J. F., J. L. Dietemann: Radiology of the Sella Turcica. Springer, Berlin 1981
5 du Boulay, G. H., T. El. Gammal: The classification. Clinical value and mechanism of sella turcica changes in raised intracranial pressure. Brit. J. Radiol. 39 (1966) 421–442
6 Busch, W.: Die Morphologie der Sella turcica und ihre Beziehungen zur Hypophyse. Virch. Arch. path. Anat. 320 (1951) 437-458
7 Camp, J. D.: Pathologic non-neoplastic intracranial calcification. Amer. med. Ass. 137 (1948) 1023–1031
8 Carstens, M.: Die Selladiagnostik. Fortschr. Röntgenstr. 71 (1949) 257-272
9 Chilton, L. A.: The volume of the sella turcica in children. New standards. Amer. J. Roentgenol. 140 (1983) 797–801
10 Currarino, G., K. R. Maravilla, K. E. Salyer: Transsphenoidal canal (large craniopharyngeal canal) and its pathological implications. Amer. J. Neuroradiol. 6 (1985) 39–43
11 Davidoff, L. M., B. S. Epstein: The Abnormal Pneumencephalogram. Lea & Fiebiger, Philadelphia 1950
12 Decker, K.: Klinische Neuroradiologie. Thieme, Stuttgart 1960
13 Deery, E. M.: Note on calcification in pituitary adenomas. Endocrinology 13 (1929) 455–458
14 Diemel, H.: Über eine ungewöhnliche Tentoriumverkalkung. Fortschr. Röntgenstr. 104 (1966) 116–119
15 Dietemann, J. L., J. F. Bonneville, F. Cattin, D. Poulignot: Computed tomography of the sellar spine. Neuroradiology 24 (1983) 173–174
16 Dihlmann, W., G. Ling, G. Nebel: Das Dorsum sellae als Indikator der Stammskeletosteoporose. Fortschr. Röntgenstr. 139 (1983) 531–534
17 Fischer, E.: Über Verknöcherungen in der Nachbarschaft der Felsenbeinspitze. Fortschr. Röntgenstr. 100 (1964) 236–241
18 Fochem, K., F. Gschnait, J. Klumair: Die röntgenologische Symptomatik des Urbach-Wiethe-Syndroms. Fortschr. Röntgenstr. 138 (1983) 376–377
19 Fournier, A. M., D. Denizet: La selle turcique en oméga. Marseille méd. 102 (1965) 503–509
20 Gilbertson, E. L., C. A. Good: Roentgenographic signs of tumors of the brain. Amer. J. Roentgenol. 76 (1956) 222–247
21 Goldhamer, K., A. Schüller: Die Varietäten der Sella turcica. Fortschr. Röntgenstr. 33 (1925) 894–900
22 Gordon, H.: Lipoid proteinosis in an inbred Namaqualand community. Lancet 1969/I, 1032–1035
23 Haas, L.: Bestimmung der Größe der Sellaprojektion. Z. ges. Neurol. Psych. 100 (1926) 612–615
24 Haas, L.: The size of the sella turcica by age and sex. Amer. J. Roentgenol. 72 (1954) 755–761
25 Höbler, W.: Lassen sich die normalen Wachstumsverhältnisse am Kinderschädel mathematisch-statistisch erfassen? Diss., Köln 1953
26 Karlas, G. A.: Morphological Observations on the Superior Surface of the Body of the Sphenoid Bone in Human Adults. Diss., Helsingfors 1948

27 Kier, E. L.: The infantile sella turcica; new roentgenologic and anatomic concepts based on a developmental study of the sphenoid bone. Amer. J. Roentgenol. 102 (1968) 747-767

28 Kullwig, G.: Persistierender offener Ductus craniopharyngicus. Fortschr. Röntgenstr. 79 (1953) 127

29 Lang, J.: Structure and postnatal organization of heretofor univestigated and infrequent ossification of the sella turcica region. Acta anat. (Basel) 99 (1977) 121–139

30 Lindgren, E.: Handbuch der Neurochirurgie, Bd. II: Röntgenologie. Springer, Berlin 1954

31 Lindgren, E., G. Di Chiro: Suprasellar tumors with calcification. Acta radiol. (Stockh.) 36 (1951) 173–195

32 Lorenz, R.: Zwei neue Meßmethoden in der Sella turcica im Röntgenbild durch Auswertung ihrer Beziehung zur Schädelbasis und Schädelhöhe (Fortschr. Röntgenstr. 71 (1949) 273–286

33 Lorenz, R.: Das Verhalten der Sella turcica bei pathologischen intracraniellen Prozessen. Fortschr. Röntgenstr. 72 (1949/50) 20–31

34 Martin, A.: Mathematisch-statistische Untersuchungen über die normalen Größenverhältnisse am wachsenden Säuglings- und Kinderschädel. Diss., Köln 1955

35 Mayer, E. G.: Über die röntgenologische Diagnose der Hypophysentumoren. Fortschr. Röntgenstr. 46 (1932) 497–519

36 Muntean, E.: Die Röntgendiagnostik der Schädelbasis. In: Röntgendiagnostik des Schädels, Teil 1, red. v. L. Diethelm, F. Strnad. In Olsson, O., F. Strnad, H. Vieten, A. Zuppinger: Handbuch der Medizinischen Radiologie, Bd. VII. Springer, Berlin 1963 (S. 442)

37 Neiss, A.: Nachweis des Canalis Chordae (Canalis basilaris medianus) im Röntgenbild. Fortschr. Röntgenstr. 84 (1956) 206–208

38 Neiss, A.: Die Bedeutung des Canalis basilaris medianus (Canalis chordae). Morphol. Jb. 106 (1964) 541–544

39 Neutsch, W. D., H. J. Cramer: Typische intrakranielle Verkalkungen bei Hyalinosis cutis et mucosae (Lipoidproteinose). Fortschr. Röntgenstr. 107 (1967) 131–134

40 Platzer, W.: Zur Anatomie der „Sellabrücke" und ihre Beziehung zur A. carotis interna. Fortschr. Röntgenstr. 87 (1957) 613–616

41 Psenner, L.: Die anatomischen Varianten des Hirnschädels. Fortschr. Röntgenstr. 57 (1951) 197-214

42 Psenner, L.. Die parasellaren und infrasellaren Tumoren. Radiologe 10 (1970) 437-440

43 Ratner, L. M., R. M. Quenner: Nonunited ossification center of the presphenoid bone. Amer. J. Neuroradiol. 4 (1983) 967–970

44 Rausch, Fj.: Die Bedeutung von Verkalkungen für die Artdiagnose raumbeengender Prozesse. Fortschr. Röntgenstr. 81 (1954) 768–778

45 Ravelli, A., E. Ruckensteiner: Der persistierende Chordakanal in der Schädelbasis (Canalis basilaris medianus). Radiol. austr. 9 (1956) 59–65

46 Rochlin, D. G., K. Schirmunsky, N. Kotschneff: Über einige Eigentümlichkeiten der konstitutionellen Beschaffenheit der mit Schuppenflechte behafteten Kranken (vorläufige Mitteilung). Fortschr. Röntgenstr. 33 (1925) 961–970

47 Schaaf, J., G. Wilhelm: Über den Canalis craniopharyngeus. Fortschr. Röntgenstr. 86 (1957) 748-753

48 Schiffer, K. H.: Cerebrale Frühschädigung und Schädelbasisdysplasie. Fortschr. Röntgenstr. 75 (1951) 54–59

49 Schneider, J. A.: Sellabrücke und Konstitution. Thieme, Leipzig 1939

50 Schwartz, C. W.: The meningiomas from a roentgenological viewpoint. Amer. J. Roentgenol. 39 (1938) 698-712

51 Schwarz, G. S., Ch. R. Golthamer: Radiographic Atlas of the Human Skull. Hafner, New York 1965 ([1]p. 162; [2]p. 168)

52 Silverman, F. N.: Roentgen standards for size of the pituitary fossa from infancy through adolescence. Amer. J. Roentgenol. 78 (1957) 451–460

53 Sosman, M. C., T. J. Putman: Roentgenologic aspects of brain tumors – Meningiomas. Amer. J. Roentgenol. 13 (1925) 1–12

54 Stein, G., J. Wappenschmidt: Lokalisation der röntgenologisch erfaßbaren, intrakraniell gelegenen Veränderungen bei der Hyalinosis cutis et mucosae. Fortschr. Röntgenstr. 100 (1964) 778–781

55 Swischuk, L. E.: Radiology of the Newborn and Young Infant, 2nd ed. Williams & Wilkins, Baltimore 1980 (Fig. 7–6)

56 Swischuk, L. E., M. Sarwar: The sella in childhood hypothyroidism. Pediat. Radiol. 6 (1977) 1–3

57 Taiby, H.: Radiologie der Syndrome. Thieme, Stuttgart 1982 (Kap. 281)

58 Tänzer, A.: Die Röntgendiagnostik der intrasellaren und suprasellaren raumbeschränkenden Prozesse im Nativbild. Radiologe 10 (1970) 440–445

59 Theiler, K.: Embryonale und postnatale Entwicklung des Schädels. In: Röntgendiagnostik des Schädels, Teil 1, red. v. L. Diethelm, F. Strnad. In Olsson, O., F. Strnad, H. Vieten, A. Zuppinger: Handbuch der Medizinischen Radiologie, Bd. VII. Springer, Berlin 1963 (S. 41)

60 Tönnis, W.: Röntgenuntersuchung des Schädels für die Diagnostik der intrakraniellen Geschwülste. In: Olivecrona, H., u. a.: Handbuch der Neurochirurgie. Springer, Berlin 1962 (S. 260)

61 Tönnis, W., G. Friedmann, H. Albrecht: Veränderungen der Sella turcica bei sellanahen Tumoren und Tumoren der Schädelbasis. Fortschr. Röntgenstr. 87 (1957) 686–692

62 Voit, M.: Die Abducensbrücke beim Menschen, ein Rest der primären Schädelwand. Anat. Anz. 52 (1919/20) 36–41

63 Voluter, G.: Radiol. clin. Suppl. 28 (1959) 28; zit. nach Köhler/Zimmer, 12. Aufl., 1982 (S. 898)

64 Wegner, R. N.: Das Lig. sphenopetrosum, Gruber-Abducensbrücke und homologe Gebilde. Anat. Anz. 53 (1920/21) 161–191

65 Weidner, W. A., J. E. Wenzl, L. E. Swischuk: Roentgenographic findings in lipoid proteinosis: a case report. Amer. J. Roentgenol. 110 (1970) 457–461

66 Wiley, C. J.: Lipoid proteinosis: a new roentgenologic entity. Amer. J. Roentgenol. 89 (1963) 1220–1221

Mittlere Schädelgrube

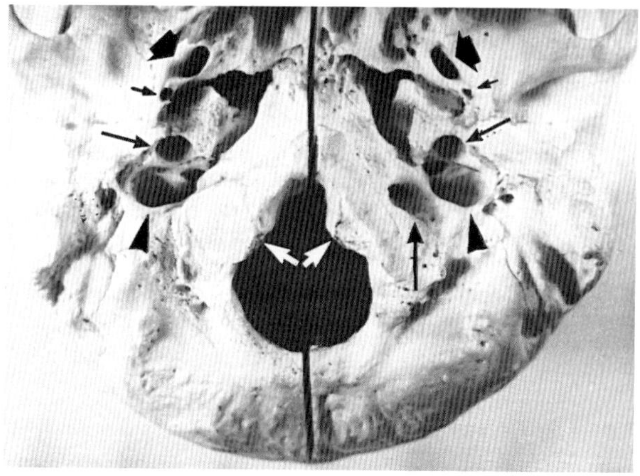

Abb. 4.**153** Außenansicht der Schädelbasis von unten. ➧ = Formina ovalia, kleine → = Foramina spinosa, lange ⟶ = Canalis caroticus, ▶ = Foramina jugularia

Während die vordere Schädelgrube als Orbitadach bzw. Lamina cribrosa des Siebbeins unter den Abschnitten „Augenhöhlen" bzw. „Nasennebenhöhlen" im Kapitel über den Gesichtsschädel besprochen wird, besitzt unter den parasellären Strukturen der mittleren Schädelgrube, soweit sie nicht im Abschnitt „Schädelbasis – Allgemeiner Teil" schon aufgeführt sind, fast nur das **Foramen ovale** eine klinische und damit radiologische Bedeutung. Auf die Mehrzahl der übrigen, in den Abb. 4.**153**–4.**155** sichtbarten Foramina wird im Kapitel über die Pars petrosa ossis temporalis näher eingegangen.

Zur **radiologischen Wiedergabe** des Foramen ovale eignet sich am besten die axiale (submentovertikale) Projektion. Für die einseitige, größengerechte Darstellung des Foramen ovale wird auch – vorwiegend wohl zur Lokalisation bei Ganglionblockade – eine Aufnahme mit 45 Grad Reklination (des Kopfes in der deutschen Horizontalen) – ähnlich der Projektion nach Waters – nur unter Drehung des Kopfes um 10 Grad zur Gegenseite bei weit geöffnetem Mund, Zentralstrahl senkrecht auf Tischebene und Kassette, empfohlen (2). Computertomographisch läßt sich bei der für den/die Untersuchte(n) bequemeren Lage außer dem Foramen auch dessen Inhalt darstellen (s. auch 4, 5, 8, 9[1]).

Normalerweise sind **Form und Größe** des Foramen beiderseits nicht symmetrisch. Die Variationsbreite wird bei der Betrachtung der Abbildungen von Keats (3[3]) deutlich. Die Trennwand zwischen Foramen ovale und Foramen spinosum kann fehlen (3[2]). Bei Verknöcherung des Lig. pterygospinale kann eine Zweiteilung des ovalen Loches vorgetäuscht werden (3[3], 4).

Einseitige **Erweiterungen** des Foramen ovale werden vorwiegend durch Trigeminusneurinome (1, 6), durch Zylindrome (6), vereinzelt auch durch ein Chordom, Meningeom oder Nasopharyngealtumoren, aber auch durch Randerosionen von Entzündungen, Retikuloendotheliosen und traumatischen Veränderungen (7) hervorgerufen. Die neurinombedingten Erweiterungen zeichnen sich durch scharf markierte Ränder aus (1, 7, 9[2]). **Einengungen** des Fo-

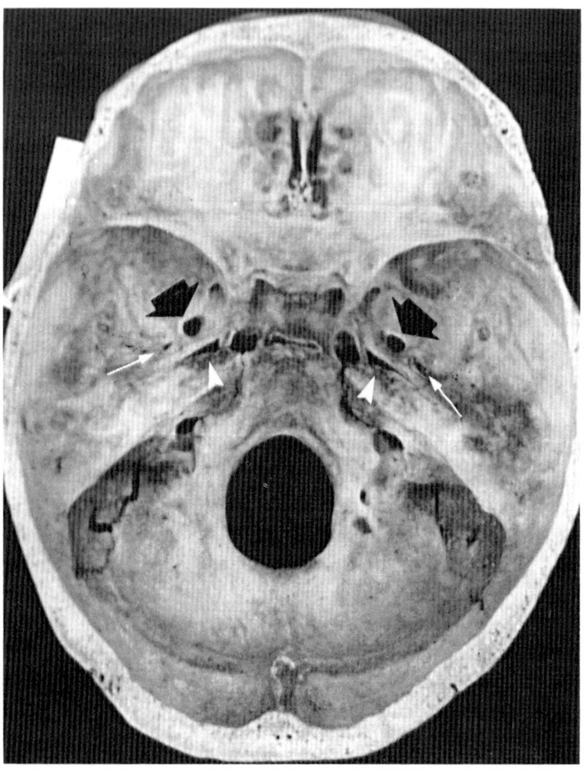

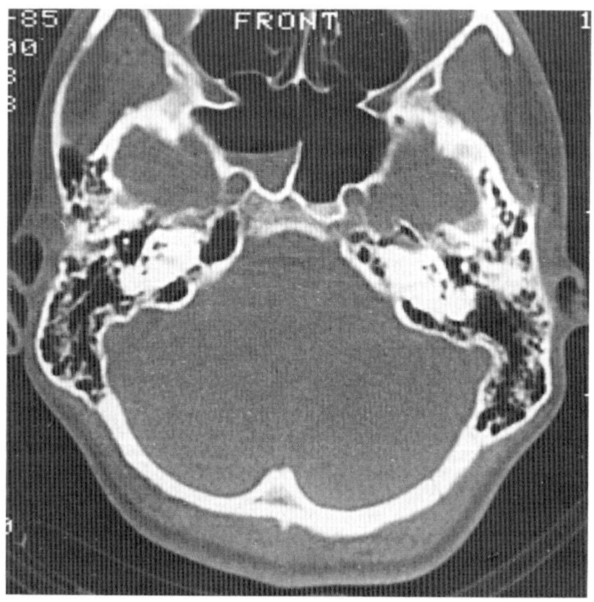

Abb. 4.**155** Axiales Computertomogramm des Bodens der mittleren Schädelgrube

◁ Abb. 4.**154** Innenansicht der Schädelbasis von oben. ➧ = Foramina ovalia, weiße → = Foramina spinosa, weiße ▷ = Foramina lacera ramen ovale sind bei fibröser Dysplasie (Jaffé-Lichtenstein), Ostitis deformans (Paget), Osteopetrose und osteoplastischen Metastasen beobachtet (8).

Die Foramina lacera (Abb. 4.**156**) und die Karotiskanäle (Abb. 4.**157**) sind im axialen Strahlengang gelegentlich zu erkennen, sehr selten findet man eine einseitige **große Austrittsstelle der A. carotis** („Foramen caroticum" [3[4]]).

Große, im Keilbein und im Processus pterygoideus gelegene pneumatisierte Zellen können ebenso wie pneumatisierte Klinoidfortsätze im axialen Strahlengang zu ungewöhnlichen, aber klinisch meist bedeutungslosen Befunden führen (3[5]).

Schließlich projizieren sich auch Weichteildeformationen wie die **Uvula** (Abb. 4.**158**) oder vergrößerte **Tonsillen** in die mittlere Schädelgrube (Abb. 4.**159**).

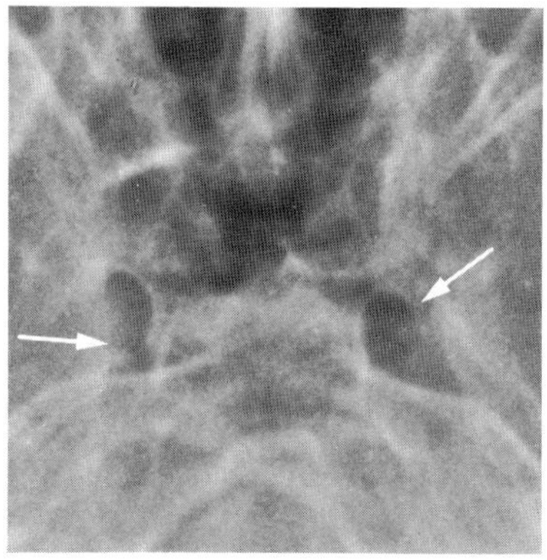

Abb. 4.**156** Schädelaufnahme im axialen Strahlengang mit Darstellung des Foramen lacerum beiderseits des Klivus bei einem neunjährigen Kind

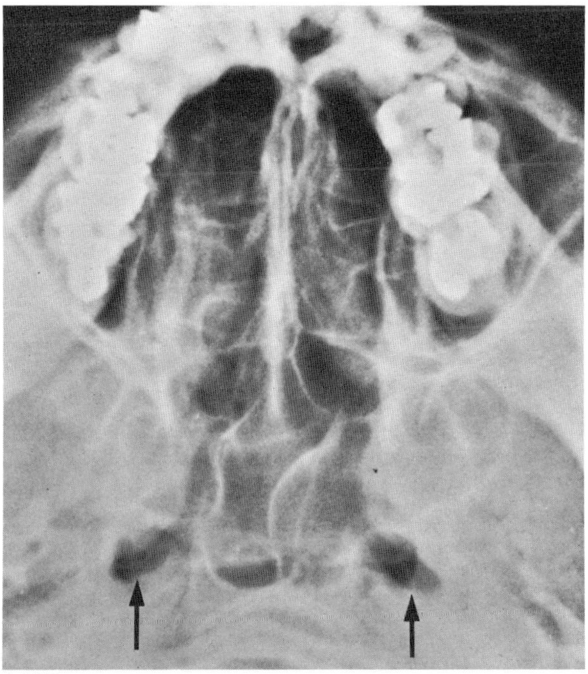

4.**157**

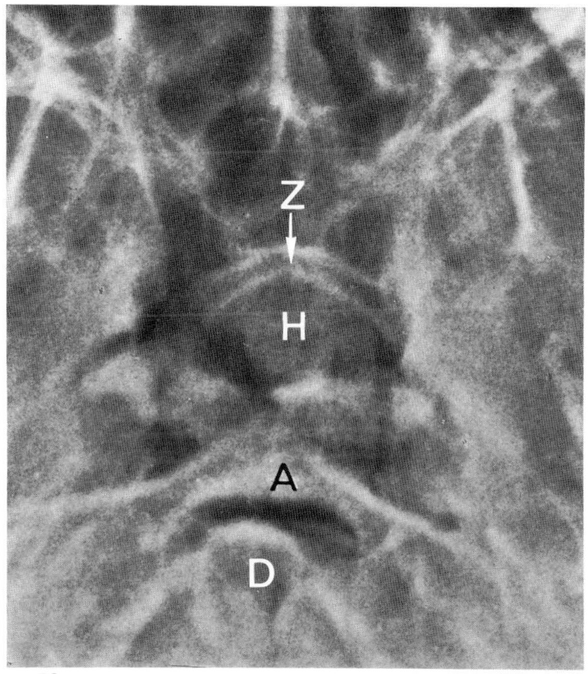

4.**158**

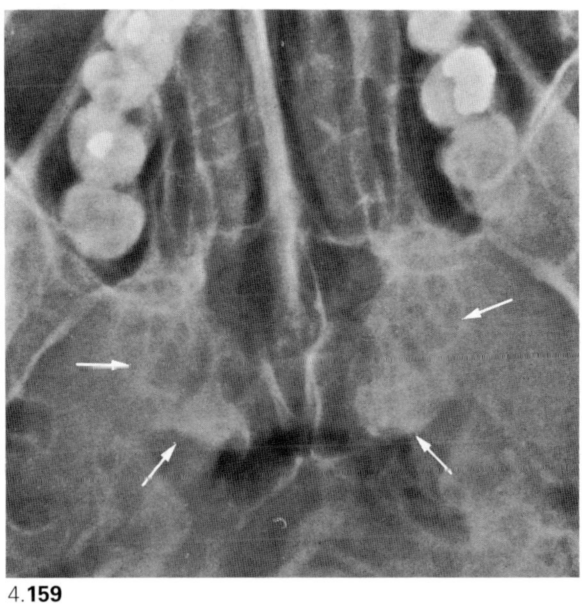

4.**159**

Abb. 4.**157** Karotiskanäle im axialen Strahlengang

Abb. 4.**158** Axiale Schädelaufnahme
Z = Zungenbein
H = Halszäpfchen
A = vorderer Atlasbogen
D = Dens axis

Abb. 4.**159** Tonsillenschwellung beiderseits auf axialer Schädelaufnahme

Literatur

1 Axmann, K., K. Daneš: Beitrag zur Diagnostik der Neurinome des N. trigeminus. Röntgenologische und klinische Symptomatologie. Fortschr. Röntgenstr. 91 (1959) 202–206
2 Birkner, R.: Das typische Röntgenbild des Skeletts. Urban und Schwarzenberg, München 1977 (Abb. 73–76)
3 Keats, Th. E.: Atlas of Normal Roentgen Variants that May Simulate Disease, 3rd ed. Year Book Medical Publishers, Chicago 1984 ([1]fig. 1–258 – 1–262; [2]fig. 1–259; [3]fig. 1–265; [4]fig. 1–264; [5]fig. 1–267, 1–270)
4 Newton, T. H., D. G. Potts: Radiology of the Skull and Brain, vol. I. Mosby, St. Louis 1971 (p. 307)
5 Radü, E. W., B. E. Kenndall, J. F. Moseley: Computertomographie des Kopfes, 2. Aufl. Thieme, Stuttgart 1987 (S. 44)
6 Schmidt, H., W. Driesen: Einseitige Erweiterung eines Foramen ovale des Schädels. Fortschr. Röntgenstr. 86 (1957) 508–511
7 Shapiro, R., F. Robinson: The foramina of the middle fossa: a phylogenetic, anatomic and pathologic study. Amer. J. Roentgenol. 101 (1967) 779-794
8 Valvassori, G. E., G. D. Potter, W. N. Hanafee, Barbara L. Carter, R. A. Buckingham: Radiologie in der Hals-Nasen-Ohren-Heilkunde, hrsg. von G. Canigiani, G. Wittich. Thieme, Stuttgart 1984 (S. 220–221)
9 Whelan, Margaret Ann, Deborah L. Reede, J. P. Lin, J. H. Edwards: The base of the skull. In Bergeron, R. Th., Anne G. Osborn, P. M. Som: Head and Neck Imaging. Mosby, St. Louis 1984 ([1]fig. 13–6; [2]fig. 13–15)

Schläfenbein

Entwicklung und anatomische Einteilung (61)

Das Schläfenbein entsteht aus drei Bildungszentren:

1. aus dem Primordial- oder Chondrokranium (Felsenbein mit Labyrinthkapsel, Warzenfortsatz und dorsaler Teil des Tegmens),
2. aus dem Desmokranium (Deckknochen: Schuppe, Paukenteil),
3. – aus der ersten Kiemenfurche (Meatus acusticus externus, äußere Trommelfellschicht und Anulus tympanicus),
   – aus den ersten beiden Kiemenbögen (hintere und untere Paukenhöhlenwand und Gehörknöchelchen),
   – aus dem Hyoidbogen (Processus styloideus).

So besteht schließlich die *Pars tympanica* aus der Wand des äußeren Gehörganges mit Ausnahme des hinteren, oberen Teils samt der Rinne für die Anheftung des Trommelfells (Sulcus tympanicus) und der Halbrinne für die Wurzel des Processus styloideus, die Vagina processus styloidei.

Den gesamten, übrigen temporalen Basisknochen mit Warzen- und Griffelfortsatz bildet die *Pars petrosa.*

Zu einer anderen anatomischen Einteilung führt die klinisch mehr relevante Betrachtung des Organum vestibulocochleare für die Wahrnehmung von Tönen, Kopflage und Lageveränderungen in Innen-, Mittel- und Außenohr. Im **Innenohr,** und damit in der Pyramide, sind Gleichgewicht- und Gehörorgan untergebracht. Das **Mittelohr** besteht aus den wie die Pyramide zum Felsenbein zugehörigen Teilen: pneumatische Zellen, Paukenhöhle und Ohrtrompete. Das **Außenohr** bilden der vorwiegend zur Pars tympanica gehörende äußere Gehörgang und die Ohrmuschel (30).

Radiologische Projektionen und Verfahren

Aus den üblichen Standardeinstellungen zur Anfertigung von Summationsaufnahmen des Schädels im sagittalen, seitlichen und axialen Strahlengang lassen sich nur selten wesentliche Informationen über die basalen Anteile des Felsenbeins entnehmen.

Man benötigt Abbildungen beider Felsenbeine getrennt. Dabei haben sich die Aufnahmerichtungen nach **Schüller** (75) (Abb. 4.**160a** u. **b**), **Stenvers** (81) (Abb. 4.**161a** u. **b**) oder Chaussé III (18) und Mayer (61) (Abb. 4.**162a, b** und 4.**163**) (oder in einer Art von Modifikation nach Owen [94[1]]) durchgesetzt, während die Aufnahme des Warzenfortsatzes nach **Sonnenkalb** (79), (Abb. 4.**164**) als historische Reminiszenz aufzuführen ist.

In einigen Abteilungen werden auch – aber nur mit Zentrierung auf je eines der Felsenbeine – der **sagittale, transorbitale** Strahlengang (eventuell mit Tomographie [38]), die Projektion nach **Towne** und im seitlichen Strahlengang die Projektion nach **Henschen** bzw. Laws (5) vorgezogen, während die **axiale** Strahlenrichtung ausnahmsweise, etwa zur Abbildung von erosiven Prozessen in der Umgebung der Felsenbeinspitzen sowie Erweiterungen des Foramen jugulare, herangezogen wird.

Manche dieser Summationsaufnahmen haben sich durch die mehrdimensionale (62) und vor allem durch die Computertomographie erübrigt (s. u. a. 9). Über den Einsatz der jeweils genannten konventionellen Summationsaufnahmen mit speziellen Projektionen, des mehrdimensionalen Schichtaufnahmeverfahrens (62) und der Computertomographie sind die Ansichten etwas unterschiedlich. Empfohlen wird z. B. eine computertomographische Untersuchung in sieben verschiedenen Ebenen (105), doch sind auch finanzielle Gesichtspunkte zu berücksichtigen (Computertomographen sind etwa vierfach teurer als Schichtgeräte mit mehrdimensionaler Verwischung). Ganz allgemein jedoch gilt wohl, daß man bei entzündlichen Erkrankungen durch konventionelle Aufnahmen genügend deutliche Ergebnisse erzielt. Bei Komplikationen und vor allem präoperativ sind multiplane, konventionelle und/ oder computertomographische Untersuchungen (besonders bei Cholesteatomen im Mastoid, bei Verdacht auf Arrosion des Tegmens, einer Petrositis und extratemporaler Ausbreitung) erforderlich (59, 94[2]). Zur Darstellung von Details in den Innenstrukturen, z. B. bei Glomustumoren und Cholesteatomen, ist die Anwendung der mehrdimensionalen Tomographie und der Computertomographie unverzichtbar. Nach anderer Meinung lassen sich wegen der verschiedenen Ebenen multidimensionale und Computertomographie wertend nicht direkt vergleichen. Das hochauflösende Computertomogramm stelle nur in ausgewählten Fällen eine sinnvolle Ergänzung der bisherigen Diagnostik dar (73). Bei Verletzungen genügen zunächst die speziell eingestellten Summationsaufnahmen (z. B. nach Schüller und Stenvers), bei fraglichen Komplikationen ist die Anfertigung von Computertomogrammen indiziert, während sich die konventionelle Tomographie erübrigt (46). Zur Diagnostik der Dysplasien des äußeren Gehör-

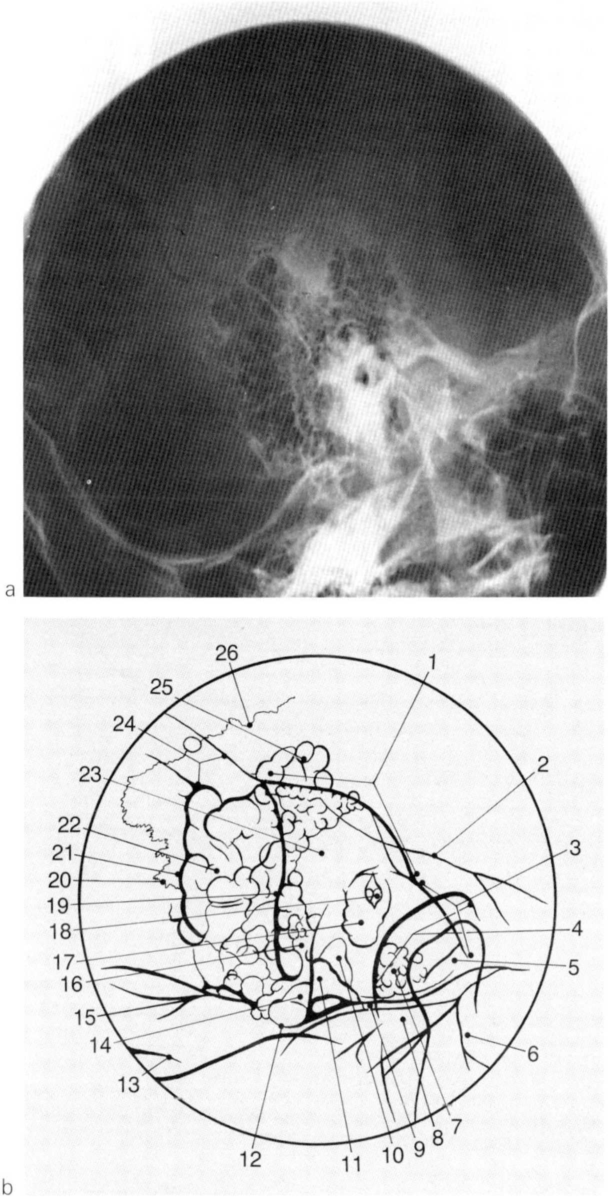

Abb. 4.**160 a** u. **b** Seitliche Ansicht in der Felsenbeinaufnahme nach Schüller
a Radiologische Wiedergabe
b Erklärende Skizze (nach Mayer)

1 = obere laterale Pyramidengrenze mit Eminentia arcuata
2 = oberer Rand des Processus zygomaticus und Linea temporalis
3 = Oberkante der Pyramidenspitze
4 = Kiefergelenkpfanne
5 = Kieferköpfchen
6 = Synchondrosis pertrooccipitalis
7 = Keilbeinhöhle
8 = peritubäre Zellen
9 = filmforne Pyramide
10 = Fossa jugularis
11 = Foramen jugulare
12 = Warzenfortsatzspitze
13 = Knochenleisten um das Foramen occipitale magnum
14 = epibulbäre bzw. Terminalzellen
15 = begleitende Knochenleisten der Incisura mastoidea
16 = retrofaziale Zellen
17 = äußerer Gehörgang und Paukenhöhle
18 = innerer Gehörgang und Vestibulum
19 = hintere Pyramidengrenze
20 = Sutura occipitomastoidea
21 = hintere Grenze des pneumatischen Systems
22 = marginale bzw. Emissarzellen
23 = kompakter Labyrinthkern
24 = Sulcus transversus bzw. sigmoideus
25 = Zellen am Petrosuswinkel
26 = Sutura parietomastoidea

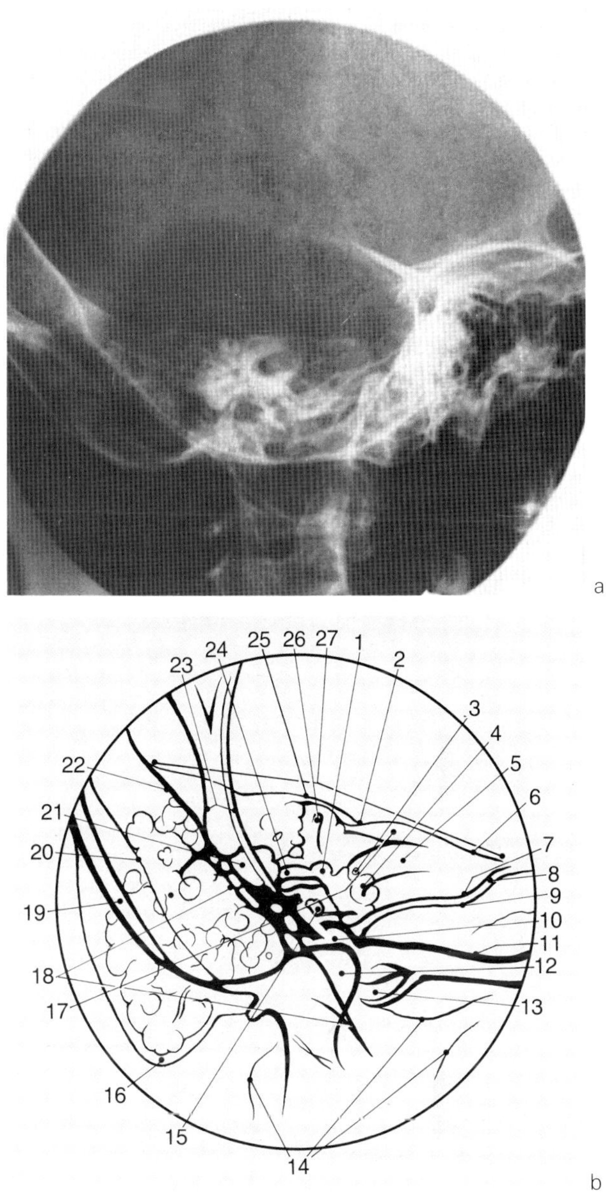

Abb. 4.**161 a** u. **b** Sagittale Ansicht in der Felsenbeinaufnahme nach Stenvers
a Radiologische Wiedergabe
b Erklärende Skizze (nach Mayer)

1 = Vestibulum
2 = Fossa subarcuata
3 = Canalis facialis
4 = Schnecke
5 = innerer Gehörgang
6 = Incisura trigemini
7 = untere Pyramidenkontur
8 = Synchondrosis petrooccipitalis
9 = Rand des Klivus
10 = Kiefergelenkspalt
11 = Boden der mittleren Schädelgrube
12 = Kieferköpfchen
13 = Canalis hypoglossalis
14 = Konturen an der Unterseite der Schädelbasis von Wirbelkörpern, besonders des Atlas
15 = Paukenhöhle
16 = Warzenfortsatz
17 = kompakter Labyrinthkern
18 = Processus zygomaticus und Linea temporalis
19 = seitliche Schädelwand
20 = lateraler Rand des Sulcus sigmoideus
21 = Antrum mastoideum
22 = medialer Rand des Sulcus sigmoideus
23 = Crista sagittalis
24 = lateraler Bogengang
25 = Eminentia arcuata
26 = oberer Bogengang (vorderer Bogengang)
27 = obere Pyramidenkontur

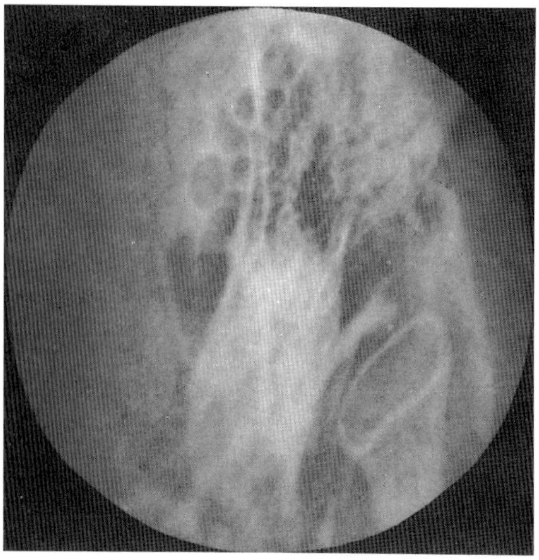

a

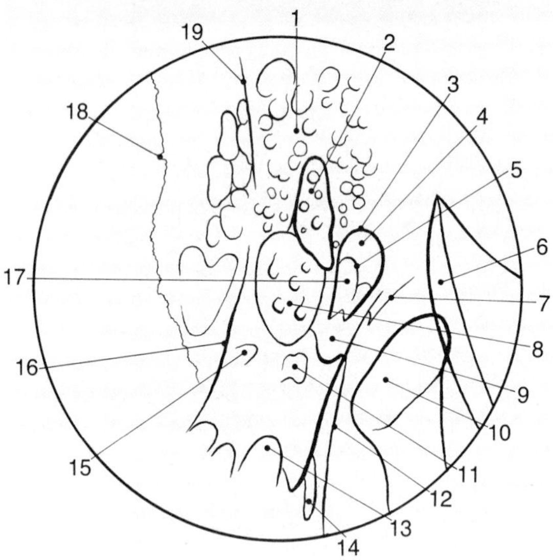

b

Abb. 4.**162a** u. **b** Axiale Ansicht in der Felsenbeinaufnahme
a Radiologische Wiedergabe
b Erklärende Skizze (nach Mayer)
1 = Mastoidzellen
2 = Antrum mastoideum
3 = laterale Grenze des Kuppelraums
4 = laterale Attikuswand
5 = Anulus tympanicus
6 = Processus zygomaticus
7 = Os tympanicum
8 = Labyrinthblock
9 = Mediale Wand der Paukenhöhle
10 = Kieferköpfchen
11 = Schnecke
12 = hinterer Rand des großen Keilbeinflügels
13 = Canalis caroticus
14 = Processus styloideus
15 = innerer Gehörgang
16 = hintere Pyramidenkontur
17 = äußerer Gehörgang und Cavum tympani
18 = Sutura occipitomastoidea
19 = hintere Kontur der Pyramide, die Lage des oberen Sinusknies markierend

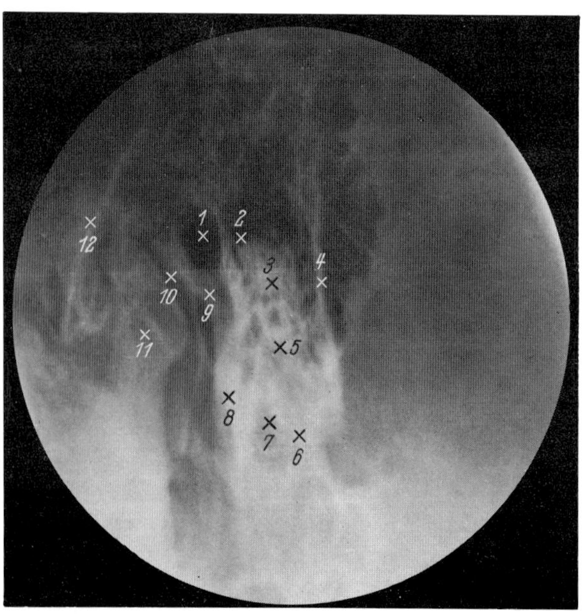

Abb. 4.**163** Originalaufnahme des linken Schläfenbeins von Mayer
1 = äußerer Gehörgang
2 = Antrum
3 = Labyrinthkern
4 = hintere Begrenzung der Pyramide
5 = Spitze des Warzenfortsatzes
6 = Pyramidenspitze
7 = Canalis caroticus
8 = vordere Begrenzung der Pyramide
9 = Os tympanicum
10 = Kiefergelenkspalt
11 = Kieferköpfchen
12 = Processus zygomaticus

ganges bedarf es heute (84) ebenso wie bei der fenestralen und kochlearen Otosklerose (86) der Computertomographie.

Pneumatisches Zellsystem, Außen- und Mittelohr

Norm

Pneumatisches Zellsystem

Beim **Neugeborenen und im 1. Lebensjahr** befindet sich **Luft** lediglich in der Paukenhöhle, im Recessus epitympanicus und in der Tuba auditiva; ausnahmsweise allerdings kann Luft schon beim Embryo intrauterin nachweisbar sein (100). Das **pneumatische Zellsystem** bildet sich im 1. und 2. Lebensjahr. Ein im 4. Lebensjahr noch nicht oder kaum pneumatisiertes Mastoid ist als pathologisch anzusehen, und man kann eine Pneumatisationshemmung annehmen. Vom 5. Lebensjahr ab ist der Warzenfortsatz allerspätestens mit Luftzellen erfüllt. Die Zellen sind regelmäßig konfiguriert, gleichmäßig angeordnet und meist in der Peripherie größer als zentral (61). Normalerweise findet man nach Zahl, Größe und Ausdehnung der Zellen erhebliche individuelle Unterschiede (Abb. 4.**165**). Jungen im Alter von 2 bis 7 Jahren haben ein statistisch signifikant kleineres Areal pneumatischer Zellen als Mädchen (90).

Radiologisch läßt sich das Ausmaß der Pneumatisation sehr gut in der Projektion nach Schüller darstellen. Die radiologisch-anatomische, didaktisch sehr informative Analyse, die in Analogie zum anatomischen Präparat die Strukturen des Röntgenbildes nach Schemata, Strich für Strich aufbauend, erklärt (61), ist in das Handbuch der Medizinischen Radiologie aufgenommen (70[1]). Abb. 4.**160 b** gibt das endgültige, vollständige Schema wieder.

Das pneumatische System stellt sich feinwandig, wabenförmig dar und ist im **Warzenfortsatz,** im **basalen Anteil der Pyramide** (s. hier auch Stenvers-Projektionen, Abb. 4.**189 a** u. **b**) und **gegen die Schuppe** (Pars squamosa) zu, hier insbesondere am Citelli-Winkel (Übergang der Pyramidenoberkante in die innere seitliche Schädelwand) aufzufinden. Die Zellen lateral und hinter dem Sinus sigmoideus bezeichnet man als **Marginal-** oder, weil sie am Emissarium mastoideum gelegen sind, als **Emissarzellen,** die Zellen hinter der Gehörgangswand (vor dem Processus mastoideus) wegen ihrer Nähe zum Canalis facialis als retrofaziale, die an der Fossa jugularis gelegenen als **peribulbäre,** die unter der Pyramidenoberkante nachweisbaren als **Zellen am Petrosuswinkel.** Man kennt **Zellen in der vorderen und hinteren Zygomatikuswurzel** und einen Zellkomplex in Projektion mit dem unteren Anteil der Pyramide hinter dem Kieferköpfchen, die **peritubaren Zellen** (Abb. 4.**166**).

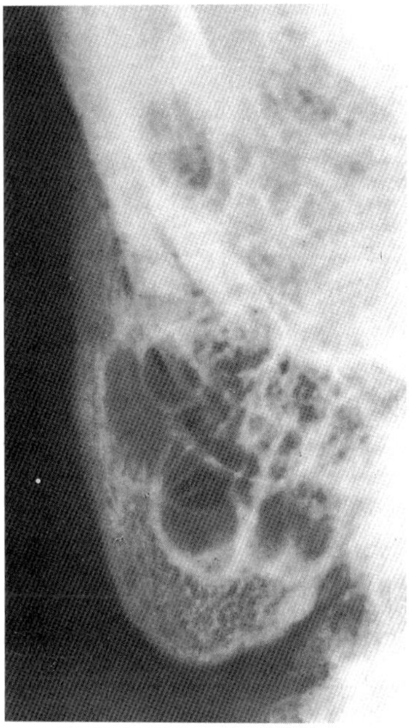

Abb. 4.**164** Aufnahme des Mastoidzellensystems nach Sonnenkalb

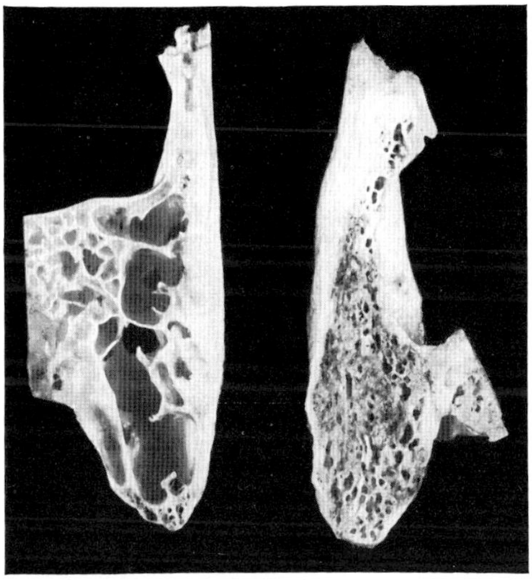

Abb. 4.**165** Typische Pneumatisationsformen des Processus mastoideus

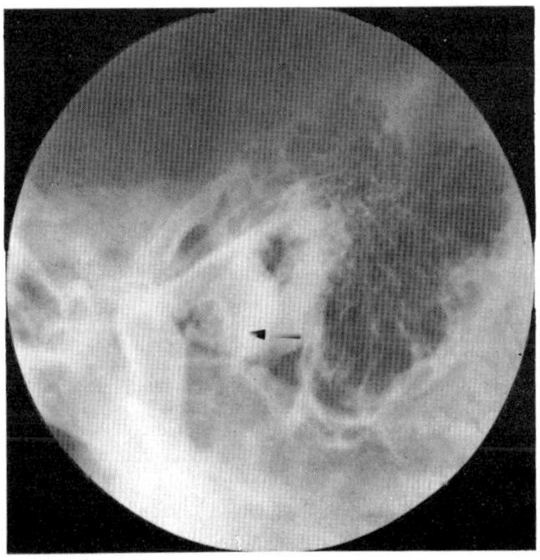

Abb. 4.**166** Aufnahme nach Schüller: Starke Pneumatisation des Mastoids, peritubarer Zellkomplex s. Pfeil

Äußerer Gehörgang

Das laterale Drittel des **Meatus acusticus externus** besteht aus Knorpel, die medialen zwei Drittel sind knöchern angelegt. Die Länge des Ganges beträgt etwa 2,5 cm. Der knöcherne Teil, nach medial-vorn gerichtet, ist enger als der knorpelige. Die Einengung erfolgt in zwei Dritteln der Beobachtungen sowohl von der hinteren wie der vorderen Wand her (10, 97, 98) und läßt sich radiographisch am besten computertomographisch in der axialen Ebene nachweisen.

Varianten

Das in seiner Größe und Gestalt mit der Dimension und Konfiguration der Paukenhöhle korrelierende *Os tympanicum* kann bei starken Seitenunterschieden auf der Seite mit dem weiterräumigen Cavum tympani vorn doppelt konturiert sein (70[2]).

Den **Tiefstand des Tegmen** kann die Tegmenplatte ganz oder teilweise betreffen. Der nach dorsal verlängerte obere Rand des Jochbogens, da etwa parallel der Deutschen Horizontalen verlaufend, dient als Bezugslinie. Normalerweise liegt die hintere Tegmenplatte (Tegmen antri) 5 bis 10 mm höher. Befindet sich das Tegmen in der Höhe dieser Linie oder darunter, steht es zu tief. Der vordere Tegmenanteil, das Tegmen tympani, befindet sich knapp unter der Deutschen Horizontalen. Falls das Tegmen durch schräge Lage keine Kontur bildet, kann seine Position aus dem Citelli-Winkel geschlossen werden, der beim Tegmentiefstand enger wird. Auch trifft beim Tiefstand die Tegmenlinie die Kontur des Sulcus sigmoideus nicht – wie normalerweise – im oberen Sinusknie, sondern tiefer im Bereich seiner vertikalen Kontur (70[3]).

Die Vorwölbung der knöchernen Wand des **Sinus sigmoideus (Anteposition)** gegen die hintere Gehörgangswand bedeutet ebenso wie die Vorwölbung nach außen an die äußere Kortikalis des Warzenfortsatzes (**Lateralposition**) eine Einengung des Operationsfeldes. Der Sinusverlauf ist radiologisch in der Position nach Schüller direkt zu erkennen (Abb. 4.**167a** u. **b**). Normalerweise ist die vordere Sinus- von der hinteren Gehörgangswand 10 bis 15 mm entfernt. In der Projektion nach Mayer wird die Lage des oberen Sinusknies noch deutlicher (Abb. 4.**168**). Die Lateralposition, hervorgerufen durch einen tief in den Knochen gefurchten Sinus, ist radiologisch durch überdeutlich markierte Konturen gekennzeichnet. Kombinationen von Ante- und Lateralpositionen kommen ebenso vor wie einerseits **Blindsäcke,** andererseits aber auch **Hypo- und Aplasien des Sinus sigmoideus.**

Bei unterentwickelten Blutleitern kann das gewöhnlich gut sichtbare **Emissarium mastoideum** (Abb. 4.**169a** u. **b**), normalerweise 2 bis 3 mm breit, bis auf Kleinfingerdicke erweitert sein (70[4]).

Der **Sinus petrosus superior** kann sich vor seiner Einmündung in den Sinus sigmoideus tief in die Pyramide eingraben, radiologisch am besten in der

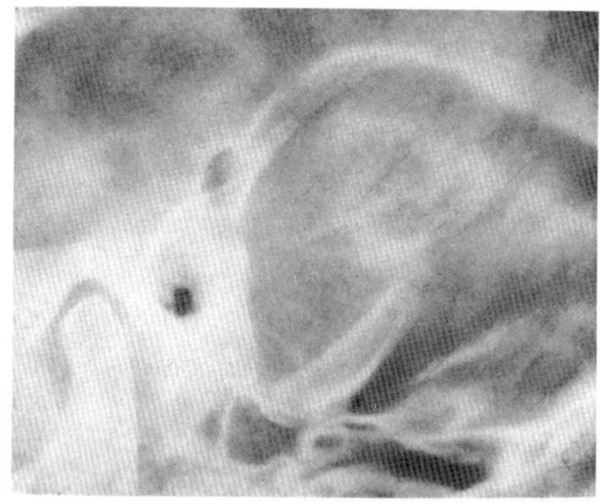
a

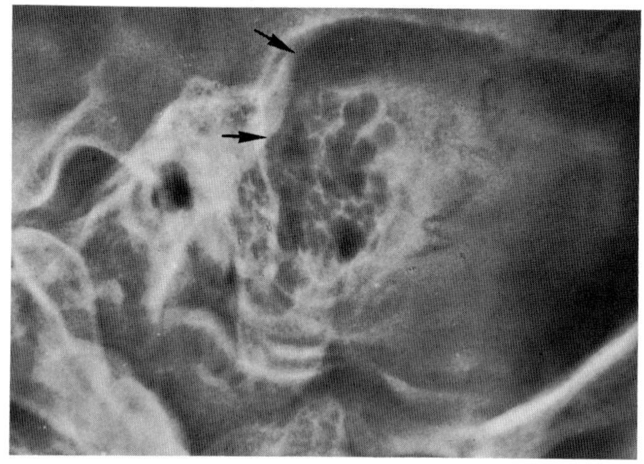
b

Abb. 4.**167a** u. **b** Aufnahmen nach Schüller
a Hochliegender Sinus transversus, **b** Sinus transversus, hochliegend und stark abgebogen

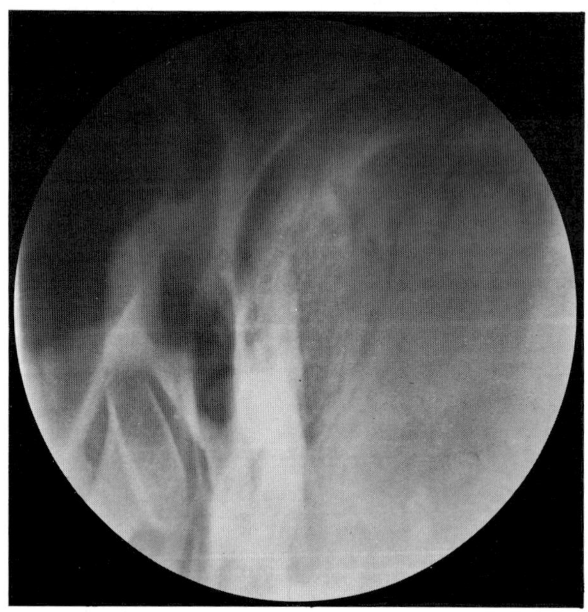

Abb. 4.**168** Aufnahme des Schläfenbeines nach Mayer. Komplette Pneumatisationshemmung, abnorme Sinusvorverlagerung (Beobachtung von Zdansky, Basel)

Schüller-Projektion erkennbar an der bandförmigen Aufhellung von 3 mm Breite, schräg von ventrokaudal nach dorsokranial etwas unter der oberen Pyramidenkante verlaufend, nach kaudal durch eine verdichtete Kante begrenzt. Am **Sinus petrosus inferior** gibt es selten **Blindsäcke,** die vom entsprechenden Sulcus ausgehen (70^5).

Anomalien

Die **Mißbildungen** des Schläfenbeins, zunächst abgesehen von den Unterentwicklungen der Schleimhaut und deren Folgen (s. unten), betreffen am häufigsten den äußeren Gehörgang, selten das Mittel- und ausnahmsweise das Innenohr (70^6).

Die **Atresie des äußeren Gehörganges** ist in der Regel mit Mikro- oder Anotie, hochgradige Ohrmuschelmißbildungen sind mit wenigen Ausnahmen immer mit Gehörgangsatresie, hochgradige Atresien immer mit einer Mißbildung des Mittelohres verbunden (70^6, 93^2). Der Defekt beruht auf einer **Hypoplasie der Pars tympanica ossis temporalis,** auf einer **Hyperplasie des Reichertschen Knorpels** (Basis des Processus styloides) oder der **Pars squamosa ossis temporalis.** Die beiden letztgenannten Hyperplasien führen zur Bildung einer **„atretischen“ Platte.** Entwicklungshemmungen in der Rekanalisation zwischen Mittelohr und Schnecke äußern sich in einer Weichteilschwellung zwischen beiden Strukturen („plug“). Das **Mittelohrkavum** kann bei Einseitigkeit der Atresie normal ausgebildet sein, im anderen Extremfall fehlen. Mittelgradige Deformitäten können mit engem Antrum einhergehen, im Mittelohrraum finden sich Septen. **„Erworbene“ Cholesteatome** sind beobachtet. Hypoplasien, Deformierungen der Ohrknöchelchen, Fusion zwischen Malleus und Incus, wie auch der **Totaldefekt der Ohrknöchelchen** kommen vor. Mastoid und Temporomandibulargelenk nähern sich bei hypoplastischer Pars tympanica des Schläfenbeins, wobei der **Canalis facialis** mit dem Warzenfortsatz nach vorn verlagert ist. Einengungen des Kavum durch einen hochstehenden Bulbus jugularis wie durch ein tiefgelegenes Tegmen sind bekannt.

Auch uber drei Kinder und eine Jugendliche mit der *Kombination einer kongenitalen Außenohrmißbildung und kongenitalem Fehlen der gleichseitigen Gaumentonsille* ist berichtet (36).

Der normale Durchmesser der Fenestra vestibuli (ovalis) kann von normalerweise 2,5 bis 4 mm auf 1,5 bis 2 mm abnehmen. Der Durchmesser der Fenestra cochlea (rotunda), manchmal radiologisch schwierig nachzuweisen, beträgt normalerweise 1,9 bis 2,5 mm und wird möglicherweise ebenfalls reduziert. Bei Innenohrbeteiligung werden operative Maßnahmen in ihrem Wert fragwürdig.

Zusammengefaßt gilt die Aufmerksamkeit des Radiologen bei Gehörgangsatresien folgenden Fragen (nach Bergeron u. Pinto [10]):

1. Liegen eine knöcherne „Atresie“-Platte und/oder ein Weichteilzapfen („plug“ – s. oben) vor?
2. Wie ist der Status des Mittelohrraumes?
3. Wie ist der Status der Gehörknöchelchen?
4. Liegt ein Cholesteatom vor?
5. Wie ist der Verlauf der Canalis n. facialis?
6. Wie sind Lage und Größe der Fenestrae ovalis et rotunda?
7. Wie ist der Status des Innenohres (Labyrinth und Canalis acusticus internus)?

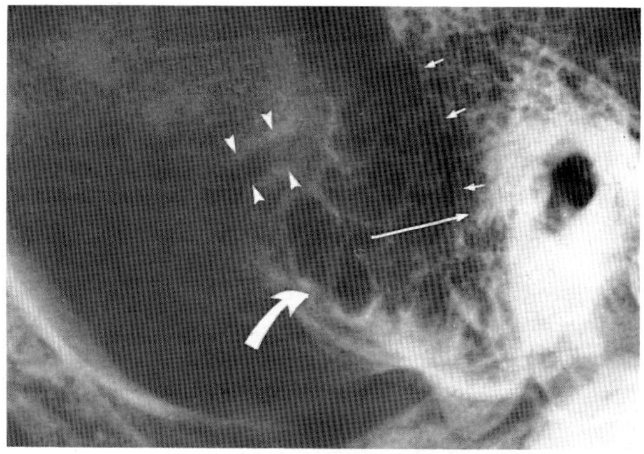

a

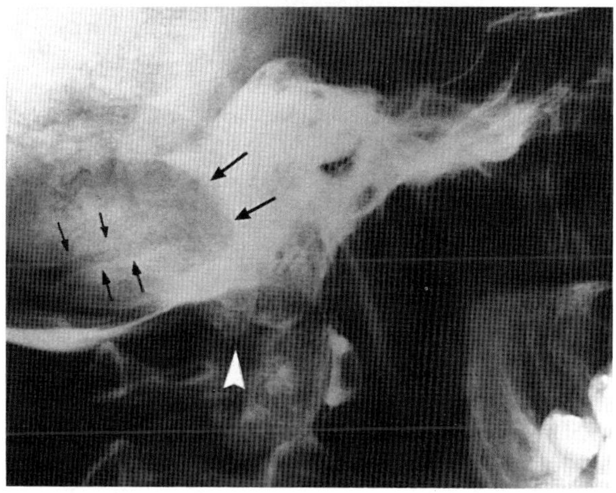

b

Abb. 4.**169 a** u. **b**

a Emissarium mastoideum (▷), Emissar-(Marginal-)Zellen (gebogener Pfeil), retrofaziale Zellen (langer ⟶). Knöcherne Sinusschale (kurze ⟶)

b Horizontal gestreckt verlaufendes Emissarium mastoideum (schmale ⟶). Knöcherne Sinusschale (⟶). Völlige Pneumatisationshemmung mit spongiosiertem Warzenfortsatz (▷)

Die Gehörgangsatresie soll in 29% beiderseits, bei Einseitigkeit in 58% rechtsseitig sein und in 61% bei Männern vorkommen. Erblichkeit ist in 14% nachgewiesen (84).

Unter den Entwicklungsstörungen der ersten beiden Kiemenbögen nehmen die symmetrische **Dysostosis mandibulofacialis (Treacher-Collins-Syndrom)** und das **hemifaziale Mikrosomiesyndrom** jeweils eine Sonderstellung ein (57).

Verletzungsfolgen

Daß **lineare Frakturen** der Pars squamosa ossis temporalis, auf Summationsaufnahmen des Schädels gut sichtbar, sich in die Pars tympanica und den äußeren Gehörgang erstrecken, wo sie mit konventionellen radiologischen Methoden nicht, wohl aber tomographisch (94[6]) erfaßbar sind, kommt gelegentlich vor. Differentialdiagnostisch ist an die Fissura petrotympanica (Glasersche Spalte) zu denken (s. Abb. 4.**88** und 4.**89**), die aber auch mitbetroffen und dehiszent sein kann (11).

Bei den Längsfrakturen des Schläfenbeins werden vordere und hintere unterschieden (43). Die vorderen betreffen die parietotemporale Region und erstrecken sich in die Gegend des Tegmen tympani, am Labyrinth endend. Die hinteren Frakturspalten ziehen durch das hintere Parietale, durch das Mastoid und den posterosuperioren Anteil der Pyramide; auch hier kann das Mittelohr mit einbezogen werden. Die vordere Fraktur erstreckt sich auf den Labyrinthanteil, die hintere auf die Mastoidportion des Canalis facialis. Submuköse Hämatome und Hämatotympanon lassen sich computertomographisch erkennen.

Es kann zu **Rupturen und Dislokation der Gehörknöchelchen** kommen (94[7]). Der Malleus ist am festesten verankert. Minderungen des Hörvermögens können die Folge sein und zu computertomographischen Untersuchungen führen, aus denen allein die posttraumatische Dislokation der Gehörknöchelchen diagnostiziert werden kann (Abb. 4.**170a** u. **b**). Dabei kann eventuell auch ein bis dahin nicht erkannter Bruchspalt sichtbar werden (87). Die Knöchelchen können frei im äußeren Gehörgang liegen.

Abrisse des Warzenfortsatzes sind beschrieben (65, 103). Derartige Frakturen können den äußeren Gehörgang, den lateralen und hinteren Bogengang, eventuell auch den tympanalen Abschnitt des N. facialis erreichen und zu Fazialislähmungen Anlaß geben (94[8]).

Die Häufigkeit der Nachweisbarkeit solcher Frakturen wurde im früheren Schrifttum sehr unterschiedlich angegeben (29–93% [49]). Der Prozentsatz liegt heute bei den Möglichkeiten der Computertomographie wesentlich höher (46). Diese Untersuchungsweise hat als Methode der Wahl zu gelten, die allerdings die konventionellen Übersichtsaufnahmen nicht überflüssig macht. Auch szintigraphisch lassen sich Frakturen mit Zeichen einer leichten Entzündung Tage und Wochen nach einem Unfall noch nachweisen, auch wenn am Unfalltag radiologisch keine Knochenverletzung festgestellt werden konnte (29).

Pneumatisationshemmungen und Entzündungen

Die folgenden Ausführungen geben einen Exzerpt des Handbuchartikels von Psenner (70[7]) wieder.

Die Qualität der Schleimhaut des Mittelohres induziert die Pneumatisation. Eine anomale Qualität der Schleimhaut führt einerseits zur **Pneumatisationshemmung** und bietet andererseits geringeren Widerstand gegen **Infektionen.**

In dieser Hinsicht lassen sich „Anomalie" und „Erworbene Entzündungen" nicht in zwei Kapiteln getrennt besprechen.

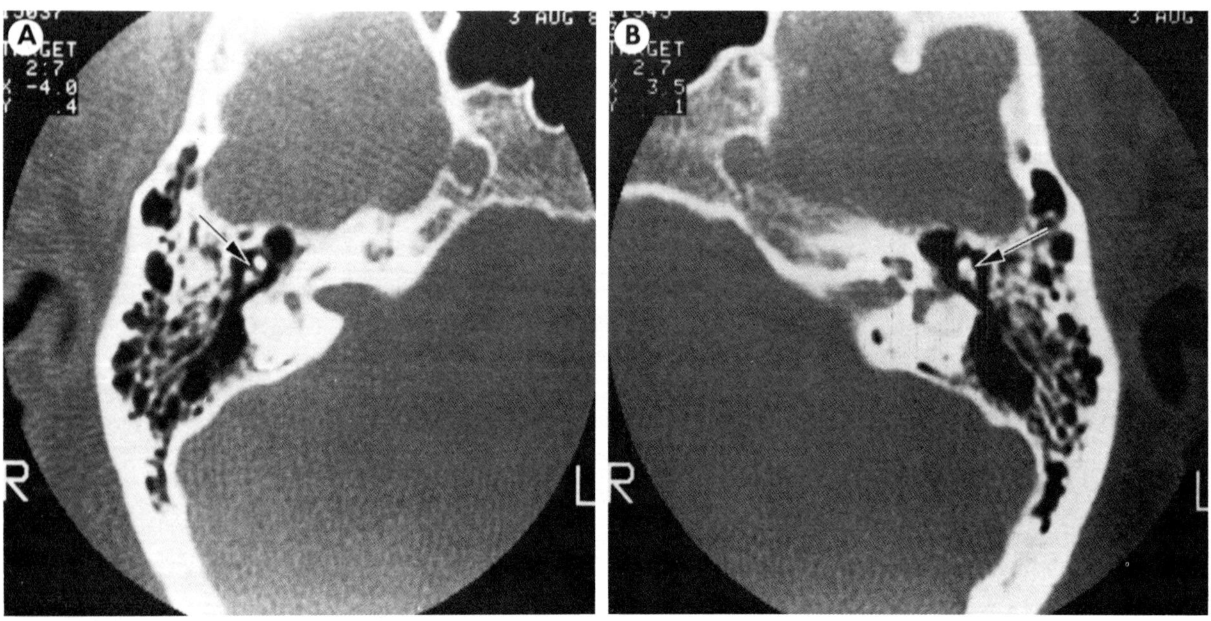

a b

Abb. 4.**170a** u. **b**
a Malleoinkudale Disruption rechts mit 40 dB Leitungshörverlust nach Trauma. Axiale Projektion (Ansicht von unten). Trennung von Malleus und Inkus (→). **b** Normale Artikulation links (→) (aus Swartz, J. D., et al.: Ann. Otol. 94 [1985] 263)

Pneumatisationsstörungen erfolgen durch äußere Einflüsse mit Entzündungen, die in frühester Jugend, eventuell in den ersten Lebenstagen – „Säuglingsotitiden" (101 nach 70[8]) auftreten. Sie sind auch heute nicht selten, schätzungsweise zwei-bis fünfmal öfter als klinisch diagnostiziert und stationär aufgenommen (69) und führen zum Verlust der plastischen Pneumatiasationsfähigkeit der Schleimhaut. Andererseits sind aufgrund von Zwillingsforschungen erbliche, genotypische Faktoren bestimmend (4), die für die Bildung einer minderwertigen, gegen Infektionen abwehrschwachen Schleimhaut und damit sekundär für eine Otitis mit Pneumatisationsstörungen, bei hochgradigem Verlust der Schleimhautplastizität auch primär zur fehlenden Pneumatisation als Gründe anzuführen sind.

Die Größe der Zellen und die Ausdehnung des pneumatisierten Gebietes sind Indikatoren für die Qualität der Schleimhaut und ihres Abwehrvermögens.

Bei *Schleimhauthyperplasie* ist die Bildung von Knochennischen während der Entwicklung ungestört, doch unterbleibt deren normale Rückbildung mit Einsenkung der hyperplastischen Hohlräume. Die restierende Submukosa mit ihrer auch osteoplastischen Fähigkeit führt bei der Umwandlung der Markräume (Spongiosa) zur diffusen *Knochensklerosierung*. Nicht nur können normale Zellnester bestehen bleiben; es kann auch zur Bildung großer Höhlen kommen, in die sich die hyperplastische Schleimhaut doch noch einsenken konnte. Die Zellsepten sind dann verdickt. Zwischen den Zellen können sich Bezirke sklerotischen Knochens finden.

Die *Schleimhautatrophie* (-fibrose) kann so beträchtlich sein, daß keine Pneumatisierung erfolgt. Bei kompletter Hemmung der Luftzellenbildung entsteht ein *Warzenfortsatz mit regelmäßiger Spongiosa* ohne Zellen bzw. Sklerosierung (s. Abb. 4.**168**). Der „kompakte Warzenfortsatz wird gehäuft mit Mißbildungen des Gaumens gesehen (77). Bei Schleimhauthypotrophie ist die Pneumatisation eventuell verlangsamt.

War bei einer einsetzenden *Infektion* bislang keine Zellbildung vorhanden, bleibt diese vollständig aus, der Warzenfortsatz wird spongiosiert. War es bis zu diesem Zeitpunkt schon zur Zellbildung gekommen, kann die weitere Ausformung unterbrochen, das bis dahin entstandene Strukturbild bestehen bleiben.

In welcher Beziehung die **Ausdehnung des Zellsystems** zur Entzündung steht, wird durch folgende Untersuchung (27) verdeutlicht: Von 320 Untersuchten mit Normalbefund und 585 Patienten mit otitischen Veränderungen konnte bei einem über 15 cm^2 großen Areal pneumatisierter Zellen keine chronische Otitis, über 32 cm^2 keine akute Otitis festgestellt werden. Eine einseitige chronische Otitis befällt bei Asymmetrie immer, eine einseitige akute Otitis fast regelmäßig das Ohr mit dem System kleinerer Zellen. Von einem anderen Gesichtspunkt aus betrachtet wird die Größe der Zellen vom Grad des pathologischen Mittelohrbefalls in der Kindheit bestimmt, wobei – bei Jungen häufiger als bei Mädchen, nicht im Neugeborenenalter, sondern erst ab dem 3. bis 6. Lebensmonat – Infektionen der oberen Atemwege eine tubare Dysfunktion und eine sezernierende Otitis die Zellminderung beeinflussen (91).

Die *Verschattung eines pneumatischen Zellsystems* läßt nur den Schluß auf Ersatz des Luftgehaltes der Zellen durch ein dichteres Medium zu. Hyperämie, Schleimhautschwellung, Exsudat, Granulationsgewebe und auch Blut (nach Trauma) kommen in Frage. Bei entzündlicher Ätiologie im Sinne einer *akuten Mittelohreiterung* verschwindet die Verschattung selten schon vor, meist allmählich nach der klinischen Heilung. Das Fortbestehen der Verschattung ist als erstes Zeichen der Knochenbeteiligung zu werten. Die Krankheitsbezeichnung *Mastoiditis* gründet auf einer klinischen, nicht radiologischen Diagnose eines pathoanatomischen Zustandes. Radiologisch sieht man vielleicht die Arrosion bzw. Zerstörung der Knochenbälkchen, eine körnig anmutende Struktur, eventuell auf einen begrenzten Bezirk (Herd) beschränkt. Fehldeutungen können entstehen, wenn bei der Aufnahme nach Schüller die Ohrmuschel entgegen der anders lautenden Vorschrift nicht umgeklappt wurde (Abb. 4.**171a** u. **b**). In einer zweiten Form der Knochenaffektion geht die Infektion nicht von den Zellen, sondern von den Gefäßen und Markräumen der Septen aus. Die Septen bleiben scharf begrenzt, doch nimmt ihre Schattendichte bis zur Unnachweisbarkeit ab. Meist finden sich Mischformen beider Entzündungsweisen. Die *Petrositis* entspricht bei den Zellen in der Pyramide der Mastoiditis und kann sich durch den *Gradenigoschen Symptomkomplex* (Abduzensparese und Trigeminusneuralgie mit Schmerzen im Auge) manifestieren.

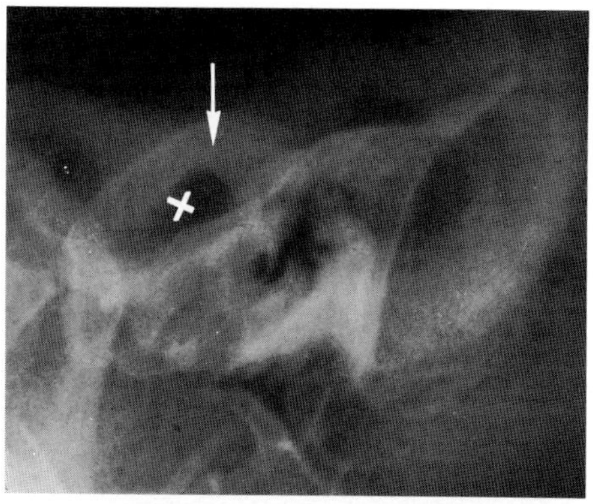
a

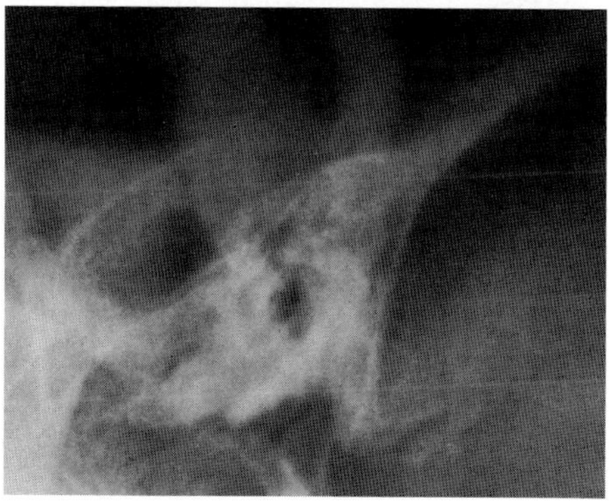
b

Abb. 4.**171a** u. **b**
a Aufnahme des Schläfenbeins nach Schüller. Aufhellung durch Überprojektion der nicht umgelegten Ohrmuschel (→), einen Defekt vortäuschend
b Ohrmuschel vorschriftsmäßig nach vorn umgelegt. Aufhellung dementsprechend verschoben

Die *akute und latente Mittelohrentzündung* im Säuglingsalter, die notfalls einen chirurgischen Eingriff erforderlich macht, ist seit Einführung der Antibiotika und seit der zurückgehenden Häufigkeit von beta-hämolytischen Streptokokken äußerst selten geworden. Ein Autor, der in den fünfziger und sechziger Jahren in einer Bevölkerung von 400000 Menschen in 5 Jahren 13000 Patienten mit purulenter Otitis media (und 58 = 0,4% mit akuter Mastoiditis) registrierte, von denen bei 28 Kranken eine Operation durchgeführt werden mußte, fand in diesen letzten Jahren noch 2 bis 3 Fälle akuter Mastoiditis in einer Population von 1 Million Menschen (68). Die *chronische Mittelohreiterung* ist in der Regel primär chronisch. Man unterscheidet die einfache, die desquamative und die Cholesteatomeiterung. Allen Formen ist eine hochgradige Pneumatisationshemmung gemeinsam.

Bei der einfachen chronischen Schleimhaut- wie auch bei der desquamativen Mittelohreiterung findet man einen sklerotisierten oder spongiösen Warzenfortsatz und ausnahmsweise eine normale Pneumatisation, wenn der Prozeß auf die Paukenhöhle beschränkt bleibt. Die Knochenzerstörung, oft erst nach Jahren nachweisbar, ist meist polytop und kann zur charakteristischen Usur des Tegmen tympani oder der knöchernen Sinusschale und damit zum *extraduralen Abszeß* bzw. zur *Sinusthrombose und Sinusitis* führen. Nur der positive Nachweis ist beweisend. (Der Befall der Gehörknöchelchen kann computertomographisch demonstriert werden.)

Die *Cholesteatome* können im Antrum, im Attik oder – sehr selten – im übrigen Teil der Paukenhöhle, im Mastoid, im Schläfenbein (16) oder in der Felsenbeinspitze liegen. Die Grenzen der sich durch Usur vergrößernden Defekte sind scharf, buchtig und eventuell verdichtet. Sie gehen meist vom Attik aus (62). Bei Durchbruch durch die hintere, obere Gehörgangswand kommt es zur „natürlichen Radikaloperation".

Zum Nachweis eignet sich – neben tomographischen Verfahren – in besonderem Maße die *Projektion nach Mayer* (s. Abb. 4.**162a, b** und 4.**163**). Ihr Nachweis ist heute polytomographisch zu erbringen, ihre Ausdehnung am besten im Computertomogramm festzustellen (16). Zur Häufigkeit: In der Mayo-Klinik wurden zwischen 1963 und 1983 21 Patienten mit kongenitalen Cholesteatomen gefunden, sämtlich zwischen 1963 und 1969 aufgedeckt, während demgegenüber zwischen 1961 und 1983 bei 473 Patienten erworbene Cholesteatome festgestellt wurden (62).

Ungewöhnliche Lokalisationen für Cholesteatome sind Processus mastoideus, Pyramidenspitze und äußerer Gehörgang (11). Bei Durchbrüchen von Cholesteatomen wie auch mastoiditischer Herde in den epiduralen Raum kann ein epiduraler, subduraler oder subarachnoidaler **Pneumenzephalus** entstehen (33). Pneumatozelen können durch einen Tegmendefekt hervorgerufen sein (Entzündung? Trauma? [67]). **Epidurale Mastoidzysten** sind beobachtet (56). Seit der Einführung der Antibiotika in die Therapie sind Mastoiditis und Petrositis selten geworden. Damit hat sich auch die Indikation zur Operation erheblich gemindert. Die radiologischen Befunde **nach Antrotomie und Radikaloperationen** müssen allerdings dem Radiologen auch heute noch geläufig sein (94[3]) (Abb. 4.**172**). Oft werden die tiefen Höhlen im Warzenfortsatz in der Projektion nach Stenvers mit einer zur Abbildung des Processus mastoideus geeigneten Belichtung am deutlichsten. Weitere Einzelheiten s. bei Biedermann (14).

Andere erworbene Erkrankungen

Von einer **Osteomyelitis** spricht man, wenn die Entzündung die Grenzen des pneumatischen Systems gegen die Diploë überschritten hat. Sie findet sich häufiger nach Operationen, kann aber auch hämatogen entstehen, zwar in jedem Lebensalter, in typisch perakuter Form nahezu ausschließlich in frühestem Kindesalter. Die radiologische Symptomatik entspricht derjenigen, wie sie am Schädeldach allgemein beschrieben wurde. Das gilt auch für die äußerst selten gewordene **Tuberkulose** und **Lues** im Bereich des pneumatischen Systems.

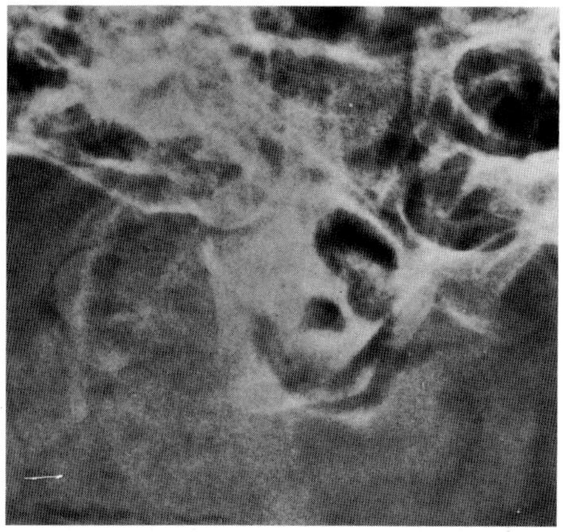

Abb. 4.**172** Aufnahme des Schläfenbeins nach Schüller: Typischer Operationsdefekt im Mastoid

Die radiologische Diagnose der **Otosklerose** mit Sklerosen am Steigbügel und am Foramen ovale (Fenster-Otosklerose), eventuell ausgedehnt bis zum Foramen rotundum, ist erst seit Einführung des mehrdimensionalen Schichtverfahrens (34) und erst recht seit der Computertomographie-Ära mit hochauflösenden Verfahren möglich. Der Wert beider und damit die Indikation zu beiden Verfahren ist ausgeführt (20). Im Vergleich beider Methoden wurde zwar eine bessere Demonstration der Veränderungen durch die Computertomographie registriert, doch ließ sich hierdurch die diagnostische Treffsicherheit merkbar nicht erhöhen (19). Auch an der Kochlea lassen sich otosklerotische Veränderungen durch die mehrdimensionale und die Computertomographie nachweisen; hierfür müssen aber die Herde einen Durchmesser von mindestens 2 mm besitzen, müssen eine andere Dichte haben als der kompakte Labyrinthkern (93) und sind nur zu sehen, wenn sie der Labyrinthkapsel anliegen (94[5]).

Unter 90 Untersuchten mit Verdacht auf Fenster- oder Schnecken-Otosklerose wurden in 20 Fällen unter 12 Patienten Demineralisationen computertomographisch nachgewiesen. Unter diesen 20 Kranken war sämtlich eine sensineurale Hörminderung audiometrisch nachweisbar; auch bei einer geringeren Zahl von Dichtezunahmen, bei denen die Differentialdiagnose zu Heilungsstadien fast nicht möglich war, bestand insgesamt audiometrisch eine Hörminderung in den höheren Frequenzen (85).

Weitere Einzelheiten s. bei Valvassori u. Mitarb. (94[3]).

Exostosen und auch Osteome des Schläfenbeins liegen meist im **medialen Teil des äußeren Gehörganges,** gehen ausnahmsweise auch einmal vom Promonturium der labyrinthären Wand der Paukenhöhle aus (und dringen – äußerlich sichtbar) in den äußeren Gehörgang vor (22). Sie sind unterschiedlich groß und demnach radiologisch mehr oder weniger deutlich zu erkennen. Im Gegensatz zu den Exostosen besitzen Osteome mature Knochenmasse und können in das Nachbargewebe des Mastoids einwachsen. **Enostome** sind gelegentlich in Mastoidzellen nachweisbar (70[9]). Die fibröse Dysplasie (94[6]) kann ein Osteom im äußeren Gehörgang vortäuschen (6). **Benigne Tumoren,** wie z. B. auch **Zerumimome** (13), sind von den *malignen* radiologisch nur durch den Nachweis von Knochenzerstörungen, von Cholesteatomen auch dann schwer zu unterscheiden. Klinisch sprechen starke Schmerzen und Otorhoe, eventuell Blutung, mehr für Malignität.

Die **benignen Tumoren des Mittelohrs** sind selten und meist adenomatöser Natur. Auch hier kann die Unterscheidung zwischen Geschwulst, erworbenem Cholesteatom ohne Knochendestruktion und polypöser Proliferation der Mukosa für den Radiologen unmöglich sein. In sehr seltenen Fällen – von den in 7% Häufigkeit in Kopf und Hals auftretenden **Dermoidzysten** werden 50% in den Orbitae, 25% im Cavum oris und 13% im Cavum nasi gefunden – sind Dermoidzysten auch im Mittelohr und Warzenfortsatz gesehen (34). Auch **Epidermoidzysten** sind im Mittelohrspalt und im Mastoid beschrieben (1, 63). **Malignität** läßt sich wiederum durch den Nachweis von Knochenzerstörung vermuten. Massive Knochendestruktion mit möglicher Freilegung der Kochlea bei Läsion mehrerer Hirnnerven ist bei Kindern typisch für das **embryonale Rhabdomyosarkom** (75).

Eine regionale Sonderform des Tumors stellt der **Glomus(tympanicum-)tumor** dar. Er entsteht um den Plexus tympanicus herum und liegt, pluridimenional oder computertomographisch nachweisbar, im Hypotympanon, kann aber bei Ausdehnung den Mittelohrraum total ausfüllen und in den äußeren Gehörgang vordringen, klinisch vor allem gekennzeichnet durch pulsierende Ohrgeräusche.

Eine **aneurysmale Knochenzyste,** ausgehend vom äußeren Gehörgang, kann zur Rarefizierung und Auflösung der Spongiosa zwischen dem oberen Anteil des äußeren Gehörganges und dem Kiefergelenkrand (Aufnahme in der Projektion nach Schüller) führen (99).

Fremdkörper kommen im äußeren Gehörgang häufig, in der Tuba auditiva und in der Paukenhöhle sehr selten vor.

Als Kuriosität wird hier ein Milchzahn in der Paukenhöhle erwähnt, der nach ungeschicktem Extraktionsversuch durch die Tube in das Cavum tympani gelangte und operativ entfernt werden mußte (70[10]).

Die übrigen in den „Allgemeinen Teilen des Schädeldaches und der Schädelbasis" aufgeführten Knochenerkrankungen weisen symptomatisch keine regionalen Besonderheiten am pneumatischen System, Außen- oder Mittelohr auf.

Pyramide und Innenohr

Entwicklung (7)

Die *Verknöcherung* der ektodermalen Ohrkapsel beginnt zwischen der *16. und 20. Fetalwoche,* wenn der Knorpel seine maximale Größe und Reife erreicht hat. Die Größe behält die Ohrkapsel während des ganzen Lebens. Der enchondral aus 14 Zentren gebildete Knochen wird nicht mehr verformt, besitzt wie die Gehörknöchelchen keine Haverschen Kanäle, ist also *kompakt* ohne Spongiosa. Eine enge Knorpelrinne bleibt allein rund um die Fenestra vestibuli (ovalis).

Um den kompakten Labyrinthkern herum bilden sich während der Kindheit und in der frühen Adoleszenz *periostaler Knochen mit Spongiosa* und eventuell auch pneumatischen Zellen, und zwar im Areal um die Fenestra vestibuli (ovalis), in der Fossula fenestrae vestibuli und über der lateral am weitesten ausgebuchteten Partie des Canalis semicircularis lateralis.

Anatomie und radiologische Darstellung

Zum Studium der Lage und Lagevariationen der Kanalsysteme im Os temporale empfiehlt sich außer der Einsicht in anatomische Atlanten die Kenntnis neuerlicher, in dieser Hinsicht spezieller anatomischer Einzelarbeiten (52).

Die radiologische Wiedergabe der Pyramide und des Innenohrs kommt einer anatomischen Strukturanalyse derart nahe, daß bei getrennter Beschreibung unnötige Wiederholungen unvermeidbar sind, während andererseits eine Bildanalyse ohne genaue Kenntnis der Anatomie nicht möglich ist.

Aus diesem Grund wird die Beschreibung der Binnenstruktur auch in der Pyramide hier in der Art fortgesetzt, wie sie am Mittelohr begonnen wurde.

Hervorzuheben ist allerdings, daß auch durch die Kernspintomographie (Protonen-Kernspinresonanztomographie, Magnetic Resonance Imaging) besonders an und in der Pyramide Aufnahmen gewonnen werden können, deren hohe Auflösung die Qualität moderner Computertomogramme und eine ausgezeichnete Gewebskontrastierung, ohne positive oder negative Konstrastmittel verwenden zu müssen, erreichen (54).

Das **knöcherne Labyrinth** besteht aus Vestibulum (einer knöchernen Höhle, mit Endolymphe gefüllt, in der der häutige Utrikulus und der Sakkulus in einem perilymphatischen Raum liegen), Canales semicirculares und Kochlea (s. Abb. 4.**173**). Die computertomographische Wiedergabe findet sich in Abb. 4.**174a–e**:

Das **Vestibulum** (8), die Zentrale des Hohlraumsystems, mißt 4 mm diagonal, führt nach vorn zur Schnecke und nach hinten zu den Bogengängen. Es ist durch das ovale Fenster mit dem Steigbügel des Mittelohrs, durch den Ductus endolymphaticus (Aquäduktus, aus dem Sakkulus), mit dem Saccus endolymphaticus und durch den Ductus reuniens aus dem Sakkulus mit der Schnecke verbunden.

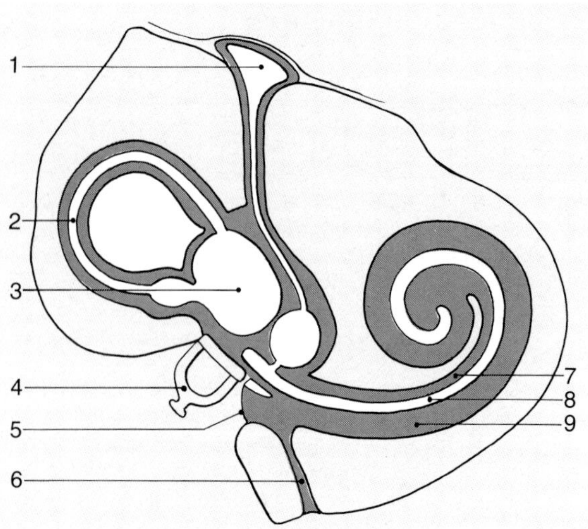

Abb. 4.**173** Schematische Darstellung des häutigen Labyrinthes und der perilymphatischen Räume (nach Töndury)
1 = Ductus endolymphaticus
2 = Canalis semicircularis lateralis
3 = Vestibulum
4 = Steigbügel
5 = Fenestra cochleae
6 = Ductus perilymphaticus
7 = Scala vestibuli
8 = Kochlea
9 = Scala tympani

Jeder der drei vom Utrikulus ausgehenden **Bogengänge** beschreibt einen Zwei-Drittel-Bogen. Der Canalis semicircularis lateralis (13) liegt in der Pyramidenachse, also zur Deutschen Horizontalen um ca. 30 Grad nach hinten geneigt, und springt gegen die mediale Wand des Aditus ad antrum vor. Der Canalis semicircularis posterior (12) verläuft parallel zur Pyramidenlängsachse und reicht nahe an die Pyramidenhinterwand heran. Der Canalis semicircularis anterior (11) kulminiert unter der Eminentia arcuata der Pyramide.

Die Kochlea (10) windet sich in mehr als 2 1/2 Drehungen unter zunehmender Lumenverengung in etwa 30 mm Länge um eine Zentralachse, grenzt mit ihrer Basis an das laterale Ende des Meatus acusticus internus, während sich die Schneckenwindung als Promontorium in die Paukenhöhle vorwölbt. Der **Ductus perilymphaticus** zieht vom Perilymphraum im Bereich der Fenestra cochlea (rotunda) schräg nach mediokaudal und endet trichterförmig medial des Foramen jugulare in den Subarachnoidalraum.

Der N. facialis, dessen tympanaler und mastoidealer Anteil im vorigen Abschnitt über das Mittelohr beschrieben wurde, zieht nach seinem Austritt, getrennt in motorischen und sensiblen Anteil, zwischen Brücke und Olive in einer Länge von 23 bis 24 mm mit dem N. vestibulocochlearis in das Felsenbein, weiterhin, 8 mm lang, durch den Meatus acusticus internus, und zwar direkt über dem N. vestibulocochlearis, wobei sich der motorische mit dem sensiblen Anteil, dem N. intermedius, zum gemeinsamen Strang des N. facialis vereinigt. Im *Canalis facialis,* beginnend am Porus acusticus internus (s. Abb. 4.**175**), im sog. „meatal foramen“ (94), dem engsten Teil des Kanals, verläuft der labyrinthäre Anteil in 3 bis 4 (2,5 bis 6,92) mm Länge nach ventral und lateral. Direkt lateral und über der Schnecke beschreibt der Fazialiskanal einen Knick von fast 90 Grad nach ventral und erreicht das Ganglion geniculatum. Der Kanal wird dort entsprechend erweitert. Die Verlaufsrichtung ändert sich in einer Haarnadelkurve nach hinten. Hier liegt das erste Genu n. facialis, also über der Kochlea und medial des Promontoriums. Weiterer Verlauf s. in vorigem Absatz „Mittelohr“.

Während bei den Summationsaufnahmen mit speziellen Einstellungen des Mittelohrs die Projektion nach Schüller (und eventuell nach Mayer) die reichsten Informationen liefert, empfiehlt sich zur Darstellung der Pyramide die Strahlenrichtung nach *Stenvers* (bei speziellen Fragestellungen die submento-vertikale-axiale), da hierdurch das Felsenbein unverkürzt wiedergegeben ist.

Projektionsvarianten sind bei dieser Einstellung am häufigsten. Etwa notwendige Korrekturen sind den Hand- und Lehrbüchern zu entnehmen (70[11], 104).

Auch bei multidimensionalen und Computertomographien wird die Einstellung in der Stenvers-Projektion empfohlen (93).

Zur topographisch übersichtlichen Einordnung in die radiologischen Summationsaufnahmen nach Stenvers werden nach Abb. 4.**176** bis 4.**179** Präparataufnahmen mit grober Darstellung der Innenohrstruktur abgebildet, die computertomographisch detailliert schon besprochen sind.

Der **laterale Bogengang** stellt sich in der radiologischen Wiedergabe nach Stenvers nur gelegentlich dar (Abb. 4.**180 b**), der *obere* (vordere) markiert sich unter seinem Dach, der **Eminentia arcuata,** als schienenstrangähnlich verdichtet gesäumte, nach unten ziehende, relative Aufhellung (Abb. 4.**177** sowie 4.**180 a** u. **b**). Das **Vestibulum** läßt sich am Ausgang der Bogengänge nicht regelmäßig erkennen (Abb. 4.**180 a** u. **b**). Darunter und spitzenwärts liegt die **Schnecke** (s. Abb. 4.**161 a** u. **b**).

Der **Porus** und der von hier zur Pyramidenspitze hin verlaufende **Meatus acusticus internus** sind gut zu erkennen. Eine getrennte Darstellung der Kranialnerven VII und VIII im inneren Gehörgang ist im Spintomogramm (Surface – Coil Magnetic Resonance Imaging) möglich (25) (Abb. 4.**181**). Form und Größe sind nicht seitengleich und unterliegen erheblichen individuellen Unterschieden (3 bis 7 mm, mit Seitendifferenzen 0,5 bis 1 mm [37]). Vor dem Seitenvergleich nach Übersichtsaufnahmen im

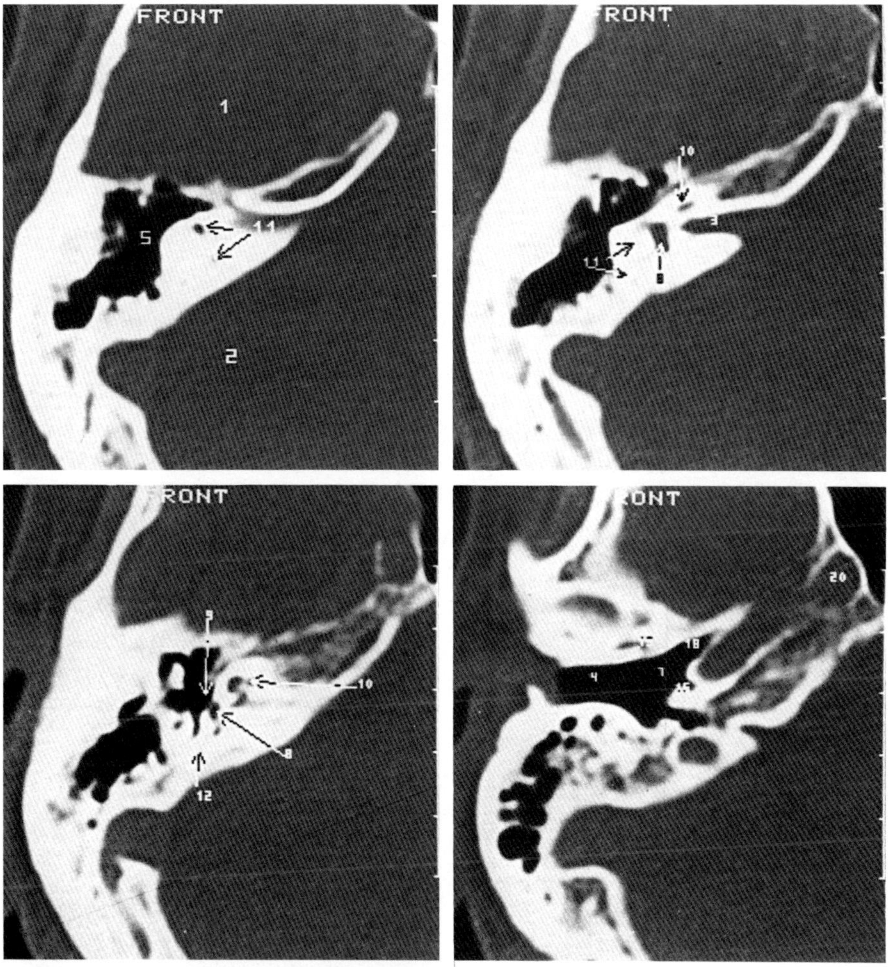

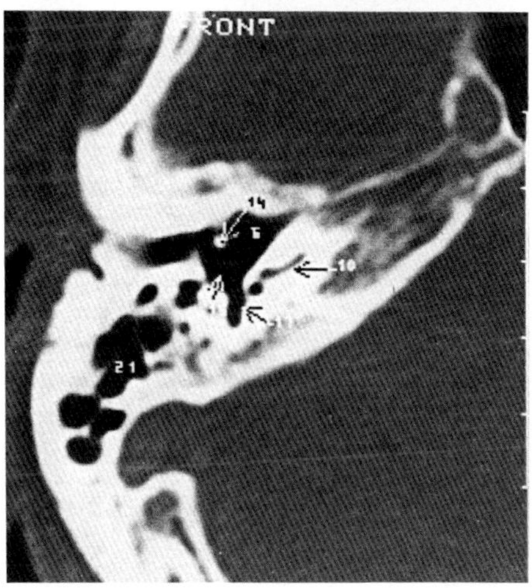

Abb. 4.**174 a–e** Axiale Computertomogramme durch das linke Felsenbein. Schichtdicke: 2 mm, Tischvorschub: 2 mm. Darstellung in High-resolution-Technik. 5 Grad Gantry-Kippung zur okulomeatalen Ebene

1 = Fossa cranii media
2 = Fossa cranii posterior
3 = Meatus acusticus internus
4 = Meatus acusticus externus
5 = Epitympanon
6 = Mesotympanon
7 = Hypotympanon
8 = Vestibulum
9 = Fenestra vestibuli
10 = Kochlea
11 = Canalis semicircularis anterior
12 = Canalis semicircularis posterior
13 = Canalis semicircularis lateralis (nicht dargestellt)
14 = Malleus
15 = Inkus
16 = Promontorium
17 = Sinus tympani
18 = Tuba auditiva
19 = Fissura petrotympanica
20 = Canalis caroticus
21 = Cellulae mastoideae

sagittalen, eventuell auch transorbitalen Strahlengang wird gewarnt, da Überlagerungen mit dem Canalis caroticus Erweiterungen vortäuschen können (70).

Die **obere Felsenbeinkante** verläuft wellig. Zwischen der mehrfach erwähnten Eminentia arcuata und einem Höcker nahe der Felsenbeinspitze liegt die **Fossa subarcuata** (Abb. 4.**182**), die beim Kind besonders tief ist. Eine Doppelkontur zwischen Fossa und der Eminentia arcuata kann durch den Sulcus petrosus superior hervorgerufen sein, der eventuell tunneliert ist (Abb. 4.**183**). Schräg verlaufende, kerbenförmige bzw. fissurähnliche Aufhellungslinien, die die obere Felsenbeinkante medial des vorderen Bogenganges unterbrechen (Abb. 4.**184** und 4.**185**) kommen gelegentlich vor und wurden von Zimmer als Fazialiskanäle bezeichnet. Nahe der Pyramidenspitze liegt die unterschiedlich tief ausgeprägte **Impressio trigemini**. Sie wird auf der p.-a. Aufnahme in günstigerer Projektion und damit in ihrem ganzen Ausmaß (also evtl. tiefer) (Abb. 4.**186 a**) erfaßt als in der Einstellung nach Stenvers.

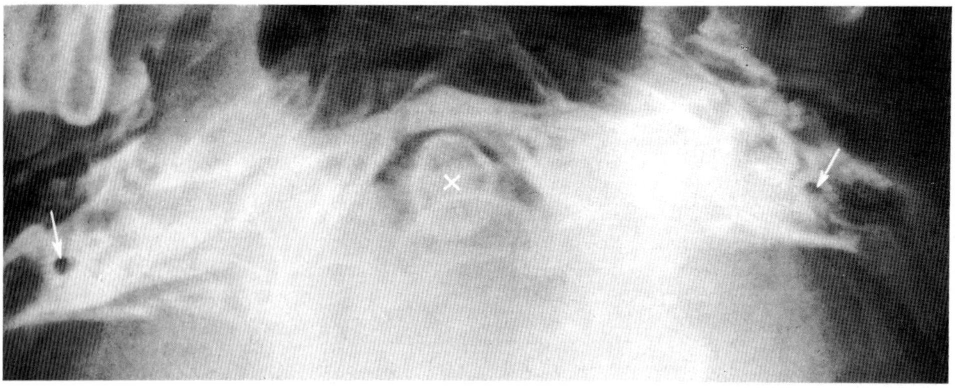

Abb. 4.**175** Fazialiskanal beiderseits (⟶) im axialen Strahlengang. X = Dens axis

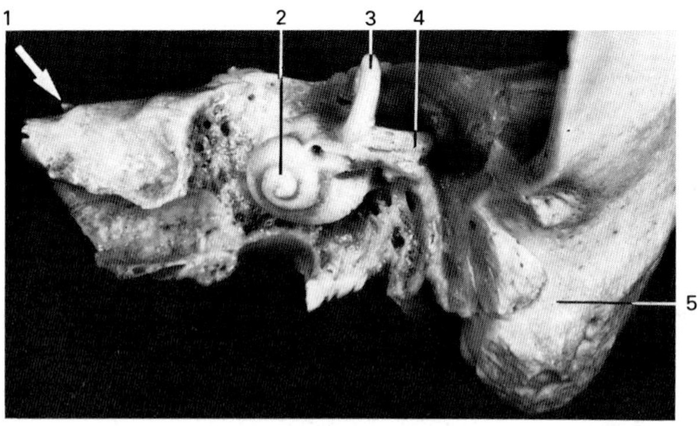

Abb. 4.**176** Felsenbeinpräparat mit Eröffnung des Mittelohrgebietes
1 = Felsenbeinspitze
2 = Schnecke
3 = vorderer Bogengang (Canalis semicircularis anterior)
4 = hinterer Bogengang (Canalis semicircularis posterior)
5 = Warzenfortsatz (Processus mastoideus)

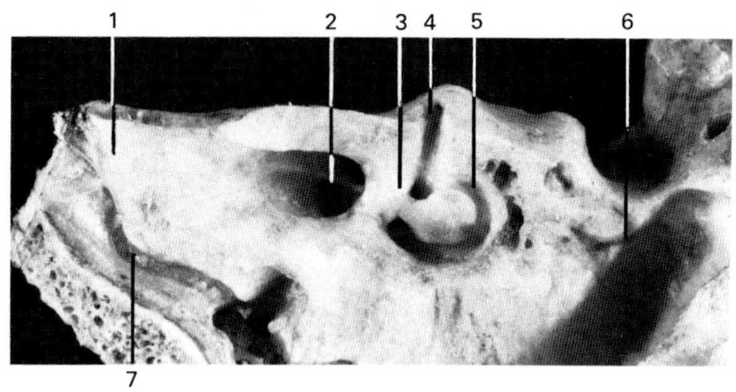

Abb. 4.**177** Anatomisches Schnittpräparat. Ansicht von vorn
1 = Felsenbeinspitze
2 = Meatus acusticus internus
3 = Utrikulus- und Sakkulusgebiet (Vestibulum)
4 = vorderer Bogengang
5 = hinterer Bogengang
6 = Sulcus sigmoideus
7 = Fissura petrooccipitalis

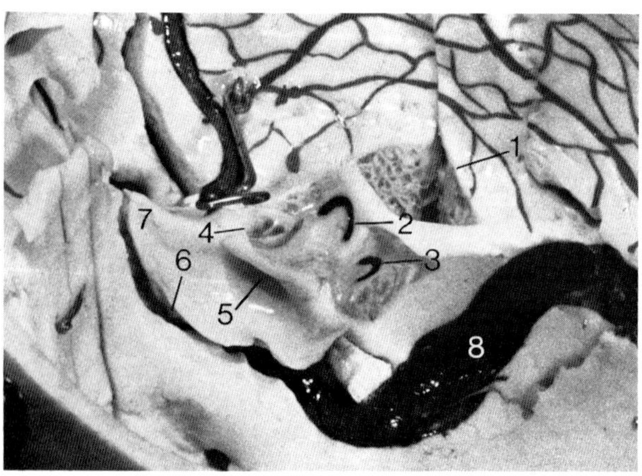

Abb. 4.**178** Studie eines Felsenbeinschnittes bei Ansicht von oben
1 = Mastoidzellen
2 = oberer Bogengang
3 = hinterer Bogengang
4 = Mittelohr
5 = innerer Gehörgang
6 = Fissura petrooccipitalis
7 = Felsenbeinspitze
8 = Sinus sigmoideus

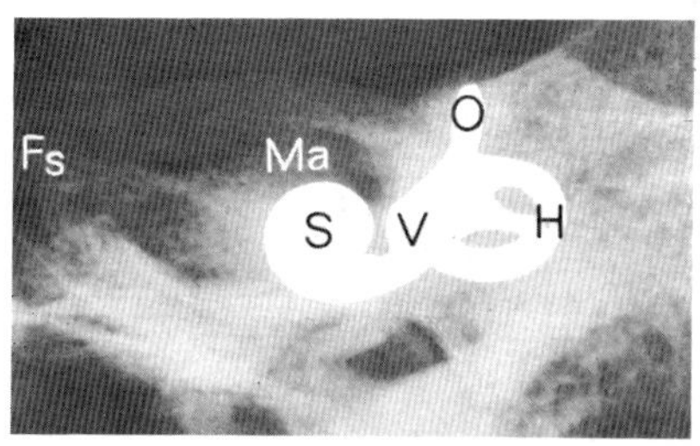

Abb. 4.**179** Lageskizze vom Mittelohr und Vestibularapparat (nach Mittermaier)
Fs = Felsenbeinspitze
Ma = Meatus acusticus internus
O = oberer (vorderer) Bogengang
S = Schnecke
V = Vestibulum (Ultrikulus und Sakkulus)
H = hinterer Bogengang

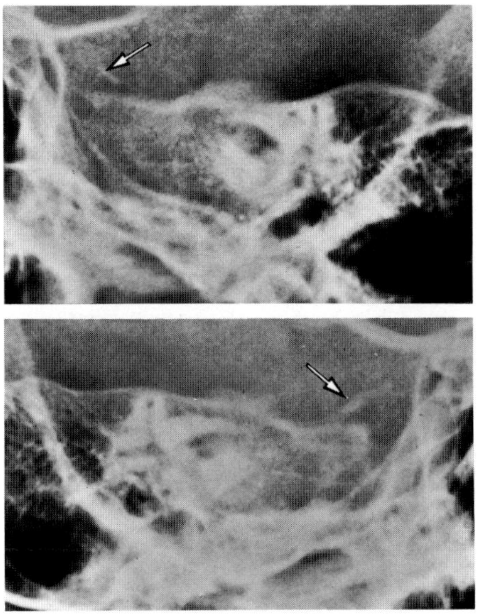

Abb. 4.**180 a** u. **b** Streifenförmige Verschattung beiderseits an der Spitze des Felsenbeins. Vorderer und lateraler Bogengang samt Vestibulum gut sichtbar

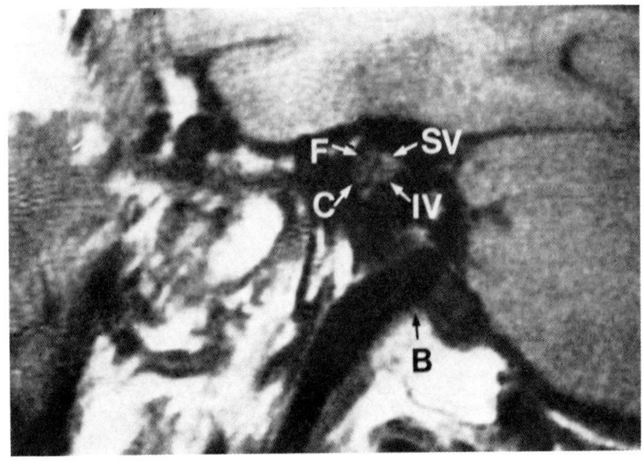

Abb. 4.**181** Parasagittaler Scan, 400 ms, TR, 256×256 Matrix, 3 mm Dicke. Jeder Nerv hat zwei Signalintensitäten, möglicherweise den Nerv (Zentralareal von geringer Intensität) und Scheide
C = N. cochlearis
SV = N. vestibularis superior
IV = N. vestibularis inferior
B = Bulbus jugularis
(aus Swartz, J. D., et al.: Ann. Otol. 94 [1985] 263)

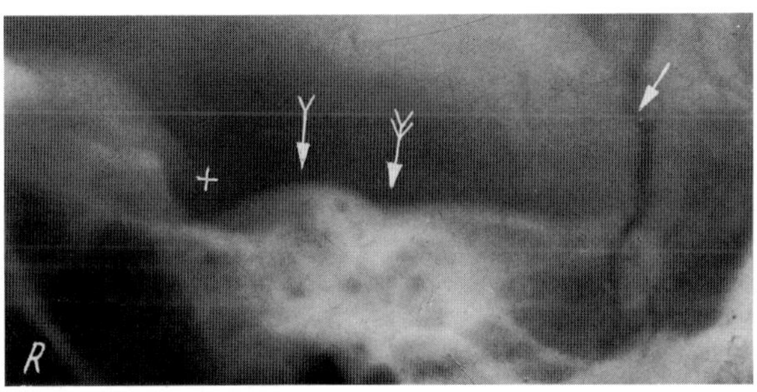

Abb. 4.**182** Sutura sphenosquamosa (→), die Felsenbeinspitze überkreuzend. Tiefe Mulde (x) zwischen der Eminentia arcuata (↣) und der lateralen Schädelwand. Fossa subarcuata (»→)

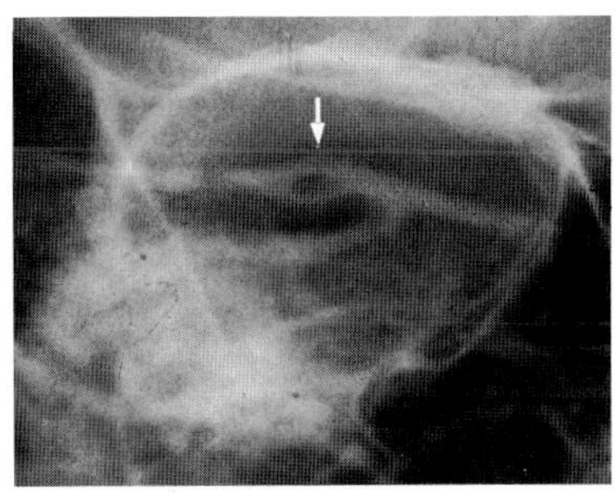

Abb. 4.**183** Loch in der Mitte der oberen Kante der Felsenbeinpyramide (Kanal des Sulcus sinus pertrosi superioris?) Pneumatisierte Zellen unter der oberen Pyramidenkante

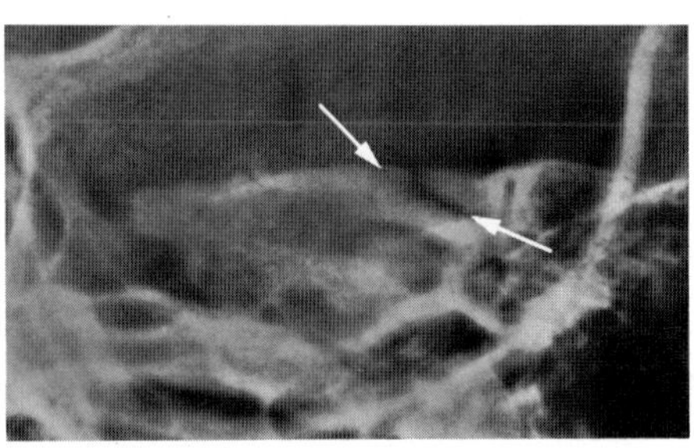

Abb. 4.**184** Rinne (Fazialiskanal?) medial des vorderen Bogenganges

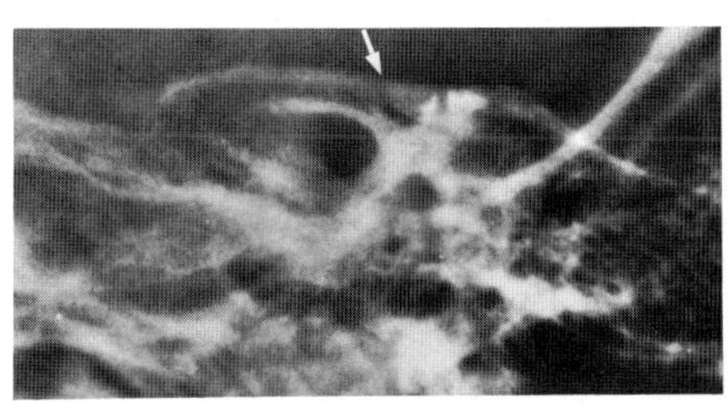

Abb. 4.**185** Rinne (Fazialiskanal?) medial des vorderen Bogenganges

Hier liegen die bei Besprechung der parasellären Struktur im Abschnitt über die „Sella turcica" erwähnten Brücken über den N. trigeminus und den N. abducens. Sie werden vom Lig. petrosellare, einer bandförmigen Verstärkung des Tentoriumansatzes, gebildet. Die laterale Begrenzung der Impressio trigemini kann wulstig (Abb. 4.**186b**) bzw. exostosenähnlich (Abb. 4.**186c**) verformt sein. Kleine, isolierte Verknöcherungen liegen manchmal der Exostose an (Abb. 4.**187a**). Ähnlich lassen sie sich auch weiter spitzenwärts über der oberen Pyramidenkante beobachten. Sie entsprechen wahrscheinlich Verkalkungen im Lig. petrosellare.

Auch isolierte Knöchelchen sind in dieser Region zu erkennen. **Ossicula petrosphenobasilaria** in der Synchondrosis petrooccipitalis zwischen Pyramidenspitzen und Klivus sowie nach Meckel benannte **Ossa suprapetrosa,** die unter der Dura mater dem Felsenbein direkt anliegen können (32, 72) (Abb. 4.**188a** u. **b**), Darstellung im Computertomogramm s. bei Aremdaroglou (3).

Eigentümliche Doppelhöcker lassen sich an der lateralen Grenze der Incisura trigemini nachweisen (Abb. 4.**187b**). Unter 738 okzipitofrontalen Schädelaufnahmen wurden in 65 Fällen, häufiger ein- als doppelseitig, Knochenvorsprünge in Kegel- oder Höckerform über dem Niveau des Pyramidenkammes gefunden (30). Zimmer fand ihre Ausgangsbasis bei der Durchleuchtung an der hinteren Pyramidenfläche.

Bei ausgeprägter **Pneumatisation** bis in die Felsenbeinspitze hinein ergeben sich Befunde, wie sie in Abb. 4.**189a** u. **b** wiedergegeben sind. Bei nicht typisch pneumatisierten Zellen und auffallendem klinischem Befund (Abb. 4.**190**) ist auch an Tumoren zu denken.

Hier sind vier Patienten mit Zysten unbekannter Herkunft in der Pyramidenspitze bei sensineuralem Hörverlust zu erwähnen. Solche Zysten, ätiologisch unbefriedigend bislang als Mastoidzysten, Epidermoide, Mukozelen und Cholesterolgranulome und damit als einzelne Entitäten aufgeführt, lassen sich vielleicht wegen ihrer gemeinsamen pathologischen Charakteristika (Inhalt: braunglänzende Flüssigkeit mit Cholesterolkristallen, fibrösem

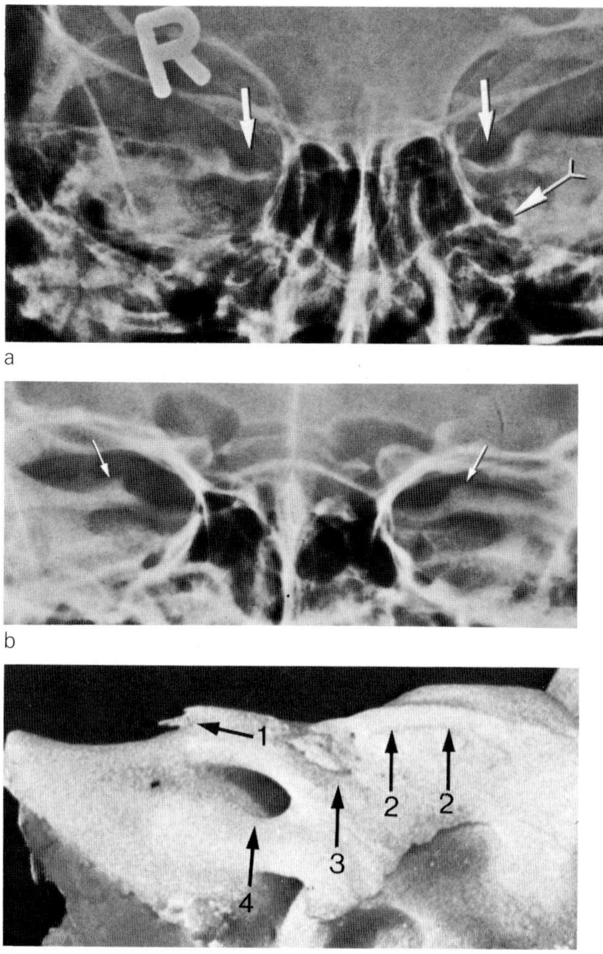

Abb. 4.**186 a–c**
a Impressio trigemini beiderseits im sagittalen Strahlengang
b Höckerförmige Vorwölbungen an den lateralen Begrenzungen der Impressio trigemini beiderseits im sagittalen Strahlengang
c Oberkante des Felsenbeines
1 = Exostose am Ansatz des Tentorium cerebelli (nach Überbrückung der Impressio trigemini)
2 = Sulcus sinus petrosi superioris
3 = Fossa subarcuata
4 = Porus acusticus internus

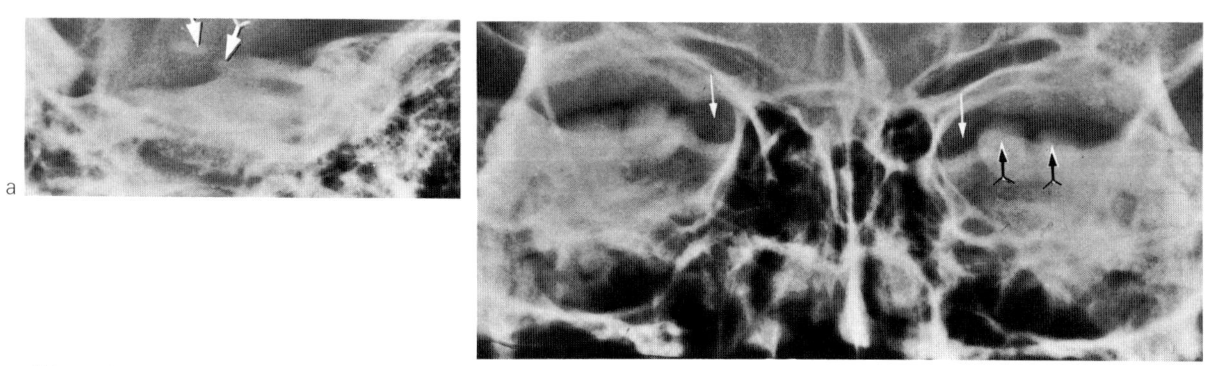

Abb. 4.**187 a** u. **b**
a Exostosenähnliche, spitzenwärts gerichtete Knochenzacke am Pyramidenoberrand (⤚) und länglicher Kalkschatten, isoliert in Fortsetzung (→). Befund doppelseitig. Duraverkalkung? Trigeminusbrücke? Lig. petrosellare?
b Impressio trigemini beiderseits (→). Knotenförmige, kamelrückenähnliche Hyperostosen (⤚) beiderseits an der Oberkante der Pyramiden

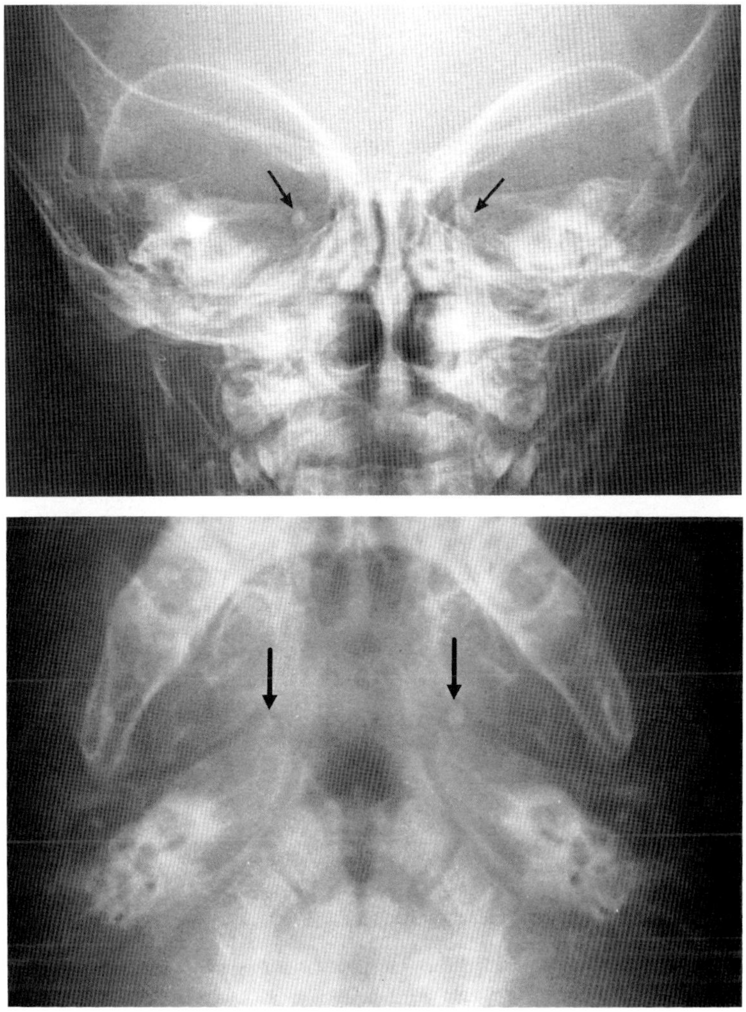

a

b

Abb. 4.**188 a** u. **b** Einjähriges Mädchen. Ossicula petrosphenobasilaria beiderseits (Beobachtung von Holthusen, Hamburg)
a Im sagittalen Strahlengang
b Im angenähert axialen Strahlengang

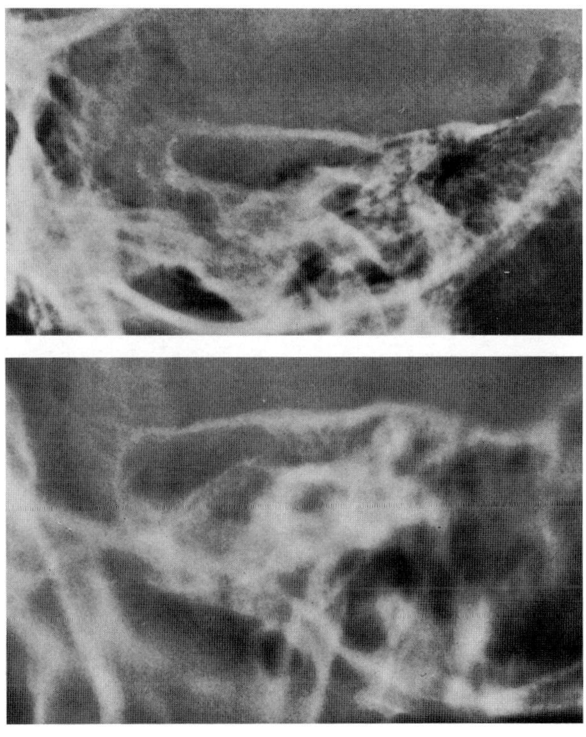

a

b

Abb. 4.**189 a** u. **b**
a Große pneumatische Zelle unter der Pyramidenoberkante
b Großblasige Auftreibung der Pyramide (Hyperpneumatisation?)

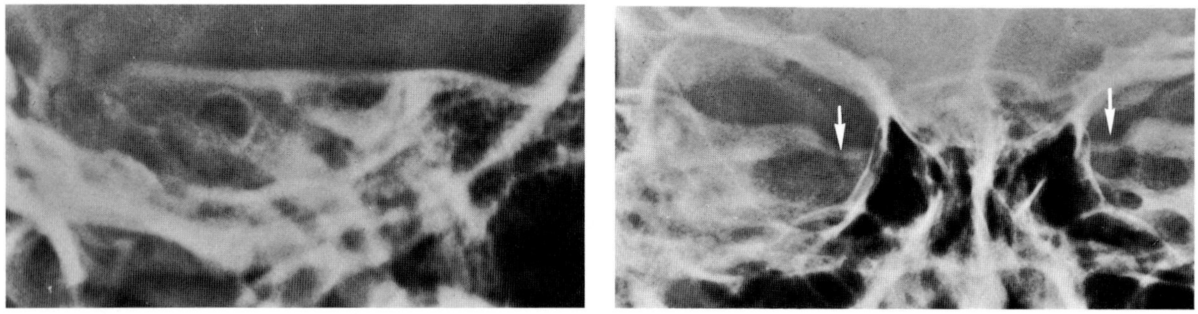

a b

Abb. 4.**190 a** u. **b**

a Sklerotisch begrenzte, erbsgroße Zyste im Felsenbein rechts im Gebiet des Meatus acusticus internus. Klinisch: Fazialisparese

b Impressio trigemini beiderseits. Erweiterung des Meatus acusticus internus rechts? Klinisch: Nach zwei Unfällen jeweils mit „Gehirnerschütterungen" traten Störungen beim Ergreifen von festen Gegenständen auf

Rand mit Epithel, minimalen Entzündungszeichen und granulomatösen Veränderungen in- und außerhalb der Zyste) als gemeinsames Krankheitsbild deuten, für das die Bezeichnung *„giant cholesterol cyst of petrous apex"* vorgeschlagen wurde (53) (Abb. 4.**191 a–c**).

Die weitere Aufklärung solcher Befunde mit tomographischen und eventuell Kontrastmittelverfahren gehört heute zu den selbstverständlichen Forderungen an die Neuroradiologie. Die neurovaskuläre Anatomie und die topographischen Verhältnisse an Kleinhirnbrückenwinkel und innerem Gehörgang lassen sich vorteilhaft nach Gas-CT-Zysternogrammen klären (15).

Foramen lacerum und **Synchondrosis petrooccipitalis** projizieren sich an der **Unterfläche der Pyramide** aufeinander. Hierdurch wird die Felsenbeinspitze besonders deutlich abgegrenzt. Sie erscheint auf Bildern in der Projektion nach Stenvers manchmal nach oben umgebogen, manchmal auch schwalbenschwanzförmig. Die Spalte geht in der Höhe des Vestibulum bzw. der darunterliegenden Schnecke in die Fossa jugularis über. Eine Doppelkontur entlang der Unterkante der Pyramide gehört dem stark ausgeprägten **Sulcus petrosus inferior** zu. Die **Fossa jugularis** wird vom unteren, medialen Rand der Pyramidenhinterfläche gebildet. Sie umrandet mit einer korrespondierenden Ausbuchtung des Os occipitale das **Foramen jugulare.** Sein Inhalt (Bulbus v. jugularis, Nn. IX–XI und arterielle Meningealzweige) läßt sich mit der Kernspintomographie (Magnetic Resonance Imaging) differenzieren (23). Individuelle, aber auch beiderseits bei demselben Untersuchten starke Größendifferenzen sind normal und betreffen mehr den lateralen venösen und weniger den medialen nervösen Anteil.

Varianten

Über die **Stellung der Pyramiden** sind im Abschnitt „Schädelbasis – Allgemeiner Teil" schon Angaben gemacht worden, wenn Lageveränderungen in größerem Zusammenhang zu sehen waren, s. auch „Frontale Dysplasie" im Abschnitt „Schädeldach – Allgemeiner Teil" (oben) und „Okzipitozervikale

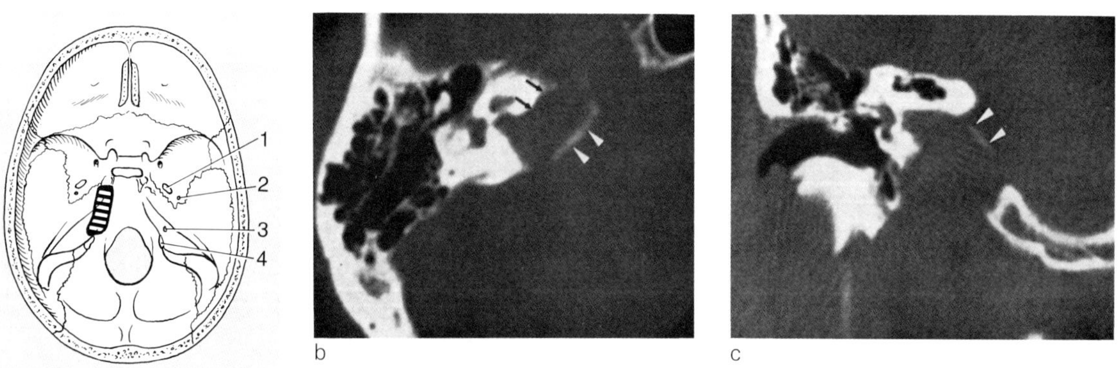

a b c

Abb. 4.**191 a–c** Kleine Cholesterolzyste

a Schädelbasis, Ansicht von oben. Das gestrichelte Areal kennzeichnet die betroffene Partie der Felsenbeinspitze und die Oberfläche des Felsenbeins im Bereich des Meatus acusticus internus

1 = Foramen ovale, 2 = Foramen spinosum, 3 = Meatus acusticus internus, 4 = Foramen jugulare

b Axiales hochaufgelöstes Computertomogramm. Osteolyse der Pyramidenspitze vom Meatus acusticus internus mit unvollständiger Rinne des verdünnten, angehobenen Knochens (▶). Im Anschluß an die Labyrinthkapsel ist der Knochen ausgehöhlt und sklerosiert (⟶)

c Koronaler Scan. Knochendestruktion unter dem Meatus acusticus internus. Unvollständiger Knochenrand medial um die Zyste (▶) (aus Latack, T., et al.: Amer. J. Neuroradiol. 6 [1985] 409)

Dysplasie" im Abschnitt „Schädelbasis – Spezieller Teil – Os occipitale" (unten).

In der Summationsaufnahme im **sagittalen Strahlengang** beschreiben die Pyramiden mit einem Verlauf von lateral-kaudal nach medial-kranial normalerweise einen Winkel von 5 bis 10 Grad zur Deutschen Horizontalen. Die umgekehrte Richtung nach oben auswärts liegt ebenso im Variationsbereich der Norm (70[12]) wie der einseitige Hochstand einer Pyramide (s. Abb. 4.**108**). Stärkere, vor allem einseitige Achsenabweichungen geben Anlaß, nach einer Dysplasie zu forschen. Auch unterschiedliche **Torsionen** sind möglich, meist ist dann die vordere Felsenbeinfläche mehr nach oben gedreht, so daß sie sich der Horizontalen, die hintere Felsenbeinfläche der Vertikalen nähert. Radiologisch treten auf der Seite der stärkeren Drehung Eminentia arcuata und Impressio trigemini deutlicher hervor. Auch hier ist die Variante im entgegengesetzten Rotationssinn möglich (70[12]).

In der Schnecke kann es zu minimal zwei, maximal drei Windungen kommen (10). Die **Crista transversa** teilt den inneren Gehörgang in eine obere Area n. facialis und eine untere Area cochleae. Es handelt sich um einen Normalbefund, der aber sehr selten radiologisch nachzuweisen ist; andererseits ist eine gewisse Variationsbreite, soweit sie klinisch ohne Belang ist, an den Strukturen der Pyramide im vorigen Abschnitt unter „Norm" beschrieben.

Eine Entwicklungshemmung des Knochens im Bereich des **Canalis caroticus** kann zu einer höheren, mehr lateralen und hinteren Lage des Ganges führen, der dadurch dem Mittelohr näher rückt und pulsierende Ohrgeräusche verursachen kann (51). Das Fehlen einer Knochengrenze zwischen Canalis caroticus und Hypotympanon, leicht auf koronalen Computertomogrammen nachzuweisen (84), ist als wertvoller Hinweis für diese Variante anzusehen, wenn ein Aneurysma der A. carotis hier ausgeschlossen werden kann.

Ein Defekt kann auch die Wand zwischen Hypotympanon und Foramen jugulare betreffen. Ein **hochgelegener Bulbus jugularis** ragt dann möglicherweise in das Mittelohr, verursacht pulsierende Geräusche und kann otoskopisch mit einem Gefäßtumor verwechselt werden. Andererseits kommt es jedoch auch vor, daß sich ein **Divertikel des Bulbus jugularis** erodierend gegen den Meatus acusticus erstreckt, den Aquaeductus vestibuli nach oben verdrängt und zum steten Ohrgeräusch bis zum Gehörverlust führt, Literaturzitate s. bei Bergeron (10).

Anomalien

Von Mißbildungen des Innenohrs sind knöcherne und membranöse sowie membranöse Anteile allein betroffen. In unterschiedlicher Ausprägung sind das Vestibulum und Bogengänge allein, die Kochlea allein oder in Kombination beide Organe befallen (Literatur bei 10). An sich ist jede Dysplasie individuell verschieden und für sich zu beschreiben, doch ergeben sich bei zwei Ausnahmen regelmäßige Charakteristika:

Der **Michel-Defekt** als am stärksten ausgeprägte Knochenanomalie ist durch ein totales Fehlen von Strukturen des Innenohres gekennzeichnet, entweder des Labyrinthes allein (Kochlea und vestibuläre Anteile) oder mit Einbezug auch der übrigen Felsenbeinstrukturen. Mittel- und Außenohr sind normal ausgebildet.

Beim **Mondini-Defekt** besitzt die Schnecke nur 1½ Windungen, ihre mittlere und terminale Windung gehen in einen Sack über. Ein- und beidseitig vorkommend, sind begleitende Deformitäten sowie Beeinträchtigungen der Funktionen des Hör- und Gleichgewichtssinnes typisch, ebenso begleitende Anomalien in anderen Körperregionen, wie Klippel-Feil-Syndrom oder Trisomiesyndrome (10).

Schließlich sind die angeborenen – es gibt auch erworbene – **Verengungen** des (normalerweise 0,5 bis 1 mm breiten) **Aquaeductus vestibuli** auf filiforme Restlumina und Atresien (mit konsekutivem Stau der Endolymphe) – sie sind computertomographisch nur distal des Isthmus nachzuweisen – als Ursache oder mindestens prädisponierende Deformitäten bei Ménièrescher Erkrankung anzuführen (66, 93, 108), während der **erweiterte Aquädukt** ohne jede sonstige nachweisbare Anomalie im Ohr als typische Begleiterscheinung einseitiger angeborener Schwerhörigkeit beschrieben und sowohl im mehrdimensionalen Schichtbild wie im Computertomogramm zwar gut nachweisbar ist, aber wenig beachtet wird (89).

Eine **zerebellare Meningoenzephalozele** ist erwähnenswert, weil sie bei Kahnschädel mit vorzeitigem Verschluß von Kranznähten und Pfeilnaht beobachtet wurde und zu einer Druckusur beider Felsenbeinspitzen bis an den kompakten Labyrinthkern heran geführt hatte (18).

Verletzungsfolgen

Die **Längsfraktur** kann sich im Schläfenbein in mehrere Äste teilen und das Felsenbein durchsetzen, eventuell – Felicetsche Fraktur (49) – bis zum Foramen lacerum ziehen und quer die Pyramidenspitze durchsetzen. Die Beteiligung des Innenohres und der Labyrinthkapsel ist bei der Längsfraktur selten; klinisch sind dagegen Ohrblutungen häufig.

Querfrakturen senkrecht zur Pyramidenlängsachse durchsetzen die Pyramide am häufigsten im Bereich der Labyrinthkapsel, entweder innen die Kochlea und den Meatus acusticus internus, oder außen Vestibulum, Schnecke und Canalis facialis (80). Unfallbedingte Läsionen der N. facialis hängen vom Ausmaß der Pyramiden-Pneumatisation ab (47). Querfrakturen der Pyramidenspitze findet man bei Ringbrüchen um das Foramen occipitale magnum. Klinisch sind Ohrblutungen selten, dagegen je nach betroffener Region Innervationsstörungen die Regel. Die **Kombination** von Längs- und Querfrakturen ist häufig (30%).

Trommelfellrisse können bei Unterkieferfrakturen durch eine über den Manibulakondylus einwirkende Stoßrichtung nach hinten zum Bruch der Paukenhöhlenwand führen. Den Befund kann man computertomographisch nachweisen (20).

Da die Frakturen auf Summationsaufnahmen bei mangelnder Dislokation nur sichtbar werden, wenn ihr Spalt orthograd getroffen ist, sind genaue Analysen mit dem multidimensionalen Schichtverfahren und/oder der Computertomographie meistens notwendig (9).

Einerseits besteht ein Mißverhältnis zwischen dem schwierigen, subtilen Nachweis der von den Verletzungsfolgen betroffenen Strukturen, der die Behandlung in diesem Buch rechtfertigt, und dem schweren Krankheitsbild des Betroffenen andererseits, das die Beschreibung dieser Verletzungsfolgen im „Grenzbereich" zur Norm widersprüchlich zu machen scheint.

Erworbene Erkrankungen

Die **rarefizierende Ostitis beim Cholesteatom** kann die mediale Wand der Paukenhöhle erreichen und eine Fistel zum lateralen Bogengang hervorrufen. Der Befall der pneumatischen Zellen in der Pyramide wurde schon als „Petrositis" bei der Erwähnung entzündlicher Veränderungen der Luftzellen beschrieben. Auch Cholesteatome sind hier bekannt (40). Eine bis dahin und auch nach der Publikation wenig bekannte **Acrootitis media** wurde 1937 (4) und 1944 (51) beschrieben.

Als Endstadium mancher entzündlicher Prozesse (Meningitis, septische Embolie, Mittelohrinfektion und Cholesteatom), aber auch posttraumatisch, kann eine völlige **Ossifikation des häutigen Labyrinthes** (mit ausgeprägter Vertigo und totalem Hörverlust) entstehen, nachweisbar im Computertomogramm (85).

Bei der Ménièreschen Erkrankung läßt sich, wie schon im Abschnitt „Anomalien" angeführt, eine Verengung des Aquäduktus nachweisen. Der bei einer normalen Vergleichsgruppe im Computertomogramm gut sichtbare Aquädukt war bei den an Ménièreschem Symptomenkomplex erkrankten Patienten beiderseits nicht nachweisbar, wenn auch eine anatomisch abnorme Struktur, die zur erkrankten Seite statistisch in direkter Korrelation stand, computertomographisch nicht festzustellen war (66). Theoretisch muß eine Konstitutionsanomalie als Ursache angenommen werden.

Nach Affektion des Os temporale (als Prädilektionsstelle dieser Erkrankung) im Spätstadium kann die latente *Lues connata* (III) zur irregulären fleckig rarefizierten Struktur des knöchernen Labyrinthes führen. Lues und *Tuberkulose* werden in unseren Regionen heute nur als extreme Seltenheit beobachtet (70[13]). Bei einer *akuten, eitrigen Labyrinthitis* sind tiefe Sklerosen mit völliger Obliteration des knöchernen Labyrinthes erwähnt.

Die im Felsenbein auftretenden primären, intraossären **Epidermoide** können zu Knochendestruktionen der Kochlea, des vestibulären Labyrinthes und im Meatus acusticus internus führen (1, 63).

Der von der paraganglionären Zellplatte über dem Bulbus jugularis ausgehende **Glomustumor** läßt sich nur in erheblicher Größe an der Erweiterung des Foramen jugulare feststellen. Mit Einführung der Computertomographie, eventuell verbunden mit Kontrastanhebung, ist die Artdiagnose wesentlich leichter geworden; auch läßt sich der Tumor in seiner Ausdehnung besser abgrenzen (101). Nicht-Glomustumoren, die im Foramen jugulare entstehen, z. B. das **Neurilemmom** (s. auch 21), verursachen im Nativbild, nicht im Gefäßbild, die gleichen Symptome.

Neurinome des N. facialis können im gesamten Verlauf des Nervs vorkommen und werden durch Knochenerosionen sowie im Computertomogramm durch Nachweis des Weichteiltumors sichtbar.

Es ist zu beachten, daß *klinisch ungeklärte periphere Fazialislähmungen* einen symptomatologischen und keinen Krankheitswert besitzen und nur bei (auf einen der vier Fazialisabschnitte) lokalisiertem, ätiologisch aber nicht aufzudeckendem Befund der gezielte Einsatz der Computertomographie sinnvoll ist. Ein klinisch und radiologisch praktikables Schema ist angegeben. Es erspart die ziellose und damit wenig sinnvolle Anfertigung von Computertomogrammen (28).

Im Meatus acusticus internus gleicht die Symptomatik des Fazialis- der des **Akustikusneurinoms.** Die schematische Skizze derartiger Porus- und Meatusveränderungen gibt Abb. 4.**192** wieder. Zur Diagnostik dieser Tumoren, die zum Teil wegen ihrer geringen Größe keine Knochenveränderungen hervorrufen, ist dann die Kontrastmittelanwendung erforderlich, auch wenn man heute die Computertomographie einsetzt (65). Im Kernspintomogramm (Magnetic Resonance Imaging) sind allerdings Tumoren in der Größe zwischen 0,8 bis 3,7 cm ohne Kontrastmittelapplikation nachgewiesen (26, 55) (Abb. 4.**193**).

Andere Tumoren im Gebiete des Kleinhirnbrückenwinkels sind unter anderem **zerebellopontine Meningeome.** Ihre breiten Berührungsflächen mit der hinteren Pyramidenwand führen dort zu Usuren, vor allem auch der Felsenbeinspitze, während der innere Gehörgang seine normale Weite behält. Die Meningeome können (wie Angiome) mit intratumoralen kleinen, aber – vor allem in Pyramidennähe – auch mit breiten schalenförmigen Verkalkungen und weiterhin mit Verbreiterung zuführender Venen einhergehen. Der befallene Knochen wird durch Infiltration oder Druck entkalkt oder reagiert sklerotisch. Es kommt vor, daß der innere Gehörgang durch lokale Liquorstauung erweitert ist (70). Die Knochensymptomatik bei **extraduralen Epidermoidzysten,** die unter den Tumoren im Kleinhirnbrückenwinkel in 6 bis 7%iger Häufigkeit gefunden werden (58), ist an dieser Stelle die gleiche, doch besteht im Computertomogramm im Gegensatz zum Meningeom bei Kontrastgabe in den Zysten keine Anreicherung. Ihr Fettgehalt führt zur Hypodensität

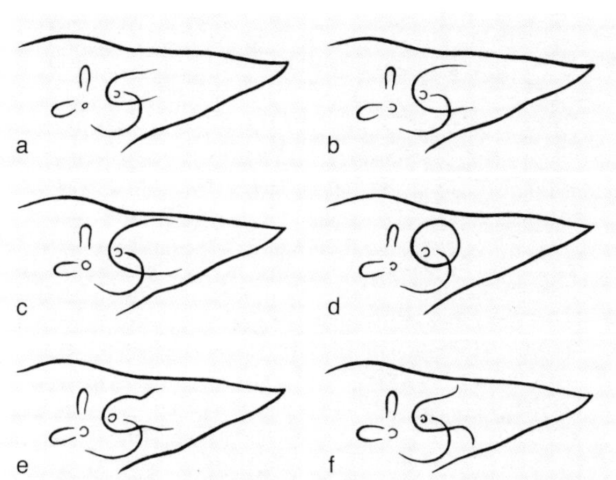

Abb. 4.**192 a–f** Schematische Skizze von sechs Pyramidenspitzen mit innerem Gehörgang, die die verschiedenen Formen des erweiterten inneren Gehörgangs demonstriert (nach Psenner)
a Normal weiter innerer Gehörgang
b Gleichmäßige Ausweitung des inneren Gehörgangs
c Ampulläre Ausweitung des inneren Gehörgangs
d Kreisrunde Ausweitung des inneren Gehörgangs
e Flaschenförmige Ausweitung des inneren Gehörgangs, nur seine Mündung (den Porus) betreffend
f Ausweitung des Eingangs des inneren Gehörgangs, charakterisiert durch kleine Verkürzung der oberen und unteren Kontur des Meatus, der in atypischer Weise nach oben bzw. unten verläuft

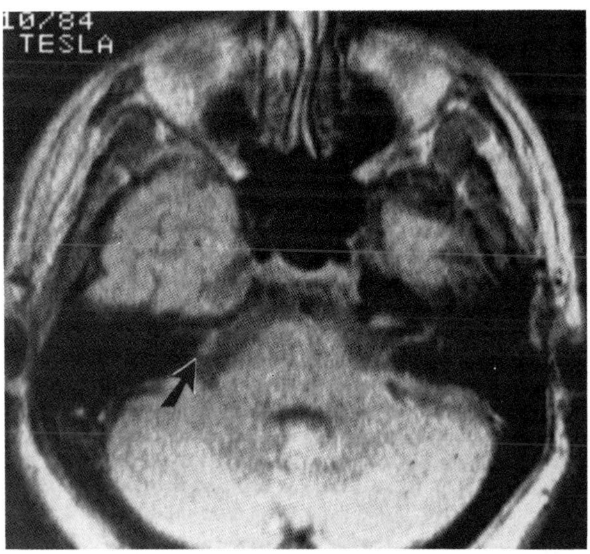

Abb. 4.**193** Axiale MR-Aufnahme läßt ein 0,8 cm großes Akustikusneurinom erkennen (aus DeFilipp, G., et al.: Neurosurgery 16 [1985] 763)

(13, 35). **Neurinome des N. trigeminus** mit Tumoranteilen an der Vorder- und Hinterkante der Pyramide verursachen oft eine typische Vertiefung der Incisura trigemini. Sämtliche Neurinome tendieren zur Hyperdensität nach Kontrastmittelanreicherung im Computertomogramm und sind bei fibromatösem Anteil öfter nur eine der vielen Manifestationen der **Neurofibromatosis Recklinghausen**. Der jeweilige Befall eines Hirnnervs ist im Zusammenhang mit entsprechenden neurologisch zu erhebenden Befunden zu deuten. Die beste differentialdiagnostische Aussage in der Diagnostik der Tumoren in der Kleinhirnbrückenwinkelregion gibt heute die Computertomographie (mit Nativ-CT, CT nach intravenöser Kontrastmittelapplikation und CT-Luftzisternographie [44]).

Karzinome, Sarkome, Plasmozytome und Metastasen weisen symptomatisch keine regionalen Besonderheiten auf. Maligne Primärtumoren gehören am Felsenbein zu den größten Seltenheiten. Auch für die Speicherkrankheiten bzw. die **Histocytosis X** sind spezifische Charakteristika an den Pyramiden nicht bekannt.

Die **Ostitis deformans Paget,** in ihrer Symptomatik an der Schädelkalotte bekannt, kommt auch in Kombination mit Schädeldachherden am Schläfenbein vor, ist klinisch häufig durch Gehörverlust gekennzeichnet und führt an den Pyramiden zuerst zu den typischen Osteolysen (78), später zu dem pathognomonischen Bild der Einmischung reparativer, hypertropher, vaskularisierter und ungleichmäßig mineralisierter Knochenbezirke (94[9]).

Die **Osteopetrose** (Albers-Schönberg) ist durch ein homogen verdichtetes Felsenbein, eventuell mit Einengung der inneren Gehörgänge gekennzeichnet. Zu den gleichen Veränderungen, jedoch meistens einseitig ausgeprägt, führt die **fibröse Dysplasie** an den Pyramiden (94[10]).

Literatur

1 Aimi, K.: Role of the tympanic ring in the pathogenesis of congenital cholesteatomas. Laryngoscope 93 (1983) 1140–1146
2 Albrecht und Schwarz; zit. nach Mayer (61)
3 Aremdaroglou, A.: Os suprapetrosum of Meckel: CT appearance. J. Comput. Assist. Tomogr. 10 (1986) 164–166
4 Armstrong, H. G., J. W. Heim: The effect of flight on the middle ear. J. Amer. med. Ass. 109 (1937) 417–421
5 Ballinger, P. W.: Merrill's Atlas of Radiographic Positions and Radiographic Procedures, 5th ed., Mosby, St. Louis 1982
6 Basset, J. M., A. Perrin: Un faux ostéome obstructif du conduit auditive externe (Dysplasie fibreuse du tympanal). J. franç. Oto-rhino-laryng. 33 (1984) 353–356
7 Bergeron, R. Th.: Embryology and developmental anatomy. In Bergeron, R. Th., Anne G. Osborn, P. M. Som: Head and Neck Imaging. Mosby, St. Louis 1984 (p. 728–733)
8 Bergeron, R. Th.: Normal anatomy. In Bergeron, R. Th., Anne G. Osborn, P. M. Som: Head and Neck Imaging. Mosby, St. Louis 1984 (p. 733–744)
9 Bergeron, R. Th.: Temporal bone imaging. In Bergeron, R. Th., Anne G. Osborn, P. M. Som: Head and Neck Imaging. Mosby, St. Louis 1984 (p. 744–754)

10 Bergeron, R. Th., R. S. Pinto: Anatomic variations and developmental anomalies. In Bergeron, R. Th., Anne G. Osborn, P. M. Som: Head and Neck Imaging. Mosby, St. Louis 1984 (p. 778–791)

11 Bergeron, R. Th.: Inflammatory disease. In Bergeron, R. Th., Anne G. Osborn, P. M. Som: Head and Neck Imaging. Mosby, St. Louis 1984 (p. 791–804)

12 Bergeron, R. Th.: Disorders of growth, metabolism, and aging. In Bergeron, R. Th., Anne G. Osborn, P. M. Som: Head and Neck Imaging. Mosby, St. Louis 1984 (p. 804–813)

13 Bergeron, R. Th., A. E. George, R. S. Pinto: Tumors. In Bergeron, R. Th., Anne G. Osborn, P. M. Som: Head and Neck Imaging. Mosby, St. Louis 1984 (p. 813–842)

14 Biedermann, F.: Die Röntgendiagnostik des operierten Schläfenbeines. Radiol. diagn. (Berl.) 17 (1976) 325–337

15 Bird, C. R., A. N. Hasso, B. P. Drayer, D. B. Hinshaw, J. R. Thompson: The cerebellopontine angle and internal auditory canal: neurovascular anatomy on gas CT cisternograms. Radiology 154 (1985) 667–670

16 Charachon, R.: Temporal bone cholesteatoma. Amer. J. Otolaryng. 6 (1985) 233–236

17 Charachon, R., G. Dumas, R. Chastang, O. Roux: Méningoencéphalocèle de l'apex pétreux associé à une crâniosténose à type de scaphocéphalie. J. franç. Oto-rhino-laryng. 34 (1985) 123–129

18 Chaussé, C.: Sur une nouvelle technique radiographique applicable en particulier au temporal. J. belge Radiol. 27 (1938) 29–37

19 Chintapalli, K., J. M. Unger, K. Schaffer, St. J. Millen: Otosclerosis. Comparison of complex-motion tomography and computed tomography. Amer J. Neuroradiol. 6 (1985) 85–89

20 Conover, G. L., R. J. Crammond: Tympanic plate fracture from mandibular trauma. J. oral maxillofac. Surg. 43 (1985) 292–294

21 Courtheoux, P., D. C. da Silva, J. P. Houtteville, A. Valdazo, L. Chevalier, J. Theron: Schwannome du foramen jugulaire. J. Radiol. (Paris) 63 (1982) 557–561

22 Cremers, C. W. R.: Osteoma of the middle ear. J. Laryng. 99 (1985) 383–386

23 Daniels, D. L., I. L. Williams, V. M. Haughton: Jugular foramen: Anatomic and computed tomographic study. Amer. J. Neuroradiol. 4 (1983) 1227-1232

24 Daniels, D. L., J. F. Schenck, Th. Foster, H. Hart jr., St. J. Millen, G. A. Meyer, P. Pech, V. M. Haughton: Magnetic resonance imaging of the jugular foramen. Amer. J. Neuroradiol. 6 (1985) 699–703

25 Daniels, D. L., J. F. Schenck, Th. Foster, H. Hart jr., St. J. Millen, G. A. Meyer, P. Pech, Katherine A. Shaffer, V. M. Haughton: Surface-coil magnetic resonance imaging of the internal auditory canal. Amer. J. Neuroradiol. 6 (1985) 487–490

26 DeFilipp, W. A. Buchheit: Magnetic resonance imaging of acoustic neuromas. Neurosurgery 16 (1985) 763–765

27 Diamant, M.: Otitis and size of the air-cellsystem. Acta radiol. (Stockh.) 21 (1940) 543–547

28 Disbro, M. A., H. R. Harnsberger, Anne G. Osborn: Peripheral facial nerve dysfunction: CT evaluation. Radiology 155 (1985) 659–663

29 Djupesland, G., K. F. Nakken, C. Müller, F. Skjørten, T. Røhrt, P. Eldevik: Bone scintigraphy in the diagnosis of fracture and infection of the temporal bone. Acta Otolaryng. 95 (1983) 670–675

30 Feneis, H.: Anatomisches Bildwörterbuch, 5. Aufl. Thieme, Stuttgart 1982

31 Finze, H.: Exostosen der oberen Felsenbeinpyramidenkante. Fortschr. Röntgenstr. 87 (1957) 415–416

32 Fischer, E.: Über Verknöcherungen in der Nachbarschaft der Felsenbeinspitze. Fortschr. Röntgenstr. 100 (1964) 236–241

33 Frankel, M., D. Fahey, G. Alker: Otogenic pneumencephalus secondary to chronic otitis media. Arch. Otolaryng. 106 (1980) 437-439

34 Frey, K. W., J. Klemm, M. Michel: Tomographie der Otosklerose. Fortschr. Röntgenstr. 106 (1967) 428–440

35 Fried, M. P., D. M. Vernick: Dermoid cyst of the middle ear and mastoid. Otolaryng. Head Neck Surg. 92 (1984) 594–596

36 Grewal, D. S., N. L. Hiranandi, J. S. Kalgutkar: Congenital absence of the palatine tonsil associated with congenital malformation of the external ear. A congenital anomaly. J. Laryng. Otol. 96 (1985) 285–288

37 Graf, K.: Meningeome des Felsenbeins. Pract. otorhinolaryng. (Basel) 11 (1949) 322–333

38 Guillen, G.: Quelques apports aux techniques radiootologiques modernes: L'incidence transorbitaire: La tomographie. Rev. Laryng. 76 (1955) 395–446

39 Guinto, T. C., G. M. Himadi: Tomographic anatomy of the ear. Radiol. Clin. North Amer. 3 (1974) 405–417

40 Guttmann, K. E., F. Renninghof, C. W. Fassbender: Beitrag zur Röntgendiagnostik des Innenohr-Cholesteatoms. Fortschr. Röntgenstr. 124 (1976) 561–563

41 Haaga, J. R., R. J. Alfidi: Computed Tomography of the Brain, Head and Neck. Mosby, St. Louis 1985

42 Hanafee, W., A. Mancuso: Introductory Workbook for CT of the Head and Neck. Williams & Wilkins, Baltimore 1985

43 Harwood-Nash, D. C.: Fractures of the petrous and tympanic parts of the temporal bone in children: A tomographic study of 35 cases. Amer. J. Roentgenol. 110 (1970) 598-607

44 Heller, M., M. Wöhrle, K.-H. Jend, K. Hörmann, K. Helmke: Aussagekraft der CT in der Diagnostik von Tumoren der Kleinhirnbrückenwinkelregion. Fortschr. Röntgenstr. 139 (1983) 48–55

45 Holland, Betsy A., M. Brant-Zawazki: High-Resolution CT of temporal bone trauma. Amer. J. Neuroradiol. 5 (1984) 291–295

46 Imhof, H., G. Canigiani, P. Hajek, W. Kumpan, H. Schratter, E. Brunner, R. Türk: CT in der Mittelohrdiagnostik – ein Vergleich mit konventionellen Methoden. Radiologe 24 (1984) 502–507

47 Kadoori, S., Cl. Limberg: Unfallbedingte Läsionen des N. facialis in Abhängigkeit vom Ausmaß der Pyramiden-Pneumatisation. HNO 33 (1985) 534–538

48 König, H., B. Kurtz: Hochauflösende Computertomographie der Felsenbeine. Fortschr. Röntgenstr. 141 (1984) 129-135

49 Kotscher, E.: Die Röntgendiagnostik der Schädeltraumen. In: Röntgendiagnostik des Schädels, Teil 2, red. v. L. Diethelm, F. Strand. In Olsson, O., F. Strnad, H. Vieten, A. Zuppinger: Handbuch der Medizinischen Radiologie, Bd. VII. Springer, Berlin 1963 (S. 1–129)

50 Lapayowker, M. S., E. P. Liebman, M. L. Ronis, J. N. Safer: Presentation of the internal carotid artery as a tumor of the middle ear. Radiology 98 (1971) 293–297

51 Larkin, J. C.: Aero-Otitis media. A roentgenologic study. Amer. J. Roentgenol. 51 (1944) 178-185

52 Lang, J., Ch. Hack: Über Lage und Lagevariationen der Kanalsysteme im Os temporale Teil I: Kanäle der Pars petrosa zwischen Margo superior und Meatus acusticus internus. HNO 33 (1985) 176–179; Teil II: Kanäle der Pars petrosa zwischen Meatus acusticus internus und Facies inferior partis petrosae. HNO 33 (1985) 279-284

53 Latack, J. T., M. D. Graham, J. L. Kemink, J. E. Knake: Giant cholesterol cysts of the petrous apex. Amer. J. Neuroradiol. 6 (1985) 409-413

54 Lenz, M., H. König, R. Sauter, M. Schrader: Kernspintomographie des Felsenbeins und Kleinhirnbrückenwinkels. Fortschr. Röntgenstr. 143 (1985) 1–8

55 Lenz, M., H. König, R. Sauter, M. Schrader: Kernspintomographie bei Erkrankungen im Bereich des Felsenbeins. Fortschr. Röntgenstr. 143 (1985) 623–634

56 Madeira, J. T., G. W. Summers: Epidural mastoid pneumatocele. Radiology 122 (1977) 727–728

57 Mafee, M. F., J. A. Schild, A. Kumar, G. E. Valvassori, S. Pruzansky: Radiographic features of the ear-related developmental anomalies in patients with mandibulofacial dysostosis. Int. J. Pediat. Otorhinolaryng. 7 (1984) 229–238

58 Mafee, M. F., K. Aimi, G. Valvassori: Computed tomography in the diagnosis of primary tumors of the petrous bone. Laryngoscope 95 (1984) 1423–1430

59 Mafee, M. F., E. L. Singleton, G. E. Valvassori, G. A. Espinos, A. Kumar, K. Aimi: Acute osteomyelitis and its complications role of CT. Radiology 155 (1985) 391–397

60 Marucci, L, M. Marcato: Indagine clinico-radiologica sulla „Sindrome da apofisi stiloide anomale". Ateneo parmense 30 (1959) 951–969

61 Mayer, E. G.: Otologische Röntgendiagnostik. Springer, Wien 1930

62 McDonald, Th. J., D. Thane R. Cody, R. E. Bryan: Congenital cholesteatoma of the ear. Ann. Otol. (St. Louis) 93 (1984) 637–640

63 Mündnich, K., K. W. Frey: Das Röntgenschichtbild des Ohres. Thieme, Stuttgart 1959

64 Nager, G. T.: Epidermoid (Congenital Cholesteatomas) Involving the Temporal Bone. Cholesteatoma and mastoid surgery. Proceedings 2nd International Conference. Kugler Publications, Amsterdam 1982 (p. 41–51)

64 Nidecker, A., T. Wehrle, M. Elke: Effizienz der Radiodiagnostik von Akustikusneurinomen. Fortschr. Röntgenstr. 142 (1985) 56–64

66 Nidecker, A., C. R. Pfaltz, L. Matéfi, U. F. Benz: Computed tomographic findings in Ménières disease. ORL 47 (1985) 66–75

67 Nomura, Y., K. Takemoton, A. Komatsuzaki: The mastoid cyst. Report of a case. Laryngoscope 81 (1971) 438–446

68 Palva, T., H. Virtan, J. Mäkin: Acute and latent mastoiditis in children. J. Laryng. 99 (1985) 127–136

69 Pestalozza, G.: Otitis media in newborn infants. Internat. J. Pediat. Otolaryng. 8 (1984) 109–124

70 Psenner, L.: Die Röntgendiagnostik des Schläfenbeins. In. Röntgendiagnostik des Schädels, Teil 2, red. v. L. Diethelm, F. Strnad. In Olsson, O., F. Strnad, H. Vieten, A. Zuppinger: Handbuch der Medizinischen Radiologie, Bd. VII. Springer, Berlin 1963 ([1]S. 396–401; [2]S. 431; [3]S. 432/433; [4]S. 436; [5]S. 439–441; [6]S. 632/633; [7]S. 446–515; [8]S. 446; [9]Abb. 202; [10]S. 613; [11]S. 418–429; [12]S. 424/425; [13]S. 527, 534)

71 Ramadier, J., C. Chaussé: Traumatisme d'oreille. Masson, Paris 1937

72 Redlich, F. H. Röntgenologischer Nachweis des Os suprapetrosum (Meckel). Fortschr. Röntgenstr. 98 (1963) 599–604

73 Roberto, M., R. Zito: Ossicular chain interruption with present acoustic reflex. J. Laryng. 99 (1985) 85–89

74 Schadel, A., A. Wadinsky: Einsatz und Problematik der hochauflösenden Computertomographie des Felsenbeines. HNO 33 (1985) 171–175

75 Schüller, A.; Röntgendiagnostik des Kopfes. Hölder, Wien 1912

76 Schwartz, R. H., N. Mossavaghi, E. D. Marion: Rhabdomyosarcoma of the middle ear: A wolf in sheep's closing. Pediatrics 65 (1980) 1131–1133

77 Schwarz, M.: Mißbildungen des Gaumens und kompakter Warzenfortsatz. Laryngol., Rhinol., Otol. 31 (1938) 371–378

78 Shaffer, Katherine A.: The temporal bone. In Latchaw, R. E.: Computed Tomography of the Head, Neck and Spine. Year Book Medical Publishers, Chicago 1985

79 Sonnenkalb, V.: Die Röntgendiagnostik des Nasen- und Ohrenarztes. Fischer, Jena 1914

80 Spector, G. J.: Developmental temporal bone anatomy and its clinical significance: Variations on themes by H. F. Schuknecht. Ann. Otol. (St. Louis) 93, Suppl. 112 (1984) 101–109

81 Stenvers, H. W.: Röntgenologie des Felsenbeines und des bitemporalen Schädelbildes. Mit besonderer Berücksichtigung ihrer klinischen Bedeutung, Bd. I. Springer, Berlin 1928

82 Swartz, J. D.: The facial nerve canal: CT analysis of the protruding tympanic segment. Radiology 153 (1984) 443–447

83 Swartz, J. D., Margaret L. Bazarnie, T. P. Naidich, L. D. Lowry, H. T. Doan: Aberrant internal carotid artery lying within the middle ear. Neuroradiology 27 (1985) 322–326

84 Swartz, J. D., E. N. Faerber: Congenital malformations of the external and middle ear. Amer. J. Neuroradiol. 6 (1985) 71–76

85 Swartz, J. D., Delaine W. Mandell, E. N. Faerber, G. L. Porky, J. M. Ardito, St. B. Steinberg, Ch. L. Rojer: Labyrinthine ossification: etiologies and CT Findings. Radiology 157 (1985) 395–398

86 Swartz, J. D., Delaine W. Mandell, R. J. Wolfson, F. J. Marlowe, G. L. Porky, H. D. Silberman, H. Wilf, Nancy G. Swartz, A. S. Berger: Fenestral and cochlear otosclerosis: computed tomographic evaluation. Amer. J. Otol. 6 (1985) 476–481

87 Swartz, J. D., Nancy G. Swartz, Holly Korswick, R. J. Wolfson, A. Hampel, M. L. Ronos, L. D. Lowry: Computerized tomographic evaluation of the middle ear and mastoid for posttraumatic hearing loss. Ann. Otol. (St. Louis) 94 (1985) 263–266

88 Swartz, J. D., R. J. Wolfson, G. L. Porky, A. J. Mauriello, F. L. Marlowe, G. V. Vernose, A. Hampel: External auditory canal dysplasias: CT evaluation. Laryngoscope 95 (1985) 841–845

89 Swartz, J. D., Ph. S. Yussen, Delaine M. Mandell, D. O. Mikaelian, A. S. Berger, R. J. Wolfson: The vestibular aquaeduct syndrome: computed tomographic appearance. Clin. Radiol. 36 (1985) 241–243

90 Tos, M., S.-E. Stangerup: The causes of asymmetry of the mastoid air cell system. Acta Otolaryng. (Stockh.) 99 (1985) 564–570

91 Tos, M., S.-E. Stangerup: Secretory otitis and pneumatization of the mastoid process. Amer. J. Otolaryng. 6 (1985) 199-205

92 Valavanis, A., S. Kunik, M. Oguz: Exploration of the facial nerve canal by high-resolution computed tomography: Anatomy and pathology. Neuroradiology 24 (1983) 139–147

93 Valvassori, G. E., G. D. Dobben: Multidirectional and computerized tomography of the vestibular aquaeduct in Ménière's disease. Ann. Otol. (St. Louis) 93 (1984) 547–550

94 Valvassori, G. E., G. D. Potter, W. N. Hanafee, Barbara L. Carter, R. A. Buckingham: Radiologie in der Hals-Nasen-Ohrenheilkunde, deutschsprachige Ausgabe, hrsg. v. G. Canigiani, G. Wittich. Thieme, Stuttgart 1984 ([1] S. 6; [2]S. 36; [3]S. 75–77; [4]S. 108–111; [5]S. 111–113; [6]S. 47; [7]S. 52; [8]S. 50; [9]S. 114; [10]S. 116)

95 Valvassori, G. E., G. D. Dobben: CT Densitometry of the cochlear capsule in the otosclerosis. Amer. J. Neuroradiol. 6 (1985) 661–667

96 Virapongse, Ch., St. L. G. Rothman, E. L. Kier, M. Sarwar: Computed tomographic anatomy of the temporal bone. Amer. J. Neuroradiol. 3 (1982) 379–389

97 Virapongse, Ch., M. Sarwar, C. Sasaki, E. L. Kier: High resolution computed tomography of the osseous external auditory canal. I. Normal anatomy. JCAT 7 (1983) 486–492

98 Virapongse, Ch., M. Sarwar, C. Sasaki, E. L. Kier: High resolution computed tomography of the osseous external auditory canal. II. Pathology. JCAT 7 (1983) 493–497

99 Wachter, W., C. P. Adler: Aneurysmale Knochenzyste des Os temporale. Laryng. Rhinol. 63 (1984) 622–625
100 Welin, S.: Über den röntgenologischen Nachweis des Zellsystems im Os temporale des Fetus. Acta radiol. (Stockh.) 22 (1941) 853–858
101 Whelan, Margaret Anne, Deborah L. Reede, J. P. Lin, J. H. Edwards: The base of the skull. In Bergeron, R. Th., Anne G. Osborn, P. M. Som: Head and Neck Imaging. Mosby, St. Louis 1984 (p. 531–754)
102 Wittmaack, K.: Über die normale und die pathologische Pneumatisation des Schläfenbeines. Fischer, Jena 1918
103 Wörner, E.: Zur Frage der Abrißfraktur des Processus mastoideus. Fortschr. Röntgenstr. 60 (1939) 273–280
104 Zimmer, E. A., M. Brossy: Röntgenfehleinstellungen erkennen, vermeiden. Springer, Berlin 1979
105 Zonneveld, F. W., P. F. G. M. van Waes, H. Damsma: CT of the temporal bone. In Bergeron, R. Th., Anne G. Osborn, P. M. Som: Head and Neck Imaging. Mosby, St. Louis 1984 (p. 754–778)
106 Zonneveld, F. W., P. F. G. M. van Waes, H. Damsma, P. Rabischong, J. Vignaud: Direct multiplaner CT of the petrous bone, with permission of Philips Medical Systems; zit. nach Zonneveld (107)
107 Zonneveld, F. W., M. de Groot, P. F. M. van Waes, E. H. Huzing: Die Anwendbarkeit des hochauflösenden CT zur Darstellung des Aquaeductus vestibuli (Ménière) und der Otospongiosis des Labyrinths. Radiologe 24 (1984) 508–515

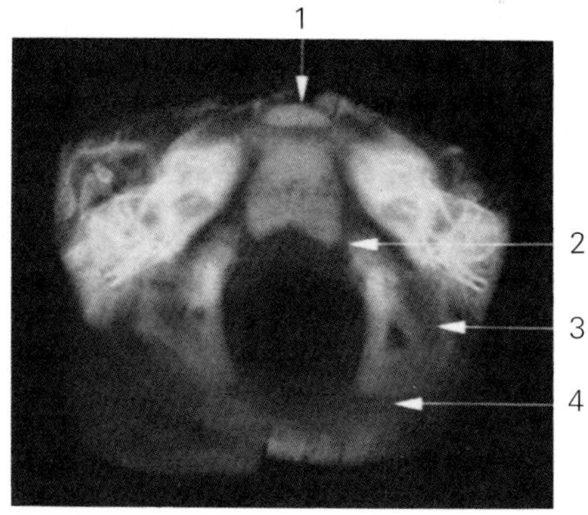

Abb. 4.**194** Radiologische Wiedergabe eines Präparates der Hinterhauptsgegend bei einem Neugeborenen im axialen Strahlengang (aus Schmidt, H., E. Fischer: Die okzipitale Dysplasie. Thieme, Stuttgart 1960)
1 = Pars basilaris
2 = vordere Knorpelfuge
3 = Pars lateralis
4 = hintere Knorpelfuge

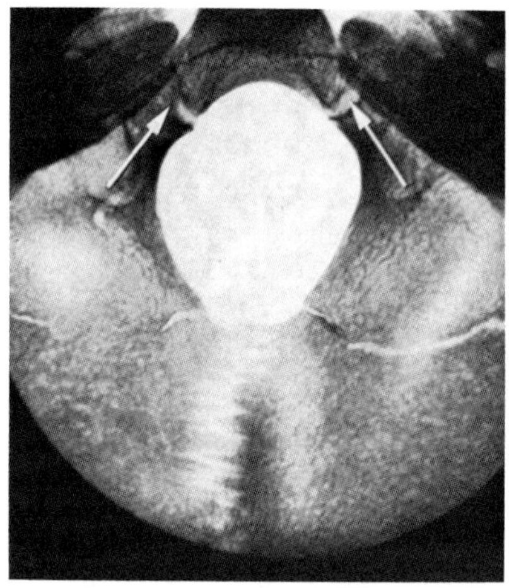

Abb. 4.**195** Radiologische Wiedergabe eines Präparates der Hinterhauptsgegend eines Kindes im axialen Strahlengang. Die Pfeile weisen auf die vordere Knorpelfuge (aus Schmidt, H., E. Fischer: Die okzipitale Dysplasie. Thieme, Stuttgart 1960)

Hinterhauptsbein

Norm

Im Wachstum

Die Hinterhauptsgegend entwickelt sich aus der Anlage von Urwirbeln, die in der Wirbeltierreihe von den niederen zu den höher entwickelten Organismen von kranial (bzw. rostral) an Zahl abnehmen. Diese kraniale Somitenreduktion wird in der Ontogenese der höher entwickelten Tiere in stark verkürzter Form wiederholt (23, 24). Die Separation der mesenchymalen Somiten im Wirbel wird von der Chorda dorsalis induziert. Diese zieht durch die Wirbelkörper und Bandscheiben, wobei sie über dem Atlas ihren Verlauf ändert, jedoch erst im Keilbeinanteil des Klivus bzw. Dorsum sellae endet (s. Abb. 4.**130**–4.**136**).

Von rostral aus bezeichnet sind die ersten drei fusionierten Somiten: Der erste primäre Wirbel (das Basi-oticum?), der Anteproatlas und der Proatlas. Erster Primärwirbel und Anteproatlas bilden die Pars basilaris ossis occipitalis. Der primäre Proatlas trage nur zur Bildung der Spitze des Dens axis bei (75). Weitere Einzelheiten s. Kapitel „Wirbelsäule – Atlas und Axis".

Die knöcherne Okzipitalregion entsteht aus dem Primordialknorpel mit paariger Anlage des letzten Okzipitalwirbels und einheitlichem kranialem Abschnitt (36, 67, 68). Der erste Zervikalwirbel, der Atlas, entspricht phylogenetisch dem 4. Wirbel der Gesamtreihe.

Im 3. Lebensmonat besitzt der menschliche Fötus einen Knochenkern für die Pars basilaris, je einen für die Partes laterales und einen Kern für die Pars squamosa ossis occipitalis.

Beim **Neugeborenen** trennen breite Knorpelmassen diese vier Kerne (Abb. 4.**194**), von denen nach dem durch fortschreitendes enchondrales Knochenwachstum im 1. Lebensjahr nur noch schmale Synchondrosen zurückbleiben (Abb. 4.**195**–4.**197**). Diese Knorpelfugen schließen sich zwischen dem 2. und 10. Lebensjahr (28, 78), die hintere etwas später als die vordere Synchondrose (78).

Synchondrosis sphenooccipitalis s. Absatz „Sella turcica" (s. Abb. 4.**105**), Synostosierung mit der Oberschuppe (Os interparietale), Sutura transversa und Sutura mendosa s. Kapitel „Schädeldach – Spezieller Teil, Oberschuppe des Hinterhauptsbeines".

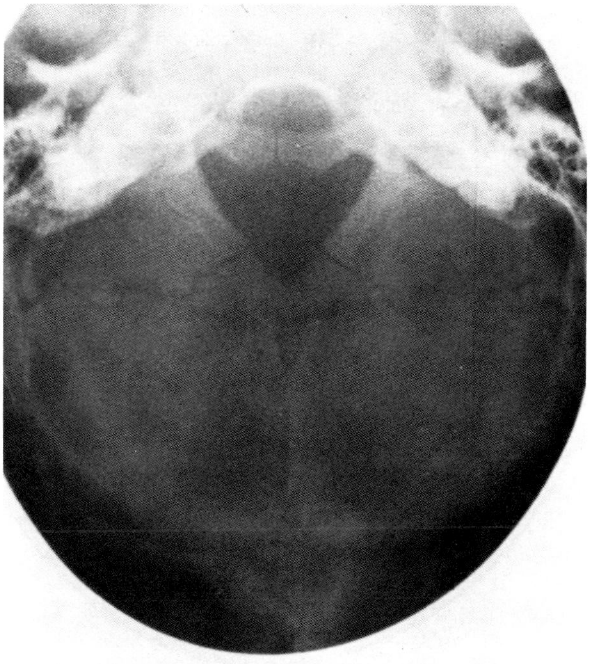
a

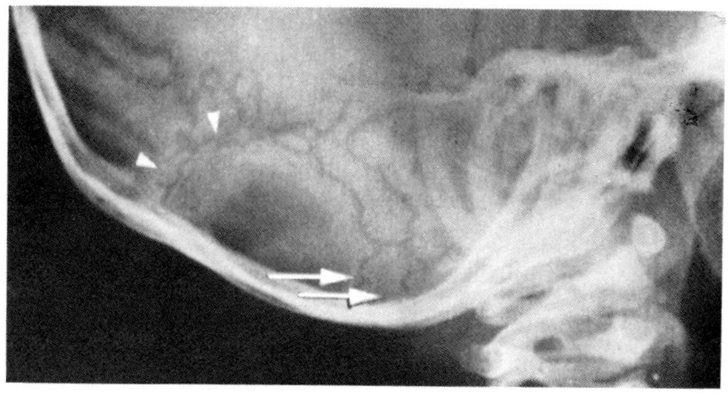
b

Abb. 4.**196a** u. **b** Kindlicher Schädel. Hintere Knorpelfuge (→), Sutura nendosa (▶)
a Im axialen Strahlengang
b Im seitlichen Strahlengang
(aus Schmidt, H., E. Fischer: Die okzipitale Dysplasie. Thieme, Stuttgart 1960)

Beim Erwachsenen

Länge und Form der **Pars basilaris** ossis occipitalis lassen sich am deutlichsten im seitlichen Strahlengang, und hier am besten im Tomogramm, beurteilen. Zur Abbildung des Klivus in der Sagittalebene eignet sich in besonderem Maße die Einstellung unter Tomographiebedingungen nach Messung des Neigungswinkels der Klivusebene zur Auge-Ohr-Ebene im seitlichen Strahlengang, entsprechender Anhebung des Kinns so weit, daß die Klivusebene (fast halbaxial) in die Horizontalebene kommt und Anfertigung von drei Schichtaufnahmen, eine 1 cm hinter der Augen-Ohr-Ebene, die anderen beiden jeweils 5 mm weiter vorn gelegen (12) (Abb. 4.**198**).

Die Länge der Pars basilaris ossis occipitalis am Klivus beträgt nach Messungen am Präparat normalerweise 31 mm, nach radiologischen Messungen 32 mm. Man kann sie radiologisch zwischen der Höhe des Ansatzes der Felsenbeinspitzen, etwa der Gegend der Synchondrosis sphenooccipitalis, und dem unteren Klivusrand messen. Die Form des Klivus ist mannigfaltig (Abb. 4.**199**). Eine kleine Exostose (Form 7 der Abb. 4.**199**) kennzeichnet den Ort des ehemaligen Synchondrosenschlusses.

Die Breite der **Pars lateralis** ossis occipitalis, zwischen den Suturae occipitomastoideae über das Foramen occipitale hinweg gemessen, beträgt am Präparat 80, bei radiologisch Untersuchten 81 ± 4 mm.

Länge und Breite des **Foramen occipitale magnum** sind 36/31 mm, über Normalmaße im Wachstum s. bei Bliesener u. Schmidt (6). Die **Condyli ossis occipitalis** gehören zu den Seitenteilen des Hinterhauptbeines und sind normalerweise medial am höchsten. Ihre Gelenkflächen steigen unter Abfla-

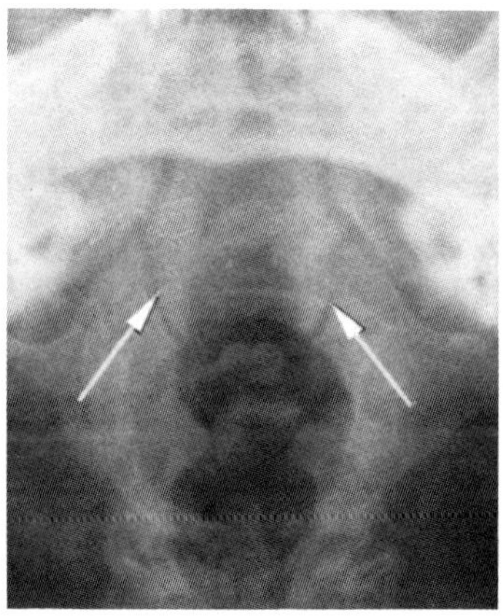

Abb. 4.**197** Kindlicher Schädel im axialen Strahlengang. Vordere Knorpelfuge (aus Schmidt, H., E. Fischer: Die okzipitale Dysplasie. Thieme, Stuttgart 1960)

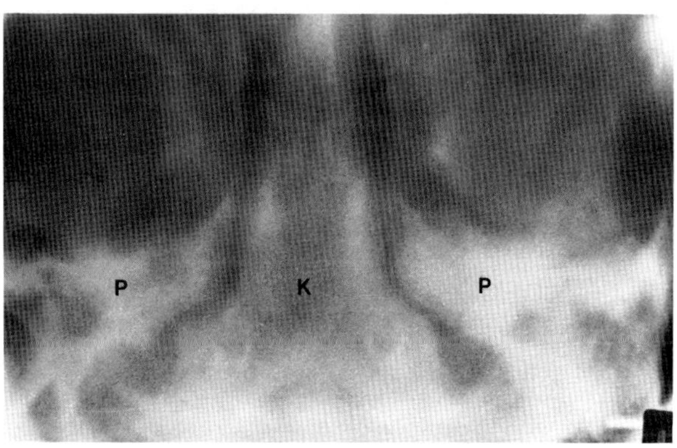

Abb. 4.**198** Tomogramm des Klivus in der Projektion von di Chiro und Anderson. P = Pyramide, K = Klivus (aus Schmidt, H., u. Mitarb. In Vinken, P. J., G. W. Bruyn: Handbook of Clinical Neuroradiology, vol. 32. North-Holland, Amsterdam 1978)

Form	1	2	3	4
Häufigkeit in %	37	5	8,5	10

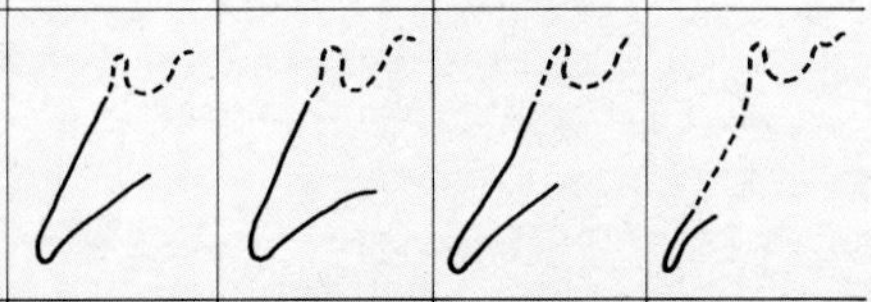

Form	5	6	7	8
Häufigkeit in %	6	20	9	4,5

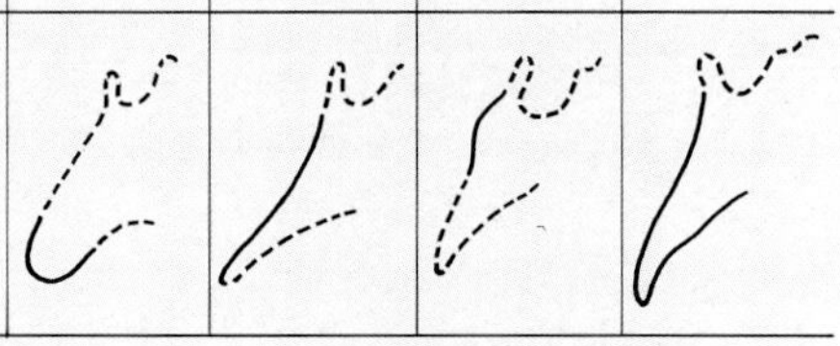

Abb. 4.**199** Skizze normaler Formen der Pars basilaris ossis occipitalis

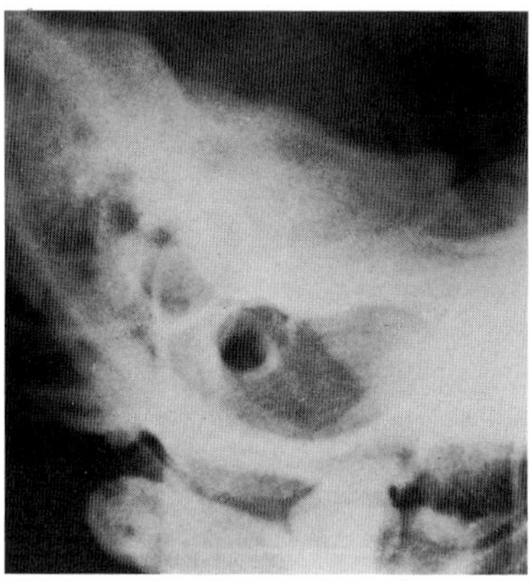

Abb. 4.**200** Aufnahme des Hypoglossuskanales in der Projektion nach Stenvers

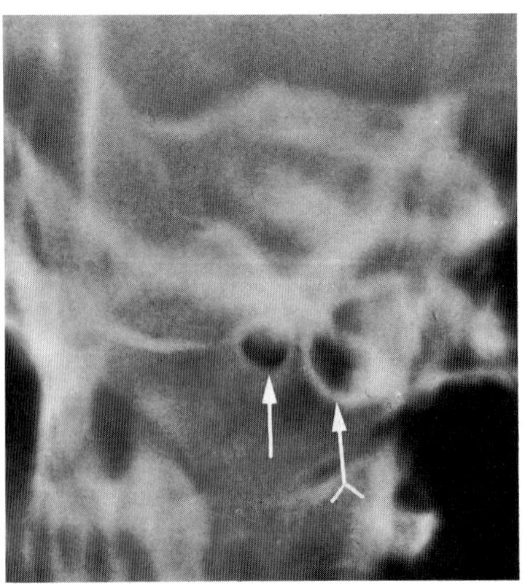

Abb. 4.**201** Tomogramm des Hypoglossuskanals (→) und des Foramen jugulare (↣)

chung des Gelenkhöckers nach lateral an und gehen ohne scharfe Grenze in die Seitenteile über. Die von diesen und den mit ihnen verbundenen Gelenkflächen des Atlas eingeschlossenen Gelenkspalten bilden mit ihren Achsen in der Norm einen Winkel von 125 ± 2 Grad. Das **Foramen n. hypoglossi** stellt sich im Condylus occipitalis am besten in einer Aufnahmeposition des Kopfes wie bei der Abbildung des Felsenbeines nach Stenvers, aber mit etwas tieferer Zentrierung, dar (Abb. 4.**200**); sonst läßt es sich tomographisch am besten abbilden (Abb. 4.**201**). Sämtliche hier angeführten Maße beziehen sich auf Erhebungen, die an Schädelpräparationen und nach Röntgenaufnahmen gewonnen wurden (53, 55).

Durch einen gegenüber der Auge-Ohr-Ebene etwas höheren Stand des Vorderrandes (Basion) gegenüber dem Hinterrand (Opisthion) des Foramen occipitale magnum steigt dessen Ebene leicht nach vorn an. Die **Neigung des Foramen occipitale magnum** läßt sich durch mehrere Winkel erfassen, so den Winkel zwischen der Ebene des Foramen occipitale magnum und der Klivusneigung (7) mit einem Normwert von 136 ± 12 Grad. Zur Feststellung der **Neigung des Klivus** hat sich die Messung des Sphenoidalwinkels (Welcker [77]: Nasion-Tuberculum-sellae-Basion) meist durchgesetzt. Sein normaler Wert von 132 bis 134 ± 6 Grad (4, 77) beim Erwachsenen gehört zu den Konstanten im Bauplan des Schädels. Bei Neugeborenen beträgt er noch 144 Grad, vermindert sich also im Laufe des Wachstums um 9 Grad (38). Da sehr augenfällig für das Erkennen einer basilaren Impression, sei der normale Wert für den Basalwinkel (Op.-Ba-Na) angegeben. Er beträgt etwa 163 Grad (53) (s. Abb. 4.**225**).

Die Konturen der Pars lateralis ossis occipitalis verlaufen normalerweise horizontal.

Der Kenntnis der normalen Lagebeziehungen zwischen dem Atlas (ausnahmsweise auch dem Axis) und dem Os occipitale kommt eine besondere Bedeutung zu. Die Densspitze ist vom Unterrand des Klivus (Basion) in Neutralstellung der Halswirbelsäule 5 mm entfernt (25). Der Abstand des Atlas vom Okziput hängt normalerweise von der Höhe der Condyli occipitales ab.

Einige Hilfskonstruktionen zur Feststellung basilarer Impressionen werden im nächsten Abschnitt erwähnt.

Eine V. emissaria condylaris – nicht zu verwechseln mit der V. emissaria mastoidea – verbindet den Sinus sigmoideus durch den *Canalis condylaris* mit dem Plexus venosus vertebralis externus. Der Kanal liegt hinter dem Condylus occipitalis (Abb. 4.**202**) und wird gelegentlich radiologisch sichtbar (Abb. 4.**203**).

Kanäle für die **V. emissaria occipitalis,** die Verbindung zwischen dem Confluens sinuum und der V. occipitalis, stellen sich als kleine, runde Löcher in der Crista occipitalis, etwa in der Mitte zwischen der Protuberantia occipitalis interna und dem Hinterrand des Foramen occipitale magnum dar (Abb. 4.**204**), in der Projektion nach Stenvers s. Abb.

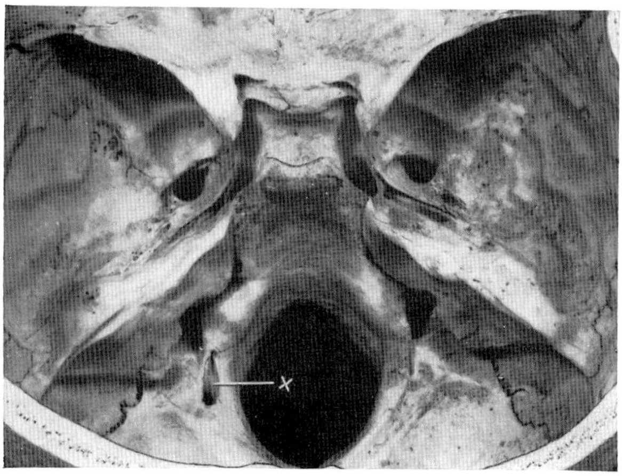

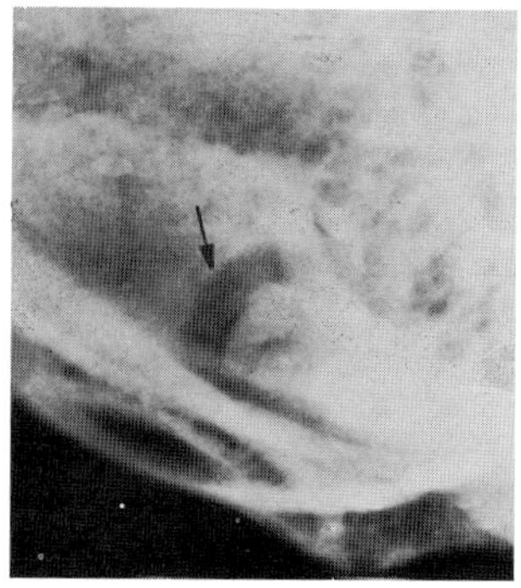

Abb. 4.**203** Hinterhaupt mit Emissarium condyloideum

◁ Abb. 4.**202** Emissarium condyloideum (x) bei Ansicht der Schädelbasis von unten

4.**205a**. Ihre Häufigkeit wird mit 96,5%, ihre radiologische Nachweisbarkeit bei Kindern in 7,9%, bei Erwachsenen in der Nähe des Inion mit 1,6% (8, 46) angegeben.

Die **Crista occipitalis** kann exzentrisch bogenförmig in eigentümlicher, dennoch charakteristischer Weise verlaufen (Abb. 4.**205b**).

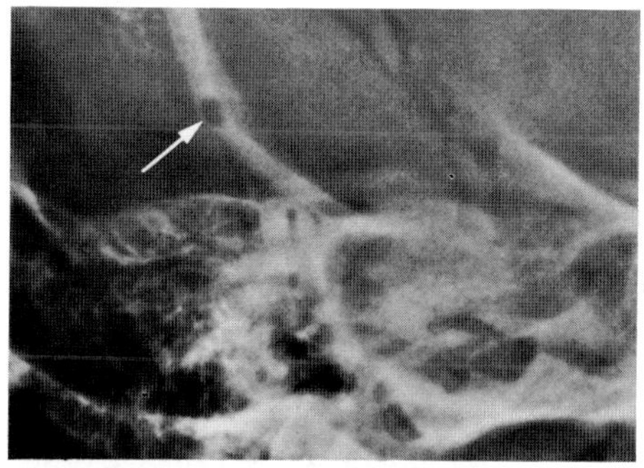

a

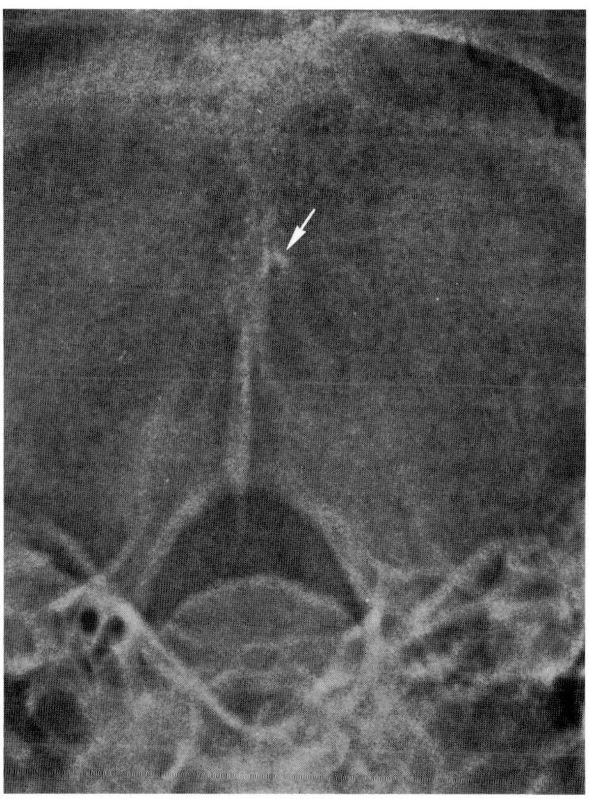

Abb. 4.**204** Emissarium occipitale in der Mitte der Hinterhauptsschuppe

b

Abb. 4.**205a** u. **b** Crista occipitalis

a Emissarium in der Crista occipitalis. Aufnahmerichtung nach Stenvers

b Asymmetrisch gekrümmt verlaufende Crista occipitalis

Varianten

Die in diesem Abschnitt zu erwähnenden Fortsätze, Spalten und Deformitäten gehören zum kleineren Teil zu klinisch unwesentlichen Varianten. Die meisten von ihnen treten gehäuft bei leichten und auch schweren Anomalien auf.

Der **Processus retromastoideus** (52) (Abb. 4.**206**–4.**208**), phylogenetisch erklärbar, ist klinisch bedeutungslos. Er wurde von uns auch in einer zweiten Beobachtung nachgewiesen. Die in beiden Fällen auffallende Sklerosierung und Strukturlosigkeit könnten allerdings auch für ein Osteom sprechen, auf dessen Ähnlichkeit (Exostose) bei dem in der Gegend des Asterion beschriebenen **Processus asteriacus** ebenfalls hingewiesen wird (17), doch würde der zapfenförmige Fortsatz dann weder dem flächenförmigen enostalen noch dem gestielten parossalen Osteom gleichen. Dasselbe gilt für den Processus suboccipitalis (s. unten). Der Processus retromastoideus, eine Rasseneigentümlichkeit der Papuas, liegt im Ansatz des M. obliquus capitis superior (45).

Komplette oder inkomplette **basilare Querspalten** im Klivus, die Sauser (51) für die rostrale Begrenzung der Okzipitalplatte hielt und die nach diesem Autor „Sauser-Spalten" genannt wurden, werden gelegentlich als Nebenbefunde bei Nasennebenhöhlenaufnahmen durch den geöffneten Mund gesehen (Abb. 4.**209** und 4.**210**). Eine solche Spalte wurde erstmals von Saint-Hilaire (49) 1820 bei Anenzephalie in Paris demonstriert.

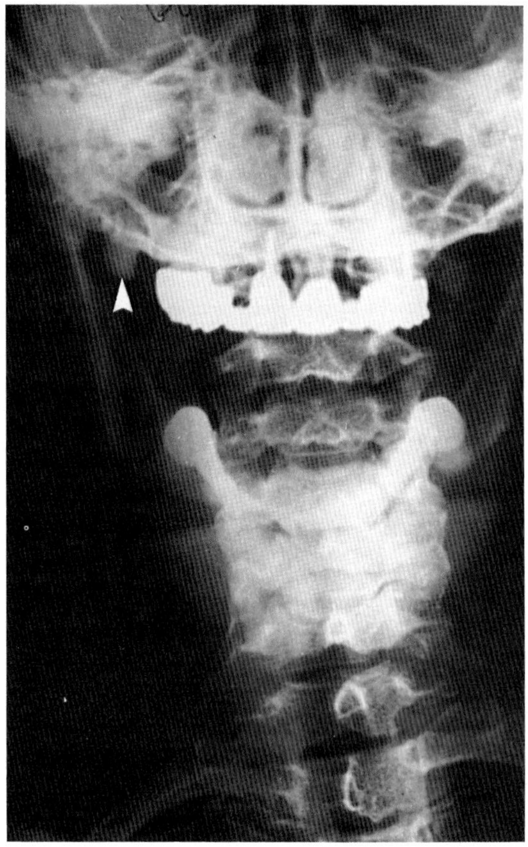

Abb. 4.**206** Processus retromastoideus rechts in der p.-a. Summationsaufnahme der Halswirbelsäule (aus Schmidt, H.: Fortschr. Röntgenstr. 88 [1958] 66)

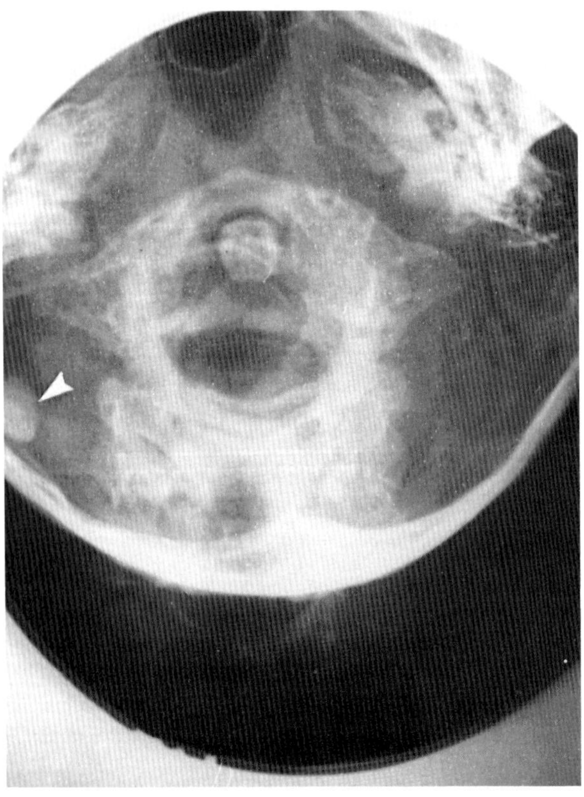

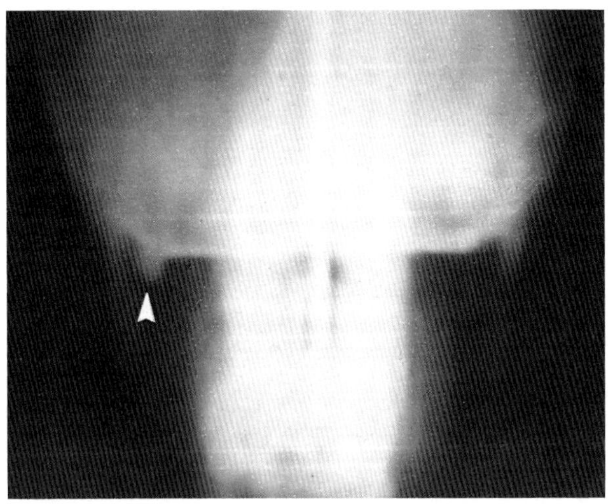

Abb. 4.**208** Processus retromastoideus im sagittalen Tomogramm in einer Ebene hinter dem Foramen occipitale magnum (leichte Unschärfe, da etwas außerhalb der Schichtebene (aus Schmidt, H.: Fortschr. Röntgenstr. 88) [1956] 66)

◁ Abb. 4.**207** Processus retromastoideus rechts im axialen Strahlengang (aus Schmidt, H.: Fortschr. Röntgenstr. 88 [1958] 66)

Abb. 4.**209** Klivus seitlich im Tomogramm bei einem Jugendlichen. Synchondrosis sphenooccipitalis (größerer →). Zusätzliche Synchondrose in der Pars basilaris ossis occipitalis (basilare Querspalte? kleinerer →) (aus Schmidt, H., u. Mitarb. In Vinken, P. J., G. W. Bruyn: Handbook of Clinical Neuroradiology, vol. 32. North-Holland, Amsterdam 1978)

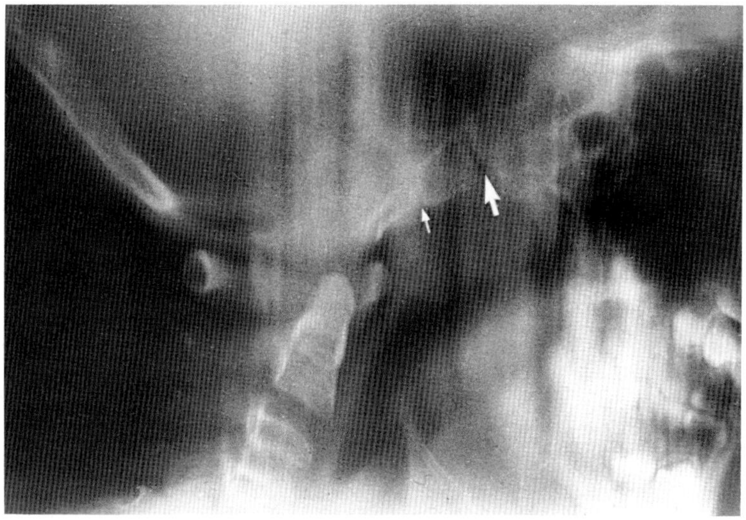

Es gibt wohl keine Knochenformation, primär angelegt wie sekundär entstanden, am und um den Unterrand des Hinterhauptbeines am kraniozervikalen Übergang herum, die nicht auf die Manifestation eines Okzipitalwirbels bezogen wäre. Hier ist nicht der Ort, auf die Entwicklung in diesem Gebiet speziell und auf diese Hypothesen und Theorien wie auch die Gegenannahmen (55, 59) detailliert einzugehen, s. unten Kapitel „Wirbelsäule – Atlas und Axis".

Mehrere basiokzipitale Spalten können auftreten. Sie schließen sich teilweise während des Wachstums. Eine Persistenz der Synchondrosis sphenooccipitalis samt Hypoplasie X des basiokzipitalen Knochens besitzt durch die entwicklungsgeschichtlichen Schlußfolgerungen (76) eine prinzipielle Bedeutung.

Processus basilares imponieren am unteren Vorderrand des Klivus als kleine, knospenartige Knochenvorsprünge (Abb. 4.**211** und 4.**212**). Ein oft großer Knochenfortsatz, der mit dem vorderen Atlasbogen, der Densspitze oder beiden Knochenteilen in gelenkähnlicher Verbindung stehen kann (Abb. 4.**213**), wurde von Meckel (43) Condylus tertius genannt. Er stellt bei Reptilien ein regelmäßig vorkommendes Knochenelement dar.

Sehr selten werden unförmige **Knochenmassen** ein- und beiderseits am Vorderrand des Foramen

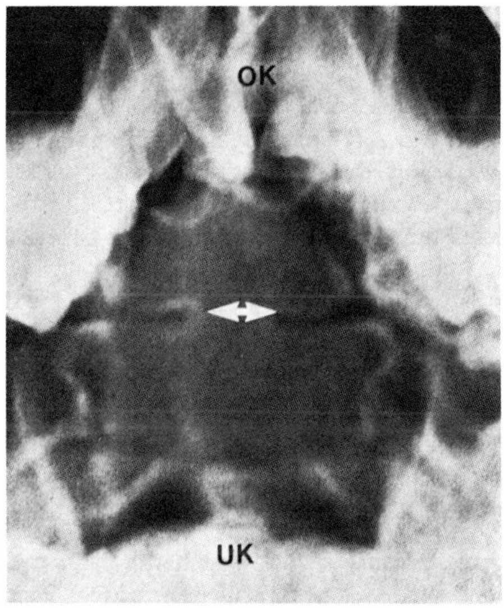

Abb. 4.**210** Beiderseitige, unvollständige basilare Querspalte. Aufsicht durch den geöffneten Mund bei submentooccipitaler Projektion (Doppelpfeil) UK = Unterkiefer, OK = Oberkiefer (aus Schmidt, H., u. Mitarb. In Vinken, P. J., G. W. Bruyn: Handbook of Clinical Neuroradiology, vol. 32. North-Holland, Amsterdam 1978)

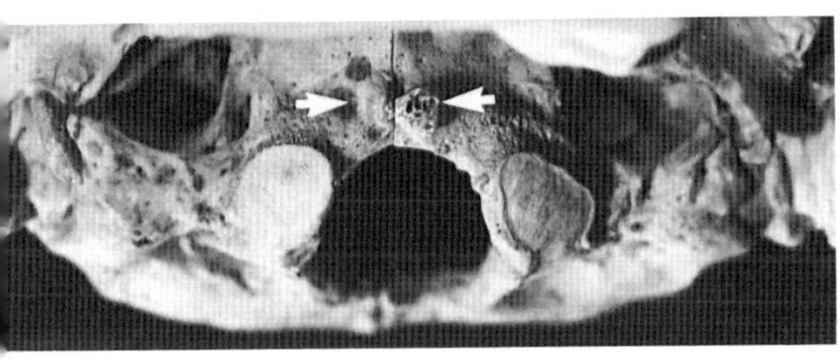

Abb. 4.**211** Präparataufnahme paarig angeordneter Processus basilares

Abb. 4.**212** Processus basilaris im seitlichen Tomogramm ▷ (aus Schmidt, H., E. Fischer: Die okzipitale Dysplasie. Thieme, Stuttgart 1960)

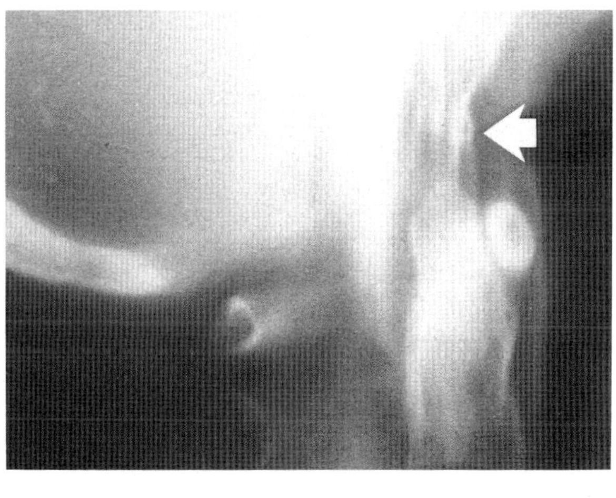

magnum beschrieben, die den vorderen Anteil des großen Hinterhauptsloches sattelförmig einengen (Abb. 4.**214**). Diese Art der Deformierung des großen Hinterhauptsloches wird auch durch die kondyläre Dysplasie hervorgerufen (30) (s. Abb. 4.**153**). Im submentovertikalen Strahlengang geben diese Knochenformationen, da sie von Kortikalis umschlossen sind, einen charakteristischen Befund (Abb. 4.**215**), der in prinzipiell gleicher Weise auch im halbaxialen Strahlengang zu erkennen ist (Abb. 4.**216**). Weitere Varianten am Vorderrand des Foramen occipitale magnum s. bei Fischer (18, 19) und Neiss (45). Kombinationen aller genannter Fortsätze am vorderen Unterrand des Klivus mit ausgeprägten ossären Dysplasien des Os occipitale sind bekannt (56, 59).

Einen von der Pars lateralis ossis occipitalis zum Querfortsatz des Atlas ausgehenden **Processus paracondylicus** (anatomische Nomenklatur „Processus paramastoideus" irreführend [31]) kennt man an der Ansatzstelle des M. rectus capitis lateralis. Dieser Fortsatz läßt sich in einer der Projektionen des Felsenbeins nach Stenvers ähnlichen Einstellung mit Zentrierung auf das Foramen n. hypoglossi übersichtlich darstellen (Abb. 4.**217a**). Medial des Fortsatzes liegt eventuell eine zusätzliche **Fissura paracondylica.** Auch diese Befunde werden ohne andere und mit weiteren okzipitovertebralen Dysplasien beobachtet (Abb. 4.**217b** und 4.**218**). Der vom Querfortsatz des Atlas dem Processus paracondylicus entgegenstrebende Fortsatz, der **Processus epitransversarius atlantis,** wird bei Besprechung des Atlas gezeigt. Der Processus paracondylicus kann pneumatisiert sein (45, 53, 74). Zwischen beiden kann, eventuell in gelenkähnlicher Verbindung mit beiden Fortsätzen, ein **gliederförmiges Knochenelement** beobachtet werden (Abb. 4.**219a** u. **b**).

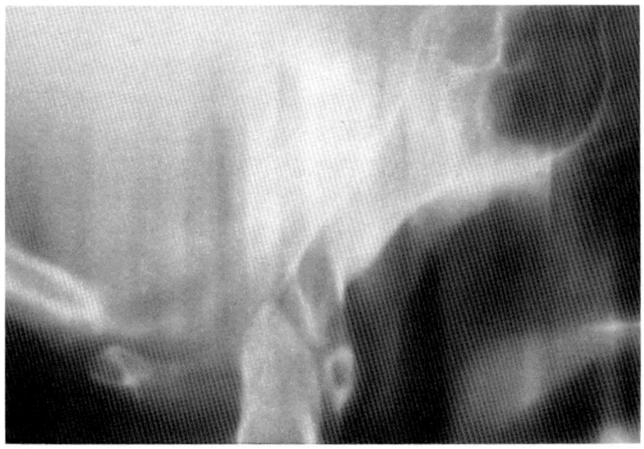

Abb. 4.**213** Großer Condylus tertius in Lagebeziehung zur Spitze des sehr langen Dens axis und zum hypoplastischen vorderen Atlasbogen (aus Schmidt, H., E. Fischer: Fortschr. Röntgenstr. 96 [1962] 479)

Am Hinterrand des Hinterhauptsloches findet sich sowohl beim Säugling regelmäßig, bei Erwachsenen gelegentlich eine kleine Kerbe, die **Incisura occipitalis posterior** (Abb. 4.**220a**), aber auch ein griffartiger Fortsatz, der **Kerckringsche Processus** (Abb. 4.**220b**), der nicht zum Formenkreis der kombiniert mit Anomalien beobachteten Varianten gehört, sich als Ossikulum im 4. Fetalmonat von der Unterschuppe her einschiebt und im 2. Lebensjahr mit den

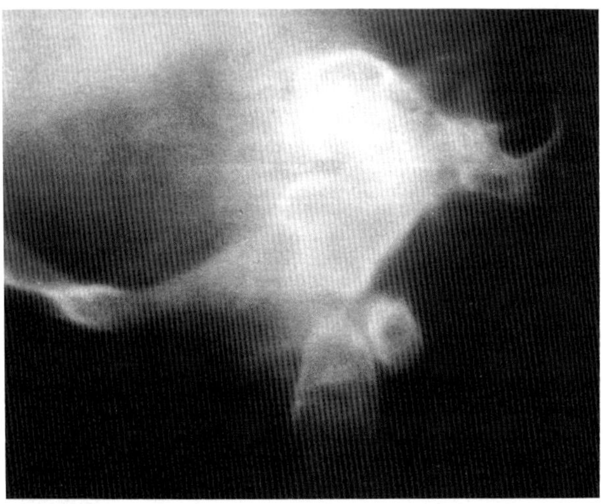

Abb. 4.**214** Unförmige Knochenmassen am Vorderrand des Foramen occipitale magnum. Seitliches Tomogramm

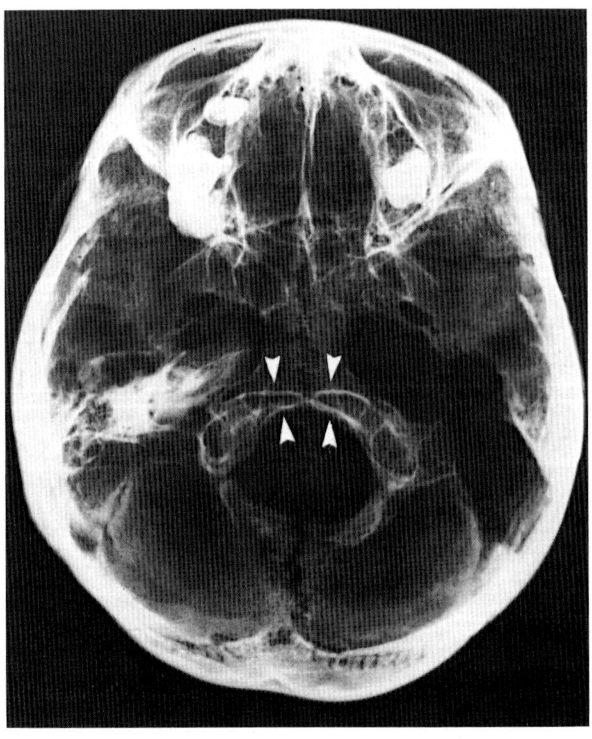

Abb. 4.**215** Präparat in der radiologischen Wiedergabe, ▷ axiale Projektion. Kennzeichnende Kortikalisbegrenzungen unförmiger Knochenmassen am Vorderrand des großen Hinterhauptsloches

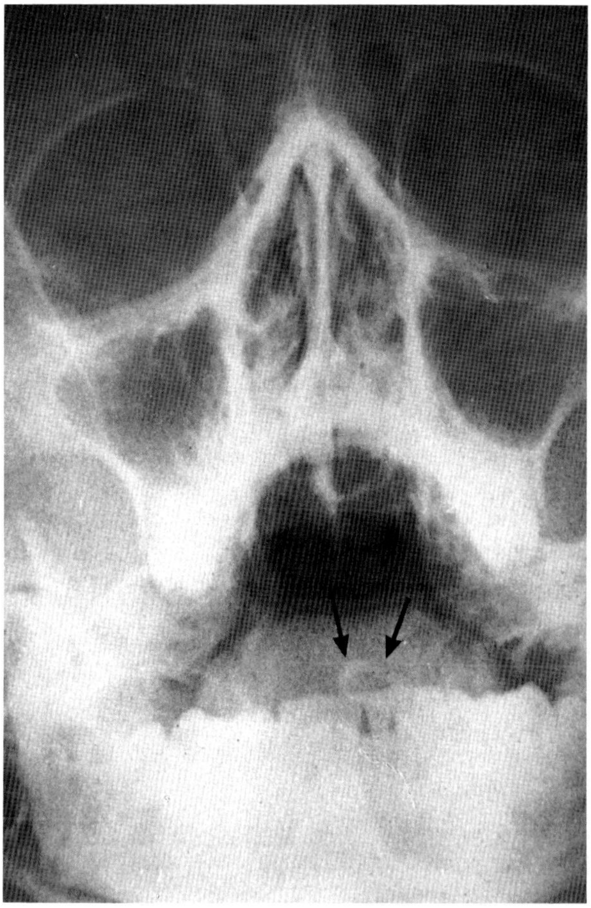

Abb. 4.**216** Von kreisrundem Kortikalisring umgebener Condylus tertius in der radiologischen Wiedergabe, okzipitomentale Projektion durch den offenen Mund (aus Schmidt, H., u. Mitarb. In Vinken, P. J., G. W. Bruyn: Handbook of Clinical Neuroradiology, vol. 32. North-Holland, Amsterdam 1978)

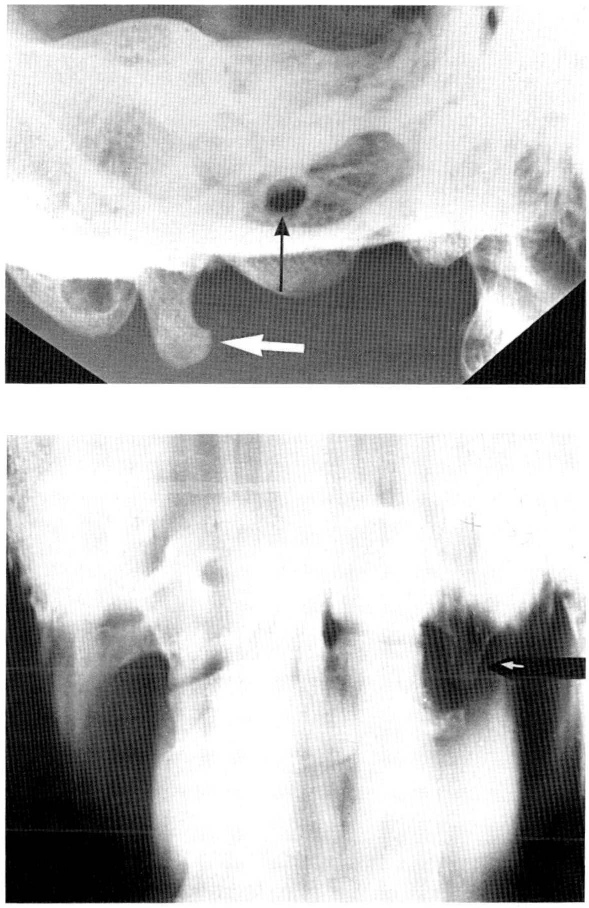

a

b

Abb. 4.**217 a** u. **b** Processus paracondylicus
a Processus paracondylicus rechts (weißer →). Radiologische Darstellung eines Präparates in Stenvers-ähnlicher Projektion mit Zentrierung auf das Foramen n. hypoglossi (schwarzer →)
b Ein dem Processus paracondylicus (→) links, im sagittalen Tomogramm, ähnlicher Knochenfortsatz unter dem assimilierten Querfortsatz des Atlas

Seitenteilen des Okziput verschmilzt. Eine Reihe isolierter Verknöcherungen liegt in den Weichteilen der Umgebung des kraniovertebralen Überganges, zum Teil primär in einer Gegend phylo- und ontogenetisch besonders starker Variabilität, zum Teil jedoch auch sekundär in Sehnenansätzen und Bändern gebildet (18).

Eine seltene Knochenvarietät wurde medial an der Hinterhauptschuppe über dem Opisthion gesehen. Es handelt sich um einen Knochenfortsatz, der als **Processus suboccipitalis** bezeichnet wird (Abb. 4.**221 a** u. **b**).

Auf Abb. 4.**95 b** ist eine **Sutura** (richtiger Fissura) **cerebellaris mediana** wiedergegeben. Im präparierten Neugeborenenschädel dieser Abbildung findet man ebenfalls eine Fissura bi-interparietalis. Diese Gebilde dürften sich sämtlich, da später nicht mehr beobachtet, im 1. Lebensjahr schließen.

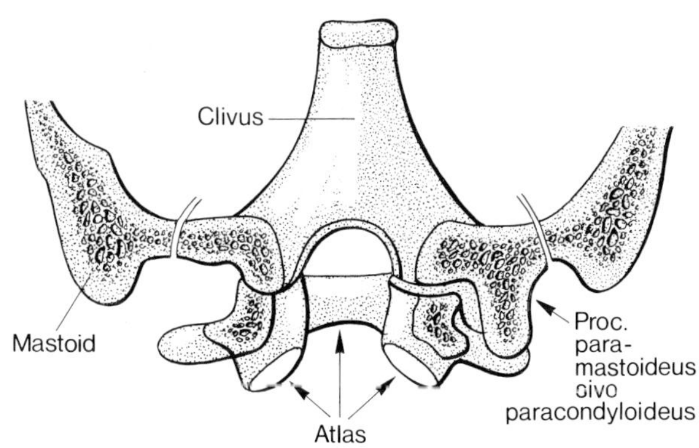

Abb. 4.**218** Skizze eines Processus paracondylicus links. Sutura occipitomastoidea

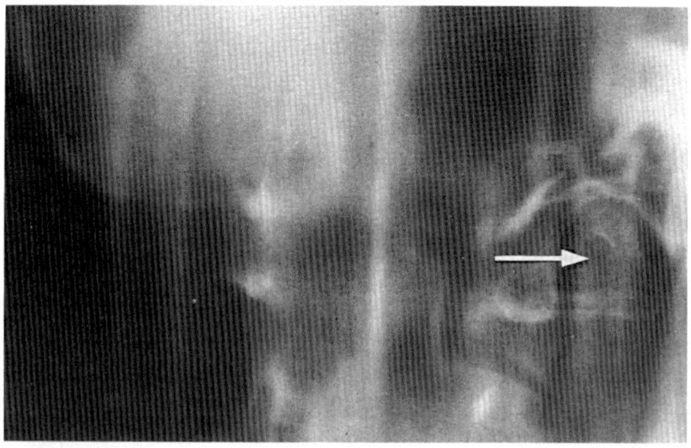
a

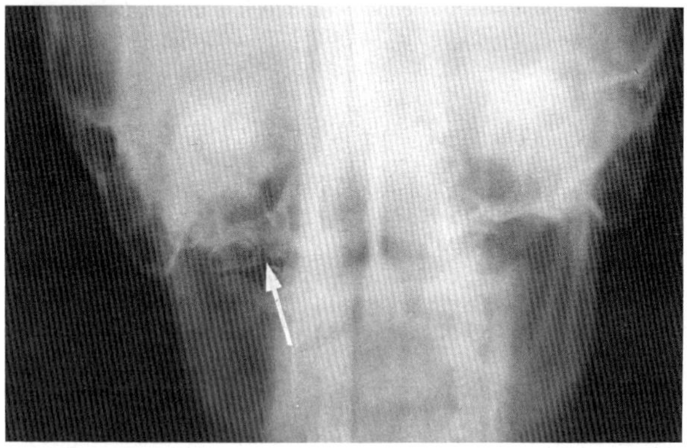
b

Abb. 4.**219 a** u. **b** Gliederförmiger Processus paracondylicus.
a Gliederförmiger Processus paracondylicus zwischen Processus transversus atlantis und Pars lateralis ossis occipitalis (aus Schmidt, H., u. Mitarb. In Vinken, P.J., G.W. Bruyn: Handbook of Clinical Neuroradiology, vol. 32. North Holland, Amsterdam 1978)
b Gliederförmiger Processus paracondylicus links mit Fissura paracondylica im sagittalen Tomogramm (Pfeil auf die Synchondrosis paracondylica)

Die **Persistenz** einer durchgehenden Naht dürfte, wenn es sie überhaupt gibt, extrem selten sein und ist als „midline occipital fissure" nur zusammen mit einer okzipitalen Enzephalozele (16) beschrieben. Einige Autoren lehnen die Möglichkeit ihres Bestehens ab (22, 62). Vor ihrer Diagnose sollte die Überprojektion durch eine persistierende Stirnnaht ausgeschlossen werden.

Die im Abschnitt „Schädeldach – Allgemeiner Teil – Varianten" aufgeführten **Meningoenzephalozelen** unter der Lambdanaht (s. Abb. 4.**27**) befinden sich in 73% von 93 Patienten mit derartigen Befunden median in verschiedener Höhe der okzpitalen Unterschuppe (46).

Der Befund zweier symmetrisch in der Unterschuppe gelegener größerer Aufhellungen wurde als Aperturen um okzipitale Emissarvenen gedeutet (63), obwohl die Emissaria, von den Autoren ausdrücklich betont, sonst immer in medianer Lage nachgewiesen sind.

Anomalien

Folgen von Fehlbildungen im Bereich des Os occipitale sind meist als „Platybasie" und als „basilare Impression" bekannt. Die Begriffe für diese Deformitäten sind keine Synonyma.

Die *Platybasie,* also die Abflachung des Basisknickes, führt zur Vergrößerung des Basiswinkels. Die Schenkel des vorgenannten Sphenoidalwinkels nach Welcker bilden die vordere Strecke Tuberculum sellae–Nasion und die hintere Strecke Tuberculum sellae–Basion. Der vordere Schenkel hebt sich unter Abflachung des Winkels bei der meist mit Turmschädel, manchmal auch mit Gesichtsschädeldysplasie einhergehenden frontalen Dysplasie (s. S. 281). An diese Deformität wird selten bei Benutzung des Wortes „Platybasie" gedacht. Man meint mit „Platybasie" seit Virchow (70, 71, 72) die Abflachung des Basiswinkels durch Anhebung des hinteren Schenkels, meist kenntlich durch eine mehr horizontale Klivusneigung (Abb. 4.**222 a** u. **b**).

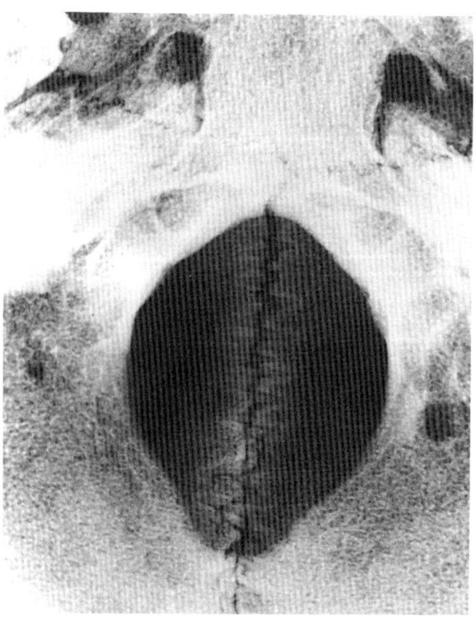
a

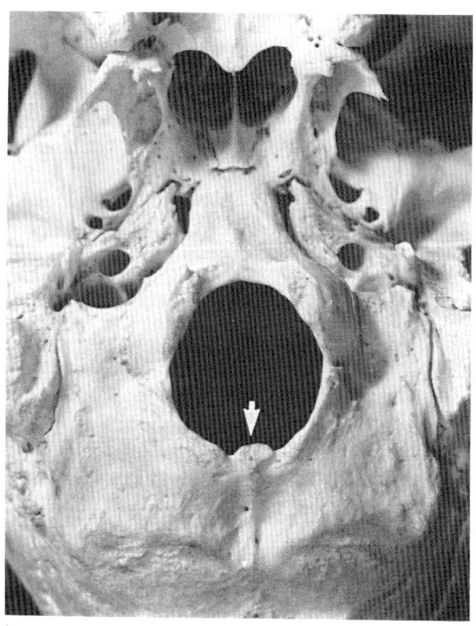
b

Abb. 4.**220 a** u. **b** Hinterrand des Foramen occipitale magnum.
a Incisura occipitalis posterior
b Kerckringscher Prozeß

Da sich damit der Vorderrand des Foramen occipitale magnum bei fast immer normal bleibendem Stand des Hinterrandes (30) (in Abb. 4.**223a** u. **b** besser zu erkennen als in Abb. 2.**221a** u. **b**) anhebt, kommt es nicht nur zur mehr vertikalen Neigung des Foramen occipitale magnum, sondern auch zu der wie eingezogen wirkenden zentralen Schädelbasis, die diese Deformität mit der Bezeichnung **„basilare Impression"** kennzeichnet.

Die Horizontalstellung des Klivus führt nicht allein zum Hochrücken des Basion. Derselbe Vorgang tritt auch ein, wenn die **Pars basilaris ossis occipitalis unterentwickelt,** der Klivus also zu kurz bleibt (Abb. 4.**223**) (s. auch 75).

Die bei beiden Deformitäten erkennbare „basilare Impression" läßt sich nur erfassen und messen, wenn die zur Messung verwendeten Punkte normal gelegen sind. Diese Voraussetzung trifft gelegentlich nicht zu.

Vor der Verwendung der jetzt aufzuführenden Maße in akribischer Weise ist im Einzelfall zu warnen, weil man die ausgeprägte Deformität ohne Zentimeter- und Winkelmaß als solche erkennt, leichtere Abweichungen von der Norm, bei denen man die Meßinstrumente anlegt, aber dann auch oft in den variablen Grenzbereich der Norm fallen. Meßergebnisse haben prinzipiell in der wissenschaftlich-statistischen Auswertung großer Zahlen ihren Wert, sind jedoch in Grenzfällen zur Diagnose bei einem Individuum in der Bedeutung ihrer Aussage zweifelhaft (s. einleitende entsprechende Bemerkungen zu den Ausführungen über die Diagnostik der Hüftgelenksluxation).

Abgesehen vom Innenmaß des sich vergrößernden Sphenoidalwinkels (Norm 132 bis 134 Grad – s. vorn) wird der durch die imprimierte (an sich nicht exprimierte) Schädelbasis erfolgende Hochstand der Halswirbelsäule zu anderen Schädelbezugspunkten gemessen.

Im **sagittalen Strahlengang** wird der Abstand zur Verbindungslinie der Warzenfortsatzspitzen, deren Länge sehr variabel ist, festgestellt. Diese **Bimastoidlinie,** schon im vorigen Jahrhundert von Anatomen verwandt (7, 70, 71, 72), wurde in die Radiologie eingeführt (20). Zur Korrektur der Unsicherheiten, bedingt durch die unterschiedliche Länge des Processus mastoidei, wurde dann die **digastrische Linie** empfohlen (Abb. 4.**224**). Die Densspitze liegt normalerweise 3 mm unter bis 10 mm über der Biventerlinie und soll die digastrische Linie nicht

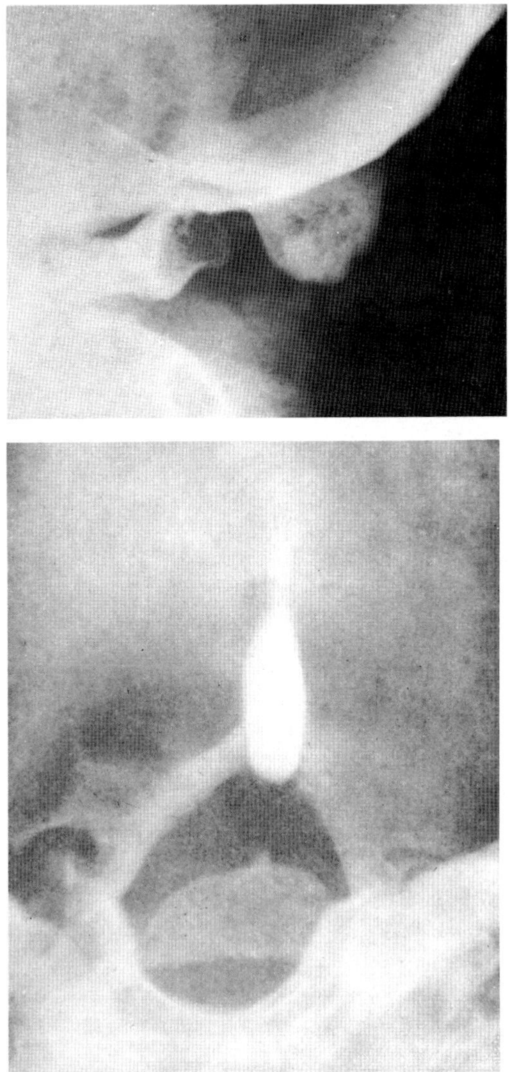

a b

Abb. 4.**221a** u. **b** Processus suboccipitalis (Beobachtung von Gassmann, Hamburg)

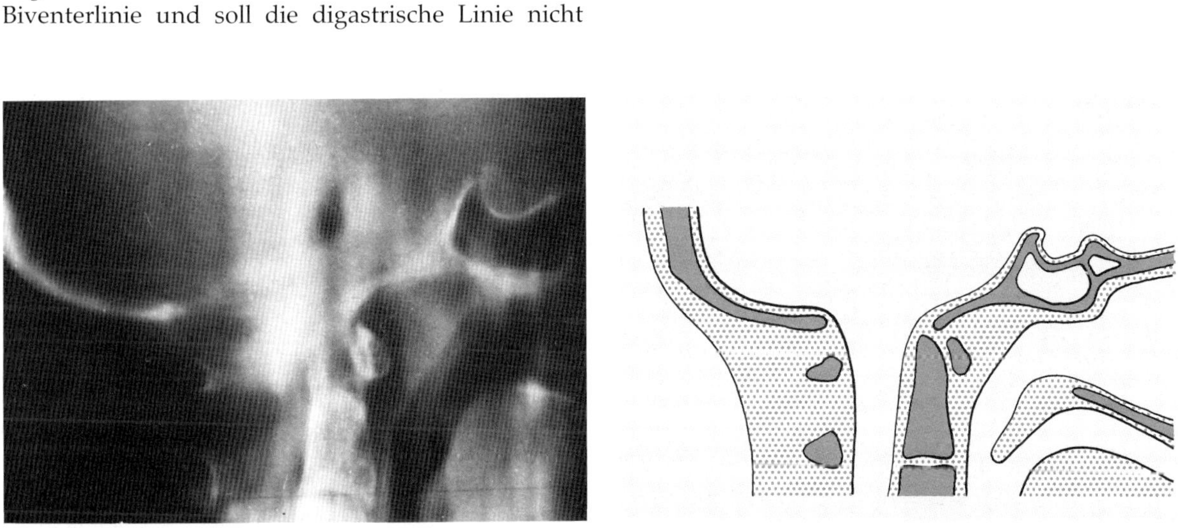

a b

Abb. 4.**222a** u. **b** Ausgeprägte Platybasie mit sehr dünnem Klivus bei extrem flacher hinterer Schädelgrube. Infolgedessen keine basilare Impression. Seitliches Tomogramm in der Medianebene mit Skizze

a

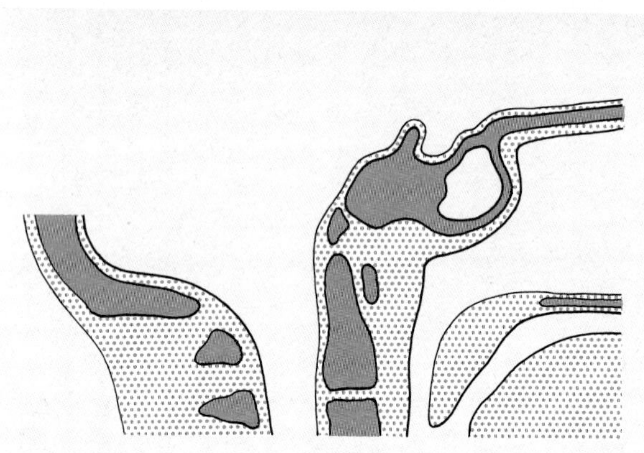
b

Abb. 4.**223 a** u. **b** Hochgradige Hypoplasie der stummelförmigen Pars basilaris ossis occipitalis mit basilarer Querspalte ohne Platybasie. Seitliches Tomogramm in der Medianebene mit Skizze

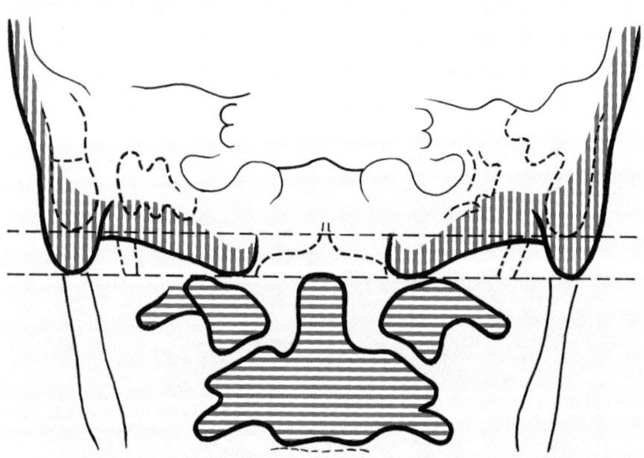

Abb. 4.**224** Schema der Beziehungen zwischen Schädelbasis und Dens axis
Untere Linie: Bimastoidlinie nach Fischgold und Metzger
Obere Linie: digastrische Linie nach Fischgold, David und Brégeat

überschreiten (13). Kritik an der Überbewertung dieser Linien ist geäußert worden (32, 33, 37).

In der **seitlichen Projektion** gelten als vorderer Punkt das hintere Ende des harten Gaumens, als hinterer Meßpunkt der Hinterrand des Foramen occipitale magnum für die **palatookzipitale Linie** (11) sowie der Unterrand der Okzipitalschuppe für die **McGregor-Linie** (41) als Bezugspunkte (Abb. 4.**225**). Beide Linien werden normalerweise von der Densspitze nicht überragt. Über die Variationsbreite auch des normal möglichen Hochstandes der Densspitze gegenüber der Chamberlain-Linie gibt es genaue Angaben (26, 41, 48, 50).

Als **Winkelmaß** der basilaren Impression eignet sich, weil er am augenfälligsten ist, der **Basalwinkel** zwischen der Foramenebene (Opisthion-Basion) und der Verbindungslinie Basion-Nasion. Der normale Wert, wie er für diesen Winkel mit 163 Grad angegeben wurde, nähert sich bei Hochstand des Basion Werten von 180 Grad und kann über diesen gestreckten Winkel hinaus größer oder „negativ" werden (Abb. 4.**226 a** u. **b**).

Eine besondere Bedeutung besitzen einige weitere Maße:

1. Der im Abschnitt „Norm" aufgeführte **Gelenk-Achsen-Winkel** (125 Grad). Dessen Vergrößerung resultiert aus dem medialen Anstieg der Partes laterales zur medialen Form der basilaren Impression (s. unten) sowie aus der Abflachung der hypoplastischen Kondylen von medial nach lateral (Abb. 4.**227 a** u. **b**). Dabei werden Winkelwerte über 150 Grad bei okzipitalen Dysplasien gemessen (53).
2. Im **Foramen-magnum-Klivus-Winkel** (Boogaard) summieren sich die Vertikalaufrichtung der Ebene des großen Hinterhauptsloches und die gegenüber der Norm bei Platybasie mehr horizontale Klivusstellung. Den Normalwerten von 122 bis 126 Grad (53, 55) stehen Abweichungen von 138 bis 156 Grad (27) bzw. Mittelwerte von 151 Grad (33) bei okzipitalen Dysplasien gegenüber.
3. Wenn die **Foramen-occipitale-magnum-Linie** (McRae [42]) vom Dens axis überschritten wird, wird der Raum im Hinterhauptsloch eingeengt (s. Abb. 4.**232** und 4.**233**).
4. Eine Verbindungsstrecke zwischen Tuberculum sellae und Endinion ist von den hier in Frage stehenden und damit eventuell lokalisatorisch veränderten Strukturen unbeeinflußt: Die **Distanz der Densspitze zu dieser Linie** (32) beträgt im Mittel normalerweise 41 ± 4 mm (Abb. 4.**228 a**). Verringerungen dieser Distanz auf unter 34 mm geben das Ausmaß der Impression am direktesten wieder.
5. Vor allem bei Asymmetrien bildet die Bestimmung der intervestibulären Mittellinie und der median und nach kaudal zu ihr gezogenen Senkrechten eine aussagekräftige Meßmethode (32). Die Senkrechte trifft normalerweise die Densachse und die Spitze des Gelenk-Achsen-Winkels und geht bei Asymmetrien hieran vorbei.

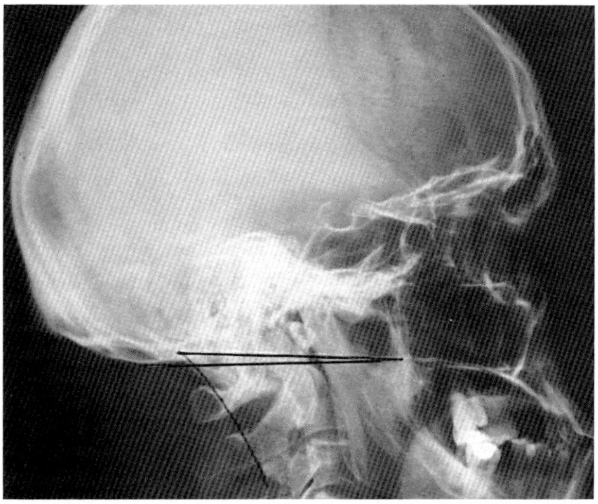

△
Abb. 4.**225** Palatookzipitale Linien nach Chamberlain (eingezeichnete, bogenförmige Kurve an die Begrenzung des Hinterrandes des Wirbelkanals zur Erleichterung der Bestimmung des Hinterrandes des Foramen occipitale magnum) und nach McGregor

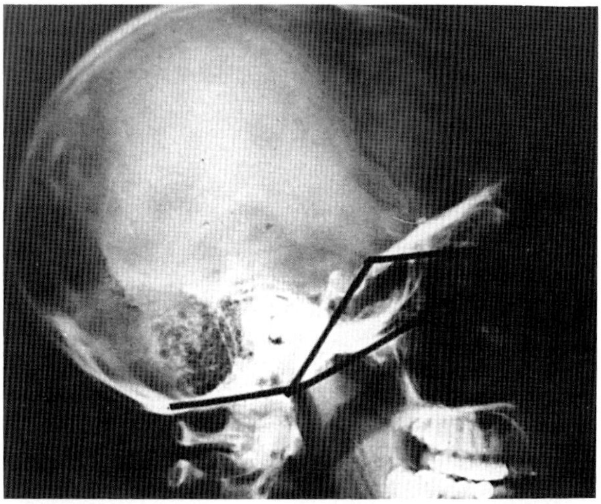

a

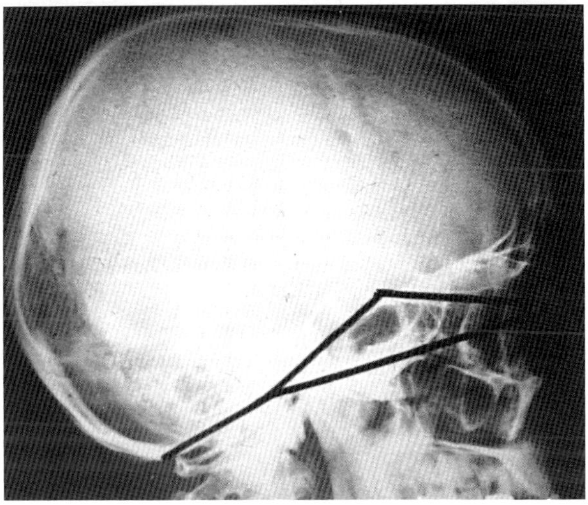

b

Abb. 4.**226 a** u. **b** Basel-(Op-Ba-Na-) und Sphenoidalwinkel ▷
a Norm
b Platybasie und basilare Impression. Der Basalwinkel wird bei der basilaren Impression etwas negativ
(aus Schmidt, H., u. Mitarb. In Vinken, P.J., G.W. Bruyn: Handbook of Clinical Neuroradiology, vol. 32. North Holland, Amsterdam 1978)

Die Unterentwicklung der okzipitalen, zentralen Basispartie fällt also dann auf, wenn ihre Umgebung normal ausgebildet ist. Die Impression ist dadurch gekennzeichnet, daß aus der normalen Umgebung die Konturen zum Zentrum aufsteigen, von lateral und von dorsal. Demnach werden eine **mediale und eine vordere basilare Impression** unterschieden (57). Es kommt allerdings darauf an, wie weit die Entwicklungshemmung nach beiden Seiten und hinten reicht.

Die vordere Impression ist nicht so augenfällig, weil der Steilanstieg der Basis median in einem Loch, dem Foramen occipitale magnum, erfolgt (s. Abb. 4.**223**). Den gleichseitigen Anstieg aus lateral normal entwickelten und damit das Bild der medialen Impression hervorrufenden Partien läßt Abb. 4.**229** erkennen.

Abb. 4.**227 a** u. **b** Gelenkachsenwinkel
a Norm
b Bei kondylärer Hypoplasie und medialer basilarer Impression
(aus Schmidt, H., u. Mitarb. In Vinken, P.J., G.W. Bruyn: Handbook of Clinical Neuroradiology, vol. 32. North Holland, Amsterdam 1978)

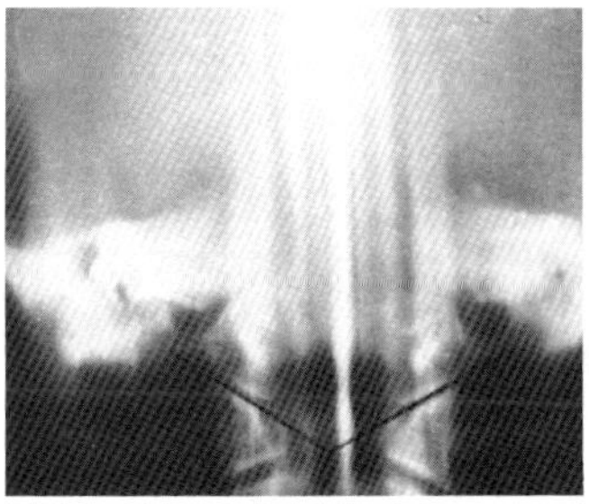

a

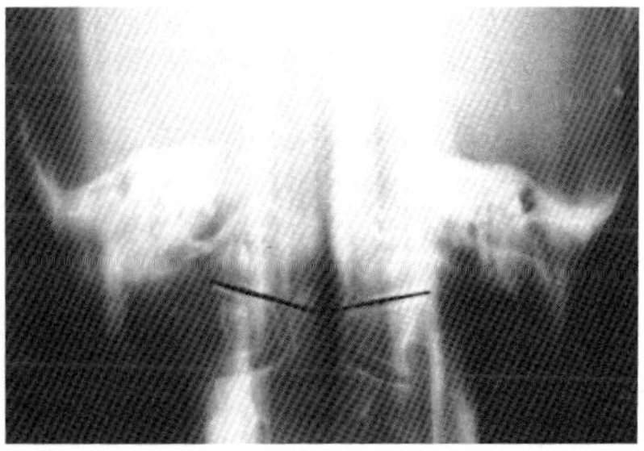

b

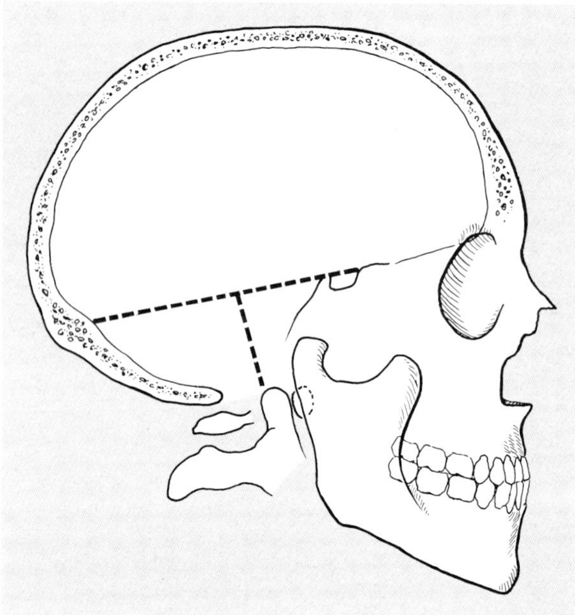

Abb. 4.**228** Distanz zwischen Densspitze und Verbindungsstrecke Tuberculum sellae und Endinion (nach Klaus)

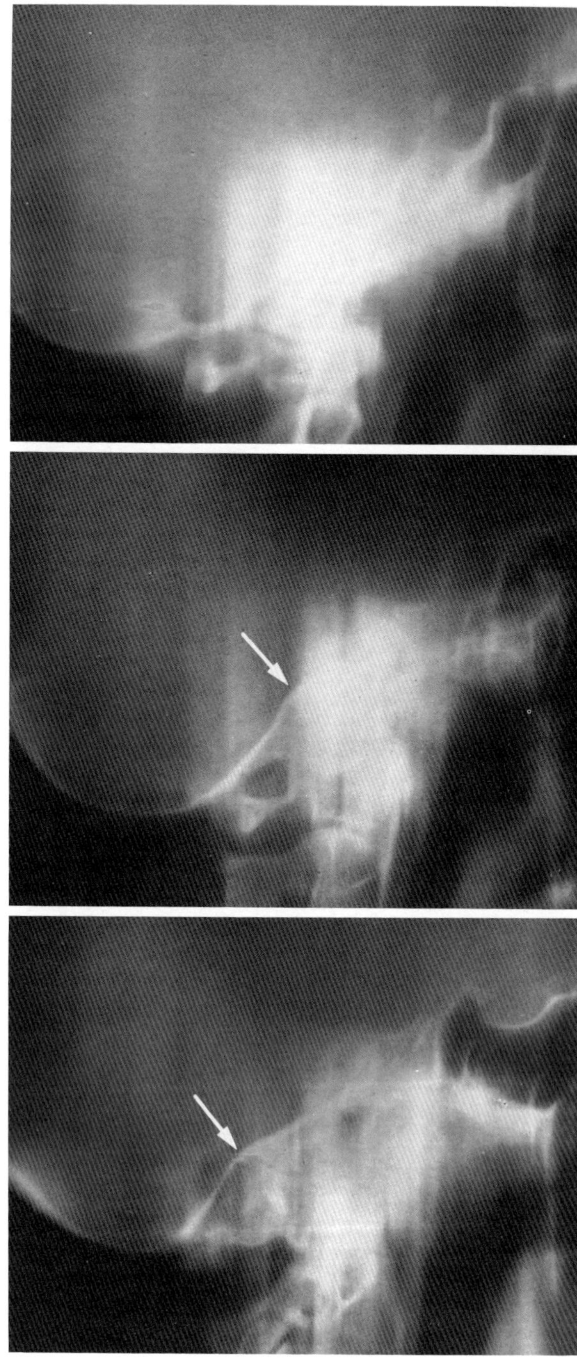

a

b

c

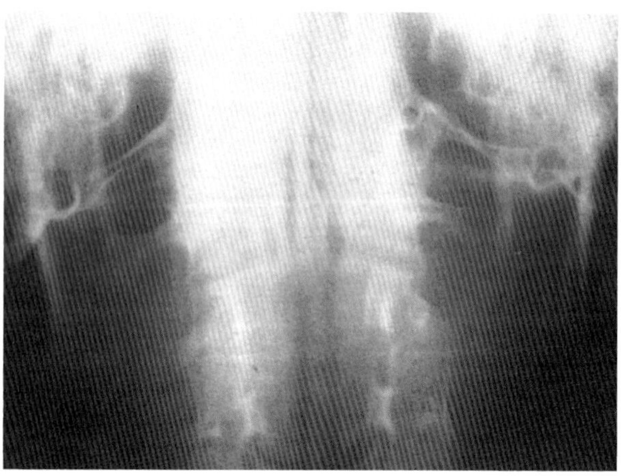

Abb. 4.**229** Gleichzeitig steiler Anstieg der Konturen der Pars lateralis ossis occipitalis nach medial (mediale basilare Impression)

Abb. 4.**230 a–c** Paramediane (tomographisch dargestellte) Stufen im Seitenrand des Foramen occipitale magnum als Zeichen der über das Basion nach hinten reichenden basilaren (vorderen) Impression
a Norm
b Vordere Stufe
c Hintere Stufe
(aus Schmidt, H., E. Fischer: Die okzipitale Dysplasie. Thieme, Stuttgart 1960)

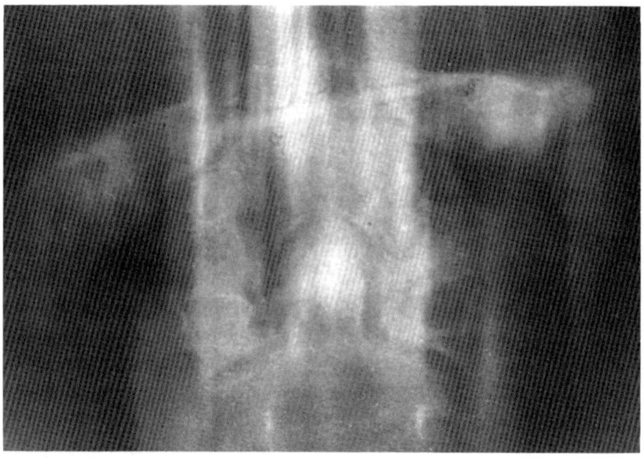

Abb. 4.**231** Asymmetrischer Stand und Verlauf der Konturen der Pars lateralis ossis occipitalis. Rechts medialer Konturanstieg = mediale basilare Impression. Links fehlender Konturanstieg bei höherem Pyramidenstand als Zeichen der gegenüber rechts stärker ausgeprägten Entwicklungsstörung (aus Schmidt, H., E. Fischer: Die okzipitale Dysplasie. Thieme, Stuttgart 1960)

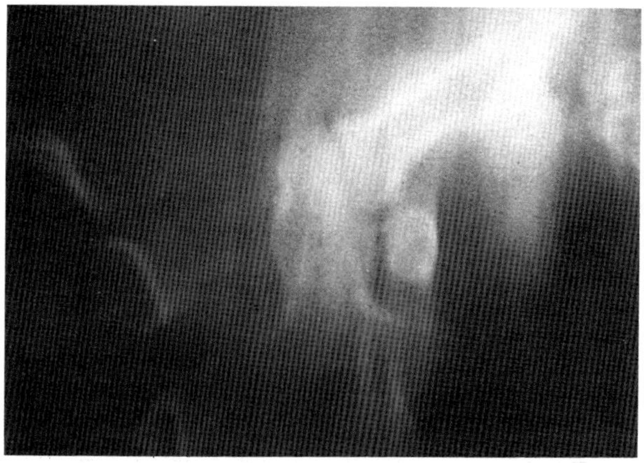

Abb. 4.**232** Densspitze (seitliches Tomogramm in der Medianebene) im erweiterten Foramen occipitale magnum, in Artikulation mit dem Vorderrand des Foramen occipitale magnum und über der Linie von McRae (aus Schmidt, H., u. Mitarb. In Vinken, P.J., G.W. Bruyn: Handbook of Clinical Neuroradiology, vol. 32. North Holland, Amsterdam 1978)

Die verminderte Basissenkung medial läßt sich kaum feststellen, wenn sie beidseitig symmetrisch stattfindet, ist aber leichter als mediale „Impression" nachzuweisen als die vordere basilare „Impression", wenn sie nur eine der beiden Seiten betrifft (Abb. 4.**231**) und damit zur Asymmetrie im Pyramidenverlauf von lateral nach medial, eventuell sogar zum unterschiedlichen Höhenstand beider Pyramidenspitzen führt. Die „Impression" kann mit zunehmend gestörter Entwicklung geringer werden, weil die lateralen Partien ebenfalls hoch stehen (55) (Abb. 4.**231**). Im Fall der Abb. 4.**230 a–c** findet sich paramedian im Seitenrand des Foramen occipitale magnum eine Stufe als Zeichen, daß auch hier die Pars lateralis ossis occipitalis zum plateauartigen Grund der „Impression" gehört. Die Seitenteile des Hinterhauptsbeines nehmen oft in unterschiedlichem Ausmaß an der Impression teil. Die Asymmetrien kommen dabei so häufig vor, daß von einem **asymmetrischen Typ der basilaren Impression** gesprochen wird (9, 33). Bei derartigen Deformitäten steht die Seite der horizontalen Seitenkontur höher, erscheint also gerade nicht imprimiert, muß aber als die Seite mit der stärkeren Entwicklungsstörung angesehen werden (Abb. 4.**231**).

Sehr selten ist die prinzipiell gleiche Beobachtung eines völligen Mangels der Einsenkung als Zeichen der stärksten Ausbildung der Entwicklungshemmung auch im seitlichen Strahlengang bei **Platybasie und extrem flacher hinterer Schädelgrube** zu erkennen (s. Abb. 4.**222**). Das Ausmaß der Dysplasie wird dann jedoch bei der Messung nach Klaus (Distanz Densspitze zur Linie Tuberculum sellae–Endinion) bezeichnenderweise am deutlichsten, auch wenn jede „Impression" fehlt (s. auch 29).

Wenn der Dens axis die Foramen-magnum-Linie überschreitet und die Medulla komprimiert

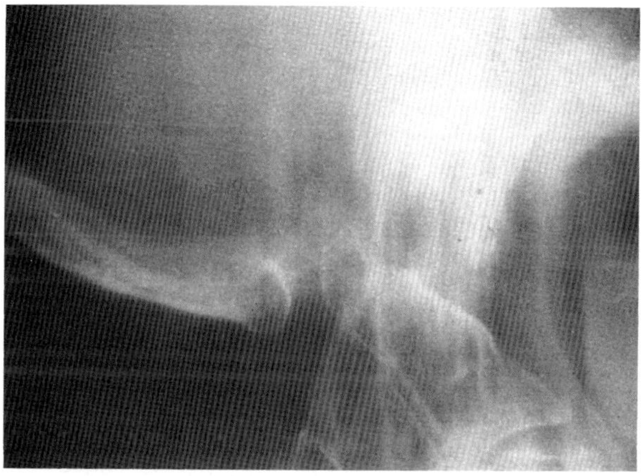

Abb. 4.**233** Densspitze (seitliches Tomogramm in der Medianebene) bei Assimilation des vorderen Atlasbogens über der McRae-Linie, nach hinten bis auf 8 mm an den Hinterrand des Foramen occipitale magnum genähert. Ausgeprägte klinische Symptomatik: Tetraplegien nach Erschütterung (aus Schmidt, H., E. Fischer: Die okzipitale Dysplasie. Thieme, Stuttgart 1960)

(Abb. 4.**232** und 4.**233**) – meist unter Lösung der Gelenkverbindung zwischen Dens und vorderem Atlasbogen –, kann es zu neurologischen Ausfällen, auch mit lebensgefährlichen Auswirkungen, kommen. Eine mechanisch bedingte Rückenmarksdegeneration tritt auch dort ein, wo durch Neigung des Klivus nach vorn einerseits, durch Reklination des Dens axis andererseits (s. Abschnitt „Oberster Halswirbel") das Rückenmark über die wie ein Hypomochlion wirkende Densspitze komprimiert wird (14).

Zur Verdeutlichung der Beziehungen zwischen Knochen- und Neuralsubstanz eignen sich besonders im seitlichen Strahlengang computertomographische, zur Abgrenzung der Kleinhirn- und Rückenmarkstrukturen kernspintomographische (NMR-Imaging [5, 69]) Verfahren.

Basilare Impressionen verursachen zwar mit zunehmendem Lebensalter der Patienten Symptome und sind wohl deshalb jahrzehntelang nur bei Erwachsenen festgestellt, doch nimmt seit 20 Jahren die Berichterstattung über ihr Vorkommen auch bei *Kindern* zu (34, 40, 47, 66), unter denen allerdings generalisierte Skelettdysplasien und/oder die klinische Symptomatik eher gezielt zur radiologischen Diagnostik führen, während entsprechende Knochendeformitäten bei Erwachsenen häufiger als Nebenbefunde, oft ohne klinische Bedeutung, gefunden wurden.

Okzipitale Dysplasien werden primär als einzige Skelettmanifestation einer genetisch übertragenen Entwicklungsstörung (5, 15), häufig als Begleitsymptom benachbarter oder auch die ganze Wirbelsäule betreffender Mißbildungen und schließlich als Teilerscheinung einer allgemeinen dysplastischen Konstitution des Körpers (53, 56) beobachtet. Nach experimenteller Untersuchung ist anzunehmen, daß die Skelettmißbildung der nervalen (z. B. Arnold-Chiari-Deformität) vorausgeht bzw. diese hervorruft (39).

Anzufügen ist hier, daß das **abnorm kleine Foramen occipitale magnum** bei Achondroplasie, das **abnorm große** Hinterhauptsloch beim Rubinstein-Taybi-Syndrom beschrieben ist (6).

Verletzungsfolgen

Der Nachweis von **Linearfrakturen der Okzipitalschuppe** bereitet bei Aufnahmen in der Einstellung nach Towne mit Abbildung der hinteren Hälfte des Foramen occipitale magnum keine Schwierigkeiten. Differentialdiagnostisch ist zwar eine durch die Unterschuppe ziehende Fissura occipitalis mediana zu berücksichtigen, doch verweisen wir auf die im Abschnitt über „Varianten" hierüber geäußerten Bedenken. Die Medianfissur durch die Okzipitalschuppe ist fast immer traumatischen Ursprungs (22, 62). Differentialdiagnostisch ist höchstens eine sagittal das Hinterhaupt durchsetzende Diploëvene zu berücksichtigen.

Die *Ringfrakturen* der Schädelbasis bieten am ehesten ein forensisches Problem für die Pathologie (10, 61). Ihr Nachweis gehört auch in der Traumatologie nicht in den Grenzbereich zum Pathologischen.

Ein **Bruch des Condylus occipitalis** ist zwar 1817 erstmals (3), danach aber nur noch radiologisch in zwei Fällen beschrieben. Wegen der hierbei geringen klinischen Symptomatik und in Berücksichtigung des schwierigen Nachweises auf der Summationsaufnahme mögen sie häufiger vorkommen, als sie beobachtet werden (1, 2).

Erworbene Erkrankungen

Durch Stoffwechselstörungen wie Hypo- und Hyperparathyreoidismus (s. Abb. 4.**69a** u. **b**), als Begleiterscheinung beim Morbus Klippel-Feil (66), Osteogenesis imperfecta, durch generalisierte Osteoporose, Rachitis, Ostitis deformans (Paget), Verletzungsfolgen sowie entzündliche und tumorös-destruktive Prozesse kann es im Laufe des Lebens infolge einer wie auch immer ätiologisch bedingten **sekundären basilaren Impression** kommen (60). Die Folgen der entzündlichen Gelenkerkrankungen werden im Abschnitt über die obersten Halswirbel beschrieben.

Die Skeletterkrankungen rufen in der okzipitalen Region sonst keine für diese Gegend charakteristischen radiologischen Symptome hervor. Die Ausnahmen betreffen die **Tubercula jugularia,** die sich über den Canales n. hypoglossis neben den Foramina jugularia erheben und bei Ausdehnung von **Kleinhirnbrückenwinkeltumoren** nach hinten usuriert werden können (65). Der Nachweis gelingt nur im Tomogramm. Eine weitere Ausnahme bilden die typischen **Destruktionen des Klivus** durch Chordome, eventuell mit computertomographisch nachgewiesenen spritzer- bis schollenförmigen intratumoralen Kalkeinlagerungen (73). Die jüngste Erwähnung mit computertomographischen Befunden und über anglo-amerikanisches Schrifttum s. bei Meyer u. Mitarb. (44).

Literatur

1 Ahlgren, P., J. V. Dahlerup: Fractura Condylus occipitalis. Fortschr. Röntgenstr. 101 (1964) 202–204

2 Ahlgren, P., Th. Mygind, B. Wilhjelm: Eine selten vorkommende Fractura Basis cranii. Fortschr. Röntgenstr. 97 (1962) 388–391

3 Bell, Ch.: Surgical observations. Middlesex Hosp. 4 (1817) 469–476

4 Bergerhoff, W., R. Stilz: Die Beugung der Schädelbasis im Röntgenbild. Fortschr. Röntgenstr. 80 (1954) 618–622

5 Bewermeyer, H., H. A. Dreesbach, B. Hünermann, W.-D. Heiss: MR Imaging of familial basilar impression. J. Comp. Assist. Tomogr. 8 (1984) 953–956

6 Bliesener, J. A., R. Schmidt: Normal and pathological growth of the foramen occipitale magnum showing in the plain radiograph. Pediat. Radiol. 10 (1980) 65–69

7 Boogaard, J. A.: De Indrukking der Grondvlakte van den Schedel door de Wervelkolom, hare Oorzaken en Gevolgen. Ned. Tijdschr. Geneesk. 1 (1865) 81–122

8 Boyd, G. I.: Emissary foramina of the cranium in man and anthropoids. J. Anat. 65 (1930) 108–121

9 Brocher, J. E. W.: Die Occipito-Cervicalgegend. Thieme, Stuttgart 1955

10 Cervós-Navarro, J.: Die Morphologie der hinteren Schädelgrube. Radiologe 9 (1969) 458–463

11 Chamberlain, W. E.: Basilar impression (platybasia). A bizarre developmental anomaly of the occipital bone and upper cervical spine with striking and misleading neurological manifestations. Yale J. Biol. Med. 11 (1939) 487–495

12 di Chiro, G., B. Anderson: The Clivus. Clin. Radiol. 16 (1965) 211–225

13 Decker, K., H. Fischgold, H. Hacker, J. Metzger: Entwicklungsstörungen am atlanto-okzipitalen Übergang. Fortschr. Röntgenstr. 84 (1956) 47–59

14 Déjérine, J.: Dystrophie osseuse par aplasie de la substance spongieuse du corps basilaire de l'occipital. Rev. neurol. 4 (1926) 281–288

15 Dieckmann, H.: Basilare Impression, Atlasassimilation und andere Skelettfehlbildungen der Zerviko-okzipital-Region. Hippokrates, Stuttgart 1966

16 Dietrich, H.: Ein seltener Fall von medianer Längsnaht der Hinterhauptsschuppe bei okzipitaler Schädellücke. Fortschr. Röntgenstr. 76 (1952) 600–602

17 Fischer, E.: Processus asteriacus des Scheitelbeines. Fortschr. Röntgenstr. 88 (1958) 69–71

18 Fischer, E.: Akzessorische freie Knochenelemente in der Gegend des Foramen occipitale magnum. Fortschr. Röntgenstr. 91 (1959) 638–642

19 Fischer, E.: Neue Befunde am Vorderrand des Foramen occipitale magnum. Fortschr. Röntgenstr. 99 (1963) 805–808

20 Fischgold, H., J. Metzger: Étude radiotomographique de l'impression basilaire. Rev. Rhum. 19 (1952) 261–264

21 Fischgold, H., M. David, P. Brégeat: La tomographie de la base du crâne. Paris, Masson 1952

22 Franken, E. A., jr.: The midline occipital fissure: diagnosis of fracture versus anatomic variants. Radiology 93 (1969) 1043–1046

23 Froriep, A.: Über ein Ganglion des Hypoglossus und Wirbelanlagen in der Okzipitalregion. Arch. Anat. Entw. Gesch. (1882) 279–301

24 Froriep, A.: Zur Entwicklungsgeschichte der Wirbelsäule, insbesondere des Atlas und Epistropheus und der Occipitalregion: I. Beobachtungen an Hühnerembryonen. Arch. Anat. Entw. Gesch. (1883) 177–234; II. Beobachtungen an Säugetierembryonen. Arch. Anat. Entw. Gesch. (1886) 69–150

25 Godlewsky, St., J. Dry: Les anomalies congénitales de la charnière cervico-occipitale. L'expansion, Paris 1964

26 Goettsch, H. B.: Radiology of the cranio-cervical region. J. belge Radiol. 40 (1957) 739–752

27 Goldhamer, K., A. Schüller: Varietäten im Bereich der hinteren Schädelgrube. Fortschr. Röntgenstr. 35 (1927) 1163–1190

28 Grob, M.: Über die röntgenologischen Nahtverhältnisse der hinteren Schädelgrube beim Kinde mit besonderer Berücksichtigung der Sutura mendosa. Fortschr. Röntgenstr. 57 (1938) 265–275

29 Gros, Ch. M., A. Wackenheim: Critique radiologique de l'impression basilaire. J. Radiol. Electrol. 45 (1964) 781–788

30 Hadley, L. A.: Atlanto-occipital fusion. Ossiculum terminale, occipital vertebra as related to basilar impression with neurological symptoms. Amer. J. Roentgenol. 59 (1948) 511–524

31 Hayek, H., v.: Über den Processus mastoideus beim Menschen und bei Säugetieren und den Ponticulus lateralis atlantis. Anthropol. Anz. 61 (1926) 176–178

32 Klaus, E.: Röntgendiagnostik der Platybasie und basilaren Impression. Weitere Erfahrungen mit einer neuen Untersuchungsmethode. Fortschr. Röntgenstr. 86 (1957) 460–469

33 Klaus, E.: Die basiläre Impression. Hirzel, Leipzig 1969

34 Kruyff, E.: Occipital dysplasia in infancy. Radiology 85 (1965) 501–507

35 Kusserow, Maria: Ist die Form der Schädelkalotte bei der okzipitalen Dysplasie verändert? Med. Diss., Tübingen 1964

36 Levi, G.: Beitrag zum Studium der Entwicklung des knorpeligen Primordialkraniums des Menschen. Arch. mikrosk. Anat. 55 (1900) 341–414

37 Lindgren, E.: Röntgenologic views on basilar impression. Acta radiol. (Stockh.) 22 (1941) 297–302

38 Lutz, A.: Über das Wachstum des Schädels. Med. Diss., Tübingen 1965

39 Marin-Padilla, M., Teresa M. Marin-Padilla: Morphogenesis of experimentally induced Arnold-Chiari malformation. J. Neurosurg. Sci. 50 (1981) 29–55

40 Matson, D. D.: Neurosurgery of Infancy and Childhood. Thomas, Springfield 1969 (p. 119)

41 McGregor, M.: The significance of certain measurements of the skull in the diagnosis of basilar impression. Brit. J. Radiol. 21 (1948) 171–178

42 McRae, D. L.: Bony abnormalitis in the region of the foramen magnum. Correlation of anatomic and neurologic findings. Acta radiol. (Stockh.) 40 (1953) 335–354

43 Meckel, J. F.: Über einige Abnormitäten der Knochen. Meckels Archiv. Dtsch. Arch. Physiol. (1815) 641–644; zit. nach Neiss (45).

44 Meyer, J. E., R. F. Oot, Karen K. Lindfors: CT appearance of clival chordoma. J. Comp. Assist. Tomogr. 10 (1986) 34–38

45 Neiss, A. W.: Skelettvariationen. Habil.-Schrift, Erlangen 1964

46 O'Rahilly, R.: Anomalous occipital apertures. Arch. Path. 53 (1952) 509–519

47 Paradise, R. W., D. S. Sax: Familiar basilar impression. Neurology 22 (1972) 554–557

48 Phillipps, D. G.: Basilar Impression. J. Neurol. Neurosurg. Psychiat. 18 (1955) 58–67

49 Saint-Hilaire, G.: Mémoire sur plusieurs déformations du crâne de l'homme, suivi d'un essai de classifications des monstres acéphales. Session de l'Académie des Sciences, Oct. 1820; zit. bei Hervé, G.: Un cas de bipartition complète du basioccipital. Rev. anthropol. 21 (1911) 98–101

50 Saunders, G.: Basilar impression. The position of the normal odontoid. Radiology 41 (1943) 587-591

51 Sauser, G.: Manifestation der Occipitalplatte an einem menschlichen Schädel. Z. Anat. Entw.-Gesch. 102 (1934) 51–56

52 Schmidt, H.: Röntgenologische Darstellung eines Processus retromastoideus. Fortschr. Röntgenstr. 88 (1958) 66–69

53 Schmidt, H.: Okzipitale Dysplasien.
I. Mitteilung: Die Manifestation des Okzipitalwirbels im Röntgenbild. Fortschr. Röntgenstr. 90 (1959) 691–704;
II. Mitteilung: Die okzipitale Hypoplasie. Fortschr. Röntgenstr. 91 (1959) 207–221;
III. Mitteilung: Begleitende Entwicklungsstörungen und Folgen der okzipitalen Dysplasie. Fortschr. Röntgenstr. 91 (1959) 221–233

54 Schmidt, H.: Über die Besonderheiten des cranio-cervikalen Überganges und seiner knöchernen Dysplasien. Radiologe 18 (1978) 49–51

55 Schmidt, H., E. Fischer: Die okzipitale Dysplasie. Thieme, Stuttgart 1960

56 Schmidt, H., K. Sartor, R. W. Heckl: Bone malformations of the craniocervical region. In: Congenital Malformations of the Spine and Spinal Cord, red. v. N. C. Myrianthopoulos (in collab.). In: Handbook of Clinical Neurology. Vinken, P. J., G. W. Bruyn. North-Holland Publishers, Amsterdam 1978 (p. 1–97)

57 Schmidt, H., E. Fischer: Über zwei verschiedene Formen der primären basilaren Impression. Fortschr. Röntgenstr. 88 (1958) 60–66

58 Schmidt, H., E. Fischer: Röntgenologische Untersuchungen über die normale und gehemmte Senkung der Schädelbasis zur Peripherie. Z. menschl. Vererb.- u. Konstit.-lehre 35 (1960) 377-391

59 Schmidt, H., E. Fischer: Über die Bedeutung knöcherner Varianten des okzipito-zervikalen Überganges. Fortschr. Röntgenstr. (1962) 479–488

60 Schmidt, H. E. Fischer: Zur röntgenologischen Differentialdiagnose von knöchernen Fehlbildungen im Schädel-Halsübergang. Radiol. clin. (Basel) 33 (1964) 233–239

61 Schulz, E., R. Jahn: Ringfraktur der Schädelbasis. Z. Rechtsmed. 90 (1983) 137-145

62 Shapiro, R., F. Robinson: Embryogenesis of the human occipital bone. Amer. J. Roentgenol. 126 (1976) 1063–1068

63 Sper, J. R., F. N. Silverman: Symmetrical occipital apertures. A case report. Radiology 83 (1964) 1071–1072

64 Tänzer, A.: Die basiläre Impression. Radiol. clin. (Basel) 25 (1956) 135–152
65 Tänzer, A.: Die Veränderungen am Tuberculum jugulare bei raumbeschränkenden Prozessen im Kleinhirnbrückenwinkel. Radiologe 9 (1969) 484–487
66 Teodori, Janet B., M. J. Painter: Basilar impression in Children. Pediatrics 74 (1984) 1097–1099
67 Töndury, G.: Entwicklungsgeschichte und Fehlbildungen der Wirbelsäule. Hippokrates, Stuttgart 1958
68 Torklus, D., v., W. Gehle: Die obere Halswirbelsäule, 2. Aufl. Thieme, Stuttgart 1976
69 Vignaud, J., M. Bouquet, M. L. Aubin, M. T. Iba Zizen, C. Stoffels: IRM des tumeurs intra-axiales de la fosse postérieure. NMR Imaging of intra-axial tumours of the posterior fossa. J. Neuroradiol. 11 (1984) 249-261
70 Virchow, R.: Gesammelte Abhandlungen zur wissenschaftlichen Medizin. Meidinger & Sohn, Frankfurt 1857
71 Virchow, R.: Untersuchungen über die Entwicklung des Schädelgrundes im gesunden und krankhaften Zustande und über den Einfluß derselben auf Schädelform, Gesichtsbildung und Gehirnbau. Reimer, Berlin 1857
72 Virchow, R.: Beiträge zur physischen Anthropologie der Deutschen mit besonderer Berücksichtigung der Friesen. Abh. Preuss. Akad. Wiss., Berlin 1876
73 Vogelsang, H., G. Scharek, D. Stolke, H. Becker: CT-Befunde bei Chordomen der Schädelbasis. Fortschr. Röntgenstr. 142 (1985) 369–373
74 Wackenheim, A.: Roentgen Diagnosis of the Cranio-vertebral Region. Springer, Berlin 1974
75 Wackenheim, A.: Fehlbildungen am Schädel-Hals-Übergang. In: Röntgendiagnostik der Wirbelsäule, red. v. L. Diethelm. In Diethehlm, L., F. Heuck, O. Olsson, K. Ranninger, F. Strnad, H. Vieten, A. Zuppinger: Handbuch der Medizinischen Radiologie. Springer, Berlin 1974 (S. 399–401)
76 Wackenheim, A.: Hypoplasia of the basi-occipital synchondrosis in a patient with transitory supplementary fissure of the basi-occipital. Neuroradiology 27 (1985) 226–231
77 Welcker, H.: Untersuchungen über Wachstum und Bau des menschlichen Schädels, Bd. I. Wilhelm Engelmann, Leipzig 1862
78 Zaaijer, T.: Die Persistenz der Synchondrosis condylosquamosa am Hinterhauptsbein des Menschen und der Säugetiere. Anat. Hefte 1, Abt. IV (1894) 195–199

Gesichtsschädel

Augenhöhlen

Norm

Im Wachstum

Im prächordalen Anteil des Neurokranium, dessen Grenze zum chordalen Anteil sich in der Umgebung des Canalis craniopharyngeus befindet, differenzieren sich zwei ursprünglich hintereinander gelegene Zonen, die Regio ethmoidea und die Regio orbitalis.

Eine Mulde im Primordialkranium für die primitive Orbita wird von der späteren *Ala minor* des Keilbeins und der *Lamina papyracea* der Nasenkapsel gebildet. Beide Abschnitte formen die definitive Orbita. Hinzu kommt ein Fortsatz des Primordialkraniums, der zur *Ala magna* umgeformt wird. Außer diesen *drei Ersatzknochenanteilen* werden *fünf Deckknochen* bindegewebigen Ursprungs zur Gestaltung der Orbita herangezogen: Stirn-, Tränen-, Gaumen- und Jochbein sowie der Oberkiefer. Die Ossifikation beginnt im 2. Embryonalmonat. Im 3. Monat ragt der größte Teil des Bulbus aus der flachen Augenhöhle heraus. Trotz zunehmender Tiefe der Orbita im fetalen Wachstum, auch zur Aufnahme des retrobulbären Fettgewebes, ist die definitive Form des oberen Augenhöhlenrandes *beim Neugeborenen* noch nicht erreicht. Sein Ausladen nach vorn bildet sich später aus (5[1]).

Auch bei **Kindern** erscheinen die Augenhöhlen im Verhältnis zum übrigen Schädel als groß. Nach raschem Wachstum haben sie im 2. Lebensmonat drei Viertel der Größe der Augenhöhle des Erwachsenen erreicht. Beim Neugeborenen ist die Orbita queroval, beim Erwachsenen rund geformt (5[2]). Die Augengesichtsbreite (Orbita- und Ethmoidalbreite) nimmt stetig bis zum Beginn des Erwachsenenalters von 70 auf 110 mm zu. Nach Abzug der Siebbeinbreite verbleiben für jede Orbita rund 10 mm. Jungen haben von Geburt an breitere Orbitae als Mädchen (57).

Beim Erwachsenen

Die anatomisch-topographischen Verhältnisse sind in Abb. 4.**234** wiedergegeben. Auffällig ist bei leichter Zunahme der Orbitabreite während des Lebens eine nur bei Männern im Senium (über 70 Jahre) noch einmal auftretende, plötzliche Erweiterung der Augengesichtsbreite mit konstant bleibender Breite des Gesamtschädels in dieser Altersgruppe (57). Das Volumen der knöchernen Orbitae beträgt nach computertomographischen Messungen 16 bis 30 cm^3, maximal 30,1 cm^3 (23), die interorbitale Distanz bei Männern 2,67 cm, bei Frauen 2,56 cm (38).

Bei Übersichtsaufnahmen des Schädels im **sagittalen Strahlengang** projizieren sich die Pyramiden

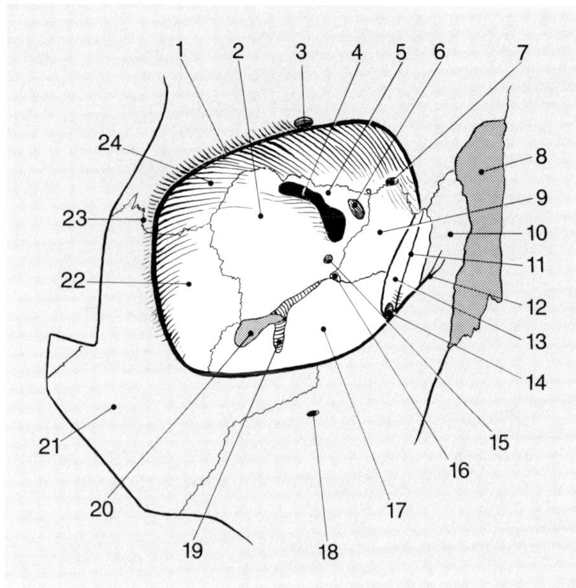

Abb. 4.**234** Augenhöhle, von vorn gesehen (nach Corning)
1 = Margo supraorbitalis
2 = Facies orbitalis ossis sphenoidalis
3 = Incisura supraorbitalis
4 = Fissura orbitalis superior
5 = Ala parva ossis sphenoidalis
6 = Foramen opticum
7 = Foramen ethmoidale anterior
8 = Os nasale
9 = Lamina papyracea ossis ethmoidalis
10 = Processus frontalis maxillae
11 = Crista lacrimalis posterior (ossis lacrimalis)
12 = Crista lacrimalis anterior (maxillae)
13 = Hamulus lacrimalis
14 = Fossa sacci lacrimalis
15 = Foramen rotundum
16 = Processus orbitalis ossis palatini
17 = Facies orbitalis maxillae
18 = Foramen infraorbitale
19 = Canalis infraorbitalis
20 = Fissura orbitalis inferior
21 = Facies malaris ossis zygomatici
22 = Facies orbitalis ossis zygomatici
23 = Sutura zygomaticofrontalis
24 = Facies orbitalis ossis frontalis

etwa in die Mitte der Orbitae. Um die Augenhöhlen freier zu projizieren, bedarf es einer Neigung des Zentralstrahls mit nach kranial offenem Winkel von 10–15 Grad (leichte Verprojizierung der Orbitae in ein Oval) oder entsprechender Dorsalflexion des Kopfes.

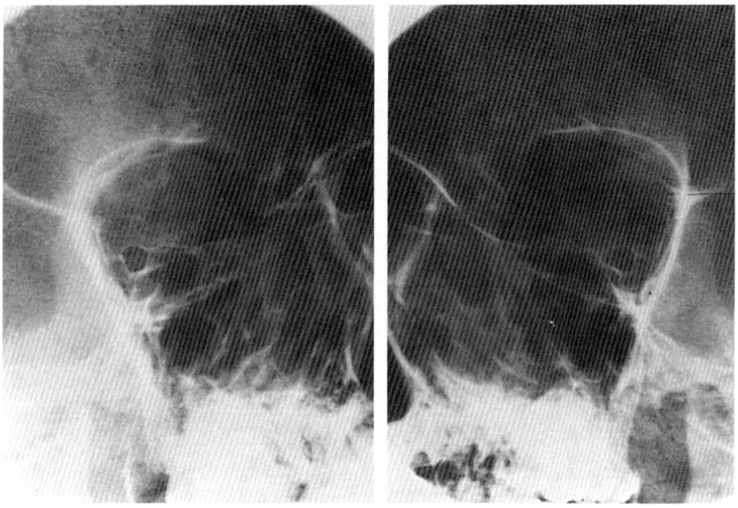
a b

Abb. 4.**235a** u. **b** Aufnahme nach Rhese-Goalwin: Optikuskanal an typischer Stelle beiderseits

Die orthogonale Darstellung des **Canalis opticus** mit dessen Projektion in den lateralen, unteren Augenhöhlenquadranten erfolgt nach der Methode von Rhese-Goalwin (27, 28, 52). Hierbei wird der Kopf so gedreht, daß die parallel zur Achse des Kanales verlaufende Verbindungslinie zwischen Protuberantia occipitalis externa und Warzenfortsatz mit der Medianebene einen Winkel von 40–45 Grad einschließt. Dann liegen Kinn, Nasenspitze und lateraler Orbitarand der Kassette oder Tischfläche an (Abb. 4.**235a** u. **b**). Zur Deutung der in dieser Projektion erhaltenen Strukturen dient das entsprechend eingestellte anatomische Präparat der Augenhöhle (Abb. 4.**236**).

Medial des Canalis opticus sieht man pneumatisierte Zellen des Siebbeins, dessen Septen dünner sind als die Randleiste des Optikuskanals. Das Lumen des Sehnervenloches gleicht einem Kreis, ist selten nieren- oder dreieckförmig, gelegentlich auch fast quadratisch und hat bei Dreijährigen seine endgültige Größe mit einem Durchmesser von 4,3 bis 5 mm (Extreme 3,3 bis 5,5 mm) erreicht. *Zur Orientierung* dient die in die mediale Orbitahälfte projizierte, fast horizontal verlaufende Linie der Kontur des Planum sphenoidale, die in den meist nur wenig deutlichen oberen Rand des kleinen Keilbeinflügels übergeht. Dieser schließt mit der fast vertikalen Kontur des Seitenrandes des Keilbeinkörpers einen spitzen Winkel ein, in dem sich die Aufhellung des Optikuskanals abhebt (5[3]).

Übrige Orbitaprojektionen s. bei Beutel (5[4]).

Auf den im sagittalen Strahlengang angefertigten Aufnahmen sieht man lateral in der Orbita eine gerade, schräg von lateral kranial nach medial kaudal verlaufende linienförmige Verdichtung, **Linea innominata** genannt. Es handelt sich um die tangential abgebildete Kompakta der Fossa temporalis (14, 19), gehört also bis zur Sutura frontosphenoidalis zum großen Keilbeinflügel.

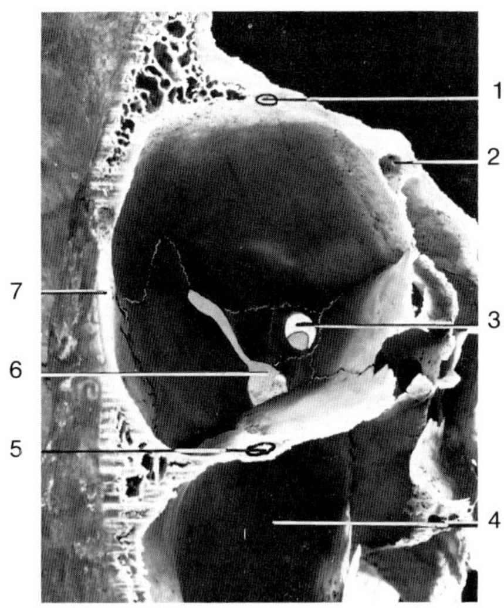

Abb. 4.**236** Ansicht eines anatomischen Präparates der Augenhöhle
1 Foramen supraorbitale
2 Grenzzelle zum Sinus frontalis oder ethnoidalis gehörend
3 Canalis opticus
4 Kieferhöhle
5 Canalis infraorbitalis
6 Fissura orbitalis inferior und superior
7 laterale Wand der Orbita

Die **Fossa lacrimalis und der Tränenkanal** werden im Computertomogramm am übersichtlichsten dargestellt (56). Entsprechende Untersuchungen der **Orbitaspitze** gelten mehr den Weichteilveränderungen, z. B. des N. opticus und der Hirnnerven III–VI (17).

Unter dem Orbitadach zeigt sich eine sichelförmige Zone vermehrter Strahlendurchlässigkeit durch Fettgewebe, die bei älteren Menschen deutlicher wird (Abb. 4.**237** und 4.**243**). Die Lidspalte hebt sich bei tiefliegendem Bulbus besonders dann ab, wenn bei der Aufnahme der Blick nach oben gerichtet war (5[5]).

Rund um die Orbita gibt es regelmäßig vorkommende Durchtrittstellen für Gefäße und Nerven. Am oberen Orbitarand, normalerweise oft wegen der Orbitawölbung doppelt konturiert (verdickter vorderer Rand und tangential darüber getroffene obere Wölbung), findet sich die auch zum Foramen gestaltete **Incisura frontalis** für die A. supratrochlearis und den R. medialis des N. supratrochlearis. Im mittleren Drittel besteht das ebenfalls oft nur als Inzisur ausgebildete **Foramen frontale (Foramen supraorbitale)** für den lateralen Ast des N. supraorbitalis und die A. supraorbitalis, das besonders bei Kindern radiologisch oft gut erkennbar ist (Abb. 4.**238** und 4.**239**). Hier liegt der Druckpunkt für den ersten Trigeminusast. Das **Foramen infraorbitale** (Abb. 4.**240**), Druckpunkt für den zweiten Trigeminusast, bildet die äußere Mündung für den Durchbruch des am Boden der Orbita verlaufenden Sulkus durch die untere Orbitakante mit Gefäßen und Nerven gleichen Namens. Das inkonstante **Foramen meningoorbitale**, unter den Alae parvae als kleines Loch im hinteren Abschnitt der lateralen Orbitawand, manchmal radiologisch nachweisbar, dient dem Durchtritt der Verbindung zwischen A. lacrimalis und A. meningea media (70). Im vorderen Drittel der lateralen Orbitawand finden sich dem Jochbein zugehörige Gefäßlöcher bzw. -kanäle. Ein solches Foramen zygomatico-orbitale ist zuweilen in 1 bis 2 mm Durchmesser auf Nasennebenhöhlenaufnahmen zu sehen (70).

Der Processus clinoideus anterior kann wie eine Exostose in den Optikuskanal hineinragen und bei eventueller Pneumatisation einer Ethmoidzelle täuschend ähneln (s. Abb. 4.**236**). Auch das Dorsum sellae projiziert sich gelegentlich in den unteren Rand des Optikuskanals.

Die **Sutura temporozygomatica** kann auf Aufnahmen im sagittalen Strahlengang stark markiert sein und sich auch normalerweise leicht klaffend in die Orbitae projizieren.

Bestimmend für die Struktur des Orbitadaches ist der Ausbildungsgrad der Impressiones digitatae, die besonders im lateralen Drittel großbogig, nach oben konkav, ausgeprägt sein können.

Diese Ausführungen beziehen sich auf die radiologische Wiedergabe orbitaler Strukturen im konventionellen Nativbild. Bei der Diagnostik raumfordernder Prozesse mit Wandläsionen ist mit diesen in der Praxis anzuwendenden Methoden eine Treffsicherheit von knapp 50% zu erreichen. Das mehrdimensionale Schichtverfahren, Arterio- und Venographie sowie die Orbitographie und Sonographie haben die Erfolgsquote auf nahezu 90% gesteigert. Mit gleich guter Darstellung von Knochen und Weichteilen bietet heute jedoch die hochauflösende Computertomographie bei der Diagnostik der Orbitae und ihres Inhaltes die Methode der Wahl (7). Die auf das Skelett beschränkte Thematik dieses Buches schließt eine Würdigung der Weichteildiagnostik weitgehend aus. Erst recht gilt diese Beschränkung für die Abbildung normaler und pathologischer Befunde durch die Kernspintomographie (NMR) (65).

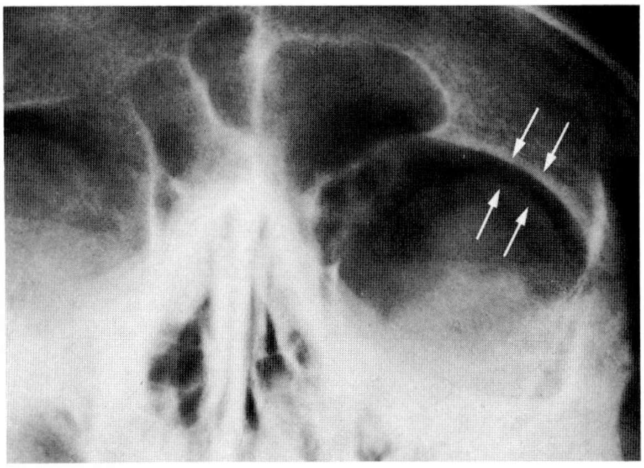

Abb. 4.**237** Fettpolster zwischen Orbitadach und Augapfel bei 54jähriger Frau

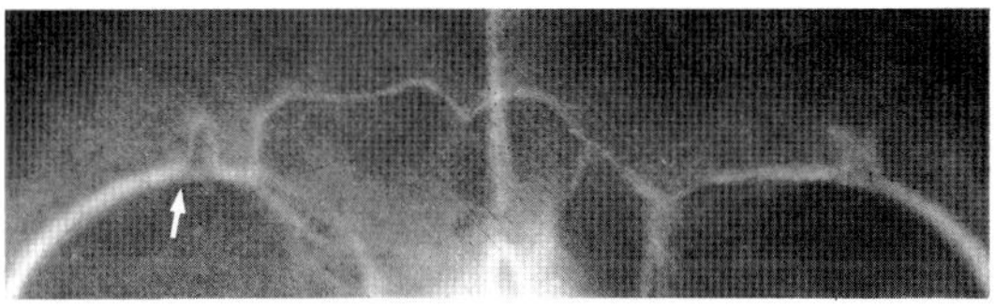

Abb. 4.**238** Canalis supraorbitalis

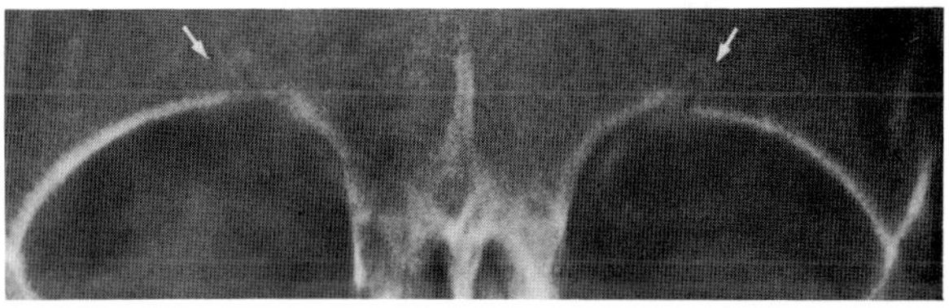

Abb. 4.**239** Foramen supraorbitale bei 6jährigem Kind, kanalförmig

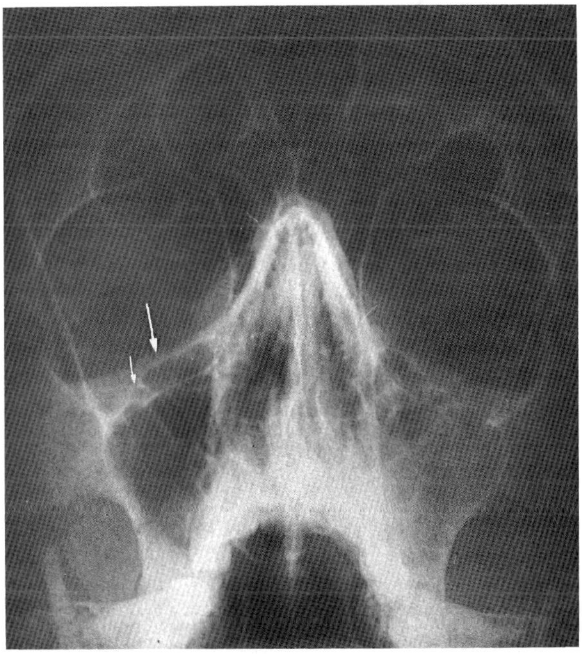

Abb. 4.**240** Foramen infraorbitale rechts
Canalis infraorbitalis (kleiner →)
Periorbitale Zellen (größerer ⟶)

Varianten

Abnorme **Verdünnungen der Wand** findet man bei starker Pneumatisation der Keilbeinhöhle. Bei atypischer Form der Schläfengrube kann die **Linea innominata** ganz oder teilweise **fehlen** (Mayer; zit. nach 5[6]).

Projektionsbedingte Formveränderungen des Optikuskanals dürfen nicht als Variante bezeichnet werden (in den äußeren oberen Quadranten der Orbita projizierte Optikuskanäle erscheinen mehr oval) (5[7]). Die Abweichungen in der **Form des Optikuskanals,** der bei relativer Weite die Form einer „8" erhält oder durch Verknöcherung des den Kanal für die A. ophthalmica abtrennenden Durablattes *zweigeteilt* erscheint, sind erwähnt (5[7]). Eine vom unteren Umfang der orbitalen Öffnung des Optikuskanals in diesen nach lateral hervorragende Knochenzacke entspricht einer Muskelansatzstelle, die auch beim Menschenaffen vorkommt, bei Menschen in 87%iger Häufigkeit auftritt, radiologisch aber wegen ihrer geringen Dimension selten sichtbar wird (5[7]).

Anomalien

Das **angeborene Fehlen des oberen Orbitawalles** steht in einem engen ätiologischen Zusammenhang mit Neurofibromen (vorwiegend des N. supraorbitalis), auch wenn Neurofibrome eventuell nicht nachweisbar sind (60).

Bei Besprechung der **frontofazialen Dysplasien (Crouzon)** ist schon die Deformierung der Orbitae erwähnt. Die Orbita ist in charakteristischer Weise also folgendermaßen verformt: Der sagittale Durchmesser der Augenhöhle ist verkürzt, die kurzen Orbitadächer, scheinbar hoch über dem Niveau der Schädelbasis gelegen, fallen (Seitenbild!) nach dorsal steil ab. Ihre Struktur wird durch den Grad der meist verstärkten Vertiefung der Impressiones digitatae bestimmt. Die kleinen Keilbeinflügel steigen nach lateral steil an. Das Planum sphenoidale steht auffallend tief (Abb. 4.**241**). Die Distanz zwischen den medialen Orbitawänden nimmt zu (Hypertelorismus [21]).

Bei **einseitiger Kranznahtsynostose** mit Plagiozephalie ist die homolaterale Stirnhälfte abgeflacht, der Boden der vorderen Schädelgrube steigt nach lateral an. Auf der sagittalen Orbitaaufnahme sieht man eine Verdichtungslinie parallel zur und über der Fissura orbitalis superior. Der horizontale, nicht der vertikale, Orbitadurchmesser ist leicht verkürzt (5[9]) (Abb. 4.**242**).

Projektivisch kann der Optikuskanal enger erscheinen, als seinem Lumen entspricht. Die Diagnose der Verengung bedarf scharfer Kritik, zumal Verengungen auf dysplastischer Grundlage nicht nur bei **kraniofazialen Dysplasien,** kranialer Manifestation der **Metaphysendysplasie (Pyle)** und anderer mit Schädelbasissklerose einhergehender kraniometaphysärer und kraniodiaphysärer Dysplasien sowie fazialer Manifestation mit Dysproportionen des Gesichtes beobachtet wurden (42, 48), bei Deformitäten also, die die an sich nicht einfache reguläre radiologische Einstellung zum Abbilden des Optikuskanals noch zusätzlich erschweren. Die **hereditäre Optikusatrophie** (Lebersche Erkrankung) geht mit einer Verengung des Optikuskanals einher.

Das **kavernöse Hämangiom** liegt häufig lateral hinter dem Bulbus und führt, im Gegensatz zur unregelmäßig aufgelockerten Struktur der **arteriovenösen Hämangiome** und **Varikozelen,** außer zur Vergrößerung der Orbita auch zu lokalen Arrosionen. Beide Gefäßmißbildungen können eine Erweiterung der Fissura orbitalis superior verursachen.

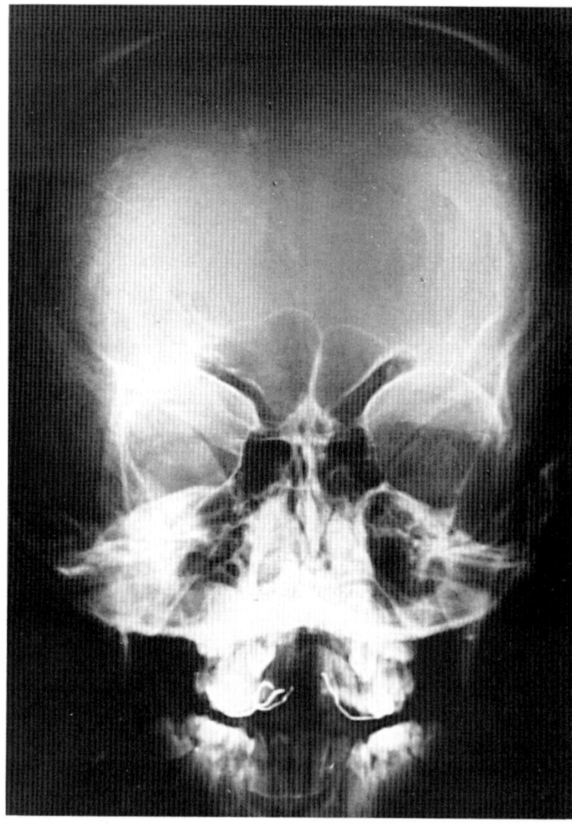

Abb. 4.**241** Orbitae bei frontaler Dysplasie im sagittalen Strahlengang

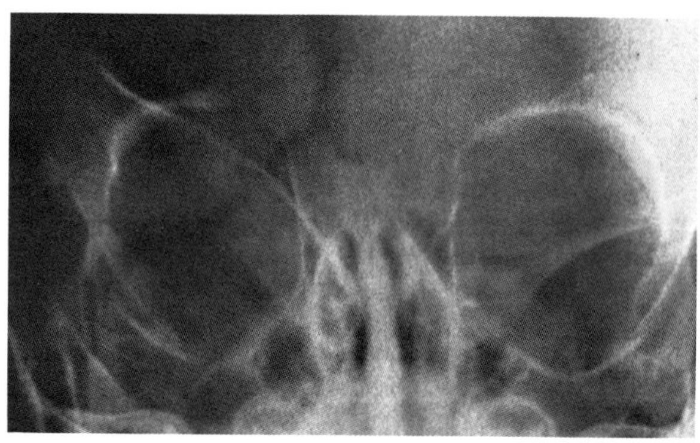

Abb. 4.**242** Linksseitige frontale Dysplasie (aus Beutel, A., A. Tänzer: Handbuch der Medizinischen Radiologie, Bd. VII/2. Springer, Berlin 1963)

Meningoenzephalozelen können durch eine Knochenlücke in den untersten Partien der Stirnbeinschuppe oder durch eine Lücke in der Sutura frontonasalis in die Orbita austreten. Unter den basalen betreffen zwei Zelen rostral die Sutura frontoorbitalis bzw. ethmoideolacrimalis, also die vorderen basalen Pforten, während die hintere der beiden basalen, rostralen Hernien entweder durch die verbreiterte Fissura orbitalis superior oder durch angeborene Knochendefekte in die Orbita eintritt. Die Defekte können die Keilbeinflügel, den Orbitabogen, das Orbitadach und – selten – die laterale Augenhöhlenwand, also die ganze Spitze der Orbitapyramide einbeschließen.

Seröse **Zysten** aus versprengter Schleimhaut werden gleich nach der Geburt im Bulbus beobachtet. Große Zysten können die Wände der Orbitae usurieren.

Wenn sich ein **überzähliger Zahn** sensu strictori auch nicht in der Orbita, sondern intrakraniell befindet, projiziert er sich doch häufig in die Fissura orbitalis superior. Er besitzt seine ätiologische Zusammengehörigkeit mit dem Gesichtsschädel, nicht mit dem zerebralen Raum (64).

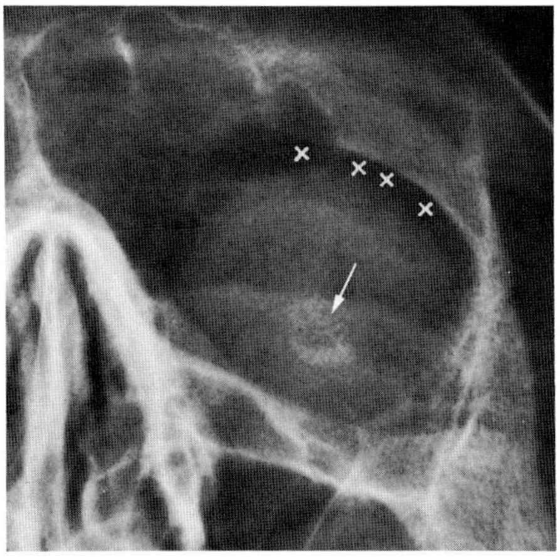

Abb. 4.**243** Erbsgroße Verkalkung im Augapfel (→), Katarakt links. Sichelförmige Aufhellung unter dem Orbitaldach (xxx), bei altem Patienten mit Schwund des Fettpolsters, kann aber auch bei jungen Menschen beobachtet werden

Verkalkungen

Verkalkungen kommen als amyloide oder hyaline Degenerationen in der Konjunktiva der **Lider** sehr selten (regional in Rußland häufiger) vor, werden auf Summationsaufnahmen aber auch selten beobachtet. Metaplastisch entstandene Verkalkungen nach Tarsitis, in Chalaziomen und in Dermoiden sind größer. Verknöcherungen im Unterlid sind als Phlebolithen, in Chalaziomen als Osteochondrome durch versprengte Keime sowie in Fibromen beschrieben (5[10]).

Eine **Fibroplasia retrolenticularis** wurde nach tage- und wochenlanger Sauerstoffbeatmung untergewichtiger Neugeborener („Frühgeborener") mit Geburtsgewichten zwischen 835 und 1917 g in 46% in der Linse in einer Größe bis zu 7 mm nachgewiesen. Bei zwei von 35 Kindern lag Einseitigkeit vor, die anderen waren beidseits befallen und blind (71).

Die **Verkalkung der Linse** (Cataracta calcarea), radiologisch im Profilbild besonders auf skelettfreien Aufnahmen als zirkuläre oder semizirkuläre Kalkplatte leicht zu erkennen, erfolgt nach Verletzungen und Entzündungen (18, 20, 76) (Abb. 4.**243**). Auch um die Linse herum können punktförmige Verkalkungen bestehen (59). Eine verkalkte Linse weist einen kleineren Ringdurchmeser als 1 cm auf. Ist der Kalkschatten größer, liegt eine Verkalkung des Glaskörpers vor (20).

Verkalkungen der Aderhaut, eventuell kombiniert mit denen der Linse, entstehen aus denselben Gründen wie Linsenverkalkungen, liegen zwar in den hinteren Bulbusabschnitten (51, 64, 74 u.v.a.), kommen jedoch auch mit der verkalkten Katarakt kombiniert vor (51).

Die gegenüber konventioneller Radiographie durch die Computertomographie bessere Nachweismöglichkeit von Kalk führt zur leichteren Diagnose des kalkhaltigen **Retinoblastoms,** des häufigsten Augentumors bei Kindern unter fünf Jahren (22).

Bei der Thrombophlebitis retrobulbaris chronica adhaesiva, aber auch in Hämangiomen und Gefäßmißbildungen, sind **Phlebolithen** zu beobachten.

Ektopische intraorbitale **Zähne** sind ebenso beschrieben wie intraorbitale und im Unterlid befindliche Dermoidzysten mit Zähnen (5[12]), s. auch Abschnitt „Varianten".

Verkalkungen der Tränendrüsen liegen im oberen äußeren Orbitaquadranten (Lossen; zit. bei 5, 76).

Feine, spritzerförmige Verkalkungen kennzeichnen in 75%iger Häufigkeit das meist bei Kindern in den ersten Lebensmonaten und -jahren auftretende **Netzhautgliom** (9, 47).

Verletzungsfolgen

Bei 50% Unfallverletzter ist heute mit Mittelgesichtsverletzungen zu rechnen (43), bei 40% von diesen mit Augenkomplikationen (75). 18,7% unter 9319 Gesichtsschädelverletzungen betrafen die Orbitae (2).

Eine überzeugend übersichtliche Einteilung der Orbitafrakturen ist folgende (72):

1. Frakturen des Orbitabodens
   – lateral mit unterem Orbitarand,
   – medial ohne unteren Orbitarand,
2. Frakturen der medialen Wand,
3. Frakturen des Daches und des lateralen Orbitarandes,
4. Frakturen des Optikuskanals

Die **Blow-out-fracture** ist ein Berstungsbruch nach Aufprall eines stumpfen Gegenstandes auf das Auge mit Herniation orbitaler Weichteile, meist durch den Orbitaboden, seltener durch die mediale Wand (30%) (58, s. auch 11) und ausnahmsweise durch das Orbitadach (15). Dabei können ungewöhnliche Komplikationen auftreten, wie z. B. ein Fragment, das den Hals des Bruchsackes einklemmt und die Reposition des ausgetretenen Orbitainhaltes erschwert (40, 49) oder besonders große Bruchpforten, deren Deckung operative Schwierigkeiten verursacht (1) (Abb. 4.**244a**).

Außer durch lokalisierte Gewalteinwirkungen können die Orbitabrüche im **Rahmen ausgedehnter Gesichtsschädelfrakturen** auftreten (s. auch 31):

Typ II von LeFort: Frakturspalt (pyramidenförmiger Spalt quer durch den zentralen Gesichtsschädel) vom Nasenbein über Processus frontalis maxillae, Canalis nasolacrimalis, Orbitaboden bis Vorderrand der Orbita im Bereich der Sutura zygomaticomaxillaris, laterale Maxillawand bis Processus pterygoideus (durch Stoß von vorn oder seitlich auf die Gesichtsschädelmitte) (Abb. 4.**244b**).

Typ III von LeFort: Frakturspalt (Trennung des Gesichtsschädels von der Basis) vom Nasenbein quer über Tränenbein und mediale Orbitawand rückwärts bis Fissura orbitalis inferior. Teilung in zwei Schenkel, oberer bis Sutura zygomaticofrontalis, unterer bis Wurzel des Processus pterygoideus (durch Stoß auf den Gesichtsschädel von oben) (Abb. 4.**244c**).

Die Summationsaufnahmen erlauben die Beurteilung der lateralen Wand, des Daches und des vorderen, unteren Orbitarandes. Darüber hinaus lassen konventionelle Tomogramme sämtliche Frakturen, insbesondere des Orbitabodens und der medialen Wand sowie des Canalis opticus (in der Projektion nach Rhese-Goalwin) erkennen. Verbessert wird ihr Aussagewert durch computertomographische Untersuchungen mit Weichteildarstellung intra- und extraokulärer, periostaler Hämatome, aber auch von Verletzungen des Optikuskanals (31), des N. opticus und der Augenmuskulatur, der Weichteile in den orbitalen Fissuren, der Tränendrüse und der Weichteile in der Flügelgaumengrube (24, 79).

Direkte Frakturzeichen sind (58): Konturunterbrechungen der knöchernen Begrenzung; Konturstufen, Fragmentverlagerungen, erweiterte Naht (besonders der Sutura zygomatico-frontalis).

Bei Blow-out-Frakturen nach unten braucht die in der konventionellen Summationstechnik konturbildende untere Orbitabegrenzung nicht durchbrochen zu sein, während durch die weiter hinten liegende Frakturspalte orbitales Muskelgewebe, besonders des M. rectus inferior, eingeklemmt wird (26).

Indirekte Frakturzeichen sind (58): Umschriebene Weichteilschatten im Frakturbereich (periostales Hämatom oder herniierte Weichteile), teilweise oder völlige Verschattung benachbarter Nasennebenhöhlen (Hämatom), und/oder Orbitaemphysem (in 90% bei Frakturen der medialen Wand und des Orbitabodens [39]).

Zum radiologischen Nachweis dienen im sagittalen Strahlengang Orbita- und Nasennebenhöhlen-Projektionen (Water- und Caldwell-Projektion) in nicht zu enger Ausblendung, die seitliche Gesichtsschädelprojektion, deren Wert noch in letzter Zeit eindringlich belegt wurde (16), konventionelle (möglichst mehrdimensionale) und computergestützte (densitometrische) Schichten, eventuell die Spezialaufnahme des Optikuskanals (25). Blow-out-Frakturen lassen sich auch sonographisch erkennen (53), wenn andererseits im Hinweis auf die mangelnde Detailübermittlung vor der Echographie wegen gefährlichen Zeitverlustes gewarnt wird (10).

Im Vergleich des Wertes von konventioneller Radiographie, mehrdimensionaler und Computertomographie gibt die hochauflösende Computertomographie die meisten Informationen (35, 80, 81).

Die Besprechung der Frakturen im Rahmen dieses Buches erfolgte, weil die Symptome – unabhängig vom klinischen Zustand des Verletzten – oft wenig auffällig sind, übersehen werden können und deshalb rein radiologisch in das Grenzgebiet zum Pathologischen fallen.

Erworbene Erkrankungen

Verkleinerungen der Orbitae (mit oft kompensierenden Nasennebenhöhlendilatationen) wie auch des Optikuskanals bleiben nach Enukleation des Bulbus oculi oder Exenterierung der Orbitae während des Wachstums (32, 33) zurück.

Vergrößerungen der Orbitae erfolgen beim sekundären, erworbenen Hydrophthalmus (z. B. infolge von Angiomen [5[13]]), als Begleiterscheinung einer Hypoplasie der Kieferhöhle (6) und bei raumbeschränkenden, expansiv wachsenden Prozessen, die schon während des Orbitawachstums bestehen.

Entzündliche Destruktionen gehen meist von Sinusitiden aus – Ausnahme: Orbitalphlegmone – und können zu Usuren des Knochens führen. Diese lassen sich von tumorösen Zerstörungen durch einen bei Entzündung öfter sklerosierten Rand unterscheiden. **Granulomatöse Pseudotumoren** (nach chronischer Entzündung, bei Wegenerscher Granulomatose und bei Sarkoidose) sind meistens nur im Computertomogramm erkennbar. Die **Ostitis** bzw. **Periostitis tuberculosa** der Orbita mit hierfür charakteristischen, sehr kleinen Sequestern, meist am unteren, lateralen Orbitarand gelegen, ist heute ebenso selten geworden wie die Manifestation der **Lues** in den verschiedenen Stadien, die ebenfalls mit kleinsten Sequestern, in deren Bezirk eine körnige Strukturauflockerung mit sklerotischer Komponente besteht, einhergeht. Reine Osteolysen und Sequesterabstoßung sind möglich (45).

Expansiv wachsende Prozesse, sieht man von den aus der Nachbarschaft eindringenden Formationen ab, gehen entweder vom Orbitainhalt oder von ihren Wänden aus. Solange das Foramen opticum und die Fissura orbitalis superior nicht usuriert und erweitert sind, die Orbitawände keine usurbeding-

Abb. 4.**244 a–c** Orbitaverletzungen
a CT: Ausgedehnter Bruch der medialen Orbitawand rechts (aus Alexandridis, E., H. Weidauer: Orbit 4 [1985] 81)
b LeFort-Fraktur II: Pyramidenförmiges Fragment des Gesichtsschädels (nach Rogers)
c LeFort-Fraktur III: Fragmentierung des Gesichtsschädels von der Basis (nach Rogers)

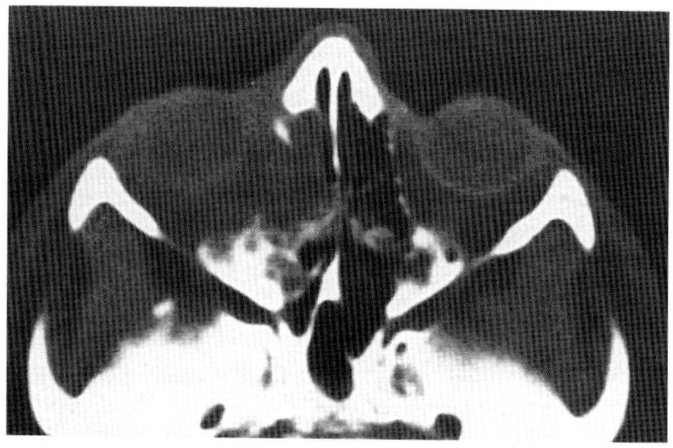

a

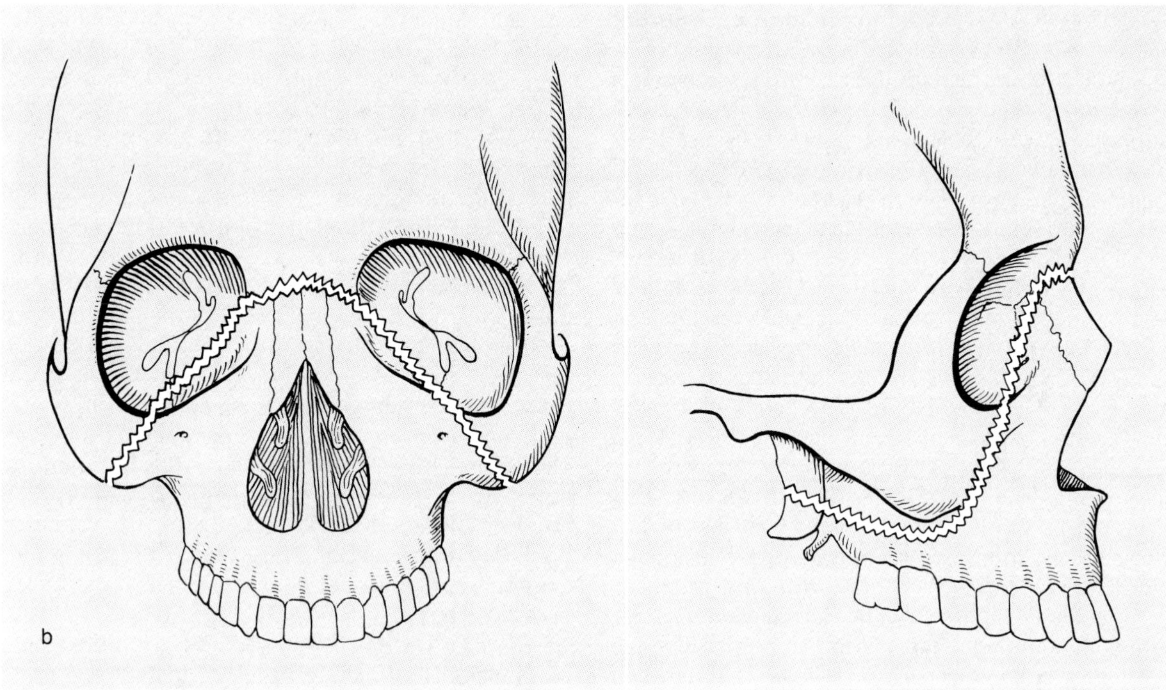

b

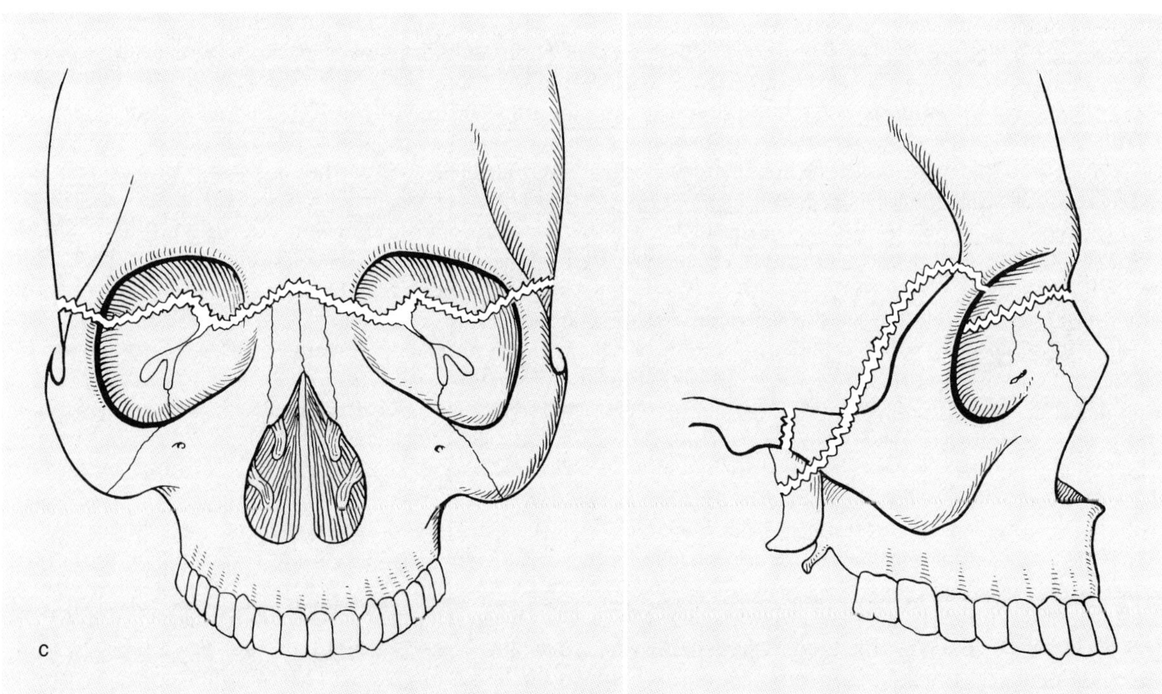

c

ten Defekte aufweisen, kann der Prozeß radiologisch am besten im Computertomogramm, weniger gut mit der NMR-Bildgebung, doch auch im Sonogramm wiedergegeben werden (36). Dies betrifft vor allem die (kongenitalen) **Fibrome, Lipome** und **Bulbuszysten.** Zur Artdiagnose tragen eventuell Kontrastmittelanreicherungen (Fibrome) und negative Dichtewerte (Lipome) im Computertomogramm bei. Kontrastmittelanreicherungen finden sich auch bei Gefäßmißbildungen, Kavernomen (s. Absatz „Anomalien") und Karotis-Sinus-cavernosus-Fisteln (mit besonders deutlicher Darstellung der erweiterten V. ophthalmica [36, 58]).

Lokalisierte Erweiterungen durch Usur und Defekt betreffen zunächst die natürlichen Öffnungen in der Orbita, **Canalis opticus** und **Fissura orbitalis superior.** Eine *kreisrunde Erweiterung* des Optikuskanals kommt bei **allgemein erhöhtem Hirndruck** beiderseits, bei **einseitiger Druckerhöhung** entsprechend einseitig vor. Durch direkte Druckusur kann der Optikuskanal vom **Optikusscheidenmeningeom,** vom *Optikusgliom* (80% im ersten Lebensjahrzehnt) und vom **Neurinom** erweitert werden, die **Fissura orbitalis superior,** wie schon erwähnt, von Gefäßgeschwülsten, von Meningeomen und in ihrem unteren Abschnitt von der Karotis-Sinus-cavernosus-Fistel. Für die Wertigkeit von CT, NMR und Ultraschall gelten hier die gleichen Einschränkungen wie bei Prozessen ohne Erweiterung von Foramen und Fissur. Eine besondere Bedeutung kommt der Darstellung des Optikuskanals in der Projektion nach Rhese-Goalwin mit den mehrdimensionalen Schichtverfahren zu.

Lokalisierte Usuren der Orbitawände außerhalb der genannten Löcher durch intraorbital entstehende raumbeschränkende Prozesse können von **Dermoid- und Epidermoidzysten** ausgehen und betreffen meist den äußeren, oberen Quadranten. Hier liegen auch die Usuren der (sehr häufig rezidivierenden, gelegentlich malignen) **Tränendrüsenmischtumoren,** während die **erweiterte V. ophthalmica** bei der Karotis-Sinus-cavernosus-Fistel das Orbitadach einkerbt und das sehr seltene und meist sehr schmerzhafte **Chondrom** den medialen Orbitawinkel usuriert, wobei die Struktur oft eigenartig verdichtet und aufgehellt sowie von Septen durchzogen ist (5[2], 32, 33, 44, 46).

In diese Beschreibungen sind **Strukturveränderungen** im Sinne von **Osteolysen** schon einbezogen. Es bleiben noch die intraossären **Dermoid- und Epidermoidzysten** erwähnenswert, die oft kennzeichnenderweise sklerotisch gesäumt und meist im Orbitadach, seltener im großen Keilbeinflügel, gelegen sind (3, 4). Bei der **generalisiertern Neurofibromatose** kann es zur Kranialverlagerung des kleinen Keilbeinflügels, zum Defekt in der Ala major, zur einseitigen Erweiterung der Fossa temporalis und zur Sellaerweiterung kommen. Die computertomographische Abbildung von Knochen und Weichteilveränderungen bedeutet für den Chirurgen eine entscheidende Hilfe bei der Operationsplanung und der Festlegung des günstigsten Zeitpunktes zum operativen Eingriff (79). **Echinokokkuszysten,** in Europa (Island, Rußland, Ungarn, Bulgarien, Griechenland) selten, sind multilokulär mit Orbitabefall in Algerien und Argentinien beschrieben (5[19]).

Aneurysmatische Knochenzysten, sehr selten und dann bei Kindern und Jugendlichen beobachtet – führendes klinisches Symptom: Proptosis des Auges – gingen in den beschriebenen Fällen vom Dach oder der medialen Wand der Orbita aus. Sie bewirken Usuren und Destruktionen des betroffenen Knochens (55).

Die Fissura orbitalis superior kann auch durch ein **infraklinoidales Karotis-Aneurysma** erweitert sein.

Das von der Chorioidea des Bulbus ausgehende **Melanom** läßt sich fast nur (auch bei Knochendefekten) im Computertomogramm nachweisen und ist durch seine schlecht mögliche Abgrenzbarkeit bei mangelnder Kontrastmittelaufnahme im Gegensatz zum **(Rhabdomyo- und Fibro-)Sarkom** charakterisiert.

Verdichtungen in der Struktur der die Augenhöhle bildenden Knochen, wie sie bei der **fibrösen Dysplasie** (Jaffé-Lichtenstein), eventuell verbunden mit Verkleinerung der Orbita (73), der **Ostitis deformans** (Paget), der **Osteopetrose** (Albers-Schönberg) und auch beim **Meningeom** vorkommen, besitzen im Orbitabereich als raumbeschränkende Prozesse die regionale Besonderheit des möglichen Exophthalmus, besonders aber der Einengung des Foramen opticum mit drohender Erblindung (5[16], 29). Die Einengung kann auch die Fissura orbitalis superior ergreifen. Die Differentialdiagnose einer monostischen Form der fibrösen Dysplasie gegenüber dem Meningeom und der Ostitis deformans bereitet weniger Schwierigkeiten (49, 61) als die Abgrenzung gegen die sog. **„idiopathischen Hyperostosen"** der Orbitae (Hyperostosen ohne Sklerosierung und Hyperosteosklerosen [5[17]]). Zirkumskripte Hyperostosen als **Traumafolgen** (37) und Choroidosteome (8) sind ebenso möglich wie Eburnisationen durch **osteoplastische Metastasen** und sogar durch eine **Frambösie** (45).

Eine Reihe von Veränderungen durch die Orbitawände hindurchreichender und die Augenhöhlen verkleinernder Prozesse gehen von den angrenzenden Nasennebenhöhlenabschnitten aus und werden im Abschnitt über diese Formationen beschrieben.

In einer Übersicht nach 645 Biopsien sind Klassifikationen und Häufigkeit des Vorkommens raumbeschränkender Prozesse der Orbitae aufgeführt (63).

Bei **Fremdkörperverdacht** ist, möglichst mit skelettfreien und/oder mit Blickwechselaufnahmen des Bulbus, der Fremdkörper entweder nachzuweisen oder auszuschließen. Bei Nachweis muß möglichst geklärt werden, ob der Fremdkörper intra- oder extrabulbär liegt. Wenn eine operative Entfernung vorgesehen ist, stellt sich für den Radiologen die Aufgabe der möglichst genauen Lokalisation des Fremdkörpers, die heute mit Hilfe der Sonographie oder der Computertomographie und, wenn diese Untersuchungsweisen nicht zur Verfügung stehen, mit der unter Kennzeichnung der Limbusebene durchgeführten Lokalisationsmethode nach Comberg durchgeführt wird (5[18], 12, 57).

Im **Lakrimalsack sind Steine** beobachtet worden (40, 77).

Literatur

1 Alexandridis, E., H. Weidauer: Medial blow-out-fracture. Orbit 4 (1985) 81–83

2 Bellavoire, A., J. Suleau, F. Jouen, J. Pons: Considérations statistiques à propos des fractures sinusales de la face. Rev. Stomatol. Chir. maxillofac. 85 (1984) 414–415

3 Beutel, A.: Dermoide der Orbita. Fortschr. Röntgenstr. 57 (1937) 389–390

4 Beutel, A.: Zur Röntgendiagnose der Dermoide und Cholesteatome der Orbita. Fortschr. Röntgenstr. 60 (1939) 360–370

5 Beutel, A., A. Tänzer: Röntgendiagnostik der Orbitae, der Augen und der Tränenwege. In: Röntgendiagnostik des Schädels, Teil 2, red. v. L. Diethelm, F. Strnad. In Olsson, O., F. Strnad, H. Vieten, A. Zuppinger: Handbuch der Medizinischen Radiologie, Bd. VII. Springer, Berlin 1963 (S. 673–818) ([1]S. 676/677; [2]S. 676; [3]S. 680/681; [4]S. 677–683; [5]S. 687; [6]S. 687; [7]S. 686; [8]S. 716/717; [9]Abb. 11; [10]S. 689–694; [11]Abb. 16; [12]S. 696/697; [13]S. 702; [14]S. 751–754; [15]S. 707/708; [16]S. 722; [17]S. 710/711; [18]S. 783/784; [19]S. 743–745)

6 Bierny, J.-P., R. Dryden: Orbital enlargement secondary to paranasal sinus hypoplasia: Amer. J. Roentgenol. 128 (1977) 850–852

7 Bryan, R. N., J. A. Craig: The eye. Section one: CT of the orbit. In Bergeron, R. Th., Anne G. Osborne, P. M. Som: Head and Neck Imaging. Mosby, St. Louis 1984 (p. 575–618)

8 Bryan, R. N., R. A. Lewis, St. L. Miller: Choroidal osteoma. Amer. J. Neuroradiol. 4 (1983) 491–494

9 Bullock, L. J., R. J. Reeves: Unilateral exophthalmus. Amer. J. Roentgenol. 82 (1955) 290–299

10 Cobb, St. R., J. W. Weakley, K. Francis Lee, C. M. Mehringer, Verity S. Grinnell: Computed tomographic evaluation of ocular trauma. Comput. Radiol. 9 (1985) 1–10

11 Coker, N. J., Betty Brooks, T. el Gammal: Computed tomography of orbital medial wall fractures. Head Neck Surg. 5 (1983) 383–389

12 Comberg, W.: Ein neues Verfahren zur Röntgenlokalisation am Augapfel. Arch. Augenheilk. 118 (1927) 175–194

13 Corning, H. K.: Lehrbuch der topographischen Anatomie, 18. und 19. Aufl. Bergmann, München 1939 (Abb. 47)

14 Cregg, H.: The linea innominata. Radiology 55 (1950) 274–276

15 Curtin, H. D., P. Wolfe, V. Shram: Orbital roof blow-out-fractures. Amer. J. Roentgenol. 139 (1982)

16 Daffner, R. H., J. S. Apple, J. A. Gehweiler: Lateral view of facial fractures. Amer. J. Roentgenol. 141 (1983) 587–591

17 Daniels, D. L., P. Pech, Marilyne C. Kay, Kathleen Pojunas, A. L. Williams, V. M. Haughton: Orbital apex. Amer. J. Neuroradiol. 6 (1985) 705–710

18 Diethelm, L.: Cataracta calcarea als Folge einer Fremdkörperverletzung des Auges. Röntgenpraxis 14 (1942) 101–103

19 Drexler, L.: Linea innominata und großer Keilbeinflügel. Fortschr. Röntgenstr. 81 (1954) 590–600

20 Engelmayer, E.: Ringförmige Verkalkungen des Augapfels. Fortschr. Röntgenstr. 119 (1973) 482–485

21 Farkas, L. G., J. C. Kolar, I. R. Munro: Craniofacial disproportions in Apert's syndrome: an anthropometric study. Cleft palate J. 22 (1985) 255–265

22 Fitz, C. R., S. H. Chuang, D. C. Harwood-Nash: Computed tomography diagnoses of eye tumors and anomalies in early childhood and infancy. Ann. Radiol. (Paris) 28 (1985) 235–240

23 Forbes, G., D. Gehring, C. A. Gorman, M. D. Brennan, I. T. Jackson: Volume measurements of normal orbital structures by computed tomographic analysis: Amer. J. Neuroradiol. 6 (1985) 419–424

24 Gentry, L. R., W. F. Manor, P. A. Turski, Ch. M. Strotter: High-resolution CT analysis of facial struts in trauma: 1. Normal anatomy. Amer. J. Roentgenol. 140 (1983) 523–532; 2. Osseous and soft-tissue complications. Amer. J. Roentgenol. 140 (1983) 533–541

25 Georgi, M., H. Betz, R. Günther: Röntgendiagnostik der Orbitafrakturen unter besonderer Berücksichtigung der Aufnahmetechnik. Radiologe 14 (1974) 517–527

26 Gilbard, St. M., M. F. Mafee, P. A. Lagouros, B. G. Langer: Orbital blowout fractures. The prognostic significance of computed tomography. Ophthalmology 11 (1985) 1523–1528

27 Goalwin, H. A.: Die exakte radiologische Darstellung des Canalis opticus. Fortschr. Röntgenstr. 32 (1924) 218–222

28 Goalwin, H. A.: One thousand optic canals. AMA 89 (1927) 1745–1748

29 Gornig, H., W.-E. Goldhahn, F. Schmidt, A. Arendt: Fibröse Dysplasie der knöchernen Orbita mit „Neuritis retrobulbaris". Ophthalmologica (Basel) 190 (1985) 91–97

30 Guyon, J. H., M. Brant-Zawadzkj, St. R. Seiff: CT demonstration of optic canal fractures. Amer. J. Neuroradiol. 5 (1984) 575–578

31 Harris, J. H., R. D. Ray, E. N. Rauschkolb, N. H. Rappaport: An Approach to Midfacial Fractures. CRC Crit. Rev. Diagn. Imaging 21 (1984) 105–132

32 Herrnheiser, G.: Röntgendiagnostik der knöchernen Orbita. Fortschr. Röntgenstr. 46 (1932) 337–338

33 Herrnheiser, G.: Röntgendiagnostik der knöchernen Orbita. Röntgenpraxis 4 (1932) 770–778

34 Irnberger, Th.: Diagnostische Möglichkeiten und Wertigkeit der konventionellen Radiographie, Röntgentomographie und hochauflösenden Computertomographie beim komplexen orbitalen Trauma. Fortschr. Röntgenstr. 142 (1984) 146–154

35 LeFort, R.: Étude expérimentale sur les fractures de la machoise supérieure. Rev. Chir. 23 (1901) 208–221

36 Li, K. C., P. Y. Poon, P. Hinton, R. Willinsky, C. J. Pavlin, J. J. Hurwitz, J. R. Buncie: MR Imaging of orbital tumors with CT and ultrasound correlations. J. Comp. Assist. Tomogr. 8 (1984) 1039–1047

37 Lloyd, G. A. S.: Radiology of the Orbit. Saunders, London 1975

38 Mafee, M. F., S. Pruznansky, M. M. Morales, M. G. Phatak, G. E. Valvassori, G. D. Dobben, V. Capek: CT in the evaluation of the orbit and the bony interorbital distance. Amer. J. Neuroradiol. 7 (1986) 265–269

39 Mayer, E. C.: Über Röntgenbefunde bei retrobulbären Erkrankungen unklarer Ätiologie und ihre differentialdiagnostische Wertung. Acta radiol. (Stockh.) 9 (1928) 383–398

40 Meredith, H. W., J. Grossmann: Rhinolith. Arch. Otolaryngol. 55 (1952) 475–477

41 Merville, L. C., E. Gitton: Une forme inhabituelle de fracture isolée du plancher orbitaire: „La fracture en clapet". Rev. Stomatol. Chir. maxillofac. 86 (1985) 165–170

42 Mori, P. A., J. F. Holt: Cranial manifestation of familial metaphyseal dysplasia. Radiology 66 (1956) 335–343

43 Nickol, H.-J.: Frontobasale und Mittelgesichtsverletzungen unter Mitbeteiligung der Orbita: Diagnostik, Therapie, Folgeerscheinungen. H. N. O. (Berlin) 15 (1962) 217–225

44 Offret, G.: Les tumeurs primitives de l'orbite. Masson, Paris 1951
45 Oosthuizen, S. F.: Yaws. Brit. J. Radiol. 22 (1949) 276–279
46 Pannewitz, G., v.: Intraorbitales Osteochondrom. Röntgenpraxis 14 (1942) 110–111
47 Pfeiffer, R. L.: Roentgenographic diagnosis of retinoblastoma. Arch. Ophthalmol. 15 (1936) 811–821
48 Podlaha, M., L. Kratochvîl: Familiäre Metaphysendysplasie – Morbus Pyle. Fortschr. Röntgenstr. 88 (1963) 158–162
49 Psenner, L., F. Heckermann: Beitrag zur röntgenologischen Diagnose und Differentialdiagnose der fibrösen Dysplasie des Skelettsystems. Fortschr. Röntgenstr. 74 (1951) 265–288
50 Rauch, St. D.: Medial orbital blow-out fracture with entrapment. Arch. Otolaryngol. 111 (1985) 53–55
51 Reinhardt, K.: Linsenverkalkung. Fortschr. Röntgenstr. 126 (1977) 275–276
52 Rhese, H.: Die chronischen Entzündungen der Siebbeinzellen und der Keilbeinhöhle, mit besonderer Berücksichtigung ihrer Beziehungen zur allgemeinen Medizin und ihrer Diagnostik durch das Röntgenverfahren. Arch. Laryngol. Rhinol. (Berlin 1911) 383–448
53 Rochels, E., U. Scherer, G. Geyer, F. Krummel: Echographische Diagnostik bei Orbitabodenfrakturen. Laryngol. Rhinol. Otol. 63 (1984) 494–497
54 Rogers, L. F.: Radiology of Skeletal Trauma. Churchill Livingstone, New York 1982 (Fig. 12–13)
55 Ronner, H. J., Ira Snow Jones: Aneurysmal bone cyst of the orbit: a review. Ann. Ophthalmol. 15 (1983) 626–629
56 Russel, E. J., L. Czervionke, M. Huckmann, D. Daniels, D. McLachlan: CT of the inferomedial orbit and the lacrimal drainage apparatus. Amer. J. Neuroradiol. 6 (1985) 759–766
57 Schmidt, H., Th. Ehlers, H. Fendel, E. Fischer: Zur Evolution und Involution der Orbita. Anthropol. Anz. 31 (1969) 267–280
58 Schneider, G., E. Tölly: Radiologische Diagnostik des Gesichtsschädels. Thieme, Stuttgart 1984
59 Schüller, A.: Über seltene pathologische Röntgenbilder (2. Über ungewöhnliche Verkalkungen). Radiol. Austriaca 2 (1949) 35–41
60 Seaman, W. B., T. Furlow: Anomalies of the bony orbit. Amer. J. Roentgenol. 71 (1954) 51–59
61 Serfling, H.-J., K. H. Parnitzke: Zur Diagnose der fibrösen Dysplasie (Jaffé-Lichtenstein, Uehlinger) des Schädels. Zbl. Chir. 79 (1954) 1249–1263
62 Shapiro, R., F. Robinson: Veränderungen an der Fissura orbitalis superior, hervorgerufen durch lokale Prozesse und Systemerkrankungen. Amer. J. Roentgenol. 101 (1967) 814–827
63 Shields, J. A., B. Bakewell, J. J. Augsburger, J. C. Flanagan: Classification and incidence of spaceoccupying lesions of the orbit. Arch. Ophthalmol. 102 (1984) 1606–1611
64 Sjöberg, S., P. Lörine: Intracranial supernumerary tooth. Radiologe 24 (1984) 561–563
65 Sobel, D. F., Catherine Mills, D. Char, D. Norman, M. Brantzawadzki, L. Kaufmann, L. Crooks: NMR of the normal and pathologic eye and orbit. Amer. J. Neuroradiol. 5 (1984) 345–350
66 Spackman, E. W.: X-ray studia of the nasolaerimalded. Amer. J. Ophthalmol. 21 (1938) 518–524
67 Straub, W., G. Möckel: Beitrag zur röntgenologischen Darstellung von Verkalkungen des Augapfels. Fortschr. Röntgenstr. 90 (1959) 642–643
68 Süsse, H. J.: Nerven- und Gefäßkanäle am Os zygomaticum und am Sinus maxillaris. Fortschr. Röntgenstr. 95 (1961) 505–509
69 Süsse, H. J.: Gefäßstrukturen im Dach der Orbita. Fortschr. Röntgenstr. 95 (1961) 510–515
70 Süsse, H. J.: Die Gefäßstrukturen der Schädelknochen, ihre Anomalien und ihre Röntgenpathologie. In: Röntgendiagnostik des Schädels, Teil 2, red. v. L. Diethelm, F. Strnad. In Olsson, O., F. Strnad, H. Vieten, A. Zuppinger: Handbuch der Medizinischen Radiologie, Bd. VII. Springer, Berlin 1963 (S. 153–225)
71 Taybi, H.: Ocular calcification and retrolental fibroplasia. Amer. J. Röntgenol. 76 (1956) 583–589
72 Thorwarth, W. T., P. Barden, F. Graham: Recognition and management of fractures of the orbit. Amer. J. Röntgenol. 102 (1968) 840–843
73 Tschang, S. P. K.: The small orbit sign in supraorbital fibrous dysplasia. J. Canad. Ass. Radiol. 24 (1973) 65–69
74 Vieten, H.: Das Röntgenbild der Kalkeinlagerungen im Auge. Röntgenpraxis 15 (1943) 368–374
75 Vigneuil, J.: Problèmes ophthalmologiques au cours de traumatismes faciaux ou craniofaciaux. Arch. Ophthalmol. (Paris) 26 (1966) 149–157
76 Vogler, E.: Über Cataracta calcarea im Röntgenbild. Fortschr. Röntgenstr. 74 (1951) 87–91
77 Weizenblatt, S.: Primary calculus of the lacrimal sac. Arch. Ophthalmol. 48 (1952) 61–65
78 Zanella, F. E., U. Mödder, G. Benz-Bohm, F. Thun: Die Neurofibromatose im Kindesalter. Fortschr. Röntgenstr. 141 (1984) 498–504
79 Zanella, F. E., U. Mödder, B. Kirchhof: Computertomographie der Orbita, Teil I: Traumatisch bedingte Veränderungen. Fortschr. Röntgenstr. 142 (1985) 670–674
80 Zhilka, A.: Computed tomography of blow-out fracture of the medial orbital wall. Amer. J. Roentgenol. 134 (1981) 963–965
81 Zhilka, A.: Computed tomography in facial trauma. Radiology 144 (1982) 545–548

Nase

Norm

An der Bildung des Nasenskeletts und der Nasenhöhle sind neun Schädelknochen beteiligt: Os nasale, Os frontale, Os ethmoidale, Os sphenoidale, Os maxillare, Os lacrimale, Vomer, Os palatinum und Concha nasalis inferior. Sie lassen sich radiologisch nur zum kleinen Teil von einander abgrenzen: Das Os frontale gegen die paarig angelegten Ossa nasalis durch die **Sutura frontonasalis** und das Os nasale an der Seitenwand gegen den Processus frontalis maxillae durch die **Sutura nasomaxillaris.** In der Mitte der Innenfläche des Nasenbeins sieht man als feine Aufhellungslinien den filmnahen und filmfernen **Sulcus ethmoidalis,** eine Rinne für den N. ethmoidalis, in parallelem Verlauf zu und etwas über den Suturae nasomaxillares gelegen (Abb. 4.**245**).

Der seitlichen Nasenwand liegen die drei **Muscheln** mit den drei Nasengängen und dem zwischen der Concha superior und dem Nasenhöhlendach gelegenen **Recessus sphenoethmoidalis** an.

Das Cavum nasi wird durch eine mittlere, oft schief und nicht genau median stehende Scheidewand, **Septum nasi,** in zwei annähernd symmetrische Höhlen getrennt. Das Septum wird oben vorn von der Lamina perpendicularis des Siebbeins, unten hinten vom Vomer gebildet.

In der **radiologischen Darstellung** lassen sich auf konventionellen Summationsaufnahmen des Schädels im sagittalen Strahlengang die unteren Nasenmuscheln meist gut erkennen (s. Abb. 4.**248**), ebenso die Ossa nasalia beiderseits und das Septum nasi. In der seitlichen Projektion sieht man die vorgenannten Suturae und Sulci sowie das Profil des Nasenrückens (Abb. 4.**245**), axial das Septum nasi. Die oberen beiden (zum Siebbein gehörenden) Muscheln, die Höhe des mittleren Nasenganges, die Begrenzung des Cavum nasi zum Nasenrachenraum (Choanen), der Ductus nasolacrimalis und die Mündungsbreiche der Nasennebenhöhlen lassen sich besser oder nur mit Schichtverfahren, die Weichteilverhältnisse mit der Computertomographie (9, 13, 14) (s. Abb. 4.**251a** u. **b** und 4.**252a** u. **b**) und der Kernspintomographie (6, 13) erfassen. Im axialen Strahlengang sieht man auch bei leichter Schräghaltung des Kopfes in der Nähe des zweiten Prämolaren den **Ductus nasolacrimalis** in orthograder Projektion.

Die *Schleimhautdicke* der Nasenwände ist gegenüber den lufthaltigen Höhlen radiologisch darzustellen. Die Nasenmuscheln reinigen, erwärmen, feuchten die Atemluft an und bewältigen diese Funktionen durch ihre Schwellkörpergewebe. Auch unabhängig von äußeren Reizen unterliegt das An- und Abschwellen und damit die wechselnde Größe der Conchae in 80% einem Zyklus von 1 bis 5 Stunden, der individuell, aber auch bei derselben Person stark schwanken kann. Die Luftdurchgängigkeit der Nasenhöhlen bleibt summarisch beiderseits etwa gleich, weil das Ausmaß der Luftdurchgängigkeit von der einen Seite zur anderen wechselt. Der hydraulische Durchmesser der Muscheln (durchschnittlich 4 mm) und der Nasenhöhle (durchschnittlich 5,3 mm) bleiben trotz wechselnder Muscheldicke etwa gleich (8) (Abb. 4.**246**).

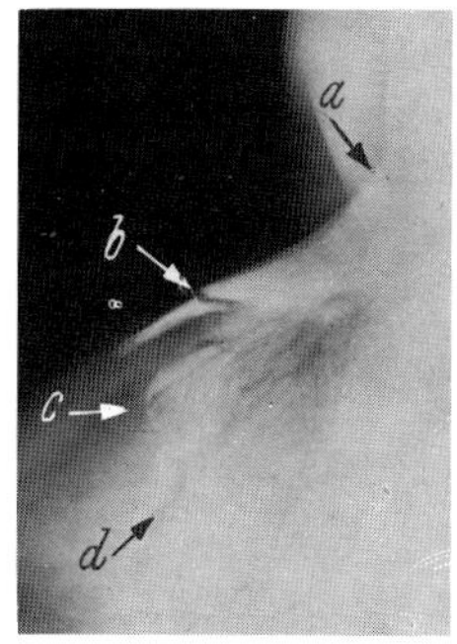

Abb. 4.**245** Nasenskelett:
a Sutura frontonasalis
b Fraktur
c Sulcus ethmoidalis
d Sutura nasomaxillaris

Eine Doppelkontur der lateralen Nasenwand ist häufiger zu beobachten und vielleicht auf eine Pneumatisation der unteren Muschel zurückzuführen (Abb. 4.**247**).

Varianten

Deviationen des Septum nasi werden öfter beobachtet (Abb. 4.**248**). Meist handelt es sich um knickförmige Verlaufsänderungen, die das Lumen einengen und bei aufgehobener zyklischer Größenänderung der Muscheln die Nasenatmung behindern. Sie können unter anderem auch durch Geburtstraumen entstehen (3).

Anomalien

Die **Choanalatresie,** in 0,2% Häufigkeit beobachtet, mehr beiderseits (70%) als einseitig auftretend, ist im Neugeborenenalter als Notfall zu betrachten und bedeutet bei Doppelseitigkeit Lebensgefahr. Eine sofortige Intubation ist erforderlich, weil das Neugeborene in der Regel nicht durch den Mund atmen kann. Die Atresie kann knöchern oder membranös sein. Die computertomographische Untersuchung ist als Methode der Wahl anzusehen (16, 20) und deckt das volle Ausmaß der Knochenanomalie: mediale Ausbuchtung und Verdickung der Seitenwand der Nasenhöhle, Verbreiterung des Vomers und Fusion dieser Strukturen auf knöcherne und membranöse Formen lassen sich unterscheiden (17). Steht ein CT nicht zur Verfügung, kann nach Sondierungsversuch am intubierten Kind in Rücklage vorsichtig (Aspirationsgefahr im Falle einer Öffnung der Membran) eine Füllung (jeweils einer Seite zur Zeit) mit nicht-ionischem Kontrastmittel erfolgen (21). In 20 bis 40% der Fälle tritt die Choanalatresie mit anderen, zum Teil schweren Mißbildungen auf (Charge-Association [18]).

Die **Choanalstenose** geht wegen der Schwierigkeit, die Nasenhälfte durch „Schnauben" zu entleeren, eventuell infolge eines Sekretstaus, chronischer Rhinitis und hierdurch bedingte Pneumatisationshemmung, also Verkleinerung und Verschattung der betroffenen Nasennebenhöhle(n), einher – eine klinisch bedeutungslose und nebensächliche Folgeerscheinung.

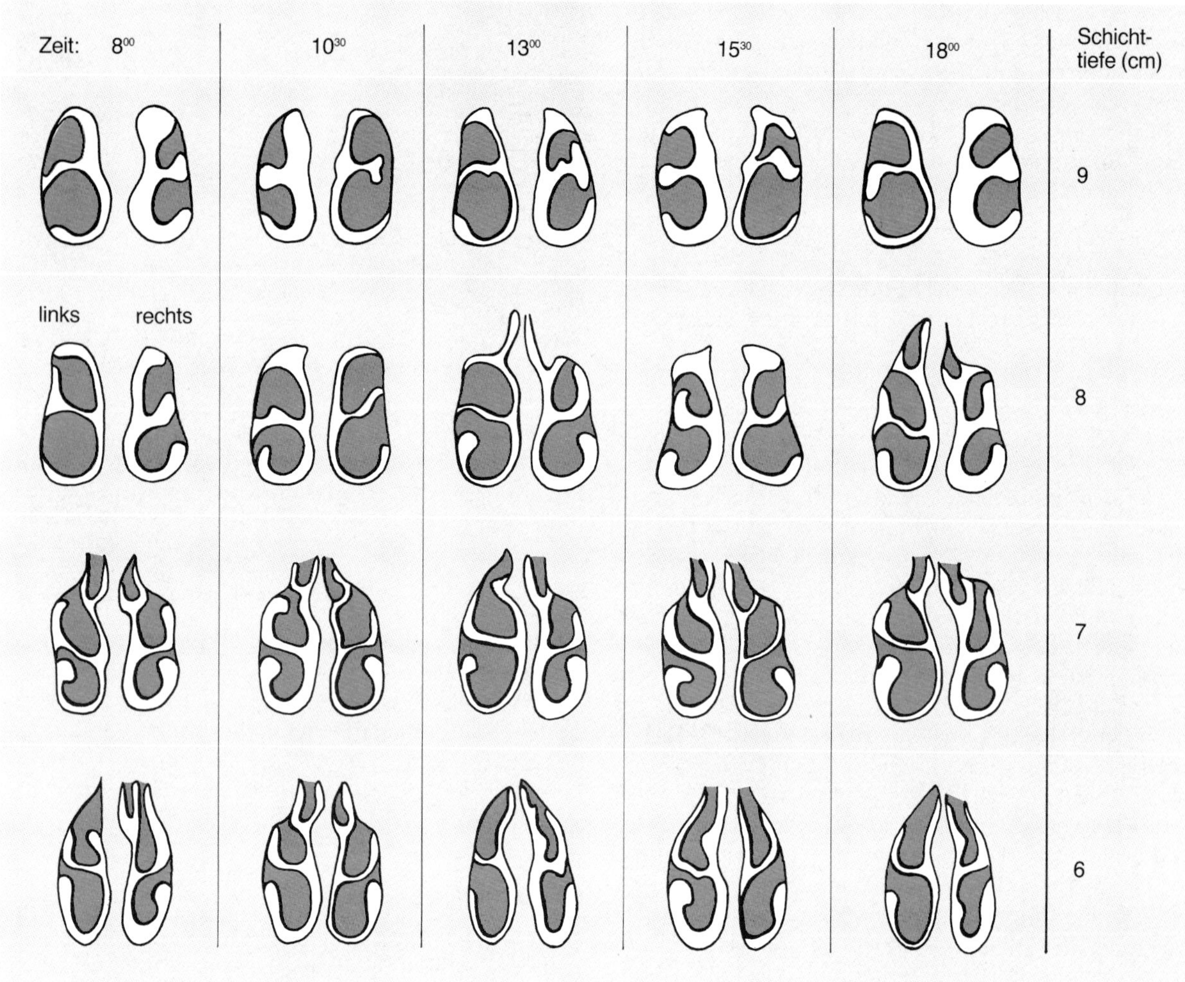

Abb. 4.**246** Skizzen von Frontalschichtröntgenbildern der inneren Nase in 4 Ebenen zu 5 Tageszeiten. 5-Stunden-Zyklus mit Rückkehr der Muschelquerschnitte nach dieser Zeit in denselben Füllungszustand (nach Masing u. Wolf)

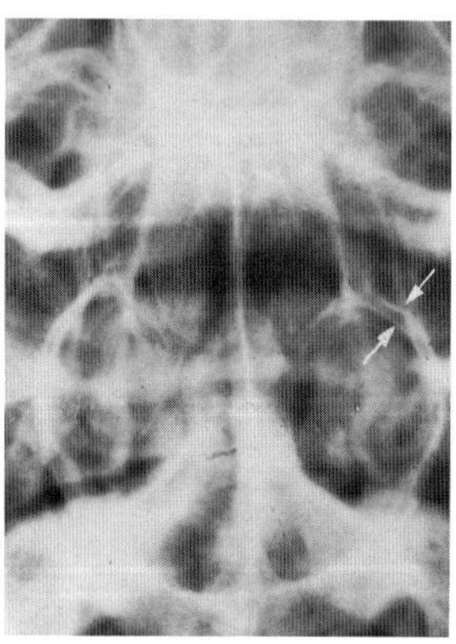

Abb. 4.**247** Doppelkonturierung der Nasenwand

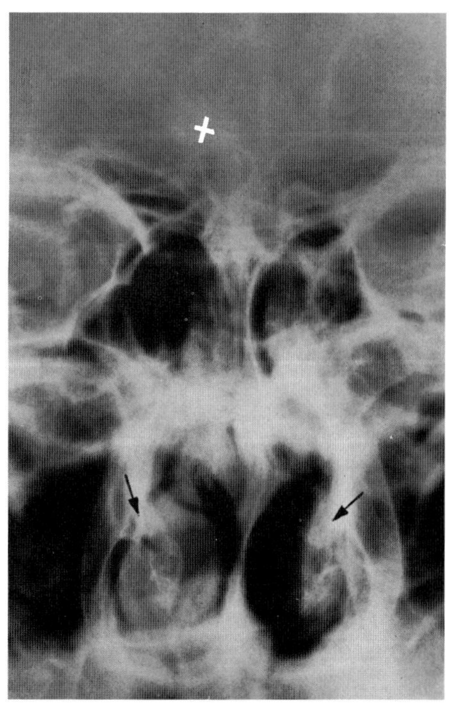

Abb. 4.**248** Septumdeviation. Darstellung der unteren Muschel (→). Stirnhöhlenosteom (x) ▷

Meningoenzephalozelen rufen einen polypenähnlichen Befund in der Medianebene der Nasenhöhle hervor. Man kennt einen nasofrontalen und einen nasoethmoidalen Typ (16), der jeweils mit erheblichen Druckerosionen der verdrängten Knochen einhergehen kann. Durch mediane Spalten treten die seltenen **Dermoidzysten** im medialen oberen Nasenraum auf und verursachen dort Knochendefekte unter der Sutura nasofrontalis oder Weichteilauftreibungen im Septum nasi (9).

Die **nasopalatine** kommt als häufigste Form der intermaxillären fissuralen **Zysten** vor. Sie entsteht embryonal im Canalis incisivus. Unter den auslösenden Ursachen der Epithelproliferation werden (u.a. [1]) Trauma und Entzündung genannt. Eine mittelständige Knochenauftreibung in der vorderen Nasenhöhle, durch einen homogenen Weichteilschatten ohne Knochenzerstörung, kennzeichnet den in der 2. bis 6. Lebensdekade meist auftretenden Prozeß, der radiologisch mit konventionellen Methoden jeder Art (auch Zahnaufnahmen) leicht zu erfassen ist und computertomographisch mehr als Fett-, doch weniger als Muskelgewebsdichte aufweist (5).

Kongenitale Hypoplasien des Nasenbeins kommen bei Achondroplasie, kongenitaler Syphilis, ektodermaler Dysplasie, einigen Mukopolysaccharoidosen und anderen systematisierten Mißbildungen vor. Ihre Beschreibung geht ebenso wie die Darstellung des Nasenskeletts bei den verschiedenen Gesichtsspalten über den Themenkreis dieses Buches hinaus.

Flüssigkeitsansammlungen durch Retention in einer Nasenmuschel können Enzephalozelen vortäuschen, doch fehlt hierbei der bei Enzephalozelen bestehende Knochendefekt (2).

Verletzungsfolgen

Nasenbeinbrüche sind im Profilbild der Nase am besten zu erkennen (s. Abb. 4.**245** und 4.**249a**). Bei differentialdiagnostischen Schwierigkeiten mit den zuvor als normal beschriebenen Suturen und Gefäß- und Nervenfurchen ist – abgesehen vom klinischen Befund – zu beachten, das der Frakturspalt schärfer und deutlicher ist und die normalen Strukturen den Rücken des Nasenbeins nicht durchsetzen. Eine Abrißfraktur der Spina nasalis anterior ist als öfter auftretende Begleiterscheinung (man achte auf eine Oberlippenschwellung) ein Hinweis bei zweifelhaft traumatischem Befund am Nasenbein. Die „Boxernase" (Zustand bei mehreren verheilten Frakturen mit definitiver Nasenbeinimpression) ergibt einen typischen Befund sekundärer Deformation (Abb. 4.**249b**).

Daß Nasenbeinbrüche zu den Verletzungsfolgen bei Mittelgesichtsbrüchen der Stadien LeFort II und III gehören, geht aus den Skizzen der Abb. 4.**244b** u. **c** hervor.

Zur Diagnostik der Nasenbeinbrüche können Aufnahmen im axialen Strahlengang wertvoll sein (6).

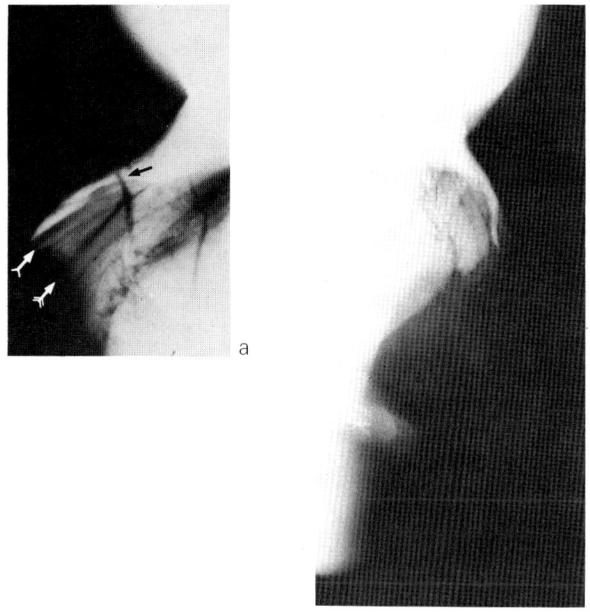

Abb. 4.**249a** u. **b**
a Nasenskelett mit Fraktur (→). Normale Aufhellungslinie des Sulcus ethmoidalis (⤚→) und der Sutura nasomaxillaris (»→)
b Wiederholte, verheilte Frakturen (Boxernase)

Verletzungen des Gesichtsschädels mit Bruch der medialen Orbita- bzw. Kieferhöhlen und damit der Seitenwand der Nasenhöhle s. Abschnitt „Augen- bzw. Kieferhöhlen".

Erworbene Erkrankungen

Durch **Entzündungen** können radiologisch nachweisbare Muschelschwellungen, die das gesamte Lumen der Nasenhöhle einnehmen, besonders bei der allergischen Rhinitis auftreten. Die chronische, purulente Sinusitis kann gelegentlich zur Entkalkung und Osteolyse der paranasalen Sinuswände führen.

Einengungen des Nasenrachenraumes durch **Adenoide** sind auf der Seitenaufnahme gut nachzuweisen, doch bedeutet das Ausmaß der Enge funktionell kein absolutes Maß für die Behinderung der Nasenatmung (Sorensen; zit. nach 4).

Granulomatosen wie Tuberkulose, Lepra, Histiocytosis X, Wegeners Krankheit können die Nasenbeinknochen, das Septum und die Muscheln destruieren, offensichtlich jedoch, wie an einem Beispiel der Sarkoidose gezeigt wurde (12), erst in späten Stadien der Erkrankungen.

Auch **Pilzbefall** kann die Knochen der Nasenhöhle, oft von den Nebenhöhlen aus, destruieren (z.B. Aspergillus fumigatus und rhinozerebrale Mukomykosis [9]).

Polypen sehen zwar wie Tumoren aus, entstehen jedoch durch Schleimhauthypertrophie bei entzündlichen Veränderungen, zwar meist in den Nasennebenhöhlen, aber auch in der Nasenhöhle. Hier ist der **Choanalpolyp** eine Besonderheit. Er erstreckt sich meist aus einer (verschatteten) Kieferhöhle durch ihren Ausführungsgang in das Cavum nasi und in den Nasopharyngealraum. Zwar kann durch einen solchen Polypen auch die laterale Nasenhöhlenwand destruiert werden, doch läßt er sich von echten benignen und malignen Tumoren meist durch seine tropfenförmige untere Konfiguration und durch den Nachweis eines Aufhellungsstreifens unter dem Epipharynxdach tomographisch unterscheiden (9, 16). Die **Polyposis nasi** führt zwar öfter zur Verdrängung, Entkalkung und Destruktion der lateralen Nasenhöhlenwand, unterscheidet sich von den vorgenannten Befunden jedoch durch die Beidseitigkeit des Befalls der Nasen- und Kieferhöhlen, eventuell auch der Siebbeinzellen (16).

Unter den **benignen Tumoren** sind Hämangiome, Neurofibrome, Lipome und Meningeome in der Nasenhöhle gefunden. Von der Ethmoidalregion ausgehende Hämangioma und **Tumoren neurogener Herkunft** sind bei Kindern häufig. Seltene extradurale **Meningeome** gehen oft von intrakranialen Gewebsanteilen aus und wachsen in extrakranielle Regionen vor, u. a. auch in die Nase und die Nasennebenhöhlen (Fallbericht und Literaturhinweise s. bei 22). Benigne **Osteochondrome** sind in dieser Lokalisation extrem selten. Das **juvenile nasopharyngeale Angiofibrom** entsteht bei männlichen Jugendlichen im Nasopharynx und der Fossa pterygoidea. Es verdrängt die hintere Kieferhöhlenwand nach vorn und die Laminae der Flügelgaumenfortsätze nach hinten. Es tendiert zur Ausdehnung durch sämtliche anatomisch vorgegebene Öffnungen, so auch in das Cavum nasi. Im Gegensatz zu ihrem Gefäßreichtum sind die sog. **angiomatösen Polypen** (fehlende Konstrastmittelanreicherung im Computertomogramm) gefäßarm und ohne Tendenz zur Invasion. Als ungewöhnlicher Befund ist das **„invertierte Papillom"**, das hauptsächlich bei Männern im mittleren Lebensalter vorkommt, anzuführen. Es entwickelt sich in Nasen-(Septum-), Kieferhöhle oder Siebbeinzellen, meist einseitig, kann durch Druckerosion die Knochenwände deformieren und zerstören sowie in den Nasenrachenraum wachsen (9, 16).

Unter den **Malignomen** der Nasenhöhle werden eine untere Gruppe (laterale Wand, mittlere und untere Muschel, Nasenseptum als Ausgangsstrukturen) und eine obere Gruppe (Nasenraum von der oberen Muschel bis zur kranialen Grenze) unterschieden (16). Bei den Epitheltumoren ist das Plattenepithelkarzinom mit 90% am häufigsten und wohl das einzige knochenzerstörende Tumorgewebe. Adenokarzinome, meist Zylindrome, gehen von kleinen Speicheldrüsen der Nasenhöhle aus. Embryonale oder Rhabdomyosarkome werden in 80% bei Kindern unter 12 Jahren gefunden und zeichnen sich durch ihre knochendestruierende Aggressivität aus.

Olfaktoriusneuroblastome, seltene neurogene Tumoren, lassen sich nur im Anfangsstadium an ihrer ethmoidalen Lokalisation vermuten (9). Sämtliche genannten Tumoren, einschließlich Melanomen (15), können im Nasenrachenraum und in der Fossa pterygoidea auftreten und zu Dislokationen an den Processus pterygoidei führen (10).

Die **Frühstadien** mit lokalisierter Verschattung einer Nasenhöhle bei der unteren Gruppe maligner Tumoren wie auch die Verschattung der oberen Nasenregion und des angrenzenden Ethmoids bei der oberen Gruppe solcher Geschwülste erlauben keine Differenzierung von den radiologischen Symptomen der Popyposis nasi, von invertierten Papillomen und von Granulomatosen. Eine solche Differentialdiagnose ist radiologisch höchstens durch die Verlaufskontrolle, sonst natürlich klinisch und histologisch möglich.

In der Nasenhöhle werden **Fremdkörper** verschiedenster Art gefunden. Ihre radiologische Nachweisbarkeit hängt von ihrer Größe und Dichte sowie eventuell von dem Ausmaß der durch sie induzierten Einkrustung durch Kalksalze zu **Rhinolithen** ab, die im Extremfall das gesamte Lumen einer Nasenhöhle einnehmen können (19).

Literatur

1 Abrams, A. M., F. V. Howell, W. K. Bullock: Nasopalatine cysts. Oral Surg. 16 (1963) 306–332

2 Carter, Barbara L.: Computertomographie. In: Valvassori, C. E., G. D. Potter, W. N. Hanafee, B. L. Carter, R. A. Buckingham: Radiologie in der Hals-Nasen-Ohren-Heilkunde, hrsg. v. G. Canigiani, G. Wittich; deutsche Übersetzung von Krista Schmidt. Thieme, Stuttgart 1984 (S. 228)

3 Collo, D., P. Emmrich: Die geburtstraumatisch entstandene Nasenseptumdeviation. Dtsch. med. Wschr. 103 (1978) 717–718

4 Crysdale, W. S., P. Cole, P. Emery: Cephalometric radiographs, nasal airway resistance, and the effect of adenoidectomy. J. Otolaryng. 14 (1985) 92–94

5 Curtin, H. D., P. Wolfe, L. Gallia, M. May: Unusually large nasopalatine cyst: CT-findings. J. Comp. Assist. Tomogr. 8 (1984) 139–142

6 Halimi, Ph., D. Doyon, Ph. Madoule, M. T. Iba-Zizen, A. Lopez: L'imagerie par resonance magnétique du massif facial/Nuclear magnetic resonance imaging of facial structures. J. Neurorad. 11 (1984) 274–280

7 Knetsch, A.: Wert der axialen Aufnahme bei der Röntgendiagnostik der Nasenbeinfrakturen. Fortschr. Röntgenstr. 85 (1956) 766

8 Masing, H., G. Wolf: Der Nachweis des Nasenmuschelzyklus mit Hilfe des Röntgenschichtverfahrens. Z. Laryng. Rhinol. 48 (1969) 684–692

9 Osborn, Anne G.: The nose. In Bergeron, R. Th., Anne G. Osborn, P. M. Som: Head and Neck Imaging. Mosby, St. Louis 1984 (p. 143–171)

10 Osborn, Anne G.: The pterygopalatine (spenomaxillary) fossa. In Bergeron, R. Th., Anne G. Osborn, P. M. Som: Head and Neck Imaging. Mosby, St. Louis 1984 (p. 172–185)

11 Osborn, Anne G., E. B. McIff: Computed tomography of the nose. Head Neck Surg. 4 (1982) 182–199

12 Parizel, P., R. Kets, A. de Schepper, R. Geerts: Sarcoidosis of the nasal bones. Fortschr. Röntgenstr. 139 (1983) 103–104

13 Sartor, K. J., M. P. Ward, F. J. Hodges, H. S. Glazer: Current state of ENT radiology. Curr. Probl. Diagn. Radiol. 14 (1985) 28

14 Sataloff, R. Th., Ch. B. Grossman, C. Gonzales, M. H. Naheedy: Computed tomography of the face and paranasal sinuses: Part I. Normal anatomy. Head Neck Surg. 7 (1984) 110–122
15 Schertel, L.: Primäres Melanom der Nasenhöhle. Fortschr. Röntgenstr. 119 (1973) 128–130
16 Schneider, G., E. Tölly: Radiologische Diagnostik des Gesichtsschädels. Thieme, Stuttgart 1984 (S. 9–101).
17 Slowis, Th. L., B. Renfro, F. B. Watts, L. R. Kuhns, W. Belenky, J. Spoylar: Choanal atresia precise CT evaluation. Radiology 155 (1985) 345–348
18 Stewart, G., D. G. Young, A. F. Azmy: Das sog. Charge-Mißbildungssyndrom bei Neugeborenen mit Choanalatresie. Z. Kinderchir. 42 (1987) 12–13
19 Szalay, B.: Ein die rechtsseitige Nasenhöhle völlig verlegender Rhinolith. Fortschr. Röntgenstr. 108 (1968) 687–689
20 Tadmor, R., M. Ravid, D. Millet, G. Leventon: Computed tomographic demonstration of choanal atresia. Amer. J. Neuroradiol. 5 (1984) 743–745
21 Williams, H. J.: Posterior choanal atresia. Amer. J. Roentgenol. 112 (1971) 1–10
22 Walters, B., O. Kleinsässer: Intranasale extradurale Meningeome. Z. Laryng. Rhinol. 64 (1985) 198–201

Nasennebenhöhlen

Allgemeiner Teil

Im Wachstum

Die Nasennebenhöhlen entstehen nach Tiefenwucherungen des Epithels aus der Nasenhöhle mit Abkammerung.

Der mittlere Nasengang, das Infundibulum (postfetal wird nur der obere, vordere Anteil des mittleren Nasenganges, die trichterförmige Fortsetzung des Hiatus semilunaris, als Infundibulum bezeichnet, das den mittleren Nasengang mit Kiefer- und Stirnhöhle verbindet; der Eingang zum Infundibulum heißt Hiatus semilunaris, ist Ausgangsort für die Bildung von *Kieferhöhlen, vorderen Siebbeinzellen* und *Stirnhöhle*. Vom obersten Abschnitt des Infundibulum entstehen der Recessus frontalis und die Cellulae ethmoidales frontales, von denen oder von einer Erweiterung des Rezessus selbst sich die Stirnhöhle bildet.

Die *hinteren Siebbeinzellen* gehen vom oberen Nasengang aus, von dessen Recessus sphenoethmoidalis sich die *Keilbeinhöhle* entwickelt.

Die fetale Entwicklung der Nasennebenhöhlen beginnt im zweiten Embryonalmonat, zunächst im Siebbein.

Die weitere Ausdehnung der Nebenhöhlen erfolgt dorthin, wo sie Platz finden, wo also der Knochen funktionell nicht beansprucht wird. Die Nebenhöhlen dienen damit auch der Gewichtsminderung des Schädels, respektieren im allgemeinen, doch nicht ausnahmslos, anatomische Knochengrenzen.

In den ersten Wochen nach der Geburt wird die Kieferhöhle spaltförmig an der lateralen Nasenwand radiologisch nachweisbar. Eventuell findet sich auch im Ethmoidalraum ein kleiner Hohlraum (80).

Die **postfetale** Entwicklung vollzieht sich bis zum 6./7. Lebensjahr hin langsam, danach bis zur Pubertät schneller und ist meist mit dem Wachstum abgeschlossen (21, 33).

Radiologische Darstellung

Zur radiologischen Darstellung der Nasennebenhöhlen **im sagittalen, posterioanterioren Strahlengang** am Liegenden oder Sitzenden ist es nötig, durch Abwinkelung des Zentralstrahls gegen die Auge-Ohr-Ebene bzw. umgekehrt die Pyramidenoberkante unter den unteren Orbitarand zu projizieren. Hierzu eignet sich die Projektion nach Caldwell (8) mit Abwinkelung der Röhre um 23 Grad nach kaudal bei einer Einstellung der Auge-Ohr-Ebene senkrecht zur Filmebene (Stirn angelegt, **okzipitofrontal**). Hierbei werden Stirnhöhle und Siebbeinzellen in größter Ausdehnung abgebildet (Abb. 4.**250a**). In dieser Projektion läßt sich auch die **ethmomaxilläre Grenzlamelle,** eine diagnostisch bedeutsame, gebogene Knochenplatte, die die Kieferhöhle vom Ethmoid trennt, am besten erkennen (42[1]). Bei stärkerer Abwinkelung ist es zweckmäßig, den Winkel zwischen der Auge-Ohr-Ebene und dem Zentralstrahl durch Beugung des Schädels in den Nacken (**okzipitomental** – Nasenspitze 2–3 cm von der Kassette abgehoben, Mund geöffnet) bei senkrecht zur Kassette gerichtetem Zentralstrahl weiter zu vergrößern (insgesamt etwa 37 Grad), damit sich die Felsenbeinoberkanten knapp unter den Processus alveolaris maxillae projizieren (**Water's view** [81]). Damit werden die Kieferhöhlen bis zur alveolaren Bucht am übersichtlichsten dargestellt, wenn andererseits allerdings die Siebbeinzellen und die Stirnhöhlen dann projektivisch stark verkürzt sind (Abb. 4.**25a** u. **b**).

Summationsaufnahmen **im seitlichen Strahlengang** (Median-Sagittal-Ebene des Gesichtsschädels parallel zum Film, Zentralstrahl durch äußeren Augenwinkel) eignen sich zur Feststellung der Tiefe von Kiefer- und Stirnhöhlen, zur Lokalisation von Polypen oder retinierten Zähnen, zur Übersicht der Fossa pterygopalatina, des harten Gaumens und der dorsalen Weichteile im Nasopharynx.

Die möglichst multidimensionale **Tomographie** wird in den Standardeinstellungen des Schädels wie bei den Summationsaufnahmen in beiden Ebenen mit Schichten in 5 mm (allenfalls in 2 mm) Abstand angefertigt. Die Vorteile des Verfahrens gegenüber Summationsaufnahmen brauchen nicht aufgezählt zu werden.

Die **Computertomographie** erlaubt außer dem sonst kaum möglichen Erhalt diagnostischer Informationen im axialen Strahlengang eine gleichermaßen hochwertige Skelett- und Weichteildiagnostik, deren Wert durch die Luft-/Weichteilkontrastierung gegenüber der übrigen Skelettdiagnostik ohne diesen Vorzug gesteigert wird (79); außerdem werden die vordere und posteriolaterale Wand am deutlichsten dargestellt. Zur Abbildung der Nasenhöhle und aller Nasennebenhöhlen zwischen der oberen Grenze der Stirnhöhlen und dem Alveolarfortsatz der Maxilla genügen gemeinhin Schichten in einer Strahlenrichtung parallel zum harten Gaumen von 4–5 mm Dicke (Abb. 4.**251a** u. **b**). Dünnere Schichten (1–2 mm) verbessern bei geringerem Kontrast

a

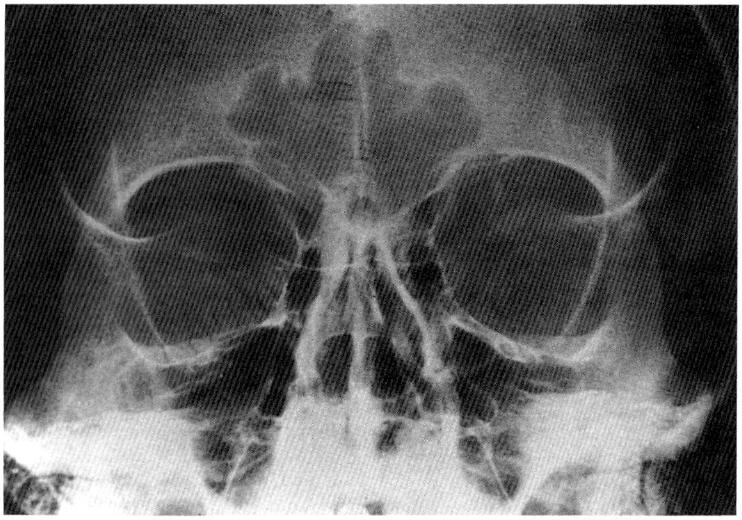

b

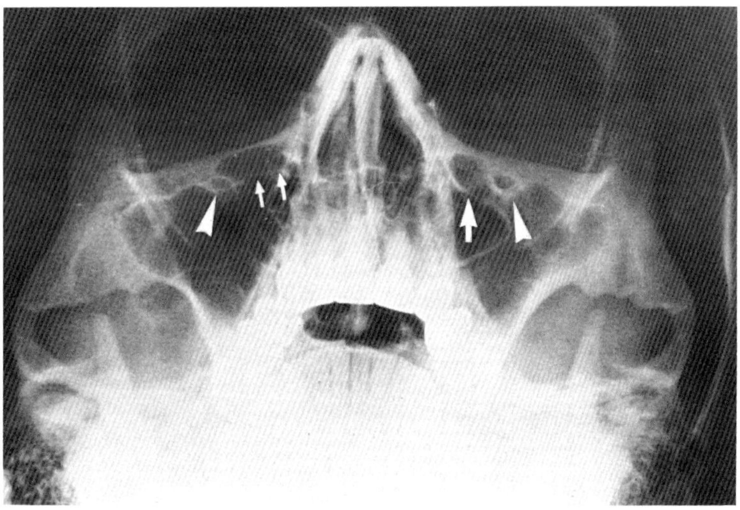

Abb. 4.**250 a** u. **b**
a Okzipitofrontale Projektion. Obere Pyramidenkante in Projektion unter den unteren Orbitarändern (Caldwell's view)
b Okzipitonasale Projektion mit geöffnetem Mund. Obere Pyramidenkanten in Projektion unter dem Processus alveolaris maxillae (Water's view). Recessus infraorbitalis links (→)? Periorbitale Zelle rechts (zwei →)? Foramen infraorbitale beiderseits (▶)

die Detailerkennbarkeit und erlauben, koronale, sagittale, schräge und dreidimensionale Rekonstruktionen anzufertigen. Die Notwendigkeit von Rekonstruktionen wird allerdings für die Routinediagnostik bezweifelt (52). Direkte koronale Scans ermöglichen am besten die Beurteilung der Strukturen des harten Gaumens, des Kieferhöhlendaches bzw. Orbitabodens, des Bodens von Nasenhöhle, der Siebbeinzellen, der Keilbeinhöhle und der Grundkontur des Bodens der mittleren Schädelgrube (51, 52, 65) (Abb. 4.**252a**).

Eine Kontrastanreicherung wird teilweise – selbst ohne Anfertigung primär nicht mit Kontrastmittel „angehobener" Schichten empfohlen, teilweise allerdings in der Routinediagnostik nicht unbedingt für nötig gehalten (51). Durch Kontrastanreicherung lassen sich eventuell entzündliche von tumorösen Prozessen differenzieren.

Besser gelingt diese Unterscheidung durch die Kernspintomographie; bei Einsatz dieses Verfahrens macht sich allerdings die mangelnde Knochendarstellung oft störend bemerkbar (22) (Abb. 4.**252b**).

Unter den *pathologischen Zuständen*, die alle Nebenhöhlen betreffen, soll hier nur die **Pansinusitis** hervorgehoben werden, die entsprechend ihrer systemischen Ausbreitung mehr auf allergischer als auf infektiöser Ätiologie beruht, selten mit seröser Flüssigkeit, jedoch bei allergischer Grundlage häufiger mit Polypen einhergehend als bei bakterieller Infektion (65).

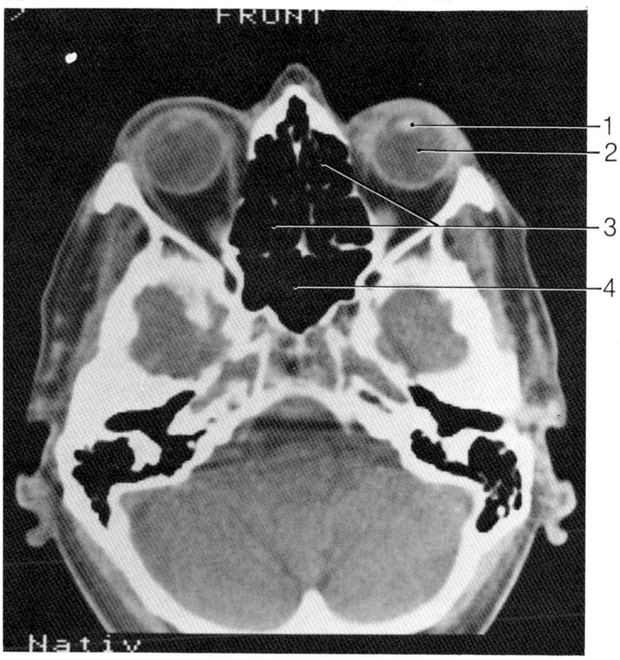

a

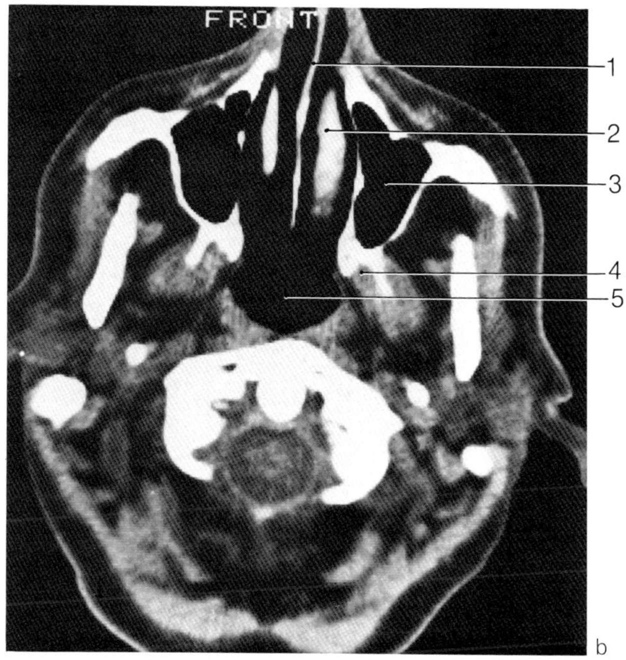

b

Abb. 4.**251 a** u. **b** Axiale CT-Schnitte
a In der Höhe des Bulbus oculi
1 = Linse
2 = Glaskörper
3 = Ethmoidalzellen
4 = Sinus sphenoidalis

b In der Höhe der Kieferhöhlen
1 = Septum nasi
2 = Concha nasalis
3 = Sinus frontalis
4 = Fossa pterygo-palatina
5 = Epipharynx

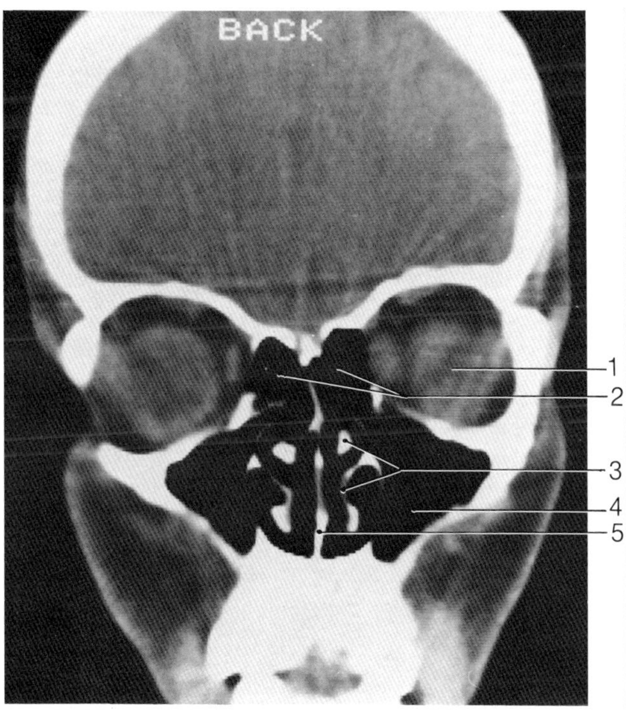

a

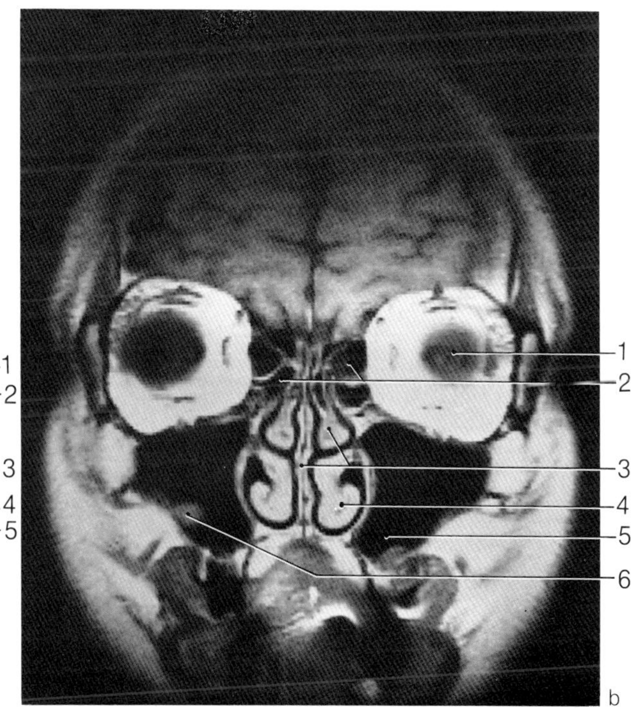

b

Abb. 4.**252 a** u. **b**
a Koronarer CT Schnitt am Hinterrand des Bulbus oculi
1 Bulbus oculi
2 Ethmoidalzellen
3 Conchae nasalis medialist et inferiores
4 Sinus maxillaris
5 Septum nasi

b Koronarer MR Schnitt im Hinterrand des Bulbus oculi
1 Bulbus oculi
2 Ethmoidalzellen
3 Conchae nasalis medialis et inferiores
4 Sinus maxillaris
5 Septum nasi
6 Polyp der lateralen Wand des Sinus maxillaris

Spezieller Teil

Kieferhöhle

Norm

Im Wachstum

Die nach der Geburt spaltförmig neben der lateralen Nasenwand angelegten Kieferhöhlen entwickeln sich nach einigen Monaten zu kleinen triangulären Höhlen, sind am Ende des 1. Lebensjahres immer nachweisbar und erstrecken sich bei Fünfjährigen ungefähr bis zum Foramen infraorbitale. Beim 15- bis 18jährigen haben sie ihre endgültige Größe erreicht (Abb. 4.**253a–d**).

Beim Erwachsenen

Die individuellen Unterschiede von Form und Größe sind – mit Ausnahme der alveolaren Buchten – nicht groß, auch pflegt bei demselben Untersuchten die Asymmetrie geringfügig zu sein.

Durch eine unterschiedliche Breite der *lateralen Bucht,* die hinten schmaler ist und sich vorn zum Recessus zygomaticus ausweitet, wird bei sagittaler Projektion die oft scharfe Grenze als *vertikal verlaufende „Leiste“* dargestellt (Abb. 4.**254**).

In der *medialen, oberen Region* kann die Abkammerung eines oberen Teiles der Kieferhöhle, ein *Recessus infraorbitalis,* den Übergang zu den Siebbeinzellen darstellen und eine Abgrenzung gegen diese erschweren (Abb. 4.**255a**). Die Zuordnung **periorbitaler Zellen,** eventuell durch Entzündung verschattet (Abb. 4.**255b**), kann eventuell unmöglich werden. Das Antrum der Kieferhöhle liegt im medialen, oberen Winkel in direkter Lagebeziehung zum Foramen infraorbitale, das mit der zunehmenden Pneumatisation der Kieferhöhle bis zu seiner endgültigen Position beim Erwachsenen nach lateral rückt (36).

Das *Kieferhöhlendach* ist der Boden der Orbita. Hier finden sich öfter drei horizontale Konturen: Die Weichteilkontur über dem Orbitaboden, der vordere Orbitaboden und, noch einmal tangential getroffen, die tiefste Orbitabodenkontur.

In der *Seitenwand* findet man den **Canalis alveolaris posterior superior,** dessen Foramen sich orthograd darstellt (72) (Abb. 4.**256**).

In der *alveolaren Bucht* besteht der trennende Knochen zwischen Zahnalveolen und Kieferhöhle aus einer unterschiedlich dicken Schicht von Spongiosa. In dem einen extremen Fall buchtet sich der Kieferhöhlenboden tief in den Alveolarfortsatz vor, in dem anderen wird der Boden des Antrum durch eine dicke, spongiosierte Schicht von den Zahnalveolen getrennt. Bei Kindern mit noch vorhandenen Anlagen der bleibenden Zähne wird durch diesen Normalbefund eine leicht als pathologisch fehlzu-

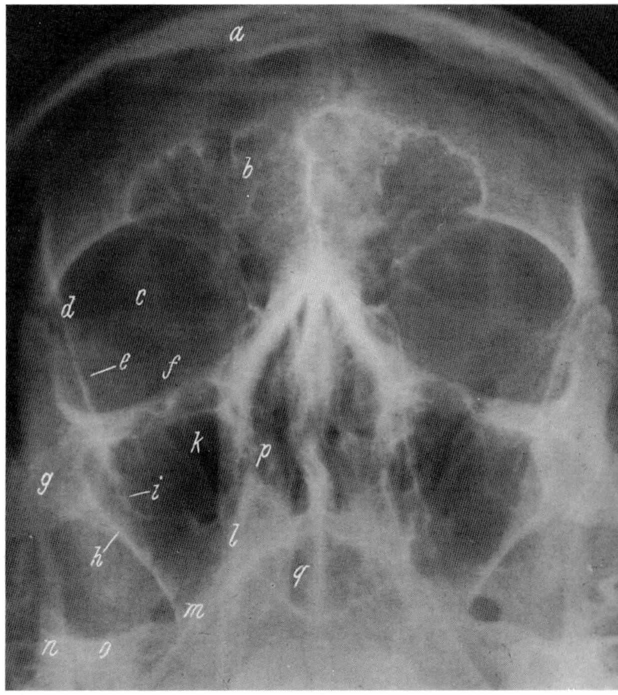

Abb. 4.**254** Okzipitonasale Aufnahme
a = ineinander projizierte Impressiones digitatae des Stirnbeins
b = Stirnhöhle: fleckig-marmorierte Verschattung bei chronischer Sinusitis
c = Augenhöhle
d = Sutura zygomaticofrontalis
e = Linea innominata
f = Foramen infraorbitale
g = Jochbein
h = laterale Wand der Oberkieferhöhle im vorderen Teil
i = im hinteren Teil (der Höhle)
k = Fissura orbitalis
l = Foramen rotundum
m = Foramen ovale
n = Processus coronoideus des Unterkiefers
o = Felsenbein
p = Ethmoidalzellen
q = Sinus sphenoidalis

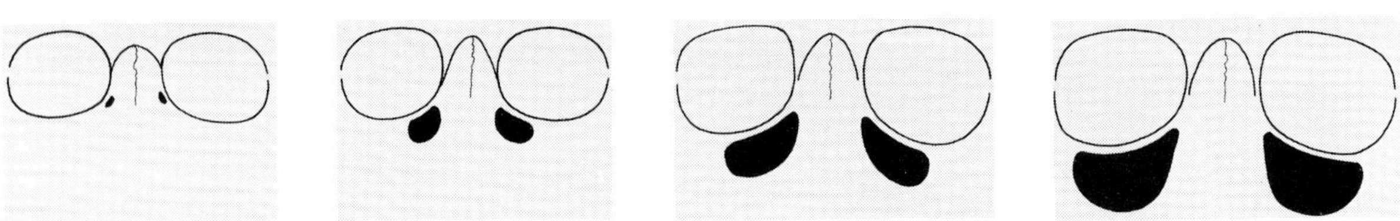

a b c d

Abb. 4.**253a–d** Entwicklung der Kieferhöhle
a Im Alter von 16 Tagen, **b** 9 Monaten, **c** 5 Jahren, **d** 12 Jahren

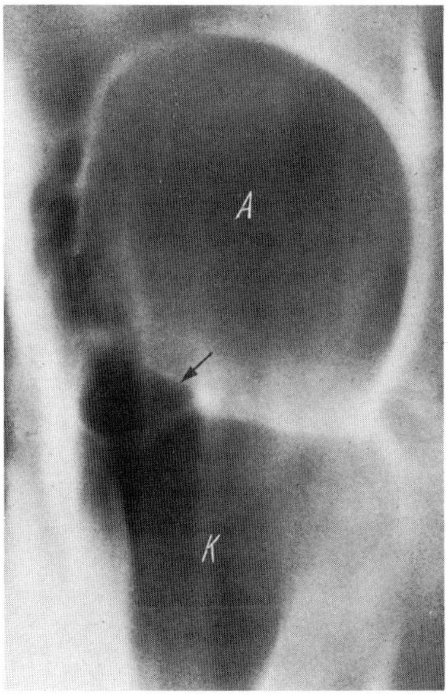

a

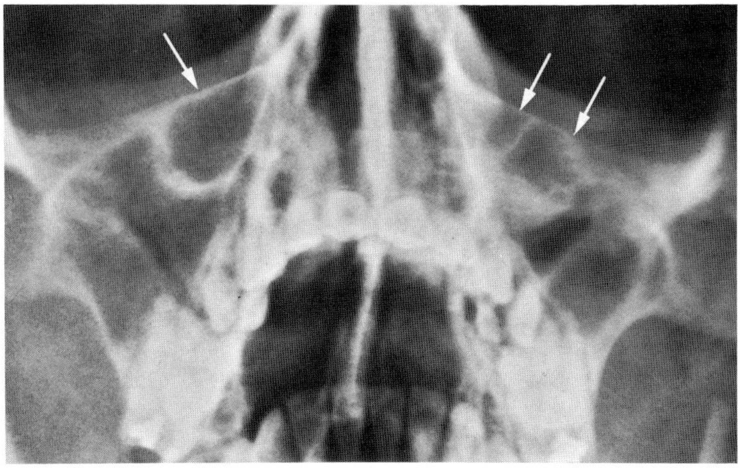

b

Abb. 4.**255 a** u. **b**
a Pneumatische Grenzzelle zwischen Ethmoid und Kieferhöhle (↓), Tomogramm. A = Augenhöhle, K = Kieferhöhle
b Kieferhöhle mit periorbitalen Zellgruppen, links entzündlich verändert

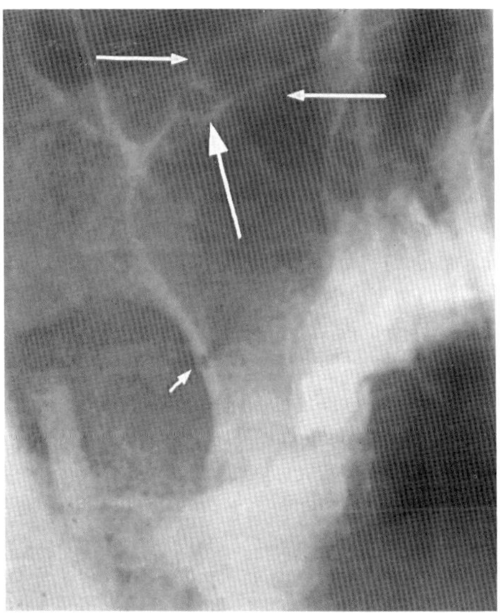

Abb. 4.**256** Kieferhöhle mit Canalis alveolaris superior (kurzer → an der Kieferhöhlenaußenwand), Canalis infraorbitalis bzw. Foramen infraorbitale (längerer → mit größerer Spitze in Richtung nach oben und außen), periorbitale Zellen (zwei → horizontal)

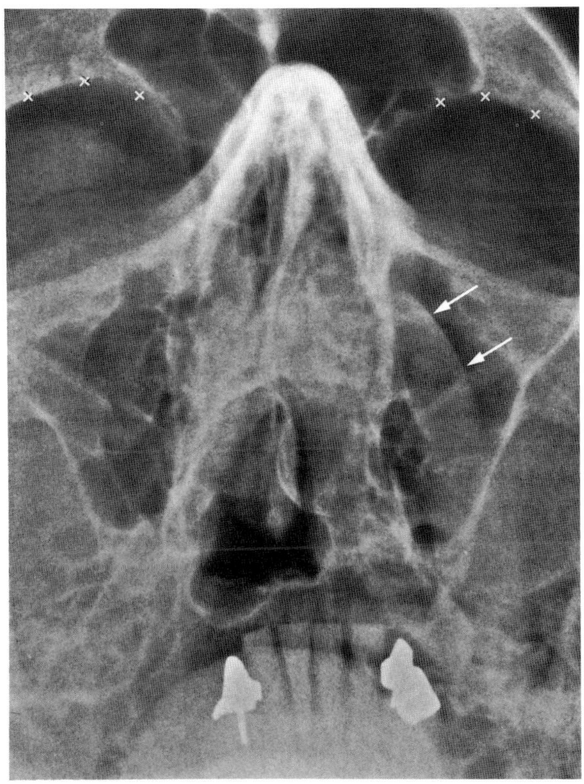

Abb. 4.**257** Verschattung der linken Kieferhöhle medial durch hochgeschobene, angepreßte Lippe (→) bei zahnlosem Oberkiefer. Aufhellungszone (xxx) in der Orbita, sichelförmig unter dem Dach der Augenhöhle. x = Fettpolster

deutende Verschattung hervorgerufen. Die alveolare Bucht wird gelegentlich vom sich abhebenden Weichteilschatten der Oberlippe und vom Schnurrbart überdeckt (Abb. 4.**257**). Die Weichteile der Nasenflügel können Polypen der medialen Kieferhöhlenwand vortäuschen. Im Seitenbild kann der Processus coronoideus mandibulae zur gleichen Fehldiagnose Anlaß geben (64).

Die *sich in die Kieferhöhle projizerenden* und in ihrer Nachbarschaft gelegenen *Knochenformationen* wie

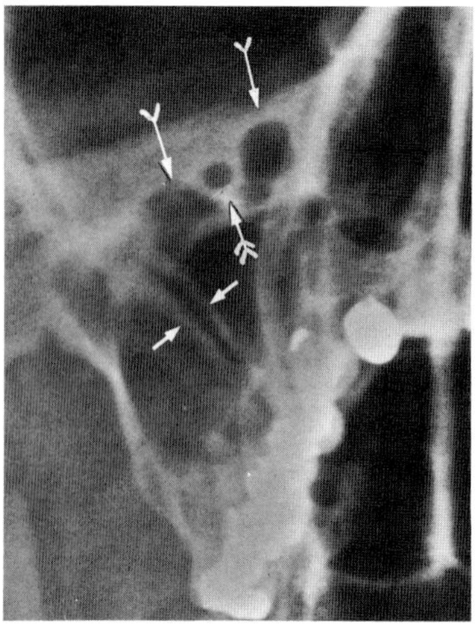

Abb. 4.**258** Fissura orbitalis superior (⟶) und periorbitale Zellen (⤚⟶) am Foramen infraorbitale (»⟶)

die Linea innominata, die Fissura orbitalis superior, die Gefäß- und Nervenkanäle wie Canalis und Foramen infraorbitalis (e) und zum Jochbein gehörende Gefäßkanäle sind zum Teil im Abschnitt „Orbitae" besprochen und abgebildet. Um den Canalis infraorbitalis können sich periorbitale Zellen gruppieren (Abb. 4.**258**).

Charakteristisch ist die Abbildung des **Foramen rotundum** (Abb. 4.**259**). Bei geeigneter Projektion kann man oberhalb der Pyramidenkante die Foramina ovale et spinosum erkennen (Abb. 4.**260** und 4.**253**).

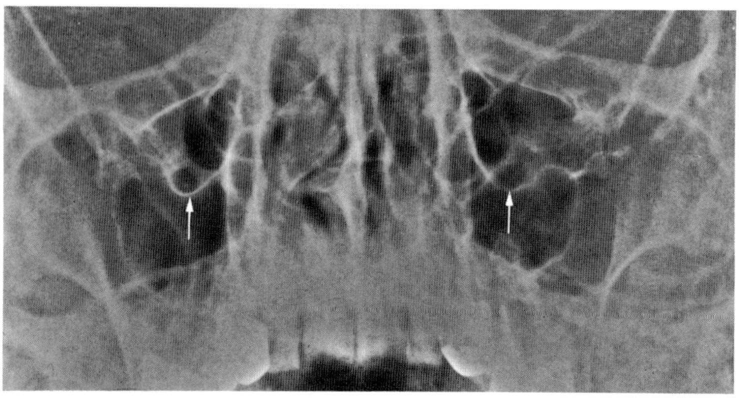

Abb. 4.**259** Foramen rotundum beiderseits

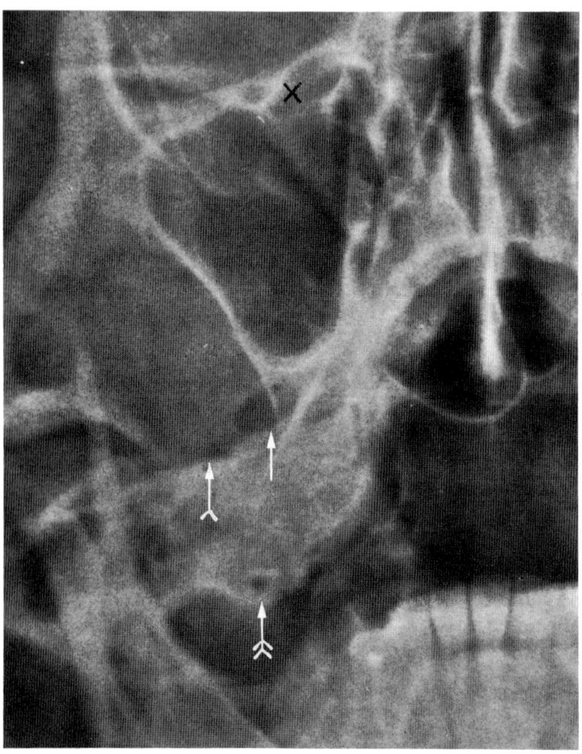

◁ Abb. 4.**260** Halbaxiale Projektion, etwas seitlich schräg eingestellt, mit Foramen ovale (⟶), Foramen spinosum (⤚⟶) über (und Canalis n. hypoglossi [»⟶] unter dem Felsenbein?) Foramen supraorbitale (x)

Varianten

Die einzelnen, zum Teil schon beschriebenen *Buchten* (Gaumenbucht in den harten Gaumen, Infraorbital- oder Nasenbucht in den Stirnfortsatz des Oberkiefers, Jochbeinbucht in den Jochbeinkörper und Gaumenbeinbucht in die Pars orbitalis des Gaumenbeins) bedingen die sonst nicht erheblichen Variationsmöglichkeiten der Kieferhöhlen.

Kleine Kieferhöhlen sind durch mangelhafte Pneumatisation, aber auch durch eine abnorme Annäherung der Wände – durch eine eingesunkene faziale und/oder Einstülpung der lateralen Nasenwand – bedingt (Abb. 4.**261** u. 4.**262**). Bei Einseitigkeit besteht eine Gesichtsasymmetrie. Die kleine Kieferhöhle mit geringem Luftgehalt ist im Vergleich zur normalen Seite weniger hell, ihr Boden ist angehoben (43[2]).

Bei kleiner Kieferhöhle und hohem Gaumen wird die Fossa jugularis atypisch projiziert (Abb. 4.**263**). Das vollkommene Fehlen einer oder beider Kieferhöhlen kommt viel seltener vor als bei den Stirnhöhlen und darf nicht zur Diagnose einer Totalverschattung des nicht vorhandenen pneumatischen Raumes führen.

Die Hypoplasie entspricht einer mangelnden, vom Antrum ausgehenden Pneumatisation (36), deren Ausmaß vom mehr oder weniger weit lateral gelegenen Sitz des Foramen infraorbitale markiert wird (50).

Als **Pneumosinus dilatans** der Kieferhöhle wird die äußerlich als Vorwölbung erkennbare Erweiterung der Nasenbucht bezeichnet. Die Ursache der klinisch bedeutungslosen Variante ist umstritten bzw. unbekannt (43[3]).

Unterteilungen der Kieferhöhle in zwei oder mehrere Kammern, **Knochenleisten** und **-septen** kommen ziemlich selten vor.

Als **versprengte Zahnkeimanlagen** findet man in der Kieferhöhle meist dystope Prämolaren oder Molaren.

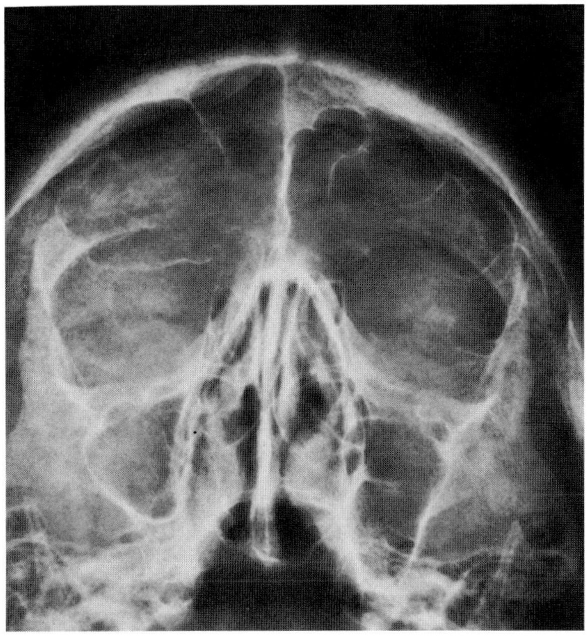

Abb. 4.**261** Sehr große Stirnhöhle und rechts einseitig kleine Kieferhöhle

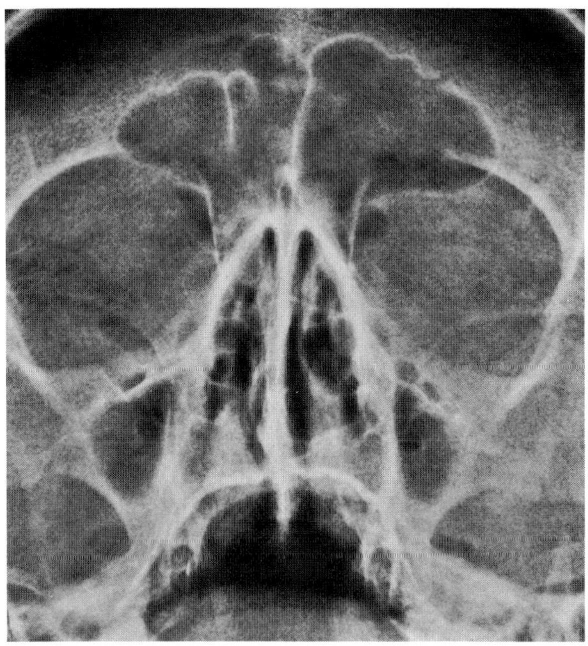

Abb. 4.**262** Unterentwicklung beider Kieferhöhlen bei normal großer Stirnhöhle beiderseits

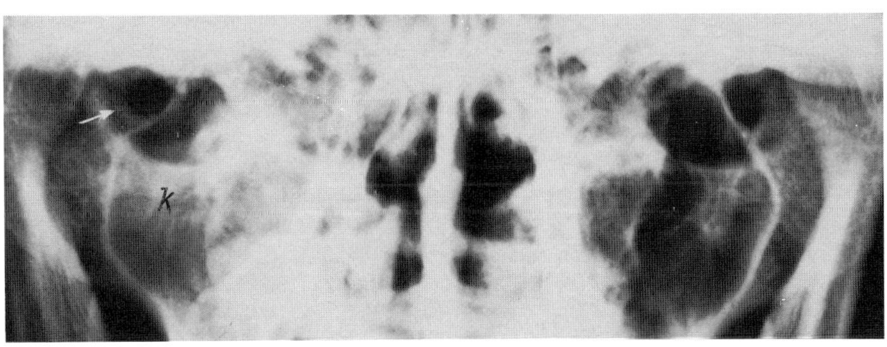

Abb. 4.**263** Projektion des Foramen jugulare bei hohem Gaumen (⟶, K = Kieferhöhle)

Anomalien

Als Übergangsform zur Arrhinenzephalie wird die **maxillonasale Dysplasie** (Binder-Syndrom) gewertet. In der radiologischen Darstellung ist sie durch eine Zwischenkieferhypoplasie mit Abflachung der Oberkieferbasis, einer A- bzw. Hypoplasie der Spina nasalis anterior, eine Hypoplasie der Stirnhöhlen und eine relative Unterkieferprognathie gekennzeichnet (76). Eine Kombination mit Mißbildungen der Halswirbelsäule bei mangelnden, begleitenden Fehlbildungen von Gesichtsknochen, insbesondere der Kiefer, scheint zwar typisch zu sein (39), doch gehen sonst Kombinationen von Gesichtsschädelanomalien mit Wirbelsäulenmißbildungen (hemifaziale Mikrosomie [7, 62], mandibulofaziale Dysplasie – noch zu besprechen, s. Abschnitt „Unterkiefer" – und die kraniofazialen Dysplasien Crouzon und Apert – schon besprochen) regelmäßig mit für jede Mißbildungsform typischer Gesichtsschädelanomalie einher (62).

Gaumenspalten entstehen durch das völlige oder teilweise Ausbleiben der Verschmelzung zwischen den beiden lateralen Prozessus des Oberkiefers und dem Processus frontalis. Die Suturae globulomaxillares (zwischen den lateralen Schneide- und den Eckzähnen) haben sich bei dieser Mißbildung nicht geschlossen. Begleitende Gesichtsschädeldeformitäten (Hypoplasie von Nasenhöhle und Nasennebenhöhlen, Sattelnase, ektodermale Dysplasien, Mukopolysaccharidosen, nasozephale Defekte, andere Gesichtsspalten u. a.) sind häufig und werden am besten computertomographisch aufgedeckt (53).

Der enge Zusammenhang zwischen der Mißbildung nasofazialer Strukturen und mit diesen gemeinsam auftretenden anderweitigen kongenitalen Anomalien des ganzen Körpers wird bei Betrachtung der vielfältigsten Syndrome augenfällig (70).

Kraniofaziale Dysproportionen ließen sich ganz allgemein und besonders in der Nasen- und Lippenregion mit signifikanten Unterschieden zwischen den begleitenden Deformitäten bei vollständigen und unvollständigen Spalten feststellen (63).

Verletzungsfolgen

Frakturen der Kieferhöhlenwände werden in unterschiedlicher Weise typisiert. Infolge der veränderten und heute vielseitigeren Gewalteinwirkungen gibt es entsprechend differente Kombinationen, die über die 1901 von LeFort beschriebenen, in Abb. 4.**244a** u. **b** gezeigten Typen II und III, besonders aber in Typ I die Kieferhöhle betreffende Form (Abb. 4.**264a** u. **b**) hinausgehen. Sämtliche LeFort-Frakturen können, wie aus den Skizzen hervorgeht, auch den Processus pterygoideus betreffen.

Unter den zwischen Nasenwurzel bis Oberkiefer gelegenen Knochenbrüchen werden lehrbuchmäßig außer den schon bekannten die **palatoalveolären Frakturen** (5) (Abb. 4.**265a** u. **b**) und, als am häufigsten vorkommend, die **zygomatikomaxilläre** (Tripod-Fraktur [48b, 59[1]], Abb. 4.**266**) beschrieben.

Auf **Brüche des Processus alveolaris maxillae** (50% der Oberkieferbrüche [24]) weisen meist Dislokationen der Zähne im betroffenen Abschnitt hin. In solchen Fällen ist die Untersuchung der Brustorgane auf eventuell aspirierte Zähne empfehlenswert. Bei Zahnlosigkeit läßt sich die Fraktur des Alveolarfortsatzes meist leicht erkennen.

Abgesehen von den Bruchspalten und Fragmentierungen der die Kieferhöhlen bildenden Knochen ist die Beteiligung der Kieferhöhlen durch die Verschattung des Sinus maxillaris infolge eines intrasinusalen Hämatoms, eventuell – bei aufrechter Körperhaltung mit Spiegelbildung – nachzuweisen. Sehr häufig erscheint der Kieferhöhleninhalt auch durch die überlagernde Weichteilschwellung getrübt (Abb. 4.**267**).

Erworbene Erkrankungen

Die Anfälligkeit der Schleimhaut der Nasennebenhöhlen des Menschen gegenüber *Entzündungen* wird mit einer phylogenetisch bedingten Qualitätsminderung durch veränderte Funktion erklärt (74).

Aus dem hochdifferenzierten Riechorgan der Mammalier ist die Funktion bei den Primaten viel stärker auf die Atmung eingeschränkt. Mit der Hominisierung und dem Umbau des Schädels durch schärfere Basisknickung, Medialverlagerung des Orbitalskeletts und Überlappung des Gehirnschädels über das Gesichtsskelett einerseits, Regression der Kiefer, doch Verbreiterung der Molarregion andererseits, verkümmerten die Nasennebenhöhlen außer ihrer Bedeutung als raumausfüllende, gewichtsmindernde Höhlen des Schädelknochens, zur sensorischen Bedeutungslosigkeit.

Durch Entzündung entstehendes Sekret und eine verdickte Schleimhaut rufen die radiologische Symptomatik der **Sinusitis maxillaris** hervor.

Bei der Untersuchung des liegenden Patienten verursacht vor allem im akuten Stadium das **Exsudat** in der befallenen Kieferhöhle eine durch Luftminderung bedingte homogene Trübung (Abb. 4.**268a** u. **b**), während sich in aufrechter Körperhaltung die Flüssigkeit wie beim posttraumatischen Hämatom gegen den Luftgehalt der Höhle als Spiegel absetzt (Abb. 4.**269**). Die Luft ist besonders im Computertomogramm gut zu erkennen (53). Im Gegensatz zur manchmal schwierigen Differentialdiagnose gegen einen Tumor spricht Beidseitigkeit des Kieferhöhlenbefalls für den entzündlichen Prozeß, Einseitigkeit natürlich nicht dagegen (klinischer Befund!). Sehr zarte, einseitige Verschleierungen des Kieferhöhlenlumens erfolgen auch bei nicht ganz symmetrischen Einstellungen zu den Aufnahmen. Wenn die gleiche Schwärzungsdifferenz an den Orbitae zu erkennen ist, darf man ein Projektionsphänomen annehmen.

Auch eine **Schleimhautschwellung** kann im Ausnahmefall eine dichte, homogene Verschattung der Kieferhöhle herbeiführen, doch pflegt sie sich bei meist mehr chronischem Verlauf eher durch polsterartige, weichteildichte Verdickungen, vom Knochen wenig differenziert, abzubilden. Diese Schleimhautschwellungen liegen begrenzt einem Teil der Kieferhöhlenwand an, können aber auch in

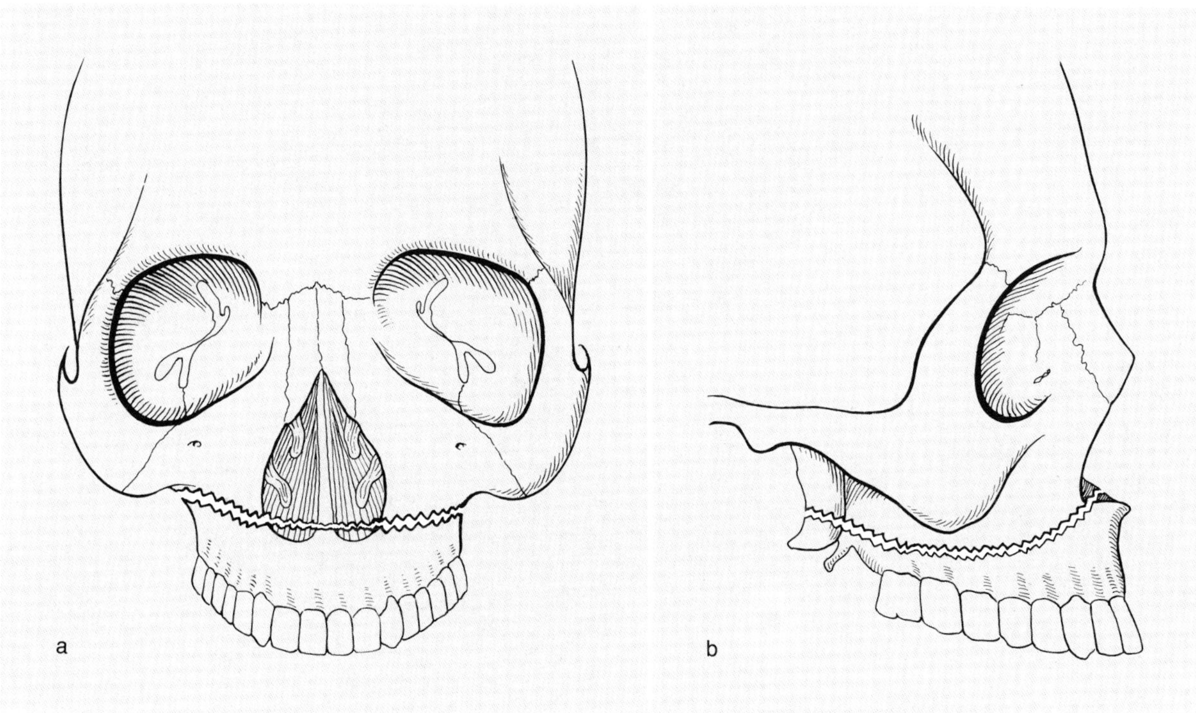

Abb. 4.**264 a** u. **b** Transmaxilläre Mittelgesichtsfraktur, Typ LeFort I (nach Rogers)

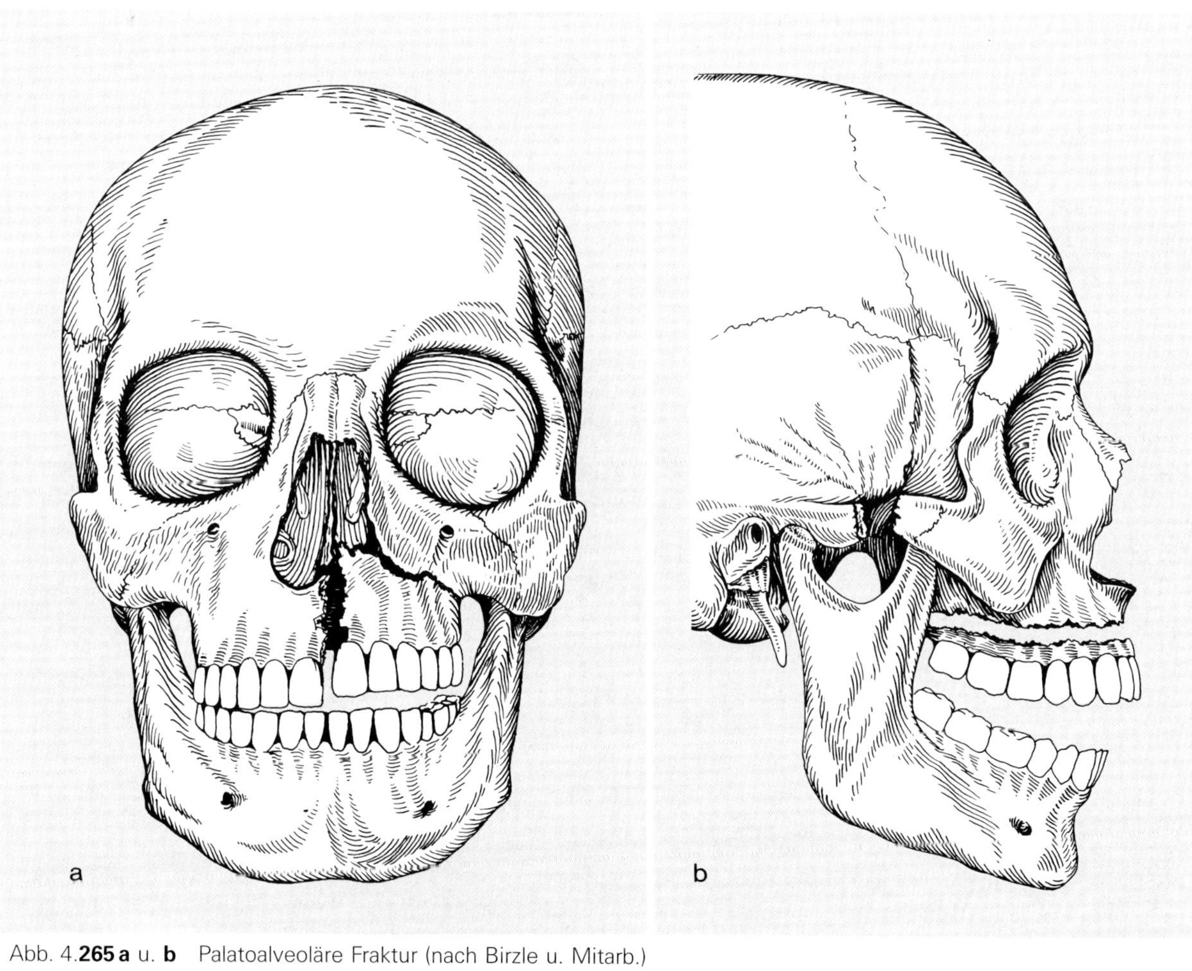

Abb. 4.**265 a** u. **b** Palatoalveoläre Fraktur (nach Birzle u. Mitarb.)

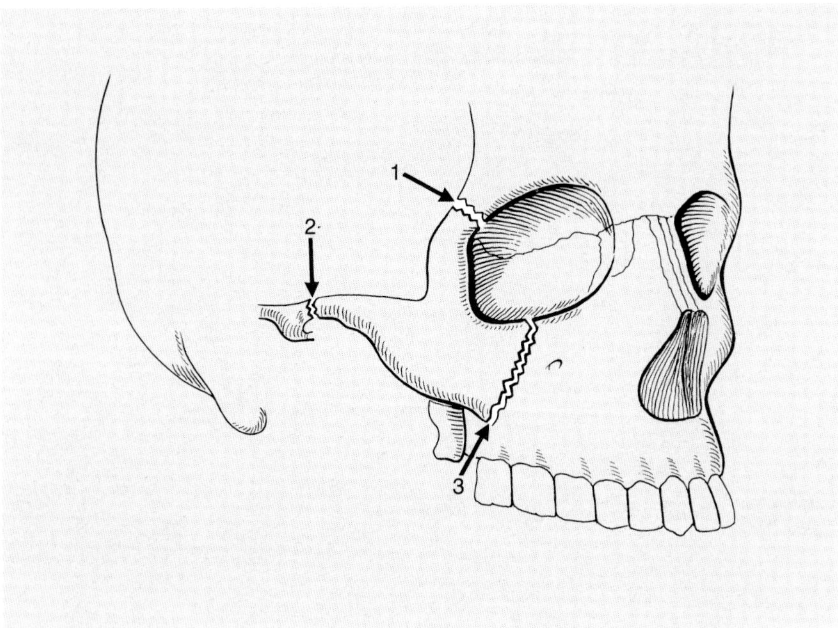

Abb. 4.**266** Zygomatikomaxilläre (Tripod-)Fraktur (nach Rogers)
1 = Sprengung der Sutura zygomaticofrontalis
2 = Fraktur des Jochbogens
3 = Fraktur des unteren Orbitarandes, sich durch die vordere und laterale Wand des Kieferhöhlenantrums erstreckend

ausgeprägten Stadien konzentrisch das normal transparente Restlumen einengen (Abb. 4.**270**). Die Verschattung der Kieferhöhle durch Erguß läßt sich von der Trübung durch Schleimhautschwellung computertomographisch gut unterscheiden (53).

Als lokalisierte Schleimhauthypertrophien nach Entzündungen können sich, in der Kieferhöhle meist an der Basis gelegen, **Polypen** in Form mehr oder weniger kugelförmiger Weichteilschatten bilden (Abb. 4.**271**).

Submuköse, seröse **Zysten,** wie sie nach Entzündungen ebenfalls an gleicher Prädilektionsstelle zurückbleiben können, rufen radiologisch gleiche Symptome hervor wie Polypen (30), können jedoch im Gegensatz zu diesen bei Lagewechsel des Untersuchten ihre Form ändern (59^2). Nach Entzündungen kann sich auch ein **Cholesteatom** unter dem Bild eines zystisch benignen Tumors bilden. Der Schatten ändert beim Lagewechsel nicht seine Form.

Die **Sonographie mit dem A-Scan-Verfahren** gibt summarisch etwa gleich gute Ergebnisse wie die radiologische Untersuchung, doch lassen sich die einzelnen Formationen wie Schleimhautschwellungen, Ergüsse, Polypen und Zysten bei beiden Ver-

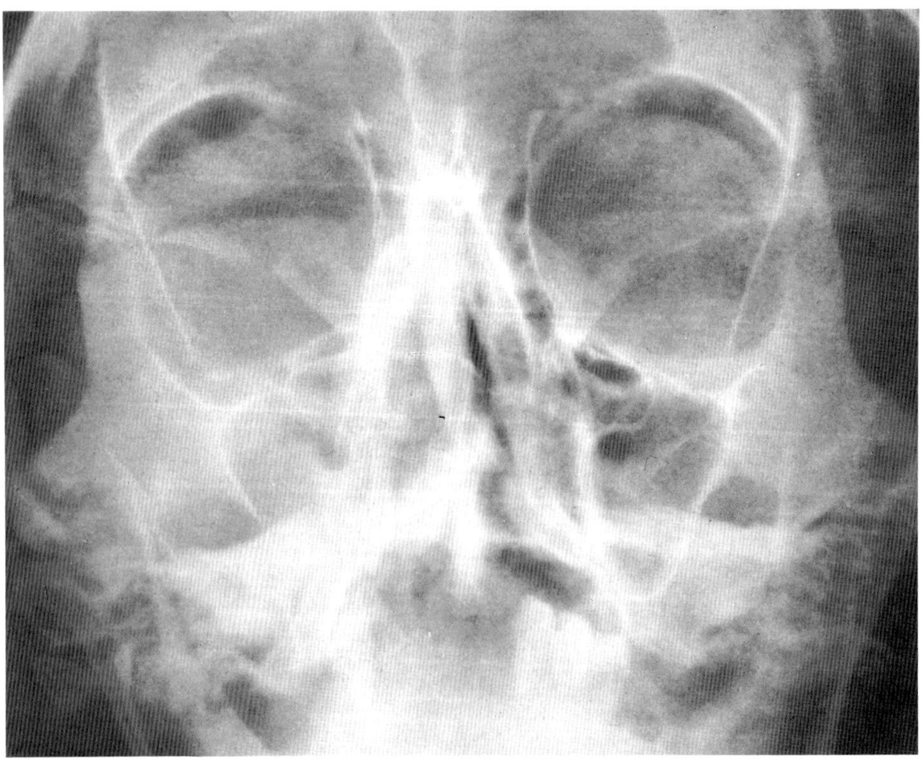

Abb. 4.**267** Verschattung der rechten Kieferhöhle durch Weichteilschwellung bei Jochbogenfraktur

a
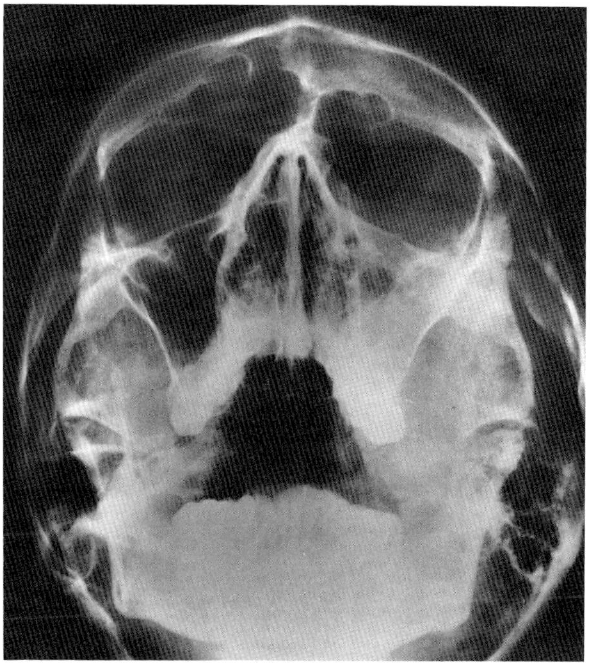
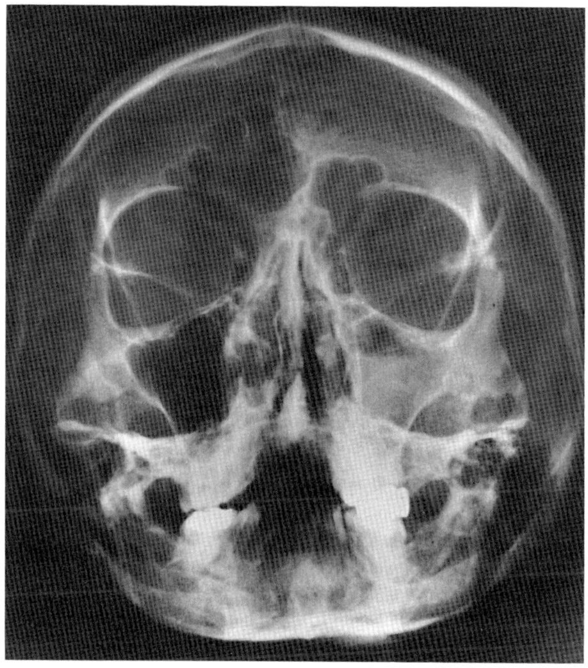
b

Abb. 4.**268 a** u. **b**
a Homogene Verschattung der linken Kieferhöhle bei Aufnahme am liegenden Patienten
b Flüssigkeitsspiegel in der linken Kieferhöhle desselben Patienten in aufrechter Körperhaltung

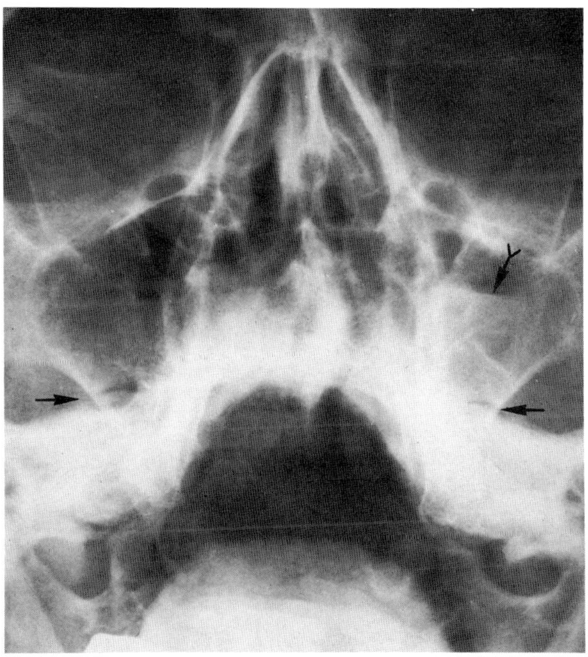

◁ Abb. 4.**269** Sinusitis maxillaris links mit Spiegelbildung (↣). Die kleinen Luftsicheln (→) oberhalb der in die Kieferhöhlen projizierten Felsenbeine entsprechen Mach-Effekten

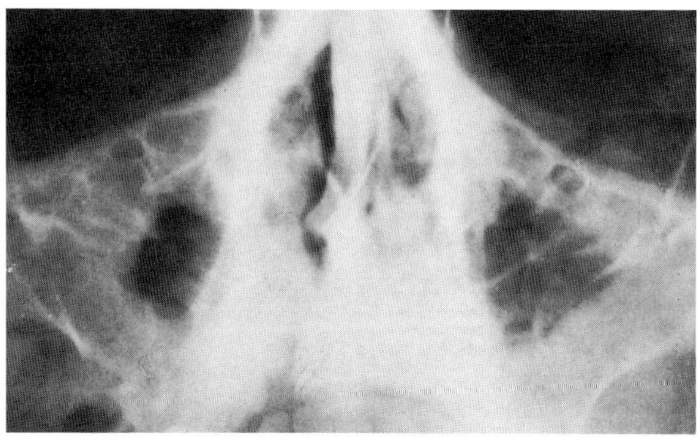

Abb. 4.**270** Chronische Sinusitis maxillaris beiderseits mit Verdickung der Schleimhaut

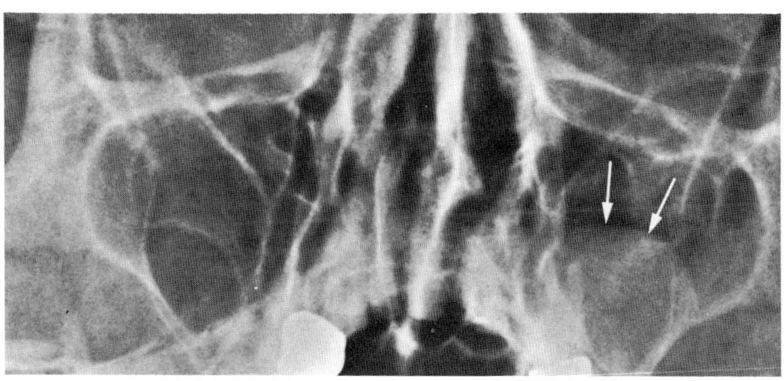

Abb. 4.**271** Schleimhautpolyp am Kieferhöhlenboden links

fahren mit unterschiedlicher Treffsicherheit nachweisen (34, 84) (Abb. 4.**272a–d**). Die Differenzierung nichteitriger von eitrigen Ergüssen ist mit der Ultraschalluntersuchung nicht möglich (3). Bei Kindern mit chronischen Infekten der oberen Luftwege bildet die Sonographie eine zuverlässigere Diagnose der Schleimhautschwellung in der Kieferhöhle als das radiologische Verfahren (73).

Einen selten auftretenden Befund bildet die durch Verstopfung des Ausführungsganges mit konsekutivem Stau des Schleims und Druckzunahme entstehende **Muko-,** nach Infektion **Pyozele**. Im Anfangsstadium bei homogener Trübung der Kieferhöhle (als seltenstem Sitz von Zelen unter den Nebenhöhlen) nicht als solche zu erkennen, wird sie durch Expansion und Knochenarrosion nahezu in typischer Form des expansiv wachsenden, ballonförmig imponierenden Prozesses erkennbar (43[14], 60). Bei Verschattungen, unregelmäßigen Strukturen und Konturen der Kieferhöhle(n) ist nach stattgefundenen Operationen zu fragen. Die **Radikaloperation nach Caldwell-Luc** hinterläßt einen typischen Defekt der medialen Wand. Bei einem Drittel dieser Patienten wurde postoperativ ein normaler Luftgehalt der Kieferhöhle festgestellt, in 10% ließen sich Operationsfolgen nicht nachweisen (38).

Schleimhautabrisse durch Unterdruck führen zur homogenen Verschattung der Kieferhöhle aufgrund **submuköser Hämatome** (infolge plötzlicher Druckdifferenzen z. B. beim Fliegen oder bei Caissonarbeitern). Bei Hämophilie entstandene zusätzliche Knochenzerstörungen können die Differentialdiagnose zum malignen Tumor erschweren (43[3]).

Die **Eisenmangelanämie** führt bei krankheitsbedingter, ungenügender Pneumatisation (im Rahmen allgemeiner Retardierung der Entwicklung), aber auch durch ebenso krankheitsbedingte Verbreiterung und Verdickung des Knochens zur Einengung und Verminderung des Luftraumes in der Kieferhöhle (45).

Chronische Entzündungen können im *Übergreifen auf den Knochen* Sklerosen der Kieferhöhlenwände hervorrufen. Hier ist auch im axialen Strahlengang die Hinterwand der Kieferhöhle zu beachten (43[4]). Bei Beteiligung der Jochbeinbucht und/ oder des Kieferhöhlendaches/Orbitabodens verschwindet die Kortikalis, und es treten osteomyelitische Herde mit Sequestern auf (43[5]).

Während sonstige granulomatöse Erkrankungen wie **Tuberkulose, Histiocystosis X** und **Sarkoidose** sehr selten die Kieferhöhlenwände befallen (Lepra s. Abschnitt „Alveolarfortsätze und Kiefer") und dann von unspezifischen Entzündungen in ihren radiologischen Symptomen nicht zu unterscheiden sind (43[15], 59[3]), geht das **maligne Granulom (Wegener-Granulomatose)** mit schnell fortschreitender Zerstörung auch der Sinuswände einher. Als Frühsymptom gelten die unregelmäßige Verbreiterung der Nasenschleimhaut und die Trübung der Kieferhöhlen (59[4]).
Kennzeichnend für die sich vorwiegend unter den Nasennebenhöhlen in der Kieferhöhle ansiedelnden **Mykosen** (Aspergillosen, Aktinomykosen, Soor)

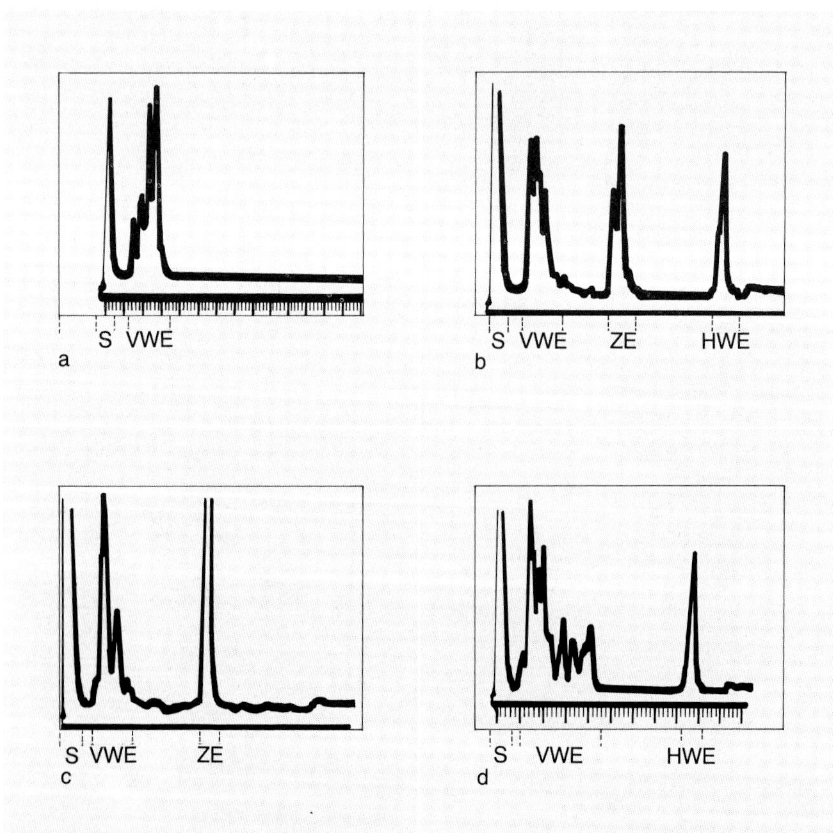

Abb. 4.**272a–d** Sonographiebefunde bei Kieferhöhlenprozessen
a Normalbefund einer luftgefüllten Kieferhöhle
b Flüssigkeitsgefüllte Zyste in einer mit serösem Sekret gefüllten Kieferhöhle
c Flüssigkeitsgefüllte Zyste in lufthaltiger Kieferhöhle
d Verbreitertes Vorderwandecho bei einer flüssigkeitsgefüllten Kieferhöhle
S = Sendeimpuls
VWE = Vorderwandecho
ZE = Zentralecho
HWE = Hinterwandecho
(aus Matschke, R. G.: HNO 32 [1984] 502)

sind außer den bekannten Entzündungssymptomen manchmal nahezu metalldicht anmutende, zuweilen aber auch nur tomographisch nachweisbare Verkalkungen (68), die bei Aspergillus fumigatus unter 4 Beobachtungen in 14 Fällen (59[4]), nach größeren Statistiken unter 130 Aspergillusmykosen bei fast der Hälfte dieser Patienten nachgewiesen wurden (69).

Primordiale, aus den Schmelzzellen vor der Zahnentwicklung entstehende wie dentogene **follikuläre** Zahnkronen enthaltende **Zahnzysten** treten gegen Ende der zweiten Dentition auf und können die Kieferhöhle ganz oder teilweise ausfüllen sowie an ihren Wänden Druckusuren führen (Abb. 4.**273**). Der entsprechende Dens permanens fehlt dann in der Zahnreihe. Die häufiger vorkommenden **radikulären Zysten,** meist bei älteren Menschen und dann auch multipel zu beobachten, entstehen aus Wurzelspitzengranulomen. Dementsprechend ragt bei diesen die Wurzel, bei den follikulären Zysten die Zahnkrone in den Hohlraum.

Adamantinom und Odontom s. Abschnitt „Alveolarfortsätze und Kiefer".

Benigne, ossäre Tumoren der die Kieferhöhle bildenden Knochen besitzen keine regionalen Besonderheiten. Sie können in den Sinus hineinragen oder ihn ausfüllen. Die in der Stirnhöhle häufig, in den Siebbeinzellen weniger oft auftretenden **Osteome** sind in der Kieferhöhle selten anzutreffen, können einen Stiel besitzen (59[5], 78) und sind auch postoperativ beobachtet (18).

Die **fibröse Dysplasie** (Jaffé-Lichtenstein), meist beim weiblichen Geschlecht im 1. und 2. Lebensjahrzehnt auftretend, kann bei monostischer Lokalisation die Maxilla, bei polyostischer Form die angrenzenden Gesichtsschädelteile befallen, beginnt mit milchglasartiger Knochenstruktur und kann mit mehr oder minder ausgeprägter Obliteration sowie mit weichteildichter Verschattung der Kieferhöhle (und/oder anderer Nebenhöhlen) einhergehen. Im Gefolge der fibrösen Dysplasie, aber auch ohne eine solche Grundkrankheit, können ossifizierende Fibrome in der Kieferhöhle isoliert auftreten (18).

In beiden Kiefern kommen außer den semimalignen Riesenzelltumoren (Osteoklastomen) für diese Skelettregion typische, mehr benigne verlaufende **Riesenzellgranulome** vor, die in 7%iger Häufigkeit unter den benignen Kiefertumoren als seltenes Ereignis, radiologisch nachweisbar, in die Kieferhöhle eindringen und diese verschatten können. Maligne Geschwülste brechen häufiger in die Kieferhöhle ein und verursachen – im Gegensatz zu entzündlichen Prozessen – so gut wie immer nur einseitige Kieferhöhlenverschattungen. Der Nachweis der Wandzerstörung ist nativdiagnostisch schwierig und bleibt der Tomographie oder – am besten – der Computertomographie vorbehalten.

Tumoren der Kieferhöhle erkennt man an Knochendestruktionen und Gewebsverschattungen. Nach einer Knochendestruktion ist auf den entsprechenden Aufnahmen an folgenden Strukturen zu suchen (42[2]):

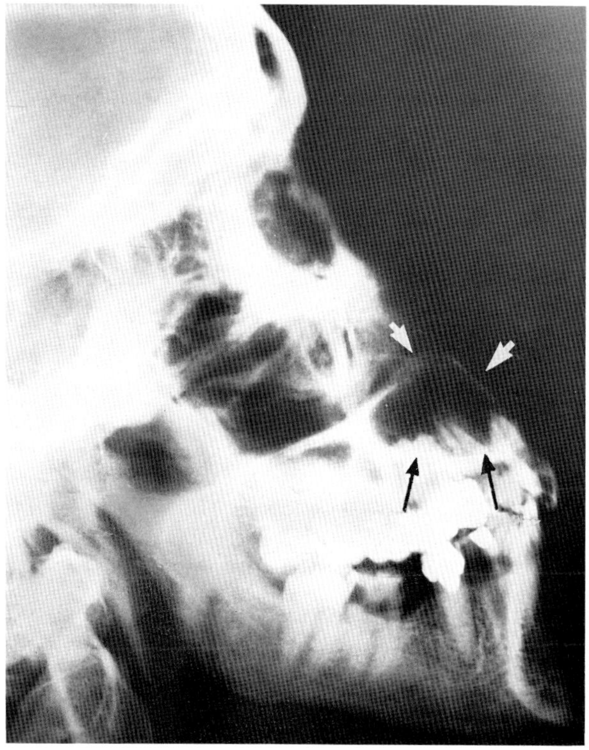

Abb. 4.**273** Große Zyste in der vorderen Kieferhöhlenregion

1. der lateralen Kieferhöhlenwand auf der Aufnahme nach Waters und auf der axialen Aufnahme,
2. dem vorderen Abschnitt der medialen Wand,
3. dem rückwärtigen Teil der medialen Wand auf der Aufnahme nach Waters,
4. der ethmomaxillären Grenzlamelle auf der Aufnahme nach Caldwell,
4. dem vorderen Abschnitt des Kieferhöhlendaches auf den Aufnahmen nach Caldwell und Waters,
6. dem rückwärtigen Teil des Kieferhöhlendaches auf den Aufnahmen nach Caldwell und Towne,
7. dem Alveolarkamm des Oberkiefers auf den Aufnahmen nach Caldwell und Waters.

Der Ausgang solcher Tumoren aus der Mukosa von Mundhöhle und Gingiva (Epulis) ist bekannt (44). Derartige Granulome können ausnahmsweise auch vom Sieb- und Keilbein aus die Kieferhöhle erreichen (49).

Stirnhöhle

Norm

Im Wachstum

Embryologisch ist die Stirnhöhle eine ausgelagerte vordere Siebbeinzelle mit direktem Abfluß in den mittleren Nasenkanal oder indirekter Drainage in den oberen Anteil des Hiatus semilunaris infundibuli (64).

Bei der Geburt noch nicht angelegt, *beginnt die Ausbuchtung* der Nasenschleimhaut in die Diploë des Stirnbeins zwischen dem 2. und dem 4. Lebensjahr (59[6]), erreicht im 4. Lebensjahr halbe Orbitahöhe – nach anderer Lehrbuchansicht erscheint sie radiologisch am häufigsten zwischen dem 6. und 10. Lebensjahr (43[7]) –, dehnt sich bis zum 8. Lebensjahr bis in die Höhe des Orbitadaches aus, das sie im Alter von 10 Jahren nach vertikal in das Stirnbein hinein überschreitet (64). Die Größenausdehnung der Stirnhöhle ist bis zum 20. Lebensjahr meist beendet (59[6]).

Kleine Höhlen bei Kindern, vor allem in der Höhe des Orbitarandes, können sowohl gut entwickelten Siebbeinzellen wie auch im Beginn der Ausbildung stehenden Stirnhöhlen entsprechen. Die Aufnahme im seitlichen Strahlengang trägt meist zur Klärung bei.

Beim Erwachsenen

Kleine, gerade erkennbare Hohlräume bis zu exzessiv großen Höhlen können beim Sinus frontalis zur Norm gerechnet werden. Asymmetrie und asymmetrische Kammerung sowie ein nicht median gelegenes, sehr dünnes oder fehlendes (manchmal fibröses) Septum sind individuell derart unterschiedlich, daß vorgeschlagen wurde, diese Kriterien zur Identifizierung für forensische Zwecke heranzuziehen. Kommunikationen zwischen Stirn- und Augenhöhlen sind wahrscheinlich als Altersveränderung durch Knochenabsumption der dazwischen liegenden Wand ähnlich der parietalen Absumption zu erklären (43[8]).

Varianten

Während ein großer *Recessus supraorbitalis,* der sich in das Orbitadach erstreckt (Abb. 4.**274a** u. **b**), ebenso fast noch zur Norm gerechnet werden kann,

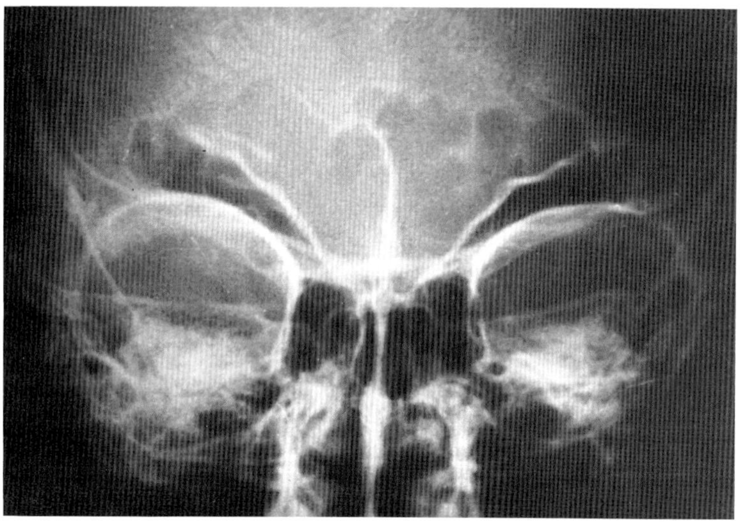

a

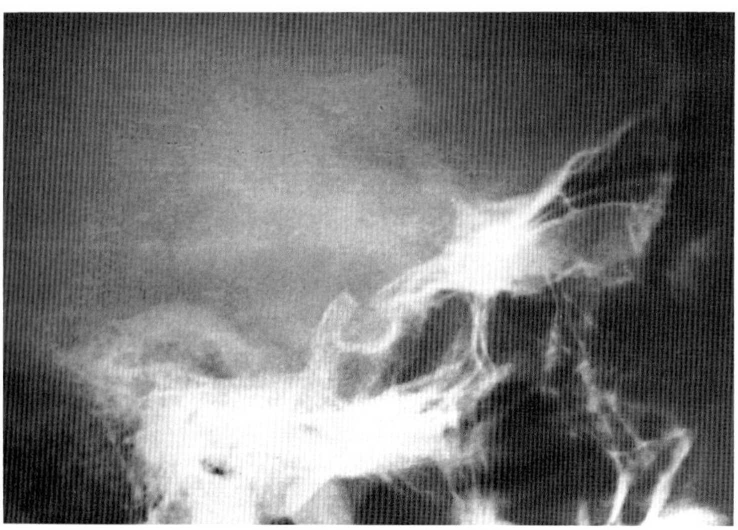

b

Abb. 4.**274a** u. **b** Recessus supraorbitalis im p.-a. und seitlichen Strahlengang wie eine ungewöhnlich weite Ausdehnung in die *Squama frontalis* (Abb. 4.**275a**) eventuell auch in eigentümlicher Weise gekammert (Abb. 4.**275a–d**), sind die anatomischen Grenzen des Stirnbeins überschreitende, aber von der Stirnhöhle ausgehende Pneumatisationen in angrenzenden Knochen wie im zum *großen Keilbeinflügel* gehörenden Teil der Orbitawand, in der *Crista galli* und im *Nasenbein* auftretenden Luftzellen zu den Varianten zu zählen. Bei **dreigeteilten Stirnhöhlen** ist der mittlere Abschnitt weniger hell (43[9]).

Ein **Pneumosinus dilatans** entwickelt sich in der Stirnhöhle als pathologische Ausbuchtung im oberen, lateralen Teil oder – als intensive, lochförmige Aufhellung im sagittalen Strahlengang erkennbar – an umschriebener Stelle der Vorder- oder Hinterwand.

Anomalien

Die Variabilität in der Größenentwicklung der Stirnhöhlen bringt es mit sich, daß selbst ihr **ein- oder beiderseitiges Fehlen** noch in den Grenzbereich der Norm fällt.

Eine **Hypo- oder Aplasie** findet sich bei dem **Dyskinetic cilia syndrome („Kartagener Trias"):** Dyskinesie der Zilien, des respiratorischen Flimmerepithels mit Unterentwicklung der Nasennebenhöhlen,

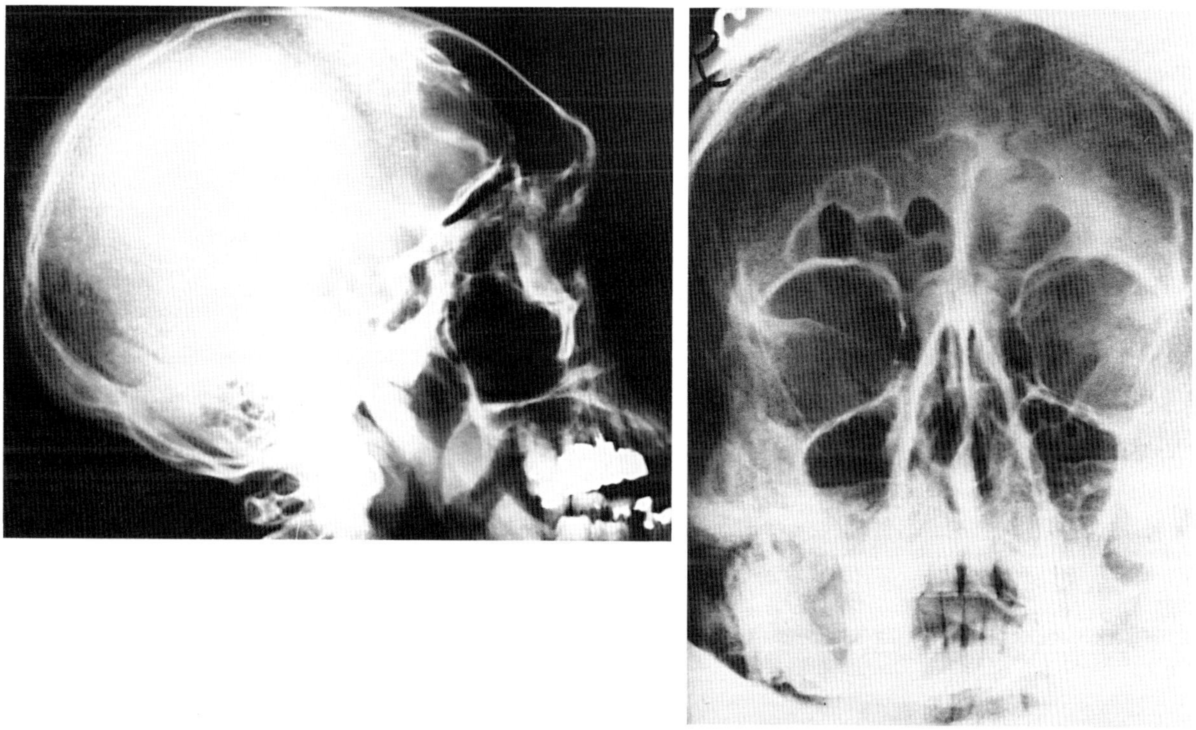

a b

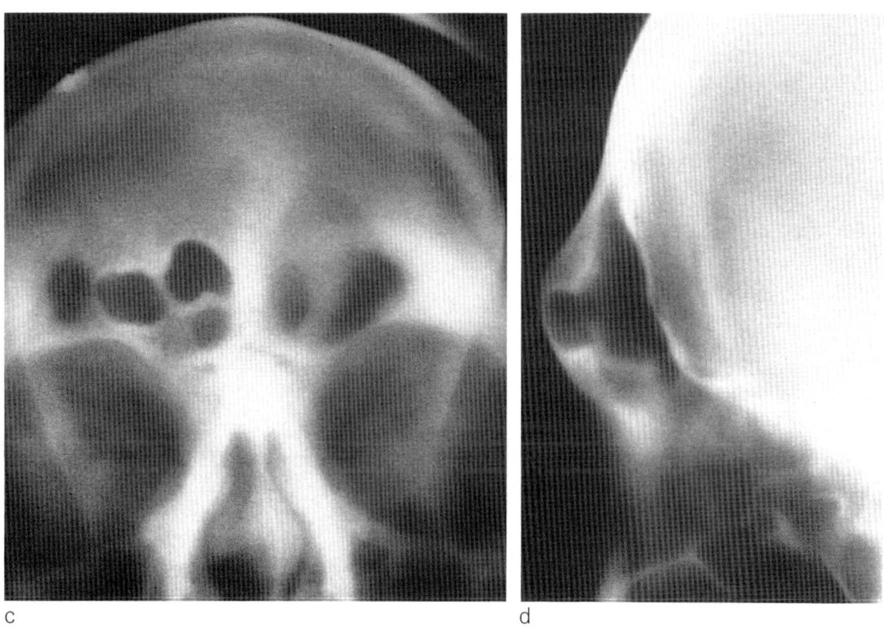

c d

Abb. 4.**275 a–d**
a Sich in die Squama frontalis erstreckende Stirnhöhlenpneumatisation
b Summationsaufnahme. Eigentümlich vermehrt strahlendurchlässige Stirnhöhlenkammern rechts
c Tomogramm im sagittalen Strahlengang: Zwei der Kammern rechts liegen weit vorn
d Tomogramm im seitlichen Strahlengang: Tiefenausdehnung einer der Kammern in übersichtlicher Darstellung

verbunden mit Bronchektasie (77% [46] – häufig mit mukopurulenter Rhinorhoe von Kindheit an) und weiteren Mißbildungen, etwa in der Hälfte der Fälle mit Situs inversus totalis, auch mit Dextrokardie und Herz-Gefäß-Anomalien (76).

Eine fehlende Stirnhöhle wurde bei **Metopismus** beobachtet (37). Die Unterentwicklung der Stirnhöhle in Kombination mit einer **Falx cerebri** fiel auf (Zimmer, s. Kapitel „Schädeldach – Allgemeiner Teil"). Beim **Marfan-Syndrom** ist unter anderem die Aplasie der Stirnhöhle beschrieben (6). Abgesehen von den mit Schädelbasissklerose einhergehenden Skelettdysplasien, bei denen das Fehlen einer Stirnhöhle die Regel ist, wird eine Hypo- oder Aplasie der Stirnhöhle auch – nahezu regelmäßig – bei **Trisomie 21 (Down-Syndrom)** beobachtet (56).

Ebenfalls auf dem Boden einer Mißbildung, nämlich der Hemiatrophia cerebri, entsteht rein sekundär zur Raumauffüllung die **einseitige Dilatation der Stirnhöhle** (58, 71), (s. Abb. 4.**59**). Abnorm große **symmetrische Stirnhöhlen** finden sich dementsprechend im Rahmen einer kompensierend raumauffüllenden Hyperpneumatisation der gesamten Schädelbasis bei Mikroenzephalie.

Hyperpneumatisationen kommen unter anderem bei Akromegalie (Abb. 4.**276**) und Sturge-Weber-Syndrom (76) vor.

Verletzungsfolgen

Lineare Frakturen der Stirnhöhlenvorderwand findet man am häufigsten bei isolierten Brüchen am Sinus frontalis, kombinierte Brüche der Vorder- und Hinterwand sind nicht selten (48[3]). Oft ist die Stirnhöhlenwand auch bei Verletzungen der vorderen Schädelgrube, des Augen- und Nasenskeletts beteiligt. Sie führen meist zu einer durch das verlagerte Bruchstück bedingten Verdichtung. Eine Blutung in die Stirnhöhle, eventuell durch Flüssigkeitsspiegel erkennbar, kann die Verdichtung verstärken (42). Der wegen der zerebralen Infektionsgefahr wichtige Nachweis der Hinterwandbeteiligung ist im Profilbild, der axial überkippten Aufnahme nach Welin und im Tomogramm zu führen.

Erworbene Erkrankungen

Schleimhautschwellungen bei der **Sinusitis frontalis** sind eventuell entlang vorhandener Septen oder als Halbkugel am Boden wesentlich schlechter nachweisbar als in der Kieferhöhle. Durch Exsudat bedingte Spiegel sind im *akuten* Stadium auch in der Stirnhöhle, ebenfalls seltener als im Sinus maxillaris, zu erkennen. Das purulente Sekret der Stirnhöhle kann in die Kieferhöhle laufen – Nachweis eines 2–3 mm weiten Verbindungsganges zwischen beiden Höhlen s. bei Ondraschek (40). Als eine Sonderform der akuten Stirnhöhlenentzündung ist der **Pott puffy tumor** zu bezeichnen. Es handelt sich um eine Weichteilschwellung in der Mitte der Stirn, deren Ausdehnung von der Größe der subperiostal und in die Kopfhaut infiltrierenden, osteomyelitisch ausgelösten Infiltration abhängt, radiologisch mit Technetiumszintigramm, besser noch computertomographisch mit Darstellung auch eines eventuellen intrakraniellen Empyems nachweisbar (82, 83). Bei chronischen Sinusitiden der Stirnhöhle im Sinne einer sehr langsam verlaufenden Ostitis werden die Randkonturen unschärfer und dichter. Ein eigenartiges, fleckig-marmoriertes Bild kann dabei entstehen (Abb. 4.**277**). Eine Verschattung der Stirnhöhlen wird häufig auch durch eine dicke Vorderwand vorgetäuscht (42[4]). Da an der Bildung der Stirnhöhlenwand nicht nur die Kortikalis, sondern auch Spongiosa beteiligt ist, kann sich aus einem Stirnhöhlenempyem eine Schädeldachosteomyelitis entwickeln (43[10]). Eine verdickte, sklerotische Stirnhöhlenwand kommt zwar als Normvariante vor, ist jedoch immer entweder verdächtig für den Restzustand einer unbemerkt verlaufenden (und abgeheilten?) „Perisinusitis" (43[16]) oder auf einen schwelenden chronisch-entzündlichen Prozeß verdächtig (42[5]).

Die **Muko-(Pyo-)Zele** der Stirnhöhle ist schwer und erst bei Zeichen einer Verdrängung festzustellen (Abb. 4.**278**). Sie gehört zu den Hauptursachen der einseitigen Proptose und ist dann leicht zu diagnostizieren (42[6], s. auch 23). Auch **polypenähnliche Verschattungen** kommen in der Stirnhöhle vor. Die Symptomatik der seltenen septischen Entzündun-

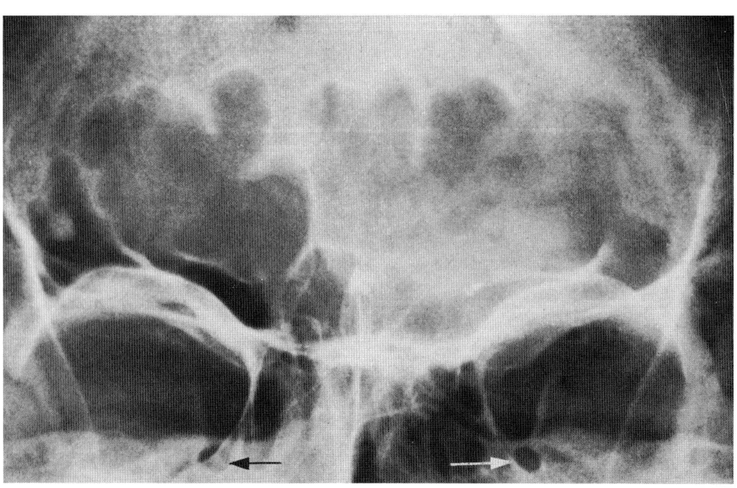

Abb. 4.**276** Große Stirnhöhle bei Akromegalie mit kleinem Osteom rechts lateral. Foramen rotundum (→)

gen und Granulomatosen entspricht der allgemeinen Skelettsymptomatik und an der Stirnhöhle speziell den Nebenhöhlenveränderungen, wie sie an der Kieferhöhle zuvor beschrieben wurden.

Unter den benignen Tumoren kommt dem **Osteom** lediglich wegen seiner bevorzugten Lokalisation in der Stirnhöhle eine Sonderstellung zu. Seine Häufigkeit in den Nasennebenhöhlen beträgt 0,1–1% unter der Auswahl von Patienten, bei denen entsprechende Aufnahmen angefertigt wurden. Nach unterschiedlichen Literaturangaben liegen von diesen 53–75% in der Stirnhöhle (55). Genetisch werden zwei Arten voneinander unterschieden: primär-kugelige bis höchstens erbsgroße (Abb. 4.**279**) Entwicklung aus dem Endost und große, knollige, aus Resten des Siebbeinknorpels aus dem Ethmoid einwachsende Höhlenosteome, die auch einmal in die Orbita durchbrechen können (9); aber auch andere Entstehungsarten (postinfektiös, posttraumatisch, Folgen postpubertärer hormoneller Wachstumsreize und pathogenetische Beziehungen zur fibrösen Dysplasie Jaffé-Lichtenstein) werden diskutiert (55). Bei postoperativen Zuständen müssen radiologisch, wenn die Operationsart dem Kliniker nicht bekannt ist, die Lage und Ausdehnung des Defektes an der Stirnhöhlenvorder- und unterwand mit angrenzendem Sieb-, Tränen- und Nasenbein samt Processus frontalis maxillae (Operationsmethoden nach Jansen, Uffenorde, Riedl und Killian) sowie etwaige pneumatische Restlumina oder rezidivierende

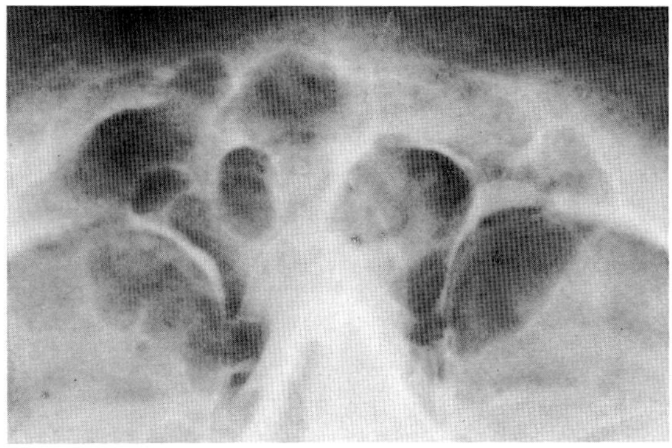

Abb. 4.**277** Vielkammerige Stirnhöhle mit „marmoriertem" Aspekt bei alter Sinusitis frontalis

Schleimhautschwellungen festgestellt werden. Hierzu eignen sich am besten die tomographischen Verfahren. Folgezustände moderner Operationsweisen mit plastischen Deckungen der kosmetisch entstellenden Operationsdefekte sind radiologisch durch den Nachweis des Knochendeckels charakterisiert (64).

Destruktionen befallen vorwiegend den medialen oberen Orbitarand. Ihre Diagnose kann nur bei der Abgrenzung gegen Mukozelen schwierig sein. In der Regel zerstören Tumoren nur diese Grenzwand, während Mukozelen die gesamte Stirnhöhle auftreiben (42[7]).

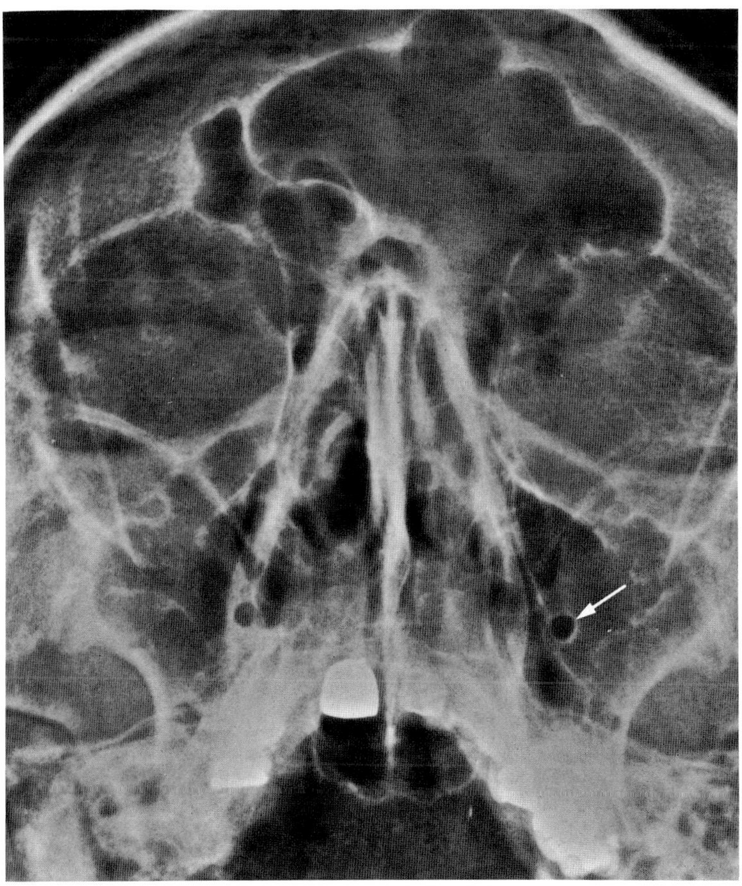

Abb. 4.**278** Verifizierte Mukozele der Stirnhöhle links, radiologisch kaum nachweisbar. Foramen rotundum (→)

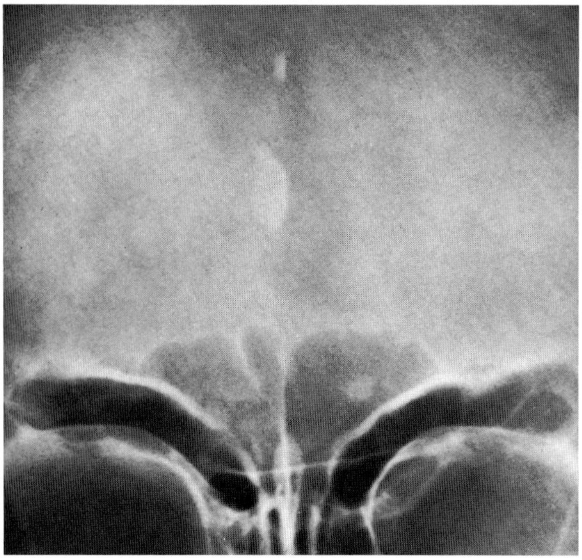

Abb. 4.**279** Osteom der linken Stirnhöhle. Orthograd abgebildeter Recessus supraorbitalis beider Stirnhöhlen.

Siebbeinzellen

Norm

Im Wachstum

Vom Siebbeinlabyrinth sind beim Neugeborenen spaltförmige Ethmoidalzellen bereits angelegt, sind radiologisch nach einem halben Jahr erkennbar, haben am Ende des 1. Lebensjahres das Doppelte des zur Zeit der Geburt bestehenden Ausmaßes erreicht und entwickeln sich danach rasch weiter (32). Die volle Entwicklung ist mit dem 16. Lebensjahr erreicht.

Beim Erwachsenen

Größe und Zahl der Siebbeinzellen sind individuell sehr unterschiedlich und asymmetrisch. Im allgemeinen nehmen sie von vorn nach hinten an Größe zu. Das durch die Lamina perpendicularis in zwei Hälften geteilte Siebbein liegt zwischen beiden Augenhöhlen und fügt sich mit der Lamina cribrosa in die Incisura ethmoidalis des Stirnbeins ein. Lateral und über der Höhe der Lamina cribrosa liegt beiderseits das Tegmen des Siebbeins. Die mediale Siebbeinbegrenzung gehört zur lateralen Wand der Nasenhöhle, die laterale Ethmoidalwand ist Teil der medialen Augenhöhle. Diese Laminae papyraceae divergieren etwas nach dorsal und kaudal. Detaillierte anatomische Angaben findet man außer in Lehrbüchern bei Mattox u. Delaney (35).

Bei **radiologischer Darstellung** nach Summationsaufnahmen im sagittalen Strahlengang mit Projektion der Pyramidenoberkanten leicht unter die Orbitae wird der vordere Anteil der Laminae papyraceae als mediale Orbitabegrenzung frei projiziert. Die vorderen Siebbeinzellen liegen zwischen den vorderen Anteilen beider Laminae papyraceae und den Nasenbeinen und werden in halb axialer Projektion selektiv abgebildet. Hintere Siebbeinzellen lassen sich auf der Aufnahme des Optikuskanals nach Rhese-Goalwin oft gut beurteilen. Vom Siebbeinlabyrinth können die mittlere Muschel, Agger nasi, Processus uncinatus und Crista galli ebenso pneumatisiert sein wie es weiter hinten zur Pneumatisation des kleinen Keilbeinflügels kommen kann. Differentialdiagnostisch ist hier gegen Osteolysen die Kortikalisbegrenzung bei Pneumatisation zu beachten.

Im Übergang zur Kieferhöhle findet man als Charakteristikum eine besonders große Zelle, die **Bulla ethmoidalis** (s. Abb. 4.**255 a**). Hierauf wurde im Kapitel „Stirnhöhlen" schon hingewiesen. Gleichermaßen gibt es Übergangszellen aus dem hinteren Siebbeinbereich der Keilbeinhöhle. Die Grundlamelle der oberen Nasenmuschel kann das Siebbein hinten abschließen oder die hinterste Siebbeinzelle in zwei Hälften teilen. Die als **sphenoidale Siebbeinzelle** bezeichnete Luftkammer, dem Keilbein anliegend, scheint dann die Keilbeinhöhle in eine vordere oder auch obere, dem Siebbein zugehörige Kammer, und in die hinten oder unten gelegene echte Keilbeinhöhle zu trennen (Zuckerkandl, zit. nach 43[12]). Im okzipitofrontalen Strahlengang (Caldwell view) kann man gelegentlich am oberen Rand der Siebbeinkontur als obere Grenze des Labyrinthes eine flache Grube für den Canalis ethmoidalis anterior (mit Austritt nasoziliarer Nerven und Gefäße) erkennen. Den Boden des Labyrinthes bildet die ethmoidomaxilläre Platte, die im gleichen Strahlengang ebenfalls zuweilen radiologisch sichtbar wird (64), s. einführende Bemerkungen über die radiologische Darstellung im „Allgemeinen Teil".

Die **multidimensionale Tomographie** führt zu Schichten von 1 mm Dicke, im allgemeinen im 5-mm-Abstand in koronaler und seitlicher Projektion gelegt. Sie dient dazu, lokale Knochenerosionen oder die Folgen expansiver Prozesse deutlicher darzustellen (16).

Die detailreichste radioanatomische Analyse über das Siebbeinlabyrinth erlaubt die hochauflösende Computertomographie (77) (Abb. 4.**280 a–d** und 4.**281 a–e**). Die verbale Beschreibung dieser Befunde, soweit sie über den Bildtext hinausgeht, würde teilweise zu Wiederholungen führen, teilweise über den Rahmen dieses Buches hinausgehen.

Varianten und Anomalien

Pneumatisationsvarianten mit Zellen im Agger nasi, der Concha nasalis media und der Crista galli wie auch im kleinen Keilbeinflügel sind schon im Abschnitt über die „Norm" erwähnt. Verkleinerungen und Vergrößerungen kommen als Folge von Nachbarschaftsveränderungen während des Wachstums am Siebbeinzellsystem als Ganzem vor, z. B. Dilata-

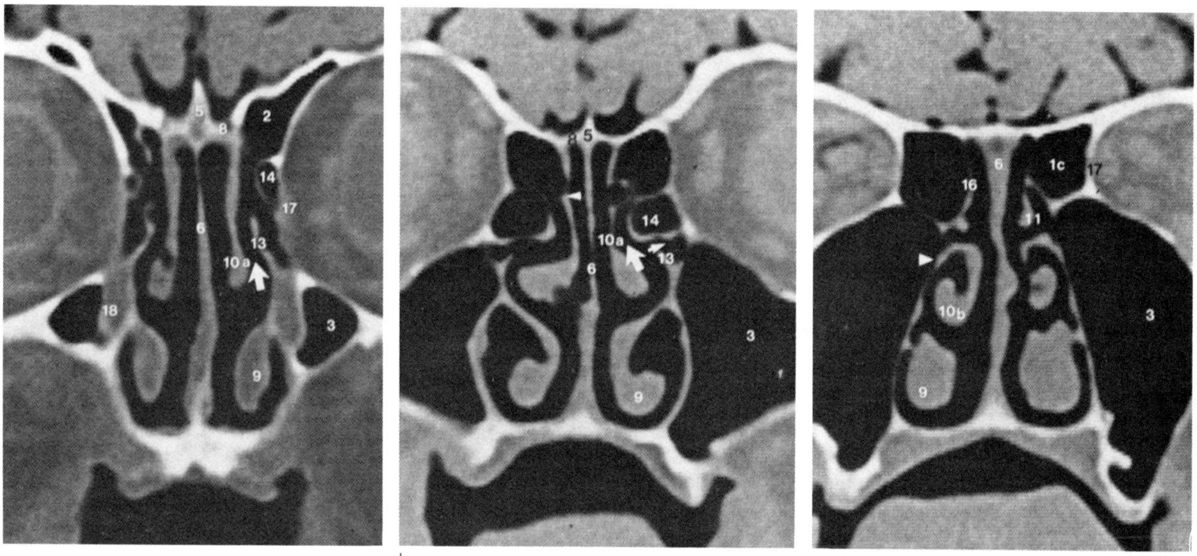

a b c

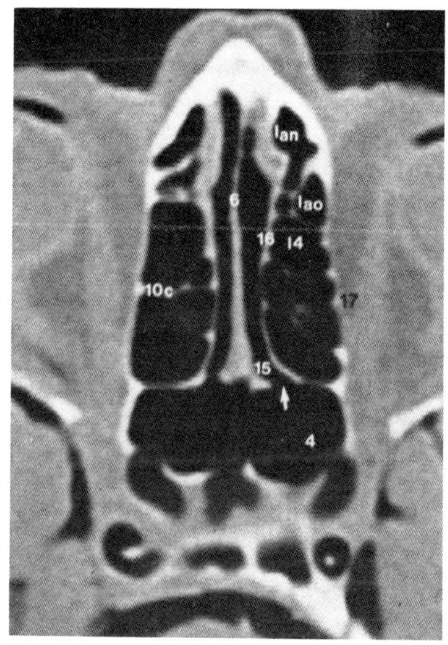

d

Abb. 4.**280 a–d** Computertomographische Darstellung der Siebbein-Anatomie.
a Vorderer koronaler Schnitt. Mittlere Muschel (10a) und Processus unciformis (13) formen eine große prämeatale Grube (→)
b Koronaler Mittellinienschnitt. Bulla ethmoidalis (14) zwischen mittlerer Muschel (10a) und Processus unciformis (13). Unziforme (schmaler →) und retrobulbäre Grube (breiter →). Fortsatz der mittleren Muschel (10a)
c Hinterer koronaler Schnitt. Hinterer Anteil des mittleren Meatus, dessen Dach der horizontale Fortsatz (▶) der mittleren Muschel (10b) bildet
d Axialer Scan. Recessus sphenoethmoidalis (15) mit Ostium der Keilbeinhöhle (→). Mediale Siebbeinwand (16) parallel zur Lamina perpendicularis
(aus Terrier, F., W. Weber, D. Ruefenacht, B. Porcellini: Amer. J. Neuroradiol. 6 [1985] 77)

1 = Siebbeinlabyrinth
1a = vordere Siebbeinzellen
1b = mittlere Siebbeinzellen
1c = hintere Siebbeinzellen
2 = Stirnhöhle
3 = Kieferhöhle
4 = Keilbeinhöhle
5 = Crista galli
6 = Lamina perpendicularis
7 = Septum nasi
8 = Lamina cribrosa
9 = untere Muschel
10 = mittlere Muschel
10a = vorderer Anteil mit vertikalem Fortsatz
10b = hinterer Anteil mit horizontalem Fortsatz
10c = Basallamelle (intraethmoidale Wurzel der mittleren Muschel)
11 = obere Muschel
12 = oberste Muschel
13 = Processus unciformis
14 = Bulla ethmoidalis
15 = Recessus sphenoethmoidalis
16 = mediale Siebbeinwand
17 = medialer Orbitarand
18 = Ductus nasolacrimalis

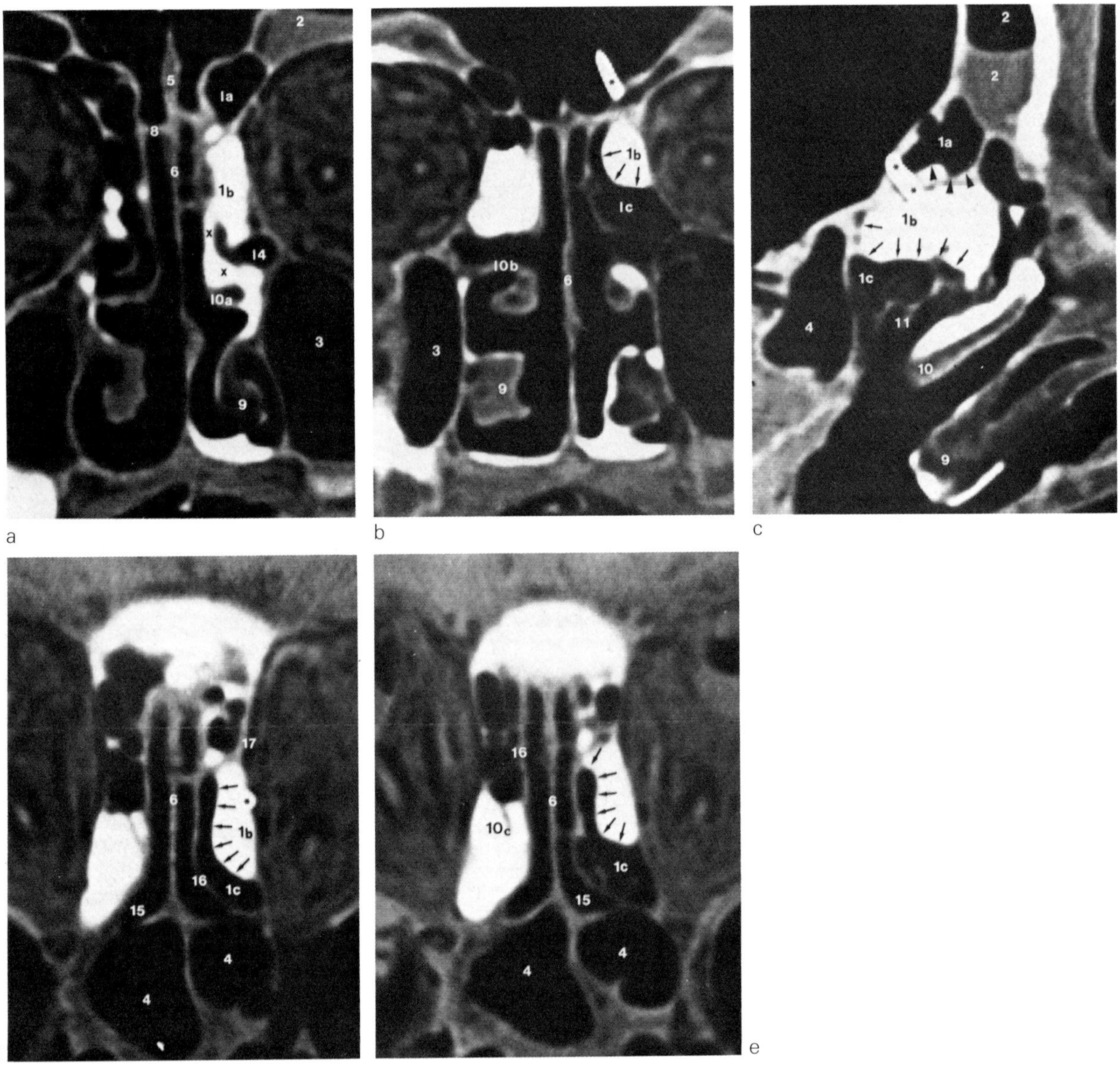

Abb. 4.**281 a–e** Computertomographische Darstellung der Siebbein-Anatomie (Fortsetzung). Grundlamelle Trennwand mittlerer von hinteren Siebbeinzellen der Beobachtung **a** nach intraethmoidaler Injektion von Bariumsulfatlösung. Kontrastmittel in mittleren Siebbeinzellen links sowie in mittleren und hinteren Siebbeinzellen beiderseits der Grundlamelle (10c) auf der rechten Seite. Nadel (*)

a Vorderer, koronaler Schnitt. Das Kontrastmittel ist von mittleren Siebbeinzellen (1b) in den mittleren Meatus (x) rund um die Bulla ethmoidalis (14) der linken Seite geflossen. Pneumatisierte vordere Siebbeinzelle (1a)

b Links: Hinterer koronaler Schnitt. Kontrastierte mittlere Siebbeinzelle (1b), getrennt von pneumatisierter hinterer Siebbeinzelle (1c) durch Grundlamelle (→). Rechts: Grundlamelle als feiner Füllungsdefekt zwischen kontrastierter mittlerer Siebbeinzelle (1b) oben und hinterer Siebbeinzelle (1a) unten

c Sagittaler Scan links. Die hintere Ausdehnung einer mittleren Siebbeinzelle (1b) ist kranial gut abgebildet. Vorn ist diese Zelle von einer pneumatisierten Siebbeinzelle (1a) durch eine transversal verlaufende Knochenwand getrennt (▶). Hintere Siebbeinzellen (1c), flüssigkeitsgefüllte Stirnhöhle (2), Keilbeinhöhle (4)

d Kranialer axialer Schnitt. Links kontrastierte mittlere Zelle (1b), nach hinten ausgedehnt. Infolgedessen erscheint die Grundlamelle (→) im Verlauf S-förmig

e Weiter kaudal. Mittlere Siebbeinzelle reicht so weit nach hinten

(aus Terrier, F., W. Weber, D. Ruefenacht, B. Porcellini: Amer. J. Neuroradiol. 6 [1985] 77) tionen bei Hemiatrophia cerebri oder auch nach frühzeitiger Enukleation des Bulbus oculi bzw. Exenteration der Orbita.

Von allen Nasennebenhöhlen ist das Siebbeinzellsystem am häufigsten konstant vorhanden. Eine völlige **Aplasie** sämtlicher Nasennebenhöhlen, einschließlich des Siebbeins, gehört zu den größten Seltenheiten (37); andererseits ist bei der Vielzahl und den Unterschieden in Form und Größe die Variabilität des Siebbeinlabyrinthes unter den Nebenhöhlen am größten (1).

Nach beiden Seiten dilatierte Siebbeinsysteme kommen als **Hypertelorismus** bei dem Siebbein übergeordneten Schädelentwicklungsstörungen wie fazialen Dysplasien vor (s. „Schädeldach – Allgemeiner Teil"). Das zu enge Siebbeinzellsystem mit **Hypotelorismus** findet sich wesentlich seltener (11) und gehört wohl zum Formenkreis der kraniofazialen Defekte der Holoprosenzephalie und genetisch übertragener Syndrome (Trisomie-13- und -20-Syndrom [27]).

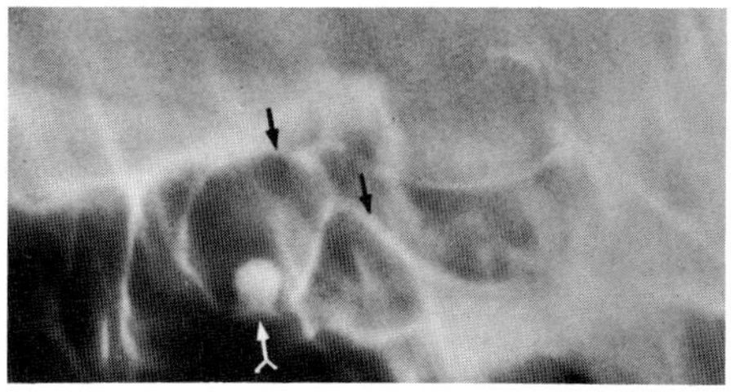

Abb. 4.**282** Großblasige hintere Siebbeinzellen (→) mit kleinem Osteom (↣)

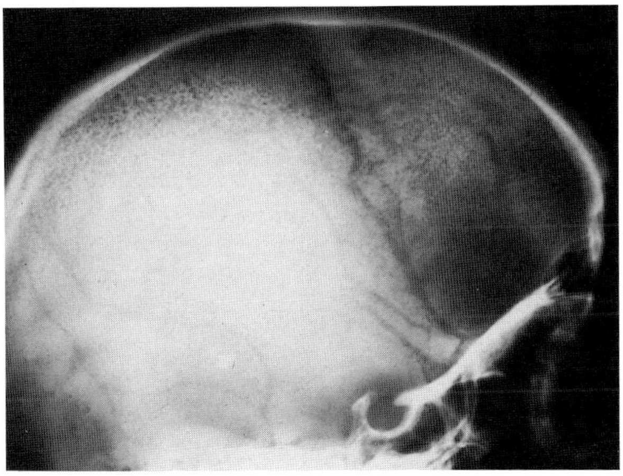

Abb. 4.**283** Hyperostose des Planum (ethmoideum et) sphenoidale (Verdacht auf Engelmann-Syndrom)

Verletzungsfolgen

Wie aus dem Abschnitt über die „Orbitae" hervorgeht, durchziehen Mittelgesichtsfrakturen nach LeFort II und III derart das Siebbein, daß man sie dem Begriff **„transethmoidale Brüche"** unterordnen kann. Mit der hochauflösenden Computertomographie ist es nicht nur möglich, sondern auch zweckmäßig, schon bei der Erstuntersuchung eines Patienten mit Gesichtsschädeltrauma das Ausmaß der hierdurch bedingten Veränderungen am Siebbein, dessen Nachbarknochen und auch am Gehirn festzustellen (25, 26). Eine besondere Bedeutung gewinnt dieser Nachweis bei posttraumatischen Liquorrhöen (51).

Erworbene Erkrankungen

Im Zentrum der umgebenden Nasen-, Nasenneben- und Augenhöhlen gehen krankhafte Prozesse meist entweder vom Siebbein aus und erstrecken sich in Nachbarstrukturen hinein, oder Nachbarschaftsprozesse greifen auf das Siebbein über. Ausnahmen bilden **Höhlenosteome** (Abb. 4.**282**), **Mukopyozelen** (12) und die extrem seltenen **zementbildenden Tumoren,** die aus dislozierten Periodalmembranen entstehen können (61). Eine Sonderrolle kommt der sog. polypoiden Ethmoidalmukozele zu, die am besten im Computertomogramm dargestellt wird (51).

Normalerweise besitzen die Siebbeinzellen eine Strahlentransparenz, die derjenigen der Kieferhöhlen gleicht (16). Isolierte Entzündungen von Siebbeinzellen bleiben meist unerkannt bzw. werden retrospektiv an den durch sie verursachten Komplikationen entdeckt.

Es ist darauf hinzuweisen, daß in Summationsaufnahmen vor allem Verschattungen einzelner Zellen, meist durch abgekammerte Entzündungen und deren Folgen bedingt, nicht zu erkennen sind, weil sie von vielen, normal lufthaltigen Zellen überlagert werden. Bei lebensbedrohlichen Zeichen einer meningo- oder gar meningoenzephalen Infektion ohne klinischen Hinweis für einen anderen primären Ausgangsherd ist deshalb jede einzelne Siebbeinzelle im Hinblick auf den gegenüber den anderen Nebenhöhlen leichteren Verbindungsweg zum Gehirn und dessen Hüllen sorgfältig tomographisch zu untersuchen.

Frühstadien sämtlicher Knochenaffektionen kommen natürlich auch am Siebbein vor. Als Beispiel sei die Frühform einer Hyperostose wiedergegeben, die Zimmer in der vorigen Auflage dieses Buches mit Wahrscheinlichkeit auf ein **Engelmann-Syndrom** (Abb. 4.**283**) bezog. Auch über einige seltene Beobachtungen einer **aneurysmalen Knochenzyste** des Siebbeins wurde berichtet (59).

Der radiologische Nachweis primärer maligner Tumoren des Siebbeins erfolgt nur bei fortgeschrittenen Stadien (47).

Keilbeinhöhle

Norm

Im Wachstum

Beim **Neugeborenen** ist die Keilbeinhöhle, wenn schon ausgebildet, stecknadelkopfgroß und radiologisch nicht zu erkennen. Im allgemeinen gelingt ihr erster Nachweis zwischen dem 4. und 8. Lebensjahr. Nach Vordringen in den Keilbeinkörper hört ihr Wachstum meist in der Pubertät, spätestens im 25. Lebensjahr, auf.

Beim Erwachsenen

Unteschiedliche *Größen* von minimalen Höhlen unter dem vorderen Sellaboden bis zur Pneumatisation sämtlicher Keilbeinanteile bis in das Dorsum und die Klinoidfortsätze hinein (Abb. 4.**284**), sind insgesamt als normal zu werten. In der Mehrzahl sind zwei Höhlen vorhanden, die durch ein medianes Septum, oft schräg oder gebogen verlaufend (52), getrennt sind. Die Aa. carotides interna können in der Seitenwand des Sinus sphenoidalis sigmaförmige Gefäßfurchen imprimieren.

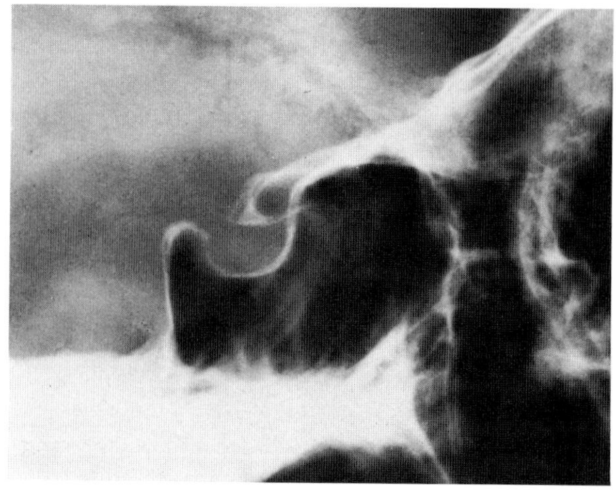

Abb. 4.**284** Pneumatisation des Dorsum sellae und der Klinoidfortsätze

Varianten und Anomalien

Wie in den übrigen Nasennebenhöhlen betreffen die Variationen in erster Linie die **Pneumatisationsformen,** deren meist mangelnde klinische Bedeutung sie in die Nähe der Norm rücken.

Die Pneumatisation der Keilbeinhöhle erstreckt sich nicht nur, wie schon gezeigt, in die vom Keilbeinkörper ausgehenden Knochenfortsätze (2), in die Processus clinoidei und über einen Recessus pterygoideus (Abb. 4.**285 a–c**) in die großen Keilbeinflügel. Dabei kann die Form der Knochenwände normal bleiben; doch bilden sich auch Auftreibungen im Sinne eines „Ballonsinus" mit abgeflachter Sella (Abb. 4.**286**) und hochstehendem Planum sphenoidale (Abb. 4.**287 a–d**) s. Kapitel „Schädelbasis – Sella turcica".

Abkammerungen der Keilbeinhöhle im Übergang von Lufträumen zu den hinteren Siebbeinzellen müssen oft infolge unmöglicher Zuordnung zu der einen oder anderen Höhle als Übergangszellen bezeichnet werden (Abb. 4.**288** bis 4.**290**).

Von diesen Formationen bis zu den Pneumatisationsvarianten, die als **Pneumosinus dilatans** (Abb. 4.**291**) bezeichnet werden, besteht rein morphologisch nur ein gradueller Unterschied, doch treten mit zunehmender Verlagerung der den aufgetriebenen Knochenpartien benachbarten Strukturen klinische Symptome auf, wie sie durch raumfordernde Prozesse jeder Art hervorgerufen werden können. Bei Ballonisierung der hinteren Siebbeinzellen und der Keilbeinhöhle werden die Sehnerven komprimiert (31). Man wird die Frage aufwerfen, ob bei der raumauffüllenden Funktion der Nasennebenhöhle nicht die flache Sella primär, die vergrößerte (dilatierte?) Keilbeinhöhle lediglich als Folge anzusehen ist. Auffallend ist die Häufung des gemeinsamen Auftretens eines Pneumosinus dilatans und des hinteren Siebbeines mit einem **Meningeom** des Planum sphenoidale (43[13]).

Ob man eine asymmetrisch größere Keilbeinhöhlenhälfte, (Abb. 4.**292**), als einseitige Überblähung auffaßt, ist eine Sache der Definition. Eine seitliche Schrägstellung des Planum bei unterschiedlicher Höhenausdehnung von zwei Keilbeinhöhlenhälften ist bekannt.

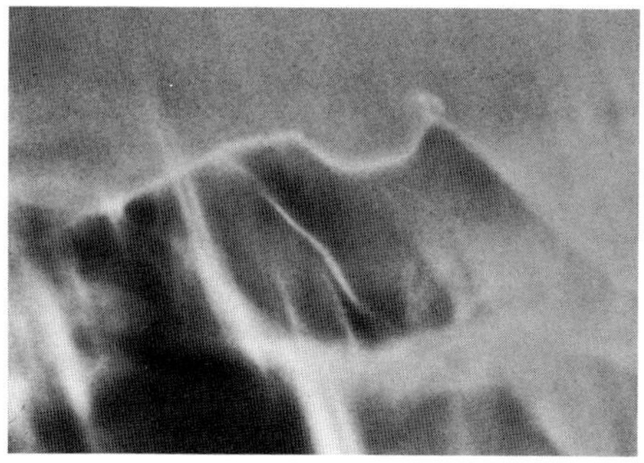

Abb. 4.**286** Pneumatisation der Keilbeinhöhle weit nach vorn und nach hinten unter den Klivus (Tomogramm). Flache Sella

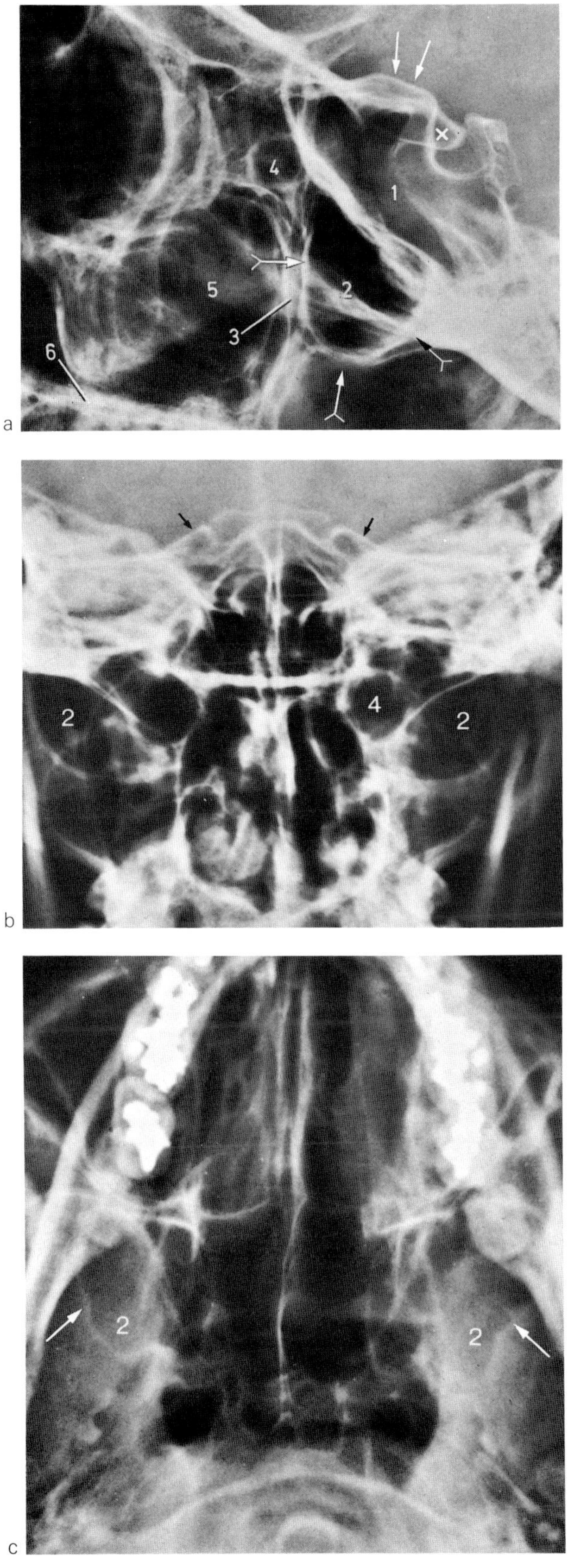

◁ Abb. 4.**285 a–c** Ausgedehnte Dilatation der Keilbeinhöhle. Die 24jährige Patientin klagt über seit Jahren bestehende, zeitweise auftretende, sehr starke Schmerzen im gesamten Kopf als Ursache ihrer „großen Nervosität"

a Aufnahme im seitlichen Strahlengang. Stirn- und Kieferhöhlen normal groß. Planum sphenoidale konvexbogig gewölbt (→). Stark pneumatisierte vordere Klinoidfortsätze in Projektion darunter. Pneumatisation des Dorsum sellae. Pneumatisationskammern unterhalb von Keilbeinhöhle (1) und mittlerer Schädelgrube. Boden des Recessus pterygoideus (2) fingerbreit unter Jochbogenhöhe, 2 cm über der Höhe des harten Gaumens (6), angrenzend an Rückwand der Kieferhöhle (5) resp. Processus pterygoideus (3). Übergangszelle (4) zwischen Kieferhöhlendach und Keilbeinhöhle

b Aufnahme im okzipitofrontalen Strahlengang. Septierung im oberen Kieferhöhlenbereich beiderseits mit flügelartiger Spreizung der Septen nach beiden Seiten. Pneumatisierte vordere Klinoidfortsätze (→), dazwischenliegend, stark nach oben gewölbt, das Planum sphenoidale, und darüber die hinteren Klinoidfortsätze

c Aufnahme im axialen Strahlengang. Der Recessus pterygoideus reicht beiderseits sehr weit nach lateral (→)

a, b

c, d

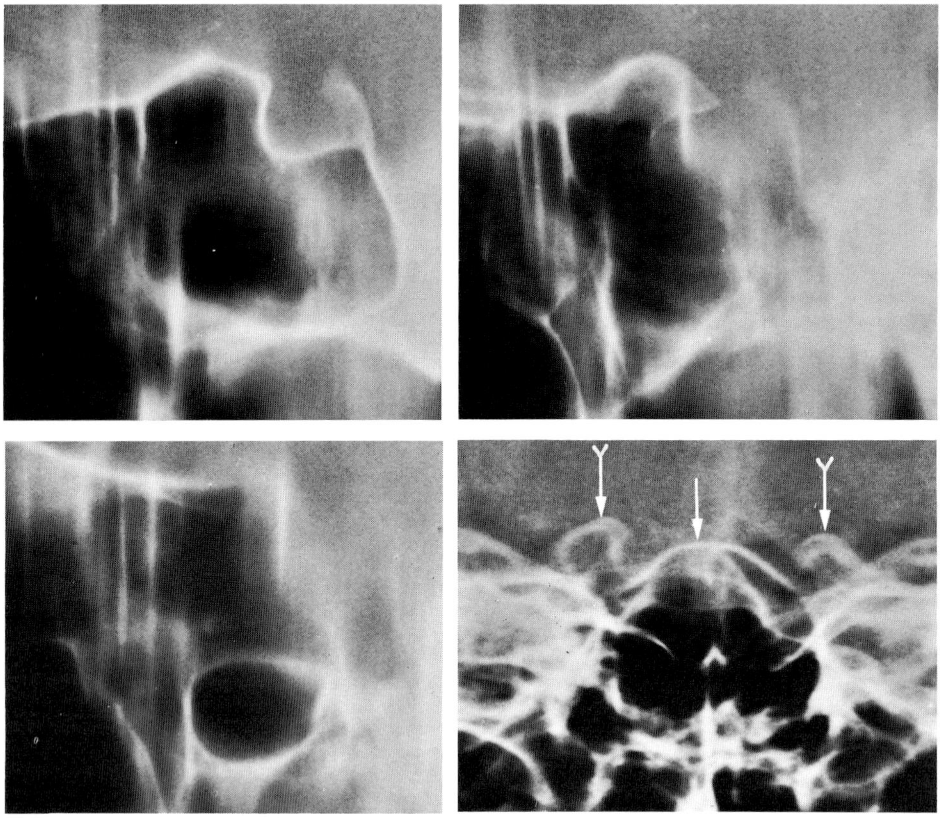

Abb. 4.**287 a–d** Ausgedehnte Dilatation der Keilbeinhöhle
a Hochstand des Planum sphenoidale (medianes Tomogramm)
b Pneumatisierter vorderer Klinoidfortsatz (paramedianes Tomogramm)
c Basale von der Keilbeinhöhle abgegrenzte Kammer (weit paramedianes Tomogramm)
d Kranial konvexe Kontur des Planum sphenoidale (→), pneumatisierte vordere Klinoidfortsätze beiderseits (↣)

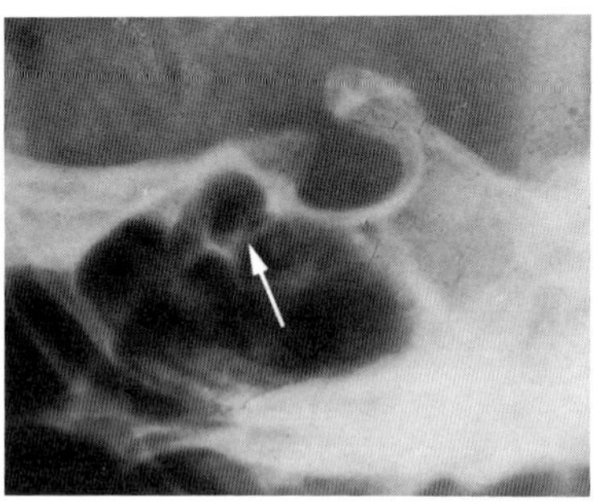

Abb. 4.**288** Abgekammerte Luftzelle im Übergang zwischen Keilbeinhöhle und hinteren Siebbeinzellen

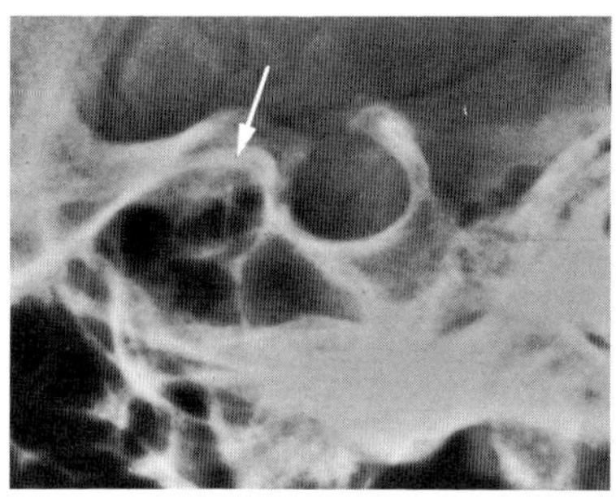

Abb. 4.**289** Hochstehendes Planum sphenoidale bei Abkammerung einer kleinen Zellgruppe zwischen der relativ kleinen Keilbeinhöhle und den hinteren Siebbeinzellen

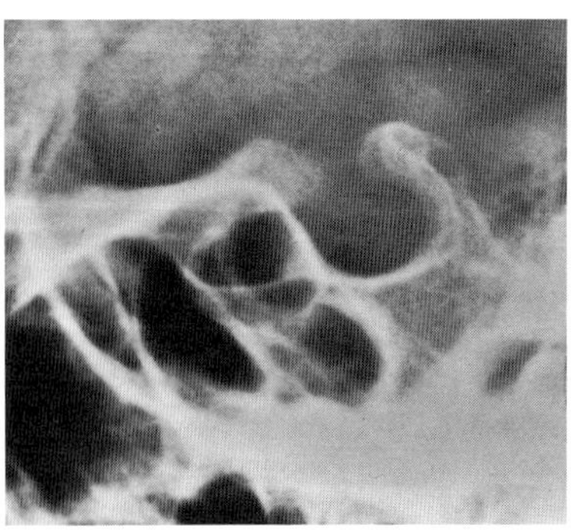

Abb. 4.**290** Kammerung mit groben Septen zwischen der kleinen Keilbeinhöhle und den hinteren Siebbeinzellen

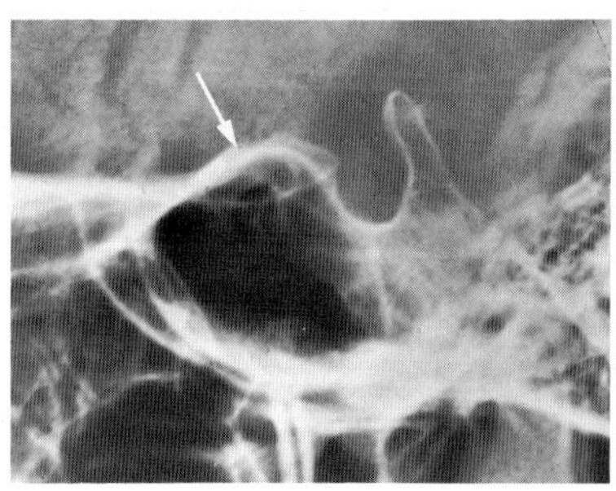

Abb. 4.**291** Mangelnde Ausdehnung nach hinten. Hyperpneumatisation der Keilbeinhöhle vorn. Enge Sella turcica. Hochstehendes Planum sphenoidale bei 9jährigem Mädchen

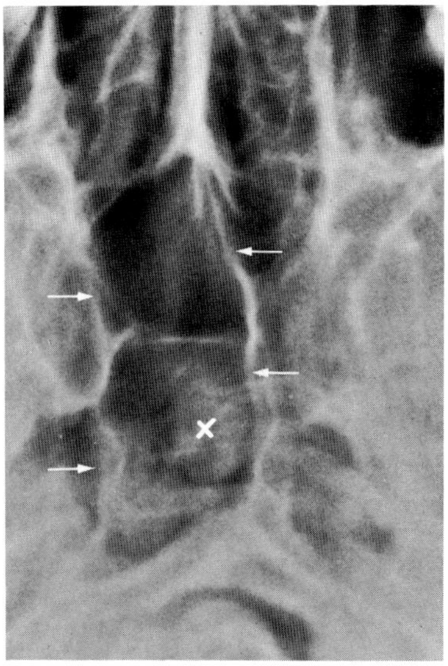

Abb. 4.**292** Einseitig rechts größere Keilbeinhöhle. Orthograd abgebildete Uvula (x)

Verletzungsfolgen

Die meisten Frakturen der die Keilbeinhöhle bildenden Knochen betreffen die Sella turcica. Der direkte Nachweis von Bruchspalten ist, wie im Kapitel „Schädelbasis – Allgemeiner Teil" ausgeführt, in der Schädelbasis, auch nach Einführung der Computertomographie, selten möglich. Der **Flüssigkeitsspiegel** in der Keilbeinhöhle, durch ein Hämatom hervorgerufen, bedeutet zwar nur einen indirekten Hinweis auf die Beteiligung dieser Nasennebenhöhle, doch ist diesem Hinweis weitgehend die Bedeutung eines Beweises zu geben. Dieser Spiegel ist bei aufrechter Körperhaltung der Untersuchten auf Summationsaufnahmen im seitlichen Strahlengang, aber auch im Computertomogramm (59[6]) zu erkennen.

Die **Häufigkeit** der Sellabrüche unter den Schädelbrüchen wird in der Unfalldiagnostik mit 1% (28), aber auch mit 15 bis 20% (57), bei Autopsien mit 20% (41) angegeben. Der **Verletzungsmechanismus** besteht in einer Quetschung des Schädels in der transversalen oder longitudinalen Richtung. Durch Zugübertragung auf das Tentorium kann es zu Brüchen des Dorsum sellae (67) wie auch zur Abrißfraktur der Processus clinoidei posteriores kommen (29). Die Keilbeinfraktur ist dann immer kombiniert mit Brüchen der Kalotte, der übrigen Schädelbasis und/oder des Gesichtsschädels. Typisch sind auch Keilbeinbrüche nach heftigem Schlag unter den Unterkiefer, dann natürlich verbunden mit Mandibula- und meist auch maxillofazialen Frakturen.

Die seltenen **Spontanbrüche des Dorsum sellae** erfolgen nach lange dauerndem Hydrozephalus, nach radiologischer Therapie, pituitärer Apoplexie und plötzlicher Dekompression einer geplatzten Hypophysenzyste (20, 75).

Die Erwähnung dieser Bruchformen im Rahmen dieses Buches erfolgt, weil trotz der höchst lebensgefährlichen Verletzung die radiologischen Symptome sehr diskret sein können, ihre Feststellung jedoch von größter klinischer Bedeutung ist.

Erworbene Erkrankungen

In ähnlicher Verteilung wie bei den Siebbeinzellen finden sich auch Erkrankungen der Keilbeinhöhle.

Die **Sinusitis sphenoidalis** mit Schleimhautschwellung und Erguß ist radiologisch erkennbar an der wandständigen oder homogenen Verschattung. Auch das entzündlich entstandene Exsudat kann Spiegel hervorrufen. Sie müssen allerdings das Niveau der großen Keilbeinflügel überragen, um sichtbar zu sein. Wegen der klinischen Symptomarmut kann die Entzündung der Keilbeinhöhle öfter vorkommen, als allgemein angenommen wird (14). Die akute eitrige Sinusitis der Keilbeinhöhle im Kindesalter, die wie jede akute Sinusitis in diesem Alter zu Meningismus und Meningitis führen kann, ist unter Umständen nur durch den Nachweis eines Flüssigkeitsspiegels (am besten in Rückenlage mit horizontalem Strahlengang) zu beweisen. Bei Meningitis und ätiologisch unklarem Meningismus ist diese Untersuchung zu empfehlen.

Als spezielle pathologische Befunde haben, wie bei den Siebbeinzellen, **Mukozelen** (10, 15) und **Osteome** (17) als charakteristisch zu gelten.

Auf sämtliche Befunde einzugehen, die von der Nachbarschaft übergreifen könnten, würde hier zu weit führen.

Literatur

1 van Alyea, O. E.: Ethmoid labyrinth. Arch. Otolaryng. 29 (1939) 881–902
2 van Alyea, O. E.: Roentgen examination of the sphenoidal sinus. Arch. Otolaryng. 34 (1941) 225–253
3 Berg, O., Ch. Carenfelt: Etiological diagnosis in sinusitis ultrasonography as clinical complement. Laryngoscope 95 (1985) 851–853
4 Beutel, A., A. Tänzer: Röntgendiagnostik der Orbitae, der Augen und der Tränenwege. In: Röntgendiagnostik des Schädels, Teil 2, red. v. L. Diethelm, F. Strnad. In Olsson, O., F. Strnad, H. Vieten, A. Zuppinger: Handbuch der Medizinischen Radiologie, Bd. VII. Springer, Berlin 1963 (Abb. 89)
5 Birzle, H., R. Bergleitner, E. H. Kuner: Traumatologische Röntgendiagnostik, 2. Aufl. Thieme, Stuttgart 1985 (Abb. 1.11 d, e)
6 Bischof, E.: Arachnodaktylie (Marfansches Syndrom). Fortschr. Röntgenstr. 79 (1953) 248–250
7 Cadin, P.: Le syndrome oculo-auriculo-vertébral de Goldenhar. Ann. Pédiatr. 29 (1982) 413–418
8 Caldwell, E.: Skiagraphy of accessory sinuses of nose. Amer. J. Roentgenol. 5 (1918) 343–351
9 Constans, J. P., J. F. Meder, P. Justiniano, M. Michalski, D. Fredy: Ostéome frontal à extension orbitaire. J. Fr. Ophthalmol. 7 (1984) 381–384
10 Costa, L. S., L. A. L. Resende: Sphenoid sinus mucocele. Arch. Neurol. 41 (1984) 897–898
11 Currarino, G., F. N. Silverman: Orbital hypotelorism, arrhinencephaly, trigonocephaly. Radiology 74 (1960) 206–217

12 Dolan, K. D.: Paranasal sinus radiology; part 2 A: Ethmoidal sinuses. Head Neck Surg. Jul./Aug. (1982) 486–498
13 Dolan, K. D.: Paranasal sinus radiology; part 2 B: Ethmoidal sinuses. Head Neck Surg. Sept./Oct. (1982) 53–64
14 Dolan, K. D.: Paranasal sinus radiology; part 3 A: Sphenoidal sinus. Head Neck Surg. Nov./Dec. (1982) 164–176
15 Dolan, K. D.: Paranasal sinus radiology; part 3 B: Sphenoidal sinus. Head Neck Surg. Jan./Feb. (1983) 237–250
16 Dolan, K. D.: The ethmoid sinus. Plainfilm and tomographic radiology. Otolaryng. Clin. North Amer. 18 (1985) 1–28
17 Dolan, K. D., R. W. Babin, Wendy R. K. Smoker: Osteoma of the sphenoidal sinus. Case Report 200. Skeletal Radiol. 8 (1982) 233–234
18 Dolan, K. D., Wendy R. K. Smoker: Paranasal sinus radiology; part 4 B: Maxillary sinuses. Head Neck Surg. 5 (1983) 428–444
19 Driesen, W., R. Lempp, H. Schmidt: Klinik, Radiologie und chirurgische Behandlung der kindlichen Hemiplegie. Dtsch. med. Wschr. 87 (1962) 1094–1100
20 Gutin, P. H., W. G. Cushard jr., C. B. Wilson: Cushing's disease with pituitary apoplexy leading to hypopituitarism, empty sella, and spontaneous fracture of the dorsum sellae: Case report. J. Neurosurg. 51 (1979) 866–869
21 Haas, L.: Über die Entwicklung der Nasennebenhöhlen (mit Rücksicht auf die Aplasie der Stirnhöhlen). Fortschr. Röntgenstr. 49 (1934) 203. Sitzungsbericht
22 Han, J. S., R. G. Huss, J. E. Benson: M.R.-Imaging of the skull base. J. Comput. Assist. Tomogr. 8 (1984) 944–950
23 Haschim, A. S. M., T. Asakura, H. Awa, K. Yamashita, K. Takasaki, F. Yuhi: Giant mucocele of paranasal sinuses. Surg. Neurol. 23 (1985) 69–74
24 Hollmann, K.: Traumatische Veränderungen der Kiefer und Zähne. In: Röntgendiagnostik des Schädels, Teil 2, red. v. L. Diethelm, F. Strnad. In Olsson, O., F. Strnad, H. Vieten, A. Zuppinger: Handbuch der Medizinischen Radiologie, Bd. VII. Springer, Berlin 1963 (S. 111–129)
25 Holt, G. R., J. E. Holt: Nasoethmoid complex injuries. Otolaryng. Clin. North Amer. 18 (1985) 87–98
26 Jend, H.-H., I. Jend-Rossmann: A systematic approach to the diagnosis of transethmoidal fractures in CT. Europ. J. Radiol. 5 (1985) 8–11
27 Judisch, G. F., St. P. Kraft, J. A. Bartley, Ch. G. Jacoby: Orbital Hypotelorism. Arch. Ophthalmol. 102 (1984) 995–997
28 Kojima, T., Sh. Waga, F. Masakazu: Fracture of the sella turcica. Neurosurgery 16 (1985) 225–229
29 Kotscher, E.: Die Röntgendiagnostik der Schädeltraumen. I. Traumatische Veränderungen. In: Röntgendiagnostik des Schädels, Teil 2, red. v. L. Diethelm, F. Strnad. In Olsson, O., F. Strnad, H. Vieten, A. Zuppinger: Handbuch der Medizinischen Radiologie, Bd. VII. Springer, Berlin 1963 (S. 34–35)
30 Lörinc, P., J. E. Rosengren: Über die Röntgendiagnose der Schleimhautzyste der Kieferhöhle. Radiologe 23 (1983) 553–559
31 Lombardi, G., A. Passerini, A. Cecchini: Pneumosinus dilatans. Acta radiol. Diagn. 7 (1968) 535–542
32 Marañón, G., F. G. Armengaud: Chronology of the sphenoidal sinus and its value in diagnosis. Brit. med. J. 1954/I, 778–779
33 Maresh, M., A. H. Washburn: Paranasal sinuses from birth to late adolescence. 1. Size of the paranasal sinuses as observed in routine postero-anterior roentgenograms. Amer. J. Dis. Child. 60 (1940) 841–861
34 Matschke, R. G.: Die Bewertung der Sonografie bei Erkrankungen der Nebenhöhlen. HNO 32 (1984) 502–506
35 Mattox, D. E., G. Delaney: Anatomy of the ethmoid sinus. Otolaryng. Clin. North Amer. 18 (1985) 3–14
36 Mendelsohn, D. B., Y. Hertzanu: Hypoplasia of the maxillary antrum. S. Afr. med. J. 63 (1983) 496
37 Mocellin, L.: Panagenesia of the paranasal sinuses. Arch. Otolaryng. 88 (1968) 109–112
38 Noyek, A. M., J. Zismor; zit. nach Dolan und Smoker (18)
39 Olow-Nordenham, M. A. K., C. T. Rådberg: Maxillo-nasal dysplasia (Binder syndrome) and associated malformations of the cervical spine. Acta radiol. Diagn. 25 (1984) 353–360
40 Ondraschek, G.: Seltener Verbindungsgang zwischen Oberkiefer und Stirnhöhle. Röntgenpraxis 15 (1943) 289–290
41 Ortega, F. J. V., N. S. Longridge: Fracture of the sella turcica. Injury (1974) 335–337
42 Potter, G. D.: Röntgendiagnostik der Nasennebenhöhlen und des Gesichtsschädels. In Valvassory, G. E., G. D. Potter, W. N. Hanafee, B. L. Carter, R. A. Buckingham: Radiologie in der Hals-Nasen-Ohrenheilkunde, hrsg. v. G. Canigiani, G. Wittich; deutsche Übersetzung von Krista Schmidt. Thieme, Stuttgart 1984 ([1]S. 133; [2]S. 199; [3]S. 179; [4]S. 183; [5]S. 185; [6]S. 188; [7]S. 201)
43 Psenner, L.: Die Röntgendiagnostik der Nase, der Nasennebenhöhlen und des Epipharynx. In: Röntgendiagnostik des Schädels, Teil 2, red. v. L. Diethelm, F. Strnad. In Olsson, O., F. Strnad, H. Vieten, A. Zuppinger: Handbuch der Medizinischen Radiologie, Bd. VII. Springer, Berlin 1963 (S. 131–364) ([1]S. 159–160; [2]S. 167–169; [3]S. 189–190; [4]Abb. 47; [5]S. 198–199; [6]S. 280–282; [7]S. 160; [8]S. 164; [9]S. 162–163; [10]S. 195–198; [11]S. 171; [12]S. 172; [13]S. 178; [14]S. 211; [15]S. 219 ff.; [16]S. 192)
44 Rhea, J. T., A. L. Weber: Giant-Cell-Granuloma of the Sinuses. Radiology 47 (1983) 135–137
45 Reimann, F., V. Kayhan, U. Talatli, E. Gökmen: Röntgenologische und klinische Untersuchung der Nase, der Nasennebenhöhlen und des Oberkieferknochens bei Patienten mit schwerer Eisenmangelkrankheit. Z. Laryng. Rhinol. 54 (1975) 880–890
46 Reyes de la Rocha, S., T. J. Pysher, J. C. Leonard: Dyskinetic cilia syndrome: clinical, radiographic and scintigraphic findings. Pediat. Radiol. 17 (1987) 97–103
47 Rice, D. H.: Benign and malignant tumors of the ethmoid sinus. Otolaryngol. Clin. North Amer. 18 (1985) 113–124
48 Rogers, L. F.: Radiology of Skeletal Trauma. Churchill Livingstone, New York 1982 ([1]fig. 12–13; [2]fig. 12–9; [3]p. 258–259)
49 Rogers, L. F., M. Mikhael, Miriam Christ, A. Wolff: Giant cell granuloma of the sphenoid bone. Case report. Skeletal Radiol. 12 (1984) 48–53
50 Samuel, E.: Diskussionsbemerkungen zu Mendelsohn (36)
51 Sartor, K. J., M. P. Ward, F. J. Hodges, H. S. Glazer: Current state of ENT radiology. Curr. Probl. Diagn. Radiol. 14 (1985) 1–86
52 Sataloff, R. Th., Ch. B. Grossman, G. Gonzales, M. H. Naheedy: Computed tomography of the face and paranasal sinuses; part I: Normal anatomy. Head Neck Surg. 7 (1984) 110–122
53 Sataloff, R. Th., Ch. B. Grossman, C. Gonzales, N. Naheedy: Computed tomography of the face and paranasal sinuses; part II: Normal anatomy and pathologic conditions. Head Neck Surg. 7 (1985) 369–389
54 Saltzman, E. I.: Aneurysmal bone cyst of the ethmoid. Head Neck Surg. Jul./Aug. (1983) 468
55 Schertel, L.: Die Höhlenosteome. Radiologe 15 (1975) 62–68
56 Schiffer, K. H.: Schädelnahtstörungen als Konstitutionsstigmen am Beispiel des Down-Syndroms. Radiologe 6 (1966) 248–250
57 Schmidek, H.: Redaktioneller Kommentar zu Kojima (28)
58 Schmidt, H.: Röntgenologische Differentialdiagnose von Schädelbasisasymmetrien. Zbl. Neurochir. 22 (1961) 81–93
59 Schneider, G., E. Tölly: Radiologische Diagnostik des Gesichtsschädels. Thieme, Stuttgart 1984 ([1]S. 34; [2]S. 68; [3]S. 54; [4]S. 58; [5]Abb. 2.115; [6]S. 17; [7]Abb. 2.36 a)
60 Schwörer, I., E. Gerstenberg, H. C. Krause: Die Mukozele der Nasennebenhöhle – ein röntgendiagnostisches Problem? Fortschr. Röntgenstr. 117 (1972) 642–647

61 Shanmugham, M. S.: Cementifying fibroma of the ethmoidal sinus. J. Laryngol. Otol. 98 (1984) 639–642
62 Sherk, H. H., L. A. Whitaker, P. S. Pasquariello: Facial malformations and spinal anomalies: a predictate relationship. Spine 7 (1982) 526–531
63 Šmahel, Z.: Cephalometric and morphologic changes associated with unilateral cleft lips and palate in adults. Acta Chir. Plast. 24 (1982) 1–18
64 Som, P. M.: The paranasal sinuses. In Bergeron, Th., Anne G. Osborn, P. M. Som: Head and Neck Imaging. Mosby, St. Louis 1984 (p. 1–142)
65 Som, P. M.: CT of the paranasal sinuses. Neuroradiol. 27 (1985) 189–201
66 Sonesson, A.: Die Röntgendiagnostik der Kiefer und Zähne. In: Röntgendiagnostik des Schädels, Teil 2, red. v. L. Diethelm, F. Strnad. In Olsson, O., F. Strnad, H. Vieten, A. Zuppinger: Handbuch der Medizinischen Radiologie, Bd. VII. Springer, Berlin 1963 (S. 886–988)
67 Spiers, F.: Isolated fracture of the dorsum sellae. Acta Ophthalmol. (Copenh.) 42 (1964) 884–888
68 Stammberger, H., R. Jakse, F. Beaufort: Aspergillus-Mykosen der Nasennebenhöhlen. Münch. med. Wschr. 125 (1983) 815–818
69 Stammberger, H.: Zur Entstehung röntgendichter Strukturen bei Aspergillus-Mykosen der Nasennebenhöhlen. HNO 33 (1985) 62–64
70 Stewart, R. E., A. E. Poole: The orofacial structures and their association with congenital abnormalities. Pediat. Clin. North Amer. 29 (1982) 547–584
71 Süsse, H. J.: Ist die Asymmetrie von Stirnhöhlen von pathologischer Bedeutung? Fortschr. Röntgenstr. 92 (1960) 165–170
72 Süsse, H. S.: Nerven- und Gefäßkanäle am Os zygomaticum und am Sinus maxillaris. Fortschr. Röntgenstr. 95 (1961) 505–509
73 Suonpää, J.: Occult maxillary sinusitis in children. Disease or radiological error? Acta Otolaryng. (Stockh.), Suppl. 412 (1984) 85–87
74 Takahashi, R.: The formation of the human paranasal sinuses. Acta Oto-Laryng., Suppl. 408 (1983) 1–28
75 Tanizaki, Y., S. Kobayashi, N. Kobayshi, K. Sugita: Salaam fracture of the dorsum sellae. Neurosurgery 10 (1982) 748–750
76 Taybi, H.: Radiologie der Syndrome. Thieme, Stuttgart 1982 (Kap. 466)
77 Terrier, F., W. Weber, D. Ruefenacht, B. Porcellini: Anatomy of the ethmoid. Amer. J. Neuroradiol. 6 (1985) 77–84
78 Trede, H.: Osteome in den Kieferhöhlen. Fortschr. Röntgenstr. 109 (1968) 673–674
79 Unger, June, M., Katherine Shaffer, J. A. Duncavage: Computed tomography in nasal and paranasal sinus disease. Laryngoscope 94 (1984) 1319–1323
80 Wasson, W.: A study of the maxillary sinuses by repeated radiographs from birth to seven years. Int. J. Orthodont. etc. 16 (1930) 768–779
81 Waters, J. W., C. W. Waldron: Roentgenology of accessory nasal sinuses describing modifications of occipitofrontal positions. Amer. J. Roentgenol. 2 (1915) 633–639
82 Wells, R. G., J. R. Sty, A. D. Landers: Radiologic evaluation of Pott puffy tumor. J. Amer. med. Ass. 255 (1986) 1331–1333
83 Young, L. W.: Radiologic imaging of Pott puffy tumor and other frontal sinusitis complications. Editorial, Amer. J. Dis. Child. 410 (1986) 197
84 Zenner, J.-P.: Ultraschalldiagnostik der Nasennebenhöhlen. HNO 33 (1985) 534–540

Jochbogen

Norm

Im Wachstum

Der Arcus zygomaticus bildet sich aus dem Processus zygomaticus ossis temporalis und dem Processus temporalis ossis zygomatici. Die beiden Knochenfortsätze legen sich in der ungefähr 1,5 cm langen, von vorn oben nach hinten unten schräg verlaufenden Sutura temporozygomatica aneinander. Der Jochbogen verjüngt sich von vorn nach hinten.

Beim Erwachsenen

Der Arkus überspannt die Fossa temporalis, durch die der M. temporalis zum Processus coronoideus des Unterkiefers zieht.

Radiologisch läßt sich der nach außen vorspringende Jochbogen im mehr oder minder axial gerichteten Strahlengang nach der Methode von Zimmer (11) (Abb. 4.**293**) frei darstellen. In das Innere des vom Jochbogen gebildeten Lumens projiziert sich von hinten her der Processus coronoideus des Unterkiefers. In der Sagittalebene wird jedoch im submentookzipitalen Strahlengang (Water's view) bei genügend weiter Ausdehnung des Strahlenbündels der Jochbogen, wenn auch durch Summation überlagert, gut übersichtlich beurteilbar.

Eindellungen des Jochbogens und damit eine angedeutete W-Form kann, stets beiderseits beobachtet, normalerweise vorkommen (5).

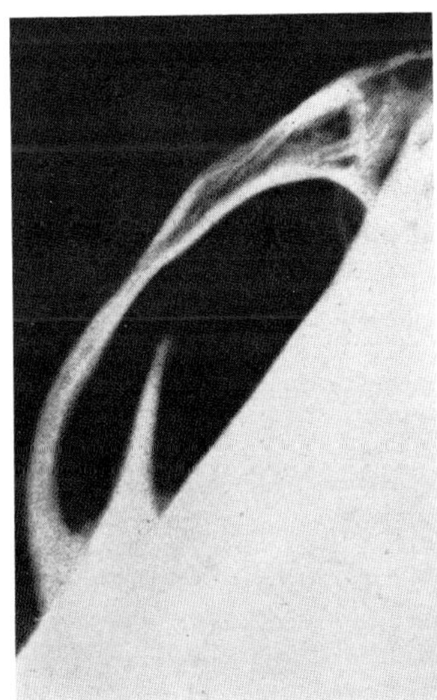

Abb. 4.**293** Jochbogen nach Zimmer

Varianten

Nahe der Sutur springt häufig ein **Tuberkulum des Jochbogens** gegen die Fossa temporalis vor. Als **Jochbogen-Exostose,** die sehr selten auftritt und in Gewebsverbindung mit dem Kieferköpfchen stehen kann (CT!), wurde ein Gebilde beschrieben, das mit dem zuvor erwähnten Tuberkulum wohl identisch ist (1).

Eine nicht vollständige Verschmelzung der beiden Fortsätze aus Os zygomaticum und Os temporale kann zum **Zygomaticum bipartitum,** ganz selten auch **tripartitum,** führen. Ein **Os interzygomaticum** ist als Schaltknochen des Jochbogens anzusehen und muß von dem bei Japanern am häufigsten (3,2%) vorkommenden Os malare bipartitum, also dem zweigeteilten Jochbein, unterschieden werden (8).

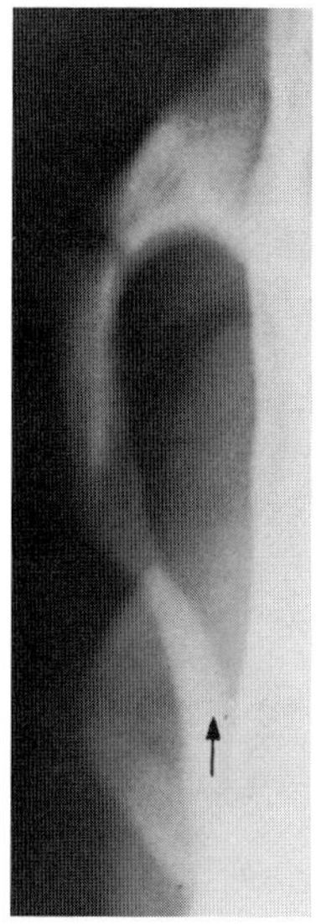

Abb. 4.**294** Impressionsfraktur des Jochbogens. Bruchstelle durch Processus coronoideus mandibulae verdeckt

Anomalien

Eine Hypoplasie findet man bei der **Dysostosis mandibulofacialis** und bei der **Neurofibromatose** (von Recklinghausen-Syndrom).

Verletzungsfolgen

Frakturen des Jochbogens erfolgen entweder im Rahmen schon besprochener Gesichtsschädelbrüche (Abschnitt „Orbitae“ und „Kieferhöhlen“) oder isoliert nach direkter Gewalteinwirkung, dann meist in mehreren Fragmenten (3, 6, 7, 9) (Abb. 4.**294**).

Erworbene Erkrankungen

Der Arcus zygomaticus kann durch Osteome (12) und „Osteochondrome“ (2, 4, 10) des Processus coronoideus mandibulae arrodiert werden (s. „Unterkiefer“).

Das Os zygomaticum ist eine der Prädilektionsstellen der hämatogenen kindlichen Knochentuberkulose am Schädel. Sie führt hier zu Entkalkung und mottenfraßähnlicher Destruktion [Abb. 4.**295**]).

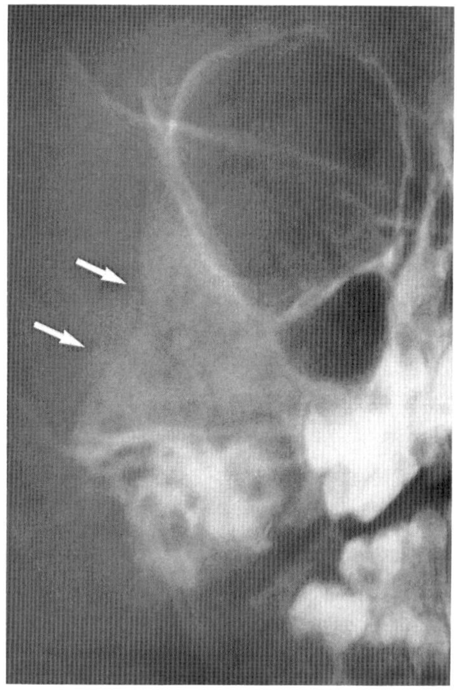

Abb. 4.**295** Knapp 6jähriger türkischer Junge. Mottenfraßähnliche Destruktion des Os zygomaticum durch eine hämatogene kindliche Knochentuberkulose (Beobachtung von Holthusen, Hamburg)

Literatur

1 Boland, Th., O. R. Beirne: Zygomatic exostosis. Int. J. Oral Surg. 12 (1983) 124–126

2 Brailsford, J. F.: An unusual osteochondroma from the coronoid process of the mandible. Brit. J. Radiol. 25 (1952) 555–556

3 Clementschitsch, F.: Über die Röntgenuntersuchung bei Frakturen des Os zygomaticum. Z. Stomatol. 39 (1937) 909–914

4 Holmes, F. H.: Mandibular block by osteochondroma of the coronoid process. Radiology 67 (1956) 578–581

5 Jažuta, K. R.: Über eine eigenartige Krümmung des Jochbogens. Anat. Anz. 61 (1926) 166–171

6 Kotscher, E.: Die Röntgendiagnostik der Schädeltraumen. I. Traumatische Veränderungen. In: Röntgendiagnostik des Schädels, Teil 2, red. v. L. Diethelm, F. Strnad. In Olsson, O., F. Strnad, H. Vieten, A. Zuppinger: Handbuch der Medizinischen Radiologie, Bd. VII. Springer, Berlin 1963 (S. 61)

7 Loepp, W., R. Lorenz: Röntgendiagnostik des Schädels, 2. Aufl. Thieme, Stuttgart 1971 (S. 326)

8 Neiss, A.: Über wenig bekannte Skelettvariationen. Fortschr. Röntgenstr. 94 (1961) 227–232

9 Pannewitz, G., v.: Zur Darstellung der Jochbogenfrakturen. Fortschr. Röntgenstr. 85 (1956) 727–730

10 Sonesson, A.: Die Röntgendiagnostik der Kiefer und Zähne. In: Röntgendiagnostik des Schädels, Teil 2, red. v. L. Diethelm, F. Strnad. In Olsson, O., F. Strnad, H. Vieten, A. Zuppinger: Handbuch der Medizinischen Radiologie, Bd. VII. Springer, Berlin 1963 (S. 886–982)

11 Zimmer, E. A.: Der normale und der gebrochene Jochbogen in neuen Aufnahmerichtungen. Fortschr. Röntgenstr. 55 (1937) 67–77

12 Zimmer, E. A.: Die Röntgenologie des Kiefergelenkes. Schweiz. Mschr. Zahnheilk. 51 (1941) 949–983

Unterkiefer

Vorbemerkung

Wegen der Zahnuntersuchungen gehören Ober- und Unterkiefer zu den am häufigsten radiologisch untersuchten Skeletteilen des Körpers. Dieses Buch wendet sich an den Radiologen. Die Durchführung und Auswertung radiologischer Untersuchungen der Zähne wie von Stellungsunregelmäßigkeiten der Kiefer oblag in den letzten Jahrzehnten Zahnärzten und Kieferchirurgen. Da andererseits normale und pathologische Veränderungen an den Kieferknochen den Radiologen nach wie vor unverändert interessieren, läßt sich nicht scharf trennen, welche Befunde in diesem Kapitel für den Radiologen zu beschreiben bzw. fortzulassen sind. Die Besprechung der radiologischen Symptomatik der Kieferknochen kann die Alveolarfortsätze nicht unberücksichtigt, die Beschreibung von Befunden an den Alveolarfortsätzen die Zähne nicht unerwähnt lassen.

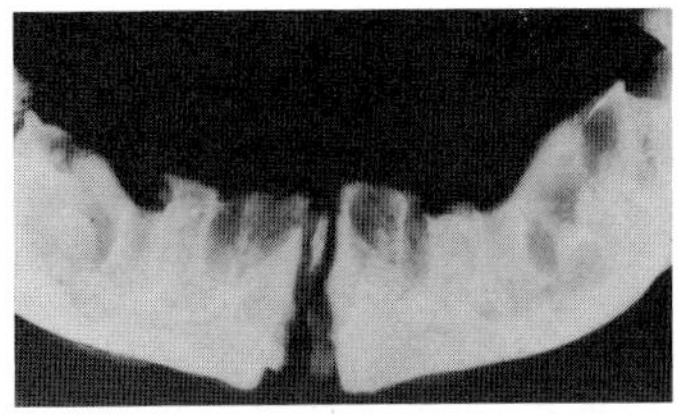

a

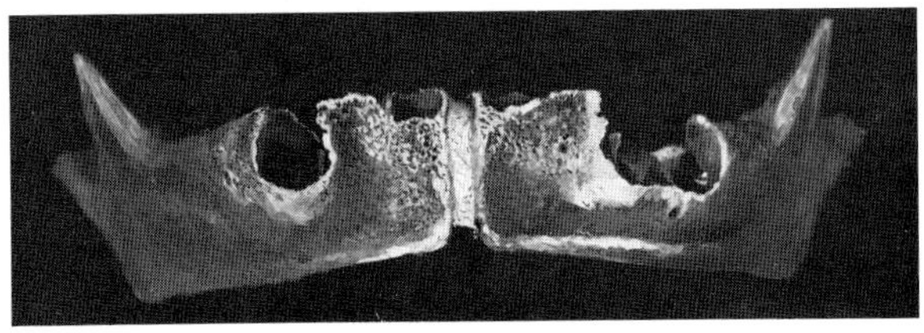

b

Abb. 4.**296a** u. **b** Unterkiefer eines Neugeborenen, Kinnspalte
a Radiographisch
b Photographisch

Norm

Im Wachstum

Der Unterkiefer des **Neugeborenen** ist noch in eine rechte und linke Hälfte geteilt (Abb. 4.**296a** u. **b**). Manchmal sind kleine Knöchelchen in die Kinnspalte eingelagert. Die Vereinigung und somit die Synostosierung mit Verschwinden der Symphysis mentalis erfolgt im 1. oder 2. Lebensjahr.

Die weitere Entwicklung unterliegt den Regeln der Ausbildung des Gesichtsschädels, die allerdings ihrerseits stark von der Funktion des Kauens bestimmt ist. So wächst der Gesichtsschädel zwar auch in Schüben und mit Pausen, doch in einer Periodik, die von der des Hirnschädels erheblich abweicht. Ohne auf Einzelheiten einzugehen, ist als besonders auffallende Konfiguration der Mandibel der **Kieferwinkel** anzuführen, der phylo- und ontogenetisch viel beachtet wurde und vom Neugeborenen bis zum Erwachsenenalter um 10 bis 20 Grad steiler, nach Ausfall der Zähne wieder flacher wird (Abb. 4.**297**).

Ein charakteristischer **Geschlechtsunterschied** während des Wachstums besteht insofern, als die Höhe der Mandibula beim weiblichen Geschlecht mit dem 15. Lebensjahr ihr Maximum während des Lebens erreicht, während der Unterkiefer beim männlichen Geschlecht zwischen dem 15. und 20. Lebensjahr noch einmal deutlich an Höhe gewinnt (22, 31).

Beim Erwachsenen

Um die späteren Ausführungen über pathologische Gewebsbefunde am Unterkiefer zu verstehen, ist es unerläßlich, den **normalen Zahn** und seinen speziellen histologischen Aufbau zu kennen.

Abb. 4.**298** gibt die Skizze eines normalen Zahns wieder. Er besteht aus Zahnbein (Dentinum, Substantia eburnea), dem Schmelz (Enamelum, Substantia adamantina) und dem Zement (Cementum, Substantia ossea). Die Krone des gewöhnlich aus Dentin bestehenden Zahns ist vom Schmelz überzo-

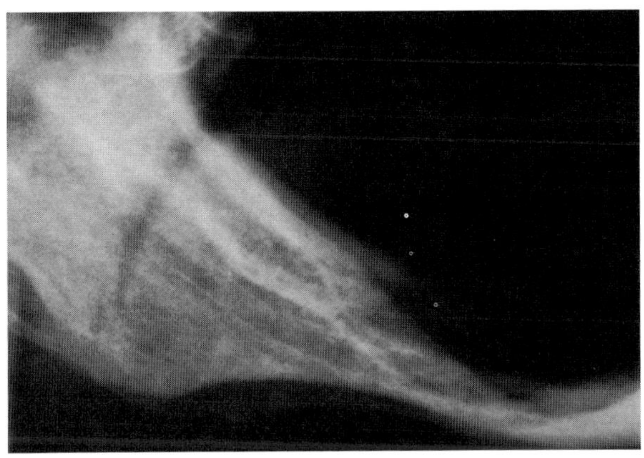

Abb. 4.**297** Atrophie des Alveolarfortsatzes und Abflachung des Kieferwinkels im Senium

gen, die Wurzel vom Zement. Die im Alveolus des Kiefers steckende Wurzel wird dort durch quer verlaufende Fasern der Wurzelhaut (Desmodont, Periodontium, Periosteum alveolare) festgehalten. Die Partie zwischen Schmelzrand und Arcus alveolaris wird als Zahnhals bezeichnet und ist vom Zahnfleisch überzogen. Im Inneren des Zahnes ist ein Hohlraum, dessen größerer Teil, in der Krone und im Hals liegend, als Pulpakammer (Cavum dentis) bezeichnet wird; von dieser führen nach jeder Wurzel schmale Wurzelkanäle (Canales radicis dentis) und münden dort in ein feines Wurzelloch (Foramen apicis dentis oder Foramen apicale). Kanäle können sich auch aufspalten und links und rechts vom Apex münden.

Die Mandibula besteht aus dem **Corpus** und den beiden **Rr. mandibulae.** Der R. mandibulae steigt beiderseits unter seitlicher Ausladung nach oben und hinten an und läuft in zwei Fortsätze aus: vorn in den **Processus coronoideus** (Ansatz für den M. temporalis) und hinten in den **Processus condylaris** mit **Collum** und das **Caput mandibulae.** Die zwischen den beiden Fortsätzen gelegene **Incisura mandibulae** kann stark eingesenkt, aber auch sehr flach

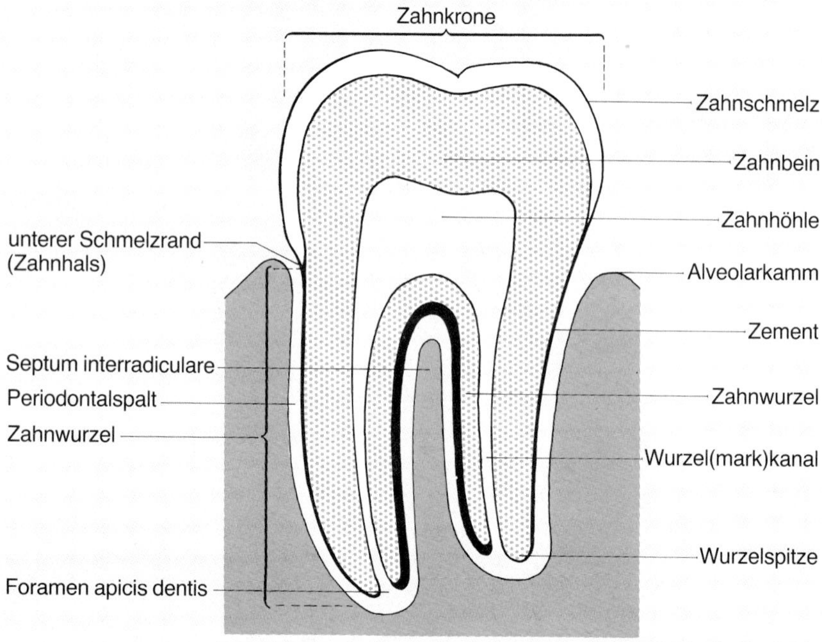

Abb. 4.**298** Zahn

sein. In der Mitte der medialen Fläche des aufsteigenden Astes liegt das Foramen mandibulae, der Beginn des **Canalis mandibularis,** der sich in der Spongiosa nach ventral bis zur Alveole des medialen Schneidezahnes zieht, knapp davor im **Foramen mentale** eine Mündung nach außen besitzt (Abb. 4.**299**) und von da ab bis zur vorderen Mündung nur noch ein sehr schmales Lumen aufweist. Radiologische Beschreibungen des Mandibulakanals s. bei Richards u. Coleman (42) sowie Sherman u. Glauser (50). An der lingualen Fläche des Corpus mandibulae befindet sich beiderseits über einer **Linea mylohyoidea** (Ursprungsort des M. mylohyoideus) vorn eine Einbuchtung des Kieferknochens für die sublinguale und unter dieser Linie hinten eine Mulde für die submandibulare Speicheldrüse (39). An der Außenseite läuft eine **Linea obliqua** vom R. mandibulae auf die Außenfläche des Corpus in das Wurzelgebiet der Molaren.

Zur **radiologischen Darstellung** eignet sich, solange eine Untersuchung des Patienten in aufrechter Körperhaltung möglich ist, am besten die **Panoramatechnik,** entweder mit der Vergrößerung oder mit dem Schichtverfahren (Pantomographie [11, 40]), wenngleich bei gezielter klinischer Fragestellung die Aufnahme des Einzelzahnes (in der richtigen Projektion) eventuell genauere Informationen liefern kann.

Im *seitlichen Strahlengang* können sich beide Unterkieferhälften überdecken, doch ist nur in dieser Projektion – auch im Orthopantomogramm (18) – die Größe des Kieferwinkels zu bestimmen. In der schräg seitlichen Projektion („hängender Kiefer") sieht man getrennt die horizontalen Anteile des Kieferkörpers. Bei seitlichen Tomogrammen empfiehlt es sich, den Schädel um 20 bis 30 Grad zur betroffenen Stelle zu drehen. Zur Schichtung eines R. mandibulae genügt eine Drehung von 10 bis 15 Grad.

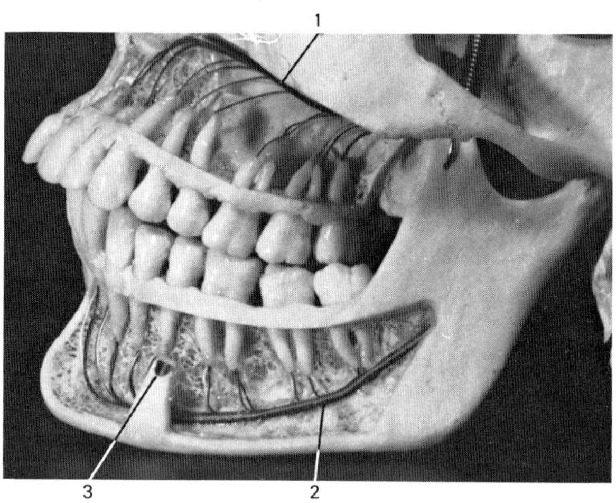

Abb. 4.**299** Ober- und Unterkiefer
1 = Gefäß- und Nervenversorgung (Plexus dentalis superior)
2 = Canalis mandibulae mit N. alveolaris inferior
3 = Foramen mentale

In *Sagittalprojektionen* werden im normalen Schädelübersichtsbild die Rr. mandibulares beiderseits und gelegentlich die Kiefergelenke abgebildet. Das frontale Tomogramm eignet sich zur Darstellung der vorderen Mandibula. Die halbaxiale (Caldwell position) Strahlenrichtung dient der Diagnostik von pathologischen Veränderungen des Corpus mandibulae bis zum Kinn, während die Projektion nach Towne die Rr. und Processus mandibulae besser beurteilen läßt (8, 48).

In *axialer Strahlenrichtung* springt beiderseits seitlich vom Kinn (Protuberantia mentalis) das **Tuberkulum mentale** vor. Die dazwischen gelegene Partie kann etwas eingezogen sein. Die median gelegene **Spina mentalis,** hervorgegangen aus der Unterkiefersymphyse, springt an der enoralen Kontur vor und dient den Mm. genioglossus und geniohyoideus als Ursprungsort (Abb. 4.**300a**). In dieser Gegend kommen auch kleinere Löcher und ein etwas größeres Foramen mentale mediale vor (Abb. 4.**300b**). Auf der axialen Aufnahme zentral in der Mandibula befindliche Rarefikationen der Struktur sind als Normalbefunde zu bewerten.

Die *hochauflösende Computertomographie* stellt eventuell unerwartete Befunde an Knochen und Weichteilen dar und wird damit zu einer Grundlage präoperativer Diagnostik (54).

Für Kieferorthopäden wesentliche zephalometrische Untersuchungsergebnisse wurden wegen zu spezieller Fragestellung in dieses Buch nicht aufgenommen.

Der **Kieferwinkel** kann klobig verdickt sein. An ihm lassen sich im Sagittalbild laterale Ausbuchtungen nachweisen.

Die Weichteil-Luft-Grenze des Nasenrachenraumes kann sich bei schräger Kopfhaltung auf den R. mandibulae projizieren (s. Abb. 4.**297**).

Varianten

Die *mediane Knorpelfuge im Corpus mandibulae kann persistieren.*

Zusammenstellung verschiedener Statistiken über unterschiedliche Formen eines **Canalis mandibularis bifidus,** der sich in etwa 0,9% nachweisen läßt, findet man bei Langlais u. Mitarb. (39). Beide Kanäle enthalten Nervenstränge. Kombinationen mit akzessorischen Mandibularforamina kommen vor (30).

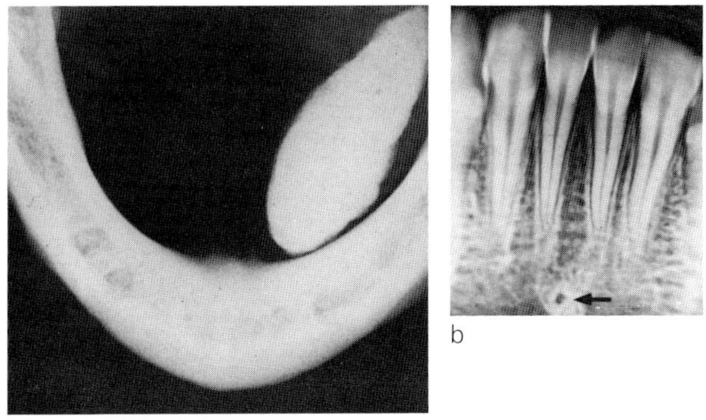

a b

Abb. 4.**300a** u. **b**
a Spina mentalis. Speichelstein links
b Schneidezahngebiet des Unterkiefers mit Foramen mentale mediale

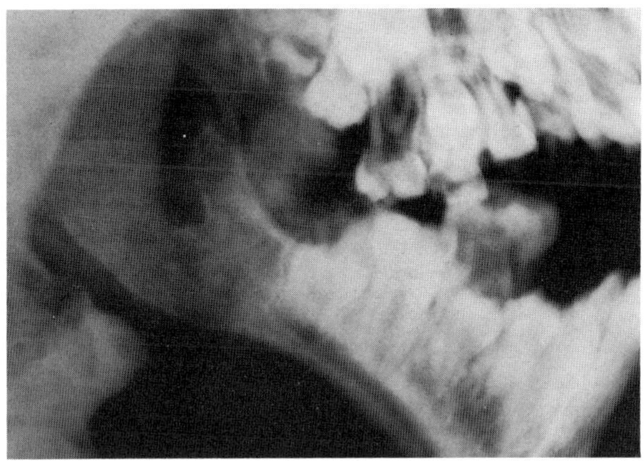

Abb. 4.**301** Dysostosis mandibulofacialis. Fehlender Kieferwinkel

Anomalien

Hypoplasien des Unterkiefers treten isoliert, häufiger aber gemeinsam mit anderen Knochenfehlbildungen, auf. Monographisch wird allein über 49 Syndrome mit Unterkieferhypoplasie verschiedenster Herkunft berichtet (55). Als bekannteste lassen sich vielleicht die Fehlbildungen an Derivaten des ersten Kiemenbogens im Sinne der **mandibulofazialen Dysostose** (Treacher-Collins-Syndrom, Franceschetti-Zwahlen-Syndrom) (Abb. 4.**301**), die **Dysplasia cleidocranialis** (s. S. 228, 278) und die **hemifaziale Mikrosomie** unter sehr vielen anderen, klinisch ebenfalls sehr beachteten Syndromen aufführen. In Verbindung mit einer medialen Gaumenspalte führt die Hypoplasie des Unterkiefers über eine Glossoptose zu oft lebensbedrohenden Atemstörungen im Neugeborenenalter. Man spricht dann von einer **„Pierre-Robin-Anomalie"** oder einer **„Pierre-Robin-Sequenz"**, die isoliert auftreten kann, aber häufiger als Symptom im Rahmen zahlreicher Mißbildungssyndrome und Skelettdysplasien beobachtet wird.

Die Auftreibung des Knochens durch die **infantile kortikale Hyperostose** manifestiert sich zuerst und am häufigsten an der Mandibula (8).

Anomalien des Unterkiefers (wie auch seiner Zähne und Zahnanlagen) finden sich bei einer Reihe von Stoffwechselerkrankungen, die auf Dysplasien beruhen, wie z. B. der **Pyknodysostosen** (61) oder der **Mukopolysaccharidose, Typ VI – Maroteaux-Lamy-Syndrom** (43).

Eine detaillierte Schilderung der Symptome, die alle diese Erkrankungen im Abortivfall am Unterkiefer hervorrufen können, würde den Rahmen dieses Buches sprengen. Zum Teil werden sie – z. B. bei der fibrösen Dysplasie und der Besprechung von Zysten – im Abschnitt „Erworbene Erkrankungen" aufgeführt.

Verletzungsfolgen

80% aller **Kieferfrakturen** betreffen die Mandibula (7). Von diesen sind wiederum 80% durch direkte Gewalteinwirkungen wie Faustschlag oder Unfälle mit Motorfahrzeugen hervorgerufen. Die relativ höchsten Zahlen betreffen das männliche Geschlecht der 10- bis 20jährigen bei Motorradunfällen (15). Bei Kindern sind Unterkieferbrüche selten (5% der Mandibulafrakturen) und oft Folge von Fahrradunfällen. Wenn sie nicht entdeckt werden, kann es zu Wachstumsstörungen kommen (8).

Man unterscheidet regional Frakturen im Korpus (20 bis 40% mit Schwachstellen in der Eckzahn- und Prämolarenregion [48]), im Kieferwinkel (20–30%), im Bereich der Symphyse (10–15%), im Ramus (2–9%), des Processus coronoides (2–9%) und des Processus alveolaris (1,5–4%) (15, 45). Die Brüche des Gelenkfortsatzes (15 bis 30%) werden im folgenden Abschnitt „Kiefergelenk" besprochen.

Begleitende Zahnwurzelfrakturen oder die Zahnfrakturen begleitender Alveolarfortsatzbrüche befinden sich meist im Bereich der Eckzähne.

Da in diesem Buch Zahnbefunde aus vorgenannten Gründen kaum erwähnt werden, soll an dieser Stelle das Zahnschema angegeben werden, das im Befundbericht die Kennzeichnung jedes Zahns mit einer Ziffer erlaubt:

18 17 16 15 14 13 12 11	21 22 23 24 25 26 27 28
48 47 46 45 44 43 42 41	31 32 33 34 35 36 37 38

Mehrfachbrüche der Mandibula bilden die Regel (45). Bei einer Häufigkeit von 50 bis 60% bei Doppel- und Dreifachfrakturen (Symphyse und beide Gelenkfortsätze) erfordert der Nachweis eines Frakturspaltes eine sehr genaue Untersuchung der gesamten Mandibula auf weitere Brüche. Sämtliche regionale Kombinationen sind zwar im Unterkiefer möglich, doch erfolgen sie selten einseitig, sondern meist beiderseits, wobei oft Kieferwinkelfrakturen der einen mit Korpusbrüchen der anderen Seite kombiniert sind.

Da **Weisheitszähne,** die **im Bruchspalt** liegen, entfernt werden, ist diese radiologische Diagnose wichtig, wohingegen sämtliche anderen, in der Fraktur befindlichen Zähne nach Bruchheilung kaum über einen größeren Bewegungsspielraum verfügen als die entsprechenden Zähne der Gegenseite und deshalb möglichst belassen werden (25).

Brüche zahnloser Unterkiefer bieten Fixationsprobleme für den Kieferchirurgen (60).

Monokortikale Mandibulafrakturen indizieren den Einsatz der Tomographie, unter anderem auch aus juristischer Indikation (3).

Die Fraktur des Alveolarfortsatzes kann als lokalisierter **Absplitterungsbruch** betrachtet werden, wobei, wenn Zähne vorhanden sind, die Wurzelspitzen aus dem en bloc herausgerissenen Fragment mehr oder weniger vorragen. Sehr selten, dann aber oft übersehen, gibt es Abscherungsfrakturen aus dem Processus coronoideus mit Dislokation des abgerissenen Fragmentes durch den M. temporalis nach kranial. Diese Brüche sind immer mit einem Jochbeinbruch oder einer Fraktur des Collum mandibulae kombiniert (26).

Erworbene Erkrankungen

Die Kiefer sind als Träger des Zahnorgans häufiger und verschiedeneren Erkrankungen ausgesetzt als die übrigen Skeletteile.

Auch wenn wir das Thema unter Auslassung der Zahnbefunde und selbst des parodontalen Raumes, wie vorn begründet, begrenzen, müssen die über den Alveolarfortsatz hinaus- und von den Zähnen ausgehenden entzündlichen Prozesse, die **Ostitiden** (oder Osteomyelitiden), die akut von parodontalen Infektionen ausgehen können, besprochen werden. Abb. 4.**302** gibt schematisch eine Übersicht

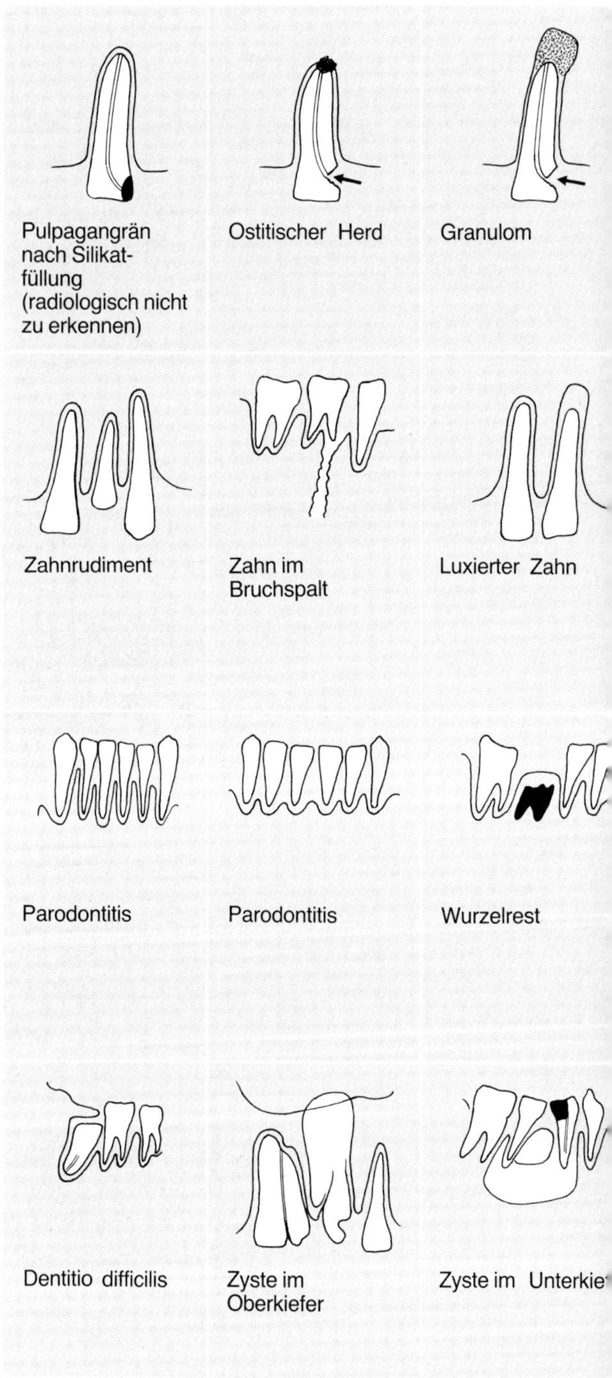

über die mögliche Vielfalt odontogener Herde wieder. Sie sind teilweise ein möglicher Ausgangspunkt für entzündlich bedingte Destruktionen des Kieferknochens. Bei akutem Einsetzen können sie eventuell erst nach einer Woche oder einigen Wochen radiologisch nachweisbare Osteolysen verursachen. Die hämatogen übertragene, vorwiegend bei Kindern früher zu beobachtende, meist sequesterbildende Ostitis, ist seit Einführung der Antibiotika kaum noch zu beobachten; allerdings führt der im frühen Kindesalter nicht seltene **submandibuläre Abszeß** gelegentlich zu einer lamellären Periostreaktion am benachbarten horizontalen Unterkieferast, ohne daß dies eine Beteiligung des Kiefers selbst im Sinne einer Osteomyelitis oder gar eine odontogene Genese bedeutet.

Die **chronische Ostitis**, primär und sekundär entstanden, eventuell über Jahre und Jahrzehnte verlaufend, geht mit den typischen Sklerosen des Knochens, eventuell mit Sequesterbildung und klinisch mit Fisteln einher (Abb. 4.**303**). Zu einem typischen Befund mit muschelförmig dem unteren Mandibularand anliegender periostaler Verknöcherung kann es bei der **Carré-Osteomyelitis** kommen, die durch Wurzelherde nekrotischer Zähne von Kindern und Jugendlichen entstehen. Alle Formen der **Osteo-**

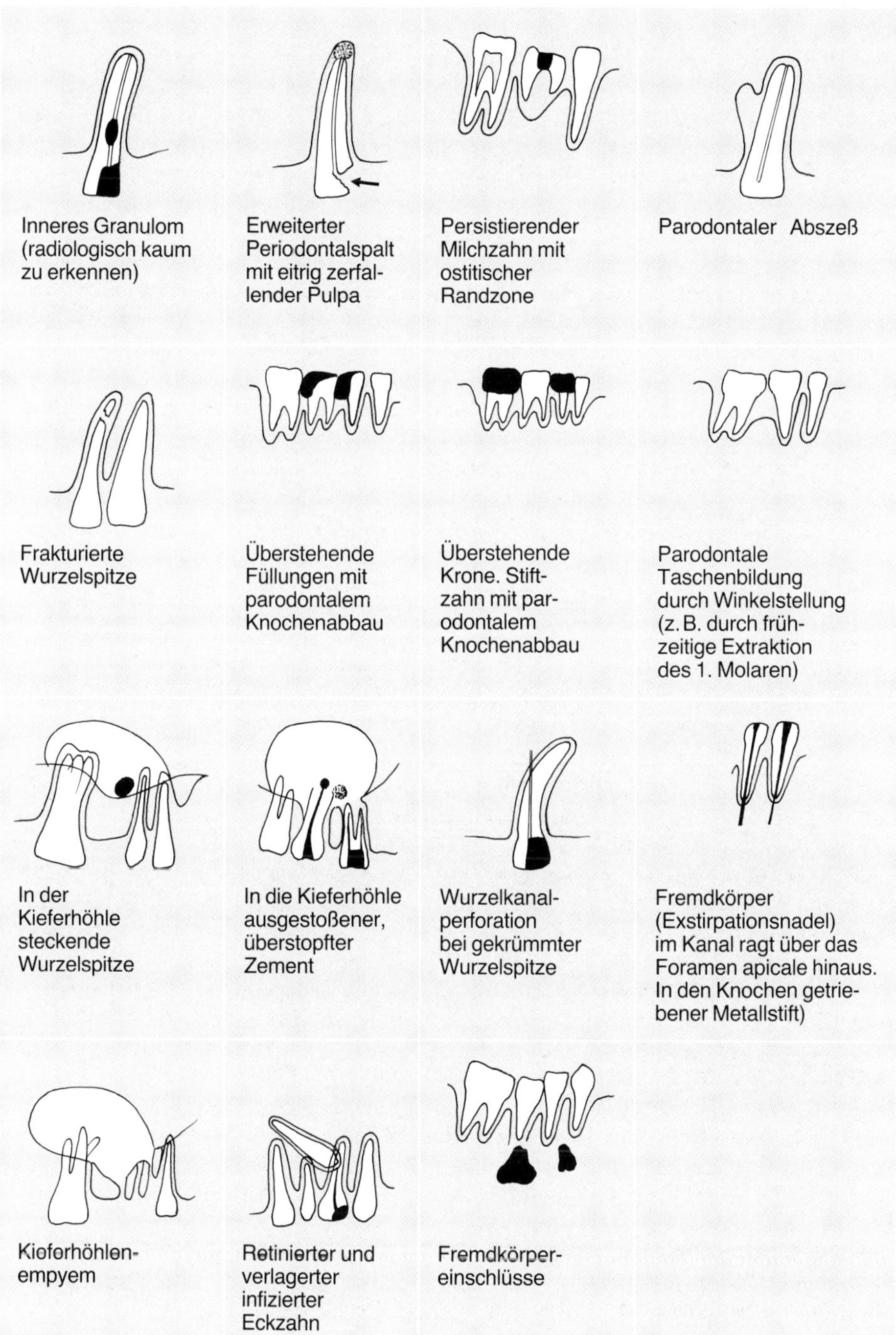

Abb. 4.**302** Odontogene Herde, skizzierte radiographische Wiedergabe

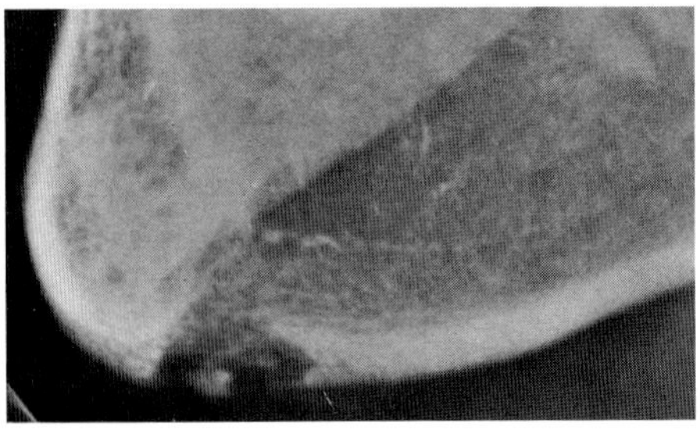

Abb. 4.**303** Granulierende Osteomyelitis des Unterkiefers, histologisch gesichert (Beobachtung von Schuppisser, Bern)

petrose (Morbus Albers-Schönberg) prädisponieren für **Unterkiefer-Osteomyelitis** (4).

Im Gefolge eines *Morbus Gaucher* wurde als große Seltenheit auch im Unterkiefer eine Manifestation der Krankheit, radiologisch als große strahlendurchlässige Zone imponierend, beobachtet. Nach einer über viele Wochen durchgeführten antibiotischen Behandlung heilte der Defekt aus (23).

Spezifische Ostitiden (**Aktinomykose, Lues, Tuberkulose**) kommen noch seltener vor als unspezifische Entzündungen des Kieferknochens (48, 52) und sind nach der radiologischen Symptomatik von diesen nicht zu unterscheiden. Da die Befunde an den Alveolarfortsätzen des Oberkiefers nicht gesondert besprochen sind, ist an dieser Stelle der charakteristische Befund der Zahn- und Knochenzerstörung im medialen Anteil der Maxilla bei **Lepra** anzuführen (53).

Osteonekrosen kommen bei **Phosphorarbeitern** vor, besonders aber nach intensiver Röntgenbestrahlung als **Osteoradionekrose** (46), meist bei Dosen über 60 Gy (6000 rad) (14, 29, 32), die im Rahmen der Behandlung von malignen Tumoren jeglicher Art in der otorhinolaryngologischen Region appliziert werden.

Bei sklerosierter Struktur ist ganz allgemein an **fibroossäre Veränderungen** zu denken. Diese gehen über die **fibröse Dysplasie** (spezielle Form: **Cherubismus**) im engeren Rahmen der Jaffé-Lichtensteinschen Erkrankung, wie sie auch am Unterkiefer beschrieben wurde (10), hinaus, da sie auch von dentalen Grundsubstanzen wie dem Cementum oder auch nicht näher bestimmbaren Strukturen periodontaler Ligamente ausgehen können (58). **Fibröse Dysplasie, ossifizierende Fibrome** und **Myxofibrome** werden nebeneinander aufgeführt (33). Wie schon eingangs betont: Die ätiologischen Möglichkeiten sind im Kieferknochen vielseitiger als im übrigen Skelett. Dies wird auch deutlich, wenn ganz allgemein bei aseptischen Knochennekrosen oder Nekrobiosen von **Osteosen** gesprochen wird (Weinmann u. Silcher; zit. nach 52), gleichgültig, ob sie auf physikalische, chemische oder vaskuläre Reize entstanden sind. Differentialdiagnostisch ist bei diffusen Sklerosen an die **Ostitis deformans** (Paget) (59), an die **Melorheostose** (14) und an die **Osteopetrose** (17) zu denken.

Multilokuläre Herde starker Strahlendurchlässigkeit in der schnell an Dicke zunehmenden Mandibula werden bei **juvenilen Fibromatosen** beobachtet (21). Knochenveränderungen der Mandibula sind bei **Rachitiden** jeder Form, also auch bei der Vitamin-D-resistenten Rachitis, selten. Die **progressiv systematisierte Sklerose** (Sklerodermie) führt nicht nur zu allgemein erweiterten Periodontalspalten, sondern kann typischerweise auch zu tiefen Usuren an der äußeren Knochenkontur des Kieferwinkels führen (8). Beim **Hyperparathyreoidismus** sieht man außer den schon erwähnten Riesenzelltumoren (Epulis) ein Mißverhältnis zwischen vermindertem Kalkgehalt der Kieferknochen, aber normal bleibender Dichte der Zähne im Röntgenbild. Der **Hyperpituitarismus** (Akromegalie) geht mit typischer Dysproportion zwischen vergrößertem Kieferknochen, aber normal großen Zähnen und entsprechend auffallend weiten Interdentalspalten einher. Bei der **Sichelzellanämie** ist die Mandibula wohl vorzugsweise betroffen. Die Markveränderungen führen zur generalisierten Osteoporose mit Kortikalisverdünnung (44).

Die prinzipiellen Schwierigkeiten der Differentialdiagnose sklerosierender Prozesse entzündlicher, tumoröser und systematisierter Erkrankungen bestehen in gleichem Maße bei den ätiologischen Unterscheidungen von **Strukturaufhellungen,** besonders von **Zysten** (Abb. 4.**304**), vornehmlich, wenn den Zysten die periphere Kompaktalamelle fehlt, die Knochengrenze unscharf und die Form der Zyste wabig oder mehrkammerig ist bzw. wenn mehrere Zysten nebeneinander liegen (polyzystische Form). Die mehrkammerigen Zysten im seitlichen Unterkieferbereich, früher als **Adamantinom,** heute als **Ameloblastom** – je nach ihrer Ausdehnungstendenz werden „zentrale“ oder „periphere“ unterschieden (2) – genannt (16, 24), sind als nosologische Einheit gegen andere odontogene Zysten abzugrenzen. Diese Aufgabe kann für den Radiologen leicht sein, wenn innerhalb der zystenähnlichen Aufhellungen körnige, dichte Kalkschatten oder Zahnkeime (Abb. 4.**305** und 4.**306a–c**) ein **Odontom** annehmen lassen. Die Differentialdiagnose kann aber auch radiologisch unmöglich werden. Adamantinome können zu einer Hyperproteinämie durch Eiweißverlust aus einer Zahnfleischfistel in die Mundhöhle führen (38). **Odontogene Mischtumoren** (20), **Riesenzellgeschwülste** (6), **Keratozysten** (19, 49) bilden ein Konglomerat zystischer Befunde der verschiedensten Grundursachen, pathologischer Vorgänge und Grundgewebe mit radiologisch fast gleicher Symptomatik.

Hämangiome der Mandibula (36), eine **Hämangiomatose,** radiologisch gekennzeichnet durch Osteolysen (56) und eine **Hämangiomatose Gorham-Stout** (28) sind jeweils in Einzelfällen beschrieben. Auch über Knochenzysten nach Trauma ist berichtet (53).

Osteome, aus Kompakta, selten aus spongiösem Knochen mit Kortikalis bestehend, treten an der Mandibula, breit aufsitzend oder gestielt, unter

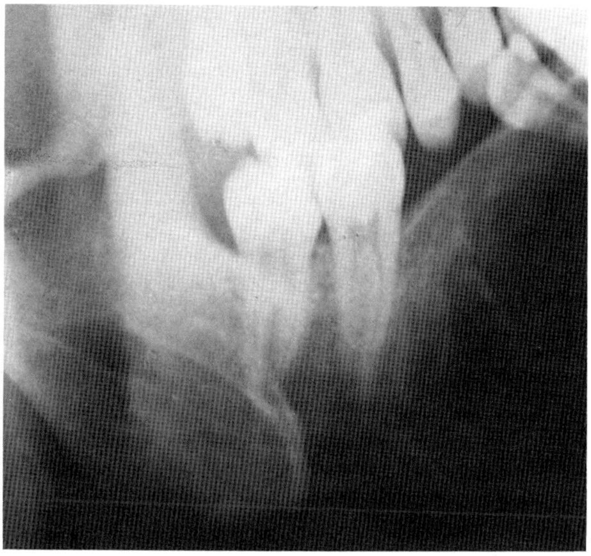

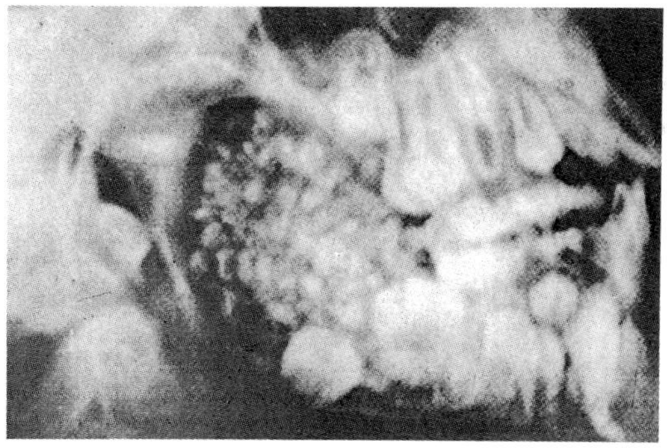

Abb. 4.**305** Odontom mit sehr großer Anzahl von Zahnkeimen im R. mandibulae

◁ Abb. 4.**304** Zyste in der Mandibula

den Molaren auf, dehnen sich nach kaudal aus und verursachen selten Symptome. Bei ihrem Nachweis ist an das Gardner-Syndrom (Hauttumoren, Darmpolypen, Kieferosteom, Odontome, überzählige Zähne) zu denken. Sie sind abzugrenzen gegen die **Tori mandibulares,** klinisch ebenfalls belanglose Knochenvorsprünge an der lingualen Fläche der Mandibula, meist beidseits symmetrisch über der Linea mylohyoidea, in der Eckzahnregion gelegen (8). Eine besondere und typische Rolle spielen die **Verbreiterungen der Koronoidprozesse,** über die in Einzelfällen seit mindestens 1956 immer wieder berichtet wird. In frühem Lebensalter auftretend, auch bei Brüdern beobachtet, dürfte es sich eher um **kongenitale Hyperplasien** und mit geringerer Wahrscheinlichkeit um Osteochondrome handeln, als die sie öfter bezeichnet werden, wenn auch kein histologischer Beweis hierfür bislang erbracht wurde. Die Behinderung der Gelenkfunktion führt oft zur Operation (5, 27, 34, 57), s. Abschnitt „Jochbogen".

Karzinome der Mandibula entstehen im Bereich der Alveolarfortsätze, meist auf den Knochen übergreifend, nachdem sie in den Weichteilen der seitlichen Mundhöhle (Mundboden, Tonsillarge-

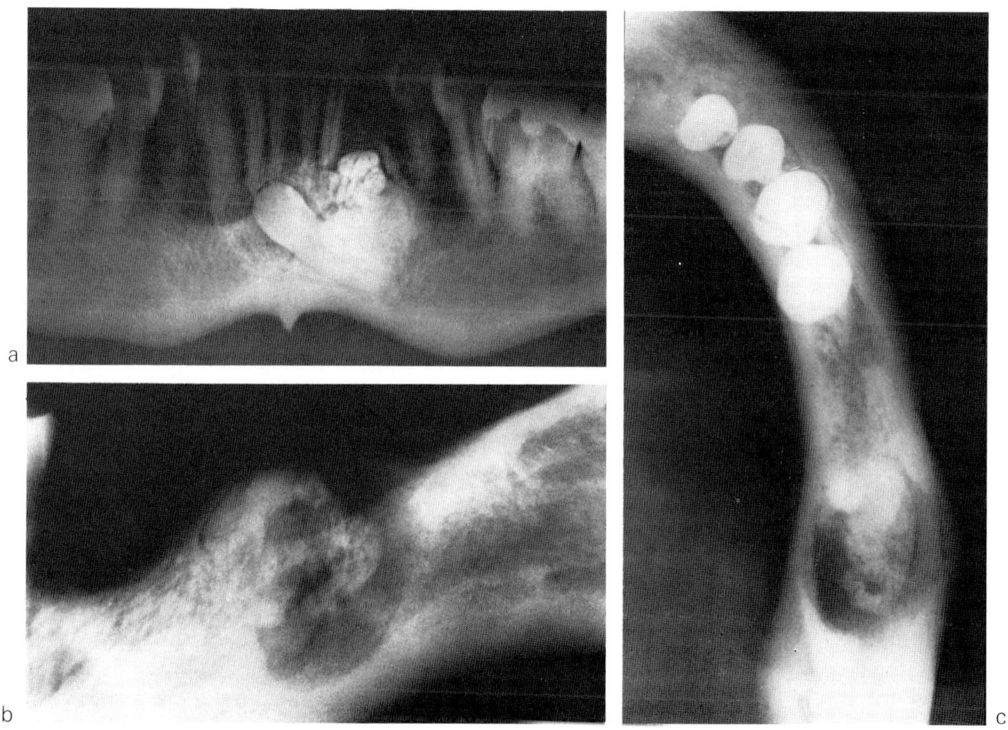

Abb. 4.**306 a–c** Odontome
a Zusammengesacktes Odontom mit typischer Zahnverdrängung und mit Sklerosierung bei unscharfer Begrenzung
b u. **c** Komplexes Odontom, schwierig von Zementom und Dentinom zu unterscheiden
(Beobachtung von Selle, Göttingen)

gend, Gingiva und Mucosa alveolaris) entstanden sind, manchmal auch sekundär aus intraossären, epithelbekleideten Zysten. Kontur- und Strukturunschärfen bilden die ersten, radiologisch nachweisbaren Symptome. Osteolytische und -blastische **Sarkome,** Osteo-, Chondro-, Ewing- und Retikulosarkome sind im Unterkieferknochen selten. Bei bestimmten Tumorformen findet eine sekundäre sarkomatöse Degeneration statt (8, 48). Die Kieferknochen bilden für Plasmozytomherde keine Prädilektionsstellen (52).

Ob begrenzte **Erweiterungen im Canalis alveolaris** durch **Neurinome** oder **Neurofibrome** des N. alveolaris inferior bzw. seiner Scheide oder durch ein **Angiom** der A. alveolaris inferior hervorgerufen ist, läßt sich eventuell angiographisch klären.

Bei der Symptomatik, die durch Metastasen wie auch durch Herde der Histiocytosis X hervorgerufen werden, gibt es keine regional bedingten Besonderheiten.

Einige **differentialdiagnostische Hinweise** sind bei der Deutung radiologischer Befunde beachtenswert.

Lebensalter

Entwicklungsbedingte Formationen wie Odontome, dentale und primordiale Zysten entstehen bei jungen Menschen, meist parallel zur normalen Zahnentwicklung. (Diese Befunde hätten auch im Abschnitt über Dysplasien abgehandelt werden können.) Tumoren und Entzündungen, einschließlich von Ameloblastomen, radikulären und residualen Zysten, bilden sich meist beim Erwachsenen nach dem 30. Lebensjahr.

Uni- und Multilokalisation

Die meisten strahlendurchlässigen Prozesse (92% aller pathologischen Kieferprozesse) sind monolokulär. Die Ausnahmen, Ameloblasten, aneurysmatische Knochenzyste und odontogenes Myxom sind ihrerseits durch Charakteristika ausgezeichnet: Das Ameloblastom besitzt meist, rundum angeordnet um eine größere Zyste, eine Reihe kleinerer zystischer Hohlräume. Die Septen der Ameloblastome verlaufen typisch kurvenförmig. Gleichmäßige Größe und gerade Septen – honigwabenähnlich – sprechen mehr für das odontogene Myxom.

Lokalisation

Affektionen unter oder (im R. mandibularis hinter) der Höhe des Mandibularkanals gehen im allgemeinen nicht vom Zahngewebe aus. Ameloblastome liegen mehr in den hinteren zahnbildenden Kieferpartien, Riesenzellgranulome und Zysten nach Trauma mehr vor den Wurzeln der ersten Molaren. Primordiale Zysten und odontogene Keratozysten stellen sich wiederum als Aufhellungen, mehr dorsal gelegen, dar. Von den Verdichtungen liegen 90% der periapikalen Zementome (Cemental dysplasias) in der vorderen Mandibel. Harte Odontome bevorzugen

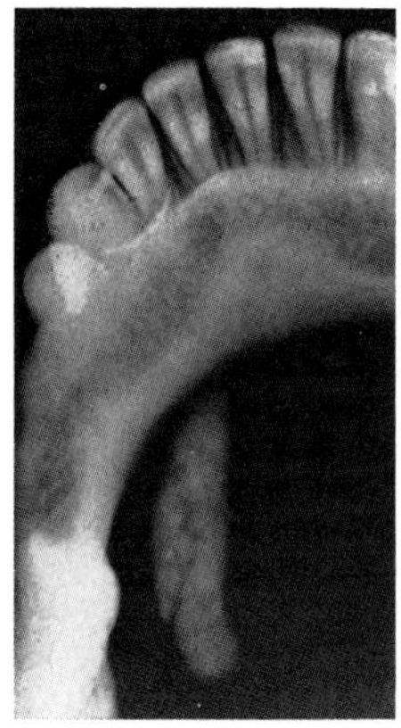

Abb. 4.**307** Speichelstein

als Prädilektionsort die Eckzahnregion, während das komplexe Odontom gewöhnlich mehr hinten nahe dem 3. Molaren zu finden ist.

Verdichtungen werden von 7% aller Mandibularaffektionen verursacht. Fibröse Dysplasie, Ostitis deformans, infantile kortikale Hyperostose, Osteopetrose und chronische (Garré's) Osteomyelitis stehen dann meist differentialdiagnostisch aus der radiologischen Symptomatik heraus zur Diskussion (8).

Bei der Diagnostik der **Mundhöhlenweichteile** ist auf das Vorkommen von **Speichelsteinen** zu achten, die sich am besten bei geöffnetem Mund und Drehung des Kopfes zur betroffenen Seite unter stark angezogenem Kinn des Untersuchten im sagittalen Strahlengang oder auf axialen Mundbodenaufnahmen darstellen lassen (s. Abb. 4.**300** und 4.**307**).

Literatur

1 Ajaglee, H. A., J. O. Daramola: Fibro-osseous lesions of the jaw: A review of 133 cases from Nigeria. J. Nat. Med. Ass. 75 (1983) 593–598

2 Anneroth, G., B. Johansson: Peripheral ameloblastoma. Int. J. Oral Surg. 14 (1985) 295–299

3 Barbrel, Ph., D. Laniel, J. Serieye, P. Gros: Difficultés de diagnostic radiologique des fractures mandibulaires monocorticales. Rev. Stomat. Chir. maxillofac. 85 (1984) 469–471

4 Beighton, P., B. J. Cremin: Sclerosing bone dysplasias. Springer, Berlin 1980 (p. 20)

5 Bernstein, L., F. Bruce: Bilateral hyperplasia of the coronoid process of the mandible. Arch. Otolaryng. 110 (1984) 480–482

6 Biedermann, F., E. Winiker-Blanck: Riesenzellgeschwulst des Unterkiefers als erstes Symptom eines primären Hyperparathyreoidismus. Fortschr. Röntgenstr. 112 (1970) 117–119

7 Birzle, H., R. Bergleitner, E. H. Kuner: Traumatologische Röntgendiagnostik, 2. Aufl. Thieme, Stuttgart 1985 (S. 23).

8 Blaschke, D. T., Anne G. Osborn: The mandible and teeth. In Bergeron, R. Th., Anne G. Osborn, P. M. Som: Head and Neck Imaging. Mosby, St. Louis 1984 (p. 283–298)

9 Buurmann, R., K. Gundlach, W. Schmidt-Hoberg, H. Vogel: Die Dysplasia cleidocranialis – Zwei Einzelbeobachtungen. Fortschr. Röntgenstr. 128 (1978) 60–66

10 Canigiani, G., C. W. Czech: Fibröse Dysplasie der Mandibula. Fortschr. Röntgenstr. 119 (1973) 492–494

11 Canigiani, G.: Das Panorama-Aufnahmeverfahren. Thieme, Stuttgart 1976

12 Dechaume, M., M. Grellet, J. Payen, M. Bonneau: Fibroblastomes ossifiants de la mandibule. Rev. Stomat. (Paris) 1960 (1959) 1–12

13 Düker, J.: Röntgenologische Differentialdiagnostik der Kieferzysten. Radiologe 24 (1984) 537–546

14 Eggert, J. H., J. Dumbach, E. W. Steinhäuser: Zur Ätiologie und Therapie der Osteoradionekrose des Unterkiefers. Dtsch. zahnärztl. Z. 40 (1985) 2–11

15 Ellis III, E., F. M. Kurshed, A. El-Atar: Ten years of mandibular fractures: An analysis of 2.137 cases. Oral Surg. 59 (1985) 120–129

16 Eversole, L. R., D. Strub: Radiographic characteristics of cystogenic ameloblastoma. Oral Surg. 57 (1984) 572–577

17 Fazakas, J., E. Gherman: Die Albers-Schönbergsche Krankheit. Z. Orthop. 90 (1958) 260–270

18 Fischer-Brandies, H., E. Fischer-Brandies, E. Dielert: Der Unterkieferwinkel auf dem Orthopantomogramm. Radiologe 24 (1984) 547–549

19 Galanski, M., W. Hörster: Kasuistische Mitteilung einer Keratozyste des Unterkiefers. Fortschr. Röntgenstr. 122 (1975) 370–371

20 Gardner, D. G.: The mixed odontogenic tumors. Oral Surg. 58 (1984) 166–168

21 Geist, E. T., J. N. Kent, R. F. Carr, St. Super: Multiloculated radiolucency of the left mandible. Clinico-pathologic conferences, Case 52. J. oral maxillofac. Surg. 43 (1985) 205–209

22 Gruner, Christa: Über Geschlechtsunterschiede des menschlichen Schädels vom 13. Lebensjahr bis zum Greisenalter. Med. Diss., Tübingen 1968

23 Hall, M. B., R. W. Brown, R. A. Baughman: Gaucher's disease affecting the mandible. J. oral maxillofac. Surg. 43 (1985) 210–213

24 Haunfelder, D., G. Ködel: Mehrkammerige Zahnzyste oder Ameloblastom im seitlichen Unterkieferbereich – eine röntgenologische Studie. Fortschr. Röntgenstr. 102 (1965) 702–709

25 Hoffmeister, B.: Die parodontale Reaktion im Bruchspalt stehender Zähne bei Unterkieferfrakturen. Dtsch. zahnärztl. Z. 40 (1985) 32–36

26 Hollmann, K.: Traumatische Veränderungen der Kiefer und Zähne. In: Röntgendiagnostik des Schädels, Teil 2, red. v. L. Diethelm, F. Strnad. In Olsson, O., F. Strnad, H. Vieten, A. Zuppinger: Handbuch der Medizinischen Radiologie. Springer, Berlin 1963 (S. 121)

27 Holmes, F. H.: Mandibular block by osteochondroma of the coronoid process. Radiology 67 (1956) 578–581

28 Knolle, G., D. Meyer: Massive Osteolyse im Bereich des Unterkiefers infolge Hämangiomatosis des Knochens. Dtsch. Zahn-, Mund- u. Kieferheilk. 45 (1966) 433–463

29 Komisar, A., C. Silver, Sh. Kalnicki: Osteoradionecrosis of the maxilla and skull base. Laryngoscope 95 (1985) 24–28

30 Langlais, R. P., R. Broadus, Birgit Junfin Glass: Bifid mandibular canals in panoramic radiographs. Amer. dent. Ass. 110 (1985) 923–926

31 Laux, Dagmar: Über einige Geschlechtsveränderungen am menschlichen Schädel. Med. Diss., Tübingen 1967

32 Legros, M., J. L. Desphieux, G. Poirot, T. N'Guyen, A. Longuebray, J. J. Mambie, S. Alame Dion, B. Michel: Ostéo-radionécrose de la mandibule à propos des 39 ans. J. franç. Oto-Rhino-Laryng. 33 (1984) 453–459

33 Leyder, P., R. Rue, J. Texier, J. Laufer: Tumeurs osseuses mandibulaires. Les difficultés du diagnostic. Rev. Stomat. Chir. maxillo-fac. 85 (1984) 320–324

34 Lucaya, J., M. Herrera, Vera Juana: Unilateral hyperplasia of the coronoid process in a child. A cause of restricted opening of the mouth. Radiology 144 (1982) 528

35 Lutz, A.: Über das Wachstum des Schädels. Med. Diss., Tübingen 1965

36 Naji, A. F., F. A. Al-Sudani: Haemangioma of the mandible. J. Fac. Med. Iraq 2 (1960) 84–86

37 Novak, D., W. Bloss: Röntgenologische Aspekte des Basal-Zell-Naevus-Syndroms, Gorlin-Goltz-Syndrom. Fortschr. Röntgenstr. 124 (1976) 11–16

38 Osaki, T., K. Ryoke, T. Nagami, T. Ogawa, T. Hamada: Ameloblastoma with hypoproteinaemia due to protein leakage. Int. J. Oral Surg. 14 (1985) 302–306

39 Osborn, Anne G., W. H. Hanafee, A. A. Mancuso: Normal and Pathologic CT Anatomy of the Mandible. Amer. J. Roentgenol. 139 (1982) 555–559

40 Paatero, Y. V.: Pantomography and orthopantomography. Oral Surg. 14 (1985) 947–953

41 Pincock, J. L., S. K. El-Mofty: Recurrence of cystic central mucoepidermoid tumor of the mandible. Int. J. Oral Surg. 14 (1985) 81–84

42 Richards, A. G., F. C. Coleman: Osteogenic sarcoma of the jaw. J. Oral Surg. 10 (1957) 1156–1165

43 Roberts, M. W., N. W. Barton, G. Constantopoulos, D. P. Butler, Agnes H. Donahne: Occurence of multiple dentigerous cysts in a patient with the Maroteaux-Lamy syndrome (Mucopolysacharidosis, type VI). Oral Surg. 58 (1984) 169–175

44 Robinson, I. B., B. G. Sarnat: Roentgen studies of the maxillae and mandible in sickle-cell anemia. Radiology 58 (1952) 517–523

45 Rogers, L. E.: Radiology of Skeletal Trauma. Churchill Livingstone, New York 1982 (p. 259–270)

46 Rübe, W., F. Flöte: Osteoradionekrose der Mandibula. Fortschr. Röntgenstr. 93 (1960) 472–482

47 Saltzmann, E. I., M. Y. Jun: Aneurysmal bone cyst of the mandible. Report of a case. J. Surg. Oncol. 17 (1981) 385–394

48 Schneider, G., E. Tölly: Radiologische Diagnostik des Gesichtsschädels. Thieme, Stuttgart 1984

49 Schwimmer, A. M., Ch. E. Barr, St. J. Grauer: Keratinizing and calcyfying odontogenic cyst of the mandible: Literature review and a case report. Mount Sinai J. Med. 50 (1983) 501–506

50 Sherman, R. S., O. J. Glauser: Radiological identification of fibrous dysplasia of the jaws. Radiology 71 (1958) 553–558

51 Sherman, N. H., V. M. Rao, R. E. Brenna, J. Edeiken: fibrous dysplasia of the facial bones and mandible. Skelet. Radiol. 8 (1982) 141–143

52 Sonesson, A.: Die Röntgendiagnostik der Kiefer und Zähne. In: Röntgendiagnostik des Schädels, Teil 2, red. v. L. Diethelm, F. Strnad. In Olsson, O., F. Strnad, H. Vieten, A. Zuppinger: Handbuch der Medizinischen Radiologie, Bd. VII. Springer, Berlin 1963 (S. 886–988)

53 Stiebitz, R.: Die sogenannten traumatischen Knochenzysten der Mandibula. Radiol. Austriaca 13 (1962) 75–81

54 Swartz, J. D., N. A. Abaza, B. H. Hendler, O. Tielwell, G. L. Popky: High resolution computed tomography; part 4: Evaluation of odontogenic lesions. Head Neck Surg. 7 (1985) 409–417

55 Taybi, H.: Radiologie der Syndrome. Thieme, Stuttgart 1982

56 Thoma, K. H.: Clinical Pathology of the Jaws. Thomas, Springfield/Ill. 1934

57 Tucker, M. R., W. Bonner Guilford, C. W. Howard: Coronoid process hyperplasia causing restricted opening and facial asymmetry. Oral Surg. 58 (1984) 130–132

58 Waldron, Ch. A.: Fibro-osseous lesions of the jaw. J. oral maxillofac. Surg. 43 (1985) 249–262

59 Welfare, R. D.: Paget's disease. Case Report. Brit. dent. J. 158 (1985) 90–92

60 Zachariades, N., D. Papavassiliou, D. Triantafyllou, E. Vairaktaris, I. Papademetriou, M. Mezitis, A. Rapidis: Fractures of the facial skeleton in the edentulous patient. J. max.-fac. Surg. 12 (1984) 262–266

61 Zachariades, N., I. Koundouris: Maxillofacial symptoms in two patients with pyknodysostosis. J. oral maxillofac. Surg. 42 (1984) 819–823

Kiefergelenk

Norm

Im Wachstum

Es gibt keine Epiphysenfuge. Das Wachstum des Kieferkopfes geht vom Gelenkknorpel aus. Die Form des Kaput, der Gelenkpfanne, des die formellen Inkongruenzen beider Gelenkflächen ausgleichenden Diskus und des Kiefer-Hals-Winkels unterliegen außer konstitutioneller Bedingtheiten den Folgen funktioneller Reize während des Wachstums, das mit Verknöcherung der subchondralen Verkalkungszone abgeschlossen ist (41 bis 43).

Beim Erwachsenen

Der Kondylus mißt beim Erwachsenen in der Breite 20, longitudinal 8 bis 10 mm (Mittelmaße [3]). Dieses Caput articulare des R. mandibularis variiert (samt Meniskus) formell erheblich (Abb. 4.**308**). Im Laufe des Lebens erfolgen sekundäre Umformungen (42).

Das Temporomandibulargelenk besteht aus der Facies articularis der Fossa mandibularis. Vorn ist die Pfanne vom Tuberculum articulare des Schläfenbeins begrenzt. Gegen die Basis der lateralen Schädelgrube wölbt sich die von der Pars squamosa ossis temporalis gebildete Gelenkpfanne mehr oder minder vor. Ein kleiner Pfannenanteil besteht aus der nach kaudal gerichteten Fläche des Jochbogens und überragt die Schädelkapsel nach lateral. An der hinteren Pfannenbegrenzung nimmt auch die Pars tympanica ossis temporalis teil.

Radiologisch läßt sich im *seitlichen Strahlengang* das einzelne Kiefergelenk in schräger Projektion entweder transfazial (filmfern schräg von kaudal [6]) oder, wie heute allgemein üblich, transkranial (filmfern schräg von kranial), also wie in der Projektion des Felsenbeines nach Schüller, am besten abbilden. Eine transpharyngeale Einstellung wird als besonders geeignet für die Darstellung des Kondylus empfohlen (23). Die transmaxillar eingestellte Kontaktaufnahme nach Parma wird trotz hervorragender Ergebnisse aus Gründen der Strahlendosisersparnis vielerorts nicht mehr ohne Vorbehalt angewandt, andererseits allerdings lehrbuchmäßig auch heute noch rückhaltlos empfohlen (1, 8), zumal hierbei dosissparende Maßnahmen der Filterung angewandt werden (17).

Im *sagittalen Strahlengang* ergibt eine geringe Neigung des Zentralstrahles kraniokaudal vom Nakken zur Nasenwurzel – Mund des Untersuchten geöffnet – die beste Übersicht und dient vor allem der Frakturdiagnostik an Kaput und Kollum des R. mandibularis (5).

Bei der *Tomographie* im seitlichen Strahlengang sollte der Kopf um etwa 15 Grad zur anliegenden Seite gedreht werden. Die mehrdimensionale Zonographie (8) erbringt die besten Ergebnisse; auch die Pantomographie kann zusätzlich Informationen liefern (29, 30).

Heute wird zwar die *computertomographische Darstellung des Kiefergelenkes* (25, 46) als allen anderen Methoden überlegen empfohlen (40), doch ist ebenso zu bedenken, daß diese Untersuchungsweise an finanzielle und zeitliche Begrenzungen stößt, wie auch, daß – auch abgesehen vom Kosten- und Zeitaufwand – der *Kernspintomographie* bei der Information über die Lage des Diskus zum Beispiel, eine noch höhere Bedeutung zukommt als dem Computertomogramm (20, 21). In der sagittalen Computertomographie wird die Anfertigung von Schichten in 2-mm-Abständen empfohlen (35). Außer der Abbildung des Diskus und der Gelenkfunktion (39) besitzen Computertomogramme den Vorteil der Densitometrie, vor allem am Caput mandibulae (36).

Die **Funktion** kann mit Momentaufnahmen bei geschlossenem und geöffnetem Mund geprüft werden. Bei diesen meist unter stomatologischen Fragestellungen erfolgten Untersuchungen an speziellen Abteilungen großer Kliniken dürfte heute schon die Kinematographie mit lückenloser Aufzeichnung des Bewegungsvorganges (12) aufgegeben und Untersuchungen gewichen sein, die mit noch höherem Apparateaufwand wie dreidimensionaler Sequenztomographie mit hochauflösender CT betrieben wird (18).

Da Aufnahmen mit geöffnetem Mund auch außerhalb der Funktionsdiagnostik angefertigt werden, ist bei ihrer Auswertung zu berücksichtigen, daß dabei der Kondylus nach vorn gleitet und eventuell unter dem Tuberculum articulare aus der Fovea articularis in die vordere Fossa infratemporalis heraustritt. Ein statischer Bezugspunkt direkt unter dem Kondylus darf normalerweise vorn in einem Spielraum zwischen 5 mm hinter und 8 mm vor dem Tuberculum articulare liegen (38). Die Bewegungen im Kiefergelenk sind äußerst komplexer Natur, teilweise in ihrem Gesamtablauf noch nicht völlig geklärt und bestehen vorwiegend in Gleit- und Rotationsmomenten (3).

Varianten und Anomalien

Bei der großen Variationsbreite der kiefergelenkbildenden Knochen (Abb. 4.**308 a–c**) lassen sich Varianten von Anomalien formell nicht abgrenzen.

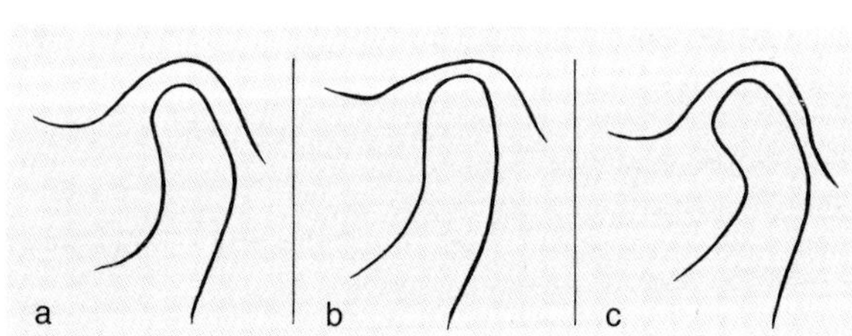

Abb. 4.**308 a–c** Die Spielarten der normalen Kiefergelenkform auf der Schüller-Aufnahme (nach Doub u. Henny)
a Normalform, **b** Flachtyp, **c** Konvextyp

Unterentwicklungen des Kondylus manifestieren sich als Verkleinerungen, aber mit erhaltener Form (Abb. 4.**309**). Hypoplasien der Mandibula in Länge und Höhe gehen meist mit Kondylushypoplasien einher. Auf konstitutioneller Basis kommen Mandibularhypoplasien bei **hemifazialer Mikrosomie,** bei der **mandibulofazialen Dysostose** (Franceschetti-Zwahlen-, Treacher-Collins-Syndrom), bei weiteren **Ohrmuschel- und Jochbogendysplasien** sowie **Robin-Syndrom** (Mikrognathie und Gaumenspalte) vor (3). Die Knorpelkuppe des Processus articularis kann teilweise oder ganz fehlen, Diskus und Gelenkgrube brauchen nicht angelegt zu sein, Kiefergelenk und/oder ebenso Gelenkfortsatz können fehlen (**Ankylose** bzw. **Aplasie** [42]). Eine **Doppelung des Gelenkfortsatzes** sowie eine Ankylosis zygomaticocoronoidea wurde unter vielen anderen Kieferanomalien aufgeführt (13).

Mandibuläre Dysfunktionen durch Bißanomalien können während des Wachstums bei Asymmetrie auf der einen Seite zur **Hyperplasie** (mit und ohne Dysmorphie), auf der anderen Seite zur Hypoplasie des Gelenkfortsatzes führen. Die Hyperplasie ist manchmal schwierig von Osteomen abzugrenzen (3, 8). Inwieweit angeborene Hyperplasien (34, 44, 47) zu Bißanomalien bzw. letztere zur Vergrößerung des Kaput geführt haben, läßt sich heute retrospektiv nicht mehr beurteilen.

Eine Abflachung, eventuell konkave Formung der Gelenkfläche des Kondylus wird neben einer Hyperplasie als typisch bei der **Mukopolysaccharidose Typ I–H** (Pfaundler-Hurler) angegeben (8, 16).

Verletzungsfolgen und Nekrosen

Als indirektes Zeichen einer Kiefergelenksverletzung ist die (hämatombedingte) **Erweiterung des Kiefergelenkspaltes** anzusehen (3, 8).

Der Fall auf das Kinn kann bei *Kindern* durch Stauchung zu Mikrofrakturen an der funktionell einer Wachstumszone gleichzusetzenden Knorpel-Knochen-Grenze führen. Der radiologisch mangelnde Frakturnachweis ist nicht überzubewerten. Die nachfolgende Wachstumsstörung kann folgenschwer sein (Mikrognathie, Vogelgesicht [39]), doch sind bei sinnvoller funktioneller Behandlung infolge Gefäß- und Knorpelzellreichtums der Gelenkköpfe beim Jugendlichen erstaunlich gute Heilungen zu erreichen (42).

Diskusverlagerungen hinter den Kieferkopf hemmen das Schließen, Diskusdislokationen vor das Kaput die Öffnung des Mundes. Bei Dorsaldislokation verschiebt sich der Unterkiefer zur gesunden, bei Ventralverlagerung zur kranken Seite. Entsprechende Befunde sind nach Funktionsaufnahmen zu erheben (39).

Bei **Luxationen des Caput mandibulae** nach ventral (nach übermäßiger Mundöffnung) gleitet es über das Tuberculum articulare nach vorn und an dessen Vorderfläche nach oben, wo es von der Kaumuskulatur federnd festgehalten wird. Überdehnung des Kapselgewebes und/oder ein kleiner Gelenkhöcker samt flacher Pfanne begünstigen Rezidive. Als „habituell" wird eine Luxation bezeichnet, wenn sie oft auftritt und sofort reponibel ist. Luxationen nach hinten unter den äußeren Gehörgang kommen nur sehr selten und dann fast immer im Rahmen von Luxationsfrakturen vor (8). Als Ausnahme wurde auch über eine posteroinferiore Luxation ohne Fraktur berichtet (7). Über Dislokationen des Caput mandibulae in die mittlere Schädelgrube hinein, mit und ohne Fragmentierung in sich, liegt eine Literaturübersicht anhand einer Fallbeschreibung vor (32).

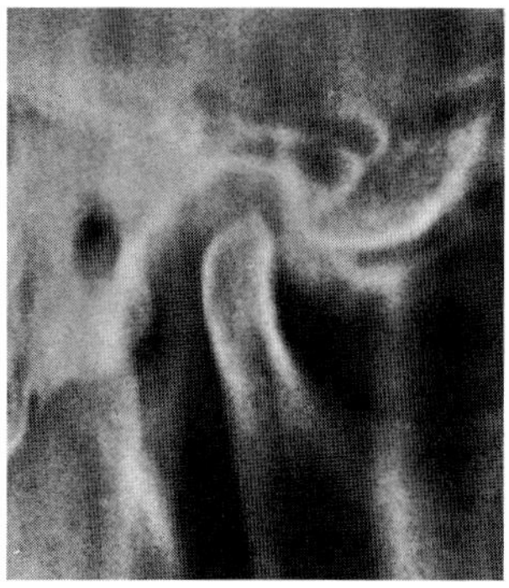

Abb. 4.**309** Unilaterale Hypoplasie des Processus condylaris r. mandibulae

Frakturen der Fossa articularis entstehen (außer durch die zuvor erwähnte Einstauchung = zentrale Kieferluxation) auch infolge der Einstrahlung von Kalottenbrüchen in die Gelenkpfanne (8, 39). **Kaputbrüche,** öfter ein- als beidseitig (3), geben trotzdem Anlaß zur sorgfältigen Untersuchung der gesamten Mandibula (und der Schädelbasis) auf das Vorliegen weiterer Knochenverletzungen. Zu den klinischen Kriterien, ob die Fraktur intra- oder extrakapsulär liegt, kann der Radiologe oft nicht Stellung nehmen (3, 42), doch liegen die dia- und subkondylären Frakturen (Abb. 4.**310**) – ohne Tendenz der Fragmente zur Dislokation – meist intrakapsulär, während es bei den extrakapsulären mittleren und basalen **Kollumbrüchen** durch Zug des M. pterygoideus lateralis gewöhnlich (60%) zu Dislokationen des gelenknahen Fragmentes nach medial und vorn kommt (3, 8).

Die „kondylären Brüche" werden auch in kapituläre (24%), hohe (31%) und tiefe (45%) subkondyläre unterschieden (2).

Die Mundöffnung kann **posttraumatisch** behindert bleiben (2). Fragmente von Kondylenbrüchen können durch Dissektion nekrotisch werden (8).

Wohl wegen der fehlenden Wachstumsfuge ist bislang eine juvenile aseptische Nekrose am Kiefergelenk nicht beobachtet worden (33).

Erworbene Erkrankungen

Die **akute, pyogene Arthritis,** hämatogen, posttraumatisch, durch fortgeleitete Osteomyelitis des R. mandibulae oder bei Otitis media entstanden, ist

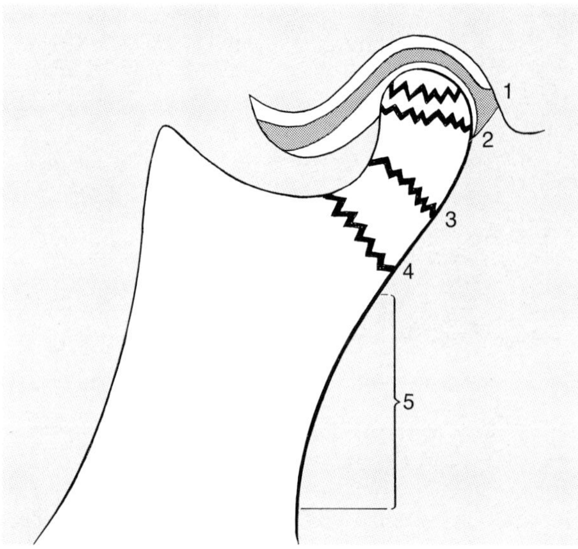

Abb. 4.**310** Schema der Gelenkfortsatzbrüche des Unterkiefers (nach Dihlmann)
1 = diakapitale („diakapituläre") Fraktur
2 = subkapitale („subkapituläre") Fraktur
3 = mittlere Kollumfraktur
4 = basale Kollumfraktur
5 = Gebiet der subkondylären Frakturen

heute selten geworden. Die Diagnose ist klinisch zu stellen, der radiologische Befund dient dem Nachweis des Ausmaßes der Veränderungen. Beim Kind kann eine Hypoplasie des Processus condylaris, bei Kindern und Erwachsenen eine Ankylose zurückbleiben.

Die **chronische Arthritis** des Kiefergelenkes entsteht zwar auch bei den vorher genannten Erkrankungen, vorwiegend jedoch bei der **rheumatoiden Arthritis** (einschließlich der jugendlichen Form), der **ankylosierenden Spondylitis** und bei der **Arthritis psoriatica.** Erosionen am Caput mandibulae und Gelenkspaltverschmälerungen sind die radiologischen Leitsymptome, Bewegungseinschränkungen bis zur Ankylose (22), können die Folge sein (8, 39, 45). Jüngst erschien ein Bericht über die Mitbeteiligung des Temporomandibulargelenkes in Form einer erosiven Arthritis beim **Reiter-Syndrom** (4).

Auch beim **Gichtbefall** stehen mit Schwellung der Parotisregion, starken Schmerzen und Fieber zunächst klinisch auffallende Symptome im Vordergrund der Erkrankung, in deren Verlauf auch Erosionen der Gelenkfläche und durch Tophusablagerung Verplumpungen des Gelenkfortsatzes auftreten und radiologisch nachgewiesen werden können (Fluur u. Mitarb.; zit. nach 8).

Die **Arthrotis deformans** der Kiefergelenke geht mit Schmerzen, die nach temporal und okzipital ausstrahlen können, einher, ist nächst Karies der Zähne und Parodontopathien die häufigste Erkrankung in der Dento-, Oro- und Stomatologie (17) und

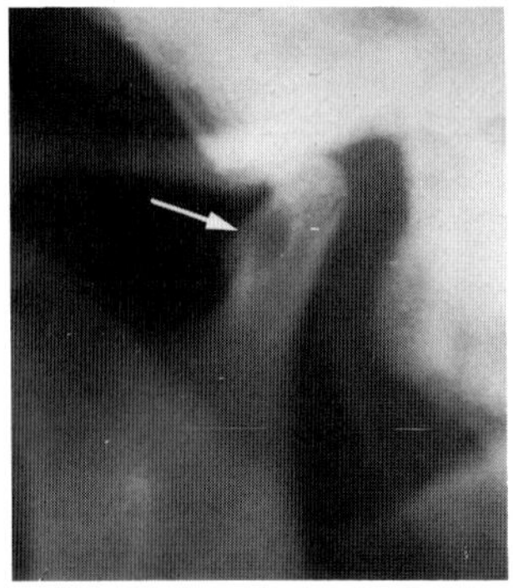

Abb. 4.**311** 44jähriger Mann. „Geröll"-Zyste im Gelenkfortsatz bei Arthrosis deformans des Kieferköpfchens

wurde zum Beispiel bei Frauen mit Schmerzen oder Dysfunktionen in den Temporomandibulargelenken in fast 50%iger Häufigkeit radiologisch diagnostiziert (27). Mit konventionellen Methoden (17) lassen sich kortikale und subkortikale Erosionen (15%), Sklerosen (33%) und Formveränderungen (48%) nachweisen (27). Die Formveränderungen bestehen in einer Begradigung der Fossa articularis sowie einer Abflachung und Verplumpung des Caput articulare mandibulae. Geröllzysten (Abb. 4.**311**) sind ebenso nachweisbar wie Osteophyten an den Gelenkrändern (39).

Die Computertomographie trägt mehr als nur mit der Verdeutlichung der Befunde zur Diagnose bei (24, 38). Häufig kommt es durch asymmetrische Kau- und Beißvorgänge mit Prävalenzen einseitiger Muskelgruppen zur Seitenabweichung der Mundöffnungsbewegungen und damit zur Überlastung des einen der beiden Kiefergelenke (19). Die Dichte der Kieferköpfchen ist bei den erkrankten Gelenken im CT höher als bei einer gesunden Vergleichsklientel (36). Während im Wachstum einseitige Kopfhyperplasien (s. Abschnitt „Varianten und Anomalien") entstehen können, erfolgt beim Erwachsenen der Nachweis einer Verlagerung des Caput mandibulae, dessen Ausmaß den Anlaß zur Einteilung des Leidens in drei Stadien gab, nur computertomographisch (19). Die Computertomographie gilt, wie schon mehrfach betont, als akkurate Methode zur Feststellung der Lage des Diskus (38). Direkt sagittal computertomographisch wurde (in der Hochauflösung) die **Dislokation des Diskus** nach vorn festgestellt (15, 24, 25).

Ein „Klicken" im Kiefergelenk erfolgt bei Verlagerung des Diskus nach vorn, während eine Krepitation gewöhnlich eine Arthrosis deformans anzeigt (10).

Die **pigmentierte villonoduläre Synovitis** mit nicht schmerzhafter präaurikulärer Schwellung ist sehr selten und wegen ihrer nosologischen Einteilung als Geschwulst umstritten. Mehrere Jahre nach Beginn der Erkrankung erst wird sie durch Erosionen der Gelenkflächen radiologisch nachweisbar (8).

Die ebenfalls sehr selten zu beobachtende **neoplastische Synovialchondromatose** ist als Präarthrose aufzufassen und kann schon vor radiologisch erkennbarer Arthrose, weil sie starke Schmerzen verursacht, zum operativen Eingriff führen. Radiologisch ist – bei Verkalkung – der Nachweis kleiner Chondrome möglich (8).

Unter den **Tumoren** kommt den Osteochondromen des Processus articularis r. mandibularis wegen ihrer Häufigkeit und der durch sie bedingten Gesichtsverunstaltungen sowie Dysfunktionen eine Sonderrolle zu (26, 28). Die relativ sehr seltenen Osteochondrome bedürfen der manchmal nicht ganz leichten Abgrenzung gegen die häufiger vorkommenden Verplumpungen der Kieferköpfchen durch die Osteoarthrose (11).

Literatur

1 Birzle, H., R. Bergleitner, E. H. Kuner: Traumatologische Röntgendiagnostik, 2. Aufl. Thieme, Stuttgart 1985 (S. 23).
2 Blanc, J. L., J. P. Lagier, R. Gras, D. Bremond, D. Beloni: Les séquelles des fractures condyliennes à travers l'expérience du service et l'expertise médicale. Rev. Stomat. Chir. maxillofac. 86 (1985) 29–31
3 Blaschke, D. P.: The temporomandibular joint. In Bergeron, R. Th., Anne G. Osborn, P. Som: Head and Neck Imaging. Mosby, St. Louis 1984 (p. 251–278)
4 Bomalaski, J. S., S. A. Jimenez: Erosive arthritis of the temporomandibular joint in Reiter's syndrome. J. Rheumat. 11 (1984) 400–401
5 Clementschitsch, F.: Mitteilung einer symmetrischen Aufnahme beider Kiefergelenke in posterio-anteriorer Richtung. Z. Stomatol. 23 (1941) 877–882
6 Clementschitsch, F.: Die Röntgendarstellung der Kiefergelenke. In: Röntgendiagnostik des Schädels, Teil 2, red. v. L. Diethelm, F. Strnad. In Olsson, O., F. Strnad, H. Vieten, E. Uehlinger: Handbuch der Medizinischen Radiologie, Bd. VII. Springer, Berlin 1963 (S. 896–926)
7 Cope, M. R., M. G. Lawler: An unusual mandibular dislocation. Brit. J. oral maxillofac. Surg. 23 (1985) 112–117
8 Dihlmann, W.: Gelenke – Wirbelverbindungen, 2. Aufl. Thieme, Stuttgart 1982 (S. 440–451).
9 Doub, H. P., F. A. Henny: Radiological study of the temporomandibular joints. Radiology 60 (1953) 666–674
10 Eriksson, L., M. Rohlin, P.-L. Westesson: The correlation of tempromandibular joint sounds with joint morphology in fifty-five autopsy specimens. J. oral maxillofac. Surg. 43 (1985) 194–200
11 Forssell, H., R.-P. Happonen, K. Forssell, E. Virolainen: Osteochondroma of the mandibular condyle. Report of a case and review of the literatur. Brit. J. oral maxillofac. Surg. 23 (1985) 183–189
12 Frommhold, W., W. Hielscher: Röntgenkinematographische Studien zur Form der Kondylenbahn des Kiefergelenkes. Fortschr. Röntgenstr. 96 (1962) 103–108
13 Gorlin, R. J., J. B. Gorlin: Developmental anomalies of the jaws. Semin. Roentgenol. 6 (1971) 426–440
14 Helms, C. A., R. B. Morrish jr., L. T. Kurcos, R. W. Katzberg, M. F. Dolwick: Computed tomography of the meniscus of the temporomandibular joint: preliminary observations. Radiology 145 (1982) 719–722
15 Helms, C. A., J. B. Vogler, R. B. Morrish, St. M. Goldman, R. E. Capra, Evelyn Proctor: Temporomandibular joint internal derangements: CT diagnosis. Radiology 152 (1984) 459–462
16 Horrigan, W. D., D. H. Baker: Gargoylism: a review of the roentgen skull changes with a description of a new finding. Amer. J. Roentgenol. 86 (1961) 473–477
17 Hüls, A., E. Walter, W. Schulte: Konventionelle Röntgendiagnostik und Computertomographie der Kiefergelenke bei Myoarthropatien. Radiologe 24 (1984) 360–368
18 Hüls, A., E. Walter, Ch. Süß, W. A. Kalender, A. Luckenbach, W. Schulte: High-resolution-computed tomography of the temporomandibular joint. Scientific exhibit. 70th annual meeting. Radiol. Soc. North Amer. (Wash.) Nov. (1984) 25–30
19 Hüls, A., E. Walter, W. Schulte, W. B. Freesmeyer: Computertomographische Stadieneinteilung des dysfunktionellen Gelenkkopfumbaus. Dtsch. zahnärztl. Z. 40 (1985) 37–51
20 Katzberg, R. W., J. Schenck, D. Roberts, R. H. Tallents, J. V. Manzione, H. R. Hart, Th. H. Foster, W. S. Wayne, R. W. Bessette: Magnetic resonance imaging of the temporomandibular joint meniscus. Oral Surg. 59 (1985) 332–335
21 Katzberg, R. W., R. W. Bessette, R. H. Tallents, D. B. Blewes, J. V. Manzione, J. F. Schenck, Th. H. Foster, H. R. Hart: Normal and abnormal temporomandibular joint: MR imaging with surface coil. Radiology 158 (1986) 183–190
22 Kudryk, W. H., G. L. Baker, J. S. Percy: Ankylosis of the temporomandibular joint from psoriatic arthritis. J. Otolaryng. 14 (1985) 336
23 Larheim, T. A., S. Johannessen: Transpharyngeal radiography of mandibular condyle. Acta radiol. diagn. 26 (1985) 167–171
24 Manzione, J. V., R. W. Katzberg, G. L. Brodsky, St. E. Seltzer, H. Z. Mellins: Internal derangements of the temporomandibular joint: diagnosis by direct sagittal computed tomography. Radiology 150 (1984) 111–115
25 Manzione, J. V., St. E. Seltzer, R. W. Katzberg, St. B. Hammerschlag, B. F. Chiango: Direct sagittal computed tomography of the temporomandibular joint. Amer. J. Neuroradiol. 3 (1982) 677–679
26 Marks, R. B., D. M. Carlton, R. F. Carr: Osteochondroma of the mandibular condyle. Oral Surg. 58 (1984) 30–32
27 Mejersjö, C., L. Hollender: Radiography of the temporomandibular joint in female patients with TMJ pain or dysfunction. Acta radiol. diagn. 25 (1984) 169–176
28 Mizuno, A., T. Nakamura, K. Motegi, H. Shirasawa: Osteochondroma of the mandibular condyle. Int. J. Oral Surg. 12 (1983) 221–225
29 Paatero, Y. V.: Pantomography in theory and use. Acta radiol. (Stockh.) 41 (1954) 321–335
30 Paatero, Y. V.: Pantomography and orthopantomography. Oral Surg. 14 (1961) 947–956
31 Parms, C.: Die Röntgendiagnostik der Kiefergelenke. Röntgenpraxis 4 (1932) 633–649
32 Pepper, L., M. F. Zide: Mandibular condyle fracture and dislocation into the middle cranial fossa. Brit. J. Oral Surg. 14 (1985) 278–283
33 Pöschl, M.: Juvenile Osteochondronekrosen. In: Röntgendiagnostik der Skeletterkrankungen, Teil 4, red. v. L. Diethelm. In Diethelm, L., O. Olsson, F. Strnad, H. Vieten, A. Zuppinger: Handbuch der Medizinischen Radiologie, Bd. V. Springer, Berlin 1971
34 Rao, K. Subba, B. Rama Subbaraidu: Unilateral hypertrophy of the mandibular condyle. A case report and review of literature. Indian J. Radiol. 24 (1970) 209–212
35 Raustia, Aune, M. J. Phytinen, K. K. Virtanen: Density of the caput mandibulae in computed tomography compared with clinical findings related to TMJ dysfunctions. Fortschr. Röntgenstr. 143 (1985) 408–412
36 Raustia, Aune, M. J. Phytinen, K. K. Virtanen: Examination of the temporomandibular joint by direct sagittal computed tomography. Clin. Radiol. 36 (1985) 291–296
37 Ricketts, R. M.: Variations of the temporomandibular joint as revealed by cephalometric laminagraphy. Amer. J. Orthodont. 36 (1950) 877–898
38 Schatz, S. L., H. R. Cohen, M. J. Ryvicker, A. M. Deutsch, J. V. Manzione: Overview of computed tomography of the temporomandibular joint. J. Comput. Tomogr. 9 (1985) 351–358

39 Schneider, G., E. Tölly: Radiologische Diagnostik des Gesichtsschädels. Thieme, Stuttgart 1984 (S. 167–173)
40 Sonnabend, E., W. Hielscher: Zähne und Kiefer. In Schinz: Radiologische Diagnostik, 7. Aufl. Schädel, Gehirn, Bd. V/1, hrsg. v. W. Dihlmann, H.-St. Stender. Thieme, Stuttgart 1986 (S. 311)
41 Steinhardt, G.: Untersuchungen über die Beanspruchung der Kiefergelenke und ihre gewerblichen Folgen. Deutsche Zahnheilkd., H. 91. Thieme, Leipzig 1934
42 Steinhardt, G.: Pathologische Veränderungen der Kiefergelenke. In: Röntgendiagnostik des Schädels, Teil 2, red. v. L. Diethelm, F. Strnad. In: Olsson, O., F. Strnad, H. Vieten, E. Uehlinger: Handbuch der Medizinischen Radiologie, Bd. VII. Springer, Berlin 1963 (S. 867–885)
43 Steinhardt, G.: Funktion und strukturelle Veränderungen der Kiefergelenke. In Schön, F., F. Singer: Europäische Prothetik heute. Quintessenz, Berlin 1978
44 Sung, R. Y.: Facial asymmetry and malocclusion from unilateral hyperplasia of the mandibular condyle. Report of five cases. Chinese Med. J. 76 (1958) 59–65
45 Syrjänen, S. M.: The temporomandibular joint in rheumatic arthritis. Acta radiol. diagn. 26 (1985) 235–243
46 Thompson, J. R., E. Christansen, A. N. Hasso, D. B. Hinshaw: Temporomandibular joints: High-resolution computed tomographic evaluation. Radiology 150 (1984) 105–110
47 Weissman, I., E. M. Collins. Unilateral hypertrophy of the mandibular condyle. Report of a case and review of the literature. Radiology 74 (1960) 939–943

Griffelfortsatz, Zungenbein, verkalkter Kehlkopfknorpel

Norm

Im Wachstum

Der **Processus styloideus** (partis petrosae ossis temporalis) entsteht aus dem zweiten Kiemenbogen. Seine Verknöcherung erfolgt von zwei Kernen aus. Der obere soll kurz vor der Geburt, der untere nachher erscheinen. Während der obere Kern bald mit der Pars petrosa und der Pars tympanica ossis temporalis verschmilzt, erfolgt seine Synostose mit dem unteren Kern in der Pubertät (1, 22). Durch das Lig. stylohyoideum bleibt der Schlundbogen nach Abschluß der Entwicklung angedeutet erhalten (2). Im Bereich des Zungenbeins können im 5. Embryonalmonat Verkalkungen auftreten (16).

Beim **Neugeborenen** ist in einer Häufigkeit von 75% eine Verkalkung nachweisbar. Die Kornua vereinigen sich später (6. bis 10. Lebensjahr?).

Verkalkungen im **Larynxknorpel** werden vor dem 15. Lebensjahr nicht gesehen (16). Bei dem individuell sehr unterschiedlichen Verkalkungsvorgang im Kehlkopf spielen Geschlecht und Konstitution eine wesentliche Rolle. Es gibt stark und nur wenig verkalkte Kehlkopfknorpel. Die Verkalkung erfolgt nicht symmetrisch; auch innere und äußere Blätter (tables) werden unterschiedlich ossifiziert. Eine einseitig breite Knochenmarkzone zwischen den breiten Kortikales, wie dies durchaus normal vorkommen kann, mag bei Darstellung im Computertomogramm zur irrtümlichen Annahme eines malignen Tumors führen (10) (Abb. 4.**312**).

Beim Erwachsenen

Der **Processus styloideus** verläuft von der Schädelbasis aus nach kaudal, medial und ventral. Bei **Verkalkung** bzw. **Verknöcherung** des **Lig. stylohyoideum** sieht man Unterteilungen mit gelenkähnlichen Verbindungen (Abb. 4.**313**, 4.**315a.** u. **b**). Hierbei treten präformierte Elemente eines kompletten Hyoidapparates (5) mit Stylhyal, Keratohyal, akzessorischem Keratohyal und einem vierten kleinen Knochen (6) auf. Manchmal klaffen Lücken zwischen den verknöcherten Abschnitten (Abb. 4.**316**).

Das **Zungenbein** besteht aus dem Korpus und den Cornua majora. An deren Verbindungsstelle treten oft (bei Wiederkäuern stets) Cornua minora auf, die mit dem Lig. stylohyoideum verbunden sind (Abb. 4.**317**). Die Ausbildung der kleinen Hörner ist außerordentlich unterschiedlich. Sie können fehlen, klein sein, aber auch beträchtliche Ausmaße annehmen. Radiologisch lassen sich die großen Zungenbeinhörner beiderseits des 3. Halswirbelkörpers im a.-p. Strahlengang in mehr oder minder ausgeprägter Deutlichkeit oft erkennen und dürfen nicht mit Querfortsätzen dieses Halswirbels verwechselt werden (Abb. 4.**318** und 4.**319**). Im axialen Strahlengang projiziert sich das Zungenbein vor den vorderen Atlasbogen.

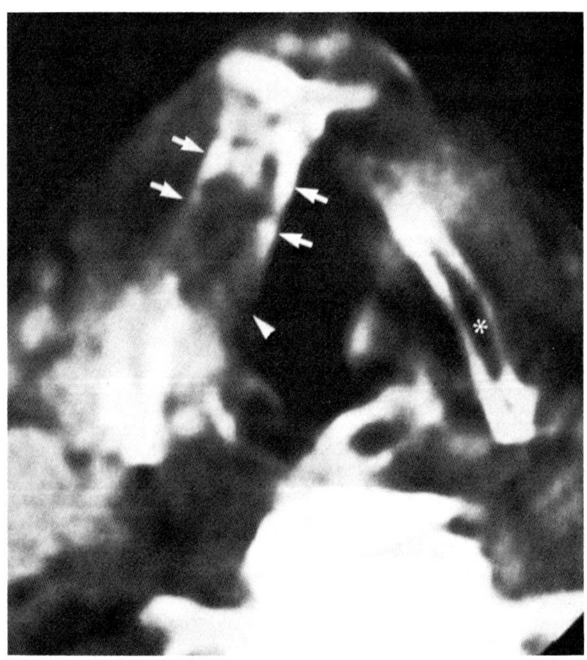

Abb. 4.**312** CT-Scan des Larynx. Schnitt in der Höhe direkt unter der supraglottischen Weichteilmasse. Erweiterung der vorderen zwei Drittel des rechten Thyroidflügels (→) mit undeutlicher innerer Lamina (▶). Der linke hintere Thyroidflügel (*) ist normal (aus Kavanagh, K. T., J. E. Salazar, R. W. Babin: J. Comput. Assist. Tomogr. 9 [1985] 177)

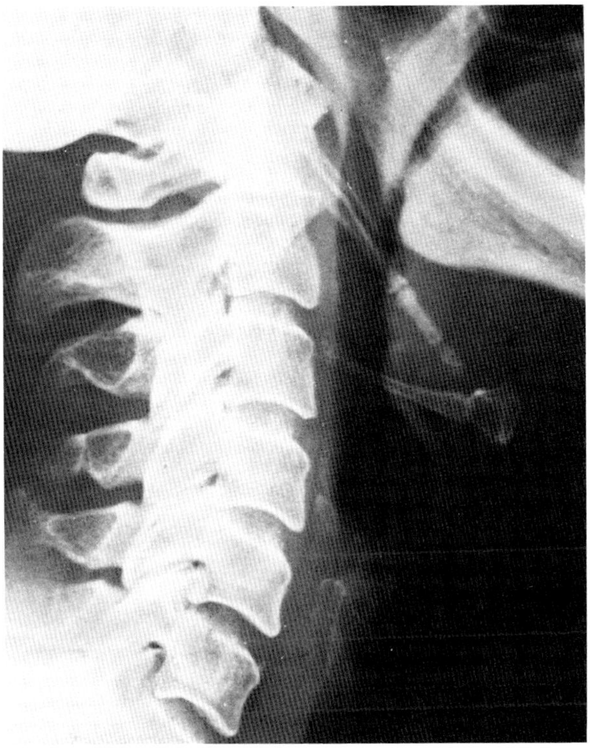

Abb. 4.**313** Verknöcherung im Lig. stylohyoideum mit gelenkartiger Verbindung

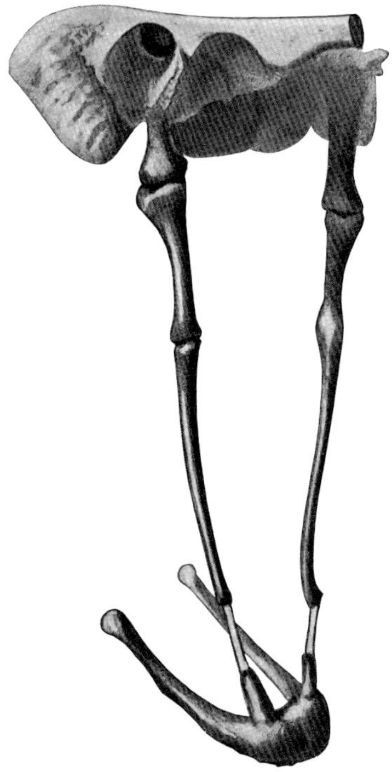

Abb. 4.**314** Verknöcherung im Lig. stylohyoideum (nach Augier)

a

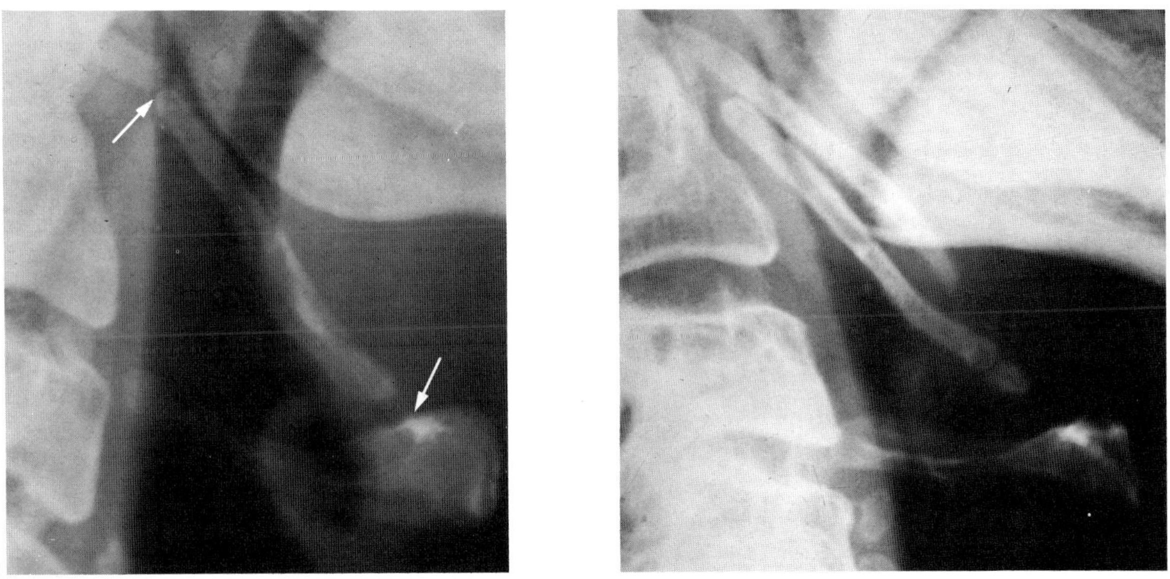

b

Abb. 4.**315 a** u. **b**
a Ausgedehnte Verkalkung des Lig. stylohyoideum mit gelenkigen Verbindungen
b Verkalktes Lig. stylohyoideum beiderseits

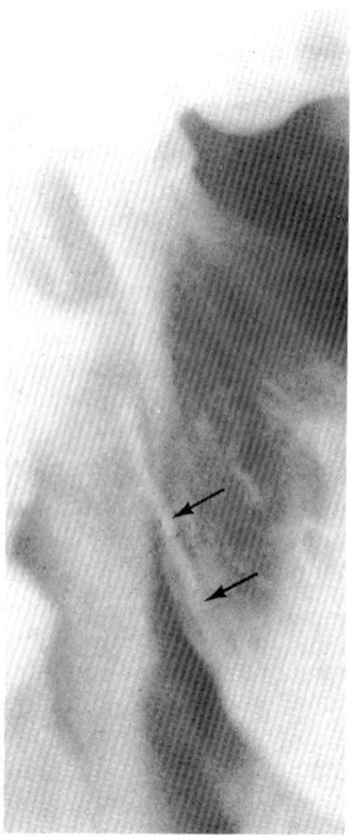

Abb. 4.**316** Verknöcherung im Lig. stylohyoideum (→)

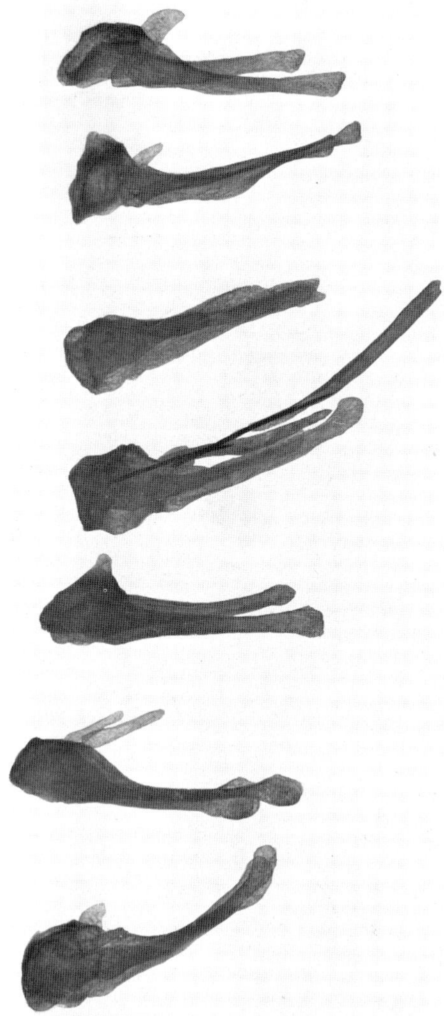

Abb. 4.**317** Röntgenaufnahmen des Zungenbeins in Profilansicht. Unterschiedliche Ausbildung des Zungenbeinkörpers und der Cornua minora. Bei der in der Mitte abgebildeten Beobachtung sieht man eine Verknöcherung im Lig. stylohyoideum

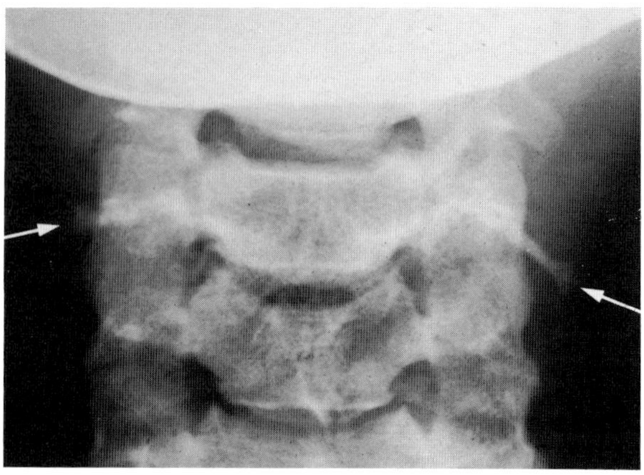

Abb. 4.**318** Projektion des Zungenbeins lateral der Halswirbelsäule

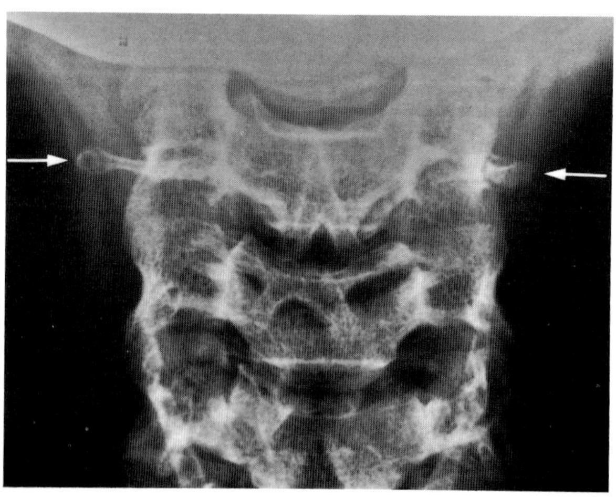

Abb. 4.**319** Zungenbeinprojektion auf einer a.-p. Halswirbelsäulenaufnahme, rechts fragliches, isoliertes Verknöcherungszentrum

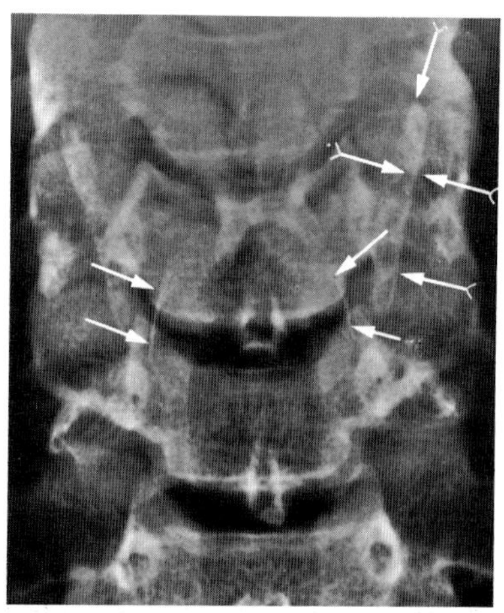

Abb. 4.**320** Strichförmige Abbildung der Cartilago cricoidea (→). Oberhalb dieses Ringknochens beiderseits Kalkspangen (›→) des Schildknorpels (Cartilago thyroidea)

Ein bleistiftdickes, doppelschienenartiges Kalkband von einigen Zentimetern Länge, das sich häufig im a.-p. Strahlengang in die Querfortsätze des 4. bis 6. Halswirbels projiziert, entspricht dem **verkalkten Schildknorpel** (Abb. 4.**320**). Zwischen dem Zungenbein und dem Kehlkopfskelett lassen sich gelegentlich zwei kleine Kalkschatten erkennen, die in der **Cartilago triticea,** einem weizenkorngroßen elastischen Knorpel im Lig. thyrohyoideum, liegen. Sie projizieren sich vor den 3. bis 4. Halswirbel (Abb. 4.**321**). Knapp medial und kaudal des verkalkten Schildknorpels sieht man in a.-p. Projektion die sehr zarten, leicht gebogenen linienförmigen, kalkdichten Schatten der **Cartilago cricoidea** (Abb. 4.**320**). Zur Orientierung der radiologisch-anatomischen Übersicht werden in Abb. 4.**322 a** u. **b** eine radiologische Weichteildarstellung mit erläuternder Skizze in a.-p. Projektion und in Abb. 4.**323** eine Si-

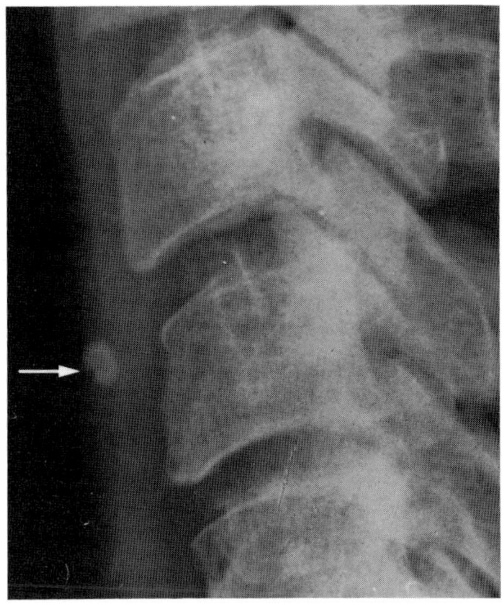

Abb. 4.**321** Cartilago triticea vor C4

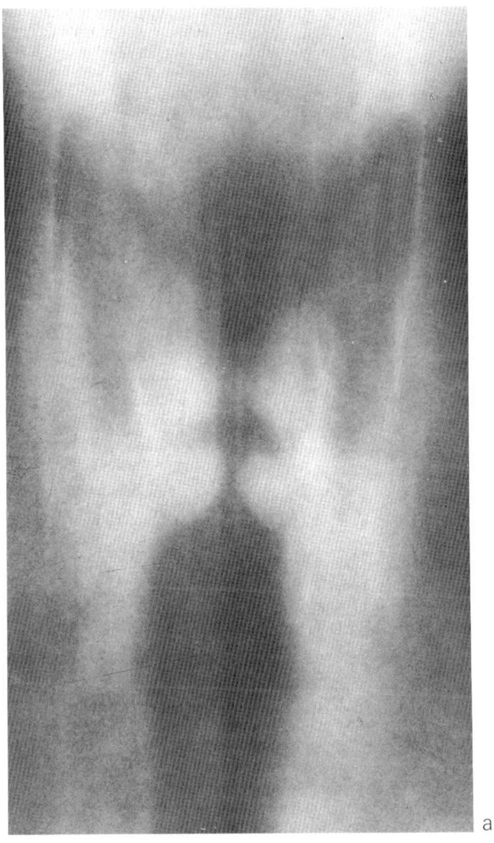

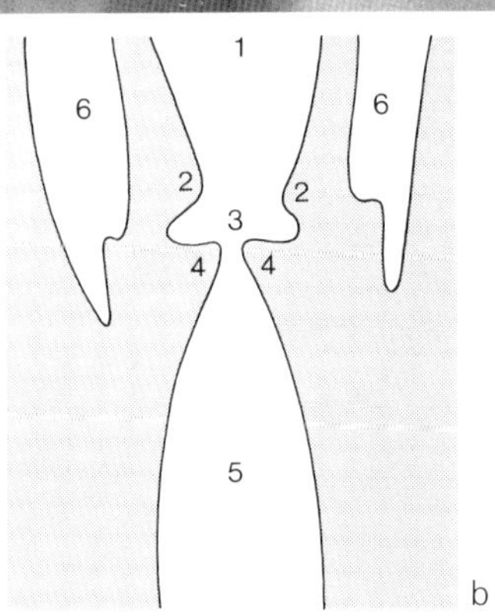

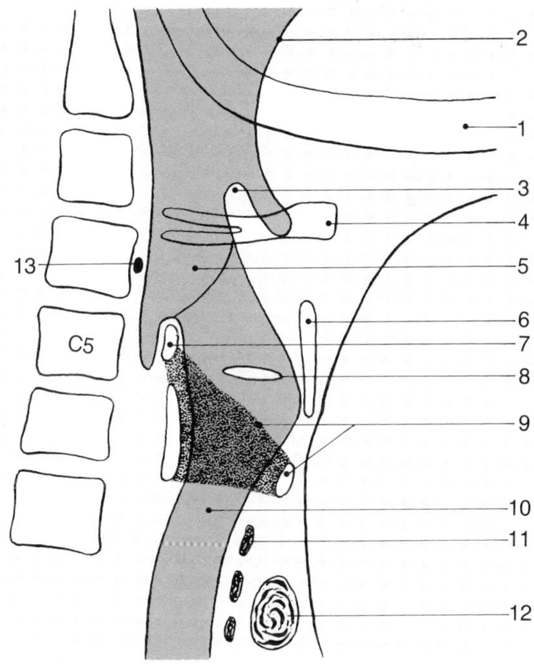

△ Abb. 4.**323** Halsweichteile und sichtbare Einlagerungen

1 = Unterkiefer
2 = Zungengrund
3 = Epiglottis
4 = Zungenbein
5 = Hypopharynx
6, 7 = Schildknorpel
8 = Sinus Morgagni
9 = Ringknorpel
10 = Trachea
11 = verkalkte Trachealknorpel
12 = verkalkte Struma
13 = Cartilago triticea

◁ Abb. 4.**322 a** u. **b**
a Tomogramm des Kehlkopfes
b Erklärende Situationsskizze
1 = Vestibulum laryngis
2 = Taschenband
3 = Sinus Morgagnii
4 = Stimmband
5 = Trachea
6 = Recessus piriformes

tuationsskizze in der seitlichen Ansicht wiedergegeben, wenn auch auf eine Beschreibung der radiologischen Weichteildiagnostik von Larynx und Pharynx, die vor allem computertomographisch in einem wesentlich umfangreicheren Maße möglich ist als bislang, in Hinsicht der Beschränkung unseres Themas auf das Skelett verzichtet wird.

Der dem Ringknorpel aufsitzende, pyramidenähnliche Stellknorpel, *Cartilago arytaenoidea,* kalzifiziert und/oder verknöchert – die Vorgänge erfolgen unabhängig voneinander – zwar in 90% aller Fälle (Sektionsbefunde) nach dem 17. bzw. 20. Lebensjahr, doch lassen sich die entsprechenden Verschattungen radiologisch durch Überlagerung mit Strukturen der Halswirbelsäule bzw. von Schildknorpelverkalkungen schwierig differenzieren (3).

Verkalkungen in den Trachealringen (Abb. 4.**324**) sollen beiläufig als Symptome der bei älteren Menschen öfter auftretenden Tracheobronchopathia calcarea genannt und abgebildet werden.

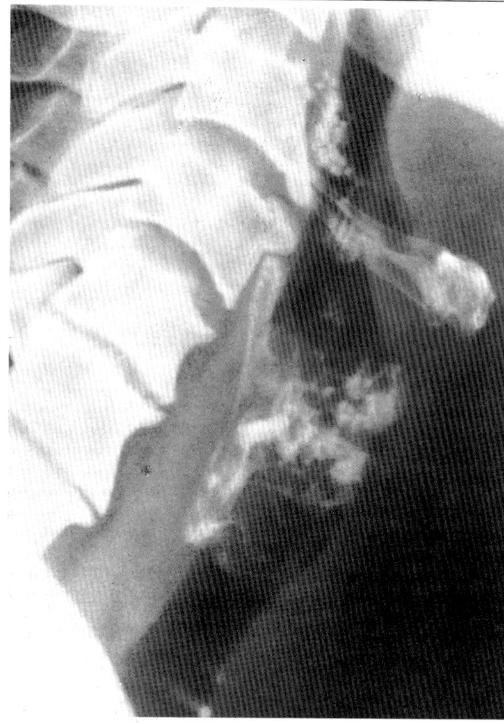

Abb. 4.**324** Seitliche Halsaufnahme mit ausgedehnter Verkalkung in zervikalen Lymphknoten, die zum Teil eine Kehlkopfverknöcherung vortäuschen, aber auch verdecken. Verkalkte Trachealringe

Varianten und Anomalien

Ein **stark verlängerter Griffelfortsatz** kann Schmerzen in der Tonsillengegend beim Kauen und Schlucken, Dysphagie, Fremdkörpergefühl und Kopfschmerzen in der Temporalgegend bei Druck auf die A. carotis externa, in der Orbital- und Parietalregion bei Kompression der A. carotis interna verursachen, besonders dann, wenn die Spitze des Processus styloideus einwärts gerichtet ist (11). Es wird vom **„styloid process syndrome"** bzw. **„carotid artery syndrome"** (12, 17), in der neueren, allgemein zugänglichen Literatur vom „Eagle-Syndrome" oder „Eagle's anomaly" (13, 15) gesprochen. Kombinationen derartiger Varianten mit Asymmetrien in der Ausbildung der Zungenbeinhörner und klinisch außer den schon erwähnten Symptomen angegebenen Parästhesien und Hustenanfällen führten zu operativen Konsequenzen (11).

Verkalkungen im Lig. thyrohyoideum laterale (fallweise bei doppeltem Weizenknorpel beobachtet [1]) besitzen wohl eine atavistische Bedeutung, da bei Rind und Ziege knöcherne Verbindungen zwischen Zungenbein- und Schildknorpelhörnern regelmäßig vorkommen (19).

Punktförmige Verkalkungen vom Kehlkopf- und Trachealknorpel bei einem 9 Monate alten Säugling (also extrem zu früh auftretend, um zu den normalen Verkalkungen zu zählen), waren verbunden mit Stridor seit Geburt und rezidivierenden Infekten der Luftwege (16).

Am **hinteren Ende des Cornu majus des Zungenbeins** gibt es **isolierte Knöchelchen** (Abb. 4.**325** und 4.**326**), die sich bei Schrägaufnahmen in das Foramen intervertebrale projizieren können.

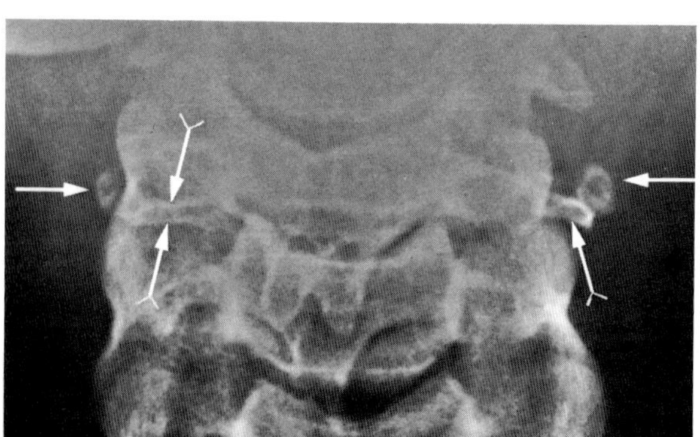

Abb. 4.**325** Kleine, schmale Knochenspangen, dem Zungenbein zugehörig, rechts in Projektion mit dem 3. Halswirbelkörper, links ihn seitlich überragend mit beiderseits isoliertem Knochenzentrum (→), das jeweils dem großen Zungenbeinhorn anliegt (↣)

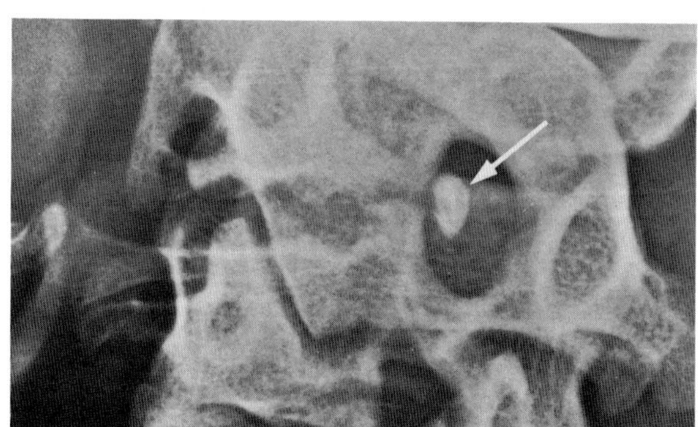

Abb. 4.**326** Projektion des isolierten Knochenzentrums neben dem linken Cornu major in das Foramen intervertebrale C2/3

Verletzungsfolgen

Zungenbeinbrüche können häufiger vorkommen, da über sieben Fälle, beobachtet in drei Jahren, berichtet wurde. Sie entstehen durch direkte Gewalteinwirkung und indirekt durch Muskelzug mit und ohne Unterkieferfraktur (19). Auf gleichzeitig bestehende Bandverknöcherungen ist hingewiesen (7).

Frakturen des Kehlkopfes, öfter eintretend bei Auffahrunfällen, wenn im Wagen vorn Sitzende unter Hyperextension des Halses auf das Armaturenbrett aufprallen (20), lassen sich wegen der atypischen Verkalkungen im konventionellen Radiogramm schwierig nachweisen. Ihre Diagnose ist eine Domäne der Computertomographie (17). Dies gilt erst recht für die inneren Kehlkopfverletzungen, die bei der Intubation entstehen können (4).

Erworbene Erkrankungen

Während knöcherne Veränderungen bei Erkrankungen des Hyoidbogens und des Larynx als solche radiologisch kaum zu diagnostizieren sind, ist die Differentialdiagnose gegen krankheitsbedingte Verkalkungen in den Halsweichteilen (nach Lymphknotentuberkulose, Senkungsabszessen, bei Karotisverkalkungen, Strumaverkalkungen, um nur einige Beispiele zu nennen) wohl im allgemeinen leicht zu stellen, wenn Aufnahmen in zwei Ebenen angefertigt sind und der Untersucher die topographische radiologische Anatomie beherrscht (s. Abb. 4.**324**).

Mit der hochauflösenden Computertomographie sind nicht nur die Weichteilwucherungen, sondern auch die Knorpelzerstörungen maligner Tumoren am Kehlkopf in einer Weise darzustellen, wie sie vorher auch nicht annähernd möglich war (21).

Dieselben Schlüsse sind für alle Weichteile des Epipharynx, des Nasopharynx, der Flügelgaumengrube, des Oropharynx und des Mundbodens, der Speicheldrüsen sowie des Hypopharynx und Pharynx zu ziehen, wenn gelegentlich Skeletteile durch Arrosion oder Infiltration ergriffen sind. Auf Arbeiten einzugehen, die diese vorwiegend die Weichteile betreffenden Affektionen beschreiben, würde den auf das Skelett bezogenen Rahmen dieses Buches sprengen.

Erosionen durch eine **rheumatoide Krikoarytenoid-Arthritis** wurden mit Weichteilaufnahmetechnik (low-voltage radiography) entdeckt. Die Krankheit, die zu laryngealen Obstruktionen durch akute und chronische Gelenkveränderungen führen kann, läßt sich durch Kortikoidbehandlung entscheidend bessern (9). Daß auch Verkalkungen in den Trachealringen, wie sie im Abschnitt über die „Norm" beschrieben wurden, bei Ausdehnung auf den Larynx Krankheitsbedeutung erhalten können, wurde an einem Fall beschrieben (18):

Ein 66jähriger Mann litt seit seiner Kindheit an vielfachen Tonsillitiden. Die Tonsillen wurden zweimal ektomiert. Unter Ösophagusstenose kam es zum Dauerhusten und zur Dysphagie, so daß der Patient schließlich nur noch in der Lage war, beschwerdelos Wasser zu sich zu nehmen.

Die Erkrankung läßt sich ösophagoskopisch vermuten, radiologisch kaum beweisen.

Literatur

1 Beutel, A.: Die Veränderungen des Ligamentum stylohyoideum. Röntgenpraxis 7 (1935) 665–670
2 Brat, J.: Klinische Fehldiagnose durch abnorm langen Griffelfortsatz des Felsenbeines. Fortschr. Röntgenstr. 75 (1951) 758–759
3 Curtis, D. J., R. M. Allmann, J. Brion, G. S. Holborow, Sh. L. Brahman: Calcification and ossification in the arytenoid cartilage: incidence and patterns. J. forens. Sci. 30 (1985) 1113–1118
4 Dudley, J. P., A. A. Mancuso, W. Fonkalsrud: Arytenoid dislocation and computed tomography. Arch. Otolaryng. 110 (1984) 483–484
5 Evans, W. A.: The epihyal bone. A consideration of some small accessary bones of the neck. Amer. J. Roentgenol. 44 (1940) 714–715
6 Gosserez, M., P. Malraison, Mme. Tréheux: Anomalie thyrohyoïdienne. J. Radiol. Électrol. 39 (1958) 194–196
7 Gremmel, H.: Ausgedehnte Bandverknöcherungen in der Zungenbeingegend bei gleichzeitiger Zungenbeinfraktur. Fortschr. Röntgenstr. 86 (1957) 664–665
8 Hanafee, W., A. Mancuso: Introductory Workbook for CT of the Head and Neck. Williams & Wilkins, Baltimore (p. 166–167)
9 Jurik, Anne Grethe, U. Pedersen, Å Nørgård: Rheumatoid arthritis of the cricoarytenoid joints: a case of laryngeal obstruction due to acute and chronic joint changes. Laryngoscope 95 (1985) 846–848
10 Kavanagh, K. T., J. E. Salazar, R. W. Babin: Bone marrow extension of the thyroid cartilage: a source of confusion with malignant invasion in CT studies. J. Comput. Assist. Tomogr. 9 (1985) 177–170
11 Klinefelter, E. A.: The anomalous hyoid. Review of the literature and report of a case. Radiology 58 (1952) 224–227
12 Lindeman, P.: The elongated styloid process as a cause of throat discomfort. J. Laryng. Otol. 99 (1985) 505–508
13 Lorman, J. G., J. R. Briggs: The eagle syndrome. Amer. J. Roentgenol. 140 (1983) 881–882
14 Marcucci, L., M. Marcato: Indagine clinico-radiologica sulla „Sindrome da apophisi stiloide normale". Ateneo par mense 30 (1959) 951–969
15 Mueller, V., S. Hamilton, G. D. Reid: Case Report 248. Skeletal Radiol. 10 (1983) 273–275
16 Nabarro, Sylvia: Calcification of the laryngeal and tracheal cartilages associated with congenital stridor in an infant. Arch. Dis. Childh. 27 (1952) 185–186
17 Noyek, A., H. S. Shulman, M. I. Steinhardt, J. Zizmor, P. M. Som: The larynx. In Bergeron, Th., Anne G. Osborn, P. Som: Head and Neck Imgaging. Mosby, St. Louis 1984 (p. 427–440)
18 Paaske, Peter B., Ebba Tang: Tracheopathia osteoplastica in the larynx. J. Laryng. Otol. 99 (1985) 305–310
19 Porrath, Saar: Roentgenologic considerations of the hyoid apparatus. Amer. J. Roentgenol. 105 (1969) 63–73
20 Rogers, L. F.: Radiology of Skeletal Trauma. Churchill Livingstone, New York 1982 (p. 307)
21 Schumaker, H. M., P. E. Doris: Radiographic parameters an adult epiglottis. Ann. Emerg. Med. 13 (1984) 588–590
22 Simon, A.: Erhaltener Kiemenbogen. Röntgenpraxis 3 (1931) 141–143
23 Swartz, J. D., A. Lensman, F. I. Marlowe, G. L. Popky, A. S. Berger: High-resolution computed tomography; part 3: The larynx and hypopharynx. Head Neck Surg. (1985) 231–240
24 Zlomaniec, J.: Development anomalies of the styloid chain: Pol. Przegl. radio. 36 (1972) 704–706 (poln.)

5

Wirbelsäule

Atlas und Axis

Norm

Im Wachstum

Wie im Kapitel „Schädelbasis – Os occipitale" ausgeführt, bilden die knöcherne Okzipitalregion und die bandscheibenlosen beiden obersten Halswirbel eine entwicklungsgeschichtlich bedingte Einheit. Der Atlas entspricht phylogenetisch dem (von rostral gezählten) 4., der Axis dem 5. Wirbel der aus dem Primordialknorpel entstehenden kraniozervikalen Wirbelanlage (171).

Beim Neugeborenen sieht man im *vorderen Atlasbogen*, der hypochordalen Spange, in etwa 20%iger Häufigkeit einen Knochenkern des Tuberculum anterius, der sich sonst im 1. Lebensjahr bildet (164). Die Ossifikation kann hier jedoch auch von zwei oder mehr paramedianen Kernen oder – seltener – von den Massae laterales ausgehen (48).

Im *hinteren Atlasbogen*, der Neuralspange, liegen symmetrisch zwei Knochenkerne, von denen wie bei den Bögen der übrigen Wirbel die Verknöcherung fortschreitet. Die Synostosierung beider Zentren erfolgt allerdings beim Axis zwischen dem 2. und 3., beim Atlas gelegentlich erst zwischen dem 5. und 6. Lebensjahr, bei beiden Wirbeln also später als an der übrigen Wirbelsäule.

Durch ihre Funktion als Drehwirbel unterscheiden sich die beiden obersten Halswirbel nicht nur in ihrem endgültigen Bau, sondern auch in der Art ihrer Entwicklung. Der Atlas besitzt weder Körper noch Processus spinosus. Die **Massae laterales** sind bei Geburt knöchern angelegt. Im **Axis** gibt es je einen kleineren medianen Knochenkern für das **Korpus** wie für den (frühembryonal allerdings aus zwei blastematösen Dentalfortsätzen verschmelzenden) **Dens**. Im Dens können zwei Knochenkerne auftreten. Korpus und Dens axis befinden sich in einer einheitlichen knorpeligen Anlage. Der Kern im Dens ist in seiner Mitte leicht eingezogen. Zwischen Korpus- und Denskern liegt eine Knorpelzone mit einem rudimentären Chordasegment (Abb. 5.**1a** u. **b**). Die Kerne synostosieren im 4. bis 6. Lebensjahr, wobei sich der Denskern mit einem Sockel in den Korpuskern einsenkt und dort wie verankert erscheint (111, 164, 167) (Abb. 5.**2a** u. **b**).

Beim Menschen kann der **Proatlas** als Transitionsknöchelchen zwischen Kopf und Hals angesehen werden. Die Proatlasanlage ist hypoplastisch, bleibt gelegentlich isoliert und verschmilzt in der Regel im 2. bis 12. Lebensjahr. Sie bildet die Spitze des Dens axis, wobei das Knöchelchen oft in einem V-förmigen Vertikalspalt der Densspitze liegt (Abb. 5.**3a** u. **b**).

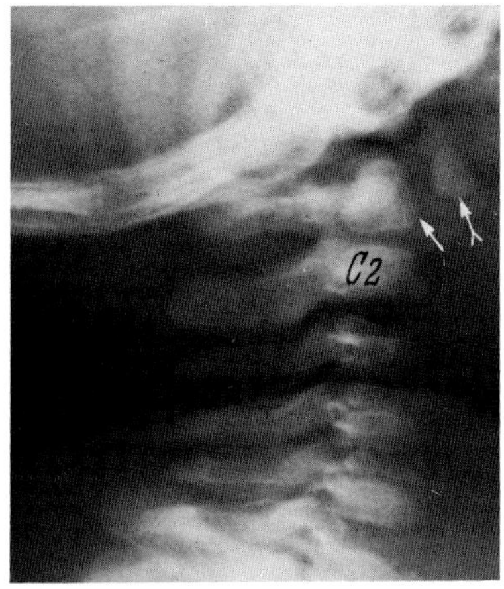

a

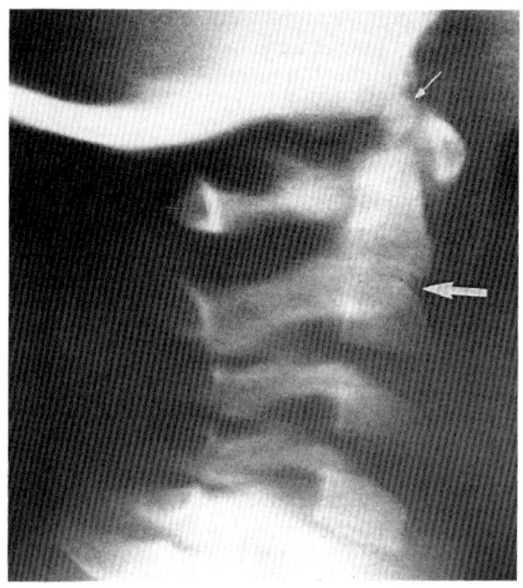

b

Abb. 5.**1a** u. **b**
a Fünf Monate altes Kind. Denskern (→), vorderer Atlasbogenkern (•→)
b Fünf Jahre altes Mädchen. Noch erhaltene Knorpelfuge zwischen Denskern und Kern des Axiskörpers (breiter →), Densspitzenkern (zarter →) (Beobachtung von Holthusen, Hamburg)

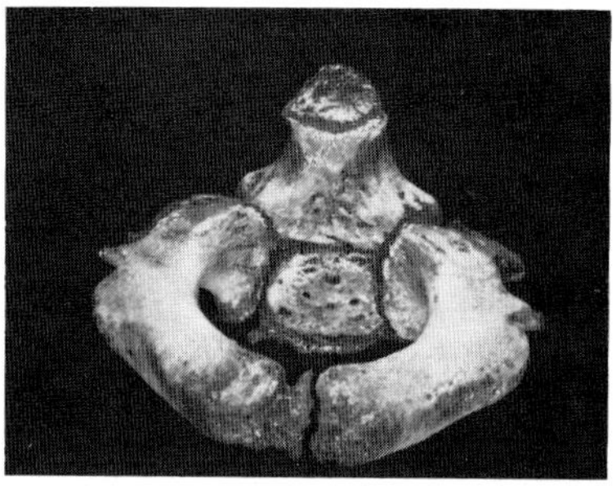

a

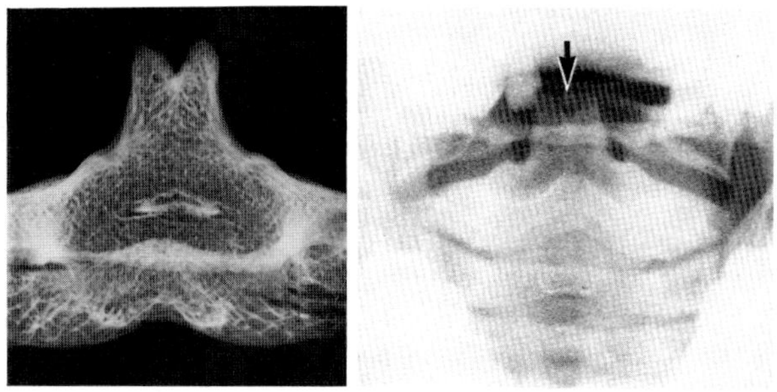

a b

Abb. 5.**3a** u. **b**
a Präparat: Kerbe in Axisspitze, persistierende Knorpelfuge zwischen Korpus und Dens axis
b Fünf Jahre altes Mädchen. Kern in V-förmiger Kerbe der Densspitze (→) (Beobachtung von Holthusen, Hamburg)

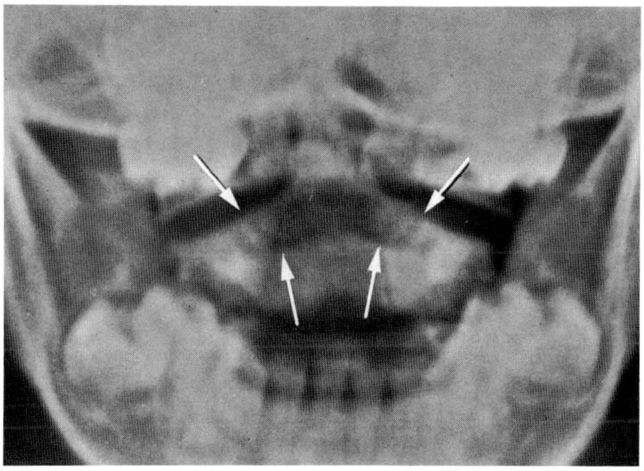

b

◁ Abb. 5.**2a** u. **b**
a Kernanlage im Axis
b Radiologisch gut sichtbare Knorpelfuge am Denssockel beim Kleinkind

Beim Erwachsenen

Die Dimensionen der **Atlasbögen** variieren erheblich. Im Profilbild lassen sich besonders Hypertrophien des vorderen Atlasbogens (samt Tuberculum anterius) von scheinbaren Vergrößerungen durch degenerativ entstandene osteophytäre Randwülste und auch Ossifikationen der dort ansetzenden Bänder kaum unterscheiden (Abb. 5.**4** und 5.**5**), während die wechselnde Größe des hinteren Atlasbogens (mit Tuberculum posterius), weniger überlagert, deutlicher wird (Abb. 5.**6** und 5.**7**). Asymmetrien in der Ausbildung der hinteren Atlashalbbögen sind nicht selten (Abb. 5.**8**). Die Processus styloidei des Keilbeins projizieren sich mit ihren Spitzen oft auf oder vor das Tuberculum anterius.

Zur **radiologischen Darstellung** des vorderen Atlasbogens ist außer der Tomographie auch die axiale Schädelaufnahme (s. Abb. 4.**175**), geeignet, während man den hinteren Atlasbogen auf der bregmatikookzipitalen Aufnahme der Hinterhauptschuppe sieht (Abb. 5.**32a** u. **b**). Die Computertomographie bietet heute wohl die beste Abbildungsmöglichkeit beider Atlasbögen (Abb. 5.**76b**).

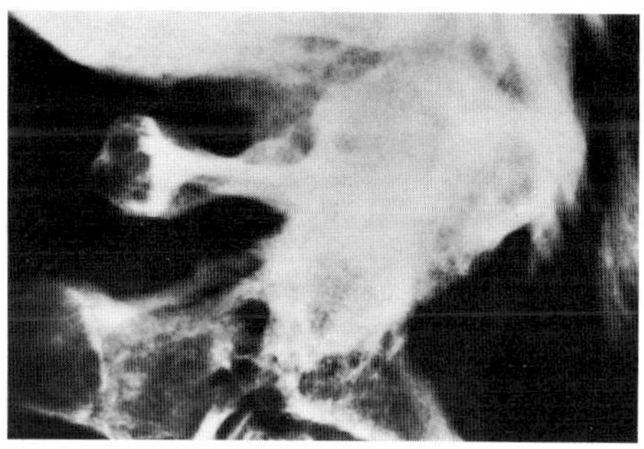

Abb. 5.**4** Großer vorderer Atlasbogen, kaum abzugrenzen von umgebenden Osteophyten und Ossifikationen

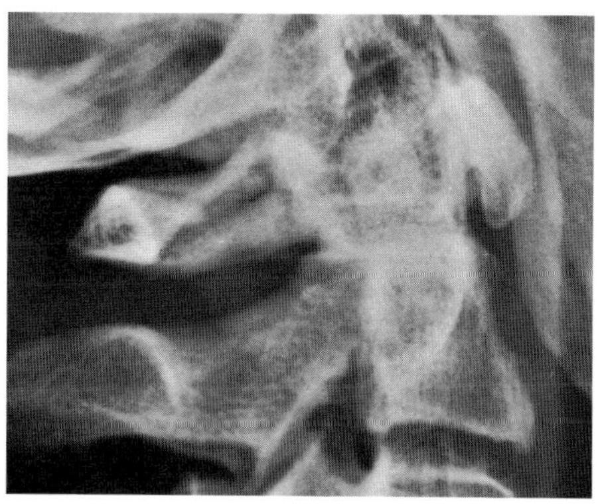

Abb. 5.**5** Großer vorderer Atlasbogen

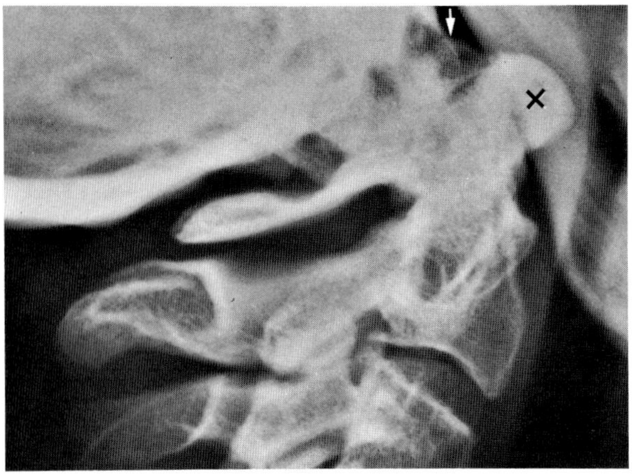

Abb. 5.**6** Sehr schmaler hinterer, normal ausgebildeter vorderer Atlasbogen (x). Persistierendes Ossiculum terminale Bergmann (→)?

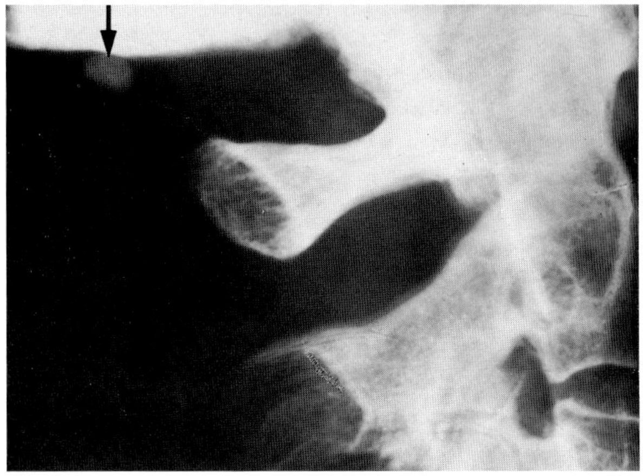

Abb. 5.**7** Kräftig ausgebildeter hinterer Atlasbogen. Isoliertes, akzessorisches Ossikulum unter dem Okziput

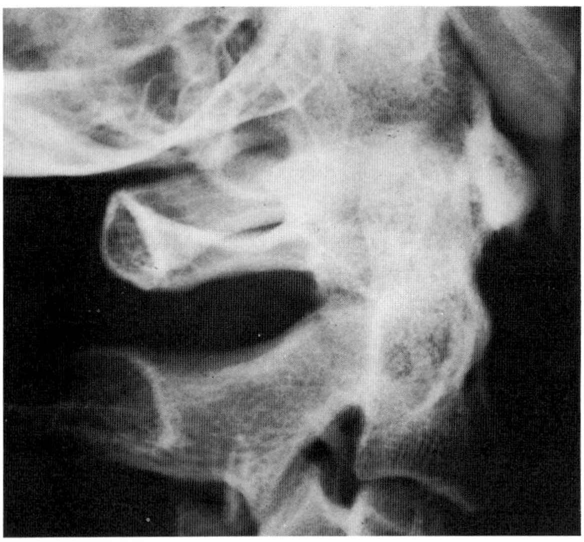

Abb. 5.**8** Asymmetrische Ausbildung des Atlasbogens

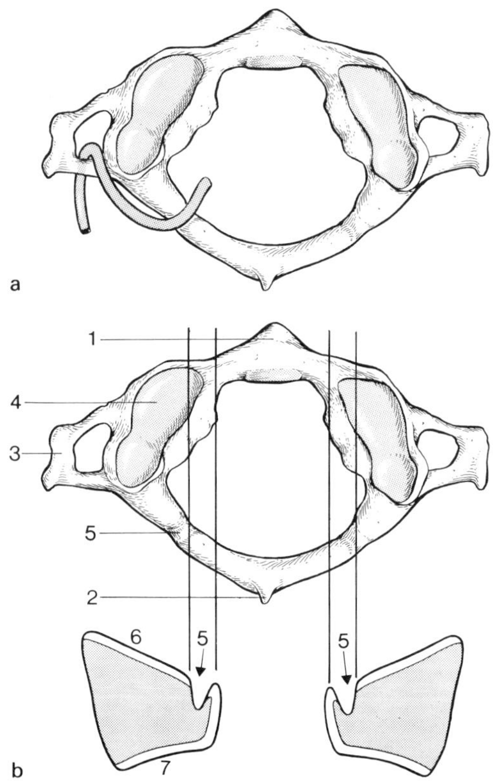

Abb. 5.**9 a** u. **b**

a Verlauf der A. vertebralis, von kaudal kommend, durch das Foramen processus transversi des Atlas hindurch – und über den Oberrand des Atlas hinwegziehend

b Atlas mit typischen Kerben medial der atlantookzipitalen Gelenkränder, hervorgerufen durch extraartikuläre mediale Knochenvorsprünge der Massae laterales atlantis

1 = Tuberculum anterius
2 = Arcus posterior
3 = Processus transversus
4 = Fovea articularis superior
5 = Sulcus arteriae vertebralis
6 = obere Gelenkfläche des Atlas
7 = untere Gelenkfläche des Atlas

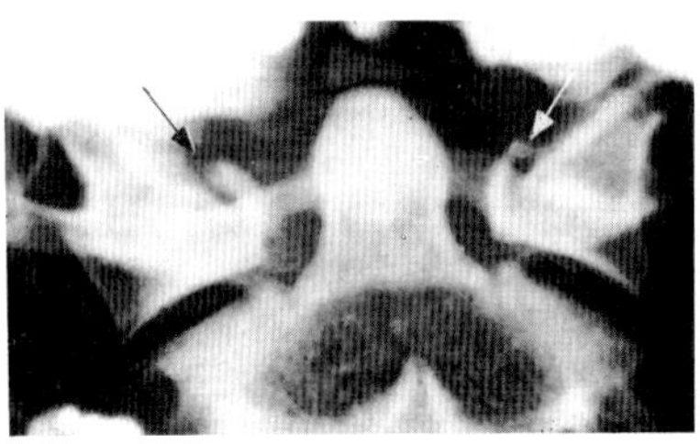

Abb. 5.**10** Radiologische Darstellung der in Abb. 5.**9 b** skizzierten Kerben medial der oberen Gelenkflächen des Atlas

Im Gebiet der **Massa lateralis** stellen sich radiologisch kranial die Gelenkflächen zum Okziput, kaudal die zum Axis dar. Kerbenförmige Aufhellungen am medialen Rand der kranialen Gelenkflächen des Atlas sind durch medial neben den Gelenkflächen liegende Dellen des Knochens hervorgerufen (170) (Abb. 5.**9a, b** und 5.**10**). Sie können durch ein mediales Tuberkulum (110) akzentuiert sein (Abb. 5.**11**).

Den **Processus transversus atlantis** durchsetzt zentral die durch das **Foramen processus transversi** hindurchziehende A. vertebralis, deren unterschiedlichem Kaliber die wechselnde Weite dieser Durchlaßstelle beiderseits entspricht (Abb. 5.**12**).

Das **Foramen processus transversi** des Axis stellt sich am besten bei Schrägprojektion der Halswirbelsäule dar (Abb. 5.**13**). In der a.-p. Betrachtung bilden sie sich wie auf Abb. 5.**14** ab.

An der Vereinigungsstelle der Kerne des Dens und des Korpus des **Axis** kann mitunter bis in das hohe Alter innerhalb des Knochens eine Persistenz der Knorpelscheibe nachgewiesen werden (Abb. 5.**2a** und 5.**3a**); auch findet man an dieser Stelle Sklerosastreifen (111). Regelmäßig ist hier eine Kerbe an der Vorderkontur des Wirbels nachweisbar (Abb. 5.**15**).

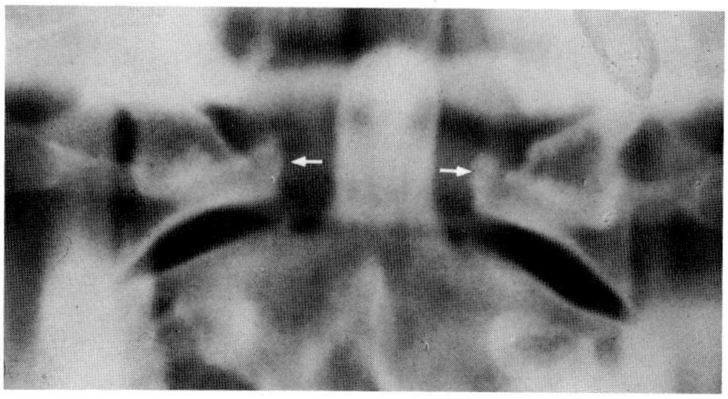

Abb. 5.**11** Vertiefung der vorgenannten Kerben (Abb. 5.**9b** und 5.**10**) durch mediale Tuberkula des Atlas

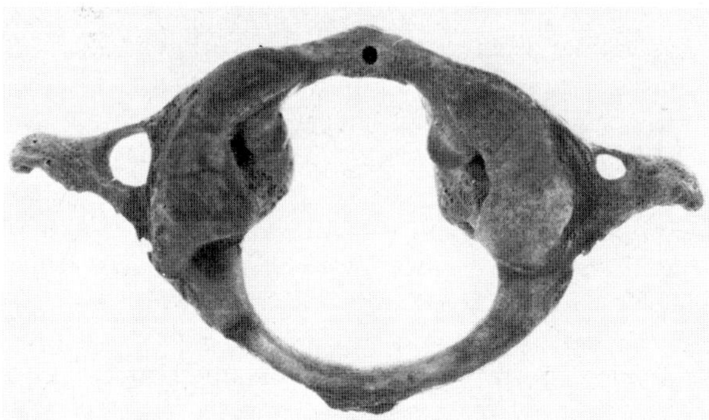

Abb. 5.**12** Stark asymmetrische Foramina processus transversi atlantis

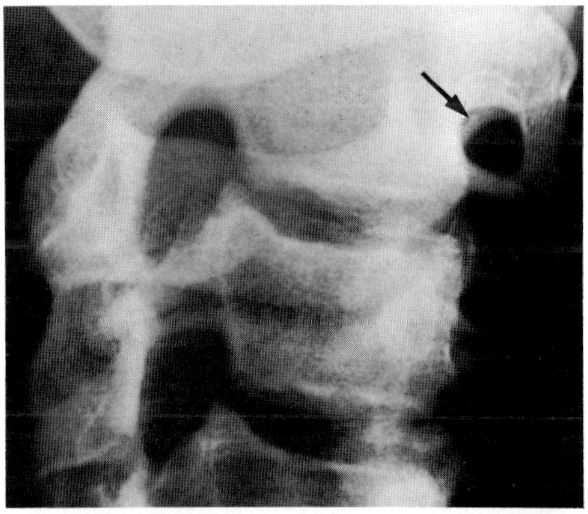

Abb. 5.**13**

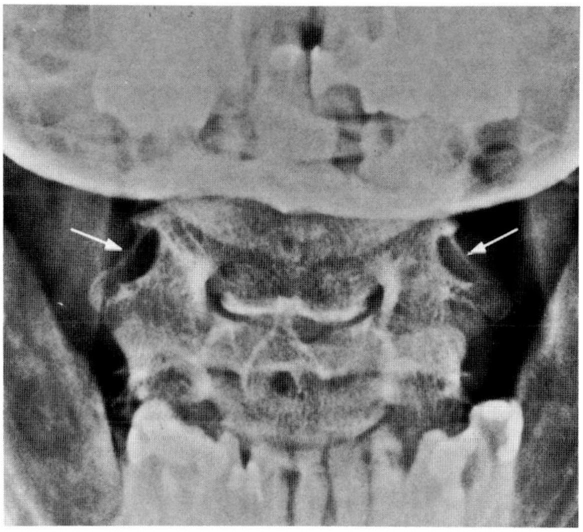

Abb. 5.**14**

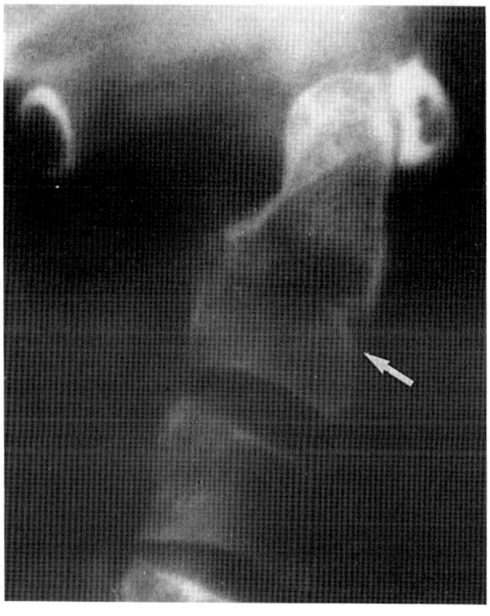

Abb. 5.**15**

Abb. 5.**13** Schrägprojektion des Axis mit Darstellung seines rechten Foramen processus transversi

Abb. 5.**14** Foramina processus transversi beiderseits im a.-p. Strahlengang (durch den geöffneten Mund)

Abb. 5.**15** Sklerosastreifen als Synchondrosenrest zwischen Dens- und Korpuskern des Axis und überdeutlich ausgeprägte, sonst aber hier typische Kerbe an der Vorderkontur des Axis. Keine verheilte Fraktur. Seitliches Tomogramm

Im Bereich des synostosierten Ossiculum terminale sieht man gelegentlich Verdichtungszonen in der Densspitze (Abb. 5.**16** und 5.**17**).

Während die **radiologische Darstellung** der oberen beiden Halswirbel im seitlichen Strahlengang weniger Probleme verursacht (s. auch vorn bei der Abbildung der Wirbelbögen), eignet sich in der a.-p. Projektion nur die Aufnahme durch den geöffneten Mund mit Einstellung des Zentralstrahles tangential an den Rand der unteren Zahnreihe bzw. – bei Fehlen der Zähne des Alveolarfortsatzes – an den unteren Okzipitalpol.

Eine sehr einfache, praktikable Methode, die in jedem radiologischen Unfallraum ohne Tomographie oder CT-Einrichtung anzuwenden ist, ist die Anfertigung einer Aufnahme am in Rückenlage befindlichen Untersuchten, dessen Kopf durch ein Kissen unter den Schultern leicht nach hinten fällt. Der Zentralstrahl wird in der a.-p. Projektion 10 Grad von unten gegen die orbitomeatale Linie geneigt und trifft bei Drehung des Kopfes des zu Untersuchenden um 30 Grad nach beiden Seiten, wenn er 2,5 cm jeweils unter dem äußeren Gehörgang vorbeigeht, in der Mitte der entsprechend untergeschobenen Übertischkassette den jeweils rechten oder linken Teil des vorderen Atlasbogens.

Eigentümliche *Summationseffekte* durch Denssockel und hinteren Atlasbogen (Abb. 5.**18** und 5.**19**), können Frakturen vortäuschen. Auch vertikale Spalten zwischen den medialen Schneidezähnen des Oberkiefers projizieren sich gelegentlich in täuschender Weise auf den Dens (Abb. 5.**20** und 5.**21**). Die gleiche Täuschung kann durch die Projektion eines Spaltes des vorderen Atlasbogens auf den Dens axis hervorgerufen werden (156). In seltenen Einzelfällen werden sich derart mögliche Fehldeutungen durch die Tomographie vermeiden lassen.

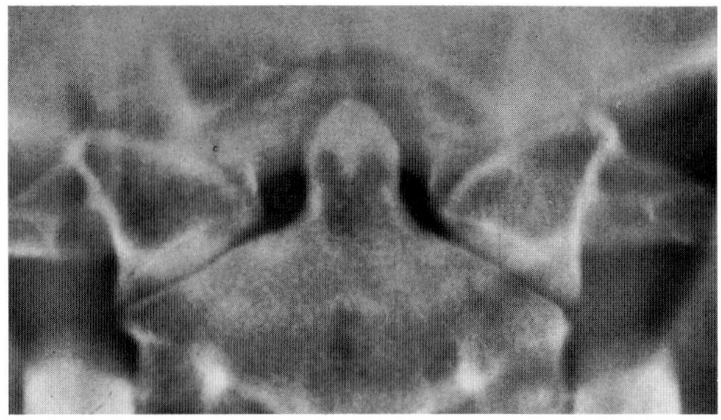

Abb. 5.**16** Verdichtungszone in der Mitte der Densspitze bei einer 26jährigen Patientin

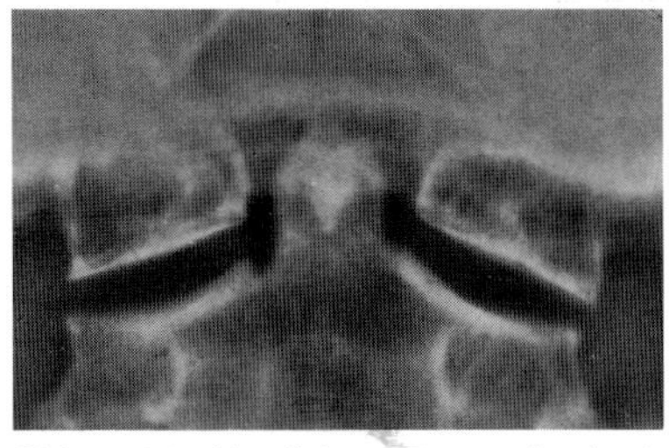

Abb. 5.**17** Verdichtungszone in der Mitte der Densspitze

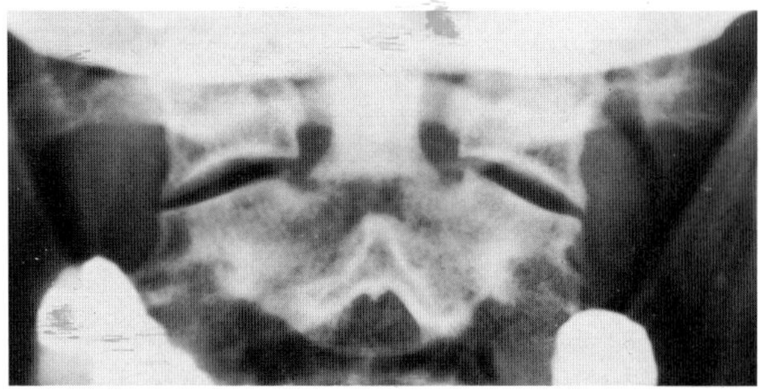

Abb. 5.**18** Summationseffekt mit dem hinteren Atlasbogen, dessen Unterkante in der Basis des Dens einen queren Verdichtungsstreifen hervorruft. Keine verheilte Densfraktur

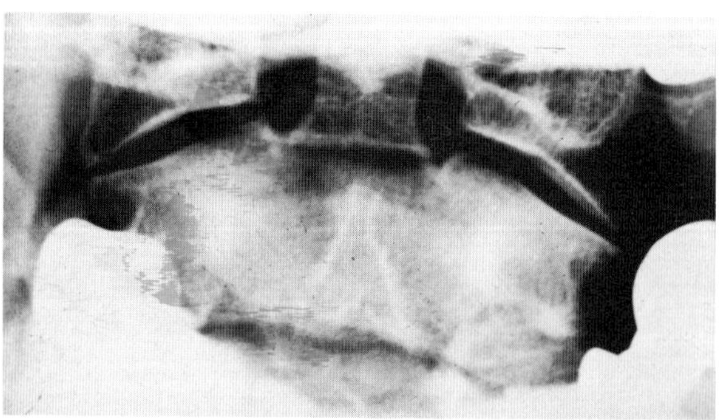

Abb. 5.**19** Vortäuschung einer Querspalte (Mach-Effekt) in der Densbasis infolge Überdeckung durch den hinteren Atlasbogen

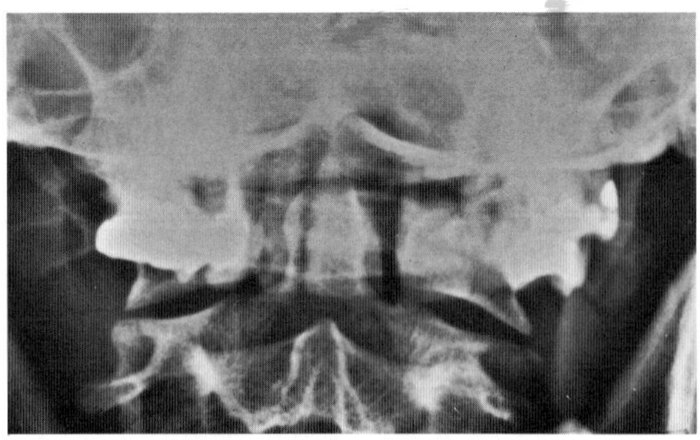

Abb. 5.**20**

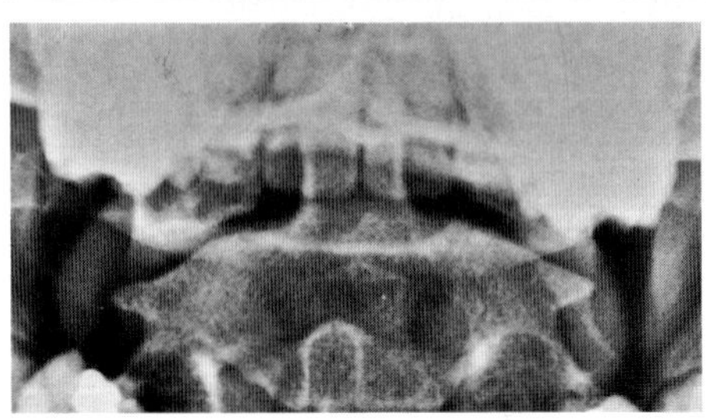

Abb. 5.**21**

Abb. 5.**20** Sich paramedian auf den Dens axis projizierende Interdentalspalte der medialen Incisivi des Oberkiefers

Abb. 5.**21** Sich leicht paramedian auf den Dens axis projizierende Interdentalspalte der medialen Incisivi des Oberkiefers

Die Spitze des **Dens axis** ist halbkugelig, konisch zugespitzt oder ihre Konturen sind spitz ausgezogen. Der Zahnfortsatz des 2. Halswirbels kann Kegel-, Biskuit- oder Ballonform annehmen, aber auch schmal und hochgestreckt den vorderen Atlasbogen überragen und damit in den Grenzbereich der Varianten fallen (Abb. 5.**22** und 5.**23**). Der Dens besitzt eine mittlere Höhe von 18 mm bei Männern und 16,9 mm bei Frauen (101).

Tiefe, spalt-, gelegentlich auch lochförmig anmutende Gruben markieren mehr oder minder deutlich den ehemaligen Übergang der Knorpelzonen zwischen den Kernen des Dens und des Corpus axis und befinden sich neben den medialen Rändern der Gelenkfacetten des Axis zum Atlas (s. z. B. Abb. 5.**24** und 5.**25**). Diese Kerben sind bei Asymmetrien im Stand der beiden obersten Halswirbel gegeneinander entsprechend ungleichmäßig ausgebildet (Abb. 5.**25**).

Die Achsen der Zahnfortsätze sind gelegentlich noch im Rahmen der Norm nach sämtlichen Richtungen leicht abgebogen. Eine Dorsalneigung der Densspitze (Abb. 5.**26**) ist als Übergangsstadium zu Varianten und Anomalien anzusehen. Die hintere Spange des Processus transversus des Axis kann sich besonders bei Schrägprojektion kommaförmig in das Foramen intervertebrale projizieren (Abb. 5.**27**). Das Foramen processus transversi axis kann bei Steilstellung hinter dem Wirbelkörper wie eine Variante anmuten (9).

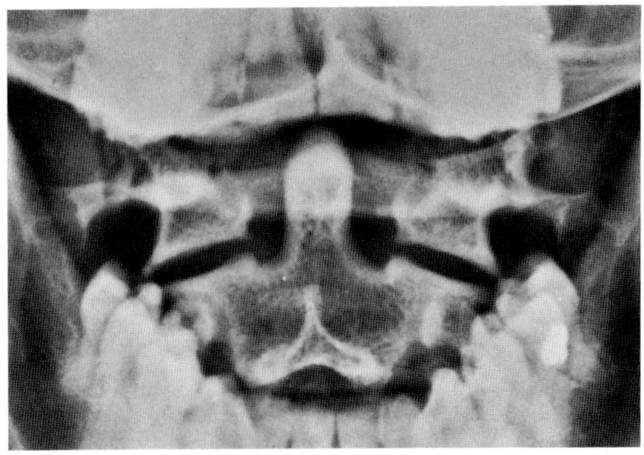

Abb. 5.**22** Atypisch langer Dens axis

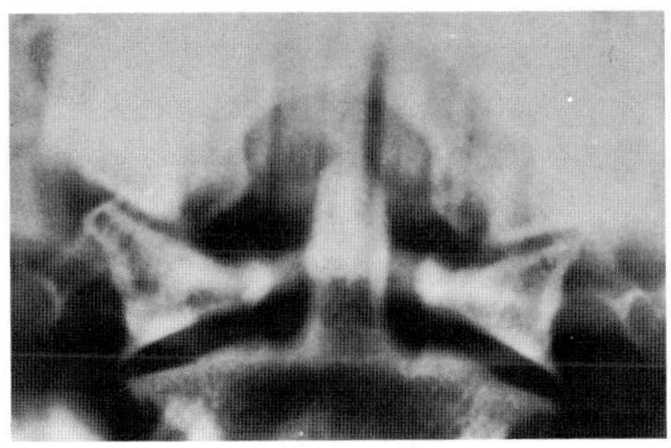

Abb. 5.**23** Atypisch langer Dens im Tomogramm bei einem 17jährigen Mädchen

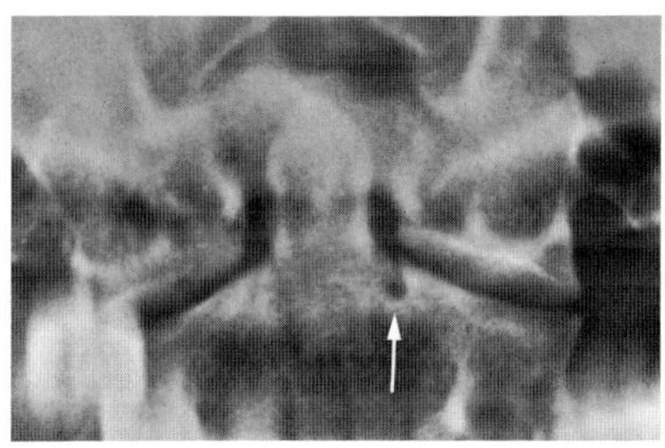

Abb. 5.**24** Tiefe Kerbe (in dentolateraler Grube) am Densansatz links

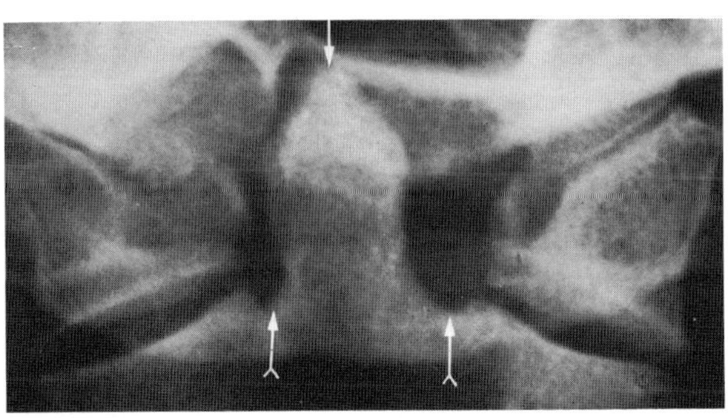

Abb. 5.**25** Dens axis mit knospenartigem Spitzenhöcker (s. Abb. 5.**90**) bei einer 50jährigen Patientin. Verschiebung des Atlas nach links mit ungleicher Entwicklung dentolateraler Gruben beiderseits

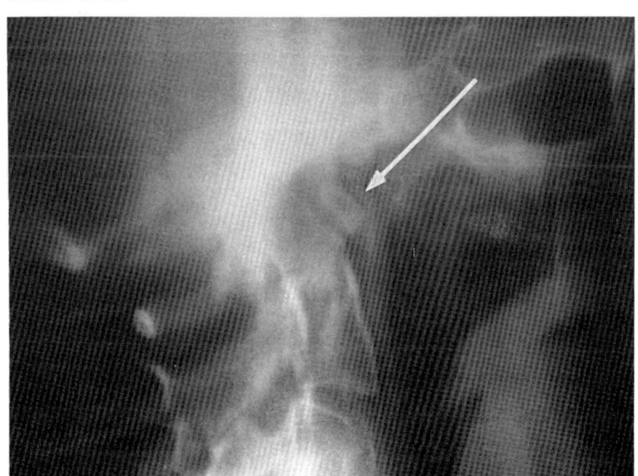

Abb. 5.**26** Knick der Densspitze nach dorsal bei basilarer Impression und Platybasie

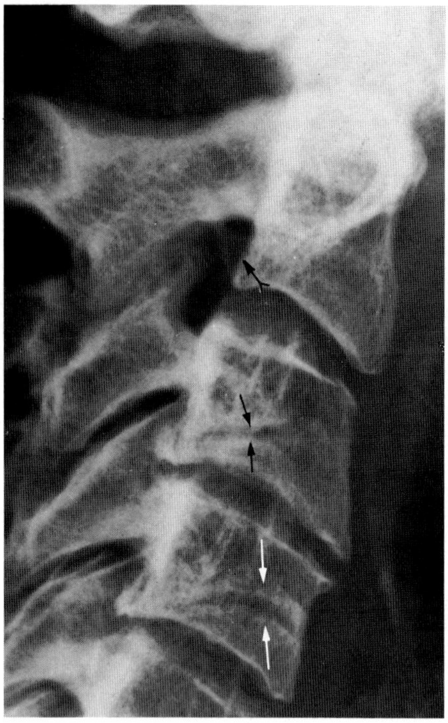

Abb. 5.**27** Projektion der hinteren Spange des Querfortsatzes von C2 (⟼). Streifige Aufhellung in Projektion mit dem Wirbelkörper von C3, hervorgerufen durch eine Unkovertebralverbindung C2/3 (⟶), deutlicher noch in Projektion mit dem Körper von C3/4 (weiße ⟶)

Normale Beweglichkeit

Atlas und Axis gewährleisten als Träger und Dreher die Beweglichkeit des Kopfes. Die Articulatio atlantooccipitalis ermöglicht die Beugung, die Articulatio atlantoaxialis die Drehung des Kopfes. Normalerweise „schneidet" der hintere Atlasbogen von den Massae laterales beiderseits symmetrische Bereiche im Sagittalbild ab. Sind die Bereiche asymmetrisch, so weist das immer auf eine Rotationsfehlstellung des Atlas hin.

Kopfneigung nach vorn und hinten

Das Ausmaß der möglichen **Beugung des Kopfes** läßt sich an Aufnahmen im seitlichen Strahlengang bei maximaler Ante- und Retroflexion des Kopfes (nicht Neigung der Halswirbelsäule) am besten im Tomogramm feststellen (139, 176). Als Bezugslinie werden die Foramen-magnum-Linie (nach McRae – s. Kapitel „Schädelbasis – Os occipitale"), die Atlasebene (Verbindungslinie durch die Mitte des vorderen Atlasbogens und das Tuberculum posterius) sowie die Axisebene (Verbindungslinie des Unterrandes des Querfortsatzes und des Unterrandes des hinteren Bogens [25] empfohlen (34). Als Atlasebene wurde auch die Berührungslinie an die oberen Grenzen der Atlasbögen gewählt (139). Das Bewegungsausmaß der Kopfgelenke schwankt individuell erheblich. Die Summation der Beugung zwischen den beiden Halswirbeln einerseits und dem Okziput andererseits gibt der aus den Tangenten an Klivus und Denshinterkante gelegte Winkel an (Dens-Klivus-Winkel). Unterschiedliche Mittelwerte werden genannt: Im Atlantookzipitalgelenk 8,8 Grad (139) und 15,2 Grad (90). Auch die Betrachtung der sich zu unterschiedlich, nach vorn und vor allem nach hinten, öffnenden Winkeln der Foramen-magnum-Linie zur Atlasebene in den verschiedenen Kopfstellungen verdeutlicht die Stellungsänderungen zwischen Okziput und Atlas bei Neutralstellung, dorsaler und ventraler Flexion des Kopfes (Abb. 5.**28a–d**).

Der *Bewegungsablauf* ist nicht leicht zu erklären. Man muß die Verlagerungen von Okziput, Atlas und Axis möglichst kinematographisch erfassen und kann dabei auch feststellen, daß sich bei Beugung des Kopfes nach vorn der hintere Atlasbogen entgegen der normalen Annahme dem Okziput nähert (139). Besonders deutlich wird die komplexe Bewegung im Modell und nach einem Bewegungsdiagramm (116); *„Fehlstellungen"* im Sinne eines *Atlas superior* mit vermehrter, eines *Atlas inferior* mit verminderter Öffnung des Raumes zwischen Okziput und hinterem Atlasbogen (Abb. 5.**29a** u. **b**) besitzen demgemäß keine klinische Bedeutung.

Der knöcherne Spalt zwischen dem Dens axis und dem vorderen Atlasbogen, der **„Atlantodentalspalt"**, ist beim Erwachsenen normalerweise höchstens 2 mm, gemessen am unteren Gelenkrand (181), beim Kind 4 mm weit. Die Spaltbreite verändert sich beim Kind auch nicht bei 90gradiger Rotation (70). Bei Ventralflexion ist beim Kind eine geringe Vorwärtsverschiebung des Atlas möglich (70).

Kopfneigung zur Seite

Bei geringem Bewegungsausmaß seitlicher Kopfneigung beträgt die durchschnittliche Abwinkelung der Foramen-magnum- gegen die Axisebene 5,6 Grad (Extrem 1–14 Grad [92]). Seitwärtsneigung führt zum Überragen der Axisgelenkfläche über die des Atlas auf der Seite der Neigung. Die Hinterhauptshöcker werden gegenüber dem Atlas in der Regel zur Gegenseite verschoben (9,71). Schon in Neutralstellung kann eine Seitenverschiebung auftreten, „lateraler Offset" (113). Bei Neigung zu einer Seite wandert der Axisdornfortsatz zur anderen Seite (33).

Rotation des Kopfes

Bei Drehungen von Atlas und Axis kommt es zu Inkongruenzen im Stand beider Wirbel zueinander in den Atlantoaxialgelenken mit Asymmetrie in der Lage des Dens axis zwischen den Massae laterales atlantis. Der nicht rotierte Wirbel überragt den gedrehten Wirbel. Starke Axisrotationen führen dazu, daß beide Massae laterales beide Gelenkflächen des Axis seitlich überragen. Das Ausmaß der C2-Rotation ist an der mehr oder minder starken Entfernung des Axisdornfortsatzes von der Mittellinie abzuschätzen (28).

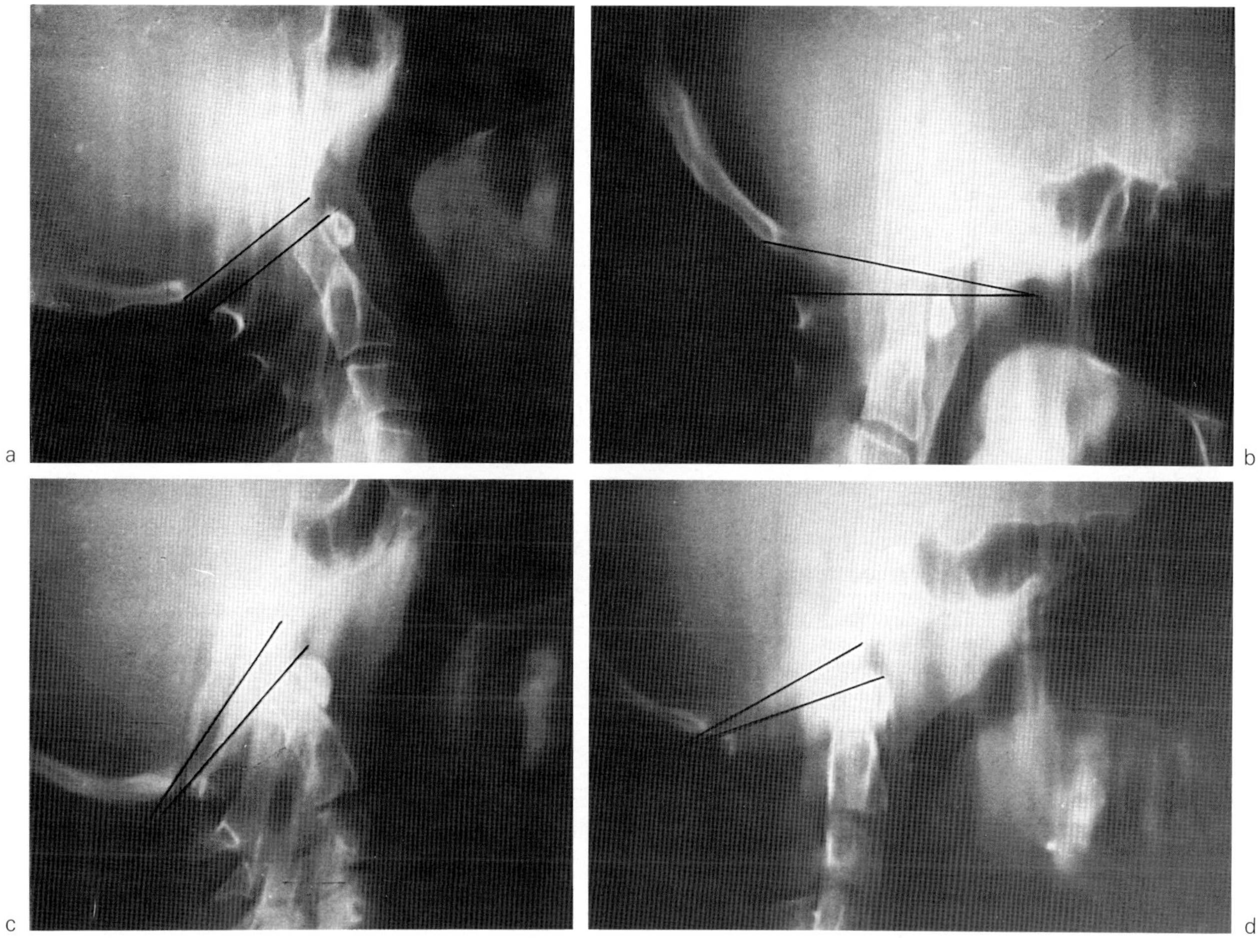

Abb. 5.**28 a–d** Funktionsaufnahmen bei Kopfbeugung in je zwei verschiedenen Stadien nach ventral und dorsal. Mediantomogramm im seitlichen Strahlengang mit eingezeichneter Foramen-magnum-Linie und Atlaslinie. Berührungslinie an die oberen Pole der Atlasbögen
a u. **b** Normale Verhältnisse: bei dorsaler Neigung stehen die Foramen-magnum- und die obere Tangentiallinie des Atlas parallel (**a**). Bei Ventralneigung des Kopfes öffnet sich hinten zwischen diesen Linien ein Winkel (**b**)
c u. **d** Basilare Impression. Bei Rückwärtsneigung des Kopfes öffnet sich vorn ein kleiner Winkel zwischen den beiden Linien (**c**). Bei Neutralstellung wird dieser Winkel eher größer (**d**): starke Bewegungshemmung

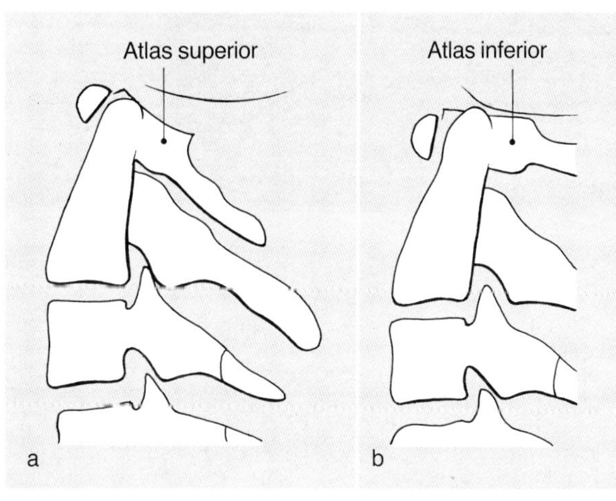

Abb. 5.**29 a** u. **b** Superior- und Inferiorstellung des Atlas (nach Dihlmann)

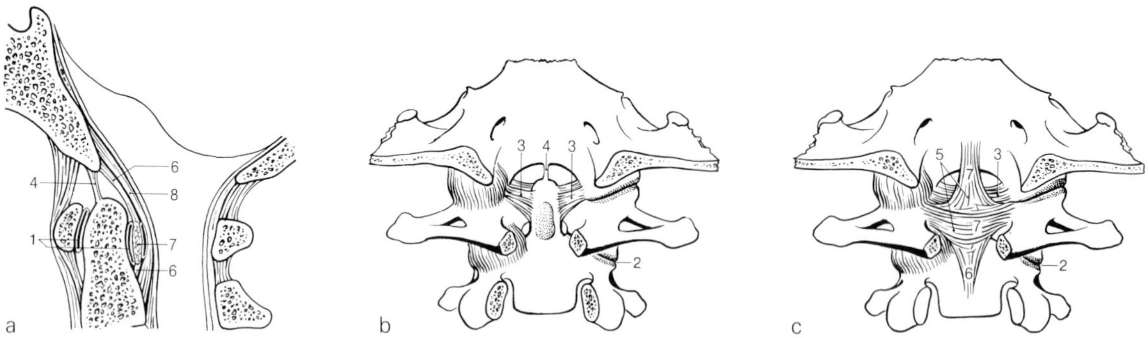

Abb. 5.**30 a–c** Bänder des atlantookzipitalen Überganges
1 = Articulatio atlantoaxialis mediana
2 = Articulatio atlantoaxialis lateralis
3 = Ligg. alaria
4 = Lig. apicis dentis
5 = Lig. cruciforme atlantis
6 = Fasciculi longitudinales
7 = Lig. transversum atlantis
8 = Membrana tectoria
(aus Feneis, H.: Anatomisches Bildwörterbuch, 5. Aufl. Thieme, Stuttgart 1982)

Die Kenntnis der *Bänder* zwischen Dens axis, Atlas und Okziput ist wesentlich, weil sie gelockert sein oder fehlen und weil Verkalkungen in ihnen auftreten können. Die paarigen Ligg. alaria ziehen vom Dens axis zum seitlichen Rand des Foramen magnum. Das unpaare Lig. apicis dentis verbindet die Densspitze mit dem Vorderrand des Hinterhauptsloches. Das unpaare Lig. transversum atlantis bildet hinter dem Dens axis eine Verbindung zwischen den Massae laterales atlantis. Die ebenfalls unpaaren Membranae atlantooccipitales anterior (stark) et posterior (schwach) verbinden jeweils den vorderen oder hinteren Atlasbogen mit dem Hinterhauptsbein (Abb. 5.**30 a–c**).

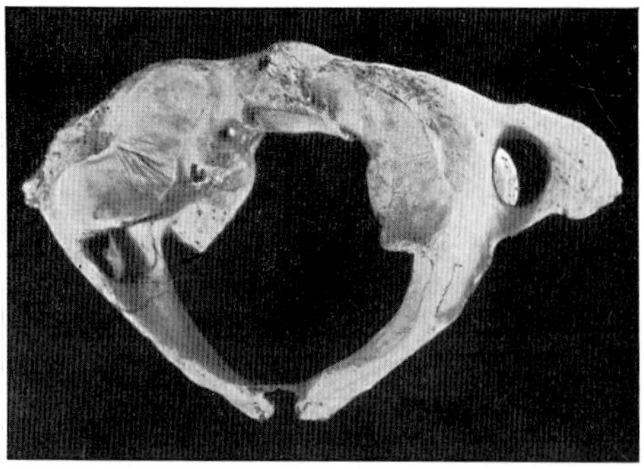

Abb. 5.**31** Spina bifida des Atlas im Präparat

Varianten und Anomalien

Im Bereich der Wirbelbögen

Der im Rahmen der Norm beschriebene **schmale hintere Atlasbogen** gibt Anlaß, auf Hypo- und Dysplasien sowie in deren Begleitung auftretende Varietäten zu achten. Auf deren eventuell dysplastische Bedeutung wird unten eingegangen. Die häufige Kombination von Varianten und Dysplasien gab auch einen mehrerer Gründe dafür, beide in einem gemeinsamen Abschnitt zu besprechen.

Spalten und Defekte im hinteren Atlasbogen kommen in 3,1–3,3% Häufigkeit vor (26, 47–50). Der radiologische Nachweis der hinteren Atlasspalte (Spina bifida, Abb. 5.**31**), gelingt wesentlich selte-

a
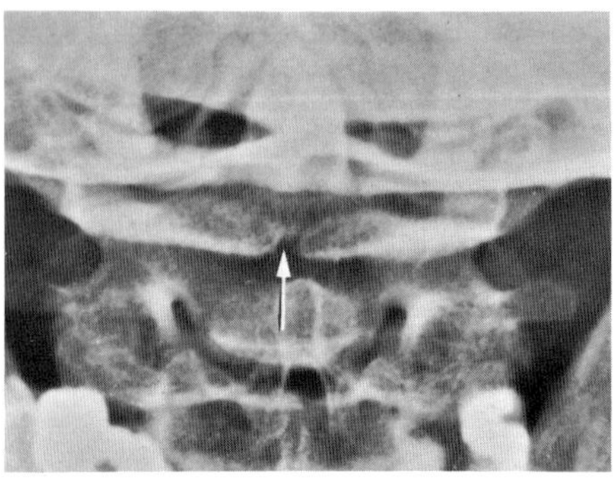

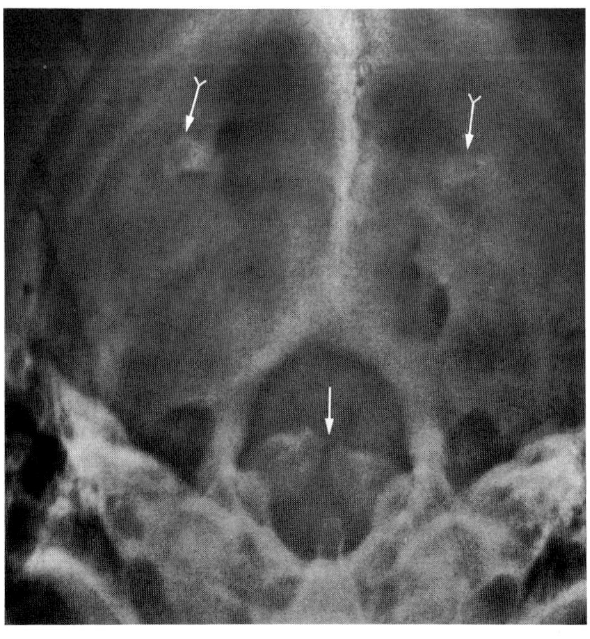
b

Abb. 5.**32 a** u. **b** Spina bifida des Atlas in der radiologischen Darstellung
a Im transbukkalen Strahlengang
b Im bregmatikookzipitalen Strahlengang (→). Plexusverkalkungen beiderseits (↣)

ner, in sagittalen Projektionen am leichtesten, im bregmatikookzipitalen Strahlengang bei Schädelaufnahmen (Abb. 5.**32a** u. **b**), sonst bei konventionellen Tomogrammen (Abb. 5.**33**). Im seitlichen Strahlengang fällt eventuell, dann aber in charakteristischer Form, nur auf, daß die ventrale Kortikaliskontur des orthograd getroffenen hintersten Bogenteils, manchmal gemeinsam mit dem Tuberculum posterius, fehlt (Abb. 5.**34**). Die beste Übersicht gibt das axiale Computertomogramm. Die beiden Bogenenden zum Spalt hin können knospig verdickt sein, wie man es auch im seitlichen Summationsbild bei leicht schräger Projektion nachweisen kann.

Hintere Bogenspalten, ein Zeichen dysraphischer Störungen, kommen bei kraniozervikalen Dysplasien in besonderer Häufigkeit vor (145). Die Spina bifida im hinteren Atlasbogen ist oft vergesellschaftet mit einer Spalte im Bogen des Axis (Abb. 5.**35**).

Im Ausnahmefall (3% aller Fissuren) wurden Spalten des hinteren Atlasbogens nicht in der Medianlinie, sondern *seitlich* hinter dem Übergang zur Massa lateralis gefunden. Dabei ist die betroffene Bogenhälfte oft hypoplastisch (167).

Über die **Spondylolyse des Axis** sind zwei Beobachtungen im Schrifttum mitgeteilt (80).

Über **größere Defekte des hinteren Atlasbogens** (Abb. 5.**36**) wird gelegentlich berichtet (64, 145). Sie kommen ein- und beidseitig vor. Bei Beidseitigkeit ist ihre radiologische Symptomatik typisch (Abb. 5.**37a** u. **b**).

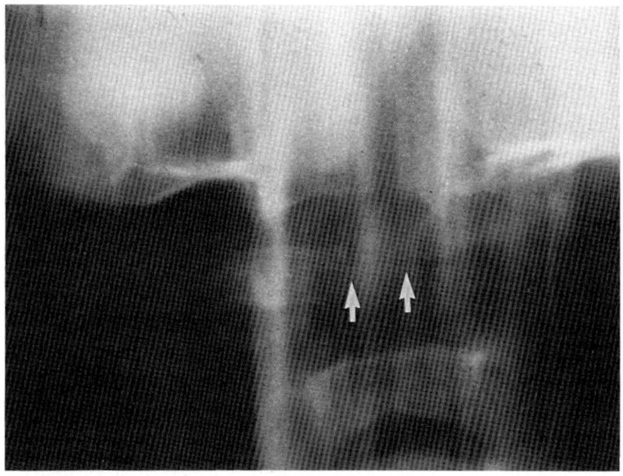

Abb. 5.**33** Defekt am hinteren Atlasbogen bei Atlasassimilation links, tomographisch im a.-p. Strahlengang dargestellt

Abb. 5.**34** Fehlender Bogenschluß im hinteren Atlasbogen, radiologisch gekennzeichnet auf Summationsaufnahme im seitlichen Strahlengang durch fehlenden ventralen Kortikalisabschluß des Wirbelkanals (→). Hohe (kompensierende) Lordose der Halswirbelsäule bei basilarer Impression ▷

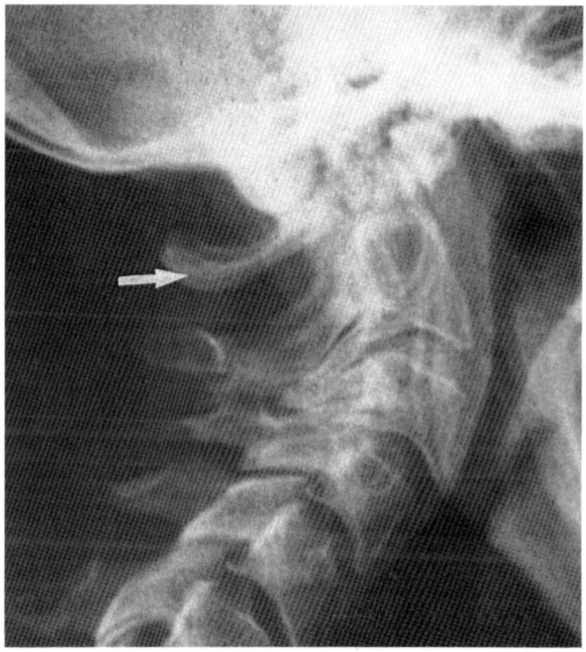

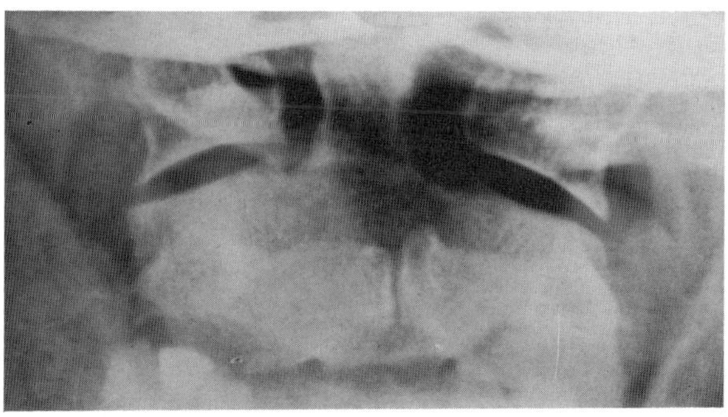

Abb. 5.**35** Spina bifida des Axis. Verschiebung des Atlas nach links

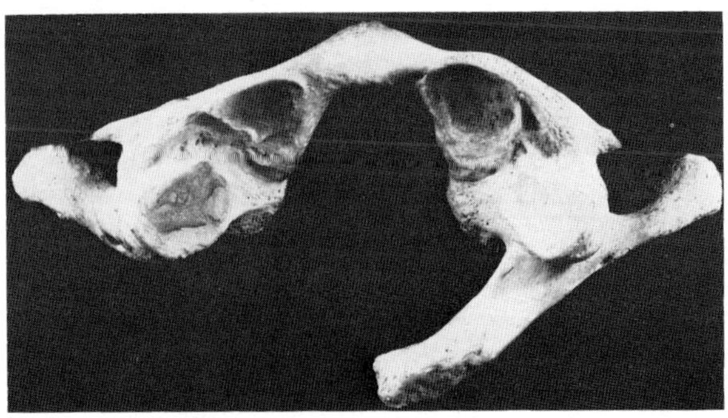

Abb. 5.**36** Fehlen der linken Hälfte des linken hinteren Atlasbogens im Präparat eines 63jährigen Mannes

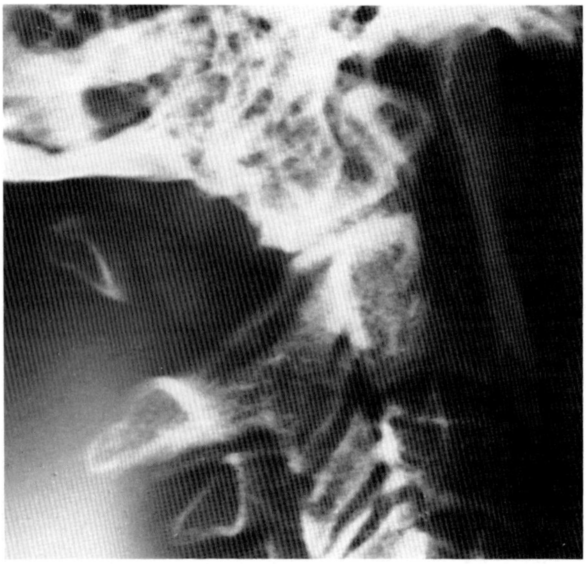

a

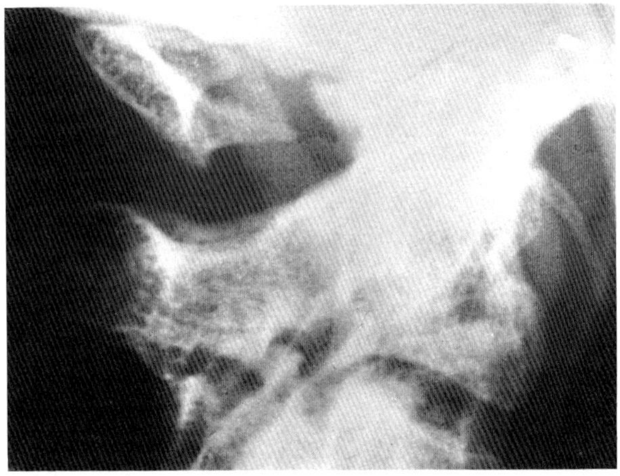

b

Abb. 5.**37** **a** u. **b**
a Defekt beider Hälften des hinteren Atlasbogens, radiologisch in der seitlichen Summationsaufnahme dargestellt. Normal entwickeltes Tuberculum posterius (mit wahrscheinlich ansitzenden[m] Bogenrudiment[en])
b Defekt beider Hälften des hinteren Atlasbogens mit Tuberculum posterius und ansitzenden Bogenrudimenten

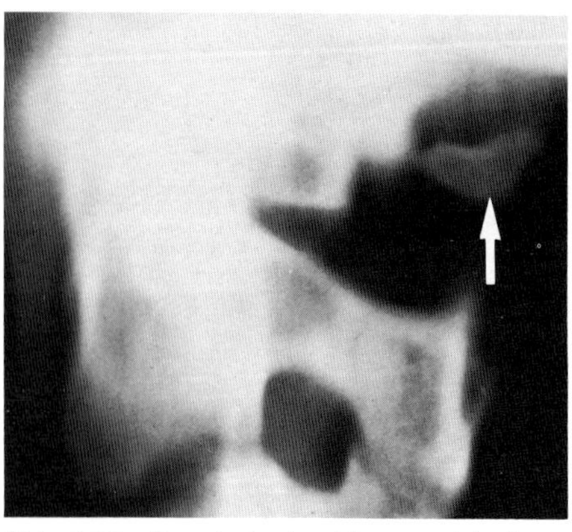

Abb. 5.**38** Dysplasie des hinteren Atlasbogens mit Akzessorium

Klinisch ist der Befund eventuell nicht belanglos, da die Verbindung nicht aus Knorpel, sondern aus Bindegewebe besteht (11). Bei einem 16jährigen Mädchen mit einem solchen Befund kam es nach Bagatelltrauma (Anstoß mit dem Kopf beim Rückenschwimmen an den Rand des Beckens) zu vorübergehenden Parästhesien in sämtlichen Extremitäten (s. auch 38).

In einem weiteren Fall ist bei einer posttraumatisch diagnostizierten chronischen atlantoaxialen Rotationssubluxation das Fehlen des hinteren Atlasbogens bei einem 4jährigen Mädchen erwähnt, dessen gleichzeitig bestehende spastische Lähmung sich operativ durch eine hintere spinale Fusion zwischen Okziput und 3. Halswirbel bessern ließ (163).

In diesen Fällen gleicht das inselartig zurückbleibende, dreieckförmige Knochenstück unter dem Os occipitale mit knöchernen Ausläufern jeweils nach einer Seite dem median erhaltenen Bogenteil, eventuell dem Tuberculum posterius (49). Als Übergangsformen zur Aplasie des gesamten hinteren Atlasbogens sind Beobachtungen anzusehen, bei denen sich im Raum, in dem sich sonst der Atlasbogen befindet, kleine, isolierte Knöchelchen befinden (6), die eventuell auch paramedian liegen (16) (Abb. 5.**38**).

Die **totale Aplasie des Arcus atlantis posterior** gibt Abb. 5.**39** wieder. Ein vergrößerter Dornfortsatz des Axis mit kamelhöckerartigem Aufsatz (verschmolzene Anlage des hinteren Atlasbogens?) nimmt einen Teil des freien Raumes zwischen diesem Dornfortsatz und dem Okziput ein. Der Befund scheint typisch zu sein, da er auch anderweitig beobachtet wurde (54). Dieser spezielle Befund bestätigt die Annahme, daß die Unterentwicklung eines der Atlasbögen mit Hyperplasie anderer Bogenteile einhergehen kann (173).

Eine systematisierte, übersichtliche Darstellung der dorsalen Atlasbogendefekte gibt Abb. 5.**40 a–f** nach v. Torklus wieder. Ein unsymmetrischer, bilateraler, dorsaler Atlasbogendefekt wurde bei einem Fall unter 7649 entsprechend verwertbaren Röntgenaufnahmen gefunden. Das entspräche einer Häufigkeit von 0,13‰.

Der hintere Atlasbogen kann sehr schmal sein (Abb. 5.**41**), basal eine Mulde aufweisen (Abb. 5.**42**), oder nach hinten oben einen knöchernen Fortsatz besitzen (Abb. 5.**43**). Ein schmaler hinterer Atlasbogen ist bei leichter Retrognathie und vergrößertem Basiswinkel des Schädels bei Kindern mit adenoiden Wucherungen beobachtet (66). Eine **Exostose des hinteren Atlasbogens**, die sich in eine Grube des Okziput nahe dem Foramen magnum einbuchtet, wurde ebenso beobachtet wie ein nach ventral gerichteter Sporn am Arcus atlantis posterior (10).

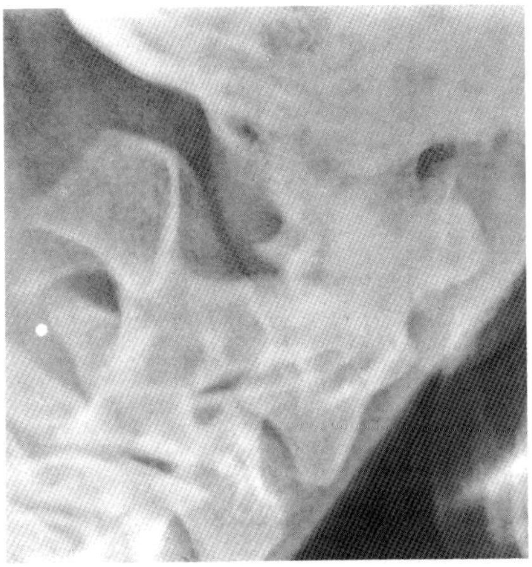

Abb. 5.**39** Aplasie des hinteren Atlasbogens und Hyperplasie des Dornfortsatzes des Axis

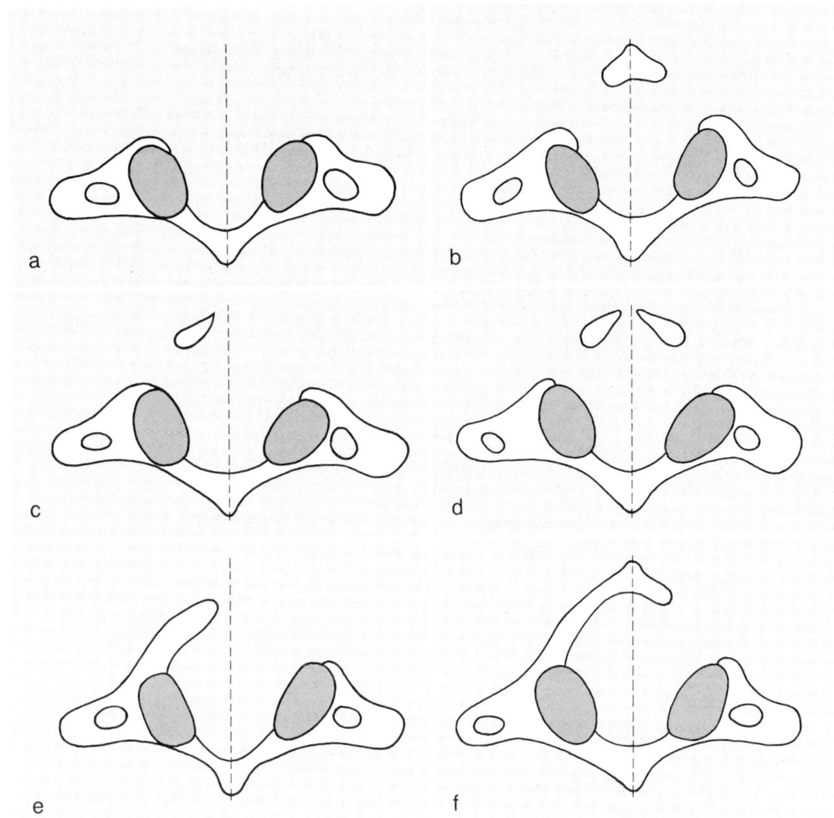

Abb. 5.**40 a–f** Verschiedene Typen partieller oder vollständiger Aplasie des hinteren Atlasbogens (nach v. Torklus)
a Totalaplasie
b Persistierendes Tuberculum posterius
c Paramedianer, einseitiger Bogenrest
d Doppelseitiger Bogenrest mit Spalt
e Hemiaplasie
f Teilaplasie einer Bogenhälfte

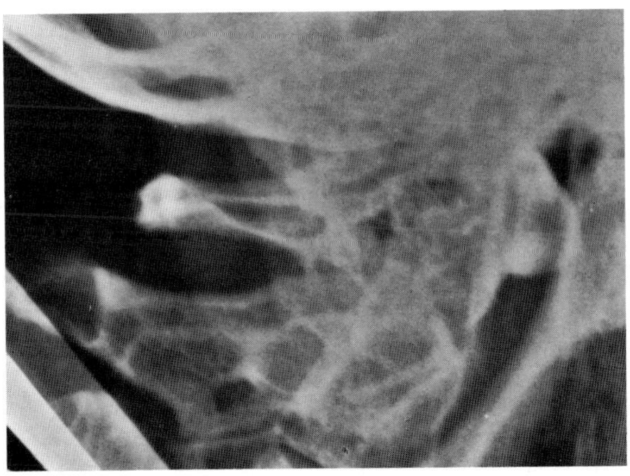

Abb. 5.**41** Hypoplasie des hinteren, normale Ausbildung des vorderen Atlasbogens

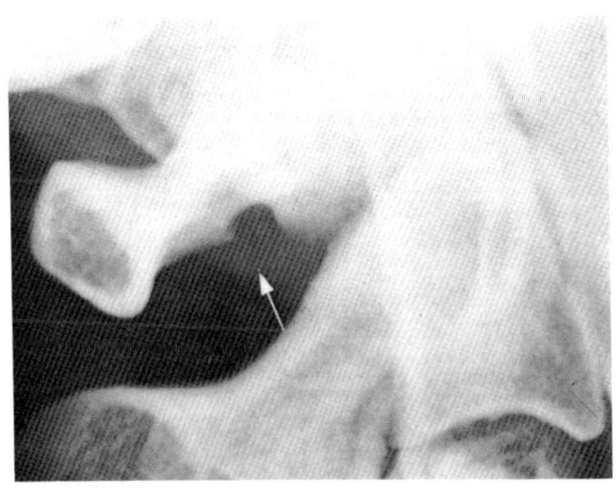

Abb. 5.**42** Kerbe am Unterrand einer Bogenwurzel des Atlas

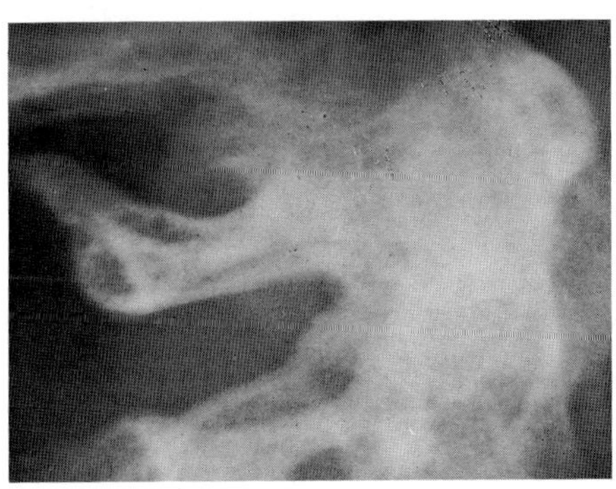

Abb. 5.**43** Hinterer Atlasbogen mit kraniodorsal gerichtetem Fortsatz

Durch **Spalten und Defekte in der Bogenwurzel des Axis** kann es zu erheblichen Wirbelverschiebungen kommen. Der Träger einer solchen kongenitalen Dysplasie kann beschwerdefrei, ja sogar wie beim Patienten, dessen Befund Abb. 5.**44** wiedergibt, ein guter Turner und „champion cycliste" sein.

Spalten im vorderen Atlasbogen kommen erheblich seltener vor (0,1% [48]) als im Arcus atlantis posterior, sind aber fast ausnahmslos mit Fissuren und Defekten im hinteren Atlasbogen kombiniert (27, 45, 157). In einem Fall kompletter Fusion C2–C7 (Klippel-Feil-Syndrom, Typ I) wird sogar von einem „**Atlas bipartitus**" (89) – s. in diesem Zusammenhang auch 148 – gesprochen. Schon früher war im Rahmen der Besprechung von Atlasassimilationen die Bezeichnung „split atlas" für solche Spalten in beiden Atlasbögen gewählt (100). Die Spalten im Arcus atlantis anterior sind schmal (Abb. 5.**45**) und werden im Schrifttum gelegentlich, meist fallweise, erwähnt. Ihr Entstehen ist entwicklungsgeschichtlich bedingt (47–50). Der radiologische Nachweis von Spalten im Arcus atlantis anterior gelingt in der axialen Projektion des Schädels, sonst im Tomogramm in sagittaler Projektion, am besten im axialen Computertomogramm.

Der Atlas kann in solchen Fällen den Axis beiderseits überragen, wobei es offenbar *in der Regel* (Ausnahme s. Fallbericht S. 448) nicht zu radiologisch nachweisbaren Instabilitäten kommt (20), wie diese dann jedoch bei einem Bruch durch die vorderen und hinteren Atlasspalten vorübergehend auftraten (44). Ausgedehnte Defekte in beiden Atlasbögen, wie sie bei einem achtjährigen Jungen mit (Pierre-)**Robin-Syndrom** beschrieben wurden, gingen wiederum mit einer ausgeprägten okzipitoatlantoaxialen Hypermobilität einher (45).

Selten gibt es auch Mitteilungen über **partielle** (47) und **totale Aplasien** (51) **des vorderen Atlasbogens.**

Die **Doppelbildung des vorderen Atlasbogens** (Abb. 5.**46a** u. **b**) wurde beschrieben (39), wobei be-

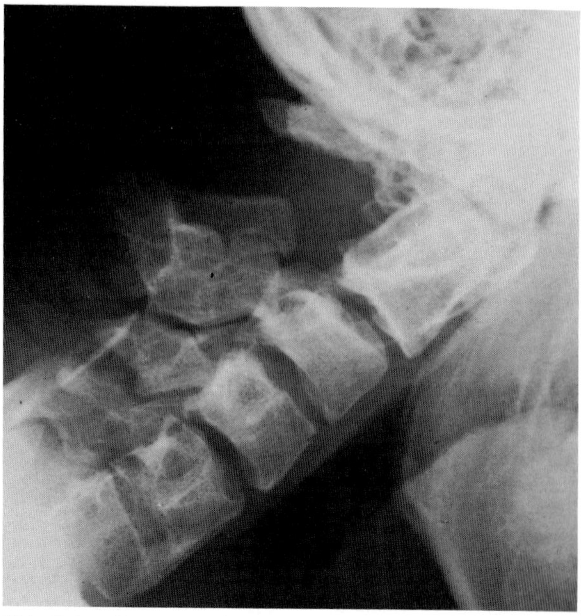

Abb. 5.**44** Kongenitale Defekte in den Seitenteilen des hinteren Axisbogens und des Tuberculum posterius atlantis (fehlender Kortikalisabschluß zum Wirbelkanal). Partielle Atlasassimilation des hinteren Bogenrudimentes? Partielle Synostose C5/C6?

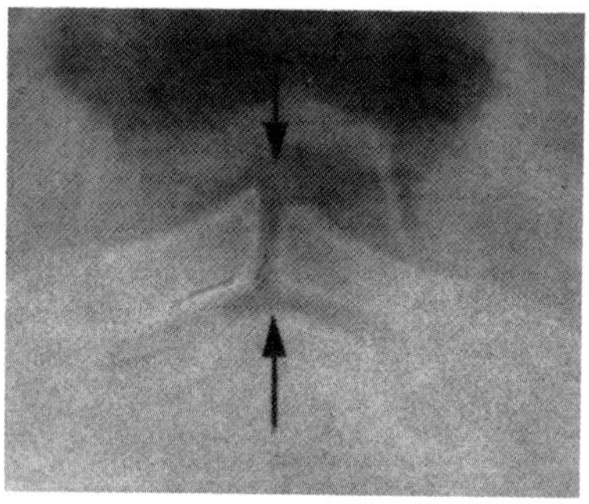

Abb. 5.**45** Spalte im vorderen Atlasbogen bei einem fünfjährigen Mädchen

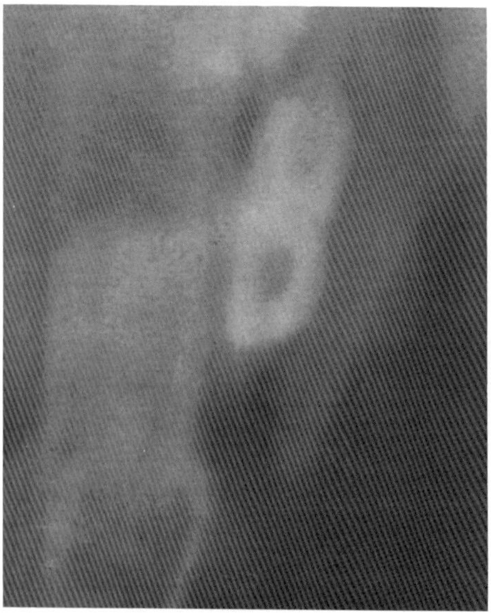

a

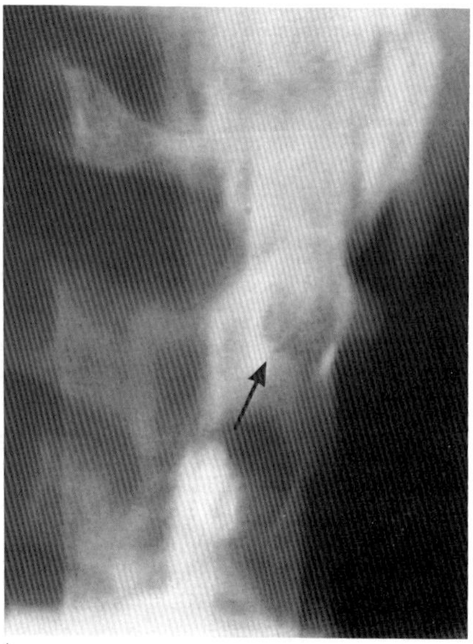

b

Abb. 5.**46a** u. **b** Doppelter vorderer Atlasbogen
a Tomogramm im seitlichen Strahlengang in der Medianebene. Beide Bogenanteile sind durch Kortikalis voneinander abgegrenzt
b Tomogramm im seitlichen Strahlengang paramedian. Verschmelzung beider Bogenanteile mit kommunizierendem Markraum
Nebenbefund: Sulcus a. vertebralis (→)
(aus Fischer, E.: Fortschr. Röntgenstr. 118 [1973] 228)

merkenswert ist, daß nur sein unterer Teil in gelenkiger Verbindung zum Dens axis steht, beide Teile, median durch Kortikalis voneinander abgegrenzt, seitlich mit Mark und Rinde in eine Massa lateralis übergehend und der obere Teil, über die Höhe der Densspitze hinausragt, doch unter der Höhe des vorderen Klivusrandes steht.

Im Bereich der Querfortsätze

Spalten bzw. Defekte des Processus transversus atlantis sind selten, doch sowohl an der hinteren (13) wie an der vorderen Spange (149) beschrieben. Ein von der Massa lateralis abgetrennter Bogenteil, also ein **isolierter Processus transversus atlantis**, wurde am Atlas beobachtet; auch der dorsale Teil des **Axisquerfortsatzes** kann teilweise fehlen (149).

Knochenbrücken – Ponticuli – überwölben gelegentlich die Wirbelarterien und können sich mit einem entsprechenden Sulkus zu einem mehr oder weniger vollständigen Kanal für die Arterien entwickeln. Der **Ponticulus lateralis** geht von der Seitenkante der Massa lateralis atlantis aus und überspannt die Arterie über dem Processus transversus atlantis (Abb. 5.**47a** u. **b**), radiologisch am besten tomographisch im a.-p. Strahlengang nachweisbar. Die Häufigkeit seines Auftretens wird mit 2,9% (63) bis 3,5% (165) angegeben. Häufiger (extreme Angaben 3% und 15,8%) sieht man den **Ponticulus posterior** (im deutschsprachigen Schrifttum oft **Kimmerlesche Variante** genannt), ein ebenfalls mehr oder weniger vollständiger Knochenkanal (Foramen arcuale) für die A. vertebralis (s. deren Verlauf Abb. 5.**9a**). Diese Brücke geht von der Hinterfläche der Massa lateralis atlantis aus und wird radiologisch im seitlichen Strahlengang sichtbar (Abb. 5.**48**–5.**51**).

Der Radiologe kann sich aus der Diskussion heraushalten, ob es sich bei diesen Gebilden um Rudimente des Proatlas (15, 63) oder späte Ossifikationen ligamentärer Anlagen (95) handelt. Radiologisch fiel zwar die geringe Konkordanz der Ponticuli mit kraniozervikalen Dysplasien auf, doch kommt eine solche Kombination immerhin vor.

Der Annahme von Einengungen der A. vertebralis durch den Ponticulus posterior (84) ist hinzuzufügen, daß Instabilitäten des Stützorgans an dieser kritischen Stelle des Kopf-Hals-Überganges durch sämtliche bislang beschriebenen und noch zu erwähnenden Varianten hervorgerufen werden können und klinische Symptome zu verursachen vermögen, die sich aus vorübergehenden *„Drosselungen der Durchblutung"* oder aus *Kompressionen der Neuralsubstanz* erklären.

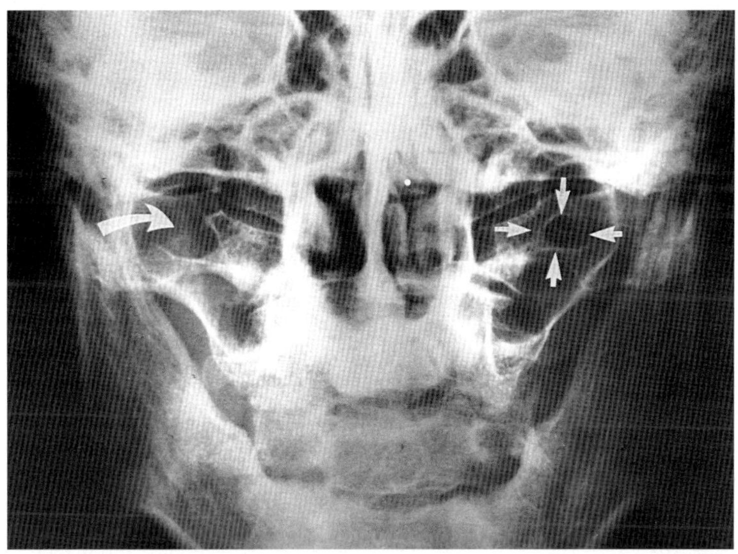

a

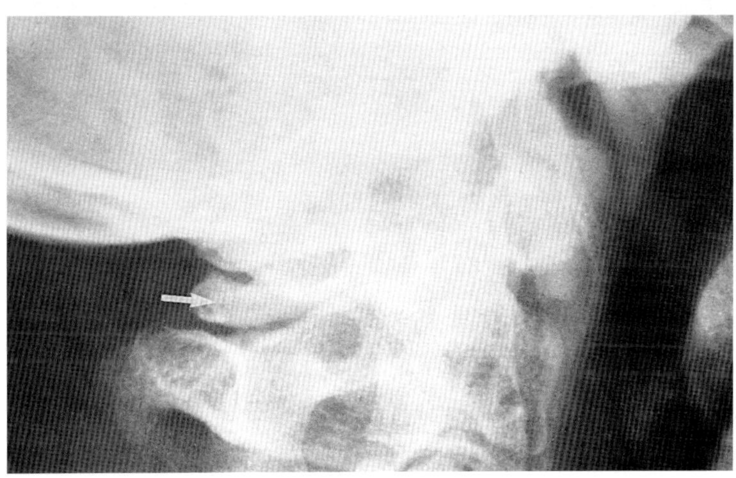

b

Abb. 5.**47a** u. **b**
a Kompletter Ponticulus lateralis links (→), inkompletter Ponticulus lateralis rechts (gebogener →)
b Hinterer Bogenspalt (fehlende Kortikalis zum Wirbelkanal) bei demselben Untersuchten

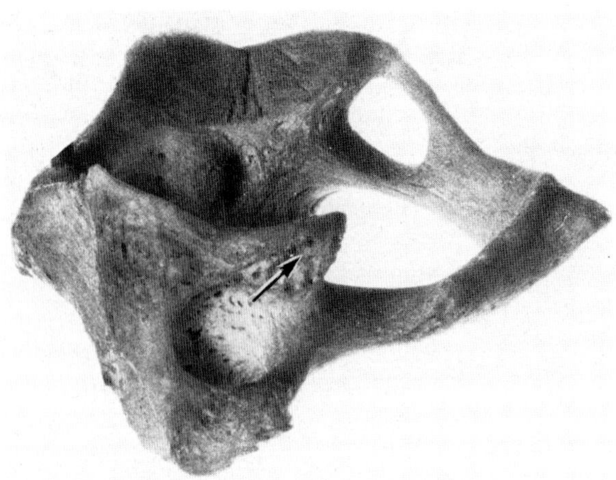

Abb. 5.**48** Ponticulus posterior atlantis (Kimmerlesche Variante, Foramen arcuale) im Präparat, auf einer Seite komplett, auf der anderen rudimentärer vorderer Brückenpfeiler

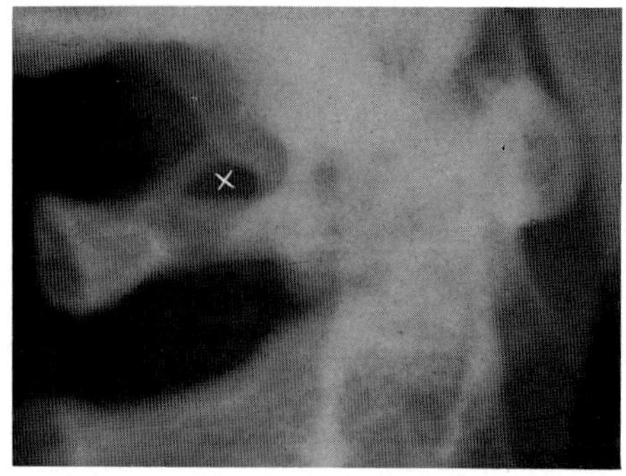

Abb. 5.**49** Ponticulus posterior atlantis (Kimmerlesche Variante) beiderseits in Schrägprojektion

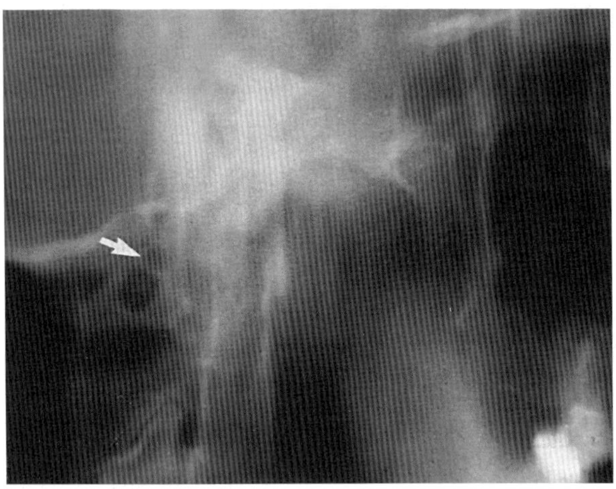

Abb. 5.**50** Unterteilter Ponticulus posterior atlantis in der Profilaufnahme

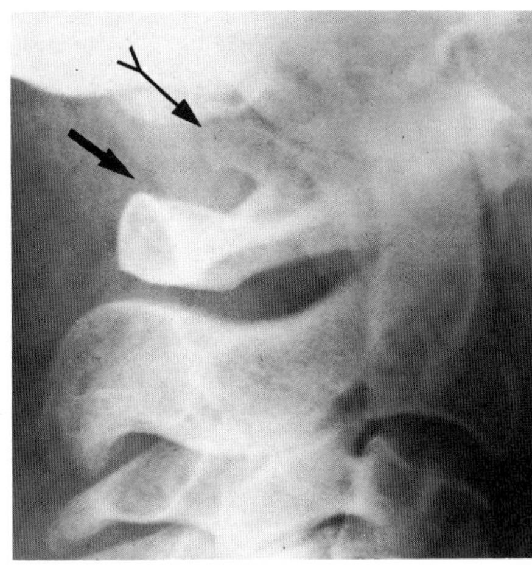

Abb. 5.**51** Unvollständiger Ponticulus posterior atlantis (↘), vorderer Brückenpfeiler (↘)

Normalerweise überragt der Atlas mit seinen Querfortsätzen breit sämtliche übrigen Halswirbel im Querdurchmesser (174). Auch am **Axis** wurden **extrem lange Processus transversarii** beschrieben (118) (s. auch Abb. 5.**52**). Eine persistierende Querfortsatzapophyse ist auf Abb. 5.**53** zu sehen.

Anstelle des von der Pars lateralis ossis occipitalis ausgehenden und zum Processus lateralis des Atlas strebenden **Processus paracondylicus** (s. Abb. 4.**217a**–4.**219a** u. **b**), kann auch in umgekehrter Richtung ein **Processus supra- (epi-) transversarius** vom Querfortsatz des Atlas ausgehen und mit seiner Spitze nach kranial gegen das Hinterhauptsbein gerichtet sein, Abb. 5.**54**. Dabei beschreibt er häufig – nicht immer – einen Bogen mit Konvexität nach außen, wie dieser in der Skizze Abb. 5.**55** eingezeichnet ist; Abb. 5.**56** gibt einen Processus paracondylicus aus dem Os occipitale in gelenkähnlicher Verbindung mit einem kleinen Fortsatz aus dem Processus transversus atlantis wieder.

Kombinationen eines Processus paracondylicus der einen und eines Processus epitransversarius der anderen Seite kommen vor (171[2]). In Verbindung mit ausgeprägten Fehlbildungen des Knochens im kraniozervikalen Übergang wie Segmentierungsstörungen und/oder Atlasassimilationen konnten auch **Processus infratransversarii atlantis** bei gleichzeitig auf der anderen oder derselben Seite vorhandenen Processus paracondylici beobachtet werden (140) (Abb. 5.**57**). Die eigenartige Form eines bei Segmentierungsstörungen am gleichen Querfortsatz aufgetretenen Processus supra- und infratransversarius gibt Abb. 5.**58** wieder. Ob der **akzessorische Fortsatz am Querfortsatz des Axis** (Abb. 5.**59**) einem Processus infratransversarius des Axis entspricht, läßt sich nicht entscheiden, allenfalls vermuten.

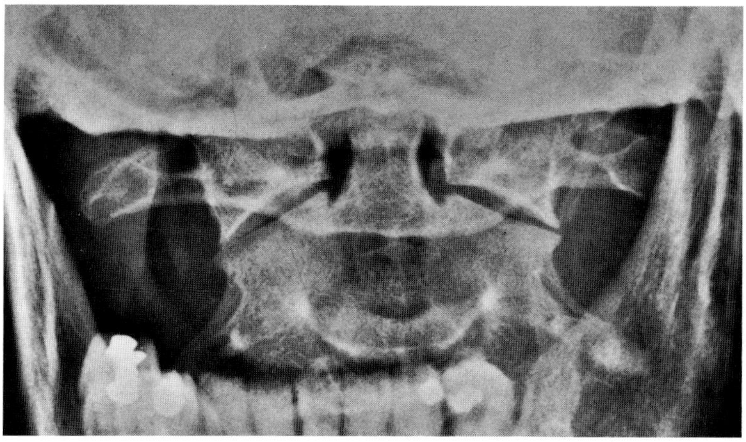

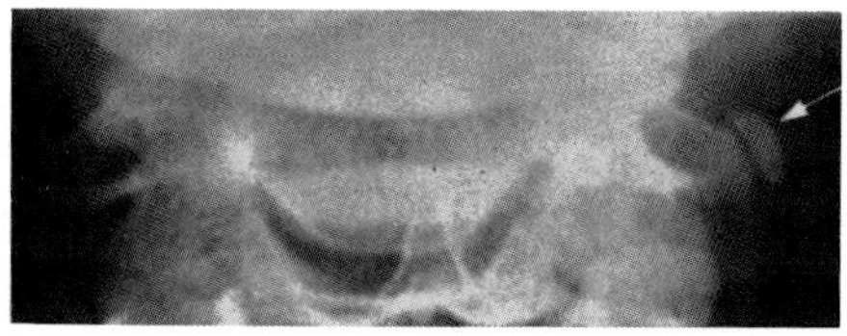

Abb. 5.**53** Persistierende Querfortsatzapophyse von C2

◁ Abb. 5.**52** Breit ausladende Querfortsätze von Atlas und Axis

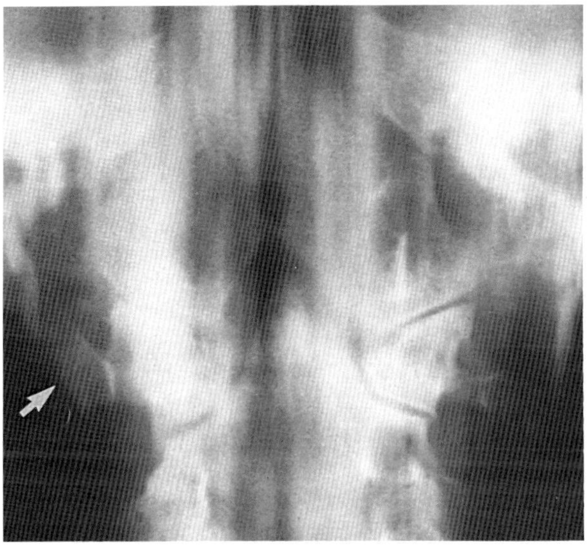

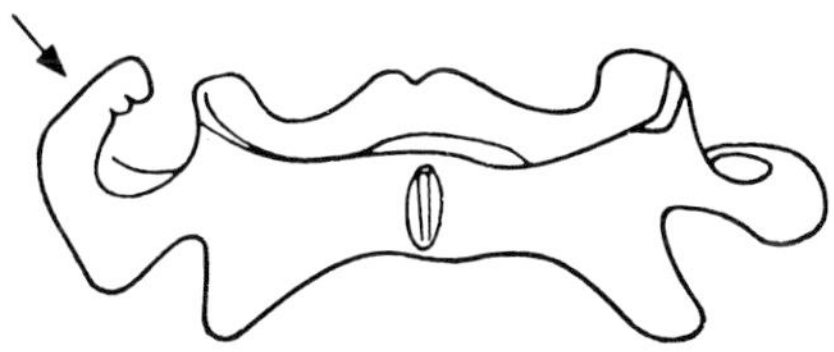

Abb. 5.**55** Processus epitransversarius (skizziert rechts)

Abb. 5.**54** Processus epitransversarius rechts in der radiologisch-tomographischen Wiedergabe

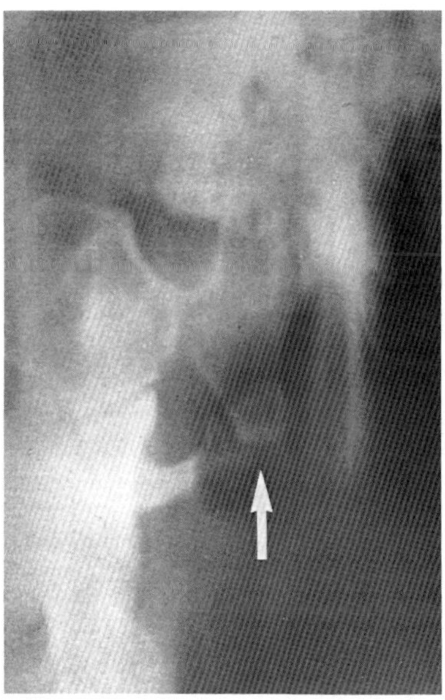

Abb. 5.**56** Processus paracondylicus links, mit seiner Spitze in gelenkähnlicher Verbindung mit dem Processus transversarius atlantis

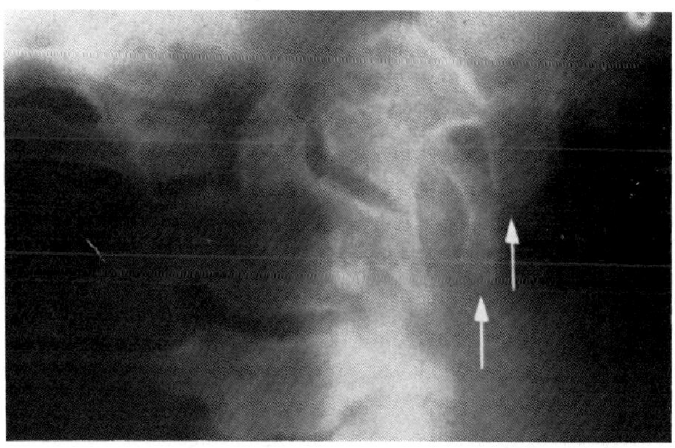

Abb. 5.**57** Processus infratransversarius atlantis und Processus paracondylicus links (→) bei gleichseitiger Atlasassimilation im Tomogramm

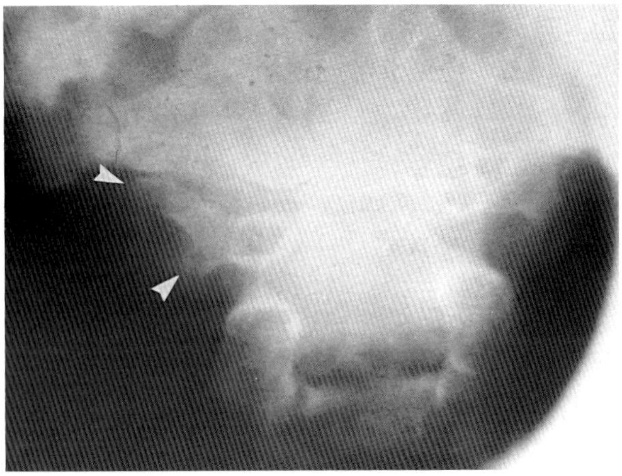

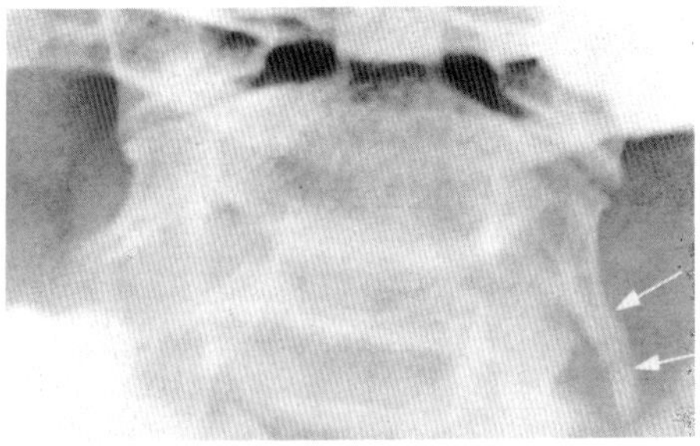

Abb. 5.**59** Atypischer Fortsatz des Axis links (Processus infratransversarius?) (Beobachtung von Chantraine, Neuß)

◁ Abb. 5.**58** Processus supra- und infratransversarius atlantis rechts bei Atlasassimilation links im Tomogramm

Die Kombination der aufgeführten Fortsätze im Querfortsatzbereich von Atlas und Axis mit Dysplasien beider Wirbel und des Os occipitale sind ebenso bekannt wie seit 1867 dabei beschriebene Skoliosen der oberen Halswirbelsäule (167). Atlasassimilationen, besonders einseitige, spielen hier eine Rolle.

Im Bereich der Wirbelkörper

Das als Körper des Proatlas aufgefaßte Knöchelchen an der Densspitze (s. vorn „Norm – Im Wachstum") kann persistieren und wird dann als „**Ossiculum terminale**" (Bergmann) bezeichnet (Abb. 5.**60**–5.**62**). Verschiedenartige Knochenformationen zwischen Densspitze, vorderem Atlasbogen und vorderem Klivusrand, teils mit dem vorderen Atlasbogen, teils mit dem Klivus knöchern verbunden, teils isoliert, mit und ohne Hypoplasie des Dens oder des vorderen Atlasbogens, sind beschrieben (77) und auf persistierende Ossicula terminalia bezogen worden.

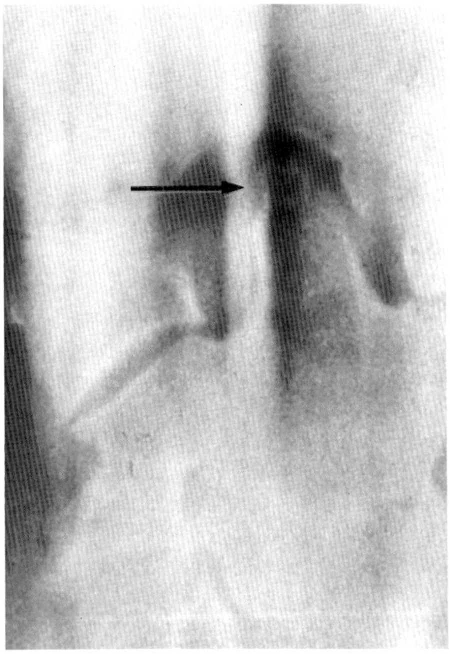

Abb. 5.**60** Ossiculum terminale (Bergmann) im Tomogramm

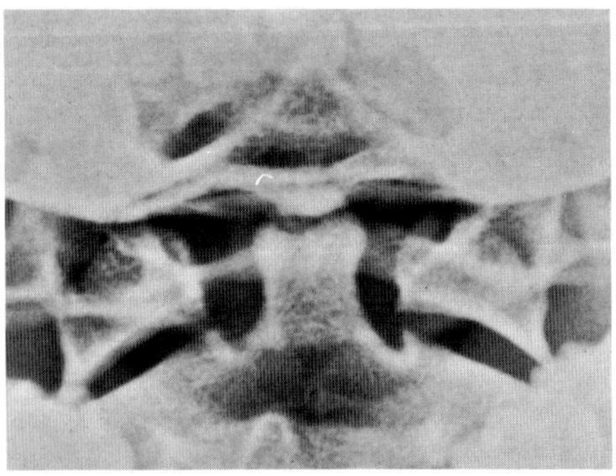

Abb. 5.**61** Ossiculum terminale (Bergmann) auf der Summationsaufnahme bei einem 18jährigen

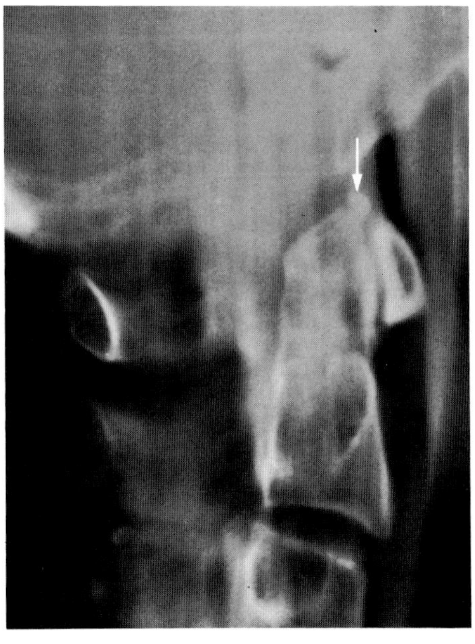

Abb. 5.**62** Ossiculum terminale Bergmann (?) im seitlichen ▷ Tomogramm

Diese Ossifikationen gleichen den hier abgebildeten Knöchelchen an der Densspitze wenig bzw. gar nicht. Wenn man der Gefahr unsicherer ätiologischer Annahmen entgehen will, empfiehlt es sich, rein deskriptiv von periapikalen Ossikula bzw. von Ossifikationen im vorderen Bereich des atlantookzipitalen Überganges in Kombination mit weiteren Dysplasien zu sprechen, wobei zu beachten ist, daß auch degenerativ entstandene Verknöcherungen in hier ansetzenden Membranen und Bändern abzugrenzen sind (s. unten).

Der isolierte Denskern (s. Abb. 5.**1a** u. **b**) bzw. die zwischen dem Korpus und dem Dens axis gelegene Knorpelfuge können persistieren (Abb. 5.**63**), wie schon im Abschnitt über die Norm erwähnt wurde. Es kann dann zu differentialdiagnostischen Schwierigkeiten mit Frakturen bzw. posttraumatischen Zuständen kommen (s. Abb. 5.**18**). Auch der V-förmige Knorpelkeil in der Densspitze kann beim Erwachsenen erhalten bleiben.

Der persistierende Kern des Dens axis wird **Os odontoideum** genannt (Abb. 5.**64**). Dieses kann sehr klein und nur tomographisch nachweisbar sein. Große Exemplare können Dimensionen eines normalen Dens erreichen. Ist kein Knochenelement in der Densregion nachweisbar, so spricht man von einer **Densaplasie**. Die Entstehung eines solchen separaten Knochens muß nicht auf dysplastischer Grundlage (z. B. einer Chondrodystrophie mit „stippled epiphyses", 7), sondern kann auch posttraumatisch erklärt werden (171[3]). Nicht nur bei fehlendem Dens sind Luxationen in den Atlantoaxialgelenken möglich (67, 101); auch bei dem Os odontoideum liegt eine Gefügelockerung vor, die bei forcierter Bewegung (z. B. Kopfstoß beim Fußballspiel – eigene Beobachtung) zu vorübergehenden Ausfallserscheinungen, eventuell aber auch zu bleibenden schweren Halsmarkschäden (18, 74, 98), sogar schon bei leichten Unfällen zum Tode führen können. Der Bericht über zwei tödliche Ausgänge nach operativ versuchter Fixation bei 17 unter 37 Patienten mit Os odontoideum kennzeichnet die Gefahr dieser Anomalie (151).

Die direkte Kompression des Halsmarkes bei solchen Deformitäten läßt sich mit Funktionsaufnahmen und neuerdings auch direkt durch die Kernspintomographie abbilden (12, 50).

Densdysplasien (Hypo- und Hyperplasien, Verbiegungen nach jeder Richtung, eine nach kranial konkave Densspitze durch Aplasie des Ossiculum terminale Bergmann, asymmetrische Ossifikationen, vertikale Spalten [83]), sind selten. Sie treten – eventuell verbunden mit atlantoaxialer Subluxation – im Rahmen von Systemerkrankungen auf (s. unten bei „atlantoaxiale Dislokationen", z. B. als typisches Merkmal der Achondroplasie und der spondyloepiphysealen Dysplasie [7]). Isoliert haben die Densdysplasien meist keine pathologische Bedeutung (s. Abb. 5.**66**). Eine Denslänge unter 11,9 mm wird bei beiden Geschlechtern als Zeichen der Hypoplasie angesehen (101). Auch ein **kongenital überlanger Dens** („dolicho-odontoid process") vermag ein Foramen-magnum-Syndrom hervorzurufen (174, 182).

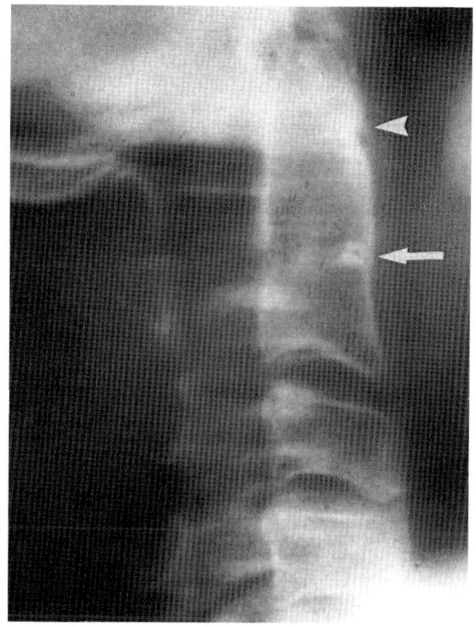

Abb. 5.**63** Fugenrest zwischen Dens und Corpus axis (▶). Fugenrest bei C 2/C 3-Fusion (→) im seitlichen Tomogramm der HWS (Medianebene). Segmentierungsstörungen in den oberen Zervikalsegmenten

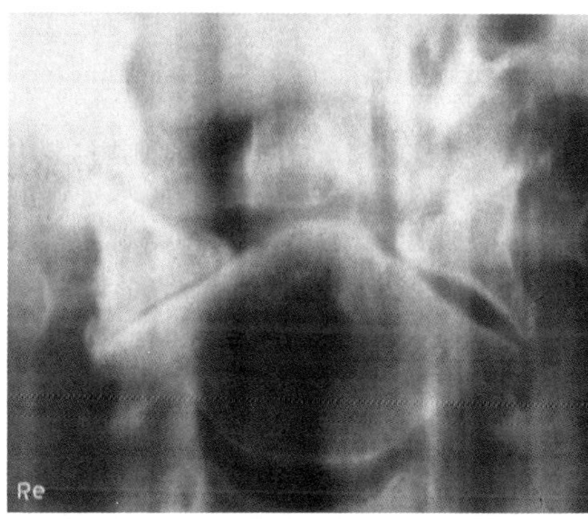

Abb. 5.**64** Os odontoideum

Eine starke **Erweiterung und Schlängelung der A. vertebralis** kann zur Einbuchtung an der seitlichen Basiskante des Axis (und zu Zervikalgien) führen (s. folgenden Abschnitt „Mittlere Halswirbelsäule").

Wirbelassimilationen

Den Assimilationen der oberen Halswirbel untereinander und mit dem okzipitalen Teil des Schädels kommt im Rahmen der Mißbildungen eine besondere Bedeutung zu. Hierauf wurde schon bei der Besprechung des Hinterhauptsbeines hingewiesen. Ähnlich den Entwicklungsstörungen, die im frontalen Teil des Schädels sowohl die Kalotte wie die Basis und auch den Gesichtsschädel betreffen und die unter dem Oberbegriff der „frontalen Dysplasie" subsummiert wurden, gibt es auch im Schädel-Hals-Übergang häufig kombinierte Störungen, die sich zusammenfassen lassen. Eine auf das Hinterhauptsbein beschränkte okzipitale, eine das Hinterhauptsbein und die beiden obersten Halswirbel gemeinsam betreffende okzipitozervikale und eine auf die Halswirbel beschränkte subokzipitale Dysplasie lassen sich je nach der Lokalisation der Veränderungen voneinander unterscheiden. Die Kombination entspricht den entwicklungsbedingten Zusammenhängen der beiden obersten Halswirbel mit den verschmolzenen okzipitalen Segmenten.

Atlasassimilationen können zwar klinisch symptomlos vorkommen, stehen jedoch im allgemeinen im Zentrum der höchstgradigen Mißbildungen in der kraniozervikalen Region (139, 144, 168, 172). Sie gehen mit den schwersten Graden okzipitaler Dysplasie (s. Kapitel „Schädelbasis – Os occipitale") einher (98); andererseits sind sie so häufig in Kombination mit fast allen in diesem Kapitel genannten Varianten und Dysplasien von Atlas und Axis beobachtet, daß einige Autoren die Atlasassimilationen in zwei Formen unterscheiden: Solche mit und solche ohne begleitende zervikale und okzipitale Varianten (wie Processus paracondylicus, Processus supra- und infratransversarius, Condylus tertius, Processus basilaris ossis occipitalis u. a. [19, 135, 164]).

Wenn man, ähnlich den Übergangswirbeln in den übrigen Regionen der Wirbelsäule, eine ontogenetisch bedingte Verschiebung der Segmentation mit kaudaler und kranialer Variante sehen will, wie das oftmals geschehen ist (15, 85), wäre die Atlasassimilation als progressive, die Manifestation des Okzipitalwirbels als regressive Variante anzusehen. Hiergegen sprechen drei Gründe:

1. Gehäufte Kombinationen extrem entgegengesetzt liegender Glieder einer gestreckten Kette, in deren Mitte die Norm liegt, sind nicht vorstellbar.
2. Daß die okzipitozervikalen Dysplasien in ähnlicher Form an einer kaudalen und kranialen Variante der Wirbelsäule teilnehmen, wie dies in den übrigen Übergangsgebieten der Wirbelsäule jeweils gemeinsam vorkommt, ist nie beobachtet worden.
3. Bogenspalten als Zeichen einer Dysraphie kommen in der Norm (s. vorn) in etwa 3%, bei reinen Atlasassimilationen in 82% (9, 27), bei Atlasassimilationen mit den sog. Manifestationen von Okzipitalwirbeln in einer Frequenz von 25% (27) vor.
   Bogenspalten sind sonder Zweifel Dysplasien. Bis zum Beweis des Gegenteils sind unter diesen Umständen auch die Manifestationen des Okzipitalwirbels in ihrer Kombination mit leichten und schweren Dysplasien in den Kreis der subokzipitalen Dysplasien einzuordnen, worauf schon früh (144) und eindringlich später (141) hingewiesen wurde.

Eine andere Einteilung unterscheidet eine *partielle* (entweder einseitig mit Schiefstellung des Kopfes [Abb. 5.**65** und 5.**66**], eine Assimilation des vorderen und hypoplastischen hinteren Bogens oder Assimilation des hinteren mit unvollständiger Assimilation des vorderen Bogens) von einer *totalen Assimilation* (Abb. 5.**67a** u. **b**), ohne Lig. transversum, Dens axis im Foramen occipitale magnum (s. Abb. 4.**232** und 4.**233**), eventuell mit Annahme eines dazwischen geschalteten, teilweise assimilierten Proatlas (1). Starke Dislokationen gelenkbildender Anteile der beiden obersten Halswirbel und des Okziput lassen sich wohl nur – radiologisch nicht zu beweisen – durch Fehlbildungen des Lig. alare und des Lig. transversum erklären (171[4]).

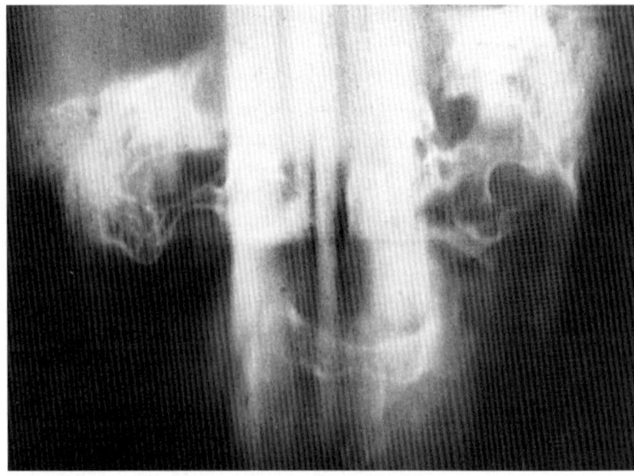

Abb. 5.**65** Atlasassimilation mit Basisasymmetrie

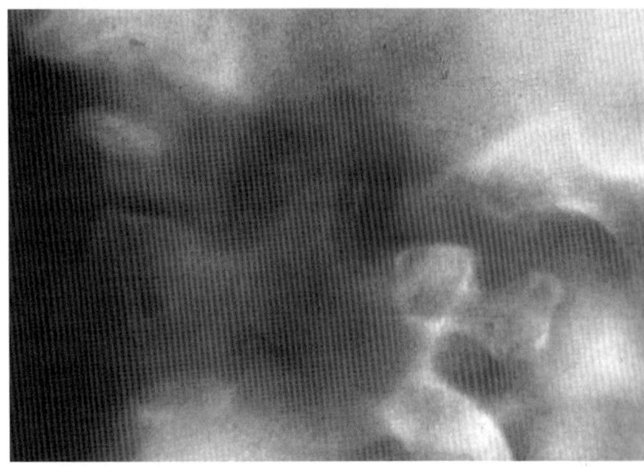

Abb. 5.**66** Atlasassimilation mit Basisasymmetrie und Processus supra-(epi-)transversarius des Axis (!) links

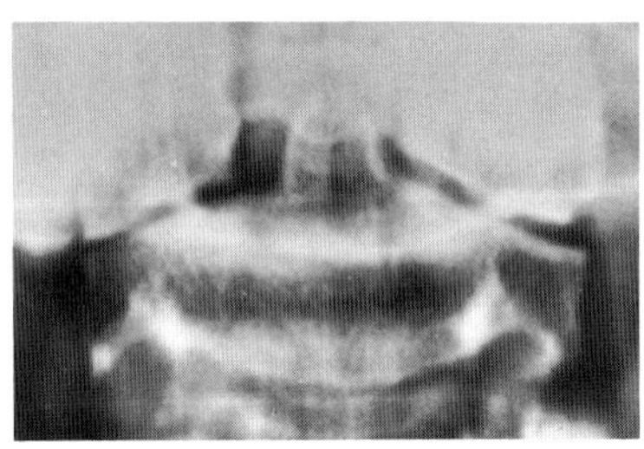

a

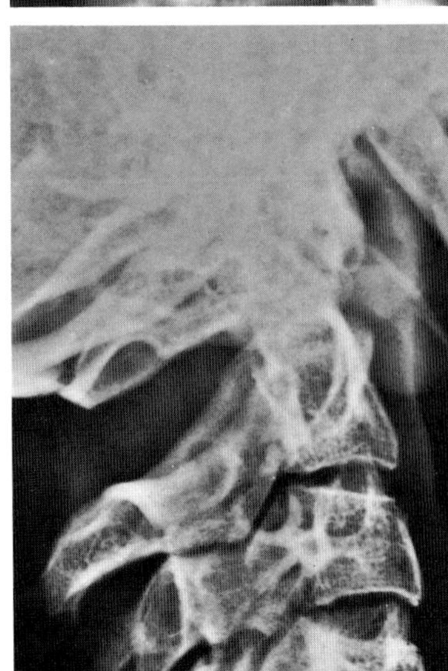

b

Abb. 5.**67a** u. **b** (Fast vollständige?) Atlasassimilation

Verschmelzungen zwischen Atlas und Axis (Abb. 5.**68**), erfolgen in anderer Weise als Synostosen in der übrigen Wirbelsäule, weil die zu überbrückenden Intervertebralräume hier fehlen. Mehrfach sind Verschmelzungen zwischen vorderem Atlasbogen und Dens axis beschrieben. Diese atlantoaxialen Fusionen sind selten, oft mit Atlasassimilationen, ausgeprägten segmentären Störungen samt Bogenspalten und subokzipitalen Varianten (s. auch 82) im Sinne der „Manifestationen des Okzipitalwirbels" (s. oben) so kombiniert, daß manchmal eine sichere zahlenmäßige Zuordnung der oberen Halswirbel kaum noch möglich ist (Abb. 5.**58** und 5.**63**). Der Versuch einer Zuordnung verschmolzener C1- und C2-Anteile (ohne Berücksichtigung einer Atlasassimilation) wird nach Abb. 5.**69 a–d**, unter Einbezug der okzipitalen Segmente nach Abb. 5.**70 a–h**, unternommen.

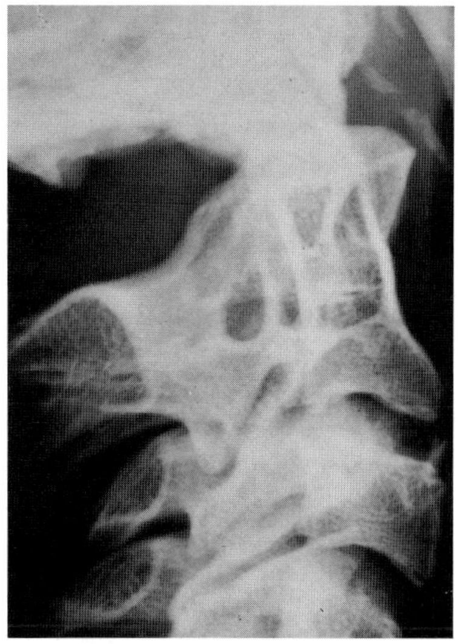

Abb. 5.**68** Blockwirbel von Atlas und Axis

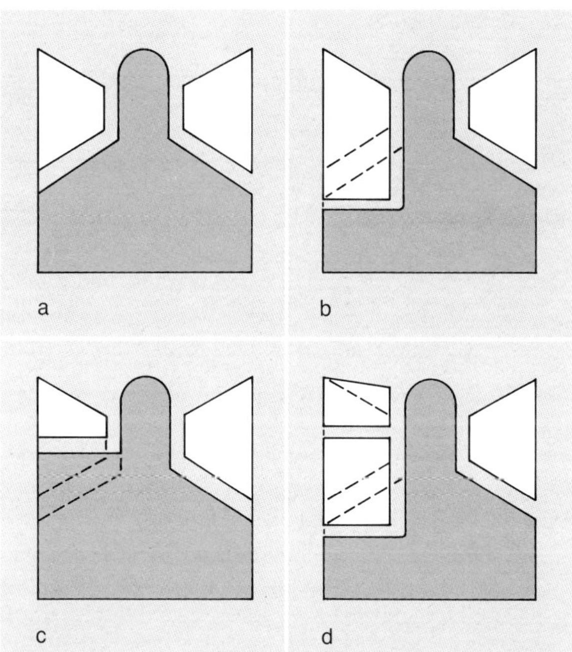

Abb. 5.**69 a–d** Schema möglicher Assimilationen von Atlas und Axis (nach Schmidt u. Fischer)

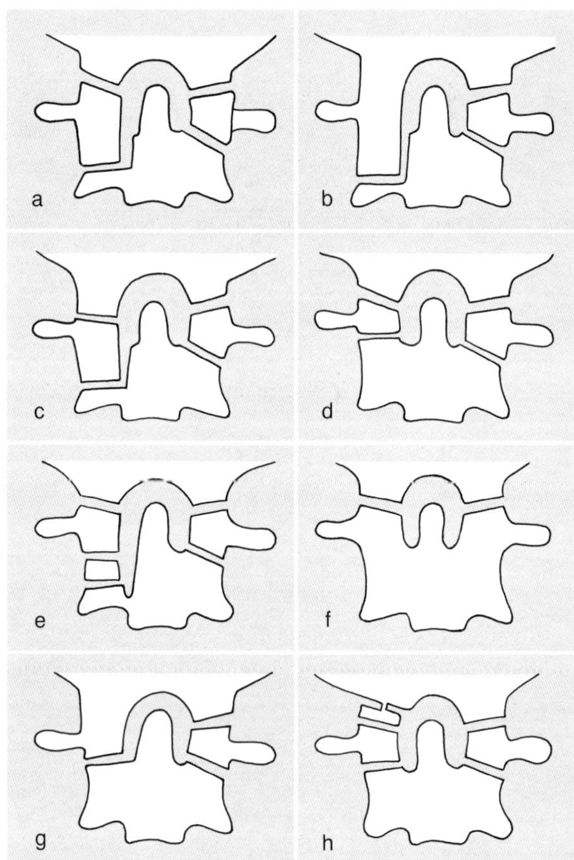

Abb. 5.**70 a–h** Schema möglicher Assimilationen zwischen Hinterhauptsbein, Atlas und Axis (nach v. Torklus u. Gehle)

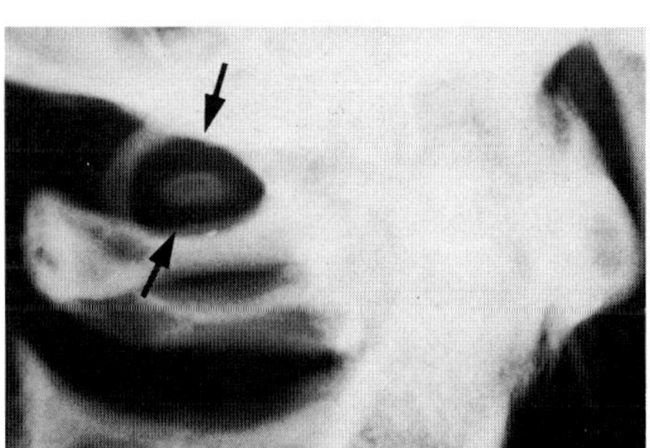

◁ Abb. 5.**71** Isoliertes Knochenelement in Projektion mit einem Ponticulus posterior

Sonstige Akzessoria

Akzessorische Knöchelchen am unteren Rand des Foramen occipitale magnum, frei oder mit dessen Lippen verwachsen, stellen sich von einer Minimalgröße ab, meist im sagittalen Strahlengang – und dann manchmal erst im Tomogramm – dar (171[5]). Zusammenhänge mit „Manifestationen des Okzipitalwirbels" sind unwahrscheinlich, wenn die Knöchelchen dorsal liegen (Abb. 5.**71**). Alle vorn zwischen Densspitze, vorderem Atlasbogen und vorderem Klivusrand, seitlich zwischen Dens axis und Massa lateralis atlantis sowie die zwischen Processus transversi atlantis und Partes laterales ossis occipitalis gelegenen Akzessoria können bei Kindern und jungen Menschen auf entwicklungsbedingte Varianten bezogen werden. Da sie dann meist klinisch irrelevant sind, werden entsprechende Befunde samt den hierauf gründenden Annahmen in diesem Absatz fortgelassen, die Kalzi- und Ossifikationen jedoch im Absatz „Erworbene Erkrankungen" unter den auf degenerativer Basis entstandenen Befunden besprochen.

Primäre und sekundäre Lage- und Stellungsänderungen

Atlantoaxiale Dislokationen, eventuell verbunden mit fixierten Rotationen (33), kommen bei kongenitalen Systemerkrankungen wie beim Down-Syndrom (67) – in 14 bis 21% (122) –, eventuell verbunden mit ependymalen Zysten in der hinteren Schädelgrube (175), bei Mukopolysaccharidose I Hurler (161) und IV Morquio (121), bei Neurofibromatose

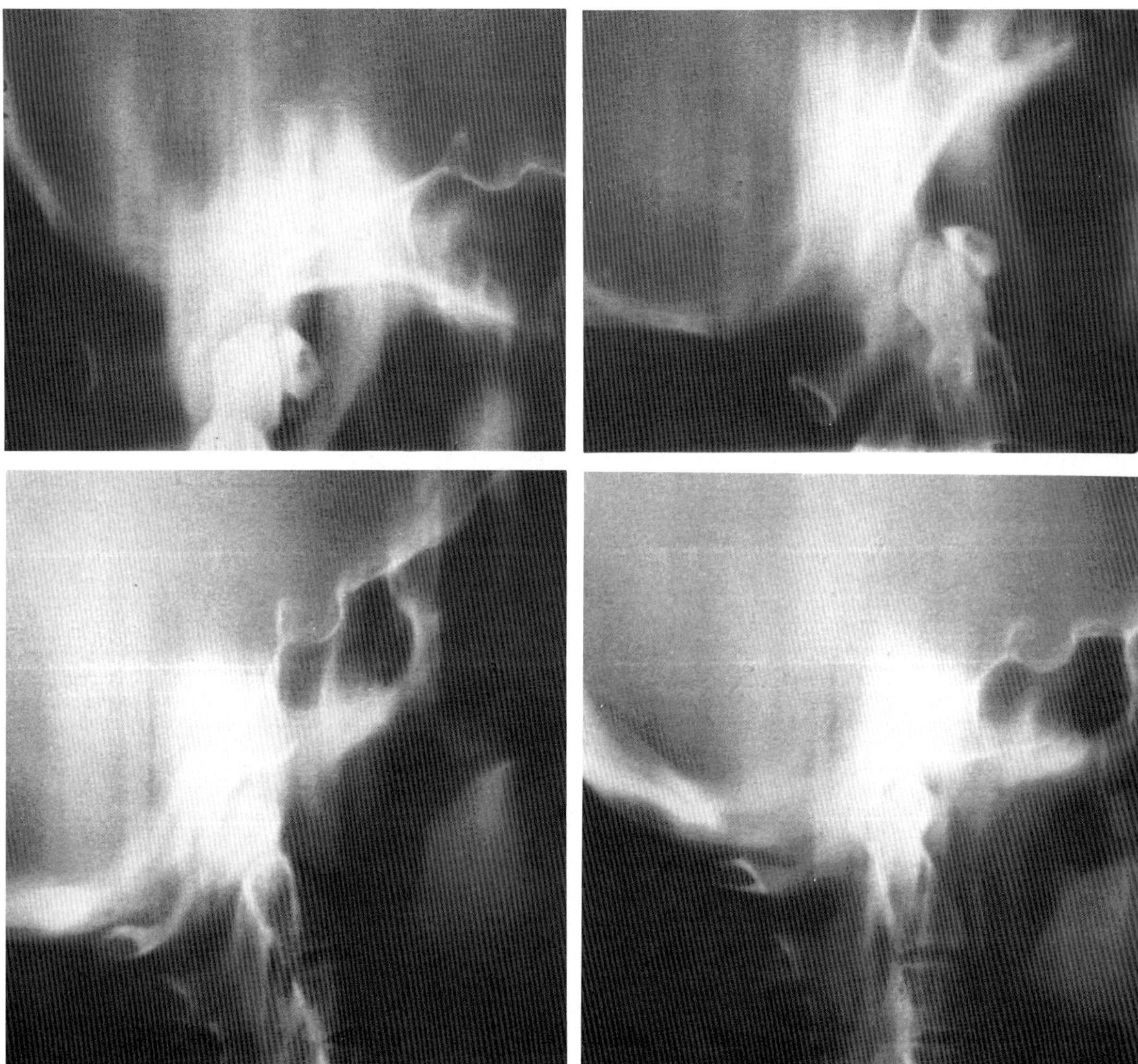

a b c d

Abb. 5.**72 a–d** Funktionsaufnahmen nach medianen Tomogrammen im seitlichen Strahlengang
a u. **b** Ventrale und dorsale Flexion. Bei ventraler Flexion öffnet sich der Raum zwischen Okziput und hinterem Atlas stärker als bei dorsaler Flexion. Hier wird der Abstand zwischen vorderem Atlasbogen und Basion größer
c u. **d** Basilare Impression mit Hypoplasie des hinteren Atlasbogens. In dorsaler und ventraler Flexion keine Änderung in der Stellung zwischen Okziput und Atlas nachweisbar. Der Interdentalraum zwischen dem hinteren Atlasbogen und dem Wirbelbogen C2 wird etwas weiter

(3) vor und können in extremer Ausprägung durch medulläre Kompression zu entsprechenden Schäden der Neuralsubstanz mit ihren Auswirkungen führen (56).

Die durch die Verkürzung und/oder Anhebung des Klivus geänderte Lage der Foramen-magnum-Linie durch Anhebung ihres vorderen Randes bei bleibender Position des Hinterrandes ändert die normalerweise etwa parallel zu dieser Foramen-magnum-Ebene verlaufende Atlasebene wie den Verlauf der oberen (oder auch gesamten – s. dort) Halswirbelsäule. Hier entsteht, unter anderem um die Sehachse zu erhalten, eine kompensierend vermehrte **Lordose** (s. Abb. 5.**34**).

Die eingeschränkte Vor- und Rückwärtsneigung in den Kopfgelenken bei zervikookzipitaler Dysplasie (mit basilarer Impression) wird aus Abb. 5.**72a–d** deutlich. Der Dens-Klivus-Winkel vermindert sich bei derartigen Anomalien von rund 20 Grad (Norm) um 8 Grad (139), s. auch Abb. 5.**28a–d**.

Verletzungsfolgen

Eine **Steilstellung** statt der normalen Lordose der HWS in der Seitenaufnahme, verbunden mit einem asymmetrischen Knick in der Höhe des HW2/3 kann auch normalerweise, besonders bei Aufnahmen in Ventralbeugung und bei *Kindern*, erhebliche Ausmaße annehmen. Erst wenn die spinolaminäre Linie im Bereich des Axis deutlich nach ventral versetzt ist, kann eine Ventralverschiebung des Axis angenommen werden (155) (Abb. 5.**73**).

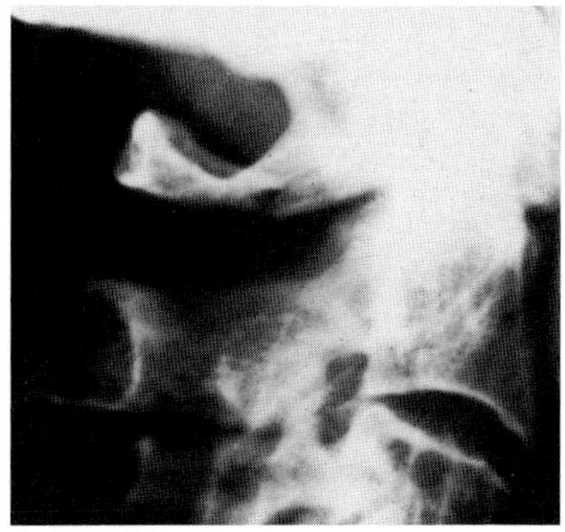

Abb. 5.**73** Fraktur des hinteren Atlasbogens in der Mitte

Weiterhin spricht die **Erweiterung des knöchernen Gelenkspaltes zwischen Dens und vorderem Atlasbogen** beim Erwachsenen über 5,9 mm, bei Kindern über 5 mm für eine pathologische Lockerung, beim Trauma also für eine Sub- oder Luxation in diesem Gelenk. Die Luxation kann samt ihren Folgen bei Kindern und auch beim Erwachsenen überlebt werden (72), führt jedoch in der Regel zum Tode (10). Offenbar weniger gefährliche Bandverletzungen vermögen wohl eine V-förmige Erweiterung dieses Gelenkspaltes („predens space") hervorzurufen (14).

Bei axialer Gewalteinwirkung auf das Schädeldach (Kopfsprung in zu flaches Wasser, Fall eines Gegenstandes auf den Kopf, Verkehrsunfall) kann es zur **Berstungsfraktur des Atlas** kommen, wobei der Atlasring ein- oder doppelseitig vorn und hinten auseinandergesprengt wird (Jefferson's fracture). Die Condyli occipitales brechen wie Keile durch die Gelenkflächen des Atlas in die Massae laterales atlantis ein, isolieren meist ein mediales Fragment der Seitenmasse, das am Lig. transversum haften bleibt, während das laterale Fragment im Atlantoaxialgelenk die seitliche Begrenzung des Axis deutlich überragt (Abb. 5.**74a–c** und 5.**75a–c**) (75). Der Nachweis der Bogenfraktur auf konventionellen Summationsaufnahmen ist oft schwierig, weil die beschränkten Lagerungsmöglichkeiten der Schwerverletzten aufnahmetechnische Grenzen setzen; doch läßt sich der Bruch auch leicht durch die Computertomographie darstellen (Abb. 5.**74b** u. **c**).

Über eine isolierte Luxation mit **einseitiger Dislokation des Condylus occipitalis** zur Seite, computertomographisch dokumentiert, wurde berichtet (178).

Der **Bruch des hinteren Atlasbogens,** verbunden mit einem Riß des Lig. transversum atlantis, führt zur radiologisch nachweisbaren Instabilität mit provozierbarer Erweiterung des atlantodentalen Gelenkspaltes (90), s. auch „posttraumatische atlantoaxiale Instabilität beim Kind" (38).

Typisch ist weiterhin ein Bruch im **Bogen des Axis**, entstanden durch von hinten auf den Axis einwirkende Schwerkräfte (hangman's fracture). Axis und Atlas werden auseinandergerissen. Der Bruch erfolgt meist an der schwächsten Stelle der Kette, also hinter der Bogenwurzel des Axis (Abb. 5.**76a** u. **b**). Verkehrsunfälle können zu ähnlichen Knochenverletzungen am Axis führen, die in Unkenntnis ihrer Symptomatik übersehen werden können, zumal die Frakturen im Gefolge von Verkehrsunfällen im Gegensatz zu den Brüchen nach Erhängung kaum mit Fragmentverlagerung und nur ausnahmsweise mit Schäden der Neuralsubstanz einhergehen (106). Bei Dislokation der Fragmente kommt die beiderseitige Fraktur durch die Bogenwurzeln mit Verschiebung des Axis über den 3. Halswirbel einer traumatisch bedingten Spondylolisthese mit Riß durch die Bandscheibe C2/3 gleich, wodurch der Rückenmarkkanal eher erweitert, nicht verengt wird. Eine solche Verletzung nach Verkehrsunfall ist schon bei einem 5 Monate alten Säugling beschrieben (39).

Heute werden vier unterschiedliche Verletzungsformen der „Hangman's fracture", die auch den Körperteil des Axis in der Nähe der Densbasis einbeziehen, unterschieden (135). Auch hier lassen sich oft nicht zu erwartende komplexe Skelettbefunde mit der Computertomographie aufdecken (4, 52, 53). Isolierte Brüche des Axiskörpers zählen zu den Raritäten. Bei Transversalfrakturen wird an einen Mechanismus wie bei einer Chance-Fraktur gedacht (96).

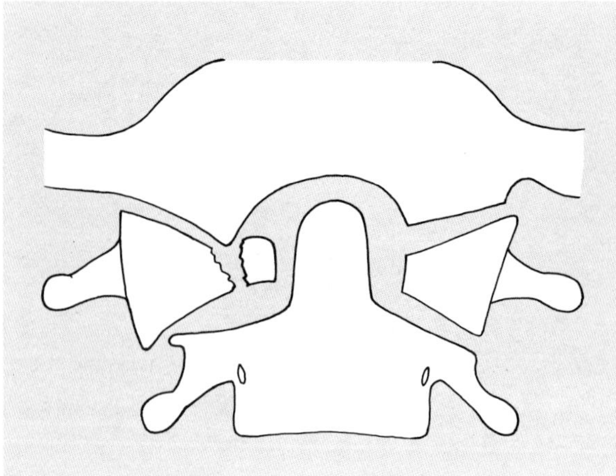

a

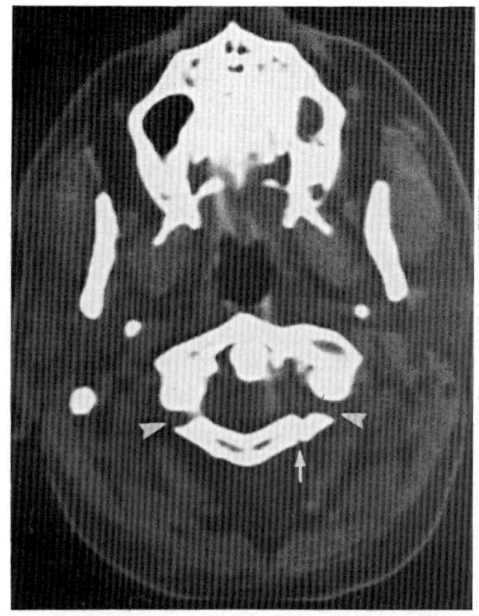

b

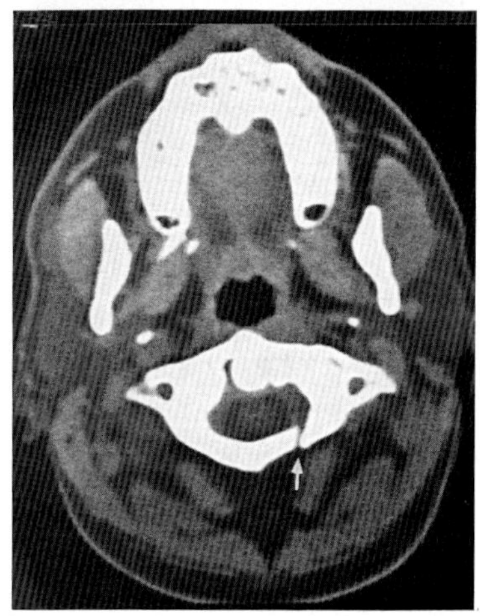

c

Abb. 5.**74 a–c**
a Skizze nach einem a.-p. Tomogramm im atlantookzipitalen Übergang mit Jefferson-Fraktur (s. Text) rechts, ausgesprengtem medialem Fragment der nach lateral dislozierten Massa lateralis
b Computertomogramm desselben Patienten in der oberen Atlasebene mit Darstellung symmetrischer Sulci a. vertebralis (inkomplette Ponticuli posteriores ▶), alter Frakturspalt im hinteren Atlasbogen (→)
c Computertomogramm desselben Patienten mit Verplumpung der rechten Massa lateralis atlantis und altem Frakturspalt im hinteren Atlasbogen (→)
(Beobachtung von Zeidler, Hamburg)

Einseitige Frakturen des hinteren Atlasbogens können dann auftreten, wenn die Gewalteinwirkung nach dem Bruch auf dieser Seite aufhört. Bei mangelnder Fragmentverschiebung kann ihre radiographische Diagnose erhebliche Schwierigkeiten verursachen (59). Der Einsatz der Computertomographie kann vielleicht dazu beitragen, derartige Brüche bei Patienten mit starken Schmerzen im Schädel-Hals-Übergang, aber ohne neurologische Ausfälle, nach einem Trauma öfter aufzudecken (152).

Eine Fraktur des Tuberculum atlantis anterior ohne Fragmentdislokation wurde im Rahmen eines Polytraumas nach Verkehrsunfall festgestellt (131).

Die am häufigsten auftretende Fraktur des Axis ist der **Abbruch des Dens** (10% aller Knochenverletzungen der Halswirbelsäule [108]), meist mit querem Bruchspalt, an der Densbasis gelegen (Stadium I: Schrägfraktur durch oberen Densanteil, Stadium II: Frakturspalt durch Basis, Stadium III: durch das Corpus axis [2]), hervorgerufen durch Abrisse über die ansetzenden Bänder, das Lig. apicis dentis bzw. die Ligg. alaria. Der Bruch ist schon beim neun Monate alten Kleinkind (136) und bei einem drei Jahre alten Jungen (97) beobachtet, kommt jedoch vorwiegend bei älteren Menschen (oft mit Osteoporose [26]) vor und ist bei 19 unter 20 Patienten vor dem 40. Lebensjahr durch Verkehrsunfälle, dann meist Typ II, bei 13 von 19 über 60jährigen (dort meist Typ III) durch Stürze bedingt (117).

Die Dislokation des Dens gegenüber dem Corpus axis, oft ausbleibend, erfolgt etwa in gleicher Häufigkeit nach vorn wie nach hinten (Abb. 5.**77**), kann aber auch zur Seite stattfinden. Alle diese Frakturen der beiden oberen Halswirbel können bei Läsionen des Halsmarks tödlich ausgehen. Sie sind immer dann radiologisch schwer zu diagnostizieren, wenn die Dislokation der Fragmente ausbleibt.

In knapp 25% kommt es zur Ausheilung mit Bildung einer **Pseudarthrose** (76), die manchmal erhebliche differentialdiagnostische Abgrenzungsschwierigkeiten gegenüber dem Os odontoideum bereiten kann (s. S. 455). In neueren Mitteilungen wird dieser Prozentsatz eintretender Pseudarthrosen bei Densabbrüchen im Stadium II bestätigt, doch darauf hingewiesen, daß bei Verschiebungen des Densfragmentes unter 5 mm Pseudarthrosen kaum vorkommen, während bei Dislokationen von 6 mm und mehr in 67% die knöcherne Heilung ausblieb (59). Densfrakturen im Stadium III haben eine bessere Prognose (59, 108), doch kann auch bei diesen Formen eine Pseudarthrose zurückbleiben (24). Au-

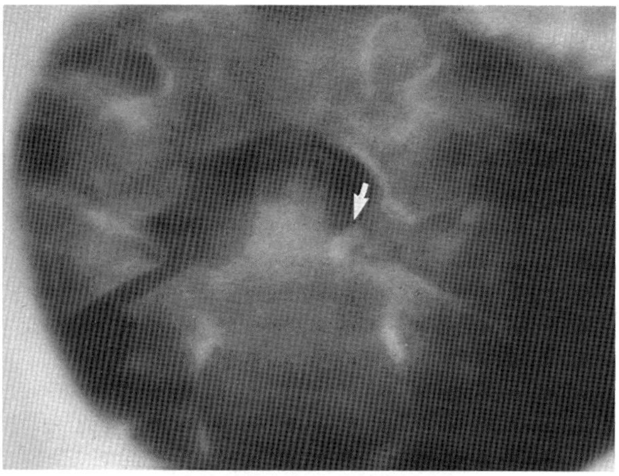

a

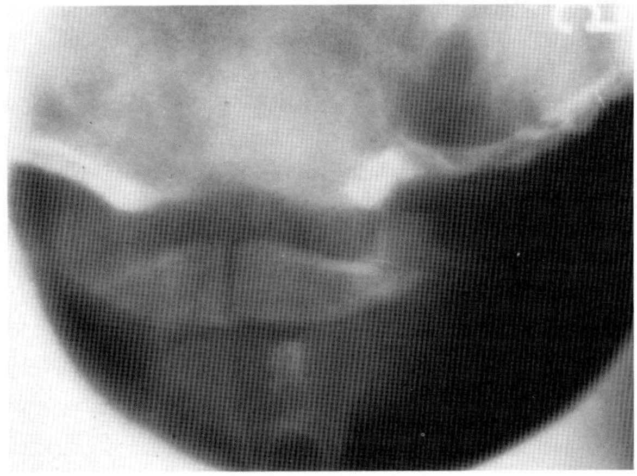

c

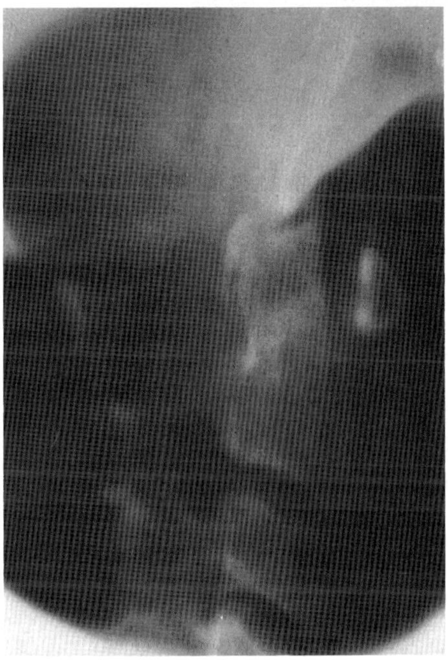

b

Abb. 5.**75 a–c** Jefferson-Fraktur
a Tomogramm im a.-p. Strahlengang. Beide Massae laterales sind auseinandergesprengt und nach lateral disloziert. Die linke Massa lateralis ist in sich vielfach fragmentiert. Ein Fragment ist medial in typischer Weise durch das Lig. transversum fixiert (→)
b Tomogramm im seitlichen Strahlengang. Sprengung des Gelenkes zwischen vorderem Atlasbogen und Dens axis. Hochstand des Dens mit Aussprengung an seiner Hinterkante und seiner Spitze
c Tomogramm im a.-p. Strahlengang. Gesplitterte Längsfraktur im hinteren Atlasbogen

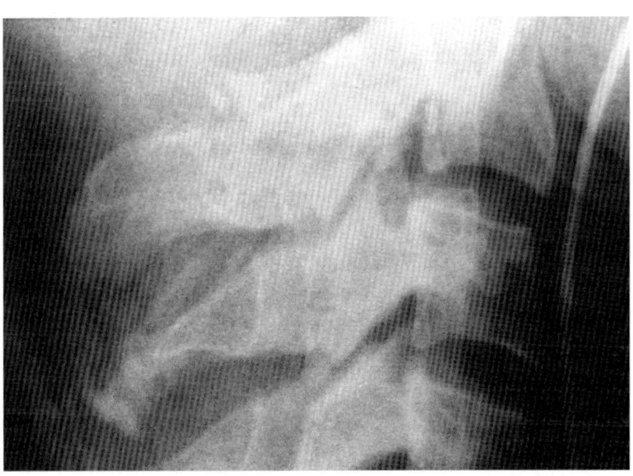

a

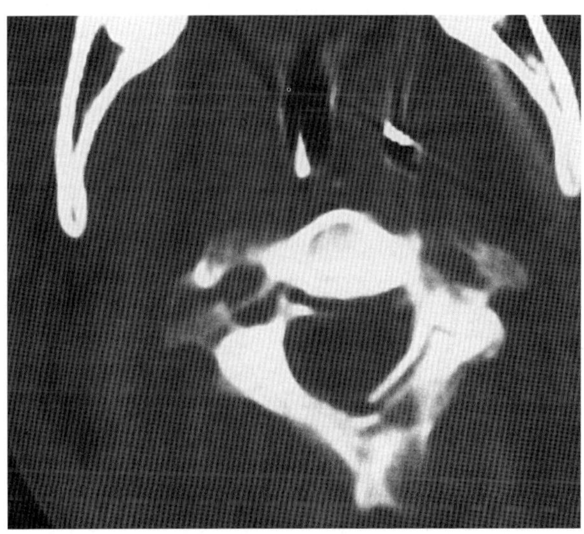

b

Abb. 5.**76 a** u. **b** Bruch des Axisbogens („hangman's fracture")
a In der seitlichen Übersichtsaufnahme bei Überlagerung mit Verbandmaterial nur schwer erkennbare Bogenfraktur des Axis
b Computertomogramm: gesplitterter Bruch des Axisbogens rechts

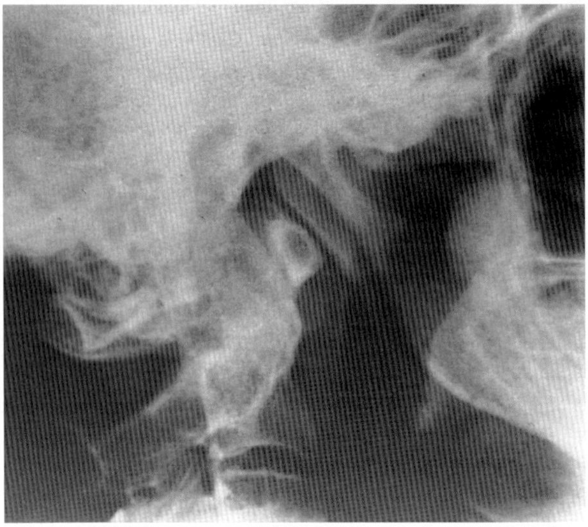

Abb. 5.**77** Knöchern verheilter Densbruch mit Verschiebung des Dens gegenüber dem Axiskörper nach vorn

a
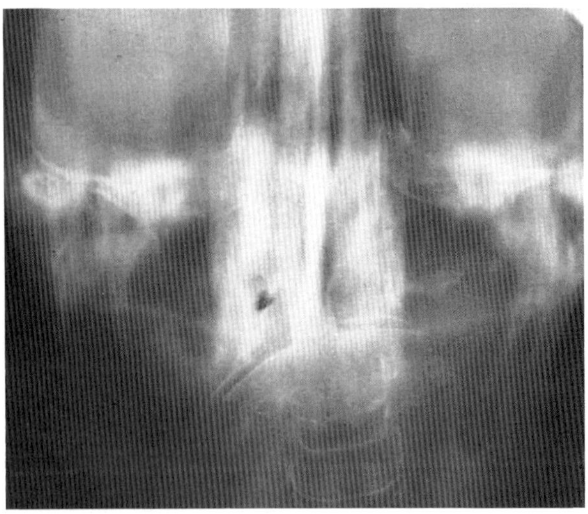

b
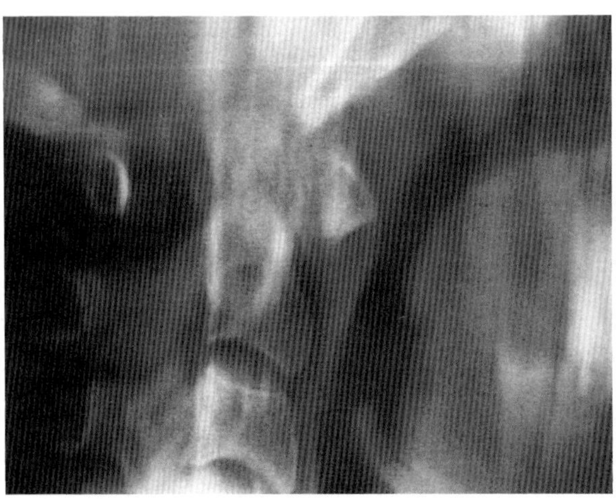

Abb. 5.**78a** u. **b** Subokzipitale Tuberkulose. Schichtaufnahmen des atlantookzipitalen Überganges a.-p. und seitlich. Destruktionen des schräg stehenden Dens axis, beider Massae laterales und weiterer Anteile des hinteren Atlasbogens beiderseits. Subluxation des Atlas nach vorn und nach rechts mit Zerstörung der Atlantookzipitalgelenke beiderseits und des Atlantodentalgelenkes

ßer dem Frakturtyp und dem Ausmaß der Dislokation beeinflußt die zweckmäßige Behandlung erheblich das Heilungsergebnis (129).

Die Folge von Verletzungen an Atlas und Axis kann eine *sekundäre basilare Impression* sein, die bei asymmetrischem Geschehen und im Wachstum zur Asymmetrie der Schädelbasis und des Gesichtes führen kann (144).

Fixierte Rotationsdislokationen zwischen Atlas und Axis bei Tortikollis mit Asymmetrien im Stand des Dens axis zwischen den Massae laterales und der Gelenkflächen beider Wirbel zueinander bieten besonders im Computertomogramm ein charakteristisches Bild (4). Sie kommen, kombiniert mit Muskelspasmen, meist bei Jugendlichen vor und werden je nach fehlender, mehr oder minder stärkerer Atlasverschiebung nach vorn oder nach hinten graduell eingeteilt (37). Als Ursache wurden zwar Minitraumen verantwortlich gemacht (86), doch besteht heute die Ansicht, daß derartige Fehlstellungen selten als Folge eines akuten Traumas entstehen und sich gewöhnlich spontan zurückbilden (132).

Rotationsluxationen zwischen Atlas und Axis, verbunden mit einem Ossiculum terminale und Mongolismus wurden beschrieben, wobei vermutet wurde, daß die fehlende Verschmelzung des apikalen Knochenkernes dem Lig. transversum erlaubt, über die intakten und unteren zwei Drittel des Dens hinwegzugleiten (37).

Bei 25% (!) unter 155 Frakturen im kraniovertebralen Bereich wurden weitere Wirbelverletzungen aufgedeckt (88).

Erworbene Erkrankungen

Der sehr hohe Anteil gelenkbildender Knochenelemente bringt es mit sich, daß in diesem Abschnitt vorwiegend über erworbene *Gelenkkrankheiten* und deren Folgen an Atlas und Axis berichtet wird.

Entzündliche Zerstörungen der Gelenkflächen sind bei der **Tuberkulose** (Malum suboccipitale) durch eine besonders starke Ausdehnung auf das Hinterhauptsbein samt Atlas und Axis mit Gelenk gekennzeichnet (Abb. 5.**78a** u. **b**). Die früher lebensbedrohliche Erkrankung ist selten geworden. In 6jähriger Beobachtungszeit wurden nur zwei Tuberkulosen, jedoch 150 Fehlbildungen im kraniovertebralen Übergang gefunden (144). Unter 137 spinalen Tuberkulosen in Saudi Arabien betrafen sieben die obere Halswirbelsäule (179). Unter 53 Tuberkulosen der HWS wurden in Paris – meist waren Nordafrikaner betroffen – 15 subokzipitale Manifestationen aufgedeckt (107).

Heute steht die **rheumatoide Arthritis** vordergründig unter den Ursachen von Gefügeänderungen der Verbindungen Okziput–Axis–Atlas. Die Erkrankung betrifft nach verschiedenen Statistiken in 40 bis 90% die Halswirbelsäule (159). Dislokationen wurden unter 407 Patienten in 0,5% Häufigkeit gefunden (125). Sie entstehen durch Zerstörung der Gelenkverbindungen und führen zu einer anterioren oder posterioren atlantoaxialen Dislokation (31, 124, 160). Bei gezielter Untersuchung allerdings wurde bei 45% der Erkrankten eine Erweiterung des atlantodentalen Gelenkspaltes nachgewiesen. Unter dieser Risikogruppe befand sich allerdings kein einziger Patient mit medullären Symptomen (57). Arrosionen des Dens mit eventueller Aufwärtsdislokation (126) lassen sich erst durch oft minutiös genaue tomographische Untersuchungen nachweisen. Diese Usuren sind disponierende Frakturen einer spontanen Densfraktur (23, 114).

Auch über eine **Spontanfraktur des Atlas** bei der rheumatoiden Arthritis ist berichtet (134).

Entzündungen im kraniovertebralen Bereich führen zu Veränderungen, die den weit häufigeren kongenitalen Dysplasien phänologisch ähnlich oder sogar gleich sind: Ankylose der **Atlantookzipitalgelenke** und (senkundäre) **basilare Impression**. Die Folgen der Entzündung werden deshalb häufig mit Folgen von Entwicklungsstörungen verwechselt.

Es ist darauf hinzuweisen, daß die atlantookzipitale, antlantoaxiale und subaxiale Dislokation als auffälligstes Symptom der Beteiligung der Kopfgelenke an entzündlichen Erkrankungen zu finden sind (147). Zusammengefaßt waren typische Veränderungen der rheumatoiden Arthritis in folgender prozentualer Häufigkeit bei 93 Patienten (72 Frauen, 21 Männern) zu finden: 29% Densusuren, 28% zystische Aufhellungen am Dens axis, 7,5% Hyperostosen am Dens („crowned odontoid" [29, 30] s. unten), vertikale Denssubluxation mit konsekutiver pseudobasilärer Impression 5,4%, laterale atlantoaxiale Dislokation 14%, ventrale atlantodentale Subluxation 25,8% (103; s. auch 133).

Die *Verlagerung des Dens* („cranial settling") um 9–33 mm wurde bei 45 Patienten mit rheumatoider Arthritis nachgewiesen. Alle Kranken klagten über Kopfschmerzen, bei 36 von ihnen wurde eine Myelopathie festgestellt, in 17 Fällen ließen sich Hirnstammsymptome, unter 10 Kranken Lähmungen der unteren Gesichtsnerven und in vier Beobachtungen eine Quadriplegie nachweisen (105). Wegen dieser möglicherweise eintretenden Komplikationen wird nach der Diagnose „vertikale C1/C2-Dislokation" eine regelmäßige radiologische Kontrolle gefordert, um bei nachgewiesener Progression des Prozesses operativ-fixierende Maßnahmen zu ergreifen (126). Auch ohne atlantoaxiale Instabilität können, feststellbar durch eine CT-Untersuchung, die Medulla und das obere Halsmark durch Granulationen komprimiert werden (78).

Daß auch Osteomyelitiden (z. B. nach zeitlich weit zurückliegenden Granatsplitterverletzungen) zum gleichen Erscheinungsbild führen können, kann nicht verwundern (145).

Als Sonderform hyperostotischer Reaktionen, die nicht nur bei der rheumatoiden, sondern auch bei der Psoriasisarthritis, bei der ankylosierenden Spondylitis und der Spondylosis hyperostotica vorkommt, ist der *„gekrönte" Dens* zu nennen (29), dessen „Krone" aus knöchernen Exkreszenzen besteht.

Die **juvenile ankylosierende Spondylitis** manifestiert sich in 55% in der Halswirbelsäule, hinterläßt bei 60% der klinisch auffälligen Patienten radiolo-

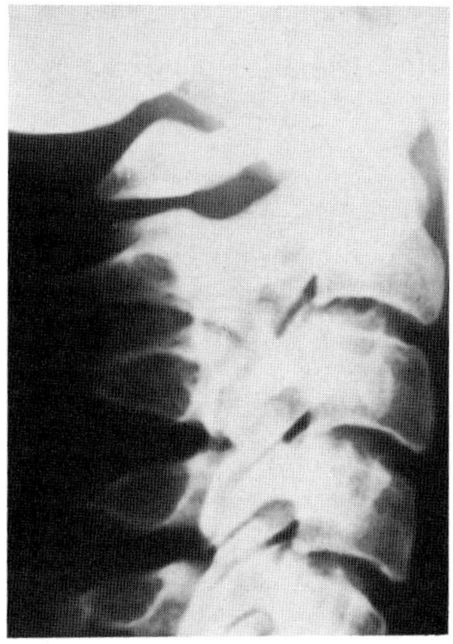

Abb. 5.**79** Osteophyten an den oberen Gelenkrändern von vorderem Atlasbogen und Dens als Zeichen einer Arthrose des Atlantodentalgelenkes. Reibungssklerose der Dornfortsätze C 1/C 2

gisch faßbare Symptome einer zwar meist flüchtigen Intervertebralarthritis der Halswirbelsäule, setzt sich jedoch fallweise im Segment C1/2 fest und imponiert als dislozierende Atlantoaxialarthritis, auch mit schwersten Graden bekannter Atlasluxationen (134), jedoch ohne basilare Impression und ohne subaxiale Instabilität (43).

Die **Arthrosis deformans** in den Kopfgelenken ruft dieselben Veränderungen hervor wie die degenerativen Erkrankungen an den gelenkbildenden Skelettanteilen des ganzen Körpers: Gelenkspaltverschmälerungen, Sklerosen der Gelenkflächen, Osteophyten der Gelenkränder sowie Verkalkungen und Verknöcherungen im Kapsel-Band-Apparat.

Im **Atlantodentalgelenk** (anatomische Bezeichnung: Articulatio atlantoaxialis mediana) sieht man z. B. in Abb. 5.**79** außer der Gelenkspaltverschmälerung die typischen Osteophyten am oberen Rand der Gelenkflächen von Atlasbogen und Dens axis. Klinische Auswirkungen dieser Gelenkarthrose sind – außer Nackenschmerzen (42) – nicht bekannt.

Die Diagnose der Arthrosis deformans in den **Atlantookzipitalgelenken** ist schwierig, weil diese Gelenke auf routinemäßig angefertigten Röntgenaufnahmen von Schädel und Halswirbelsäule oft nicht zu sehen sind; außerdem geht der laterale Rand der Gelenkfacette des Condylus occipitalis ohne scharfe Begrenzung in das Hinterhauptsbein über, während der Kondylus mit seiner medialen Begrenzung schon normalerweise osteophytenähnlich vorspringt. Diese Form erreicht bei der Kondylendysplasie ein Extrem und engt das Foramen occipitale magnum fahrradsattelförmig ein (57). Hinzu kommen die störenden Überlagerungen der unregelmäßig geformten Partien der Massae laterales, wie sie im Absatz über die „Norm" beschrieben und abgebildet wurden (s. Abb. 5.**9**–5.**11**).

Auch die Diagnose einer Arthrosis deformans in den **atlantoaxialen Gelenken** (Articulationes atlantoaxiales laterales) kann Schwierigkeiten bereiten, weil die Gelenkränder des Atlas schon normalerweise spitzen Osteophyten ähneln und Asymmetrien auch im Stand des Dens zwischen den Seitenmassen des Atlas zur Norm gehören bzw. bei Torsion der Wirbel gegeneinander, wie früher erwähnt, vorkommen. Erst bei schwerergradigen Veränderungen (Abb. 5.**80** und 5.**81**) läßt sich radiologisch die Diagnose „Arthrosis deformans dieser Gelenke" stellen. Bei weniger deutlichen radiologischen Symptomen, doch ausgeprägter okzipitaler Neuralgie empfiehlt sich der Einsatz der Szintigraphie und eventuell der Computertomographie (32).

Die Abgrenzung osteophytärer Reaktionen von **Verkalkungen und Verknöcherungen** im ansetzenden Kapsel-Band-Apparat ist nicht einfach. Der obere „Osteophyt" vom oberen Rand des vorderen Atlasbogens kann auch durch eine Verknöcherung **im Bereich der Membrana atlantooccipitalis anterior** bedingt sein (Abb. 5.**82**), s. auch die folgenden Ausführungen über Kalkeinlagerungen in der syndesmoodontoiden Region (Abb. 5.**83**–5.**87**). Bei inselförmigen Ossifikationen am oberen Rand des Arcus atlantis anterior ist auch an abgebrochene Osteophyten zu denken.

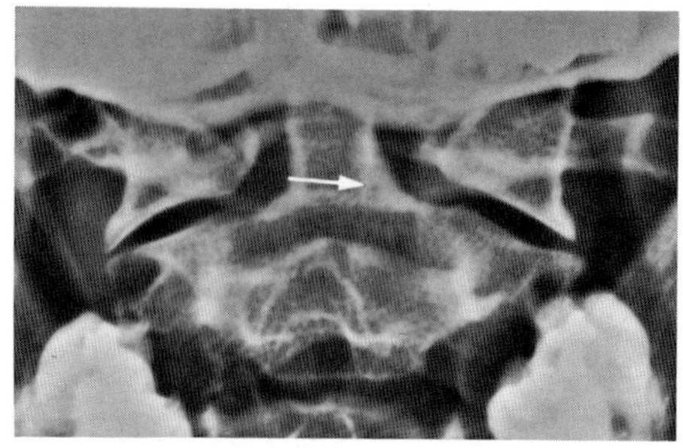

Abb. 5.**80** Leichte Rotation des Axis mit arthrotischen Osteophyten an den Rändern der atlantoaxialen Gelenkflächen, rechts stärker ausgeprägt als links. Leichter Schrägstand des Dens sowie Konturverdickung links basal

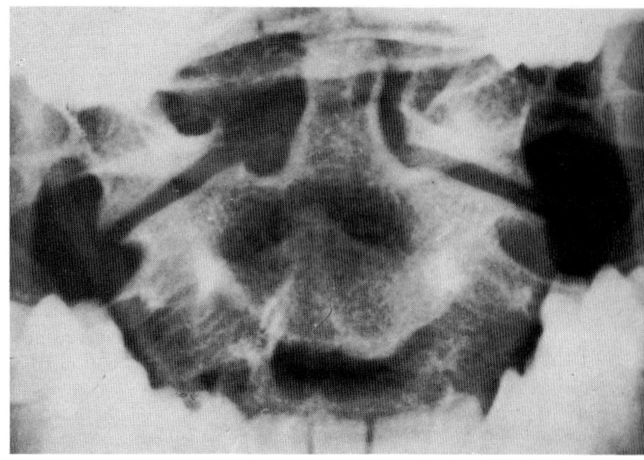

Abb. 5.**81** Schrägstand des Dens. Breite Basiskerbe rechts. Verschiebung des Atlas nach rechts. Ungleicher Gelenkflächenverlauf des Axis beiderseits. Schwere Arthrosis deformans im rechten Atlantoaxialgelenk

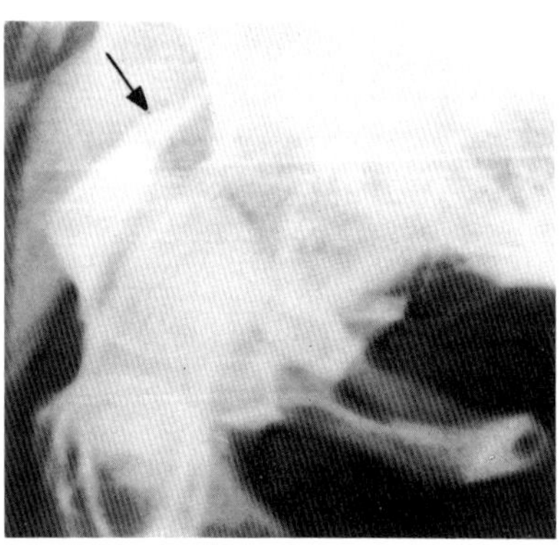

Abb. 5.**82** Knochenspange vom vorderen Atlasbogen nach kranial, die bis an die Schädelbasis reicht

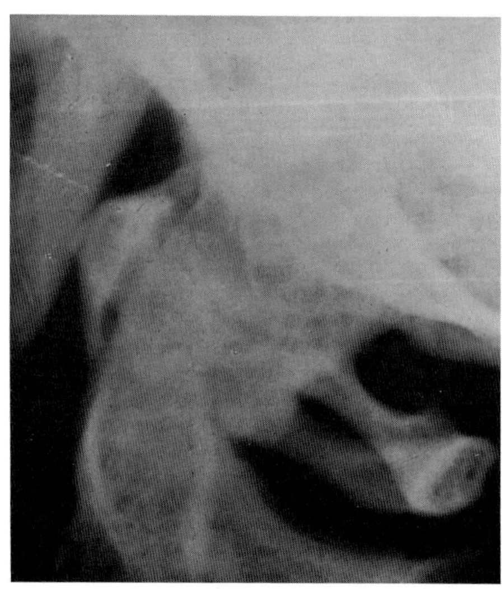

Abb. 5.**83** Verkalkung der Membrana atlantooccipitalis anterior

Abb. 5.**84 a** u. **b**
a Ossikula ober- und unterhalb des vorderen Atlasbogens. Dem Vorderrand des Atlas sitzen oben und unten außerdem Osteophyten an
b Tomogramm des gleichen Falles mit Darstellung eines verkalkten Lig. apicis dentis

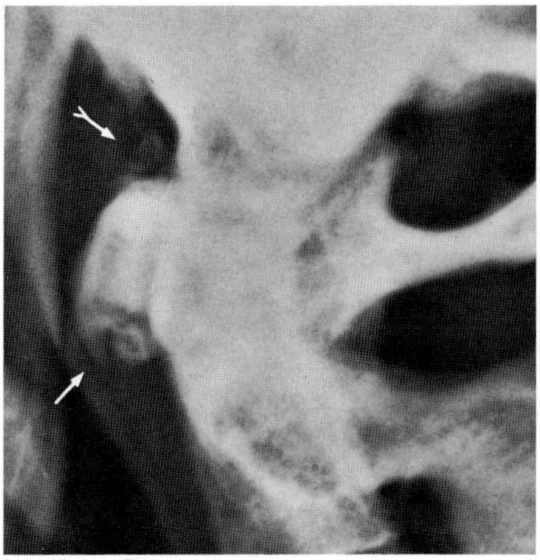

a

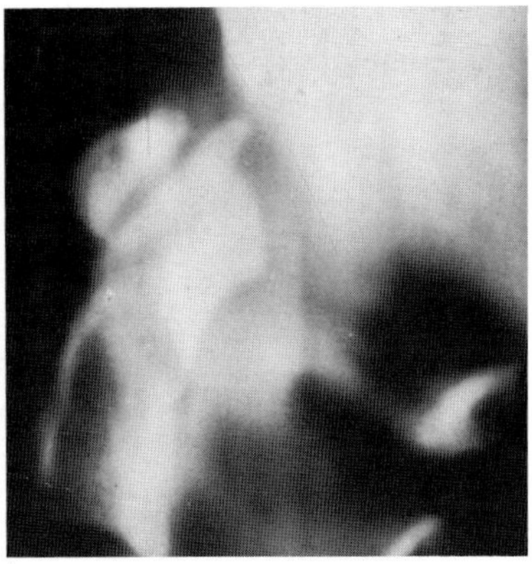

b

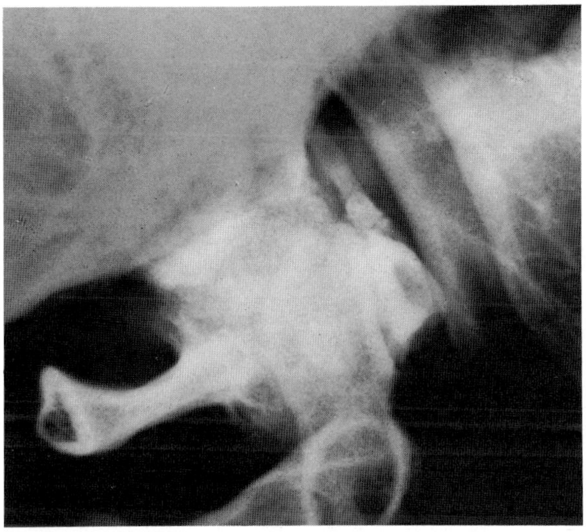

a

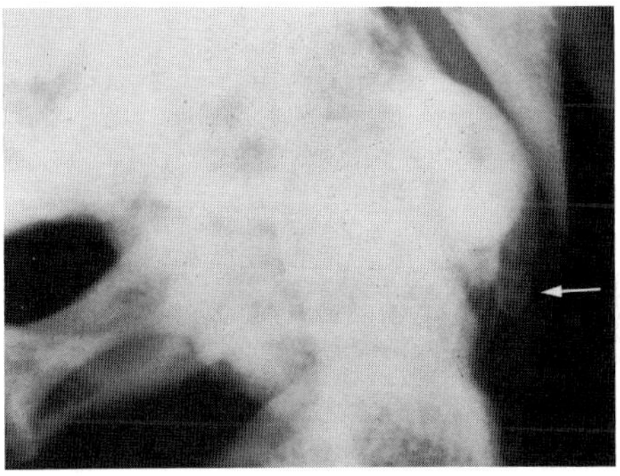

Abb. 5.**86** Ossikulum unter dem vorderen Atlasbogen, vielleicht in Koaleszenz

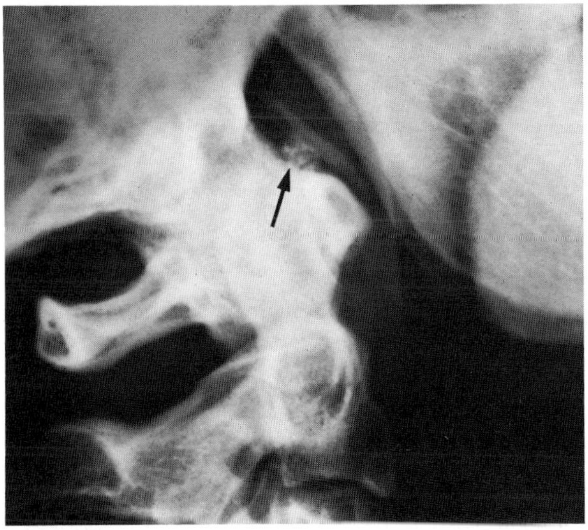

b

Abb. 5.**85 a** u. **b** Ossikulum oberhalb des vorderen Atlasbogens
a Neben dem verkalkten Lig. styloideum, als „Gelenk" auf einer reinen Profilaufnahme imponierend
b Auf der Aufnahme von der Gegenseite wird, getrennt vom Ligament, ein isoliertes Ossikulum dargestellt

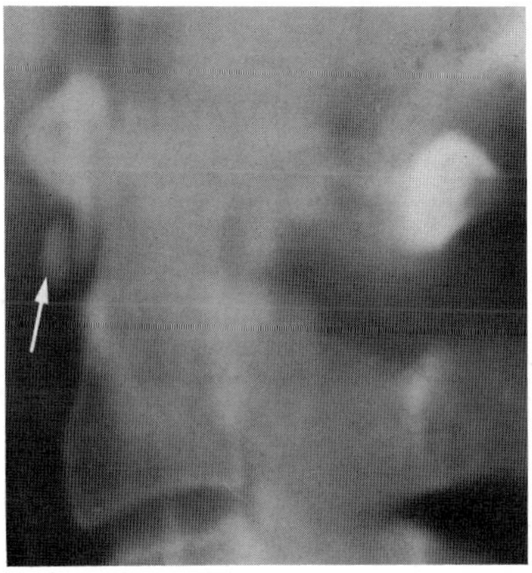

Abb. 5.**87** Ossikulum unter dem vorderen Atlasbogen

Bei sämtlichen, vorn gelegenen, isolierten Skelettelementen zwischen Atlas, Dens axis und Os occipitale kann es sich um manifestierte Rudimente des Proatlas handeln. Die Wahrscheinlichkeit für die Richtigkeit dieser Annahme wächst mit dem Auftreten bei Menschen jüngeren Lebensalters und mit fehlenden arthrotischen Reaktionen an den Kopfgelenken.

Einen besonders eindrucksvollen Befund bietet die „Densaureole" (Abb. 5.**88**), die mehrfach auf Manifestationen des Proatlas bezogen wurde (94, 171[6]). Bei Betrachtung von Präparataufnahmen (Abb. 5.**89**), entstehen Zweifel, ob es sich nicht doch um degenerativ entstandene periartikuläre Ossifikationen handelt; beim zugehörigen Denspräparat allerdings (Abb. 5.**90**) wird die Entscheidung zwischen Verknöcherung am Ansatz des Lig. apicis dentis und einem assimilierten Os terminale Bergmann entweder unmöglich oder gerät an die Grenze der Willkür. Die Einlagerung von Kalziumpyrophosphatdihydrat-Depots in die Syndesmoodontoidregion (*Pseudogicht*) ist öfter zu beobachten. Hier werden wegen der Ähnlichkeit der histologischen Strukturen des knorpelzellhaltigen Lig. transversum mit der Verkalkungsneigung und Menisken des Kniegelenkes Analogien gesehen (163), (s. „Crowned odontoid", S. 463).

Weitgehende Schlußfolgerungen mit Einbezug phylogenetischer Gesichtspunkte (30) sind zu relativieren, wenn andererseits festgestellt ist, daß z. B. isolierte Verknöcherungen am atlantodentalen Gelenk beim normal entwickelten Skelett erst zwischen dem 25. und 30. Lebensjahr beobachtet werden, bis zum 50. Lebensjahr schnell und danach langsamer an Häufigkeit zunehmen. Die Häufigkeit dieser Ossifikationen liegt bei okzipitozervikalen Dysplasien schon in jungen Jahren doppelt so hoch wie in der Norm und nimmt auch im Alter relativ noch stärker zu als normalerweise (41), doch läßt sich diese Häufung allein mechanisch (also sekundär) erklären.

Im atlantodentalen Gelenk kommt es bei Flexion des Kopfes nach vorn und hinten vorwiegend zum vertikalen Gleiten des Dens gegenüber dem vorderen Atlasbogen (57). Unphysiologische Belastungen (z. B. die hohe Lordose bei basilarer Impression, s. Abb. 5.**34**) können zum vorzeitigen Verschleiß führen. Auch durch die häufige funktionelle Skoliose (72, 73) und durch erworbene Bewegungseinschränkungen tiefer gelegener zervikaler Segmente (sog. Blockierungen) können alle Kopfgelenke überbeansprucht und vorzeitig verschlissen werden. Dies wäre ein Grund für das Entstehen sekundärer Ossifikationen.

Isolierte Knöchelchen *zwischen Densbasis und Massa lateralis atlantis* (Abb. 5.**91**) bedürfen zur Lokalisation und Bestimmung ihrer eventuellen Zugehörigkeit zu den Ligg. alaria, dem Lig. transversum atlantis oder anderen Teilen des Kapsel-Band-Apparates mindestens der Abbildung in der zweiten Ebene (Abb. 5.**92a** u. **b**), besser noch der Tomographie, deren Einsatz sich lohnt, wenn z. B. ein Zustand nach Jefferson-Fraktur mit einem am Lig. transversum fixiert gebliebenem, von der Massa lateralis atlantis ausgesprengtem Fragment nachzuweisen bzw. auszuschließen ist.

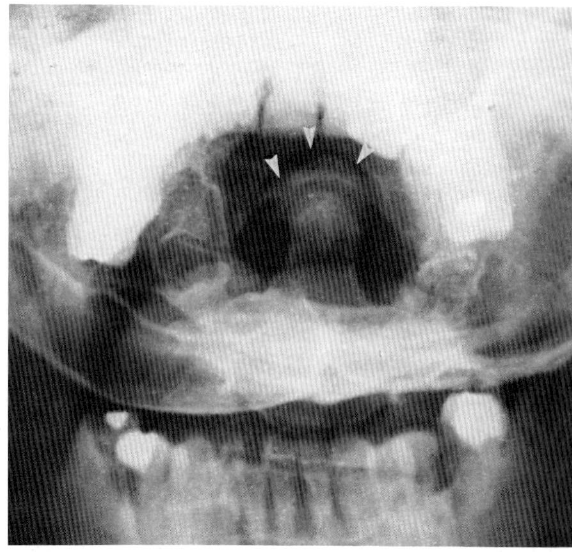

Abb. 5.**88** Peridentale Verknöcherung (Dens-„Aureole")

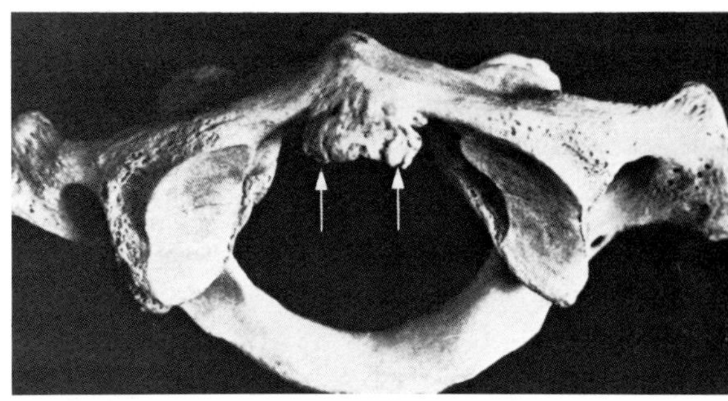

Abb. 5.**89** Der Dens-„Aureole" entsprechende Formation über dem vorderen Atlasbogen im Präparat (aus Fischer, E., H. Schmidt: Fortschr. Röntgenstr. 111 [1969] 552)

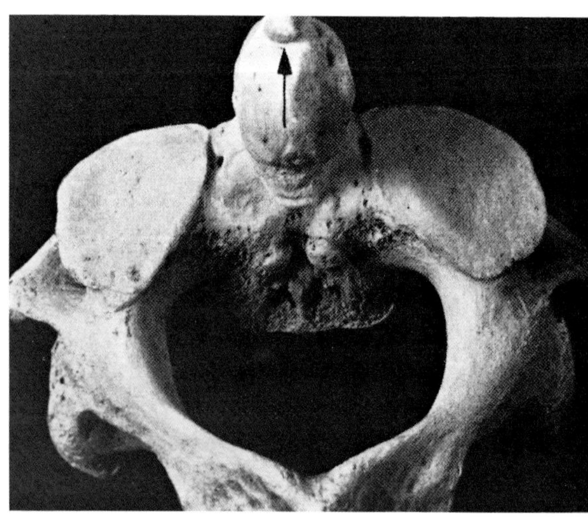

Abb. 5.**90** Aufnahme des dem Atlas entsprechenden Denspräparates mit knospenförmiger Ossifikation auf der Densspitze (aus Fischer, E., H. Schmidt: Fortschr. Röntgenstr. 111 [1969] 552)

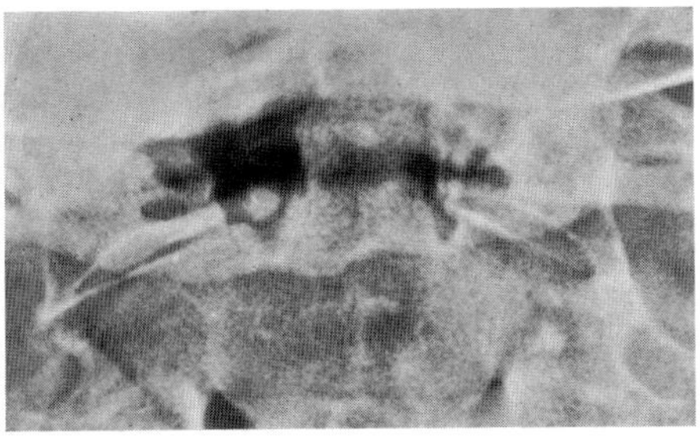

Abb. 5.**91** Kleines, rundes Ossikulum in Projektion über der dentolateralen Kerbe rechts und Verschiebung des Atlas nach rechts

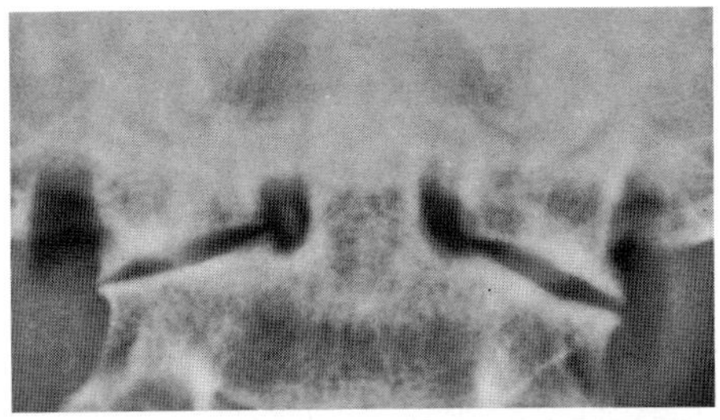

a

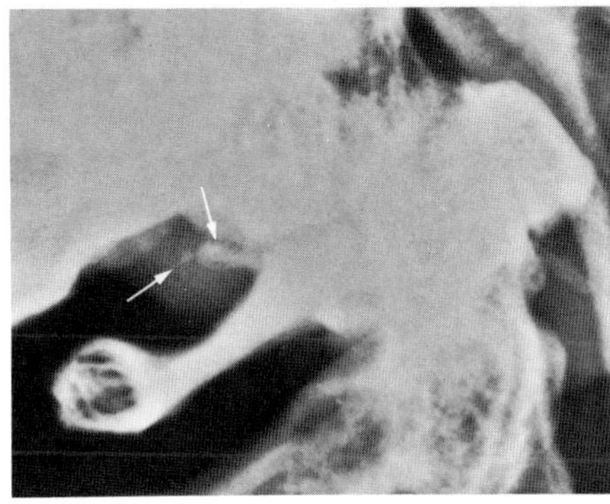

b

Abb. 5.**92a** u. **b** Ossikulum an gleicher Stelle wie in Abb. 5.**91**, in der Profilaufnahme isolierte Ossifikation hinter dem vorderen Brückenpfeiler eines rudimentär angelegten Ponticulus posterior

Es gibt auch verschiedenartig geformte und gelegene Verknöcherungen *in den hinteren Weichteilen der atlantookzipitalen Region* (s. Abb. 5.**7** und 5.**72**), deren ätiologische Zuordnung ebenso wie bei tiefer gelegenen Verknöcherungen in der Höhe zwischen Atlas und Axis (Abb. 5.**93**) offen bleiben muß. Hier wurde unter anderem auch, ausgehend vom Axis-Dornfortsatz als Ursache einer neben dem Processus spinalis liegenden, großen Verkalkung ein **juxtakortikales Chondrom** gefunden (22).

Der verminderte Abstand zwischen den Dornfortsätzen C1 und C2 kann, wie in der übrigen Wirbelsäule, mit vermehrter Lordose zur **Reibungssklerose (Baastrup-Phänomen)** führen (s. Abb. 5.**79** und 5.**94**). Eine echte Gelenkbildung wurde hier beobachtet (87).

Im Gefolge eines **muskulären Schiefhalses** (s. im Kapitel „Halswirbelsäule"), der kongenital durch Dysplasie des M. sternocleidomastoideus, durch posttraumatische, oft in früher Kindheit nicht bemerkte Schädigung oder, nach Weichteilschrumpfung (Narben), aber auch aus unbekannter Ursache plötzlich (s. Abschnitt „Verletzungsfolgen") entstehen kann, bleibt der Axis auf der kranken (konkaven) Seite oft niedriger und besitzt eine kleinere Gelenkfläche. Der Dens ist dann nach der konvexen Seite verlagert und konvex gekrümmt. Eine entsprechende Asymmetrie des Atlas ist meist Folge oder Begleiterscheinung (127[1]). Eine Dislokation des Atlas gegenüber dem Axis zur kranken Seite hin kommt vor (Abb. 5.**95**). Im allgemeinen findet man dabei eine vorübergehende oder fixierte **atlantoaxiale Subrotationsluxation**, am besten erkennbar im Computertomogramm (86, 109, 113)

Atlantoaxiale Dislokationen treten nicht nur im Gefolge eines Schiefhalses auf, sondern auch in typischer Form bei dem **Torticollis rhinopharyngeus (Grisel-Syndrom)**. Auch hier ist der Atlas nach ventral

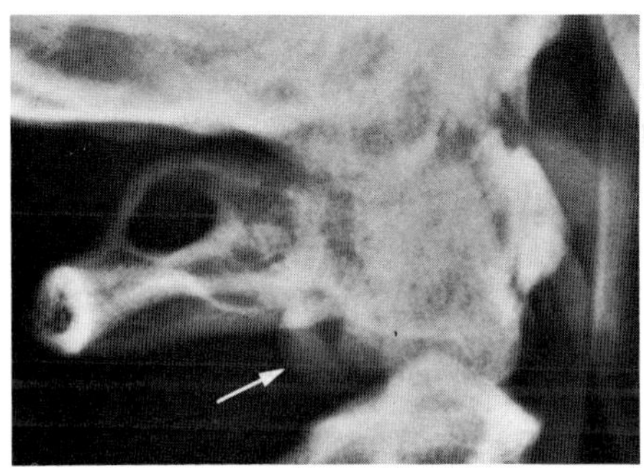

Abb. 5.**93** Kleines, isoliertes Skelettelement hinter und unter der Massa lateralis. Ponticulus posterior atlantis

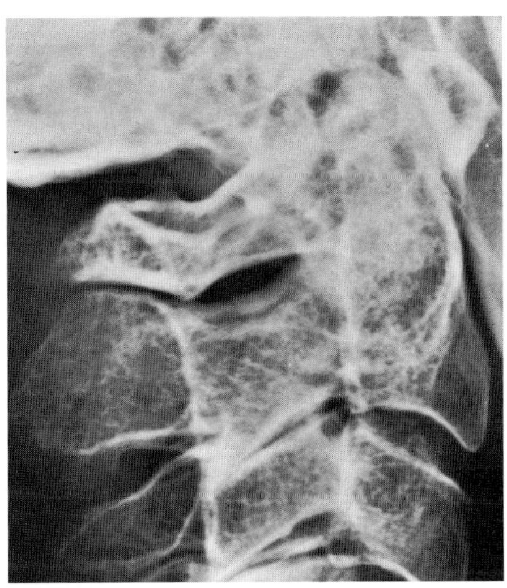

Abb. 5.**94** Reibungssklerose C 1/C 2 bei großem Dornfortsatz des Axis

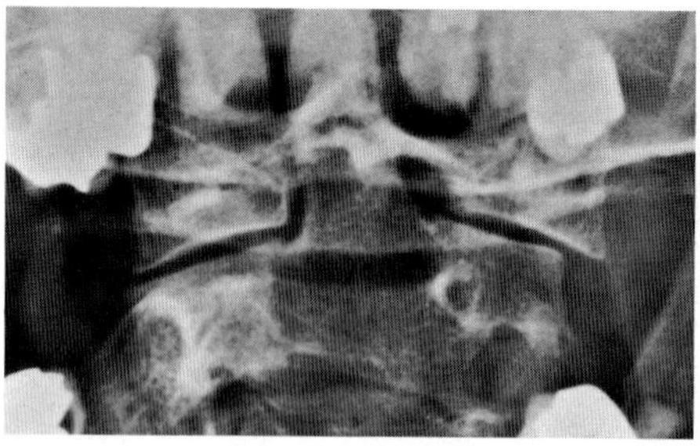

Abb. 5.**95** Rotationssubluxation des Atlas

verschoben, verdreht und in Inferiorstellung gekippt, die Halswirbelsäule kyphosiert. Eine Verbreiterung der retropharyngealen Weichteile ist ein oft typisches Begleitsymptom. Diese Fehlstellung tritt plötzlich auf, meist bei Kindern mit Infekten im Nasenrachenraum und nach Tonsillektomien, aber auch nach Otitiden und bei rheumatoider Arthritis. Als **Morbus McRae** oder **Hadley** werden Ventralverschiebungen des Atlas ohne Rotation, hervorgerufen durch Bänderschlaffheit, eventuell mit aufgepfropfter Entzündung, angesehen (127[2]).

Literatur

1 Ahlgren, Lilianna, C. Conrad: A complete proatlas, partially assimilated. Fortschr. Röntgenstr. 142 (1984) 108–109

2 Anderson, L. D., R. T. d'Alonzo: Fractures of the odontoid process of the axis. J. Bone Jt Surg. 56-A (1974) 1663–1669

3 Aprile, P. D., G. Krajewska, T. Parniola. M. Trizio, F. Federico, A. Carella: Congenital dislocation of dens of the axis in a crase of neurofibromatosis. Neuroradiology 12 (1984) 405–406

4 Baumgarten, N., W. Mouradian, D. Boger, R. Watkins: Computed axial tomography in C1–C2 trauma. Spine 10 (1985) 187–192

5 Becker, H.: Eine klinisch und röntgenologisch ungewöhnliche Beobachtung einer Atlasassimilation mit basaler Impression; ihre Bedeutung für die Zuordnung dieser Umbildung. Arch. Psychiat. Nervenkr. 111 (1940) 139–159

6 Becker, H.-W.; Beitrag zur Aplasie des hinteren Atlasbogens. Fortschr. Röntgenstr. 101 (1964) 204–206

7 Bethem, D., R. B. Winter, L. Lutter, J. H. Moe, D. S. Bradford, J. E. Lonstein, L. O. Langer: Spinal disorders of dwarfism. J. Bone Jt Surg. 63-A (1981) 1412–1425

8 Bethem, D., C. Falls: Os odontoideum in chondrodystrophic calcificans congenita. J. Bone Jt Surg. 64-A (1982) 1385–1386

9 Birkner, R.: Das typische Röntgenbild des Skeletts. Urban und Schwarzenberg, München 1977 (Abb. 314)

10 Birzle, H., R. Bergleitner, E. H. Kuner: Traumatologische Röntgendiagnostik, 2. Aufl. Thieme, Stuttgart 1985. (S. 39–40)

11 Bischoff, A.: Neurologische Erscheinungen bei Skelettmißbildungen der occipito-cervikalen Übergangsregion. Schweiz. Med. Wschr. 91 (1961) 851–858

12 Blondeau, M., D. Brunet, J. M. Blanche, C. Debouchez, M. Etienne: Compression de la moelle cervicale dans l'achondroplasie. Ann. Pédiat. 30 (1983) 651–656

13 Bock, H.: Querfortsatzfehlbildung am Atlas. Fortschr. Röntgenstr. 109 (1968) 111–112

14 Bohrer, S. P., A. Klein, W. Martin III: „V" shaped predens space. Skeletal Radiol. 14 (1985) 11–13

15 Bolk, L.: Zur Frage der Assimilation des Atlas am Schädel beim Menschen. Anat. Anz. 28 (1906) 497–506

16 Brocher, J. E. W.: Die Occipito-Cervicalgegend. Thieme, Stuttgart 1955

17 Brocher, J. E. W.: Die Wirbelsäulenleiden und ihre Differentialdiagnose, 5. Aufl. Thieme, Stuttgart 1970

18 Brocher, J. E. W.: Konstitutionell bedingte Veränderungen des Wirbelbogens. Fortschr. Röntgenstr. 92 (1960) 363–380

19 Brocher, J. E. W.: A. Masset: Die Aplasie des vorderen Atlasbogens. Fortschr. Röntgenstr. 102 (1965) 465–467

20 Budin, E., F. Sondheimer: Lateral spread of the atlas without fracture. Radiology 87 (1966) 1095–1098

21 Bystrow, A. P. Morphologische Untersuchungen über die Okzipitalregion und die ersten Halswirbel der Säugetiere. II. Mitteilung: Die Assimilation des Atlas und deren phylogenetische Bedeutung. Z. Anat. Entw. Gesch. 102 (1933) 307–334

22 Calderone, A., A. Naimark, A. L. Schiffer: Juxtacortical chondroma of C2. Case report 196. Skeletal Radiol. 8 (1982) 160–163

23 Chevrot, A., G. G. Correas, G. Pallardy: Atteinte cervicale de la polyarthrite rhumatoide. Étude de 577 dossiers. J. Radiol. Électrol. 59 (1978) 545–550

24 Clark, Ch. R., A. A. White: Fractures of the dens. J. Bone Jt Surg. 67-A (1985) 1340–1348

25 Cramer, A.: Funktionelle Merkmale von Störungen der Wirbelsäulenstatik. In: Die Wirbelsäule in Forschung und Praxis, Bd. 5. Hippokrates, Stuttgart 1958 (S. 20)

26 Dickson, H., S. Engel, P. Blüm, F. Jones: Odontoid fractures, systemic disease and conservative care. Aust. N.Z.J. Surg. 54 (1984) 243–247

27 Desgrez, H., R. Gentaz, J. P. Chevrel: Anomalies congénitales des arcs de l'atlas. J. Radiol. Électrol. 46 (1965) 819–826

28 Dihlmann, W.: Gelenke – Wirbelverbindungen, 2. Aufl. Thieme, Stuttgart 1982 (S. 25)

29 Dirheimer, Y.: The Cranio-vertebral Region in Chronic Inflammatory Rheumatic Diseases. Springer, Berlin 1977

30 Dirheimer, Y., C. Bonsimon, D. Christman, C. Wackenheim: Syndesmo-odontoid joint and calciumpyrophosphate dihydrate deposition disease (CPPD). Neuroradiol. 25 (1983) 319–321

31 Dowd, Ch. F., D. J. Sartoris, P. Haghighi, D. Resnick: Tuberculous spondylitis resulting in atlantoaxial dislocation. Case report 344. Skeletal Radiol. 15 (1986) 65–68

32 Ehni, G., G. Benner: Occipital neuralgia and the C1–C2 arthrosis syndrome. J. Neurosurg. 61 (1984) 961–965

33 El-Khoury, G. Y., C. R. Clark, R. R. Wroble: Fixed atlantoaxial rotary deformity with bilateral facet dislocation. Skeletal Radiol. 13 (1985) 217–220

34 Endler, F., K. Fochem, U. H. Weil: Orthopädische Röntgendiagnostik. Thieme, Stuttgart 1984 (S. 4.6–4.12)

35 England III, A. C., A. H. Shippel, Marilyn J. Ray: A simple view for demonstration of fractures of the anterior arch of C1. Amer. J. Roentgenol. 144 (1985) 763–764

36 Feneis, H.: Anatomisches Bildwörterbuch. 5. Aufl. Thieme, Stuttgart 1982 ([1]Abb. 57C; [2]Abb. 59B)

37 Fielding, J. W.: Atlantoaxial rotary deformities: Symposium on the upper cervical spine. Orthop. clin. North Amer. 9 (1978) 955–967

38 Filipe, G., O. Berges, J. P. Lebard, H. Carlioz: Instabilités posttraumatiques entre l'atlas et l'axis chez l'enfant. Rev. Orthopéd. 68 (1982) 461–469

39 Finnegan, Maureen A., H. Mc Donald: Hangman's fracture in an infant. Canad. med. Ass. J. 127 (1982) 1001–1002

40 Fischer, E.: Doppelter vorderer Atlasbogen. Fortschr. Röntgenstr. 118 (1973) 228–229

41 Fischer, E., H. Schmidt: Die degenerativen Veränderungen des vorderen atlantodentalen Gelenks. Fortschr. Röntgenstr. 111 (1969) 552–558

42 Fournier, A. M., J. Rathelot: L'arthrose atlantoodontoidienne: sa fréquence comme cause d'algie nucales. J. Radiol. Èlectrol. 40 (1959) 812–813

43 Fried, J. A.: The cervical spine in juvenile rheumatoid arthritis. Clin. Orthopaed. 170 (1983) 102–106

44 Galindo, M. J., W. R. Francis: Atlantal fracture in a child through congenital anterior and posterior arch defects. Clin. Orthop. 178 (1983) 220–222

45 Gamble, J. G., L. A. Rinsky: Combined occipitoatlantoaxial hypermobility with anterior and posterior arch defects of the atlas. In Pierre-Robin syndrome. J. Pediat. Orthop. 5 (1985) 475–478

46 Geens, J. G., K. H. Schuur: A rare developmental variant of the atlas. Europ. J. Radiol. 5 (1985) 12–13

47 Geipel, P.: Zur Kenntnis der Spaltbildung des Atlas. Fortschr. Röntgenstr. 42 (1930) 583–589

48 Geipel, P.: Zur Kenntnis der Spaltbildung des Atlas und Epistropheus, Teil II. Fortschr. Röntgenstr. 46 (1932) 373–402

49 Geipel, P.: Zur Kenntnis der Spaltbildung des Atlas und Epistropheus, Teil III. Fortschr. Röntgenstr. 52 (1935) 533–570

50 Geipel, P.: Zur Kenntnis der Spaltbildung des Atlas und Epistropheus, Teil IV. Zbl. Path. 94 (1955) 19–84

51 Gentaz, R., J. Grellet: Les aplasies de l'arc antérieur de l'atlas. A propos d'un cas d'aplasie partielle. Ann. Radiol. (Paris) 12 (1969) 681–687

52 Gerlock, A. J. jr., M. Mirfakhraee: Computed tomography and hangman's fractures. South Med. J. 76 (1983) 727–728

53 Gerlock, A. J., M. Mirfakhraee, E. C. Benzel: Computed tomography of traumatic atlantooccipital dislocation. Neurosurgery 13 (1983) 316–219

54 Gockel, H. P.: Über eine Form von Atlasfehlbildung. Fortschr. Röntgenstr. 88 (1958) 485

55 Grobovschek, M., W. Scheibelbrandner: Atlantooccipital dislocation. Neuroradiology 25 (1983) 173–174

56 Grobovschek, M., J. Strohecker: Congenital atlantoaxial subluxation in Down's syndrome. Neuroradiology 27 (1985) 186–191

57 Haaland, K., H. A. Aadland, T. K. Haavik, F. M. Vallersness: Atlantoaxial subluxation in rheumatoid arthritis. Scand. J. Rheumatol. 13 (1984) 319–323

58 Hadley, L. A.: Atlantooccipital fusion, ossiculum terminale, occipital vertebra as related to basilar impression with neurological symptoms. Amer. J. Roentgenol. 59 (1948) 511–524

59 Hadley, M. N., Carol Browner, V. K. H. Sonntag: Axis fractures: a comprehensive review of management and treatment in 107 cases. Neurosurgery 17 (1985) 281–290

60 Haller, S., K. Kopp: Problematik der Röntgendarstellung unverschobener Brüche der Bogenwurzel des 2. Halswirbelkörpers. Fortschr. Röntgenstr. 138 (1983) 371–372

61 Han, J. S., Jane E. Benson, Y. S. Yoon: Magnetic resonance imaging in the spinal column and craniovertebral junction. Radiol. Clin. North Amer. 22 (1984) 805–827

62 Häusser, D.: Dorsale Atlasbogenaplasie als röntgenologischer Zufallsbefund nach Suizidversuch durch Erhängen. Dtsch. Ges.-Wes. 37 (1982) 1011–1013

63 v. Hayek, H.: Über den Processus paramastoideus beim Menschen und bei Säugetieren und den Ponticulus lateralis atlantis. Anat. Anz. 61 (1926) 176–188

64 Henneberg, R.: Rückenmarksbefunde bei Spina bifida (Diastematomyelie, kongenitale Syringomyelie). Mschr. Psychiat. Neurol. 47 (1920) 1–33

65 Holsten, D. R.: Eine besondere Form von Defektbildung im hinteren Atlasbogen. Fortschr. Röntgenstr. 108 (1968) 541–543

66 Huggare, J., Seija Kylämarkula: Morphology of the first cervical vertebra in children with enlarged adenoids. Europ. J. Orthodont. 7 (1985) 93–96

67 Hvidarsson, St., G. Magram, H. Singer: Symptomatic atlantoaxial dislocation in Down syndrome. Pediatrics 69 (1982) 568–571

68 Ingelmark, B. E.: Über das kraniovertebrale Grenzgebiet beim Menschen. Acta anat., Suppl. 6 (1947)

69 Jackson, H.: Atlantoaxial subluxation. Letter to the editor. Radiology 148 (1983) 864

70 Jirout, J.: Studien der Dynamik der Halswirbelsäule an der frontalen und horizontalen Ebene. Fortschr. Röntgenstr. 106 (1967) 236–240

71 Jirout, J.: Die Rolle des Axis bei Seitenneigung der Halswirbelsäule und die „latente Skoliose". Fortschr. Röntgenstr. 109 (1968) 74–81

72 Jirout, J.: Die Kippung der Halswirbel in der sagittalen Ebene bei Seitneigung der Halswirbelsäule. Fortschr. Röntgenstr. 112 (1970) 793–797

73 Jones, R. N.: Rotary dislocation of both atlantoaxial joints. J. Bone Jt Surg. 66-B (1984) 6–7

74 Juhl, M., Karin Kjaergard Seerup: Os odontoideum. Acta orthop. scand. 54 (1983) 113–118

75 Junge, H., W. Pfeifer: Traumatische Wirbelveränderungen. In Diethelm, L., F. Heuck, O. Olsson, K. Ranniger, F. Strnad, H. Vieten, A. Zuppinger: Handbuch der Medizinischen Radiologie, red. v. L. Diethelm: Röntgendiagnostik der Wirbelsäule, Bd. VI/1. Springer, Berlin 1974 (S. 694–703)

76 Kaiser, M. C., J. A. Veiga-Pires, P. Capesius: Atlantoaxial impaction and compression of the medulla oblongata and proximal spinal cord in rheumatoid arthritis evaluated by CT scanning. Brit. J. Radiol. 56 (1983) 764–766

77 Kamieth, H.: Ventrales Okzipitalwirbelrudiment, verbunden mit einer Assimilation eines Ossiculum terminale mit dem vorderen Atlasbogen. Fortschr. Röntgenstr. 119 (1973) 632–633

78 Kaufman, R. A., J. S. Dunbar, J. A. Botsford, R. L. McLaurin: Traumatic longitudinal atlantooccipital distraction injuries in children. Amer. J. Neuroradiol. 3 (1982) 415–419

79 Keller, H. L.: Formvarianten und Fehlbildungen des Atlas und seiner Umgebung. Fortschr. Röntgenstr. 95 (1961) 361–370

80 Kirschbichler, Th.: Die paarig angelegten Processus odontoidei epistrophei – Eine seltene Fehlbildung im kraniozervikalen Übergangsbereich. Fortschr. Röntgenstr. 117 (1972) 654–658

81 Kish, K. K., H. I. Wilner: Spondylitis of C2: CT and plain film findings. J. Comp. Assist. Tomogr. 7 (1983) 517–518

82 Kittel, J., K. Neumeister: Partielle atlantoaxiale Fusion als Bestandteil einer komplexen kraniozervikalen Skelettanomalie. Dtsch. Gesundh.-Wes. 38 (1983) 869–871

83 Klaus, E.: Die basiläre Impression. Hirzel, Leipzig 1969

84 Klaus, E., B. Doubrava: Foramen arcuale und Gefäßsyndrome der hinteren Schädelgrube. Psychiat. Neurol. med. Psychol. 8 (1960) 284–289

85 Kollmann, J.: Varianten am Os occipitale, besonders in der Umgebung des Foramen occipitale magnum. Anat. Anz. 27 (1905) 231; 30 (1907) 545–563

86 Kratzer, M., P. M. Karpf, M. Reiser: Zur Differentialdiagnose des kindlichen Schiefhalses: Die fixierte atlantoaxiale Rotationsluxation. Fortschr. Med. 101 (1985) 160–164

87 Kremser, K.: Bildungsanomalie der Halswirbelsäule. Fortschr. Röntgenstr. 78 (1953) 216–218

88 Lee, Ch., L. F. Rogers, J. H. Woodring, St. J. Goldstein, K. S. Kim: Fractures of the craniovertebral junction associated with other fractures of the spine. Amer. J. Neuroradiol. 5 (1984) 755–781

89 Lemaire, J. P., J. F. Couaillier, P. Grammont, P. Machet: Atlas bipartites. Rev. Chir. Orthopéd. 68 (1982) 471–474

90 Levine, A. M.: Avulsion of the transverse ligament associated with a fracture of the atlas. Orthoped. 6 (1983) 1467–1471

91 Lewit, K., L. Krausová: Messungen von Vor- und Rückbeuge in den Kopfgelenken. Fortschr. Röntgenstr. 99 (1963) 538–543

92 Lewit, K., L. Krausová: Mechanismus und Bewegungsausmaß der Seitneigung in den Kopfgelenken. Fortschr. Röntgenstr. 101 (1964) 194–201

93 Lindgren, E.: Roentgenologie. In: Handbuch der Neurochirurgie. Springer, Berlin 1954

94 Lombardi, G.: The occipital vertebra. Amer. J. Roentgenol. 86 (1961) 260–269

95 Ludwig, K. S.: Die Frühentwicklung des Atlas und der Occipitalwirbel beim Menschen. Acta anat. 30 (1957) 444–461

96 Maki, N. J.: Transverse fracture through the body of the axis. Spine 10 (1985) 857–859

97 Marton, D., B. Poitras, M. Duhaime: Fracture de l'apophyse odontoïde de l'enfant. La Vie méd. au Canada franç. 11 (1982) 472–474

98 McRae, D. L.: Bony abnormalities in the region of the foramen magnum; correlation of the anatomic and neurologic findings. Acta radiol. (Stockh.) 40 (1953) 335–355

99 McRae, D. L.: The significance of abnormalities of the cervical spine. Amer. J. Roentgenol. 84 (1960) 3–25

100 McRae, D. L., A. S. Barnum: Occipitalisation of the atlas. Amer. J. Roentgenol. 70 (1953) 23–46

101 Mc Manners, T.: Odontoid hypoplasia. Brit. J. Radiol. 56 (1983) 907–910

102 Meghrouni, V., G. Jacobson: The pseudonotch of the atlas. Radiology 72 (1959) 260–262

103 Menezes, A. H., J. C. VanGilder, Ch. R. Clark: Odontoid upward migration in rheumatoid arthritis. J. Neurosurg. 63 (1985) 500–509

104 Michaels, L., M. J. Prevost, D. F. Crange: Pathologic changes in a case of os odontoideum (separate odontoid process). J. Bone Jt Surg. 51-A (1969) 965–972

105 Michle, W., M. Schattenkirchner, K. Lattermann: Veränderungen der Halswirbelsäule bei chronischer Polyarthritis. Fortschr. Röntgenstr. 142 (1985) 173–178

106 Mollan, R. A. B., P. C. H. Wyatt: Hangman's fracture. Injury 14 (1984) 265–267

107 Morvan, G., N. Martini, C. Massare, H. Nahum: La tuberculose du rachis cervical. SO.F.C.O.T. Réunion ann., nov. 1983, Suppl. II. Rev. Chir. Orthop. (1984) 76–80

108 de Mourgues, G., L. P. Fischer: Fractures de l'apophyse odontoide (Dens) de l'axis. Rev. Chir. Orthop. 67 (1981) 783–790

109 Oberthaler, W., E. Schwarz: Delayed diagnosis of a spontaneous atlantoaxial rotary dislocation. Arch. Orthop. Trauma Surg. 103 (1984) 212–214

110 Ogden, J. A.: Radiology of postnatal skeletal development. XI. The first cervical vertebra. Skeletal Radiol. 12 (1984) 12–20

111 Ogden, J. A.: XII. The second cervical vertebra. Skeletal Radiol. 12 (1984) 169–177

112 Olbrantz, K., St. P. Bohrer: Fusion of the anterior arch of the atlas and dens. Skeletal Radiol. 12 (1984) 21–22

113 Ono, K., K. Yonenobu, F. Takeshi, K. Okada: Atlantoaxial rotatory fixation. Spine 10 (1985) 602–608

114 Park, W. M., M. O'Neill, I. W. McCall: The radiology of rheumatoid involvement of the cervical spine. Skeletal Radiol. 4 (1979) 1–7

115 Paul, L. W. S., W. E. Moir: Non pathologic variation in relationship to the upper cervical vertebrae. Amer. J. Roentgenol. 62 (1949) 519–524

116 Penning, L.: Functional Pathology of the Cervical Spine. Radiographic studies of function and dysfunction in congenital disorders, cervical spondylosis and injuries. Excerpta Medica, Amsterdam 1968

117 Pepin, J. W., R. B. Bourne, R. J. Hawkins: Odontoid fractures, with special reference to the elderly patient. Clin. Orthop. Relat. Res. 193 (1985) 178–183

118 Pickhan, A.: Auffallende Entwicklung der Querfortsätze des 2. Halswirbels. Fortschr. Röntgenstr. 79 (1953) 777

119 Pöschl, M.: Hemmungsmißbildung am Bogenteil der oberen Halswirbel. Fortschr. Röntgenstr. 67 (1943) 138–143

120 Post, M., Judith Donovan: The use of computed tomography in spinal trauma. Radiol. Clin. North Amer. 21 (1983) 327–375

121 Pouliqueu, J. C., G. F. Pennecot, J. Beneux, F. Chadoutaud, P. Lacert, G. Duval-Beaupere: Charnière craniorachidienne et maladie de Morquio. Chir. Pédiat. 23 (1982) 247–255

122 Pueschel, S. M., J. B. Herndon, M. M. Gelch, Karen E. Seft, F. H. Scola, M. J. Goldberg: Symptomatic atlantoaxial subluxation in persons with Down syndrome. J. Pediat. Orthop. 4 (1984) 682–688

123 Pueschel, S. M.: Atlantoaxial subluxation in Down syndrome. Lancet 1983/I, 980

124 Redlund-Johnell, Inga: Posterior atlantoaxial dislocation in rheumatoid arthritis. Scand. J. Rheumatol. 13 (1984) 337–341

125 Redlund-Johnell, Inga: Atlantooccipital dislocation in rheumatoid arthiritis. Acta radiol. diagn. 25 (1984) 165–167

126 Redlund-Johnell, Inga: Vertical dislocation of the C1 and C2 vertebra in rheumatoid arthritis. Acta radiol. diagn. 25 (1984) 133–141

127 Reinhardt, K.: Krankhafte Haltungsänderungen. Skoliosen und Kyphosen. In Diethelm, L., F. Heuck, O. Olsson, K. Ranniger, F. Strnad, H. Vieten, A. Zuppinger: Handbuch der Medizinischen Radiologie, red. von L. Diethelm: Röntgendiagnostik der Wirbelsäule Bd. VI/2. Springer, Berlin 1976 ([1]S. 576; [2]S. 588–592)

128 Richards, P. G.: Stable fractures of the atlas and axis in children. J. Neurol. Neurosurg. Psychiat. 47 (1984) 781–783

129 Rogers, L. F.: Radiology of Skeletal Trauma. Churchill Livingstone, New York 1982 (p. 282–294)

130 Rose, G.: Entwicklungsstörungen am Knochen und am Zentralnervensystem in der Gegend des Atlanto-Occipital-Gelenkes. Virch. Arch. path. Anat. 241 (1923) 428–458

131 Roush, R. D., G. G. Salciccioli: Fracture of the anterior tubercle of the atlas. J. Bone Jt Surg. 64-A (1982) 626–627

132 Ryan, M. D., T. K. F. Taylor: Odontoid fractures. J. Bone Jt Surg. 64-B (1982) 416–421

133 Sallière, D., D. Clere, M. Bisson, P. Massias: Atteinte du rachis cervical au cours des arthrities juvéniles. Ann. Pédiat. 30 (1983) 573–577

134 Sandelin, J., S. Santavirta, F. Laasonen, P. Slätis: Spontaneous fracture of atlas of cervical spine affected by rheumatoid arthritis. Scand. J. Rheumatol. 14 (1985) 167–170

135 Saternus, K.-S., E. Paul: Hangman's fracture bei ventralflexierter Traktion. Z. Rechtsmed. 93 (1984) 301–310

136 Savader, S. J., C. Martinez, F. R. Murtogh: Odontoid fracture in a 9-month-old infant. Surg. Neurol. 24 (1985) 529–532

137 Schilling, F.: Spondylitis Ankylopoetica. In Diethelm, L., F. Heuck, O. Olsson, K. Ranniger, F. Strnad, H. Vieten, A. Zuppinger: Handbuch der Medizinischen Radiologie. red. v. L. Diethelm: Röntgendiagnostik der Wirbelsäule Bd. VI 2. Springer, Berlin 1974 (S. 568)

138 Schinz, H. R.: Variationen der Halswirbelsäule und der angrenzenden Gebiete. Fortschr. Röntgenstr. 31 (1923) 583–594

139 Schmidt, H.: Über die Beweglichkeit in den Kopfgelenken bei basilarer Impression. Bericht über die 44. Tagung der Deutschen Röntgengesellschaft vom 24.–28. 4. 1963. Thieme, Stuttgart 1964 (S. 62–64)

140 Schmidt, H.: Über den Processus infratransversarius. Fortschr. Röntgenstr. 109 (1968) 110–111

141 Schmidt, H.: Über die Besonderheiten des craniocervicalen Überganges und seiner knöchernen Dysplasien. Radiologe 18 (1978) 49–51
142 Schmidt, H., E. Fischer: Die okzipitale Dysplasie. Thieme, Stuttgart 1960
143 Schmidt, H., E. Fischer: Atlasassimilation und occipitale Varianten als Folge von Segmentierungsstörungen. Z. menschl. Vererb- u. Konstit.-Lehre 35 (1960) 455–468
144 Schmidt, H., E. Fischer: Zur röntgenologischen Differentialdiagnose von knöchernen Fehlbildungen am Schädel-Hals-Übergang. Radiol. clin. (Basel) 33 (1964) 223–239
145 Schmidt, H., K. Sartor, R. W. Heckl: Bone malformations of the craniocervical region. In Vincken, P. J., P. G. W. Bruyn: Handbook of Clinical Neurology, vol. 32. Myrianthopoulos, N. C., H. L. Klawans: Congenital Malformations of the Spine and Spinal Cord. North-Holland Publishers, Amsterdam 1978
146 Schwägerle, W., M. Sunder-Plassmann, H. Pröll, O. Scherak: Halswirbelsäule bei Morbus Bechterew und Polyarthritis. Z. Orthop. 119 (1981) 637–638
147 Seegelken, K.: Dysplasie des hinteren Atlasbogens. Röntgen-Bl. 24 (1971) 471–474
148 Seibert, F. M.: Irrtümer bei angeborenen und unfallbedingten Wirbelsäulenveränderungen. Fortschr. Röntgenstr. 73 (1950) 464–470
149 Sèze, de, S., A. Djian: L'anneau atloidien de la vertébrale. La déhiscence transversaire de l'axis. Rev. Rhum. 20 (1953) 160–166
150 Sick, H.: L'adaptation des tendons à la reflexion. Arch. Anat. Histol. Embryol. 47 (1964) 370–446
151 Spierings, E. L. H., R. Braakman: The management of os odontoideum. J. Bone Jt Surg. 64-B (1982) 422–425
152 Stolze, Th.: Spalten des vorderen und hinteren Atlasbogens, seltene, für den Atlas typische Fehlbildungen. Radiologe 9 (1969) 304–306
153 Suss, R. A., K. J. Bundy: Unilateral posterior arch fractures of the atlas. Amer. J. Neuroradiol. 5 (1984) 783–786
154 Swartz, J. D., S. Pulco: Fractures of the C1-vertebra: report of two cases documented with computed tomography. J. Comp. Tomogr. 7 (1983) 311–314
155 Swischuk, L. E.: Emergency Radiology of the Acutely Ill or Injured Child. Williams & Wilkins, Baltimore 1979 (p. 438–447)
156 Tänzer, A.: Durch Spalt im vorderen Bogen des Atlas vorgetäuschte Fraktur des Dens epistrophei. Fortschr. Röntgenstr. 86 (1957) 138–139
157 Teichert, G.: Kasuistischer Beitrag zu den isoliert im vorderen Atlasbogen auftretenden Spalten. Zbl. Chir. 81 (1956) 316–318
158 Teichert, G.: Einige Beobachtungen nicht spondylotischer Wirbelkantenveränderungen an der oberen Halswirbelsäule. Arch. Orthop. Unfallchir. 48 (1956) 293–296
159 Teinturier, P., J. P. Levai, J. Ph. Collin, S. Terver: La luxation atloïdo-axoïdienne au cours du rhumatism inflammatoire chronique. Rev. Chir. Orthop. 68 (1982) 529–538
160 Thabe, H.: Elektromyographische Befunde bei atlantodentaler Dislokation bei chronischer Polyarthritis. Z. Orthop. 119 (1981) 638–641
161 Thomas, S. L., M. H. Childress, B. Quinton: Hypoplasia of the odontoid with atlantoaxial subluxation in Hurler's syndrome. Pediat. Radiol. 15 (1985) 353–354
162 Thomé, U., P. Thümler, V. Goymann: Nichterkannte Denspseudarthrosen. Z. Orthop. 119 (1981) 673–674
163 Thompson, G. H., M. J. Likavee, I. Archibald, T. Rush: Atlantoaxial rotary subluxation, congenital absence of the posterior arch of the atlas, and cerebral palsy: an unusual triad. J. Pediat. Orthop. 5 (1985) 232–235
164 Töndúry, G.: Embryonale und postnatale Entwicklung der Wirbelsäule. In Diethelm, L., F. Heuck, O. Olsson, K. Ranniger, F. Strnad, H. Vieten, A. Zuppinger: Handbuch der Medizinischen Radiologie, red. v. L. Diethelm: Röntgendiagnostik der Wirbelsäule, VI/1. Springer, Berlin 1974 (S. 57–64)
165 Törö, J., L. Szepe: Untersuchungen über die Frage der Atlasassimilation und Manifestation des Atlas. Z. Anat. Entw. Gesch. 111 (1942) 186–200
166 Tompsett, A. C., S. W. Donaldson: The anterior tubercle of the first cervical vertebra and the hyoid bone: their occurrence in newborn infants. Amer. J. Roentgenol. 65 (1951) 582–584
167 Torklus, D., v., W. Gehle: Die obere Halswirbelsäule, 2. Aufl. Thieme, Stuttgart 1975
168 Tramontano-Guerritore, G.: Die Atlanto-Okzipital-Union. Anat. Anz. 64 (1927/28) 173–184
169 Uhde, C. F. W.: Schiefstellung des Kopfes, bedingt durch einen Processus paracondyloideus. Arch. klin. Chir. 8 (1867) 24–37
170 Viehweger, G.: Die Darstellung des medialen Randes der kranialen Gelenkfläche des Atlas auf den Übersichtsaufnahmen der HWS im v.d. Strahlengang. Fortschr. Röntgenstr. 84 (1956) 492–493
171 Wackenheim, A.: Fehlbildungen am Schädel-Hals-Übergang. In Diethelm, L., F. Heuck, O. Olsson, K. Ranniger, F. Strnad, H. Vieten, A. Zuppinger: Handbuch der Medizinischen Radiologie, red. v. L. Diethelm: Röntgendiagnostik der Wirbelsäule, Bd VI/1. Springer, Berlin 1974 ([1]S. 399–403; [2]Abb. 40; [3]S. 423; [4]S. 420–422; [5]S. 419; [6]Abb. 38d)
172 Wackenheim, A.: Malformations du crâne, du cerveau et de la région cervico-occipitale: Radio II 31, 640 A 10-1, A 10 et 31, 640 A 20 – 1à 12. Paris. Encyclopédie médico-chirurgicale. Masson, Paris 1964
173 Wackenheim, A.: Les développements compensateurs au niveau des arcs de l'atlas. Ann. Radiol. (Paris) 12 (1969) 689–693
174 Wackenheim, A.: Roentgen diagnosis of the craniovertebral region. Springer, Berlin 1974
175 Wackenheim, A., F. Lopez: Étude radiographique des mouvements de C1 et de C2 lors de la flexion et de l'extension de la tête. J. belge Radiol. 52 (1969) 117–120
176 Wackenheim, A., E. Babin, M. S. D. Thiébaut, F. Lopez: Une nouvelle épreuve fonctionelle pour l'exploration de la dynamique cervico-occipitale. Concours méd. 91 (1969) 7130
177 Wang, Ay-Ming, G. Fischer, St. K. Ofori-Kwakye, C. L. Rumbough, M. L. Lewis: Posterior fossa ependymal cyst and atlantoaxial subluxation in a patient with Down syndrome: CT findings. J. Comp. Assist. Tomogr. 8 (1984) 783–787
178 Watridge, C. B., W. W. Orrison, H. Arnold, G. A. Woods: Lateral atlantooccipital dislocation. Case report. Neurosurgery 17 (1985) 345–347
179 Weaver, P., R. M. Lifeso: The radiological diagnosis of tuberculosis of the adult spine. Skeletal Radiol. 12 (1984) 178–186
180 Weigel, W., E. Imschweiler, H. Krtsch: Os odontoideum. A radiological indicator for a disease with many facettes. Ann. Radiol. 26 (1983) 224–230
181 Weissman, Barbara A.: Atlantoaxial subluxation (Comment to Jackson's letter to the editor). Radiology 148 (1983) 866
182 Yanai, Y., R. Tsuji, S. Ohmori, S. Kuberta, Ch. Nagashima: Foramen magnum syndrome caused by a dolichoodontoid process. Surg. Neurol. 24 (1985) 95–100
183 Zaunbauer, W.: Röntgenanatomie der Wirbelsäule. In Diethelm, L., F. Heuck, O. Olsson, K. Ranniger, F. Strnad, H. Vieten, A. Zuppinger: Handbuch der Medizinischen Radiologie, red. v. L. Diethelm: Röntgendiagnostik der Wirbelsäule, Bd. VI/1. Springer, Berlin 1974 (S. 65–106)

Mittlere Halswirbelsäule

Norm

Die regionale Unterteilung der Halswirbelsäule in einen oberen, mittleren und unteren Abschnitt erfolgt aus formellen Gründen. Im Gegensatz zu den oberen und unteren Halswirbeln besitzen die mittleren C3, C4 und C5 eine so weitgehende Konformität, daß selbst ein erfahrener Diagnostiker diese Wirbel kaum einzeln zahlenmäßig definieren könnte (153).

Im Wachstum

Die embryonale Entwicklung des 3. bis 7. Halswirbels durchläuft, wie die gesamte Wirbelsäulenentwicklung, zwischen dem 15. und 21. Tag ein *chordales Stadium*, in dem der Chorda eine Stützfunktion zukommt (148).

Das ursprüngliche Segment wird von den vorn und hinten ein- und austretenden Gefäßen begrenzt. In seiner Mitte liegt der Intervertebralraum. Das Stadium der okzipital beginnenden *mesenchymalen Segmentation* mit Fusion und Trennung (58) führt zu einer Verschiebung der Segmentgrenzen um eine halbe Wirbeleinheit: Der vorher zentral liegende Zwischenwirbelraum wird in der 6. Embryonalwoche Grenze der beginnenden *chondrifizierten Wirbelanlage*, deren Gefäßein- und -austrittsstellen also in die Segmentmitte gelangen.

Jedes Segment besteht aus einem vorderen Teil für die Wirbelkörper, während ein hinterer Teil die Neuralsubstanz umgibt und die Neuralbögen bildet.

Segmentationsstörungen setzen spätestens zu diesem Zeitpunkt ein (37).

Die *Ossifikation* beginnt zwischen dem 2. und 4. Embryonalmonat (Abb. 5.**96**). Der 3. bis 7. Halswirbel besitzt jeweils gewöhnlich drei Ossifikationszentren, eins für den Wirbelkörper und je eins für beide Hälften der Neuralbögen; der 7. Halswirbel (s. unten) weist allerdings gewöhnlich eigene Zentren für Kostalfortsätze auf (141).

Beim Neugeborenen finden sich – wie in der übrigen Wirbelsäule – radiologisch im a.-p. Strahlengang in einem Wirbel jeweils drei Kerne (Abb. 5.**97**). Im Verlauf des 1. Lebensjahres synostosieren die leicht kurvenförmig aufwärts verlaufenden **Bogenkerne**. Bis zu diesem Zeitpunkt hat man beim Säugling den Eindruck einer generalisierten Spina bifida (Abb. 5.**98a** u. **b**). Ein Spalt zwischen den lateralen Bogenkernen und dem Kern des Wirbelkörpers (Abb. 5.**99**), der Zwischenknorpel (131), verknöchert im 3. bis 6., nach anderer Ansicht – wenigstens an der Halswirbelsäule (148) – zwischen dem 10. bis 12. Lebensjahr. Der laterale Teil des Wirbelbogens mit Einschluß der Interartikularportion wird früher ossifiziert als dies bei den Wirbelbogenfortsätzen geschieht (148).

Die Entwicklung des Kernes im Wirbelkörper wird in den Abschnitten über die Brust- und Lendenwirbelsäule beschrieben (s. S. 506); lediglich die

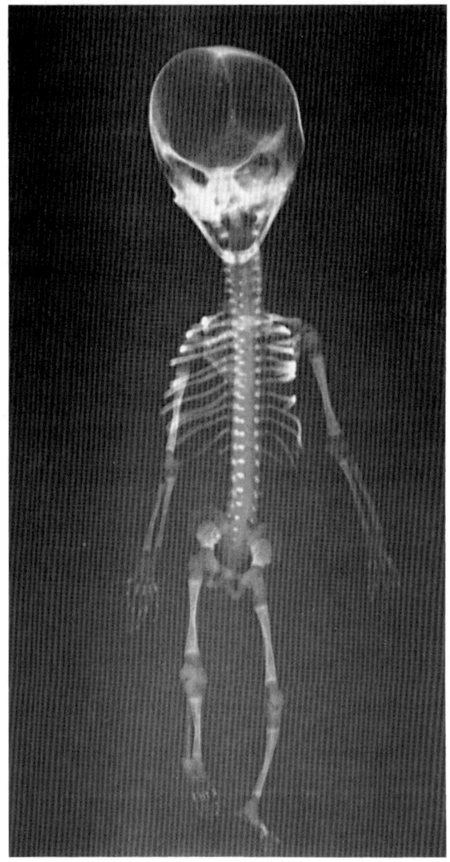

Abb. 5.**96** Embryo Mens IV mit typischer Anordnung der jeweils drei Knochenzentren in jedem Wirbel (Röntgenbild eines Embryos aus der Sammlung des Anatomischen Instituts der Universität Tübingen)

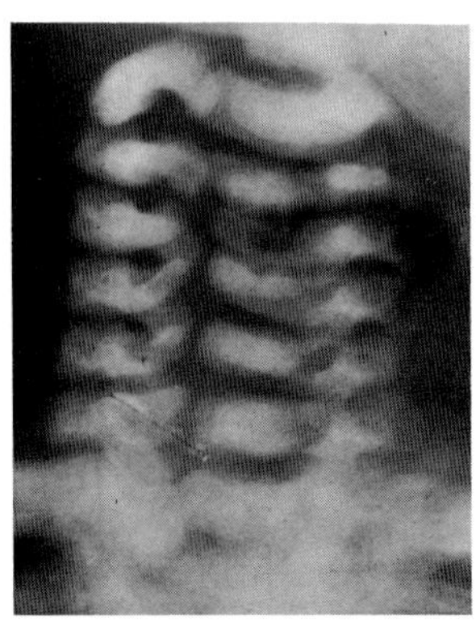

Abb. 5.**97** Halswirbelsäule bei Neugeborenem

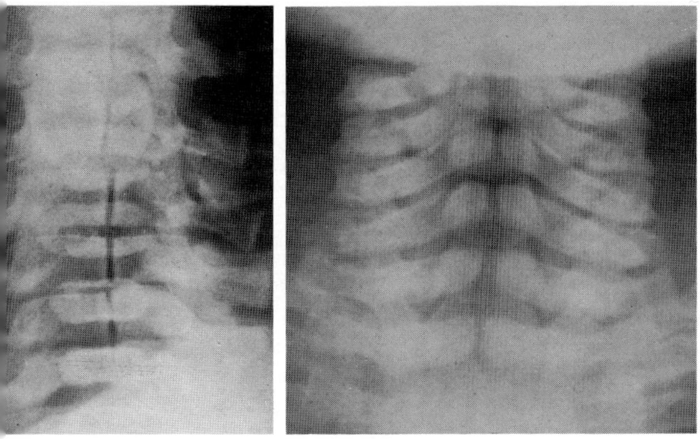

b

Abb. 5.**98 a** u. **b** Zervikothorakaler Übergang a.-p.
a Bei Neugeborenem
b Bei 6 Monate altem Kind

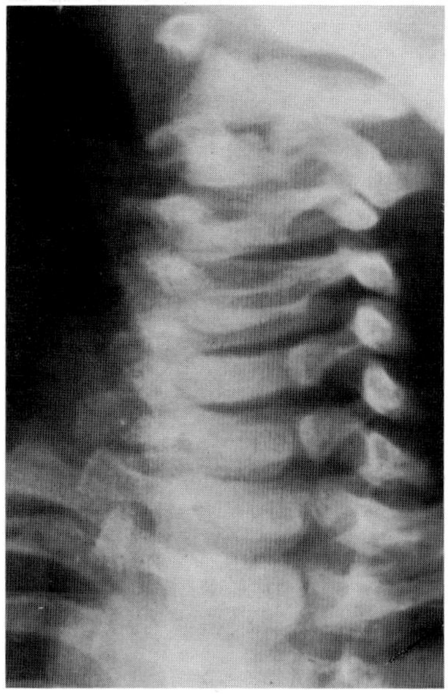

Abb. 5.**99** 6 Monate altes Kind. Schräger Strahlengang mit Darstellung des Zwischenknorpels

für die Halswirbelsäule charakteristische Form der **Randleistenverknöcherung** wird abgebildet (Abb. 5.**100**). Diese Kerne erscheinen hier wie eine flache Scheibe im vorderen und punktförmig im hinteren Abschnitt der Terminalflächen der Wirbel. (Der Verzicht auf die einfacheren Bezeichnungen „Grund- und Deckplatte" für die Terminalflächen wird im Absatz über die Brustwirbelsäule begründet.) Die später zu erwähnenden stufenförmigen scheinbaren Wirbeldefekte, in denen sie liegen können, sind an der Halswirbelsäule am wenigsten deutlich ausgeprägt.

Normalwerte für den Sagittaldurchmesser des Zervikalkanals bei Kindern s. bei Yousefzadeh u. Mitarb. (164).

Beim Erwachsenen

Radiologisch stellt sich die Halswirbelsäule im *a.-p. Strahlengang* meist gerade dar. Ohne Überlagerungen sind nur der 3. bis 7. Halswirbel abgebildet. Die Dornfortsätze sind mit Ausnahme des 1. und 7. in zwei meist verschieden große Höcker geteilt, sehen im Gebiet der mittleren Halswirbelsäule giebelförmig aus und vergrößern sich in der unteren Halswirbelsäule, hier mehr einer Schwalbenschwanzform ähnelnd. Sie sollen in einer vertikalen Reihe verlaufen, die mit der Mittellinie der Halswirbelsäule übereinstimmt. Die normale Lordose der Halswirbelsäule bedingt, daß sich jeder einzelne Wirbel mit Körper und Bogenteil unterschiedlich darstellt. Der Seitenrand wird durch die sich aufeinander projizierenden oberen und unteren Gelenkfortsätze gebildet

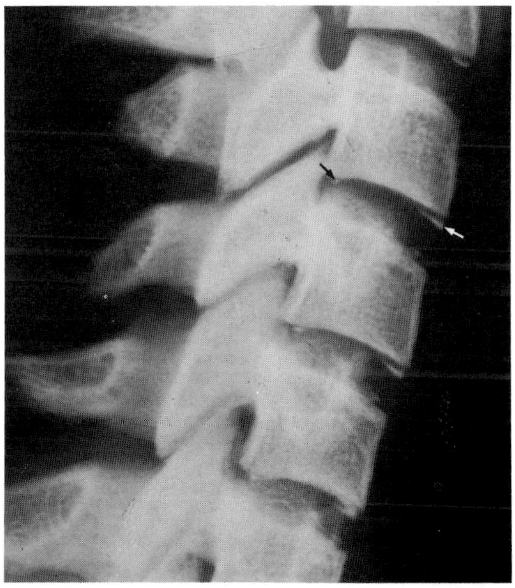

Abb. 5.**100** Randleistenverknöcherung vorn (weißer →) und hinten (schwarzer →) an der Halswirbelsäule

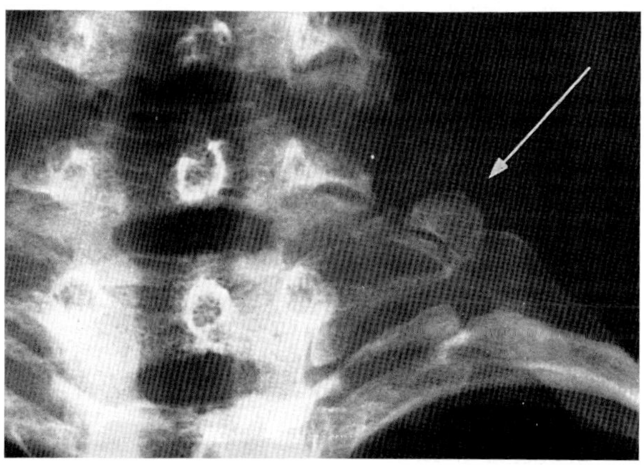

Abb. 5.**101** Halswirbelsäule im a.-p. Strahlengang. Halsrippe links ▷

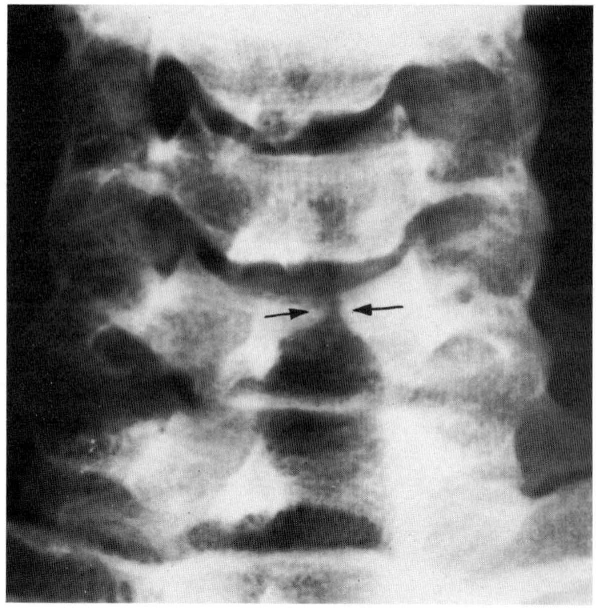

Abb. 5.**102** Stimmritze, kein Bogenspalt

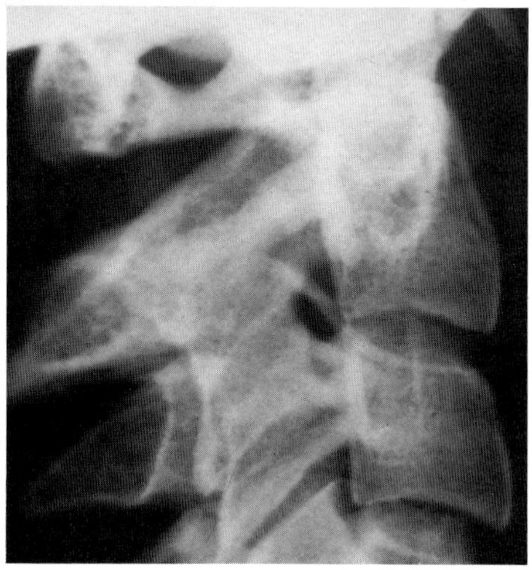

Abb. 5.**103** Fehlende Darstellung des Wirbelgelenkspaltes zwischen dem 2. und 3. Halswirbel durch Übereinanderprojektion des oberen und unteren Gelenkfortsatzes (keine Ankylose)

und verläuft mit scharfer Grenze ununterbrochen und regelmäßig. Die Querfortsätze des 7. Halswirbels sind (wie beim Atlas – s. dort) in der Regel verlängert. Die Bogenwurzeln stellen sich in Projektion auf die seitlichen Anteile der Wirbelkörper meist als kreisrunde Ringe, eventuell aber auch länglich oval und sogar dreieckig dar (165). Die Abstände ihrer medialen Kortikalisbegrenzungen entsprechen der Breite des Wirbelsäulenkanals.

Die oberen Flächen der Halswirbelkörper laufen seitwärts in schaufelförmige Fortsätze, die **Processus uncinati** („apophyses semilunaires", „Processus lunati", „Processus uncini", „crochets"), aus. Als Teile des Wirbelbogens sind sie erst nach dem Schwund des Zwischenknorpels mit dem Wirbelkörper verbunden. Bei Neugeborenen und Kleinkindern noch flach, werden sie im 9. bis 10. Lebensjahr deutlich.

Das zwischen ihrem Widerlager und den Tuberkula ausgespannte Bindegewebe enthält ab dem 9. Lebensjahr in (von oben nach unten) zunehmendem Maße durch sekundäre Risse im Bandscheibengewebe ausgebildete Spalten, die weder gelenkspaltähnlich sind noch zum primären Bestand der Halsbandscheiben gehören. Beim Erwachsenen fehlen sie nie. Im Laufe des Lebens übernehmen sie die Trägerfunktion der mehr und mehr durch Verlust ihrer Elastizität insuffizient gewordenen Bandscheiben (148).

Die **Stimmritze** kann sich als spaltförmige Aufhellung auf einen (meist den 4.) Halswirbel projizieren und einen Knochenspalt vortäuschen (Abb. 5.**102**). Etwas seitlich der Stimmritze beiderseits verlaufende Verschattungen im mittleren Drittel der Halswirbelsäule entsprechen den verkalkten Schildknorpelplatten (s. Abb. 4.**320**).

Die korrekte Einstellung im **seitlichen Strahlengang** ist garantiert, wenn sich die Gelenkfortsätze beider Seiten aufeinander projizieren. Schon geringe Abweichungen führen dazu, daß die Gelenkfortsätze auseinanderweichen und Doppelkonturen in den Wirbelgelenken entstehen. Die Gelenkspalten von C2/3 werden durch ihre im Gegensatz zur übrigen Halswirbelsäule nach vorn konvergierende Stellung meist nicht frei dargestellt. Eine Ankylose kann vorgetäuscht werden (Abb. 5.**103**).

Die **Form der Halswirbelkörper** ähnelt einem Rhombus oder Würfel mit meist konkaver unterer und flacher oberer Terminalfläche. Die vordere Unterkante kann schon bei jungen Menschen zipfelförmig gestaltet sein und einen Osteophytenbefund imitieren. Der „Konuswirbel" mit 2 mm kürzerer Deck- als Grundfläche ist häufig (48).

Die Halswirbel sind in lordotischer Stellung zueinander angeordnet, wobei der Scheitelpunkt der Krümmung in der Höhe des 4. Zwischenwirbelraumes liegt. Dementsprechend erscheinen die Wirbelkörper und die Zwischenwirbelräume leicht keilförmig, vorn höher als hinten. Die Höhe der Bandscheiben nimmt von oben nach unten zu. Der Wirbelkörper des 5., seltener des 6. Halswirbels kann eine kindliche Form behalten und ist dann vorn etwas niedriger als hinten. Durchschnittlich beträgt der Sagittaldurchmesser der Wirbel (C4 und C6) beim Mann zwischen dem 25. und 29. Lebensjahr 18,5 bzw. 19,6 mm, bei der Frau 16,8 bzw. 17,0 mm. Die entsprechenden Werte im Vertikaldurchmesser sind beim Mann 16,8 bzw. 17,0 mm, bei der Frau 16,2 bzw. 16,1 mm. Im höheren Lebensalter (55 bis 59 Jahre) hat nur der Sagittaldurchmesser beim Mann noch um knapp 1 mm zugenommen (48).

Eine **Steilstellung** kommt bei jungen Mädchen normalerweise vor (166). Sie kann auch von der Aufnahmetechnik beeinflußt sein: Bei der „Aufrichteprobe" aus nachlässiger bis straffer Haltung schwächt sich die Lordose ab, eine Streckhaltung kann eingenommen werden, sogar eine Kyphosierung entstehen. In Ante- und Retroflexion können sich die Wirbelkörper in physiologischem Ausmaß von 1–2 mm nach vorn und hinten verschieben („Treppenphänomen"), am deutlichsten ausgeprägt in der Höhe von C2/3 bei Kindern bis zum 10. Lebensjahr unter Beugung der Halswirbelsäule nach vorn (51).

Entlang dem Hinterrand der Wirbel einerseits und der die Bogenteile gegen den Rückenmarkraum nach vorn abgrenzenden Kortikalis andererseits gezogenen Linien markieren den **Wirbelsäulenkanal** (Abb. 5.**104**). Diese Linien verlaufen (mit Ausnahme der genannten Stufen) normalerweise harmonisch. Im Sagittaldurchmesser beträgt die Weite des Wirbelkanals beim Erwachsenen in der Höhe zwischen C3 und C7, ohne Berücksichtigung der radiologisch bedingten Vergrößerung, 13–22 mm (161), minimal 11 mm (101). Der Breitendurchmesser übertrifft den sagittalen Diameter etwa um das Doppelte (76). Der zervikale Spinalkanal besitzt somit trotz der runden Medulla eine dreieckige Form, wie besonders übersichtlich im Computertomogramm zu erkennen ist (75, 76).

Annähernd entspricht die sagittale Weite des Wirbelkanals etwa der sagittalen Längsausdehnung des zugehörigen Halswirbelkörpers (152).

Bei Kindern ist der Wirbelsäulenkanal im Vergleich mit Erwachsenen relativ weit. Er erscheint im Sagittaldurchmesser zylinderförmig, kann sich trichterförmig nach kaudal erweitern und erreicht schon im Alter von sechs Jahren in der Höhe von C6 und C7 die endgültige Weite des Kanals beim Erwachsenen. In der oberen Halswirbelsäule kann der Durchmesser des Kanals bis zur Adoleszenz zunehmen, so daß aus der kindlichen Trichter- eine Zylinderform des Erwachsenen wird (164).

Der **Processus transversus** mit den Muskelansatzhöckern des Tuberculum anterius und posterius (Abb. 5.**105**) projiziert sich jeweils auf den zugehörigen Wirbelkörper, da im Gegensatz zur übrigen Wirbelsäule die Querfortsätze bei den Halswirbeln weniger hinter und mehr neben den Wirbelkörpern liegen. Hierdurch wird eine von einem Verdichtungssaum umgebene, rinnenförmige Aufhellung auf den Wirbelkörper projiziert (s. Abb. 5.**104**). Bei nur leichter Verdrehung wird ein Tuberculum anterius des Processus transversus schon vor die Vorderkante eines Wirbels projiziert, meist an der unteren Halswirbelsäule. Der Befund kann zu Mißdeutungen führen (108).

Nach Aufnahmen im seitlichen Strahlengang werden die Spalten der kleinen Wirbelgelenke deutlich, doch projizieren sie sich bei exakter Einstellung störend aufeinander, so daß eine leichte Drehung der Halswirbelsäule um 10 bis 15 Grad die Einsicht in den Spalt des filmnahen Gelenkes erleichtert (Abb. 5.**106**).

Muldenförmige, flache Einbuchtungen an der Basis der dorsalen Kontur hinter der Gelenkfläche des oberen Gelenkfortsatzes finden sich normalerweise hauptsächlich bei C5 (76) (s. Abb. 5.**104**).

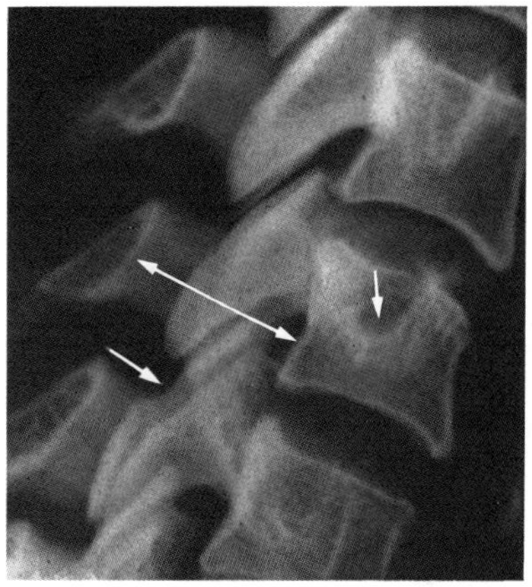

Abb. 5.**104** Sagittaldurchmesser des Wirbelsäulenkanals (↔). Mulde hinter dem hinteren Gelenkrand des unteren Gelenkfortsatzes (längerer →). Rinne zwischen den Tubercula anterius et posterius seitlich in Projektion auf den Wirbelkörper (kurzer →)

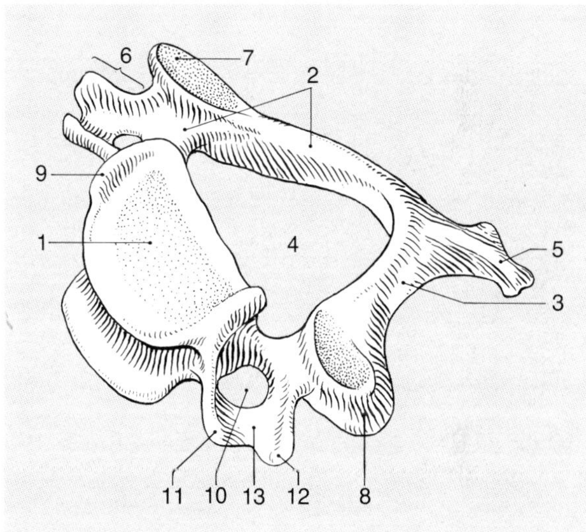

Abb. 5.**105** Zeichnung eines Halswirbels (nach Feneis)
1 = Corpus vertebrae
2 = Arcus vertebrae
3 = Lamina arcus vertebrae
4 = Foramen vertebrae
5 = Processus spinosus
6 = Processus transversus
7 = Processus articularis superior
8 = Processus articularis inferior
9 = Uncus corporis
10 = Foramen processus transversi
11 = Tuberculum anterius
12 = Tuberculum posterius
13 = Sulcus n. spinalis

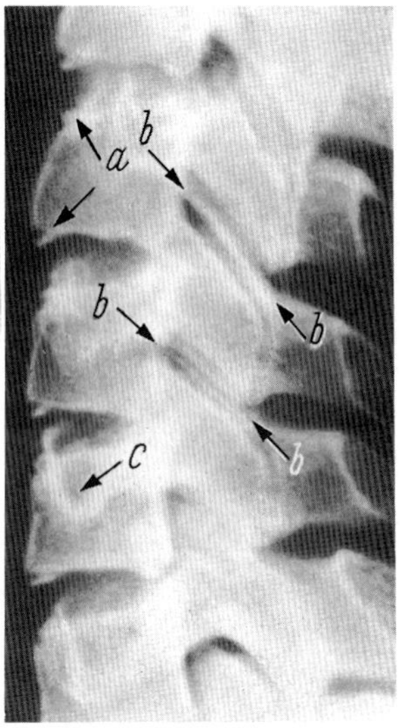

Abb. 5.**106** Aufnahme im seitlichen Strahlengang
a = Randleisten
b = Gelenkspalten
c = Rinne zwischen den Tuberkula des Querfortsatzes (Sulcus n. spinalis)

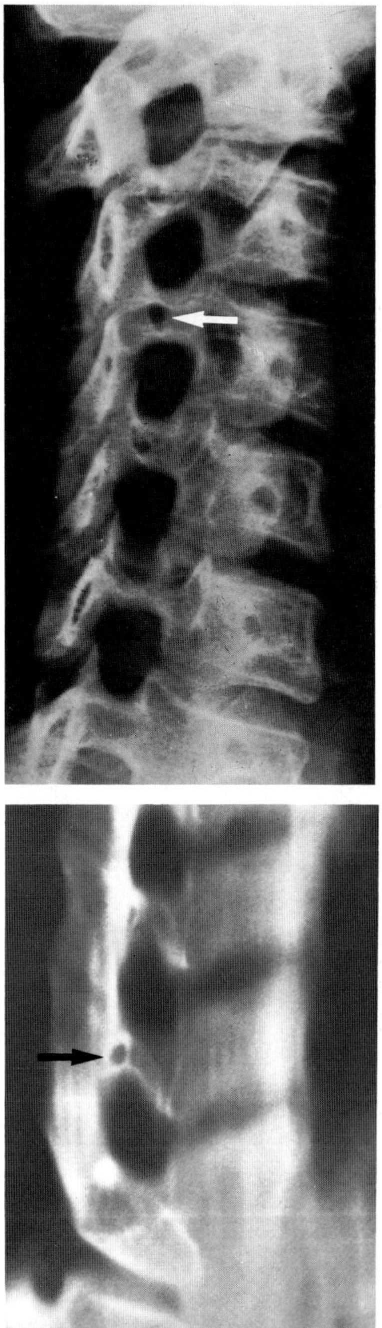

a

b

Abb. 5.**107a** u. **b** Schrägaufnahme der Halswirbelsäule. Foramina intervertebralia in größter Ausdehnung dargestellt. Loch im Sulcus n. spinalis
a Summationsaufnahme
b Tomogramm

Bei **Schrägaufnahmen** der Halswirbelsäule um 45 Grad (mit entsprechender Drehung des ganzen Körpers, also nicht Teilrotation nur der Halswirbelsäule, wohl aber geringfügiger zusätzlicher *Kopfdrehung* zur filmnahen Seite) werden die **Foramina intervertebralia** der nicht dem Film anliegenden Seite in größter Ausdehnung sichtbar (Abb. 5.**107a** u. **b**), wobei auch der Sulcus n. spinalis wie ein Foramen abgebildet sein kann. Das größte Foramen intervertebrale liegt zwischen C2 und C3. Die Begrenzung der Zwischenwirbellöcher, die oben und unten von den Incisurae vertebrales inferior et posterior der benachbarten Wirbel, vorn durch den Processus uncinatus, hinten durch den oberen Gelenkfortsatz gebildet werden, ist glatt, ihre Form rundlich bis oval.

Im **axialen Strahlengang** läßt sich die Halswirbelsäule schichtweise computertomographisch darstellen. Eine genaue Analyse der anatomischen Strukturen ist besonders bei hochauflösenden Verfahren möglich (82).

Die **Beweglichkeit der Halswirbelsäule** bezieht sich auf Beugung, Drehung und seitliche Neigung.

Wesentlich sind vor allem Funktionsaufnahmen in maximaler Flexion und Extension, die das Ausmaß der möglichen *Beugung* nachweisen. Die Ergebnisse verschiedener Messungen der Beweglichkeit einzelner Wirbelkörper (Lagewechsel der jeweiligen Deckplatte oder Hinterkante des Wirbelkörpers zum Nachbarwirbel in Graden) mit Summation jedes einzelnen Segmentes oder der gesamten Halswirbelsäule bleiben gleich (19). Die größte Beweglichkeit besteht zwischen dem 5. und 6. Halswirbel. Es folgen der 6./7., der 3./4. und der 4./5. Wirbel. Die Gesamtbeweglichkeit wird mit 102 Grad (7), aber auch mit großem individuellen Unterschied (70 bis 122 Grad [18]) angegeben. Weitere Einzelheiten s. bei Dihlmann (30[1]) und Zaunbauer (165).

Unter Kindern liegt die größte Beweglichkeit in der Höhe von C4/5. Das Bewegungsausmaß nimmt mit zunehmendem Lebensalter etwas ab (166).

Die maximale *Seitenneigung* geht mit einer *Rotation* einher. Die Verbindungslinie der zur konvexen Seite der Neigung verlagerten Dornfortsätze beschreibt ebenso wie bei der maximalen Rotation einen harmonischen Bogen.

Zusammenfassung über „Röntgenfunktionsdiagnostik der Halswirbelsäule" s. bei Kamieth (74).

Varianten

An den **Querfortsätzen** lassen sich besonders in der unteren Halswirbelsäule verplumpte und/oder auch verlängerte Tubercula anteriora erkennen (84), die offenbar – ebenso wie vergrößerte Tubercula posteriora – zu Zervikalsyndromen Anlaß geben (57). Wenn an benachbarten Wirbeln zwei solcher Akzessoria vorhanden sind, kann es zur Gelenkbildung zwischen ihnen kommen. Der Befund ist bei C5/C6 wiederholt beobachtet und scheint dort typisch zu sein (2, 6, 95, 156), (Abb. 5.**108a–c**). Das sehr seltene Auftreten rippenförmig verlängerter Tubercula anteriora zwischen C2 und C7 sowie die Beobachtung eines auffällig verlängerten „Processus costotransversarius" am 2. Halswirbel (106) sprechen einerseits für genetische Zusammenhänge mit Processus infratransversarius axis, atlantis und Pro-

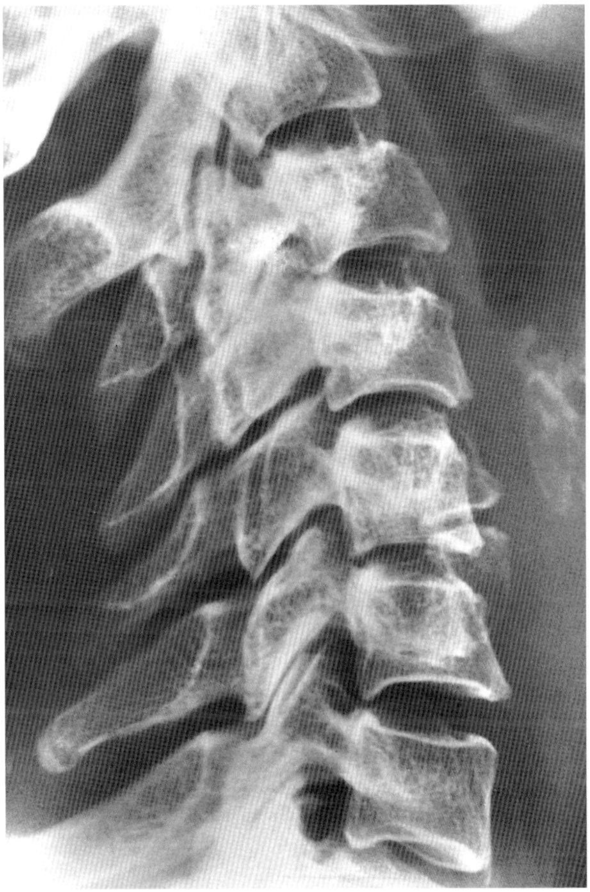
a

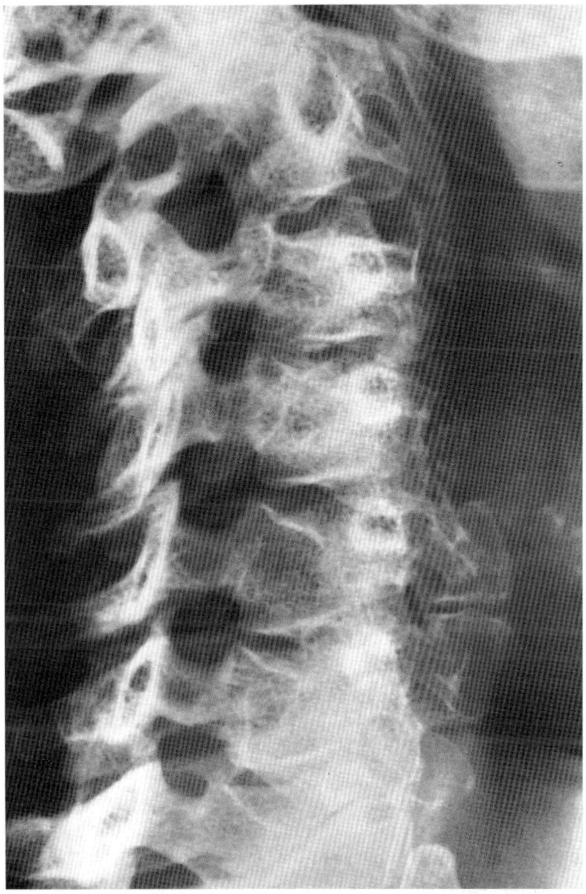
b

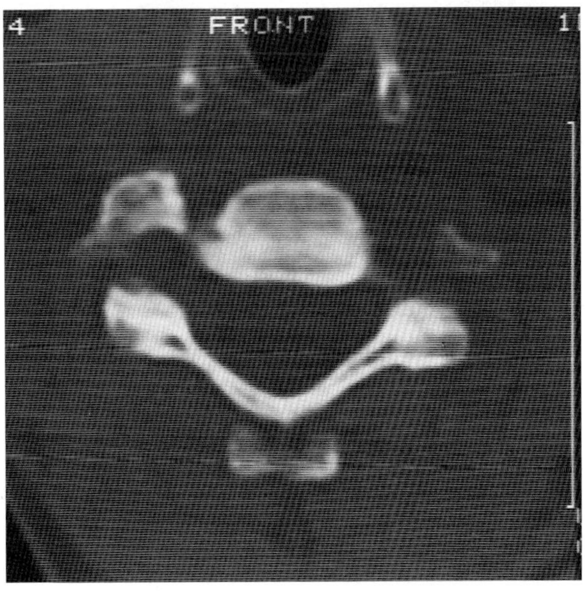

c

Abb. 5.**108 a–c** Miteinander in gelenkähnlicher Verbindung stehende Fortsätze der Tubercula anteriora processus transversus C 5/6 rechts
a Im seitlichen Strahlengang
b Im schrägen Strahlengang
c Im Computertomogramm

cessus epitransversarius atlantis sowie Processus paracondylicus (s. Kapitel „Atlas und Axis", s. auch Abb. 5.**59**), andererseits aber auch für Analogien zu Halsrippen (s. Kapitel „Zervikodorsaler Übergang").

Wesentliche Asymmetrien in Stellung (Neigungswinkel normalerweise 45 Grad im seitlichen Strahlengang) und Ausbildung der **Gelenkfacetten** zwischen 2. und 3. Halswirbel sind auch nach anatomischen Beobachtungen bekannt (97). Ihre Achsenabweichungen mit vermehrter Neigung nach ventral gegenüber dem Achsenverlauf der übrigen kleinen Halswirbelgelenke wurden schon im Absatz über die Norm erwähnt (s. Abb. 5.**103**).

An den Gelenkfortsatzspitzen gibt es auch kleine Knöchelchen, die als **Apo**-(wohl richtiger Epi-) **physen** gedeutet wurden (Abb. 5.**109**). Ihre **Persistenz,** (Abb. 5.**110**), wurde öfter beobachtet. Eine persistierende Epi-(Apo-)physe am unteren Gelenkfortsatz mit arthrotisch-degenerativen Gelenkveränderungen wurde auch im Falle der Abb. 5.**111** bei C2 angenommen.

Weitere **isolierte Knöchelchen in der Gegend der Unkovertebralfortsätze**, im Wachstum vorübergehend auftretend, aber auch später beobachtet, wurden je nach Alter des Untersuchten als Knochenkerne bzw. deren Persistenz betrachtet, (Abb. 5.**112** bis 5.**115**). Die nicht seltene Asymmetrie in der Ausbildung des Processus uncinatus (Abb. 5.**116**) wird durch einseitiges Fehlen eines solchen Kernes erklärt.

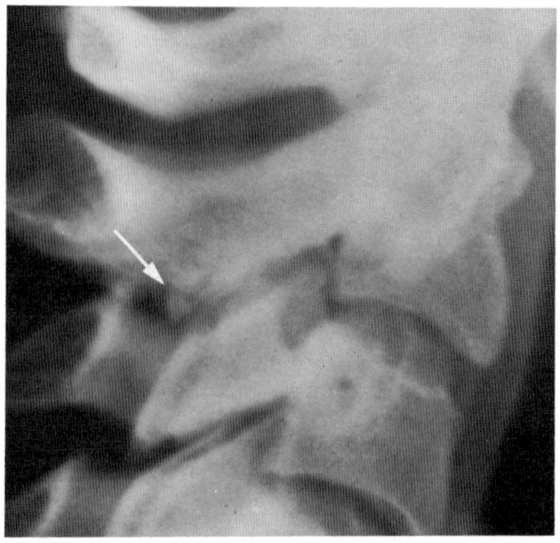

Abb. 5.**109** Kleine Epiphyse am unteren Gelenkfortsatz von C2

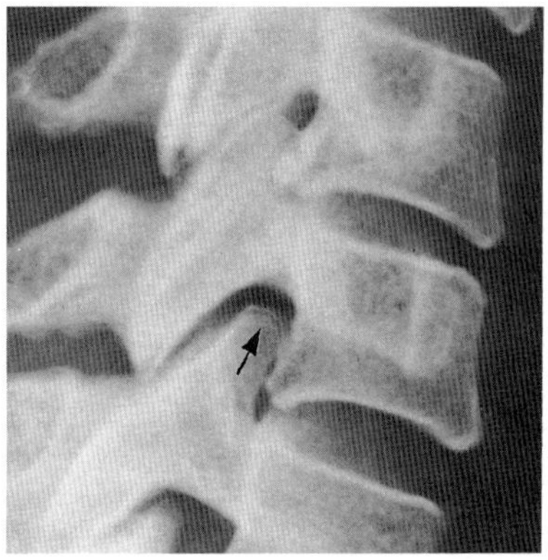

Abb. 5.**110** Persistierende Epiphyse am oberen Gelenkfortsatz bei einer 36jährigen Frau

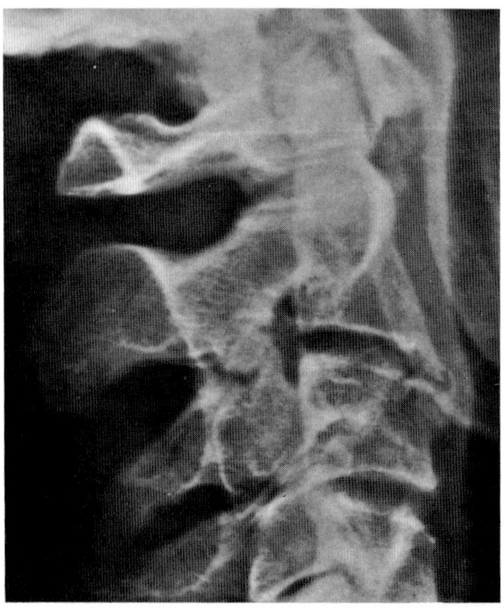

Abb. 5.**111** Degenerativ veränderte, persistierende Gelenkfortsatzepiphyse. Konsolenähnliche Abstützformation im vordersten Bandscheibengebiet dieser Wirbel. 61jähriger Patient (Beobachtung von Fellmann, Leukerbad)

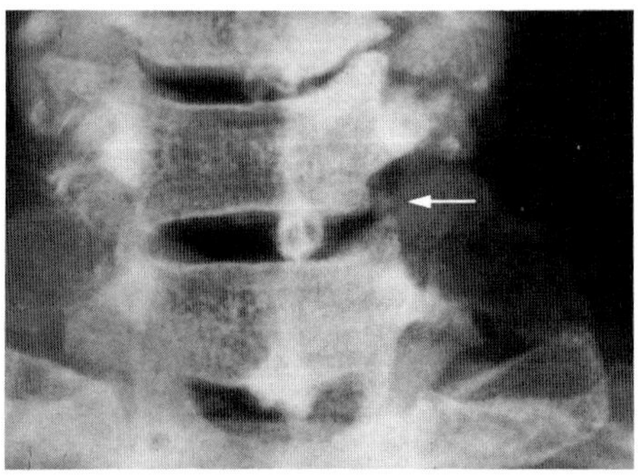

Abb. 5.**112** Persistierender Knochenkern des Processus uncinatus von C7 links

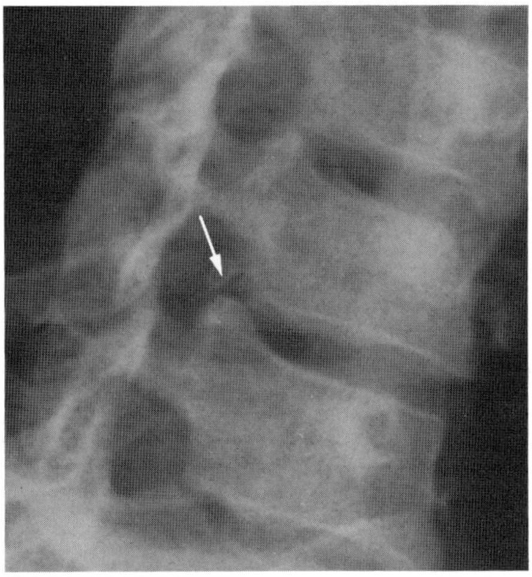

Abb. 5.**113** Ziemlich großer persistierender Knochenkern am Processus uncinatus von C6 rechts

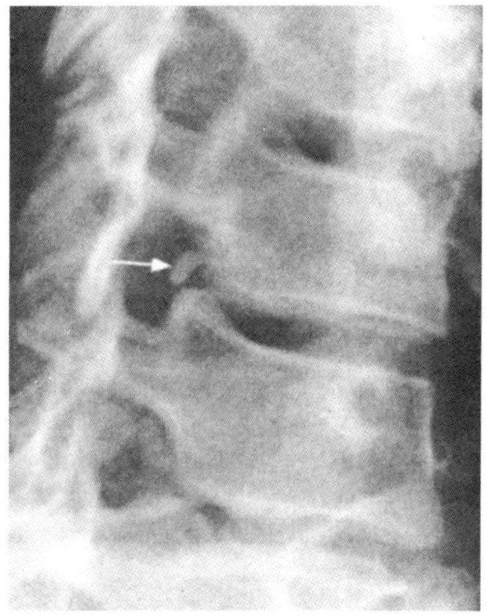

Abb. 5.**115** Persistierender Knochenkern an einem Processus uncinatus rechts. 44jähriger Mann

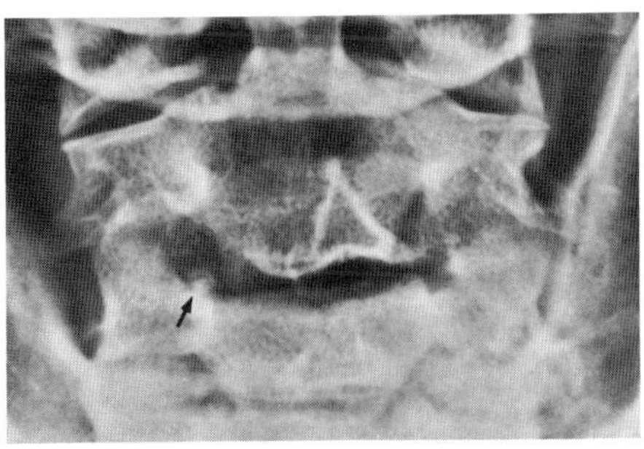

Abb. 5.**114** Persistierender Knochenkern des Processus uncinatus von C3 rechts. 58jährige Frau

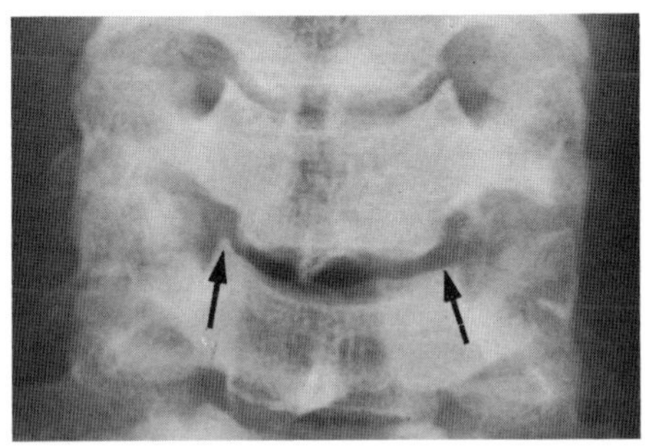

Abb. 5.**116** Asymmetrische Ausbildung der beidseitigen Processus uncinati von C6

Einige Knochenformationen, die sich in der seitlichen und schrägen Projektion in die Foramina intervertebralia projizieren können, lassen sich ohne Tomographie, die bei klinischer Belanglosigkeit nicht indiziert ist, nicht klären (Abb. 5.**117**) oder sind durch normale Knochenstrukturen der Gelenkfortsätze (Abb. 5.**118**) hervorgerufen. Während diese Befunde vorwiegend in der oberen Halswirbelsäule liegen, läßt Abb. 5.**119** einen spornartigen Knochenvorsprung erkennen, der bei einem Patienten mit Armneuralgien in ein Foramen intervertebrale C5/6 von oben hineinragt.

Nach oben gerichtete Knochenzapfen finden sich gelegentlich hinter der hinteren Begrenzung der Zwischengelenkflächen (Abb. 5.**120a** u. **b**). Ob die Verplumpung der Spitze eines oberen Gelenkfortsatzes an der HWS (Abb. 5.**121**) einem traumatischen Abriß, wie zuerst angenommen, entspricht, ist nach der Aufnahme, die zehn Jahre nach dem Unfall angefertigt ist, bei Fehlen jeglicher degenerativer Veränderungen fraglich. Eine Dysplasie ist anzunehmen. Einen einem **isolierten Dornfortsatz** ähnlichen Knochen zwischen den Processus spinosi von C6 und C7 sah Köhler (Abb. 5.**122**). Am 5., 6. und 7.

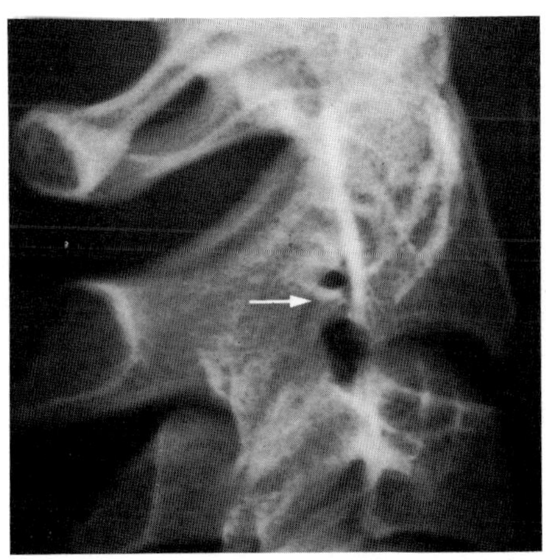

Abb. 5.**117** Schmale, horizontale Spange, die sich in das Foramen intervertebrale C2/3 projiziert

Halswirbel wurde die **einseitige Hyperplasie** des dachförmigen **Dornfortsatzes** abgebildet (113). Der Befund fand seine Bestätigung in einer zweiten Mitteilung, wonach die hyperplastische Hälfte des Dornfortsatzes von C5 nach unten am Dornfortsatz

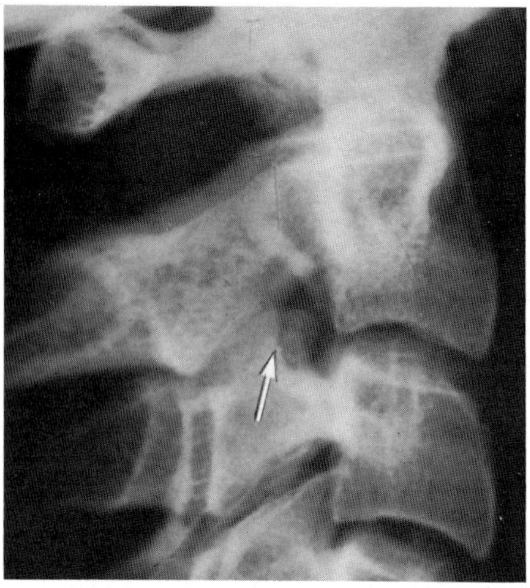

Abb. 5.**118** In das Foramen intervertebrale projizierte Knochenformation bei leichter Drehung der Aufnahme im seitlichen Strahlengang

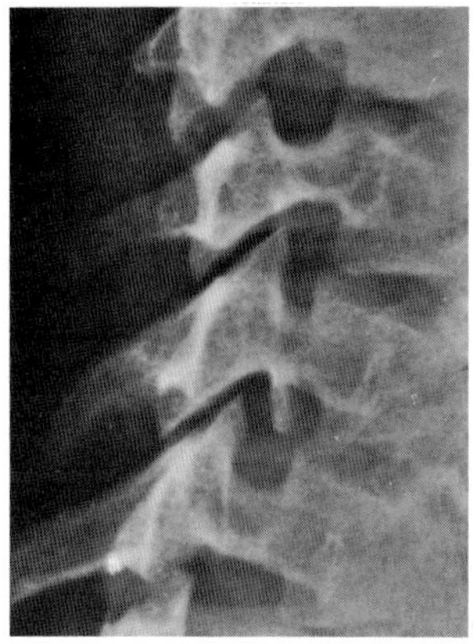

Abb. 5.**119** Knochensporn, von oben in das Foramen intervertebrale C5/6 ragend. 23jährige Frau mit Armneuralgien rechts (Beobachtung von Wendtland, Marl)

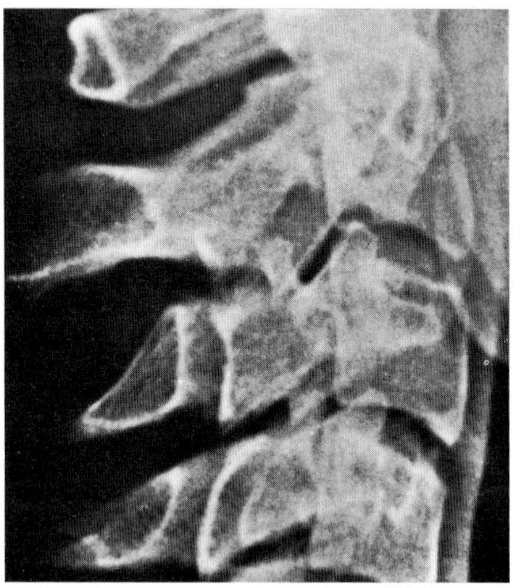

a

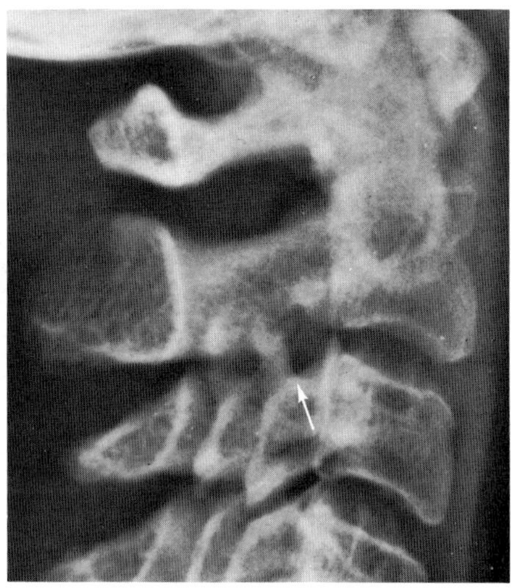

b

Abb. 5.**120 a** u. **b** Nach oben gerichteter Knochenzapfen beidseits am Gelenkfortsatz von C3 (Beobachtung von Wendtland, Marl)

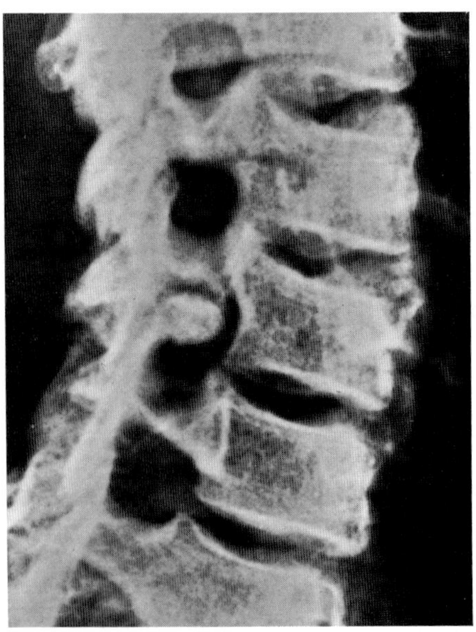

Abb. 5.**121** Unfall vor 10 Jahren. Das Fehlen degenerativer Reaktionen spricht gegen die zunächst auf eine traumatische Ätiologie bezogene Verplumpung des Processus articularis. Eine Dysplasie wird angenommen

des 6. Halswirbels vorbei bis zum Processus spinosus von C7 reichte und mit diesem eine gelenkähnliche Verbindung eingegangen war (134). Die Doppelanlage des Dornfortsatzes von C6 bei Verschmälerung des Processus spinosus von C5 ist beschrieben (27).

Isolierte Knochenspangen wurden in der *Dornfortsatzgegend der oberen Halswirbelsäule* gefunden (Abb. 5.**123a** u. **b**). Auch **zackenförmige Auswüchse** des sehr kräftig ausgebildeten, bei Dysplasie weit nach unten reichenden Dornfortsatzes des 3. Halswirbels, dürften zu den Varianten in diesem Gebiet zu rechnen (Abb. 5.**124**) sein.

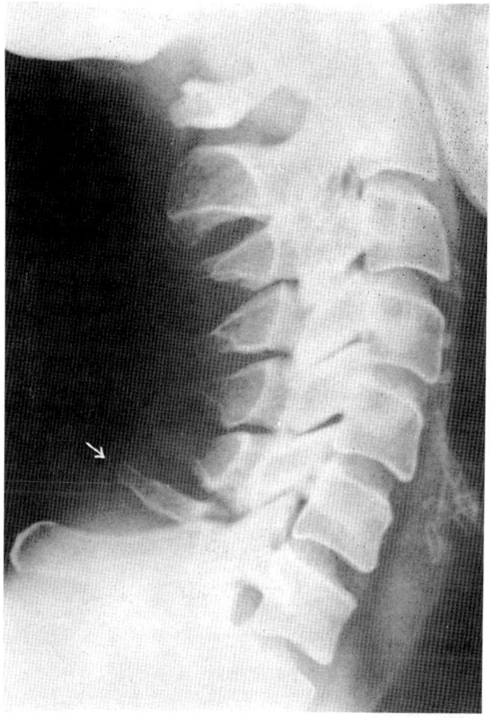

Abb. 5.**122** Isolierte, dornfortsatzähnliche Knochenformation zwischen den Dornfortsätzen von C6 und C7 ▷

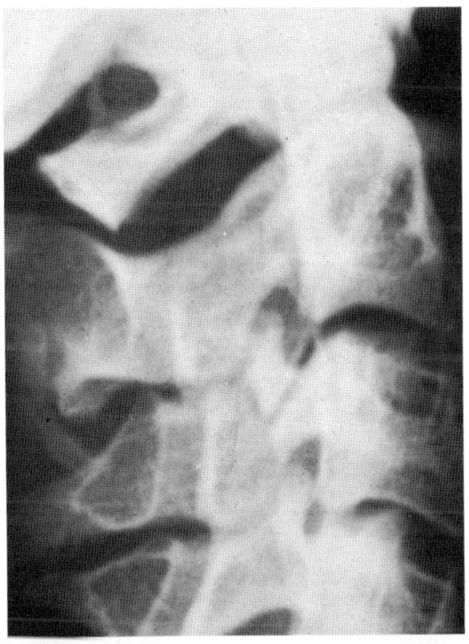

a

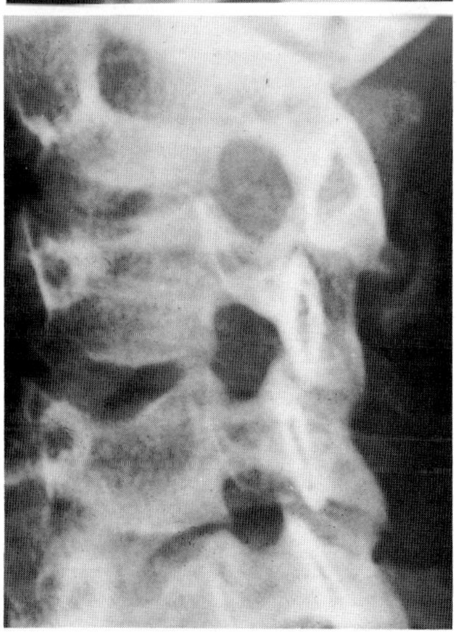

b

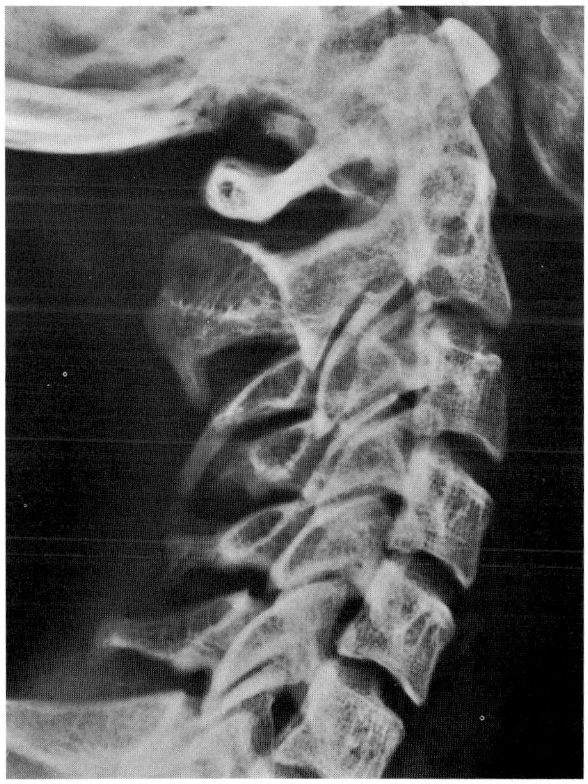

Abb. 5.**124** Atypisch langer Dornfortsatz des C3, der bis zu C5 reicht. Unterentwickelter Dornfortsatz C4. Exostosenähnliche, nach unten gerichtete Spitze des Dornfortsatzes von C2

◁ Abb. 5.**123 a** u. **b** Isolierte Knochenspangen neben den Dornfortsätzen in den Weichteilen

Schließlich ist auf die mögliche Persistenz der Ossifikationskerne in den Randleisten der Wirbelabschlußplatten hinzuweisen. So sind punkt- bis scheibenförmige, isolierte Knochenzentren an den (meist vorderen) Wirbelabschlußplatten, die in der Regel in kleine, stufenförmige Defekte passen, charakteristische Befunde einer **Persistenz der „Epiphysenkerne" des Wirbelkörpers**, deren Abbildung bei Besprechung der übrigen Wirbelsäulenregionen erfolgt. Ob sie Beziehung haben oder sogar identisch sind mit kleinen Schaltknochen an den Wirbelvorderkanten, wie sie bei 3% der Untersuchten zwischen dem 40. und 60. Lebensjahr ohne Zusammenhang mit degenerativen Veränderungen gefunden wurden (146), muß ungeklärt bleiben.

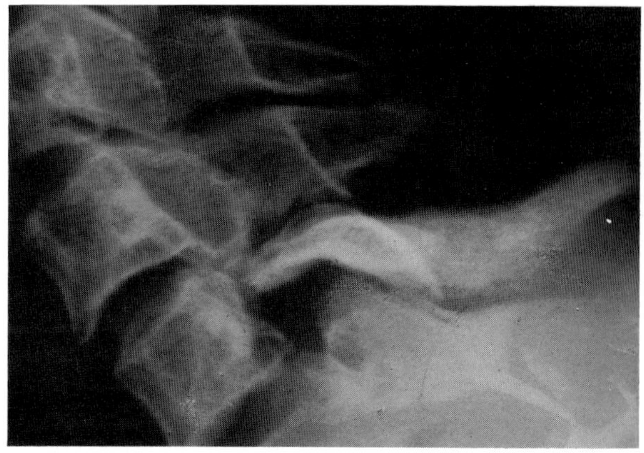

Abb. 5.**125** Ausgeprägte, einseitige Hypoplasie der Wirbelbögen von C6. Überdies besteht ein medianer Spalt des hinteren Atlasbogens

Anomalien

Grundsätzliche Ausführungen über die kausale und formale Genese der verschiedenen Spalten, Defekte, Verschmelzungen an den Wirbelkörpern (z. B. seitliche, dorsale und ventrale Halbwirbel) und Bogenteile (Fugen und mehr oder minder ausgeprägte Defekte) sind den entsprechenden Monographien (15), Lehr- (14) und Handbüchern (29) zu entnehmen, s. auch Ausführungen über Anomalien der Brust- und Lendenwirbelsäule in diesem Buch S. 512 ff.

Hier soll nur auf einige Besonderheiten, die vorwiegend oder in spezieller Form in der Halswirbelsäule auftreten, eingegangen werden.

Unter den **Dysplasien in den seitlichen Bogenanteilen** stellt die Unterentwicklung der Interartikularportion (Abb. 5.**125**) den leichtesten Grad dar. Ein- und doppelseitige Spalten an dieser Stelle wurden in einzelnen Fällen bei C5 bis C7 beschrieben, häufig begleitet von medianen hinteren Bogenspalten (4, 17, 52, 70). Quer- und Gelenkfortsätze können bei größeren Defekten mit einbezogen sein. Bei Gefügelockerungen und Verlagerungen der nicht knöchern verbundenen Bogenteile entsteht eine Dislokation, die **Spondylolisthese**. Ein solches Wirbelgleiten, in der Lendenwirbelsäule häufig vorkommend, ist im Halsteil der Wirbelsäule selten (25, 63, 67, 89) (Abb. 5.**126a** u. **b**). Eine zusammenfassende Übersicht findet man bei Schwartz u. Mitarb. (133).

Die **Diastematomyelie** (Teilung des Rückenmarkes in der Sagittalebene durch eine knöcherne, knorpelige, bindegewebige Spange oder auch ohne Trennwand), eine sehr seltene Entwicklungsstörung, meist verbunden mit weiteren Dysplasien, ist im Gegensatz zum Vorkommen an Brust- und Lendenwirbelsäule extrem selten im zervikalen Bereich,

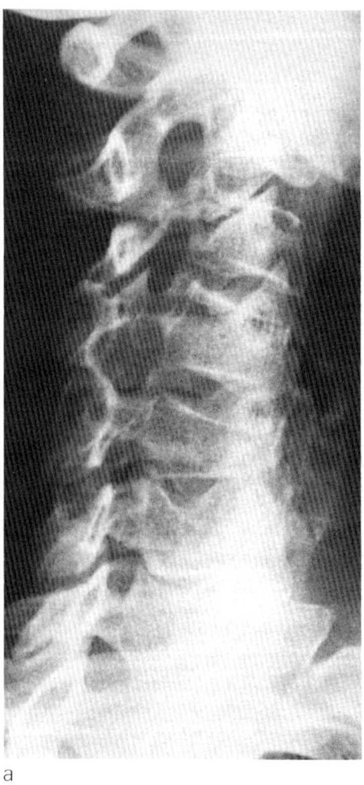

a

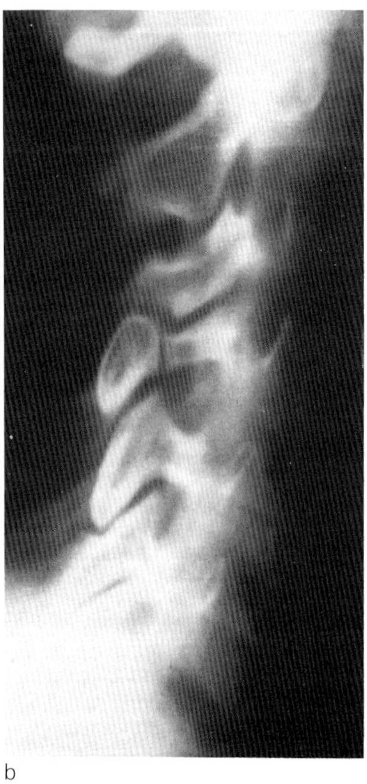

b

Abb. 5.**126a** u. **b** Spalt in der linken Interartikularportion von C4. 51jährige Frau
a Summationsaufnahme im schrägen Strahlengang. Erweiterung des Foramen intervertebrale C4/5 (Zeichen der intervertebralen Lockerung)
b Tomogramm mit deutlich dargestelltem Spalt

ganz vorwiegend bei Kindern, aber auch bei Erwachsenen zu beobachten, wenn auch ihre Diagnose mit zunehmender Zahl von computertomographischen Untersuchungen in Zukunft häufiger gestellt werden mag (1, 87).

Eine nur auf die Hals- (und obere Brust)wirbelsäule begrenzte komplexe Entwicklungsanomalie wurde von Klippel u. Feil (79) im Jahre 1912 erstmals und seither vielfach beschrieben. Feil (45) differenzierte später nach folgenden Kennzeichen:

1. Komplette Fusion zwischen den Halswirbeln,
2. teilweise Verschmelzung der Wirbel,
3. Verminderung der Halswirbelzahl,
4. Spalten in verschmolzenen Wirbelkörpern und -bögen, Halb- und Keilwirbel.

Seit 1923 wird die Deformität als „**Klippel-Feil-Syndrom**" bezeichnet (33), allerdings nur noch auf die Halswirbel bezogen. Eine atlantookzipitale Dysplasie kann das Klippel-Feil-Syndrom ebenso begleiten wie ein Schulterblatthochstand (Sprengelsche Deformität) mit Halsrippen und Omovertebralknochen oder kongenitale Skoliosen und Kyphosen (160).

Diese schwere Anomalie (Abb. 5.**127**) geht mit einem Kurzhals („homme sans cou"), dementsprechend tiefem Haaransatz, einher und ist oft von weiteren Mißbildungen begleitet. Das Spektrum der zervikalen Fehlentwicklungen reicht von **Verblockungen der Wirbelkörper** (Abb. 5.**128a** u. **b**), aber auch Ankylosen der Gelenke, Blöcken und Spalten der Bögen, über viele Stufen bis zu dem am häufigsten auftretenden Block zwischen C2 und C3 (Abb. 5.**128c**). Die als Verschmächtigungen der Wirbelkörper im Sagittaldurchmesser mit eventuell vorn konkaven Konturen sowie die als Übergänge zum Block oft anzusehenden Verschmälerungen der Zwischenwirbelräume können auch infolge Wachstumsstörungen nach entzündlichen Prozessen (s. unten) und als reine Blockbildungen bei Kindern von Alkoholikern (150) entstehen.

Interessant ist die Beobachtung einer familiär auftretenden Nackensteifigkeit, die weder mit einer Spondylitis noch mit einem Meningismus kombiniert war und, bei vier Mitgliedern einer Familie bestehend, an eine kongenitale Verkürzung der Weichteile des Halses denken ließ (143).

Eine Synostose der Dornfortsätze gilt als Beweis der dysontogenetischen Ätiologie (307). Erblichkeit ist häufig (40).

Lediglich eine Variante des Klippel-Feil-Syndroms ist das *Zervikookuloakustikus-Syndrom* (145[1], 159). Die zusätzlichen Befunde sind dabei Innenohrdysplasie und Abduzensparese. HWS-Veränderungen wie beim Klippel-Feil-Syndrom in Verbindung mit ein- oder doppelseitiger Unterkieferhypoplasie, Dysplasie von Ohrmuschel, äußerem Gehörgang und Innenohr- sowie Augenmißbildungen (Anophthalmie, Kolobom u. a.) werden bei der *okuloaurikulovertebralen Dysplasie (Goldenhar-Syndrom)* gefunden (57, 145[2]).

Eine Ankylose allein der Wirbelgelenke, eventuell eines einzigen, ist möglich, doch hüte man sich vor dieser Diagnose nur nach der Seitenaufnahme

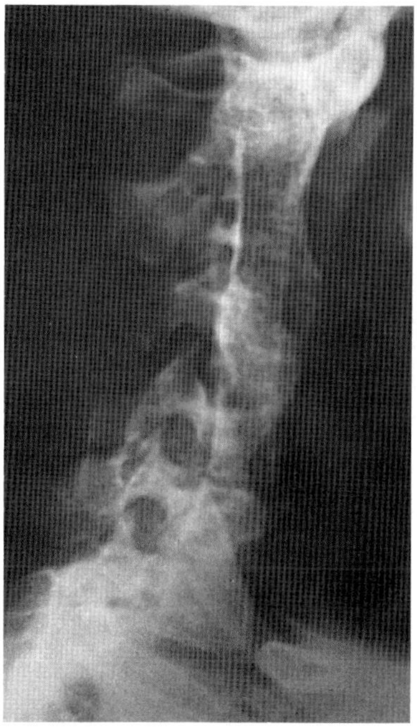

Abb. 5.**127** Klippel-Feil-Syndrom mit Verblockung fast sämtlicher, meist hypoplastischer Wirbelkörper, teilweise auch der Wirbelbögen und der Dornfortsätze sowie Medianspalt im Arcus atlantis posterior

bei C2/3, weil sich hier die Gelenkfortsätze aufeinander projizieren (s. auch Abb. 5.**103**).

Ein „hoher Wirbel", dessen vertikaler Durchmesser größer als der sagittale ist, wird speziell bei C3 und C7 beobachtet, oft bei Dysostosen (sonst nach kompensierendem Wachstum neben durch Erkrankung zu flach gebliebenen Wirbeln).

Einengungen des Rückenmarkkanals erfolgen – außer durch erworbene Erkrankungen (s. unten) – bei Spondylolisthesen, beim Klippel-Feil-Syndrom (11, 109), auch bei C2/C3-Fusionen (61). **Achondroplasie** und einige andere Skelettdysplasien (z. B. cheirolumbale [154]) können mit Stenosen des Rükkenmarkkanals einhergehen. Diese Befunde sind am besten mit der Computertomographie festzustellen (118).

Eine **Platyspondylie** (mit Platt- und Keilwirbeln) wird bei zahlreichen Osteochondrodysplasien (spondyloepiphysären und spondylometaphysären Dysplasien) auch an der Halswirbelsäule beobachtet; allerdings ist sie hier längst nicht so ausgeprägt wie an der Brust- und Lendenwirbelsäule.

Auch gibt es angeborene Platt- und Keilwirbel der Halswirbelsäule als isolierte Anomalien (nicht zu verwechseln mit einem an der HWS seltenen Morbus Scheuermann).

Die Verkleinerung des Wirbels im sagittalen und vertikalen Durchmesser ergibt die **Hypoplasie des Wirbels.** Auch Bandscheiben können abnorm niedrig sein (Tendenz zum Blockwirbel s. 49).

Über Vertebra plana s. auch S. 487f.

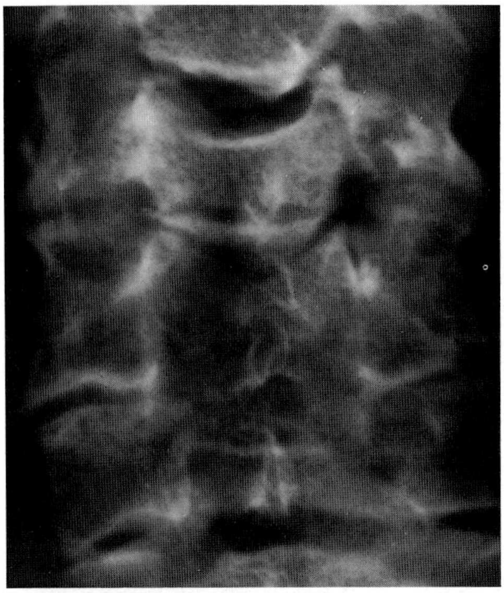

a

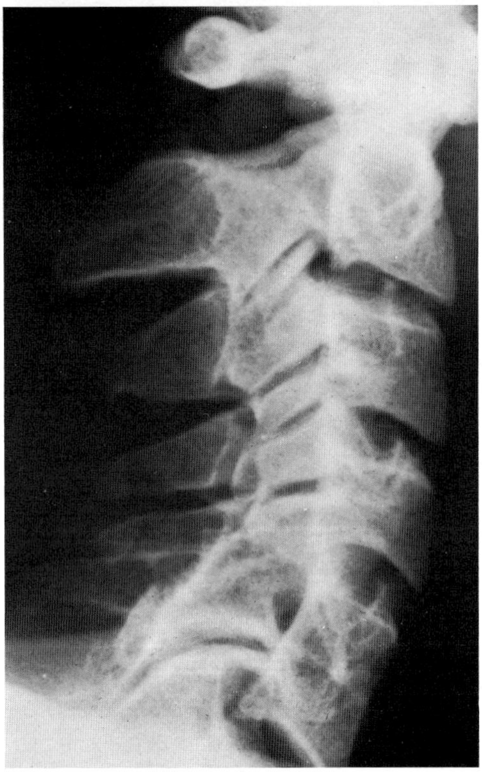

b

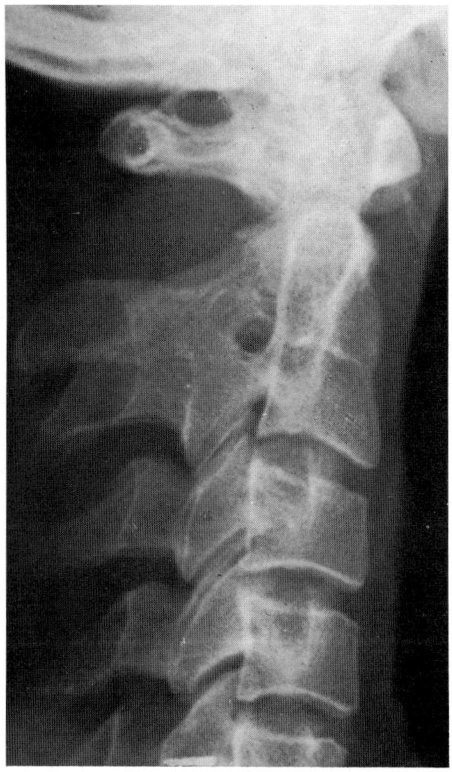

c

Abb. 5.**128 a–c**
a u. **b** Partielle Synostose der Dorn- und rechten Querfortsätze. Gänzliche Verschmelzung der linken Querfortsätze
c Blockwirbel C 2/3

Verletzungsfolgen und Nekrosen

Bei Beobachtung der **Weichteile** ist es wichtig zu wissen, daß der retropharyngeale Raum (Höhe C3/C4) nicht weiter als 5 mm, der retrotracheale Raum (vor C6) bei Kindern die Breite von 14 mm und bei Erwachsenen von 22 mm nicht überschreiten soll (119). Posttraumatische Erweiterungen (bei C2 in der oberen, C4 in der unteren Zervikalregion) erfolgen in den ersten drei Tagen nach dem Unfall und bilden sich innerhalb von drei Wochen zurück. Funktionsaufnahmen können durch Vergrößerung des Hämatoms zur zusätzlichen Erweiterung führen (104).

Die Verlagerung eines **prävertebralen Fettstreifens** vor dem vorderen Längsband (Aufhellungszone) kann auch bei fehlender Verbreiterung des Retropharyngealraumes auf ein Hämatom verweisen.

Allgemein gilt als Regel, daß der Raum unter der Höhe der Glottis normalerweise doppelt so tief ist (zusätzlicher Ösophagusschatten) wie der Raum über der Stimmritze (144). Bei Kindern ist allerdings zu berücksichtigen, daß einerseits Knickbildungen in der Höhe C2/3 (Aufnahmetechnik!) normal sein, andererseits aber eine prävertebrale Weichteilschwellung hervorrufen können.

Geburtsverletzungen mit frakturbedingten Dislokationen in der Halswirbelsäule sind seit 1862 bekannt. Jüngst wurde über vier derartige Vorkommnisse, darunter einem mit tödlichem Ausgang, berichtet (140).

Halswirbelsäulenverletzungen **bei Kindern** verlaufen meist ohne ernste Komplikationen und führen gelegentlich lediglich zu einem Tortikollis (12). Nachweisbare Knochenverletzungen werden als sehr selten (144), aber immerhin in einer Häufigkeit von 10% gegenüber entsprechenden Traumata bei Erwachsenen angegeben (110). Die Art ihrer Verletzungen unterscheidet sich prinzipiell nicht von den Befunden, die bei Erwachsenen radiologisch zu erheben sind.

Eine aufgehobene Lordose kann normalerweise und bei Muskelverkrampfungen vorkommen, ebenso bei Kindern leichte Kyphosen in der Höhe von C2/C3 (s. oben). Tiefergelegene **lokalisierte Kyphosen über 12 Grad** sprechen für ein lokalisiertes Trauma, das zur Bänderschädigung nach Hyperflexion geführt hat (144). Eine Knochenverletzung in der Höhe des Knicks ist mit besonderer Sorgfalt, soweit dies möglich ist, auszuschließen.

Schleudertraumen nach Auffahrunfällen, plötzlichem Anfahren oder Bremsen (das *Whiplash injury*) führen durch Scherbewegungen selten zu Knochenverletzungen, wohl aber zu Verletzungen der Bänder, Gelenkkapseln, Zwischenwirbelscheiben, des Rückenmarks mit unter Umständen schwersten zervikalen Myelopathien, der Nervenwurzeln und Gefäße. Hierdurch können nicht nur oft starke Schmerzen in der oberen Halswirbelsäule und erhebliche Bewegungseinschränkungen, sondern auch eine Haltungsinsuffizienz ausgelöst werden. Das radiologische Vorgehen bei der Erstuntersuchung wird infolgedessen oft erschwert. Bei bewußtseinsklaren Patienten ist die **radiologische Untersuchung** nur erforderlich, wenn tatsächlich klinische Symptome für eine Schädigung von Halsmark oder -wurzeln vorliegen (47).

Am wenigsten Probleme macht und die wesentlichsten Informationen gibt bei sämtlichen Verletzungen der Halswirbelsäule die Seitenaufnahme, ob in aufrechter Körperhaltung (anzustreben) oder (notfalls) im Liegen angefertigt. Außer der Aufnahme im sagittalen Strahlengang sollten, falls die Diagnose danach nicht schon klar ist, zwei Schrägaufnahmen zur Darstellung der beiderseitigen Foramina intervertebralia sowie Funktionsaufnahmen in maximaler Beugung und Streckung (nicht Neigung!) der Halswirbelsäule angefertigt werden.

Gehaltene Funktionsaufnahmen in maximaler Flexion und Extension sind bei Densfrakturen sowie instabiler Halswirbelsäule kontraindiziert. Hier wird die Computertomogrpahie, falls vorhanden, eingesetzt (94).

Verläuft der Frakturspalt allerdings exakt parallel zur Schnittrichtung, kann er der computertomographischen Darstellung durchaus entgehen. Gelenkfortsatzbrüche und Frakturen der Massae laterales *lassen sich* fast regelmäßig im einfachen Computertomogramm nicht nachweisen, wenn die Gelenkspalterweiterung und der Hämarthros nicht beachtet werden (99). Daher sollten immer sagittale und frontale Bildkonstruktionen von höchstens 2 mm dicken lückenlosen Schnitten angefertigt werden.

Besondere Vorsicht ist bei in Extension gehaltenen Aufnahmen geboten. Die Stabilität der Halswirbelsäule hängt davon ab, wie weit der Bandapparat intakt ist. Für die **Instabilität der Halswirbelsäule** gelten radiologisch folgende Kriterien: Mehr als 3,5 mm horizontale Verschiebung zweier benachbarter Wirbel gegeneinander, mehr als 11 Grad Abwinkelung zweier benachbarter Wirbel gegeneinander, einseitige Verschmälerung des Zwischenwirbelraumes, Erweiterung des präzervikalen Weichteilraumes (Riß des Lig. longitudinale anterius) und/oder Bandscheibe, Erweiterung des Raumes zwischen den Dornfortsätzen (Riß des Lig. longitudinale posterius) und beiderseitige Dislokation der Gelenkflächen (128). Auch die Erweiterung des Zwischenwirbelraumes, auf der Aufnahme in seitlicher Projektion nach Hyperextensionstrauma festgestellt, ist als Zeichen der Instabilität aufzufassen (21).

Weichgewebsverletzungen manifestieren sich auf den Funktionsaufnahmen in isolierten Rotationen (man beachte die Dornfortsatzlinie) oder fixierten Bewegungseinschränkungen in einzelnen Wirbelsegmenten, eventuell verbunden mit Wirbelverschiebungen (120, 121).

Eine fehlende oder zu starke Öffnung eines oder mehrerer Interspinalräume weist ebenfalls auf Weichgewebsläsionen hin.

Das Einsetzen eines *traumatischen Zervikalsyndroms* wird vor allem bei Hyperflexionstraumen durch die exponierte Lage der Halswirbelsäule mit vorn weniger entwickelter Muskulatur als hinten, aber auch durch die im Halsteil der Wirbelsäule früher als an anderen Wirbelregionen im Leben auftretenden degenerativen Veränderungen begünstigt. Damit und durch die Weichteilzerstörungen erklären sich die Schmerzen, muskulären Kontraktionen, Bewegungseinschränkungen, neurovegetativen Dysregulationen, aber auch Hör- und Sehstörungen (149). Eine degenerativ vorgeschädigte Halswirbelsäule wird leichter durch ein Trauma zusätzlich verletzt als ein gesundes Organ. Als besonders anfällig gegen Rückenmarksquetschungen sind Patienten mit in der Sagittalen engem Spinalkanal, wie computertomographisch festgestellt wurde (38), anzusehen.

Die **akute Blockierung von Halswirbelgelenken**, meist nicht traumatisch, sondern auf eine plötzliche Kopfbewegung oft junger Menschen erfolgend, geht stets mit Druckschmerz der beiden obersten Halswirbel, Steif- oder/und Schiefhaltung der Halswirbelsäule einher und wird auf Meniskuseinklemmungen in den Kopfgelenken bezogen (166).

Die fixierte Drehstellung zweier Halswirbel gegeneinander entspricht einer **Rotationssubluxation** (18). Sie kann spontan (im Schlaf, beim Sport, vor allem bei Kindern [73]) und traumatisch erfolgen. Bei fehlender Knochenverletzung ist eine radiologische Unterscheidung der Entstehensweise nicht möglich. Derartige Schädigungen treffen vorwiegend die Kopfgelenke.

Verrenkungen unter der Axishöhe sind fast immer traumatischen Ursprungs. Je nach der Dislokation in den Gelenken werden unterschieden:

a) Subluxationen: Gelenkfortsätze in breitem Kontakt miteinander,
b) reitende Verrenkung: die Spitzen der Gelenkfortsätze berühren sich, die Foramina intervertebralia werden größer (Abb. 5.**129a** u. **b**),
c) verhakte Verrenkung: kranialer liegt vor kaudalem Gelenkfortsatz.

Die unilaterale Luxation führt zur Rotation, die bilaterale zur abrupten Beugung in der Halswirbelsäule. Hinweise auf b und c können sich aus der a.-p. Aufnahme ergeben, wenn der Interspinalabstand in einem Segment 50% mehr als in den benachbarten Segmenten beträgt.

Eine Rückenmarksverletzung ist zu vermuten, wenn ein Wirbelkörper um mehr als seine halbe Breite ohne gleichzeitigen (entlastenden) Bogenbruch verschoben ist (9). Auch bei fehlendem radiologischen Befund sind Rückenmarksschädigungen durch spontane Repositionen nach Momentluxationen im Augenblick des Unfalls möglich.

Die Luxationen der Halswirbelsäule sind radiologisch oft schwer festzustellen. Deshalb wurden sie im Rahmen dieses Buches breiter besprochen. Durch axiale Gewalteinwirkung treten **Spaltungs- oder Berstungsbrüche** ein. Diese Frakturen sind selten und ereignen sich noch am häufigsten bei C5 und C6.

Hyperextensionsfrakturen verursachen radiologisch wenig in das Auge springende Zeichen mit Erweiterung des prävertebralen Raumes, kleinen, transversalen Knochenausrissen, Vakuumphänomenen, erweiterten Zwischenwirbelräumen und Dornfortsatzabrissen (36).

Patienten mit einer ankylosierenden Spondylitis (Morbus Bechterew) sind schon bei geringer Gewalteinwirkung anfällig für Halswirbelsäulenbrüche. Über eine typische „hangman's fracture" bei einer 64jährigen Frau mit Morbus Bechterew wurde jüngst berichtet (91).

Als spezielle Form der Berstungsfraktur durch eine Hyperflexion ist die **„tear-drop-fracture"** beschrieben, bei der ein Ausbruch eines drei- oder viereckigen Fragmentes, des „Tränentropfens", aus den nach vorn zusammengesinterten Wirbelkörpern mit Verlagerung der gesamten hinteren Wirbelfläche in den Wirbelkanal vorliegt (50, 132). Auch abgesprengten Osteophyten kommt dieselbe Bedeutung zu wie dem tränenförmigen Fragment (30^3). Ein erweiterter Interspinalabstand und Dislokationen in den Wirbelgelenken müssen als Zeichen einer Schädigung des Lig. longitudinale posterius und damit eine Wirbelsäuleninstabilität mit möglicher Markkompression angesehen werden (143, 144).

Eine besondere Beachtung bedürfen die in etwa 20% unter den Halswirbelbrüchen beobachteten (162) Frakturen in der Nähe der **Unkovertebralverbindungen bzw. der kleinen Wirbelgelenke**. Hier-

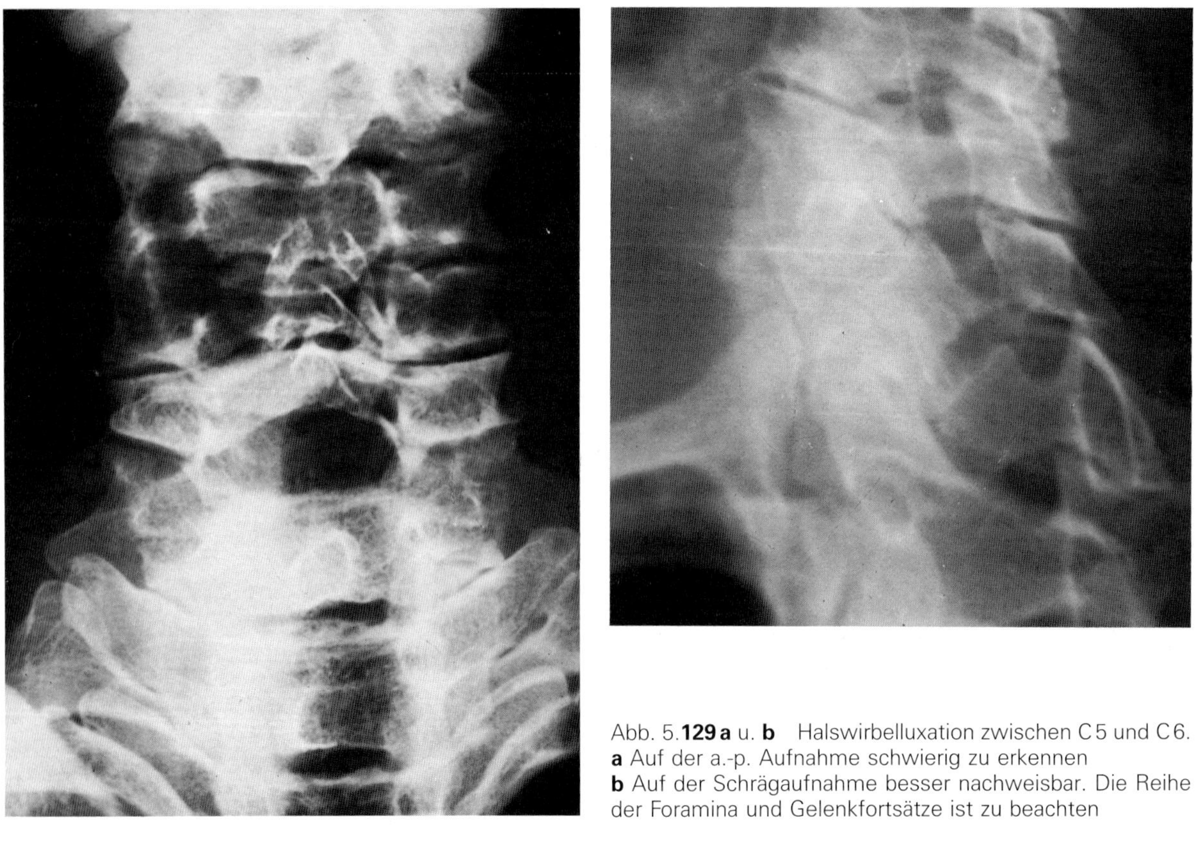

a

b

Abb. 5.**129a** u. **b** Halswirbelluxation zwischen C5 und C6.
a Auf der a.-p. Aufnahme schwierig zu erkennen
b Auf der Schrägaufnahme besser nachweisbar. Die Reihe der Foramina und Gelenkfortsätze ist zu beachten

bei sind computertomographische Untersuchungen von besonderem Wert (163).

Die Schwierigkeiten der Diagnose lassen die Abb. 5.**130a** u. **b** erkennen. Erst die Schichtaufnahme beweist den nach der Summationsaufnahme angenommenen Bruch des Querfortsatzes im Übergang auf den Processus uncinatus C6 rechts. Neurologisch bestand bei dem 52jährigen Patienten nach einem Verkehrsunfall eine Querschnittssymptomatik.

Das posttraumatische Auftreten einer **extraduralen Synovialzyste** in der Halswirbelsäule (mit konsekutiver spastischer Hemiparese) wurde computertomographisch nachgewiesen (20).

Nach isolierter Bandscheibenverletzung kann es zu partieller Blockwirbelbildung kommen (155).

Trotz entsprechender Vorgeschichte (der 61jährige war im 18. Lebensjahr aus 10 m Höhe auf den Kopf gestürzt) dürfte es sich wegen der Beteiligung der Intervertebralregion im Fall der Abb. 5.**131** um eine dysontogenetische Blockwirbelbildung bei C5/6 handeln. Zur Diagnose könnte die Abbildung der auf der Aufnahme nicht dargestellten Interspinalregion beider Wirbel beitragen. Es ist auch kaum anzunehmen, daß die Dysplasie beider Wirbel (vertikal zu hoch, sagittal zu kurz) in diesem Lebensalter noch als Folge einer Störung des restlichen Wachstums eingetreten ist.

Die posttraumatischen Folgezustände am Knochen wie Spinalkanalstenosen und degenerativ bedingte Reaktionen lassen sich computertomographisch leichter nachweisen als mit den übrigen „konventionellen" Methoden der radiologischen Diagnostik (24). Dies trifft natürlich nicht mehr für die Hals-, sondern für die gesamte Wirbelsäule zu.

Daß 14 bis 29% Halswirbelfrakturen bei frischen Unfällen von Radiologen bzw. Unfallchirurgen nicht erkannt wurden (98), muß Ansporn zu besonderer Aufmerksamkeit sein. Vielleicht mindert sich die Zahl nicht gesehener zervikaler Knochenverletzungen durch den verstärkten Einsatz der Computertomographie. Da derartige Verletzungen auch oft nicht sofort erkennbar sind, empfiehlt sich bei anhaltenden Beschwerden eine Kontrolle nach acht Tagen.

Die Ansicht über die Ätiologie der **Vertebra plana** hat sich innerhalb von gut zehn Jahren grundlegend geändert.

Im Handbuch der Radiologie hieß es 1964 (96) noch: „Die Einreihung der Vertebra plana Calvé unter die aseptischen Knochennekrosen wird von den meisten Autoren anerkannt." Außer ätiologischen Faktoren wie Überlastungsschaden, Lues und Rachitis wird im letzten Absatz in zwei Zeilen erwähnt, in jüngerer Zeit tauche die Meinung auf, daß der Calvé-Wirbel durch ein eosinophiles Granulom verursacht werde. 1982 äußerte Dihlmann (30[2]) die Ansicht, „bei der typischen Vertebra plana handelt es sich in der Mehrzahl der Fälle um die Manifestation einer Histiocytosis X (eosinophiles Granulom)", eine Ansicht, die – wenigstens bei 13% von 80 Beobachtungen – 1951 schon von Ravelli vertreten wurde. Der Autor meinte damals: „Die Vertebra plana osteonecrotica Calvé dürfe daher nur noch historisches Interesse beanspruchen" (Abb. 5.**132a** u. **b**).

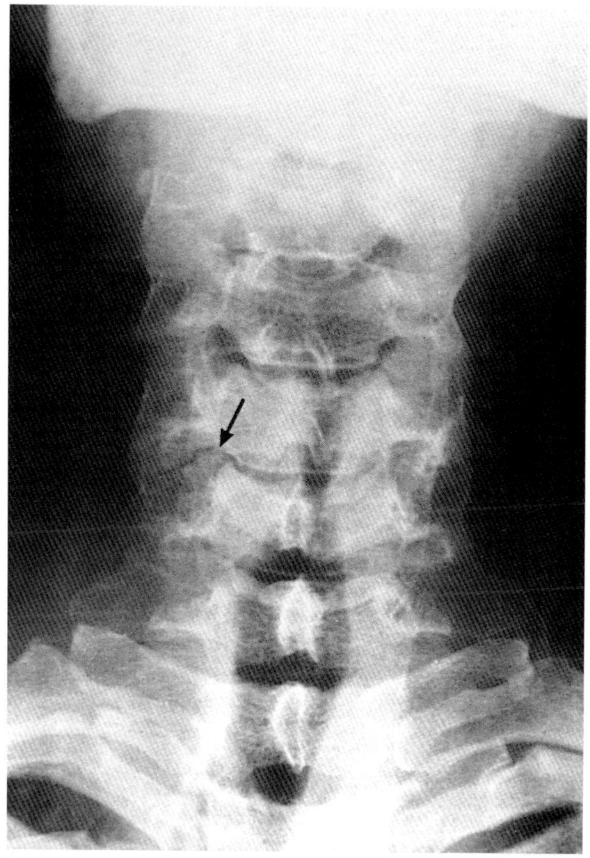
a

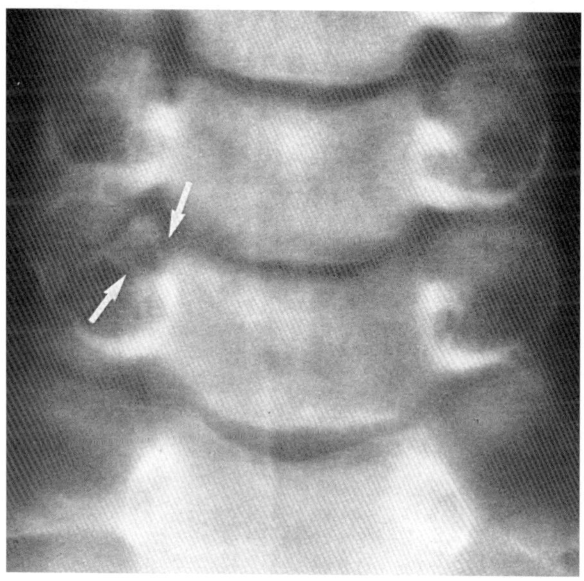
b

Abb. 5.**130a** u. **b** Fraktur des rechten Querfortsatzes von C6 mit beweisender Aussagekraft erst im Tomogramm (**b**). Querschnittsymptomatik

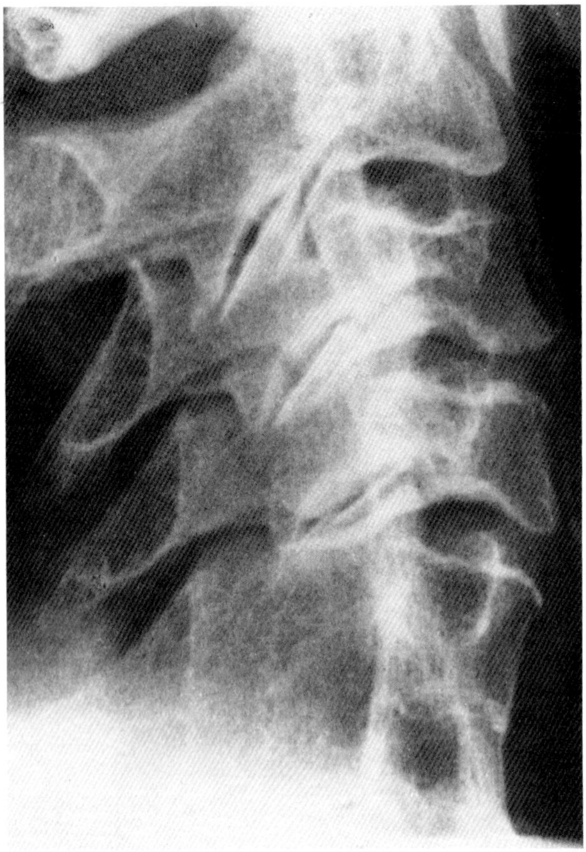

Abb. 5.**131** Dysontogenetischer Blockwirbel C5/6 trotz Traumaanamnese (s. Text)

Eine Restitution des durch eine Histiozytose X zusammengesinterten Wirbels ist in mäßigem Umfang durchaus möglich. Differentialdiagnostisch ist bei Bildern wie nach Abb. 5.**133a** u. **b** nach Ansicht von Ravelli und Zimmer, der die Aufnahmen nicht im Original von Köhler übernommen hatte, eher an eine **Calcinosis intervertebralis** (s. unten) zu denken.

Unter die **juvenilen Osteochondronekrosen** gehört die Belastungsschwäche der druckaufnehmenden knorpeligen und knöchernen Wirbelabschlußplatten, die an der Brustwirbelsäule (s. dort) zur typischen Adoleszentenkyphose (Scheuermannsche Krankheit) führt, aber auch an den Halswirbeln charakteristische Symptome wie Flach- und Keilwirbel verursacht. Dabei vermögen Befunde zu entstehen, die mit dysostotischen Halswirbeln verwechselt werden können, wenngleich allerdings die typischen Wirbelkantendefekte des Morbus Scheuermann bei Dysostosen fehlen (Abb. 5.**134**).

Bei isolierten Knochenbildungen am hinteren Teil des lateroinferioren Randes eines Halswirbels in der Gegend der Unkovertebralverbindung von zwei Halswirbeln, kombiniert mit einem Diskusprolaps, wurde ätiologisch eine aseptische Nekrose zur Diskussion gestellt, wenn auch in einem Lebensalter (54, 37 und 26 Jahre), für das das Adjektiv „juvenil" nicht mehr zutrifft und eher an eine Osteochondrosis dissecans zu denken ist (64, 93). Eine Unterscheidung von einer persistierenden Apophyse des Processus uncinatus ist nahezu unmöglich.

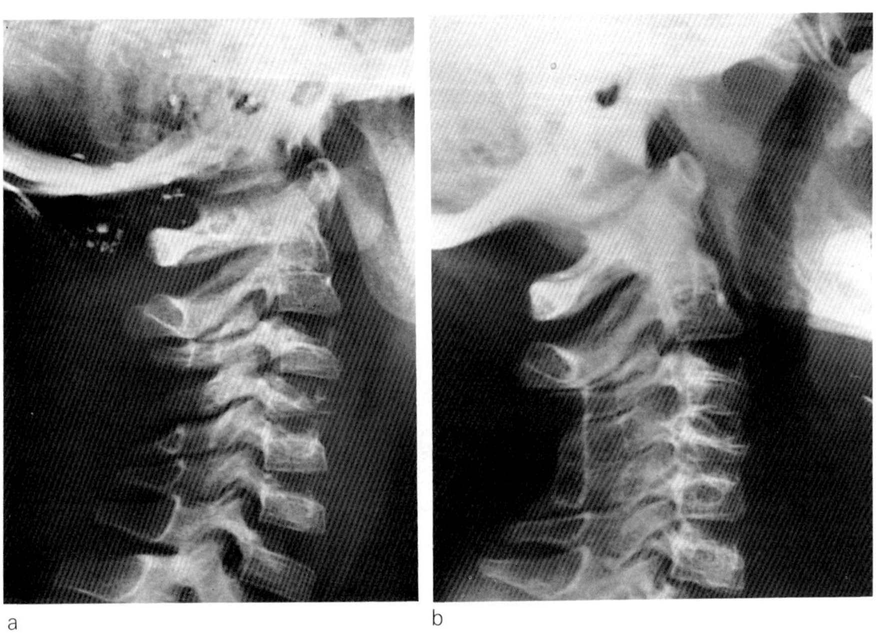

a b

Abb. 5.**132 a** u. **b**
a 5 Jahre alter Junge mit Histiocytosis X bei HWK 4/5
b Drei Jahre später nach neurochirurgischer Ausräumung und Verblockung. Partielle Restitution des Wirbelkörpers (aus Berning, W., J. Freyschmidt: Röntgen-Bl. 38 [1985] 400)

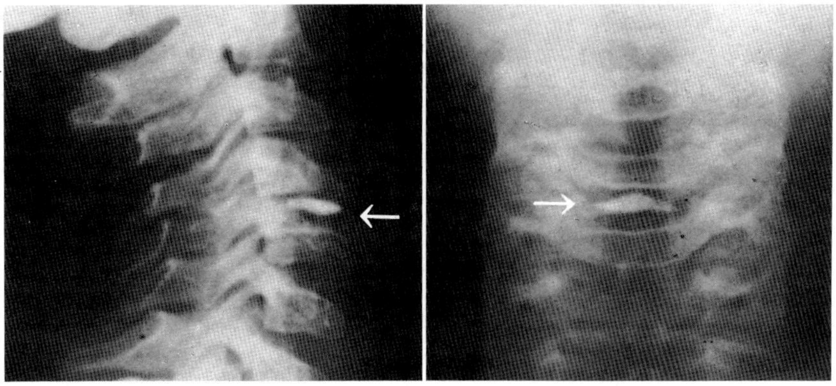

Abb. 5.**133 a** u. **b** Ein der Vertebra plana (Calvé) ähnelnder Befund, von Zimmer auf eine Calcinosis vertebralis bezogen

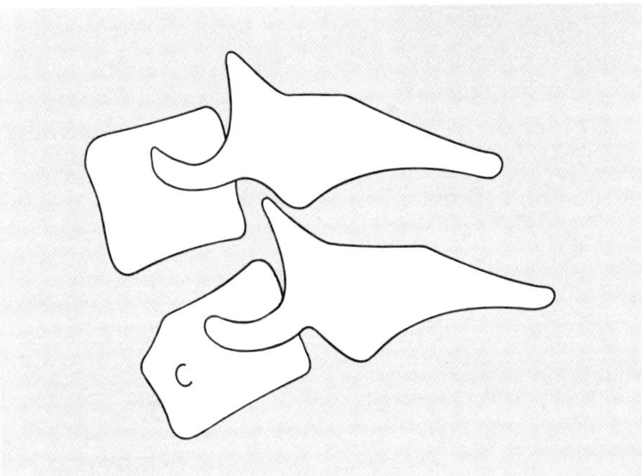

Abb. 5.**134** Flach- und Keilwirbel sowie Wirbelkörperkantendefekte der Halswirbelsäule bei Adoleszentenkyphose (nach Dihlmann)

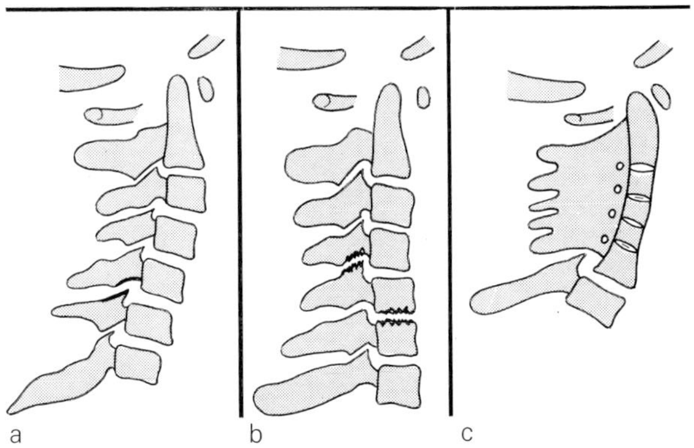

Abb. 5.**135 a–c** Synoptische Tafel der radiologischen Symptome bei Befall der Halswirbelsäule durch eine rheumatoide Arthritis

a Stufenleitersubluxationen C 3/4, C 4/5 und C 5/6. Dornfortsatzdestruktion bei C 7 (multilierender Prozeß = Zuckerstangenform)

b Diszitis C 3/4, Spondylodiszitis C 5/6, Intervertebralarthritis C 4/5

c Fusionen der Intervertebralgelenke und Bögen bei juvenil begonnener rheumatoider Spondylarthritis vor dem 10. Lebensjahr mit Wachstumsstörungen der Wirbelkörper und Zwischenwirbelscheiben

Erworbene Erkrankungen

Ein Drittel aller Fälle von **rheumatoider Arthritis** befällt die Wirbelsäule (Abb. 5.**135 a–c**), speziell den Halsabschnitt (130). Charakteristische Symptome sind: Osteoporose, Verschmälerung der Zwischenwirbelräume, Arrosion der Gelenkflächen und Wirbelabschlußplatten sowie Wirbelverschiebung gegeneinander, also unter anderem **Intervertebralarthritis** und **Diszitis**.

Die subaxiale, d. h. unterhalb des Axis entstehende, Subluxation der Halswirbel ist nicht so häufig wie die bekannte rheumatoide Atlantoaxialverschiebung und tritt gewöhnlich erst nach langer Krankheitsdauer auf. Sie kann ein ganz erhebliches Ausmaß annehmen, oft ohne spürbare oder neurologisch faßbare Symptome zu verursachen (112). Die Zuspitzung der Dornfortsatzenden gehört zu den typischen Symptomen der zervikalen rheumatoiden Arthritis (Abb. 5.**136**). Eine schematische synoptische Darstellung typischer Folgeerscheinungen der Erkrankung ist in Abb. 5.**137 a–e** wiedergegeben.

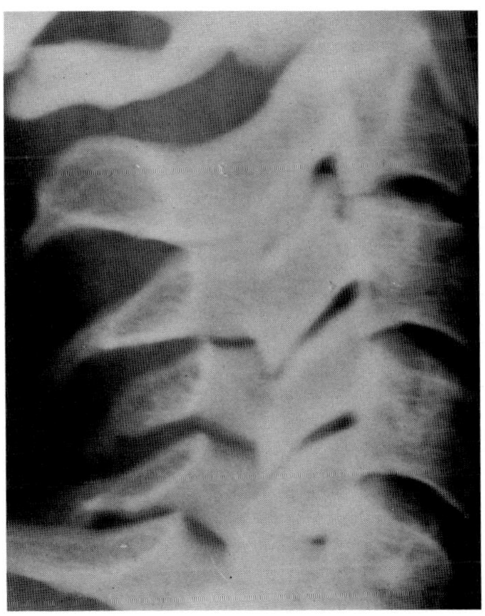

Abb. 5.**136** Spitz ausgezogene Konturen der Dornfortsatzenden als Zeichen einer rheumatoiden Arthritis bei einer 30jährigen Frau

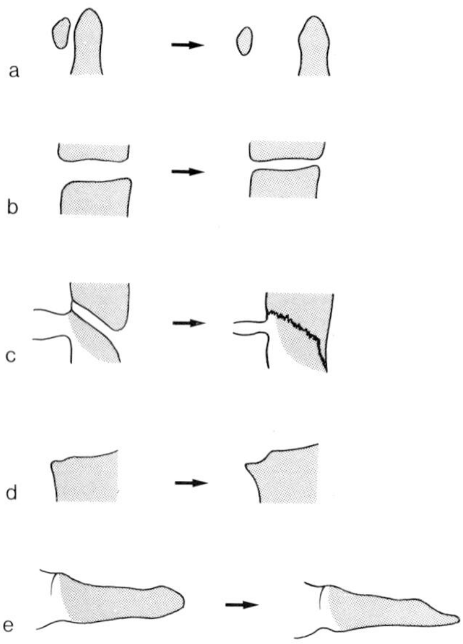

Abb. 5.**137 a–e** Synoptische Darstellung der entzündlichen Merkmale bei rheumatoider Spondylarthritis
a Atlantoaxiale Dislokation (6 mm)
b entzündlicher Bandscheibenschwund ohne osteophytäre Reaktion
c Intervertebralarthritis
d Randleistenarrosion
e zuckerstangenförmige Zuspitzung des Dornfortsatzes C7 (nach Schilling und Schacherl, Bad Kreuznach)

Bei der **juvenilen rheumatoiden Arthritis** ist die Symptomatik sonst gleich; lediglich die Tendenz zur Ankylosierung der kleinen Wirbelgelenke ist größer als bei adulten Krankheitsformen (30[4]). In stärker ausgeprägten Fällen kommt es außer dieser Ankylosierung zur Verknöcherung der Ligg. flava sowie zu partieller Verblockung der Wirbelkörper mit Bandscheibenresten (103). Der meist beim Erwachsenen festgestellte Zustand der juvenilen rheumatoiden Arthritis ist häufig unverkennbar, weil Wachstum und Entwicklung von Bandscheiben, Wirbelkörpern, Wirbelbögen und Dornfortsätzen erheblich gestört sind. Dazu gehört auch die Vergrößerung der Foramina intervertebralia (32).

Rückenmarkskompressionen erfolgen bei zervikalen Subluxationen infolge einer **Spondylitis psoriatica** sehr früh, weil hier der Spinalkanal gegenüber der Norm eher eng ist. Eine solche Knochenveränderung kann auch einmal zum Tode führen (43). Die Halswirbelsäulenbeteiligung bei der Psoriasisspondylitis ist allerdings eine seltene Komplikation. Über den bei der Psoriasis typischen Parasyndesmophyten s. Kapitel „Lendenwirbelsäule".

Die Beteiligung der obersten Halswirbel bei der **ankylosierenden Spondylitis** ist zwar häufiger, manchmal sogar typisch, doch gehören tiefer lokalisierte zervikale Spondylodiszitiden bei dieser Erkrankung in einer zwischen 0,25 und 0,5% angegebenen Häufigkeit zu den Seltenheiten (46, 84, 139).

Wie schon im Abschnitt über Knochenverletzungen teilweise angeführt, ereignen sich Luxationen und/oder Frakturen bei ankylosierender Spondylitis schon infolge leichterer Unfälle (124), gehen nur selten ohne neurologische Komplikationen einher und führen bei totaler Paraplegie in 30% Häufigkeit zum Tode (78).

Eine mögliche Beteiligung der Halswirbel an der **sternokostoklavikulären Hyperostose** („pustulotic arthroosteitis") mit Sklerosen in der Wirbelstruktur und bandförmiger Verknöcherung am Vorderrand der Wirbel und Bandscheiben wurde beschrieben (115).

Eine umfassende Zusammenstellung von Hyperostosen und Ossifikationen findet man bei demselben Autor (117).

Die **infektiösen Spondylitiden** werden bei gleicher Symptomatik in der Besprechung der übrigen Wirbelsäulenregionen aufgeführt; lediglich auf eine entzündliche Erkrankung ist hier mit besonderer, typisch zervikaler Lokalisation und Symptomatik hinzuweisen: die **zervikale Aktinomykose** mit prävertebralem Abszeß und Arrosion der vorderen Wirbelkanten bei C4 bis C7 (23). Der Hauptsitz der **Syphilis** soll die Halswirbelsäule sein (136, 137).

Die **degenerativen Reaktionen** an der Halswirbelsäule sind nach ihrem Auftreten bei hierfür relativ sehr jungen Menschen zum Teil fast in den Bereich der Norm zu zählen. Der Beginn degenerativer Veränderungen kann im Alter von 10 bis 15 Jahren liegen. Am Ende des 5. Lebensjahrzehntes läßt sich bei 60% der Frauen und 80% der Männer eine Bandscheibendegeneration nachweisen (86). In den anschließenden Ausführungen folgen wir weitgehend, wenn nicht eigens andere Autoren aufgeführt sind, der Schilderung von Dihlmann (30[5]).

Die **Chondrosis intervertebralis** ist durch Wasserverlust des Nucleus pulposus mit konsekutiven Rissen bis in den Anulus fibrosus hinein bedingt. Die Spalte kann ausnahmsweise Gas enthalten und zum „**Vakuumphänomen**" führen. Der Zwischenwirbelraum wird niedriger. Eine solche Höhenabnahme der Bandscheibe kann auch durch einen entzündlichen Prozeß oder nach Austritt von Diskusgewebe entstehen.

Dieser Diskusverschleiß, der mit fortschreitendem Lebensalter zunimmt und bei ungewöhnlicher Belastung häufiger und stärker ausgeprägt ist, führt im weiteren Prozeß nach Verlust der druck- und stoßausgleichenden Diskusfunktion zur Knochenreaktion und damit zur **Osteochondrosis intervertebralis**, radiologisch gekennzeichnet durch die Höhenabnahme des Zwischenwirbelraumes durch eine subdiskale Sklerose und durch **marginale Wirbelosteophyten** (Abb. 5.**138**). Durch Einbruch des sklerosierten Knochens kann es zur **erosiven**, durch knöchernen Durchbau benachbarter Wirbel zur **synostosierenden Osteochondrose** kommen.

Nach Verlust der segmentären Elastizität durch Diskusverschleiß werden die Unkovertebralverbindungen stärker belastet und reagieren mit einer **Spondylosis uncovertebralis**, radiologisch nachweisbar durch Verplumpung, Strukturverdichtung und Deformierung der verlängerten Spitzen nach seitlich, eventuell auch nach hinten (Abb. 5.**139a** u. **b**). Bei sehr deutlich ausgeprägter Unkovertebralarthrose kann man in der unteren Halswirbelsäule auf der seitlichen Aufnahme einen spaltförmigen Aufhellungsstreifen erkennen. Er entsteht durch Absorptionsdifferenzen normalen Knochengewebes des Wirbels gegen Sklerosezonen in seinen basalen Partien und summierenden Effekten durch die seitlich getroffenen Anteile des Processus uncinatus des nächsttieferen Wirbels. So wird ein Spalt in oder neben dem Wirbelkörper vorgetäuscht (31) (Abb. 5.**140**); allerdings wird in einer neueren Arbeit über den „Cervical split: a pseudofracture" die schon 1957 ausgesprochene Ansicht, es handele sich um die Projektion eines Unkovertebralspaltes bei Unkovertebralarthrose auf den Wirbelkörper (125), wieder aufgenommen und zu belegen versucht (60).

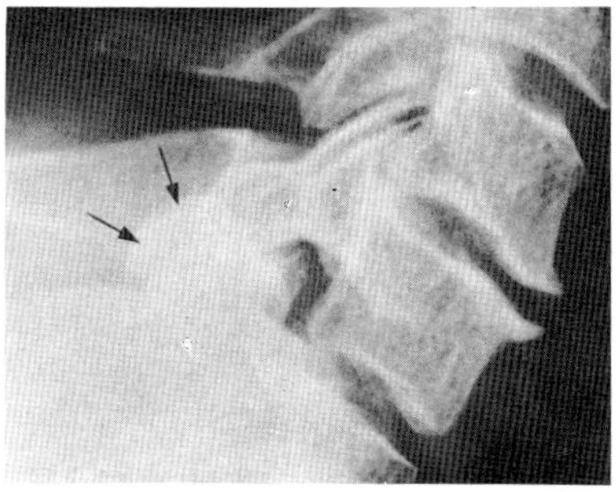

Abb. 5.**138** Osteochondrosis intervertebralis bei C5/6 (Pfeile)

a

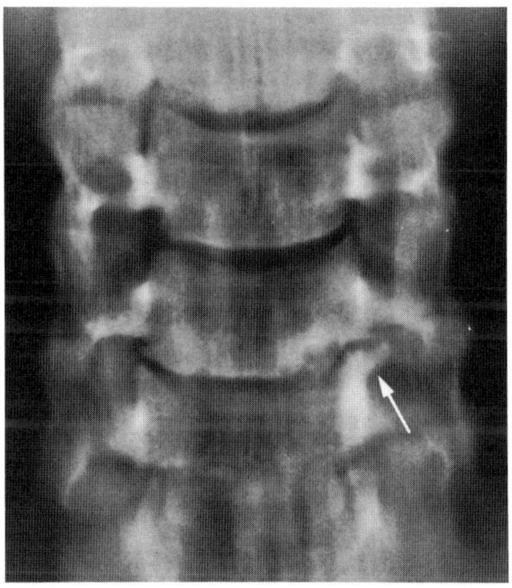

b

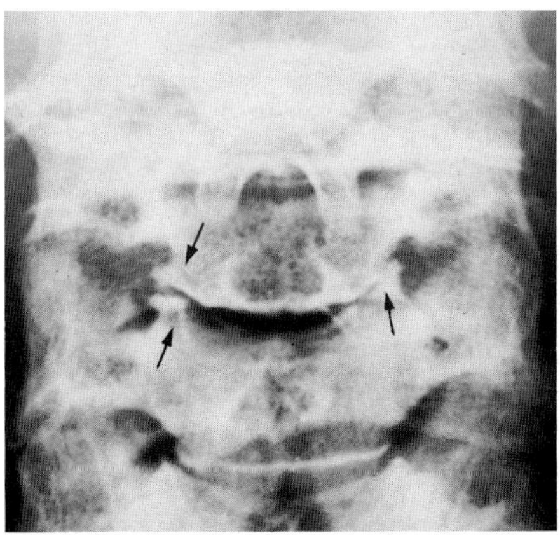

Abb. 5.**139a** u. **b**
a Isolierte, ausgeprägte Spondylosis uncovertebralis bei C5/6 links
b 44jährige Frau. Spondylosis uncovertebralis bei C3/4 beiderseits

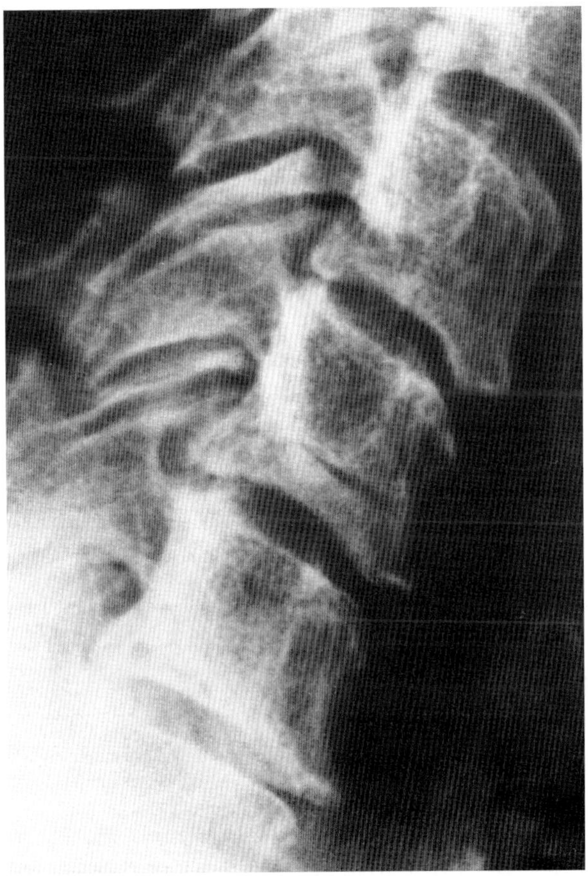

Abb. 5.**140** Spaltförmige Aufhellung (durch Sklerosezonen und Mach-Effekt) über der unteren Terminalfläche von C6 bei starken degenerativen Reaktionen der Wirbelregion

Die **Spondylosis deformans** (mit pathogenetischer Beziehung zur Diskusdegeneration) wird durch den *submarginalen Spondylophyten* neben oder vor einem nicht verschmälerten Zwischenwirbelraum gekennzeichnet. Der Knochensporn beginnt sich unter dem Rand des Wirbelkörpers zu bilden, dehnt sich nach Verbreiterung bis zur Wirbelkante aus und wächst seitlich und vorn zuerst horizontal und danach unter dem vorderen Längsband henkelförmig nach vorn oben oder unten. Der **Schaltknochen** entspricht einer isolierten Ossifikation im vorderen Längsband und entsteht auf metaplastischer Basis mit oder ohne Spondylosis deformans (146). Dorsale *marginale Spondylophyten* durch Osteochondrose und *dorsale Spondylophyten* durch dorsalen Diskusprolaps entstehen seltener als die zur Seite und nach vorn gerichteten Knochenzacken.

Bei osteoplastischer Diathese bilden sich *hyperostotische Spondylophyten*, die einen zuckergußähnlichen Aspekt an der Vorderfläche der Halswirbelsäule verursachen.

Das radiologische Erscheinungsbild der Arthrose der Wirbelgelenke, der **Spondylarthrosis deformans,** unterscheidet sich prinzipiell mit Verschmälerung des Gelenkspaltes, subchondraler Spongiosaverdichtung und marginalen Osteophyten (Abb. 5.**141**) nicht von der Arthrosis deformans der übrigen Körpergelenke. Ihre verminderte Belastung bei funktionell durch die erwähnten Degenerationsprozesse oft versteiften Segmente hindert dort ihre Entstehung; andererseits begünstigt die zusätzliche Belastung durch Höhenminderung der Bandscheibe mit Ausfall des stoßdämpfenden Diskus das Auftreten der Spondylarthrose, wenn dadurch eine Gefügelockerung eingetreten ist. Die arthrotischen Wülste können bei mächtiger Ausbildung an die Konturen der Zwischengelenkpartie stoßen und dort eine Art von Reibungssklerose verursachen (Abb. 5.**141**).

Eine Häufung von Befunden degenerativen Charakters (Haltungs- und Funktionsstörungen der Halswirbelsäule, chondrotische, spondylotische und spondylarthrotische Veränderungen) waren bei jungen Schwingern und Ringern schon in den frühen 20er Lebensjahren, besonders bei den Wettkämpfern, die oft „in die Brücke" gehen mußten, nachweisbar (16).

Weitere prinzipielle Angaben über degenerativ bedingte Wirbelsäulenschäden s. Kapitel „Brustwirbelsäule" und „Lendenwirbelsäule".

Diese auf degenerativer Grundlage entstandenen Knochenveränderungen brauchen keine klinischen Symptome zu verursachen, doch lassen sich lokale Schmerzen, Bewegungseinschränkungen und andere Beschwerden kranial oder kaudal (und in der distalen Peripherie) bei degenerativ bedingten Halswirbelsäulenveränderungen öfter beobachten als bei normalem Skelettbefund in dieser Region. Man kennt akut wie schleichend einsetzende und dann chronisch verlaufende Krankheitszustände und das *zervikomedulläre Syndrom*. Nach klinischer Diagnose dient die radiologische Untersuchung auch dem Nachweis bzw. Ausschluß einer auslösenden anderen als der degenerativen Erkrankung.

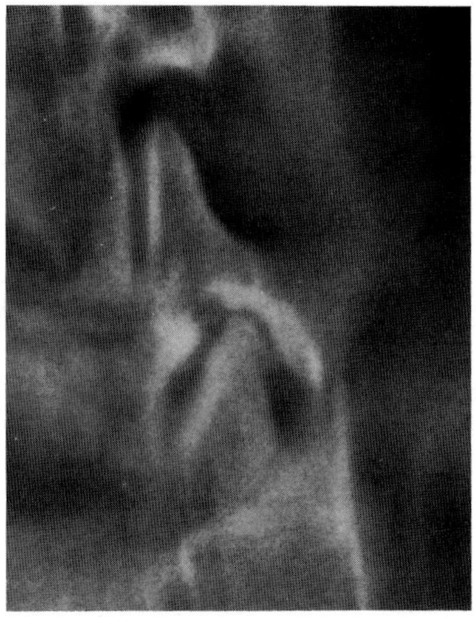

Abb. 5.**141** Usur mit sklerosierter Begrenzung an der unteren Kontur der Zwischengelenkportion des 4. Halswirbels durch Druck des oberen Gelenkfortsatzes von C5

Der vordere oder seitliche submarginale Osteophyt verursacht selten Symptome, eventuell jedoch mechanisch bedingte Dysphagien und Heiserkeit (59, 92, 105, 123), (Abb. 5.**142**), sogar Grenzdivertikel des Ösophagus (22). Eine zervikale Myelopathie durch dorsale Spondylophyten ist nur bei engem Spinalkanal zu erwarten. Die Deformationen der Processus uncovertebrales können, wie auch Osteophyten bei Spondylarthrosis deformans, Einengungen der Foramina intervertebralia (Abb. 5.**143a, b** und 5.**144a, b**), radikuläre Symptome wie auch eine Behinderung des Blutflusses in der A. vertebralis (62) und der V. vertebralis (5) mit Irritation des begleitenden Plexus vertebralis (Kopfschmerzen, Schwindelattacken, Sehstörungen, Flimmerskotome, Hör- und Gleichgewichtsstörungen

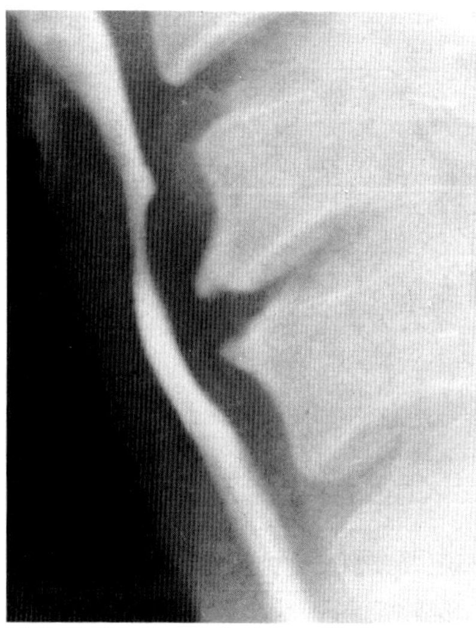

Abb. 5.**142** Deviation der Speiseröhre in der Höhe von vorderen Osteophyten bei Spondylosis intervertebralis C5/6. Klinisch: Dysphagie

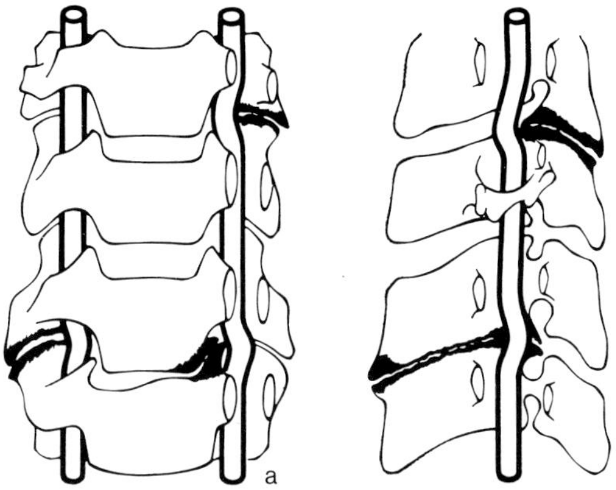

Abb. 5.**143 a** u. **b** Schema des Verlaufes der A. vertebralis durch die Foramina transversaria
a Von vorn, **b** seitlich
Bei Spondylosis uncovertebralis und bei Spondylarthrosis deformans kann die Arterie von vorn oder hinten komprimiert werden (nach de Sèze)

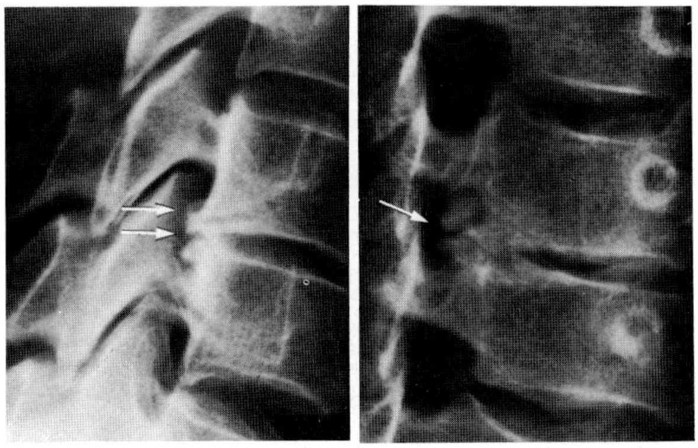

Abb. 5.**144 a** u. **b** Lokalisierte Unkovertebralarthrose bei Osteochondrose C 5/6 mit Einengung des Foramen intervertebrale

[39], Ohrensausen u. a.) verursachen. Auch pektangiöse und asthmatische Anfälle mit Brachy- und Kardialgien können auf diesem Weg ausgelöst werden. Die anfallsweise auftretende „migraine cervicale" (6) soll man nur annehmen, wenn gleichzeitig andere radikuläre oder vegetative Symptome einer Spondylose gefunden werden, wenn ein Trauma vorgelegen hat und wenn eine charakteristische Art von Kopfschmerzen, halbseitig im Nacken von okzipital nach frontal ausstrahlend, auftritt. Die typische Geste des Patienten ist die des „Helmabstreifens".

Bei den häufigen segmentalen *Bewegungsstörungen*, besonders mit *schmerzhafter Verkrampfung* der Muskulatur, ob sie nun schleichend einsetzen und chronisch verlaufen oder mit plötzlicher Schmerzattacke beginnen, kann die radiologische Untersuchung nur die erwähnten pathologischen morphologischen Veränderungen, die Stellungsabnormität und – nach den in den Ausführungen über das traumatische Zervikalsyndrom beschriebenen Funktionsuntersuchungen – das Ausmaß der Bewegungseinschränkung feststellen (62), dient aber nicht zuletzt auch hier dem Nachweis bzw. Ausschluß anderer als degenerativer Erkrankungen als auslösende Ursache. Es ist wichtig zu wissen, daß die Zone der schmerzauslösenden Instabilität meist ein Segment über dem starren Abschnitt liegt. Hier führt auch oft die Gefügelockerung nach Höhenabnahme der Bandscheibe zur **Retrolisthese** des oberen Wirbels. Nicht immer erfolgt bei Instabilität eine Verschiebung des oberen Wirbels nach hinten. Sehr selten kann es auch auf arthrotischer Basis zum sehr ausgeprägten **Wirbelgleiten** nach vorn kommen (28).

Multiple subaxiale Subluxationen, wie sie sonst nur posttraumatisch oder infolge von Entzündungen, meist rheumatoider Arthritis entstehen, wurden bei einer Patientin beobachtet, die langfristig mit *Kortikosteroiden* behandelt war und zwischen C2 und C5 bis zu 7 mm betragende Subluxationen der Wirbel gegeneinander bei ventraler Beugung aufwies, die sich bei Extension normalisierten (34).

Das meist in Aufnahmen der Lendenwirbelsäule in Zwischenwirbelräumen nachzuweisende „Vakuumphänomen" findet sich nach Computertomogrammen in etwa 30% der Patienten mit zervikalen Bandscheibenschäden, und zwar in den marginalen Diskuspartien (72).

Verkalkungen bzw. Verknöcherungen wurden im Lig. longitudinale posterius häufig in Japan, aber auch bei Chinesen in Europa beobachtet (96), sog. Japanerkrankheit, mit der Buchstabenabkürzung im englischen Sprachraum auch als Posterior longitudinal ligament ossification (PLLO) bezeichnet (Abb. 5.**145 a–d**).

Als zusätzliche Skelettmanifestation der DISH (diffuse idiopathic skeletal hyperostosis) werden bei vier weißen Patienten Kombinationen von Hyperostosen hinterer Wirbelanteile, hinterer spinaler Osteophytosen und Verkalkungen des hinteren Längsbandes angesehen (116).

Erhebliche **Einengungen des Spinalkanals** werden – abgesehen von den auf dysontogenetischer Basis entstandenen Stenosen – durch Osteophyten der Wirbelgelenke bei Spondylarthrosis beobachtet. Diese Befunde werden im Computertomogramm erst in ihrem ganzen Ausmaß deutlich (66).

Eine Aufweitung des Foramen intertransversale verursachen in charakteristischer Weise die hier gelegenen oder aus dem Spinalkanal dringenden **Neurinome** (Abb. 5.**146a** u. **b**). Daß auch das **Chondrom** zu einer solchen Veränderung führen kann, ist bewiesen (71). **Solitäre Osteochondrome** (88) und Osteoidosteome (167), vom Gelenkfortsatz bzw. Dornfortsatz ausgehend, lassen sich am besten mit der Computertomographie bzw. der Szintigraphie als zusätzlichen Methoden neben der konventionellen Nativdiagnostik nachweisen.

Zu den erworbenen Erkrankungen ist letztlich noch eine Veränderung zu rechnen, die ohne klinisch faßbare Auswirkungen einen charakteristi-

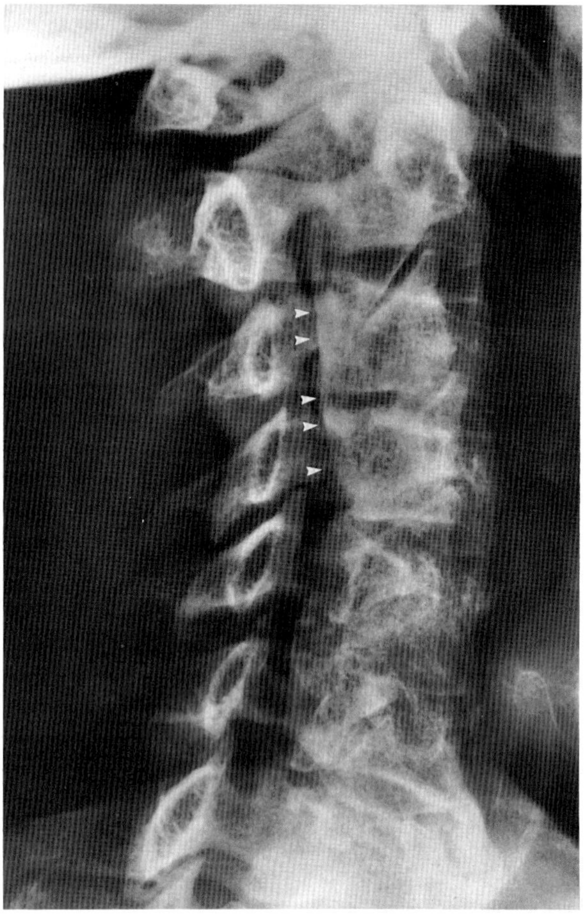

a

schen radiologischen Befund hervorruft, und zwar eine scharf konturierte **Aushöhlung am Wirbelkörper**, die vom Foramen intervertebrale ausgeht und differentialdiagnostisch von expansiv wachsenden Tumoren abgegrenzt werden muß. Es handelt sich um die *Usur durch eine Schlinge der* (eventuell auch aneurysmatisch) erweiterten *A. vertebralis*, bisher bei C2/3 und bei C4/5 beschrieben. Die Diagnose ist durch die Angiographie der A. vertebralis oder – weniger gefährlich – durch ein Computertomogramm mit Kontrastmittelanreicherung leicht zu sichern (33, 53, 122). Als Differentialdiagnostikum gegen Tumoren gelten der Nachweis des (von Vertebralisschlingen nicht) usurierten Processus uncinatus (138) und selbstverständlich das Kontrast-Zeit-Verhalten.

Massive Verkalkungen des Nucleus pulposus und des Faserringes wurden bei sechs Kindern beobachtet. Zwei von ihnen hatten Beschwerden. In einem einzigen Fall war eine entzündliche Erkrankung vorausgegangen (9).

Die Verkalkungen können auch bei Entzündungen und nach Traumen bei Kindern entstehen (69, 81, 126). Der verkalkte Diskus oder Teile davon können prolabieren. Dieser Vorgang erfolgt in der Regel unter das vordere Längsband und kann zu Schluckbeschwerden und zervikalen Bewegungseinschränkungen führen (30[9]), jedoch auch klinisch symptomlos verlaufen. Auch bei dem an der Halswirbelsäule sehr seltenen Prolaps nach dorsal finden sich meist keine neurologischen Ausfälle: Das in den

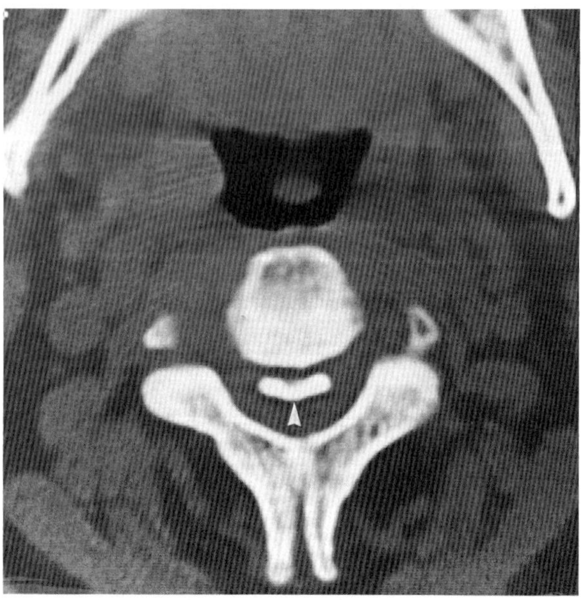

b

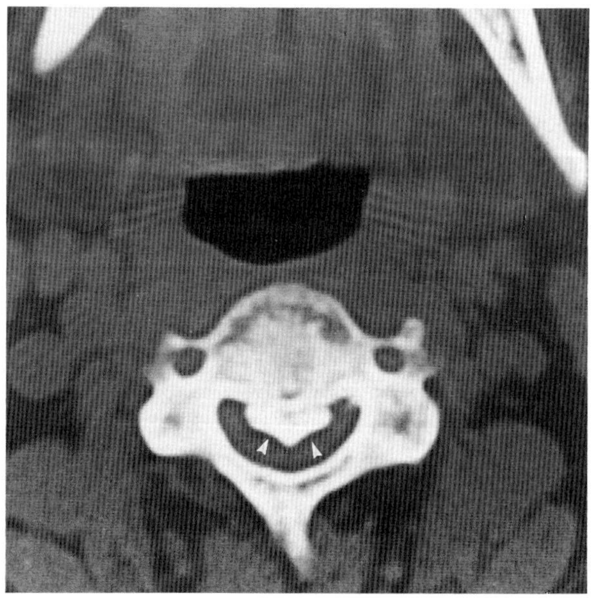

c

Abb. 5.**145 a–d** 73jähriger Mann
a Schrägaufnahme der Halswirbelsäule. Verknöcherung des hinteren Längsbandes in den Segmenten C2 bis C4
b u. **c** Computertomogramme. Eindeutig räumliche Zuordnung der Verkalkung in das hintere Längsband
d Kernspintomogramm. Verbreiterung der signallosen Zone hinter den Wirbelkörpern C2 bis C4 und schwerste Atrophie des zervikalen Markes in dieser Region. Klinisch stärkste Gehstörungen

Abb. 5.**145 d** ▷

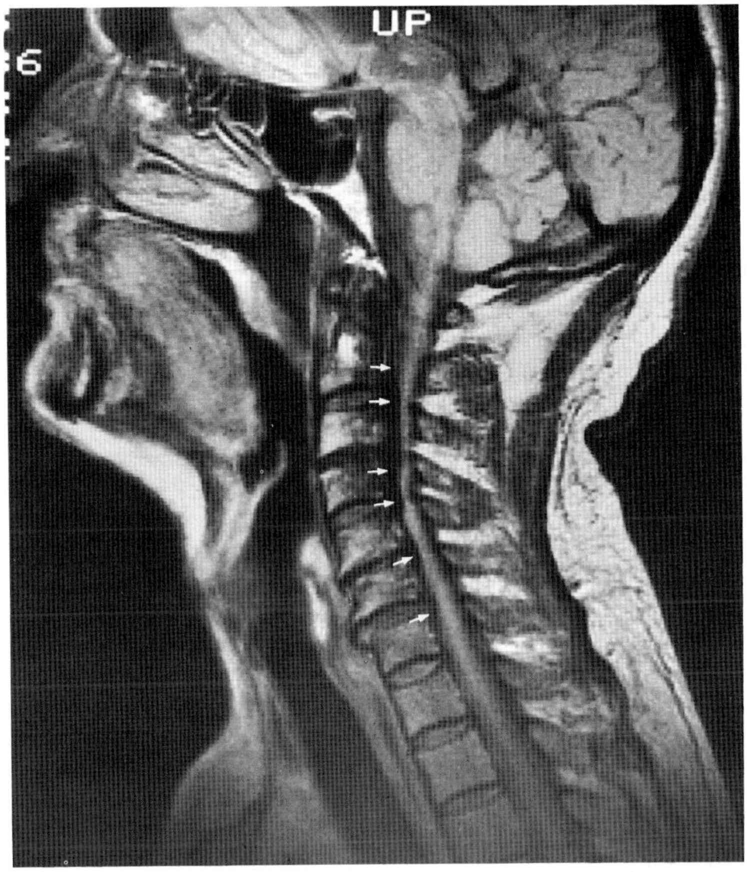

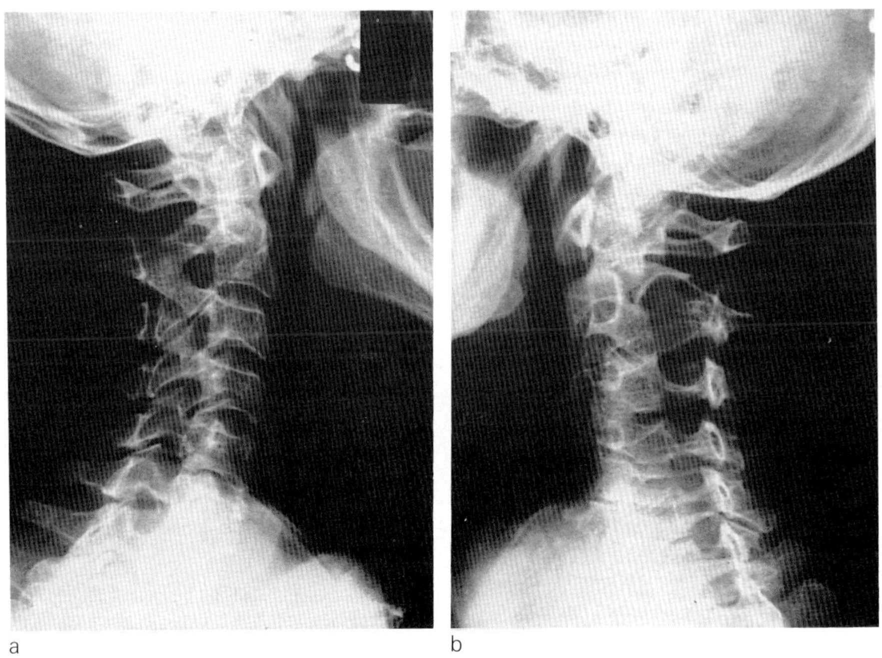

Abb. 5.**146 a** u. **b** Erweiterung des linken Foramen intervertebrale C 2/3 mit Druckusuren an den Wirbelbögen durch ein Neurinom

Zervikalkanal dislozierte Material wird bei konservativer Behandlung meist im Laufe weniger Wochen spontan resorbiert (90).

Eine **Myositis ossificans traumatica** bildete eine Brücke zwischen C5 und C7 im Bereich der prävertebralen Muskulatur (Mm. longus colli et capitis [3]). Ausgedehnte Verkalkungen und Spanbildungen sind typisch für die **Myositis ossificans progressiva** (42).

Verknöcherungen im Lig. interspinosum sind gelegentlich zu beobachten (Abb. 5.**147**) und zu trennen von den öfter auftretenden Ossifikationen im Lig. nuchae bzw. der Ligg. supraspinalia, auf die im folgenden Abschnitt eingegangen wird.

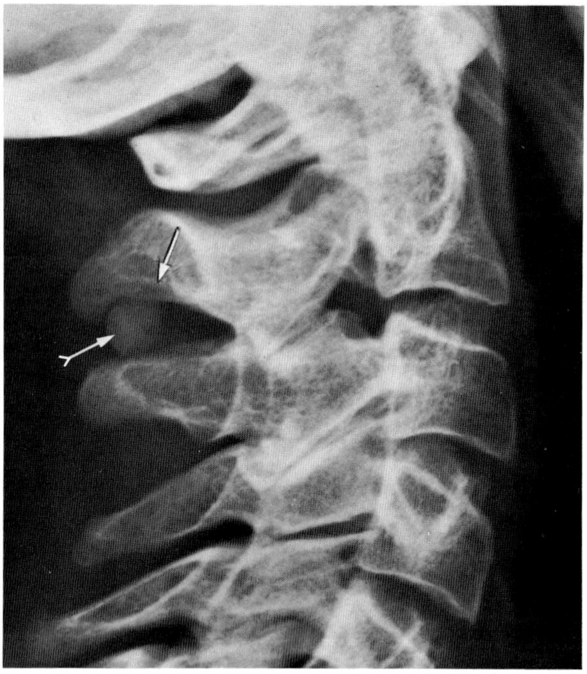

Abb. 5.**147** Runder, haselnußgroßer Knochen zwischen den Dornfortsätzen C 2/3

Literatur

1 Anand, A. K., E. Kuchner, R. James: Cervical Diastematomyelia: Uncommon presentation of a rare congenital disorder. Comput. Radiol. 9 (1985) 45–49

2 Applbaum, G., P. Gerard, D. Bryk: Elongation of the anterior tubercle of a cervical vertebral transverse process: An unusual variant. Skeletal Radiol. 10 (1983) 265–267

3 Arcq, M.: Ungewöhnliche Lokalisation einer Myositis ossificans traumatica an der Halswirbelsäule. Z. Orthop. 108 (1970) 176–183

4 Azouz, E. M., J. D. Chan, R. Wee: Spondylosis of the cervical vertebrae. Report of three cases, with a review of the English and French literature. Radiology 111 (1974) 315–318

5 Baacke, H.-H.: Veränderungen am venösen Gefäßsystem bei Osteochondrosis cervicalis. Fortschr. Röntgenstr. 87 (1956) 721–726

6 Bärtschi-Rochaix, W.: Migraine cervicale, das encephale Syndrom nach Halswirbeltrauma. Huber, Bern 1949

7 Bakke, S. N.: Röntgenologische Beobachtungen über die Bewegungen der Wirbelsäule. Acta radiol. (Stockh.), Suppl. 13 (1931)

8 Beranek, L.: Érosion d'un trou du conjugaison cervical par une boucle de l'artère vertébrale. Rev. Rhumat. 51 (1984) 439–440

9 Berger; zit. nach Köhler/Zimmer, 12. Aufl., 1982

10 Boehler, J.: Morphologie der Halswirbelverletzungen nach ätiologischen Gesichtspunkten. H. Unfallheilk. 108 (1971) 10–13

11 Bony, M., V. Denaro: The cervical stenosis syndrome with a review of 83 patients treated by operation. Int. Orthop. 6 (1982) 185–195

12 Borne, G., G. Bedon, J. P. Garidon, J. P. Giraud, M. Pinandeau: Les traumatismes du rachis cervical chez l'enfant. J. Chir. (Paris) 120 (1983) 455–459

13 Braun, H.: Seltene Anomalien der Wirbelsäule. Fortschr. Röntgenstr. 82 (1955) 126–127

14 Brocher, J. E. W.: Wirbelsäule, In Schinz, H. R., W. E. Baensch, W. Frommhold, R. Glauner, E. Uehlinger, J. Wellauer: Lehrbuch der Röntgendiagnostik, Bd. III. Thieme, Stuttgart 1966

15 Brocher, J. E. W., H.-G. Willert: Differentialdiagnose der Wirbelerkrankungen 6. Aufl. Thieme, Stuttgart 1979

16 Buetti, C.: Röntgenbefunde an der Halswirbelsäule bei Schwingern und Ringern. Radiol. clin. (Basel) 20 (1951) 353–362

17 Buetti, C.: Zur Röntgendiagnostik seltener Fehlbildungen der Halswirbelsäule. Radiol. clin. (Basel) 22 (1953) 141–161

18 Buetti-Bäuml, C.: Funktionelle Röntgendiagnostik der Halswirbelsäule. Thieme, Stuttgart 1954

19 Bugyi, B.: Untersuchungen zum Vergleich der röntgenologischen funktionellen Halswirbelsäulenmethoden. Die Wirbelsäule in Forschung und Praxis, Bd. 15. Hippokrates, Stuttgart 1960 (S. 137–140)

20 Cartwright, M. J., D. G. Nehls, C. A. Carrion, R. F. Spetzler: Synovial cyst of a cervical facet joint: case report. Neurosurgery 16 (1985) 850–852

21 Cintron, Elsie A., L. A. Gilula, W. A. Murphy, J. A. Gehweiler: The widened disc space: A sign of cervical hyperextension injury. Radiology 141 (1981) 639–644

22 Cocchi, U.: Das Grenzdivertikel als Folge von Spondylosis deformans cervicalis. Radiol. clin. (Basel) 18 (1949) 225–231

23 Crank, R. N., M. Sundaram, J. B. Shields: Cervical actinomycosis with spinal involvement. Case Report 197. Skeletal Radiol. 8 (1982) 164–167

24 Crone-Münzebrock, W., H.-H. Jend, M. Heller: Radiologische Diagnostik posttraumatischer Folgezustände nach Wirbelsäulenfrakturen. Unfallheilkunde 87 (1984) 488–493

25 Csákány, Gy., S. Almós: Echte Spondylolisthese der Halswirbelsäule. Fortschr. Röntgenstr. 91 (1959) 277–280

26 Csákány, Gy., M. Szabó: Eine seltsame Fehlbildung der Halswirbelsäule. Fortschr. Röntgenstr. 98 (1963) 106–107

27 Dahmen, G.: Über die Doppelanlage eines Dornfortsatzes. Z. Orthop. 102 (1967) 621–622

28 Daburge, A.: Instabilité du rachis cervical par arthrose. Rev. Chir. Orthop. 70 (1984) 397–399

29 Diethelm, L.: Röntgendiagnostik der Wirbelsäule, Teil 1–3. In Diethelm, L., F. Heuck, O. Olsson, K. Ranniger, F. Strnad, H. Vieten, A. Zuppinger: Handbuch der Medizinischen Radiologie, Bd. VI. Springer, Berlin 1974

30 Dihlmann, W.: Gelenke – Wirbelverbindungen, 2. Aufl. Thieme, Stuttgart 1982. ([1]S. 498–499; [2]Abb. 658; [3]S. 466; [4]S. 550; [5]S. 512–529; [6]Abb. 664; [7]S. 503; [8]Abb. 610; [9]Abb. 639)

31 Dihlmann, W., W. M. Dörr: Der zervikale Pseudospalt nach D. Schoen bei der Spondylosis uncovertebralis. Spezielle, weniger beachtete Röntgenbefunde am Stütz- und Gleitgewebe. Fortschr. Röntgenstr. 113 (1970) 522–527

32 Dihlmann, W., G. Friedmann: Die Röntgenkriterien der juvenil-rheumatischen Zervikalsynostose im Erwachsenenalter. Fortschr. Röntgenstr. 126 (1977) 536–541

33 Dory, M. A.: CT Demonstration of cervical vertebral erosion by tortuous vertebral artery. Amer. J. Neuroradiol. 6 (1985) 641–642

34 Dunn, N. A., N. J. Lewis-Barned, J. K. Lloyd Jones: Multiple subaxial subluxation of cervical spine: A side effect of corticosteroids? Brit. med. J. 290 (1985) 299–300

35 Ecklin, U.: Die Altersveränderungen der Halswirbelsäule. Springer, Berlin 1960

36 Edeiken-Monroe, Beth, L. K. Wagner, J. H. Harris jr.: Hyperextension dislocation of the cervical spine. Amer. J. Neuroradiol. 7 (1986) 135–140

37 Ehrenhaft, J. L.: Development of the vertebral column as related to certain congenital and pathological changes. Surg. Gynec. Obstet. 76 (1943) 282–291

38 Eismont, F. J., St. Clifford, M. Goldberg, B. Green. Cervical sagittal spinal canal size in spine injury. Spine 9 (1984) 663–666

39 Elies, W.: HWS-bedingte Hör- und Gleichgewichtsstörungen. HNO 32 (1984) 485–493

40 Erdélyi, M.: Die komplexen Entwicklungsanomalien der Wirbelsäule. In Diethelm, L., F. Heuck, O. Olsson, K. Ranniger, F. Strnad, H. Vieten, A. Zuppinger: Handbuch der Medizinischen Radiologie, Bd. VI. Springer, Berlin 1974 (S. 584–592)

41 Erdmann, H.: Schleuderverletzung der Halswirbelsäule. Erkennung und Begutachtung: Hippokrates, Stuttgart 1973

42 Fairbank, Th.: Myositis ossificans progressiva. Synonymus-fibrositis ossificans progressiva. J. Bone Jt Surg. 32-B (1950) 108–116

43 Fam, A. G., B. Cruickshank: Subaxial cervical subluxation and cord compression in psoriatic spondylitis. Arthrit. Rheumat. 25 (1982) 101–106

44 Fardon, D. F., J. W. Fielding: Defects of the pedicle and spondylolisthesis of the second cervical vertebra. J. Bone Jt Surg. 63-B (1981) 526–528

45 Feil, A.: L'absence et la diminution des vertèbres cervicales. Paris, Thèse 1918

46 Ferroir, J. P.: Spondylodiscite cervicale révélatrice d'une spondylarthrite ankylosante. Sem. Hôp. Paris 24 (1948) 1667–1668

47 Fischer, R. P.: Cervical radiographic evaluation of alert patients following blunt trauma. Emerg. Med. (13. 10. 1984) 905–907

48 Fried, K.: Die zervikale juvenile Osteochondrose (Scheuermannsche Krankheit): Fortschr. Röntgenstr. 105 (1966) 69–77

49 Fried, K., M. Chvalová, F. Startlová: Blockwirbelbildung und juvenile Osteochondrose der Halswirbelsäule. Radiol. clin. (Basel) 36 (1968) 356–371

50 Fuentes, J.-M., J. Bloncourt, B. Vlahovitch, Ph. Castan: La tear drop fracture. Neurochirurgy 29 (1983) 129–134

51 Gaizler, Gy.: Das Treppenphänomen an der Halswirbelsäule. Fortschr. Röntgenstr. 114 (1971) 317–322

52 Gaizler sen. Gy., Gy. Gaizler jun: Fehlen einer Bogenwurzel an der Halswirbelsäule. Fortschr. Röntgenstr. 99 (1963) 421–423

53 Gatti, J. M., J. H. Juan, Ph. Bironne, J. Glowinski: Enlargissement d'un trou de conjugaison cervical par une mégalodichoartère vertébrale. Presse Med. 12 (1983) 2056

54 Gehweiler jr. J. A., S. Martinez, W. M. Clark, M. D. Miller, G. C. Stewart jr.: Spondylolisthesis of the axis. Amer. J. Roentgenol. 128 (1977) 682–684

55 Gelehrter, G.: Differentialdiagnose der Halswirbelverletzungen im Kindesalter. Fortschr. Röntgenstr. 99 (1963) 506–517

56 Gombert, H. J.: Zur Bedeutung der Querfortsätze der Halswirbelsäule, besonders der Tubercula ventralia und dorsalia im Hinblick auf das Cervicalsyndrom. Fortschr. Röntgenstr. 85 (1956) 592–597

57 Gorlin, R. J., J. J. Pindborg, M. M. Cohen jr.: Syndromes of the Head and Neck, 2nd ed. McGraw-Hill, New York 1976, (p. 408 ff., 546 ff.)

58 Goss, C. M.: Gray's Anatomy of the Human Body, 28th ed. Lea & Febiger, Philadelphia 1966 (p. 100–112)

59 Govoni, A. F.: Osteofiti della colonna cervicale a disfagia. Radiol. med. (Torino) 59 (1973) 769–780

60 Guldberg, R. P., H. S. Vine, B. A. Sacks, H. P. Ellison: The cervical split: A pseudofracture. Skeletal Radiol. 7 (1982) 267–272

61 de Graaf, R.: Congenital blockvertebrae C2–C3 in patients with cervical myelopathy. Acta Neurochir. 61 (1982) 111–162

62 Gutmann, G.: Die Wirbelblockierung und ihr röntgenologischer Nachweis. Die Wirbelsäule in Forschung und Praxis, Bd. 15. Hippokrates, Stuttgart 1960 (S. 83–102)

63 Hadley, L. A.: Congenital absence of pedicle of the cervical vertebra. Amer. J. Roentgenol. 55 (1946) 193–197

64 Harder, J.: Osteochondritis-dissecans-artige Veränderungen an einem Processus uncinatus. Fortschr. Röntgenstr. 96 (1962) 423–426

65 Harzheim, L.: Ein Beitrag zur Bandscheibenverkalkung im Kindesalter. Fortschr. Röntgenstr. 113 (1970) 244–245

66 Helms, C. A., J. B. Vogler: Computed tomography of spinal stenoses and arthroses. Clin. Rheumat. Dis. 9 (1983) 417–441

67 Henkel, L.: Spondylolisthese der Halswirbelsäule. Z. Orthop. 101 (1966) 549–559

68 Henle: zit. bei 76

69 Henrion, F., M. C. Bretagne, J. C. Hoeffel: Calcifications discales de l'enfant. Ann. Pédiat. 26 (1982) 343–348

70 Holland, C., W. Stolle: Fehlbildungen der Wirbelbogenreihe. Fortschr. Röntgenstr. 112 (1970) 120–121

71 Hollmann, J., A. Valavanis: Beitrag der Computertomographie zur radiologischen Abklärung eines Chondroms der zerviko-thorakalen Wirbelsäule. Fortschr. Röntgenstr. 138 (1983) 440–443

72 Isu, T., K. Miyasaka, Y. Iwasaki, T. Ito, M. Tsuru, H. Takei, S. Abe: Computed tomographic findings of vacuum phenomenon in cervical intervertebral discs. Surg. Neurol. 19 (1983) 528–531

73 Junge, H., W. Pfeiffer: Traumatische Wirbelveränderungen. In: Röntgendiagnostik der Wirbelsäule, Teil 1, red.v. L. Diethelm. In Diethelm, L.; F. Heuck, O. Olsson, K. Ranniger, F. Strnad, H. Vieten, A. Zuppinger: Handbuch der Medizinischen Radiologie, Bd. VI. Springer, Berlin 1974 (S. 621–772)

74 Kamieth, H.: Röntgenfunktionsdiagnostik der Halswirbelsäule. Hippokrates, Stuttgart 1986
75 Kattan, K. R., M. Joyce Pais: Some borderlands of the cervical spine. Part I: The normal (and nearly normal) that may appear pathologic. Skeletal Radiol. 8 (1982) 1–6
76 Kattan, K. R., M. Joyce Pais: Some borderlands of the cervical spine. Part II: The subtile and the hidden abnormal. Skeletal Radiol. 8 (1982) 7–12
77 Kish, K. K., H. I. Wilner: Spondylolysis of C2: CT and plain film findings. J. Comp. Ass. Tomogr. 7 (1983) 517–518
78 Kiwerski, J., H. Wieclawek, I. Garwacka: Fractures of the cervical spine in ankylosing spondylitis. Intern. Orthop. 8 (1985) 243–246
79 Klippel, M., A. Feil: Anomalie de la colonne vertébrale par absence des vertèbres cervicales, cage thoracique remontant jusqu'à la du crâne. Bull. mém. Soc. anat. (Paris) 87 (1912) 185–188
80 Kock, C., J. Koebke: Die degenerative Blockbildung zwischen zweitem und drittem Zervikalwirbel. Z. Orthop. 122 (1984) 274–277
81 Kristensen, S., A. Juul, K. Larsen, Vivian Bertelsen: Cervical intervertebral disc calcification in childhood. Arch. Otorhinolaryng. 240 (1984) 239–242
82 LaMasters, D. L., R. H. Dorwart: High-Resolution, crosssectional computed tomography of the normal spine. Orthop. Clin. North Amer. 16 (1985) 359–379
83 Lanham, B.: Les lésions déstructives discovertébrales au cours de la pelvispondylite rhumatisme. Thèse Méd., Paris 1960
84 Lapayowker, M. S.: An unusual variant of cervical spine. Amer. J. Roentgenol. 83 (1960) 656–659
85 Latchaw, R.: Computed Tomography of the Head, Neck and Spine. Year Book Medical Publishers, Chicago 1985 (p. 736–737)
86 Lefke, M.: Röntgendiagnostik beim zervikalen Bandscheibensyndrom. Röntgenpraxis 25 (1972) 73–77
87 Levine, R. S., G. K. Geremia, Th. W. McNeill: CT demonstration of cervical diastematomyelia. J. Comp. Assist. Tomogr. 9 (1985) 592–594
88 Linkowski, G. D., F. Y. Tsai, L. Recher, M. Pritz, H. Pribram: Solitary osteochondroma with spinal cord compression. Surg. Neurol. 23 (1985) 388–390
89 Lissner, J.: Spondylolisthese der Halswirbelsäule. Fortschr. Röntgenstr. 84 (1956) 626–628
90 Mainzer, F.: Herniation of the nucleus pulposus. A rare complication of intervertebral-disc calcification in children. Radiology 107 (1973) 167–170
91 McCall, I., W. El Masri, D. Jaffray: Hangman's fracture in ankylosing spondylitis. Injury 16 (1986) 483–484
92 Messer, B., H. J. Sielaff: Über Zusammenhänge zwischen cervicaler Osteochondrose und Tonusstörungen des Oesophagus. Fortschr. Röntgenstr. 92 (1960) 85–97
93 Munk, J.: Aseptic nercrosis in a cervical vertebra. Brit. J. Radiol. 24 (1951) 103–106
94 Nau, H. E., H. Ch. Nahser, Vera John: Computed tomographic imaging in cervical vertebral fractures. Surg. Neurol. 19 (1983) 508–512
95 Op den Orth, J. O.: Seltene, miteinander artikulierende Knochenfortsätze an den unteren zervikalen Wirbeln. Fortschr. Röntgenstr. 111 (1969) 684–687
96 Op den Orth, J. O.: Verkalkung bzw. Verknöcherung des Lig. longitudinale posterius der Halswirbelsäule. Fortschr. Röntgenstr. 122 (1975) 442–687
97 Overton, L. M., J. W. Grossmann: Anatomical variations in the articulation between the second and third vertebrae. J. Bone Jt Surg. 34-A (1952) 155–161
98 Paakala, T., L. Keski-Nisula, E. Lehtinen: Fehlbefundung in der Röntgendiagnostik der Halswirbelsäulenverletzungen. Fortschr. Röntgenstr. 128 (1978) 550–558
99 Pech, P., D. P. Kilgore, Kathleen W. Pojunas, V. M. Haughton: Cervical spinal fractures: CT detection. Radiology 157 (1985) 117–120
100 Penning, L.: Some aspects of plain radiography of the cervical spine in chronic myelopathy. Neurology 12 (1962) 513–520
101 Penning, L.: The Cervical Spine. Excerpta Medica, Amsterdam 1965
102 Penning, L.: Functional Pathology of the Cervical Spine. Radiographic studies of function and dysfunction in congenital disorders, cervical spondyloses and injuries. Excerpta Medica, Amsterdam 1968 (p. 41)
103 Penning, L.: Normal movements of the cervical spine. Amer. J. Roentgenol. 130 (1978) 317–326
104 Penning, L.: Prevertebral hematoma in cervical spine injury; incidence and etiologic significance. Amer. J. Roentgenol. 136 (1981) 553–561
105 Perotti, F.: Sui rapporti tra artrosi cervicale e disfunzione motoria del faringe. Radiol. med. (Torino) 38 (1952) 309–318
106 Pickern, F.: Verlängerte Proc. costotransversarii am 2. HWK. Fortschr. Röntgenstr. 79 (1953) 777
107 Pöschl, M.: Juvenile Osteochondronekrosen. In: Röntgendiagnostik der Skeletterkrankungen, Teil 4, red. v. L. Diethelm. In Diethelm L., O. Olsson, F. Strnad, H. Vieten, A. Zuppinger: Handbuch der Medizinischen Radiologie, Bd. V. Springer, Berlin 1971 (S. 103–111)
108 Preuss, H. J.: Ergänzende Bemerkungen zu „seltenen, miteinander artikulierenden Knochenfortsätzen an den zervikalen Wirbeln". Fortschr. Röntgenstr. 114 (1971) 323–327
109 Prusick, V. C., L. C. Samberg, D. P. Wesolowski: Klippel-Feil Syndrome associated with spinal stenosis. J. Bone Jt Surg. 67-A (1985) 161–164
110 Rauhut, F., K. Roosen, W. Grote: Die operative Therapie von HWS-Verletzungen im Kindesalter unter Berücksichtigung der morphologischen und funktionellen Besonderheiten der kindlichen Halswirbelsäule. Z. Kinderchir. 39 (1984) 155–159
111 Ravelli, A.: Fortschr. dtsch. Wiss. 3 (1951) 227; zit. nach Köhler/Zimmer, 12. Aufl., 1982 (S. 550)
112 Redlund-Johnell, Inga: Subaxial caudal dislocation of the cervical spine in rheumatoid arthritis. Neuroradiology 26 (1984) 407–410
113 Reinhardt, K.: Eine ungewöhnliche Anomalie an den Dornfortsätzen des 5., 6. und 7. Halswirbels. Fortschr. Röntgenstr. 85 (1956) 253–255
114 Reinhardt, K.: Spondylosis rheumatica cervicalis juvenilis. Dtsch. med. Wschr. 99 (1974) 1073–1077
115 Resnick, Ch. S.: Cervical spine involvement in sternoclavicular hyperostosis. Spine 10 (1985) 846–848
116 Resnick, D., J. Guerra, Ch. A. Robinson, V. C. Vint: Association of diffuse idiopathic skeletal hyperostosis (DISH) and calcification and ossification of the posterior longitudinal ligament. Amer. J. Roentgenol. 131 (1978) 1049–1053
117 Resnick, D.: Hyperostosis and ossification in the cervical spine. Arthritis Rheum. 27 (1984) 564–568
118 Rodiek, S. O.: Computertomographische Untersuchungen bei zervikaler spinaler Stenose. Fortschr. Röntgenstr. 139 (1983) 383–389
119 Rogers, L. F.: Radiology of Skeletal Trauma. Churchill Livingstone, New York 1982 (p. 280)
120 Ross, E.: Die Varianten des Verschiebungsphänomens an der Halswirbelsäule. Fortschr. Röntgenstr. 100 (1964) 242–253
121 Ross, E.: Verschiebungsphänomen und Wirbelblockierung an der Hals- und Lendenwirbelsäule. Fortschr. Röntgenstr. 100 (1964) 367–382
122 Roy-Camille, R., M. Thibierge, J. Metzger: Exploration d'une lacune de l'axis chez une patiente cervicalgique. Nouv. Presse Med. 11 (1982) 453–454

123 Rübe, W.: Schluckstörungen bei Osteochondrose der Halswirbelsäule. Radiol. diagn. (Berl.) 2 (1961) 163–171
124 Schäfer, H.: Luxationsfraktur der Halswirbelsäule bei Mb. Bechterew. Fortschr. Röntgenstr. 95 (1961) 578–579
125 Schoen, D.: Über die Ursache einer auf die unteren Zervikalwirbel projizierten Aufhellungslinie. Fortschr. Röntgenstr. 84 (1956) 763–765
126 Schorr, S., E. Adler: Calcified intervertebral disc in children and adults. Acta radiol. 41 (1954) 498–504
127 Scher, A. T.: „Tear drop" fractures of the cervical spine – radiological features. S. Afr. med. J. 62 (1982) 355–356
128 Scher, A. T.: Radiographic indicators of traumatic cervical spine instability. S. Afr. med. J. 62 (1982) 562–565
129 Scher, A. T.: Rugby injuries to the cervical spine cord. S. Afr. med. J. 51 (1977) 473–475
130 Schilling, F.: Zervikaler Kopfschmerz. Z. Allgemeinmed. 47 (1971) 996–1002
131 Schmorl, G., H. Junghanns: Die gesunde und die kranke Wirbelsäule in Röntgenbild und Klinik, 5. Aufl. Thieme, Stuttgart 1968
132 Schneider, R. C., E. A. Kahn: Chronic neurological sequelae of acute trauma to the spine and spinal cord. Part I. The significance of the acute flexion or „tear drop" fracture dislocation of the cervical spine. J. Bone Jt Surg. 38 (1956) 985–997
133 Schwartz, A. M., R. J. Wechsler, M. D. Landy, St. M. Wetzner, Susan A. Goldstein: Posterior arch defects of the cervical spine. Skeletal Radiol. 8 (1982) 135–139
134 Seibert-Deiker, F. M.: Über eine halbseitige Dornfortsatzhyperplasie des 5. Halswirbels, verbunden mit einer persistierenden Apophyse des 7. Halswirbels. Fortschr. Röntgenstr. 122 (1975) 366–377
135 de Sèze, S., J. Bebeye, A. Djian, S. Godlewsky: Algie cervico-brachiale hernie du disque intervertebral et ostéophytose uncovertebrale. Sem. Hôp. Paris 24 (1948) 3101
136 Sgalitzer, M.: Roentgenographic diagnosis of vertebral syphilis. Radiology 37 (1941) 75–78
137 Sgalitzer, M.: Zur Röntgendiagnostik der destruktiven Wirbelsäulensyphilis. Wien. klin. Wschr. 72 (1960) 714–719
138 Slover, W. P., R. F. Kiley: Cervical vertebral arrosion caused by tortuous vertebral artery. Radiology 84 (1965) 112–114
139 Spencer, D. G., W. M. Park, H. M. Dick, S. N. Papazoglu, W. Watson Buchanan: Radiological manifestations in 200 patients with ankylosing spondylitis. Correlation with clinical features and HLA B 27. J. Rheumat. 6 (1979) 305–315
140 Stanley, Ph., A. W. Duncan, J. Isaacson, A. S. Isaacson: Radiology of fracture-dislocation of the cervical spine during delivery. Amer. J. Roentgenol. 145 (1985) 621–625
141 Staufer, E. Sh., J. M. Mazur: Cervical spine injuries in children. Pediat. Ann. 11 (1982) 502–511
142 Streitwieser, D. R., R. Knopp, L. R. Wales, J. L. Williams, K. Tonnemacher: Accuracy of standard radiographic views in detecting cervical spine fractures. Ann. Emerg. Med. (12. 9. 1983) 538–542
143 Sutro, Ch. J., R. Mishkin: Familial muchal rigidity. Bull. Hosp. Jt Dis. 13 (1952) 155–163
144 Swischuk, L. E.: Emergency Radiology of the Acutely Ill or Injured Child. Williams & Wilkins, Baltimore 1979
145 Taybi, H.: Radiologie der Syndrome. Thieme, Stuttgart 1982 ([1]Kap. 524; [2]Kap. 170)
146 Teichert, G.: Schaltknochen der Zwischenwirbelscheiben und Spondylosis deformans. Fortschr. Röntgenstr. 84 (1956) 457–462
147 Töndury, G.: Die Aufbau- und Altersveränderungen der Wirbelsäule. Z. Orthop. Verh. 46 (1958) 137–143
148 Töndury, G.: Embryonale und postnatale Entwicklung der Wirbelsäule. In: Röntgendiagnostik der Wirbelsäule, Teil 1, red. von L. Diethelm. In Diethelm, L., F. Heuck, O. Olsson, K. Ranniger, F. Strnad, H. Vieten, A. Zuppinger: Handbuch der Medizinischen Radiologie, Bd. VI. Springer, Berlin 1974 (S. 15–64)
149 Toussaint, P., P. Fabeck: Le syndrome cervical traumatique. Acta orthop. belg. 32 (1966) 9–247
150 Tredwell, St. J., D. F. Smith, P. J. MacLeod, Betty J. Wood: Cervical spine anomalies in fetal alcohol syndrome. Spine 7 (1982) 331–334
151 Wackenheim, A.: Éléments sémiologie radiologique de l'artère vertébrale. In: Chirurgie orthopédique et vasculaire. Ann. Chir. (1977) 537–538
152 Wackenheim, A.: La lecture structuraliste de l'image radiologique. J. Radiol. (Paris) 65 (1984) 61–69
153 Wackenheim, A.: Analyse structuraliste de l'image radiologique. Radiol. J. Cepur 5 (1985) 125–127
154 Wackenheim, A.: Chirolumbar dysostosis and constitutional narrowness of the cervical spinal canal. Skeletal Radiol. 14 (1985) 47–52
155 Weishaar, J.: Beitrag zur partiellen Blockbildung nach isolierter Bandscheibenverletzung. Fortschr. Röntgenstr. 87 (1957) 129–130
156 Wendtland, K.: Halsrippen am 5. und 6. Halswirbelkörper. Fortschr. Röntgenstr. 105 (1966) 121–122
157 Whalen, J. P., C. L. Woodruff: The cervical prevertebral fat stripe. A new aid in evaluating the cervical prevertebral soft tissue space. Amer. J. Roentgenol. 109 (1970) 445–451
158 Wickboldt, J.: Seltene Verletzungen an den kleinen Wirbelgelenken der Halswirbelsäule mit monoradikulären Schädigungen und deren differenzierter Behandlung. Z. Orthop. 119 (1981) 679–680
159 Wildervanck, L. S.: Een geval van andoening van Klippel-Feil gecombinurd met abducensparalyse, retractio bulbi en doofstomheid. Tijdschr. Ned. Geneeskd. 96 (1952) 2752
160 Winter, R. B., J. H. Moe, J. E. Lonstein: The incidence of Klippel-Feil syndrome in patients with congenital scoliosis and kyphosis. Spine 9 (1984) 363–366
161 Wolf, B. S., M. Khilmani, L. Malis: The sagittal diameter of the bony cervical spinal and its significance in cervical spondylosis. Mt. Sinai J. Med. (NY) 23 (1956) 283
162 Woodring, J. H., St. J. Goldstein: Fractures of the articular processes of the cervical spine. Amer. J. Neuroradiol. 3 (1983) 239–242
163 Yetkin, Z., Anne G. Osborne, D. S. Gallis, V. M. Haughton: Uncovertebral and facet joint dislocation in cervical articular pillar fractures. CT Evaluation. Amer. J. Neuroradiol. 6 (1985) 633–637
164 Yousefzadeh, D. K., G. Y. El-Khoury, W. L. Smith: Normal sagittal diameter and variation in the pediatric cervical spine. Radiology 144 (1982) 319–325
165 Zaunbauer, W.: Die Röntgenanatomie der Wirbelsäule. In: Röntgendiagnostik der Wirbelsäule, Teil 1, red. v. L. Diethelm. In Diethelm, L., F. Heuck, O.Olsson, K. Ranniger, F. Strnad, H. Vieten, A. Zuppinger: Handbuch der Medizinischen Radiologie, Bd. VI. Springer, Berlin 1974 (S. 65–113)
166 Zeitler, E., H. Markuske: Röntgenologische Bewegungsanalysen der Halswirbelsäule bei gesunden Kindern und Jugendlichen. Fortschr. Röntgenstr. 96 (1962) 87–93
167 Zwimpfer, T. J., W. S. Tucker, J. F. Faulkner: Osteoid osteoma of the cervical spine: case reports and literature review. Canad. J. Surg. 25 (1982) 637–641

Hals-Brust-Übergang

Norm

Das normale **Wirbelwachstum** ist in den Kapiteln über die Hals- und Brustwirbelsäule beschrieben. Darüber hinaus ist im Übergangsbereich das hier mit größerer Regelmäßigkeit als in den Nachbarregionen beim Jugendlichen nachweisbare Auftreten von **Querfortsatzapophysen** bemerkenswert (Abb. 5.**148**).

Die **radiologische Darstellung** dieser Gegend verursacht Schwierigkeiten, weil sich im a.-p. Strahlengang im Übergang von der Lordose der Hals- in die Kyphose der Brustwirbelsäule die Wirbelkörper und -bögen mit Quer- und Dornfortsätzen aufeinanderprojizieren, während in der seitlichen Projektion die bei manchen Menschen in der Schulterregion stark ausgeprägten Weichteile mindestens den ersten Brustwirbelkörper und seine direkte Nachbarschaft zur Unerkennbarkeit überlagern. Leichte Rotationen in der oberen Brustwirbelsäule um etwa 15 Grad (Crawl-Schwimmer-Lage) können zur Verbesserung der Abbildungsmöglichkeiten beitragen. Partielle Freiprojektionen sind auch durch Aufnahmen mit nach kranial und/oder kaudal gekippter (15 bis 20 Grad) Röntgenröhre im sagittalen Strahlengang möglich.

Infolge des in seiner gesamten Breite notwendigerweise durchstrahlten Schultergürtels entstehen im Computertomogramm oft starke Artefakte, die eine subtile Beurteilung von C7 bis Th4 nicht ermöglichen.

Bei relativ hohen Zwischenwirbelräumen der Halswirbelsäule und schmalen Brustbandscheiben ist zu beachten, daß der normale Raum zwischen C7 und Th1 relativ niedrig erscheint.

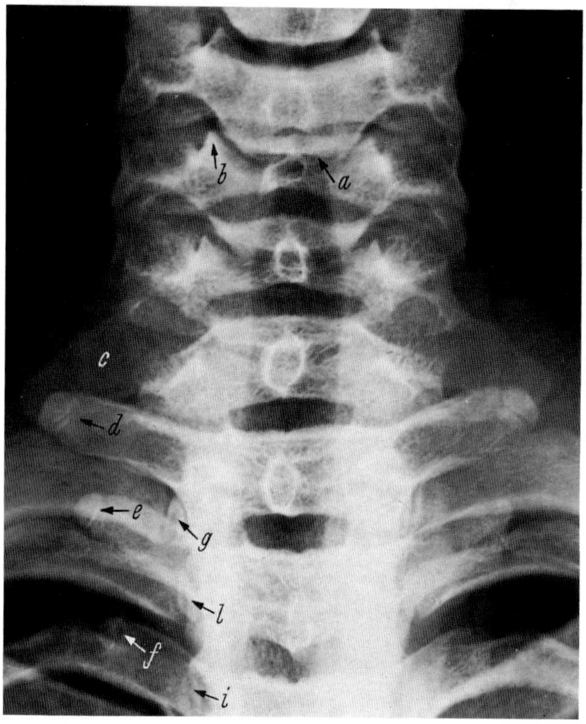

Abb. 5.**148** 12jähriges Mädchen, zervikothorakaler Übergang im a.-p. Strahlengang
a = Randleisten an den Wirbelkörpern
b = Processus uncinatus
c = große Querfortsätze von C7
d–f = Apophyse am Querfortsatz des 1., 2. und 3. Brustwirbels
g–l = kostovertebrale Gelenkspalten

Varianten und Anomalien

Das Auftreten **freier Rippen** – Halsrippen – bzw. Verplumpungen oder **Verlängerungen der Querfortsätze am 7. Halswirbel** gehört zu den häufigsten Spielarten der Wirbelsäulenform in dieser Region. Je nach Untersuchungsart und -zweck, z. B. nach Auswertung von Lungen- oder Wirbelsäulenaufnahmen (angefertigt ohne und mit gezielter Fragestellung), werden unterschiedliche Prozentzahlen über das Vorkommen dieser Varianten angegeben: „Kraniale Variationstendenz" in 7,9% (7), Halsrippen 6% (+8% Querfortsatzdeformitäten [15]), 3,4% Halsrippen nach Auswertung von Lungenaufnahmen, 5,6% bei Brustwirbelsäulenaufnahmen, auch mit spezieller Fragestellung angefertigt (3).

Die Halsrippen werden nach drei Erscheinungsformen unterschieden (5):

1. Tuberkulare Form (Kapitulum, Kollum und Tuberkulum), Abb. 5.**149** und 5.**150a** u. **b** rechts,
2. eine sich dem Querfortsatz anschließende Rippe mit knöcherner oder ligamentöser Verbindung zur ersten Rippe, Abb. 5.**150 a** rechts und 5.**150 b** rechts,
3. eine verlängerte knöcherne Rippe mit ligamentöser oder gelenkiger Verbindung zur ersten Rippe, Abb. 5.**150 b** links und eine echte Rippe, die formell der ersten Rippe entspricht, Abb. 5.**150 a** links.

Abb. 5.**149** Große Querfortsätze des 7. Halswirbels beiderseits mit Rippenstummeln

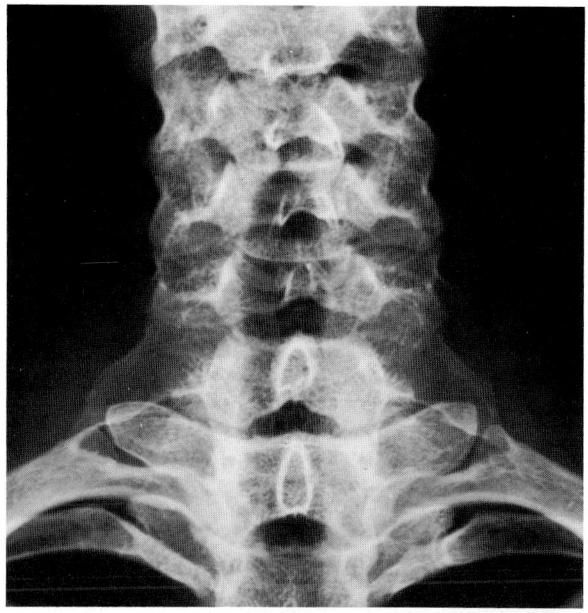

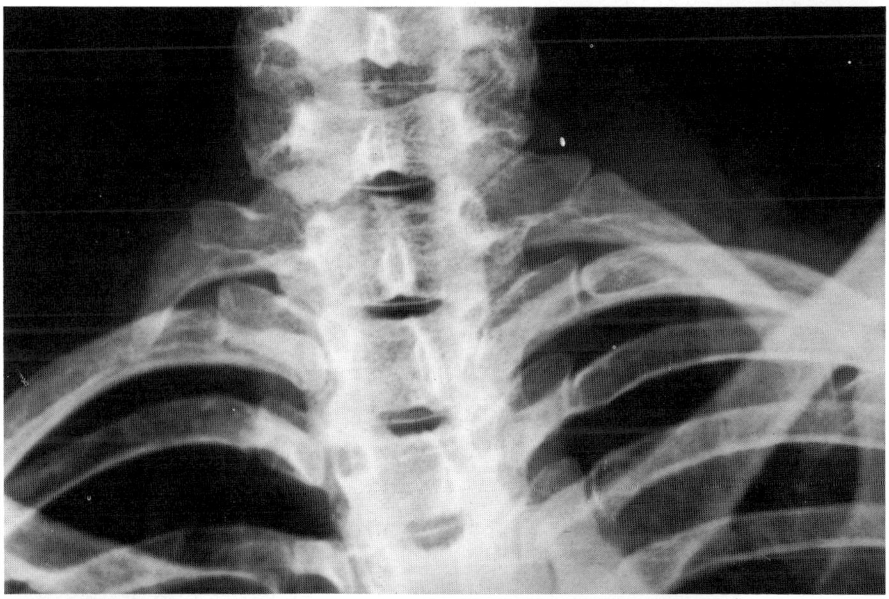

a

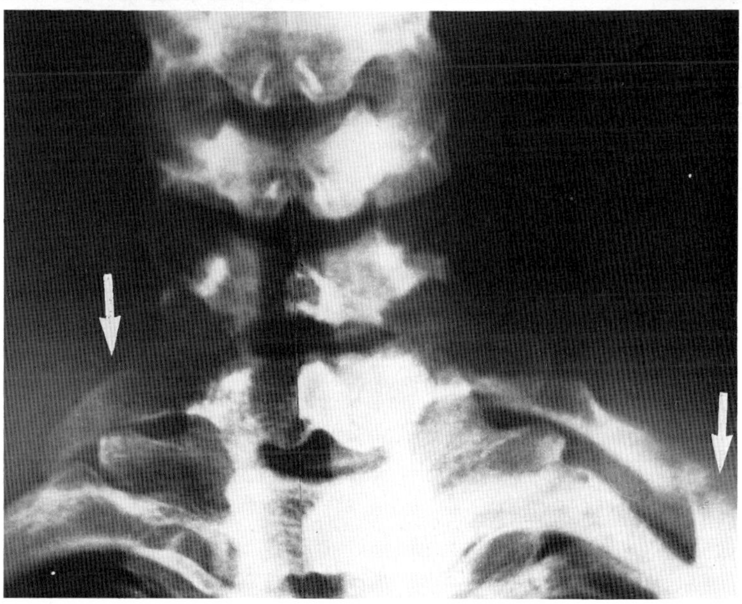

b

Abb. 5.**150 a** u. **b**
a Halsrippen
b Halsrippe links, großer Querfortsatz rechts

Die Halsrippe kann in der Mehrzahl der Fälle für das *Skalenussyndrom* (ein- oder doppelseitige Motilitäts- und Sensibilitätsstörungen der Nervenwurzeln C5-Th1) verantwortlich gemacht werden, doch treten diese Störungen der Innervation und der Durchblutung auch ohne Halsrippen auf.

Isolierte Ossifikationen, die dem Gelenk der 1. Rippe mit dem Querfortsatz isoliert aufsitzen, sind öfter zu beobachten und den ätiologisch ungeklärten Akzessoria zuzuordnen.

Dornfortsatzspalten geben gelegentlich Anlaß zu klinischen Symptomen (Abb. 5.**151**). Sie sind bei Th1 relativ häufig (Abb. 5.**152**). Auch horizontale Spalten wurden im Processus spinosus Th1 gesehen und gaben den Anlaß zur unterschiedlichen Deutung ihrer Entstehungsweise (6, 13).

Starke **Abbiegungen der Dornfortsätze** nach kaudal kommen vor, z.B. am 7. Halswirbel (Abb. 5.**153**).

Persistierende Spitzenapophysen der Dornfortsätze können eventuell auch Folgen von in der Kindheit erlittenen Verletzungen sein, am Querfortsatz (Abb. 5.**154**) sind Varianten anzunehmen. Über einen **isolierten Querfortsatz** am ersten Brustwirbel wurde berichtet (10). Ein **akzessorischer Fortsatz**, der vom linken Querfortsatz des Th1 ausgeht, steht in gelenkähnlicher Verbindung (samt Zeichen der Degeneration) mit einem Querfortsatz des 2. Brustwirbels (Abb. 5.**155**). Das Bild ähnelt entsprechenden Processus an den Querfortsätzen der Halswirbelsäule bzw. des Okziput.

Die Halsrippe gehört zu den Kranialvarianten in der Segmentverschiebung der Wirbelsäule nach Kühne (8). Als Gegenstück der kaudalen Varianten ist nur das Vorhandensein kurzer Querfortsätze des 7. Halswirbels bekannt, nicht aber das Fehlen der 1. Rippe, das nur bei schweren Entwicklungsstörungen beschrieben wurde (4). Sehr selten ist das Vorkommen von acht Halswirbeln bei normaler Zahl der übrigen Wirbel beobachtet (3). Die Halsrippe wird im Rahmen der kranialen Variante vererbt und wurde unter anderem bei 12 von 14 Mitgliedern einer Familie gefunden (1). Über Kombinationen mit weiteren Entwicklungsanomalien wie dem Omovertebralknochen der Sprengelschen Deformität (2[1]) oder mit Bogenspalten (3) wurde berichtet.

Verletzungsfolgen und Nekrosen

Abrisse der Dornfortsätze bzw. der Dornfortsatzspitzen erfolgen durch Muskelzug (Abb. 5.**156**), allerdings bei Th1 und C7 meist durch **Überlastungsschaden**. Der Befund führt im sagittalen Strahlengang zu einem charakteristischen Aspekt, der durch die orthograd getroffenen Strukturen sowohl der Abrißstelle wie auch des ausgerissenen Dornfortsatzfragmentes selbst direkt neben – „Auswanderung" [2[2]]- oder untereinander (Abb. 5.**157**), hervorgerufen wird; außerdem nähert sich das Fragment dem nächstunteren Dornfortsatz. Im Profilbild ist wegen überlagernder Schulterweichteile der Befund

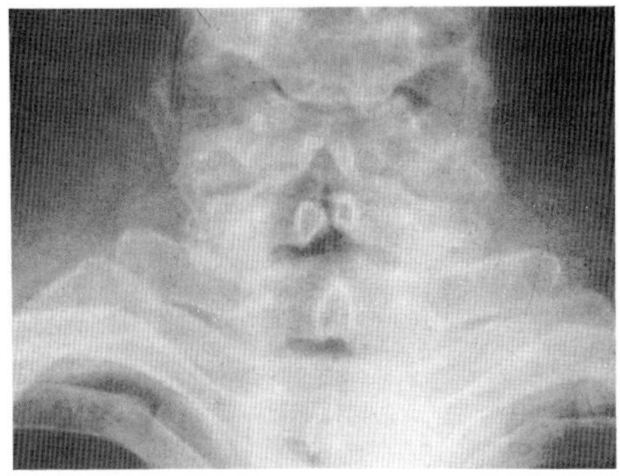

Abb. 5.**151** Medianer Dornfortsatzspalt des 1. Brustwirbels mit leicht gegeneinander verschobenen Wirbelbogenhälften

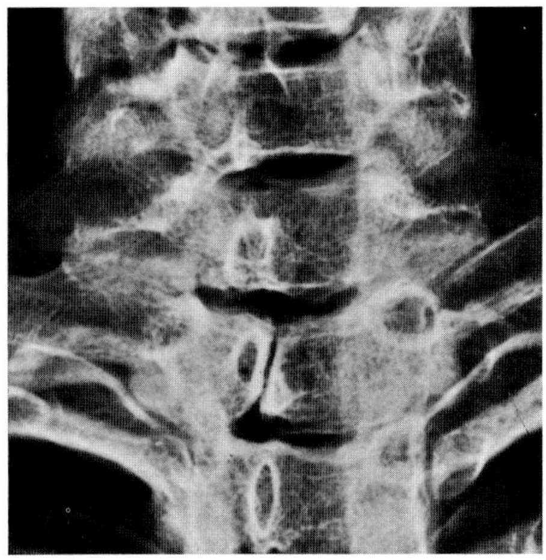

Abb. 5.**152** Medianer Dornfortsatzspalt des 1. Brustwirbels. Rotation der Halswirbel im abgebildeten Abschnitt nach links

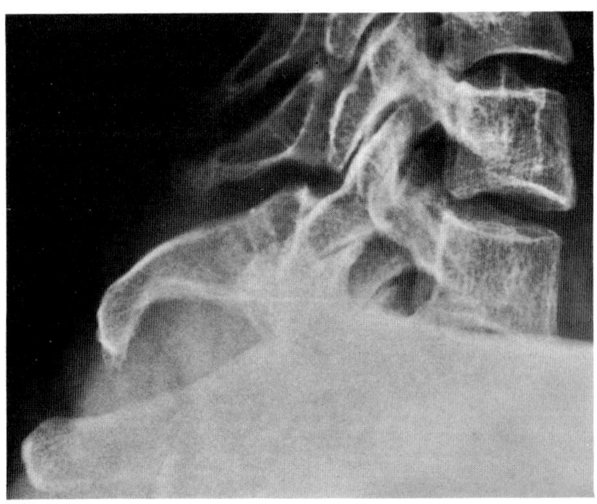

Abb. 5.**153** Abbiegung des Dornfortsatzes von C7 nach unten

Abb. 5.**154** 41jährige Frau. Persistierende Spitzenapophyse (mit etwas verdichteter Struktur) am linken Querfortsatz Th 1

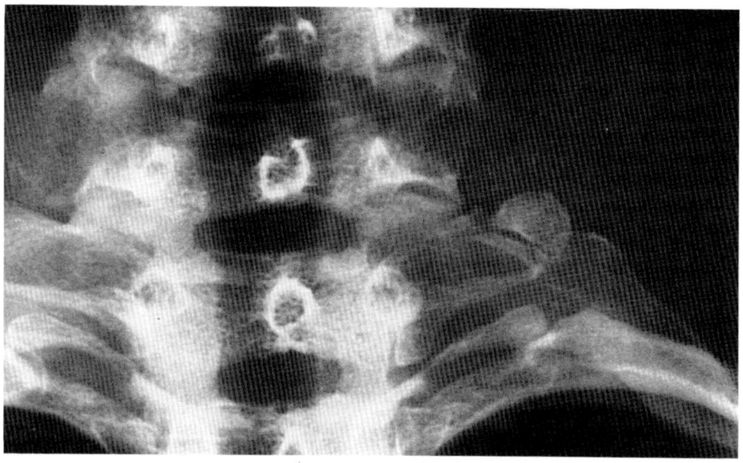

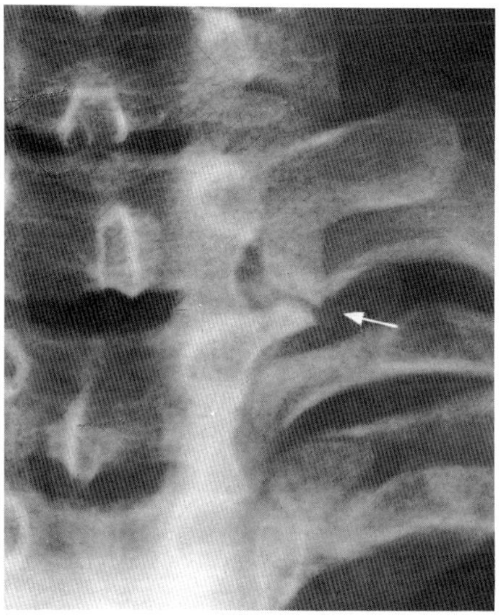

Abb. 5.**155** Knochenfortsatz aus dem medialen Anteil des linken Querfortsatzes von Th 1, der zapfenförmig nach kaudal ragt und in gelenkähnlicher Verbindung mit degenerativen Reaktionen zu einem stummelähnlichen Fortsatz an entsprechender Stelle des 2. Brustwirbels steht

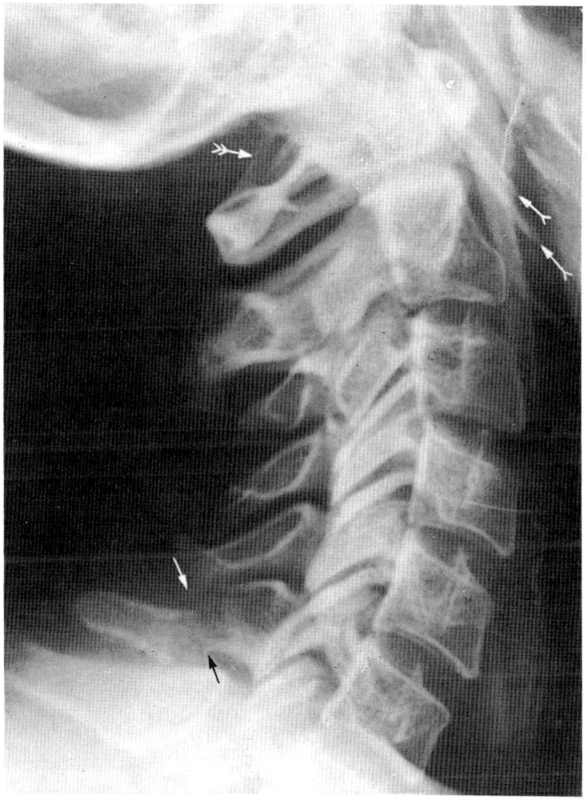

Abb. 5.**156** Fraktur des Dornfortsatzes von C 6 (→). Processus styloides ossis temporalis beidseits (→). Ponticulus posterior atlantis (↣)

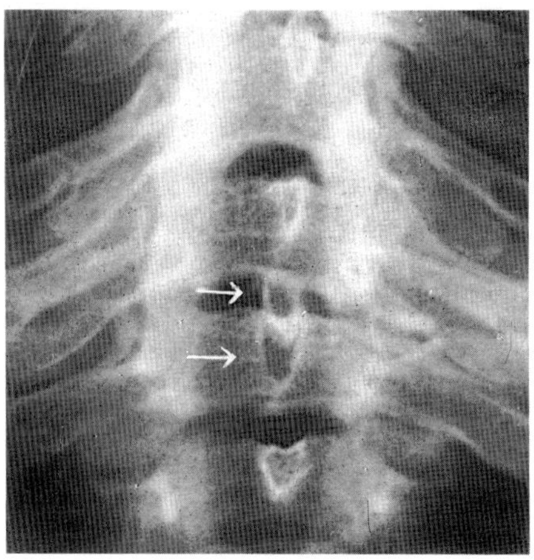

◁ Abb. 5.**157** Dornfortsatzausriß mit „doppelter Dornfortsatzfigur". Dünn begrenztes oberes Oval = Basis des frakturierten Dornfortsatzes. Breiter begrenztes unteres Oval = ausgesprengtes, horizontal gestelltes und nach kaudal verlagertes Spitzenfragment schwieriger zu erkennen (Abb. 5.**158**). Der Bruch wird als **„Schipperkrankheit“** („maladie des terrassiers“, „clay-shoverers' fracture“) bezeichnet und ist als Sportverletzung bei Kricketspielern bekannt. Die Kortikalisabgrenzung an den Abrißstellen ist als Zeichen der pseudarthrotischen Heilung zu verstehen.

Die Dornfortsatzfrakturen liegen meist in den basalen mittleren Abschnitten der Processus spinosi (s. Abb. 5.**156**).

Anders ist es mit den Überlastungsschäden der Apophysen der Jugendlichen (meist im Alter zwischen 14½ bis 16½ Jahren). Diese zu den juvenilen Osteochondronekrosen zählende Affektion spielt sich an der Dornfortsatzspitze vor oder zum Zeitpunkt der Spitzenkernbildung ab. Die als **Schmittsche Krankheit** bezeichnete „Osteopathie“ kann einerseits mit Kontinuitätstrennung, Ausheilung und knöchernem Durchbau, aber auch mit Pseudarthrose und Harmonisierung von Struktur und Kontur eines persistierenden Kernes einhergehen; es mögen andererseits jedoch auch bei gleichem Beschwerdebild nur Konturaufrauhungen an der Dornfortsatzspitze und konkave Substanzverluste als radiologisch nachweisbares Substrat erkennbar sein (12).

Auch diese Nekrose entsteht bei einem Mißverhältnis zwischen Belastung und Belastbarkeit, ausnahmsweise auch einmal an tiefer gelegenen Brustwirbeln (bis zu Th6 [12]).

Dornfortsatzfrakturen sind schließlich als Dauerbrüche bzw. Umbauzonen an C6 und C7 bei **Osteoporose** bekannt (16).

Verdichtete Apophysenkerne werden an **Querfortsätzen** besonders in der oberen Brustwirbelsäule gelegentlich beobachtet. Ob es sich dabei um eine Nekrose oder um einen Normalbefund handelt, ist ungeklärt (9).

Erworbene Erkrankungen

Die Merkmale der **rheumatoiden Arthritis,** aufgeführt im vorigen Absatz über den mittleren Anteil der Halswirbelsäule, gelten auch für den Übergang zur Brustwirbelsäule, doch gibt es hier insofern eine Besonderheit, als (außer dem Stufenphänomen für die gesamte Halswirbelsäule) die **Dornfortsatzosteolyse bei C7**, seltener der benachbarten Wirbel, als typisches Symptom dieser Erkrankung zu werten ist (11) (Abb. 5.**159**).

Bei starken Skoliosen kann es auch einmal zu einer nearthroseähnlichen Reibungssklerose der Querfortsätze zwischen C7 und Th1 kommen (Abb. 5.**160**).

Auf metaplastischer Basis entstehende **Verkalkungen des Lig. supraspinosum** treten nicht nur in seinem als Lig. nuchae bezeichneten, verstärkten oberen Ansatz am Okziput (s. Abb. 4.**104a** u. **b**) auf, sondern werden in seinem ganzen Verlauf und besonders häufig hinter den beiden letzten Halswirbeln in der Höhe ihrer Dornfortsatzspitzen gebildet.

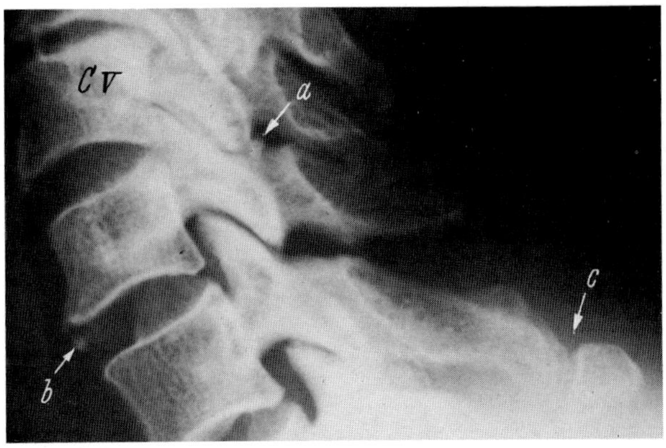

Abb. 5.**158** Halswirbelsäule C5–C7 im seitlichen Strahlengang
a = Akzessorium unter dem unteren Gelenkfortsatz C5
b = Kalkeinlagerung im vorderen Längsband in der Höhe des Zwischenwirbelraumes C6/C7
c = Isolierter Spitzenknochen am Dornfortsatz C7. Persistierende Apophyse?

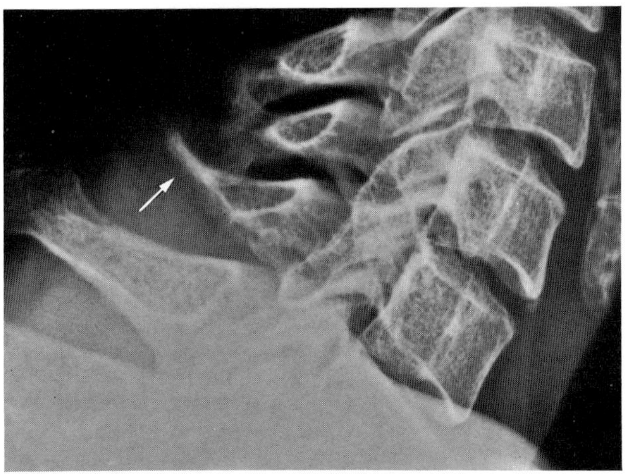

Abb. 5.**159** 40jährige Frau. Dornfortsatz von C6, anscheinend von kaudal arrodiert und nach kranial verlagert, wahrscheinlich infolge primär chronischer Arthritis

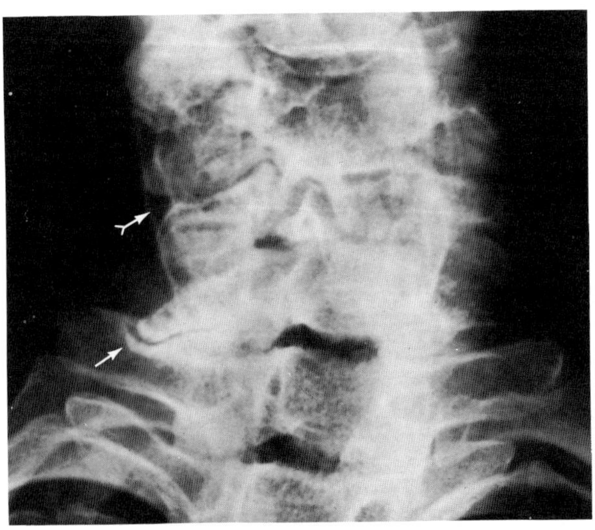

Abb. 5.**160** Linkskonvexe Skoliose der unteren Halswirbelsäule mit sklerotisch gesäumter Druckusur und Pseudogelenk zwischen den Querfortsätzen C7/Th1 (→). Verkalkter Kehlkopfknorpel (↣)

Literatur

1 Boles, J. M., A. Missoum, Y. Mocquard, M. Bellet, J. Y. Goas: Atteinte familiale de C7. J. Radiol. 63 (1982) 273–277
2 Dihlmann, W.: Gelenke – Wirbelverbindungen, 2. Aufl. Thieme, Stuttgart 1982 ([1]Abb. 663; [2]Abb. 617c)
3 Erdélyi, M.: Variationen. In: Röntgendiagnostik der Wirbelsäule, Teil 1, red. v. L. Diethelm. In Diethelm, L., F. Heuck, O. Olsson, K. Ranniger, F. Strnad, H. Vieten, A. Zuppinger: Handbuch der Medizinischen Radiologie, Bd. V. Springer, Berlin 1974 (S. 161–189)
4 Feller, A., H. Sternberg: Über vollständigen und halbseitigen Mangel von Wirbelkörpern. Virchows Arch. path. Anat. 178 (1930) 556–609
5 Gruber, H.: Über die Halsrippen des Menschen. Mém. Acad. Sci. St. Pétersbourg 7 (1869) 2–5
6 Heeren, I. G.: Horizontale Spaltbildung im Wirbelkörperdornfortsatz. Röntgenpraxis 15 (1943) 18–21
7 Knoblauch, H.: Operative Behandlungsergebnisse beim Scalenussyndrom. Chirurg 28 (1957) 292–295
8 Kühne, K.: Die Vererbung der Variationen der menschlichen Wirbelsäule. Z. Morph. Anthropol. 35 (1936) 1–376
9 Pöschl, M.: Juvenile Osteo-Chondro-Nekrosen. In: Röntgendiagnostik der Skeleterkrankungen, Teil 4, red. v. L. Diethelm. In Diethelm, L., O. Olsson, F. Strnad, H. Vieten, A. Zuppinger: Handbuch der Medizinischen Radiologie, Bd. V. Springer, Berlin 1971 (S. 113)
10 Reinhardt, K.: Isolierter Querfortsatz am ersten Brustwirbel. Fortschr. Röntgenstr. 88 (1958) 624–625
11 Schilling, F., M. Schacherl, A. Bopp, A. Gampp, J. P. Haas: Veränderungen der Halswirbelsäule (Spondylitis cervicalis) bei der chronischen Polyarthritis und bei der Spondylitis ankylpoetica. Radiologe 3 (1963) 483–501
12 Schmitt, H. G., P. Wisser: Die Schipperkrankheit beim Jugendlichen. Langenbecks Arch. klin. Chir. 268 (1951) 333–340
13 Schmitt, W. G. H., H. C. Rücker: Langzeitbeobachtungen an der jugendlichen Meta- und Apophyse des Dornfortsatzes des 1. Brustwirbels (Schmittsche Krankheit). Fortschr. Röntgenstr. 131 (1979) 623–631
14 Schröder, W.: Schipperkrankheit und Dornfortsatzfehlbildungen. Röntgenpraxis 14 (1942) 187–190
15 Wanke, R.: Scalenussyndrom und Hals-Brust-Übergangswirbel. Langenbecks Arch. klin. Chir. 189 (1937) 512–528
16 Weston, W. J.: Clay shovellers disease in adolescents (Schmitt's disease). Brit. J. Radiol. 30 (1957) 378–380
17 Zimmer, E. A.: 12. Aufl. dieses Buches 1982 (S. 555)

Einführung zu den Abschnitten Brust- und Lendenwirbelsäule

Die Wirbel einzelner Wirbelsäulenabschnitte weisen derart viele gemeinsame Eigentümlichkeiten auf, daß in vorigen Auflagen dieses Buches der Beschreibung regionaler Besonderheiten allgemein gehaltene Kapitel über die radiologischen Symptome, die sämtliche Wirbel betreffen, vorangesetzt wurden.

Nun unterscheiden sich die Segmente von Kreuz- und Steißbein wie auch die Halswirbel so stark von Brust- und Lendenwirbeln, daß uns die gesonderte Besprechung dieser Wirbelsäulenabschnitte ohne deren Berücksichtigung in einem „Allgemeinen Teil" genügend erschien.

Anders ist es bei Brust- und Lendenwirbelsäule. Hier gibt es mehr Gemeinsamkeit in der Form der Wirbel. Auch brächte uns deren zusammenfassende Beschreibung in die Schwierigkeit von Überschneidungen des Textes und damit vermeidbaren Wiederholungen. Um dem zu entgehen, haben wir die Region des Rumpfskeletts der Wirbelsäule nur gesondert behandelt und die hier gehäuften gleichen Symptome dort aufgeführt, in denen diese radiologisch ähnlichen Symptome in Brust- und Lendenwirbelsäule am häufigsten vorkommen. Wir wollen aber nicht zu dem Irrtum verleiten, diese Veränderungen gäbe es auch an anderen Wirbeln des Rumpfes. Wir werden an gegebener Stelle darauf hinweisen und wollen hier einleitend lediglich einige Beispiele aufführen, nach denen der Leser bestimmte Affektionen, die sämtliche Brust- und Lendenwirbel betreffen können, nur an einer Stelle regional breiter beschrieben findet.

So finden sich Angaben über die Wirbelentwicklung an entsprechender Stelle des Abschnittes „Brustwirbelsäule", die Beschreibung der „Erworbenen Erkrankungen" (insbesondere der Spondylitis ankylosans) findet sich im Abschnitt über die Lendenwirbelsäule, die Knochenverletzungen sind dort besprochen, wo sie am häufigsten vorkommen, nämlich im Abschnitt „Lumbosakraler Übergang". Sollte der Leser nach einer bestimmten Veränderung in einer dieser Wirbelsäulenabschnitte vergebens suchen, wird er gebeten, an analoger Stelle bei der Beschreibung anderer Regionen der BWS/LWS nachzusehen.

Brustwirbelsäule

Norm

Im Wachstum

(Siehe auch entsprechende Bemerkungen in den Abschnitten über die oberste und mittlere Halswirbelsäule.)

Die folgenden Ausführungen entstammen dem Auszug eines Handbuchartikels (54):

Die Ossifikation des *Wirbelkörpers* wird im Verlauf des 3. Embryonalmonats von einem zentralen unpaaren Kalkknorpelkern eingeleitet. Sie beginnt im *3. Embryonalmonat* in den unteren Brustwirbelkörpern und *schreitet nach kranial und kaudal fort*. Im Zentrum des Kernes bleibt ein Rest der Chorda. Die von vorn und hinten eintretenden Blutgefäße lösen die Kalkknorpelkerne auf und bilden Ossifikationskerne, die bei Th12 und L1 einheitlich, an den übrigen Wirbeln (mit Ausnahme von Hals- und Kreuzbeinwirbeln) mit breiterem vorderem Teil pilz- oder sanduhrförmig erscheinen. Nur in der radiologischen Wiedergabe entsteht der Eindruck von zwei voneinander unabhängigen Zentren.

Die Verknöcherung der *Wirbelbögen* beginnt im *2. Embryonalmonat*, also etwas früher, im Bogenbereich des Atlas und entwickelt sich zunehmend *nach kaudal*.

Wie schon im Absatz über die Halswirbelsäule (mittlerer Anteil) dargestellt (s. Abb. 5.**98a** u. **b**), bleiben die Kerne der **Wirbelbögen im 1. Lebensjahr** unvereinigt (Abb. 5.**161**).

Die Form der **Wirbelkörper** beim Säugling gleicht in Brust- und Lendenwirbelsäule einem mit dem schmalen Ende nach vorn zeigendem Ei oder einer Zwetschge (Abb. 5.**162a** u. **b**). Im 1. bis 2. Lebensjahr entsteht allmählich eine rechteckige Form mit abgerundeten Kanten (Abb. 5.**163**).

Die Knochenkerne in den Wirbelkörpern haben bis zur Geburt die Vorder- und Hinterfläche in den Wirbelkörpern erreicht. Ein weiteres Wachstum erfolgt aus der dem Knochenkern zugewandten Seite der Knorpelplatten.

An den Abschlußflächen der Wirbel bilden sich vom 6. bis 9. Lebensjahr ab ringförmige **knorpelige Randleisten**, die von zentral zur Peripherie hin keilförmig höher werden, an den Lendenwirbeln radiologisch zu einem stufenförmigen Absatz und an den Brustwirbeln mehr zu einer Abschrägung der Wirbelkanten führen (Abb. 5.**164a** u. **b**). Die Randleisten entsprechen Knorpelringen, die außen kräftiger entwickelt sind als innen. In den durch sie hervorgerufenen Konturstufen bilden sich um das 12. Lebensjahr herum **Knochenkerne**, die lumbal triangulär, thorakal triangulär-scheibenförmig (Abb. 5.**165**) und zervikal flachscheibig im vorderen (s. Abb. 5.**100**), punktförmig im hinteren Abschnitt erscheinen. Eine vom Wirbelkörper durch einen schmalen

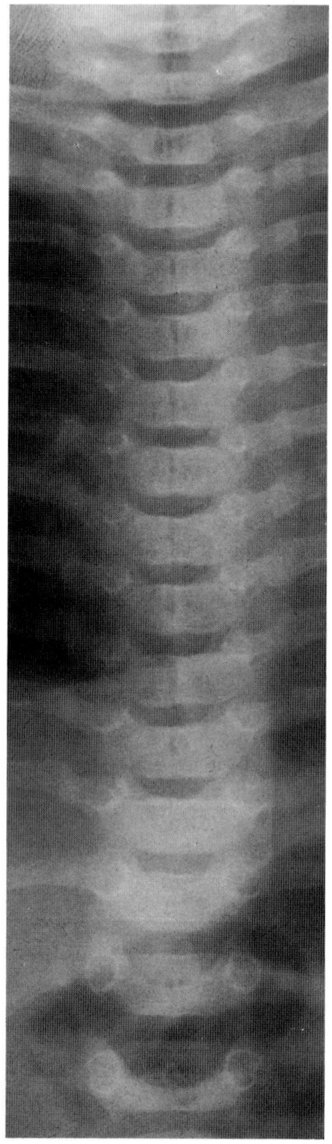

Abb. 5.**161** 6 Monate alter Junge. Wirbelbogenspalten zwischen Th1 und Th9

Abb. 5.**162 a** u. **b**
a 3 Monate alter Säugling. Eiförmiger Wirbelkörper, schmales Ende nach vorn gerichtet
b 3 Monate alter Säugling. Deutliche Kerben der Vorder- und Hinterkanten an den Gefäßein- und -austrittsstellen

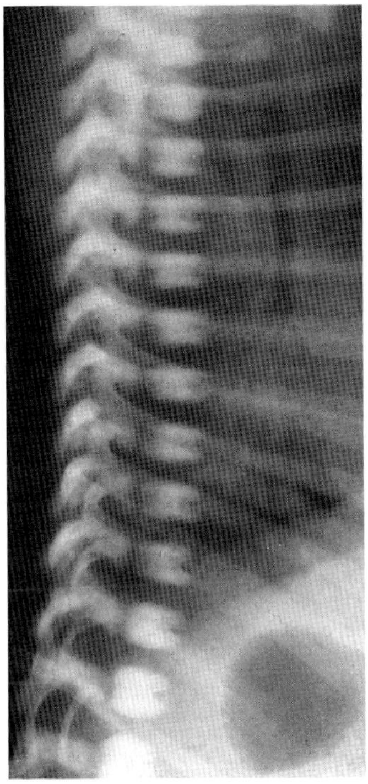

a

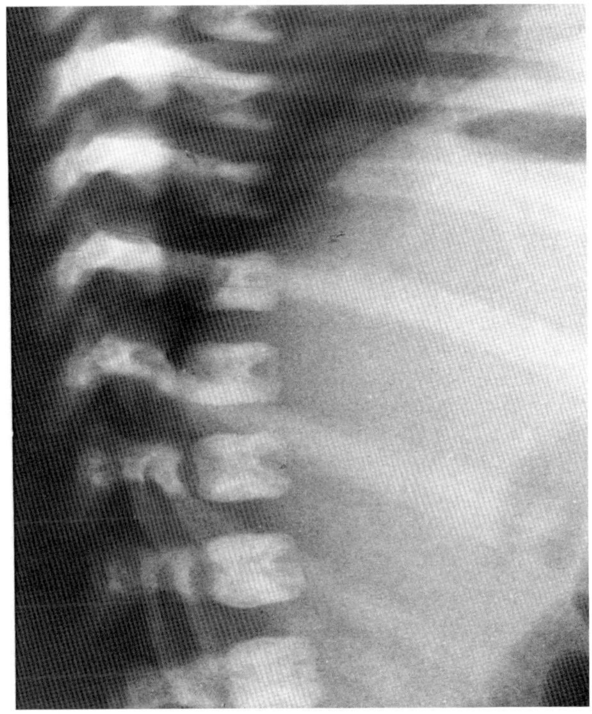

b

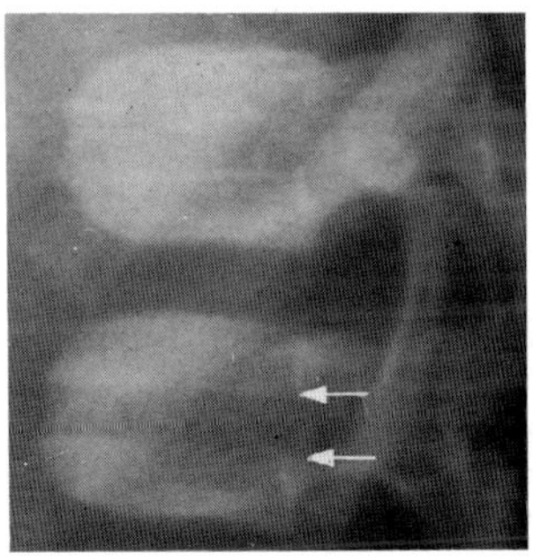

Abb. 5.**163** Noch abgerundete Wirbelkanten. In der Mitte des Wirbelkörpers typische, horizontale, bandförmige Aufhellung

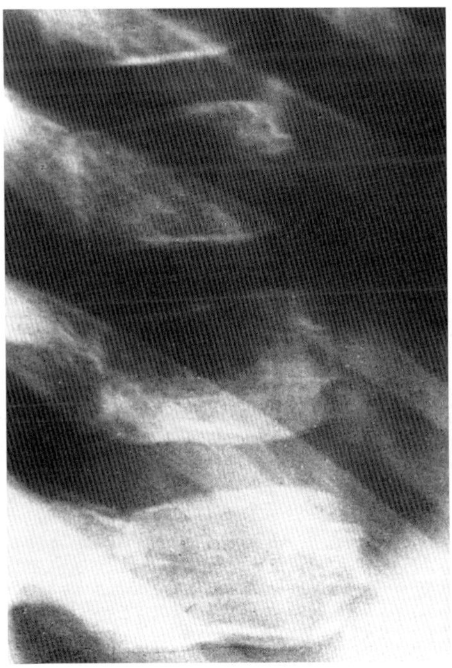

a

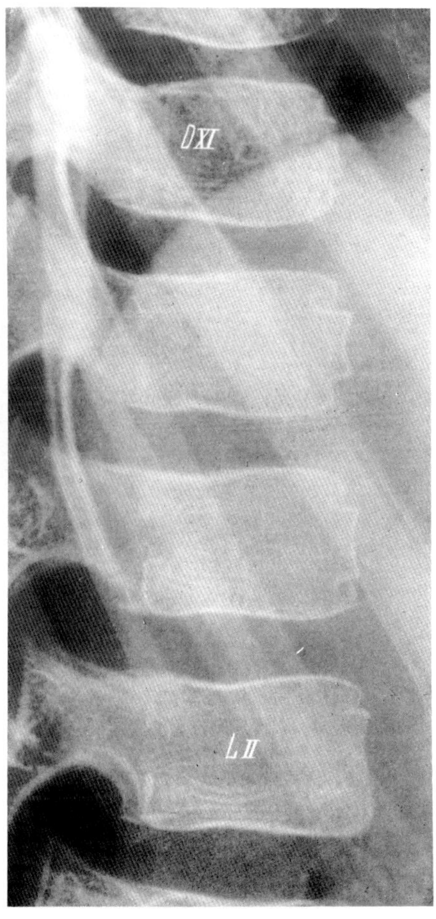

b

Abb. 5.**164 a** u. **b**
a 5 Jahre altes Mädchen. Stufen an den vorderen Kanten der Brustwirbel
b 7 Jahre alter Junge. Stufen an den Lendenwirbelkanten vorn, abgeschrägte vordere Unterkante des BW 11

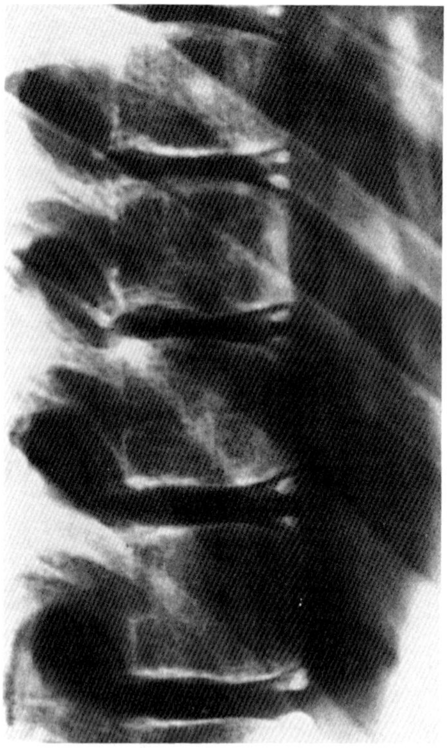

Abb. 5.**165** Vordere Konturstufen durch Randleistenknorpel mit dreieckigen bis scheibenförmigen Knochenkernen

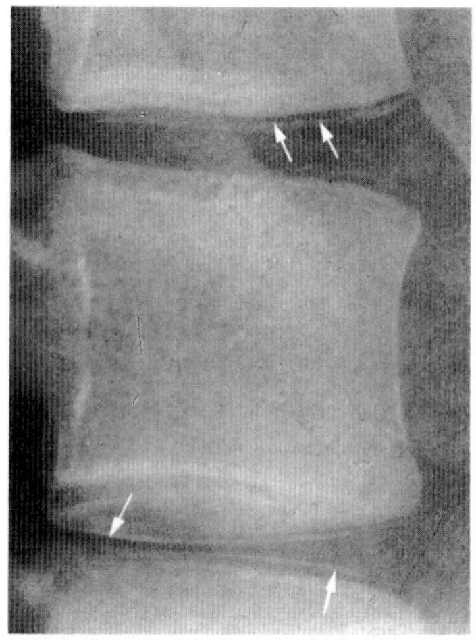

◁Abb. 5.**166** Feiner Begleitsaum (Randleistenring) am Wirbelkörper

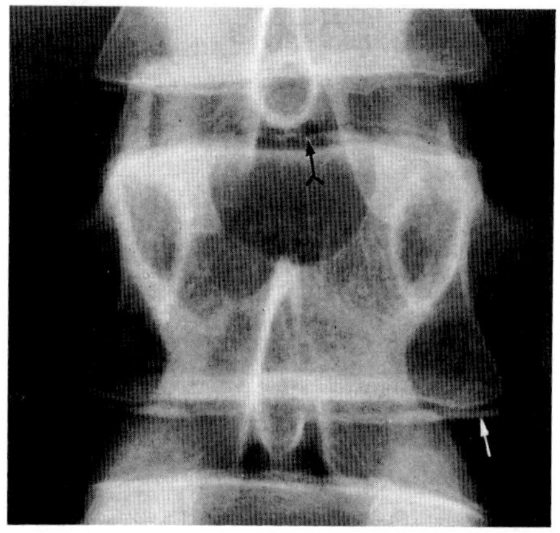

Abb. 5.**167** Randleistenring (→) mit geriffeltem Wulst am Wirbelkörper zur besseren Anheftung der Randleiste (→)

Streifen getrennte bandförmige Verdichtung an Deck- und Grundplatten kann gleichfalls den **Randleistenring** kennzeichnen (Abb. 5.**166** und 5.**167**). Randleistenring und -kerne *verschmelzen* um das 15. Lebensjahr herum. Die Synostosierung ist in der Regel im 25. Lebensjahr abgeschlossen. Die Verankerung des Randleistenringes ist durch Oberflächenvergrößerung, charakterisiert durch eine radiäre Riffelung, verstärkt (Abb. 5.**168**).

An den Quer- und Dornfortsatzspitzen treten **Apo-**, an den Gelenkfortsätzen **Epiphysen** auf, ebenso Apophysen an den Tubercula costarum. Sie entstehen und verschmelzen etwa zum gleichen Zeitpunkt wie die Randleistenkerne, wenngleich in etwas unregelmäßigerer Reihenfolge als diese (54).

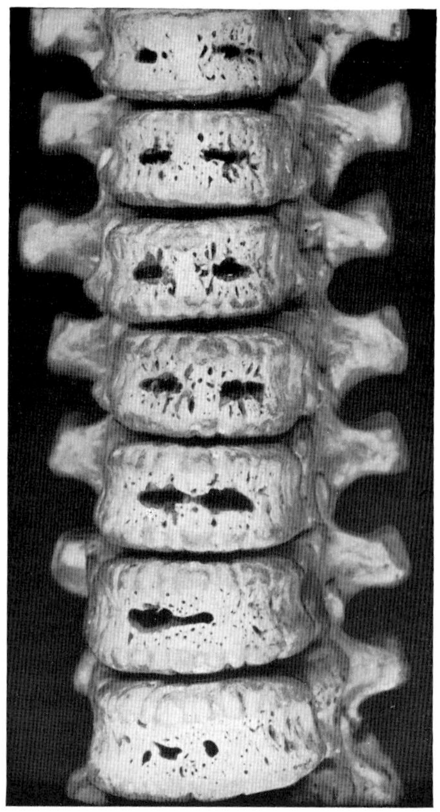

Abb. 5.**168** Gefäßkanäle (Hahnsche Spalten) in der jugendlichen Wirbelsäule. Riffelung am Wirbelkörperrand ▷

Bis in das 1. Lebensjahr hinein, oft sehr viel länger, sind tiefe spaltförmige Einschnitte an der Vorderkante des Wirbelkörpers zu beobachten, in deren Bereich die Gefäße eintreten (Abb. 5.**168** und 5.**169**). Die Buchten verschwinden, lassen sich jedoch persistierend beim Erwachsenen als klinisch belangloser Befund nachweisen, der unter der Bezeichnung „**Hahnsche Spalte**" bekannt ist (Abb. 5.**170**).

Die Abb. 5.**169** und Abb. 5.**170** stellen Lendenwirbel dar, sind jedoch im Sinne der einführenden Bemerkung zum Abschnitt „BWS/LWS" hier als nicht auf die Region bezogene typische Beispiele anzusehen.

Die **Kyphose** der Brustwirbelsäule ist bei Kindern zwischen 8 bis 16 Jahren im 10. bis 12. Lebensjahr am wenigsten deutlich ausgeprägt. Sie verstärkt sich mit dem Wachstum, und zwar etwas unterschiedlich bei Mädchen und Jungen (57).

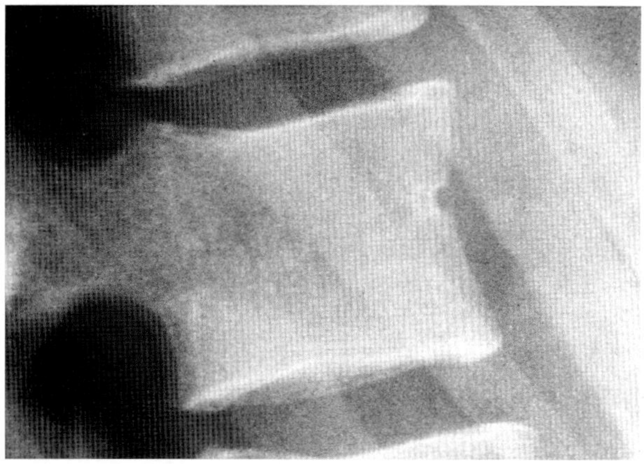

Abb. 5.**169** Gefäßbucht in der Vorderkante des LWK 1

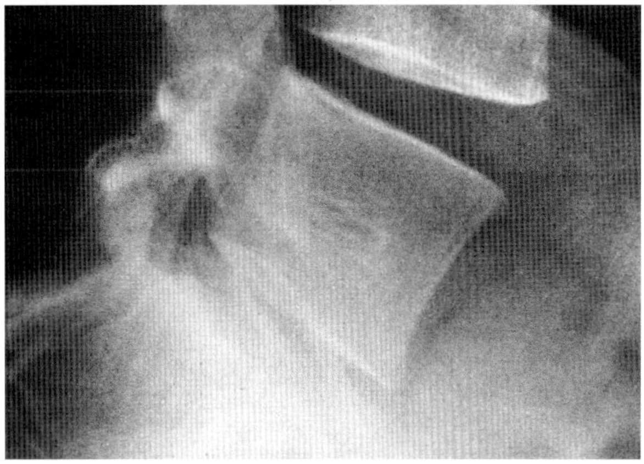

Abb. 5.**170** Persistierender Gefäßkanal (Hahnsche Spalte) im LWK 5

Beim Erwachsenen

Wenn nicht eigens andere Quellen genannt werden, beziehen wir uns hier auszugsweise auf die Ausführungen im Atlas der Anatomie (51) und im Handbuch der Medizinischen Radiologie (58).

Die **Höhe und Längsausdehnung** der Wirbelkörper nimmt von oben nach unten kontinuierlich zu. Die Wirbelkörper, etwas stärker noch die Zwischenwirbelräume (durchschnittlich ziemlich gleichmäßig von kranial nach kaudal 5 mm hoch, also niedriger als die Halsbandscheiben), lassen eine gerade angedeutete Keilform mit der Spitze nach vorn erkennen. Es besteht eine geringe Kyphose. Die vorderen, hinteren und seitlichen *Konturen* der zylinderförmigen Wirbelkörper sind sämtlich leicht eingedellt, am deutlichsten an der Hinterkante mit Tiefpunkt in der Gefäßlücke der Vv. basivertebrales (Abb. 5.**171a–c**). Im Computertomogramm sieht man durch den Wirbelkörper bis in die Peripherie verlaufende Venenkanäle, die selbst mit Frakturspalten verwechselt werden können (45). Gegen eine Fraktur spricht im Computertomogramm immer die gabelartige Aufzweigung des Kanals der V. basivertebralis (Y-Konfiguration) (Abb. 5.**172**).

In der **radiologischen Darstellung** der Brustwirbelsäule ergeben sich, wie schon bei Besprechung des zervikothorakalen Überganges erwähnt, bei der Seitenaufnahme Schwierigkeiten, die ersten beiden Segmente durch die überlagernden Weichteile überhaupt zu erkennen. Störende Überlagerungen weiter kaudal durch Rippen und Lungenstrukturen lassen sich durch leichte Atembewegungen (Hecheln) erheblich mindern, weil die bewegten Strukturen unscharf werden, die unbewegte Wirbelsäule aber scharfe Konturen behält (3 u. a.).

Im seitlichen Strahlengang kann die orthograd getroffene Schultergelenkpfanne einen **Keilwirbel vortäuschen** (47) (Abb. 5.**173**). Der Fehlannahme einer Wirbelkompression durch **Übereinanderprojektion** eines oberen Brustwirbels im a.-p. Strahlengang **mit dem oberen Brustbeinrand** (Abb. 5.**174**), sollte man unter anderem bei Beachtung des dann fehlenden Dornfortsatzendes entgehen können. Auch der **Angulus scapulae** kann auf der Seitenaufnahme zu irreführenden Summationseffekten führen (Abb. 5.**175**), – er befindet sich im allgemeinen in der Höhe des 7. Brustwirbels. Bei der Numerierung der Brustwirbel in der Profilaufnahme ist nicht nur zu beachten, daß vom 12. Brustwirbel die letzte Rippe abgeht, sondern auch, ob (nach der Aufnahme im sagittalen Strahlengang) rudimentäre Rippen bestehen, die man im Seitenbild nicht sieht.

Die Anatomie kennt keine „Abschlußplatten", sondern Terminalflächen der zylinderförmigen Wirbelkörper, deren *Spongiosazentrum* von einer Randleiste umgeben ist (s. vorn). Im Druckaufnahmebereich des Nucleus pulposus können normalerweise Eindellungen in der Spongiosa der Terminalflächen entstehen, die von zarten, bogenförmigen, sklerotischen Verdichtungen umgeben sind (Abb. 5.**176**) und den später zu erwähnenden Knorpelknötchen entsprechen.

Die **Bogenwurzeln**, eingeschnürt in ihrem Abgang von den Incisurae superior et inferior, sind der schmalste Teil der Wirbelbögen, die wie Röhrenknochen einen von dicker Kortikalis umgegebenen, relativ geringen Spongiosainhalt besitzen. Im a.-p.

a

b

c

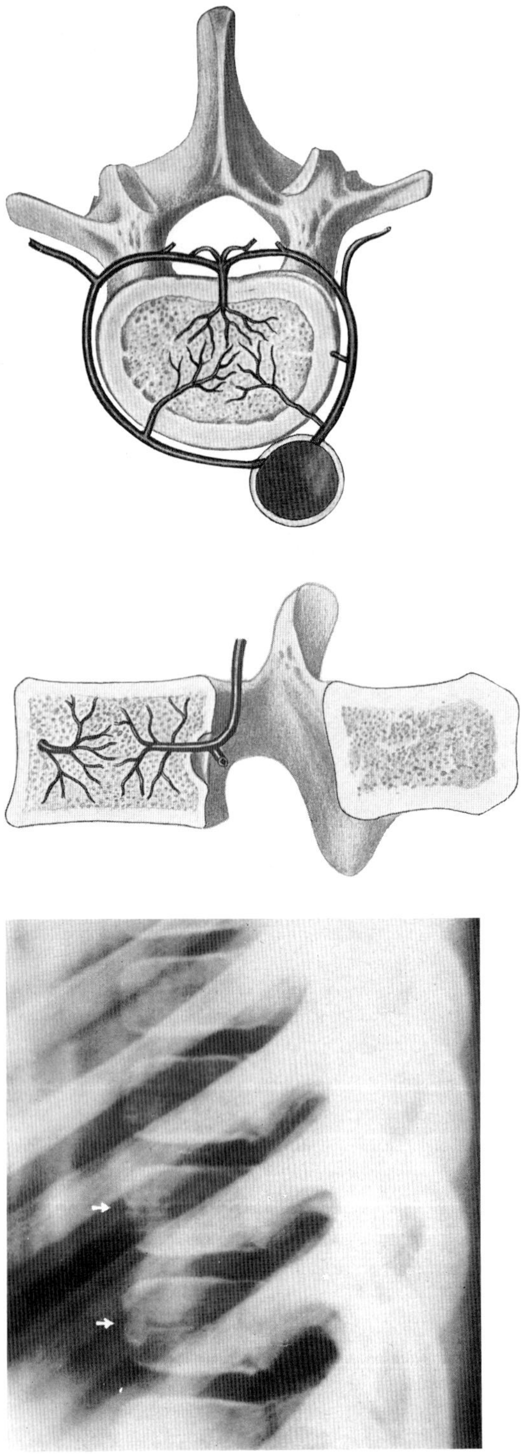

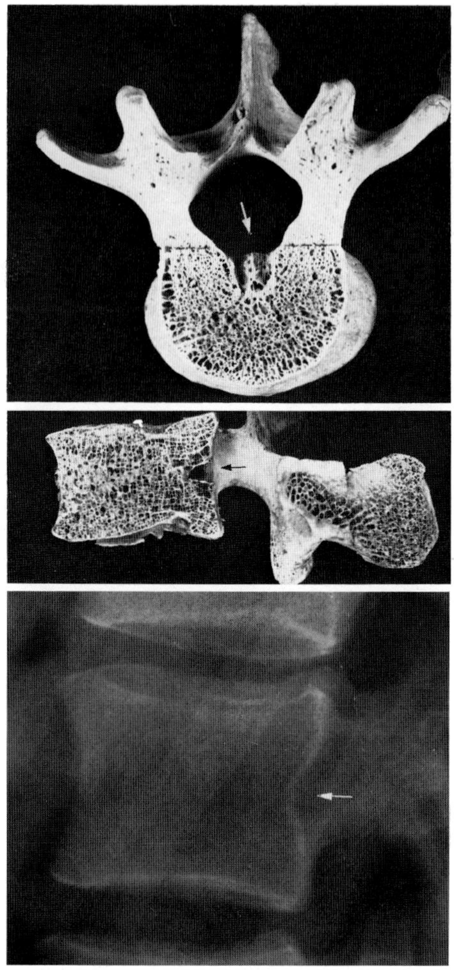

a

b

c

Abb. 5.**172 a–c**
a u. **b** Präparat horizontal und sagittal aufgeschnitten
c Hinterer Gefäßkanal im Kontureinschnitt, durch Kortikalis überlagert, im Summationsbild nicht (im Computertomogramm evtl. gut) zu erkennen

◁ Abb. 5.**171 a–c** Gefäßein- bzw. -austritt an den Wirbelkanten
a u. **b** Gefäßversorgung eines Wirbels im Schema
c Vordere Gefäßkanäle, Normalbefund bei Kindern

Strahlengang bilden die Kortikalisstrukturen kreisförmige (oberste und untere Brustwirbelsäule) bis ovale Verdichtungsringe in Projektionen mit den oberen Anteilen der Wirbelkörper, zwischen deren medialen Konturen der **Interpedunkularabstand** als Maß der Wirbelkanalbreite gemessen wird. Diese Weite nimmt von kranial nach kaudal zu, genaue Maße bei Lindgren (38) und Zaunbauer (58), für Kinder bei Hinck. u. Mitarb. (26) sowie Laczay (34).

In grober Schätzung entspricht die Distanz zwischen den beiden Bogenwurzeln etwa der summierten Breite beider Bogenwurzeln zusammen (56).

Die Flächen und Spalten der **kleinen Wirbelgelenke** befinden sich am oberen und unteren Gelenkfortsatz der Pars articularis. Die Gelenkflächen stehen – anders als bei der Halswirbelsäule – fast vertikal und lassen sich (sonst sich beiderseitig summierend und von Rippen und Lungengewebe im seitlichen Strahlengang überlagert) beiderseits getrennt durch eine leichte Drehung im schrägen Strahlengang abbilden.

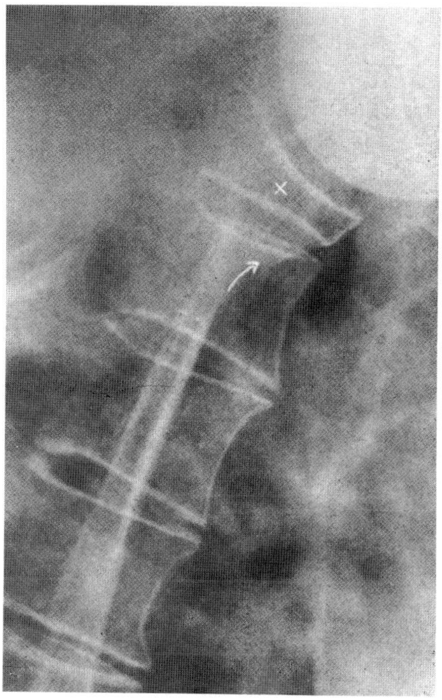

Abb. 5.**173** Vorgetäuschter Keilwirbel (x) infolge einer Verlagerung durch das Schultergelenk. Schulterblattrand (→) (Beobachtung von Schmitt, Worms)

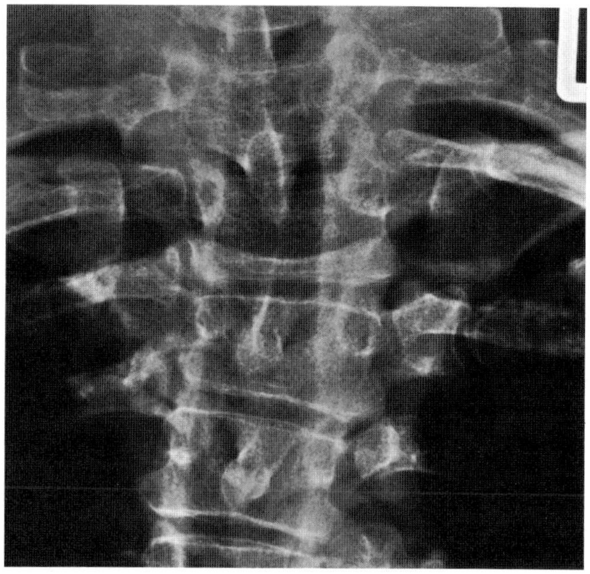

Abb. 5.**174** Vorgetäuschte Kompressionsfraktur des 2. Brustwirbelkörpers durch Summation mit dem oberen Rand des Manubrium sterni

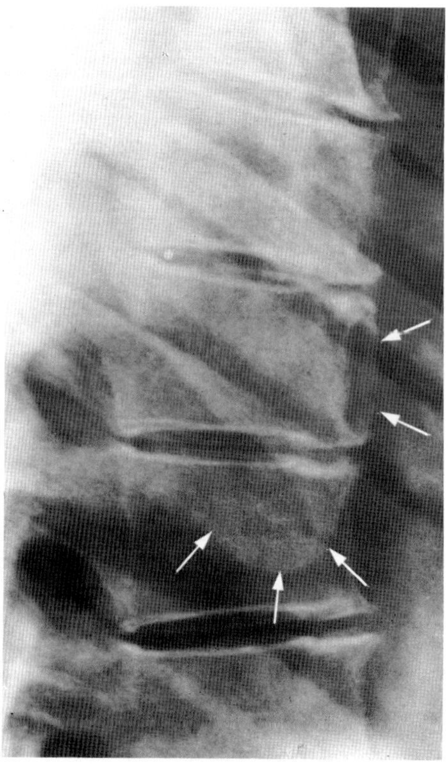

Abb. 5.**175** Summation des Angulus scapulae auf den 7., des medialen Skapularandes vor die Vorderkante des 6. Brustwirbelkörpers

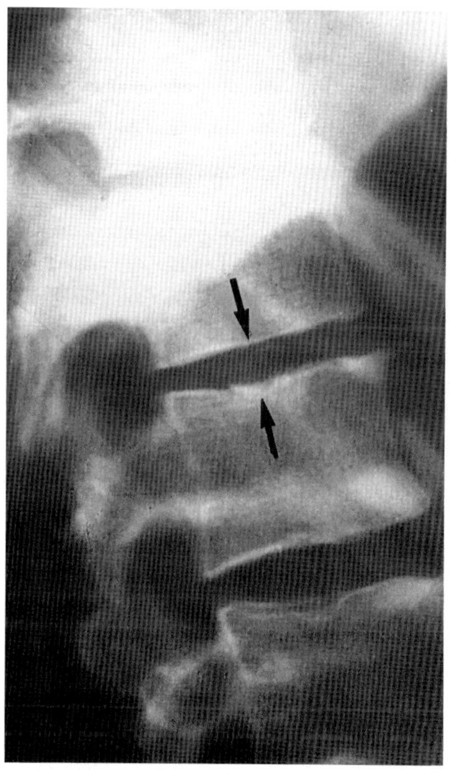

Abb. 5.**176** Druckaufnahmezonen im Gebiet des Nucleus pulposus mit Sklerosen in den Terminalflächen der Wirbel

Die **Kostotransversalgelenke** stellen sich im a.-p. Strahlengang nur in der Höhe von Th9 und Th10 weitgehend frei dar, während sie in den kranial hiervon gelegenen Segmenten bei Neigung des auf den 6. Brustwirbel gerichteten Zentralstrahls um 30 Grad, bei vermehrter Kyphose um 35 bis 40 Grad nach kranial am besten abgebildet werden (27).

Die 1., 11. und 12. Rippe stehen nur mit je einem einzigen Wirbel in gelenkiger Verbindung (**Articulatio capitis costae**). Die Verhältnisse an der 10. Rippe sind in dieser Hinsicht inkonstant. Die übrigen Rippen artikulieren mit je zwei Wirbeln und der dazwischenliegenden Bandscheibe.

Die **Querfortsätze** sind im a.-p. Strahlengang durch Summation, die **Dornfortsätze** in der seitlichen Projektion durch Überstrahlung meist schwer zu erkennen. Die Reihe der Dornfortsätze sieht man in der sagittalen Strahlenrichtung gut, am 1., 11. und 12. Wirbel fast völlig in orthograder Projektion. An den übrigen Wirbeln reichen die kaudal gerichteten Dornfortsätze über die Wirbelgrenze und den anschließenden Zwischenwirbelraum hinaus mit ihren Spitzen bis in den nächstunteren Wirbel.

Haltung und Beweglichkeit

Die Wirbelsäule verläuft beim Embryo in einer einfachen kyphotischen Krümmung, wird bei Geburt nahezu gerade. Durch Kopfheben, Aufsetzen und aufrechtes Stehen und Gehen nimmt die Wirbelsäule eine Haltung an, die im Profil zwei ineinander übergehenden flachen „S" entspricht, wie sie schon dem laufenden Kind eigentümlich ist. Die Brustwirbelsäule wird langstreckig in ganz geringer Kyphose gehalten (59).

Normalerweise findet sich bei 80% der Erwachsenen im zervikothorakalen Übergang eine ganz gering ausgeprägte linkskonvexe, in der unteren Brustwirbelsäule fast rechtskonvexe Skoliose (13).

Die Beweglichkeit der Brustwirbelsäule bei Beugung, Streckung, Drehung und Seitwärtsneigung wird unterschiedlich angegeben und ist in Relation zu ihrer Länge gering: Extension 15,8 Grad, Flexion 41,9 Grad (gesamt 57,7 Grad), Seitneigung 32,3 Grad (1, 2).

Als altersbedingt und damit vielleicht noch im Grenzbereich der Norm sind häufig bei greisen Menschen, manchmal bei sehr schlanken Frauen einige Jahre nach der Menopause, **Osteoporosen** (mit vermehrter Neigung zu Spontanfrakturen) und daraus resultierende **vermehrte Kyphosen** anzusehen. Auch die schwere Alterskyphose kann bei Keilform der Brustwirbelkörper mit erhaltenen Bandscheiben einhergehen, aber auch bei völligem Diskusverschleiß zum **Altersblockwirbel** (45[1]), bei schwerer Alterskyphose durch Drucknekrose der vorderen Diskusanteile zu **senil kyphotischen Blockwirbeln** (12[2]) führen (Abb. 5.**177**), s. auch in diesem Kapitel „Erworbene Erkrankungen".

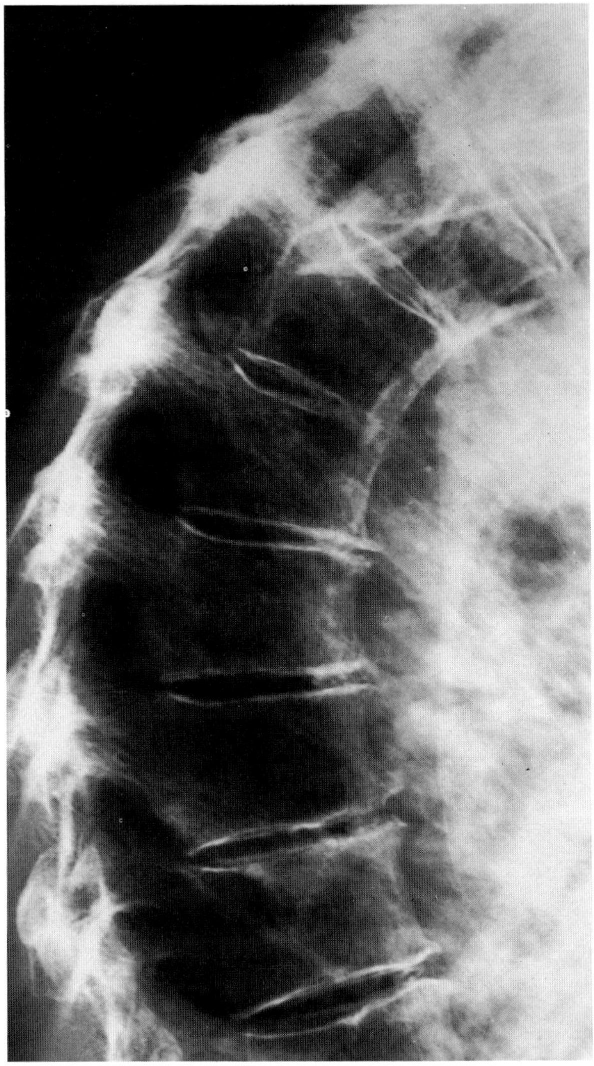

Abb. 5.**177** Senil kyphotische partielle Blockwirbel über der Mitte der Brustwirbelsäule

Anomalien

Die hier anzuführenden Fehlbildungen berühren kaum noch die Grenzen der Norm. Deshalb erscheint es angebracht, auf einen Absatz „Varianten", die begrifflich einen Teil der „Norm" abdecken, zu verzichten.

Die Ausführungen über formelle Fehlbildungen an dieser Stelle gehen über die Region der Brustwirbelsäule im Prinzip hinaus und treffen auch für andere Wirbelsäulenabschnitte, vor allem für die Lendenwirbelsäule, zu. Vice versa gilt dies auch für Anomalien der Lendenwirbelsäule. Wir beschränken uns hier auf die Besprechung von Anomalien, die vorwiegend an Brustwirbeln abgebildet und beschrieben werden, und verweisen bei prinzipieller Sicht dieses Themas auf die analogen Abschnitte der Kapitel über die weiteren Wirbelsäulenregionen, bei denen wir auf andere Fehlbildungen eingehen, die dort öfter, aber auch im thorakalen Abschnitt vorkommen können. Der Leser muß also eventuell bei der Suche nach einer bestimmten Deformität auch die Abschnitte über Anomalien der übrigen Wirbelsäulenregionen durchlesen, wenn er eine von ihm gesuchte Dysplasie in diesem Ansatz über die thorakale Region nicht findet. Ihm wird dadurch ein „Allgemeiner Teil" über Wirbelsäulendysplasien erspart, der mit seinem mehr lehrbuchmäßigen Charakter den Intentionen dieses Buches nicht gerecht wird (s. „Einführung" zu diesem Abschnitt des Buches).

Die seltene **totale sagittale Spalte**, deren Träger oft nicht lebensfähig sind, ist zu den Mißbildungen zu rechnen, die in diesem Buch erwähnt, doch nicht weiter beschrieben werden. **Partielle Spaltungen** kommen *ventral* und *dorsal* häufiger vor. Eine **persistierende Chorda** trennt in allen drei Spaltformen zwei Wirbelkörperhälften, wobei der vordere und hintere Spalt jeweils bis zum Chordakanal zu verfolgen sind (11). Die Wirbelhälften verschmälern sich zur unverschmolzenen Mitte und stehen sich dort wie zwei liegende Kegel mit der Spitze gegenüber (Abb. 5.**178** und 5.**179**). Wegen der Ähnlichkeit ihrer Konfiguration mit einem fliegenden Schmetterling werden sie *„Schmetterlingswirbel"* (*„butterfly vertebra"*) genannt und überragen mit ihren lateralen Kanten die Nachbarwirbel. An diesen benachbarten Wirbeln adaptieren sich die gegenüberliegenden Terminalflächen durch Verformungen an die Deformation des dysplastischen Wirbels. Derartige Dysplasien sind bei eineiigen Zwillingen als Zufallsbefund erhoben (6) worden. Die reine, nur die Chorda dorsalis betreffende Rückbildungsstörung führt zu ganz ähnlichen Bildern wie den oben beschriebenen der Sagittalspalten und ist radiologisch als solche nicht zu erkennen. Bei nur vorderer Spalte findet sich eine typische Keilform mit Spitze nach vorn, wie sie analog beim hinteren Spalt nicht zu beobachten ist (11). Eine schematische Übersicht gibt Abb. 5.**180a–d**.

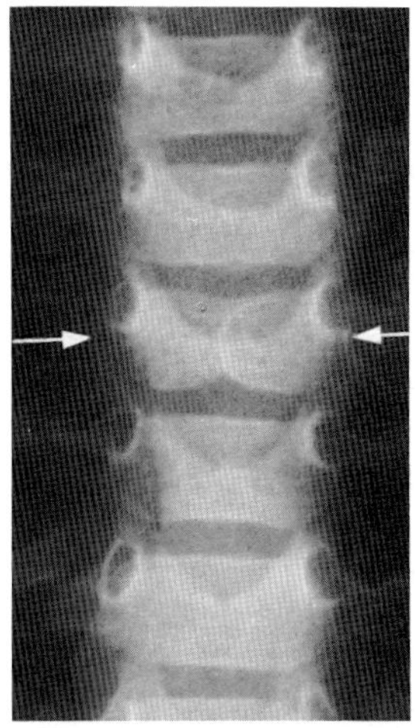

Abb. 5.**178** „Schmetterlingswirbel" bei einjährigem Kind

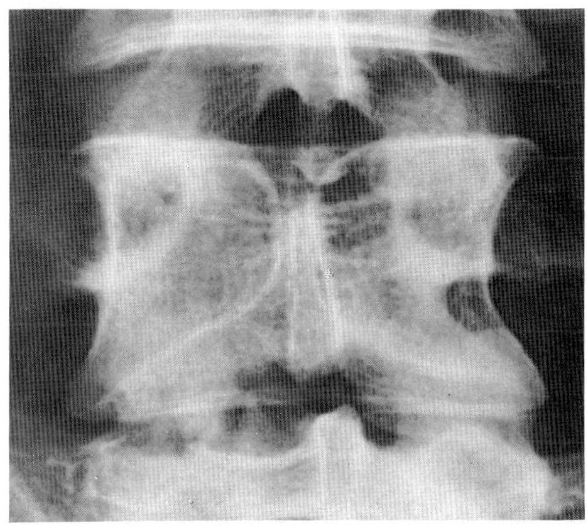

Abb. 5.**179** „Schmetterlingswirbel" bei 23jährigem Mann

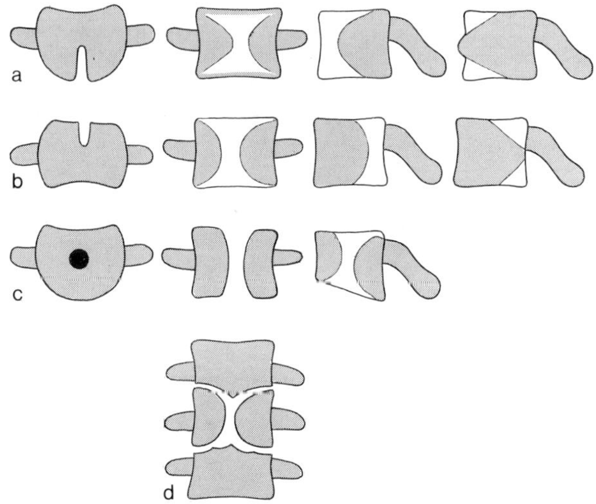

Abb. 5.**180 a–d** Radiologische Projektionen verschiedener Wirbelfehlanlagen
a Sagittale Spalte mit ventralem Defekt = Schmetterlingswirbel (butterfly vertebra)
b Sagittale Spalte (statt partielle) mit dorsalem Defekt, Schmetterlingswirbel bei Dorsalspalte
c Persistierender Chordakanal
d Schmetterlingswirbel mit Einbuchtung der benachbarten Wirbel

Die **Wirbelkörperaplasie**, das Ausbleiben einer knorpeligen und/oder knöchernen Anlage (**Asoma**), gehört zu den größten Seltenheiten (11, 43, 44). Der **seitliche Halbwirbel**, das **Hemisoma** (halbe Körperanlage bei voller Bogenausbildung) und der **Hemispondylus** (halbe Körper- und halbe Bogenanlage) (Abb. 5.**181a–d**) sind häufiger zu beobachten und meist mit Skoliosen und am Thorax mit stärkeren Deformierungen des knöchernen Brustkorbs verbunden. Es kann sich um die Folge einer im Vorknorpelstadium erfolgten **hemimetameren Segmentverschiebung** handeln (36), wobei die Wirbelanlagehälften segmentüberspringend entstehen und oft auch unregelmäßig miteinander verblocken können. Bei den **hinteren** – vordere sind bislang nicht beobachtet (11, 12[4]) – **Halbwirbeln** (Abb. 5.**182**) kann die Störung im Vorknorpel-, doch auch im Knorpelstadium erfolgen. Beim hinteren Halbwirbel entsteht eine Kyphose. Daß bei einem Hemisoma dorsale die keilförmige Verschmälerung nach vorn aus einer normalen Quadratform des Wirbels erst unter Belastung im Laufe des Lebens entstehen kann, spricht für die geringere Belastbarkeit solch eines zunächst normal anmutenden Wirbels (8).

Zur Unterscheidung von durch Krankheit erworbenen keilförmigen Defigurationen empfiehlt es sich, bei Entwicklungsstörungen dieser Art von Halb-, nicht von Keilwirbeln zu sprechen.

Über **Blockwirbel** s. auch bei „Varianten" und „Anomalien der mittleren Halswirbelsäule".

Kennzeichen der angeborenen Blockwirbel sind: Verblockung der Wirbelkörper ohne dazwischenliegende Bandscheibe, segmentäre Verschmelzung zugehöriger Wirbelkörper, jedoch nicht in ganzer Ausdehnung, gelegentlich deutliche Kyphose (möglicherweise durch Fehlen der Bandscheiben) und Konkavität der ungegliederten Wirbelvorderfläche.

Außer der totalen Blockbildung mit allerdings erhaltenen, wenn auch gegenüber der Norm kleineren Foramina intervertebralia werden hier vier Typen partieller Verblockungen voneinander unterschieden:

1. Verschmelzung im vorderen Drittel,
2. im hinteren Drittel des Wirbelkörpers,
3. des gesamten Wirbelkörpers und
4. nur der hinteren und mittleren Bögen.

Bei allen vier Erscheinungsformen sind die jeweils übrigen Wirbelanteile frei. Kombinationen mit anderen Fehlbildungen kommen vor, und zwar um so öfter, je schwerer diese oder jene ausgeprägt sind (11) (Abb. 5.**183a–e**).

Als **Sonderform der Blockwirbelbildung** durch Verschmelzung im vorderen Drittel muß die *progressive, nichtinfektiöse vordere Wirbelfusion* angesehen werden. Sie betrifft meist mehrere Wirbel der unteren Brustwirbelsäule, des thorakolumbalen Überganges oder der oberen Lendenwirbelsäule. Beim Neugeborenen schon als Kyphose mit ventraler Bandscheibenerniedrigung beginnend, führt sie fortschreitend zu einem langen kyphotischen Blockwirbel, der bis zu fünf Wirbelkörper umfassen kann (30). Ursache ist möglicherweise eine angeborene Dysplasie der betroffenen Bandscheiben (14) (Abb. 5.**184a–d**). Jüngst wurde eine Thalidomid-Embryopathie als Ursache der Spinalveränderungen erwogen (50).

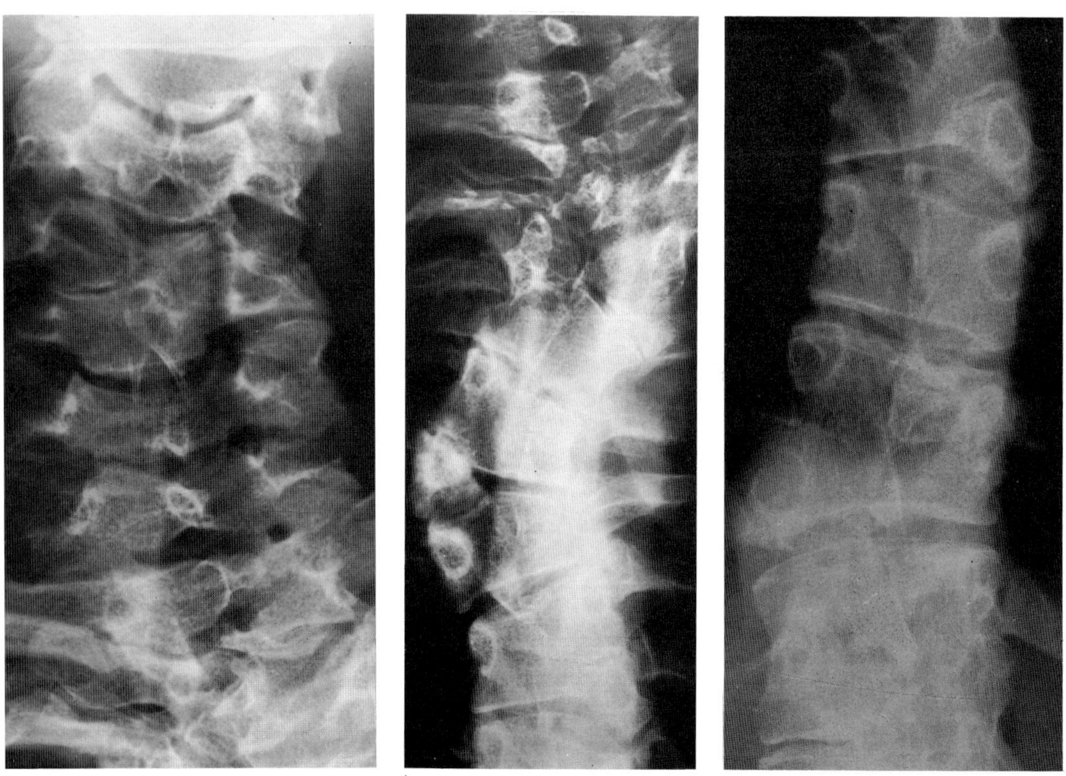

a b c

Abb. 5.**181**

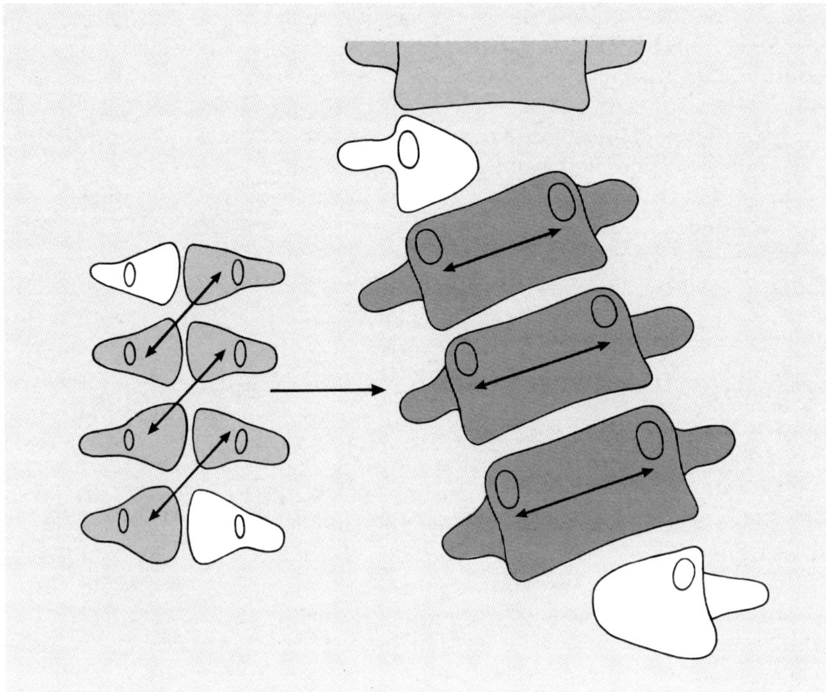

Abb. 5.**182** Formale Genese der sog. hemimetameren Segmentverschiebung (Lehmann-Facius [2]), bei der die Wirbelanlagehälften segmentüberspringend „falsch" miteinander verwachsen. Oben und unten bleibt je ein seitlicher Halbwirbel übrig, der eine seitliche Keilform annimmt (nach Dihlmann)

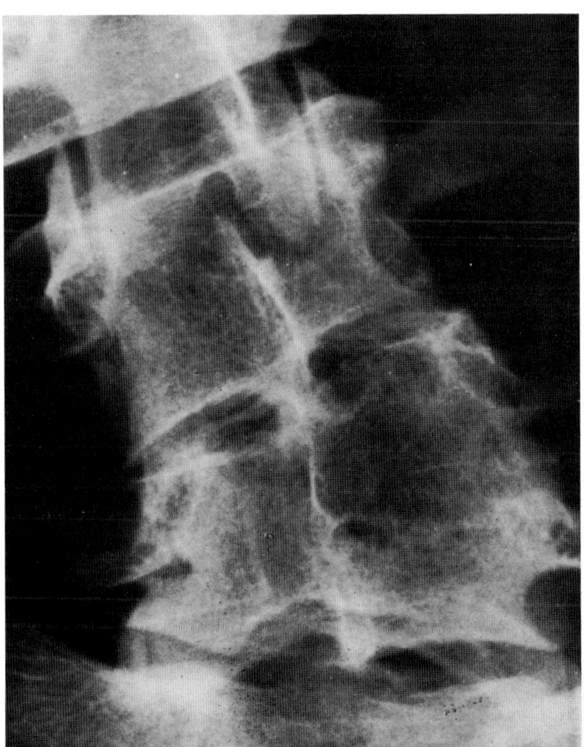

d

Abb. 5.**181 a–d** Multiple Mißbildungen
a Seitlicher Halbwirbel C4
b Schmetterlingsform mehrerer oberer Brustwirbel, Halbwirbel Th7 (rechts herausgedrängt)
c Links verschmolzener Halbwirbel Th9, rechts verschmolzener Halbwirbel Th12
d Links verschmolzener Halbwirbel L5. Entsprechende Skoliosen

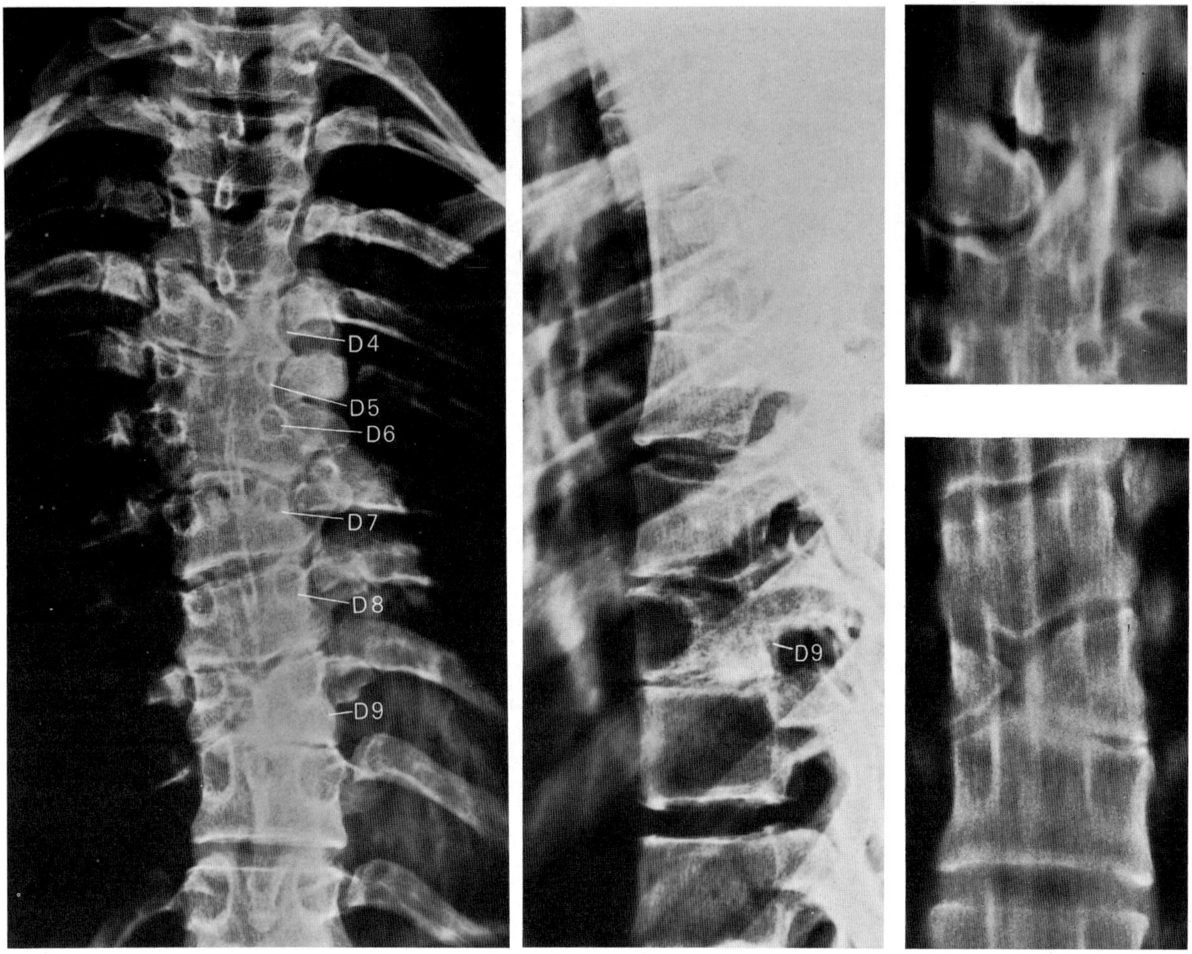

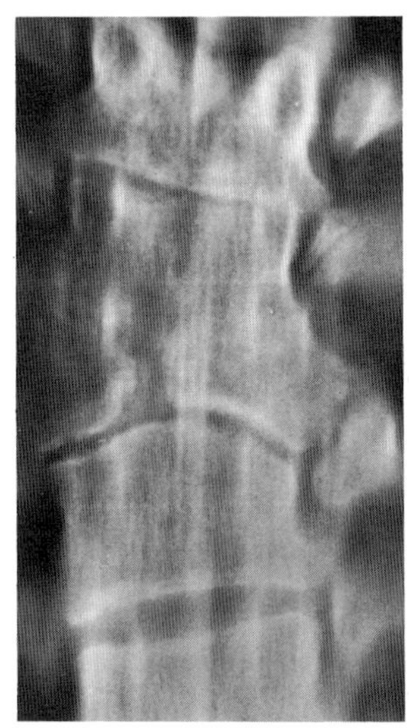

Abb. 5.**183 a–e** Multiple Mißbildungen bei 19jähriger Frau
a Brustwirbelsäule im a.-p. Strahlengang: Unterentwicklung der 1. Rippe beiderseits. Halbwirbel Th4 rechts. Blockwirbel Th5/6, Deformierung Th7 und Th8. „Schmetterlingswirbel" Th9
b Brustwirbelsäule im seitlichen Strahlengang: Sagittale Spalte mit ventralem Defekt bei Th9
c–e Tomogramme im a.-p. Strahlengang. Der „Schmetterlingswirbel" Th9 ist rechtsseitig hypoplastisch

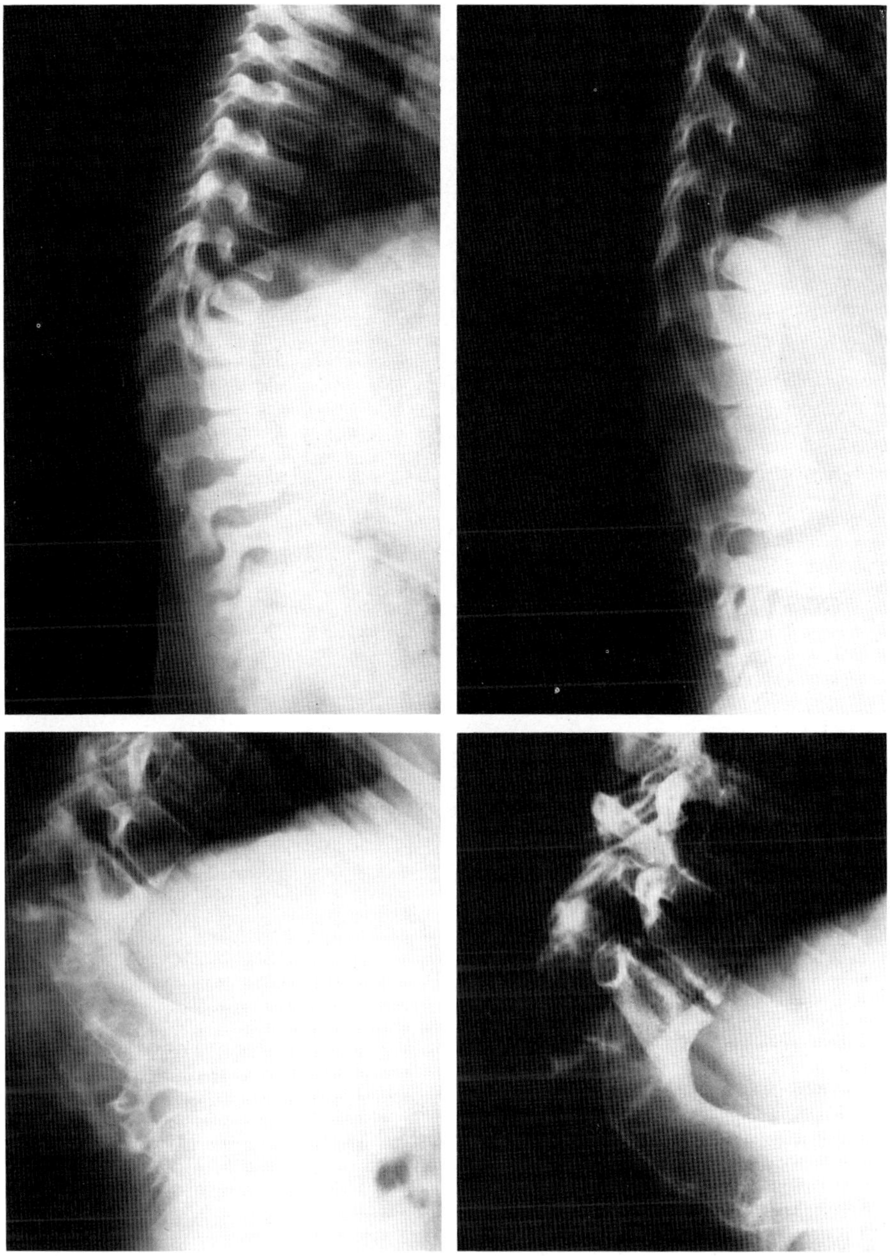

a b c d

Abb. 5.**184 a–d** Progressive, nicht-infektionsbedingte vertebrale Fusion
a Nov. 1951
b Febr. 1955
c Nov. 1964
d Februar 1973
(aus Christensen, E. R., et al.: Europ. Soc. Pediat. Radiol. [1973] 10–13)

Spalten in den Bögen gibt es auch in der Thorakalregion der Wirbelsäule, und zwar nicht nur die häufigeren medianen Bogenspalten (Abb. 5.**185**), sondern auch in und nahe der Interartikularportion (42, 55), wie sie heute bei computertomographischen Darstellungen gelegentlich als Zufallsbefund nachzuweisen sein mögen (s. in diesem Zusammenhang 35).

Auf die **Diastematomyelie** wurde kurz schon bei der Besprechung der zervikalen Anomalien eingegangen. Die Entwicklungsstörung manifestiert sich frühembryonal und kann mit weiteren Wirbelanomalien, besonders Bogenspalten, aber auch mit Myelodysplasien und deren Folgen einhergehen (24). Während früher radiologisch die Diagnose im Nativbild nur möglich war, wenn die Trennwand aus Knochen bestand (s. auch Abb. 5.**228a** u. **b**), andernfalls Kontrastmittel angewandt werden mußte, stehen heute für eine mehr differenzierte Diagnostik Computer- und Kernspintomographie (NMR-Imaging [25]) zur Verfügung. Die Deformität wird vorwiegend bei Kindern, aber auch im Erwachsenenalter beobachtet (24, 25, 39). Jüngste Berichte über eine thorakale Lokalisation beschreiben den pathologischen Befund bei 30 von insgesamt 69 beobachteten Fällen (40) in der unteren Hälfte der Brustwirbelsäule (25, 39).

Hier ist nicht der Ort, über die verschiedenen Wirbelverformungen bei den systematisierten, meist schweren Knochenmißbildungen einzugehen, bei denen vor allem die Brustwirbelkörper außer den schon beschriebenen Anomalien deformiert sind. Von ovalen Frühformen des Wirbelkörpers bis zum flachen Wirbel gibt es alle Stufen der Dysplasie, an einem einzigen, vielen oder allen Brust-

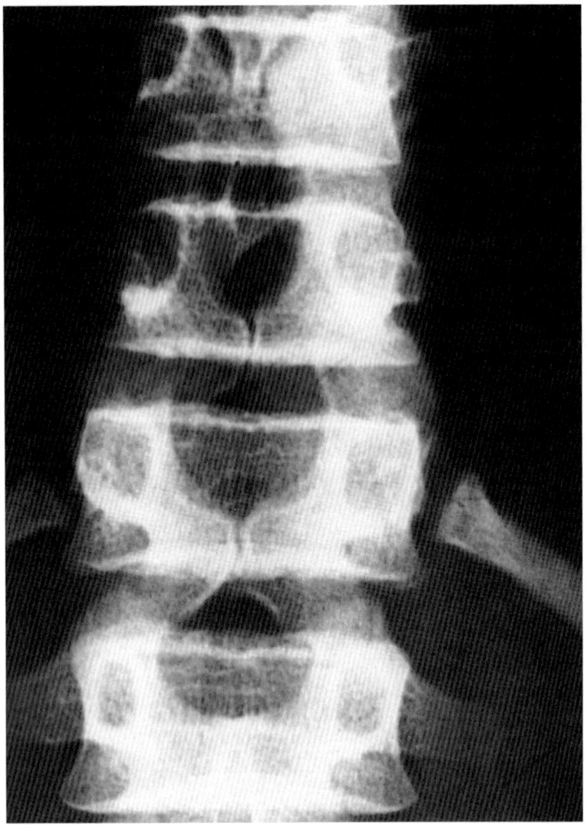

Abb. 5.**185** Mediane Bogenspalten bei Th 11 und Th 12

wirbeln. Der interessierte Leser findet die entsprechenden Angaben im Atlas der Konstitutionskrankheiten sowie in den entsprechenden Lehrbuchartikeln (22, 52). Auch sind die Ausführungen über die Platyspondylie in der Kindheit beachtenswert (32).

Eine der Klippel-Feilschen Anomalie der Halswirbelsäule analoge hochgradige Dysplasie der Brustwirbelsäule (oft unter Einbeziehung auch der oberen Lendenwirbelsäule) mit multiplen Halb- und Schmetterlingswirbeln, Wirbelverschmelzungen und Spina bifida ist mit zahlreichen Rippenanomalien und einem entsprechend deformierten und verkürzten Thorax kombiniert. Sie ist unter dem Namen **„spondylokostale Dysplasie"** bekannt. Sie kommt – sporadisch oder familiär – entweder isoliert oder im Rahmen von Mißbildungssyndromen, die zahlreiche innere Organe einschließen, vor (33).

Stellungs- und Haltungsveränderungen

Skoliosen und Kyphosen sind zum Teil schon im vorangegangenen Text erwähnt. Ihren verschiedensten Formen und Ursachen, auch der Torsionen und Rotationen, ist ein Handbuchteil gewidmet (45). Der an Besonderheiten und Einzelheiten interessierte Leser möge dort oder im Lehrbuch (13) nachlesen.

Verletzungsfolgen

Eine ausführlichere Behandlung der mit allen Formen von Wirbelverletzungen (samt Kantenabbrüchen und Kompressionsfrakturen) auftretenden traumatischen Schäden gehört in aller Breite nicht zum Themenkreis dieses Buches, doch wird als Beispiel für Frakturen in der Brust- und Lendenwirbelsäule im folgenden Abschnitt „Thorakolumbaler Übergang" prinzipiell und breiter auf dieses Thema eingegangen.

Nekrosen (Morbus Scheuermann)

Die Vielfalt von Faktoren, die bei der Pathogenese der **Adoleszentenkyphose (Morbus Scheuermann)** eine Rolle spielen (Abb. 5.**186**), bringt es mit sich, daß die Erkrankung im Handbuch der Medizinischen Radiologie nicht im Band „Jugendliche Osteochondronekrosen", sondern im Band „Krankhafte Haltungsveränderungen der Wirbelsäule" aufgeführt wird. Auch bei unterschiedlicher Ansicht über die verschiedensten pathogenetischen Einflüsse wird übereinstimmend betont, die Krankheit trete während des Wachstums auf, während ihre Aktivität nach abgeschlossenem Wachstum abnehme. In dieser Zeit bilden sich die Wirbelkörperrandleisten und synostosieren mitsamt ihren Kernen. Radiologisch nachweisbare Unregelmäßigkeiten in Form und Struktur dieser Wachstumszonen (Häufigkeitsangabe zwischen 4 und 5% sowie über 30%) rechtfertigen es, diesen radiologischen Befund als Nekrosen zu deuten und das Röntgenbild als Grenzbefund der Norm zu werten. Aus den Häufigkeitsziffern wird deutlich, daß den radiologisch nachweisbaren Symptomen klinisch kein Krankheitsbild zuzukommen braucht.

Die Erkrankung ist durch eine Verlagerung des Krümmungsscheitels und Verstärkung der normalen Brustkyphose in den unteren Thorakalabschnitt charakterisiert (jede Lokalisation bis in die mittlere und untere Lendenwirbelsäule ist möglich). Der Bogen bleibt rund und wird nur ausnahmsweise spitzwinklig. Dieses Symptom, dem die Erkrankung die Bezeichnung „Adoleszentenkyphose" verdankt, ist nicht obligatorisch. Der veränderte Wirbelsäulenabschnitt weist in 12,4 bis 63% (je nach Literaturangabe) auch eine gegenüber der kyphotischen geringe oder nur angedeutete skoliotische Verbiegung auf.

Die Scheuermannsche Erkrankung – die Stadieneinteilung erfolgt nach Brocher (9) – beginnt (**präklinisches Stadium**) im Alter von 8 bis 12 Jahren, oft ohne radiologisch nachweisbares Zeichen, eventuell mit betonter Kyphose und angedeuteter keilförmiger Wirbeldeformierung.

Im **floriden Stadium** der 12 bis 16 Jahre alten Patienten sind die Wirbelkonturen stark verändert.

Abb. 5.**186** Zusammenstellung der pathogenetischen Faktoren, die an der Entstehung des Morbus Scheuermann beteiligt sind. Nach Kyphosierung können mehrere Circuli vitiosi bestehen (nach Scheier)

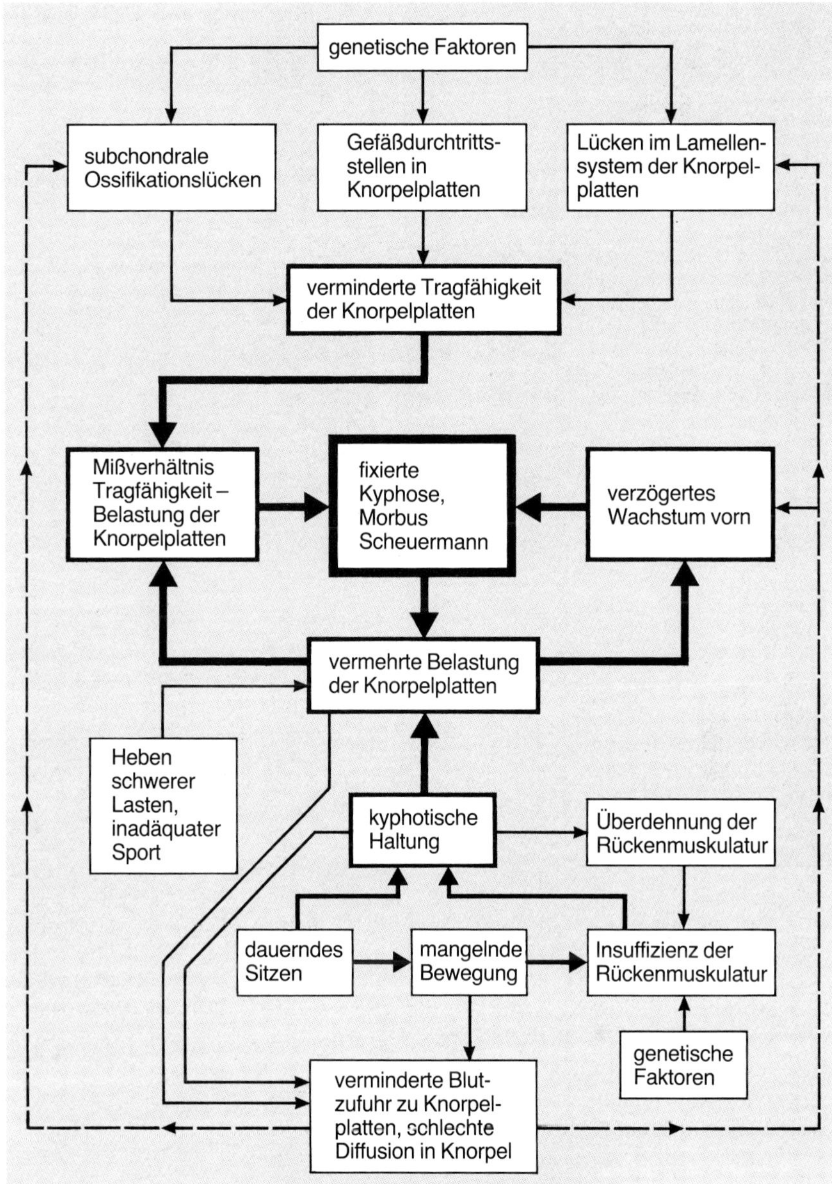

Schmorlsche Knorpelknötchen, durch Einbrüche von Bandscheibenmasse in den Wirbelkörper hervorgerufen, gehören an sich wegen der Häufigkeit ihres Vorkommens zu den Normalbefunden, sind jedoch beim Morbus Scheuermann in 50% der Patienten zu beobachten und damit auch ein Leitsymptom dieser Wachstumsstörung. Der Knorpeleinbruch ruft in der Spongiosa des Wirbelkörpers einen begrenzten sklerotischen Saum hervor (Abb. 5.**187**). Die Höhe des Zwischenwirbelraumes nimmt infolge des Volumenverlustes ab. Gelegentlich resultieren durch die Lokalisation des Knorpelknötchens nahe an der hinteren Ecke Einbrüche in der Richtung des Foramen intervertebrale bzw. des Rückenmarkkanals (41) (Abb. 5.**188a**) – hintere Kantenablösung, aus pathogenetischer Sicht auch als retromarginale Hernie bezeichnet. Exostosenartige Vorsprünge der Nachbarwirbel gegenüber Knorpelknochenknötchen sind als **Edgren-Vaino-Zeichen** in der Literatur bekannt (Abb. 5.**188b**).

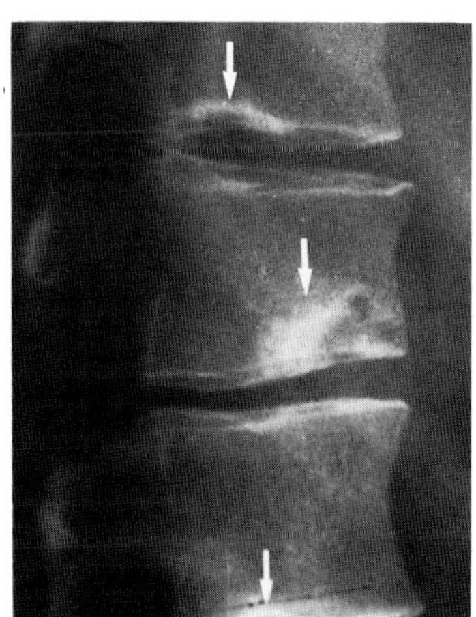

Abb. 5.**187** Schmorlsches Knorpelknötchen

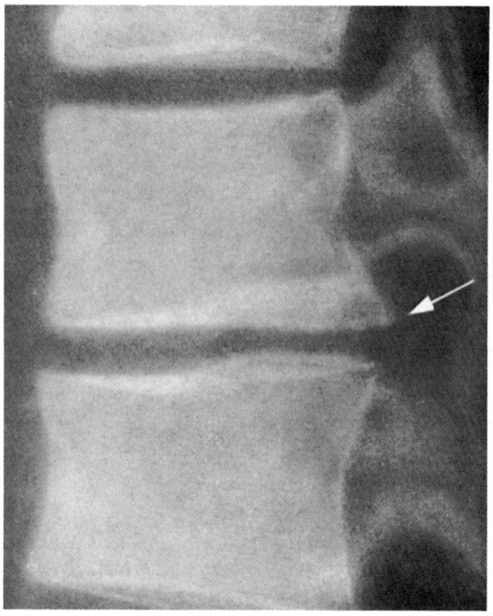

a

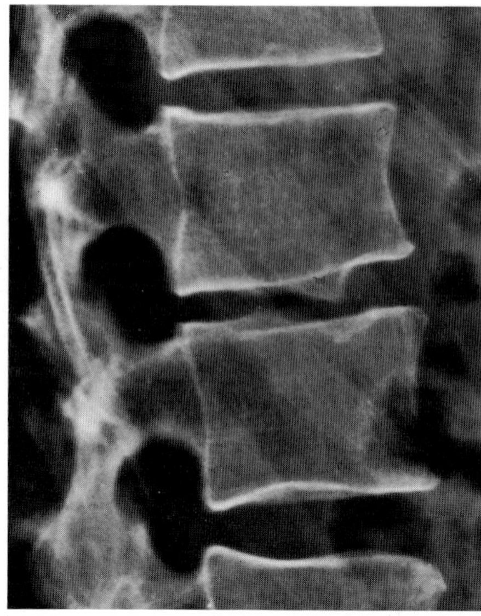

b

Abb. 5.**188 a** u. **b**
a Hinteres Schmorlsches Knorpelknötchen mit verlängerter Dorsalkante des Wirbels
b Knochenvorsprung aus der vorderen Basisfläche von Th 12. Analoge Einbuchtung der Deckfläche des L 1 vom Aussehen eines Schmorlschen Knorpelknötchens

Das Schmorlsche Knötchen liegt in der normalen Wirbelsäule meist im hinteren Anteil der Wirbel (Abb. 5.**176**). Beim Morbus Scheuermann werden die Einbrüche des Bandscheibengewebes weiter vorn hervorgerufen (Abb. 5.**189**). Die **Konturen der Deck- und Basisflächen** sind wellig, unregelmäßig und sklerosiert (Abb. 5.**190**). Die **Randleisten** sind, besonders vorn, im Druckaufnahmebereich bei pathologischer Kyphose, *unregelmäßig-krümelig strukturiert* (Abb. 5.**191**). Die Krümel erscheinen wie bei Nekrosen verdichtet. Die Randleisten können auch fehlen; dann sind die vorderen Wirbelkanten abgeschrägt oder weisen Stufen auf (Abb. 5.**192**). Die Wirbelkörper werden keilförmig mit der Spitze nach vorn deformiert (Abb. 5.**193**). Diese Deformation samt ventraler Verschmälerung der dazwischen gelegenen Bandscheiben sollte bei Annahme eines Morbus Scheuermann mindestens drei, höchstens fünf Wirbel betreffen (20). Die Wirbelvorderkanten stellen sich verwaschen dar. Der Sagittaldurchmesser des befallenen Wirbels nimmt in einer für die Scheuermannsche Erkrankung charakteristischen Weise zu (Knutssonsches Zeichen [28, 29]). Das Höhenwachstum hört auf.

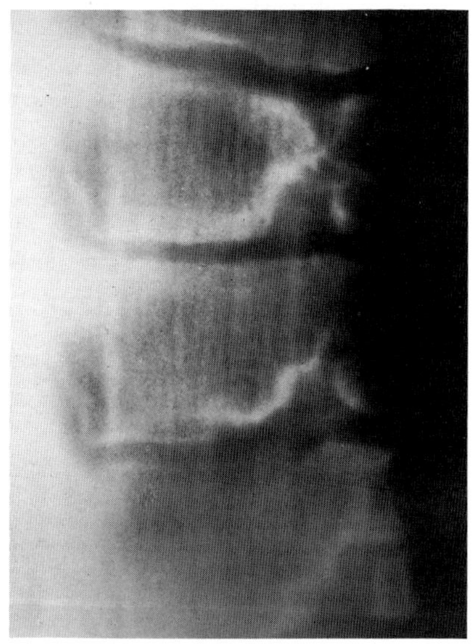

Abb. 5.**189** Tiefe Knorpeleinbrüche ventral in zwei Wirbelkörpern. Isolierungen der Vorderkanten anzunehmen

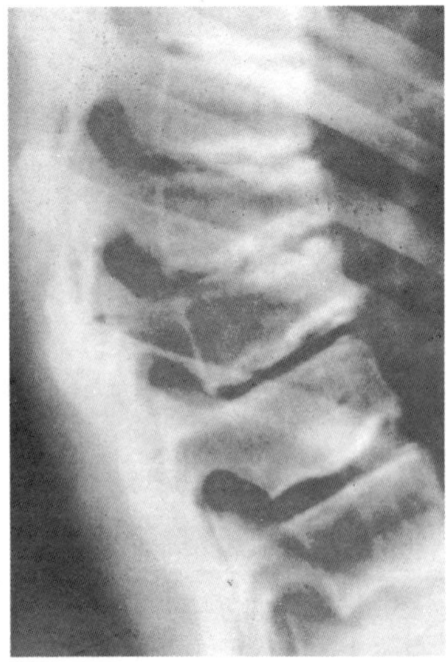

Abb. 5.**190** Scheuermannsche Krankheit. Vermehrte, regionale Kyphose, unregelmäßig-wellig verlaufende, sklerosierte Wirbelabschlußflächen. Keilform der Wirbelkörper ▷

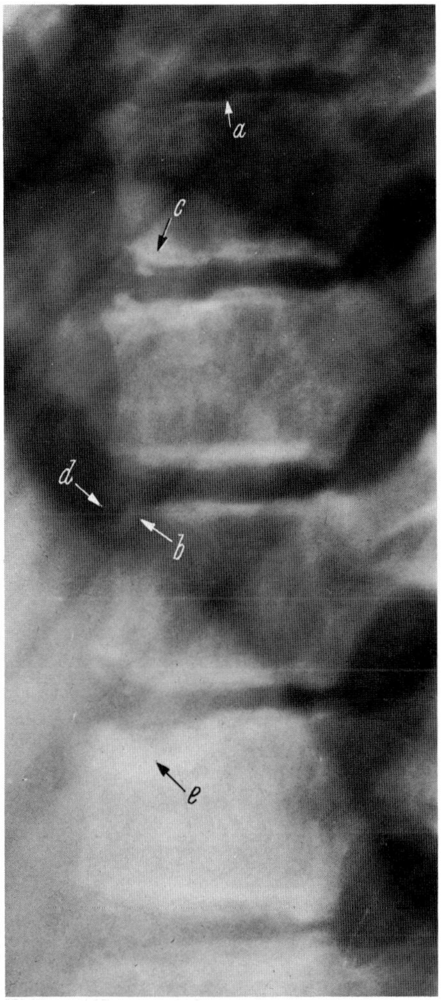

Abb. 5.**191** Scheuermannsche Krankheit
a = Wellige Begrenzung der Deckflächen
b–d = Krankhafte Veränderungen im Randleistengebiet mit Auflockerungen (b), krümeligen Verdichtungen der Struktur (c) und gestörter Ossifikation (d)
e = Vorderer intraspongiöser Bandscheibenprolaps und verschmälerter Zwischenwirbelraum

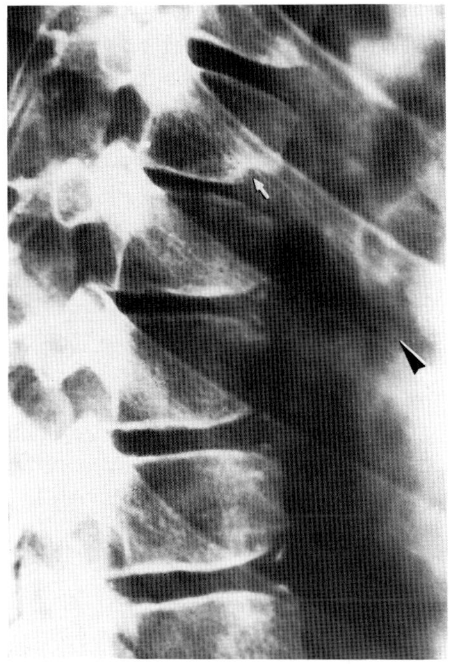

Abb. 5.**192** Scheuermannsche Krankheit. Konturstufe bei fehlendem Randleistenkern (→). Lokalisierter kyphotischer Knick der Brustwirbelsäule in dieser Höhe (▶)

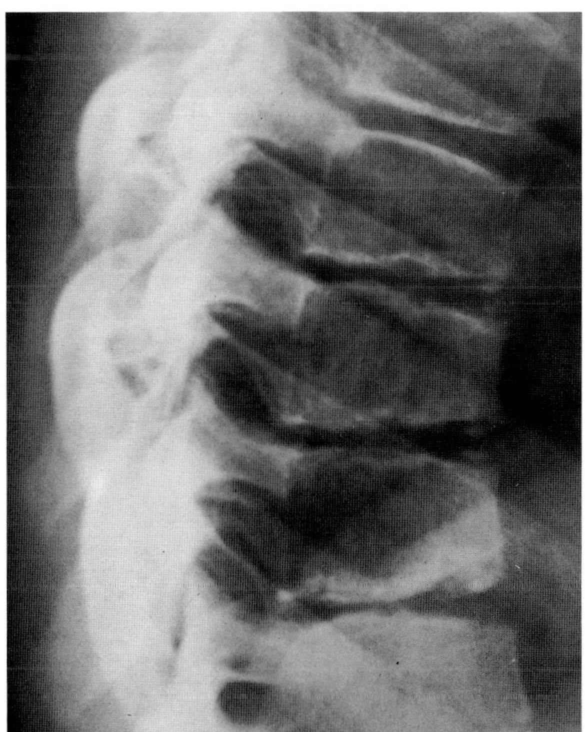

Abb. 5.**193** Scheuermannsche Krankheit. Keilform der Wirbel

Im **Spätstadium** bleiben diese Wirbeldeformitäten samt degenerativen Folgezuständen (Abb. 5.**194a** u. **b**), und eventuell auch osteophytären Auflagerungen an den Wirbelvorderkanten zurück.

Eine Verschmelzung vorderer Wirbelkörperanteile an einem oder mehreren thorakalen oder thorakolumbalen Segmenten kann eintreten. Sie wurde z. B. bei drei Patienten unter 156 Kranken mit juvenilen Kyphosen gefunden (5).

Der Tatsache, daß sich der Hahnsche Gefäßkanal bei der Adoleszentenkyphose in den Früh- und floriden Fällen häufiger darstellt, wird von einigen Autoren eine kausal entscheidende Bedeutung zugemessen (15).

Die Scheuermannsche Erkrankung wird auch als Sonderform (Dyspondylie) thorakaler Manifestationen von Wachstumsstörungen der Wirbelkörper betrachtet (21).

Vertebra plana Calvé s. „Halswirbelsäule“ (S. 487).

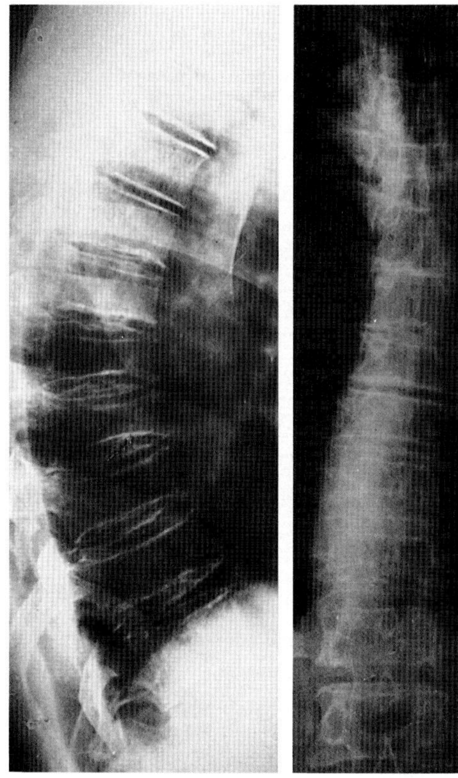

a b

Abb. 5.**194a** u. **b** Spätstadium der Scheuermannschen Krankheit. Vermehrte Kyphose. Konturunregelmäßigkeiten sklerotisch verdichteter Wirbelabschlußflächen. Wirbelkörper relativ lang und niedrig. Erhebliche degenerative Reaktionen

Erworbene Erkrankungen

Gemeinsame Charakteristika von Erkrankungen der Brust- und Lendenwirbelsäule werden (entsprechend den einführenden Bemerkungen zu diesem Kapitel) bei der Besprechung der erworbenen Lendenwirbelerkrankungen behandelt, um Wiederholungen zu vermeiden.

Hier sollen lediglich einige wenige, für die Brustwirbelsäule nach der Häufigkeit des Vorkommens bzw. bei dieser Lokalisation typische Befunde erwähnt werden.

Eine Besonderheit der Brustwirbelsäule bedeuten ihre mit den Rippen gebildeten Gelenke. Das **Kostovertebralgelenk** (articulatio capitis costae) kann bei der **ankylosierenden Spondylitis** durch Kapsel- und Bandossifikationen beteiligt sein. Seltener sieht man Erosionen der Gelenkflächen, zunächst bei Th1–2 und Th10–12.

Da derartige Veränderungen auch bei der Arthrosis deformans auftreten, gilt erst die Kombination mit Syndesmophyten als hinreichend zur Annahme der ankylosierenden Spondylitis (12).

Kostotransversal- und Kostovertebralarthrosen kommen als Teilerscheinungen der **degenerativen Brustwirbelsäulenerkrankungen** bei Frauen dreifach häufiger vor als bei Männern, und zwar besonders in der Höhe von Th8–10 (3), den die Belastung durch den Thorax tragenden Elementen des Stützorgans Wirbelsäule. Bei der Diagnostik arthrotischer Osteophyten ist Zurückhaltung geboten, da es sich auch lediglich um Ansatzverkalkungen des Lig. capitis costae radiatum an der Oberkante der 1. bis 7. Rippe handeln kann.

Die **hyperostotische Spondylose** (17–19), im angloamerikanischen Schrifttum auch als DISH-syndrome (diffuse idiopathic skeletal hyperostosis) bezeichnet, mit zuckergußähnlichen Verkalkungen vor den unteren Brustwirbeln und Bandscheiben, soll in einem Drittel der Fälle mit **Diabetes mellitus** (7, 49) vorkommen; andererseits werden kausale Zusammenhänge in dieser Hinsicht nicht anerkannt (RSNA). Auch zur **Hyperurikämie** (49) und zur **Tylose** (10) sollen Beziehungen bestehen. Diese hyperostotische Spondylose sowie die **Hyperostose der Rippenköpfchen** (durch zunehmende Verknöcherung des subligamentären Bindegewebes) sind als zwei isoliert und kombiniert auftretende verschiedene Formen der **perivertebralen Hyperostose** aufzufassen (16). Die Bandverkalkungen treten gelegentlich auch in Hals- und Lendenwirbelsäule auf. An der Brustwirbelsäule sind sie meist rechts stärker ausgeprägt als links, da die links pulsierende deszendierende Aorta ihre Entstehung offensichtlich verhindert. In diesem Zusammenhang sei darauf verwiesen, daß eine *ektatische oder aneurysmatisch veränderte Aorta descendens* zum Teil beträchtliche **Arrosionen der linken und vorderen Wirbelkörperkonturen** hervorrufen kann (s. Abschnitt „Thorakolumbaler Übergang“).

Die im Abschnitt „Halswirbelsäule“ beschriebene **Verknöcherung des hinteren Längsbandes** (posterior longitudinal ligament-ossification – PLLO) wurde in Kombination mit der DISH (s. oben) auch bei Nichtjapanern beobachtet (s. u. a. 31) und kommt z. B. bei Peruanern in 50% der Bevölkerung vor (mündliche Information von E. Fischer, Stuttgart).

Einen für die **ankylosierende Spondylitis** typischen Befund bildet auch klinisch die zum Teil exzessiv vermehrte Brustkyphose, doch handelt es sich hierbei um ein Spätstadium der Erkrankung, das nicht mehr in den Themenkreis dieses Buches gehört, s. im übrigen Abschnitt „Lendenwirbelsäule".

Zu den typischen Deformitäten erkrankter Brustwirbel gehört nach Verlust ihrer Stützfunktion die (*sekundäre*) **keilförmige Deformierung**, die sowohl nach übermäßiger Beanspruchung nach einem Trauma (s. nächsten Abschnitt „Thorakolumbaler Übergang") auftreten, andererseits aber auch nach krankhafter Resistenzminderung jeder Art – Entzündungs- und Tumordestruktion, vor allem aber bei postmenopautischen, anderweitig stoffwechselbedingten und vor allem Altersosteoporosen – entstehen können.

Ebenso wie an der Halswirbelsäule können bei Kindern auch an der Brustwirbelsäule einzelne oder mehrere **Nuclei pulposi verkalken**. Ein eventueller Prolaps eines verkalkten Nukleus durch den defekten Anulus fibrosus entwickelt sich hier in der Regel nach dorsal. Über die klinische Wertigkeit dieses Phänomens s. die entsprechenden Abschnitte unter „Mittlere Halswirbelsäule" und „Lendenwirbelsäule" (Abb. 5.**195**).

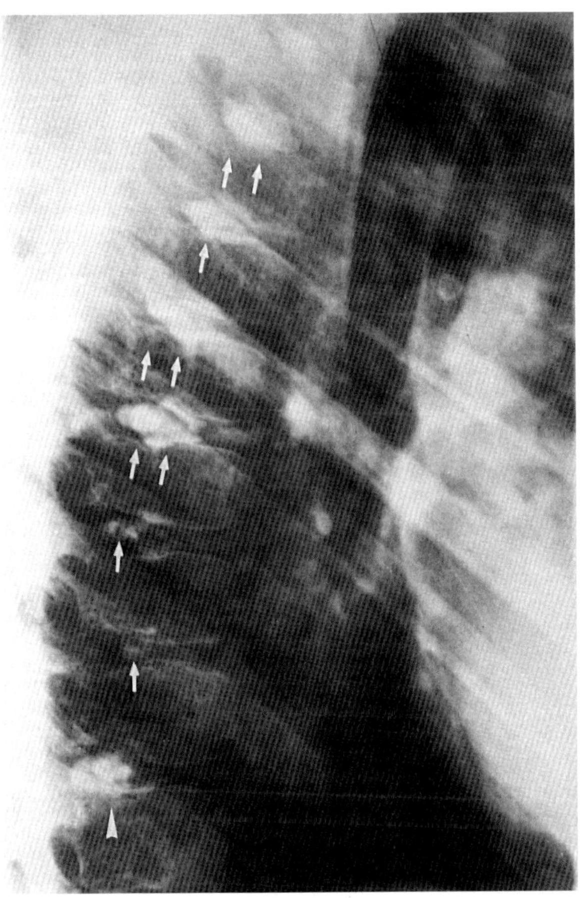

Abb. 5.**195** Vielfache Nukleusverkalkungen in Brustbandscheiben

Literatur

1 Bakker, S. N.: Röntgenologische Beobachtungen über die Bewegungen der Wirbelsäule. Acta radiol. (Stockh.), Suppl. 13 (1934)

2 Bakker, S. N.: Weitere röntgenologische Beobachtungen über die Bewegungen der Wirbelsäule. Verh. 4. internat. Kgr. Radiol. 197 (1947)

3 Bársony, Th., K. Winkler: Beiträge zur Röntgenologie der Wirbelsäule. Röntgenpraxis 9 (1937) 601–608

4 Birzle, H., R. Bergleitner, E. H. Kuner: Traumatologische Röntgendiagnostik, 2. Aufl. Thieme, Stuttgart 1985

5 Bischofsberger, C.: Partielle Synostosen von Wirbelkörpern als besonderes Endbild der juvenilen Kyphose. Arch. orthop. Unfall-Chir. 44 (1949–51) 73–85

6 Bos, van den, R. W., G. J. Vielvoye, J. G. Blickman: Vertebral anomalies in monozygotic twins. Diagn. Imag. clin. 53 (1984) 259–261

7 Boulet, P., J. Mirouze: Les ostéoses diabétiques (ostéoporose et hyperostose). Ann. Méd. 55 (1954) 674–721

8 Brocher, J. E. W.: Unvollständige Blockwirbelbildung in der oberen Brustwirbelsäule. Röntgenpraxis 8 (1936) 440–447

9 Brocher, J. E. W.: Die Scheuermann'sche Krankheit und ihre Differentialdiagnose. Schwabe, Basel 1946

10 Caffey, J.: Pediatr. X-Ray Diagnosis, 8th ed., ed. by F. Silverman, Year Book Medical Publishers, Chicago 1984

11 Diethelm, L.: Fehlbildungen des Corpus vertebrae. In: Röntgendiagnostik der Wirbelsäule, Teil 1, red. v. L. Diethelm. In Diethelm, L., F. Heuck, O. Olsson, K. Ranniger, F. Strnad, H. Vieten, A. Zuppinger: Handbuch der Medizinischen Radiologie, Bd. VI. Springer, Berlin 1974 (S. 190–263)

12 Dihlmann, W.: Gelenke – Wirbelverbindungen, 2. Aufl. Thieme, Stuttgart 1982 ([1]Abb. 656; [2]S. 506; [3]S. 581–582; [4]S. 502)

13 Endler, F., K. Fochem, U. H. Weil: Orthopädische Röntgendiagnostik. Thieme, Stuttgart 1984

14 Christensen, E. R., Anna L. Jensen, E. M. Schalimtzek: Non-infectious vertebral fusion. Abstract from the 10th Meeting of the European Society of Pediatric Radiology. Birmingham, April 10–13, 1973

15 Ferguson, A. B.: The etiology of preadolescent kyphosis. J. Bone Jt Surg. 38-A (1956) 149–157

16 Fischer, E., W. Stecher: Die Hyperostose der Rippenköpfchen, ein Teilbild der perivertebralen Hyperostose. Fortschr. Röntgenstr. 117 (1972) 336–342

17 Forestier, J., J. Rotès-Quérol: Hyperostose ankylante vertébrale sénile. Rev. Rhum. 17 (1950) 525–534

18 Forestier, J., F. Jaqueline, J. Rotès-Quérol: Ankylosing Spondylitis. Clinical Considerations. Roentgenology, Pathologic, Anatomy, Treatment. Thomas, Springfield/Ill. 1956

19 Forestier, J., R. Lagier, A. Certoncy: Le concept d'hyperostose vertébrale ankylosante. Approche anatomoradiologique. Rev. Rhum. 36 (1969) 655–661

20 Freyschmidt, J.: Knochenerkrankungen im Erwachsenenalter. Springer, Berlin 1980 (S. 304)

21 Fried, K.: Die Dysspondylien: Ein Beitrag zum M. Scheuermann. Radiologe 22 (1982) 412–418

22 Garca-Mercado, R.: Diastematomyelia und intramedullary epidermoid spinal cord tumor combined with extradural teratoma in an adult. J. Neurosurg. 58 (1984) 954–958

23 Giedion, A.: Konstitutionelle Skeletterkrankungen. In Schinz, H. R., W. E. Baensch, W. Frommhold, R. Glauner, E. Uehlinger, J. Wellauer: Lehrbuch der Röntgendiagnostik, Bd. II/2. Thieme, Stuttgart 1981 (S. 1–349)

24 Goldberg, Caroline, G. Fenelon, N. S. Blake, F. Dowling, B. F. Regan: Diastematomyelia: A critical review of the natural history and treatment. Spine 9 (1984) 367–372

25 Han, Jong S., Jane E. Benson, B. Kaufman, H. Rekate, R. J. Alfidi, H. H. Bohlman, B. Kaufman: Demonstration of dia-

stematomyelia and associated abnormalities with MR Imaging. Amer. J. Neuroradiol. 6 (1985) 215–219
26 Hinck, V. C., W. M. Clark jr., C. E. Hopkins: Normal interpedunculate distances (minimum and maximum) in children and adults. Amer. J. Roentgenol. 97 (1966) 141–153
27 Hohmann, D., W. Gasteiger: Röntgendiagnostik der Kostotransversalgelenke. Fortschr. Röntgenstr. 112 (1970) 783–789
28 Knutsson, F.: Observations of the growth of the vertebra body in Scheuermann's disease. Acta radiol. (Stockh.) 30 (1948) 97–104
29 Knutsson, F.: Remarques sur la croissance des corps vertébraux dans la maladie de Scheuermann Acta radiol. (Stockh.) 30 (1948) 173–174
30 Knutsson, F.: Fusion of vertebrae following noninfectious disturbance in the zone of growth. Acta Radiol. 32 (1949) 404–411
31 van der Kolk, G., L. Penning: Ossification of the thoracic posterieur longitudinal ligament. Europ. J. Radiol. 4 (1984) 221–224
32 Kozlowski, K.: Platyspondylie in childhood. Pediat. Radiol. 2 (1974) 81–88
33 Kozlowski, K.: Spondylo-costal-dysplasia. A further report-review of 14 cases. Fortschr. Röntgenstr. 140 (1984) 204–209
34 Laczay, A.: Die degenerativen Veränderungen der Kostotransversal- und Kostovertebralgelenke. Fortschr. Röntgenstr. 119 (1973) 108–111
35 Larsen, J. L.: The lumbar spinal canal in children, Part II: The interpedicular distance and its relation to the sagittal diameter and transversal pedicular width. Europ. J. Radio. 1 (1981) 312–321
36 Lecklitner, Myron, L., Janet L. Potter, G. Growcock: Computed tomography in acquired absence of thoracic pedicle. J. Comp. Assist. Tomogr. 9 (1985) 395–397
37 Lehmann-Facius, H.: Die Keilwirbelbildung bei der kongenitalen Skoliose. Frankf. Z. Pathol. 31 (1925) 489–499
38 Lindgren, E.: Handbuch der Neurochirurgie. Röntgenologie. Springer, Berlin 1954
39 Marchini, C., F. Schiavi, M. Leonardi, C. Cecotto: Diastematomyelia in an adult. Ital. J. Neurol. Sci. 2 (1983) 211–214
40 Mathieu, J.-P., M. Decarie, J. Dube, D. Marton: La diastématomyelie. Chir. Pédiat. 23 (1982) 29–35
41 v. Meyenburg, H.: Über „Abtrennung" der hinteren Wirbelkörperkante als Ursache von Ischias. Radiol. clin. (Basel) 15 (1946) 215–223
42 Probst, J.: Interartikulärspaltbildung am Brustwirbel und ihre Darstellung im Röntgenbild. Fortschr. Röntgenstr. 86 (1957) 762–766
43 Putti, V.: Die angeborenen Deformitäten der Wirbelsäule. Fortschr. Röntgenstr. 14 (1909) 285–313
44 Rathke, F. W.: Über Wirbelkörperaplasie. Fortschr. Röntgenstr. 127 (1977) 248–254
45 Reinhardt, K.: Krankhafte Haltungsveränderungen, Skoliosen und Kyphosen. In Diethelm, L., F. Heuck, O. Olsson, K. Ranniger, F. Strnad, H. Vieten, A. Zuppinger: Handbuch der Medizinischen Radiologie, Bd. VI: Springer, Berlin 1974 ([1]S. 177–180; [2]Abb. 110)
46 Sartoris, D. J., D. Resnick, J. Guerra: Vertebral venous channels and differential diagnosis. Radiology 155 (1985) 745–749
47 Schmitt, H.: Vorgetäuschter Keilwirbel. Röntgenpraxis 10 (1938) 609
48 Schmorl, G., H. Junghanns: Die gesunde und die kranke Wirbelsäule im Röntgenbild und Klinik, 5. Aufl. Thieme, Stuttgart 1968
49 Schoen, D., M. Eggstein, W. Vogt: Ist die hyperostotische Spondylosis deformans eine diabetische Osteopathie? Fortschr. Röntgenstr. 110 (1969) 524–539
50 Smith, J. R. G., I. R. Martin, D. G. Shaw, R. O. Robinson: Progressive non-infectious anterior vertebral fusion. Skeletal Radiol. 15 (1986) 599–604
51 Sobotta, J., H. Becher: Atals der Anatomie des Menschen, Teil 1, 16. Aufl. Urban & Schwarzenberg, Berlin 1967
52 Spranger, J., L.O. Langer, H.-R. Wiedemann: Bone Dysplasias: An Atlas of Constitutional Disorders of Skeletal Development. Saunders, Philadelphia 1974
53 Swoboda, W.: Das Skelett des Kindes. 2. Aufl. Thieme, Stuttgart 1969 (Abb. 25)
54 Töndury, G.: Embryonale und postnatale Entwicklung der Wirbelsäule. In: Röntgendiagnostik der Wirbelsäule, Teil 1, red. v. L. Diethelm. In Diethelm, L., F. Heuck, O. Olsson, K. Ranniger, F. Strnad, H. Vieten, A. Zuppinger: Handbuch der Medizinischen Radiologie, Bd. VI. Springer, Berlin 1974
55 Tomsick, T. A., M. E. Lebowith, C. Campbell: The congenital absence of pedicle in the thoracic spine. Report of two cases. Radiology 111 (1974) 587–589
56 Wackenheim, A.: Analyse structuraliste de l'image radiologique. Radiologie. J. Cepur 5 (1985) 873–878
57 Willner, S., B. Johnson: Thoracic kyphosis and lumbar lordosis during the growth period in children. Acta pediat. scand. 72 (1983) 873–878
58 Zaunbauer, W.: Röntgenanatomie der Wirbelsäule. In: Röntgendiagnostik der Wirbelsäule, Teil 1, red.v. L. Diethelm. In Diethelm, L., F. Heuck, O. Olsson, K. Ranniger, F. Strnad, H. Vieten, A. Zuppinger: Handbuch der Medizinischen Radiologie, Bd. VI. Springer, Berlin 1974 (S. 96–100)
59 Zaunbauer, W.: Normale Haltung und normale Beweglichkeit der Brustwirbelsäule. In: Röntgendiagnostik der Wirbelsäule, Teil 1, red. v. L. Diethelm: In Diethelm, L., F. Heuck, O. Olsson, K. Ranniger, F. Strnad, H. Vieten, A. Zuppinger: Handbuch der Medizinischen Radiologie, Bd. VI. Springer, Berlin 1974 (S. 114–140)

Brust-Lenden-Übergang

Die Thorakolumbalregion der Wirbelsäule gibt wegen einer Häufung von **Varianten** (wie jeder regionale Übergang der Wirbelsäule) und wegen einer Besonderheit in der Entwicklung für **Anomalien** Anlaß zu seiner Besprechung in einem eigenen Abschnitt. Da diese Region am häufigsten von Verletzungen in der Wirbelsäule betroffen wird, halten wir es für zweckmäßig, an dieser Stelle *grundsätzlich* über **Verletzungsfolgen an Brust- und Lendenwirbeln** mit besonderer Berücksichtigung der Grenzbefunde zu berichten.

Varianten

Je nach der kranialen und kaudalen Verschiebung der Wirbelsegmentierung sind die Rippen der beiden untersten Thorakalwirbel unterentwickelt (kraniale Verschiebung) oder es finden sich zusätzliche Rippenanlagen am ersten Lendenwirbel (kaudale Verschiebung). Diese Varianten können asymmetrisch auftreten. Eine genaue, zahlenmäßige Zuordnung derartiger Übergangswirbel ist wegen der häufig begleitenden Verschiebung auch der übrigen Regionalgrenzen der Wirbelsäule nur beweisbar, wenn man im fraglichen Fall bis zum Schädel reichende Wirbelsäulenaufnahmen mit der Definition von Atlas und Axis besitzt. Die möglichen Varianten werden im Schema der Abb. 5.**196a–d** wiedergegeben. Begleitende Mißbildungen wie Ösophagusatresien mit und ohne Ösophagotrachealfisteln wurden bei Kindern mit 13 Rippenpaaren beobachtet (15, 39). Bei Zwillingen (blutsverwandter Eltern) mit je 15 Rippenpaaren fand man eine wenig ausgeprägte Analatresie samt Perinealfistel bei dem einen sowie einen Morbus Hirschsprung bei dem anderen Kind (25). Über tiefer gelegene und versprengte Rippen s. unten Kapitel „Lendenwirbelsäule", „Kreuz-/Steißbein" und „Becken" (unter „Beckenfinger"). Anders betrachtet, fanden sich unter 94 Patienten mit Analatresie in fast 40% begleitende Wirbelsäulenanomalien, meist im Sakrokokzygealbereich, aber auch thorakal, darunter einmal in Kombination mit 14 Rippenpaaren (8).

Vertikale, median gelegene **Spalten im Bogen der letzten beiden Brustwirbel** (s. Abb. 5.**185**) werden gelegentlich beobachtet. Sie können leichte, uncharakteristische Schmerzen, erst nach einem relativ geringfügigen Trauma auftretend, verursachen (47). Die **Dornfortsätze** können hier auch *fehlen* (2, 34).

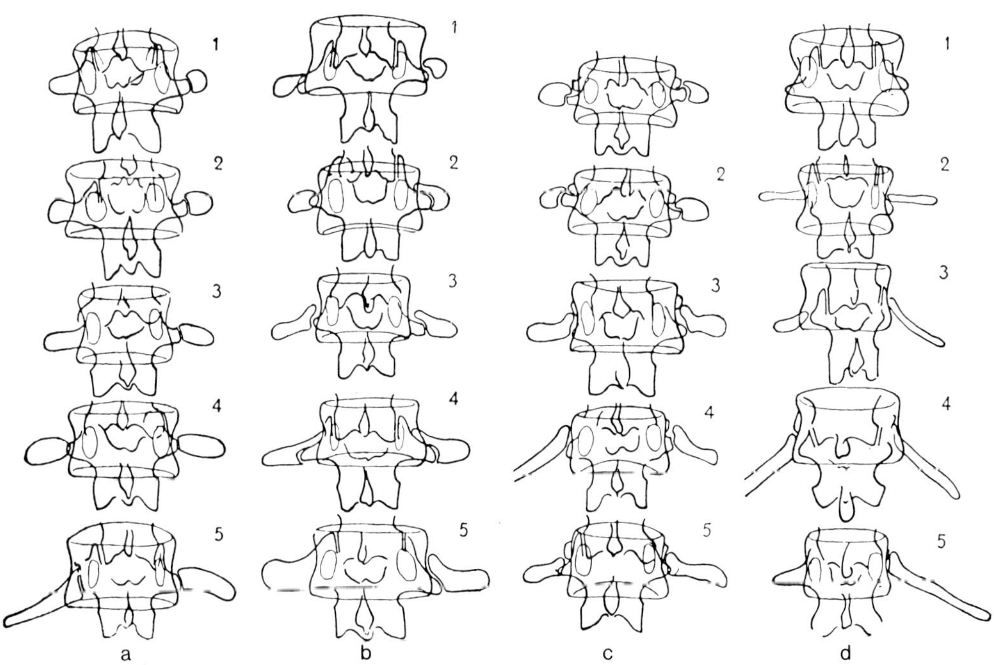

Abb. 5.**196a–d** Formen der Lendenrippen (nach Schertlein)

Eine **Verdünnung der Bogenwurzeln** mit dementsprechender Verbreiterung des Wirbelkanals bei L1 und L2 findet man in 7% Häufigkeit normalerweise. Der **Interpedunkularabstand** bleibt wegen ausfallenden appositionellen Knochenwachstums an der Innenfläche der Wirbelbögen von Jugend an konstant und ist bei Frauen etwas geringer als bei Männern (10).

Als **Diarthrosis accessoria** wurden extrem seltene überzählige Wirbelartikulationen beschrieben, die in der Höhe des 1. Lendenwirbels und einem diesem jeweils benachbarten Wirbel liegen. Sie stellen die Folge einer abnormen Entwicklung des Processus mamillaris (s. Abb. 5.**217**) dar. (29).

Anomalien

Im Stadium der bikonvexen Eiform der Wirbelkörper des Neugeborenen findet sich öfter eine formelle Anomalie im Sinne einer leichten Keilform im thorakolumbalen Übergang, vorzugsweise an L1 oder L2 (Abb. 5.**197**). Diese **Entwicklungshemmung** mit meist günstiger Prognose (34) soll durch mechanische Einwirkungen im Scheitel der embryonalen Fruchtachsenkrümmung entstehen, ist bei einigen **angeborenen Systemerkrankungen** des Skeletts besonders deutlich und kann dann postnatal stärker durch gestörtes enchondrales Wachstum ausgeprägt werden (38). So sind derart verformte Wirbel, oft im Krümmungsscheitelpunkt einer arkuären Kyphose gelegen, als typisches Begleitsymptom konstitutioneller Krankheiten, wie z. B. Achondroplasie oder einiger Mukopolysaccharidosen, zu finden.

Verletzungsfolgen und Nekrosen

Die thorakolumbale Übergangsregion ist bei allen Wirbelsäulenverletzungen im Erwachsenenalter in einer Häufigkeit von über 50% am stärksten betroffen. Bei Kindern liegen die Verletzungen mehr in der mittleren Brustwirbelsäule.

Wegen der Häufigkeit der Wirbeltraumen in der lumbothorakalen Region wird die Symptomatik dieser Verletzungen, die in der ganzen Brust- und Lendenwirbelsäule prinzipiell ähnlich ist, an dieser Stelle des Buches besprochen.

Hinzu kommen Probleme für die radiologische Darstellung einer Früherkennbarkeit traumatischer Wirbelschäden gerade in diesem Teil der Wirbelsäule.

Beim Polytrauma stehen klinisch eventuell Schädel-Hirn-Traumen oder auch Fersenbeinkompressionsfrakturen im Vordergrund. Auf den eventuell nur routinemäßig angefertigten Übersichtsaufnahmen von Brust- und Lendenwirbelsäule ist gelegentlich der verletzte letzte Brustwirbel – dies kann auch für den ersten Lendenwirbel gelten – jeweils am unteren Rand der Brust- bzw. am oberen Rand der Lendenwirbelsäulenaufnahme nicht mehr bzw. nicht genügend deutlich abgebildet.

Auch bei Zentrierung auf die thorakolumbale Übergangsregion können sich Schwierigkeiten bei der heute üblichen Verwendung der Belichtungsautomatik ergeben: Je nach dem Atemstand des Zwerchfells können auf der Seitenaufnahme die Übergangswirbel über- oder unterbelichtet, ihre Fraktur also schwer oder gar nicht erkennbar sein.

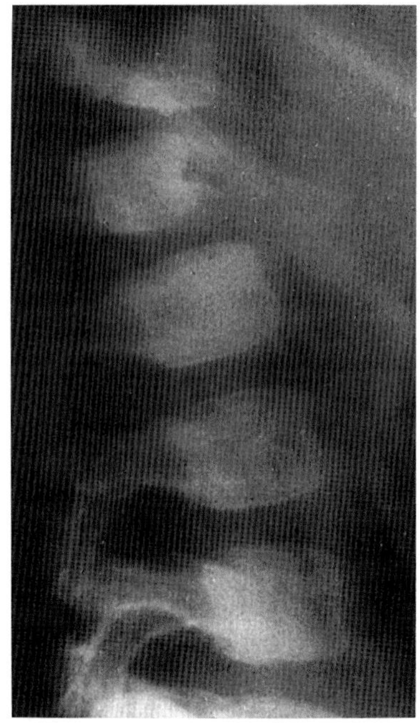

Abb. 5.**197** Kleinkind. Keilförmige Deformierung des LWK 1 mit Kyphose der WS in dieser Höhe. Zeichen der Konstitutionsanomalie

Die Überschreitung der „Grenze" aus dem Normalen liegt somit meist weniger im Objekt, dem geschädigten Wirbel, sondern mehr in der Darstellbarkeit des Objektes und in dem subjektiven Erkennen des Schadens. Die nicht gestellte Diagnose impliziert einen Normalbefund.

Die folgenden Ausführungen über den Mechanismus von Wirbelbrüchen sind auszugsweise dem Lehrbuch (31) entnommen:

Die Art der Wirbelverletzung hängt von der mechanischen Richtung der zur Verletzung führenden Gewalt ab. Meist handelt es sich um indirekte Schäden durch Kopf- und Rumpfbewegungen, selten um Direktstöße auf die Wirbelsäule. Kombinationseinwirkungen der Flexion, Kompression und Rotation sind die Regel, Scherbewegungen eine allerdings typische Ausnahme.

Der am häufigsten vorkommende **Flexionsbruch** belastet in der Thorakolumbalregion am stärksten durch Ventralbeugung des Rumpfes die Wirbelvorderkanten, während hinten Bögen samt Dornfortsätzen und vor allem Bänder Spannungen mit Rißwirkungen unterliegen (Taschenmessermechanismus).

Bei angegurteten Autofahrern kommt es an den Ligg. interspinosa durch die Hyperflexion nach kranial bei kaudaler Fixation zur Distraktion. Dieses Hyperflexions-Distraktions-Trauma führt selten nur zum Riß des Dornfortsatzes, geht meist durch die Bogenwurzeln und bewirkt einen Einriß der Hinterkante des (auch weiterhin durch die Flexion nach vorn komprimierten) Wirbels (Abb. 5.**198a** u. **b**). Sie kann schließlich eine komplette Transversalfraktur des Wirbels zur Folge haben (Abb. 5.**198c**) und wird nach ihrem Erstbeschreiber *Chance-Fraktur* oder auch entsprechend ihrer charakteristischen, allerdings nicht obligaten Entstehung **Seat-belt-fracture** genannt (7, 14, 30, 35). Die Belastung kann auch seitlich erfolgen und die seitlichen Wirbelanteile entsprechend betreffen.

Eine axiale Kompression geht mit einer Flexion einher oder tritt auch isoliert auf. In neutraler Stellung resultiert, wenn der zum Einbruch des Wirbels erforderliche Druck überschritten ist, eine konkave Eindellung der (meist oberen) Grenzfläche des Wirbels, verbunden mit Höhenabnahme des Zwischenwirbelraumes. Bei noch zunehmender Gewalt wird die Bandscheibe gesprengt, der Diskus „explodiert" im Wirbelkörper, dessen Höhe abnimmt, während seine Fragmente in die Peripherie verlagert werden (**Berstungsbruch**). Durch die zusätzliche Flexion kann es, wie bei der Halswirbelsäule beschrieben und abgebildet, zur Aussprengung eines tropfenförmigen Fragmentes („**tear-drop-fracture**") der Wirbelkante kommen. Trotz meist unversehrten Längsbändern der Wirbelsäule und damit erhaltener Stabilität können hintere Knochenfragmente in den Wirbelsäulenkanal gelangen und Kompressionssymptome verursachen, die aber eventuell auch allein durch Hämatome hervorgerufen werden. Ein komprimierendes Fragment stammt meist aus der oberen Hälfte des Wirbelkörpers und besitzt eine im Profilbild nachweisbare, charakteristische dreieckige Form (17).

Ein **Extensionsbruch** erfolgt im thorakolumbalen Bereich der Wirbelsäule (im Gegensatz zum zervikalen) selten. Seine Belastung kann die Interartikularportion und die Gelenkfortsätze der unteren Lendenwirbelsäule treffen (s. Abschnitt „Lumbosakraler Übergang"). Gelegentlich kommt es hierbei zur Absprengung einer hinteren unteren Kante (12).

Bei Gewalteinwirkungen durch forcierte **Rotationen** werden die Ligg. interspinosa überlastet; die hinteren Wirbelanteile wie Bänder, Gelenkflächen und Bogenanteile reißen bzw. brechen. Diese Verletzungsformen wie auch die Folgen der vorgenannten Extensions-Distraktions-Frakturen (Chance) und der reinen Extensionsbrüche führen infolgedessen leichter zur **Instabilität** und zu intervertebralen Dislokationen.

Beim **Distraktionstrauma** wird die Stabilität der Wirbelsäule durch Zug nach oben und unten immer aufgehoben, und zwar weniger durch Wirbelbrüche als durch Risse der Bänder, vor allem des Lig. interspinosum (7, 31), (Abb. 5.**199**).

Isolierte **Querfortsatzbrüche** durch Zug an der paraspinalen Muskulatur, mit Verlagerung der lateralen Querfortsatzfragmente zur Seite und vor allem nach oben, kommen häufiger und meist multipel vor. Derartige Brüche können durch Überschneidung von Querfortsatz und Psoasrand vorgetäuscht und dürfen auch nicht mit Querfortsatzapophysen (die meist weiter lateral liegen) verwechselt werden

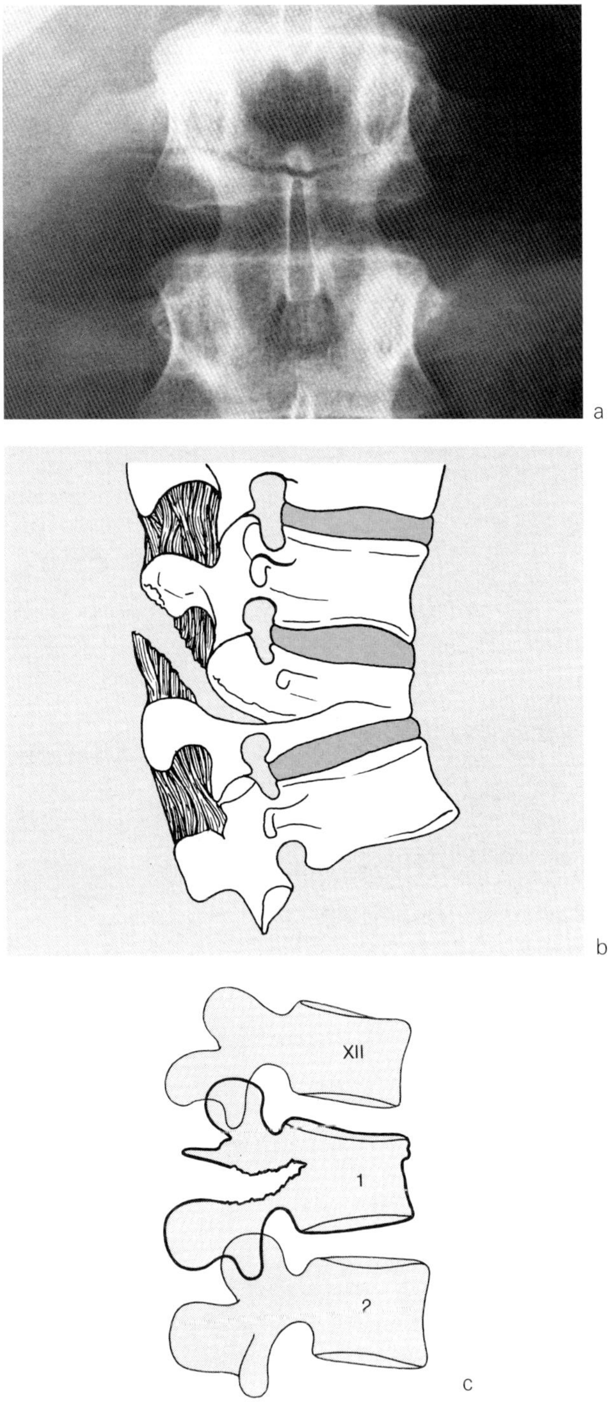

Abb. 5.**198 a–c**
a Flexions-Distraktionsfraktur des LW 1 (aus Chance, C. Q.: Brit. J. Radiol. 21 [1948] 452)
b Zeichnung des Frakturmechanismus mit Darstellung der Extension der Fraktur durch den Wirbelkörper und hinterer Anteile, Abriß der Dornfortsatzspitze des kranialen Nachbarwirbels, Riß des Lig. interspinosum durch Distraktion der hinteren Wirbelanteile. Kompression des vorderen Wirbelkörpers mit Kyphose der WS (nach Hall)
c Chance-Fraktur des 1. Lendenwirbels

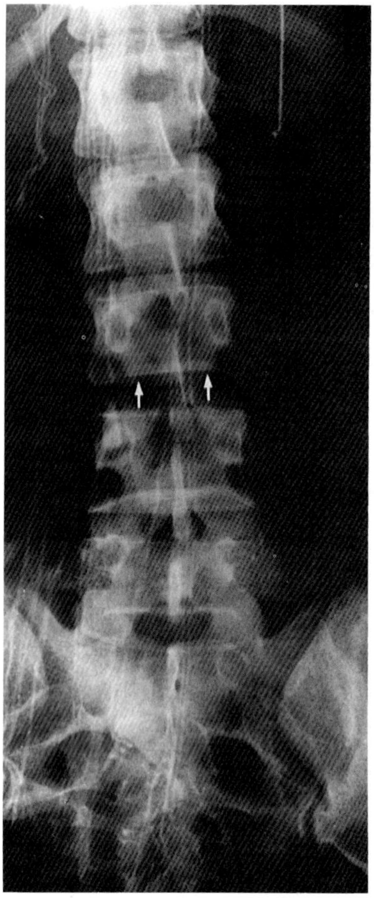

Abb. 5.**199** Distraktionsfraktur LW 3/4

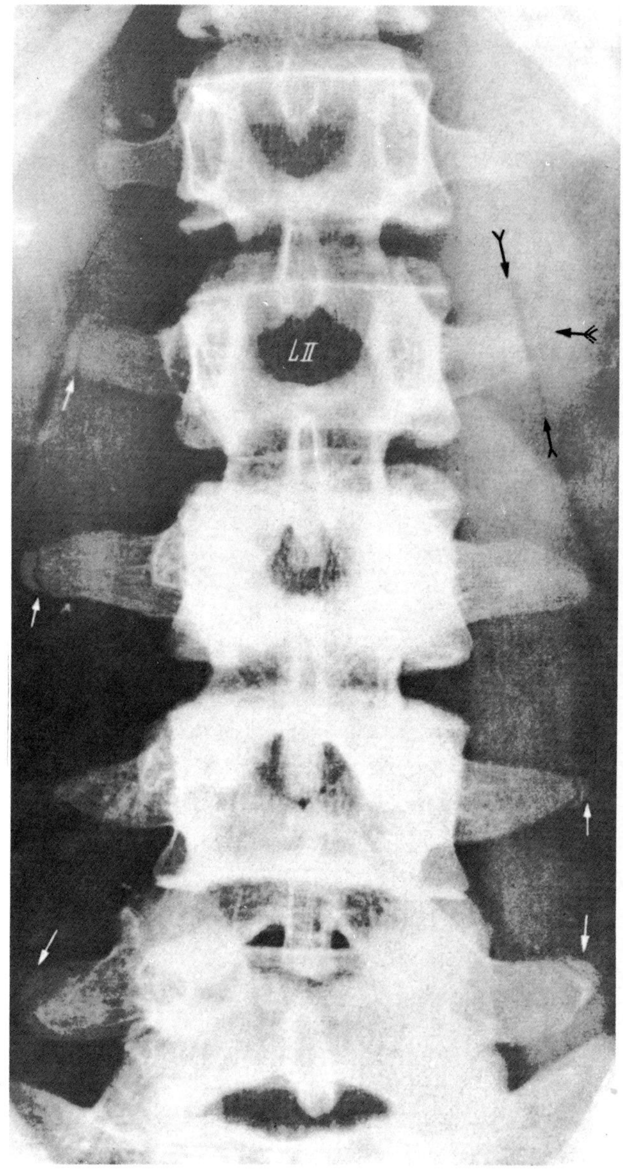

Abb. 5.**200** Apophysen der Querfortsätze (→) bei einem ▷ 15jährigen Mädchen. Bei L 2 ist der Querfortsatz links vom Psoasrand (→) vorgetäuscht gespalten, daneben die Apophyse (↣)

(Abb. 5.**200**). Ereignen sie sich am 5. Lendenwirbel, ist auf begleitende Beckenfrakturen, besonders auf Zerreißungen der Sakroiliakalfugen, zu achten. Querfortsatzabrisse an den oberen Lendenwirbeln sind öfter mit zusätzlichen Rippenbrüchen kombiniert. Persistierende Querfortsatzapophysen besitzen im Gegensatz zu abgerissenen Fragmenten an der Trennungslinie eine Kortikalis.

Bei **pathologischen Frakturen** sind Destruktionen von Knochenbälkchen als Zeichen tumoröser Zerstörung meist wenig deutlich erkennbar, da sie durch das komprimierte Knochenmaterial überlagert werden. Zu beachten sind hier besonders die orthograd getroffenen Strukturen der Bogenwurzeln im a.-p. Strahlengang, da deren Destruktion allein durch die Belastung der Statik zum Wirbelbruch und damit zu einer gefährlichen Situation für den Patienten führen kann. Am augenfälligsten lassen sich Zerstörungen der meist mehr oder minder zusammengesinterten Wirbelkörper im Übergriff auf die Bogenanteile erkennen. Eine Sonderform der pathologischen Fraktur bei der **Spondylitis ankylosans**, deren traumatische Komplikationen im allgemeinen im Halsbereich stattfinden, ist auch bei dieser Erkrankung in der Brust- und Lendenregion sowie deren Übergang möglich. Die Brüche und folgenden Pseudarthrosen fallen bei konventionellen radiologischen Untersuchungen kaum auf und werden manchmal erst im Szintigramm deutlich (28).

Durch **Osteoporose** bedingte Frakturen führen im Gegensatz zur (unter den „Erworbenen Erkrankungen" im Kapitel „Brustwirbelsäule" besprochenen) Keilform der Brustwirbel aus statisch-mechanischen Gründen an den Lendenwirbeln mehr zur *Fischwirbelform* (Abb. 5.**201** und 5.**202**) mit zentralem Einbruch der oberen und unteren Abschlußflächen der Wirbel. Typisch für die osteoporotische Ursache ist außer der meist sehr charakteristischen Deformi-

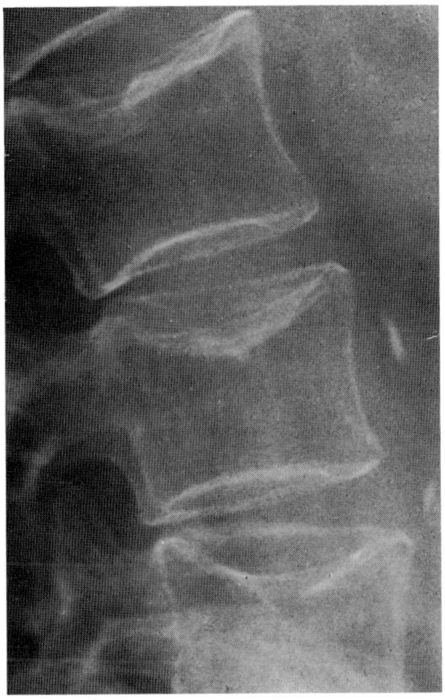

Abb. 5.**201** ·Hochgradige Osteoporose mit fischwirbelähnlicher Wirbeldefiguration durch zentrale Einbrüche

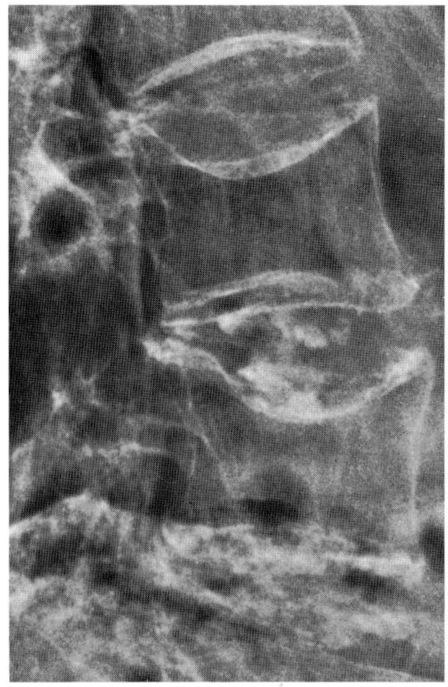

Abb. 5.**202** 70jährige Frau. Fischwirbelähnliche Defiguration von Wirbelkörpern bei hochgradiger Osteoporose. Bandscheibenverkalkungen als häufige Begleiterscheinung

tät der Befall mehrerer Wirbel, oft multilokulär, während mehrere verletzte Wirbel benachbart zu sein pflegen.

Die fischwirbelartige Deformierung tritt bei allen schweren Osteoporosen, bei Rachitis und beim Hyperparathyreoidismus, ein. Sie ist allerdings abhängig von erhaltener Elastizität des Bandscheibengewebes und vor allem des Nucleus pulposus.

Die Deformierung der Wirbelkörper bei **Sichelzellenhämoglobinopathie** ist prinzipiell gleich, doch etwas anders gestaltet. Es kommt zu mehr untertassenförmigen Einbrüchen nur der zentralen Zonen der Deck- und Basisflächen, wobei der flache Boden des Einbruches verdickt erscheint (29) (Abb. 5.**203a** u. **b**). In sagittaler Projektion erscheint der Befund zwar weniger markant, doch fällt außer der Höhenminderung eines Wirbels die allgemeine Strukturvergröberung der Wirbelkörper auf (Abb. 5.**204**).

Über die **Vertebra plana** (Calvé) und ihre Ätiologie wurde schon im Abschnitt über die mittlere Halswirbelsäule berichtet. Die dort getroffenen Feststellungen gelten auch für die übrigen Wirbel. Über die mehrere Wochen oder Monate nach einem Trauma entstandenen Wirbelabflachungen im Sinne der **Kümmel-Verneuilschen Krankheit** werden in Lehr- und Handbüchern unterschiedliche Ansichten vertreten. Einerseits wird gegenüber dem von den Erstbeschreibern einst ausgesprochenen Verdacht des Zusammenhanges mit einem Trauma Zurückhaltung empfohlen (18, 27), zum anderen kann man sich der Annahme einer solchen möglichen Ätiologie nicht entziehen, wenn man ebenfalls in neuen Lehrbüchern aufgeführte Beispiele der „Kümmel

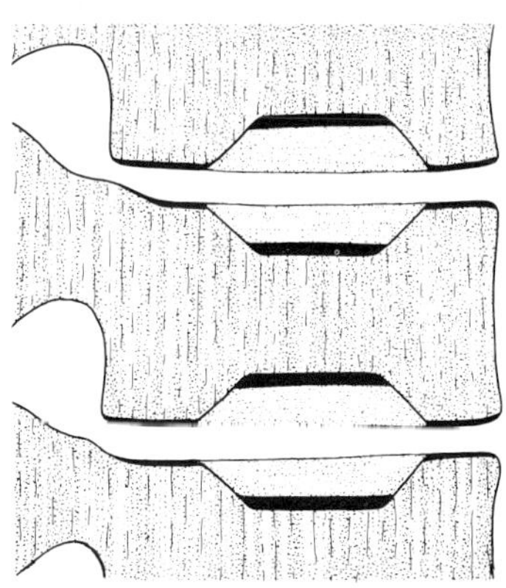

a

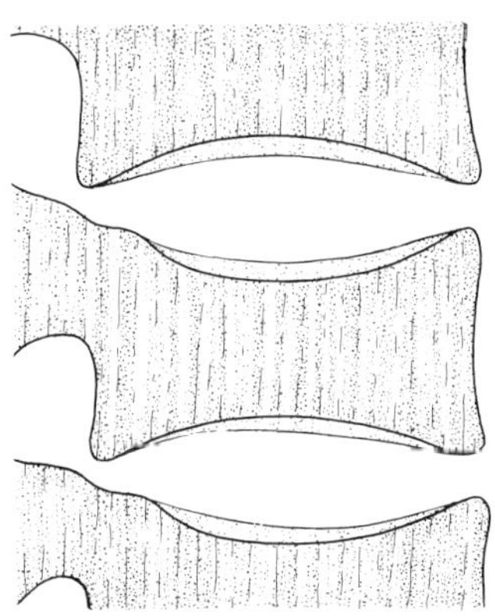

b

Abb. 5.**203 a** u. **b**
a Untertassenförmige Einbrüche an Deck- und Basisflächen bei Sichelzellenhämoglobinopathie (nach Reynolds)
b Aspekt bei Fischwirbeln

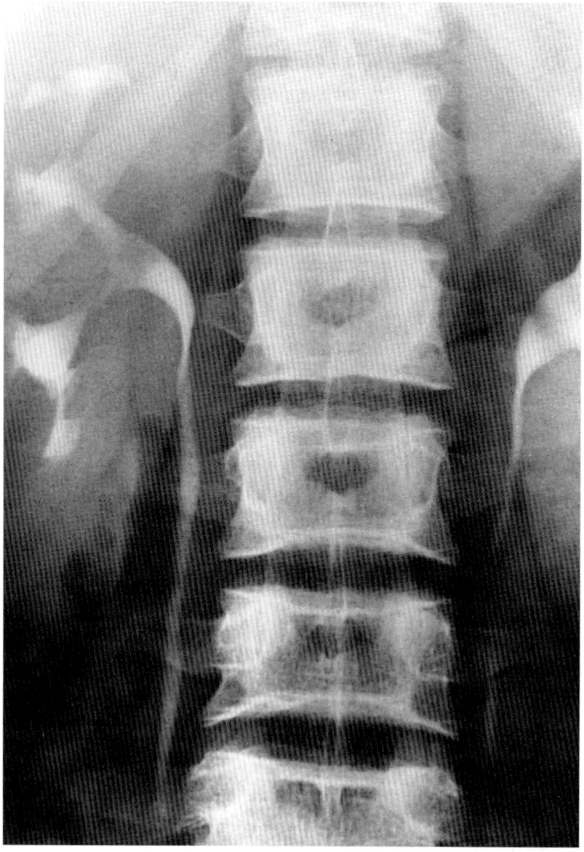

Abb. 5.**204** 16 Jahre alter Araber. Sichelzellanämie. Durchgehend grobsträhnige Spongiosazeichnung der Wirbel. Bikonkavität der oberen und unteren Terminalflächen, besonders am höhengeminderten 4. LWK (bei sechs Lendenwirbeln)

phenomena" abgebildet sieht (28) respektive ihr Vorhandensein als selbstverständlich annimmt und nur über die Ätiologie insofern diskutiert wird, als eine abnorme Osteopenie mit Zusammensintern des Wirbels anzunehmen sei (4). Wie schon im Abschnitt „Halswirbelsäule" erwähnt, ist beim Kind auch an das Vorkommen einer Histiozytose X ätiologisch zu denken. Schließlich kann es offenbar auch entgegen der herrschenden Ansicht in der Unfallliteratur zu Wirbelkompressionen ohne nennenswerten Unfall kommen, wie dies im Einzelfall durch Überanstrengung (Anschieben eines Autos) zwei bis drei Wochen später an einer Wirbelfraktur beobachtet wurde (18).

Anders ist es mit dem **ischämischen Kollaps** des Wirbelkörpers bei älteren Menschen. Nach Beobachtungen an 22 Patienten im Alter von 55–88 Jahren mit derartigen Befunden im thorakolumbalen Übergang waren 11 von diesen langjährig mit Kortikosteroiden behandelt. Die **Steroidnekrose** gilt zwar als bekanntes Phänomen in der Osteopathologie (11), doch wurde bei den genannten Beobachtungen für die Wirbelbeteiligung als Leitsymptom eine gasdichte Spalte herausgestellt, die bei Extension deutlich wird, bei Flexion verschwindet (20). Diese Beobachtungen wurden jüngst von mehreren Autoren anhand vieler Beispiele bestätigt (21, 26, 45, 46).

Abgesehen von den konventionellen radiologischen Nachweismethoden kommt bei der Diagnostik von Wirbelsäulenfrakturen der **Computertomographie** eine besondere Bedeutung zu, weil mit dieser Methode unter größtmöglicher Schonung des oft schwer zu bewegenden Patienten der Nachweis nicht nur der Instabilität durch sonst oft nicht erkennbare Bogen- und Gelenkfortsatzbrüche, sondern auch das Aufdecken von Rückenmarkkompressionen durch Knochenfragmente (13 u. a.) möglich ist (18, 22, 32, 43). Auch ergeben sich Hinweise für ein traumatisches Geschehen durch den Nachweis paravertebraler Hämatome. Die Dosisbelastung ist dabei für den Untersuchten geringer als bei Anwendung konventioneller Tomographien (43). Weitere Literaturübersichten sind in Lehrbüchern zusammengestellt (6, 44).

Literatur

1 Archer, J. G., G. J. Maroun, E. T. White: Saccular aneurysm of the abdominal aorta. Report of a case of eight years' duration. Amer. J. Roentgenol. 56 (1946) 18–21

2 Bársonyi, Th., K. Winkler: Fehlen der Dornfortsätze am Übergang zwischen Brust- und Lendenwirbelsäule. Acta radiol. (Stockh.) 16 (1935) 563

3 Benzian, St. R., F. Mainzer, Ch. A. Gooding: Pediculate thinning, a normal variant at the thoracolumbar junction. Brit. J. Radiol. 44 (1971) 936–939

4 Birzle, H., R. Bergleitner, E. H. Kuner: Traumatologische Röntgendiagnostik. Thieme, Stuttgart 1985 (⁴S. 46; S. 358)

5 Boldt, I., E. Bücheler: Ein luisches thorakolumbales Aortenaneurysma mit Wirbelkörperarrosion. Fortschr. Röntgenstr. 114 (1971) 846

6 Brant-Zawadzki, M.: Traumatic Lesions of the Spinal Column. In Latchaw, R. E.: Computed Tomography of Head, Neck and Spine. Year Book Medical Publishers, Chicago 1984 (p. 693–703)

7 Dehner, J. R.: Seatbelt injuries of the spine and abdomen. Amer. J. Roentgenol. 111 (1971) 833–843

8 Denton, J. R.: The association of congenital spinal anomalies with imperforate anus. Clin. Orthop. Relat. Dis. 162 (1982) 91–98

9 Faulong, L., L. Leger, A. Akkras: La lombalgie par néarthrose interépineuse. Presse méd. 57 (1949) 34–35

10 Fischer, E.: Interpedunkularabstände und das Verhältnis des Interpedunkularabstandes zur Wirbelbreite an der Brust- und Lendenwirbelsäule. Z. Orthop. 107 (1970) 624–626

11 Freyschmidt, J.: Knochenerkrankungen im Erwachsenenalter. Springer, Berlin 1980 (S. 280)

12 Goecke, H.: Zur Diagnose der hinteren Wirbelkantenabtrennungen. Fortschr. Röntgenstr. 89 (1958) 719–722

13 Guerra, J., St. R. Garfin, D. Resnick: Vertebral burst fractures: CT analysis of the retropulsed fragment. Radiology 153 (1984) 769–772

14 Hall, H. E., W. W. Robertson: Another Chance: a non seatbelt related fracture of the lumbar spine. J. Trauma 25 (1985) 1163–1166

15 Hodson, C. J., D. G. Shaw: Congenital atresia of the esophagus and thirteen pairs of ribs. Pediat. Radiol. 1 (1973) 248–251

16 Jani, L.: Wirbelfrakturen bei Kindern. In Eichler, J., U. We-

ber: Frakturen im Kindesalter. Thieme, Stuttgart 1982 (S. 26–39)
17 Jelsma, R. K., P. T. Kirsch, J. F. Rice, L. F. Jelsma: The radiographic description of the thoracolumbar fractures. Surg. Neurol. 18 (1982) 230–236
18 Junge, H., W. Pfeiffer: Traumatische Wirbelveränderungen. In: Röntgendiagnostik der Wirbelsäule, Teil 1, red. v. L. Diethelm. In Diethelm, L., F. Heuck, O. Olsson, K. Ranniger, F. Strnad, H. Vieten, A. Zuppinger: Handbuch der Medizinischen Radiologie, Bd. VI. Springer, Berlin 1974 (S. 668)
19 Keene, J. S., Ty H. Goletz, F. Lilleas, A. J. Alter, J. F. Sacket: Diagnosis of vertebral fractures. J. Bone Jt Surg. 64-A (1982) 586–595
20 Keller, H.: LWK-3-Fraktur ohne Trauma. Z. Orthop. 121 (1983) 333–334
21 Lemaire, M., M. Alealay, G. Touchard, J. Payen, A. Desplats, B. Malapart, Ph. Thomas, D. Boutoux: Ostéonécrose vertébrale. Sem. Hôp. Paris. 59 (1983) 296–301
22 Lynch, D., F. McManus, J. T. Ennis: Computed tomography in spinal trauma. Clin. Radiol. 37 (1986) 71–76
23 McAffee, P. C., A. G. Hansen, B. E. Fredrickson, J. P. Lubicky: The value of computed tomography in thoracolumbar fractures. J. Bone Jt Surg. 65-A (1983) 461–473
24 Maldagne, B., J. Malghem, J. P. Huaux, C. Rombouts-Lindemans, H. Noel: Ischemic collapse of the vertebral body: myth or reality? J. belge Radiol. – Belgisch Tijdschr. Radiol. 62 (1979) 61–67
25 Melhem, R. E., M. Fahl: Fifteen dorsal vertebras and rib pairs in two siblings. Pediat. Radiol. 15 (1985) 61–62
26 Modena, V., I. Maiocco, C. Bosio, A. Bianchi, P. G. De Fillippe, V. Daneo: Intervertebral vacuum cleft: notes on five cases. Clin. Experiment. Rheumatol. 3 (1985) 23–27
27 Pöschl, M.: Juvenile Osteochondrosen. In: Röntgendiagnostik der Skeletterkrankungen, Teil 4, red. v. L. Diethelm. In Diethelm, L., O. Olsson, F. Strnad, H. Vieten, A. Zuppinger: Handbuch der Medizinischen Radiologie, Bd. V. Springer, Berlin 1971 (S. 102)
28 Resnick, D., Susan Williamson, Naomi Alazraki: Focal spinal abnormalities on bone scans in ankylosing spondylitis: A clue to the presence of fracture or pseudarthrosis. Clin. Nucl. Med. 6 (1981) 213–217
29 Reynolds, J.: A re-evaluation of the „fish-vertebra" sign in sickle cell hemoglobinopathy. Amer. J. Roentgenol. 97 (1966) 693–707
30 Ricci, A.: Anomalie dei tubercoli mamillari delle vertebre lombari: processo stiloideo e diartrosi accessorie. Riv. Radiol. 4 (1964) 697–702
31 Rogers, L. F.: Radiology of Skeletal Trauma. Churchill Livingstone, New York 1982 (S. 273–275)
32 Sartor, K.: Computertomographie bei Verletzungen der Halswirbelsäule und oberen Brustwirbelsäule. Fortschr. Röntgenstr. 132 (1980) 132–138
33 Schertlein: Über die häufigsten Anomalien an der Brustlendenwirbelsäulengrenze. Fortschr. Röntgenstr. 38 (1928) 478–488
34 Schulze, R., P. Gulbin: Über das Fehlen der Dornfortsätze an der Brust-/Lendenwirbelgrenze. Fortschr. Röntgenstr. 103 (1965) 627–629
35 Seyss, R.: Zur Röntgenologie der kindlichen Wirbelsäule. Fortschr. Röntgenstr. 74 (1951) 434–440
36 Seyss, R.: Zur Deutung der Genese des Angelhakenwirbels. Kinderärztl. Praxis 36 (1968) 85–89
37 Shuman, W. P., J. V. Rogers, Mary E. Sickler, J. A. Hanson, J. P. Crutcher, H. A. King, L. A. Mack: Thoracolumbar burst fractures. Amer. J. Neuroradiol. 6 (1985) 337–341
38 Sovio, O. M., H. M. Bell, R. D. Beauchamp, S. J. Tredwell: Fracture of the lumbar vertebral apophysis. J. Pediat. Orthop. 5 (1985) 550–552
39 Stevenson, R. E.: Extra vertebrae associated with esophageal atresias and tracheoesophageal fistulas. J. Pediat. 81 (1972) 1123–1129
40 Swischuk, L. E.: The beaked, notched, or hooked vertebra. Its significance in infants and young childr. Radiol. 95 (1970) 661–664
41 Swoboda, W.: Dorsolumbale Kyphose als unbekanntes Skelettzeichen beim angeborenen Myxödem. Fortschr. Röntgenstr. 73 (1950) 740
42 Swoboda, W.: Das Skelett des Kindes, 2. Aufl. Thieme, Stuttgart 1969
43 Treisch, J., C. Claussen: Computertomographische Diagnostik von Wirbelsäulenverletzungen. Fortschr. Röntgenstr. 138 (1938) 588–591
44 Turski, P. A.: Spine Trauma. In Haughton, V. M.: Computed Tomography of the Spine. Churchill Livingstone, New York 1983 (p. 107–140)
45 Wendling, D., M. Casson, M. Guidet: L'image de clarté gazeuse intravertébrale. A propos de 7 nouvelles ovservations. Rev. Rhum. 50 (1983) 607–612
46 Wendling, D., M. Casson, M. Leaustic, P. Giraud, M. Guidet: L'image de clarté gazeuse intravertébrale. Gazette méd. 91 (1984) 99–102
47 Zimmer, E. A.: 12. Aufl. dieses Buches, 1982 (S. 564)

Lendenwirbelsäule

Skelettbefunde

Norm

Auf die embryonale Wirbelentwicklung wurde schon in Kapiteln über Hals- und Brustwirbelsäulenabschnitte eingegangen. Prinzipiell gibt es an der Lendenwirbelsäule keine regionalen Besonderheiten, soweit sie nicht schon erwähnt sind.

Bei **Kindern,** häufig im Alter von etwa 8 Jahren, springen die Ansatzkanten des Wirbelkörpers für die Randleisten oft spornartig nach vorn vor. Eine Differenzierung von Lendenrippen (s. oben) und *Querfortsatzapophysen* kann bei Adoleszenten Schwierigkeiten verursachen (Abb. 5.**205**). Die Dornfortsatzapophysen erweisen sich als sehr schmale Sicheln, (Abb. 5.**206**) und können, weil die Dornfortsätze wie an der Brustwirbelsäule meistens stark überstrahlt sind, nicht zu erkennen sein.

Radiologische Darstellung: Die oberen und besonders die unteren Lendenwirbel sind *im a.-p. Strahlengang* bei scharfen Konturen der mittleren Lendenwirbel durch die normale Lordose der Lendenwirbelsäule projektivisch verzerrt abgebildet. Die untere Verprojizierung läßt sich durch Minderung der Lordose bei auf die Fußsohlen gestellten und in Knie- und Hüftgelenk gebeugten Beinen des Untersuchten mindern. Nach Anheben der Unterschenkel und weitgehender Beugung der Oberschenkel im Hüftgelenk durch Heranziehen der Kniegelenke an den Körper (mit Hilfe der Hände des Untersuchten oder durch ein Band – sog. Froschposition oder Steinschnittlage) kann die Lendenlordose auch weitgehend aufgehoben werden. Die horizontal verlaufenden **Dornfortsätze** projizieren sich auf den Wirbelkörper, zum Teil mit der Spitze auf den Zwischenwirbelraum. Die Spalten der **kleinen Wirbelgelenke**, nur zum Teil wegen Schrägprojektion als Aufhellung zwischen den senkrecht verlaufenden Linien der Gelenkfortsätze zu erkennen, können sich in den Schatten der Bogenwurzel projizieren und scheinen diese dann vertikal zu halbieren (152). Bei Projektion des kranialen Gelenk- oder auch des Querfortsatzes in die Bogenwurzel wird deren Kontur teilweise oder vollkommen scheinbar verdoppelt. Die vom Wirbelbogen nicht gedeckten Teile des Wirbelkörpers imponieren scheinbar als Löcher (Abb. 5.**207**). Die Bogenwurzeln stellen sich oval, dreieckig, nierenähnlich mit kaudaler Konvergenz oder kranial auch mit nach innen konkaver Begrenzung dar.

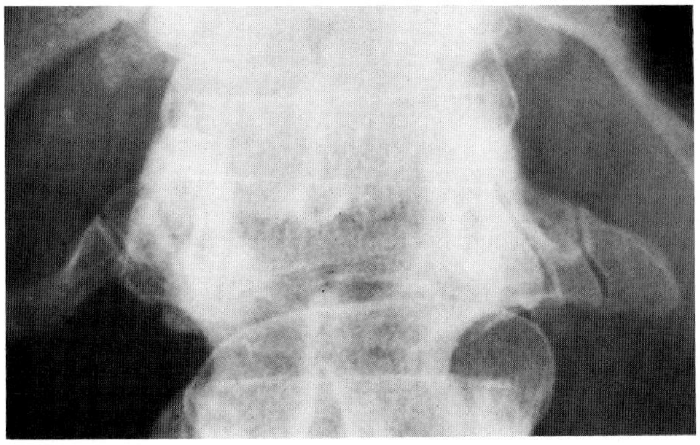

Abb. 5.**205** LW1 mit gelenkiger Verbindung der Querfortsätze, links mit zwei Artikulationen

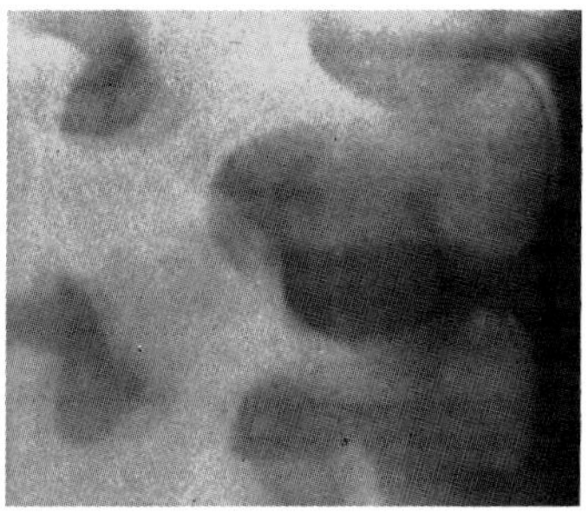

Abb. 5.**206** Dornfortsatzapophysen bei einem 18jährigen

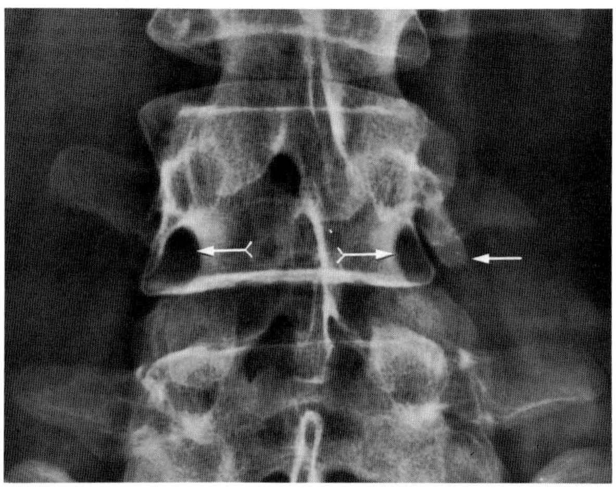

Abb. 5.**207** Projektionsbedingte Aufhellungen an den unteren Wirbelkanten (⤚). Processus styloideus (→)

Im *seitlichen Strahlengang* sind Wirbelkörper und Zwischenwirbelräume übersichtlich abgebildet. Die Hinterränder fügen sich zu einer harmonischen, ununterbrochenen Bogenlinie. Auch Dornfortsätze, Wirbelbögen und Foramina intervertebralia lassen sich gut beurteilen. Die Zwischenwirbellöcher erscheinen ohrmuschelförmig. Die Intervertebralgelenke, im schrägen Strahlengang zumeist nur in Abhängigkeit von ihrer Ausrichtung zum Strahlengang gut abzubilden (s. folgenden Abschnitt „Lumbosakraler Übergang"), werden im Profil deutlich. Die Querfortsätze projizieren sich als ovale Schatten auf die Bögen. *Schrägaufnahmen* s. Kapitel „Lumbosakraler Übergang".

Einen Überblick über die *axiale* Ebene gibt die Computertomographie, die als *Schichtuntersuchung* zwar einen begrenzten Wert besitzt, besonders informative Aussagen jedoch über die Weite und Wandbeschaffenheit des **Spinalkanals** erlaubt (87, 138). Man kann ein Segment gut tomographisch durch vier Schnitte erfassen, die vom oberen Wirbelniveau mit Darstellung der Bogenwurzeln und oberen Gelenkfortsätze, des mittleren Wirbelkörperniveaus mit Abbildung des Überganges der Bogenwurzel in die Lamina, der unteren Wirbelhöhe mit Foramen intervertebrale (samt Ganglion spinale) bis zum Diskusniveau reichen (21) (Abb. 5.**208a–e**). Auch die Achse der beiden Interartikularspalten läßt sich durch die Computertomographie bestimmen (66) (Abb. 5.**208e**).

Die lumbalen sind unter sämtlichen Wirbeln die mächtigsten. Der 3. Lendenwirbel besitzt meist die längsten Querfortsätze. Die Processus transversi des 4. Lendenwirbels sind klein und steigen im Gegensatz zu den horizontal stehenden Querfortsätzen der übrigen Lendenwirbel etwas flügelartig an. Der 4. Lendenwirbel befindet sich in der Höhe der Beckenkämme.

Die **Weite des Spinalkanals** ist im sagittalen Strahlengang an der Interpedunkularbreite zu ermessen. Diese nimmt bis zum 5. Lebensjahr um etwa 2 mm, bis zum 15. Lebensjahr um etwa einen weiteren Millimeter (84) – am stärksten noch bei L5 und danach nicht mehr – zu (45). Sie beträgt bei minimalen Geschlechtsunterschieden (1 bis 2 mm bei Männern > als bei Frauen) etwa 22 bis 24 mm beim Erwachsenen in der Höhe der ersten vier Lendenwirbel, beim 5. Lumbalwirbel rund 25 mm. Der Sagittaldurchmesser ist im Durchschnitt etwas kleiner. Der Interpedunkularabstand wird von L1 bis L5 größer. Der Sagittaldurchmesser nimmt von oben nach unten ab (132).

Im Gegensatz zu Länge und Höhe korreliert die Breite des Wirbelkanals nicht mit der Wirbelbreite (85). Eine exakte Formbestimmung und Vermessung des Wirbelkanals sowie des Duralsackes ist nur mit der Computertomographie möglich (21). Derart festgestellte Normal- und Vergleichsmaße sind bei erwachsenen Weißen und Afrikanern (Zulus/Sothos) veröffentlicht worden (37). Demnach nimmt normalerweise die ovale Form des Kanals vom LW1 ab zunehmend die Konfiguration eines Dreieckes, dann eines Deltoids bis zu derjenigen eines Kleeblattes (LW5) an (87). Durchschnittlich beträgt die Fläche des lumbalen Duralsackes nach Breite und Länge im Computertomogramm normalerweise 180 ± 50 Quadratmillimeter (144). Das Volumen des Duralsackes entspricht nicht dem, sondern ist geringer als der Rauminhalt des Wirbelkanals.

Zur Deutung von Computertomogrammen wie auch zur Lagebestimmung von Verkalkungen ist die Kenntnis von Lage und Projektion des im folgenden beschriebenen *diskovertebralen Gelenk- und Bandapparates erforderlich.*

Die *Zwischenwirbelscheiben* bestehen aus Faserknorpel und sind mit den Wirbelflächen durch eine dünne Schicht hyalinen Knorpels fest verbunden. Sie sind größer als die Terminalflächen der dazugehörigen Wirbel und überragen diese deshalb vorn etwas stärker als hinten. Ihr etwas exzentrisch nach hinten gelegener, aus weichem Faserknorpel mit unregelmäßigen Bindegewebszügen und degenerierten Resten embryonaler Chorda bestehender *Nucleus pulposus* ist von einer festen äußeren Schicht schalenartig angeordneter Bindegewebsfasern, dem *Anulus fibrosus*, umgeben. Der gesunde Discus intervertebralis ist auf gewöhnlichen Röntgenaufnahmen nicht sichtbar. Aus der Distanz zweier benachbarter Wirbel ist die Höhe des dazwischen liegenden Polsters zu ermessen.

Während die Bandscheiben von L1 bis L5 normalerweise im Computertomogramm eine nach ventral konvexbogige hintere Kontur aufweisen, so kann die Hinterkontur der Bandscheibe zwischen L5 und S1 physiologischerweise flach nach dorsal konvexbogig konfiguriert sein, ohne daß diesem Befund eine Nukleusprotrusion zugrunde zu liegen braucht.

Das *Lig. longitudinale anterius* beginnt am Tuberculum anterius atlantis und zieht als Faserstreifen an der Vorderseite der Wirbelkörper unter Verbreiterung nach unten zum Periost der vorderen Kreuzbeinfläche. Es ist fest an der Wirbelkörperaußenfläche angeheftet und hängt in mehr oder weniger inniger Verbindung mit den Vorderflächen der Wirbel und Bandscheiben zusammen (134, 152).

Das *Lig. longitudinale posterius* ist schmaler als das vordere Band, beginnt als selbständiges Ligament am 2. Halswirbel (besitzt als Fortsetzung nach oben bis zum Klivus die Membrana tectoria), zieht als Vorderwand des Wirbelkanals über die Rückfläche der Wirbel – ohne Verbindung mit diesen, also ohne Verbindung mit den dortigen Venengeflechten –, ist fest mit den Bandscheiben verbunden und an diesen Ansätzen verbreitert. Dieses Band verjüngt sich nach unten und endet in der Wand des Canalis sacralis.

Die *Ligg. flava*, elastisches Gewebe und daher gelb, füllen die Zwischenräume zwischen den Wirbelbögen, bilden also Syndesmosen zwischen den Arcus und sind demnach höher als die Zwischenwirbelscheiben. Sie helfen den Wirbelkanal hinten zu verschließen, grenzen an die Ligg. interspinalia (s. unten), sind lumbal besonders mächtig und erreichen hier auch eine Dicke von 2 mm und mehr.

Außer den starken Bändern zwischen Quer- und Dornfortsätzen, den *Ligg. intertransversaria* und den *Ligg. interspinalia*, verbindet das Lig. supraspinale die Spitzen der Dornfortsätze (und findet seine Fortsetzung nach oben zwischen obersten Halswirbeln und Protuberantia occipitalis externa im Lig. nuchae (s. Kapitel „Atlas und Axis").

Die peri- und paravertebralen Bänder und Gelenkkapseln sind ontogenetisch einheitlichen Ursprungs, gehören zur diskovertebralen Funktionseinheit und sind morphologisch eng miteinander verflochten (125).

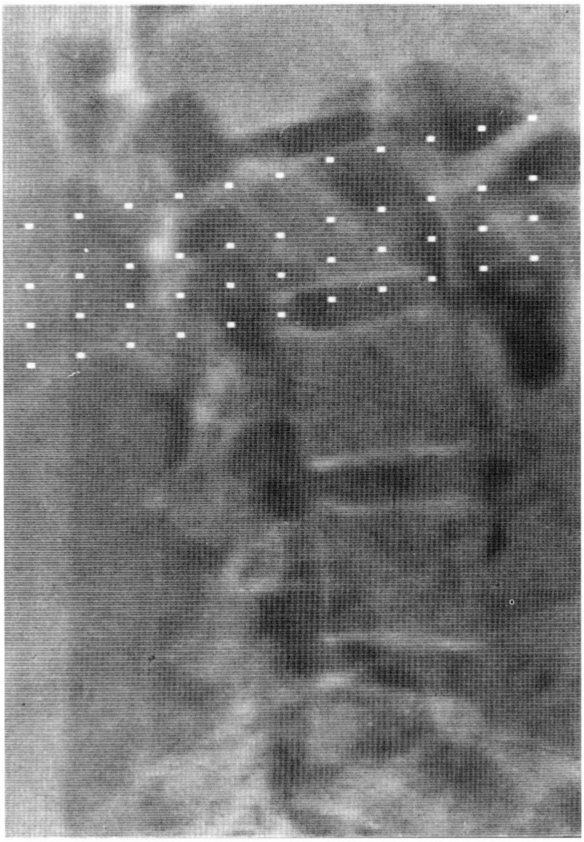

a

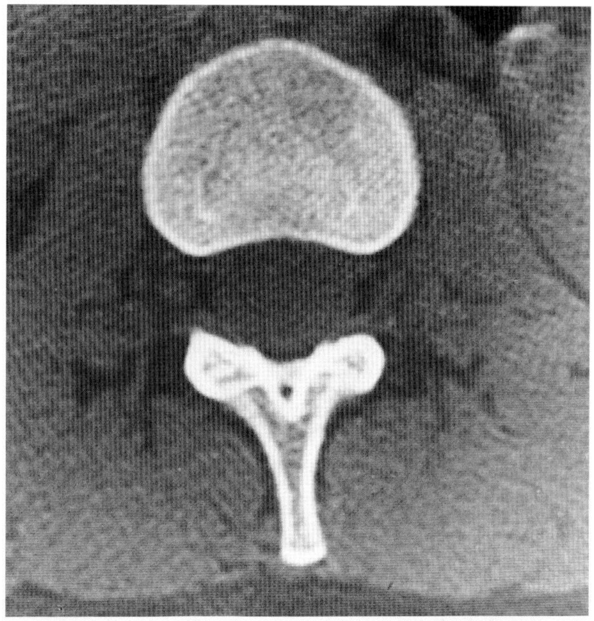

b

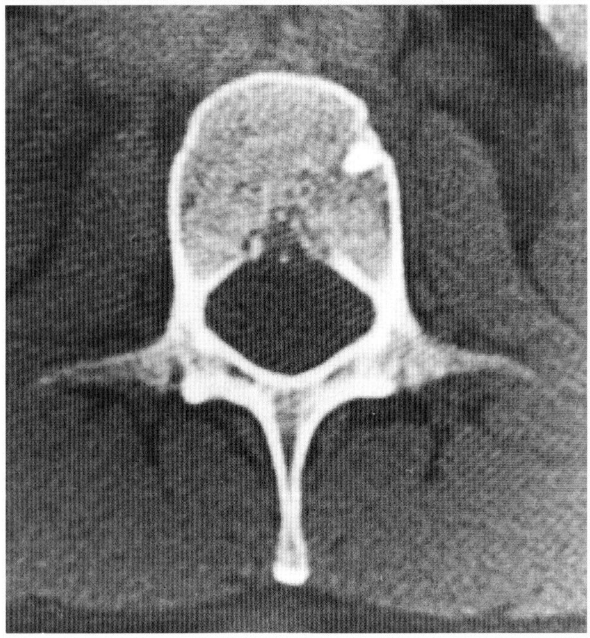

c

Abb. 5.**208 a–e**
a Im Seitenbild der Lendenwirbelsäule markierte Schnitte zur Computertomographie des 1. Lendenwirbels
b Axiales Computertomogramm in Dornfortsatzhöhe
c Axiales Computertomogramm in Höhe des Wirbelbogens
d Axiales Computertomogramm in Höhe der Gelenkfortsätze
e Axiales Computertomogramm in Höhe der Zwischenwirbelgelenke L 1/L 2

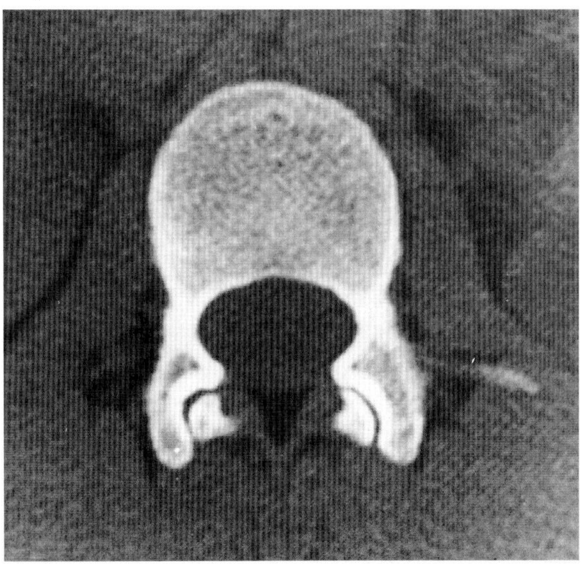

d

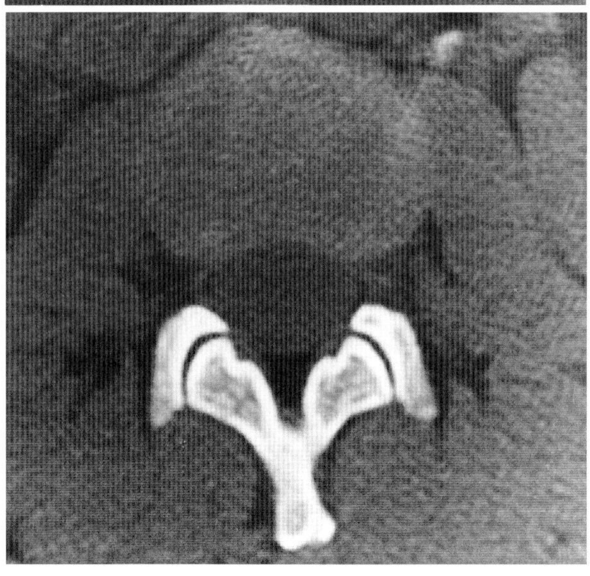

e

Im Laufe des Lebens werden normalerweise die Wirbelkörper bei beiden Geschlechtern in der Taille breiter, im unteren Drittel der Brustwirbelsäule und in der Lendenwirbelsäule am deutlichsten (41).

Im Profil gilt für die normale Höhe der Lendenwirbelindex nach Barnett-Nordin (Abb. 5.**209**).

In der radiologischen Darstellung sind einige weitere **Projektionsphänomene** zu beachten. Bei geringer Schrägprojektion stellen sich die Deck- und Basisflächen als oval dar, das von einer dicken und einer dünnen Linie begrenzt wird. Dick ist die Kontur, wenn eine Summation mit dem Wirbelkörper erfolgt. Die dünne Linie entsteht bei Abbildung der Randleiste im Intervertebralraum. Auf der Seitenaufnahme kann durch die Überschneidung des 4. Lendenwirbelkörpers mit dem Darmbein ein spaltförmiger **Mach-Effekt** entstehen (Abb. 5.**210**).

Über die Meßweisen und -ergebnisse an normalen Brust- und Lendenwirbelsäulen zur Feststellung von Achsenabweichungen im Sinne vermehrter Skoliose, Kyphose oder Lordose durch kongenitale Anomalien oder Haltungsfehler ist in orthopädischen und radiologischen Lehr- und Handbüchern nachzulesen (38, 117, 126). Mit dreidimensionaler radiographischer Wiedergabe gewonnene normale Maße für Rotation und Seitwärtsneigung in der normalen Lendenwirbelsäule, gewonnen durch ein eigenes Verfahren, sind in der Literatur angegeben (110).

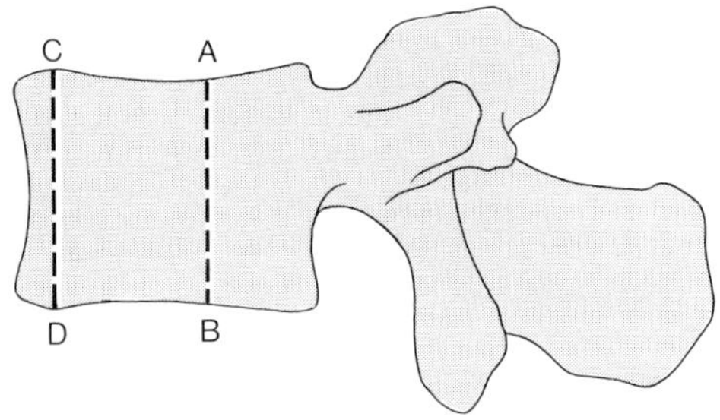

Abb. 5.**209** Lendenwirbelindex $\left(\frac{AB}{CD}\right)$ nach Barnett-Nordin

Varianten

Numerische Variationen, nämlich sechs oder vier Lendenwirbel, können mit statischer Unzulänglichkeit und schmerzhaften Fehlbelastungen einhergehen. Wir kommen auf diese Spielformen der Norm in den Kapiteln „Übergänge“ (der Wirbelsäulenregionen) zu sprechen.

An den **hinteren unteren Wirbelecken** gibt es kleine **persistierende Apophysen** (resp. nicht verschmolzene Randleisten). An dieser Stelle befinden sich öfter **Abschrägungen der Wirbelkante** (118).

Seitliche Knochenbrücken von Wirbel zu Wirbel *zwischen zwei Querfortsätzen* sind als selten beschrieben, und zwar in sehr unterschiedlicher Ausdehnung und von verschiedenem Sitz (Abb. 5.**212** bis 5.**214a** u. **b**). Diese, oft an ihren Spitzen gelenkähnlich mit Formationen des Nachbarwirbels verbunden, ähneln sich, wie mehrfach an gleicher Stelle bei

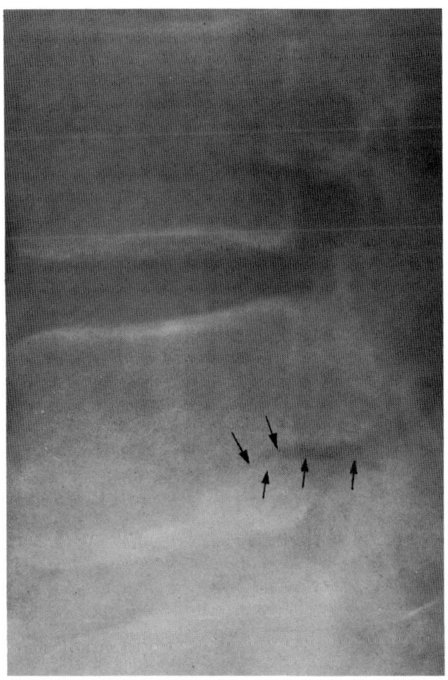

Abb. 5.**210** Keine Spalte, sondern Mach-Effekt durch Überschneidung des Wirbelkörpers mit dem Os ilium

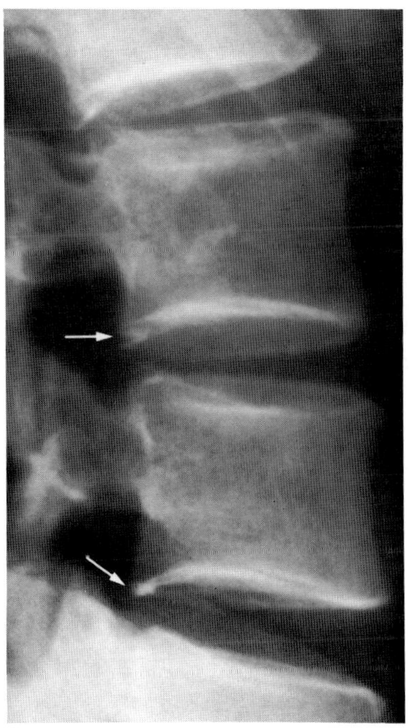

Abb. 5.**211** Persistierende Randleistenkerne dorsal im Wirbelkörper eines 24jährigen Mannes

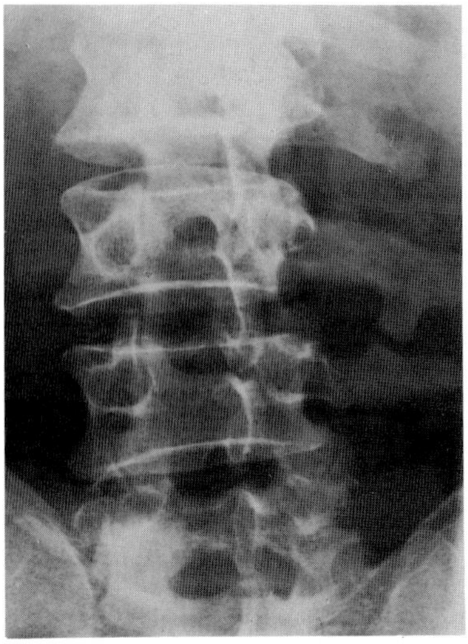

Abb. 5.**212** Infratransversaler Knochenfortsatz am langen Querfortsatz von LW3 in gelenkähnlicher Verbindung mit dem ebenfalls relativ langen Querfortsatz des LW4 (Beobachtung von Kremser, Altona)

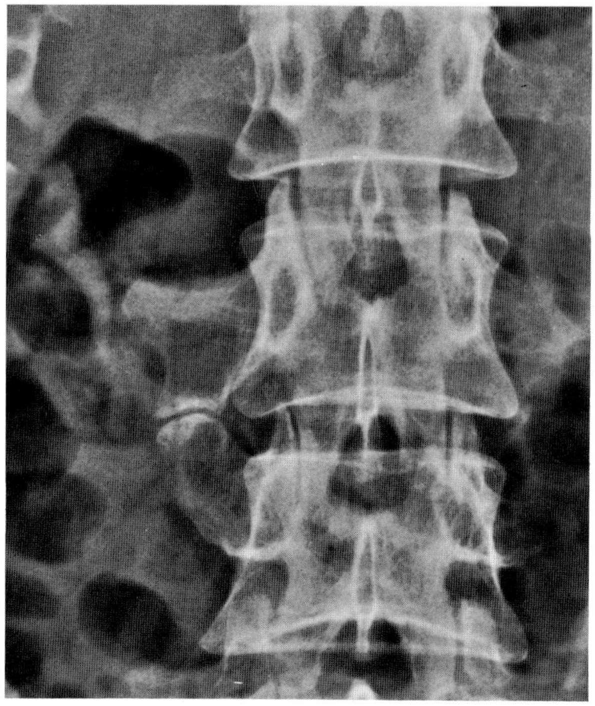

Abb. 5.**213** Breite Knochenbrücke zweier von den Querfortsätzen des 3. und 4. Lendenwirbels ausgehenden Knochenfortsätzen mit gelenkähnlicher Verbindung

der Besprechung anderer Wirbelsäulenregionen aufgeführt, derart, daß man zwischen dem Processus paracondylicus zwischen Okziput und Atlas die gesamte Wirbelsäule bis mindestens zum 4. Lendenwirbel hinunter phänotypisch gleiche Knochenfortsätze im Querfortsatzniveau sieht; andererseits ist ihre kongenitale Entstehung nicht bewiesen. Für die posttraumatische Knochenneubildung im Sinne einer Myositis ossificans nach Querfortsatzbrüchen gibt es in mehreren Fällen sehr sichere Hinweise; dahingegen sind die äußerst selten vorkommenden hyperplastischen Querfortsatzbildungen den hier beschriebenen Deformitäten sehr ähnlich (22, 98, 120, 128, 145).

Wegen der Wichtigkeit der Differentialdiagnose „Fehlbildung/Trauma" wurden folgende Kriterien zusammengestellt (150). Kongenitale Fehlbildungen:

1. Querfortsatzverbindung mit breiter Kontinuität im Sinne einer Verschmelzung oder gelenkiger Verbindung und Annäherung der Querfortsätze ohne echte Spangenbildung.
2. Doppelseitigkeit der Querfortsatzveränderungen.

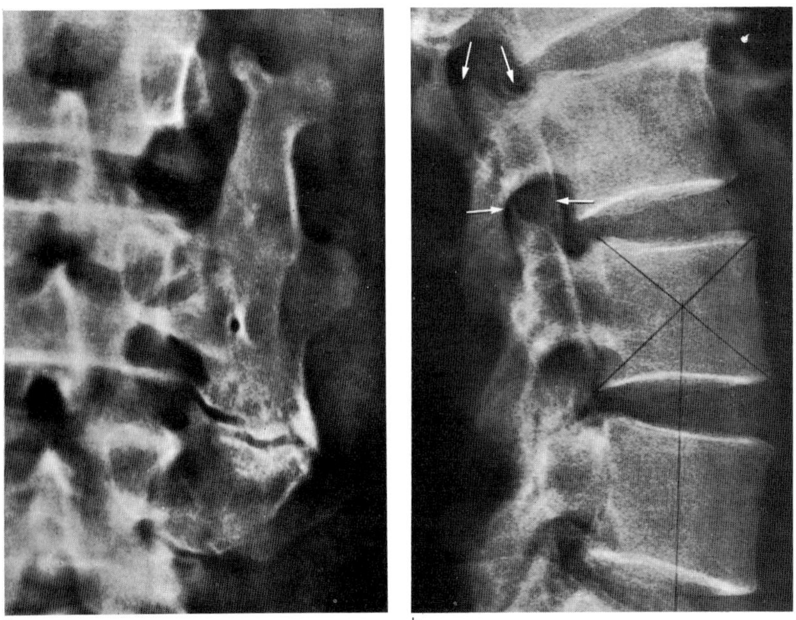

a b

Abb. 5.**214 a** u. **b** Mächtige Querfortsatzbrücke zwischen LW2 und LW4 mit gelenkähnlicher Verbindung bei LW3/4. Die Pfeile auf der Profilaufnahme (**b**) markieren diese Spange (Beobachtung von Wirth, Zug)

3. Zusätzliche Fehlbildungen der Gelenkfortsätze oder anderer Bogenabschnitte.
4. Zusätzliche Wirbelkörperfehlbildungen wie Blockwirbel und insbesondere sagittale Wirbelkörperspalten.
5. Fehlen von Achsenknickungen oder Stufen der Querfortsatzkonturen als eventuelle Frakturfolge.

Traumatisch erworbene Querfortsatzspangen:

1. Nachweis der Entstehung.
2. Einseitiger bzw. isolierter Befund.
3. Beteiligung der Querfortsätze mit Deformierung, Verplumpung und Achsenabknickung auch in der Nachbarschaft.
4. Querfortsatz in der Brückenbildung noch gut abgrenzbar.
5. Fehlen anderer Anomalien an Wirbelkörpern und Wirbelbogen.

(6. Rippen- oder Beckenbrüche.)

Spangen von Wirbelbogen zu Wirbelbogen (Abb. 5.**215a**), lassen an eine **Verknöcherung des Lig. flavum** (146) denken. Ein **zusätzlicher, rippenförmiger Querfortsatz** (115) zwischen den Querfortsätzen des 4. und 5. Lendenwirbels ist wohl analog der Beobachtung einer versprengten Rippe im Becken (s. auch Kapitel „Brust-Lenden-Übergang" und „Kreuz-/Steißbein") zu erklären. Eine Knochenspange zwischen Gelenk- und Querfortsatz ist in Abb. 5.**216** wiedergegeben.

Ein **Processus accessorius** zieht unterhalb des Processus mamillaris (rudimentärer Fortsatz oben am kranialen Gelenkfortsatz der Lendenwirbel Abb. 5.**217a** dieser kann eine ungewöhnliche Länge besitzen Abb. 5.**217b**) zwischen diesem und dem Querfortsatz schräg nach unten und wird erst ab einer Länge von 3 bis 5 mm deutlich. Im radiologischen Schrifttum wird dieser Fortsatz dann als **Processus styloideus** (s. u. a. 121) bezeichnet (Abb. 5.**218** und 5.**219**). Seine Länge hängt wohl von dem unterschiedlichen Ausmaß des Muskelzuges der zwischen Processus mamillaris und Processus accessorius s. styloideus liegenden Mm. intertransversarii mediales lumborum ab (9, 134). Der Fortsatz wurde radiologisch in 7,9% Häufigkeit vorwiegend in der unteren Lendenwirbelsäule gefunden (124), auch in auffallender Größe mit Pseudarthrose zu einem breiten Sockel des nächstunteren Lendenwirbelquerfortsatzes abgebildet (72).

Computertomographisch wurde an vier Patienten ein kleiner Knochensporn als klinisch belangloser Nebenbefund beschrieben, der *„foraminal spur"* genannt, dorsal der Nervenwurzel von der Bogenwurzel nach kaudal zieht, ein- oder beidseitig vorkommt und am Ansatz des Lig. flavum liegt (63).

Als sehr seltene Lokalisation **kartilaginärer Exostosen** hat die Interartikularportion unterer Lendenwirbel zu gelten (141). **Wirbelbogen- und Bogenwurzelexostosen** (Abb. 5.**220a–d** und 5.**221**) wurden beobachtet. Die Bogenexostosen gingen mit und ohne neurologische Ausfallserscheinungen einher (153).

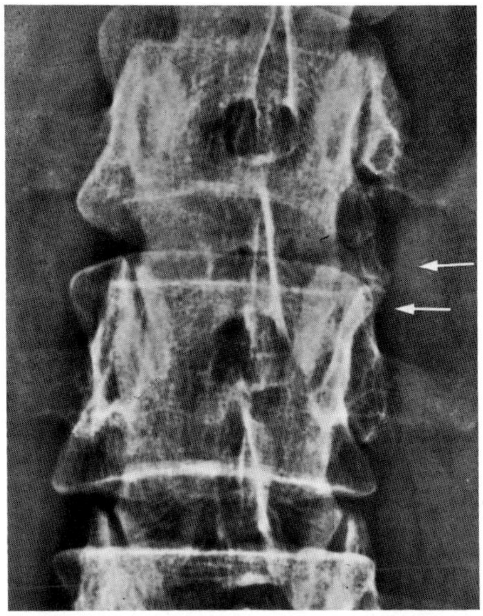

a

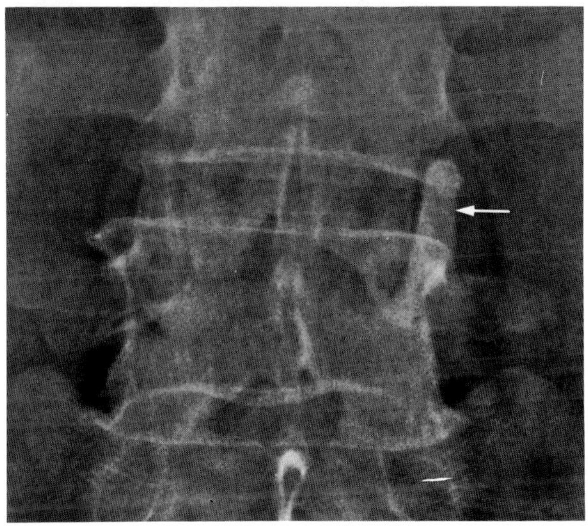

b

Abb. 5.**215 a** u. **b**
a Kleine Brückenbildung mit gelenkähnlicher Verbindung zwischen Wirbelbögen
b 61jährige Frau. Exostosenähnlicher Knochenzapfen nach oben am Ansatz des Wirbelbogens bzw. des Querfortsatzes des LW5

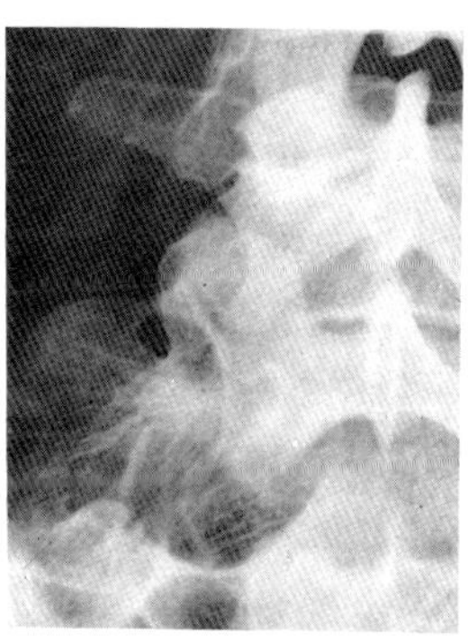

Abb. 5.**216** Knochenbrücke zwischen Quer- und Gelenkfortsatz LW5

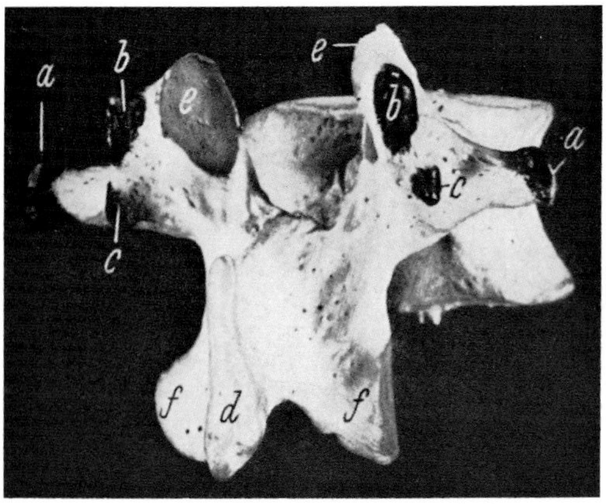

Abb. 5.**217 a** Ansicht eines Wirbels schräg nach hinten mit Nebenkernen
a = Querfortsatzapophyse
b = Processus mamillaris
c = Processus accessorius s. styloideus
d = Dornfortsatz
e = oberer Gelenkfortsatz
f = unterer Gelenkfortsatz

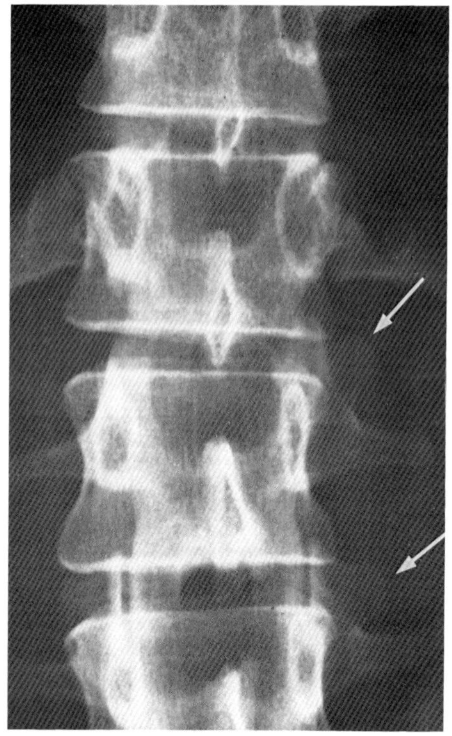

Abb. 5.**217 b** Überlange Processus mamillares bei LW1 ▷ und LW2 links (Beobachtung von Holthusen, Hamburg)

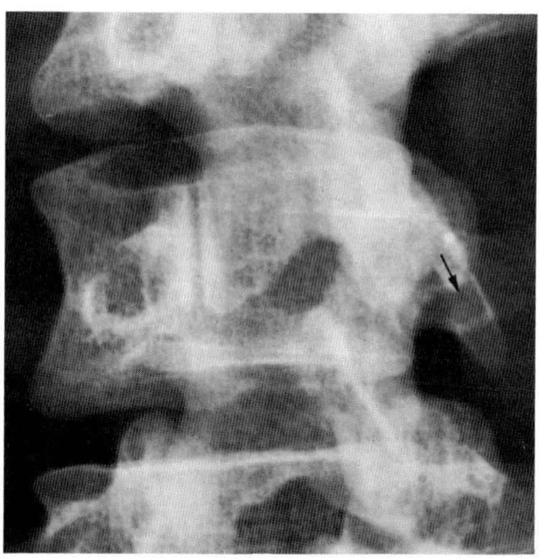

Abb. 5.**218** Processus styloideus eines Lendenwirbels

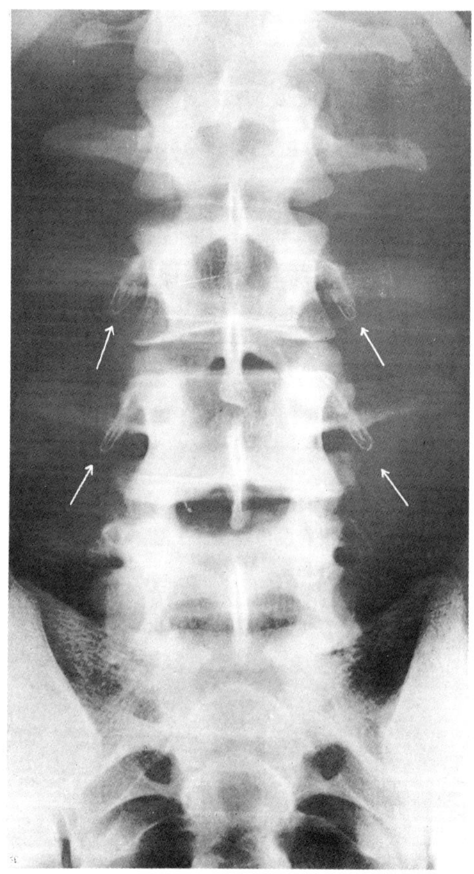

Abb. 5.**219** Processus styloidei der Lendenwirbel ▷

Abb. 5.**220 a–d**
a Exostose, pilzförmig am Wirbelbogen von LW3 links, nach medial gerichtet
b Pilzförmige Exostose in Richtung Rückenmarkkanal
c 25jährige Frau. Exostose in Projektion mit dem Rückenmarkkanal von Th 12. Berührungssklerose mit dem Dornfortsatz dieses Wirbels?
d 18jährige Frau. Exostose in Projektion mit dem Wirbelkanal, von der Bogenwurzel L 2 ausgehend

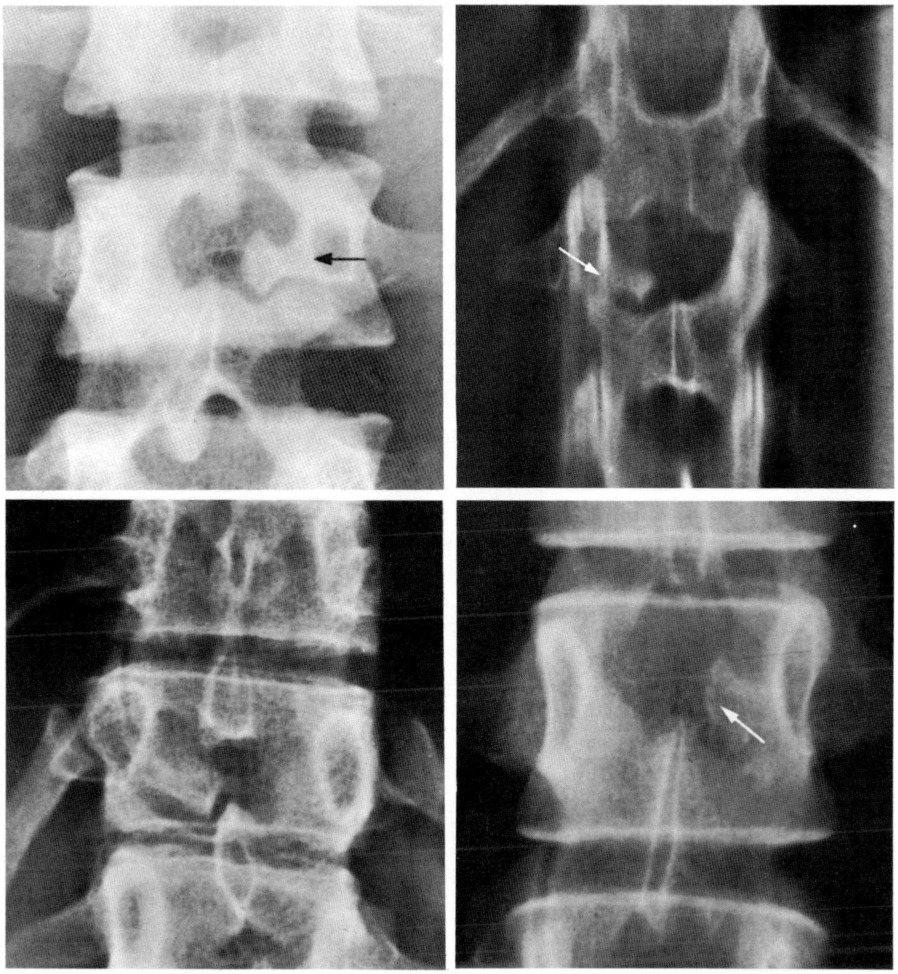

a b c d

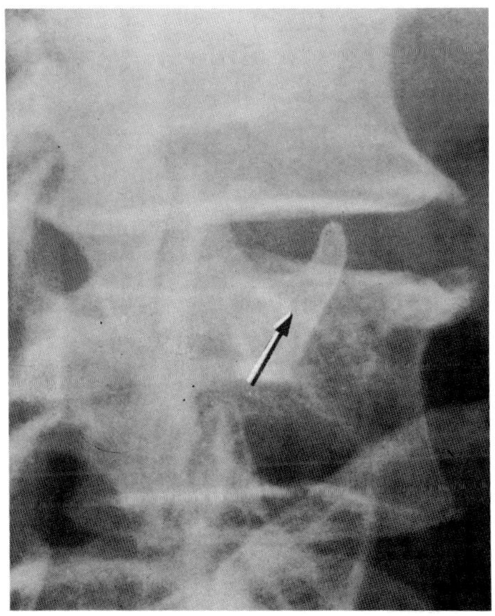

Abb. 5.**221** Nach oben ziehende Exostose an der Bogenwurzel von LW4

Anomalien

Während im Kapitel über die Brustwirbelsäule die Entstehung der Sagittalspalten samt den darauf beruhenden Deformitäten („Schmetterlingswirbel"), einschließlich der Verblockungen besprochen wurde, gilt hier, weil mit Hauptsitz in der Lendenwirbelsäule, das Augenmerk den **frontalen Wirbelkörperspalten**.

Die Ansichten über die formale Genese der Bildung zwei hintereinander gelegener Knochenzentren sind nicht so einhellig wie die Erklärungen über die sagittalen Spalten (Junghans, Schinz, Rowley, Rettig, Cohen u. Mitarb. sämtlich zit. bei 24). Die seltenen, echten frontalen Spalten besitzen ein trennendes Element zwischen den Kernen, wahrscheinlich bandscheibenähnlich und basierend auf der Persistenz eines Perichordalseptums. Die vorübergehenden Spalten werden (auch in unteren Burst-, nur gelegentlich in Halswirbeln) beim Neugeborenen, vor allem kombiniert mit weiteren Fehlbildungen, gefunden. In 50% sind mehr Wirbel als nur ein einziger betroffen. Sie liegen in der Gegend der Chorda dorsalis. Die verbildeten Wirbelkörper sind um die Breite des Spaltes verlängert. Der Spalt, in dem sich kein bandscheibenähnliches Gewebe, sondern hyaliner Knorpel befindet, verknöchert in der Regel nach zwei bis vier Monaten (24).

Diese Spalten können später noch an ihren Folgen, Verlängerung des Wirbelkörpers und Kontureinziehungen an den Terminalflächen im Bereich der Stelle der ehemaligen Spalte, erkennbar sein. Sporadisch bei normalen Kindern beobachtet, finden sie sich gehäuft bei Trisomie 21 und dienen als Leitsymptom bei verschiedenen Skelettdysplasien, wie bei der rhizomelen (rezessiven) Form der Chondrodysplasia punctata, bei der metatropen Dysplasie und beim Kniests-Syndrom (Abb. 5.**222**).

Ein eigenartiger **intravertebraler Defekt** an L4 mit zentraler Kanalbildung, kerbenförmigem Defekt an L3 und trichterförmigen Kontureinbuchtungen an L5 (Abb. 5.**223a** u. **b**), wurde auf eine **Chordapersistenz** bezogen.

Daß eine allgemeine **Unterentwicklung der unteren Lumbalwirbel** (Abb. 5.**224a** u. **b**) mit Unterentwicklungen des Kreuzbeins einhergeht, hat Zimmer in der täglichen Praxis beobachtet. Die Frage muß aufgeworfen werden, ob es sich nicht um „formes frustes" der lumbalen bzw. lumbosakralen Agenesie handelt (s. 16). Beim **Mongolismus (Down-Syndrom)** sind die Wirbelkörper mit konkaver Vorderkontur höher und schmaler als normalerweise (69).

Über Dysplasien in den Bögen und Gelenkfortsätzen s. nächstes Kapitel.

Fehlbildungen bei System- und kongenitalen Stoffwechselerkrankungen s. Abschnitt „Brustwirbelsäule – Anomalien".

Ein **bikonvex geformter Lendenwirbelkörper** wurde bei mehreren erwachsenen Angehörigen einer Familie gefunden (Abb. 5.**225**). **Exkavationen der Wirbelkörperrückflächen**, die mit einer lokalen Erweiterung des Duralsackes einhergehen, sieht man bei Arachnodaktylie und auch durch mesenchymale Dysplasie bei Neurofibromatose. Das Symptom ist im amerikanischen Schrifttum als „Scalloping-Phänomen" bekannt (48[1]).

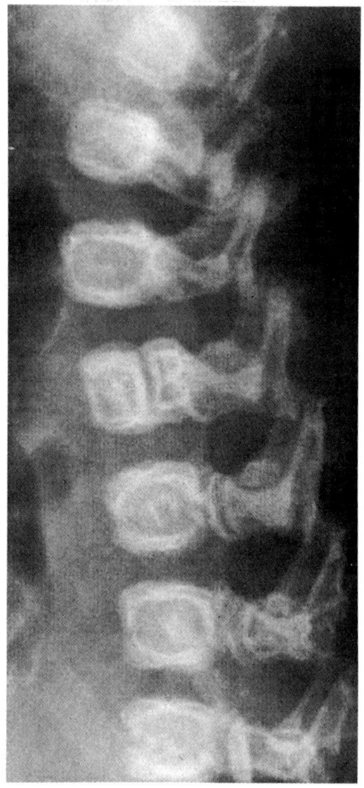

Abb. 5.**222** Frontale Wirbelspalte (Beobachtung von Swoboda)

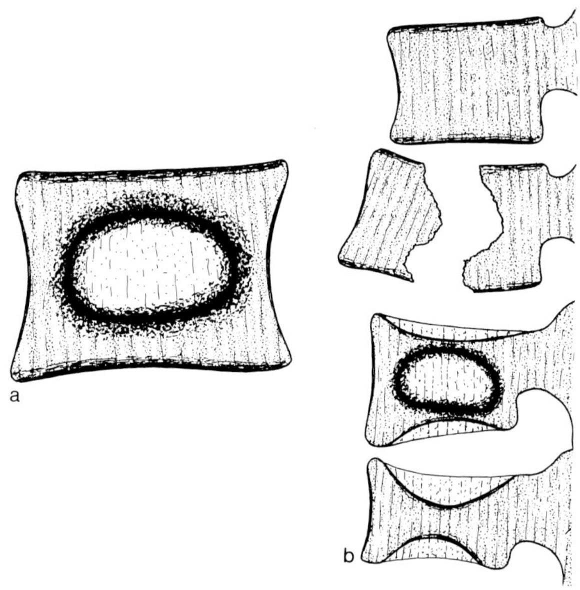

Abb. 5.**223 a** u. **b** Chordapersistenz (nach einer Beobachtung von Vielberg [122])

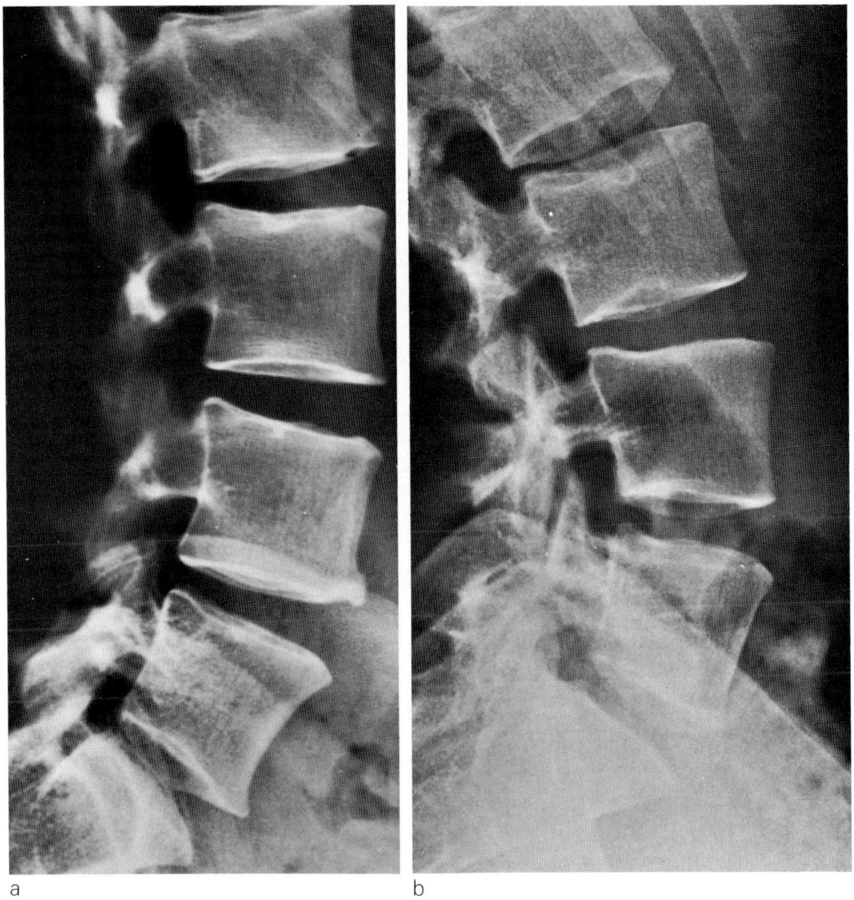

Abb. 5.**224 a** u. **b**
a Dysplasie des 5. Lumbalwirbels und des Sakrum bei 22jähriger Frau, die über Schmerzen beim Sitzen im Gebiet des Steißbeins klagt
b Dysplasie der Wirbel, kaudale Größenabnahme

Unter dem Aspekt der Anomalien sind schließlich auch die regionalen **kompensatorischen Höhenzunahmen** bei krankhaften Prozessen aufzuführen, die in benachbarten oder anderen Regionen der Wirbelsäule zu Höhenabnahmen längerer Wirbelabschnitte – durch Tuberkulose z. B., aber auch Kyphose und Skoliose – geführt haben (Abb. 5.**226a** u. **b**). Derartige Höhenveränderungen der Wirbelkörper lassen sich auch lokalisiert beobachten (Abb. 5.**227a** u. **b**). Der krankhafte Prozeß, der zur kompensatorischen Dimensionsänderung geführt hat, muß zu einem Zeitpunkt möglicher Höhenzunahme des Wirbels, also bis zum schulpflichtigen Alter, stattgefunden haben.

Die **Diastematomyelie**, schon erwähnt in den Kapiteln „Mittlere Halswirbelsäule" und „Brustwirbelsäule", jeweils in den Abschnitten über Anomalien, pflegt im allgemeinen im Kindesalter Symptome zu verursachen, oft kombiniert mit Manifestationen eines Status dysraphicus. Die Symptomatik beginnt eventuell – sehr selten – beim Erwachsenen (95). Abgesehen von Bogenspalten, Stellungsdeformitäten sowie Einbuchtungen der Wirbelhinterkanten – auf dieses „Scalloping" ist im Absatz „Erworbene Erkrankungen" noch zurückzukommen – läßt sich im Ausnahmefall der Verknöcherung die Trennwand auch in der konventionellen Summationsaufnahme nachweisen (Abb. 5.**228a**), sonst am besten im Computertomogramm (Abb. 5.**228b**).

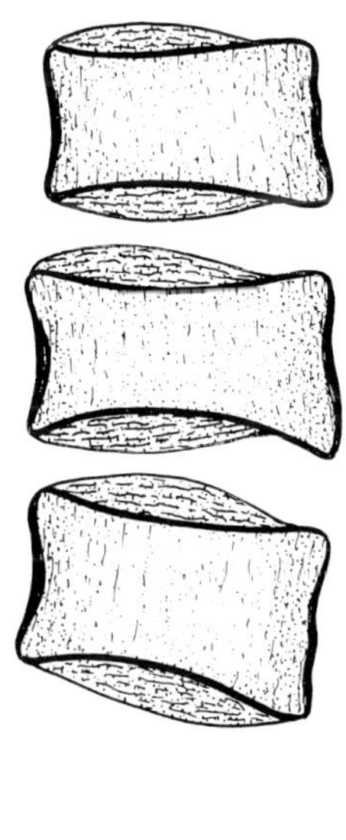

Abb. 5.**225** Familiär vorkommende, bikonvex geformte Lumbalwirbel (Beobachtung von Lasserre [70])

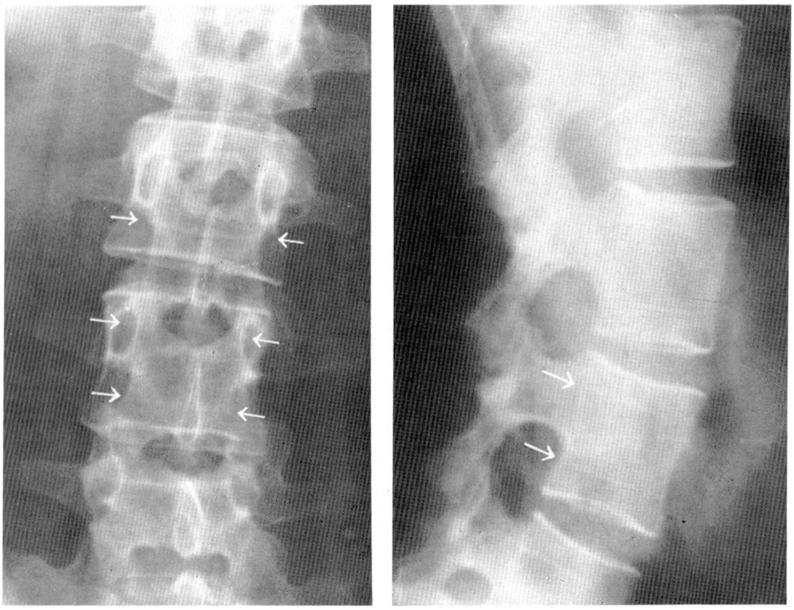

a b

Abb. 5.**226 a** u. **b** Kompensatorische Höhenzunahme der Wirbelkörper. Es zeigen sich noch Verdichtungsstreifen an der ursprünglichen Wachstumsgrenze

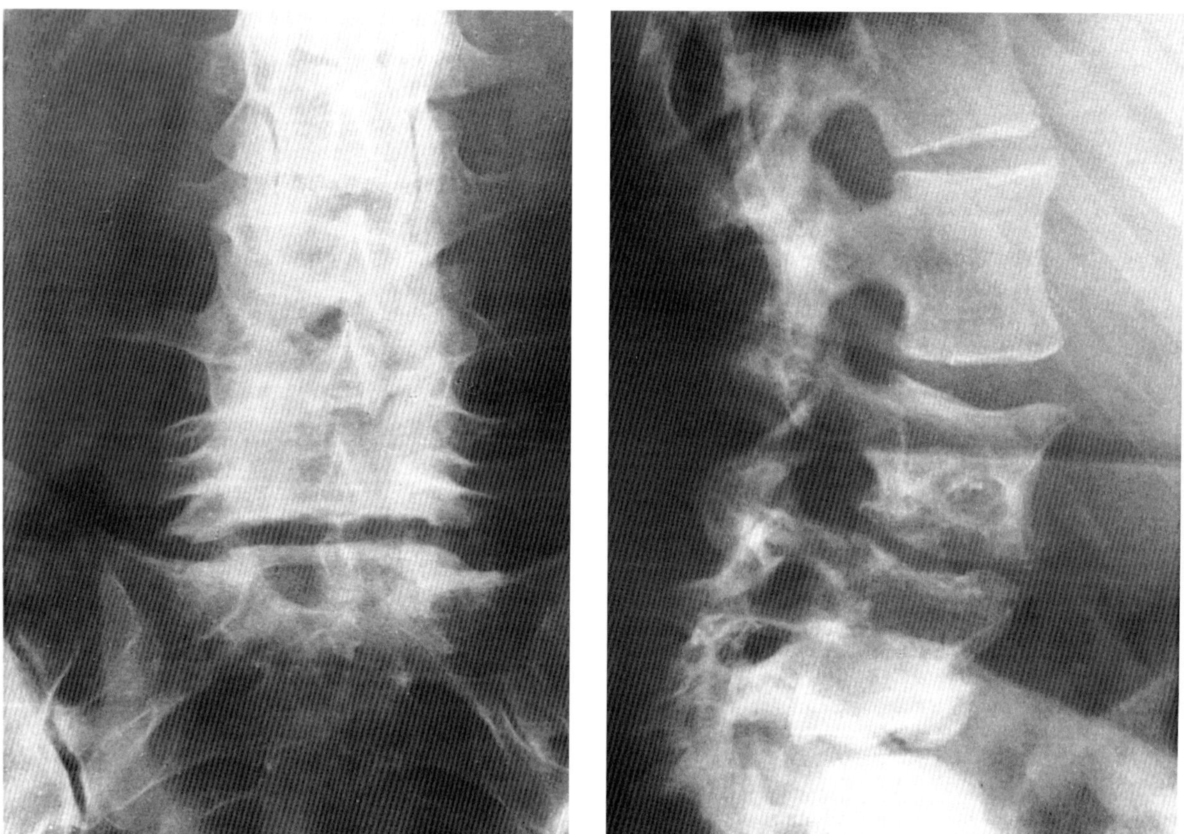

a b

Abb. 5.**227 a** u. **b** 39jährige Frau. Zufallsbefund bei Untersuchung nach Trauma. Offenbar Zustand nach frühkindlicher Spondylitis/Spondylodiszitis bei LW 4/5. Kompensatorisches Höhenwachstum des LW 3

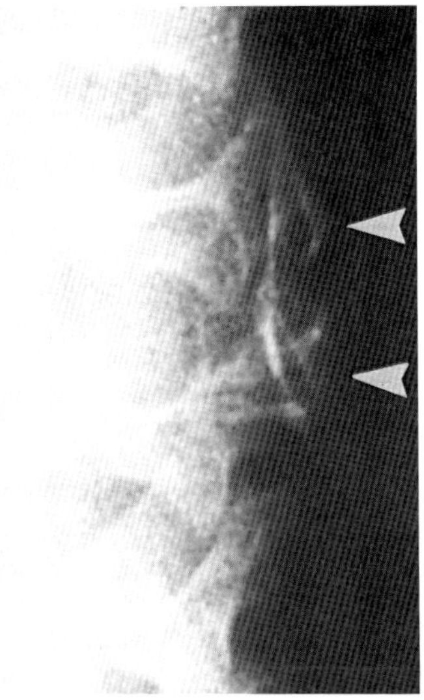
a

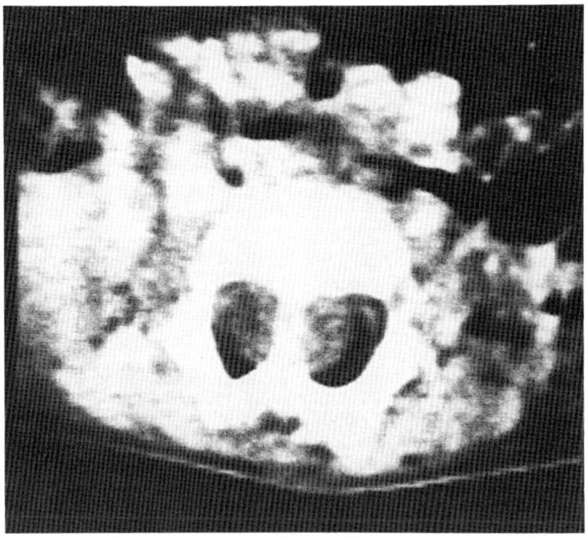
b

Abb. 5.**228 a** u. **b** 3 Monate alter Junge mit Diastematomyelie in der Höhe des LW 1/2
a Dorsale Knochenspange im konventionellen Profilbild
b Darstellung im Computertomogramm

Bei **Meningozelen** entsteht das Bild einer lateral „aufgetriebenen Lendenwirbelsäule" (Abb. 5.**229**).

Der konstitutionell **enge Lumbalkanal** des Erwachsenen beginnt bei Meßwerten der Interpedunkularbreite unter 13 mm, wobei einerseits die im Absatz „Norm" erwähnte mangelnde Korrelation zwischen Interpedunkular- und Wirbelkanalbreite (letztere gemessen zwischen extremen Lateralpunkten der Wirbelbögen), aber auch die fehlende Übereinstimmung mit der Breite des Duralsackes zu berücksichtigen ist. Im Computertomogramm gemessen, beginnt die lumbale spinale Stenose bei Flächenmaßen des Duralsackes unter 100 mm^2. Vor der Überschätzung der Meßwerte ist zu warnen. Flächenmaße zwischen 100–130 mm^2 gelten noch als Grenzwerte (2, 123, 142–144). Ein im Computertomogramm gefundener Sagittaldurchmesser von weniger als 10 mm kann als grober Richtwert für einen zu engen Spinalkanal gelten. Es ist zu berücksichtigen, daß es bei älteren Menschen zunehmend schwieriger wird, die primär kongenitale Enge von sekundär einengenden Veränderungen meist degenerativer Art zu unterscheiden (86). Der enge spinale Lumbalkanal (Abb. 5.**230a–c**) gilt als Charakteristikum bei **bestimmten Skelettdysplasien** wie insbesondere Achondroplasie und Pseudo-Achondroplasie. Ob primär oder sekundär entstanden, kann er durch zentrale Stenose der Neuralsubstanz gleiche ischialgiforme Beschwerden verursachen wie die Wurzelkompression durch Bandscheibenprolapse. Der Interpedunkularabstand von L1 bis L5 wird nicht größer, sondern bleibt gleich, oder er wird sogar kleiner.

Rotationsanomalien der Wirbelsäule können durch eine Asymmetrie in der Ausbildung und Achsenstellung beider Gelenkfortsätze eines Wirbels entstehen und lassen sich durch die Computertomographie am besten nachweisen (18).

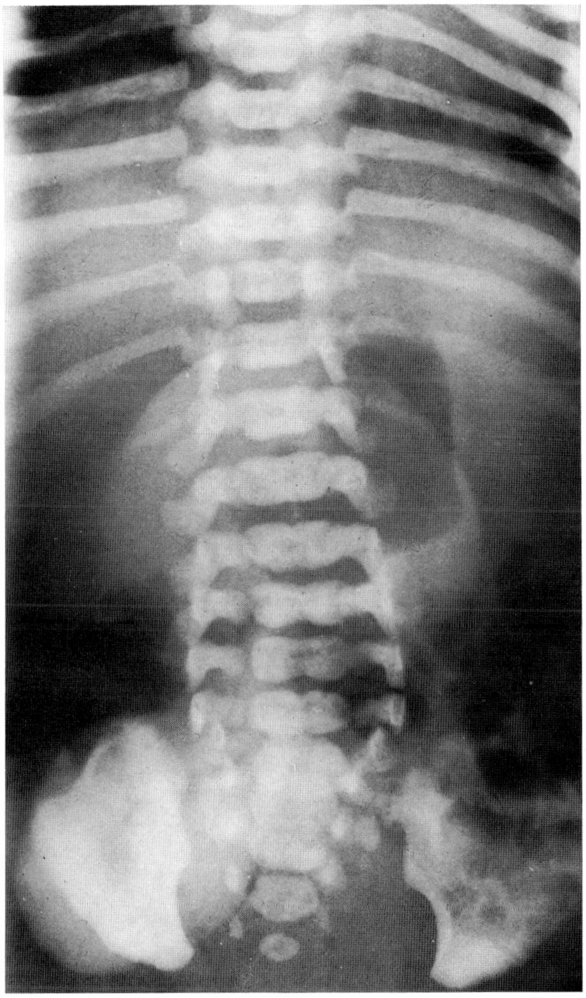

Abb. 5.**229** Meningozele

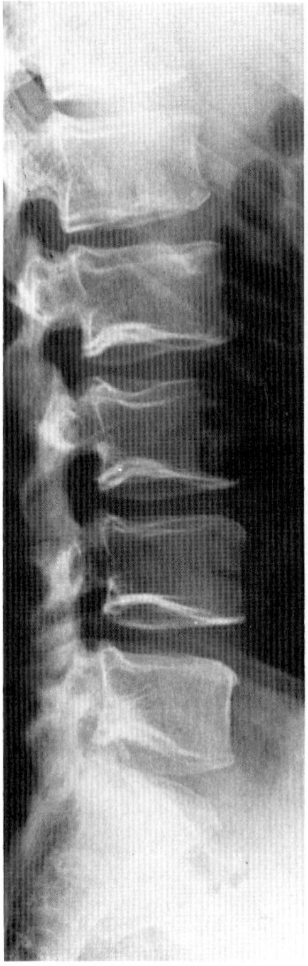

a

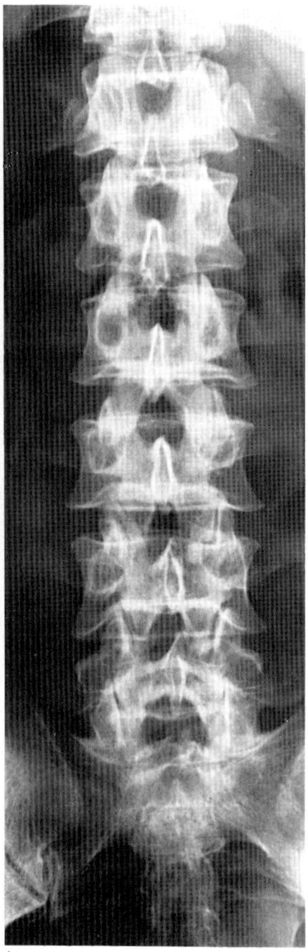

b

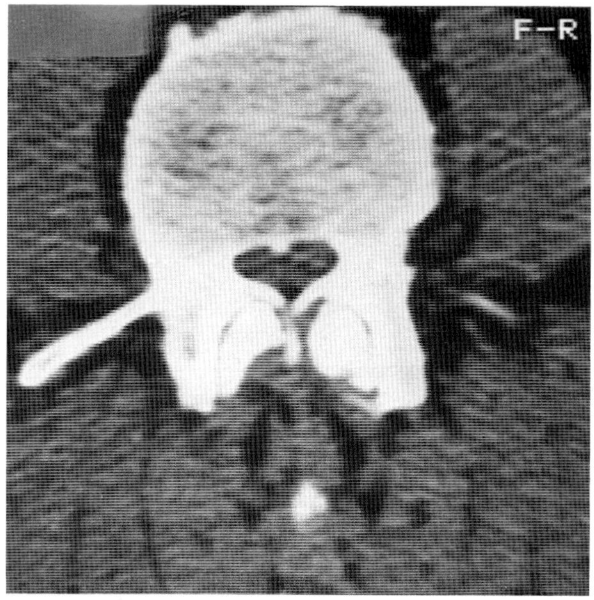

c

Abb. 5.**230 a–c** 38jähriger Mann mit engem Lumbalkanal
a u. **b** Übersichtsaufnahmen der Lendenwirbelsäule in zwei Ebenen: Auffallend runde Bogenwurzeln, Sagittalisierung der Wirbelbogengelenke, enge interlaminäre Fenster im a.-p. Bild und ein kleiner Sagittaldurchmesser im Seitenbild gelten als Hinweiszeichen für einen engen Spinalkanal
c Computertomogramm in der Höhe des LW4

Verletzungsfolgen siehe vorigen Abschnitt „Brust-Lenden-Übergang"

Knochenveränderungen durch intraossären Diskusprolaps

Während beim Schmorlschen Knötchen Bandscheibengewebe zentral in die Wirbelspongiosa hinein prolabiert, wie dies im Kapitel „Brustwirbelsäule" in den Ausführungen über den Morbus Scheuermann beschrieben und abgebildet wurde (s. Abb. 5.**187**), kann ein solcher Vorgang auch in der gesamten Wirbelperipherie erfolgen, am ehesten durch weniger widerstandsfähige Knochenpartien wie an der inneren Randleistengrenze und an Gefäßdurchbrüchen. Meistens liegen die hierdurch eingetretenen **Kantenisolierungen** vorn, seltener seitlich (61) und hinten (99). Sie erfolgen schon beim Jugendlichen im Stadium der Randleistenbildung, aber auch beim Erwachsenen später, wohl immer als Folge dauernder Mikrotraumen bzw. Überlastungen und so gut wie nie durch ein einmaliges Trauma. Das radiologische Spektrum reicht vom kleinen intraspongiösen Bandscheibenprolaps (Abb. 5.**231**) über deutlichere Defekte (Abb. 5.**232**) bis zu sehr ausgeprägten Kantenisolierungen (Abb. 5.**233**), die klinisch keine erkennenswerten Beschwerden verursachen müssen. Als Zufallsbefund nach Traumen können sie jedoch

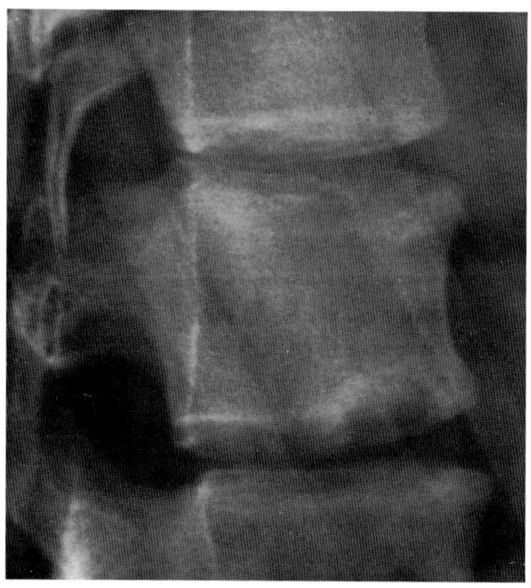

Abb. 5.**231** Intraspongiöser Bandscheibenprolaps bei 27jährigem Mann. Leichte keilförmige Deformierung des Wirbelkörpers

leicht Anlaß zu Fehldiagnosen geben, vor allem, wenn sie nicht, wie in Abb. 5.**234** (nach dem Reitunfall eines 36jährigen), an fast allen Wirbeln typische Veränderungen hervorgerufen haben, sondern auf einen Wirbel beschränkt sind. Trotzdem ist der radiologische Befund mit tiefen, breit sklerotisch be-

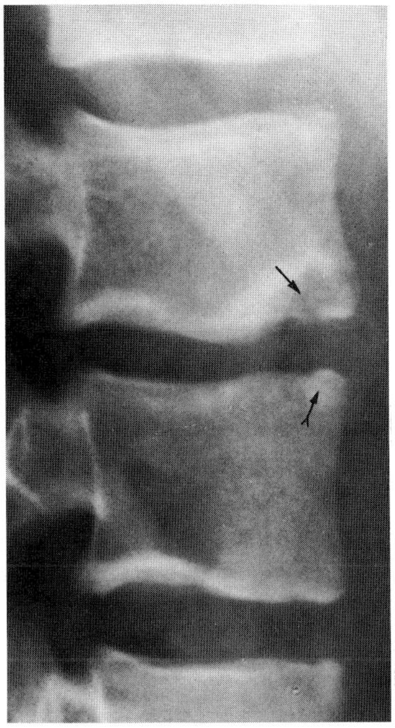

Abb. 5.**232** Ausgeprägte vordere Kantenablösungen an den gegenüberliegenden Kanten des 1. und 2. Lendenwirbels

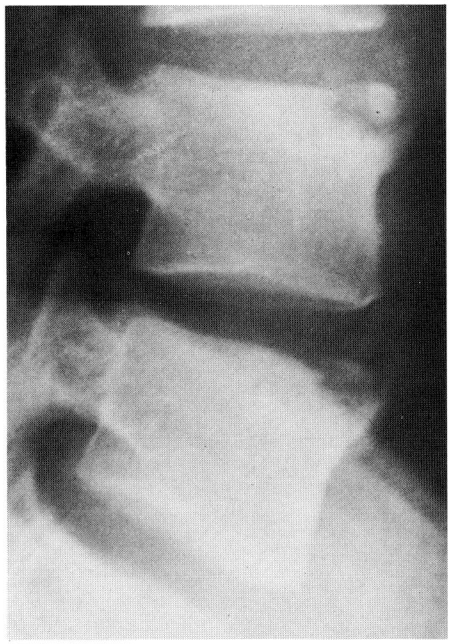

Abb. 5.**233** Vordere obere Kantenablösungen bei LW3 und 4

grenzten, glatten Mulden in der Spongiosa mit oft vorhandener isoliert vorderer Wirbelkante („persistierendem Knochenkern") so typisch, daß die Absprengung einer normalen Vorderkante (mit normaler Struktur und Kontur samt gezacktem Bruchrand wie bei einer „tear-drop-fracture") differentialdiagnostisch kaum in Erwägung gezogen werden kann. Die Frage der möglichen **Berufsschädigung** erhebt sich bei Sportler(inne)n, die allerdings über Beschwerden klagten (100). Auch im Computertomogramm ergibt der „Limbus vertebra" einen charakteristischen Befund (151).

Erworbene Erkrankungen

Die folgende Einteilung nach radiologischen Kriterien wie Größe, Form, Konturen und Struktur der Wirbel wird nach den Hauptmerkmalen oder Leitsymptomen durchgeführt.

Größenänderungen

Der Wirbelkörper wird bei unveränderter Höhe im queren und sagittalen Durchmesser bei der **Akromegalie** größer (40, 41). Die produktiven Knochenveränderungen umschließen das ursprüngliche Corpus vertebrae mantelförmig. Die dorsale Konkavität der Wirbelkörper nimmt durch Proliferation der Randleistenpartien zu (Scalloping-Phänomen). Typisch für diese Erkrankung ist auch die Höhenzunahme des Zwischenwirbelraumes (48²), bedingt durch Proliferation der Bandscheibe. Die Veränderungen betreffen vorwiegend Brustwirbel und können mit Strukturauflockerungen einhergehen.

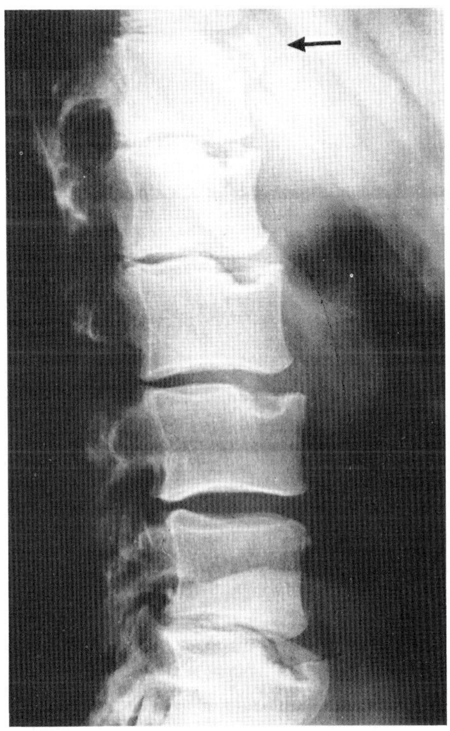

Abb. 5.**234** 36jähriger Mann. Nebenbefund bei Untersuchung nach Reitunfall. Vordere Kanteneinbrüche an sämtlichen, dargestellten Wirbeln. Kantenablösung bei BW 12 (→). Keine Traumafolge

Bei der heute kaum noch zu beobachtenden **Brucellose** kommt es zu knöchernen Appositionen, also periostalen Verdickungen an der Vorderkante, die zackenartig die Wirbel überragen. Die Wirbelgröße kann auch bei **fibröser Dysplasie** (Jaffé-Lichtenstein), bei der **Ostitits deformans** (Paget) (Abb. 5.**235**), expansiven Metastasen (z. B. Hypernephrom) und bei der Lymphogranulomatose (Abb. 5.**236**) zunehmen.

So wie es bei Kompressionsfrakturen zu Höhenabnahmen und Verbreiterungen des Wirbelkörpers kommen kann (Abb. 5.**237**), sind Deformierungen auch nach großen, vorderen Bandscheibeneinbrüchen in den Wirbelkörper außerhalb des Wachstumsalters möglich (Abb. 5.**238**).

Die **Höhenabnahme** des Wirbelkörpers, soweit bislang nicht aufgeführt, tritt im Gegensatz zur Größenzunahme bei fast allen Affektionen und Krankheiten, die den Wirbel betreffen, dann auf, wenn die Tragfähigkeit der Spongiosabälkchen durch Destruktion oder Osteopenie der normalen Belastung des Stützorgans nicht mehr standhält.

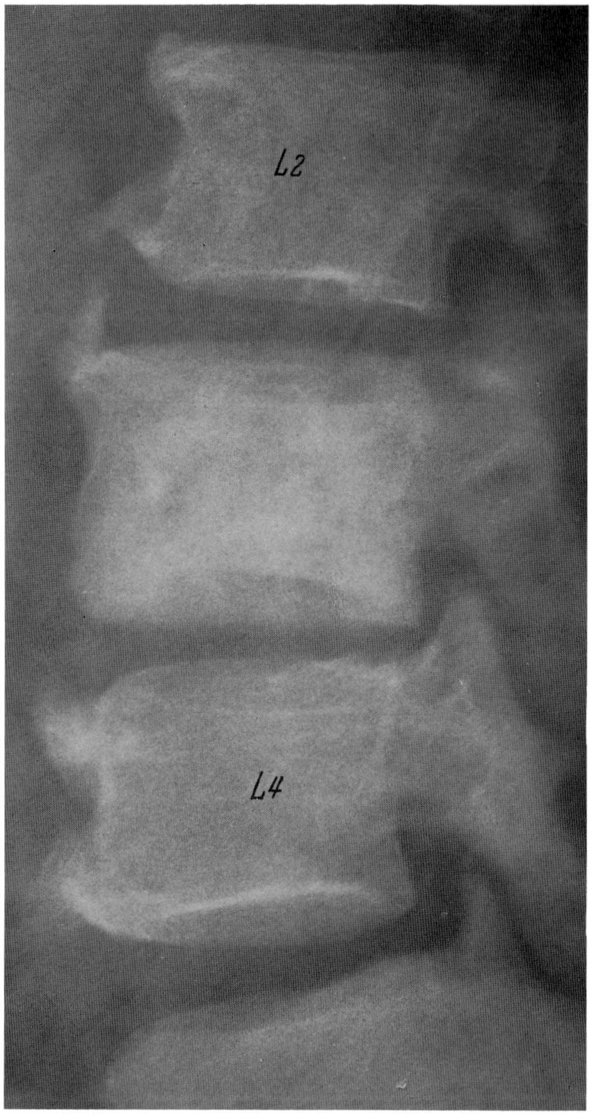

Abb. 5.**235** Paget-Wirbel mit deutlicher Volumenzunahme ▷ und strähnigem Spongiosaumbau

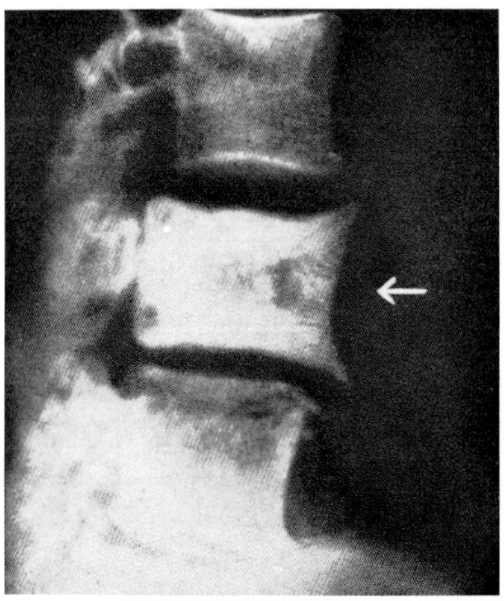

Abb. 5.**236** Volumenvergrößerung und unregelmäßige Sklerosierung eines Wirbelkörpers bei Lymphogranulomatose

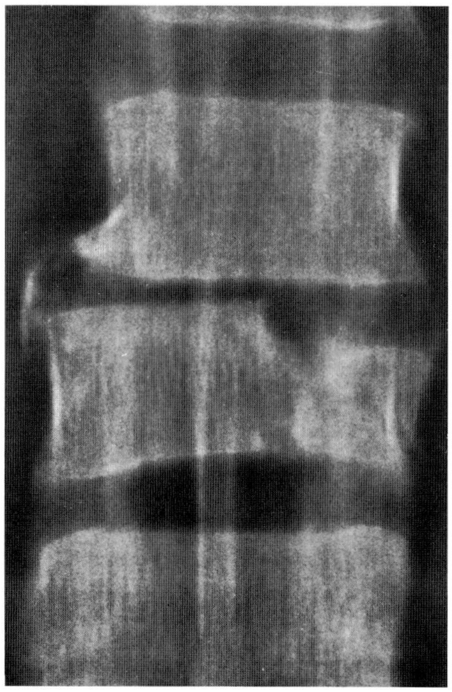

Abb. 5.**237** Durchgehende Vertikalfraktur des 4. Lendenwirbelkörpers. Die nach beiden Seiten auseinandergesprengten Fragmente verbreitern den Wirbel um den Betrag des Bruchspaltes ▷

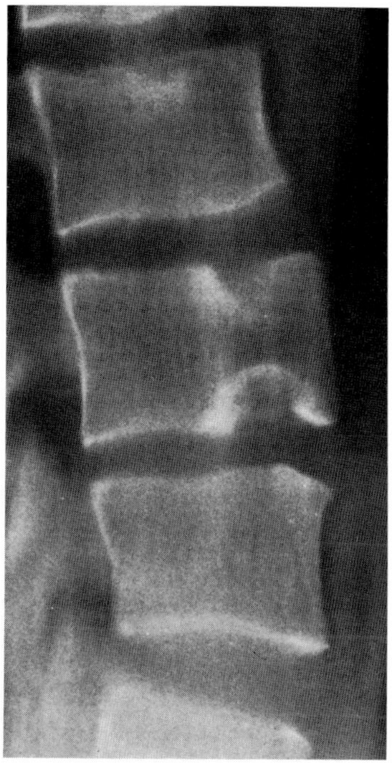

Abb. 5.**238** Vordere intraspongiöse Bandscheibeneinbrüche in den 3. Lendenwirbelkörper von oben und unten. Verlängerung des Wirbels

Formänderungen

Über Abweichungen von der normalen Form der Wirbel durch Fehlbildungen wurde im vorherigen Absatz „Anomalien" bzw. in dem entsprechenden Abschnitt über die Brustwirbelsäule ebenso berichtet wie an anderer Stelle dieser Kapitel über traumatisch bedingte Deformitäten sowie Wirbelkörperverformungen beim Morbus Scheuermann und bei zentralen und vorderen Bandscheibenprolapsen in den Wirbel (Schmorlsche Knötchen und Kantenisolierungen). Dem ist hier nur hinzuzufügen, daß die seltene lumbale Lokalisation des Morbus Scheuermann im allgemeinen mehr mit schweren klinischen Symptomen (92) und mit besonders stark ausgeprägten Schmorlschen Knötchen einhergeht; dabei wird die Brustwirbelsäule gestreckter gehalten.

Der Ansicht, **Einbuchtungen der Basisflächen** (Abb. 5.**239** und 5.**240a** u. **b**) sind auf jugendliche

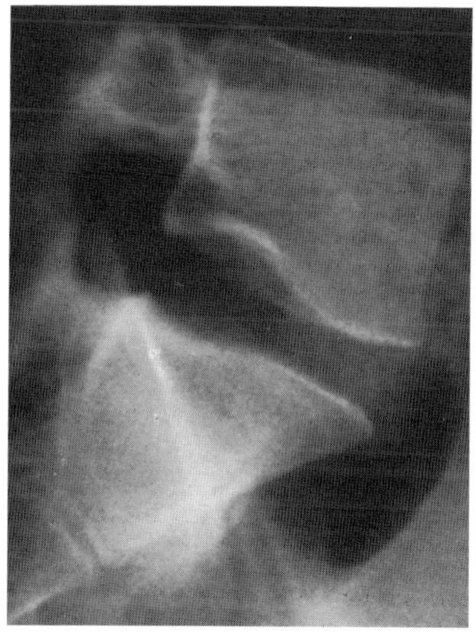

Abb. 5.**239** Einbuchtung der unteren Grenzkontur des ▷ LW 5 und Abflachung der gegenüberliegenden Kontur des 1. Kreuzbeinwirbels

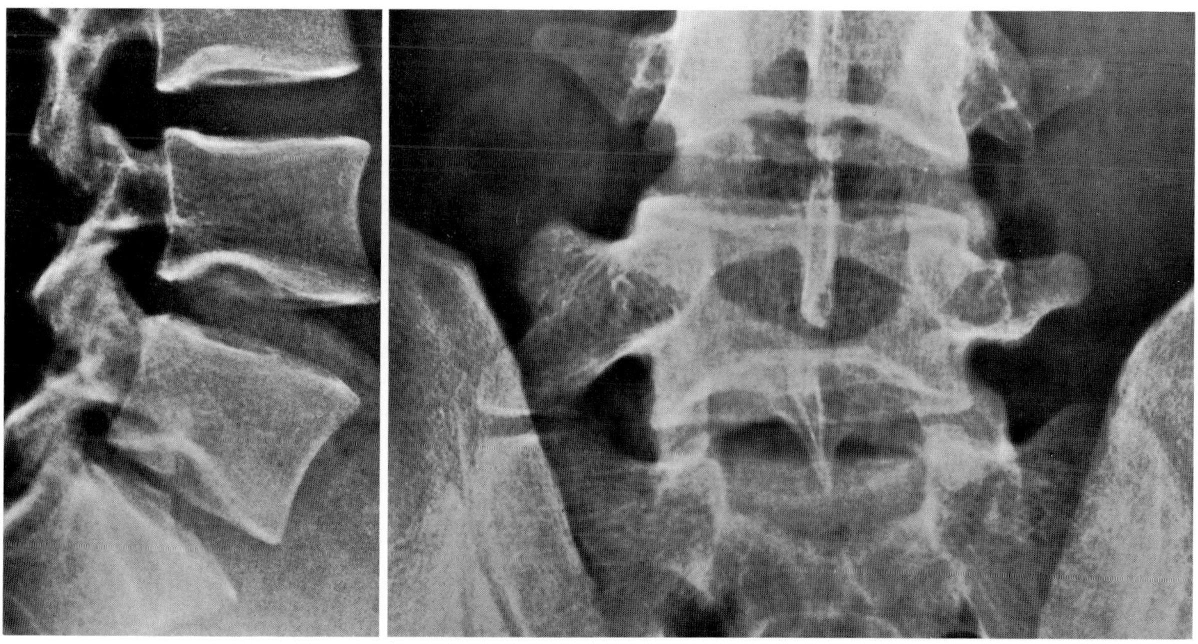

b

Abb. 5.**240 a** u. **b** 22jähriger Mann. Tiefe, flachbogige Einbuchtungen an der Basisfläche der unteren Lendenwirbel

Überlastungsschäden oder gar auf einen Morbus Scheuermann zurückzuführen (73, 74), wie in der vorigen Auflage dieses Buches auch von seinem Autor vertreten wurde, entspricht nicht mehr dem heutigen Stand der Kenntnisse. Dieser im seitlichen Strahlengang nachgewiesene Befund stellt sich in der a.-p. Projektion (Abb. 5.**241a** u. **b**) in einer Form dar, die im amerikanischen Schrifttum als **„Cupid's bow" contour** (25) beschrieben und als Normvariante bezeichnet wurde. Im Computertomogramm führt er je nach Höhe der abgebildeten Schicht zu symmetrischen hypodensen Zonen („owls eyes") (116) oder zu hyperdensen Arealen. Beobachtet wird er nur am 3. bis 5. Lendenwirbelkörper, dort aber in bis zu 63,5% Häufigkeit (44).

Von angeborenen Blockwirbeln (s. Kapitel „Brustwirbelsäule", „Anomalien") sind **Synostosen nach infektiösen** (z. B. tuberkulösen) **Prozessen** (Diszitiden und Spondylodiszitiden) zu unterscheiden. Diese Entzündungsfolgen gehen meist im Gegensatz zu den mehr harmonischen Formen und Strukturen sowie regelmäßigen Konturen der Anomalien mehr mit Unregelmäßigkeiten der Form, Struktur und Konturen einher. Über die auf degenerativer Basis entstehende Synostose wurde im Kapitel über die Brustwirbelsäule berichtet.

Bei der **ankylosierenden Spondylitis** gibt es durch destruktive und mehr plastisch verknöchernde Vorgänge verschiedene Formveränderungen, von denen nur die folgenden hervorgehoben werden sollen: Bei der **Spondylitis anterior oder marginalis** (Romanus-Läsion [122, 125]) (Abb. 5.**242a** u. **b** und Abb. 5.**243**) kommt es infolge einer subdiskalen und marginalen Randleistendestruktion zu einem kleinen Konturdefekt an der ventralen (selten auch dorsalen) Wirbelkörperkante, besonders an L3 bis L5. Diesem Defekt geht vielfach eine umschriebene Spongiosaverdichtung (glänzende Ecke [154]) voraus (Abb. 5.**243**). Im Gefolge der Spondylitis anterior kann es über produktive, knochenneubildende Vorgänge zu einer der konkaven Wirbelkörpervorderflächen kommen, wodurch der sog. **Kastenwirbel** entsteht. Eine destruktive Wirbelveränderung bei der Spondylitis ankylosans wird als **Andersson-Läsion** (3) bezeichnet, für die fünf verschiedene Ursachen aufgezählt sind (32).

Begradigungen der Wirbelkörpervorderfläche sind aber auch über eine Vergrößerung der vorderen Randleistendefekte oder über Konturablösungen mit Ausbildung sog. **Tonnenwirbel** möglich. Unter Einschluß der Ankylosierungsvorgänge an allen gelenkigen Wirbelverbindungen kann beim – seltenen – Vollbild des Morbus Bechterew schließlich die **Bambusstabkonfiguration** der Wirbelsäule entstehen.

Formveränderungen der Wirbel durch Auflagerung periostaler Reaktionen sind bei Größenveränderungen zuvor (s. oben) erwähnt worden (s. auch Abb. 5.**234**).

Einbuchtungen der Vorder- und linken Seitenwand eines Wirbels infolge Druckusuren eines **Aortenaneurysmas** sind öfter beschrieben (s. „Thorakolumbaler Übergang"). Die betonte Konkavität der **Hinterkante** der Lendenwirbelkörper, das **„Scalloping-Phänomen"**, kommt als uncharakteristisches Symptom der **Akromegalie** bei dieser Krankheit zwar gehäuft vor, findet sich jedoch auch bei intraspinalen Tumoren, bei der **Neurofibromatose**, einigen Konstitutionserkrankungen (40) und wurde schließlich in Kombination mit hinteren Längsbandverkalkungen beschrieben (79), s. unten.

Vielfache Arrosionen an der Vorder- und Seitenwand zahlreicher Wirbel, kombiniert mit Skle-

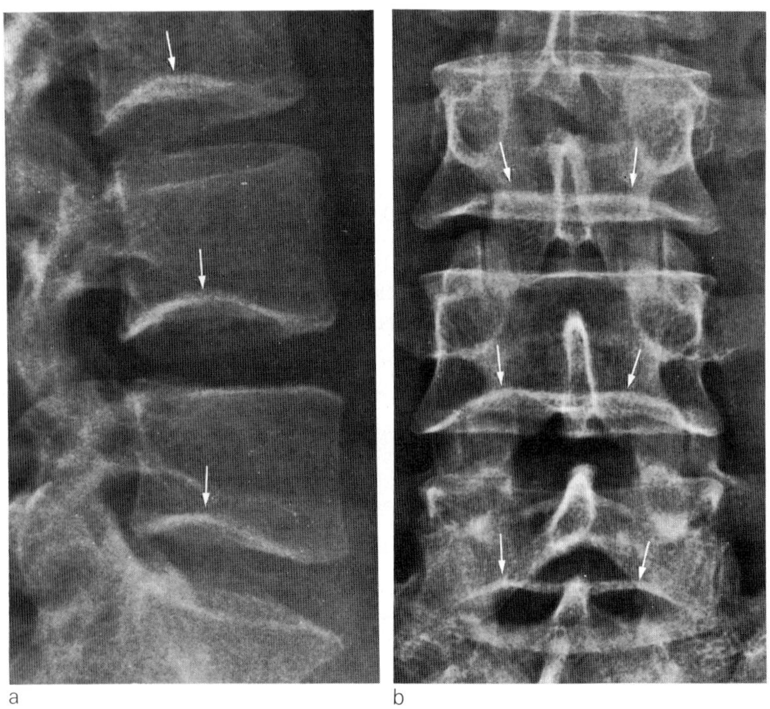

Abb. 5.**241 a** u. **b** 31jähriger Mann mit den typischen, breitbasigen Kontureinbuchtungen, die im a.-p. Strahlengang die „Cupid's-bow"-Kontur hervorrufen. Normalbefund (Beobachtung von Kohlbach, Witzenhausen)

Abb. 5.**242a** u. **b** „Romanus-Läsion" bzw. Spondylitis anterior
a Destruktion und Sklerose der Wirbelvorderkante
b 4 Jahre später. Zunahme der unter der Wirbelvorderseite gelegenen Sklerose mit beginnender Reduzierung der Konkavität

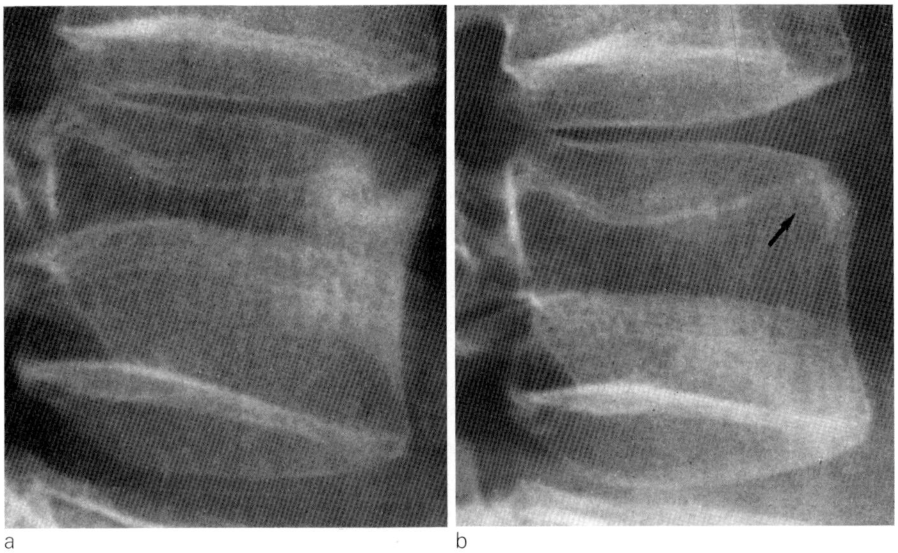

rose, kennzeichnen einen besonderen Ausbreitungsweg der Infektion unter dem vorderen Längsband und werden als **Spondylitis tuberculosa superficialis s. Spondylitis anterior** bezeichnet (13, 148).

In den Bögen und Dornfortsätzen gibt es nach lange dauernder ankylosierender Spondylitis tiefe herdförmige Usuren, nachweisbar im Computertomogramm. Sie haben einen Bezug zu Thekadivertikeln, dargestellt durch Myelographie. Das klinische Leitbild der von diesen Veränderungen betroffenen Kranken ist ein Cauda-equina-Syndrom (58).

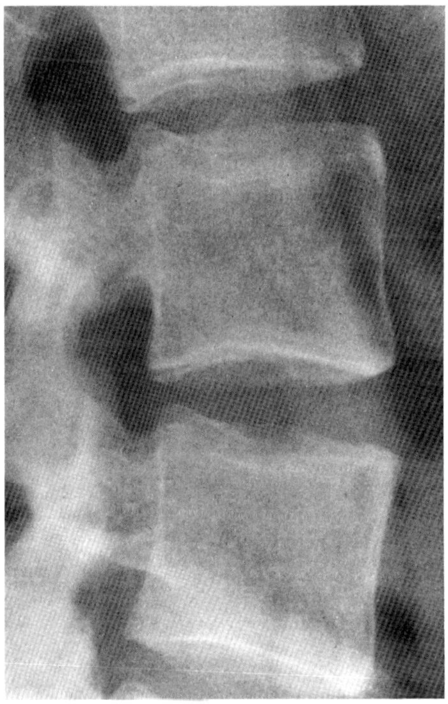

Abb. 5.**243** Spondylitis anterior mit Sklerose der Wirbelvorderkante („glänzende Ecken")

Konturänderungen

Eine auffallend **dünne Kortikalis**, wie mit dem Bleistift gezeichnet, findet sich bei **Osteoporosen** jeglicher Art, eine **dicke Kortikalis** bei **Osteosklerosen** und vor allem bei der **Ostitis deformans** (Paget).

An der Stelle der früheren Gefäßeintritte und deren späterer Persistenz („Hahnsche Spalte", s. Abschnitt „Brustwirbelsäule") werden bei Markhyperplasie, z.B. bei Thalassaemia maior (Cooley-Anämie), aber auch beim Morbus Gaucher und anderen Myelopathien grobe Einkerbungen an der Vorderkontur (s. Abb. 5.**169a**) markant sichtbar (94).

Kontur- (und damit Form-)**unregelmäßigkeiten**, zum Teil erheblichen Ausmaßes, kennzeichnen den Morbus Scheuermann und eine Reihe von Wirbelaffektionen, die schon in den vorigen Kapiteln besprochen sind.

Frühsymptom einer **Spondylodiscitis infectiosa**, aber auch einer **unspezifischen Spondylodiszitis** bei rheumatoiden Erkrankungen, kann die Verschmälerung des Zwischenwirbelraumes sein. Bei einer primär im Wirbelkörper beginnenden Entzündung (Osteomyelitis oder Ostitis vertebrae) greift der Prozeß entsprechend der Virulenz des Keimes oft auch auf den Intervertebralraum über und führt durch Destruktion des Zwischenwirbelgewebes zu seiner Verschmälerung. An den Grund- und Deckplatten können durch den entzündlichen Prozeß und seine Destruktionen erhebliche Formveränderungen entstehen.

In charakteristischer Weise ist eine solche radiologische Symptomatik mit kurzer Schilderung des Krankheitsverlaufes in den Abb. 5.**244a–d** wiedergegeben.

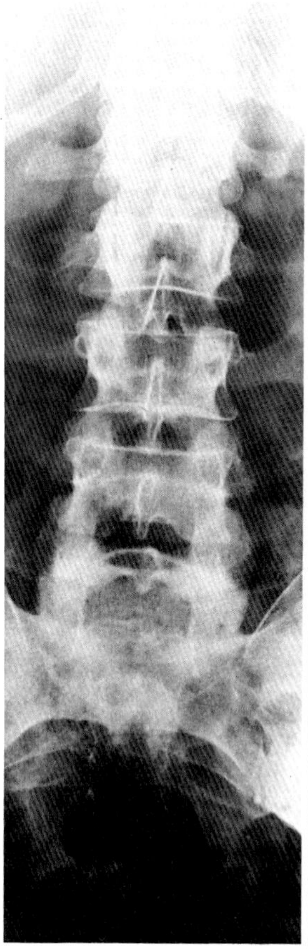

a

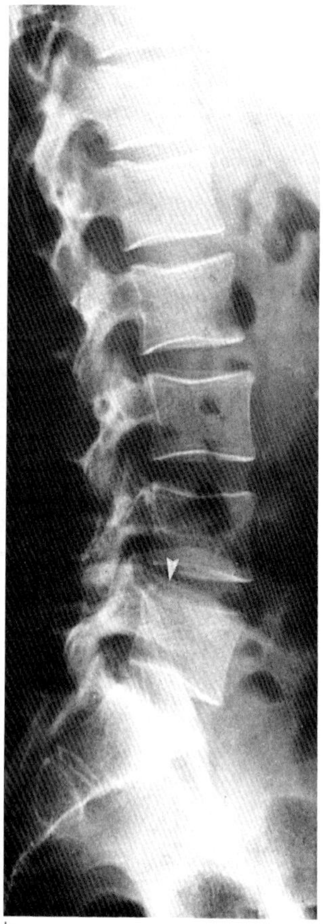

b

Abb. 5.**244 a–e**
a 42jähriger Mann. Klinik s. Text.
b Verdünnte Kortikalis an der hinteren Unterfläche des LW4, unscharfe, verdünnte Kortikalis an der gegenüberliegenden Kontur des LW5 im seitlichen Strahlengang. Leichte Verschmälerung des Zwischenwirbelraums
c u. **d** 4 Wochen später. Zielaufnahme (**c**) und Tomogramm (**d**): Ausgedehnte Zerstörung der oberen Partien des LW5, geringer des LW4 (Salmonellose). Zunehmende Intervertebralraumverschmälerung zwischen **b** und **c**
e 62jähriger Mann. Mediale Usuren beider Bogenwurzeln des BW8 durch tumoröse Destruktion (Elsberg-Dykesches Zeichen)

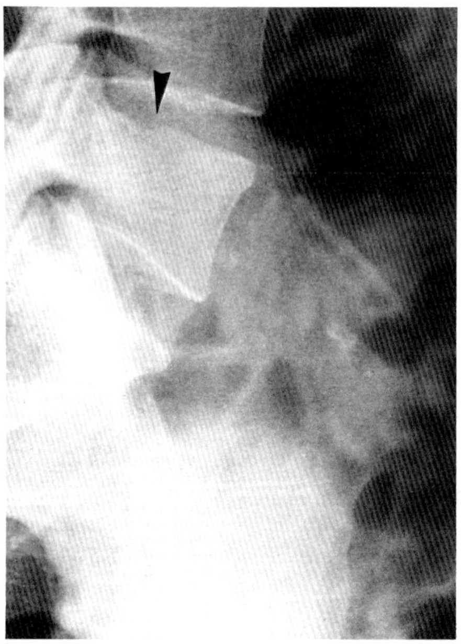

c

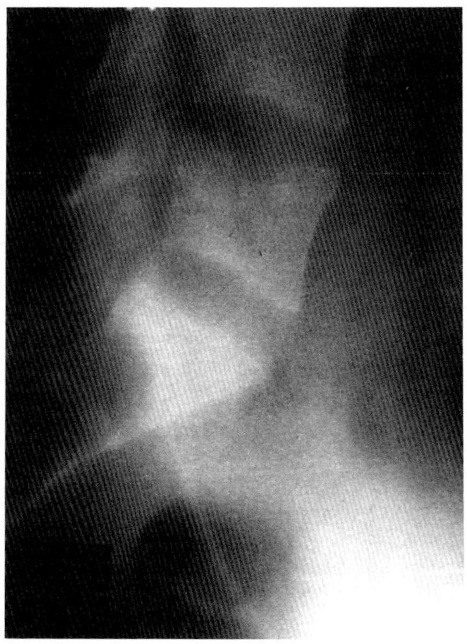

d

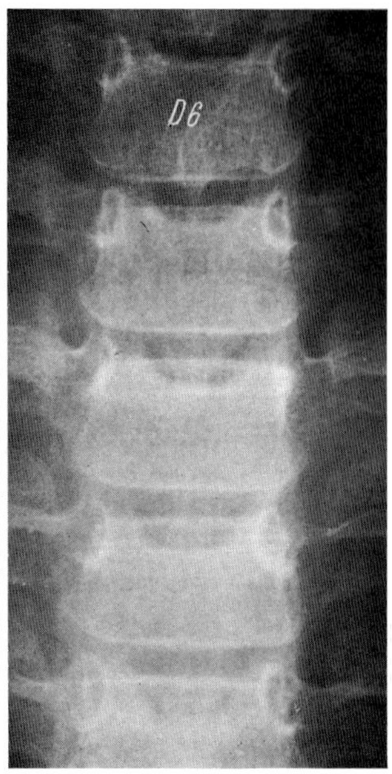

e

Der am Tag der stationären Aufnahme 42jährige Fleischer litt seit zwei Tagen an heftigen Durchfällen und häufigem Erbrechen samt schon auffallendem Gewichtsverlust. Die Körpertemperatur stieg auf 40,8 Grad Celsius an. Es bestanden Muskelkrämpfe. Einen Tag später wurde Salmonella infantis im Blut nachgewiesen. Unter antibiotischer Therapie normalisierten sich die gastroenteralen Symptome und die Körpertemperatur. Seit Beginn klagte der Kranke über Kreuzschmerzen, auf die zunächst bei der vordergründigen hochakuten klinischen Allgemeinsymptomatik und deren Besserung nicht geachtet wurde.

Einen Monat später stiegen die Temperaturen plötzlich wiederum auf 40,6 Grad Celsius an. Wegen der Kreuzschmerzen wurden Übersichtsaufnahmen angefertigt. Die radiologische Diagnose „Diszitis" bei LW4/5 wurde gestellt, klinischerseits aber wegen der wenig auffallenden Symptomatik nach den Röntgenaufnahmen nicht sonderlich beachtet (Abb. 5.**244a** u. **b**).

Erst die radiologische Kontrolluntersuchung nach einem weiteren Monat bestätigte nicht nur den Erstbefund, die Schichtuntersuchung deckte auch das Ausmaß der entzündlichen Zerstörung in der Spongiosa der an den lumbalen Zwischenwirbelraum 4/5 angrenzenden Wirbel auf (Abb. 5.**244c** u. **d**). Im Vergleich der Intervertebralraumhöhe zwischen den Übersichtsaufnahmen findet sich eine diskrete, aber eindeutige Reduzierung.

Anhand dieses Falles und der mangelnden Beachtung des Symptoms sei die Mahnung Zimmers in der vorigen Auflage dieses Buches zitiert:

„Es kann hier nicht genug betont werden, daß jede, schon die geringste *Höhenabnahme der Intervertebralscheibe* (und wir fügen hinzu: *lokalisierte Verdünnung der sie begrenzenden Wirbelabschlußkonturen*) das Ergebnis einer schweren morphologischen Veränderung der Bandscheibe... darstellt. In solchen Fällen müssen differentialdiagnostisch zuerst die entzündlichen Prozesse in Betracht gezogen werden."

Die entzündlichen Destruktionen betreffen (im Gegensatz zu vertebralen Tumordestruktionen) so gut wie immer die zwei der Bandscheibe benachbarten Wirbel, die mit Verschmälerung der Bandscheibe oder in Blockbildung ausheilen. Tumoren führen zu Osteolysen in der Spongiosa, Zusammenbruch des nicht mehr tragfähigen Wirbels, aber fast immer unter Erhalt der Bandscheiben und ihrer Begrenzungen, auch wenn zwei benachbarte Wirbel jeweils einzeln befallen sind.

Verdünnungen und Unterbrechungen der Konturen, die durch tumorös-destruierende Prozesse bedingt sind, kann man in charakteristischer Weise an den Figuren der orthograd getroffenen Bogenwurzeln erkennen. Der Interpedunkularabstand wird hierbei vergrößert (Elsberg-Dykesches Zeichen, Abb. 5.**244e**).

Dieses Grundmuster der Spondylitis gilt für **Entzündungen jeglicher Art**, wie auch in neuesten Publikationen betont wird (51), von der **Tuberkulose** (57) über die vor allem bei Kindern mit monosymptomatischer Diszitis einhergehender **unspezifischer Osteomyelitis** (36, 52, 106), die Salmonellose (88), dem **Morbus Bang** bis zu der kaum noch auftretenden **Brucellose**. Im Computertomogramm zeichnen sich die entzündlich veränderten Partien durch Hypodensität aus (83). Diese Methode beweist vor allem auch das Vorliegen eines Abszesses (65), auf dessen Vorhandensein die Szintigraphie schon mit fast 100%iger Wahrscheinlichkeit hinweist, während der Kernspintomographie eine ähnlich beweisende Rolle zukommt wie der Computertomographie (102). Die Differentialdiagnose nach der Länge des Krankheitsverlaufes (extrem tardiert bei der Tuberkulose) wie aber auch radiologisch-differentialdiagnostische Symptome (Osteoporose bei Tuberkulose, mehr normaler Kalkgehalt bei unspezifischer Spondylitis) sind den entsprechenden Lehr- und Handbüchern zu entnehmen (s. auch bei 113, 114). Im Ausnahmefall kann es durch Ausbreitung der Infektion unter dem vorderen Längsband nicht mehr zur schon erwähnten (meist tuberkulösen) Spondylitis anterior mit Vorder- und Seitenflächendefekten der Wirbel samt sklerosierten Konturen kommen, sondern auch bei akut beginnender **Wirbelosteomyelitis** zu Periostreaktionen an der lateralen Kante *eines* Wirbels (127). Defekte an der Wirbelaußenfläche mit Beteiligung der Bandscheibe und Osteosklerose zwischen BW9 und LW4 wurden auf eine subakute Infektionsfolge nach **lumbaler Sympathikusblockade** zurückgeführt (42).

Sklerotische Verdichtungen der gegen die Bandscheibe gerichteten Wirbelabschlußkonturen sind ebenso wie osteophytäre Auswüchse charakteristische Begleiterscheinungen degenerativer Bandscheibenerkrankungen, die als Zeichen des Bandscheibenverschleißes ebenfalls mit einer Verschmälerung des Intervertebralraums einhergehen. Prinzipiell entspricht die ossäre Symptomatik degenerativer Prozesse von Bandscheiben und Gelenken der Lenden- und Brustwirbelsäule den Knochenreaktionen, wie sie bei entsprechenden Prozessen, also der **Chondrosis** und der **Osteochondrosis intervertebralis**, der **Spondylosis** und der **Spondylarthrosis deformans** der Hals- und Brustwirbelsäule beschrieben und abgebildet sind.

Die Osteochondritis tritt meistens lokalisiert auf, vor allem im unteren Lumbalabschnitt, doch können auch **generalisierte Formen** vorkommen (Abb. 5.**245**). Über eine hochgradige Diskuszerstö-

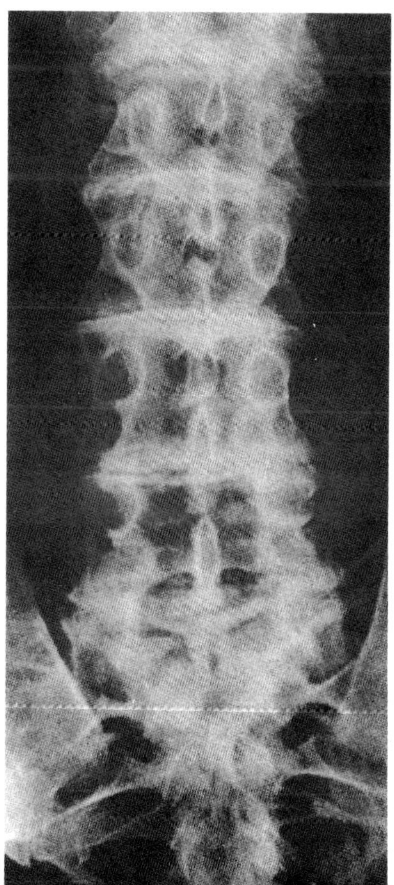

Abb. 5.**245** Generalisierte Osteochondrose der Bandscheiben im Lumbalsegment

rung mit Randsklerosen der Wirbelkörper wurde bei Alkaptonurie berichtet (12) (s. Abb. 5.**272a** u. **b**).

Als Frühsymptome der Spondylosis deformans gelten kleinste, annähernd punktförmige Aufhellungen in Randleistennähe. Der subchondral verdichtete Knochen kann unter dem Einfluß der axial einwirkenden Kräfte des Körpergewichtes einbrechen. Es entstehen an den Konturen kleine Erosionen – **erosive Osteochondrose** (82). Über die kombinierten Schäden der Bandscheiben und des begrenzenden Knochens im Sinne der Osteoarthrose liegen interessante radiologische und vergleichende histologische Befunde vor (101). Durch die Spondylarthrosis deformans verplumpte Gelenkfortsätze können den Wirbelkanal stark einengen (Abb. 5.**246a** u. **b**).

Meist auf degenerativer Grundlage kann sich vorwiegend an den beiden unteren Lendenwirbeln eine halbkugelige oder helmförmige, breite Sklerosierung der Spongiosa im Wirbel oberhalb eines Diskus bilden, die **Spondylosclerosis hemispherica** (28), auch als Dihlmann-Syndrom bezeichnet (Abb. 5.**247**). Dieser rückbildungsfähige, schmerzhafte, meist bei Frauen beobachtete Prozeß geht in fast 90%iger Häufigkeit mit Höhenabnahme des angrenzenden Intervertebralraumes und in 80% der Fälle mit vorderen Osteophyten sowie bei zwei Dritteln der Patienten mit diskusnahen Sklerosen im nächst unteren Wirbelkörper einher. Außer Degeneration können auch entzündliche Erkrankungen wie die ankylosierende Spondylitis (Abb. 5.**248a–c**), Tuberkulose und Osteoidosteom ursächlich beteiligt sein. Dabei auftretende Erosionen bilden eine charakteristische Begleiterscheinung.

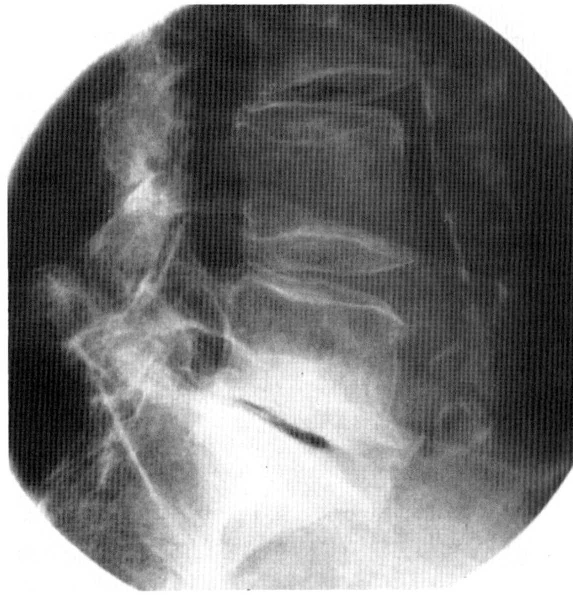

Abb. 5.**247** 83jährige Frau. Hemisclerosis vertebrae bei LW5. Osteochondrose LW5/SW1 mit Gaseinschluß der Bandscheibe. Nebenbefund: Intimaverkalkungen in der Bauchaorta

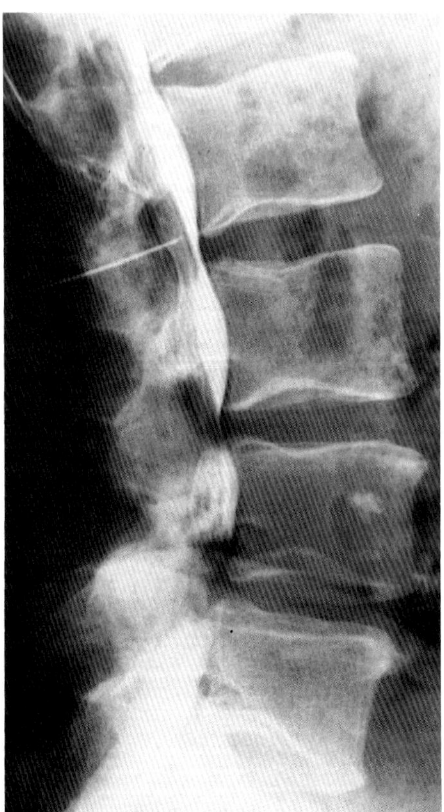

a

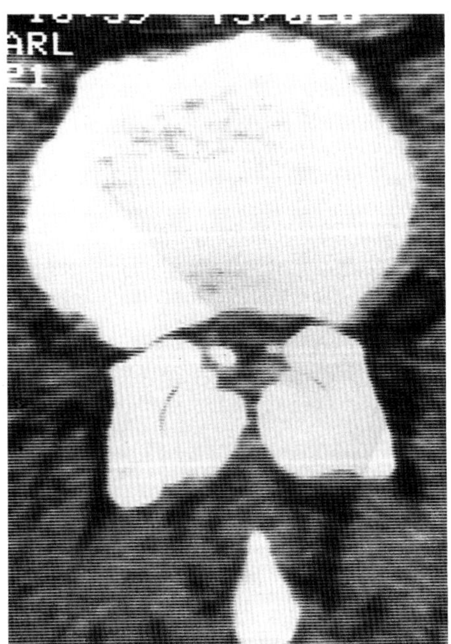

b

Abb. 5.**246a** u. **b** Durch osteoarthrotische Auftreibung der Gelenkfortsätze beiderseits eingeengter Wirbelkanal
a Myelogramm
b Computertomogramm

Abb. 5.**248 a–c** Ankylosierende Spondylitis
a Typische Syndesmophyten (partielle Ankylosierung der kleinen Wirbelgelenke, Verknöcherung der Ligg. flava?). Bild des „Bambusstabes"
b Hemisclerosis vertebrae bei BW 12
c Diszitische Erosionen an den einander gegenüberliegenden Wirbelgrenzen

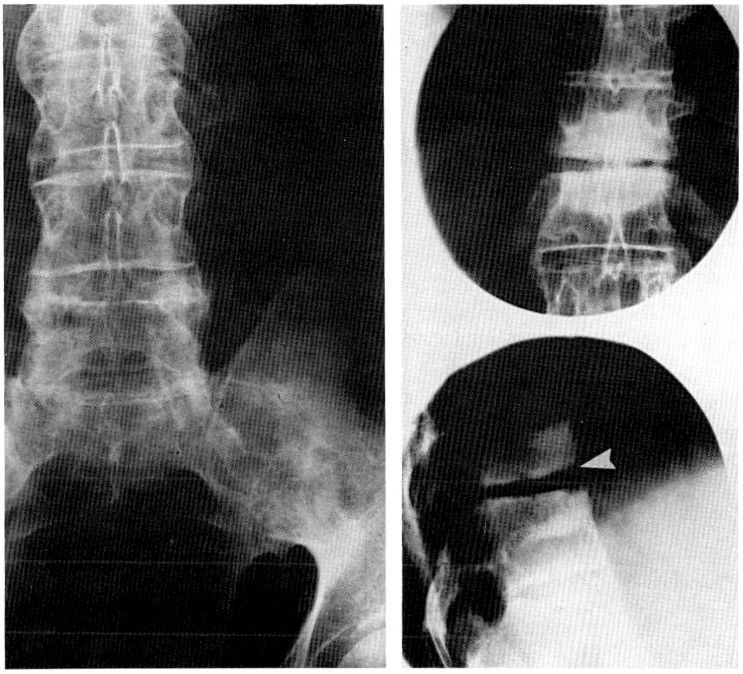

a b c

Strukturänderungen

Grundsätzlich ist vorauszuschicken, daß auf Summationsaufnahmen Herde bis zu 15 mm Durchmesser im Wirbelkörper durch überlagernde Spongiosa *nicht sichtbar* sein können und dann nur tomographisch (oder im Szintigramm) zu erfassen sind (131) (Abb. 5.**249a–c**). In der hochauflösenden Computertomographie können Spongiolysen allerdings bis zu einer Größenordnung von 2 bis 3 mm erfaßt werden (49).

Außer **rundlichen Defekten** mit unscharfer Begrenzung (Folgen spezifischer und unspezifischer Entzündungen), findet man **glattrandige Höhlen** mit zart sklerosiertem Saum in einem oder mehreren Wirbelkörpern bei Epidermoiden (34). Chordareste stellen sich in der Form **vertikal verlaufender**, durch Kalkstreifen begrenzter **Aufhellungsbänder** (76) dar. Bei randständigen Höhlen können Wirbeleinbrüche und entsprechende Deformierungen erfolgen. An der fibrösen Dysplasie sind Wirbel sehr selten beteiligt. Es kann dann zur Seifenblasenstruktur mit starker Wirbeldeformierung, aber intakter Kontur kommen (105).

Daß auch die seltene **aneurysmatische Knochenzyste** Wirbelkörper „aushöhlen" kann, ist unter anderem auch in einem Bericht über fünf Kranke mit derartigen Befunden an Wirbelkörpern zwischen Brust- und Steißbeinwirbeln mitgeteilt (91). Schließlich muß erwähnt werden, daß nicht nur Aortenaneurysmen, sondern auch Venenkonvolute bei Portalhypertension (von Kollateralen aus der V. lumbalis ascendens) tiefe Kerben an Lendenwirbelkörpern hervorrufen können (eventuell durch übertragene Aortenpulsation? [70]).

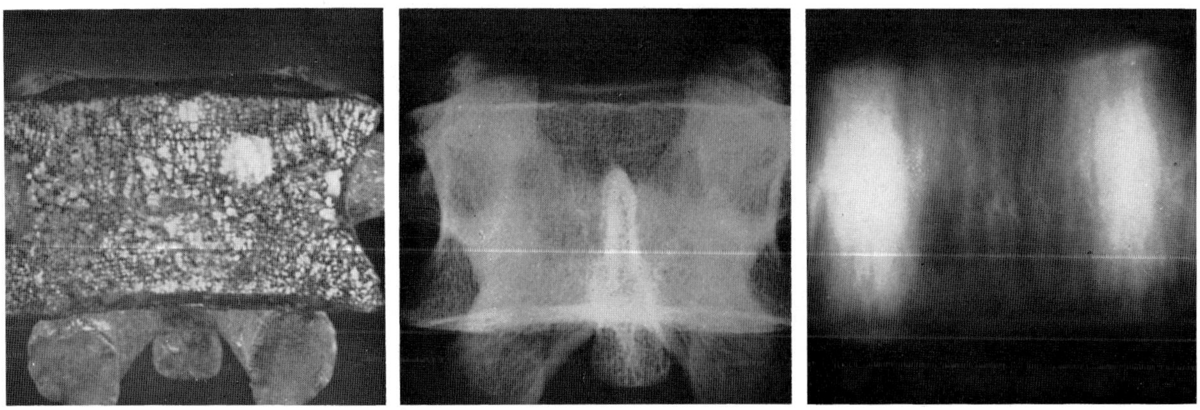

a b c

Abb. 5.**249 a–c** Kirschkerngroßer Herd
a Im Präparat, **b** In einer üblichen Röntgenaufnahme des Wirbels entgeht er der Betrachtung, **c** Auf dem Tomogramm ist er bei Kenntnis des Befundes kaum sichtbar

Fleckige Entkalkungen entstehen bei Metastasen und beim Myelom, gelegentlich bei Einschmelzungen und posttraumatischen Zuständen. Starke Schmerzen, ein bekannter Primärtumor mit vorzugsweise ossärer Metastasierung (z. B. Mammakarzinom), sind trotz mangelndem radiologischen Nachweis im Summations- und Schichtbild sehr verdächtige Zeichen einer allgemeinen Skelettkarzinose, die dann erst gegebenenfalls bei der Sektion gefunden wird. Das generalisierte Myelom (Plasmozytom) verursacht häufig ein *wabiges Bild* (49).

Kombinationen von Aufhellungen und Verdichtungen treten in unterschiedlichster Form auf: herd-, fleckförmig bis diffus bei gemischt osteoklastisch-osteoplastischen Metastasen (z. B. bei Prostata- oder Mammakarzinom [Abb. 5.**250**]), bei benignen oder mehr/minder agressiven Osteoblastomen (1) sowie solitär (nur einen Wirbel betreffend) mit strähnig, auch wabig verdickten Trabekulae bei Wirbelhämangiomen (Abb. 5.**251 a** u. **b**). Strähnig verdickte Trabekel können auch beim Plasmozytom (62) nachgewiesen und computertomographisch mit Hämangiomwirbeln verwechselt werden. In die Gruppe der streifenförmigen Verkalkungen ist der Paget-Wirbel einzureihen (Abb. 5.**235**). Gegen die grobsträhnige Sklerosierung bei Ostitis deformans (Paget) ist die wesentlich feinere Verdichtung der Trabekel bei der Fluorose abzugrenzen, die harmonischer erscheint. Die Fluorose tritt generalisiert in allen Spongiosaabschnitten auf, während der Morbus Paget überwiegend mono- oder oligotop vorkommt. Während die Fluorose als Berufskrankheit, meist mit typischen Bandverkalkungen als Leitsymptom einhergehend, kaum noch vorkommen dürfte, sieht man heute eher derartige Veränderungen der Strukturen nach gelegentlich jahrzehntelanger Osteoporosebehandlung mit fluorhaltigen Präparaten, wobei es zu Frakturen der unter den Folgen der Therapie spröde gewordenen Wirbel kommen kann (Abb. 5.**252**).

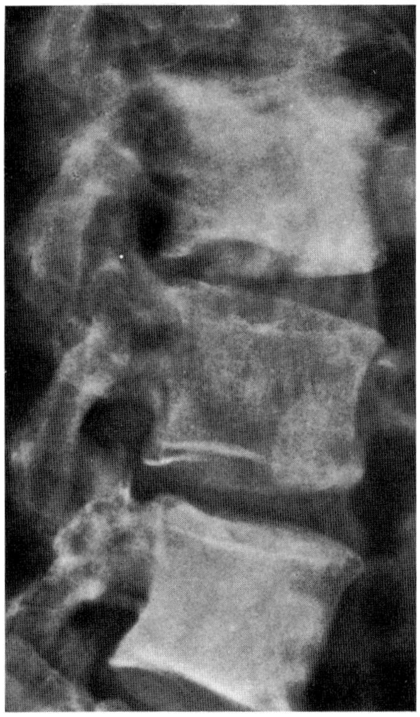

Abb. 5.**250** Metastase eines Prostatakarzinoms in Lendenwirbelkörpern

Umschriebene Verdichtungen, inselförmig scharf begrenzt, sind als Enostosen (14) oder Kompaktainseln ohne klinische Bedeutung bekannt. Sie kommen in wohl höchstens 1% Häufigkeit (129) vor (Abb. 5.**253a–c**). Multiple Kalkspritzer in der Wirbelstruktur gehören zum Bild der Osteopoikilie, kerzentropfenförmige, aber auch verstreut inselförmige (53), zur Melorheostose.

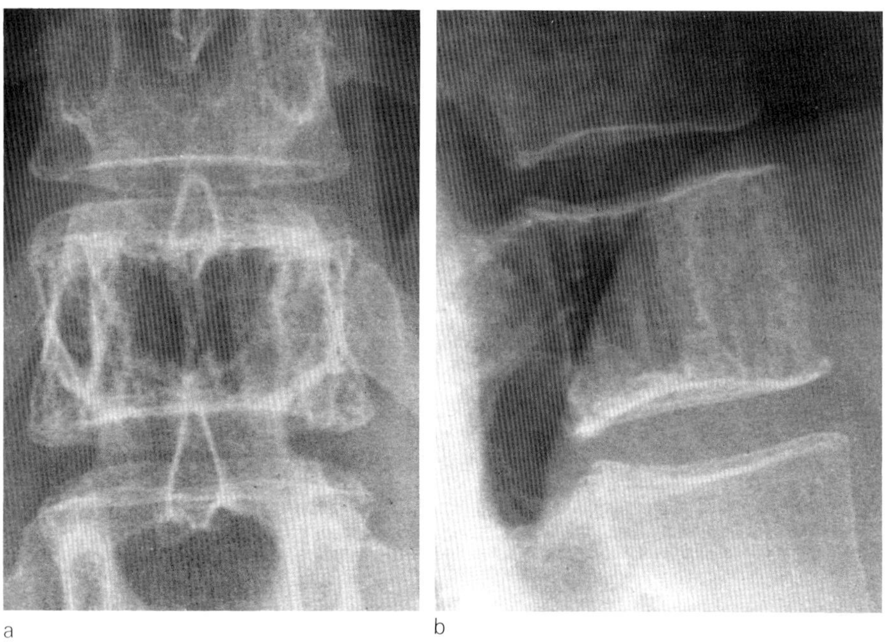

a b

Abb. 5.**251 a** u. **b** 54jährige Frau. Hämangiom des 12. Brustwirbelkörpers. Radiologische Darstellung in zwei Ebenen

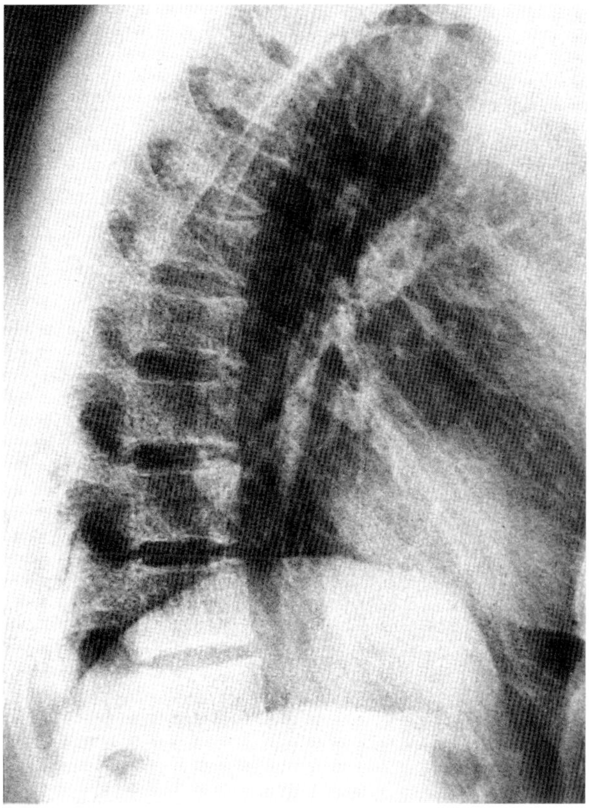

Abb. 5.**252** 65jährige Frau, wegen schmerzhafter Osteoporose der Wirbelsäule mit einem Fluorpräparat (zehn Jahre lang 80 mg Natriumfluorid/die) behandelt. Brust- und Lendenwirbelsäule strukturell feinstreifig vergrößert. Spontanfrakturen

Homogene Osteosklerosen finden sich in verschiedenen Stadien der Osteopetrose (Albers-Schönberg) (Abb. 5.**254a–c**). Abb. 5.**255** gibt bei Osteopetrose ein Bild wieder, das dem Symptom eines „bone in bone" entspricht. Eine mehr **diffuse Osteosklerose** ist beim Osteoidosteom zu beobachten, das in 95,5% in den Wirbelbögen (in 58,5% im lumbalen, 22% im zervikalen, 15% im thorakalen und 4,5% im sakralen Teil der Wirbelsäule) liegt (47). Der Nachweis des Nidus gelingt in der Regel computertomographisch leichter als im konventionellen Röntgenbild (137). Die Szintigraphie kann durch eine starke Aktivitätsanreicherung ebenfalls Hinweise für diese Erkrankung geben (107). Die Schwierigkeit der Diagnostik spiegelt sich allein darin wider, daß vom schmerzhaften Krankheitsbeginn bis zur endgültigen Diagnose meist mehr als ein Jahr vergehen kann (96). Jede sonst nicht erklärbare schmerzhafte Skoliose im Jugendalter ist suspekt auf das Vorliegen eines Osteoidosteoms und sollte Anlaß zur erforderlichen radiologischen Abklärung geben.

Schließlich ist auf das mögliche Vorkommen ätiologisch unbekannter diffuser Sklerosen, vorwiegend an Sehnen und Gelenkfortsätzen, aber auch herdförmig breit im Sakrum vorkommend, einzugehen, das in die Literatur als POEMS-Syndrom eingeführt wurde und kombiniert mit Plasma-Zellen-Dysplasie, *P*olyneuropathie, *O*rganomegalie, *E*ndokrinopathie, *M*-Protein und Haut-(*S*kin-)Veränderungen auftritt (7, 119).

Sklerotische Wirbelveränderungen sind auch bei einem Plasmozytom beschrieben (97). Die Diskussion um die Ätiologie der homogenen Sklerosie-

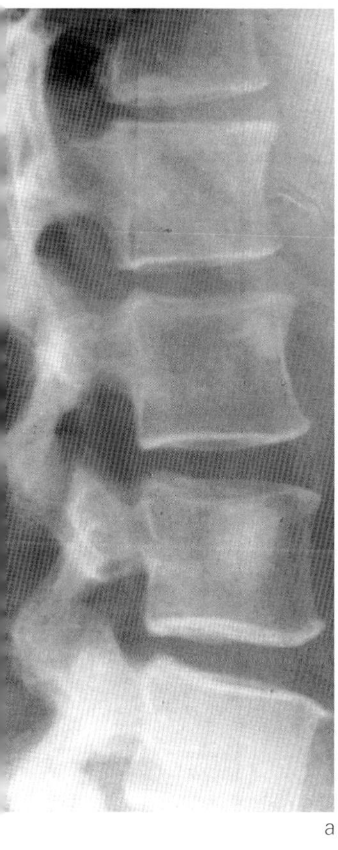

a

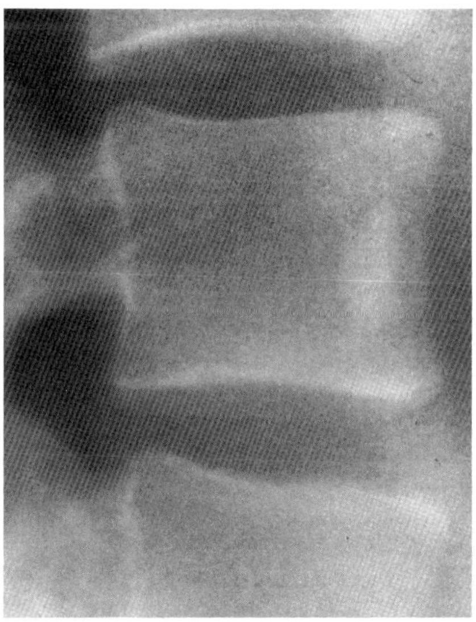

b

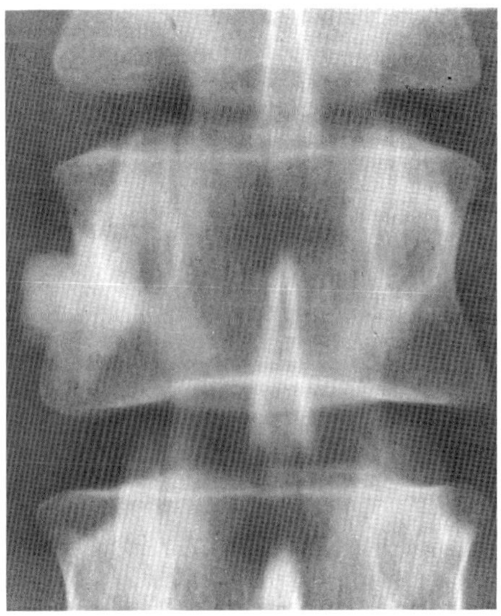

c

Abb. 5.**253 a–c**
a Verschieden große Enostome in LWK1, 2 und 3. Vom größten in LWK3 streifige Ausläufer in die Umgebung. Das Enostom in LWK1 liegt dorsal. Zufallsbefund ohne klinische Symptome
b Enostom in einem Lendenwirbelkörper. Zufallsbefund ohne klinische Bedeutung
c Osteom in einem Lendenwirbelkörper ohne klinische Symptomatik. Die elfenbeinartige Ossifizierung ist aus dem Knochen rechts herausgewachsen

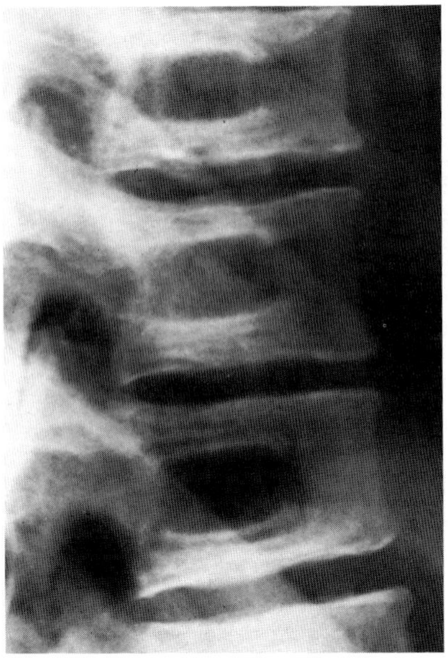

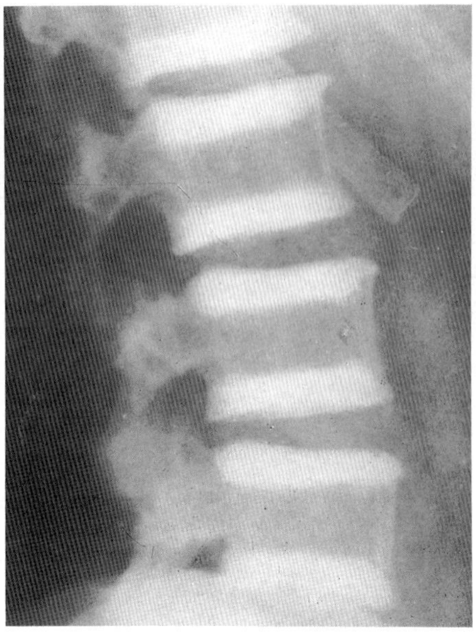

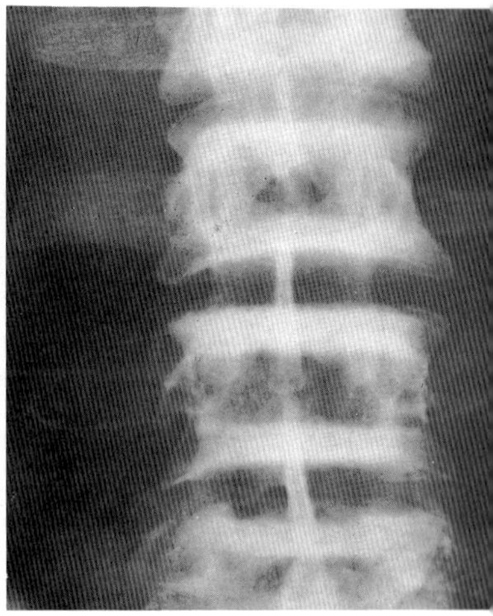

Abb. 5.**254 a–c**
a Rahmenwirbel bei Osteopetrose (Albers-Schönberg) mit typischen Verdichtungszonen nahe den Wirbelabschlußflächen
b Im Anfangsstadium der Osteopetrose ist der Aspekt von Deck- und Basisflächen verdichtet und lamellös. „Sandwich-Wirbel"
c Ausgeprägte Osteopetrose

rung eines Wirbelkörpers (sog. Elfenbeinwirbel) würde den Rahmen dieses Buches sprengen. Ein Überblick über Geschwülste und geschwulstähnliche Läsionen an der Wirbelsäule findet sich bei Freyschmidt (49).

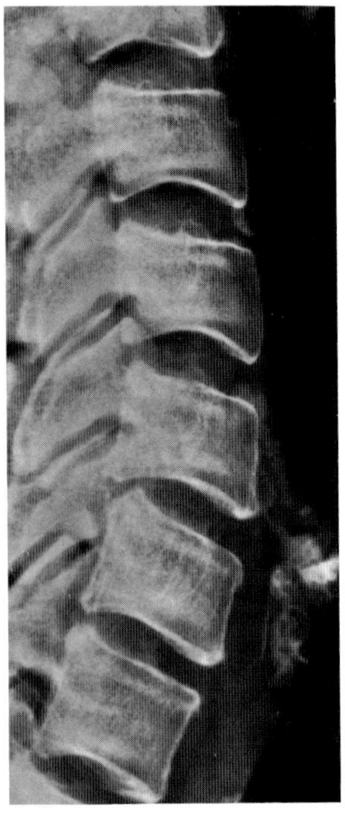

Abb. 5.**255** Osteopetrose mit dem Bild eines „bone in bone" oder „Fadenspulwirbels"

Bandscheiben, Bänder, Weichteilverkalkungen und -verknöcherungen

Degenerativ in der Bandscheibe entstandene Risse, als **spaltförmige Aufhellungen** im Zwischenwirbelraum sichtbar, unterscheiden die Höhenabnahme durch Verschleiß von der *entzündungsbedingten* Bandscheibenverschmälerung (Abb. 5.**256**, s. auch 5.**246a** u. **b**). Derartige Risse gibt es auch nach Traumen (78). Bei Extension der Lendenwirbelsäule mit entstehendem Unterdruck ist der radiologische Nachweis leichter, weil Gas aus dem umgebenden Gewebe in das Vakuum des dann klaffenden Spaltes einströmt – „Vakuumphänomen" (17, 78). Kleine Gasstreifen über der oberen vorderen Wirbelecke sind als frühe Zeichen einer Bandscheibenschädigung zu werten (Abb. 5.**257**). Das Zerreißen der Faser mit Lockerung der Randleistenfaserringe im Segment löst die Bildung von Osteophyten aus, die nicht im Niveau der Wirbelkante, sondern an der Grenzzone zwischen Randleiste und Wirbelkörper entstehen (Abb. 5.**258 a** u. **b**). Ein dorsolateraler Diskusprolaps läßt sich durch Funktionsaufnahmen mit Neigung nach beiden Seiten, ein hinterer Bandscheibenvorfall mit Neigung nach vorn und hinten, nachweisen (31[5,6]), doch wird heute bei dieser Diagnostik der Kontrastmitteluntersuchung oder – eher noch – der Computertomographie der Vorzug gegeben.

Abflachungen der Bandscheibe, verbunden mit wie angenagt aussehenden angrenzenden Wirbelkonturen und Kalkanreicherungen in den der Band-

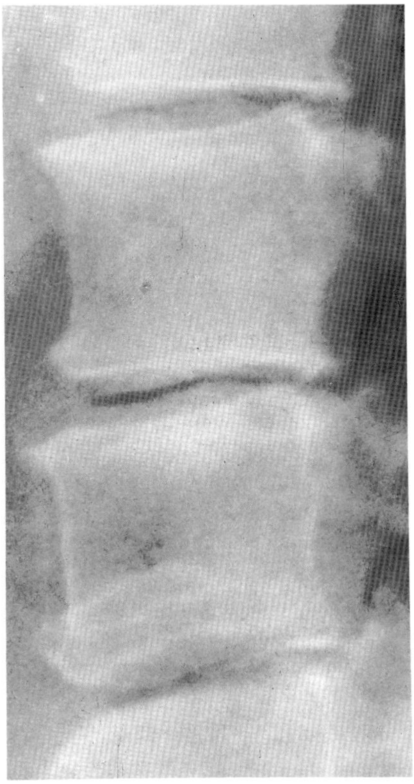

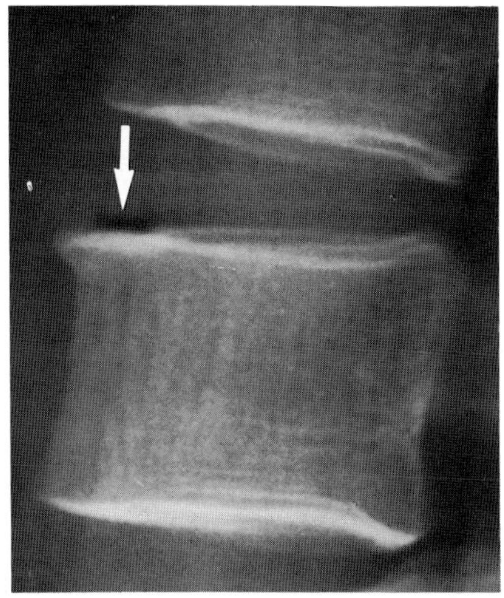

Abb. 5.**257** Gassicheln in verschiedenen Bandscheiben

◁ Abb. 5.**256** Luftsichel über der vorderen oberen Ecke von L4, die bei Inklination verschwindet = Zeichen einer umschriebenen Bandscheibenalteration

Abb. 5.**258 a** u. **b**
a Kleine Gassicheln über den Vorderecken einiger Lendenwirbel
b 3½ Jahre später unveränderter Befund, auch an LW3 und LW5 vorhanden (hier nicht dargestellt)

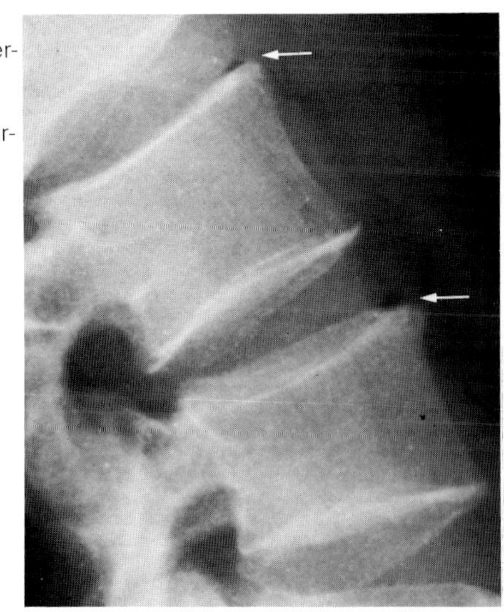

a

b

scheibe benachbarten Wirbelpartien nach Grenzstrangresektionen bei Endangitis obliterans wurden als Folgen einer durch die plötzliche Störung der arteriellen Blutversorgung eingetretenen **Chondromalazie der Bandscheibe** mit segmentärer Ausdehnung angesehen. Die Affektion dauerte sechs Monate und endete jeweils mit der Erholung des Patienten (59). Die Verschmälerung des Zwischenwirbelraumes erhöht den Druck in den zugehörigen intervertebralen Gelenkspalten (35).

Auf **Verkalkungen in Zwischenwirbelscheiben**, besonders bei Kindern, gingen wir kurz bei der Besprechung erworbener Erkrankungen im Abschnitt „Mittlere Halswirbelsäule" ein. Sie sind auch in den übrigen Regionen der Wirbelsäule und bei Erwachsenen häufig zu beobachten und befinden sich zehnmal häufiger im Anulus als im Nukleus (130), in dem sie dann an typischer Stelle im hinteren Drittel des Zwischenwirbelraums zu finden sind (Abb. 5.**259** und 5.**260**).

Die **Nukleusverkalkungen** kommen isoliert und multipel, auch multiregional (z. B. zervikal und thorakal) vor. Im Gegensatz zu den zervikal gelegenen Diskusverkalkungen pflegen die tieferen zwar keine

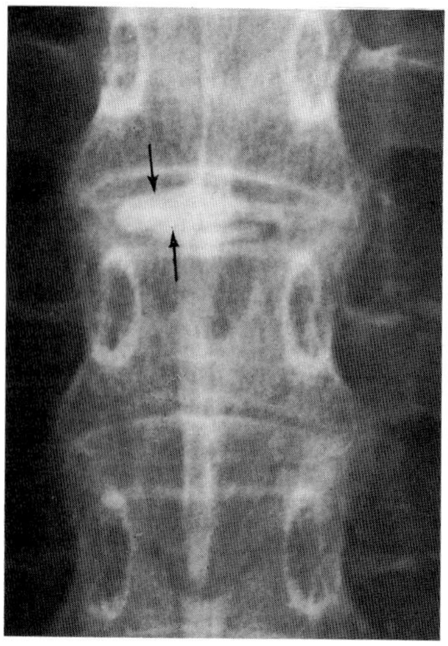

Abb. 5.**259** Verkalkter Nucleus pulposus

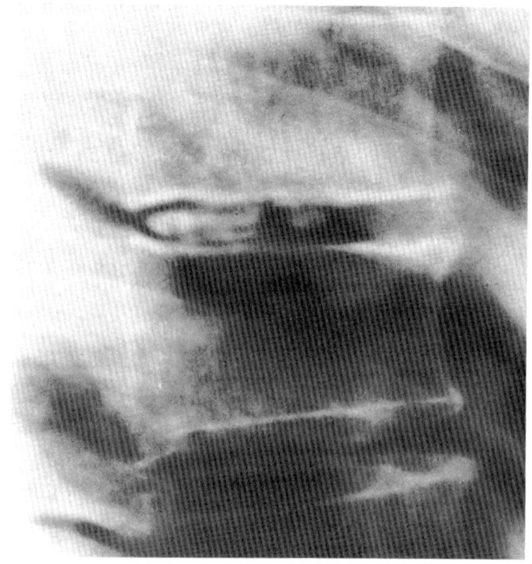

Abb. 5.**260** Verkalkungen im Nucleus pulposus

Beschwerden zu verursachen, verschwinden aber weniger häufig spontan (11). Bei zwei Kranken fand sich die Nukleusverkalkung bei Spondylitis tuberculosa, und zwar jeweils in der nächsthöheren Bandscheibe zum erkrankten Segment. Im Brustwirbelbereich kann auch die vollständige Protrusion eines verkalkten Nucleus pulposus erfolgen (149).

Ausgedehntere Kalk- und Knocheneinlagerungen im Faserring und **Verknöcherungen der ganzen Bandscheibe** können bei Kindern (133), vor allem in Kombination mit kongenitalen Anomalien, auftreten (135), werden aber auch bei Erwachsenen beobachtet (Abb. 5.**261**).

Reiskorn- bis erbsgroße Verkalkungen, symmetrisch dorsal unter der Basis eines Lendenwirbels gelegen (Abb. 5.**262a** u. **b**), sind wahrscheinlich unterschiedlicher Ätiologie. Im Fall der Abb. 5.**269c** handelt es sich histologisch um Degenerationsfolgen, lokalisiert im Anulus fibrosus. Ihre Lage nahe der Chordaregion und die Kombination mit einem inkompletten Blockwirbel (Abb. 5.**263a** u. **b**) läßt auch an eine Entwicklungsstörung denken (26). Verkalkungen treten herdförmig in den hinteren und seitlichen, sich der Quernierenform des Bandscheibenquerschnittes anpassenden Rezessus auf (Abb. 5.**264a–c** und 5.**265a–c**) (139). Von diesen, wenn auch weit dorsal, so doch immer noch in der Weitläufigkeit des Bandscheibenraumes gelegen, sind die typischen Faserringverkalkungen abzugrenzen. Verkalkungen können auch in den vorderen Abschnitten der Bandscheiben vorkommen (Abb. 5.**266a** u. **b**). Ein Kalkdepot zwischen den hinteren Wirbelecken (Abb. 5.**267** bis 5.**275**) kann in einer prolabierten Bandscheibe, aber auch im hinteren Längsband liegen (s. unten). Ätiologisch wurde auch an persistierende Randleisten gedacht.

Zu den Kalzifikationen gehören auch **Verkalkungen vorn** an der Grenze zwischen Wirbel und Diskus, die mit der Spitze nach hinten weisen und

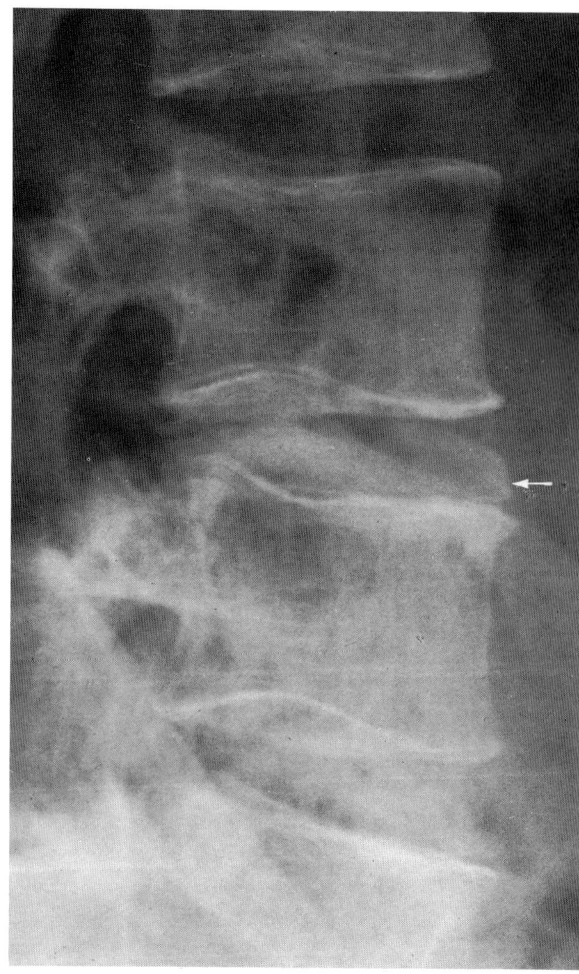

Abb. 5.**261** Ausgedehnte Bandscheibenverkalkungen bei einem Mann mit generalisierter Meniskusverkalkung

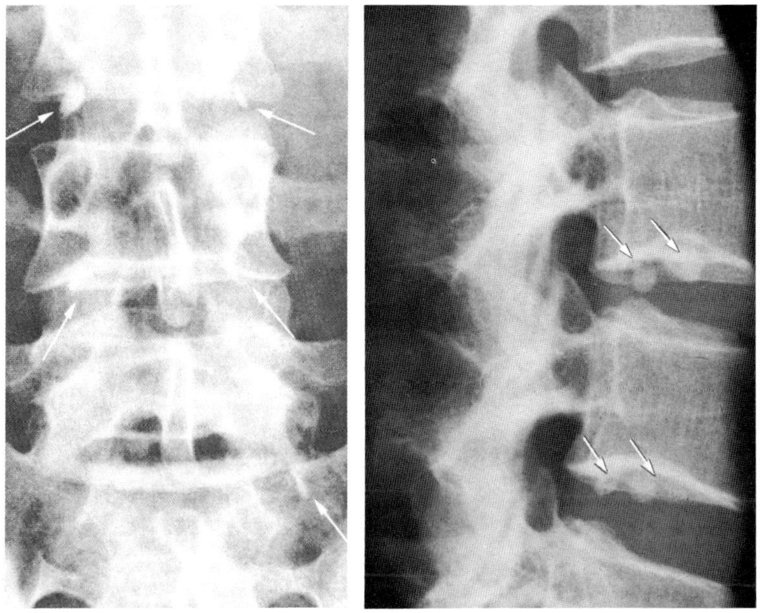

a b

Abb. 5.**262 a** u. **b** Kalkherde im dorsalen Teil einer Lendenbandscheibe (bei auffallend hohen Lendenwirbelkörpern – Dysplasie?) (Beobachtung von Weil-Lechner)

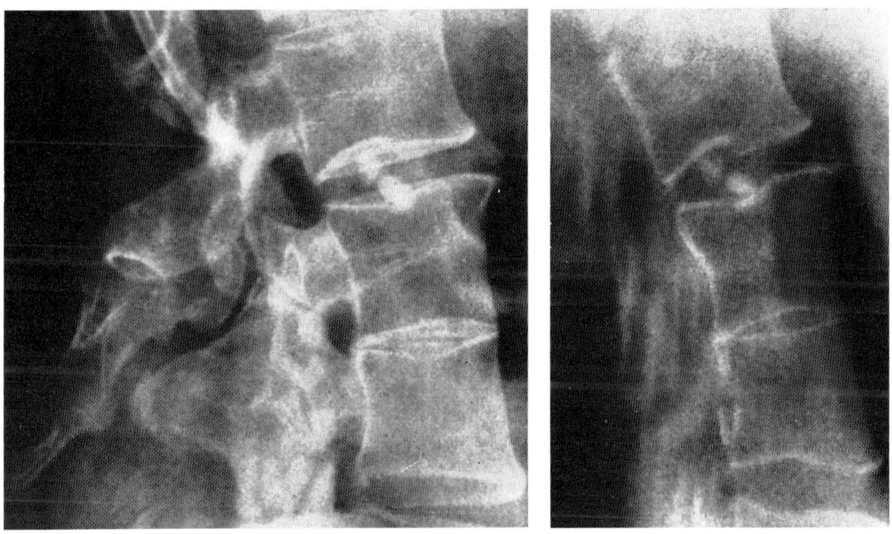

a b

Abb. 5.**263 a** u. **b** Gleicher Befund wie in Abb. 5.**262 a** u. **b**, ebenfalls mit auffallend hohen Lendenwirbelkörpern und inkomplettem Blockwirbel, also Dysplasie

aus dem Intervertebralgewebe hervorgehen (93, 103). **Bandscheiben mit Kalkspritzern**, getüpfelt aussehend, findet man bei der Chondrodystrophia calcificans („stippled epiphyses").

Ausgedehnte Kalkablagerungen in den durch Degeneration verschmälerten Zwischenwirbelscheiben, speziell in der lumbalen Region, in Form zunächst feiner, länglicher, streifenförmig angeordneter, krümeliger Verkalkungen, die sich zunehmend verdicken und homogenisieren (64), erwecken bei der **Ochronose**, einer fast regelmäßigen Begleiterscheinung der erblich bedingten alkaptonurischen Stoffwechselstörung im höheren Alter, zusammen mit osteoporotischen Wirbelkörpern den Eindruck einer „gefüllten Waffel" (Abb. 5.**272a** u. **b**). Überbrückende Osteophyten sind dabei ebenso typisch wie spaltförmige Aufhellungen in den Bandscheiben.

Über Erkrankungen des Discus intervertebralis s. bei Peterson u. Kieffer (111).

Wirbelgelenke und Spalten s. folgenden Abschnitt „Lumbosakraler Übergang".

Unter den **Bandverknöcherungen** wurden Ossifikationen des Lig. flavum wie auch Knochenfortsätze im Gebiet der Ligg. intertransversaria im Absatz über „Varianten" erwähnt. In anderer Hinsicht kann jedoch bei einer im Laufe des Lebens erworbenen **Spondylitis ankylosans** (Morbus Bechterew) der gesamte diskovertebrale Gewebsverband der Verknöcherung unterliegen. Über diese Erkrankung wird etwas ausführlicher im Abschnitt „Sakroiliakalgelenke" und „Lumbosakraler Übergang" (s. dort Wirbelgelenke) berichtet. An der Lendenwirbelsäule bildet sich die Verknöcherung erst in einem fortgeschrittenen Stadium der Krankheit und kann zu typischen Erscheinungen im Röntgenbild führen, sehen wir von den schon äußerlich sichtbaren Wirbelsäulendeformierungen ab, die der Krankheit im Spätstadium ihr Gepräge verleihen und nicht zum Themenkreis dieses Buches gehören. Rein begriff-

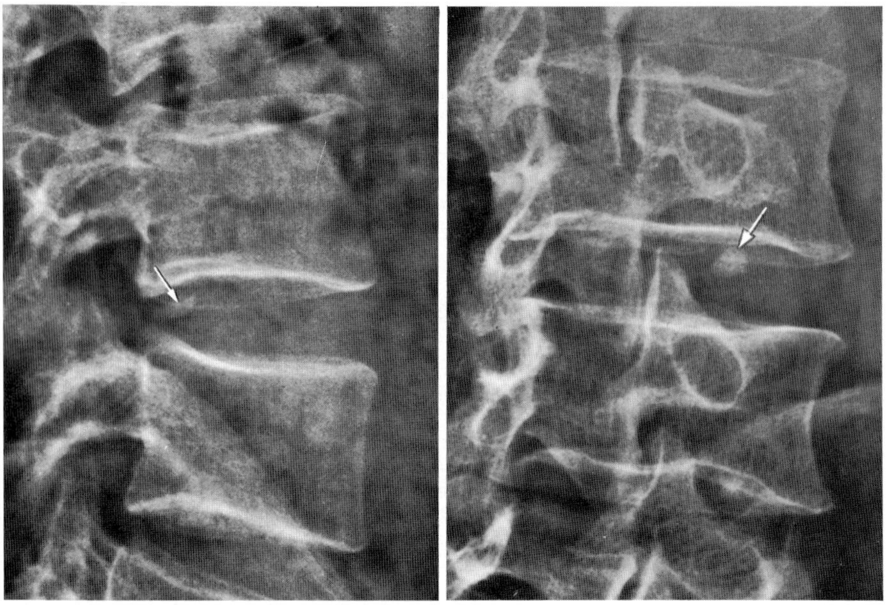

a b

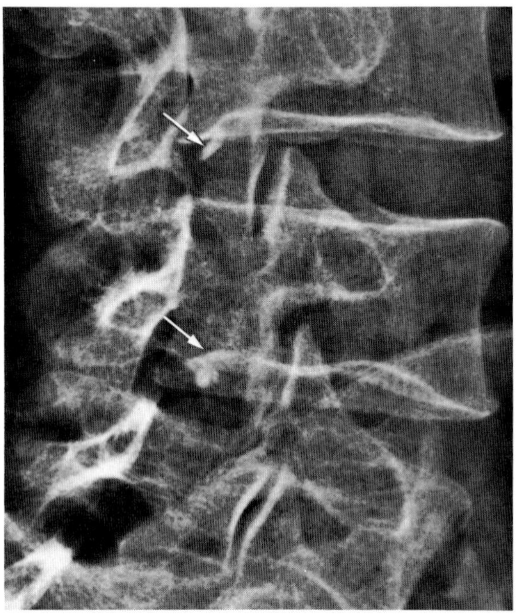

c

Abb. 5.**264 a–c** Kalkablagerungen im hinteren Teil des Bandscheibenraumes

Abb. 5.**265 a–c**
a u. **b** 53jährige Frau. Große Kalkablagerungen beiderseits im hinteren Bandscheibenraum LW 1/2 in a.-p. und seitlicher Projektion
c Schnittpräparat. Kalkeinlagerungen innerhalb der Ringe sichtbar
(Beobachtung von Teichert, Hamburg)
▽

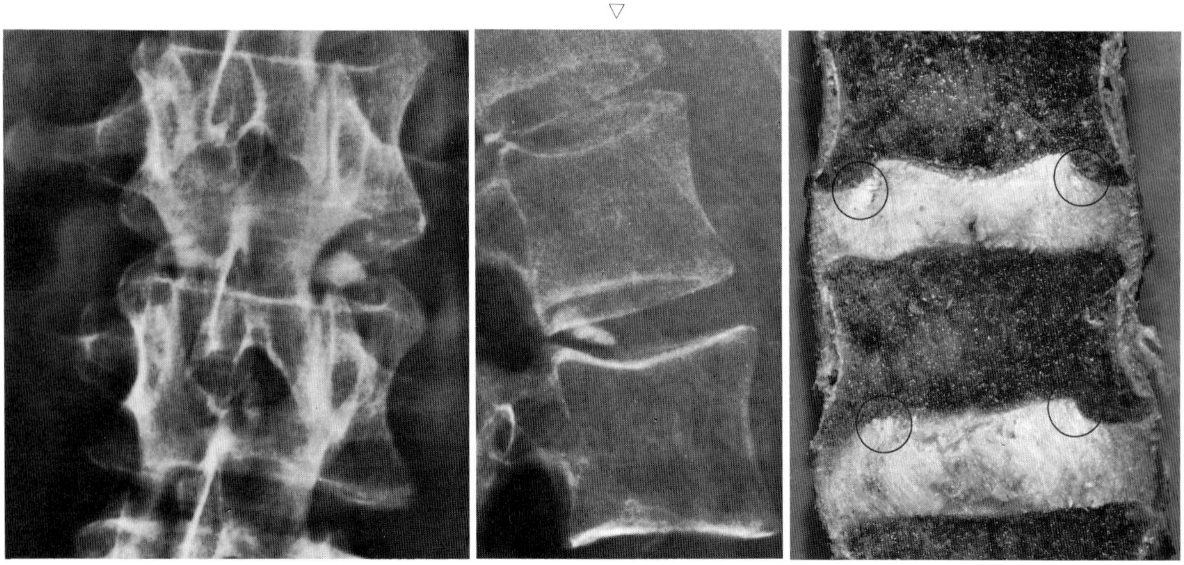

a b c

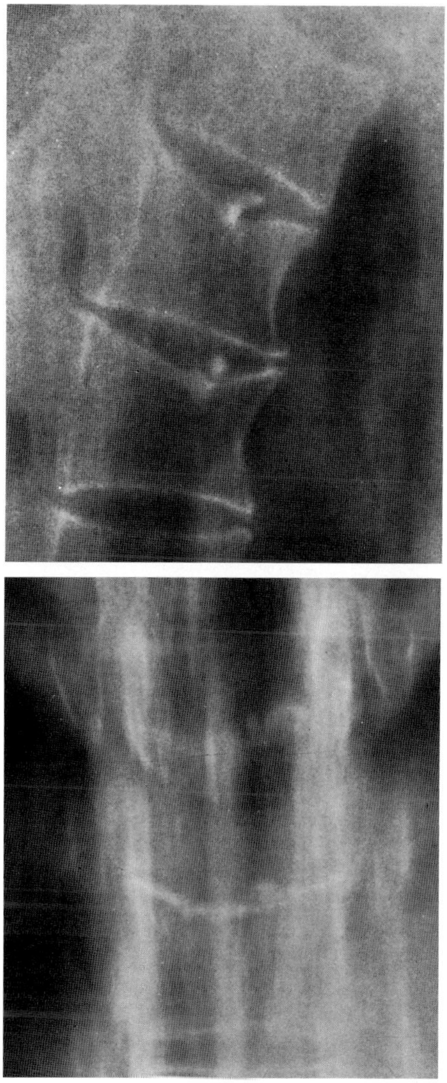

a

b

Abb. 5.**266 a** u. **b** Alter, nicht traumatischer Einbruch der Deckfläche mit Bandscheibenverkalkungen. Die Deckflächeneinbrüche liegen rechts, die Verkalkungen links. Osteoporose

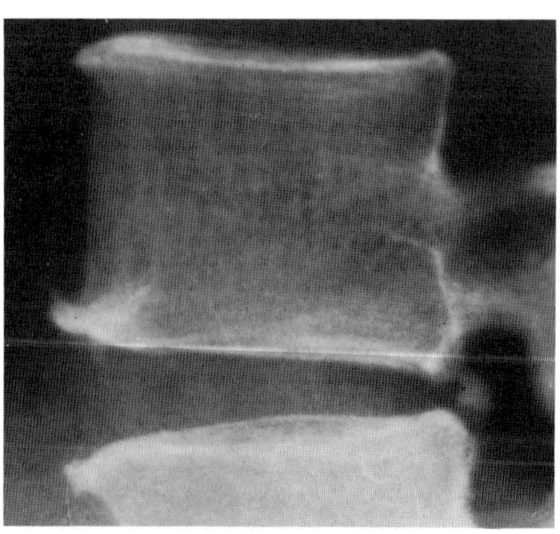

Abb. 5.**267** Kalkdepot etwas hinter dem Niveau der hinteren Wirbelkanten in der Höhe des Zwischenwirbelraumes

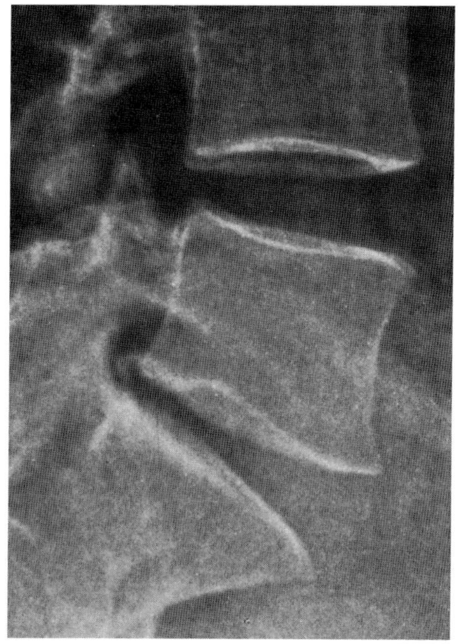

Abb. 5.**268** Knochen(?)spange hinter dem Niveau der hinteren Wirbelkanten LW5/SW1

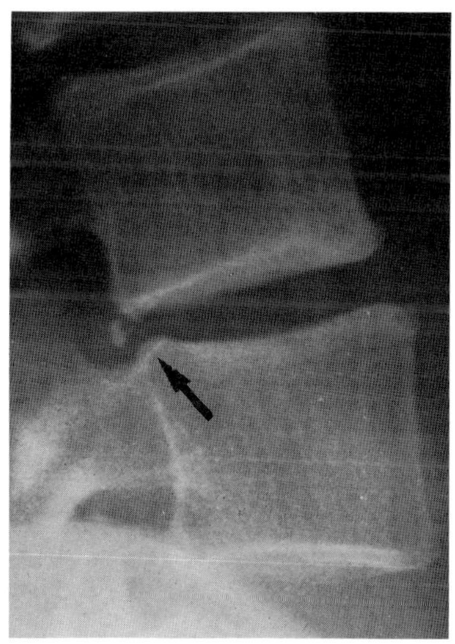

Abb. 5.**269** 55jährige Frau. Verkalkung hinter dem Niveau der hinteren Wirbelkanten von LW3/4 mit geringer Verschiebung des LW3 nach hinten

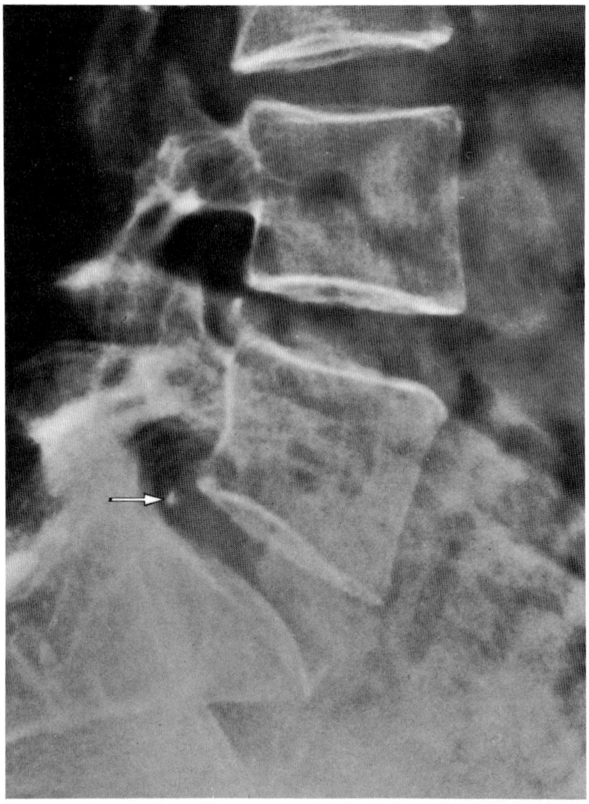

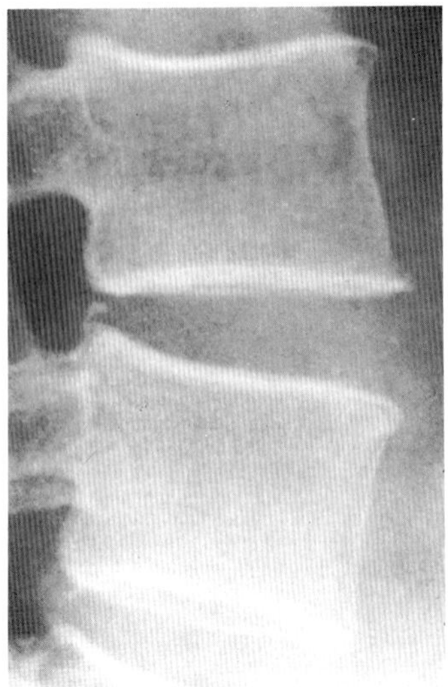

Abb. 5.**271** Kleine Kalkschatten im hinteren Grenzbereich von Lendenbandscheiben

◁ Abb. 5.**270** Kleiner Kalkherd im hinteren Grenzbereich des lumbosakralen Zwischenwirbelraumes. Kein seltenes Vorkommnis

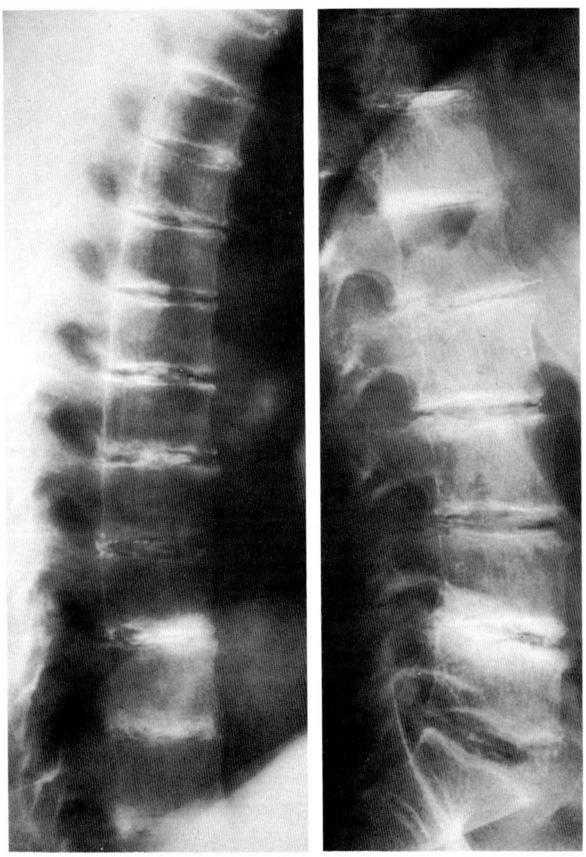

a b

Abb. 5.**272 a** u. **b** 46jähriger Mann. Bandförmige Verkalkungen in den Zwischenwirbelscheiben der Brust- und Lendenwirbelsäule bei Ochronose (Beobachtung von Hillenbrand-Eckard, Augsburg)

lich ist hervorzuheben, daß außer der ankylosierenden Spondylitis zur größeren Gruppe der **Enthesopathien** Sehnenansatzläsionen (Erosionen und Rekonstruktionen) folgende Erscheinungsbilder gezählt werden: Das Reiter-Syndrom, die psoriatische Arthritis und eine Kombination beider Krankheiten, eventuell auch die juvenile rheumatische Arthritis (109). Die Verknöcherungen der ossifizierenden Tendinitis rund um die Bandscheibe herum sind als differentialdiagnostisches Kennzeichen gegen die zerstörenden Destruktionen bei rheumatoider Arthritis zu werten (das Fehlen subkutaner Knötchen und ein HLA-B27-positiver Antigentiter sind weitere klinische Hinweise, die für die ankylosierende Spondylitis s. Spondylarthropathie inflammatoire sprechen (108).

Ein Charakteristikum der ankylosierenden Spondylitis, der **Syndesmophyt**, erscheint in 61% der Fälle zunächst im thorakolumbalen Übergang und führt im fortgeschrittenen Stadium zum Bild, das mit seiner knotig erscheinenden Auftreibung in Höhe der Intervertebralräume an den schon zuvor erwähnten Bambusstab erinnert. Wir stützen uns hier und auch im folgenden auf die Ausführungen von Dihlmann (31).

Diese versteifenden Osteophyten wachsen in den äußeren Lamellen des Anulus fibrosus und vorn zwischen Diskus und vorderem Längsband. Sie entstehen nicht durch Ossifikation des Lig. anterius, das höchstens im Spätstadium wie die gesamte Zwischenwirbelscheibe (Abb. 5.**273**) mit einbezogen sein kann. Demgemäß wächst der Syndesmophyt in der Längsrichtung der Wirbelsäule, ein radiologisches

Identifikationsmerkmal. Die **Verknöcherung der Wirbelgelenke und der Ligg. interarcualia (flava)** führt zu einem radiologisch typischen Aspekt, der als „zweispurige Schienen" Eingang in die Literatur gefunden hat (Abb. 5.**274**). Treten degenerativ entstandene Osteophyten hinzu, kommt es zu **Mixtaosteophyten** (77). Auch die Supra- und Interspinalbänder verkalken in radiologisch typischer Form. Aus den zweiwerden dreispurige „Gleise". Sämtliche hier genannten Symptome sind am besten im a.-p. Strahlengang zu erkennen.

Im Unterschied zum Syndesmophyten entsteht der **Parasyndesmophyt** (27) im perivertebralen Bindegewebe entweder in knöcherner Verbindung mit jeweils nur einem Wirbel, also nicht von Wirbel zu Wirbel überbrückend (Abb. 5.**275**), oder auch ohne Knochenkontakt als Zeichen des Wirbelbefalls im Verlauf des Reiter-Syndroms oder bei der Arthritis psoriatica (15).

Die **Tophi der Gicht (Osteoarthropathia urica)** können Schmorlschen Knötchen ähneln (80). Es kann aber auch zu Wirbelkörpererosionen, Spondylodiszitiden und Osteopenie sowie vertebralen Bandhyperostosen, gut darstellbar mit der Xeroradiographie, kommen. Solche Veränderungen gibt es öfter, als bislang vermutet wurde, bei Gichtpatienten mit Rückenbeschwerden. Jedenfalls muß der Nachweis von Verknöcherungen vertebraler Bänder und Sehnen, mächtiger Kalzifikationen und Hyperostosen bei Gichtkranken mit Rückenschmerzen immer den Verdacht auf eine vertebrale Osteoarthropathia urica erwecken (68, 136).

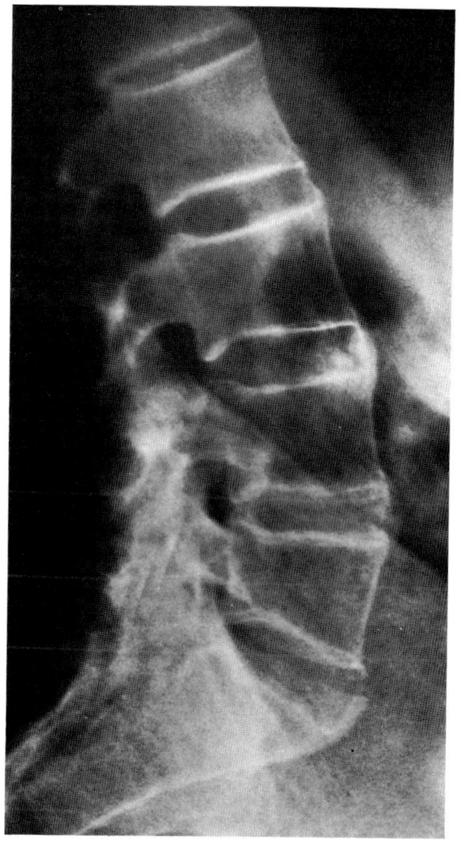

Abb. 5.**273** Profilaufnahme der Lendenwirbelsäule bei ankylosierender Spondylitis mit Verknöcherung des Lig. longitudinale anterius

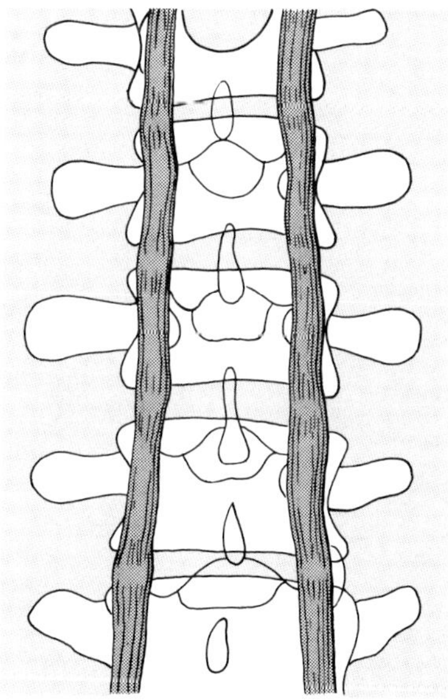

Abb. 5.**274** 20jähriger Patient, dessen Erkrankung vor 15 Jahren begann. Keine Syndesmophyten, jedoch ausgedehnte Verknöcherungen der Wirbelbogengelenke und des Lig. flavum (nach Dihlmann)

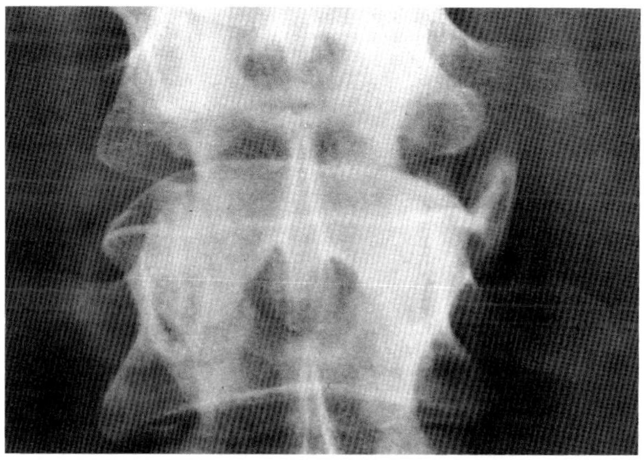

Abb. 5.**275** 39jähriger Mann mit Psoriasis (u.a. Iritis mit Glaukom, schwerer Schub einer generalisierten Arthritis). Typischer Parasyndesmophyt

Die meist in der zweiten Lebenshälfte bemerkte **Spondylosis hyperostotica** (hyperostose vertébrale ankylosante), s. Kapitel „Brustwirbelsäule", manifestiert sich außer an den peripheren Anteilen der Bandscheiben vor allem an beiden Längsbändern, aber auch an den Gelenkkapseln (Sakroiliakalgelenken [29] sowie Bändern und Sehnenansätzen des Körperstammes und der Extremitäten) durch mächtige Fibroostosen (29). Die Erkrankung, ohne Kombination mit Diabetes, Obesitas, Hauterscheinungen oder Kombination mit positivem HLA-B27-Titer, kann selten erblich auftreten (2).

Langstreckige Verknöcherungen des **Lig. longitudinale posterius**, die nicht nur den Krankheitsbildern der Spondylitis ankylosans und der Spondylosis hyperostotica zuzuordnen sind, gelten an der Lendenwirbelsäule als extrem selten und werden fast nur im japanischen Schrifttum beschrieben (67). Eine einzige Beobachtung in der europäischen Literatur berichtet über gleichzeitig aufgetretene Exkavationen hinterer Wirbelbegrenzungen wie beim „Scalloping-Phänomen" (s. vorn). Die Ätiologie blieb bei neurologisch fehlender Symptomatik unklar (79). Isolierte Ossifikationen im Projektionsbereich des hinteren Längsbandes (s. Abb. 5.**267** und 5.**269**) wurden in anderem Zusammenhang schon erwähnt, ebenso Verknöcherungen des Lig. flavum (s. „Varianten").

Eine diffuse Weichteilverkalkung durch Folgen eines Hämatoms im Psoasbereich (Abb. 5.**276**) nach Absturz im Flugzeug sei am Rande ebenso erwähnt wie öfter bestehende Intimaverkalkungen der Bauchaorta und der großen Beckenarterien in den Weichteilen vor der Wirbelsäule (Abb. 5.**277**).

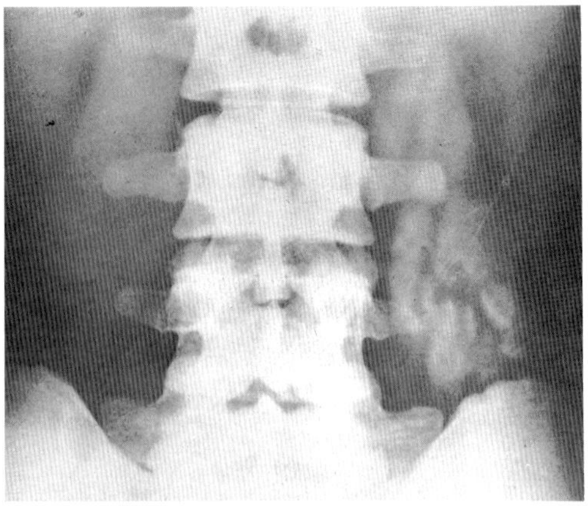

Abb. 5.**276** Verkalktes Hämatom in der Psoasgegend (nach Absturz im Flugzeug)

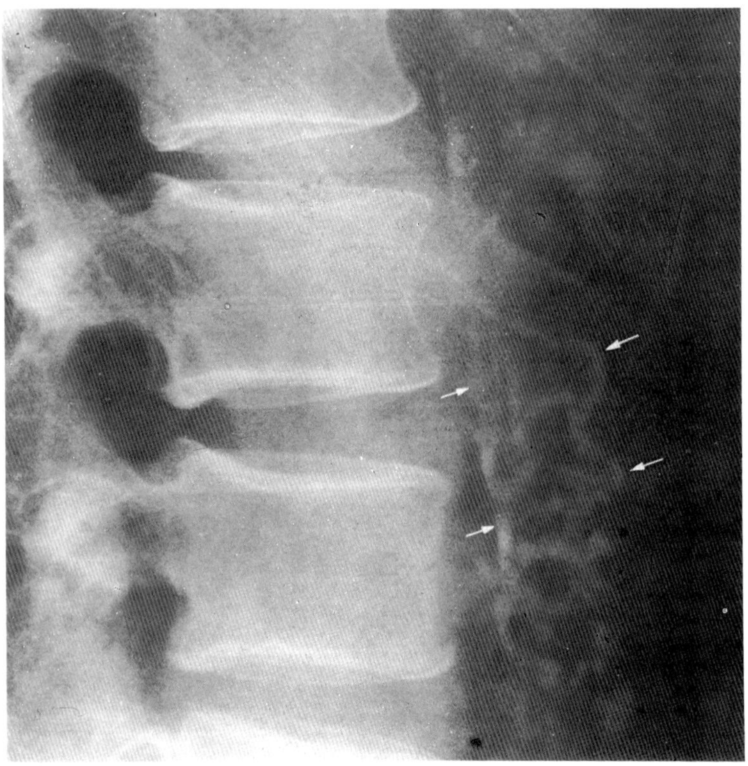

Abb. 5.**277** Intimaverkalkungen der Bauchaorta

Literatur

1 Abdelwahab, I. F., V. H. Frankel, M. J. Klein: Aggressive osteoblastoma of the third lumbar vertebra. Skeletal Radiol. 15 (1986) 164–169

2 Abiteboul, M., B. Mazières, H. Ménard: A propos de deux nouveaux cas familiaux d'hyperostose vertébrale ankylosante. Rev. Rhum. 52 (1985) 645–647

3 Andersson, O.: Röntgenbilder vid spondylarthritis ankylopoetica. Nord. med. Tidskr. 14 (1937) 200

4 Babin, E.: Radiology of the Narrow Lumbar Canal. Radiologic Signs and Surgery. In Wackenheim, A., E. Babin: The Narrow Lumbar Canal. Springer, New York 1980 (p. 4–10)

5 Bakke, S. N. Röntgenologische Beobachtungen über die Beweglichkeit der Wirbelsäule. Acta radiol. (Stockh.), Suppl. 13 (1931)

6 Bakke, S. N.: Weitere röntgenologische Beobachtungen über die Bewegungen der Wirbelsäule. Verh. 4. intern. Kgr. Radiol. 197 (1934)

7 Bardwick, P. A., N. J. Zvaifler, G. N. Gill, D. Newman, G. D. Greenway, D. L. Resnick: Plasma-cell dyscrasia with polyneuropathy, organomegaly, endocrinopathy, M. protein, and skin changes: the POEMS syndrome. Medicine 59 (1980) 311–322

8 Baumann-Schenker, R., E. Uehlinger: Über tubuläre Sklerose des Skeletts. Radiol. clin. (Basel) 16 (1947) 221–231

9 Birkner, R.: Das typische Röntgenbild des Skeletts. Urban & Schwarzenberg, München 1977 (S. 204, 207)

10 Bolender, Nicole-Françoise, N. S. R. Schönström, D. M. Spengler: Role of computed tomography and myelography in the diagnosis of central spinal stenosis. J. Bone Jt Surg. 67-A (1985) 240–246

11 Bollini, G., M. Bergoin, M. Choux, J. Padovani: Calcifications discales de l'enfant. Rev. Chir. Orthop. 70 (1984) 377–382

12 Brailsford, J. F.: The Radiology of Bones and Joints. Churchill, London 1948

13 Brocher, J. E. W.: Die Wirbelsäulentuberkulose. Thieme, Stuttgart 1953

14 Broderick, T. W., D. Resnick, T. G. Goergen, N. Alazraki: Enostosis of the spine. Spine 3 (1978) 167–170

15 Bywaters, E. G. L., A. St. J. Dixon: Paravertebral ossification in psoriatic arthritis. Ann. rheum. Dis. 24 (1965) 313–331

16 Carlo, W. A., R. Kliegman, M. S. Dixon, B. D. Fletcher, A. A. Fanaroff: Vertebral agenesis. Amer. J. Dis. Child. 136 (1982) 533–537

17 Cavalcanti, G., D. Fiandesio: Strie iperdiafane nei dischi intervertebrali. Radiol. med. 42 (1956) 921–928

18 Cercueil, J. P., J. P. Lemaire, P. Grammont, J. P. Mabille: Anomalie rotatoire de la colonne lombaire parasymétrie des articulaires postérieures. J. Radiol. (Paris) 63 (1982) 107–113

19 Chunk, T. Lé: Salmonella osteomyelitis. Amer. J. Dis. Child. 136 (1982) 722–724

20 Ciocci, A., L. Buratti, G. Maurelli: L'hyperostose vertébrale et l'hyperostose frontale interne. Rev. Rhum. 52 (1985) 227–230

21 Crouzet, G., A. Vasdev, J. P. Chirossel, F. Hosatte, M. Coulomb, M. Geindre: Anatomie tomodensitométrique normale du canal rachidien lombaire et méthodologie d'exploration. J. Radiol. (Paris) 63 (1982) 249–257

22 Cuveland, E., de: Über die Herkunft von Knochenbrüchen zwischen den Lenden-Wirbel-Querfortsätzen. Fortschr. Röntgenstr. 85 (1956) 93–95

23 Dalicho, W. A.: Die Entwicklung eines Wirbelmyxoms im Röntgenbild. Z. Orthop. 87 (1956) 632–638

24 Diethelm, L.: Fehlbildungen des Corpus vertebrale. b.) Frontale Wirbelkörperspalten. In: Röntgendiagnostik der Wirbelsäule, Teil 1, red. v. L. Diethelm. In Diethelm, L., F. Heuck, O. Olsson, K. Ranniger, F. Strnad, H. Vieten, A. Zuppinger: Handbuch der Medizinischen Radiologie, Bd. VI. Springer, Berlin 1974 (S. 202–208)

25 Dietz, G. W., E. E. Christensen: Normal „Cupid's bow" contour of the lower lumbar. Vertebrae 121 (1976) 577–579

26 Dihlmann, W.: Kalkschatten im Zwischenwirbelraum. Fortschr. Röntgenstr. 101 (1964) 558

27 Dihlmann, W.: Die sog. Spondylitis anterior, Discitis und Spondylodiscitis bei Morbus Bechterew. Fortschr. Röntgenstr. 104 (1966) 699–718

28 Dihlmann, W.: Hemispherical spondylosclerosis – a polyetiologic syndrome. Skeletal Radiol. 7 (1981) 99–106

29 Dihlmann, W.: Fibroostosis und Fibroostitis (Terminologie, Röntgenmorphologie, Traceruntersuchungen) Z. Orthop. 112 (1974) 1242–1248

30 Dihlmann, W.: Spondylitis ankylopoetica – die Bechterewsche Krankheit. Thieme, Stuttgart 1968

31 Dihlmann, W.: Gelenke – Wirbelverbindungen, 2. Aufl. Thieme, Stuttgart 1982 ([1]S. 576/577; [2]S. 521/522; [3]Abb. 682; [4]Abb. 745; [5]Abb. 9; [6]Abb. 12)

32 Dihlmann, W., G. Delling: Wirbelhämangiom unter dem Röntgenbild der Andersson-Läsion bei Spondylitis ankylosans. Z. Rheumat. 42 (1983) 40–43

33 Dihlmann, W., U. Freund: Die Iliosakralveränderungen bei der nicht entzündlichen Wirbelsäulenversteifung (Hyperostose ankylosante vertébrale sénile, Spondylosis hyperostotica). Z. Rheumaforsch. 27 (1968) 284–291

34 Düben, W.: Epidermoide des Schädelknochens und Wirbelkanals unter besonderer Berücksichtigung der Röntgenbefunde. Fortschr. Röntgenstr. 72 (1949/50) 484–493

35 Dunlop, R. B., M. A. Adams, W. C. Hutton: Disc space narrowing and the lumbar facet joints. J. Bone Jt Surg. 66-B (1984) 706–710

36 Eggert, D.: Unspezifische Spondylitis im Kindesalter. Fortschr. Röntgenstr. 113 (1970) 697–703

37 Eisenstein, St.: Lumbar vertebral canal morphometry for computerized tomography in spinal stenosis. Spine 8 (1983) 187–191

38 Endler, F., K. Fochem, H. U. Weil: Orthopädische Röntgendiagnostik. Thieme, Stuttgart 1984 (Kap. 4)

39 Erb, K. H., C. Montag: Ein Beitrag zur Differentialdiagnose entzündlicher Wirbelsäulenerkrankungen. Fortschr. Röntgenstr. 71 (1949) 442–466

40 Erbe, W., G. Stephan, H. Böttcher: Das Muster der Skelettveränderungen bei der Akromegalie. Fortschr. Röntgenstr. 122 (1975) 317–322

41 Erdheim: Über die Wirbelsäulenveränderungen der Akromegalie. Virchows Arch. path. Anat. 281 (1931) 197–296

42 Erdheim: Die pathologisch-anatomischen Grundlagen der hypophysären Skelettveränderungen (Zwergwuchs, Typus Fröhlich, Akromegalie, Riesenwuchs). Fortschr. Röntgenstr. 52 (1935) 234–245

43 Esser, C.: Über Knochenspangen nach Querfortsatzfrakturen der Lendenwirbelsäule. Fortschr. Röntgenstr. 89 (1958) 579–590

44 Firooznia, H., Ira Tyler, Cornelia Golimbu, Mahvash Rafii: Computerized tomography of the Cupid's bow contour of the lumbar spine. Comput. Radiol. 7 (1983) 347–350

45 Fischer, E., W. Giere: Größenänderungen von Skelettabschnitten der Wirbelsäule und der unteren Extremität im Erwachsenenalter bei Männern und Frauen. 1. Mitteilung: Breitenänderung der normalen Brust- und Lendenwirbelsäule. Z. Orthop. 107 (1970) 620–624

46 Forestier, J., P. Robert: Ostéophytes et syndesmophytes. Gaz. méd. Fr., Suppl. Radiol. (1934) 192–202

47 Frager, D. H., K. Subbarao: The bone within a bone. J. Amer. med. Ass. 249 (1983) 77–79

48 Freyschmidt, J.: Knochenerkrankungen im Erwachsenenalter. Springer, Berlin 1980 ([1]S. 272; [2]S. 273)

49 Freyschmidt, J.: Tumoren der Wirbelsäule und des Sakrums. In Schinz, H. R.: Radiologische Diagnostik, 7.

Aufl., hrsg. von W. Frommhold, W. Dihlmann, H.-St. Stender, P. Thurn; Bd. V/2: Wirbelsäule – Rückenmark, hrsg. von W. Dihlmann, H.-St. Stender. Thieme, Stuttgart 1986 (S. 249–318)
50 Freyschmidt, J., H. Ostertag: Knochen – Tumoren und tumorähnliche Läsionen. Springer, Berlin 1987
51 Frottier, J., J.-L. Vildé, F. Bricaire, C. Leport: Les spondylodiscites. Aspects actuels. Maladies infect. 33 (1983) 2413–2421
52 Galil, A., R. Gorodischer, J. Bar-Ziv, T. Hallel, Ch. Malkin, R. Garty: Intervertebral disc infection (Discitis) in childhood. Eur. J. Pediat. 139 (1982) 66–70
53 Garver, P., D. Resnick, P. Haghighi, J. Guerra: Melorheostosis of the axial skeleton with associated fibrolipomatous lesions. Skeletal Radiol. 9 (1982) 41–44
54 Ghozlan, R., C. Thiemar-Noel, P. Menault, N. Carnel: L'ostéome ostéoide du rachis. Étude clinique, radiologique, isotopique et tomodensitométrique. Rev. Rhum. 51 (1984) 497–501
55 Giles, L. G. F., J. R. Taylor: Lumbar spine structural changes associated with leg length inequality. Spine 7 (1982) 159–162
56 Giuliani, K.: Beitrag zur Frage der Verkalkung des Nucleus pulposus. Z. Orthop. 79 (1949/50) 279–281
57 Gorse, G. J., M. Joyce Paris, J. A. Kusske, Th. C. Cesario: Tuberculous spondylitis. Medicine 62 (1983) 178–193
58 Grossman, H., R. Gray, E. L. St. Louis: CT of long-standing ankylosing spondylitis with cauda equina syndrome. Amer. J. Neuroradiol. 4 (1983) 1077–1080
59 Güssel, E.: Akute Osteochondrose der Wirbelsäule beim Erwachsenen. Fortschr. Röntgenstr. 71 (1949) 109–113
60 Haas, H.: Posttraumatische Knochenspangenbildung zwischen zwei Lendenwirbelfortsätzen. Fortschr. Röntgenstr. 120 (1974) 497–498
61 Hammerbeck, W.: Der äußerlich sichtbare Bandscheibenprolaps der Wirbelsäule. Virchows Arch. path. Anat. 294 (1934) 8–26
62 Helms, C. A., J. A. Vogler, H. K. Genant: Characteristic manifestations of uncommon spinal disorders. Orthop. Clin. North Amer. 16 (1985) 445–459
63 Helms, C. A., R. Sims: Foraminal spurs: a normal variant in the lumbar spine. Radiology 160 (1986) 153–154
64 Hennemann, H. H., H. Krause: Alkaptonurie mit Ochronose. Med. Welt 1964/II, 1549–1553
65 Hermann, G., D. S. Mendelson, B. A. Cohen, J. S. Train: Role of computed tomography in the diagnosis of infectious spondylitis. J. Comp. Assist. Tomogr. 7 (1983) 961–968
66 Hermanus, N., D. de Becker, D. Baleriaux, J. P. Hauzeux: The use of CT scanning for the study of posterior lumbar intervertebral articulations. Neuroradiology 24 (1983) 159–161
67 Hiramatsu, Y., T. Nobechi: Calcification of the posterior longitudinal ligament of the spine among Japanese. Radiology 100 (1971) 307–312
68 Jajic, I.: Gout in the spine and sacro-iliac joints: radiological manifestations. Skeletal Radiol. 8 (1982) 209–212
69 Janovec, M.: Diagnostik des Down-Syndroms mit Hilfe des Wirbelknochenindexes. Radiol. diagn. (Berl.) 13 (1972) 129–139
70 Kam, J., M. R. Funston: Venous collaterals causing vertebral body notching. Brit. J. Radiol. 53 (1980) 491–493
71 Keats, Th. E.: An Atlas of Normal Roentgenvariants that May Simulate Diseases, 3rd ed., Year Book hedical Publishers, Chicago 1984 (fig. 3–216)
72 Kiefer, H., J. Emmrich: Abnorm großer Processus styloides der Lendenwirbelsäule mit reaktiver Pseudarthrosebildung. Fortschr. Röntgenstr. 100 (1964) 280–281
73 Kohlbach, W.: Überlastungsschäden der Wirbelsäule – Folge der Evolution. Orthop. Prax. 15 (1979) 871–883
74 Kohlbach, W.: Scheuermannsche Erkrankung – eine neue These ihrer Ätiologie. Kinderarzt 11 (1980) 73–76. Erwiderungen, K. F. Schlegel, E. W. Rathcke: S. 992/993
75 Koppenstein, E.: Zur Röntgenanatomie und -pathologie der Wirbelbogenwurzel. Fortschr. Röntgenstr. 89 (1958) 702–707
76 Krause, G. R.: Persistence of the notochord. Amer. J. Roentgenol. 44 (1940) 719–725
77 Krebs, W.: Klinik der sogenannten rheumatischen Wirbelsäulenerkrankungen. Rheumaprobleme II. Thieme, Leipzig 1931
78 Kröker, P.: Sichtbare Rißbildungen in den Bandscheiben der Wirbelsäule. Fortschr. Röntgenstr. 72 (1949/50) 1–20
79 Lagemann, K.: Hintere Längsbandverkalkungen kombiniert mit Wirbelkörperexkavationen. Fortschr. Röntgenstr. 116 (1972) 834–835
80 Lagier, R., W. Mac Gee: Spondylodiscal erosions due to gout: anatomico-radiological study of a case. Ann. Rheum. Dis. 42 (1983) 350–353
81 Lagier, R., G. Guelpa, J.-C. Gerster: Lumbar erosive intervertebral osteochondrosis. Anatomico-radiological study of a case. Fortschr. Röntgenstr. 130 (1979) 204–209
82 Lagier, R., W. Mac Gee: Erosive intervertebral osteochondrosis in association with generalized osteoarthritis and chondrocalcinosis. Anatomicoradiological study of a case. Z. Rheumat. 38 (1979) 405–414
83 Lardé, D., D. Mathieu, J. Frija, A. Gaston, N. Vasile: Vertebral osteomyelitis. Disk hypodensity on CT. Amer. J. Roentgenol. 139 (1982) 963–967
84 Larsen, J. L.: The lumbar spinal canal in children. Part II: The interpedicular distance and its relation to the sagittal diameter and transverse pedicular width. Europ. J. Radiol. 1 (1981) 312–321
85 Larsen, J. L.: The lumbar spinal canal in children. Part III: Development of the lumbar spinal canal in relation to the development of the lumbar vertebral bodies. Europ. J. Radiol. 2 (1982) 66–71
86 Lassale, B., M. Benoist, G. Morvan, C. Massare, A. Deburge, J. Cauchoix: Sténose du canal lombaire. Étude nosologique et séméiologique. Rev. Rhum. 50 (1983) 39–45
87 Lau, L. S., L. Slonim, Z. St. Kiss, C. Morris, J. Benyon: High resolution CT scanning of the lumbar spine. Med. J. Aust. 2 (1983) 21–25
88 Lé, Ch. T.: Salmonella vertebral osteomyelitis. Amer. J. Dis. Child. 136 (1982) 722–724
89 Lee, B. C. P., E. Kazan, A. D. Newman: Computed tomography of the spine and spinal cord. Radiology 128 (1978) 95–102
90 Leger, W.: Röntgenologische Bewegungsstudie an der Lendenwirbelsäule. Verh. dtsch. orthop. Ges. Beilageh. 2. Orthop. 87 (1956) 211–215
91 Lifeso, R., D. Younge: Aneurysmal bone cysts of the spine. Intern. Orthop. (SICOT) 8 (1985) 281–285
92 Lings, S., L. Mikkelsen: Scheuermann's disease with low localisation. Scand. J. Rehab. Med. 14 (1982) 77–79
93 Lyon, E.: Intercalary bones of the intervertebral disc. J. Bone Jt Surg. 24 (1942) 805–811
94 Mandell, G. A., M. E. Kricoun: Exaggerated anterior vertebral notching. Pediatr. Radiol. 31 (1979) 367–369
95 Maroun, F., J. C. Jacob, M. A. Mangan, M. Hardjasudarma: Adult diastematomyelia: a complex dysraphic state. Surg. Neurol. 18 (1982) 289–294
96 Mau, H.: Das Osteoid-Osteom der Wirbelsäule. Z. Orthop. 120 (1982) 761–766
97 Maurer, H.-J.: Sklerotische Wirbelveränderungen bei einem Plasmozytom. Fortschr. Röntgenstr. 89 (1958) 114
98 Meves, F.: Angeborene Mißbildung der Lendenwirbelsäule. Röntgenpraxis 11 (1939) 628–630
99 v. Meyenburg, H.: Über Abtrennung der hinteren Wirbelkörperkante als Ursache von Ischias. Radiol. clin. (Basel) 15 (1946) 215–224
100 Micheli, Lyle J.: Back injuries in gymnastics. Clin. Sports Med. 4 (1985) 85–93

101 Milgram, J. W.: Osteoarthritic changes at the severely degenerative disc in humans. Spine 7 (1982) 498–505
102 Modic, M. T., D. H. Feiglin, D. W. Piraino, F. Boumphrey, M. A. Weinstein, P. M. Duchesneau, Susan Rehm: Vertebral osteomyelitis: assessment using MR. Radiology 157 (1985) 157–166
103 Niedner, F.: Schaltknochen in den Zwischenwirbelscheiben. Fortschr. Röntgenstr. 47 (1933) 70–76
104 Nuñez, C., Th. Bennett, H. H. Bohlman: Chondromyxoid fibroma of the thoracic spine. Spine 7 (1982) 436–439
105 Nyúl-Toth, P., M. Joós: Über die Wirbelmanifestation der fibrösen Dysplasie. Fortschr. Röntgenstr. 120 (1974) 744–747
106 O'Brien, T. M., F. Mc Manus: Discitis – the irritable back of childhood. Irish J. Med. Sci. 152 (1983) 404–408
107 Onimus, M., J. M. Laurain, M. Guidet: L'ostéome ostéoide vertébral. Rev. Chir. Orthop. 71 (1985) 63–69
108 Paolaggi, J. B., Ph. Struz, M. C. Goutet, J. M. Le Parc, J. R. Siaud, L. Auquier: Recherche systématique des enthésopathies au cours des rhumatismes chroniques résultat et signification pathologique. Rev. Rhum. 51 (1984) 451–456
109 Paolaggi, J. B., M. C. Goutet, Ph. Struz, J. R. Siaud, J. M. Le Parc, L. Auquier: Les enthésopathies des spondyloarthropathies inflammatoires. Rev. Rhum. 51 (1984) 457–462
110 Pearcy, M. J., S. B. Tibrewal: Axial rotation and lateral bending in the normal lumbar spine measured by three-dimensional radiography. Spine 9 (1984) 582–587
111 Peterson, H. O., S. A. Kieffer: Radiologie der Erkrankungen des Discus intervertebralis. Semin. Roentgen. 7 (1972) 260–276
112 Pöschl, M.: Juvenile Osteo-Chondro-Nekrosen. In: Röntgendiagnostik der Skeleterkrankungen, Teil 4, red. v. L. Diethelm. In Diethelm, L., O. Olsson, F. Strnad, H. Vieten, A. Zuppinger: Handbuch der Medizinischen Radiologie, Bd. V. Springer, Berlin 1971 (S. 666–672)
113 Pohl, W., H. G. Kränzlein: Über blande sklerosierende Spondylitiden. Fortschr. Röntgenstr. 119 (1973) 352–357
114 Pohl, W.: Zur Frage unspezifischer sklerosierender Spondylodiscitiden. Fortschr. Röntgenstr. 130 (1979) 461–464
115 Portmann, J.: Ein zusätzlicher, rippenähnlicher Querfortsatz. Fortschr. Röntgenstr. 95 (1961) 856–857
116 Ramirez, jr. H., J. E. Navarro, W. F. Bennett: „Cupid's bow" contour of the lumbar vertebral endplates detected by computed tomography. J. Comp. Assist. Tomogr. 8 (1984) 121–123
117 Reinhardt, K.: Krankhafte Haltungsveränderungen, Skoliosen, Kyphosen. In: Röntgendiagnostik der Wirbelsäule, Teil 3, red. von L. Diethelm. In Diethelm L., F. Heuck, O. Olsson, K. Raniger, F. Strnad, H. Vieten, A. Zuppinger: Handbuch der Medizinischen Radiologie. Springer Berlin 1974 ([1]S. 177–180; [2]Abb. 110)
118 Reischauer, F.: Untersuchungen über den lumbalen und cervikalen Bandscheibenvorfall. Thieme, Stuttgart 1949
119 Resnick, D., P. Haghighi, J. Guerra: Bone sclerosis and proliferation in a man with multisystem disease. Invest. Radiol. 19 (1984) 1–6
120 Rettig, H.: Patho-Physiologie angeborener Fehlbildungen der Lendenwirbelsäule. Beilage Z. Orthop. 91 (1959)
121 Ricci, A.: Anomalie dei tubercoli mamillari delle vertebre lombari: Processo stiloideo e diartrosi accessorie. Riv. Radiol. 4 (1964) 697–702
122 Romanus, R., S. Ydén: Destructing and ossifying spondylitic changes in rheumatoid ankylosing spondylitis (pelvospondylitis ossificans). Acta orthop. scand. 22 (1952) 88–99
123 Roulleau, J., J. Guillaume: Plain X-Ray Diagnosis of Developmental Narrow Lumbar Canal. In Wackenheim, A., E. Babin: The Narrow Lumbar Canal. Radiology Signs and Surgery. Springer, New York 1980 (p. 15–19)
124 Rubaschewa, A.: Über den Processus lateralis der Lendenwirbel und spez. über den Processus styloides im Röntgenbild. Fortschr. Röntgenstr. 47 (1933) 183–188
125 Schilling, F.: Spondylitis ankylopoetica. Die sogenannte Bechterewsche Krankheit und ihre Differentialdiagnose. In: Röntgendiagnostik der Wirbelsäule, Teil 2, red. v. L. Diethelm. In Diethelm, L., F. Heuck, O. Olsson, K. Ranniger, F. Strnad, H. Vieten, A. Zuppinger: Handbuch der Medizinischen Radiologie, Bd. VI. Springer, Berlin 1974 (S. 581)
126 Schinz, H. R.: Radiologische Diagnostik, 7. Aufl. Thieme, Stuttgart 1986
127 Schmitt, G. H.: Periostreaktion als einziges anfängliches Zeichen einer alten Wirbelosteomyelitis. Fortschr. Röntgenstr. 71 (1949) 105–108
128 Schmitz-Dräger, H. G.: Angeborene Querfortsatzanomalien der Lendenwirbelsäule. Fortschr. Röntgenstr. 90 (1959) 611–614
129 Schmorl, G., H. Junghanns: Die gesunde und die kranke Wirbelsäule in Röntgenbild und Klinik, 5. Aufl. Thieme, Stuttgart 1968
130 Schorr, S., E. Adler: Calcified intervertebral disc in children and adults. Acta radiol. (Stockh.) 41 (1954) 498–504
131 Schröder, H., K. H. Rotte, H. J. Eichhorn: Über die Leistungsfähigkeit tomographischer Untersuchungen zum Nachweis von osteolytischen Wirbelkörpermetastasen. Fortschr. Röntgenstr. 108 (1968) 761–766
132 Schroeder, S., K. Lackner, G. Anders, B.-M. Vogeler: Die lumbale Spinalstenose. Z. Orthop. 120 (1982) 134–145
133 Silverman, F. N.: Calcification of the intervertebral disks in childhood. Radiology 62 (1954) 801–816
134 Sobotta, J., H. Becher: Atlas der Anatomie des Menschen, Teil 1, 16. Aufl. Urban & Schwarzenberg, München 1967
135 Sonnabend, D. H., T. K. Taylor, G. K. Chapman: Intervertebral disk calcification syndromes in children. J. Bone Jt Surg. 64-B (1982) 25–31
136 Stepán, J., J. Kolár, A. Šusta, F. Čáp: Die Wirbelsäule und polytope Hyperostosen bei Gicht und Hyperurikämie. Radiologe 23 (1983) 371–374
137 Stojanovič, J., J. Papa, T. Bajraktarevic Čičin-Šain: Das computertomographische Bild eines Osteoidosteoms der Wirbelsäule. Fortschr. Röntgenstr. 137 (1982) 226–229
138 Taylor, S.: CT of the normal and abnormal spine. In Latchaw, E.: Computed Tomography of the Head, Neck and Spine. Year Book Medical Publishers, Chicago 1985 (p. 595–618)
139 Teichert, G.: Verkalkungen im Intervertebralraum. Fortschr. Röntgenstr. 101 (1964) 674
140 Thurston, A. J., J. D. Harris: Normal kinetics of the lumbar spine and pelvis. Spine 8 (1983) 199–205
141 v. Torklus, D., H. Braband: Kartilaginäre Exostosen kleiner Wirbelgelenke im Lumbalbereich. Fortschr. Röntgenstr. 99 (1963) 682–684
142 Verbiest, H.: Further experiences on the pathological influence of developmental narrowness of the bony lumbar vertebral canal. J. Bone Jt Surg. 37-B (1955) 576–583
143 Verbiest, H.: The significance and principles of computerized axial tomography in idiopathic developmental stenosis of the bony lumbar vertebral canal. Spine 4 (1979) 369–378
144 Verbiest, H.: Stenosis of the bony lumbar vertebral canal. In Wackenheim, A., E. Babin: The Narrow Lumbar Canal. Radiologic Signs and Surgery. Springer, New York 1980
145 Vielberg, H.: Beobachtung seltener Wirbelkörperanomalien an der Lendenwirbelsäule eines Erwachsenen. Fortschr. Röntgenstr. 113 (1970) 60–67
146 Voss, A.-C.: Die Verknöcherung des Lig. flavum. Fortschr. Röntgenstr. 117 (1972) 226–227
147 Wenz, W., H. D. Werlich: Querfortsatzanomalien der Lendenwirbelsäule. Fortschr. Röntgenstr. 93 (1960) 373–375

148 Wiesmayr, W.: Über die Spondylitis tuberculosa anterior. Wien. med. Wschr. 102 (1952) 468–469
149 Williams, R.: Complete protrusion of a calcified nucleus pulposus in the thoracic spine. Report of a case. J. Bone Jt Surg. 36-B (1954) 597–600
150 Wolfers, H., W. Hoeffken: Fehlbildungen der Wirbelbögen. In: Röntgendiagnostik der Wirbelsäule, Teil 1, red. v. L. Diethelm. In Diethelm, L., F. Heuck, O. Olsson, K. Ranniger, F. Strnad, H. Vieten, A. Zuppinger: Handbuch der Medizinischen Radiologie, Bd. V. Springer, Berlin 1974 (S. 265–389)
151 Yagan, R.: CT diagnosis of limbus vertebra. J. Comp. Assist. Tomogr. 8 (1984) 149–151
152 Zaunbauer, W.: Röntgenanatomie der Wirbelsäule. In: Röntgendiagnostik der Wirbelsäule, Teil 1, red. v. L. Diethelm. In Diethelm, L., F. Heuck, O. Olsson, K. Ranniger, F. Strnad, H. Vieten, A. Zuppinger: Handbuch der Medizinischen Radiologie, Bd. VI. Springer, Berlin 1974 (S. 65–113)
153 Zimmer, E. A.: 12. Aufl. dieses Buches, 1982 ([1]S. 582/583; [2]S. 566)
154 Zvaifler, N. J., W. Martel: Spondylitis in chronic ulcerative colitis. Arthr. Rheum. 3 (1960) 76–87

Lendenwirbelsäule-Kreuzbein-Übergang

Norm

Der Körper des 5. Lendenwirbels stellt sich im *sagittalen Strahlengang* durch die physiologische Lordose in projektivisch bedingter Verkürzung dar. Die Krümmung läßt sich, wie schon im vorigen Kapitel erwähnt, durch Aufstellen der Beine des Untersuchten und 30 Grad kaudokranial geneigtem Zentralstrahl oder durch eine Aufnahme in starker Beugung der Knie- und Hüftgelenke und maximaler Abduktion der Oberschenkel („Steinschnittlage") mit Neigung des Zentralstrahls um 10 Grad kraniokaudal (6) nahezu aufheben. Bei normaler Einstellung in flacher Rückenlage des Patienten ohne Röhrenneigung können sich die vorderen unteren Kanten des LW5 in der Art verkalkter Bänder darstellen (Abb. 5.**278**).

Im *seitlichen Strahlengang* sieht man oft eine leichte Keilform des 5. Lendenwirbelkörpers mit der Spitze nach hinten. Die dorsale Fläche kann bis zu 6 mm niedriger sein als die ventrale Kontur. Die Basisfläche ist in der Regel vom Bandscheibenraum her, ähnlich der Deckfläche des 1. Sakralwirbels, etwas eingedellt und oft länger als die korrespondierende Deckfläche des 1. Kreuzbeinwirbels.

Den harmonischen Bogen, der durch die Hinterfläche der Lendenwirbel gebildet wird, kann der LW5 stufenförmig unterbrechen (102).

Der lumbosakrale Zwischenwirbelraum ist schmaler als die lumbalen Intervertebralräume. Er ist vorn etwas höher als hinten. Dem in der übrigen Lendenwirbelsäule ohrmuschelförmigen Interartikularraum fehlt das Läppchen.

Im *axialen Strahlengang* bietet die Computertomographie einen guten Überblick. Eine detaillierte radioanatomische Analyse der computertomographischen Darstellungsmöglichkeiten liegt vor (20).

Der Spielraum bei Flexion und Extension beträgt zwischen letztem Lenden- und erstem Kreuzbeinwirbel 18,6 Grad (13) (Abb. 5.**279a** u. **b**).

Die mangelnde Verengung des Intervertebralraumes unter Beugung nach beiden Seiten wurde bei Verlagerung des Bandscheibenkernes bereits erwähnt. Ergebnisse über biometrische und Bewegungsstudien sind in einer Monographie neueren Datums zusammengefaßt (67).

Die **Stellung der Wirbel im lumbosakralen Übergang** wird bei seitlicher Ansicht durch verschiedene Methoden erfaßt:

Der **Lumbosakralwinkel** zwischen der Mittelachse des 5. Lendenwirbelkörpers und des 1. Kreuzbeinwirbels wurde mit einem Mittelmaß von 143 Grad angegeben. Der **Promontoriumswinkel** (aus den beiden vorderen Tangenten an LWK5 und S1 gebildet) ist etwa 14 Grad kleiner als der Lumbosakralwinkel (40). Weitere Winkelmessungen sind dem orthopädisch-radiologischen Schrifttum zu entnehmen (22, 102).

Stellungsabweichungen von der Norm sind auch durch einige, leicht anzufertigende Hilfskonstruktionen in Anlehnung an Ferguson und Meschan (56) leicht festzustellen (Abb. 5.**280** und 5.**281**).

Der **Lumbalkanal** pflegt in der Höhe der unteren Lendenwirbel kleeblattförmig zu sein. Die seitlichen Ausläufer entsprechen den Wurzelkanälen.

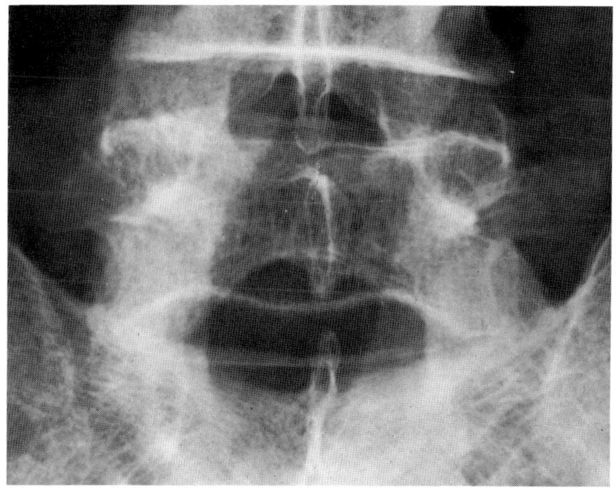

Abb. 5.**278** Aufnahme im a.-p. Strahlengang

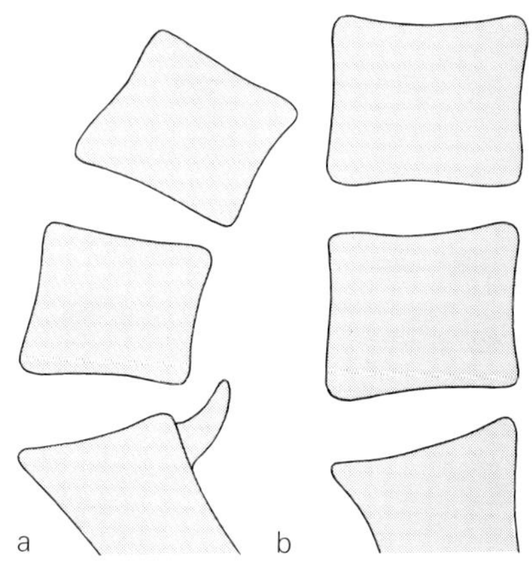

Abb. 5.**279a** u. **b** Lumbosakralregion der Wirbelsäule
a In Retroflexion
b In Anteflexion

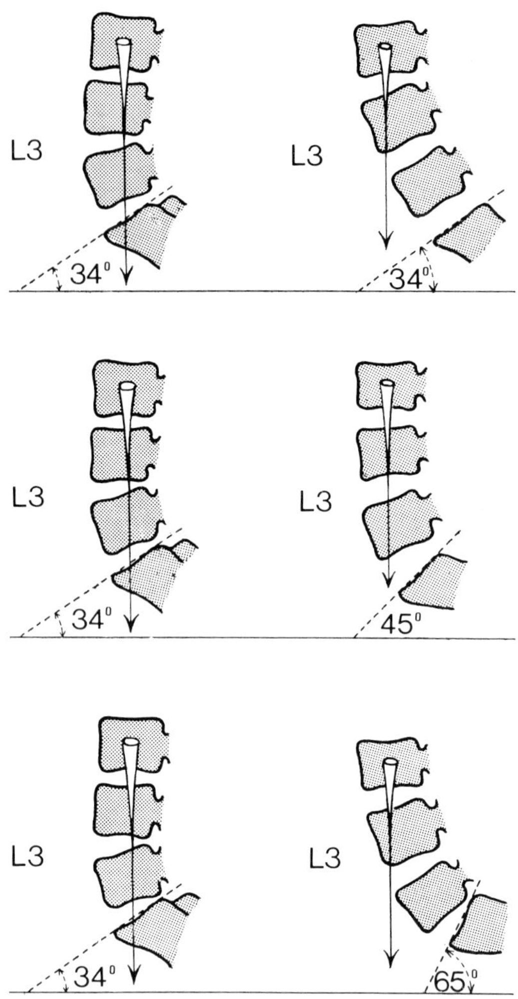

Abb. 5.**280** Der Ferguson-Lumbosakralwinkel beträgt 34 Grad. Die statische Achse (= Lot vom Zentrum des 3. Lumbalwirbels, jeweils linke Abbildung), liegt bei guten Stabilitätsverhältnissen im vorderen Teil des Sakrum. Liegt sie vor dem Sakrum, ist dies statisch ungünstig. Unstabile Verhältnisse auch bei normalem Ferguson-Winkel, vor allem aber bei seiner Verstärkung

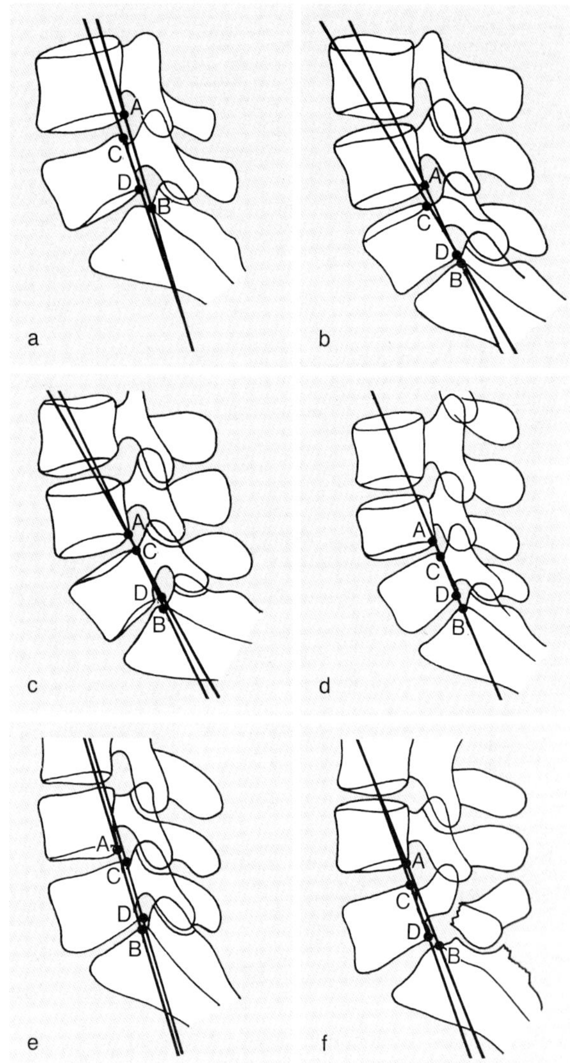

Abb. 5.**281 a–f** Veränderungen von Wirbelhöhe und Lumbosakralwinkel. Hilfslinien zur Erfassung von Unterschieden am lumbosakralen Übergang in der Seitenansicht (nach Meschan)

Die normale Weite der lumbalen Wurzelkanäle beträgt beim 4. Lendenwirbel rund 5 ± 0,7 mm, beim 5. Lendenwirbel 4,6 ± 0,75 mm und beim 1. Sakralwirbel 4,8 ± 0,9 mm (49).

Varianten

Verkleinert sich der Lumbosakralwinkel, nähert er sich dem rechten Winkel, spricht man vom **Sacrum acutum** (Spitzsakrum [79]). Hierdurch verändern sich die statischen Verhältnisse. Das Körpergewicht belastet mehr den 5. Lendenwirbel und führt zur Tendenz zum Abrutschen dieses Wirbels gegenüber dem Kreuzbein nach vorn. Beim **Sacrum arcuatum** (Bogensakrum) bildet der Lenden-Kreuzbein-Übergang, ebenfalls bei Verkleinerung des Lumbosakralwinkels, einen weniger spitzen Winkel als mehr einen bogenförmigen Übergang. Das Kreuzbein beschreibt einen gegenläufigen umschriebenen Bogen mit starker Krümmung nach hinten. In beiden Fällen ist die Kreuzbeinbasis stark nach vorn unten geneigt.

Als wertvolle Hilfe für operative Maßnahmen klinisch bedeutsamer Höhenminderungen im hinteren Abschnitt der Segmente L4/5 und L5/S1 wurden jeweils die Wirbeleckpunkte der Unterfläche des 4. Lenden- und des 1. Kreuzbeinwirbels verbunden. Von den oberen Punkten wurde ein Lot gefällt auf die durch die beiden unteren Punkte gezogene Ebene. So wird ein *lumbosakrales Trapez* gebildet, dessen Winkelwerte das Ausmaß der Lordose in den unteren beiden Lendenwirbeln und die Neigung der Kreuzbeinbasis nach unten deutlich machen (45) (Abb. 5.**282**).

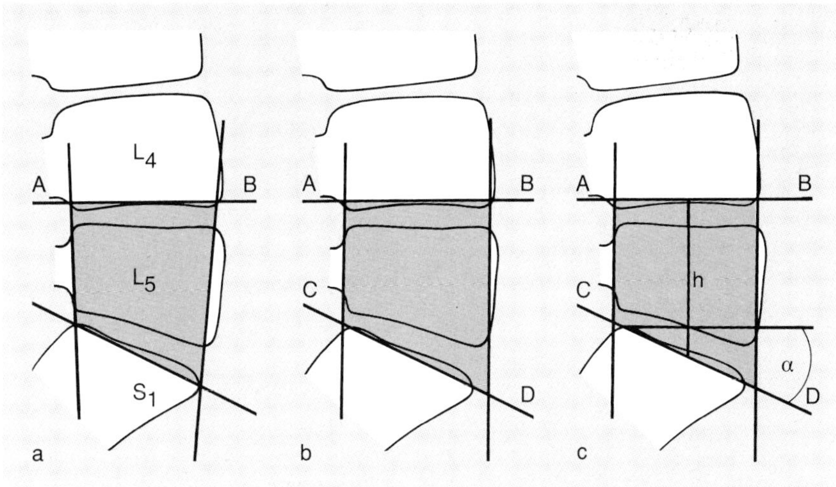

Abb. 5.**282 a–c**
a Bei Verbindung der Eckpunkte der Wirbelkörper L4 und S1 würde sich ein unregelmäßiges, schwer zu berechnendes Viereck ergeben
b Fällt man das Lot an den Wirbelkanten A und B der Unterfläche von L4 auf die Verbindung bzw. Verlängerung der Wirbelkanten C und D an der Oberfläche von S1, erhält man das lumbosakrale Trapez A–D
c Lumbosakrales Trapez mit: Dorsaldistanz L4–S1, $\overline{AC}$; Ventraldistanz L4–S1 $\overline{BD}$; Zentraldistanz L4–S1, h (Höhe); dorsoventraler Durchmesser $\overline{AB}$; Lumbosakralwinkel α; Oberfläche A–D (nach Krämer)

Die Angleichung des 5. Lumbalwirbels an einen Sakralwirbel wird als **Sakralisation**, die morphologische Annäherung des 1. Sakral- an den 5. Lendenwirbel als **Lumbalisation** bezeichnet (32). Wenn eine genaue Segmentnumerierung nicht möglich ist, spricht man vom „**Übergangswirbel**". Beide Vorgänge sind ein- (Abb. 5.**283**) und beidseitig (Abb. 5.**284**) möglich, symmetrisch und asymmetrisch. Die möglichen Varianten lassen sich insgesamt nicht aufzählen. Die Abbildung radiologischer Befunde und anatomischer Präparate bedeutet daher eine Auswahl (Abb. 5.**283** bis 5.**287a–d**).

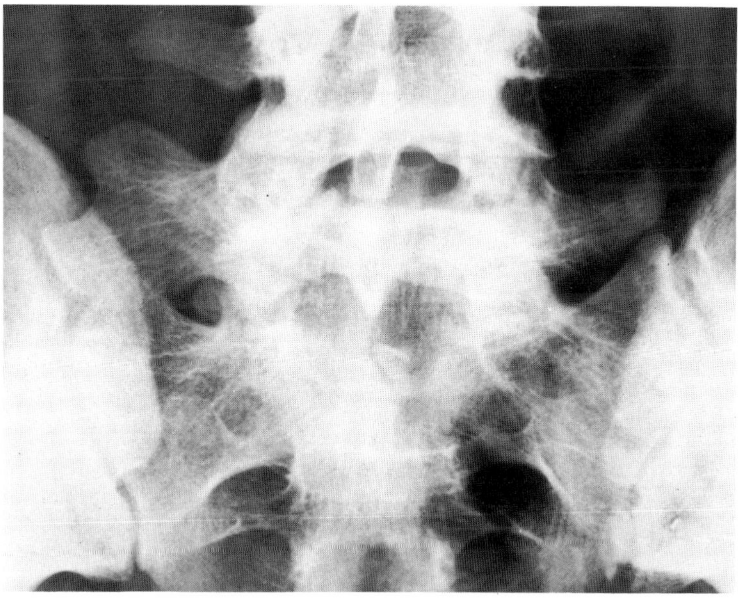

Abb. 5.**283** Assimilationstendez rechts (einseitiger Übergangswirbel)

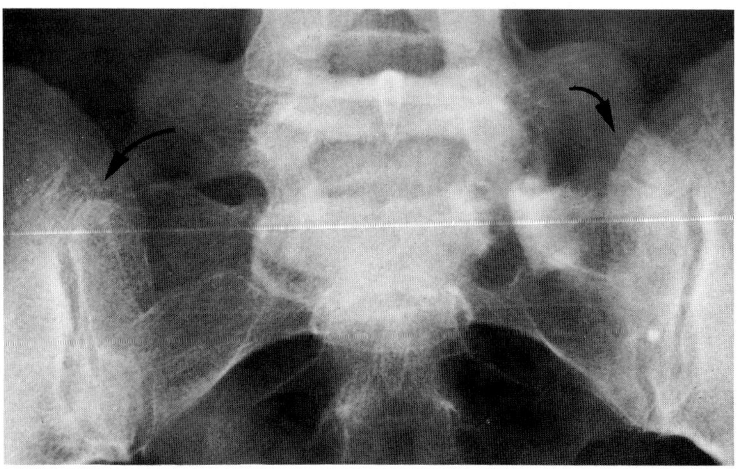

Abb. 5.**284** Beidseitiger Übergangswirbel

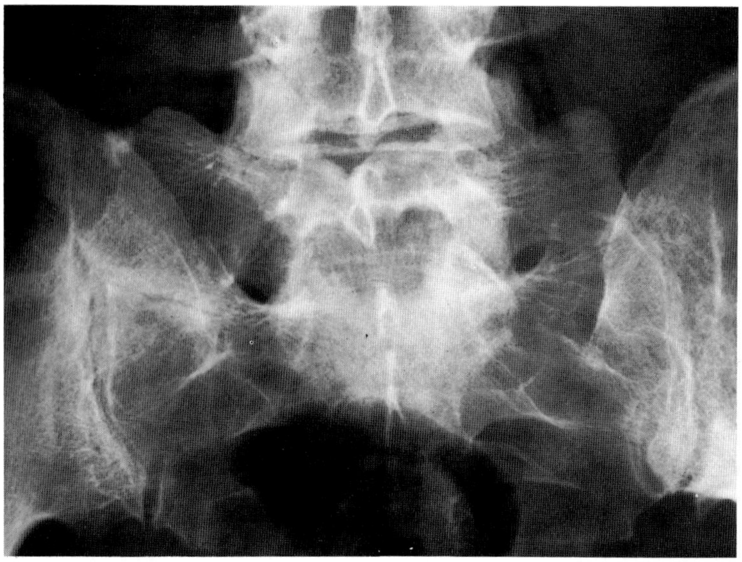

Abb. 5.**285** Beidseitiger Übergangswirbel, rechts mit Nearthrose und Reibungssklerose

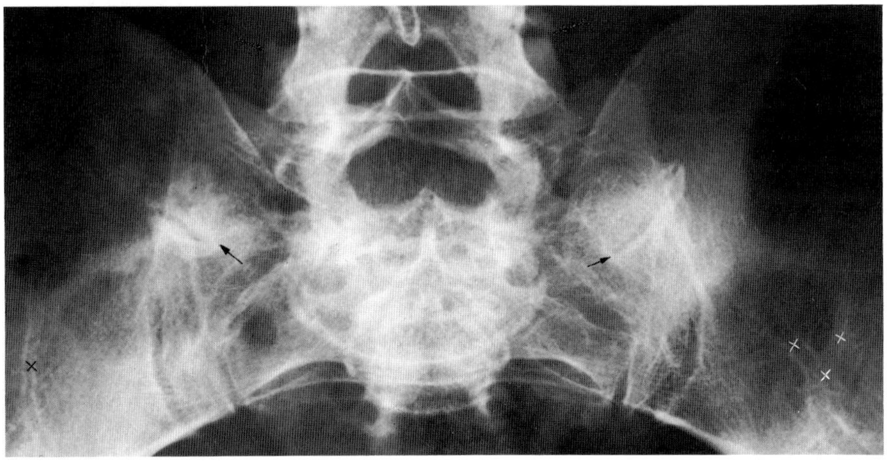

Abb. 5.**286** Beidseitiger Übergangswirbel mit beidseitiger Nearthrose und Reibungssklerose (→). Gefäßkanäle im Becken (×)

Die **Höhenabnahme** des lumbosakralen Zwischenwirbelraumes kann im Rahmen des Übergangswirbels als Variante bestehen (93) oder durch degenerative Zermürbung nach Fehlbelastung hervorgerufen werden.

Nicht jeder plumpe Querfortsatz des letzten Lendenwirbels definiert diesen als Übergangswirbel; sobald jedoch plumpe Fortsätze und Verbreiterungen gegen das Kreuzbein auftreten, kann man von einer **Assimilationstendenz** sprechen, die zur **Koaleszenz** oder vollständigen **Synostose** mit dem Kreuzbein führt. **Sklerosen der Koaleszenzflächen** (s. Abb. 5.**284** und 5.**285**) können ein Hinweis für Schmerzen sein (klinisch lokalisierter Druckschmerz), deren Grund auch in statischen Abweichungen im Aufbau der Wirbelsäule und Arthrosis deformans der (besonders lumbosakralen) Wirbelgelenke liegt. Asymmetrie beschleunigt den Beginn der Beschwerden, der häufig durch einen zufälligen äußeren Anlaß (Trauma) oder Änderungen der Statik (schnelles Wachstum, Gravidität, Gewichtszunahme) ausgelöst werden kann. Dasselbe gilt auch für das Vorkommen von sechs Lendenwirbeln, einer nur scheinbar klinisch belanglosen Variante, die aber auch nach geringfügigen Traumen unverhältnismäßig langdauernde Beschwerden verursachen kann. Charakteristisch ist, daß bei Laminektomierten der Prozentsatz von sechs Wirbeln 6,2 ausmacht gegenüber 1,8% in der Norm (26).

Es wird darauf hingewiesen, daß bei einem Übergangswirbel eine Belastungsänderung stattfindet. Das Rumpf- und Kopfgewicht wird normalerweise von den Sakroiliakalgelenken aufgenommen, beim Übergangswirbel aber von einem Knochenkomplex, der vom Oberrand des Übergangswirbels zum unteren Sakroiliakalgelenk reicht (93). Die **Kuppe des oberen Gelenkfortsatzes** kann eine *Kerbe* aufweisen (Abb. 5.**288** und 5.**289**). Der Processus articularis superior des LW4 kommt symmetrisch gedoppelt vor (55).

Nicht traumatisch entstandene Spalten finden sich in einer typischen Weise nahe den Spitzen der **Gelenkfortsätze**. Sie wurden zunächst an den unteren, später an den oberen Processus articulares festgestellt (99[2]). Allgemein werden die von ihnen separierten Spitzen der Gelenkfortsätze als **persistierende**

Abb. 5.**287 a–d** Kreuzbeinpräparate, teilweise mit Übergangswirbeln

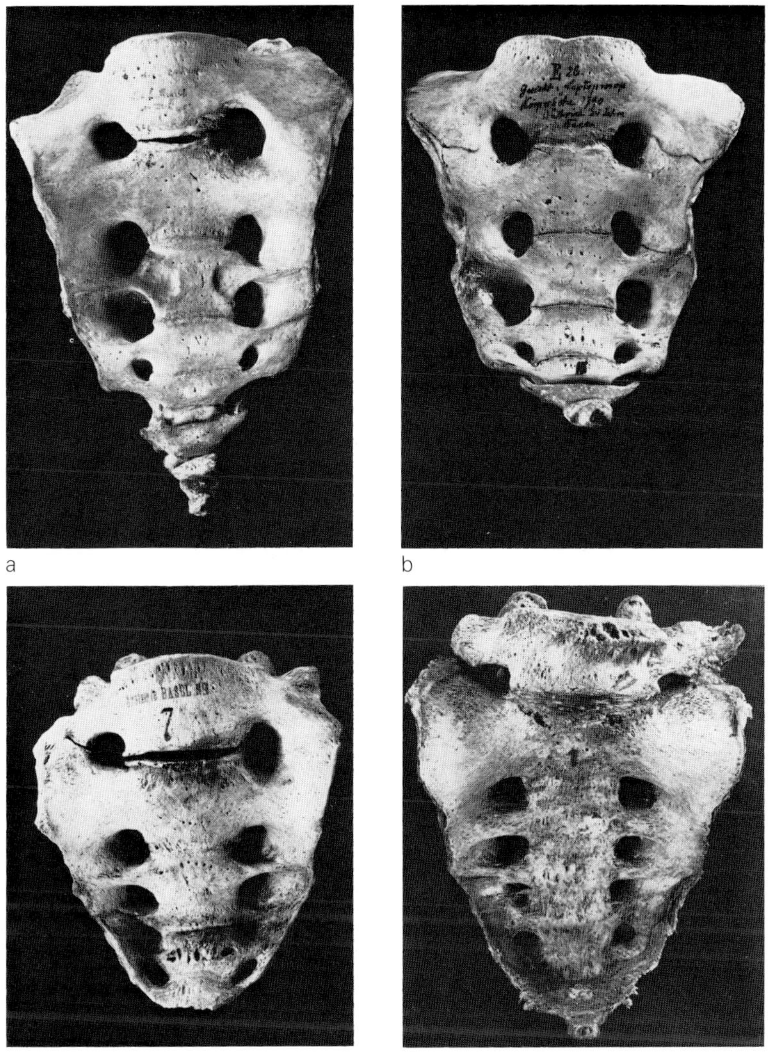

a b c d

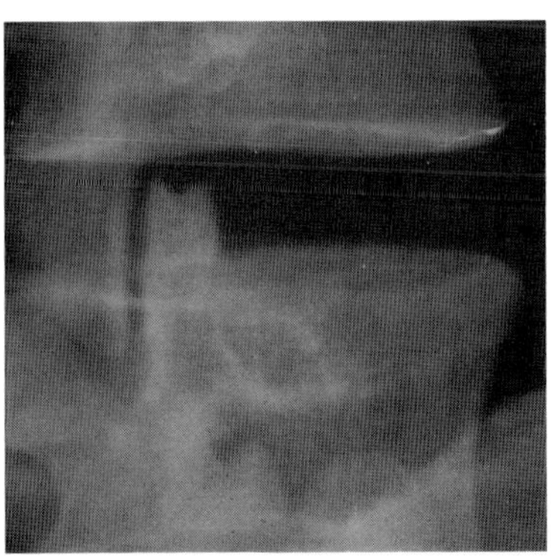

Abb. 5.**288** Doppelzacke am oberen Gelenkfortsatz von L5

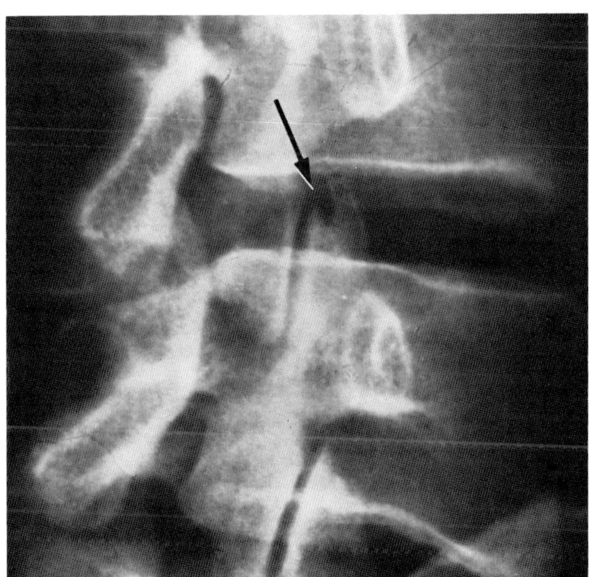

Abb. 5.**289** Gabelung des oberen Gelenkfortsatzes von L4 links

Gelenkfortsatzapophysen bezeichnet. Computertomographische Darstellungen ohne (64) und mit Kontrastmittel (69) brachten keine zusätzlichen Informationen, doch den Beweis der nichttraumatischen Entstehung. Verschieden große und geformte Knochengebilde werden als Zeichen von Ossifikationen an den Gelenkfortsatzspitzen bzw. deren Störungen beschrieben. Eine Reihe hiervon ist in den folgenden Abbildungen dargestellt: Abb. 5.**290** bis 5.**297**. Eigentümliche Spalten unbekannter Herkunft sind auch auf Abb. 5.**298** und 5.**299** wiedergegeben.

Als Frakturfolgen sind diese Spalten äußerst selten. Bei 10000 Sektionen wurde kein isolierter Gelenkfortsatzanbruch gesehen (81). Nur nach schwerem Trauma und bei erheblichen neurologischen Ausfällen darf eine traumatische Ätiologie angenommen werden (62). Radiologisch ist der Nachweis gezackter Konturen am Bruchstück zu fordern.

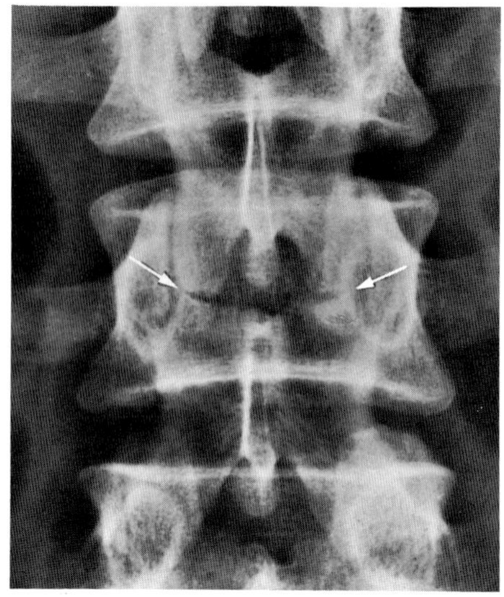

Abb. 5.**290** Symmetrische Querspalte in den unteren Gelenkfortsatzspitzen

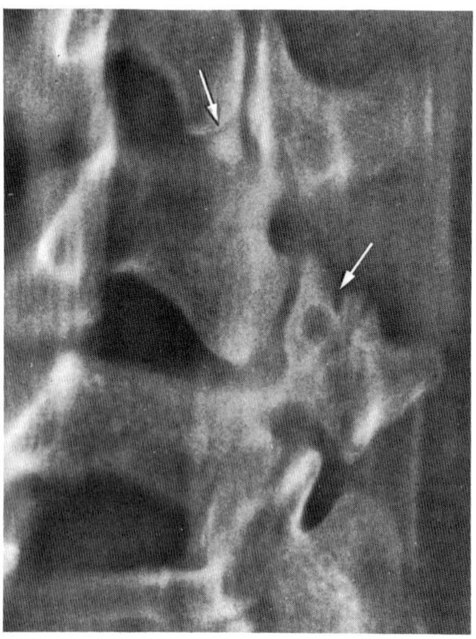

Abb. 5.**291** Schräger Spalt in einem unteren Gelenkfortsatz (→). Tiefe Kerbe in der Oberkante eines oberen Gelenkfortsatzes (mit Spalt)? und zystenähnlicher Höhle (→)

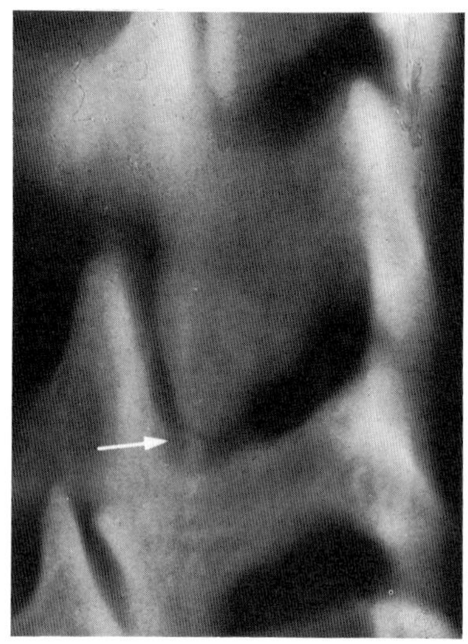

Abb. 5.**292** Akzessorium an der Spitze eines unteren Gelenkfortsatzes

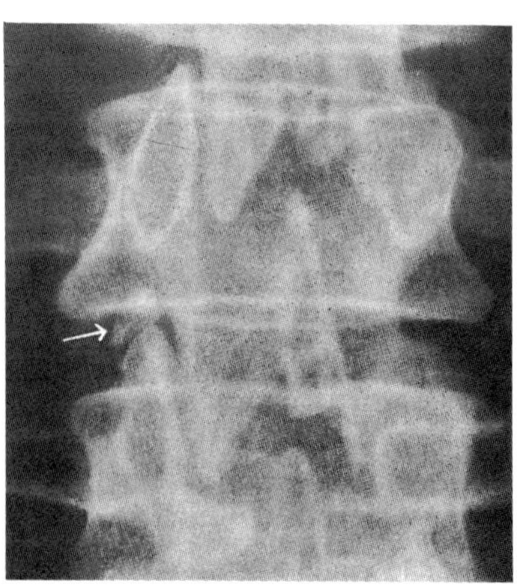

◁ Abb. 5.**293** Akzessorium an der Spitze eines oberen Gelenkfortsatzes

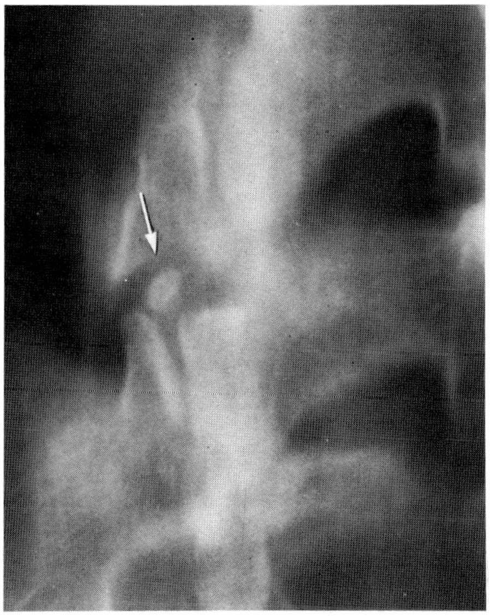

Abb. 5.**294** Akzessorium an der Spitze eines oberen Gelenkfortsatzes

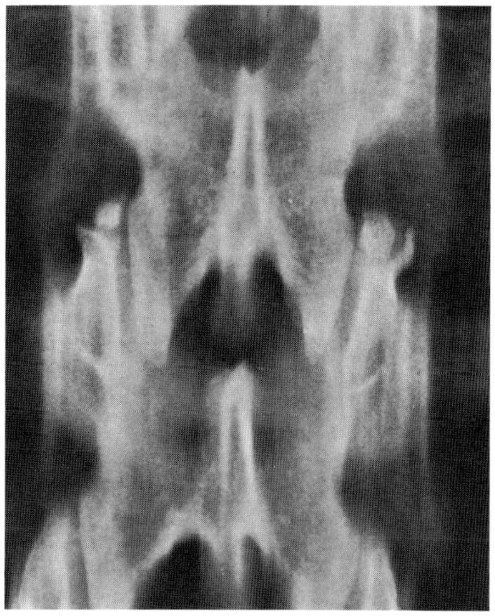

Abb. 5.**295** 33jährige Frau. Akzessoria an den Spitzen beider oberer Gelenkfortsätze von L3 (Beobachtung von Hoeffkan, Köln)

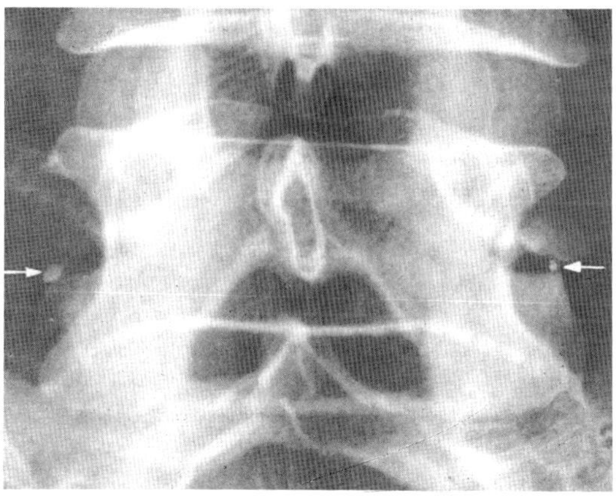

Abb. 5.**296** Kleine Akzessoria an den oberen Gelenkfortsätzen beiderseits

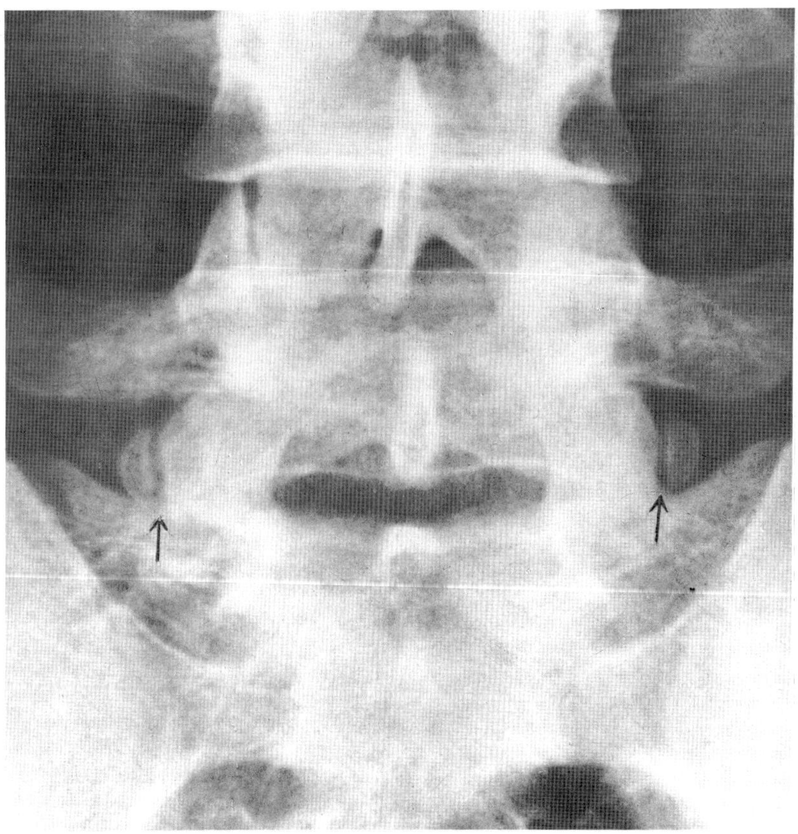

Abb. 5.**297** Große Akzessoria an den oberen Gelenkfortsätzen beiderseits ▷

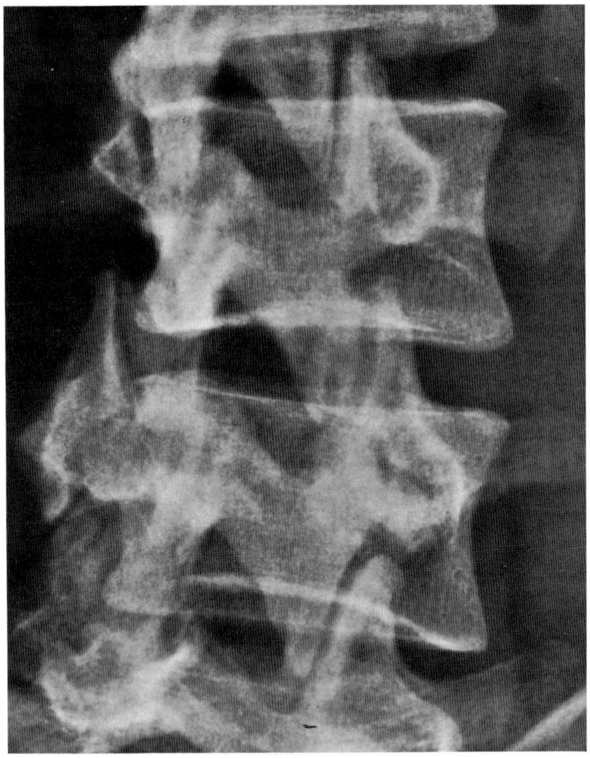

◁ Abb. 5.**298** 25jähriger Mann. Spalt an der Basis des oberen Gelenkfortsatzes mit (degenerativer?) Deformierung (Beobachtung von Wendtland, Marl)

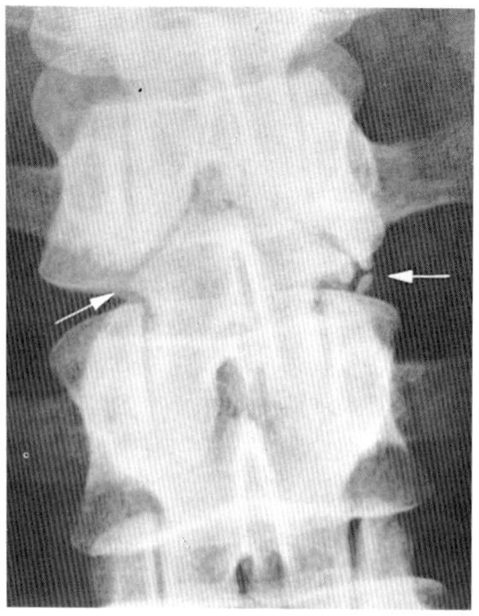

Abb. 5.**299** Doppelseitige Spalte am Wirbelbogen (Beobachtung von Bopp, Bielefeld)

Bei den mit Ausnahme der letzten beiden Beobachtungen hier abgebildeten Akzessoria an den Gelenkfortsatzspitzen ist das Verhältnis ihres Auftretens bei den Geschlechtern, Männer/Frauen = 27/5 (9) auffällig. Die Kombination in einigen Fällen mit anderen Fehlbildungen (Spondylolyse – Bakke, Regensburger, Lang, Went, Boisot, Simons, Oppenheimer; sämtlich zit. nach 100 – und medianer Bogenspalt) kann für eine dysplastische Ätiologie sprechen. Ihre Häufigkeit wird mit 0,3% bis 13,7% angegeben (Reisner, Went; zit. nach 100).

Auch über **längsverlaufende Spalten** im unteren Gelenkfortsatz und über medial einer Spondylolyse liegende **überzählige Knöchelchen** ist berichtet (60). Einen zum Querfortsatz strebenden **exostosenhaften Gelenkfortsatz** läßt Abb. 5.**300** erkennen. Die Gelenkflächen können unterentwickelt und kurz oder abgewinkelt bzw. abgebogen sein, auch mit Torsion nach ventral oder dorsal einhergehen.

Eine typische Deformität entsteht, wenn der obere Gelenkfortsatz eines Lendenwirbels nach oben, der untere des nächsthöheren Wirbels nach unten verschoben ist. Abb. 5.**301** gibt einen solchen Befund, der „swayback syndrome" genannt wurde (39), wieder. Der untere Gelenkfortsatz bettet sich in

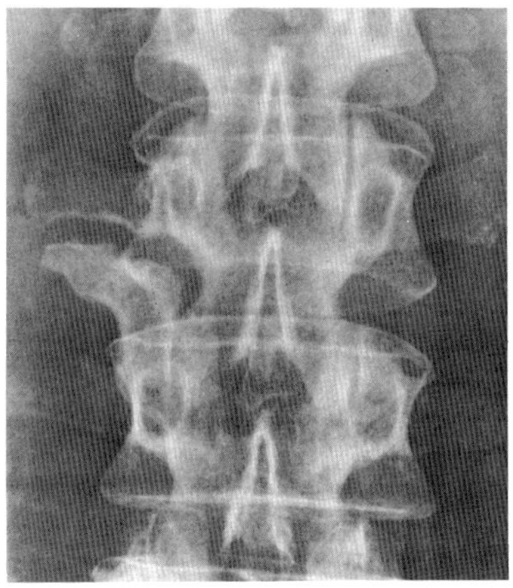

Abb. 5.**300** Exostosenartiger Vorsprung aus dem oberen Gelenkfortsatz des LW3 mit Kontaktfläche zum etwas hochgebogenen Querfortsatz des LW2 (Beobachtung von Ribbing)

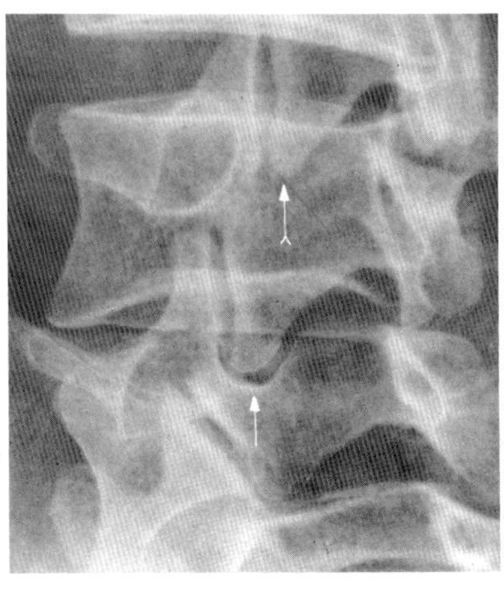

Abb. 5.**301** Verschiebung des Gelenkfortsatzes L4 und L5 ▷ nach oben bzw. unten bei muldenförmiger Dysplasie (→) des Isthmus von L4 („Swayback"-Syndrom). Doppelzacke am unteren Gelenkfortsatz von L3 (→)

eine Mulde des dysplastischen Zwischengelenkstückes. Solche Fälle kommen bei Hyperlordose der Lendenwirbelsäule mit Baastrup-Phänomen an den Dornfortsätzen vor. Bei Höhenminderung der Bandscheibe können auch außer dem Baastrup-Phänomen Reibungssklerosen zwischen den sich berührenden oberen Gelenkfortsätzen des unteren mit der Unterkante des darüberliegenden Wirbelbogens entstehen (81) (Abb. 5.**302**).

Auch die **Richtung des Gelenkspaltes** kann sich ändern. Normalerweise an der Brustwirbelsäule vorwiegend frontal ausgerichtet, stehen sie im Lumbalbereich um etwa 45 Grad geneigt (79) und drehen sich im thorakolumbalen Übergang fast in die Sagittalebene. Asymmetrien der Gelenkspaltstellung werden zwar auch zu den angeborenen Fehlbildungen gerechnet (43), doch gibt es auch eine Mitteilung, nach der unter 30 Lendenwirbelsäulen nur bei 6 Untersuchten eine völlig symmetrische Stellung gefunden wurde (47). Eine allerdings frontale Gelenkspaltstellung bei L3/4 mit dem unteren Gelenkfortsatz von L3 nicht hinter, sondern vor dem oberen Gelenkfortsatz von L4 (68), kann nur einer Fehlbildung entsprechen. Eine asymmetrische Achsenstellung beider Gelenke eines Lendenwirbels läßt Abb. 5.**303** erkennen, eine Torsion gibt Abb. 5.**304** wieder. Wechselnde Achsenverläufe sieht man bei Abb. 5.**305**, ein Klaffen, das zu klinischen Störungen führen kann (23); ist in Abb. 5.**306** festzustellen.

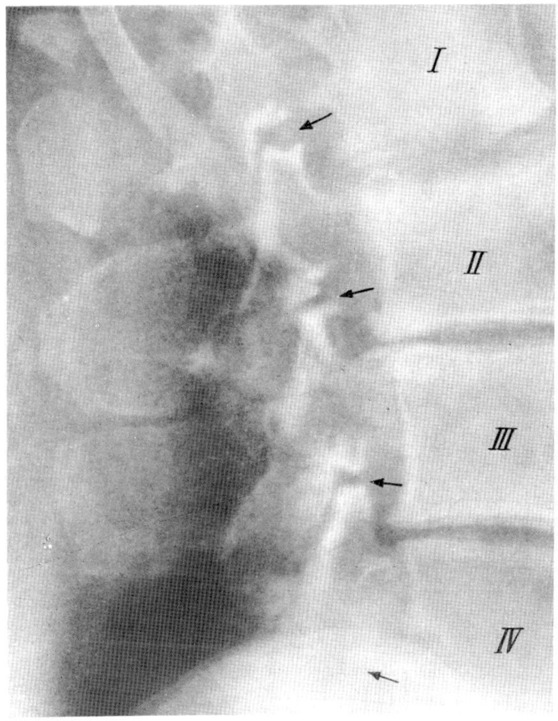

Abb. 5.**302** Nearthrose bei Osteochondrosen der Bandscheiben

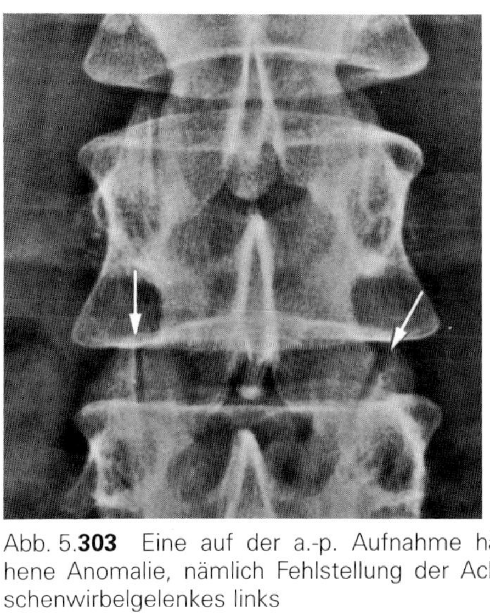

Abb. 5.**303** Eine auf der a.-p. Aufnahme häufig übersehene Anomalie, nämlich Fehlstellung der Achse des Zwischenwirbelgelenkes links

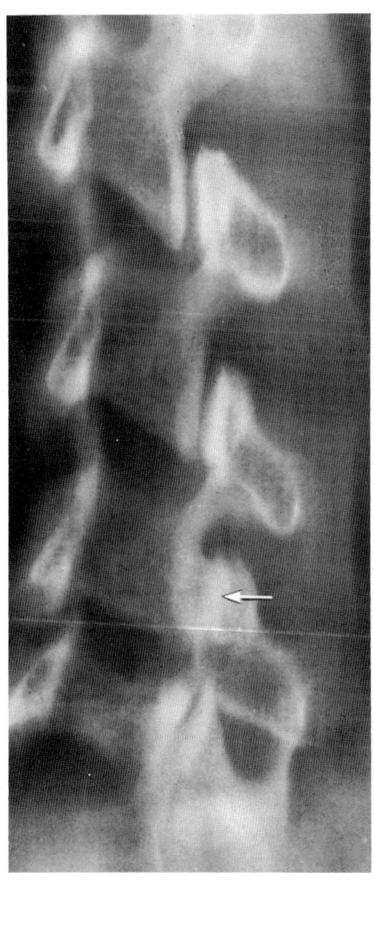

Abb. 5.**304** 31jährige Frau. Isolierte Fehlstellung der Achse ▷ eines Zwischenwirbelgelenks der Lendenwirbelsäule bei regelrechter Achsenstellung in den übrigen Segmenten. Vorgeschichte: Bereits seit der Schulzeit Schmerzen

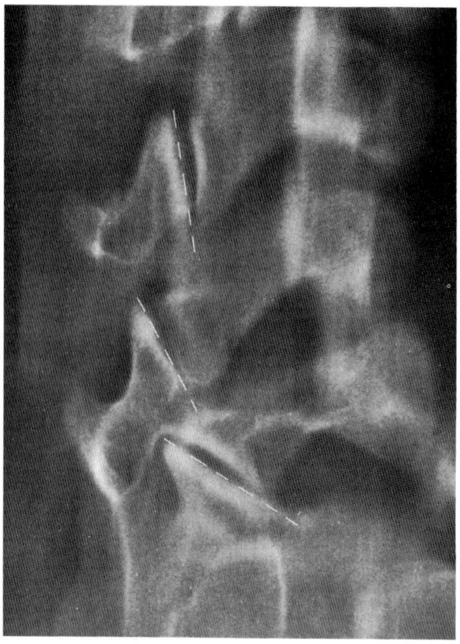

5.**305**

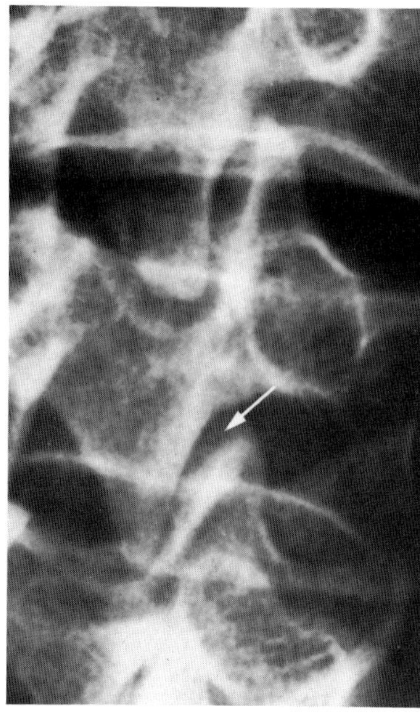

5.**306**

Abb. 5.**305** Achsenfehlstellung (gestrichelte Linien) von zwei unteren Zwischenwirbelgelenken der Lendenwirbelsäule

Abb. 5.**306** Klaffendes Zwischenwirbelgelenk

Nach einem Bericht über die computertomographische Darstellung vertikal verlaufender Foramina an der Basis der Querfortsätze (5) werden diese als **lumbale Foramina costotransversaria** identifiziert, die in einem Durchmesser von 2–3 mm mit meist, aber nicht immer, kortikaler Begrenzung durch den Neuralbogen verlaufen und Venen enthalten (33). Sie waren schon vor der computertomographischen Ära bekannt (Abb. 5.**307**).

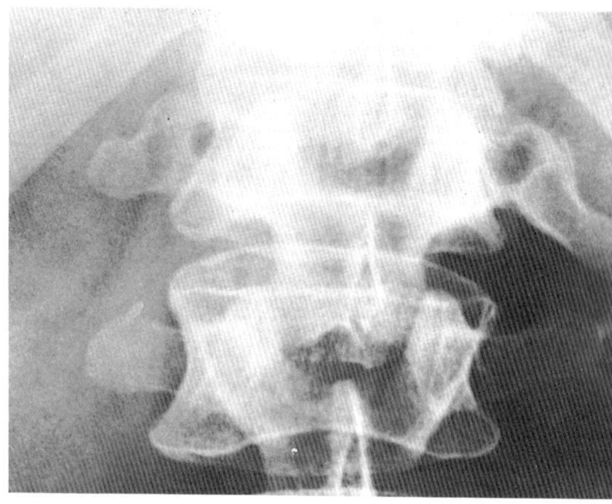

Abb. 5.**307** Foramina costotransversaria in den Querfortsätzen des ersten Lendenwirbels (Beobachtung von Wendtland, Marl)

Unter Berücksichtigung der im einleitenden Abschnitt über die Brustwirbelsäule erwähnten fortschreitenden Synostosierung der bei der Geburt noch isolierten beiden Knochenzentren in den Wirbelbögen von kranial nach kaudal ist es verständlich, daß diese Vereinigung zuletzt im lumbosakralen Übergang erfolgt und hier am leichtesten ausbleiben kann. Mit einer Häufigkeit von rund 20% sind **mediane Bogenspalten** im 1. Sakral- und 5. Lumbalwirbel schon in den Grenzbereich der Normalbefunde zu zählen (Abb. 5.**308**).

Die Bezeichnung „Spalt" ist an sich irreführend, da ein solcher nur die nachträgliche Trennung eines ursprünglich vorhandenen Substrats kennzeichnet. Die richtigere Bezeichnung „Fuge" (41, 52, 71) hat sich im Schrifttum so wenig durchgesetzt, daß auch im Handbuch trotz Einsicht in die Richtigkeit dieser Definition allgemein vom „Spalt" gesprochen wird (100[1]).

Der Spalt ist meist bindegewebig oder knorpelig, also radiologisch nicht nachweisbar, verschlossen. Gleichzeitige Defekte am Rückenmark und/oder seinen Häuten (Meningomyelozelen) sind prinzipiell möglich, aber spezielle extrem selten, bei ihrem Vorhandensein allerdings oft mit Innervationsstörungen auch an den unteren Harnwegen verbunden. Klinisch finden sich außer den neurologischen Veränderungen Hypertrichosen, Pigmentflecke der Haut, Fettansammlungen, Fußdeformitäten und trophische Störungen (100[2]). Erst dann kann man vom Knochen her von einer „Spina bifida" und, wenn sich die Meningozele nicht nach außen vorwölbt, von einer „Spina bifida occulta" sprechen.

Der Bogenschluß beider Wirbel braucht bei Varianten dieser Art nicht zu fehlen, kann aber sehr asymmetrisch erfolgen. Eine solche Asymmetrie vermag im Seitenbild die Doppelung eines Dornfortsatzes vorzutäuschen (Abb. 5.**309a** u. **b**). Der Dornfortsatz selbst kann gespalten sein oder auch fehlen. Das Auftreten von trotz fehlendem Dornfortsatz entwickelten Spitzenkernen, die also isoliert in der Lücke liegen, kommt öfter vor. Die betroffenen Bogenanteile können hypoplastisch sein, aber auch kompensatorisch die Medianebene überschreiten.

Abb. 5.**308** Mediane Bogenspalte von L5 und S1

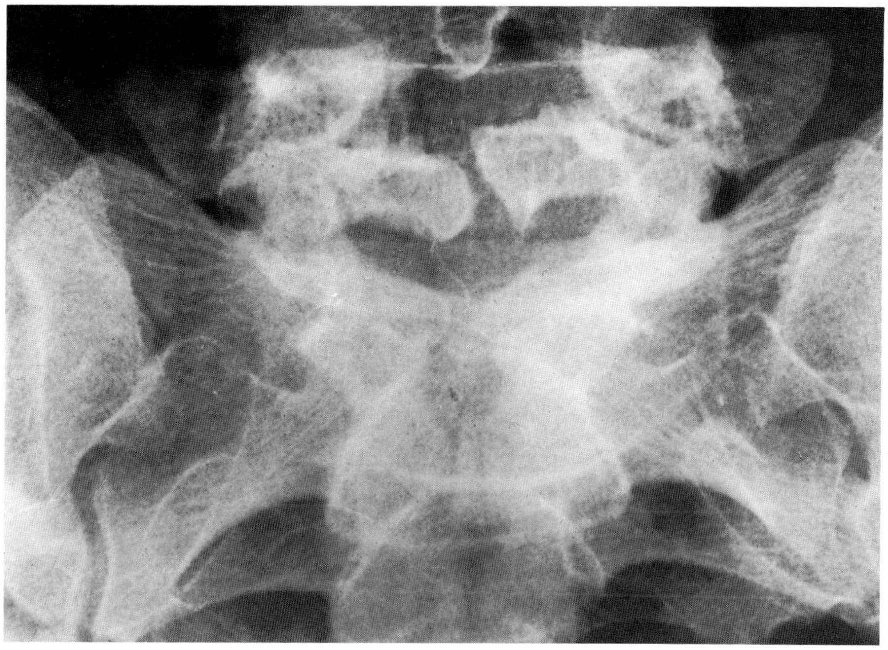

a

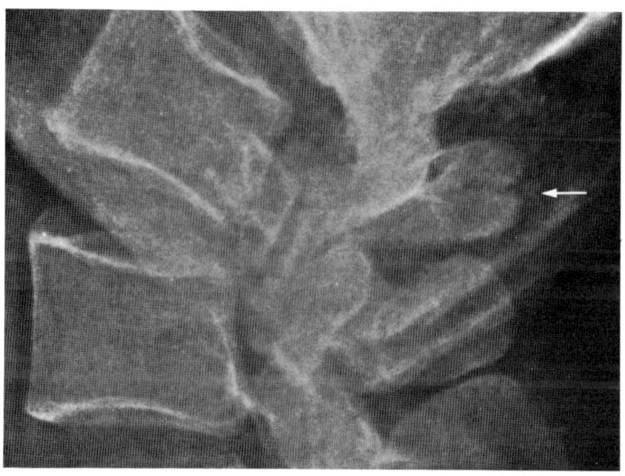

b

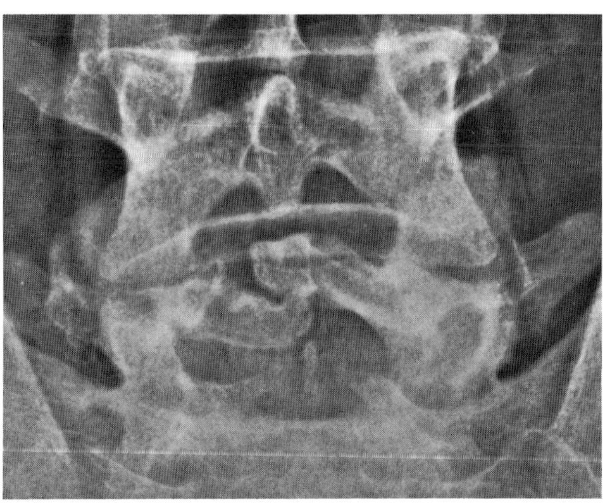

Abb. 5.**309 a** u. **b**
a Im seitlichen Strahlengang: Scheinbare Doppelung des Dornfortsatzes
b Übereinander stehende mediane Wirbelbogenanteile bei unvollständigem Bogenschluß

Anomalien

In einer Deutlichkeit wie in kaum einer anderen Skelettregion sieht man die Schwierigkeit der Abgrenzung von Norm, Varianten, Anomalien sowie Verletzungsfolgen und Nekrosen wie bei den Bogenspalten lumbosakraler Wirbel. Standen die medianen Bogenspalten wegen ihrer Häufigkeit noch Normalbefunden nahe, so kann eine durch die sog. Zwischengelenkportion (oder den Isthmus) verlaufende Spalte (Abb. 5.**310**) vielfältige Ursachen haben: Sie kann kongenital auftreten, aufgrund einer Wirbelbogendysplasie entstehen, im Ausnahmefall einer Traumafolge entsprechen und im Wachstumsalter durch eine Streßfraktur bedingt sein (19[1]).

Die Knochenlücke im vorderen oberen Teil des Zwischengelenkstückes (83), die Spondylosis interarticularis oder die **Interartikulardysplasie** (Verlängerung, Verschmälerung, Knickung), fakultativ kombiniert mit Hypoplasien und Fehlstellung der Gelenkfortsätze (47, 66, 99), ist als Anomalie aufzufassen und deshalb hier zu besprechen.

Die Spondylolyse manifestiert sich erst nach der Geburt. Zwischen einseitigen Verlängerungen des Zwischengelenkstückes und Fehlform des Processus articularis sacri (ohne Lyse und Verschiebung) gibt es über beidseitige, nicht gleichmäßig fortgeschrittene Bogenveränderungen fließende Übergänge bis zur beidseitigen Lyse mit Verschiebung der vorderen Wirbelanteile.

In der radiologischen Darstellung lassen sich Spondylolysen zwar im sagittalen und seitlichen Strahlengang oft schon erkennen, doch wird das Zwischengelenkstück in ganzer Ausdehnung übersichtlicher in der Schrägaufnahme bei jeweiliger Drehung um 45 Grad dargestellt (28) (Abb. 5.**311a** u. **b**). Im a.-p. Strahlengang bei 30 Grad nach oben gekippter Röhre wurden die besten Ergebnisse erzielt

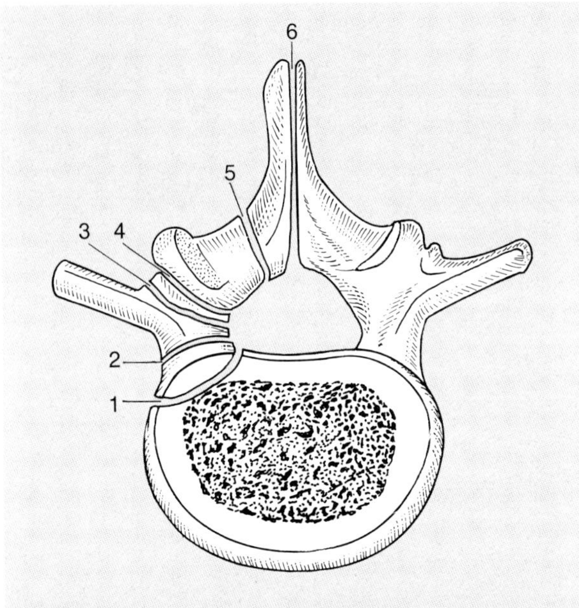

◁ Abb. 5.**310** Skizze über verschiedene Möglichkeiten von Bogenspalten

1 u. 2 = retrosomatische (Bogenwirbel-)Spalten
3 u. 4 = Spalten im Zwischenwirbelgelenkstück
5 = retroisthmische Spalte
6 = mediane (evtl. Dornfortsatz-)Spalte

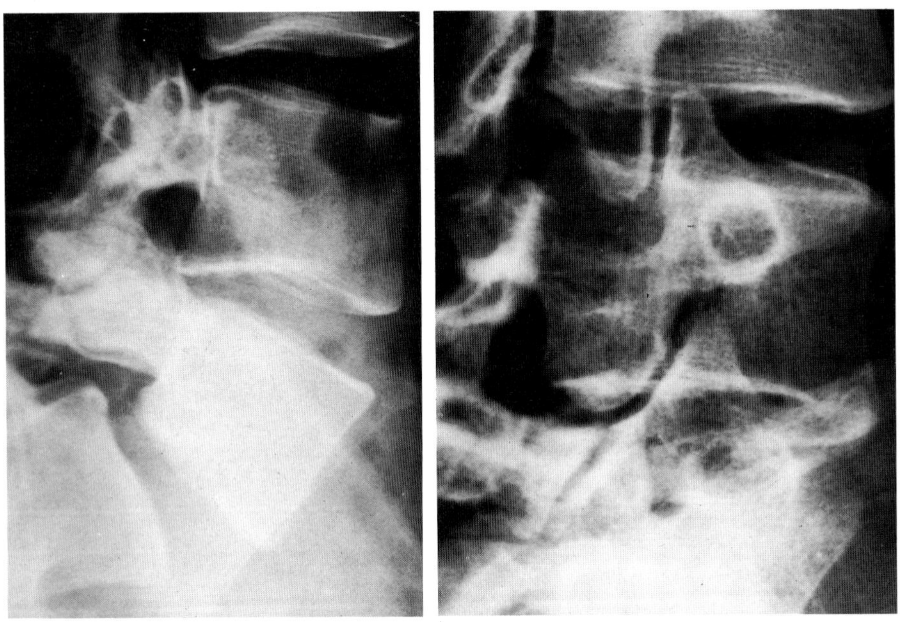

Abb. 5.**311 a** u. **b**
a Ventralverschiebung bei Unterentwicklung des 5. Lendenwirbels gegen S 1 und L 4
b Verplumpung des unteren Gelenkfortsatzes L 4 Spondylarthrosis deformans L 5/S 1

(2). In der Schrägstellung angefertigte Tomogramme verdeutlichen den manchmal schwer auf Summationsaufnahmen zu erkennenden Befund, dessen Deutung durch die Vergleiche mit dem Bild eines Scotchterriers erleichtert wird (46) (Abb. 5.**312**). Das Maul des Hundes entspricht dem Querfortsatz, seine Ohren dem oberen, die Vorderbeine dem unteren Gelenkfortsatz, der Hals dem Interartikularstück, das Auge der Kortikalis des Wirbelbogens (14). Ein Spalt in der Interartikularportion ruft in dieser Figur das Bild eines Halsbandes für den Hund hervor (ein Bauchband spräche für eine retroisthmische Spalte [s. Abb. 5.**310**], s. unten). Dysplasien des Zwischengelenkstückes verlängern und verdünnen den Hals des Hundes (Abb. 5.**313b**).

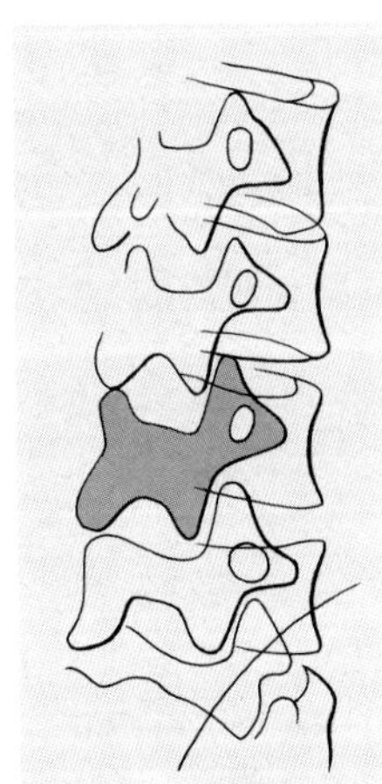

Abb. 5.**312** Auf der Schrägaufnahme ergibt sich das Bild eines (magnopischen) Scotch-Terriers

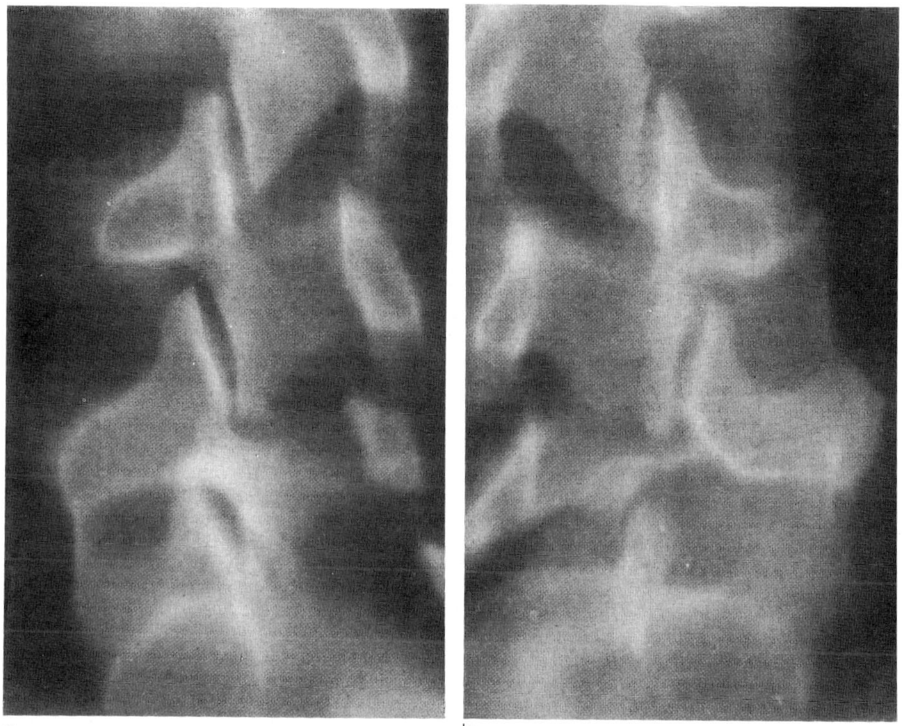

a b

Abb. 5.**313 a** u. **b** Dysplasie des Gelenkfortsatzes
a Gut entwickeltes, aber sklerosiertes rechtes Zwischengelenkstück
b Hypoplastischer unterer Gelenkfortsatz L 5 mit Verschmächtigung auch des Zwischengelenkstückes (Beobachtung von Brocher, Genf)

Computertomographische Untersuchungen (29), besonders aber bei hoher Auflösung und mit multiplaner Rekonstruktion, verfeinern und ergänzen die diagnostischen Möglichkeiten erheblich. Bei 21% von 253 Kranken mit lumbaler Spondylolyse wurde ein Diskusprolaps von mehr als 5 mm oder eine Bandscheibenhernie festgestellt, bei 34% war das Foramen eingeengt und bei 34% beeinträchtigten Weichteile oder Kallus den Neuralkanal (75).

Spondylolysen oder Isthmusdysplasien kommen in einer normalen Population in etwa 4–5% Häufigkeit vor (1, 96), in den USA bei der weißen dreimal häufiger als bei der schwarzen Bevölkerung. Es besteht eine genetische Prädisposition. Bei Alaskaeskimos wurden Bogendefekte, vor allem Spondylolysen L5, in 34% nachgewiesen (87). Beschwerden verursachen ganz vorwiegend nur doppelseitige Spondylolysen, ganz selten einseitige (51).

Die **retrosomatische Spalte** scheint selten vorzukommen (30, 35, 60 u. a.) und liegt an der jeweils verlängerten Bogenwurzel von L4 bzw. L2 (Abb. 5.**314** und 5.**315**). Eine solche Spalte am LW5, beobachtet bei einem Kind im Verlauf vom 7. bis 12. Lebensjahr, wurde auf eine Ermüdungsfraktur durch eine besondere mechanische Belastung der Bogenwurzel infolge einer Segmentationsstörung des zugehörigen Wirbelbogens bezogen (60). Sie kommt bei Kindern und Erwachsenen (8 Kinder, 4 Erwachsene [48]) vor und führt zum Bild der „posterior lumbar apophyseal ring fracture" (17). Über die **retroisthmische Spalte** als radiologischen Befund am Lebenden ist nur fallweise im Schrifttum berichtet (11, 21, 84, 85).

Die mehr als zufällige Kombination dieser Spalten, auch überzufällig mit der medianen Bogen-

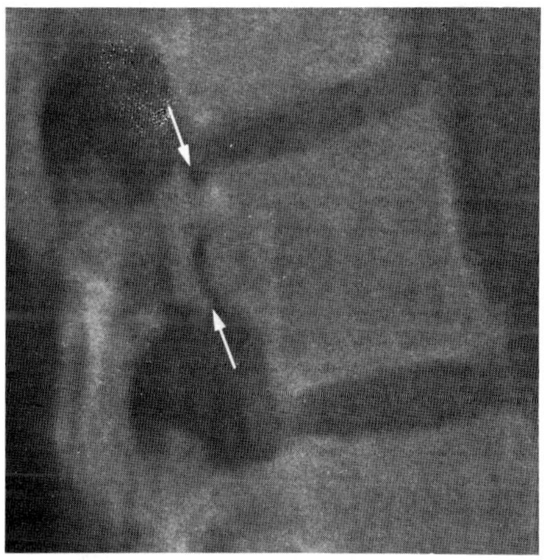

Abb. 5.**314** 27jähriger Mann. Retrosomatische Spalte an L2

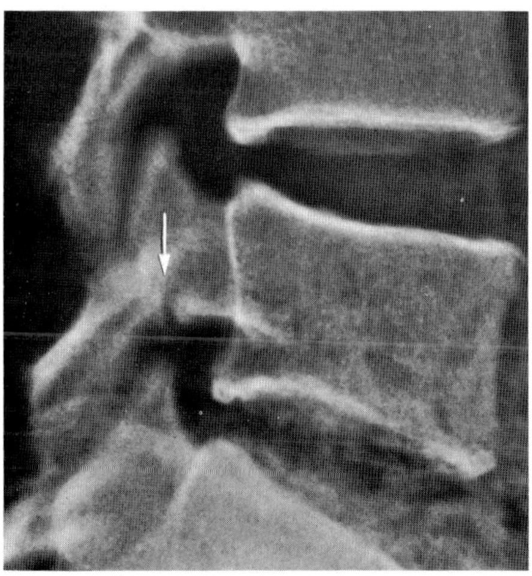

Abb. 5.**315** Kleine Kerbe an der Basis des Isthmus. Doppelseitiger lumbosakraler Übergangswirbel

spalte (35% gegenüber 20% in der Norm), spricht für eine dysplastische Ätiologie, allerdings bei den Spondylolysen nicht, wie schon erwähnt, als einziger Ursache.

Bei größeren Spalten gerät man definitionsgemäß an Lücken, die gewöhnlich als **Defekte** bezeichnet werden (Abb. 5.**316a–d**).

Aplasien, Hypoplasien (35) und Verunstaltungen der Gelenkfortsätze in der Lumbosakralregion sind besonders bei Übergangswirbeln häufiger nachweisbar (78). Die Unterentwicklung eines Gelenkfortsatzes kann zu einer sklerotischen Reaktion der darunterliegenden Isthmusregion führen (Abb. 5.**317**). Zur Häufigkeit von Gelenkfortsatzdefekten: Nach gezielter Durchsicht unter fast 7000 Wirbelsäulen wurde eine einzige Gelenkfortsatzaplasie gefunden (24). Diese Anomalie kann zur Instabilität und damit zur Degeneration, bei Einseitigkeit auch zu Skoliosen führen (78, 94).

Mit Einführung der Computertomographie bekommen die Mitteilungen, besonders über ein **kongenitales Fehlen lumbaler und lumbosakraler Gelenkfortsätze**, neue Akzente (3, 7, 101, 102). Im Rückgriff auf die Ansicht Oppenheimers und die daraus gezogenen Schlußfolgerungen auf Dysplasie und akzessorische Skelettelemente der Gelenkfortsätze in den Vorauflagen dieses Buches wurde ein solcher Befund (wie zuvor hier auch schon vielfach gezeigt und beschrieben) zugleich mit einer Beobachtung echten Fehlens eines Gelenkfortsatzes in ätiologisch gleicher Weise erklärt (3). Andererseits wird die extreme Seltenheit kongenitaler Defekte betont – bis 1981 seien 21 Fälle in der englischsprachigen Literatur bekannt gewesen. Alle Autoren weisen einerseits auf diese Seltenheit hin, andererseits auf die entscheidend bessere Nachweismöglichkeit durch die Computertomographie. Männer sind etwas öfter betroffen (61%). In einer merkwürdigen Dominanz ist die linke Seite Sitz des Defekts 2,4 mal häufiger (54, 85) (Abb. 5.**318**). Meist führten Schmerzen zur Aufdekkung des Befundes. Die Computertomographie ermöglicht die Abgrenzung vor allem gegen Tumordestruktionen (7). Es sei anzunehmen, daß man in Zukunft einen solchen Defekt bei Klein- und jungen Kindern häufiger findet, meint eine Autorengruppe (102). Im Gegensatz zu den wenigen jeweiligen Fallberichten der vorgenannten Autoren bei Erwachsenen (mit Schmerzen) führen diese Autoren neun Beobachtungen bei Kindern (Durchschnittsalter 27 Monate) an. Sie weisen auf die Bedeutung der Befunde vor allem auch wegen möglicher Kombinationen mit anderen Anomalien hin (s. auch 86), während schließlich festgestellt wird, daß alle drei Beobachtungen einer Autorengruppe mit retrosomatischen Spalten kombiniert waren (101).

Die **Spondylolisthese**, das Abgleiten eines Wirbels nach vorn, kann als eine Folge der Spondylolyse eintreten. Es handelt sich zwar nur um die Sonderform aus sonst anderen möglichen Wirbelverschiebungen, bildet jedoch eine solch bedeutsame nosologische Entität, daß ihr im Handbuch der Medizini-

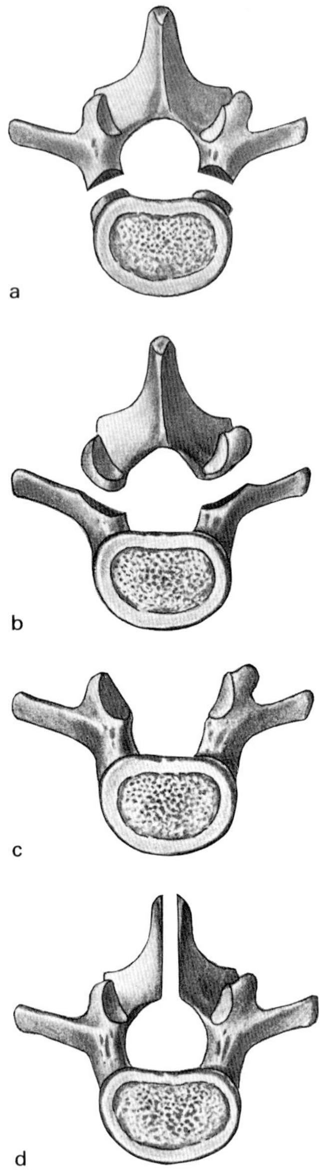

Abb. 5.**316 a–d** Spalten und Defekte im Wirbelbogen und seinen Fortsätzen
a Bogenwurzelfuge
b Spaltung in der Interartikularportion
c hinterer Wirbelbogendefekt
d medianer Wirbelbogendefekt

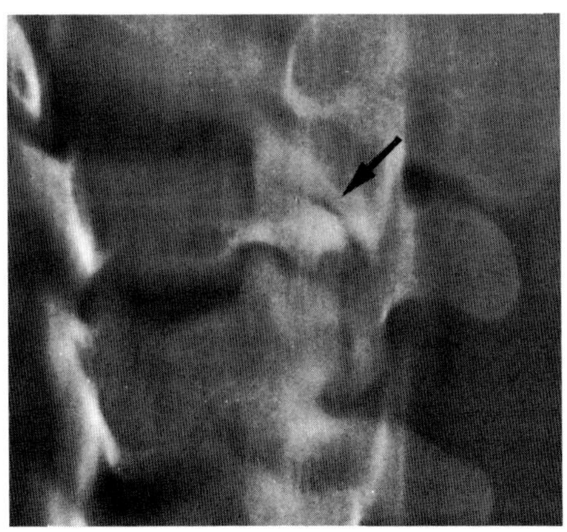

Abb. 5.**317** 25jähriger Mann. Dysplasie eines Zwischenwirbelgelenkes bei Unterentwicklung des unteren Gelenkfortsatzes von L4 und schwerer sklerotischer Reaktion in der darunter liegenden Isthmusregion

schen Radiologie in eigenes Kapitel eingeräumt wurde (35). Die Zugehörigkeit nur dieser Art von Wirbelverschiebung zu den Folgen von Anomalien rechtfertigt ihre Besprechung an dieser Stelle des Buches.

Die Spondylolisthesis ist bei wortgetreuer Fassung des Begriffes eigentlich eine Pseudospondylolisthesis (s. unten), da bei ihr infolge der Spaltung im Gelenkabschnitt nur der Wirbelkörper und nicht der ganze Wirbel nach vorn gleitet, während die Pseudospondylolisthesis bei exakter Begriffsfassung eigentlich als Spondylolisthesis zu bezeichnen wäre, da der Wirbel einschließlich seiner Anhangsgebilde und nicht nur ein Teil desselben abgeleitet.

Üblicherweise versteht man unter

– *Spondylolisthesis* das Gleiten des Wirbelkörpers nach vorn bei vorhandener Spondylolyse (Abb. 5.**319** und 5.**320**),
– *Pseudospondylolisthesis* das Gleiten des ganzen Wirbels nach vorn (meist infolge Flachstellung oder Subluxation der kleinen Wirbelgelenke) ohne Spondylolyse.

Voraussetzung für ein solches Gleiten sind (außer den Wirbelspalten) die Zermürbung der dazugehörigen Bandscheibe, das Nachgeben in der Spannkraft der hinteren Bänder und im Tonus der vorderen Muskulatur.

Der Gleitvorgang beginnt in der Regel vor dem 20. Lebensjahr und ist beim Erwachsenen abgeschlossen. Die klinischen Symptome machen sich allerdings oft erst später bemerkbar. Das Gleiten betrifft vorwiegend die beiden letzten, speziell den 5. Lendenwirbel (in etwa 80–90% aller Fälle). Spalten an mehreren (meist benachbarten) Wirbeln sind möglich. Meist sind dann zwei, ganz selten drei Wirbel betroffen (35).

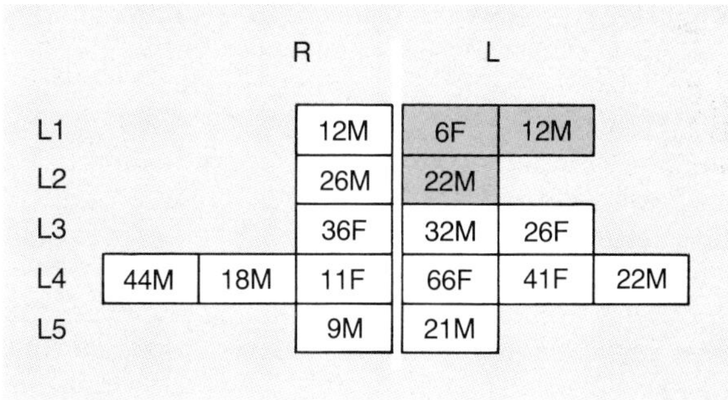

Abb. 5.**318** Verteilung bis 1981 bekannter Fälle lumbaler Gelenkfortsatzhypo- (schraffierte Kästchen) und -aplasien (leere Kästchen) nach Höhe, Geschlecht und Seite (nach Carol Stelling)

Eine graduelle Abstufung läßt sich nach der radiologischen Wiedergabe im seitlichen Strahlengang vornehmen, wobei nur die Abweichung der Hinterkanten betrachtet werden darf. Der Vergleich der Vorderkanten kann täuschen.

Im a.-p. Strahlengang erkennt man die Spondylolisthesis des 5. Lendenwirbels an der typischen Erscheinung des „umgekehrten Napoleon-Hutes" (Abb. 5.**321**).

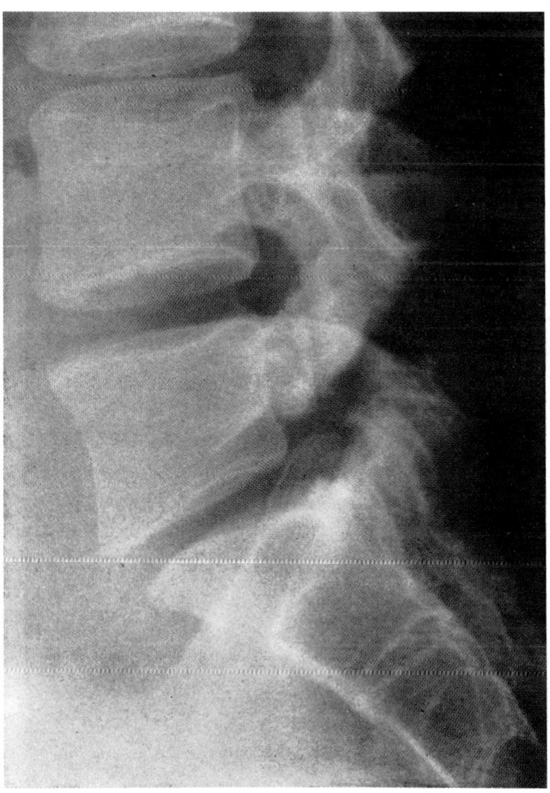
Abb. 5.**319** Spondylolisthesis geringen Grades

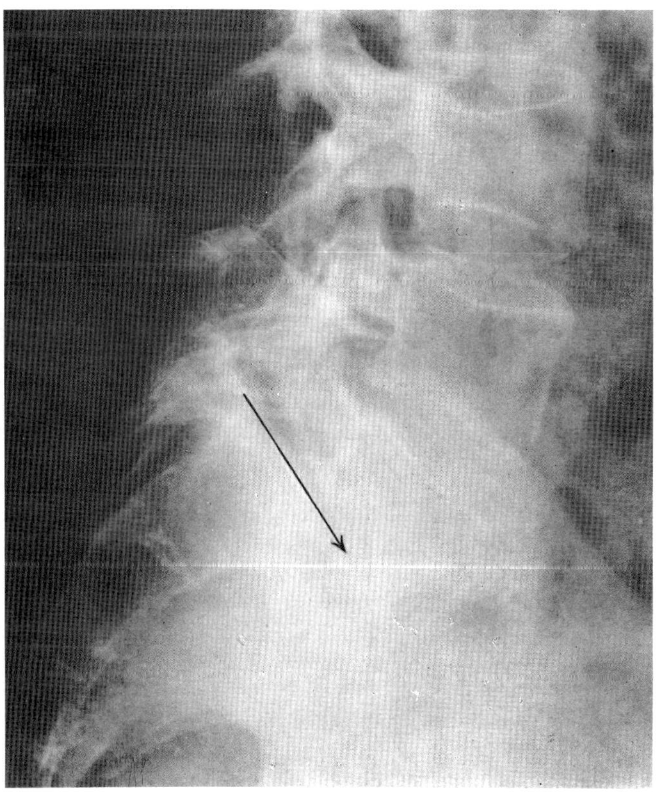
Abb. 5.**320** Spondylolisthesis stärkeren Grades

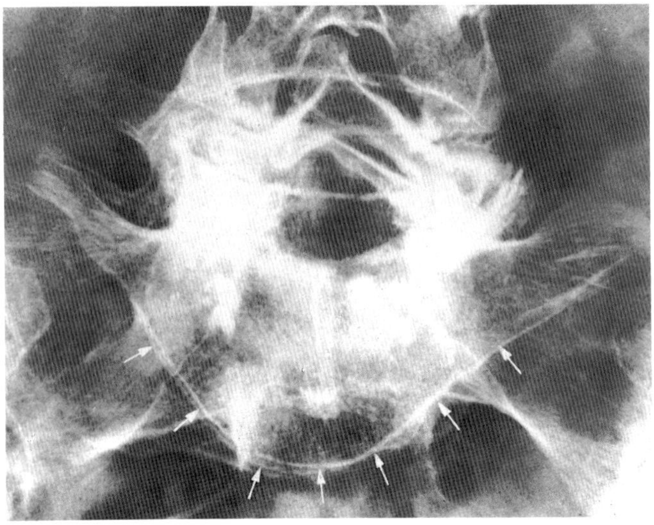

Abb. 5.**321** A.-p. Aufnahme einer Spondylolisthesis. Bild des „umgekehrten Napoleonhutes"

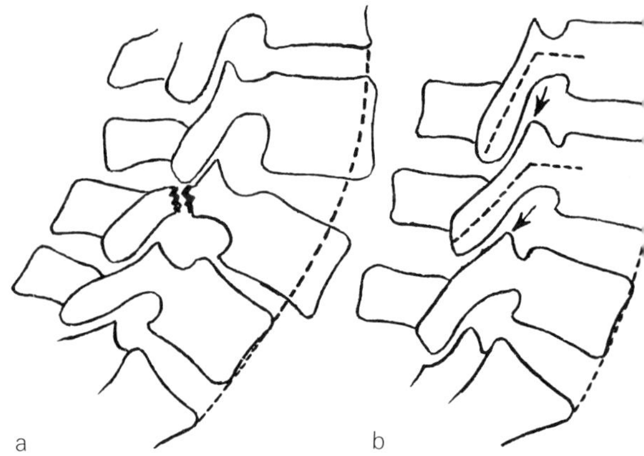

Abb. 5.**322a** u. **b**
a Spondylolisthesis
b Pseudospondylolisthesis: starke Neigung der Gelenkflächen, Verstärkung des Wirbelbogenwinkels (gestrichelte Linie)

Die Verschieblichkeit des dislozierten Wirbels läßt sich durch Funktionsaufnahmen messen, die seitlich als Extensionsaufnahme im Stehen, als Flexionsaufnahme liegend mit umfaßten Knien und herangezogenem Kopf angefertigt werden (11).

Bei der **Pseudospondylolisthesis** (40) gleitet der Wirbel infolge Abschrägung und Neigung der Gelenkflächen ohne Spalt im Interartikularstück nur um einen geringen Betrag nach vorn. Der Bogenwinkel, gebildet durch die Achse der Bogenwurzel und des Zwischenstückes, ist vergrößert (Abb. 5.**322a** u. **b**). Bei Pseudospondylolisthesis lassen sich, am deutlichsten in der tomographischen Darstellung, die Verlängerung des Zwischenwirbelstückes (s. Abb. 5.**313a** u. **b**) und andere Dysplasien nachweisen.

Eine **Retroposition** (umgekehrte Spondylolisthese) betrifft ganz vorwiegend den LKW5, geht in 84,4% mit Höhenminderung des darunterliegenden Zwischenwirbelraumes (infolge Bandscheibenschädigung, selten Trauma, bei ein paar Patienten kongenitalen Ursprungs) einher und kann auch in der oberen Lenden-, der Brust- oder Halswirbelsäule beobachtet werden, wobei ursächlich auch rheumatoide oder entzündliche Prozesse eine Rolle spielen können (27).

Lumbosakrale Dislokationen sind radiologisch fast immer im Seitenbild zu erkennen, doch gibt es auch posttraumatische Seitenverschiebungen des LW5 gegenüber dem Kreuzbein nach Abbruch des nicht verlagerten unteren Gelenkfortsatzfragmentes (74).

Die multiplane Computertomographie muß als sehr wertvolle Untersuchungsmethode zur Feststellung des Wirbelgleitens überhaupt und des Ausmaßes des Gleitvorganges nach vorn und hinten angesehen werden (77).

Meßtechnisch ist auch nach der unter „Norm" dieses Kapitels angegebenen Methode nach Meschan (56) aus der Lage der beiden Meßlinien zueinander bzw. der Höhe ihres Kreuzpunktes das Ausmaß der Dislokation des nach vorn verlagerten Wirbels festzustellen (Abb. 5.**323a–f**). Quantitativ besser faßbare Ergebnisse sind nach der Einteilung in vier Stadien (56) (Abb. 5.**324a–e**), genauer noch nach der prozentualen Angabe der Verschiebung des dislozierten 5. Wirbels gegenüber der Gesamtlänge der Deckfläche des 1. Sakralwirbels (= 100%) (88), zu erhalten. Eine kurze, übersichtliche Darstellung verschiedener Maße liegt vor (98).

In einem größeren anatomischen Untersuchungsmaterial wurden diese Veränderungen in den Intervertebralgelenken an der Lumbalwirbelsäule und in den Sakroiliakalgelenken kontrolliert (großes Literaturverzeichnis bei 37).

Akzessorische Rippen können bei kongenitalen Fehlbildungen auch von L4/5 ausgehen, kommen aber mehr bei Kreuzbeindysplasien vor (8), s. Kapitel „Kreuz-/Steißbein".

Abb. 5.**324a–e** Die Klassifikation der Spondylolisthese ▷ (nach Meyerding). In der schematischen Darstellung zeigt sich die Messung des Listhesegrades des abgerutschten LWK5 am gezielten sagittalen Radiogramm in Beziehung zur oberen Grenzlinie des ersten Kreuzbeinwirbels, das in vier Viertel geteilt wird

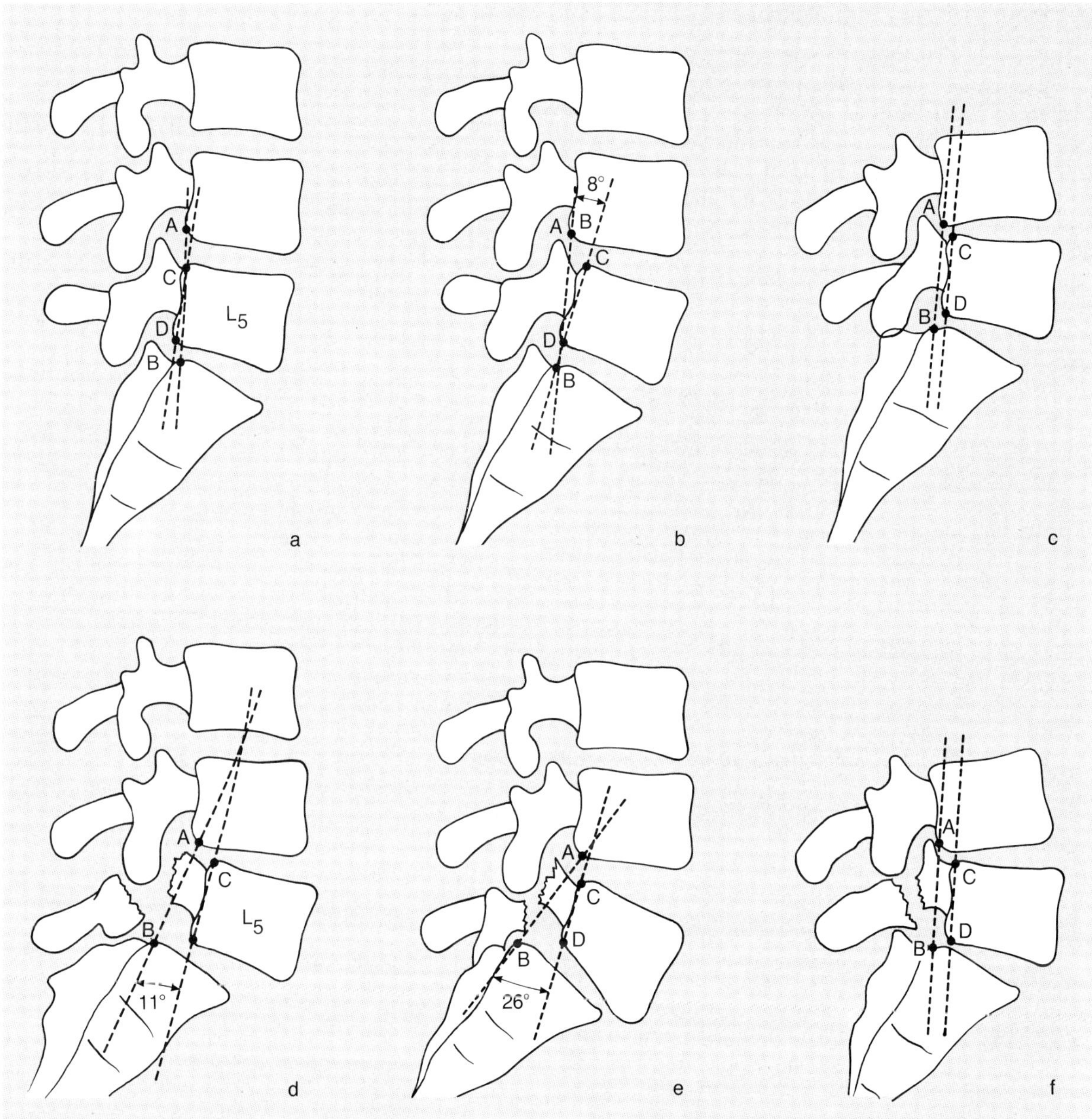

Abb. 5.**323 a–f** Drei verschiedene Normaltypen
a Die Meßlinien kreuzen sich im spitzen Winkel über L5
b Der Schnittpunkt der Meßlinien liegt unterhalb von L5
c Die Meßlinien verlaufen parallel in ca. 2 mm Abstand
Verschiedene Grade der Spondylolisthesis
d Mäßiges Abgleiten von L4. Der Schnittpunkt der Meßlinien liegt oberhalb von L5 und beträgt 11 Grad
e Schwere Erkrankungsform. Der Schnittpunkt der Meßlinien liegt oberhalb von L5 und beträgt 26 Grad
f Leichtes Abgleiten von L5 ohne Kippung des Wirbelkörpers. Die Meßlinien verlaufen parallel im Abstand von 9 mm (nach Endler u. Mitarb.)

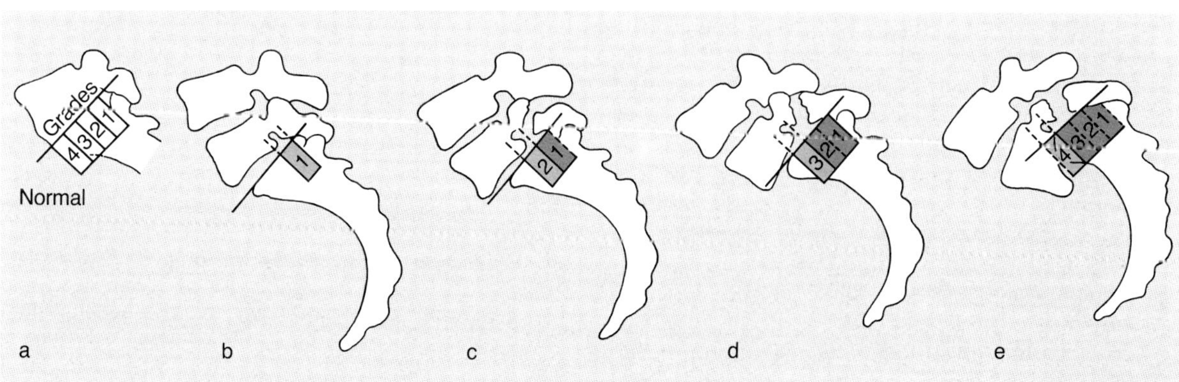

Verletzungsfolgen und Nekrosen

Unter den Knochenbrüchen im lumbosakralen Übergang kommen **Querfortsatzfrakturen** wohl am häufigsten vor. Oft sind sie die einzigen Zeichen oder nach Heilung Residuen einer sonst nicht nachgewiesenen oder verheilten und dann stabilisierten Dislokation oder Subluxation im gleichseitigen Sakroiliakalgelenk mit primär konsekutiver Beckeninstabilität (72).

Frakturbedingte Dislokationen im Lumbosakralbereich sind selten. Im englischen Schrifttum waren seit 1940 bis 1982 15 Fälle bekannt (59). Derartige Traumen gehörten nicht in den Themenkreis dieses Buches, wenn nicht ihre Symptomatik für die Diagnostik zweifelhafter Befunde, besonders **traumatischer Luxationen**, eine Hilfe bedeuten würde.

Zum Beispiel wird im Schrifttum eine durch einmaliges, schweres Trauma hervorgerufene Spondylolisthese des LW5 erwähnt, die bei einem 18jährigen Mann im Rahmen eines polytraumatischen Geschehens eingetreten war. Die unteren Gelenkfortsätze des LW5 befanden sich vor den und links der Gelenkfortsätze des Kreuzbeins. Der Wirbelbogen war nicht gebrochen (44). Diese Spondylolisthese war also eine traumatische Luxation (mit Querfortsatzfrakturen, Kallus und Bildung einer stützenden Knochenspange ventral am Kreuzbein zwei Jahre nach dem Unfall).

Auch hintere Luxationen des Sakrum sind nach Unfällen beschrieben. Den Autoren (18) waren bis 1983 18 weitere Fälle aus dem Schrifttum bekannt.

Frakturen des 5. Lendenwirbels ereignen sich unter sämtlichen Brüchen in der Lendenwirbelsäule in 6,19% und sind in 56% mit Querfortsatzbrüchen, in 52% mit Lähmungen kompliziert. Diese in mehr als 50% mit kompressionsbedingten Verschiebungen samt Subluxation des 4. Lendenwirbels nach vorn einhergehenden Knochenverletzungen verursachen im Gegensatz zu den reinen Stauchungsbrüchen schwerwiegende klinische sowie sensible und motorische Ausfälle (71, 91).

Auf die Seltenheit einer durch ein einmaliges Trauma verursachten Spondylolisthese wie auch von Frakturen der Gelenkfortsätze wurde im vorigen Absatz „Anomalien“ verwiesen.

Am Entstehen von Brüchen des Zwischengelenkstückes nach dauernder Überlastung gibt es heute allerdings keine Zweifel. Zimmer äußerte in der vorigen Auflage aufgrund eigener Beobachtungen die Vermutung, die Annahme einer solchen Ätiologie (96) könne richtig sein. Heute ist nach neuen Berichten die Diagnose einer Streßfraktur berechtigt, wenn

- durch histologische Beobachtungen in der Knochenlücke der Spondylolyse fibröses Bindegewebe und eingestreutes Knorpel-Knochen-Gewebe nachgewiesen wurde (104),
- die Spondylolyse erst nach operativen Wirbelfusionen nachgewiesen war,
- eine Spondylolyse bei Hochleistungssportlern nach ruckartigen Hyperlordosierungen (Kunstturnen, Wasserspringen, Speerwerfen, Gewichtheben usw.) in 26,5% Häufigkeit auftrat (30, 53, 83) und schließlich
- Therapieerfolge im Kindesalter (Immobilisation) mit Verschwinden der Spondylolyse erreicht wurden (65).

Inzwischen sind solche Streßfrakturen nicht nur im Hochleistungssport, sondern auch bei Sport lediglich unter Wettkampfbedingungen und nicht nur bei Hyperextensionen gefunden worden. Bei 100 Sportlerinnen wurden in 11% eine „pars stress lesion“ (Vergleich zu Nichtsportlerinnen, 2,3%) aufgedeckt (38). Da keine Beschwerden zu bestehen brauchen, ist als Voruntersuchung eine Szintigraphie und erst nach positivem Befund die radiologische Darstellung empfohlen. Eine konstitutionsbedingte Anfälligkeit ist möglich. Immobilisierende Maßnahmen bei Frühdiagnostik in der Kindheit können eine spätere Einschränkung beruflicher Tätigkeiten präventiv verhindern (15). Weitere Berichte über einen Bogenbruch (retroisthmisch) beim Jogging einer 43jährigen Frau, bei einer 17jährigen Ballettänzerin mit Ermüdungsfraktur beider Bogenwurzeln und bei einem neunjährigen, mit erheblichem körperlichem Einsatz spielendem Jungen, der – ohne einen Unfall erlitten zu haben – kombiniert eine Fraktur des interartikulären Anteiles der einen Seite und des Bogens der anderen Seite aufwies, beweisen die Anfälligkeit sämtlicher Bogenanteile für Ermüdungsbrüche. Bei zwei Patienten war der 5., bei einem der 4. Lendenwirbel betroffen (1).

In der Regel (also mit Ausnahme) zeichnen sich diese Ermüdungsfrakturen dadurch aus, daß kein periostaler Kallus gebildet wird (15).

Zu solchen Ermüdungsbrüchen sind auch *Frakturen unterer Gelenkfortsätze nach Laminektomie* mit Fazetektomie zu zählen. Sie wurden bei Nachuntersuchungen von 400 bei 25 derart operierten Patienten an der Basis der unteren Gelenkfläche computertomographisch entdeckt. Nach einem symptomlosen Intervall post operationem treten bei dem Operierten neue Schmerzen, lokale Verspannungen, Schmerz bei ungewöhnlichen Bewegungen und Schmerzlinderung im Liegen (differentialdiagnostisch gegen erneuten Diskusprolaps wichtig) auf (75).

Abtrennungen hinterer Wirbelkörperkanten durch transvertebrale Diskuseinbrüche sind an der Hinterkante vom LW4 oder LW5 schon lange bekannt (57) und (auch computertomographisch nachgewiesen) auch heute beschrieben (17, 48).

Erworbene Erkrankungen

Durch die außerordentliche Belastung in der lumbosakralen Region ist die Wirbelsäule hier besonders stark Abnutzungserscheinungen des diskoartikulären Apparates ausgesetzt. Die Zermürbung der letzten Bandscheibe führt außer den üblichen spondylotischen und osteochondrotischen Veränderungen zur **Instabilität der Wirbelsäule**, die auch in den übrigen Segmenten auftreten kann. Die Wirbel beginnen sich gegeneinander zu verschieben.

Voraussetzung ist eine Dislokation der zugehörigen Processus articulares gegeneinander. Mit ihren schrägen Gelenkflächen gleiten die oben gelegenen Processus articulares inferiores nach unten hinten und nehmen den Wirbelkörper nach hinten mit. Der obere Wirbelkörper ist gewöhnlich nur um wenige Millimeter nach hinten verschoben. Zur Diagnose dieser Dorsaldislokation oder **Spondyloretrolisthesis** müssen die Dorsalkanten der Wirbel beachtet werden. In der Höhe des verschobenen Segmentes zeigt sich eine Abwinkelung bzw. eine stufenförmige Konturunterbrechung. Es gibt allerdings auch eine **Pseudoretrolisthesis** (19^2), wenn die Assimilation des ersten Sakralwirbels zu einer überdurchschnittlichen Verringerung des Tiefendurchmessers geführt hat. Der Vergleich des Abstandes der Spitzen des oberen Gelenkfortsatzes von S1 zum Wirbelbogen L5 verhindert die falsche Diagnose. Bei der Retrospondylolisthesis nimmt der Abstand ab (Abb. 5.**325b**), bei der Pseudoretrolisthesis nicht (Abb. 5.**325a**). Auch die **Messung des Sagittaldurchmessers der Deck- und Basisflächen** gibt wertvolle Hinweise, weil bei ungleicher Länge eine anatomisch bedingte Prädisposition zur Osteochondrose angenommen werden muß. Die Retrospondylolisthesis, bedingt durch den Masseverlust des Discus intervertebralis, hat noch keinen Krankheitswert und bekommt ihn erst in Kombination mit anderen pathologischen Befunden oder, wenn dem Prozeß selber Krankheitswert zukommt, er also behandlungsbedürftig ist (19^2).

Mit der Diagnose ist auch die Instabilität bzw. auch Immobilität der Wirbelsäule noch nicht bewiesen. Hierzu bedarf es der *Aufnahme im seitlichen Strahlengang in extremer Ante- und Retroflexion* des Untersuchten. Eine segmentale Gefügelockerung liegt bei Hypermobilität und (mehr noch) bei Gleitinstabilität („Schubladenphänomen") vor (Abb. 5.**326**).

Die Degeneration in den kleinen Wirbelgelenken führt zu den bekannten, radiologisch nachweisbaren Symptomen der Gelenkspaltverschmälerung, subchondralen Sklerosen der Gelenkflächen und Osteophytenbildung: **Spondylarthrosis deformans**, die ebenfalls verstärkt bei Gefügelockerungen auftritt (Abb. 5.**327a** u. **b**). Auch im Spalt der kleinen Wirbelgelenke kann es, wie bei den Zwischenwirbelräumen beschrieben, zu spaltförmig angeordneten Gaseinschlüssen als Zeichen der Degeneration kom-

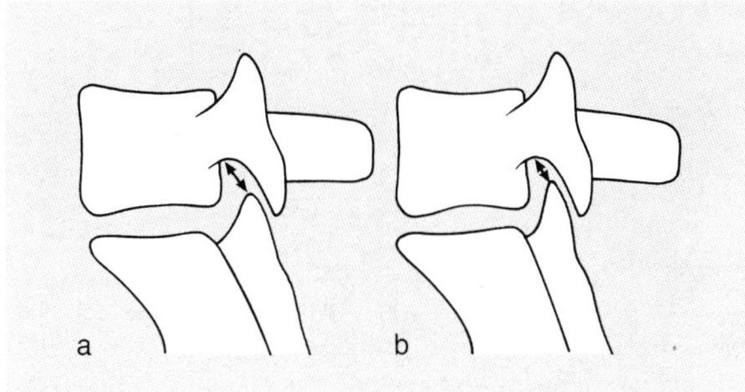

Abb. 5.**325 a** u. **b**
a Pseudoretrolisthesis L5 (Abschlußfläche S1 < L5; der Abstand zwischen Gelenkfortsatzspitze S1 und L5 (↔) ist nicht verringert
b Spondyloretrolisthesis L5 (Abschlußfläche L5 ≃ S1; unphysiologische Annäherung der Gelenkfortsatzspitze S1 an den Wirbelbogen L5 (↔)
(nach Dihlmann)

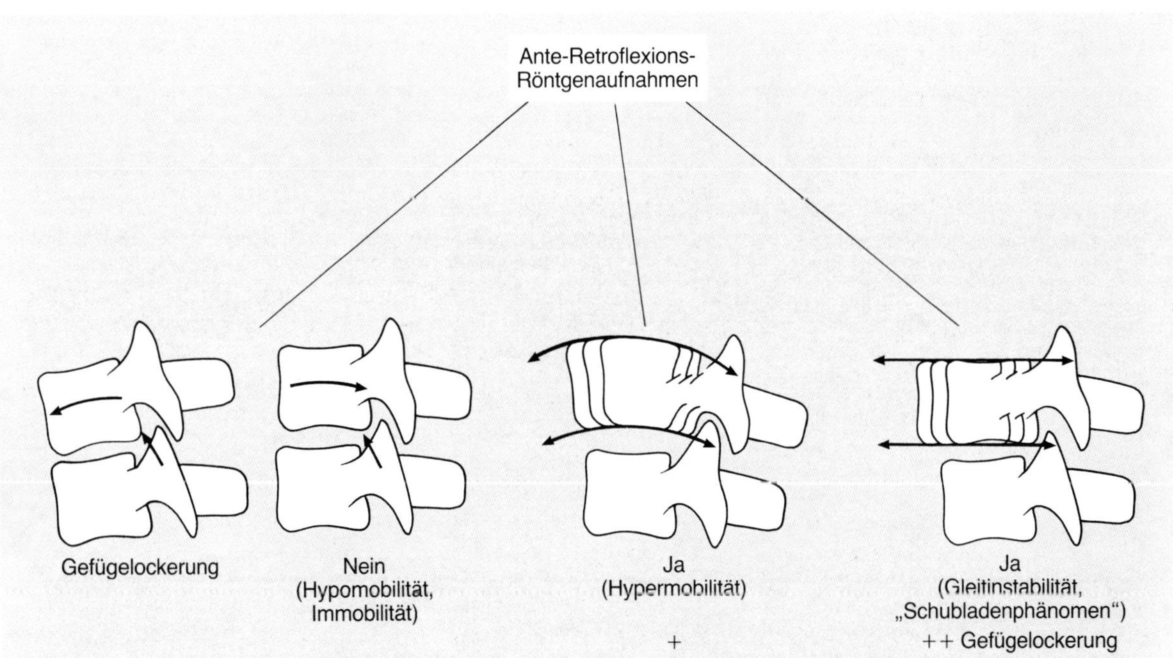

Abb. 5.**326** Implikationen der lumbalen Spondyloretrolisthesis. Radiodiagnostische Maßnahmen nach Feststellung der Höhenminderung des Intervertebralraumes (im Seitenbild) nach Masseverlust des Diskus (nach Dihlmann)

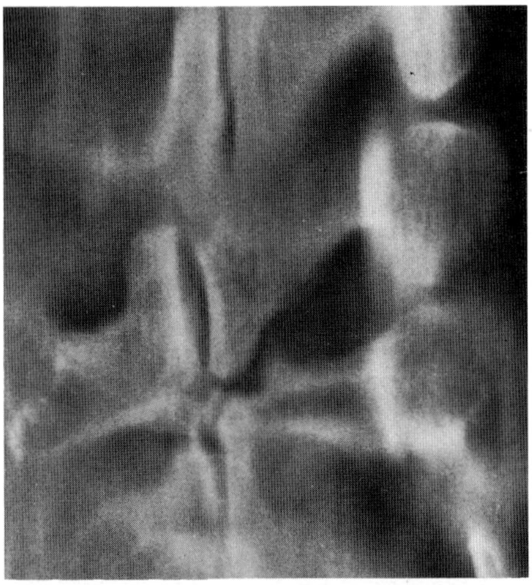
a

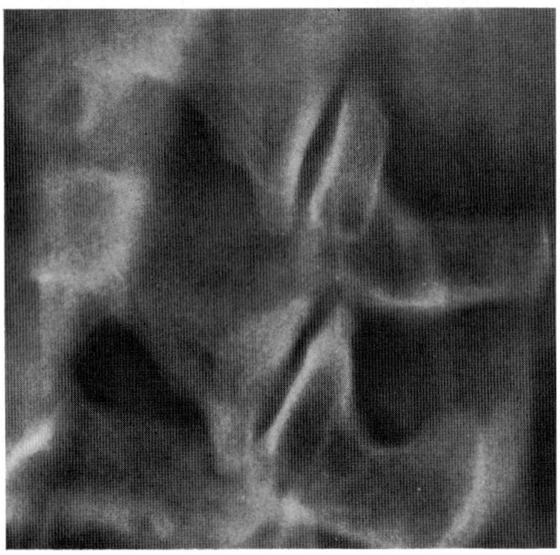
b

Abb. 5.**327 a** u. **b** 60jähriger Patient. Spondylolyse beiderseits, rechts mit doppeltem Bruch der Isthmusregion und kleinzystisch-malazischen Prozessen. Beiderseits hat sich der darüberstehende (untere) Gelenkfortsatz „eingebohrt", wobei rechtsseitig noch eine Verschiebung in einer Mulde zu beobachten ist, also eine anormale Beweglichkeit besteht

men, wie dies im Computertomogramm bei Spondylolisthesis an stark osteoarthrotisch veränderten Gelenken nachgewiesen wurde (50).

Neben Bandscheibenhernien gewinnen arthrotische Osteophyten der kleinen Wirbelgelenke, deren *einengende Wirkung auf dem Lumalkanal* mit der Computertomographie-Ära deutlicher wurde, eine dementsprechend stärkere Beachtung (s. Abb. 5.**246a** u. **b**). Die Stenosierung durch laterales Wachstums der Osteophyten kann auch die **Nervenwurzelkanäle** einengen (16, 34; zusammenfassende Übersicht s. bei 89). Eine allgemeine Stenosierung des Lumbalkanals mit prämyelopathischen Symptomen, maximal bei L4, wurde bei Befall der Wirbel durch eine **Ostitis deformans Paget** beschrieben (92).

Die von den Querfortsätzen des 5. Lendenwirbels ausgehenden **Verkalkungen und Verknöcherungen des Lig. iliolumbale** sind im Fall der Abb. 5.**328** wohl als Verstärkungen bei Stabilitätsminderung infolge starker Drehskoliose der unteren Lendenwirbelsäule anzusehen.

Beim **schmerzhaften iliolumbalen Syndrom** wurden unter 440 Patienten beobachtet:
- 38 nur mit klinischen Symptomen,
- 25 nur mit radiologisch nachweisbaren Symptomen,
- 402 mit klinischen und radiologischen Symptomen.

Die radiologisch nachweisbaren Knochenveränderungen bestehen aus Sklerosierungen und/oder Konturvorsprüngen der Crista iliaca am Bandansatz, in 81,5% begleitet von unterschiedlichen Knochendeformierungen von Becken und Wirbelsäule, die zu – meist einseitigen – Fehlbelastungen führen (10).

Verkalkungen im prolabierten Diskus, meist einer unteren Lumbalbandscheibe, wurden vorwiegend bei Kindern, aber auch selten bei Erwachsenen beschrieben und abgebildet (Literaturübersicht bei 70).

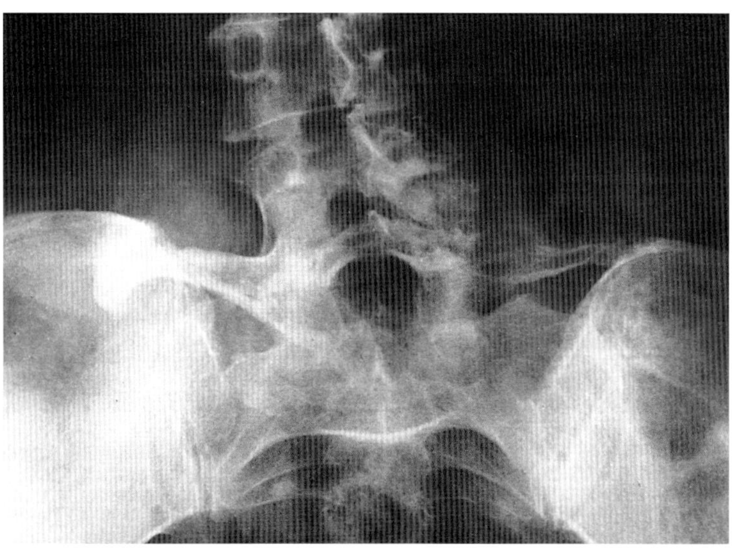

Abb. 5.**328** 60jährige Frau. Ungewöhnlich starke Verknöcherung der Ligg. ileolumbalia beiderseits bei ausgeprägter linkskonvexer Skoliose im lumbosakralen Übergang

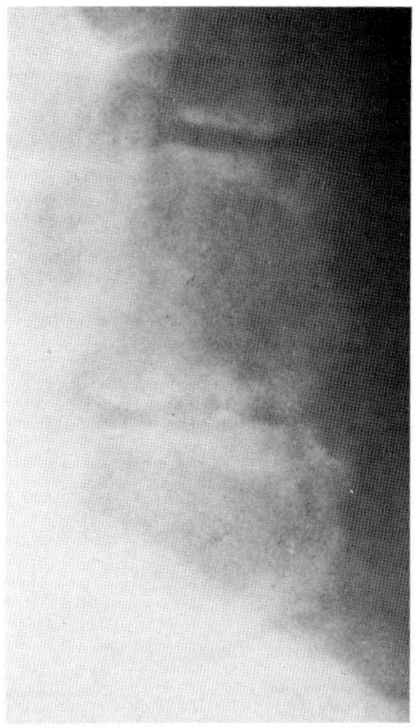
a

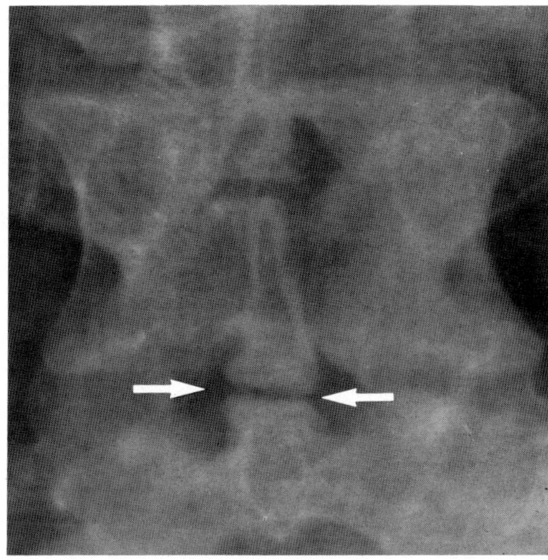
b

Abb. 5.**329a** u. **b** Sklerotische Randsäume an der Berührungszone von Dornfortsätzen nach Minderung des Interspinalraumes: Baastrup-Phänomen

Besonders bei Hyperlordose kommt es, vorwiegend in der mittleren Lendenwirbelsäule, zur Verschmälerung der Interspinalräume. An den sich nähernden Dornfortsätzen entstehen Randsklerosen und gelenkähnliche Abschlifffflächen, die nach ihrem Erstbeschreiber als **Baastrup-Phänomen** („kissing spine") bezeichnet werden (Abb. 5.**329a** u. **b**).

Literatur

1 Abel, M. S.: Jogger's fracture and other stress fractures of the lumbo-sacral spine. Skeletal Radiol. 13 (1985) 221–227

2 Amato, Maryellen, W. G. Totty, L. A. Gilula: Spondylolysis of the lumbar spine: demonstration of defects and laminal fragmentation. Radiology 153 (1984) 627–629

3 Arcomano, J. P., S. Karas: Congenital absence of the lumbosacral articular processes. Skeletal Radiol. 8 (1982) 133–134

4 Baastrup, C. J.: Proc. spin. vert. lumb. und einige zwischen diesen liegende Gelenkbildungen mit pathologischen Prozessen in dieser Region. Fortschr. Röntgenstr. 48 (1933) 430–435

5 Beers, G. J., A. P. Carter, W. F. McNary: Vertical foramina in the lumbosacral region: CT appearances. Amer. J. Neuroradiol. 5 (1984) 617–619

6 Birkner, R.: Das typische Röntgenbild des Skeletts. Urban & Schwarzenberg, München 1977 (Abb. 396, 413)

7 Boeck, M. De, E. De Smedt, R. Potvliege: Computed tomography in the evaluation of a congenital absent lumbar pedical. Skeletal Radiol. 8 (1982) 197–199

8 Bohutová, J., J. Kalář, J. Vitovec, L. Whyánek: Accessory caudal axial and pelvic ribs. Fortschr. Röntgenstr. 133 (1980) 641–643

9 Boisot, J., C. Lagarde, C. Laurens: Apophyse articulaire accessoire des vertèbres lombaires. J. Radiol. Électrol. 43 (1962) 470–477

10 Broudeur, P., C. H. Larroque, R. Passeron, J. Pellegrino: Les aspects radiologiques du syndrome ilio-lombaire (S.I.L.). J. Radiol. (Paris) 63 (1982) 259–266

11 Brocher, J. E. W.: Die Wirbelverschiebung in der Lendengegend, 3. Aufl. Thieme, Stuttgart 1958

12 Brocher, J. E. W.: Die Wirbelsäulenleiden und ihre Differentialdiagnose, 5. Aufl. Thieme, Stuttgart 1970

13 Brocher, J. E. W., H.-G. Willich: Differentialdiagnose der Wirbelsäulenerkrankungen, 6. Aufl. Thieme, Stuttgart 1979

14 Brown, R. C., E. T. Evans: What causes the „eye in the Scotty dog" in the oblique projection of the lumbar spine? Amer. J. Roentgenol. 116 (1973) 435–437

15 Ciullo, J., W. Jackson: Pars interarticularis stress reaction, spondylolysis, and spondylolisthesis in gymnasts. Clin. Sports Med. 4 (1985) 95–110

16 Crock, H. V.: Normal and pathological anatomy of the lumbar spinal nerve root canals. J. Bone Jt Surg. 63-B (1981) 487–490

17 Dake, M. D., R. P. Jacobs, F. R. Margolin: Computed tomography of posterior lumbar apophyseal ring fractures. J. Comp. Ass. Tomogr. 9 (1985) 730–732

18 Delplace, J., M. Tricoit, D. Sillion, J. F. Vialla: Luxation postérieur de L5 sur le sacrum. Rev. Chir. orthop. 64 (1983) 141–145

19 Dihlmann, W.: Gelenke – Wirbelverbindungen, 2. Aufl. Thieme, Stuttgart 1982 ([1]S. 471/472; [2]S. 475)

20 Dorwart, R. H., H. K. Genant: Anatomy of the lumbosacral spine. Radiol. Clin. North Amer. 21 (1983) 201–220

21 Dürrigl, P.: Ein Fall von angeborener retroisthmischer Wirbelbogenspalte. Z. Orthop. 100 (1965) 374

22 Endler, F., K. Fochem, U. H. Weil: Orthopädische Röntgendiagnostik. Thieme, Stuttgart 1984 ([1]S. 4.19–4.22; [2]S. 4.101-4.111)

23 Erdmann, H.: Spezielle Röntgenuntersuchungstechnik an der Lendenwirbelsäule. In Junghanns, H.: Die Wirbelsäule in Forschung und Praxis, Bd. 40. Hippokrates, Stuttgart 1952

24 Exner, G.: Variationen und Fehlbildungen der Wirbelsäule. In Hohmann, G., M. Hackenbroch, K. Lindemann: Handbuch der Orthopädie, Bd. II. Thieme, Stuttgart 1958

25 Freyschmidt, J.: Tumoren der Wirbelsäule und des Sakrums. In Schinz, H. R.: Radiologische Diagnostik, 7. Aufl. Bd. V/2, hrsg. von W. Frommhold, W. Dihlmann, H.-St. Stender, P. Thurn: Wirbelsäule – Rückenmark hrsg. von W. Dihlmann, H.-St. Stender. Thieme, Stuttgart 1986 (S. 249–318)

26 Gillespie, H: W.: The significance of congenital lumbosacral abnormalities. Brit. J. Radiol. 22 (1949) 270–275

27 Gillespie, H. W.: Vertebral reposition (reversed spondylolisthesis). Brit. J. 24 (1951) 193–197

28 Glorieux, P., C. Roederer: La spondylolyse et ses conséquences. Masson, Paris 1937

29 Grogan, J. P., S. Hemminghytt, A. L. Williams, C. G. Carrera, V. M. Haughton: Spondylolysis studies with computed tomography. Radiology 145 (1982) 737–742

30 Groher, W.: Auswirkungen des Hochleistungssports auf die Lendenwirbelsäule. Spondylolyse und Spondylolisthesis als erworbener Spätzustand nach ständig einwir-

kendem Mikrotrauma bei Sportlern. Hofmann, Schorndorf 1975
31 Hammerbeck, W.: Synchondrose der rechten Bogenwurzel und linksseitige Spondylolysis interarticularis des 3. Lendenwirbels neben einer Spondylolisthesis des 4. Lendenwirbels. Fortschr. Röntgenstr. 64 (1941) 72–87
32 Hasner, E., H. H. Jacobsen, M. Schalimtzek, E. Snorrason: Lumbosacral transitional vertebrae: a clinical and roentgenologic study of 400 cases of low back pain. Acta radiol. (Stockh.) 39 (1953) 225–330
33 Haughton, V. M., P. Pech: Contents of lumbar foramina. Amer. J. Neuroradiol. Letter to Beers (5)
34 Helms, C. A.: CT of the lumbar spine stenosis and arthrosis. Comput. Radiol. 6 (1982) 359–369
35 Hoeffken, W., H. Wolfers: Spondylolisthesis und Pseudospondylolisthesis. In: Röntgendiagnostik der Wirbelsäule, Teil 2, red. v. L. Diethelm. In Diethelm, L., F. Heuck, O. Olsson, K. Ranniger, F. Strnad, H. Vieten, A. Zuppinger: Handbuch der Medizinischen Radiologie, Bd. VI. Springer, Berlin 1974 (S. 74–140)
36 Holland, C., W. Stolle: Fehlbildungen der Wirbelbogenreihe. Fortschr. Röntgenstr. 112 (1970) 120–122
37 Horwitz, R., M. Smith: Anatomical, pathological, and roentgenological age study of the intervertebral joint of the lumbar spine and of the sacroiliac joints. Amer. J. Roentgenol. 43 (1940) 173–186
38 Jackson, D. W., L. L. Wiltse, R. D. Dingemann: Stress reaction involving the pars interarticularis in young athlets. Amer. J. Sports Med. 9 (1981) 304–312
39 Jacobson, H. G., M. E. Tausend, J. H. Shapiro, M. H. Poppel: The „sway back" syndrome. Amer. J. Roentgenol. 79 (1958) 677–683
40 Junghanns, H.: Spondylolisthesen ohne Spalt im Zwischengelenkstück. Arch. orthop. Unfall-Chir. 29 (1930) 118–127
41 Junghanns, H.: Offene Fragen aus dem Gebiet der Wirbelsäulenentwicklung und der Wirbelsäulenfehlbildungen. Z. Anat. Entw.-Gesch. 106 (1936) 625–636
42 Junghanns, H.: Die Fehlbildung der Wirbelsäule. Arch. orthop. Chir. 38 (1938) 1–24
43 Junghanns, H.: Die Pathologie der Wirbelsäule. Handbuch der speziellen pathologischen Anatomie und Histologie, Bd. IX/4. Springer, Berlin 1939
44 Kaiser, E., F. Biedermann, R. Lehmann, D. Szdzny: Lumbosakrale Wirbelluxation mit konsekutiver Spondylolisthesis. Fortschr. Röntgenstr. 117 (1972) 223–225
45 Krämer, J.: Changes and measurement of height and angle in the lumbosacral region. Arch. Orthop. Traumat. Surg. 103 (1984) 112–114
46 Lachapèle, A.-P.: Un moyen simple pour faciliter la lecture des radiographies vertébrales obliques de la région lumbo-sacrée. Bull. Mém. Soc. radiol. med. France (1939) 175–179
47 v. Lackum, H. L.: The lumbosacral region. J. Amer. med. Ass. 82 (1924) 1109–1114
48 Laredo, J.-D., M. Bard, J. Chretien, M.-F. Kahn: Lumbar posterior marginal intra-osseous cartilaginous node. Skeletal Radiol. 15 (1986) 201–208
49 Lassale, B., G. Morvan, M. Gottin: Anatomy and radiological anatomy of the lumbar canals. Anat. Clin. 6 (1984) 195–201
50 Lefkowitz, D. M., R. M. Quencer: Vacuum facet phenomenon: a computed tomographic sign of degenerative Spondylolisthesis. Radiology 144 (1982) 562
51 Libson, E., R. A. Bloom, G. Dinari: Symptomatic and asymptomatic spondylolysis and spondylolisthesis in young adults. Intern. Orthop. 6 (1982) 259–261
52 Lob, A.: Die Wirbelsäulenverletzungen und ihre Ausheilung, 2. Aufl. Thieme, Stuttgart 1954
53 Luther, R., H. Legal: Spondylolyse bei Leistungssport? Orthop. Prax. 11 (1975) 50–55
54 Maldagne, B. E., Malghem, J. J.: Unilateral arch hypertrophy with spinous process tilt: a sign of arch deficiency. Radiology 121 (1976) 567–574
55 Mathias, K. D., H.-J. Lössl: Symmetrische Verdoppelung des Processus articularis superior des 4. LWK. Fortschr. Röntgenstr. 123 (1975) 277–279
56 Meschan, J.: Das Röntgenbild des normalen Menschen. Medica-Verlag, Stuttgart 1958
57 v. Meyenburg, H.: Die Abtrennung der hinteren Wirbelkante als Ursache von Ischias. Radiol. Clin. 15 (1946) 217–223
58 Meyerding, H. W.: Spondylolisthesis. Surg. Gynec. Obstet. 54 (1932) 371–377
59 Nicholson, R. A.: Lateral lumbar fracture dislocation: a case report. Injury 15 (1984) 41–43
60 Niethard, F. U., J. Pfeil: Retrosomatische Spondylolyse des 5. Lendenwirbels mit Segmentationsstörung des zugehörigen Wirbelbogens. Z. Orthop. 123 (1985) 859–863
61 Olsson, O.: Über eine Spaltbildung in den Bogenwurzeln des 2. Lendenwirbels. Acta radiol. (Stockh.) 30 (1948) 243–248
62 Oppenheimer, A.: Longitudinal fissures in the vertebral articular processes. J. Bone Jt Surg. 23-A (1941) 280–282
63 Oppenheimer, A.: Supernumerary ossicle at the isthmus of the neural arch. Radiology 39 (1942) 98–100
64 Pech, P., V. M. Haughton: CT appearance of unfused ossicles in the lumbar spine. Amer. J. Neuroradiol. 6 (1985) 629–631
65 Pellegrino, A., J. Laurenti: Spondylolyse lombaire et traumatisme. J. Radiol. (Paris) 33 (1952) 147–150
66 Pfeil, E.: Beitrag zur konservativen Behandlung der Spondylolyse und Spondylolisthesis im Kindesalter. Beitr. Orthop. Traumatol. 22 (1975) 235–240
67 Pizon, P.: La colonne lombo-sacrée. Étude biométrique et cinétique. Application à la pathologie vertébrale (lombalgie, sciatique). Doin, Paris 1972
68 Ravelli, A.: Fehlbildungen an Bogen und Gelenkfortsätzen der Lendenwirbel. Fortschr. Röntgenstr. 82 (1955) 826–827
69 Raymond, J., J.-M. Dumas: Anomalous ossicle of the articular process: arthrography and facet block. Amer. J. Roentgenol. 141 (1983) 1233–1234
70 Reale, F., D. Gambacorta: Calcified lumbar disc protrusion in an adolescent. Surg. Neurol. 24 (1985) 661–662
71 Reinhardt, K.: Die Lenden-Kreuzbeingegend. In: Röntgendiagnostik der Wirbelsäule, Teil 1, red. v. L. Diethelm. In Diethelm, L., F. Heuck, O. Olsson, K. Ranniger, F. Strnad, H. Vieten, A. Zuppinger: Handbuch der Medizinischen Radiologie, Bd. VI. Springer, Berlin 1974 (S. 437–581)
72 Reis, N. D., D. Keret: Fracture of the transverse process of the fifth lumbar vertebra. Injury 16 (1985) 421–423
73 Reisner, A.: Unterscheidungsmerkmale normaler, entzündlicher und posttraumatischer Zustände an der Wirbelsäule. Fortschr. Röntgenstr. 44 (1931) 726–751
74 Resnick, Ch. S., Ch. E. Scheer, R. S. Adelaar: Lumbosacral dislocation. J. Canad. Ass. Radiol. 36 (1985) 259–261
75 Rothmann, St. L. G., W. V. Glenn jr.: CT multiplanar reconstruction in 253 cases of lumbar spondylolysis. Amer. J. Neuroradiol. 5 (1984) 81–90
76 Rothmann, St. L. G., W. V. Glenn jr., Ch. W. Kerber: Postoperative fractures of lumbar articular factes. Amer. J. Roentgenol. 143 (1985) 779–784
77 Rothmann, St. L. G., W. V. Glenn jr., Ch. W. Kerber: Multiplanar CT in the evaluation of degenerative spondylolisthesis. A review of 150 cases. Comput. Radiol. 9 (1985) 223–232
78 Ruckensteiner, E.: Beobachtungen bei Aplasie von Zwischengelenken der Wirbelsäule. Fortschr. Röntgenstr. 59 (1939) 334–339

79 Saidmann, J.: Maladie de la colonne vertébrale. Doin, Paris 1947
80 Scherb, R.: Spondylolisthesis (Spondylolisthesis immians) Sacrum acutum, Sacrum arcuatum, Regio lumbalis fixa als häufige Ursache von Kreuzzschmerzen. Z. orthop. Chir. 50 (1929) 304–320
81 Schmorl, G., H. Junghanns: Die gesunde und die kranke Wirbelsäule in Röntgenbild und Klinik. Thieme, Stuttgart 1957
82 Schoen, D.: Spondyl-Neoarthrosis apico-arcualis. Fortschr. Röntgenstr. 79 (1953) 226–229
83 Schwerdtner, H. P., H. Schoberth: Die Spondylolyse im Hochleistungssport bei Geräteturnerinnen. Z. Orthop. 111 (1973) 934–940
84 Seegelken, K., G. A. Schulte: Spaltbildungen des Wirbelbogens, Fortschr. Röntgenstr. 116 (1972) 473–477
85 Seegelken, K., H. Keller: Retroisthmische Spalte der Lendenwirbelsäule, Fortschr. Röntgenstr. 121 (1974) 659–660
86 Stelling, Carol B.: Anomalous attachment of the transverse process to the vertebral body: an accessory finding in congenital absence of a lumbar pedicle. Skeletal Radiol. 6 (1981) 47–50
87 Stewart, T. D.: The age incidence of neural arch defects in Alaskan natives, considered from the standpoint of etiology. J. Bone Jt Surg. 35-A (1953) 937–950
88 Taillard, W.: Le spondylolisthesis chez l'enfant et l'adolescent. Acta orthop. scand. 24 (1954) 115–144
89 Töndury, G.: Embryonale und postnatale Entwicklung der Wirbelsäule. In: Röntgendiagnsotik der Wirbelsäule, Teil 1, red. v. L. Diethelm. In Diethelm, L., F. Heuck, O. Olsson, K. Ranniger, F. Strnad, H. Vieten, A. Zuppinger: Handbuch der Medizinischen Radiologie, Bd. VI. Springer, Berlin 1974 (S. 27)
90 Wackenheim, A., E. Babin: The Narrow Lumbar Canal. Springer, Berlin 1980
91 Warner, F.: Der 5. LW. Arch. orthop. Unfall-Chir. 33 (1933) 297–306
92 Weisz, G. W.: Lumbar spinal canal stenosis in Paget's disease. Spine 8 (1983) 192–198
93 Wichtl, O.: Über Erniedrigung der letzten Lendenbandscheibe und das Vorkommen lumbosacraler Übergangsbandscheiben. Fortschr. Röntgenstr. 62 (1940) 229–247
94 Wigh, R. E.: The transitional lumbosacral osseous complex. Skeletal Radiol. 8 (1981) 127–131
95 Willis, Th. A.: The lumbo-sacral vertebral column in man, its stability of form and function. Amer. J. Anat. 32 (1924) 95–123
96 Wiltse, L. L.: The etiology of spondylolisthesis. J. Bone Jt Surg. 44-A (1962) 539–560
97 Wiltse, L. L., E. H. Widell jr., D. W. Jackson: Fatigue fracture. The basic lesion in isthmic spondylolisthesis. J. Bone Jt Surg. 57-A (1975) 17–22
98 Wiltse, L. L., R. B. Winter: Terminology and measurement of spondylolisthesis. J. Bone Jt Surg. 65-A (1983) 768–772
99 Winston, J. R., R. D. Moreton: Objectives of the preplacement x-ray investigation of the low-back area. Radiology 63 (1954) 664–666
100 Wolfers, H., W. Hoeffken: Fehlbildungen der Wirbelbögen. In: Röntgendiagnostik der Wirbelsäule, Teil 1, red. v. L. Diethelm. In Diethelm, L., F. Heuck, O. Olsson, K. Ranniger, F. Strnad, H. Vieten, A. Zuppinger: Handbuch der Medizinischen Radiologie, Bd. VI. Springer, Berlin 1974 ([1]S. 297; [2]S. 301; [3]S. 304; [4]S. 373–379; [5]S. 377)
101 Wortzmann, G., M. Steinhardt: Congenitally absent lumbar pedicle: a reappraisal. Radiology 152 (1984) 713–718
102 Yousefzadeh, D. K., G. Y. El-Khoury, A. R. Lupetin: Congenital aplastic-hypoplastic lumbar pedicle in infants and young children. Skeletal Radiol. 7 (1982) 259–265
103 Zaunbauer, W.: Röntgenanatomie der Wirbelsäule. In: Röntgendiagnostik der Wirbelsäule, Teil 1, red. v. L. Diethelm. In Diethelm, L., F. Heuck, O. Olsson, K. Ranniger, F. Strnad, H. Vieten, A. Zuppinger: Handbuch der Medizinischen Radiologie, Bd. VI. Springer, Berlin 1974 (S. 65–113)
104 Zippel, H., H. Runge: Pathologische Anatomie und Pathogenese von Spondylolyse und Spondylolisthese im Kindesalter. Z. Orthop. 114 (1976) 189–191

Kreuzbein und Steißbein

Norm

Nach dem Auftreten von sechs Verknorpelungszentren in jedem Kreuzbeinsegment (wie in den übrigen Wirbelsegmenten: zwei jederseits im Wirbelkörper, je eines im Neuralfortsatz und eines im Kostalfortsatz) bilden sich während der *embryonalen Entwicklung* fünf Knochenzentren: Ein Kern für den Körper, zwei Kerne für den Bogen und zwei seitliche Kerne, entsprechend den Sakralrippen, aus denen die Massa lateralis hervorgeht; außerdem wird gelegentlich ein eigenes Ossifikationszentrum für den unteren Gelenkfortsatz beobachtet (35[1]). Die Körper- und Bogenkerne werden im 3. Fetalmonat, beginnend mit S1, an den oberen Sakralsegmenten radiologisch nachweisbar (s. Abb. 5.**96**). Die den Rippenanlagen entsprechenden lateralen Kerne werden im 5. bis 6. Monat radiologisch sichtbar (35[1]).

Beim **Neugeborenen** stellen sie große dreieckige Knochengebilde der drei obersten Kreuzbeinsegmente dar, die zwischen den Bogenkernen und den Darmbeinschaufeln liegen. Die lateralen Kerne können bei S1 mitunter fehlen oder in dieser Periode als letzte dieser Kerne auftreten. Die Kreuzbeinkrümmung nimmt gegenüber dem pränatal flacheren Bogen zu. Der Promontoriumswinkel ist schon in den letzten zwei Dritteln der fetalen Entwicklung vorhanden (35[1]).

Beim Fetus und Neugeborenen wird das Promontorium vom 2. Sakralwirbel gebildet und erst in der Pubertät auf die Oberkante des ersten Kreuzbeinwirbels verlagert. (42).

Weiterhin sind beim ausgetragenen Kind vom 1. bis 5. Kreuzbeinwirbel die Körper sowie vom 1. bis 4. die Bögen verknöchert. Die Zwischenwirbelräume erscheinen relativ hoch. Die Bandscheibe S1 gleicht der letzten Lendenbandscheibe (44).

Die **knöcherne Verschmelzung der Körper** beginnt etwa um das 6. Lebensjahr an den beiden untersten Wirbeln und schreitet im Kreuzbein nach oben fort. Die Synostose zwischen dem 1. und 2. Kreuzbeinwirbel kann im 20. bis 30. Lebensjahr eintreten, die der Wirbelbögen miteinander erfolgt im 15. bis 17. Lebensjahr (Abb. 5.**330**), manchmal später. Über den genauen Zeitpunkt der Kreuzbeinsynostosierung bestehen im Schrifttum unterschiedliche Angaben. Der zeitliche Ablauf scheint sehr zu variieren (35[2]). Bei der Verschmelzung vereinigen sich erst die einander zugekehrten Epiphysen. Auch das Lig. longitudinale posterius verknöchert (44). Bis zum mittleren Lebensalter bleiben die Sakralwirbel so nur oberflächlich überbrückt; noch bei Älteren finden sich im Inneren Bandscheibenreste. Die beiden letzten Kreuzbandscheiben enthalten keinen Nucleus pulposus (29).

Die **Zahl der Steißbeinwirbel** variiert. Meistens gibt es vier, höchstens sechs Wirbel. Sie entwickeln gewöhnlich keine Randleistenkerne.

Schalenförmige Knochenwachstumszonen (Epi- oder Apophysen im Schrifttum genannt) kommen im lateralen Teil der beiden obersten Kreuzbein-

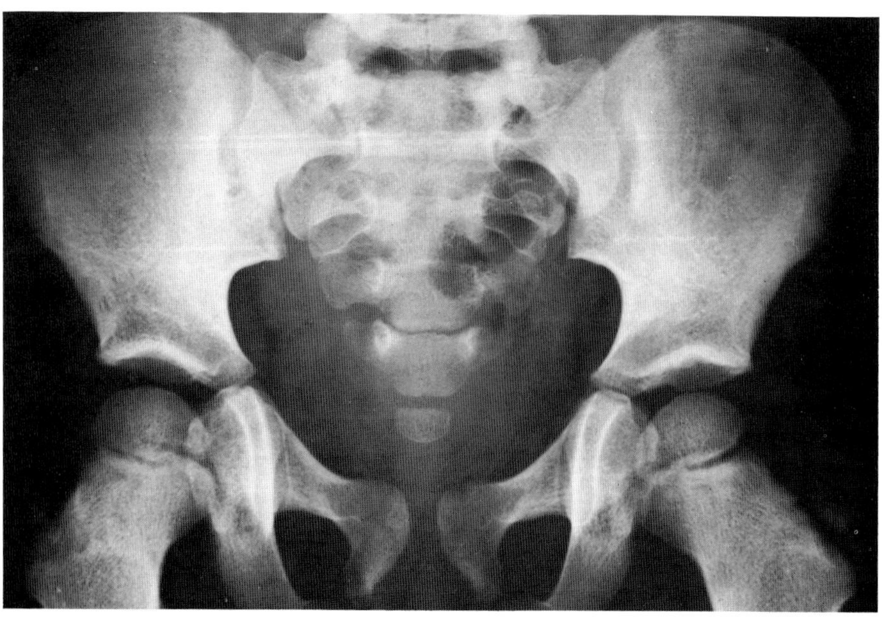

Abb. 5.**330** 15jähriges Kind. Becken und Kreuzbein. Wirbelbögen noch nicht synostosiert

wirbel im Alter zwischen 11 und 20 Jahren in typischer Weise vor (Abb. 5.**331** und 5.**332**). Auch am unteren Kreuzbeinrand werden sie gelegentlich beobachtet (Abb. 5.**333**).

Die Dornfortsätze des Kreuzbeins verschmelzen miteinander und bilden so die **Crista sacralis mediana** (Abb. 5.**334**). Die beiderseits dorsal gelegene **Crista sacralis lateralis**, aus der Reihe der rudimentären Querfortsätze entstanden, lateral an den Foramina sacralia vorbeiziehend, kann, auf der Seitenaufnahme erkennbar, weit nach vorn vorspringen (Abb. 5.**335**). Die **Crista sacralis intermedia** verläuft parallel dazu medial der Foramina sacralia und entsteht aus den Resten der Gelenkfortsätze. Sie läuft beiderseits unten in ein **Cornu sacrale** aus, dem ein **Cornu coccygeale** entgegenstrebt. Beide Kornua begrenzen den Sakralkanal.

Die **Partes laterales des Kreuzbeines** sind durch die **Foramina sacralia** unterbrochen, die auf normal eingestellten Röntgenaufnahmen wegen der Kreuzbeinbiegung meist teilweise oder stark entrundet abgebildet sind. Im allgemeinen stellt sich nur das 4. Foramen unverzerrt dar. Radiologisch sieht man fast nur die **Foramina sacralia pelvina**, nicht dorsalia, mit Varianten der Größe, Form, Lage und Richtung. Die Teilung des segmentalen Nervs in seinen R. anterior und posterior erfolgt intrakanalikulär (35[3]).

Foramina sacralia der unteren Kreuzbeinwirbel können normalerweise nur partiell geschlossen oder völlig offen sein. Sie sind dann von **sakrokaudalen Übergangswirbeln** (6) mit querfortsatzähnlichen Gebilden, die gelenkähnlich mit der Seitenmasse des letzten Kreuzbeinwirbels verbunden sind und eigentümliche Formen des Foramen sacrale hervorrufen (Abb. 5.**336** und 5.**337**), nicht zu unterscheiden.

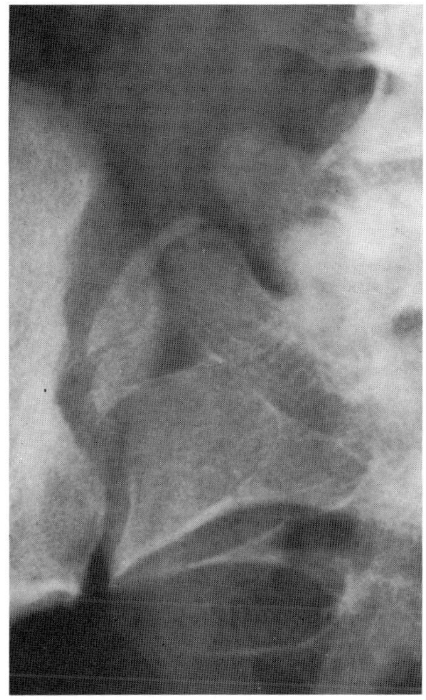

Abb. 5.**331** 13jähriges Mädchen. Schalenförmige Wachstumszone am oberen Seitenrand des Kreuzbeinflügels

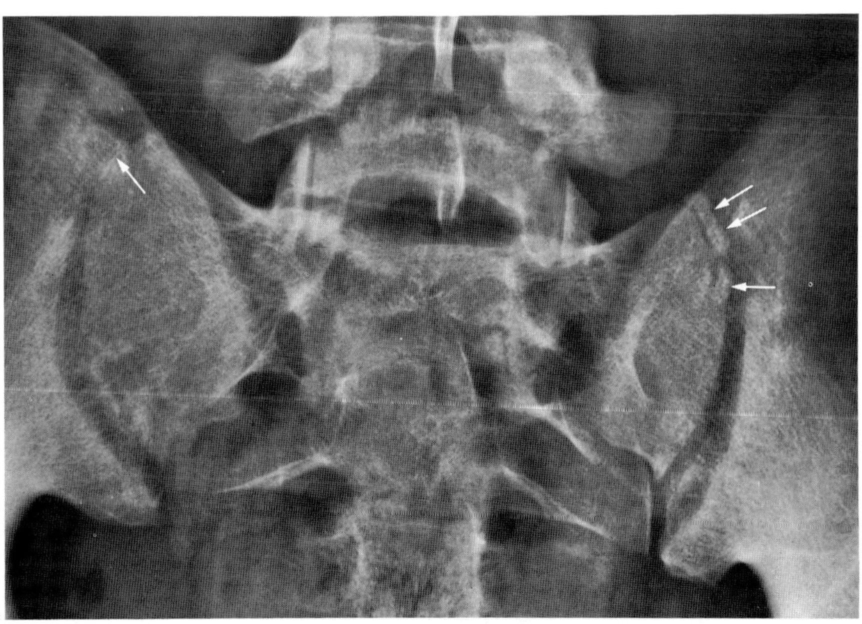

Abb. 5.**332** 15jähriger Junge. Wachstumskerne am oberen Seitenrand des Kreuzbeins. Die weiten Sakroiliakalgelenkspalten sind in diesem Alter normal

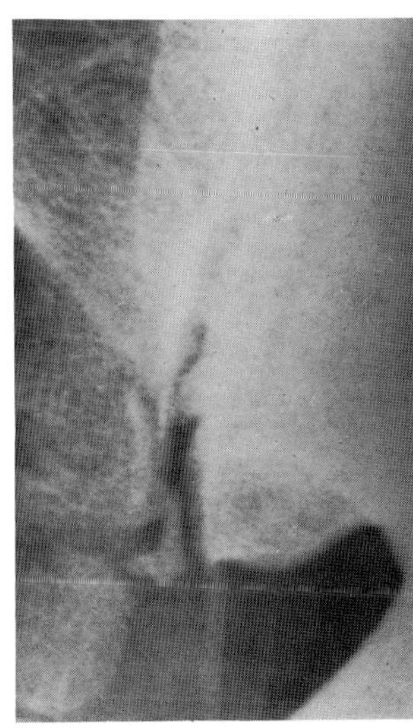

Abb. 5.**333** 18jähriger Mann. Kleine schalenförmige Wachstumszone am unteren Gelenkrand des Kreuzbeinflügels zum Darmbein

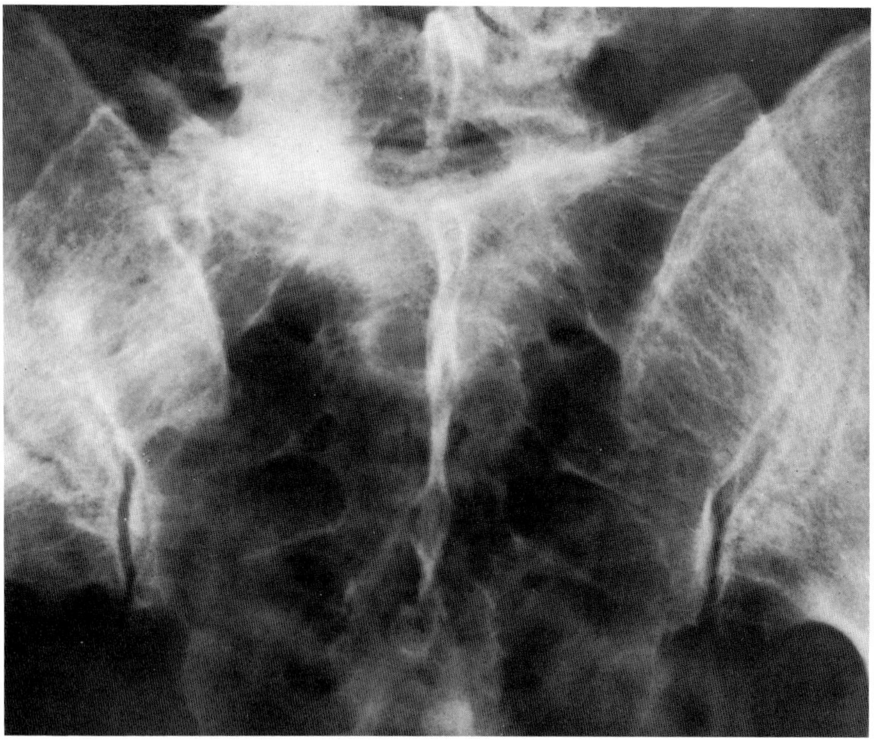

Abb. 5.**334** Crista sacralis mediana

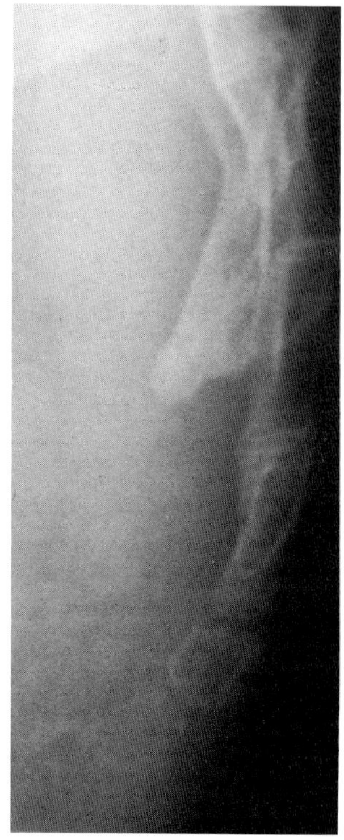

Abb. 5.**335** Crista sacralis lateralis auf der seitlichen Röntgenaufnahme

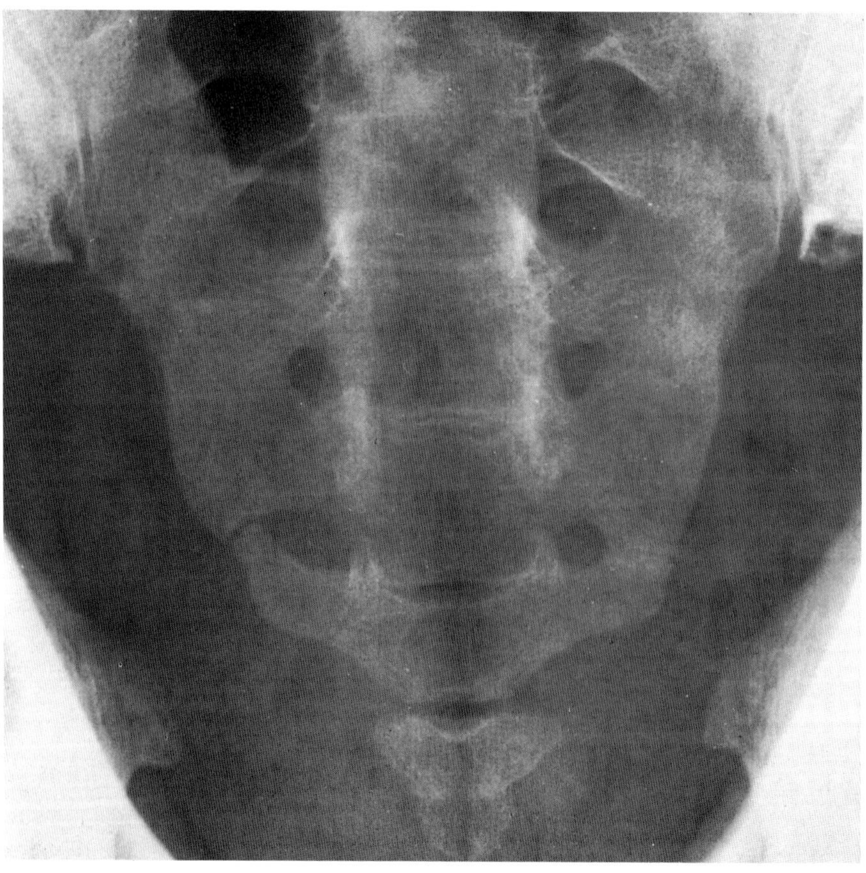

Abb. 5.**336** Typisches Bild des Kreuz- und (teilweise) Steißbeins. Sakrokaudaler Übergangswirbel

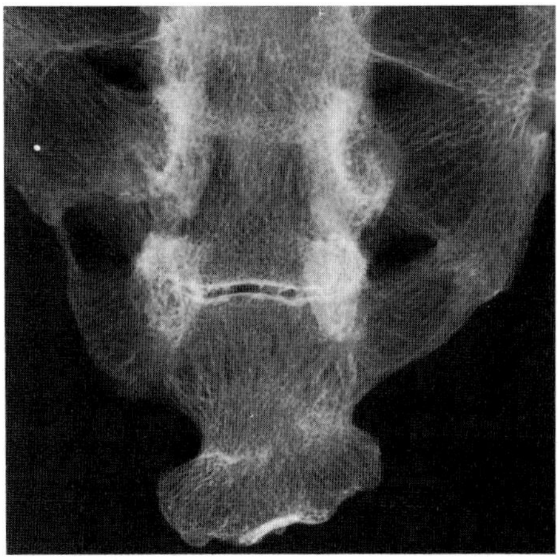

Abb. 5.**337** Asymmetrische Synostose der letzten Steißbeinwirbel. Sakrokaudaler Übergangswirbel mit sklerosierten Begrenzungen der zugehörigen Intervertebralverbindung

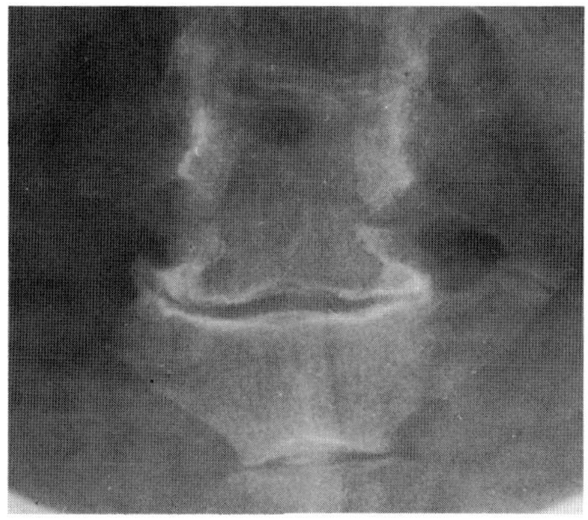

Abb. 5.**338** Verbindung zwischen Kreuz- und Steißbein. Sakrokaudaler Übergangswirbel mit sklerotischen Begrenzungen und Osteophyten der zugehörigen Intervertebralverbindungen

Nach Köhler ist der 1. Steißbeinwirbel bei Männern häufig mit dem Kreuzbein knöchern verbunden. Die **untersten Steißbeinwirbel** pflegen oft zu verschmelzen (Abb. 5.**338**), während die oberen meist locker miteinander verbunden sind. Am häufigsten findet sich eine gelenkige Verbindung zwischen dem 1. und 2. Kokzygealwirbel.

Die obere Grenze des **Hiatus sacralis** wird in 46% in der Höhe von S3, in 32% darunter und in 16% darüber (35[2]), nach anderen Autoren in einer Höhe vom oberen Drittel des 4. Kreuzbeinsegmentes bis zum 1. Kokzygealwirbel angetroffen.

Zur radiologischen Darstellung des Steißbeins ist das Verfahren mit **endorektaler Aufnahme**, also Einführung eines Trägers mit einem einmal zusammengefalteten Film wie mit einem Rektoskop durch den Schließmuskel nach Aufklappen des Filmträgers mit Film in der Ampulla recti, nach Sabat (40) am besten geeignet. Das Gerät befindet sich nicht mehr im Handel, läßt sich aber leicht selbständig herstellen (27).

Einen doppelkuppigen Weichteilschatten in der Art, wie in Abb. 5.**339** dargestellt, hervorgerufen durch Gesäßweichteile, sieht man häufig das Sakrum überlagern (vgl. Abb. 6.**11**).

Auf seitlichen Kreuzbeinaufnahmen erkennbare Aufhellungen (Abb. 5.**340a** u. **b**) können durch Projektionseffekte („Foramen-Effekt") durch die Foramina intervertebralia oder Foramina sacralia pelvina hervorgerufen sein (33). Hinten gelegene, gut abgegrenzte Aufhellungslinien am 1. und 2. Sakralwirbel wurden in 30% Häufigkeit gefunden und als Normalbefund beschrieben (28). Querverlaufende spaltförmige Aufhellungen zwischen dem 1. und 2. Kreuzbeinwirbel (Abb. 5.**341**, s. auch 5.**214a** u. **b**)

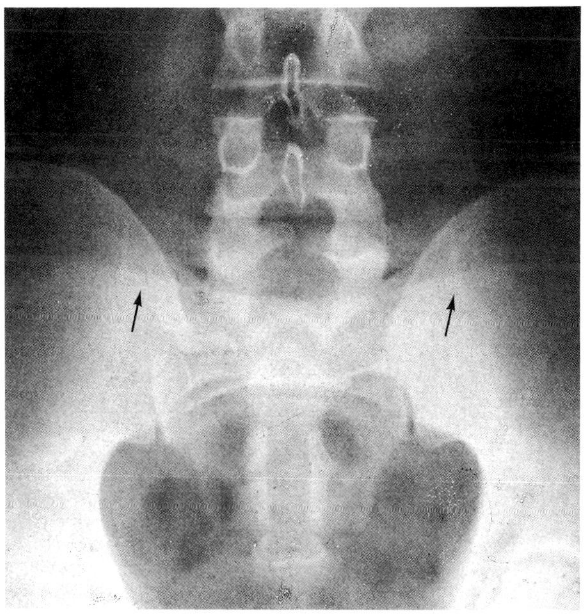

Abb. 5.**339** Doppelbogiger Weichteilschatten über Sakrum und Becken (Gesäßrand)

kommen häufiger vor und müssen ebenfalls als Projektionseffekte angesehen werden (35[4]).

Die ventral-konkave Höhlung des Kreuzbeins wechselt individuell sehr stark. Zieht man eine Gerade von der Promontoriumspitze bis zur Unterkante des 5. Kreuzbeinwirbels und errichtet auf dieser Geraden im tiefsten Punkt der Kreuzbeinkrümmung eine Senkrechte, multipliziert deren Länge mit 100 und dividiert diese Zahl mit der Länge der gezogenen Geraden, erhält man einen Sakralindex

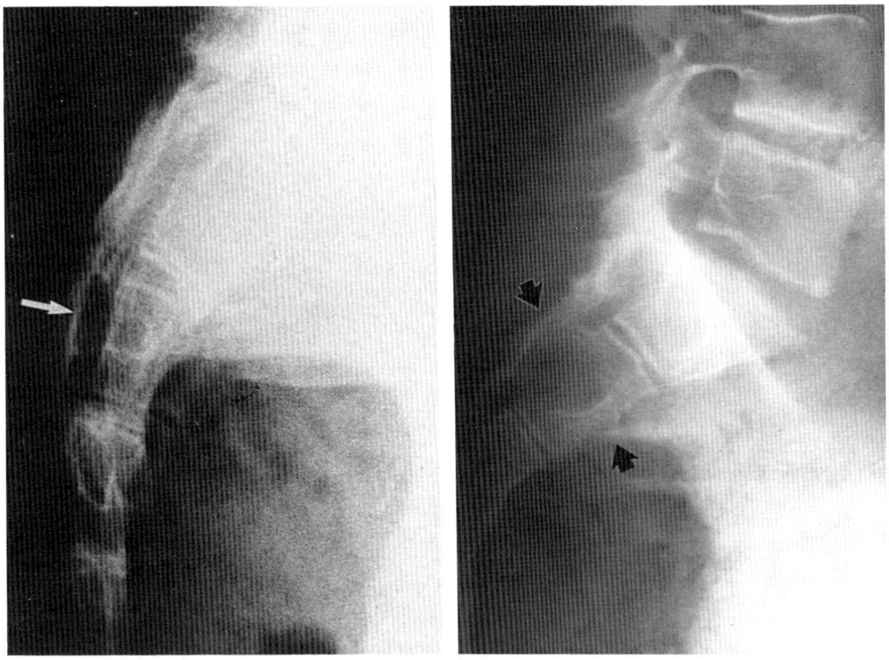

a b

Abb. 5.**340 a** u. **b**
a Seitenaufnahme des Kreuzbeins mit typischer Strukturauflockerung – „Pseudozyste" (ohne klinische Bedeutung)
b Die „Pseudozysten" entstehen durch die Überprojektion einer tiefen (zwischen Facies auricularis und Foramina sacralia dorsalia gelegenen) Grube mit ihren zahlreichen Gefäßeintritten (Beobachtung von Fliegel, Basel)

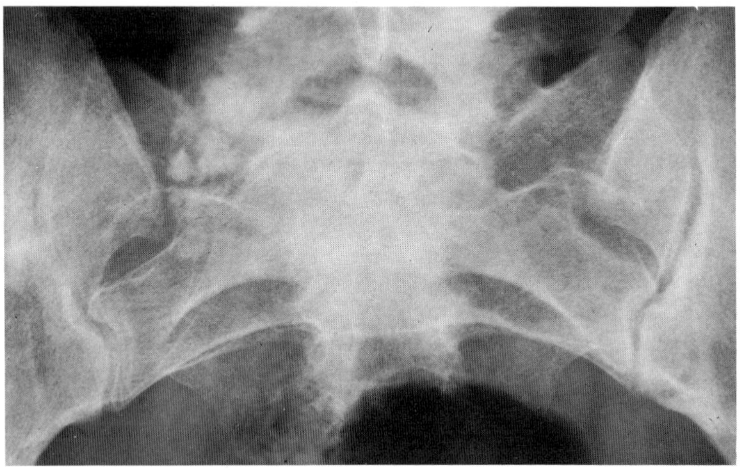

Abb. 5.**341** „Querspalten" (Projektionseffekt) im Kreuzbein

(34). Da sich dieser Index im höheren Lebensalter verschiebt, ist eine Formänderung des Kreuzbeins im Sinne einer tieferen Wölbung im Laufe des Lebens anzunehmen (42). Das Ausmaß der Krümmung ist erblich.

Varianten

Kleine, symmetrische zystenähnliche Aufhellungen in den Sakralflügeln (Abb. 5.**342**) entsprechen wohl ätiologisch ungeklärten, klinisch jedenfalls belanglosen Nebenbefunden.

Als nicht ungewöhnlich während des Wachstums werden deutliche Verschiebungen zwischen dem 1. und 2. (9) wie auch zwischen dem 2. und 3. Sakralwirbel (25[1]), jeweils der obere gegen den unteren Wirbel nach vorn, bezeichnet.

Die ringsum sklerotisch gesäumten Aufhellungen, symmetrisch im 1. Kreuzbeinwirbel, nahe den Sakroiliakalspalten gelegen, entsprechen tomographisch Gruben in der hinteren Kreuzbeinwand, in deren Begrenzung die Querfortsätze S1 einbezogen sind (Abb. 5.**343a** u. **b**). Solche Befunde sind andernorts ebenfalls gezeigt (35[5]). Möglicherweise entsprechen sie den klinisch unwesentlichen Knochenverdünnungen (2) bzw. den Mulden, wie sie im Präparat (Abb. 5.**344a** u. **b**) hier abgebildet sind. Auch etwas weiter unten ist in diesem Buch über ähnliche Befunde, sämtlich ohne klinische Bedeutung, berichtet. Allen Veränderungen dieser Art ist ihre Lage, weit lateral im Kreuzbeinflügel, gemeinsam.

Über **rippenförmige Gebilde** wird an unterschiedlichen Stellen im sakropelvinen Gebiet berichtet, so fallweise weit lateral in Projektion mit dem seitlichen Darmbeinrand eine „versprengte Lendenrippe" (5), häufiger jedoch in Verbindung mit dem Sakrum – ausnahmsweise auch mit dem Steißbein – und in Deckung mit mehr medialen Beckenweichteilen ein- und beidseits (7, 12, 15, 21, 24). Sie befinden sich jeweils in einer derart unterschiedlichen Lage, daß an den Hypothesen für eine einheitliche Entstehungsweise Zweifel angebracht sind. Die Annahme eines „Beckenfingers" (19) bei einem Befund, der dem der „versprengten Lendenrippe" gleicht, trägt zwar zur ätiologischen Klärung nicht bei, läßt aber bei morphologischer Identität die Frage des genetischen Ursprungs um so interessanter werden.

Sekundäre Ossifikationszentren, wie sie oben und unten an der Massa lateralis vorkommen (Abb. 5.**345** und 5.**346**), können für Akzessoria sprechen, die auf eine **Persistenz dieser Knochenkerne** bezogen werden.

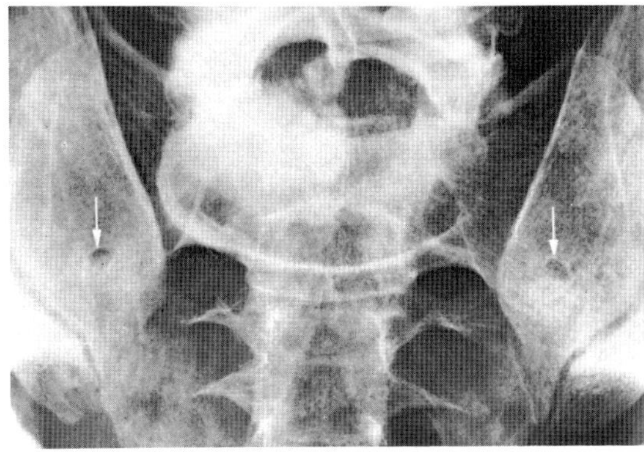

Abb. 5.**342** Symmetrische, zystenähnliche Aufhellungen in den Kreuzbeinflügeln

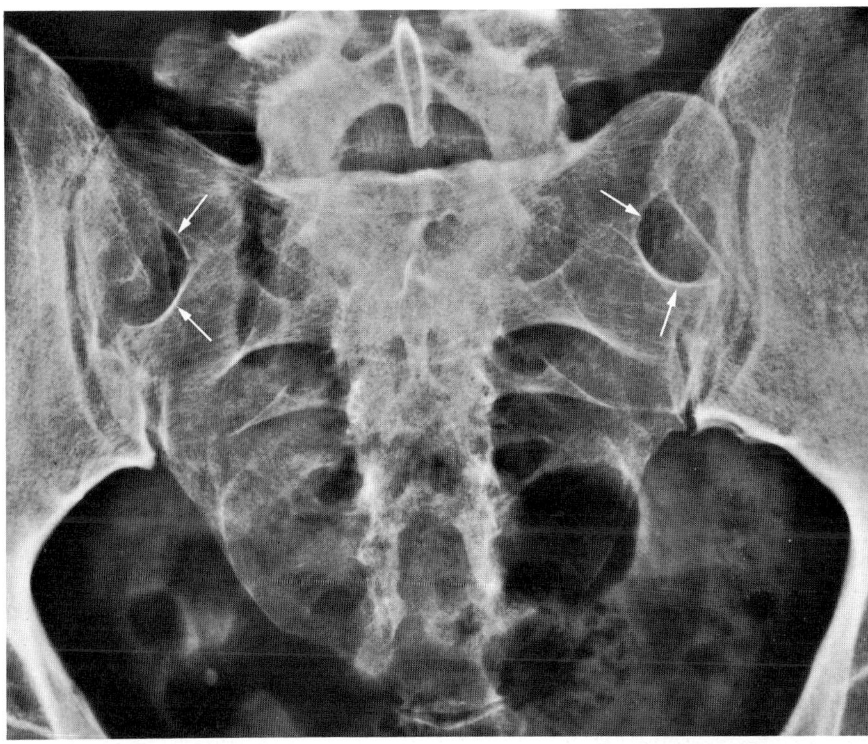

a

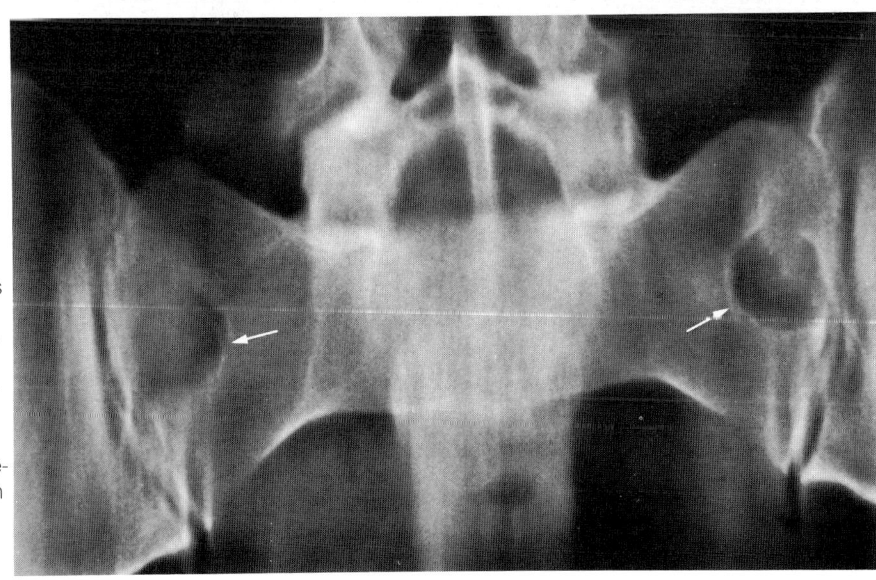

b

Abb. 5.**343 a** u. **b** Größtenteils durch Kortikalis umgrenzte, regelmäßig geformte, große Aufhellungsbezirke seitlich in der Höhe des ersten Kreuzbeinwirbels
a Im Summationsbild
b In der Tomographie dorsal gelegen, teilweise begrenzt durch die dadurch abgehobenen Querfortsätze des SW 1. Tiefe Knochengruben?

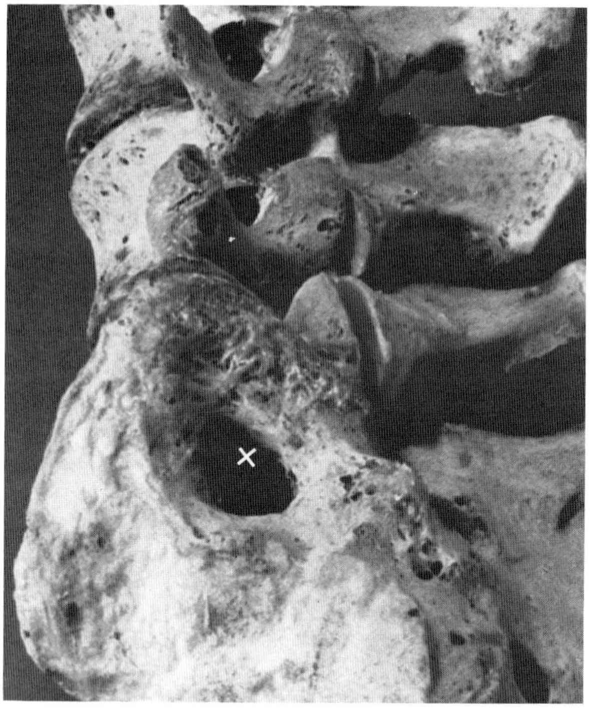
a

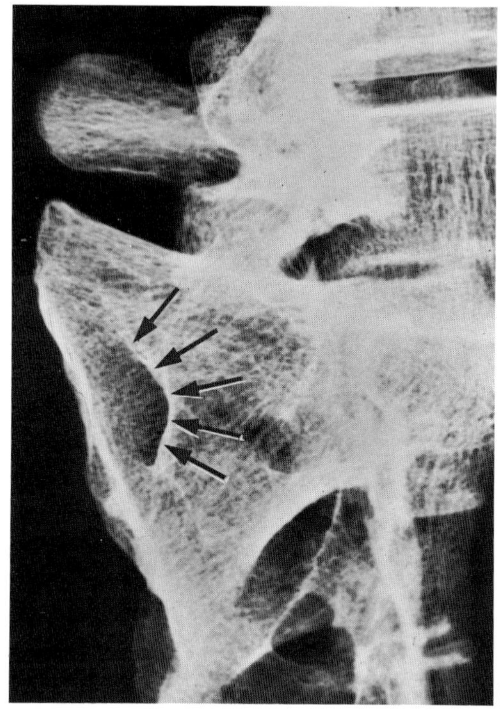
b

Abb. 5.**344 a** u. **b**
a Untere Lendenwirbelsäule und Kreuzbein in der Ansicht von lateral. Tiefe Grube (x) im Sakralflügel (Präparatphotographie)
b Radiologische Wiedergabe desselben Befundes in schräger Projektion

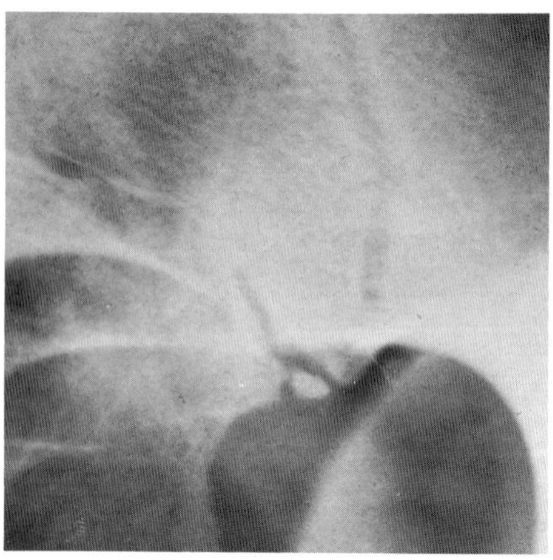

Abb. 5.**345** Akzessorium (persistierender Knochenkern?) zwischen dem Querfortsatz eines Übergangswirbels und dem Kreuzbeinrand

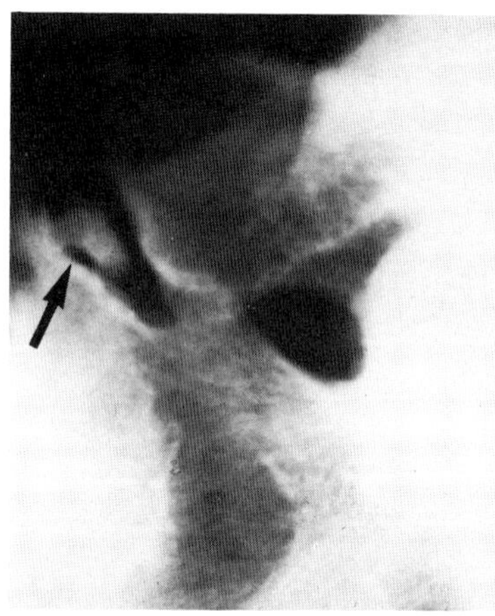

Abb. 5.**346** 54jähriger Mann. Akzessorium (persistierender Knochenkern?) im unteren Grenzbereich des Sakroiliakalgelenkspaltes

Anomalien

Entwicklungsstörungen leichter Art wirken sich speziell im Gebiet der oberen Sakralwirbel an den Dornfortsätzen aus. Ein mangelnder Bogenschluß in Form einer **medialen Spalte** kommt dort oft vor.

Der **Bogen des 1. Sakralwirbels** ist oft rudimentär, manchmal nur einseitig entwickelt. Seine Bogenenden stoßen aneinander. Die eine Bogenspange kann höher liegen als die andere. Gelegentlich findet man zwischen beiden einen isolierten Dornfortsatzspitzenkern. Durchschnittlich läßt sich bei jedem 12. bis 14. Menschen ein mehr oder weniger ausgeprägter Spalt an dieser Stelle nachweisen (18, 43).

Der Hiatus sacralis, die untere Öffnung des Canalis sacralis, kann in einen kompletten hinteren Schlußdefekt einbezogen sein. Diesen **Hiatus sacralis totalis** findet man in 1- bis 7%iger Häufigkeit (35[6]) (Abb. 5.**347a**). Eine **Agenesie** des Kreuzbeins ist in Abb. 5.**347b** u. **c** wiedergegeben.

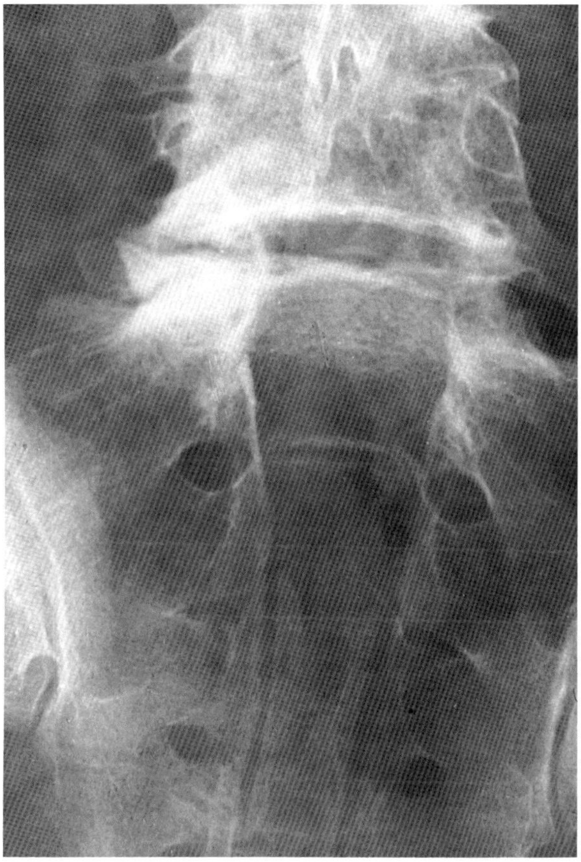

a

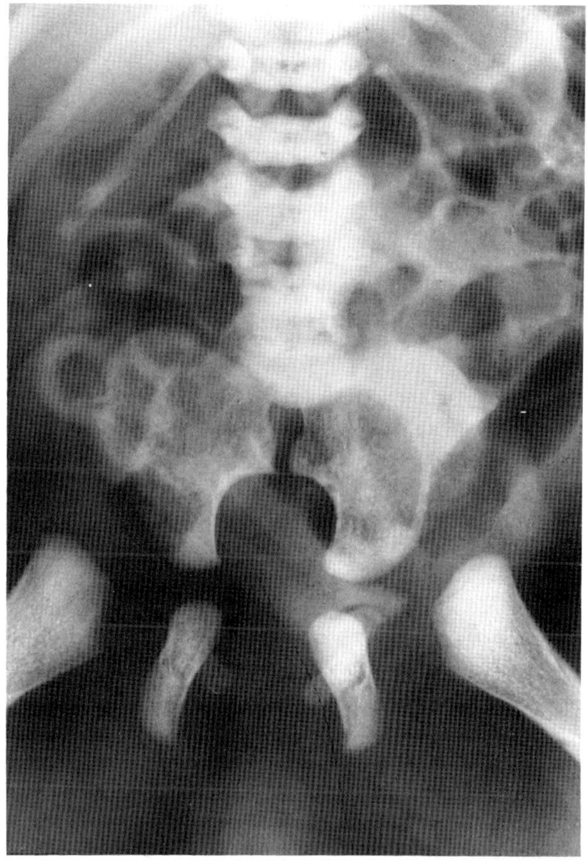

b

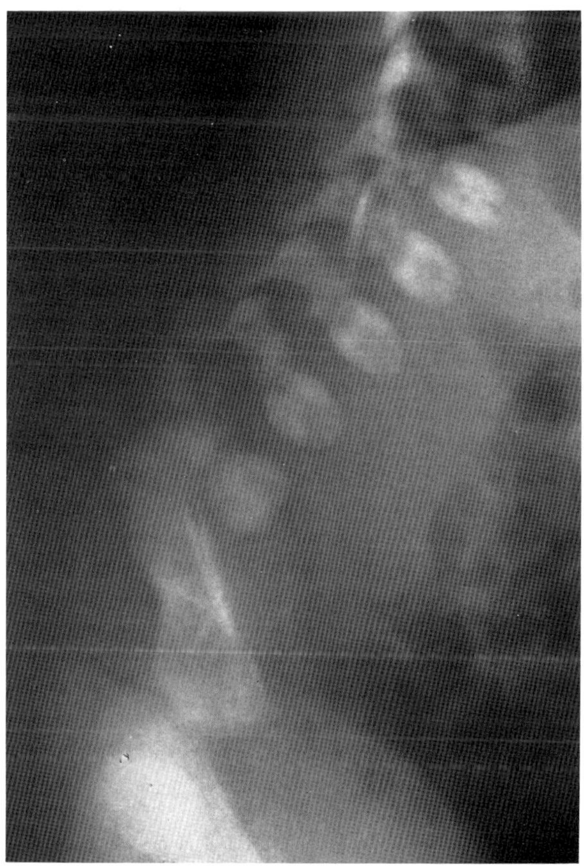

c

Abb. 5.**347 a–c**
a Hiatus sacralis totalis
b u. **c** Kreuzbeinaplasie in zwei Ebenen

Auf die Fülle der Mißbildungen an Kreuz- und Steißbein einzugehen, ist hier nicht der geeignete Ort. Dies trifft auch für die Diagnostik von Tumoren auf ontogenetischer Grundlage zu (kongenitale Zysten, Chordome, Teratome, vordere Meningozelen, neuroblastische Tumoren, Glomustumoren u.a.). Wir verweisen auf entsprechende Handbuchartikel und Monographien. Meistens verursachen diese Gebilde, wenn sie radiographisch nachweisbar sind, einen scharf konturierten Knochendefekt (s. z.B. 48).

Im Hinblick auf die Differentialdiagnose zu frischen und alten Verletzungsfolgen ist lediglich hervorzuheben, daß es **Abwinkelungen des Steißbeines** nach vorn, hinten und zur Seite gibt (Abb. 5.**348** bis 5.**351**), die – auch nach Trauma – nicht ohne weiteres als Fragmentdislokationen nach Steißbeinbruch angesehen werden dürfen.

Eine Stufe an der Vorderkontur des 2. Kreuzbeinwirbels mit durchgehender, sogar verdickter Kortikalis läßt Zimmer noch zweifeln, ob es sich nicht doch noch um die Folge eines frühkindlichen Traumas handelt, da in derselben Höhe auch hinten ein leichter Knick besteht, wenn Zimmer auch hinzufügt, daß er glaube, sich erinnern zu können, derartige Befunde früher schon gesehen, doch nicht weiter beachtet zu haben (Abb. 5.**352**).

In der Bandscheibe zwischen dem letzten Kreuz- und dem ersten Steißbeinwirbel sieht man gelegentlich eine kleine Verkalkung (Abb. 5.**353**). Sie scheint häufiger im Kindesalter aufzutreten (8, 25[2]).

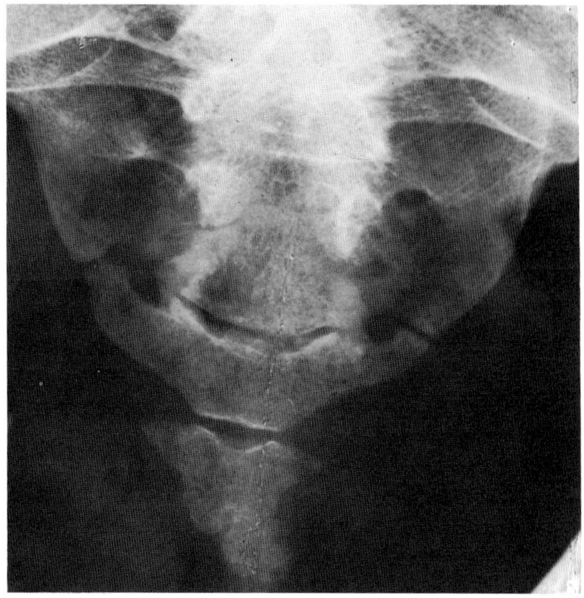

Abb. 5.**348** Rechtskonvexe Verbiegung des Kreuz-Steißbein-Überganges

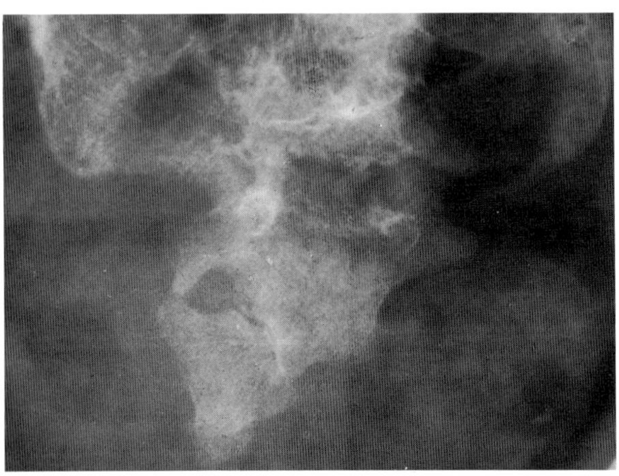

Abb. 5.**349** Abknickung des deformierten untersten Steißbeinwirbels nach rechts

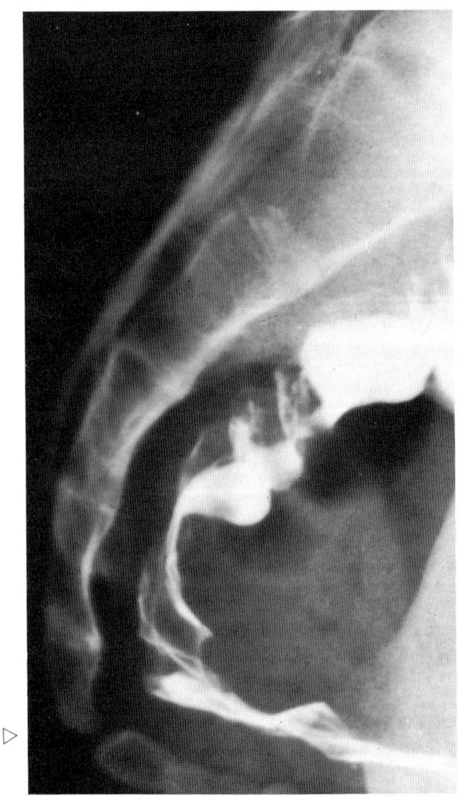

Abb. 5.**350** 34jährige Frau. Extrem langes, stark abgewinkeltes, nach vorn horizontal gestelltes Steißbein. Schmerzen beim Sitzen ▷

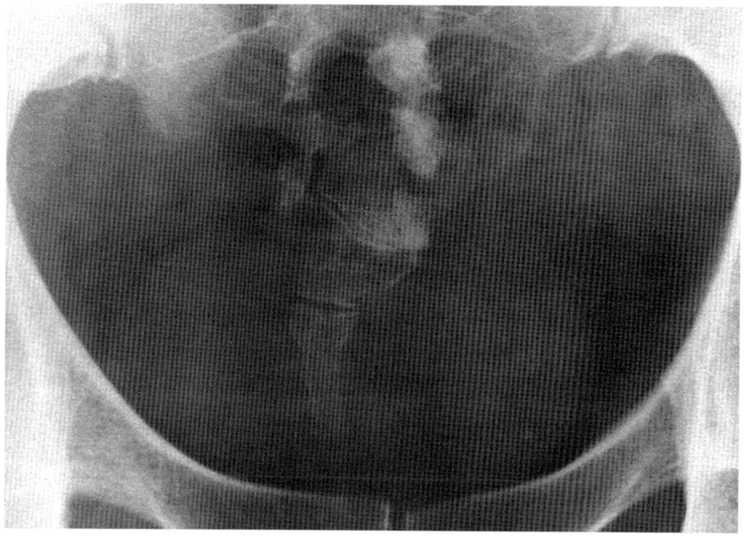

Abb. 5.**351** Rechtskonvexe Verbiegung des Steißbeins

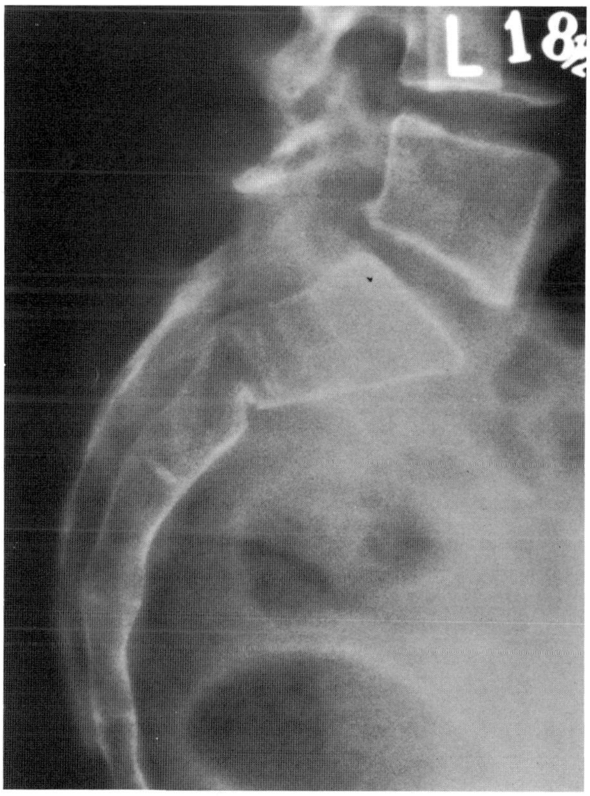

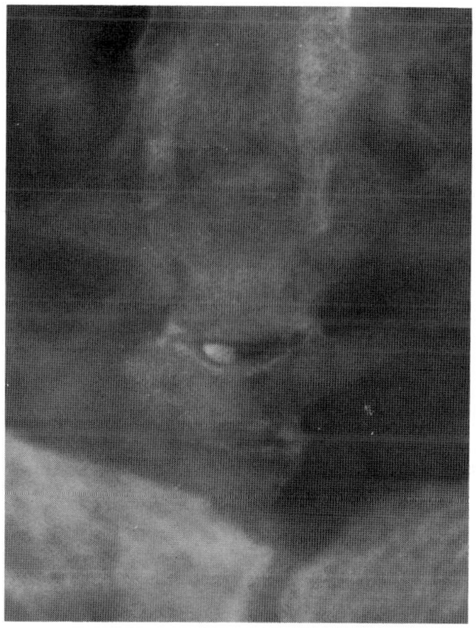

Abb. 5.**353** Bandscheibenverkalkungen an der Grenze zwischen Kreuz- und Steißbein

◁ Abb. 5.**352** Tiefe Kerbe an der Vorderfläche des Sakrum, leichter Knick dorsal gegenüber. Altes Trauma? Anomalie? (Beobachtung von Etter, Luzern)

Verletzungsfolgen und Nekrosen

Die mögliche *Beteiligung des Kreuzbeins bei Beckenringbrüchen* ist zwar bekannt, doch bedarf es wegen mangelnder Auffälligkeit der Frakturspalten oft einer ganz besonderen Aufmerksamkeit, um sie zu diagnostizieren, besonders, wenn es sich um Querfrakturen handelt. Als einziges Symptom lassen sich oft nur Konturunterbrechungen oder Strukturverwerfungen an den Begrenzungen der Foramina sacralia oder einer der Lineae transversae erkennen. Diese Brüche treten bei einer Häufigkeit von etwa 17% aller Beckenverletzungen ein, werden aber bei der Erstuntersuchung in etwa 30% übersehen (38). Häufigkeitsangaben des radiologischen Schrifttums vor der Anwendung der Computertomographie sind mit den heutigen Prozentzahlen kaum vergleichbar (16). Die Seitenaufnahme kann einen genaueren Aufschluß durch Nachweis einer Dislokation (meist des unteren Fragmentes nach vorn) oder von Konturunterbrechungen der vorderen und/oder hinteren Kortikalis darstellen. Bei vertikal verlaufenden Frakturspalten ohne größere Dislokation von Fragmenten bringt sie meist keine zusätzlichen Informationen (41).

Alleinige **Kreuzbeinfrakturen** erfolgen meist in der Höhe des Unterrandes der Sakroiliakalgelenke. Querfrakturen des 2. Sakralwirbels gelten als außerordentlich selten und werden mit 2%iger Häufigkeit unter den Verletzungen des Kreuzbeins angegeben (20, 26). Isolierte Schräg- oder Vertikalfrakturen des Kreuzbeins erfolgen so selten, daß bei ihrem Vorliegen nach weiteren Zeichen einer Beckenringfraktur sorgfältig gesucht werden muß (38). Eine Schädigung der Cauda equina muß als typische Folgeerscheinung dieser Knochenverletzung angesehen werden (13, 16, 26).

Die **Computertomographie** erlaubt am leichtesten die Beurteilung der Sakroiliakalfugen, die Darstellung auch kleinster abgesprengeter Fragmente und die gerade hier wegen starker Blutungen wichtige Erfassung von Hämatomen (10, 38).

An die sehr seltene Komplikation des Auftretens einer Pseudomeningozele und einer Liquorfistel muß bei Querfrakturen des Sakrum, selbst bis in die Höhe von S4 hinunter, gedacht werden (20).

Pathologische Frakturen des Sakrum sind häufiger zu beobachten, als allgemein bekannt ist. Ein Autorenteam sah innerhalb von vier Monaten acht Patienten mit derartigen Befunden (11), vor allem nach Radiotherapie sowie postmenopausischer oder steroidinduzierter **Osteoporose**. Wenn nicht Sklerosen durch Kompression der Trabekel oder Kallus nachzuweisen sind, kann nur die Szintigraphie Hinweise für die Diagnose liefern, die letztlich fast nur durch die Computertomographie zu beweisen ist (11, 17).

Steißbeinbrüche kommen im Gegensatz zu den Kreuzbeinfrakturen häufiger isoliert vor. Sie werden unter den Beckenfrakturen mit 3 bis 6 auf 100 (41) angegeben. Die Frakturspalten verlaufen meist quer, aber auch vertikal und steil schräg, sind nur ausnahmsweise im sagittalen Strahlengang darzustellen (Abb. 5.**354a** u. **b**) und lassen sich auch in der Seitenaufnahme bei fehlender Verlagerung der Fragmente und deutlichen Segmentgrenzen nicht leicht diagnostizieren. Unterbrechungen der Kortikalisfrakturen bieten wertvolle Hinweise. Aus Dislokationen der Steißbeinspitze allein nach hinten, seitlich und vorn auf Frakturen zu schließen, ist bei der Häufigkeit solcher Anomalien (s. voriger Absatz) nicht erlaubt.

Randaussprengungen sind wohl nur mit der vorn beschriebenen Saratschen Untersuchungstechnik nachweisbar.

Bei **Steißbeinluxationen** wird das untere Segment zwar auch meist nach ventral, ausnahmsweise jedoch auch dann nach dorsal verlagert, wenn der Verletzte nicht, wie meistens bei traumatischen Steißbeinaffektionen auf den Steiß fällt, sondern, mit dem Gesäß nach vorne rutschend (z.B. Skiläufer) mit dem Steißbein gegen einen Widerstand stößt (3). Geburtsverletzungen (wohl durch Zug in der Steißbeinachse) gibt es nicht nur bei Zangen-, sondern auch bei normalen Spontangeburten (27).

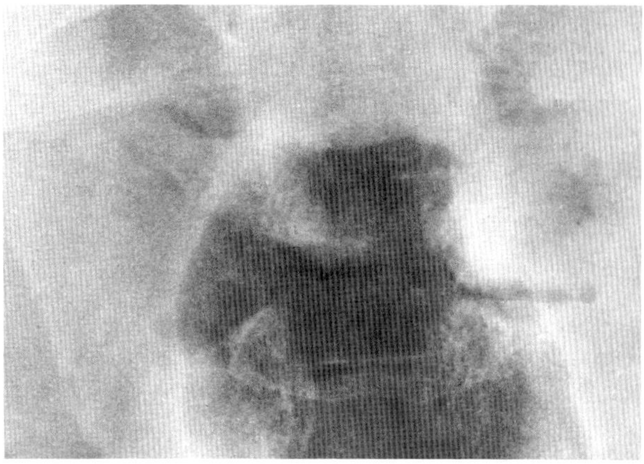

a

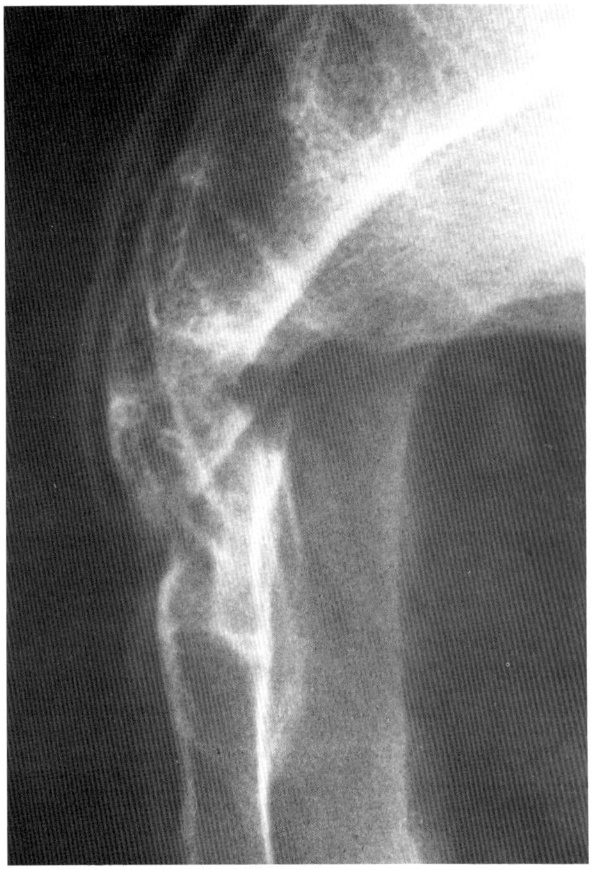

b

Abb. 5.**354a** u. **b** Fraktur an der Kreuz-Steißbein-Grenze
a Im sagittalen Strahlengang trotz Diagnoseerleichterung durch überlagerndes Darmgas nicht zu erkennen
b Eindeutiger Befund im seitlichen Strahlengang

Unter den **Kokzygodynien** Erwachsener, deren Ursache fast immer unbekannt ist, wurde nach Kokzygektomie unter zwei von 16 Patienten eine avaskuläre Nekrose gefunden (30).

Erworbene Erkrankungen

Bei den sehr seltenen **tuberkulösen und unspezifischen Entzündungen des Steißbeins** sind entsprechende Veränderungen (wohl auch infolge ungenügender Aufnahmetechnik) kaum festgestellt worden. Sie finden sich am ehesten noch nahe den Sakroiliakalgelenken und werden in diesem Buch unter dem entsprechenden Absatz beschrieben. Hier sei nur darauf hingewiesen, daß nicht nur nach unseren Erfahrungen in dem mächtigen Volumen besonders der Massae laterales von S1 und S2 sowie oft starken Überlagerungen mit Darminhalt pathologischer Prozesse der Struktur und auch der Form oft ein erhebliches Ausmaß erreichen können, ehe sie bei der Routineuntersuchung erkannt werden (31).

Wie schwierig es ist, **Destruktionen in der Masse des Kreuzbeins** nach der konventionellen Summationsaufnahme zu erkennen, wird durch eine Aufstellung klar, wonach nur bei zwei von zwölf Untersuchten mit Tumorbefall oder (meist) mit Beckenmetastasen die Tumoren erkannt wurden. In Kenntnis des pathologischen Befundes stellte es sich retrospektiv heraus, daß die Destruktionen sämtlich an den sog. **Lineae arcuatae** zu erkennen waren bzw. hätten erkannt werden können (1).

Als „Lineae arcuatae" werden radiologisch die geschwungenen, queren intervertebralen Verdichtungslinien in den Massae laterales des Kreuzbeins beiderseits bezeichnet, die im anatomischen Schrifttum nicht als solche aufgeführt sind.

Bei den *kongenitalen Zysten* und *Teratomen* in der Sakrokokzygealregion steht meist der klinische Befund im Vordergrund. Radiologische Untersuchungsergebnisse tragen zwar erheblich dazu bei, Form, Größe und Dichte des Tumors zu erfassen (46); auch kann das Computertomogramm mit der Darstellung des Rückenmarkkanals zur Diagnostik *symptomatischer, sakraler perineuraler Zysten* beitragen (47), doch gehören derartige Befunde nur ausnahmsweise in den Themenkreis dieses Buches.

Sakrokokzygeale Chordome verursachen im Anfangsstadium Destruktionen, die oft erst im konventionellen Tomogramm sichtbar werden, führen zur Erweiterung der Foramina sacralia und sind meistens an einer präsakralen Gewebsverdichtung zu erkennen (22).

Literatur

1 Amorosa, Judith, K., St. Weintraub, L. F. Amorosa, J. N. Safer, M. Rafii: Sacral destruction foraminal lines revisited. Amer. J. Roentgenol. 145 (1985) 773–775
2 Bársony, T.: Zirkumskripte Aufhellung im lateralen Anteil des Kreuzbeins. Kein pathologischer Befund. Brun's Beitr. klin. Chir. 157 (1933) 359–363
3 Becker, F.: Traumatische Luxation des Steißbeins nach hinten durch Skiunfall. Beitrag zur Kenntnis der seltenen Formen der Steißbeinverletzungen. Zbl. Chir. 146 (1937), 2877–2880
4 Berquet, K. H.: Untersuchungen über die Erblichkeit der Kreuzbeinkrümmung. Z. Orthop. 99 (1965) 202–206
5 Bettenhäuser, K.: Versprengte Lendenrippe. Fortschr. Röntgenstr. 100 (1964) 784/785
6 Birkner, R.: Das typische Röntgenbild des Skeletts. Urban & Schwarzenberg, München 1977
7 Bohntová, J., J. Kolár, J. Vîtovec, L. Vyhánek: Accessory caudal and pelvic ribs. Fortschr. Röntgenstr. 133 (1980) 641–643
8 Buttenberg, H.: Kinderärztl. Praxis 26 (1958) 26
9 Cacciarelli, A. A.: Posterior widening of the S1–S2 interspace in children. A normal variant of sacral development. Amer. J. Roentgenol. 129 (1977) 305–309
10 Carl, A., A. Delman, G. Engler: Displaced transverse sacral fractures. Clin. Orthop. Relat. Res. 194 (1985) 195–198
11 Cooper, K. L., J. W. Beabout, R. G. Swee: Insufficiency fractures of the sacrum. Radiology 156 (1985) 15–20
12 Cornwall, W. S., H. Ramsey: Unusual bilateral sacrococcygeal ossicles. Brit. J. Radiol. 68 (1957) 70–73
13 Dihlmann, W.: Röntgendiagnostik der Sakralgelenke und ihrer nahen Umgebung, 2. Aufl. Thieme, Stuttgart 1978 (S. 24–26)
14 Dowling, Th., J. Epstein, Nancy E. Epstein: S1–S2 sacral fracture involving neural elements of the cauda equina. Spine 10 (1985) 581–583
15 Dunaway, C. L., J. P. Williams, B. G. Brogdon: Sacral and coccygeal supernumerary ribs (pelvic ribs). Skeletal Radiol. 9 (1983) 212–214
16 Fountain, S. S., R. D. Hamilton, R. M. Jameson: Transverse fractures of the sacrum. J. Bone Jt Surg. 59-A (1977) 486–489
17 Gacetta, D. J., D. R. Yandow: Computed tomography of spontaneous osteoporotic sacral fractures. J. Comput. Assist. Tomogr. 8 (1984) 1190–1191
18 Grässner: Der röntgenologische Nachweis der Spina bifida occulta. 10. Röntgenkongreß, Berlin 1914
19 Greenspan, A., A. Norman: The „pelvic digit" – an unusual developmental anomaly. Skeletal Radiol. 9 (1982) 118–122
20 Hadley, M. N., L. Ph. Carter: Sacral fracture with pseudomeningocele and cerebrospinal fluid fistula: Case report and review of the literature. Neurosurgery 16 (1985) 843–846
21 Halloran, W.: Sacral ribs. Quart. Bull. Northw. Med. Sch. 34 (1960) 304–309
22 Hudson, T. M., M. Galceran: Radiology of sacrococcygeal chordoma. Difficulties in detecting tissue extension. Clin. Orthop. Relat. Res. 175 (1983) 237–242
23 Ingelrans, P.: Formes chirurgicales des arthralgies et arthrites non tuberculeuse. Rev. Rhum. 17 (1950) 387–406
24 Ireberger: Rippenrudimente am Steißbein. Anat. Anz. (Jena) 86 (1936) 396
25 Keats, Th. E.: Atlas of Normal Roentgen Variants that May Simulate Diseases, 3rd. ed. Year Book Medical Publishers, Chicago 1984 ([1]fig. 3–213; [2]fig. 3–235)
26 Kerboul, B., J. Le Saout, F. Chevalier, Ph. Meriot, B. Courtois: La fracture transversale de la deuxième vertèbre sacrée avec signes neurologiques. Neurochirurgie 31 (1985) 464–467
27 Kosmowski, J., K. Kob: Die pathologischen Veränderungen des Steißbeins. In: Röntgendiagnostik der Wirbelsäule, Teil 2, red. v. L. Diethelm. In Diethelm, L., F. Heuck, O. Olsson, K. Ranniger, F. Strnad, H. Vieten, A. Zuppinger: Handbuch der Medizinischen Radiologie, Bd. VI. Springer, Berlin 1974 (S. 240–241)
28 Kreyenbühl, W., Ch. Hessler: A variation of the sacrum on the lateral view. Radiology 109 (1973) 49–52
29 Lippert, H.: Anatomie der Wirbelsäule unter den Aspekten von Entwicklung und Funktion. Med. Klin. 61 (1966) 41–46
30 Lourie, J., St. Young: Avascular necrosis of the coccyx: a cause of coccygodynia? Brit. J. Clin. Pract. 16 (1985) 247–248
31 Makley, J. T., A. M. Cohen, E. Boada: Sacral tumors: a hidden problem. Orthopaed. 5 (1982) 996–1003
32 Poeschl, M.: Juvenile Osteo-Chondro-Nekrosen. In: Röntgendiagnostik der Skeletterkrankungen, Teil 4, red. v. L.

Diethelm. In Diethelm, L., O. Olsson, F. Strnad, H. Vieten, A. Zuppinger: Handbuch der Medizinischen Radiologie, Bd. V. Springer, Berlin 1971 (S. 120–122)
33 Portmann, J.: Der Forameneffekt am Kreuzbein. Fortschr. Röntgenstr. 96 (1962) 823–828
34 Radlauer, C.: Beiträge zur Anthropologie des Kreuzbeines. Gegenbaurs morph. Jb. 38 (1908) 322–447
35 Reinhardt, K.: Die Lenden-Kreuzbein-Region. In: Röntgendiagnostik der Wirbelsäule, Teil 1, red. v. L. Diethelm. In Diethelm, L., F. Heuck, O. Olsson, K. Ranniger, F. Strnad, H. Vieten, A. Zuppinger: Handbuch der Medizinischen Radiologie, Bd. VI. Springer, Berlin 1974 ([1]S. 438/39; [2]S. 441; [3]S. 445; [4]S. 449; [5]Abb. 17; [6]S. 511–512)
36 Robert, M., D. Moulies, J.–L. Alain: L'ostéochondrite sacro-iliaque. Chir. Pédiat. 25 (1984) 338–340
37 Robin, P. A., V. J. Collins: Roentgenologic study of the male sacrum as an aid in caudal anaesthesia. Anaesthesiology (1945) 505–514
38 Rogers, L. F.: Radiology of Skeletal Trauma. Churchill Livingstone, New York 1982 (S. 621–622)
39 Rogers, M. H., E. N. Cleaves: The adolescent sacro-iliac joint syndrome. J. Bone Jt Surg. 17 (1935) 759
40 Sabat, B.: Intrarektale Radiographie. Fortschr. Röntgenstr. 53 (1936) 143
41 Schild, H., H. A. Müller, K. Klose, J. Ahlers, H. Nüwel: Anatomie, Röntgenologie und Klinik der Sakrumfrakturen. Fortschr. Röntgenstr. 134 (1981) 522–527
42 Schoberth, H.: Fehlstellungen des Kreuzbeins, röntgenologische und klinische Studien. Z. Orthop. 87 (1956) 216–218
43 Schoen, R.: Spina bifida occulta. Diss., Münster i. W. 1939
44 Schwabe, R.: Untersuchungen über die Rückbildung der Bandscheiben im menschlichen Kreuzbein. Virchows Arch. path. Anat. 287 (1933) 651–713
45 Trotter, M., P. F. Lanier: Hiatus sacralis in american whites and negroes. Hum. Biol. 17 (1945) 368–381
46 Stojavinovič, J., J. Pappa, Š. Čičin-Šain, M. Agbaba, K. Čavka: Kongenitale Zysten und Teratome in der Sakrokokzygealgegend. Fortschr. Röntgenstr. 137 (1982) 560–563
47 Willinsky, R. A., M. Fazl: Computed tomography of a sacral perineural cyst. J. Comput. Tomogr. 9 (1985) 599–601
48 Yates, V. D., R. S. Wilroy, G. L. Whitington, J. C. H. Simmons: Anterior sacral defects: an autosomal dominantly inherited condition. J. Pediat. 102 (1983) 239–242

Gesamtform der Wirbelsäule

„Krankhafte Haltungsänderungen, Skoliosen und Kyphosen" ist der Titel eines Handbuchbandes (11), in dem über die hier zu behandelnden Themen ausführlich berichtet ist. Teilweise haben wir bei der Besprechung einzelner Wirbelsäulenregionen aus diesem Band zitiert.

Es erscheint unmöglich oder wenig sinnvoll, hier den Versuch zu machen, auch nur einen Auszug aus diesem Band (880 Seiten) oder auch anderer einschlägiger Werke (6) wiederzugeben. Hier sollen nur die wichtigsten und einfachsten radiologischen Meßmethoden bei Wirbelsäulenverkrümmungen sowie einige grundsätzliche Bemerkungen über Wirbelsäulenverkrümmungen und einige wenige neuere Mitteilungen über das Thema der Skoliosen im Wachstumsalter dargestellt bzw. wiedergegeben werden. Für die radiologische Beurteilung einer **Skoliose** ist zuerst festzustellen, ob ein Flach- oder Rundrücken vorliegt.

Messung des **Krümmungswinkels nach Ferguson** (Abb. 5.**355a**): Drei fixe Wirbel sind zu bestimmen:

- der Scheitelwirbel,
- der kraniale Neutralwirbel und
- der kaudale Neutralwirbel.

Der Neutralwirbel steht in Mittelstellung zwischen zwei Krümmungen bzw. am Anfang oder Ende einer Krümmung und besitzt eine normale Form. Der Scheitelwirbel unterliegt der stärksten Keilform und Drehung im Scheitelpunkt der Krümmung. Der Mittelpunkt dieser drei Wirbel wird geometrisch festgelegt. Die einzelnen Mittelpunkte verbindet man durch Linien miteinander. Der Komplementärwinkel am Scheitelwirbel ergibt das Ausmaß der Hauptkrümmung. In gleicher Weise werden kompensatorische Gegenkrümmungen ausgemessen.

Messung des **Krümmungswinkels nach Cobb** (Abb. 5.**355b** u. **c**): Nur die beiden Neutralwirbel werden bestimmt. Die vom Scheitelpunkt entferntere Deckplattenebene der Neutralwirbel wird jeweils durch eine Parallellinie verlängert. Auf diesen beiden Richtlinien gezogene Senkrechte in der Richtung zum Krümmungsscheitel kreuzen sich. Die sich im Scheitelpunkt ergebenden Winkel sind in der Regel etwas größer als die Winkel nach Ferguson.

Vergleiche des Wertes beider Methoden liegen vor (8). Hier wird zwar der Methode nach Cobb der Vorzug gegeben, doch wird auch die Ferguson-Methode wegen größerer Präzision empfohlen (4, 7). Bei Kindern wird die Methode nach Ferguson bevorzugt, weil die noch knorpelig angelegten Deckplattenecken ungenau zu bestimmen sind, während bei den Winkelmessungen kongenitaler Skoliosen das Zentrum der mißbildeten Scheitelwirbel nicht einwandfrei zu bestimmen ist.

Die seitliche Wirbelverschiebung – das **Drehgleiten** (9) – gilt als schmerzhafte Komplikation vor allem der Lumbalskoliose. Die der Fehlbelastung bei Skoliose hauptsächlich ausgesetzten Wirbelpartien an der Konkavseite im Krümmungsscheitel verschleißen vorzeitig und lassen die bekannten radiologischen Zeichen der Degeneration erkennen. Die Bänder der gespannten Gegenseite geben nach. Der Wirbel gleitet zur Seite der Konvexität und dreht sich. Voraussetzung hierfür ist eine Änderung der Form und Stellung der arthrotisch veränderten Gelenkfortsätze (Abb. 5.**356**).

In 90% sind die Skoliosen „**idiopathisch**", also ätiologisch ungeklärt. Nach Abschluß des Wachstums ist eine Verschlimmerung nicht zu erwarten. Bei der **osteo-, neuro-, myo- und fibropathischen Skoliose** kann die radiologische Darstellung einen Hinweis auf deren Ursache geben, z. B. Knochenmißbildungen, massive Pleuraschwarten oder auch eine Neurofibromatose. Im Röntgenbild ist zwischen der angulären und arkulären Skoliose zu unterscheiden. Der Angulus weist auf den schmerzhaften Wirbelprozeß hin (Spondylitis, Tumor, Fraktur u. a. [5[2]]). Bei exzentrisch im Wirbel liegenden schmerzhaften Prozessen (Osteoidosteom, Histiocytosis X, aneurysmatischer Knochenzyste, benignes Osteoplastom u. a.) kann eine **reflektorisch ausgelöste schmerzhafte Skoliose** auftreten (9). Sie zeigt ihre Konvexität auf der Gegenseite des Prozesses (Abb. 5.**357**) und wird besonders bei Kindern und jungen Erwachsenen gesehen (5[2]), so auch beim dorsolateralen Diskusprolaps (Abb. 5.**358**). Eine Drehskoliose kann schließlich als Folge einer Asymmetrie der Gelenkfortsätze entstehen (2).

Zu den Begriffen „Rotation" und „Torsion" ist anzumerken, daß als **Rotation** der Zustand der physiologischen und pathologischen Drehung eines normal geformten Wirbels, als **Torsion** die Drehung mit Verformung eines Wirbels bezeichnet wird (11[3]). Bei der Skoliose kommt meist eine Seitwärtsneigung von Wirbeln hinzu.

Aus Gründen einer erfolgreichen Behandlungsaussicht ist die möglichst *frühe Diagnose* der infantilen Skoliose (Durchschnittsalter bei erster Diagnosestellung 1,2 Jahre) und der kongenitalen Skoliose (Durchschnittsalter bei erster Diagnosestellung 4,4 Jahre) wesentlich (3).

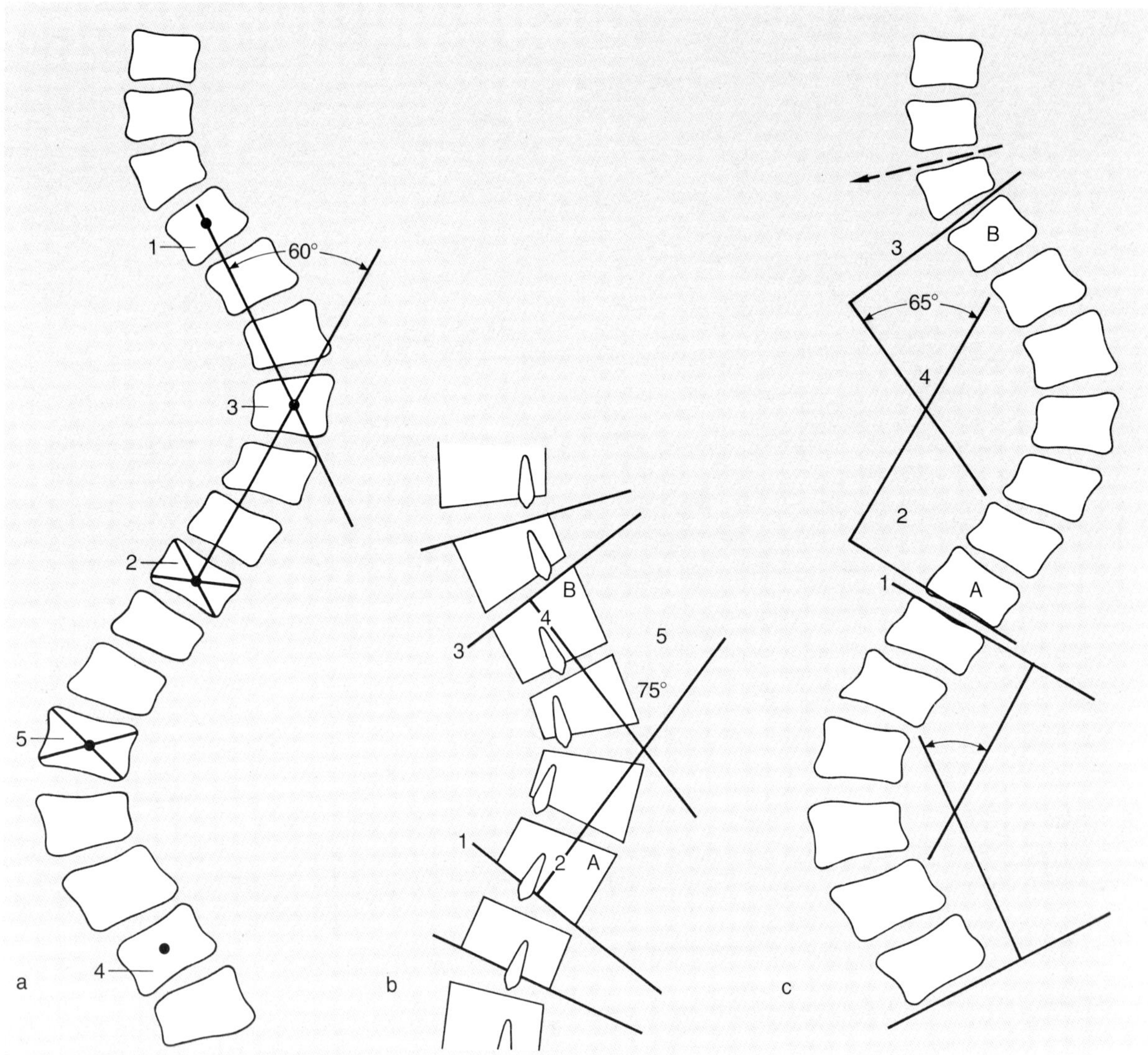

Abb. 5.**355 a–c** Skoliosemessungen
a Nach Ferguson: 1 = kranialer Grenzwirbel, 2 = kaudaler Grenzwirbel an der thorakalen Krümmung, gleichzeitig der Übergangswirbel zur lumbalen Gegenkrümmung, 3 = Scheitelwirbel, 4 = kaudaler Endwirbel der Lumbalkrümmung, 5 = Scheitelwirbel der lumbalen Endkrümmung
b u. **c** Nach Cobb: 1 = kaudaler Übergangswirbel der Kurvaturen, 2 = Errichtung der Senkrechten auf die kaudale Deckplatte, 3 = kranialer Übergangswirbel, 4 = Errichtung der Senkrechten, 5 = Messung des Schnittwinkels der beiden sich kreuzenden Senkrechten. Zwei Linien, Nr. 1 und 3, werden in der unteren Deckplattenebene des Wirbelkörpers A und in der oberen Deckplattenebene von Wirbelkörper B gezogen. A und B sind die kranialen und kaudalen Übergangswirbel, welche die größte Neigung zur Konkavität des Skoliosebogens aufweisen. In der Folge werden die Senkrechten auf die Linie 2 und 4 gefällt. Gemessen wird der Schnittwinkel von 2 und 4, der den Skoliosewinkel darstellt
(nach Endler und Mitarb.)

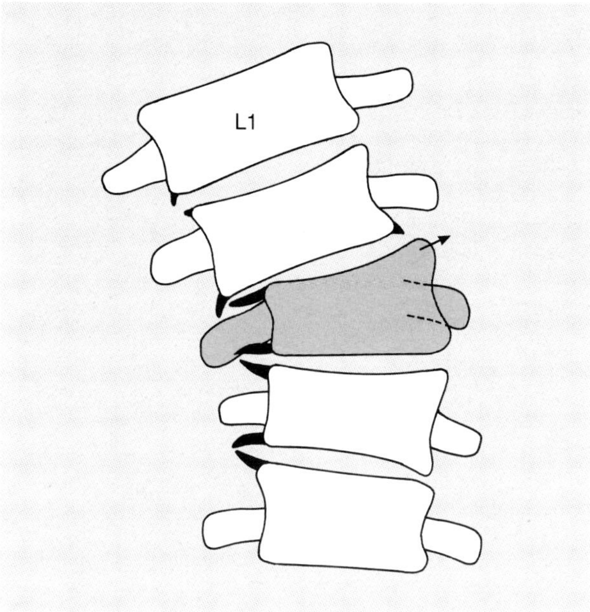

Abb. 5.**356** Drehgleiten L3 (←) bei rechtskonvexer Lumbalskoliose. Spondylosis deformans (schwarz) überwiegend an der Konkavseite der Skoliose (nach Dihlmann)

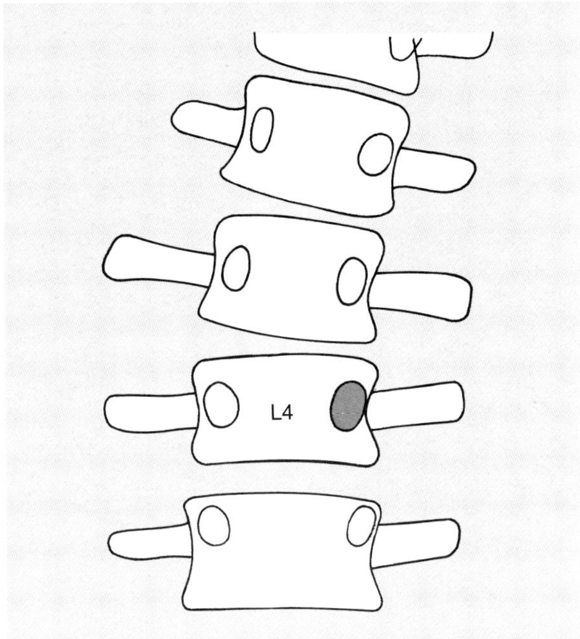

Abb. 5.**357** Reflektorische Lumbalskoliose bei einem exzentrisch im Wirbel lokalisierten Prozeß (hier infolge linksseitigen Pedikel-Osteoidosteoms L4) (nach Dihlmann)

Abb. 5.**358** Linksseitiger dorsolateraler Diskusprolaps L5/S1. Im nächsthöheren Segment L4/5 behinderte Lateralflexion nach rechts (zur Prolapsgegenseite), dabei geringe Rotation L4, so daß ein Dornfortsatz zur Prolapsseite (nach links) auswandert (schematisiert). Seitenbeugung zur (linken) Prolapsseite im 5. Lumbalsegment blockiert, im 4. Segment normal (nach Dihlmann)

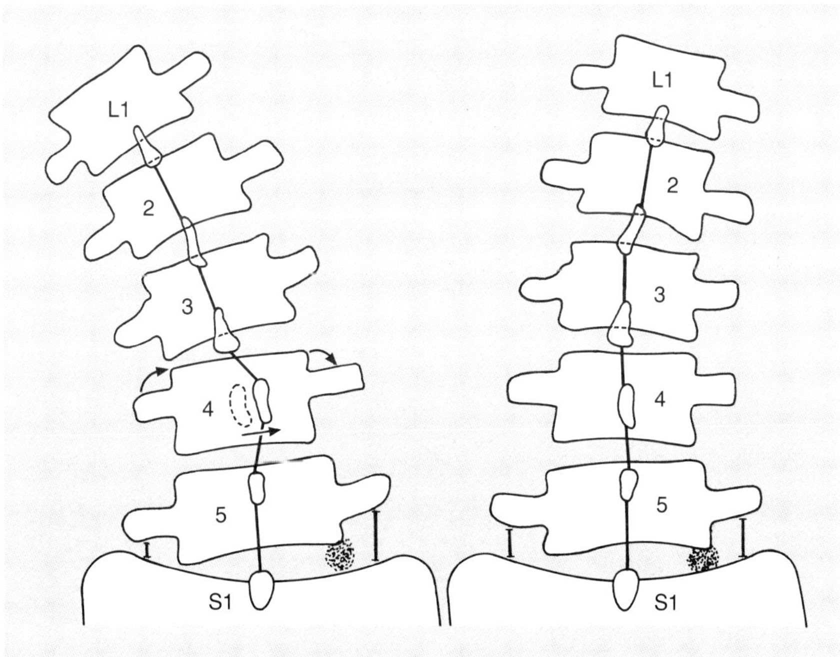

Das **Ausmaß der Drehung** eines Wirbels läßt sich an der zunehmenden Asymmetrie der dargestellten Querfortsatzabschnitte und nach der Abweichung der jeweiligen Dornfortsätze aus der Mittellinie (bei Bandscheibenprolaps s. 10) feststellen.

Die einfachste Art, die **Lendenlordose** zu messen, ist es, die obere Hinterkante des ersten Lendenwirbels mit der oberen Hinterkante des Kreuzbeins durch eine Linie zu verbinden und im tiefsten Punkt des Lordosebogens die Länge der Senkrechten auf diese Linie festzustellen. Das Verhältnis der Länge beider Linien zueinander ergibt den Lordose-Index (11^2) (Abb. 5.**359a**).

In gleicher Form kann man prinzipiell das Ausmaß jeder **Kyphose** bestimmen: Auf der Verbindungslinie der oben und unten am weitesten nach vorn vorstehenden Wirbelkanten mißt man die Länge der Senkrechten dieser Linie zum Punkt ihres

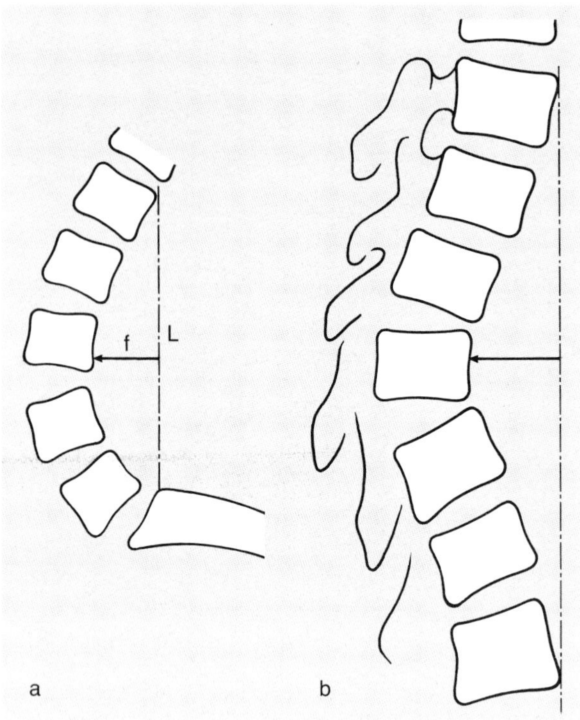

Abb. 5.**359a** u. **b**
a Metrische Bestimmung der Lordose. Die Senkrechte (f) auf der Lordoseebene definiert das Ausmaß der Krümmung und die Tangente an die Endwirbel die Länge der Lordose
b Kyphosemessung. Von der Tangente an den Krümmungsbogen der Kyphose mißt man den größten Abstand zur vorderen Begrenzung der Wirbelkörperreihe
(nach Reinhardt)

größten Abstandes vom Vorderrand der Wirbelsäule (11[2]) (Abb. 5.**359b**).

Wo die Möglichkeit dazu vorhanden ist, empfiehlt sich die Anfertigung von **Wirbelsäulenganzaufnahmen** mit Darstellung von Schädel und Becken (1), da nur diese Methode eine Wiedergabe aller Wirbelsäulenverkrümmungen in ihren gegenseitigen Beziehungen erlaubt (11[1]).

Allgemein ist festzustellen, daß bei Mädchen ein *Zusammenhang zwischen Körperlänge und Häufigkeit von Skoliosen (> 10 Grad) wie auch von Kyphosen (> 40 Grad)* besteht. Beide Deformitäten werden mit zunehmender Länge gegenüber der Norm wesentlich häufiger. Mit der zunehmenden Kyphose wächst die Zahl der von einem Morbus Scheuermann betroffenen Mädchen zwischen 12 und 16 Jahren (13).

Beim **Erwachsenen** führen extreme Lordosen der Brust- und Halswirbelsäule mit Zunahme des Lebensalters immer häufiger und stärker zu **Knochenanlagerungen an den Dornfortsätzen**, Ausbildung interspinaler Schleimbeutel, Eburnationen mit Osteophytose und zur Bildung synoviahaltiger Gelenke. Eine degenerative Enthesopathie wirkt sich an den supra- und interspinalen Bändern aus. Differentialdiagnostisch ist sowohl an Manifestationen der rheumatoiden Arthritis und anderer entzündlicher Gelenkkrankheiten wie auch an Speicherkrankheiten mit Niederschlag von Kalziumpyrophosphatdihydrat und kristallinem Hydroxyapatit in den Bursae zu denken (12).

Literatur

1 Catolla Cavalcanti, G. F.: La teleradiografia della colonna vertebrale nello studio delle scoliosi. Minverva ortop. 7 (1956) 58–64
2 Cercueil, J. P., J. P. Lemaire, P. Grammont, J. P. Mabille: Anomalie rotatoire de la colonne lombaire par asymmétrie des articulaires postérieures. J. Radiol. Électrol. 63 (1982) 107–113
3 Conner, A. N.: Early onset scoliosis: a call for awareness. Brit. med. J. 289 (1984) 962–963
4 Cramer, A.: Funktionelle Merkmale von Störungen der Wirbelsäulenstatik. In: Die Wirbelsäule in Forschung und Praxis, Bd. 5. Hippokrates, Stuttgart 1958 (S. 120)
5 Dihlmann, W.: Gelenke – Wirbelverbindungen, 2. Aufl. Thieme, Stuttgart, 1982 ([1]Abb. 634; [2]S. 479; [3]Abb. 635; [4]Abb. 10)
6 Endler, F., K. Fochem, U. H. Weil: Orthopädische Röntgendiagnostik. Thieme, Stuttgart 1984 (Abb. 450a–c)
7 Mau, H.: Idiopathische Skoliose – enchondrale Dysostosen. Z. Orthop. 93 (1960) 317
8 Neugebauer, H.: Cobb oder Ferguson. Eine Analyse der beiden gebräuchlichsten Röntgenmeßmethoden von Skoliosen. Z. Orthop. 110 (1972) 342–356
9 Müller, W.: Spontane seitliche Wirbelsäulenverschiebungen (Das Drehgleiten von Lendenwirbeln bei Skoliosen der älteren Leute). Z. orthop. Chir. 55 (193) 351–364
10 Ravichandran, G.: Spinous process deviation. Spine 3 (1983) 342, 343
11 Reinhardt, K.: Krankhafte Haltungsänderungen, Skoliosen und Kyphosen. In: Röntgendiagnostik der Wirbelsäule, Teil 3, red. v. L. Diethelm. In Diethelm, L., F. Heuck, O. Olsson, K. Ranniger, F. Strnad, H. Vieten, A. Zuppinger: Handbuch der Medizinischen Radiologie, Bd. VI. Springer, Berlin 1976 ([1]S. 47–49; [2]S. 33–35; [3]S. 3)
12 Sartoris, D. J., D. Resnick, R. Tyson, P. Haghighi: Age-related alterations in the vertebral spinous processes and intervening tissues. Amer. J. Roentgenol. 145 (1985) 1025–1030
13 Skogland, L. B., H. Steen, O. Trygstad: Spinal deformities in tall girls. Acta orthop. scand. 56 (1985) 155–157

Sakroiliakalgelenke

Norm

Im Wachstum

Beim *Neugeborenen* ähneln die Becken-Wirbelsäulenverhältnisse noch teilweise der Vierfüßlerzeit. Die Wirbelsäule besitzt kaum Krümmungen, das Promontorium ist erst angedeutet, das Becken kaum geneigt, das Kreuzbein steht fast senkrecht. Die Aufrichtung des Körpers verursacht statische Änderungen. Der dann entstandene Status bleibt beim Mann, ändert sich jedoch bei der Frau, deren Becken neben seiner Funktion als statisches Zentrum den Geburtsakt zu ermöglichen hat. Die Statik hat Festigkeit, die Gebärfähigkeit Dehnbarkeit zur Voraussetzung. Der präinstabile Zustand entwickelt sich bei der Frau unter hormoneller Steuerung.

Die ursprünglich bindegewebige Beckenanlage stellt einen geschlossenen Ring mit erhaltenem Blastem in den Sakroiliakalgelenken und der Symphyse dar. In der Symphyse bildet sich nach der Geburt ein grundsubstanzreicher Faserknorpel aus. An der Stelle der Sakroiliakalspalten werden die blastematösen Reste nicht in Knorpel umgewandelt. Es tritt ein Spalt auf, der sich später in eine schmale Gelenkhöhle umformt. Diarthrosen entstehen, und zwar straffe Amphiarthrosen mit Gelenkknorpel, Gelenkhöhle und -kapsel mit synovialem und fibrösem Anteil sowie Kapselverstärkungs- und Hilfsbändern (8, 23). Die Gelenkfläche des Kreuzbeins wird von den Kostariuskernen S1 und S2 gebildet (45).

Der Knorpelbelag ist auf der Sakrumseite dikker. Die ohrenförmigen Gelenkflächen, Facies auriculares, sind gering gegeneinander versetzt und damit bewegungsmindernd verschachtelt. Unregelmäßigkeiten der Gelenkflächen mit Erhebungen über deren Niveau, die mehrere Millimeter hoch sind, verstärken diesen Vorgang. Besonders häufig findet man einen größeren Iliumwulst, der in eine Einsenkung des Sakrums hineinragt (8[1]) (Abb. 5.**360**).

Die fibröse vordere Gelenkkapsel setzt am **Sulcus paraglenoidalis** des Darm- und Kreuzbeins an (Abb. 5.**361a–c**). Auch am oberen Ansatz der Gelenkkapsel ist ein solcher Sulkus gelegentlich im Darmbein nachzuweisen (8[2]). Bei Verknöcherungen an den Rändern dieser Rinne entsteht ein **Foramen paraglenoidale**. Über eine eventuelle Lagebeziehung des Sulkus zur A. glutaea superior sind die Meinungen im Schrifttum unterschiedlich (4, 6).

Das sog. **Ohrläppchen** der Facies auricularis setzt sich von den übrigen Gelenkanteilen ab und erscheint über der Linea arcuata etwa in der Sagittalebene, verläuft also meist nicht gekrümmt.

Die Verstärkungsbänder stellen wie das Promontorium eine, paläontogenetisch betrachtet, Neuerwerbung des Menschen dar. Das vordere *Lig. sacroiliacum ventrale* überbrückt die Vorderseite des Sakroiliakalgelenkes und steht meist mit dem Lig. iliolumbale in Verbindung (23[2]).

Hinten geht die Synovialmembran in die im Spatium retroarticulare ausgespannten Ligg. sacroiliaca interossea über. Das **Spatium retroauriculare** kann sich bei zufällig hierfür geeignetem schrägen Strahlengang wie der Gelenkspalt darstellen (8[3]). Diesen Bändern schließen sich die kräftig ausgebildeten Ligg. sacroiliaca dorsalia und weiter unten das Lig. sacrospinale und das Lig. sacrotuberale (s. Kapitel „Becken") an.

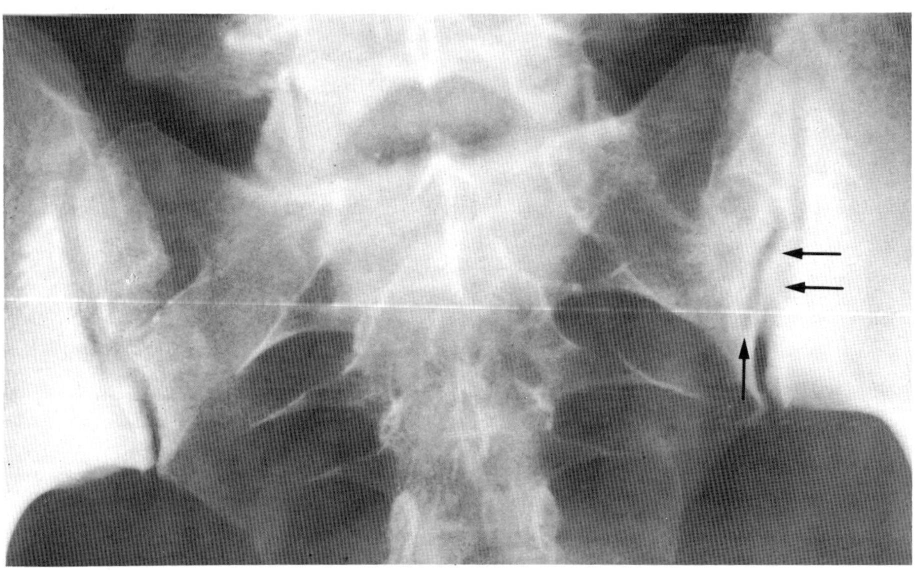

Abb. 5.**360** In das linke Sakroiliakalgelenk hineinragender Iliumwulst (zwei horizontale →), Kerbe im Kreuzbein (↑)

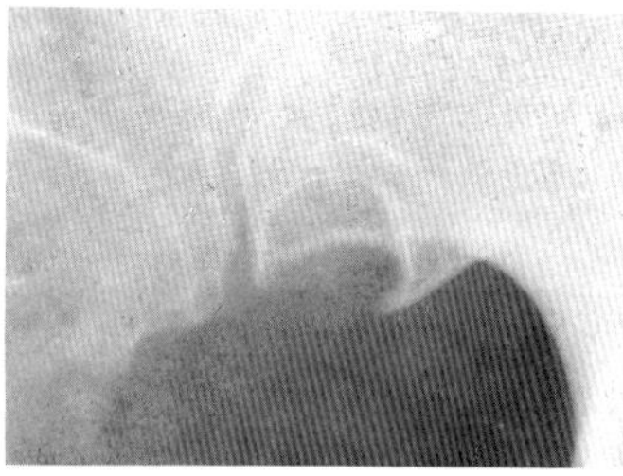
a

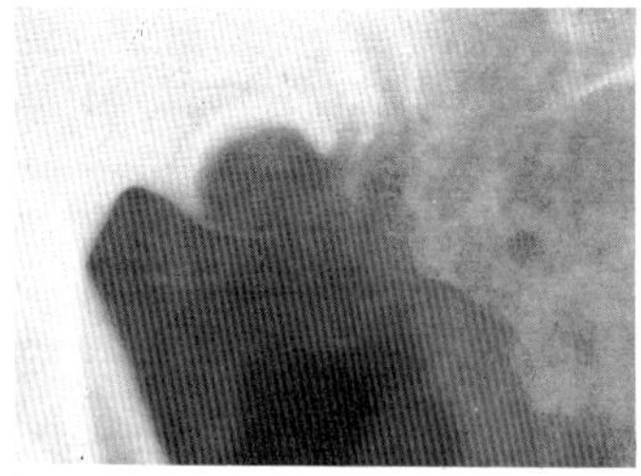
b

Abb. 5.**361 a–c** Sulcus paraglenoidalis

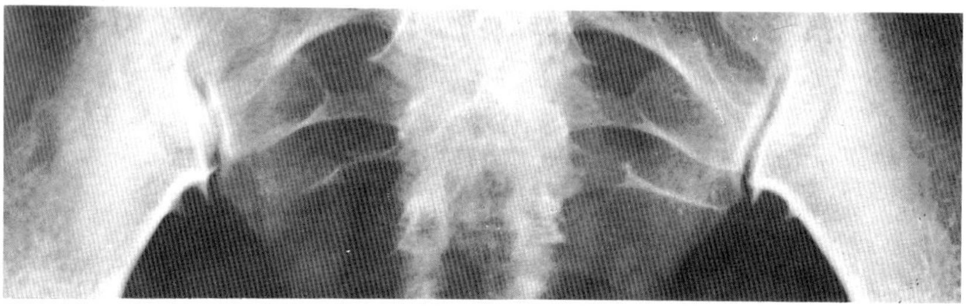
c

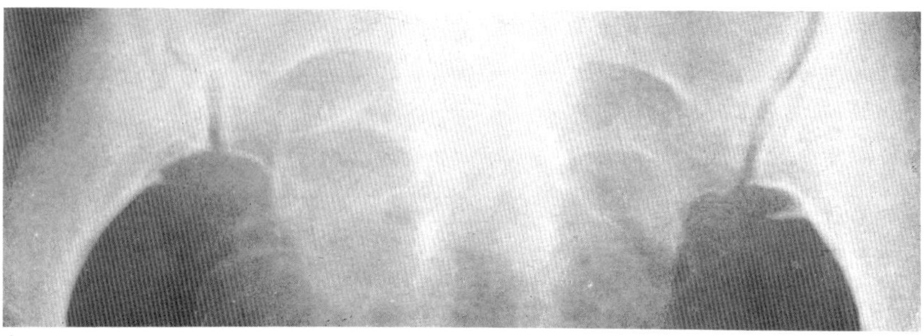
d

Bei **Jugendlichen** zwischen dem 10. und 16. Lebensjahr können die iliakalen Gelenkkonturen in der radiologischen Wiedergabe unscharf sein oder fehlen. Konturen an vorhandenen Wachstumszonen des Kreuzbeins können sich als gezähnelt erweisen.

Konturunregelmäßigkeiten als Folge geringfügiger Entwicklungsstörungen der iliakalen Gelenkflächen, höchstens ein oder zwei Mulden, kommen meist am unteren oder oberen Gelenkspalt vor und werden „Pseudoerosionen" genannt. Arthritische Erosionen treten im Gegensatz dazu zahlreicher auf (8[5]).

Beim Erwachsenen

Nach Abschluß des Wachstums ist der radiologische Gelenkspalt im Bereich des „Ohrläppchens" 3 bis 5 mm breit.

Die breite Basis des Sakrum springt bei der Frau am vorderen sakroiliakalen Gelenkrand in der Regel oben, beim Mann unten stärker vor (16). Das vorerwähnte Spatium retroauriculare gilt wegen seiner Schmalheit bei Männern als das zuverlässigste Skelettzeichen der Geschlechtsbestimmung für Anthropologen und in der forensischen Medizin. Ein **Sulcus postauricularis** zwischen Tuberositas iliaca und hinterer Oberfläche der Aurikula, etwa 2 mm tief, kommt ganz vorwiegend bei Frauen und nur selten bei Männern vor (19).

Die unterschiedliche Schrägstellung der sagittalen Achsen in den Kreuz-Darmbein-Gelenken bringt es mit sich, daß nur in Ausnahmefällen der gesamte Spalt beiderseits oder einseitig (infolge nahezu mangelnder Schrägstellung) radiologisch abgebildet werden kann. Meist wechselt auch der Verlauf in einzelnen Etagen.

Eine einzige Projektion genügt daher zur radiologischen Abbildung eines Sakroiliakalspaltes fast nie. Vier grundsätzliche Aufnahmemöglichkeiten sind genannt (8).

- Schrägaufnahmen mit mindestens einer Belichtung für jedes Gelenk.
- Einstellungen, die beide Gelenke mit einer Belichtung erfassen.
- Schichtaufnahmen, die gleichzeitig beide Gelenkspalten abbilden (heute muß man die Computertomographie mit einbeziehen).
- Funktionsaufnahmen zum Nachweis einer pathologisch gesteigerten Beweglichkeit in den Beckenverbindungen.

Zusammenfassend wird der Schluß gezogen, daß Aufnahmen mit Zentrierung auf die Kreuz-Darmbein-Gelenke in Rücken-, vor allem aber in Steinschnittlage (s. Abschnitt „Lumbosakrale Region"), aber auch a.-p. und p.-a. Becken- und Lendenwirbelsäulenaufnahmen den Schrägaufnahmen vorzuziehen seien. Wenn zusätzliche Informationen notwendig sind, lassen sie sich durch (möglichst mehrdimensional verwischte Schichtaufnahmen, in sagittaler Projektion bei 4 bis 9 cm Tiefe vom Rücken des Untersuchten angefertigt), sonst durch Computertomogramme, erzielen.

Funktionsaufnahmen des Beckenringes mit Belastung des einen, Entlastung des anderen Beines lassen eine **Beckenringlockerung** wegen der am längeren Hebelarm sitzenden und ligamentär gegenüber den Kreuz-Darmbein-Gelenken weniger fest fixierten Schambeine in der Symphyse (s. dort) besser erkennen. Die Verschiebung zwischen Kreuz- und Darmbein sieht man direkter durch Methoden mit gezielter Einstellung der interessierenden Knochenpartien bei Durchleuchtung und Anfertigung von Aufnahmen mit Hilfe eines Kompressionstubus (21, 22). Außer der ein- oder beidseitig bestehenden bzw. verkeilten Instabilität erlaubt eine andere Methode mit Kombination von Übersichts- und per Durchleuchtung gezielten Detailaufnahmen auch die Diagnose einer inkompletten oder vollständigen *Beckenstarre* (9, 38).

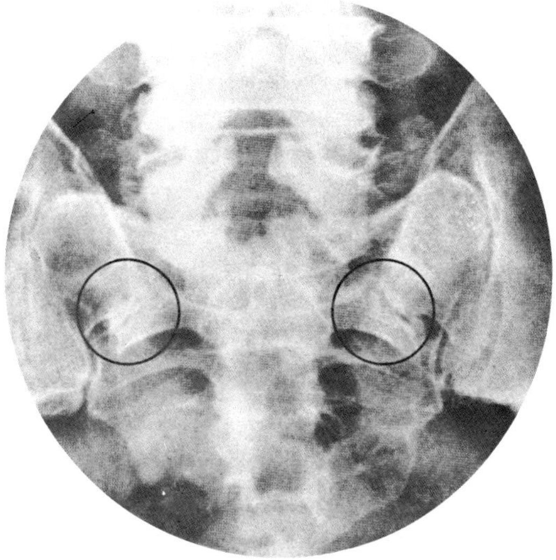

Abb. 5.**362** Beidseitige akzessorische Gelenkbildung zwischen der Spina iliaca posterior superior und dem Os sacrum. Nebenbefund: medianer Bogendefekt bei L5 und S1

Varianten

Außer diesen Kreuz-Darmbein-Gelenken findet man zwischen Ilium und Sakrum in 10- bis 30%iger Häufigkeit **akzessorische Gelenkspalten** (Abb. 5.**362**). Sie stehen mit den eigentlichen Gelenken in Verbindung und sind zwischen der Spina iliaca posterior superior und Crista sacralis lateralis oder zwischen den Tuberositäten des Kreuz- und Darmbeins ausgebildet. Die Gelenke zwischen Spina iliaca und Querfortsätzen der Sakralwirbel (dem Analogon der Crista sacralis des Menschen) werden bei einigen Säugetieren regelmäßig gefunden. Beim Menschen kommen sie unter den Weißen häufiger vor als bei Schwarzhäutigen, bei Männern mehr als bei Frauen, aber auch bei älteren häufiger als bei jüngeren Menschen (8[4]); also kann diese zusätzliche Verbindung nur einem Kontakt und keiner echten Gelenkbildung entsprechen. Dieser Kontakt ist durch Änderung der Stellung von Kreuz- und Darmbein (Senkung des oberen Sakrum nach vorn unten und Verlagerung der unteren Kreuzbeinsegmente nach hinten oben) mit der Spina iliaca posterior eingetreten. Auch eine Synostose konnte in einem solchen Spalt beobachtet werden (8[4]).

Etwa in der Gegend dieser akzessorischen Gelenke gibt es gelegentlich einen nach hinten gerichteten Kreuzbeinvorsprung, der mit einer grubenförmigen Einkerbung der iliakalen und sakralen Begrenzung an den unteren dorsalen Teilen des Kreuz-Darmbein-Gelenkspaltes einhergeht. Im französischen Schrifttum werden die Kerben als **„encoche sacrée"** bezeichnet (Abb. 5.**360** und 5.**363a** u. **b**). Hier sichtbare Konturstufen dürfen nicht mit Frakturspalten verwechselt werden.

Eine **Knochenbrücke** im unteren Anteil des Sakroiliakalspaltes wurde als Anomalie eingestuft (8[6]).

Varianten und Anomalien des Gelenkspaltes, die über die Veränderungen hinausgehen, wie sie im vorigen Absatz beschrieben sind, kann es isoliert nicht geben. Sie müssen mit entsprechenden Deformitäten entweder – meistens – des Kreuzbeins oder des Darmbeins einhergehen bzw. durch diese entstanden sein und wurden, soweit sie in den Themenkreis dieses Buches gehören, dort besprochen. Dies gilt auch für Verletzungsfolgen und Nekrosen.

Erworbene Erkrankungen

Die **Sakroiliakaltuberkulose** als häufigste Form der Beckentuberkulose entsteht gewöhnlich hämatogen (24), aber auch kontinuierlich über einen Senkungsabszeß und infiziert dann oft beide Gelenke. Sie verursacht wenig Symptome und wird deshalb oft erst im fortgeschrittenen Stadium entdeckt. Die klinischen Symptome können Monate und Jahre nach der hämatogenen Streuung einsetzen. Die Unbeweglichkeit der Kreuz-Darmbein-Gelenke begünstigt die Selbstheilung und läßt radiologisch eventuell schon bei der ersten Diagnose Ankylosen nachweisen. Selbst größere parartikuläre Nekrosefelder lassen radiologisch bei langer Zeit nicht entkalkter und nicht abgebauter Knochenbälkchen den krankhaften Zustand nur szintigraphisch erkennen (24) (Abb. 5.**364c**). Erst in der exsudativen Entzündungsphase wird die artikuläre Knochenbälkchengrenze unscharf, die subchondrale Spongiosastruktur verwaschen (Abb. 5.**364a**). Die hinzutretende subchondrale Demineralisation oder marginaler Knochenabbau (Abb. 5.**364b**) lassen – wie übrigens bei jeder Sakroiliitis – den Gelenkspalt breiter erscheinen. Auch ein weites „Klaffen" des radiologischen Gelenkspaltes ist als allgemeines Entzündungszeichen zu werten. Frühe Spongiosaverdichtungen sind nicht nur Zeichen einer Mischinfektion, sondern auch Hinweise auf die funktionelle Adaptation gesunder Knochenpartien. Osteosklerosen werden

a

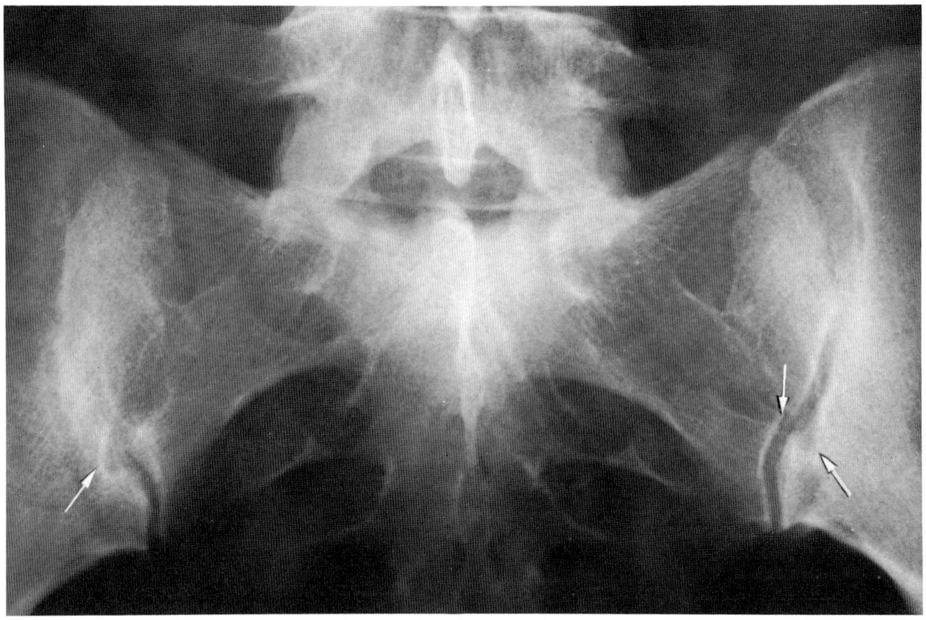

b

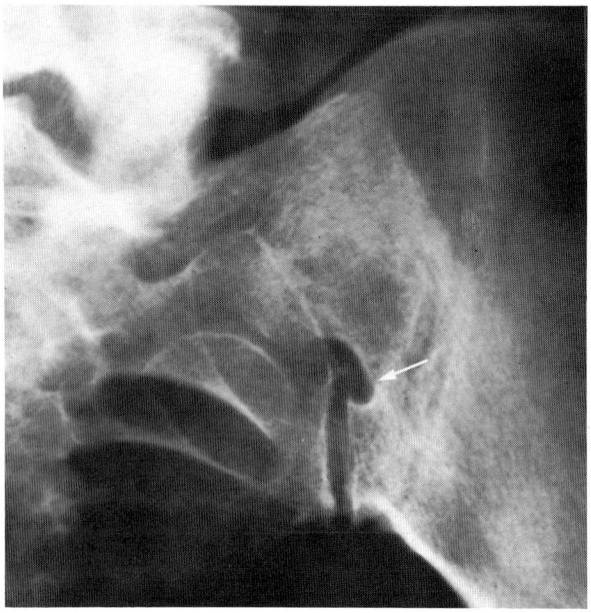

Abb. 5.**363 a** u. **b**
a Kerben beiderseits im Sakroiliakalgelenk (encoche sacrée)
b Typisches Bild einer „encoche sacrée" des Sakroiliakalspaltes

durch Einstauchungen atrophischer Knochenpartien vorgetäuscht (Abb. 5.**365a** u. **b**). Die Häufigkeit der Knochentuberkulose überhaupt hat in den letzten 20 Jahren in den entwickelten Ländern rapide abgenommen, während sie in entwicklungsbedürftigen Ländern grassiert (24). Die überwiegend produktive Sakroiliakaltuberkulose kann radiologisch früher erkannt werden, da das Granulationsgewebe Osteoklasien auslöst und damit zu Konturdefekten, parartikulären Knocheneinschmelzungen, Dissektionen und Sequestern führt (8^7).

Der Krankheitsverlauf der **bakteriellen, nichttuberkulösen Sakroiliakalarthritiden** ist wesentlich stürmischer als bei der Tuberkulose. Radiologische Symptome sind schon zwei bis drei Wochen nach Erkrankungsbeginn (oft mit hohem Fieber, Blutbildveränderungen und mit einer Schmerzintensität, die an akute Bauchkrankheiten denken läßt) zu erwarten. Die Knorpelzerstörung führt zur Spaltverengung, vor allem gut sichtbar im „Ohrläppchenbereich". Auch hier werden die Gelenkkonturen unscharf, die subchondralen Spongiosastrukturen verwaschen. Marginale Erosionen, die sich zu Zerstörungen des ganzen Gelenkes ausweiten können, heilen unter knöcherner **Totalankylose** aus. Eine solche Heilung ist auch – in längeren Zeitabständen – nach tuberkulöser Infektion die Regel.

Wohl noch akuter als beim Erwachsenen setzt die **infantile infektiöse Sakroiliitis** ein, die gelegentlich bei ihrer stürmischen klinischen Symptomatik mit der an sich häufigeren unspezifischen Koxitis verwechselt werden kann. Differentialdiagnostisch

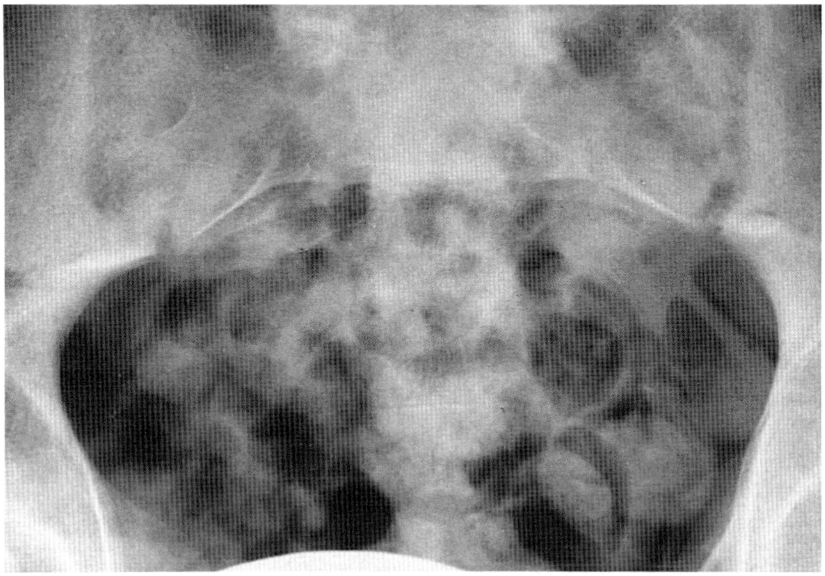
a

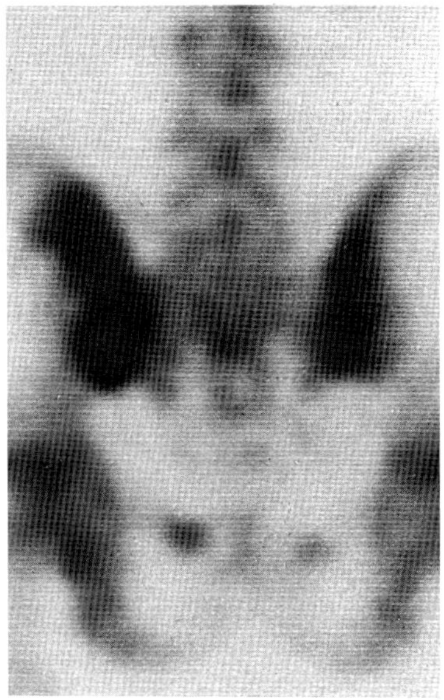
c

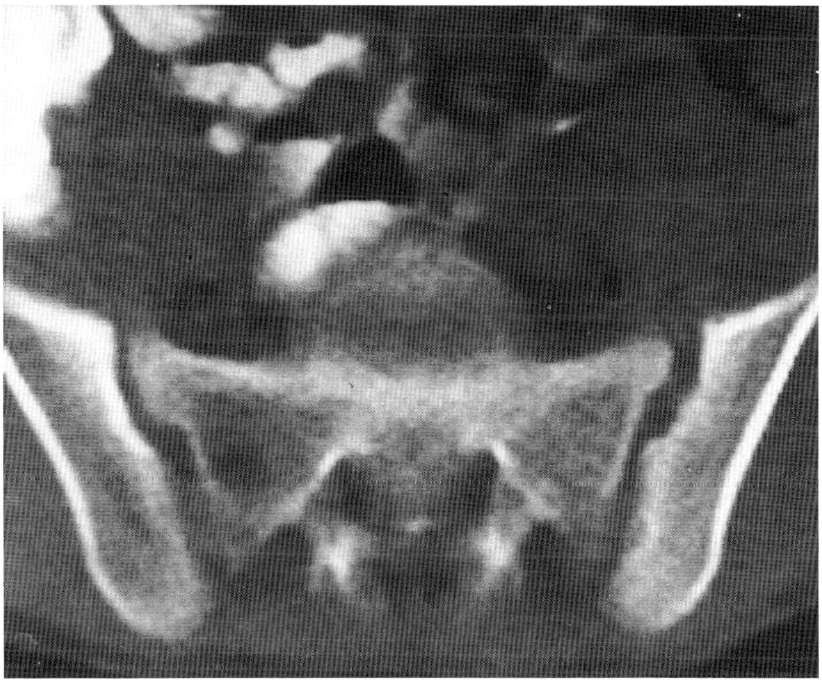
b

Abb. 5.**364 a–c** 16jähriger Junge
a Blasenübersichtsaufnahme. Zufallsbefund: wohl entzündlicher Prozeß beider Sakroiliakalgelenke
b Computertomogramm: ausgedehnte Destruktion der beide Sakroiliakalgelenke bildenden Knochenränder. Klinisch: Nachweis von Tuberkelbazillen
c Szintigramm

hilft hier – noch früher als beim Erwachsenen – der gelegentlich schon vier Tage nach dem ersten Einsetzen der Symptome positive Szintigraphiebefund, während die Symptome der konventionellen Radiologie oft Tage und meist Wochen erst später nachweisbar sind (44) (s. auch Kapitel 6 „Becken – Allgemeiner Teil" [20]).

Unterscheidungszeichen zwischen erworbener und angeborener Sakroiliakalankylose sind das „**Sternezeichen**" (Verdichtung am oberen Ende des Gelenkes durch Verknöcherung der Gelenkkapsel) und das „**Phantomgelenk**" (sichtbar erhaltene Gelenkrandkonturen (17). Ankylose bei ankylosierender Spondylitis s. unten.

Umschriebene metastatische Arthritiden oder in das Gelenk eingebrochene osteomyelitische Herde führen manchmal nach Heilung zu einer intraartikulären **Knochenbrücke**.

Unter den nichttuberkulösen Mikroorganismen befallen gramnegative Brucellen speziell die Kreuz-Darmbein-Gelenke. In 35% bis 37%, einhäufiger als beidseits, ist bei der **Brucellose** ein Sakroiliakalgelenk befallen, manchmal sogar als einzige, sonst nach Spondylitis und vor Koxitis die zweithäufigste Manifestation der Erkrankung (36, 42). Auch über eine sonst in diesem Alter bei Kindern und Jugendlichen seltene Brucellose mit Alleinmanifestation im Kreuzdarmbeingelenk einer 13jährigen wurde berichtet (31).

Selten, aber in Prädilektion an den Sakroiliakalgelenken, wird die intestinale **Lipodystrophie (Morbus Whipple)** (14, 26, 37) als Ursache der Sakro-

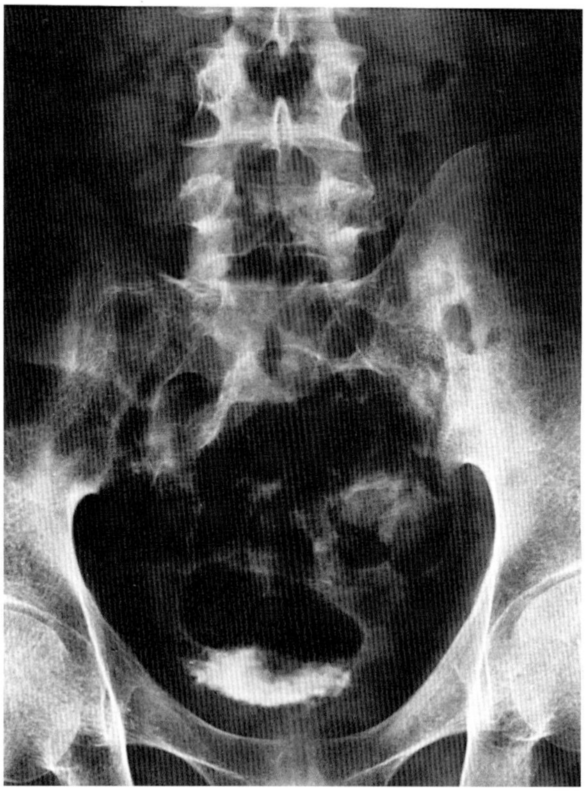
a

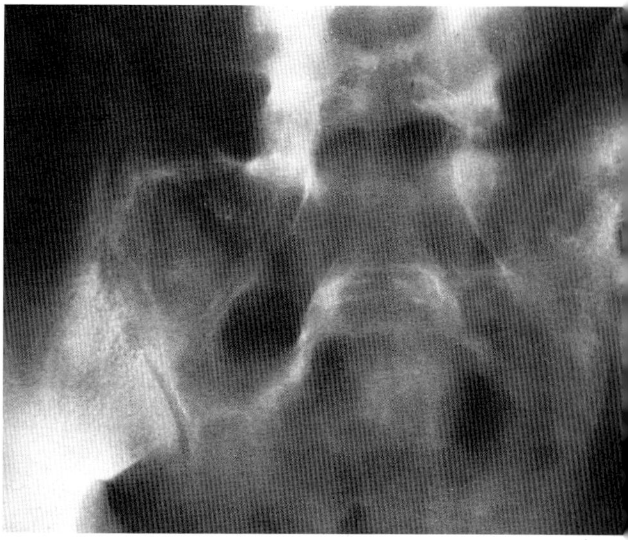
b

Abb. 5.**365 a** u. **b** 29jähriger Pakistani. Tuberkulöse Meningitis. Benommenheit und Verständigungsschwierigkeiten
a Bei Urographie fiel als Nebenbefund ein entzündlicher Prozeß des linken Sakroiliakalgelenkes auf
b Tomogramm der Sakroiliakalgelenke (neben zwei weiteren tuberkulösen Wirbelherden findet sich hier): fortgeschrittene (tuberkulöse) Destruktion mit sklerotischer Randreaktion. Destruktion auch am rechten Sakroiliakalgelenk

iliitis genannt bzw. diskutiert; auch die **konnatale und erworbene Lues** ergreift in seltenen Fällen die Kreuzdarmbeingelenke. Schließlich sind erosive und sklerosierende Veränderungen bei der **Sichelzellenkrankheit** (41) an den Kreuz-Darmbein-Gelenken wiederholt beobachtet, wenn auch wahrscheinlich auf einer anderen pathogenetischen Grundlage als bei Entzündungen.

Unter den entzündlich-rheumatischen Erkrankungen sind die sakroiliakalen häufiger befallen als alle anderen Gelenke. Dies trifft für das Reiter-Syndrom, die Arhtritis psoriatica, die rheumatischen Begleitarthritiden mancher Darmerkrankungen und für die juvenile rheumatoide Arthritis zu, ganz besonders aber für die **ankylosierende Spondylitis** (Strümpell-Bechterew-Mariesche Krankheit). Nur in 0,89% von Patienten mit ankylosierender Spondylitis traten die Befunde an den Sakroiliakalgelenken nach den krankhaften Wirbelsäulenbefunden auf (8). Andererseits ist es auch nach den bisherigen Ausführungen nicht erlaubt, jede Affektion der Iliosakralgelenke auf eine ankylosierende Spondylitis zu beziehen.

Da je nach dem Lebensalter des Betroffenen die Erkrankung im Durchschnitt erst fünf bis sieben Jahre nach Einsetzen erkannt wird, ist die *Frühdiagnose* des Leidens zwar relativ, für die Therapie aber trotzdem wesentlich. Die zwei histologischen Grundphänomene: Entzündung und die aggressiv proliferierende chondroide Metaplasie an der Knochen-Knorpel-Grenze und im Subchondrium (13) führen radiologisch an den Sakroiliakalgelenken zu Destruktionen, Sklerose und Ankylosen. Im Gegensatz zu den übrigen entzündlichen Erkrankungen der Kreuz-Darmbein-Gelenke mit einem zeitlichen Nacheinander dieser Symptome ist die Gleichzeitigkeit manchmal nur diskreter Befunde dieser drei Vorgänge, das „**bunte Bild**" (9, 10, 11), für die ankylosierende Spondylitis nahezu pathognomonisch (Abb. 5.**366a** u. **b**). Bei Befunden wie in Abb. 5.**367a** u. **b** kann man den Verdacht auf das Vorliegen einer ankylosierenden Spondylitis äußern, doch empfiehlt sich hier wie in vielen anderen Fällen zur größeren Sicherheit in der Diagnose die Anfertigung von **Tomogrammen** (Abb. 5.**368**) (s. auch 43), wie dies grundsätzlich bei Erstbefunden, allein als Basisuntersuchung für spätere Vergleiche, empfehlenswert ist. Der Wert einer Stadieneinteilung ohne vorhandene Tomogramme, noch zuletzt publiziert (5), wird bezweifelt (11).

Zur Klinik: Die ankylosierende Spondylitis tritt in einer Häufigkeit von 1% bis 2% auf, kommt in 90% bei Männern vor, beginnt in über 80% aller Fälle zwischen dem 16. und 40. Lebensjahr – Häufung im 3. Lebensjahrzehnt, 8% zwischen 8. und 17., 10% nach dem 40. Lebensjahr – und geht klinisch vor dem Einsetzen radiologisch nachweisbarer Symptome mit arthritischen Schüben in peripheren Gelenken (besonders Kniegelenk, 30%) ischialgiformen Beschwerden, sehr häufig nächtlichem Kreuzschmerz (60–70%), hochnormaler bis beschleunigter BSG und – selten – mit Nacken-, Thorax- und Fersenschmerzen (10%) sowie Iritis (3%) einher. Dem radiologischen Befund an den Sakroiliakalgelenken, wie er 6 Monate bis 3 Jahre später auftritt, kommt fast eine Beweiskraft zu. Allerdings wird das Vorstadium besonders bei der juvenilen ankylosierenden Spondylitis häufig durch Remissionen verlängert.

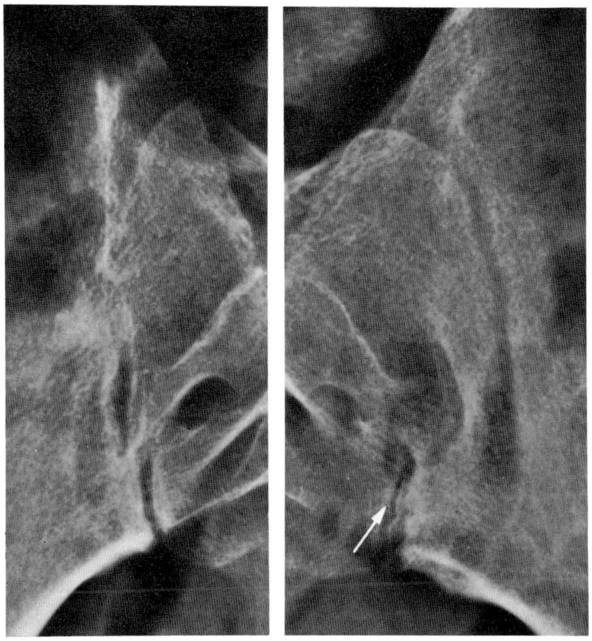

a b

Abb. 5.**366 a** u. **b** Ankylosierende Spondylitis
a Verschmelzung des Gelenkspaltes, sklerotische Überbrükkung im oberen Teil
b Osteolytischer Herd, auf den sich eine Gelenkkontur projiziert

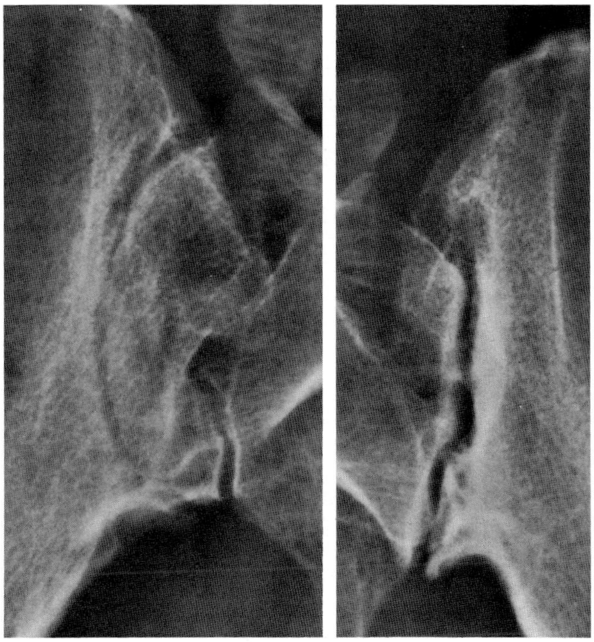

a b

Abb. 5.**367 a** u. **b**
a Unscharfe Kontur, verwaschene subchondrale Struktur
b Breite Randsklerosen mit Osteophyten

Mit dem radiologischen Nachweis des Morbus Bechterew an den Sakroiliakalgelenken ist das **präspondylitische Stadium** erreicht. Diesem folgt das „**versteifende Wirbelsäulenstadium**" (das nicht mehr zum Themenkreis dieser Region gehört) vor dem Spät- und Endstadium (40).

Unter etwa 10% der Patienten mit adulter Spondylitis ankylosans läßt die radiologsiche Darstellung den Befall der Sakroiliakalgelenke *einseitig* erkennen, ehe Monate bis Jahre später das andere Gelenk erkrankt (10, 40). Die Ein- und Beidseitigkeit der Veränderungen an den Sakroiliakalspalten wird unter Berücksichtigung auch eventueller Asymmetrien zur Differentialdiagnose verschiedener Affektionen dieser Region besonders beachtet (35) (Tab. 5.**1**). Es gibt kein krankheitsspezifisches sakroiliakales Einzelzeichen für die Spondylitis ankylosans. Die Pseudoerweiterung des Sakroiliakalspaltes (15) (Abb. 5.**369**) kommt auch bei Gicht und beim Hyperparathyreoidismus vor (8, 12).

Auch das „bunte" Sakroiliakalbild beweist die Spondylitis ankylosans nicht, engt jedoch die Diagnose auf wenige, klinisch differenzierbare Erkrankungen (**Reiter-Syndrom, Arthritis psoriatica** – Dif-

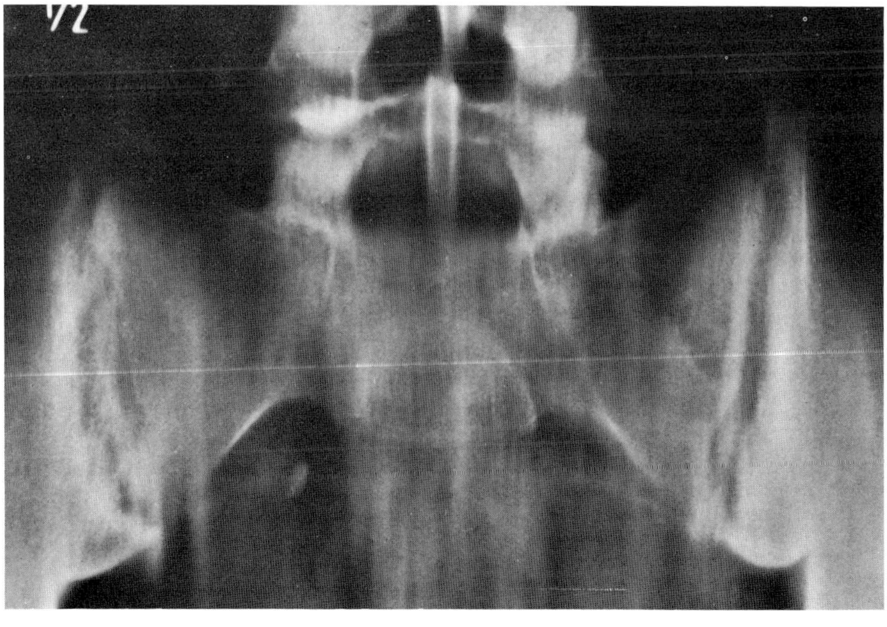

Abb. 5.**368** 21jähriger Mann: „Buntes Bild" einer ankylosierenden Spondylitis im Tomogramm

Tabelle 5.**1** Bilateral-symmetrischer, bilateral-asymmetrischer und unilateraler Befall der Sakroiliakalgelenke bei verschiedenen Erkrankungen (nach Resnick u. Mitarb.)

Erkrankung	Bilateral-symmetrisch	Bilateral-asymmetrisch	Unilateral
degenerative Erkrankungen	+	+	+
Ostitis condensans ilii	+	–	–
ankylosierende Spondylitis	+	–	–
entzündliche Darmerkrankung	+	–	–
Arthritis psoriatica	+	+	+
Reitersche Erkrankung	+	+	+
Infektion	–	–	+
rheumatoide Arthritis	–	+	+
Gicht	+	+	+
Kalzium-Phosphat-Dihydrat-Speicherkrankheit	+	+	+
Hyperparathyreoidismus	+	–	–

ferentialdiagnose s. bei 33, 40 –, Sakroiliitis bei **ulzerativer Kolitis, Enteritis regionalis Crohn, Whipplescher Erkrankung** u. a.) ein (8[8]) (Abb. 5.**370**).

Auch wenn es über die Thematik dieses Buches hinausgeht, wird die **Verlaufsserie** einer Manifestation der ankylosierenden Spondylitis an den Sakroiliakalgelenken in diese Auflage des Buches aufgenommen, weil sie die Charakteristika des typischen „bunten Bildes" in den Facetten ihrer unterschiedlichen Progression der Krankheit in einem Stadium zeigt, das immerhin noch als „präspondylitisch" bezeichnet wird (Abb. 5.**371a–e**).

Bei *Frauen* verläuft die ankylosierende Spondylitis meist weniger aggressiv und progressiv, doch betrifft diese Kennzeichnung weniger die Veränderungen an den Sakroiliakalgelenken als die lokalisatorischen Differenzen an der Wirbelsäule, und zwar den häufigeren Befall extraspinaler Gelenke und Sehnenansätze (3). Auch hört beim weiblichen Geschlecht die Krankheit nach Befall der Sakroiliakalgelenke häufiger auf, das versteifende Wirbelsäulenstadium wird schon nicht mehr erreicht.

Das Vorkommen von Histokompatibilitäts-Antigenen (HLA-B27), normalerweise in 10%, bei der ankylosierenden Spondylitis jedoch in mehr als 90% (anläßlich von Transplantationsuntersuchungen) festgestellt, beweist zwar die HLA-B27-Assoziierung der ankylosierenden

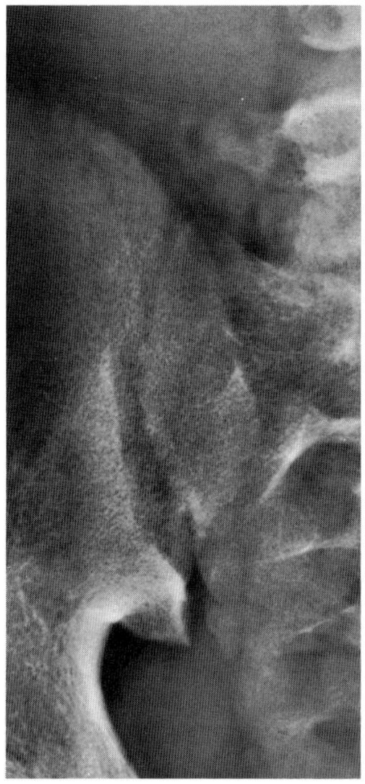

Abb. 5.**369** Verbreiterung des Sakroiliakalgelenkes bei einem Patienten mit ankylosierender Spondylitis

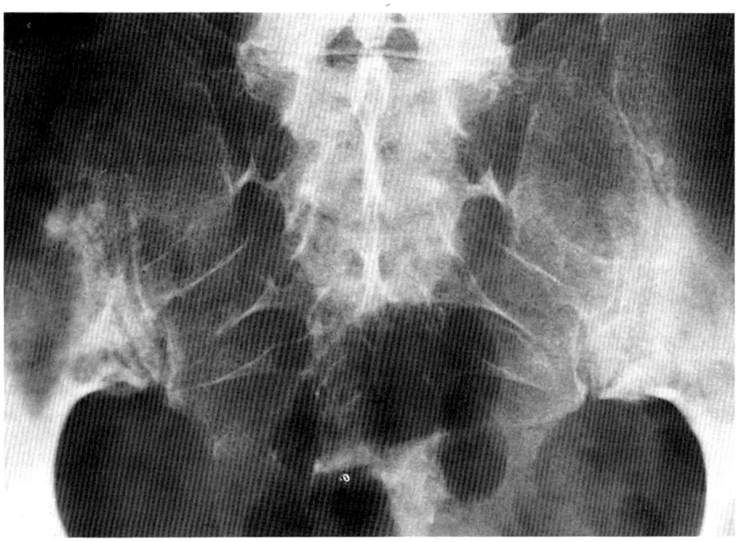

Abb. 5.**370** 50jährige Patientin mit einer Arthropathia psoriatica an den Sakroiliakalgelenken beiderseits. „Buntes Bild" der Sakroiliakalgelenke

Abb. 5.**371 a–e** Verlaufsserie einer ankylosierenden Spondylitis
a 5. 12. 1962, **b** 22. 7. 1969

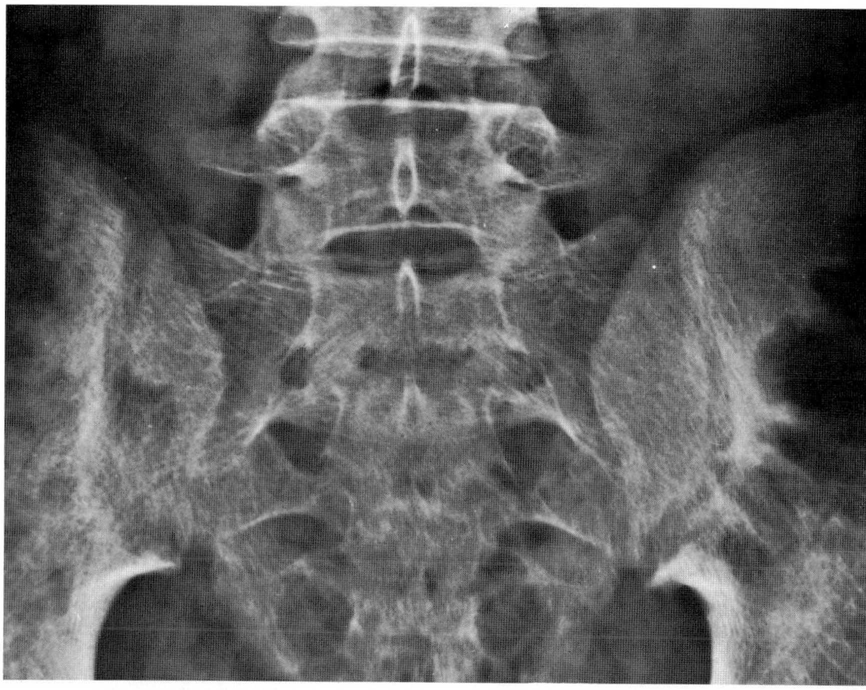

a

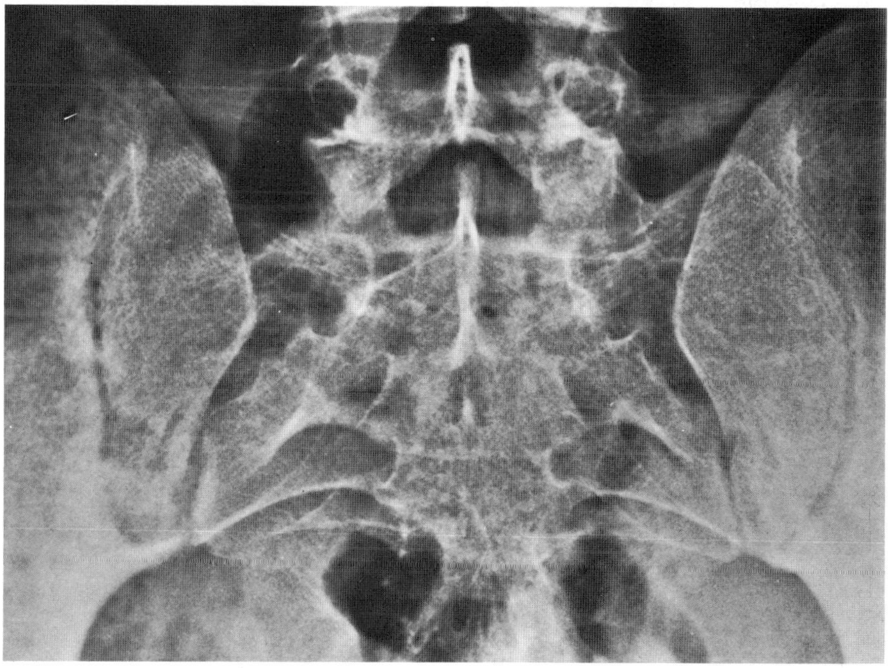

b

Abb. 5.**371 c–e** ▷

Spondylitis, doch ist eine HLA-B27-Bestimmung als Suchtest selten sinnvoll, da das Vorkommen dieser Antigene auch in einer normalen Population auf Verwandte ersten Grades vererbt werden kann – natürlich in geringerer Häufigkeit als bei den sog. Bechterew-Erkrankten (28). Auch besteht eine Verbindung in wenig geringerer Prozentzahl bei Reiter-Syndrom, Arthritis psoriatica, Colitis ulcerosa und Enteritis regionalis (8[9]). Über Zusammenhänge von HLA-B27-Assoziationen, Spondylitis ankylopoetika und den vorgenannten Erkrankungen, s. auch Abb. 5.**372**. Hinzu kommt, daß bei radiologisch weniger deutlichen Sakroiliakalgelenkveränderungen die Diagnosen der einzelnen vergleichenden Radiologen sehr divergieren (18). Nachdem bei Patienten in familiärer Häufung von Kombinationen einer Sakroiliitis mit Psoriasis, peripherer und jugendlicher chronischer (rheumatoider) Arthritis auch HLA-A-, -B-, -C- und -D-Marker (Haptotypen A1, B37, Cw2 und Dw2) gefunden sind (30), hat der Radiologe, den diese Probleme erst sekundär angehen, heute die weitere Klärung dieser Problematik abzuwarten.

Als Sonderform unter den ankylosierend-hyperostosierenden Spondylarthropathien, zu denen auch die sternokostale Form gehört (s. Kapitel „Schultergürtel") ist die bei sechs Patienten beobachtete **multiple Hyperostose** (mit gelenkunabhängigen Herden an Schlüsselbein, Sternum, hinteren Rippenbögen, Wirbeln und unterer Femurmetaphyse) zu bezeichnen. Die einzig betroffenen Gelenke wa-

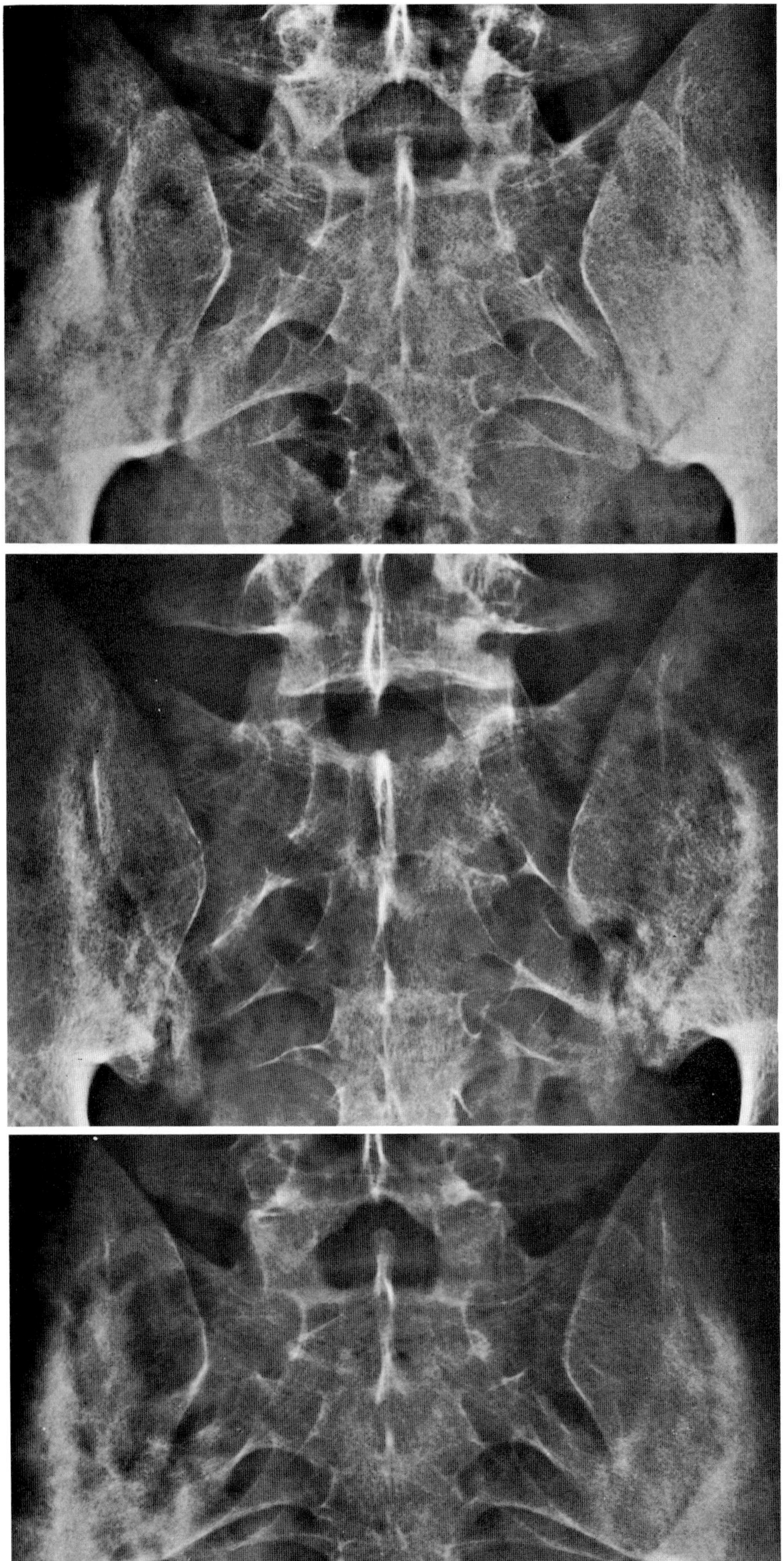

c

d

e

Abb. 5.**371**
c 20. 7. 1970
d 7. 8. 1972
e 10. 2. 1975

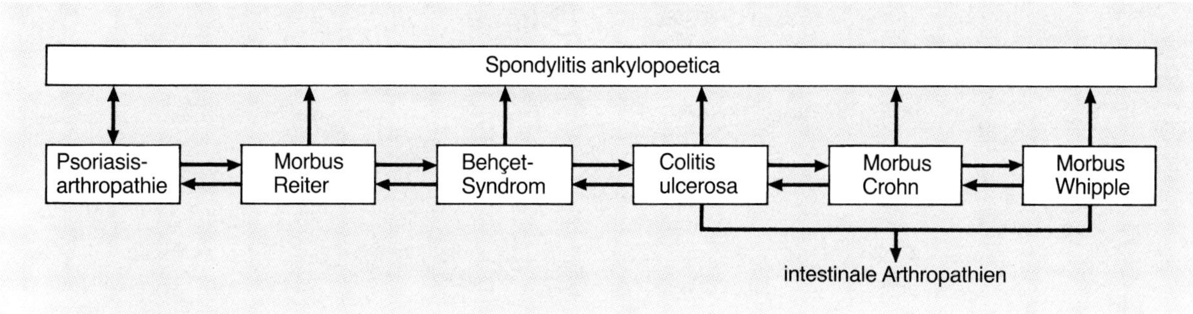

Abb. 5.**372** Charakteristika der seronegativen Spond(yl)arthritiden (Modif. nach Wright u. Moll 1974). Die verschiedenen Erkrankungstypen können ineinander übergehen und/oder in eine Spondylitis ankylopoetica einmünden

ren die Kreuz-Darmbein- (sämtlich nur einseitig befallen) und die Manubriosternalgelenke (2).

Der Befall der Sakroiliakalgelenke durch die **rheumatoide Arthritis** im Erwachsenenalter erfolgt selten, fast immer nachdem viele andere Gelenke beteiligt sind (35) und führt selten zu Sklerosen. Gelegentlich kommt es zu Ankylosen, die bei der meist vorhandenen Knochenatrophie von Kreuz- und Darmbein tomographisch nachgewiesen werden müssen.

Die Beteiligung der Sakroiliakalgelenke bei den **Kollagenosen** (Lupus erythematodes, Polyarteriitis nodosa, Polymyositis, progressive Sklerodermie) ist im allgemeinen selten (8^{10}).

Die Konturerosionen, subchondralen Spongiosasklerosen und Ankylosen der Sakroiliakalgelenke, häufiger beidseitig als einseitig auftretend, werden auch bei der **Gicht** gefunden. Charakteristisch für diese Erkrankung sind die an dieser Stelle auftretenden Tophi (20, 29). Die Häufigkeit einer Manifestation der Osteoarthropathia urica an den Kreuz-Darmbein-Gelenken wird mit 16,8% angegeben (1).

Die Ablagerung von Kalziumpyrophosphatdihydrat der **Chondrocalcinosis articularis** (Pseudogicht) wurde auch im Knorpel der Kreuz-Darmbein-Gelenke beschrieben (47). Bei der Trias: schwere seronegative chronische Polyarthritis der Extremitätengelenke, Arthritis der Kreuz-Darmbein-Gelenke und knotigen, gelbbräunlichen Hautverdichtungen ist eine histologische Untersuchung erforderlich, um eine **Lipoiddermatoarthritis** nicht zu übersehen (8l).

Ohne auf weitere Einzelheiten einzugehen, ist die resümierende Feststellung Dihlmanns (8^{12}) zu beachten, daß sich im Bereich der besonders druck- und zugbeanspruchten Skelettzonen des Sakroiliakalbereiches systematisch angeborene, endokrine, toxische und medulläre Osteopathien häufiger radiologisch zu erkennen geben als in weniger belasteten Stellen.

Die Sakroiliakalgelenke unterliegen einer anderen Belastung als alle übrigen Gelenke, deren Anteile durch Bewegung verschleißen. Trotzdem sind die radiologischen Zeichen der **Arthrosis deformans** dieselben wie überall: Gelenkspaltverschmälerung durch Knorpelverschleiß, Sklerosierung der Gelenkränder, Geröllzysten und Bildung von Osteophyten. Eine vergleichend pathologisch-radiologische Studie über 46 Beobachtungen liegt vor (35). Gasdichte Spalten, also „Vakuumphänomene", wie sie als Folge unterschiedlicher Gelenkknorpelbreite an Kreuz- und Darmbein angegeben wurden, ließen sich auch computertomographisch nachweisen und wurden in Analogie zu entsprechenden Veränderungen an den Intervertebralscheiben auf Folgen degenerativer Schäden bezogen (46).

Wenn diese arthrotischen Zeichen ungewöhnlich stark ausgeprägt und zu früh auftreten, denke man an eine **alkaptonurische Ochronose**. Detrituszysten können zu osteolytischen Prozessen, aber auch zu reaktiver Knochenneubildung mit Durchbau der Gelenkspalten, vor allem in den oberen Anteilen, führen, während die Randosteophyten als feine Zakken in der Nähe des Sulcus paraglenoidalis liegen.

Überlastungsschäden erleiden im Sakroiliakalbereich nicht nur die Skelettanteile, sondern auch die **Bänder**, wobei sexuelle Unterschiede zu berücksichtigen sind. Wie eingangs erwähnt, ist die Mobilität des Beckens bei der Frau physiologischerweise größer, vermehrt während des Menstruationszyklus, um nach Auflockerung während der Gravidität bei der Geburt zur Vergrößerung des Beckenausgangs um 20% beizutragen (32).

Bei lumbosakralen Übergangswirbeln kann durch breite Querfortsätze der obere Anteil der Ligg. sacroiliaca ventralia abgehoben und dadurch die Tragfähigkeit des Kapsel-Band-Apparates vermindert werden.

Die krankhafte Gefügelockerung in beiden Kreuz-Darmbein-Gelenken führt gelegentlich zur **Verstärkung der Beckenneigung.** Bei **einseitiger Sakroiliakallockerung** senkt sich die Kreuzbeinbasis nach vorn und hebt sich die Sakrumspitze. Diese Bewegung wird über das nicht gelockerte Kreuz-Darmbein-Gelenk auf die andere Beckenhälfte übertragen, deren Schambein in der Symphyse rotiert, erkennbar an entsprechenden Projektionsdifferenzen beider Schambeine (8^{13}).

Die Verschiebung des Kreuzbeins in beiden Gelenken nach unten oder vorn (mit entsprechender Dislokation in der Symphyse) wird als **Sakrolisthese** bezeichnet (27).

Die Feststellung von Dislokationen in den Kreuz-Darmbein-Gelenken und in der Schambeinfuge sowie deren Ausmaß ist durch die vorn beschriebenen Funktionsuntersuchungen möglich.

Reparative Verknöcherungen des sakroiliakalen Kapsel-Gelenk-Apparates, bei Männern doppelt so häufig beobachtet wie bei Frauen, führen über die knöcherne Fixation zur **Beckenstarre**. Ossifikationen der Ligg. sacroiliacalia ventralia und auch unterer Anteile der Ligg. iliolumbalia an den am stärksten belasteten oberen Gelenkspaltpartien lassen sich radiologisch ebenso gut nachweisen wie Kapsel-Band-Verknöcherungen, die unterhalb der Linea arcuata tangential getroffen werden und als quer verlaufende Osteophyten oder als Knochenbrücken imponieren (Abb. 5.**373**). Die Differentialdiagnose solcher Befunde gegen Varianten muß sich aus der Klinik ergeben (Lebensalter, Beschwerden usw.). Entstehen in den geschädigten Ligg. sacroiliaca ventralia größere Ossifikationen, kann es zu Verdichtungen kommen, die denen der Hyperostosis triangularis ilii (s. Kapitel „Becken"), die auch zusätzlich noch bestehen kann, gleichen.

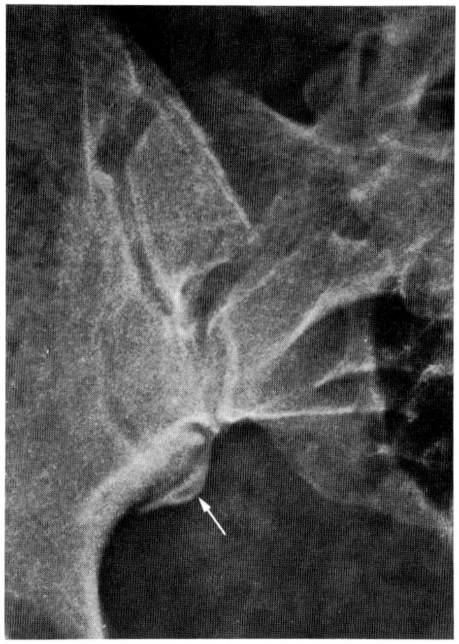

Abb. 5.**373** Verknöcherung unter dem Sakroiliakalgelenk nahe der Fossa subarcuata. Bandverknöcherung? Akzessorium? (Beobachtung von Jacob, Karl-Marx-Stadt)

Literatur

1 Alarcón-Segovia, D., J. A. Cetina, E. Diaz-Jouanen: Sacroiliac joints in primary gout. Amer. J. Roentgenol. 118 (1973) 438–443

2 Beranek, L., G. Kaplan, M. Benoist, J. P. Bouchon, A. Prost, J. P. Vassal, M. F. Kahn: Hyperostose multiple avec sacroilite unilatérale: Une nouvelle, spondylarthropathie. Presse Méd. (Paris) (1984) 2001–2004

3 Braunstein, E. M., W. Martel, R. Moidel: Ankylosing spondylitis in men and women: a clinical and radiographic comparison. Radiology 144 (1982) 91–94

4 de Cuveland, E.: Zur Abklärung der Zackenbefunde im Sulcus paraglenoidalis. Fortschr. Röntgenstr. 85 (1956) 758-759

5 Dale, K., O. Vinje: Radiography of the spine and sacroiliac joints in ankylosing spondylitis and psoriasis. Acta Radiol. Diagn. 26 (1985) 145–159

6 Dee, P. M.: zit. nach Keats (25).

7 Diethelm, L., J: Kastert: Die entzündlichen Erkrankungen der Wirbelsäule. In: Röntgendiagnostik der Wirbelsäule, Teil 2, red. v. L. Diethelm. In Diethelm, L., F. Heuck, O. Olsson, K. Ranniger, F. Strnad, H. Vieten, A. Zuppinger: Handbuch der Medizinischen Radiologie, Bd. VI. Springer, Berlin 1974 (S. 308–451)

8 Dihlmann, W.: Röntgendiagnostik der Sakroiliakalgelenke und ihrer nahen Umgebung, 2. Aufl. Thieme, Stuttgart 1978 ([1]Abb. 4; [2]S. 5; [3]S. 8; [4]S. 20; [5]S. 25; [6]Abb. 43; [7]S. 27–31; [8]S. 43–49; [9]S. 49–52; [10]S. 72–73; [11]S. 76/77; [12]S. 81–82; [13]S. 93–95; [14]S. 102–108)

9 Dihlmann, W.: Röntgen – wer? wie? wann? Bd. III: Gelenke – Wirbelverbindungen. Thieme, Stuttgart 1973

10 Dihlmann, W.: Röntgendiagnostische Basisinformation: Das „bunte" Sacroiliacalbild. Akt. Rheumat. 1 (1976) 17

11 Dihlmann, W.: Kritik der Sacroiliitis-Stadieneinteilung („grading", „staging") bei Spondylitis ankylosans. Z. Rheumatol. 42 (1983) 49–57

12 Dihlmann, W., G. Müller: Iliakalveränderungen als Frühsymptome des Hyperparathyreoidismus. Beitrag zur Differentialdiagnose der Spondylitis ankylopoetica. Fortschr. Röntgenstr. 111 (1969) 558–565

13 Dihlmann, W., R. Lindenfelser, W. Selberg: Sakroiliakale Histomorphologie der ankylosierenden Spondylitis als Beitrag zur Therapie. Dtsch. med. Wschr. 102 (1977) 129–132

14 Eyler, W. R., H. P. Doub: Extraintestinal roentgen manifestation of intestinal lipodystrophy. J. Amer. med. Ass. 160 (1956) 534–541

15 Forestier, J.: The importance of sacro-iliac changes in the early diagnosis of ankylosing spondylarthritis. Marie-Strümpell-Bechterew disease. Radiology 33 (1939) 389–401

16 Happel, P.: Das Sacroiliacalgelenk im Röntgenbild. Alters- und Geschlechtsverschiedenheiten. Arch. orthop. Unfall-Chir. 20 (1922) 576–596

17 Hart, F. D., K. D. Robinson: Ankylosing spondylitis in women. Ann. rheum. Dis. 18 (1959) 15–22

18 Hollingsworth, P. N., P. S. Cheah, R. L. Dawkins, E. T. Owen, A. Chalin, Ph. H. N. Wood: Observer variation in grading sacroiliac radiographs in HLA-B27 positive individuals. J. Rheumatol. 10 (1983) 247–254

19 Işcán, Y. M., Karen Derrick: Determination of sex from the sacroiliac joint: a visual assessment technique. Florida Scientist 47 (1984) 94–98

20 Jajič, I.: Gout in the spine and sacro-iliac joints. Radiological manifestations. Skeletal Radiol. 8 (1982) 209–212

21 Kamieth, H.: Röntgenologische Veränderungen an den Sakroiliakalgelenken bei der Beckenringlockerung. Fortschr. Röntgenstr. 84 (1956) 188–199

22 Kamieth, H.: Die Beckenringlockerung (BRL)-Aufnahmetechnik und Beurteilung. Hippokrates 29 (1958) 372–376

23 Kamieth, H.: Erkrankungen der Beckenverbindungen. (Iliosakralgelenke und Symphyse). In: Röntgendiagnostik der Wirbelsäule, Teil 2, red. v. L. Diethelm. In Diethelm, L., F. Heuck, O. Olsson, K. Ranniger, F. Strnad, H. Vieten,

A. Zuppinger: Handbuch der Medizinischen Radiologie, Bd. VI. Springer, Berlin 1974 ([1]S. 141–142; [2]S. 144–145, [3]S. 6–16)
24 Kastert, J., E. Uehlinger: Skelettuberkulose. In Hein, J., H. Kleinschmidt, E. Uehlinger: Handbuch der Tuberkulose, Bd. IV. Thieme, Stuttgart 1964
25 Keats, Th. E.: An Atlas of Normal Roentgen Variants that May Simulate Disease, 3rd ed. Year Book Medical Publishers, Chicago 1984 (Fig. 4–6)
26 Kelly, J. J., B. B. Weisiger: The arthritis of Whipple's disease. Arthr. Rheumat. 6 (1963) 615–622
27 Kienböck, H.: Über die tropho-statische Osteoarthrose der Sakroiliakalgelenke. Z. orthop. Chir. 52 (1930) 614–625
28 van der Linden, S., M. Kahn: Iliosakralarthritis und Spondylitis ankylosans Bechterew: Früherfassung und Therapie. Ther. Umsch. 42 (1985) 707–710
29 Malawista, S. E., J. E. Seegmiller, B. E. Hathaway, L. Sokoloff: Sacroiliac gout. J. Amer. med. Ass. 194 (1965) 954–961
30 Marcusson, J. A., H. Ström, N. Lindvall: Psoriasis, peripheral arthritis, sacroiliitis and juvenile chronic arthritis: a family. Studys in relation to segregation of HLA Antigens. J. Rheumatol. 10 (1983) 619–623
31 Neinstein, L. S., J. Goldenring: Brucella sacroiliitis. Clin. Pediat. 22 (1983) 645–648
32 Ohlsén, H.: Moulding of the pelvis during labour. Acta radiol. 14 (1973) 417–434
33 Peterson jr., C. C., M. L. Silbiger: Reiter's syndrome and psoriatic arthritis. Their roentgen spectra and some interesting similarities. Amer. J. Roentgenol. 101 (1967) 860–871
34 Resnick, D., G. Niwayama, Th. G. Goergen: Degeneration disease of the sacroiliacal joint. Investig. Radiol. 10 (1975) 608–621
35 Resnick, C. S., D. Resnick: Radiology of disorders of the sacroiliac joints. J. Amer. med. Ass. 253 (1985) 2863–2866
36 Rotès-Querol, J.: Osteo-articular sites of Brucellosis. Ann. rheumat. Dis. 22 (1963) 194–199
37 Ruffin, J. M., St. M. Kurtz, W. M. Roufail: Intestinal lipodystrophy (Whipple's disease). The immediate and prolonged effect of antibiotic therapy. J. Amer. med. Ass. 915 (1966) 476–480
38 Schapals, G.: Röntgenologische und klinische Untersuchungen über die krankhafte Lockerung der Beckenverbindungen. Diss., Aachen 1971
39 Schilling, F.: Differentialdiagnose der Spondylitis ankylopoetica, Spondylitis psoriatica, chronisches Reiter-Syndrom und Spondylosis hyperostotica. Therapiewoche 6 (1969) 249–256
40 Schilling, F.: Spondylitis ankylopoetica. In: Röntgendiagnostik der Wirbelsäule, Teil 2, red. v. L. Diethelm. In Diethelm, L., F. Heuck, O. Olsson, K. Ranniger, H. Vieten, F. Strnad, A. Zuppinger: Handbuch der Medizinischen Radiologie, Bd. VI. Springer, Berlin 1974 (S. 452–689)
41 Schumacher, H. R., R. Andrews, G. McLaughlin: Arthropathy in sickle-cell disease. Ann. intern. Med. 78 (1973) 203–209
42 Serre, H., L. Simon, J. Claustre: Les sacro-iléites mélitococciques. Sem. Hôp. Paris 46 (1970) 3311–3313
43 Štreda, A., O. Blažek: Radiological evidence of initial changes in the sacroiliacal joint in an ankylosing spondylarthritis. Radiol. diagn. 24 (1983) 799–803
44 Sueoka, B. L., J. F. Johnson, R. Enzenauer, J. S. Kolina: Infantile infectious sacroiliitis. Pediat. Radiol. 15 (1985) 403–405
45 Tondury, G.: Entwicklungsgeschichte und Fehlbildungen der Wirbelsäule. Hippokrates, Stuttgart 1958
46 Wendling, D., J. L. Magnet, M. Guidet, J. Strauss: Une image peu connue: Le phénomène du vide sacroiliaque. Rev. Rhum. 52 (1985) 109–113
47 Žituan, D., Š. Sit'aj: Chondrocalcinosis articularis Section I. Clinical and radiological study. Ann. rheum. Dis. 22 (1963) 142–145

6

Becken

Allgemeiner Teil

Norm

Form und Stellung variieren individuell normalerweise erheblich. Das Becken der Frau unterscheidet sich von dem des Mannes durch ein breiteres Kreuzbein und die breiter ausladenden Beckenschaufeln. Auch nach dem 5. Dezennium verbreitert sich der Beckenquerdurchmesser der Frau weiterhin (7).

Zur Beckenmessung in der Geburtshilfe sind der Abstand der Symphyse vom Promontorium (Conjugata vera: untere Grenze 11 cm) und vom Steißbein mit 9,0–11,5 cm wesentlich (8, 14). Solange keine Pelvimetrie ohne Einsatz ionisierender Strahlung möglich ist, wird die Beckenmessung mittels digitaler Radiographie (CT) wegen großer Meßgenauigkeit, einfacher Untersuchungstechnik und geringer Strahlenbelastung bei strenger Indikationsstellung für vertretbar gehalten (Abb. 6.**1**) (1, 23). Die Strahlenbelastung der Eierstöcke und des Feten läßt sich im seitlichen Strahlengang um den Faktor 10 bis 100 gegenüber konventionellen radiologischen Methoden verringern (23).

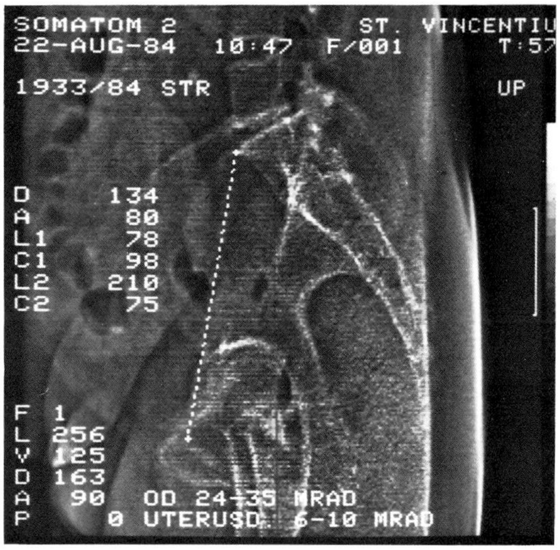

Abb. 6.**1** Computertomogramm eines weiblichen Beckens in Seitenansicht. Conjugata vera mit 13,4 cm im Normbereich (aus Reisner, K., O. Fettig, K.-H. Bartscher, U. Kappschneider: Fortschr. Röntgenstr. 142 [1985] 566)

Anomalien

Siehe Abb. 6.**2a–h** in Anlehnung an Kaufmann (16).

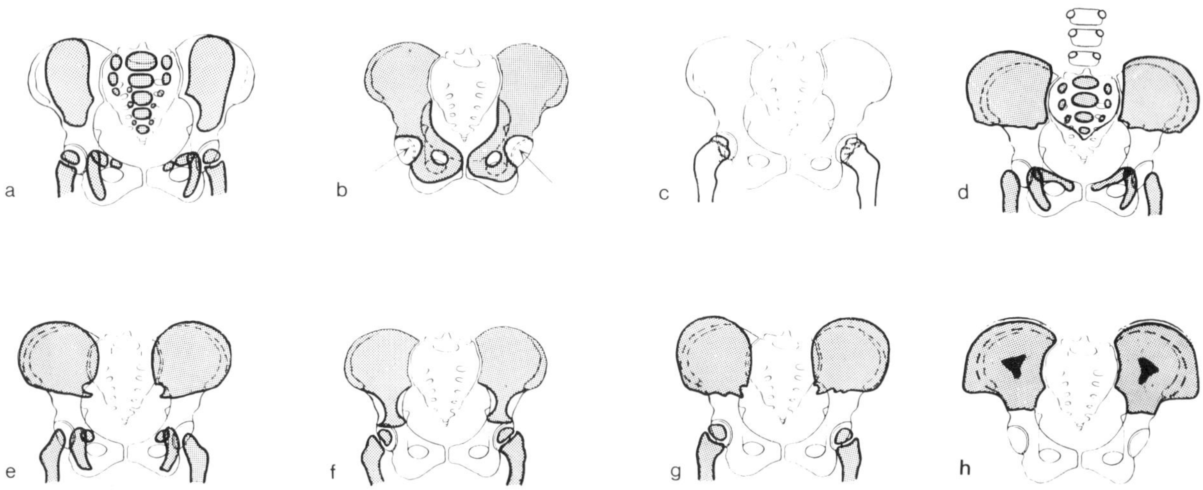

Abb. 6.**2a–h** Fehlentwicklungen des Beckens
a Dysplasia cleidocranialis
b Osteogenesis imperfecta
c Hypothyreose
d Achondroplasie
e Mukopolysaccharidose Typ 4 (Morquio)
f Dysostosis multiplex (Mukopolysaccharidose 1 und andere Mukopolysaccharidosen und Mukolipidosen)
g Chondroektodermale Dysplasie (Ellis-van-Creveld-Syndrom)
h Osteoonychodysostose (nach Kaufmann)

Verletzungsfolgen und Nekrosen

Ohne im Rahmen dieses Buches auf Einzelheiten einzugehen, werden in Abb. 6.**3** die mechanischen Belastungszonen des vorderen und hinteren Beckenringes angegeben, die zum Verständnis entstehender Beckenbrüche wesentlich sind. Der das hauptsächliche Gewicht tragende hintere Bogen reicht von dem einen zum anderen Azetabulum. Der vordere Bogen, schwächer und frakturanfälliger, erstreckt sich vorn und unten von und zu den Azetabula. Während die vorderen Beckenringfrakturen stabil zu sein pflegen, führen zusätzliche, meist ligamentäre Verletzungen im hinteren Ringabschnitt ohne komplette Unterbrechung des hinteren Beckengürtels zur dislozierten inkompletten, bei kompletter Unterbrechung beider Ringe zur vollständigen Instabilität mit den dann entsprechenden operativen Behandlungsfolgen (20).

Die computertomographische Untersuchung (CT) wird, wenn möglich, trotz ihres Kostenaufwandes bei jeder Beckenverletzung gefordert, weil sie unter geringer Dosisbelastung entscheidend mehr Informationen liefert als jedes andere radiologische Verfahren (5); auch vermag durch die CT-Methode manche sonst nicht erkannte, aber folgenschwere Knochenverletzung aufgedeckt werden (12). Dies gilt besonders auch für die Beckentraumen der Kinder (27).

Über die radiologisch nachweisbare Morphologie von **Sportverletzungen der Apophysen** des Beckenskeletts liegen Zusammenfassungen vor (11). In einer Monographie (22) wird prinzipiell ausgeführt, wie die Ossifikationsschäden an sämtlichen Beckenapophysen durch einen einmaligen Abriß oder durch langdauernde Überbelastung (Lösung) entstehen. Bei der Besprechung der einzelnen Regionen des Beckens ist hierauf im folgenden zurückzukommen.

Erworbene Erkrankungen

Die hämatogen entstandene **Osteomyelitis** ist selten (s. Abb. 6.**20**). Sie wurde bei 16 Kindern im Zeitraum von 10 Jahren an einer Kinderklinik beobachtet und beschrieben. Am häufigsten war das Darmbein betroffen. Unter 14 Kindern mit radiologisch negativem Anfangsbefund ließen sich bei 11 von diesen Veränderungen im Technetiumscan erkennen (13). Bei Patienten mit einer Beckenosteomyelitis nach Rückenmarkverletzungen waren allerdings Technetium- und Galliumscan der Treffsicherheit von Computertomogrammen weit unterlegen (6). Öfter findet man eine hämatogen übertragene Osteomyelitis nahe den „Metaphysen-Äquivalenten" wie an den Sakroiliakalgelenken (s. dort), an der Synchondrosis ischiopubica, an der Y-Fuge, an der Apophyse des Os ischii und nahe der Symphyse (21).

Bei der **Ostitis deformans Paget** ist der Beckenknochen meist typisch verplumpt. Die Verdickung im Bereich der Linea terminalis durch osteoplastische Reaktionen wird als **„inneres Beckenrandzeichen"** beschrieben (19); allerdings sind bei älteren Menschen hier auch normalerweise schmale Konturvorsprünge nachzuweisen, teilweise in Abhängigkeit von der mehr oder weniger starken Neigung des Zentralstrahles von kranial her in den Beckenring (8).

Weichteile

Ein- und beidseitige **Kalkeinlagerungen** findet man in den großen Ligamenten, vor allem im **Lig. sacrospinale** und dem **Lig. sacrotuberale** (Abb. 6.**4** bis 6.**6**). **Venenverkalkungen** bzw. verkalkte Thromben in Venen liegen vor, wenn die Kalkstreifen, im Becken sonst durchaus im Projektionsbereich der Ligg. sacrotuberalia, unter das Tuber ossis ischii zu verfol-

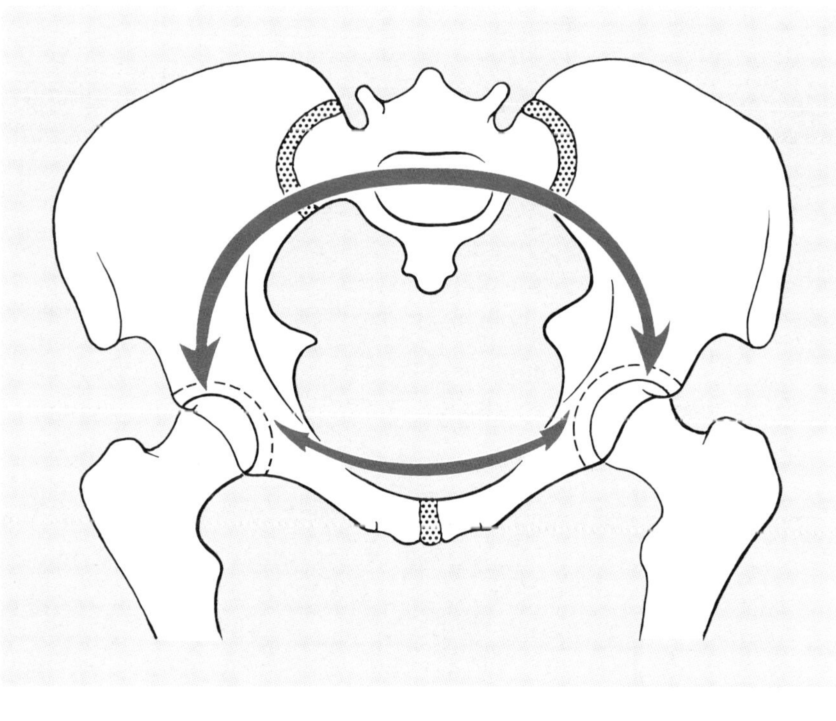

Abb. 6.**3** Mechanische Belastungszonen des vorderen und hinteren Beckenringes (nach Kane)

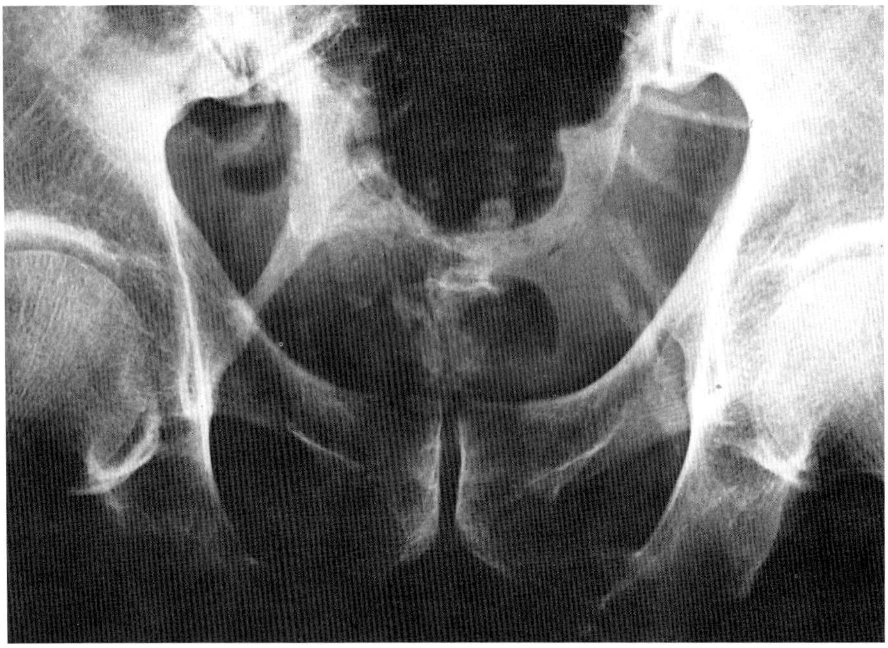

Abb. 6.**4** Verknöcherung des Lig. sacrospinale beiderseits und des Lig. sacrotuberale links

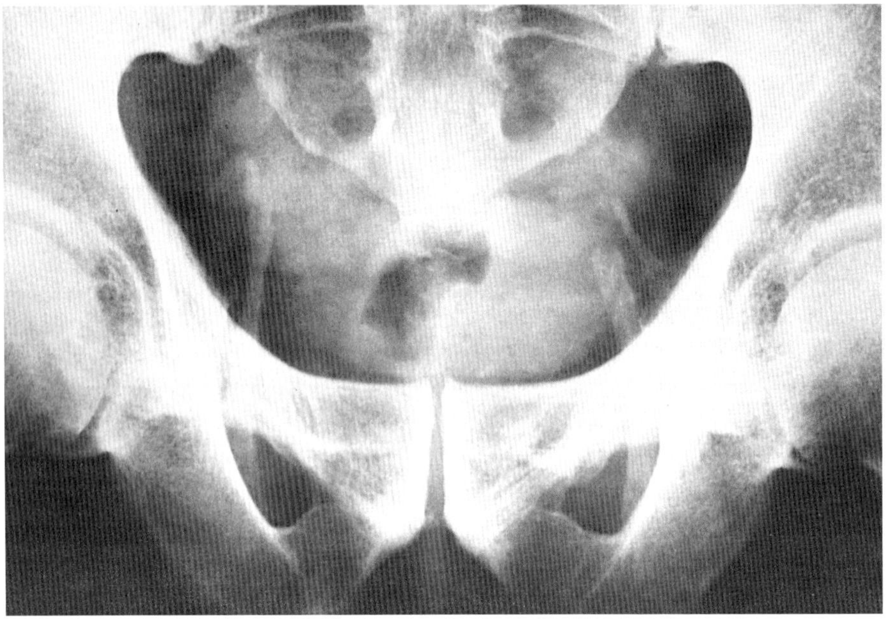

Abb. 6.**5** Verknöcherungen des Lig. sacrotuberale beiderseits und des Lig. sacrospinale links

gen sind (Abb. 6.**7**) (18). Typisch ist auch die Verkalkung des **Lig. pectineale** (24, 26) (Abb. 6.**8**). Bogenförmige Streifenschatten, ähnlich „Doppelkuppen" (Abb. 6.**9**), sah Zimmer mehrfach und deutete sie als verkalkte Ligg. sacrospinalia. Es dürfte sich im Hinweis auf Abb. 6.**96a** u. **b** um die beidseitig verdichtete Umrandung der **Bursae iliopectineae** handeln.

Nicht zum Skelett gehörend, wohl aber an dieser Stelle häufig beschrieben und oft im kleinen Becken zu beobachten, sind die in Abb. 6.**10** skizzenhaft zusammenfassend wiedergegebenen **Verkalkungen**.

Besondere Bedeutung für die Weichteildiagnostik bekommt die **Computertomographie** deshalb, weil nur durch diese Methode das Ausmaß der Weichteilausdehnung von Knochentumoren zu erkennen ist (25).

In voneinander unabhängigen Beobachtungen ist ein jeweils ziemlich gleichförmiger Befund demonstriert, der genetisch unterschiedlich gedeutet wurde. Es handelt sich um eine schmale, ziemlich vertikal verlaufende, sich weitgehend auf die jeweils rechte Beckenschaufel bzw. etwas darüber weit lateral projizierende Knochenspange, die wegen ihres rippenähnlichen Aussehens als „**versprengte Lendenrippe**" gedeutet wurde (2, 3), während andere Autoren im Hinblick auf eine in diesem Knochen befindliche gelenkähnliche Verbindung einen „**Bekkenfinger**" („pelvic digit") ätiologisch vermuteten

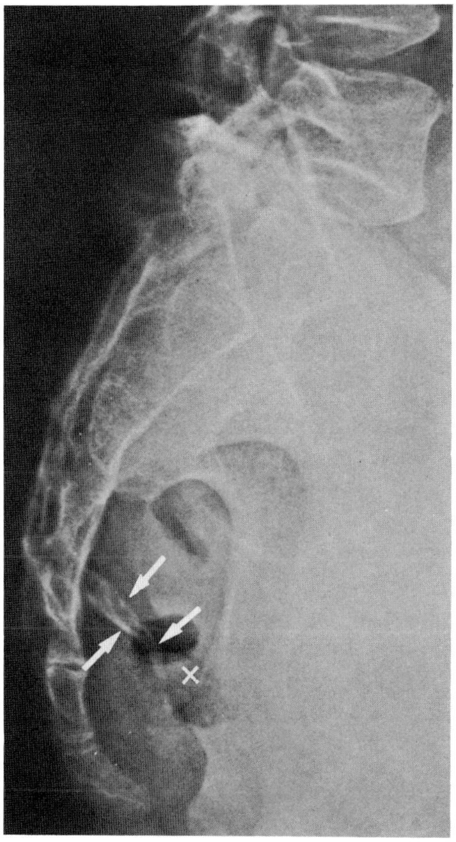

Abb. 6.**6** Verknöcherung des Lig. sacrospinale (→) auf einem Profilbild des Sakrum. × = Tuber ischiadicum

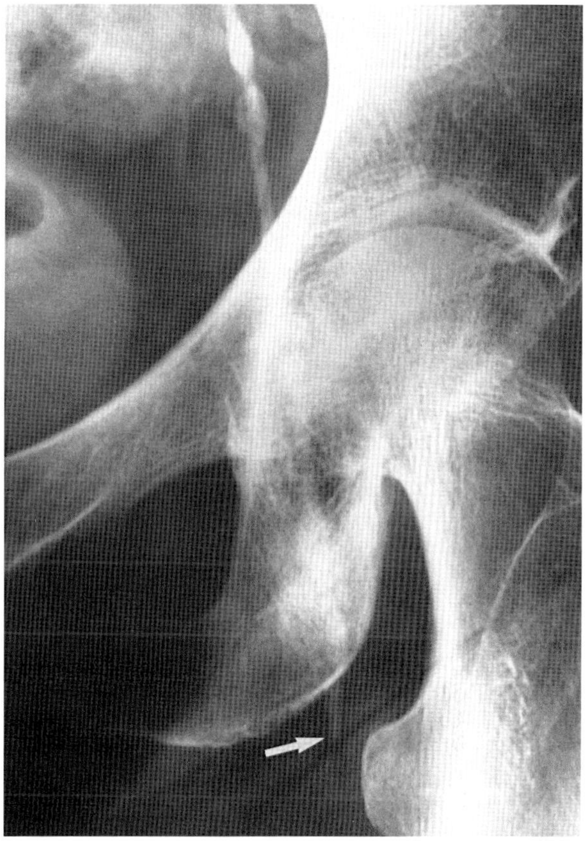

Abb. 6.**7** Verkalkung in einem Venenstrang

Abb. 6.**8** Verkalkung des Lig. pectineale (aus Sartor, K.: Fortschr. Röntgenstr. 116 [1972] 12)

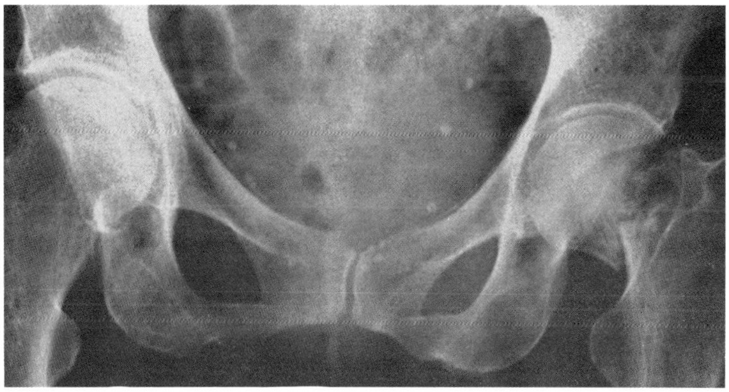

(9). Der Befund soll lediglich erwähnt werden. Zur genetischen Deutung können wir keine Stellung beziehen. Einen ähnlichen Befund, nur neben dem Darmbein in der Höhe des Hüftgelenkes gelegen, gibt Abb. 6.**11** wieder.

Der **Penis** stellt sich bei orthograder Projektion als Rundschatten dar. Typische Überlagerungen werden durch einen **Hängebauch** (Abb. 6.**12a** u. **b**) und durch die beim liegenden Patienten nach kranial verschobenen **Gesäßweichteile** hervorgerufen (Abb. 6.**13**).

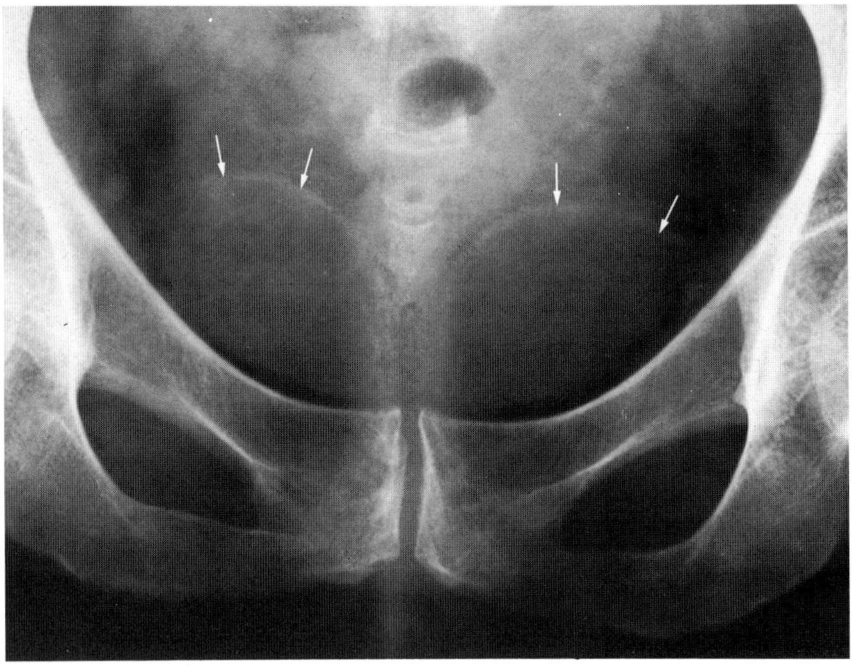

Abb. 6.**9** Bogenförmige Streifenschatten im kleinen Becken. Ränder der Bursa iliopectinea beiderseits?

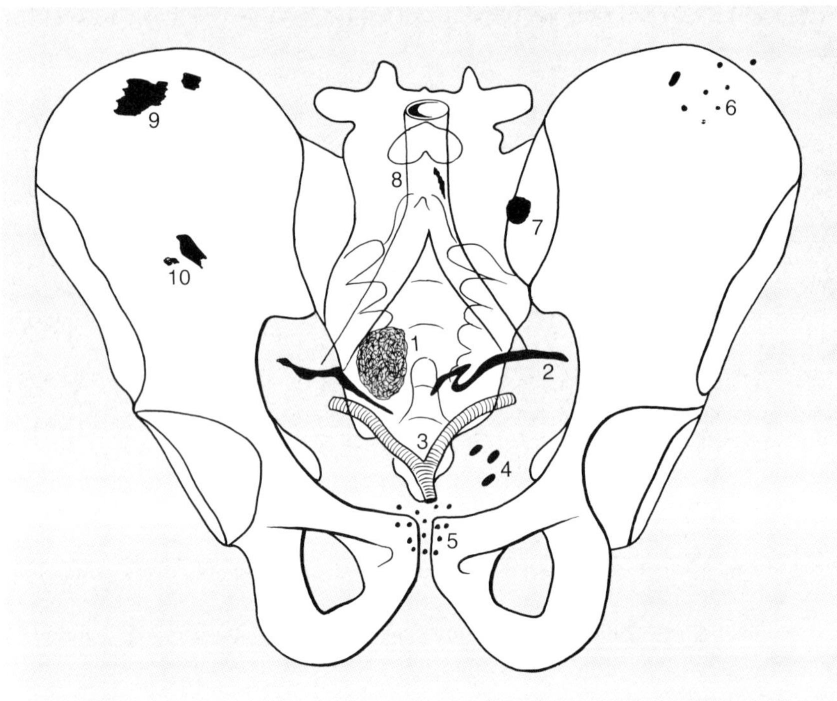

Abb. 6.**10** Skizze möglicher intrapelviner Weichteilverkalkungen

1 = verkalkter Lymphknoten
2 = verkalkte Tuben
3 = verkalkte Samenstränge
4 = Phlebolithen
5 = Prostataverkalkungen
6 = metallische Injektionsreste in der Glutäalmuskulatur
7 = Ovarialverkalkung
8 = Aorten- und Beckenarterienwandverkalkungen
9 = verkalkter Spritzenabszeß
10 = Zahnrudiment in einem Ovarialteratom

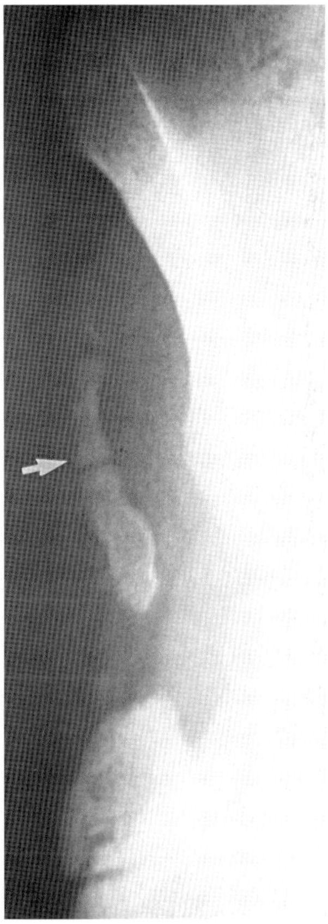

Abb. 6.**11** Wie miteinander artikulierende (→), etwas unharmonisch geformte Knochenelemente in den Weichteilen neben dem Hüftgelenk (Beobachtung von Benz-Bohm, Bonn)

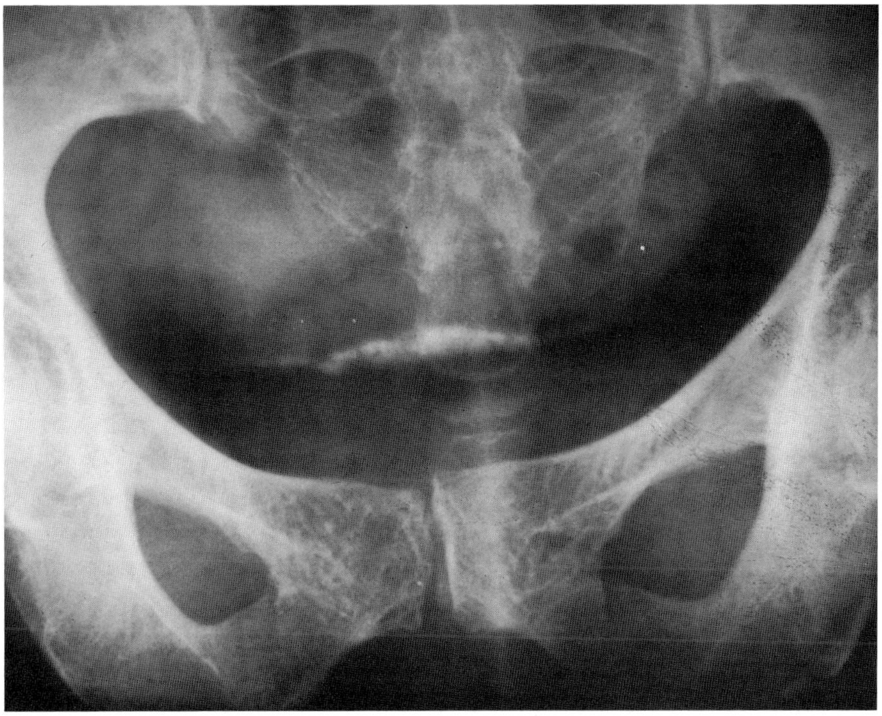

a

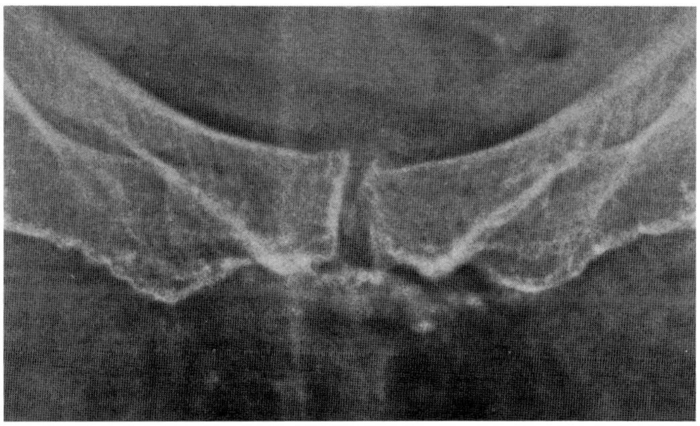

b

Abb. 6.**12a** u. **b** Salbenfleck in der Falte eines Hängebauches
a a.–p., **b** axial

Abb. 6.**13** Weichteilpolster, den Beckenkamm überlagernd ▷

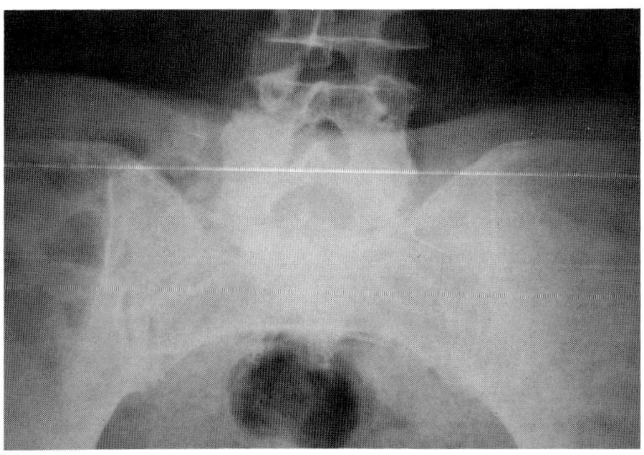

Literatur

1 Adam, Ph., Y. Alberge, S. Castellano, M. Kassab, B. Escude: Pelvimetry by digital radiography. Clin. Radiol. 36 (1985) 327–330

2 Bettenhäuser, K.: Versprengte Lendenrippe. Fortschr. Röntgenstr. 100 (1964) 784/785

3 Bohutová, J., J., Kolár, J. Vitovec, L. Vyhánek: Accessory caudal axial and pelvic ribs. Fortschr. Röntgenstr. 133 (1980) 641–643

4 Claussen, C., D. Köhler, G. Golde, B. Lochner: Pelvimetry by digital radiography and its dosimetry. J. Perinat. Med. 13 (1985) 287–291

5 Dalinka, M. K., P. Arger, B. Coleman: CT in pelvic trauma. Orthop. Clin. North Amer. 16 (1985) 471–480

6 Firooznia, H., R. Mahvash, Cornelia Colimbu, J. Sokolow: Computerized tomography of pelvic osteomyelitis in patients with spinal cord injuries. Clin. Orthop. 181 (1983) 125–131

7 Fischer, E., K. Hagmayer: Biomorphose des queren Beckendurchmessers. Geburtsh. Frauenheilk. 29 (1969) 1101–1104

8 Fochem, K.: Einführung in die geburtshilfliche und gynäkologische Röntgendiagnostik. Thieme, Stuttgart 1967

9 Greenspan, A., A. Norman: The „pelvic digit" – an unusual developmental anomaly. Skeletal Radiol. 9 (1982) 118–122

10 Hernandez, E., N. B. Rosenshein, E. Goldberg, Th. M. King: Roentgenographic pelvimetry in single vertex pregnancies. South. Med. J. 75 (1982) 439–442

11 Heuck, F.: Röntgenmorphologie von Sportverletzungen der Apophysen des Beckenskelettes. Radiologe 23 (1983) 404–413

12 Heuck, F., R. Schneider: Nachweis maskierter Frakturen des Beckenskelettes mit der Röntgen-Computer-Tomographie. Radiologe 25 (1985) 114–120

13 Highland, Th. R., R. L. Lamont: Osteomyelitis of the pelvis in children. J. Bone Jt Surg 65-A (1983) 230–234

14 Hittmaier, A.: Die röntgenologische Beurteilung des Beckens in der Geburtshilfe. Wien. med. Wschr. 118 (1968) 126–131

15 Kane, W. J.: Fractures of the pelvis. In Rockwood jr., C. A., D. P. Green: Fractures, Lippincott, Philadelphia 1975; zit. nach L. F. Rogers: Radiology of Skeletal Trauma. Churchill Livingstone, New York 1982 (fig. 19–1)

16 Kaufmann, H. J.: Röntgenbefunde am kindlichen Becken bei Skelettaffektionen und chromosomalen Aberrationen. Thieme, Stuttgart 1964

17 Keats, Th. E.: An Atlas of Normal Roentgen Variants that May Simulate Diseases, 3rd ed. Year Book Medical Publishers, Chicago 1984 (p. 265–269)

18 Kempmann, G.: Verkalkte Beckenvenenthrombose und Stauungsossifikation am Unterschenkel – seltene Spätfolge der chronisch-venösen Insuffizienz. Fortschr. Röntgenstr. 127 (1977) 74–76

19 Marshall, Th. R., J. T. Ling: The brim sign. A new sign found in Paget's disease (osteitis deformans) in the pelvis. Amer. J. Roentgenol. 90 (1963) 1267–1270

20 Müller-Färber, J., K. H. Müller: Instabile Beckenringverletzungen. Unfallheilkunde 87 (1984) 441–455

21 Nixon, G. W.: Hematogenous osteomyelitis of metaphyseal-equivalent locations. Amer. J. Roentgenol. 130 (1978) 123–129

22 Reinhardt, K.: Nichttraumatische Beckenfraktur. Enke, Stuttgart 1983

23 Reisner, K., O. Fettig, K.-H. Bartscher, U. Kappschneider: Die geburtshilfliche Beckenmessung mittels digitaler Radiographie (CT-Topogramm). Fortschr. Röntgenstr. 142 (1985) 566–569

24 Sartor, K.: Symmetrische Verkalkung der Arcus iliopectinei. Fortschr. Röntgenstr. 116 (1972) 120

25 Siegel, M. J.: Computed tomography of the pediatric pelvis. J. Comp. Tomogr. 7 (1983) 77–83

26 Stömmer, P.: Bemerkung zum Schaukastenbeitrag von K. Sartor: Symmetrische Verkalkung der Arcus iliopectinei. Fortschr. Röntgenstr. 117 (1972) 726

27 Torode, I., D. Zieg: Pelvic fractures in children. J. Pediat. Orthop. 5 (1985) 76–84

Spezieller Teil

Os ilium

Norm

Im Wachstum

Ein **Knochenkern** tritt im Os ilium beim Fetus im Alter von neun Wochen auf und nimmt bald eine nierenförmige Gestalt an. Zur Zeit der Geburt ist die Darmbeinschaufel weitgehend entwickelt. Strukturell ziehen streifige Verdichtungen von einem Zentrum aus strahlenförmig zur Peripherie (49). Die Differenzierung in eine weibliche Form der primär bei beiden Geschlechtern männlichen Form erfolgt erst durch Bildung und Einwirkung der Östrogene (28).

Apophysen erscheinen im 12. bis 15. Lebensjahr am Beckenkamm (Abb. 6.**14**), hier isoliert im hinteren (Abb. 6.**15**), und im vorderen Teil der Spina iliaca anterior superior. Ihr Auftreten ist beim weiblichen Geschlecht eng mit der Menarche korreliert (2). Die **Beckenkammapophyse** kann multizentrisch verknöchern (18). Die begrenzenden Konturen der Apophysenfuge können so geriffelt aussehen wie bei den Randleisten der Wirbelkörper (Abb. 6.**16**). Die Verschmelzung der Beckenkammapophyse erfolgt im 21. bis 25. Lebensjahr. Für die Behandlungsaussicht der Skoliose ist dieser Zeitpunkt von Bedeutung (**Rissersches Zeichen**). Nachdem es sich herausgestellt hat, daß die Entwicklung der Beckenkammapophysen mit der Handskelettalterentwicklung korreliert, empfiehlt sich, zur Schonung der Gonaden vor Strahlenbelastung für die Bestimmung des Skelettalters bei der Skoliosebehandlung auf die Beachtung des (an sich zuverlässigen) Risserschen Zeichens zu verzichten und das Skelettalter nach Handskelettaufnahmen zu bestimmen (9).

Beim Erwachsenen

Das Os ilium überragt normalerweise den oberen Teil der Sakroiliakalgelenke ganz beträchtlich und wölbt sich weit nach medial, also gegen die Wirbelkörper hin, vor. Im französischen Schrifttum spricht man von einer „**pyramide de Farabeuf**".

Im Zentrum der Beckenschaufel zeigt sich auf der a.-p. Aufnahme gelegentlich ein Y-förmiges, doppelt konturiertes Aufhellungsband, das stark ausgeprägten **Gefäßkanälen** entspricht (Abb. 6.**17**). Diese nach konventionellen Aufnahmen bekannte Struktur kann im Computertomogramm pathologische Veränderungen, vor allem Frakturspalten, vortäuschen (43).

Halbmondförmige Zonen vermehrter Strahlendurchlässigkeit über beiden Hüftdächern sind als normal anzusehen (Abb. 6.**18**).

Schwierigkeiten in der Differentialdiagnose zwischen normalen und pathologischen Prozessen können **Darmgasüberlagerungen** auf der Becken-

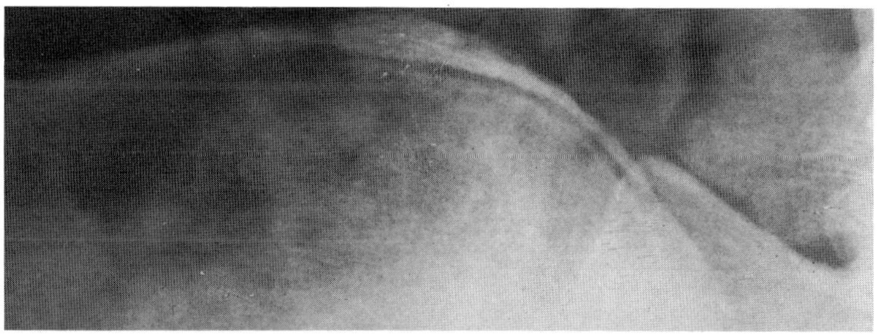

Abb. 6.**14** Beckenkammapophyse bei 19jährigem

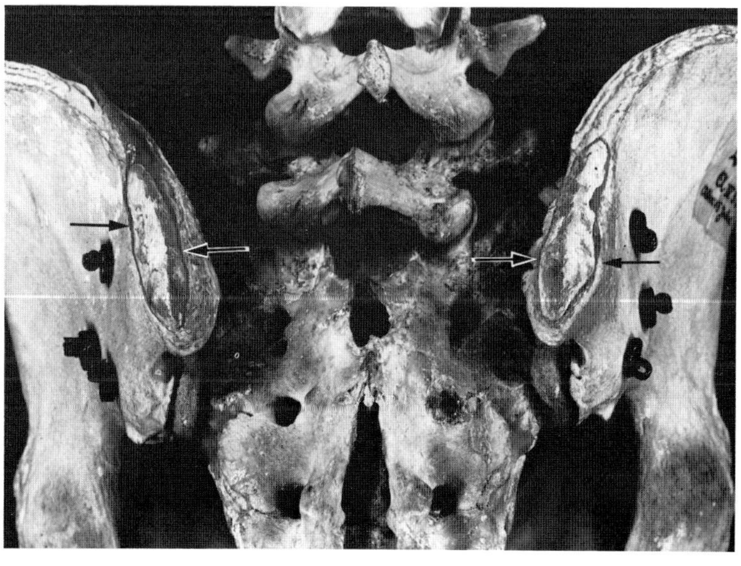

Abb. 6.**15** Becken eines 15jährigen Mädchens mit Apophysen im hinteren Teil des Beckenkamms

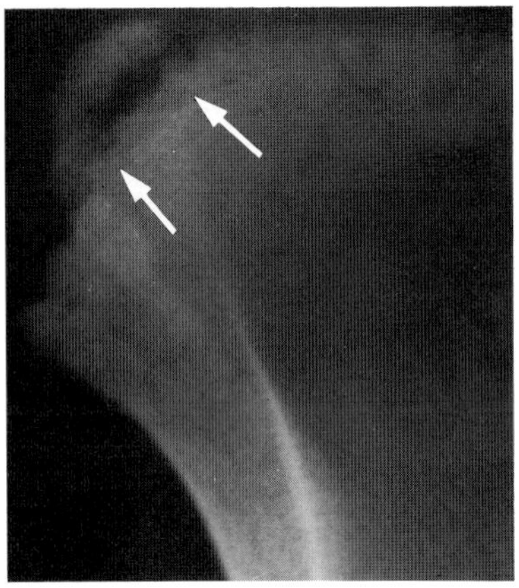

Abb. 6.**16** Beckenkammapophyse mit Riffelung der Ansatzfläche

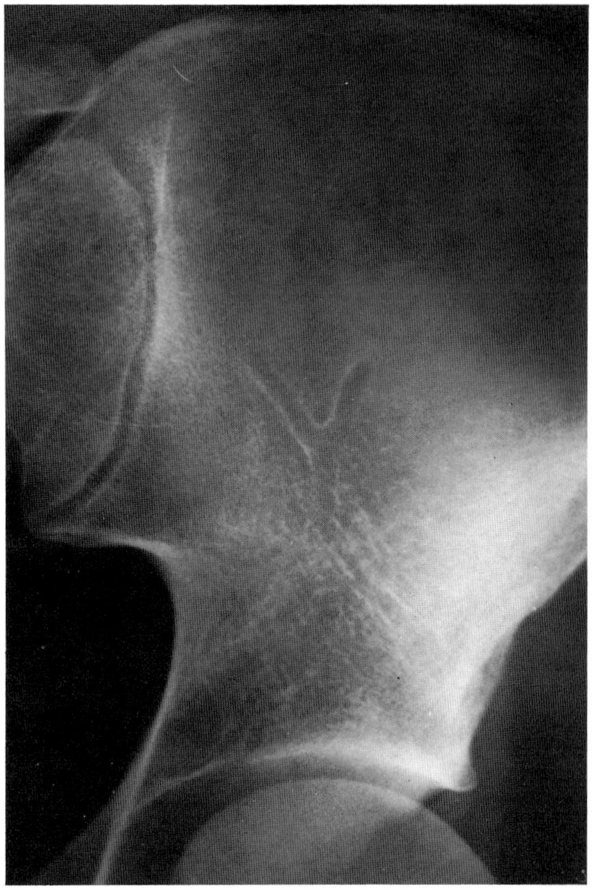

Abb. 6.**17** Y-förmiger Gefäßkanal in der Mitte des Os ilium ▷

schaufel verursachen (Abb. 6.**19**). Wenn der erfahrene Diagnostiker unter der Vielzahl von Untersuchten, bei denen sich fast immer Darmgas auf das Darmbein projiziert, doch die pathologische Aufhellung ausnahmsweise *in* den Knochen lokalisieren kann, dann gelingt ihm das durch das Erkennen der knöchernen Umrandung. Dies ist um so leichter, wenn die Umgebung des osteolytischen Herdes sklerotisch reagiert hat (Abb. 6.**20**). Einer zusätzlichen Aufnahme in leicht schräger Projektion mit Konstanz des Befundes kommt Beweiskraft zu.

Ein kleiner, medial am Beckenkamm gelegener Höcker markiert den **Ansatz des Lig. iliolumbale**.

Stachelförmige Konturanlagerungen am Beckenkamm, aber auch an der Vorderkante des Os ilium, beobachtet man oft bei älteren Menschen und

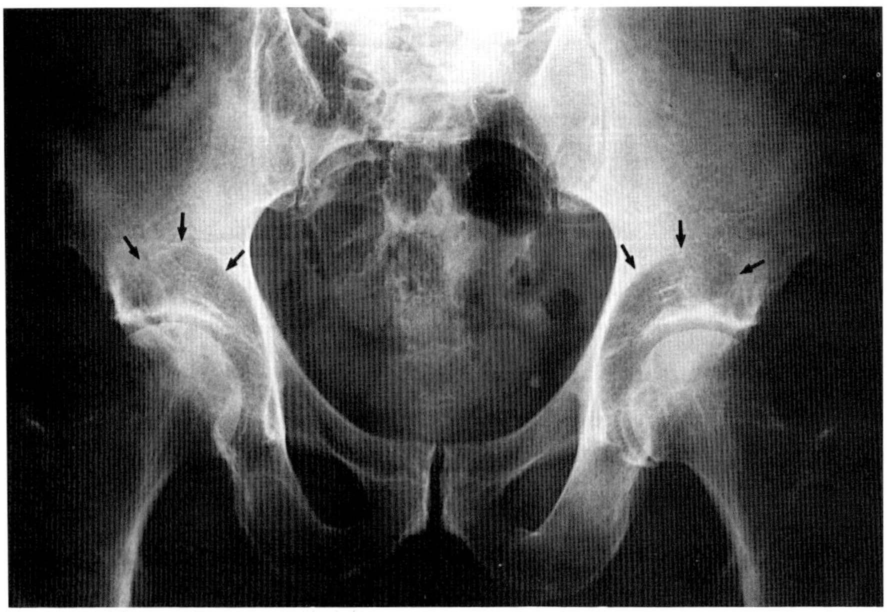

Abb. 6.**18** Halbmondförmige Zonen vermehrter Strahlendurchlässigkeit über beiden Hüftdächern

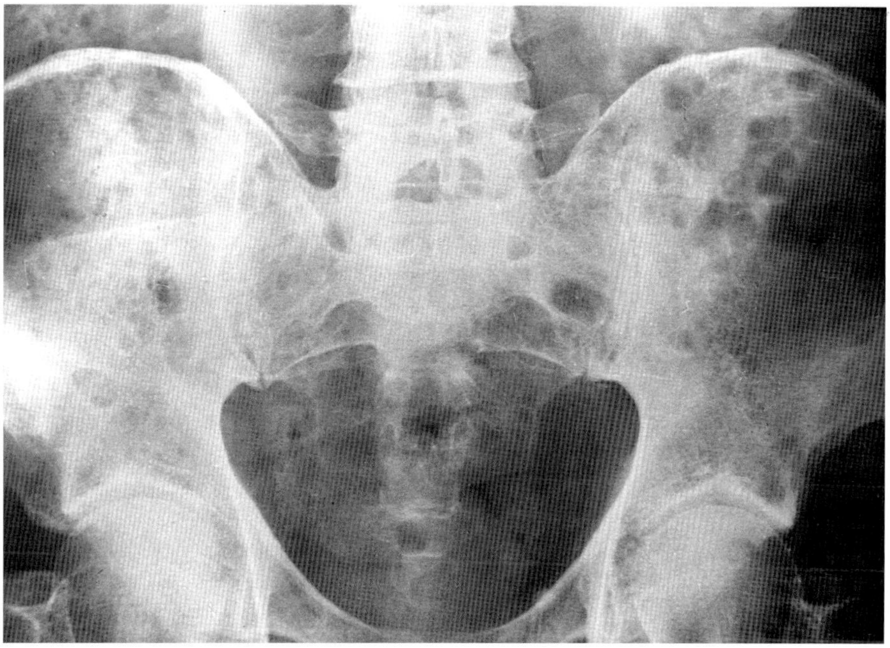

Abb. 6.**19** Darmgasüberlagerungen über von Plasmozytomherden durchsetzten Beckenschaufeln

nennt ein Becken mit derartigen Verknöcherungen (der Muskelursprünge) ein „**Stachelbecken**". Auch an der **Spina iliaca anterior superior** kommen exostosenähnliche Knochenverstärkungen der Bandansätze vor.

Kompaktainseln im Darmbein kommen relativ häufig vor und können eine Größe erreichen, die ihre Abgrenzung gegenüber Osteomen kaum noch ermöglicht (22).

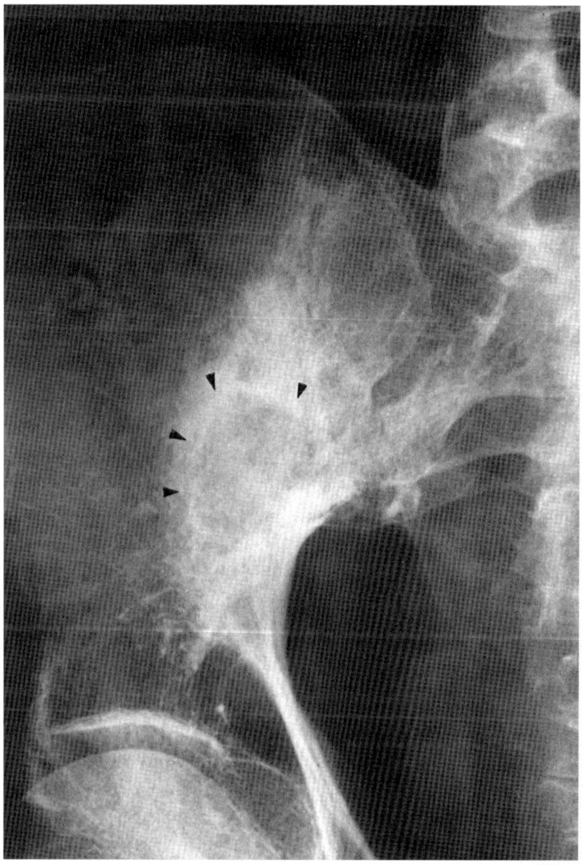

Abb. 6.**20** Osteolytischer Herd (Salmonellose) mit sklerotischer Randreaktion im rechten Darmbein ▷

Varianten und Anomalien

Eine Persistenz wurde beobachtet bei der Beckenkamm- und der Apophyse der Spina iliaca anterior superior.

Auf die **Beckendeformitäten**, die in der vorigen Auflage dieses Buches in Skizzen oder an Fallbeschreibungen multilokulär manifestierter Dysplasien beschrieben und abgebildet wurden, ist in dieser Auflage nicht mehr einzugehen, da sie weit umfangreicher in Buchform oder in Lehrbuchkapiteln (14) abgehandelt sind (s. Abb. 6.**2a–h**). Dies gilt auch für **Chromosomopathien**, z.B. die **Trisomie 21** (**Down's syndrome, Mongolismus**).

Andererseits erscheint es zweckmäßig, dysplastische Darmbeinveränderungen zu besprechen, die sog. „**Iliakalhörner**", die wegen ihrer charakteristischen Ausbildung als Leitsymptom der hereditären **Osteoonychodysostose** (Turner-Fong-Syndrom) anzuführen sind (53). Radiologisch sieht man symmetrisch angelegte, pyramidenförmige Knochenvorsprünge, die zwei bis drei Querfinger neben der Mitte der Iliosakralgelenke aus der Hinterfläche der Darmbeine hervorgehen und bis zu 4 cm hoch werden können (Abb. 6.**21** und 6.**22**). Die Hörner sind palpabel.

Die **Hypoplasie der Beckenschaufeln** (schmale Darmbeine) wird in Kombination mit Gonadendysgenesie (Turner-Syndrom) und anderen chromosomalen Aberrationen gefunden. Sie tritt unter anderem auch bei der Osteoonychodysostose, beim Noonan-Syndrom (Phänokopie des Turner-Syndroms bei normalen Chromosomen und ohne Gonadendysgenesie) und bei der Dysostosis cleidocranialis auf. Der Befund wird hier erwähnt, da er nach der Beschreibung hinterer Knochenleisten mindestens eine enge äußerliche Beziehung zu Befunden mit Iliakalhörnern hat, die, wie zuvor angeführt, auch mit Beckengürteldysplasien einhergehen.

Die Deformität wird bzw. wurde auch als Zustand einer spontan eingerenkten, angeborenen Hüftgelenksverrenkung aufgefaßt. Diese Ansicht wird allerdings sonst nur im älteren Schrifttum vertreten. Es ist die Frage aufzuwerfen, ob durch die Ausbildung einer „Sekundärpfanne" auf Kosten des Os ilium eine Hypoplasie vorgetäuscht wird.

Ein **Knochenfortsatz aus der Darmbeinschaufel**, nahe ihrer Gelenkfläche entspringend und nach unten ziehend, umgreift oft das Foramen ischiadicum majus und ist als Anomalie in mehreren Beobachtungen beschrieben. Meist besteht ein Sakrumdefekt auf der gleichen Seite. Die Kombination mit einer Spina bifida und die Kompression des N. ischiadicus durch den Knochenfortsatz können zu jeweils entsprechenden nervalen Komplikationen führen (29, 33, 51).

Verletzungsfolgen und Nekrosen

Hier sind als typisch die **Zertrümmerungsfrakturen** der Beckenschaufel bei Motorradfahrern zu nennen (8). In einem zweibändigen Lehrbuch über die traumatischen Skelettschäden (46) wird, außer einigen Bemerkungen über die mögliche Mitbeteiligung des Darmbeins, nur die **Fraktur der Beckenschaufel nach Duverney** als typisch hervorgehoben: lateral am Bekkenrand vertikale oder parallel dem seitlichen Bekkenrand verlaufende Frakturspalten nach Gewalteinwirkung durch seitliche Kompression. Neuerdings wird stärker nach parasakraler, zentraler, parakoxaler und Trümmerfraktur unterschieden (34).

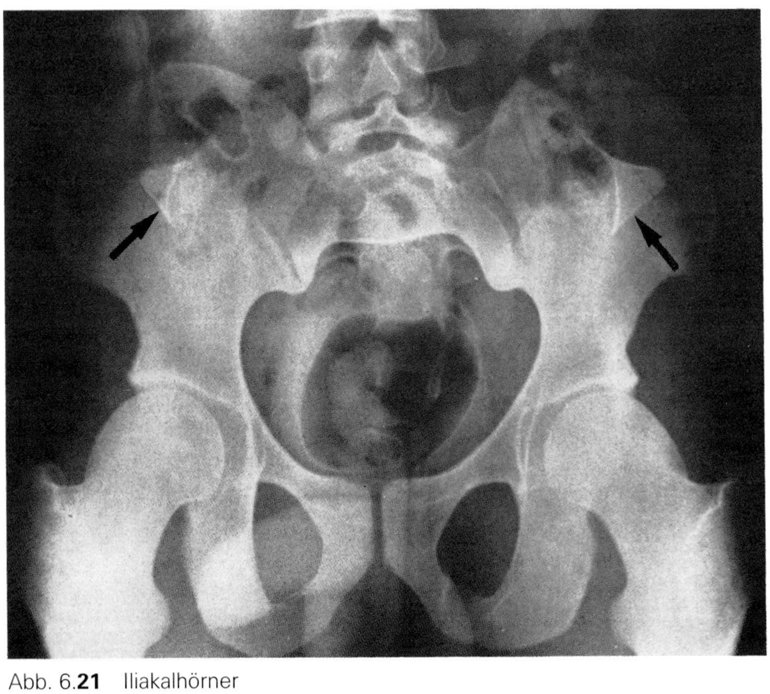

Abb. 6.**21** Iliakalhörner

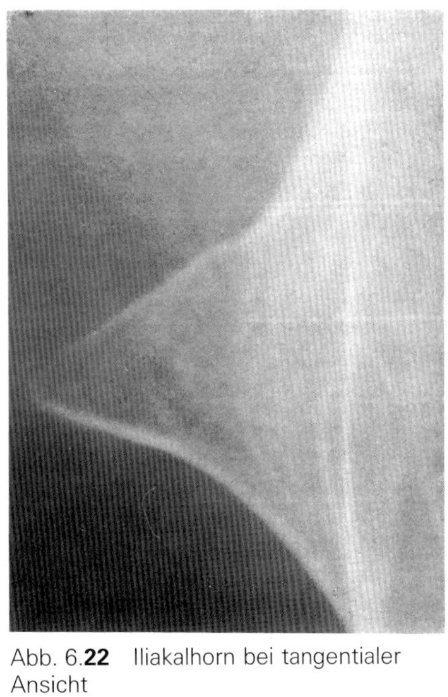

Abb. 6.**22** Iliakalhorn bei tangentialer Ansicht

Überbelastungen der Mm. sartorius et tensor fasciae latae können abrupt zu **Abrissen,** chronisch zu allmählichen **Ablösungen der Apophyse der Spina iliaca anterior superior** führen. Aus gleicher Ursache kommt es bei zu starker Beanspruchung der dort ansetzenden und entspringenden Muskulatur an der gesamten **Beckenkammapophyse** zu gleichen Folgen. Radiologische Symptome sind Dislokationen von Knochenzentren mit entsprechend erweitertem jeweiligem Knorpelspalt sowie unregelmäßigen Aufhellungen und Verdichtungen in der Struktur der Kerne, die früher meist auf aseptische Nekrosen bezogen wurden (16, 20, 30, 41), heute mehr als Ossifikationsstörungen aufgefaßt werden, die durch den akuten Abriß oder die chronisch zu starke Zugbelastung entstehen (19, 30). Unter konservativer Therapie verschwinden die Beschwerden, die spätestens bei vollzogener Ossifikation aufgehört haben.

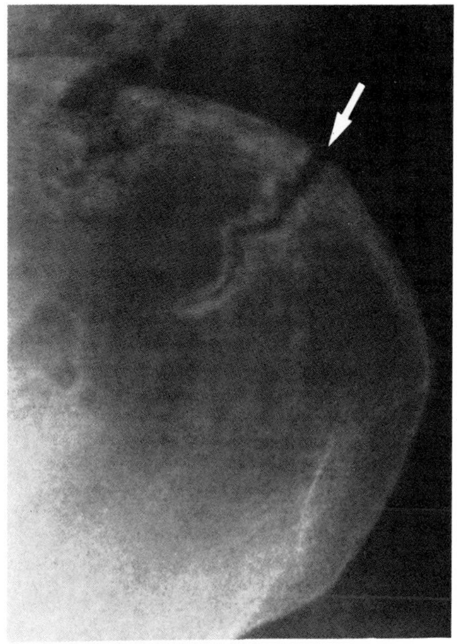

Abb. 6.**23** Symmetrische Umbauzonen in den Beckenschaufeln (aus Trede, H.: Fortschr. Röntgenstr. 110 [1969] 279–281)

Erworbene Erkrankungen

Symmetrische Umbauzonen in den Beckenschaufeln (Abb. 6.**23**) laufen von kranial-lateral nach innen (52). Als Querspalte wurden sie neben den Sakroiliakalgelenken beobachtet (39).

Die **Hyperostosis triangularis ilii** (6), früher Iliitis condensans, heute auch Osteosis condensans ossis ilium genannt, geht zwar in fast 50% der Betroffenen auch mit einer dem veränderten Bezirk im Gelenk gegenüberliegenden Sklerosierung des Sakrum einher, doch rechtfertigt das Adjektiv „triangularis" die Besprechung dieses Krankheitsbildes im Kapitel über das Darmbein. In 2- bis 3%iger Häufigkeit und in einer Geschlechtsabhängigkeit von ♀ zu ♂ = 9:1 auftretend, äußert sich der verdichtete Bezirk in der radiologischen Wiedergabe (Abb. 6.**24**) als dreieckige Verschattung ein- oder beidseitig (3:2) und liegt im unteren Darmbein neben dem Sakroiliakalgelenkspalt, meist im direkten Anschluß an die Linea terminalis. Bei Multiparen tritt er häufiger auf. Die Veränderung kann sich spontan zurückbilden (38). Bei Frauen ist sehr häufig eine pathologische Beweglichkeit der Beckenverbindungen festzustellen (21). Mit einer folgenden Iliosakralarthrose und Schmerzen bekommt die Veränderung einen Krankheitswert, wobei ihr Auftreten bei Männern besondere Beachtung verdient (38). Hier, vor allem bei jungen Männern, bei nächtlich zunehmenden Schmerzen und bei erhöhter Blutkörperchensenkungsgeschwindigkeit ist durch Schichtuntersuchung eine beginnende ankylosierende Spondylitis auszuschließen (5[1]).

Das Auftreten von zirkumskripten, gelenknahen Sklerosen bei Männern muß auch an das Bild der **Sacroiliitis circumscripta** (5[2]) denken lassen (Abb. 6.**25a** u. **b**).

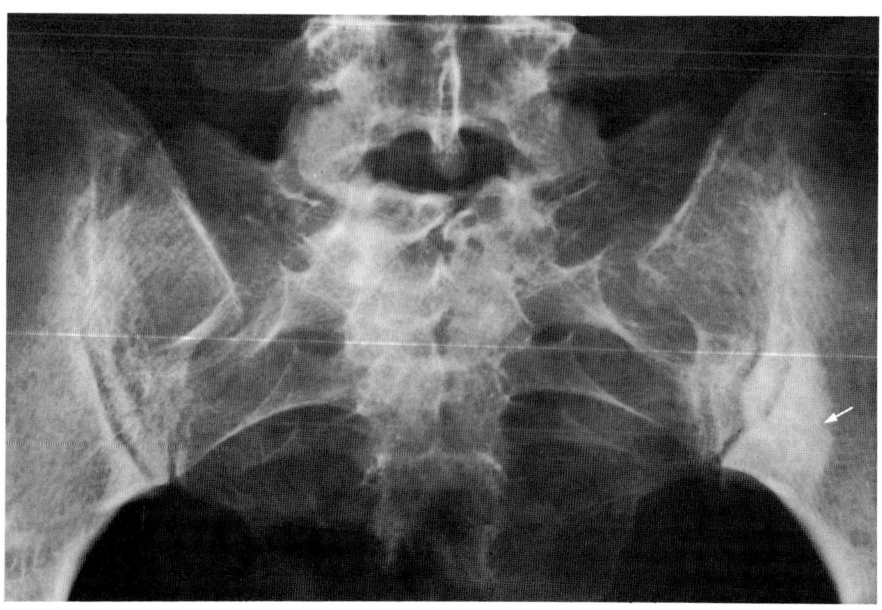

Abb. 6.**24** Hyperostosis triangularis ilii

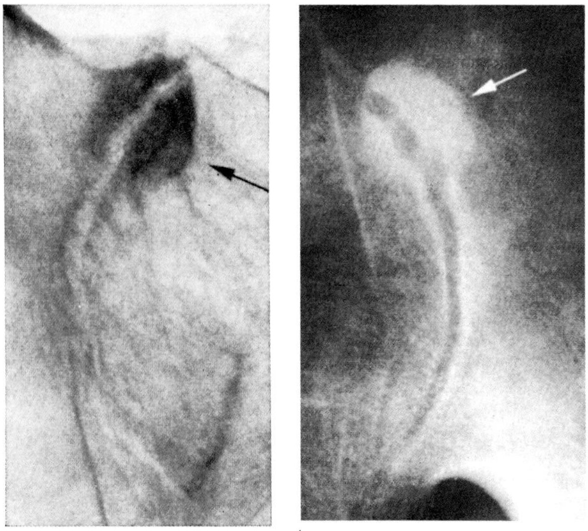

a b

Abb. 6.**25 a** u. **b** Primär ossifizierende, nicht ankylosierende Iliosakralarthritis

Struktur- und Formveränderungen, wie sie überall am Knochen im Rahmen *entzündlicher und tumoröser Erkrankungen* auftreten können, sind auch am Darmbein zu beobachten. Dabei ist differentialdiagnostisch prinzipiell an die im „Allgemeinen Teil" erwähnten osteomyelitischen Prozesse an den Beckenapophysen zu denken (s. dort [20]).

Nur im Ilium gibt es die **Osteomyelitis** bei Patienten mit einer **Enteritis regionalis Crohn** (13). Die **Darmbeintuberkulose** wird sehr selten gesehen, so z. B. in einer chirurgisch-orthopädischen Klinik zwischen 1955 und 1981 bei zwei Patienten unter zehn an Darmbeinprozessen (Osteomyelitis, Sarkom, Morbus Hand-Schüller-Christian) Erkrankten (44).

Häufig kommt der **Morbus Paget** mit den typischen Veränderungen der sklerotischen Strukturvergröberung und Formverplumpung vor. Die Differentialdiagnose gegen diffus konfluierende, osteoplastische Herde bei Prostatakarzinom kann rein radiologisch hierbei ebenso Schwierigkeiten verursachen wie die Abgrenzung gegen normale Befunde mit konstitutionell auffallend kräftiger Spongiosastruktur.

Eine Zusammenstellung über **primäre Tumoren** der Beckenknochen, einschließlich der Frühformen, liegt vor (17) – das Chondrom wird am häufigsten gefunden. Einzelberichte gibt es über jugendliche Knochenzysten (15) (Abb. 6.**26**), die von den an dieser Stelle sehr seltenen intraossären Gangliomen nach der radiologischen Symptomatik nicht zu trennen sind (12), über die Knochenmanifestation des zentrozytisch-zentroblastischen Non-Hodgkin-Lymphoms – früher als Lymphoblastom Brill-Symmers bezeichnet (11) – über einen Beckenbefall beim Plasmozytom (25), auch über benigne Tumoren angiomatöser Art (26, 3). Die Spina iliaca anterior superior gilt als eine Prädilektionsstelle für **Knochenmetastasen** (37).

Eine einseitige **Melorheostose** kann vorkommen (48). Bei **Hämophilie** wurden Usuren am Rand der Beckenschaufel beobachtet (26), bei **Sarkoidose** ungewöhnliche Knochenveränderungen zystischer Art mit sklerotischem Randsaum, auch im 11. und 12. Brustwirbelkörper, im Sitzbein und in den Phalangen der Hand (1, 54). Schließlich ist auch ein **Echinokokkus** in der Beckenschaufel beschrieben worden (32).

Alle diese weit jenseits der Grenze von der Norm liegenden Befunde müssen hier erwähnt werden, weil häufig Überlagerungen mit Darminhalt (Gas und Kot) selbst größere Knochenherde in der Beckenschaufel so stark verdecken, daß sie auch bei starkem Verdacht auf Herdbefall – z. B. bei Speicherung im Szintigramm – immer noch schwer in der vermuteten Gegend radiologisch von Normalbefunden zu unterscheiden sind.

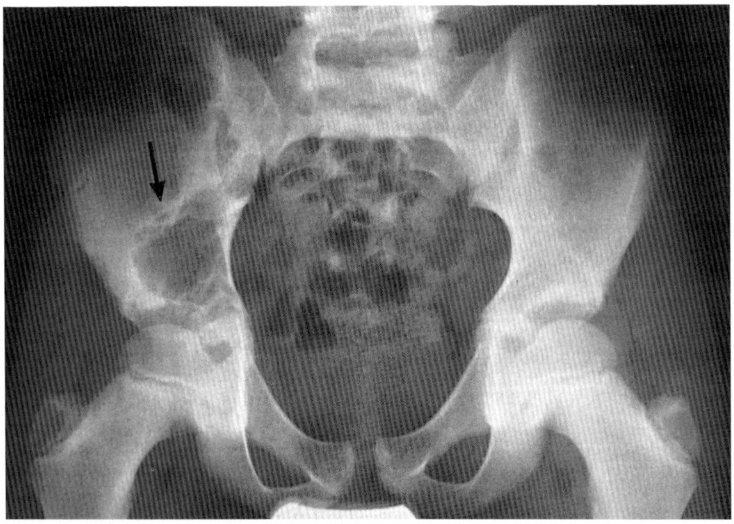

Abb. 6.**26** Jugendliche Knochenzyste (Befund histologisch gesichert) (Beobachtung von Holthusen, Hamburg)

Literatur

1 Bloch, S., S. J. Movson, Y. K. Seedat: Unusual skeletal manifestation in a case of sarcoidosis. Clin. Radiol. (Edinb.) 19 (1968) 226–228
2 Caffey's Pediatric X-Ray Diagnosis, 8th ed., ed. by F. N. Silverman. Year-Book Medical Publishers, London 1984 (p. 330)
3 Cirillo, R., D. Malara: Emangioma dell'ala iliaca. Minerva radiol. fisioter. radiobiol. (Torino) 12 (1967) 342–347
4 de Cuveland, E.: Zur Abklärung der Zackenbefunde im Sulcus paraglenoidalis. Fortschr. Röntgenstr. 85 (1956) 758–759
5 Dihlmann, W.: Gelenke – Wirbelverbindungen, 2. Aufl. Thieme, Stuttgart 1982 ([1]S. 573–575; [2]Abb. 7.33)
6 Dihlmann, W.: Die Hyperostosis triangularis ilii – das sakroiliakale knöcherne Streß-Phänomen. 2. Teil (Inzidenz, Prognose, Pathogenese, Ätiologie, Tracerstudium, Differentialdiagnose). Fortschr. Röntgenstr. 124 (1976) 154–160
7 Dihlmann, W., B. Schuler: Die umschriebene, primär ossifizierende, nicht ankylosierende Ileosakralarthritis. Fortschr. Röntgenstr. 98 (1963) 134–140
8 Dommisse, G. F.: Diametric fractures of the pelvis. J. Bone Jt Surg. 42-B (1960) 432–443
9 Exner, G. U., L. Kaufmann, A. Schreiber: Beziehungen zwischen der Entwicklung der Beckenkammapophysen („Rissersches Zeichen") und der Handskelettentwicklung bei Mädchen mit Skoliose. Z. Orthop. 123 (1985) 910–912
10 Fong, E. E.: „Iliac Bones" (Symmetrical bilateral central posterior iliac processes): Case report. Radiology 47 (1946) 517
11 Fridrich, R.: Die Knochenmanifestation des großfollikulären Lymphoblastoms (Brill-Symmers). Fortschr. Röntgenstr. 97 (1962) 764–770
12 Friedel, B., Karin Kluge: Das intraossäre Ganglion. Zbl. Chir. 109 (1984) 757–759
13 Gharemani, G. G.: Osteomyelitis of the ilium in patients with Crohn's disease. J. Roentgenol. 118 (1973) 364–370
14 Giedion, A.: Konstitutionelle Skeletterkrankungen. In Schinz, R., W. Baensch, W. Frommhold, R. Glauner, E. Uehlinger, J. Wellauer: Lehrbuch der Röntgendiagnostik, Bd. II/2. Thieme, Stuttgart 1981 (S. 3–349)
15 Goldberg, R. P., H. K. Genant: Case report 67. Skeletal Radiol. 3 (1978) 118–121
16 Hanke, H.: Zur Kenntnis der isolierten Abrißfraktur der unteren Spina anterior ossis ilei. Arch. Orthop. Unf.-Chir. 31 (1932) 377–382
17 Helander, C. G., A. Lindblom: Primary tumors of the pelvic bones. A roentgen diagnostic study of eighty-three cases. Acta radiol. (Stockh.), Suppl. 152 (1957) 4–62
18 Heuck, F. H. W.: Radiologie des gesunden Skelettes. In Schinz, R., W. Baensch, W. Frommhold, R. Glauner, E. Uehlinger, J. Wellauer: Lehrbuch der Röntgendiagnostik, Bd. II/1. Thieme, Stuttgart 1979 (Abb. 82a/1)
19 Julsrud, M. E.: Iliac apophysitis and a review of the osteochondroses. J. Amer. Pediatr. Med. Ass. 75 (1985) 587–589
20 Kahnt, E.: Epiphysenabriß der Spina iliaca anterior superior als Sportverletzung beim Schnellauf. Zbl. Chir. 57 (1930) 2057–2060
21 Kamieth, H.: Geburtstraumen des Beckenringes vom Standpunkt der Röntgenologie. Fortschr. Röntgenstr. 89 (1958) 694–701
22 Keats, Th. E.: An Atlas of Normal Roentgen Variants that May Simulate Disease, 3rd ed. Year Book Medical Publishers, Chicago 1984 (fig. 4–14)
23 Keinert, K.: Ausgeprägte Knochenusurierung an der Beckenschaufel bei Hämophilie. Fortschr. Röntgenstr. 106 (1967) 472–473
24 Khouri, M. B., D. R. Kirks, S. M. Martinez, J. Apple: Bilateral avulsion fractures of the anterior superior iliac spines in sprinters. Skeletal Radiol. 13 (1985) 65–67
25 Kohler, L. M., A. Laur: Osteosklerose bei Plasmozytom. Fortschr. Röntgenstr. 72 (1949) 714–717
26 Kolár, J., A. Sosna, A. Schlupek, V. Beck, L. Paleček: Die Knochenhämangiomatose. Fortschr. Röntgenstr. 99 (1963) 78–86
27 Kremser, K.: Eine seltene Anomalie des Beckenringes (Darmbein) und ihre Abgrenzung gegen mögliche Unfallfolgen im Röntgenbild. Zbl. Chir. 86 (1961) 1048–1063
28 Leeming, B. W. A.: Endocrine control of skeletal development in man. Brit. Med. J. 1962/II, 358–361
29 Lester, P. D., W. H. McAlister: Congenital iliac anomaly with sciatic palsy. Radiology 96 (1970) 397–399
30 Löhr, W.: Über den Epiphysenabriß der Spina iliaca ant. superior, eine typische Sportverletzung beim Schnellauf. Dtsch. med. Wschr. 56 (1930) 958–959
31 Lombardo, St. J., A. C. Retting, R. K. Kerlan: Radiographic abnormalities of the iliac apophysis in adolescent athletes. J. Bone Jt Surg. 65A (1983) 443–446
32 Londei, D.: Sull'echinococcosi dell'osso iliaco. Clinica (Bologna) 21 (1961) 25–32
33 McAlister, W. H., Marylin J. Siegel, G. D. Shackelford: A congenital iliac anomaly often associated with sacral lipoma and ipsilateral lower extremity weakness. Skeletal Radiol. 3 (1978) 161–166
34 Müller-Färber, J., K. H. Müller: Die verschiedenen Formen der instabilen Beckenringverletzungen und ihre Behandlung. Unfallheilkunde 87 (1984) 441–455
35 Nagura, Sh.: Über die sogenannte Hypoplasie der Beckenschaufel. Fortschr. Röntgenstr. 111 (1969) 290–292
36 Numaguchi, Y.: Osteitis condensans ilii, including its resolution. Radiology 98 (1971) 1–8
37 Oeser, H., H. Kunze: Die Beckenkamm-Metastase. Fortschr. Röntgenstr. 100 (1964) 391–394
38 Peña Arebola, A., A. Garcia Lopez, M. de la Prada: Revisión clinica de las osteitis condensantes del iliaco. Rev. esp. Reum. 2 (1975) 22–33
39 Perez, H.: L'épiphysite de la crête iliaque. Ann. Radiol. 3 (1960) 429–434
40 Peter, E., W. Dihlmann: Symmetrische Loosersche Umbauzonen (Milkman-Syndrom) neben den Kreuzdarmbeingelenken im Ilium. Fortschr. Röntgenstr. 100 (1964) 540–542
41 Pöschl, M.: Juvenile Osteo-Chondro-Nekrosen. In Diethelm, L., O. Olsson, F. Strnad, H. Vieten, A. Zuppinger: Handbuch der Medizinischen Radiologie, Bd. IV: Röntgendiagnostik der Skeleterkrankungen, Teil 4. Springer, Berlin 1971
42 Ravelli, A., P. Schwarz: Die sog. Ostitis condensans ossis ilium. Geburtsh. Frauenheilk. 14 (1954) 1024–1035
43 Richardson, M. L., Margaret A. Montana: Nutrient canals of the ilium: a normal variant simulating disease on computed tomography. Skeletal Radiol. 14 (1985) 117–120
44 Richter, R., P. Michels: Die isolierte Darmbeintuberkulose und ihre Differentialdiagnose. Fortschr. Röntgenstr. 137 (1982) 135–140
45 Roeckerath, W.: Hereditäre Osteo-onychodysplasie. Fortschr. Röntgenstr. 75 (1951) 700–711
46 Rogers, L. F.: Radiology of Skeletal Trauma. Churchill Livingstone, New York 1982 (p. 601–651)
47 Schilling, F.: Spondylitis ankylopoetica. Die sogenannte Bechterewsche Krankheit und ihre Differentialdiagnose. In Diethelm, L., F. Heuck, O. Olsson, K. Ranniger, F. Strnad, H. Vieten, A. Zuppinger: Handbuch der Medizinischen Radiologie, Bd. VI: Röntgendiagnostik der Wirbelsäule. Teil 2, red. von L. Diethelm. Springer, Berlin 1974 (S. 452–689)
48 Stutz, E.: Über einen Fall von Mélorheostose des Beckens. Röntgenpraxis 13 (1941) 63–65
49 Swoboda, W.: Das Skelet des Kindes, 2. Aufl. Thieme, Stuttgart 1969 (S. 36)

50 Taiby, H.: Radiologie der Syndrome. Thieme, Stuttgart 1982 (Kap. 370)
51 Theander, G.: Malformation of the iliac bone associated with intraspinal abnormalities. Ped. Radiol. 3 (1975) 235–239
52 Trede, H.: Symmetrische Umbauzonen (Looser-Milkman) in den Beckenschaufeln. Fortschr. Röntgenstr. 110 (1969) 279–281
53 Turner, J. W.: Hereditary arthrodysplasia associated with hereditary dystrophy of nails. J. Amer. med. Ass. 100 (1933) 882–895
54 Uehlinger, E., K. Wurm: Skelettsarkoidose: Literaturübersicht und Fallbericht. Fortschr. Röntgenstr. 125 (1976) 111–121

Os pubis und Symphyse

Norm

Im Wachstum

Den ersten **Knochenkern des Os pubis** findet man gegen Ende des 5. oder 6. Fetalmonats im R. superior neben dem Foramen obturatum. Zum Zeitpunkt der Geburt umfaßt der Kern meist die vordere Begrenzung des Foramens.

Die **Synchondrosis ischiopubica** wird allmählich schmaler. Über den Zeitpunkt der Synostose gibt es unterschiedliche Angaben im Schrifttum. Sie erfolgt nach Ansichten desselben Autors einmal zwischen dem 4. und 12. (5), das andere Mal zwischen dem 14. und 16. Lebensjahr (4) (Abb. 6.**27** und 6.**28**). Die unterschiedlichen Angaben können durch verschiedene Gründe bedingt sein: durch eine tatsächlich bestehende große Varianz der Ossifikation, durch unterschiedliche radiologische Projektion (Schrägaufnahmen in 30 bis 40 Grad Drehung um die Körperlängsachse, nicht abgebildete Seite angehoben, sind zweckmäßig) und durch unterschiedliche Deutung verschiedener Autoren der in dieser Gegend typischen „Auftreibungen" des Knochens.

An der **Symphyse** zeigen sich um das 10. Lebensjahr herum eigentümliche Riffelungen der Kontur.

Isolierte Knochenkerne treten während des Wachstums einseitig und symmetrisch beidseitig an den Knochenrändern der Symphyse auf und sind auch unter dem Schambeinrand apophysenartig nachweisbar (19) (Abb. 6.**29** bis 6.**31**).

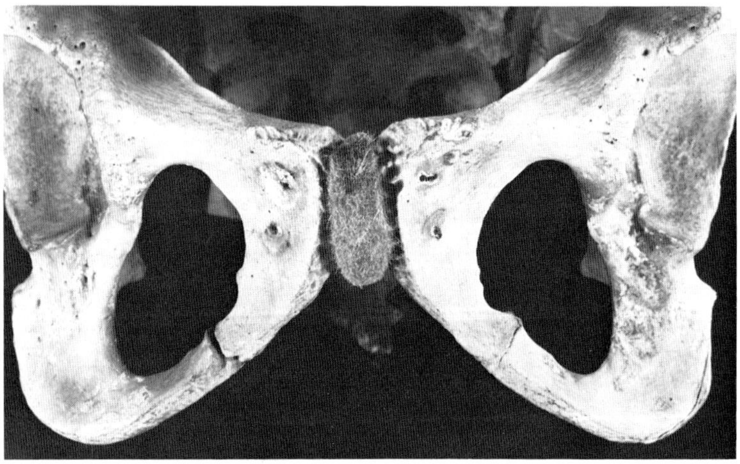

Abb. 6.**28** Synchondrosis ischiopubica bei 12jährigem Mädchen. Auftreibung der Knochen

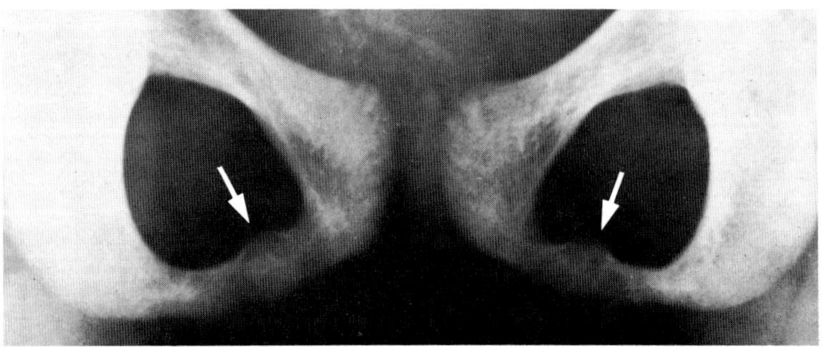

Abb. 6.**27** Synchondrosis ischiopubica im Beckenskelett eines jungen Mädchens

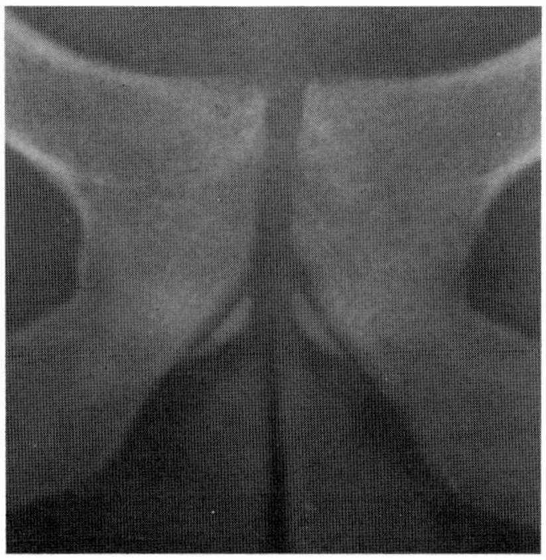

Abb. 6.**29** Symmetrisch gelegene Apophysen direkt unter den Schambeinen in Symphysennähe

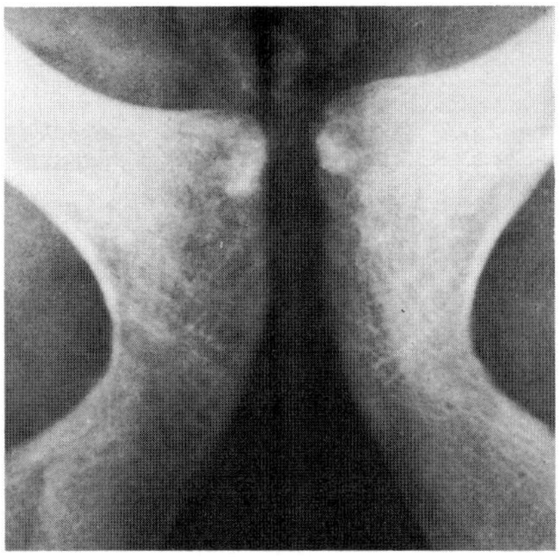

a

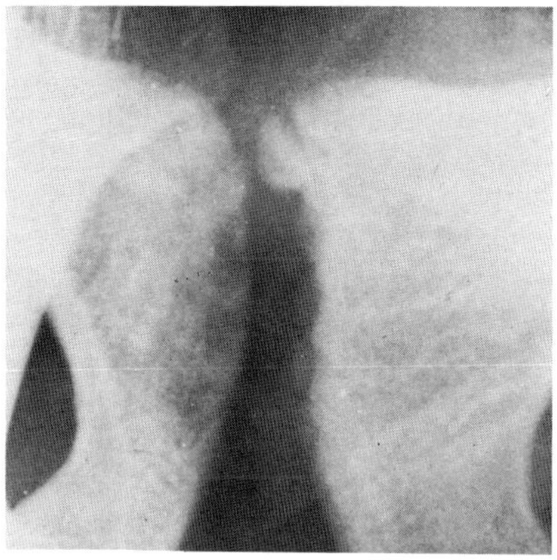

b

Abb. 6.**30 a** u. **b** Symphyse mit symmetrisch gelegenen ▷ Knochenkernen am oberen Rand in symmetrischer (**a**) und schräger (**b**) Projektion

Beim Erwachsenen

Symphysennah stellt sich radiologisch im aufsteigenden Ast eine schräg verlaufende, wohl auf eine Rinne zu beziehende Strukturveränderung dar, die auf den Sulcus obturatorius und damit in den Symphysenteil des Schambeins übergeht (Abb. 6.**32**).

Die **Symphyse** ist selten ein regelmäßiger Spalt, sondern verläuft gewöhnlich mehr oder minder schief und wellig. Eine Breite von mehr als 1½ cm zwischen den Knorpel-Knochen-Grenzen beider Schambeine scheint normalerweise bei Männern selten vorzukommen.

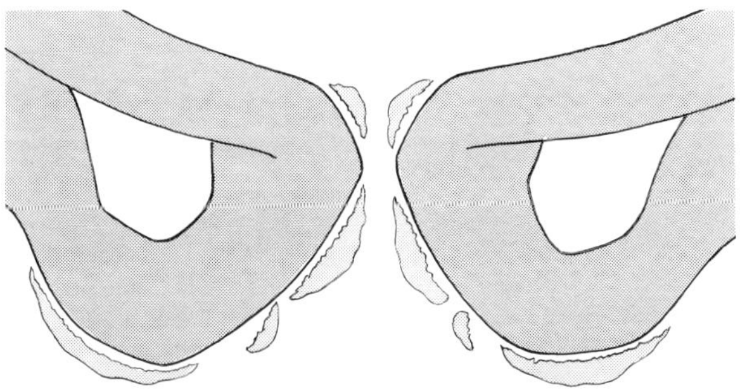

Abb. 6.**31** Symphysenkerne und Apophysen am unteren Beckenrand (nach Kühne)

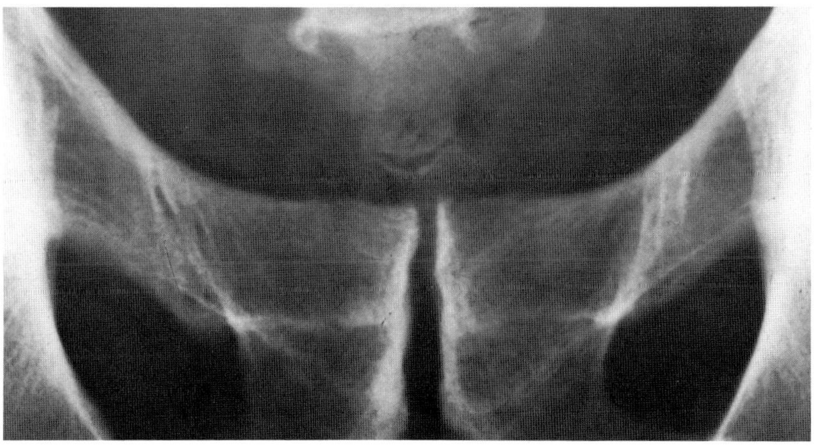

Abb. 6.**32** Schräg die aufsteigenden Schambeinäste beiderseits durchziehende rinnenähnliche Strukturveränderungen bei einem 47jährigen Mann

Ein **Luftstreifen** in der Symphyse (Abb. 6.**33**) entspricht dem wahren Gelenkspalt und ist bei 41,5% der Frauen nach der Geburt sichtbar (48).

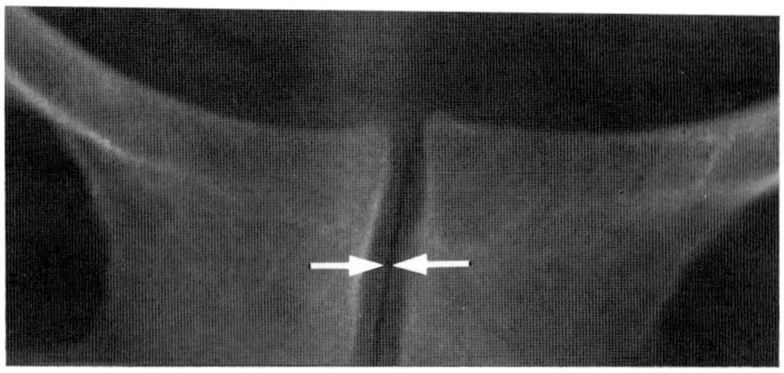

Abb. 6.**33** Luftstreifen in der Symphyse beim Mann

Varianten

An der Unterkante des Schambeins treten nahe der Symphyse ein- und doppelseitig **kommaförmige Ossifikationen** (Abb. 6.**34** und 6.**35**) auf, die mit Wahrscheinlichkeit, weil vorwiegend bei jungen Menschen im Alter von 25 bis 27 Jahren beobachtet, als Wachstumsvarianten zu werten sind. Die Symphysenanteile sind dabei – manchmal auch projektivisch – verkürzt, in anderen Fällen jedoch auch (hypoplastisch?) verschmälert (Abb. 6.**36**).

Spindelförmige Auftreibungen der Synchondrosis ischiopubica kurz vor ihrem Schluß und das gelegentliche Auftreten eines **isolierten Knochenkerns** an dieser Stelle entsprechen Entwicklungsbesonderheiten im Normbereich der Varianten, besitzen aber keine pathologische Bedeutung.

Gegen das **Foramen obturatum** springen aus dem Schambein an verschiedenen typischen Stellen **Knochenfortsätze** unterschiedlicher Herkunft vor.

Im **Winkel zwischen Symphysenteil und absteigendem Ast des Schambeins** wurden nicht nur Verkalkungen gesehen (8), sondern wurde auch ein regelmäßig geformter Knochenfortsatz mit Spongiosa und Kortikalis beobachtet. Dieser endet zweizipflig und umschließt an seiner Basis ein (Gefäß-?) Foramen (Abb. 6.**37**) (23). Es handelt sich wohl um eine knöcherne Variante, wobei zwar das Tuberculum ob-

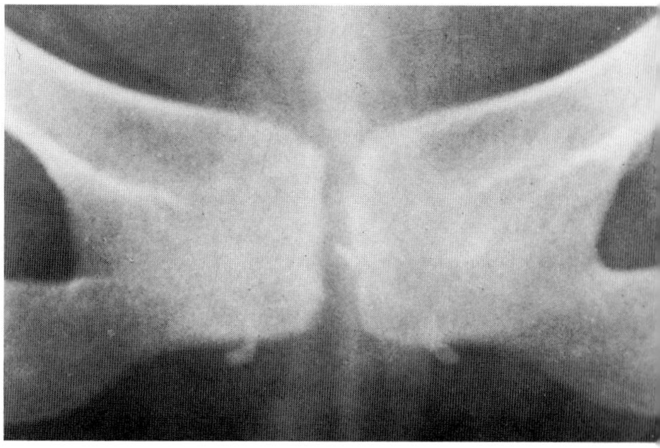

Abb. 6.**34** Symphyse mit „kommaförmigen Ossifikationen" beiderseits

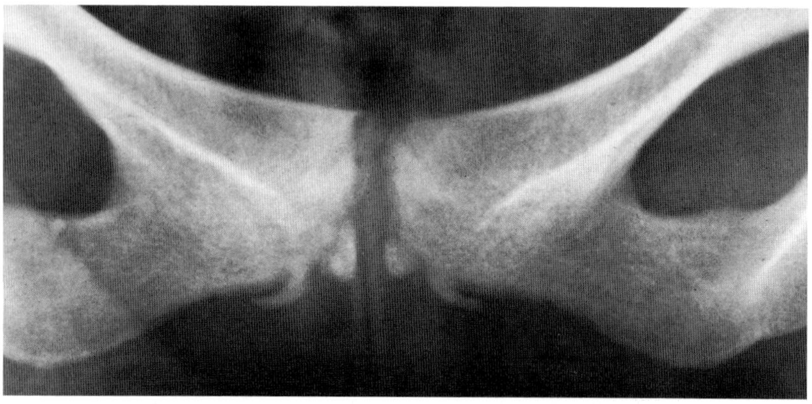

Abb. 6.**35** Symphyse mit „kommaförmigen Ossifikationen" und unteren Symphysenkernen bei einem 17jährigen Mädchen

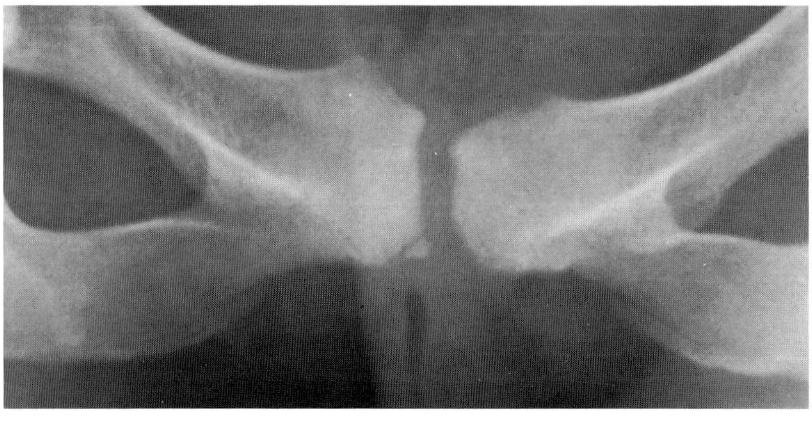

Abb. 6.**36** Defektähnliche Konturabschrägung des Schambeins am oberen Symphysenrand. Kleiner, einseitig sichtbarer, unterer Symphysenkern. Eben nachweisbare Apophyse des Tuber ossis ischii bei einer 23jährigen Frau

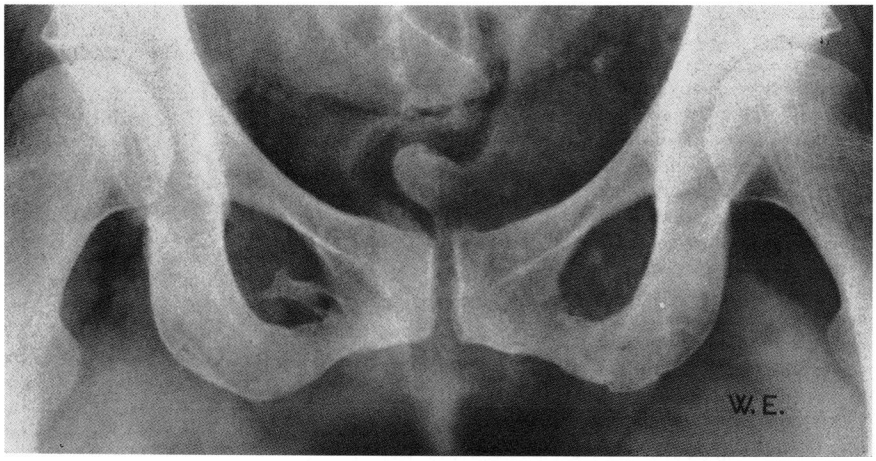

Abb. 6.**37** Knochenfortsatz (anatomische Variante) im unteren Schambeinwinkel rechts (mit Foramen für die A. obturatoria?) (aus Maurer, H. J.: Fortschr. Röntgenstr. 83 [1955] 889)

turatorium anterius und das Tuberculum pubicum diskutiert wurden, beide jedoch nicht dem Sitz dieses radiologisch beobachteten Fortsatzes entsprechen.

Stachelförmige Vorsprünge **aus dem lateralen Rand des Symphysenteils**, die gegen das Foramen obturatum gerichtet sind, werden auf sekundäre Verknöcherungen der Membrana obturatoria und des M. obturatorius externus bezogen, entstanden durch verstärkte Belastung bei Außenrotation und Abduktion des Beines im Hüftgelenk (2). Dem **oberen Schambeinast** sitzen unten gelegentlich symmetrisch ausgebildete Knochenfortsätze an, deren Spitze gegen die Foramina obturatoria gerichtet sind (Abb. 6.**38** und 6.**39**). Am R. superior ossis pubis entspringen auch andere Knochenvorsprünge, die sich zwar auf das Foramen obturatum projizieren, aber nicht im Foramen liegen, sondern nach vorn gerichtet sind und sich bis in Daumenstärke palpieren lassen können (9, 34). Abb. 6.**40** gibt einen solchen Befund wieder, der stark der Beobachtung der Abb. 6.**41** ähnelt. Die histologische Untersuchung des in Abb. 6.**41** wiedergegebenen Befundes ergab ein Osteochondrom. Eine segmentförmige Gliederung mit gelenkartigen Verbindungen veranlaßte den Autor, trotz vorhandenem normalem Steißbein auf eine steißbeinähnliche Formation dieser Variante hinzuweisen (34). Es ist auch auffallend, daß im Fall der Abb. 6.**39** die „Exostose" sich bis unter das Sitzbein projiziert.

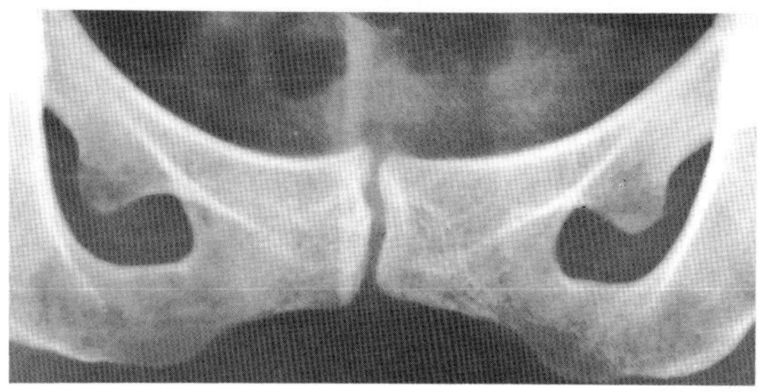

Abb. 6.**38** Exostosenähnliche Vorsprünge, symmetrisch aus dem R. superior ossis pubis in das Foramen obturatum gerichtet

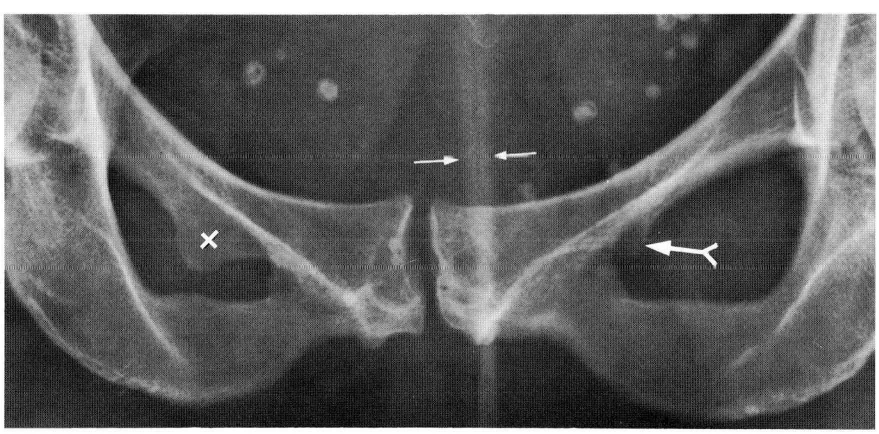

Abb. 6.**39** 46jährige Frau. Exostosenähnliche Vorsprünge am Unterrand des R. ascendens ossis pubis rechts (×), kleiner auch links (←). Überdeckung der Natesfalten (→). Zahlreiche Phlebolithen (Beobachtung von Kremser, Altona)

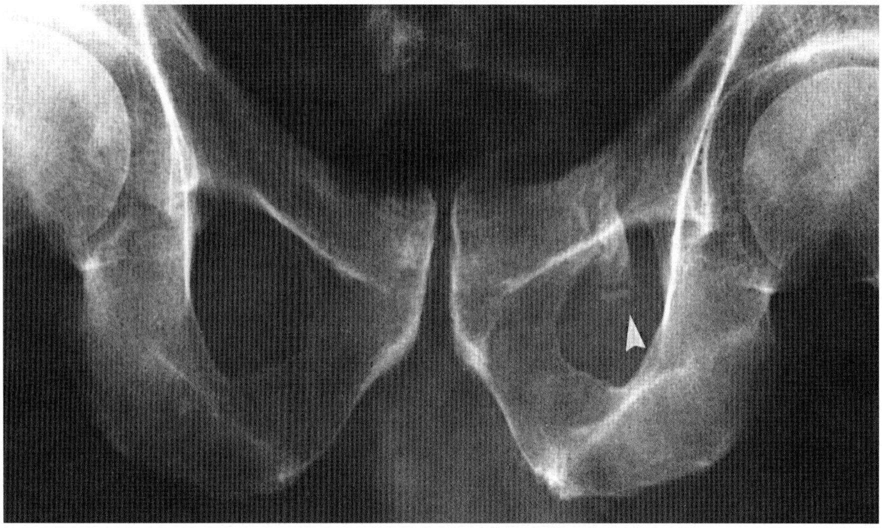

Abb. 6.**40** Segmentierter Knochenfortsatz, der aus dem oberen Schambeinast entspringt, nach unten zieht und sich auf das Foramen obturatum projiziert

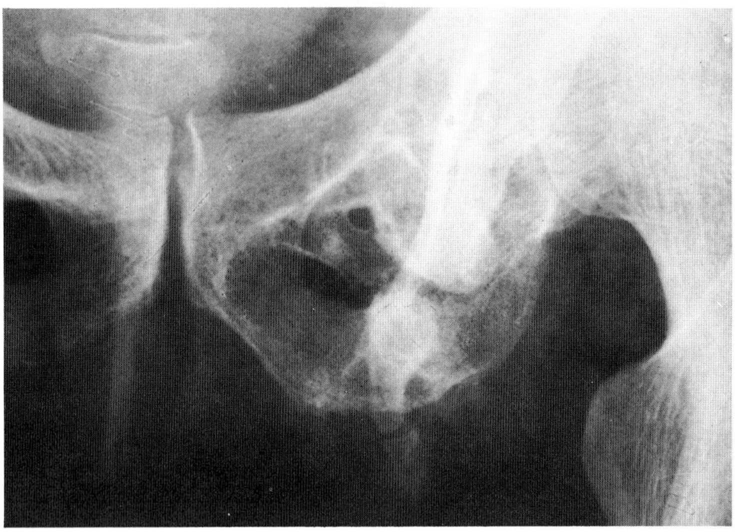

Abb. 6.**41** 70jähriger Mann. Tastbarer, 3 cm hoch sichtbarer, harter Tumor über dem Leistenband. Radiologisch segmentierter, steißbeinähnlicher Knochenfortsatz. Steißbein normal ausgebildet (Beobachtung von Seibert-Daiker, Bad Mergentheim)

Anomalien

Im Einzelfall fehlt der obere Schambeinast. Das gleichseitige Bein ist schwächer entwickelt.

Die zuletzt unter den Varianten aufgeführten und in Abb. 6.**36** wiedergegebenen Befunde leiten zu schwerergradigen Anomalien des Scham- (und Sitz-)beines über, die über eine **bilaterale Dysplasie** (Abb. 6.**42**) bis zur Agenesie des Schambeins führen.

Ein kongenitales **Klaffen der Symphyse** (Abb. 6.**42**), oft in Kombination mit anderen Mißbildungen, besonders der Harnblase (Blasenekstrophie), wurden ebenso beschrieben wie die kongenitale **Aplasie der Schamfuge** (45) (Abb. 6.**43**).

Eine **Synostose der Symphyse** kann mit beidseitiger, **sakroiliakaler Synostose** kombiniert sein.

Verletzungsfolgen und Nekrosen

Hier kann nicht der Ort sein, auf die verschiedenen Formen der stabilen und unstabilen Brüche des vorderen Beckenringes einzugehen, die fast immer den aufsteigenden und/oder absteigenden Schambeinast bzw. die Scham-Sitzbein-Grenze betreffen. Die normalerweise über den R. inferior ossis pubis (und meist über das Foramen obturatum) verlaufenden Aufhellungslinien entsprechen den **Leistenfalten** und können Frakturspalten vortäuschen (Abb. 6.**44**).

Die Diagnose der **Symphysenruptur** kann bei kleinen Kindern bei noch nicht völliger Ossifikation schwierig sein. Die in einem solchen Zweifelsfall gleichzeitig entstandene Sprengung der Synchondrosis ischiopubica links (Abb. 6.**45**) kann als Hinweis zur Symphysensprengung dienen (der achtjährige Junge erlag nach einem Polytrauma seinen Verletzungen). Instabile Frakturen bereiten geringere diagnostische Probleme, weil meistens auch eine Höhendislokation der Schambeine in der Symphyse gegeneinander und zusätzlich des Darmbeins im Sakroiliakalgelenk vorliegt (37). Nach einer Symphysenruptur bleibt selten eine Verkalkung im Knorpel zurück (13).

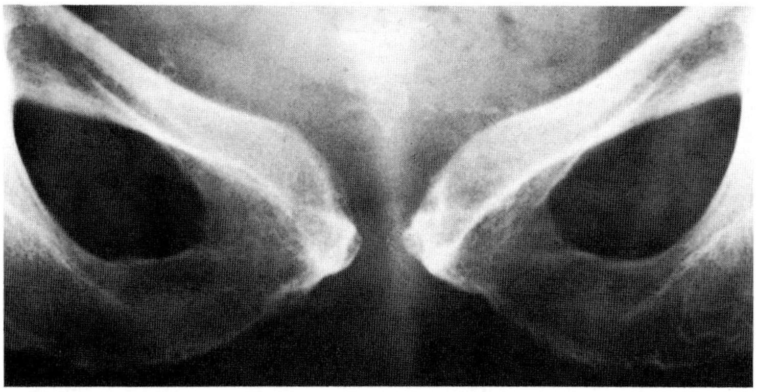

Abb. 6.**42** Klaffende Symphyse bei alter Wachstumsstörung

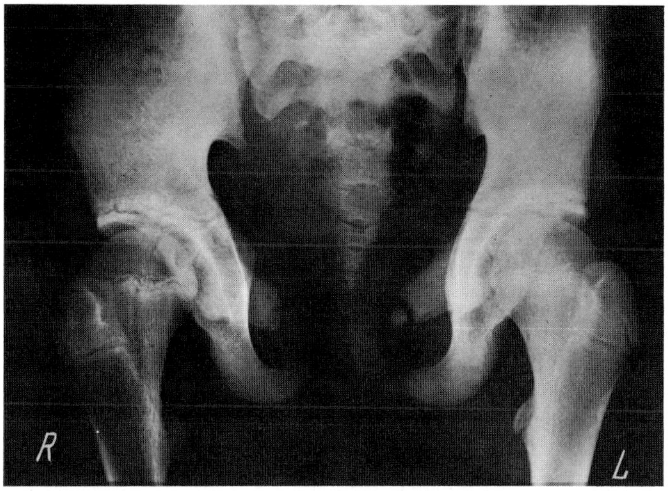

Abb. 6.**43** 12jähriges Mädchen mit fehlender Symphysenpartie. Beschwerden traten erst nach sportlicher Belastung auf (Beobachtung von Kremser, Altona)

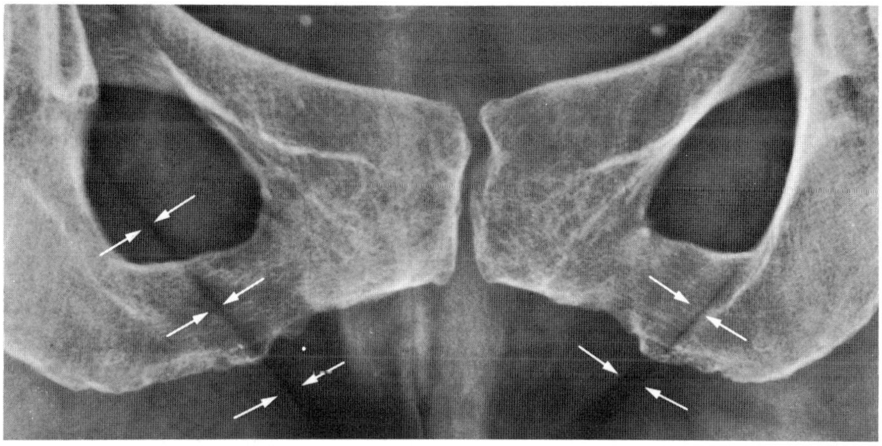

Abb. 6.**44** Frakturähnliche Aufhellungslinie im Os pubis beiderseits, vorgetäuscht durch Leistenfalte bei einer 45jährigen Frau

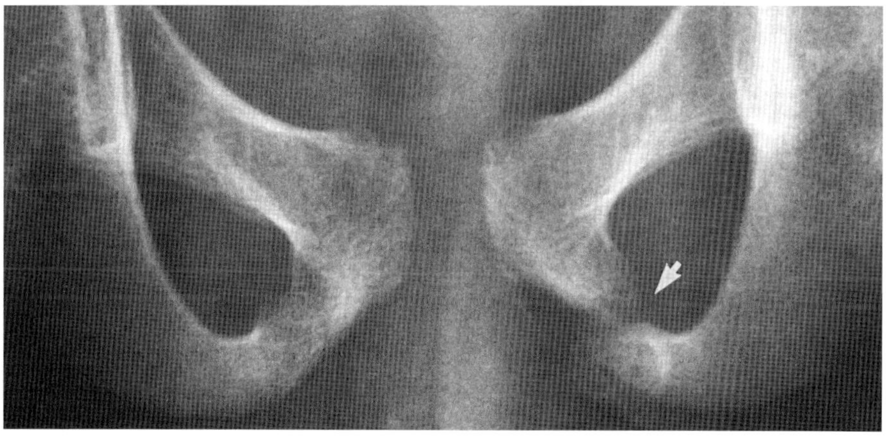

Abb. 6.**45** 8jähriger Junge. Wohl traumatische Sprengung der Synchondrosis ischiopubica links. Fragliche Symphysenruptur

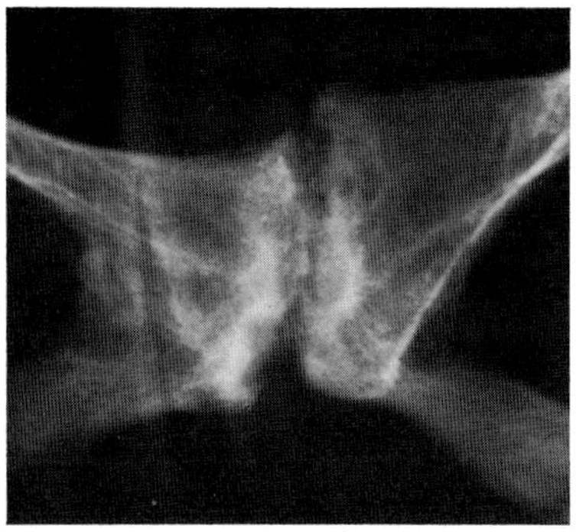

Abb. 6.**46** 61jährige Frau. Alte Beckenringlockerung mit Verschiebung in der Symphyse und reaktiver Sklerosierung (Beobachtung von Brocher, Genf)

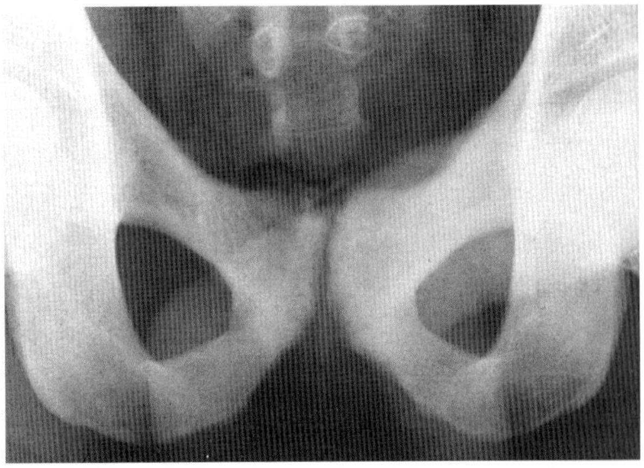

Abb. 6.**47** Degenerative Veränderungen an der Symphyse bei 25jährigem Berufsfußballspieler

In der **Schwangerschaft** kann es zu einem **Gleitprozeß** in der Symphyse (7), unter der Geburt zu traumatischer Schädigung der Schamfuge (15, 16) kommen.

Ungleicher Symphysenstand wird als wichtigstes Symptom der **Beckenringlockerung** (Abb. 6.**46**) bezeichnet und läßt sich am besten durch Röntgenaufnahmen der Schamfuge bei einseitiger Beinbelastung nachweisen (17). Differenziertere Verfahren mit einer elektromechanischen und einer radiologischen stereophotographischen Meßmethode sind angegeben worden (46). Strukturänderungen mit Sklerosierung in der Umgebung des verschmälerten oder aufgehobenen Symphysenspaltes sind Zeichen einer alten Lockerung. Die Kombination mit entsprechenden Veränderungen an einem oder an beiden Sakroiliakalspalten gelten als typische Begleitsymptome.

Überlastungsschäden gibt es an der Symphyse und der Synchondrosis ischiopubica sowie im Bereich der Ansätze des M. gracilis und der Adduktorenmuskeln. Sie entstehen wiederum unter dem Einfluß der einmaligen oder dauernden zu großen Zugbelastung, wie diese schon an den Beckenkammapophysen beschrieben wurden, doch bestehen hier lokale Besonderheiten.

An der Symphyse selten und dann vor allem bei spezieller übermäßiger Beanspruchung (Fußball [29], Mittelstreckenlauf [38] und Fechten), **mit oft leichter Verbreiterung des Symphysenspaltes** auftretend, muß differentialdiagnostisch ein entzündlicher Prozeß ausgeschlossen werden. Es gibt aber auch die typischen Zeichen der Degeneration an der Symphyse mit Verschmälerung und Sklerosierung der Ränder als Zeichen des vorzeitigen Verschleißes im Hochleistungssport (Abb. 6.**47**).

Zwei verschiedene Mechanismen werden als Ursache des „**syndrome d'algie pubienne du sportif**" („pubic *pain syndrome* in athletes" [40]) genannt: Die Tendinitis des Muskelansatzes und die dynamische Osteopathie, wobei die fehlende Mehrbelegung im Szintigramm (^{99}Te) bei positivem klinischen Lokalbefund eher für eine Tendinitis spricht, während bei nuklearmedizinisch positivem Befund radiologisch das Ausmaß der Veränderungen festzustellen ist.

Die **Osteonecrosis pubica posttraumatica** (21), eine Überlastungsnekrose und/oder Insertionstendopathie (33) äußert sich radiologisch durch Strukturaufhellungen im unteren Teil der Pars symphyseos ossis pubis (Grazilissyndrom), in sklerosierten Konturen, kommaförmigen Verkalkungen nekrotischen Knochengewebes, Asymmetrie des Symphysenspaltes, unscharfer Schambeinkontur der Gegenseite und Verknöcherungen an den Ansatzstellen des Lig. pubicum.

Beim **Schambein-Adduktoren-Syndrom** bilden sich durch Überanstrengung während des Wachstums Verknöcherungen und selbst großflächige Ossifikationen in der eigentlichen Adduktormuskulatur (s. auch 32). Solchen ossären Reaktionen besonders ausgesetzt sind Abwehrspieler in Fußballjugendmannschaften, wenn sie häufig in den Gegenspieler hineingrätschen.

Typische **Ermüdungsbrüche** konnten an der Scham-Sitzbein-Grenze bei fünf Patienten nach Hüftoperationen (28), aber auch – meist unter älteren Menschen – bei Fettleibigkeit, rheumatoider Arthritis und Arthrosis deformans des Hüftgelenkes nachgewiesen werden. Auch die **Osteoporose** kann zur relativen Überlastung des osteopenischen Schambeins und zu vertikalen Frakturspalten mit protrahiert verlaufender Heilung führen (36).

Grazilisexostosen (Abb. 6.**48**) findet man bei alten Leuten. Sie werden in Zusammenhang gebracht mit einer Kyphose der Brustwirbelsäule und konsekutiver Überdehnung des M. gracilis.

Die **Osteochondrosis ischiopubica** (van Neck [25]) soll bei Kindern vom 9. bis zum 12. Lebensjahr vorkommen, wobei einem in der Synchondrose vorübergehend isoliert auftretendem Knöchelchen eine fragliche, pathologische Bedeutung zugesprochen wird. Radiologisch sieht man eine spindelförmige Verbreiterung und Strukturunregelmäßigkeit, allerdings normalerweise schon bei jedem 7. Kind (14).

Das Auftreten von Überlastungsschäden an der Synchondrosis ischiopubica kann nicht bezweifelt werden, zumal selbst nach ihrer Synostosierung an der Stelle, an der sie sich befand, eine der häufigsten Lokalisationen von Streßfrakturen bei jungen Menschen, wie z. B. Soldaten (24) oder Langstreckenläufer(inne)n (26), beschrieben worden ist. Aus dem radiologischen Befund allein kann bei Kindern nicht auf eine Überlastung geschlossen werden, da alle zuvor genannten radiologischen Symptome, insbesondere Verzögerungen im Fugenschluß (ein- oder doppelseitig), Auftreibung und unregelmäßige oder auch unscharfe Begrenzung der korrespondierenden Enden von Scham- und Sitzbein u. a. und selbst das Auftreten akzessorischer Knochenelemente (39) in der Synchondrose als Normvarianten oder Zufallsbefunde (z. B. im Urogramm) ohne weitere Lokalsymptome an diesen Skelettstellen vorkommen können (43). Der nosologische Wert des radiologischen Befundes ist damit mehr als zweifelhaft, zumal mit der endgültigen Ossifikation auch vorher eventuell bestehende Schmerzen verschwinden. Außer der zu starken Belastung spielt hier die konstitutionelle Komponente eine größere Rolle als bei den vorgenannten Muskelansatzschäden. Wie an der Symphyse muß auch bei dieser Lokalisation ein entzündlicher Prozeß ausgeschlossen werden.

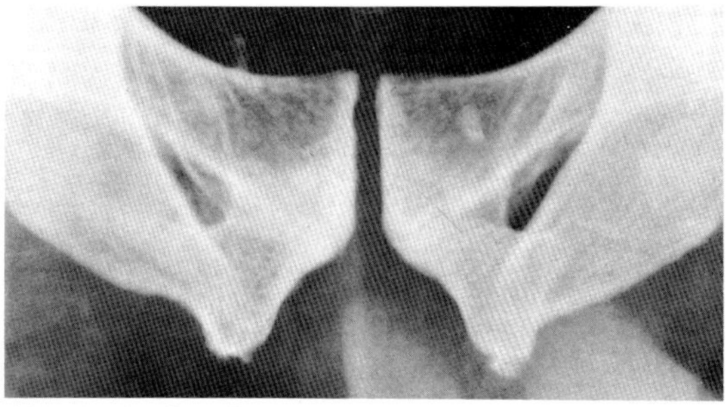

Abb. 6.**48** Grazilisexostose

Erworbene Erkrankungen

Die **Schambeintuberkulose** (1, 31) besitzt in der Synchondrosis ischiopubica eine Prädilektionsstelle.

Eine **Osteomyelitis** im Schambein ist selten festzustellen. In sechs unter sieben solcher Beobachtungen beim Erwachsenen erfolgte die hämatogen übertragene Infektion nach parenteralem Medikamentenmißbrauch (3). Das Ausmaß des Abszesses wird im Computertomogramm deutlich (44).

Die **nicht tuberkulöse Ostitis pubis** kann nach urologischen und gynäkologischen Operationen sowie nach Geburten (11) in der Perinealgegend auftreten. Sie wird speziell nicht nur nach Abortus und schwerer Pyelonephritis (47, 20), sondern auch bei Drogensüchtigen (12) beobachtet. Nach Ansicht eines der Autoren (20) kommt die Ostitis pubis fast immer mit urogenitalen Infekten kombiniert vor. Sie äußert sich radiologisch einerseits durch periostale Konturauflagerungen an der Innen- und Oberseite des Schambeins, andererseits auch durch Atrophie und selbst Osteolysen. Das Krankheitsbild geht oft mit starken Schmerzen einher, wird entgegen früher vertretener Ansicht vorwiegend bakteriell hervorgerufen (47), bildet sich jedoch nach unterschiedlich langem Bestehen von selbst zurück (3, 18, 22, 47 (Abb. 6.**49a–c**).

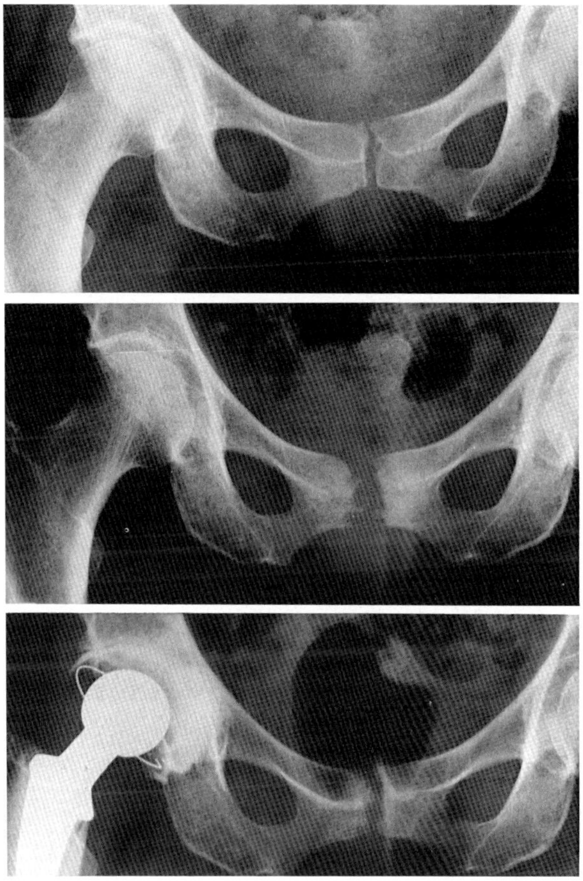

a

b

c

Abb. 6.**49 a–c** Verlauf einer Ostitis pubis nach transvaginaler Uterusexstirpation
a 13. 6. 1973, **b** 8. 8. 1973, **c** 12. 2. 1975

Während die Ostitis in einem Zustand endet, der einer arthrotisch deformierten, sonst normalen Symphyse ähnelt, heilt die **Nekrose post radiationem** (Abb. 6.**50a–c**) meist mit einem Defekt aus.

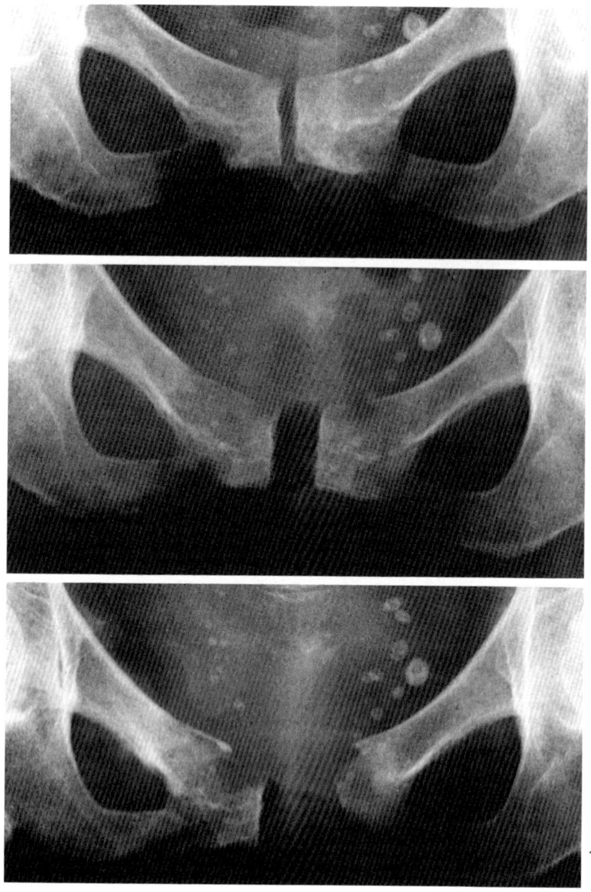

a

b

c

◁ Abb. 6.**50 a–c** Verlauf einer Strahlennekrose
a 30. 5. 1975, **b** 1. 9. 1975, **c** 23. 7. 1976

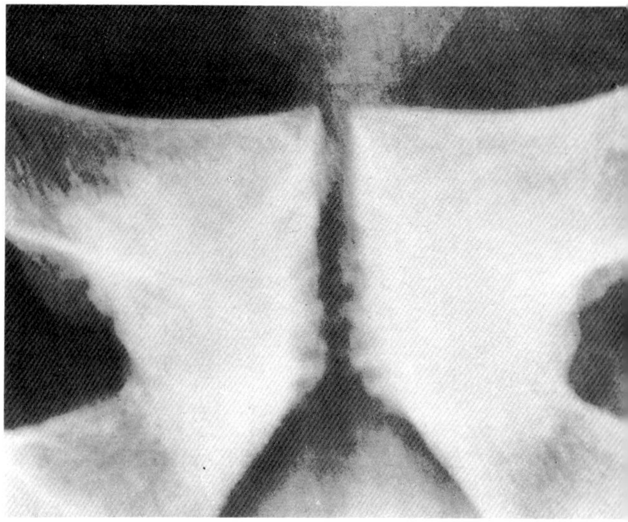

Abb. 6.**51** Symphysenveränderung bei Spondylitis ankylopoetica (Beobachtung von Brocher, Genf)

Die **Spondylitis ankylopoetica** kann – selten – über hahnenkammartige, auch blasige Struktur- und Formveränderungen der Pars symphyseos ossis pubis bis zur Synostose der Symphyse führen (6) (Abb. 6.**51**).

Zur streifenförmigen **Verkalkung** im Symphysenspalt kann es beim Hypothyreoidismus kommen (47). Auch posttraumatisch sind Verkalkungen in der Schambeinfuge bekannt (13).

Literatur

1 Barnett, E.: Tuberculous osteitis pubis. Brit. J. Radiol. 30 (1957) 125–127

2 Birkner, R., Kathrin Consentius: Verknöcherung in der Wand des Foramen obturatum. Fortschr. Röntgenstr. 127 (1977) 72–74

3 Busto, R., del, E. L. Quinn, J. Fisher, T. Madhavan: Osteomyelitis of the pubis. Amer. med. Ass. 248 (1982) 1498–1500

4 Caffey's Pediatric X-Ray Diagnosis, 8th ed., ed. by F. N. Silverman. Year-Book Medical Publishers, London 1984

5 Caffey, J., St. Ross; zit. nach W. Swoboda: Das Skelet des Kindes, 2. Aufl. Thieme, Stuttgart 1969 (S. 36)

6 Dihlmann, W.: Seltene Beckenveränderungen bei der Spondylitis ankylopoetica (Morbus Bechterew). Fortschr. Röntgenstr. 97 (1962) 109–111

7 Farbot, E.: The relationship of the effect and pain of pregnancy to the anatomy of the pelvis. Acta radiol. (Stockh.) 38 (1952) 403–419

8 Fischer, P.: Verknöcherung am Ramus inferior pubis. Fortschr. Röntgenstr. 87 (1957) 667

9 Förster, E.: Solitäre, kartilaginäre Exostose oder solitäres Osteochondrom mit seltener Lokalisation. Fortschr. Röntgenstr. 73 (1950) 371–372

10 Gaucher, A., P. Raul, P. Wiederkehr, D. Regent, A. Traheu: Fractures de contrainte des branches pubiennes. J. Radiol. (Paris) 63 (1982) 471–478

11 Gonik, B., A. Stringer: Postpartum osteitis pubis. J. South Med. Ass. 78 (1985) 213–214

12 Gorricho, P., F. J. Buesa, A. Guerrero, R. Diaz-Peletier, E. Bouzza: Osteomyelitis del pubis. Rev. Clin. Españ. 176 (1985) 138–140

13 Hillger, H., H. Schwenkenbecher: Verkalkung im Symphysenknorpel nach Symphysenruptur. Fortschr. Röntgenstr. 85 (1956) 113–115

14 Junge, H., F. Heuck: Die Osteopathia ischiopubica (gleichzeitig ein Beitrag zur normalen Entwicklung der Scham-Sitzbeingrenze im Wachstumsalter). Fortschr. Röntgenstr. 78 (1953) 656–668

15 Kamieth, H.: Geburtstraumen des Beckenringes vom Standpunkt der Röntgenologie. Fortschr. Röntgenstr. 89 (1958) 694–701

16 Kamieth, H.: Die klinische Bedeutung der Beckenringlokkerung. Ärztl. Wschr. 131 (1958) 555–558

17 Kamieth, H., K. Reinhardt: Der ungleiche Symphysenstand. Ein wichtiges Symptom der Beckenringlockerung. Fortschr. Röntgenstr. 83 (1955) 530–546

18 Klinefelter, E. W.: Osteitis pubis. Review of the literature and report of a case. Amer. J. Roentgenol. 63 (1950) 368–371

19 Kühne, H.-H.: Über einige radiologische Besonderheiten im Kreuzbein-Symphysenbereich. Röntgen-Bl. 19 (1966) 529–539

20 Lloveras, J. H., M. J. Mellero, Ana Maria Menchaca: Osteitis del pubis, causa infrecuente de sindrome febril prolongato. Medicina (B. Aires) (1985) 54–56

21 Luschnitz, E., J. Riedeberger, B. Bauchspiess: Das röntgenologische Bild der Osteonecrosis pubica posttraumatica. Fortschr. Röntgenstr. 107 (1967) 113–118
22 Martel, P., D. Vaislic, E. Cabarrot: Ostéite pubienne postopératoire. Rev. Méd. Toulouse 18 (1982) 125–127
23 Maurer, H. J.: Ungewöhnliche Form eines Tuberculum obturatum anterius. Fortschr. Röntgenstr. 83 (1955) 889
24 Meurman, K. O. A., S. Elfving: Stress fracture in soldiers. A multifocal bone disorder. Radiology 134 (1980) 483–487
25 van Neck, M.: Ostéochondrite du pubis. Arch. franco-belg. chir. 27 (1924) 238–245
26 Noakes, T. D., J. A. Smith, G. Lindenberg, C. E. Wills; Pelvic stress fractures in long distance runners. Amer. J. Sports Med. 13 (1985) 120–123
27 Pöschl, M.: Juvenile Osteo-Chondro-Nekrosen. In Diethelm, L., O. Olsson, F. Strnad, A. Zuppinger: Handbuch der Medizinischen Radiologie, Bd. V: Röntgendiagnostik der Skeleterkrankungen, Teil 4. Springer, Berlin 1971 (S. 133 f.)
28 Resnick, D., J. Guerra jr.: Stress fractures of the inferior pubic ramus following hips surgery. Radiology 137 (1980) 335–338
29 Rispoli, P.: Schambeinsyndrom bei Fußballspielern. Z. Orthop. 99 (1964) 87–92
30 Rokay, Z. E., F. Horváth: Exostose seltener Lokalisation. Fortschr. Röntgenstr. 90 (1959) 271
31 Salomoni, I.: Sulla tuberculosi del pube. Nunt. radiol. (Roma) 24 (1958) 717–726
32 Sandomenico, C., O. Tamburrini: Bilateral accessory ossification center of ischiopubic synchondrosis in a female infant. Pediat. Radiol. 10 (1981) 233–236
33 Schneider, P. G.: Das Gracilissyndrom. Z. Orthop. 98 (1963) 43–50
34 Seibert-Daiker, F. M.: Solitäre Osteochondrose mit seltener Lokalisation und ihre Deutung. Fortschr. Röntgenstr. 129 (1978) 383–385
35 Seyss, R.: Zu den Verknöcherungen im Bereich des Foramen obturatum. Fortschr. Röntgenstr. 91 (1959) 525–527
36 Smet, A. A., de, J. R. Neff: Pubic and sacral insufficiency fractures. Amer. J. Roentgenol. 145 (1985) 601–606
37 Swischuk, L. E.: Emergency Radiology of the Acute Ill or Injured Child. Williams & Wilkins, Baltimore 1979 (p. 305–306)
38 Tehrandzadeh, J., L. A. Kurth, M. K. Elyaderani, K. D. Bowers: Combined pelvic stress fracture and avulsion of the adductor longus in middle-distance runners. Amer. J. Sports Med. 10 (1982) 108–111
39 Tröger, J.: Besonderheiten der Röntgendiagnostik der Synchondrosis ischiopubica und des Femurkopfes beim Kind. Radiologe 23 (1983) 59–65
40 Vazelle, F., P. Rochcongar, J. J. Lejeune, J. Y. Herry, A. Ramée: Le syndrome d'algie pubienne du sportif (pubalgie). J. Radiol. (Paris) 63 (1982) 423–428
41 Verhaeghe, A.: Ostéite condensante du pubis. J. Radiol. Électrol. 39 (1958) 887–888
42 Vidal, F., J. Bonet, J. Teixido: Chondrocalcinosis e hipotirioidismo. Med. clin. (Barcelona) 81 (1983) 454
43 Vix, V. A., Ch. Y. Ryu: The adult symphysis pubis, normal and abnormal. Amer. J. Röntgenol. 112 (1971) 517–525
44 Vogelzang, R. L., R. W. Hendrix, H. L. Neimann: Computed tomography of tuberculous osteomyelitis of the pubis. J. Comp. Ass. Tomogr. 7 (1983) 914–915
45 Voss, A.-C.: Kongenitale Aplasie der Symphyse. Fortschr. Röntgenstr. 116 (1972) 837–838
46 Walheim, G. G., G. Svelvik: Mobility of the pubic symphysis. Clin. Orthop. 191 (1984) 129–135
47 Wendling, D., M: Leaustic, M. Casson, M. Guidet: Ostéites pubiennes d'origine infectieuse. Gaz. Méd. 91 (1984) 85–91
48 Williams, J. L.: Gas in the symphysis pubis during and following pregnancy. Amer. J. Roentgenol. 73 (1955) 403–409

Os ischii

Norm

Die **Verknöcherung** des Os ischii beginnt normalerweise im 5. Fetalmonat im Corpus ossis ischii. Zum Zeitpunkt der Geburt sind ein Teil des Azetabulum, Spina ischiadica, R. und Tuber ossis ischii noch nicht verknöchert.

Die Verschmelzung mit dem Schambein in der Synchondrosis ischiopubica wurde im vorigen Kapitel über das Os pubis besprochen. Die Ossifikation im Azetabulum wird im folgenden Abschnitt über die Hüftpfanne dargelegt.

Zarte **Apophysenanlagen** lateral des Sitzbeins sind gelegentlich zu beobachten (Abb. 6.**52**).

Zum gleichen Zeitpunkt wie beim Erscheinen der Apophysen der Darmbeinschaufel tritt auch am Tuber ossis ischii ein schalenförmiger **Nebenkern** auf, der im seitlichen oder tangential an den Beckengürtel dorsal gelegten Strahlengang am deutlichsten sichtbar gemacht werden kann (Abb. 6.**53**). Er verschmilzt im 20. bis 25. Lebensjahr mit dem Sitzbein.

An der **Spina ischiadica**, die man als kleine Spitze in der Beckenlichtung sieht, findet sich ebenfalls zur gleichen Zeit ein kleiner Knochenkern, der zeitlich mit den übrigen Apophysen zugleich verschmilzt.

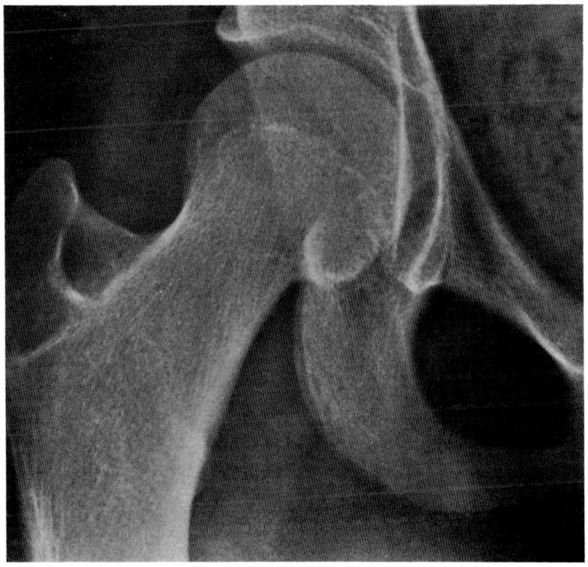

Abb. 6.**52** Zarter Apophysenstreifen am Os ischii bei einem 13jährigen Mädchen

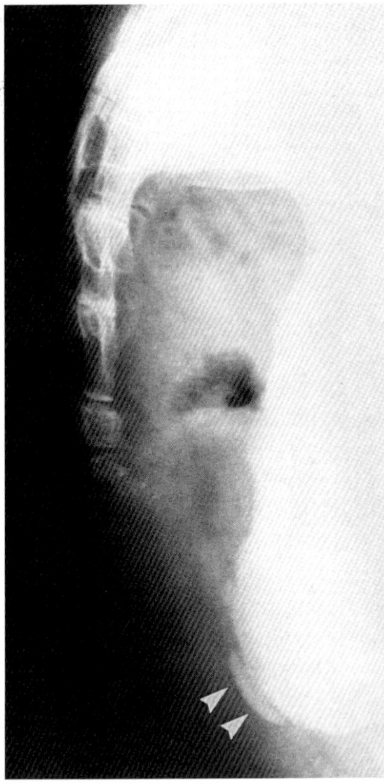

Abb. 6.**53** Apophysenkerne nahe dem Tuber ossis ischii

Varianten und Anomalien

Ungewöhnliche Apophysenentwicklungsstörungen am Sitzbein sind bekannt (2), ebenso **Ossifikationsvarianten und -störungen am Tuber ossis ischii** (5), s. auch „Verletzungsfolgen und Nekrosen".

Bei eindeutigen Größendifferenzen des Foramen obturatum zwischen rechts und links ist an die Möglichkeit von **Hypoplasien** einer Beckenhälfte zu denken.

Die **Verdoppelung** der Os ischii ist beschrieben worden (3).

Verletzungsfolgen und Nekrosen

Wie beim Schambein wird auf die Sitzbeinfrakturen im Rahmen der stabilen und instabilen vorderen Beckenringbrüche hier nicht eingegangen.

Apophyseolysen können nach schneller, ruckartiger Beinbewegung durch eine einmalige Verletzung, aber auch durch eine dauernde Überlastung entstehen. Infolgedessen ist ihr Auftreten bei den verschiedensten Sportarten zu beobachten. Kurzstrecken- und Hürdenlauf, Weit-, Hoch- und Stabhochsprung führen wohl eher zum akuten Abriß, während Dauerbelastungen wie bei Fuß- und Baseball, aber auch (1) Skilauf, Eishockey, Tischtennis, Kunstturnen und Reiten langsamer zu dem gleichen Effekt führen können, wenn es auch in all diesen Sportarten ebenfalls zu plötzlichen, einmaligen Überanstrengungen mit Abriß der Muskelansätze und der Apophyse kommen kann. Hier werden die Schmerzanamnese und der klinische Befund diagnostisch ausschlaggebend sein.

Durch Überanstrengung des M. adductor magnus, des M. semimembranosus, M. semitendinosus und des langen Bizepskopfes bei extremer Beugung und Adduktion des Oberschenkels, gleichzeitig voller Kniestreckung (typisches Beispiel: Fahrradfahren) kann eine **Ossifikationsstörung am Tuber ischiadicum** eintreten. Radiologisch äußert sich der manchmal wenig oder überhaupt nicht schmerzhafte Befund, gelegentlich nur zufällig entdeckt, durch unregelmäßig geformte Aufhellungen in der Umgebung des Apophysenspaltes. Der Kern kann fragmentiert, der Spalt verbreitert sein. Umfangreiche Knochenneubildungen können am Tuber (Abb. 6.**54** und 6.**55**) wie auch am Os ischii (Abb. 6.**56**) auftreten, die nach einem Bericht im Schrifttum (1, 2, 5) und eigenen Erfahrungen bei zwei Patienten dazu führten, daß in der Deutung solch seltener Befunde unerfahrene Ärzte gegenüber den besorgten Angehörigen einen Sarkomverdacht äußerten. Der Endausgang der Lysen und Nekrosen der Sitzbeinapophyse kann in fester Heilung oder in Pseudar-

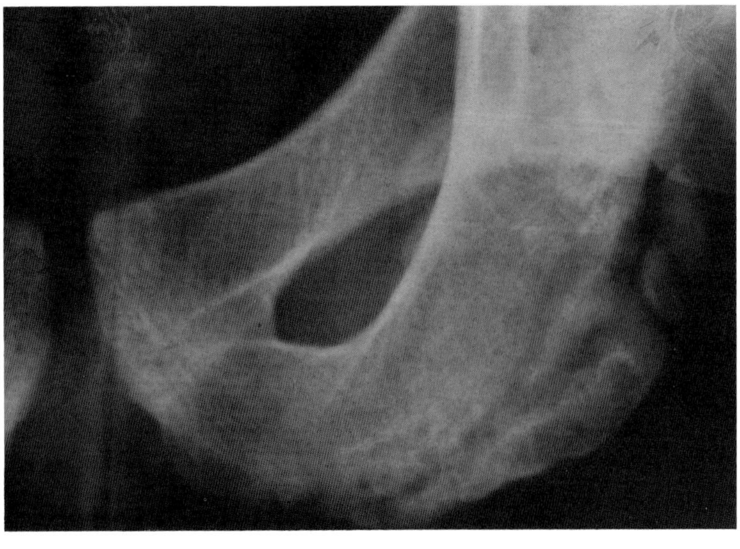

Abb. 6.**54** Alte, linksseitige Apophysenstörung bei 21jährigem Mann, wahrscheinlich in Kombination mit Störungen an den Sakroilialgelenken und außerdem einer Exostose an der Spina iliaca anterior inferior beiderseits (Beobachtung von Koecher, Dortmund)

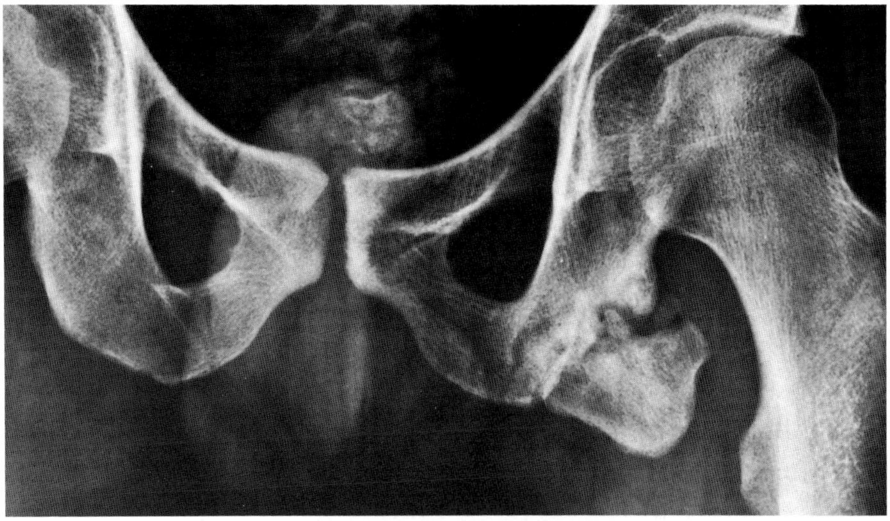

Abb. 6.**55** Alte, einseitige Apophysenstörung, wahrscheinlich mit sekundärer Hypoplasie und Kippung bei 25jährigem Mann (Beobachtung von Graf, Langenthal)

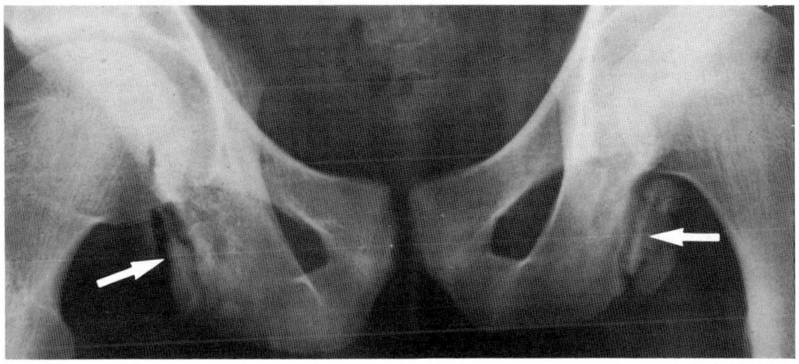

Abb. 6.**56** Unregelmäßige Knochenappositionen, symmetrisch am lateralen Rand des Sitzbeins, wohl alte Apophysenstörung (Beobachtung von Kremser, Altona)

throse bestehen (4). Immer ist bei solchen Veränderungen an die mögliche Osteomyelitis, wie im Kapitel „Becken – Allgemeiner Teil (17)“ ausgeführt ist, zu denken.

Erworbene Erkrankungen

Am Übergang vom Sitzbein- zum unteren Schambeinast treten bei Osteomalazie jeglicher Herkunft prädilektiv Umbauzonen (Milkman-Looser) auf (Abb. 6.**57a** u. **b**). Auch Radionekrosen werden nicht nur an der unteren, sondern auch an der oberen

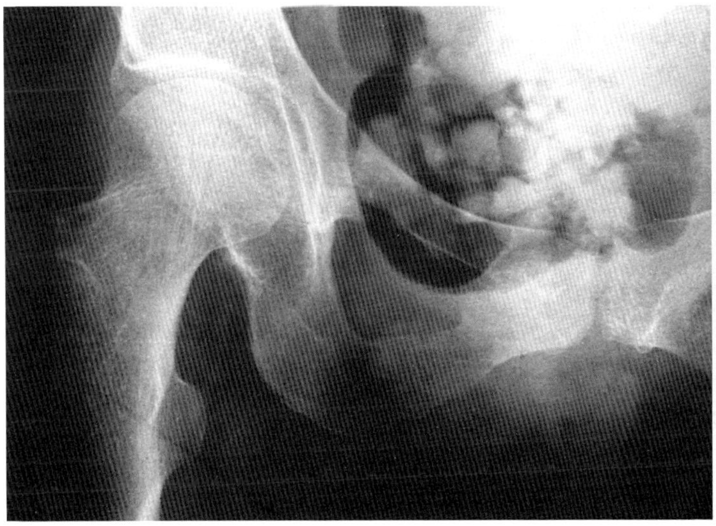

a

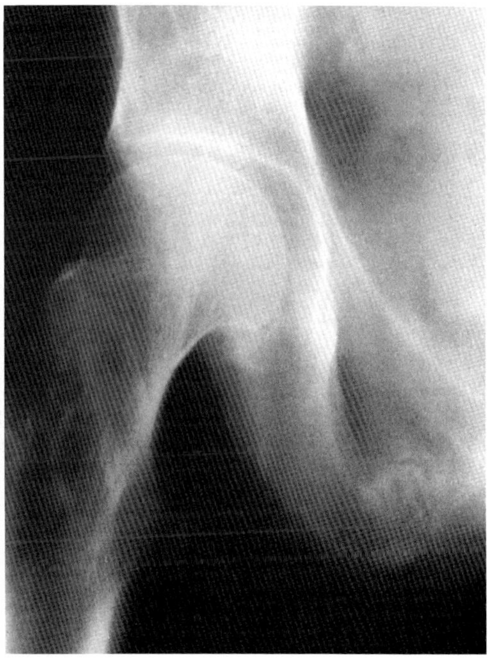

b

Abb. 6.**57 a** u. **b** Umbauzone am unteren Schambeinast in der Summationsaufnahme (**a**) und im Tomogramm (**b**). Kallusbildung 59jährige Frau. Zustand nach subtotaler Magenresektion und bei chronischer Pyelonephritis, Stadium II. Histologischer Befund (Beckenkammstanze): Osteomalazie

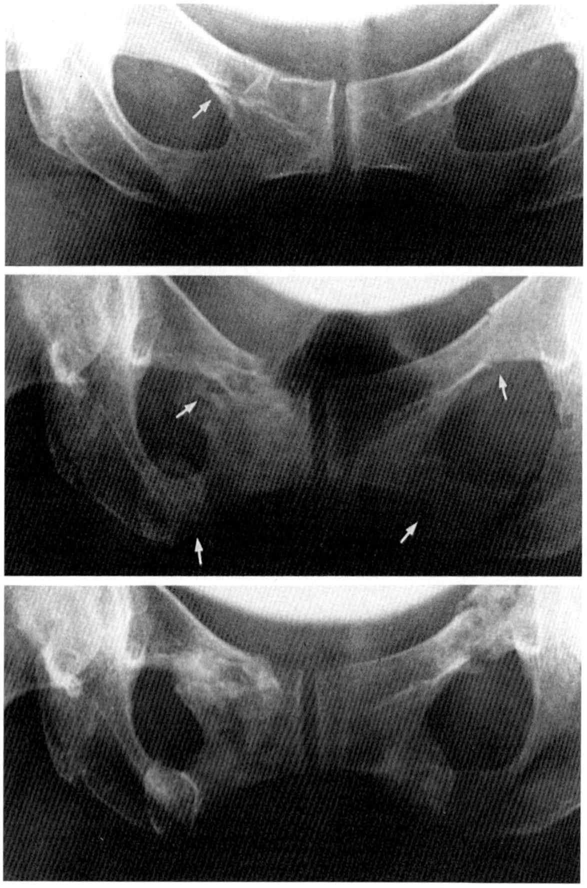
a b c

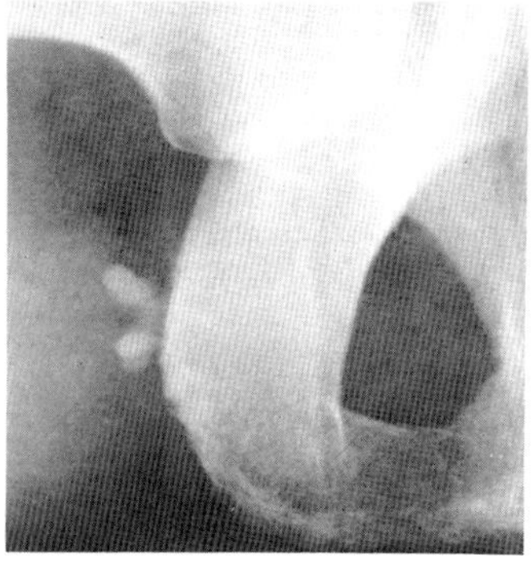

Abb. 6.**59** Schleimbeutelverkalkung, keine Apophysennekrose, am Tuber ossis ischii

◁ Abb. 6.**58a–c** 1974 Radiumtherapie bei Kollumkarzinom einer 50jährigen Frau. Tumor geheilt
a 1978: Verkehrsunfall. Zunächst übersehene Fraktur des ansteigenden Schambeinastes rechts (→)
b 1979: Ältere Brüche im R. superior und inferior rechts, im R. inferior links, frische Spontanfraktur im R. superior links (→)
c 1980: Frakturen rechter oberer und unterer sowie linker unterer Schambeinast konsolidiert, im linken oberen Schambeinast in Heilung

Scham-Sitzbein-Grenze als typischer Lokalisation gefunden (Abb. 6.**58a–c**).

Seitlich neben dem Sitzbeinrand gelegene Kalkschatten deutete Zimmer als Schleimbeutelverkalkungen (8) (Abb. 6.**59**).

Literatur

1 Eklof, O., C. Hugosson, S. Lindham: Normal variations and posttraumatic appearances of the tuberosity of ischium in adolescence. (Variante du norm et aspect posttraumatique de la tubérosité de l'ischion chez l'adolescent). Ann. Radiol. 22 (1979) 77–84

2 Nehrkorn, O.: Ungewöhnliche Apophysenentwicklungsstörung des linken Sitzbeins. Fortschr. Röntgenstr. 101 (1964) 100

3 Nitsche, F.: Über lokalisierte Doppelmißbildungen und ihre Genese. Z. Orthop. Chir. 55 (1935) 601–617

4 Pöschl, M.: Juvenile Osteo-Chondro-Nekrosen. In Diethelm, L., O. Olsson, F. Strnad, H. Vieten, A. Zuppinger: Handbuch der Medizinischen Radiologie, Bd. V, Röntgendiagnostik der Skeleterkrankungen, Teil 4, red. von L. Diethelm. Springer, Berlin 1971 (S. 166–180)

5 Soós, A., E. Balogh: Die aseptische Osteochondronekrose des Tuber ossis ischii als eine Form der Sportverletzungen. Fortschr. Röntgenstr. 140 (1984) 740–741

6 Spanedda, R., P. N. Scutellari, G. Marinelli, C. Orzincolo, P. M. Cervi: Le alterazioni scheletriche nei linfomi non-Hodgkin. Min. med. 73 (1982) 1769–1774

7 Teichert, G.: Über Ossifikationsvarianten und Ossifikationsstörungen am Tuber ossis ischii. Arch. orthop. Unfall-Chir. 49 (1957) 169–176

8 Zimmer, E. A.: 12. Aufl. dieses Buches, 1982 (Abb. 6.56)

Hüftpfanne und Spina iliaca inferior

Wenn entgegen der üblichen und auch in den bisherigen Auflagen dieses Buches vorgenommenen Einteilung die Spina iliaca inferior zusammen mit der Hüftpfanne und nicht mit dem übrigen Darmbein besprochen wird, hat dies folgenden Grund: Während der Entwicklung grenzen der Apophysenknorpel des unteren Darmbeinstachels und der Knorpel des Hüftdaches direkt aneinander (8). Jedenfalls hat die Spina iliaca anterior inferior eine engere Beziehung zum Hüftgelenk als zur Spina iliaca anterior superior samt dem übrigen Darmbein.

Norm

Im Wachstum

Die in der 9., 13. und 18. Embryonalwoche aufgetretenen Knochenkerne des Darm-, Sitz- und Schambeines schieben sich um die Zeit der Geburt ziemlich gleichmäßig in den Pfannengrund vor. Die dann vorhandene Knorpelfuge zwischen den lateralen Enden des Sitzbeins und des Schambeins, der senkrechte Teil der Y-Fuge, ist auf der a.-p. Aufnahme radiologisch nicht erkennbar, da dieser Fugenteil vom Knochen medial vorn überlagert ist.

Im 12. Lebensjahr lassen sich bei jedem normalen Menschen die beiden anderen Knorpelspalten der Y-Fuge in der Pfanne, jeweils fast waagerecht verlaufend, noch erkennen. Der vordere der beiden waagerechten Schenkel der Y-Fuge, der Scham-Darmbein-Knorpel, befindet sich samt dem Schambein radiologisch in einer sagittalen, also orthograd getroffenen Projektion. Dieser vordere Schenkel der Y-Fuge wird höchstens durch eine Konturunterbrechung am Innenrand des kleinen Beckens sichtbar (Abb. 6.**60a** u. **b**); dagegen sieht man den hinteren waagerechten Schenkel der Y-Fuge, den Sitz-Darmbein-Knorpel, in fast gesamter Längsausdehnung (Abb. 6.**60b**). Zu dieser Zeit kann sich das Azetabulum mit dem Scheitelpunkt in der Höhe der Y-Fuge leicht gegen das Innere des kleinen Beckens vorwölben (Abb. 6.**60b**, weißer Pfeil).

Das **ossäre Azetabulum** ist beim Neugeborenen flach, knorpelig jedoch kräftig ausgemuldet. Erst im 5. Lebensjahr nimmt die Pfanne durch weitere Verknöcherung auch radiologisch ihre endgültige Halbkugelform („Cotyle à demi-citron") an. Im Knorpel zwischen Darm- und Schambein bildet sich konstant ein Knochenkern bzw. eine Gruppe von Ossifikationszentren. Von Anatomen früh beobachtet (1737 [2]), wurde ihnen die Bezeichnung „Os(sa) acetabuli" (Os cotyloideum, Os coxae quartum) gegeben. Radiologisch in Summation mit dem orthograd getroffenen Schambein sind sie kaum mit Sicherheit zu identifizieren. Wahrscheinlich liegen sie im Fall, den Abb. 6.**60a** u. **b** wiedergibt, beidseitig vor, falls nicht Übereinanderprojektionen verschiedener Spaltanteile einen isolierten Knochenkern vortäuschen.

Die Y-Fuge ändert im Laufe des Wachstums ihre Richtung, wobei die ursprünglich schrägen Schenkel gespreizt werden. Bei 7- bis 12jährigen Kindern erweist sich die obere Pfannenkontur – wie die gesamte Pfanne des Schultergelenkes (s. Abb. 3.**3**), die Wirbelkontur zur Aufnahme der knöchernen Randleisten, die Apophysenkonturen des Bek-

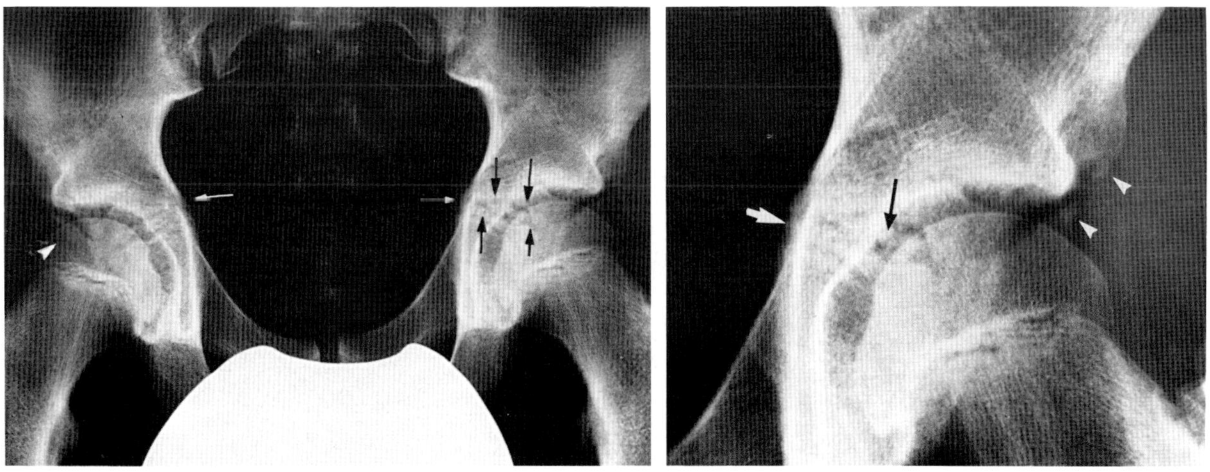

a b

Abb. 6.**60a** u. **b**
a Beiderseits gut sichtbarer lateraler Schenkel der interazetabulären Y-Fuge (= Knorpelfuge zwischen Darm- und Sitzbein – schwarze →). Beiderseits orthograd getroffener medialer Schenkel der interazetabulären Y-Fuge (= Knorpelfuge zwischen Darmbein und Schambein) mit typischer Konturunterbrechung medial (weiße →). Vertikaler Schenkel der Y-Fuge zwischen Scham- und Sitzbein im medialen Azetabulumrand (Wall), durch Übereinanderprojektion nicht zu erkennen. Pfannenrandepiphyse lateral (hinten) rechts (▶)
b Ausschnitt: Lateraler Schenkel der Y-Fuge (schwarzer →), medialer Schenkel der Y-Fuge (weißer →). In den Fugen Os(sa) acetabuli? Je ein Knochenkern (Pfeilspitzen) im Projektionsbereich des Pfannendachrandes und der Spina iliaca anterior inferior

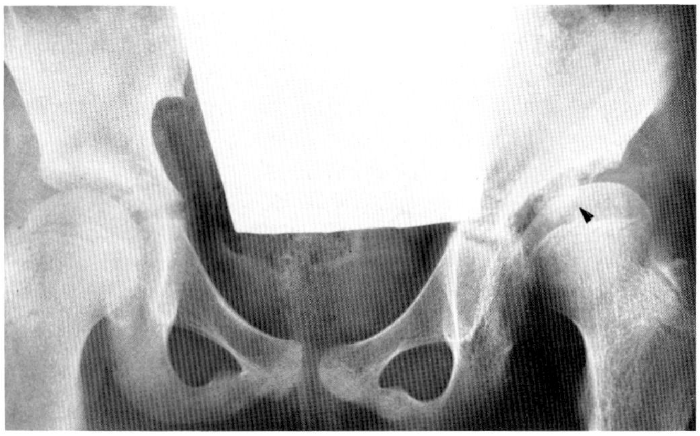

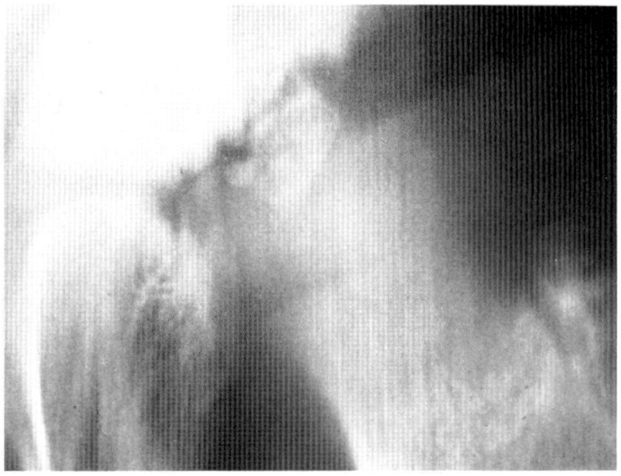

a b

Abb. 6.**61 a** u. **b**

a Abgegrenztes Kondensationszentrum in Projektion mit dem Pfannendach, Zustand nach kongenitaler Hüftluxation?

b Tomogramm: Krümelig strukturierter Knochenkern neben dem hinteren Pfannenrand. Übergang von intraazetabulärer zur Pfannenrandepiphyse. Typische Riffelung des Pfannenrandes

kenkamms (s. Abb. 6.**16** usw.) – in demselben Lebensalter als unregelmäßig, zackig oder geriffelt. Dieser Befund ist typisch. Zugleich treten hier auch verschieden große Knochenkerne auf, die wegen ihrer intrakapsulären Lage als Pfannenrand*epi*- (und nicht -*apo*-)physen zu bezeichnen sind. Auch diese Knochenzentren kommen im Knorpel der gesamten Pfannenperipherie analog zur Knochenkernentwicklung in der Schultergelenkpfanne vor. Liegen die Kerne tief und nahe der intraazetabulären Fuge zwischen Sitz- und Darmbein, werden sie vom Hüftkopf überlagert (Abb. 6.**61a, b** und 6.**62**).

Für den Radiologen gut sichtbar wird eine solche Pfannenrandepiphyse lateral der oberen Pfannendachecke, weil sie dort am weitesten vorsteht und von keinerlei Knochenstruktur überlagert ist (Abb. 6.**62** bis 6.**64a, b**).

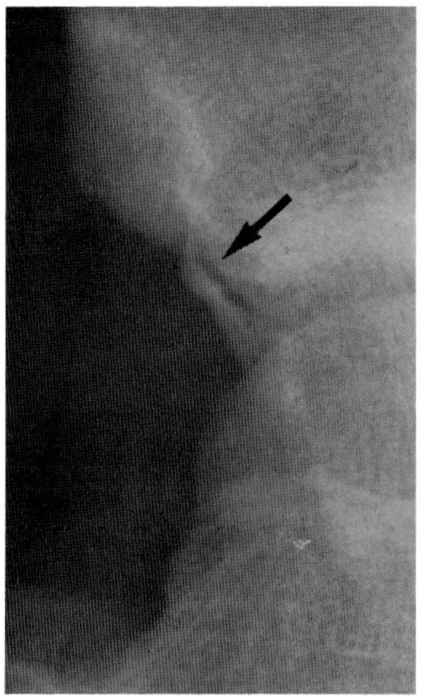

Abb. 6.**62** Laterale Hüftdachapophyse („Os acetabuli roentgenologicum" alter Nomenklatur)

Der Radiologe sollte der begrifflichen Deutlichkeit wegen bei diesen wohl noch nie als solchen extra beschriebenen zentralen Pfannenkernen nur im Falle des sehr selten von ihm beobachteten zentralen Kerns im Azetabulum vom „Os acetabuli" sprechen. Die wie an der Schultergelenkpfanne peripher im Rand auftretenden Knochenzentren sind mit der Bezeichnung „*Pfannenrandepiphyse*" (Epiphysis ad acetabulum) gegen das „Os acetabuli" entsprechend ihrer anderen Lage per definitionem besser getrennt als mit der früher gebräuchlichen Differenzierung eines „Os acetabuli anatomicum" von einem „Os acetabuli roentgenologicum". Nicht ein fragwürdiger Nomenklaturstreit führt zu dieser Empfehlung, sondern die Notwendigkeit der ätiologischen Unterscheidung einer Vielzahl von paraazetabulären Verknöcherungen, die im Lauf des Lebens neben dem Pfannendach entstehen und bei unterschiedlicher klinischer Bedeutung zu Unrecht im diagnostischen Sammeltopf mit dem Etikett „Os acetabuli" landen. Das Akzessorium wird mit dieser Bezeichnung trotz eventuell klinischer Relevanz, ohne dies eigens auszusprechen, als Nebenbefund begatellisiert (s. Abschnitt „Erworbene Erkrankungen" in diesem Kapitel).

Die intraazetabulären Schaltknochen und paraazetabulären Epiphysenkerne bilden sich in der dicken Knorpelmasse des Hüftgelenkes, also im gleichen Entwicklungsstadium der Hüftpfanne aus und sind als mehrkernige Anlage kennzeichnend für ein Frühstadium der Verknöcherung des Azetabulums (52).

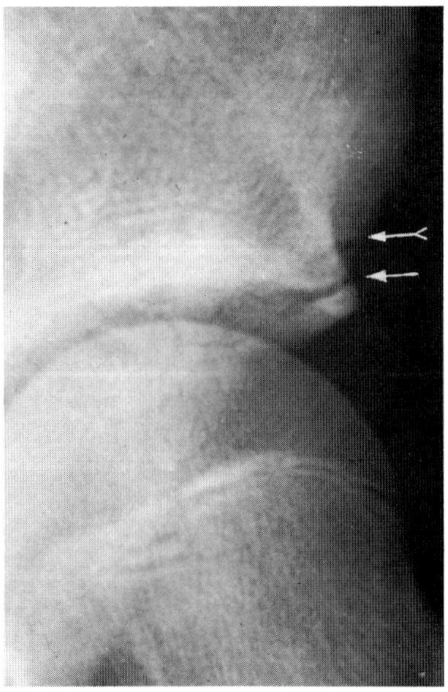

Abb. 6.**63** Knochenkern im Hüftdach (→) mit Einbezug der Spina iliaca anterior inferior (↣)?

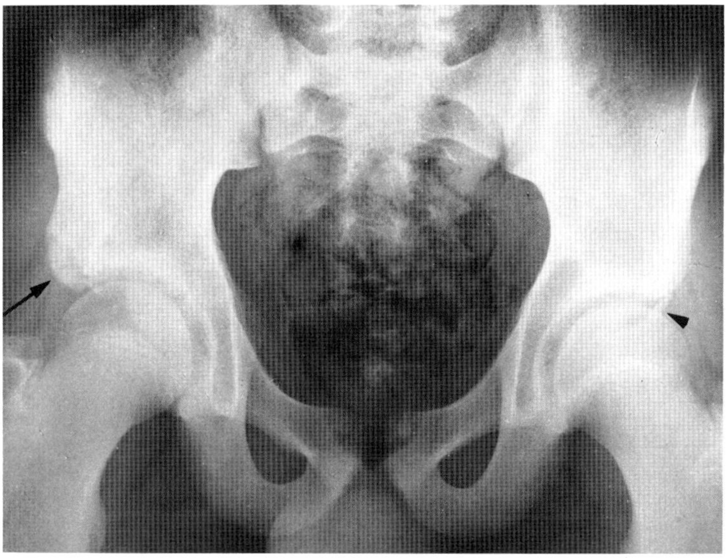
a

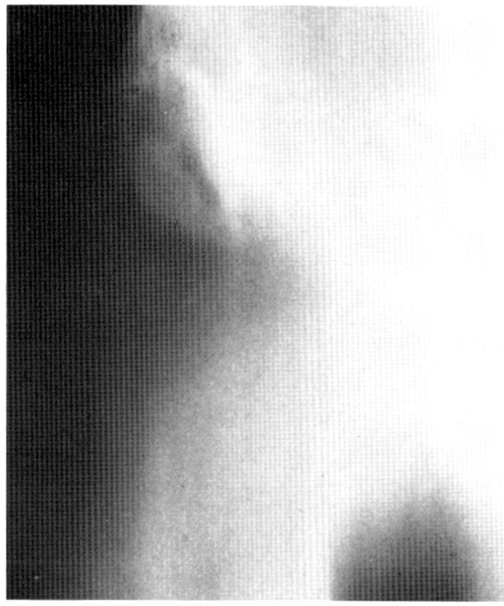
b

Abb. 6.**64 a** u. **b**
a Großer Knochenkern rechts im Projektionsbereich vom Hüftpfannendachrand und der Spina iliaca anterior inferior (→). Länglicher Knochenkern links am Übergang vom Hüftpfannendach zum hinteren Pfannenrand (▶)
b Tomogramm der rechten Pfannendachecke. Der dem großen Knochenkern gegenüberliegende Darmbeinrand ist zum Teil breit sklerotisch

Hier wird die besondere Lagebeziehung der Spina iliaca anterior inferior zum Hüftgelenk wesentlich. Der unterste Ausläufer der Spina grenzt an das Hüftgelenk und trägt zur Bildung des Hüftgelenkes bei. Damit bekommen die in ihr auftretenden Kerne eine Merkmalsähnlichkeit mit den Pfannenrandepiphysen des Hüftgelenkdaches, die eine Unterscheidung unmöglich machen können (Abb. 6.**60b** und 6.**64a,b**). Man muß dabei berücksichtigen, daß der untere Darmbeinstachel zwar auch an der Hüftgelenkbildung mit Epiphysenkernen teilnehmen kann, hauptsächlich jedoch die Funktion eines Knochenfortsatzes für die Anheftung von Sehnen und Bändern besitzt. Oberhalb des Hüftgelenkes auftretende, isolierte Knochenkerne sind nicht Epi-, sondern Apophysen außerhalb der Gelenkkapsel (Abb. 6.**60b** und 6.**64a,b**). Ihr radiologischer Nachweis gelingt häufig fast nur bei geringer Drehung des Untersuchten (10).

Zur „Koehlerschen Tränenfigur" s. folgenden Absatz „Beim Erwachsenen". Hier ist nur der „**Teardrop distance quotient**" zu nennen. Er dient als Maß für die Abgrenzung der normalen Variabilität des Abstandes der lateralen Azetabulumkontur von der medialen Kortikaliskontur der kindlichen Femurmetaphyse. Bei Kindern mit Hüftkopfnekrosen ist ein pathologischer Befund ein Frühzeichen. Von manchen Autoren wird er bei Morbus Calvé-Legg-Perthes auch als prognostisches Zeichen bewertet (16, 20).

Azetabulum und Schenkelhals können nach vorn gedreht sein (8). Das früher mit konventionellen Mitteln (49) festgestellte Ausmaß dieser **Anteversion** ist heute computertomographisch leichter zu erfassen (27).

Gelegentlich sieht man bei Kindern eine zirkuläre Aufhellung medial der Hüftgelenkpfanne in der Gelenkpartie des Os ischii. Sie entspricht einem Gefäßkanal (Abb. 6.**65**).

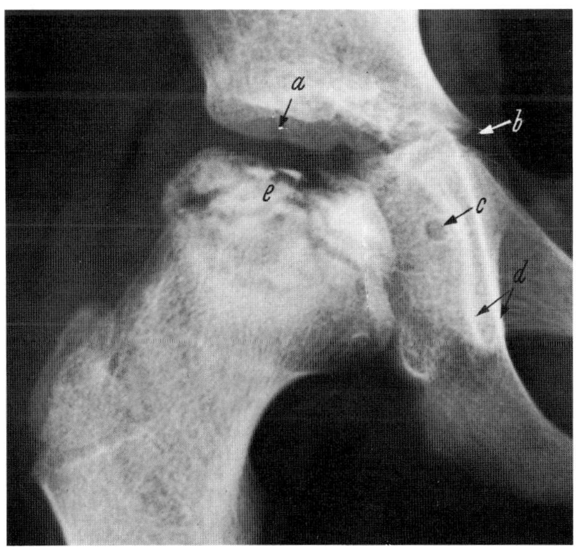

Abb. 6.**65** Typisches Bild der Hüftpfanne eines acht- bis neunjährigen Jungen
a = Hüftdach mit typischer Riffelung
b = Y-Fuge
c = Gefäßkanal
d = Köhlersche Tränenfigur
e = Hüftkopfnekrose

Beim Erwachsenen

Während der *vordere Pfannenrand* in der radiologischen Wiedergabe bei Kindern und Erwachsenen schwer zu erkennen ist, weil er von der hinteren Pfannenwand überdeckt ist, läßt sich der *hintere Pfannenrand* beim Erwachsenen gut abgrenzen, obwohl die hintere Pfannenwand den Hüftkopf normalerweise zu etwa drei Vierteln überdeckt. Zur radiologischen speziellen Darstellung des hinteren Pfannenrandes wird eine Tangentialprojektion empfohlen (64), während bei der Beckenaufnahme im „Fauxprofil" (38) der vordere und hintere Teil des Gelenkspaltes abgebildet wird. Die dritte Dimension in der Darstellung des Azetabulum und damit seine Inhaltsbewertung erlaubt die Computertomographie (62).

Der *Pfannengrund* wird normalerweise als flacher Halbkreis projiziert, in der Mitte von der Ausbuchtung der Fossa acetabuli unterbrochen. Ein tiefes Hüftgelenk und eine vertiefte Hüftpfanne können normalerweise vorkommen (19). In der Tiefe des Pfannengrundes bildet die Fossa acetabuli die laterale, die in der Höhe des hinteren Pfannenrandes liegende ilioischiale Beckenwandkortikalis die mediale Kontur der „**Köhlerschen Tränenfigur**", eines Projektionsphänomens, das nur bei Fokussierung des Zentralstrahls auf die Mittellinie des Körpers auf der Beckenübersichtsaufnahme ab dem 5. Lebensmonat entsteht (Abb. 6.**66a–d** und 6.**67**).

Unter anderem wird unter die normale Konfiguration des „Tränentropfens" der „offene Typ" mit Lage des gesamten „Tropfens" lateral der ilioischialen Linie, der „geschlossene Typ" – Berührung der beiden Linien miteinander –, der „gekreuzte Typ" mit Überquerung des „Tropfens" durch die ilioischiale Linie und der „umgekehrte Typ" – „Tränentropfen" insgesamt medial der ilioischialen Linie – unterschieden (4) (s. auch Abb. 6.**68a–h**). Da beide Linien in unterschiedlicher Distanz vorn und hinten liegen, sind das Entstehen und die Lage des Tränentropfens abhängig von der Projektion (45, 4).

Mitunter stellt sich der wahre Gelenkspalt spontan als Luftsichel dar (Abb. 6.**69**). Über das **Vakuumphänomen** im Bereich des Hüftgelenkes s. bei Seyss (58).

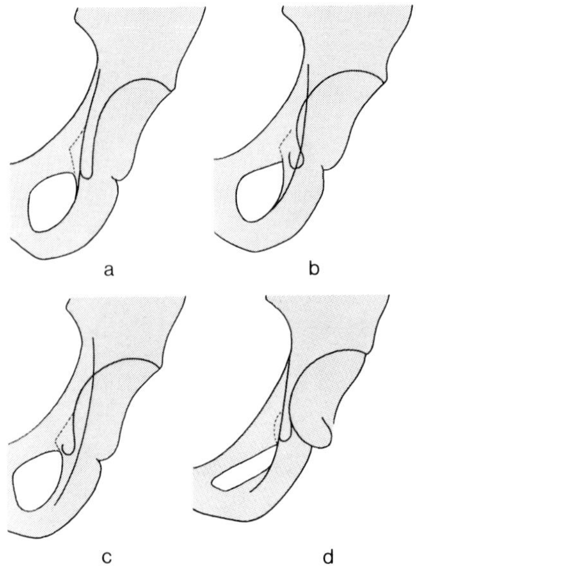

Abb. 6.**66a–d** Projektionsvarianten der Köhlerschen Tränenfigur (Originale von A. Köhler)

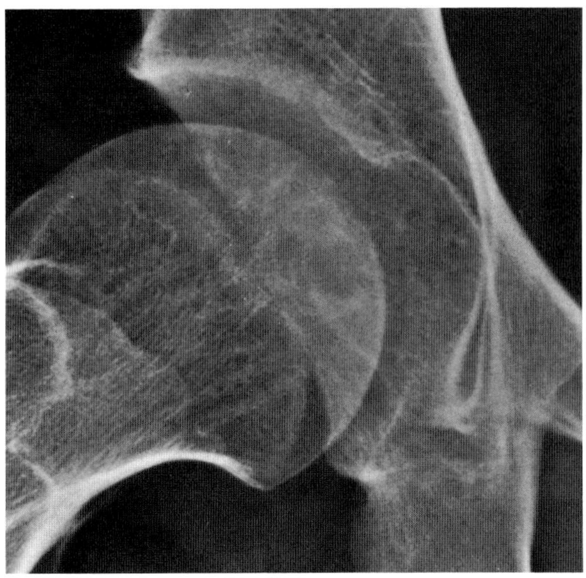

Abb. 6.**67** Atypische Ausbuchtung des basalen Teiles der Hüftpfanne mit Einengung der Tränenfigur

Varianten

Eine einseitige **persistierende Y-Fuge** des Hüftgelenkes ist beschrieben.

Eine **persistierende Pfannenrandepiphyse** im oberen Pfannendacheck scheint in den wenigen Beobachtungen, die über ein Os acetabuli („roentgenologicum") berichten (15, 52, 59) vorzuliegen. Auch tiefer am seitlichen Pfannenrand (radiologisch in Deckung mit dem Hüftkopf) können Epiphysen persistieren (26) (Abb. 6.**71a** u. **b**).

Die meisten „Ossa acetabuli", wie sie in der Literatur beschrieben werden, haben mit der Persistenz einer Pfannenrandepiphyse nichts zu tun, da sie beziehungslos zum Knochen neben dem Pfannenrand – meist neben der Pfannendachecke – liegen und nicht in den Knochenverband des Azetabulum, gleichsam als dessen perisistierender Mosaikstein, hineinpassen. Sie sind unterschiedlicher Herkunft und als Pfannenrandknochen bzw. Ossa ad acetabulum zu bezeichnen (53, 55), wie in den folgenden Abschnitten über Verletzungsfolgen und erworbene Erkrankungen auszuführen ist.

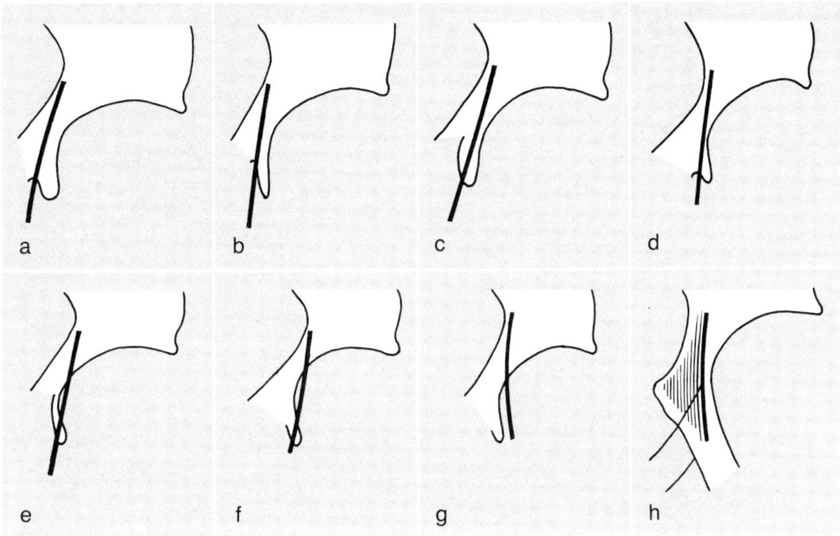

Abb. 6.**68 a–h** Schematische Zeichnung der Tränenfigur bei Erwachsenen (nach Peic)
a–d Unterschiedliche Breite bei normaler Beckenlage
e–g Überschneidung der Tränenkontur bei unterschiedlicher Entfernung des Röhrenfokus von der Medianebene
h In der Schrägprojektion des Beckens stellt sich dessen Innenwand als schmale, sklerotische Linie dar. Der ventrale Strich ist betont verdichtet (ilioischiale Linie nach Armbruster [4])

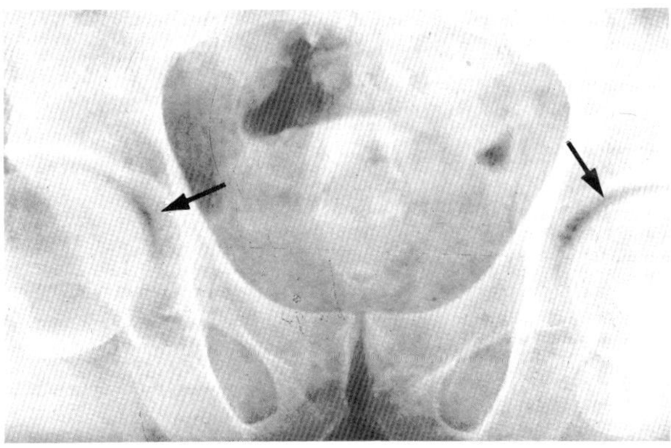

Abb. 6.**69** Luftsichel: Darstellung des wahren Hüftgelenkspaltes

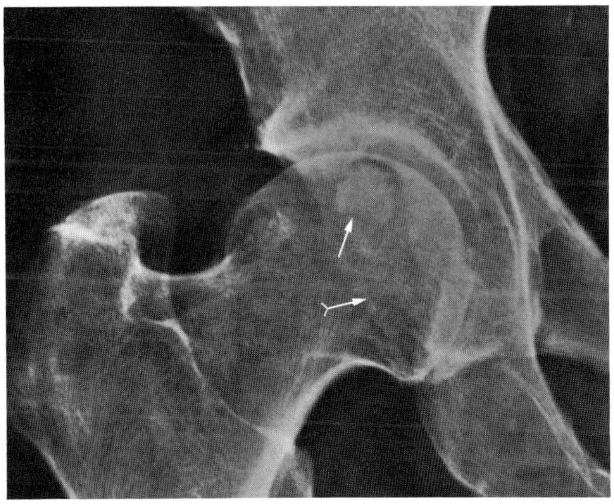

Abb. 6.**70** Abgegrenztes Knochenstück (→) in der Hüftpfanne (↣) bei einem 50jährigen Mann (Os acetabuli persistens?)

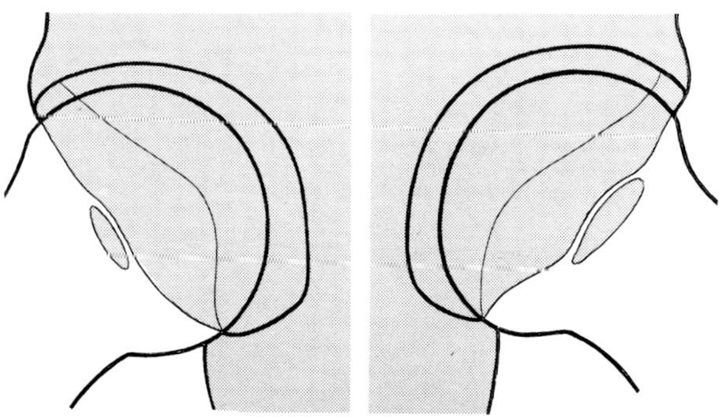

a b

Abb. 6.**71 a** u. **b** Schaltknochen beidseits, etwa in der Mitte des hinteren Pfannenrandes (nach Heidenblut)

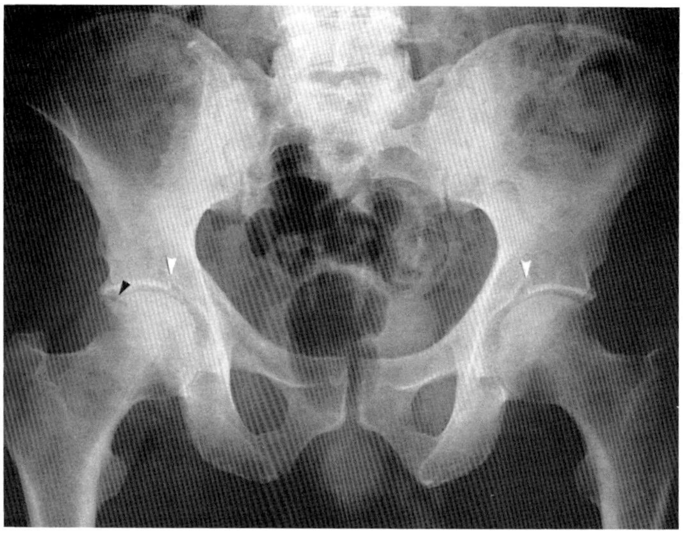

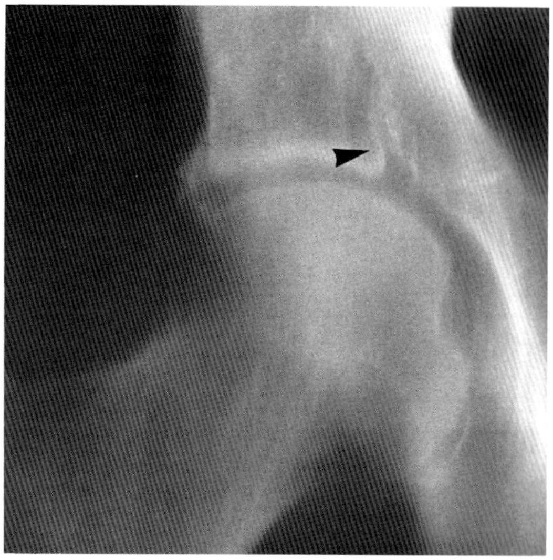

Abb. 6.**72a** u. **b**
a Beckenübersichtsaufnahme mit kommaförmiger Rinne beidseits (weiße ▶) und fraglicher Fraktur des Pfannenrandes (schwarze ▶)
b Schichtaufnahme des rechten Hüftgelenkes. Rinne deutlicher. Die Fraktur war durch Mach-Phänomen des vorderen Pfannenrandes vorgetäuscht

Gar nicht so selten findet man am oberen Pfannenrand einen kommaförmigen, nach oben lateral ziehenden, von Sklerosa umsäumten, kanalförmigen Aufhellungsstreifen (Abb. 6.**72a** u. **b**). Frühere Annahmen eines Gefäßkanals (48) waren von vornherein umstritten (61). Es handelt sich offenbar um eine akzessorische Grube, die aus dem Dach des Azetabulums hervorgeht, wie am Skelettpräparat überzeugend dargestellt wurde (31).

Anomalien

Auf die über das physiologische Ausmaß hinausgehende **flache bzw. steile Pfanne** wird unter den kongenitalen Anomalien bei Besprechung des gesamten Hüftgelenkverbandes eingegangen.

Verletzungsfolgen und Nekrosen

Bei allen Brüchen durch das Azetabulum sollte man außer den Aufnahmen im a.-p. Strahlengang Schrägaufnahmen unter Drehung des Untersuchten nach beiden Seiten, die sog. „Ala- und Obturator"-Aufnahmen mit also jeweils projektivisch unverzerrter Darstellung entweder der Beckenschaufel oder des Foramen obturatum anfertigen. Die übersichtlichste Darstellung gewinnt man mit der Computertomographie. Hierdurch kann die nicht vermutete Beteiligung der Hüftpfanne ebenso nachgewiesen werden wie ein etwa unterschätztes Ausmaß der Fragmentdislokation. Über den Nachweis von Bekken-Azetabulum-Frakturen mit der Computertomographie liegen mehrere Berichte vor (u. a. 1, 6, 24, 41, 68, 70). Derartige intraartikuläre Fragmente wurden bei sieben von acht Azetabulumfrakturen gefunden (6) (Abb. 6.**73a** u. **b**). Die Methode deckt nicht nur vor allem Hinterwandbrüche des Azetabulum (Abb. 6.**74a** u. **b**), sondern auch (in 60%) eine Beteiligung der Sakroiliakalgelenke auf (1).

Azetabulumfrakturen erfolgen in 20% aller Beckenbrüche Erwachsener, gewöhnlich infolge von Verkehrsunfällen mit direkter Gewalteinwirkung gegen das Azetabulum. Ein Drittel dieser Brüche betreffen den hinteren Beckenrand durch direkten Stoß gegen das Knie bei Beugung in der Hüfte („Armaturenbrettfrakturen" [41]). Weitere Einzelheiten s. bei Rogers (51).

Bei Kindern sind Azetabulumfrakturen sehr selten. Sie gehen oft durch den Y-Knorpel und können Stufen in diesem Bereich am Pfannenrand verursachen, doch wird vor Fehldiagnosen vorgetäuschter Stufen bei schräger Projektion gewarnt. Gelenkspalterweiterung und Obliteration der Weichteile entlang dem Fettstreifen des M. obturator internus können als Zeichen von Ödem und Blutung als einzige, diskrete, radiologisch nachweisbare Symptome hinweisend werden (60). Vor allen Dingen bei Kindern, aber auch bei Erwachsenen ist als indirekter Hinweis für eine direkt nicht erkennbare Azetabulumfraktur eine durch Hämarthros (in der Bursa iliopectinea?) bedingte Weichteilschwellung zu beachten, die in das Lumen des kleinen Beckens vorspringt (51).

Mit der Zunahme des Lebensalters in der Bevölkerung finden sich auch öfter supraazetabuläre Ermüdungsbrüche, so z. B. bei postmenopautischer Osteoporose, nach Steroid- wie auch nach Radiotherapie sowie bei rheumatoider Arthritis. Der radiologische ist gegenüber dem klinischen Befund (Schmerzen!) wenig auffallend und beschränkt sich

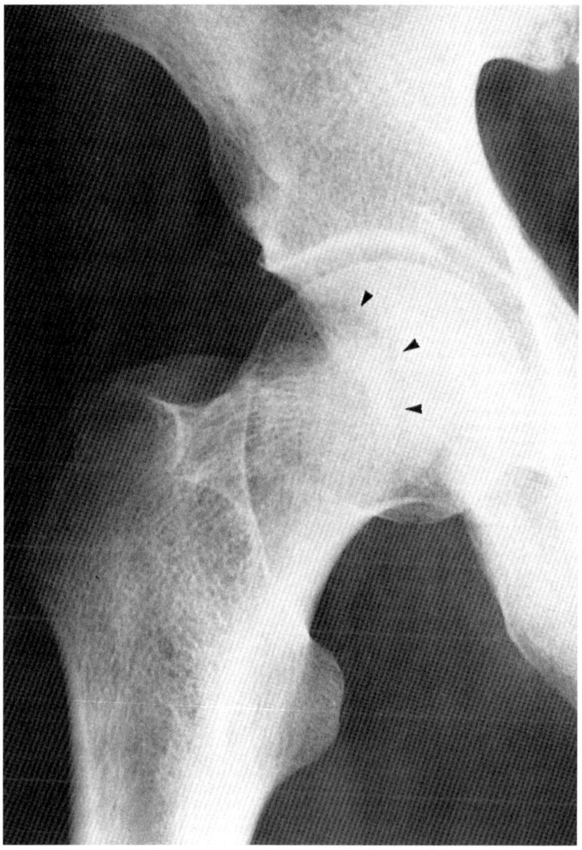

a

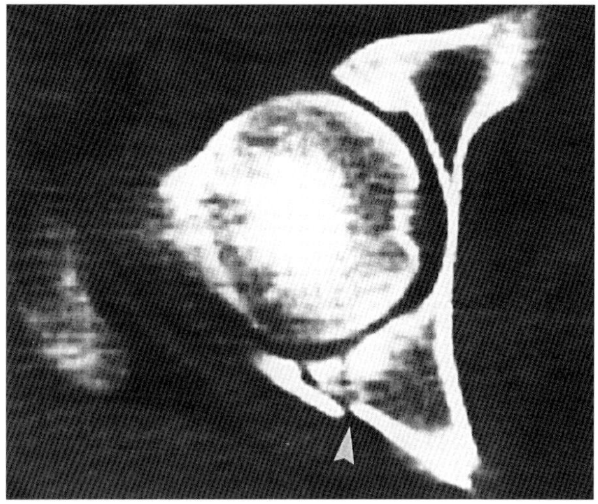

b

Abb. 6.**73 a** u. **b** Azetabulumfraktur mit ausgesprengtem Fragment
a In der Übersichtsaufnahme
b Im Computertomogramm

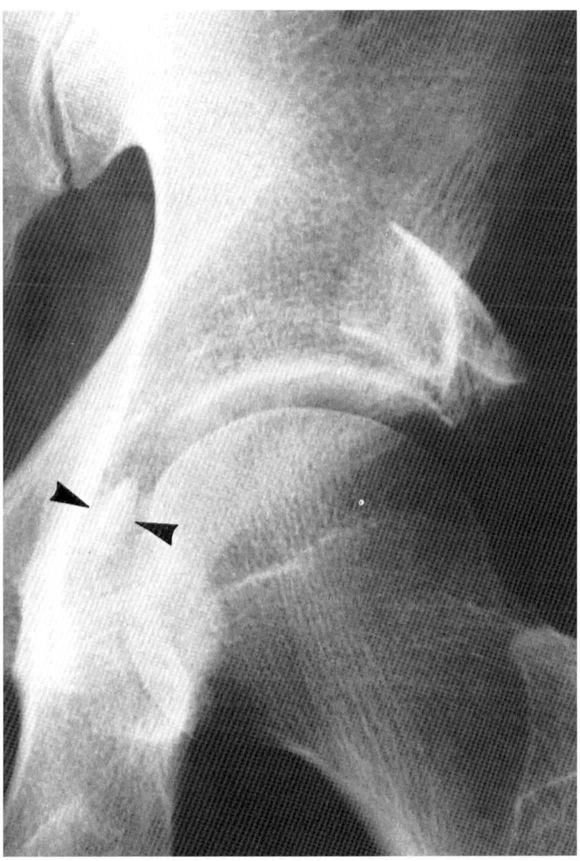

a

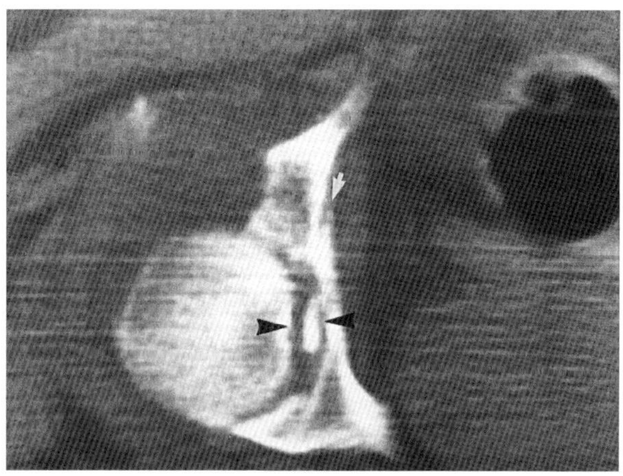

b

Abb. 6.**74 a** u. **b** Abbruch des hinteren Hüftpfannenrandes
a In der Übersichtsaufnahme
b Im Computertomogramm

meist auf schwer als solche zu definierende Sklerosebänder im supraazetabulären Knochen (9).

Absprengungen aus dem normalen Pfannengefüge sind äußerst selten. Sie wurden weder während sechsjähriger Tätigkeit an einer großen Unfallklientel eines Stadtkrankenhauses (53) und unter 600 Patienten eines Unfallkrankenhauses mit einer Ausnahme, und hier bei schwerstem Unfall, beobachtet (25). Absprengungen arthrotischer Wülste, die isoliert bleiben und sich durch ein Größerwerden zu einem Pfannenrandknochen entwickeln, oder – da noch *im* Osteophytenkreis des Hüftgelenkrandes liegend – zum „Os acetabuli falsum" (52) werden, sind häufiger (37). Man muß sich hier vor Fehldiagnosen hüten, wenn der überlagernde, vordere Pfannenrand durch ein Mach-Phänomen eine Absprengung vortäuscht (11) (Abb. 6.**75**).

Die Entstehung eines am Unfalltag nicht nachzuweisenden, wohl aber drei Monate nach dem Unfall auftretenden und gegen das Gelenkinnere aus dem Azetabulum vorwuchernden *Knochen-Knorpel-Gewebes*, ähnlich einem Osteoidosteom, wurde als mögliche Traumafolge diskutiert (3).

Die **Apophyseolyse** der Spina iliaca anterior inferior (unterliegt den Regeln der entsprechenden Schäden der übrigen Beckenapophysen) (Abb. 6.**76**) erfolgt zwar selten, dann aber häufig bei Sportunfällen und besonders beim Fußball durch plötzliche Kontraktion des M. rectus femoris. Abb. 6.**77** läßt den Abriß einer Apophyse erkennen, die noch bis zum Pfannenrand reicht.

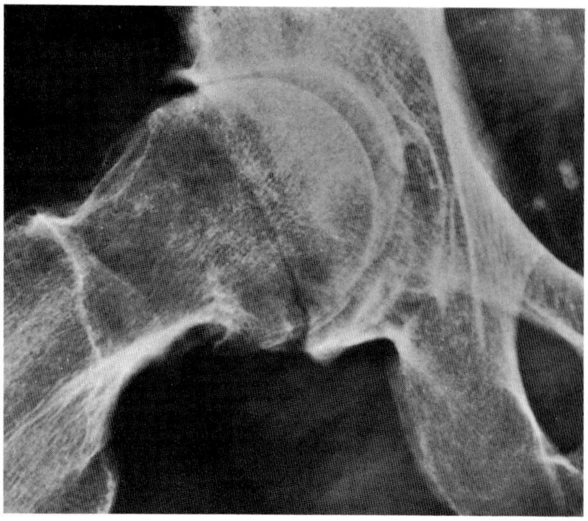

Abb. 6.**75** Irrtümliche Annahme eines Schenkelkopfbruches nach Unfall bei Mach-Phänomen durch Randwulst am Pfannenhinterrand (Beobachtung von Hoeffken, Köln)

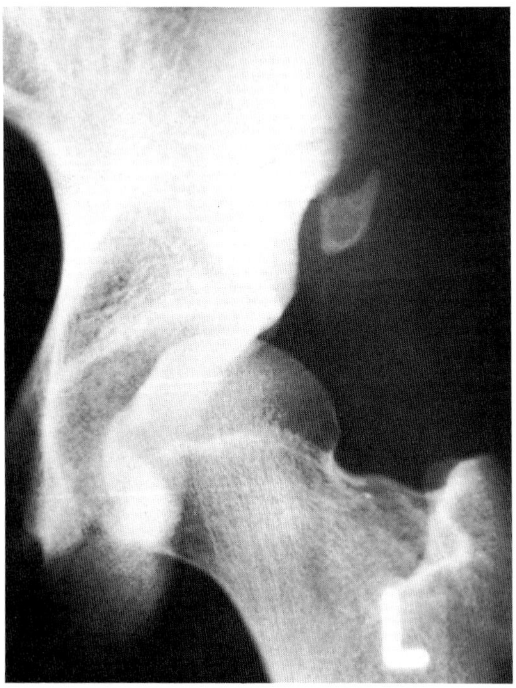

Abb. 6.**76** Ein 16jähriges Mädchen tritt beim Ballspielen fehl und stürzt auf die linke Hüfte. Sofortige Schwellung im Gebiet der Spina iliaca anterior inferior. Druckschmerz

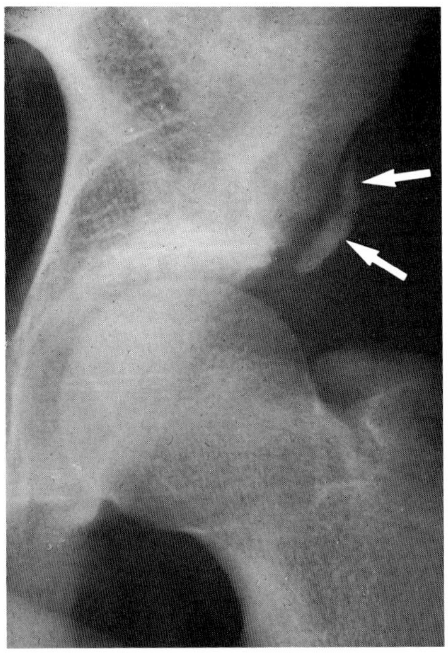

Abb. 6.**77** Abriß der Spina iliaca anterior inferior

Das chronische „Pendant" zum Apophysenausriß und seinen Folgen ist die **juvenile Osteochondropathie** der Spina iliaca anterior inferior. Im Alter zwischen 13 und 15 Jahren beschrieben (10, 22, 35, 47), zeigt sie sich mit der für derartige Nekrosen typischen, bröckelig verdichteten Struktur, beruht wohl auf Über- und Fehlbelastung im Wachstumsalter und verursacht typische Schmerzen. Der nekrotisch veränderte Kern läßt sich zuweilen von einer Pfannendachepiphyse nicht trennen (17, 22).

Die **primäre Protrusio acetabuli** (Otto-Becken, Otto-Chrobak-Becken) ist möglicherweise durch eine hormonelle Störung in der Pubertät bedingt (29 u. a.). Bei einer solchen intrapelvinen Vorwölbung des Hüftpfannenbodens überragt in der radiologischen Darstellung das Azetabulum die Linea terminalis, so daß die Tränenfigur verschwinden kann. Beim weiblichen Geschlecht tritt die Deformität gehäuft auf. Nach anatomischen Studien wird eine Protrusio acetabuli angenommen, wenn die Azetabularlinie – mediale Kortikalis des Pfannengrundes – bei erwachsenen Männern mehr als 3, bei Frauen mehr als 6 mm medial der ilioischialen Linie liegt (4).

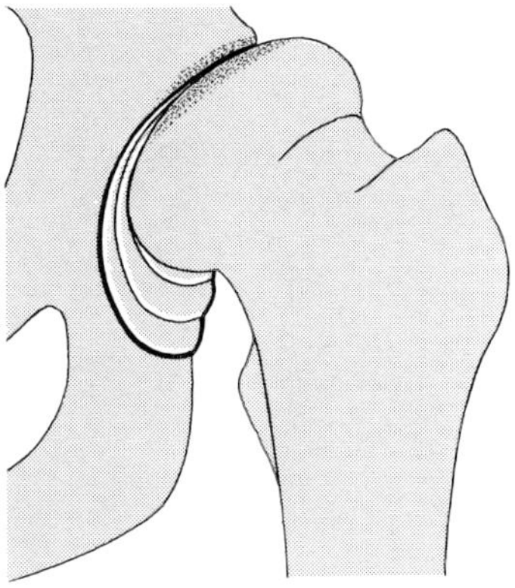

Abb. 6.**78** Pfannenwanderung

Erworbene Erkrankungen

Zur **Differentialdiagnose** zwischen **degenerativen und entzündlichen Prozessen** ist anzuführen, daß die Begrenzung des Gelenkspaltes bei der Arthrosis mehr oder weniger lange erhalten bleibt, während sie bei der Entzündung rasch vollständig verwaschen ist. Der „radiologische" Gelenkspalt, der normalerweise 3 bis 5 Bildmillimeter mißt, kann bei beiden Vorkommnissen verschmälert sein, ist vor allem bei entzündlichen Affektionen früh verändert; deshalb sind Ankylosen das häufigste Spätergebnis. Die Computertomographie ermöglicht ebenso das Feststellen eines Gelenkergusses wie der Dicke der Gelenkkapsel (13). Bei flach angelegten Pfannen (s. vorn) kann es im späteren Alter zur Ausweitung der Pfanne nach kranial mit entsprechender Pfannenwanderung des Hüftkopfes kommen (Abb. 6.**78**).

Bei der **Coxarthrosis deformans** unterscheidet man hinsichtlich Pfanne und Hüftdach zwei Charakteristika: Die starke Deformierung und Randwulstbildung (Abb. 6.**79**) und die Bildung von Geröllzysten im Hüftdach. Kombinationen sind üblich. Frühzeichen sind (12) die Verschmälerung der Gelenkspalten und die Osteophyten, in der Regel zuerst am Rand der Fovea capitis sichtbar. Subchondrale Spongiosaverdichtungen (wie z. B. auch Verbreiterungen des Pfannendachsuperziliums, [44]), Geröllzysten und die exzentrische Verschmälerung des röntgenologischen Gelenkspaltes sind bei normalem und vergrößertem Kollo-Diaphysen-Winkel zuerst in der Druckaufnahmezone des Gelenkes superolateral und -medial zu erwarten, seltener zentral bei idiopathischer Protrusio acetabuli (Abb. 6.**80**).

Als **Präarthrosen** sind die Fehlstellungen der hüftgelenkbildenden Knochen zu werten (21).

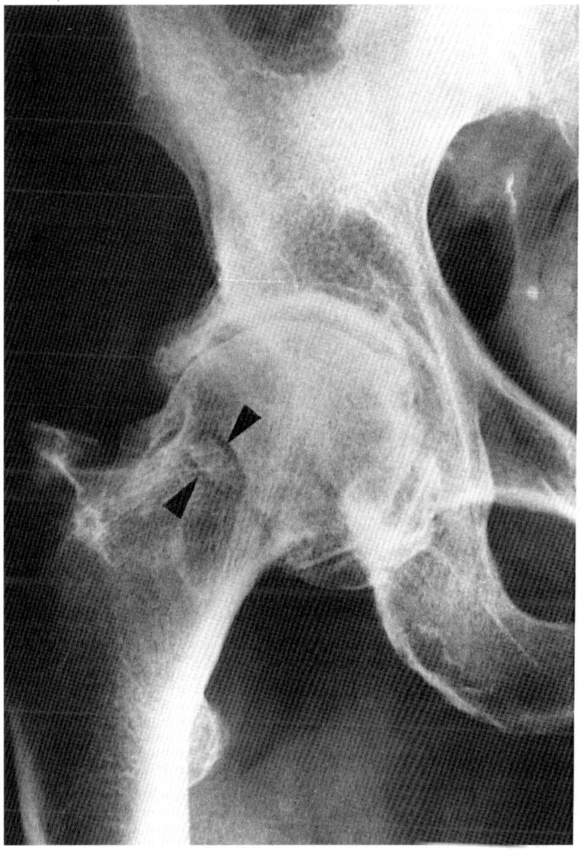

Abb. 6.**79** Arthrotischer Randwulst in der gesamten Zirkumferenz der Hüftpfanne mit dorsaler Kapselverknöcherung (Pfeilspitzen), s. auch Abb. 6.**75**

Die **Osteochondrosis dissecans** der Hüftpfanne zeichnet sich durch einige Besonderheiten aus. Sie ist sehr selten (40, 50), dann aber häufig mit der gleichen Affektion des Hüftkopfes verbunden (Abb. 6.**81a** u. **b**) und ist differentialdiagnostisch, wenn sie am lateralen Pfannendach liegt, manchmal schwer von der persistierenden Pfannenrandepiphyse („Os acetabuli roentgenologicum") abzugrenzen (17) (Abb. 6.**82**).

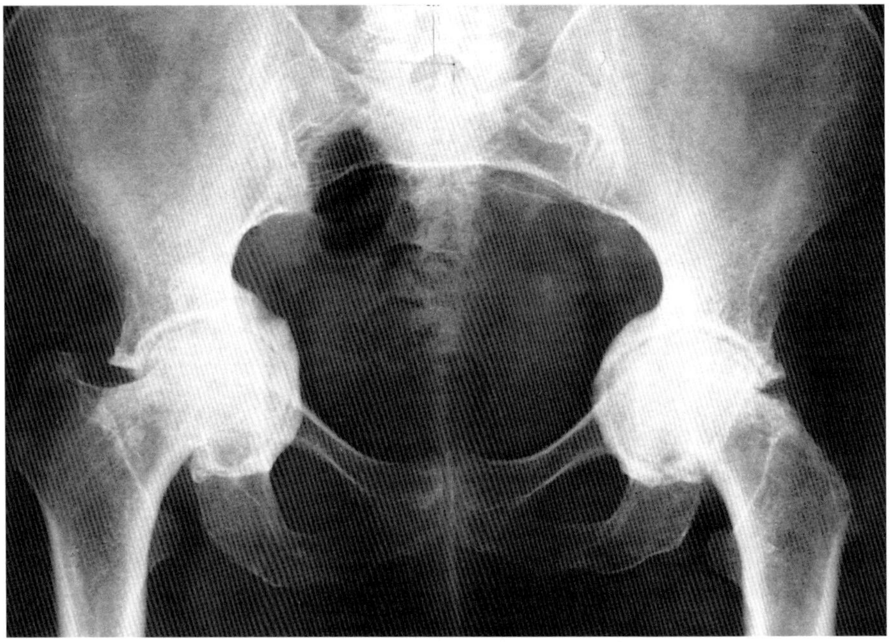

Abb. 6.**80** Protrusio acetabuli

a 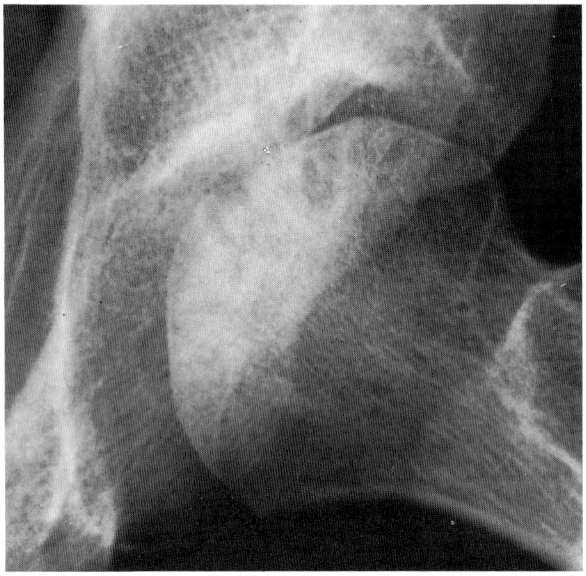 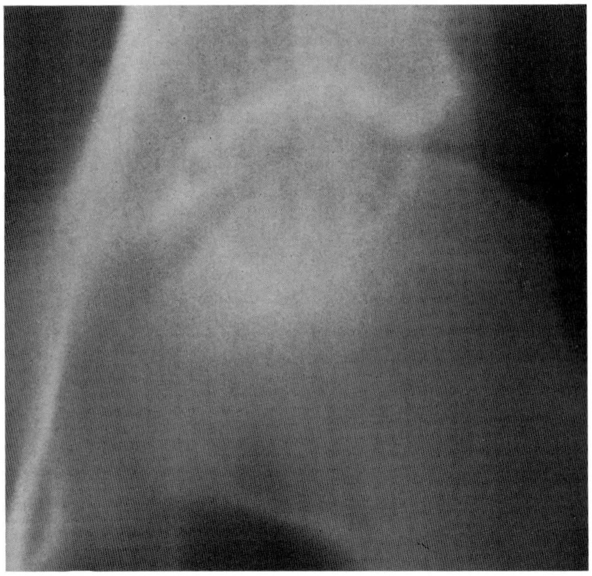 b

Abb. 6.**81 a** u. **b** 27jähriger Mann. Osteochondrosis der Hüftpfanne mit tomographischer Darstellung. Hüftkopfdeformierung

Bei der Diagnose einer Osteochondrosis acetabuli, die nur auf dem Nachweis eines isolierten Knochenstückes („Maus") in der Fossa acetabuli beruht, wird man in Kenntnis von Befunden, die in Abb. 6.**83a** u. **b** abgebildet sind, vorsichtig sein müssen, weil die „Maus" auch aus einem „Bett" des teils nekrotischen Hüftkopfes stammen kann. Ein fast gleicher Befund wurde jüngst publiziert (5).

Abb. 6.**82** Osteochondrosis dissecans an beiden Pfannendachecken

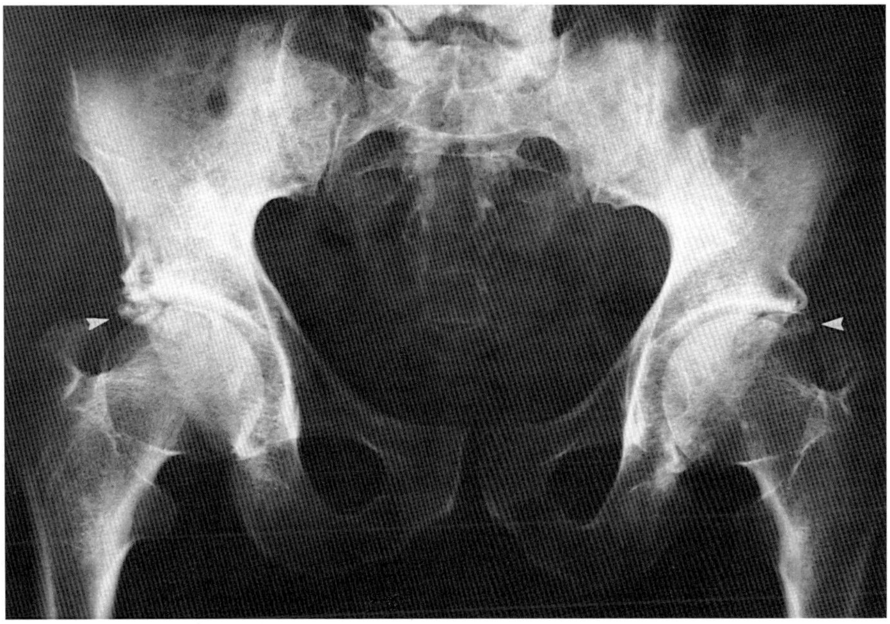

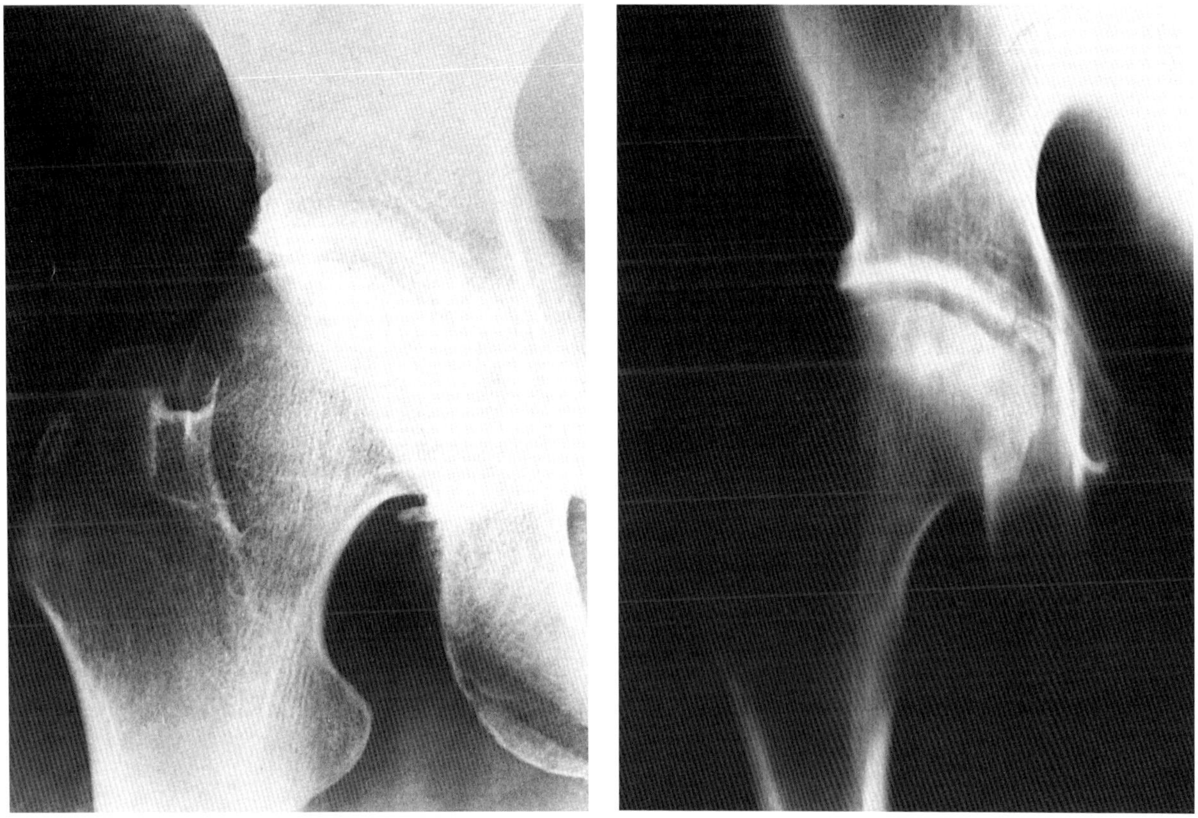

a b

Abb. 6.**83 a** u. **b** 37jährige Frau mit Osteochondrosis dissecans
a In der Übersichtsaufnahme nicht zu sehen, arthrotische Osteophyten
b Im Tomogramm: Corpus liberum in der Fossa acetabuli? Femurkopf strukturell verdichtet und deformiert

Verknöcherungen, Verkalkungen, Weichteile

Ein exostosenförmiger Ossifikationsmantel umhüllt gar nicht so selten den an die Spina iliaca anterior inferior ansetzenden M. rectus femoris (Abb. 6.**84**) und imponiert bei extremer Ausprägung in der radiologischen Wiedergabe wie ein Knochenzapfen (Abb. 6.**85**). Ob es sich um eine **Myositis ossificans** handelt, wie eher nach Befunden wie in Abb. 6.**86** und 6.**87a** u. **b** abgebildet, ist unklar.

Eine parazetabuläre Verknöcherung neben dem oberen Pfannenrand, im früheren Schrifttum meist als Os acetabuli bezeichnet, kann einer persistierenden Pfannenrandepiphyse nicht entsprechen, weil sie erst nach abgeschlossener Ossifikation der Pfanne entsteht, *neben*, nicht *im* Pfannenrand liegt und mit steigendem Lebensalter der Untersuchten in zunehmender Häufigkeit bis zu 20% Vorkommen gefunden wird (55).

Im Gegensatz zu diesen Häufigkeitszahlen wird die persistierende Randepiphyse, wie zuvor schon ausgeführt, das „Os acetabuli roentgenologicum", zu den großen Seltenheiten gezählt. Ob dieses Akzessorium, ganz im Gegenteil zu sämtlichen anderen Akzessorien des Körpers, auch einmal „abwandern" kann, wie im älteren Schrifttum behauptet wird, ist ebenso als unbewiesene Spekulation zu betrachten wie die Mehrzahl der in früheren Jahren diskutierten Erkrankungen, die zu diesem klinisch wahrscheinlich belanglosen Akzessorium geführt haben.

Ätiologisch indifferent beschreibend, wird dieser Knochen heute sinnvollerweise als **Os ad acetabulum** (Pfannenrandknochen) bezeichnet (53). Sonderformen wie isoliert gebliebene Pfannenrandknochen (äußerst selten) oder abgebrochene Osteophyten bei Arthrosis deformans (häufiger) sowie degenerativ entstandene Kapselverknöcherungen (32) sind möglich. Die Ossa ad acetabulum kommen bei

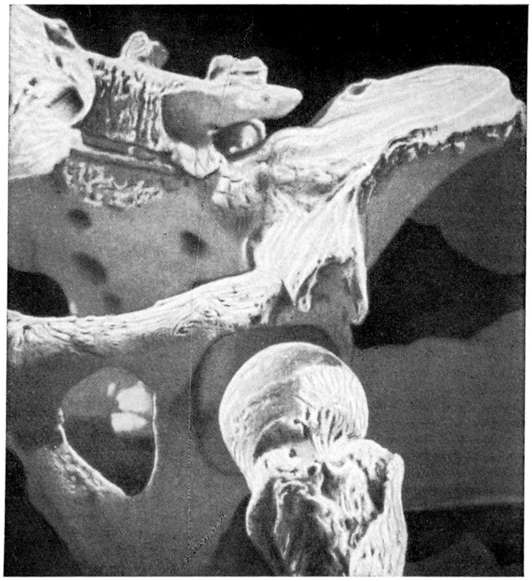

Abb. 6.**84** Präparat der rinnenförmigen Umlagerung des ansetzenden Muskels, die als Exostose der Spina iliaca anterior inferior wirkt

Arthrosis deformans gehäuft vor und können auch direkt arthrotisch deformiert erscheinen (Abb. 6.**88a–e**). Die Differentialdiagnose zur persistierenden Pfannenrandapophyse kann schwierig sein (Abb. 6.**89** und 6.**90a–c**). In diesem Zusammenhang ist nicht nur erwähnenswert, daß bei unphysiologischer Belastung (Coxa valga) der an das Pfannendach angrenzenden Kapselpartien dort leichter als sonst auf metaplastischer Basis entsehende, isolierte Knochenformationen zu finden sind (53), sondern daß auch eine **juxtaazetabuläre Mukoidzyste** bei einem Patienten mit Osteoarthrose nach Hüftdysplasie pathologischerseits festgestellt wurde (36).

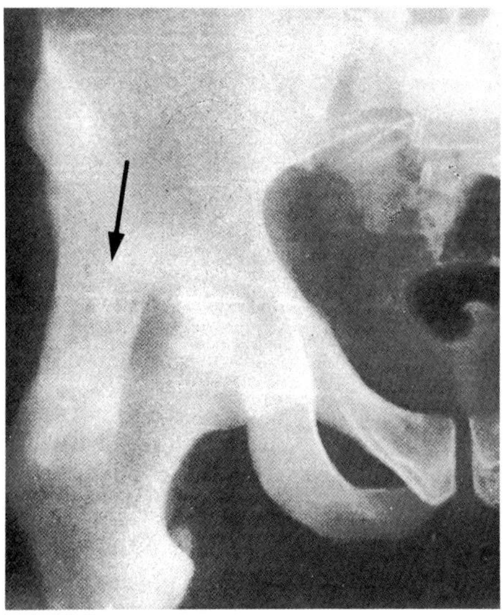

Abb. 6.**85** Typische Exostose an der normal entwickelten Spina iliaca anterior inferior

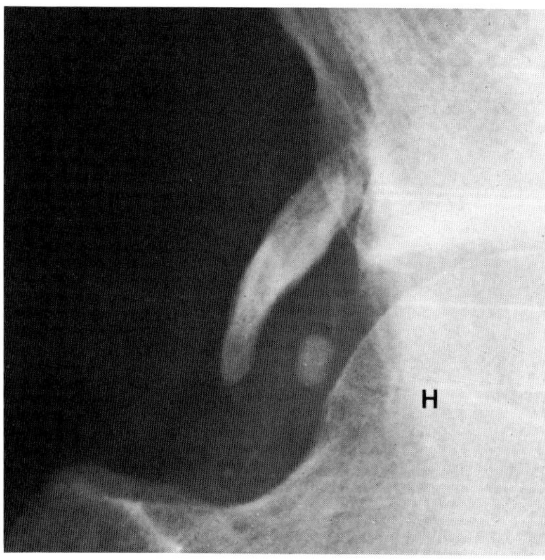

Abb. 6.**86** Knochenanlagerungen (Myositis ossificans?) an der Spina iliaca anterior inferior. H = Hüftkopf

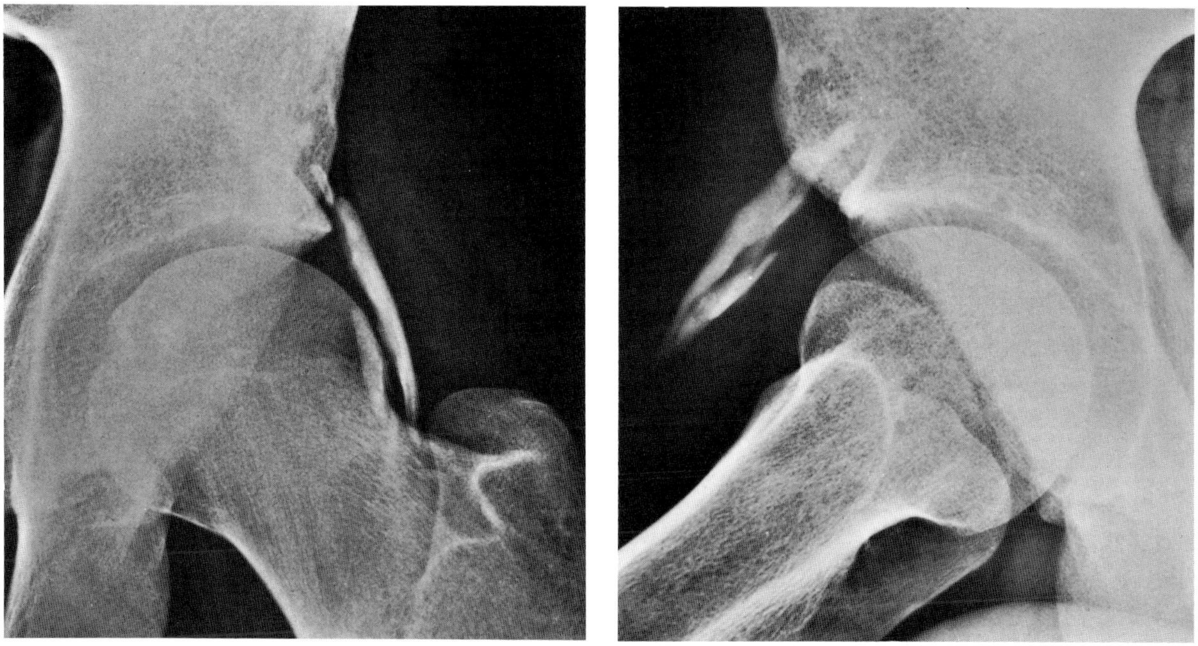

a b

Abb. 6.**87 a** u. **b** Typisch myositischer Aspekt einer Verkalkung im Muskelansatz an der Spina iliaca anterior inferior (Beobachtung von Beume, Boppard)

Abb. 6.**88 a–e** Typische Formen eines großen, stark deformierten, arthrotisch veränderten Os ad acetabulum

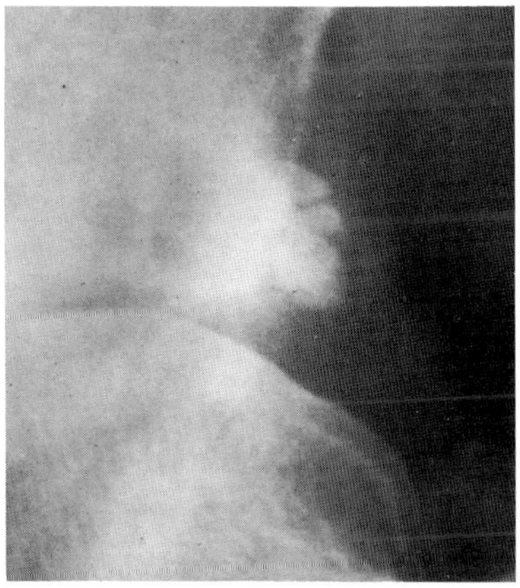

a

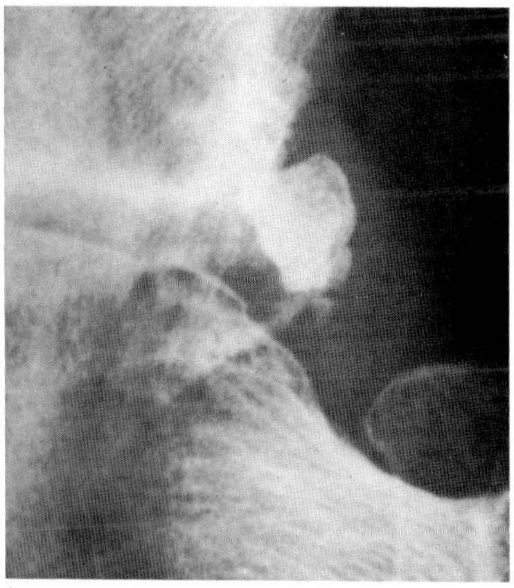

b

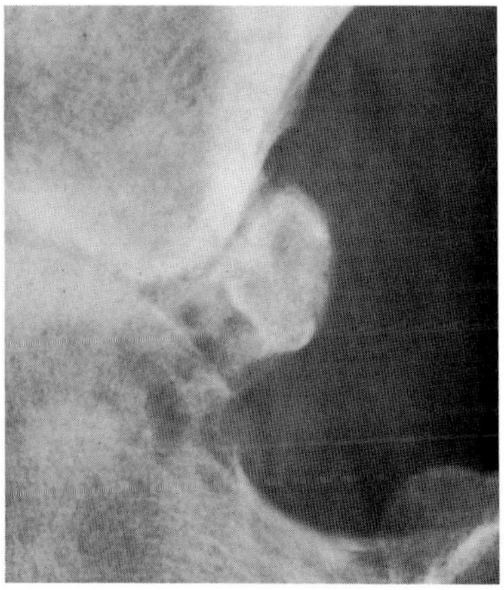

c

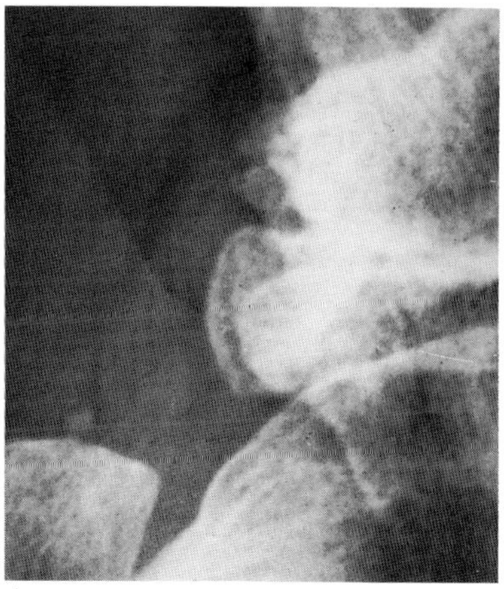

d

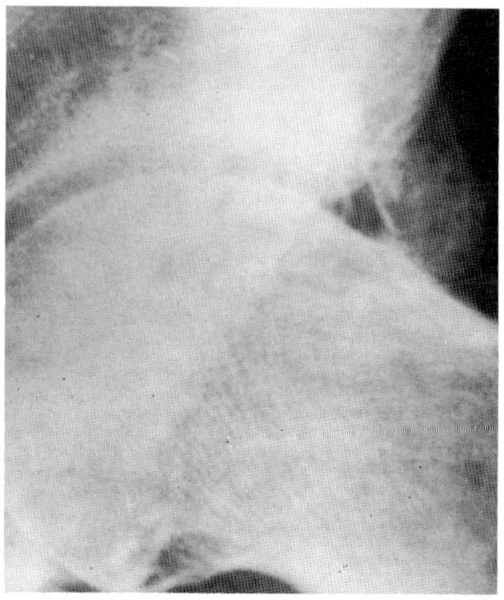

e

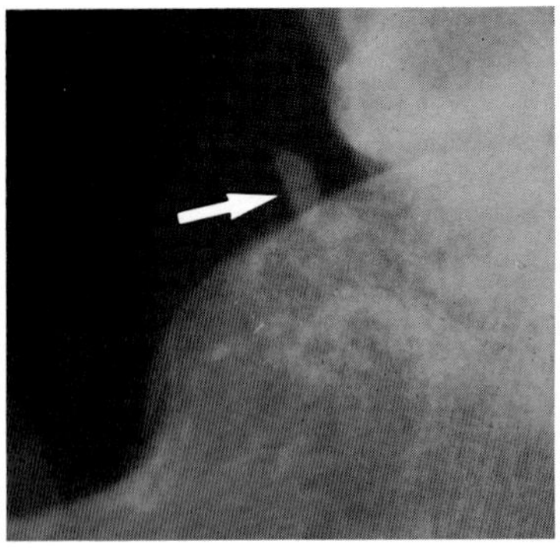

Abb. 6.**89** Os ad acetabulum

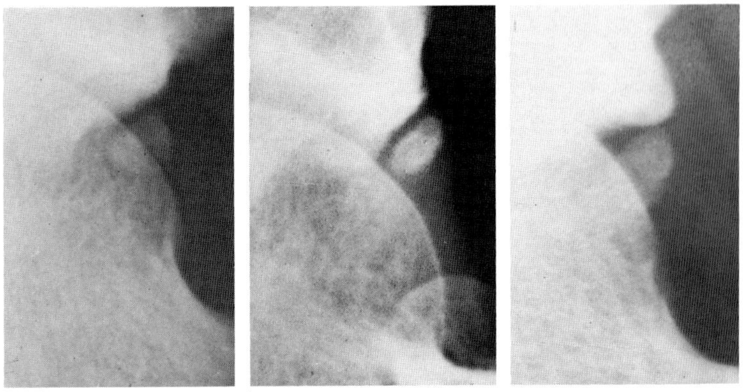

a b c

Abb. 6.**90 a–c** Ossa ad acetabulum

Winzige **Ossicula ad acetabulum**, bei denen man kaum noch unterscheiden kann, ob es sich um strukturlose Verkalkungen oder Knochen handelt, wurden an gleicher Stelle, unabhängig vom Alter, in 5%iger Häufigkeit gefunden (55). Ob es sich bei mehreren Knöchelchen wie in Abb. 6.**91a** u. **b** um geteilte Ossa ad acetabulum oder um anderweitige Weichteilverknöcherungen handelt, ist kaum zu entscheiden. Auch über die völlige Rückbildung eines Os ad acetabulum wurde berichtet (54) (Abb. 6.**92a–d**).

Die **Peritendinitis calcarea** (Abb. 6.**93**) wurde mehrfach, ebenfalls neben dem oberen Pfannendach, beschrieben. Auch kommen Verkalkungen im Schleimbeutel vor (Abb. 6.**94**).

Ein isolierter, spanförmiger Knochen, neben der Spina iliaca anterior inferior in der Zugrichtung des M. rectus femoris gelegen, wird als „**pelvic digit**" (23) beschrieben, also für ein primär angelegtes Akzessorium gehalten. Mit dieser Bezeichnung werden gleichermaßen verschiedene Gebilde, die sowohl zwischen dem Außenrand des Hüftgelenkes als auch im Becken (Abb. 6.**11**) und schließlich auch an der Stelle von Lendenrippen liegen (s. Abschnitt „Becken – Allgemeiner Teil" [9]) versehen, also ätiologisch unterschiedlich entstandene und zu wertende Knochenformationen ebenso unklar benannt wie mit dem Wort „Lendenrippe" die weiter höher liegenden Knochenformationen in den lateralen pelvinen Weichteilen.

Kapsel- und parartikuläre Verkalkungen sind als Folge von **Paraplegien** öfter zu beobachten (Abb. 6.**95**) und treten auch nach **Tetanus** auf.

Einen eigentümlichen Befund kann die ausgedehnte **Synovialchondromatose** bieten, wenn die Bursa iliopectinea beteiligt ist und, vor dem Schambein gelegen, in das kleine Becken ragt (Abb. 6.**96a** u. **b**).

Interesse verdient die Mitteilung über die Chondromatose bei einem 11jährigen Jungen. Nach einsetzenden Beschwerden mit Bewegungseinschränkung im Hüftgelenk begann die Ausbildung der verkalkten Chondrome erst sieben Monate später. 20 Chondrome wurden operativ entfernt. 18 Monate post operationem neu gebildete Verkalkungen bildeten sich größtenteils spontan zurück (46).

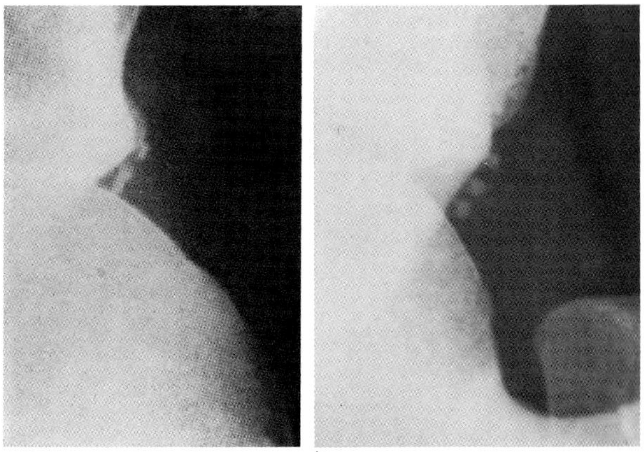

a b

Abb. 6.**91 a** u. **b** Ossicula ad acetabulum

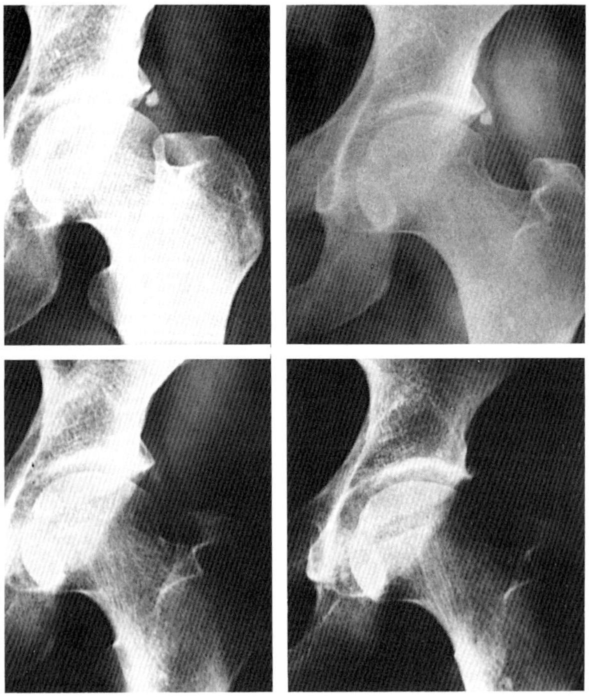

a, b
c, d

Abb. 6.**92 a–d** Os ad acetabulum in Rückbildung
a Nov. 1965, **b** Febr. 1966, **c** März 1966, **d** Mai 1966

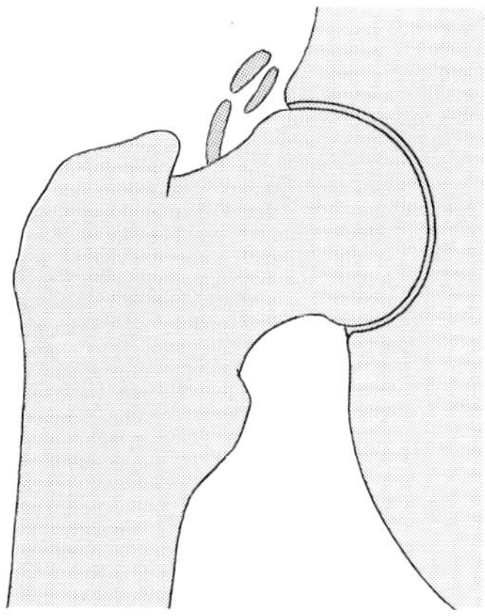

Abb. 6.**93** Peritendinitis calcarea

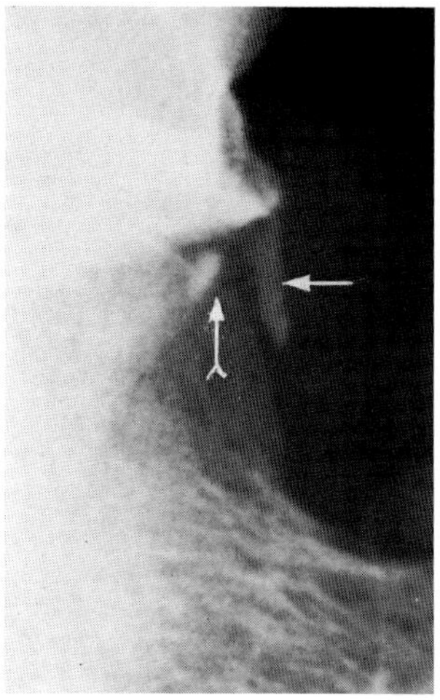

Abb. 6.**94** Kapselverkalkung (→) und Bursitis calcarea (↣)

Eine prinzipiell ähnliche Beobachtung **kalkdichter Schatten** in der Nähe des Hüftgelenkes, hauptsächlich am *unteren Rande*, ergab allerdings bei Autopsie **verkreidete Lipome**, die der Gelenkkapsel und einer Exostose in der Umgebung des Schenkelhalses aufsaßen (56).

In diesem Zusammenhang ist darauf hinzuweisen, daß der Weichteilbeobachtung bei der Diagnostik von Frühstadien der Synovitis, auch bei beginnender Tuberkulkose, eine erhöhte Bedeutung zukommt (14).

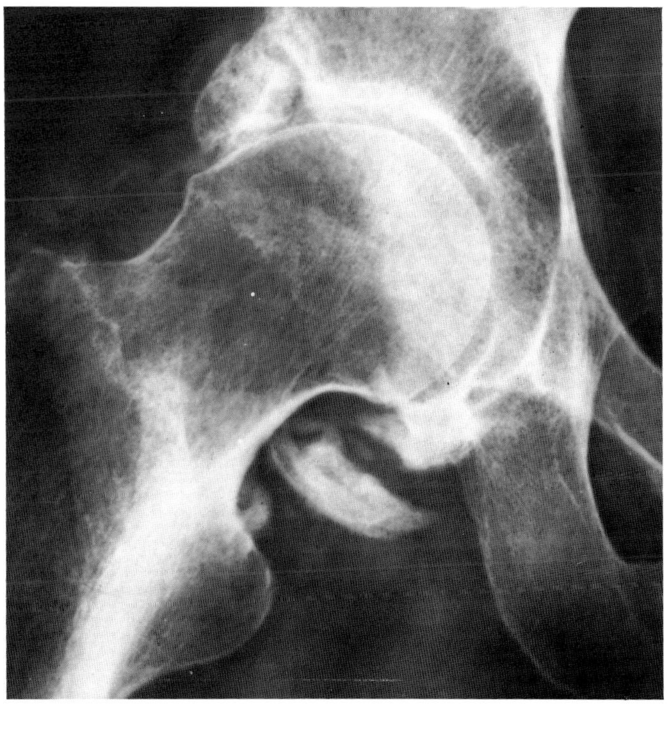

Abb. 6.**95** Parartikuläre Verkalkung an der Hüfte bei Paraplegie

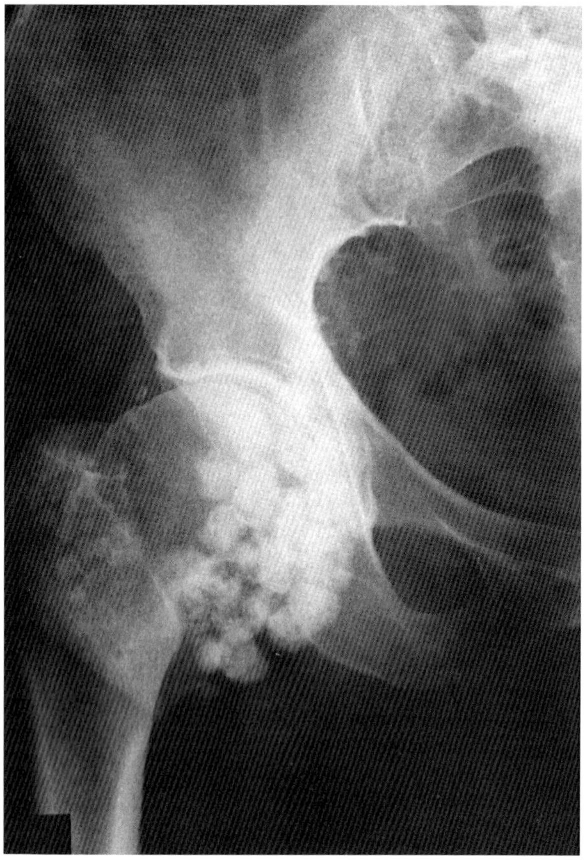

a

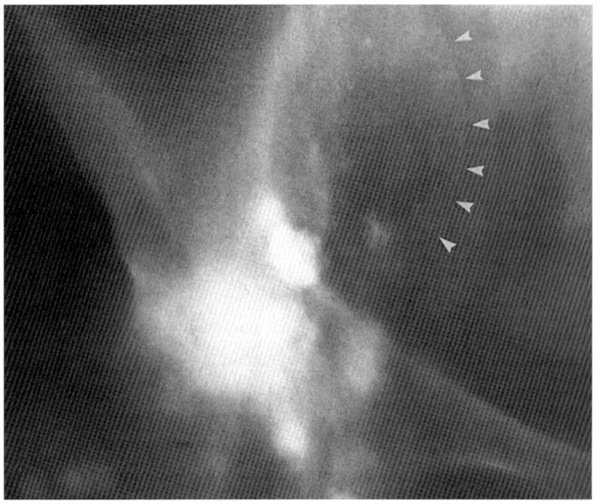

b

Abb. 6.**96 a** u. **b** Chondromatose
a In der Übersichtsaufnahme
b Im Tomogramm in einer Ebene vor dem aufsteigenden Schambeinast. Weichteilschatten im kleinen Becken (Bursa iliopectinea?)

Literatur

1 Adam, P., J. J. Labbe, Y. Alberge, P. Austry, P. Delcroix, R. P. Ficat: The role of computed tomography in the assessment and treatment of acetabular fractures. Clin. Radiol. 36 (1985) 13–18
2 Albinus Bernardus: Icones ossium foet. humani. Leidae Batavorum 1737 (p. 98, 156)
3 Aprin, H., A. Kalamchin: Osteocartilagineous lesion of the acetabulum resembling osteoid osteoma. Clin. Orthop. 187 (1984) 211–214
4 Armbruster, Th. G., J. Guerra jr., D. Resnick, Th. G. Goergen, M. L. Feingold, G. Niwayama, L. A. Danzig: The adult hip: an anatomic study. Radiology 128 (1978) 1–10
5 Billenkamp, G., G. Bongartz: Die Osteochondrosis der Hüftgelenkpfanne. Fortschr. Röntgenstr. 143 (1985) 359, 360
6 Blaquière, R. M.: Computed tomography in acetabular trauma. Clin. Radiol. 36 (1985) 5–11
7 Boijsen, E., L. Ekelund: Computed Tomography in Orthopedic Radiology. Thieme, Stuttgart 1983
8 Chrispin, A. R., N. Harris, G. Lloyd Roberts: A method for calculating acetabular anteversion in children. Pediat. Radiol. 7 (1978) 155–158
9 Cooper, K. L., J. W. Beabout, R. McLeod: Supraacetabular insufficiency fractures. Diagn. Radiol. 157 (1985) 15–17
10 de Cuveland, E. F., F. Heuck: Osteochondropathie der Spina iliaca anterior inferior unter Berücksichtigung der Ossifikationsvorgänge der Apophyse des lateralen Pfannenrandes. Fortschr. Röntgenstr. 75 (1951) 430–445
11 Dihlmann, W.: Über ein besonderes Coxarthrosezeichen (Pseudofrakturlinie) im Röntgenbild (Kritik des sogenannten Mach-Effektes). Fortschr. Röntgenstr. 100 (1964) 383–388
12 Dihlmann, W.: Röntgenmerkmale der Coxarthrosis deformans und coxaler Präarthrose. Radiologe 14 (1974) 352–360
13 Dihlmann, W., G. Nebel: Computed tomography of the hip joint capsule. J. comp. ass. tomogr. 7 (1983) 278–285
14 Drey, L.: A roentgenographic study of transitory synovitis of the hip joint. Radiology 60 (1953) 588–591
15 Dyes, O.: Os acetabuli persistens bilateralis. Fortschr. Röntgenstr. 39 (1929) 658–659
16 Eyring, E. J., R. Björnson, C. A. Peterson: Early diagnostic and prognostic signs in Legg-Calvé-Perthes disease. Amer. J. Roentgenol. 93 (1965) 382–387
17 Fiedler, J.: Osteochondrosis dissecans am oberen Pfannenrand des Hüftgelenkes. Fotschr. Röntgenstr. 74 (1951) 207–212
18 Frot, B., J. Duparc: Mesures radiologiques de l'antéversion et de la profondeur du cotyle. J. Radiol. Électrol. 54 (1973) 213–222
19 Fournier, A. M., J. Padovani: Coxa profunda et cotyle approfondi. Presse méd. 69 (1961) 2279–2282
20 Haag, M., A. Reichelt: Widening of the teardrop distance in early stages of Legg-Calvé-Perthes disease compared with the late fate. Arch. orthop. traumat. Surg. 100 (1982) 163–166
21 Hackenbroch, M.: Die Arthrosis deformans der Hüfte. Grundlagen und Behandlung. Thieme, Leipzig 1943
22 Hässler, E.: Juvenile Osteochondropathie am Hüftpfannendach. Röntgenpraxis 6 (1934) 548
23 Hamilton, S.: Pelvic digit. Brit. J. Radiol. 58 (1985) 1010–1011
24 Harley, J. D., L. A. Mack, R. A. Winquist: CT of acetabular fractures. Comparison with conventional radiography. Analysis of fracture patterns. Amer. J. Roentgenol. 138 (1982) 407–412

25 Hasenbach, J.: Über das Os acetabuli unter besonderer Berücksichtigung der Unfallchirurgie. Arch. orthop. Chir. 31 (1932) 81–96

26 Heidenblut, A.: Doppelseitig persistierender Schaltknochen am hinteren Rand des Acetabulum (Os acetabuli posterius bilaterale). Fortschr. Röntgenstr. 99 (1963) 109–111

27 Hernandez, R. J., A. K. Poznanski: CT evaluation of pediatric hip disorders. Orthop. Clin. North Amer. 16 (1985) 513–541

28 Herzog, A.: Scheinfrakturen bei der Arthritis deformans coxae. Röntgenpraxis 5 (1933) 174–177

29 Imhäuser, G.: Die intrapelvinen Vorragungen des Hüftpfannenbodens. Handbuch der Orthopädie, Bd. II. Thieme, Stuttgart 1958

30 Ishikawa, K., K. Izumi, T. Kitawaga: Heterotopic ossification of the hip as a complication of tetanus. Clin. Orthop. 166 (1982) 249–255

31 Johnston, W. H., Th. E. Keats, M. E. Lee: The anatomic basis for superior acetabular roof notch „superior acetabular notch". Skeletal Radiol. 8 (1982) 25–27

32 Kienböck, R.: Degenerative Hüfterkrankungen. Urban & Schwarzenberg, München 1943

33 Kleinsorge, F., V. Berg-Schlosser, D. Maroske: Vorteile der Computertomographie-Diagnostik bei Acetabulumfrakturen. Chirurg 56 (1985) 449–453

34 Kölbel, R., H. Golzo: Die Köhlersche Tränenfigur. Fortschr. Röntgenstr. 127 (1977) 326–333

35 Kremser; zit. nach Pöschl (47)

36 Lagier, R., M. Seigne, A. Mbakop: Juxta-acetabular mucoid cyst in a patient with osteoarthritis of the hip secondary to dysplasia. Intern. Orthop. 8 (1984) 19–23

37 Langer-Thold; zit. nach Schinz (52)

38 Lequesne, M.: Die Erkrankung der Hüftgelenke bei Erwachsenen. Folia rheumatica, Documenta Geigy, Basel 1968

39 Liberson, M. J.: Soft tissue calcifications in cord lesions. J. Amer. med. Ass. 152 (1953) 1010–1013

40 Lipscomb, P. R., C. C. Chatterton: Osteochondritis juvenilis of the acetabulum. J. Bone Jt Surg. 24 (1942) 372–381

41 Mack, L. A., J. D. Harley, R. A. Winquist: CT of acetabular fractures. Analysis of fracture patterns, Amer. J. Roentgenol. 138 (1982) 407–412

42 Nebel, G., G. Lingg, W. Reid: Diagnostische Möglichkeiten der Computertomographie bei Koxopathien. Fortschr. Röntgenstr. 137 (1982) 363–371

43 Nieber, O.: Röntgenologische Studien über einige Epiphysennebenkerne des Becken- und Schultergürtels. Fortschr. Röntgenstr. 22 (1915) 226–238

44 Pauwels, F.: Die kausale Therapie der Coxarthrose. Dtsch. Ärztebl. 73 (1976) 2795–2802

45 Peic, St.: Die Köhlersche Tränenfigur und ihre Bedeutung in der Röntgendiagnostik. Fortschr. Röntgenstr. 114 (1971) 305–316

46 Pelker, R. R., J. C. Drennan, M. B. Ozonoff: Juvenile synovial chondromatosis of the hip. J. Bone Jt Surg. 65-A (1983) 552–554

47 Pöschl, M.: Juvenile Osteo-Chondro-Nekrosen. In Diethelm, L., O. Olsson, F. Strnad, H. Vieten, A. Zuppinger: Handbuch der Medizinischen Radiologie, Bd. V: Röntgendiagnostik der Skeleterkrankungen, Teil 4. Springer, Berlin 1971 (S. 180–187)

48 Ravelli, A.: Zum anatomischen und röntgenologischen Bild der Hüftpfanne. Z. Orthop. 113 (1975) H. 3 (Sonderdruck)

49 Reikeras, O., J. Bjerkreim, A. Kolbenstoedt: Anteversion of the acetabulum and femoral neck in normals and in patients with osteoarthritis of the hip. Acta orthop. scand. 54 (1983) 18–23

50 Rey, J.: Osteochondritis dissecans der Hüftgelenkspfanne. Z. orthop. Chir. 58 (1933) 559–561

51 Rogers, L. F.: Radiology of Skeletal Trauma. Churchill Livingstone, New York 1982 (S. 623–631)

52 Schinz, H. R.: Altes und Neues zur Beckenossifikation. Fortschr. Röntgenstr. 30 (1922/23) 66–81

53 Schmidt, H.: Pfannenrandepiphyse und Pfannenrandknochen der Hüfte (Epiphysis acetabuli und Os ad acetabulum). Zbl. allg. Path. path. Anat. 92 (1954) 271–277

54 Schmidt, H.: Rückbildung eines Pfannenrandknochens (Os acetabuli). Fortschr. Röntgenstr. 106 (1967) 471

55 Schmidt, H., S. Braun: Zur Ätiologie des Pfannenrandknochens am Hüftgelenk (Os ad acetabulum). Med. Welt 36 (1961) 1843–1847

56 Schoen, H.: Verkreidete Lipome an der Gelenkkapsel des Hüftgelenkes. Fortschr. Röntgenstr. 75 (1951) 362

57 Schöneich, R.: Persistierende Epiphyse des rechten Hüftgelenkes. Fortschr. Röntgenstr. 87 (1957) 417–418

58 Seyss, R.: Das Vakuumphänomen im Bereich des Hüftgelenkes. Fortschr. Röntgenstr. 90 (1959) 140–141

59 Streckfuß, H.: Os acetabuli persistens unilaterale ungewöhnlicher Größe. Röntgenpraxis 15 (1943) 315–318

60 Swischuk, L. E.: Emergency Radiology of the Acutely Ill or Injured Child. Williams & Wilkins, Baltimore 1979 ([1]fig. 365; [2]p. 308)

61 Teichert, G.: Eigenartiges Strukturbild im Pfannendach der Hüfte. Arch. orthop. Unfall-Chir. 48 (1956) 297–299

62 Terver, S., M. Dillingham, B. Parker, A. Bjorke, E. E. Bleck, J. P. Leval, P. Teinturier, J. F. Viallet: Étude de l'orientation réelle du cotyle grâce au tomodensitométrie axial ou scanner. J. Radiol. (Paris) 63 (1982) 167–173

63 Téstut, L.: Traité d'anatomie humaine. Octave Doin, Paris 1905

64 Teufel; zit. nach Köhler/Zimmer, 12. Aufl., 1982

65 Vare jr., V. B.: The anatomy of the pelvic tear figure. J. Bone Jt Surg. Amer. 34 (1952) 167–169

66 Waldeyer, A.: Die Anatomie des Menschen, Bd. I. De Gruyter, Berlin 1969

67 Ward, W. C.: Paraarticular calcification in the lower extremities of paraplegic patients. Amer. J. Roentgenol. 56 (1946) 712–715

68 Wegener, O. H.: Whole Body Computerized Tomography. Medifico-scientific book series of Shering A. G., West Germany. Karger, Basel 1983

69 Ziegler, G.: Partielle Ossifikation des Labrum glenoidale. Fortschr. Röntgenstr. 78 (1953) 222–223

70 Zilkens, J., K. Ch. Klose, F. Löer: Computertomographie bei Hüftgelenksluxationsfrakturen. Unfallheilkunde 86 (1983) 166–169

7

Bein

Oberschenkel

Proximaler Teil mit Hüftgelenk

Norm

Im Wachstum

Das **erste Ossifikationszentrum im Schenkelhals** zeigt sich etwa im 6. Fetalmonat. Bei einem Viertel der Mädchen und der Hälfte der Jungen ist der Hüftkopfkern am Ende des 1. Lebensjahres *noch nicht angelegt.* Das obere Femurende springt bei Neugeborenen medial stark vor: **„Diaphysenstachel"** (59). Form- und Größendifferenzen der beidseitigen Hüftkopfkerne sind im 1. Lebensjahr als physiologische, nicht als krankhafte Varianten aufzufassen (49). Die Übergänge von diesen normalen Irregularitäten zur Hüftgelenkdysplasie (s. unten) sind bei älteren Kindern fließend. Das Vorkommen von zwei Ossifikationszentren im Hüftkopf ist als normal zu betrachten (75[1]); auch eine Multizentrizität kann als Normvariante bestehen.

Der üblicherweise um die Mitte des 1. Lebensjahres erscheinende **Knochenkern des Caput femoris** läßt im Alter von drei bis vier Jahren meist die künftige halbkugelige Gestalt des Hüftkopfes deutlich erkennen.

Den wahren Gelenkspalt sieht man auf Nativaufnahmen von Kleinkindern häufiger (147).

Die leicht gewellte **Knorpelfuge zwischen Kopf und Schenkelhals** verläuft schräg von lateral proximal nach medial distal. Ein randständiges Klaffen ist als normal zu werten.

Nach dem 18. Lebensjahr **synostosieren Kopf und Schenkelhals.**

Im **Trochanter major** entstehen zwischen dem 2. und 5., meist im 3. bis 4. Lebensjahr, ein Kern oder mehrere feine Knochenzentren. Die Zentren verschmelzen miteinander. Die knöcherne Vereinigung ist mit dem 20. Lebensjahr abgeschlossen, wenn auch die Knorpelfuge noch außerordentlich lange andeutungsweise, besonders bei Außenrotation des Beines, sichtbar bleibt. Am oberen Pol des Trochanter major treten kurzfristig kleine Nebenkerne auf (Abb. 7.**1**).

Ein Kern im **Trochanter minor** erscheint wesentlich später, ungefähr um das 9. Jahr (Abb. 7.**2**) und verschmilzt im 16. bis 17. Lebensjahr. Die Variationsbreite in der Ossifikationszeit dieser Kerne ist sehr groß. Nebenkerne verschiedenster Art lassen sich beobachten (Abb. 7.**3a–d**). Die Kerne beider Trochanteren können normalerweise in Form und Struktur sehr unregelmäßig ausgebildet sein (75[2]).

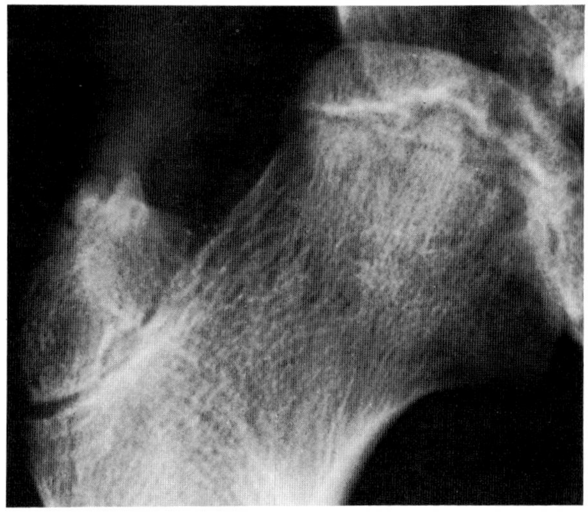

Abb. 7.**1** Typische Kernanlage im Trochanter major. Calvé-Legg-Perthessche Hüftkopfaffektion

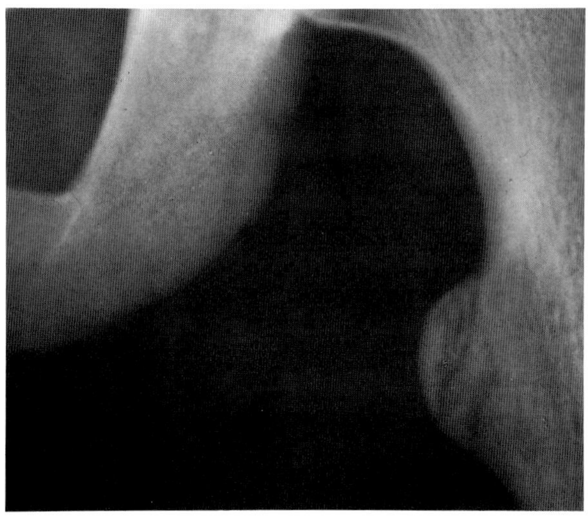

Abb. 7.**2** Apophyse am Trochanter minor

Beim Erwachsenen

Über die Lagebeziehungen der knöchernen Strukturen von Hüftkopf und -pfanne liegt eine besonders hinsichtlich der radiologischen Darstellung sehr informative anatomische Studie vor (20). Bei der radiologischen Wiedergabe des Hüftgelenkes ist die Rotationsstellung zu beachten (Abb. 7.**4a** u. **b**). In Außenrotation (typisch z. B. bei nicht eingestauchten Schenkelhalsbrüchen) springt der Trochanter minor vor, der Schenkelhalswinkel wird projektivisch größer. In den Büchern der radiologischen Einstellungslehren wird meist eine leichte Innenrotation der Beine bei Aufnahmen der Hüftgelenke im sagittalen Strahlengang empfohlen. 20 Grad Innenrotation werden als beste Voraussetzung zur Darstellung bei Krankheiten des Hüftgelenkes von Kindern genannt (8).

Der **Hüftkopf** stellt sich radiologisch normalerweise etwas mehr halbkugelig, allseits glatt und scharf begrenzt dar. Zentral zeigt sich in ihm gegenüber der ehemaligen Y-Fuge der Pfanne die **Fovea centralis**. Hier tritt das Gefäß des einstrahlenden Lig. capitis femoris ein. Eine projektionsbedingte, vermehrte Strahlentransparenz im unteren Quadranten des Hüftkopfes entspricht einem Normalbefund (Abb. 7.**5**).

Die **Knorpeldicke** des gewichttragenden Abschnittes beträgt bei Männern und Frauen (in Jerusalem) zwischen 45 und 84 Jahren im Durchschnitt 4 mm. Es sind weder Geschlechts- oder Altersdifferenzen noch Abhängigkeiten der Gelenkweite von der Konstitution oder des Körpergewichtes mit Ausnahme bei begleitenden arthrotischen Veränderungen festgestellt (106).

Kompaktainseln und klinisch bedeutungslose **Kalkringe** sind im Übergang vom Schenkelkopf zum -hals wie auch zwischen den Trochanteren häufiger zu beobachten. Hierbei kann es sich um Kortikalisdefekte im Sinne nicht ossifizierender Fibrome handeln; auch Osteoidosteome – eventuell mit Insel im Kreis („button sequestrum") – kommen mit dieser Symptomatik vor (17[1]). Differentialdiagnostisch bietet die Szintigraphie entscheidende Hilfe.

Eine normale, projektionsbedingte, vermehrte Strahlendurchlässigkeit findet sich auch in den lateralen Partien des Trochanter major. Im sagittalen Strahlengang, deutlicher noch bei der Lauenstein-Projektion, projiziert sich ein Aufhellungsstreifen, hervorgerufen durch die Leistenfalte, auf den Schenkelhals (und die angrenzenden Weichteile!) (Abb. 7.**6a** u. **b**).

Für die weiter unten folgende Diskussion über die Hüftdysplasie und deren Behandlung erscheint die Kenntnis der normalen arteriellen Blutversorgung des oberen Femurendes (Abb. 7.**7a** u. **b**) als sehr aufschlußreich.

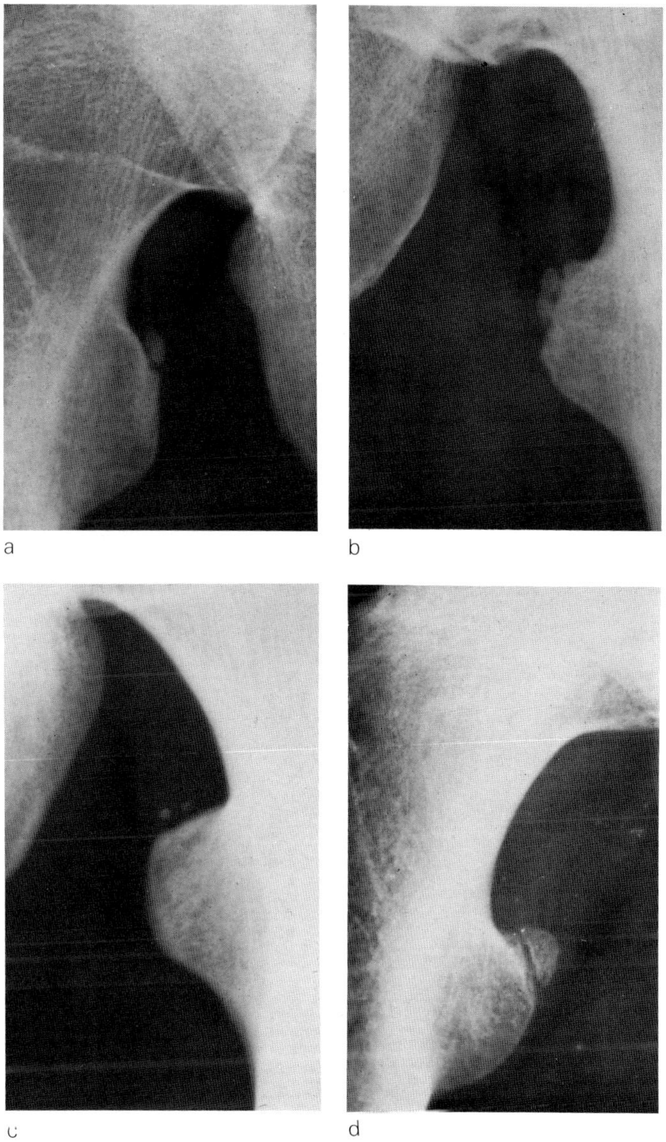

Abb. 7.**3 a–d** Nebenkerne am Trochanter major

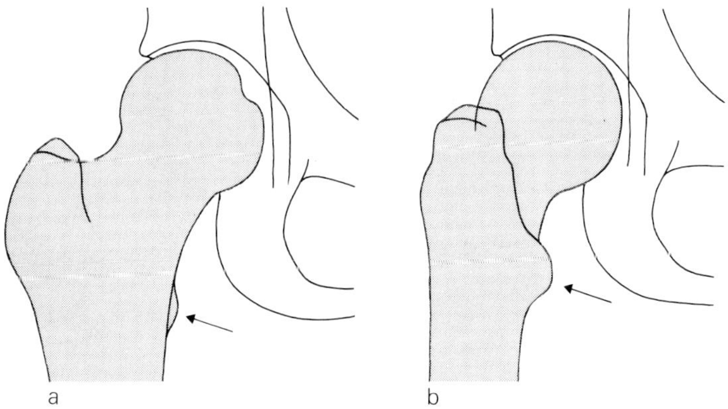

Abb. 7.**4 a** u. **b** Projektion des Schenkelhalses und der Trochanteren bei Innen- (**a**) und Außenrotation (**b**)

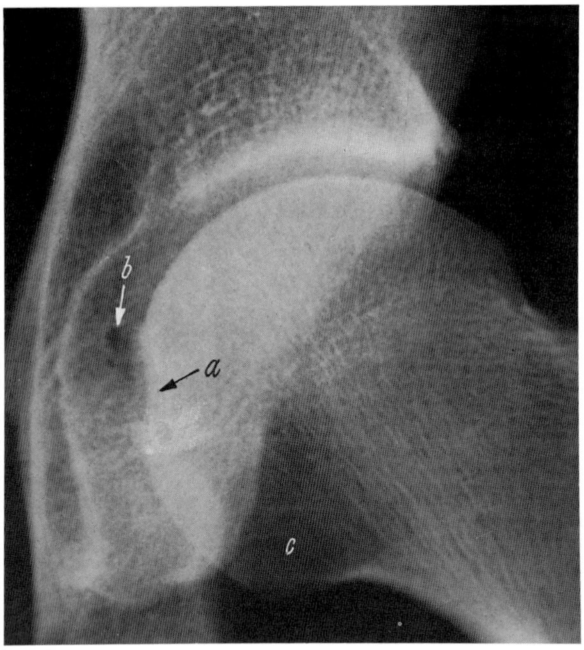

△

Abb. 7.**5** Fovea capitis (a). Gefäßkanal im Pfannenboden bei einem 35jährigen Mann (b). Vorgetäuschte Entkalkung im unteren Quadranten des Hüftkopfes (c)

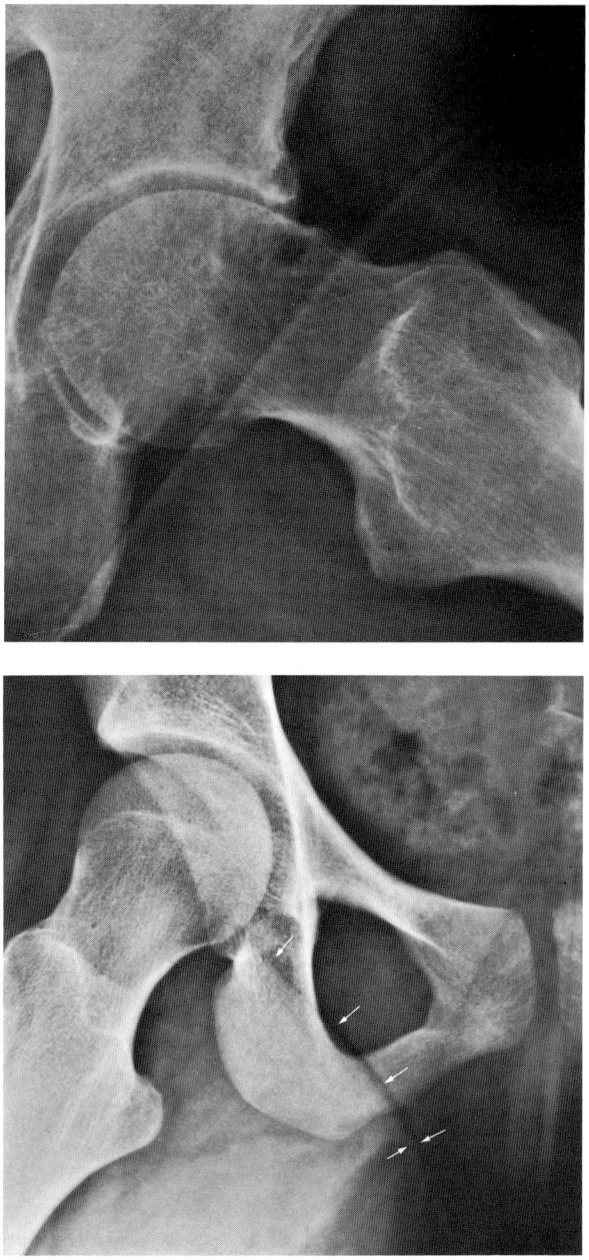

a

b

Abb. 7.**6 a** u. **b** ▷

a Typisches Bild der Leistenfalte auf einer Hüftaufnahme nach Lauenstein. Der Aufhellungsstreifen geht über den Schenkelhals hinaus und streift das Sitzbein

b Leistenfalte der Gegenseite

Varianten

Die Persistenz der Knorpelfuge zwischen Hüftkopf und Schenkelhals wurde beschrieben, ebenso eine persistierende Kernanlage des Trochanter minor. Abb. 7.**8** läßt eine Doppelung des Trochanter minor erkennen. Trochanter major und proximaler Femur wachsen unabhängig voneinander. Durch Zurückbleiben des proximalen Femur im Wachstum gegenüber dem sich normal entwickelnden Trochanter wird der große Rollhügel relativ zu lang und überragt die obere Hüftkopfbegrenzung (Abb. 7.**9a** u. **b**) (35).

Anomalien

Die **kongenitale Hüftluxation** (Luxatio coxae congenita) gehört zu den häufigsten Anomalien des Bewegungsapparates.

Das Leiden wird in Nordeuropa und in den Vereinigten Staaten von Amerika bei 1,5 unter 1000 Lebendgeborenen gefunden (107). Geographische und ethnische Besonderheiten spielen eine Rolle bei den regionalen Häufigkeitsschwankungen (zwischen 1 und 10‰). Die Luxation – nicht die Dysplasie ohne Luxation und nicht die Subluxation (34) – ist bei Mädchen sechsmal häufiger als bei Jungen. Die linke Seite ist bevorzugt (1), doch ist bei Beachtung auch weniger ins Auge fallender Veränderun-

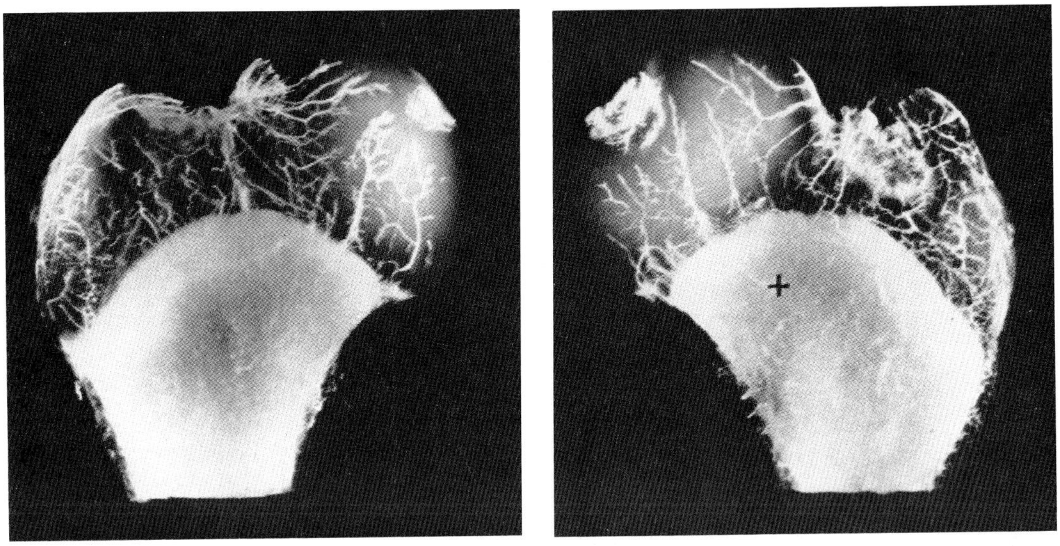

△
Abb. 7.**7 a** u. **b** Kontrastmittelinjektion in Arterien bei Präparaten eines fünf Tage alten Mädchens. Koronale Schnitte. Scharfe Trennung zwischen Schaft- und Kopfgefäßen. Sinoidale Endungen der Gefäße in den Epiphysen. Oberflächlich gelegene Epiphysenarterien des Schenkelhalses (+)
a Vorderansicht des linken,
b Hinteransicht des rechten oberen Femurendes
(aus Crock, H. V.: Klin. Orthop. 152 [1980] 17)

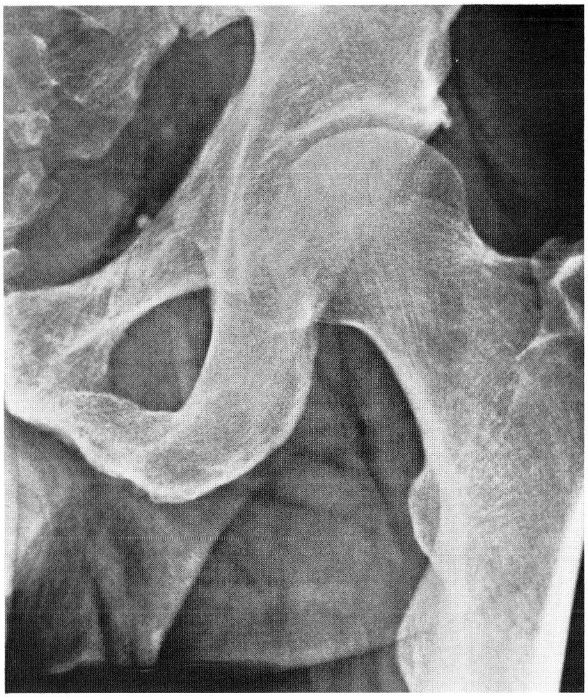

Abb. 7.**8** Doppelung des Trochanter minor ▷

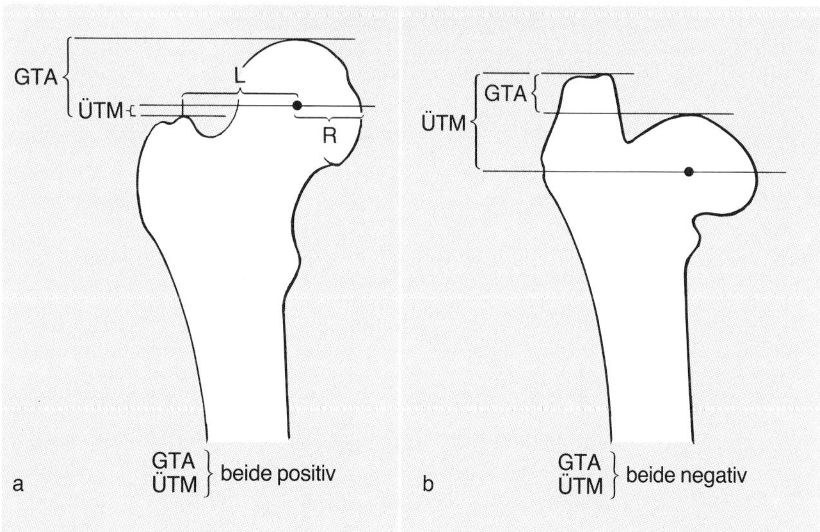

Abb. 7.**9 a** u. **b**
a Norm. Die Tangente an den Hüftkopf liegt höher als die Tangente an die Spitze des Trochanter major.
b Trochanterhochstand. Die Tangente an den Hüftkopf liegt tiefer als die Tangente an die Spitze des Trochanter major
(nach Fernbach u. Mitarb.)
GTA = Gelenk-Trochanter-Abstand
ÜTM = Überhöhe des Trochanter major
L = seitliche Verlagerung
R = Radius des Caput femoris

gen der „gesunden Seite" bis zu 39% Beidseitigkeit festgestellt worden (126).

Abgesehen von einer familiären Häufung bei im übrigen skelettgesunden Individuen kann auch im Gefolge einer konstitutionellen Anlagestörung des Hüftgelenkes (meist im Rahmen von Skelettdysplasien und Mißbildungssyndromen) einmal eine Luxatio coxae congenita beobachtet werden („teratologische Hüftgelenksluxation", ca. 2% aller Fälle), Erbgang s. bei Idelberger u. Franke (65).

Die Fehlstellung des beim Neugeborenen noch rein knorpeligen Femurkopfes, die infolgedessen radiologisch nur an der Lateralisation und dem Hochstand des verknöcherten Schenkelhalses erkannt werden kann, geht regelmäßig mit einem steilen Pfannendach einher. Auf dem Sagittalbild erscheint das knöcherne Pfannendach ausgewalzt; an die Stelle des „Pfannendacherkers" tritt eine mehr oder weniger ausgeprägte „Gleitrinne". Diese Veränderung der Hüftgelenkspfanne im Sinne einer „Flachpfanne" wird um so deutlicher, je länger die Fehlstellung des Femurkopfes besteht.

Nach neuerer Auffassung ist die ausgeprägte Flachpfanne – abgesehen von den seltenen „teratologischen Fällen" – immer *sekundär* (1, 17[2]). Sie entsteht durch die infolge Fehlstellung des Gelenkkopfes veränderte Druckrichtung („der Kopf formt sich die Pfanne"). Nach dieser heute weltweit akzeptierten Theorie ist das „primum movens" der kongenitalen Hüftluxation eine bei konstitutionell hierfür disponierten Individuen (überwiegend Mädchen) am Ende der Fetalperiode durch die mütterlichen Hormone ausgelöste Überdehnbarkeit des Kapselapparates. Die Überdehnung der Kapsel wird noch zusätzlich gefördert durch Extremstellungen des Gelenkes in utero, z.B. bei Oligohydramnion und Beckenendlage. Bleibt eine infolge der schlaffen Kapsel pränatal oder postnatal entstandene Luxation eine Zeitlang bestehen, dann kommt es zu den beschriebenen progredienten Veränderungen der knorpeligen und der knöchernen Pfanne. Wird der Femurkopf frühzeitig in eine normale Stellung gebracht und in ihr gehalten, dann bleibt die Pfanne normal resp. normalisiert sich eine bereits veränderte Pfanne, wieder nach dem Prinzip, daß der Kopf sich die Pfanne formt. Auf dieser Beobachtung basiert die heute übliche Frühbehandlung.

Daneben wird – vorwiegend im deutschsprachigen Schrifttum – aber auch noch die „klassische" Auffassung vertreten, daß eine angeborene, möglicherweise auf einer Reifungsstörung beruhende „Flachpfanne" mit ungenügend ausgebildetem knöchernem Pfannendach den Ausgangspunkt der Luxation darstellt. Darüber hinaus wird von einigen Autoren dem angeborenen steilen knöchernen Pfannendach (mit Azetabulumwinkeln beim Neugeborenen zwischen 37 und 42 Grad, die im angloamerikanischen Schrifttum als Normvarianten ohne Krankheitswert angesehen werden) eine wesentliche Rolle bei der Entstehung der Früharthrose angelastet.

Konstitutionelle Flachpfanne *ohne* Luxation und Flachpfanne *bei* Luxation werden im deutschsprachigen Raum vielfach unter dem Begriff der „Hüftgelenksdysplasie" zusammengefaßt. Dieser Begriff deckt sich nur teilweise mit dem Krankheitsbegriff der angeborenen Hüftluxation („congenital dislocation of the hip").

Die bei der kongenitalen Hüftluxation meist schon vor der Geburt bestehende Fehlstellung (besonders bei Steißlage) führt aber im allgemeinen nur zu einer Deformierung der knorpeligen Anteile der Pfanne (102, 17[3]), während die knöcherne Pfanne bei Neugeborenen noch intakt ist.

Die Prädisposition zur Luxation des Hüftkopfes läßt sich mit dem Ortolani-Handgriff klinisch nachweisen. Über den Limbus (oder aber über den „Sekundärlimbus", einer am Knorpel in der Fetalzeit durch die intrauterine Fehlstellung des Hüftkopfes entstandene Knorpelleiste [= Neolimbus nach Ortolani]) springt der Hüftkopf bei passiver Bewegung des Oberschenkels mit dorsaler und kranialer Abdrängung fühl- oder hörbar wie über eine Rauhigkeit (franz.: ressaut, ital.: scatto). Demgemäß nannten die Erstbeschreiber dieses Symptom „signe de ressaut" (26) bzw. „segno dello scatto" (103). Heute bedient man sich meist des englischen Ausdrucks „click sign".

Aus Reihenuntersuchungen ist bekannt, daß bei einem von hundert Neugeborenen ein instabiles Hüftgelenk, eine „clicking hip", festgestellt wird. Diese Befunde normalisieren sich in der Regel in den ersten Lebenswochen (144, 100).

Sämtliche sonstigen angegebenen klinischen Zeichen (einschließlich der wegen ihrer außerordentlich häufig vorkommenden und deshalb nichtssagenden Gefäßfaltenasymmetrie) werden im Alter bis zu drei und vier Monaten als unsicher oder ganz bedeutungslos bezeichnet (79).

Die **Sonographie** erlaubt vom ersten Lebenstag an auch die Beurteilung des Gelenkknorpels (= knorpelige Anteile der Pfanne und knorpeliger Femurkopf) und seiner etwaigen Deformitäten (46, 47) (Abb. 7.**10a–d**); auch die Stellung des Femurkopfes zur Pfanne läßt sich – im Gegensatz zum radiologischen Befund – klar erkennen.

Bei der **dynamischen Ultraschalluntersuchung,** mit Verfolgung der Hüftkopfbewegung im Azetabulum, sind die elastische Federung und die Instabilitätszeichen von Bedeutung.

Die *elastische Federung:* Hochfedern des Labrum acetabulare mit dem oft nur klein darstellbaren knorpeligen Pfannenerker ist als Anpassungsvorgang und Ausdruck normaler Inkongruenzen der gelenkbildenden Anteile aufzufassen.

Das *Instabilitätszeichen,* bei unruhig strampelnden Säuglingen auch eventuell nicht zu erkennen, besteht in einem Hochtreten des Hüftkopfes unter Mitnahme des Labrum acetabulare nach manuellem Druck auf das Bein in Richtung nach hinten – oben.

Die Untersuchung erfordert Erfahrung. Der Untersuchungsgang des auf diese Art dokumentiert instabilen Hüftgelenkes ist sensibler als jede klinische Untersuchung (46) (Abb. 7.**11a–c**).

Hüftgelenke mit „click sign" (oder Schnappgeräusch) bei passiver Abspreizung der Oberschenkel im Hüftgelenk waren sonographisch knöchern mangelnd ausgebildet. Ein breiter knorpeliger Erker ist als sonometrisch unreifes Hüftgelenk im Gefährdungsbereich oder im Stadium der Dezentralisierung nachzuweisen (46).

Ohne, außer dem Hinweis, daß die Untersuchung jedes Hüftgelenkes einzeln in Seitenlage des Säuglings erfolgt, auf weitere technische Einzelheiten hier eingehen zu können, müssen zum Verständnis der Aufnahmen einige Erklärungen und

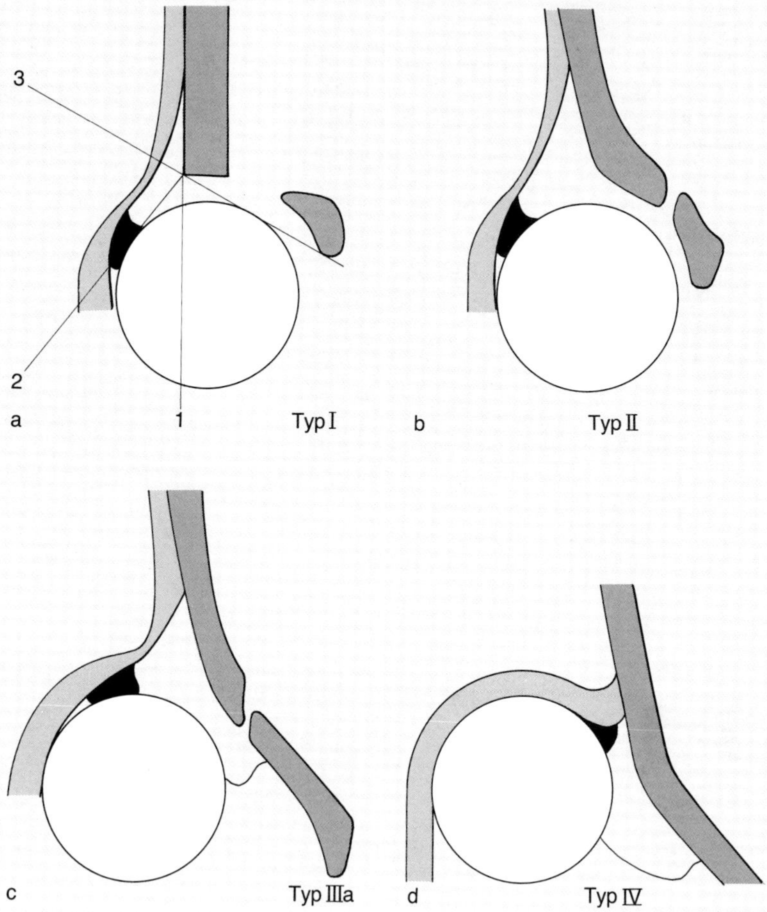

Abb. 7.**10 a–d** Schematische Zeichnung eines Hüftsonogramms in üblicher Rechtsprojektion (Abb. von R. Graf, Stolzalpe, Österreich)
1 = Grundlinie, 2 = Ausstellungslinie, 3 = Pfannendachlinie
a Typ I: ausgereiftes Hüftgelenk
b Typ II: Verknöcherungsverzögerung: Das Verhältnis von knorpeligem Anteil zum knöchernen Anteil des Pfannendachs ist zugunsten des knorpeligen verschoben
c Typ IIIa: Der luxierte Hüftkopf hat das knorpelige Pfannendach nach kranial verdrängt
d Dezentrierung, Typ IV: Der Hüftkopf hat das knorpelige Pfannendach im Gegensatz zum Typ III zur Gänze nach kaudal gedrückt

Definitionen gegeben werden. Wir folgen hierbei wieder den Ausführungen von Graf (46):

Die Grundlinie wird vom obersten Punkt des hyalinen Erkers, an dem das Perichondrium in das Periost übergeht und sich an die knöcherne Lamelle anlegt, tangential an der enchondralen Wachtumsleiste am Echo der knöchernen Lamelle des Darmbeins anlegt.

Die Ausstellungslinie ist die Verbindungslinie von knöchernem Erker und Labrum acetabulare.

Die Pfannendachlinie wird vom Unterrand des Os ilium in der Fossa acetabuli tangential an die knöcherne Lamelle des Pfannendaches angelegt.

Die *Grundlinie* ist die Verbindung des knöchernen Erkers mit dem Punkt, an dem sich das Perichondrium als Periost mit dem Darmbein vereinigt.

Die *Ausstellungslinie* ist die Verbindungslinie von knöchernem Erker und Labrum acetabulare.

Die *Pfannendachlinie* ist die Verbindung des knöchernen Erkers mit dem Unterrand des Os ilium.

Der *Winkel Alpha* wird oben zwischen der Grund- und Pfannendachlinie, der *Winkel Beta* unten zwischen Ausstellungs- und Grundlinie gemessen.

Diese Meßlinien können an unscharfen Echolinien nur mit bedingter Genauigkeit angelegt werden. Kenntnis und Vermeidung von Meßfehlern engt die Fehlerbreite bei Winkeln auf maximal 4 Grad ein.

Die Kritik der Maße wird nach Besprechung der radiologischen Meßergebnisse auch im Hinblick auf die Therapiekomplikationen grundsätzlich besprochen.

Nach Vollendung des 3. Lebensmonats sind meist mit weitgehender Verknöcherung der Pfannendachecken (-erker) und beginnender Ossifikation der Hüftkopfkerne – auch die gedoppelte Pfanne wird erwähnt (151) – die Voraussetzungen für eine **radiologische Messung** erfüllt. Sehr viele Methoden waren bisher hierzu angegeben, doch ist ein großer Teil von ihnen entweder allgemein nicht angewandt worden oder hat sich mit Einführung der Sonographie erübrigt.

Alle radiologischen Meßmethoden – mit Ausnahme des Azetabulumwinkels (s. unten) – dienen dem Nachweis der **Dislokation** des Femurkopfes, also der „congenital dislocation of the hip", und nicht der Pfannendysplasie. Hilfslinien sind vor allem in der Zeit vor Auftreten der Femurkopfknochenkerne bedeutend.

Voraussetzung zur Messung nach Röntgenaufnahmen sind **einwandfrei eingestellte Aufnahmen** (27[1]). Hierzu gehört der Ausgleich der beim Neugeborenen physiologischen Anteversion (40 Grad) durch eine entsprechend starke Innenrotation (11). Eine Drehung um die Beckenlängsachse ist zu ver-

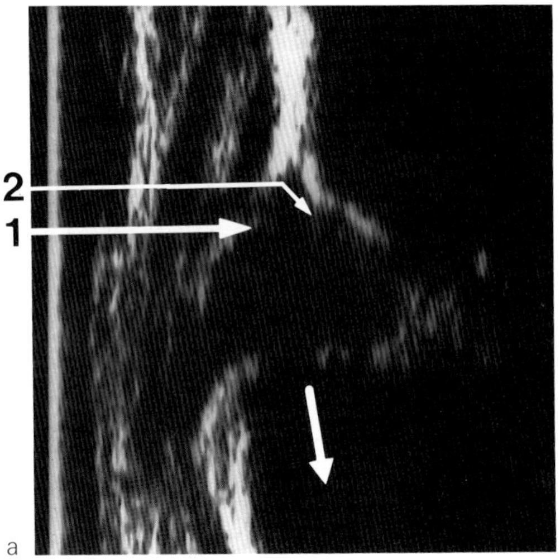

a

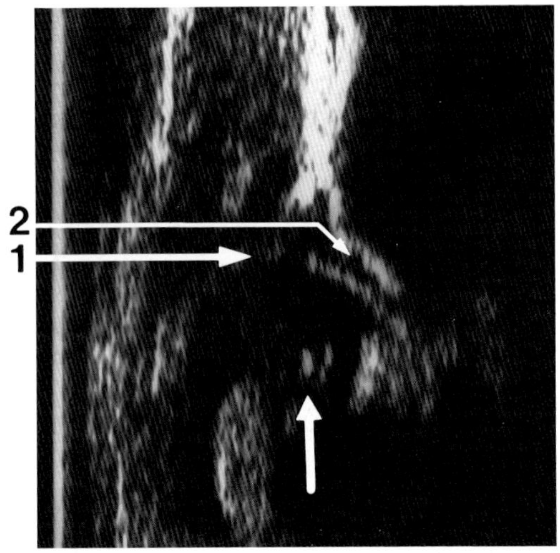

b

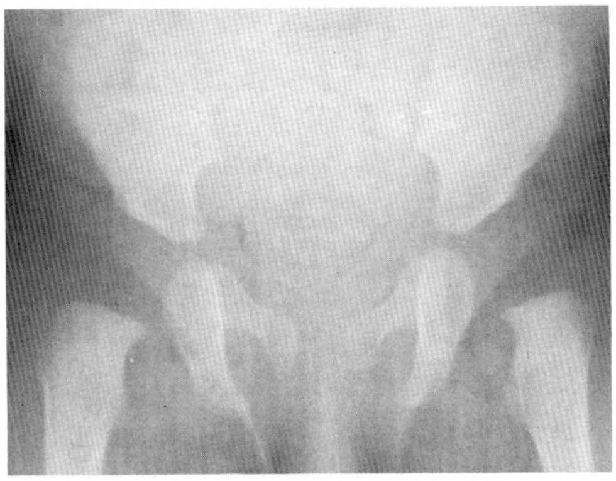

c

Abb. 7.**11 a–c** Instabiles linkes Hüftgelenk bei einem 10 Tage alten Säugling, dynamische Untersuchung. Die Zug- und Druckrichtung ist mit einem Pfeil markiert
a Zug auf das koxale Femurende. Das Hüftgelenk ist mit α 40°, β 90° dezentriert (Typ IIIa)
b Druck nach kranial. Der Hüftkopf läßt sich aus dem Azetabulum herausdrängen. Das Labrum acetabulare wird nach kranial verschoben. 1 = Labrum acetabulare, 2 = knöcherner Erker
c Röntgenbild zu **a** und **b**. Linkes Hüftgelenk subluxiert (Abb. von R. Graf, Stolzalpe, Österreich)

meiden, da sonst eine Asymmetrie der Pfannendachwinkel vorgetäuscht wird. Zu beachten ist deswegen die seitengleiche Darstellung der Ossa ilia und der Foramina obturatoria. Kreuz- und Steißbein sollen mit ihrer Medianlinie auf die Mitte der Symphyse projiziert sein. Die Beckenkippung um die Querachse (Kreuzhohlstellung) verändert ebenfalls die Azetabulumwinkel (und unterbricht die allerdings für die Diagnostik nicht so wesentliche Ménard-Shanton-Linie, s. unten).

Gegenüber der Ultraschall- besitzt die radiologische Untersuchung den Vorteil des mehr exakten Seitenvergleichs und der sehr viel besseren Detailerkennbarkeit.

Folgende Hilfslinien bzw. Meßmethoden sind auch heute wohl noch unentbehrlich:

- **Y-Fugen-Linie** (59) (Abb. 7.**12**): Der Abstand der Oberschenkelmetaphyse von dieser Linie ist ein Maß für den Femurhochstand.
- **Senkrechte nach Ombrédanne** (Abb. 7.**12**): Sie schneidet den „Pfannendacherker" und steht senkrecht auf der Y-Linie. Steht der Diaphysen-„stachel" über einer parallel zur Y-Fugen-Linie gezogenen Tangente an dem oberen Rand der Foramina obturata und lateral von der Ombrédanneschen Senkrechten, liegt mit hoher Wahrscheinlichkeit eine Sub- oder Luxation vor.

Die früher stark beachtete stufenförmige Unterbrechung der *Ménard-Shanton-Linie* (normalerweise ununterbrochene Kurve, die sich aus der Unterkante des aufsteigenden Schambeinastes in die Biegung in der unteren Kontur des Schenkelhalses fortsetzt) gilt heute als unzuverlässig und hat die einstige Wertschätzung verloren.

- **Azetabulumwinkel** (59) (Abb. 7.**12**): Von dem am weitesten unten vorspringenden Punkt des Darmbeins an der Y-Fuge wird eine Verbindungslinie an die Pfannendachecke gezogen und der Winkel zwischen dieser Linie und der Y-Fugen-Linie bestimmt.

  Die Normwerte liegen für Mädchen zwischen 17 und 37 Grad. Der Aussagewert des Winkels wird heute als außerordentlich gering erachtet (17[2]).

  Infolge der meist noch normalen Pfannendachformation des Neugeborenen ist der Winkel im ersten Trimenon sehr selten pathologisch und bekommt einen angezweifelten Wert (im Lehrbuch der Kinderradiologie von Caffey fehlt seine Erwähnung seit 1961) als Ausdruck des Grades der sekundären Pfannendysplasie erst nach dem ersten Trimenon.

  Die oft für eine Hypoplasie verdächtig erklärte Unterentwicklung des Hüftkopfkerns (im Vergleich zur „gesunden" Seite) kommt auch als Normvariante vor (129, 88).

Einige weitere Meßweisen seien kurz aufgeführt. Sie dienen sämtlich dem Nachweis der Dislokation des Hüftkopfkerns, nicht der Dysplasie.

Abb. 7.**12** Hilfslinien und Winkel zur Feststellung einer (kongenitalen) Hüftgelenksdysplasie. Rechtes Hüftgelenk normal, linkes Hüftgelenk dysplastisch
Hi = Y-Linie nach Hilgenreiner
0 = Senkrechte auf der Y-Linie, durch den lateralen Pfannenrand gezogen
α = Azetabulumwinkel

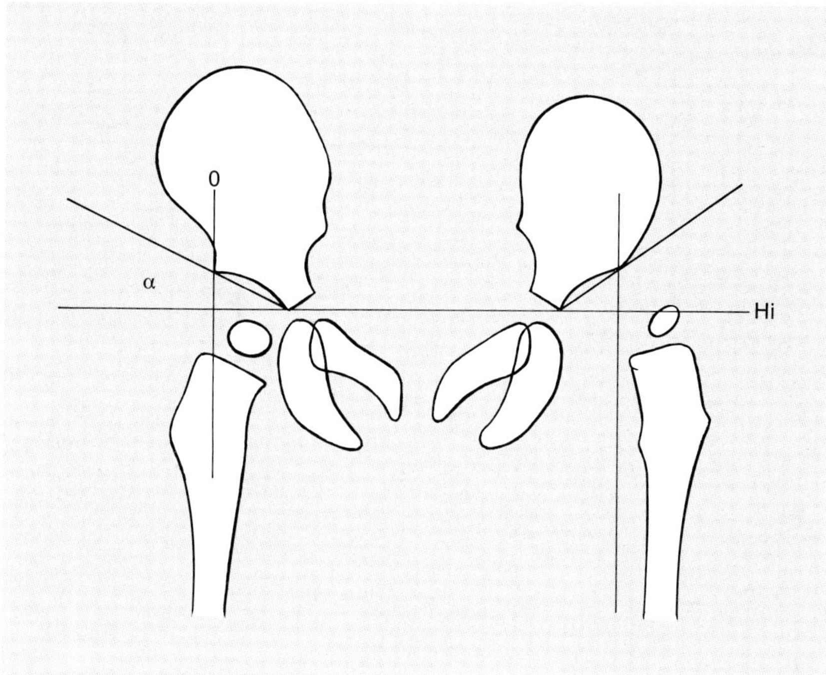

a) *Parallelogramm nach Kopits* (80) (Abb. 7.**13a**): Tangenten an Pfannendach und proximaler Femurmetaphyse, normalerweise parallel, bilden nach Verbindung ihrer Endpunkte demnach ein rechtwinkliges Parallelogramm, bei dysplasiebedingter Verlaufsänderung entsteht ein Rhomboid, also ein ungleichseitiges, schiefwinkliges Parallelogramm, der Hüftkopfkern liegt außerhalb.
b) *Betawinkel nach Zsernawiczki und Türk* (152) (Abb. 7.**13b**): Winkel aus Tangente an das proximale Femurende und Verbindungslinie zwischen dem medialen Metaphysen„stachel" und dem Pfannendach„erker". Die Normalwerte liegen zwischen 35 und 56 Grad. Höhere Werte zeigen einen pathologischen Zustand an.
c) *Femuriliumwinkel nach Großmann* (49) (Abb. 7.**13c**): Winkel aus der Linie zwischen Punkt, an dem die Ménard-Shanton-Linie (s. oben) den Schenkelhals verläßt und dem Punkt der inneren, oberen Begrenzung des Darmbeins im Y-Knorpel zustrebt. Die gemessenen Winkelwerte werden in Bezug gesetzt zum Azetabulumwinkel und aus diesen Werten ein Quotient gebildet, dessen Zahlenwert einen Hinweis auf den Gefährdungsgrad der Hüftgelenke gibt.
d) *Methode nach Garavaglia* (42), fußend auf der (beim Neugeborenen selten, sonst meist) direkt erkennbaren lateralen Begrenzung der knorpeligen Femurköpfe und damit ihrer Stellung durch intermuskuläre Fettstreifen.
e) *Aufnahmetechnik nach Andrén* (1): In Rückenlage Abduktion beider Oberschenkel um 45 Grad bei starker Innenrotation. Normalerweise trifft die Verlängerung der Femurschaftachse die obere, äußere Ecke des Pfannendaches, von der Subluxation ab bis zur ausgeprägten Dysplasia luxans coxae erreicht sie dagegen das Becken kranial der Hüftpfanne.

Zur Messung der Abweichungen des Schenkelhalses nach vorn und hinten sind weitere Meßmethoden anzugeben:

Nach der Pubertät erlauben einige Methoden, die Folgen einer Hüftluxation und ihrer Behandlung, aber auch andere angeborene und erworbene, z. B. durch spastische Zerebralparese, Femurfraktur u. a., Fehlstellungen von Femurkopf und Schenkelhals zu erkennen:

- Der *Kollodiaphysen-(CCD-)Winkel* (Abb. 7.**14a**) wird von den Linien gebildet, die zwischen dem Femurkopfzentrum und der Mitte der Geraden am Schenkelhals (zwischen Schnittpunkten eines vom Femurkopfzentrum gezogenen Kreisbogens mit medialer und lateraler Femurhalskontur) sowie der Femurschaftlängsachse (= Verbindungslinie der Halbierungspunkte zweier Querdurchmesser des subtrochanteren Femurschaftes) gezogen werden. Die normalen Werte dieses Winkels liegen altersabhängig zwischen 120 und 140 Grad. Abweichungen sprechen für eine Coxa valga (Abb. 7.**15**) oder Coxa vara (Abb. 7.**16a–h**). Bei einer Coxa valga ist meist auch die Antetorsion vermehrt (Coxa valga antetorta). Der Anteil der Antetorsion an dem in sagittaler Projektion gemessenen CCD-Winkel ist nicht ohne weiteres zu erkennen. Deshalb sollte bei der Coxa valga immer auch der Antetorsionswinkel bestimmt werden.
- *Antetorsionswinkel*, Bestimmung nach Rippstein (113) (Abb. 7.**14b**): Zwei Aufnahmen sind erforderlich, eine Beckenübersichtsaufnahme zur Messung des CCD-Winkels und eine zweite Aufnahme mit Abspreizung beider Oberschenkel um je 20 Grad (Haltegerät) bei Beugung im Knie und im Hüftgelenk um jeweils 90 Grad. Die mitabgebildete Querschiene des Haltegerätes entspricht der hinteren Femurkondylentangente oder der bikondylären Femurachse. In einer Tabelle findet man die Größe des Antetorsionswinkels bei bestimmtem CCD-Winkel (27^2). Weitere Methoden

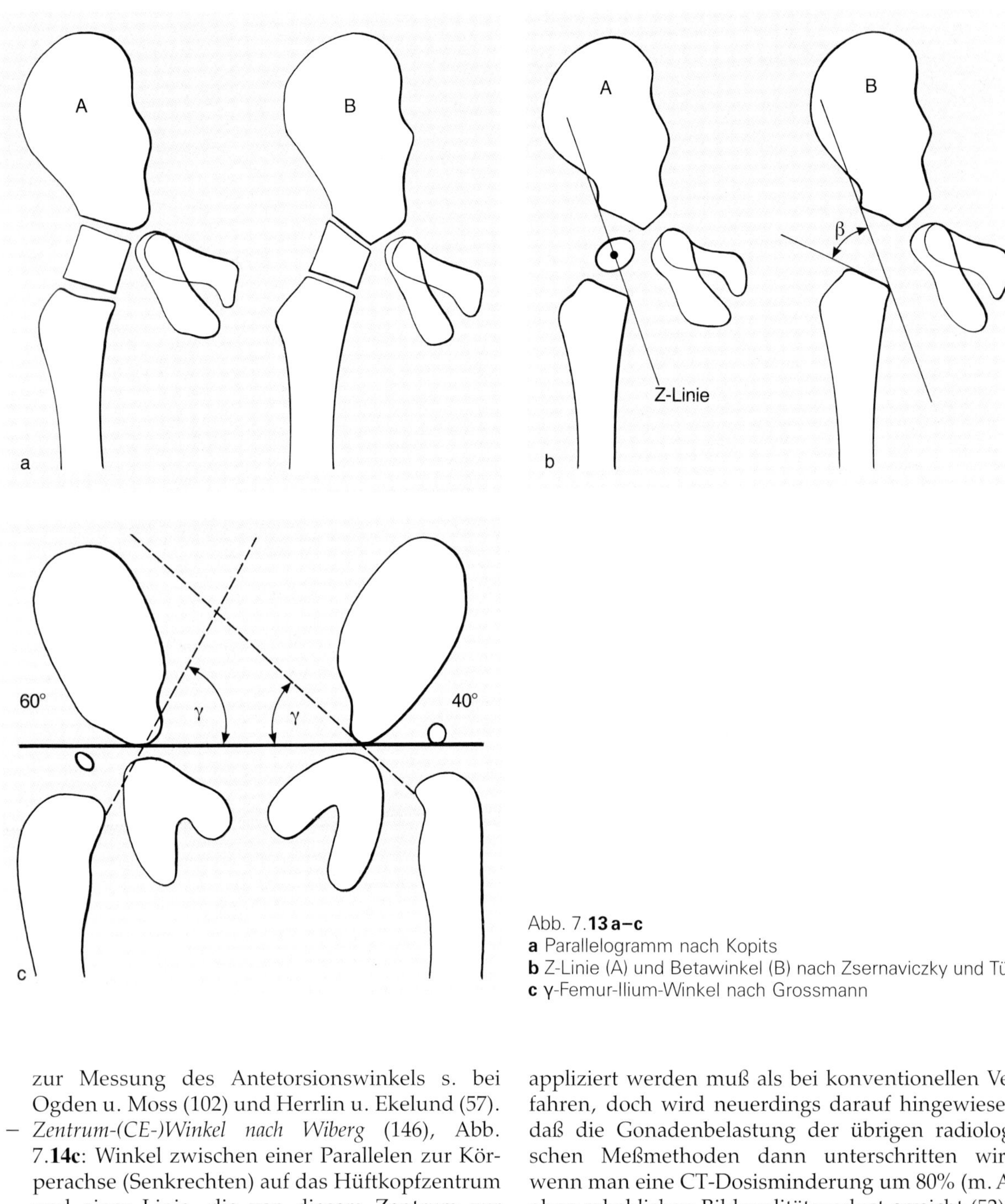

Abb. 7.**13 a–c**
a Parallelogramm nach Kopits
b Z-Linie (A) und Betawinkel (B) nach Zsernaviczky und Türk
c γ-Femur-Ilium-Winkel nach Grossmann

zur Messung des Antetorsionswinkels s. bei Ogden u. Moss (102) und Herrlin u. Ekelund (57).

- *Zentrum-(CE-)Winkel nach Wiberg* (146), Abb. 7.**14c**: Winkel zwischen einer Parallelen zur Körperachse (Senkrechten) auf das Hüftkopfzentrum und einer Linie, die von diesem Zentrum zur Pfannendachecke zieht.

Die computertomographische Darstellung gibt nicht nur das Ausmaß des CCD-Winkels, sondern auch der Ante- und Retrotorsion des Schenkelhalses in der technischen Durchführbarkeit am leichtesten wieder; darüber hinaus liefert sie auch Aufschlüsse über intraartikuläre, weichteilbedingte Hindernisse für die konservative („closed") Therapie einschließlich von Auskünften über Vorderwand- und Hinterwand sowie die Kapazität des Azetabulum (50, 64, 85).

So wird die Computertomographie als Meßmethode der Wahl betrachtet, wobei zwar durch mangelnde Abdeckmöglichkeit eine höhere Dosis appliziert werden muß als bei konventionellen Verfahren, doch wird neuerdings darauf hingewiesen, daß die Gonadenbelastung der übrigen radiologischen Meßmethoden dann unterschritten wird, wenn man eine CT-Dosisminderung um 80% (m. A.) ohne erheblichen Bildqualitätsverlust erreicht (52).

Die **Coxa valga antetorta** kann ebenso Folge einer unbehandelt bestehenden Luxation wie einer langdauernden Spreizbehandlung sein.

Bei Kindern mit einer Coxa valga, fast nur bei Jungen im Alter von 9–13 Jahren, können begrenzte Osteochondrosen Befunde hervorrufen, die einer Osteochondrosis juvenilis (Calvé-Legg-Perthes) oder einer Osteochondrosis dissecans ähneln (75[2]).

Die **idiopathische Coxa antetorta** ist primär als Variante der Norm anzusehen (54). Als konservative Behandlung ist kausal einzig die Kräftigung der Hüftabduktoren sinnvoll. Eine Operation darf ab dem 10. Lebensjahr diskutiert und ausnahmsweise durchgeführt werden. Die Indikation hierzu wird

Abb. 7.**14a–c**
a Kollodiaphysen-(CCD-)Winkel
b Antetorsionswinkel
c C-E-Winkel nach Wiberg

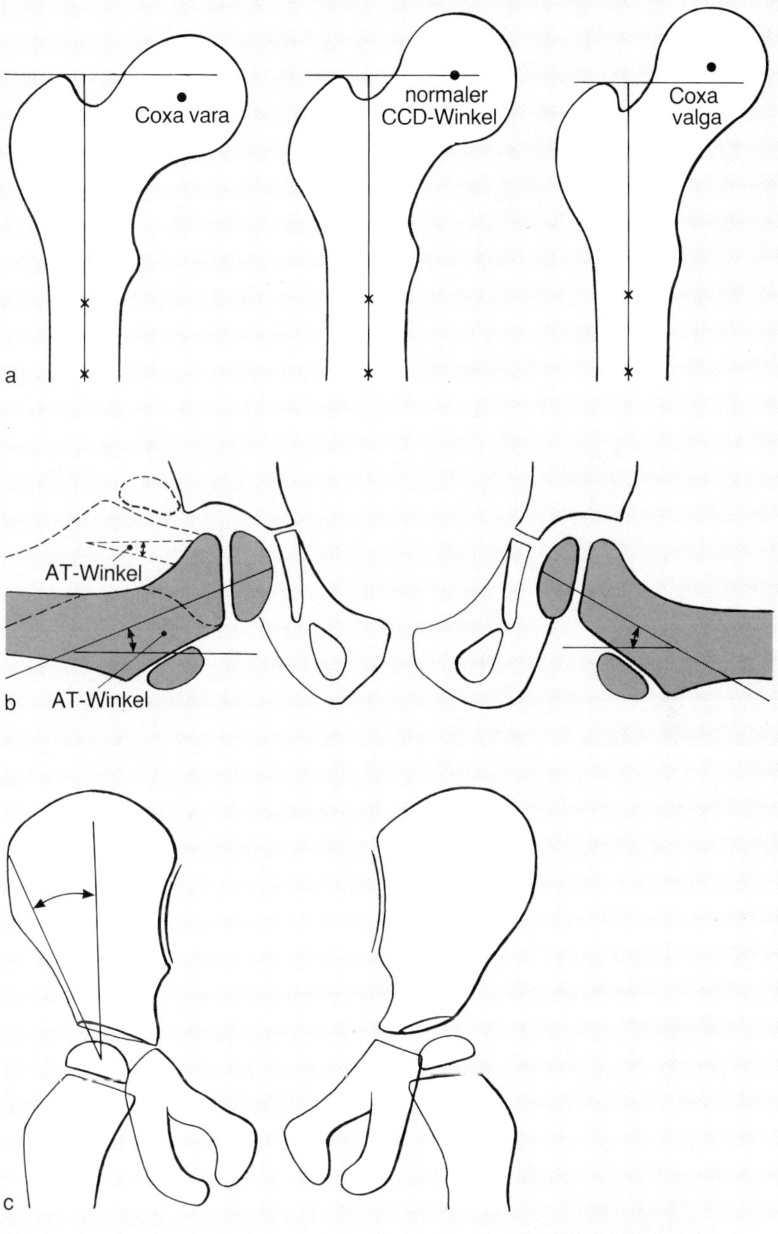

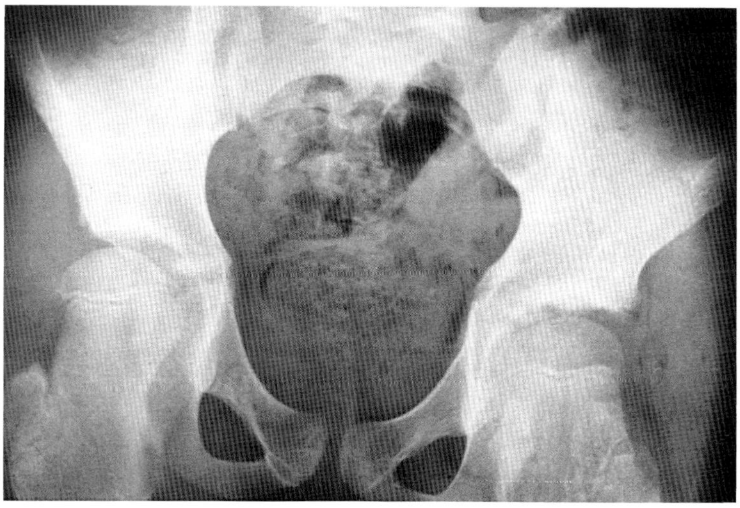

Abb. 7.**15** Coxa valga

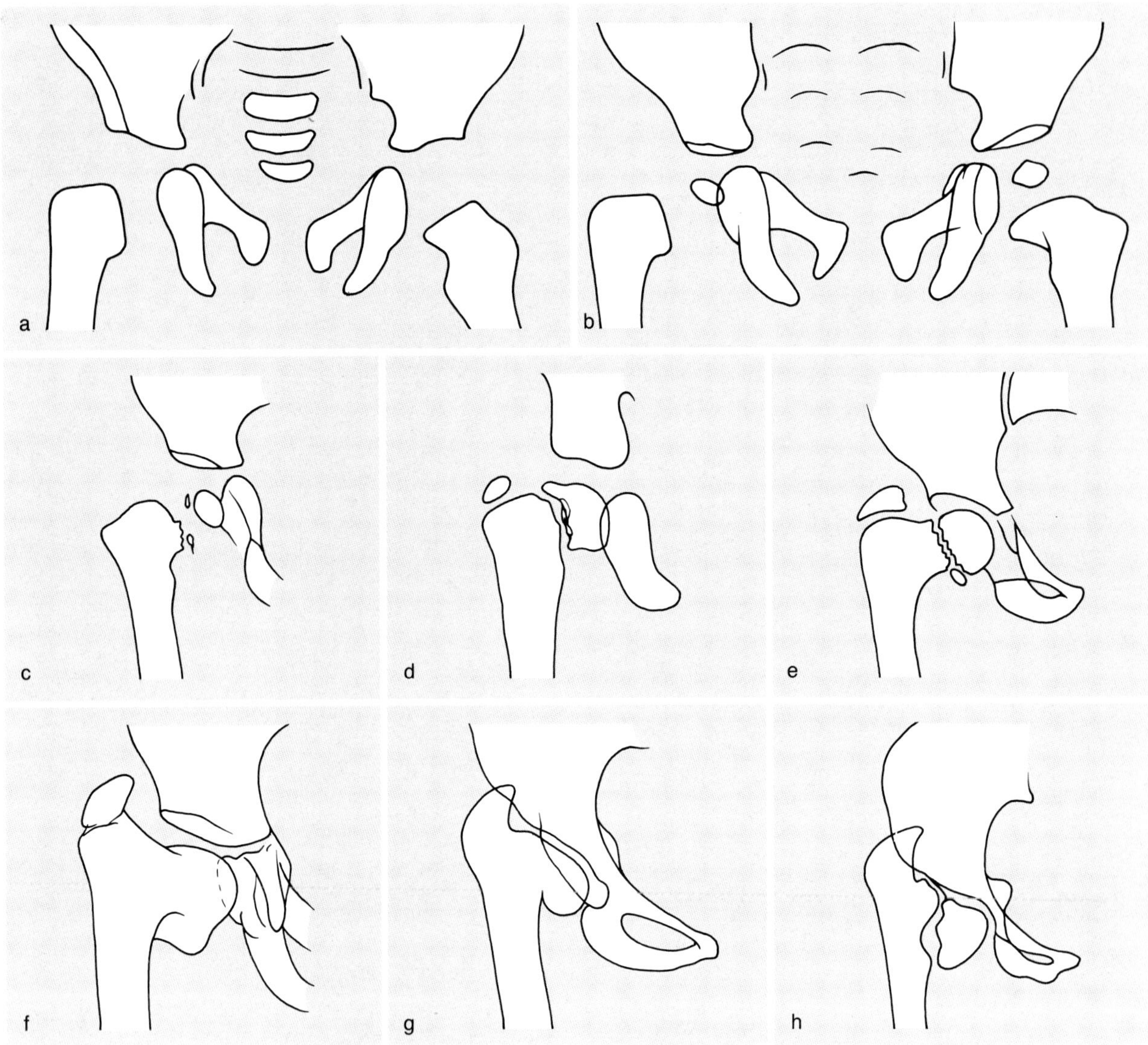

Abb. 7.**16a–h** Erscheinungsformen der Coxa vara congenita (nach Bildern von Kreuz, Leger, Glauner und Marquardt)
a Acht Monate altes Kind, Steilstellung des Metaphysenrandes rechts und verhältnismäßig großer Abstand dieses Randes von der Pfanne, dicke Kortikalis am medialen Rand des proximalen Schaftabschnittes
b 14 Monate altes Kind, Epiphysenkern sichtbar, sonst ähnlicher Befund wie bei **a**
c Kindlicher Patient, breite Nekrosezone am metaphysären Teil des Schenkelhalses, beginnende Senkung der Epiphyse
d Sechsjähriges Mädchen, breite Nekrosezone mit Verkürzung des Schenkelhalses, Sklerosierung gegen das Trochantermassiv, Verisierung
e Jugendlicher Patient, ausgesprengtes Knochenstück am unteren Rand der epiphysennahen Nekrosezone. Die Aufhellungslinien bilden ein Y, Varisierung und Abdrehung des Kopfes
f 12jähriger Junge, Ausheilungsstadium, kurzer Hals mit Kopfkrause, hochgerückter Trochanter (Hirtenstabform)
g Spätbild mit Hirtenstabform bei einem Erwachsenen
h Spätbild mit Hirtenstabform und Pseudarthrose bei einem Erwachsenen, nach unten abgedrehter Kopf, reaktive Konsole an der Schaftinnenseite an der Berührungsstelle des Kopfes

durch Operationskomplikationen, die Unsicherheit der behaupteten Arthroseprophylaxe und die beobachtete Spontanrückbildung in Frage gestellt (54). Jede kongenitale Hüftdysplasie geht mit einer Anteversion des Schenkelhalses einher (s. oben).

Die **Coxa vara congenita s. infantum** entspricht dem leichtesten Grad des kongenitalen Femurdefektes (14, 15 u. a.). Sie kommt in einer Häufigkeit von 1:25000 Lebendgeborenen vor und wird bei Kindern meist erst erkannt, wenn diese stehen und gehen können. In den ersten Lebenswochen und -monaten ist das proximale Oberschenkelende verplumpt, bei Säuglingen und Kleinkindern treten in ausgeprägten Erscheinungsbildern kappenförmige („perthesähnliche") dissezierte Auflagerungen am hüftnahen Diaphysenende auf (Abb. 7.**16a–h**): Varuskrümmungen (und auch Pseudarthrosen) entstehen im proximalen Schaftdrittel.

Ein ebenfalls nach Hilgenreiner benannter Epiphysenwinkel wird in diesen Fällen zwischen der Y-Linie und der Achse der Epiphysenlinie zur defekten Metaphyse ausgewertet. Bei Normalwerten dieses Winkels von 25 Grad werden Winkel von 45–60 Grad zu einer Grenzzone gerechnet, während bei Winkelgraden über 60 Grad die Operationsindikation gestellt wird (145).

Bei zunehmender Femurverkürzung bilden sich Übergangsformen zum kongenitalen „Femurdefekt". Die Ossifikation in der gesamten proximalen Femur- und auch Beckenregion ist verzögert. Die entsprechenden Partien bleiben meist hypoplastisch. Die Deformität geht oft mit einer Coxa valga der Gegenseite einher, wirkt sich auf die Statik und damit Entwicklung der deformierten und der Gegenseite aus und ist mit Mißbildungen an anderen Organen und Extremitäten vergesellschaftet.

Die Feststellung nicht nur des CCD-Winkels, sondern auch der **Ante- und Retrotorsion** des Schenkelhalses spielt besonders präoperativ eine Rolle. Meßweisen und -werte anzugeben, würde hier zu weit führen (s. bei 27[2], 78, 112) (s. auch Abb. 7.**17a–d**).

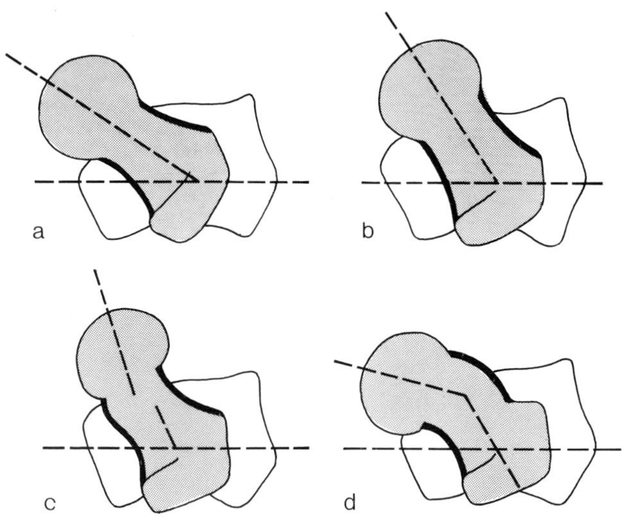

Abb. 7.**17 a–d** Meßlinien zur Bestimmung der Schenkelhalsachse in Anlehnung an Bernbeck u. Dahmen. Femur mit Schenkelhals und Hüftkopf getönt. Horizontal gestrichelte Linie: Achse der Kniekondylen mit Umrißskizze der Kondylen

a Normale Antetorsion des Schenkelhalses gegenüber den Kondylenquerachsen

b Vermehrte Antetorsion zwischen Schenkelhals und Kondylenquerachse

c Verstärkte Antetorsion durch Antekurvation des Schenkelhalses

d Verminderte Antetorsion durch Rekurvation des Schenkelhalses

Verletzungsfolgen und Nekrosen

Separationen des Hüftkopfkerns können durch Geburtstraumen entstehen. Die Diagnose wird durch die offensichtliche Dislokation (apparent or true hip dislocation) gestellt, wie sie in Fällen mit andersartiger Luxation, z. B. septischer oder auch kongenitaler Ätiologie, in gleicher Weise offenbar wird (4).

Bei einer *Interposition des Labrum acetabulare*, die bei einem siebenjährigen Jungen erfolgte, nachdem er gefallen war, die operativ bestätigt wurde und das Gelenk blokkierte, waren radiologisch lediglich vergleichsweise eine Erweiterung des Gelenkspaltes und eine Vergrößerung der „teardropdistance" nachzuweisen (72).

Frakturen des Femurkopfes, der durch das Azetabulum geschützt wird, sind selten (83). Sie kommen meist mit Azetabulumverletzungen, ausgelöst durch vorübergehende zentrale Luxation vor. Deren direkte und indirekte Folgen sind zwar radiologisch nach dem Unfall meist nicht mehr zu sehen (114[1]), lassen sich jedoch nach posttraumatischen Kopfresektionen am Präparat nachweisen (13).

Auf die Problematik der **Schenkelhals- und intertrochanteren Frakturen** einzugehen, würde den Rahmen dieses Buches sprengen; eine Sonderform muß jedoch hier genannt werden, deren Diagnostik klinisch und radiologisch Schwierigkeiten verursacht: die eingestauchte, subkapitale (mediale) Schenkelhalsfraktur, die auch schon beim Kind beobachtet wurde (69). Schenkelhalsbrüche sind bei Kindern selten (0,8% der Brüche der unteren Gliedmaßen) und haben mit 60% Komplikationen eine schlechte Prognose (9). Bei mangelnder Dislokation der Fragmente gegeneinander und oft vorhandener (Involutions-)Osteoporose sind selbst beim Erwachsenen Konturunterbrechungen schwer oder nicht nachweisbar (62). Hilfreich können zur Diagnose die Abknickungen im Verlauf der einzelnen Trabekel (Abb. 7.**18a** u. **b**) oder auch eine durch Kompression der Knochenbälkchen eingetretene quere Verdichtungslinie sein (114[2]). Wenn sämtliche anderen radiologischen Hilfsmittel, einschließlich der Tomographie, versagen, ist schließlich an die beweisende Szintigraphie zu denken (Abb. 7.**19a–c**). Daß Schenkelhalsfrakturen vorgetäuscht werden können, ist im Kapitel über das Pfannendach (s. Abb. 6.**75**) ausgeführt.

Eingestauchte Schenkelhalsfrakturen treten bei älteren Menschen mit einer Coxa valga gehäuft auf (70).

Ermüdungsbrüche kommen im Schenkelhals nicht nur bei jungen Leuten durch Überlastung des normalen Knochens (Rekruten, Balletttänzer/innen, „Joggern" [130]) vor, sondern auch am osteoporotischen Skelett alter Menschen (30), bei den Osteomalazien unterschiedlichster Herkunft (Milkman-Looser-Syndrom), bei der Spondylosis ankylosans (Bechterew) (81) und auch bei mit Fluoriden behandelten renalen Osteoporosen (45).

Abrißfrakturen des Trochanter major ereignen sich vorwiegend bei älteren Leuten. Der Trochanter ist meist wenig verlagert. Oft bedarf es der Betrachtung der Röntgenaufnahmen bei hellem Licht, um den Bruch zu erkennen. Der **Abriß der Trochanter-minor-Apophyse** ist ein Charakteristikum von Sportunfällen im Adoleszentenalter (22).

Die Diagnose der traumatisch bedingten **Hüftgelenksluxation** ist im allgemeinen leicht, kann aber auch bei geringen Dislokationen Schwierigkeiten bereiten (Abb. 7.**20**), besonders *post partum*, wobei häu-

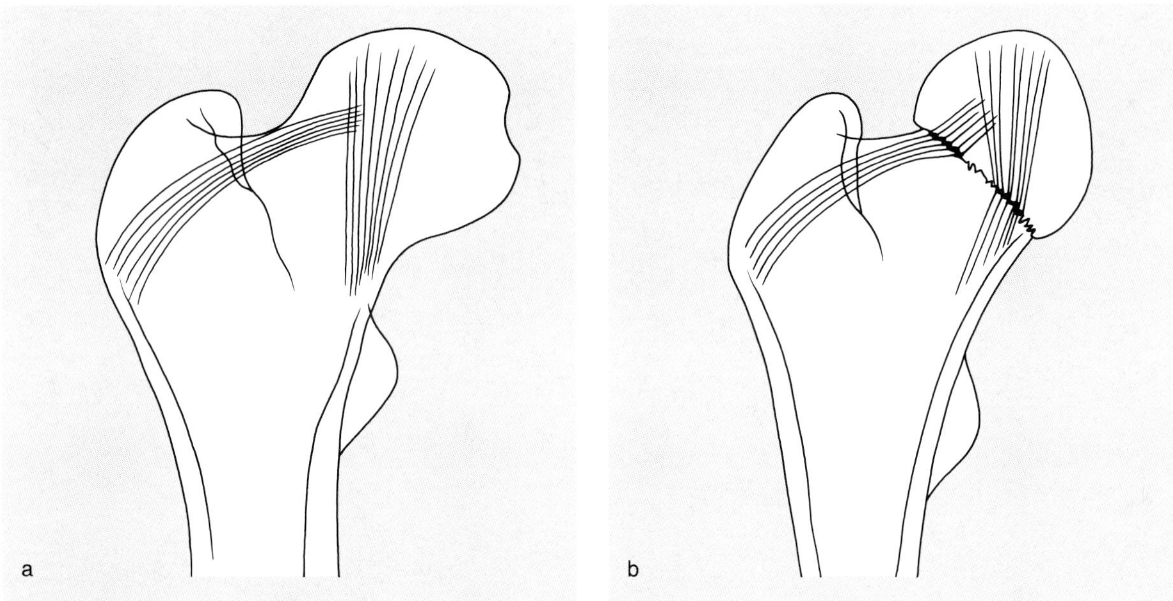

Abb. 7.**18a** u. **b**
a Zwei verschiedene, normale Trabekelzüge im Schenkelhals
b Eingestauchte, subkapitale Schenkelhalsfraktur mit typischem Trabekelknick und Valgusstellung des Hüftkopfes (nach Rogers)

fig zu spät die kappenförmige Verkalkung des Hämatoms deutlich wird.

Nach hinteren Hüftkopfluxationen kommt es, radiologisch nicht zu bemerken, oft zu schweren Verletzungen des Caput femoris, die später gehäuft zu vorzeitigen Koxarthrosen führen (141).

Traumatische Epiphyseolysen können *beim Kind* allein durch die einseitige Verbreiterung des Epiphysenspaltes deutlich werden (135). Bei Neugeborenen beobachtet man gelegentlich eine traumatische Separation der oberen Femurepiphyse als Folge des Geburtsvorganges (4).

Hüftkopfnekrosen sind nach Schenkelhalsfrakturen keine Seltenheit (22, 121), besonders nach subkapitalen (medialen) Brüchen. Die Eintrittsstelle der Arterien für die Kopfversorgung liegt für einen kleineren Bereich distal, für den größeren Teil proximal dorsal an der Stelle, auf der man nach der Aufnahme im axialen Strahlengang die Konvexität des Femurkopfes in die Konkavität des Kollum übergehen sieht. Bei Fraktur an dieser Stelle ist in fast 90% der Fälle mit einer Kopfnekrose zu rechnen. Ihr Entstehen erfolgt langsam, meistens mehrere Monate oder Jahre nach dem Unfallgeschehen, das auch ohne Fraktur erfolgen kann, z. B. durch Erschütterung des Caput femoris nach Fall aus größerer Höhe. Als längstes Intervall zwischen Trauma (Schenkelhalsfraktur) und Hüftkopfnekrose sind 28 Jahre für möglich gehalten (132).

Auch die **Osteonecrosis juvenilis coxae** (Morbus Calvé-Legg-Perthes) wurde im Anschluß an ein schweres einmaliges Trauma beobachtet. Das Ereignis würde eine Unterstützung der „Gefäßtheorie" für die Entstehung des „Morbus Perthes" bedeuten, wonach Mikrotraumen die Nekrosen verursachen (17[3]). Die Erkrankung gehört ihrem Wesen nach zur Gruppe der typischen juvenilen Knochennekrosen, wie sie während des Wachstums in jeweils bestimmtem Alter an verschiedenen Knochenkernen als Folge eines Mißverhältnisses zwischen Belastung und Belastbarkeit auftreten. Sie kann einsetzen, solange das Wachstum des Knochens noch nicht abgeschlossen ist. Das Maximum der Erkrankungshäufigkeit liegt zwischen dem 6. und 8. Lebensjahr. Das Auftreten von Hüftkopfnekrosen nach dem 8. Lebensjahr soll immer suspekt für eine andere Genese als die der simplen juvenilen Nekrose des Morbus Calvé-Legg-Perthes sein (94). Jungen sind im Verhältnis 4:1 öfter betroffen als Mädchen. Familiäres Auftreten ist häufig (150). Es besteht eine deutliche Volksgruppenabhängigkeit: Bei negroiden Völkern, den Indianern Amerikas und den australischen und polynesischen Rassen scheint der „Perthes" unbekannt zu sein. Bei vergleichenden Untersuchungen in der Kap-Region wurde eine Häufigkeit von 10,8:1,7:0,45 bei Weißen:Coloured people:Blacks gefunden (109).

Im Rahmen dieses Buches sind über die vieldiskutierte Knochenerkrankung, der im Handbuch der Radiologie 260 Seiten gewidmet sind, ganz vorwiegend die Frühzeichen und letztlich auch Endstadien bzw. -hüftkopfdeformierungen interessant. Trotzdem soll zur Verdeutlichung der typische Verlauf der Erkrankung wiedergegeben werden (Abb. 7.**21a–f**):

Anfangsstadium (Abb. 7.**21a** u. **b**):

a) Kopfkern etwas kleiner und oben abgeplattet. Meistens nur auf der Seitenaufnahme (nach Lau-

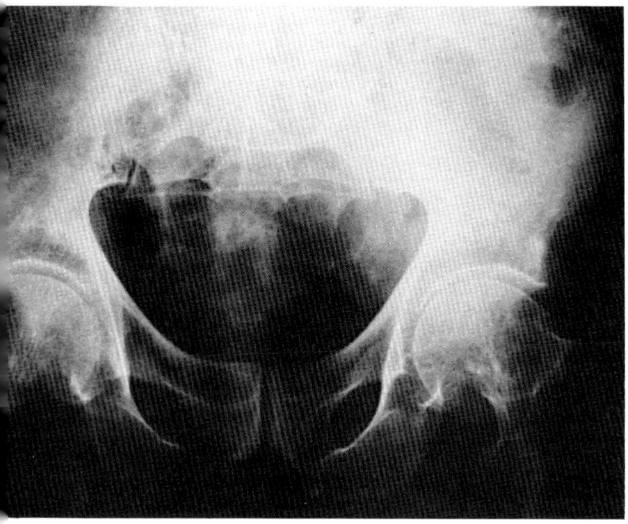
a

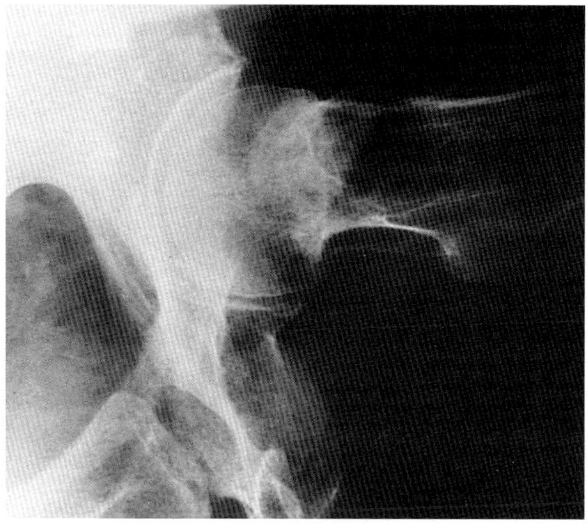
b

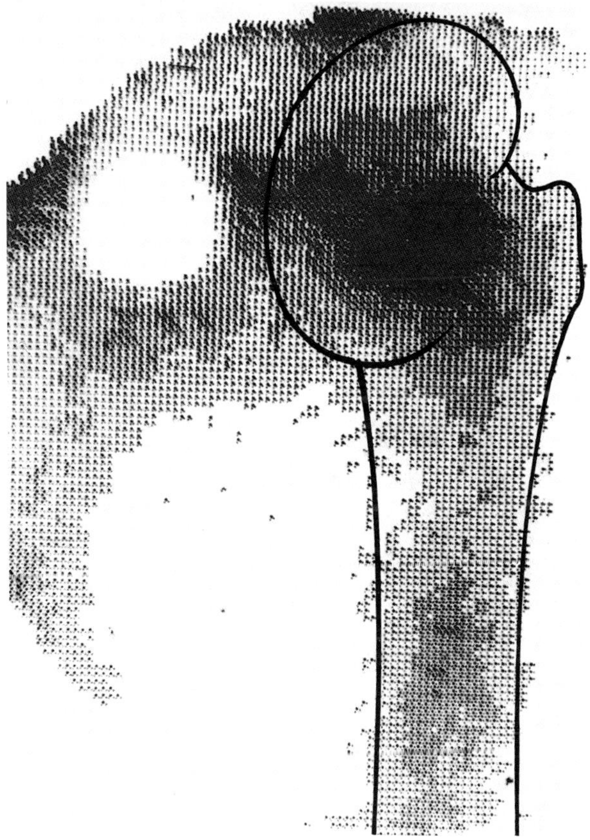
c

Abb. 7.**19 a–c**
a Hüftgelenk im a.-p. Strahlengang: nach Trauma kein Frakturnachweis
b Hüftgelenk im Strahlengang nach Lauenstein: keine Frakturen
c Im Szintigramm: Anreicherung im damit nachgewiesenen Frakturspalt

enstein) erkennt man eine subchondrale, marginale Fraktur (27[9]).

b) Verbreiterung des radiologischen Gelenkspaltes und Vergrößerung des Abstandes zwischen Kopfkern und Köhlerscher Tränenfigur, oft das einzige Frühzeichen. Weiten des Gelenkspaltes von mehr als 10 mm oder Differenzen von mehr als 2 mm zum Gelenk der anderen Seite erwecken den Verdacht auf das Vorliegen (33) (Differentialdiagnose: Coxitis fugax oder entzündlicher Gelenkerguß anderer Ätiologie). Bei 65 Kindern mit einseitiger Erkrankung wurde eine erhebliche Erweiterung der gesamten Hüftpfanne, aber auch eine nicht so deutliche Vergrößerung der Hüftkopfkerne gefunden (151).

c) Heute ist die Frühdiagnose am sichersten durch das typische Speicherbild beim Knochenszintigramm zu stellen (38, 39, 77).

d) Das magnetische Resonanzverfahren (Spintomographie) erfordert zwar einen großen technischen Aufwand, erlaubt jedoch den Nachweis bzw. Ausschluß von Nekrosen in Verdachtsfäl-

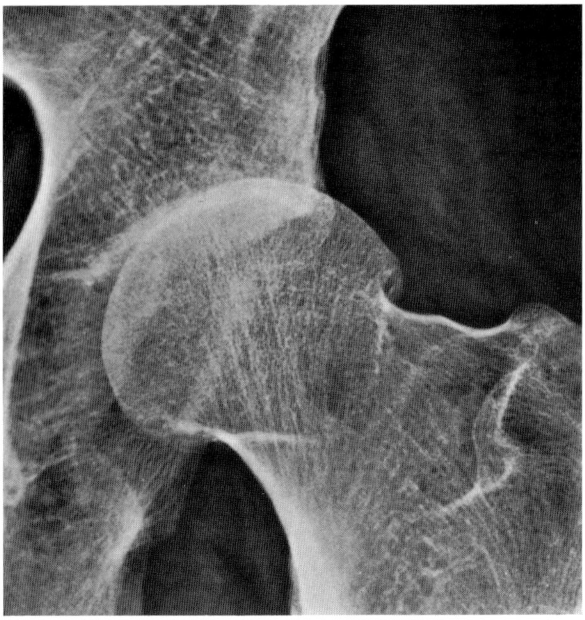

△
Abb. 7.**20** Traumatische Hüftgelenksluxation

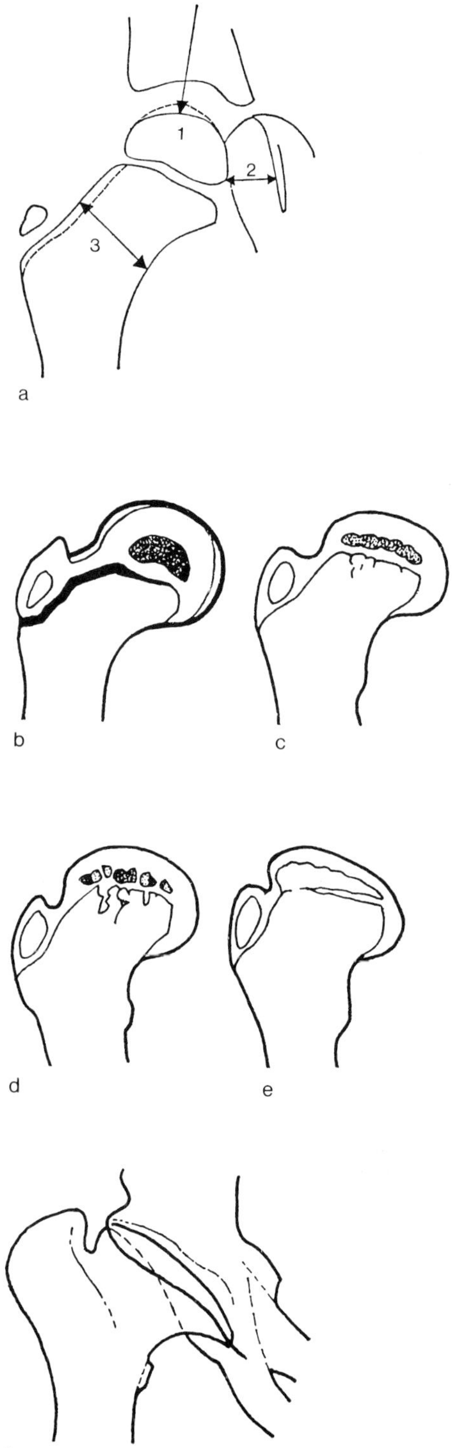

Abb. 7.**21 a–f** Osteochondronecrosis juvenilis coxae
a Trias von Waldenström als Frühzeichen: 1 = Kopfkern kleiner und abgeflacht, 2 = Verbreiterung des Abstandes Tränenfigur – Kopfkern, 3 = Verbreiterung des Schenkelhalses
b u. **c** Florides Stadium
d u. **e** Wiederaufbaustadium des deformierten Kopfkerns
f Endstadium
(nach Debrunner)

len, also oft in Frühstadien der Erkrankung, die Abgrenzung der Nekrosezone in bezug auf die gewichttragende Gelenkpartie und Verlaufskontrollen ohne Belastung durch ionisierende Strahlung (16, 136, 138, 139) (Abb. 7.**22a–c**).

Florides Stadium (Abb. 7.**21c**):

a) Kopfkern mehr abgeplattet und verbreitert.
b) Strukturveränderungen am Kopfkern mit stellenweiser Nekrose, Fragmentierung und Auflösung der Knochenstruktur.
c) Metaphysenbefall (nicht obligat) mit epiphysennaher Fragmentierung bzw. Auflösung der Knochenstruktur und scheinbarer Verbreiterung der Epiphysenfuge.

Wiederaufbaustadium (Abb. 7.**21d** u. **e**):

a) Neben den sklerotischen und den Resorptionsstellen treten wolkige Knocheninseln auf, die sich vergrößern und allmählich den ganzen Kopfkern ausfüllen.

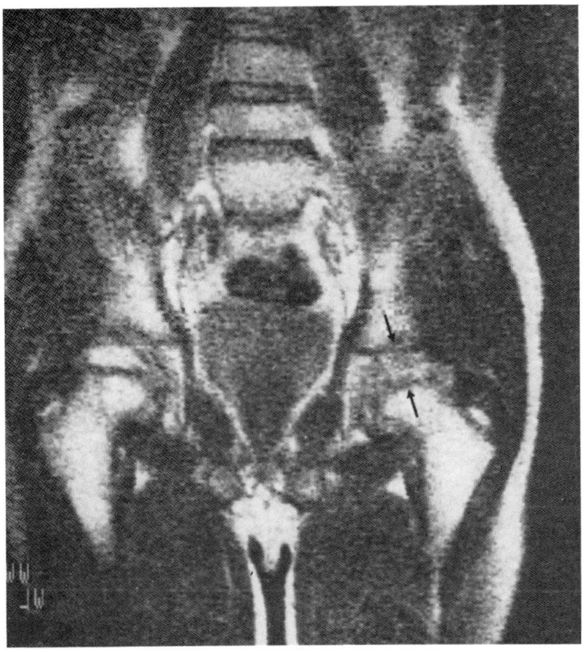

a

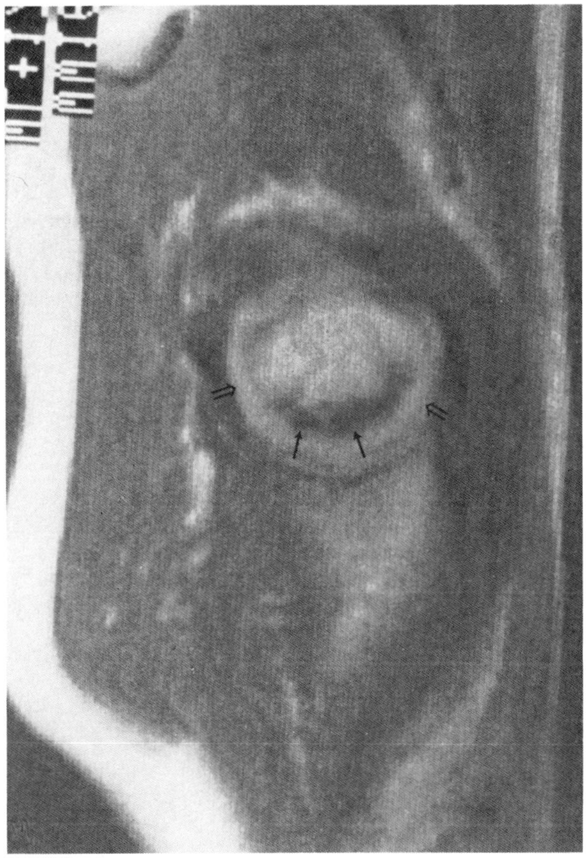

b

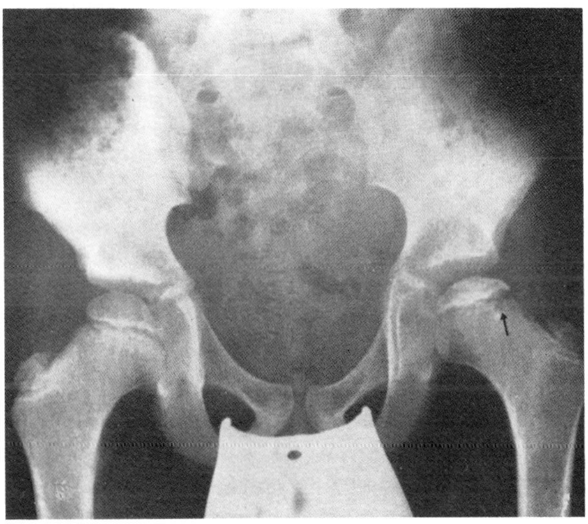

c

Abb. 7.**22 a–c**
a Koronaler MR-Scan, 10 mm Dicke, Spin-Echo T_R = 500 ms, T_E = 60 ms, 256×256 Matrix; – 0,15 tesla, 27 cm bore head coile. Breites Areal verminderter Signalintensität im oberen lateralen Anteil des linken Schenkelhalses
b MR-Untersuchung in der Sagittalebene: Unregelmäßigkeiten im Femurkopf (⟶) und im umgebenden Azetabulum (⇒) illustrieren den Wert der Untersuchung in mehreren Ebenen
c Beckenübersichtsaufnahme
(aus Matthaei, D., J. Frahm: Lancet 1985/I)

b) Oft frühzeitige Verknöcherung der Epiphysenlinie, vor allem lateral.

Endstadium (Abb. 7.**21f**):

a) Mehr oder weniger starke Deformierung des proximalen Femurendes: Verkürzung und Verbreiterung des Femurhalses, pilz- oder walzenförmige Abflachung des Kopfes und entsprechende Deformierung der Pfanne. Oft Subluxationsstellung des Femurkopfes (präarthrotische Deformierung).
b) Gelenkspalt breit, Konturen unregelmäßig, gewellt.

Eine Verlaufsserie in der radiologischen Wiedergabe ist in Abb. 7.**23a–c** abgebildet.

Da in mehr als zufälliger Häufigkeit Retardierungen der Skelettreifung, zu beurteilen nach Ossifikationsverzögerungen an der Hand (17[4], 94), bei Patienten mit aseptischer Hüftkopfnekrose vorkommen, kann bei unklaren Hüftgelenksbeschwerden ein **Handradiogramm** die Diagnose erleichtern (61). Manchmal deckt die Handskelettaufnahme auch das Vorhandensein epiphysärer Dysplasien oder peripherer Dysostosen auf. Einerseits führen sie zu Veränderungen, die einer Hüftkopfnekrose im Sinne eines Morbus Calvé-Legg-Perthes ähneln; gelegentlich können sie auch das Entstehen dieser Erkrankung begünstigen.

Die Bezeichnung „Morbus Perthes" wird häufiger synonym mit „Nekrosen im Hüftgelenksbereich" verwandt. Wenn diese Hüftkopfnekrosen in viel jüngerem Lebensalter auftreten als die Osteochondrosis juvenilis coxae, dürfte das verbindende Moment in den Knochennekrosen nach Durchblutungsschäden liegen. Fließende Übergänge mögen hier bestehen. Bei Kindern im Alter zwischen 2 und 6 Jahren würden häufige Kombinationen zwischen

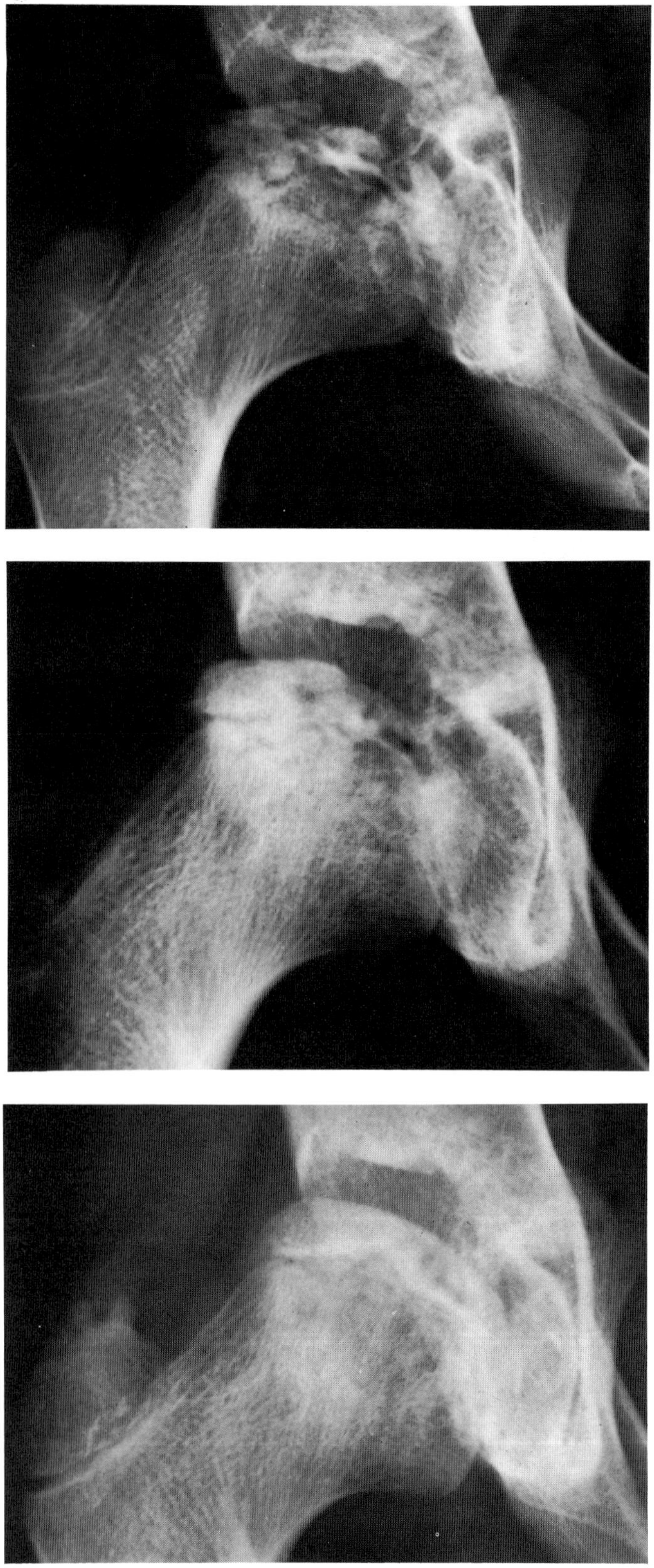

a b c

Abb. 7.**23 a–c** Verlauf einer Osteochondrosis juvenilis coxae bei einem 10jährigen Jungen. Besonders charakteristisch bei allen diesen Nekrosen ist der „durchsichtige Streifen" zwischen gesunder und kranker Zone
a Aufnahme vom 14. 3. 1950
b Aufnahme vom 22. 5. 1951
c Aufnahme vom 13. 11. 1951

kongenitaler Hüftdysplasie und juvenilen Hüftkopfnekrosen gefunden.

Beziehungen zwischen der juvenilen Hüftkopfnekrose und Konstitutionskrankheiten wie polyepiphysären und spondyloepiphysären Dysplasien, der auf den Femurkopf beschränkten, praktisch immer doppelseitigen, **Meyerschen Dysplasien** (96) – in 20% der Fälle Meyerscher Dysplasie entwickelt sich eine echte juvenile Hüftkopfnekrose (17[4]) – und peripheren Dysostosen sind bekannt (21, 94).

Das hat therapeutische Konsequenzen: Die Ruhigstellung einer Dysplasie ist sinnlos. Die Differentialdiagnose wird in den Spätstadien der juvenilen Nekrose eventuell schwierig, da bei dieser nur im Frühstadium szintigraphisch eine Anreicherung nachzuweisen ist, die im Reparationsstadium verschwindet.

Auch die Osteomyelitis in der Hüftregion kann beim Kind mit dem Bild eines großen isolierten Knochenteiles (nicht Sequesters) einhergehen, das einer Osteochondrosis dissecans ähnelt (98).

Die im nächsten Absatz, „Erworbene Erkrankungen", beschriebene **transitorische Osteoporose** (Coxitis fugax, transient osteopaenia, s.u.a. 99) kommt gerade auch bei Kindern vor (149), kann wegen der auch bei dieser Affektion radiologisch mit einer Erweiterung des Gelenkspaltes der betroffenen, meist schmerzenden Seite einhergehen und ist von einer juvenilen Nekrose im Frühstadium schwer zu unterscheiden. Bei dieser vorübergehenden Osteoporose nimmt im Gegensatz zur frühen juvenilen Hüftkopfnekrose die gesamte Femurkopfepiphyse szintigraphisch keine Aktivität auf. Die vielleicht durch eine allgemeine Durchblutungsstörung der Epiphyse mit erhöhter Kapselspannung infolge Gelenkerguß entstehende Erkrankung bildet sich spontan zurück.

Schließlich möge in diesem Kapitel die **„idiopathische" Chondrolyse** (plötzliche Gelenkspaltverschmälerung durch Knorpelnekrose unbekannter Ätiologie) bei Mädchen in der Prä- oder Pubertät erwähnt werden (82). Sie ist möglicherweise eine der häufigsten Ursachen der frühen Arthrose der Frauen.

Nahe Beziehungen bestehen hier auch zur **Osteochondrosis dissecans** des Femurkopfes. Hier werden zwei Gruppen unterschieden, die primäre und die sekundäre (51). Von der primären Gruppe müssen die Fälle abgerechnet werden, bei denen man annehmen muß, daß die Veränderungen Teilsymptome hereditärer, multipler Epiphysenstörungen sind. Zur zweiten Gruppe sind die auf der Basis eines anderen Grundleidens (Kretinismus, Fractura colli femoris) entstehenden zu rechnen.

Bei der Osteochondrosis dissecans wird je nach Lage der *abgelösten „Maus"*, die meist – auch bei relativ jungen Menschen – im oberen äußeren Quadranten des Hüftkopfes entsteht, diese festgehalten oder sie löst sich und wird zum *freien Körper*, nicht zu verwechseln mit einem Os ad acetabulum. Enge ätiologische Beziehungen zwischen der juvenilen Hüftkopfnekrose und der Osteochondrosis dissecans des Hüftkopfes wie auch zu konstitutionellen Systemerkrankungen werden gesehen (115). Beiden Leiden liegt offenbar dieselbe Diskrepanz zwischen Belastung und Belastbarkeit zugrunde (6). Diese Theorie der Pathogenese erklärt auch, warum die Betroffenen meist Arbeiter sind. Für die Osteochondrosis dissecans ist somit sowohl ihr Auftreten im Adoleszentenalter, aber auch im höheren Alter nach schweren Traumen typisch (105[4]).

Die Symptome der **Caissonkrankheit**, wahrscheinlich infolge von Zirkulationsstörungen bedingt, werden radiologisch oft erst spät bemerkt. Die Deformation beschränkt sich auf die Gelenkoberfläche, betrifft die Artikulation nicht direkt, bewirkt aber später Funktionsstörungen (63).

Die **Epiphyseolysis capitis femoris**, also die kranialwärts gerichtete Verschiebung des Halses gegenüber dem meist dorsal abrutschenden Hüftkopf, zählt ebenfalls zu den juvenilen Osteochondrosen, unterliegt deutlich stärker als die Osteochondrosis juvenilis coxae („Morbus Perthes") einer konstitutionellen, endokrinen Störung, typischerweise z. B. im Sinne einer Dystrophia adiposogenitalis, ist dementsprechend familiär gehäuft, tritt meist beidseits im Alter zwischen dem 13. und 14. Lebensjahr auf, bei Mädchen früher als bei Jungen und kann nur bis zur abgeschlossenen Ossifikation vorkommen. Weitere ausführliche Angaben s. bei Pöschl (105[5]) und Gekeler (44).

Die Erkrankung beginnt mit leichten Schmerzen, die mit der Lockerung im Epiphysengebiet erklärt werden können. Für die **radiologische Frühdiagnose** ist außer der Hüftgelenks- oder (wegen des Seitenvergleichs besser) Beckenaufnahme im sagittalen Strahlengang auch eine Hüftkopf- und Schenkelhalsabbildung in seitlicher Projektion erforderlich (Abb. 7.24**a** u. **b**). Das Schema der Abb. 7.**25a–c** macht die Verhältnisse deutlich. Eine noch genauere

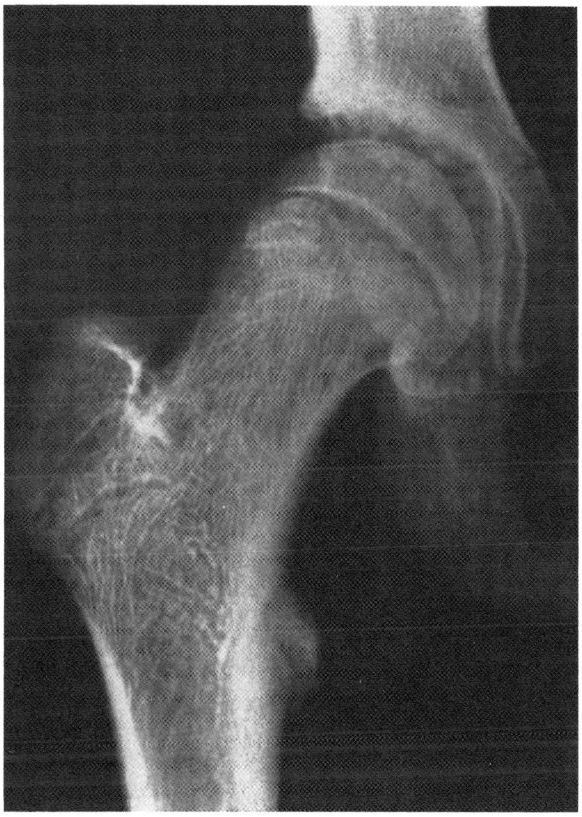

a

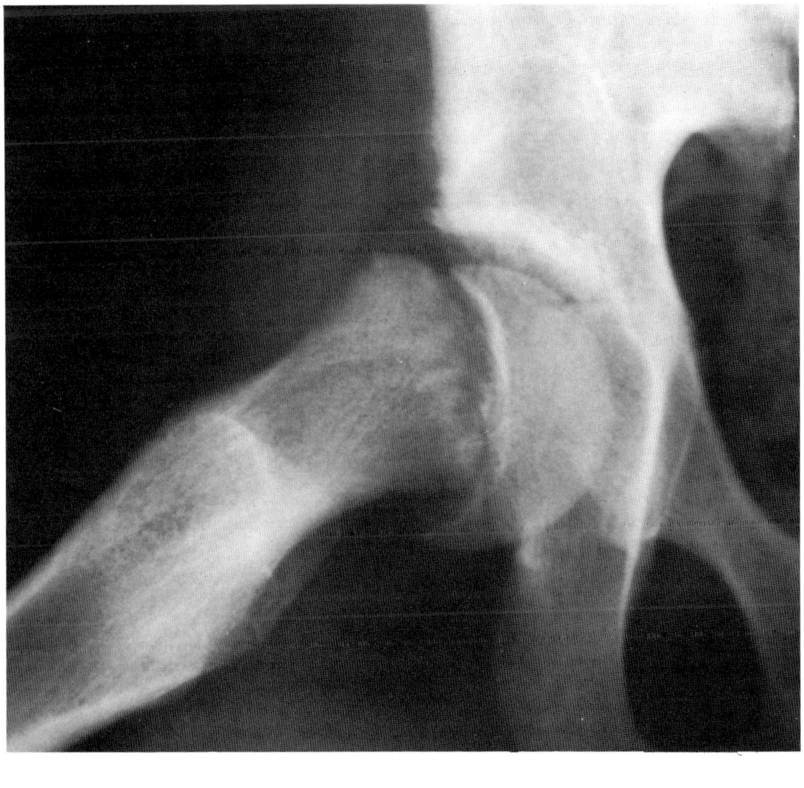

b

Abb. 7.**24a** u. **b** Epiphyseolyse
a Im v.-d. Strahlengang
b In Lauensteinscher Stellung

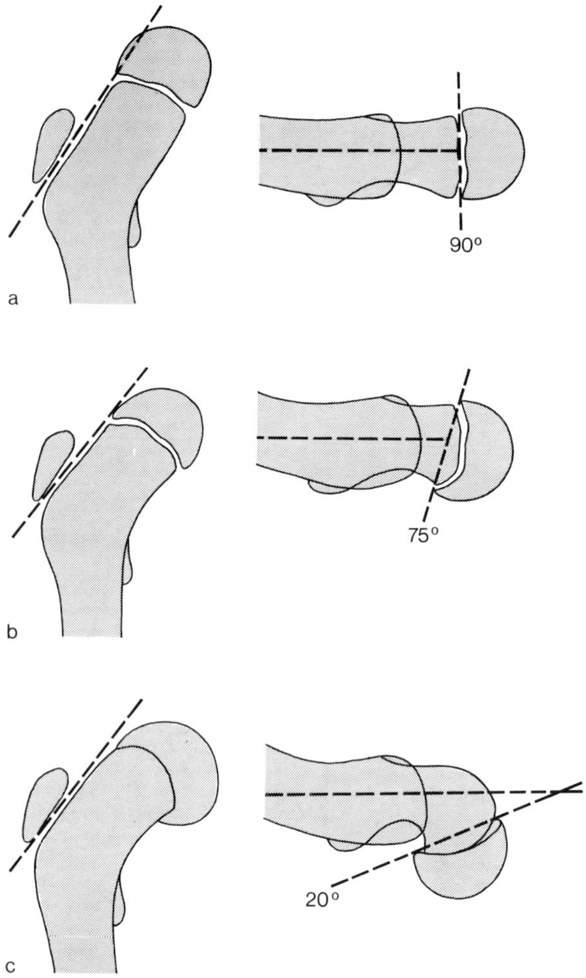

Abb. 7.**25 a–c** Röntgenbildskizzen der Hüftkopfepiphysenlösung (nach Rettig u. Mitarb.)
a Epiphyseolysis imminens. Femurkopfepiphysenlinie verbreitert, wellenförmiger Verlauf. Keine Verschiebung. Die kraniale Schenkelhalstangente schneidet den Kopf
b Epiphyseolysis incipiens. Abflachung der oberen Kopf-Hals-Kontur, verbreiterte Epiphysenlinie und periostale Apposition am Adam-Bogen. Im Axialbild: Die Winkel zwischen der Basis der Kopfkalotte und Schenkelhalsachse liegen unter 90 Grad
c 3. Stadium der Epiphysenlösung. Die Veränderungen können bereits im a.-p. Bild durch die relative Erniedrigung der Kopfepiphyse erkannt werden. Im axialen Strahlengang hochgradige Kalottendislokation mit ventraler Stufe

Methode, um das Ausmaß des Gleitens in beiden Hüftgelenken einzeln zu erfassen, wurde angegeben (11, 12), bislang wenig beachtet und in vereinfachter Form 30 Jahre später noch einmal vorgestellt (13).

- **Initialzeichen:** Verbreiterung des Epiphysenspaltes mit unscharfer Begrenzung, Strukturauflockerung in der Nachbarschaft, vor allem dorsal in der Metaphyse, eventuell auch reaktive Sklerosen. Entweder noch gar keine oder geringe Epiphysenverschiebung (Vergleich zur Gegenseite, wenn diese gesund). Als Zeichen der Verschiebung *Kleinsches Zeichen:* Die Tangente an dem oberen Schenkelhals schneidet nicht mehr, wie normalerweise, den Epiphysenkern, sondern geht daran vorbei. Kopfkern im d.-v. Strahlengang ist eventuell etwas verschmälert projiziert. Auf der axialen Aufnahme kann durch geringes Abgleiten des Femurkopfes nach hinten der durch die Schenkelhalsachse und die Epiphysenfuge gebildete Winkel verändert werden.
  Die Diagnose der juvenilen Epiphyseolysis capitis femoris im Frühstadium, möglichst vor Einsetzen von Schmerzen, ist wegen der dann auch frühzeitig einsetzenden Therapie als prophylaktische Maßnahme gegen eine Präarthrose (37) wertvoll.
- **Abgleiten des Hüftkopfes:** Der Schenkelhals ist gegenüber der Epiphyse um weniger als ein Drittel seines Durchmessers (weniger als 30 Grad) verschoben. Auf der a.-p. Aufnahme erscheint der zervikozephale Winkel geschlossen.
  Die axiale Einstellung läßt die Verschiebung des Hüftkopfes nach hinten erkennen und erlaubt die Winkelberechnung.
- **Fortgeschrittenes Stadium:** Der Femurkopf ist gegenüber dem Schenkelhals um mehr als 30 Grad, also um mehr als ein Drittel des Schenkelhalsdurchmessers, verschoben.
  Auf der a.-p. Aufnahme ist die Deformität deutlich sichtbar. Der Schenkelhals erscheint verkürzt und verbreitert, seine obere Kontur konvex, der abgeplattete Femurkopf sichelförmig.
  In der axialen Projektion erreicht der zervikozephale Winkel Werte zwischen 30 und 70 Grad. Die vordere Schenkelhalskontur ist konvex.
- **Spätstadium:** Selbst bei starkem Kopfabrutsch kommt es zur Konsolidierung, zuerst am unteren Rand. Bei den nicht behandelten Fällen erfolgt eine Deformierung des Hüftkopfes, eine Verkürzung des Schenkelhalses, es bildet sich eine Coxa vara. Der Trochanterhochstand kann bei extremer Ausprägung zum Bild des sog. Hirtenstabes führen. Die Deformität gewinnt damit die Bedeutung einer Präarthrose. Die Arthrosis deformans kann schon im 3. und 4. Lebensjahr eintreten.

Nach juvenilen Hüftkopfkappenlösungen auftretende Hüftkopfnekrosen sind wie beim „Luxations-Perthes“ meist therapiebedingte Nekrosen, die nach Repositionsmanövern entstehen können (5).

Nur dem Erscheinungsbild, nicht der Ätiologie entsprechend sind hier noch die Verknöcherungsirregularitäten an den Epiphysenfugen aufzuführen, wie sie im Rahmen der *polyepiphysären Dysplasie* auftreten und sich typischerweise auf den Trochanter major erstrecken.

Auf das Auftreten von Nebenkernen an den **Trochanteren** wurde eingangs in diesem Kapitel aufmerksam gemacht (s. Abb. 7.**1** bis 7.**3a–d**). Hier kann es auch zu **juvenilen Osteochondronekrosen** kommen (25, 84, 111, weitere Angaben bei 105[6]).

Erworbene Erkrankungen

Fehlstellungen des Hüftkopfes zur Pfanne gibt es auch ohne angeborene oder traumatische Ätiologie, vor allem bei Flüssigkeitsansammlungen im Gelenkkavum mit Kapseldehnung ohne Knochenzerstörung an Hüftkopf und Pfanne (Arthritis) durch Distension (27[3]) – **Distensionsluxation. Destruktionen** der gelenkbildenden Knochen führen ebenso zu Sub- und Luxationen wie Störungen des muskulären Gleichgewichts (**Imbalanzen**), z. B. bei Säuglingsskoliose mit „Schräglage der Hüfte", aber auch bei Myelomeningozelen (116), spastischen Lähmungen und hereditären Systemerkrankungen der Muskulatur (27[4]) – **Imbalanzluxation.**

Auch die **Hüftkopfnekrose** erfolgt nicht nur kongenital im Rahmen einer Dysplasie bzw. deren Behandlung, nicht nur als juvenile Osteochondronekrose (Perthes) oder als Folge eines Traumas, wie bislang beschrieben, sondern auch infolge avaskulärer Nekrose **während der Schwangerschaft** (19, 73) und nach **Nierentransplantationen**. Kortikosteroidbehandlung (Abb. 7.**26a** u. **b** und 7.**27a–c**) und renale Osteodystrophie werden als Ursache des dramatisch raschen Zusammenbruches des Caput femoris angesehen (87). Häufigkeiten zwischen 21 und 44% werden angegeben (48, 53). Als Frühzeichen gilt ein dünner Aufhellungsstreifen parallel zur Gelenkfläche des Hüftkopfes, gefolgt von Aufhellungen und Verdichtungen der Struktur als Zeichen des beginnenden Zerfalls des Knochens (2). Hüftkopfnekrosen sind bei **Pankreasaffektionen** (besonders bei Alkoholschädigungen), bei der **Caissonkrankheit** (64), beim **Morbus Gaucher** und bei **Gicht** (105[7]), weiterhin bei Sichelzellanämie und bei Haarzelleukämie (110) bekannt. Ein Rest von Hüftkopfnekrosen mögen, als **idiopathisch** entstanden, zur Zeit ätiologisch ungeklärt bleiben, obwohl eine subtile Untersuchung viele der bekannten Grundleiden als Ursache der Hüftkopfnekrose aufdeckt (58).

Klinisch ist die Diskrepanz zwischen den anfangs geringen Beschwerden und den dann stark fortgeschrittenen Veränderungen am Hüftkopf auffallend (93). Das Leiden beginnt mit einem Einbruch der kranial-lateralen Hüftkopfpartie unter dem Pfannendach mit intraossären Verdichtungszonen (60, 123). Computertomographisch kommt es schon im präkollaptischen Stadium zu Veränderungen der Knochenbälkchenstruktur, wie sie normalerweise als Asterisk-Zeichen beschrieben wurde. Der „Asterisk" zerbröckelt, verklumpt zentral, bekommt Aus-

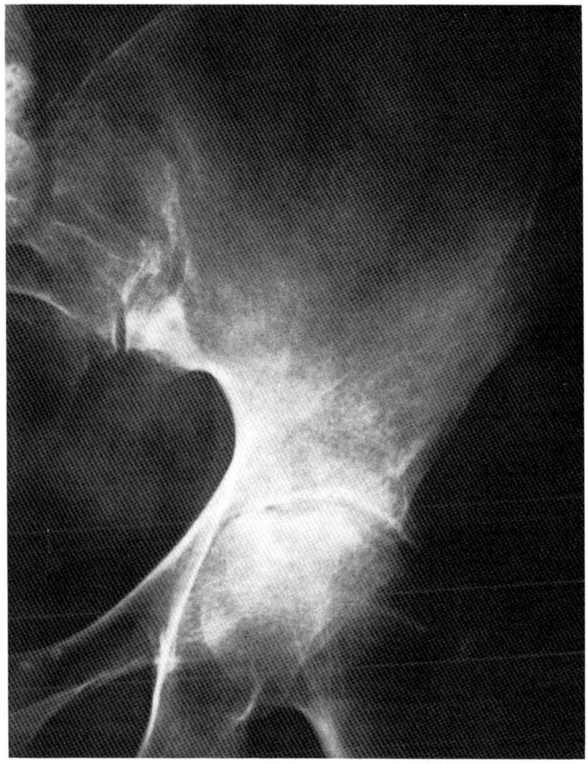

a

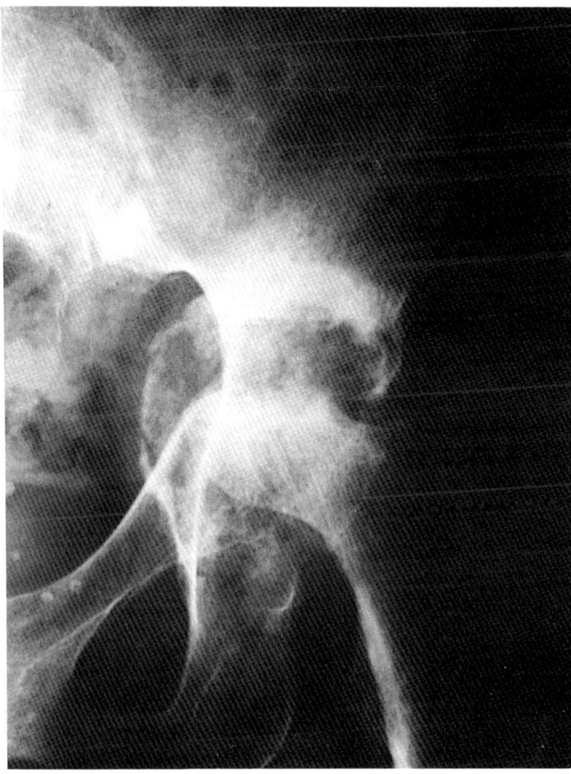

b

Abb. 7.**26a** u. **b**
a Hüftkopfnekrose ein Jahr nach Beginn einer Kortikosteroidbehandlung
b Fortschritt der Nekrose mit Einbezug der Gelenkpfanne 9 Monate später

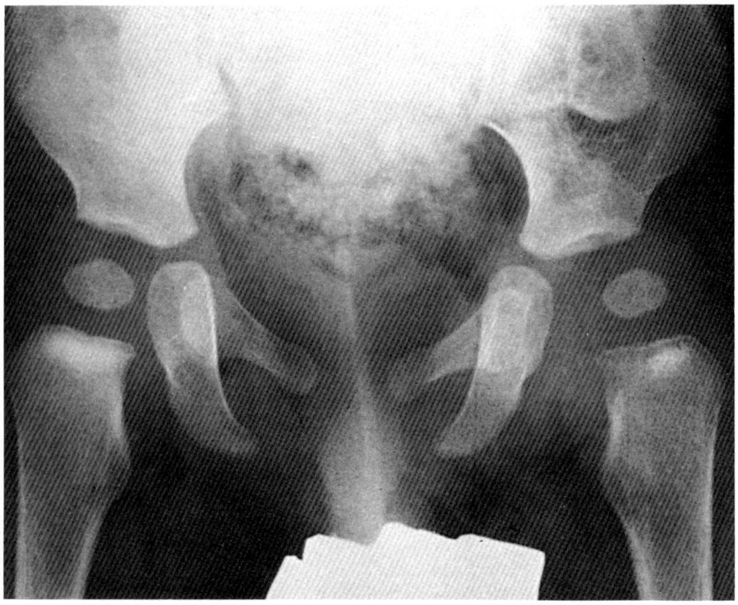

Abb. 7.**27** Koxitis mit Distensionsluxation (Beobachtung von Holthusen, Hamburg)

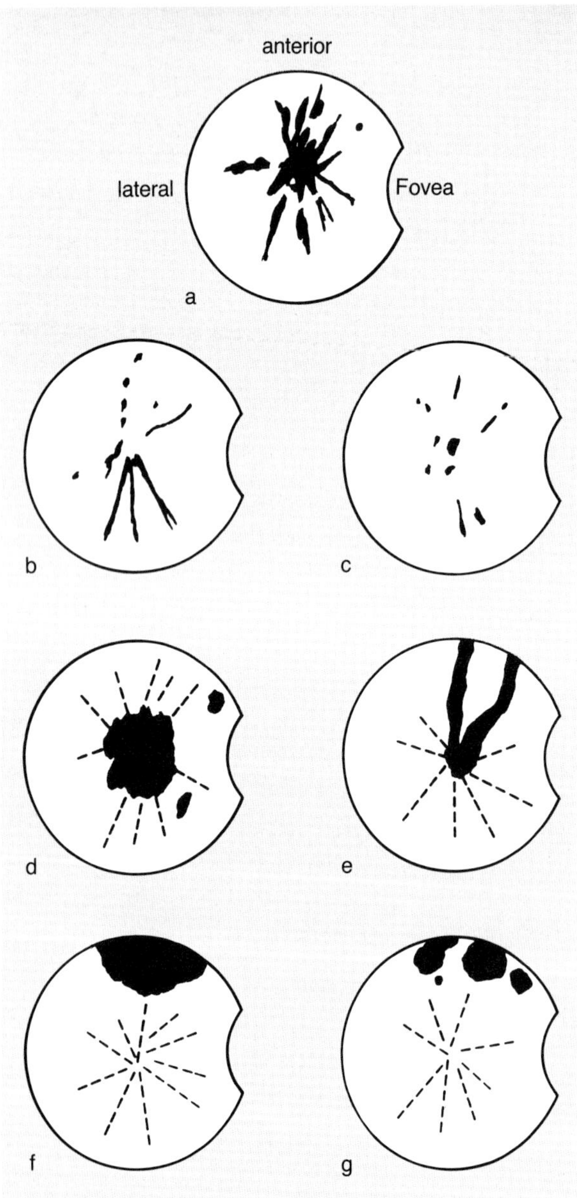

Abb. 7.**28 a–g** Das Asterisk-Zeichen und seine pathologischen Veränderungen bei der adulten ischämischen Femurkopfnekrose (Einzelbefunde)
a Normaler Femurkopf-Asterisk im fovealen CT-Schnitt (schematisch)
b u. **c** Partielles oder totales „Zerbröckeln" des Asterisk
d Zentrale Verklumpung (für sich allein noch nicht pathologisch)
e Zentrifugale Pseudopodien
f Periphere Verschmelzung in Form der Sektorsklerose (für den vorderen Femurkopfanteil gezeichnet)
g Periphere Verklumpung
Die Befunde **d–g**, z. B. in der Kombination **d**, **e**, **g** oder **d**, **f** oder **e**, **f** usw., schließen das Vorliegen der Befunde **b** oder **c** aus
(nach Dihlmann u. Heller)

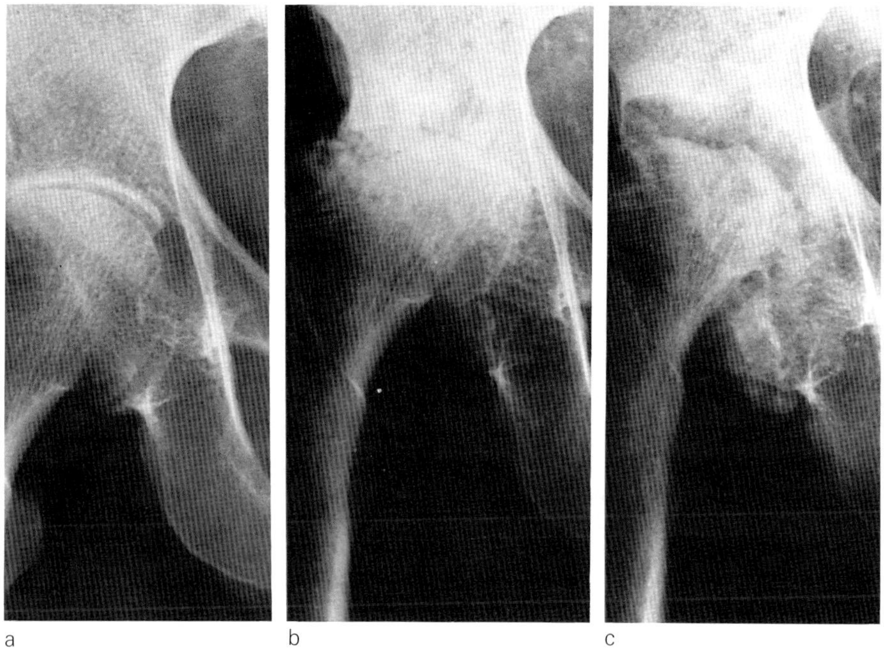

Abb. 7.**29a–c** Kortisoninjektionen **in** das rechte Hüftgelenk wegen seit 10 Jahren bestehender Schmerzen. Danach Zunahme der Schmerzen im rechten Hüftgelenk
a 10 Wochen nach der Injektion: leichte Verschmälerung des Hüftgelenkspaltes lateral
b 1 Monat später: Nekrose von Hüftkopf und Pfanne
c 6 Monate später: fortgeschrittene Nekrotisierung

läufer zur Peripherie; es bilden sich periphere Verschmelzungen (Sektorsklerosen) und periphere Verklumpungen (29) (Abb. 7.**28a–g**).

Über die **Arthritis** wurde schon anfangs bei den Fehlstellungen im Hüftgelenk gesprochen. Hier ist besonders bei Kindern und Erwachsenen auf die **ödematöse Durchtränkung** der **perikoxalen Weichteilstrukturen** zu achten (27^4), die unter anderem auch bei der **flüchtigen Koxitis** der Kinder zu beobachten ist. Diese Erkrankung tritt zwischen dem 1. und 14. Lebensjahr einseitig, seltener beidseitig, auf und ist von der juvenilen rheumatoiden Arthritis ebenso abzugrenzen wie von bakteriellen Koxitiden.

Das Hüftgelenk ist nur in 3% Initiallokalisation für die **rheumatoide Arthritis** (89) und tritt im Rahmen der Grundkrankheit um so häufiger auf, je länger diese dauert; sie kann aber auch auf das Hüftgelenk beschränkt bleiben, braucht also nicht zur **Polyarthritis** zu führen. Als Frühzeichen sind eine arthritische Begleitzyste im Azetabulum, zarte Femurkopferosionen und der partielle Schwund der Grenzlamelle am Hüftkopf zu beachten (27^5).

Die Koxarthritis bei rheumatoider Arthritis neigt zur fibrokartilaginären, bei **ankylosierender Spondylitis** zur knöchernen Ankylose (27^6). Die Koxarthritis im Verlauf der **Arthritis psoriatica** und beim **Reiter-Syndrom** (man beachte die eventuell begleitende Sakroiliitis und die Fibroostitis am Becken) hat eine günstigere Prognose als bei rheumatoider Arthritis.

Die **transitorische Osteoporose (Algodystrophie),** eine dem Morbus Sudeck ähnliche Erkrankung, die mit Schmerzen einhergeht, befällt zwar am häufigsten Fuß- und Sprunggelenke, wird jedoch gelegentlich auch einseitig am Hüftgelenk beobachtet und kann wegen der radiologisch nachweisbaren starken Entkalkung der hüftgelenknahen Knochenpartien Anlaß zur Verwechslung mit einer Arthritis geben. Diese Reflexdystrophie (schon vorher im Absatz über Nekrosen bei Kindern erwähnt) entwickelt sich spontan oder nach geringfügigem Trauma, selten im Zusammenhang mit einer Gravidität und kann sukzessiv andere Gelenke befallen, also „wandern". Nach mehreren Monaten der Schonung (Entlastung) heilt das Leiden ab. Auch bei dieser Erkrankung kommt es radiologisch zwar zur Entkalkung der subchondralen Grenzlamelle, doch bleibt der Gelenkspalt normal weit (27^7). Zur Diagnosestellung kann die magnetische Resonanzbildgebung beitragen (138).

Die **bakterielle Koxarthritis** (tuberkulöse und nichttuberkulöse) beginnt durch meist hämatogene Ansiedlung der Erreger in Synovialmembran oder subchondralem Knochenmark. Radiologisch findet man eine periartikuläre Demineralisation des Knochens, zunächst ohne, dann mit Gelenkspaltverschmälerung, Konturdefekten und/oder Osteolysen. Die schnelle Entwicklung in ein bis zwei Monaten spricht eher für die nichttuberkulöse Ätiologie, während die Tuberkulose kaum vor dem 2. bis 3. Monat nach Beschwerdebeginn zu erkennen ist. Im Säuglings- und Kleinkindalter ist die Gelenkkapsel recht dehnbar. Infolgedessen führen große eitrige Ergüsse rasch zu einer Auftreibung der Kapsel mit Verdrängung des Femurkopfes – **„Distensionsluxation"** (Abb. 7.**27**).

Die **Arthrosis deformans des Hüftgelenkes** führt am Caput femoris zu Randwülsten, zuerst oft nachweisbar an Vorder- und Hinterrand – einige Autoren finden sie öfter am Hinterrand ausgedehnter als medial (104) – der Fovea capitis und an der Vorderfläche des intrakapsulär liegenden Femurhalses („Plaquezeichen" nach Dihlmann), nicht zu verwechseln mit der normalen Eminentia articularis femoris (28, 36). Die primäre deformierende Arthrose kommt bei der europäisch-amerikanischen weißen

Bevölkerung aus unbekannten Gründen sehr viel häufiger vor als bei dunkelhäutigen Amerikanern, besonders auch als bei Japanern (62).

Parallel verlaufen Abbau- und Anbauvorgänge mit konsekutiver **Dezentrierung** im Hüftgelenk. Die virtuellen Kreismittelpunkte von Femurkopf und Hüftpfanne decken sich nicht mehr. Pfannenbodendoppelung, subfovealer Osteophyt und Wiberg-Zeichen sind als radiologisch nachweisbare Symptome dieses Vorganges zu beobachten (Abb. 7.**30**).

Ob ein gelegentlich zu beobachtender **kleinster Wulst** am Unterrand des Schenkelhalses (Abb. 7.**31a** u. **b**) Beschwerden verursacht, wie nach der Mitteilung von Cooper an Zimmer anzunehmen ist, bleibt wohl etwas fraglich, da es als Normalbefund hier die Eminentiae colli femoris ventralis et dorsalis gibt. Auch das Auftreten von Einbuchtungen des Knochens an dieser Stelle spricht vielleicht eher für einen Bandansatz als Erklärung dieses Befundes und weniger, wie Cooper annimmt, als mögliche Ausgangsstelle einer Schenkelhalsfraktur.

Hier sei nur noch hervorgehoben, daß das Hüftgelenk das am häufigsten von der **Akromegalie** betroffene Gelenk ist. Knorpelwucherungen verändern dabei die Gelenkgeometrie und führen zu degenerativen Knochenreaktionen (68).

Dystrophische Kalzifikationen oder Verknöcherungen der Sehnenansätze im Sinne der von der Arthrosis deformans unabhängigen **Enthesopathie** finden sich mehr an den Trochanteren als am Ansatz der Gelenkkapsel. Radiologisch ähneln sie Frühstadien von Osteophyten an Hüftkopf und Pfannendachrand, aber auch am Rand der Fovea centralis (142).

Es würde hier zu weit führen, über sämtliche Osteopathien zu berichten, die im Schrifttum mit Grenzbefunden zum Normalen einhergehen. Eine Besonderheit speziell dieses Gebietes verdient jedoch Beachtung, die **Schleimbeuteltuberkulose neben dem Trochanter major**, die auf den Knochen übergreifen und ebenso zu Konturunregelmäßigkeiten führen kann (Abb. 7.**32**), wobei allerdings zu beachten ist, daß derselbe Befund auch durch unspezifische Bursitiden hervorgerufen werden kann.

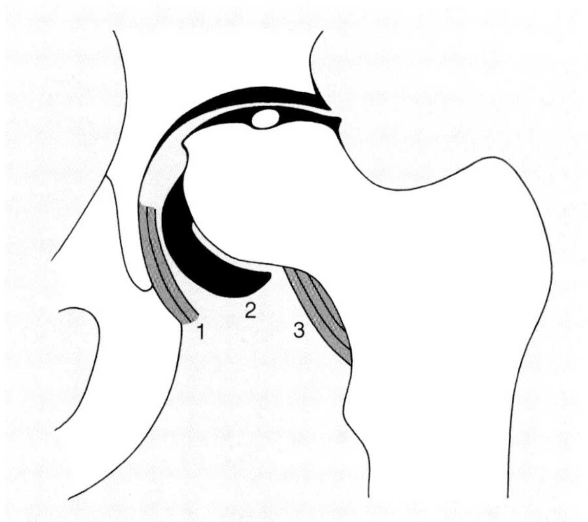

Abb. 7.**30** Dezentrierungszeichen der Koxarthrose (nach Dihlmann)
1 = Pfannenbodendoppelung
2 = subfovealer Osteophyt
3 = Wiberg-Zeichen („Hängematte")

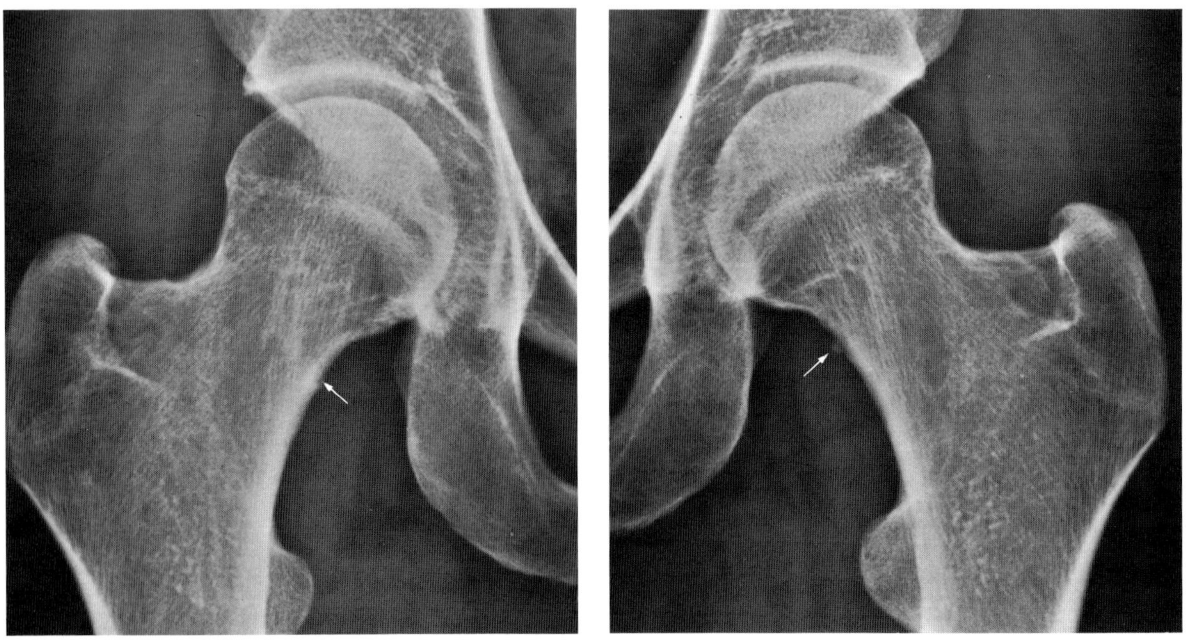

a b

Abb. 7.**31 a** u. **b** Steilstellung des Schenkelhalses beiderseits bei einer 30jährigen Frau. Kleine Höcker an der Medialkante des Schenkelhalses beiderseits

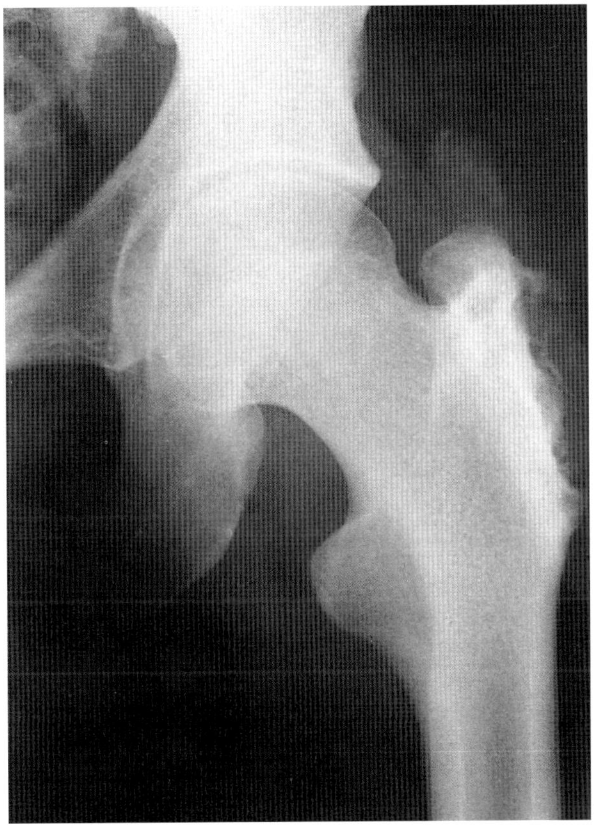

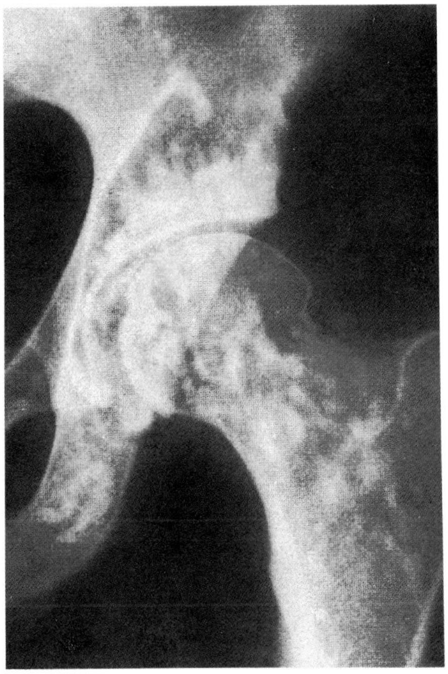

Abb. 7.33 Osteopoikilie

◁ Abb. 7.32 Bursitis tuberculosa mit Trochanterdestruktion

Der Hinweis, daß diese Region als Prädilektionsstelle für **Metastasen** gilt, möge genügen. Aus historischen Gründen sollen zwei Bilder gezeigt werden, die noch von Köhler stammen, die Aufnahmen einer **Osteopoikilie** (s. auch 71) und einer **Gelenkbildung zwischen Trochanter minor** und Pfannengegend bei **Luxatio coxae congenita** (Abb. 7.**33** und 7.**34**).

Verkalkungen

Eine **Periarthritis coxae** (Abb. 7.**35**) wurde unter 6831 Hüftgelenkaufnahmen in 1%iger Häufigkeit diagnostiziert (126). Ähnlich strukturierte Kalkansammlungen finden sich auch in Schleimbeuteln neben dem Trochanter major (Abb. 7.**36a** u. **b**), während spornförmige Verknöcherungen am Trochanter major häufig im höheren Alter als **Sehnenansatzverknöcherungen** speziell an der Insertion des M. glutaeus medius zu beobachten, streifenförmige Verkalkungen wohl als Zeichen einer **Peritendinitis calcarea** zu werten sind. Die Schleimbeutelverkalkungen treten bei tuberkulöser Bursitis in typischer Weise auf (135).

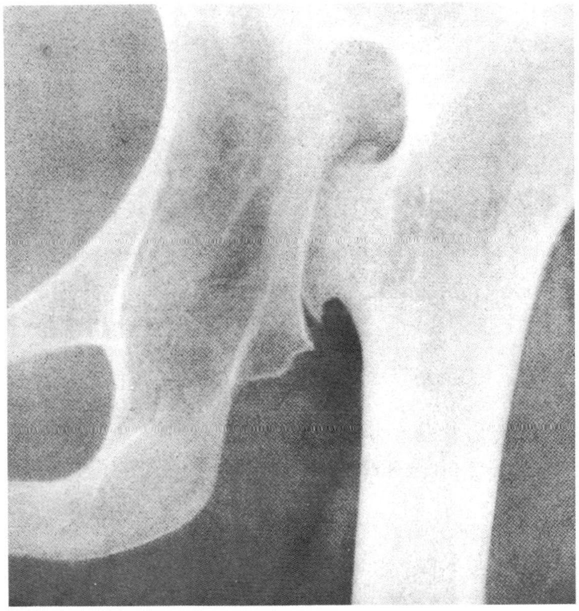

Abb. 7.**34** Luxatio coxae congenita mit Gelenkbildung zwischen Trochanter minor und Pfannengegend

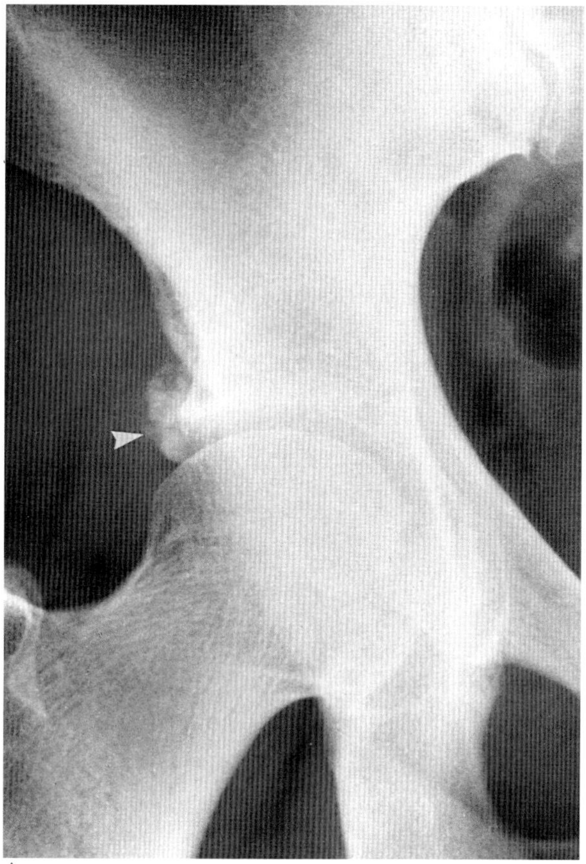

△
Abb. 7.**35** Amorphe Kalkansammlung in einer Bursa neben dem Hüftpfannenrand. Schmerzen in der rechten Leiste, in den Oberschenkel ausstrahlend

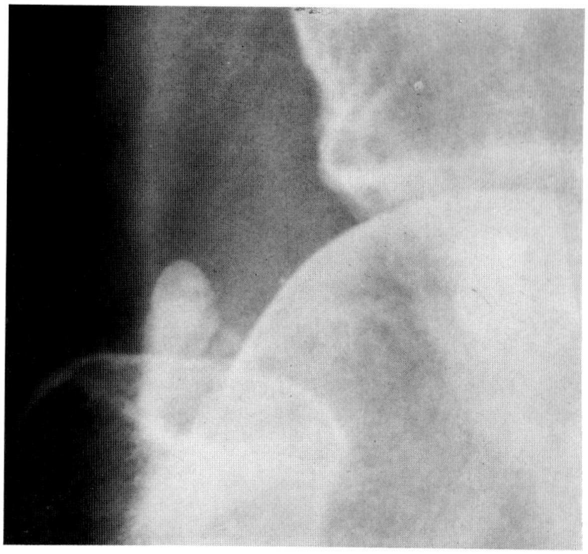

a

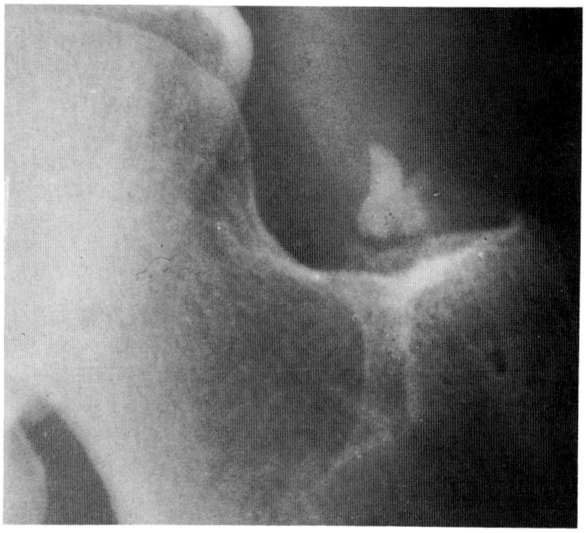

b

Abb. 7.**36a** u. **b** Bursitis calcarea der Brusa trochanterica ▷

Literatur

1 Andrén, L.: Aetiology and diagnosis of congenital dislocation of the hip in newborns. Radiologe 1 (1961) 89–94
2 Andresen, J., H. E. Nielsen: Osteonecrosis in renal transplant recipents. Acta orthop. scand. 52 (1981) 475–479
3 Arlet, J., P. Ficat, R. Durroux, J. F. Gondon: Observations anatomo-cliniques de coxites rhumatismales isolées. Rev. Rhum. 38 (1971) 107–115
4 Azouz, E. M.: Apparent or true neonatal hip dislocation? Radiological differential diagnosis. Canad. med. Ass. J. 29 (1983) 595–597
5 Badgley, C. E., Isaacson, A. S., Wolgamot, J. C., Miller, J. W.: Operative therapy for slipped upper femoral epiphysis. J. Bone Jt Surg. A 30 (1948) 19–30
6 Bauer, R.: Mechanische Faktoren bei der Osteochondrosis dissecans des Hüftgelenkes. Verh. Dtsch. Ges. Orthop. u. Traumatol. 55. Kongr. 1968 Kassel. In: Bücherei des Orthopäden, Bd. 3 Stuttgart. Enke, 1969
7 Bedouelle, J.: Antétorsion des cols fémoraux. Rev. Chir. orthop. (Paris) 68 (1982) 5–13
8 Bensahel, H.: Les antéversions du col fémoral chez l'enfant. Concours Méd. 94 (1972) 4529–4534
9 Berger, D., Ch. Steinhäuslin: Fracture du col fémoral de l'enfant. Ther. Umsch. 40 (1983) 960–964
10 Bergstrand, I., O. Norman: Die Krankheiten des Hüftgelenkes im Kindesalter. Radiologe 1 (1961) 76–89
11 Billing, L.: Roentgen examination of the proximal femur end in children and adolescents. Acta radiol. (Stockh.), Suppl. 110 (1954)
12 Billing, L., E. Severin: Slipping epiphysis of the hip. A roentgenological and clinical study based on a new roentgen technique. Acta radiol. (Stockh.), Suppl. 174 (1959)
13 Billing, L., O. Eklöf: Slip of the femoral epiphysis: revival of a method of assessment. Pediat. Radiol. 14 (1984) 413–418
14 Blauth, W.: Zur Morphologie und Pathogenese der primären Coxa vara congenita. Z. orthop. Chir. 100 (1965) 271–292
15 Blauth, W.: Der congenitale Femurdefekt. Beilageheft z. Z. orthop. Chir. 103 (1967)
16 Bluemm, R. G., T. H. M. Falke, B. G. Ziedses des Plantes jr., R. M. Steiner: Early Legg-Perthes disease (ischemic necrosis of the femoral head) demonstrated by magnetic resonance imaging. Skeletal Radiol. 14 (1985) 95–98
17 Caffey's Pediatric X-Ray-Diagnosis, 8th ed., ed. by F. N. Silverman. Year-Book Medical Publishers, London 1984 ([1]p. 862; [2]p. 317–346; [3]p. 789; [4]p. 787)
18 Calvé, J.: Sur une forme particulière de pseudocoxalgie. Rev. Chir. (Paris) 42 (1910) 54

19 Cheng, N., A. Bussens, J. C. Mulier: Pregnancy and postpregnancy avascular necrosis of the femoral head. Arch. Orthop. Traumat. Surg. 100 (1982) 199–210

20 Ciroteau, Y.: Corrélations des structures osseuses de la hanche. Rev. Chir. Orthop. (Paris) 68 (1982) 14–19

21 Clarke, N. M. P., H. Th. Harcke, Peter McHugh, Myoung Soo Lee, Patricia F. Borns, G. D. MacEwen: Real-time ultrasound in the diagnosis of congenital dislocation and dysplasia of the hip. J. Bone Jt Surg. 67-B (1985) 406–412

22 Clawson, D. K., P. J. Melcher: Fractures and dislocations of the hip. In Rockwood jr. C. A., D. D. Green: Fractures. Lippincot, Philadelphia 1975 (p. 1012)

23 Crock, H. V.: An atlas of the arterial supply of the head and neck of the femur in man. Clin. Orthop. 152 (1980) 17–27

24 Crossan, J. F., Ruth Wynne-Davis, G. E. Fulford: Bilateral failure of the capital femoral epiphysis: Bilateral Perthes disease, multiple epiphyseal dysplasia, pseudoachondroplasia, and spondyloepiphyseal dysplasia congenital and tarda. J. Pediat. Orthop. 3 (1983) 297–301

25 de Cuveland, E.: Die Differentialdiagnose der Osteochondropathien der Hüftregion unter besonderer Berücksichtigung der Osteochondropathie des Trochanter major, zugleich ein Beitrag zur Spitzenkernpersistenz desselben. Arch. orthop. Unfall-Chir. 47 (1955) 45–49

26 Le Damany, P.: La luxation congénitale de la hanche. Alca, Paris 1912

27 Dihlmann, W.: Gelenke – Wirbelverbindungen, 2. Aufl. Thieme, Stuttgart 1982 ([1]S. 273–274; [2]S. 278–282; [3]S. 265–266; [4]S. 256; [5]Abb. 302; [6]S. 244; [7]S. 34–35; [8]Abb. 312; [9]Abb. 340)

28 Dihlmann, W., W. Frik: Das Plaquezeichen am Hüftgelenk. (Spezielle, weniger beachtete Röntgenbefunde am Stütz- und Gleitgewebe 2). Fortschr. Röntgenstr. 114 (1971) 297–304

29 Dihlmann, W., M. Heller: Asterisk-Zeichen und adulte ischämische Femurkopfnekrose. Fortschr. Röntgenstr. 142 (1985) 430–435

30 Dorne, H. L., Ph. H. Lander: Spontaneous stress fractures of the femoral neck. Amer. J. Roentgenol. 144 (1985) 343–347

31 Dunlap, K., A. R. Shands jr., L. C. Hollister, J. S. Graul, H. A. Streit: A new method for determination of torsion of the femur. J. Bone Jt Surg. 35A (1953) 289–311

32 Edgren, W.: Coxa plana. A clinical and radiological investigation with particular reference to the importance of the metaphyseal changes for the final shape of the proximal part of the femur. Acta orthop. scand., Suppl. 259 (1966)

33 Eyring, J., R. Björnson, C. A. Peterson: Early diagnostic and prognostic signes in Legg-Calvé-Perthes disease. Amer. J. Roentgenol. 93 (1965) 382–387

34 Faber, A.: Untersuchungen über die Ätiologie und Pathogenese der angeborenen Hüftverrenkung. Thieme, Leipzig 1938

35 Fernbach, S. K., A. K. Poznanski, A. S. Kelikian, M. O. Tachjdian, M. J. Marzano: Greater trochanteric overgrowth: development and surgical correction. Radiology 154 (1985) 661–664

36 Fick, R.: Handbuch der Anatomie und Mechanik der Gelenke unter Berücksichtigung der bewegenden Muskeln, 1. Teil. Fischer, Jena 1904

37 Filipe, G.: Les épiphysiolyses fémorales supérieures. Chir. orthop. 34 (1984) 40–46

38 Fotter, R., G. F. Fueger, G. Ritter: Der Wert der Szintigraphie und der Osteoszintigraphie zur Früherkennung des M. Legg-Calvé-Perthes. Röntgen-Bl. 32 (1979) 79–86

39 Fotter, R., J. Lammer, G. Ritter: Szintigraphische 5-Jahres-Studie bei Kindern mit Morbus Perthes, diagnostische Aussagen und therapeutische Konsequenzen. Fortschr. Röntgenstr. 137 (1982) 141–146

40 Francillon, M. R.: Deformitäten des Skeletts. In Schinz, H. R., W. E. Baensch, W. Frommhold, R. Glauner, E. Uehlinger, J. Wellauer: Lehrbuch der Röntgendiagnostik Bd. II/2, 6. Aufl. Thieme, Stuttgart 1981 (S. 373–428)

41 Fürmaier, A.: Handbuch der Orthopädie, Bd. I. Thieme, Stuttgart 1957 (S. 845)

42 Garavaglia, C.: Nuovi segni radiografici nella diagnosi précoce della displasia congenita dell'anca. Radiologia (Roma) 10 (1970) 195–205

43 Gay, B., W. Romen: Makroskopische und mikroskopische Befunde am Femurkopf nach Acetabulumfraktur. Unfallheilkunde 86 (1983) 201–204

44 Gekeler, J.: Die Hüftkopfepiphysenlösung. Enke, Stuttgart 1978

45 Gerster, J. C., S. A. Charhon, P. Jaeger, G. Boivin, D. Briancon, A. Rostan, C. A. Band, P. J. Meunier: Bilateral fracture of femoral neck in patients with moderate renal failure receiving fluoride for spinal osteoporosis. Brit. Med. J. 287 (1983) 723–725

46 Graf, R.: Sonographie der Säuglingshüfte. Enke, Stuttgart 1985

47 Graf, R., J. Heuberer: Die sonographisch überwachte Hüftdysplasie. Wien. klin. Wschr. 97 (1985) 18–27

48 Griffiths, H. J.: Radiology of Renal Failure. Saunders, Philadelphia 1976

49 Grossmann, H.: Die Röntgendiagnostik des Hüftgelenkes im frühen Säuglingsalter. Fortschr. Röntgenstr. 108 (1968) 654–658

50 Grote, R., H. Elgeti, D. Saure: Bestimmung des Antetorsionswinkels am Femur mit der axialen Computertomographie. Röntgen-Bl. 33 (1980) 31–42

51 Guilleminet, M., Barbier: Osteochondrosis dissecans of the hip. J. Bone Jt Surg. 34A (1952) 268–275

52 Guyer, Betsy, D. S. Smith, R. B. Cady, D. A. Bassano, M. L. Levinsohn: Dosimetry of computerized tomography in the evaluation of hip dysplasia. Skeletal Radiol. 12 (1984) 123–127

53 Hely, D., R. S. Fennell, III, W. Petty, T. Hudson, G. A. Richard: Osteonecrosis of the femoral head and condyle in the post transplantation courses of children and adolescents. Intern. J. Pediat. Nephrol. 3 (1982) 297–303

54 Hackenbruch, W.: Die idiopathische Coxa antetorta (Antetorsionssyndrom). Z. Kinderchir. 38 (1983) 404–409

55 Heripret, G.: Torsion fémorale et torsion tibiale. Mesures radiologiques. Rev. Chir. Orthop. (Paris) 68 (1982) 29–31

56 Hernandez, R. J.: Evaluation of congenital hip dysplasia and tibial torsion by computed tomography. J. Comp. tomogr. 7 (1983) 101–108

57 Herrlin, K., L. Ekelund: Radiographic measurements of the femoral neck anteversion. Acta orthop. scand. 54 (1983) 141–147

58 Heuck, F., H. Treugut: Die „Hüftkopfnekrose" bei metabolischen und hormonellen Osteopathien – eine radiologisch-morphologische Analyse. Radiologe 24 (1984) 319–337

59 Hilgenreiner, H.: Zur Frühdiagnose und Frühbehandlung der angeborenen Hüftgelenkverrenkung. Med. Clin. 21 (1925) 1385–1389, 1425–1429

60 Hipp, E.: Das röntgenologische und angiographische Bild bei der spontanen Hüftkopfnekrose des Erwachsenen. Z. Orthop. 104, Beilageh. 236 (1968)

61 Hirthe, D.: Kurzer Beitrag über die Bedeutung der Handradiogramme beim Legg-Calvé-Perthes-Syndrom. Beitr. Orthop. Traumatol. 13 (1966) 24

62 Hofmann, A., R. Wyatt: Missed subcapital fractures. Ann. Emerg. Med. 13 (1984) 951–955

63 Horváth, F., I. Roszahegyi: Die Entwicklung der kronischen Osteoarthropathie bei Caisson. Radiologische Aspekte. J. Radiol. Electrol. 52 (1971) 805–808

64 Huguenin, Ph., H. Bensahel: Les rétroversions du col fémoral. Chir. Pédiat. 23 (1982) 277–281

65 Idelberger, K., A. Franke: Die Erbpathologie der angeborenen Hüftverrenkung. Urban & Schwarzenberg, München 1951

66 Illyes, Z.: Angaben zur Ätiologie des Luxationsperthes. Z. Orthop. 104 (1963) 61–68
67 Jerre, T.: Early complications after osteosynthesis with a three flanged nail in situ for slipped epiphysis. Acta Orthop. scand. 27 (1957) 126
68 Johanson, N. A., V. J. Vigorita, Amy B. Goldman, E. A. Salvati: Acromegalic arthropathy of the hip. Clin. Orthop. 173 (1983) 130–139
69 Jonasch, R.: Der eingekeilte Schenkelhalsbruch bei Kindern. Unfallheilkunde 85 (1982) 319–320
70 Judet, H., J. Judet: Fractures engrenées en coxa valga du col du fémur. Cahiers Chir. 3 (1982) 11–15
71 Kaposi, N. P.: Familiäre Osteopoikilie. Fortschr. Röntgenstr. 139 (1983) 331–332
72 Kaelin, A.: Une cause rare de blocage traumatique de la hanche chez l'enfant. Intern. Orthop. (SICOT) 8 (1984) 9–12
73 Kay, N. R. M., W. M. Park, M. Bark: The relationships between pregnancy and femoral head necrosis. Brit. J. Radiol. 45 (1972) 828–831
74 Keagey, R. D., H. A. Keim: Intraarticular steroid therapy: repeated use in patients with chronic arthritis. Amer. J. med. Sci. 253 (1967) 45–51
75 Keats, Th. E.: An Atlas of Normal Roentgen Variants that May Simulate Disease, 3rd ed. Year Book Medical Publishers, Chicago 1984 ([1]fig. 7-5; [2]fig. 7-34; [3]fig. 7-27 – 7-29)
76 Kennedy, P. C.: Traumatic separation of the upper femoral epiphysis. A birth injury. Amer. J. Roentgenol. 51 (1944) 707–719
77 Kloiber, R., W. Puvlosky, O. Portner, K. Gartke: Bone scintigraphy of hip joint effusion in children. Amer. J. Roentgenol. 140 (1983) 995–999
78 König, G., W. Schulz: Der Antetorsions- und Schenkelhalsschaftwinkel des Femur. Probleme der röntgenologischen Bestimmung und der operativen Korrektur. Enke, Stuttgart 1973
79 Komprda, J.: Beitrag zur Diagnostik der acetabulären Dysplasie im Säuglingsalter. Z. Orthop. 122 (1984) 743–759
80 Kopits, E.: Ein sicheres Verfahren zur Frühdiagnose der angeborenen Hüftverrenkung. Z. Orthop. 69 (1939) 167–173
81 Korovessis, P.: Beidseitige Ermüdungsfraktur des Schenkelhalses bei M. Bechterew. Z. Orthop. 122 (1984) 623–642
82 Kozlowski, K., J. Scougall: Idiopathic chondrolysis – diagnostic difficulties (Report of 4 cases). Pediat. Radiol. 14 (1984) 314–317
83 Lacheretz, M., J. E. Vigier, J.-P. Degrendel: Fractures intra-capsulaires du col du fémur chez l'enfant. Chirurgie 110 (1984) 538–545
84 Längle, J.: Chronisch-traumatische Veränderungen am Trochanter minor bei einem jugendlichen Epileptiker. Fortschr. Röntgenstr. 74 (1951) 307–363
85 Lamarque, J. L., J. F. Ginestie, R. Dondelinger, O. Pelissier, J. P. Bonvier, F. Blotman, L. Simon: La tomodensitométrie en pathologie ostéo-articulaire. Premiers résultats. Rev. Rhum. 45 (1978) 283–289
86 Lange, M.: Zwei Fälle von doppelseitiger Osteochondritis dissecans (König) der Femurköpfe. Z. orthop. Chir. 51 (1929) 269–280
87 Langlotz, M., J. Wellauer: Die Femurkopfnekrose bei Nierenerkrankungen und ihre Differentialdiagnose. Schweiz. Röntgenkongreß, Villars 1977
88 Lemperg, R., B. Liliequist, St. Mattson: Asymmetry of the epiphyseal nucleus in the femoral head in stable and unstable hip joints. Pediat. Radiol. 1 (1973) 191–195
89 Lenoch, F., A. Vonková, V. Kralik, O. Vojtišek: Befall des Hüftgelenkes bei der primär chronischen Polyarthritis. Z. Rheumaforsch. 25 (1966) 343–350
90 Lorenz, A.: Die sogenannte angeborene Hüftverrenkung. Enke, Stuttgart 1920
91 Maroteaux, P., Ch. Hedon: Dysplasies bilatérales isolées de la hanche chez le jeune enfant. Ann. Radiol. 24 (1981) 181–187
92 Matthaei, D., J. Frahm, A. Haase, R. Schuster, H. Bonnsdorf: Chemical-shift-selective magnetic resonance imaging of avascular necrosis of the femoral head. Lancet 1985/I, 370–371
93 Mau, H.: Idiopathische Hüftkopfnekrosen Erwachsener. Z. Orthop. 101 (1966) 18–34
94 Mau, H.: Perthes disease. Atypical secondary juvenile osteonecrosis of the femoral epiphysis and delayed bone maturation. Z. Orthop. 119 (1981) 366–373
95 Melzer, E.: Röntgenologische Untersuchungstechnik und Diagnostik der kindlichen Hüfte. Röntgen-Bl. 30 (1977) 91–96
96 Meyer, J.: Dysplasia epiphysealis capitis femoris. Acta orthop. scand. 34 (1964) 183–197
97 Mortensson, W., T. Nylonde: Ischemia of the childhood femoral and humeral head epiphyses following osteomyelitis. Acta radiol. Diagn. 25 (1984) 269–272
98 Müller, M. E.: Die hüftnahen Femurosteotomien, 2. Aufl. Thieme, Stuttgart 1970
99 Nicol, R. O., P. F. Williams, D. J. Hill: Transient osteopaenia of the hip in children. J. Pediat. Orthop. 4 (1984) 590–592
100 Noble, T. C., C. R. Pullan, A. W. Craft, M. A. Leonard: Difficulties in diagnosing and managing congenital dislocation of the hip. Brit. Med. J. 1978/II, 620–623
101 Ogata, K., E. M. Goldsand: A simple biplanar method of measuring femoral anteversion and neck-shaft angle. J. Bone Jt Surg. 61 (1979) 846–851
102 Ogden, J. A., H. L. Moss: Pathologic anatomy of congenital hip disease. In Weil, U. H.: Acetabular Dysplasia. Springer, Berlin 1978
103 Ortolani, M.: La lussazione congenitale dell'anca. Capelli, Bologna 1948
104 Orlic, D., I. Ruszkowski: The radiological appearance of appositional new bone on the medial part of the neck of the femur in coxarthrosis. Intern. Orthop. (SICOT) 7 (1983) 11–16
105 Pöschl, M.: Juvenile Osteochondrosen. In Diethelm, L., O. Olsson, F. Strnad, H. Vieten, A. Zuppinger: Handbuch der Medizinischen Radiologie, Bd. V/4. Springer, Berlin 1971 ([1]S. 372; [2]S. 693–712; [3]Abb. 332a–d; [4]S. 653; [5]S. 188–254; [6]S. 417; [7]S. 392–394)
106 Pogrund, H., R. Bloom, P. Mogle: The normal width of the adult hip: the relationship to age, sex and obesity. Skeletal Radiol. 10 (1983) 10–12
107 Ponseti, I.: Early diagnosis and pathology of congenital dislocation of the hip. Pediat. ann. 11 (1982) 512–517
108 Pouliqueu, J. C., P. Rigault, G. Guyonvarch, M. le Luhaut: Ostéochondritie parcellaire sur coxa valga chez l'enfant. Rev. Chir. Orthop. 67 (1981) 757–761
109 Purry, N. A.: The incidence of Perthes' disease in three population groups in the eastern cape region of South Africa. J. Bone Jt Surg. 64-B (1982) 286–288
110 Quesada, J. R., M. J. Keating, H. I. Litschitz, L. Llamas: Bone Involvement in hairy cell leukemia. Amer. J. Med. 74 (1983) 228–231
111 Rava, G., T. d'Amora: Contributo allo studio radiologico dell'osteochondrite del gran trocantere. Arch. Istit. osped. S. Corona 30 (1965) 407–411
112 Rippstein, J.: Zur Bestimmung der Antetorsion des Schenkelhalses mittels 2 Röntgenaufnahmen. Z. Orthop. 86 (1955) 345–360
113 Robert, H., R. Seringe: Les troubles de développement de l'extrème supérieure du fémur après traitement de la luxation congénitale de hanche. Rev. Chir. Orthop. (Paris) 68 (1982) 425–439
114 Rogers, L. F.: Radiology of Skeletal Trauma, vol. II. Churchill Livingstone, New York 1982 ([1]p. 681; [2]fig. 20-11)

115 Rompe, G.: Die Bedeutung konstitutioneller Faktoren bei der Osteochondritis dissecans der Hüftköpfe. Z. Orthop. Chir. 96 (1962) 164–171
116 Rossak, K., K. Parsch, K.-P. Schulitz: Die Behandlung der Hüftgelenksluxation bei Myelomeningocelen. Arch. orthop. Unfall-Chir. 67 (1970) 199–210
117 Ruhl, E.: Diss., Tübingen 1920
118 Ryder, Crane; zit. nach Huguenin, Ph., H. Benhasel: Les rétroversions du col fémoral. Chir. Pédiat. 23 (1982) 277–281
119 Sandström, C.: Peritendinitis calcarea. A common disease of middle life: its diagnosis, pathology and treatment. Amer. J. Roentgenol. 40 (1938) 1–21
120 Sauser: Die „beetartigen Erhabenheiten" am Schenkelhals. Z. Anat. Entw. Gesch. 104 (1935) 285–294
121 Scharf, W., H. Hertz, R. Schbus, M. Wagner: Über Ursachen und Häufigkeit der aseptischen Hüftkopfnekrose nach medialer Schenkelhalsfraktur. Unfallheilkunde 87 (1984) 338–343
122 Schinz, H. R.: Apophysenlösung des Trochanter minor. Röntgenpraxis 10 (1938) 142–143
123 Schlungbaum, W.: Die beidseitige „idiopathische" Hüftkopfnekrose des Erwachsenen. Fortschr. Röntgenstr. 106 (1967) 448–456
124 Schmid, F.: Beitrag zur Dysostosis enchondralis metaphysaria. Mschr. Kinderheilk. 97 (1949) 393–397
125 Schuind, F., P. Koekman: Legg-Perthes-Calvé disease. A new method for measurement of roentgenographic results of bilateral cases. J. Pediat. Orthoped. 4 (1984) 431–435
126 Schulitz, K. P.: Die Periarthritis coxae. Z. Orthop. 106 (1969) 110–122
127 Seringe, R.: Dépistage et traitement des dysplasies et luxations congénitales de hanche chez le nouveau-né le nourisson. Ann. Pédiat. 29 (1982) 499–508
128 Seringe, R., K. Kharrat: Dysplasie et luxation congénitale de la hanche. Anatomie pathologique chez le nouveau-né et le nourisson. Rev. Chir. Orthop. (Paris) 68 (1982) 145–160
129 Sinios, A.: Diagnose und Therapie der sog. Hüftdysplasie. Pädiat. Prax. 8 (1969) 641–643, Abb. 19
130 Skinner, H. B., St. D. Cook: Fatigue failure stress fracture of the femoral neck. Amer. J. Sports Med. 10 (1982) 245–247
131 Spranger, J.: Hüftkopfdysplasien im Rahmen generalisierter Dysostosen. Z. Orthop. 104 (1968) Beilageh. 228
132 Strömqvist, B.: The longest delay between femoral neck fracture and femoral head collapse? Arch. Orthop. Trauma Surg. 104 (1985) 125–128
133 Swiontkowski, M. F., R. A. Winquist, S. T. Hansen: Fractures of the femoral neck in patients between the ages of twelve and forty-nine years. J. Bone Jt Surg. 66-A (1984) 837–846
134 Swischuk, L. E.: Emergency Radiology of the Acutely Ill or Injured Child. Williams & Wilkins, Baltimore 1979 (fig. 363)
135 Teale, T. P.: On the simulation of hip disease by suppuration of the bursa over the trochanter major. Lancet 1870/II, 506–507
136 Thickman, D., L. Axel, H. Y. Kressel, M. Steinberg, H. Chem, M. Velchik, M. Fallon, M. Dalinka: Magnetic resonance imaging of avascular necrosis of the femoral head. Skeletal Radiol. 15 (1986) 133–140
137 Tillmann, B.: Zur Lokalisation von degenerativen Veränderungen am Femurkopf bei der Coxarthrose. Z. Orthop. 111 (1973) 23–27
138 Toby, E. B., L. A. Koman, R. E. Bechtold: Magnetic resonance imaging of pediatric hip disease. J. Pediat. Orthop. 5 (1985) 665–671
139 Totty, W. G., W. A. Murphey, W. I. Ganz, B. Kumar, W. J. Daum, B. A. Siegel: Magnetic resonance imaging of the normal and ischemic femoral head. Amer. J. Roentgenol. 143 (1984) 1273–1280
140 Umbach, K.: Einseitige persistierende Apophyse am Trochanter minor links. Fortschr. Röntgenstr. 77 (1952) 627
141 Upadhay, S. S., K. Srikrishnamurthy, A. Moulton: An analysis of the late effects of traumatic posterior dislocation of the hip without fractures. J. Bone Jt Surg. 65-B (1983) 150–152
142 Valouch, P., V. Paderzka, J. Gatherová: Enthesopathy of the hip joint. Clin. rheumatol. 4 (1985) 150–154
143 Vasey, H. M.: Nécrose aseptique de la tête fémorale chez le jeune adulte. Intern. Orthop. (SICOT) 8 (1984) 77–88
144 Walker, G.: Problems in the early recognition of congenital hip dislocation. Brit. med. J. 1971/13/I 147–148
145 Weinstein, J. N., K. N. Kuo, A. Millar: Congenital coxa vara. A retrospective review. J. Pediat. Orthop. 4 (1984) 70–77
146 Wiberg, G.: Studies of the dysplastic acetabulae and congenital subluxation of the hip joint. Acta chir. scand., Suppl. 58 (1939)
147 Wichtl, O.: Native Darstellung des Gelenkspaltes am kindlichen Hüftgelenk. Radiol. Austriaca 10 (1958) 63–64
148 Wilson, J. N.: Watson-Jone's Fractures in Joint Injuries. Churchill Livigstone, Edinburgh 1976 (p. 870)
149 Wolinski, A. P., I. W. McCall, G. Evans, W. M. Park: Femoral neck growth deformity following the irritable hip syndrome. Brit. J. Radiol. 57 (1984) 773–777
150 Wray, D. G., N. M. Bisalahallin: Congenital diclocation of the hip. The high incidence of familial aetiology – a study of 130 cases. Brit. J. clin. Pract. 37 (1983) 299–303
151 Yngve, D. A., J. M. Roberts: Acetabular hypertrophy in Legg-Calvé-Perthes disease. J. Pediat. Orthop. 5 (1985) 416–421
152 Zsernaviczky, J., G. Türk: Der β-Winkel. Ein diagnostisches Zeichen für Frühdiagnose der angeborenen Hüftdysplasie. Fortschr. Röntgenstr. 123 (1975) 131–133

Mittlerer Teil

Norm

Die **Ossifikation der Femurdiaphyse** beginnt spätestens in der 8. Fetalwoche.

Bei Säuglingen und Kleinkindern wurden **periostale Begleitschatten** der Femurschaftkonturen gefunden (19[1]), die besonders häufig bei Frühgeborenen beobachtet wurden (43) – Abgrenzung gegen pathologische Befunde s. folgende Absätze.

Ein **Gefäßkanal** verläuft in kraniokaudaler Richtung in Schaftmitte. Die Gefäßeintrittsstelle ist proximal der Oberschenkelmitte zu erkennen (Abb. 7.**37**). Eine breite Vorwölbung distal des Trochanter major wurde von Zimmer beobachtet (51). Während des Lebens ändern sich auch Form und Länge der unteren Extremitäten beim Erwachsenen. Entsprechende Meßergebnisse wurden nach der Breite des Schenkelhalses und des proximalen Schaftanteiles unter dem Aspekt der Auswirkung auf das Entstehen einer Arthrosis deformans an Hüft- und Kniegelenk mitgeteilt (9). Eine **Geschlechtsdifferenz** läßt sich nach Vermessung der Femora in sechs Maßen (Länge, Femurkopfdurchmesser, a.-p. und Transversaldiameter, Umfang und distale Breite) bei der weißen und schwarzen Bevölkerung in gleichem Maße (höhere Werte bei Männern) feststellen (15).

Leichte Varuskrümmungen des Femur sind im 2. Lebensjahr (bei Genua vara) normal (12).

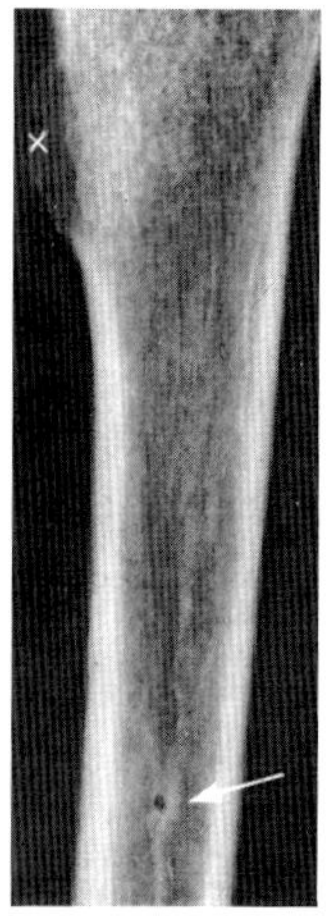

Abb. 7.**37** Gefäßeintrittsstelle (←). Trochanter minor (×)

Anomalien

Kümmerformen mit **Verkürzung** und **Verschmächtigung** des Femur stehen in enger Beziehung zur **Coxa vara infantium** (4, 7, 37, 39), werden als **kongenitale Femurdefekte** bezeichnet und sind oft erst in ihrem vollen Ausmaß nach Wachstumsabschluß erkennbar (7). Zum Themenkreis dieses Buches gehören die Anfangsstadien mit erhaltenem, aber hypoplastischem und varisiertem Kopf- und Halsteil, während fortgeschrittene Formen mit Defekten (Stadieneinteilungen s. bei 1, Aitken, Lloyd–Roberts, zit. nach 39) nicht mehr die Thematik dieses Buches berühren.

Die gleiche Abgrenzung gilt für Abbildung und Besprechung der bei den verschiedensten Dysplasien auftretenden kortikalen Hyperostosen, in der vorigen Auflage dieses Buches noch erwähnte (infantile kortikale Hyperostose Caffey, kraniotubuläre Dysplasie vom Typ Camurati–Engelmann) wie auch nicht aufgeführte (Pachy-Periostose, familiäre idiopathische Osteoarthropathie, endostale Hyperostose van Buchem). Alle diese systematisierten Dysplasien sind weiterhin auch an anderen Röhrenknochen, nicht nur am Femur, zu finden (s. entsprechende Lehrbuchbeiträge, z. B. 10).

Gleiches trifft auch für die immer eindeutig pathologischen Prozesse der Knochenhäm- und -lymphangiomatosen zu.

Eine **Hypertrophie des Femur** bei **arteriovenösen Anastomosen** wurde beobachtet (49). Der dysproportionierte Riesenwuchs ist beim **Klippel-Trénaunay-**, der proportionierte Riesenwuchs beim **(Parkes-)Weber-Syndrom** bekannt.

Verletzungsfolgen

Frakturen des Femurschaftes erfolgen durch starke Gewalteinwirkung, in 50% im Gefolge von Polytraumen (38), und treten selten bei älteren Leuten auf, wenn sie nicht spontan (z. B. durch Metastasen) entstanden sind. Einzelheiten über dieses Thema sind den Lehrbüchern der Traumatologie zu entnehmen.

Eine längs des gesamten Femurschaftes nach Fraktur des Oberschenkelknochens auftretende periostale Reaktion kann wie eine der (hier nur erwähnten) dysplastischen kortikalen Hyperostosen anmuten (20) und kann auch beim Battered-child-syndrome, nach Geburtstraumen, aber auch nach anderweitigen mechanischen Einwirkungen (z. B. Spreizhose) entstehen.

Spontanbrüche in Form von **Umbauzonen**, früher meist als Milkman-Syndrom bei Osteomalazien beschrieben (24, 26, 40, 45), zeichnen sich durch sklerosierte Bruchränder aus. Die Sklerosen überbrücken später den Bruchspalt (Abb. 7.**38a** u. **b**). Ihre Diagnose wird bei sehr geringer Deutlichkeit der Symptome erleichtert, wenn die Veränderungen beidseitig auftreten. Man findet zarte quere Aufhellungen („pseudofractures" [33]) (Abb. 7.**39**), häufiger aber wolkige Sklerosierungen mit eventuell kaum sichtbaren periostalen Reaktionen (Abb. 7.**40a** u. **b**), die szintigraphisch oft schon im Frühstadium nachweisbar sind.

Jüngst wurden bei Stoffwechselstörungen nach Blasenexstirpation und Uretereinpflanzung in das Sigma in einem Einzelfall über Umbauzonen in den Femora (samt eigentümlichen Strukturverdichtungen in den Oberschenkelknochen und den Darmbeinschaufeln) berichtet (30).

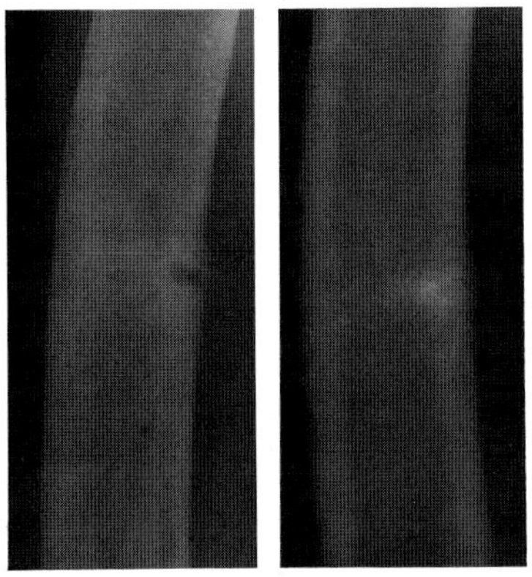

a b

Abb. 7.**38 a** u. **b** Umbauzone (Looser, Milkman)

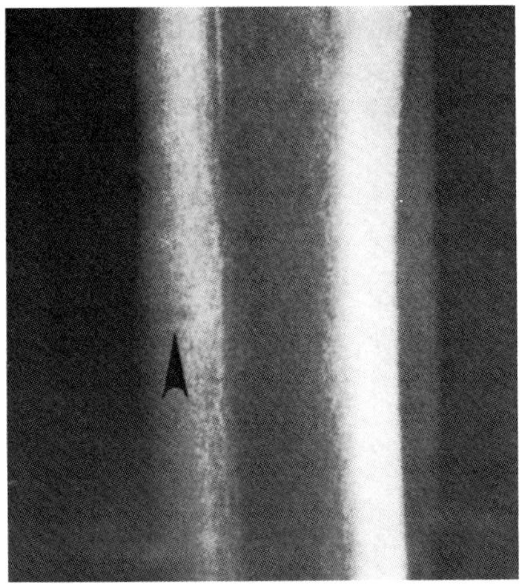

Abb. 7.**39** 64jährige Frau mit „pseudofracture" am rechten Oberschenkelschaft (beiderseits mit symmetrischem Sitz beobachtet)
(aus Perry, H. M., R. S. Weinstein, St. L. Teitelbaum, L. V. Avioli, M. D. Fallon: Skeletal Radiol. 8 [1982] 17)

Heute treten derartig entstandene Strukturumbauten eher infolge einer Überlastung des normalen Knochens als *„Streßfrakturen"* auf, z. B. subtrochanter bei Mittelstrecken- und Langläufern sowie bei Hochspringern (3), besonders aber auch bei Militärangehörigen in Trainingscamps, und hier vor allem bei Frauen (42). Bei älteren Kindern (im Schulalter keineswegs selten) werden sie zwar öfter an der Tibia beobachtet, sind am Femur nicht so häufig, kommen aber auch hier vor (2, 5). Zur Aufdeckung von Befunden, die nach Summationsaufnahmen nicht sichtbar sind, hat sich die Computertomographie bewährt (50).

Erworbene Erkrankungen

Die Anfangssymptome der **Osteomyelitis** unterscheiden sich von denen, wie sie am Oberarm gezeigt wurden, wohl kaum. Auch bei den sehr selten zu beobachtenden ausgeprägten Formen (35) läßt sich die **Tuberkulose der langen Röhrenknochen** auf dem Röntgenbild allein nicht diagnostizieren (47).

Knocheninfarkte äußern sich nach Einlagerungen von Hydroxylapatit als Kalkanreicherungen in streifiger, strähniger, Ring- oder polyzyklischer Form (Abb. 7.**41a–d**) in der Spongiosa, meist in der Nähe der distalen Metaphyse gelegen (Abb. 7.**42**). Sie können dem Bild einer Melorheostose ähneln. Differentialdiagnostisch kommt auch ein zentral teilweise verkalktes intraossäres Lipom in Betracht (11). Nicht selten, aber selten so ausgeprägt wie in Abb. 7.**43** findet man Knocheninfarkte im distalen Ende des Femur und gleichzeitig proximal in der Tibia, dies doppelseitig bei Arthrosis deformans und Varusstellung der Kniegelenke. Derartige Tüpfelungen in der Struktur gibt es u. a. im proximalen Femurende (17). Zur Differentialdiagnose ist auch an das Enchondrom (Abb. 7.**44a** u. **b**) und an das Chondrosarcoma of low-grade malignancy zu denken (Abb.

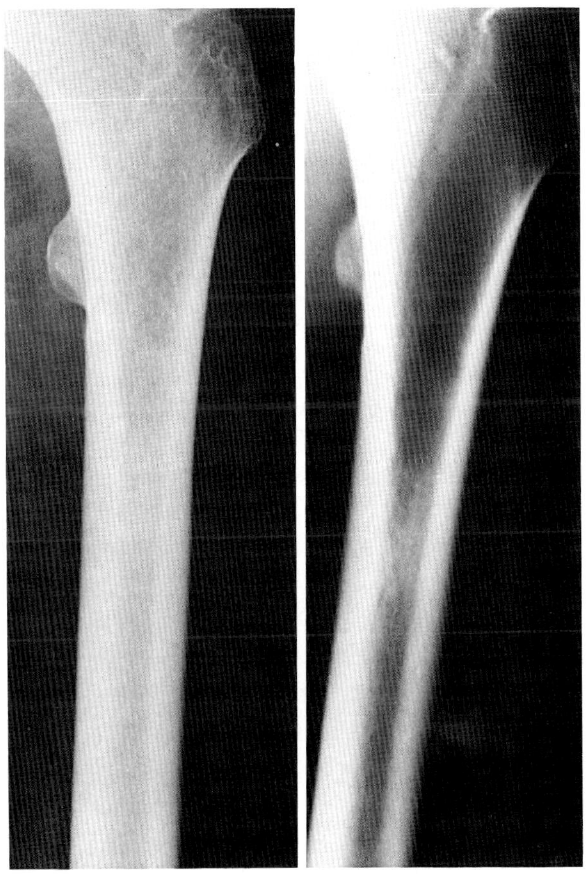

a b

Abb. 7.**40 a** u. **b** Spongiosasklerose (Umbauzone)
a Summationsaufnahme
b Schichtaufnahme

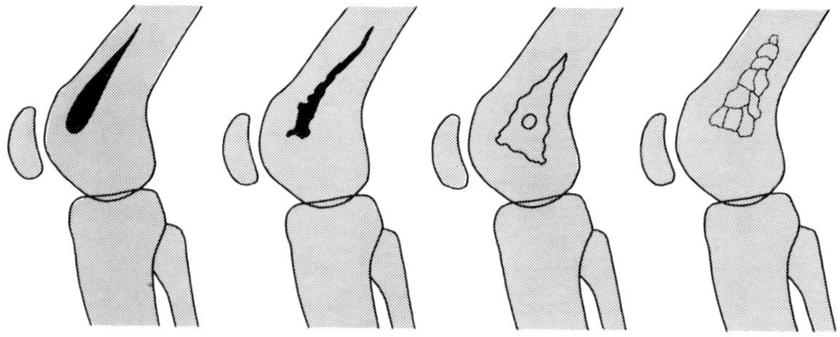

a b c d

Abb. 7.**41 a–d** Metadiaphysärer Knocheninfarkt (nach Schinz u. Uehlinger)
a Streifige Form
b Strähnige Form
c Ringform
d Polyzyklisch-zystische Form

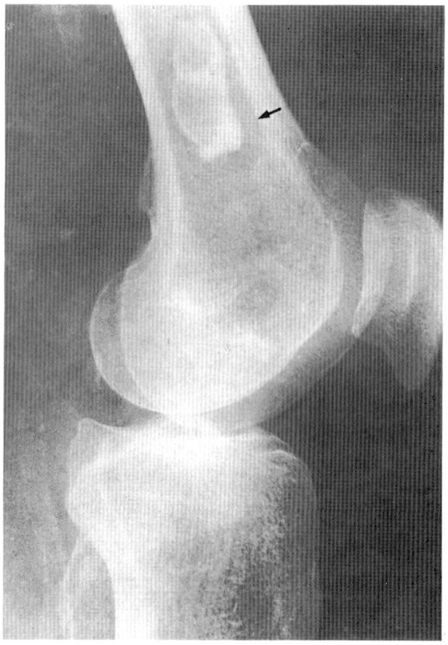

Abb. 7.**42** Knocheninfarkt

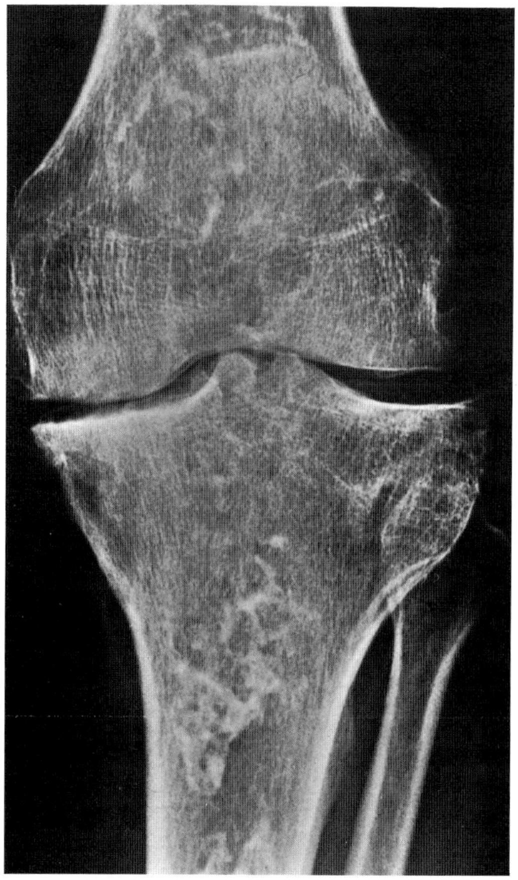

Abb. 7.**43** Doppelseitige Kalkablagerungen im Zentrum von Femur und Tibia: wahrscheinlich Knocheninfarkte (bei Arthrosis deformans) (Beobachtung von Wolfers, Köln-Deutz)

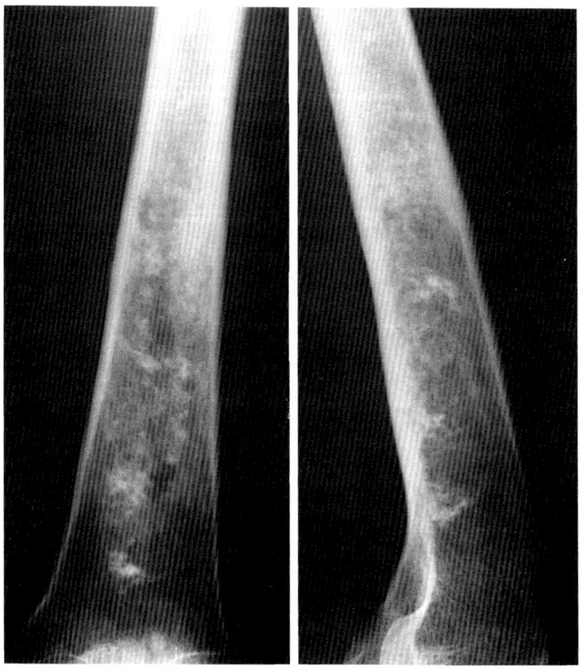

a b

◁ Abb. 7.**44 a** u. **b** Enchondrom (histologisch bestätigt), a.-p. und seitlich

7.**45**). Zur Differentialdiagnose wird die computertomographische Untersuchung empfohlen (34).

Die selten zu beobachtende **Melorheostose**, die aus unbekannter Ursache entsteht und einem Kompaktaband entspricht, das sich über mehrere Abschnitte einer Extremität erstrecken kann und einem Tropfen ähnelt, der von oben herunterläuft, steht ätiologisch wohl den multiplen Kompaktainseln der **Osteopoikilie** nahe und wurde mit einer Manifestation, die auch die ganze Länge eines Femurschaftes an der Außenseite durchsetzte, in Kombination mit Osteopoikilie an anderen Skelettabschnitten und verbunden mit einer Sklerodermie (en bandes) gefunden (31). Diese Art der Kombination ist typisch, wurde als **„linear melorheostotic scleroderma"** bezeichnet (48) und in 17% aller Melorheostosen gefunden (27).

Unregelmäßig-strähnige Verdichtungen, exzentrisch in der Struktur, meist nahe der distalen Metaphyse in einem scharf umgrenzten Bezirk gelegen, können als Ausheilungsformen **juveniler, benigner, kortikaler Defekte** (non osteogenic fibroma, nicht ossifizierendes Fibrom) aufgefaßt werden (Abb. 7.**46a** u. **b**), s. auch bei Keats (19^2). Sie sind klinisch harmlos.

Als Ursache endostaler Verkalkungen wurden auch verkalkte **Gummata** gefunden.

Für das **Osteoidosteom**, einen benignen Tumor mit klinischen Zeichen der Entzündung (starker, meist nächtlich auftretender Schmerz, deutliche Mehrbelegung im Szintigramm, fast pathognomonisch fleckförmige Kontrastmittelintensivierung im Angiogramm), bilden Femur und Tibia die häufigsten Lokalisationen. Der im Nativbild oft (nicht immer) nachweisbare „Herd", die Osteoidansammlung, wird als bis erbsgroße Aufhellung sichtbar, die in der Regel in der Kortikalis liegt und von einer dichten Verdickung der Knochenrinde umgeben ist (Abb. 7.**47**). Manchmal ist dieser „Nidus" erst tomographisch, sehr eindrucksvoll auch computertomographisch (22) nachweisbar. Man unterscheidet eine kortikale, spongiöse und subperiostale Lage des Nidus (21).

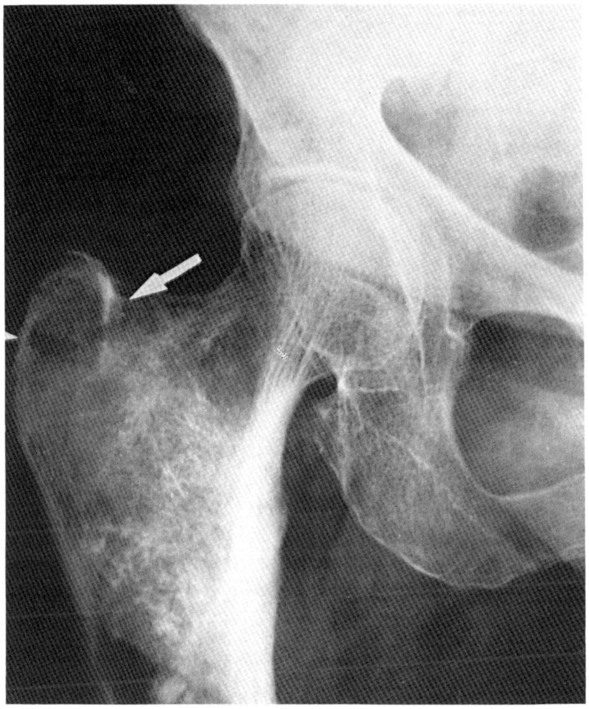

Abb. 7.**45** Chondrosarkom mit Spontanfraktur des Trochanter major (histologisch bestätigt: Amputation)

Periostale Begleitschatten, auf die in den vorigen Absätzen schon hingewiesen wurden, treten auch nach **Stoffwechselstörungen** (heilende Rachitis) und **Medikamentwirkungen** auf. Als solche werden sie neuerdings vor allem bei kongenitalen Vitien nach **Prostaglandingabe** (32, 36) und bei **Vitamin-A-Intoxikation** – hier allerdings meist bei älteren Kindern – gesehen.

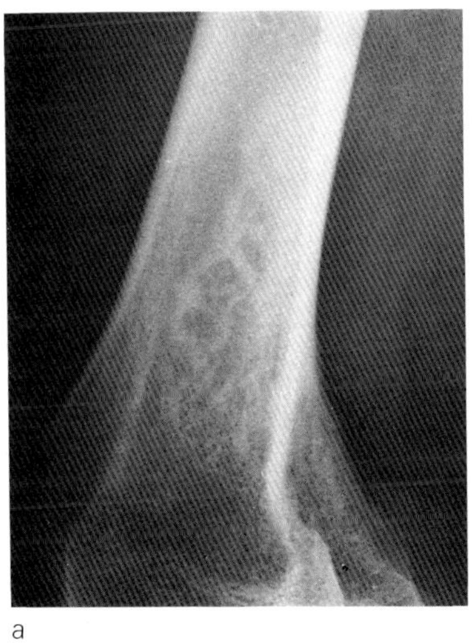

a

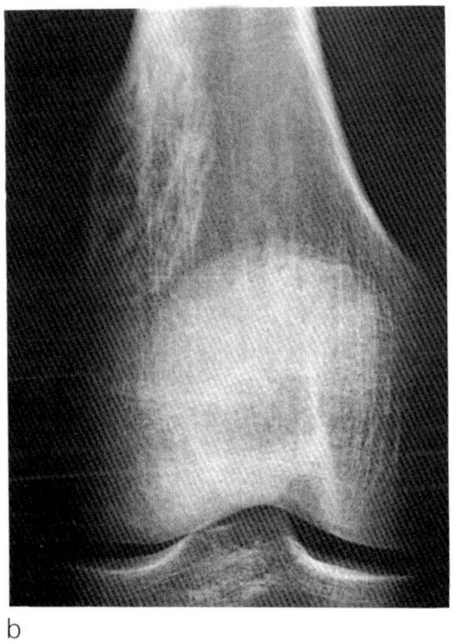

b

Abb. 7.**47** Skizze eines Osteoidosteoms

◁ Abb. 7.**46a** u. **b** Ausheilungszustand nach juvenilem kortikalem Defekt („nonosteogenic fibroma")

Weichteile

Die **Myositis ossificans**, Sammelbezeichnung für Verknöcherungen und Verkalkungen in den Weichteilen, kann isoliert oder auch als periostal aufsitzende Exostose vorkommen (Abb. 7.**48** und 7.**49**). Derartige Gewebsveränderungen entstehen in 75% durch ein einmaliges Trauma, meist Quetschung, z. B. Hufschlag, aber auch bei dauernder Schädigung (z. B. „Reiterknochen").

Als Extremfall ist eine Myositis ossificans localisata mit *kompletter Verkalkung aller Muskeln des ganzen Beines* beschrieben (8).

Zur Differentialdiagnose der Aufhellungen (Gasödem, Phlegmone) und weiterer Verkalkungen wird auf entsprechende Lehrbuchkapitel verwiesen (z. B. 25). Als seltener, aber typischer Befund wird das Bild **verkalkter Zystizerken** wiedergegeben (Abb. 7.**50**).

Die **Periostitis ossificans** kann infolge eines falschen Aneurysma entstehen und ist eventuell von einer Myositis ossificans nicht zu unterscheiden. Dann kann nur eine Arteriographie den Befund klären (44).

Hervorzuheben ist der unter dem Trochanter major normalerweise gelegentlich zu beobachtende sichelförmige Schatten der Fascia lata, der Anlaß zur Fehldeutung im Sinne einer Periostabhebung geben kann (19[3]).

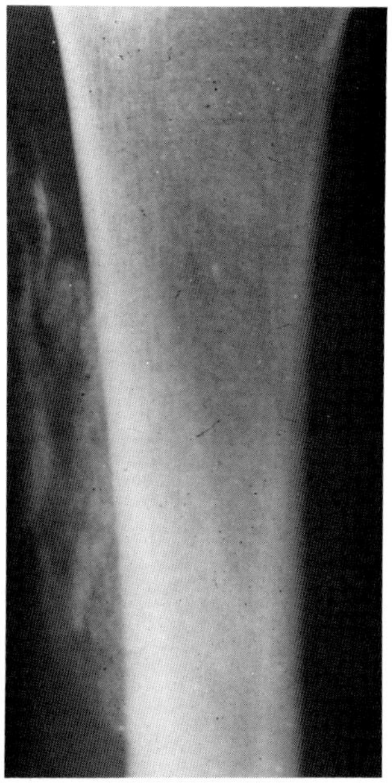

Abb. 7.**48** Myositis ossificans

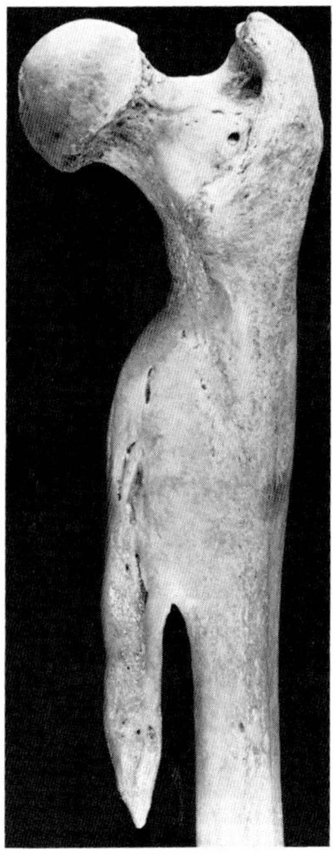

Abb. 7.**49** Präparat mit Myositis ossificans

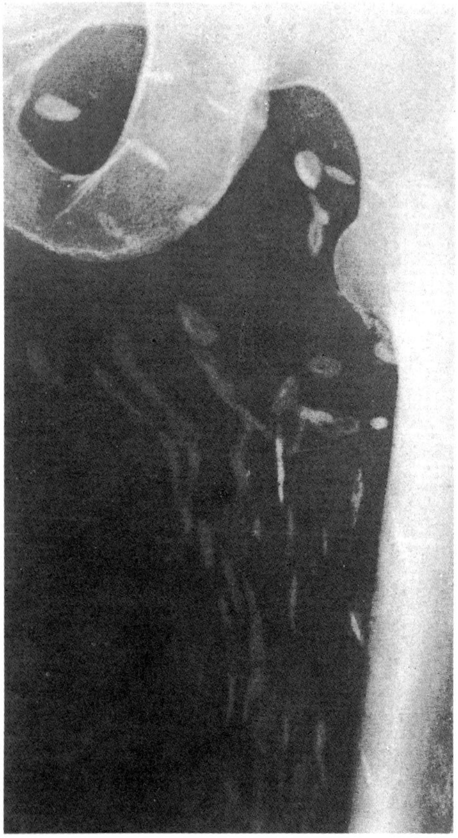

Abb. 7.**50** Verkalkte Zystizerken

Literatur

1 Blauth, W.: Der congenitale Femurdefekt. Beilageh. Z. Orthop. Chir. 103 (1967)

2 Bretagne, M. C.: A propos de périostitifes ou plutôt d'appositions périostées en pédiatrie. J. Radiol. Électrol. 58 (1977) 119–123

3 Butler, J. E., St. L. Brown, B. G. McConnell: Subtrochanteric stress fractures in runners. Amer. J. Sports Med. 10 (1982) 228–232

4 Campbell Golding, F.: Congenital coxa vara. J. Bone Jt Surg. 30-B (1948) 160–163

5 Daffner, R. H.: Stress-fractures. Current concepts. Skeletal Radiol. 2 (1978) 221–225

6 Dihlmann, W.: Gelenke – Wirbelverbindungen, 2. Aufl. Thieme, Stuttgart 1982 (S. 253)

7 Drehmann, G.: Die Coxa vara. Ergebn. Chir. Orthop. 2 (1911) 452–487

8 Entzian, J.: Ein ungewöhnlicher Fall von Myositis ossificans. Fortschr. Röntgenstr. 88 (1958) 625–626

9 Fischer, E.: Größenänderungen von Skelettabschnitten der Wirbelsäule und der unteren Extremitäten im Erwachsenenalter bei Männern und Frauen. Z. Orthop. 107 (1970) 638–642

10 Giedion, A.: Konstitutionelle Skeletterkrankungen. In Schinz, H. R., W. E. Baensch, W. Frommhold, R. Glauner, E. Uehlinger, J. Wellauer: Lehrbuch der Röntgendiagnostik, Bd. II/2. Thieme, Stuttgart 1981 (S. 162)

11 Goldman, A. B., R. C. Ralph, K. Marcove, J. Smith: Intraosseous lipoma of the tibia. Case Report 180. Skeletal Radiol. 12 (1984) 209–212

12 Greenberg, L. A., A. A. Swartz: Genu varum und genu valgum, another look. Amer. J. Dis. Childh. 121 (1971) 219–221

13 Greenfield, G. B.: Osteoid-Osteoma. In: Bone tumors, red. von K. Ranniger. In Diethelm, L., F. Heuck, O. Olsson, K. Ranniger, F. Strnad, H. Vieten, A. Zuppinger: Handbuch der Medizinischen Radiologie, Bd. V/6, Springer, Berlin 1977 (S. 29–33)

14 Haas, J. R., A. Reichelt: Die isolierte Knochenlymphangiomatose – eine familiäre Erkrankung? Fortschr. Röntgenstr. 105 (1966) 733–755

15 Işcan, M. Y., P. Miller-Shalvitz: Determination of sex from the femur in blacks and whites. Coll. Antropol. (Zagreb) 8 (1984) 169–175

16 Jaffé, H. L.: Osteoid-osteoma: A benign osteoblastic tumor composed of osteoid and atypical bone. Arch. Surg. 31 (1935) 709–714

17 Jakob, A.: Ein Beitrag zur Differentialdiagnose der enossalen Verkalkung, insbesondere des Knocheninfarktes. Fortschr. Röntgenstr. 74 (1951) 77–83

18 Jones, B. H.: Overuse injuries of the lower extremities associated with marching, jogging and running: A Review. Mil. Med. 148 (1983) 783–787

19 Keats, Th. E.: Normal Roentgen Variants that May Simulate Disease, 3rd ed. Year Book Medical Publishers, Chicago 1984 ([1]fig. 7-40; [2]fig. 7-54)

20 Keski-Nisula, L., L. Ala-Ketola: Traumatische kortikale Hyperostose bei einem Kind. Fortschr. Röntgenstr. 138 (1983) 495–496

21 Kiel, G.: Das Osteoid-Osteom. Fortschr. Med. 100 (1982) 577–580

22 Lander, Ph. E., B. J. Miller: Computed tomographic diagnosis of osteoid osteoma. La Vie méd. au Canada français 11 (1982) 500–503

23 Lawrence, W., F. L. Franklin: Calcifying enchondroma of long bones. J. Bone Jt Surg. 35-B (1953) 224–228

24 Looser, E.: Über Spätrachitis und Osteomalacie. Klinische, röntgenologische und pathologisch-anatomische Untersuchungen. Dtsch. Z. Chir. 152 (1920) 210–357

25 Maranta, E.: Muskeln, Sehnen, Unterhautzellgewebe. In Schinz, H. R., W. E. Baensch, W. Frommhold, R. Glauner, E. Uehlinger, J. Wellauer: Lehrbuch der Röntgendiagnostik, 6. Aufl., Bd. II/2. Thieme, Stuttgart 1981 (S. 933–969)

26 Milkman, L. A.: Multiple spontaneous idiopathic asymmetrical fractures. Amer. J. Roentgenol. 32 (1934) 622–634

27 Morris, J. M., R. L. Samilson, Ch. L. Corbey: Melorheostosis. J. Bone Jt. Surg. A-45 (1963) 1191–1206

28 Mulder, J. D., H. Poppe, J. R. van Ronnen: Osteoidosteom. In Schinz, H. R., W. E. Baensch, W. Frommhold, R. Glauner, E. Uehlinger, J. Wellauer: Lehrbuch der Röntgendiagnostik, 6. Aufl., Bd. II/2. Thieme, Stuttgart 1981 (S. 598–603)

29 Nilsonne, H.: Beitrag zur Kenntnis der kongenitalen Formen der Coxa vara. Acta radiol. (Stockh.) 3 (1924) 383–392

30 Pascaud-Ged, E., P. Hummel, J. L. Pascaud, S. Gaillard, J. Rousseau: Ostéodystrophie atypique d'origine viscérale. Ann. radiol. (Paris) 24 (1981) 289–291

31 Pascaud-Ged, E., J. Rihouet, J. L. Pascaud, J. Rousseau: Mélorhéostose, Ostéopoicilie et Sclérodermie en bandes. Ann. Radiol. 24 (1981) 643–646

32 Persighel, M., H. Hösch-Gürich, G. v. Bormuth: Nebenwirkungen am Skelettsystem bei Behandlung mit Prostaglandin E. Fortschr. Röntgenstr. 141 (1984) 427–430

33 Perry, III, H. M., R. S. Weinstein, St. L. Teitelbaum, L. V. Avioli, M. D. Fallon: Pseudofractures in the absence of osteomalacia. Skeletal Radiol. 8 (1982) 17–19

34 Pope, Th. L., R. McLaughlin, H. J. Wanebo, B. R. J. Williamson, R. E. Fechner: Low-grade cartilaginous tumor with „skip lesion" (Case report). Skeletal Radiol. 12 (1984) 134–138

35 Richter, R., F. J. Krause: Primäre Diaphysentuberkulose der langen Röhrenknochen. Fortschr. Röntgenstr. 139 (1983) 549–552

36 Ringel, R. E., J. I. Brenner, P. J. Haney, J. E. Burns, A. C. Moulton, M. A. Bermann: Prostaglandine – induced periostitis: a complication of PGE_1-Infusion in an infant with congenital heart disease. Radiology 142 (1982) 657–658

37 Reiner: Über den kongenitalen Femurdefekt. Z. orthop. Chir. 9 (1901) 544–583

38 Rogers, L. R.: Radiology of Skeletal Trauma. Churchill Livingstone, New York 1982 (p. 696)

39 Schatz, S. L., St. E. Kopits: Proximal femoral focal deficiency. Amer. J. Roentgenol. 131 (1978) 289

40 Schinz, H. R., F. Koller: Calcium-Phosphorstoffwechsel und pathologische Knochenprozesse. Radiol. clin. (Basel) 14 (1945) 177–190

41 Schinz, H. R., E. Uehlinger: Radiol. clin. (Basel) 17 (1948) 57

42 Schmidt-Brudwig, T. J., T. D. Gudger, L. Obermeyer: Stress fractures in 195 trainees: A one-year-study of incidence as related to age, sex and race. Milit. Med. 148 (1983) 666–667

43 Shopfner, Ch. E.: Periosteal bone growth in normal infants. A preliminary report. Amer. J. Roentgenol. 97 (1966) 154–163

44 Sörensen, R., D. Banzer: Falsches Aneurysma bei Periostitis ossificans. Fortschr. Röntgenstr. 119 (1973) 247–248

45 Steinbach, H. L., M. Noetzli: Roentgen appearance of the skeleton in osteomalacia and rickets. Amer. J. Roentgenol. 91 (1964) 955–972

46 Thoman, W. R., R. E. Murphy: Infantile cortical hyperostosis. Radiology 54 (1950) 735–740

47 Uehlinger, E.: Schafttuberkulose der langen Röhrenknochen. In Schinz, H. R., W. E. Baensch, W. Frommhold, R. Glauner, E. Uehlinger, J. Wellauer: Lehrbuch der Röntgendiagnostik, 6. Aufl., Bd. II/1. Thieme, Stuttgart 1981 (S. 772)

48 Wagers, L. T.: Linear melorheostosis skleroderma; zit. nach Morris et al. (27)

49 Watkins; zit. nach J. F. Brailsford: The Radiology of Bones and Joints. Churchill, London 1948

50 Yousem, D., D. Magid, K. Fishman, F. Kuhajda, S. S. Siegelman: Computed tomography of stress fractures. J. Comp. Ass. Tomogr. 10 (1986) 92–95

51 Zimmer, E. A.: in Köhler/Zimmer, 12. Aufl., 1982 (S. 693)

Distaler Teil

Norm

Im Wachstum

Der in der Regel beim **Neugeborenen** vorhandene **Knochenkern in der distalen Femurepiphyse** gilt als wichtigstes Zeichen der Reife. Sein normaler Durchmesser beträgt in diesem Alter 5 mm. Bei pränataler Beurteilung stimmen Form und Größe der Kerne mit denen der Neugeborenen überein (9). Der sonographische Nachweis dieses Knochenkerns determiniert das Alter des Embryo auf die 28. bis 35. Lebenswoche (35).

Unregelmäßige rauhe Konturen der Epiphysenkerne finden sich normalerweise im 2. bis 6. Lebensjahr (12[1]). Der Kern kann partiell krümelig strukturiert, also multizentrisch sein. An den Gelenkrändern sind Einbuchtungen bei Kindern im Alter zwischen zwei bis 14 Jahren physiologisch und wurden bei 317 Kniegelenken von 294 Kindern im Alter zwischen zwei und vier Jahren in 135, im Alter von fünf bis sieben Jahren in 109, von acht bis zehn Jahren in 59 und von 11 bis 13 Jahren in neun Fällen gefunden. Bei acht Patienten unter diesen wurden „isolierte Kerne" beobachtet (36). Ausnahmsweise gibt es auch Nebenkerne an der anterosuperioren Zirkumferenz der Epiphyse (12[2], 48).

Die angrenzenden Konturen der Metaphysen sind beim zwei- bis dreijährigen Kind auffallend geformt: Die Femur- (und Tibia-)diaphysenecken sehen wie umgekrempelt aus (Abb. 7.**51a** u. **b**). Bei Kindern und Jugendlichen im Wachstumsalter kann es (Aufnahme im a.-p. Strahlengang) an der medialen Metaphysenkontur im Bereich des Ansatzes des M. adductor magnus (Abb. 7.**52**), an dem beim Neugeborenen die Kortikalislinie unterbrochen ist (38), zur umschriebenen Kortikalisauflösung und sogar zu spikula-ähnlichen Appositionen (31[1]) kommen. Dieser Befund wird in prinzipiell gleicher oder noch deutlicherer Form an der Hinterfläche des Femur im Ansatzbereich des Caput tibiale m. gastrocnemii an der medialen Labie der Linea aspera und der daneben liegenden Facies poplitea deutlich (31[2]). Ein solcher Befund, der auch im Computertomogramm sehr eindrucksvoll dargestellt ist (Abb. 7.**53**), kann in der konventionellen wie in der computertomographischen Wiedergabe den Verdacht des Vorliegens eines Sarkoms oder, wenn isolierte Kerne (wie in einem „Bett") vorhanden sind, einer kindlichen Osteochondrosis dissecans (s. unten) bzw. aseptischen Nekrose hervorrufen (48) (Abb. 7.**54**). Dorsal kann es hier auch zur Ausbildung von Knochenspornen (31[3]), bei Adoleszenten zur Anlagerung größerer Knochenformationen kommen (Abb. 7.**55** und 7.**56**).

Strukturveränderungen in der a.-p. Aufnahme, hervorgerufen durch die Defekte an der Hinterwand des Femurs, ähneln denen, die von nicht ossifizierenden Fibromen oder Desmoiden verursacht werden (18, 39). Der szintigraphische Befund ist immer negativ (10, 18). Die Struktur- und Konturveränderungen werden meist mit dem Abschluß des Wachstums harmonisiert, können jedoch auch beim Erwachsenen erhalten bleiben (s. dort) bzw. einer „tug lesion" (s. unten) weichen. Unter den Begriffen „distal femoral metaphyseal irregularity" oder „metaphyseal cortical irregularities" finden sich bei Keats u. Joyce (32) und Dunham (16) zusammenfassende Berichte.

Selten auftretende Konturunschärfen und -unregelmäßigkeiten am *lateralen* Rand der Metaphysen gehören ebenfalls so gut wie immer zur Norm.

Ganz allgemein sind die Nebenkerne gegen die unter den Traumafolgen besprochene Osteochondrosis dissecans abzugrenzen. Dabei hilft die Erfahrung, daß sich die Osteochondrosis dissecans frühestens während, wahrscheinlich aber erst nach der Pubertät entwickeln kann (36, 37); außerdem liegen die Mulden und Nebenkerne meist hinten im lateralen, selten im medialen Kondylus und lassen sich im Gegensatz zu Herden der Osteochondrosis dissecans in der „Tunnel-Projektion" nach Frik tan-

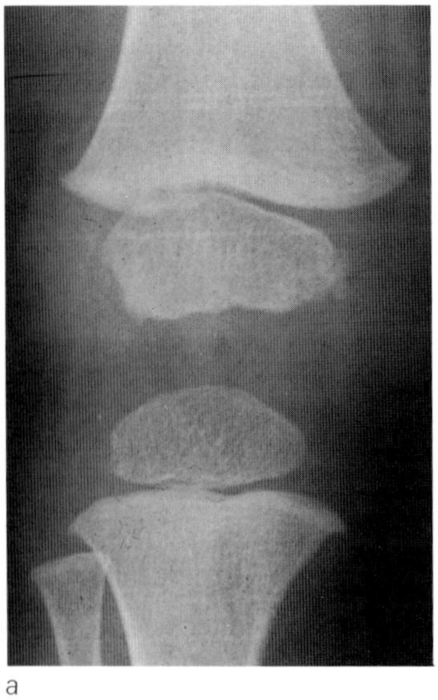
a

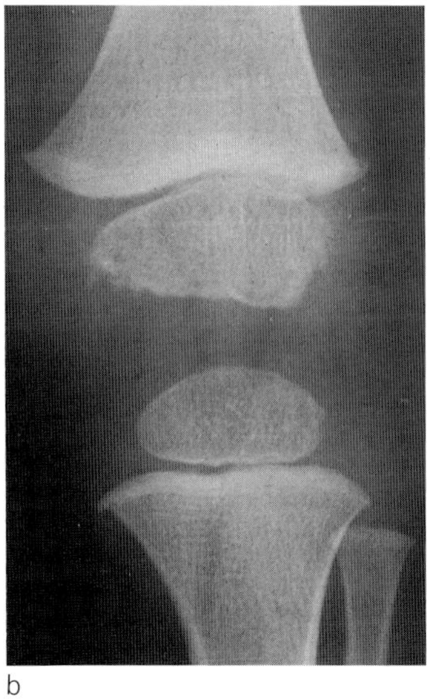
b

Abb. 7.**51a** u. **b** Zweijähriges Kind. Konturaufrauhungen im medialen Teil der Femurephiphyse, Strukturverdichtung an der Knorpelfuge und „Aufkrempelung" der Diaphyse an der Epiphysenfuge (auch an der Tibia)

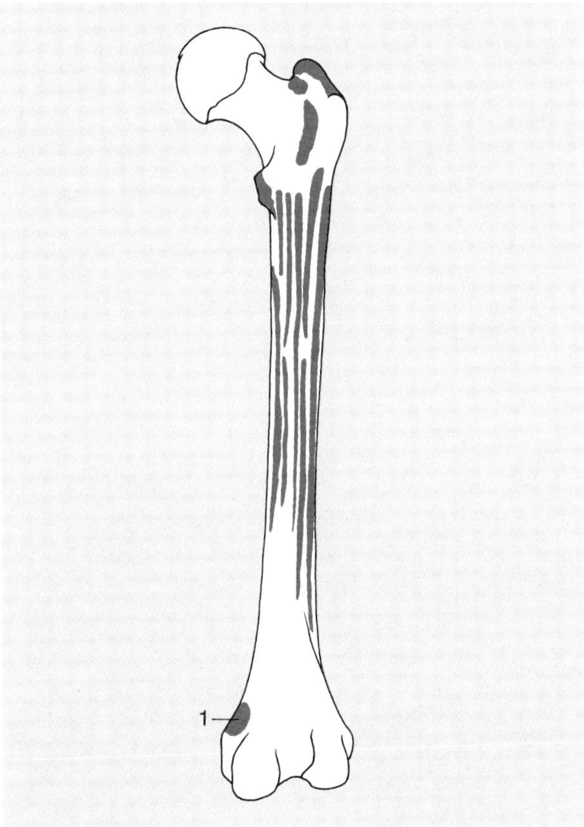

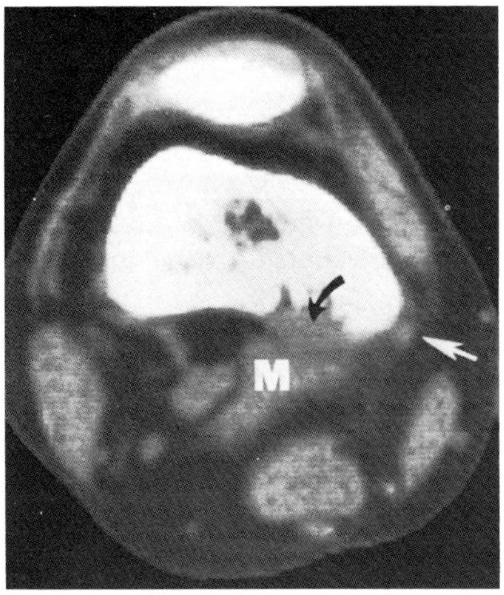

Abb. 7.**53** 13jähriges Mädchen. Computertomogramm des rechten Beines in suprakondylärer Höhe. Adductor-magnus-Ansatz (→) neben dem Sehnenansatz (gebogener →) des medialen Gastroknemiuskopfes (M)
(aus Pennes, D. R., E. M. Braunstein, G. M. Glazer: Skeletal Radiol. 12 [1984] 40)

◁ Abb. 7.**52** Femur von hinten (nach Feneis)
1 = Ansatz des M. adductor magnus am Labium mediale lineae asperae

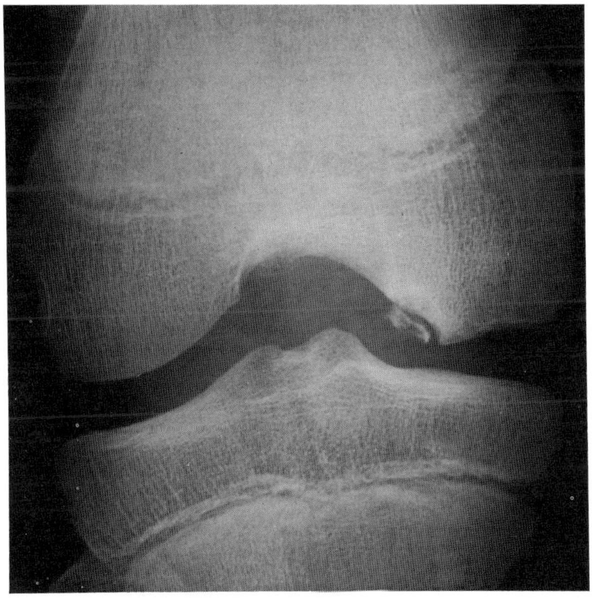

Abb. 7.**54** Neunjähriger Junge. Isoliertes Ossifikationszentrum an der inneren Gelenkfläche des Condylus lateralis?

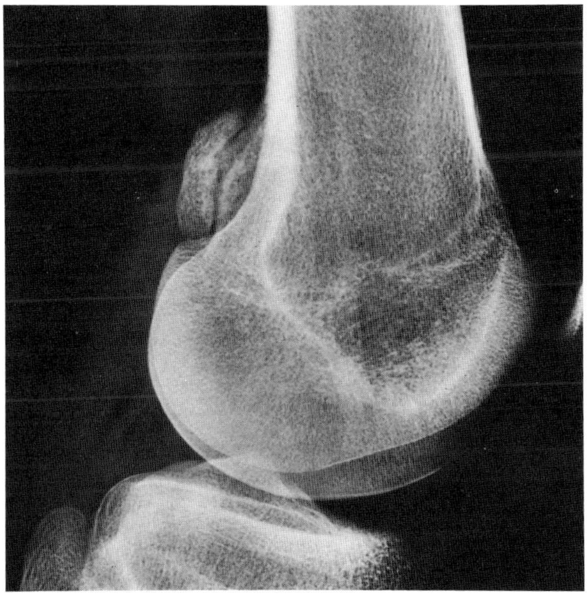

Abb. 7.**55** Anlagerung eines isolierten Knochens an einen Knochenvorsprung suprakondylär an der Hinterfläche des Femur (Beobachtung von Berchtold u. Etter, Luzern)

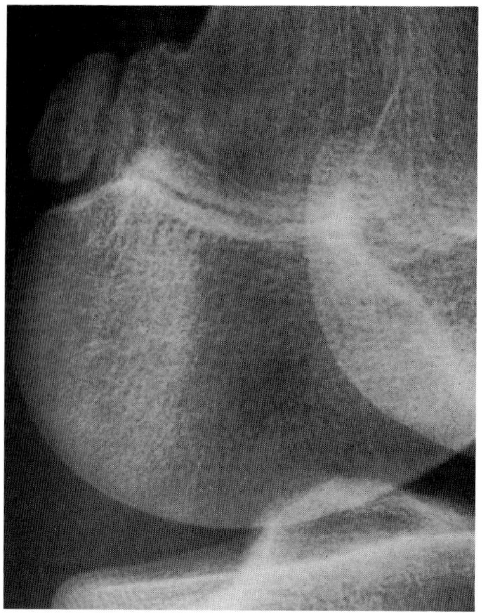

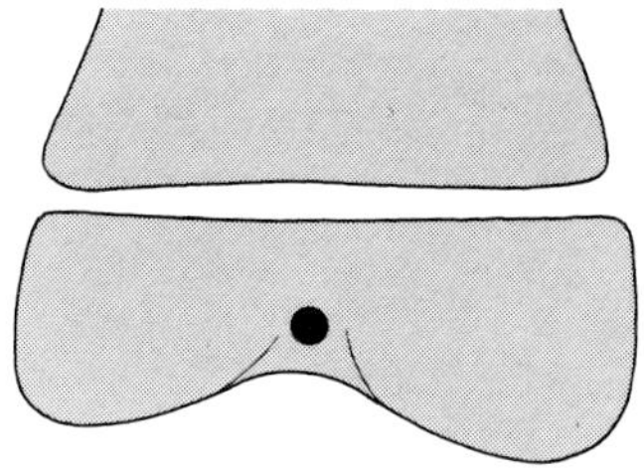

Abb. 7.**57** Nutritiakanal in der distalen Femurepiphyse

◁ Abb. 7.**56** 17jähriger. Ähnliche Veränderung wie in Abb. 7.**55**

gential besser darstellen, während der Herd der dissezierenden Osteochondronekrose im allgemeinen weiter vorn liegt und sich eher im a.-p. Strahlengang abbilden läßt.

Fibröser metaphysärer Defekt (fibröser Kortikalisdefekt, nicht ossifizierendes Knochenfibrom) mit Prädilektionslokalisation an der distalen Femurmetaphyse s. Freyschmidt u. Mitarb. (22) und vorigen Abschnitt, „Femurschaft, Erworbene Erkrankungen".

Bei 7- bis 11jährigen Kindern sieht man in der distalen Femurepiphyse interkondylär oft eine lochförmige Aufhellung, die einer **Gefäßeintrittsstelle**, bei Streifenform dem **Gefäßkanal** entspricht (Abb. 7.**57**).

Auf Profilaufnahmen von Kindern, aber auch von Erwachsenen wird eine große, kreissektorförmige Aufhellung im vorderen Anteil der Epiphyse als **Epiphysendreieck** oder **Ludloffscher Fleck** bezeichnet. Das normale Projektionsphänomen (Abb. 7.**58**) ist um das 16. Lebensjahr herum am deutlichsten zu erkennen. Seine distale, hintere und vordere Kontur entspricht der Kortikalis des Femur zwischen den Kondylen.

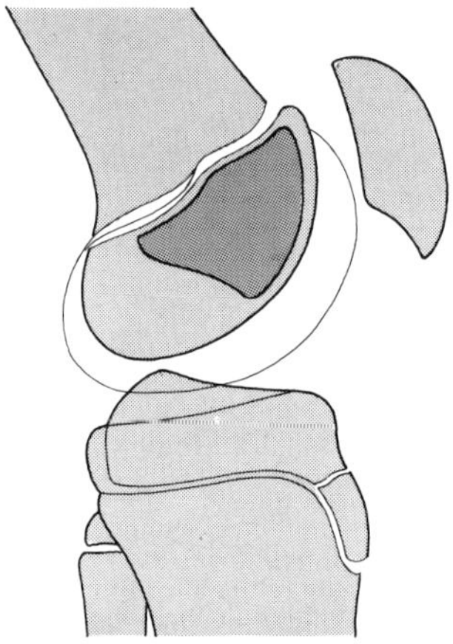

Abb. 7.**58** Ludloffscher Fleck

Beim Erwachsenen

Der **innere Kondylus** ist medial flach, gleichmäßig gewölbt und geht ziemlich gerade mit abgerundeten Ecken sowohl proximal in den Schaft wie distal in die Gelenkfläche über. Der **laterale Kondylus** ist leicht höckerig gestaltet und unregelmäßiger begrenzt. Der mediale erscheint auf der a.-p. Aufnahme größer als der laterale Kondylus.

Die Kondylusecken zu den Gelenkflächen werden mit zunehmendem Lebensalter spitzer und schärfer, doch wird ein rechter Winkel nicht überschritten.

Auf der Aufnahme im seitlichen Strahlengang überdecken sich die beiden Femurwalzen. Die filmferne (fast immer die *innere*) stellt sich *größer* dar und ist *unschärfer* begrenzt. In dieser Projektion unterscheidet ein weiteres Merkmal beide Kondylen voneinander: Die Grenzen der jeweiligen Gelenke zur Kniescheibe liegen unterschiedlich hoch und sind verschieden geformt (Abb. 7.**59a–h** und 7.**60a** u. **b**). Diese „Gelenkrinne" stellt sich am medialen Kondylus in halber Höhe als Delle dar, am lateralen ist sie stärker ausgeprägt, liegt an der Grenze zum vorderen Drittel und imponiert mehr als Senke, in der sich vordere und hintere Gelenklinie treffen bzw. überschneiden (14, 43). Im Sagittalbild kann sich die Grenzrinne am lateralen Kondylus als Konturüberschneidung der Gelenklinie abbilden, während sie sich am medialen Kondylus oft als schmale Schattenlinie quer durch die mediale Femurwalze erkennen läßt.

Das **Tuberculum adductorium**, die Insertionszacke für den M. adductor magnus, befindet sich am Schaft knapp proximal des medialen Femurkondylus.

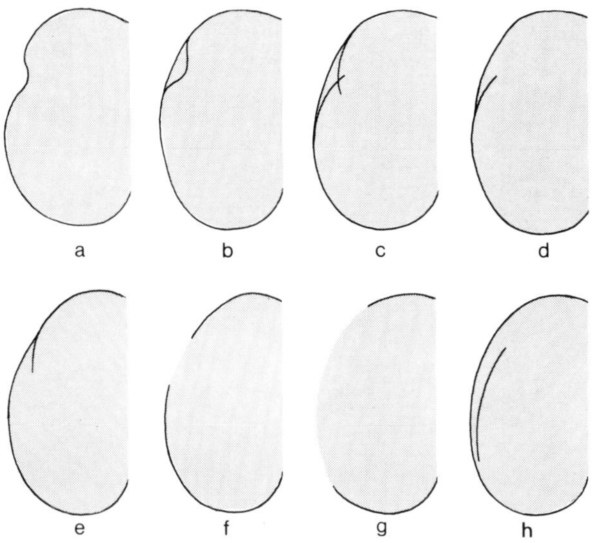

Abb. 7.**59 a–h** Konturvarianten des medialen Femurkondylus im seitlichen Strahlengang. Die mediale Grenzrinne erscheint
a als Delle
b als randständiger Aufhellungsbezirk, der durch einen konkaven Bogen nach zentral begrenzt wird
c Die randständige Aufhellung ist durch zwei gelenkwärts konvexe Bogen begrenzt
d Nur der hintere Anteil der Aufhellung ist scharf begrenzt
e Nur der vordere Anteil ist scharf begrenzt
f Eine scharfe Grenze fehlt
g Die Kondylenkontur ist auf eine weite Strecke unscharf
h Im mittleren Drittel ist die Kondylenkontur gedoppelt (nach Ravelli)

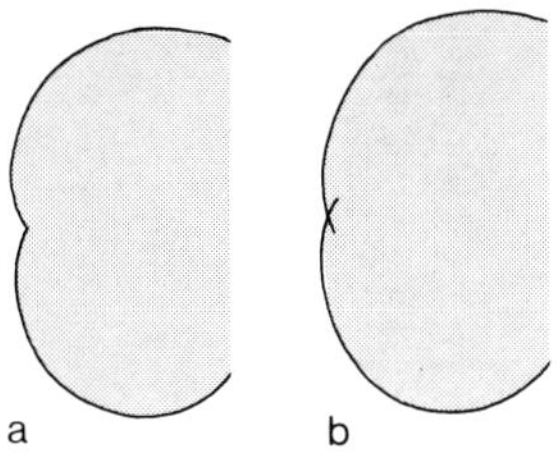

Abb. 7.**60 a** u. **b** Die Kontur des lateralen Fremurkondylus im seitlichen Strahlengang. Die laterale Grenzrinne
a bildet sich als Einsattelung ab
b erscheint in ihrer Fortsetzung am Boden der Grenzrinne in Form zweier sich überschneidender Bogenstücke

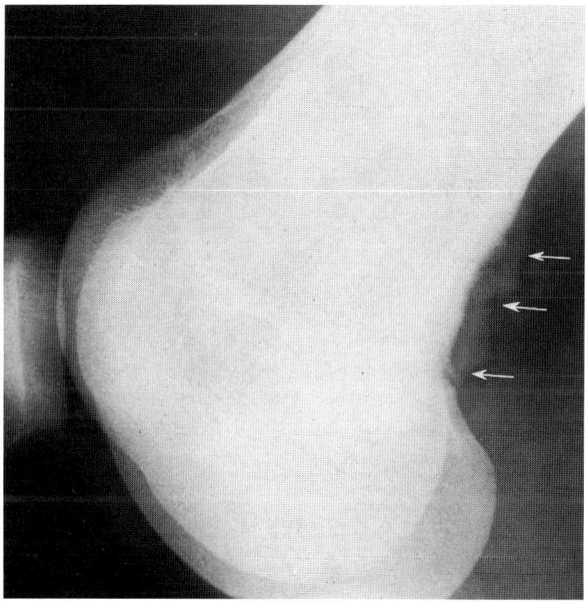

Abb. 7.**61** Aufgerauhte, dorsale Kontur des Femur ▷

Die Epikondylen treten nur gelegentlich aus den Kondylen hervor.

Den besten Einblick in die **Fossa intercondylaris** gewährt radiologisch die Aufnahmetechnik bei gebeugtem Knie mit Strahlengang sagittal senkrecht auf die Ebene des sich öffnenden Gelenkspaltes, wie sie von Frik angegeben ist, eventuell unter Verwendung einer biegsamen Folie („Tunnelprojektion"), s. nächsten Abschnitt, „Kniegelenkspalt und Weichteile".

Die **Facies poplitea**, das dreieckige Feld an der Femurrückseite zwischen den auseinandergewichenen Labien der Linea aspera einerseits und der queren Linea intercondylaris andererseits, das Ansatzfeld für den M. gastrocnemius und den M. plantaris, wird im Profilbild zuweilen durch eine aufgerauhte, zackige Kontur gekennzeichnet (Abb. 7.**61**). Manchmal findet man hier auch einen Knochenvorsprung (Abb. 7.**62**). Die Befunde gleichen denen, die bei Kindern beschrieben wurden (s. oben). Wenn auf Abb. 7.**57** ein Gefäßeintrittsloch im distalen Femurkern beim Kind gezeigt wurde, ist darauf hinzuweisen, daß beim Erwachsenen ein gleicher Befund, etwas proximal hiervon im Schaftknochen in Projektion über dem Oberrand der Patella abgebildet wurde (31[4]).

Varianten

In der Gegend des Tuberculum adductorium werden bei Jugendlichen und Erwachsenen Knochenvorsprünge beobachtet, die als **„tug lesions"** bezeichnet werden (7, 31[5]). An dieser Stelle findet sich auch eine völlig anders konfigurierte und entstandene **Exostose** (Abb. 7.**63**), die nach proximal zieht und als „Aufhängerexostose" bezeichnet wird. Die solitären Exostosen am Kniegelenk (30) sind abzugrenzen von den bei der dominant vererblichen Exostosenkrankheit (multiple, kartilaginäre Exostosen) auftretenden Knochenauswüchsen (s.u.a. 20, 49, 52).

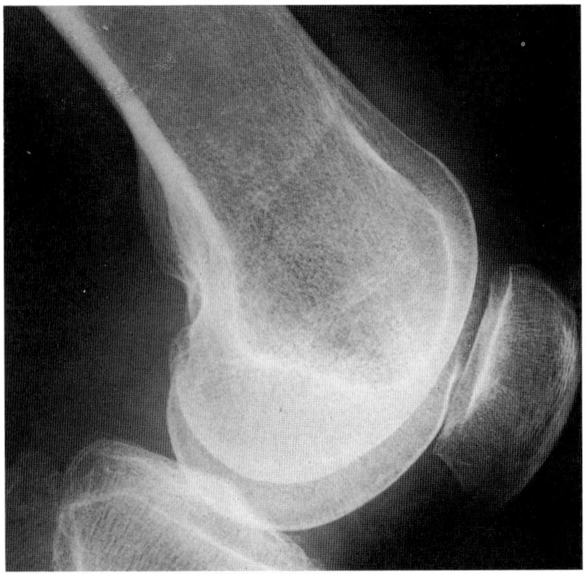

Abb. 7.**62** Knochenvorsprung an der Dorsalkante des Femur

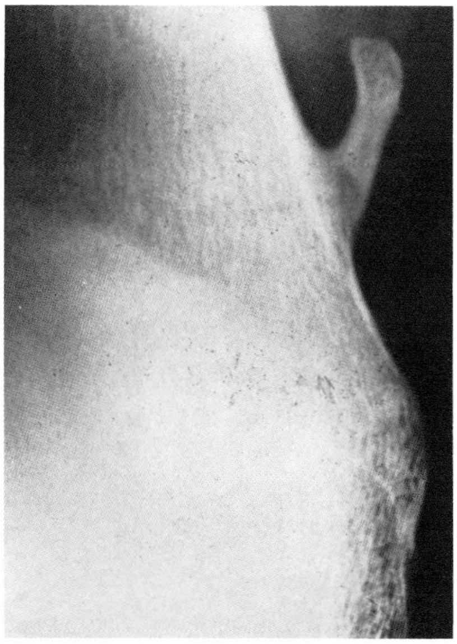

Abb. 7.**63** „Aufhängerexostose"

Anomalien

Nachdem im Rahmen der Coxa vara congenita darauf hingewiesen wurde, daß es partielle Hypo- und Aplasien am proximalen Femurende gibt, ist hier der Vollständigkeit halber, obwohl diese Befunde eindeutig jenseits der Grenze im Pathologischen stehen, zu erwähnen, daß auch begrenzte kongenitale Defekte am distalen Femurende bekannt sind (*Congenital distal femoral focal deficiency* [24, 56]).

Die **metaphysäre Dysplasie Pyle** ist ein autosomal-rezessives Erbleiden. Die einem Erlenmeyerkolben ähnlichen Deformierungen treten an den distalen Metaphysen der Femora als Leitsymptome der Erkrankung (5, 27) auf (Abb. 7.**64**). Zu einer ähnlichen kolbigen Deformierung des distalen Femurschaftes kommt es auch bei expansiven Knochenmarkprozessen wie Thalassaemia major, Morbus Gaucher und der juvenilen Form der chronisch-myeloischen Leukämie.

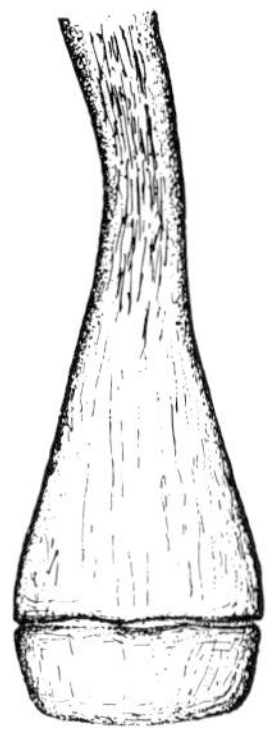

Abb. 7.**64** Kolbenförmige Metaphysenauftreibung bei der metaphysären Dysplasie Pyle

Verletzungsfolgen und Nekrosen

Beim Neugeborenen kommt eine **Fraktur des distalen Femurendes unter der Geburt**, besonders bei erschwerter Geburt, und auch nach Kaiserschnitt (47) vor und wird, wenn nicht eine Epiphysendislokation besteht, erst mehrere Tage später durch die dann erhebliche periostale Reaktion radiologisch erkennbar. Die Kenntnis dieses Befundes ist wichtig, um Fehldiagnosen wie „septische Arthritis", „Osteomyelitis" u. a. zu vermeiden (6, 42).

Frakturen des distalen Femurendes **bei Kindern** treten in 3 bis 8% aller kindlichen Oberschenkelbrüche auf (46). Hier ist die Beachtung der verschiedenen **Fettstreifen** eine der besten Möglichkeiten, um Flüssigkeit im Kniegelenk zu erkennen (26). Das Hauptaugenmerk gilt der Bursa suprapatellaris, danach der hinteren Bursa poplitea. Bei epi-metaphysären Verletzungen kann die Diagnose schwerfallen, wenn keine Dislokation vorliegt. Meist ist – außer den Weichteilzeichen (s. besonders hier auch entsprechende Ausführungen im nächsten Absatz „Kniegelenkspalt und Weichteile") – der Epiphysenspalt im Vergleich zur gesunden Seite erweitert.

Bei Ausrissen der Kreuzbänder empfiehlt sich, ob beim Kind oder beim Erwachsenen, die Anfertigung von Einblicks-(Tunnel-)Aufnahmen des Kniegelenkes.

Auch beim **Erwachsenen** ist die Betrachtung der Weichteile, besonders im Bereich der Bursa suprapatellaris und in der Kniekehle, wichtig; doch genügt zur Diagnose des Ergusses meist der klinische Befund der Inspektion, Palpation und Punktion. Die

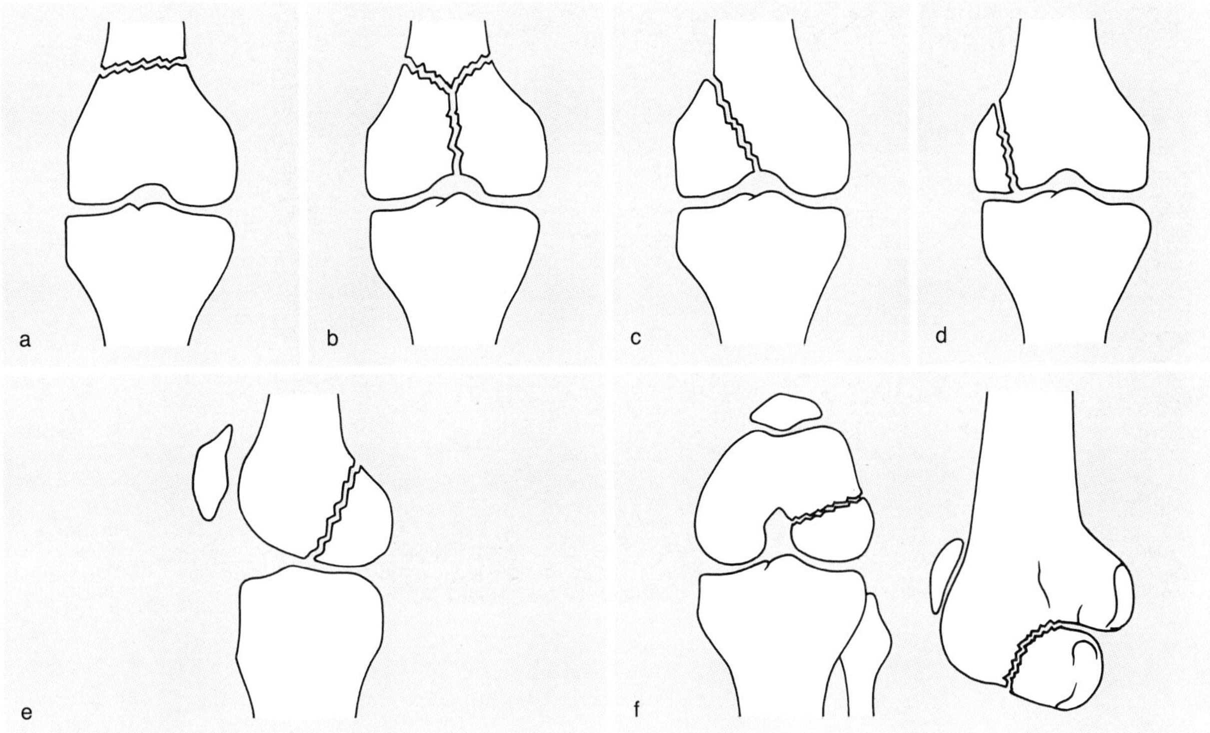

Abb. 7.**65 a–f** Charakteristische Formen der Frakturen am distalen Femurende (nach Rogers)
a Suprakondylär
b Y-förmig interkondylär
c Schräg durch einen einzelnen Kondylus
d Sagittal
e Koronal
f Koronal schräg

hauptsächlichen Bruchformen sind in der Skizze Abb. 7.**65a–f** wiedergegeben. Die Kenntnis der Frakturspalten ist wesentlich, wenn keine Fragmentverlagerungen vorliegen. Über Ein- und Ausrisse des Gelenkknorpels ohne und mit Knochenfragmenten s. auch die Abschnitte „Kniegelenkspalt und Weichteile" sowie „Patella".

Über „Seitenbandabrisse" s. nächsten Abschnitt: „Erworbene Erkrankungen" mit Differentialdiagnose der Ätiologie der sog. **„Stieda-Schatten"**.

Als **„lucent articular lesion"** wurden bei männlichen Sportlern im Alter zwischen 14 und 27 Jahren Veränderungen an den lateralen Kondylen beschrieben (13). Die Patienten waren einer starken körperlichen Belastung am Kniegelenk ausgesetzt und hatten Schmerzen. Radiologisch war nur bei sehr genauer Untersuchung, meist im Profilbild, ein flacher Defekt in der radiologischen Gelenkfläche des lateralen Kondylus nachweisbar. Früher als der radiologische erfolgte der szintigraphische Nachweis.

Die **Osteochondrosis dissecans** tritt erst nach der Pubertät auf. Bei Männern zwischen 20 und 40 Jahren am häufigsten, oft doppelseitig, eventuell klinisch symptomlos, bevorzugt am inneren Kondylus in der Nähe des Ansatzes des hinteren Kreuzbandes gelegen, ist sie gekennzeichnet durch eine umschriebene Loslösung von Knochen und Knorpel (Abb. 7.**66**). Ihre Ausdehnung ist von vorn nach hinten

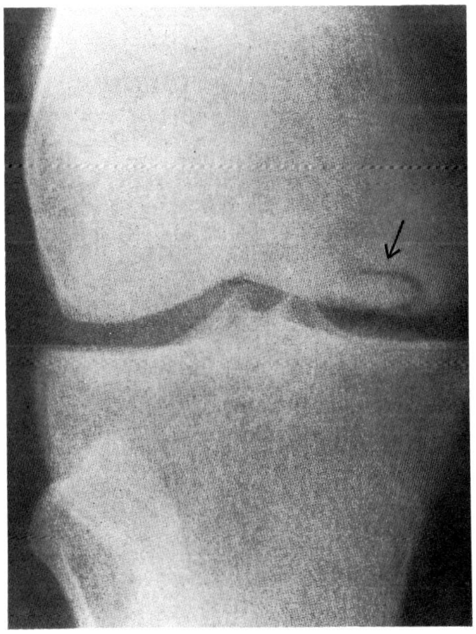

Abb. 7.**66** Osteochondrosis dissecans

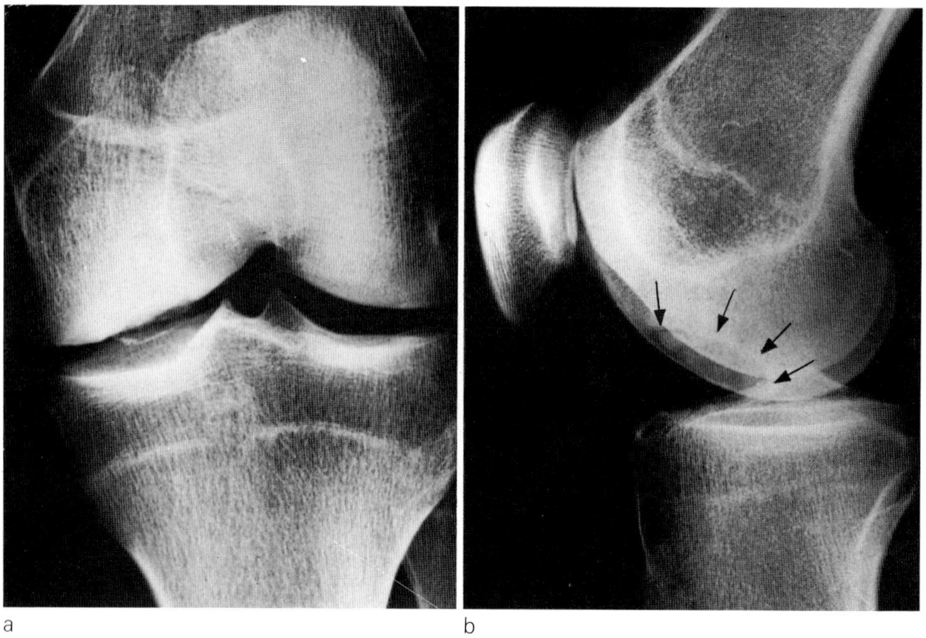

Abb. 7.**67a** u. **b** Osteochondrosis dissecans
a Im a.-p. Strahlengang
b Im seitlichen Strahlengang (Mausbett größer ausgedehnt als auf der a.-p. Aufnahme)

größer als von medial nach lateral (Abb. 7.**67a** u. **b**), Verlauf s. Abb. 7.**68a–e**.

Das abgelöste Fragment liegt wie eine „Maus" in ihrem Bett und bietet so die Voraussetzung für das Entstehen freier Gelenkkörper. Das Leiden kann jahrelang latent bleiben, radiologisch als Zufallsbefund erhoben werden und ohne arthrotisch deformierende Prozesse einhergehen. Mit zunehmender Nekrotisierung und einsetzender Abstoßung des Fragmentes entstehen beim Gebrauch des Gelenkes Ermüdbarkeit, Schmerz und Ergüsse. Nach Abstoß des Fragmentes, das zum freien Gelenkkörper wird, treten Einklemmungserscheinungen ein, die klinischen Symptome nehmen erheblich zu, und es bilden sich häufig weitere Ossifikationen (Abb. 7.**69a** u. **b**). Schließlich kommt es zur Arthrosis deformans mit chronischer Synovitis und Wucherung der Gelenkzotten. Der Befall mehrerer Gelenke ist nicht selten, eine familiäre Häufung ist beobachtet worden (53).

Knorpel-Knochen-Stücke können auch durch ein einmaliges Trauma abgerissen werden. Patellaanschlag, statische Dauerbelastung und Einwirkung der Eminentia intercondylaris oder der hinteren Tibiakopfkante werden als weitere Ursachen diskutiert (41^2).

Als Sonderform der Osteochondrosis dissecans ist die **„spontane Osteonekrose am Knie"** (Ahlbäck [1]) anzusehen, die bei Patienten jenseits des 50. Lebensjahres mit plötzlichem Schmerz im Kniegelenk beginnt. Wochen und Monate später sieht man radiologisch die Abflachung der Gelenkfläche eines Kondylus. Eine subchondrale Aufhellung, meist an der medialen Gelenkwalze, wird sklerotisch umsäumt. Eine periostale Reaktion ist ebenso möglich wie eine spontane Ausheilung des Leidens; meist kommt es jedoch zu groben Einbrüchen und zur stark ausgeprägten Arthrosis deformans im meist medialen Gelenkanteil (Abb. 7.**70**) (1, 3, 34, 51 u.a.). Auffallende Merkmale der seit 1968 bekannten Erkrankung sind die Plötzlichkeit des Einsetzens heftiger Schmerzen und eine ungewöhnlich intensive Speicherung radioaktiver Substanzen (19). Auch die Bildung eines malignen fibrösen Histiozytoms in Kombination mit einer solchen Osteonekrose wurde beschrieben (40).

Eine eigentümliche Abschrägung des Condylus lateralis bei einer 31jährigen Frau (Abb. 7.**71**) ist gelegentlich zu beobachten. Sie dürfte weder mit der Osteochondrosis dissecans noch einer der anderen hier besprochenen Krankheiten Beziehungen haben.

Erworbene Erkrankungen

Entzündliche und tumoröse Prozesse sind wie in allen Teilen des Skeletts auch im distalen Femurende lokalisiert. Bei Kindern jenseits des Säuglingsalters sind die Metaphysen der langen Röhrenknochen der bevorzugte Sitz der akuten hämatogenen Osteomyelitis. Am häufigsten ist die distale Femurepiphyse befallen.

Bei zehn Kindern (sämtlich älter als 20 Monate) mit Osteomyelitis trat in sieben Fällen die Erkrankung an der distalen Femurmetaphyse auf (zweimal an der proximalen Tibiametaphyse, einmal an der proximalen Humerusmetaphyse) (45).

Ein wichtiges Frühzeichen einer Osteomyelitis am distalen Femurschaft – noch vor dem Auftreten von sichtbaren Reaktionen am Knochen – ist die Durchsetzung des Fettkörpers hinter dem Planum popliteum mit schlierig-streifigen Verdichtungen; zugleich weisen die Grenzen des Muskelschlauchs und der Aufhellungsstreifen des subkutanen Fettgewebes den typischen Aspekt eines kollateralen Ödems auf (23).

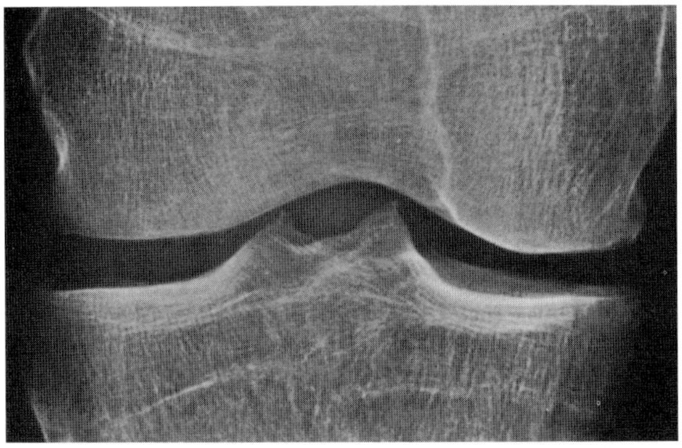

a

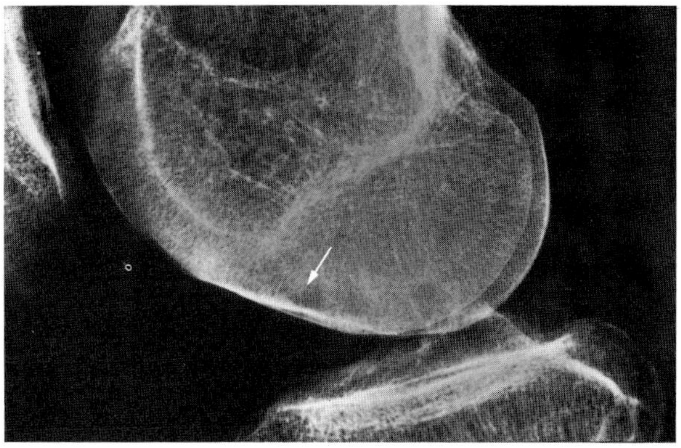

d

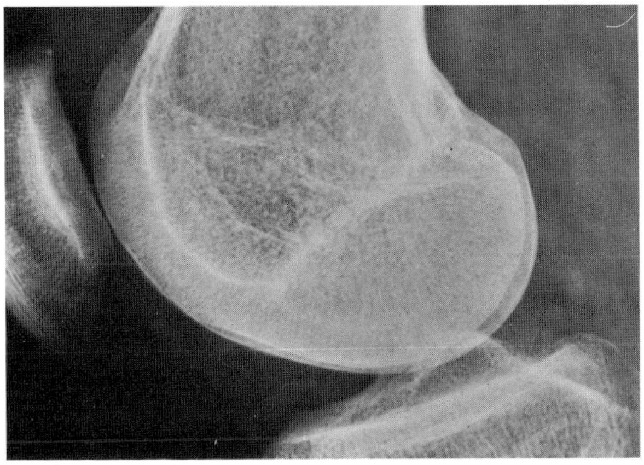

b

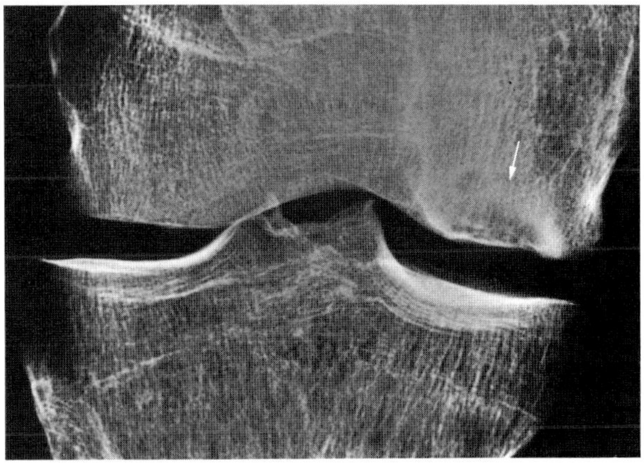

e

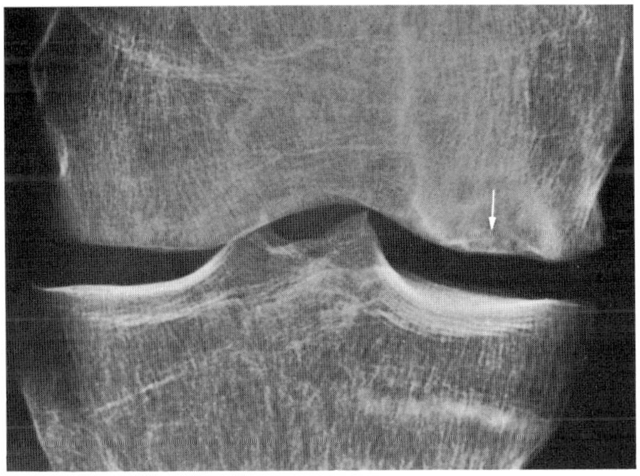

c

Abb. 7.**68 a–e** 53jähriger Mann. Verlaufsserie einer Osteochondrosis dissecans
a u. **b** 4. 5. 1972: Unauffälliger Befund in der a.-p. und seitlichen Projektion
c u. **d** 15. 11. 1972: Typisches Bild mit Einbruch und sklerotisch gesäumtem Rand des Bettes
e 7. 7. 1973: An- und Abbau im „Mausbett" mit leichter Harmonisierung der Struktur und Verdeutlichung des Sklerosasaumes

Dies Zeichen ist noch immer (trotz Szintigraphie) von hohem diagnostischem Wert und hat zu den vorher (S. 708) und später (S. 715) erwähnten Verlagerungen der Fettkörper und -linien keine Beziehung.

Bei **rundlich-osteolytischen Herden** mit Sklerosierung der umgebenden Spongiosa ist an chronische Osteomyelitis, Brodie-Abszeß oder Knochengranulom zu denken. Sie sind gegen das Knochensarkom (Abb. 7.**72a** u. **b**) abzugrenzen, wobei die Beachtung der Klinik sowie weitere, auch szintigraphische und computertomographische Befunde, letztere besonders beim periostalen Sarkom, wertvolle Hinweise geben können.

Die **diffuse Entkalkung eines Kondylus** kommt bei der **Tuberkulose** vor, wenn die Knochenbälkchen, obwohl bereits nekrotisch, noch nicht eingeschmolzen sind.

Die vorübergehende partielle Entkalkung des lateralen Kondylus wurde bei einem älteren Mann beobachtet, der ausgerutscht war und direkt im Anschluß an das Trauma intensive Schmerzen im rechten Knie verspürte. Die radiologische Untersuchung erfolgte einige Wochen später. Der histologische Befund ähnelte dem eines Morbus Sudeck. Der Autor (33) sprach von einer *„partial algodystrophy of the knee"*.

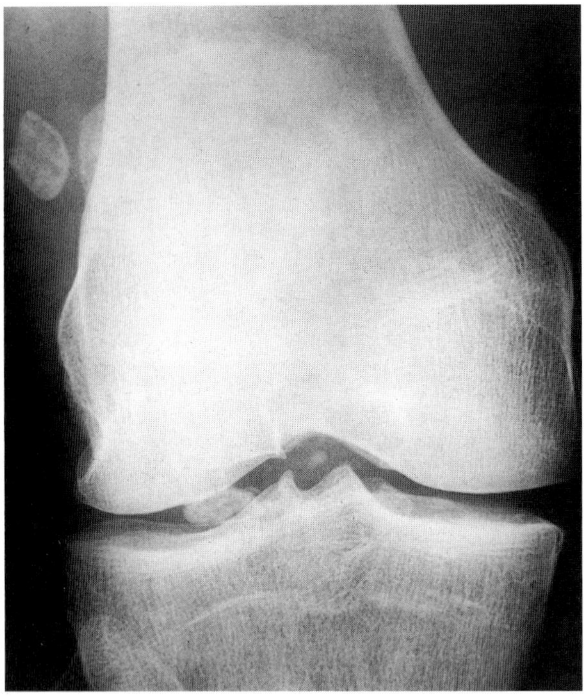

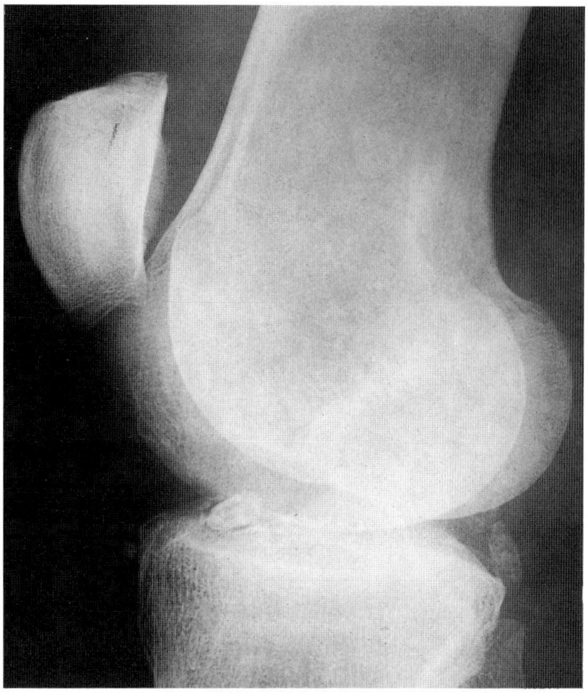

a b

Abb. 7.**69 a** u. **b** Typisches Bild multipler, freier Körper bei Osteochondrosis dissecans, Darstellung in zwei Projektionen

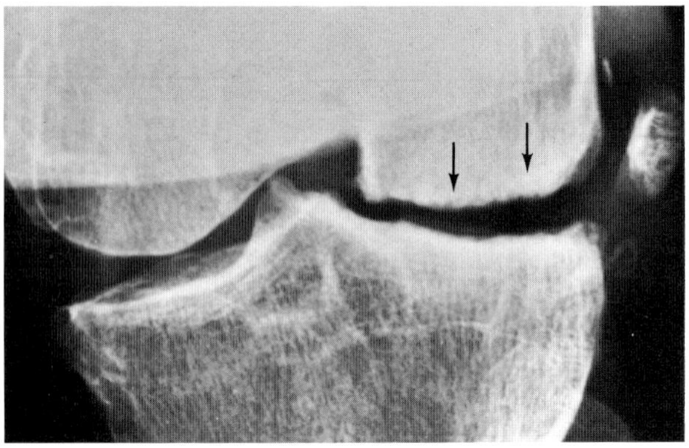

◁ Abb. 7.**70** 69jährige Frau. Osteonekrose des Condylus medialis femoris mit vielseitiger, unklarer Anamnese: Wirbelsäulenoperation wegen Tumors, angeborene Hypoplasie des Kniegelenkes, Fußoperation mit „Blutvergiftung"

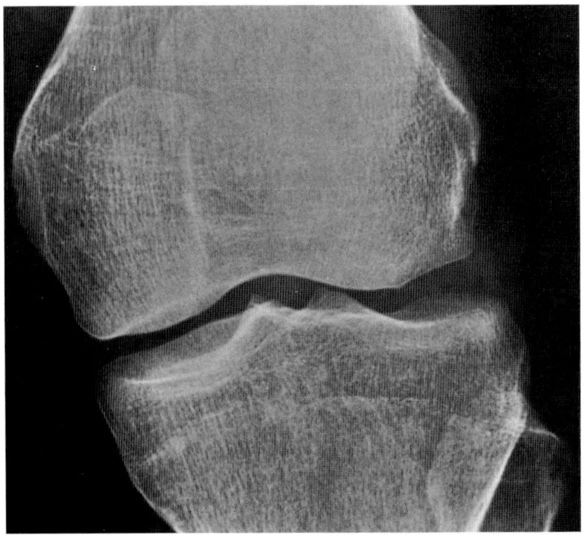

◁ Abb. 7.**71** 31jährige Frau. Abschrägung der Gelenkkontur des Condylus lateralis

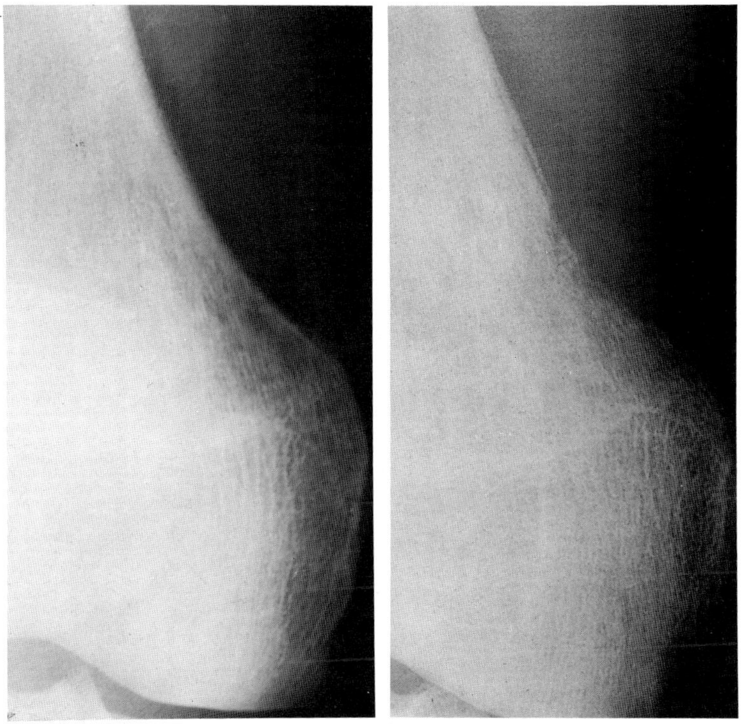

a b

Abb. 7.**72 a** u. **b** Frühes Stadium eines osteolytisch-osteoplastischen Sarkoms
a Leichte Kortikalis- und Strukturauflockerung
b Derselbe Fall 4 Monate später
(Beobachtung von Beutel u. Tänzer)

Die **Synovitis villosa**, klinisch gekennzeichnet durch rezidivierende Kniegelenkergüsse, ist nach Einwucherung verdickter Zotten durch kleinzystische osteolytische Herde in den gelenkbildenden Knochen gekennzeichnet (8) (Abb. 7.**73**).

Verdichtungen in der Struktur des distalen Femurendes lassen sich vor allem bei der hier häufig lokalisierten **Melorheostose** erkennen (Abb. 7.**74a**). Auf die mögliche Ähnlichkeit mit Struktursklerosen des verkalkten Knocheninfarktes (Abb. 7.**43**) wurde im Kapitel über den Femurschaft hingewiesen. In den Formenkreis ungewöhnlicher Verteilung von Kompakta und Kortikalis gehört auch die klinisch bedeutungslose **Osteopathia striata** (Abb. 7.**74b**).

Mit Einführung der Kortikosteroidtherapie ist es nicht nur zu den häufiger zu beobachtenden Femurkopfnekrosen, sondern auch zur **avaskulären Nekrose** am distalen Femurende mit **diffusen Sklerosierungen der Struktur** und Einbruch der Gelenkflächen beider Kondylen gekommen (21). Dieser Befund wurde auch szintigraphisch bei zwei Patienten erhoben (11).

Multiple Gelenkchondromatosen sind sehr selten und treten sporadisch auf. Sie wurden auch in familiärer Häufung gefunden (55).

Ein der Osteochondrosis sehr ähnliches Symptombild ist radiologisch nach einem **Epiphyseninfarkt** zu beobachten (17, 50) (Abb. 7.**75a–c**).

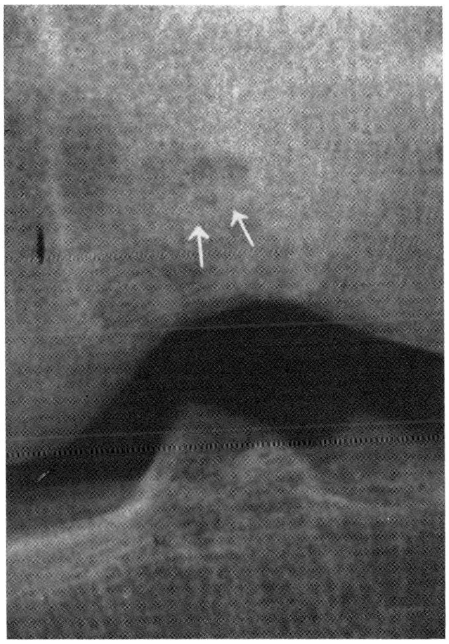

Abb. 7.**73** Synovitis villosa

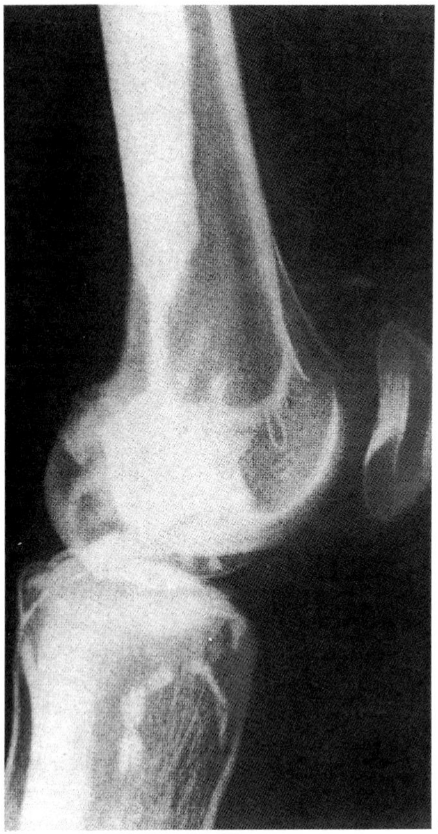

a

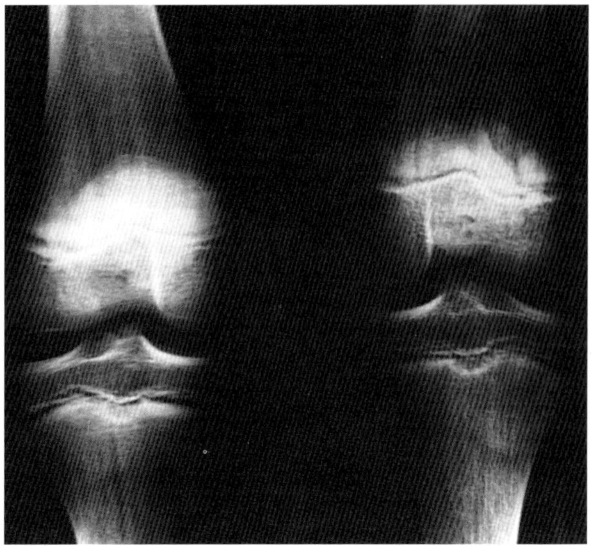

b

Abb. 7.**74a** u. **b**
a Melorheostose
b Osteopathia striata (Beobachtung von Grüber, Hamburg)

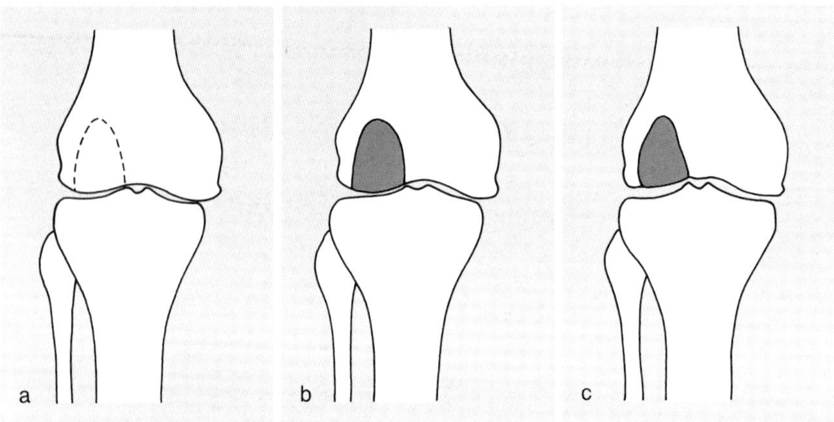

Abb. 7.**75a–c** Epiphysärer Knocheninfarkt (nach Ellegast)
a Frühphase (radiologisch nicht nachweisbar)
b Mittelphase (mäßige Atrophie um den Infarkt)
c Spätphase (sekundäre Arthrosis deformans)

Parossale und Weichteilverkalkungen, Weichteilverknöcherungen

Appositionen entlang dem Condylus medialis sind als **Stieda-Pellegrini-Schatten** (Abb. 7.**76a** u. **b**) zu bezeichnen. Pellegrini hat diese Erkrankung 1905 zuerst erwähnt, Stieda hat sie ausführlich dargelegt (54). Die neueren Publikationen stützen sich meist auf die Beschreibung von Volkmann (57).

Drei Stadien werden unterschieden:

- *Stieda I:* Fibroostose oder verknöcherter Ausriß am Ansatz des *M. adductor magnus* oder auch Verknöcherung in den Weichteilen neben dieser Stelle (Abb. 7.**76a** u. **b**).
- *Stieda II:* Parossale Verknöcherungen neben dem Umbiegungswinkel des Schaftes zur Innenfläche des Kondylus.
- *Stieda III:* Verknöcherung im *Kollateralband* (nach Abriß). Der dislozierte Knochenteil „paßt in ein entsprechendes Bett der Femurwalze“ (15).

Während beim Stieda-I-Schatten ein Ausriß des M. adductor magnus oder auch eine metaplastische Ossifikation vorliegen kann, befindet sich der Stieda-II-Schatten ohne Beziehung zum inneren Seitenband im Sehnengewebe oder nach Hämatom als metaplastische Ossifikation, eventuell in fester Verbindung mit dem Knochen. Bei der dritten Gruppe handelt es sich um die Folgen eines Abrisses des

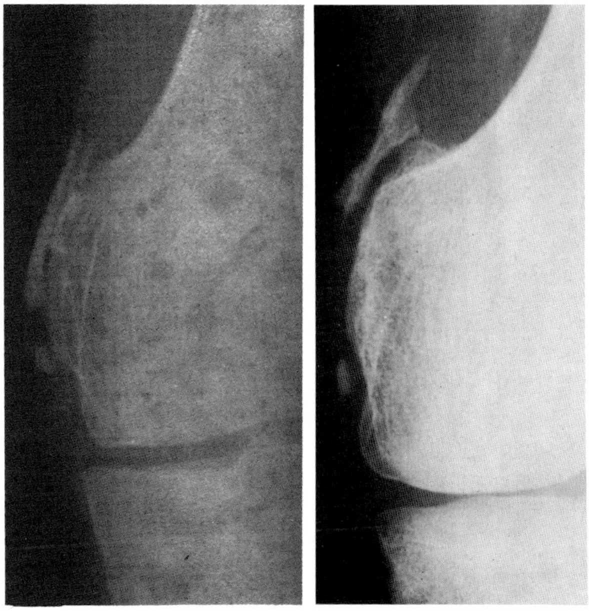

a b

Abb. 7.**76a** u. **b** Ossifikation am Ansatz des M. adductor magnus (Stieda I)

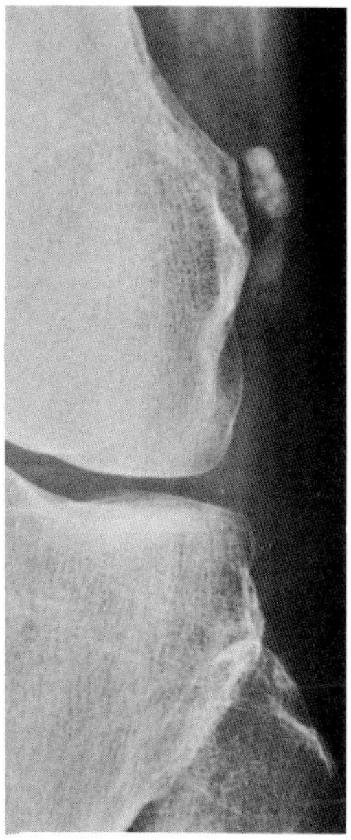

Abb. 7.**77** Großer, gedoppelter, Stieda-ähnlicher Kalkschatten, aber am Condylus lateralis

oberen Ansatzes des Lig. collaterale mediale nach meist schwerem Unfall und mit erheblichen Folgeerscheinungen (z. B. „Wackelknie").

Die in Abb. 7.**77** und 7.**78** wiedergegebenen Befunde liegen dem lateralen Kondylus an und würden bei entsprechender Lage am Condylus medialis Stieda II bzw. III entsprechen.

Ursächlich entstehen fast alle diese Verknöcherungen nach Gewebszerreißungen durch ein Trauma, wenn auch ausnahmsweise entzündliche Ergüsse bzw. Ödeme (4, 7) bzw. eine allgemeine Disposition zur Kalkablagerung als Grund angegeben werden.

Parossale Ossifikationen in der Umgebung des Hüftgelenkes, der Oberschenkelweichteile und der Kniegegend sind bei spinalen Lähmungen der Beine vielfach beschrieben worden und gehören mit Ausnahme dieses Hinweises nicht zum Thema dieses Buches.

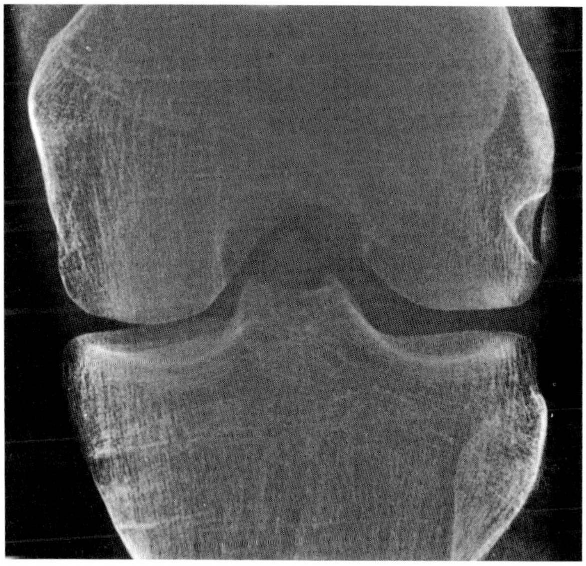

Abb. 7.**78** Scheibenförmiger Knochenschatten neben dem Condylus lateralis

Literatur

1 Ahlbäck, S.: Osteoarthrosis of the knee. A radiographic investigation. Acta radiol. (Stockh.), Suppl. 277 (1968)

2 Aitken, G. T.: Proximal femoral focal deficiency, a congenital anomaly. A symposium held in Washington/D.C., June 13, 1968. National Academy of Sciences 1969 (p. 1–22)

3 Albers, W., H. Blümlein, H. Sühler: Die spontane Femurkondylennekrose des Kniegelenks. Zbl. Chir. 110 (1985) 607–612

4 Bade, H.: Zur Entstehung des Begleitschattens über dem inneren Oberschenkelknorren. Röntgenpraxis 16 (1944) 89–91

5 Bakwin, H., A. Krida: Familial metaphyseal dysplasia. Amer. J. Dis. Child. 53 (1937) 1521–1527

6 Banagale, R. C., L. R. Kuhns: Traumatic separation of the distal femoral epiphysis in the newborn. J. Pediat. Orthop. 3 (1983) 396–398

7 Barnes, G. R., J. L. Gwinn: Distal irregularities of the femur simulating malignancy. Amer. J. Roentgenol. 122 (1974) 180–185
8 Bessler, W., A. Rüttimann: Die Röntgensymptome der Synovitis villosa des Kniegelenkes. Fortschr. Röntgenstr. 99 (1963) 343–353
9 Brezina, K., E. Kofler: Zur pränatalen Beurteilung der kindlichen Kniegelenkskerne im Röntgenbild. Fortschr. Röntgenstr. 117 (1972) 38–46
10 Burrows, C. E., J. D. Greenberg, M.H. Reed: The distal femoral defect. Technetium^{99m}-Pyrophosphanate bone scan results. J. Canad. Ass. Radiol. J. 33 (1982) 386–391
11 Burt, R. W., T. J. Matthews: Aseptic necrosis of the knee: Bone Scintigraphy. Amer. J. Roentgenol. 138 (1982) 571–573
12 Caffey's Pediatric X-Ray Diagnosis. 8th ed., ed. by F. N. Silverman. Year Book Medical Publishers, London 1984 ([1]fig. 4-125, 4-126A; [2]fig. 4-126B)
13 Cayea, P., H. Pavlov, M. R. Sherman, A. B. Goldman: Lucent articular lesion in the lateral femoral condyle. Amer. J. Roentgenol. 137 (1981) 1145–1149
14 Danzig, L. A., J. D. Newell, J. Guerra, D. Resnick: Osseous landmarks of the normal knee. Clin. Orthop. 156 (1981) 201–206
15 Dihlmann, W.: Gelenke – Wirbelverbindungen, 2. Aufl. Thieme, Stuttgart 1982 (Abb. 457)
16 Dunham, K.: Developmental defects of the distal femoral metaphysis. J. Bone Jt Surg. 62-A (1980) 801
17 Ellegast, H. H.: Zirkulatorische Knochenveränderungen. In Schinz, H. R., W. E. Baensch, W. Frommhold, R. Glauner, E. Uehlinger, J.Wellauer: Lehrbuch der Röntgendiagnostik, Bd. II/1, 6. Aufl. Thieme, Stuttgart 1979 (Abb. 4)
18 Feine, U., L. M. Ahlemann: Das periostale Desmoid im Metaphysenbereich und seine differentialdiagnostische Abgrenzung von bösartigen Knochentumoren durch das Knochenszintigramm. Fortschr. Röntgenstr. 135 (1981) 193
19 Feine, U., H. Henkel: 50. Tagung Dtsch. Röntgenges. Stuttgart. Thieme, Stuttgart 1969
20 Feldman, Frieda: Cartilaginous lesions of the bone and soft tissues (Critical review). Clin. Radiol. 4 (1974) 477–485
21 Forrester, D. M., J. C. Brown, J. W. Nesson: Gelenkerkrankungen im Röntgenbild. Deutsche Übersetzung von P. Fischer, S. Schröder, B. Sewing. Thieme, Stuttgart 1984
22 Freyschmidt, J., D. Saure, S. Dammenheim: Der fibröse metaphysäre Defekt (fibröser Kortikalisdefekt, nicht ossifizierendes Knochenfibrom). Fortschr. Röntgenstr. 134 (1981) 169–177
23 Giedion, A.: Weichteilveränderungen und radiologische Frühdiagnose der akuten Osteomyelitis im Kindesalter. Fortschr. Röntgenstr. 93 (1960) 455–466
24 Gilsanz, V.: Distal focal femoral deficiency. Radiology 147 (1983) 105–107
25 Gutowski, Th.: Spontaneous osteonecrosis of the knee. Fam. Physician 31 (1985) 151–156
26 Hall, F.: Radiographic diagnosis and accuracy in knee joint effusions. Radiology 115 (1975) 49–54
27 Höhle, B., H.-St. Braun, Ch. Buhtz, B. Fischer: Metaphysäre Dysplasien aus orthopädisch-genetischer Sicht. Dtsch. Gesundh.-Wes. 37 (1982) 374–377
28 Höhle, B., H.-St. Braun: Eine neue Form der familiären metaphysären Dysplasie. Helv. paediat. Acta 37 (1982) 151–160
29 Jessen, H.: Über einen Fall von traumatischer Störung des Epiphysenwachstums – zugleich ein Beitrag zur Frommeschen Theorie der Ursache der Wachstumsdeformitäten. Dtsch. Z. Chir. 182 (1923) 398–403
30 Jonasch, E.: Die solitären Exostosen im Bereich des Kniegelenkes. Münch. med. Wschr. 104 (1962) 356–357
31 Keats, Th. E.: An Atlas of Normal Roentgen Variants that May Simulate Diseases, 3rd. ed. Year Book Medical Publishers, Chicago ([1]fig. 7-70–7-74; [2]fig. 7-76; [3]fig. 7-75; [4]fig. 7-68; [5]fig. 7-57–7-58)
32 Keats, Th. E., J. M. Joyce: Metaphyseal cortical irregularities in children. Skeletal Radiol. 12 (1984) 112
33 Lagier, R.: Partial algodystrophy of the knee. J. Rheumatol. 10 (1983) 255–260
34 Lotke, P. A., M. L. Ecker: Osteonecrosis of the knee. Orthop. Clin. North Amer. 16 (1985) 797–808
35 Mahony, B. S., P. W. Callen, R. A. Filly: The distal femoral epiphyseal ossification center in the assessment of third-trimester menstrual age: sonography identification and measurement. Radiology 155 (1985) 201–204
36 Maurer, H. J., M. Schreiner: Ossifikation der distalen Femurepiphyse. Zur Frage der Osteochondrosis dissecans bei Kindern. Z. Orthop. 122 (1984) 743–782
37 Moberg, E.: Aseptische Knochennekrosen. Langenbecks Arch. klin. Chir. 319 (1967) 429–436
38 Ogden, J. A.: Pediatric Osteomyelitis and septic arthritis: the pathology of neonatal disease. Yale J. Biol. Med. 52 (1980) 423; zit. nach Th. E. Keats, J. M. Joyce: Metaphyseal cortical irregularities in children. Skeletal Radiol. 12 (1984) 112–118
39 Pennes, D. R., E.M. Braunstein, G. M. Glazer: Computed tomography of cortical desmoid. Skeletal Radiol. 12 (1984) 40–42
40 Péré, P., J. Adolphe, C. Delgoffe, N. Froment, A. Gaucher: Ostéonécroses épiphysaires infarctus osseux multiples et histiocytome fibreux malin. Rev. Rhum. 51 (1984) 427–430
41 Pöschl, M.: Juvenile Osteo-Chondro-Nekrosen. In Diethelm, L., O. Olsson, F. Strnad, H. Vieten, A. Zuppinger: Handbuch der Medizinischen Radiologie, Bd. V/4. Springer, Berlin 1971 ([1]S. 419–421; [2]S. 627–633)
42 Poland, J.: Traumatic separation of the epiphyses. Smith, Elder & Co., London 1898 (p. 678–692); zit. nach Banagale (6)
43 Ravelli, A.: Zum Röntgenbild des menschlichen Kniegelenkes. Fortschr. Röntgenstr. 71 (1949) 614–619
44 Rogers, L. F.: Radiology of Skeletal Trauma. Churchill Livingstone, New York 1982 (fig. 2-2)
45 Rosenbaum, D. M., J. D. Blumhagen: Acute epiphyseal osteomyelitis in children. Radiology 156 (1985) 89–92
46 Rumlova, E., E. Vogel, A. F. Schärli: Frakturen des distalen Femurendes bei Kindern. Ther. Umsch. 40 (1983) 969–972
47 Rutherford, Y., A. K. Fomufod, L. J. Gopalakrishnan, E. C. Beeks: Traumatic distal femoral periostitis of the newborn: a breech delivery birth injury. J. nation. med. ass. 75 (1983) 933–935
48 Scheller, S.: Roentgenographic studies on the ossificatic of the distal femoral epiphysis. Acta radiol., Suppl. 24 (1965)
49 Schilling, H.: Solitäre Exostosen. Ein klinischer Beitrag. Arch. orthop. Unfall-Chir. 53 (1961) 119–129
50 Schinz, H. R., E. Uehlinger: Zur Diagnose und Differentialdiagnose des primären Knocheninfarktes. Radiol. clin. (Basel) 17 (1948) 57–65
51 del Sel, H. J., R. F. J. Scaramuzza: Osteonecrosis de la rodilla. Prensa Méd. Argent. 72 (1985) 168/169
52 Signargout, J., Y. Guégan, B. Le Marec, J. Simon: Les paraplégies de la maladie des exostoses multiples. J. Radiol. Électrol. Méd. Nucl. 54 (1973) 403–407
53 Smith, A. D.: Osteochondritis of the knee joint. J. Bone Jt Surg. 42-A (1960) 289–294
54 Stieda, A.: Über eine typische Verletzung am unteren Femurende. Arch. klin. Chir. 85 (1908) 815–826
55 Stückelberger, P.: Radiol. clin. (Basel) 12 (1944) 225
56 Tsou, P. M.: Congenital distal femoral focal deficiency. Clin. Orthop. 62 (1982) 99–102
57 Volkmann, J.: Zur Kritik des Stiedaschen Schattens. Mschr. Unfallheilk. 52 (1949) 353–362

Knie

Gelenkspalt und Weichteile

Norm

Der **Gelenkspalt in der radiologischen Darstellung** entspricht etwa der Dicke des Gelenkknorpels (57). Seine normale Höhe beträgt 3–5 mm. Wie überall, hier am Kniegelenk aber einmal exemplarisch erwähnt, wird die Gelenkfläche nicht nur durch eine Knochengrenzlamelle, sondern auch durch eine verkalkte Grundschicht gebildet (55, 57). Die Tibiagelenkfläche ist um 5–10 Grad von proximal hinten zur Streckseite fußwärts geneigt. Die mediale Gelenkoberfläche der Tibia gleicht formell einer Ellipse, die laterale einem etwas geneigten, elliptischen Vorsprung. Hierdurch dient bei der *Rotation im Kniegelenk* das Tuberculum mediale der Eminentia intercondylaris als Drehangel, während das Tuberculum laterale eine Gleitbewegung beschreibt (38).

Normalerweise bilden die **Achsen von Femur und Tibia** im sagittalen Strahlengang eine **Gerade** mit einer Variationsbreite im Sinne eines Varus und eines Valgus bei Frauen von jeweils 4 Grad, bei Männern rechts von 5 Grad Varus bis 5 Grad Valgus, links von 6 Grad Varus bis 5 Grad Valgus (31). Das Ausmaß der Abweichungen im Sinne eines Genu varum oder valgum läßt sich am besten bei Aufnahmen am stehenden Patienten feststellen. Auch im Profil besteht bei gestrecktem Knie kein Winkel zwischen Oberschenkel- und Tibiaachse. Die Schaftmittelachse des Femur setzt sich an der Hinterkante der Tibia gerade fort.

Die üblichen Aufnahmen werden im **a.-p.** und im **seitlichen Strahlengang** angefertigt. Für die **Einblick-(„Tunnel"-)Aufnahme nach Frik** kann man in Rückenlage des Patienten bei Beugung des Kniegelenkes um 45 Grad eine flexible Sattelkassette unter die Kniekehle schieben. Der auf den Gelenkspalt zielende Zentralstrahl wird um etwa 40 Grad kopfwärts geneigt. Die Aufnahme eignet sich zur übersichtlichen Darstellung der Eminentia intercondylaris, zur besseren Abbildung einer Osteochondrosis dissecans und freier Gelenkkörper (s. Abb. 7.**93**), will man nicht die **Tomographie der sagittalen Projektion** bei gestrecktem Knie durchführen. Eine Darstellung der normalen Anatomie, besonders der Knieweichteile (Menisken, Muskeln), durch das nuklearmagnetische Resonanzverfahren (Spintomographie) findet sich bei Kean u. Mitarb. (25).

Der **„wahre Gelenkspalt"** wird (eventuell samt Meniskus) beim **„Vakuumphänomen"** (Abb. 7.**79**) deutlich, das, vor allem bei Kindern, besonders dann auftritt, wenn die Knorpelflächen nicht ganz aufeinander passen, sondern durch die Muskulatur ein wenig voneinander entfernt werden (10). Durch Zug an den Beinen und entsprechendem Unterdruck in den Kniegelenken entsteht am ehesten ein solcher Gasstreifen (7). Das Phänomen läßt sich für die Nativdiagnostik der Menisken und des Gelenkknorpels nutzbar machen (37). Die mühelosere Darstellung erfolgt, wenn diese Apparaturen vorhanden sind, mit der Computertomographie ohne Kontrastmittelanwendung (23) und, wie schon erwähnt, mit der Spintomographie (NMR) (29, 54 u.a.). Der Nachweis des Vakuums macht das Vorliegen eines Ergusses unwahrscheinlich (22).

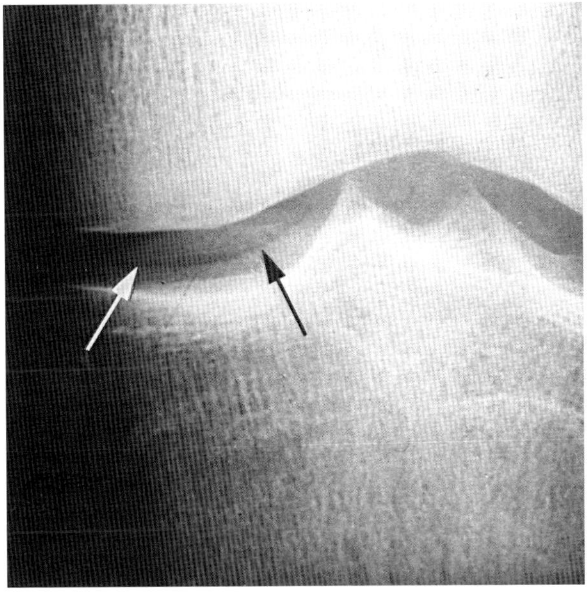

Abb. 7.**79** Wahrer Gelenkspalt zwischen den lateralen Kondylen

Die normalerweise sichtbaren Weichteilstrukturen sind den Skizzen der Abb. 7.**80** (6[1]) und 7.**81a** u. **b** zu entnehmen. Eine sehr plastische Schilderung der Gastroknemius-Bursal-Region (15) erleichtert die Deutung von Befunden, die mit den verschiedensten Bildverfahren erhoben sind. Die Computertomographie dient der Aufdeckung von Schäden an den Menisken, Kreuz- und Seitenbändern. Sie weist solche Läsionen in einer Häufigkeit von etwa 90% nach (39).

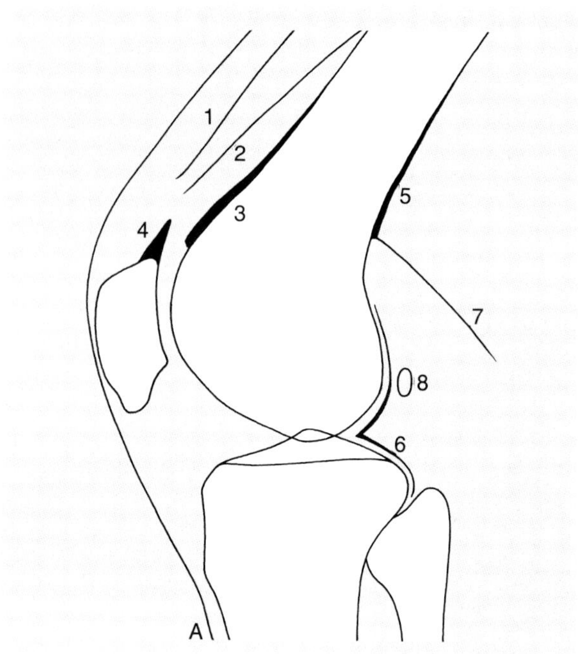

◁ Abb. 7.**80** Normale Weichteilstrukturen: Fettlagen am M. rectus femoris (1), M. vastus intermedius (2), Rand des M. gastrocnemius (7), suprapatellares (4), vorderes (3) und hinteres (5) Femurmetaphysen-Fettpolster (beim Kind größer als beim Erwachsenen), physiologische Fettlagen (6), verlaufen wie die Zahl „3", ohne intraartikuläre Volumenvermehrung oft nicht sichtbar. Fabella (8)
(nach Dihlmann)

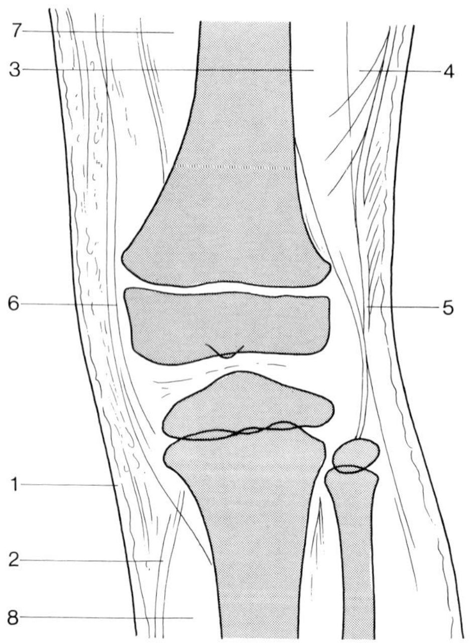

a

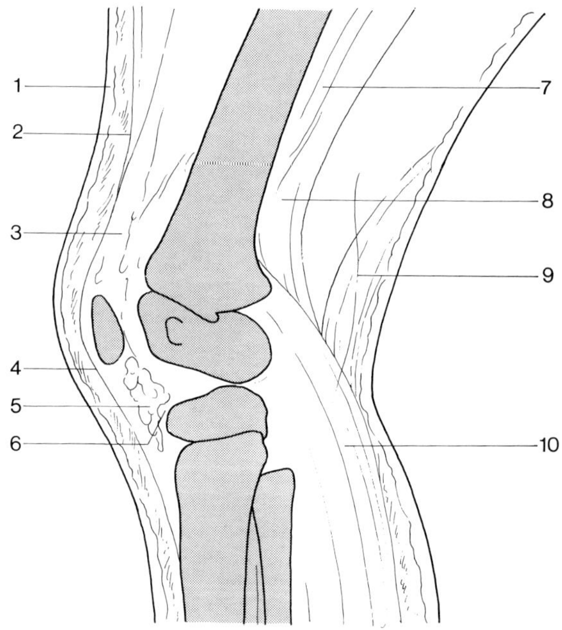

b

Abb. 7.**81 a** u. **b**

a Weichteile des Kniegelenks auf Röntgenbildern im a.-p. Strahlengang (nach Melot)
1 = Haut
2 = Aponeurose
3 = M. biceps
4 = M. vastus lateralis
5 = M. tensor fasciae latae
6 = M. gracilis und M. sartorius
7 = M. Semimembranosus und M. semitendinosus
8 = M. gastrocnemius und M. soleus

b Weichteile des Kniegelenkes auf Röntgenbildern im Profil (nach Melot)
1 = Haut
2 = Aponeurose
3 = Quadrizepsinsertion
4 = Lig. patellae
5 = Hoffascher Fettkörper
6 = epiphysärer Knorpel
7 = Hinterrand des M. vastus lateralis
8 = M. semimembranosus
9 = M. biceps
10 = M. gastrocnemius und M. soleus

Die **Fabella** („kleine Bohne"), Sesamum genus superius laterale, ist ein Sesambein im lateralen Gastroknemiuskopf, das im radiologischen Schrifttum eine relativ große Beachtung gefunden hat (34 u.v.a.). Von ovaler oder kreisrunder Form, variiert die Länge der Fabella zwischen 3,5 und 13,5, ihre Breite zwischen 2 und 9, ihre Dicke zwischen 1,5 und 10 mm. Sie ist vor dem 12. bis 15. Lebensjahr nicht zu erkennen und soll mit zunehmendem Lebensalter öfter vorkommen. Die Häufigkeit ihres Nachweises wird mit 13–16% angegeben. Doppelseitigkeit ist die Regel (63–85%). Verhältnis Männer/Frauen = 170/58. 71% wurden rechts gefunden (34).

Varianten

Ein Sesamum genus distale fibulare ist als **Fabella distalis** beschrieben. Auch im medialen Gastroknemiuskopf kann ein Sesambein vorkommen (26). Die anlagemäßig **gedoppelte Fabella** ist gewöhnlich größer als die Fabella der Gegenseite (6[2]) (Abb. 7.**82a–d**).

Anomalien

Die **angeborene Kniegelenkverrenkung** manifestiert sich in drei Stufen (6[3]): Genu recurvatum, Subluxatio und Luxatio genus congenita, wobei – meist beiderseits – die Tibia nach vorn verlagert ist (s. auch bei 5). Es gibt eine „idiopathische" und eine „symptomatische" Form (beim Larsen's syndrome, bei Arthrogryposis congenita, beim Ehlers-Danlos-Syndrom und bei einigen weiteren seltenen, mit Hypermotilität der Gelenke einhergehende Systemerkrankungen – s. bei 4). Auch nach Ossifikationsstörungen an der Tibiaapophyse („Morbus Osgood-Schlatter") kann es zum Genu recurvatum kommen (59).

Ein kongenitales Fehlen der Kreuzbänder läßt sich (am besten in der „Tunnel-Projektion") an der Hypoplasie der Fossa intercondylaris und an einer übergroßen Verschieblichkeit der Tibia gegen den Femur nach vorn und hinten erkennen (19).

Verletzungsfolgen und Nekrosen

Die **Erweiterung des Gelenkspaltes** nach Trauma ist nur bei erheblicher Schädigung des Kapsel-Band-Apparates möglich. Eine **Interposition des zerrissenen Knieseitenbandes** läßt sich an einer Permanenz des medial oder lateral bestehenden **Klaffens des Gelenkspaltes** auch nach versuchter Reposition diagnostizieren (20). Verdeutlicht wird diese Diagnose durch *gehaltene Aufnahmen* mit forcierter Ab- bzw. Adduktionsstellung (14, 53), eventuell verbunden mit einer Arthrographie. Dabei auftretende Gasansammlungen verdeutlichen den Weichteilbefund (47), wobei sich Meniskusschäden aufdecken lassen (27, 37). Meniskus- und Weichteilschäden sind heute am leichtesten mit der Computertomographie (11) nachzuweisen.

Bei intakten Kreuzbändern kann auch unter forcierter Ab- bzw. Adduktion trotz Seitenbandriß das Aufklappen des Kniegelenkspaltes verhindert werden, während Kreuzbandrisse auch ohne Seitenbandschädigung zur Erweiterung des Gelenkspaltes führen können. Bei der im Röntgenbild fixierten Prüfung des **„Schubladenphänomens"** (6[4], 53) sind bis 5 mm betragende Verschiebungen noch physiologisch. Sämtliche Untersuchungsergebnisse bei gehaltenen Aufnahmen bedürfen des Vergleichs mit der gesunden Seite. Das tatsächliche Ausmaß des Weichteilschadens läßt sich nur intraoperativ erkennen (6[4]).

Der Nachweis eines **Lipohämarthros** im Kniegelenk gelingt mit der *Niveauaufnahme* (18). Bei gestrecktem Knie lassen sich im seitlichen, horizontalen Strahlengang nicht nur der vergrößerte Recessus suprapatellaris, sondern auch Fettschichten als Auf-

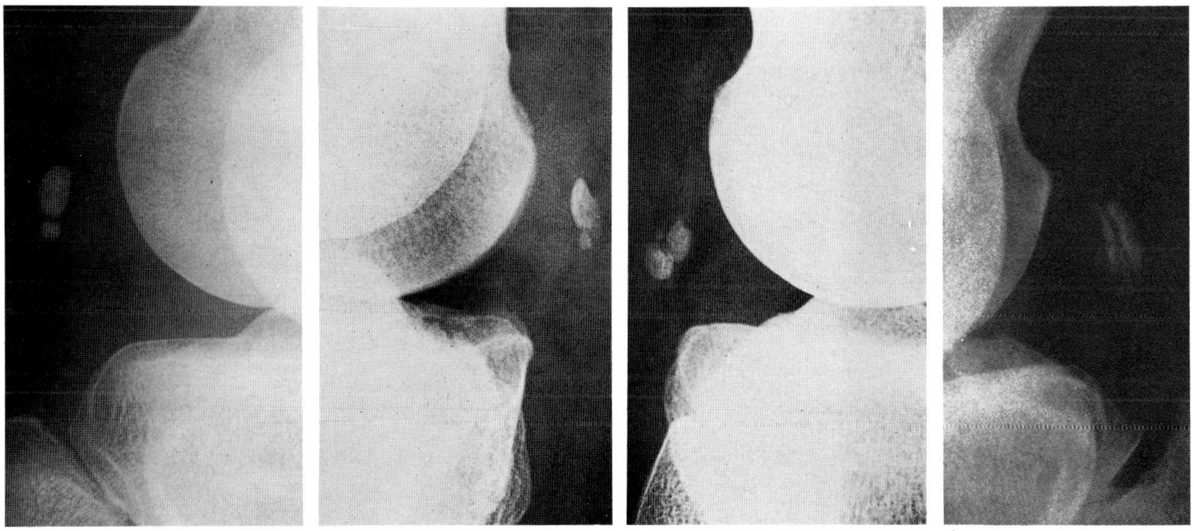

a b c d

Abb. 7.**82a–d** Unterteilte Fabellae

hellungen über dem Blutflüssigkeitsspiegel erkennen (Abb. 7.**83**). Heute gilt die Ultraschalluntersuchung als die Methode der Wahl, um Flüssigkeits-(Blut-) Ansammlungen und Synovialzysten zu erkennen (11).

Durch einen seitlichen Schlag auf das Kniegelenk bei fixiertem Fuß kommt es beim Erwachsenen zu **Bandverletzungen medial**. Beim Jugendlichen wird die Gewalt über die Seitenbänder auf die distale Femur- oder seltener auf die proximale Tibiaepiphyse übertragen (46). Sonst nicht erkennbare Epiphysenbrüche lassen sich bei geringer Drehung des Beines oder bei in Valgusstellung gehaltenen Aufnahmen nachweisen.

Die Beachtung der Weichteilveränderungen spielt besonders bei der Ergußdiagnostik eine wesentliche Rolle und wird im Abschnitt „Erworbene Erkrankungen" näher besprochen.

Nach Meinung einzelner Autoren im älteren Schrifttum (40, 56) sind Doppelbildungen der Fabella vorwiegend pathologischen Ursprungs, während andererseits **Fabellafrakturen** als sehr selten gelten. Die Skizze Abb. 7.**84a** u. **b** gibt eine Dislokation der Fabella wieder und wurde von Köhler auf einen Abriß des lateralen Gastroknemiuskopfes bezogen. Auch Einklemmungen der Fabella im Kniegelenk kommen vor. Ein fabellaähnliches, abgesprengtes Knochenstück wurde bei **Abriß des Ansatzes des Lig. cruciatum posterius** gefunden (Zimmer, 12. Aufl. dieses Buches, S. 721).

Auch an der Fabella sind Ossifikationsstörungen („Nekrosen") zu finden (41).

Das schon beschriebene Austreten einer „Maus" bei **Osteochondrosis dissecans**, ihre mögliche Spaltung in mehrere Fragmente, Vergrößerung durch Kalkapposition und Induktion einer Verkalkung von Gelenkzotten führt übergangslos in das Bild der **Chondromatose** (Abb. 7.**85a** u. **b**), s. „Erworbene Erkrankungen".

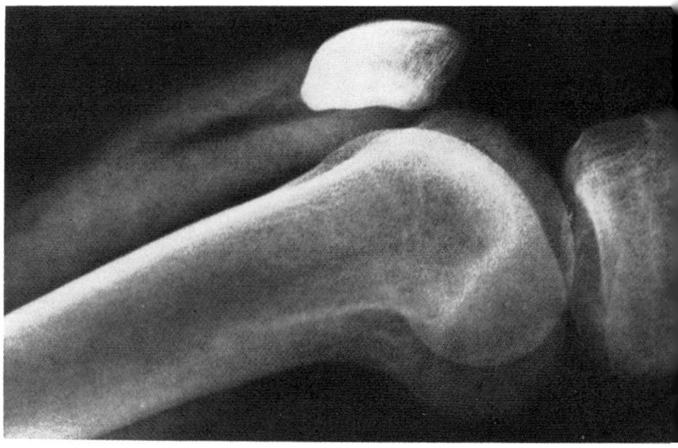

Abb. 7.**83** Aufnahme des gestreckten Kniegelenkes im seitlichen, horizontalen Strahlengang. Impressionsfraktur des lateralen Tibiakopfes. Holmgrensches Zeichen: Spiegel im Recessus suprapatellaris. Ausgetretenes Knochenmarkfett hat sich dem Blut überschichtet
(aus Ricklin, P., A. Rüttimann, M. S. del Buono: Die Meniskusläsion. Thieme, Stuttgart 1964)

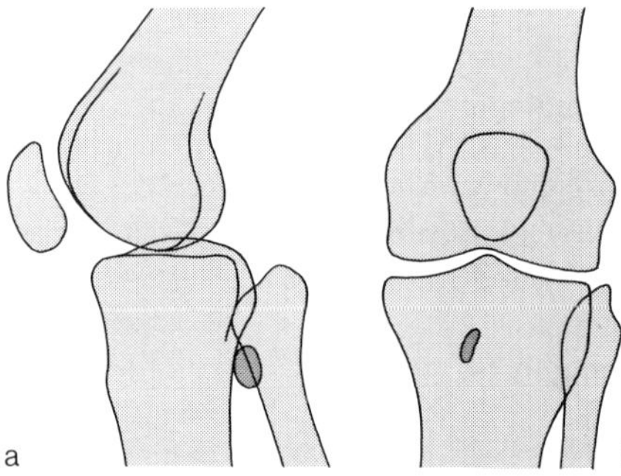

a b

Abb. 7.**84 a** u. **b** Abriß des lateralen Gastroknemiuskopfes (Beobachtet von Köhler)

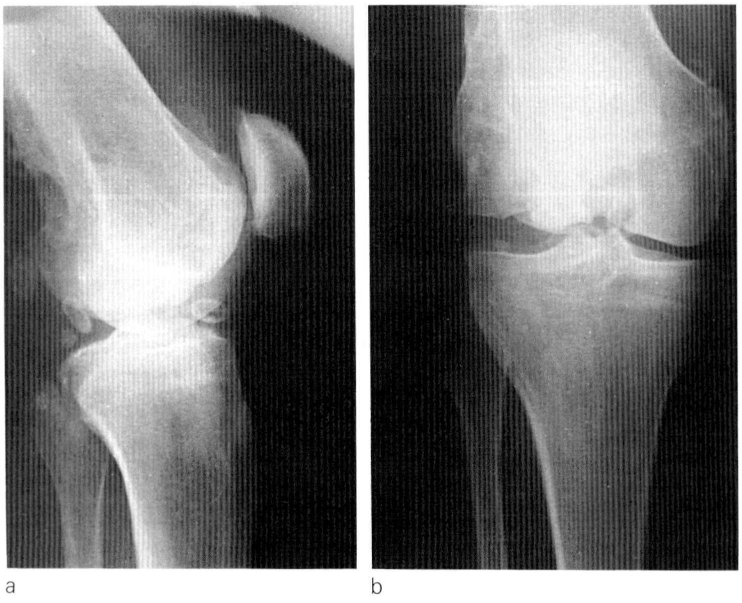

a b

Abb. 7.**85 a** u. **b** Osteochondrosis dissecans mit Defekt an der Gelenkfläche des Condylus fibularis femoris und allgemeiner Gelenkchondromatose

Ob eine mit Schmerzen im Kniegelenk einhergehende Strukturveränderung an der Fabella (Abb. 7.**86**) einer durch Dissektion bedingten **Nekrose** entspricht, muß offen bleiben.

Erworbene Erkrankungen

Als Frühveränderungen **entzündlicher Erkrankungen** hat man besonders auch am Kniegelenk die *Veränderungen in den Weichteilen*, besonders am dorsalen Fettkörper, zu beachten. Hierauf wurde im Abschnitt „Distales Femurende" schon hingewiesen. Der Anwendung der Weichstrahltechnik kommt eine besondere Bedeutung zu. Im allgemeinen wird man einen **Erguß** klinisch erfassen. Die Punktion gibt Aufschluß über die Ätiologie (serös, purulent, sanguinolent, Fett).

Radiologisch wird die **Volumenvermehrung im Binnenraum** der Kniegelenkkapsel vor allem im Profilbild deutlich: Verdichtung und Aufblähung der Bursa (des Recessus) suprapatellaris mit Abhebung des suprapatellaren Fettpolsters, vermehrte Distanz der Patella vom Femur, Unschärfe der Sehnenkontur des M. vastus intermedius (s. Abb. 7.**80**). Auch im a.-p. Bild wird die durch den Erguß nach beiden Seiten vergrößerte Bursa suprapatellaris sichtbar (Abb. 7.**87**). Die Ausdehnung des Ergusses in die Kniekehle kann zur Wade hin eine Arthrozele, die **Baker-Zyste**, bilden, entstanden aus kommunizierenden und nichtkommunizierenden Schleimbeuteln. Dementsprechend kommt es hier zur Auslöschung der Weichteilstruktur und zum homogenen Weichteilschatten.

Beim **Hypothyreoidismus** ist der Abstand der Epiphysengrenzen von Tibia und Femur des Neugeborenen deutlich geringer als normalerweise (45).

Kollateralphänomene mit supratuberkulären, bandförmigen Demineralisationszonen des Femur und fleckiger Entkalkung der Patella sind weitere Frühzeichen der Arthritis am Skelett (6[7]). Danach bilden sich Unterbrechungen der Konturen an der subchondralen Grenzlamelle.

Die typische, **subchondrale Entkalkung** bei posttraumatischer Atrophie läßt die Abb. 7.**88** erkennen. Als ebenfalls charakteristischer Folgezustand nach tuberkulöser und auch wohl anderweitiger Gonitis sieht man (heute zunehmend seltener) die **hypertrophe Atrophie** der gelenknahen Knochenpartien (Abb. 7.**89a–d**).

Die **Arthrosis deformans**, die meistverbreitete Kniegelenksaffektion, führt je nach Belastung, medial häufiger als lateral, zur Verschmälerung des Gelenkspaltes, zur Ausbildung von Osteophyten der Gelenkränder, manchmal zuerst am Tuberculum mediale und laterale nachweisbar, und zu einer Sklerosierung der subchondralen Grenzlamelle. Das Ausmaß des Knorpelabschliffs läßt sich radiologisch in der „Tunnel-Projektion" (s. vorn) am besten erkennen (42). Unebenheiten und Knorpelerosionen können bei der deformierenden Arthrose auch zur Darstellung des wahren Gelenkspaltes führen (35).

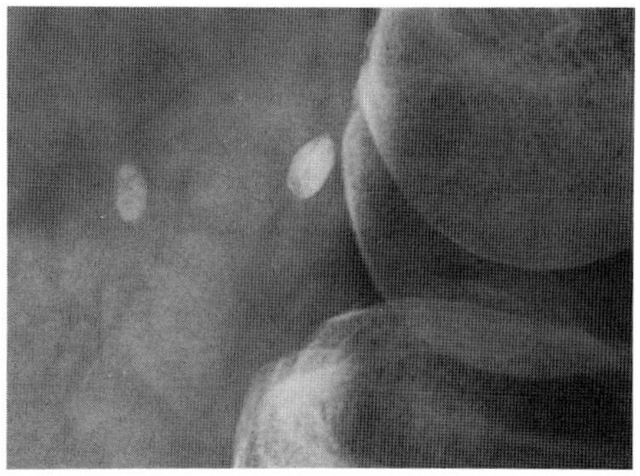

Abb. 7.**86** Fabella und freier Körper. Osteochondronekrose der Fabella?

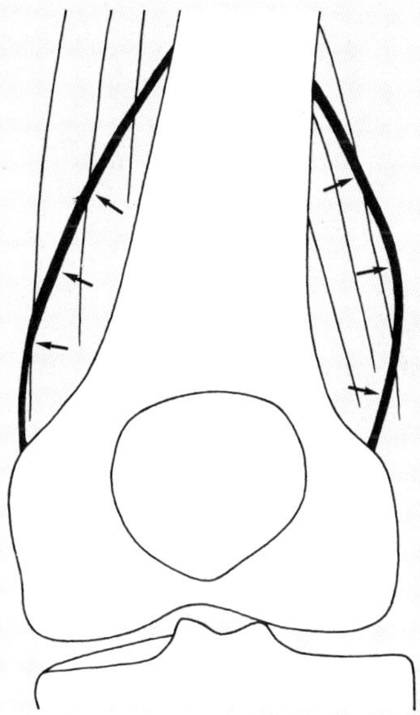

Abb. 7.**87** Durch Erguß aufgetriebene Bursa suprapatellaris mit medial und/oder lateral konvexer Linie (Fettlage, Pfeile), welche die Vastusstreifen überlagert, nicht auslöscht (nach Harris u. Hecht)

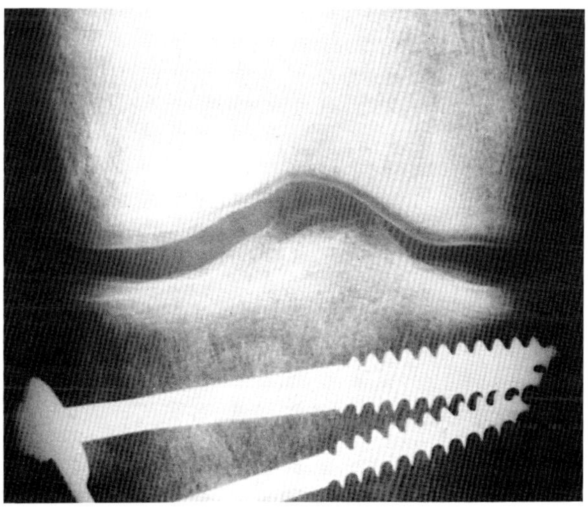

Abb. 7.**88** Subchondrale Entkalkung bei posttraumatischer Inaktivitätsatrophie (Beobachtung von Grüber, Hamburg)

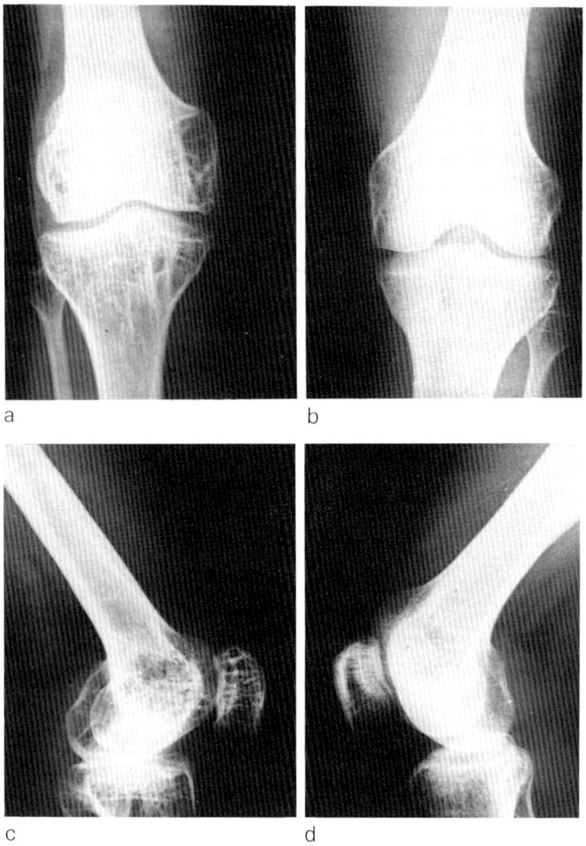

◁ Abb. 7.**89 a–d** Hypertrophe Atrophie als Zustand nach abgeheilter tuberkulöser Arthritis rechts im Vergleich mit dem normalen rechten Kniegelenk

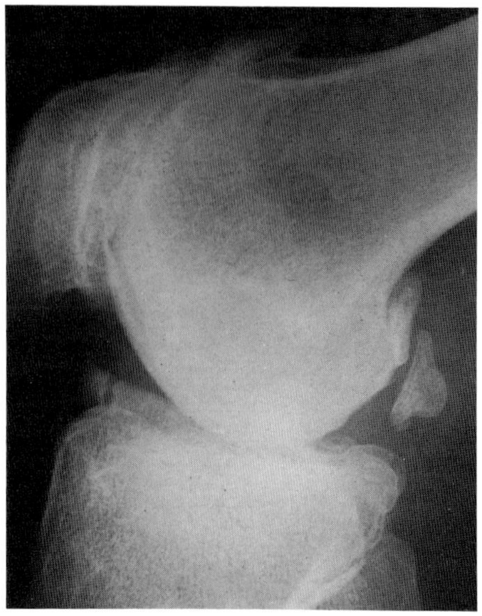

Abb. 7.**90** Fabella, arthrotisch vergrößert

Auch die Fabella kann arthrotisch deformiert sein (50) (Abb. 7.**90**). **Gasansammlungen** im Gelenkspalt kommen vorwiegend bei Arthrosis deformans vor. Eine wochenlang unverändert bestehende Gasblase wurde in einem solchen Fall zusätzlich in einer (wohl posttraumatisch entstandenen) **Zyste des medianen Meniskus** beobachtet (24).

Mit arthrotischen Veränderungen darf die **Raubersche Konsole** nicht verwechselt werden, die sich bei Meniskusläsion bildet (Abb. 7.**91a–c**). Meniskusganglien wölben sich seitlich aus dem Gelenkspalt vor und führen distal der Gelenkfläche zur Druckerosion (Abb. 7.**92**). Schrifttum über *Meniskusläsionen und Nativaufnahme* s. bei Jonasch u. Koneczny (22), *Meniskusläsion und posttraumatische Arthrose* s. bei Burri u. Rüter (3). Intraartikuläre Knochensporne finden sich auch nach Kreuzbandschäden (Abb. 7.**93**).

Die **alkaptonurische Osteoarthropathia ochronotica** geht mit subchondraler Osteosklerose (60) einher (Abb. 7.**94a** u. **b**), tritt in einem früheren Lebensalter auf und besitzt eine schnellere Progredienz als die sonst symptomatisch ähnliche Arthrosis deformans. Das Kniegelenk bedeutet für das Leiden einen Prädilektionsort.

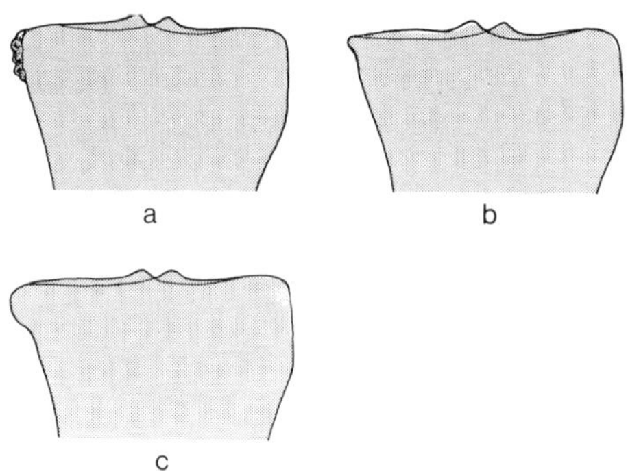

Abb. 7.**91 a–c** Konsole medial am Tibiakopf (Rauberschen Zeichen) nach älterer Meniskusaffektion

Weichteilbefunde, Verkalkungen, Verknöcherungen

Das Kniegelenk ist das Testgelenk für die **Chondrocalcinosis articularis** (klinisch Pseudogicht [33]). Die mit Schmerzen einhergehende, hereditäre Form der Erkrankung – die Schmerzen sind nicht so intensiv wie bei der echten Gicht – tritt oft schon im 3. bis 4. Lebensjahrzehnt auf. Wenn sie nur sporadisch vorkommt, ist sie klinisch oft asymptomatisch und findet sich bei älteren Menschen. Schließlich ist die symptomatische Form der Chondrokalzinose eine Begleiterscheinung bei verschiedenen, meist endokrinen und metabolischen Grundleiden – Zimmer beobachtete sie bei Psoriasis (Abb. 7.**95a** u. **b**), häufig wird sie bei Hyperparathyreoidismus gesehen (s. Abb. 2.**291** und 2.**292**), verschiedenste Stoffwechselstörungen werden als Grundleiden genannt (6[8]). Die Hydrophosphateinlagerungen erfolgen bei der Chondrokalzinose als Systemerkrankung im Faserknorpel (Meniskus) *und* im hyalinen Gelenkknorpel zugleich.

Die Chondrokalzinose kann einerseits zur Arthrosis deformans führen, andererseits im Arthroseverlauf erst auftreten. Bei älteren Patienten (von 45 bis 93, im Mittel 75 Jahren) ließ sich eine signifikante Häufung in der Kombination von Chondrocalcinosis articularis und Arthrosis deformans nicht feststellen (16).

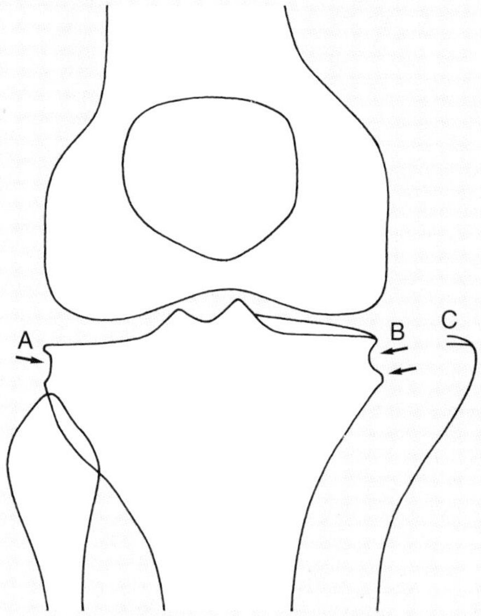

Abb. 7.**92** Nativröntgenzeichen des Meniskusganglions (nach Dihlmann)
A = Druckerosion (Delle). Sie erreicht nicht die Gelenkfläche (→)
B = Druckerosion (oberer ←) und kleine Exostose (unterer ←) durch Zug des Kapsel-Band-Ansatzes
C = Vergleich zur gesunden Seite

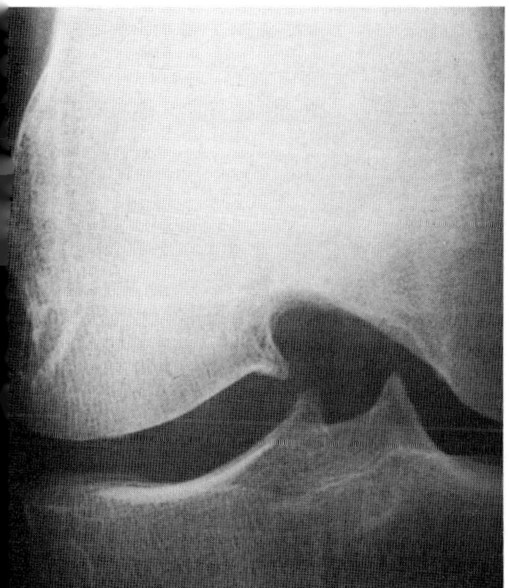

Abb. 7.**93** Alte Kreuzbandläsion mit nur leichter Zuspitzung der Tubercula intercondylaria, aber Bildung eines kräftigen Osteophyten an der lateralen Gelenkgrenze des Condylus medialis femoris zur Fossa intercondylaris

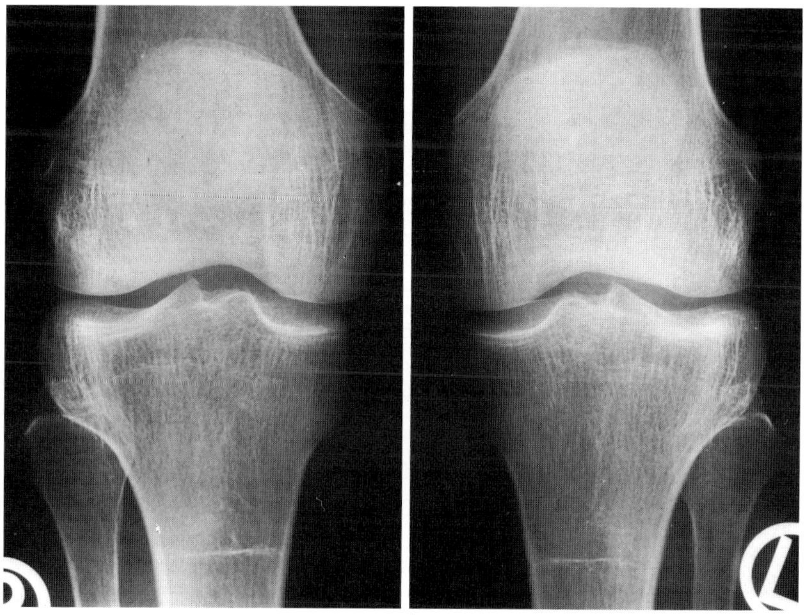

a b

Abb. 7.**94a** u. **b** Eben erkennbare, subchondrale Sklerosierung als pathognomonisches Zeichen einer Osteochondrosis alcaptonurica (Beobachtung von Lenz u. Siegenthaler, Bonn)

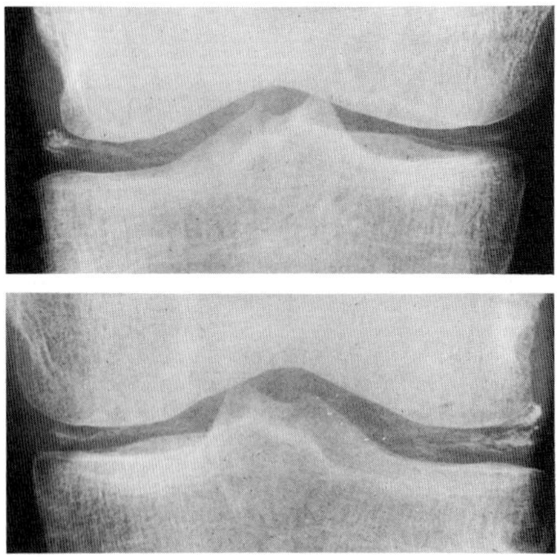
a
b

Abb. 7.**95 a** u. **b** Doppelseitige Verkalkung der Menisken und der knorpeligen Gelenkränder

Verknöcherungen in den Menisken, bei Nagetieren normalerweise vorkommend, sind als Folgezustände von Rupturen auch beim Menschen bekannt (32).

Intraartikulär gibt es **Bandverknöcherungen** (43) und **-verkalkungen** sowie Brücken zwischen den **Kreuzbändern** (12). Typisch ist die Verkalkung des die hintere Kniegelenkkapsel verstärkenden **Lig. popliteum obliquum** (21) (Abb. 7.**96a–d**).

Mikrokalzifikationen bis mächtige Kalkeinlagerungen sind im Hoffaschen Fettkörper (12, 30) ebenso bekannt wie Verkalkungen in den verschiedenen Schleimbeuteln prä- und infrapatellar bis zum Ansatz des Lig. patellare am Tibiakopf („housemaid's knee") (Abb. 7.**97a** u. **b**) sowie in Bursen der Kniekehle (1). Die Beobachtung atypisch großer Kalkansammlungen nicht nur an beiden Kniegelenken, sondern auch in weiteren Schleimbeuteln bei

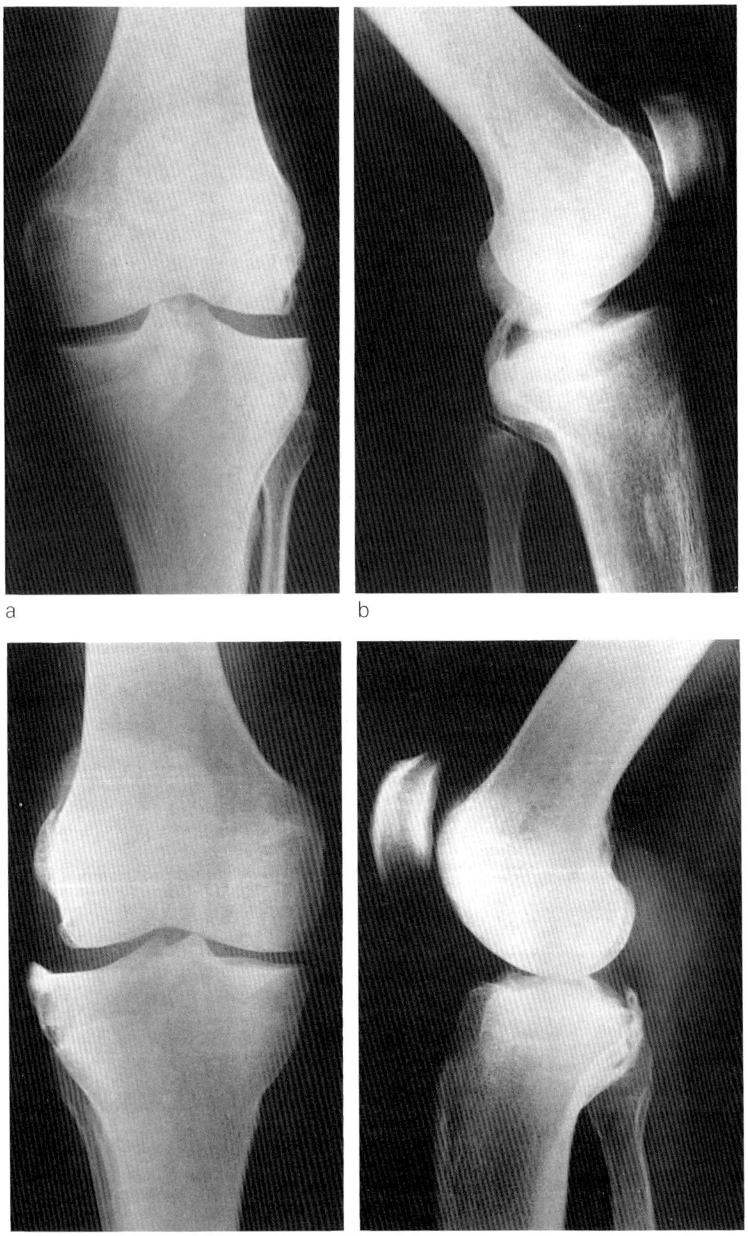
a b c d

Abb. 7.**96 a–d** Verkalkung des Lig. popliteum obliquum beiderseits

Abb. 7.**97 a** u. **b** „Housemaid's knee"

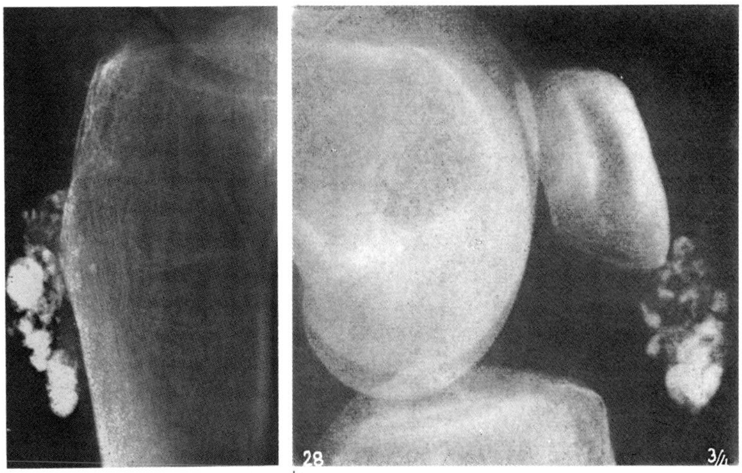

a b

einer 38jährigen Frau gab Anlaß, an eine Systemerkrankung der Schleimbeutel zu denken (2).

Das **Synovialom** – häufigster Sitz am Kniegelenk (8) – stellt sich als rundlich, manchmal lappig konturierte Weichteilverdichtung dar. Eingestreute, pleomorphe Kalkschatten erwecken den Verdacht auf Malignität (28).

Verkalkte Synovialchondrome und -osteome werden primär im Rahmen einer Arthrosis deformans und sekundär am Kniegelenk häufiger gefunden als in den meisten anderen Gelenken (s. Abb. 7.**85a** u. **b**). Diese „Chondromatose" wurde von Reichel 1900 erwähnt, wird deshalb auch als **Reichelsche Krankheit** oder nach der Beschreibung von Henderson als **„maladie de Henderson-Jones"** bezeichnet. Die knorpelig-knöchernen Metaplasien und damit mögliche freie Gelenkkörper befinden sich außen und innen an der verdickten Kapsel. Sie gleichen histologisch malignen Tumoren. Eine tatsächliche maligne Degeneration ereignet sich äußerst selten (48).

Zu den **periartikulären Verkalkungen** gehören am Kniegelenk außer den im Kapitel über das distale Femurende erwähnten und, mit Ausnahme der bei der Besprechung der Patella zu beschreibenden Verkalkungen, die aus verschiedenen Gründen auftretende **interstitielle, universelle und lokalisierte Kalzinose** und die manschettenförmige, subkutane **Stauungsossifikation** an Ober- und Unterschenkel (6^9).

Hypodermolithen, wie sie in Zeigefinger und Daumen vorkommen, ließen sich in einem Fall auch in den Weichteilen am Kniegelenk als Kalziumdepots erkennen.

Der Weichteilschatten von **Varizen** zeichnet sich in der Gegend des Kniegelenkes manchmal gut ab (Abb. 7.**98**).

Bei fortgeschrittenem Stadium chronischer Arthrose nimmt die Durchlässigkeit des durch den Hoffaschen Fettkörper bedingten Rhombus in der Nähe der Kondylen stark ab. Die normalen Strukturen werden hier ebenso ausgelöscht wie in der Kniekehle und werden durch eine diffuse **Weichteilfibrose** ersetzt.

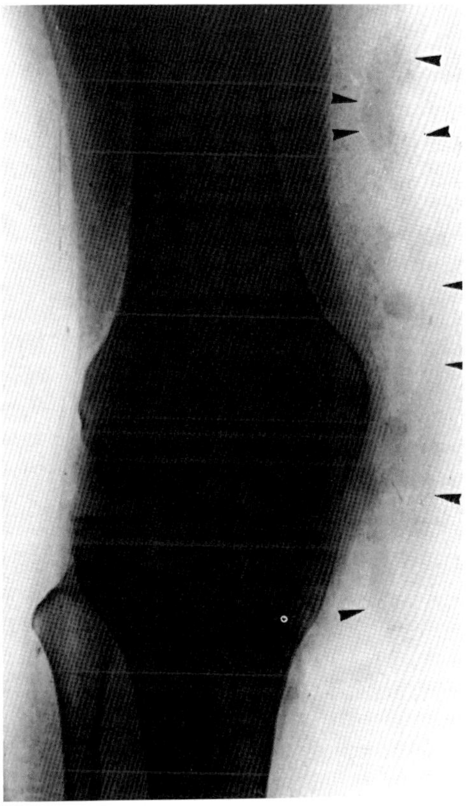

Abb. 7.**98 a** u. **b** In Weichteildichte erkennbare Varizen
(Die Abbildung mußte zur besseren Anschaulichkeit „positiv" wiedergegeben werden)

Literatur

1 Baumann, E.: Die Bursitis gastrocnemio-semimembranosa. Z. Unfallmed. Berufskr. 37 (1944) 86–90
2 Becker, F.: Radiol. clin. (Basel) 13 (1944) 294
3 Burri, C., A. Rüter: Meniskusläsionen und posttraumatische Arthrose am Kniegelenk. Hefte Unfallheilk. 128 (1976)
4 Carlson, D. H., J. O'Connor: Congenital dislocation of the knee. Amer. J. Roentgenol. 127 (1976) 465–468
5 Daniel, W. D., St. J. Wees: Intra-articular milk of calcium in saturnine gout. Radiology 147 (1983) 389–392
6 Dihlmann, W.: Gelenke – Wirbelverbindungen, 2. Aufl. Thieme, Stuttgart 1982 ([1]Abb. 399-A; [2]S. 381; [3]S. 329; [4]S. 372–373; [5]Abb. 400; [6]Abb. 451; [7]S. 333; [8]S. 91; [9]Abb. 456)
7 Dittmar, O.: Der Kniegelenkmeniskus im Röntgenbild. Röntgenpraxis 4 (1932) 442–445
8 Ebbinghaus, K. D.: Klinik und Pathogenese der „malignen" Synovialome. Ärztl. Wschr. 8 (1953) 1071–1076
9 Freyer, B.: Beobachtung einer Fabella im medialen Gastroknemiuskopf. Fortschr. Röntgenstr. 92 (1960) 469–470
10 Fuiks, D. M., C. E. Gyson: Vacuum pneumathrography and the spontaneous occurence of gas in joint spaces. J. Bone Jt Surg. 32-A (1950) 933–938
11 Garcia, J.: Radiologie dans les traumatismes du genou. Helv. chir. Acta 51 (1984) 515–523
12 Garden, R. S.: Ossification in the anterior cruciate ligament. J. Bone Jt Surg. 21-A (1939) 1027
13 Gauducheau, R., Ch. Mirallié: Maladie de Hoffa avec microcalcifications multiples. J. Radiol. (Brux.) 33 (1952) 711–714
14 Grossmann, J. W., H. H. Minor: Roentgen demonstration of the semilunar cartilages of the knee. Amer. J. Roentgenol. 53 (1945) 454–465
15 Guerra, J., J. D. Newell, D. Resnick, L. A. Danzig: Gastrocnemio-semimembranosus bursal region of the knee. Amer. J. Roentgenol. 136 (1981) 593–596
16 Hansen, S. E., M. Herning: Radiological aspects of chondrocalcinosis. Lancet 1982 II, 95
17 Hippe, H., K. Hähle: Kasuistische Beiträge (seltener Halstumor, Lobus venae azygos, Wirbelechinokokkus, Gelenkspaltdarstellung). Röntgenpraxis 8 (1936) 95–99
18 Holmgren, B. S.: Flüssiges Fett im Kniegelenk nach Trauma. Acta radiol. (Stockh.) 23 (1942) 131–137
19 Johansson, E., Th. Apparisi: Congenital absence of the cruciate ligaments. Clin. Orthop. 162 (1982) 108–111
20 Jonasch, E.: Die Erkennung der Interposition eines Knieseitenbandes nach dessen Zerreißung. Fortschr. Röntgenstr. 91 (1959) 403–404
21 Jonasch, E.: Die Verknöcherung des Ligamentum popliteum obliquum. Fortschr. Röntgenstr. 99 (1963) 695–697
22 Jonasch, E., O. Koneczny: Erkennung und Beurteilung der Meniskusverletzung des Kniegelenkes durch das gewöhnliche Röntgenbild. Hefte zur Unfallheilkunde. Springer, Berlin 1968
23 Jurik, A. G., J. Jorgensen, O. Helmig, A. de Carvalho: Computed tomography of the knee with reference to meniscal tears. Acta Radiol. Diagn. 25 (1984) 433–437
24 Kay, St. P., R. H. Gold, L.W. Basset: Meniscal Pneumatocele. J. Bone Jt Surg. 67-A (1985) 1117–1119
25 Kean, D. M., B. S. Worthington, B. J. Preston, E. J. Roebuck, H. McKim-Thomas, R. C. Hawkes, G. N. Holland, W. S. Moore: Nuclear magnetic resonance imaging of the knee: examples of normal anatoma and pathology. Brit. J. Radiol. 56 (1983) 355–364
26 Kremser, K.: Beobachtungen einer Fabella im lateralen und medialen Gastroknemiuskopf. Röntgenpraxis 2 (1930) 134–136
27 Krogdahl, T.: Röntgenologische Diagnose der Meniskusluxation im Kniegelenk ohne Verwendung von Kontrastmittel. Acta radiol. (Stockh.) 21 (1940) 335–341
28 Lewis, R. W.: Roentgen diagnosis of pigmental villonodular synovitis and synovial sarcoma of the knee joint. Preliminary report. Radiology 49 (1947) 26–37
29 Li, K. C., M. Henkelman, P. Y. Poon, J. Rubenstein: MR imaging of the normal knee. J. Comput. Assist. Tomogr. 8 (1984) 1147–1154
30 Manolakis, P.: Fettkörperverkalkungen des Kniegelenkes beiderseits. Fortschr. Röntgenstr. 99 (1963) 846/847
31 Massé, J. P., T. Glimet, A. Alpérovitch, D. Kuntz: Valeur de l'angle fémoro-tibial de 244 sujets exempts de Gonarthrose. Rev. Rhum. 52 (1985) 91–94
32 Mariani, P. P., G. Puddu: Meniscle ossicle. Amer. J. Sports Med. 9 (1981) 292/293
33 McCarty jr., D. J., N. N. Kohn, J. S. Faires: The significance of calcium phosphate cristals in the synovial fluid of arthritic patients: the „pseudogout syndrome". I. Clinical aspekts. Ann. intern. Med. 56 (1962) 711–737
34 Michelacci, M.: Osservazioni clinico-radiografiche sulla fabella normale e patologica. Arch. Putti Organi Mov. 15 (1961) 312–319
35 Mohing, W.: Die Arthrosis deformans des Kniegelenkes. Springer, Berlin 1966
36 Nogi, J., G. D. Mac Ewen: Congenital dislocation of the knee. J. Pediat. Orthop. 2 (1983) 509–513
37 Nordheim, I.: Eine neue Methode, den Gelenkknorpel, besonders die Gelenkmenisken, darzustellen (ohne Zuhilfenahme von eingespritztem Kontrastmittel). Fortschr. Röntgenstr. 57 (1938) 479–495
38 de Paretti, F., R. Lacroix, A. Burgeon, C. Argenson, H. Richelme: Geometry of the facies articularis superior tibiae und rotation of the knee. Anat. Clin. 5 (1983) 3–7
39 Passariello, R., F. Trecco, F. De Paulis, Rosanna De Amicis, G. Bonnani, C. Masciocchi: Computed tomography of the knee joint: Clinical results. J. Comput. Assist. Tomogr. 7 (1983) 1043–1049
40 Pick, H.: Zur Frage der Fabella. Ein Beitrag zur gleichnamigen Arbeit von Prof. E. Sonntag. Zbl. Chir. 54 (1927) 1743–1745
41 Pöschl, M.: Juvenile Osteochondronekrosen. In Diethelm, L., O. Olsson, F. Strnad, H. Vieten, A. Zuppinger: Handbuch der Medizinischen Radiologie, Bd. V/4. Springer, Berlin 1971 (S. 579)
42 Resnick, D., V. Vint: The „tunnel" view assessment of cartilage loss in osteoarthritis of the knee. Radiology 1937 (1980) 547–548
43 de Reus, H. D.: Der Kniegelenkspalt. J. belge Radiol. 44 (1961) 375–388
44 Ricklin, P., A. Rüttimann, M. S. Del Buono: Die Meniscusläsion. Thieme, Stuttgart 1964
45 Rochiccioli, P., G. Dutau, F. Despert, B. Roge, B. Sablayrolles, C. Enjaume: La surface des épiphyses du genou: index d'ancienneté de l'hypothyréoidie néonatale. Arch. Fr. Pédiatr. 41 (1984) 324–332
46 Rogers, L. F., St. Jones, A. R. Davis, G. Dietz: „Clipping injury" fracture of the epiphysis in the adolescent footballplayer: an occult lesion of the knee. Amer. J. Roentgenol. 121 (1974) 69–78
47 Romaniuk, P. A., G. Thomas: Über ein zuverlässiges, indirektes Zeichen einer Meniskusläsion im positiven Kontrastarthrogramm. Fortschr. Röntgenstr. 109 (1968) 647–653
48 Schnyder, S., P. Looser, B. Vogt: Synovialosteochondromatose des Kniegelenks. Helv. chir. Acta 51 (1984) 181–184
49 Schobert 1972; zit. nach Dihlmann (6[3])
50 Schönbauer, H. R.: Arthrose der Fabella. Fortschr. Röntgenstr. 85 (1956) 358, 359
51 Seibert-Daiker, F. M.: Seltene Verknöcherung der Ligamenta decussata. Fortschr. Röntgenstr. 138 (1983) 372/73
52 Slanina, J.: Fabella distalis: a new sesamoid bone. Radiol. clin. (Basel) 25 (1956) 274–277

53 Stedtfeld, H.-W., M. Strobel: Zur Wahl geeigneter Ausmeßverfahren für gehaltene Röntgenaufnahmen des Kniegelenkes. Unfallheilk. 86 (1983) 463–471
54 Steinbrich, W., D. Beyer, G. Friedmann, J. W. L. M. Ermes, G. Buess, K. H. Schmidt: MR des Kniegelenkes. Fortschr. Röntgenstr. 143 (1985) 166–172
55 Stückelberger, P.: Die Beteiligung der verkalkten Knorpelgrundschicht an der Bildung der röntgenologischen Gelenklinie. Radiol. clin. (Basel) 13 (1944) 225–237
56 Vogel, K.: Ein Fall von doppelter Fabella. Zbl. Chir. 54 (1927) 2567–2568
57 Weiss, K.: Die Knorpel-Knochengrenze der pars constituens articuli im Röntgenbild. Fortschr. Röntgenstr. 67 (1943) 26–34
58 Weiss, K.: Die statisch-kompensatorischen Veränderungen an der Knorpel-Knochengrenze des Gelenks und der subchondrale Knochenumbau. Fortschr. Röntgenstr. 67 (1943) 253–262
59 Zimbler, S., St. Murkow: Genu recurvatum: a possible complication after Osgood-Schlatter-Disease. J. Bone Jt Surg. 66-A (1984) 1129–1130
60 Zimmermann, K. G., P. Adolphsen, H. Lenz, W. Siegenthaler: Alkaptonurie und Ochronose. Dtsch. med. Wschr. 97 (1972) 242–244

Patella

Norm

Im Wachstum

Die **Ossifikation** der Kniescheibe beginnt meist multizentrisch im 3. Lebensjahr (Abb. 7.**99a** u. **b** und 7.**100**). Bei etwa sieben- bis elfjährigen Kindern sind **isolierte Kerne** am distalen Pol der Patella häufig (Abb. 7.**101**). Seltener finden sich die Kerne in Scheibenform vor der unteren Vorderfläche der Patella (Abb. 7.**102**) und in Schalenform am proximalen Kniescheibenrand (Abb. 7.**103a** u. **b**) (s. auch 14). Die Knochenentwicklung verläuft, besonders zwischen dem 3. und 6. Lebensjahr, bei Mädchen und Jungen sehr unterschiedlich (32, 33). Hervorzuheben ist, daß eine gelenkmausähnliche Apophyse an der dem Femur zugewandten (Dorsal-)Seite der Patella vorkommt (14) und mit einer Sinding-Larsenschen Erkrankung wie mit einer Osteochondrosis dissecans der Patella verwechselt werden kann (s. Abschnitt „Verletzungsfolgen und Nekrosen“).

Beim Erwachsenen

Bei 50% der Aufnahmen im **a.-p. Strahlengang** projiziert sich der distale Patellapol auf den Gelenkspalt.

Die Aufnahme der Kniescheibe im **axialen Strahlengang** erfolgt entweder in Bauchlage bei extremer Beugung des vom Patienten gehaltenen Unterschenkels oder in der für den Untersuchten bequemeren Rückenlagen, z.B. bei den sog. **Défilé-Aufnahmen** (21), für die allerdings zur Knorpeldar-

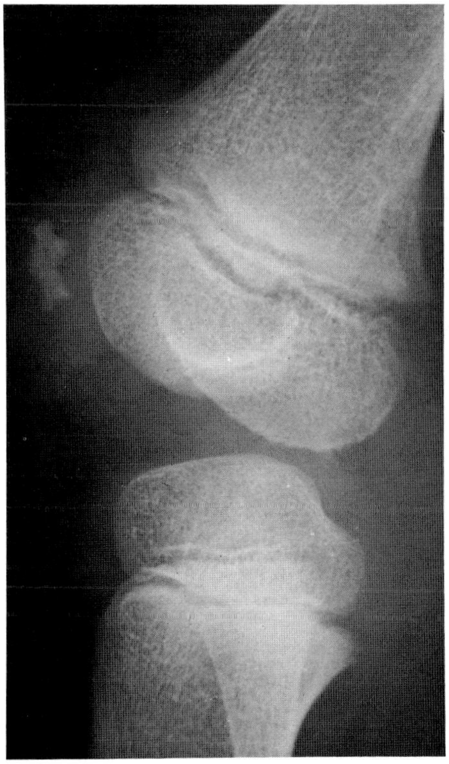

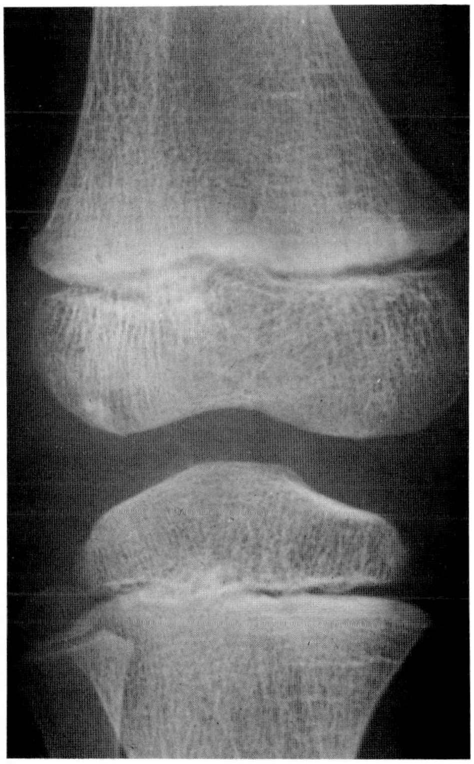

Abb. 7.**99a** u. **b** Kniegelenk bei einem 7jährigen Jungen mit typisch körniger Struktur der Patella

a b

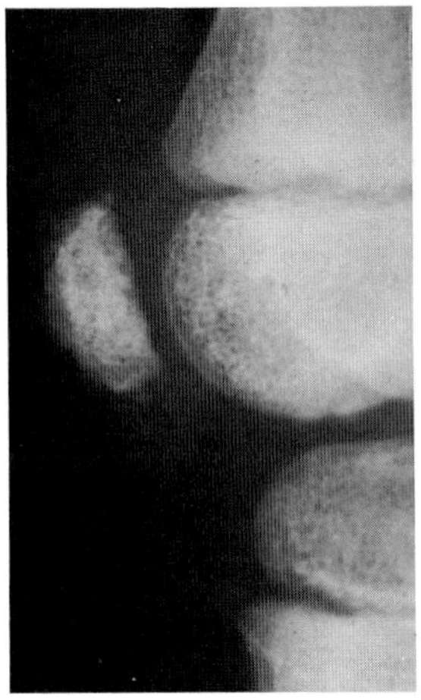

Abb. 7.**100** Kniegelenk bei einem 6jährigen Jungen mit körniger Struktur durch verschiedene, kleine Ossifikationszentren

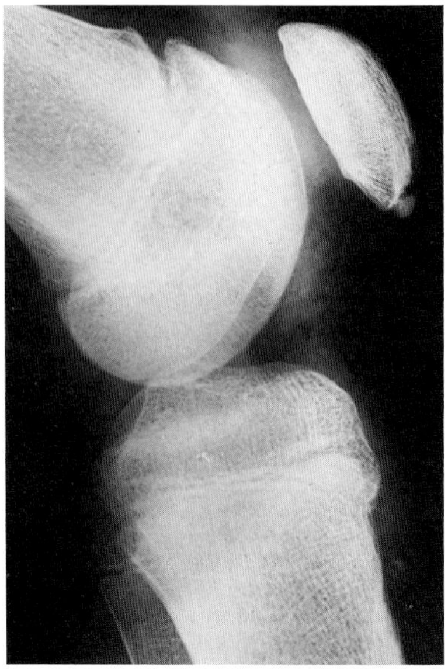

Abb. 7.**101** Kniegelenk bei einem 10jährigen Jungen mit kleinem Spitzenkern an der Patella und mit beginnender Ossifikation der Tibiaapophyse

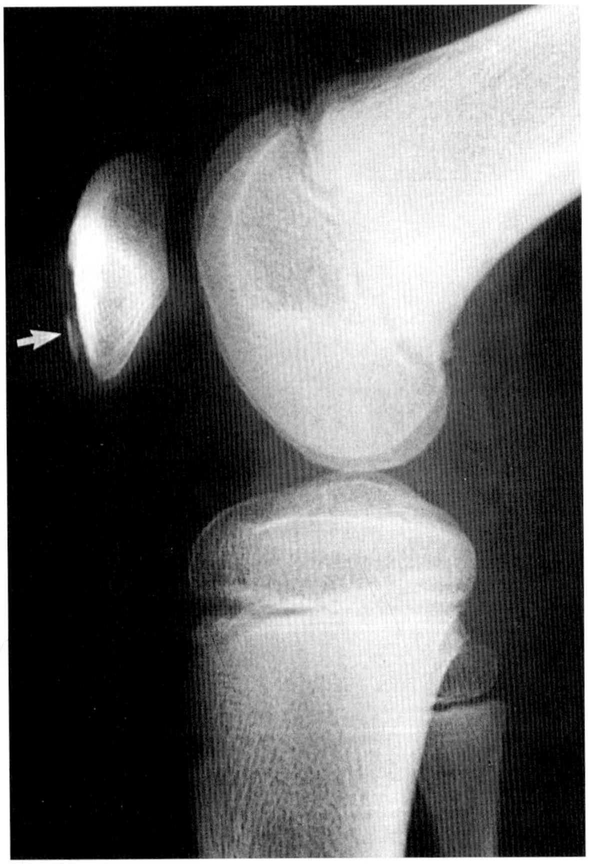

Abb. 7.**102** Schalenförmiger Knochenkern vor der distalen Vorderfläche der Patella

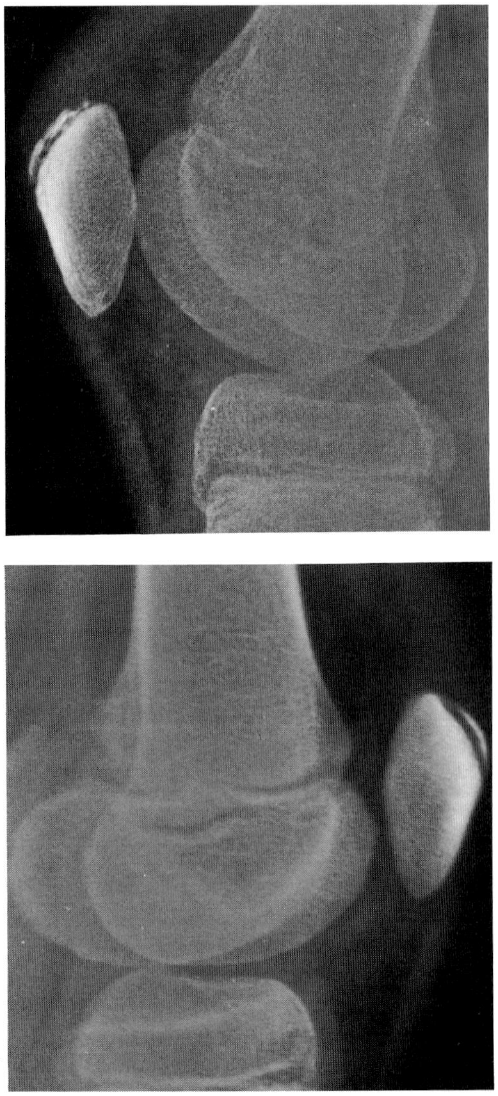

a

b

Abb. 7.**103 a** u. **b** Schalenförmige Ossifikationskerne beiderseits am proximalen Teil der Patellavorderfläche ▷

stellung Kontrastmittel injiziert wird. In dieser Projektion werden Vorder- und Hinter-(Gelenk-)fläche der Patella sichtbar. Vorn findet man gelegentlich Rinnen in der Struktur (Abb. 7.**104**). Hinten stellte sich die Gelenkkontur bei Jugendlichen manchmal unregelmäßig dar (Abb. 7.**105**).

In der axialen Projektion sind weiterhin die Form der im a.-p. Strahlengang verdeckten Kniescheibe und ihre Gelenkanteile zu den beiden Kondylen zu beurteilen. Dabei ist zu berücksichtigen, daß die hintere Knochengrenzlamelle der Patella mit der Form des Knorpelbelages oft nicht kongruent ist und daß die *Konfiguration der Patella im Querdurchmesser* nur jeweils bei einer bestimmten Kniebeugung wiedergegeben wird. Diese Form der Patella mit mehr oder minder ausgeprägtem medialem, mit dem Condylus medialis artikulierendem Teil gab Anlaß zur Einteilung von Typen, die zunächst auf den Angaben Wibergs (95) fußten und später modifiziert wurden (2, 5, 70). Man glaubte bei minder entwikkeltem, medialem Anteil der Patella an ein prädisponierendes Moment für eine Arthrose infolge geänderter, interartikulärer Druckverhältnisse. Inzwischen ist durch arthrographische (70) und computertomographische Untersuchungen (8) mit Darstellung von Knochen und Knorpel sowie durch autopische Beobachtungen (61) nicht nur das Ausmaß der formellen Inkongruenz von gelenkbildendem Knorpel und nach der Nativaufnahme allein sichtbarem Knochen festgestellt, sondern auch, daß keine Zusammenhänge zwischen der knöchernen Patellaform und einer Arthrose im Femoropatellargelenk besteht. Die Patellaformen (Abb. 7.**106a–g**) sind sämtlich als **Spielarten des Normalen** zu betrachten (18[1], 8). Ob der Ausbildung der im Gelenk korrespondierenden, medialen Femurwalze (Abb. 7.**107a–d**) klinische Bedeutung zukommt, ist unter diesen Umständen auch nicht erwiesen.

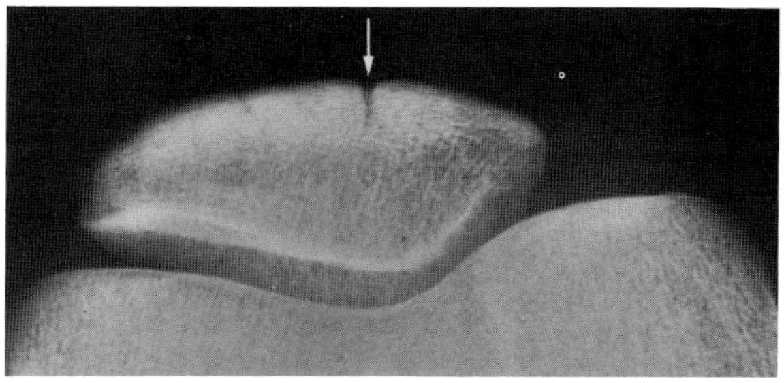

Abb. 7.**104** Typische Spalten an der Vorderwand der Kniescheibe bei einem 18jährigen

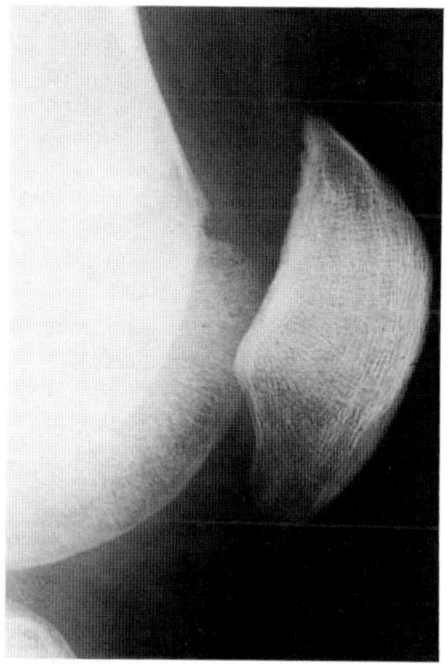

Abb. 7.**105** Wellige Begrenzung der Dorsalkante der Kniescheibe eines 12jährigen Mädchens. Normaler Befund

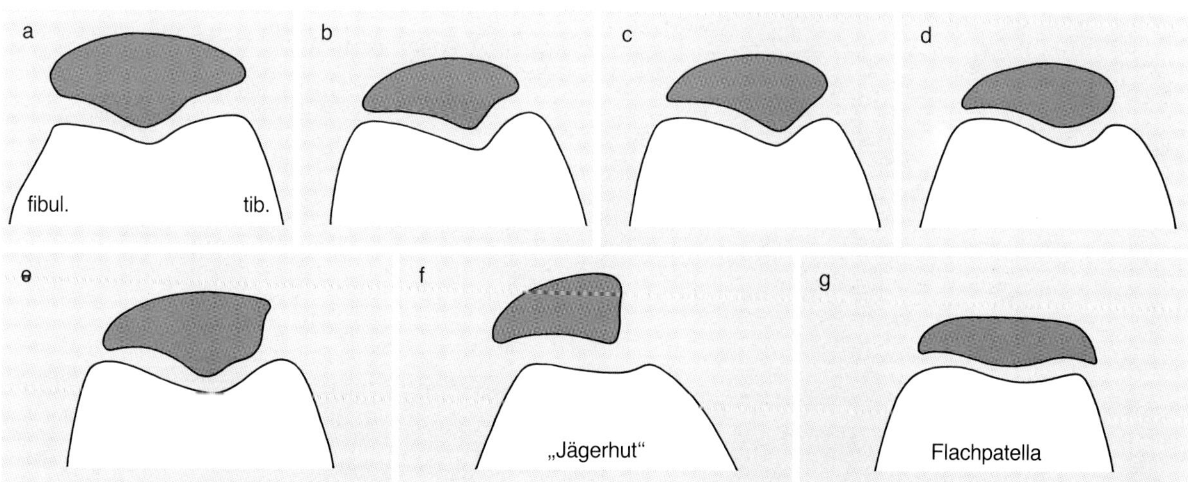

Abb. 7.**106a–g** Knöcherne Kniescheibenformen auf der Patellaaxialaufnahme (rechtes Bein) (nach Wiberg, Baumgartl, Rau u. Mitarb.)

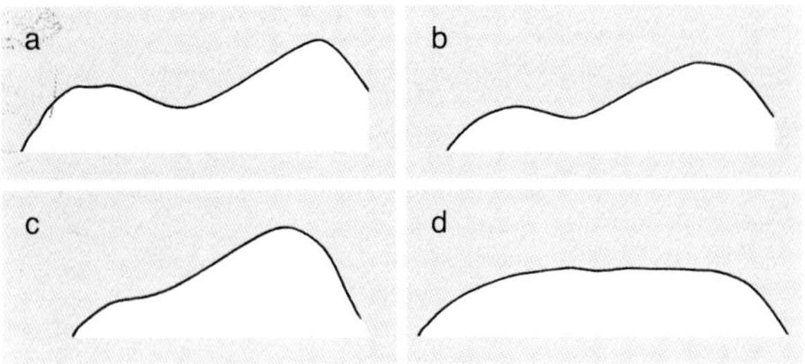

Abb. 7.**107 a–d** Formvarianten der Femurtrochlea (nach Gschwend u. Bischofsberger)
a Normal
b Hypoplasie der medialen Erhebung
c Aplasie der medialen Erhebung
d Völlig abgeflacht, im Extremfall konvexe Femurtrochlea

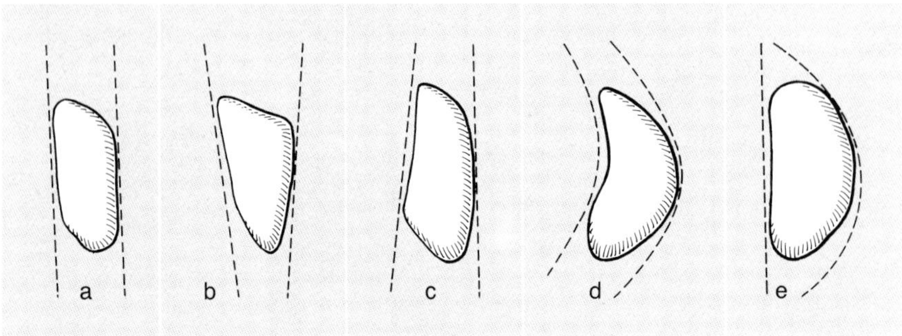

Abb. 7.**108 a–e** Grundtypen möglicher Patellaformen im Profil (nach Hepp)

Im Profilbild zeigt sich nach Pauszeichnungen von radiologischen Darstellungen die Vielfalt in **Form und Größe der Patella im Längsdurchmesser**, wobei sich fünf Grundtypen differenzieren lassen (Abb. 7.**108a–e**). Der Diagonaldurchmesser beträgt 40–55 mm bei Männern, 35–50 mm bei Frauen (34).

Zur Bestimmung der **normalen Höhenlage** der Patella mißt man nach der Profilaufnahme in einer Toleranzbreite von 20 bis 70 Grad Kniegelenkbeugung den Diameter der Patella (LP) und setzt die Länge dieser Strecke in Relation zur Distanz zwischen distalem Kniescheibenpol und Tuberositas tibiae (LT). Der normale Quotient LT/LP beträgt 0,8 bis 1,2 (39).

Ein noch einfacher zu bestimmendes Maß setzt die Länge der Patellagleitfläche (T) in Beziehung zur Distanz ihres unteren Grenzpunktes zum kürzesten Abstand vom vorderen Tibiakopfplateau (P). Der Index T/P beträgt normalerweise 0,89 ± 0,13 (13).

Die nahe Beziehung der Patella- zur Kondylendysplasie gab Veranlassung, im axialen Strahlengang die Tiefe der Area intercondylaris durch einen Winkel zu erfassen, den die aus der Mitte der Area an die am weitesten vorstehenden Punkte der Kondylen gelegten Tangenten bilden. Dieser Sulkuswinkel (11) ist um so kleiner, je stärker die Kondylen vorspringen und damit kräftiger ausgebildet sind. Je kleiner dieser Winkel ist, als desto länger hat sich die zugehörige Patella erwiesen (38) (Abb. 7.**109a** u. **b**).

Normalerweise rotiert die Patella bei Beugung des Kniegelenkes von 90 Grad um 45 bis 60 Grad nach medial (Tangentialaufnahme [35]).

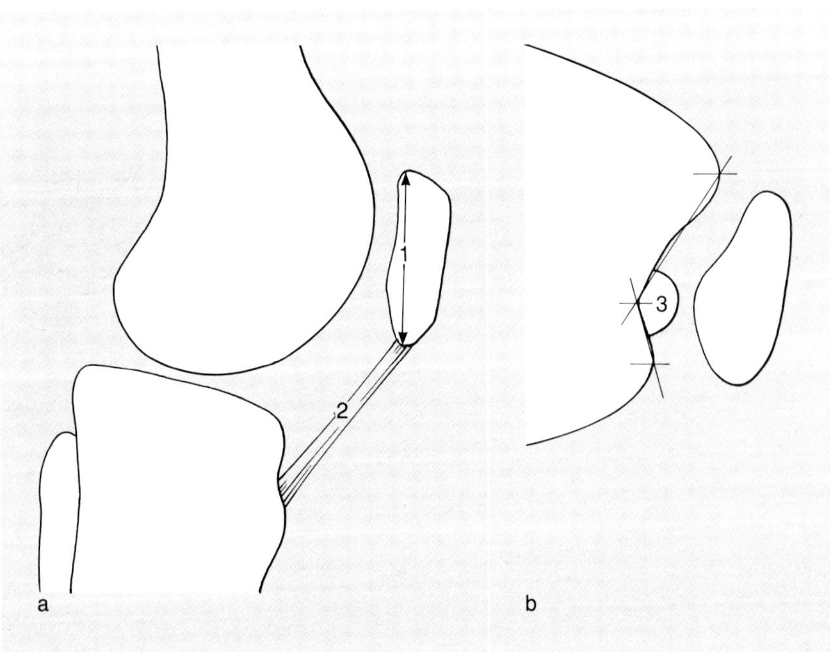

Abb. 7.**109 a** u. **b**
a Längster Kniescheibendurchmesser (1) und Länge des Lig. popliteum (2) (nach Insall und Salvati)
b Sulkuswinkel (3)

Varianten

Kommaförmige Exostosen in der Mitte der Vorderfläche an der Einlagerungsstelle des Lig. patellae (Abb. 7.**110a** u. **b**) ähneln schalenförmigen bzw. spornartigen Auflagerungen, wie sie bei Jugendlichen nach Verschmelzung von Nebenkernen mit dem Hauptkörper der Patella zu beobachten sind (Abb. 7.**111a** u. **b**).

Der **dorsale Patellardefekt**, unter Annahme unterschiedlicher Entstehungsweisen (58, 71, 72), bei Jugendlichen beschrieben, entspricht einer typischen Knochenbildungsstörung, die sich in einem ein- oder (meistens) doppelseitigen Defekt an der Hinterfläche der Patella manifestiert, keinen Krankheitswert besitzt und meist spontan verschwindet. Die kreisrunde Mulde ist bei im allgemeinen kontaktem Knorpel mit fibrösem und anscheinend auch einmal liegengebliebenem Knorpelmaterial ausgefüllt (24, 31, 43, 59), s. auch entsprechende Ergebnisse computertomographisch-arthrographischer Untersuchungen (52).

Auch in der Mitte der Gelenkfläche der Patella ist beiderseits eine zum Femur hin gerichtete **Exostose** beschrieben (57). Der auf Abb. 7.**112a** wiedergegebene Befund entspricht zwar diesem Aspekt, doch sieht man auf Abb. 7.**112b**, daß sich der entsprechende Knochensporn nicht in der Mitte der Patella, sondern an der medialen Seite der Patellagelenkfläche befindet.

Die **Haglundsche Delle** besteht in einer leichten Exkavation der Kniescheibenrückfläche mit erheblich verdicktem Knorpel darüber (Abb. 7.**113**).

Unterbleibt die vollständige Verschmelzung der patellaren Knochenzentren, kommt es nach Wachstumsabschluß zur **Patella bi-, tri- und multipartita**. Die Separationen erfolgen meist im lateralen, proximalen Patellaquadranten und sind – eine Erleichterung zur Abgrenzung gegen Frakturen – oft beidseits symmetrisch ausgebildet (Abb. 7.**114a** u. **b**). In ätiologisch zweifelhaften Fällen empfiehlt sich zur deutlicheren Darstellung des in der a.-p. Aufnahme verdeckten Spaltes die Abbildung im axialen

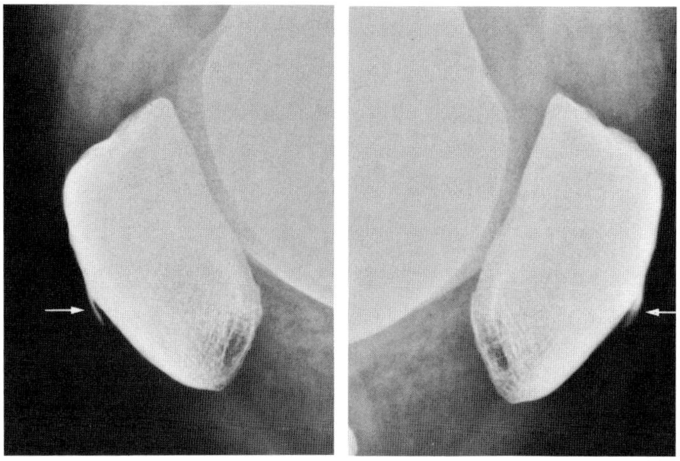
a b

Abb. 7.**110 a** u. **b** Kommaförmige Exostose beiderseits in der Mitte der Patellavorderfläche bei 51jährigem Mann

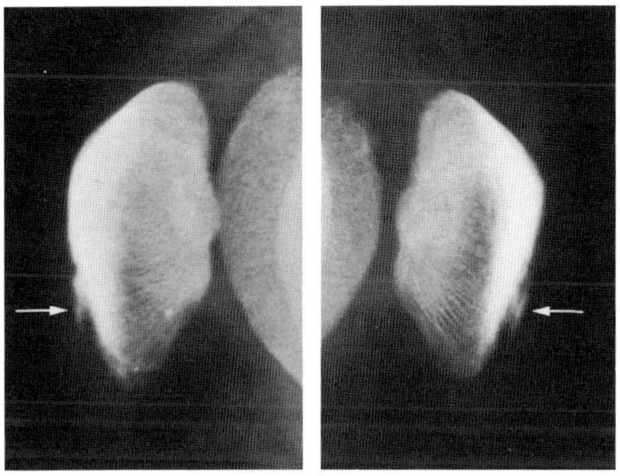
a b

Abb. 7.**111 a** u. **b** Schalenförmige bzw. spornähnliche Auflagerungen an den Vorderflächen beider Patellae bei einer 13jährigen

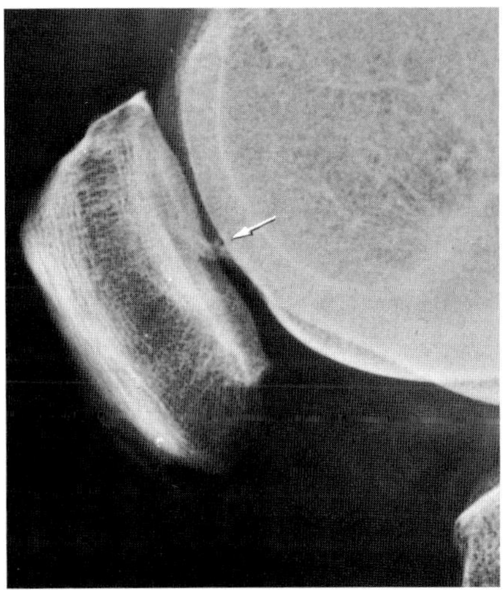
a

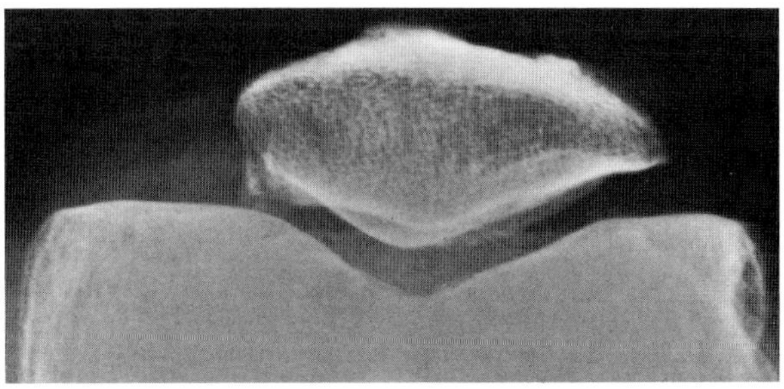
b

Abb. 7.**112 a** u. **b**
a Exostose in Projektion mit der Mitte der Gelenkfläche der Patella, gegen das Femur gerichtet
b Die Exostose liegt am medialen Rand der Patella

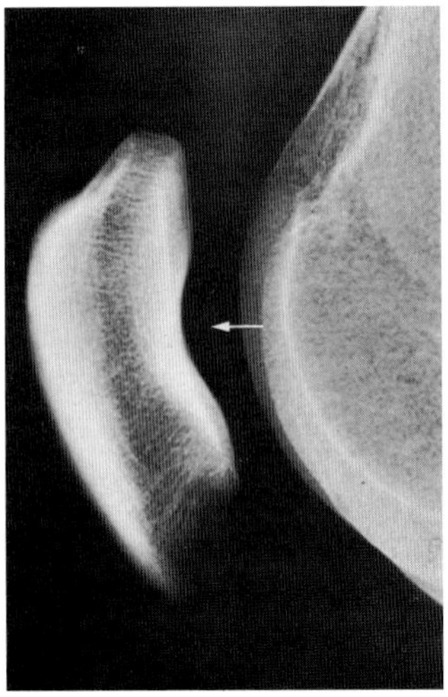

Abb. 7.**113** Bilaterale, tiefe, muldenförmige Einbuchtung in der Gelenkfläche bei einem 18jährigen (Haglundsche Delle)

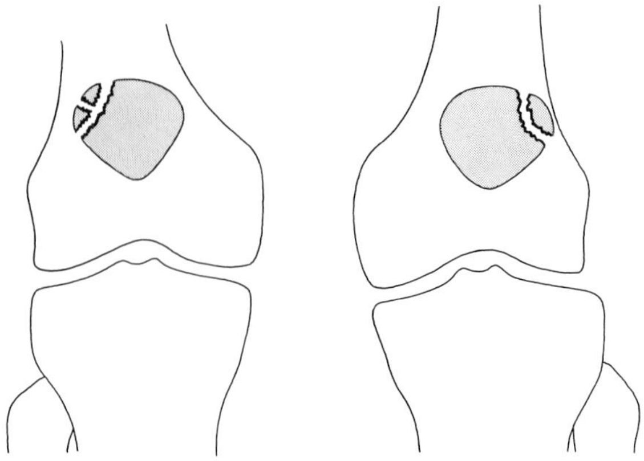

Abb. 7.**114 a** u. **b** Patella partita

Strahlengang (Abb. 7.**115a**), im a.-p. Strahlengang unter leichter Außendrehung (Abb. 7.**115b**) oder die Tomographie. Bei der geteilten Patella ist der persistierende Knochenkern kleiner, größer oder anders geformt als ein abgesprengtes Fragment, das in Form und Größe dem Defekt der Patella entspricht, also in die Lücke paßt (18[2]).

Besonders schwierig wird die **Differentialdiagnose** zum Trauma bei klinischem Hinweis (Schmerz), aber radiologischem Befund, der für eine Patella partita spricht (65). Bei vorher bestehender Partition kann immerhin der isolierte Knochenkern frisch ausgerissen sein (96). Weiterhin ist an eine traumatische Vorschädigung mit pseudarthrotischer Heilung zu denken. Schließlich kann ein revaskularisierter, ehemals nekrotischer Kern der Patella persistieren.

Abspaltungen an der medialen Kante sind wesentlich seltener und oft schwer von kalzi- oder ossifizierenden Appositionen zu unterscheiden (Abb. 7.**116**).

Eine **Patella emarginata** läßt die Abb. 7.**116** erkennen.

Auch die Abgrenzung einer **Patella duplex** (28) gegen jahrelang zurückliegende Verletzungsfolgen kann schwierig sein, wenngleich die Teilung in eine vordere und eine hintere Hälfte bzw. vordere und hintere Teile weit eher als Fehlbildung denn als Folge einer ganz ungewöhnlichen Fraktur aufzufassen ist (Abb. 7.**117a** u. **b** und 7.**118a** u. **b**). Bei Querteilung ist die Unterscheidung von einem Zustand nach alter Fraktur mit weit klaffenden Fragmenten wesentlich schwieriger; die Annahme einer Anomalie ist dann nur erlaubt, wenn Klinik und Anamnese für ein schweres Trauma negativ sind (Abb. 7.**119**). Eine solche Teilung ist auch bei der zerebral-spastischen Parese („Morbus Little") festgestellt (74).

Die **Chondrodysplasia punctata** (Synonymon u.a. „stippled epiphysis") ist an der Kniescheibe durch spritzerartige Verkalkungen im Neugebore-

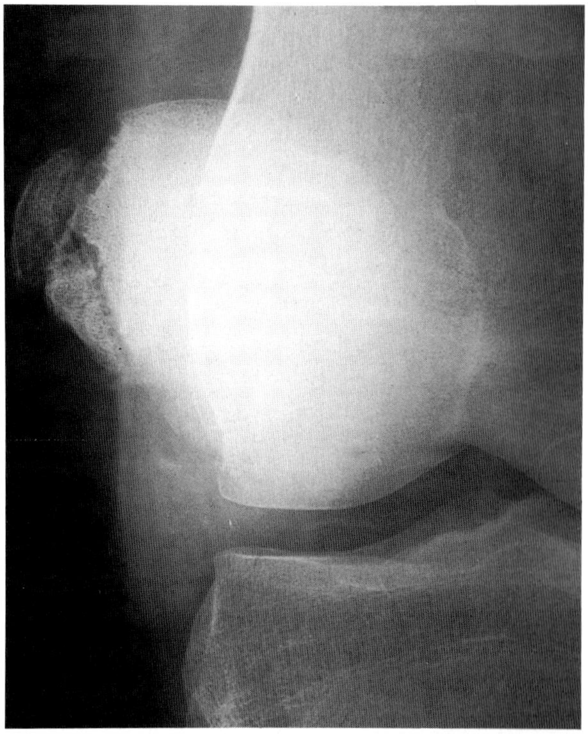

a

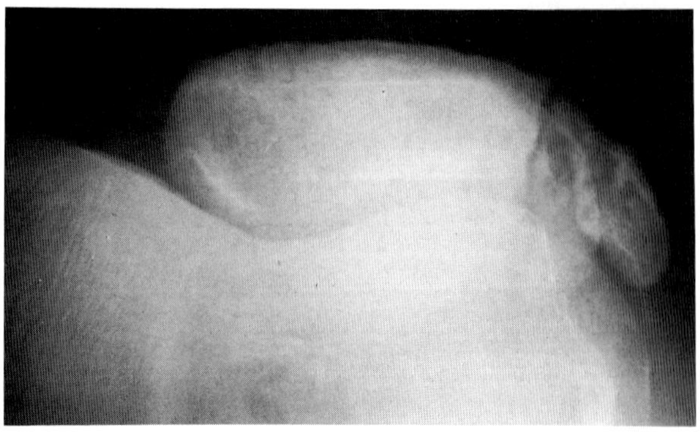

b

Abb. 7.**115 a** u. **b** Patella partita
a Axiales Bild
b Spezialaufnahme nach Kuchendorf

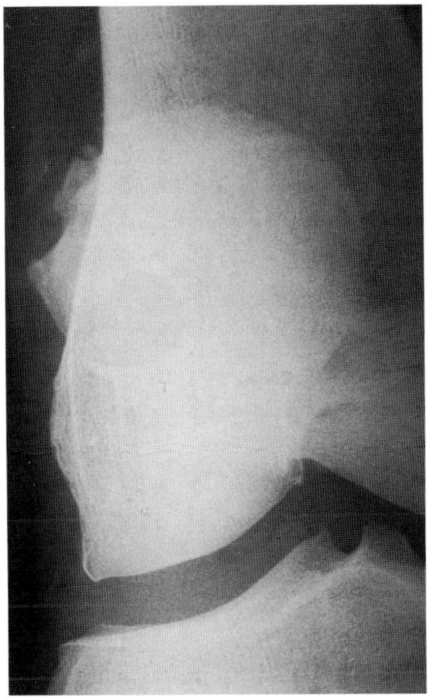

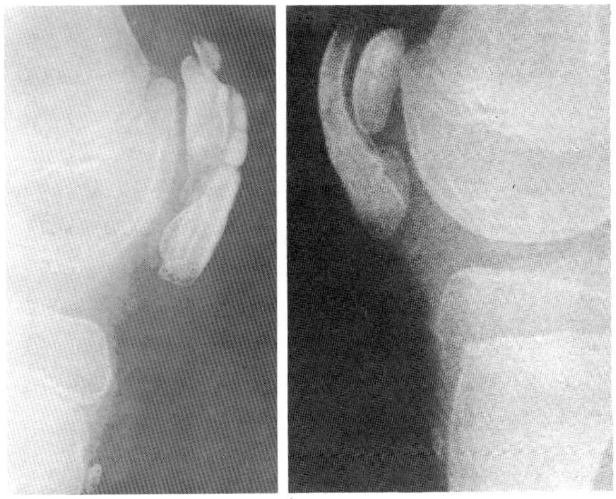

a b

Abb. 7.**117 a** u. **b** Patella partita mit typischer Aufspaltung in vordere und hintere Teile

◁ Abb. 7.**116** Patella emarginata

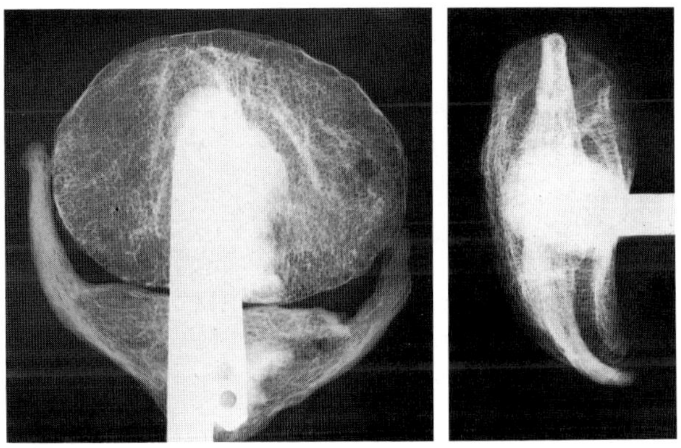

a b

Abb. 7.**118 a** u. **b** Röntgenaufnahme des Präparates einer Patella partita in zwei Ebenen

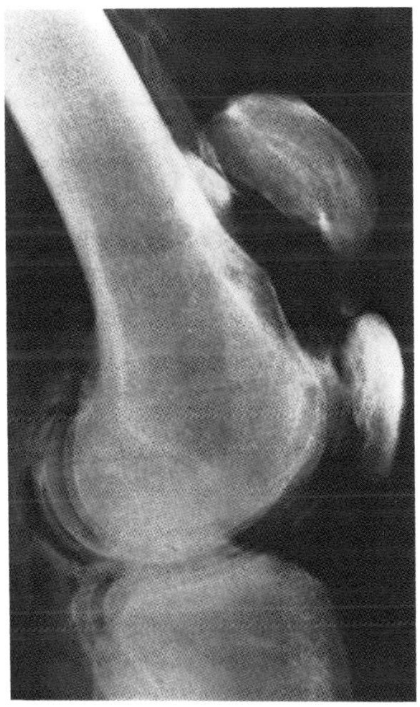

Abb. 7.**119** Patella duplex unilateralis congenita im Arthrogramm (Beobachtung von Swaton u. Huber)

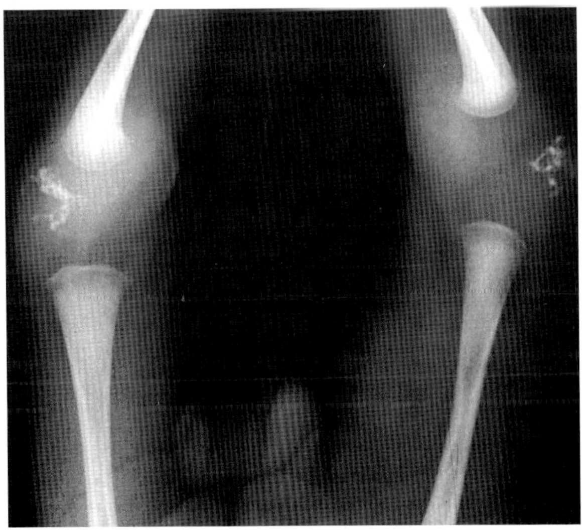

◁ Abb. 7.**120** Chondrodysplasia punctata („stippled epiphyses") beider Patellae nenalter gekennzeichnet (Abb. 7.**120**). Sie können zugleich an vielen anderen Skelettstellen vorkommen und oft mit Organmißbildungen kombiniert sein. Sie verschwinden beim überlebenden Kind in den ersten Lebensjahren (88[5] u. a.).

Anomalien

Aplasien, Hypo- und Dysplasien der Patella sind bei folgenden Mißbildungen häufig:

- *Osteoonychodysplasie* (Nagel-Patella-Syndrom) (u. a. mit Iliakalhörnern, Radiusköpfchenluxation und Fingernageldysplasien) (63, 75, 89, 90).
- *Zerebrohepatorenales Syndrom* (Zellweger) (u. a. Knorpelverkalkungen der Patella, der Hüftpfanne und des Zungenbeins) (10, 69, 88[2]).
- *Popliteal-Pterygium-Syndrom* (Pterygium der Kniekehle, verschiedenste Knochenmißbildungen, besonders an Händen und Füßen) (15, 20, 46, 47, 88[3]).
- *Vogelkopf-Zwergwuchs* (81) (Patellaaplasie u.v.a. Mißbildungen des Skeletts (81, 88[4]).

Bei **Defektanomalien des Oberschenkels** fehlt auch im allgemeinen die Patella.

Dystopien der Patella sind nach proximal (Patella alta), distal (Patella profunda oder baja) oder nach lateral bekannt. Sie bestehen entweder dauernd oder treten gewohnheitsmäßig (habituell) beziehungsweise rezidivierend auf.

Der **Hoch- und Tiefstand** der Patella läßt sich nach den im Abschnitt über die Norm angegebenen Maßen (s. Abb. 7.**109a** u. **b**) feststellen.

Die **Patella alta** gilt als stark prädisponierendes Moment für eine Femoropatellararthrose (25) und ist bei Frauen häufiger als bei Männern. Wenn Zeichen von Verknöcherungsstörungen im Sinne eines „Morbus Osgood-Schlatter" an der Tibia (s. unten) vorliegen, nimmt der Grad des Patellahochstandes im Durchschnitt zu, bei Jungen deutlicher als bei Mädchen (41). **Doppelseitigkeit** ist häufig. Bei der **zerebral-spastischen Parese** (perinatalem Zwergwuchs, frühere Bezeichnung „Littlesche Krankheit") ist die Patella beiderseits um mehrere Zentimeter nach proximal verlagert.

Der *einseitige* Hochstand der Patella erfolgt meist durch traumatische oder erworbene krankhafte Veränderungen wie nach Rupturen des Lig. patellae, Femurosteomyelitis, poliomyelitischer Lähmung und septischer Knochennekrose der Tibiaapophyse (18[3]).

Die **Patella profunda** (baja) tritt, angeboren oder erworben, meist als Folge einer Lähmung des M. quadriceps oder einer Ruptur der Rektussehne auf. Die tiefstehende Patella, in Kontakt mit dem Tibiakopf, wurde auch als Begleitsymptom der **Akroosteolyse** und von **enchondralen Ossifikationsstörungen** bei zwei Patienten beobachtet (80).

Die **Dystopie nach lateral**, meist einhergehend mit einer Unterentwicklung des Condylus lateralis (femorolaterale Dysplasie), X-Beinstellung wie auch kleiner, rundlicher Patella mit verstrichener Gleitrinne zwischen der medialen und lateralen Gelenkfazette, aber plump aufgetrieben anmutendem medialem Rand und konvexer Kontur der Facies articularis medialis (12), kann mit **angeborener Patellaluxation** einhergehen, aber auch leicht zur habituellen Lateralluxation führen. Im englischen Sprachgebrauch benutzt man den Ausdruck „slipping patella". Eine Torsionsdeformität mit vor allem vermehrter Innendrehung des distalen Femurendes scheint ursächlich eine Rolle zu spielen.

Habituelle und rezidivierende Patellaluxationen werden durch ein vorangegangenes Trauma begünstigt; andererseits können die Formfehler die traumatische Luxation erleichtern (18[3]). Patellaluxationen bei bestehenden Dysplasien an den kniegelenkbildenden Knochen können zu Schwierigkeiten in der Begutachtung führen. Die mehr oder minder große Gewalteinwirkung mag dann allein die Entscheidung der anzuerkennenden Verletzung erleichtern (53). Subluxationen der Kniescheibe nach lateral lassen sich auch in der Profilaufnahme nachweisen, wenn die sonst nicht sichtbare laterale Patellakontur die sehr markante Sklerosalinie, die durch die hintere Kniescheibenspitze normalerweise gebildet wird, überragt (54). Über „angeborene Kniegelenkverrenkung" s. vorherigen Abschnitt „Kniegelenkspalt".

Verletzungsfolgen und Nekrosen

Patellafrakturen beim Säugling und in einem **Kindesalter**, in dem der Knochenkern der Kniescheibe nicht sichtbar ist, lassen sich nur durch Weichteilzeichen (s. Abschnitt „Kniegelenkspalt") mit Wahrscheinlichkeit vermuten. Sie erfolgen nach direkter Gewalteinwirkung auf die Patella (86). Typisch sind formell bei Kindern auch Ausrißfrakturen, die bei Nichtbehandlung zu Patellanekrosen führen können (40) (Abb. 7.**121a** u. **b**).

Horizontale Rotationsluxationen seien der Vollständigkeit halber erwähnt, gehören jedoch wegen der Eindeutigkeit des pathologischen Befundes nicht in den Themenkreis dieses Buches.

Die verschiedenen Formen von **Frakturen der ausgebildeten Patella** gibt Abb. 7.**122a–f** wieder. Die Frakturen entstehen durch direkte, äußere Gewalteinwirkung, z. B. bei Armaturenbrettverletzungen (dashboard injuries) oder durch indirekte Gewalteinwirkung, z. B. durch plötzliche Quadrizepskontraktur bei gebeugtem Kniegelenk. Man unterscheidet subaponeurotische Frakturen mit intaktem Streckapparat von subkutanen Frakturen mit zerrissenem und insuffizientem Streckapparat (92). Der Abbruch der oberen Kante der Patella erfolgt, da diese nicht im Gelenk liegt, extrakapsulär (79).

Chondrale und osteochondrale Brüche kommen oft vor, ohne von Klinikern und Radiologen entweder überhaupt oder in ihrem Ausmaß erkannt zu werden. Den einzig sichtbaren Befund bietet oftmals eine kleine, schmale, isolierte Knochenschale („flake fracture"). Erst die operative Freilegung kann in solchen Fällen die große Zahl von Fragmenten aufdecken. Im Fall der Abb. 7.**123a** u. **b** war nur ein einziges der Stücke radiologisch (eben) erkennbar (76[3]).

Unregelmäßige Formen und Verdichtungen in der Struktur der Kniescheibe sowie isolierte Ossifikationen um die Patella herum, vorwiegend am oberen und mehr noch am unteren Rand (Abb. 7.**124a** u. **b** und 7.**125a** u. **b**) werden im Wachstumsalter (meist zwischen dem 9. und 15. Lebensjahr) beobachtet. Wenn Schmerzen bestehen, führt dieser seltene Röntgenbefund leicht zur Annahme, eine von Sinding-Larsen und Johannson, unabhängig voneinander in derselben Zeitschrift 1921 beschriebene Krankheit, sei „objektiviert". Es konnte aber nachgewiesen werden, daß diese radiologischen Symptome normalen Ossifikationsstadien der Patellaverknöcherung gleichen. Die Klinik ist für die Annahme eines pathologischen Geschehens, das oft durch eine Überbeanspruchung und Riß der Patellarsehne (14) eintritt, entscheidend (26). Es bestehen hier Analogien zur Schlatterschen Erkrankung am Tibiakopf (s. dort). Meßergebnisse über die Position der Patella bei Kindern (Jungen zu Mädchen = 3:1) mit einem Morbus Osgood-Schlatter sprachen bei Abweichungen im Sinne einer Patella alta für eine wichtige ätiologische Rolle eines Zugmomentes der kräftig entwickelten Quadrizepsmuskulatur auf die hohe Positionierung der Kniescheibe und die Entstehung des Morbus Schlatter (angelsächsische Bezeichnung „traction apophysitis") (29). Die Knochenveränderungen normalisieren sich spontan, eventuell mit zurückbleibender typischer Deformität am distalen Patellarrand (Abb. 7.**126**).

Auch beim Erwachsenen entstehen **Ermüdungsrisse der Quadrizepssehne** mit Deformierungen (meist Elongationen am oberen oder unteren Patellapol, Patella alta, Zähnelungen der vorderen Kontur und Ossikeln in der Patellasehne bzw. nahe dem

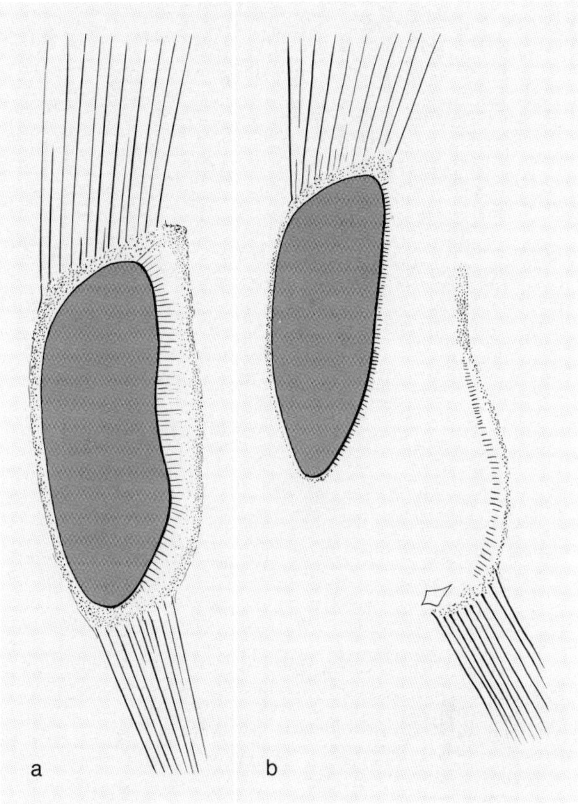

Abb. 7.**121 a** u. **b**
a Schematische Wiedergabe der knorpeligen Wachstumszone der Patella
b Abrißfraktur mit erheblichem epiphysärem Décollement (nach Jaquemier u. Mitarb.)

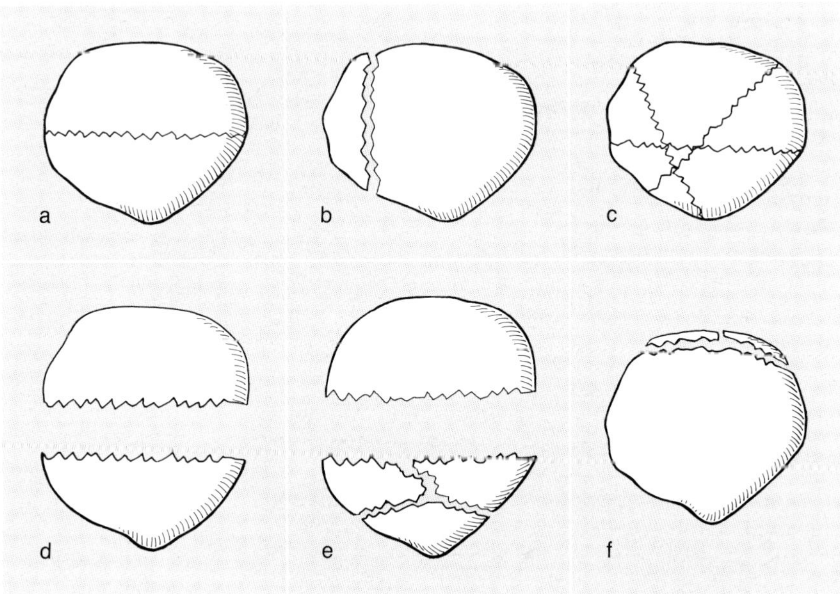

Abb. 7.**122 a–f** Bruchformen der Patella (nach Rogers)
a Transversal
b Vertikal
c Sternförmig
d Transversal und verlagert
e Gesplittert und verlagert
f Abriß des oberen Randes

Absatz des Lig. patellae am Schienbeinkopf). Diese Befunde treten bei Ballspielern, ganz besonders beim Basketball auf („jumper's knee" [45]). Eine plötzlich einsetzende Streßfraktur quer durch die Patella kann bei chronischer Überbeanspruchung erfolgen (17).

Die **Osteochondrosis dissecans** von den bislang beschriebenen Partitionen und Osteochondronekrosen abzugrenzen, ist radiologisch schwierig. Der scharf umschriebene Herd liegt, für die vorgenannten Schädigungen atypisch, für die Osteochondrosis dissecans jedoch charakteristisch, in der Mitte der Gelenkfläche der Patella, wohl an der Konvexität der Kniescheibe zwischen den Kondylen (73) (Abb. 7.**127**). Meist ist die Schädigung auf normalen Übersichtsaufnahmen zu erkennen, doch kann auch computertomographisch die Diagnose erhärtet werden (37).

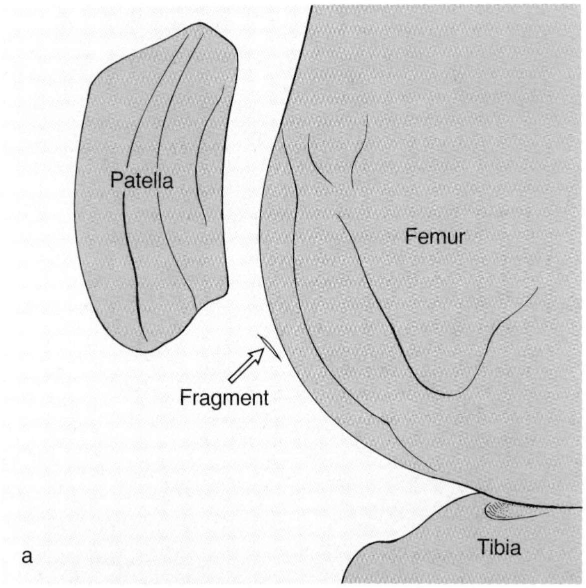

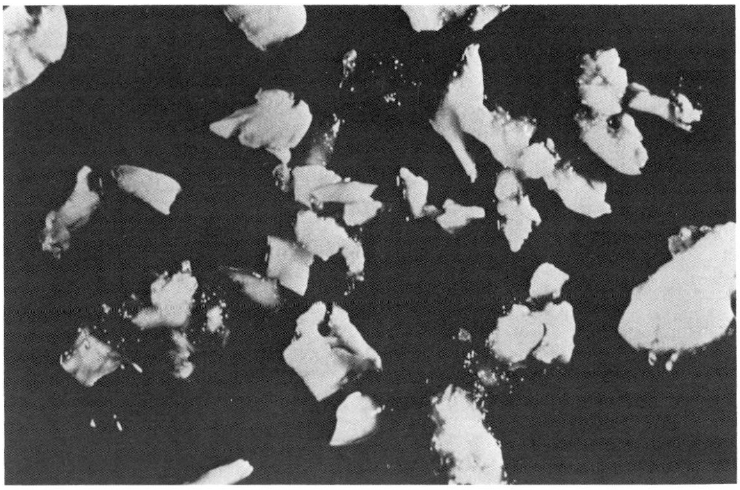

b

Abb. 7.**123 a** u. **b** Osteochondrale Frakturen der medialen Gelenkfazette der Patella und des Condylus lateralis femoris bei einem 20jährigen mit Patellaluxation nach lateral
a Seitenaufnahme: Ein winziges Fragment radiologisch nachweisbar
b Operativ entfernte Unmenge von Trümmerfragmenten (aus Rogers, L. F.: Radiology of Skeletal Trauma. Churchill Livingstone, New York 1982)

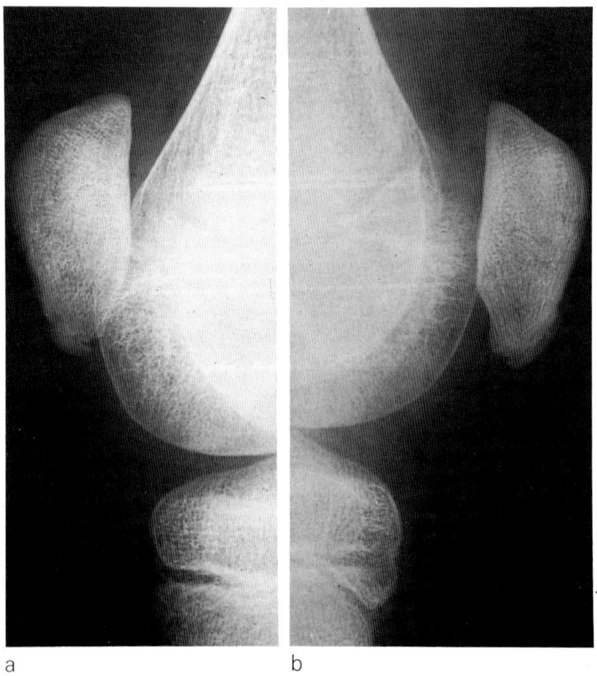

a b

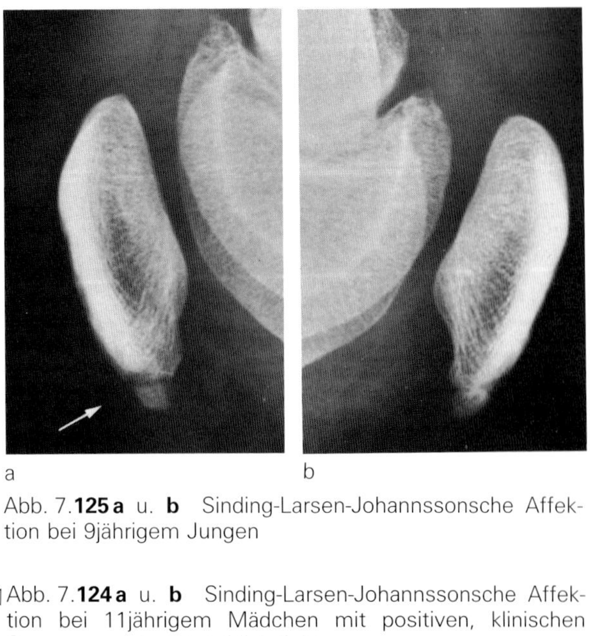

a b

Abb. 7.**125 a** u. **b** Sinding-Larsen-Johannssonsche Affektion bei 9jährigem Jungen

◁ Abb. 7.**124 a** u. **b** Sinding-Larsen-Johannssonsche Affektion bei 11jährigem Mädchen mit positiven, klinischen Symptomen, hauptsächlich links

Abb. 7.**126** Spätbild bei Sinding-Larsen-Johannssonscher Affektion

Abb. 7.**127** 12jähriges Mädchen mit Osteochondrosis dissecans im distalen Teil der Patellagelenkfläche, operativ bestätigt von Madrei, Zug (Beobachtung von Wirth, Zug)

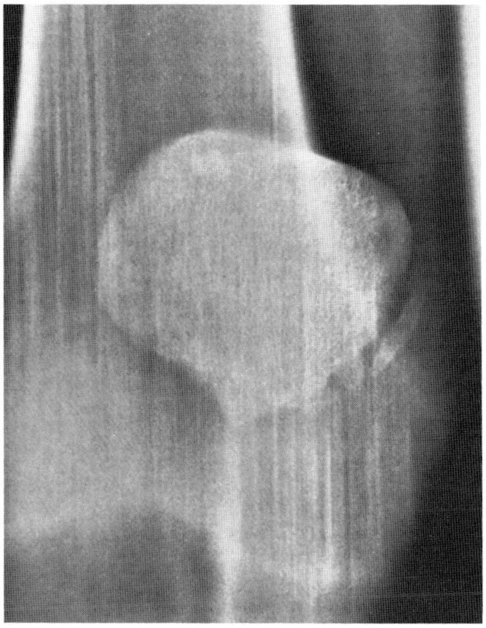

Abb. 7.**126**

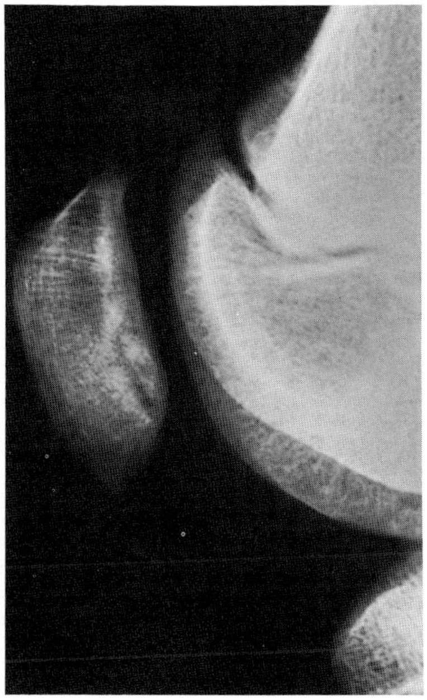

Abb. 7.**127**

Erworbene Erkrankungen

Entzündliche Veränderungen sind auch an der Kniescheibe beschrieben. Über **Osteomyelitiden** wird bei Evans (19), Schäfer (78) und Platzgummer (67) berichtet. Die isolierte **Tuberkulose** der Patella (16) ist selten. Sie findet sich meist bei Kindern (91).

Bei einer **Arthritis** tritt die **fleckige Entkalkung** der Patella im Frühstadium auf. Ein fehlender Erguß (aber Schmerz) läßt an eine **transitorische Osteoporose** (18[4]) bzw. an eine **Algodystrophie** (51) denken.

Das fleckig-scheckige Bild der **Sudeck-Atrophie der Kniescheibe** ist nur nach starker Kontusion zu erwarten (7, 83, 84).

Der **retropatellare Knorpelschaden** kommt häufig vor, verursacht bei radiologisch oft scheinbar unauffälligem Befund – daß die am Ende der Normalbefunde erwähnte Rotation der Patella bei der Chondropathie ausbleibt (35), wird wohl selten beachtet – auch schon bei jungen Menschen – und kann deswegen in mangelnder Kenntnis der Ursache zu nutz- und damit effektlosen Operationen (z. B. Meniskektomien) führen. Da der Knorpel und sein Schaden radiologisch direkt höchstens im Arthrogramm und im Computertomogramm sichtbar werden (52), gilt die Aufmerksamkeit des Radiologen anderen Befunden, die zum Knorpelschaden führen können.

Die Ätiologie der **Chondropathia patellae** (synonym: Chondromalacia patellae, König [48]) ist sehr vielseitig und am besten im Schema der Abb. 7.**128** (56) zu entnehmen, wobei allerdings, wie zuvor ausgeführt, den „Wiberg-Typen“ der Patella heute keine ursächliche Rolle mehr zuerkannt werden kann, während neurogene Quadrizepsimbalanzen, z. B. infolge von lumbalen Nervenwurzelkompressionen, zu Patellafehlrotationen und Fehlbelastungen schon beim jungen Menschen neuerdings als mögliche auslösende Ursache des Knorpelschadens und seiner Folgen diskutiert werden (93). In Betrachtung des in Abb. 7.**123b** gezeigten Befundes leuchtet es ein, daß nicht nur die dauernde Überlastung, sondern auch ein einmaliges Trauma einen Knorpelschaden hervorruft.

Hier ist eine grundsätzliche Betrachtung für alle Knorpelschäden im Kniegelenk wichtig. Abgesehen von der einmaligen, traumatischen Knorpelschädigung kann auch eine leichte Prellung der Kniescheibe den vorher bestehenden Knorpelschaden, der bislang keine Schmerzen erzeugt hatte, aktivieren. Auch verursachen Knorpelverletzungen in einem nicht vorgeschädigten Gelenk pathomorphologische Veränderungen am Gesamtknorpel und damit der Synovia. Kleine Knorpelpartikel und Enzyme aus nekrotischem Knorpeldetritus führen zur *Synovialitis chondrodetritica*. Lysosomale Enzyme der Synovia destruieren den Gelenkknorpel, und zwar besonders dort, wo die Knorpeloberfläche zerstört ist. Hier und bald auch im gesamten Kniegelenk wird der Knochen degenerativ verändert. Der Vorgang dauert etwa drei Monate, bis morphologisch sichtbare Knorpelveränderungen entstehen (65).

Infolge Überlastungsschäden sind „patellofemorale Syndrome“ bei Menschen (36) und vor allem Sportlern die hauptsächliche Ursache chronischer Knieschmerzen (23, 30).

Die infolge des Knorpelschadens schließlich eintretende, degenerative, knöcherne Reaktion, die **Retropatellararthrose**, bietet die typischen Zeichen jedes arthrotischen Knochenschadens: Osteophyten an sämtlichen Rändern der Gelenkfläche, nicht nur der Patella, sondern auch der kondylären Gelenkflächen, Sklerosierung der Knochengrenzlamellen und

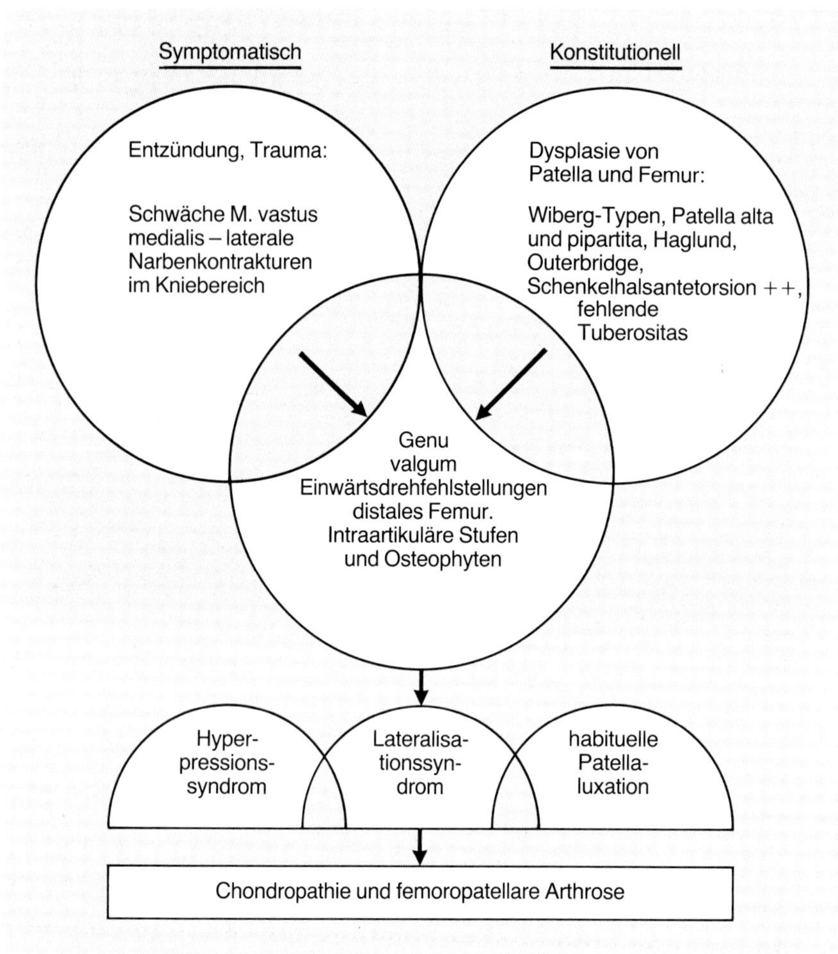

Abb. 7.**128** Zusammenfassendes Schema der Ätiologie der Chondropathia patellae (nach Mau)

Verschmälerung des „radiologischen Gelenkspaltes" (3, 4).

Zystische Prozesse bei Arthrose entstehen wahrscheinlich durch Eindringen von Synovialflüssigkeit durch Knorpeldefekte in den subchondralen Knochen.

Die Femoropatellararthrose kann auch bei Einwirkung einer Hyperlipoproteinämie Typ IV durch **chronischen Alkoholismus** in jungem Lebensalter (20–42 Jahre) auftreten, wobei sogar eine Ankylose zwischen Patella und Condylus femoris medialis beobachtet wurde (87).

Die **juvenile, rheumatoide Arthritis** kann an der Patella (und an der distalen Femurepiphyse) zur zakkigen Begrenzung, zur „Morgensternform" führen. Graduell werden bei dieser Erkrankung radiologisch Osteoporose, Epiphysen- und Patellagleitspalterweiterung, Erosionen, subchondrale Zysten und Gelenkflächendeformierungen unterschieden (66). Eine Wachstumsbeschleunigung durch Arthritiden oder durch rezidivierende Gelenkblutungen bei Hämophilie kann zum Bild der Rechteckpatella führen (Abb. 7.**129a–c**). Eine Größenzunahme der Patella auf 10 cm Durchmesser unter gleichzeitiger, strähniger Sklerosierung und Auflockerung der Struktur ist als atypische Veränderung durch **Ostitis deformans Paget** aufgefaßt worden (77).

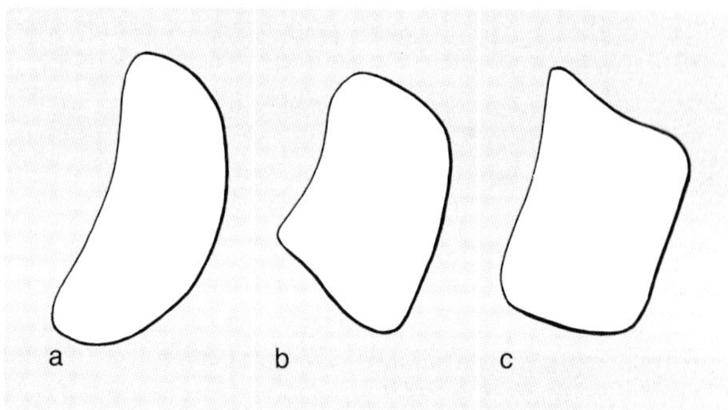

Abb. 7.**129 a–c** Typische, erworbene Patellaformveränderungen (**b** u. **c**) durch Wachstumsaltersarthritis oder durch rezidivierende Gelenkblutungen bei Hämophilie (nach Dihlmann)
a Normaler Röntgenbefund
b u. **c** Rechteckpatella

Enthesopathische Erosionen der Patella und der Tuberositas tibiae sind als Folgen einer jugendlichen ankylosierenden Spondylitis beschrieben, ausgehend von der Bursa infrapatellaris (1).

Fibroostosen der Patella kommen vor allem im Rektussehnenansatz und im Ursprung des Lig. patellae vor (oberer und unterer Patellarsporn). Diffuse Knochenanlagerungen können die Vorderseite der Patella bedecken (Abb. 7.**130**).

Eigentümliche und nahezu pathognomonische Erosionen an der Gelenkfläche der Patella verursacht die **renale Osteodystrophie** (49). Differentialdiagnostisch ist, besonders beim Vorliegen einer Chondrokalzinose, an Tophi einer **Gicht** oder auch **Pseudogicht** zu denken (94).

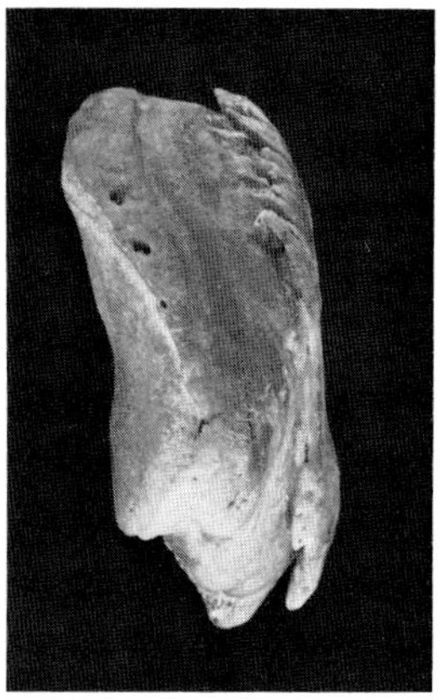

Abb. 7.**130** Typische Knochenauflagerungen an der Patella

Wir haben versucht, besonders kennzeichnende und trotzdem noch möglichst nahe an der Grenze zur Norm stehende Befunde an der Patella zu besprechen und abzubilden. Die verschiedensten Skeletterkrankungen können außerdem die Patella betreffen. Unter anderem werden allein über 20 ätiologisch verschiedene Skelettaffektionen im Schrifttum aufgeführt, die lediglich differentialdiagnostisch zur Signalzyste der Gonarthritis in der Patella zu beachten sind (Reinhardt, zit. nach 18).

Literatur

1 Albert, J., R. Lagier: Enthesopathic erosive lesions of patella and tibial tuberosity in juvenile ankylosing spondylitis. Fortschr. Röntgenstr. 139 (1983) 544–548

2 Andersen, D., F. Baumgartl, H. Gremmel: Die Röntgendiagnostik des Femoropatellargelenkes und ihre klinische Bedeutung. Radiologe 1 (1961) 216–222

3 Arlet, J.: Chondromalacie de la rotule et arthrose femoropatellaire. Rhumatol. 32 (1982) 3683–3694

4 Bandi, W.: Die retropatellaren Kniegelenkschäden und aktuelle Probleme in Chirurgie und Orthopädie. Huber, Bern 1977

5 Baumgartl, F.: Das Kniegelenk. Erkrankungen, Verletzungen und ihre Behandlung mit Hinweisen für die Begutachtung. Springer, Berlin 1964

6 Beck, E.: Knorpelkontusion und Knorpelfraktur als ätiologischer Faktor der Chondropathia patellae und Retropatellararthrose. In Küsswetter, W., A. Reichelt: Der retropatellare Knorpelschaden. Thieme, Stuttgart 1983 (S. 41–44)

7 Blumensaat, C.: Das Röntgenbild der Sudeckschen Krankheit und der Kalk-Stoffwechselstörungen der Kniescheibe. Fortschr. Röntgenstr. 70 (1944) 1–14

8 Boven, F., M. A. Bellemans, J. Geurts, R. Potvliege: A comparative study of the patella-femoral joint on axial roentgenogram, axial arthrogram, and computed tomography following arthrography. Skeletal Radiol. 8 (1982) 179–181

9 van den Broek, Th. A. A., P. J. Moll: Horizontal rotation of the patella. Acta orthop. scand. 56 (1985) 436–438

10 Bowen, P., C. S. N. Lee, H. Zellweger, R. Lindenberg: A family syndrome of multiple congenital defects. Bull. Johns Hopkins Hosp. 114 (1964) 402–408

11 Brattström, H.: The shape of the intercondylar groove normally and in recurrent dislocation of the patella and achondroplasia. Acta orthop. scand., Suppl. 168 (1964)

12 Cabot, J. R.: Luxación congénita de la rótula (Displasia congénita femoro-rótuliana). Rev. Ortop. Traum. Ed. ibér. 5 (1961) 312–341

13 de Carvalho, A., A. H. Andersen, S. Topp, A. G. Jurik: A method for assessing the height of the patella. Intern. Orthop. (SICOT) 9 (1985) 195–197

14 Caffey's Pediatric X-Ray Diagnosis, 8th ed., ed. by F. N. Silverman. Year Book Medical Publishers, London 1984 (fig. 4–144)

15 Champion, R., et al.: Congenital popliteal webbing in siblings. J. Bone Jt Surg. 41-B (1959) 355–357

16 Consolo, C.: La tuberculosi primitiva della rotula. Arch. Ortop. (Milano) 74 (1961) 781–794

17 Dickason, J. M., J. M. Fox: Fracture of the patella due to overuse syndrome in a child. A case report. Amer. J. Sports Med. 10 (1982) 148–149

18 Dihlmann, W.: Gelenke – Wirbelverbindungen, 2. Aufl. Thieme, Stuttgart 1982 ([1]Abb. 394; [2]S. 324–325; [3]S. 329; [4]Abb. 401; [5]Abb. 416; [6]S. 342)

19 Evans, D. K.: Osteomyelitis of the patella. J. Bone Jt Surg. 44-B (1962) 319–323

20 Fevre, M.: Le quadruple syndrome. Z. Kinderch. 11 (1972) 250–253

21 Ficat, P.: Pathologie fémoro-patellaire. Masson, Paris 1970

22 Fuchs, R., D. Wahl: Beitrag zur Diagnose pseudozystischer Aufhellungen der Patella. Fortschr. Röntgenstr. 115 (1971) 320–325

23 Garrick, J. G.: The athlets ankle and other injuries. Emerg. Med. 15 (1982) 178–209

24 Goergen, Th. G., D. Resnick, G. Greenway, S. L. Saltzstein: Dorsal defect of the patella: a characteristic radiographic lesion. Radiology 130 (1979) 333

25 Greinemann, H.: Zur Bestimmung der vertikalen Kniescheibenposition. Unfallheilkunde 86 (1983) 110–115

26 Gschwend, N., R. Bischofsberger: Die Chondropathia patellae. Praxis 60 (1971) 562–566

27 v. Gumppenberg, St., R. P. Jacob, P. Engelhardt: Beeinflußt der M. Osgood-Schlatter die Position der Patella? Z. Orthop. 122 (1984) 798–802

28 Haenisch, F.: Seltene Fälle: a) Polypöser Magentumor. b) Arthropathia deformans der Wirbelquerfortsatz-Rippengelenke. c) Arthritis deformans dissecans des Hüftgelenkes. d) Verdoppelung der Patella in sagittaler Richtung. Fortschr. Röntgenstr. 33 (1925) 676–679

29 Hanspal, R. S.: Superior dislocation of the patella. Injury 16 (1985) 487–488

30 Harvey, J. S.: Overuse syndromes in young athletes. Pediatr. Clin. North America 29 (1982) 1369–1381

31 Haswell, D. M., A. S. Berne, C. B. Graham: The dorsal defect of the patella. Paediat. Radiol. 4 (1976) 238–242

32 Hellmer, H.: Röntgenologische Beobachtungen über die Ossifikation der Patella. Acta radiol. (Stockh.), Suppl. 27 (1935)

33 Hellmer, H.: Bestimmung des Geschlechtes auf Grund der Ossifikation der Kniescheibe. Acta radiol. (Stockh.) 22 (1941) 602–603

34 Hepp, W. R.: Die Dysplasie des Femoro-Patellargelenkes als präarthrotische Deformität. In Küsswetter, H., M. Reiser: Der retropatellare Knorpelschaden. Thieme, Stuttgart 1983 (S. 45–50)

35 Hille, E., K.-P. Schultz: Rotational instability of the patella on radiographic images. Arch. Orthop. Traumat. Surg. 104 (1985) 74–77
36 Hohmeister, R.: Der retropatellare Knieschmerz und die Chondropathia patellae. Fortschr. Med. 100 (1982) 1033–1040
37 Howie, J. L.: Computed tomography in osteochondritis dissecans of the patella. J. Canad. Ass. Radiol. 36 (1985) 197–199
38 Hvid, I., L. I. Andersen, H. Schmidt: Patellar height and femoral trochlear development. Acta orthop. scand. 54 (1983) 91–93
39 Insall, J., E. Salvati: Patella position in the normal knee joint. Radiology 101 (1971) 101–104
40 Jaquemier, M., P. Chrestian, J. M. Guys, C. Mailaender, P. Billet, J. M. Bouyala: Les fractures de la rotule de l'enfant. Chir. Pédiat. 24 (1958) 201–204
41 Jakob, R. P., S. v. Gumppenberg, P. Engelhardt: Does Osgood-Schlatter-Disease influence the position of the patella? J. Bone Jt Surg. 63-B (1981) 579–582
42 Johannsson, S.: Eine bisher nicht beschriebene Patellaerkrankung. Acta radiol. (Stockh.) 1 (1921/22) 17–21
43 Johnson, J. F., B. G. Brodgen: Dorsal defects of the patella. Amer. J. Roentgenol. 139 (1982) 339–340
44 Keats, Th. E.: An Atlas of Normal Roentgen Variants that May Simulate Diseases, 3rd ed. Year Book Medical Publishers, Chicago 1984 (fig. 7.134–7.136)
45 Kelly, D. W.: Patellar and quadriceps tendon ruptures – jumper's knee. Amer. J. Sports Med. 12 (1984) 375–380
46 Kind, H. P.: Popliteales Pterygiumsyndrom. Helv. Paediat. Acta 25 (1970) 508–513
47 Klein, D.: Un curieux syndrome héréditaire: Cheilopalatoschisis avec fistules de la lèvre inférieur associé à une syndactylie, une onychodysplasie particulière, un pterygion poplitté unilatéral et des pieds varus équines. J. Genet. Hum. 11 (1962) 65–71
48 König: Mikroskopische Beobachtungen am Knorpelgewebe mit ultraviolettem Licht. Verhandl. Phys. Med. Gesellschaft, Würzburg 49 (1924) 160–162
49 Kricun, M. E., D. Resnick: Patellofemoral abnormalities in renal osteodystrophy. Radiology 143 (1982) 667–669
50 Küsswetter, W., A. Reichelt: Der retropatellare Knorpelschaden. Thieme, Stuttgart 1983
51 Lagier, R., I. Boussina, B. Mathies: Algodystrophy of the knee. Anatomo-radiological study of a case. Clin. rheumat. 2 (1983) 71-77
52 Lehner, K., M. Reiser, K. Hawe, V. Smasal: Die Defekte der Patellarückfläche im CT-Arthrogramm, Nachweis und Differentialdiagnose. Fortschr. Röntgenstr. 144 (1986) 95–99
53 Ludolph, E., M. Roegen: Patellaluxation und femoropatellare Dysplasie – Kausalität in der gesetzlichen Unfallversicherung. Unfallheilkunde 87 (1984) 273–276
54 Maldagne, B., J. Malghem: Apport du cliché de profil du genou dans l'épistage des instabilités rotuliennes. Rev. Chir. Orthop. 71 (1985) 5–13
55 Mau, C.: Beitrag zur Pathologie der kindlichen Kniescheibe. Dtsch. Z. Chir. 228 (1930) 261–276
56 Mau, H.: Chondropathia patellae. Z. Orthop. 118 (1980) 208–218
57 Maurer, H. J.: Symmetrische osteokartilaginäre Exostosen (Osteochondrom) der Patella. Fortschr. Röntgenstr. 98 (1963) 771–772
58 Mazza, A., M. Vacheri: Raro reporto radiologico di necrosi asettica delle due rotule. Radiologia 12 (1955) 701–708
59 Meyer, St., W. Dick, P. Fliegel: Zystische Aufhellungen der Patella im Wachstumsalter. Z. Kinderchir. 24 (1978) 46–48
60 Murakami, Y.: Intra-articular dislocation of the patella. Clin. Orthop. 171 (1982) 137–139
61 Nebel, G., G. Lingg: Sind die Formvarianten der Patella nach Wiberg Präarthrosen? Radiologe 21 (1981) 101–103
62 Nikolai, N.: Seltene Drehverrenkung der Kniescheibe. Mschr. Unfallheilk. 64 (1961) 107–110
63 Oesterreicher, W.: Nagel- und Skelettanomalien. Wien. klin. Wschr. 42 (1929) 632–635
64 Ogden, J. A., S. M. McCarthy, P. Jokl: The painful bipartite patella. J. Pediat. Orthop. 2 (1982) 263–269
65 Paar, O., K. A. Riel: Chondropathia patellae und Trauma. Münch. med. Wschr. 124 (1982) 889–890
66 Pettersson, H., U. Rydholm: Radiologic classifications of knee joint destruction in juvenile chronic arthritis. Pediat. Radiol. 14 (1984) 419–421
67 Platzgummer, H.: Über die hämatogene Osteomyelitis der Patella. Z. Orthop. 82 (1952) 581–589
68 Pöschl, M.: Juvenile Osteochondronekrosen. In Diethelm, L., O. Olsson, F. Strnad, H. Vieten, A. Zuppinger: Handbuch der Medizinischen Radiologie, Bd. V/4. Springer, Berlin 1971 ([1]S. 636; [2]Abb. 365–368a,b)
69 Poznanski, A. K., J. S. Nosanchuk, J. Baublis, J. F. Holt: The cerebro-hepato-renal syndrome (CHRS) (Zellwegers syndrome). Amer. J. Roentgenol. 109 (1970) 312–322
70 Rau, W. S., H.-J. Hehne, M. Schlageter: Die Chondromalacia patellae – Arthrographische Beobachtungen zur Genese und Diagnose. Fortschr. Röntgenstr. 130 (1979) 644–652
71 Redlich, F. H.: Osteochondrosis dissecans beider Kniescheiben. Fortschr. Röntgenstr. 111 (1969) 712–714; 113 (1970) 254–255
72 Reinhardt, K.: Pseudozystische Aufhellungen in beiden Patellae. Osteochondronekrose. Fortschr. Röngenstr. 111 (1969) 262–269
73 Rideout, D. F., D. Davis, S. V. Navani: Osteochondritis dissecans patellae. Brit. J. Radiol. 39 (1966) 673–675
74 Riess, J.: Typische Kniescheibenveränderungen beim Morbus Little, zweigeteilte Kniescheibe oder Ermüdungsbruch? Fortschr. Röntgenstr. 81 (1954) 221
75 Roeckerath, W.: Hereditäre Osteo-Onychodysplasie. Fortschr. Röntgenstr. 75 (1951) 700–711
76 Rogers, L. F.: Radiology of Skeletal Trauma. Churchill Livingstone, New York 1982 ([1]fig. 21–32; [2]fig. 21–38; [3]fig. 21–47)
77 Sanquirico, G.: Sulle alterazioni pagetiche atipique. Radiol. Roma 8 (1952) 563–579
78 Schäfer, R.: Beitrag zur Osteomyelitis der Patella. Zbl. Chir. 77 (1952) 425–427
79 Scheller, S., L. Martensen: Traumatic dislocation of the patella. A radiographic investigation. Acta radiol. diagn. (Stockh.), Suppl. 336 (1974)
80 Schulze, R., O. Gulbin: Beitrag zum Problem der Akroosteolyse (gleichzeitig ein Beitrag zur Kenntnis der Patella profunda). Fortschr. Röntgenstr. 109 (1968) 209–216
81 Seckel, H. P.: Bird-headed dwarfs: Studies in Developmental Anthropology Including Proportions. Thomas, Springfield/Ill. 1960
82 Sonnenschein, A.: Die Knochenbildung in der Ansatzpartie der Kniescheibenspannsehnen. Arch. orthop. Unfall-Chir. 46 (1954) 362–379
83 Sudeck, P.: Die kollateralen Entzündungsreaktionen an den Gliedmaßen (sog. akute Knochenatrophie). Arch. klin. Chir. 191 (1938) 710–753
84 Sudeck, P.: Die sog. akute Knochenatrophie als Entzündungsvorgang. Chirurg 14 (1942) 449–458
85 Swaton, S., Z. Huber: Einseitige, angeborene, doppelte Kniescheibe (Patella duplex unilateralis congenita). Zbl. Chir. 85 (1960) 2270–2274
86 Swischuk, L. E.: Emergency Radiology of the Acutely Ill or Injured Child. Williams & Wilkins, Baltimore 1979 (p. 339–340)
87 Szantó, D.: Die radiologischen Veränderungen der Patellaregion bei chronischen Alkoholikern. Fortschr. Röntgenstr. 137 (1982) 63–67
88 Taiby, H.: Radiologie der Syndrome. Thieme, Stuttgart 1982 ([1]Kap. 370; [2]Kap. 536; [3]Kap. 404; [4]Kap. 509; [5]Kap. 83)

89 Tosatti, E., C. Bignardi: Su di un rarissimo caso di rotula doppia monolaterale. Minerva ortop. (Torino) 10 (1959) 483–486
90 Turner, J. W.: Hereditary arthrodysplasia associated with hereditary dystrophy of nails. J. Amer. med. Ass. 100 (1933) 882–887
91 Uehlinger, E.: Tuberkulose der Knochen und Gelenke. In Schinz, H. R., W. E. Baensch, W. Frommhold, R. Glauner, E. Uehlinger, J. Wellauer: Lehrbuch der Röntgendiagnostik. Bd. II/1, 6. Aufl. Thieme, Stuttgart 1979
92 Villiger, K. J.: Patellafrakturen. Schweiz. Rdsch. Med. 71 (1982) 1708–1710
93 Weh, L., W. Eickhoff: Neurogene mediolaterale Quadrizepsdysbalance als Ursache des retropatellaren Knorpelschadens. In Küsswetter, W., A. Reichert: Der retropatellare Knorpelschaden. Thieme, Stuttgart 1983 (S. 68–71)
94 Wells, Martin, III., Alan Klein: Chondrocalcinosis and tophaceous erosions: Gout or pseudogout? J. de l'assoc. canad. des radiologistes 33 (1982) 260–261
95 Wiberg, G.: Roentgenographic and anatomic studies on the femoro-patellar joint with special reference to chondromalacia patellae. Acta orthop. scand. 12 (1941) 319–410
96 Zohlen, E.: Spontanrupturen bei Patella partita. Chirurg 19 (1948) 137–140

Unterschenkel

Proximaler Teil

Norm

Im Wachstum

Der **Kern der proximalen Tibiaepiphyse** tritt meist in den letzten beiden Fetalmonaten auf und verschmilzt um das 20. Lebensjahr herum mit der Diaphyse. Er kann aus zwei Zentren bestehen (Abb. 7.**131**).

Bei Kindern in den ersten Lebensjahren fällt zuweilen auf Profilbildern an der Grenze zum proximalen Schaftdrittel eine schräge, 2–3 mm breite Durchbrechung der Kortikalis auf. Sie entspricht dem Nutritiakanal (24).

Während bei Kindern, etwa um das 4. Lebensjahr herum, eine flache, mit verdickter Kortikalis gesäumte Kerbe auf der Seitenaufnahme vorn in der Höhe der Tuberositas tibiae sichtbar wird, entwickelt sich im Alter zwischen 7 und 15 Jahren vom proximalen Epiphysenkern her, vorn über die Diaphyse zungenförmig herabhängend, der **schnabelförmige Fortsatz**, die Apophyse der proximalen Tibiaepiphyse. Statt eines zusammenhängenden Fortsatzes können auch isolierte Kochenkerne auftreten, die sich untereinander im 13. bis 15. Lebensjahr vereinigen und später die **Tuberositas tibiae** bilden (Abb. **7.132a–d**).

Fingerbreit distal der Epiphysenlinie des Tibiakopfes zeigt sich kommaförmig, horizontal verlaufend, bei Jugendlichen eine bandförmige Aufhellung, die der **Apophysenfuge der Tuberositas tibiae** entspricht (Abb. 7.**133a**). Der Seitenvergleich im Computertomogramm (Abb. **133d**) und eine Aufnahme mit leichter Schrägstellung in seitlicher Projektion (Abb. 7.**133b**) lassen die Begrenzung des Spaltes auf die Vorderkante und damit eine Fraktur ausschließen.

Auch das a.-p. Tomogramm entkräftet den Frakturverdacht (Abb. 7.**133c**).

Der **Knochenkern der proximalen Fibulaepiphyse** wird zwischen dem 4. und 6. Lebensjahr sichtbar. Ein weiteres, kleines Ossifikationszentrum an der Spitze der Fibulaepiphyse verschmilzt im 20. bis 25. Lebensjahr.

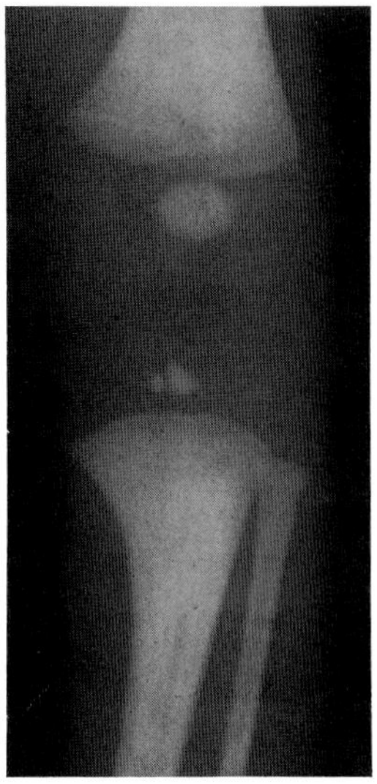

Abb. 7.**131** Doppelter Kern der Tibiakopfepiphyse bei einem Neugeborenen

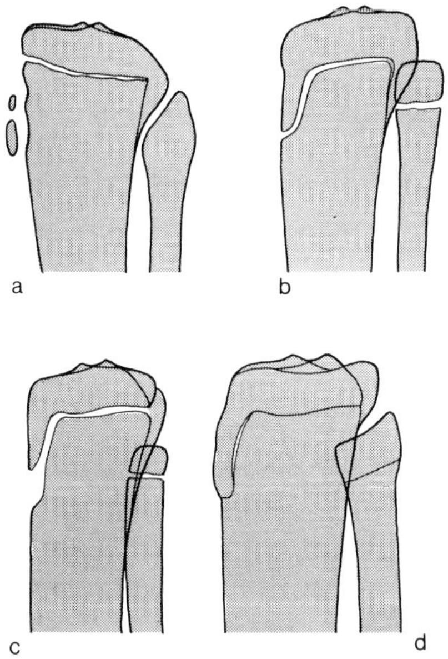

a b c d

Abb. 7.**132 a–d** Normale Ossifikation der Tibiaepiphyse

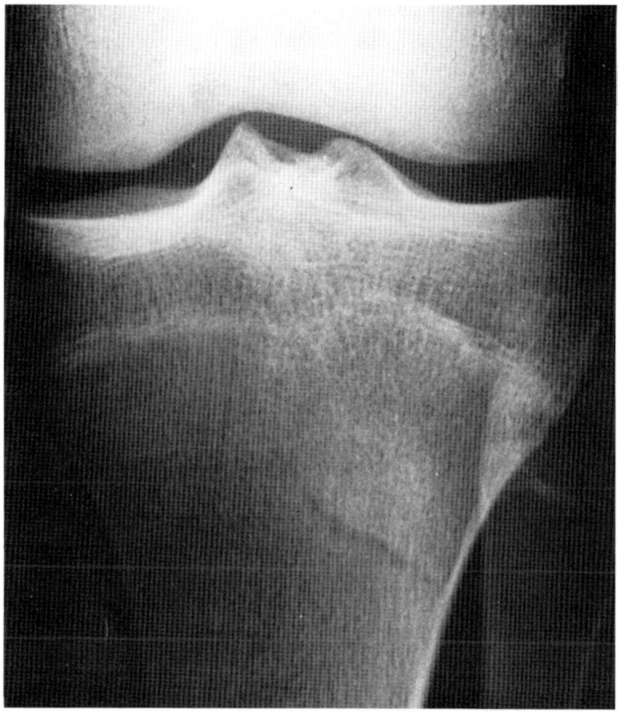
a

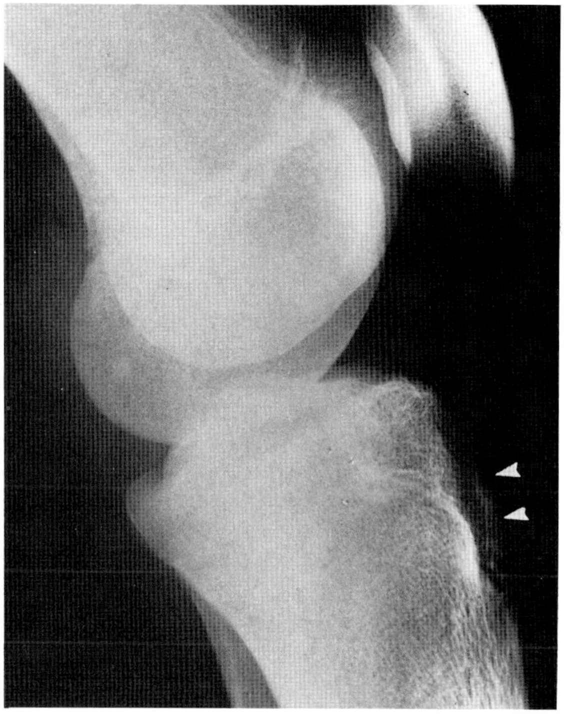
b

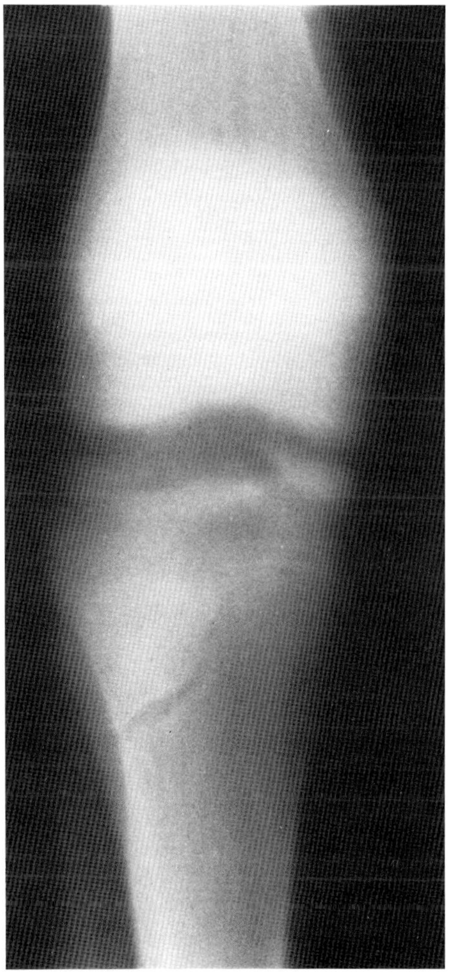
c

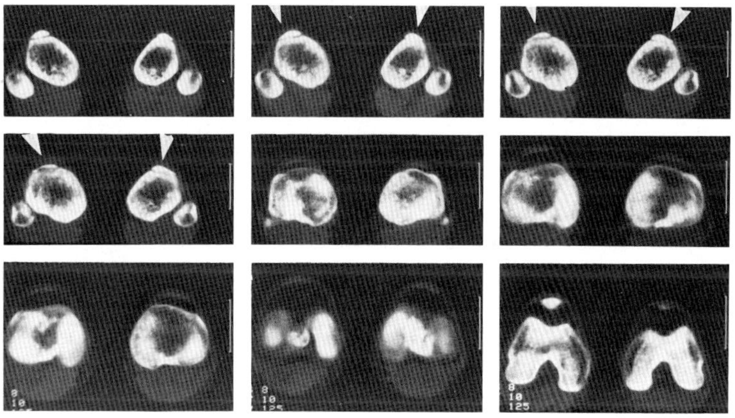
d

Abb. 7.**133 a–d**
a Spalt der Tibiaapophyse bei 17jährigem Jungen kann Fraktur vortäuschen
b Seitliche Aufnahme läßt Apophyse und Spalt erkennen
c Tomogramm bei anderem 17jährigen Jungen kann Fraktur vortäuschen
d Computertomogramm weist Symmetrie des Befundes beiderseits nach

Beim Erwachsenen

Die mediale und laterale Gelenkfläche des Tibiakopfes sind gegeneinander abgewinkelt. An der **medialen Gelenkfläche des Tibiakopfes** wird der vordere Gelenkrand nach proximal konturbildend. Seine Begrenzungslinie verläuft meist in einem proximal konvexen, oft hohen Bogen von der medialen Gelenkkante in einer entweder nach lateral ansteigenden oder mehr oder weniger geraden, selten auch leicht proximal konkavbogigen Linie gegen das Tuberculum mediale der Eminentia intercondylaris hin. Knapp medial des Tuberculum mediale, direkt an dieses angrenzend oder sogar in Projektion mit diesem, also etwas lateral seiner Spitze, gipfelt die mediale Gelenklinie häufig in einer Zacke, die nach lateral stark abfällt. Die Zacke entspricht dem medialen Rand der Facies articularis medialis, die sich hier gegen das zwischen den Gelenkflächen liegende, nicht überknorpelte Gebiet abgrenzt.

Die Ansatzstelle des Lig. cruciatum anterius vorn in der Area intercondylaris anterior tibiae kann in einen Knochensporn übergehen, der **Tuberculum intercondylare tertium tibiae** genannt wird (36) (Abb. 7.**134** bis 7.**136**), und in einer Häufigkeit von 3% beobachtet wurde (37).

An der Ansatzstelle des Lig. cruciatum posterius hinten in der Area intercondylaris posterior tritt in einer Häufigkeit von 1,1%, davon etwa 50% mit einem Tuberculum intercondylare tertium gemeinsam (37), ein weiteres Knochenhöckerchen auf, das **Tuberculum intercondylare quartum** (52) (Abb. 7.**137** bis 7.**139**). Es ist im seitlichen Strahlengang am besten zu erkennen, weil es in der a.-p. Projektion vom höherstehenden Vorderrand des Tibiakopfes überlagert werden kann. Eine Verknöcherung im hinteren Kreuzband kann ein Tuberculum intercondylare quartum vortäuschen (23).

Je nach der im Vergleich zueinander unterschiedlichen Höhe beider Tuberkula werden drei Hauptformen der **Eminentia intercondylaris** gegeneinander abgegrenzt. Meist steht der mediale Hökker höher als der laterale.

Distal der Eminentia intercondylaris findet man zuweilen eine klinisch bedeutungslose, erbsgroße, kalkarme Zone.

Der Grad der Neigung der Schienbeinkopfgelenkfläche variiert erheblich (50).

Kleine Einkerbungen an der Medialkante des Schienbeinkopfes kommen normalerweise vor und sind zu unterscheiden von eventuell von gleicher Stelle ausgehenden, größeren osteolytischen Defekten (Abb. 7.**140**). Die an der Außenseite des Tibiakopfes gelegentlich zu beobachtenden, kleinen Exostosen ähneln den „tug lesions" wie sie beiderseits am distalen Femurende beschrieben wurden (S. 707). Am Tibiakopf wird der Knochenhöcker auch als „tubercule de Gerdy" bezeichnet und darf nicht mit einem arthrotischen Wulst verwechselt werden (Abb. 7.**140**).

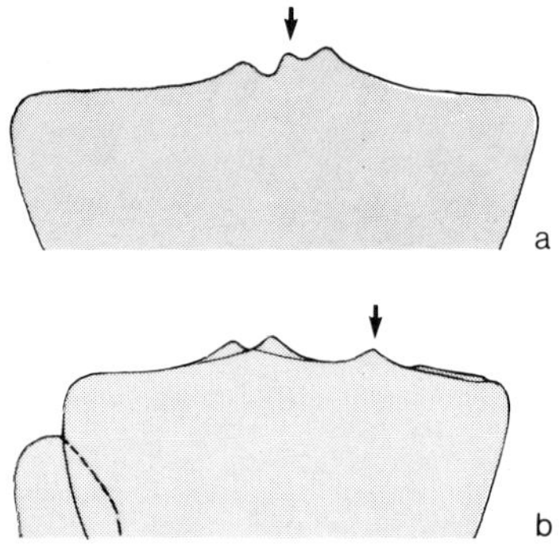

Abb. 7.**134 a** u. **b** Tuberculum intercondylare tertium tibiae
a a.-p. Ansicht
b Profilbild

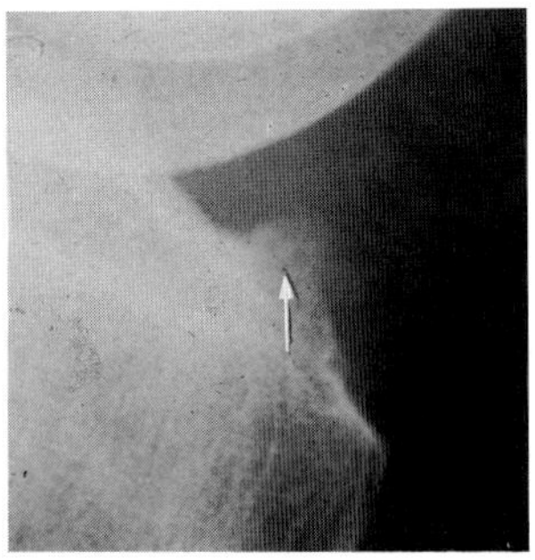

Abb. 7.**135** Tuberculum intercondylare tertium tibiae vorn am Tibiakopf

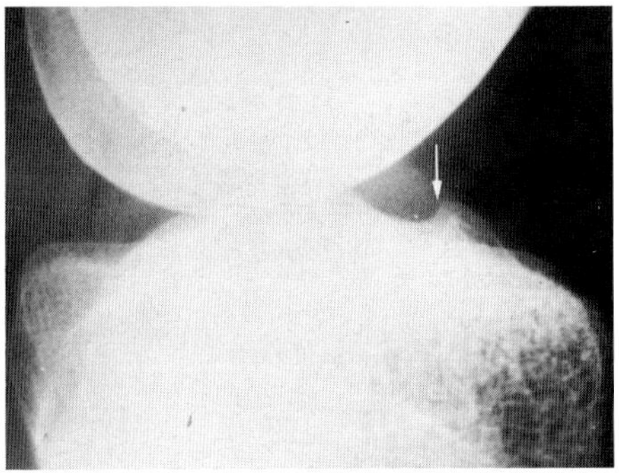

Abb. 7.**136** Tuberculum intercondylare tertium tibiae am Tibiaplateau

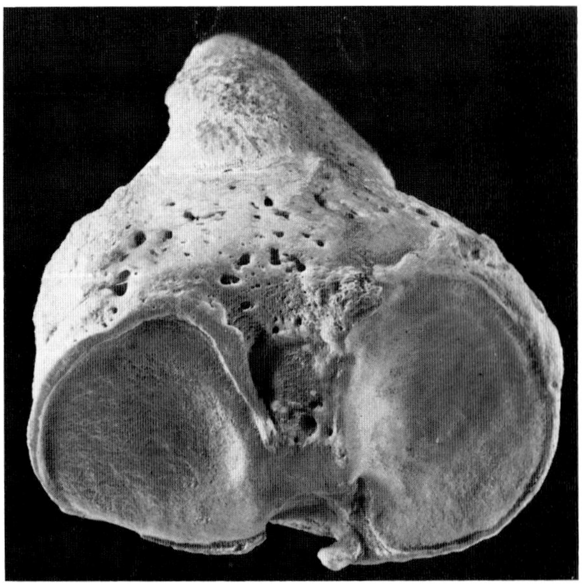

Abb. 7.**137** Tuberculum intercondylare quartum tibiae im anatomischen Präparat

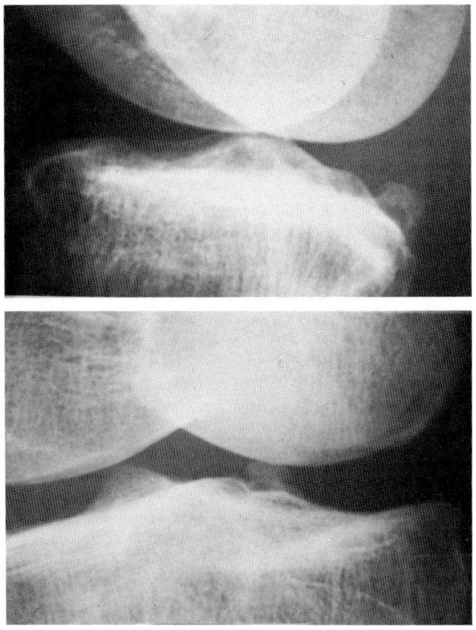

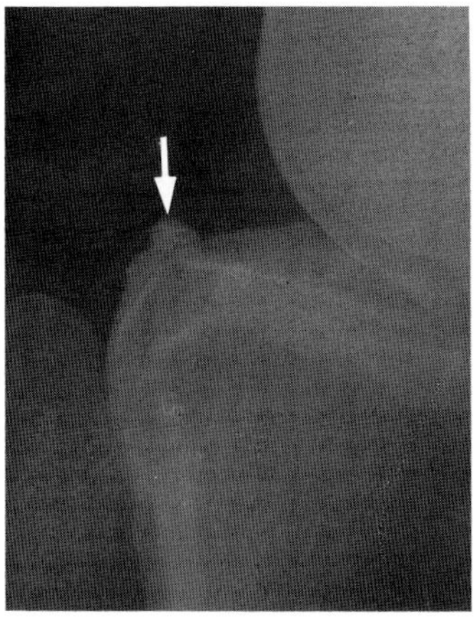

Abb. 7.**139** Tuberculum intercondylare quartum tibiae, dorsal am Tibiakopf

◁ Abb. 7.**138** Röntgenbild des Tuberculum intercondylare quartum tibiae

Die synostosierte **Epiphysenfuge** bleibt in einigen Fällen ein Leben lang als Verdichtungsstreifen in der Struktur der Tibia sichtbar. Dorsal kann hier eine Konturkerbe zurückbleiben (Abb. 7.**141** und 7.**142**).

Die **Tuberositas tibiae** projiziert sich in den lateralen Anteil des Tibiakopfes und überragt manchmal etwas breithöckerförmig die Außenkontur des Schienbeins (9, 37) (Abb. 7.**143**). Der Befund kann durch eine leichte Außenrotation des Beines verdeutlicht werden.

Das Tibiofibulargelenk wird durch eine Schrägaufnahme mit 45 Grad angehobener Ferse angefertigt. Die verschiedenen Formen der Fibulagelenkfläche sind in Abb. 7.**144a–g** wiedergegeben.

Das **O-Bein** (Crus varum) ist bei Säuglingen, das **X-Bein** (Crus valgum) im Kindesalter außer grob-pathologischen Formen physiologisch.

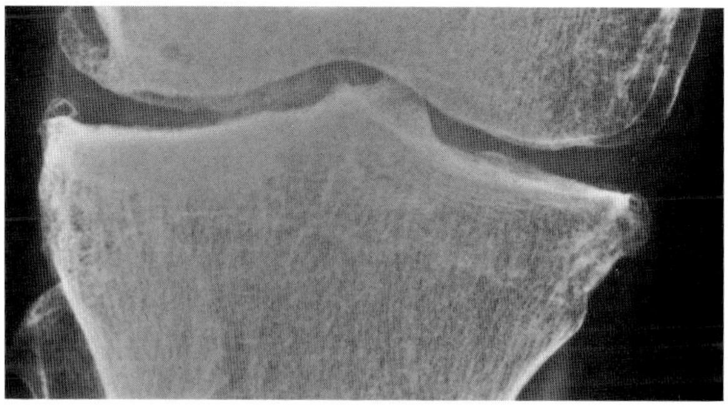

Abb. 7.**140** Arthrotischer Wulst am Tibiakopf lateral, nicht zu verwechseln mit dem „tubercule de Gerdy". Medial ebenfalls arthrotischer Befund, darunter Aufhellungszone mit Einbuchtung typischer Art

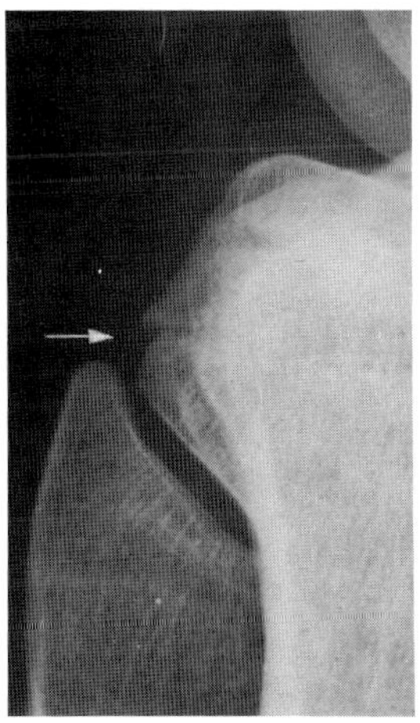

Abb. 7.**141** Persistierende Tibiakopfepiphyse im dorsalen Teil bei einem 44jährigen Mann

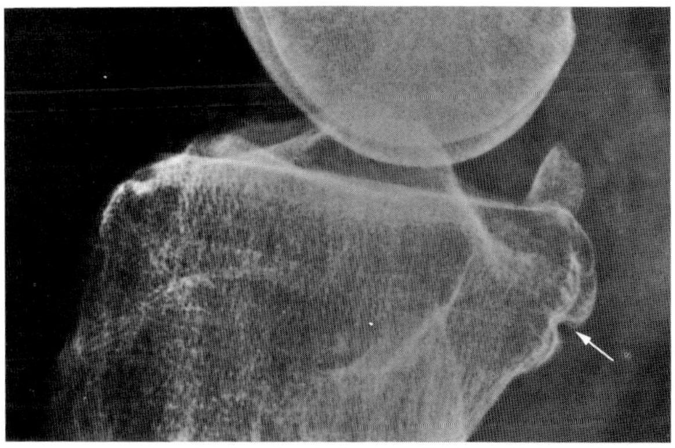

Abb. 7.**142** Kerbe an der Dorsalkante des Tibiakopfes bei einer 71jährigen Frau an der Stelle der ehemaligen Knorpelfuge (←). Atypische Projektion einer Fabella bei leicht gedrehter Profilaufnahme, kein Tuberculum intercondylare quartum

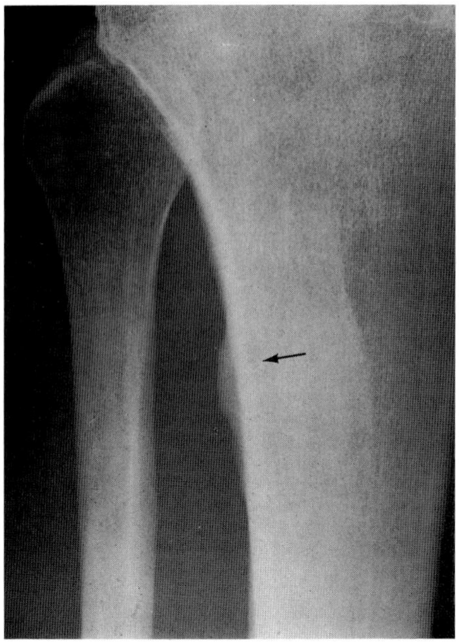

Abb. 7.**143** Tuberositas tibiae mit typischer medialer und lateraler Begrenzung

Varianten

Das Ossifikationszentrum über dem Knochenkern der proximalen Fibulaepiphyse kann **persistieren** (43) (Abb. 7.**145a–d**). Die Persistenz der Apophyse der Tuberositas tibiae ist ebenfalls beobachtet worden (19).

Die zuvor erwähnten „tug lesions" gibt es auch an der Innenseite der Tibia. Sie liegen in der Höhe der Epiphysenlinie (Abb. 7.**146**). Bei größeren Auswüchsen, auch an der Fibula, dürfte es sich um kartilaginäre Exostosen handeln (39).

Anomalien

Klinisch-radiologische Beziehungen bei den **Fehlbildungen der Eminentia intercondylaris** sind im Sinne von Über- und Unterentwicklungen zusammengestellt (22). Unter den Ursachen für ein **schnellendes Knie** wird das Fehlen des Tuberculum laterale eminentiae intercondylaris genannt.

Die metaphysäre Wachstumsverstärkung an den langen Röhrenknochen, so auch am proximalen Tibiaende, beim **Kraushaar**-(Kinky-hair, Menkes-) **Syndrom**, einer rezessiv geschlechtsgebundenen Erbkrankheit, die unter anderem mit spärlichem Wuchs, kurzen, verdickten und teils weißen Haaren einhergeht, hat symptomatisch an den Metaphysen Ähnlichkeit mit dem Kindsmißhandlungs-(battered-child-)Syndrom (1).

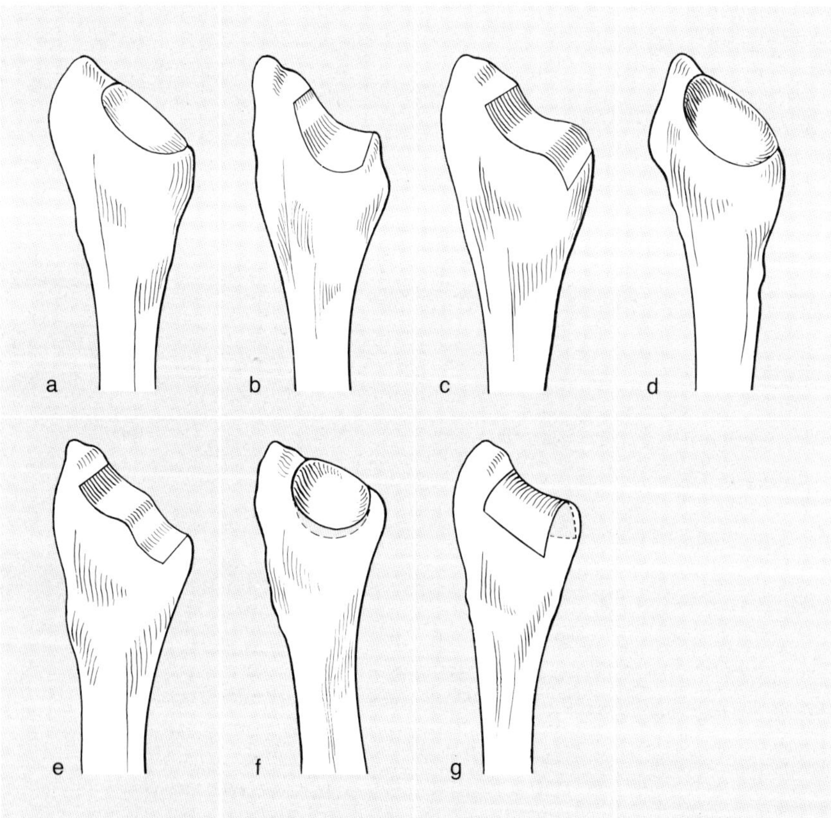

Abb. 7.**144 a–g** Häufigkeit von Konfigurationstypen der proximalen Fibulagelenkfläche (nach Eichenblat u. Nathan)
a Flach (33,55%)
b Trochoid (29,57%)
c Doppelt trochoid. (22,59%)
d Kondylär (4,65%)
e Trochlear (0,86%)
f Kugel und Lager (0,67%)
g Sattel (2,32%)

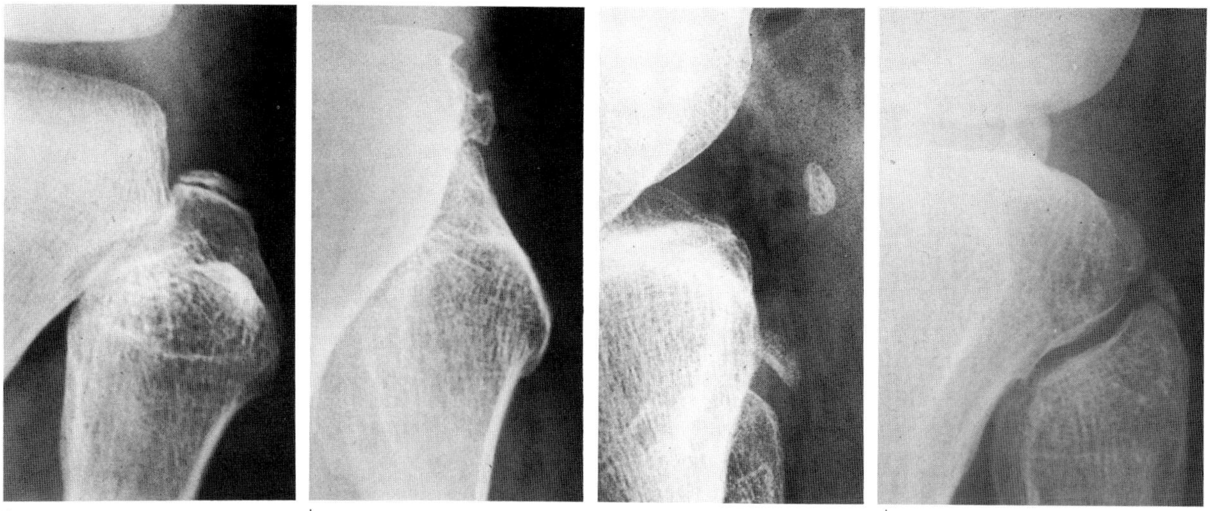

a b c d

Abb. 7.**145 a–d** Persistierende Apophysen des Fibulaköpfchens in verschiedenen Formen

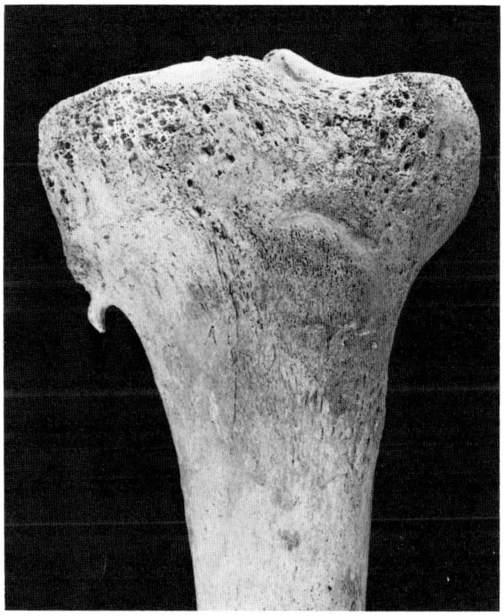

Abb. 7.**146** Tibia mit kleiner Exostose an typischer Stelle

Verletzungsfolgen und Nekrosen

Epiphysenbrüche leichteren Grades ohne Dislokation sind oft schwer zu erkennen. Bei vorhandenen Weichteilzeichen, wie im Kapitel „Kniegelenkspalt" beschrieben, bekommen geringe Erweiterungen der Epiphysenspalten eher pathologische Bedeutung. Ausrisse der Tuberositas tibiae sind seltene Verletzungen, die bei Jugendlichen infolge plötzlicher Quadrizepskontraktion bei gebeugtem Knie, vor allem in sportlichen Sprungdisziplinen, entstehen (30, 44).

Als dem im allgemeinen stärker belasteten Anteil kommt es am medialen Kondylus häufiger zur **Kompressionsfraktur des Tibiakopfes** als am Condylus lateralis. Bei der Schräge des Tibiakopfes mit etwa 15 Grad Abfall des Plateaus von vorn nach hinten wird der Einbruch des Vorderrandes leicht übersehen, das Ausmaß einer Impression des Hinterrandes indessen überschätzt. Der Einsatz der Tomographie ist auch bei negativem Befund nach Summationsaufnahmen, jedoch äußerst dringendem klinischen Verdacht auf das Vorliegen eines Bruches, unumgänglich. Selbst mit dieser Methode sind nur Impressionen bis zu einer Mindesttiefe von 5 mm zu erfassen (25), während computertomographisch Fragmentdehiszenzen von weniger als 1 mm nachgewiesen werden können (42). Die Schichtuntersuchung ist besonders angebracht bei Patienten mit Osteopenie, auch bei fehlender Traumaanamnese oder nur geringem Trauma, fehlendem Befund nach konventionellen radiologischen Aufnahmen, aber auffallend heftigen Schmerzen (3).

Klassifikation und Häufigkeit der Tibiakopfbrüche gehen aus Abb. 7.**147a–f** hervor (41[1]). **Absprengungen von Teilen und der gesamten Eminentia intercondylaris** sind nicht selten, vor allem bei Kreuzbandläsionen (41[2]) (Abb. 7.**148a–d**). Geringe Strukturauflockerungen der Tuberkula und bei Spätkon-

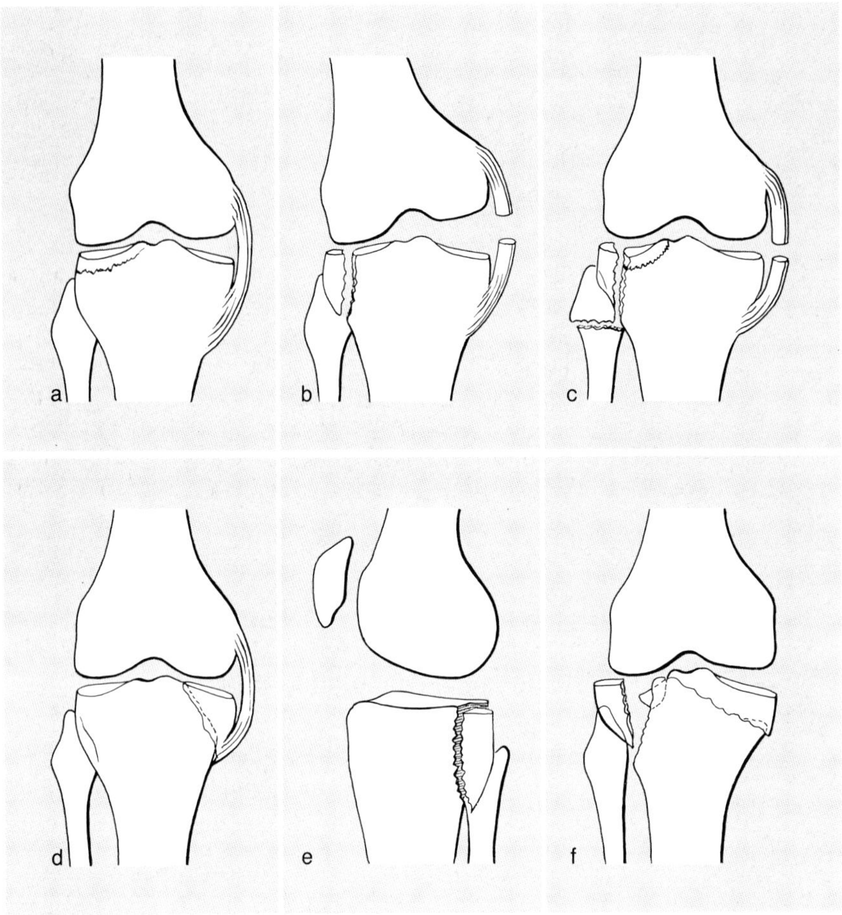

Abb. 7.**147 a–f** Bruchformen des Tibiakopfes mit prozentualer Häufigkeit ihres Vorkommens (nach Rogers)
a Einstauchung (26%)
b Splitterung (24%)
c Gesplitterte Einstauchung (26%)
d Condylus medialis (11%)
e Hinterrand (3%)
f Bikondyläre Sprengung (10%)

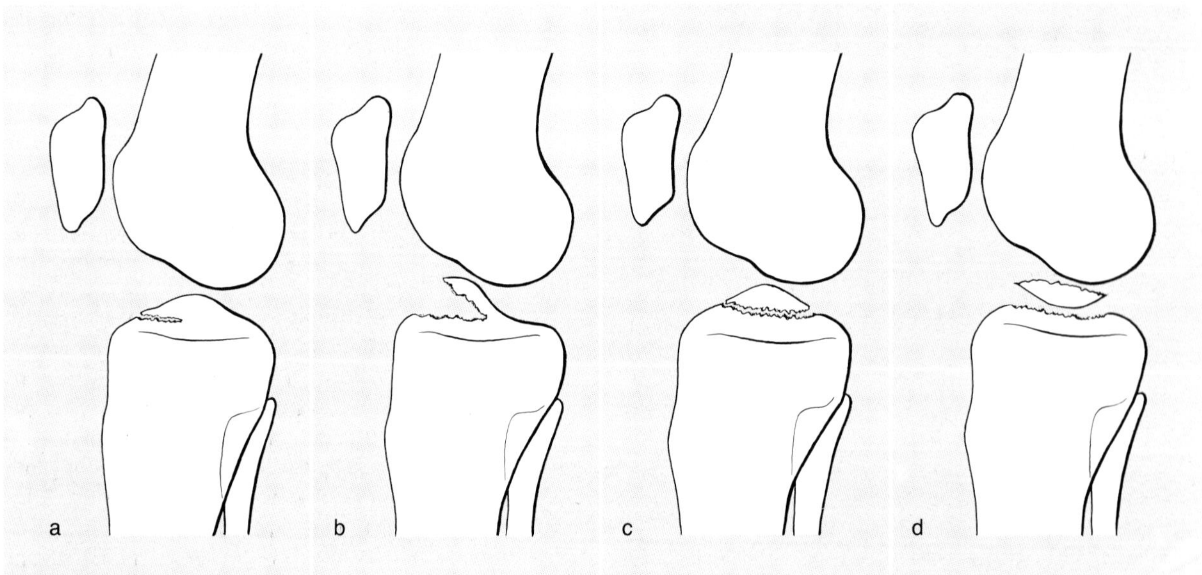

Abb. 7.**148 a–d** Absprengungen von Teilen und der gesamten Eminentia intertubercularis (nach Rogers)
a Unverlagerter Teilabriß
b Abgeknickter Ausriß
c Völliger Abriß
d Abgerissenes Fragment, um 180 Grad gedreht

trollen nachweisbare Kalkeinlagerungen in die einstrahlenden Sehnen wurden posttraumatisch beobachtet (47).

Wadenbeinköpfchen- und -halsbrüche ereignen sich selten isoliert, sondern sind gewöhnlich mit Bänderverletzungen oder Brüchen des lateralen Tibiakopfplateaus oder des Sprunggelenkes kombiniert (48).

Sub- und Luxationen des Capitulum fibulae sind nach allen Richtungen möglich und wurden in typischer Weise bei Sportunfällen, vor allem bei **Fallschirmspringern**, dann in anterolateraler Richtung (51), beobachtet, wenn die Landung im Sitzen erfolgt, während sich der im Knie gebeugte Unterschenkel unter dem Körper befindet bzw. der gedreht fixierte Fuß unter dem extrem nach außen rotierten Rumpf liegt (4, 33, 41[3]) (Abb. 7.**149a–d**).

An der Tibia kann bei übermäßiger Belastung, z.B. schon nach langem Tanzen (53), durch Zerrüttung des Gewebes eine **Umbauzone,** ein **Dauer- oder Ermüdungsbruch** eintreten. Diese Befunde sind oft nur an einer periostalen Verdickung zu erkennen; nicht immer ist die charakteristische, horizontale Aufhellungs- oder Verdichtungslinie wahrnehmbar. Ihre typische Lokalisation befindet sich handbreit distal des Kniegelenkspaltes (38) (Abb. 7.**150** und 7.**151**). Auch an der Fibula sind entsprechende Befunde erhoben. Als eine solche Umbauzone wurde ein Unterbruch an der medialen Gelenkfläche des Tibiakopfes, ähnlich einer gelenknahen transversalen Fraktur, betrachtet. Zunächst radiologisch symptomlos, entwickeln sich um den 10. Tag herum nach dem Unfallereignis eine Nukleidanreicherung im Szintigramm und wenige Tage später radiolo-

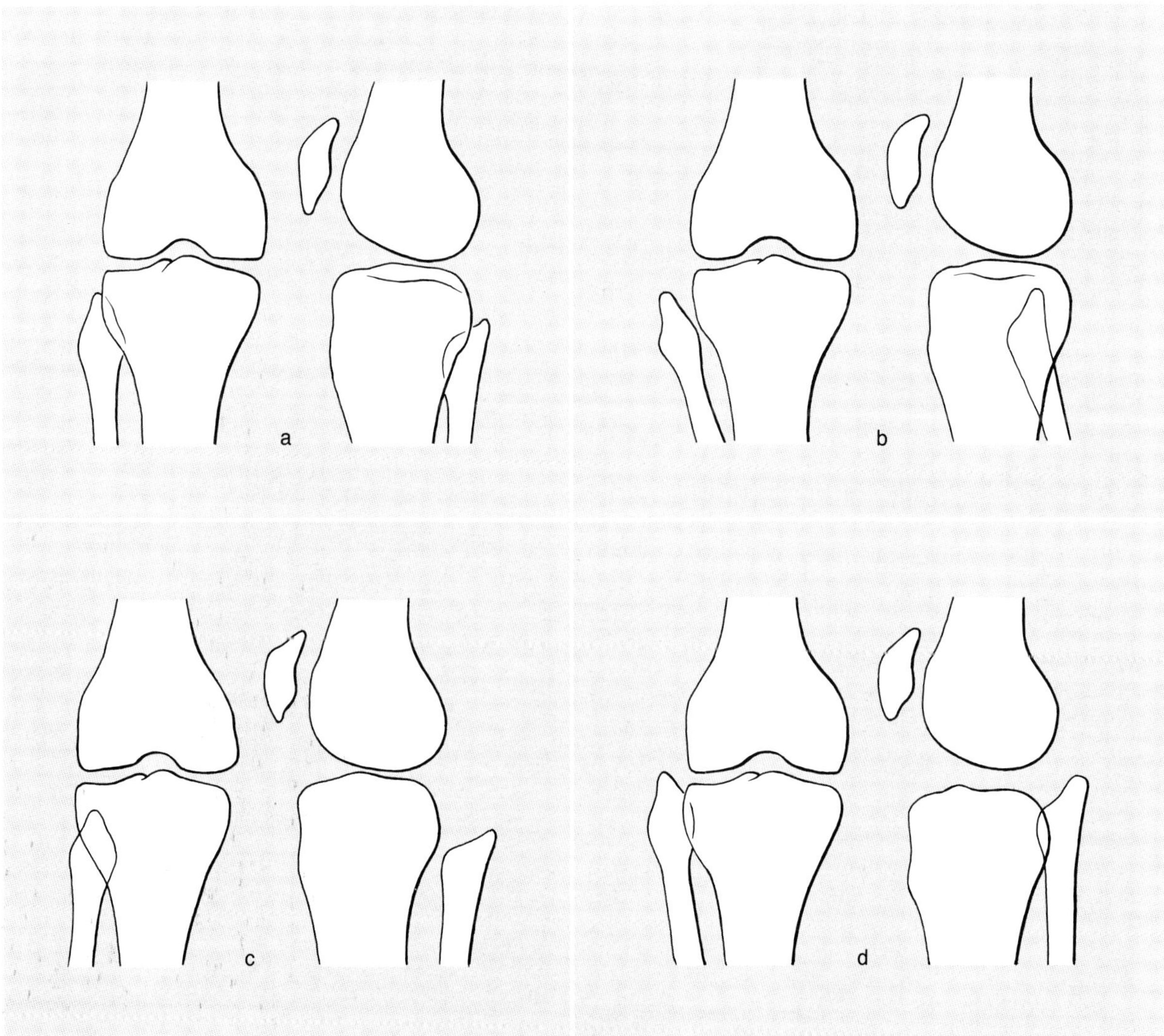

Abb. 7.**149 a–d** Sub- und Luxation des Capitulum fibulae (nach Rogers)
a Normal
b Anterolateral
c Posteromedial
d Superior

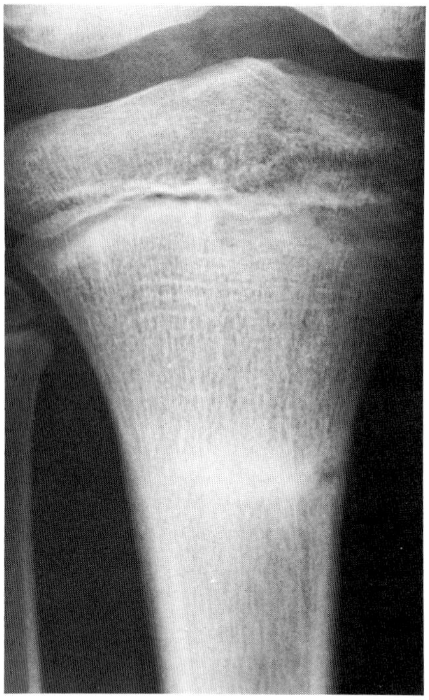

Abb. 7.**150** Ermüdungsbruch an typischer Stelle der Tibia

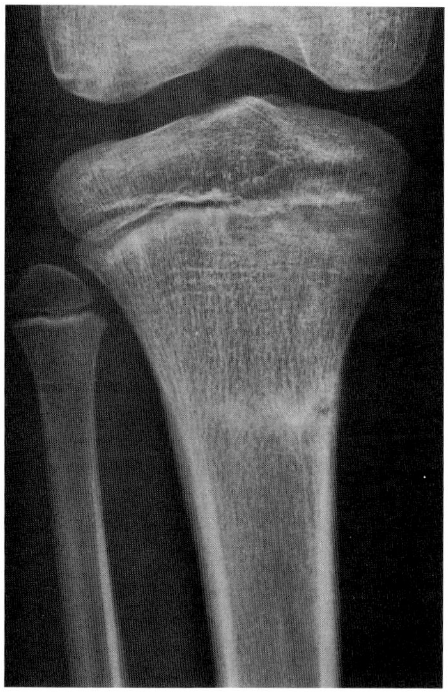

Abb. 7.**151** Überlastungsschaden der Tibia an typischer Stelle bei 9jährigem Jungen

gisch die typische, quere Aufhellungs- bzw. Verdichtungszone, wie sie von anderen langen Röhrenknochen (s. Abb. 7.**39** und 7.**40a** u. **b**) bekannt ist (53).

Eine Strukturverdichtung in der Tibiaepiphyse tritt meist im medialen Teil auf, wurde erstmals ausführlich von Blount (10) beschrieben und ist seither vielfach als **Blount's disease** im Schrifttum bekannt. Die ursprüngliche Annahme einer Nekrose ließ sich durch histologische Untersuchungen nicht bestätigen. Man fand vielmehr Überlastungsschäden bei Genu varum, das demnach nicht als Folge, sondern als Ursache der Epiphysenveränderungen aufzufassen ist (7, 12, 15). Im lateralen Anteil der Epiphyse kann bei Genu valgum ausnahmsweise ebenfalls ein derartiger Befund eintreten (29). Man unterscheidet einen infantilen Typ, der meistens auffällt, wenn die oft übergewichtigen, sonst normal entwickelten Kinder zu laufen beginnen, von einem Adoleszententyp, der im Übergang vom 1. zum 2. Lebensjahrzehnt mit meist einseitigem Befall auftritt (5, 6), die gemeinsame Ätiologie beider Typen wird allerdings bezweifelt (29). Eine Fortdauer des infantilen Typs in das Adoleszentenalter ist möglich. Die Krankheit beginnt mit Ausbildung eines Defektes am medialen Rand der Tibiametaphyse, in den sich der mediale Epiphysenkern des Femur einsenkt (Abb. 7.**152a** u. **b** und 7.**153a** u. **b**). Bei Einbrüchen im hinteren Teil des Epiphysenkerns kann es zum **Genu antecurvatum**, im vorderen Teil zum **Genu recurvatum** kommen, falls nicht auch diese Fehlstellungen primär schon vorgelegen haben und die Epiphysenveränderungen deren Folge sind.

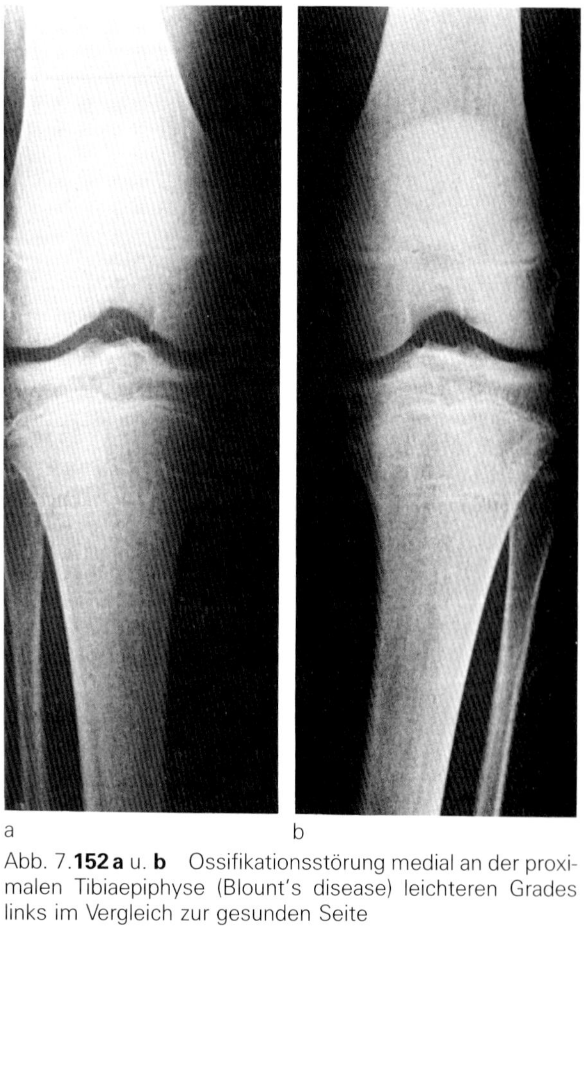

a b

Abb. 7.**152 a** u. **b** Ossifikationsstörung medial an der proximalen Tibiaepiphyse (Blount's disease) leichteren Grades links im Vergleich zur gesunden Seite

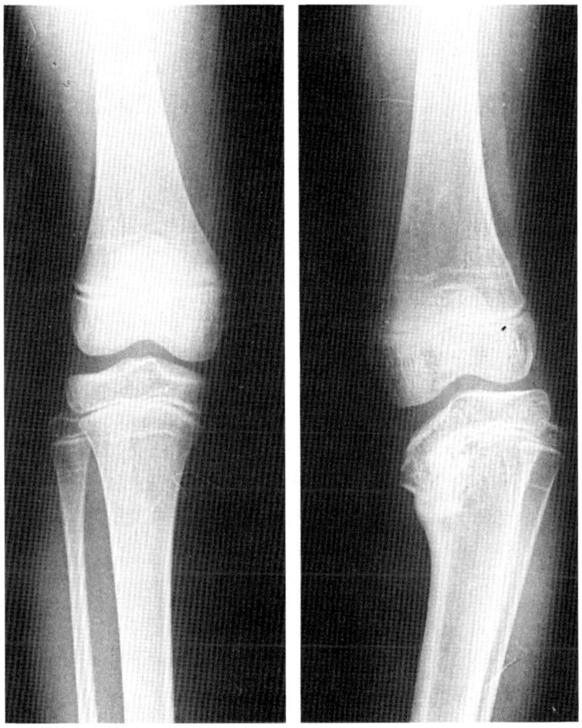

a b

◁ Abb. 7.**153 a** u. **b** Blount's disease in fortgeschrittenerem Stadium links bei Genu varum im Vergleich zur gesunden Seite

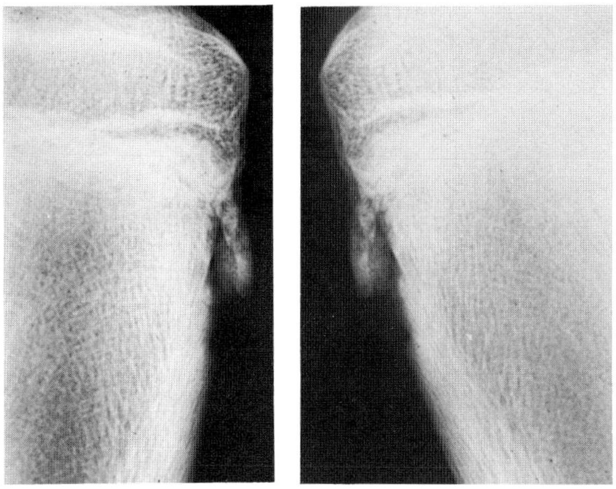

a b

Abb. 7.**154 a** u. **b** Symmetrische Ossifikationsstörung an der Tuberositas tibiae beiderseits, Krankheitswert nur bei entsprechendem klinischen Befund

Die Krankheit wird durch rassische Faktoren beeinflußt (7) und scheint in Skandinavien (27) und bei schwarzhäutiger Bevölkerung (13) besonders häufig beschrieben zu sein.

Der Einzelfall einer **aseptischen Nekrose beider Fibulaköpfchen** in Verbindung mit weiteren Osteochondronekrosen an den Kniegelenken ist bei einem 26jährigen Fußballspieler auf die summierende Wirkung von Mikrotraumen zu beziehen (21).

Typische Überlastungsschäden gibt es an der Tibiaapophyse, dem zungenförmigen vorderen Fortsatz der proximalen Fibiaapophyse am Ansatz des Lig. patellae, der Tuberositas tibiae. Sie sind 1903 erstmals von Osgood und Schlatter unabhängig voneinander beschrieben und werden seither auch als **Morbus Osgood-Schlatter** bezeichnet.

Die radiologischen Symptome allerdings, die für das Vorliegen der Erkrankung sprechen sollen, sind so wenig beweiskräftig wie der Röntgenbefund am unteren Patellarpol für die (wesentlich seltener auftretende) Sinding-Larsen-Johannssonnsche Affektion (s. oben): Junge Kerne sind normalerweise strukturlos. Später entstehende radiologische Symptome wie Strukturauflockerung oder -verdichtung in der Apophyse, Spalten in den teilweise isolierten Ossifikationszentren, eine enorm große Apophyse zum Beispiel, treten auch bei normalen Ossifikationsvorgängen auf (11[1]) (Abb. 7.**154a** u. **b**).

Ein wichtiges Symptom für die Diagnose des Morbus Schlatter bildet allerdings die Fragmentdislokation. Entscheidend ist, wie an der Patella, der klinische Befund mit Schwellung und Schmerzen im betroffenen Bereich, bei Einseitigkeit der Beschwerden der radiologische Vergleich mit der anderen Seite (35, 45). Hinzu kommen folgende Beobachtungen, die für die Abgrenzung der Norm vom pathologischen Befund zu berücksichtigen sind:

Ursache der Krankheit sind eine Überlastung und damit eine chronische Ruptur der Sehne mit Ausrißdislokationen von Apophysenfragmenten, manchmal mit Defektheilung (Abb. 7.**155a** u. **b**), meist mit Restitutio ad integrum. Die Überlastung erfolgt im allgemeinen bei Sportlern zwischen dem 11. und 18. Lebensjahr, Kulmination 13./14. Lebensjahr (normaler Fugenschluß zwischen dem 19. und 25. Lebensjahr [29]), Vorkommen bei Jungen : Mädchen je nach Literaturangabe wie 3 bis 10:1.

Eine beiderseitige Erkrankung ist häufig (10–60% werden im Schrifttum angegeben). Eine konstitutionelle Disposition kann eine Rolle spielen. Entsprechend der unterschiedlichen Knochenreife tritt die Erkrankung bei Mädchen im allgemeinen zwei Jahre früher auf als bei Jungen und beginnt auch in südlichen Ländern früher als in nördlichen.

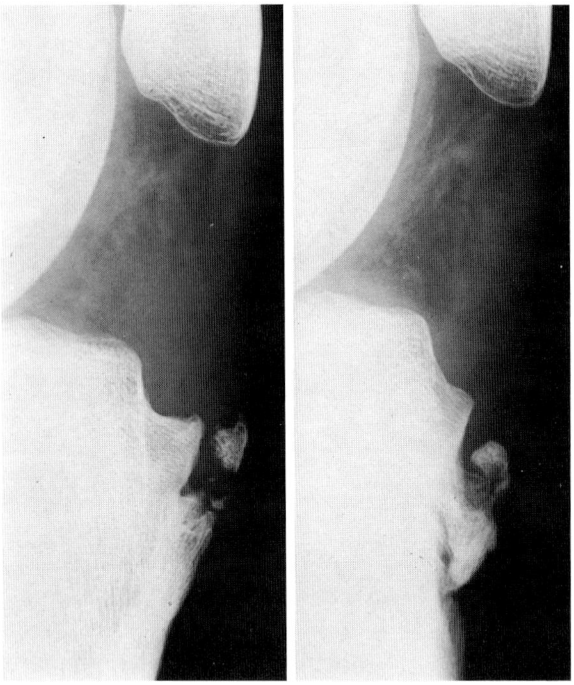

a b
Abb. 7.**155 a** u. **b** Wahrscheinlich Zustand nach Osgood-Schlatterscher Erkrankung beim Erwachsenen beiderseits

Erworbene Erkrankungen

Unter den frühkindlichen Affektionen des Kniegelenkes ist zuerst an die Folgen eines **Vitamin-D-Mangels** zu denken (Abb. 7.**156a–c**).

Die normalen, horizontal verlaufenden Verdichtungsstreifen der die Knorpelfuge säumenden Grenzlinien ähneln Streifen, aber auch Aufhellungslinien, die man früher bei Vitamin-C-Mangel sah, heute noch als „Bleilinien" bei **Bleiintoxikationen** von Kindern kennt (11[2]).

Die mediale Ecke der proximalen Tibiametaphyse bedeutet einen Prädilektionsort für die **Ostitis bei kongenitaler Lues.** Abb. 7.**157** gibt einen solchen Befund, **Wimbergersches Zeichen** genannt, wieder.

Die Initialsymptome der **Artritiden** verschiedenster Art sieht man auch am Tibiakopf in üblicher Weise: außer Weichteilzeichen Kollateralphänomene und ossäre Direktzeichen, wobei der **Tuberkulose** insofern eine Sonderstellung zukommt, als der selbst im Tomogramm nachgewiesene, osteolytische Herd nur dem Minimum des erkrankten Bezirkes entspricht, weil die nekrotischen Knochenbälkchen erhalten bleiben können und verkästes Knochenmark Röntgenstrahlen nicht anders schwächt wie lebendes Markgewebe (18). Die Ähnlichkeit entzündlicher und tumoröser Befunde im Wachstumsalter (Ewing-Sarkom!) mit Knochenan- und abbau sowie Sequesterbildung erschweren manchmal die Differentialdiagnose, und dies besonders im jeweiligen Anfangsstadium (Abb. 7.**158**).

Eine horizontal verlaufende, bandförmige Aufhellungszone an der Tuberositas tibiae, ähnlich einer Umbauzone, ist bei Hunger als **„maladie de Frome"** oder **„maladie des affamés"** bekannt.

Über das Raubersche Zeichen bei Meniskusschädigungen s. Kapitel „Gelenkspalt und Weichteile" (s. Abb. 7.**91a–c**). **Druckusuren an der Medial- und Lateralkante** distal des Gelenkflächenniveaus kommen bei **Meniskusganglien** vor (2) (Abb. 7.**159a** u. **b**).

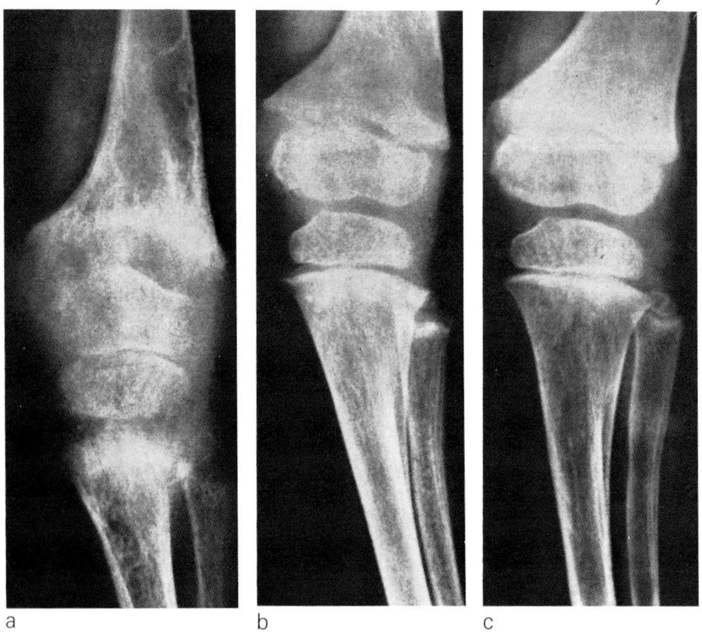

a b c

Abb. 7.**156 a–c**
a Floride Rachitis am Kniegelenk
b nach dreimonatiger Behandlung
c nach sechsmonatiger Behandlung
(Beobachtung von Kaufmann, Basel)

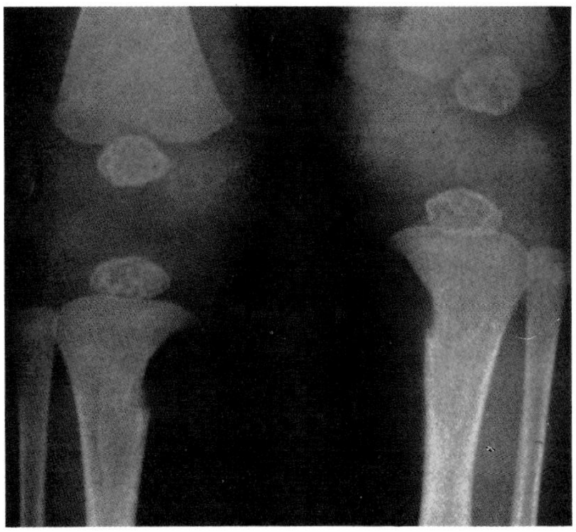

Abb. 7.**157** Usuren beiderseits medial an den Tibiametaphysen bei konnataler Lues (Wimbergersches Zeichen)

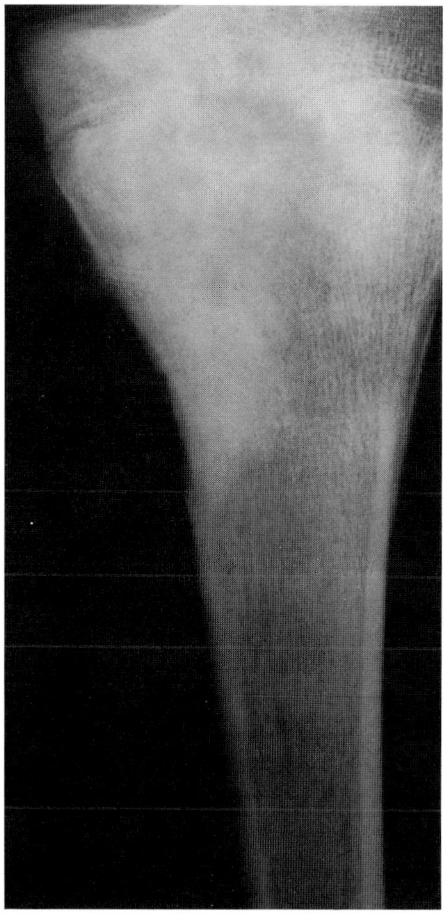

Abb. 7.**158** Strukturveränderungen, Randusuren und periostale Reaktionen bei Osteosarkom (aus Beutel, A., A. Tänzer: Strahlenther. 90 [1953] 307) ▷

Fleckig-streifige Kalkablagerungen kennzeichnen den **Knocheninfarkt**. Das gleichzeitige Vorkommen mit Arthrosis deformans am distalen Femur ist auf Abb. 7.**43** zu erkennen.

Als ungewöhnlicher Sitz von Schmerzen ist eine Stelle an der Tibia und der Fibula, ein Querfinger distal des Fibulaköpfchens, angegeben, wo sich radiologisch an den sich gegenüberliegenden Konturen beider Knochen **periostale Verdickungen** erkennen ließen.

Distal der Epiphysenlinie auftretende, kleine Knochenvorsprünge an der Tibiakante befinden sich im Ansatzbereich des **lig. collaterale tibiale** (Abb. 7.**160** und 7.**161**). Im Ansatzbereich dieses Bandes sind auch posttraumatisch rundliche Verkalkungen (Abb. 7.**162**) nachzuweisen. Derartige herdförmige oder dem Ligament folgende, bandförmige Verkalkungen sollen bei *Rollschuhfahrern*, Skiläufern und Fußballspielern gehäuft vorkommen.

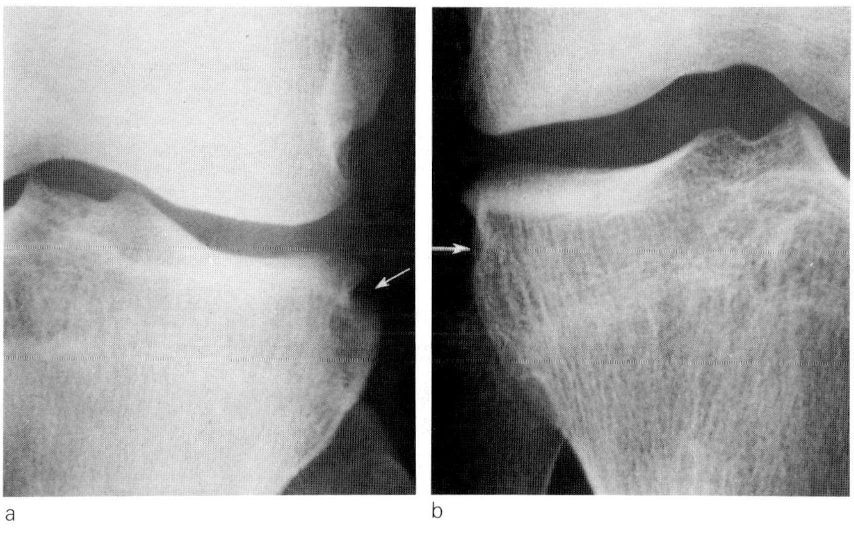

Abb. 7.**159 a** u. **b** Meniskusgangliom (aus Albert, E., G. Keleer: Z. Orthop. 83 [1953] 228)

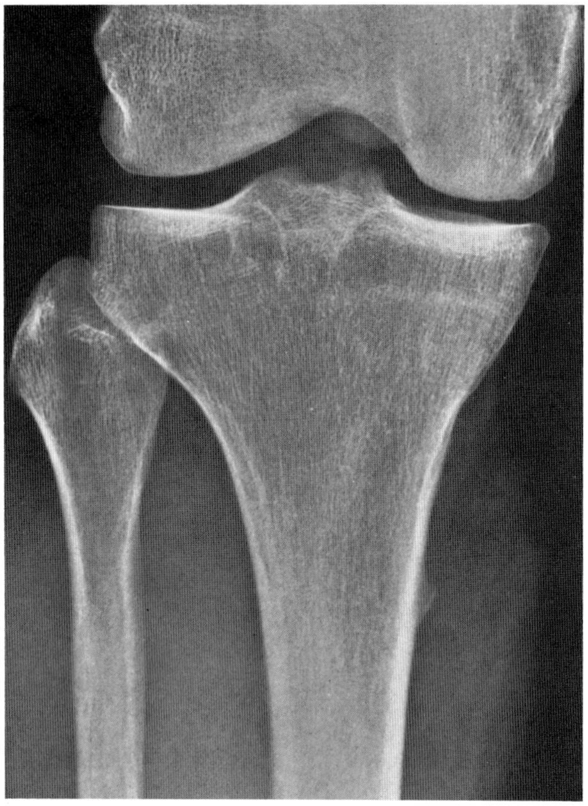

Abb. 7.**160** Kleine Verknöcherung im Ansatz des Lig. collaterale tibiale

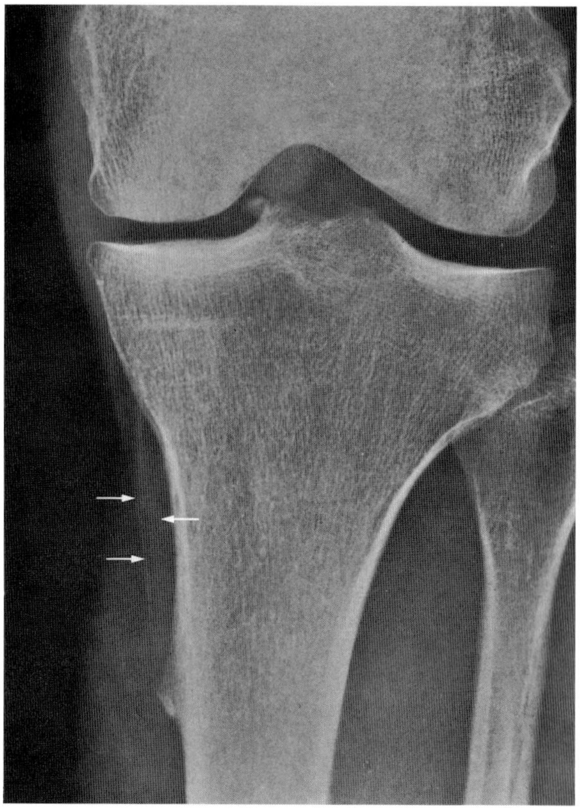

Abb. 7.**161** Verkalkungen im Lig. collaterale tibiale mit Verknöcherung am Ansatz der Bänder beiderseits (Beobachtung von Wieser, Chur/Bad Ragaz)

Auch am **Tibiofibulargelenk** treten *posttraumatisch* gelegentlich **Kapselverkalkungen** auf (Abb. 7.**163**). Krankheiten des Kniegelenkes wie rheumatoide oder septische Arthritis können, da in 10% Häufigkeit eine direkte Verbindung besteht, auf das Schien-Wadenbein-Gelenk übergreifen (40).

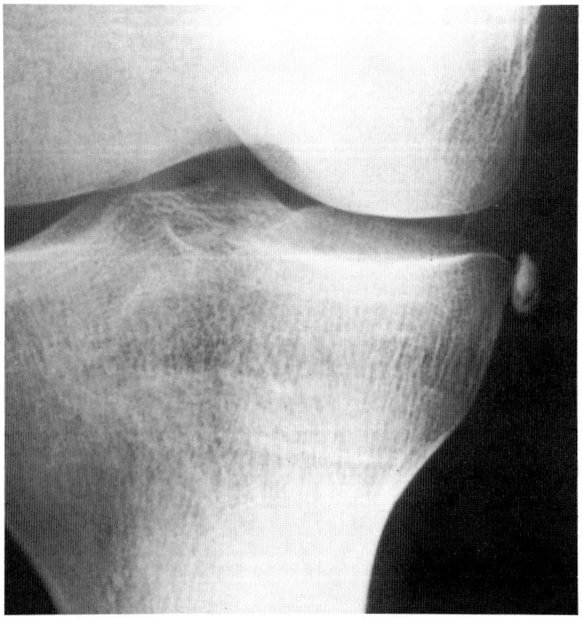

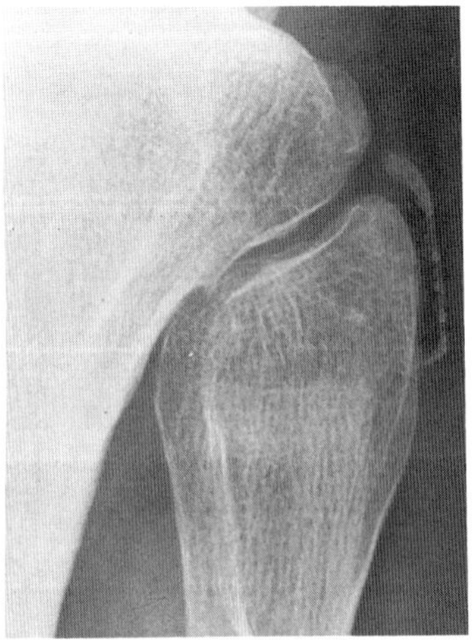

Abb. 7.**163** Kapsel- bzw. Bandverkalkung am Tibiofibulargelenk

◁ Abb. 7.**162** Posttraumatische, rundliche Verkalkung medial am Tibiakopf im Bereich des Lig. collaterale tibiale

Literatur

1 Adams, P. C., R. D. Strand, M. J. Brsnan, A. W. Lucky: Kinky hair syndrome: serial study of radiological findings with emphasis on the similarity to the battered child syndrome. Radiology 112 (1974) 401–407

2 Albert, E., G. Keller: Veränderungen im Röntgenbild durch Meniskusganglien. Fortschr. Röntgenstr. 82 (1955) 228–238

3 Apple, J. S., S. Martinez, Nancy B. Allen, D. S. Caldwell, J. R. Rice: Occult fractures of the knee: tomographic evaluation. Radiology 148 (1983) 383–387

4 Baciu, C. C., A. Tudor, I. Olaru: Recurrent luxation of the superior tibio-fibular joint in the adult. Acta orthop. scand. 45 (1974) 772–777

5 Barber, C. G.: Osteochondrosis deformans tibiae. Amer. J. Roentgenol. 42 (1939) 498–502

6 Barber, C. G.: Osteochondrosis deformans tibia. Amer. J. Dis. Child. 64 (1942) 831–842

7 Bateson, E. M.: The relationship between Blount's disease and bow legs. Brit. J. Radiol. 41 (1968) 107–114

8 Beutel, A., A. Tänzer: Frühveränderungen bei Knochensarkomen. Strahlentherapie 90 (1953) 307–313

9 Birkner, R.: Zum Röntgenbild des proximalen Schienbeindrittels. Erwiderung zur gleichnamigen Veröffentlichung von A. Ravelli. Fortschr. Röngtenstr. 82 (1955) 542–543

10 Blount, W. P.: Osteochondrosis deformans tibiae. J. Bone Jt Surg. 19-A (1937) 1–29

11 Caffey's Paediatric X-Ray Diagnosis, 8th ed., ed. by F. N. Silverman. Year Book Medical Publishers, London 1984 ([1]fig. 8-726 (p. 1379); [2]p. 489–491)

12 Catonne, Y.: Aspects radiologiques de la maladie de Blount. J. Radiol. 61 (1980) 171

13 Catonne, Y., H. Dintimille, S. Arfi, A. Mouchet: La maladie de Blount aux Antilles. Rev. Chir. Orthopéd. 69 (1983) 131–140

14 Currarino, G., D. R. Kirks: Lateral widening of epiphyseal plates in knees of children with bowed legs. Amer. J. Roentgenol. 129 (1977) 309

15 Dalinka, M. K.: Arthrography in Blount's disease. Radiology 113 (1974) 161–166

16 Dihlmann, W.: Gelenke – Wirbelverbindungen, 2. Aufl. Thieme, Stuttgart 1982 (Abb. 401)

17 Eichenblat, M., H. Nathan: The proximal tibio fibular joint. Intern. Orthop. (SICOT) 7 (1983) 31–39

18 Giorgi, B.: Correlazioni clinico-radiografiche nelle dismorfie della spina tibiale. Arch. Putti Chir. Organi Mov. 15 (1961) 320–327

19 Heuck, F.: Persistierende Apophyse der Tuberositas tibiae. Fortschr. Röntgenstr. 79 (1953) 781–782

20 Jakob, R. P., P. Engelhardt: Does Osgood-Schlatter disease influence the position of the patella? J. Bone Jt Surg. 63-B (1981) 579–582

21 Janev, St., P. Solakov: Seltener Fall von aseptischer Nekrose im Capitulum beider Fibulae. Fortschr. Röntgenstr. 109 (1968) 675–677

22 Jonasch, E.: Untersuchungen über die Form der Eminentia intercondyloidea tibiae im Röntgenbild. Fortschr. Röntgenstr. 89 (1958) 81–85

23 Jonasch, E.: Vortäuschung einer Verknöcherung im hinteren Kreuzband und eines Tuberculum intercondyloideum quartum. Fortschr. Röntgenstr. 89 (1958) 493–495

24 Keats, Th. E.: An Atlas of Normal Roentgen Variants that May Simulate Disease, 3rd ed. Year Book Medical Publishers, Chicago 1980 (Fig. 7-138/7-139)

25 Klems, H.: Zur Röntgendiagnostik des Schienbeinkopfbruchs – Tomographie. Chirurg 54 (1983) 417–419

26 Kujala, U. M., M. Kvist, O. Heinonen: Osgood-Schlatter's disease in athletes. Amer. J. Sports Med. 13 (1985) 236–241

27 Langenskiöld, A.: Tibia vara (Osteochondrosis deformans tibiae). Acta chir. scand. (Stockh.) 103 (1952) 1–22

28 Langenskiöld, A., E. B. Riska: Tibia vara: (Osteochondrosis deformans tibiae). A surgery of seventy one cases. J. Bone Jt Surg. 46 (1964) 1405–1420

29 Maselli, V.: Contributo allo studio dell' epifisite deformans di tibiale giovanile in ginocchio valgo. Chir. organi Mov. 17 (1932) 267–280; Ref.: Zbl. ges. Radiol. 14 (1933) 585

30 Mayba, I. J.: Avulsion fracture of the tibial tubercle apophysis with avulsion of patellar ligament. J. Pediat. Orthop. 2 (1982) 303–305

31 Menkes, J. H.: A sex-linked recessive disorder with retardation of growth, peculiar hair, and focal cerebral and cerebellar degeneration. Pediatrics 29 (1962) 764–769

32 Michelson, G.: Zur Frage der sogenannten „Stieda'schen Fraktur". Röntgenpraxis 2 (1930) 896–898

33 Ogden, J. A.: Dislocation of the proximal fibula. Radiology 105 (1972) 547–549

34 Ogden, J. A.: Radiology of postnatal skeletal development (Patella and tibial tuberosity). Skeletal Radiol. 11 (1984) 246–257

35 Pöschl, M.: Juvenile Osteo-Chondronekrosen. In Diethelm, L., O. Olsson, F. Strnad, H. Vieten, A. Zuppinger: Handbuch der Medizinischen Radiologie, Bd. V/4. Springer, Berlin 1971 (S. 455–472)

36 Ravelli, A.: Zum Röntgenbild des menschlichen Kniegelenkes. Fortschr. Röntgenstr. 71 (1949) 614–619

37 Ravelli, A.: Zum Röntgenbild des proximalen Schienbeindrittels. Fortschr. Röntgenstr. 82 (1955) 48–52

38 Ravelli, A.: Überlastungsschaden am Schienbein des Kindes. Fortschr. Röntgenstr. 83 (1955) 415–416

39 Ravelli, A.: Zum Bilde solitär auftretender cartilaginärer Exostosen. Arch. orthop. Unfall-Chir. 47 (1955) 447–448

40 Resnick, D., J. D. Newell, J. Guerra jr., L. A. Danzig: Proximal tibio-fibular joint. Anatomic-pathologic-radiographic correlation. Amer. J. Roentgenol. 131 (1978) 133–138

41 Rogers, L. F.: Radiology of Skeletal Trauma. Churchill Livingstone, New York 1982 ([1]fig. 21-19; [2]fig. 21-26; [3]fig. 21-30)

42 Schild, H., A. Müller, W. Menke: Die Tibiakopffraktur – eine CT-Indikation? Fortschr. Röntgenstr. 139 (1983) 135–142

43 Schinz, H. R.: Weichteilverkalkung am proximalen Fibulaende. Röntgenpraxis 5 (1933) 858

44 Schwarzkopf, W.: Ausrisse der Schienbeinrauhigkeit bei Kindern und Jugendlichen. Zbl. Chir. 108 (1983) 200–205

45 Scotti, D. M.: Osgood-Schlatter's disease, an emphasis on soft tissue changes. Skeletal Radiol. 4 (1979) 21–25

46 Silverman, F. N.: The roentgen manifestations of unrecognized skeletal trauma in infants. Amer. J. Roentgenol. 69 (1953) 413–427

47 Siebert, G.: Veraltete, operativ bestätigte Kreuzbandläsion. Fortschr. Röntgenstr. 78 (1953) 361

48 Swischuk, L. E.: Emergency Radiology of the Acute Ill or Injured Child. Williams & Wilkins, Baltimore 1979

49 Teichert, G.: Apophyse der vorderen, lateralen Tibiagelenkflächenkante. Fortschr. Röntgenstr. 83 (1955) 888

50 Titze, A.: Die Variationen der Neigung der Schienbeingelenkfläche. Z. Orthop. 80 (1950/51) 436–444

51 Turco, V. J., J. Spinella: Anterolateral dislocation of the head of the fibula in sports. Amer. J. Sports Med. 13 (1985) 209–215

52 Wichtl, O.: Tuberculum intercondylicum quartum tibiae. Röntgenpraxis 13 (1941) 397–399

53 Winckler, S., H. C. Nonnenmann: Ermüdungsbruch des Schienbeinkopfes nach Tanzvergnügen bei einem 31jährigen Mann. Chirurg 55 (1984) 770–771

Mittlere Abschnitte

Norm

Im Wachstum

Die ersten **Ossifikationspunkte** von Tibia und Fibula werden jeweils zwischen dem 40. und 50. Tag des Fetallebens sichtbar. Bei Säuglingen, vor allem zwischen dem 2. und 6. Monat, kommen an beiden Schaftknochen (wie an allen langen Röhrenknochen) **Doppelkonturen** vor, häufig verbunden mit leicht becherförmigen, wellig konturierten Metaphysen. Der Befund ist normal. **Metaphysäre Irregularitäten** in Form von Gruben und Höckern wurden am Fibulaköpfchen und am medialen Tibiarand beobachtet. Sie verschwinden mit abgeschlossenem Wachstum und wurden in ähnlicher Form auch im Schulter- und Ellenbogengelenk sowie in Handgelenknähe am Radius abgebildet (20[1]). Ihre Lage entspricht auffallend jeweils Bandansätzen.

Bei Kleinkindern in den ersten Lebensmonaten und -jahren läßt sich manchmal normalerweise der Schatten der mehr oder weniger geschlängelten **Hautvenen** erkennen (3).

Das **Längenwachstum** der distalen Tibia beträgt bei skandinavischen Jungen zwischen neun und elf Jahren ungefähr 3 μm pro Tag bis zum Alter von 15,4 Lebensjahren und hört danach auf. In der distalen Fibula nimmt das Längenwachstum des nach dem Skelettalter neunjährigen Jungen von 19 μm/Tag auf etwa 4 μm/Tag im Alter von 15,4 Jahren ab. Bei Mädchen betrug die Tibiawachstumsrate im Alter von 8 bis 10,5 Jahren 20 bis 21 μm/Tag, um dann bis zum 15. Lebensjahr auf 0 abzusinken; an der Fibula waren die Verhältnisse prinzipiell gleich (19).

Beim Erwachsenen

Bei leichter Außendrehung des Unterschenkels im a.-p. Strahlengang wird die vordere Tibiakante an der fibularen Seite sporn- bis leistenförmig konturbildend prominent (Abb. 7.**164a**). Auch die **Linea m. solei** (Abb. 7.**164b**) wird am Übergang vom lateralen Tibiakopf zum -schaft in der a.-p. Projektion gelegentlich sichtbar (23, 32). Am **Fibulaköpfchen** befindet sich manchmal medial ein nach distal gerichteter **zapfenförmiger Vorsprung** („tug lesion" [20[2]]) im Ansatz des M. soleus. Er ist gegen eine kartilaginäre Exostose abzugrenzen. Die einander in der a.-p. Projektion zugewandten Konturen von Tibia und Fibula können infolge von **Ossifikationen der Membrana interossea** unscharf und unregelmäßig werden.

Gefäßkanäle sieht man im mittleren Tibiadrittel im Verlauf von medial proximal nach lateral distal, manchmal auch in der dorsalen Kontur, in gleicher Höhe auch medial an der Fibula.

Nach Messungen der Länge, Breite und Sagittalausdehnung sind Geschlechts- und Rassenunterschiede an der Tibia in der Bevölkerung der USA signifikant nachweisbar (15, 16).

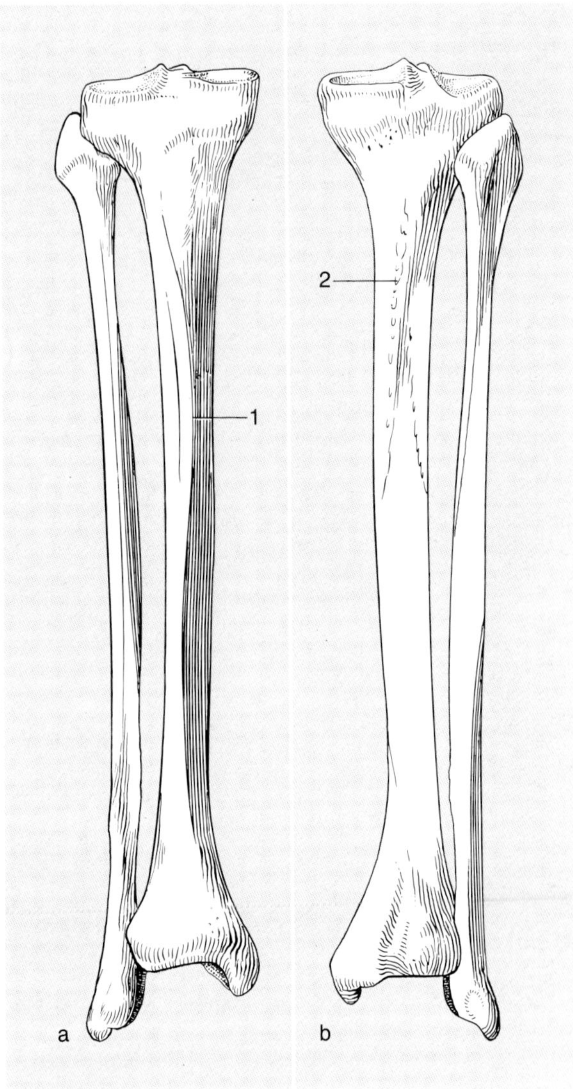

Abb. 7.**164a** u. **b**
a Rechte Tibia und Fibula von vorn
1 = Tibiavorderkante
b Rechte Tibia und Fibula von hinten
2 = Linea m. solei
(nach Feneis)

Anomalien

Im Rahmen dieses Buches wäre es sinnvoll, über „formes frustes" der Konstitutionsanomalien, der Wachstums- und Reifestörungen sowie der angeborenen Deformitäten des Skeletts zu berichten. Der heutige, umfangreiche Kenntnisstand reicht über das Niveau, das bei der vorigen Auflage dieses Buches erreicht wurde, so weit hinaus, daß jede detaillierte Beschreibung den Rahmen dieser Auflage gesprengt haben würde. Einzelheiten s. bei Francillon (11), Giedion (12), Jesserer (18) und Taiby (36, 37).

Von Zimmer wurden in der vorigen Auflage dieses Buches aufgeführt: *Fibula- und Tibiaaplasie, Verbiegung der Tibia im Varus- und Valgussinn* sowie im Sinn von *Re- und Antekurvation, angeborene Pseud-*

arthrose der Tibia, kongenitale Unterschenkelpseudarthrose, familiäre Metaphysendysplasie, Pyle, infantile kortikale Hyperostose, Camurati-Engelmannsche Erkrankung und unter verschiedenen multiplen Dysplasien der *mesomale Zwergwuchs, Typ Nievergelt,* letzterer mit Bildwiedergabe (Abb. 7.**165** und 7.**166**). Auch im Atlas von Keats (20[3]) ist ein ähnlicher Befund mit „kurzer Fibula" abgebildet. Sehr selten kommt eine proximale **Synostose von Tibia und Fibula** vor (13).

Verletzungsfolgen

Über **intrauterine Frakturen** von Tibia und Fibula ist mehrfach berichtet (33).

Die **„toddlers fracture"** der Tibia tritt bei kleinen Kindern nach einem ihrer häufigen Stürze auf. Sie besteht in einer oft kaum sichtbaren, spiralförmigen, haardünnen Spalte. Die Kinder mit einem solchen Bruch verweigern das Laufen oder hinken. Manche dieser Frakturen sind radiologisch zuerst nicht nachzuweisen.

Die mangelnde Dislokation der Fragmente der subperiostalen Tibiafraktur sind für Kinder bis zum 6. Lebensjahr typisch. Die radiologische Diagnose kann schwierig sein, wenn die minimale Konturverwerfung erst im Vergleich mit der Zone eines umgrenzten Druckschmerzes gefunden wird (4). Der Bruch bleibt in der Regel stabil (25).

Offene Tibiafrakturen im Kindesalter würden nicht zum Themenkreis dieses Buches gehören, wenn sie nicht in meist übersehener Häufigkeit mit **Biegungsfrakturen der Fibula** ohne Fragmentverschiebung einhergehen würden, die zur verzögerten Heilung und zur Heilung in Varusstellung führen können (2), während es in der Heilung von Brüchen in der proximalen Tibiametaphyse durch Interposition des medialen Periosts zur Valgusdeformität (und verstärktem Längenwachstum) kommt (1, 35).

Streßfrakturen beobachtet man in höherem Lebensalter mit der meist typischen, queren Bruchspaltrichtung, vorwiegend im proximalen Tibiaschaft („runner's fracture" [8, 34]), selten im Halsteil bzw. im proximalen Schaft der Fibula (10, 31). Betroffen sind oft, außer Sportlern in den Langlaufdisziplinen, Ballettänzer, Basketball- und Tennisspieler sowie in jüngster Zeit Jogger und Aerobic-Turner (6, 10).

Bei Sportdisziplinen mit einer dauernden Sprungbelastung (wie sie z. B. bei sieben Basketballspielern, zwei professionellen Tänzern und einem Hürdenläufer beobachtet wurden) können eigentümliche, übereinander gelegene Aufhellungszonen in der verdickten vorderen Kortikalis der Tibia auftreten. Auch dieser Befund wird im Sinne multipler Umbauzonen, „shinsplints" oder „anterior tibial striations" gedeutet (5).

Streßfrakturen im mittleren Schaftdrittel sind durch kompakten, einseitigen Kallus charakterisiert. Eine andere Form des Ermüdungsbruches manifestiert sich in einem kurzen, horizontalen, relativ weiten, spaltförmigen Aufhellungsstreifen in der vorderen Kortex des proximalen und mittleren Schaftdrittels der Tibia. Die Frakturspalten sind radiologisch manchmal nicht erkennbar, auch nicht tomographisch. Der Nachweis gelingt eventuell erst bis zu drei Monaten nach Eintreten der Beschwerden. Man sieht erst den endostalen Kallus in Form einer queren Verdichtungszone (Abb. 7.**167a** u. **b**). Die Szintigraphie kann 6 Wochen vor Auftreten radiologisch nachweisbarer Symptome zur Diagnose führen (6). Bei der Differentialdiagnose gegen eine periostale Verdickung, die in Klinik und radiologischer Symptomatik einem Osteoidosteom ähnelt, kann der Beweis für das Vorliegen einer Streßfraktur auch einmal computertomographisch geführt werden (24).

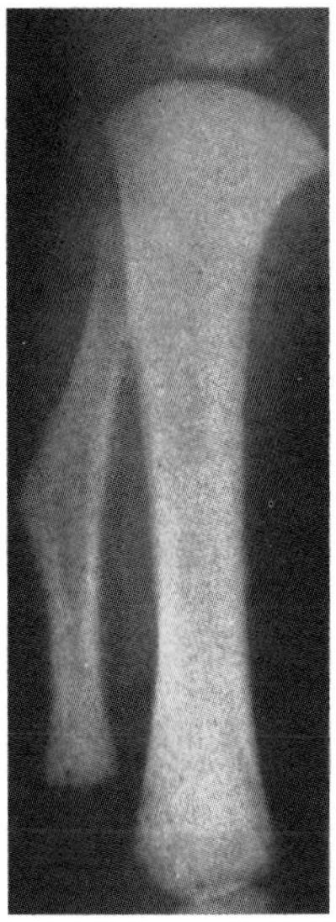

7.**165**

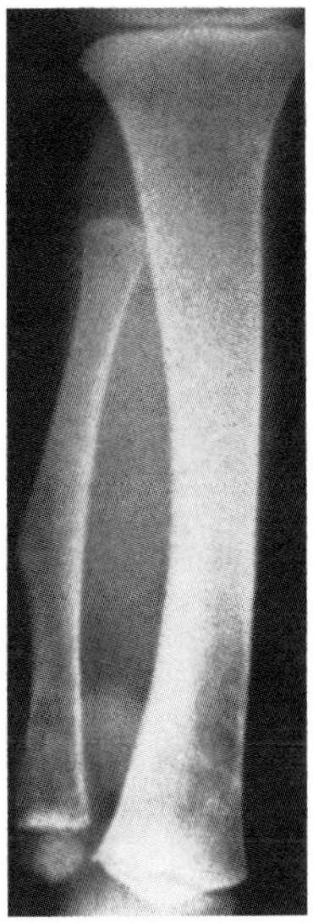

7.**166**

Abb. 7.**165** Nievergelt-Syndrom bei einem Neugeborenen (Beobachtung von Reinhardt)

Abb. 7.**166** Nievergelt-Syndrom bei der 3jährigen Schwester von Abb. 7.**165** (Beobachtung von Reinhardt)

Erworbene Erkrankungen

Entzündliche und tumoröse Erkrankungen befallen besonders die Tibia (26, 27). Unter den vielen, möglichen Prozessen gewinnen einige wenige im Rahmen dieses Buches besondere Bedeutung.

Bei der **Osteomyelitis** ist auf Frühsymptome in den Weichteilen zu achten. Spongiosasklerosen, wie sie in Abb. 7.**40a** u. **b** z. B. bei anzunehmender Tuberkulose gezeigt wurden, können bei jedem chronisch-entzündlichen Prozeß an jedem langen Röhrenknochen, so auch an der Tibia und Fibula, auftreten. Als Frühform der **Ostitis deformans Paget** findet sich wie am Schädel eine **Osteoporosis circumscripta tibiae** mit blasiger Vorwölbung der Vorderkante in Schienbeinmitte (39).

Das **Osteoidosteom**, wie es in einer Skizze ebenfalls schon am Femur gezeigt wurde (Abb. 7.**46**), ist auch mehrfach an der Tibia beschrieben

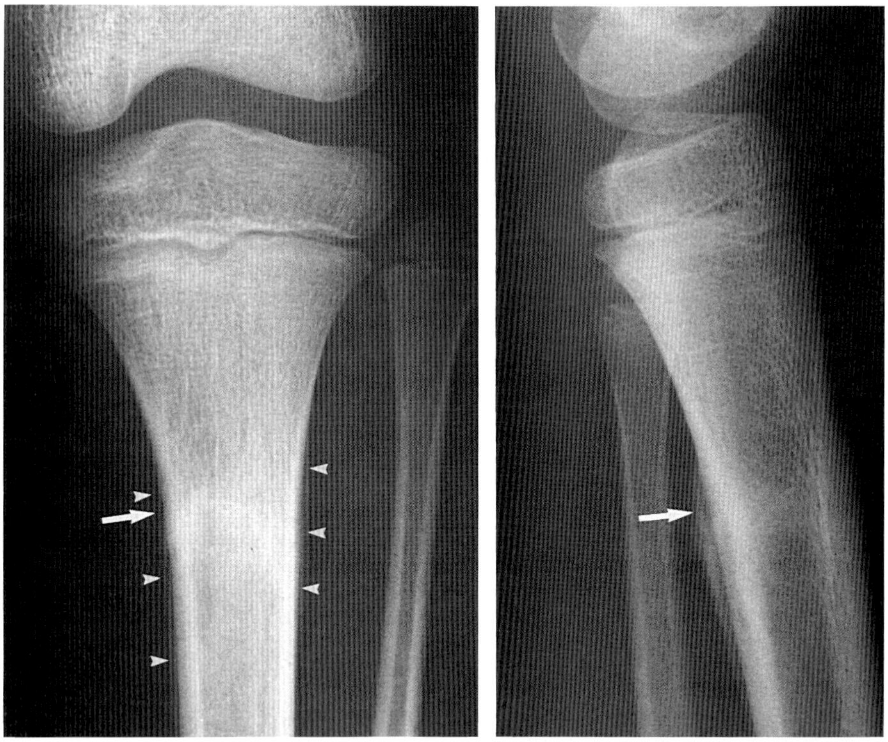

Abb. 7.**167 a** u. **b** Siebenjähriger Junge. Im sagittalen Strahlengang quer verlaufende Zone unregelmäßiger Aufhellungs- und Verdichtungszonen zwei Querfinger distal der proximalen Tibia-Epiphysenfuge (Streßfraktur, großer →) mit periostalen Reaktionen (▶), besonders im seitlichen Strahlengang an der Dorsalkante sichtbar (Beobachtung von Holthusen, Hamburg)

(erstmals durch Irnberger [14]) (Abb. 7.**168a** u. **b**). Ein Osteoidosteom wurde bei einem 10jährigen Mädchen in Tibiamitte bei gleichzeitig vorhandenem Morbus Osgood-Schlatter gefunden (28). Die Aktivitätsanreicherung im Szintigramm ist für das Osteoidosteom charakteristisch. Der Nidus des Osteoidosteoms bei einem 14 Monate alten Kind wurde in der dichten Knochenmasse erst mit der Computertomographie gefunden (14).

Der punktuell ausgeprägte Schmerz im Schaftbereich ist nicht nur für das Osteoidosteom, sondern auch für den sehr seltenen Befund eines **Hämangioms der A. nutritia** typisch. Radiologisch findet sich hier ein etwas **erweiterter Nutritiakanal** (30).

Die Fülle der Ursachen möglicher **Periostreaktionen**, besonders -verdickungen, hier aufzuführen, ist aus Platzgründen nicht möglich. Sie reichen von Systemerkrankungen über Zirkulationsstörungen, entzündliche Prozesse bis zu tumorösen Veränderungen intra- wie auch extraossärer Lokalisation. Eine umfassende Differentialdiagnose findet man bei Dihlmann (7).

Weichteile, Verkalkungen

Verkalkungen in den Weichteilen des mittleren und distalen Unterschenkeldrittels werden ziemlich häufig beobachtet, besonders bei **Zirkulationsstörungen** und (teilweise dadurch bedingten?) **Nekrosen**.

Abgesehen von den **Intimaverkalkungen** in den **Arterien** und bei chronischer Thrombophlebitis – **perivenöser Kalzinose** – sind es vor allem venös bedingte Durchblutungsstörungen, die Anlaß zu Verkalkungen und auch Periostreaktionen durch recht unterschiedliche pathogenetische Vorgänge

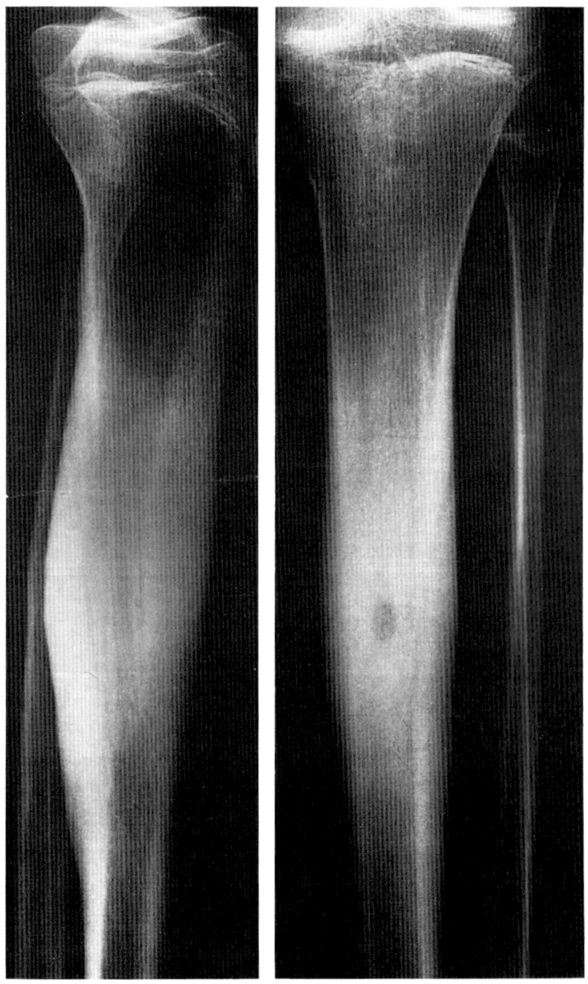

Abb. 7.**168 a** u. **b** Osteoidosteom der Tibia

geben. Bei verkalkten Beckenvenenthrombosen (s. Abb. 6.7) und **chronisch-venöser Insuffizienz** kann es am Unterschenkel zur manschettenförmigen Stauungsverkalkung und -verknöcherung kommen, die sich – ohne Bezug zu Haut oder Venen – von außen tasten läßt (21).

Die an sich schon öfter als Weichteilschatten erkennbaren **Varizen** gewinnen durch Kalkinkrustationen nach Phlebitis an Deutlichkeit.

Eine **Calcinosis interstitialis localisata** wurde bei Peronäuslähmung beobachtet (22).

Literatur

1 Balthasar, Dorothy, A., A. Pappas: Acquired valgus deformity of the tibia in children. J. Pediat. Orthop. 4 (1984) 538–541

2 Bjelland, J. C., M. Pitt, L. E. Swischuk, J. C. Crowe: The acute plastic bowing fracture of the extremities. A frequently overlooked roentgenographic finding. Presented at the Radiological Society of the North America Meeting, Chicago, December 1976

3 Caffey's Pediatric X-Ray Diagnosis, 8th ed., ed. by F. N. Silverman. Year Book Medical Publishers, London 1984 (fig. 4–4)

4 Crivelli, N., J. G. Kundert: Die geschlossenen Frakturen des mittleren und distalen Unterschenkels. Ther. Umsch. 40 (1983) 981–988

5 Daffner, R. H.: Anterior tibial striations. Amer. J. Roentgenol. 143 (1984) 651–653

6 Daffner, R. H., S. Martinez, J. A. Gehweiler: Stress fractures in runners. J. Amer. med. Ass. 247 (1982) 1038–1041

7 Dihlmann, W.: Gelenke – Wirbelverbindungen, 2. Aufl. Thieme, Stuttgart 1982 (S. 55, 56)

8 Devas, M. B.: Stress Fractures. Churchill Livingstone, New York 1975 (p. 1–18)

9 Düben, W., H. Putzki, G. Düben: Beidseitige Ermüdungsfraktur der Tibia. Unfallheilkunde 87 (1984) 354–356

10 Dugan, R. C., R. D'Ambrosia: Fibular stress fractures in runners. J. Fam. Pract. 17 (1983) 415–418

11 Francillon, M. R.: Deformitäten des Skeletts. In Schinz, H. R., W. Baensch, W. Frommhold, R. Glauner, E. Uehlinger, J. Wellauer: Lehrbuch der Röntgendiagnostik. Bd. II/2, 6. Aufl. Thieme, Stuttgart 1981 (S. 373–428)

12 Giedion, A.: Konstitutionelle Skeletterkrankungen. In Schinz, H. R., W. Baensch, W. Frommhold, R. Glauner, E. Uehlinger, J. Wellauer: Lehrbuch der Röntgendiagnostik, Bd. II/2, 6. Aufl. Thieme, Stuttgart 1981 (S. 1–349)

13 Hippe, H.: Seltene proximale tibiofibulare Synostose. Fortschr. Röntgenstr. 78 (1953) 748–749

14 Irnberger, Th.: Infantiles Osteoid-Osteom der Tibia. Wien. med. Wschr. 133 (1983) 67–71

15 Işcan, Y. M., Patricia Miller-Shaivitz: Discriminant function sexing of the tibia. J. Forensic Sci. 29 (1984) 1087–1093

16 Işcan, Y. M., Patricia Miller-Shaivitz: Determination of sex from the tibia. Amer. J. Phys. Anthropol. 64 (1984) 53–57

17 Jaffé, H. L.: Osteoid-Osteoma. A benigne osteoblastic tumor composed of osteoid and atypical bone. Arch. Surg. 31 (1935) 709–728

18 Jesserer, H.: Wachstums- und Reifestörungen des Skeletts. In Schinz, H. R., W. Baensch, W. Frommhold, R. Glauner, E. Uehlinger, J. Wellauer: Lehrbuch der Röntgendiagnostik, Bd. II/2, 6. Aufl. Thieme, Stuttgart 1981 (S. 351–428)

19 Kärholm, J., L. I. Hansson, G. Selvik: Longitudinal growthrate of the distal tibia and fibula in children. Clin. Orthop. 191 (1984) 121–128

20 Keats, Th. E.: Atlas of Normal Roentgen Variants that May Simulate Disease, 3rd ed. Year Book Medical Publishers, Chicago 1984 ([1]fig. 7-153 und 7-154; [2]fig. 7-156 bis 7-159; [3]fig. 7-165)

21 Kempmann, G.: Verkalkte Beckenvenenthrombose und Stauungsossifikationen am Unterschenkel – seltene Spätfolgen der chronisch-venösen Insuffizienz. Fortschr. Röntgensr. 127 (1977) 74–76

22 Kohlmann, W.: Calcinosis interstitialis localisata nach Peronäuslähmung. Fortschr. Röntgenstr. 82 (1955) 419–421

23 Levine, A. H., J. Pais, H. Berinson, P. S. Amenta: The soleal line: A cause of tibial pseudoperiostitis. Radiology 119 (1976) 79–81

24 Murcia, M., R. E. Brennan, J. Edeiken: Computed tomography of stress fracture. Skeletal Radiol. 8 (1982) 193–195

25 Rahmanzadeh, R., R. Hahn: Kindliche Tibiaschaftfrakturen. Orthopädie 13 (1984) 293–297

26 Ravelli, A.: Röntgenbild und Deutung bestimmter Knochenherde in den Metaphysen von Tibia und Femur. Langenbecks Arch. klin. Chir. 280 (1955) 205–232

27 Ravelli, A.: Zur Differentialdiagnose metaphysärer Knochenherde. Radiol. Austriaca 9 (1956) 93–99

28 Reinhardt, K.: Über das Osteoid-Osteom und seine Differentialdiagnose. Fortschr. Röntgenstr. 75 (1951) 717–720

29 Rogers, L. F.: Radiology of Skeletal Trauma. Churchill Livingstone, New York 1982 (p. 769–774)

30 Roscher, W.: Das Hämangiom der Arteria nutritia der Tibia. Röntgenpraxis 11 (1939) 429–430

31 Schneider, H. J., A. Y. King, J. L. Bronson, E. H. Miller: Stress injuries and developmental change of lower extremities in ballet dancers. Radiology 113 (1974) 627–632

32 Schneider, V. M.: Die Linea m. solei (Linea poplitea tibiae) im Röntgenbild. Radiol. clin. (Basel) 33 (1964) 240–248

33 Siemens, W.: Doppelseitiger Wadenbeinermüdungsbruch (Überlastungsschaden) beim Kleinkind. Zbl. Chir. 46 (1942) 1809–1813

34 Sullivan, D., R. F. Russel, Helen Pavlov,, G. Kelman: Stress fractures in 51 runners. Clin. Orthopaed. 187 (1984) 188–192

35 Swischuk, L. E.: Emergency Radiology of the Acutely Ill or Injured Child. Williams & Wilkins, Baltimore 1979 (p. 357/358)

36 Taiby, H.: Radiology of syndromes. Year Book Medical Publishers, Chicago 1975

37 Taiby, H.: Radiologie der Syndrome. Thieme, Stuttgart 1982

38 Weber, B. G.: Die proximale metaphysäre Tibiafraktur. In Weber, B. G., C. H. Brunner, F. Freuler: Die Frakturbehandlung bei Kindern und Jugendlichen. Springer, Berlin 1982 (S. 21–25)

39 Wellens, P.: L'ostéoporose circonscrite du tibia. J. belge Radiol. 40 (1957) 167–173

Distaler Teil

Norm

Im Wachstum

Der **Knochenkern der distalen Tibiaepiphyse** erscheint etwa zwischen dem 2. und 8. Lebensmonat und verschmilzt im 16. bis 20. Lebensjahr mit dem Schaft.

Der **Knochenkern der distalen Fibulaepiphyse** wird einige Monate später radiologisch nachweisbar und verschmilzt etwa zum gleichen Zeitpunkt wie die entsprechende Epiphyse an der Tibia.

Der **Verlauf der Epiphysenfuge** ist wellig-unregelmäßig mit gelegentlich auftretenden Vorsprüngen aus der distalen Epiphyse in eine entsprechende Kerbe der Metaphyse (Abb. 7.**169** und 7.**172**), seltener umgekehrt. Die distale Fibulaepiphyse kann normalerweise gegenüber der Metaphyse leicht nach medial versetzt sein (Abb. 7.**169**).

An der Spitze des Innen- und Außenknöchels kommen **isolierte Knochenkerne** vor, am Malleolus medialis in einer Häufigkeit von etwa 30% (61) (Abb. 7.**170**) am Malleolus lateralis wohl häufiger (Abb. 7.**171** und 7.**172**). Es kann schwierig werden, diese Normalbefunde von Unfallfolgen zu unterscheiden (55). In späteren Ossifikationsstadien können sich isolierte Knochenkerne schalenförmig den Epiphysen von Tibia und Fibula anlegen (Abb. 7.**173**).

Ein typischer Knochenkern wird auch lateral der bzw. lateral in der distalen Epiphysenfuge der Fibula beschrieben (31[1]). Dieses „fibular ossicle" tritt etwa ab dem 6. Lebensjahr auf, ist gelegentlich sehr dicht und verschmilzt zumeist in der Pubertät (Abb. 7.**174**). Die häufige Wiedergabe dieses Befundes in den Lehrbüchern (s. auch 7) unterstreicht die praktische Bedeutung dieses Extra-Knochenkerns; hier genau kann es nämlich zum schalenförmigen Ausriß des oberen Retinakulum der Peronäussehne kommen (8).

Die Frage ist aufzuwerfen, ob die Malleolen mehrkernig angelegt sind. Die mediale Kontur der distalen Tibiaepiphyse stellt sich gelegentlich gezähnelt dar, die Struktur kann unregelmäßig aufgelockert erscheinen (31[2,3]).

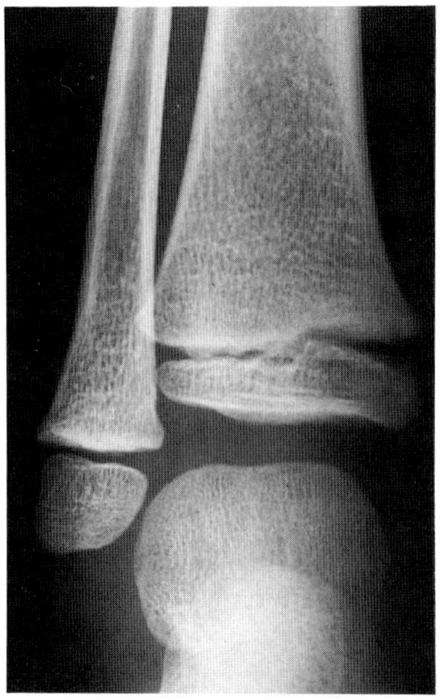

Abb. 7.**169** Sprunggelenk eines Sechsjährigen

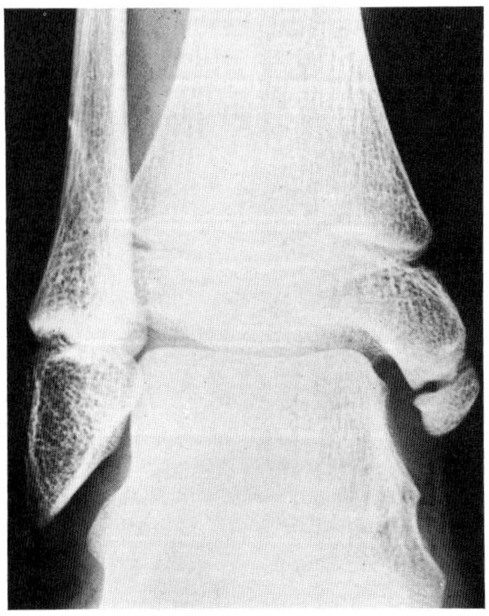

Abb. 7.**170** 10jähriger Junge. Großes isoliertes Ossifikationszentrum an der Spitze des Malleolus externus, doppelseitig vorhanden

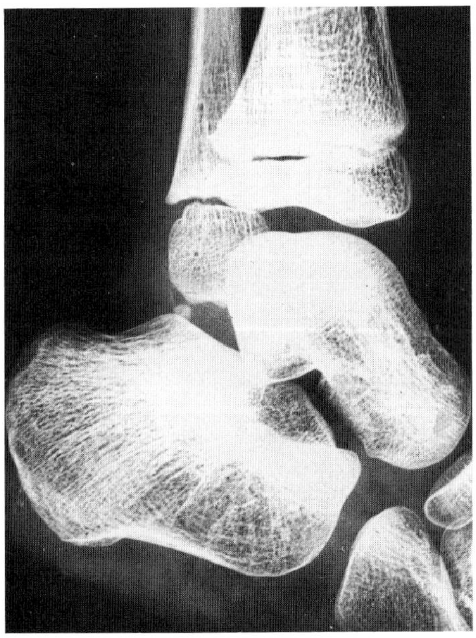

Abb. 7.**171** Sechsjähriger Junge. Isoliertes Ossifikationszentrum im hinteren Anteil der Spitze des Malleolus lateralis

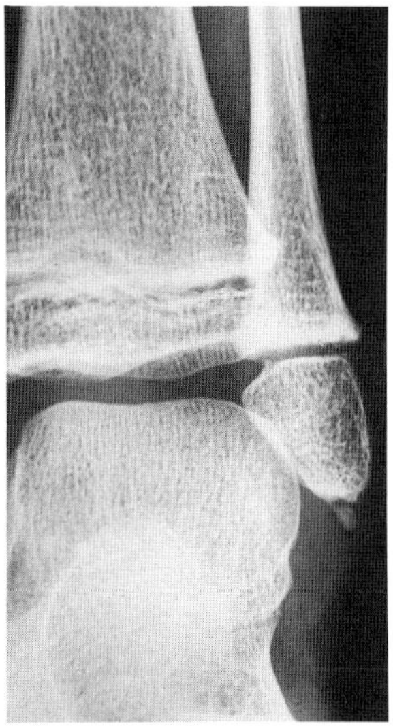

Abb. 7.**172** Isoliertes Ossifikationszentrum unter der Spitze des Malleolus lateralis

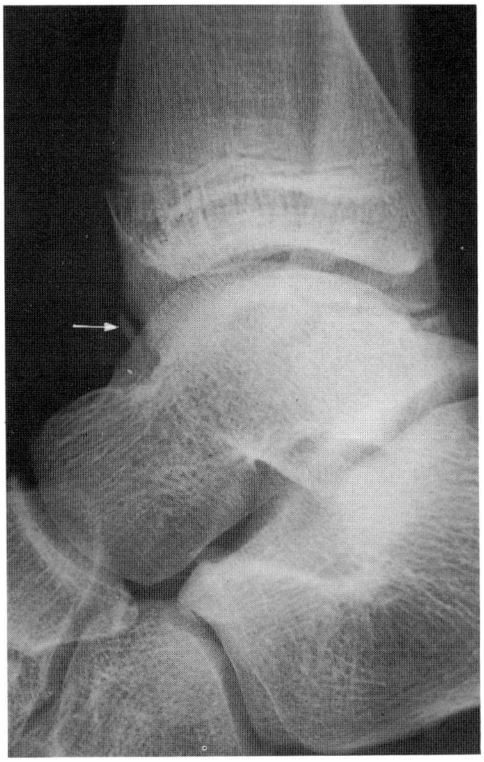

Abb. 7.**173** Schalenförmige Apophyse an der Vorderkante des Innenknöchels

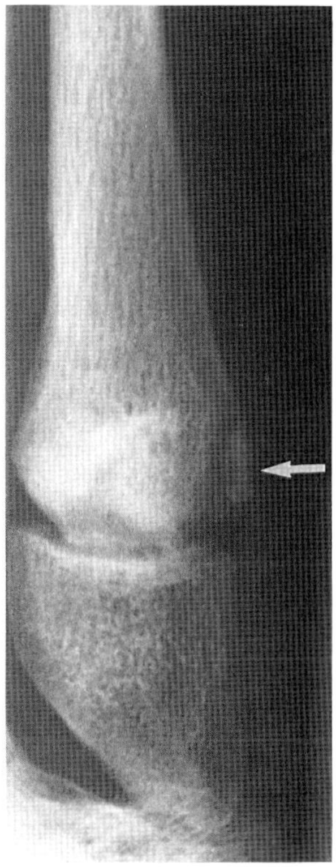

Abb. 7.**174** Neunjähriges Mädchen mit Ossiculum fibulare („fibular ossicle") (Beobachtung von Holthusen, Hamburg)

Beim Erwachsenen

Nach Verschmelzung von Epi- und Metaphysen bleiben an Tibia und Fibula öfter **streifenförmige Strukturverdichtungen** im Bereich der ehemaligen Epiphysenfuge zurück. Proximal hiervon sieht man in den distalen Unterschenkelabschnitten ziemlich regelmäßig quer verlaufende streifenförmige Verdichtungen, die sog. **Wachstumslinien** (Abb. 7.**175a** u. **b**). Die Strahlendurchlässigkeit der Malleolen ist gegenüber den massiven Unterschenkelknochen so verstärkt, daß sie oft wie entkalkt aussehen.

Die *Achse des Schienbeins bildet mit der Achse des Sprunggelenkes* auf der a.-p. Aufnahme einen medial offenen Winkel, den **Johnson-Winkel**, von 92 Grad.

Die *Malleolengabel* läßt sich nur bei Innendrehung des Fußes um etwa 20 Grad übersichtlich darstellen. Die **Incisura fibularis** wird bei leichter Innendrehung konturbildend (Abb. 7.**176**), der mediale

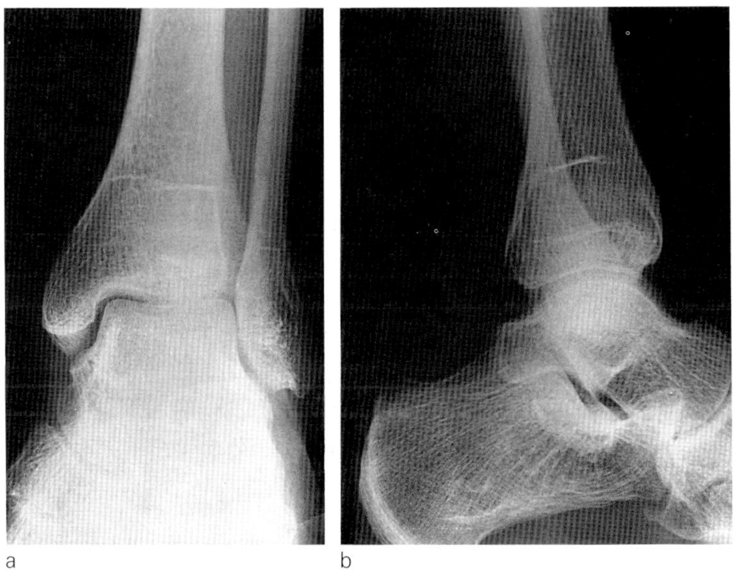

a b

Abb. 7.**175 a** u. **b** Wachstumslinien an Tibia und Fibula

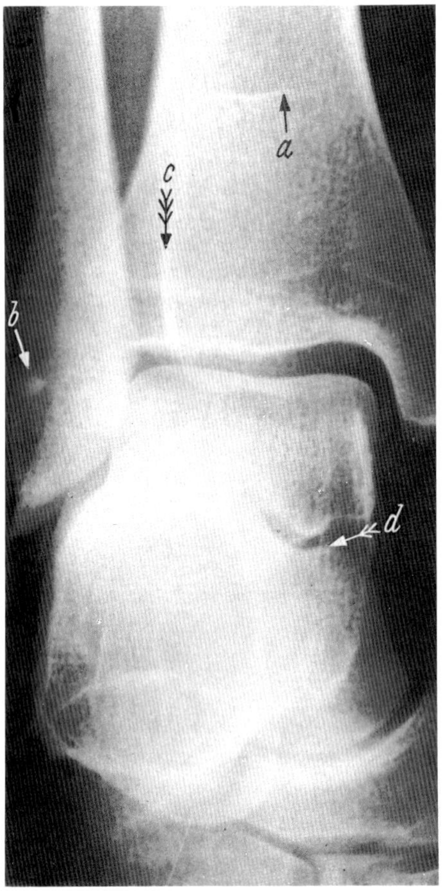

Abb. 7.**176** Wachstumslinie (a). Kompaktainsel im Malleolus lateralis (b). Kante der Incisura fibularis (c). Talokalkanealgelenk (d)

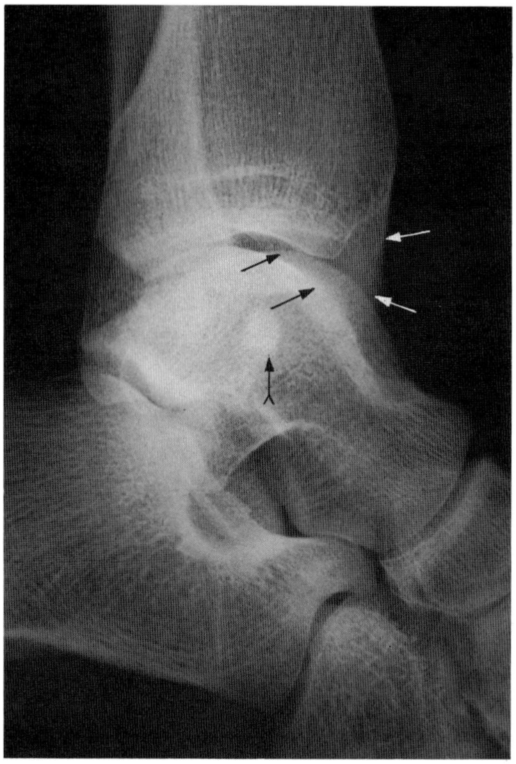

Abb. 7.**177** Projektion des Malleolus medialis (↑). Die Verdichtung in Projektion mit der Struktur des Talus (↑) kann einer Kompaktainsel oder einem isolierten Skelettelement entsprechen

„knöcherne Gelenkspalt" wird ohne Überlagerung frei und in seiner Weite vergleichbar zur anderen Seite. Schädigungen des Deltabandes lassen sich durch Erweiterung dieses Raumes diagnostizieren. Kleine wie auch große **Kompaktainseln** sind im Malleolus fibularis oft zu finden, kommen auch im Talus vor und sind dann im Seitenbild gegenüber Ossa fibularia (s. unten) abzugrenzen. Bei leichter Verdrehung nach innen springt auf der Profilaufnahme der Malleolus medialis vorn vor (Abb. 7.**177**). Die korrekte Einstellung erlaubt die Beurteilung der Gelenkrolle.

Varianten

Öfter noch als einen breit nach medial ausladenden äußeren Knöchel findet sich ein nach **innen atypisch stark vorspringender Malleolus medialis**. Dabei auftretende Schmerzen und Schwellungen können durch ein Trauma mit folgenden Periostreizungen und Ligamentaffektionen eine Rolle spielen. Häufiger wurde eine subkutan gelegene Bursa, im Einzelfall auch ein Os subtibiale, gefunden. Der distale Anteil der Tibia in der Incisura tibiofibularis kann isoliert sein und ist, vor allem bei vorgeschädigtem Sprunggelenk, von einer Absprengung nicht zu unterscheiden, wenn nicht derselbe Befund an der unverletzten Gegenseite besteht (Abb. 7.**184b** u. **c**).

Als Folge der Ossifikationsunregelmäßigkeiten kann während der Verknöcherung ein **Loch im Außenknöchel** entstehen, das sich schließt, aber auch persistiert (31[4,5]).

Die öfter auftretenden **perimalleolären Ossifikationen** kommen prinzipiell an drei Stellen vor:

1. Wenn Sie unter den Knöchelspitzen liegen, ist die Bezeichnung **Os subtibiale** (Abb. 7.**178**) bzw. **Os subfibulare** (Abb. 7.**179a–c**) aus rein topographischen Gründen gerechtfertigt.
2. Werden isolierte Skelettelemente mehr oder minder zwischen Knöchel und Sprungbein sichtbar, liegen sie **para-**, nicht **submalleolär** (Abb. 7.**180** am Innenknöchel und Abb. 7.**181** bis 7.**184a** am Außenknöchel).
3. Ein der **Außenkante des Malleolus lateralis** kappenförmig aufsitzendes, kleines isoliertes Skelettelement wurde pathologisch-anatomisch **Os retinaculi** genannt (26). Radiologisch wurde die Bezeichnung „Patella malleoli" vorgeschlagen (69).

Bei dem 19jährigen Patienten, dessen Befund Abb. 7.**185** wiedergibt, kann es sich auch um einen noch nicht verschmolzenen Knochenkern handeln.

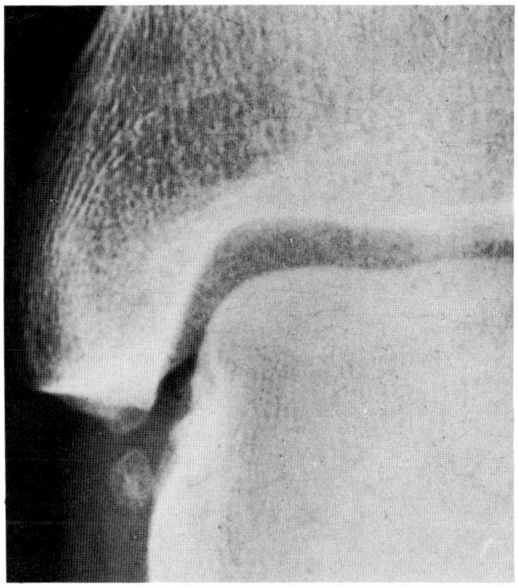

Abb. 7.**178** Os subtibiale

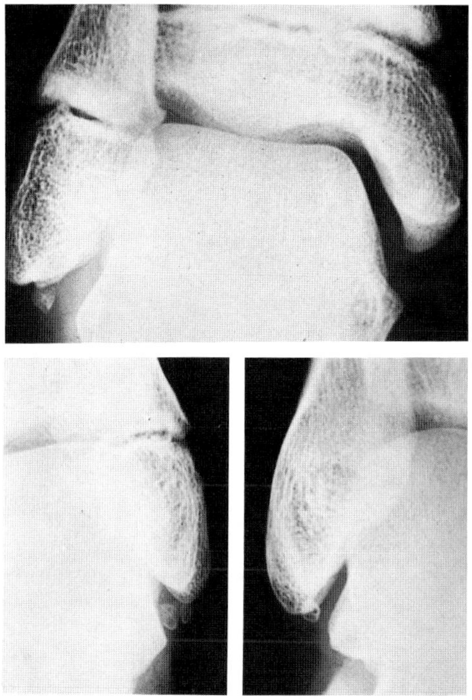

a

b

c

Abb. 7.**179 a–c** Isoliertes Ossifikationszentrum bzw. Os subfibulare
a Bei einem 11jährigem
b Bei 14jährigem
c Bei 19jährigem

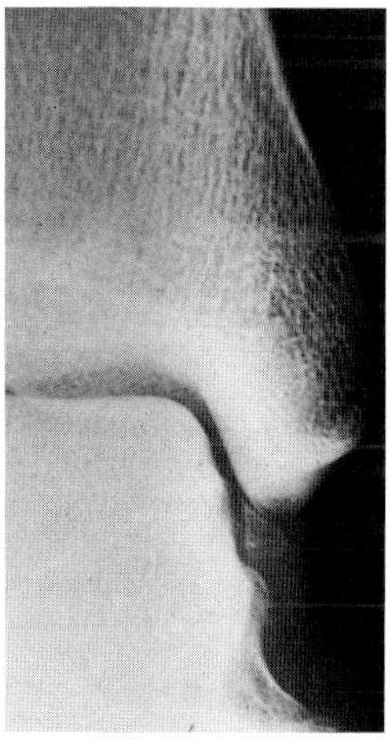

◁ Abb. 7.**180** Skelettelement, das sich in den medialen Gelenkspalt projiziert

Abb. 7.**181** 41jährige Frau. ▷ Os subfibulare

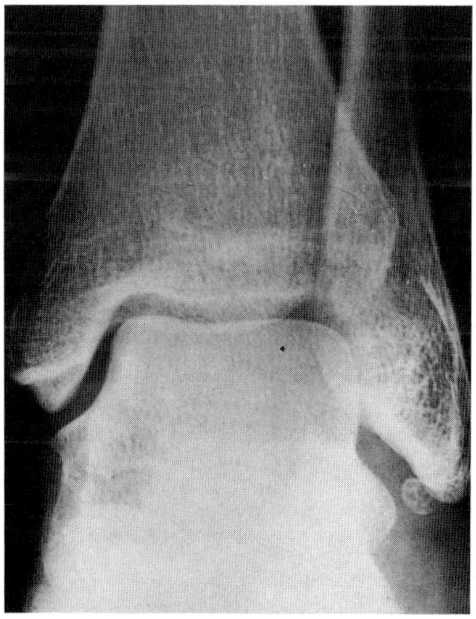

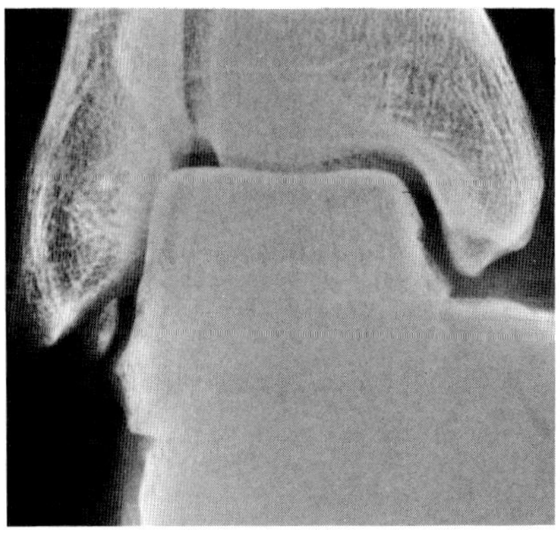

Abb. 7.**182** Längliches, isoliertes Knochenelement zwischen Fibulaspitze und Talus (Beobachtung von Graf, Langenthal) ▷

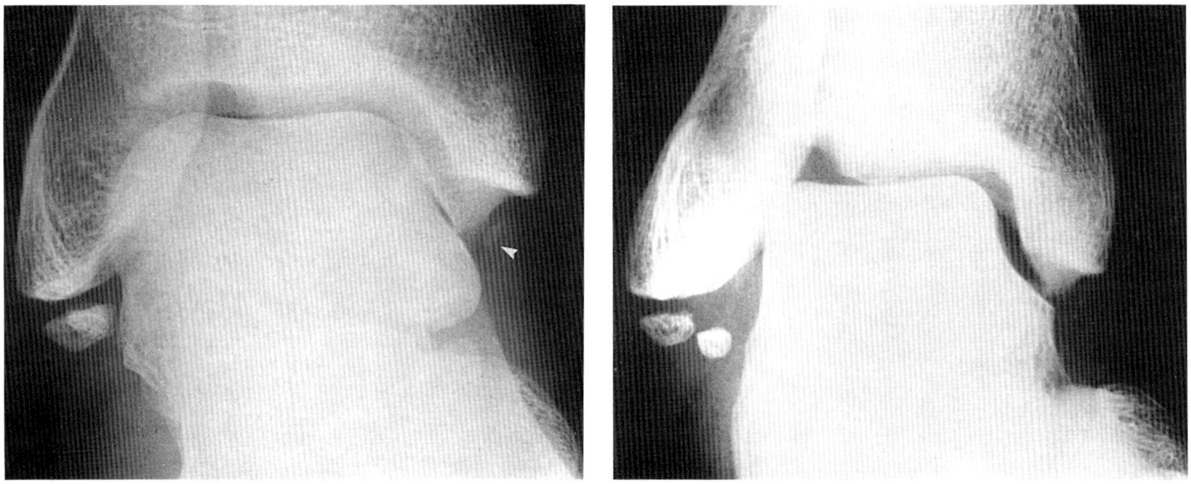

a b

Abb. 7.**183 a** u. **b** Zwei Ossa subfibularia und Os subtibiale

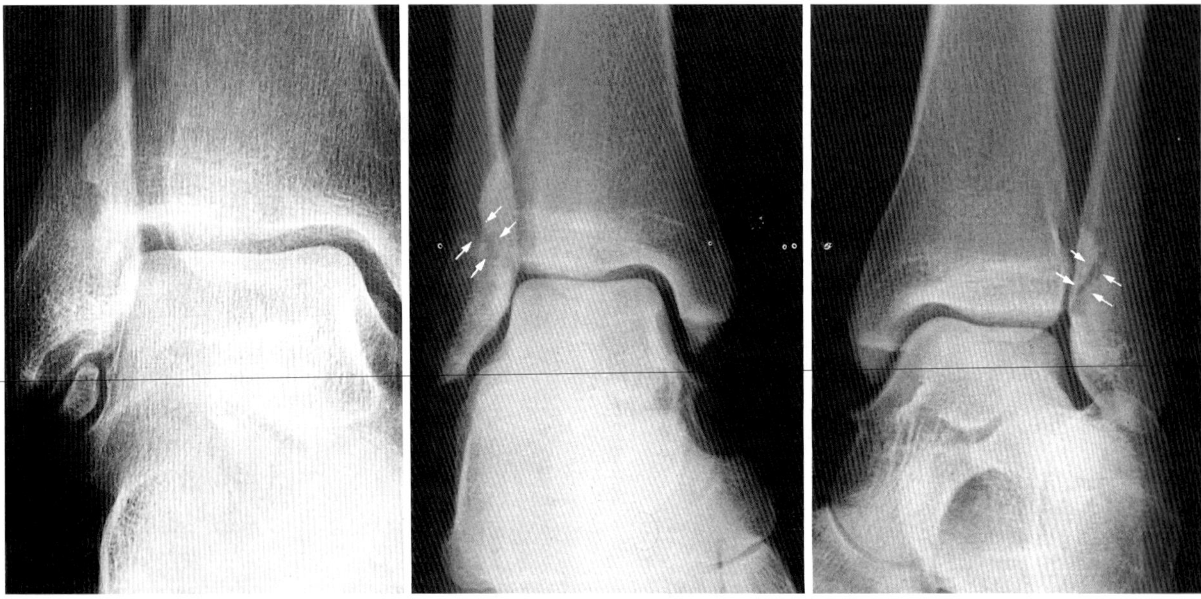

a b c

Abb. 7.**184 a–c**
a Großes Skelettelement zwischen Talus und Malleolus lateralis
b u. **c** 46jähriger Mann. Durch mehrere Traumen vorgeschädigte Sprunggelenkregion mit Osteophyten an beiden Knöchelspitzen und Verkalkungen im Projektionsbereich der Achillessehne (auf der Aufnahme nicht dargestellt). Isoliertes, großes Knochenstück der Tibia in der Incisura tibiofibularis. Kein Knochenausriß, da ebenso auf der symptomlosen Gegenseite nachweisbar (Beobachtung von Kirschner, Hamburg)

Schalenförmige Begleitschatten am Innenknöchel gleichen den „Stieda-Schatten" am Condylus medialis femoris und sind wohl auf Bandverknöcherungen zu beziehen.

Über die **Ätiologie** der perimalleolären Verknöcherungen gibt es unterschiedliche Ansichten:

- Das **Os subtibiale** wird als nicht verschmolzener Epiphysenkern angesehen. Abb. 7.**179** würde für eine gleichartige Entstehung auch beim **Os subfibulare** sprechen.
- **Überzählige Knochen.**
- Sämtliche perimalleolären Ossa werden auf **Verkalkungen** bzw. **Verknöcherungen** im Lig. deltoideum bzw. in der Mulde des Außenknöchels in der Sehne des M. peronäus, die hier entspringt, bezogen.

Die unter anderem auch angenommene *posttraumatische Entstehung* widerspricht der letztgenannten Auffassung nicht. Befunde, wie sie in Abb. 7.**186** am Innenknöchel und in Abb. 7.**183a** u. **b** am Außenknöchel wiedergegeben sind, können als Folgen von vorhergegangenen, alten traumatischen Schädigungen aufgefaßt werden. Wie jede Apophyse kann eine inkonstant auftretende „überzählige" Apophyse bzw. ein Extra-Knochenkern durch ein Trauma verlagert werden. Bei mancher Persistenz eines überzähligen Knochens ist die posttraumatische Entstehung nicht auszuschließen. Zu berücksichtigen ist die relative Instabilität und damit Anfälligkeit eines vorgeschädigten, primär radiologisch unauffälligen Gelenkes gegen erneute Traumen, die die vom vorigen Trauma entstandenen

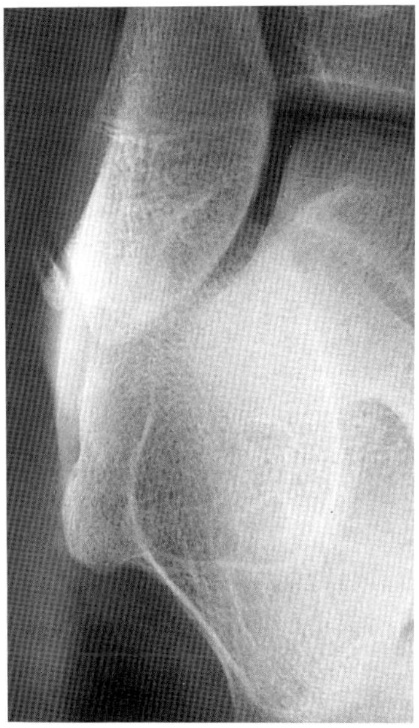

Abb. 7.**185** Akzessorium an der Außenseite des Außenknöchels

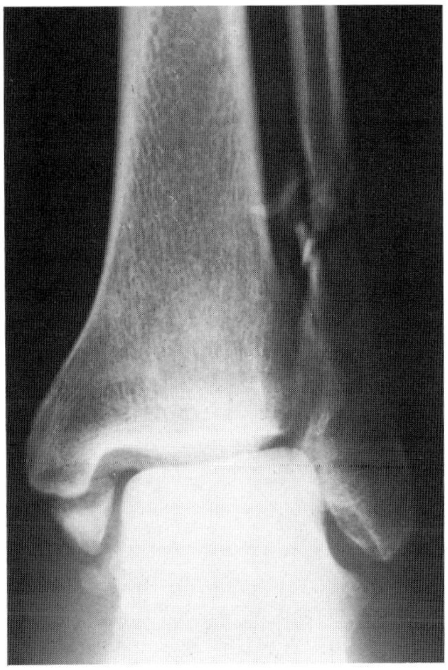

Abb. 7.**186** Alte Fraktur des Malleolus medialis (?), darunter Os subtibiale. Frische Schußverletzung der Fibula

Ossifikationen erst deutlich machen. Im Fall der Abb. 7.**183** waren bei jetzt bestehendem Riß des Deltabandes und des lateralen Bandapparates (operativ bestätigt) ohne nachweisbare frische Knochenverletzung mehrere schwere Distorsionen dieses Sprunggelenkes vorausgegangen.

Den Befund einer Mulde im Außenknöchel mit und ohne anliegendem, isoliertem Knochen (Abb. 7.**187** und 7.**188**), findet man ganz ähnlich bei 31[6]. Hier ist zu berücksichtigen, daß in dieser Region die Fossa malleoli lateralis, die Ursprungsstelle des Lig. talofibulare posterius, liegt und einen entsprechenden Befund hervorrufen kann.

Grundsätzlich muß man annehmen, daß ein nicht wieder angeheiltes Knochenfragment die ursprüngliche Form des Knochens ergänzt, in ihn oder an ihn hineinpaßt, wie man es bei Abb. 7.**186** am Innenknöchel vermuten möchte, während das darunter gelegene Os subtibiale formell – wie die meisten anderen dieser Art – beziehungslos zum Knochen liegt. Es kann sich nur um einen zusätzlichen Knochen handeln, der primär angelegt oder sekundär erworben ist.

Darüber hinaus ist auch an Verkalkungen und Verknöcherungen **degenerativer Entstehung** im Kap-

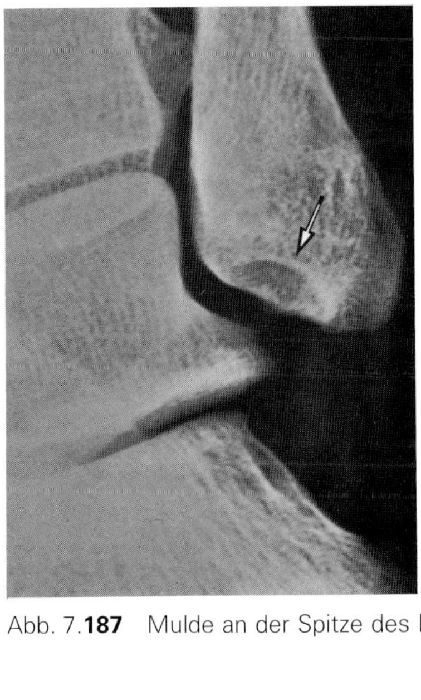

Abb. 7.**187** Mulde an der Spitze des Malleolus lateralis

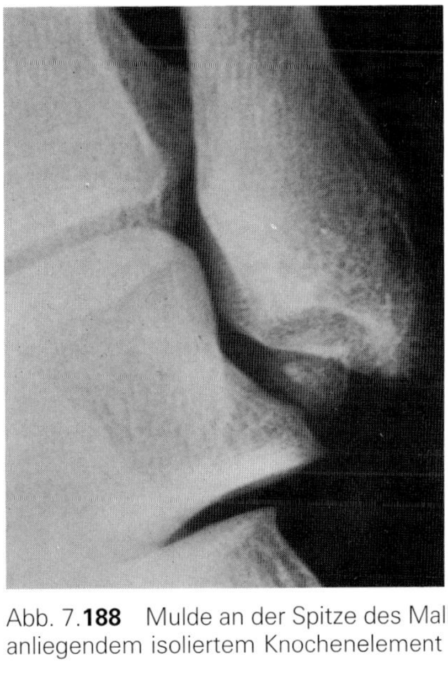

Abb. 7.**188** Mulde an der Spitze des Malleolus lateralis mit anliegendem isoliertem Knochenelement

sel-Band-Apparat bei Arthrosis deformans zu denken (Abb. 7.**189 a** u. **b**).

Der dann meist plump-nasenförmig vorspringenden, vorderen, distalen Tibiakante liegt zuweilen ein kleines, isoliertes Knochenelement an, das als **Os talotibiale** bezeichnet wird (66) (Abb. 7.**190**). Eine gleichzeitig bestehende Knochenabsprengung der Tibiakante wird in einigen Fällen für möglich gehalten (55).

Als Variante ist wohl auch der **zungenförmige Vorsprung der Tibiaepiphyse vorn** anzusehen, der sich in eine Mulde des Talushalses einsenkt (Abb. 7.**191**).

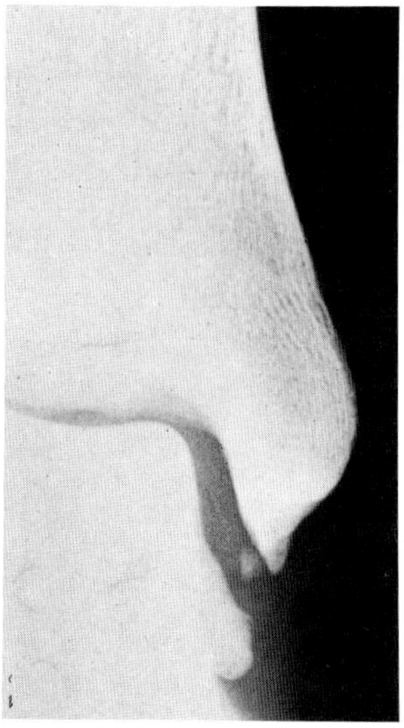

Abb. 7.**189** Kleine Ossifikation medial der zu einem arthrotischen Wulst ausgezogenen Spitzenkontur des Malleolus lateralis

Anomalien

Die **Volkmannsche Sprunggelenkdeformität** (68) tritt bei kongenitalen Verkürzungen oder Fehlen der Fibula, seltener der Tibia, ein und besteht in einer entsprechenden Schrägstellung des Talus. **Varus- und Valgusstellungen** der queren Achse des oberen Sprunggelenkes auf konstitutioneller Basis sind im Grundsätzlichen beschrieben (44).

Die **Dysplasia epiphysealis hemimelica (Trevor-Fairbank-Disease** [67]), eine kongenitale Entwicklungsstörung, häufig in der Kindheit beobachtet, beruht auf einer asymmetrischen Überentwicklung des Epiphysenknorpels in der unteren, selten oberen Extremität, ist vorwiegend am Sprunggelenk zu beobachten (Talus 61%, distale Tibiaepiphyse 47%) und führt ebenfalls je nach Sitz zur Varus- bzw. Valgusstellung im Sprunggelenk (15, 30, 65).

Verletzungsfolgen und Nekrosen

Bei Kindern sind folgende **Fettstreifen** (Aufhellungen) zu beobachten: Ein Streifen hinten vor der Achillessehne, ein Streifen vorn hinter der Extensorsehne und bei älteren Kindern ein schmaler Streifen 5 mm vor dem Prä-Achillessehnenstreifen. Im Seitenbild lassen sich Ergüsse durch die nicht mehr

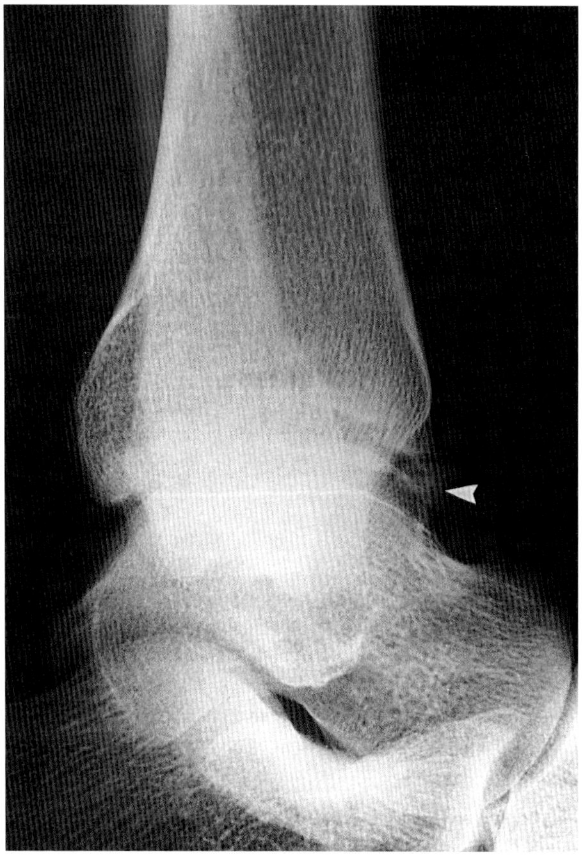

Abb. 7.**190** Os talotibiale

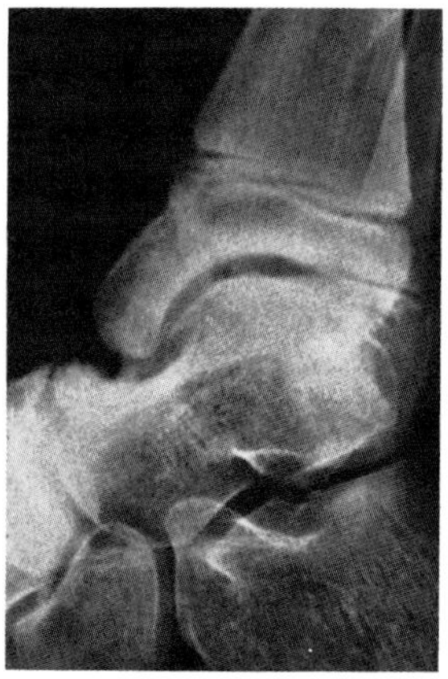

Abb. 7.**191** Exostosenähnliche Vorwölbung der distalen Tibiaephiphyse

Abb. 7.**192 a** u. **b** Verletzungen der offenen Wachstumsfugen am Talokruralgelenk
a Nach Salter-Harris
b Nach Salter-Harris und Aitken zum Vergleich

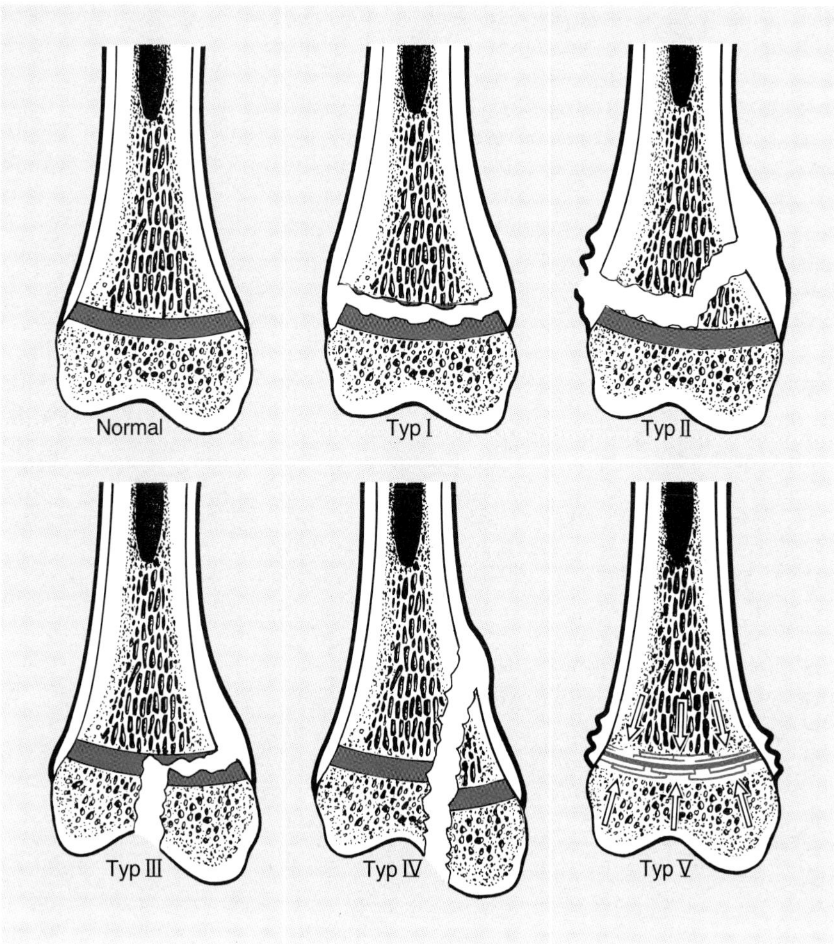

a

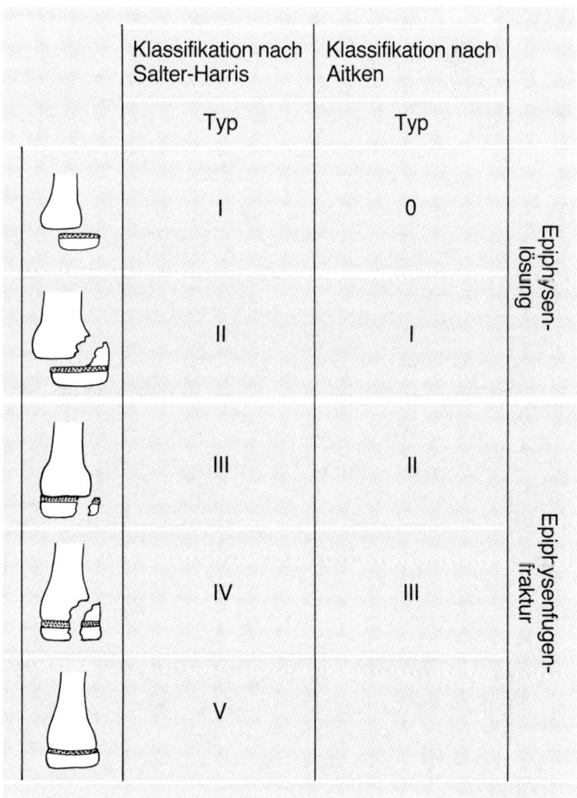

b

mögliche Abgrenzung dieser Streifen feststellen (63).

Eine *ventrale Dislokation der präartikulären Fettschicht* wurde unter 615 Sprunggelenkaufnahmen Erwachsener in 14 Fällen nach akuter oder chronischer Distorsion und bei einfachen Frakturen ohne Fragmentdislokationen gesehen (33).

Gelenkergüsse können das Gelenkkavum nach vorn, seltener nach hinten ausstülpen. Das vor der Achillessehne liegende **retromalleoläre Kager-Dreieck**, der Pre-Achilles-Triangel, eine fetthaltige Aufhellung, stellt sich als strahlendurchlässiges, etwa 10–20 cm hohes Dreieck dar, dessen 4 cm breite Basis von der oberen Kalkaneuskontur gebildet wird. Achillessehnenriß s. Abschnitt „Kalkaneus".

Wulstungsfrakturen der distalen Tibia und Fibula sind beim kleinen Kind, **epiphyseal-metaphysäre** Verletzungen beim älteren Kind häufig.

Verletzungen der Epiphysen und Wachstumsfugen (Abb. 7.**192a** u. **b**) bedürfen besonderer radiologischer Aufmerksamkeit. Wenn die Fraktur unmittelbar proximal des Wachstumsknorpels durch die primär gebildete Spongiosa (Salter-Harris I und II bzw. Aitken 0 und I) verläuft, ist die Diagnose bei mangelnder Fragmentdislokation schwierig, doch ist die Prognose für den späteren Heilungsverlauf günstig. Diese **Chondroepiphysenlösung** kann – wohl nur bei gehaltenen Aufnahmen – im Seitenbild durch ein leichtes Klaffen der Knorpelfuge an der Tibiahinterkante sichtbar werden. Bei Salter-Harris III und IV bzw. Aitken II und III durchzieht der Bruchspalt die Wachstumsfuge selbst. Die konsekutiven Wachstumsstörungen können bei Mädchen unter 12, bei Jungen unter 13 Jahren durch eine sog. „wasserdichte" Reposition und Fixierung wesentlich vermindert, aber nicht ganz verhindert werden (s. unten).

Kurz vor dem Epiphysenschluß kann es zu den charakteristischen **Triplanefractures** kommen. Der Bruch erfolgt im lateralen Epiphysenspalt unter Mitnahme eines hinteren Metaphysenanteils der Tibia (Abb. 7.**193b**). Die Fraktur kann mit drei Fragmenten einhergehen, wenn es dabei auch zum Epiphysenbruch kommt (16) (Abb. 7.**193b**). Extreme Drehungen nach außen bewirken die Triplane-Frakturen, deren Ausmaß am eindrucksvollsten mit der Computertomographie gelingt (9).

Die verschiedenen **Frakturen der Malleolen** Jugendlicher wie Erwachsener gehen in 90%iger Häufigkeit mit **Bandzerreißungen**, meist des fibularen, seltener des medialen (mit Lig. deltoideum) Bandapparates, einher (29).

Das Ausmaß der Bandverletzung ist durch **„gehaltene Aufnahmen"**, „stress views", zu klären. Geprüft werden die Abwinkelungen, besonders Varisierungen des Talus in der Gelenkgabel, die fibulotalare Distanz und der Vorschub des Talus unter Verwendung geeigneter Apparaturen und Methoden, s. u. a. bei Church (8). Neuere Einzelbeiträge zu diesem Thema bei Ehrensberger (18), Fröhlich u. Mitarb. (22) sowie Jend u. Mitarb. (29).

Die **Frakturen der Fibula und des Innenknöchels mit Bandrissen** werden nach Weber (70) in drei Stadien eingeteilt:

A = Bruch des Außenknöchels distal der Syndesmosis tibiofibularis.
B = Bruch der Fibula in der Höhe der Syndesmose.
C = Bruch der Fibula proximal der Höhe der Syndesmose bis zum Wadenbeinhals.

Typ A kann mit Innenknöchelbruch einhergehen, nicht aber mit Verletzung der Syndesmose, der Membrana interossea oder des Lig. deltoideum.

Typ B kann mit Innenknöchelbruch oder Riß des Lig. deltoideum (aber dann intaktem Innenknöchel) erfolgen.

Bei Typ C liegt entweder ein Innenknöchelbruch oder ein Riß des Deltabandes, ebenso eine Ruptur der Membrana interossea vor. Wenn eine Innenknöchelfraktur besteht, muß das Wadenbein bis zum Kapitulum abgebildet werden, um eine Weber-C-Fraktur auszuschließen.

Unter anderen Gesichtspunkten werden unterschieden (36–40):

1. *Supinations-Adduktions-Frakturen*
   a) Querbruch des Außenknöchels distal der Syndesmose bzw. Ruptur der Außenknöchelbänder
   b) Abbruch des Innenknöchels
2. *Pronations-Abduktions-Frakturen*
   a) Abbruch des Innenknöchels bzw. Ruptur des Deltabandes
   b) Abrisse der Ligg. tibiofibularia anterius und posterius
   c) Biegungsbruch der Fibula
3. *Supinations-Eversions-Frakturen*
   a) Ruptur des Lig. tibiofibulare anterius
   b) Schrägbruch der Fibula in Höhe der Syndesmose
   c) Abbruch der hinteren Schienbeinkante
   d) Abbruch des Innenknöchels
4. *Pronations-Eversions-Frakturen*
   a) Abbruch des Innenknöchels bzw. des Deltabandes
   b) Ruptur des Lig. tibiofibulare anterius und der Membrana interossea
   c) Drehbruch der Fibula proximal der Syndesmose
   d) Abbruch der hinteren Tibiakante

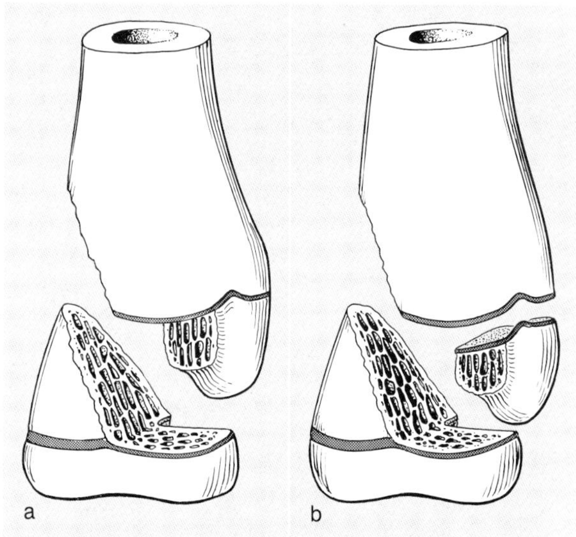

Abb. 7.**193a** u. **b** Triplane-fracture mit zwei Fragmenten (**a**) und drei Fragmenten (**b**) (nach Rogers)

Die **isolierte Hinterkantenfraktur**, des dreieckigen Fragmentes, das im deutschsprachigen Schrifttum meist als „Volkmann-Dreieck" bezeichnet wird – obwohl es von Volkmann nicht beschrieben wurde (37) –, ist in einer Häufigkeit von 4 unter 488 Sprunggelenkfrakturen beobachtet (71), dabei fast immer kombiniert mit Bandverletzungen, aber nicht unbedingt mit Bandinstabilitäten (5).

Der **Ausriß der lateralen Tibiakante, des „tubercule de Tillaux-Chaput"**, ist auf Abb. 7.**194** zu erkennen.

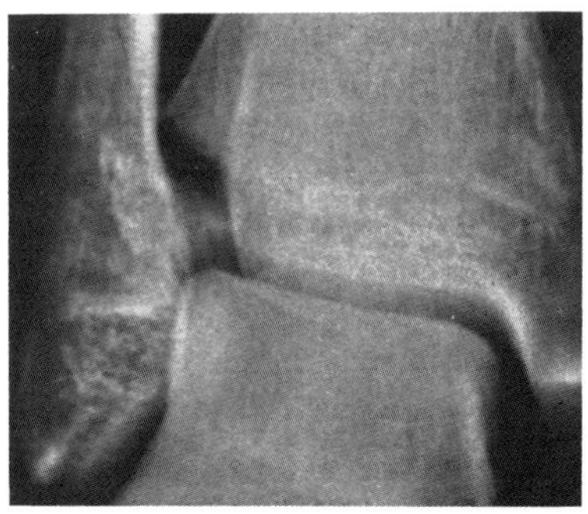

Abb. 7.**194** Ausriß der lateralen, unteren Kante der Tibia

Wertvolle zusätzliche Informationen liefert auch hier außer Schrägaufnahmen seitlich mit Projektion der Fibula hinter die Tibia die *Computertomographie* mit Darstellung der axialen Ebene und der Weichteile, eventuell verbunden mit der Arthrographie (53), deren Indikationsbereich zur Diagnostik von Schäden des Kapsel-Band-Apparates durch die „gehaltenen Aufnahmen" sonst weitgehend eingeschränkt ist.

Wachstumsstörungen, sowohl initiale Stimulationen und temporäre wie bleibende Retardationen, sind besonders dann beobachtet, wenn die distalen Enden von Tibia und Fibula unter Einschluß der Epiphysenfugen vom Trauma betroffen waren, eventuell die Wachstumsfuge gequetscht war („Crush"). Eine gewisse Voraussage etwa eintretender Wachstumsstörungen aufgrund der Art von Fraktur ist möglich (30) und kommt bei Mädchen vor, wenn das Trauma vor dem 12. Lebensjahr, bei Jungen vor dem 13. Lebensjahr eingetreten war, wobei allerdings ein „crush" als Ursache ausgeschlossen werden konnte. Der vorzeitige Schluß der Epiphysenfuge kann über „Ausheilungs-", aber auch über „Nekrosebrücken" erfolgen (36). Die „wasserdichte Kompressionsosteosynthese" (s. oben) erwies sich zwar als hilfreiche, aber nicht als zuverlässige Veränderungsmaßnahme für eine Wachstumshemmung und damit konsekutives Varusfehlwachstum.

Unter etwa 30% von *Kindern* mit Supinationstraumen des Sprunggelenkes ließ sich sechs Jahre nach dem Unfall durch gehaltene Aufnahmen nachweisen, daß eine Aufklappbarkeit von 5–7 Grad als Zeichen der chronischen *Bandinstabilität als Spätfolge* bestand.

Juvenile Osteochondropathien sind vereinzelt an den akzessorischen Ossifikationszentren des Malleolus tibialis (13) wie auch am medialen Rand der distalen Tibiaepiphyse (4) beschrieben. Ihre Entstehung dürfte wie an Kernen des Kniegelenkes, Beckens und Fußes sowie der Wirbelsäule (s. die jeweiligen Kapitel) durch einmalige oder dauernde Traumen (Überlastung) zu verstehen sein, sind doch isolierte Knochenkerne funktionell Apophysen gleichzusetzen. Sie verschwinden mit abgeschlossener Ossifikation.

Ermüdungsfrakturen (stress fractures), wie sie im Kapitel über die Schäfte von Tibia und Fibula schon erwähnt wurden, treten mit einer Prädilektionsstelle 3–7 cm proximal der Außenknöchelspitze auf und sind bekannt als *„runner's fractures"* (z. B. beim Jogging und bei Aerobic), s. S. 769. An derselben Stelle, aber auch hoch an der Fibula, an der distalen Fibula-, selten an der distalen Tibiaepiphyse, kommen „fatigue fractures" bei *Tänzerinnen und Tänzern* vor. Sie sind symmetrisch an der distalen Fibula bei einer jungen Frau nach bzw. beim *Jogging* beobachtet (64).

Das **Tarsaltunnelsyndrom** (3) tritt nach traumatischer Schädigung (12), nach Überanstrengung, z. B. bei langem Marsch oder bei Ballettänzern/-tänzerinnen infolge bindegewebiger Schrumpfung der durchziehenden Nerven auf. Der Tarsaltunnel, auch als Sulcus malleolaris medialis bezeichnet, wird vom N. tibialis posterior und seinen Verzweigungen (Nn. plantaris interior und exterior) durchlaufen und ist auch bekannt als Richertscher Kanal bzw. als Canalis tibiocalcaneus. **Reflexdystrophien** können als Folgen der nervalen Irritation radiologisch nachgewiesen werden (58).

Erworbene Erkrankungen

Arrosionen proximal des Malleolus medialis mit einer Aufhellung sind als Druckusuren infolge eines Ganglion beobachtet (6, 21, 57). Einen seltenen Befund bildet die einem benignen Tumor gleichzusetzende juxtaartikuläre Knochenzyste (intraossäres Ganglion) (Abb. 7.**195a** u. **b**). Der mediale Malleolus bildet für den sehr charakteristischen Befund (homogene, scharf begrenzte, ovaläre, eventuell gekammerte Aufhellung von wenigen Millimetern bis zu 3 cm Größe) eine Lieblingslokalisation (74). Eine bandförmige Verbindung zum Gelenkspalt hin erleichtert die Diagnose (10, 19). Differentialdiagnostisch ist die Signalzyste einer rheumatischen Arthritis auszuschließen.

Einen prinzipiell ähnlichen Befund verursacht allerdings der **Brodie-Abszeß** (Abb. 7.**196**), zumal auch hier wie beim intraossären Ganglion leichte Beschwerden bestehen können. Der sklerotische Randsaum und die nicht so scharfe Begrenzung des auch mehr zentral gelegenen Defektes sind entscheidende differentialdiagnostische Hinweise.

Die **Epiphysenverformung**, wie sie unter den Anomalien bei der Dysplasia hemimelica (Trevor-Fairbank) beschrieben wurde, kann mit ihren Folgen auch bei der Sichelzellkrankheit, der **Hämophilie**, und bei der **juvenilen Arthritis** auftreten (17^2).

Ob es sich bei Befunden, wie sie Zimmer in der vorigen Auflage dieses Buches beschrieb, um **Einschmelzungsprozesse tuberkulöser oder osteomyelitischer Art** (Abb. 7.**197**) handelt, ist nur in Kenntnis des klinischen Befundes zu entscheiden, zumal da wir zwischenzeitlich sehr ähnliche Veränderungen als klinisch belanglosen Nebenbefund bei Frakturausschluß sahen (Abb. 7.**199a** u. **b**). Die sehr ähnliche radiologische Symptomatik bei den Abb. 7.**198a** u. **b** und 7.**199a** u. **b** läßt an die Möglichkeit eines offenbar an dieser Stelle typischen, kleinen, **nicht ossifizierenden Fibroms** denken, wie sie bei Kindern häufiger als unerwarteter Nebenbefund in der Traumatologie auftreten, während allerdings eine periostale Reaktion an der Tibia in der Abb. 7.**197** für eine entzündliche Ätiologie spricht.

Sehr wichtig für die Frühdiagnose der akuten Osteomyelitis ist die Beobachtung der Weichteile, wie in Abb. 7.**200a** u. **b** dargestellt. Der Befall kann doppelseitig sein.

Die **Arthrosis deformans**, kenntlich an zackenförmigen Auswüchsen der Malleolen und an Randwülsten des vorderen und hinteren Endes der Gelenkfläche der Tibia, finden wir häufig als Folge einer Malleolarfraktur, die allerdings in 1 bis 3 Jahren ausheilt und in 54% mit gutem funktionellen Resultat endet.

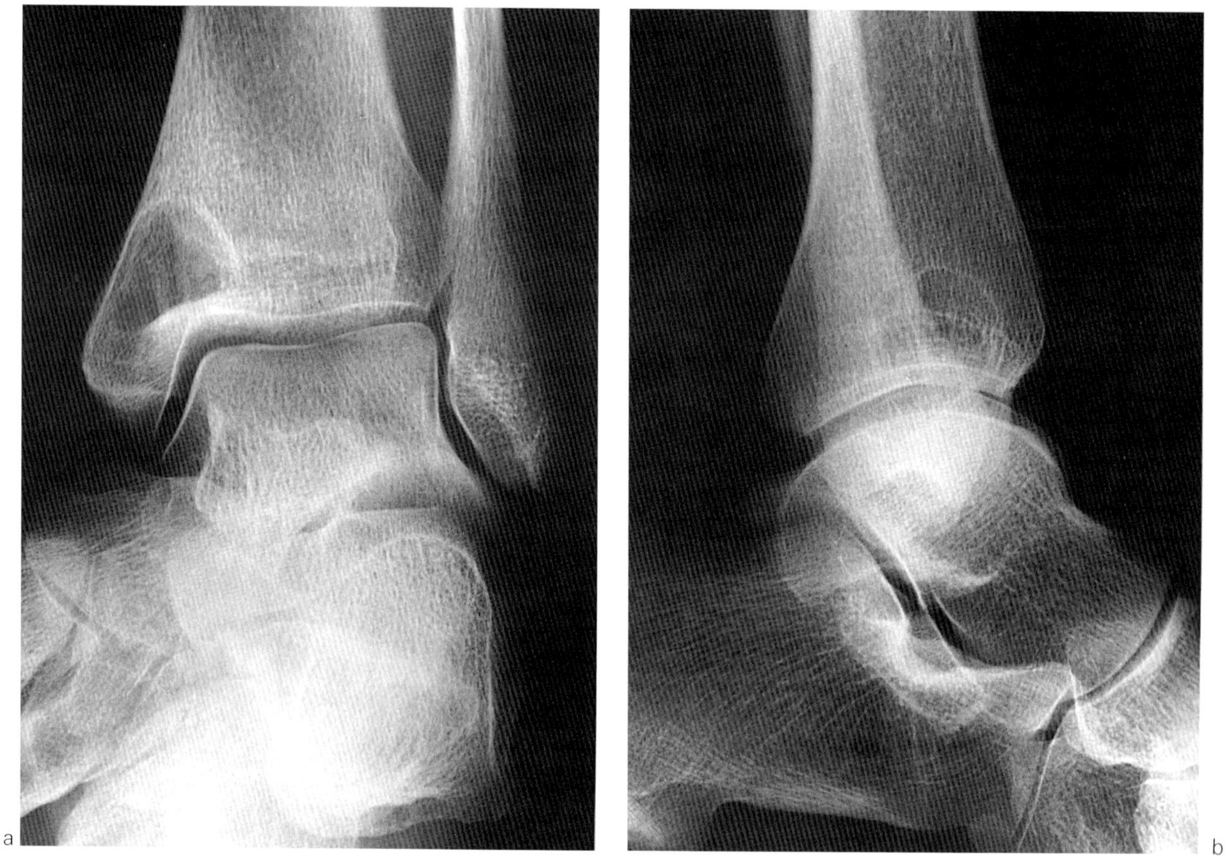

Abb. 7.**195 a** u. **b** Intraossäres Ganglion im Malleolus medialis mit Kanal zum Gelenk

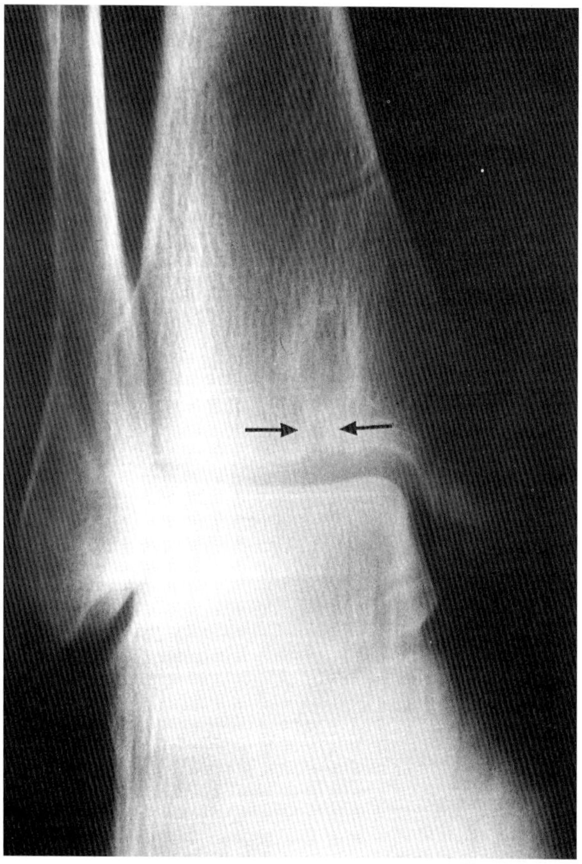

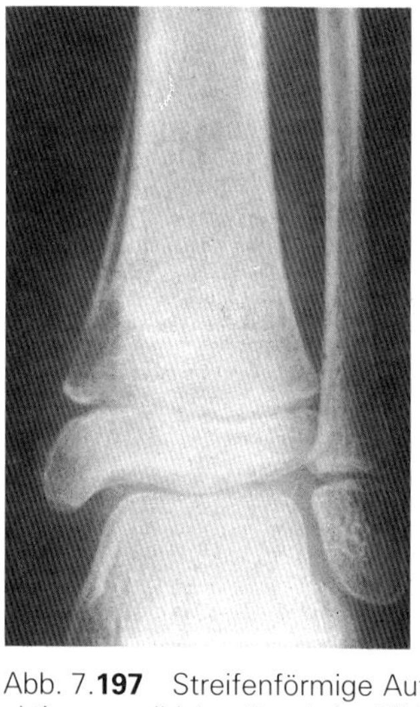

Abb. 7.**197** Streifenförmige Aufhellung mit periostaler Reaktion am tibialen Rand der Tibiametaphyse (entzündlicher Prozeß?)

Abb. 7.**196** Brodie-Abszeß im distalen Tibiaende mit Gang zum Gelenk (Tomogramm)

Abb. 7.**198 a** u. **b** Lokalisierte Aufhellung an der Kante der Tibia gegenüber der Fibula

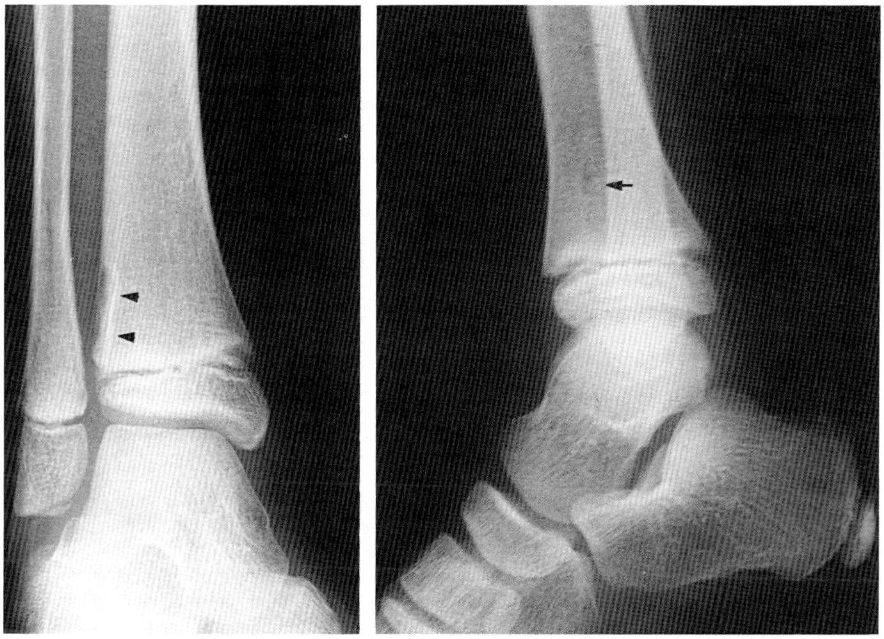

a b

Abb. 7.**199 a** u. **b** 10jähriger Junge. Aufhellung mit sklerosiertem Rand an der lateralen Kontur der Tibiametaphyse (nicht ossifizierendes Fibrom?). Nebenbefund bei Aufnahme zum Frakturausschluß

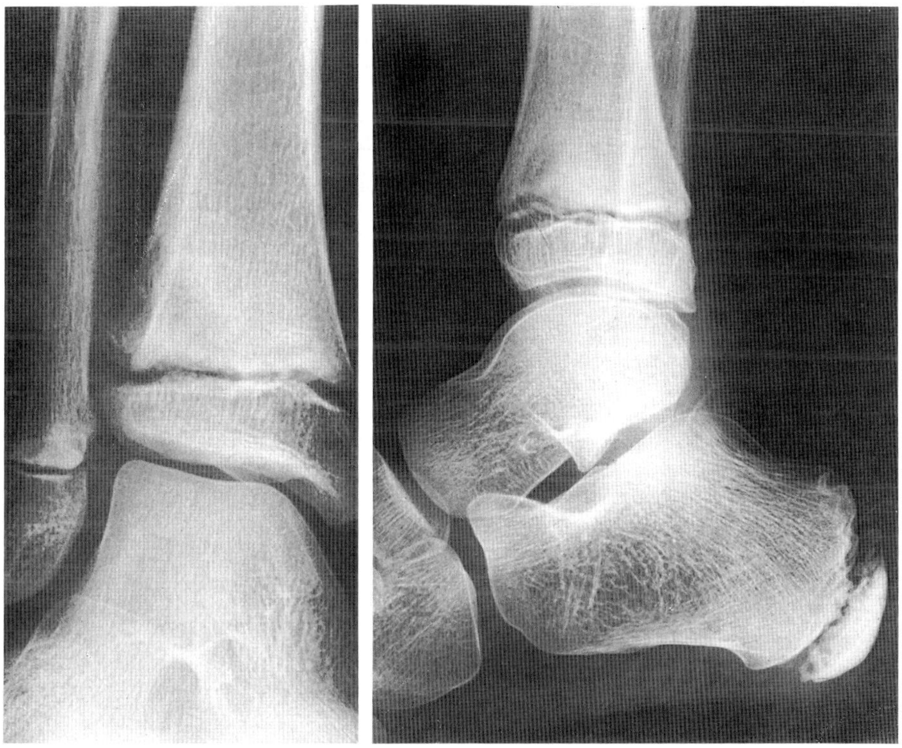

a b

Knöcherne Auflagerungen im Sinne (palpabler) **periostaler Reaktionen an der Malleolen** und am distalen Fibulaschaft sind als Charakteristika vorwiegend der *Arthritis psoriatica*, dann eines *Reiter-Syndroms*, einer peripheren Arthritis bei *ankylosierender Spondylitis* und – weniger häufig – einer *rheumatoiden Arthritis* aufzufassen (17[3]). Auch bei der *chronischen Tenosynovialitis des M. tibialis posterior* werden am Innenknöchel Periostreaktionen beobachtet (17[4]).

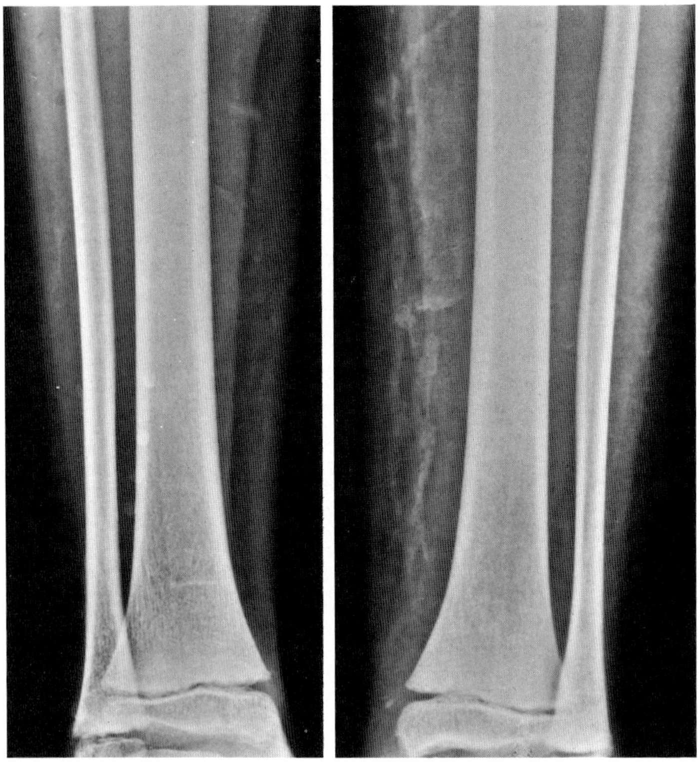

a b

Abb. 7.**200 a** u. **b** Sechsjähriger Junge. Osteomyelitis im linken distalen Schienbeindrittel nach Panaritium.
Am 7. Erkrankungstag: Verdickung der Muskulatur mit stellenweise unscharfer Begrenzung, geringe Verdickung der Subkutis median mit Hyperämie am linken Unterschenkel
a Unterschenkel rechts
b Unterschenkel links
(Beobachtung von Wichtl, Wien)

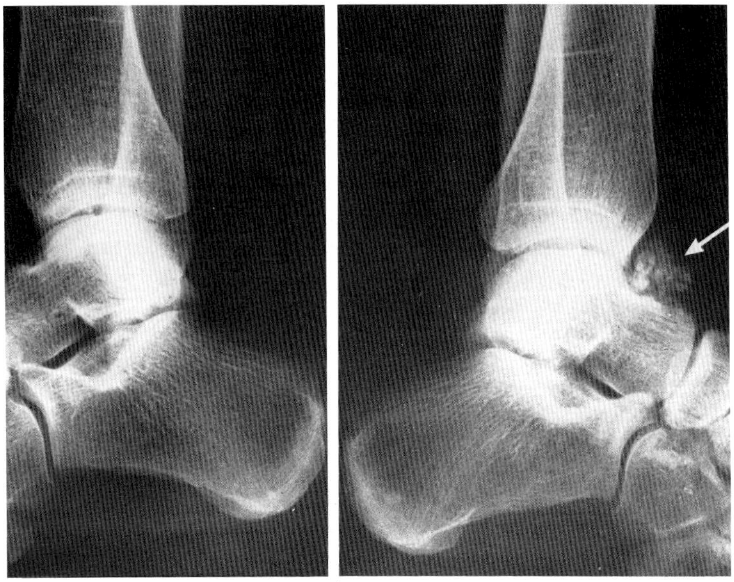

a b

Abb. 7.**201 a** u. **b** Aufnahmen beider Sprunggelenke seitlich
a Normaler Befund
b Wahrscheinlich Chondromatosis synovialis

Literatur

1 Aitken, A. P.: The end results of the fractured distal tibial epiphysis. J. Bone Jt Surg. 18 (1936) 685–691

2 Baldrian: Fehlformen nach traumatischer Epiphysenschädigung am distalen Unterschenkelende. Z. Orthop. 58 (1932) 82–86

3 Bauer, H.: Das Tarsaltunnelsyndrom. Wehrmed. Mschr. 6 (1972) 232–236

4 Brücke, H., F. Werkgartner: Aseptische Osteonekrose am inneren Knöchel. Fortschr. Röntgenstr. 82 (1955) 828–829; 85 (1956) 636

5 Buschmeyer, R., D. Moschinski: Die isolierte Fraktur der hinteren distalen Tibiakante, des sogenannten hinteren „Volkmann-Dreieckes". Unfallheilkunde 87 (1984) 474–478

6 Byers, P. D., G. Wadsworth: Periostal ganglion. J. Bone Jt Surg. 52-B (1970) 290

7 Caffey's Pediatric X-Ray Diagnosis, 8th ed., ed. by F. N. Silverman. Year-Book Medical Publishers, London 1984

8 Church, Ch. C.: Radiographic diagnosis of acute peroneal tendon dislocation. Amer. J. Roentgenol. 129 (1977) 1065–1068

9 Cone, R. D.: Triplane fractures of the distal tibial epiphysis: radiographic and CT studies. Radiology 153 (1984) 763–769

10 Crabbe, W. A.: Intraosseous ganglia of bone. J. Bone Jt Surg. 53-B (1966) 567–568

11 Crasselt, C.: Eine seltene Fußgelenkdeformität kombiniert mit Varietäten am Os naviculare, Os cuneiforme und mit Os supranaviculare. Z. Orthop. 93 (1960) 113–122

12 Debrunner, H. U.: Schmerzsyndrome nach peripheren Nervenläsionen nach Unterschenkel- und Fußverletzungen. Schweiz. med. Wschr. 93 (1963) 1660–1665

13 de Cuveland, E., F. Heuck: Osteochondropathia eines akzessorischen Knochenkernes am Malleolus tibiae (des sog. Os subtibiale). Fortschr. Röntgenstr. 79 (1953) 728–732

14 de Cuveland, E., F. Heuck: Über akzessorische Knochenkerne an der unteren Fibulaepiphyse und Os subfibulare ant. und post. Z. Orthop. 85 (1954) 421–429

15 Dias, L. S.: Valgus deformity of the ankle joint: pathogenesis of fibular shortening. J. Pediat. Orthop. 5 (1985) 176–180

16 Dias, L. S., Clare R. Giegerich: Fractures of the distal tibial epiphysis in adolescence. J. Bone Jt Surg. 65-A (1983) 438–444

17 Dihlmann, W.: Gelenke – Wirbelverbindungen, 2. Aufl. Thieme, Stuttgart 1982 ([1]S. 433–435; [2]S. 410; [3]Abb. 506; [4]Abb. 567 A,B; [5]Ausschnitt Abb. 581)

18 Ehrensberger, J.: Die fibularen Bandverletzungen am Sprunggelenk des Kindes und des Jugendlichen. Ther. Umsch. 40 (1983) 989–995

19 Feldman, Frieda, A. Johnston: Intraosseous ganglion. Amer. J. Roentgenol. 118 (1973) 328–343

20 Feldman, Frieda, R. Pochaczevsky, H. Hecht: The case of the wandering sesamoid and other sesamoid afflications. Radiology 96 (1970) 275–284

21 Fisk, G.: Bone cavity caused by a ganglion. J. Bone Jt Surg. 31-B (1949) 220–221

22 Fröhlich, H., L. Götzen, U. Adam: Experimentelle Untersuchungen zur Wertigkeit der in zwei Ebenen gehaltenen Aufnahmen des oberen Sprunggelenkes. Unfallheilkunde 87 (1984) 256–261

23 Giedion, A.: Weichteilveränderungen und radiologische Frühdiagnostik der akuten Osteomyelitis im Kindesalter. Z. Kinderchir., Suppl. 8 (1970)

24 Giorgi, G., M. Quattrini: Ossificazioni para-articolari della tibio-tarsica lesione professionale dei giocatori di calcio. Arch. Putti Chir. Organi Mov. 12 (1959) 397–405

25 Goergen, Th. G., L. A. Danzig, D. Resnick, Ch. A. Owen: Roentgenographic evaluation of the tibia-talar joint. J. Bone Jt Surg. 59-A (1977) 874–877

26 Gruber, W.: Über einen am Malleolus externus artikulierenden Knochen. Arch. pathol. Anat. 27 (1863) 205–206

27 Hohmann, G.: Fuß und Bein. Bergmann, München 1951

28 Jahss, M. H.: Disorders of the Foot. Saunders, Philadelphia 1982 ([1]p. 354; [2]p. 1635–1659; [3]p. 848)

29 Jend, H. H., M. Daase, M. Haller, D. Holzrichter: Zur Diagnose von Bandverletzungen des oberen Sprunggelenks mit gedrückten Aufnahmen. Fortschr. Röntgenstr. 139 (1984) 540–543

30 Kärrholm, J., L. I. Hansson, K. Svensson: Prediction of growth pattern after ankle-fractures in children. J. Pediat. Orthop. 3 (1983) 319–325

31 Keats, Th. E.: Atlas of Normal Roentgen Variants that May Simulate Disease, 3rd ed. Year Book Medical Publishers, Chicago 1984 ([1]fig. 7-188–190; [2]fig. 7-194; [3]fig. 7-196B, [4]fig. 7-197A,B; [5]fig. 7-209; [6]fig. 7-203)

32 Keats, Th. E., R. B. Harrison: The calcyneal untrient-foramen: a useful sign in the differentiation of true from simulated cysts. Skeletal Radiol. 3 (1979) 239–240

33 Laczay, A., K. Csapo: Die Röntgendiagnostik des traumatischen Ergusses im oberen Sprunggelenk. Röntgen-Bl. 28 (1975) 81–84

34 v. Laer, L.: Der posttraumatische partielle Verschluß der distalen Tibiaepiphysenfuge, Ursache, Prognose und Prophylaxe? Unfallheilkunde 85 (1982) 445–452

35 Lange, H.: Die Bedeutung der Klassifikation nach Lauge-Hansen für die Röntgendiagnostik der Malleolarfrakturen. Beitr. Orthop. Traum. 19 (1972) H. 6

36 Lauge-Hansen, N.: Fractures of the ankle. Analytic historic survey as the basis of new experimental, roentgenologic and clinical investigations. Arch. surg. 56 (1948) 259–317

37 Lauge-Hansen, N.: „Ligamentous" ankle fractures. Diagnosis and treatment. Acta chir. scand. 97 (1949) 544–550

38 Lauge-Hansen, N.: Fractures of the ankle. II. Combined experimental surgical and experimental-roentgenoligical investigations. Arch. surg. 60 (1950) 956–965

39 Lauge-Hansen, N.: Fractures of the ankle. V. Pronation-dorsiflexion fracture. Arch. surg. 67 (1953) 813–821

40 Lauge-Hansen, N.: Fractures of the ankle. III. Genetic roentgenologic diagnosis of fractures of the ankle. Amer. J. Roentgenol. 71 (1954) 456–471

41 Mau, H.: Die konstitutionellen Schräglagen der oberen Sprunggelenke. Arch. orthop. Unfallchir. 52 (1968) 311–326

42 McIvor, J.: Osteochondrosis of the hip joint. J. Bone Jt Surg. 44 A (1962) 87–97

43 Meyer, G.: l'Etude de lós subtibial. Radiol. Rundsch. 7 (1938) 286–289

44 Michelson, Gabriele: Zur Frage der sogenannten „Stiedaschen" Fraktur. Röntgenpraxis 2 (1930) 118

45 Petersen, F.: Anomalie der distalen Fibula. Fortschr. Röntgenstr. 85 (1956) 118

46 Petersen, F.: Fraktur eines Skelettelementes im Außenknöchelbereich. Fortschr. Röntgenstr. 85 (1956) 360

47 Puhl, H., K. Lindemann: Über die Entstehung freier Körper im Talocruralgelenk. Arch. orthop. Unfallchir. 38 (1938) 726–739

48 Ralston, E. L.: Surg. Clin. N. Amer.; zit. nach Köhler/Zimmer, 12. Aufl., 1982

49 Ravelli, A.: Anatomisch-röntgenologische Studien zu bestimmten Frakturen am distalen Tibiaende. Brun's Beitr. klin. Chir. 47 (1951) 476–488

50 Ravelli, A.: Zum Bilde auftretender cartilaginärer Exostosen. Arch. orthop. Unfallchir. 47 (1955) 443–446

51 Reinhardt, K.: Das Os subtibiale. Z. Orthop. 81 (1951) 349

52 Reinhardt, K.: L'os subtibial et son diagnostique differentiel. Rev. Chir. orthop. 37 (1951) 54–59

53 Reiser, M., N. Rupp, R. Aigner, E. Hipp, B. Sommer: Die Gelenke des Rückfußes im Computertomogramm. Fortschr. Röntgenstr. 140 (1984) 638–645

54 Rogers, L. F.: Radiology of Skeletal Trauma. Churchill Livingstone, New York 1982 (p. 791–860)

55 Rumpold, H. J.: Ungewöhnliche Nebenkerne am inneren

und äußeren Knöchel. Fortschr. Röntgenstr. 102 (1965) 709–711

56 Salter, R. B., W. R. Harris: Injuries involving the epiphyseal plate. J. Bone Jt Surg. 45-A (1963) 587–622

57 Salzer, M., M. Salzer-Kuntschik: Ganglien mit Knochenbeteiligung. Arch. orthop. Unfall-Chir. 64 (1968) 87

58 Schilling, F.: Reflexdystrophien und dystrophische Pseudoarthritiden der unteren Extremitäten (Tarsaltunnel-Syndrom). Z. Rheumaforsch. 32 (1973) 375–384

59 Sedlin, E. D.: A device for stress inversion or eversion roentgenograms of the ankle. J. Bone Jt Surg. 42-A (1960) 1184–1190

60 Seiler, H., D. Holzrichter: Zur standardisierten Diagnostik der „ligamentären Außenknöchelfrakturen". Chir. Prax. 22 (1977) 667–674

61 Selby, S.: Separate centers of ossification of the tip of the internal malleolus. Amer. J. Roentgenol. 86 (1961) 496–501

62 Stöhr, Chr., F. Dollwet, G. Finkbeiner: Das Tarsaltunnel-Syndrom. Münch. med. Wschr. 125 (1983) 701–702

63 Swischuk, L. E.: Emergency Radiology of the Acutely Ill or Injured Child. Williams & Wilkins, Baltimore 1979 (p. 358–361)

64 Synnolt, J. L., O. C. Barry: Bilateral stress fractures of the fused lower fibular epiphysis. Irish J. med. Sci. 153 (1984) 252–254

65 Taiby, H.: Radiologie der Syndrome. Thieme, Stuttgart 1982 (Kap. 118)

66 Teichert, G.: Os talotibiale. Fortschr. Röntgenstr. 83 (1955) 734–736

67 Trevor, D.: Tarso-epiphyseal aclasis: A congenital error of epiphyseal development. J. Bone Jt Surg. 32-B (1950) 204–213

68 Volkmann, R.: Beiträge zur Chirurgie. Breitkopf-Härtel, Leipzig 1875

69 Waschulewski, H.: Knöchelscheibe – patella malleoli. Röntgenpraxis 13 (1941) 76

70 Weber, B. G.: Die Verletzungen des oberen Sprunggelenkes. Huber, Bern 1972

71 Yde, J.: The Lauge-Hansen classification of malleolar fractures. Acta orthop. scand. 51 (1980) 181–192

72 Zschoch, H.: Die juxtaartikulären Knochenzysten (intraossäre Ganglien). Zbl. Chir. 109 (1984) 941–949

Fuß

Allgemeiner Teil

Norm

Die grundsätzlichen Bemerkungen, die zur Entwicklung der Handknochen im Allgemeinen Teil im Kapitel „Kurze Handknochen" dieses Buches ausgeführt sind, gelten auch für die Entwicklung der Fußwurzelknochen.

Erforderliche Projektionen sind:
1. die dorsoplantare Vorfußaufnahme,
2. die plantodorsale Schrägaufnahme des Fußes,
3. die tibiofibulare Seitenaufnahme und eventuell,
4. die a.-p. Aufnahme des oberen Sprunggelenkes unter 20 Grad Innenrotation des Beines.

Als neue Untersuchungsmethode ist die Computertomographie hinzugekommen (3, 18). Weitere Spezialaufnahmen sind entsprechend der Fragestellung anzufertigen.

Die **Stellung der Fußknochen zueinander** ist besonders zu beachten, da sie, gleichgültig, ob angeboren oder erworben, für die Belastung, Belastbarkeit und dementsprechend etwa notwendige Behandlung eine wesentliche Rolle spielt. Hier sind einige Angaben zur Norm erforderlich. Die Aufnahmen müssen meist bei stehendem Patienten angefertigt werden.

Normalerweise ist der Fuß **längs und quer gewölbt.**

Eine Tangente an die untere Kortikalis des Kalkaneus gelegt, soll in 20 Grad zum Boden stehen. Ihre Fortsetzung zum Mittelfuß trifft die Tangente, die an die plantare Kortikalis des Os metatarsale I gelegt ist. Beide Tangenten bilden den **medialen, longitudinalen Bogen**.

Das mediale Längsgewölbe ist schon beim Neugeborenen vorhanden. Zum Schutz vor Überlastung beim Laufenlernen entwickelte Fettpolster bilden sich in den ersten beiden Jahren zurück. Das Wachstum des Kalkaneus nach (hinten und) oben führt zur Anhebung des Kalkaneokuboidgelenkes, des Talus und damit des Talonavikulargelenkes.

Die Höhe des medialen Längsgewölbes beträgt im Alter von drei Jahren 2 mm und nimmt im nächsten Jahr um 1 mm zu. In geringerem Ausmaß erfolgt eine Erhöhung bis zum 6. Lebensjahr, die mit zunehmendem Alter nachläßt. Mädchen besitzen ein höheres mediales Längsgewölbe als Jungen (28).

Ein **flacherer, lateraler Längsbogen** folgt der Tangente an die Kortikalis des Os metatarsale V. Die Höhe dieses Bogens liegt am Kuboid bzw. der Basis des 5. Mittelfußknochens (Abb. 7.**202a** u. **b**).

Das Quergewölbe erkennt man am besten an der Stellung der Metatarsalknochen zueinander im Querschnitt (Abb. 7.**203a–c**).

Der durch die Achse von Talus und Kalkaneus gebildete Winkel, der (**Talokalkanealwinkel**), beträgt – hier und im folgenden werden nur Mittelwerte genannt – ebenso wie im seitlichen Strahlengang jeweils 30 Grad (Abb. 7.**204a** u. **b**), der **Tibiokalkanealwinkel** 18 Grad (Abb. 7.**205**). Der von der Mitte der Kalkaneushinterfläche durch die Achsen des 1. und 5. Strahles gelegte **Kalkaneometatarsus-I-Winkel** (Abb. 7.**206**) öffnet sich normalerweise im Mittelwert um 22 Grad, der normale **Tibiotalarwinkel** in der a.-p. Aufnahme um 18 Grad, im Profilbild um 110 Grad (Abb. 7.**207a** u. **b**). Der **Talometatarsus-I-Winkel** liegt im Mittel um 3 Grad (Abb. 7.**208**).

In der dorsoplantaren und in der seitlichen Projektion befindet sich in der Norm der Kern des Kuboid in der verlängerten Achse des Kalkaneus, **cuboid-sign** (Abb. 7.**209a** u. **b**). Beim **Y-sign** bilden die Längsachse der Tibia die Vertikale, der Talokalkanealwinkel die Gabel, die normalerweise symmetrisch auf der Spitze der Tibialinie steht (Abb. 7.**210**).

Sämtliche Maße der Abb. 7.**204** bis 7.**210** sind bei Le Noir (15) zu finden. Sie beziehen sich zwar im engeren Sinne auf die Diagnose des Klumpfußes, besitzen darüber hinaus aber eine allgemeine Bedeutung für die normale Stellung der Fußknochen zueinander.

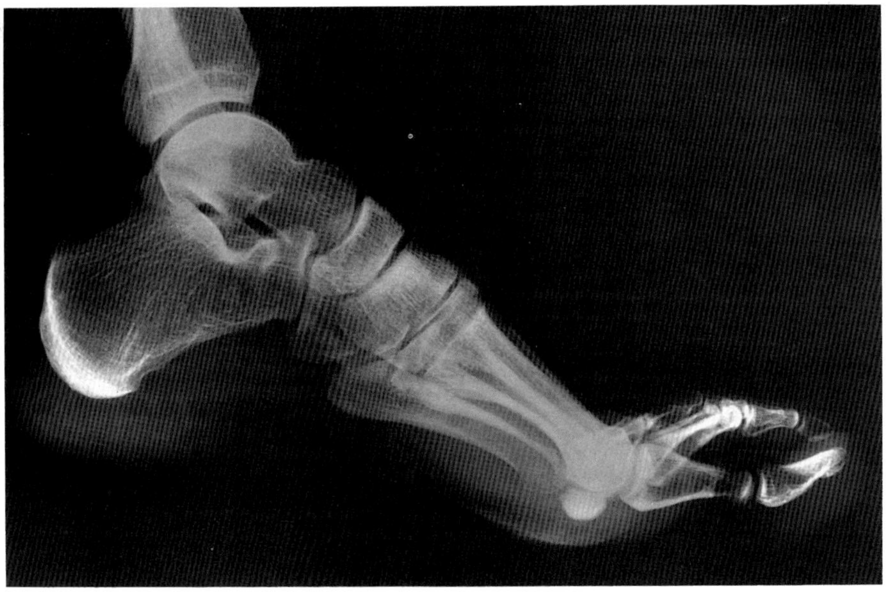

a

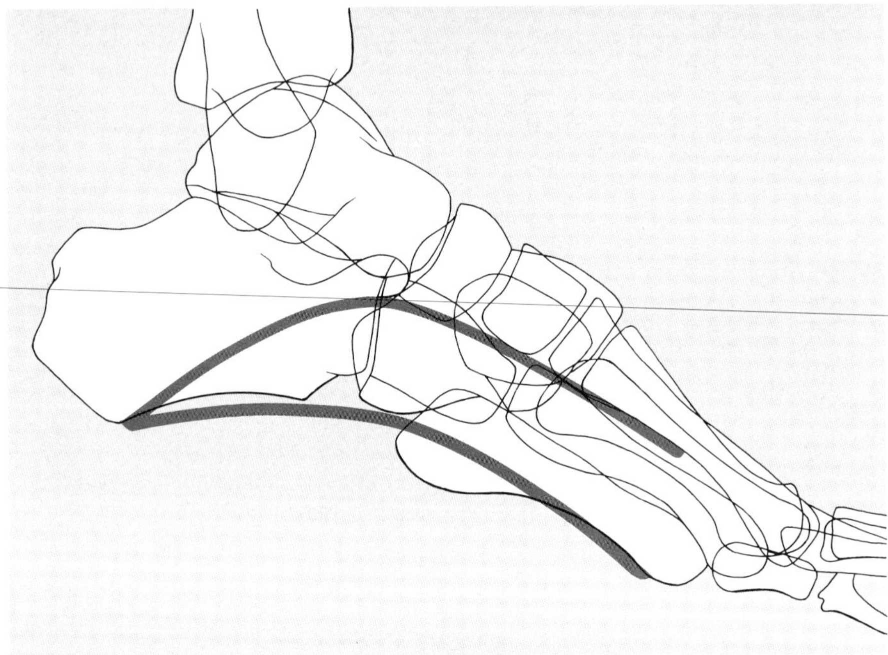

b

Abb. 7.**202 a** u. **b** Profilbild des Fußes mit in der Skizze eingezeichnetem medialem und lateralem Längsbogen (aus Birkner, R.: Das typische Röntgenbild des Skeletts. Urban & Schwarzenberg, München 1977)

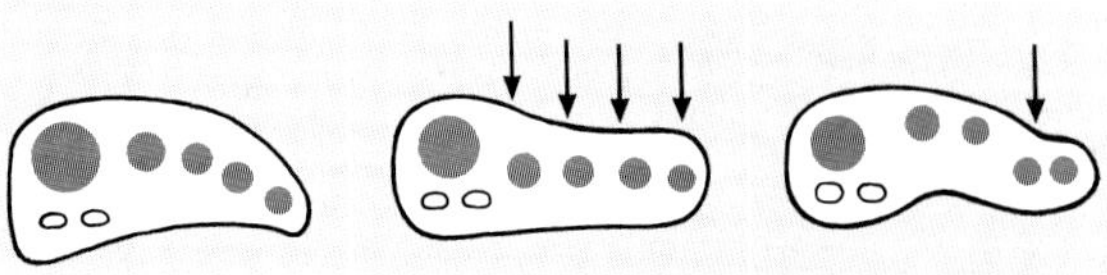

Abb. 7.**203 a–c** Querschnitt durch die Metatarsalknochen
a Gewölbe normal
b Gewölbe abgesunken bei Spreizfuß
c Isolierter Tiefstand des Metatarsale IV

Abb. 7.**204 a** u. **b** Talokalkanealwinkel a.-p. und seitlich (nach LeNoir)

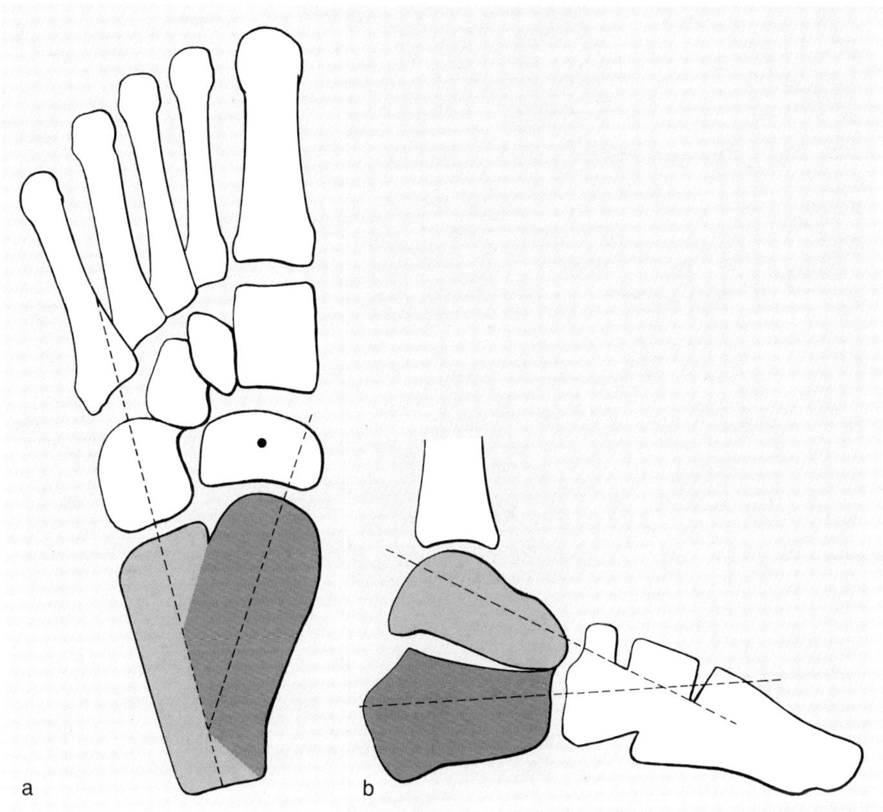

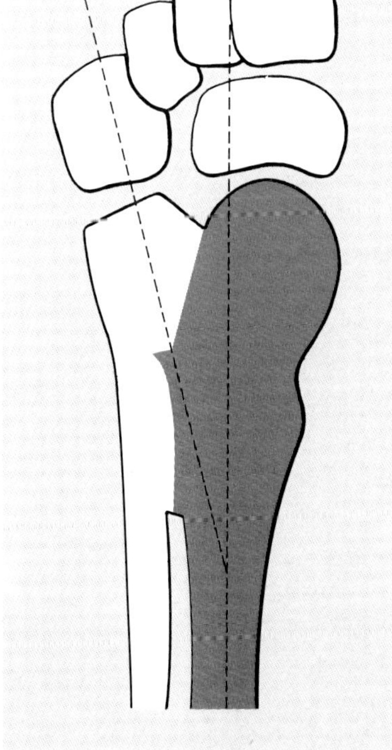

7.**205**

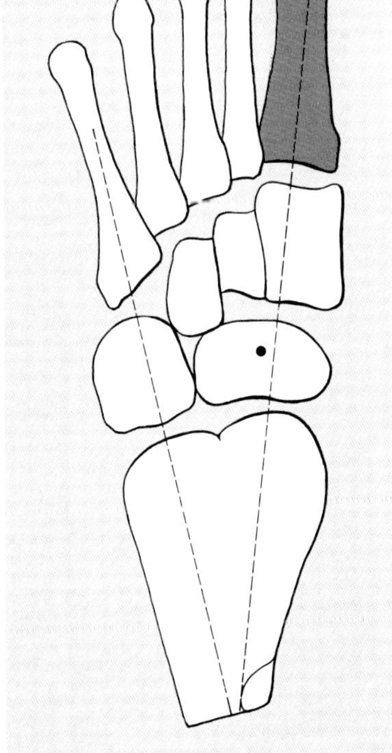

7.**206**

Abb. 7.**205** Tibiokalkanealwinkel (nach LeNoir)

Abb. 7.**206** Kalkaneometatarsus-I-Winkel (nach LeNoir)

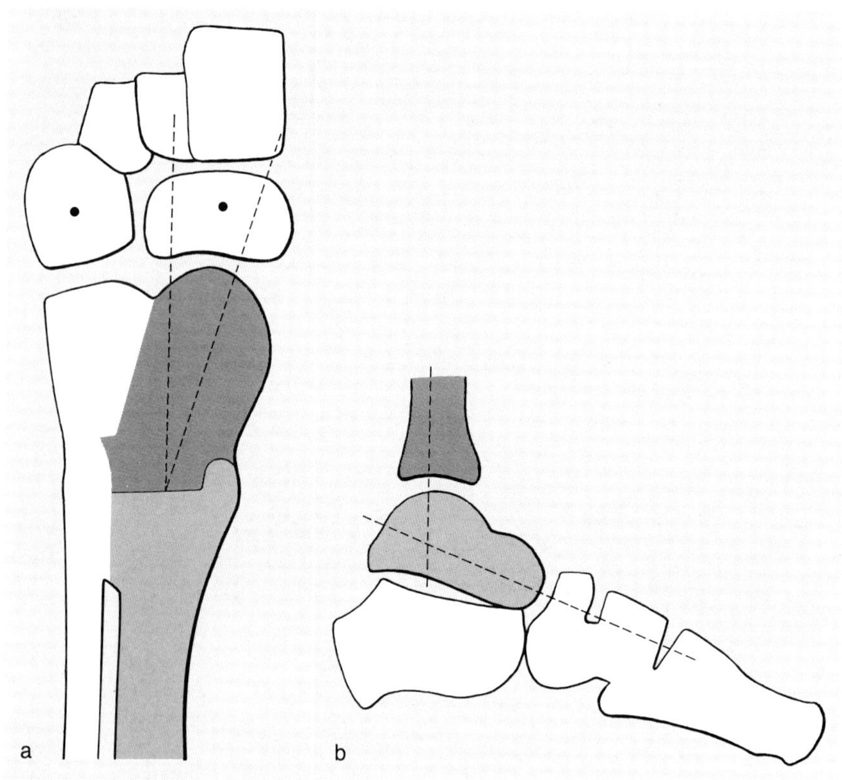

Abb. 7.**207 a** u. **b** Tibiotalarwinkel sagittal und seitlich (nach LeNoir)

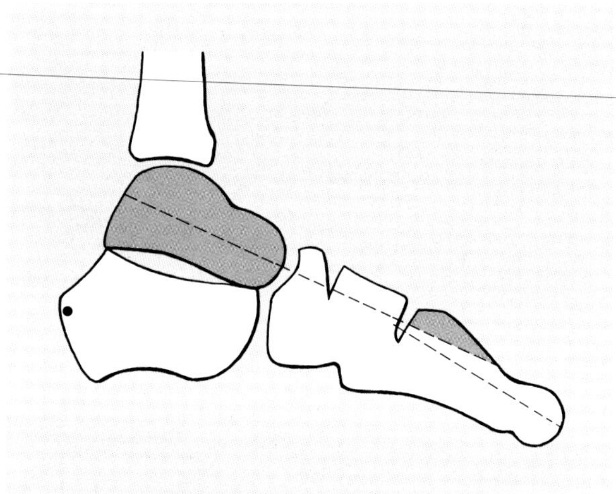

Abb. 7.**208** Talometatarsus-I-Winkel (nach LeNoir)

Abb. 7.**209 a** u. **b** Kuboidzeichen (nach LeNoir)

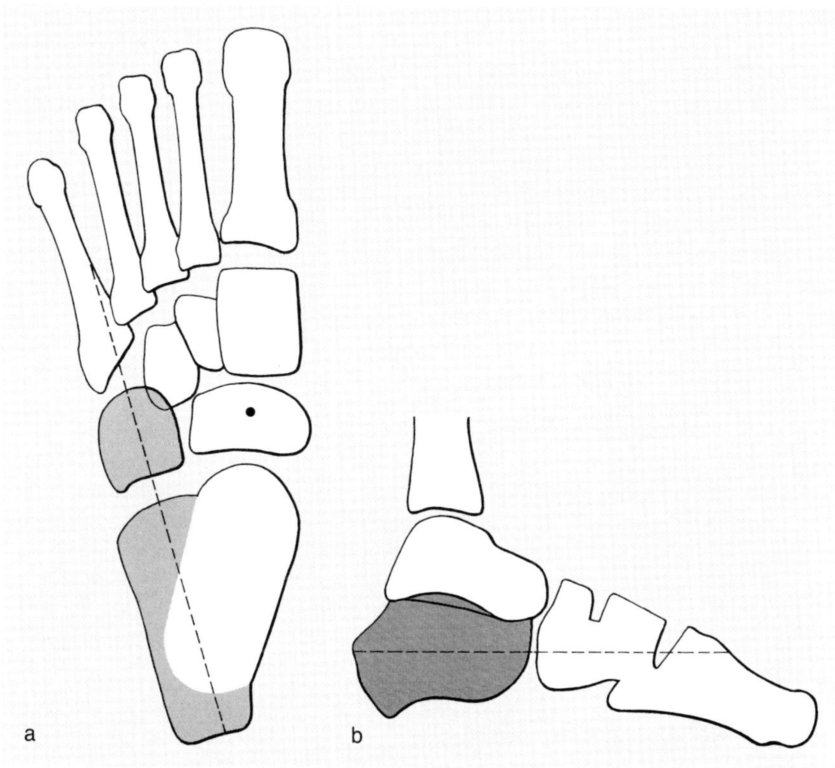

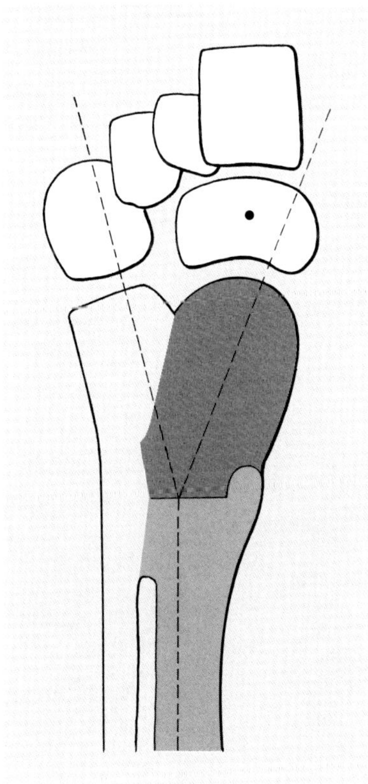

Abb. 7.**210** Y-Zeichen (nach LeNoir)

Varianten

Die Benennung der **akzessorischen Skelettelemente** ist unterschiedlich. Ursprünglich gründete sie auf dem Schema von Pfitzner (25) (Abb. 7.**211a–c**). Die Schemata, die von Zimmer aufgrund seiner zusätzlichen Beobachtungen gewonnen wurden, sind in Abb. 7.**212a** u. **b** bis 7.**214a** u. **b** wiedergegeben. Synonyme Bezeichnungen im Schrifttum sind folgende:

Talus:
- Os subtibiale = Talus accessorius,
- Trigonum = Talus secundarius = Talus accessorius = Intermedium,
- Supratalare = Supertalare = Astragalus secundarius = (fälschlich „Pirie's bone").

Kalkaneus:
- Os subcalcis = Os tuberi calcanei,
- Os trochleare calcanei = Calcaneus accessorius,
- Calcaneus secundarius = „calcanéum surnuméraire" = „secondary os calcis".

Navikulare:
- Os supranaviculare = „processus trochléaire de l'astragale",
- Processus trochlearis ossis scaphoidis = dorsal astragalo-scaphoid ossicle = „intertaloscaphoid" = Ossiculum talonaviculare dorsale,
- Os infranaviculare = Os naviculocuneiforme I dorsale,
- Os paracuneiforme I,
- Os tibiale externum = Os naviculare accessorium = Os naviculare secundarium = Parachallux = „the sesamoid bone" = „accessory tarsal scaphoid".

Kuboid:
- Peronäum = Cuboideum accessorium

Kuneiforme:
- Sesamum tibiale anterius = Os paracuneiforme = Os cuneometatarsale I tibiale = Prähallux = Präcuneiforme,
- Os cuneometatarsale I plantare = Pars peronea metatarsalis I,
- Os unci = Processus uncinatus cuneiformis III.

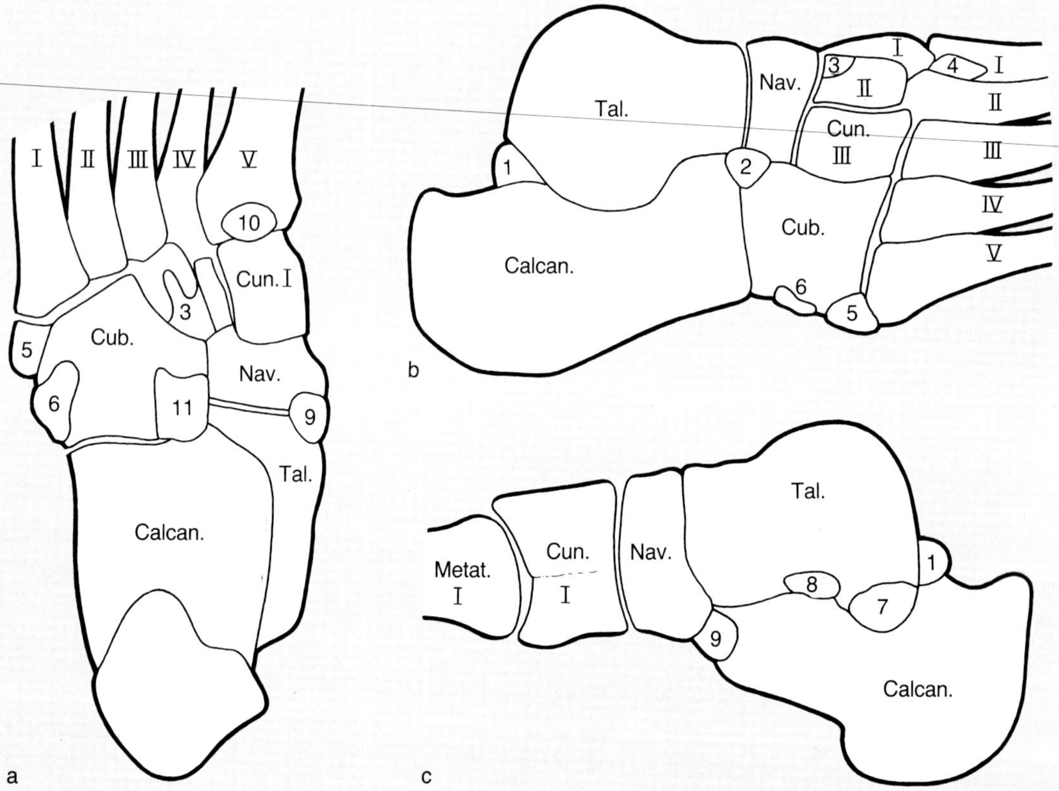

Abb. 7.**211 a–c** Schemata akzessorischer Fußknochen (nach Pfitzner)
a Ansicht von oben
b Von lateral
c Von medial

1 = Trigonum (Os intermedium cruris)
2 = Calcaneus secundarius
3 = Intercuneiforme
4 = Intermetatarseum
5 = Os Vesalianum
6 = Os peronaeum
7 = Talus accessorius
8 = Sustentaculum
9 = Os tibiale externum
10 = Pars peronaea metatarsalis I
11 = Cuboideum secundarium

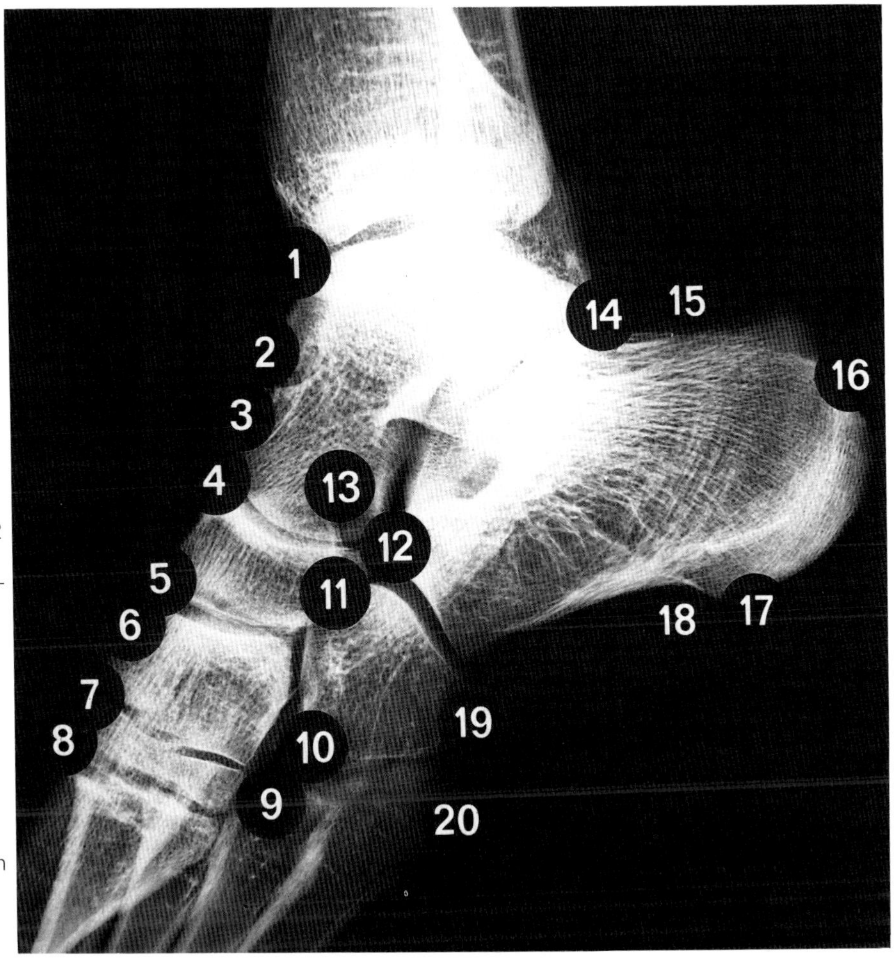

a

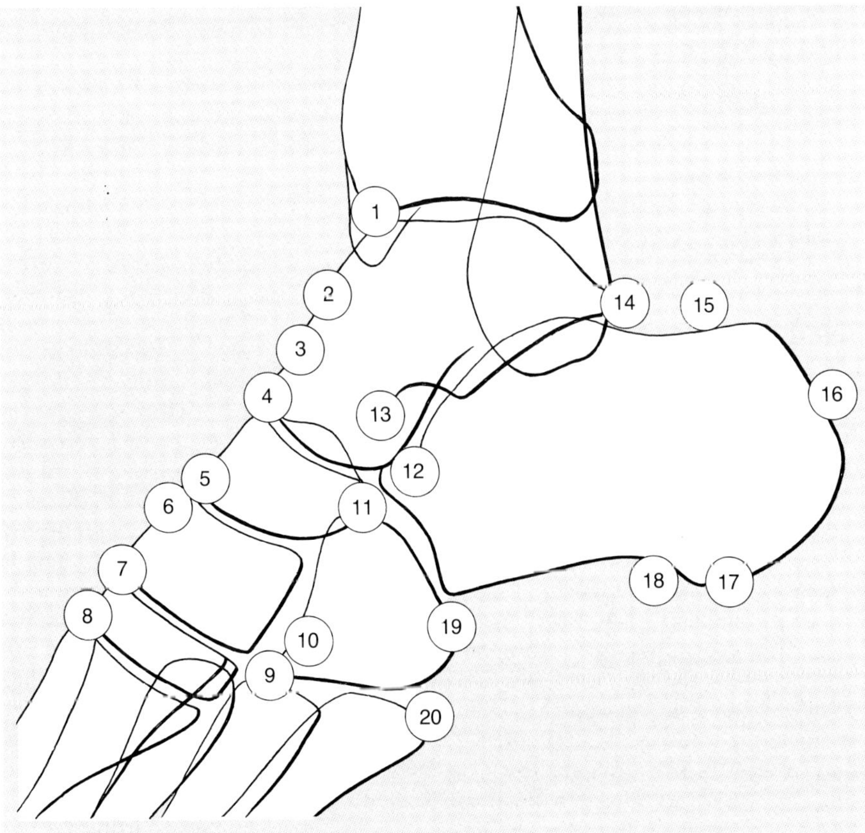

b

Abb. 7.**212 a** u. **b** Akzessorische Skelettelemente auf einem Profilbild (nach Zimmer)

1 = Os talobibiale, s. S. 766
2 = Os supratalare, s. S. 788
3 = kein Akzessorium, Ausriß, s. S. 788
4 = Os supranaviculare, s. S. 823 und 824
5 = Os infranaviculare, s. S. 824 und 825
6 = Os intercuneiforme, s. S. 836
7 = Os cuneometatarsale II dorsale, s. S. 839, evtl. auch Os cuneometatarsale I dorsale fibulare
8 = Os intermetatarseum, s. S. 842
9 = Os unci? mit Metatarsale IV koaleszierend? s. S. 832 und 844
10 = akzessorisches Skelettelement distal am Kuboid, abgewandertes Os unci? s. S. 832 und 844
11 = Cuboideum secundarium, s. S. 829
12 = Calcaneus secundarius, s. S. 806–809
13 = Os tibiale externum, s. S. 820/821
14 = Trigonum, s. S. 789–793 (in dieser Gegend ist auch das Os talocalcaneare posterius zu suchen, s. S. 789)
15 = Os accessorium supracalcaneum, s. S. 790 und 804
16 = kein Akzessorium, hinterer Fersensporn, s. S. 814/815
17 = Os subcalcis, s. S. 804
18 = kein Akzessorium, unterer Fersensporn, s. S. 815
19 = Os personaeum, s. S. 824–827
20 = Os Vesalianum, s. S. 844

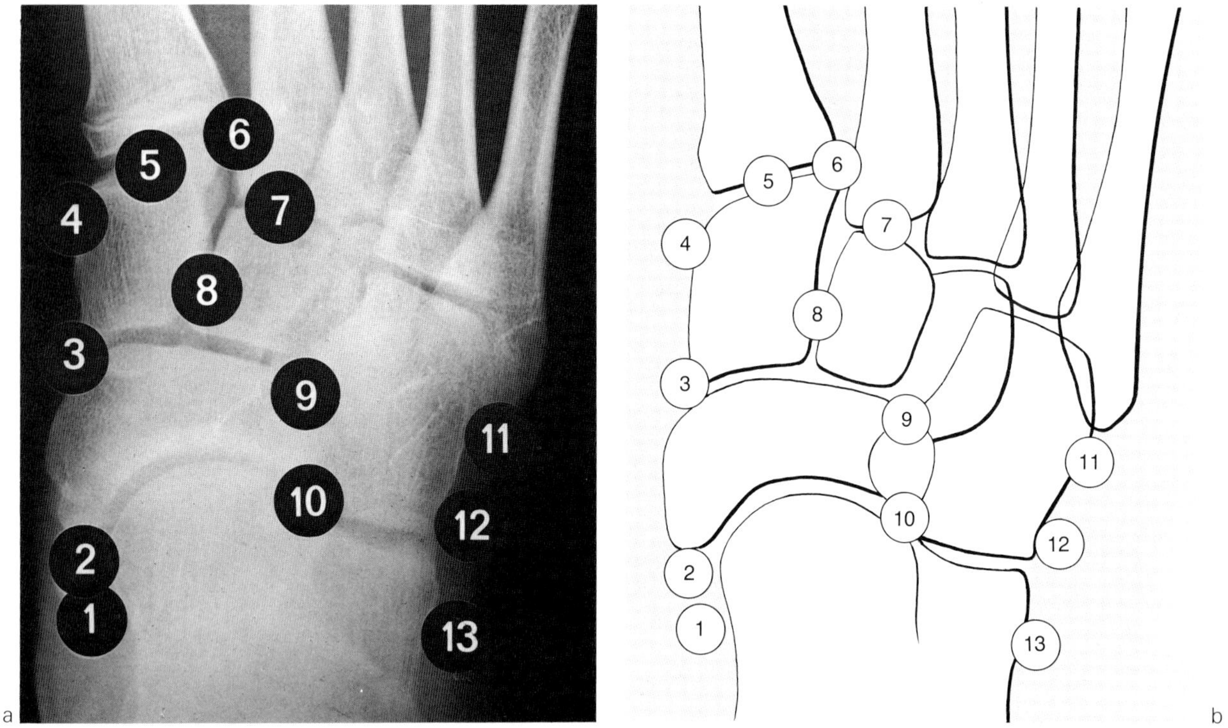

Abb. 7.**213 a** u. **b** Akzessorische Skelettelemente auf einer d.-p. Mittelfußaufnahme (nach Zimmer)

1 = Talus accessorius, s. S. 793
2 = Os tibiale externum, s. S. 820 und 821
3 = Os cuneonaviculare mediale, s. S. 836
4 = Sesamum tibiale anterius, s. S. 836
5 = Os cuneometatarseum I plantare, s. S. 836
6 = Os intermetatarseum, s. S. 842
7 = Os cuneometatarsale II dorsale, s. S. 844
8 = Os intercuneiforme, s. S. 836 und 838
9 = kein Akzessorium, Projektion, s. S. 818
10 = Cubeideum secundarium, s. S. 829
11 = Os Vesalianum, s. S. 844
12 = Os peronaeum, s. S. 830
13 = Os trochleare calcanei, s. S. 804–805

Eine instruktive Darstellung *differentialdiagnostischer Abgrenzungen gegenüber Frakturen* ist der Abb. 7.**215a** u. **b** (30) zu entnehmen.

Es besteht ein *Zusammenhang* zwischen akzessorischen Knochen und **Senkfuß**, weiterhin zu **kongenitalen Anomalien** sowie zwischen **Akzessoria und Osteochondrosis**.

Daß die **Osteopoikilie** auch die Fußknochen befallen kann, wurde beschrieben (1).

Anomalien

Ein Schema, eng angelehnt an die Studie von Martinez u. Mitarb. (18), läßt die Möglichkeit von **Synostosen der Fußwurzelknochen** erkennen (Abb. 7.**216**). Die Bewegungen des Fußes sind entsprechend eingeschränkt (23). Die Synostosen können symmetrisch auftreten (29) und kommen mit karpalen Koalitionen, mit Symphalangismen, kurzen ersten Metakarpalia und Fusion der Ellenbogengelenkknochen familiär gehäuft vor (7, 10).

Eine besondere Bedeutung besitzt die **Coalitio calcaneo-navicularis**, da sie bei kräftiger Entwicklung des Calcaneus secundarius (2% Häufigkeit) und Verschmelzung dieses Knochens mit Kalkaneus und Navikulare zum kontrakten Knick-Platt-Fuß und damit zur Einschränkung der In- und Eversionsbewegung des Fußes führen kann. Der Befund ist auf Schrägaufnahmen gut zu erkennen (9), am besten nach Tomographie (12), insbesondere der Computertomographie (2, 6). Dies gilt auch für die ebenfalls häufigere **Coalitio talocalcanea** zwischen Sustentaculum tali des Fersenbeines und dem Taluskörper. Differentialdiagnostisch können Schwierigkeiten entstehen, wenn ein arthritischer Prozeß in frühem Kindesalter zu Ankylosen geführt hat (6[1]), s. auch Abschnitt „Kalkaneus". Die **talonavikulare Koalition** ist selten. Unter Anführung von sechs eigenen Fällen wird festgestellt, daß 40 Berichte aus den letzten 100 Jahren hierüber vorliegen sollen (24). Zu den seltenen Lokalisationen ist auch die **Coalitio calcaneocuboidea** zu rechnen (27).

Durch angeborene und erworbene Formänderungen der knöchernen und gelenkigen Anteile, ebenso wie durch Lockerungen der Bänder und der Muskulatur kann sich das Fußgewölbe senken. Es entsteht ein **Plattfuß.** Bei **Abflachung des Längsgewölbes (Knick- oder Senkfuß)**, oft kombiniert mit **Kantung des medial vorspringenden Talus**, stellt sich das Fersenbein mehr in die Horizontale, der Talus mehr in die Vertikale ein. Beim Plattfuß werden vor allem das Talonavikulargelenk und der umgebende Bandapparat verstärkt belastet. Akzessoria wie Os tibiale externum und Os supranaviculare treten (sekundär?) gehäuft auf (21), während die ebenfalls öfter zu beobachtende Kombination mit einem Naviculare bipartitum, einem Calcaneus secundarius und

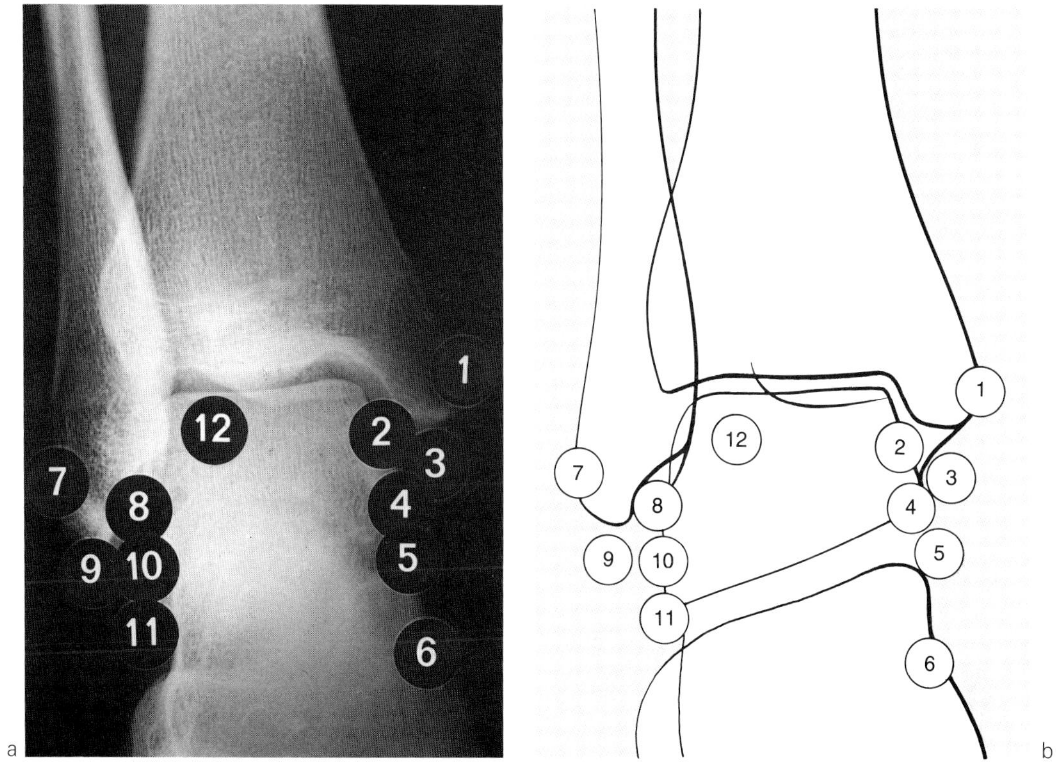

Abb. 7.**214 a** u. **b** Akzessorische Skelettelemente auf einer a.-p. Sprunggelenksaufnahme (nach Zimmer)

1 = Begleitschatten am Malleolus internus, s. S. 766
2 = Schaltknochen (oder Sesambein) zwischen Malleolus internus und Talus, s. S. 766
3 = Os subtibiale, s. S. 762 und 763
4 = Talus accessorius, s. S. 791
5 = Os sustentaculi, s. S. 805
6 = Os tibiale externum, s. S. 820–823
7 = Os retinaculi, s. S. 763
8 = Schaltknochen (oder Sesambein) zwischen Malleolus externus und Talus, s. S. 763 und 765
9 = Os subfibulare, s. S. 704 und 763
10 = Talus secundarius, s. S. 794
11 = Os trochleare calcanei, s. S. 804 und 805
12 = Trigonum, s. S. 789–793

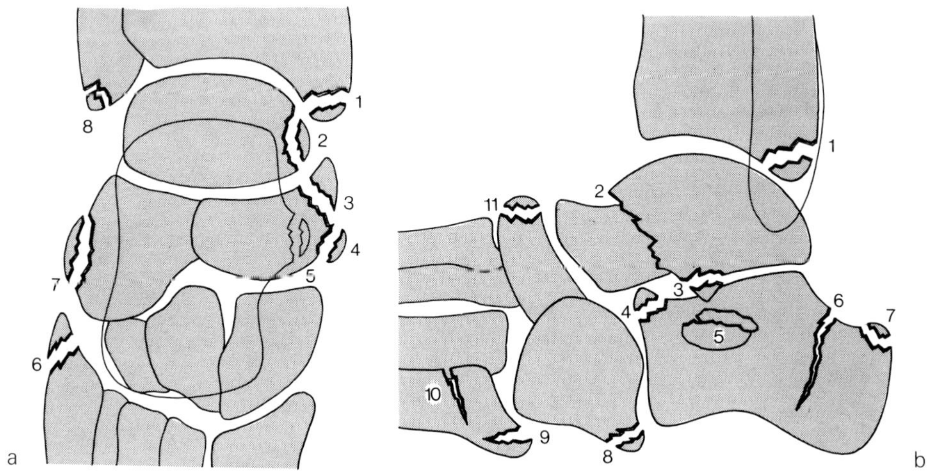

Abb. 7.**215 a** u. **b** Häufig übersehene Knochenverletzungen am Fuß (nach Zatzkin)

a

1 = Fraktur, distales Ende des Malleolus medialis
2 = Fraktur, medialer Rand des Talus
3 = Os tibiale externum (kann abgerissen werden)
4 = Fraktur, Sustentaculum tali
5 = Abriß des medialen Randes des Os naviculare
6 = Abriß des lateralen Randes des Os cuboideum
7 = Fraktur, Basis des Os metatarsale V
8 = Fraktur, distales Ende des Malleolus lateralis

b

1 = Fraktur, distales Ende des Malleolus medialis
2 = Fraktur, Collum tali
3 = Fraktur, Processus lateralis tali
4 = Fraktur, vorderes Ende des Kalkaneus
5 = Fraktur, Sustentaculum tali
6 = Fraktur, Corpus calcanei
7 = Abrißfraktur, oberer Teil des Kalkaneus
8 = Abrißfraktur, Basis des Os cuboideum
9 = Abriß der Apophyse am Os metatarsale V
10 = Querfraktur, Os metatarsale V
11 = Abrißfraktur, Dorsum ossis navicularis

der Coalitio calcaneonavicularis wohl eher als Begleitzustände des kongenitalen Pes planus aufzufassen sind. Häufig kommt es auch zur Valgusstellung (20) Abb. 7.**217a–c**). Eine zusammenfassende Darstellung findet sich unter anderem bei Sartoris u. Resnick 27.

Beim **Spreizfuß**, dem **Pes transversoplanus**, wird das Quergewölbe abgeflacht (s. Abb. 7.**203b**). Die zentralen Streben des vorderen Quergewölbes können sich manchmal tiefer senken als die beiden randständigen Pfeiler. Hinzu kommt die Spreizung der Strahlen, meßbar unter anderem am Kalkaneometatarsus-I-Winkel.

Eine spezielle Form bildet der **isolierte Tiefstand des Capitulum metatarsi IV**(s. Abb. 7.**203c**) (21).

Zur Spezialuntersuchung der vorderen Metatarsalwölbung ist, falls man nicht computertomographisch untersucht, eine Aufnahme geeignet, die jener für die Sesambeine gleicht: d.-v. Projektion, Bauchlage des Patienten, Fuß auf die nach dorsal flektierten Zehen aufgestellt, dem Wesen nach eine **Tangentialaufnahme der Metatarsalköpfchen** (4, 5).

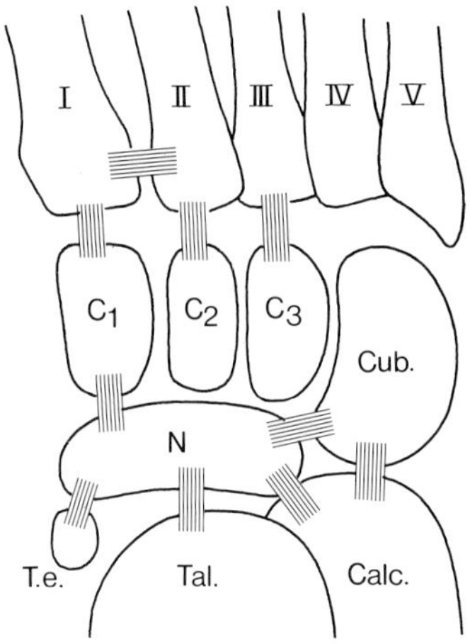

Abb. 7.**216** Möglichkeiten von Synostosen unter Fußwurzelknochen (nach Mestern)

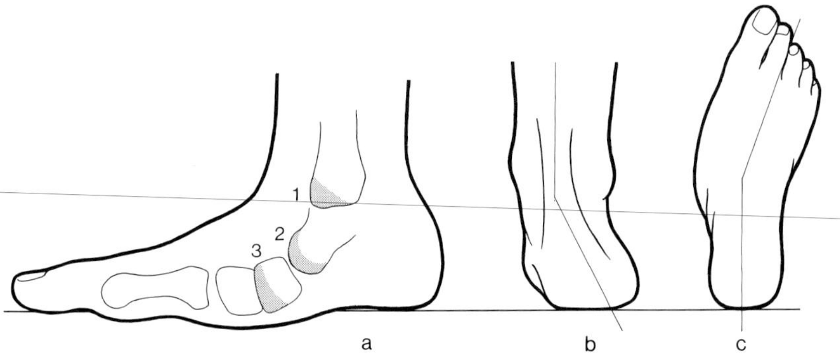

Abb. 7.**217a–c** Pes planus valgus
a Vorspringender Innenknöchel (1), Taluskopf (2), Tuberositas des Navikulare (3)
b Fersenbein in Valgusstellung
c Vorfußabduktion

Der **Hohlfuß (Pes excavatus)** ist das Gegenstück des Plattfußes. Der Kalkaneus steht steil, das Längsgewölbe ist erhöht, der Vorfuß proniert. Beim **Hackenhohlfuß**, die Folge einer Parese des M. triceps surae, dient das Tuber calcanei als Auftrittsfläche (Abb. 7.**218a–c**). Zusätzliche Klauenstellung der Zehen ist möglich, Lähmungen, auch angeborene, sind die hauptsächliche Ursache des Hohlfußes (6[2]).

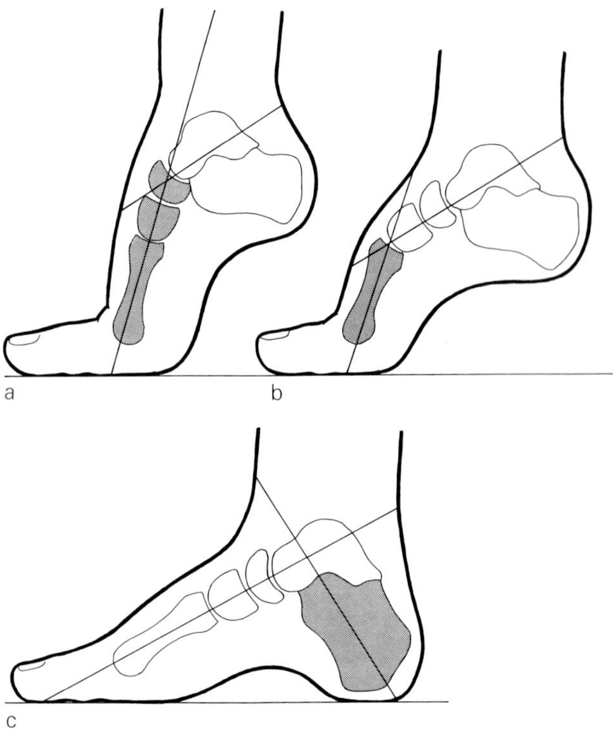

Abb. 7.**218a–c**
a u. **b** Ballenhohlfuß mit großer Höhendifferenz und Ferse mit Knick im Chopart-Gelenk (**a**) bzw. mit Knick im Lisfranc-Gelenk (**b**)
c Hackenhohlfuß mit Steilstellung des Fersen-, gelegentlich auch des Sprungbeins

Der **Klumpfuß (Pes equinovarus congenitus)** ist eine der häufigsten Mißbildungen und ist durch fünf Einzelkomponenten gekennzeichnet: Pes adductus (Vorfußadduktion), Pes varus (Fersenbeinsupination), Pes equinus (Spitzfußstellung im oberen Sprunggelenk), Pes excavatus (Spitzfußstellung im Chopartgelenk) und Außenrotation der Malleolengabel (6[3]). Angeboren oder erworben, ist der Klumpfuß meist Folge spastischer oder schlaffer Lähmungen des Zentralnervensystems.

Beim **angeborenen Hackenfuß (Pes calcaneus congenitus)** kann der Fußrücken der Vorderfläche des Unterschenkels angelegt werden. Die Plantarflexion ist eingeschränkt.

Vorfußdeformitäten s. Kapitel „Metatarsalknochen" und „Zehen".

Knochenverletzungen und Nekrosen

Hier ist auf Abb. 7.**215a** u. **b** hinzuweisen. In einer informativen, kurzen Zusammenstellung einer Gemeinschaftsstudie von acht chirurgischen Kliniken wurde über 63 Fußwurzelfrakturen im Kindesalter berichtet (14). Im Gegensatz zu anderen Autoren (17) wurden Kalkaneusbrüche dreimal häufiger gefunden als Talusfrakturen. Professionelle Tänzer/innen erleiden akut am ehesten Sprunggelenksdistorsionen; bei der häufigeren chronischen Überlastung kommt es vorwiegend zu Schäden durch starkes Stampfen des hiergegen ungenügend geschützten Fußes auf hartem Tanzboden. Angeborene und erworbene Anomalien (z. B. Os trigonum, besonders aber Stellungsanomalien) führen zur Belastung der Knochen (Streßfraktur des meist 3. Mittelfußknochens, aber auch der Tibia u. a.) und später zu vorzeitigen Arthrosen (11).

Die übrigen Verletzungen und die Nekrosen sind bei der Besprechung der einzelnen Knochen abgehandelt.

Erworbene Erkrankungen

Auf die Erkrankungen des Fußes wie Tuberkulose, Osteomyelitis, Osteodystrophien, Tumoren u. ä. wird im speziellen Teil bei Besprechung der einzelnen Knochen eingegangen, ebenso auf die rheumatoide Arthritis und spezielle Osteoarthropathien wie beim Diabetes, Blutkrankheiten, neurologischen und Durchblutungsstörungen. Ein Teil dieser Symptomatik ist in die Besprechung der Handwurzelknochen aufgenommen und wird hier nicht wiederholt.

Eine sehr seltene generalisierte Erkrankung ist zu erwähnen, weil sie in ungewöhnlicher Weise jeden einzelnen Fußknochen, vom distalen Tibiaende bis zum ersten Fußwurzelknochen, in Form und Nekrosen ergreifen kann. Es handelt sich um den **Lupus erythematosus** (26), der am Skelett meist Femurkopf, Femurkondylen, Oberarmkopf und Tibiaplateau nekrotisch verändert und selten den Talus sowie die platten Knochen von Hand und Handgelenk befällt.

Als Besonderheit einer hereditären Dysplasie, die sich vorwiegend an den Fußwurzelknochen zeigt, ist das **Syndrom der polyzystischen Osteodysplasie mit progressiver Demenz** aufzuführen, das bis 1975 nur in Finnland beschrieben wurde und vor allem durch große Zysten in den Fußwurzelknochen, meist beidseitig, so gekennzeichnet ist, daß dieser Befund nahezu als pathognomonisch gilt. Weitere Zysten in anderen Knochen kommen vor. Progressive, neuropsychiatrische Symptome nach dem 40. Lebensjahr führen im allgemeinen vor dem 50. Lebensjahr zum Tode (16).

Literatur

1 Agostinelli, J. R.: Osteopoikilosis. J. Amer. Pod. Ass. 73 (1983) 529–531

2 Azouz, E. M.: Tarsal pseudocoalition. J. Canad. Ass. Radiol. 33 (1982) 105

3 Azouz, E. M., D. B. Vickar, L. Kenneth, B. Brown: Computed tomography of synovial sarcoma of the foot. J. Canad. Ass. Radiol. 35 (1984) 85–87

4 Blondin-Walter, M.: Radiographie de la voûte métatarsienne antérieure. J. Radiol. Électrol. 30 (1949) 543–544

5 Borsagli, B., J. Kints, J. Le Vot, J. Auclair, J. P. Martin, P. Leonetti, J. Serieye, J. Y. Rigole: L'arche antérieure du pied. Méd. et armées 12 (1984) 459–462

6 Dihlmann, W.: Gelenke – Wirbelverbindungen, 2. Aufl. Thieme, Stuttgart 1982 ([1]S. 384–385; [2]S. 388; [3]S. 386)

7 Drawbert, J. P., D. B. Stevens, R. G. Cadle, B. D. Hall: Tarsal and carpal coalition and symphylangism of the Fuhrmann type. J. Bone Jt Surg. 67-A (1985) 884–889

8 Dwight, T.: Variations of the Bone of the Hand and Foot. Lippincott, Philadelphia 1907

9 Francillon, M. R.: Deformitäten des Skeletts. In Schinz, H. R., W. Baensch, W. Frommhold, R. Glauner, E. Uehlinger, J. Wellauer: Lehrbuch der Röntgendiagnostik, Bd. II/2. Thieme, Stuttgart 1981 (S. 423)

10 Fuhrmann, W., Ch. Steffens, G. Rompe: Dominant erbliche doppelseitige Dysplasie und Synostose des Ellenbogengelenkes. Mit symmetrischer Brachymesophalangie sowie Synostosen im Finger-, Hand- und Fußwurzelbereich. Humangenetik 3 (1966) 64–77

11 Hardaker, W. T., Susan Margello, L. Goldner: Foot and ankle injuries in theatrical dancers. Foot Ankle 6 (1985) 59–69

12 Henssge, J.: Fuß und Fußgelenke. In Diethelm, L., O. Olsson, F. Strnad, H. Vieten, A. Zuppinger: Handbuch der Medizinischen Radiologie, Bd. IV/2. Springer, Berlin 1968 (S. 546–638)

13 Jahss, M. H.: Disorders of the Foot. Saunders, Philadelphia 1982 (vol. I/II)

14 Kurz, W., Th. Gündel, H. Hardtmann: Fußwurzelfrakturen im Kindesalter. Zbl. Chir. 109 (1984) 984–990

15 Le Noir, J. L.: Inverted talipes and rotational deformities of the lower extremities. In Jahss, M. H.: Disorders of the Foot, Saunders, Philadelphia 1982 (Chap. 17)

16 Laasonen, E. M.: Das Syndrom der polyzistischen Osteodysplasie mit progressiver Demenz. Fortschr. Röntgenstr. 122 (1975) 313–316

17 Marti, R.: Talus- und Calcaneusfrakturen. In: Die Frakturbehandlung bei Kindern und Jugendlichen. Springer, Berlin 1978

18 Martinez, S., J. E. Herzenberg, J. S. Apple: Computed tomography of the hindfoot. Orthop. Clin. North Amer. 16 (1985) 481–495

19 Mestern, J.: Erbliche Synostosen der Hand- und Fußwurzelknochen (Erbliches Os tibiale externum). Röntgenpraxis 6 (1934) 594–600

20 Mosier, K. M., M. Asher: Tarsal coalitions and peroneal spastic flatfoot. J. Bone Jt Surg. 66-A (1984) 976–984
21 Niederecker, K.: Beiträge zur Entstehung des Plattfußes auf Grund von Muskelanomalien an Hand eines größeren Operationsmaterials. Z. Orthop. 79 (1949/50) 499–518
22 Niederecker, K.: Pathologische Veränderungen des Fußskelettes bei Plattfüßen an Hand eines größeren Operationsmaterials. Z. Orthop. 80 (1950/51) 97–128
23 O'Rahilley, R.: A survey of carpal and tarsal anomalies. J. Bone Jt Surg. 35-B (1953) 626–642
24 Person, Valerie, L. Lembach: Six cases of tarsal coalition in children aged 4 to 12 years. J. Amer. Podiat. Ass. 75 (1985) 320–323
25 Pfitzner, W.: Beiträge zur Kenntnis des menschlichen Extremitätenskeletts. VII. Die Variationen im Aufbau des Fußskelettes. Schwalbes morphol. Arb. 6 (1896) 245–527
26 Resnick, D., C. Pineda, D. Turnell: Widespread osteonecrosis of the foot in systemic lupus erythematosus: Radiographic and gross pathologic correlation. Skeletal Radiol. 13 (1985) 33–38
27 Sartoris, D. J., D. L. Resnick: Tarsal coalition. Arthrit. Rheumat. 28 (1985) 331–338
28 Schilling, F. W.: Das mediale Längsgewölbe des Fußes beim Kleinkind. Z. Orthop. 123 (1985) 296–299
29 Weber, B.: Multiple symmetrische Synostosen an Hand und Fuß. Arch. orthop. Unfall-Chir. 46 (1954) 277–289
30 Zatzkin, R.: Schema von Zatzkin, New York. Folia traumatologica. Geigy, Basel 1976

Spezieller Teil

Talus

Norm

Im Wachstum

Im 7. intrauterinen Monat erscheint im Talus (französisch „astragale", englisch „talus", „astragalus") ein **Ossifikationszentrum**; manchmal treten auch zwei Knochenkerne auf. Eine tiefe Kerbe am Unterrand des Talus gegenüber einer entsprechenden Mulde des gegenüberliegenden Kalkaneusrandes ist ein typischer Befund, vor allem bei Jugendlichen (Abb. 7.**219**). Die Mulde des Kalkaneus entspricht anatomisch dem Sinus tarsi. Eine kleine Grube an der dorsalen Kontur des kindlichen Talus kann sich bei schräger Projektion wie eine pathologisch anmutende Aufhellungszone in der Struktur darstellen (27).

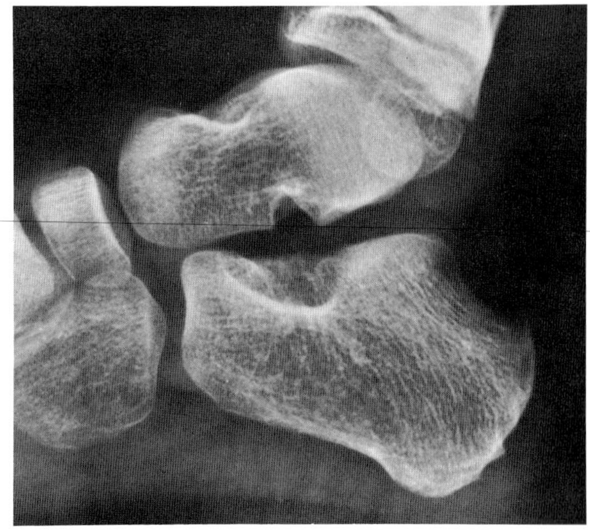

Abb. 7.**219** Sinus subtalaris

Beim Erwachsenen

Die **radiologische Darstellung** des Talus erfolgt im a.-p. Strahlengang, zweckmäßigerweise unter Innendrehung des Fußes um 20 Grad (s. Abschnitt „Distales Unterschenkelende"). Im seitlichen Strahlengang ist – wie bei allen Seitenaufnahmen der unteren Extremität – die Ferse um 20 Grad anzuheben, um die natürliche Varusstellung des Kalkaneus auszugleichen und die Walzen der Talusrolle in Deckung zu bringen. Der vordere, mittlere und hintere Anteil des subtalaren Gelenkes wird in dieser Projektion deutlich.

Die **Wölbung der Talusrolle** kann sehr unterschiedlich ausgeprägt sein.

Der **Talushals** ist oft auffallend kurz, sein distaler Teil erscheint nach dorsal wie „aufgekrempelt" (Abb. 7.**220**). Die scheinbare Stufe zum Kahnbein

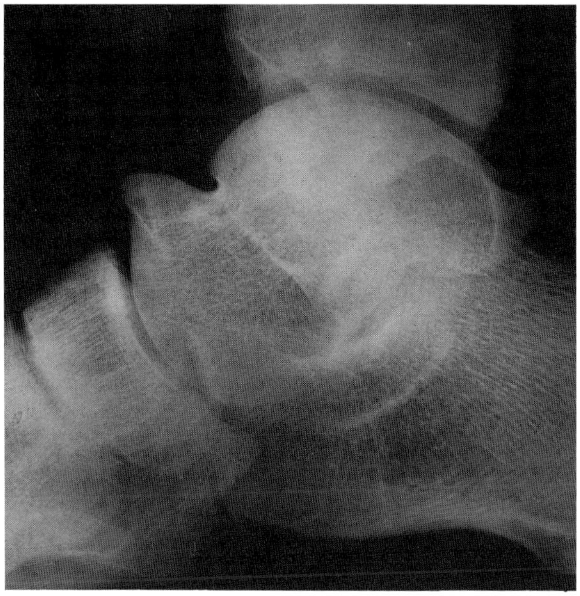

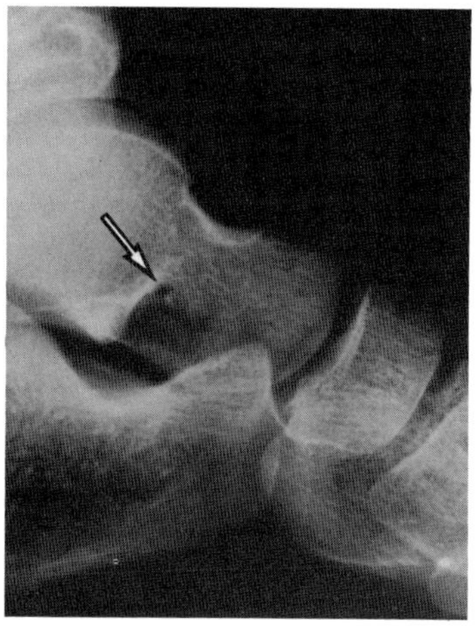

Abb. 7.**221** Kleiner Nutritiakanal im Zentrum des Talushalses

◁ Abb. 7.**220** Kurzer Talushals mit „aufgekrempelter" Partie

gleicht sich im Stehen wieder aus. Diese Formation ist nicht mit der noch zu besprechenden „Talusnase" identisch. Auf Profilbildern sieht man am Übergang der Talusrolle zum Hals zentral einen kleinen **Nutritiakanal** (Abb. 7.**221**). In der Spongiosa des Taluskopfes findet sich häufig eine **Kompaktainsel**.

Varianten

Os talotibiale s. Abschnitt „Distales Unterschenkelende".

Vorsprünge des Knochens an der dorsalen Kontur des Talus können bei normaler Länge des Talushalses zwischen Sprung- und Talonavikulargelenk an jeder Stelle vorkommen. Über ihre Ätiologie gibt es unterschiedliche Ansichten, s. am Schluß dieses Abschnittes. Hier möge zunächst die deskriptive Bezeichnung **„Talusnase"** genügen (Abb. 7.**222** und 7.**223a** u. **b**).

Ein isoliertes Knochenelement entlang dieser Kante, besonders der Talusnase anliegend, wird **Os supratalare** genannt (Abb. 7.**224a** u. **b**). Die nicht immer synonym gebrauchte Bezeichnung „Astragalus secundarius" wird wegen seiner Mißdeutbarkeit hier erwähnt, aber nicht weiter benützt. Derartige kleine Knochen können durch Reizung entstehen, wie z. B. bei einem 22jährigen Rekruten, der einen umschriebenen Schmerz am Fußrücken beim Tragen hoher Marschstiefel als besonders unangenehm angab (Abb. 7.**225**). Es kommt auch zu Ausrissen aus dem Talus an dieser Stelle (die bis zur Unnachweisbarkeit verheilen können) (Abb. 7.**226**), wie aber auch am Taluskopf (Abb. 7.**227**). Ein Befund, wie er in Abb. 7.**228** an gleicher Stelle gezeigt wird, kann auf gleicher Basis entstanden sein und entweder einem nicht angeheilten, schalenförmigen Knochenausriß oder einer Bandverknöcherung entsprechen. Auch minimale Ausrisse aus der Talusnase kommen vor.

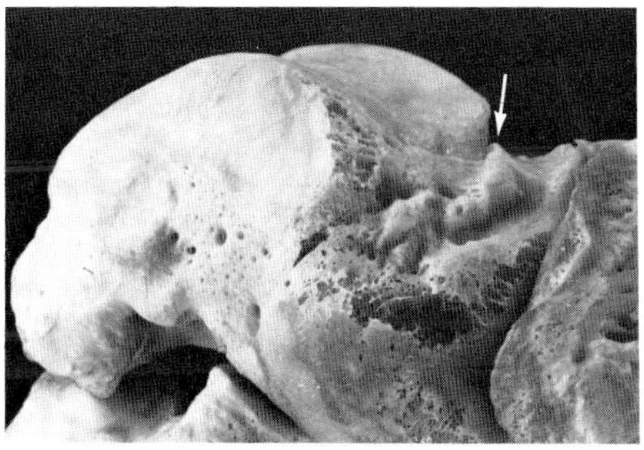

Abb. 7.**222** Typischer Höcker an der Dorsalkante des Talushalses vor der Gelenkrolle, sog. „Talusnase"

Der im angelsächsischen Sprachgebrauch verwandte Ausdruck **„Pirie's bone"** entspricht nach der Originalarbeit von Pirie eher einem Os supranaviculare und nicht dem der Talusnase anliegenden Ossikulum, mit dem es fälschlich oft gleichgesetzt wird.

Bei dem Knöchelchen, das in Abb. 7.**228** dem Taluskopf gegenüber der dorsalen Navikularkante anliegt, ist auch an einen isoliert gebliebenen Knochenkern zu denken.

Kleine Knochenvorsprünge, distal an der dorsalen Taluskontur, werden normalerweise beobachtet. Sie können allerdings am Ansatz der Gelenkkapseln und Ligamente des talokruralen und talonavikularen Segmentes nach zu starker Strapazierung hypertroph werden (z. B. Football-, Rugby-Spieler und Tänzer/innen auftreten. Bei Ballettänzern/-innen wird auch eine andere mechanische Entstehungsweise dieser Exostose angenommen: Der Anstoß durch die vordere Tibiakante (impingement) bei extremer Dorsalflexion im Talokruralgelenk (20). Schnabelförmige Auswüchse an dieser Stelle begleiten tarsale Koalitionen und können sich von der Stelle der normalen Knochenvorsprünge distal bis

a

b

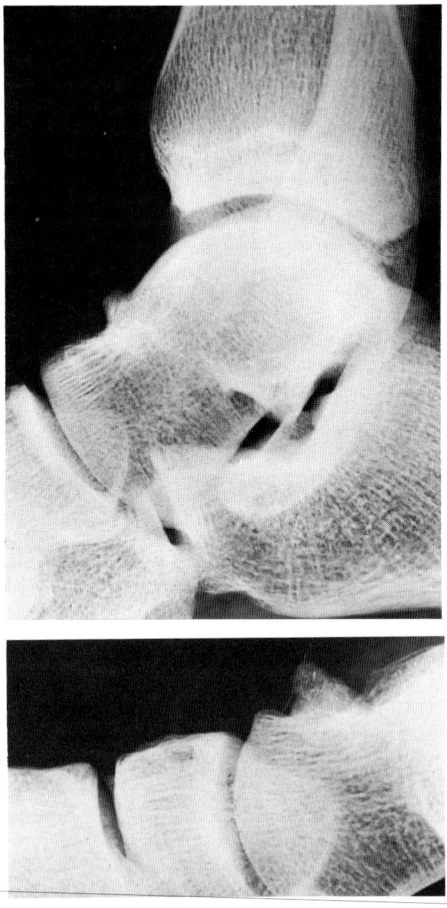

Abb. 7.**223 a** u. **b** Verschiedene Formen einer „Talusnase"

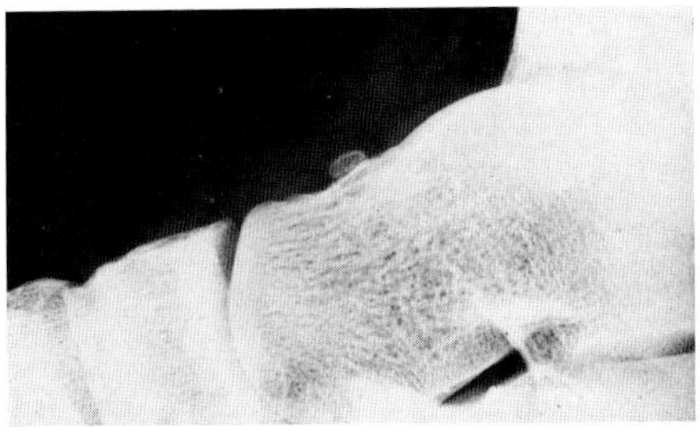

Abb. 7.**225** Schmerzhaftes Os supratalare (bei Pes planus?)

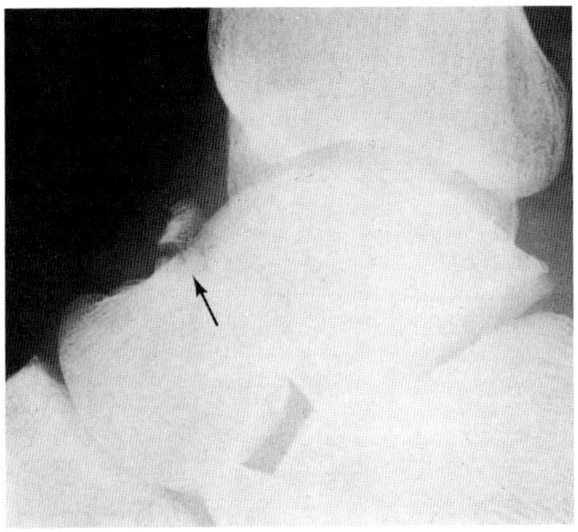

Abb. 7.**226** Ausriß aus dem Talushals

a

b

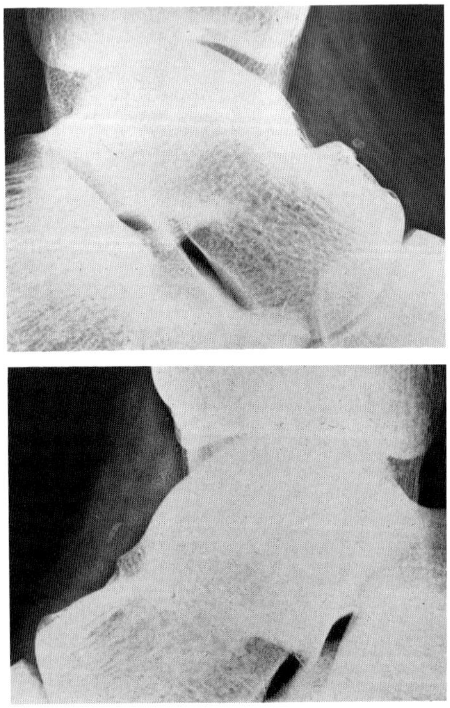

Abb. 7.**224 a** u. **b** Os supratalare, rund bzw. längsoval

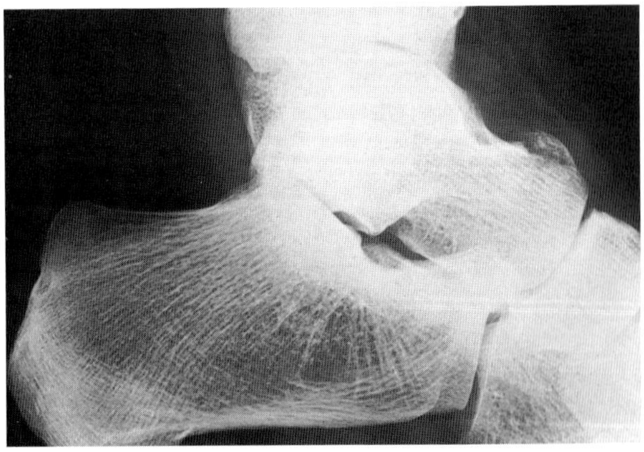

Abb. 7.**227** Ausriß aus dem Taluskopf

zum Rand des Talonavikulargelenkes erstrecken, wobei hervorzuheben ist, daß auch dieser Rand selbst durch einen sehr kräftig ausgebildeten arthrotischen Osteophyten aufgeworfen sein kann (43).

Das **Os talocalcaneare posterius** liegt im hinteren Gelenk zwischen Talus und Kalkaneus, ist fast unbekannt und läßt sich radiologisch in der Einstellung von Anthonsen, einer Projektion ähnlich der Schrägaufnahme der Malleolengabel, am besten erkennen.

Zum Verständnis der Lage des **Os trigonum** (auch unter den etwas irreführenden Namen Talus secundarius, Talus accessorius oder Os intermedium tarsi bezeichnet), ist die Kenntnis der normalen Anatomie und der Formvarianten des hinteren Sprungbeinrandes erforderlich, s. Präparataufnahmen Abb. 7.**229a** u. **b**. Der **Processus posterior tali**, ein unterschiedlich ausgeprägter Fortsatz unter dem Hinterrand des Talus, besitzt ein radiologisch wenig prominentes Tuberculum mediale (Tm) und ein meist kräftig entwickeltes und auch radiologisch hervorstehendes Tuberculum laterale (Tl [15]), das von Pfitzner (39) allein als Processus posterior tali bezeichnet wurde. Zwischen beiden Tuberkula vorläuft in einem Sulkus die Sehne des M. flexor hallucis longus.

Das Os trigonum liegt seitlich in einer Mulde des Tuberculum laterale des Processus posterior tali und kann, wie auf der Präparataufnahme sichtbar, gedoppelt sein (Tr und Tc) (Abb. 7.**229a**). Das Os trigonum kann auch mit dem Tuberculum laterale zu einem einzigen Fortsatz des Talus verschmolzen sein (Abb. 7.**229b**). Schließlich kann dieser Fortsatz mit dem Talus koaliert sein oder in gelenkiger Verbindung mit dem Sprungbein stehen. Tuberculum laterale und Os trigonum variieren unabhängig voneinander in Größe und Form. Das Os trigonum kann deshalb nicht als nicht verschmolzener Processus posterior tali angesehen werden.

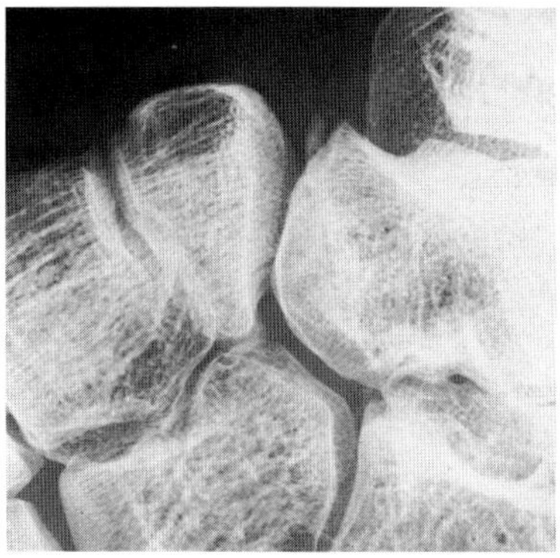

Abb. 7.**228** Isolierter Knochen am Taluskopf gegenüber dem Kahnbein

Kerne in diesem Gebiet lassen die Abb. 7.**230** und 7.**231a** u. **b**, die Anlegung eines größeren Kerns in einer Mulde des Talus (Abb. 7.**232**) erkennen.

Das Os trigonum ist als winziges Skelettelement manchmal kaum sichtbar und kann andererseits die Größe eines Haselnußkerns erreichen.

Zweiteilungen oder **Doppelungen** des Os trigonum sind, wie schon die Präparataufnahme Abb. 7.**229a** erkennen läßt, möglich. Radiologisch nachgewiesene Doppelungen finden sich auf Abb. 7.**233a** u. **b**. Ein großer isolierter Knochen im Projektionsbereich des Os trigonum kann auch *posttraumatisch* entstehen.

Abb. 7.**234a** gibt das Sprunggelenk eines 21jährigen Soldaten nach einer Distorsion ohne radiologisch nachweisbare Knochenverletzung wieder. Bei neuerlicher Untersuchung zwei Jahre später (Abb. 7.**234b**) zeigte sich der einem überdimensionalen Os trigonum ähnliche Knochen. Er ist wohl als posttraumatische Ossifikation zu deuten.

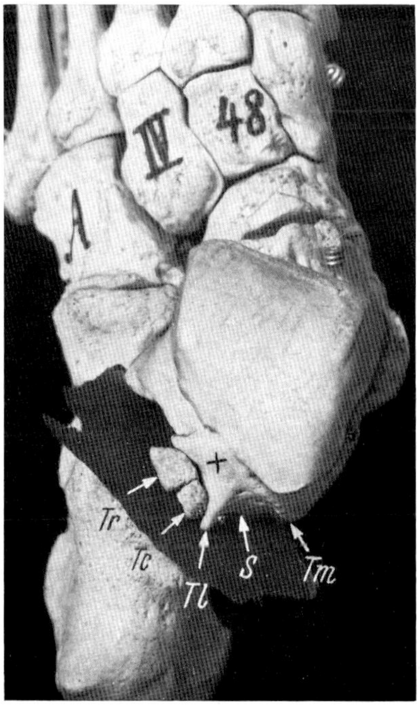

a

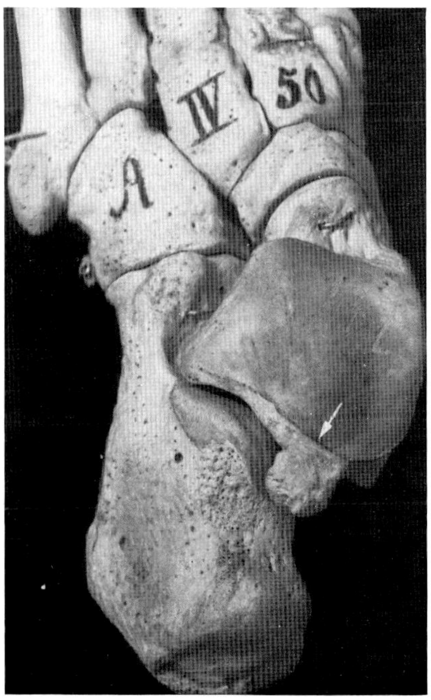

b

Abb. 7.**229a** u. **b** Formation der dorsalen Taluspartie im Präparat

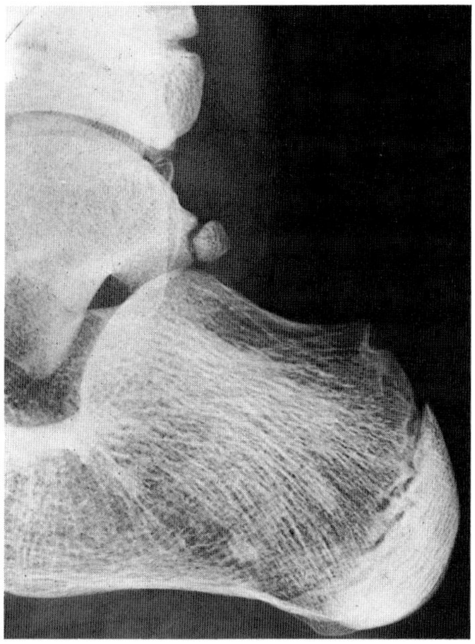

Abb. 7.**230** 8jähriger mit Os trigonum

Die Shepherdsche Fraktur wird fälschlich als Bruch bezeichnet, wenn das Os trigonum mit einem Abrißfragment des Processus posterior tali verwechselt wird (Shepherdsche Fraktur s. nächsten Abschnitt „Verletzungsfolgen und Nekrosen").

Es gibt aber auch die **Dislokation des Os trigonum** mit Verletzung der Sehne des M. flexor hallucis longus und entsprechendem klinischen Befund (Beugekontraktur des 1., eventuell auch der 2. Zehe; Abb. 7.**235**), wie auch den **Abbruch des Tuberculum laterale** mit den gleichen klinischen Zeichen als typische Begleiterscheinung bei einem Fersenbeinbruch (Abb. 7.**236a** u. **b**) und dessen zusätzlicher klinischer Symptomatik. Das Tuberculum laterale kann akut nach Hyperdorsiflexion bei Ballettänzerinnen und Sockern (51) bzw. Fußballspielern (6, 7) abreißen (s. Abschnitt „Verletzungsfolgen und Nekrosen").

Entkalkung und Dislokation eines Os trigonum sind bei Tuberkulose zu erkennen (Abb. 7.**237**). Das Os trigonum kann eine **pathologische Struktur** aufweisen (Nekrose?) (Abb. 7.**238**) und einer podestähnlichen Vorwölbung des Kalkaneus aufsitzen (Abb. 7.**239a** u. **b**).

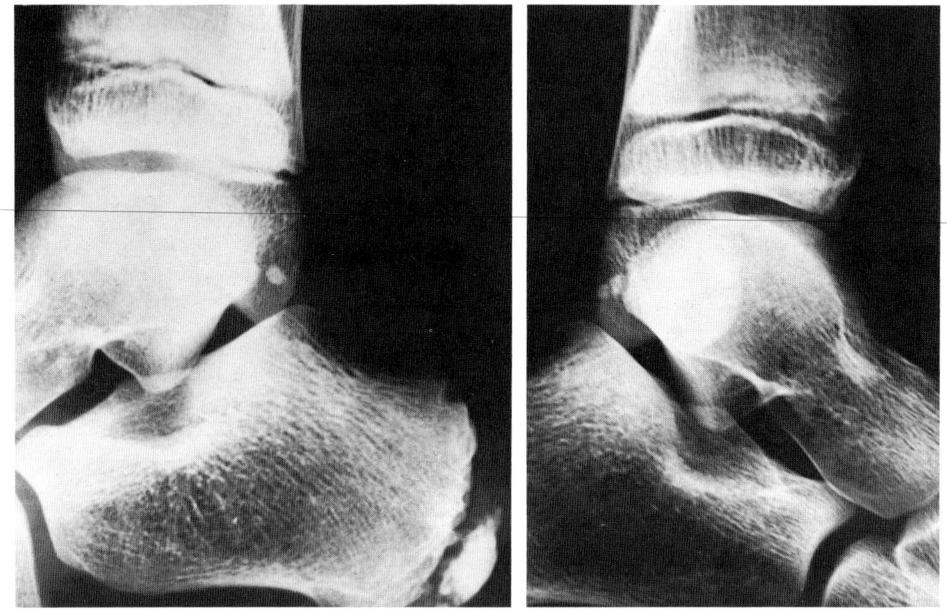

a b

Abb. 7.**231 a** u. **b** 9jähriger mit Os trigonum beiderseits, ein- und doppelkernige Anlage

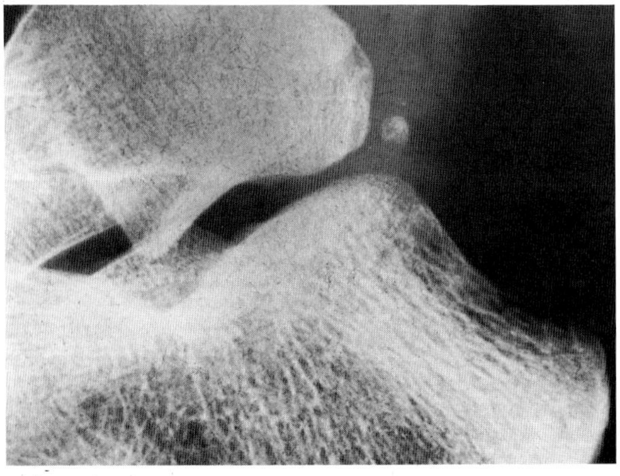

Abb. 7.**232** 14jähriger mit Os trigonum

Multiple Gelenkkörper im Projektionsbereich des Os trigonum ohne Unfallereignis bei einem 19jährigen lassen an eine **Chondromatose** denken (Abb. 7.**240**).

Eine wahrscheinliche **Verschmelzung des Os trigonum mit dem Kalkaneus** ist beschrieben (31, 32).

Ein ein- und doppelseitig vorkommendes Akzessorium über dem Kalkaneus, ziemlich weit vom Talus entfernt, ist als **Os accessorium supracalcaneum** bezeichnet.

Sehr selten findet sich an der medialen Kante des Talus distal des Unterrandes der Gelenkfläche ein von Pfitzner als Talus accessorius bezeichneter isolierter Knochen (Abb. 7.**241a** u. **b**). Die mögliche

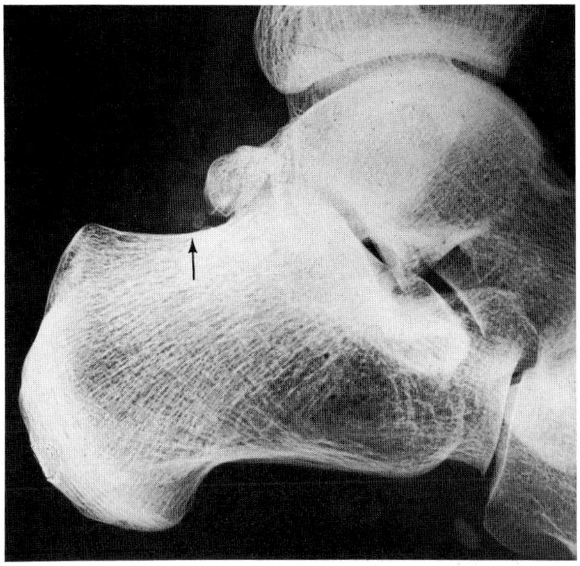
a
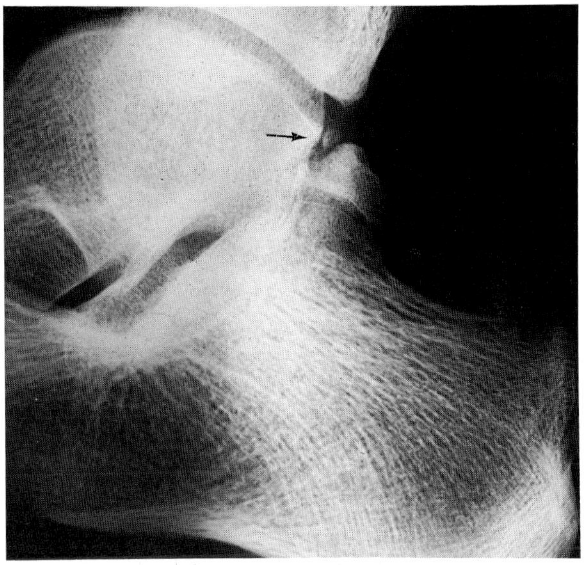
b

Abb. 7.**233 a** u. **b** Zweigeteiltes Os trigonum

Abb. 7.**234 a** u. **b**
a Bei Distorsion unauffälliger Befund
b Bei erneuter Distorsion 2 Jahre später: Os-trigonum-ähnliche Verknöcherung

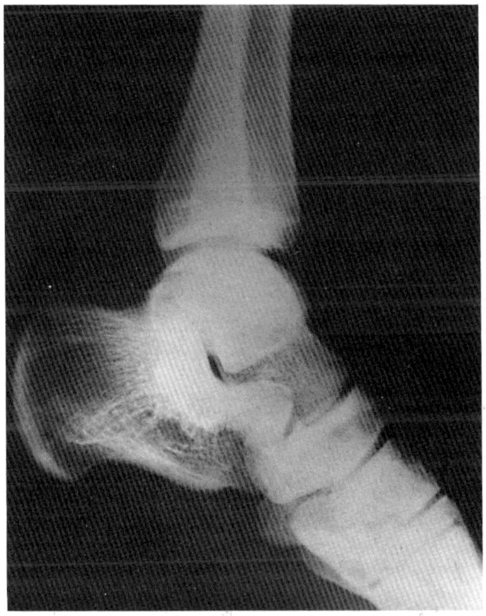
a
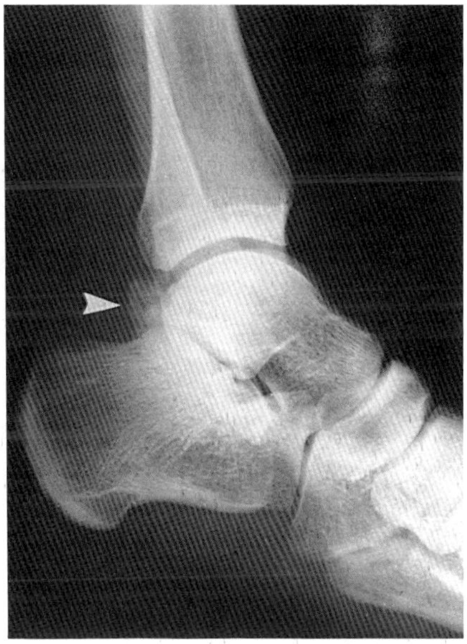
b

Schwierigkeit der Abgrenzung des Talus accessorius vom Os subtibiale geht aus Abb. 7.**242** bis 7.**244** hervor, wobei immer daran zu denken ist, daß es sich bei manchen dieser Akzessoria um sekundär durch Verknöcherungen im Kapsel-Band-Apparat des Gelenkes zum Beispiel durch Traumen oder degenerative Prozesse ausgelöste Ossifikationen handeln kann.

Ähnliche Ossikula gibt es auch an der Außenseite des Talus. Der *Talus secundarius* (Abb. 7.**245**) kann mit dem Außenknöchel und dem Talus gelenkähnlich verbunden sein (Abb. 7.**246**). An gleicher Stelle wurden **Frakturen des Processus fibularis tali** beobachtet (19) (Abb. 7.**247** und 7.**248**), s. nächsten Abschnitt „Verletzungsfolgen". Über traumatisch entstandene und nichttraumatische akzessorische Ossa distal des Außenknöchels s. bei Trolle (56).

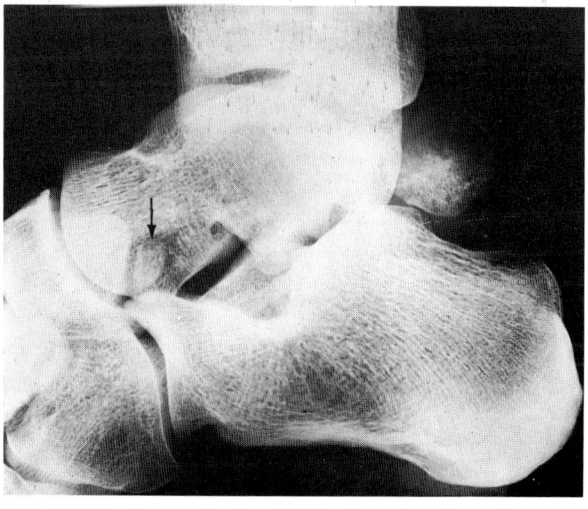

Abb. 7.**235** Traumatische Dislokation des Os trigonum. Nebenbefund: Os tibiale externum

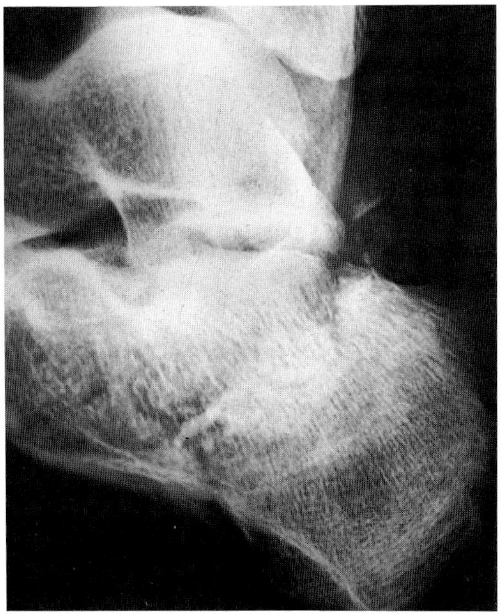

a

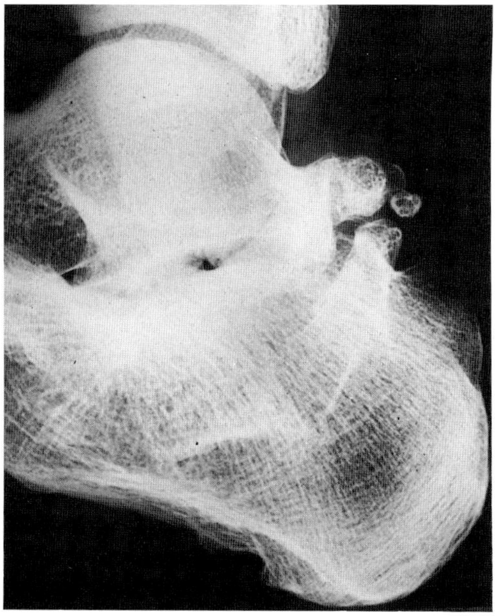

b

Abb. 7.**236 a** u. **b** Abriß des Processus posterior tali bei Kalkaneusfraktur
a Sofort nach der Verletzung
b 10 Jahre später

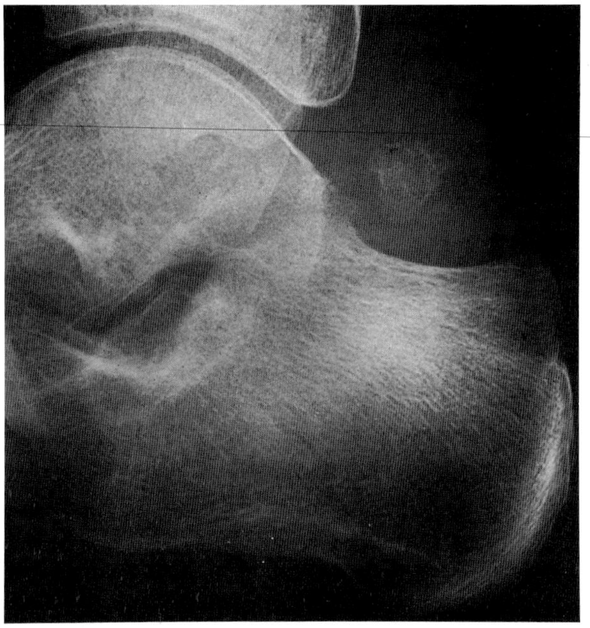

Abb. 7.**237** Tuberkulose im Gebiet des Os trigonum

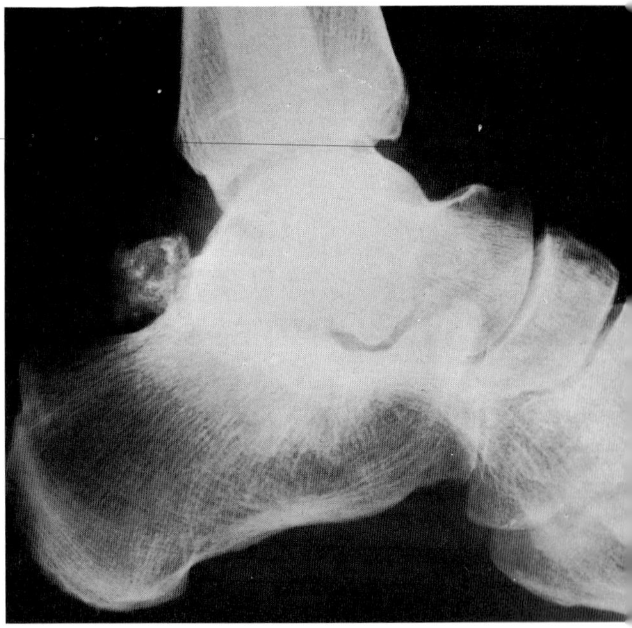

Abb. 7.**238** 43jähriger mit aseptischer Nekrose eines Os trigonum (Beobachtung von Wendtland, Marl)

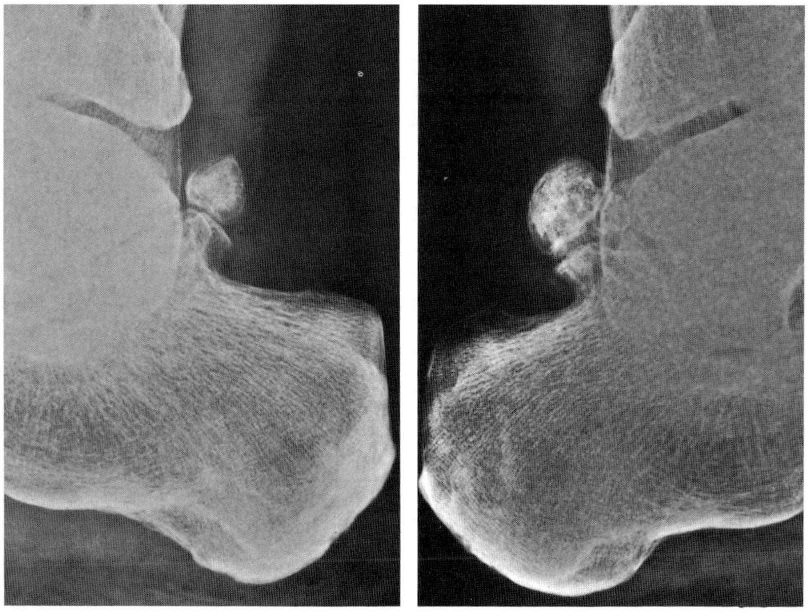

a b

Abb. 7.**239a** u. **b** Doppelseitiges Os trigonum, jeweils einem Fortsatz des Kalkaneus aufsitzend und jeweils mit Nekrose (Beobachtung von Wieser, Chur/Bad Ragaz)

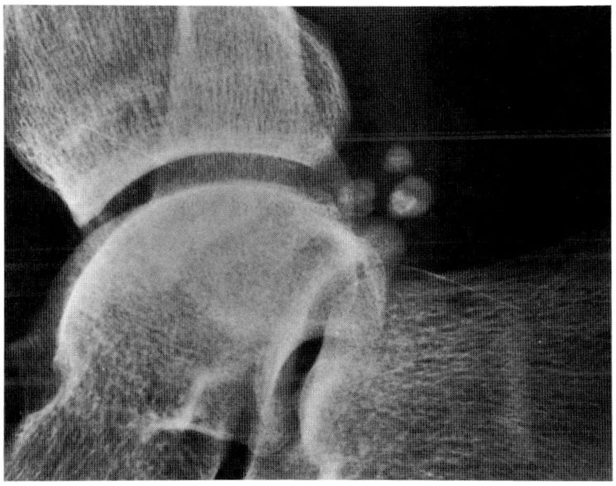

Abb. 7.**240** Chondromatose?

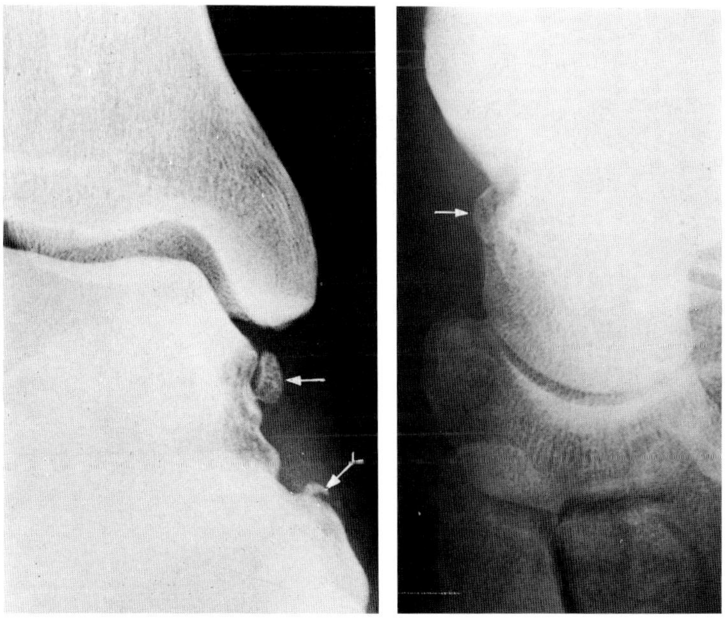

a b

Abb. 7.**241a** u. **b** Talus accessorius (→) an der medialen Kante des Sprungbeins. Nebenbefund: Os tibiale externum (↣)

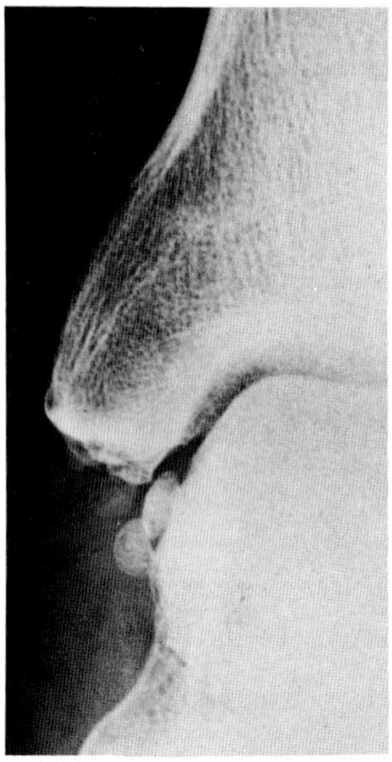
7.**242**

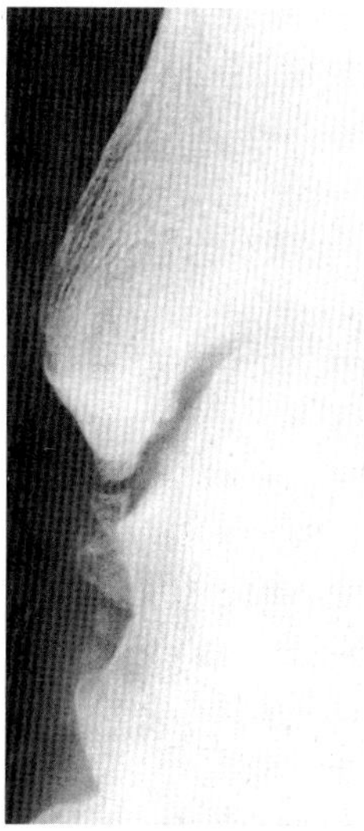
7.**243**

Abb. 7.**242** Os subtibiale und zwei Verknöcherungen an der Medialkante des Talus
Abb. 7.**243** Os subtibiale und mehrfache Verknöcherungen an der Medialkante des Talus

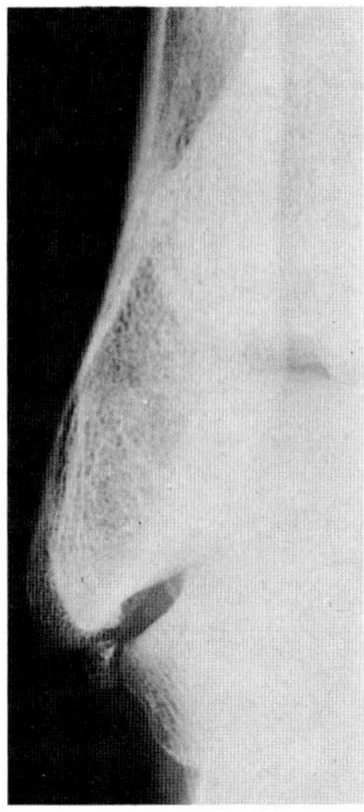

Abb. 7.**244** Isolierte Verknöcherung unter der Spitze des Außenknöchels, wohl in Koaleszenz mit dem Talus (Os subfibulare? Talus secundarius?)

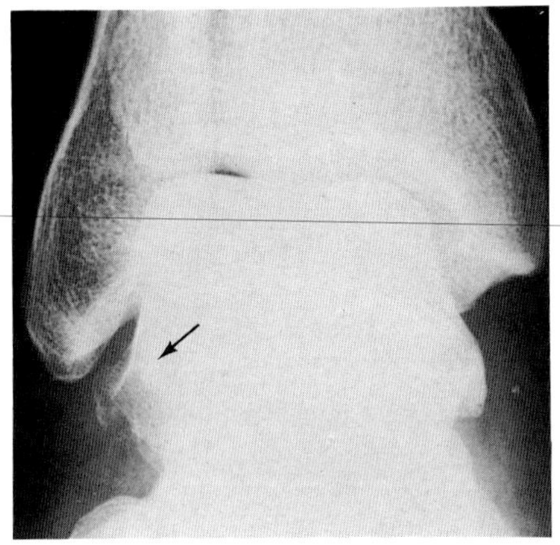

Abb. 7.**245** Talus secundarius (in Verbindung mit dem Talus?)

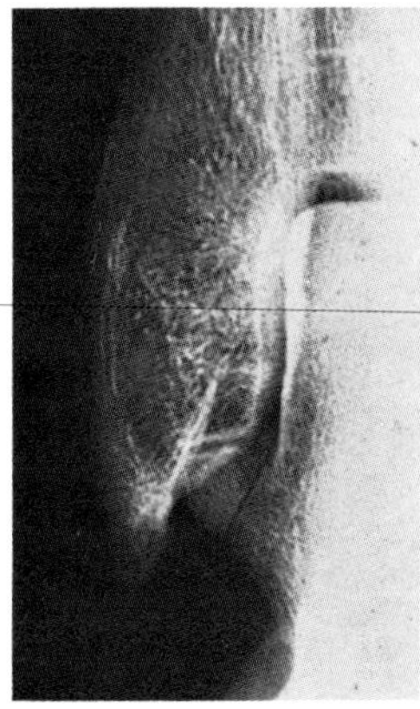

Abb. 7.**246** Talus secundarius (?), mit Außenknöchel und Talus gelenkähnlich verbunden

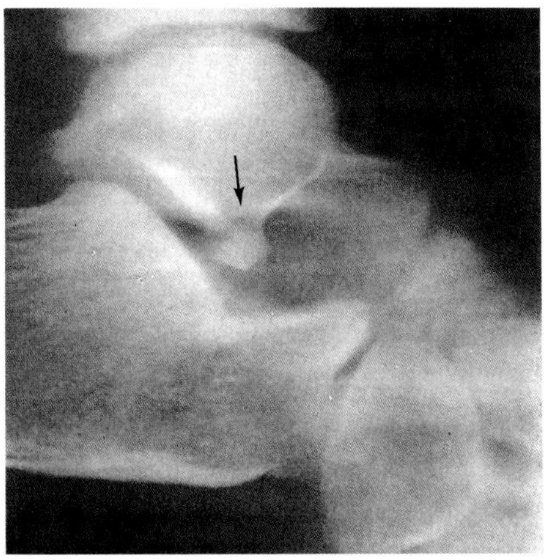

Abb. 7.**247** Fraktur des Processus fibularis tali

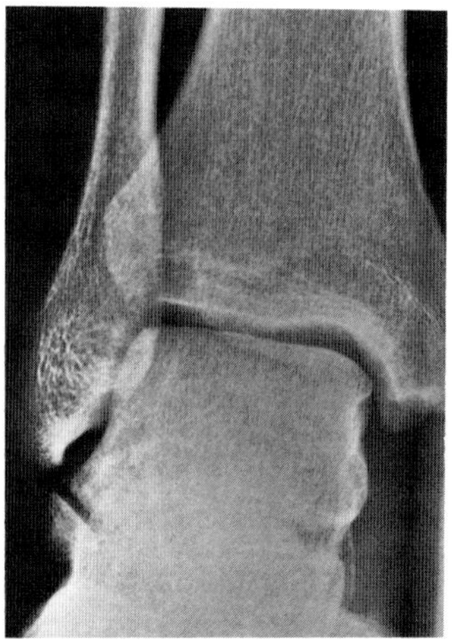

Abb. 7.**248** 23jähriger Patient. Talus secundarius und isolierte Knochensplitter

Anomalien

Eine ausgeprägte **Hypoplasie von Taluskopf und -hals** mit Deformierung des plantar spitz zulaufenden, dorsal und tibial vorspringenden Kahnbeins ist beschrieben (3).

Beim **kongenital vertikalen Talus**, dem dann das Navikulare dorsal anliegt, wird das Talonavikulargelenk nach plantar und medial verlagert. Es entsteht ein Knickplattfuß mit medial konvexem Fußgewölbe (45). Neuerlich ist über 273 Patienten aus dem Schrifttum unter Hinzufügung von 11 eigenen Fällen berichtet (24). Derartige Deformitäten gehören ebenso wie die **Volkmannsche Sprunggelenkdeformität** (Talusluxation) ohne Fibulaaplasie (Mau, s. Kapitel „Distales Unterschenkelende") in den äußersten Grenzbereich dieses Buches.

Koaleszenzen zu Sprungbein und Kahnbein wurden im Fußkapitel „Allgemeiner Teil" prinzipiell schon erwähnt. Sie kommen doppelseitig symmetrisch und in Kombination mit anderen Deformitäten vor. Das relativ häufige Auftreten solcher Synostosen im Tierreich läßt an eine phylogenetisch erklärbare Anomalie denken.

Eine Vertikalspalte läßt Abb. 7.**249** erkennen; auch ein **Talus bipartitus** (Abb. 7.**250**) oder **partitus** (48) ist beschrieben.

Asymmetrische Knorpelwucherungen an den Epiphysen gehören zum Krankheitsbild der nicht familiär beobachteten **Dysplasia epiphysealis hemimelica** (Trevor's disease), die an den distalen Femur- und Tibiaepiphysen, selten an den Karpalknochen (inklusive des distalen Radiusendes), besonders häufig aber am Talus lokalisiert ist. In der Weltliteratur finden sich etwa 100 Berichte über diese Anomalie (5, 37).

Verletzungsfolgen und Nekrosen

Ein Teil der Verletzungen ist bei der Differentialdiagnose der zum Talus gehörenden akzessorischen Skelettelemente besprochen, wobei jedoch darauf hinzuweisen ist, daß es eine **„Shepherdsche Fraktur"** durchaus gibt, wenn man damit nicht das isolierte Os trigonum, sondern die dorsale Trochleaimpression meint, die durch Aufprall nach einem Fall aus großer Höhe im Bereich der belasteten Kontaktfläche des oberen Sprunggelenkes, oft verbunden mit einer Dislokation eines Fragmentes vor die Tibia, verursacht wird.

Knorpelfrakturen, „talar dome fractures" (Bezeichnungen wie transchondrale Fraktur, Osteochondritis dissecans, osteochondrale Frakturen, Dome fractures, Chip fractures werden synonym gebraucht [16]), sind zuerst radiologisch meist nicht zu erkennen und verursachen oft erst nach Wochen, ja bis nach neun Monaten radiologisch Symptome von der Art einer Osteochondrosis dissecans. Die Läsionen treten vorwiegend an den Seitenkanten der Talusrolle auf. Lateral reichen sie oft nicht so tief wie medial (Abb. 7.**251a** u. **b** und 7.**252**). Sie können bei medialem Sitz mit gleichen Veränderungen am medialen Femurkondylus bei demselben Patienten erfolgen (53). Die Luftarthrotomographie ist diagnostisch besonders effektiv (Abb. 7.**253**). Nach dem Unfall nicht weichende Schmerzen bieten die Indikation zur wiederholten Röntgenuntersuchung (51).

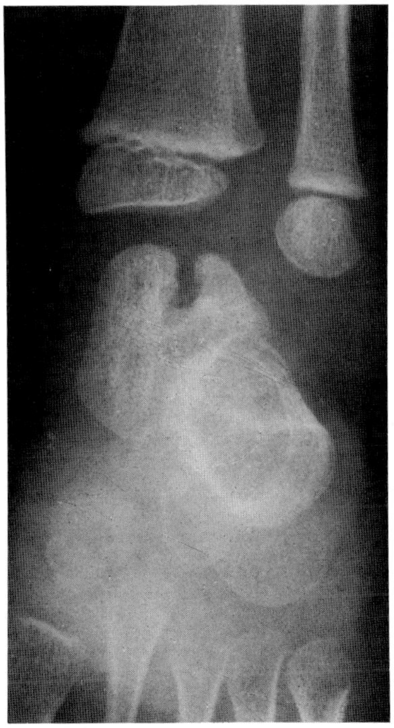

Abb. 7.**249** Spalte in der Talusrolle (aus de Cuveland, E.: Z. Orthop. 84 [1953] 134)

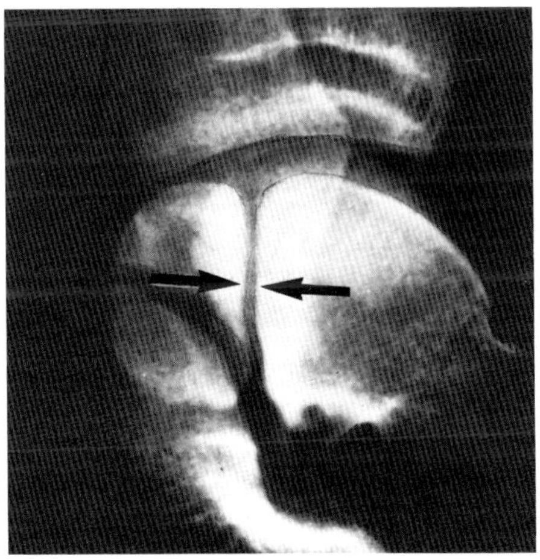

Abb. 7.**250** Talus partitus (aus Blauth, W., K. Harten, A. Kirgis: Z. Orthop. 125 [1987] 302)

Bei Sportlern im Alter von 14 bis 49, im Mittel 27 Jahren, lagen posteromediale Läsionen vor. Von den zehn Patienten erinnerten sich neun an ein vorangegangenes Flexions-Inversions Trauma.

Die entstandenen osteochondralen Defekte wurden graduell eingeteilt in Stadium I: Kompression der Talusgrenze, Stadium II: teilweise Abtrennung eines Knochenfragmentes, Stadium III: völlige

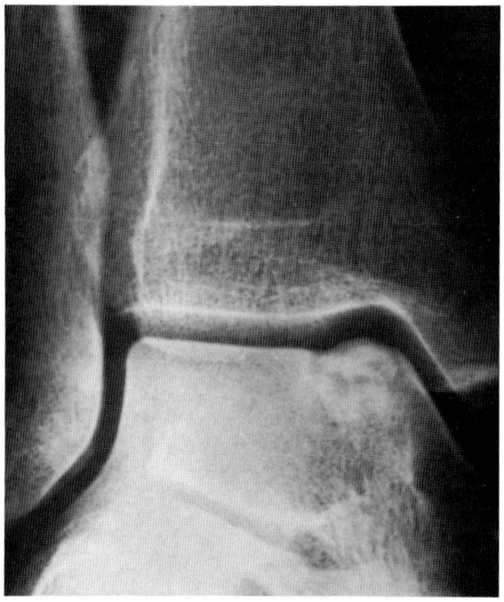

a

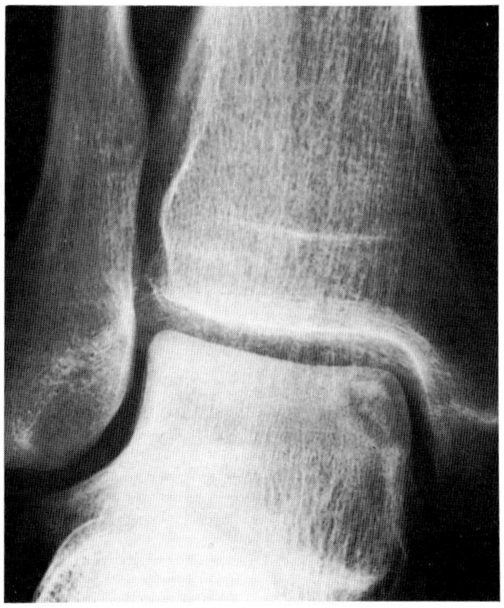

b

Abb. 7.**251 a** u. **b** Osteochondrosis dissecans an typischer Stelle an der medialen Kante der Talusrolle (Beobachtung von Brocher, Genf)

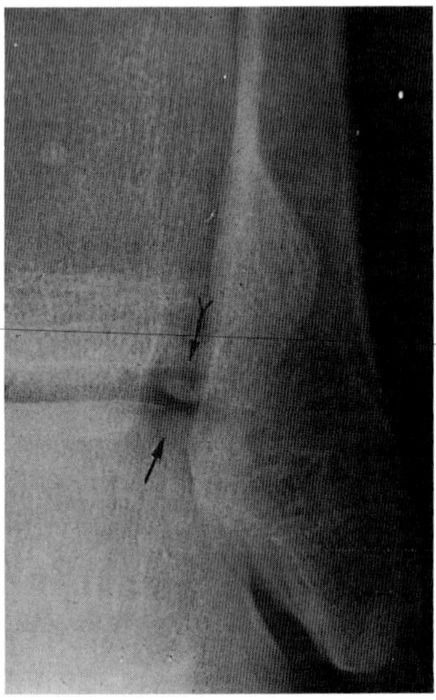

Abb. 7.**252** Osteochondrosis dissecans an der lateralen Kante des Talus (↣ Maus, → Mausbett)

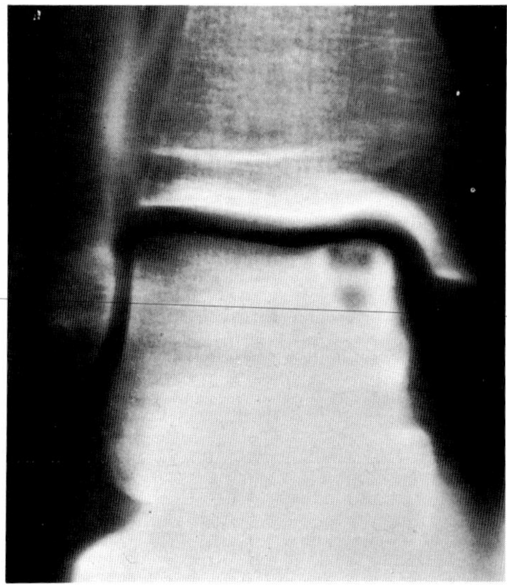

Abb. 7.**253** 42jähriger Mann. Osteochondrosis dissecans nahe der medialen Kante der Talusrolle mit darunterliegender Zyste. Unfall vor 8 Jahren. Der Befund ist operativ bestätigt (R. Müller, Bern)

Separation des Fragmentes ohne Dislokation, Stadium IV: Fragmentverlagerung (4). Sie traten auf nach Skilauf, Basketball, Soccer, Racquetball und Tennisspielen (55).

Bei Kindern sind **Sprungbeinbrüche** sehr selten (s. z.B. auch 18). 0,014 bis 0,0045% werden unter sämtlichen Frakturen angegeben (49). Frakturmechanismus, Nekrosehäufigkeit und Behandlung kindlicher Frakturen s. bei Linhart u. Höllwarth (28). Beim Erwachsenen kommen derartige Brüche zehnmal öfter vor. Der Talus wird dann unter den Fußwurzelknochen an zweiter Stelle in der Häufigkeit von traumatischen Schädigungen betroffen (46).

Unter den Talusverletzungen unterscheiden wir **Frakturen, Luxationsfrakturen** und **Luxationen**.

Die **Talusbrüche** machen darunter etwa 50% aus. Unter diesen sind die Hälfte wiederum Ausrißbrüche, die zuvor ebenfalls bei den Varianten wohl größtenteils erwähnt wurden. Die Frakturspalten der anderen Hälfte verlaufen vertikal oder quer durch den Taluskörper und -hals (47). Der vertikale Bruch betrifft öfter den Hals als den Kopf des Talus, ist manchmal schwer zu erkennen (Weichteilschwellungen als Folge von Gelenkergüssen an der vorderen Kapsel beachten!). Diese Brüche wurden in ihrem Mechanismus erstmals bei den Fliegern des 1. Weltkrieges erkannt, die nach Bruchlandungen, wenn der Pilot durch Gewaltdruck auf das Pedal des Steuerruders den „crash" zu vermeiden sucht, entstehen. „Aviators astragalus" heißt diese Fraktur seither, wurde auch nach dem 2. Weltkrieg beschrieben und wird heute bei ähnlichen Mechanismen beobachtet, wenn ein Autofahrer gewaltsam mit der Fußsohle auf das Bremspedal drückt, um einen Frontalzusammenstoß, der dann dennoch erfolgt, zu vermeiden.

Bei gleicher Gewalteinwirkung wird nach Bruch des Talushalses und Lockerung des Corpus tali in der Gelenkgabel der übrige Fuß weiter zur *vorderen Sub- oder Luxation disloziert*. Diese schweren Verletzungen wie auch die *Luxationsfrakturen* im subtalaren, also hinteren, Anteil des unteren Sprunggelenkes wie auch im talonavikularen, also dem vorderen Anteil des unteren Sprunggelenkes, gehören nicht mehr in den Themenkreis dieses Buches.

Selten und vor allem schwer erkennbar sind jene **Frakturen im unteren Teil des Sprungbeins**, die man gelegentlich nur als Einrisse von der Gelenkfläche gegenüber dem Navikulare her nachweisen kann.

Frakturen des Processus lateralis tali waren in 24% bei Talusfrakturen beobachtet. Meist ist das fibulotalare Gelenk beteiligt (36).

Eine besondere Bedeutung kommt dem **Sinus tarsi, auch Sinus subtalaris genannt**, zu, und zwar in doppelter Hinsicht: Der Sinus wird durch einander gegenüberliegende Mulden des Talus und des Kalkaneus gebildet (s. „Norm") und ist vom Lig. talocalcaneum interosseum ausgefüllt. Nach Zerrungen und Rissen dieses Bandes kann es zu **Rotationsinstabilitäten** des hinteren unteren Sprunggelenkes kommen (38, 50). Diese sind durch gehaltene Aufnahmen mit Nachweis einer Kombination von Ventralverschiebung, Medialversetzung und leichtem Klaffen des Kalkaneus gegenüber dem Talus oder durch eine Arthrographie und Elektromyokinesigraphie (35) festzustellen, **Tarsal-Sinus-Syndrom**.

In anderer Hinsicht ist der Sinus subtalaris deshalb von Bedeutung, weil den Talus versorgende Arterien von dieser Stelle ausgehen (40). Nach vertikalen Brüchen durch den Talushals und -körper mit Dislokationen kommt es nach verschiedenen Berichten in 15 bis 17% zu **avaskulären Nekrosen des Corpus tali** (18, 26, 28).

Juvenile aseptische Nekrosen des Processus posterior tali und am Os trigonum sind bis 1971 nicht beschrieben (40), wohl aber gar nicht so selten Strukturveränderungen, die im Sinne einer Nekrose gedeutet werden müssen (s. Abb. 7.**238** und 7.**239a** u. **b**) und vielleicht auf degenerativer Basis entstanden sind, eventuell sogar erst zur Kontinuitätsunterbrechung geführt haben. Als Traumafolgen sind Nekrosen am Processus posterior tali und am Os trigonum beobachtet (40). Auch im Gebiet des Sinus tarsi sind Osteochondronekrosen beschrieben.

Bei Langstreckenläufern sind (schwer erkennbare) **Ermüdungsfrakturen im Talushals** gesehen worden, radiologisch meist zu erkennen an Kortikalisunterbrechungen und vertikal verlaufenden Verdichtungsstreifen durch die Knochenstruktur (8). Wie meist bei diesen Verletzungen geht der positive szintigraphische Befund der radiologischen Diagnose voraus.

Anderweitig bedingte **Nekrosen** kommen zwischen dem 30. und 40. Lebensjahr, besonders bei **Steroidbehandlung**, am Talus vor (34), beginnend mit subchondraler Osteonekrose an den Ober- und Seitenflächen und dann zunehmender Abflachung der Gelenkrolle mit Ausweitung der Gelenkfläche. Konstitution und Körpergewicht mögen eine Rolle spielen (1). Auch wurde differentialdiagnostisch an ein Albright-Syndrom gedacht.

Erworbene Erkrankungen

Eine **Abflachung der Sprungbeinrolle** („talar dome"), allerdings mit Sklerosierung und Zusammenbruch sowohl der angrenzenden Knochenpartien des Talus wie des Kalkaneus sind bei der Pankreatitis (2) beschrieben.

Die **Tuberkulose** kann im Anfangsstadium durch Synovitis zur radiologisch deutlich sichtbaren Weichteilschwellung im oberen Sprunggelenk führen. Charakteristisch ist dabei die hochgradige Entkalkung der übrigen Fußwurzelknochen (41), wie sie auch das Os trigonum betreffen kann (s. Abb. 7.**237**). In fortgeschritteneren Stadien kommt es nicht nur bei der Tbc, sondern auch bei Osteoarthropathien jeglicher Art im Sinne von Dihlmann (12[1]) zu Zerstörungen der Gelenkflächen des Tarsus in jedem Gelenk, mit dem das Sprungbein verbunden ist, während sich in **subakuten Verläufen der Osteomyelitis** bei Kindern mehr begrenzte Herde und lochförmige Osteolysen, teils mit sklerosierten Rändern, fanden (52).

Als Sonderfall soll hier lediglich die **Osteoarthropathia diabetica** aufgeführt werden, weil sie an den Fußwurzelknochen, besonders des Rückfußes und damit auch am Talus zu den Knochenzerstörungen führt, wie sie den Fragmentationen neurogener Osteopathien im Sinne von Charcot-Gelenken entsprechen (13, 23). Frühveränderungen zeigen sich meistens wohl nur zufällig, weil die von diesem Leiden befallenen Patienten ihre Schmerzempfindlichkeit verloren haben. Ein am Talus relativ wenig entwickeltes Bild findet sich bei Lorenz u. Friedmann (30). Die Computertomographie läßt sich als Methode sinnvoll einsetzen, wenn das Ausmaß der Zerstörungen aufgedeckt werden soll (11).

Das untere Sprunggelenk wird häufiger als das obere von der **chronischen Polyarthritis** befallen. Kollateralphänomene (Abb. 7.**254**) mit Weichteil- und Direktzeichen (marginaler Konturdefekt, Signalzyste) beweisen die Arthritis. Die Kombination von Kollateralphänomenen mit Weichteilzeichen oder mit Direktzeichen müssen als Hinweise für die entzündliche Gelenkerkrankung gewertet werden (12[1]). Beschwerden und funktionelle Behinderungen sind dabei gering. Die rheumatische Monarthritis im Talonavikulargelenk kann die einzige Manifestation der Erkrankung darstellen (10).

Reflexdystrophien mit typischem **Sudeck-Syndrom** und der spontan ausheilenden **transitorischen Osteoporose** sind je nach klinischem Befund in die

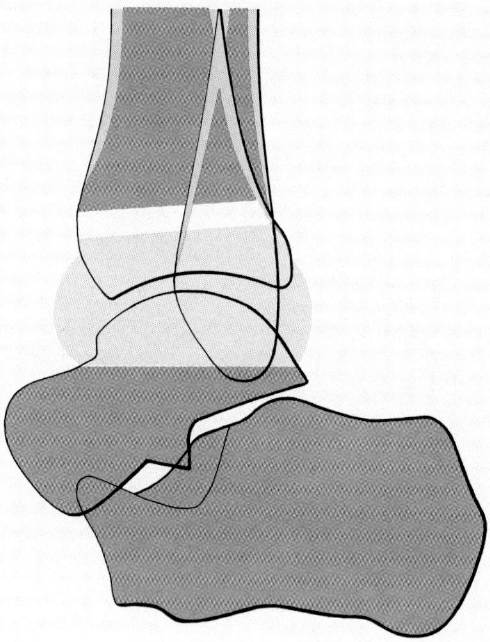

Abb. 7.**254** Kollaterale Entkalkung der gelenknahen Knochen mit Erguß bei subakuter Arthritis. Siehe die bandförmige Entkalkung im Bereich der ehemaligen (geschlossenen) Tibiawachstumsfuge (nach Dihlmann)

differentialdiagnostischen Erwägungen bei Osteoporosen einzubeziehen (12, 25[3]).

Der Befall des Talus bei **fibröser Dysplasie** (54) ist ebenso beschrieben wie ein **Chondroblastom** im Sprungbein (42).

Die **Arthrosis deformans** bekommt eine besondere Bedeutung, wenn sie bei relativ jungen Menschen auftritt, die berufsmäßig Fußball spielen (s. vorn unter „Varianten").

Tarsaltunnelsyndrom s. „Distaler Teil des Unterschenkels und Malleolen".

Literatur

1 Arnold, H.: Aseptische Nekrosen des Talus auf „idiopathischer Basis". Dtsch. Gesundh.-Wes. 12 (1957) 531–536

2 Baron, M.: Harriett Paltiel, Ph. Lander: Aseptic necrosis of the talus and calcaneal insufficiency fractures in a patient with pancreatitis subcutaneous fat necrosis and arthritis. Arthr. Rheumat. 27 (1984) 1309–1311

3 Bender, G., F. Horváth: Über eine seltene Entwicklungsanomalie des Talus und des Os naviculare pedis. Fortschr. Röntgenstr. 94 (1961) 281–282

4 Berndt, A. L., M. Harty: Transchondral fractures (osteochondritis dissecans) of the talus. J. Bone Jt Surg. 41-A (1959) 988–1020

5 Boccio, J. R., St. Silvani, J. Karlin, B. Scurran: Dysplasia epiphysealis hemimelica. J. Amer. Podiat. Med. Ass. 75 (1985) 523–526

6 Borsay, J.: Isolierter Bruch am Tuberculum tibiale des Processus posterior tali. Zbl. Chir. 77 (1952) 1798–1802

7 Borsay, J., G. Kardos: Isolierte Fraktur des Processus posterior tali. Z. Orthop. 82 (1952) 430–435

8 Campbell, G., W. Warnekros: A tarsal stress fracture in a long-distance runner. J. Amer. Podiat. Ass. 73 (1983) 532–535

9 Cimmino, Ch. V.: Fracture of the lateral process of the talus. Amer. J. Roentgenol. 90 (1963) 1277–1280

10 Denis, A.: Le pied douloureux. Folia rheumatol. 23 (1974), zit. nach Köhler/Zimmer, 12. Aufl. (1952), S.789

11 Diankov, L., L. Velitschow, D. Petkov, G. Nedelkov, L. Pampoulov: Die Wertigkeit der Computertomographie zur Diagnostik der diabetischen Osteoarthropathie. Radiologe 23 (1983) 560–566

12 Dihlmann, W.: Gelenke – Wirbelverbindungen, 2. Aufl. Thieme, Stuttgart 1982 ([1]S. 64–89; [2]S. 389–390; [3]S. 390; [4]Abb. 494)

13 Dinkel, L.: Veränderungen des Fußskeletts bei Diabetes mellitus. Fortschr. Röntgenstr. 110 (1969) 223–234

14 Dornblüth, O., W. Pschyrembel: Klinisches Wörterbuch, 27.–30. Aufl. De Gruyter, Berlin 1937

15 Feneis, H.: Anatomisches Wörterbuch, 5. Aufl. Thieme, Stuttgart 1982 (S. 50–51)

16 Flick, A. B., N. Gould: Osteochondritis dissecans of the talus (transchondral fractures of the talus): review of the literature and new surgical approach for medial dome lesions. Foot Ankle 5 (1985) 165–185

17 Göblyös, P.: Beim Erwachsenen beobachtetes, doppelseitiges Vorkommen am Talus der Osteochondritis dissecans König. Fortschr. Röntgenstr. 116 (1972) 121–122

18 Grob, D., B. G. Weber, L. A. Simpson: Die traumatisch bedingte Nekrose des Corpus tali. Unfallchirurg. 88 (1985) 175–181

19 Haage, H.: Isolierte Fraktur des Processus fibularis tali. Fortschr. Röntgenstr. 95 (1961) 422–423

20 Hardaker, W. T., Susan Margello, J. L. Goldner: Foot and Ankle in theatrical dancers. Foot Ankle 6 (1985) 59–69

21 Hill, Th.: Synostosis talo-navicularis. Röntgenpraxis 11 (1939) 567–569

22 v. Hochstetter, A.: Ein Fall von Articulus talotarsalis communis. Anat. Anz. 99 (1953) 337–342

23 Jacobs, R. L., A. Karmody: The diabetic foot. In Jahss, M. H.: Disorders of the Foot. Saunders, Philadelphia 1982 (p. 1377–1397)

24 Jacobsen, St. T., A. H. Crawford: Congenital vertical talus. J. Pediat. Orthop. 3 (1983) 306–310

25 Johnson, K. A.: Reflex Sympathetic Dystrophy Syndrome. In Jahss, M. H.: Disorders of the Foot. Saunders, Philadelphia 1982 (p. 1287–1293)

26 Kavros, St. J., H. D. Schwenhaus: Fracture of the posterior process of the talus. J. Amer. Podiat. med. Ass. 73 (1983) 421–422

27 Keats, Th. E.: Atlas of Normal Roentgen Variants that May Simulate Disease, 3rd ed. Year Book Medical Publishers, Chicago 1984 (fig. 7–246A–C)

28 Linhart, W. E., M. Höllwarth: Talusfrakturen bei Kindern. Unfallchirurg 88 (1985) 168–174

29 Louw, J. A., R. P. Gräbe: Fracture of the talus in childhood. S. Afr. Med. J. 68 (1985) 598–599

30 Lorenz, R., G. Friedmann: Diabetische Osteopathie des Fußes. Radiologe 22 (1982) 419–422

31 Maier, K.: Über die Möglichkeit einer Verschmelzung des Os trigonum mit dem Kalkaneus. Fortschr. Röntgenstr. 92 (1960) 715–717

32 Maier, K.: Beitrag zur Verschmelzung des Os trigonum mit dem Kalkaneus. Fortschr. Röntgenstr. 98 (1963) 644

33 Marks, K. L.: Osteochondrosis dissecans tali. J. Bone Jt Surg. 34-B (1952) 90–92

34 Martel, W., B. H. Sitterley: Roentgenologic manifestations of osteonecrosis. Amer. J. Roentgenol. 106 (1969) 509–522
35 Meyer, J. M.: Le syndrome du sinus du tarse. Schweiz. Rdsch. (Praxis) 72 (1983) 533–538
36 Mukerjee, S. K., R. M. Pringle, A. D. Baxter: Fracture of the lateral process of the talus. J. Bone Jt Surg. 52-B (1974) 263–267
37 Oates, Elisabeth, J. B. Cutler, E. K. Miyamato, F. Hirose, R. S. Lachman: Case report 305. Skeletal Radiol. 13 (1985) 174–178
38 O'Connor, D.: Sinus tarsi syndrome. A clinical entity. J. Bone Jt Surg. 40-A (1958) 720
39 Pfitzner, W.: Beiträge zur Kenntnis des menschlichen Extremitätenskelettes VII. Die Variationen im Aufbau des Fußskelettes. Schwalbes morphol. Arb. 6 (1896) 245–527
40 Pöschl, M.: Juvenile Osteo-Chondro-Nekrosen. In Diethelm, L., O. Olsson, F. Strnad, H. Vieten, A. Zuppinger: Handbuch der Medizinischen Radiologie. Springer, Berlin 1971 (S. 480–483)
41 Qualls, D. M.: Infections of the Foot. Yaws. In Jahss, M. H.: Disorders of the Foot. Saunders, Philadelphia 1982 (fig. 51-9)
42 Radzikowsky, C., J. Zdrojewski, J. Patynski: Benign chondroblastoma of the astragalus bone. Pol. Przegl. radiol. 21 (1959) 53–59
43 Resnick, D.: Talar ridges, osteophytes, and beaks: a radiologic commentary. Radiology 151 (1984) 329–331
44 Riedel, K., M. Jobst: Zur Kenntnis und Therapie der Shepherdschen Fraktur. Zbl. Chir. 109 (1984) 746–749
45 Robbins, H.: Congenital Vertical Talus and Arthrogryposis. In Jahss, M. H.: Disorders of the Foot. Saunders, Philadelphia 1982 (p. 439–462)
46 Rockwood, C. S., P. A. Green: Fractures. Lippincott, Philadelphia 1975
47 Rogers, L. F.: Radiology of Skeletal Trauma. Churchill Livingstone, New York 1982 (p. 878–889)
48 Schreiber, A., P. Differding, H. Zollinger: Talus partitus. J. Bone Jt Surg. 67-B (1985) 430–431
49 Schwarz, N., M. Gebauer: Die Fraktur des Sprungbeins beim Kind. Unfallheilkunde 86 (1983) 212–221
50 Sharit, Fay E., L. F. Cole: Subtalar dislocation. J. Amer. Podiat. Med. Ass. 74 (1984) 386–390
51 Schelton, M. L., W. J. Pedowitz: Injuries to the talus and midfoot. In Jahss, M. H.: Disorders of the Foot. Saunders, Philadelphia 1982 (p. 1485–1486)
52 Skevis, X. A.: Primary subacute osteomyelitis of the talus. J. Bone Jt Surg. 66-B (1984) 101–103
53 Smith III, P., T. P. Coker: Osteochondrosis dissecans in the knee and ankle of the same. Foot Ankle 6 (1985) 83–84
54 Sperling, F.: Osteofibrosis deformans juvenilis (Uehlinger) mit Befall des Talus. Fortschr. Röntgenstr. 90 (1959) 141–142
55 Thompson, J. P., R. Loomer: Osteochondral lesions of the talus in a sports medicine clinic. Amer. J. Sports Med. 12 (1984) 460–463
56 Trolle, D.: Accessory Bones of the Human Foot. Munksgaard, Kopenhagen 1948
57 Zbinden, R.: Akzessorische Skeletteile und traumatische Schädigungen am lateralen Fußrand unterhalb des äußeren Knöchels. Diss., Basel 1966
58 Zinman, C., N. D. Reis: Osteochondritis dissecans of the talus: Use of the high resolution computed tomography scanner. Acta orthop. scand. 53 (1982) 697–700
59 Zwipp, H., H. Tscherne: Die radiologische Diagnostik der Rotationsinstabilität im hinteren unteren Sprunggelenk. Unfallheilkunde 85 (1982) 494–498

Kalkaneus

Norm

Im Wachstum

Der Kalkaneus (französisch = calcanéum", englisch = „calcaneus" oder „heel bone") **ossifiziert** in der Mehrzahl der Fälle von **zwei Zentren** aus. Der im 4. bis 5. Fetalmonat auftretende Kern, wegen Kleinheit und Lage leicht zu übersehen, soll der Anlage der Trochlea peronealis (fibularis) entsprechen. Der im 7. Fetalmonat erscheinende 2. Kern verschmilzt innerhalb der nächsten Monate, also auch in den ersten Monaten nach der Geburt, mit dem 1. Kern. Eine umschriebene Verdichtung in der Bälkchenstruktur erscheint bei Kindern häufig an der Vereinigungsstelle der Ossifikationszentren im Sinne einer **Knorpelfugenverkalkung**.

Der hintere Abschnitt des Kalkaneus, also das Tuber calcanei, ist beim Kind so wellig und zackig konturiert, wie man es bei den Wirbelkörperrandleisten, aber auch bei anderen Apophysenlokalisationen, z. B. an den Beckenrändern, kennt. Im 6. bis 10. Lebensjahr findet man hinter dieser Zackenlinie einen Kern oder mehrere kleine Kerne des Tuber calcanei (Abb. 7.**255a–d**). Sie verschmelzen schnell und besitzen eine auffallende Kalkdichte, die man nicht auf den Ausdruck einer Nekrose beziehen darf (Abb. 7.**256**). Längskerben in der fast vertikal stehenden Apophyse bzw. entsprechende Konturrillen bleiben normalerweise am Tuber erhalten (Abb. 7.**257**). Die **Verschmelzung mit dem Fersenbeinkörper** erfolgt ungefähr um das 17. Lebensjahr.

An der **Trochlea peronaealis (fibularis)** tritt, mitunter auch radiologisch nachweisbar, ein **Knochenkern** auf. Dieser kleine Knochenvorsprung teilt die Sehne der Mm. peronaei longus und brevis und wird im englischen Sprachgebrauch als „peroneal process" bezeichnet.

Beim Erwachsenen

Außer den im „Allgemeinen Teil" über den Fuß genannten **Aufnahmerichtungen** sind zwei spezielle Einstellungen zur Darstellung des Fersenbeins bzw. des Rückfußes anzuführen:

- Die *axiale Projektion* des Fersenbeines mit passiver Dorsalflexion des Fußes und schräg 45 Grad kopfwärts gegen die horizontal unter dem Fersenbein liegende Kassette gerichteten Zentralstrahl.
- Die *dorsoplantare Projektion des Rückfußes mit doppelter Belichtung* am stehenden Patienten bei vorwärts geneigtem Unterschenkel senkrecht von hinten und rückwärts geneigtem Unterschenkel senkrecht von vorn. Hierdurch wird die störende Summation der Unterschenkelknochen vermindert (16).

In den Projektionen nach Brodén zur Darstellung des subtalaren Gelenkes werden in Rückenlage des Patienten in der Projektion I bei 45 Grad Einwärtsdrehung und rechtwinkliger Beugung des Fu-

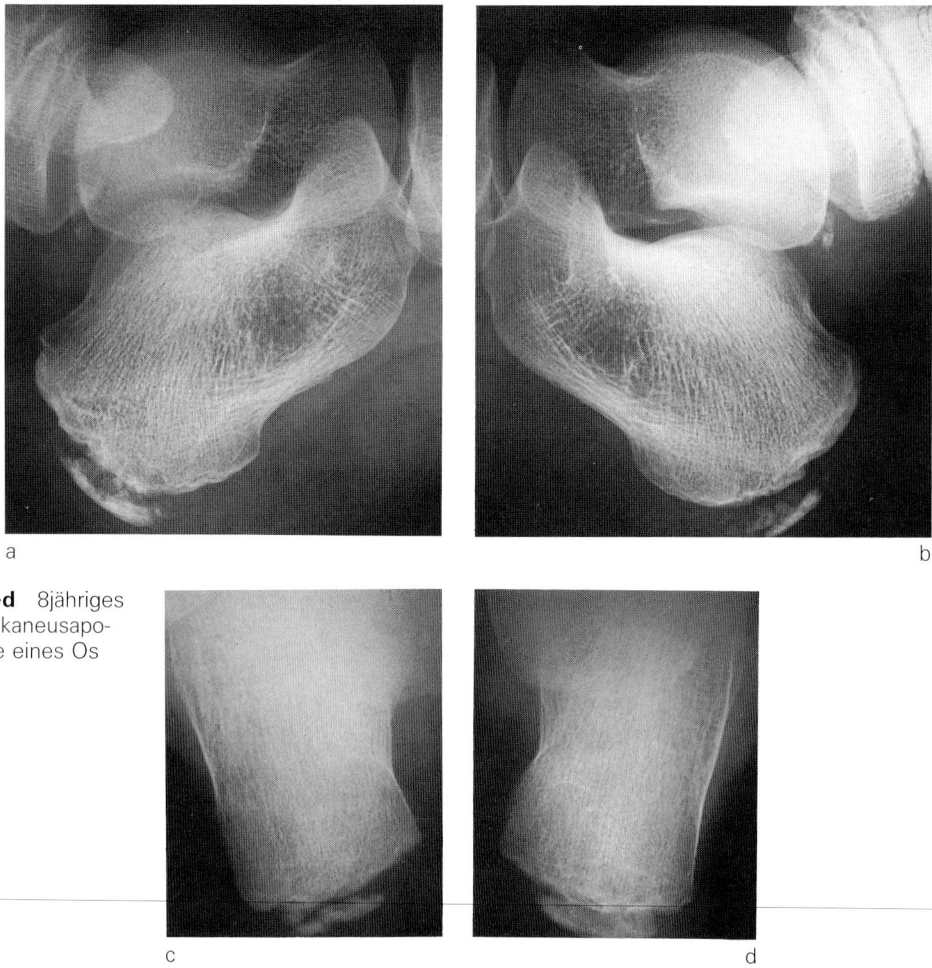

Abb. 7.**255 a–d** 8jähriges Mädchen. Kalkaneusapophyse. Anlage eines Os trigonum

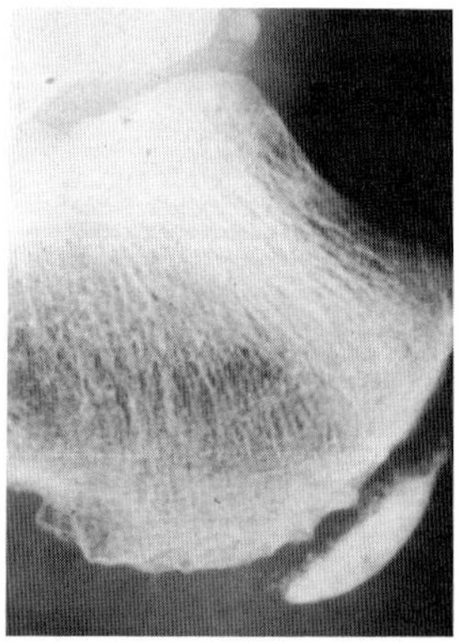

Abb. 7.**256** Normale Dichte einer Kalkaneusapophyse

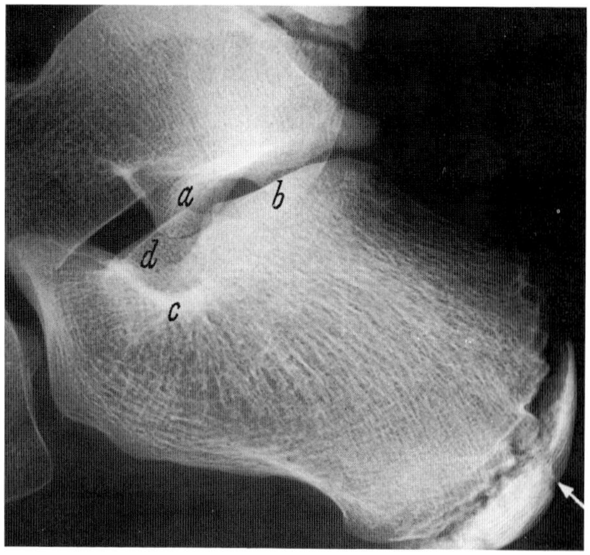

Abb. 7.**257** 15jähriger Junge. Normal dichte Kalkaneusapophyse mit typischem Abstand vom geriffelten Corpus calcanei und mit den typischen Querrillen (→)
a = lateraler Talusfortsatz
b = Gelenkfläche des Kalkaneus
c = Kortikalis
d = Sustentaculum tali

ßes im Sprunggelenk Aufnahmen mit 40, 30, 20 und 10 Grad kopfwärts geneigtem Strahlengang angefertigt. In der Projektion II werden Bein und Fuß um 45 Grad nach außen gedreht, der Zentralstrahl ist auf einen Punkt 2 cm kaudoventral zum Malleolus tibialis bei Röhrenneigung um 15 Grad nach kranial gerichtet. Die Anfertigung von 3 Aufnahmen mit je 3 bis 4 Grad Differenz wird empfohlen.

Nach der d.-p. Aufnahme des Fußes läßt sich die Achse des Kalkaneus zu den Achsen des Talus und der Mittelfußknochen am besten bestimmen. Bei der zur Längsachse des Unterschenkels leichten Varusstellung des Kalkaneus verläuft dessen Längsachse normalerweise in der Achse des 5. Mittelfußknochens. Über die radiologische Anatomie des Kalkaneus im seitlichen Strahlengang orientiert die Abb. 7.**258**. Die Anatomie des Fersenbeins mit besonders deutlicher Darstellung seiner seitlichen Fortsätze in der Sicht von oben ist der Abb. 7.**259** zu entnehmen.

Die **Trochlea peronaealis (fibularis)** fehlt in zwei Drittel aller Fälle, kann jedoch auch exostosenähnlich vorspringen (Abb. 7.**260**).

Foramina nutritia kommen an der Plantarkontur im Übergang vom Tuber auf den Kalkaneus vor (31[4]).

Kompaktainseln finden sich, etwa in Erbsgröße, meist im hinteren Anteil des Kalkaneus.

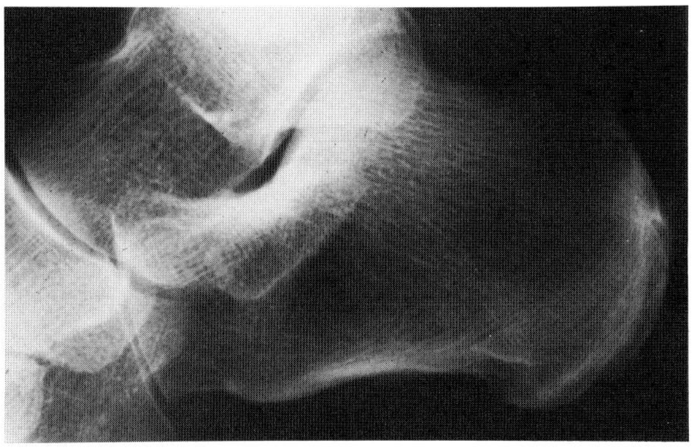

Abb. 7.**258** Stark ausgeprägtes Sustentaculum tali

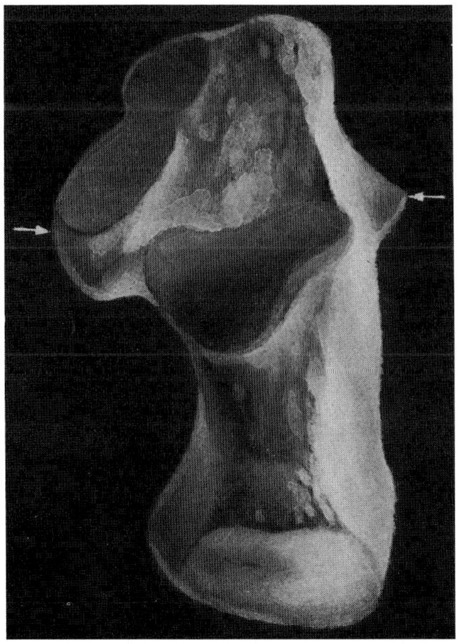

Abb. 7.**259** Ansicht des Kalkaneus von rechts oben

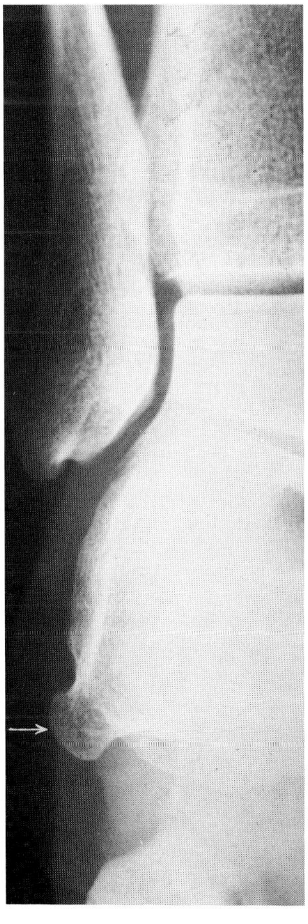

Abb. 7.**260** Exostosenförmiger Vorsprung des Processus trochlearis calcanei

Varianten

Struktur

Eine eigentümliche **Strukturauflockerung**, oft dreieckig (Abb. 7.**261**), kann einer bedeutungslosen, strukturarmen Stelle entsprechen (Abb. 7.**262**), die durch einen statisch-mechanisch druckentlasteten freien Raum entsteht. Unter 1200 normalen Fersenbeinen wurde dieser Befund in 7,1% deutlich, in 22,1% mäßig und in 70,8% schwach ausgeprägt gefunden. Die Abgrenzung gegen eine Zyste an dieser Stelle (s. Abschnitt „Erworbene Erkrankungen" (s. Abb. 7.**291** bis 7.**293a** u. **b**) soll ein besonders bei Jugendlichen häufig zu beobachtendes **Foramen nutritium** als Zeichen der im Normbereich der Variation befindlichen Symptomatik erleichtern (33) (Abb. 7.**263**).

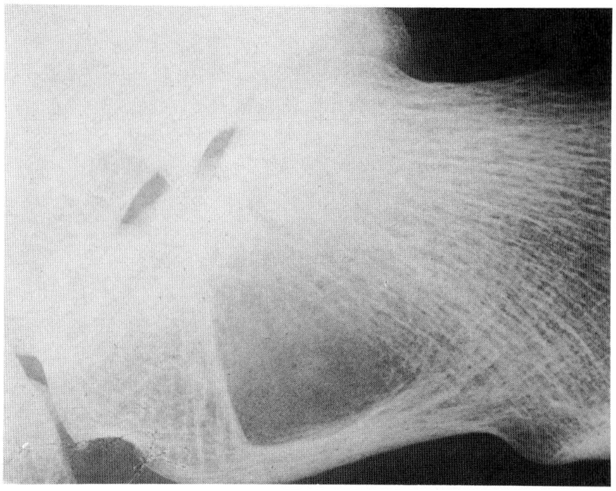

Abb. 7.**261** Vorgetäuschte Kalkaneuszyste

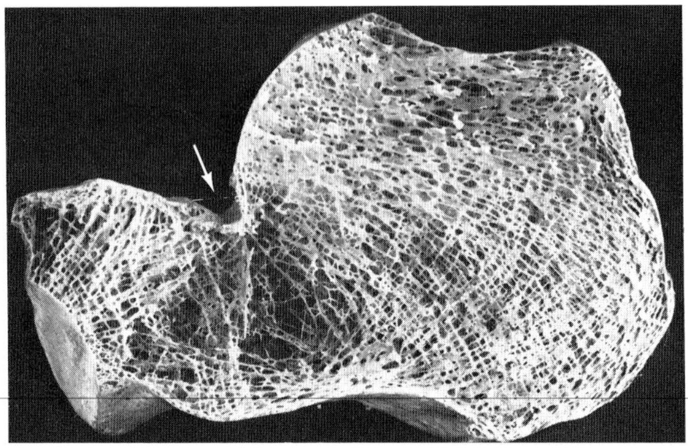

Abb. 7.**262** Normale Spongiosastruktur im Kalkaneus, keine Zyste. Der Pfeil zeigt auf eine Kerbe, die radiologisch als Spalt imponiert. („Froschmaul" s. Abb. 7.**264**)

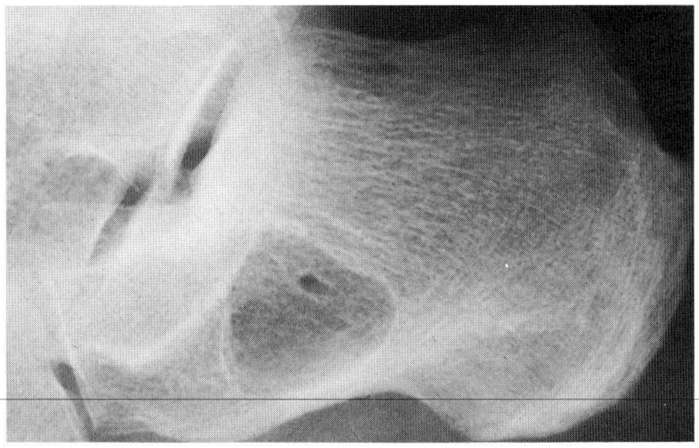

Abb. 7.**263** Innerhalb zystenförmiger Aufhellung an dieser Stelle öfter zu beobachtendes Foramen nutritium mit partieller Abbildung des Canalis nutritius (Beobachtung von Ravelli, Innsbruck)

Kontur

Vorübergehend in der Entwicklung bei Kleinkindern im Alter von etwa 1 Jahr auftretende Knochensporne an der plantaren Kalkaneuskontur sind beschrieben (31[1], 58, 73). Sie liegen in der hinteren Kalkaneushälfte, sind dorsalwärts gerichtet, klinisch symptomlos, mit einer Ausnahme (73) nur bei Jungen gefunden und verschwinden meist nach einem, spätestens im 7. Lebensjahr.

Form

Über eine eigenartige, **schwalbenschwanzförmige Gabelung des Tuber calcanei** ist berichtet (35). Eine von Zimmer als **„froschmaulähnlich"** bezeichnete **Formvariante im vorderen Kalkaneus** gibt Abb. 7.**264** wieder. Eine kräftige, spornartige Vorwölbung der hinteren, oberen Ecke des Kalkaneus, fast in Form einer Exostose, ist als **Haglundsche Ferse** oder **Haglundsche Exostose** bekannt (23) (Abb. 7.**265**). Sie kann speziell beim Tragen hohen Schuhwerks Beschwerden auslösen, s. „Erworbene Erkrankungen": Haglund-Syndrom.

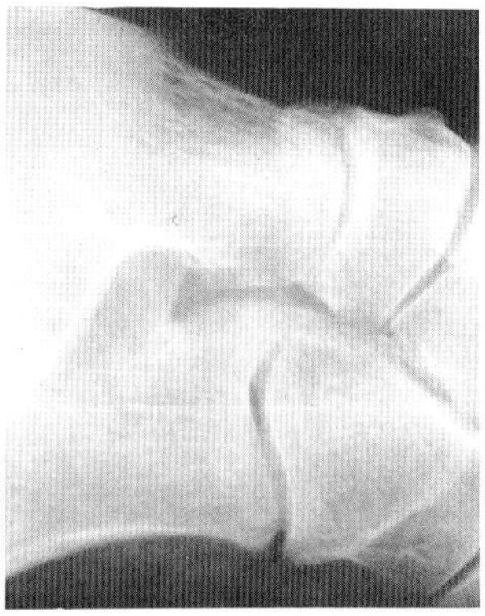

7.**264**

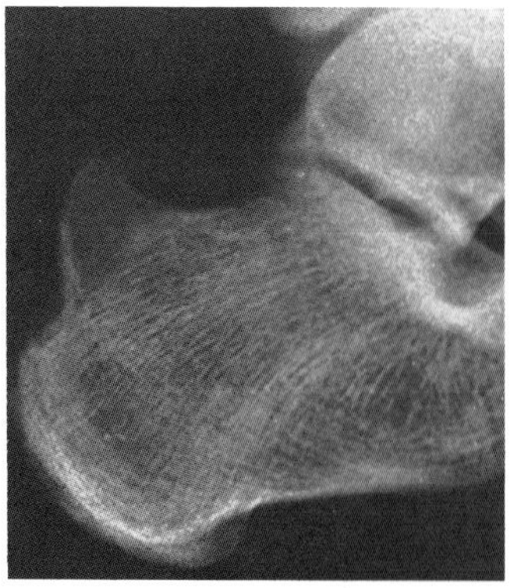

7.**265**

Abb. 7.**264** Froschmaulähnliche Aufspaltung des Fersenbeins

Abb. 7.**265** Haglundsche Ferse (Beobachtung von Vollmer, Pfullingen)

Außer den degenerativ entstandenen spornartigen Verknöcherungen am plantaren Rand des Kalkaneus gibt es hier auch beim Erwachsenen einen Fersenbeinsporn als Formvariante (Abb. 7.**266**). Eine an dieser Stelle vorkommende Exostose, plantarwärts ausladend, wurde beidseits beschrieben (35), eine hier breitbasig aufsitzende Knochenprominenz von Köhler abgebildet (Abb. 7.**267**).

Koalitionen

Koalitionen der Fußknochen mit Beteiligung des Kalkaneus s. „Fuß, Allgemeiner Teil". Die Synostose zwischen Talus und Kalkaneus ist manchmal schwer zu erkennen (Abb. 7.**268a** u. **b**), oft nur im axialen Strahlengang nachweisbar (61) und manchmal nur im Computertomogramm zu beweisen (2, 9). Bei den talokalkanealen Synostosen werden vier Formen unterschieden: Die mediale, talokalkaneale totale Form, die unvollständige mediale Form, die rudimentäre mediale Form mit dem Sustentaculum tali und die rudimentäre mediale Koalition (24). Die Synostose zwischen Kalkaneus und Navikulare läßt Abb. 7.**269** erkennen. Weitere Angaben zu diesem Thema unten bei „Calcaneus secundarius", s. auch „Fuß, Allgemeiner Teil". In einer Skizze findet sich die Darstellung einer Coalition calcaeno-cuboideometatarsea IV (10[1]) (Abb. 7.**270**).

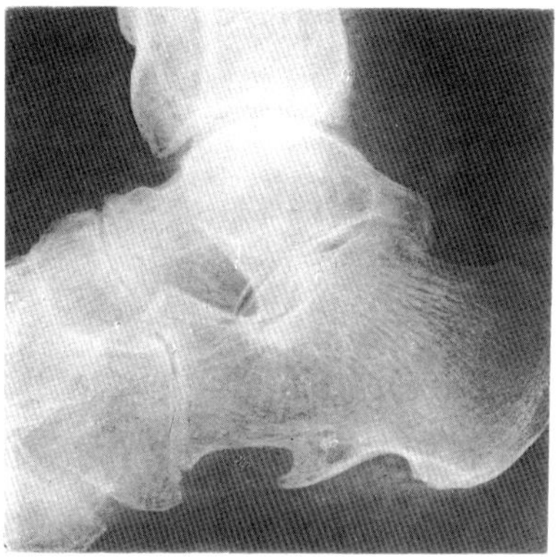

Abb. 7.**266** Atypischer plantarer Fersenbeinsporn

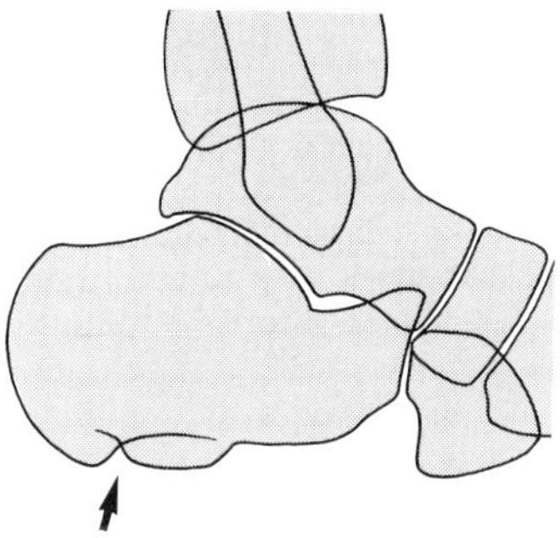

Abb. 7.**267** Plantare, breitbasig aufsitzende Exostose

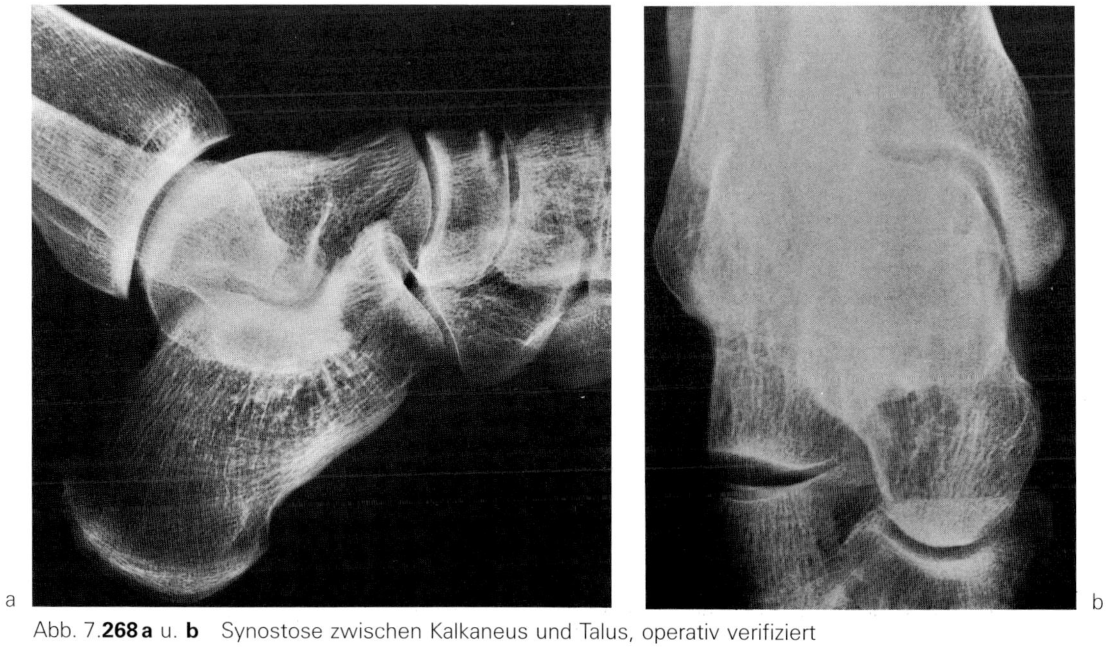

Abb. 7.**268a** u. **b** Synostose zwischen Kalkaneus und Talus, operativ verifiziert

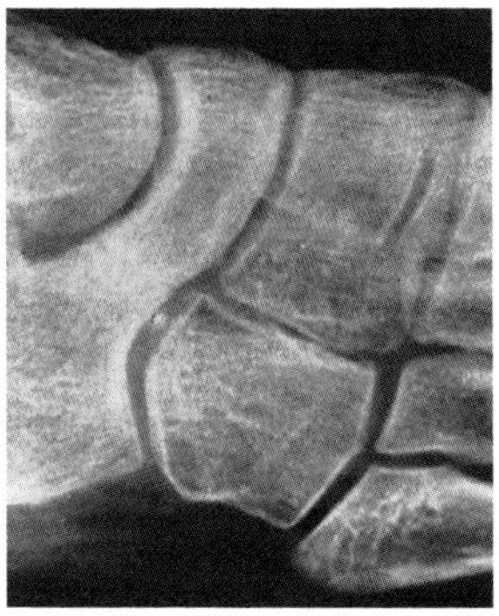

Abb. 7.**269** Synostose zwischen Kalkaneus und Navikulare, bilateral (Beobachtung von Kauer)

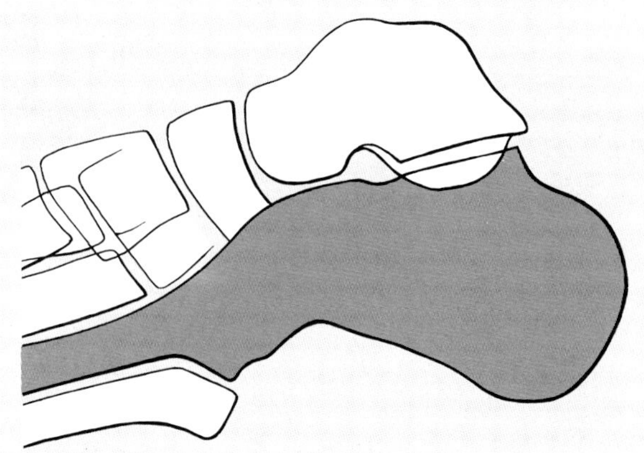

Abb. 7.**270** Coalitio calcaneocuboideometatarsalis IV (nach Dihlmann)

Akzessoria

An der plantodorsalen Ecke unter dem Tuber calcanei wurde ein isolierter Knochen gefunden, der Beschwerden verursachen kann (26). Er wird als **Os tuberis calcanei** (Abb. 7.**271**), aber auch als *Os subcalcis* bezeichnet (45). Als Os subcalcis wird auch ein isoliertes Knochenelement bezeichnet, das dem Übergang von der Kontur des Tuber calcanei auf die plantare Fersenbeinkontur wie in einer Mulde anliegt und in der 11. Aufl. dieses Buches, 1968, S. 486, noch abgebildet war (31[2]). Sekundäre Knochenkerne, die noch verschmelzen, sind im Bereich des Tuber oder auch in seiner Nähe am Kalkaneus von persistierenden Teilen der Kalkaneusapophyse (31[3]) abzugrenzen.

Eine mächtige, schalenförmige Knochenbildung unter der hinteren Hälfte des Kalkaneus (30) und ein atypischer Knochen ungewöhnlicher Größe an der Planta pedis unterhalb des Kalkaneokuboidgelenkes (7) entsprechen vielleicht von der Entwicklung unabhängigen, sekundären Weichteilverknöcherungen.

Auf das hinter dem Os trigonum liegende **Os accessorium supracalcaneum** wurde schon im Kapitel über den Talus eingegangen. Dieses isolierte Skelettelement ist mehrfach beschrieben (36, 37, 39, 64) (Abb. 7.**272** und 7.**273**).

Das **Os trochleare calcanei** (8) (Abb. 7.**274a–c**) entspricht einer persistierenden Apophyse, die im Wachstumsalter Schmerzen verursachen und sich bei besonders kräftiger Ausbildung der Trochlea calcanei in schräger Projektion plantarwärts unter die plantare Kalkaneuskontur projizieren kann.

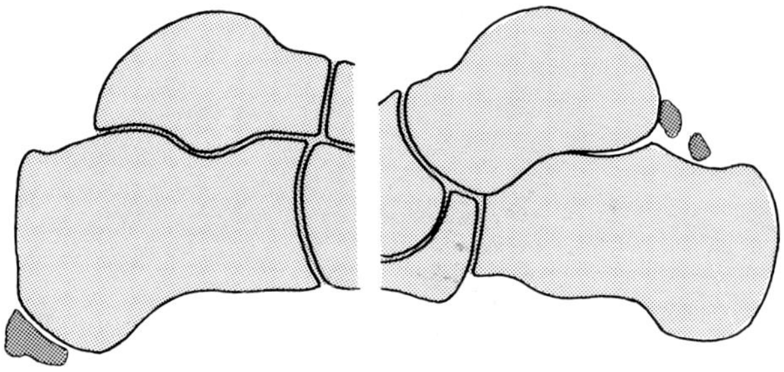

7.**271** 7.**272**

Abb. 7.**271** Os tuberis calcanei (nach Lachapèle)

Abb. 7.**272** Os accessorium supracalcaneum (nach Schmitt)

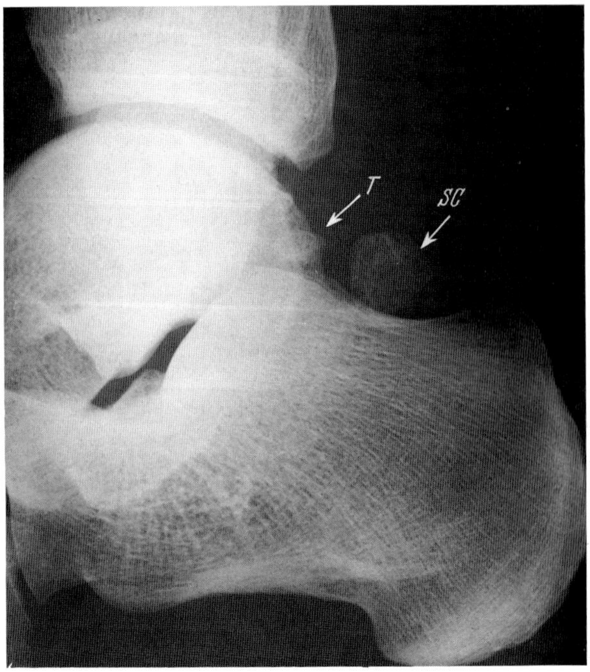

Abb. 7.**273** Os trigonum (T) und Os accessorium supracalcaneum (SC) ▷

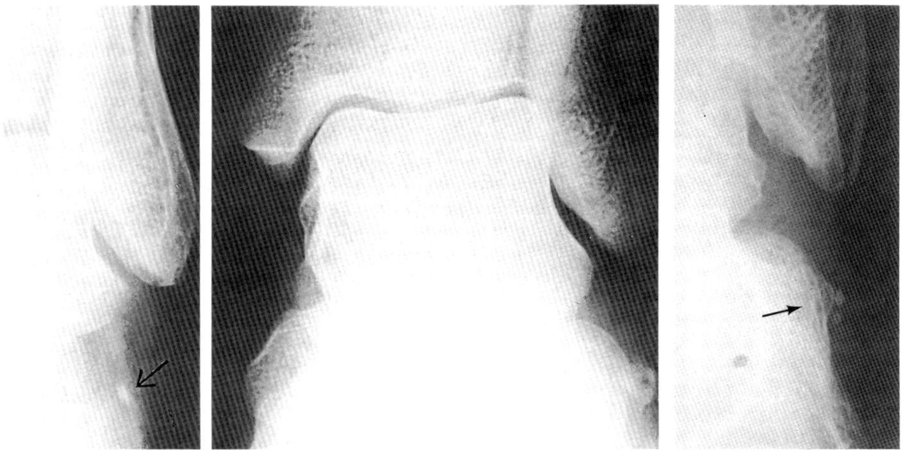

a b c

Abb. 7.**274 a–c** Os trochleare calcanei
a u. **b** Auf a.-p. Sprunggelenkaufnahmen
c Im dorsoplantaren Strahlengang

Ähnlich dieser persistierenden Apophyse gibt es ein **Os sustentaculi** (40 u. a.), das sich als isoliertes Skelettelement dem Gelenk zwischen Talus und Kalkaneus anschmiegt und dem Sustentakulum derart angelagert ist, daß es seine Form zu ergänzen scheint (Abb. 7.**275** und 7.**276a** u. **b**). Es kann auch isoliert in Erscheinung treten bzw. mit exostosenhaften Vorsprüngen aus Talus und Kalkaneus gelenkartig verbunden (3) und sogar arthrotisch verändert sein (Abb. 7.**276b**). Differential-diagnostisch ist an posttraumatisch entstandene, isolierte Knöchelchen zu denken. Abb. 7.**276c** läßt ein Jahr nach einer Distorsion medial am Talus einen schmalen, länglichen Knochenschatten (posttraumatisch?) und darunter einen erbsgroßen, rundlichen Knochenschatten (Os sustentaculi tali?) erkennen. Die axiale Ansicht eines Os sustentaculi tali veranschaulicht Abb. 7.**277**.

Die Facies articularis calcanea anterior ist manchmal an ihrem oberen Rand gerundet, manchmal aber mit schwalbenschwanzähnlichen Fortsätzen ausgestattet (Abb. 7.**278**). Am lateralen Fortsatz

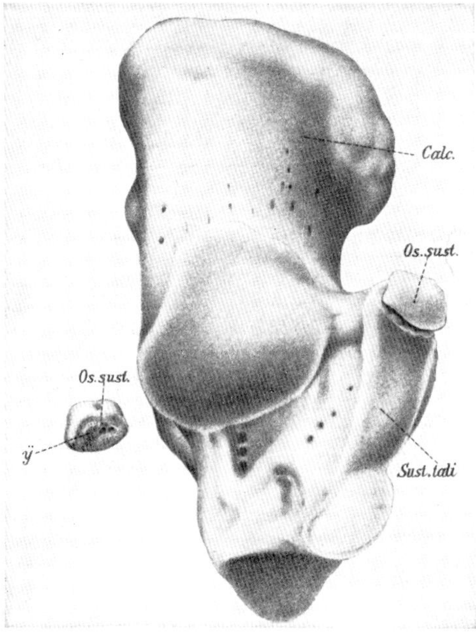

Abb. 7.**275** Os sustentaculi tali (nach Pfitzner)

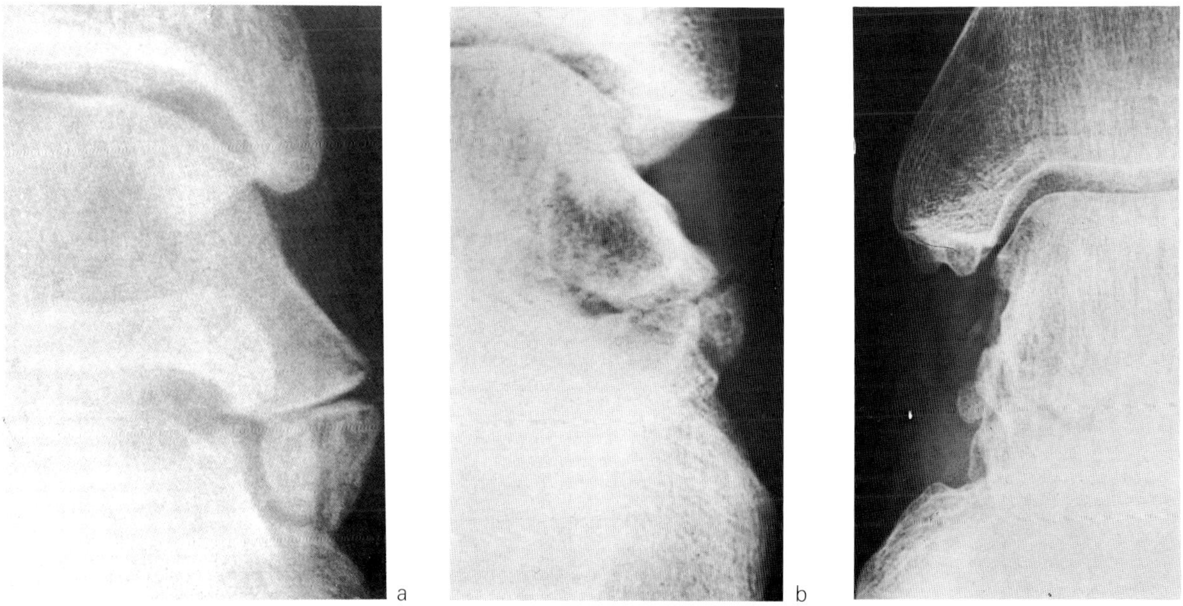

a b c

Abb. 7.**276 a–c** Os sustentaculi tali
a Groß
b Groß und dreieckig
c Klein und rund

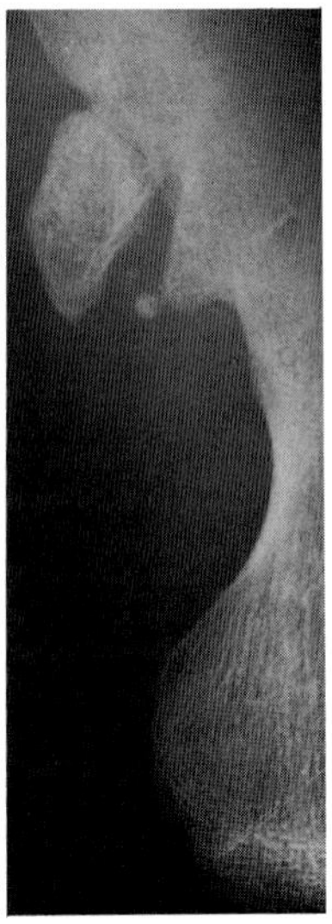

7.277

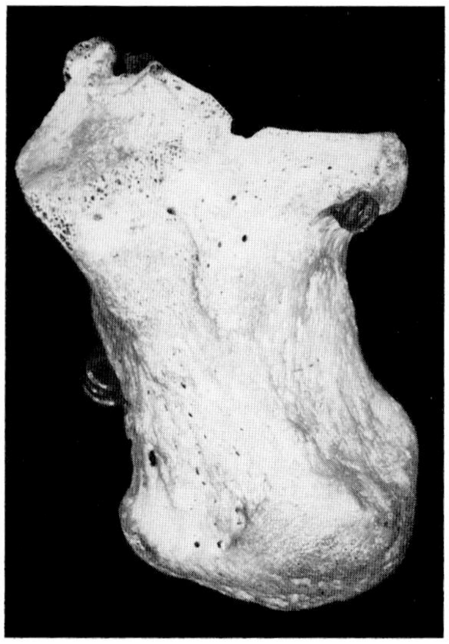

7.278

Abb. 7.**277** Os sustentaculi tali (disloziert?) mit kleinem Schaltknochen auf axialer Kalkaneusaufnahme (Beobachtung von Seidel)

Abb. 7.**278** Facies articularis anterior calcanei mit schwalbenschwanzähnlichen Fortsätzen

tritt oft ein kleiner akzessorischer Knochen auf, der **Calcaneus secundarius** (11, 41 u.v.a.). Dieser Knochen liegt in der Lücke zwischen Kalkaneus, Talus, Kuboid und Navikulare. Er ist manchmal rund, häufig dreieckig, von Zündholzkopf- bis Haselnußgröße und gelegentlich gedoppelt anzutreffen.

Abb. 7.**279a** u. **b** und 7.**280a–c** lassen anatomisch und radiologisch das typische Bild des Calcaneus secundarius erkennen, Abb. 7.**281** eine atypische Form mit Spitze des Dreiecks gegen den Kalkaneus. Der Befund ist am deutlichsten in der plantodorsalen Schrägprojektion zu erkennen.

Abb. 7.**282a** u. **b** stellen rechts einen kleinen Calcaneus secundarius, links ein übermäßig großes Os, das einer Brücke mit gelenkähnlichen Verbindungen zu Kalkaneus und Navikulare besitzt, dar. Auf die Rolle des Calcaneus secundarius bei der Coalitio talonavicularis und beim Pes planus wurde im „Allgemeinen Teil" anfangs des Abschnittes der Besprechung der Fußknochen eingegangen. Der an der Stelle des Calcaneus secundarius beobachtete Knochenkern bei Adoleszenten (Abb. 7.**283** und 7.**284**) wird als akzessorischer Fußknochen für die spätere Synostose als mögliche Ursache genannt (12).

Der isolierte Abbruch der Facies articularis anterior calcanei kommt öfter vor und ist bei Kontrollaufnahmen durch Anheilung zu beweisen (Abb. 7.**285a** u. **b** und 7.**286a** u. **b**). Auf der Profilaufnahme kann ein Calcaneus secundarius durch ein Os tibiale externum vorgetäuscht werden (Abb. 7.**287a** u. **b**).

Die Fusion von zwei Ossifikationskernen im Kalkaneus kann bei Kindern in den ersten Lebensjahren verspätet stattfinden. Man spricht vom **Calcaneus bifidus** (62, 63, 66), (Abb. 7.**288**), wobei es sich offensichtlich nicht um die anfangs als Norm beschriebenen, sich um die Zeit der Geburt vereinigenden zwei Knochenkerne handelt, sondern um eine doppelte Kernanlage mit einem größeren hinteren und einem zunächst winzigen vorderen Anteil, dessen Entwicklung nach der Beobachtung bei einem Kind zwischen dem Alter von 4 Monaten und 5 Jahren beschrieben wurde (48). Im Alter von 2 bis 3 Jahren war ein Zustand erreicht, der dem Bild der Abb. 7.**289a** u. **b** bei einem 21 Monate alten Kind gleicht. Im Alter von 5 Jahren war der Spalt geschlossen. In seinem Bereich fand sich eine Sklerosazone mit einem umgebenden sklerotischen Ring. Der Befund wird in Zusammenhang mit einem Pes planovalgus, Metatarsus varus oder leichtgradigem Klumpfuß, jedoch auch an normal ausgebildeten Füßen gesehen. Die Frage ist aufzuwerfen, ob der gehäufte Nachweis bei Fußdeformitäten rein zufällig ist, weil nur diese Auswahl vorwiegend radiologisch untersucht wird.

Anomalien

Die verschiedenen Stellungsanomalien sind im Kapitel „Fuß – Allgemeines" vorn beschrieben.

Abb. 7.**279 a** u. **b** Calcaneus secundarius (nach Pfitzner)

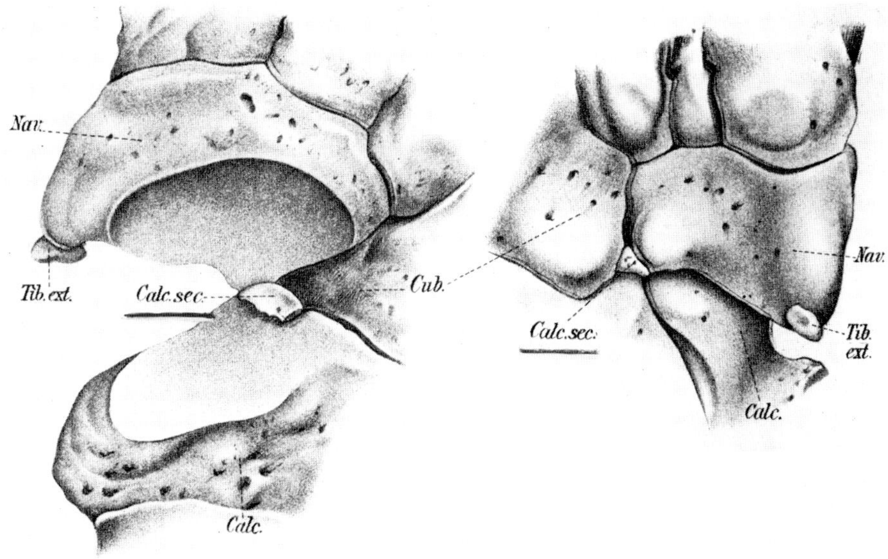

a

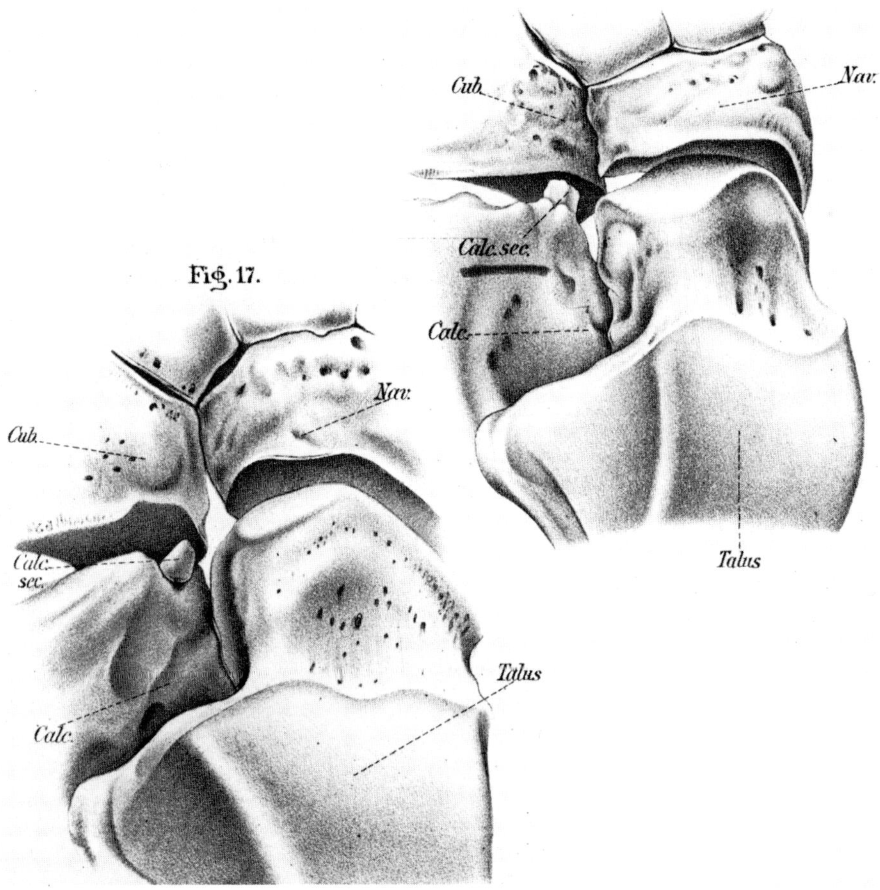

b

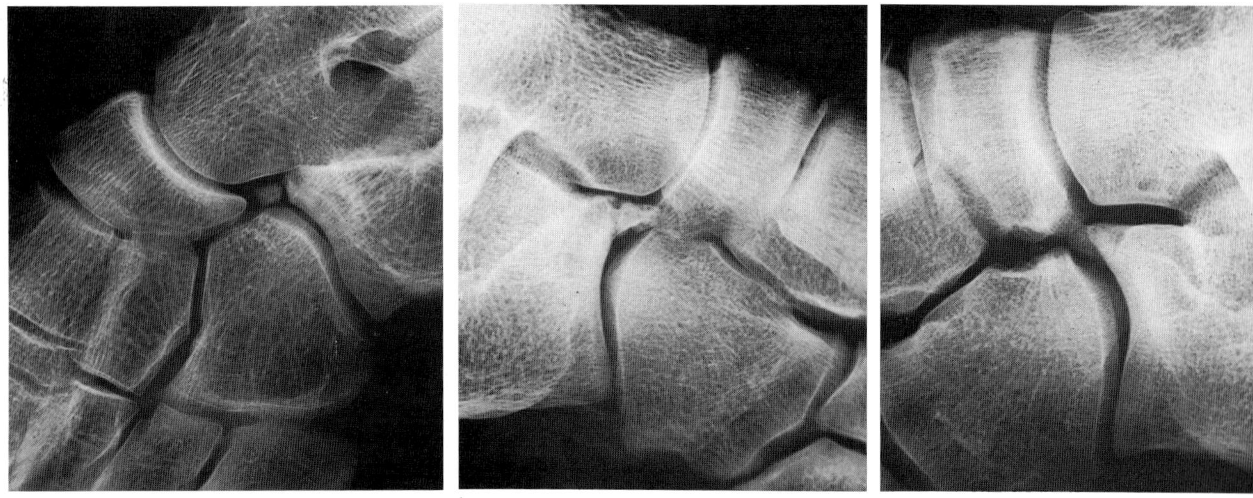

a b c

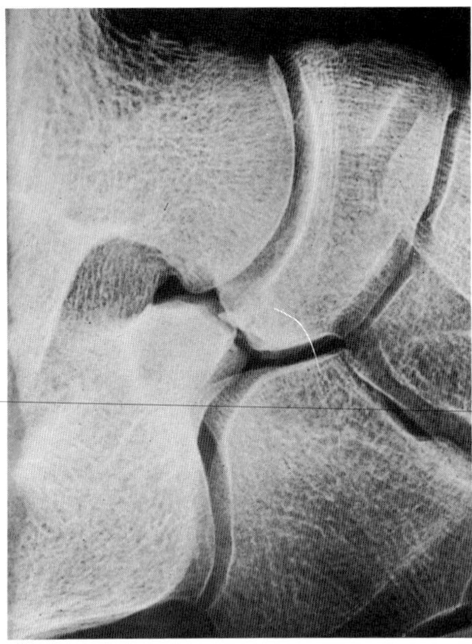

d

Abb. 7.**280 a–d** Calcaneus secundarius

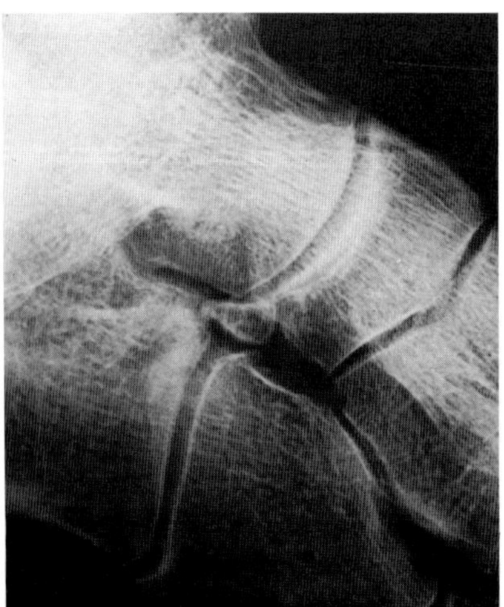

Abb. 7.**281** Calcaneus secundarius mit atypischer Form

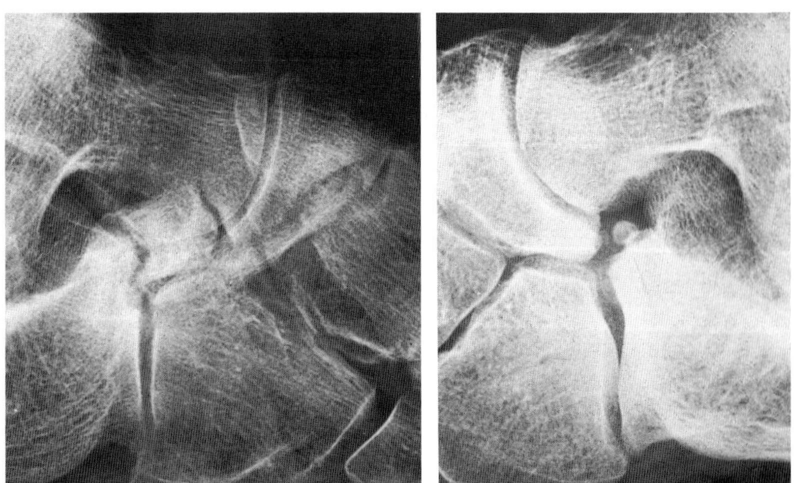

a b

Abb. 7.**282 a** u. **b** Calcaneus secundarius
a Am linken und
b Am rechten Fuß

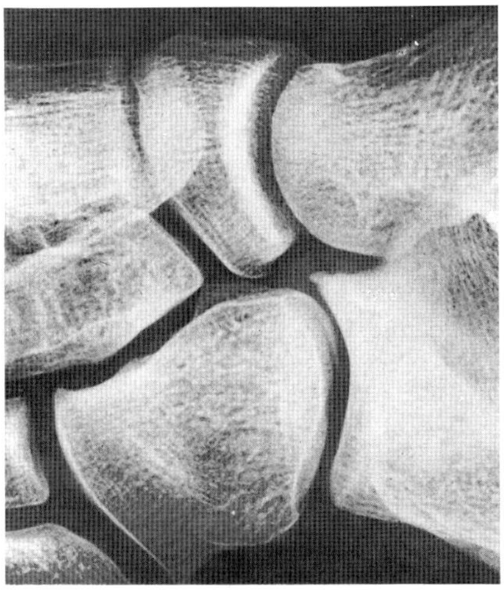

Abb. 7.**283** 12jähriges Mädchen. Calcaneus secundarius

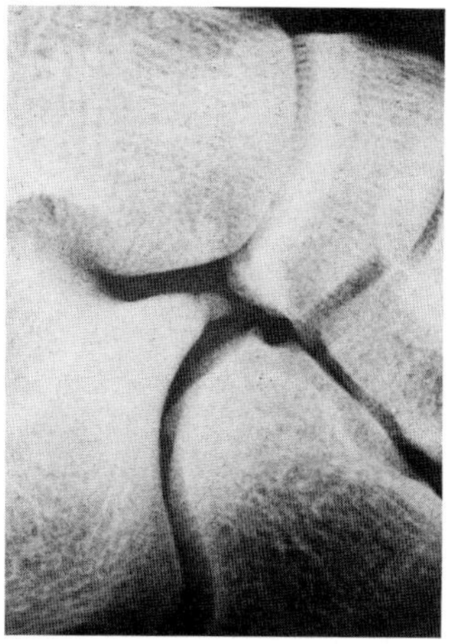

Abb. 7.**284** 16jähriger. Calcaneus secundarius

Abb. 7.**285 a** u. **b**
a Kein Calcaneus secundarius, sondern Absprengung
b Heilung einige Monate später

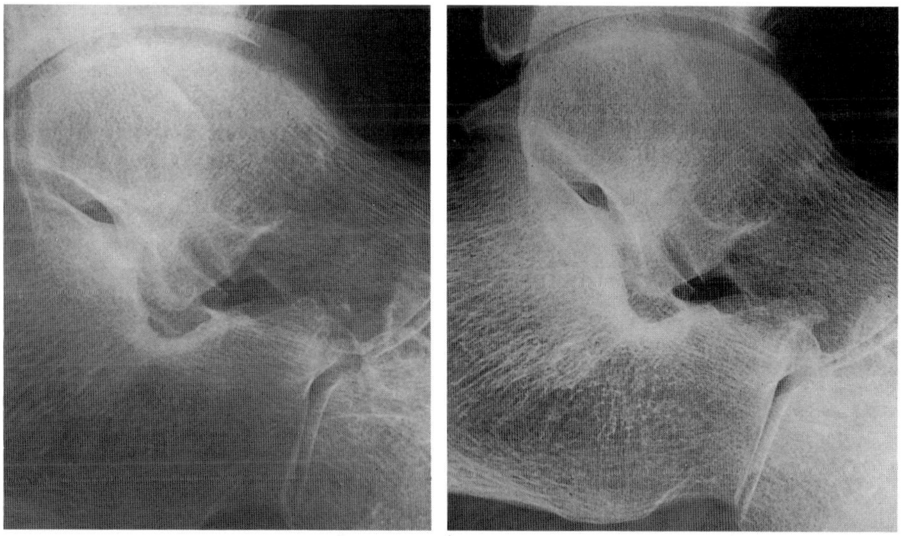

a b

Abb. 7.**286 a** u. **b**
a Abriß des vorderen Fortsatzes des Fersenbeins
b Kontrolle nach einem Jahr

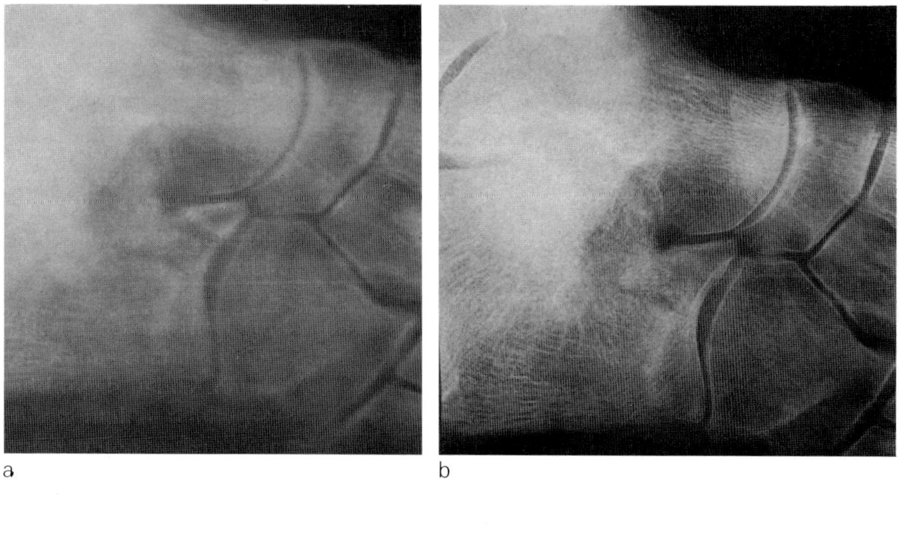

a b

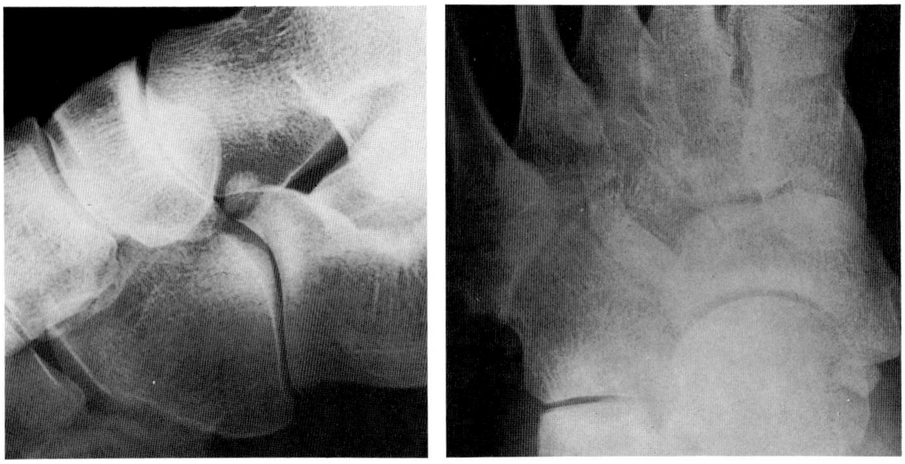

a b

Abb. 7.**287a** u. **b** Kein Calcaneus secundarius, sondern Os tibiale externum

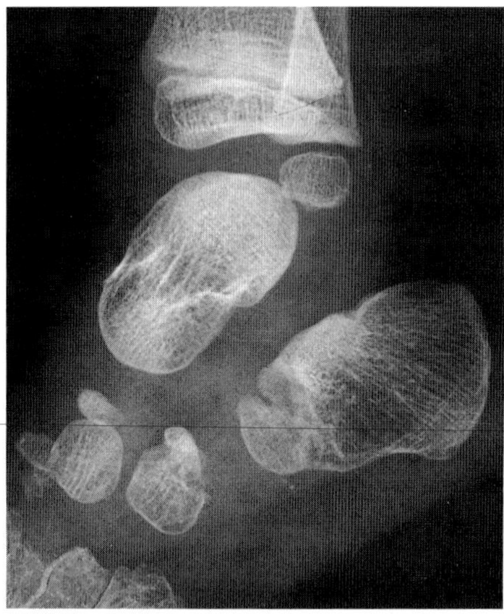

Abb. 7.**288** Sogenannter Calcaneus bifidus nebst anderen Entwicklungsunregelmäßigkeiten an den Fußwurzelknochen

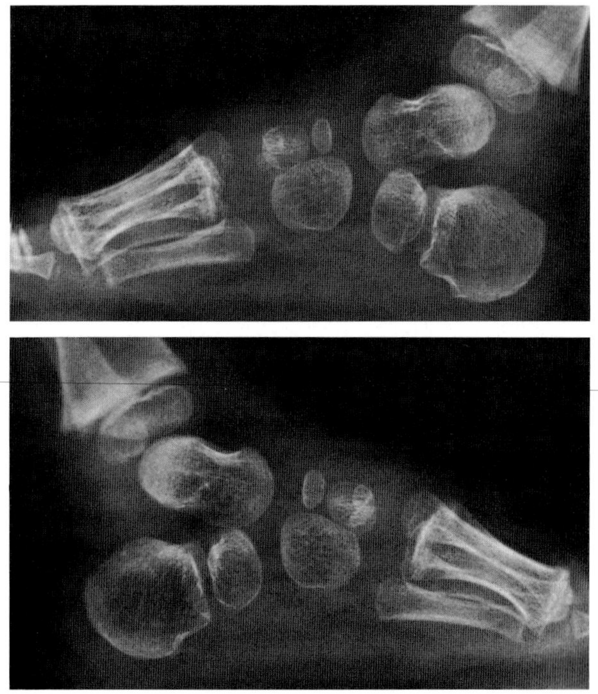

a

b

Abb. 7.**289a** u. **b** 21 Monate altes Kind. Calcaneus bifidus (Beobachtung von Graf, Langenthal)

Verletzungsfolgen und Nekrosen

Bei den **kindlichen Fersenbeinbrüchen** handelt es sich meist wie bei denen der Erwachsenen um Kompressionsbrüche nach Sprüngen aus größerer Höhe (75). Demnach sind auch die diagnostischen Probleme gleich. Bei Kindern scheint jedoch die Häufigkeit von Fersenbeinbrüchen geringer zu sein als bei Erwachsenen, wahrscheinlich aber nur wegen nur selten bemerkter Anlässe (beim Spielen), der erst einen bis drei Tage später einsetzenden klinischen Symptomatik, die schon nach zwei Wochen verschwindet, der infolgedessen selteneren radiologischen Untersuchung und wegen der wenig auffälligen Symptomatik in der radiologischen Darstellung. Hervorzuheben ist, daß schon sieben Stunden nach dem Unfall die nuklearmedizinische Untersuchung den Schaden aufdeckt – ein negatives Szintigramm drei Tage nach dem Unfall schließt die Kalkaneusfraktur aus –, während bei nur vier von 10 Kindern mit dieser Form der **„toddler's fracture" des Kalkaneus** in Beachtung des szintigraphischen Hinweises auch der radiologische Beweis gelang, in den übrigen sechs nicht (71).

Frakturen des Kalkaneus treten beim *Erwachsenen* unter den Fußwurzelknochen am häufigsten auf.

Es handelt sich in 75% um Kompressionsbrüche nach Fall aus größerer Höhe auf die Füße. Doppelseitigkeit ist hierbei in 10–12% zu beobachten (59), in gleicher Häufigkeit auch Kombinationen mit Stauchungsbrüchen des Tibiakopfes und der Wirbelsäule. Letztere liegen meist im lumbodorsalen Übergang und verursachen dem Betroffenen oft erst nach einigen Tagen Bettruhe Beschwerden, werden auch radiologisch manchmal übersehen, wenn Aufnahmen der Brust- und Lendenwirbelsäule angefertigt werden, wobei die thorakolumbale Region jeweils am unteren oder oberen Bildrand liegt, der betroffene Wirbel also gar nicht oder unzureichend abgebildet ist.

Der Frakturspalt des Fersenbeinstauchungsbruches ist oft nicht zu sehen. Abgesehen von der Beobachtung der Weichteilzeichen als Hinweis bildet für die Erfassung des Ausmaßes der Fersenbeinkompression der Tuber-Gelenk-Winkel (nach Böhler [4]) ein wertvolles Maß (Abb. 7.**290**). Der Winkel beträgt normalerweise 20 bis 40 Grad, im Mittel bei Gesunden 35 Grad. 5 Grad Abweichung im Vergleich zur Gegenseite sind als Grenzwert zu betrachten (59). Auch bei normalem Winkelwert können Verdichtungsstreifen in der Struktur als Folgen des Ineinanderstauchens der Bälkchen eintreten. Ein Konturvorsprung plantar kann als Folge der Plantardislokation eines Fragmentes auftreten. Die Beteiligung des subtalaren Gelenkes kann auch im axialen Strahlengang festgestellt werden.

Einen besonderen Einblick in die Art der Verletzungsfolgen des Fersenbeinbruchs und damit seiner Entstehungsmechanik bietet die Computertomographie (49). Mit großer Konstanz läßt sich hierdurch bei den Frakturen nachweisen, daß das Sustentakulumfragment, gehalten durch das Lig. deltoideum und das Lig. talocalcaneum interosseum, in der Regel seine Lage zum Talus nicht verändert (19, 28, 67).

Bei den 25% restlichen (Nicht-Stauchungs-) Brüchen des Kalkaneus bleibt das subtalare Gelenk unbeteiligt, der Tuber-Gelenk-Winkel normal. Konturunterbrechungen und die oben angeführten Strukturverdichtungsstreifen sind oft die einzigen Hinweise für die (meist Ausriß-)Frakturen, die den sog. Processus anterior tali (s. vorigen Abschnitt über den Calcaneus secundarius), das Sustentaculum tali und den oberen, medialen oder lateralen Anteil des Tuber calcanei betreffen. Hier können bei unauffälligem Profilbild Aufnahmen im sog. axialen Strahlengang die Knochenverletzung sichtbar machen.

Wenn der **Processus anterior calcanei** abbricht, ähneln oder gleichen die Befunde denen, die bei der Differentialdiagnose des Calcaneus secundarius (s. vorn Abschnitt „Varianten", Abb. 7.**285 a** u. **b** und 7.**286 a** u. **b**) beschrieben wurden. Das isolierte Fragment kann auch distal außen neben dem Fersenbein im dorsoplantaren Strahlengang isoliert sichtbar werden. Der Bruch wird leicht übersehen, wenn radiologisch nur auf die Malleolen und deren Gabel zentriert wird (56).

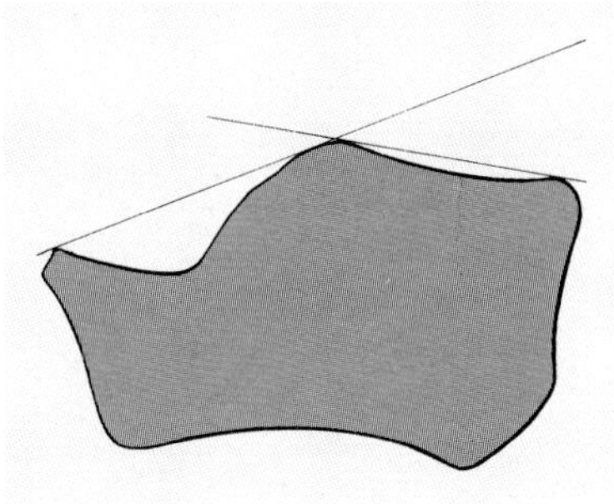

Abb. 7.**290** Tuber-Gelenkwinkel (nach Böhler)

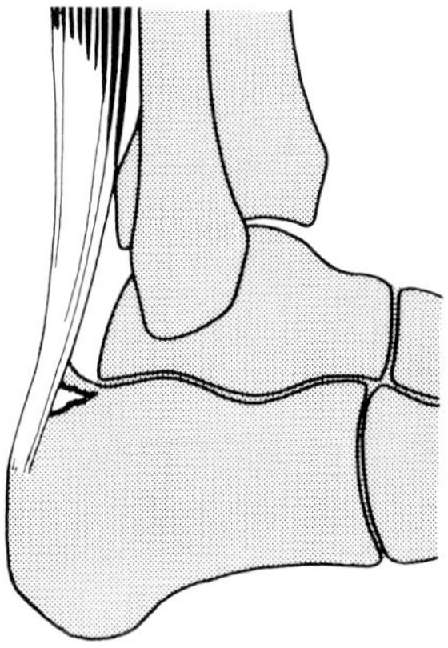

Abb. 7.**291** Entenschnabelbruch

Der Ausriß des oberen Anteiles des Tuber calcanei, also der Ansatzstelle der Achillessehne, wird als **Entenschnabelbruch („beak fracture")** bezeichnet. Eine Überlastung durch Ermüdung wurde hier ätiologisch erwogen (72) (Abb. 7.**291**). **Ermüdungsbrüche**, die wie im Talus vertikal den Kalkaneus durchsetzen, sind besonders bei Soldaten gesehen worden. Der späte Nachweis des manchmal nur teilweise den Kalkaneus durchsetzenden Bruchspaltes, oft bilateral, 5 bis 8 Wochen nach Eintreten der Beschwerden, ist das schon mehrfach erwähnte typische Zeichen dieser „Marschfraktur", auch am Fersenbein. Bei 13 Marinerekruten fand sich der vertikale Aufhellungsstreifen parallel der Kalkaneusapophyse als Zeichen der „stress fracture" (76). Mit der Beteiligung immer größerer Bevölkerungsschichten an der Aerobic-Gymnastik ist ein Anwachsen der Zahl von Ermüdungsbrüchen vorstellbar und in einem Beispiel am Kalkaneus gezeigt (74).

Der **Achillessehnenriß** verursacht durch ödematöse oder blutige Durchtränkung der suprakalkanearen Zone vermehrter Strahlendurchlässigkeit vor der Achillessehne, dem **Kager-Dreieck**, eine Homogenisierung der Weichteilschatten in dieser Region. Die Sehnenkontur läßt an der Rißstelle eine Kerbe erkennen (65). Achillessehnenrisse sind nicht nur bei jungen, muskulösen Männern und bei Leuten mittleren Alters infolge Überanstrengung beobachtet. Man findet sie auch bei Systemerkrankungen wie Gicht, Lupus erythematodes, rheumatoider Arthritis, Hyperparathyreoidismus, chronischer Niereninsuffizienz und Diabetes mellitus wie auch schließlich an verkalkten Sehnen und bei degenerativen Prozessen (junger Leute) mit Abriß eines Osteophyten (46). Bei klinisch eindeutiger Achillessehnenruptur kann die Sonographie (5 MHz-Schallkopf) als erweiterte Diagnostik über die Lokalisation und Form des Risses, Zustand der Sehne im Rißgebiet und über sekundäre Veränderungen (Hämatom, Ödem, Abweichungen im Achillessehnenverlauf) informieren (43); eine detailreichere Darstellungstechnik bietet allerdings die radiologische Weichteildiagnostik (14).

Die **Osteochondropathie an der Apophyse des Tuber calcanei** ist zwar von Haglund (22) erstmals beschrieben, darf jedoch mit der vorn erwähnten „Haglund-Ferse" nicht gleichgesetzt werden. Nach Publikation einiger weiterer Fälle dieser Art gab Sever (69) erstmals eine ausführliche Beschreibung dieses Krankheitsbildes, das im englischen Sprachraum seither oft als **„Sever's disease"** bezeichnet wird. Auch hier gilt als auslösendes Moment wie bei analogen Vorgängen z. B. am Ansatz und Ursprung des Lig. patellae (Morbus Schlatter und Sinding-Larsen-Johannson) ein wohl meist durch chronische Überlastung entstandener Sehnenabriß, ein Avulsionstrauma. Fersenschmerzen werden nach erhöhter, körperlicher Belastung angegeben, doch spielt auch Übergewicht ebenso eine Rolle, wie dies bei Fehlbelastungen (Knick-Senk-Fuß und Valgusstellung [42] und Klumpfuß [44]) geschieht.

Durch die multizentrische Anlage der Kalkaneusapophyse wird radiologisch die Abgrenzung gegen die bröckelige Aufsplitterung bei der Osteochondropathie erschwert; auch die Unterscheidung einer normalerweise stark verdichteten Struktur gegen die Nekrose kann zu Schwierigkeiten führen. Besonders oft soll das Leiden auftreten, wenn zwei Apophysenkerne in Verschmelzung begriffen sind (29). Wenn in Abb. 7.**292** ein fortgeschrittenes Stadium, das im Sinne des Themas dieses Buches weit jenseits der Grenze im Pathologischen liegt, wiedergegeben wird, ist dies ein Ausdruck für die Bedeutung der vorhandenen oder fehlenden Klinik (Schmerzen, Hinken nach körperlicher Beanspruchung) vor dem radiologischen Befund. Die Prognose des Leidens ist nach Ruhigstellung günstig (51).

Auch Ermüdungsnekrosen am Tuber calcanei bei Erwachsenen sind beobachtet (25, 38).

Auf die **Osteonekrosen im Sinus tarsi** wurde im Abschnitt über den Talus eingegangen.

Die aseptische Nekrose eines Calcaneus secundarius ist beschrieben (66). Der Autor sieht einen Zusammenhang der Nekrose mit der Überbelastung des Ossikulum durch den Pes planus, für dessen kongenitale Anlagestörung der Calcaneus secundarius (s. oben) ein prädisponierendes Moment zu sein scheint.

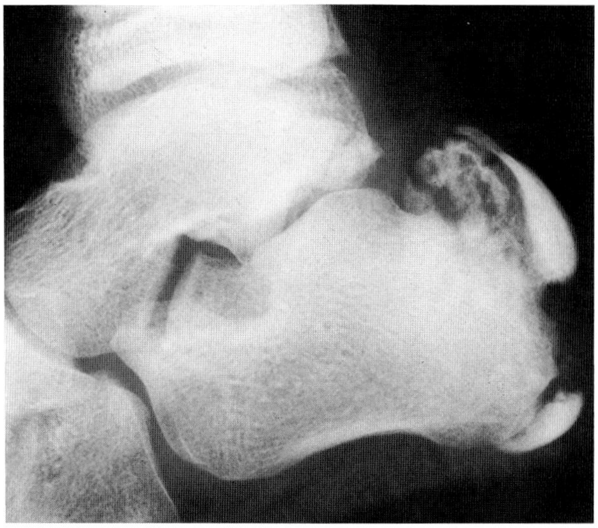

Abb. 7.**292** 21jähriger. Schwerste Apophysennekrose

Erworbene Erkrankungen

In Abb. 7.**261** und 7.**262** wurden Normalbefunde strukturarmer Zonen im Fersenbein gezeigt. Andererseits sind gerade an dieser Stelle des Fersenbeins zahlreiche Fälle mit histologisch gesicherten pathologischen Veränderungen beschrieben, die nach radiologischen Kriterien oft kaum gegen die Normalbefunde abgegrenzt werden können. In erster Linie handelt es sich um gekammerte und nicht gekammerte **Zysten** (Abb. 7.**293 a** u. **b**), die häufig **Hämatomzysten** entsprechen (Abb. 7.**294 a** u. **b**). Diese sollen vor dem 15. Lebensjahr durch ein nicht beachtetes Trauma entstanden sein, die abführenden Blutwege komprimieren und die Absorption über diese Blutgefäße verhindern (53). Diese Theorie ist umstritten. Mehrfach wurde auch eine **chronische Osteomyelitis** bzw. eine Tuberkulose gefunden (20). Umfangreiche Differentialdiagnose s. bei Bonnet u. Mitarb. (5).

Abb. 7.**295** gibt den Befund einer Fersenbeinosteomyelitis im Anfangsstadium wieder. Typisch ist auch die **Bohrlochosteomyelitis** nach Drahtextension durch den Kalkaneus. Auf Entzündungen, System- und Stoffwechselerkrankungen wird hier weiter nur eingegangen, soweit sie für das Fersenbein besondere Bedeutung haben.

Die unter den Verletzungsfolgen aufgeführte **Ermüdungsfraktur** mit vertikaler Spaltrichtung kann der Beginn einer **neurogenen Osteopathie** sein (10^2).

Das **Kapselbandgewebe** um den Kalkaneus herum ist mancherlei Erkrankungen ausgesetzt, die zum Teil auch durch die Belastung des Körpergewichtes bedingt sind. Sie werden radiologisch sichtbar, wenn Verkalkungen auftreten oder ein Prozeß der Bänder auf den Knochen übergreift. Vor allem die Plantaraponeurose sowie die Achillessehne und deren Ansatzregion sind betroffen.

Die **Calcaneopathia rheumatica** ist das bekannteste Beispiel der fibroossären Erkrankungen. Vor al-

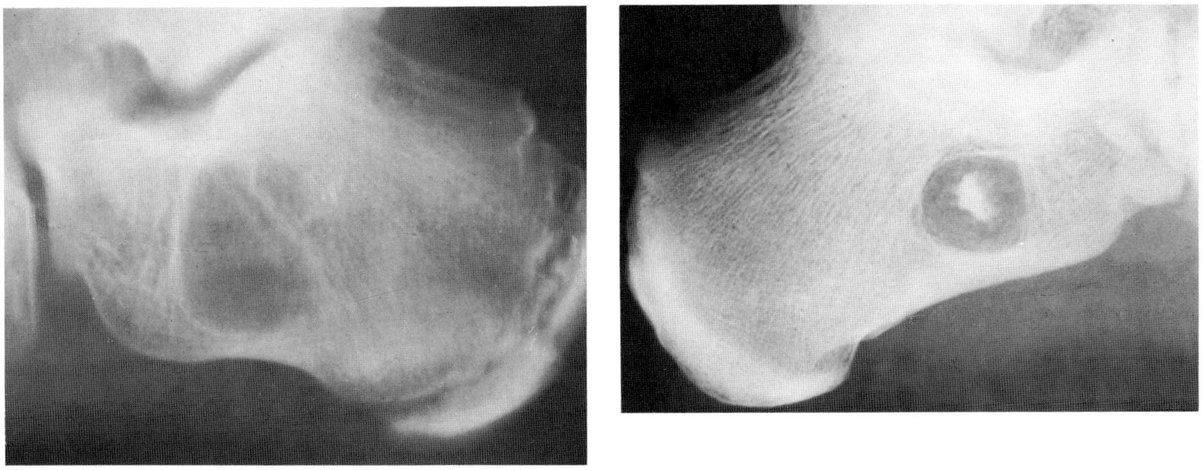

a b

Abb. 7.**293 a** u. **b** Zysten im Kalkaneus
a Zystischer Prozeß, erkennbar an der Strukturarmut in dieser Zone
b Zyste mit zentraler, unregelmäßiger Verkalkung (Beobachtung von Ravelli, Innsbruck)

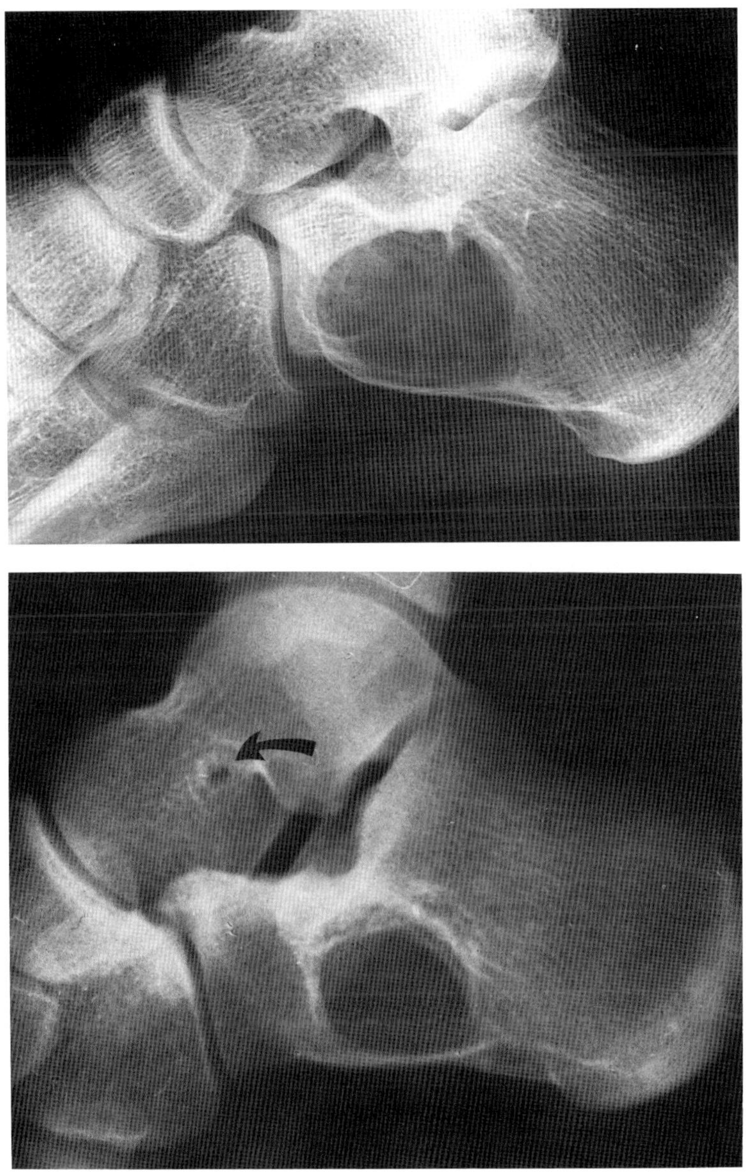

a b

Abb. 7.**294 a** u. **b** Zysten im Kalkaneus
a Gekammert
b Ungekammert

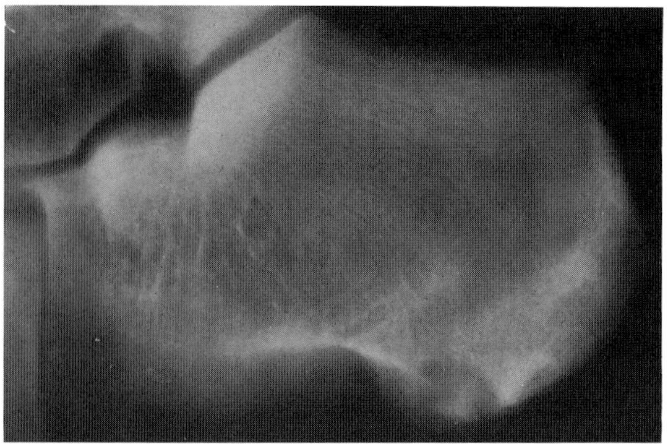

Abb. 7.**295** Fersenbeinosteomyelitis bei 33jähriger Frau (Tomogramm) (Beobachtung von Brocher, Genf)

lem die Fibroostitis wird bei der rheumatischen Kalkaneopathie, bei der Arthritis psoriatica, beim Reiter-Syndrom (s. auch 57), bei der ankylosierenden Spondylitis (Abb. 7.**296**), der rheumatoiden Arthritis und der Jaccoud-Arthritis gesehen. Patienten mit juveniler seronegativer B-27 positiver Spond(yl)arthropathie können im akuten Stadium der Talalgie eine häufige Enthesopathie der Plantarsehnenaponeurose, selten auch der Achillessehne aufweisen (18, s. auch 60). In der radiologischen Darstellung finden sich unregelmäßige Konturen und Strukturen an den ligamentären Ansätzen, Verdichtung der angrenzenden Spongiosa, manchmal bis weit in das Fersenbein hinein, eventuell eine perichondrale Ossifikation der Kalkaneusapophyse mit kalkdichtem Streifen, der sich von der Apophysenkonvexität absetzt (10^3).

Die **Achillobursitis** verursacht eine Erosion dicht unterhalb der hinteren, oberen Fersenbeinkante, den Achillobursitisdefekt, der auch bei der Haglund-Ferse (**Haglund-Syndrom**), bei Achillessehnenxanthomen und bei der Gicht über eine Druckerosion entsteht (10^4). Kennzeichen des Haglund-Syndroms und Meßweisen zur Erfassung hierfür, prädisponierende Verformungen des hinteren Fersenbeinrandes einschließlich der Lage des Tuber calcanei sind angegeben (50). Die retrokalkaneale Bursitis kann auch bei *Kindern* – wahrscheinlich nach posttraumatischer Entzündung – auftreten, steht aber nicht in Beziehung zu Apophysenschäden des Kalkaneus. Radiologisch nachweisbare Zeichen sind das Verschwinden des Kager-Dreiecks (s. vorn Abschnitt „Knochenverletzungen und Nekrosen") bei normaler Achillessehne, normaler Weichteilkontur und unversehrter Kalkaneuskortikalis (27).

Mit der **Weichteildiagnostik** (13) gelingt es, Erkrankungen der Achillessehne und ihrer Umgebung (Bursitis, Paratenonitis achillea, Synovitis des oberen Sprunggelenkes, Tendovaginitis der Flexoren usw.) nachzuweisen (14, 15).

Auch der Computertomographie ist wegen der hohen Dichte von Bändern und Sehnen, besonders der Achillessehne, ein hoher Wert in der Differentialdiagnostik bei Achillodynie zuzusprechen (55).

Auf degenerativer Basis sind der hintere und plantare Fersenbeinsporn als **Fibroostosen** (im Sinne Dihlmanns [10^4]) aufzufassen. Sie befinden sich am Ansatz der Achillessehne wie am Ansatz der Plantaraponeurose am Tuber calcanei (Abb. 7.**297**) und können durch Druck zu Entzündungen in den benachbarten Weichteilen, besonders Schleimbeutel, Beschwerden verursachen. Der untere Fersensporn wird häufig bei korpulenten Männern beobachtet, die viel stehen müssen, und kann als Folge besonderer Belastung des Fußgewölbes, unter anderem auch bei Platt- und Knickfüßen, auftreten.

Partielle Bandverknöcherungen sind in der **Plantaraponeurose** abgebildet (Abb. 7.**298**). Ausgedehnte Verkalkungen und Verknöcherungen in der Achillessehne bilden sich auf metaplastischer Basis nach Verletzungen und operativen Eingriffen (21).

Als Folge chronischer, auch beruflicher Überlastung ist eine Zone kleinkrümeliger und auch scholliger Verkalkungen in der Bursa subcutanea calcanea abgebildet (10^5).

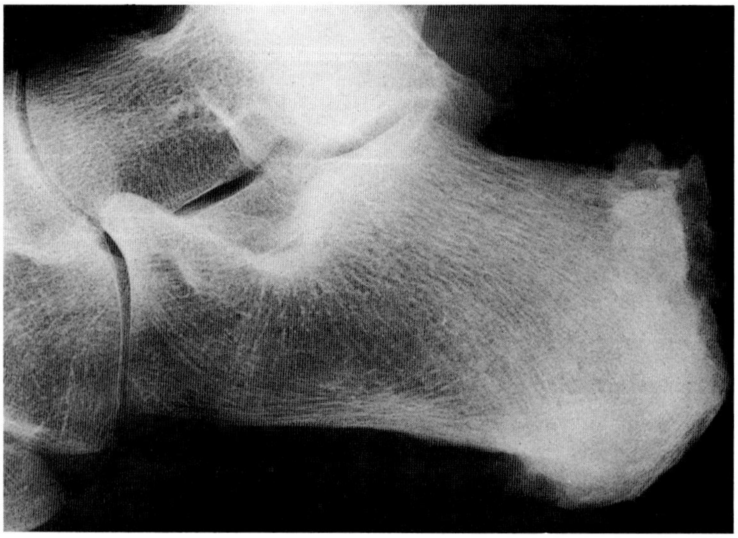

Abb. 7.**296** Kalkaneusveränderung bei Spondylitis ankylopoetica mit den typischen Hahnenkammossifikationen, dem Achillesbursitisdefekt, dem entzündlich schmerzhaften (besonders nachts) Fersenbeinsporn mit Sklerosierung

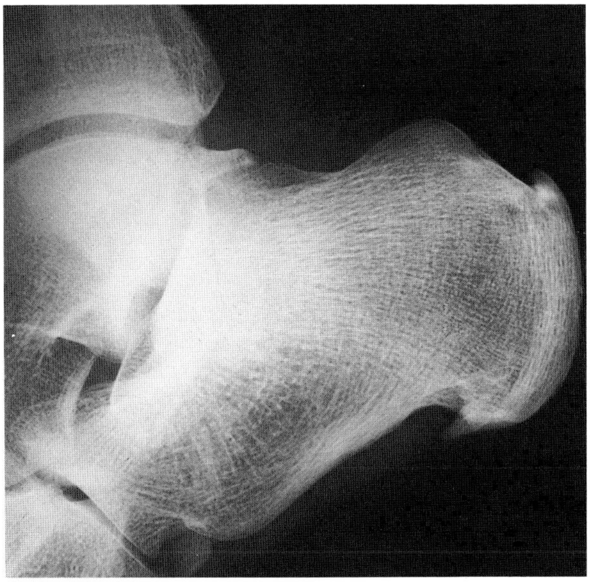

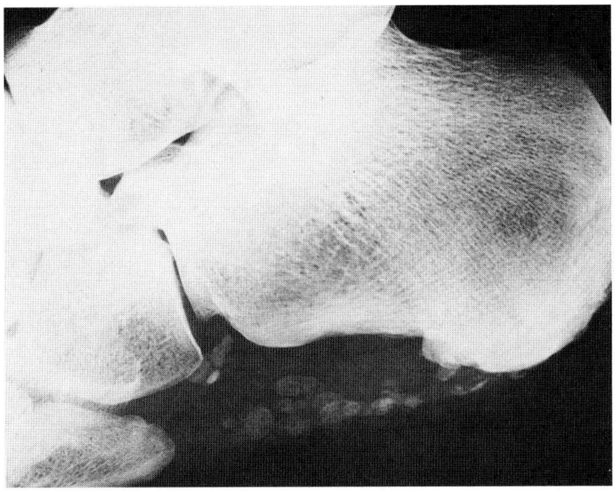

Abb. 7.**298** Verkalkungen in der Plantarsehnenaponeurose

◁ Abb. 7.**297** Hinterer und plantarer Fersenbeinsporn

Literatur

1 Aberle, W.: Der hohe Kalkaneus und seine operative Behandlung nach Spitz. Z. Orthop. 66 (1937) 281–290
2 Azouz, E. M.: Tarsal pseudo-coalition (letter to the editor). J. Canad. Ass. Radiol. 33 (1982) 105
3 Becker, B.: Assimiliertes Os sustentaculi. Röntgenpraxis 15 (1943) 185–186
4 Böhler, L.: The Treatment of Fractures, 4th ed. Wright & Sons, Bristol 1935
5 Bonnet, J., L. Gareta, J. M. Ducloux: Les lacunes calcanéennes. Ann. Radiol. (Paris) 11 (1968) 171–184
6 Caffey's Pediatric X-ray Diagnosis, 8th ed., ed. by F. N. Silverman. Year Book Medical Publishers, London 1984 (fig. 4–193)
7 Carey, J. P., M. C. Drexler, L. Drexler: Ein atypischer Knochen an der Planta pedis. Fortschr. Röntgenstr. 86 (1957) 526–528
8 de Cuveland, E.: Processus trochlearis oder lateralis tuberis calcanei. Fortschr. Röntgenstr. 84 (1956) 648–649
9 Deutsch, A. L., D. Resnick, G. Campbell: Computed tomography and bone scintigraphy in the evaluation of tarsal coalition. Radiology 144 (1982) 137–140
10 Dihlmann, W.: Gelenke – Wirbelverbindungen, 2. Aufl. Thieme, Stuttgart 1982 ([1]Abb. 481–2; [2]S. 416; [3]S. 427–428; [4]Abb. 563; [5]Abb. 560)
11 Dwight, Th.: Os intracuneiforme tar., Os paracuneiforme, Calcaneus secundarius. Anat. Anz. 20 (1902) 465–472
12 Endler, F., K. Fochem, U. H. Weil: Orthopädische Röntgendiagnostik. Thieme, Stuttgart 1984 (S. 5.358)
13 Fischer, E.: Weichteildiagnostik an den peripheren Extremitäten mittels Weichstrahltechnik. Teil I: Indikationen und Bemerkungen zur Aufnahmetechnik. Radiologe 14 (1974) 454–456
14 Fischer, E.: Weichteildiagnostik an den peripheren Extremitäten mittels Weichstrahltechnik. Teil II: Erkrankungen der Achillessehne und ihrer angrenzenden Gewebe. Radiologe 14 (1974) 457–467
15 Fischer, E.: Weichteildiagnostik an den peripheren Extremitäten mittels Weichstrahltechnik. Teil III: Der Nachweis direkter Reizzustände der Bursa subachillea. Radiologe 14 (1974) 468, 469
16 Fischer-Wasels, J.: zit. nach R. Birkner: Das typische Röntgenbild des Skeletts. Urban & Schwarzenberg, München 1977 (Abb. 816, 817)
17 Fowler, A., J. F. Philip: Abnormality of the calcaneus as a cause of painful heel. Brit. J. Surg. (1945) 494; zit. nach Notari u. Mittler (47)
18 Gerster, J.-C., P. Piccini: Enthesopathy of the heels in juvenile seronegative B-27 positive Spondylarthropathy. J. Rheumatol. 12 (1985) 310–314
19 Gilmer, P. W., J. Herzenberg, J. L. Frank, S. Martinez, J. L. Goldner: Computerized tomographic analysis of acute calcaneal fractures. Foot Ankle 6 (1986) 184–193
20 Güntz, E.: Myxomatöser Herd im Kalkaneus. Zbl. Chir. 77 (1952) 1367–1371
21 Gyurko, St.: Knochengewebsmetaplasie in der Achillessehne. Röntgenpraxis 15 (1943) 293–295
22 Haglund, P.: Über Fraktur des Epiphysenkerns des Calcaneus nebst allgemeiner Bemerkungen über einige ähnliche Knochenverletzungen. Langenbecks Arch. clin. Chir. 82 (1907) 922
23 Haglund, P.: Beitrag zur Klinik der Achillessehne. Z. orthop. Chir. 49 (1928) 49–58
24 Harris, R. I.: Retrospect: Peroneal spastic flatfoot (rigid valgus foot): J. Bone Jt Surg. 47-A (1965) 1657–1667
25 Häuptli, O.: Die aseptischen Osteo-Chondronekrosen. Chirurgie in Einzeldarstellungen. De Gruyter, Berlin 1954
26 Heimerzheim, A.: Über einen seltsamen Knochenbefund am Kalkaneus. Dtsch. Z. Chir. 187 (1924) 281–283
27 Heneghan, M.-A., T. Wallace: Heel pain due to retrocalcaneal bursitis – radiographic diagnosis. Pediat. Radiol. 15 (1985) 119–122
28 Herzenberg, J. E.: CT of calcaneus fractures. Amer. J. Roentgenol. 146 (1986) 644–645
29 Hohmann, G.: Fuß und Bein, 5. Aufl. Bergmann, München 1951
30 Jaroschy, L.: Röntgenbefunde bei der sog. Kalkaneodynie. Fortschr. Röntgenstr. 43 (1931) 804–805
31 Keats, Th. E.: An Atlas of Normal Roentgen Variants that May Simulate Diseases, 3rd ed. Year Book Medical Publishers, Chicago 1984 ([1]fig. 7-248; [2]fig. 7-258; [3]fig. 7-235 bis 7.255; [4]fig. 7-260 bis 7-262)
32 Keats, Th. E., R. B. Harrison: Hypertrophy of the talar beak. Skelatal Radiol. 4 (1979) 37–39
33 Keats, Th. E., R. B. Harrison: The calcaneal nutrient foramen: a useful sign in the differentiation of true from simulated cysts. Skeletal Radiol. 3 (1979) 239–240
34 Kienböck, R., A. Selka: Mißbildung der Fersenbeinhöcker-Epiphyse beim Kind. Röntgenpraxis 7 (1935) 213–214

35 Kienböck, R., W. Ehalt: Angeborene Mißbildung der Füße im tarsalen Abschnitt. Röntgenpraxis 7 (1935) 401–402
36 Kremser, K.: Os accessorium supracalcaneum. Fortschr. Röntgenstr. 82 (1955) 279
37 Kremser, K.: Os accessorium supracalcaneum. Gleichzeitig eine Erwiderung auf eine Arbeit Ravellis. Fortschr. Röntgenstr. 83 (1955) 71; 84 (1956) 264
38 Lorenz, R.: Symmetrische Osteonekrose an den Tubera calcanei. Fortschr. Röntgenstr. 72 (1949/50) 596
39 Lude, L., M. Rosetti: Ein Überbein von ungewöhnlicher Größe: Os accessorium paracalcaneum. Radiol. clin. 31 (1962) 91–94
40 March, H. C., J. Russell: The os sustentaculi. Amer. J. Roentgenol. 76 (1956) 1114–1118
41 Marti, Th.: Über den Calcaneus secundarius. Fortschr. Röntgenstr. 82 (1955) 124
42 Mau, H.: Neuere Erkenntnisse auf dem Gebiet der aseptischen Knochennekrosen. Med. Klin. 60 (1965) 1561
43 Mayer, R., K. Wilhelm, K. J. Pfeifer: Sonographie der Achillessehnenruptur. Digit. Bilddiagn. 4 (1984) 185–189
44 Meyerding, K. H. W., W. A. Stucke: Painful heels among children. J. Amer. med. Ass. 102 (1934) 1658–1662
45 Milliken, R. A.: Os subcalcis. Amer. J. Surg. 37 (1937) 116–117
46 Newmark III., H., S. M. Olken, W. S. Mellon jr., A. K. Malhotra, J. Halls: A new finding in the radiographic diagnosis of achilles tendon rupture. Skeletal Radiol. 8 (1982) 223–224
47 Notari, M. A., Barbara E. Mittler: An investigation of Fowler-Philip's angle in diagnosing Haglund's deformity J. Amer. Pod. Ass. 74 (1984) 486–489
48 Ogden, J. A.: Anomalous multifocal ossification of the os calcis. Clin. Orthop. 162 (1982) 112–118
49 Pablot, Susan, M., A. Daneman, D. A. Stringer, N. Carroll: The value of computed tomography in the early assessment of comminuted fractures of the calcaneus: a review of three patients. J. Pediat. Orthop. 5 (1985) 435–438
50 Pavlov, Helene, Margery A. Heneghan, A. Hersh, Amy Beth Goldman, V. Vigorita: The Haglund Syndrome: Initial and differential diagnosis. Radiology 144 (1982) 83–86
51 Pöschl, M.: Juvenile Osteochondronekrosen. In Diethelm, L., O. Olsson, F. Strnad, H. Vieten, A. Zuppinger: Handbuch der Medizinischen Radiologie, Bd. V/4. Springer, Berlin 1971 (S. 485–499)
52 Porstmann, W., J. Arenz: Beitrag zu den akzessorischen Tarsalelementen am Calcaneus. Fortschr. Röntgenstr. 81 (1954) 95
53 Ravelli, A.: Das Fersenbeindreieck als Sitz von Hämatomzysten. Bruns' Beitr. klin. Chir. 86 (1953) 36–43
54 Ravelli, A.: Zur Frage des sogenannten Os accessorium supracalcaneum. Fortschr. Röntgenstr. 83 (1955) 71–72
55 Reisner, M., N. Rupp, K. Lehner, O. Paar, R. Gradinger, P. M. Karpf: Die Darstellung der Achillessehne im Computertomogramm. Fortschr. Röntgenstr. 143 (1985) 173–177
56 Renfrew, D. L., G. Y. El-Khoury: Anterior process fractures of the calcaneus. Skeletal Radiol. 14 (1985) 121–125
57 Renlund, D. G., W. S. Kim: Reiter's Syndrome. In Ellen R. Strahlmann: Clinical Conferences at the Johns Hopkins Hospital. Johns Hopkins Med. J. 150 (1982) 39–44
58 Robinson, H. M.: Symmetrial reversed plantar calcaneal spurs in children. Radiology 119 (1976) 187–188
59 Rogers, L. F.: Radiology of Skeletal Trauma. Churchill Livingstone, New York 1982 (p. 864–878)
60 Sattar, M. A., A. M. Karnik, A. Al-Sughayer: Unusual radiological feature: Still's disease. J. Kwt. Med. Ass. 17 (1983) 111–114
61 Schlefman, Barbara A., J. A. Ruch: Diagnosis of subtalar joint coalition. J. Amer. Pod. Ass. 72 (1982) 166–170
62 Schlüter, K.: Ossifikationsanomalien im Kalkaneus, zugleich ein Beitrag zum Auftreten von Ossifikationszentren im Tarsus. Z. Orthop. 87 (1955) 37–55
63 Schlüter, K.: Der Calcaneus bifidus, eine Ossifikationsanomalie des Fersenbeins im Hackenplattfuß. Fortschr. Röntgenstr. 85 (1956) 720
64 Schmitt, H.: Ein akzessorischer Knochen oberhalb des Kalkaneus (Os accessorium supracalcaneum bilaterale aut unilaterale). Röntgenpraxis 10 (1938) 137–138
65 Schoen, D.: Der Achillessehnenriß im Röntgenbild. Fortschr. Röntgenstr. 78 (1953) 604–606
66 Schoen, A.: Aseptische Nekrose akzessorischer Knochen im unteren Sprunggelenk. Fortschr. Röntgenstr. 99 (1963) 843–845
67 Segal, D., J. L. Marsh, B. Leiter: Clinical application of computerized axial tomography (CAT) scanning of calcaneus fractures. Clin. Orthop. 199 (1985) 114–119
68 Sever, J. W.: Bifid os calcis. Surg. Gynec. Obstet. 50 (1930) 1012
69 Sever, J. W.: Apophysitis of the os calcis. N. Y. St. med. J. 95 (1912) 1025
70 Smola, E.: Der Calcaneus bifidus. Fortschr. Röntgenstr. 85 (1956) 120
71 Starshak, R. J., G. W. Simons, J. R. Sty: Occult fracture of the calcaneus – another toddler's fracture. Pediat. Radiol. 14 (1984) 37–40
72 Stucke, K.: Die Entenschnabelfraktur des Fersenbeins als Ermüdungsbruch. Mschr. Unfallheilkd. 52 (1949) 225–232
73 Torode, I., R. Gillespie: Benign calcaneal osteomata. J. Pediat. Orthop. 2 (1982) 422–423
74 Vogel, H., D. Pilz, F. Dahms, C. Zander: Ermüdungsbruch des Kalkaneus nach Aerobic-Gymnastik. Z. Orthop. 123 (1985) 69–71
75 Wiley, J. J., A. Profitt: Fractures of the os calcis in children. Clin. Orthop. 188 (1984) 131–138
76 Winfield, A. C., J. M. Dennis: Stress fractures of the calcaneus. Radiology 72 (1959) 415–418

Kahnbein

Norm

Im Wachstum

Das Kahnbein (französisch = „scaphoïde", englisch = „scaphoid" oder „navicular bone") **ossifiziert** außerordentlich spät. Sein **Kern** erscheint in der radiologischen Darstellung als letzter aller Fußwurzelknochen im 3. bis 4., spätestens 5. Lebensjahr, bei Mädchen ein Jahr früher als bei Jungen, meist aus einem *einzigen* Knochenzentrum (Abb. 7.**299**).

Das Auftreten von **zwei Knochenkernen** ist von Anatomen und Radiologen beschrieben (Abb. 7.**300**), meist übereinander, selten nebeneinander liegend. Multizentrizität ist als normal zu betrachten, wobei die Kerne irregulär strukturiert, mineralisiert (insbesondere eburnisiert) und abgeplattet sind (4[1], 14) (Abb. 7.**301 a** u. **b**). Das Auftreten von **Nebenkernen,** die später verschmelzen, ist häufiger zu beobachten (Abb. 7.**302 a** u. **b**). Die Verschmelzung erfolgt im 20. Lebensjahr.

Beim Erwachsenen

Die Form des gut darstellbaren Kahnbeins variiert vor allem je nach Entwicklung der Tuberositas ossis navicularis. Bei einem medial stark vorgewölbten Os naviculare spricht man von **Naviculare cornutum s. hypertrophicum** (s. Varianten: Os tibiale externum).

Summationseffekte normaler Fußwurzelknochen und ihrer Gelenkspalten können das Vorhandensein akzessorischer Skelettelemente vortäuschen (Abb. 7.**303 a** u. **b**).

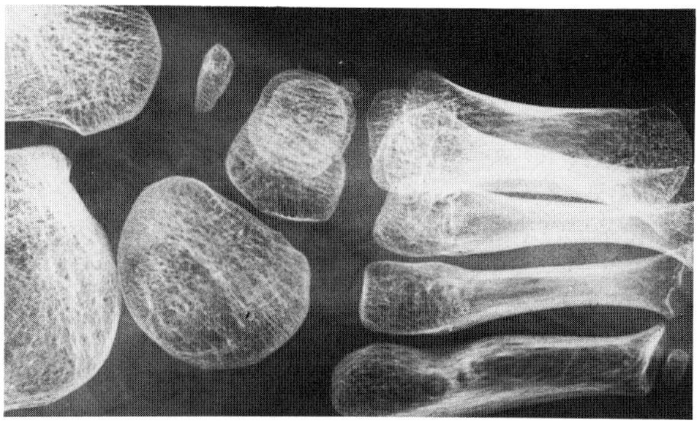

Abb. 7.**299** 6jähriger Junge. Navikularekern

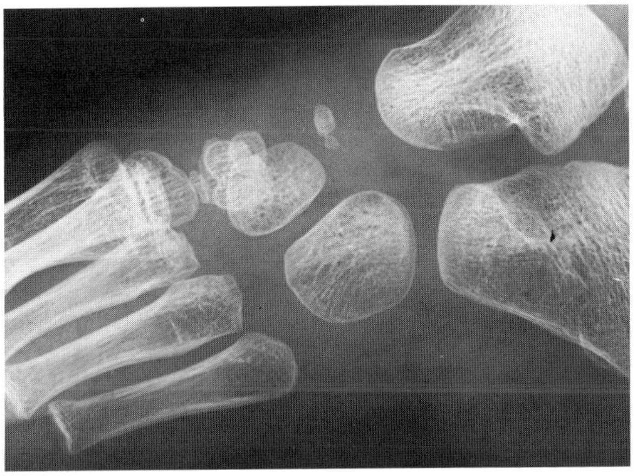

Abb. 7.**300** Ossifikation des Navikulare aus zwei Kernen

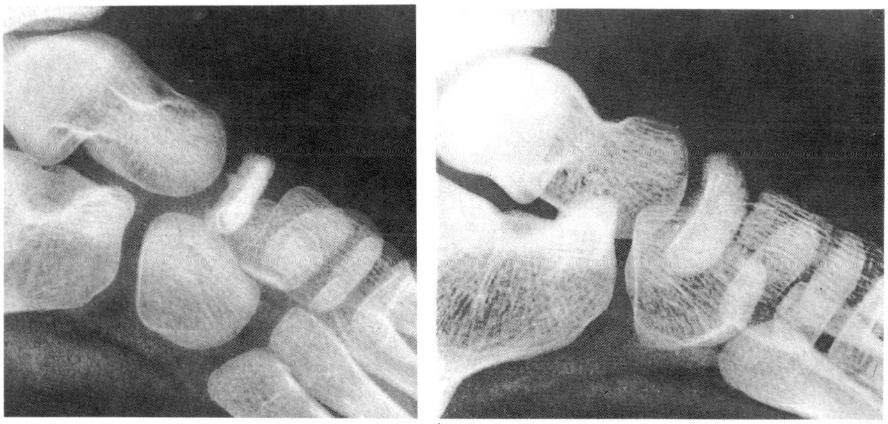

a b

Abb. 7.**301 a** u. **b** Siebenjähriges Kind
a Verschmälerung, unregelmäßige Begrenzung und Strukturverdichtung des Kahnbeins
b 20 Monate später. Normalisierung des Befundes. Normalbefund?

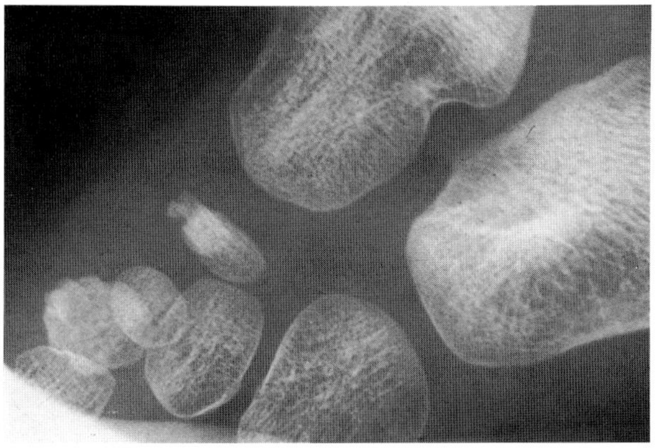

a

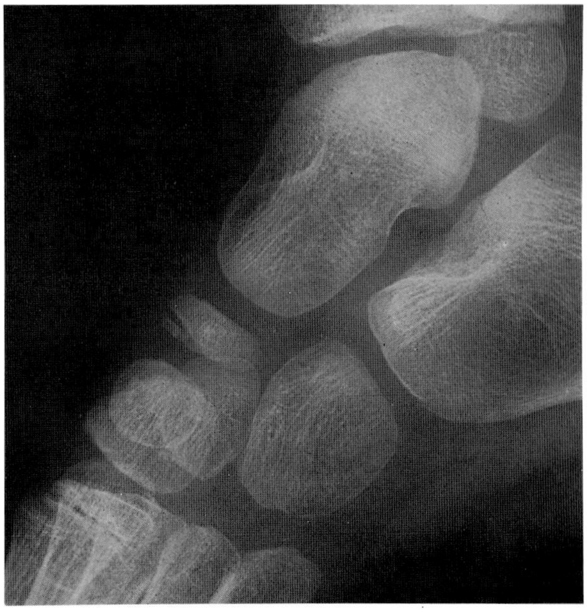

b

Abb. 7.**302 a** u. **b** Isoliertes Ossifikationszentrum an der distalen, dorsalen Kante des Navikulare

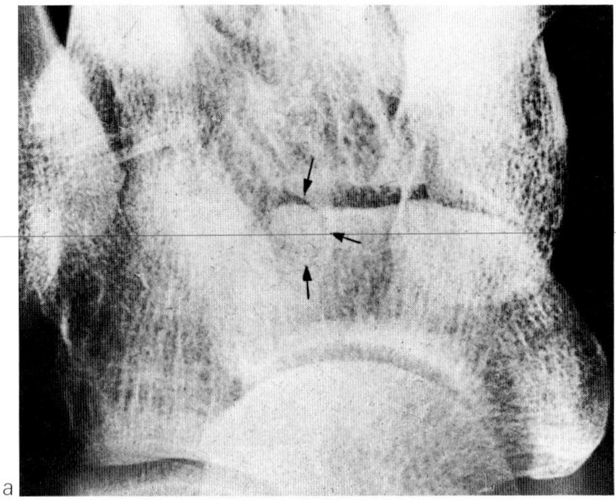

a

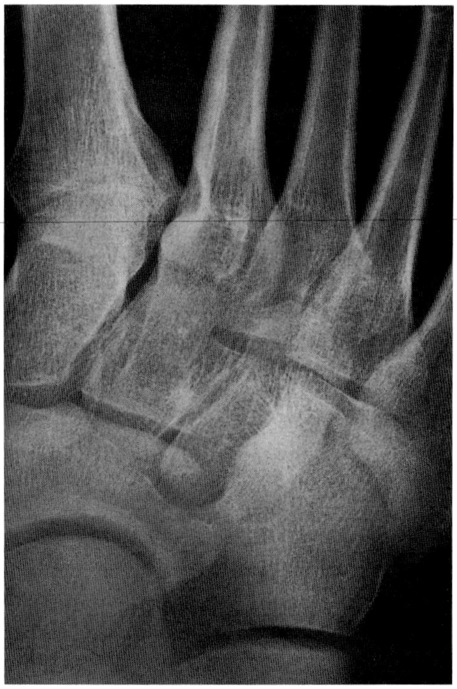

b

Abb. 7.**303 a** u. **b** Projektionsphänomene in Deckung mit dem Cuneiforme laterale und dem Navikulare können akzessorischen Knochen vortäuschen

Varianten

Bei dem **Naviculare pedis bipartitum** (36) erkennt man auf der Aufnahme im d.-p. Strahlengang im Zentrum der Fußwurzelknochen einen kommaförmigen gebogenen, im Fall der Abb. 7.**304 a** 12×21 mm großen Knochen, der teilweise die Cuneiformia intermedium et laterale, das Kuboid und den Hauptteil des Navikulare überlagert, vom Kahnbein jedoch etwas entfernt ist. In der seitlichen Projektion wird die Zweiteilung durch eine von plantoproximal nach dorsodistal verlaufende Spalte, die ein dreieckiges Knochenstück vom übrigen Navikulare trennt (Abb. 7.**304 b**), deutlich (36). Ähnliche Beobachtungen sind mehrfach veröffentlicht worden (18, 35 u. a.). Die Varietät geht mit Stellungsdeformitäten des Fußes, meistens mit einem schmerzhaften Plattfuß, einher (35) und wird fast immer erst bei Adoleszenten und Erwachsenen bemerkt, wobei es aber früh zur Arthrosis deformans kommt (7). Unter vielen Hypothesen über die Entstehung des zweigeteilten Kahnbeins besitzt die Annahme einer kongenitalen Entstehung aus zwei Ossifikationszentren

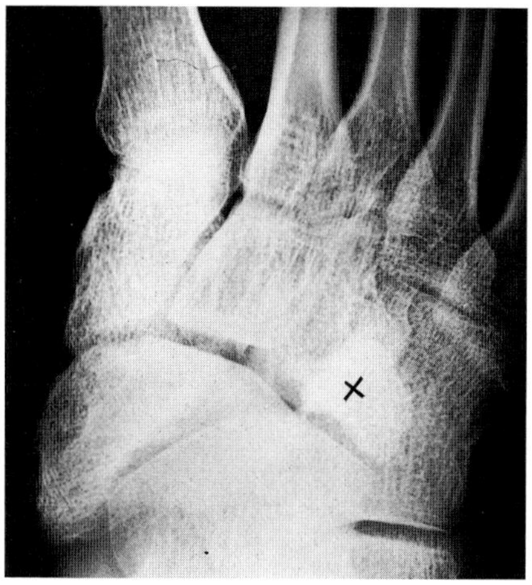

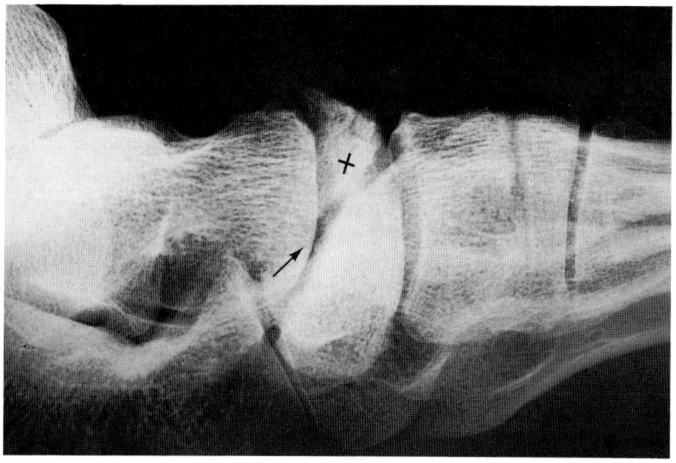

Abb. 7.**304 a** u. **b** Naviculare pedis bipartitum. Das kleine Fragment ist mit x bezeichnet. Die Richtung der Spalte auf dem Profilbild zeigt der Pfeil

(31) wohl die größte Glaubwürdigkeit, weil es Analogien im Tierreich gibt (bei Reptilien, nicht bei Säugetieren) und weil ein doppelseitiges Auftreten beobachtet ist (35). Bei einem ähnlichen Befund wie in Abb. 7.**304 a** u. **b** wurde eine Fehlbildung im Gelenk zwischen Kahnbein und Cuneiforme mediale festgestellt (30). Auffallend ist die Häufigkeit von Strukturveränderungen mit Verdichtungen (Abb. 7.**305**) von Form- und Lageveränderungen des Kahnbeins, das dorsal wulstförmig vorspringt (Abb. 7.**304 b**), und zwar nicht nur gegenüber dem Sprungbeinkopf, sondern besonders gegenüber dem Os cuneiforme mediale. Bei allen diesen Veränderungen, einschließlich den ausgeprägten Degenerationen, dürften durch den Plattfuß bedingte Deformitäten und Nekrosen des im lateralen Teil spärlich durchbluteten Kahnbeins (33) eine Rolle spielen. Auch zystenähnliche Strukturveränderungen sind im herausgedrängten Kahnbeinanteil nachweisbar (Abb. 7.**306**). Differentialdiagnostisch ist an Kahnbeinmalazien und neurogene Osteoarthropathien (u. a. auch an Tabes – pied tabétique) zu denken (Abb. 7.**307**).

Eine unilaterale Längsteilung des Kahnbeins ist in Abb. 7.**308 a** u. **b** festgehalten.

Infolge seiner Lage im Scheitelpunkt des medialen Fußgewölbes ist das Kahnbein besonderen Belastungen ausgesetzt. Seine Form ändert sich schon während der Entwicklung bei Fehlbelastungen, vor allem beim angeborenen oder in jungen Jahren erworbenen Klumpfuß (Abb. 7.**309**).

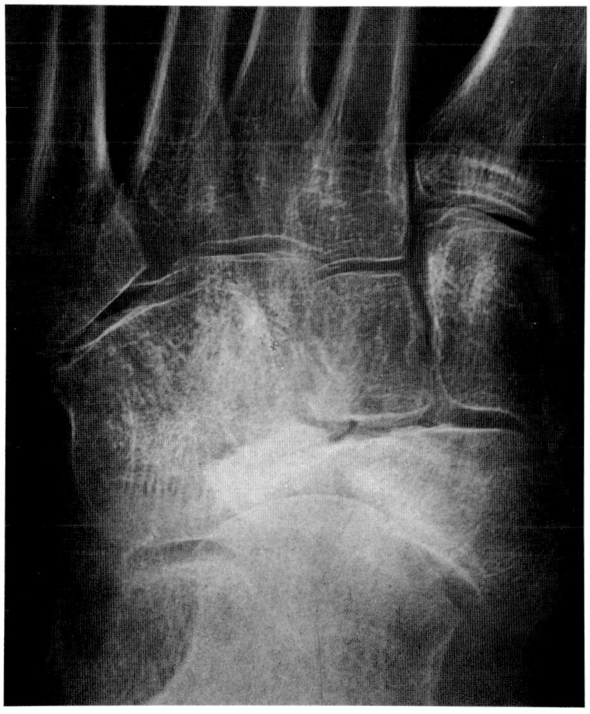

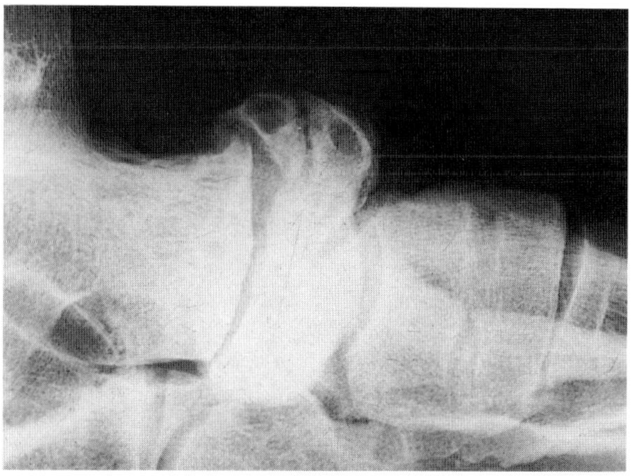

Abb. 7.**306** Naviculare bipartitum, dorsal die Fußwurzelreihe weit überragend, Strukturverdichtung im plantaren Anteil und dem artikulierenden Bereich des Taluskopfes

◁ Abb. 7.**305** Kahnbeinzweiteilung mit Strukturverdichtung des kleinen Fragmentes

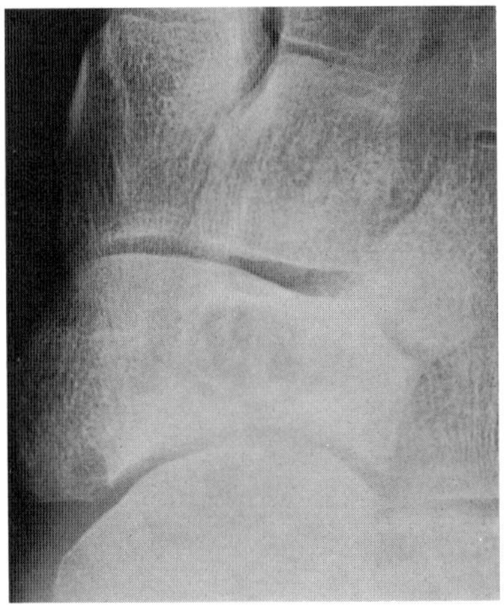

Abb. 7.**307** Große Zysten im Navikulare mit Verformung und Strukturverdichtung des Kahnbeins

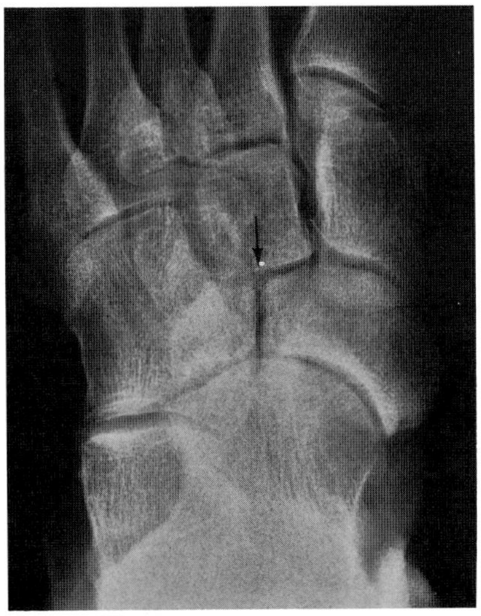

a

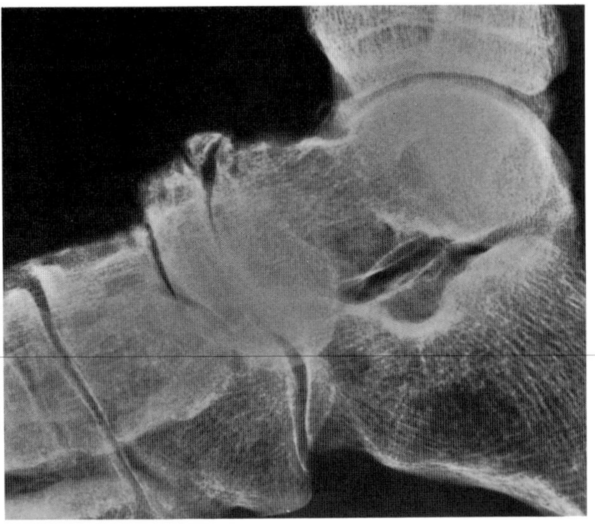

b

Abb. 7.**308 a** u. **b** 42jährige Frau. Querteilung des Kahnbeins mit stark markiertem Spalt, unilateral. Strukturunregelmäßigkeiten, Verformung des dorsal vorspringenden Anteils. Arthrosis deformans erheblichen Grades im Talonavikulargelenk mit isoliertem Knöchelchen von der Form eines Os supranaviculare

Akzessorische Skelettelemente

Bei einer Häufigkeit von 10–16% gehört das **Os tibiale externum** (auch Os naviculare secundarium oder accessorium bzw. „accessory tarsal scaphoid" genannt) zu den am meisten beobachteten akzessorischen Skelettelementen, ist dementsprechend oft im Schrifttum erwähnt und findet in jedem einschlägigen Lehrbuch seine Beachtung. Deshalb wird hier darauf verzichtet, die in der vorigen (12.) Auflage dieses Buches angeführten fast 50 Zitate aufzunehmen.

Dieses Akzessorium sitzt dorsomedial der Tuberositas ossis navicularis auf, kommt meist beidseitig vor und besteht zuweilen aus zwei Knochen (Abb. 7.**310 a–c** bis 7.**312 a–d**). Die phylogenetisch erklärbare, hereditär-familiär vorkommende (Abb. 7.**313 a–d**), Verknöcherung erscheint in der Sehne des M. tibialis posterior, die in den ersten zehn Lebensjahren das Skelettelement mit dem Naviculare verbindet und später mehr oder weniger aus der Sehne herauswächst. Bei einem Zwischenraum mit Bindegewebe oder chondroidem und faserknorpeligem Stützgewebe bildet sich kein Gelenk, sondern

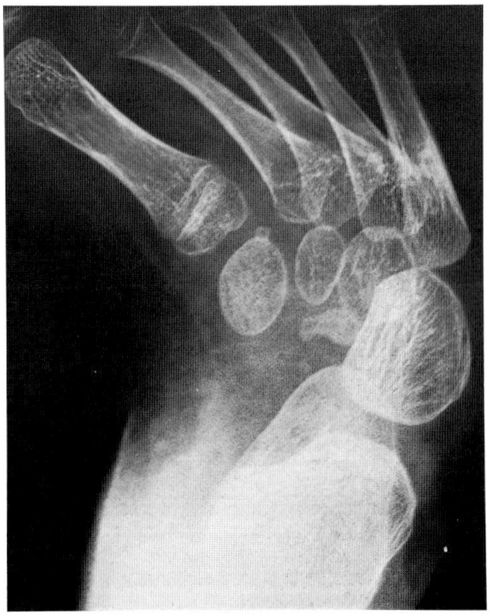

Abb. 7.**309** Verformung des Kahnbeinkerns beim Klumpfuß

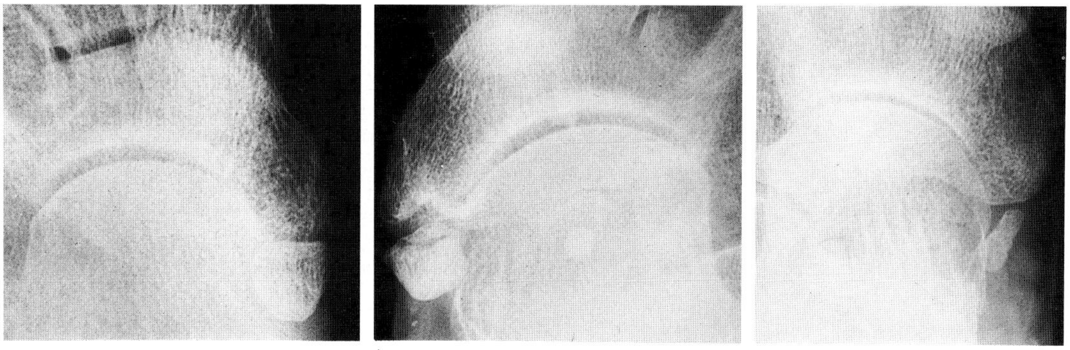

a b c

Abb. 7.**310 a–c** Formen des Os tibiale externum

eine Koaleszenz. Die Einlagerung in die Sehne kann zu einer „Verkantung" des Os tibiale externum führen (Abb. 7.**314 a** u. **b**).

Das bei Beschreibung der „Norm" genannte **Naviculare cornutum** ist wohl als Gebilde eines mit dem Navikulare verwachsenen Os externum zu betrachten, da es häufig einseitig gefunden wird, wenn auf der anderen Seite ein Os tibiale externum vorliegt (Abb. 7.**315**).

Schmerzen am Os tibiale externum (aber auch am Naviculare cornutum [32] treten typischerweise nach Distorsionen, manchmal bei Plattfüßen oder auch nur bei intensiverem Wachstum in der Pubertät, auf. Die Sehne des M. tibialis posterior wird von ihrem normalen Ansatz an der medialen Fläche des Navikulare durch ein großes Os tibiale externum aus ihrem Bett unterhalb des Sustentaculum tali abgehoben und nach oben verlagert; auch so resultiert eine Verkantung (32). Radiologisch sieht man beim **schmerzhaften Os tibiale externum** kleine, zystische Veränderungen (Abb. 7.**316 a–c** und 7.**317 a** u. **b**), Sklerosierungen und gelegentlich Dislokationen.

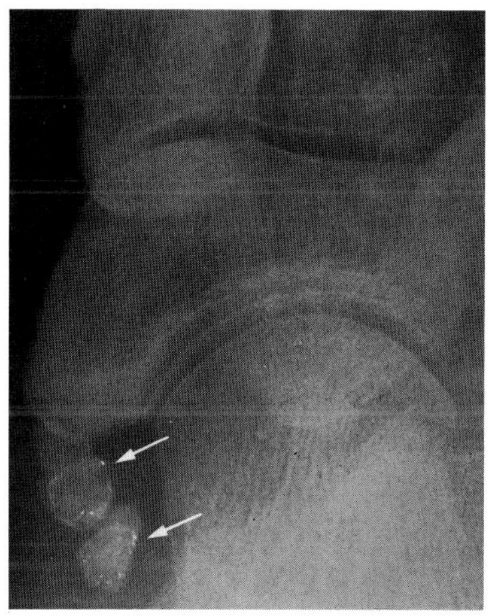

Abb. 7.**311** Mehrfach unterteiltes Os tibiale externum bei einer 45jährigen Frau

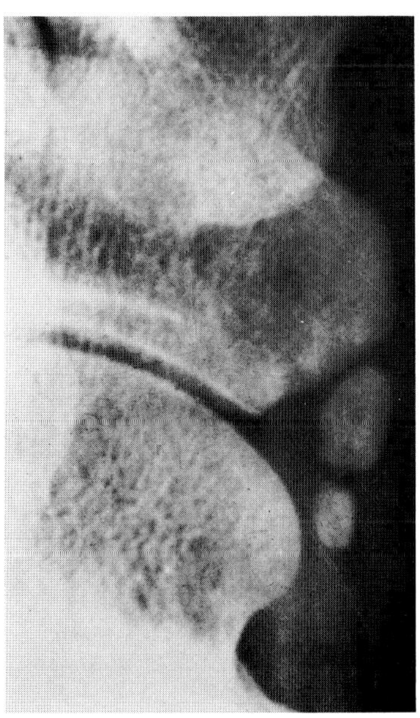

a

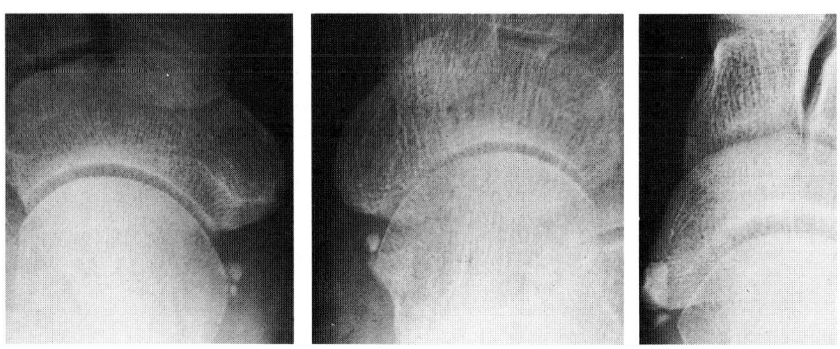

b c d

Abb. 7.**312 a–d** Gedoppeltes Os tibiale externum
d Bei einem 12jährigen Jungen

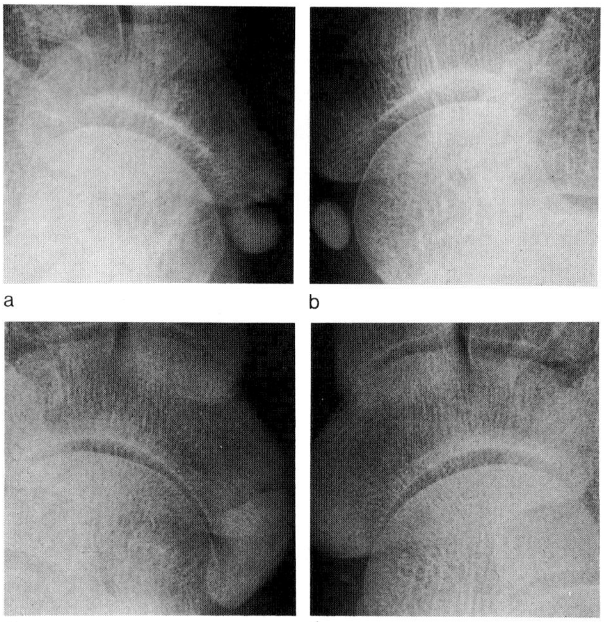

Abb. 7.**313 a–d** Os tibiale externum bei einer Mutter (**a** u. **b**) und ihrem 9jährigen Kind (**c** u. **d**), bei letzterem links schmerzhaft

a

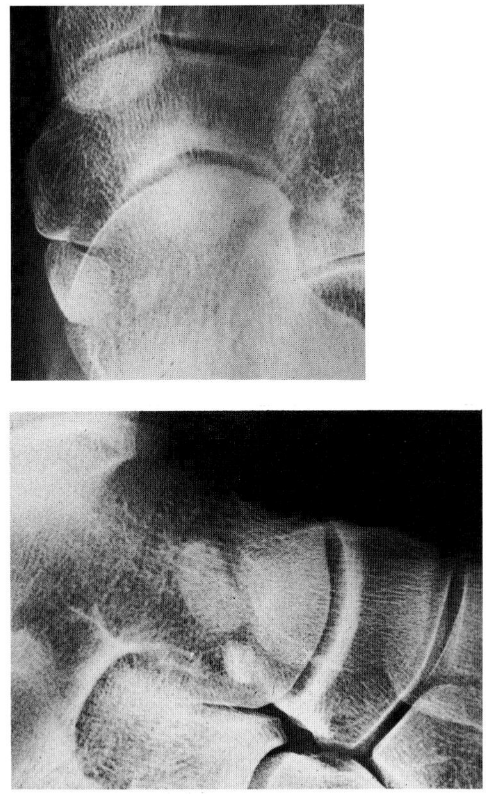

b

Abb. 7.**314 a** u. **b** Gekantet stehendes Os tibiale externum (Kompaktainsel im Caput tali)

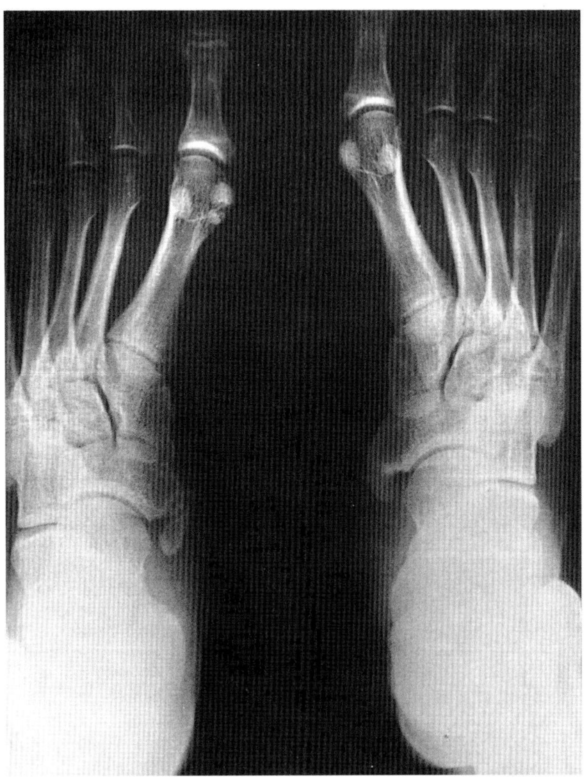

Abb. 7.**315** Os tibiale externum links, Naviculare cornutum rechts

Das **Os supranaviculare** liegt in durchschnittlich 6×5×6 mm Größe der dorsalen Grenze des Talonavikulargelenkes an, meist in Koalition mit dem Kahnbein (Abb. 7.**318** bis 7.**320**). Es wurde auch „dorsal astragaloscaphoid ossicle", „intertaloscaphoid" und „Ossiculum talonaviculare dorsale" genannt. Diese Bezeichnungen dürften ebenso der Medizinhistorie angehören wie die etwa 20 Zitate von Einzelarbeiten über dieses Akzessorium, die der vorigen (12.) Auflage dieses Buches entnommen werden können. Sie drücken jedoch sämtlich *auch* eine Zugehörigkeit dieses Ossikulum zum Talus aus. Es wird in etwa 0,5%iger Häufigkeit bei Durchsicht von jeweils etwa 2000 Fußaufnahmen gefunden (12, 28, 29). Das anlagebedingte Auftreten eines Supranavikulare wird vermutet, weil es bei Füßen mit groben Entwicklungsstörungen (z. B. angeborenem Klumpfuß) gehäuft beobachtet wird. Die Herkunft des Akzessorium ist nicht so eindeutig wie beim Os tibiale externum. An die Persistenz eines isolierten Knochenkernes, wie er in Abb. 7.**302 a** gezeigt wurde, ist zu denken. Es gibt jedoch auch andere Erklärungsmöglichkeiten.

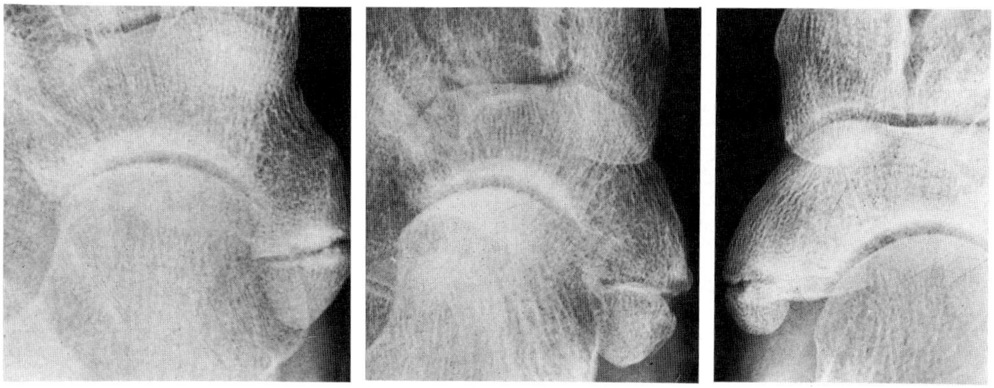

a b c

Abb. 7.**316 a–c** Schmerzhafte Ossa tibiale externa
a 18jähriges Mädchen
b 35jährige Frau mit kleinzystischer Entkalkung im Kahnbein an der Koaleszenzfläche
c 16jähriger Junge. Kleine Zysten an der Koaleszenzfläche

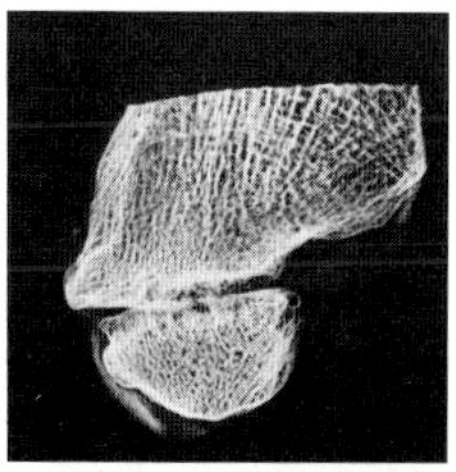

a

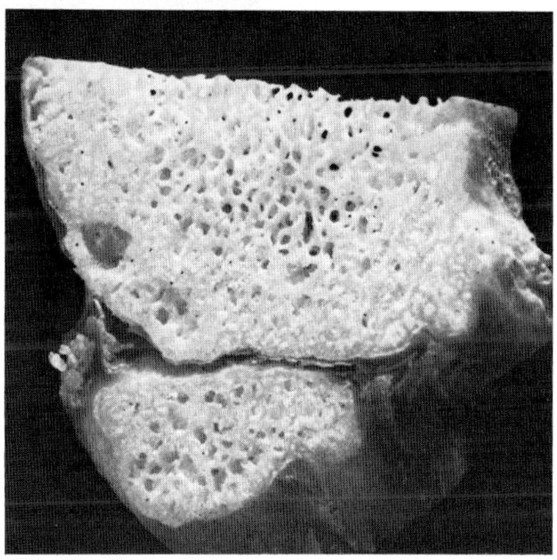

b

Abb. 7.**317 a** u. **b**
a Röntgenbild
b Photographie eines Schliffpräparates zur Darstellung feiner Zysten in der Umgebung der Koaleszenzfläche des Os tibiale externum und im Navikulare

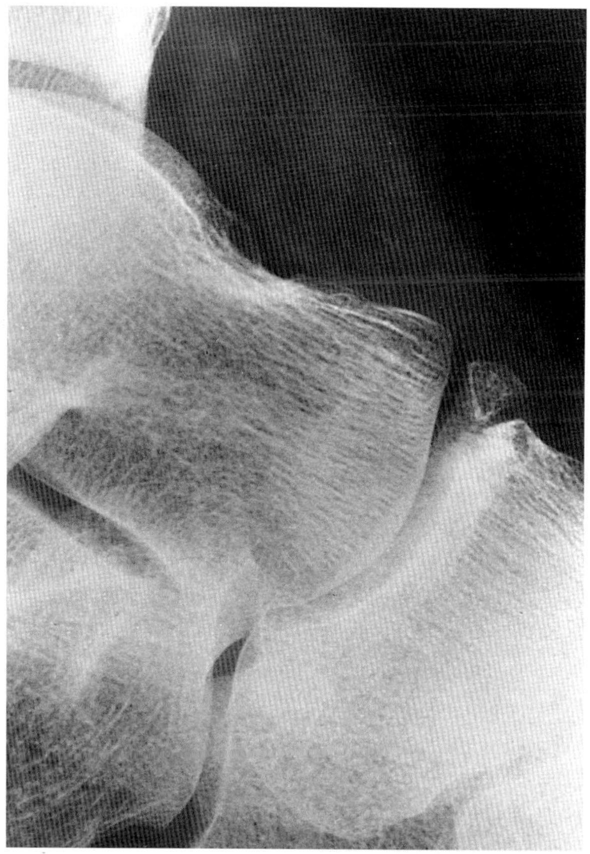

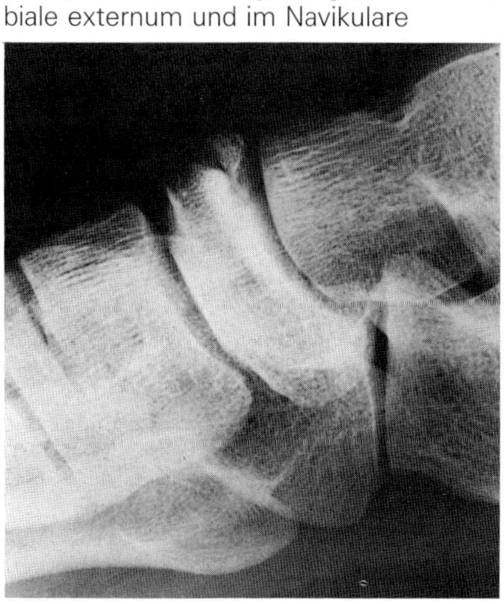

Abb. 7.**319** Os supranaviculare in Koaleszenz mit dem Kahnbein

Abb. 7.**320** Os supranaviculare zwischen zwei Osteophyten an Talus und Navikulare

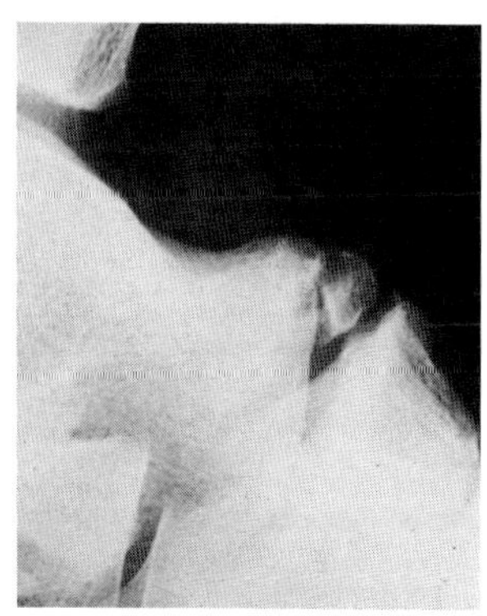

◁ Abb. 7.**318** Os supranaviculare in Koaleszenz mit dem Kahnbein

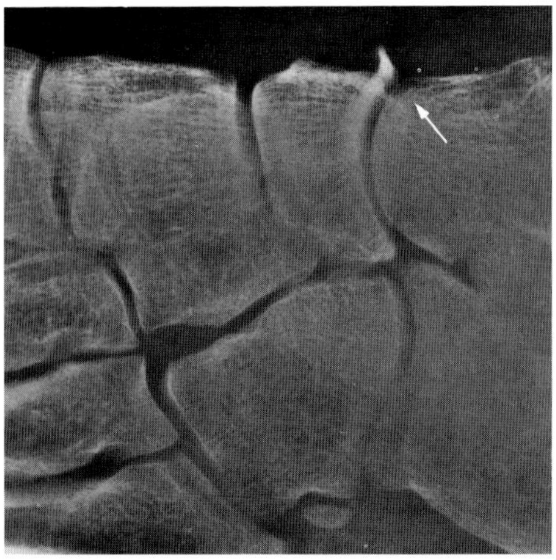

Abb. 7.**321** Status nach frischem Trauma. Starker Druckschmerz über dem Talonavikulargelenk. Ausriß eines nach dorsal herausgehebelten Fragmentes? (Beobachtung von de Chiara, Mailand)

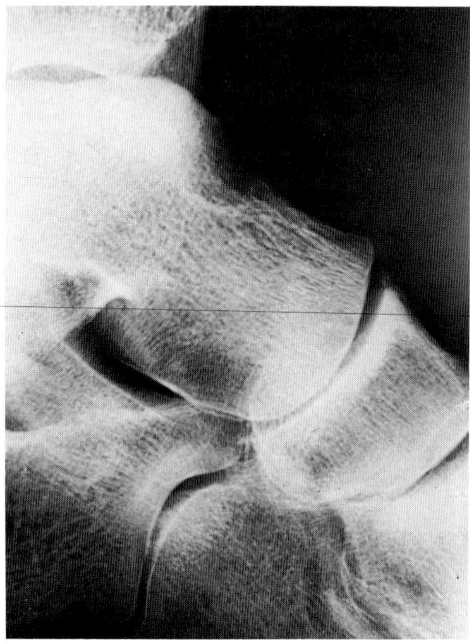

Abb. 7.**322** Kleines Os supranaviculare, ähnlich einer Konturausziehung der Gelenkfläche nach dorsal

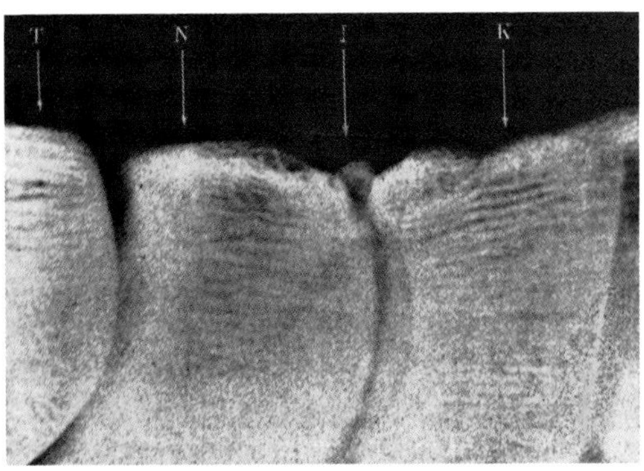

Abb. 7.**323** Os infranaviculare dorsal über dem Gelenk zwischen Navikulare und Cuneiforme mediale
T = Talus N = Navikulare
I = Infranavikulare K = Kuneiforme

Knochenausrisse bilden die häufigsten Verletzungsfolgen am Navikulare (25) und lassen sich durch die durch ihren Abriß entstandenen Mulden in der Dorsalkontur des Navikulare gegen Akzessoria differentialdiagnostisch abgrenzen. Abb. 7.**321** gibt einen Befund wieder, der nach der Vorgeschichte so zu deuten ist, daß ein ausgerissenes Fragment dorsal hochgerissen wurde. Dabei spielt die Klinik eine wesentliche Rolle. Solche Befunde werden besonders nach forcierter Plantarflexion bei Fußballspielern nachgewiesen.

Wenn kein Trauma vorlag und an der Stelle eines Os supranaviculare Schmerzen angegeben werden, ist an eine **entzündliche Reizung** zu denken (24). Auch **Kapselverknöcherungen** bei Arthrosis deformans sind bei einem Befund, wie er in Abb. 7.**308b** wiedergeben ist, in Erwägung zu ziehen. Wenn Zimmer bei einem 50jährigen, der mit Arthritisverdacht untersucht wurde, ein winziges, kaum sichtbares Knöchelchen (Abb. 7.**322**) und 5 Jahre später an derselben Stelle ein „Supranavikulare" vielfacher Größe findet, wird man die auf degenerativer Basis entstandene Ossifikation nicht ausschließen können.

Das **Os infranaviculare** konnte von Zimmer in fünf Fällen beobachtet werden. Das kleine Knöchelchen liegt über der dorsalen Grenze des Gelenkes zwischen Os naviculare und Os cuneiforme mediale (Abb. 7.**323** und 7.**324**). In einem anderen Fall (40jähriger Patient) läßt sich zwischen Navikulare und einem Kuneiforme ein dreieckiger Knochen nachweisen, der formell einem Os infranaviculare gleicht und von einem nicht arthrotischen Randwulst des Keilbeins teilweise umfaßt wird.

Allenfalls in den Grenzbereich der Skelettelemente, die man als Os infranaviculare bezeichnen kann, sind winzige Ossikula mit einzubeziehen, die mehr dem medialen Keilbein als dem Kahnbein anliegen (Abb. 7.**325a** u. **b**).

Differentialdiagnostisch ist die Beobachtung einer **Osteochondrosis dissecans** am Navikulare interessant (23).

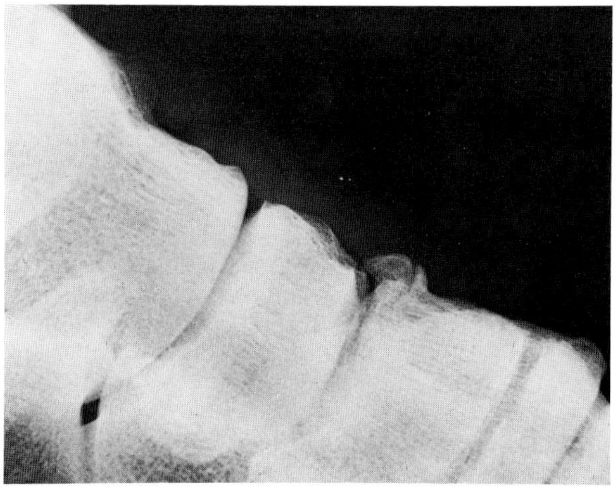

Abb. 7.**324** Os infranaviculare proximal eines Wulstes aus dem Kuneiforme

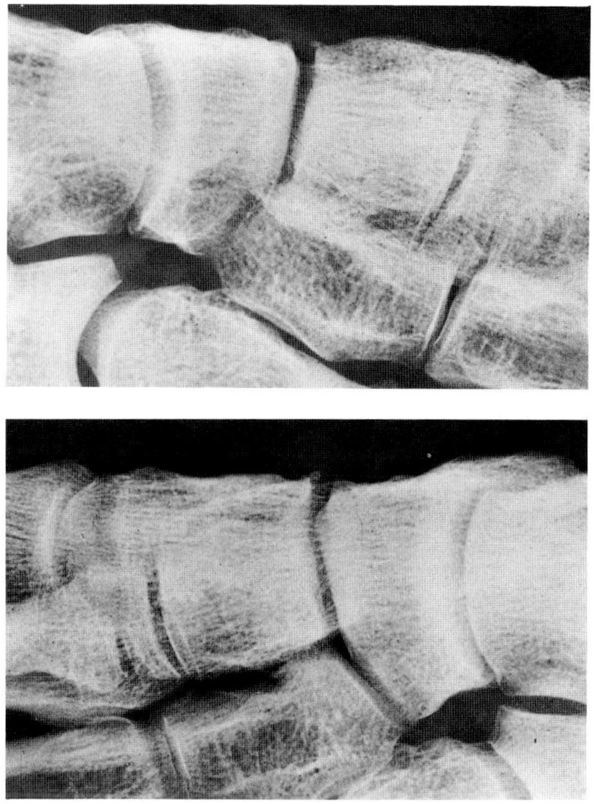

a

b

Abb. 7.**325 a** u. **b** Ossa infranavicularia (?), klein, jeweils in ▷ Koaleszenz mit dem Cuneiforme mediale

Koalitionen

Talonavikulare Synostosen sind ein- und doppelseitig beschrieben. Über familiäres Vorkommen, kombiniert mit Verschmelzungen an den Fingergelenken s. Wildervanck (34).

Einige Fälle von **Synostosen** des Kahnbeins, hauptsächlich mit dem **Fersenbein** sind beobachtet, im allgemeinen mit spastischem Plattfuß (besonders Peronäusspasmen) einhergehend.

Anomalien

Über die Stellungsanomalien, wie sie im „Allgemeinen Teil" des Kapitels über die Fußknochen beschrieben sind, hinaus erscheint keine weitere Anomalie, die das Navikulare isoliert betrifft, erwähnenswert zu sein.

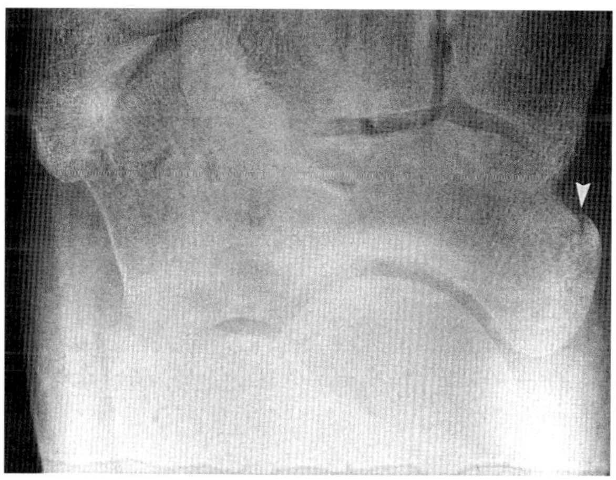

Abb. 7.**326** Frische Absprengung der Tuberositas ossis navicularis

Verletzungsfolgen und Nekrosen

Nächst der oben schon in der Differentialdiagnostik des Os supranaviculare besprochenen **Ausrißfraktur an der dorsalen Kontur** als häufigster traumatischer Schädigung des Navikulare folgt in der Häufigkeitsskala dieser schon an sich sehr seltenen Verletzungen der **Abbruch der Tuberositas** am Innenrand durch akute Eversion mit Riß an der Sehne des M. tibialis posterior. Die Diagnose wird durch die meist fehlende Dislokation des Fragmentes erschwert (Abb. 7.**326**). Differentialdiagnostisch ist die Fraktur gegen das Os tibiale externum, das direkt hinter der Tuberositas liegt, abzugrenzen. Dies wird schwer, wenn die Heilung, wie es nicht ganz selten eintritt, unter Bildung einer Pseudarthrose erfolgt (9).

Bei Verletzungen des Chopart-Gelenkes (Gelenk zwischen Talus und Calcaneus einerseits, Navikulare und Kuboid andererseits, midtarsal joint) kann es je nach der Richtung der einwirkenden Gewalt (von medial, in der Longitudinalrichtung, von lateral und plantar) zur Verschiebung des Navikulare und Kuboid um Millimeter kommen, wenn Bänder gerissen sind. Am häufigsten erfolgen noch derartige Subluxationen bei longitudinaler Stoßeinwirkung, wenn bei Plantarflexion des Fußes mit Druck auf die Metatarsalköpfchen das Navikulare zwischen Keilbein und Taluskopf zerquetscht wird. Betrifft der Druck in dieser Stoßrichtung mehr die lateralen Keilbeine, werden Vorfuß und Anteile der das Chopart-Gelenk bildenden Knochen nach medial verlagert, zusätzlich der laterale Anteil des Navikulare und häufig auch des Taluskopfes komprimiert. Das Navikulare kann bei derartigen Verletzungen mit Fragmenten nach dorsal herausgequetscht werden (Abb. 7.**327**) (5, 25), ein Unfallereignis, das als selten eingeschätzt wird, da die Bänder im Knochenverbund der Fußwurzel meist unverletzt bleiben und die Tarsalia in ihrer Position halten würden (13). Eine schmale, streifenförmige Knochenabsprengung im plantaren Teil des Navikulare läßt Abb. 7.**328** erkennen. Es gibt auch den Frakturspalt, der das Navikulare in der Längsachse des Fußes wie der Spalt in Abb. 7.**308a** durchsetzt, wobei die Fragmente nach medial und lateral verlagert sein können.

Derartige Spalten findet man auch bei **Ermüdungsbrüchen (stress fractures)**. Sie durchziehen das Navikulare in seiner ganzen vom Fersenbein zu den Zehen verlaufenden Längsrichtung. Diese Knochenverletzung ist oft sehr schwer nachzuweisen. Bei Kindern kann der radiologische Befund den Verdacht auf das Vorliegen eines Tumors erwecken. Das mangelnde Nachlassen der Beschwerden nach Ruhigstellung ist differentialdiagnostisch bedeutsam. Eine hervorragende diagnostische Bedeutung besitzt im Anfangsstadium (10 Tage bis 3 Wochen nach Beginn der Beschwerden) der Erkrankung das Szintigramm. Bei initial mangelndem radiologischem Nachweis in 71% gelingt in dieser Zeit der szintigraphische Hinweis in 88% sämtlicher Streßfrakturen (also nicht nur im Navikulare) (10). Zwischen dem Einsetzen von Beschwerden und dem radiologischen Nachweis werden Intervalle von weniger als einem Monat bis zu 38 Monaten genannt (21). Die Autoren empfehlen, bei leicht angehobenem Vorfuß (zum Ausgleich der leichten Schrägstellung des Navikulare, sichtbar im Profilbild) mehrdimensionale Tomogramme in dorsoplantarer Projektion bei 1 mm Schichtdicke anzufertigen. Betroffen sind meist Sportler verschiedener Disziplinen wie Basketball, Laufen, Fußball, Ballett, Tennis, Soccer und Raquetball.

Die *juvenile aseptische Osteochondronekrose*, meist nach dem ersten Autor dieses Buches *Köhlersche Erkrankung des Os naviculare* (16, 17) genannt, befällt meist schwächliche, asthenische, kleine, leichte Kinder im Alter zwischen zwei und 10 Jahren, Jungen doppelt so oft wie Mädchen. Doppelseitigkeit ist häufig. Eine genetisch bedingte Entstehungsweise ist anzunehmen (Vorkommen bei Zwillingen). Möglicherweise bedeutet die mehrkernige Anlage des Os naviculare ein prädisponierendes Moment für die Nekrose. In der vorigen Auflage dieses Buches wurden mehr als 60 Einzelzitate aus dem Schrifttum aufgeführt. Wir weisen den Interessenten auf das entsprechende Handbuchkapitel hin (22). Klinisch bestehen Schmerzen beim Gehen (Hinken), oft Druckempfindlichkeit in der Gegend des Kahnbeins sowie dort leichte teigige Weichteilschwellung, gerötete und überwärmte Haut. Die Beschwerden können in wenigen Tagen verschwinden, aber auch Jahre anhalten. Zur radiologisch feststellbaren Restitution bedarf es eines Zeitraums von etwa zwei Jahren mit Extremen von drei Monaten bis vier Jahren.

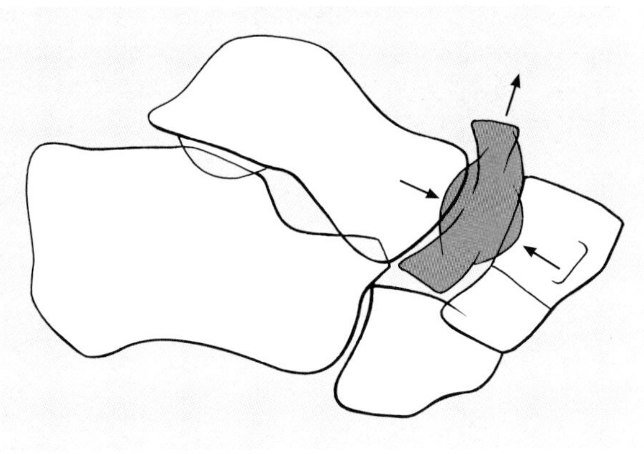

Abb. 7.**327** Kompressionsbruch des Navikulare (nach Dihlmann)

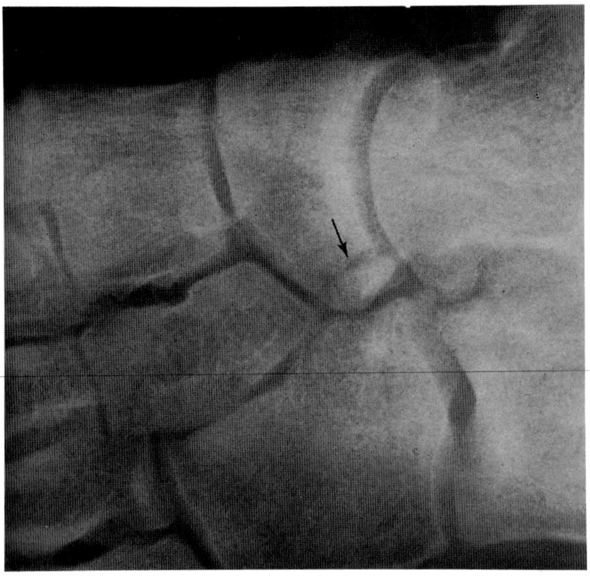

Abb. 7.**328** Fraktur im plantaren Teil des Navikulare

Radiologisch finden sich eine auffallende Verdichtung der (oft körnigen) Struktur mit Abflachung des Kahnbeins (Abb. 7.**329**) und der später üblichen weitgehenden Restitution. Der klinische und der radiologische Befund brauchen sich nicht zu entsprechen. Die Erscheinungen im Röntgenbild sind nicht krankheitsbeweisend und können auch, wie vorn erwähnt, normalerweise auftreten (Abb. 7.**301a** u. **b**). Selbst die Interpretation der Originalaufnahme von Köhler (Abb. 7.**329**) als pathologischem Befund im Sinne eines sog. „Morbus Köhler I" wäre nur in Kenntnis des klinischen Befundes erlaubt. Heute kann das Szintigramm unter den radiologischen Methoden einen wesentlichen Hinweis für die eventuelle Krankheitsdiagnose bedeuten (4[2]), wobei allerdings eine entzündliche Erkrankung (s. unten) auszuschließen ist. Entscheidend ist der klinische Befund.

Es wurde auch eine umschriebene **Nekrose** an der stark vorspringenden Tuberositas ossis navicularis, also am **Os naviculare cornutum**, jeweils bei einem 11- und einem 14jährigen Mädchen beschrieben, die in einem der beiden Fälle in sechs Monaten ausheilte (27). Eins der beiden Mädchen hatte am anderen Fuß ein Os tibiale externum.

Über die gleichzeitige und zugleich doppelseitige Osteochondronekrose des Os cuneiforme mediale und des Os naviculare gibt es einen Bericht (1).

Daß differentialdiagnostisch Vorsicht geboten ist, beweist Abb. 7.**330a**. Das Bild gleicht der juvenilen aseptischen Osteochondronekrose, erwies sich aber wenige Monate später mit Arrosion der Keilbeine (Abb. 7.**330b**) und Abszeßbildung als Folge einer **Tuberkulose**.

Erworbene Erkrankungen

Eine für das Os naviculare pedis typische Grenzsymptomatik entzündlicher Knochen- und Gelenkkrankheiten, tumoröser Osteopathien und Arthrosen, soweit sie bislang nicht erwähnt wurden, scheint kaum zu bestehen.

Eine **Arthrosis deformans** entsteht beim Kahnbein aus den verschiedensten Ursachen. Das Navikulare betreffende Varianten, Stellungsanomalien, an denen das Kahnbein beteiligt ist (insbesondere hier der Pes planus mit sattelförmig eingesunkenem Kahnbein als Ausdruck der Senkung des medialen Fußgewölbes [26] sowie Form- und damit Belastungsänderungen gegenüber der Norm nach kindlichen Nekrosen können den vorzeitigen Verschleiß herbeiführen.

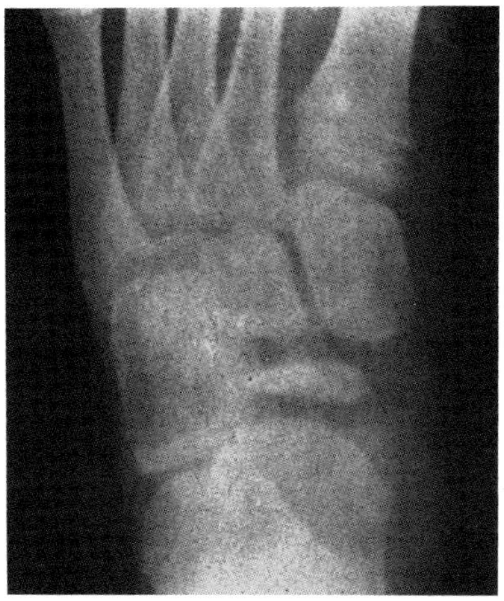

Abb. 7.**329** Originalbild von Köhler zum „Morbus Köhler" des Os naviculare

Eine Sonderrolle bei Struktur- und Konturveränderungen im Navikulare spielt die **chronische Gicht** mit den – allerdings nicht nosologisch spezifischen – Konturaufrauhungen dorsal einerseits (Abb. 7.**331**) und monotoper Lokalisation einer Osteolyse an der Medialkante des Kahnbeins andererseits (2).

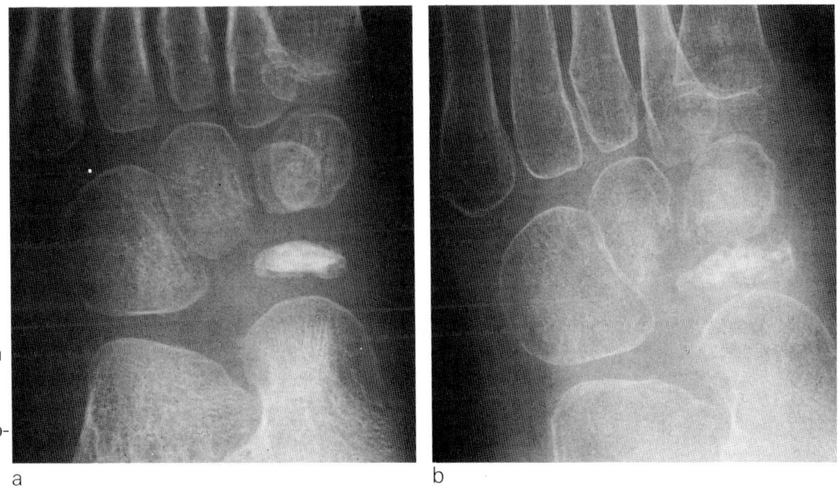

a

b

Abb. 7.**330a** u. **b** 4jähriges Mädchen
a Verdichtete Struktur des Navikulare (Normalbefund). Man beachte die Konturschärfe der angrenzenden Fußwurzelknochen
b Wenige Monate später wurde die Diagnose einer Tuberkulose bakteriologisch gesichert

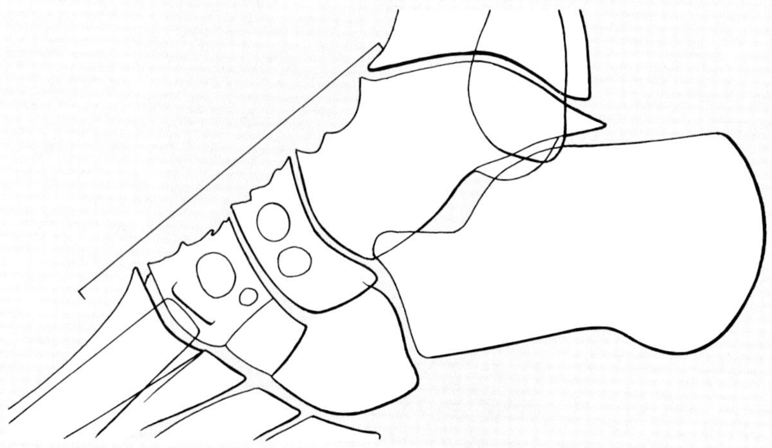

Abb. 7.**331** „Struppiger Fuß" (markiert durch Arthroseosteophyten und Fibroosteosen an der Fußrückenkontur) (nach Dihlmann)

Literatur

1 Bakey, E., G. Lenárt: Gleichzeitige und zugleich doppelseitige Osteochondritis des Os cuneiforme I und des Os naviculare. Magy. Radiol. 11 (1959) 45–47 (mit engl. und dtsch. Zusammenfassung; ungarisch)
2 Bauer, R.: Osteomyelitis urica. Fortschr. Röntgenstr. 108 (1968) 266
3 Brailsford, J. F.: Osteochondritis. Brit. J. Radiol. NS 8 (1935) 87–134
4 Caffey's Pediatric X-ray Diagnosis, 8th ed., ed. by F. N. Silverman. Year Book Medical Publishers, London 1984 ([1]fig. 4–206; [2]fig. 4–672)
5 Dihlmann, W.: Gelenke – Wirbelverbindungen, 2. Aufl. Thieme, Stuttgart 1982 ([1]Abb. 570; [2]Abb. 535)
6 Dwight, Th.: Os cuneiforme tarsi, Os paracuneiforme, Calcaneus secundarius. Anat. Anz. 20 (1902) 465–472
7 de Fine Licht, E.: On bipartite os naviculare pedis. Acta Radiol. (Stockh.) 22 (1941) 377–382
8 Françon, F., J. Leroy: Le „pied hérissée" Mors de la goutte. Rev. Rhum. 29 (1962) 12–17
9 Gérard, G., A. Person: Fractures du scaphoïde tarsien. Rev. Pratic. 33 (1983) 1425–1436
10 Gordon, G. M., J. Solar: Tarsal navicular stress fractures. J. Amer. Podiat. Med. Ass. 75 (1985) 363–366
11 Groß, K.: Schmerzhaftes Os naviculare pedis mit histologisch nachgewiesener subchondraler Nekrose. Z. Orthop. 84 (1954) 50–54
12 Heimerzheim, A.: Über einige akzessorische Fußwurzelknochen nebst ihrer chirurgischen Bedeutung. Dtsch. Z. Chir. 190 (1925) 96–112
13 Holmes, Cylene, E. Ronda, J. Vennett, D. Mahrle, J. A. Crawford: Transverse navicular fracture. J. Amer. Podiat. Med. Ass. 76 (1986) 43–46
14 Keats, Th. E.: Atlas of Normal Roentgen Variants that May Simulate Disease, 3rd ed. Year Book Medical Publishers, Chicago 1984 (fig. 7–268)
15 Köhler, A.: Über eine häufige, bisher anscheinend unbekannte Erkrankung einzelner kindlicher Knochen. Verh. dtsch. Röntg.-Ges. 4 (1908) 110; Münch. med. Wschr. 37 (1908) 1923–1925
16 Köhler, A.: Das Köhlersche Knochenbild des Os naviculare pedis bei Kindern – keine Fraktur. Langenbecks Arch. klin. Chir. 101 (1913) 560–566
17 Köhler, A.: Zur Pathologie des Os naviculare pedis der Kinder. Verh. dtsch. Röntg.-Ges. 10 (1914) 200–203
18 Mau, H.: Zur Kenntnis des Os naviculare bipartitum pedis. Z. Orthop. 93 (1960) 404–410
19 Müller, W.: Über eine eigenartige doppelseitige Veränderung beim Os naviculare pedis beim Erwachsenen. Dtsch. Z. Chir. 201 (1927) 84–91
20 Müller, W.: Über eine typische Gestaltveränderung beim Os naviculare pedis und ihre klinische Bedeutung. Fortschr. Röntgenstr. 37 (1928) 38–41
21 Pavlov, Helene, J. S. Torg, R. H. Freiberger: Tarsal navicular stress fractures: Radiographic evaluation. Radiology 148 (1983) 641–645
22 Pöschl, M.: Juvenile Osteochondro-Nekrosen. In Diethelm, L., O. Olsson, F. Strnad, H. Vieten, A. Zuppinger: Handbuch der Medizinischen Radiologie, Bd. V/4. Springer, Berlin 1971 (S. 500–518)
23 Ravelli, A.: Osteochondritis dissecans am Os naviculare pedis. Z. Orthop. 85 (1954) 485–486
24 Reisner, A.: Drei Fälle von Os supranaviculare. Röntgenpraxis 2 (1930) 422–425
25 Rogers, L. F.: Radiology of Skeletal Trauma. Churchill Livingstone, New York 1982 (p. 889–892)
26 Roth, A., P. Trosko, M. C. Boxer: Osteoarthritis of the tarsal bones of the foot. J. Amer. Podiat. Ass. 72 (1982) 244–246
27 Smola, E.: Örtliche, umschriebene Kahnbeinosteochondrose. Fortschr. Röntgenstr. 114 (1971) 427
28 Schröder, F.: Über seltene Anomalien und pathologische Bildungsformen am Os naviculare pedis. Dtsch. Z. Chir. 233 (1931) 306–309
29 Schröder, F.: Die klinische Bedeutung der Os supranaviculare pedis. Röntgenpraxis 9 (1937) 549
30 Streckfuß, H.: Fehlbildung des Kahn-1.-Keilbeingelenks. Brun's Beitr. klin. Chir. 162 (1935) 399–403
31 Trolle, D.: Accessory Bones of the Human Foot. Munksgaard, Kopenhagen 1948
32 Uhrmacher, F.: Varietäten des Fußskeletts als Grundlage von Fußbeschwerden. Z. Orthop. Chir. 61 (1934) 180–186
33 Waugh, W.: Structural deformities of the outer third of the adult tarsal navicular. Proc. R. Soc. Med. 49 (1956) 965–971
34 Wildervanck, L. S., G. Goedhard, S. Mejer: Proximal symphalangism of fingers associated with fusion of naviculare and talus and occurence of two accessory bones in the feet. Acta genet. (Basel) 17 (1967) 166
35 Wiley, J., D. E. Brown: The bipartite tarsal scaphoid. J. Bone Jt Surg. 63-B (1981) 583–586
36 Zimmer, E. A.: Krankheiten, Verletzungen und Varietäten am Os naviculare pedis. Acta orthop. Unfall-Chir. 38 (1937) 396–411

Os cuboideum

Norm

Im Wachstum

Im Würfelbein (englisch = „cuboid", französisch = „cuboïde") zeigt sich der **erste Knochenkern** am Ende der Fetalperiode oder im ersten Monat nach der Geburt. Der Kern ist normalerweise multizentrisch angelegt. Die Zentren vereinigen sich in kurzer Zeit zu einem einzigen Kern.

Beim Erwachsenen

Eine *vermehrte Strahlendurchlässigkeit der lateralen Kuboidhälfte* auf der d.-p. Aufnahme ist durch die fehlende Überlagerung der medialen Hälfte durch die übrigen Fußwurzelknochen, auf eine hier normalerweise weitmaschige Struktur und eine dünne Kortikalis zurückzuführen. Zur Diagnostik des Normalbefundes des Kuboid an dieser Stelle dient der gleichermaßen imponierende Befund an dem dem Kuboid zustrebenden Teil des Kalkaneus. **Kompaktainseln** im Würfelbein befinden sich meist im lateralen Abschnitt.

Einer Bandgrube entspricht eine Kontureinbuchtung an dem plantar dem Fersenbein gegenüberliegenden gelenkfreien Rand des Kuboid (Abb. 7.**332**).

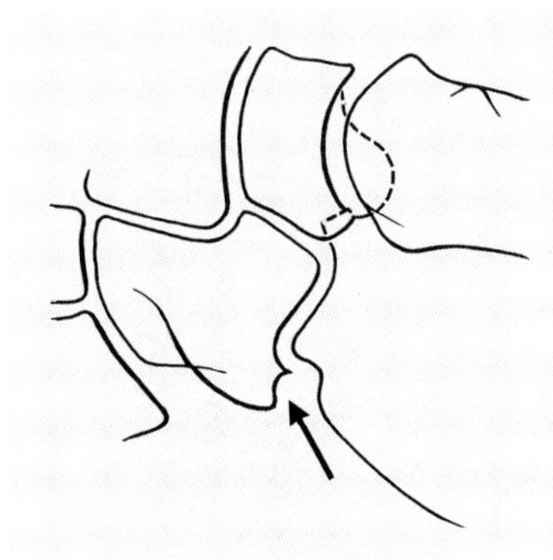

Abb. 7.**332** Grube am Kuboid, die einer normalen Bandfurche entspricht (nach Birkner)

Varianten

Akzessorische Skelettelemente

Das **Os cuboideum secundarium** wurde um die Jahrhundertwende von Anatomen beschrieben (3, 10) (Abb. 7.**333**). In der vorigen Auflage dieses Buches wurden vier Aufnahmen radiologischer Befunde gezeigt, von denen zwei hier wiedergegeben werden (Abb. 7.**334** und 7.**335**). Ihre Deutung als ein solches Akzessorium wurde als möglich bezeichnet. Weitere Beobachtungen hierüber konnten wir im Schrifttum

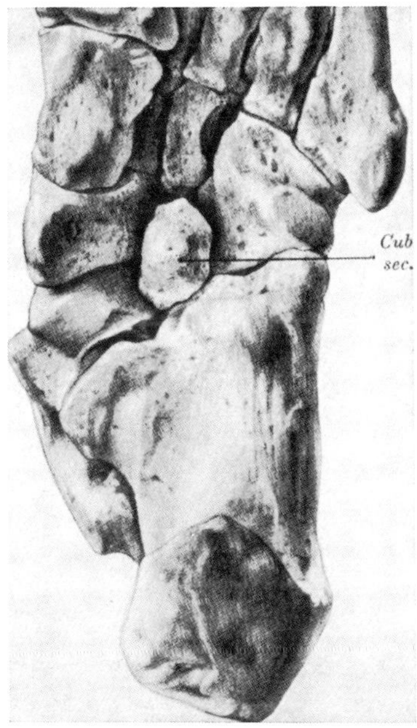

Abb. 7.**333** Os cuboideum secundarium (nach Dwight)

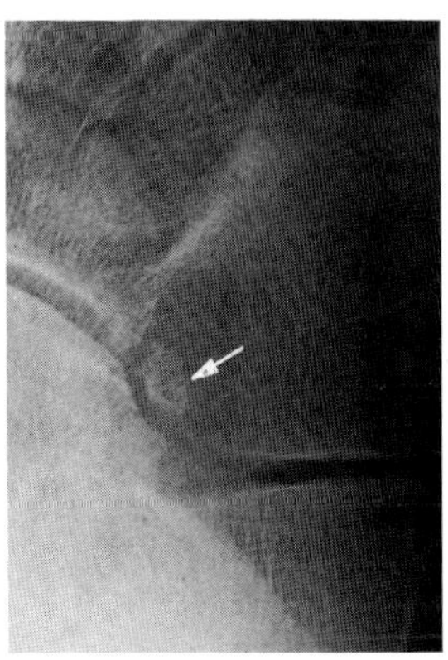

◁ Abb. 7.**334** Os cuboideum secundarium

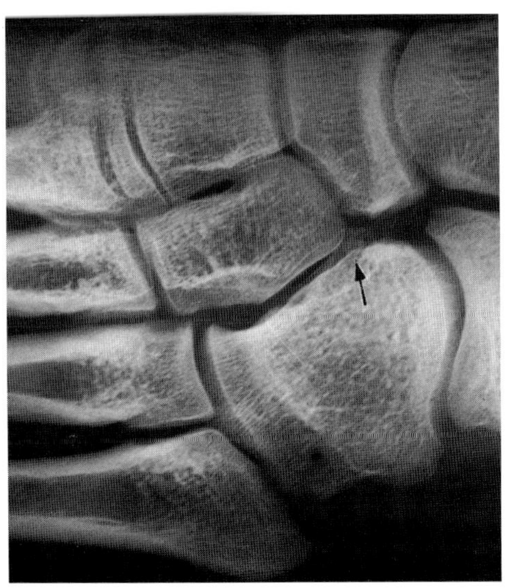

Abb. 7.**335** Vorsprung am Kuboid (koaleszierndes Os cuboideum secundarium?)

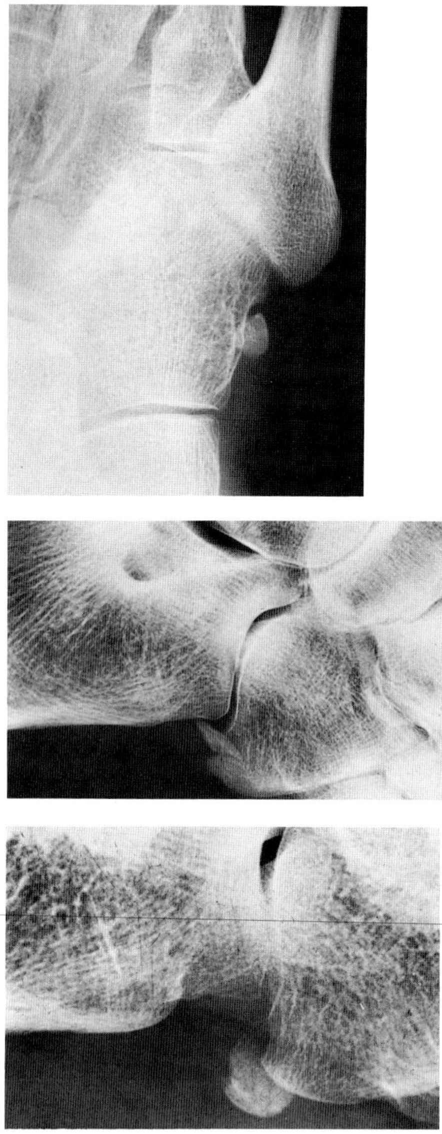

a

b

c

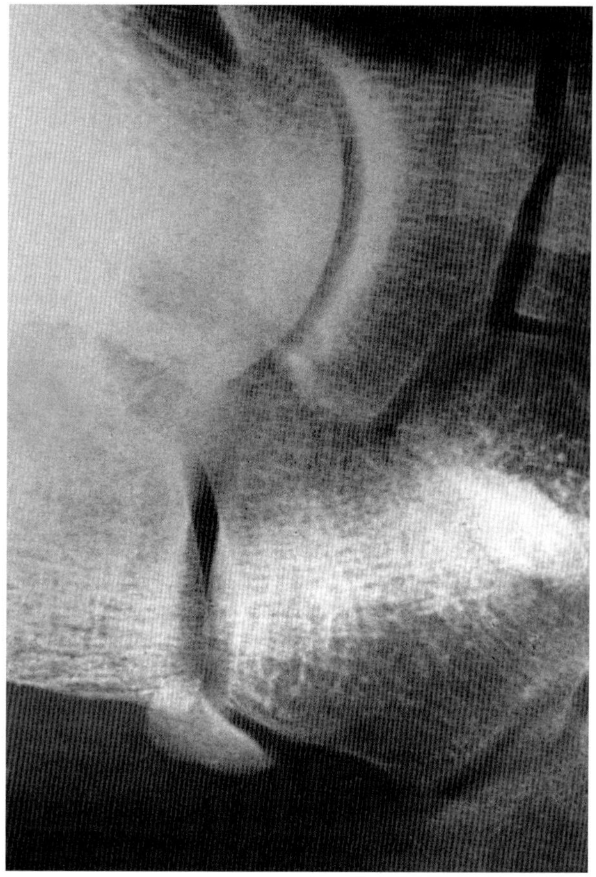

d

Abb. 7.**336 a–d** Formen des Peronäum
a In der d.-p. Projektion
b seitliche Projektion
c großes Peronäum mit unregelmäßigen Strukturen und unscharfen Randpartien
d großes Peronäum, regelmäßige Struktur, scharfe Kortikaliskonturen

nicht finden. Das Knöchelchen läßt sich gegen den Calcaneus secundarius abgrenzen (3).

Das schon von Vesal erwähnte **Os peronaeum** (Synonyma: Os cuboideum accessorium, Os peroneale, Sesamum peronaeum), im folgenden kurz Peronäum genannt, bildet sich frühestens vom 14. Lebensjahr an in der Sehne des M. peronaeus longus (6), ist bei Frauen öfter als bei Männern anzutreffen, nimmt mit dem Lebensalter an Frequenz, Größe und in der Häufigkeit der Unterteilung zu und erreicht im Durchschnitt verschiedener Schrifttumsangaben eine Häufigkeit von etwa 18% (12). In seiner Lage, angeschmiegt der lateralen und unteren Kante, also in der Rinne des M. peronaeus longus an der Plantarseite des Kuboid neben und distal der Tuberositas ossis cuboidei, ist es oft glatt gerundet, manchmal eigenartig langgestreckt, ab und zu auch mit einer Gelenkfläche zum Kuboid ausgestattet (Abb. 7.**336 a–d**). Eine Beziehung zum Fersenbein wird zwar nicht eigens betont, doch ist die Projektion dieses Sesambeins unter einer Mulde im Fersenbein ebenso zu sehen wie eine Artikulation mit dem Kalkaneus (Abb. 7.**337 a** u. **b**).

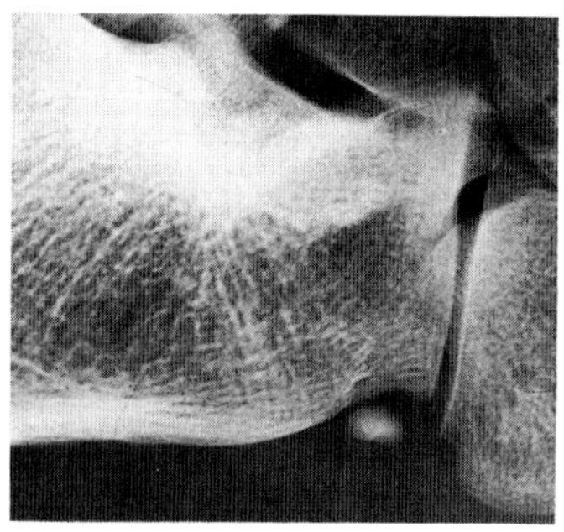

a

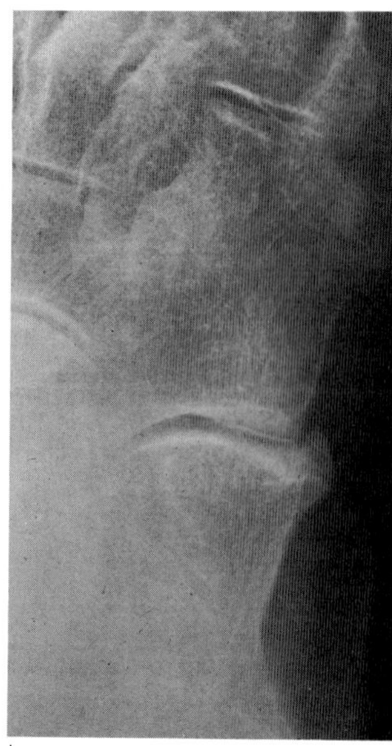

b

Abb. 7.**337 a** u. **b**
a Peronäum unter einer Kalkaneusmulde
b Peronäum in Artikulation mit dem Kalkaneus (Beobachtung von Wiesner, Chur/Bad Ragaz)

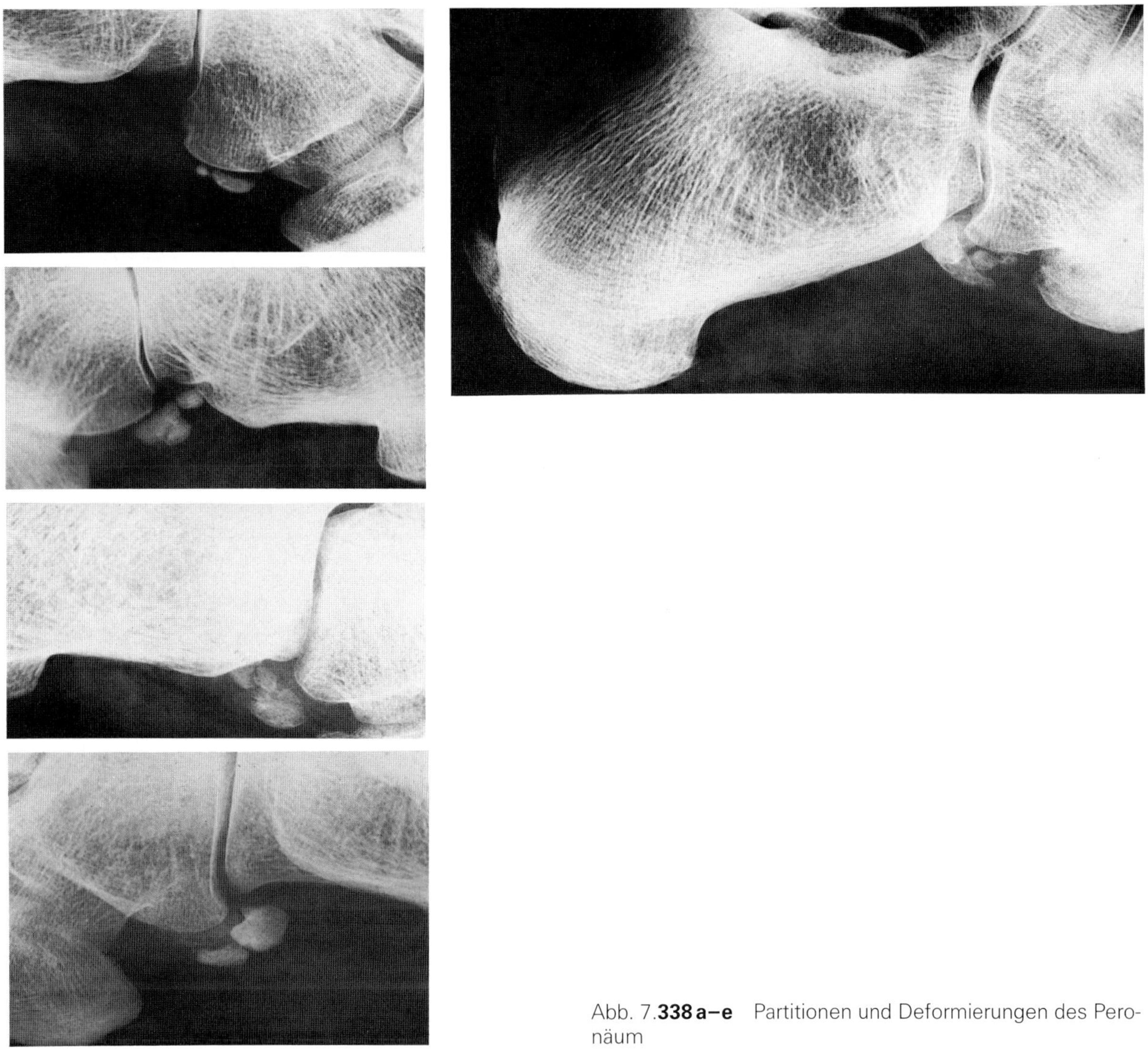

a b c d e

Abb. 7.**338 a–e** Partitionen und Deformierungen des Peronäum

Die Altersveränderungen (zunehmende Frequenz und Größe) lassen wie die schon von Pfitzner festgestellten Deformitäten, Zerfall, arthrotische Veränderungen und umschriebene Nekrosen an Be- und Überlastungsfolgen denken (Abb. 7.**338 a–e**).

Frakturen des Peronäum sind selten und meist kombiniert mit Brüchen anderer Fußwurzelknochen; isolierte Brüche im Peronäum sind jedoch mehrfach beschrieben (1 u. a.) und heilen meist ohne Verbindung der Fragmente miteinander wieder ohne Beschwerden des Verletzten rasch aus. Sie entstehen durch direktes Trauma oder forcierten Zug an der langen Peronäussehne. Die Peronäussehne selbst kann auch bei Überanstrengung reißen, kenntlich an der plötzlichen **Verlagerung des Peronäum weit nach hinten** in Projektion mit der Kalkaneusmitte bei krümeligen Knochenresten an der vorherigen Stelle des Kalkaneus (14). Bei der Diagnose „traumatische Fraktur" des Peronäum gilt es, zurückhaltend zu sein, wenn degenerative Veränderungen vorhanden sind (2).

Differentialdiagnostisch sind benachbarte, traumatisch oder entzündlich bedingte **metaplastische Weichteilverkalkungen** in der **Plantaraponeurose**, etwas entfernt vom Sitz des Peronäum, ebenso zu beobachten wie mehr wolkig strukturierte **Schleimbeutelverkalkungen**, aber auch die Kalkniederschläge *in der Peronäussehne nach Peritendinitis* (7) (Abb. 7.**339**), wobei es sich um eine Berufskrankheit von Malern und Anstreichern handeln soll, die viel auf Sprossenleitern stehen.

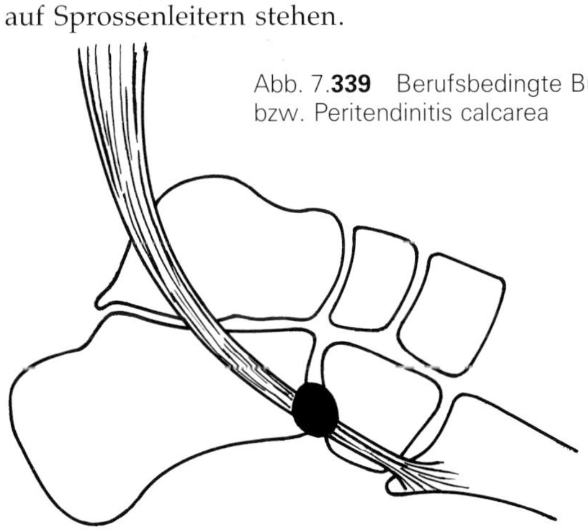

Abb. 7.**339** Berufsbedingte Bursitis bzw. Peritendinitis calcarea

Ausrisse aus Kuboid (Abb. 7.**340**) und **Kalkaneus** (Abb. 7.**341**) können Ossa peronaea vortäuschen.

Ein bisher nicht benanntes und wohl nur von Zimmer beobachtetes akzessorisches Skelettelement liegt wohlausgebildet an der distalen Kante des Kuboid, auf Schrägaufnahmen am besten zu erkennen, und füllt die Lücke zwischen Kuboid, Cuneiforme laterale und den Metatarsalbasen III und IV (Abb. 7.**342a–d**) aus.

Anomalien

Über mögliche Synostosen s. „Fuß, Allgemeiner Teil". – Beim **Pes planus** kommt es zu einer großen **Lücke zwischen Kuboid, Navikulare und Talus**, sichtbar in der dorsoplantaren Projektion.

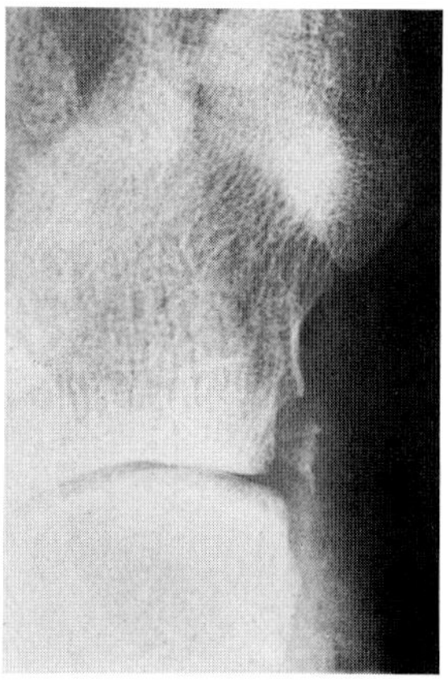

7.**240**

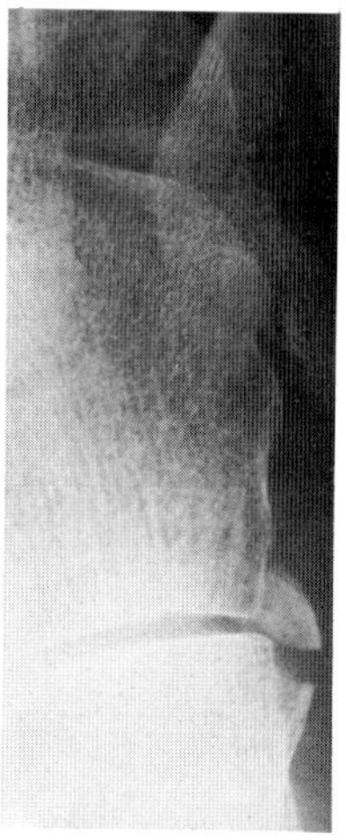

7.**241**

Abb. 7.**340** Ausriß aus dem Kuboid

Abb. 7.**341** Kalkaneusaussprengung, einem Peronäum ähnlich

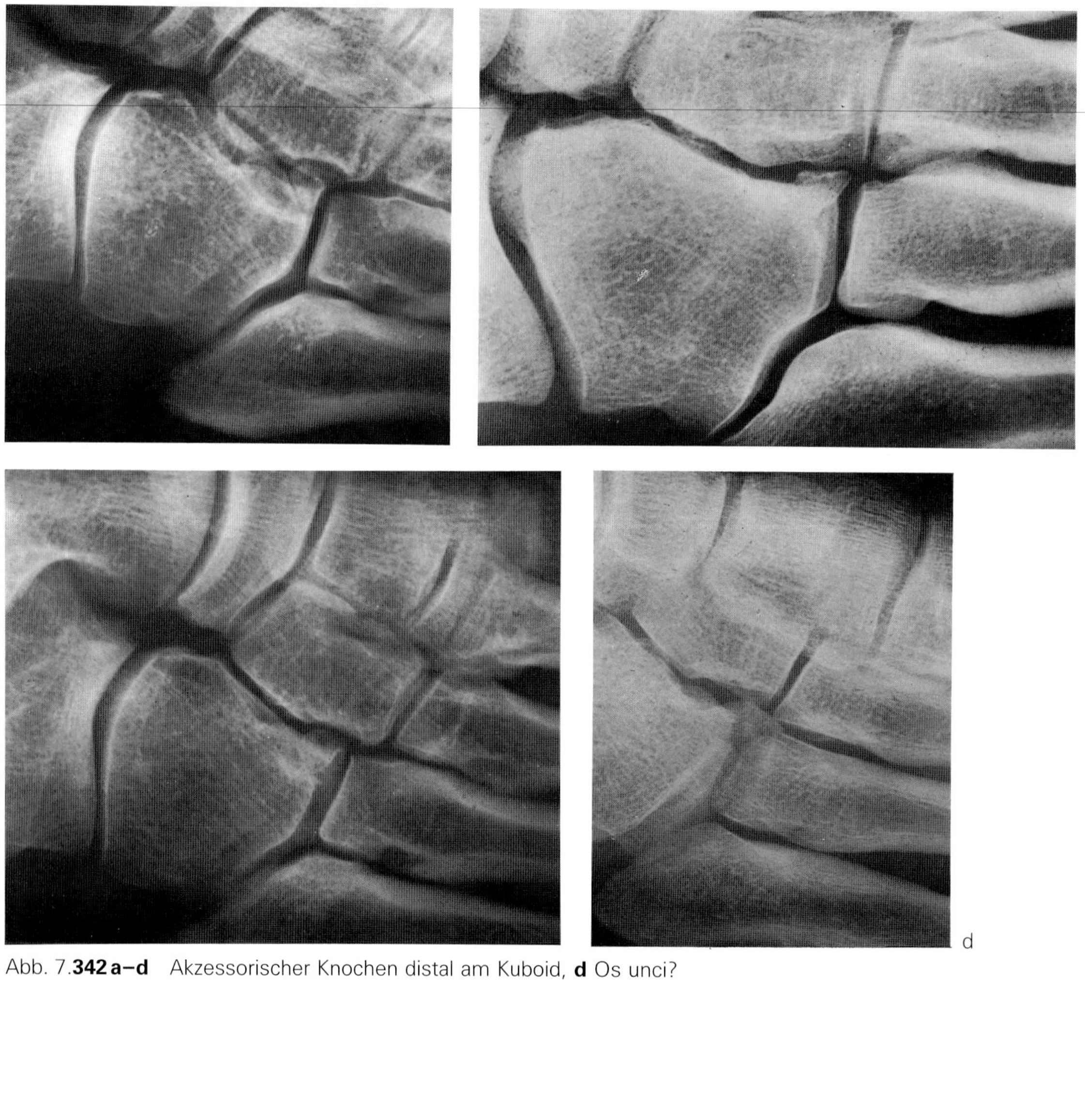

Abb. 7.**342a–d** Akzessorischer Knochen distal am Kuboid, **d** Os unci?

Verletzungsfolgen und Nekrosen

Am häufigsten unter den seltenen traumatischen Schädigungen des Kuboid kommen die bei der Differentialdiagnose des Peronäum erwähnten **Ausrisse aus dem lateralen Würfelbeinrand** vor (Abb. 7.**340**). Kompressionsfrakturen des Kuboid oder des vorderen Fersenbeinfortsatzes können kombiniert sein mit Frakturen der Tuberositas ossis navicularis. Brüche mit **Auseinandersprengung des Kuboid nach beiden Seiten** und des lateralen Kalkaneusrandes dürften durch den generellen Druck nach Abduktion des Vorfußes bedingt sein, wobei die Sehne des M. tibialis anterior angespannt wird und zum Abriß der Tuberositas ossis calcanei führt (**Nußknacker-Fraktur** [5, 11]).

Die **isolierte Luxation des Kuboid** ist dagegen noch seltener und kann gelegentlich in der radiologischen Darstellung übersehen werden. Sie soll Folge einer plötzlichen Überstreckung der Sehne des M. fibularis longus sein, dem das Würfelbein als Hypomochlion dient (4).

Tarsometatarsalgelenke s. Abschnitt „Metatarsalia".

Die am Kuboid beschriebenen **Nekrosen** passen sämtlich nicht ganz in den Symptomenkreis der jugendlichen Osteochondronekrosen. Eine Osteochondrosis dissecans (9), eine posttraumatische Malazie (13) und eine Osteochondronekrose des wie eine Scheibe zusammengepreßte Kuboid – aber bei Tuberkulose des Cuneiforme laterale – sind beschrieben. Wahrscheinlich handelt es sich bei diesen wenigen Fällen um normale Verknöcherungsvorgänge analog denen, wie sie am Kahnbein zuvor erwähnt wurden.

Eine **Ermüdungsfraktur** des Kuboid bei einem 18 Monate alten Mädchen wurde für wahrscheinlich gehalten (8). Radiologisch fand man einen vertikalen Verdichtungsstreifen in der seitlichen Projektion des Kuboid (bei entsprechendem klinischen und vor allem szintigraphischen Befund). Die Heilung mit verschwindender radiologischer Symptomatik war 6 Wochen später nach Ruhigstellung eingetreten.

Unter den „Erworbenen Erkrankungen" fanden wir im Schrifttum und im eigenen Material am Kuboid keine Befunde, die in den Themenkreis dieses Buches passen.

Tarsometatarsalgelenke s. Abschnitt „Metatarsalia".

Literatur

1 Bizarro, A. H.: On the traumatology of the sesamoid fracture. Ann. Surg. 74 (1921) 783–786
2 Burman, M. S., B. W. Lapidus: The functional disturbances caused by the inconstant bones and sesamoides of the foot. Arch. Surg. 22 (1931) 936–942
3 Dwight, Th.: Description of a free cuboides secundarium, with remarks on that element, and on the calcaneus secundarius. Anat. Anz. 37 (1910) 218–224
4 Gosto; zit. nach Zimmer, 12. Aufl. dieses Buches (S. 823)
5 Hermel, M. B., J. Gershon–Cohen: The nut cracker fracture of the cuboid by indirect violence. Radiology 60 (1953) 850–854
6 Heuck, F.: Radiologie des gesunden Skeletts. In Schinz, H. R., W. E. Baensch, W. Frommhold, R. Glauner, E. Uehlinger, J. Wellauer: Lehrbuch der Röntgendiagnostik, Bd. II/1, 6. Aufl. Thieme, Stuttgart 1979 (S. 109)
7 Miller, C. F.: Occupational calcareous peritendinitis of the feet. Amer. J. Roentgenol. 61 (1939) 506–510
8 Nicastro, J. F., H. A. Haupt: Probable stress fracture of the cuboid in an infant. J. Bone Jt Surg. 66-A (1984) 1105–1108
9 Nordmann; zit. nach Pöschl, M.: Juvenile Osteo-Chondro-Nekrosen. In Diethelm, L., O. Olsson, F. Strnad, H. Vieten, A. Zuppinger: Handbuch der Medizinischen Radiologie, Bd. V/4. Springer, Berlin 1971 (S. 522–523)
10 Pfitzner, W.: Die Variationen im Aufbau des Fußskelettes. Schwalbes morphol. Arb. 6 (1896) 245–527
11 Rogers, L. F.: Radiology of Skeletal Trauma. Churchill Livingstone, New York 1982 (p. 893)
12 Siecke, H.: Beitrag zur Genese des Os peronaeum. Z. Orthop. 98 (1964) 358–370
13 Silfverskiöld, N.: Ein Fall von posttraumatischer Nekrose im Calcaneus und Cuboideum mit an die „lokalen Malazien" erinnernden Veränderungen. Acta radiol. (Stockh.) 7 (1926) 473 (schwedisch)
14 Tehranzadeh, J., D. A. Stoll, Orlande M. Gabriele: Case report: Posterior migration of the os peroneum of the left foot, indicating a tear of the peroneal tendon. Skeletal Radiol. 12 (1984) 44–47

Os cuneiforme mediale

Norm

Im Wachstum

Der im allgemeinen im 2. bis 4. Jahr auftretende **Knochenkern** des Cuneiforme mediale (französisch = „cunéiforme", englisch = „cuneiform") ist entlang der medialen Kontur typischerweise geriffelt. An seiner distalen, dorsalen Kante zeigt sich bei Kindern häufig ein **isoliertes Ossifikationszentrum** (s. Abb. 7.**299** und 7.**343**). Es fällt auf, daß es sich bei der letztgenannten Beobachtung um einen Klumpfuß handelt. Außer diesem Hauptkern des ersten Ossifikationsschubes lassen sich der Nebenkern eines späteren Schubes und schließlich ein viel kleinerer apophysärer Kern mit typischer dreieckiger Konfiguration in seitlicher Projektion unterscheiden. Die Mehrkernigkeit steht in Beziehung zum Os cuneiforme bipartitum (3).

Eine multizentrische Anlage, kombiniert in Cuneiforme mediale und Navikular auftretend, läßt Abb. 7.**344** erkennen (8[1]). Das Zentrum des einheitlichen Kerns kann in der Norm strukturell verdichtet sein (8[2]).

Verknöcherungsunregelmäßigkeiten des Cuneiforme mediale treten einige Zeit nach dem Erscheinen des Knochenkerns, also zwischen dem 1. und 5. Lebensjahr, normalerweise auf. Radiologisch finden sich die gleichen Veränderungen, wie sie am Navikulare differentialdiagnostisch zu den Nekrosen beschrieben worden sind. Sie kommen beidseits vor, befallen bei eineiigen Zwillingen eventuell beide, bei zweieiigen Zwillingen nur eins der Kinder, sind also wohl auch erblich bedingt, zumal da sie gehäuft bei angedeuteten und vollständigen Zweiteilungen des Os cuneiforme mediale beobachtet wurden.

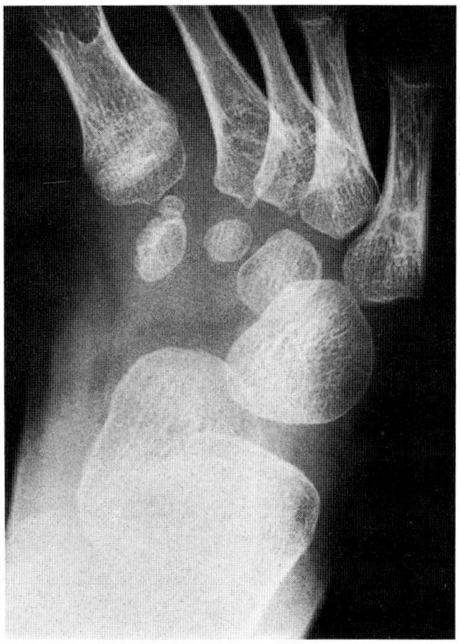

Abb. 7.**343** Unregelmäßig geriffelt mediale Kontur des Hauptkernes für das Os cuneiforme mediale mit Nebenkern distal des Hauptkernes, Klumpfuß

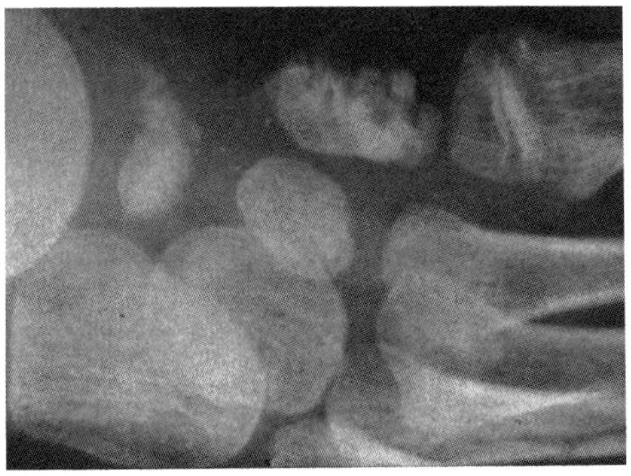

Abb. 7.**344** Multizentrische Anlage von Kuneiforme und Navikulare

Beim Erwachsenen

Der **Spalt der proximalen Metatarsale-I-Epiphyse** projiziert sich in eigentümlicher Form auf das mediale Kuneiforme (Abb. 7.**345a** u. **b**) (s. auch 8[3]). Die **Gelenkspalten zwischen den Keilbeinen** rufen in den verschiedenen Projektionen eventuell irreführende Summationseffekte hervor bzw. zeigen sich auffallend deutlich (Abb. 7.**345b**).

An der inneren Kante des Cuneiforme mediale finden sich breitbasig aufsitzende oder auch exostosenförmige Vorsprünge (Abb. 7.**346b**), teilweise mit sklerosiertem Rand (Abb. 7.**346a**), die an ihrem distalen Ende mit einer Kerbe wieder in das Niveau der medialen Kontur übergehen. In der Kerbe liegt die Sehne des M. tibialis anterior (8[4]).

Varianten

Eine **horizontale Spaltung** des Cuneiforme mediale, **Cuneiforme mediale bipartitum**, kommt nicht selten vor (2, 17) (Abb. 7.**347** und 7.**348**), beim Pes adductus in einem Drittel der Fälle (7). Man muß sich vor Fehldeutungen durch überlagernde Gelenkspalten hüten. Die Spaltung braucht nicht vollständig zu sein.

a
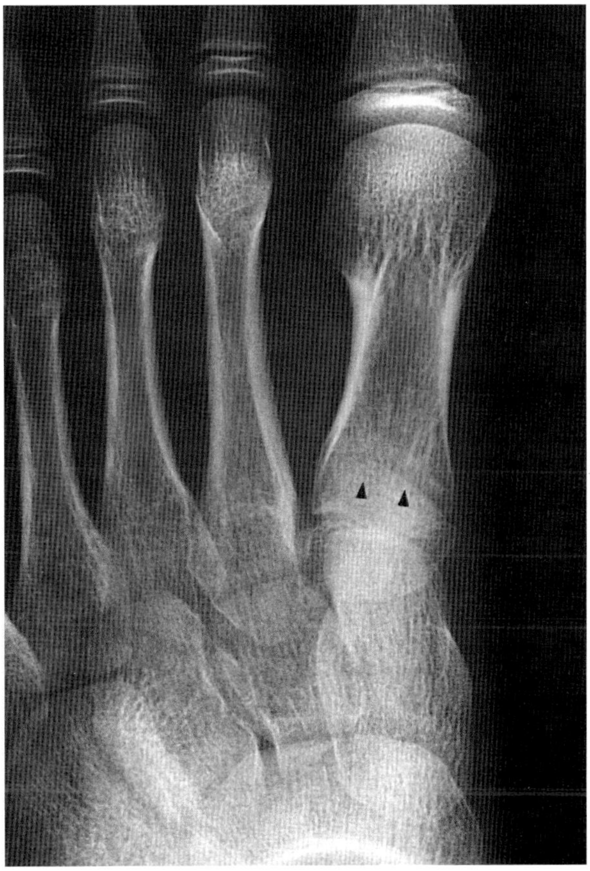
b
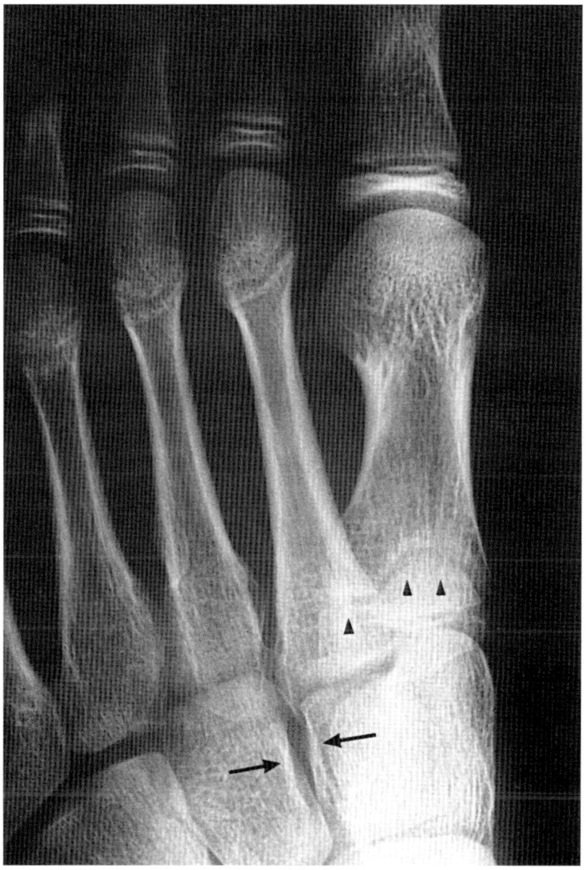

Abb. 7.**345 a** u. **b** Projektionsphänomen des proximalen Epiphysenspaltes des Metatarsus I in d.-p. und schrägem Strahlengang. Scheinbares Klaffen des Gelenkspaltes zwischen Cuneiforme mediale und Cuneiforme intermedium (→)

a
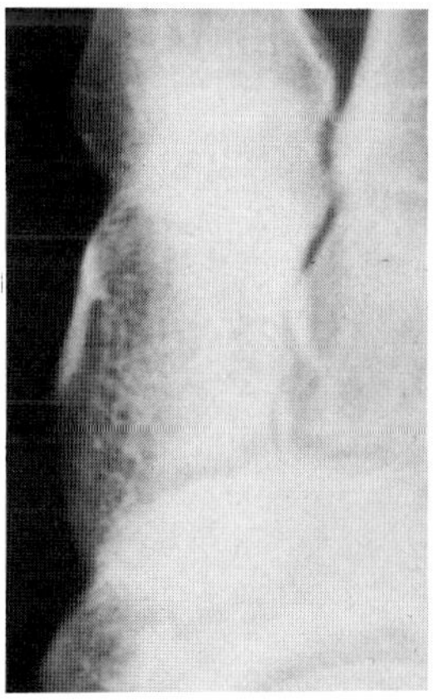
b
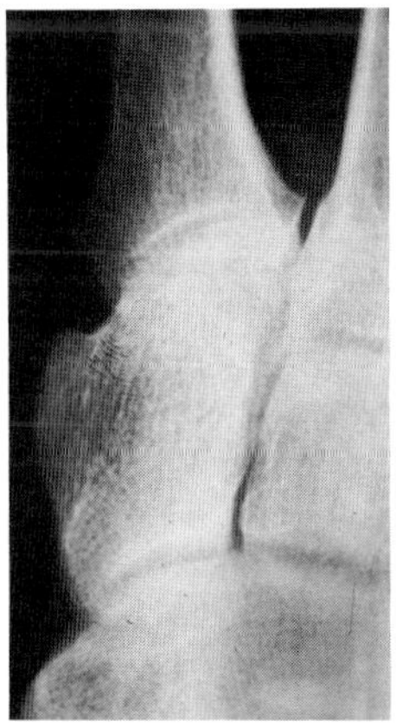

Abb. 7.**346 a** u. **b**
a Sklerosierter, medialer Rand des Os cuneiforme mediale
b Exostosenähnlicher Vorsprung am medialen Rand des Os cuneiforme mediale

Abb. 7.**347** Cuneiforme mediale bipartitum im Präparat

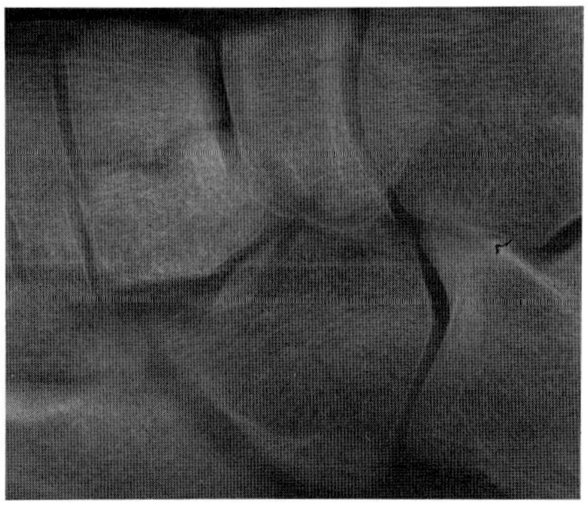

Abb. 7.**348** Cuneiforme mediale bipartitum in der radiologischen Wiedergabe ▷

Akzessorische Skelettelemente

Sesamum tibiale anterius

Der sklerosierte Rand in diesem Gebiet wurde einleitend zu diesem Abschnitt bei „Norm" (s. Abb. 7.**346a**) beschrieben. Abb. 7.**349a** u. **b** läßt beiderseits isolierte Knochenelemente neben diesem auch hier verdichteten Rand erkennen. Beiderseits finden sich verschieden große, allerdings in etwas unterschiedlicher proximodistaler Lage befindliche Exostosen. Bei anatomischer Untersuchung wurde hier ein Knochen gefunden, der einem Sesambein im M. tibialis anterior entsprach (18). Man kann es **Sesamum tibiale anterius** nennen. Es entspricht wahrscheinlich den Akzessoria, die auch **Os paracuneiforme** (10) und als **Os cuneometatarsale I tibiale** bezeichnet sind. In seiner Lage nahe dem Ansatz des M. tibialis anterior an der Plantarseite des Os cuneiforme mediale kann es durch Summation in der seitlichen und in der d.-p. Projektion zur Nichtnachweisbarkeit verdeckt sein und nur in der Schrägaufnahme sichtbar werden. Im Fußgewölbe liegend, kommt diesem Knöchelchen nur beim Plattfuß, gequetscht zwischen Keilbein und Schuheinlage, eine schmerzauslösende Bedeutung zu.

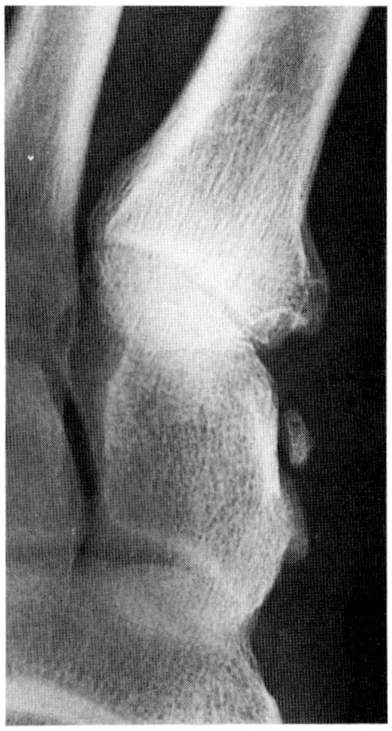

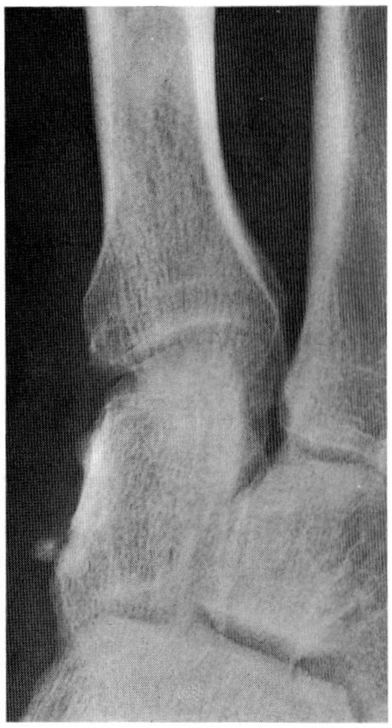

a b

Abb. 7.**349a** u. **b** Sesamum tibiale anterius beiderseits

Os cuneonaviculare mediale

Auch diese Ossikula kommen neben dem medialen Rand der Fußwurzelreihe, aber weiter proximal, neben der Kerbe für das kuneonavikulare Gelenk, beidseits vor, sind meist winzig und können gelenkig mit dem Cuneiforme mediale verbunden sein (15). Da Zimmer in seinem Schema auch ein **Os cuneonaviculare mediale** (Abb. 7.**213a**) angibt, auf der dazu hinweisenden Textseite und auch im übrigen Text der 12. Auflage dieses Buches nicht mehr darauf eingeht, scheint uns diese Bezeichnung auf das erwähnte Akzessorium (Abb. 7.**350a–d** und 7.**351a** u. **b**) zu passen. Eine ätiologische Klärung oder anatomische Verifizierung dieser Akzessoria (Sesambein? Kapselverknöcherung?), die offenbar keine Beschwerden verursachen, ist uns nicht bekannt.

Rudimentäre, zusätzliche Großzehe

Eine zusätzliche Großzehe mit drei statt zwei Phalangen, dabei einer ungewöhnlich großen unguinalen Phalanx, ist beschrieben. Die Zehe ging vom Navikulare aus und artikulierte am anscheinend zweigeteilten Cuneiforme mediale. Während ein akzessorischer Knochen, ähnlich einer einzigen Phalanx oder einem Metatarsalrudiment ohne Kontakt zum Kuneiforme neben diesem nach distal gerichtet, abgebildet wurde (1) (Abb. 7.**352**), gibt es auch ein ähnliches Gebilde, das keine Beziehung zum Navikulare besitzt, wohl aber eine gelenkähnliche Verbindung zur medialen Kontur des Cuneiforme mediale bei ausgeprägter „Exostose" dieses Keilbeins auf der Gegenseite aufweist und als „attempted formation of additional metatarsal" bezeichnet ist (8[5]).

Über das von anatomischer Seite 1896 abgebildete Os cuneometatarsale I (12) (Abb. 7.**353**) wie auch über das Os intercuneiforme (4) (Abb. 7.**354**) liegen im radiologischen Schrifttum offenbar keine entsprechenden Beobachtungen vor.

Anomalien

Die Querspaltung des Os cuneiforme mediale und die als „zusätzliche Großzehe" unter den Varianten aufgeführten Gebilde könnte man durchaus auch als Anomalie auffassen. Darüber hinaus sind uns Anomalien am medialen Keilbein nicht bekannt.

Verletzungsfolgen und Nekrosen

Isolierte Frakturen eines Keilbeines sind ungewöhnlich selten (14) und gehören bei Lokalisation an ihren distalen Teilen zu den Dislokationen im Tarsometatarsalgelenk (s. Abschnitt „Metatarsalia").

Ein Ausriß aus dem Cuneiforme mediale ist in Abb. 7.**355** zu erkennen.

Etwa auftretende juvenile **Osteochondronekrosen** lassen sich in der radiologischen Symptomatik von den vorn als normal beschriebenen Unregelmäßigkeiten der Verknöcherungen nicht trennen, zumal bei den Befunden, die als pathologisch gedeutet wurden, von den betroffenen Kindern keine Beschwerden angegeben wurden. Derartige Befunde kommen jedoch gehäuft bei enchondralen Dysostosen vor. Das Auftreten einer Osteochondrosis dissecans beim Erwachsenen macht beim Kuneiforme eine scharfe Trennung von einer eventuellen juvenilen Nekrose nicht möglich (13).

Als **„dorsaler Knochenhöcker"**, die sog. Silfverskiöld-Exostose, wird eine quere Verdickung auf

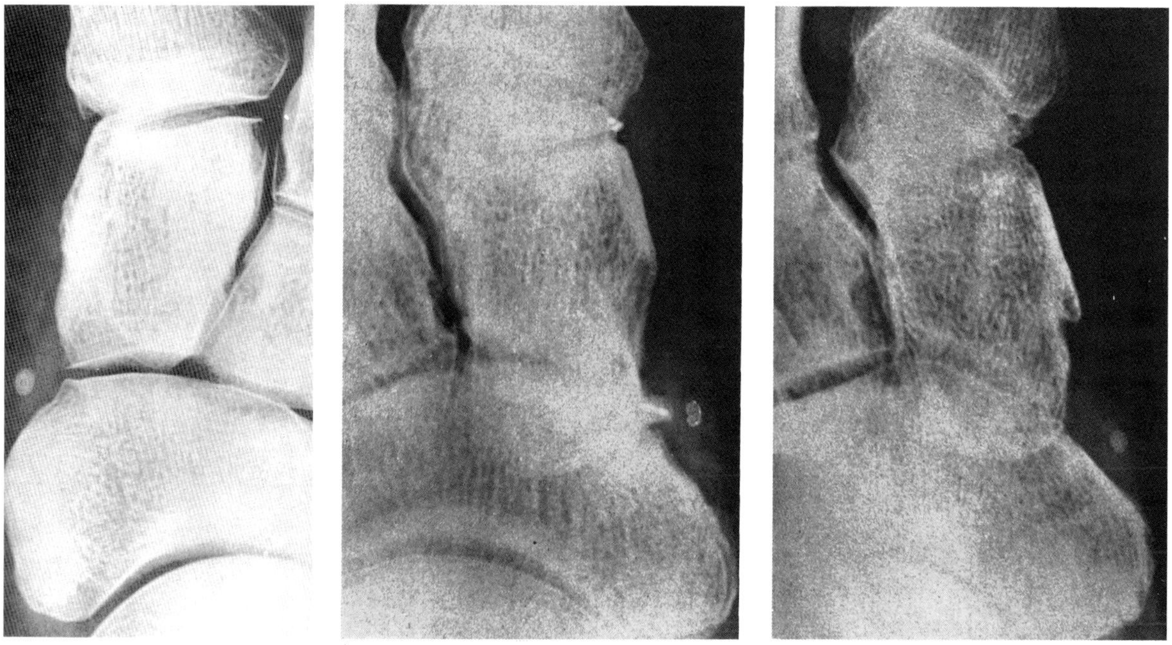

a b c

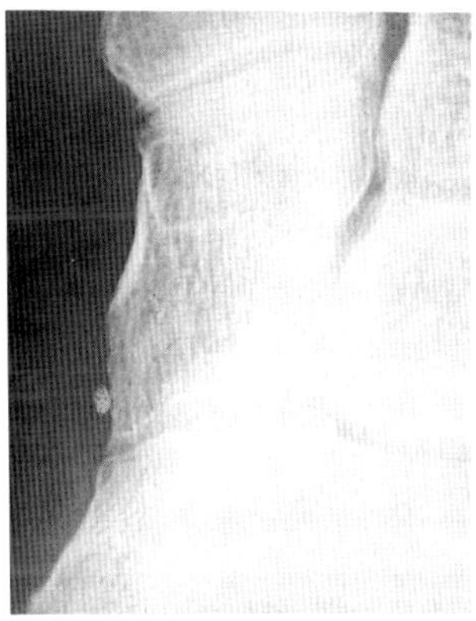

d

Abb. 7.**350 a–d** Kleine Ossa cuneonavicularia medialia in verschiedener Lage und von unterschiedlicher Größe und Form

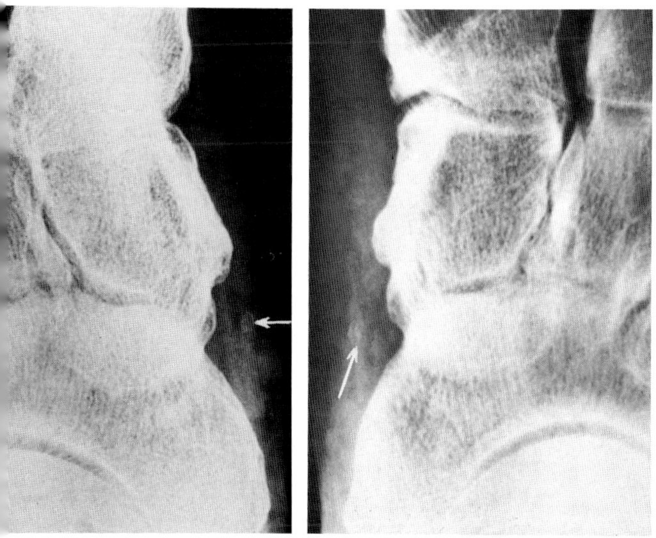

a b

Abb. 7.**351 a** u. **b** Doppelseitig aufgetretenes Os cuneonaviculare mediale

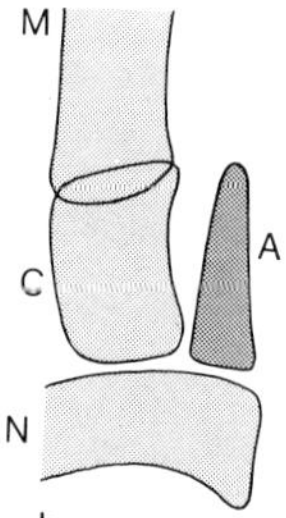

b

Abb. 7.**352** Isolierter, phalangenförmiger Knochen, ohne Kontakt zum Os cuneiforme mediale, dem Os naviculare (gelenkig?) verbunden (nach Babucke)
M = Metatarsale I,
A = akzessorischer Knochen,
N = Navikulare,
C = Cuneiforme mediale

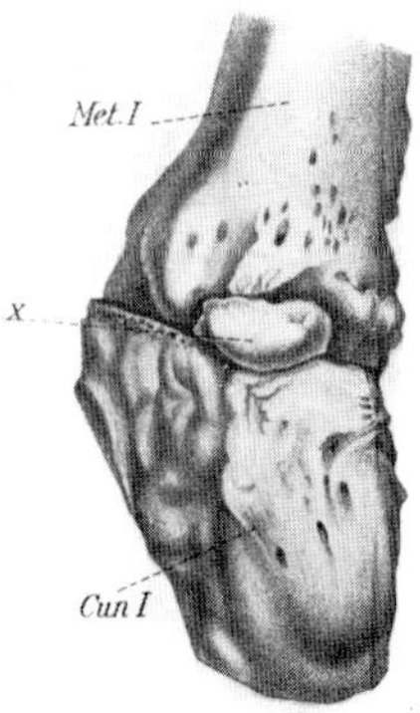

Abb. 7.**353** Os cuneometatarsale plantare I (x) (nach Pfitzner)

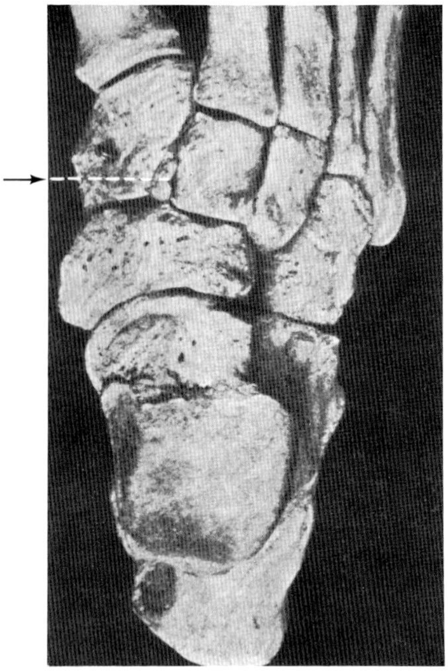

Abb. 7.**354** Os intercuneiforme (nach Dwight)

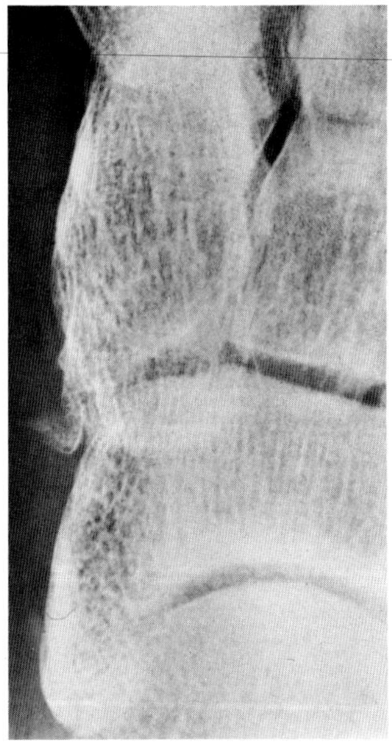

Abb. 7.**355** Ausriß aus dem Os cuneiforme mediale

dem Fußrücken am Gelenk zwischen dem medialen Keilbein und dem 1. Mittelfußknochen bezeichnet. Radiologisch finden sich Knochenwülste an der oberen und medialen Keilbeinkante sowie an der Basis des Metatarsale I (6). Köhler bezog derartige Knochenneubildungen auf eine Zugwirkung, vor allem bei Spitzentänzerinnen, auch bei Frauen, die hohe Absätze tragen, aber auch bei Valgusdeformitäten des Fußes auftretend. In Schweden wurde diese Verformung „Holzschuhknorren" genannt (5).

Erkrankungen mit Beteiligung des Cuneiforme mediale am Tarsometatarsalgelenk s. Abschnitt „Metatarsalia".

Literatur

1 Babucke, W.: Knochenspornbildung am Kniegelenk. Röntgenpraxis 12 (1940) 64–65
2 Böker, H., W. Müller: Das Os cuneiforme I bipartitum, eine fortschreitende Umkonstruktion des Quergewölbes im menschlichen Fuß. Anat. Anz. 83 (1936) 193–204
3 de Cuveland, E.: Zur Ossifikation des 1. Keilbeines. Z. Orthop. 89 (1957) 266–268
4 Dwight, Th.: Os cuneiforme tarsi, Os paracuneiforme, Calcaneus secundarius. Anat. Anz. 20 (1902) 465–472
5 Haglund, P.: Die dorsale Tuberosität an der Articulatio metatarso-cuneiforms I. Z. orthop. Chir. 56 (1932) 601–606
6 Henche, H. R.: Die Bedeutung überzähliger Knochenelemente und Exostosen am Fuß. Ther. Umsch. 31 (1974) 29–33
7 Kaufmann, H.: Pes adductus congenitus. Ergebn. Chir. Orthop. 22 (1929) 463–500
8 Keats, Th. E.: Atlas of Normal Roentgen Variants that May Simulate Disease, 3rd ed. Year Book Medical Publishers, Chicago 1984 ([1]fig. 7-278, 7-279; [2]fig. 7-286; [3]fig. 7-281; [4]fig. 7-283; [5]fig. 7-288)
9 Leeson, M. C., D. S. Weiner: Osteochondrosis of the tarsal cuneiforme. Clin. Orthop. 186 (1985) 260–264
10 Morrison, A. B.: The os paracuneiforme (some observations on an example removed). J. Bone Jt Surg. 35-B (1953) 254–255
11 Neumann, R.: Das Os praecuneiforme (BAUHIN) am menschlichen Tarsus. Arch. orthop. Unf.-Chir. 45 (1953) 552–557
12 Pfitzner, W.: Die Variationen im Aufbau des Fußskelettes. Schwalbes morphol. Arb. 6 (1896) 245–527
13 Pöschl, M.: Juvenile Osteochondro-Nekrosen. In Diethelm, L., O. Olsson, F. Strnad, H. Vieten, A. Zuppinger: Handbuch der Medizinischen Radiologie, Bd. V/4. Springer, Berlin 1971 (S. 521)
14 Rogers, L. F.: Radiology of Skeletal Trauma. Churchill Livingstone, New York 1982 (p. 893)
15 Schlichter, H.: Beitrag zu Varietäten des menschlichen Fußskeletts. Fortschr. Röntgenstr. 71 (1949) 498–510
16 Vollmar; zit. nach Zimmer, 12. Aufl. dieses Buches, 1982 (S. 829)
17 Zeitler, E.: Multizentrische Ossifikation und Knochendystrophie des Os cuneiforme I bipartitum. Z. Orthop. 92 (1959) 189
18 Zimmer, E. A.: 12. Aufl. dieses Buches, 1982 (S. 831)

Ossa cuneiformia intermedium et laterale

Norm

Der **Knochenkern** des Os intermedium wird im 2. bis 4., der Kern des Cuneiforme laterale im 1. Lebensjahr sichtbar (Abb. 7.**356a** u. **b**). **Kerben** an den einander gegenüberliegenden Konturen der drei Keilbeine sind normal und dürften auch den in Abb. 7.**345b** gezeigten Eindruck einer weiten Gelenkspalte hervorrufen. Es kann sich um Bandgruben für die Ligg. interossea handeln (s. auch Abb. 7.**350b** u. **c**).

Unregelmäßigkeiten im Verknöcherungsstadium kommen wie beim Kuboid und wie am Cuneiforme mediale bei Kindern im Alter zwischen vier und fünf Jahren vor. Eine pathologische Bedeutung im Sinne juveniler Osteochondrosen (4) wird heute für unwahrscheinlich gehalten und wäre, selbst wenn sie bestehen würde, klinisch belanglos.

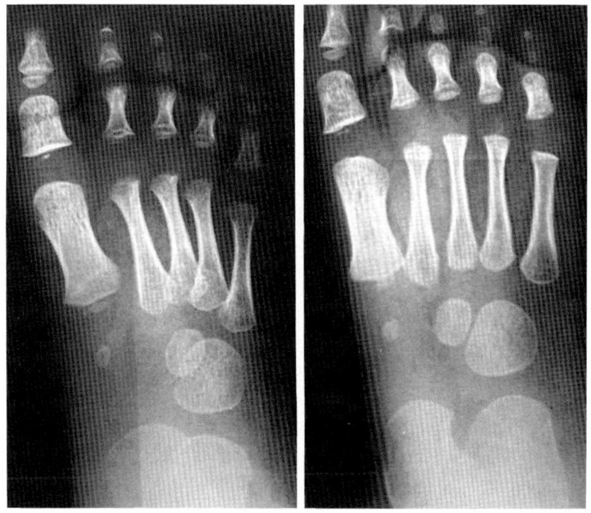

a b
Abb. 7.**356a** u. **b** Fußaufnahmen eines 2jährigen Mädchens. Der Kern des Os cuneiforme intermedium ist noch nicht sichtbar

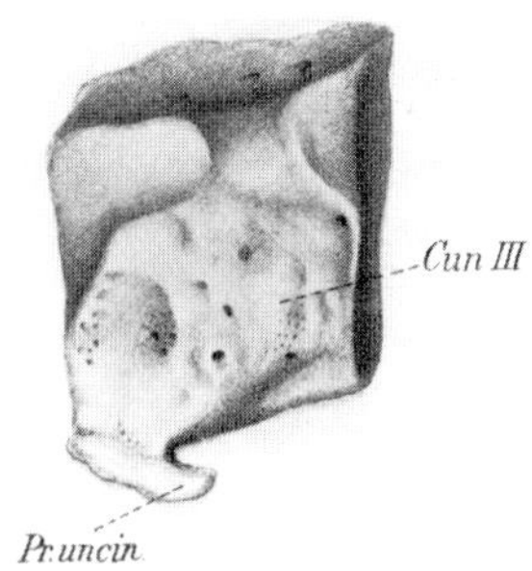

Abb. 7.**357** Processus uncinatus (nach Pfitzner)

Varianten

Os intercuneiforme s. vorherigen Abschnitt „Os cuneiforme mediale" (s. Abb. 7.**354**).

Als akzessorisches Skelettelement ist das **Os cuneometatarsale II dorsale** (1) bezeichnet. Es schiebt sich dorsal zwischen das Cuneiforme intermedium und die Basis des 2. Mittelfußknochens (2).

Der **Processus uncinatus cuneiformis III**, bei Isolierung auch **Os unci** genannt, kommt in der Phylogenese bei Raubtieren, speziell den Feliden, vor. Beim Menschen wurde er in Präparaten gefunden (Abb. 7.**357** und 7.**358**) (3).

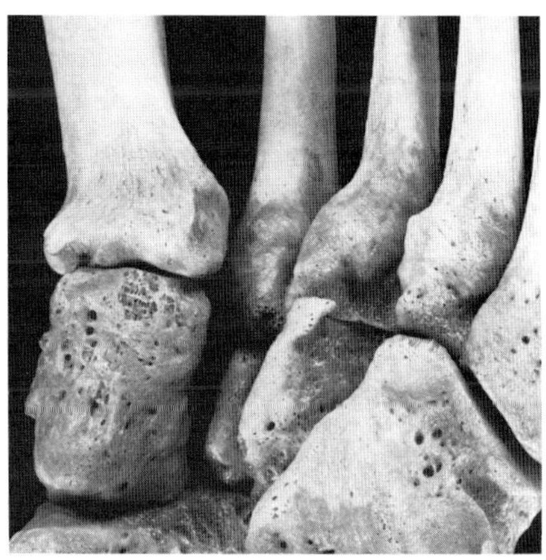

Abb. 7.**358** Processus uncinatus cuneiforme III (Anat. Sammlung Universität Basel)

Auf Schrägaufnahmen des Fußes sieht man oft eine Lücke zwischen Cuneiforme laterale, dem Kuboid und dem an seiner Basis eigenartig abgeschrägten Metatarsale IV. Die Stelle könnte der knorpeligen Anlage des Os unci entsprechen (Abb. 7.**359**).

Angeborene **Synostosen** von zwei Keilbeinen mit Metatarsalknochen sind beschrieben.

Lamelläre **Ausrisse** aus den beiden hier besprochenen Keilbeinen werden bei der Differentialdiagnose zu den „Nekrosen" (s. oben) erwähnt, sind also offenbar beobachtet, aber nicht eigens beschrieben, soweit sie nicht bei Verletzungen der Tarsometatarsalgelenke vorkommen.

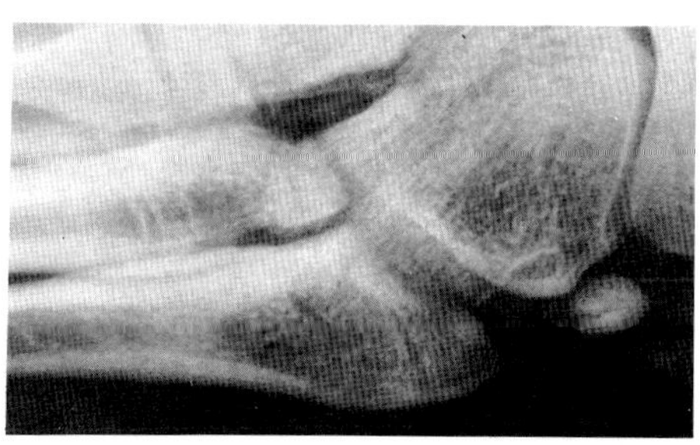

Abb. 7.**359** Lücke zwischen Cuneiforme laterale, Kuboid und Basis des Metatarsale IV (mit Os unci?) (Beobachtung von Lackner)

Literatur

1 Güntz, E. Traumatische Veränderung oder akzessorischer Knochen am Fußrücken zwischen Cuneiforme II und Metatarsale II? Röntgenpraxis 7 (1935) 463

2 Hohmann, G.: Handbuch der Orthopädie, Bd. IV/2. Thieme, Stuttgart 1961 (S. 843)

3 Pfitzner, W.: Die Variationen im Aufbau des Fußskelettes. Schwalbes morphol. Arb. 6 (1896) 245–527

4 Pöschl, M.: Juvenile Osteochondrosen. In Diethelm, L., O. Olsson, F. Strnad, H. Vieten, A. Zuppinger: Handbuch der Medizinischen Radiologie, Bd. V/4. Springer, Berlin 1971 (S. 526)

Metatarsalknochen

Norm

Im Wachstum

Im 3. Fetalmonat erscheint der **Knochenkern** der Metatarsaldiaphysen. Im 3. Lebensmonat treten in den **Epiphysenkernen** eigene Knochenzentren auf. Die **Verschmelzung** der Epiphysen beginnt mit dem 15. Lebensjahr.

Die Mittelfußknochen sind monepiphysär. Die Epiphyse des Metatarsale I befindet sich proximal. Die Kerne der übrigen Metatarsalia liegen distal.

Eine Sonderstellung nimmt die im Alter zwischen 10 bis 15 (Mädchen 10 bis 14, Jungen 12 bis 15) Jahren (12) auftretende **Apophyse der Tuberositas ossis metatarsalis V** ein. Manche Autoren fanden sie auch schon ab 6 und 8 Jahren (2, 4, 27). An dieser Stelle setzt der M. peronaeus brevis an (Abb. 7.**360**). Die Apophyse liegt bei typischer Ausformung muschelförmig dem seitlichen, plantaren Rand der Tuberositas an (Abb. 7.**361 a** u. **b** und 7.**362**) und verschmilzt um das 20. Lebensjahr herum. Die Apophyse ist in der Regel einkernig, kann aber auch aus mehreren Knochenkernen bestehen.

Eine Adduktionsstellung der Mittelfüße ist bei vielen Kleinkindern physiologisch und verschwindet spontan nach Gewichtsbelastung in aufrechter Haltung (32[1]).

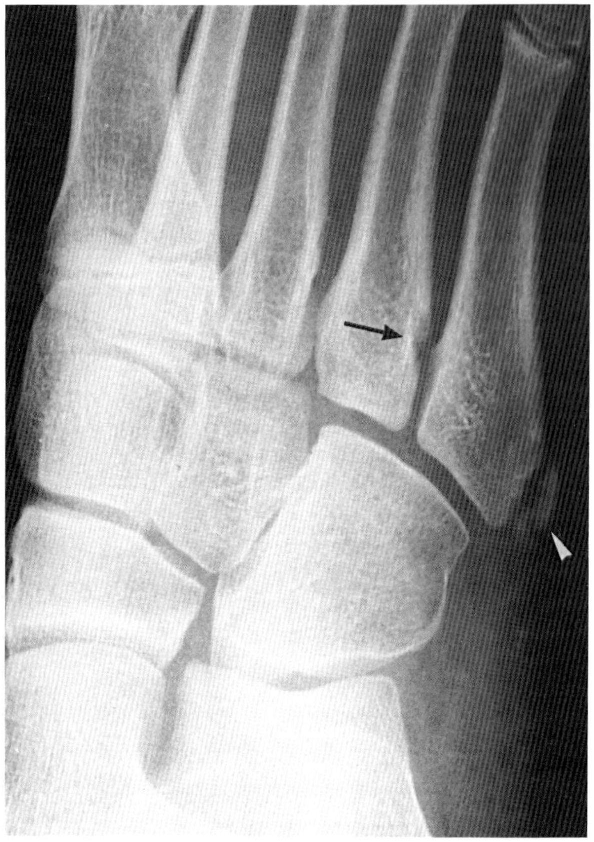

Abb. 7.**360** 11jähriges Mädchen. Zweikernige Anlage der Tuberositas ossis metatarsalis V (weißer ▶). Kerbe wie beim Erwachsenen distal des Intermetatarsalgelenkes IV/V am Außenrand des 4. Mittelfußknochens, im schrägen Strahlengang sichtbar (schwarzer ⟶)

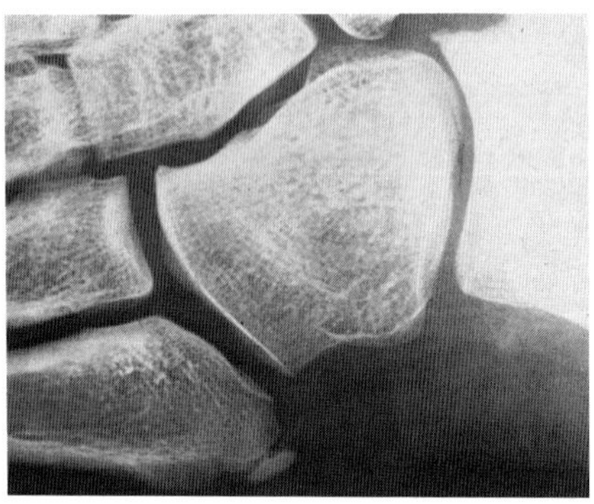

a

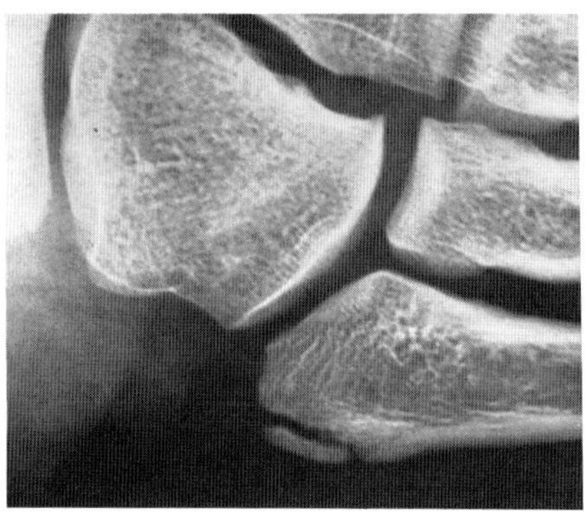

b

Abb. 7.**361 a** u. **b** 12jähriges Mädchen. Typische Apophyse der Tuberositas ossis metatarsalis V im schrägen Strahlengang

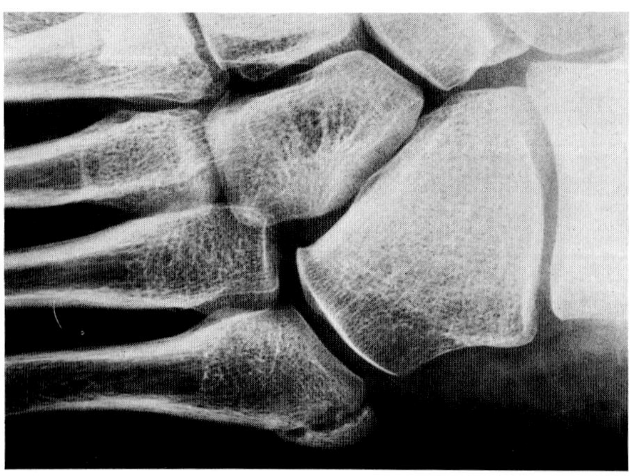

◁ Abb. 7.**362** 17jähriger Junge. Apophyse des Metatarsale V mit zystischen Aufhellungen an der Knorpelfuge (normaler Befund, 10 Monate später normale Verschmelzung)

Beim Erwachsenen

Das Metatarsale II ist im allgemeinen der längste, das Metatarsale I der kürzeste der Mittelfußknochen. Der Schaft des Metatarsale V ist bei Darstellung in beiden Ebenen leicht gebogen. Zur Vereinfachung von Diagnosen wird auf die Gleichartigkeit der Metatarsalia II bis IV (le triplet métatarsien) hingewiesen, die Abweichungen (z. B. Brachymetakarpien) leicht erkennen lassen (70).

Strahlendurchlässige Zonen in den lateralen Partien der Basis des 2. bis 4. Mittelfußknochens entsprechen den Flächen der Intermetatarsalgelenke (Abb. 7.**363**); auch das basale, laterale Drittel der Basis des 5. Metatarsalknochens ist relativ transparent.

Im d.-p. Strahlengang überlagern sich die basalen Partien der Basis des 2. bis 4. Mittelfußknochens. Die hierdurch entstehenden *Mach-Effekte* dürfen nicht als Fissuren mißdeutet werden.

Die fibulare Kontur der Diaphyse des Metatarsale I erscheint häufig unregelmäßig, weil sich dorsale und plantare Ränder der leicht taillierten lateralen Wand überschneiden. Im Übergang von der Basis zu den Diaphysen sieht man gelegentlich in schräger Projektion harmonisch konfigurierte **Kerben der Kontur** (s. Abb. 7.**360**).

Typische **Gefäßkanäle** treten etwa in der Mitte der Metatarsalia an der tibialen Kontur auf.

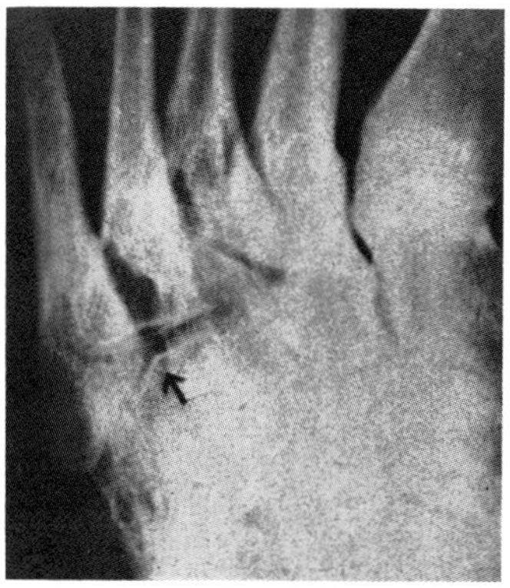

Abb. 7.**363** Normale Aufhellungen an der Basis der Matatarsalia II–IV und V

Varianten

Distal am Metatarsale I, proximal an den Metatarsalia II bis V gelegene, **zusätzliche Epiphysenkerne** kommen vor, am Fuß zum Beispiel in multiplem Auftreten im Rahmen einer Dysostosis cleidocranialis beschrieben (42), s. im übrigen die Ausführungen über „Zusätzliche Epiphysen" im Kapitel über die Hand, S. 20f.

Die Kerne der bald runden, bald eckigen **Kapitula** des 2. bis 5. Mittelfußknochens wie auch der **proximalen Metatarsale-I-Epiphyse** können **gedoppelt** auftreten (Abb. 7.**364** und 7.**365**). Ein kleiner Querspalt in der distalen Epiphyse des Metatarsale I ist in Abb. 7.**366** dargestellt. Unregelmäßigkeiten in der Ausformung des distalen Endes des Metatarsale I (Abb. 7.**367**) scheinen öfter vorzukommen. Ein gleicher Fall ist als Normvariante abgebildet (32[2]), eine dritte Beobachtung dieser Art im Hinweis auf zusätzliche Epiphysen auch an anderen Metatarsi als Rest einer solchen „Pseudoepiphyse" gedeutet (66). Ein Knochensporn kann am distalen Ende der Facies articularis intermetatarsalis II/III am 3. Mittelfußknochen vorspringen. (32[4]).

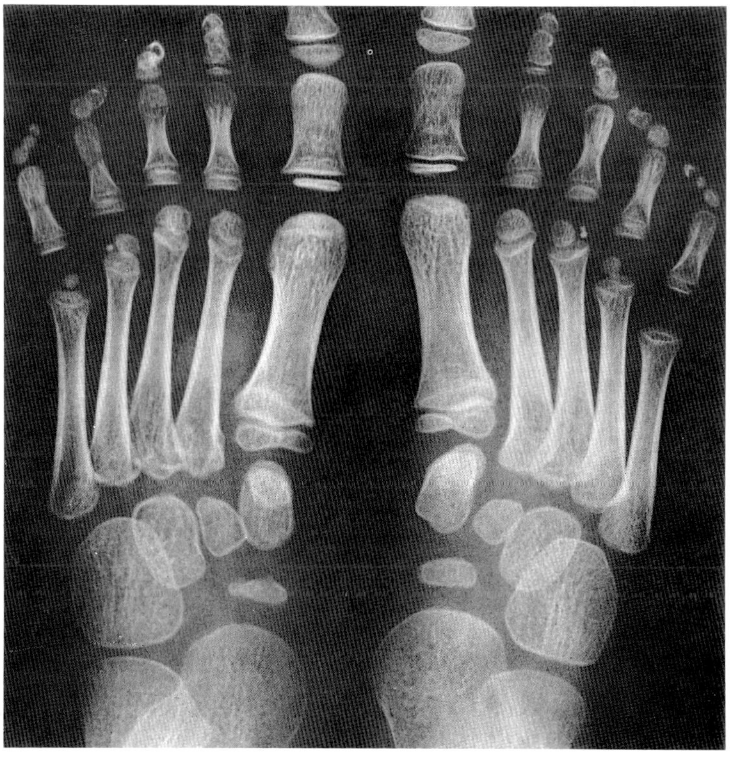

Abb. 7.**364** Unterteilung von Epiphysen des Metatarsale I beiderseits basal und distal am Metatarsale III rechts und IV links

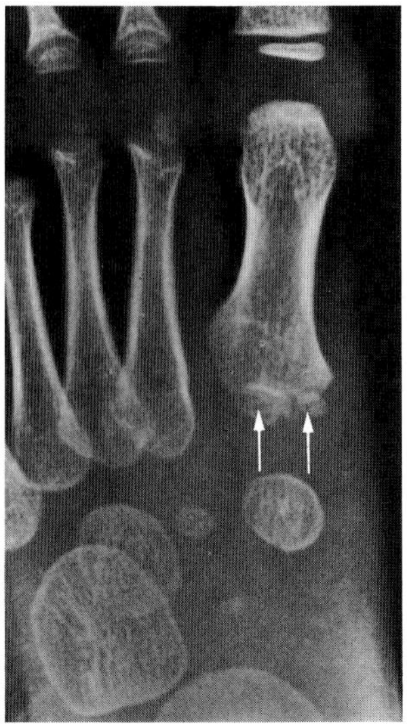

Abb. 7.**365** 4jähriger Junge. Basale Epiphyse mit verdoppeltem Kern von Metatarsale I

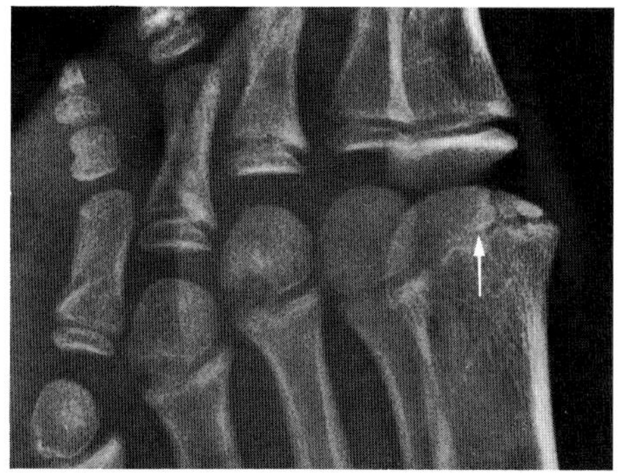

Abb. 7.**366** 13jähriger Junge. Kleine, geteilte distale Epiphyse (Beobachtung von Wendtland, Marl)

Nicht immer gleicht die Form der Apophyse der Tuberositas ossis metatarsalis V einer Muschel. Es werden auch transversale Spalten beschrieben, die manchmal sehr kleine Spitzenkerne der Tuberositas abtrennen können (12, 68).

Akzessorische Skelettelemente

Zwischen dem 1. und 2. Metatarsalknochen liegt dorsal das **Os intermetatarseum** (Präparatdarstellung, Abb. 7.**368**), in Form, Lage und Größe sehr unterschiedliche radiologische Wiedergabe zeigt Abb. 7.**369 a–d**. Ätiologisch ist zu unterscheiden zwischen einem Sesambein des M. interosseus I und einer Verknöcherung der akzessorischen Bogensehne des M. interosseus dorsalis (22, 25) (Abb. 7.**370**). Die Differenzierung dürfte im Einzelfall nicht möglich, klinisch aber auch unwesentlich sein. Die verkalkte Intima einer A. metatarsea sollte allerdings als solche erkannt werden, auch wenn ein Os intermetatarseum außerdem vorliegt (Abb. 7.**371**). Ob ein an gleicher Stelle vorkommender schmaler, zapfenförmiger Knochen mit einem isolierten Knöchelchen an der Spitze (Abb. 7.**372 a** u. **b**), der nach seiner Form nicht einem Sesambein, dem Verlauf nach nicht dem Sehnenbogen entspricht, einer dritten Erklärung bedarf, muß dahingestellt bleiben. Daß zwei isolierte Knöchelchen im Projektionsbereich des Os intermetatarsale posttraumatisch entstanden sind, ist nur in Kenntnis des Unfallhergangs und des klinischen Befundes zu entscheiden (Abb. 7.**373 a** u. **b** und 7.**374 a.** u. **b**). In beiden abgebildeten Fällen lagen außerdem

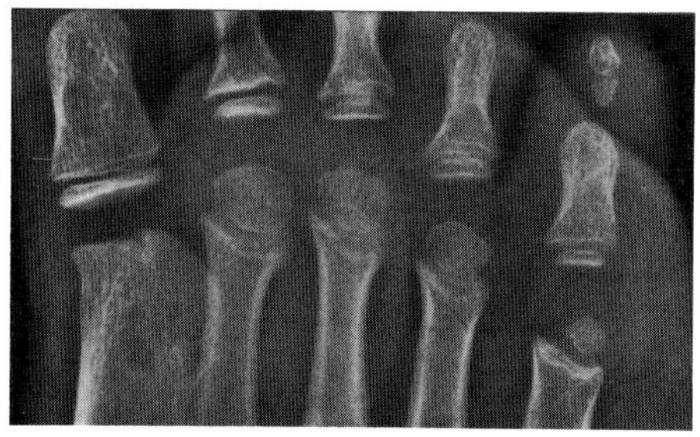

Abb. 7.**367** Dysplasie des distalen Teils des ersten Mittelfußknochens. Kleine Einkerbung an der Metaphyse im Gebiet der Knorpelfuge. Epiphyse nicht entwickelt (Beobachtung von Wendtland, Marl)

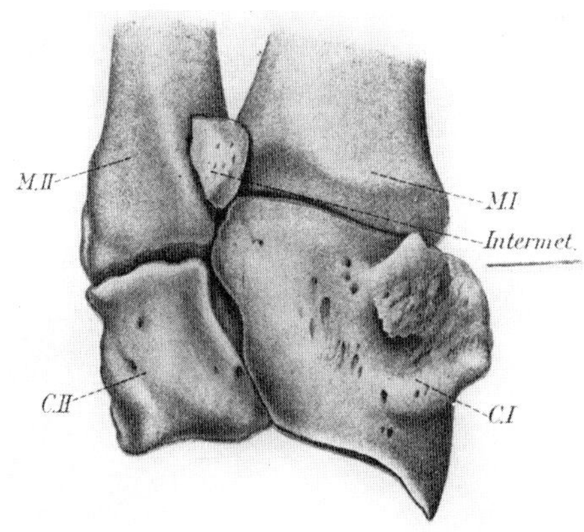

Abb. 7.**368** Os intermetatarseum (nach Pfitzner)

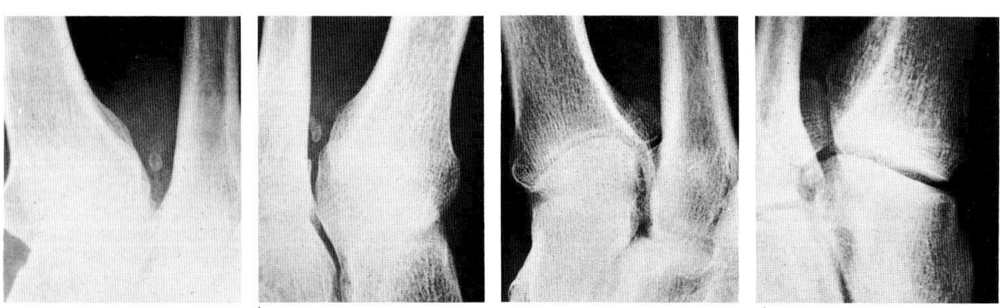

a b c d

Abb. 7.**369 a–d** Verschiedene Formen eines Os intermetatarseum

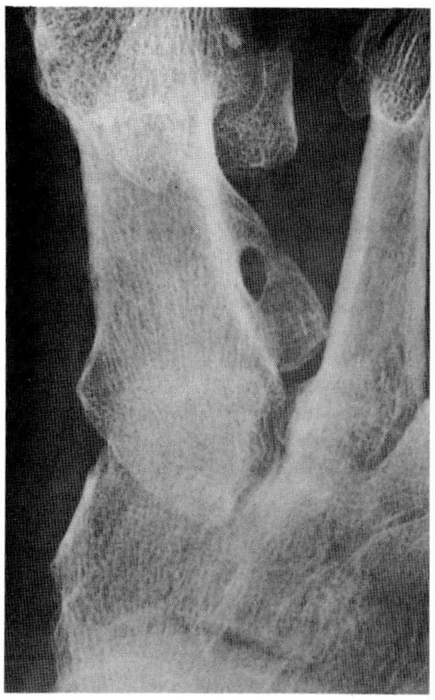

Abb. 7.**370** Verknöcherung der akzessorischen Bogensehne des M. interosseus dorsalis

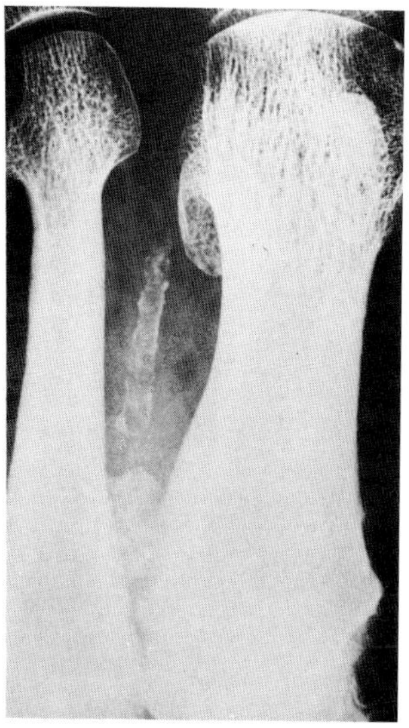

Abb. 7.**371** Intimaverkalkung einer A. metatarsea I/II

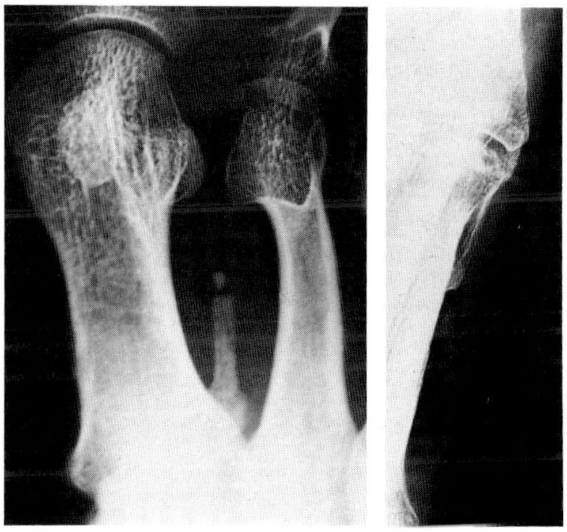

a b

Abb. 7.**372 a** u. **b** Eigenartige Form eines in den ersten Intermetatarsalraum projizierten, dorsal gelegenen Knochenzapfens mit isoliertem Knöchelchen distal seiner Spitze

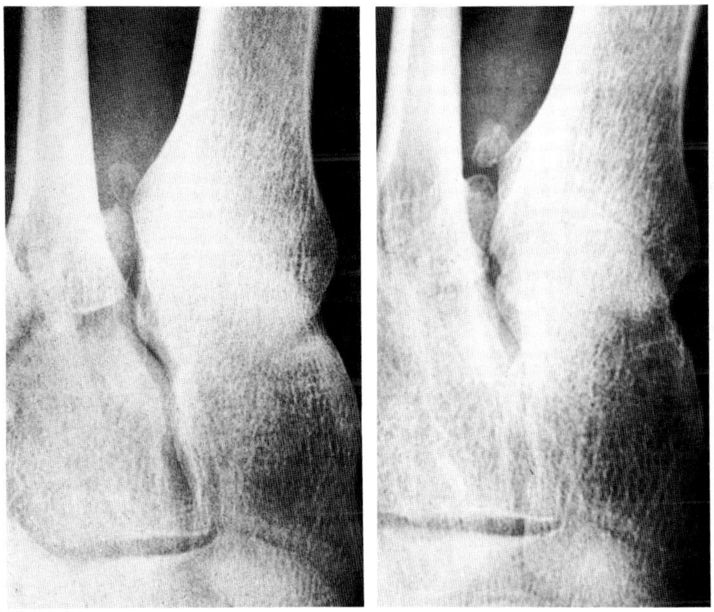

a b

Abb. 7.**373 a** u. **b**
a Fraktur eines Intermetatarseum
b Spätergebnis

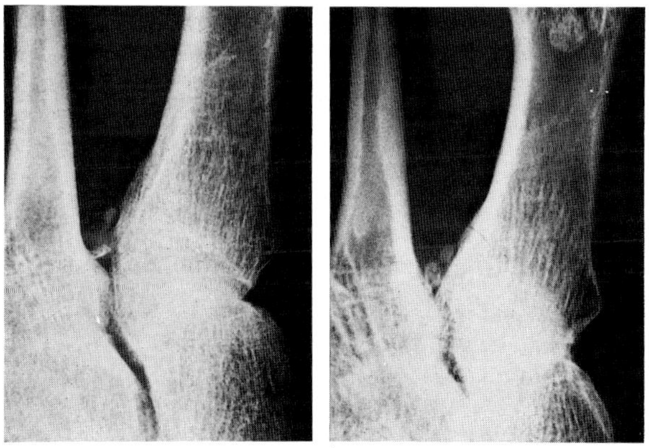

a b

Abb. 7.**374 a** u. **b** ▷
a Fraktur eines Intermetatarseum
b Knöcherne Verschmelzung ein Jahr später

Frakturen des Metatarsale III bzw. der Metatarsalia III und IV vor.

Reichhaltige Literaturhinweise über das Os intermetatarsale s. vorige (12.) Auflage dieses Buches.

Os cuneometatarsale I plantare s. Abschnitt „Os cuneiforme mediale" (s. Abb. 7.**353**). **Os cuneometatarsale II dorsale** s. Abschnitt „Ossa cuneiformia intermedium et laterale".

Die Zugehörigkeit eines Skelettelementes in der Lücke zwischen Kuboid, Cuneiforme laterale und den Basen der Metakarpalia III und IV ist schwierig zu bestimmen: Os unci, mit einer der beiden Metatarsalbasen koaleszierend? (Abb. 7.**375**) (s. auch 32[3]).

Ein *isoliertes, längliches Skelettelement zwischen dem 4. und 5. Mittelfußknochen* ist nicht nur von Köhler (Abb. 7.**376**) abgebildet, sondern ebenfalls auch von anderer Seite beschrieben, einmal bei einer 4. Zehe mit nur zwei Phalangen, zum anderen familiär und in Kombination mit einem Os intermetatarseum (18). Es könnte sich um einen überzähligen Strahl handeln.

Über Lage, Bedeutung und Ätiologie des **Os Vesalianum** gibt es ein umfangreiches Schrifttum und über seine Herkunft sich widersprechende Hypothesen.

An der Möglichkeit der **Persistenz der Apophyse der Tuberositas ossis metatarsalis V** wird nicht gezweifelt. Sie liegt immer dann vor, wenn der isolierte Knochen die harmonische Form der Tuberositas ergänzt, die ohne den Knochen fehlen würde.

Sie entspricht nicht dem **Os Vesalianum** im engeren Sinne. Im Winkel zwischen Kuboid und Metatarsale V liegende, radiologisch nachgewiesene Knochen, dem Sitz nach der Beschreibung Vesals entsprechend, sind, da sie Beschwerden verursachten, exstirpiert, histologisch untersucht und als Akzessoria definiert worden (4, 29). Daß das Os Vesalianum mit dem Peronäum nicht identisch sein kann, geht daraus hervor, daß das Peronäum im M. peronaeus longus, das Os Vesalianum im Ansatzbereich des M. peronaeus brevis liegt. Diese Tatsache schließt nicht aus, daß es sich beim Os Vesalianum wie beim Peronäum um ein Sesambein handelt. Befunde, wie sie in Abb. 7.**377a** u. **b** dargestellt sind, können durchaus als Sehnenverknöcherungen aufgefaßt werden. Der Ansicht, es gebe kein Os Vesalianum, weil der Autor und andere Untersucher in großen Sammlungen einen solchen Knochen nicht gefunden hätten (49), kann nicht beigepflichtet werden, da ein nicht beobachteter Befund logisch nicht als prinzipieller Beweis seines nicht möglichen Vorhandenseins gewertet werden darf.

Skelettelemente erheblichen Größenausmaßes treten offenbar vereinzelt in dieser Region auf (61, 62) und haben unter anderem auch Anlaß zu phylogenetischen Erklärungsversuchen gegeben (53[1]).

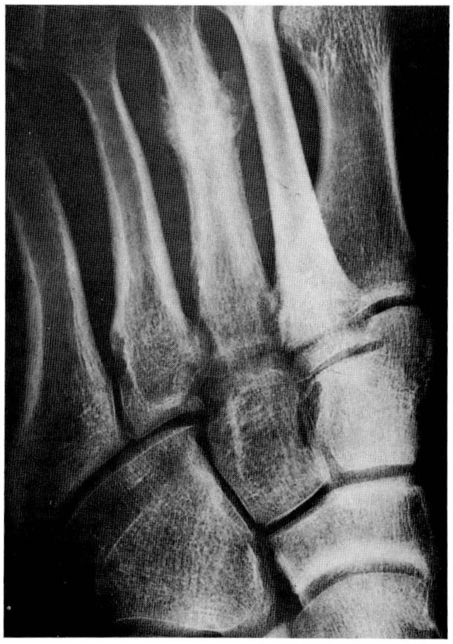

Abb. 7.**375** Akzessorisches Skelettelement (Os unci, mit Metatarsale IV koaleszierend?). Mit kräftigem Kallus abheilende Ermüdungsfraktur des Metatarsale III

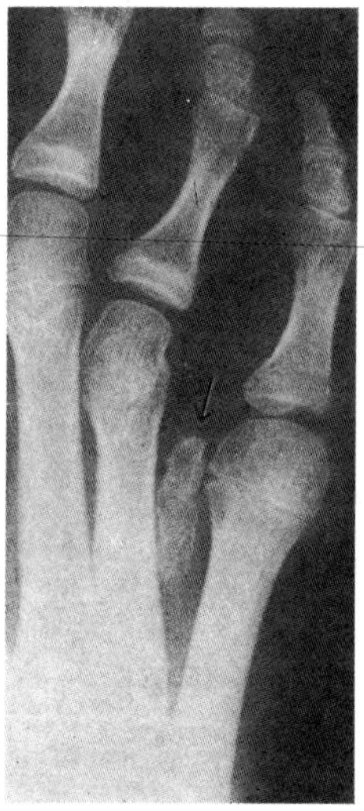

Abb. 7.**376** Überzähliger Strahl (?) zwischen 4. und 5. Mittelfußknochen

Anomalien

Im „Allgemeinen Teil" der Kapitel über den Fuß wurden unter den Anomalien vorwiegend Stellungsdeformitäten abgehandelt, die meist, aber nicht immer, Folgen von Anomalien sind. Dabei wurden absichtlich die den Vorfuß als dem vorderen Stützpfeiler der das Fußlängsgewölbe allein betreffenden Deformität ausgelassen, weil sie fast ausschließlich an den Metatarsophalangealgelenken vorkommen, vorwiegend am 1. und 2. Strahl.

Unter **Hallux valgus** (metatarsophalangicus) versteht man die Valgusstellung der Großzehe mit meist verplumptem Köpfchen des Metatarsale I, das an der Innenseite plateauartig vorspringt, oft verbunden mit Subluxation der Großzehe nach fibular

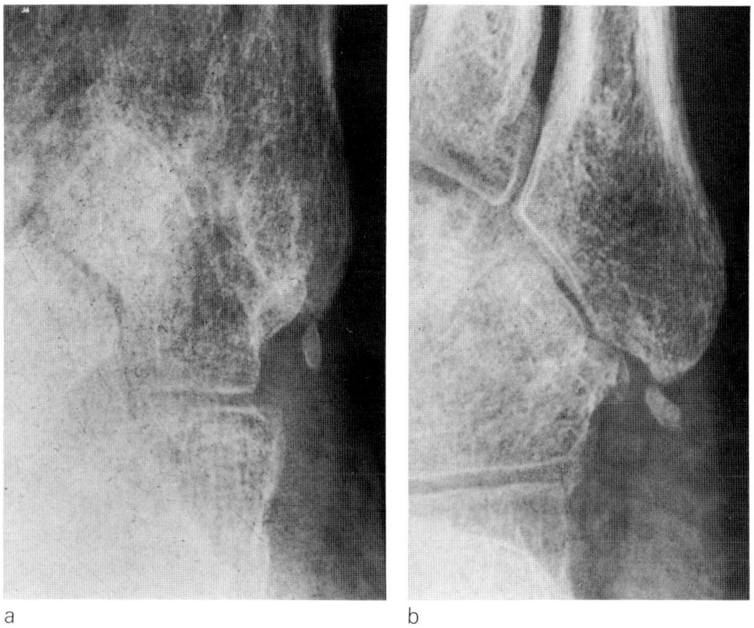

Abb. 7.**377 a** u. **b** Sehnenknochen?

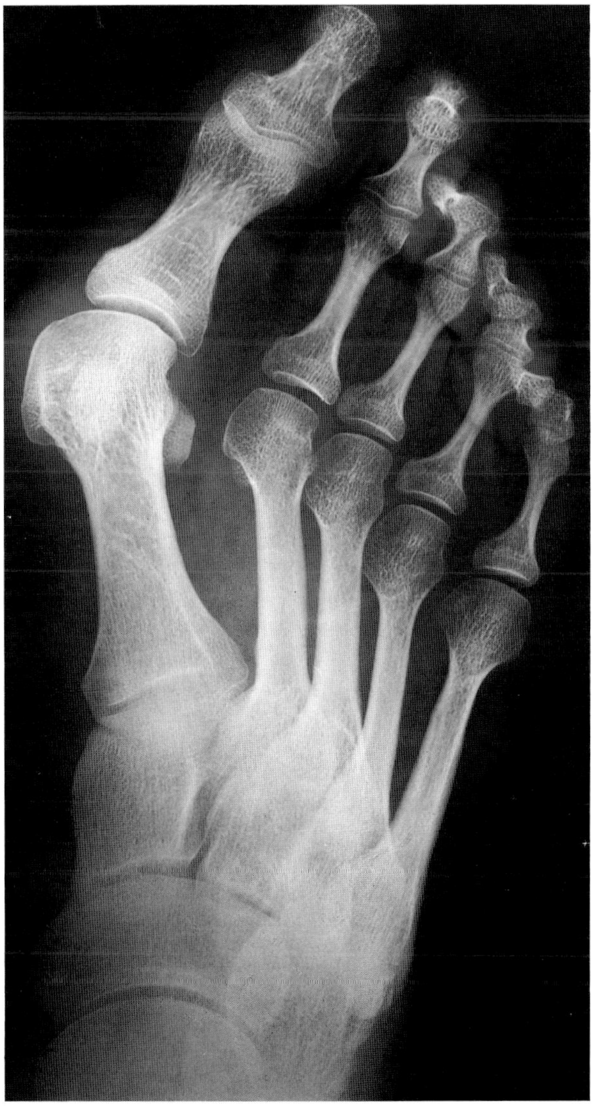

Abb. 7.**378** Hallux valgus

(Abb. 7.**378**). Zwar gibt es anlagemäßige, teils erbliche Frühformen dieser Deformität, doch tritt sie bei fortschreitendem Lebensalter (und zunehmendem Körpergewicht) im Rahmen des progressiven Längs- und Querplattfußes stärker in Erscheinung (19[1]), wobei die Größenzunahme eines Schleimbeutels die Schwellung an der Prominenz der Fußinnenkante vermehren kann. Begleitende Fehlstellungen der Metatarsalia und Zehen sind die Regel. Die Deformität kommt bei Frauen weitaus häufiger vor als bei Männern (33) und wird durch unzweckmäßig geformte Schuhe verschlimmert. Sie gehört zu den am häufigsten festzustellenden Zehendeformierungen, ist meist doppelseitig, aber beidseits unterschiedlichen Grades vorhanden und meist mit einem Metatarsus varus verbunden. Durch eine Torsion der Großzehe wendet sich ihre Dorsalkante nach innen. Die Großzehe verdrängt die zweite Zehe und kann sie über- oder unterwachsen. Wie sich auf Abb. 7.**379 a–c** erkennen läßt, werden die Sesambeine nach lateral verlagert.

Beim **Metatarsus primus varus**, einer Disposition zum Hallux valgus, beträgt der Winkel zwischen den Längsachsen der ersten beiden Metatarsalia mehr als 10 Grad.

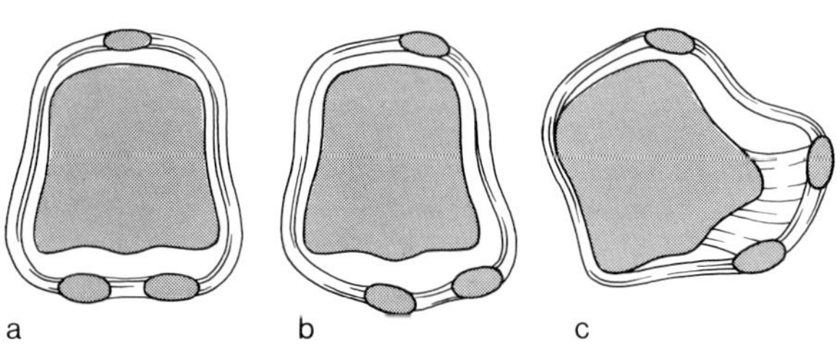

Abb. 7.**379 a–c** Großzehenstrahl im Querschnitt mit Verlagerung der Großzehensesambeine
a Normalstellung
b Subluxation nach lateral
c Resultierende Fixation

Der **Metatarsus varus congenitus** (Pes adductus congenitus) ist radiologisch durch eine starke, knickförmige Medialabweichung der Mittelfußknochen I–IV gekennzeichnet, während das Metatarsale V relativ gerade verläuft. Man unterscheidet eine Form mit fixierter Valgusstellung des Fersenbeines und im Gegensatz dazu eine Form ohne die Kalkaneusdislokation. Nur diese zweite Form kann konservativ behandelt werden (8, 19[2], 34).

Beim **Hallux rigidus**, bei Kindern zwischen dem 10. und 15. Lebensjahr in 1,5%iger Häufigkeit zu finden (59), sieht man radiologisch rosendornförmige Randsporne medial und dorsal an der Knorpel-Knochen-Grenze des Capitulum metatarsi I mit den Zeichen zunehmender Knorpelnekrose und dann sekundärer Randosteophytose. Ob gehäuft auftretende Epiphysennekrosen Ursache oder Folgen des die Fußdeformitäten begleitenden Pes planovalgus sind, ob eine übermäßige Länge des Fußes, des Metatarsus I oder der Großzehe bei bestehendem positivem Nilsonne-Index (das Grundgelenk der 1. Zehe liegt weiter distal als das der 2. Zehe) verantwortlich sind, ist nicht geklärt (53[2]). Im späteren Lebensalter kann die Belastung durch das zunehmende Körpergewicht die Arthrose und auch die Schmerzen (vorwiegend bei Dorsalflexion) verstärken (46, 47). Die Hallux-rigidus-Arthrose kommt rechts oder beiderseits, selten isoliert links vor.

Die **angeborene Varusstellung der Großzehe**, meist im Rahmen von Poly- und Syndaktylien, ist eine seltene Mißbildung und findet sich bei totaler oder teilweiser Doppelung des Metatarsale I (19[3]).

Eine **angeborene Schiefstellung** betrifft hauptsächlich die 1., 2. und 5. Zehe.

Nicht nur dem Großzehengrundgelenk kommt eine besondere Bedeutung zu. Auch das Tarsometatarsalgelenk II ist Belastungen besonderer Art ausgesetzt.

Die Überlänge des 2. Metatarsalknochens (Länge der Metatarsalknochen $2 > 1 \lesseqgtr 3 > 4 > 5$) ist wichtig in der ersten Gehphase des Abstoßens bei dorsaler Flexion der Metatarsalköpfchen. Die Bewegungsachse verläuft quer durch die Köpfe des 1. und 2. Metatarsale, schräg durch die Kapitula des 2. bis 5. Strahles. Im Stand sowie bei der Bewegung in beiden Achsen ist das Capitulum metatarsi II das am stärksten belastete Mittelfußköpfchen. Diese prinzipielle Darstellung hat ihre Bedeutung für die Erklärung von Belastungsdeformitäten und Traumafolgen (8).

Bei einer Entlastung des 1. und zusätzlicher Belastung des 2. Strahles kann das Metatarsale II insgesamt verbreitert werden.

Die übrigen Anomalien der Metatarsalia gleichen denen der Mittelhandknochen. Ihr Prinzip ist im entsprechenden Kapitel dieses Buches behandelt und wird hier nicht wiederholt, doch gibt es am Fuß einige Besonderheiten:

Die **Brachymetatarsie** betrifft zwar auch, wie an der Hand, am häufigsten das Metatarsale IV, oft beiderseits, im Verhältnis Frauen zu Männern = 25:1 (43). Es gibt jedoch – hierüber fanden wir jedenfalls keine Angaben im Schrifttum – auch die gemeinsam angeborene Verkürzung des Metatarsale IV und V (Abb. 7.**380**). Ob diese Deformität als „Metatarsalzeichen" die gleiche genetische Bedeutung besitzt wie das Metakarpalzeichen, ist uns nicht bekannt. Bei bestehender Beidseitigkeit der Brachymetatarsie und gleichzeitigem Vorkommen mit Brachymetakarpie sind Analogien anzunehmen. Wie an der Hand kann auch am Fuß eine Wachstumsstörung (z. B. infolge eines Fremdkörpers) zu Verkürzung führen (30).

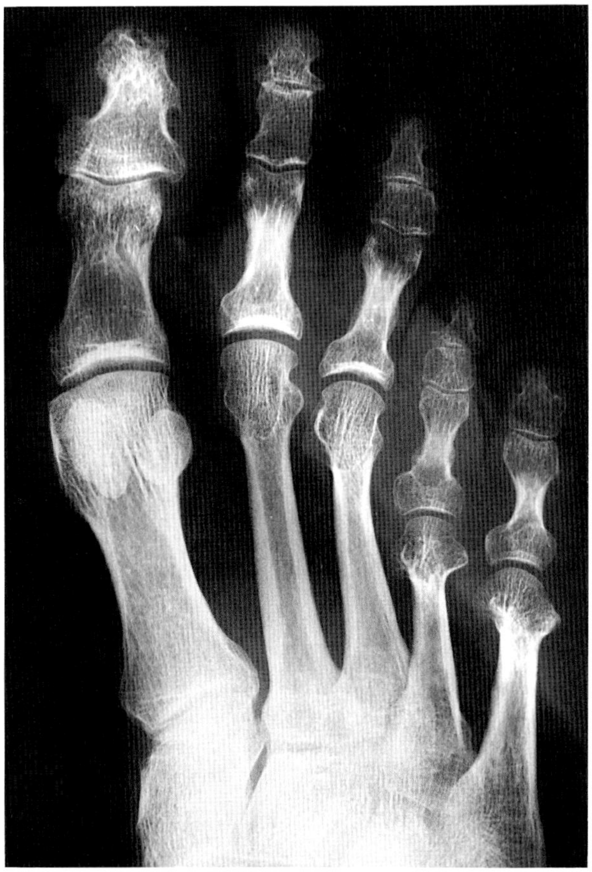

Abb. 7.**380** Brachymetatarsie IV/V

Der **Metatarsus atavicus** beruht auf einer Verkürzung des ersten Mittelfußknochens bei außergewöhnlicher Breitenzunahme des Schaftes des 2., geringer auch der übrigen Mittelfußknochen. Die Deformität geht mit einer Metatarsalgie bei gleichzeitigem Quersenkfuß oder Plattfuß, Spreiz- oder Hohlfuß, Hallux valgus und Hammerzehen einher, tritt vor allem bei Frauen auf und wird in Amerika häufiger gesehen als hier (48, 51), wobei auch das Os cuneiforme mediale verkümmert sein kann.

Verletzungsfolgen und Nekrosen

Bei kindlichen Frakturen ist auf Weichteilschwellungen der verletzten Gelenke zu achten, ferner auf sehr subtile Kortikalisvorsprünge, besonders in Epiphysennähe (Seitenvergleich!). Auch längs verlaufende, feine Frakturspalten können übersehen werden.

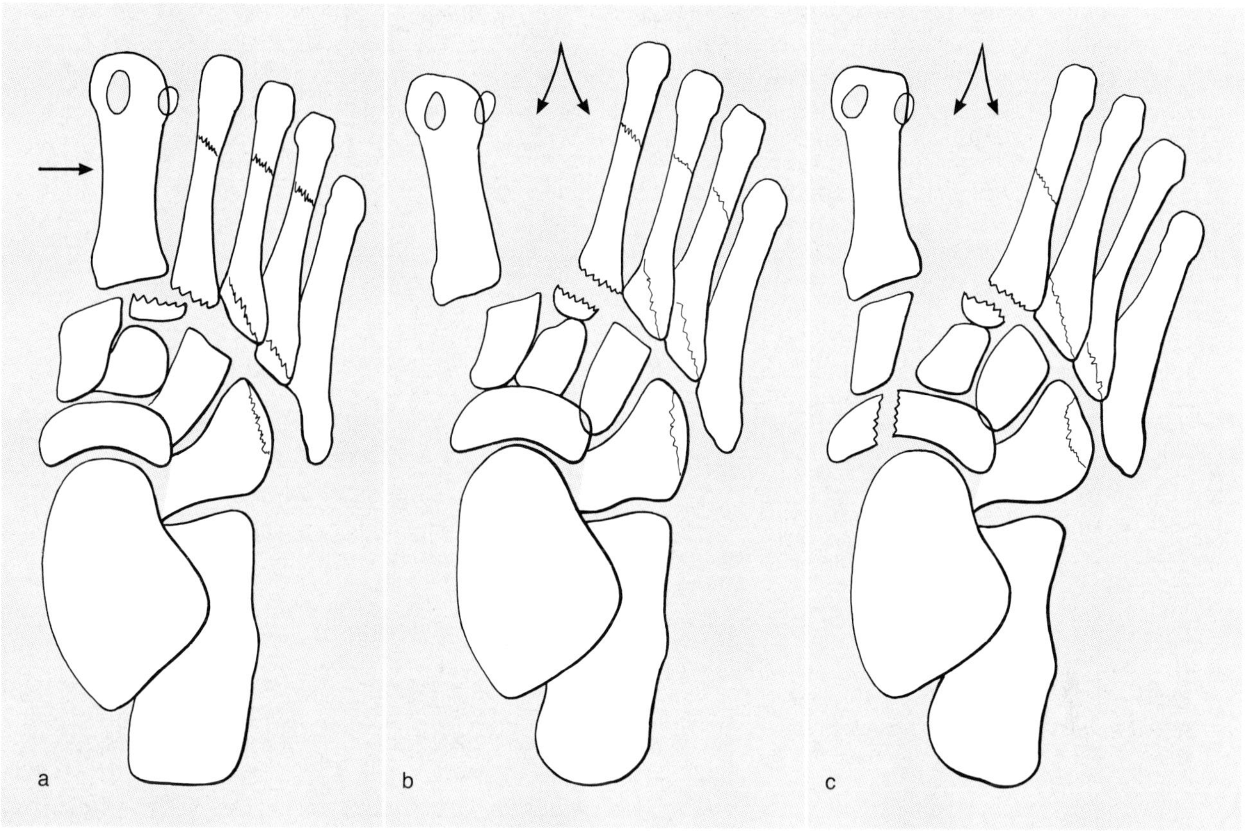

Abb. 7.**381** Luxationsfraktur im Lis-Franc-Gelenk (nach Aitken u. Poulson)
a Homolaterale Dislokation
b Divergierende Dislokation mit Berstung der vorderen Palette
c Divergierende Dislokation mit Berstung der vorderen Palette und der hinteren Kolonne (nach Aitken u. Poulson)

Tarsometatarsale Luxationsfrakturen sind gar nicht so selten und erfolgen bei Kindern (71) wie bei Erwachsenen meist infolge einer übermäßigen Plantarflexion. Die zwei Formationen des Fußes, die äußere „Palette" einerseits, gebildet durch die vier äußeren Metatarsalia, die innere „Kolonne" andererseits, 1. Strahl mit seinem Kuneiforme (54), bilden je nach Richtung der Gewalteinwirkung miteinander oder meist gegeneinander verschobene Einheiten (Abb. 7.**381**). Im Zentrum des Geschehens liegt die aus der Metatarsalreihe am weitesten nach hinten ragende Basis des Metatarsale II. Sie ist fast immer frakturiert, aber in ihrer engen ligamentären Verbindung nicht deplaziert.

Über die **isolierte Luxation des 1. Metatarsalknochens** als Folge eines direkten Traumas wird ebenso berichtet wie über eine laterodorsale Luxation des Metatarsale I.

Die **Querfraktur durch die Basis des Metatarsale V**, beschrieben von Sir Robert Jones (31) und bekannt als **Jones' fracture**, ist eine typische Abrißfraktur durch übermäßigen Zug an der Sehne des M. peronaeus brevis (Abb. 7.**382**) z. B. nach Hängenbleiben des Fußes und Stolpern auf einer Treppe, und sollte nicht verwechselt werden mit der Apophyse der Tuberositas ossis metatarsalis V, deren Spalt längs verläuft. Da hiervor im Schrifttum häufig gewarnt wird (17), sollen gleich mehrere Befunde dieser Art bei Jugendlichen gezeigt werden (Abb. 7.**383** und 7.**384a** u. **b** und beim Erwachsenen (Abb. 7.**385**). Die Fraktur im Seitenbild samt Heilung läßt (Abb. 7.**386a** u. **b**) einen Spätzustand (Abb. 7.**387**) erkennen. Einen Überblick über 106 Fälle im Schrifttum findet man bei Arangio (3).

Auf die üblichen, alltäglichen **Frakturen der Metatarsalia**, hauptsächlich Schräg- und Zertrümmerungsbrüche, einzugehen, ist hier nicht der Platz.

Bei Überbelastung kann es auch an der **persistierenden** Apophyse des Os metatarsi V zur Nekrose kommen (Abb. 7.**388**), besonders bei Ballettänzerinnen (60). Über eine fragliche Nekrose der basalen Metatarsale-I-Epiphyse bei einem 14jährigen Jungen mit Plattfuß wurde berichtet (24). Die Ursache dürfte – wie an vielen anderen, bisher beschriebenen Sehnenansätzen – ein chronischer Avulsionsschaden sein. Histologisch wurden bislang hierbei keine Nekrosen gefunden.

Die thermischen Schädigungen durch **Blitzschlag** treten an Metatarsalköpfchen auf.

Eine besondere Bedeutung besitzen die durch Überlastung eintretenden **Ermüdungs- oder Marschfrakturen** der Metatarsalia. Von Deutschländer zuerst beschrieben, wird die meist im Metatarsale II und III, aber auch in den übrigen Metatarsalia, ganz

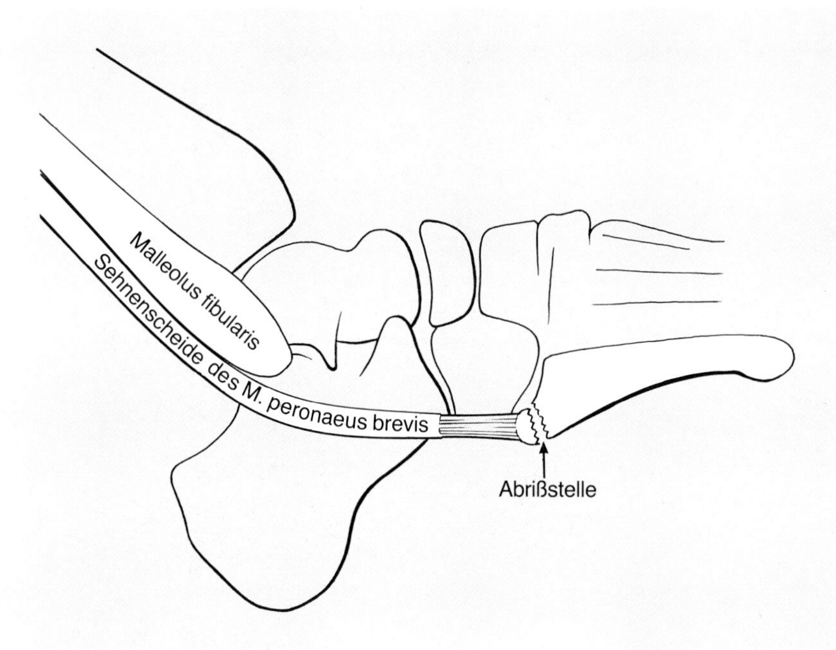

Abb. 7.**382** Abriß aus der Tuberositas ossis metatarsi V durch Überbeanspruchung der Sehne des M. peronaeus brevis (nach Rogers)

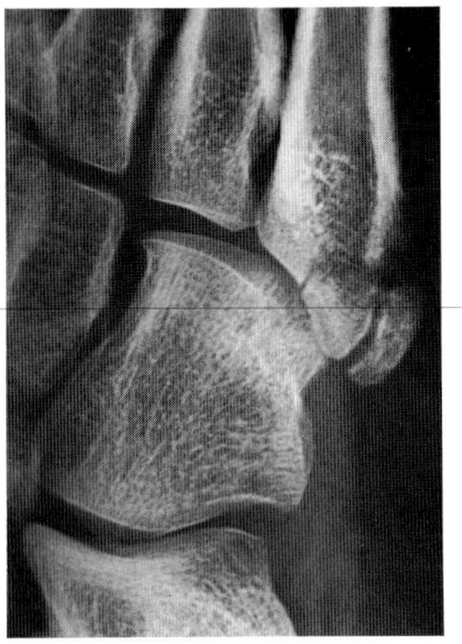

Abb. 7.**383** 12jähriger Junge. Apophyse des Metatarsale V mit Querfraktur des 5. Mittelfußknochens in der Höhe der Tuberositas

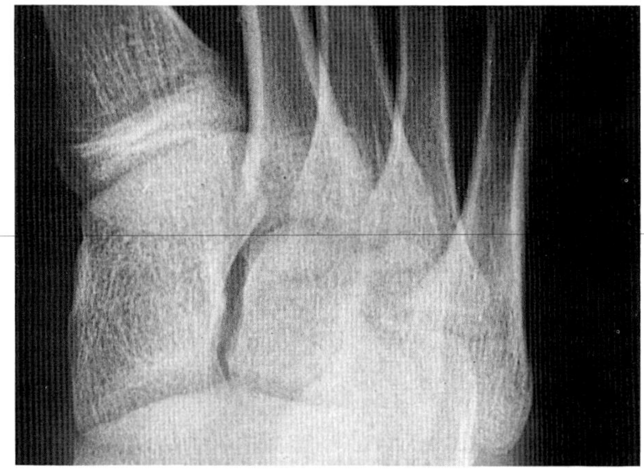

a

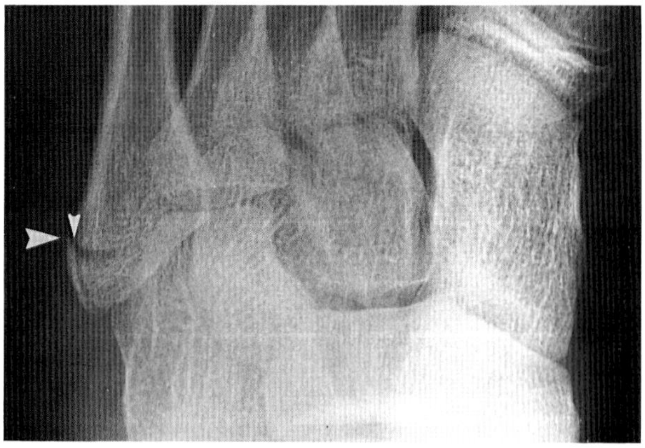

b

Abb. 7.**384 a** u. **b** 11jähriges Mädchen. Apophyse des Metatarsale V mit Querfraktur des 5. Mittelfußknochens in der Höhe der Tuberositas ▷

selten im Metatarsale I, auftretende Fraktur auch **Deutschländer-Syndrom** genannt.

Die Krankheit beginnt mit heftigen Schmerzen und oft negativem radiologischen Befund. Wenige Tage bis zwei Monate später sieht man im Röntgenbild an der schmerzenden Stelle periostale leichte bis schwere Reaktionen (Abb. 7.**389 a–c**), daran anschließend oft feine Kortikalisunterbrechungen und transversale oder auch schräge Spalten (Abb. 7.**390**). Die Überlastung tritt meist bei Rekruten nach langen Märschen auf. Der palpable Kallus führte zur Bezeichnung **„schmerzhafte Fußgeschwulst“** (28) (Abb. 7.**391**). Statistiken aus neuerer Zeit berichten über eine Häufigkeit von 0,85% unter männlichen, über 5% bei weiblichen Soldaten (6, 7). Auch am Metatarsale I sind durch das Tragen schwerer Lasten sym-

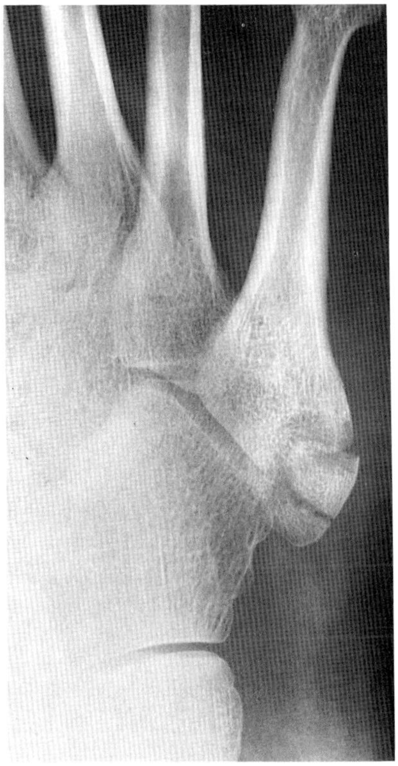

Abb. 7.**385** 46jähriger Mann. Ausriß der Tuberositas ossis metatarsi V in zwei Fragmenten

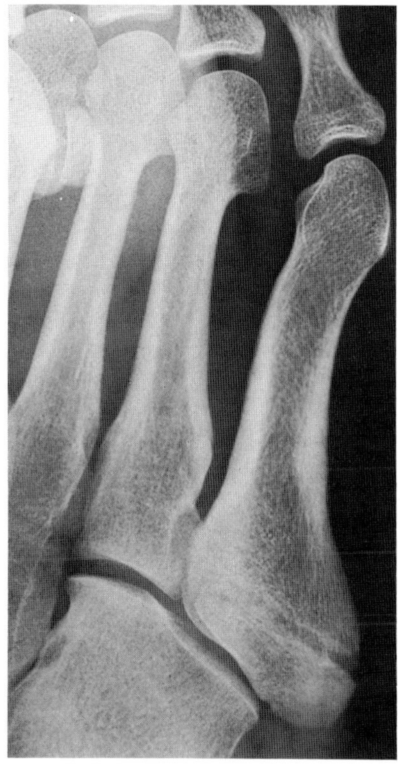

Abb. 7.**387** Alte Fraktur an der Basis des Metatarsale V

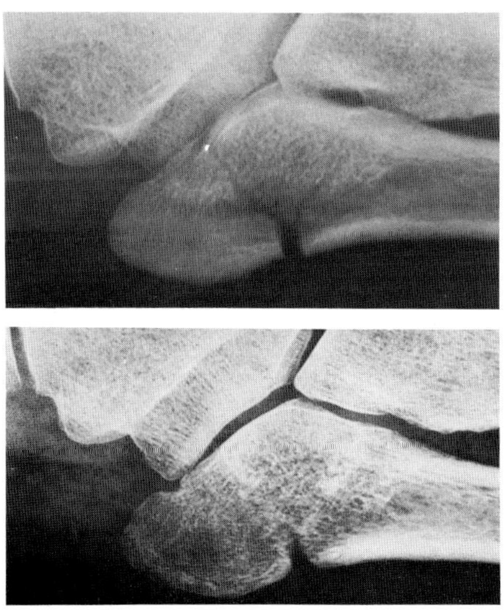

a

b

Abb. 7.**386 a** u. **b**
a Abbruch der Tuberositas metatarsi V
b Spätkontrolle

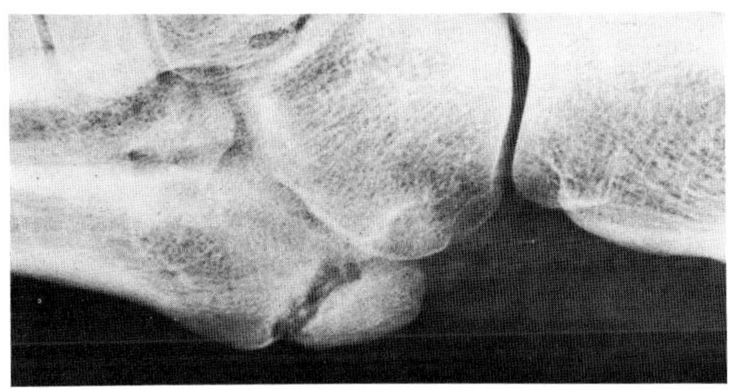

Abb. 7.**388** 30jähriger Sportler. Persistierende Apophyse von Metatarsale V

metrisch beidseits aufgetretene Umbauzonen nachgewiesen (67).

Die Beobachtung einer zunächst am Metatarsale I, danach infolge ungünstiger statischer Belastung an den Metatarsalia II und III auftretenden Ermüdungsfraktur weist auf die zweite Entstehungsweise der „Marschfraktur" hin, das Mißverhältnis zwischen der zu geringen Belastbarkeit eines hypoplastischen oder auch durch einen operativen Eingriff in dieser Hinsicht geschädigten ersten Strahles mit übermäßiger Belastung des Metatarsale II (69).

Bei Kindern zwischen 2½ und 14 Jahren (54) und Schwangeren gibt es „schleichend" entstehende Ermüdungsbrüche. Einen in dieser Hinsicht beim Kind verdächtigen Befund gibt Abb. 7.**392** wieder.

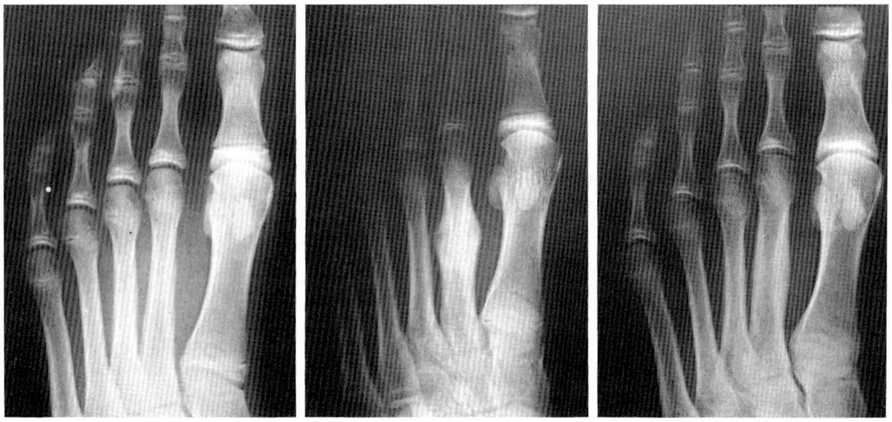

a b c

Abb. 7.**389 a–c**
a Normaler Befund bei Schmerzen über dem Metatarsale II
b Deutliche periostale Reaktion infolge Marschfraktur 2 Monate später
c Rückbildung der periostalen Anschwellung 6 Monate später

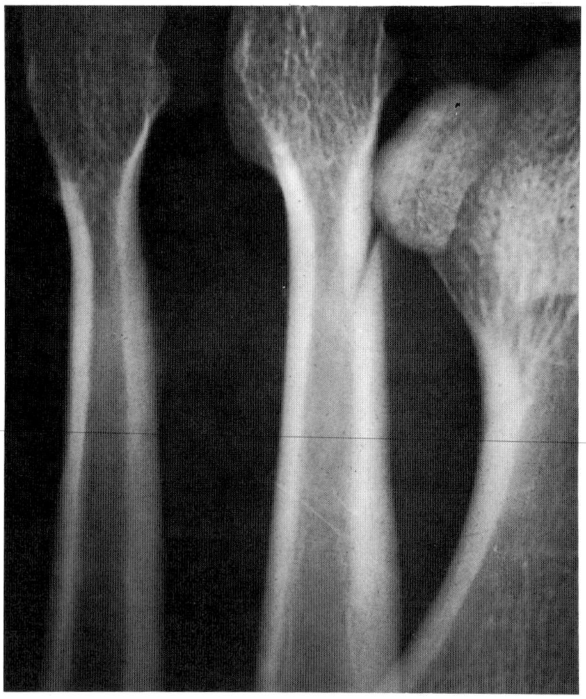

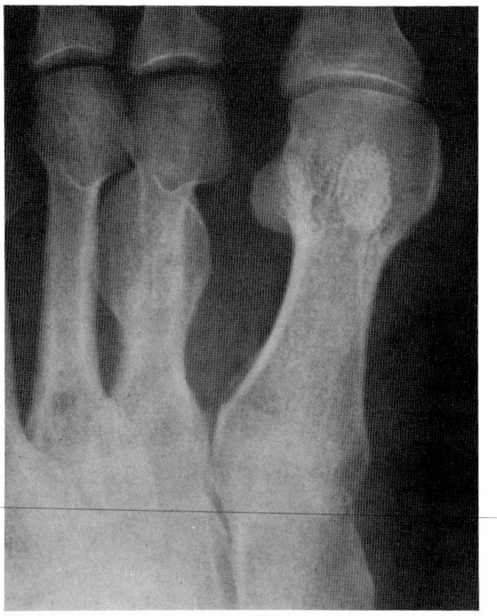

Abb. 7.**391** Starke Kallusbildung (schmerzhafte Fußgeschwulst)

◁ Abb. 7.**390** Marschfraktur am Metatarsale II mit schräg verlaufender Spalte

Das 10jährige Mädchen gab leichte Schmerzen am gering entzündlich geschwollenen und geröteten Vorfuß an. Während der Behandlung bildete sich eine lamellöse Verdickung des gegenseitigen gesamten Schaftknochens und geringer der Grundphalanx II aus.

Die **Osteochondronekrose an den Metatarsalköpfchen** („Morbus Freiberg", „Morbus Köhler II") ist von Freiberg 1914 zuerst gesehen, wenn auch nicht ganz zutreffend gedeutet worden. Köhler (37) beschrieb 1920 das Krankheitsbild. Auch Panner hat sich mit mehreren Beiträgen so grundsätzlich damit befaßt, daß es auch als **„Panner's disease"** bezeichnet wird. Es handelt sich nicht um die Folgen eines einmaligen Traumas, sondern um Schäden durch dauernde Überlastung, die vorwiegend beim weiblichen Geschlecht zwischen dem 12. bis 18. Lebensjahr auftritt, meistens am 2. Mittelfußknochen, an dem auch die meisten Ermüdungsbrüche entstehen. Die Überlastung mag unter anderem durch Schuhe mit ho-

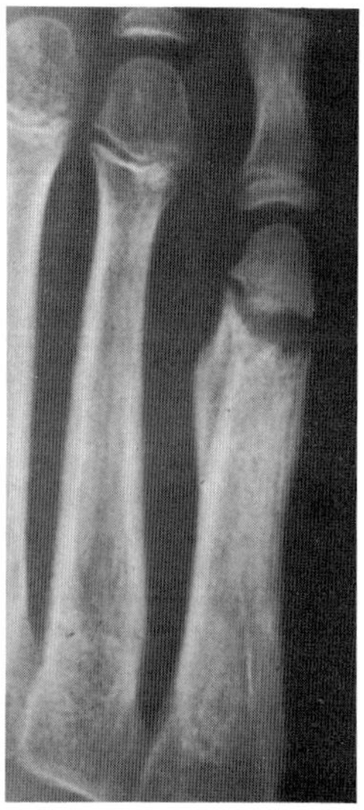

Abb. 7.**392** Periostale Verdikkung am Metatarsale V, später symmetrisch auf der Gegenseite (Beobachtung von Witthoff, Duisburg)

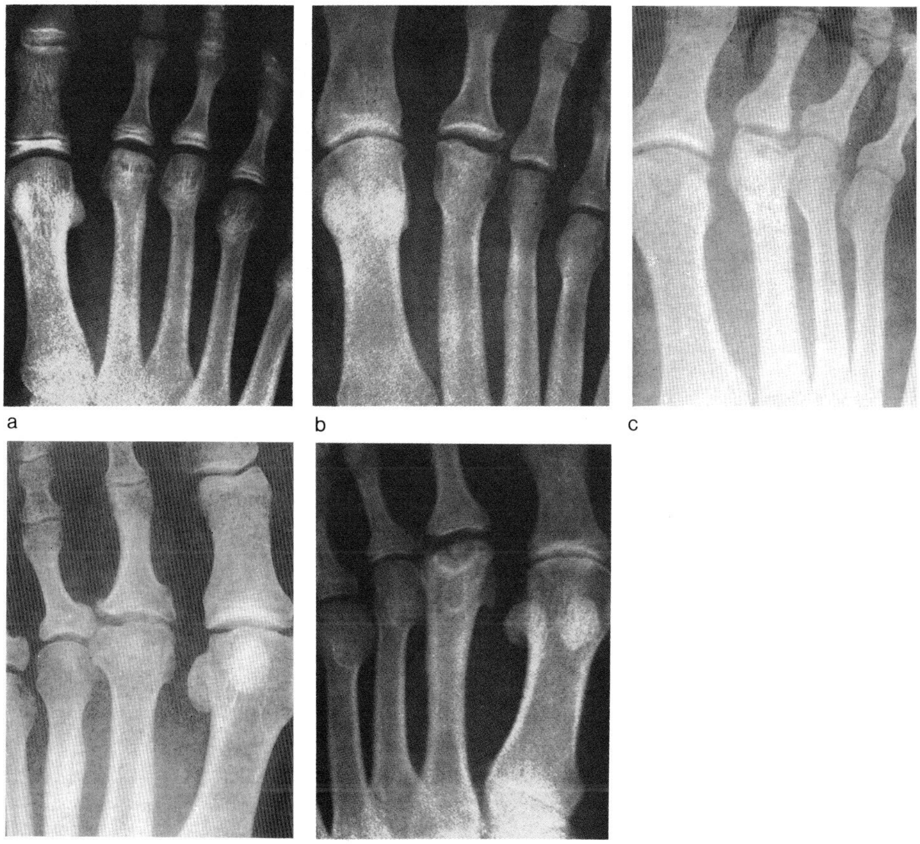

Abb. 7.**393 a–e** Originalaufnahmen von Köhler zur Nekrose des Metatarsalköpfchens II, von Anfangs- bis Endstadien

hem Absatz und infolgedessen verstärkter Belastung des Capitulum metatarsi II bzw. der entsprechenden Epiphyse hervorgerufen sein. Sämtliche Mittelfußköpfchen können befallen sein, auch die des Metatarsale I (65), zumal wenn dieses eine zusätzliche, distale Epiphyse besitzt (53[3]). Bei Feststellung des Leidens im späteren Lebensalter dürfte es sich um die Folgen der früher erworbenen Nekrose handeln. Auch hier führen Dysostosen zur Prädestination. Etwa 75 Einzelzitate aus der Literatur sind in der vorigen (12.) Auflage dieses Buches angeführt. Eine zusammenfassende Darstellung findet sich bei Pöschl (53[4]).

Das Leiden beginnt mit Schmerzen und meist noch fehlender radiologischer Symptomatik. Einem subchondralen Aufhellungsstreifen folgt in der Röntgenaufnahme nach leichter Verbreiterung des „knöchernen Gelenkspaltes" eine Abflachung der Rundung des Köpfchens. Mit fortschreitender Nekrose treten herdförmige Verdichtungen mit Aufhellungen der Struktur ein. Es kommt zur Aufsplitterung und Verbreiterung des Kapitulum. Der angrenzende Schaftknochen kann durch periostale Apposition verdickt werden. Im Heilungsstadium glätten sich die Konturen und harmonisiert sich die Struktur (Abb. 7.**393a–e**). Eine Restitutio ad integrum ist nicht beobachtet. Die betroffene Epiphyse kann verfrüht ossifiziert werden (65). Früh entsteht eine Arthrosis deformans der gelenkbildenden Knochen (Abb. 7.**394**).

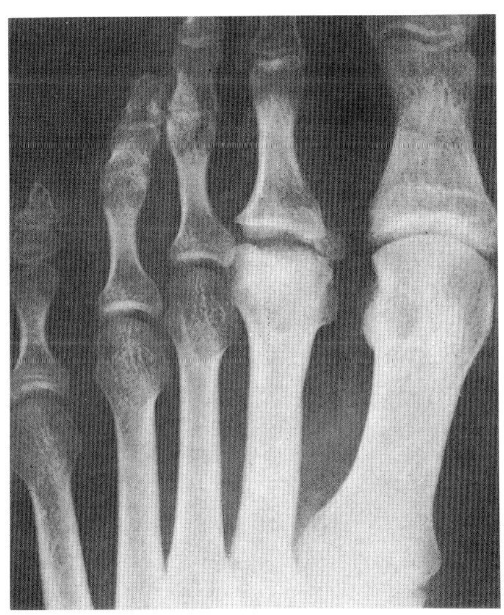

Abb. 7.**394** Arthrosis deformans nach abgelaufener Nekrose des Capitulum ossis metatarseum II (Originalaufnahme von Köhler)

Daß die Überbelastung des 2. Metatarsalköpfchens auch beim Erwachsenen nach Hallux-Valgus-Operation (Entstehungsweise ähnlich wie bei der „Marschfraktur") postnekrotische Deformitäten und Arthrosen ausbilden kann, läßt Abb. 7.**395 a** u. **b** erkennen.

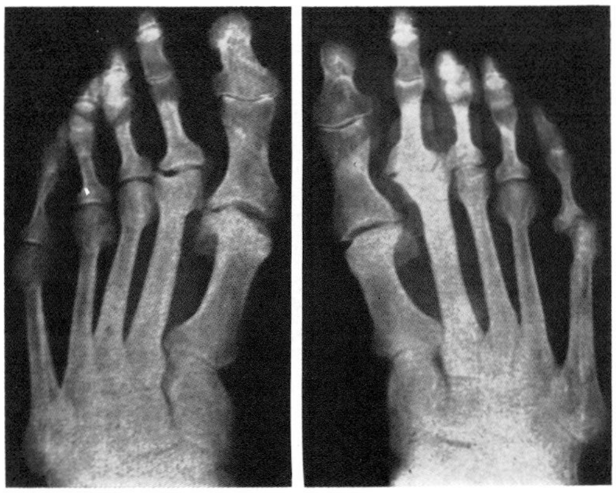

a b

Abb. 7.**395 a** u. **b** Zustand nach Nekrose der Capitula metatarsalia II nach Hallux-valgus-Operation beidseits (Originalaufnahme von Köhler)

Erworbene Erkrankungen

Eine streifenförmige **Strukturverdichtung** im Gebiet der Metatarsalia, scharf an der Epiphysengrenze des Kapitulum abbrechend, ist in die Gruppe der **streifenförmigen Osteopathien (Voorhoeve)** einzureihen. Weitere Veränderungen dieser Art bestanden gleichzeitig an Tibia, Trochanter und Humeruskopf. Bei ätiologisch nahen Beziehungen zur dominant vererblichen Osteopoikilie wurde auch diese **Osteopathia striata** bei zwei Geschwistern beobachtet, die gleichzeitig eine Dermatofibrosis lenticularis disseminata aufwiesen.

Die **begrenzte Form** einer **Algodystrophie** (sympathische Reflex-, posttraumatische Sudeck-Dystrophie) wurde nach dem Fall eines schweren Gegenstandes auf das Metatarsophalangealgelenk I gefunden.

Ohne äußerlich sichtbare oder radiologisch nachweisbare Skelettverletzung, aber bei Schmerz und lokaler Entzündung entwickelte sich etwa 6 Wochen später zunächst ein subchondraler Aufhellungssaum am Capitulum metatarsi I sowie eine leichte, 2 Monate später eine ausgeprägte fleckige Atrophie des Metatarsus und der Sesambeine. Die klinischen und radiologischen Symptome bildeten sich nach 6 bis 12 Monaten spontan zurück (38).

Entzündungsbedingte Weichteilzeichen als Initialsymptom (durch Erguß, Ödem, Synovialisproliferation) sind durch Anschwellungen medial des 1. und lateral des 5. Metatarsophalangealgelenkes, ferner durch die Distanzierung der Metatarsalköpfchen voneinander gekennzeichnet. Durch Erweiterung der zwischen den Köpfchen gelegenen Bursae können die in der Beschreibung der Norm genannten Relationen der Abstände der Köpfchen – z. B. bei der rheumatoiden Arthritis – verändert werden (11).

Als **Mortonsche Metatarsalgie** (45 u. a.) wird ein Krankheitsbild bezeichnet, das durch das enge Zusammengedrücktsein der Metakarpalia III oder V an das Capitulum ossis metacarpalis IV (Folgen des Schuhwerks?) entsteht und den N. plantaris neben dem nach plantar verdrängten Metatarsalköpfchen IV komprimiert. Es kann zu erheblichen Neuralgien kommen.

Die Symptomatik der **rheumatoiden Arthritis,** der **juvenilen rheumatoiden Arthritis** (56), der **Reiterschen Erkrankung** und nach dem Befall der Metatarsalknochen bei der **ankylosierenden Spondylitis** gleicht prinzipiell den Befunden, wie sie an der Hand erwähnt wurden und sollen unter Hinweis auf zusammenfassende Beschreibungen (14, 21, 23) hier nicht noch einmal gezeigt werden.

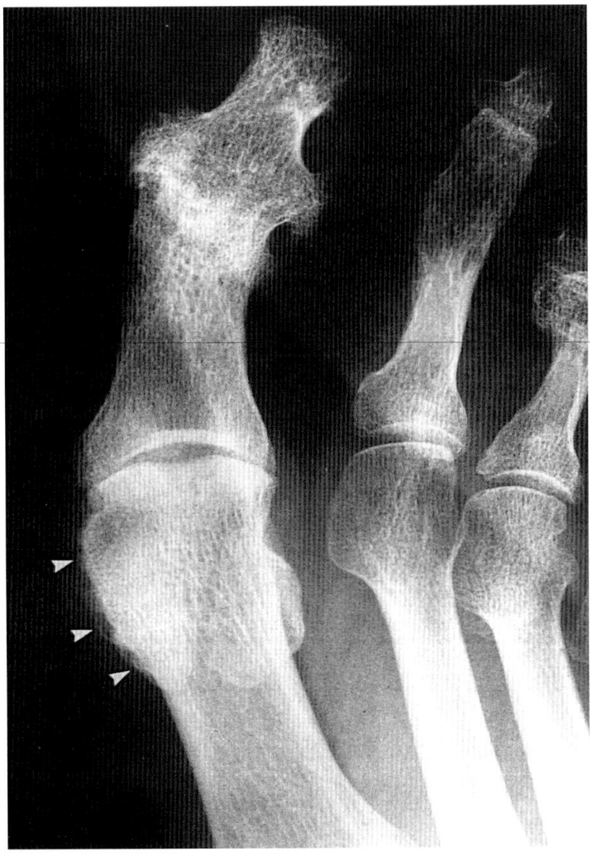

Abb. 7.**396** Arthritis psoriatica in an sich fortgeschrittenem Stadium mit Ankylosen der distalen und proximalen Interphalangealgelenke des 1. bis 3. Strahles. Typische ossifizierende Periostreaktionen am Capitulum metatarsi I (▶)

Die **Arthritis psoriatica** kann allerdings zu typischen ossifizierenden Periostreaktionen im Tarsalbereich führen, wie sie schon an den Malleolen erwähnt wurden. Abb. 7.**396** wird nicht wegen der ausgeprägten Gelenkveränderungen bei Arthritis psoriatica gezeigt, sondern wegen der Periostreaktionen am Capitulum metatarsi I.

Eine auf das 3. Metatarsophalangealgelenk begrenzte, entzündliche Osteolyse wurde bei **familiärem Mittelmeerfieber** beobachtet.

Über das Auftreten einer **aneurysmatischen Knochenzyste** an den Metatarsalia wird häufiger berichtet (10, 20, 44 u.a.). Die radiologische Symptomatik zeichnet sich durch Auftreibung des Knochens, Rarefizierung der Knochenbälkchenstruktur, Verdünnung, eventuell Aufsplitterung der Kortikalis (44) und Durchbruch durch die Knochenrinde (20) aus. Diese Art von Zysten werden im Schaft wie im Kapitulum gefunden.

Die Osteolysen bei den **neurogenen Osteopathien** finden sich weniger als an der Hand an den Endgliedern, sondern mehr an den (gewichtstragenden) Metatarsophalangealgelenken. Die bei **Myelopathien** (Syringomyelie, Myelodysplasie, Poliomyelitis [15, 35, 36]), dann vor allem bei **Diabetes** (36), **alkoholischer Neuropathie** (Arthropathia ulceromutilans non familiaris Bureau-Barrière), bei der **Lepra** und der **Syphilis**, aber auch nach **traumatischen Nervenschädigungen** (35) auftretende Veränderungen werden wegen ihrer Symptomlosigkeit selten im Frühstadium erfaßt und beschrieben, können aber schnell fortschreiten (Abb. 7.**397a** u. **b**). Erste Veränderungen sieht man, wenn überhaupt, als Begleiterscheinung fortgeschrittener Prozesse an den anderen als den hauptsächlich befallenen Fußknochen. Die Osteolysen finden sich am distalen Ende der Metatarsalia und der proximalen Anteile der Grundphalangen und führen in den fortgeschrittenen Stadien zum Bild der „abgelutschten Zuckerstange" („en sucre d'orge"). In größerem klinischen Zusammenhang gehören die Knochenveränderungen zur „ulzeromutilierenden Neuropathie" (52). Ein abgeschrägter Defekt am Capitulum V (Abb. 7.**398**) ist für das **Malum perforans** charakteristisch. Das Weichteilgeschwür braucht nicht in Verbindung mit dem Gelenk oder Knochen zu stehen und kann trophoneurotisch erklärt werden.

Das Metatarsophalangealgelenk I ist das am häufigsten von der **Osteoarthropathia urica** (Gicht) befallene Gelenk. In 50% der Gichtkranken setzt der erste Anfall in diesem Großzehengrundgelenk ein.

Als eine der hauptsächlich durch das Körpergewicht und das Abrollen des Fußes beim Gehen beanspruchte Region verfällt das Großzehengrundgelenk leicht dem Verschleiß. Man findet Deformierungen, vor allem Randwülste, fast regelmäßig bei älteren Leuten als Ausdruck **arthrotischer Erscheinungen**. Hallux rigidus s. bei Anomalien. **Subchondrale Zysten** mit sklerotischem Randsaum kommen am medialen Rand des Capitulum metatarsi I öfter vor und gleichen histologisch den Zysten, die bei der Hüftgelenkarthrose gefunden wurden (39).

Eine **Osteochondrosis dissecans** am Köpfchen des Metatarsale I ist beiderseits mehrfach beschrieben (50, 57, 63 u.a., s. bei 53[5]). Eine dysplastische Form, wie sie unter den Varianten aufgeführt wurde, und das Auftreten von Nebenkernen könnten für eine Entstehung auf der Grundlage einer

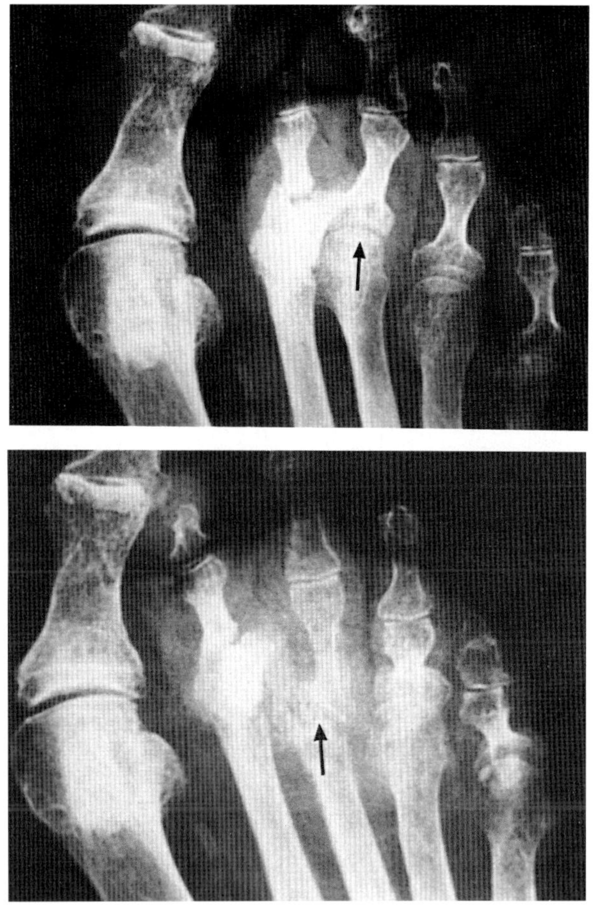

a

b

Abb. 7.**397a** u. **b** Ausgedehnte Knochenzerstörungen in den Tarsometatarsalgelenken bei diabetischer ulzeromutilierender Neuropathie
a 21. 3. 1982: u.a. typische Osteolysen der Metatarsalia II–IV links. Anfangsbefund im Metatarsophalangealgelenk III rechts
b 26. 5. 1982: jetzt auch schwere Zerstörung im Metatarsophalangealgelenk III rechts

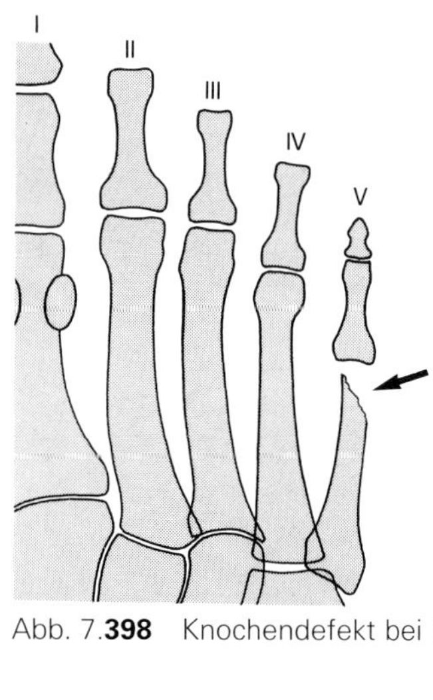

Abb. 7.**398** Knochendefekt bei Malum perforans

konstitutionellen Osteodystrophie (Ribbing) sprechen. Auch an den Capitula metatarsorum II und III sind ähnliche Einzelbefunde mitgeteilt (5, 26).

In den **Weichteilen** ist der Befund **kalzifizierender Periarthritis** bei **chronischen Nieren-Dialyse-Patienten** mit Gefäßverkalkungen und Apatitablagerungen in erweiterten Schleimbeuteln neben den Metatarsophalangealgelenken von den Kalziumuratablagerungen bei *Gicht* radiologisch nicht abzugrenzen.

Intimaverkalkungen der medial gelegenen Arterien kommen gehäuft bei Diabetes mit Gangrän (61%), in gleicher, erhöhter Häufigkeit bei Diabetes und Patienten mit familiärer Amyloidose (42%) gegenüber der Norm von 10% (41) vor.

Literatur

1 Aitken, A. P., D. Poulson: Dislocations of the tarsometatarsal joint. J. Bone Jt Surg. 45-A (1963) 246–260
2 Åkerlund, Å.: Entwicklungsreihen in Röntgenbildern von Hand, Fuß und Ellenbogen im Mädchen- und Knabenalter. Fortschr. Röntgenstr., Erg.-Bd. 33 (1918)
3 Arangio, G. A.: Proximal diaphyseal fractures of the fifth metatarsal (Jones' fracture): two cases treated by cross-pinning with review of 106 cases. Foot Ankle 3 (1983) 293–296
4 Baastrup, Chr.: Os vesalianum tarsi and fracture of tub. oss. metatars. V. Acta radiol. (Stockh.) 1 (1921/22) 334–338
5 Bánki, Z.: Osteochondrosis dissecans am Capitulum metatarsale II. Fortschr. Röntgenstr. 104 (1966) 830–835
6 Black, J. R.: Stress fractures of the foot in female soldiers. Milit. Med. 147 (1982) 861–862
7 Black, J. R.: Stress fractures of the foot in female soldiers. J. Amer. Podiat. Ass. 73 (1983) 633–634
8 Bojsen-Møller, F.: Normale und pathologische Anatomie des Vorfußes. Orthopädie 11 (1982) 148–153
9 Bonnat, H., H. Bensahel, C. Themar-Noel: Le metatarsus varus congénital. Chir. Pédiat. 22 (1981) 405–409
10 Booher, R. J.: Aneurysmal bone cyst of a metatarsal. J. Bone Jt Surg. 39-A (1957) 435
11 Claustre, J., F. Bonnel, J. P. Constans, L. Simon: L'espace intercapito-métatarsien. Rev. Rhum. 50 (1980) 435–440
12 de Cuveland, E.: Die Apophyse des Metatarsale V und Os vesalianum. Fortschr. Röngtenstr. 82 (1955) 251–257
13 Deutschländer, C.: Über eine eigenartige Mittelfußerkrankung. Zbl. Chir. 39 (1921) 1422
14 Dihlmann, W.: Gelenke – Wirbelverbindungen, 2. Aufl. Thieme, Stuttgart 1982
15 Dinkel. L.: Beitrag zur neurogenen Osteopathie. Radiologe 12 (1972) 101–102
16 Dinkel, L.: Veränderungen des Fußskeletts bei Diabetes mellitus. Fortschr. Röntgenstr. 110 (1969) 223–234
17 Ehrensberger, J.: Frakturen des kindlichen und jugendlichen Fußes. Ther. Umsch. 40 (1983) 996–1000
18 Elkisek, G.: Ortop. Travm. Protez. 5/6 (1931) 82; Ref.: Zentr. Org. ges. Chir. (1933) 784
19 Endler, F., K. Fochem, U. H. Weil: Orthopädische Röntgendiagnostik. Thieme, Stuttgart 1984 ([1]S. 361, [2]S. 352–353; [3]S. 6.371)
20 Erseven, A., A. Garti, K. Weigl: Aneurysmal bone cyst of the first metatarsal bone mimicking malignant tumor. Clin. Orthop. 181 (1983) 171–174
21 Forrester, D. M., M. J. Brown, J. W. Nesson: Gelenkerkrankungen im Röntgenbild. Thieme, Stuttgart 1983
22 Friedl, E.: Das Os intermetatarseum und die Epiphysenbildung am Processus trochlearis calcanei. Dtsch. Z. Chir. 188 (1924) 150–160
23 Gold, R. H., L. W. Bassett: Radiologic evaluation of the arthritic foot. Foot Ankle 2 (1982) 332–341
24 Grashey, R.: Alte Köhlersche Metatarsalerkrankung. Röntgenpraxis 5 (1933) 215
25 Heuck, F.: Normvarianten des Skeletts. In Schinz, H. R., W. E. Baensch, W. Frommhold, R. Glauner, E. Uehlinger, J. Wellauer: Lehrbuch der Röntgendiagnostik, Bd. II/1, 6. Aufl. Thieme, Stuttgart 1979 (S. 109)
26 Hellström, J., K. Östling: Ein klinischer Beitrag zur Kenntnis der Osteochondrosis dissecans. Acta chir. scand. (Stockh.) 75 (1934) 273–281
27 Iselin, H.: Wachstumsbeschwerden zur Zeit der knöchernen Entwicklung der Tuberositas metatarsi quinti. Dtsch. Z. Chir. 117 (1912) 529–535
28 Jansen, M.: Die Fußgeschwulst und ihre Ursache. Enke, Stuttgart 1915
29 Johannsson, S.: Os Vesalianum pedis. Z. orthop. Chir. 42 (1922) 301–307
30 Jonasch, E.: Brachymetatarsie als Folge eines Fremdkörpers in der Wachstumsperiode. Fortschr. Röntgenstr. 89 (1958) 378–379
31 Jones, R.: Fracture of the base of the fifth metatarsal bone by indirect violence. Ann. Surg. 35 (1902) 697–700
32 Keats, Th. E.: Atlas of Normal Roentgen Variants that May Simulate Disease, 3rd ed. Year Book Medical Publishers, Chicago 1984 ([1]fig. 7-305; [2]fig. 7-298; [3]fig. 7-307; [4]fig. 7-312; [5]fig. 7-304)
33 Kelikian, H.: The Hallux, In Jahss, M. H.: Disorders of the Foot. Saunders, Philadelphia 1982 (S. 545)
34 Kite, J. H.: Congenital metatarsus varus. J. Bone Jt Surg. 49-A (1967) 388–397
35 Klümper, A., M. Strey, S. Weller, U. Roth, P. Bildstein: Neurogene Osteolysen. Defekte an Fußknochen nach traumatischer Schädigung peripherer Nerven. Fortschr. Röntgenstr. 108 (1968) 62–71
36 Klümper, A., A. Strey, S. Weller, U. Roth, H. Müller-Bergh: Neurogene Osteolysen bei Diabetes mellitus. Fortschr. Röntgenstr. 108 (1968) 221–233
37 Köhler, A.: Eine typische Erkrankung des 2. Metatarsophalangealgelenkes. Münch. med. Wschr. 67 (1920) 1289–1290
38 Lagier, R.: Posttraumatic Sudeck's dystrophy localized in the metataso-phalangeal region. Fortschr. Röntgenstr. 138 (1983) 496–499
39 Lemont, H., J. S. Smith: Subchondral bone cysts of the head of the first metatarsal. J. Amer. Podiat. Ass. 72 (1982) 233–236
40 Lerat, J.-L., C. Tarquini, J.-M. Trilland, G. Herzberg: Les fractures-luxations tarso-métatarsiennes. Rev. prat. (Paris) 33 (1983) 1439–1450
41 Lithner, F., S.-O. Hietala, L. Steen: Skeletal lesions and arterial calcifications of the feet in diabetics. Acta med. scand., Suppl. 687 (1958), 47–54
42 Maas, W.: Multiple Pseudoepiphysen bei Dysostosis cleidocranialis. Fortschr. Röntgenstr. 80 (1954) 788–789
43 Mah, K. K. S., T. R. Beegle, D. W. Falknor: A correction for short fourth metatarsal. J. Amer. Podiat. Ass. 73 (1983) 196–200
44 McNamara, G., F. Behehti, Th. G. Saunders, St. M. Glubo: Aneurysmal bone cyst of a metatarsal. J. Amer. Podiat. Ass. 72 (1982) 356–360
45 McKeever, D. C.: Surgical approach for neuroma of plantar digital nerve (Morton's metatarsalgia). J. Bone Jt Surg. 34-A (1952) 490
46 Mertz, D. P.: Hallux-rigidus-Arthrosen und Gicht. Fortschr. Med. 100 (1982) 446–448
47 Mertz, D. P., A. Mertz: Zwischen Hallux-rigidus-Arthrose und Gicht besteht kein Kausalzusammenhang. Med. Klin. 76 (1981) 743–745

48 Morton, D. J.: Metatarsus atavicus. J. Bone Jt Surg. 9 (1927) 531–544
49 Neiss, A.: Verh. anat. Ges. 59 (1963) 226; Anat. Anz. 113, Erg.-H. (1964) 226–234
50 Odelberg-Johnson, O.: Osteochondrosis dissecans am Capitulum metatarsi I beiderseits. Fortschr. Röntgenstr. 92 (1960) 467–469
51 Ott, A.: Beitrag zum Metatarsus atavicus (Morton). Fortschr. Röntgenstr. 94 (1961) 556–557
52 Partsch, M.: Akroosteopathia ulceromutilans der Füße. Dtsch. med. Wschr. 107 (1982) 517; Leser-Zuschrift zu U. Michel, O. P. Hornstein: Akroosteopathia ulcero-mutilans der Füße. Dtsch. med. Wschr. 107 (1982) 169–175
53 Pöschl, M.: Juvenile Osteochondrosen. In Diethelm, L., O. Olsson, F. Strnad, H. Vieten, A. Zuppinger: Handbuch der Medizinischen Radiologie, Bd. V/4. Springer, Berlin 1971 ([1]S. 539; [2]S. 581–583; [3]S. 544; [4]S. 542–562; [5]S. 676–678)
54 Popp, O.: Schleichende Metatarsalfrakturen bei Kindern. Z. Orthop. 84 (1953/54) 55–61
55 Quénu, G. Kuss: Les luxations tarso-métatarsiennes. Rev. Chir. 1909; zit. nach Lerat et al. (40)
56 Rana, N. A.: Juvenile rheumatoid arthritis of the foot. Foot Ankle 3 (1982) 2–11
57 Ravelli, A.: Osteochondrosis dissecans am Köpfchen des ersten Mittelfußknochens. Fortschr. Röntgenstr. 76 (1952) 72
58 Rogers, L. F.: Radiology of Skeletal Trauma. Churchill Livingstone, New York 1982 (fig. 23–55)
59 Rütt, A.: Der Hohlfuß. In Hohmann, G., M. Hackenbroch, K. Lindemann: Handbuch der Orthopädie, Bd. IV/2. Thieme, Stuttgart 1961 (S. 1068)
60 Sammarco, G. J.: The Foot and Ankle in Classical Ballet and Modern Dance. In Jahss, M. H.: Disorders of the Foot. Saunders, Philadelphia 1982 (chapt. 59, p. 1653)
61 Schinz, H. R.: Das Os Vesalianum ist das Tarsale 5. Fortschr. Röntgenstr. 87 (1957) 126–127
62 Schoen, H.: Seltenere akzessorische Knochen am Fußrükken. Röntgenpraxis 7 (1935) 775–776
63 Schöneich, R.: Osteochondrosis dissecans am Köpfchen des ersten Mittelfußknochens beiderseits. Fortschr. Röntgenstr. 80 (1954) 276/277
64 Sedlin, E. D.: Early fusion in Freiberg's infraction. Foot Ankle 3 (1982) 297–298
65 Skirving, A. P., J. H. Newman: Elongation of the first metatarsal. J. Pediat. Orthop. 3 (1983) 508–510
66 Swischuk, L. E.: Emergency Radiology of the Acutely Ill or Injured Child. Williams & Wilkins, Baltimore 1979 (p. 376)
67 Trede, H.: Symmetrische Umbauzonen (Looser-Milkman) in den Metatarsalia I. Fortschr. Röntgenstr. 115 (1971) 396–397
68 Trolle, D.: Accessory Bones of the Human Foot. Munksgaard, Kopenhagen 1948
69 Viladot, A.: The Metatarsal. In Jahss, M. H.: Disorders of the Foot. Saunders, Philadelphia 1982 (chapt. 24)
70 Wackenheim, A.: La ségrégation d'unités figurales par la proximité et la ressemblance de leurs composants. J. Radiol. (Paris) 65 (1984) 437–441
71 Wiley, J. J.: Tarso-metatarsal joint injuries in children. J. Pediat. Orthop. 1 (1981) 255–260
72 Yagil, Y., P. Mogle, Ilana Ariel: Inflammatory synovitis due to familial meditarranian fever of left third metatarsophalangeal joint. Skeletal Radiol. 8 (1982) 157–159
73 Zollinger, H., St. Kubik, A. Schreiber, A. Lang: Les nécroses osseuses spontanées de la tête du 1er métatarsien. Rev. méd. Toulouse 1 (1983) 159–165

Sesambeine

Norm

Sesambeine werden an der Plantarseite des Fußes regelmäßig angetroffen, zwei am Capitulum ossis metatarsalis I, häufig je eines am Capitulum V und am Capitulum II, selten zwei am Capitulum V und eins am Capitulum IV, ganz selten ein tibiales am Capitulum III (Abb. 7.**399** bis 7.**401**).

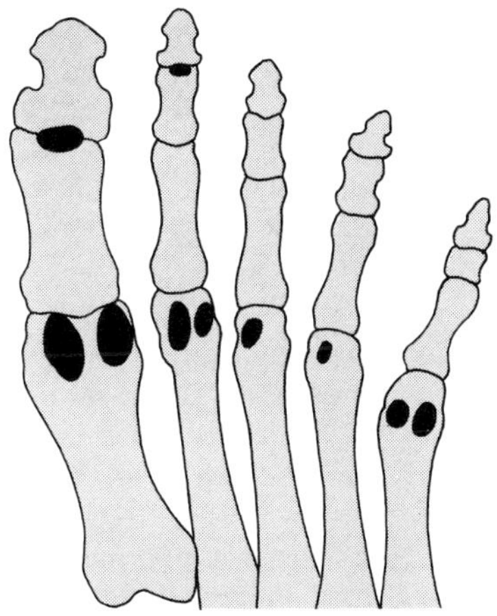

Abb. 7.**399** Sesambeine am Fuß (nach Köhler)

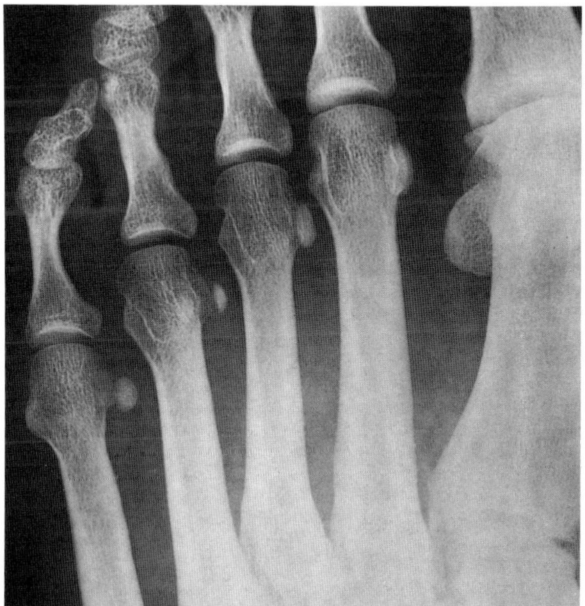

Abb. 7.**400** Sesambeine an allen Köpfchen der Metatarsalia

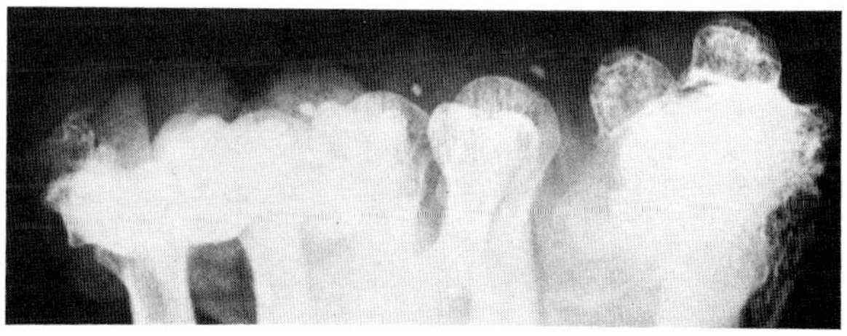

Abb. 7.**401** Axiale Aufnahme mit zahlreichen Sesambeinen

Sie treten bei Mädchen im 9. bis 10. (frühestens 7.), bei Jungen im 11. bis 12. (frühestens 10.) Lebensjahr auf.

Die **Sesambeine der Großzehe** liegen innerhalb der verstärkten Gelenkkapsel der Lamina fibrocartilaginea und artikulieren mittels einer hyalinknorpeligen Gelenkfläche mit dem Capitulum metatarsi I. Der mediale Kopf des M. flexor hallucis brevis inseriert gemeinsam mit dem M. abductor hallucis am medialen, der M. adductor hallucis zusammen mit dem lateralen Kopf des kurzen Großzehenbeugers am lateralen Sesambein.

Die Verknöcherung kann von einem einzigen, aber auch von mehreren Zentren ausgehen, multizentrisch vor allem am Sesamum tibiale. Formen des Großzehensesambeins s. Abb. 7.**402**.

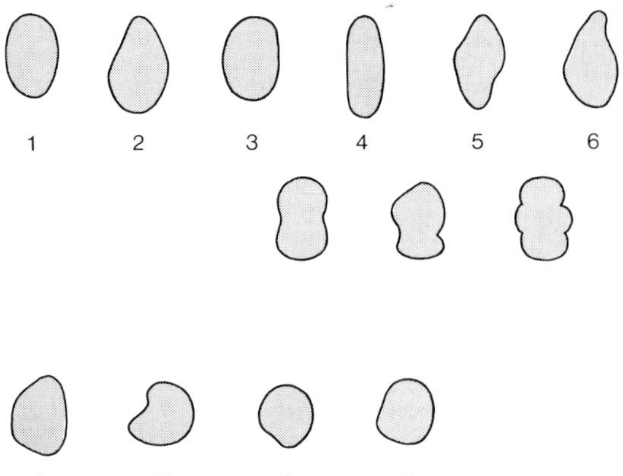

Abb. 7.**402** Formen des Großzehensesambeines, nach der Häufigkeit ihres Vorkommens geordnet (nach Kewenter)

Varianten

Abb. 7.**403** gibt eine Beobachtung Zimmers bei gespaltenem tibialen Sesambein der Großzehe wieder, wobei gleichzeitig (außer dem fibularen Sesambein) auch **zwei kleine Sesambeine unweit des Großzehenendgelenkes** zu sehen sind.

Anzahl und **Verteilung** der Sesambeine sind bei demselben Menschen **nicht symmetrisch**. Das **einseitige Fehlen des medialen Sesambeins der Großzehe** ist beschrieben (9).

Eine Teilung der Sesambeine, ein **Os sesamoideum partitum**, kommt in 33,5%iger Häufigkeit vor, bei Frauen und am tibialen Großzehen-Sesamum am meisten (Abb. 7.**404** bis 7.**406**), danach in der Häufigkeitsskala am 2. Strahl (Abb. 7.**407**). Abb. 7.**408** läßt eine Teilung am 5. Strahl erkennen. Es gibt Aufspaltungen in zwei, vier und mehr Teile. Solche extremen Partitionen werden nicht als pathologisch gewertet. Dabei sieht man auch zwei große und ein kleines Großzehensesambein (Abb. 7.**409**), s. auch Teilungstypen (Abb. 7.**410**). Im Gegensatz zu diesen Häufigkeitsangaben steht eine Mitteilung aus dem jüngeren Schrifttum über das Vorkommen zweigeteilter Sesambeine in nur 4% nach anatomischen und radiologischen Untersuchungen einer normalen Klientel (1).

Zur *Differentialdiagnose der Partition gegenüber der Fraktur* trägt bei, daß ein Sesamum bipartitum meist größer ist, das gebrochene Knöchelchen höchstens als größer imponiert (Abb. 7.**404**).

Als Variante muß die **Verschmelzung** eines fibularen Sesambeines mit dem Capitulum metatarsi I angesehen werden (Abb. 7.**411**). Das mediale Sesambein kann auch fehlen.

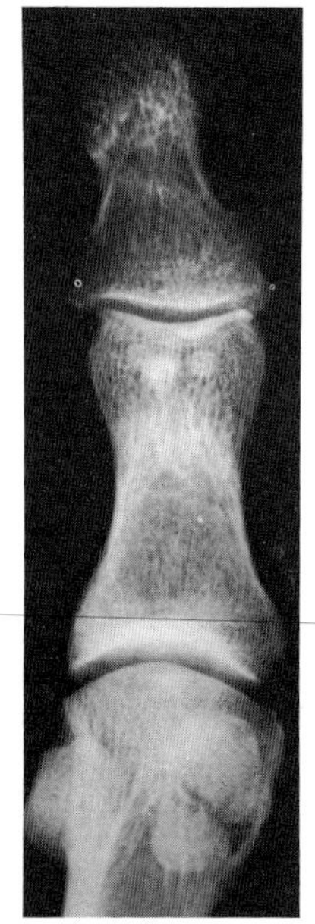

Abb. 7.**403** Zwei kleine Sesambeine am Großzehenendgelenk

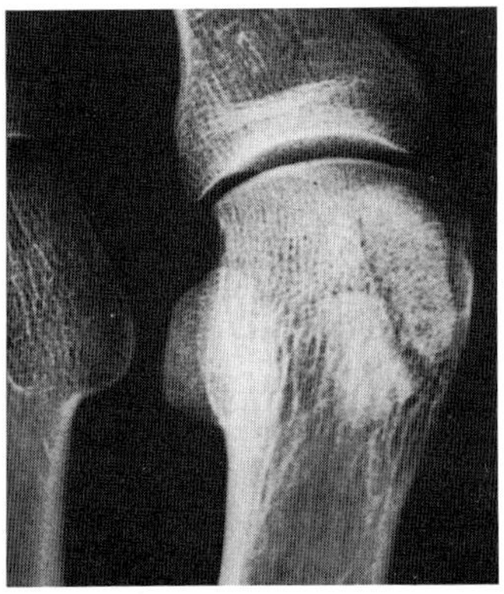

Abb. 7.**404** Teilung des tibialen Großzehensesambeines, das wesentlich größer erscheint als das nicht gespaltene fibulare

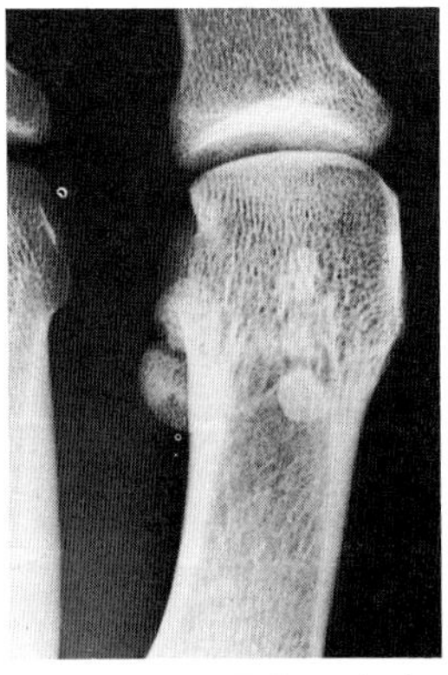

Abb. 7.**405** Teilung beider Großzehensesambeine

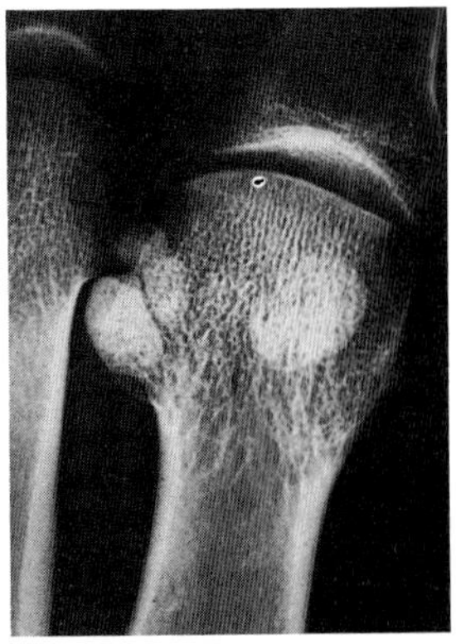

Abb. 7.**406** Teilung des fibularen Großzehensesambeines (seltener als die des tibialen)

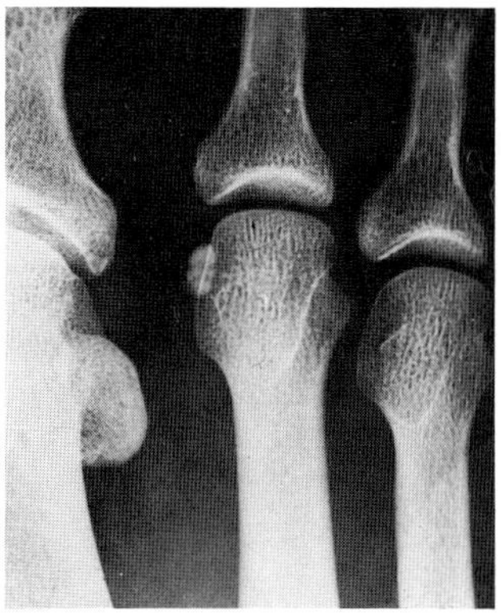

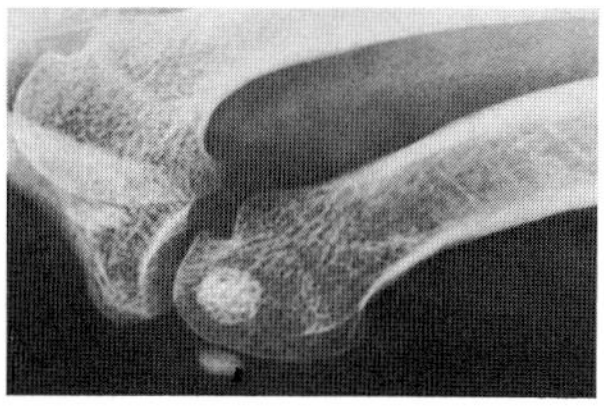

Abb. 7.**408** Zwei Sesambeine am Metatarsale V

Abb. 7.**407** Geteiltes Sesambein am Metatarsale II

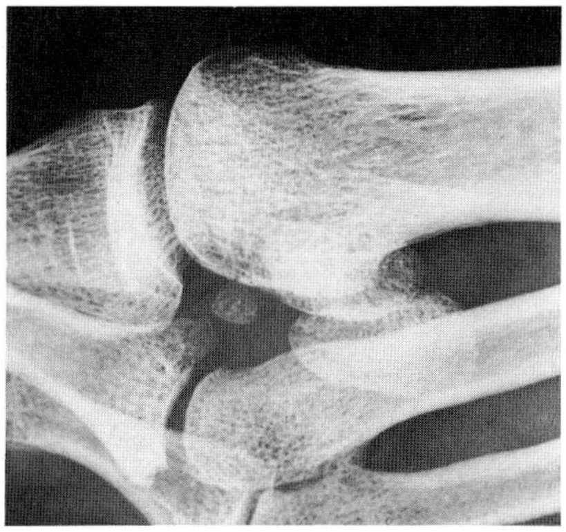

Abb. 7.**409** Tibiales Großzehensesambein in doppelter Anlage. Das kleinere liegt atypisch weit distal.

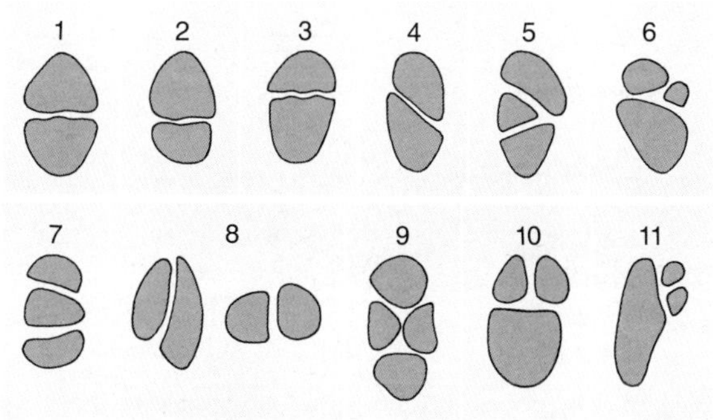

Abb. 7.**410** Teilungen des Großzehensesambeines, nach der Häufigkeit des Vorkommens geordnet (nach Kewenter)

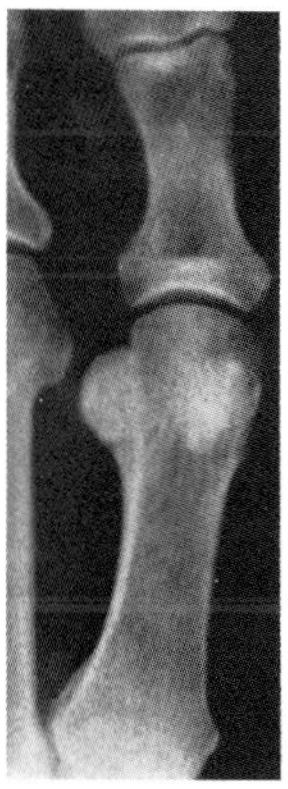

Abb. 7.**411** Knöcherne Verschmelzung des fibularen Sesambeins mit dem Metatarsale I

Verletzungsfolgen und Nekrosen

Bei der schwierigen Differentialdiagnose gegen das Sesamum bipartitum gelten als sichere Kriterien der **Querfraktur** nur Voraufnahmen mit intaktem, einkernigen Sesamum oder Kallusbildung.

Die Frakturen treten nach Fall oder Sprung (Ballettänzer/-innen) aus größerer Höhe oder bei extremer dorsaler Flexion (z. B. beim Football) auf (2), s. auch Abb. 7.**412**. Bei Luxation im Großzehenendgelenk kann ein Sesambein im Gelenk interponiert sein (Abb. 7.**413**).

In der **radiologischen Wiedergabe** empfiehlt sich die Abbildung in drei Projektionen, also auch in der axialen Strahlenrichtung (Abb. 7.**414a–c**). Die Notwendigkeit der Anfertigung von Aufnahmen in drei oder vier Ebenen erweist sich durch den Nachweis einer Fraktur nur in einer einzigen dieser drei Projektionen (Abb. 7.**414b**).

Nekrosen an einem und/oder beiden Sesambeinen sind wohl meist den Überlastungsschäden zuzuordnen, wie sie bei Tänzern/-innen, die verstärkt mit der Fußsohle auf den Boden stampfen (Volkstanz [12]), aber auch bei Sportlern recht verschiedener Disziplinen (6) bekannt sind. Über histo-

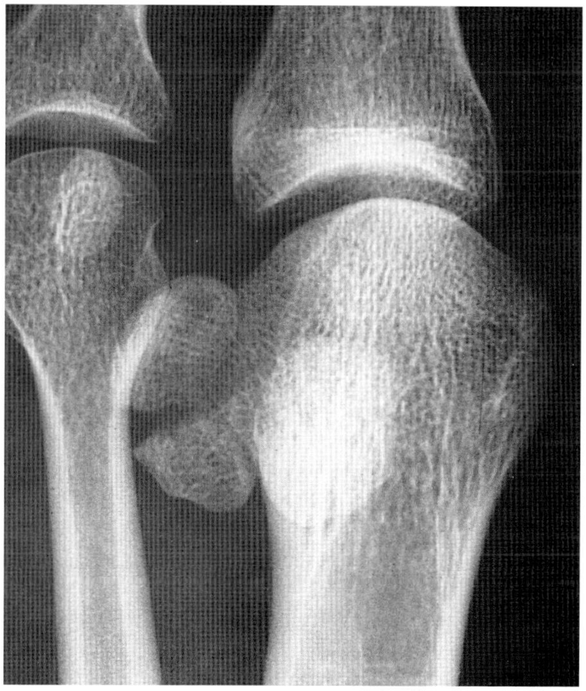

Abb. 7.**412** Fraktur des fibularen Großzehensesambeines

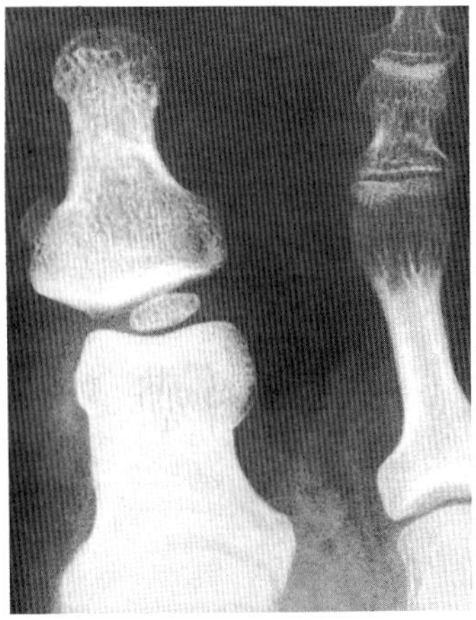

Abb. 7.**413** Interponiertes Sesambein bei Luxation im Großzehenendgelenk

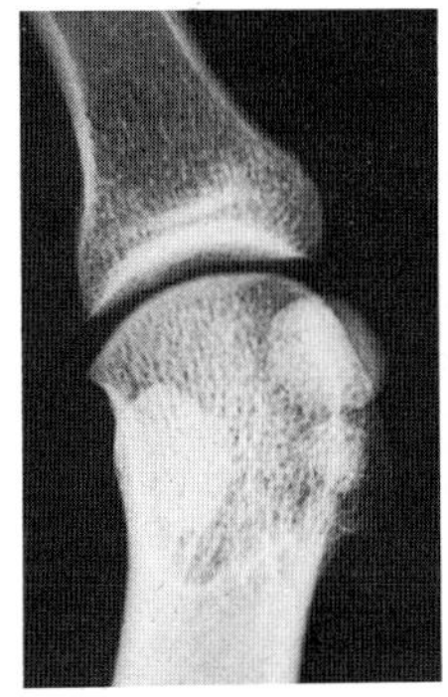

a

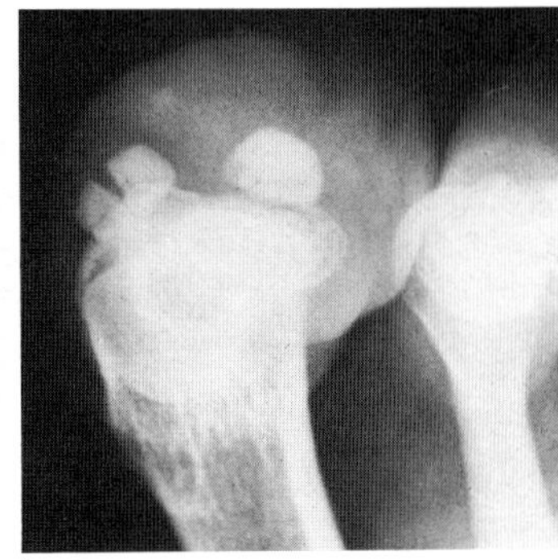

b

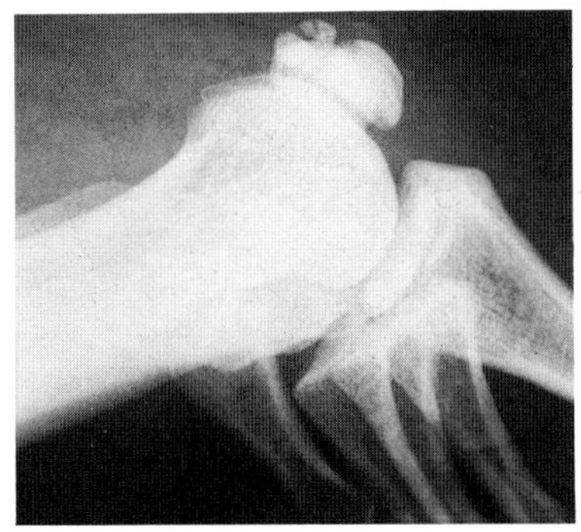

c

Abb. 7.**414 a–c** 17jähriges Mädchen mit starken Beschwerden am Großzehenballen. Fraktur des tibialen Sesambeins. Untersuchung in drei Strahlenrichtungen
a Querteilung des tibialen Sesambeins
b Längsfraktur bei axialer Untersuchung
c Weitere kleine Nebenkerne bei Profilkontrolle

logisch nachgewiesene Nekrosen wird jedoch auch bei Patienten berichtet, die keine Sportler sind, sich nicht an ein Trauma erinnern können oder keinem absonderlichen Streß noch Fehlbelastungen (z. B. Fußdeformitäten) unterliegen (11).

Radiologisch sieht man die typischen Zeichen der Nekrose: verwaschene Struktur, scholliger Zerfall, vakuolige Aufhellungen in Verdichtungsbezirken (Abb. 7.**415** und 7.**416**). Unter der Nekrose kann es zur Aufspaltung kommen.

Die Differentialdiagnose gegen multizentrische Verknöcherungen kann so schwierig sein, wie dies bei analogen Befunden an Sehnenansätzen mehrfach zuvor erwähnt wurde. Klinischer und eventuell szintigraphischer Befund können wesentlich zur richtigen Diagnose beitragen; auch bestehen Befundähnlichkeiten – prinzipiell in gleicher Art, wie an anderen Orten mit gleicher Funktion (z. B. an der Patella) – zur Osteomyelitis (5), s. auch nächsten Absatz.

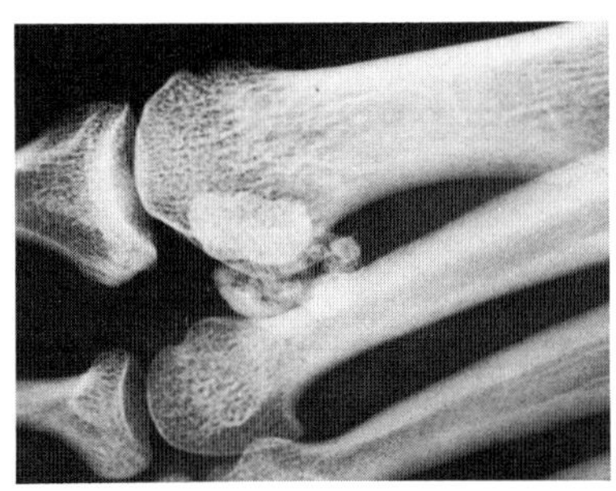

Abb. 7.**415** Nekrose des tibialen Großzehensesambeins: Krümelige Struktur mit kleinen Aufhellungen

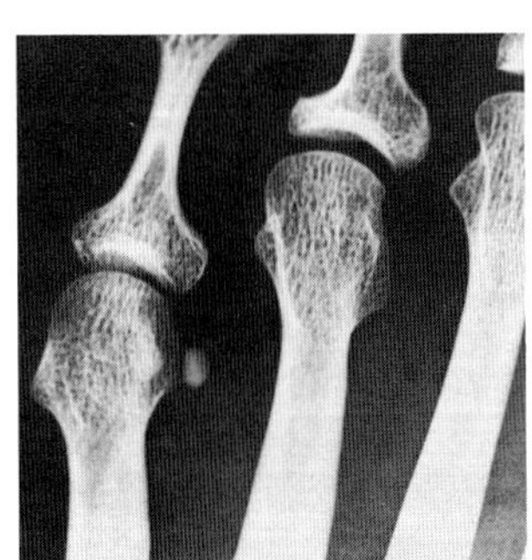

Abb. 7.**416** Schollige Struktur eines Sesambeines an der kleinen Zehe

Erworbene Erkrankungen

Als Ursachen für Schmerzen des Sesambeins werden **akute und chronische Bursitiden** sowie die Medialluxation des medialen Sesambeins angegeben.

Die typischen Symptome der **Sesambeinosteomyelitis** sind anhaltende Schmerzen ohne und mit den klinischen Zeichen der Infektion sowie verzögertem Auftreten radiologisch nachweisbarer Destruktionen. Vorwiegend wird eine Pseudomonasart als Erreger gefunden (3, 5).

Degenerative Veränderungen wie Deformierungen, aufgeworfene Ränder, Zysten in Sesambeinen und den Köpfchen der meist gelenkig mit ihnen verbundenen ersten Metatarsalknochen (Abb. 7.**417a** u. **b**) wurden ebenso wie Erosionen der Gelenkflächen unter 32% von Erwachsenen bei Sektionen gefunden. Vom Grad der Abwinkelung eines Hallux valgus hängt nicht nur das Ausmaß der degenerativen Veränderungen im Großzehengrundgelenk und des Sesambeins ab, sondern vor allem auch eine mit zunehmender Valgisierung der großen Zehen stärkere laterale Dislokation des oder der Sesambein(e)s (1) (Abb. 7.**418**).

Als Ursache **subchondraler Knochenzysten** (wie am arthrotisch veränderten Hüftgelenk und am Caput ossis metatarsi I), in einer Häufigkeit von 6% bei Sektionen in Großzehen-Sesambeinen nachgewiesen, wurden Folgen (wohl chronischer) Traumen angenommen (10).

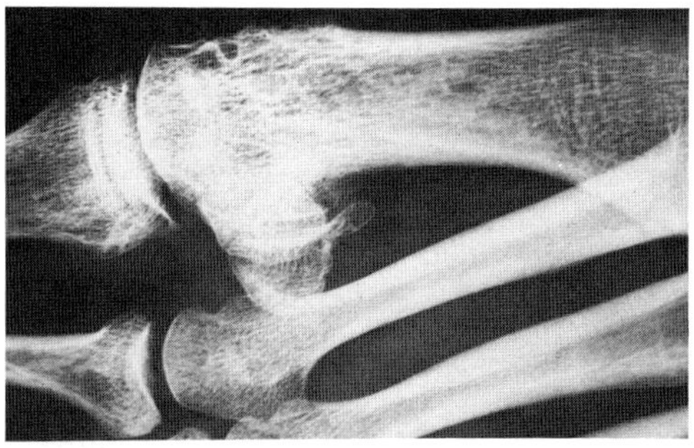

a

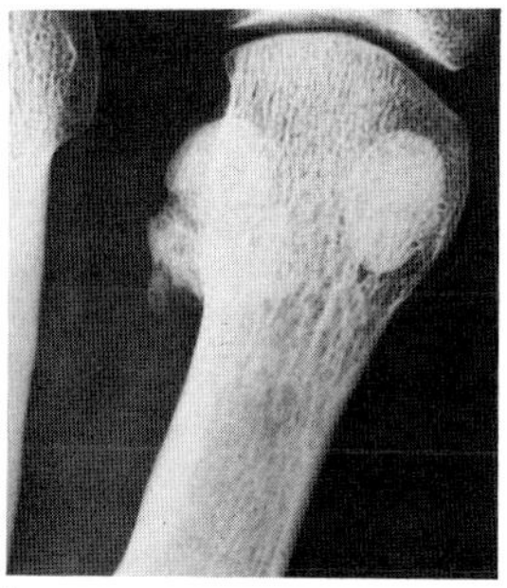

b

Abb. 7.**417a** u. **b** Arthrosis deformans der Großzehensesambeine und des Grundgelenkes

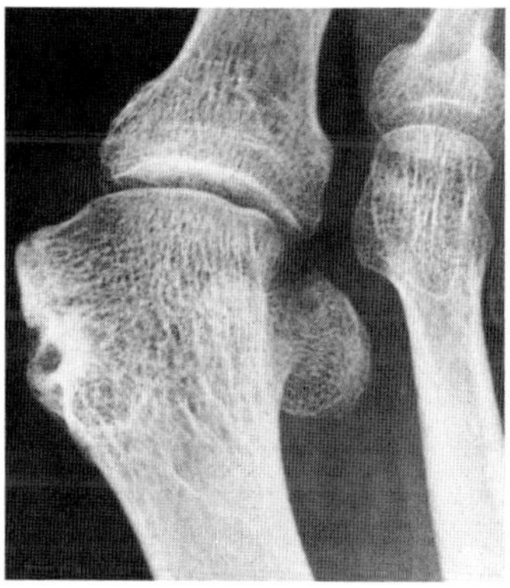

Abb. 7.**418** Dislokation des arrodierten Sesambeines nach lateral bei ausgeprägtem Hallux valgus

Literatur

1 Aseyo, D., H. Nathan: Hallux sesamoid bones. Anatomical observations with special reference to osteoarthritis and hallux valgus. Intern. Orthop. (SICOT) 8 (1984) 67–73
2 Coker jr., T. P., J. A. Arnold: Sports injuries to the foot and ankle. In Jahss, M. H.: Disorders of the Foot. Saunders, Philadelphia 1982 (chapt. 57)
3 Collwill, M.: Osteomyelitis of the metatarsal sesamoids. J. Bone Jt Surg. 51-B (1970) 464–480
4 Feldman, Frieda, R. Pochaczevsky, H. Hecht: The case of the wandering sesamoid and other sesamoid afflications. Radiology 96 (1970) 275–284
5 Gray, P. F.: Osteomyelitis of the metatarsal sesamoid. Amer. Fam. Physic. 24 (1981) 131–133
6 van Hal, M.: E., J. S. Keene, T. A. Lange, W. G. Clancy: Stress fractures of the great toe sesamoid. Amer. J. Sports Med. 10 (1982) 122–128
7 Hubay, Ch.: Sesamoid bones of the hands and feet. Amer. J. Roentgenol. 61 (1949) 493–505
8 Hulkko, A., S. Orava, P. Pellinen, J. Puranen: Stress fractures of the sesamoid bones of the first metatarsophalangeal joint in athletes. Arch. Trauma Surg. 104 (1985) 113–117
9 Lapidus, P. W.: Congenital unilateral absence of the medial sesamoid of the great toe. J. Bone Jt Surg. 21-A (1939) 208–209
10 Lemont, H., M. St. Khoury: Subchondral bone cysts of the sesamoid. J. Amer. Podiat. Med. Ass. 75 (1985) 218–219
11 Ogata, K., Y. Sugioka, Y. Urano, H. Chikama: Idiopathic osteonecrosis of the first metatarsal sesamoid. Skeletal Radiol. 15 (1985) 141–145
12 Sammarco, G. J.: The foot and ankle in classical ballett and modern dance. In Jahss, M. H.: Disorders of the Foot. Saunders, Philadelphia 1982 (chapt. 59)

Zehen

Norm

Im Wachstum

Das Auftreten von **Ossifikationskernen** beginnt in der 9. Fetalwoche im Nagelfortsatz der Großzehe. Danach erscheinen die Kerne für die Endphalangen der 2. bis 5. Zehe in der 11. bis 12., die Grundphalangen in der 14. Woche und die Mittelphalangen am Ende des 4. Fetalmonats.

Die **Epiphysen** der Grundphalangen treten zwischen dem 5. Lebensmonat und dem 2. Jahr auf, die der Mittelphalangen im 9. Monat bis 2. Jahr, der Endphalangen der Großzehe im 1. bis 2. Jahr. Die **Verschmelzung** erfolgt bei Mädchen zwischen dem 15. bis 17., bei Jungen zwischen dem 17. bis 23. Lebensjahr. Bei geringerem Längenwachstum kann eine von der Diaphyse allein ausgehende Verknöcherung anepiphysär eintreten, z. B. an der Mittelphalanx der kleinen Zehe.

Die Großzehe weicht mit ihrer Achse im Grundgelenk normalerweise bis zu 10 Grad nach außen ab. Dies ist schon beim Säugling nachweisbar und nimmt später durch stärkeres Wachsen der medialen Hälfte des Epiphysenkernes der Endphalanx zu (16).

Die basale Epiphyse kann in ihrer Mitte unterbrochen, also zweikernig angelegt sein (Abb. 7.**419a** u. **b**) **Platte und dichte Epiphysen der Großzehengrundphalangen** (s. Abb. 7.**364** sowie Abb. 7.**420a** u. **b** und 7.**421a** u. **b**) wie auch an der Kleinzehe sind klinisch bedeutungslos und wohl als Normalbefunde zu betrachten.

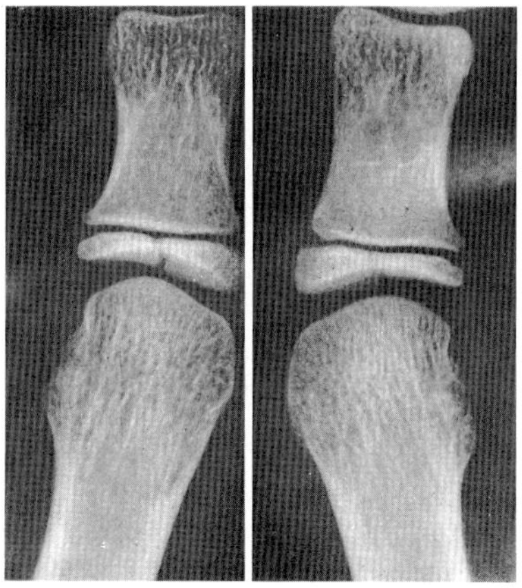

a b

Abb. 7.**419a** u. **b** Teilung der basalen Epiphysen an der Großzehengrundphalanx

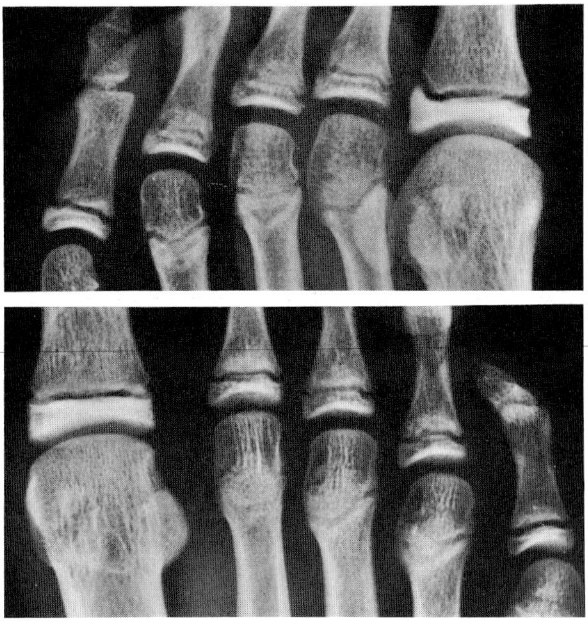

a

b

Abb. 7.**420a** u. **b** Dichte Epiphyse der Großzehen- und geringer auch der Kleinzehengrundphalanx

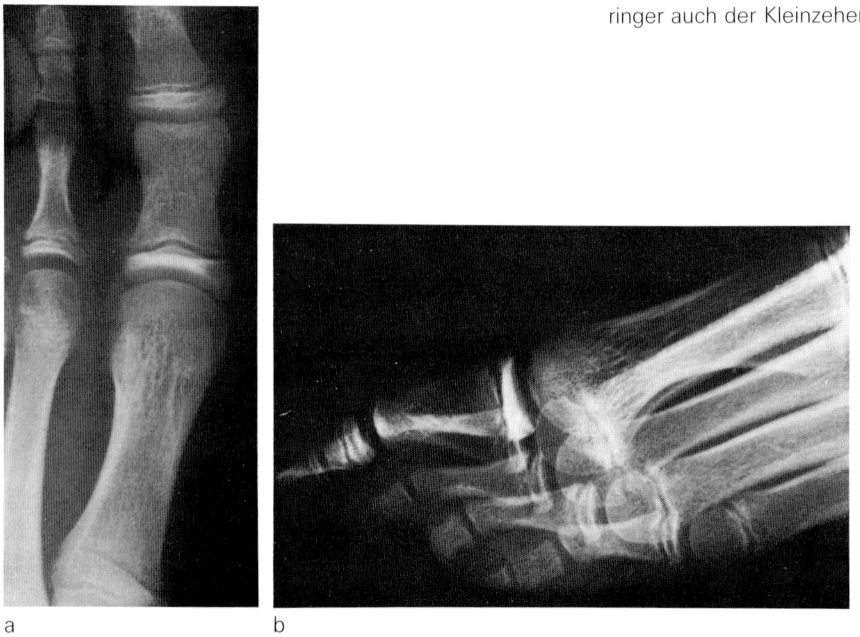

a b

Abb. 7.**421a** u. **b** Dichte Epiphyse am Großzehengrundgelenk, einseitig, bei einem 11jährigen Mädchen
a In dorsoplantarer Projektion
b In seitlicher Projektion

Beim Erwachsenen

Die Gestalt der **Grundphalangen** ist regelmäßiger als die der Mittel- und Endphalangen. Die mediale Hälfte der Basis pflegt bei der 2. bis 5. Zehe stärker ausgeprägt zu sein, an der Großzehe mitunter umgekehrt. Auf Profilaufnahmen der Zehen zeigt sich an der Plantarkontur der größeren Phalangen oft ein *lamellöser, feiner Schattensaum*, der dem **Sehnenfach** entspricht – keine periostale Reaktion. Eine leichte Schwellung nahe der Basis am Schaft der Grundphalangen wird als **„Diaphysenmanschette“** bezeichnet und an der ersten Zehengrundphalanx (10[1]) (Abb. 7.**422**) selten, an den übrigen Zehen in 76 bis 96% Häufigkeit gefunden, in ihrer Dicke umgekehrt proportional zu Kalkgehalt und Diaphysendurchmesser.

Die Gestalt der **Mittelphalangen** wechselt außerordentlich stark. Zuweilen besitzen sie keine Taille und erscheinen fast quadratisch. Abschrägungen an den Schaftenden lassen die Zehen abgewinkelt erscheinen.

In etwa 25 bis 33%iger Häufigkeit sind **Mittel- und Endphalanx der Kleinzehe miteinander verbunden** (Abb. 7.**423**). Am leichtesten ist die Gestalt der Endphalanx der Großzehe zu beurteilen, weil sie am wenigsten gekrümmt ist.

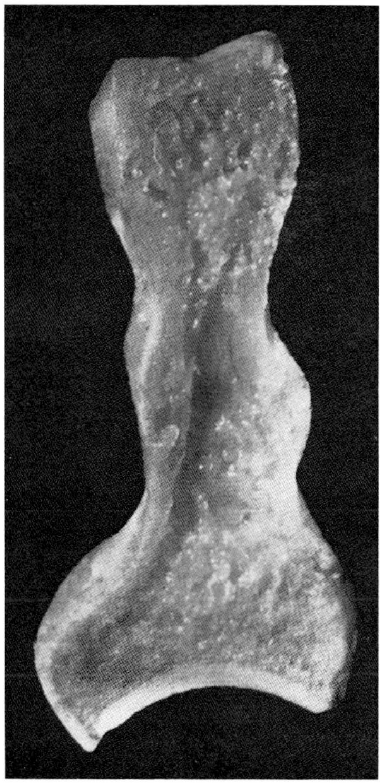

Abb. 7.**422** Halbierte Grundphalanx der 2. Zehe. Die beiden Hälften der Diaphysenmanschette liegen einander nicht genau gegenüber
(aus Dihlmann, W., M. Cen, W. Sturm: Fortschr. Röntgenstr. 117 [1972] 350–354)

Varianten

Über die **Zapfenepiphysen** und ihre Deutung ist im Absatz über die Varianten der Fingermittelglieder berichtet. Am Fuß kommen sie häufiger ohne klinische Bedeutung als Indikatoren anlagebedingter Ossifikationsstörungen vor (Abb. 7.**424a** u. **b** und 7.**425**) meist doppelseitig an den Grundphalangen der 2. bis 4. Zehe, seltener an den Mittelphalangen (24) und an der 5. Zehe.

Ein in die Diaphyse der Phalangen in longitudinaler Richtung seitlich eingebetteter Knochenkern, die „bracketed diaphysis" („eingeklammerte Diaphyse") kommt an Fingern und Zehen vor, ist bei sonst klinischer Belanglosigkeit wie die Zapfenepiphyse als Merkmal gestörter Konstitution zu betrachten und häufiger mit Brachyphalangien kombiniert (24, 26), (Abb. 7.**426a–c**).

Brachydaktylien, wie sie an den einzelnen Phalangen der Finger beschrieben wurden, gibt es in gleicher Weise an den Zehen, wobei je nach Kombination des Auftretens an verschiedenen Stellen einzelne Typen gegeneinander abgegrenzt wurden, deren Auflistung hier zu weit führen würde (1, 18). Eine zufällig bei einer Grundphalanxfraktur der Kleinzehe entdeckte Brachymesophalangie der 4. Zehe bei hypoplastischer, mit der Endphalanx verschmolzener Mittelphalanx der Kleinzehe ist auf Abb. 7.**427** zu erkennen. Erhebliche Unterentwicklungen der Endphalangen, also Brachytelephalangien, sind keine Seltenheit, besonders nicht an der Großzehe.

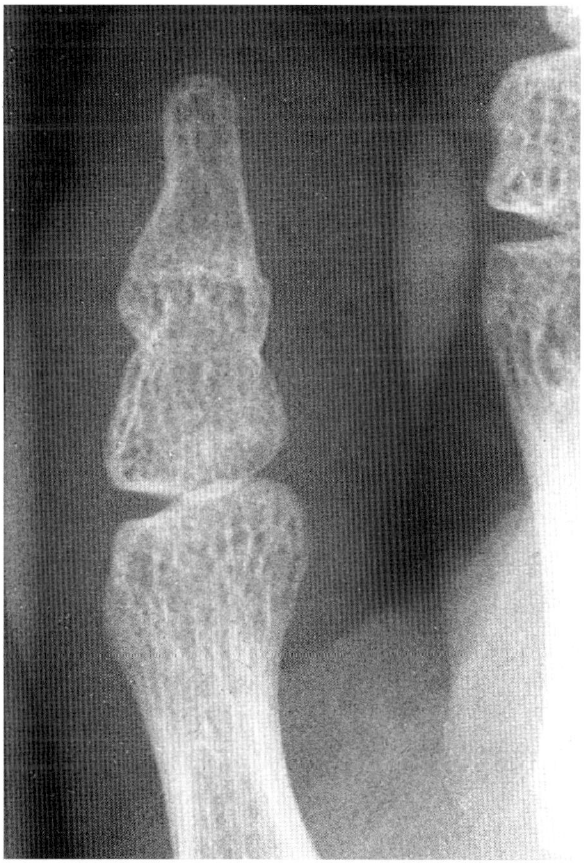

Abb. 7.**423** 13jähriges Mädchen. Synostose der Mittel- und Endphalanx an der Kleinzehe

Es gibt auch Zehen mit vier oft recht kurzen Phalangen, Brachyhyperphalangien, s. auch C-Bra-

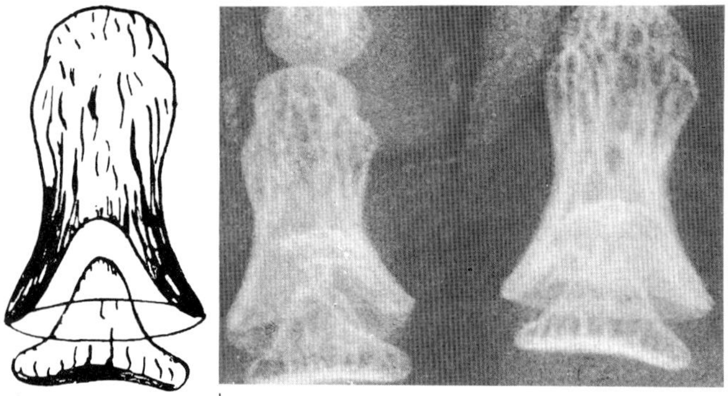

a b

Abb. 7.**424 a** u. **b** Zapfenepiphysen (Beobachtung von Laurent u. Brombart)

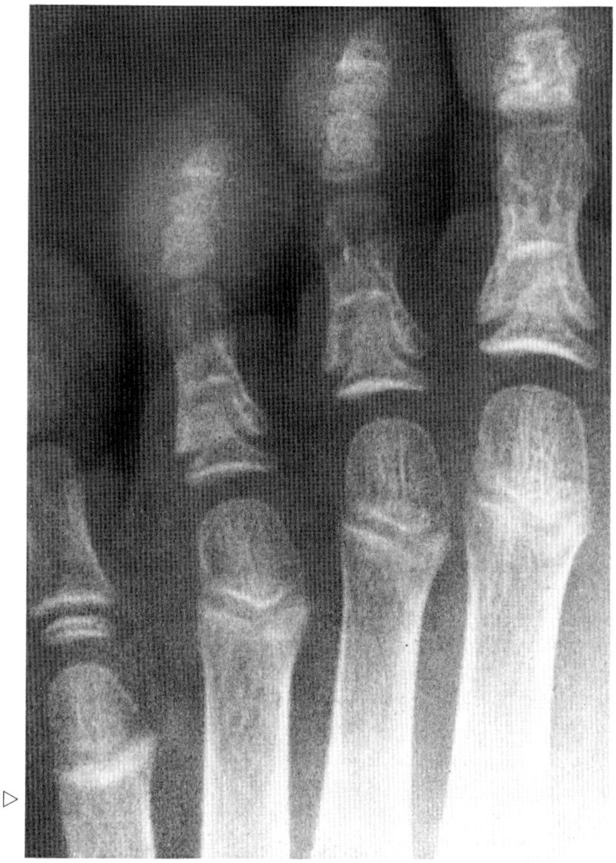

Abb. 7.**425** 8jähriges Mädchen. Zapfenepiphysen der ▷ Grundphalangen der 2. bis 4. Zehe, wahrscheinlich auch an der Mittelphalanx mindestens der 2. Zehe

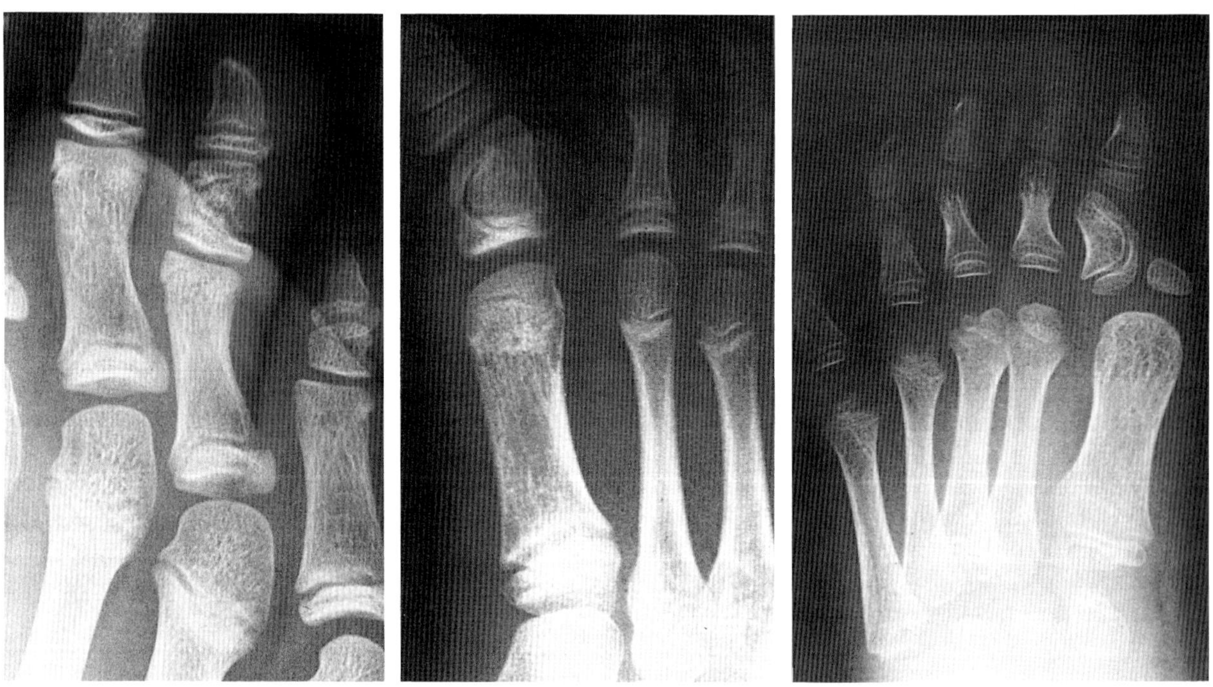

Abb. 7.**426** 14jähriger Junge. „Bracketed epiphysis“ und Brachymesophalangie der vierten Zehe

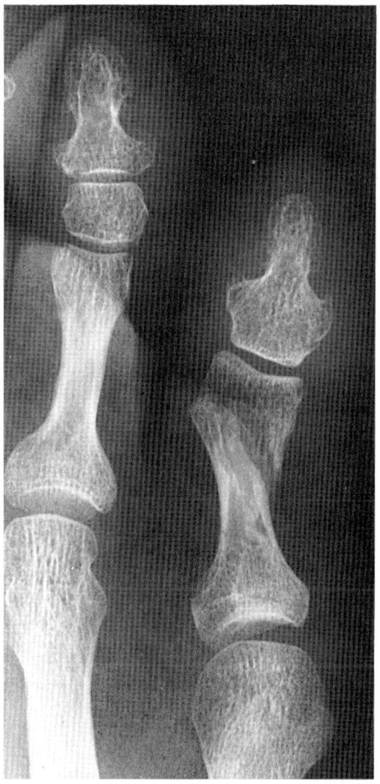

Abb. 7.**427** 39jähriger Mann. Zufallsbefund bei Grundphalanxbruch der Kleinzehe: Synostose der hypoplastischen Mittel- mit der Endphalanx der Kleinzehe. Hypoplasie der Mittelphalanx der 4. und (nicht mehr abgebildet) 3. Zehe

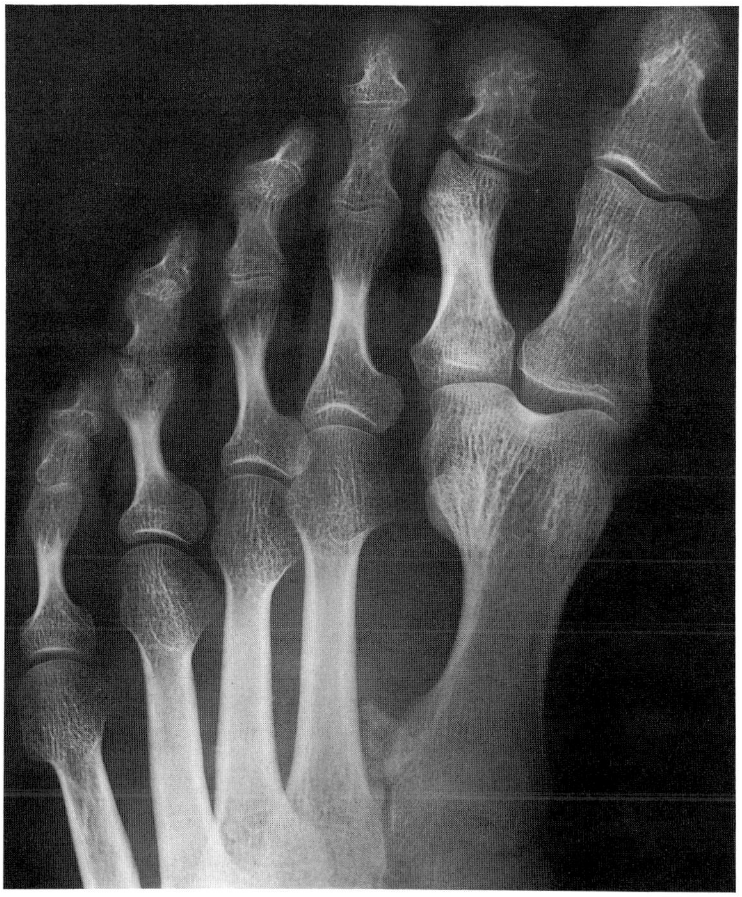

Abb. 7.**428** Doppelte Großzehe

chydaktylie nach Bell (17). Eine **Doppelbildung der Großzehe** mit einem isolierten Skelettelement zwischen den Metatarsalia I und II stellt Abb. 7.**428** dar. Die Befunde der Abb. 7.**426** bis 7.**428** sind nur Beispiele aus der breiten Variationspalette der Brachy-, Syn- und Polydaktylien am Fuß (weiteres bei 17).

Die Querteilung des Großzehengrundgelenkes sieht man auf Abb. 7.**429**. Auf entsprechende Querspalten in den Endphalangen der Hand bei Dysostosis cleidocranialis ist eingegangen (Abb. 3.**7**).

Der Basis der Großzehenendphalanx sitzt tibial oft ein kleiner Höcker auf (Abb. 7.**430**). Auf Abb. 7.**431 a** u. **b** geht von diesem Höcker nach distal eine Knochenbrücke zur Tuberositas phalangis distalis (unguicularis), ein Befund, der auch von den Bearbeitern der 13. Auflage dieses Buches beobachtet wurde.

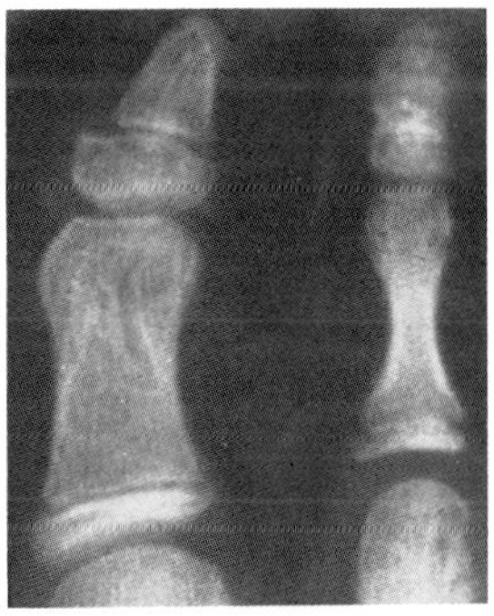

Abb. 7.**429** Querteilung des Großzehenendgliedes

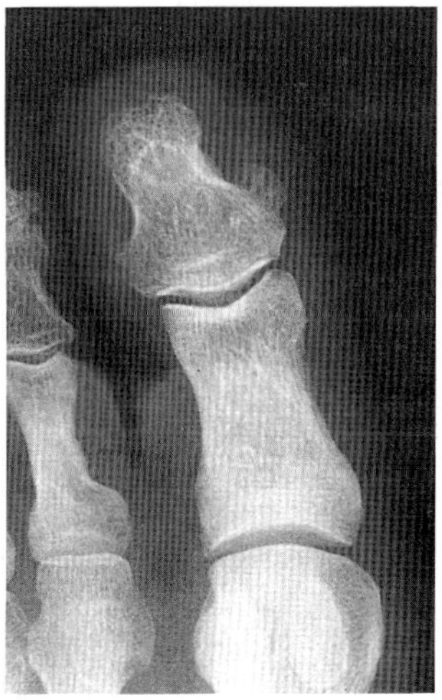

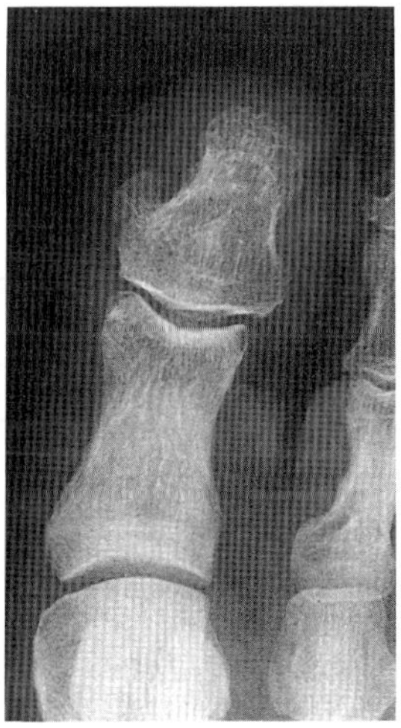

Abb. 7.**430** 73jähriger Mann. Endphalanxexostosen an den ▷ Endphalanxbasen beider Großzehen

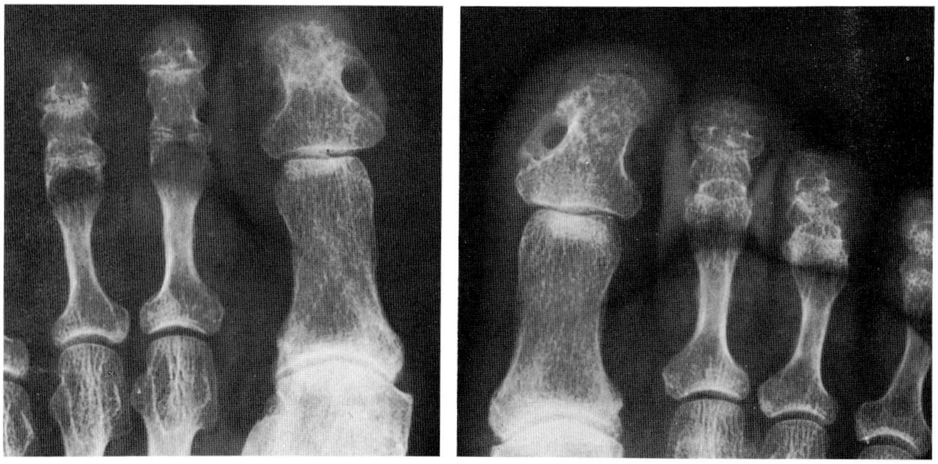

a b

Abb. 7.**431 a** u. **b** 62jährige Frau. Brücke zwischen Basis- und Tuberositasexostosen beider Großzehenendphalangen medial

Subunguale Exostosen (Abb. 7.**432** und 7.**433**) die zu erheblichen Beschwerden Anlaß geben können, finden sich besonders häufig an der *Großzehe*.

Ein **Os pararticulare mediale und laterale** (s. interphalangeale) ist schon embryonal angelegt (27) und kann **neben dem Interphalangealgelenk der Großzehe** nicht nur beim Erwachsenen beobachtet werden (5, 7, 27), sondern ist auch schon bei einem 12jährigen Mädchen gefunden worden (8) (Abb. 7.**434** und 7.**435 a** u. **b**).

Ein plantar parartikulär gelegenes Skelettelement wurde beobachtet.

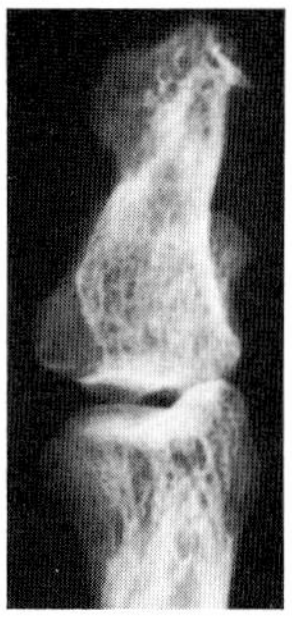

7.**432**

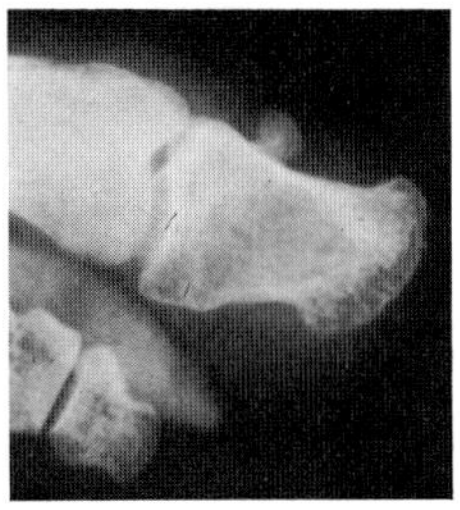

7.**433**

Abb. 7.**432** Subunguale Exostose der Großzehe (Beschwerden)

Abb. 7.**433** 38jährige Frau. Subunguale Exostose der Großzehe

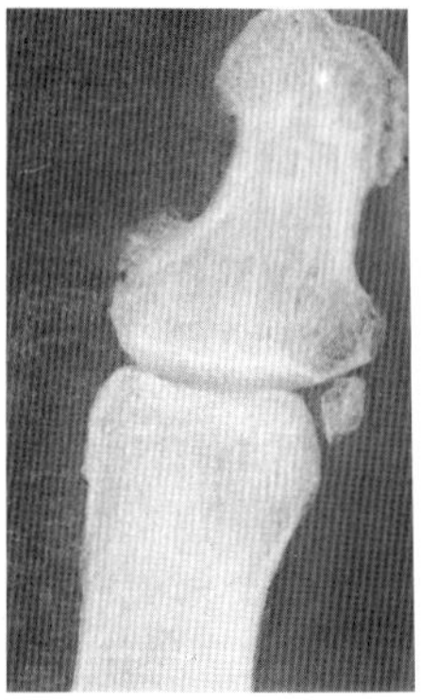

Abb. 7.**434** Schaltknochen am Großzehenendgelenk (Beobachtung von Rigging)

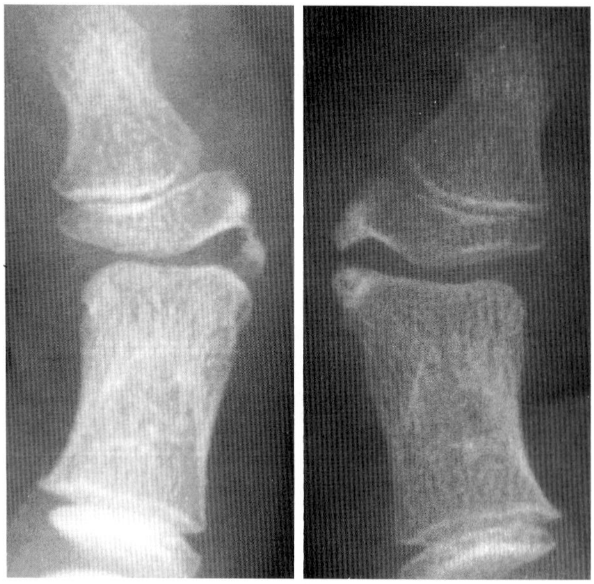

a b

Abb. 7.**435 a** u. **b** 12jähriges Mädchen. Os pararticulare mediale (mit beginnender Verknöcherung?) am linken Fuß, fortgeschrittene Verknöcherung am rechten Fuß. Valgusstellung der Endphalangen beiderseits. Sklerosierung an den Kontaktflächen der Ossa pararticularia medialia mit angrenzenden Phalangen
(Beobachtung von Holthusen, Hamburg)

Anomalien

Hallux abductus interphalangeus wird die Valgusstellung nur der End- zur Grundphalanx im Interphalangealgelenk genannt. Seine Beziehungen zum Hallux abductovalgus sind umgekehrt proportional: Je stärker der Hallux abductovalgus, desto geringer der Hallux abductus interphalangeus und umgekehrt (12). Die Schiefstellung ist auch in schweren Fällen nicht, wie beim Hallux valgus, durch ein seitliches Abgleiten auf dem Köpfchen der Grundphalanx verursacht, sondern durch ein stärkeres Wachstum der medialen Hälfte des Epiphysenkernes der Endphalanx, **Phalanx unguicularis hallucis valgus** (9). Bei der **Hammerzehe**, erworben oder angeboren, handelt es sich in der Regel um fast rechtwinklige Beugekontrakturen mit Sub- und Luxation in den Grundgelenken, wobei meist die 2. und 5. Zehe betroffen ist. Die Deformität der 5. Zehe wird als Folge einer entwicklungsbedingten Rückbildung im Grundgelenk angesehen. Als Folge einer Störung des Flexoren-Extensoren-Gleichgewichtes mit Überlastung des Vorfußes durch angeborene und erworbene Fußdeformitäten kommen Hammerzehen weiterhin auch bei Lähmungen des Fußes und als Folgen mißglückter Hallux-valgus-Operationen in drei verschiedenen Formen vor (Abb. 7.**436a–c**). Die Deformation nach Abb. 7.**436a** wird auch **Krallenzehe**, die nach 7.**436b** **Klauenzehe** genannt (4, 13).

Das **Chromosomopathie-Syndrom** (Down-Syndrom, Mongolismus) ist unter anderem auch durch eine Vergrößerung des Abstandes zwischen 1. und 2. Zehe gekennzeichnet.

Vorspringende Knochen-, vor allem **Kondyluskanten** können Ursache von Klavi („Hühneraugen", softcorns) sein und werden nach radiologischer Darstellung – je nach klinischem Befund – eventuell reseziert (4).

Verletzungsfolgen und Nekrosen

Die Diagnose der durch herunterfallende Gegenstände entstehenden **Frakturen** ist meist problemlos. 50% dieser Brüche betreffen die Großzehe und den ersten Mittelfußknochen, meist in der Endphalanx, 25% sind am 5. Strahl zu beobachten und die restlichen 25% an den übrigen Knochen. **Luxationen** von Zehen sind meist mit Ausrissen kleiner Knochenanteile verbunden (2).

Diagnostische Schwierigkeiten gibt es vor allem bei **Epiphysenverletzungen**. Am distalen Interphalangealgelenk entsteht durch Stolpern eine eventuell offene, traumatische Chondroepiphysenlösung (Aitken I, Salter-Harris I, s. Abschnitt „Sprunggelenk"), die man ohne Dislokation der Fragmente radiologisch nicht erkennen kann, solange der Knochen unverletzt bleibt. Sie wurde in 6% aller, nach Salter-Harris eingeteilten Epiphysenverletzungen gefunden (21). Die Fraktur durch die Epiphyse (Salter-Harris III) läßt sich manchmal schwer von einer Doppelkernanlage unterscheiden (s. Abb. 7.**419a** u. **b**). **Periostale Auflagerungen an den Grundphalangen**

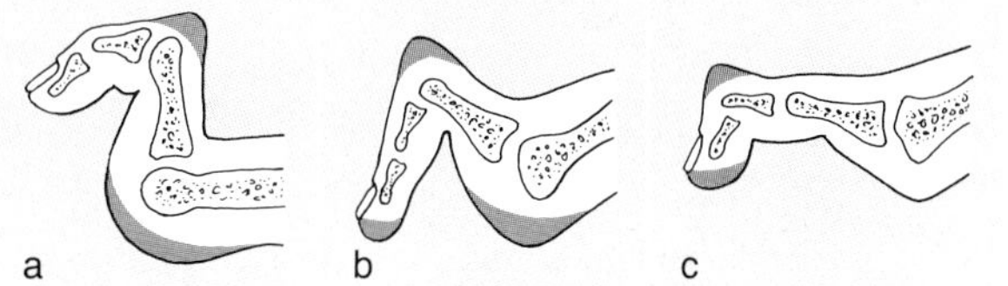
a b c

Abb. 7.**436a–c** Hammer-(Krallen- und Klauen-)zehe (nach Endler u. Mitarb.)

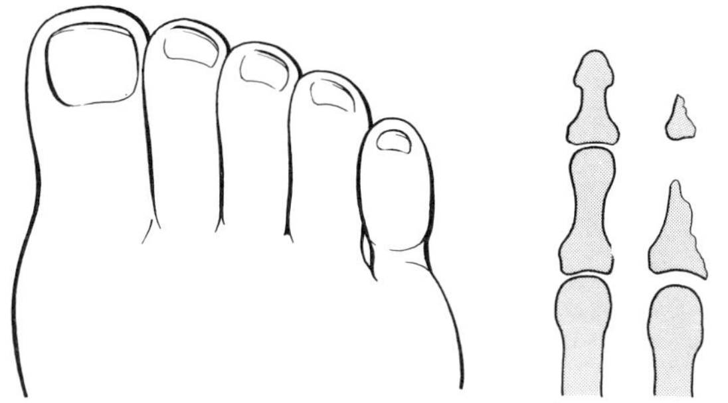
a b

Abb. 7.**437a** u. **b** Ainhum-Syndrom

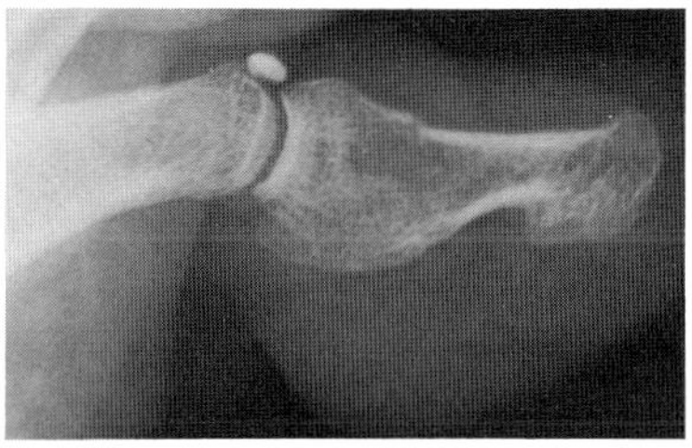

Abb. 7.**438** Kleines Kalkdepot dorsal am Großzehenendgelenk

sind beobachtet und in Beziehung zu den „Marschfrakturen" gesetzt worden.

Eine aseptische Nekrose wurde bei einem 23jährigen Mann medial an der Basis der Großzehenendphalanx beschrieben (28). Bei Frost- und Verbrennungsschäden gibt es an den Zehen die gleichen Veränderungen wie an den Fingern (s. Kapitel „Hand, Endglieder").

Erworbene Erkrankungen

Unter Verweis auf die Absätze über die Finger ist hier nur auf einige Besonderheiten einzugehen, die nur oder hauptsächlich die Zehen betreffen, abgesehen davon, daß sich die Schäden an den Zehen (wie an sämtlichen Fußknochen) unter der *Belastung des Körpergewichtes* zu entsprechenden Verformungen der Einzelknochen und eines Knochenverbandes führen können.

Als eines der ersten Frühzeichen der **rheumatoiden Arthritis** kann eine umschriebene Osteoporose der Kleinzehe beobachtet werden. Bei einem **Reiter-Syndrom** mit monartikulärer, arthritischer Erstmanifestation – seltener bei akut einsetzender Arthritis psoriatica festzustellen – wurde sechs Tage nach Krankheitsbeginn außer einer starken Weichteilschwellung der gesamten 2. Zehe eine zarte **Periostlamelle** am proximalen Teil der Grundphalanx dieser Zehe radiologisch nachgewiesen (11). Sonst befällt die Reitersche Erkrankung häufig als Erstlokalisation das Großzehengrundgelenk und ist dann gegen die Gicht abzugrenzen.

Arthritis urica s. Absatz „Metatarsalknochen". Bei der **Osteochondrosis dissecans im interphalangealen Großzehengelenk** wird darauf hingewiesen, daß im Gegensatz zu nicht gewichtsbelasteten und damit nicht dauernd überbeanspruchten Gelenken der Heilungsprozeß aufgehalten wird, wodurch es leichter zur Bildung freier Gelenkkörper kommen könne (25).

Hier ist noch einmal eigens auf die **Dactylolysis spontanea** (Ainhum-Syndrom) hinzuweisen, die zwar im Abschnitt über die Endglieder der Finger erwähnt wurde, viel häufiger aber offenbar an den Zehen vorkommt, vorwiegend an der Kleinzehe, da sie von einigen Autoren nur in der Lokalisation an den Zehen beschrieben wird (10[2], 23), hier aber bei der dunkelhäutigen Bevölkerung tropischer Zonen in 2%iger Häufigkeit zu beobachten ist (6) (Abb. 7.**437a** u. **b**).

Die übrigen entzündlichen, degenerativen und tumorösen Erkrankungen der Zehen weisen eine so ähnliche radiologische Symptomatik wie an den Fingern auf, daß auf die entsprechenden Abschnitte dort verwiesen werden muß; allerdings ist auf die besondere Häufigkeit der **Osteoidosteome** an den distalen Zehenphalangen (2,4% unter sämtlichen Lokalisationen des Osteoidosteoms, über die in der Literatur berichtet ist) hinzuweisen (18, 20).

Subunguale Verkalkungen im normalen Zehenbett sind als Altersreaktion anzusehen, treten bei Frauen im 3. Dezennium, bei Männern zwei Dezennien später auf und erreichen vom 8. Dezennium ab bei Frauen eine Häufigkeit von 47%, bei Männern von 14%. Die Großzehe ist dreimal häufiger befallen als die Kleinzehe (14). Die unter den Normalbefunden aufgeführte Knochenbrücke (Abb. 7.**431a** u. **b**) kommt in einem Drittel einschlägiger Beobachtungen mit peripheren Zeichen einer **diffusen idiophathischen Skeletthyperostose**, gelegentlich auch bei **Akromegalie** und als Manifestation einer **Enthesopathie** vor (15).

Verkalkungen in den Weichteilen treten im interstitiellen Bindegewebe als lokalisierte oder universelle Kalzinose wie auch als pseudotumoröse Kalzinose in differenzierten Geweben (Schleimbeutel, Muskeln, Sehnen) auf, gehäuft bei *Urämiepatienten in Dauerhämolyse-Therapie*. Die Kalzinose ist auch als Begleiterscheinung des **Pseudo-** sowie des **Pseudo-Pseudohyperparathyreoidismus** nicht nur an der Hand, sondern auch am Fuß bekannt (10[3]).

Abb. 7.**438** läßt ein Kalkdepot an der dorsalen Grenze des Interphalangealgelenkes der Großzehe erkennen.

Literatur

1 Bell, J.: On hereditary digital anomalies. Part I. On brachydactyly and symphalangism. Treas. hum. Inherit. 5 (1951) 1–31
2 Birzle, H., R. Bergleitner, E. H. Kuner: Traumatologische Röntgendiagnostik, 2. Aufl. Thieme, Stuttgart 1985 (S. 136)
3 Blodgett, W. H.: Injuries of the forefoot and toes. In Jahss, M. H.: Disorders of the Foot. Saunders, Philadelphia 1982 (chapt. 23)
4 Brahms, M. A.: The small toes. In Jahss, M. H.: Disorders of the Foot. Saunders, Philadelphia 1982 (p. 622–658)
5 Carlsson, St.: Fall von kleinen Extraknochen in der großen Zehe. Fortschr. Röntgenstr. 94 (1961) 554–555
6 Cole, G., J. Ainhum: An account of fifty-four patients with special reference ot etiology and treatment. J. Bone Jt Surg. 47 (1965) 43–49
7 de Cuveland, E.: Beitrag zum Thema: Kleine Extraknochen in der großen Zehe. Fortschr. Röntgenstr. 95 (1961) 281–282
8 de Cuveland, E.: Zur Herkunft des Os pararticulare am interphalangealen Großzehengrundgelenk. Fortschr. Röntgenstr. 105 (1966) 591
9 Denis, A.: Le pied douloureux. Folia rheumatol. 23 (1974)
10 Dihlmann, W.: Gelenke – Wirbelverbindungen, 2. Aufl. Thieme, Stuttgart 1982 ([1]Abb. 508; [2]S. 82; [3]S. 424–426)
11 Dihlmann, W., M. Cen, W. Sturm: Über die Diaphysenmanschette an den Grundphalangen der Zehen. Fortschr. Röntgenstr. 117 (1972) 350–354
12 Duke, H., L. M. Newman, B. L., Bruskoff, R. Daniels: Hallux abductus interphalangeus and its relationships to hallux abductovalgus. J. Amer. Podiat. Ass. 72 (1982) 625–628
13 Endler, F., K. Fochem, U. H. Weil: Orthopädische Röntgendiagnostik. Thieme, Stuttgart 1984 (Abb. 5.356a–c)
14 Fischer, E.: Verkalkungen im normalen Nagelbett der Zehen. Radiologe 24 (1984) 31–34
15 Fischer, E.: Zur Ätiologie der knöchernen Brücken an den Seiten des Großzehenendglieds. Radiologe 27 (1987) 279–281
16 Haines, R. W., A. McDougall: The anatomy of hallux valgus. J. Bone Jt Surg. 36-B (1954) 272
17 Laurent, Y., M. Brombart: Variation très rare de l'ossification des phalanges des orteils. J. belge Radiol. 36 (1953) 102–106
18 Lejeune, E., P. Brun-Ney: L'ostéome-ostéoide du pied et ses formes articulaires. In Simon, L., et al.: Le pied inflammatoire, vol. I. Maloine, Paris 1977 (p. 252)
19 Lenz, W., F. Majewski: Fehlbildungen der Gliedmaßen. In Schinz, H. R., W. Baensch, W. Frommhold, R. Glauner, E. Uehlinger, J. Wellauer. Lehrbuch der Röntgendiagnostik, Bd. II/2, 6. Aufl. Thieme, Stuttgart 1981 ([1]S. 262; [2]S. 266–267)
20 Le Saout, J., B. Kerkboul, B. Courtois, R. Jaffres, P. Chicault: L'ostéome-ostéide des orteils. J. Chir. (Paris) 121 (1984) 483–486
21 Mozena, J. D., L. R. Kroepel: Digital fractures in children. J. Amer. Podiat. Med. Ass. 75 (1985) 288–292
22 Ogden, J. A., T. R. Light, G. J. Conlogue: Correlative roentgenography of the longitudinal epiphyseal bracket. Skeletal Radiol. 6 (1981) 109–117
23 Rausher, H., R. B. Birrer, M. R. Camiel, M. Aronstein, A. J. Geiger, H. A. Sande: Ainhum-dactylolysis spontanea. N. Y. State J. Med. 12 (1981) 1779–1781
24 Ravelli, A.: Zapfenepiphysen an den Mittelphalangen der Zehen. Fortschr. Röntgenstr. 84 (1956) 498
25 Rosenfeld, S. L., P. T. Slowik: Osteochondritis dissecans traumatically induced in the hallux interphalangeal joint. J. Amer. Podiat. Med. Ass. 72 (1982) 261–263
26 Theander, G., N. Carstam: Longitudinally bracketed diaphysis. Ann. Radiol. (Paris) 17 (1974) 355–360
27 Trolle, D.: Accessory Bones of the Human Foot. Munksgaard, Kopenhagen 1948
28 Ueberschär, K. H.: Aseptische Nekrose an der Basis des Großzehenendgliedes. Fortschr. Röntgenstr. 87 (1954) 137–138

Sachverzeichnis

A

B

C

D

E

G

H

I

L

N

O

Q

R

S

T

U

V

W

X

Y

Z